O MUNDO

SIMON SEBAG MONTEFIORE

O mundo

Uma história através das famílias

Tradução
Claudio Marcondes
Denise Bottmann
Paulo Geiger

COMPANHIA DAS LETRAS

Grafia atualizada segundo o Acordo Ortográfico da Língua Portuguesa de 1990,
que entrou em vigor no Brasil em 2009.

A citação de Dante Alighieri na p. 9 foi extraída da obra *Inferno: Comédia* (São Paulo: Companhia das Letras, 2021, p. 45), com tradução de Emanuel França de Brito, Maurício Santana Dias e Pedro Falleiros Heise; e a citação de Vassili Grossman na p. 1217 foi extraída da obra *Vida e destino* (Rio de Janeiro: Alfaguara, 2014, p. 433), com tradução de Irineu Franco Perpetuo.

Título original
The World: A Family History

Capa e ilustração de capa
Helen Crawford-White

Preparação
Diogo Henriques

Índice remissivo
Luciano Marchiori

Revisão
Ana Maria Barbosa
Carmen T. S. Costa

Dados Internacionais de Catalogação na Publicação (CIP)
(Câmara Brasileira do Livro, SP, Brasil)

———————————————————————————————

Montefiore, Simon Sebag
    O mundo : Uma história através das famílias / Simon Sebag Montefiore ; tradução Claudio Marcondes, Denise Bottmann, Paulo Geiger. — 1ª ed. — São Paulo : Companhia das Letras, 2024.

    Título original: The World : A Family History.
    ISBN 978-85-359-3677-3

    1. Casa real – Anedotas 2. Classe alta – Biografia – Anedotas 3. Famílias de classe alta 4. História mundial – Anedotas I. Título.

———————————————————————————————

24-188249   CDD-929.7

———————————————————————————————

Índice para catálogo sistemático:
1. Famílias : História mundial   929.7

Cibele Maria Dias – Bibliotecária – CRB-8/9427

Todos os direitos desta edição reservados à
EDITORA SCHWARCZ S.A.
Rua Bandeira Paulista, 702, cj. 32
04532-002 — São Paulo — SP
Telefone: (11) 3707-3500
www.companhiadasletras.com.br
www.blogdacompanhia.com.br
facebook.com/companhiadasletras
instagram.com/companhiadasletras
x.com/cialetras

A meu querido filho,
Sasha

Em memória de meus pais,
Stephen & April

Se um reino é uma grande família, uma família, da mesma forma, é um pequeno reino, dilacerado em facções e exposto a revoluções.

Samuel Johnson

O mundo é uma montanha, e nossos feitos, vozes; As vozes têm ecos; a nós elas voltarão.

Rumi

Até que os leões tenham seus próprios historiadores, a história da caça sempre glorificará o caçador.

Chinua Achebe

A verdade até hoje nunca caiu morta nas ruas; ela tem tal afinidade com a alma do homem que sua semente, como quer que se propague, acaba pegando em alguma parte e se reproduzindo centenas de vezes.

Theodore Parker

Tantas guerras, tantas formas de crime! [...]
O ímpio Marte curva-se por inteiro à sua louca vontade;
O mundo é como uma carruagem em frenética disparada.
Virgílio

A questão toda é: quem controla quem.
Lênin

Aquele que ao estudar histórias isoladas acredita ser capaz de adquirir uma visão bastante fiel da história como um todo é como aquele que, após contemplar os membros decepados de um animal outrora vivo e belo, fantasia ter visto a criatura viva em toda sua ação e graça. [...] *Com efeito, somente ao estudar a interconexão de todas as particularidades, suas semelhanças e diferenças, é que estaremos habilitados a fazer uma avaliação geral, e assim extrair benefício e prazer da história.*

Políbio

No meio do caminho desta vida
me descobri em uma selva escura,
pois a direita via era perdida.
Dante Alighieri

Sumário

Prefácio e agradecimentos

Esta é a história do mundo que escrevi durante os tempos ameaçadores do confinamento da covid-19 e da invasão russa da Ucrânia. Há um milhão de maneiras de fazer algo assim: centenas de historiadores, desde os tempos antigos, fizeram isso à sua maneira; a maioria das universidades hoje tem professores de história do mundo, e diversas obras como esta são publicadas todos os anos, muitas das quais brilhantes. Tentei ler todas elas. Nenhum livro é fácil de escrever, e uma história do mundo menos ainda. Ao compor sua própria história do mundo, Ibn Khaldun escreveu: "Palavras e ideias jorram de minha cabeça como creme numa batedeira". Houve muito creme e muita batida em meu processo de escrita.

Eu sempre quis escrever uma história íntima e humana como esta, com uma abordagem de certo modo nova e de certo modo tradicional, fruto de uma vida de estudos e de viagens. Tive a sorte de visitar muitos dos lugares que menciono nesta história, de testemunhar guerras e golpes que constituem uma parte dela, e de ter conversado com alguns personagens que desempenharam papéis importantes no palco mundial.

Quando eu tinha onze anos, meu pai, um médico atencioso, me deu uma versão resumida do agora francamente antiquado *Um estudo da história*, de Arnold Toynbee. "Talvez um dia", disse ele, "você escreva algo como isso." Passei horas e horas lendo histórias de lugares e tempos que não eram ensinados na escola inglesa que frequentei, na qual predominava o estudo da família Tudor e dos nazistas.

Este livro me proporcionou a maior satisfação em minha vida de escritor, e me impôs os mais assustadores desafios. Mas sofri muito menos do que vários outros historiadores. Ibn Khaldun viu o pai e a mãe perecerem durante a peste. Sir Walter Raleigh escreveu sua *História do mundo* enquanto esperava ser executado, condição que com certeza favoreceu a perspectiva necessária, mas foi decapitado antes que pudesse terminá-la (uma ideia insuportável). A história tem um poder especial, quase místico, de dar forma ao presente (e distorcê-lo, se abusada): o que faz do ato de escrever história uma essencial e nobre — mas perigosa — profissão. Sima Qian, o historiador do mundo chinês (nascido em *c.* 145 a.C.), foi acusado de difamar o imperador e teve de escolher entre ser executado e se tornar um eunuco palaciano. Ele optou pela castração, a fim de poder completar sua história: "Antes de terminar a primeira versão de meu manuscrito, deparei-me com essa calamidade [...]. Se ele puder ser passado a pessoas que o apreciarão e penetrar nas aldeias e nas grandes cidades, então, mesmo que eu sofra mil mutilações, que arrependimento deveria ter?". Todo historiador, todo escritor compartilha esse sonho. Sima Qian estava em meus pensamentos enquanto eu escrevia...

Entre os historiadores vivos, uma galáxia de eminentes e brilhantes acadêmicos leram, discutiram e corrigiram este livro, no todo ou em parte: obrigado a Dominic Lieven, professor de história internacional, London School of Economics; Peter Frankopan, professor de história global, Universidade de Oxford; Olivette Otele, professora de legados e memória da escravidão, Escola de Estudos Orientais e Africanos, Universidade de Londres; Thomas Levenson, professor de escrita científica, MIT; Sir Simon Schama, professor de história e história da arte, Universidade Columbia; David Abulafia, professor emérito de história mediterrânea, Universidade de Cambridge; Abigail Green, professora de história europeia moderna, Universidade de Oxford.

O dr. Henry Kissinger, secretário de Estado americano de 1973 a 1977, leu sobre esse período; tive a honra de conversar sobre a criação da internet com Sir Tim Berners-Lee e Rosemary Berners-Lee. Obrigado a Ben Okri.

Agradeço aos que se seguem, por terem corrigido os temas específicos:

África: Luke Pepera.

Américas: (EUA) Annette Gordon-Reed, Charles Warren, professor de história legal americana, Faculdade de Direito de Harvard; Andrew Preston, professor de história americana, Universidade de Cambridge; (América Central/América do Sul) Matthew Restall, professor de história colonial latino-americana, Penn State College of Liberal Arts; (Brasil) Lilia Schwarcz, professora de antropologia, Universidade de São Paulo.

China: (primórdios) Michael Nylan, professor de estudos da Ásia oriental, Universidade da Califórnia, Berkeley; (Qin em diante) Mark C. Elliott, professor de história chinesa e da Ásia Interior, Universidade Harvard.

Genética/DNA: dr. Adam Rutherford.

Gregos: Roderick Beaton, professor emérito de história grega e bizantina moderna, King's College, Londres; Armand D'Angour, professor de literatura grega e latina, Universidade de Oxford.

Índia/sul da Ásia: Tirthankar Roy, professor de história econômica, London School of Economics; dr. Tripurdaman Singh, Instituto de Estudos da Commonwealth, Escola de Estudos Avançados, Universidade de Londres; William Dalrymple; dr. Sushma Jansari e dra. Imma Ramos, curadores da coleção de obras do sul da Ásia do Museu Britânico; dra. Katherine Schofield, professora titular de música e história do sul da Ásia, King's College, Londres; Davinder Toor (dinastia sikh).

Irã: Lloyd Llewellyn-Jones, professor de história antiga, Cardiff University.

Japão: dr. Christopher Harding, professor titular de história da Ásia, Universidade de Edimburgo.

Ucrânia: Serhii Plokhy, professor de história ucraniana, Universidade Harvard.

Agradeço pelas correções, nos temas apresentados a seguir:

Pré-história: professor Chris Stringer, chefe de pesquisa em Evolução Humana do Museu de História Natural de Londres; (Suméria/Mesopotâmia) Augusta McMahon, professora de arqueologia mesopotâmica, Universidade de Cambridge; dr. John MacGinnis, Departamento do Oriente Médio, Museu Britânico.

Egito Antigo: Salima Ikram, professora de egiptologia, Universidade Americana do Cairo; Yasmine El Rashidi.

Roma Antiga: Greg Woolf, professor de história antiga, Universidade da Califórnia.

Rotas da seda: Peter Frankopan.

Bizâncio: Jonathan Harris, professor de história de Bizâncio, Royal Holloway, Universidade de Londres; Peter Frankopan.

Vikings: Neil Price, professor de arqueologia, Universidade de Uppsala.

Rússia de Kiev/Moscóvia: dr. Sergei Bogatirev, professor associado, University College London (autor de um livro sobre memória familiar na Rússia de Kiev, a ser publicado).

Europa medieval/normandos: Robert Bartlett, professor emérito, Universidade de St Andrews.

Mongóis: Timothy May, professor de História da Eurásia Central, University of North Georgia.

Incas e astecas: Matthew Restall, professor de história colonial latino-americana, Penn State College of Liberal Arts.

Etiópia: dr. Mai Musié, pós-doutorando em raça e etnicidade no antigo mundo greco-romano, Universidade de Oxford; dr. Verena Krebs, Ruhr-Universität Bochum; dr. Adam Simmons, Nottingham Trent University; dr. Bar Kribus, Universidade Hebraica de Jerusalém.

Khmer/Camboja: Ashley Thompson, professor de artes do Sudeste da Ásia, Escola de Estudos Orientais e Africanos, Universidade de Londres.

Portugal/Império Português: Malyn Newitt, professor de história, King's College, Londres; Zoltán Biedermann, professor de história moderna, Escola de Línguas, Cultura e Sociedade Europeias, University College London.

Espanha/Império Espanhol: dr. Fernando Cervantes, Universidade de Bristol.

Inglaterra seiscentista: Ronald Hutton, professor de história, Universidade de Bristol.

Brasil: Lilia Schwarcz.

Havaí: Nicholas Thomas, professor de antropologia social, Universidade de Cambridge.

França: Robert Gildea, professor de história moderna, Worcester College, Universidade de Oxford.

Santo Domingo/Haiti: dr. Sudhir Hazareesingh, Balliol College, Universidade de Oxford; John D. Garrigus, professor de história, Universidade do Texas em Arlington.

Holanda/Império Holandês: David Onnekink, professor assistente de história, Universidade de Utrecht.

Alemanha: Katja Hoyer.

Guerra Fria: Sergey Radchenko, professor emérito, Johns Hopkins School of Advanced International Studies.

O dr. N. Zaki traduziu textos em árabe. Keith Goldsmith leu seções referentes aos Estados Unidos. Jago Cooper, Kate Jarvis e Olly Boles ajudaram nas primeiras seções. Jonathan Foreman passou muitas horas comigo discutindo história do mundo.

Vidas são feitas por grandes mestres e mentores inspiradores: obrigado à finada e excelente professora Isabel de Madariaga, que me ensinou a escrever sobre história em meu primeiro livro, *Catarina, a Grande, & Potemkin*; Jeremy Lemmon, o finado Stuart Parsonson, Howard Shaw, Hugh Thompson.

Obrigado à equipe que me deu suporte: dr. Marcus Harbord, em questões de saúde; Rino Erasmo, do Café Rino, e Ted "Longshot" Longden, do Yard, pelos estimulantes "cortados"; Carl van Heerden e Dominique Felix, pelas espartanas sessões de exercícios físicos; Akshaya Wadhwani, pelo apoio em questões tecnológicas. Obrigado aos queridos amigos Samantha Heyworth, Robert Hardman,

Aliai Forte, Tamara Magaram, Marie-Claude Boureely e Eloise Goldstein pela ajuda sobre a Costa do Marfim.

Obrigado a meus editores na Hachette, David Shelley, Maddy Price, Elizabeth Allen; à heroica Jo Whitford; ao brilhante Peter James, o rei dos editores; e à minha antiga editora, Bea Hemming; nos Estados Unidos, ao finado Sonny Mehta, e a Reagan Arthur e Edward Conway, na Knopf; e a meus incríveis agentes Georgina Capel, Rachel Conway, Irene Baldoni e Simon Shaps.

Dedico este livro a meus finados pais, Stephen e April. Agradeço a minha mulher, Santa, a minha filha, Lilochka, e a meu filho, Sasha, por terem suportado três anos de foco hermético com muitas risadas, amor e tolerância: "Um por todos e todos por um".

Simon Sebag Montefiore
Londres

Nota do autor

Esta é uma obra de síntese, produto de uma vida de leituras, e utiliza fontes primárias sempre que possível. Cada tema tratado aqui possui uma vasta historiografia; a fim de economizar espaço, listo nas referências bibliográficas as principais obras usadas em cada seção.

Os nomes são importantes: "as coisas, na verdade", sugeriu Confúcio, "deveriam ser feitas de acordo com as implicações que lhes são atribuídas pelos nomes". A tradição acadêmica é helenizar os nomes das dinastias orientais (gengízidas, por exemplo, no caso de Gengis Khan), mas, a menos que eles sejam de fato gregos (caso dos selêucidas), tento usar seus nomes originais: assim, chamo os persas aquemênidas de haxamanishiya; os abássidas, de abbasiyat. Tento evitar neologismos — usando, por exemplo, romaioi em vez de bizantinos, hatianos em vez de hititas. Tento evitar também o uso de nomes traduzidos, exceto nos casos em que as traduções já se tornaram muito familiares: Maria Antonieta e não Marie Antoinette, Ciro e não Koresh, Pompeu e não Pompeius. Para a época otomana, uso de preferência o turco, não o árabe: assim, falo em Mehmed Ali, e não em Muhammad Ali, mesmo que isso desagrade os egípcios. Uso Türkiye em vez de Turquia: creio que este é o melhor exemplo de uma transliteração eurocêntrica inadequada. Para os governantes chineses, uso ou seu nome próprio (Liu Che) ou seu título póstumo (imperador Wu ou Wudi); para os Ming e os Qing, uso nomes de época (o imperador Kangxi, depois só Kangxi).

Para fins de contextualização geográfica, cito Estados modernos, ainda que isso possa gerar confusão: o Reino do Daomé era o que é hoje a República do

Benim (não a República do Daomé); o Reino do Benim ficava na Nigéria (não na República do Benim).

Os cronônimos da história do mundo são de âmbito mundial — Idade da Pedra, Idade das Trevas, Era Axial e Renascimento, e um bocado de revoluções; muitos hoje parecem reducionistas, antiquados, clichês. Mas é tarefa do historiador classificar, e alguns são clichês justamente porque são em ampla medida verdadeiros.

Minhas desculpas por todas as inconsistências.

Introdução

Quando a maré baixa, surgem as pegadas. As pegadas de uma família caminhando pela praia no que é hoje uma pequena aldeia no leste da Inglaterra, Happisburgh. Cinco conjuntos de pegadas, provavelmente de um homem e quatro crianças, datando de 950 mil a 850 mil anos. Descobertas em 2013, são as mais antigas pegadas de uma família de que se tem registro. Não são as primeiras: pegadas ainda mais antigas foram descobertas na África, onde começou a história humana. Mas as de Happisburgh são o mais antigo traço de uma *família*. E são a inspiração para esta história do mundo.

Muitas histórias do mundo foram escritas, mas esta adota uma nova abordagem, usando histórias de famílias através do tempo para oferecer uma perspectiva diferente, inovadora. É uma história que me atrai porque oferece um modo de conectar grandes acontecimentos com o drama humano individual, desde os primeiros hominídeos até hoje, desde a pedra afiada até o iPhone e os drones. A história do mundo é um elixir para tempos turbulentos; sua vantagem é que oferece um senso de perspectiva: a inconveniência é que envolve uma distância demasiada. Histórias do mundo com frequência são feitas de temas, não de pessoas; biografias são feitas de pessoas, não de temas.

A família continua a ser a unidade essencial na existência humana — mesmo na era da inteligência artificial e da guerra galáctica. Teci uma história contando as histórias de múltiplas famílias em cada continente e cada época, usando-as para amarrar o avanço da história humana. Trata-se de uma biografia de várias pessoas, e não só de uma. Ainda que a abrangência dessas famílias seja global, seus dramas são íntimos: nascimento, morte, casamento, amor, ódio; elas ascendem, caem, voltam a ascender, migram, retornam. Em todo drama familiar há muitos atos. Era a isso que Samuel Johnson se referia quando disse que todo reino é uma família e toda família é um pequeno reino.

Ao contrário de muitas das histórias com as quais cresci, esta é uma autêntica história do mundo, que não se concentra de modo excessivo na Grã-Bretanha e na Europa, dando à Ásia, à África e às Américas a atenção que esses continentes merecem. O foco na família também permite dar mais atenção à vida de mulheres e crianças, menosprezadas nos livros que li em meus tempos de escola. Os papéis que elas desempenham — assim como a forma da própria família — mudam com o passar do tempo. Meu objetivo é mostrar como as fontanelas da história cresceram juntas.

A palavra "família" tem um ar de aconchego e afeição, ainda que, na vida real, as famílias também possam ser redes de atrito e crueldade. Muitas das que acompanho são famílias poderosas, nas quais a intimidade e o calor do acalanto e do amor são ao mesmo tempo infundidos e distorcidos pela dinâmica peculiar e implacável da política. Em famílias poderosas, o perigo vem da intimidade. No século III a.C., Han Fei Tzu advertiu o monarca chinês: "A calamidade chegará daqueles que você ama".

"A história é algo que muito poucas pessoas estavam fazendo", escreve Yuval Noah Harari, "quando todas as outras estavam arando campos e carregando baldes de água." Muitas das famílias que escolhi retratar são ligadas ao exercício do poder, mas outras compreendem pessoas escravizadas, médicos, pintores, romancistas, executivos, generais, historiadores, sacerdotes, charlatães, cientistas, magnatas, criminosos... e amantes. Até mesmo alguns deuses.

Algumas serão familiares, muitas não: seguimos aqui as dinastias de Mali, Ming, Médici e Mutapa, Daomé, Omã, Afeganistão, Camboja, Brasil e Irã, Haiti, Havaí e Habsburgo; fazemos a crônica da imperatriz Wu, do rei Henrique do Haiti, do Kaiser Guilherme, de Gengis Khan, Sundiata Keita, Euarê, o Grande, Ivan, o Terrível, Kim Jong-un, Itzcóatl, Andrew Jackson, Ganga Zumba, Indira Gandhi, Sobhuza, Pachacuti e Hitler, além das famílias Kenyatta, Castro, Assad, Trump, Roosevelt, Rothschild e Rockefeller; Cleópatra, De Gaulle, Khomeini, Gorbatchóv, Maria Antonieta, Jefferson, Nader, Mao, Obama; Mozart, Balzac e Michelangelo; césares, sauditas e otomanos.

A violência coexiste com o aconchego. Há muitos pais e mães amorosos, mas também há pessoas como Ptolemeu VIII, o Gorducho, que esquarteja o filho e envia os pedaços para a mãe da criança; Nader Shah e a imperatriz Iris, que cegam os filhos; a rainha Isabel, que tortura a filha; Carlos Magno, que possivelmente dormiu com a dele; a poderosa otomana Kösem, que ordena o estrangulamento do filho e é estrangulada por ordem do neto; Catarina de Médici, a potestade Valois que orquestra um massacre durante o casamento da filha e parece perdoar a sedução ou mesmo o estupro dela pelos irmãos; Nero, que dorme com a mãe e depois a mata; Shaka, que assassina a mãe e depois usa isso como pretexto para promover um massacre; Saddam Hussein, que incita os filhos contra os genros. O assassinato de irmãos é endêmico, mesmo hoje: Kim Jong-un matou recentemente o irmão de modo muito moderno, usando uma pegadinha num programa de TV como pretexto e um agente nervoso como veneno.

Seguimos também as tragédias de filhas adolescentes, enviadas por pais frios para se casar com estranhos em terras distantes, onde depois morreram no parto; por vezes seus casamentos facilitaram afinidades entre Estados; com mais frequência, seus sofrimentos de pouco adiantaram, uma vez que as conexões familiares foram amplamente superadas por interesses de Estado. Acompanhamos também mulheres escravizadas, como Kösem, que se ergueram para governar impérios. Sally Hemings, meia-irmã escravizada da falecida mulher de Thomas Jefferson, criou em segredo os filhos do presidente; Razia, do sultanato de Delhi, assumiu o poder como soberana, mas foi destruída por seu relacionamento com um general africano; em al-Andaluz, a filha de um califa, Wallada, tornou-se poeta e libertina. Acompanhando essas famílias ao longo de pandemias, guerras, inundações e surtos de progresso, mapeamos as vidas de mulheres da aldeia ao trono, às fábricas e à liderança de governos parlamentares; da catastrófica mortandade no parto e da impotência legal ao direito ao voto, ao aborto e à contracepção; acompanhamos a trajetória de crianças de uma devastadora mortalidade infantil ao trabalho nas indústrias e ao moderno culto à infância.

Esta é uma história centrada em indivíduos, famílias e círculos sociais. Há muitos outros modos de abordar a história com essa abrangência. Mas sou um historiador do poder; a geopolítica é o motor da história do mundo, e passei a maior parte de minha carreira escrevendo sobre líderes russos. Esse é o tipo de história que sempre gostei de ler, pois compreende paixões e fúrias, o reino da imaginação e dos sentidos, e a determinação e coragem da vida comum, que de certo modo escapa a tratados de economia pura e ciência política. A centralidade dessa conexão humana é uma maneira de contar a história do mundo que demonstra o impacto das mudanças políticas, econômicas e técnicas e revela ao mesmo tempo como as famílias evoluíram. Este livro é mais uma batalha no longo embate entre estrutura e capacidade de ação, forças impessoais e caráter humano. Mas esses aspectos não são necessariamente exclusivos. "Os homens fazem sua própria história", escreveu Marx, "mas não a fazem como gostariam; não a fazem sob circunstâncias que eles mesmos escolheram, mas sob aquelas já existentes, dadas e transmitidas pelo passado."

Com grande frequência, a história é apresentada como uma série entrecortada de eventos, revoluções e paradigmas, vividos por pessoas claramente categorizadas e estritamente identificadas. Mas a vida das famílias reais revela algo diferente — pessoas idiossincráticas, singulares, vivendo, rindo e amando durante décadas e séculos num mundo em camadas, híbrido, liminar, caleidoscópico, que desafia as categorias e identidades de tempos posteriores.

As famílias e personagens que acompanho aqui tendem a ser excepcionais — mas também revelam muito sobre seu lugar e época. Trata-se de uma maneira de examinar como reinos e Estados evoluíram, como a interconectividade entre pessoas se desenvolveu e como diferentes sociedades absorveram pessoas de fora e se misturaram. Neste drama multifacetado, espero que a narrativa, simultânea e mesclada, porém única, capte algo da confusa imprevisibilidade e contingência da vida real em tempo real: o sentimento de que há muita coisa acontecendo em diferentes lugares e órbitas, a desordem e a confusão de uma carga de cavalaria alucinante, espasmódica, de punhos desnudos, muitas vezes tão absurda quanto cruel, sempre cheia de vertiginosas surpresas, estranhos incidentes e incríveis personalidades que ninguém poderia prever. É por isso que os líderes mais bem-sucedidos são visionários, estrategistas transcendentes, mas também improvisadores, oportunistas, criaturas de confusão e de sorte. "Até mesmo o mais astuto dos astutos", admitia Bismarck, "caminha no escuro como uma criança." A história é feita da interação de ideias, instituições e geopolíticas. Quando elas se reúnem numa conjunção feliz, grandes mudanças acontecem. Mas, mesmo então, são as personalidades que lançam os dados...

Acompanhamos tanto famílias íntimas quanto famílias amplamente poderosas, com frequência expandidas em clãs e tribos. A família íntima é uma realidade para todos nós em termos de biologia, e para muitos de nós em termos de cuidado parental, mesmo que imperfeito; dinastias mais amplas são construtos que se valem da confiança e da linhagem como uma cola para preservar o poder, proteger a riqueza e compartilhar perigos. Mas todos nós, instintivamente, compreendemos duas coisas: que de muitas formas somos membros de dinastias e que essa história familiar é uma crônica de todos nós. Ocorre apenas que as medidas implementadas por famílias governantes e o que está em jogo para elas são coisas muito mais letais.

Na Europa e nos Estados Unidos, tendemos a pensar na família como uma pequena unidade que, na era do individualismo, da industrialização e da alta tecnologia, não tem mais a importância política que tinha antes — que não precisamos mais dela como precisávamos antigamente. Isso de certa forma é verdade, e nos últimos séculos a família adquiriu um aspecto diferente. Quando não há famílias proeminentes, continuo a usar personagens e conexões para amarrar uma narrativa complexa e revelar que, em nosso mundo individualista e supostamente racional, as dinastias evoluíram, mas não desapareceram. Longe disso.

Durante a Revolução Americana, Tom Paine insistiu que "um monarca hereditário é algo tão absurdo quanto um médico hereditário", embora a profissão médica, como muitas outras, fosse frequentemente passada de pai para filho.

Nas democracias liberais de hoje, temos orgulho de nossas políticas puras, racionais, desvinculadas de clãs e relações de parentesco. Com certeza, a família importa muito menos. Mas a maior parte da política continua a ser mais uma questão de personalidade e patronagem que de política. Os Estados modernos, mesmo na América do Norte e na Europa ocidental, são mais complexos e menos racionais do que gostaríamos que fossem: as instituições formais são com frequência contornadas por redes informais e pessoais que incluem a família: nas democracias ou semidemocracias, basta pensar nos Kennedy e Bush, Kenyatta e Khama, Nehru, Bhutto e Sharif, Lee e Marcos, demodinastias que representam tranquilidade e continuidade, mas precisam ser eleitas (podendo também não ser eleitas). Pesquisas recentes nos Estados Unidos, na Índia e no Japão revelam que dinastias nacionais são replicadas localmente entre linhagens congressionais e estaduais. E há cada vez mais governantes hereditários na Ásia e na África que, por trás da fantasia de instituições republicanas, são na verdade monarcas.

"Parentesco e família continuam sendo uma força a ser considerada", escreve Jeroen Duindam, o decano dos historiadores dinásticos. "Formas personalizadas e duradouras de liderança na política e nos negócios tendem a adquirir traços semidinásticos mesmo no mundo contemporâneo."

Um livro deste porte tem muitos temas: um deles é o da formação de nações por migração. Acompanhamos não só famílias estáveis, mas também famílias em movimento ou formadas por movimento: os grandes deslocamentos em massa — migrações e conquistas — que deram forma a cada raça e nação.

Não é possível escrever sobre dinastias sem mencionar a religião: governantes e dinastias governaram como monarquias sagradas, agentes e por vezes personificações da vontade de deus, uma convicção que se harmonizava com a família para fazer com que a sucessão hereditária parecesse algo natural, um reflexo da organização natural da sociedade através da linhagem. Depois de 1789, a teologia das dinastias sagradas evoluiu para se tornar compatível com os novos e populares paradigmas nacionais, e, depois de 1848, com a política de massa. A religião tradicional é menos predominante hoje, embora nossas sociedades, ditas seculares, sejam tão religiosas quanto as de nossos antepassados, e nossas ortodoxias tão rígidas e absurdas quanto as antigas religiões. Assim, um tema dominante é a necessidade humana de religiosidade e soteriologia, algo que proporcione a cada indivíduo, família e nação uma missão justa que dê significado e forma à existência. "Tendo seu *porquê* da vida", diz Nietzsche, "um indivíduo tolera quase todo *como*."

Embora a família tenha tido diferentes configurações em diferentes momentos e o poder esteja sempre em fluxo, há um fenômeno oposto ao qual ela está conectada e ao qual este livro dá muita atenção: a escravidão. Na figura do escravo doméstico, a escravidão esteve sempre presente, desde o início, como uma característica da família — não a do escravizado, mas a do seu senhor. A escravidão dispersou famílias; foi uma instituição antifamiliar. As famílias escravizadas que existiram — nas casas romanas e nos haréns islâmicos, ou, como no caso de Sally Hemings e Jefferson, nos Estados Unidos escravagistas — eram marcadas pela coerção sem possibilidade de escolha e muitas vezes pelo estupro sem rodeios. Um tema desta história: a família, para muitos, pode ser um privilégio.

Este livro foi escrito em um momento de desenvolvimentos estimulantes e há muito aguardados na história da escrita, que se refletem aqui: ênfase nos povos da Ásia e da África; interconectividade de políticas, línguas e culturas; foco no papel das mulheres e da diversidade racial. Mas a história se tornou uma pedra de isqueiro, seu poder moral acendendo instantaneamente tochas de conhecimento e fogos na lixeira da ignorância. Basta observar a paisagem infernal do Twitter e do Facebook, ouvir seu borborigmo de preconceitos e conspirações, para ver que a história é ainda mais físsil graças à distorção digital. Parte ciência, parte literatura, parte misticismo, parte ética, a história sempre foi importante porque o passado, quer marcado pelo esplendor ou pelo sofrimento heroico, ainda que imaginado, possui uma legitimidade e uma autenticidade, até mesmo uma sacralidade, que estão encravadas dentro de nós — e muitas vezes se expressam pelas histórias de famílias e nações. A história é capaz de mover multidões, criar nações, justificar o assassinato e o heroísmo, a tirania e a liberdade, com o poder silencioso de mil exércitos. É por isso que, na melhor das hipóteses, sua busca pela verdade é essencial. Toda ideologia, religião e império buscou controlar o passado a fim de legitimar seus atos no presente. Hoje, há muitas tentativas, no Oriente e no Ocidente, de encaixar a história numa ideologia.

As velhas narrativas infantis de "mocinhos" e "bandidos" estão de novo na moda, embora com "mocinhos" e "bandidos" diferentes. Mas, como ressaltou James Baldwin, "nunca se pode usar um passado inventado; ele racha e desmorona sob as pressões da vida como barro na estação seca". A melhor dica é o uso de jargões confusos. Como escreveu Foucault, o jargão ideológico é um sinal de ideologia coercitiva; "tende a exercer sobre os outros discursos [...] uma espécie de pressão e como que um poder de coerção", pois oculta a falta de uma base factual, intimida dissidentes e permite que colaboradores ostentem sua virtuosa convencionalidade. "Se o discurso verdadeiro não é mais, com efeito, desde os gregos, aquele que responde ao desejo ou aquele que exerce o poder, na vontade de verdade, na vontade de dizer esse discurso verdadeiro", perguntou Foucault, como de hábito acertadamente, "o que está em jogo senão o desejo e o poder?"

Baldwin advertiu: "Ninguém é mais perigoso do que aquele que se imagina puro de coração: pois sua pureza, por definição, é inatacável". As ideologias da história raramente sobrevivem ao contato com a confusão, as nuances e a complexidade da vida real: "O indivíduo que o poder constituiu", observou Foucault, "é ao mesmo tempo o seu veículo".

Inevitavelmente, há um grande foco nos aspectos obscuros da história — guerras, crimes, violência, escravidão e opressão —, porque são fatos da vida e motores de mudança. A história é "a bancada de abate", escreveu Hegel, "na qual é sacrificada a felicidade dos povos". A guerra é sempre um acelerante: "A espada conta mais verdades que os livros, sua lâmina separa a sabedoria da vaidade", escreveu Abu Tammam ibn Aws, um poeta iraquiano do século XIX. "O conhecimento encontra-se no cintilar das lanças." E todo exército, escreveu Trótski, "é uma cópia da sociedade e padece de todas as suas doenças, comumente numa temperatura mais elevada". Impérios — políticas de governo centralizado, massa continental, extensão geográfica, povos diversos — são onipresentes de várias formas; os impérios da estepe, com seus cavaleiros nômades, que durante milênios ameaçaram sociedades sedentárias, são muito diferentes dos impérios europeus transoceânicos que dominaram o mundo entre 1500 e 1960. Alguns foram obra de um único conquistador ou de uma única visão, mas a maioria foi conquistada e governada de modo assistemático, ao acaso e de variadas maneiras. Os contendores mundiais de hoje são "nações-impérios" — lideradas pela China, pelos Estados Unidos e pela Rússia — que combinam a coesão da nação com a extensão de impérios muitas vezes continentais. Em Moscou, imperialistas, fortalecidos por um novo ultranacionalismo, controlam a maior nação-império do mundo — com resultados letais. O torneio da geopolítica — que o papa Júlio II chamou de "o Jogo Mundial" — é implacável; o sucesso é sempre temporário, e o custo humano é sempre alto demais.

Muitos crimes foram negligenciados e encobertos e precisam ser devidamente tratados. Minha intenção com este livro é escrever uma história matizada, que mostre os seres humanos e os seus regimes sociais e políticos como as entidades complexas, imperfeitas e inspiradoras que são na realidade. O melhor remédio para os crimes do passado é lançar o máximo de luz sobre eles; e, posto que tais crimes não podem mais ser punidos, essa iluminação é a redenção mais genuína, a única que conta. Este livro se propõe a lançar essa luz: nele têm lugar tanto as realizações como os crimes, quaisquer que sejam os responsáveis. Procuro contar todas as histórias possíveis dos inocentes mortos, escravizados ou reprimidos: ou todos contam, ou ninguém conta.

Hoje, somos abençoados com empolgantes novos métodos científicos — datação por carbono, DNA, glotocronologia —, que nos permitem saber mais sobre o passado e mapear o dano que os seres humanos estão causando à Terra com o aquecimento global e a poluição. Porém, mesmo com todas essas novas ferramentas, a história continua a ser essencialmente sobre pessoas. Minha última viagem antes de escrever estas linhas foi ao Egito; quando vi os rostos animados nos retratos da tumba de Fayum, pensei no quanto essas pessoas do século I se pareciam conosco. Compartilhamos com elas e suas famílias uma série de características, mas as diferenças são igualmente grandes. Em nossa própria vida, com frequência é raro que compreendamos pessoas que conhecemos bem. A primeira regra da história é perceber quão pouco sabemos sobre as pessoas no passado, como pensavam, como funcionavam suas famílias.

É um desafio evitar a teleologia, escrevendo a história como se seu resultado fosse conhecido o tempo todo. Historiadores são maus profetas, mas bons em profetizar o futuro quando já sabem o que aconteceu. Isso ocorre porque, muitas vezes, eles não chegam a ser cronistas do passado ou videntes do futuro, mas simples espelhos de seu próprio presente. A única maneira de compreender o passado é sacudindo o presente: nossa tarefa é buscar todos os fatos possíveis para fazer a crônica da vida de gerações anteriores, usando tudo que sabemos.

Um historiador do mundo, escreveu al-Masudi na Bagdá do século X, é como um homem que, tendo encontrado pérolas de todos os tipos e cores, as reúne num colar e faz delas um ornamento que guarda com grande carinho. É esse tipo de história do mundo que quero escrever.

As pegadas da família na praia de Happisburgh foram rapidamente destruídas pelas marés — mas estiveram ali por várias centenas de milhares de anos antes do início daquilo que chamamos de história.

ATO I

POPULAÇÃO MUNDIAL

70 000 A.C.: 150 MIL
10 000 A.C.: 4 MILHÕES
5000 A.C.: 5 MILHÕES
2000 A.C.: 27 MILHÕES
1000 A.C.: 50 MILHÕES

Casas de Sargão e de Amósis:
Zigurates e pirâmides

POETA, PRINCESA, VÍTIMA, VINGADORA: ENHEDUANA

Quatro mil anos atrás, Enheduana estava no auge de seu esplendor quando um agressor invadiu o império, atacou sua cidade, apoderou-se dela e, evidentemente, a estuprou. Ela não só sobreviveu como foi reconduzida ao poder — e se recuperou escrevendo sobre seu martírio. Enheduana foi a primeira mulher cujas palavras podemos ouvir, o primeiro autor identificado, homem ou mulher, a primeira vítima de abuso sexual que escreveu sobre suas experiências, e integrante da primeira dinastia de que temos notícia. Ela foi tão privilegiada quanto era possível em 2200 a.C. — uma princesa do Império Acadiano (com base no Iraque), suma sacerdotisa do deus da Lua e filha favorita de Sargão, o primeiro conquistador de que se tem registro. Mas, como em todo império, tudo dependia do poder e da violência — e, quando o império cambaleou, foi ela, uma mulher, quem suportou essa queda, na forma da violência sexual.

Enheduana estava provavelmente na casa dos trinta anos e tinha experiência política, tendo servido durante muito tempo como suma sacerdotisa do deus da Lua, Nana ou Sim, e como potestade da cidade de Ur, mas ainda era jovem o bastante para ter filhos. Criada na corte do pai, Sargão, "rei dos quatro cantos do mundo", do Mediterrâneo ao golfo Pérsico, filha de sua esposa favorita, Taslultum, Enheduana acreditava apaixonadamente em seu deus padroeiro, mas também desfrutava do luxo da realeza: em um disco, aparece vestindo uma túnica canelada e capuz, cabelo trançado, realizando um ritual em seu templo. Ela presidia uma equipe imensa — como atestam os selos de "Adda, administradora dos bens de Enheduana" e de "Sagadu, o escriba" —, mas a moda e o estilo dos cabelos eram também importantes: num selo, lê-se "Ilum Palilis, cabeleireiro de Enheduana, filha de Sargão". Em seu templo, Enheduana tinha o cabelo trançado por Ilum Palilis — primeiro estilista citado na história — enquanto dava ordens a Sagadu sobre suas propriedades, os contingentes do templo e sua poesia. Seus hinos enalteciam o deus — "quando ele fala, o céu estremece" — e, claro, seu próprio pai, "meu rei". Mas, pouco tempo após a morte de Sargão, quando seus filhos e netos lutavam para manter o império unido, um invasor, ou um rebelde conhecido como Lugalane, desferiu um golpe e de algum modo capturou a princesa-sacerdotisa-poeta. O fato de possuí-la granjeava-lhe o prestígio de Sargão, o Grande; se pudesse ter um filho com ela, poderia fundar uma dinastia, enobrecida pelo sangue de Sargão. Enheduana sabia o que a esperava: "Oh, Sim, deus da Lua, será Lugal meu destino?", escreveu. "Diga ao céu que me liberte disso!" Ela dá a entender que foi estuprada pelo oportunista: "Esse homem corrompeu os ritos decretados pelo santo céu [...]. Forçando passagem como se fosse um igual, ele ousou aproximar-se de mim em sua luxúria". Enheduana lembrou o episódio de forma visceral, como faria qualquer mulher: "Uma ávida mão foi posta sobre minha boca cheia de mel". E ele a removera de seu amado templo: "Quando reinou supremo, Lugal me expulsou do templo, voando pela janela como uma andorinha".

Mas ela teve sorte: o império reagiu. Seu irmão ou sobrinho derrotou Lugalane e reconquistou o Império Acadiano, libertando Enheduana e restaurando-a à posição de suma sacerdotisa. De que forma ela lamentou sua dor e celebrou sua sobrevivência? Fez o que fazem os escritores: escreveu. E o fez com orgulho: "Sou Enheduana, deixem-me falar a vocês! Minha prece, minhas lágrimas fluindo como um doce tóxico. Caminhei em direção às sombras. Elas me amortalharam num redemoinho de pó".

A data exata e os detalhes precisos desse episódio são obscuros, mas sabemos que Enheduana existiu e conhecemos suas palavras: em sua sobrevivência como mulher, para não falar em seu registro como autora e governante, ela representa a experiência de várias mulheres ao longo da história, como governante, escritora e vítima cuja sobrevivência ela própria celebra de modo inesquecível, como uma deusa "em um majestoso manto [...] montada em leões", reduzindo "os inimigos a pedaços" — uma imagem e uma voz espantosamente modernas, e bastante típicas do século XXIII a.C.

Enheduana viveu muito tempo atrás, mas mesmo em sua época a família humana já era muito antiga. Provavelmente começou na África. Não sabemos como exatamente os seres humanos evoluíram, e é provável que jamais saibamos. Tudo que sabemos é que todos foram originalmente africanos, que o sustento dos filhos requeria equipes que chamamos de famílias e que a história da humanidade desde o começo até o século XXI é um drama inevitavelmente excitante e complicado. Os historiadores há muito tempo debatem quando a história começou.[1] É fácil apontar pegadas, ferramentas cinzeladas, muros empoeirados e fragmentos de ossos, mas, para os propósitos deste livro, a história começou quando a guerra, o alimento e a escrita se uniram para permitir que um potentado, geralmente um homem como Sargão, mas às vezes uma mulher como Enheduana, assumisse o poder e promovesse os filhos a fim de mantê-lo.

Entre 7 milhões e 10 milhões de anos atrás, quando nosso planeta, com 4 bilhões ou 5 bilhões de anos, era presa de eras glaciais que iam e vinham, hominídeos de um gênero atualmente desconhecido separaram-se dos chimpanzés. Cerca de 2 milhões de anos atrás, no leste da África, evoluiu uma criatura que caminhava ereta sobre duas pernas. Era o *Homo erectus*, que perdurou pela maior parte dos 2 milhões de anos seguintes — o período mais longo da existência humana — e que vivia da caça e da coleta. Algum tempo depois, algumas dessas criaturas migraram da África para a Europa e a Ásia, onde climas diferentes fizeram com que se desenvolvessem em ramos diferentes, aos quais os cientistas deram nomes em latim, como *Homo antecessor*, *Homo neanderthalensis* e *Homo heidelbergensis*, de acordo com os lugares onde seus ossos foram descobertos. Exames de DNA sugerem que a maioria tinha pele e olhos escuros. Eles já usavam machados de pedra. Há cerca de 500 mil anos, da África do Sul à China, caçavam animais de grande porte e talvez usassem o fogo para cozinhar — e há evidências de que desde o início havia tanto cuidado quanto violência: alguns indivíduos incapacitados viveram por um bom tempo, o que sugere cuidados sociais, enquanto, por outro lado, vários crânios descobertos numa caverna no norte da Espanha apontam lesões infligidas há 430 mil anos — os primeiros assassinatos de que temos notícia. Cerca de 300 mil anos atrás, esses hominídeos começaram a fazer fogueiras fora do lugar onde viviam, mudando de paisagem pela primeira vez e usando lanças de madeira e armadilhas para caçar animais de grande porte.

Os cérebros dos hominídeos quase triplicaram de tamanho, o que exigia uma dieta ainda mais rica. Era mais difícil para as mulheres parir bebês com cabeças maiores: a estreiteza da pélvis feminina — um meio-termo entre o formato necessário para caminhar ereta e o necessário para parir um bebê — fez com que o parto ficasse perigoso tanto para a mãe quanto para a criança, uma vulnerabilidade que ajudou a configurar a família na história. Supomos que isso signifique que elas precisavam de um grupo de pessoas com relação de parentesco para ajudar a criar seus bebês — e, se isso está correto, essas pequenas comunidades com laços de sangue tornaram-se a unidade definidora da história humana, a família, da qual ainda precisamos hoje, mesmo quando somos senhores do planeta, dominadores de todas as outras espécies e criadores de notáveis novas tecnologias. Os antropólogos adoram especular que as famílias tinham certo tamanho, que os homens realizavam certas tarefas, as mulheres, outras, mas tudo isso não passa de suposição.

Mais provavelmente, havia um mosaico de espécies de hominídeos de aspectos diferentes, coexistindo, às vezes isoladas umas das outras, às vezes se cruzando, às vezes lutando entre si. Cerca de 120 mil anos atrás, quando a Terra estava num período de aquecimento (tão quente que hipopótamos banhavam-se no Tâmisa), os humanos modernos — o *Homo sapiens*, ou homem sapiente — surgiram na África. Sessenta mil anos depois, alguns deles migraram para a Ásia (na Europa, isso só aconteceu mais tarde), onde encontraram outras espécies de hominídeos em seu caminho para o leste. As razões para suas viagens são um mistério, mas o mais provável é que fossem motivadas por uma combinação de busca de alimentos e terra, clima e mudanças ambientais, surtos de doenças, ritos religiosos e questões de amor e aventura. Depois de cruzar mares em barcos por distâncias de 150 quilômetros, eles chegaram à Indonésia, à Austrália e às Filipinas, entre 65 mil e 35 mil anos atrás. Em seguida, aventuraram-se pelo Pacífico, ilha por ilha.

Os *sapiens* coexistiram com outras famílias de hominídeos: durante mais de 100 mil anos combateram e mataram neandertais e formaram famílias com outros. Hoje, europeus, chineses e nativos americanos possuem 2% de genes neandertais em seu DNA, enquanto alguns indígenas australianos, melanésios e filipinos têm 6% adicionais, herdados de uma enigmática população asiática antiga, identificada pela primeira vez em fragmentos de fósseis e DNA recuperados da Caverna Denisova, na Sibéria. Esse padrão de imigração, assentamento e conquista — o movimento em massa de famílias existentes e a geração de novas famílias por competição (por vezes sanguinária), nutrindo-se e mesclando-se umas às outras — é a dança perpétua da criação e destruição humana: começou cedo, repete-se ao longo da história e ainda prossegue. Os humanos que surgiram desses cruzamentos eram quase uniformes — rostos esguios, crânios globulares, narizes pequenos, biologicamente quase idênticos. As mais ínfimas diferenças, porém, justificaram séculos de conflito, opressão e racismo.

Cerca de 40 mil anos atrás, o *Homo sapiens* combateu, matou ou absorveu outros hominídeos e exterminou muitos animais de grande porte. Bem antes disso, eles desenvolveram cordas vocais, que lhes permitiram falar, e cérebros, que deflagraram a vontade e a aptidão de contar histórias. De algum modo, a ânsia por conforto, a necessidade de segurança, o instinto de criar filhos e talvez até mesmo o desejo de fruir de companhias estimularam as pessoas a formar grupos de famílias. Elas viviam da caça e da coleta, cultuavam os espíritos da natureza, expressavam suas crenças por meio de pinturas em cavernas — as mais antigas na Indonésia e na Austrália datam de mais de 40 mil anos atrás —, entalhando figuras de mulheres curvilíneas e homens com cabeça de leão, e sepulta-vam seus entes de maneira ritualística em túmulos, com joias e contas. Produzi-ram também suas primeiras roupas de linho, em substituição às peles de animais, e arcos e flechas, que aprimoraram o processo de caça; cães eram treinados para caçar e foram depois domesticados. Esses caçadores-coletores eram altos e bem constituídos, com dentes fortes, não estragados pelo consumo de cereais e açú-car. Ao longo da história, porém, o destino de um indivíduo era decidido pela geografia e pela sorte: alguns viviam em extravagante abundância, enquanto ou-tros sobreviviam com dificuldade em tundras geladas.

Dezesseis mil anos atrás, o clima começou a esquentar, o gelo a recuar, e gramíneas e legumes, além de rebanhos de cervos e gado, tornaram-se mais abundantes em certas regiões. Alguns bandos desses caçadores-coletores cruza-ram a ponte de gelo entre a Ásia e o Alasca e chegaram às Américas, onde, num vislumbre de uma existência perigosa, 13 mil anos atrás, as pegadas de uma mu-lher, no Novo México, mostram que ela segurava uma criança, às vezes baixando--a e erguendo-a novamente, acossada por tigres-dentes-de-sabre. Suas pegadas retornavam sozinhas. Os tigres devem ter devorado a criança.

Os humanos começaram a construir estruturas, primeiro de madeira, de-pois de pedra: na Rússia e na Ucrânia, perto dos limites do gelo, ergueram abri-gos de madeira, às vezes ornados com presas e ossos de mamute, possivelmente para comemorar caçadas. Alguns eram sepultados em túmulos elaborados, e muitos tinham deformidades físicas, sendo talvez considerados sagrados. Pes-soas do Amazonas usavam pigmento ocre para pintar um mundo de mastodon-tes, preguiças gigantes e cavalos; na Austrália, retratavam pequenos marsupiais e dugongos. No Japão, faziam objetos de cerâmica; na China, queimavam sua ce-râmica de modo a poder cozinhar sobre o fogo. Agora, eram humanos plena-mente formados, não mais macacos. Suas famílias, como as nossas, provavel-mente compartilhavam rituais sagrados e conhecimento útil enquanto nutriam ódio por parentes próximos e rivais distantes. É tentador fantasiar que as mulhe-res, por exemplo, eram poderosas, mas na verdade não sabemos praticamente nada sobre elas.

O degelo acelerou-se 11 700 anos atrás, marcando o início de uma era de aquecimento que prossegue até hoje, e a elevação das águas separou a América e a Austrália da Ásia, e a Grã-Bretanha da Europa continental. Agora havia talvez 4 milhões de pessoas na Terra. Depois que a maior parte do gelo derreteu, por volta de 9000 a.C., alguns sortudos descobriram que viviam em regiões nas quais podiam cultivar animais e plantas. Mas, já em 8000 a.C., a caça e o aproveitamen-to de florestas começaram a levar os grandes mamíferos — mamutes, mastodon-tes, cavalos nativos da América — à extinção. Por vários milênios, muitos ainda viviam de acordo com as estações do ano, caçando numa estação, coletando gramíneas e frutas em outra. Mas ainda antes de a agricultura estar totalmente organizada, pessoas em todo o mundo — do Japão e da Finlândia até as Américas — começaram a erguer estruturas monumentais com função tanto sagrada quanto social. Os templos serviam como calendários ligados a corpos celestiais, e as pessoas possivelmente só se reuniam lá para comemorar colheitas bem-sucedidas, depois retornavam à sua vida de coleta e caça. No sudeste da Türkiye, em Göbekli Tepe, estruturas parecidas com templos, pilares encimados por raposas, serpentes e escorpiões esculpidos, eram construídas por caçadores-coletores que ainda não praticavam a agricultura, mas já compartilhavam ritos religiosos. Próximo dali, em Karahan Tepe, eles construíram outro templo monumental, ornado com esculturas de pessoas — incluindo um pequeno recinto com onze estátuas de *phalloi*. A começar de 9500 a.C., os templos, construídos 4500 anos antes de Stonehenge, foram usados por mais de 1500 anos.

As pessoas começaram a se estabelecer em aldeias — uma das primeiras foi Jericó, em Canaã (Palestina) — antes mesmo de a agricultura se tornar sua principal fonte de sustento: ainda coletavam e caçavam. Contrariamente à imagem tradicional de uma "revolução", não houve uma mudança súbita: muitos povos iam e vinham entre agricultura e caça, pesca e coleta. Mesmo que levando apenas entre trinta e duzentos anos para domesticar uma plantação, foram necessários 3 mil anos (a diferença entre os dias de hoje e os dos faraós) desde o começo do cultivo de cereais até o estabelecimento de uma agricultura plena, e outros 3 mil até o real surgimento de Estados — embora na maior parte do mundo esses Estados nunca tenham chegado a se desenvolver.

A princípio, isso significa que a dieta da maioria dos indivíduos era mais pobre, não mais rica: esses agricultores eram mais baixos, mais fracos, mais anêmicos e tinham dentes piores. As mulheres trabalhavam com os homens, desenvolvendo braços fortes — além de joelhos deformados e artelhos encurvados — ao trabalhar a terra e moer os grãos. A vida pode ter sido melhor antes da agricultura, mas esta triunfou por ser mais eficiente para as espécies. A competição era feroz; aldeias agrícolas subjugaram bandos de caçadores que cobiçavam seus depósitos de alimentos. Por razões desconhecidas, os templos de Göbekli e Karahan foram soterrados. Em Jericó, os mil habitantes da cidade construíram as primeiras muralhas para se proteger. Eles enterravam seus mortos sob as próprias casas e, por vezes, após remover a carne, recompunham seus rostos com gesso e introduziam pedras nas órbitas oculares — retratos cranianos que eram populares de Israel ao Iraque, numa confirmação de que os humanos era capazes de mentalizar seres sobrenaturais e mágicos e reconhecer as diferenças entre corpo e espírito.

A partir de 7500 a.C., os aldeões de Çatalhöyük (Türkiye central), que tinha mais de 5 mil habitantes, passaram a viver do cultivo de cereais e da criação de ovelhas, enquanto começavam a forjar o cobre para fabricar instrumentos úteis. Perto de Raqqa, na Síria, aldeões de Tell Sabi Abyad construíram celeiros para armazenar alimentos e usavam símbolos de barro para registrar o inventário. O mais antigo tecido intacto, encontrado em Çayönü (Türkiye), data de 7000 a.C. Protegidas no interior de cidades muradas, as mulheres tinham mais filhos, que eram desmamados e alimentados com mingau, mas 50% deles morriam ainda jovens, por viverem em íntima proximidade com pessoas e animais que os tornavam vítimas de doenças: então, como agora, as epidemias eram consideradas sintomas do sucesso da espécie, não de seu fracasso. Mas as pessoas precisavam de mais estabelecimentos para organizar o aumento dos cultivos: entre 10 000 e 5000 a.C., a população mundial mal passou de 4 milhões para 5 milhões. Ao longo da maior parte da história — os oito milênios e meio que se seguiram —, a expectativa de vida era de cerca de trinta anos.

Pequenas cidades desenvolveram-se no Iraque, no Egito e na China, depois no Paquistão/Índia, onde férteis solos ribeirinhos, junto com as mais úteis raças de animais domesticados, deram a essas regiões um impulso para a formação de sociedades sofisticadas, que iriam assegurar sua supremacia sobre a Euráfrica por muitos milênios.

Por todo o mundo, as pessoas começavam a erguer estruturas de pedra megalíticas, com frequência em círculos: por volta de 7000 a.C., os núbios — não egípcios, mas africanos subsaarianos — trouxeram imensas pedras de longe e as dispuseram em círculo em Nabta Playa, construindo uma estrutura para a observação de estrelas. As primeiras mercadorias e objetos de luxo foram comerciados ou trocados: do Irã à Sérvia, cobre, ouro e prata eram extraídos e trabalhados; a lazulita era usada em enterros; e, no vale do Yangtzé, os chineses começaram a produzir seda.

Em Malta, na Germânia, na Finlândia e, depois, na Inglaterra, comunidades moviam pedras gigantescas por longas distâncias para construir estruturas que serviam provavelmente como templos para seguir o sol, prever chuvas, sacrificar seres humanos e celebrar a fertilidade. A fé estava interconectada com o poder e a família: homens e mulheres trabalhavam na caça e na agricultura, mas eram estas últimas que criavam os filhos e fiavam tecidos: o algodão mais antigo de que se tem registro foi encontrado no vale do Jordão. Na África, onde as famílias teciam ráfia e tecidos de cortiça, esses clãs podem ter sido chefiados por descendentes de uma linhagem feminina.[2] Na Eurásia, o valor dos talentos femininos começou a ser calculado: pais cobravam um preço pelas filhas a seus futuros maridos, os quais, se poderosos, podiam manter várias mulheres e proteger sua prole. Originalmente, as famílias honravam tanto a linhagem masculina quanto a feminina, mas, a fim de evitar conflitos sobre a terra e os grãos, em certo momento começaram a favorecer a linhagem masculina — uma tradição que ainda hoje, na era do iPhone, perdura em muitos lugares. Mas mesmo no Iraque as mulheres podiam ascender ao poder.

KUBABA: PRIMEIRA RAINHA

Em Eridu, no Iraque, numa lagoa próxima da foz do rio Eufrates no golfo Pérsico, por volta de 5400 a.C., pescadores e pastores fundaram um vilarejo onde ergueram um templo ao deus Enki. Essa região era tão rica que outras cidades foram construídas nas cercanias, tão próximas umas das outras que quase podiam se ver. A invenção da fusaiola — uma esfera com um orifício — para fazer tecidos pode ter sido o primeiro gadget, desenvolvido tão cedo quanto a cerâmica e a agricultura, com consequências para muito além de sua utilidade imediata. Difícil de produzir, o tecido era essencial, mas caro: as sociedades eram organizadas em torno dos alimentos, da guerra e dos tecidos. Eridu foi uma das primeiras cidades na Suméria, seguida por Ur e Uruk, onde uma plataforma escalonada foi construída para Anu, o deus do céu, e encimada por um templo — um zigurate.

Seus líderes eram tanto patriarcas como sacerdotes. Seus deuses, em parte, eram mascates divertidos, mas evoluíram para se tornar juízes rigorosos, que ameaçavam os transgressores e depois passaram a policiar algo ainda maior: a vida após a morte. Os deuses foram se tornando maiores à medida que os governantes e as comunidades foram se tornando maiores, e a competição entre as aldeias ficou mais renhida.[3]

Não se sabe como Uruk, que então abrigava mais de 20 mil pessoas, era organizada — não havia palácios e existe uma menção ao "povo" —, mas havia reis-sacerdotes e os templos controlavam a riqueza: a ideia de propriedade provavelmente começou com referência a tesouros e artefatos especiais reservados ao sagrado dentro desses templos.

Mais ao norte, nas estepes eurasianas, cavalos — os animais que ajudariam o homem a dominar os terrenos até o século XIX — estavam sendo domesticados. Por volta de 3500 a.C., eles receberam freios, tornando possível montá-los. Logo a roda foi desenvolvida na Ucrânia/Rússia, onde surgem as primeiras referências linguísticas a ela. É provável que a roda tenha chegado ao Iraque antes dos cavalos: as primeiras carroças iraquianas eram puxadas não por cavalos, mas por outro membro da família dos equídeos, o kunga — uma resistente cruza de asna com jumento sírio, e o primeiro exemplo de um cruzamento de animais feito por humanos —, representado numa imagem puxando antigas carroças de quatro rodas. Os restos de um deles foram descobertos recentemente na Síria. A nova tecnologia espalhou-se então para a Índia; os kungas desapareceram, e o cavalo permitiu que pastores se tornassem uma feroz e nômade cavalaria, e que famílias se deslocassem por vastas distâncias para se estabelecer em novas terras. A guerra conduzia a tecnologia: carroças foram equipadas de modo a servir como veículos de guerra, tão prestigiados que os chefes guerreiros punham em campo verdadeiros exércitos de aurigas. Quando morriam, eles eram enterrados com o cavalo e a carroça. Os povos da estepe acharam reservas de cobre também: em Sintashta, ao norte do mar de Aral, foi criado o bronze, a partir da mistura de cobre e de estanho da Báctria (Afeganistão), e usado para a produção de armas e ornamentos.

Esses cavaleiros logo foram liderados por chefes guerreiros brandindo espadas, que construíram fortalezas com enormes câmaras de audiência e talvez os primeiros palácios — um deles fica em Arslantepe (Türkiye oriental). Seus heroicos guerreiros eram sepultados em tumbas extravagantes, com alimentos, espadas e joias.

Por volta de 3100 a.C., os habitantes de Uruk — que significa "o Lugar" — podem ter inventado a escrita, inicialmente pictogramas, mas depois passaram a marcar o barro com a extremidade em gume de juncos, num processo que chamamos de cuneiforme. As primeiras pessoas na história mencionadas pelo nome são um contador, um mestre de escravos e dois escravos. O primeiro recibo, confirmado pela primeira assinatura da primeira pessoa que teve seu nome citado em um texto escrito, o contador, diz: "29 086 medidas de cevada. 37 meses. Kushim".

Outro registra a posse de Enpap x e Sukkalgir, primeiros escravos na história citados pelo nome. Eram sociedades escravagistas. Não sabemos quando começou a escravidão, mas é provável que tenha sido na mesma época das lutas organizadas. Os escravizados eram, em sua maior parte, cativos de guerra, ou pessoas que deviam dinheiro. Impostos reais pagavam os soldados que capturavam os escravos que agora construíam as cidades ou trabalhavam em lares de família: uma história de família é também uma história de escravidão.

Por volta de 2900 a.C., reis — a começar pelos Grandes Homens, Lugalane em sumério — aparecem como governantes de todas as cidades iraquianas, que agora se envolviam em guerras perversas: "Kish foi derrotada e a realeza foi levada para Uruk. Depois Uruk foi derrotada e a realeza foi levada para Ur". A realeza "descendia do céu" e logo tornou-se hereditária. A coroa não era herdada pelo filho mais velho; os reis tinham muitos filhos com esposas e mulheres mais jovens, e escolhiam o mais apto — ou então o filho mais feroz matava os irmãos. O que ganhavam em capacidade eles perdiam em estabilidade, pois os filhos lutavam pelo poder, e muitas vezes destruíam o próprio reino que cobiçavam. Por volta de 2500 a.C., enquanto as pessoas celebravam seus rituais em Stonehenge,[4] reinou a primeira potestade familiar de que temos notícia no mundo, Kubaba de

Kish, que era dona de tabernas e fabricante de cerveja e foi sucedida pelo filho e pelo neto. Não sabemos nada mais sobre eles, mas sabemos muito sobre seu mundo.

Esses reis agora construíam palácios e suntuosos templos; governavam com uma hierarquia de cortesãos, generais e coletores de impostos. A escrita era uma ferramenta de governo, registrando proprietários, transações de grãos e leis. Os sumérios criaram imagens de si mesmos, homens e mulheres, não só rezando, como também bebendo — e amando. Eles registraram receitas, e tanto homens como mulheres celebravam sua fruição do sexo, bebiam cerveja com canudos e consumiam ópio. Mais tarde, estudaram matemática e astronomia.

Milhares de textos cuneiformes sobreviveram para revelar um mundo no qual impostos, guerra e morte eram certos, assim como a prece dos sacerdotes, para garantir que o sol brilhasse e a chuva caísse, as colheitas crescessem, as ovelhas fossem férteis, as palmeiras fossem belas ao alvorecer e os canais estivessem cheios de peixe.

Uruk e as cidades sumérias não eram únicas nem estavam isoladas. As cidades tornaram-se lugares de comércio, de troca de informação, agências de matrimônio, carrosséis sexuais, fortalezas, laboratórios, cortes e teatros da comunidade humana, mas havia compromissos: os povos citadinos tinham de se adaptar; não eram capazes de produzir alimentos para si mesmos, tendo perdido as habilidades da floresta e as emoções da estepe. Se a colheita fracassasse, passavam fome; nas epidemias, morriam aos montes. A Suméria já estava em contato com outros mundos. A lazulita foi a primeira mercadoria internacional de luxo, segundo os registros históricos: extraída de minas no Afeganistão, era comercializada para a Suméria por meio de cidades na Índia/Paquistão — o que é mencionado na *Epopeia de Gilgamesh* —,[5] e depois para Mari, na Síria, chegando enfim ao Egito, onde objetos feitos da rocha foram encontrados no templo da cidade de Abidos.

Por volta de 3500 a.C., as cidades egípcias começaram a se consolidar em organizações políticas maiores. Por volta de 3150 a.C., o rei do sul, Tjeni, conhecido como Narmer — "bagre" —, uniu o Egito sob uma só Coroa, e sua vitória foi celebrada com festivais religiosos, nos quais se bebia cerveja sagrada, e em objetos: uma paleta usada para moer e misturar cosméticos masculinos e femininos o retratava em um dos lados matando seus inimigos com uma maça erguida, observado por uma deusa-vaca, enquanto, do outro, representado como um poderoso touro sagrado, Narmer esmagava rebeldes sob seus cascos, observando, a toda volta, seus inimigos caídos, decapitados e castrados. Nosso primeiro vislumbre real do refinamento e da brutalidade do Egito é um artefato para cosméticos — e uma pilha de pênis amputados.

O Egito é o primeiro reino africano que podemos observar: a realeza egípcia refletia uma vida onde tudo dependia do Nilo e do sol. Suas cidades e aldeias espalhavam-se ao longo do curso do rio, que dava ao solo suas riquezas. O sol, cruzando o céu todos os dias, era considerado um deus, e toda a vida acontecia nessa jornada diária. Reis subiam e desciam o Nilo — e para o submundo — em esplêndidos barcos.

Narmer e sua família moravam em palácios feitos de tijolos de barro e foram enterrados em tumbas construídas com o mesmo material no deserto de Abidos, onde grandes recintos feitos também de tijolos de barro continham barcos para levá-los pelo céu em sua jornada rumo ao sol.

Os reis egípcios pensavam profundamente na vida e na morte e acreditavam em seu papel sagrado, confirmado por uma rede de templos e sacerdotes. Deuses originalmente diferentes eram reverenciados em diferentes cidades, que pouco a pouco se aglomeraram numa única história simbolizando a união de dois reinos — o Egito superior e inferior — e a vida do monarca antes e depois da morte. Como tantas narrativas sagradas, era uma história de amor familiar, sexo e ódio.[6] Quando morriam, os reis não pereciam de verdade, mas tornavam-se Osíris, enquanto seus herdeiros se tornavam Hórus. O poder dos reis era absoluto, o que era demonstrado em sua época pelo sacrifício humano. A tumba do terceiro rei da dinastia de Narmer, Djer, estava cercada por 318 cortesãos sacrificados.

Por volta de 2650 a.C., o rei Djoser, também conhecido como Netjerikhet, acrescentou uma novidade em sua tumba: em vez de separar o túmulo do invólucro, ele os construiu um em cima do outro, criando uma pirâmide com seis degraus de altura que ainda hoje existe. Seu ministro, o *tjati*, tinha a visão de seu senhor: seu nome era Imhotep, e o rei confiava tanto nele que, na base da estátua, na entrada da pirâmide, aparecem os nomes dos dois. Muito provavelmente o ministro do rei era também seu médico, porque, mais tarde, Imhotep passou a ser cultuado como deus da medicina.

O novo rei, Seneferu, que o sucedeu em 2613 a.C., assinalou sua arrogância com o nome que adotou, Hórus neb Maat, ou senhor da verdade, da justiça e da ordem sagrada do universo — e isso não era tudo. Seu outro nome, *netjer nefer*, significa Deus Perfeito. Uma história registrada num papiro tardio evidencia não só o hedonismo de Seneferu — ele se fez levar de barco a um palácio num lago tendo como remadoras vinte garotas vestindo apenas redes de pesca —, como também sua violência, observando que ele enviou um navio de cerca de sessenta metros de comprimento, *Louvação às Duas Terras*, para atacar a Núbia, onde escravizou prisioneiros e se apoderou de 200 mil cabeças de gado.

Seneferu ordenou a construção da Pirâmide de Meidum, erguida, como todas as pirâmides, num eixo leste-oeste, associando o rei à jornada diária do sol. Quando tentou construir uma pirâmide ainda maior em Dachur, ele determinou que houvesse um íngreme ângulo de inclinação, de sessenta graus, o que acabou resultando em desastre: as fundações não eram fortes o bastante, rachaduras apareceram de repente, e a pirâmide desabou. Então, o Deus Perfeito ordenou a construção de uma pirâmide perfeita, e ela foi erguida rapidamente, enquanto era finalizada a Pirâmide Curvada (que permanece de pé, 4 mil anos depois). A Pirâmide Vermelha, a terceira de Seneferu, foi concluída em tempo recorde. É certo que Seneferu foi sepultado lá: um corpo foi encontrado em tempos modernos, mas se perdeu.

A viúva do monarca, Heteferés, descendente, mulher e agora mãe de reis, favoreceu a sucessão de seu filho Khufu (Quéops), que construiu a Grande Pirâmide de Gizé, projetada para superar até mesmo as obras do pai. Heteferés ostentou gloriosamente os títulos de Mãe do Rei Duplo, Seguidora de Hórus e Diretora do Governante, sugerindo que, se Khufu respeitava alguém, esse alguém era ela.

Khufu devia estar obcecado por sua pirâmide, que talvez ainda seja a maior construção da história mundial, composta por 2,3 milhões de blocos. Com 147 metros de altura, foi a edificação mais alta do mundo até a construção da Torre Eiffel. Os trabalhadores que a construíram estavam organizados em equipes com nomes jocosos, como Beberrões do Rei; eram talvez 10 mil no total, vivendo numa vila especial junto ao local da construção, com provisões de alimentos e cuidados médicos. O monarca acrescentou também pequenas pirâmides para as mulheres com quem tinha relação.[7]

Quando a mãe de Khufu foi sepultada, sua tumba foi abarrotada de tesouros importados, alguns reais e outros apenas representados. A turquesa vinha do Sinai, o cedro do Líbano, a lazulita do Afeganistão, o ébano e a cornalina da Núbia, a mirra e o olíbano do Punte (Eritreia/Etiópia/Somália, talvez o Iêmen), provavelmente trazidos da Suméria, onde um conquistador, Sargão, havia fundado o primeiro império.

MEU PAI QUE NÃO CONHECI: SARGÃO, ESMAGADOR DE REIS

Sargão foi um menino abandonado num cesto, resgatado e alimentado: "Minha mãe era uma sacerdotisa; meu pai, não conheci", ele declarou numa inscrição poética que talvez tenha capturado sua própria voz. Afinal, tratava-se de uma família de poetas, bem como de potentados. Sargão nasceu nas estepes do norte, "nas terras altas de Azupiranu", falando uma língua semítica — como as que deram origem ao fenício, ao hebraico e ao árabe —, e não o sumério, do sul. "Minha mãe me concebeu em segredo, me deu à luz escondida". Ele era uma autocriação. "Ela me pôs num cesto de ramos e o vedou com alcatrão. Colocou-me no rio, mas o rio não me cobriu." Seu nascimento encantado, sua paternidade misteriosa, seu obscuro ocultamento, seu surgimento fascinante — que se repetiria nos mitos de muitos transformadores do mundo, como Moisés, Ciro e Jesus — explicavam o processo mítico através do qual líderes excepcionais, ao longo da história, puderam chegar ao poder vindos de lugar nenhum.

"Um aguadeiro chamado Akki o resgatou", o criou como se fosse seu próprio filho e o nomeou "seu jardineiro": numa sociedade em que toda a prosperidade era baseada na irrigação e nas chuvas, o rio, o aguadeiro e o jardim representavam pureza e sacralidade. Por intermédio de Akki, o jovem Sargão encontrou serviço junto ao rei de Kish, Urzababa, descendente da rainha Kubaba, e progrediu para se tornar copeiro. O poder é sempre algo pessoal; proximidade é influência; quanto mais pessoal e absoluto o poder, quanto mais próximo do corpo, melhor: copeiros, médicos, guarda-costas e responsáveis pelo penico real compartilhavam seu esplendor. Inana (mais tarde conhecida como Ishtar), a deusa do amor, do sexo e da guerra, apareceu a Sargão num sonho terrível, no qual ele estava coberto de sangue. Quando ele contou o sonho ao rei, Urzababa interpretou que o sangue era o dele próprio e ordenou o assassinato do copeiro, mas Inana o avisou. Sargão reapareceu como se nada tivesse acontecido, "sólido como uma montanha". Urzababa ficou com medo, sem saber se ele percebera sua intenção. Mas então chegaram notícias alarmantes.

O rei mais agressivo do Iraque, Lugalzaguesi, de Umma, estava marchando sobre Kish. Urzababa enviou Sargão para negociar com ele. Mas, em sua carta, pedia que Lugalzaguesi o matasse. Lugalzaguesi, desdenhosamente, revelou o pedido e libertou Sargão, que tomou Uruk. Mais tarde, ele derrotou o próprio Lugalzaguesi, e por volta de 2334 a.C. aparece na história em suas próprias inscrições, sob o nome Rei Legítimo — Sharrukin.[8] Ele conduziu o derrotado Lugalzaguesi pelo Templo de Enlil, onde esmagou seu crânio com uma maça.

Sargão galopou rumo ao sul, "para lavar suas armas no mar" — o golfo Pérsico —, e depois para o leste. "Sargão, rei de Kish", lê-se na inscrição em suas tábuas, "triunfou em 34 batalhas" — invadiu o reino de Elam, no Irã, e, depois de avançar em direção ao norte, venceu os amoritas nômades, tomando as cidades de Assur e Nínive, antes de se voltar para o oeste, para a Síria e a Türkiye. Ele agora se intitulava "rei dos quatro cantos do mundo", e uma lenda posterior enaltece sua destreza no combate numa inesquecível metáfora:

> As fileiras serpentiformes se contorcem para lá e para cá,
> Duas mulheres em trabalho de parto, banhadas no próprio sangue!

Sargão constituiu a primeira família no poder cujos integrantes conhecemos: sua filha, Enheduana, foi a primeira poeta. Mas, naturalmente, ela também conhecia bem o poder paternal: "Meu rei, criou-se algo aqui que ninguém jamais criou antes". Ela se referia a um império.

A VINGANÇA DE ENHEDUANA

Não foi por coincidência que Sargão nomeou Enheduana suma sacerdotisa do deus da Lua de Uruk. Os templos eram ricos complexos no centro das cidades acadianas. O próprio Sargão pode ter sido o primeiro governante a manter um exército permanente — 5400 homens comiam diariamente em sua mesa, na Acádia. Ele promulgou leis que eram uma mistura de razão e de mágica: ordálios decidiam casos difíceis. Em seu templo, Enheduana presidia milhares de empregados e propriedades. O relacionamento entre os templos e a família real era estreito: Sargão acreditava que Inana (Ishtar) e seu marido divino Dagom eram protetores especiais.

Ao morrer, Sargão deixou Enheduana encarregada de seu templo, mas o novo rei, seu filho Rimush, enfrentou imediatamente rebeliões e invasões, as quais derrotou, matando 23 mil pessoas e torturando, escravizando e deportando outras; em seguida, invadiu o Elam (Irã), voltando com ouro, cobre e mais escravos. Rimush morreu de modo especial, pelas mãos de escribas assassinos, apunhalado ou com os juncos usados para escrever ou com os pinos de cobre usados para prender os selos cilíndricos — a primeira morte provocada pela burocracia! A família de Sargão vivia de conquistas: foi Narã-Sim, neto de Sargão e sobrinho de Enheduana, quem provavelmente enfrentou a revolta de Lugalane — e a captura e o estupro da tia. Narã-Sim esmagou o usurpador e devolveu a suma sacerdotisa a seu templo. Não sabemos quando ela morreu, mas Narã-Sim governou por 37 anos, fazendo surtidas ao Irã para esmagar os invasores lullubi, jactando-se de ter matado 90 mil e de governar terras tão distantes quanto o Líbano. Em sua Estela da Vitória, Narã-Sim é um musculoso guerreiro de peito nu usando um elmo divino com chifres e um saiote justo, segurando uma lança e um arco e esmagando seus inimigos no Irã, não havendo nada entre ele, o Poderoso, e o sol e as estrelas: o primeiro mortal a ser retratado como igual a um deus.

A capital Acádia florescia sob a Casa de Sargão. Não sabemos onde ela ficava; mas, estando em algum lugar junto ao rio Tigre, se tornou um novo tipo de cidade. "Sua população desfruta a melhor das comidas, consome a melhor das bebidas, diverte-se no pátio e frequenta festivais", relata a *Epopeia de Gilgamesh*, provavelmente referindo-se a Acádia.[9] "Pessoas que se conhecem jantam juntas. Macacos, poderosos elefantes [...] cães, leões, cabras montesas e ovelhas empurram-se uns aos outros em lugares públicos", enquanto os depósitos da cidade estavam abarrotados de "ouro e prata, cobre, estanho e blocos de lazulita". As figuras mais eminentes, homens e mulheres, vestiam-se com fausto, usando cosméticos e cuidando do cabelo. A moda mudava tão rapidamente quanto hoje — Sargão vestia um casaco felpudo; a elite de Narã-Sim preferia um manto preso por um broche no ombro. Os acadianos consultavam adivinhos, que recorriam à haruspicação — a leitura das entranhas de animais — para aconselhá-los em suas decisões. Havia um culto culinário: tábuas registram a variedade da comida consumida, desde carneiros e porcos a cervos, corças, ratos do campo e ouriços-cacheiros. A cerveja era a bebida favorita, saboreada por homens e mulheres, feita de cevada fermentada, tomada com um canudo em tabernas geridas por mulheres independentes. Moças da elite frequentavam a escola e sabiam escrever em sumério e acadiano. Em vislumbres da vida em família, as mulheres davam à luz na posição sentada, e crianças são mostradas brincando com chocalhos, carneiros com rodinhas e carrinhos. Feitiços de amor eram comuns, e as moças usavam amuletos em torno das coxas.

Os estrangeiros percorriam as ruas da cidade admirando suas maravilhas. "Tambores *tigi*, flautas e *zamzans* ressoavam", conta a *Epopeia*. "Seus portos, onde atracavam os navios, eram cheios de alegria", e negociavam com todo o oceano Índico. "Atracavam no cais navios de Melua [Índia/Paquistão], Magã [Iêmen/Omã] e Dilmum [Bahrein]." Amoritas, meluanos e elamitas transportavam bens "como se fossem jumentos carregados", e mercadores pagavam por esses artigos com cevada ou prata: havia tantos meluanos que eles viviam juntos em sua própria aldeia.

Melua — terra do marfim — centrava-se em torno de duas cidades muito bem planejadas, Harapa e Moenjodaro, situadas junto ao rio Indo (no Paquistão, mas prolongando-se para a Índia e o Afeganistão) e construídas em forma de grade com tijolos padronizados. Os meluanos vangloriavam-se de suas lixeiras e lavatórios públicos, e também de seu sistema de esgoto, que Londres só viria a ter no século xix e que mesmo hoje não está universalmente presente no sul da Ásia. Usando uma escrita própria (ainda não decifrada), as oficinas de Melua produziam joias de marfim, ouro e cornalina, bem como tecidos e cerâmicas. Moenjodaro pode ter sido habitada por 85 mil pessoas, o que fazia dela na época a maior cidade no mundo, mas sua maior construção era uma casa de banhos pública — não havia palácios, nem zigurates.

Essas cidades indianas não eram governadas por reis isolados; o mais provável é que fossem regidas por conselhos — talvez Paquistão/Índia tenham inventado a democracia —, mas a casa de banhos ficava numa cidadela sequestrada, o que pode sugerir que era o recinto de uma elite sacerdotal. Versões de vida urbana desenvolviam-se ao mesmo tempo em vários continentes. Na China, havia cidades junto ao rio Amarelo e, no norte, em Shimao (Shaanxi). Na Ucrânia, Talianki, com 10 mil habitantes, era maior e talvez ainda mais antiga que a primeira cidade em Uruk. Na América, há muito separada da Ásia, pessoas no México e na Guatemala construíam cidades com até 10 mil habitantes e montículos piramidais que refletiam seu calendário sagrado, usando uma forma de escrita, armazenando excedentes de milho em depósitos e esculpindo cabeças colossais, provavelmente de seus governantes.[10] No Mississippi, estavam sendo construídos não só aterros grandiosos, como monumentos que de algum modo faziam a ligação entre as estrelas e o calendário: os habitantes do maior desses lugares — hoje chamado Poverty Point — não eram agricultores, mas caçadores nômades que de algum modo chegaram juntos para construir estruturas enormes.

No oeste da Ásia, a família de Sargão ilustrava um paradoxo do império. Quanto mais ele crescia, mais fronteiras tinham de ser defendidas; quanto mais rico ficava, mais se tornava um alvo tentador para vizinhos menos estabelecidos — e maior o incentivo para destrutivos conflitos familiares. A seca trazia fome; nômades varriam as cidades. Em 2193 a.C., a família perdeu o controle: "Quem era rei?", pergunta a lista suméria de reis. "Quem *não* era rei?" Em 1800 a.C., o oeste da Ásia estava tumultuado — até mesmo o Egito deixara de ser um ator importante, da forma mais humilhante e pavorosa. Tudo começou com uma rixa a respeito de hipopótamos.

A CABEÇA DESPEDAÇADA DE SEKENENRÉ, O BRAVO

O rei não tinha a menor chance. Estava com as mãos atadas atrás das costas. Provavelmente ajoelhado. Sekenenré Taá, governante do sul do Egito, tinha sido capturado em batalha, e agora Apepe, governante asiático do norte do Egito, liderava um bando de assassinos. Havia pelo menos cinco deles. O primeiro golpe do machado do asiático esmagou o rosto real de Sekenenré, decepando sua bochecha esquerda, uma ferida que teria aberto todo o seu rosto. Um segundo golpe despedaçou a parte de trás do crânio, antes que um dardo penetrasse sua testa logo acima do olho.

Foram os hipopótamos sagrados de Tebas que forneceram o pretexto. Apepe disse a Sekenenré que o grunhido dos animais na distante Tebas o estava mantendo acordado em Hutwaret: ordenou que ele os matasse, numa declaração de guerra. Sekenenré recolheu a luva a marchou para o norte, liderando suas tropas, à frente delas. Mas algo não saiu bem. Sekenenré foi capturado e Apepe concebeu sua demolição pública. Um quinto e final golpe, de espada, penetrou direto no cérebro. Para os que viram o corpo despedaçado do rei — como ainda podemos fazer hoje —, deve ter parecido que sua família e o próprio Egito estavam liquidados. Na verdade, foi nesse nadir que começou a recuperação.

Em 1558 a.C., quando Sekenenré, o Bravo, filho de Senakhtenré Amósis e de sua rainha plebeia Tetixeri, sucedeu o pai como rei de Tebas, o Egito já estava quebrado. O caos foi acelerado por migrações em debandada, em que o movimento de um povo obrigava outros a avançar. Tribos de pessoas aquilinas de pele clara e olhos escuros das estepes do mar Negro migravam de suas terras de pastagem movidas pela mudança de clima, pela sede de conquistas ou por pressões de outras tribos. Falando uma língua indo-europeia, eram criadores de gado que se tornaram exímios cavaleiros. Três peças de tecnologia faziam deles adversários mortais: o freio de bronze, que lhes permitia controlar os cavalos; carruagens rápidas com lâminas nas rodas, que acrescentavam um forte golpe às cargas que realizavam; e os arcos compostos — agora máquinas de matar feitas de madeira laminada, tendão e chifre —, que podiam disparar montados numa sela e a galope.

Esses cavaleiros galopavam para o ocidente, em direção aos Bálcãs, e para o oriente, em direção à Índia. Arrasavam reinos estabelecidos, mas também se estabeleciam neles. No Irã, essa horda — que estudiosos chamaram mais tarde de arianos — introduziu a língua avéstica e suas escrituras sagradas, o *Avestá*; na Índia, os arianos podem ter subjugado as cidades do Indo e depois se estabelecido, mesclando a cultura local com seus próprios rituais e língua, e formulando as histórias, as preces e os poemas dos *vedas*, escritos no que se tornou o sânscrito. Seus chefes guerreiros e seus sacerdotes impuseram uma hierarquia de castas, os *varnas*.[11] Essa cultura formou, muito tempo depois, o Sanatana Dharma, o Caminho Eterno, mais tarde chamado pelos europeus de hinduísmo. Algumas tribos cavalgaram para o sul através do Cáucaso, para a Türkiye oriental, onde fundaram o reino de Hati — os hatianos (hititas) da Bíblia —, enquanto outros chegaram a Canaã, pondo seus povos — conhecidos como hicsos — em debandada para invadir o Egito.

Por volta de 1560 a.C., um chefe guerreiro asiático chamado Apepe, cujas tribos haviam invadido o Egito, governava o norte a partir de sua capital, Hutwaret, no delta do Nilo, enquanto Sekenenré dominava Tebas, no sul. Com apenas quatro anos de reinado, Sekenenré estava no melhor de sua forma, alto, atlético, cabelo negro espesso e cacheado (que permanece no crânio de sua múmia até hoje). Não enfrentava apenas os asiáticos no norte; o novo reino de Kush, ao sul, subjugara as cidades-Estado núbias. Baseados em Kerma (Sudão), seus reis haviam não só adotado os antigos deuses egípcios, chegando a cultuar Osíris e Hórus, como também os reis egípcios.

Kush deixou muitos monumentos. Enriquecidos pelas minas de ouro, penas de avestruz, peles de leopardo e especiarias, seus reis construíram enormes tumbas reais nas quais centenas de cortesãos e parentes eram mortos junto com eles. A fortaleza de Kush era impressionante, e seu principal santuário, em Kerma, era um colossal templo pré-kushita feito de tijolos de barro, que ainda sobrevive.

De algum modo os egípcios recuperaram o corpo entalhado de Sekenenré, mas não houve tempo para mumificá-lo da forma tradicional. Seu irmão Kamose, o Forte, chorou por ele: "Por que fico refletindo sobre minha força enquanto [...] estou espremido entre um asiático e um núbio, cada um dominando uma porção do Egito?". Mas Kamose tinha uma missão: "Ninguém pode ficar calmo quando é despojado pelos impostos do asiático: vou me atracar com ele. Vou rasgar e abrir seu ventre! Meu desejo é resgatar o Egito e matar o asiático!". Kamose atacou os inimigos nas duas direções.

Seu herdeiro foi seu jovem sobrinho Amósis, com apenas dez anos de idade, que adorava a avó. "Seu amor por ela era maior do que qualquer coisa", declarou na estela que ergueu em Abidos. Mas sua mãe, Ahhotep, era ainda mais importante — filha de rei, grande esposa de rei, mãe de rei, era uma comandante e árbitra internacional. Seu título de "Senhora das Praias de Hau-nebut cuja reputação supera a de toda terra estrangeira" sugere que ela cultivava conexões com povos do mar Egeu.

Reis egípcios já tinham enviado expedições para "dilacerar a Ásia", atacando "Iwa" (Türkiye) e "Iasy" (Chipre), mas Hau-nebut era Creta, cidade com a qual a família egípcia tinha um relacionamento especial. Cnossos, capital de Creta, e suas outras cidades gabavam-se de seus complexos palacianos não fortificados, decorados com belos e divertidos afrescos de atletas masculinos nus saltando sobre touros sagrados, e mulheres de busto nu em saias estampadas.[12] Um dédalo em Cnossos com certeza serviu de base para a lenda do monstruoso Minotauro, que, dizia-se, exigia o sacrifício de crianças. Mas isso não era só uma lenda: ossos de criança encontrados ao lado de panelas sugerem que essas histórias tinham uma base real; e Labirinto, o nome do dédalo, e que passou a designar todo dédalo, pode ter sido o próprio nome da cidade. Por cerca de 250 anos, entre 1700 e 1450 a.C., esses cretenses negociaram através do Mediterrâneo. Trouxeram alguns artefatos egípcios e grifos cretenses, e afrescos com saltos sobre touros decoravam o palácio em Hutwaret. Amósis pode ter se casado com uma princesa cretense.

Em algum momento por volta de 1500, uma erupção vulcânica em Thera, na ilha grega de Santorini — a catástrofe mais explosiva da história mundial, mais poderosa do que as bombas de hidrogênio, uma explosão ouvida a milhares de quilômetros de distância —, lançou nuvens venenosas de dióxido de enxofre na atmosfera e um tsunami através do Mediterrâneo, afogando dezenas de milhares de pessoas. Ela mudou o clima, arruinou colheitas e devastou reinos inteiros. Creta foi ferida por Thera, mas recobrou seu vigor por um tempo antes que chefes guerreiros da Grécia continental assumissem o controle. O Egito se recuperou.

Assim que atingiu a maioridade, em 1529, Amósis casou-se com a própria irmã, Amósis-Nefertari, e marchou sobre Hutwaret, aniquilando os asiáticos e os perseguindo através do Sinai. Quando enfrentou rebeliões, sua mãe Ahhotep esmagou os rebeldes. "Enalteça a Senhora da Terra", escreveu Amósis em sua estela no Templo de Amon, em Ipetsut. "Ela pacificou o Egito superior." Os bens no túmulo de Ahhotep incluem um colar de moscas douradas — para ter coragem na batalha. Quando Amósis morreu, na casa dos trinta anos, sua irmã-esposa Amósis-Nefertari governou pelo filho dos dois, Amenhotep, que também se casou com a irmã: esses matrimônios incestuosos pretendiam reforçar a santidade da família e emular os deuses, mas, na verdade, eram desastrosos.[13] A família, que se pretendia fortalecer, enfrentava agora a ameaça de extinção, problema que foi resolvido mediante a adoção do general Tutemés como herdeiro.

Tutemés tinha esmagado os núbios e invadido a Síria, e era um plebeu grisalho porém robusto que se casara com uma filha de Amósis, embora mantendo a mulher não real Ahmés, mãe de sua filha predileta, Hatshepsut.

"Enfurecido como uma pantera", Tutemés estava determinado a "acabar com a agitação nas terras estrangeiras, subjugar os rebeldes na região do deserto" e invadir Kush. Não era uma incursão, mas a deliberada devastação de um reino e de uma cultura: o rei, acompanhado da esposa e de Hatshepsut, liderava ele mesmo o exército. Enquanto reis anteriores eram detidos pelas corredeiras do Nilo, Tutemés construiu uma esquadra e fez com que os barcos, inclusive seu iate pessoal, o *Falcão*, fossem arrastados por terra. Ele derrotou Kush e incendiou sua esplêndida capital, Kerma — um triunfo celebrado em sua inscrição, que se gaba de "expandir as fronteiras" na rocha sagrada dos kushitas.

O prêmio real eram as minas de ouro. Foi o ouro núbio que financiou exércitos, construiu templos e produziu os suntuosos trajes funerários para as tumbas da realeza, a serem usados na vida após a morte — e eram prisioneiros núbios que trabalhavam nas minas. Tutemés expandiu o templo no Vale dos Reis. E, antes de voltar para casa, perseguiu o governante de Kush, que matou pessoalmente com seu arco; depois, pendurou o corpo de cabeça para baixo na proa do *Falcão*, para apodrecer ao sol, uma flecha ainda cravada no peito.

Era a primeira mulher, Ahmés, que Tutemés amava mais — ela era sua principal consorte, e sem dúvida a filha dos dois, Hatshepsut, crescera com a confiança de ser a filha favorita da mulher favorita de um rei guerreiro. Mas seu casamento dentro da família real, com Mutnofret, filha de um rei, não foi menos importante. Ele produziu um herdeiro, Tutemés II, que o rei fez casar com sua amada Hatshepsut.

O velho paladino morreu em 1481, e Tutemés II teve o mesmo destino pouco tempo depois, deixando a meia-irmã/esposa Hatshepsut com um bebê. Ao assumir a regência, Hatshepsut — a Primeira das Mulheres Nobres — foi excepcional em tudo.

Ela acreditava ter nascido para governar. "Esposa de Deus, Hatshepsut conduziu os assuntos do país, estando as Duas Terras sob seus conselhos", diz uma das inscrições de sua regência. "Ela está servida; o Egito curva a cabeça." Após sete anos, ela se declarou rei por direito próprio. Mas era um desafio encaixar sua visão de si mesma nas tradições de realeza masculina, e ela resolveu o problema numa desnorteante exibição de fluidez sexual, que no século XXI seria compreensível: apresentou-se primeiro como homem, rei Maatkare, até mesmo parecendo um homem, embora frequentemente com epítetos femininos, às vezes como uma bela mulher de rosto largo e inteligente, mas corpo masculino; outras vezes ela se retrata em saiote e penteado masculinos tradicionais, mas com seios. A palavra para "palácio" — *peraa* — foi usada para descrever a soberania egípcia: Hatshepsut tornou-se o primeiro "faraó".

Ela adorava o pai e projetava-se como a primogênita do rei, mas ao mesmo tempo como filha de Amon (originalmente o deus do ar, e cada vez mais a divindade sênior), condição que compartilhava com Tutemés. Seu pai havia declarado que Hatshepsut governaria melhor do que um filho fraco. "Então Sua Majestade disse a eles: 'Designo minha filha Hatshepsut — louvada seja! — como sucessora", declarou a própria em seu templo mortuário. "Ela irá dirigir o povo [...]. Prestem-lhe obediência."

Hatshepsut não estava sozinha. Seu conselheiro íntimo era um dos cortesãos do pai, Senenmut, que ascendera da obscuridade para se tornar pajem da filha do rei — tutor da filha da rainha, Neferuré, posição que lhe dava acesso a ela. E, quando Hatshepsut se promoveu a rei, ele se tornou alto comissário de Amon e supervisor das obras do rei, mencionando a si próprio em inscrições em templos reais.[14] Espalharam-se rumores de que Senenmut e ela eram amantes — em parte um reflexo da crença chauvinista de que por trás de uma mulher inteligente deve sempre haver um homem ainda mais inteligente. Ministros com frequência se gabavam de ser "amados pelo rei", mas Senenmut foi mais além: "Penetrei nos mistérios da senhora das Duas Terras". Em seu maior monumento, trabalhadores tebanos atrevidos fizeram um grafite de uma figura penetrando uma mulher esguia por trás — presumivelmente, Senenmut fazendo sexo com Hatshepsut.

Assistida por Senenmut, Hatshepsut construiu monumentos por todo o império, da Núbia ao Sinai, enviando uma expedição em 1463 a.C. à Terra de Deus — nome egípcio para o Punte — em busca de artigos para seus festivais e construções, entre os quais incenso, ébano, cosméticos e micos, para servir como animais de estimação. Cinco navios, cada um deles com 210 tripulantes, incluindo marinheiros e trinta remadores, eram liderados por seu guardião do selo, um núbio chamado Nehsi. Num mundo que então se dizia ter 30 milhões de habitantes, havia uma rota regular de comércio do mar Vermelho para a África oriental, provavelmente outra para a África ocidental — onde, durante os séculos seguintes, o povo nok iria criar belas estátuas de terracota, depois empregaria fornos para fundir ferro —, e uma terceira pelo golfo até a Índia. Nehsi conheceu os governantes do Punte, o rei Parahu e sua mulher de enormes proporções, Ati, e voltou com olíbano e 31 árvores de mirra, que Hatshepsut replantou em seus templos.

Em Karnak, já expandida pelo pai,[15] ela criou um santuário nacional para Amon-Rá, o deus associado a seu pai, acrescentando um palácio de tijolos de barro, chamado "O Palácio Real — não estou longe dele".[16]

Quando Tutemés III cresceu, Hatshepsut sentiu-se pressionada a outorgar poder ao enteado/sobrinho, que casou com sua filha. Quando completou cinquenta anos, sofrendo de artrite, depois diabetes e câncer (revelado após a recente identificação de sua múmia), após vinte anos de sucesso no poder, ela deve ter observado, ainda que relutantemente, Tutemés desenvolver-se para ser um vigoroso faraó, com os cortesãos voltando-se cada vez mais para o sol nascente. Quando Hatshepsut morreu, Tutemés III desfigurou seus monumentos, mas ela tinha lançado as bases para os sucessos dele. Todos os anos, ele fazia uma campanha em Canaã e na Síria, dezoito campanhas no total, derrotando o reino sírio de Mitani e seus aliados cananeus em Meguido, onde se dirigiu a suas tropas com as seguintes palavras: "Sejam firmes, sejam firmes! Sejam vigilantes, sejam vigilantes!", retornando com um butim de 2 mil cavalos e carruagens, 1796 escravos homens e incontáveis mulheres, entre as quais três garotas sírias que se tornaram especiais para ele. Os Amósis eram monarcas bombásticos, militaristas, de quem se esperava que desempenhassem seu papel: o filho de Tutemés III, Amenhotep II, era o modelo do príncipe atlético de um império marcial: cavalgava mais rápido do que ninguém, remava mais vigorosamente do que duzentos remadores e era capaz de disparar uma flecha através de um alvo de cobre com um palmo de espessura.

JOVEM CORREDOR, ATIRADOR EXÍMIO, ENCANTADOR
DE CAVALOS, DERRUBADOR DE TOUROS: AMENHOTEP

Amenhotep e outras crianças reais foram criados no Palácio da Família, junto ao palácio principal, onde as esposas reais residiam com o faraó. O matrimônio no Egito era uma ligação sagrada, com base em disposições pragmáticas, mas o divórcio era permitido e ex-esposas podiam se casar novamente. De modo geral, os egípcios não eram polígamos, mas os faraós tinham muitas mulheres, lideradas pela grã-esposa real, e milhares de concubinas. Conquistas no exterior aumentavam o número de esposas reais, cujo santuário era administrado por um supervisor do Palácio da Família, contíguo à creche real, onde crianças comuns eram criadas com os príncipes e princesas. O cuidador encarregado de um bebê real era o "grande enfermeiro que criava o deus", e seus próprios filhos eram criados com a família do rei; quando adultas, essas crianças do berçário provavelmente se tornariam ministros.

As princesas aprendiam a tecer, cantar e ler. Nunca eram enviadas ao exterior para se casar com reis estrangeiros, porque se viam como muito superiores. Os príncipes eram ensinados a ler, primeiro egípcio, pelos escribas da Casa das Crianças Reais, usando pena e tinta em papiro, depois cuneiforme babilônio, a língua da diplomacia. Seus tutores e babás eram — como foram os mentores de crianças através dos tempos — bem posicionados para se tornar conselheiros confiáveis. Os príncipes caçavam touros, leões e elefantes — e eram obcecados por cavalos, que haviam sido introduzidos no Egito pelos hicsos. Perto das pirâmides de Gizé, o príncipe Amenhotep — que "amava seus cavalos [...] tinha força de vontade para domá-los; e criava-os como ninguém" — praticava o tiro com arco e depois saía para caçar: "Sua Majestade aparecia novamente nas carruagens. O número de touros selvagens que havia abatido: quarenta". A caça sempre foi um treinamento para a guerra: a ponta de lança de seu exército era um corpo com cinquenta carruagens, cada uma conduzida por uma equipe de três pessoas, um oficial com arco composto, um condutor e um defensor munido de escudo.

Como faraó, o encantador de cavalos e exímio atirador Amenhotep II expandiu seu domínio para leste na direção do Iraque, enquanto no Mediterrâneo o Egito negociava com os povos micenianos de Arzawa (Grécia) e Alashyia (Chipre). Em 1424, após esmagar reis locais em Kadesh (Síria), ele matou pessoalmente sete deles e pendurou seus cadáveres de cabeça para baixo. As tropas eram premiadas com a visão de pênis e mãos amontoados aos pés dos faraós ou espetados em lanças, como se fossem kebabs. Amenhotep II voltou após uma expedição à Síria com 750 quilos de ouro, 54 toneladas de prata, 210 cavalos, trezentas carruagens e 90 mil prisioneiros. Apenas o melhor era bom o bastante para o sardônico e exigente Amenhotep II,[17] faraó durante 26 anos, que disse: "Se você não dispõe de um machado de guerra de ouro incrustado com bronze, por que se contentar com uma maça de madeira?".

Nem todos podiam ser tão ferozmente viris: seu neto Amenhotep III era mais fixado numa visão religiosa que mudou o Egito, uma visão que compartilhava com uma mulher notável. Chamar isso de compatibilidade amorosa seria eufemismo.

Quando adolescente, Amenhotep III casou-se com Tiye, que tinha treze anos, e que se tornou a mulher mais proeminente na história egípcia. Ela não era sua irmã, mas filha de um oficial da cavalaria. A grã-esposa real Tiye era miúda, 1,45 metro, cabelos longos, ainda lustrosos em sua múmia, e seus retratos mostram sua beleza. Casado durante 35 anos, o casal teve nove filhos.

Amenhotep promovia a religião do Estado com procissões de barcos e estátuas e templos cada vez mais gigantescos, onde suas inscrições descreviam como o próprio Amon-Rá havia entrado furtivamente na alcova da grã-esposa: "Ela despertou com o cheiro do deus e gritou de prazer". E o deus anunciou: "Amenhotep é o nome da criança que pus em seu útero". Amenhotep III foi ele mesmo um deus e Tiye era sua parceira divina, sentada no trono a seu lado em estátuas colossais, conhecidas pelos antigos como os Colossos de Mêmnon. Apresentada como igual ao marido, Tiye correspondia-se com monarcas estrangeiros, desde os gregos de Arzawa até a Babilônia. "Tiye conhece todas as palavras que falei com seu pai Amenhotep", escreveu o rei Tushrata de Mitani ao filho deles, sugerindo: "Indague cuidadosamente sobre Tiye". Ele inclusive escreveu diretamente à "Senhora do Egito".[18]

Tiye era uma potestade, mas a rainha seguinte, Nefertiti, seria ainda mais poderosa, e seu marido, Amenhotep IV, não era como qualquer outra pessoa: se os retratos do casal são açucarados, eles formavam um extraordinário par, e suas excentricidades quase destruiriam o império.

Casas de Hatusa e de Ramsés

MANIA DO SOL: NEFERTITI E O REI DE HATI

O novo faraó, Amenhotep IV, tinha um rosto estranho, angular, com olhos puxados e uma cabeça alongada, um torso saliente com seios andróginos, além de uma pança e pernas curtas — ou ao menos era representado dessa maneira. Nefertiti, que pode ter sido sua prima-irmã, sobrinha de Tiye, aparecia em toda parte como sua igual — mesmo numa inscrição em que mata prisioneiros estrangeiros na barcaça do rei. A beleza de Nefertiti era impressionante, mas aqui também havia um truque: suas estátuas sugerem um crânio alongado. Será que essa nova moda em estátuas reais expressava a divindade de Amenhotep ou estava apresentando esses aspectos bizarros como uma evidência da divindade?

O faraó com cabeça em forma de cone ficava absorvido em questões religiosas, quando o poder egípcio na Síria estava sendo desafiado por um império em ascensão: um guerreiro agressivo e talentoso, Suppululiuma, rei de Hati, contava com soberbos aurigas descendentes dos invasores arianos, que agora governavam desde o mar Egeu até o rio Eufrates. Suppululiuma, descendente da maior dinastia de seu tempo, no poder havia quase quinhentos anos, tinha esmagado reinos gregos no oeste; agora, ele testava o poder egípcio ao tomar Kadesh, no norte da Síria.

O faraó não conseguiu retomar Kadesh, mas as guerras tinham desencadeado hordas de habirus[1] — salteadores — que atacaram aliados dos egípcios em Canaã. "Estou em guerra [...]. Mande arqueiros!", implorou Abdi-Heba, rei de uma pequena fortaleza acossada. "Sem arqueiros, o rei não terá terras." A fortaleza era Jerusalém, que fazia sua primeira aparição na história.

Enquanto os hatianos avançavam em Canaã e os habirus promoviam saques, Amenhotep IV deslanchou uma revolução religiosa. Abraçou um deus-sol, Aton, e mudou seu próprio nome para Akhenaton, "eficaz para Aton"; Nefertiti tornou-se Neferneferuaton-Nefertiti, "belas são as alegrias de Aton" (e todos os outros também tiveram de mudar seus nomes de Amon para Akhen). Ele fundou então uma nova capital, Akhetaton, "horizonte de Aton", entre Mênfis, a antiga capital, e Tebas.[2] A nova teologia, conhecida sinistramente como o Ensino, rebaixava junto à elite e ao povo não apenas Amon, mas todos os outros deuses populares, para elevar um só deus, uma ideia que pode ter influenciado os escritores da Bíblia e as religiões que viriam depois. Até mesmo a palavra "deuses" foi mudada para sua flexão singular. A parceria divina de Akhenaton e Nefertiti tinha uma aconchegante intimidade com isso: iluminados e unidos pelos raios do divino sol, eles apareciam em gravuras com três filhos no colo. Era a primeira aparição de uma família nuclear como instituição político-religiosa.

Em 1342 a.C., a família real aparecia num jubileu espetacular, "sentados num grande palanquim de eletro para receber tributos da Síria e de Kush, do oeste e do leste [...] até mesmo as ilhas no meio do mar [as ilhas gregas] vieram prestar seus tributos". Os estrangeiros não se impressionaram com esse culto ao sol: "Por que meus mensageiros deveriam ser obrigados a ficar o tempo todo ao relento, para morrer sob o sol?", escreveu o rei Ashuruballit, da Assíria. O sol estava prestes a perder seu deslumbre, e seu eclipse traria ao trono o mais famoso de todos os faraós.

TRANSIÇÕES: A NEFERTITI MASCULINA, A ESPOSA
DE TUTANKHAMON E O PRÍNCIPE DE HATI

Um novo cofaraó recebeu o nome de Neferneferuaton-Nefertiti, e era provavelmente a rainha, em seu processo de transição para se tornar rei. Mas o culto ao sol dependia de um homem — e, em 1336 a.C., Akhenaton morreu, sendo sucedido por um faraó misterioso chamado Smenekhkara, mais provavelmente Nefertiti num disfarce masculino, que governou com a própria filha, Meritaten, na condição de grã-esposa do rei. Mas os cortesãos enfureceram-se com o culto ao sol, e facas foram desembainhadas: Nefertiti morreu — ou foi morta. Seu substituto foi o filho de nove anos de Akhenaton com uma de suas esposas secundárias: Tutankhaton, "imagem viva de Aton", que rapidamente fizeram se casar com outra das filhas de Akhenaton e Nefertiti, Ankhesenpaaton, "vida a serviço de Aton".

O desaparecimento de Nefertiti anunciou um contrarrevolução que visava destituir Aton e restaurar Amon-Rá. A capital voltou para Mênfis, e a nova cidade foi abandonada; Tutankhaton tornou-se Tutankhamon, e sua mulher, Ankhesenamon.

O faraó, com 1,68 metro, não era forte — talvez tivesse fraturado uma perna num acidente de carruagem; sofria também de malária, e parece que era temperamental. Agora ele se consultava "com Amon", ou seja, com seus poderosos conselheiros, Ay, seu tio-avô, e o general no topo da hierarquia Horemheb, que se jactava de ter sido promovido por Tutankhamon a "senhor da terra". O menino-faraó declarou: "Os templos dos deuses e deusas caíram em ruínas". Mas ele mesmo "afastara o caos". O casal real era formado por meios-irmãos, a rainha mal atingira a puberdade e duas de suas filhas haviam nascido mortas (suas pequenas múmias foram sepultadas com Tutankhamon, a paternidade comprovada por DNA). O faraó enfrentou o implacável avanço do rei hatiano Suppiluliuma. "Se fossem enviados exércitos para o leste", admitiu Tutankhamon, "eles não teriam sucesso." Ele enviou exércitos para o norte. As carruagens de Suppiluliuma os derrotaram.

Em 1322, Tutankhamon morreu aos dezenove anos, de malária, alguma outra infecção ou assassinato — mas seu túmulo não estava pronto, assim suas vestimentas de gala tumulares foram modestas comparadas com os tesouros preparados para reis que morriam numa idade previsível.

Restava apenas uma sobrevivente da Casa de Amósis: a rainha Ankhesenamon, também com dezenove anos, estava sozinha numa corte malévola à mercê do tio-avô Ay, que tencionava casar-se com ela e tornar-se ele próprio faraó. O supervisor do exército, Horemheb, tinha sido designado herdeiro, mas estava em campanha na Síria, alegava ele. Num gesto desesperado, a filha de Nefertiti voltou-se para a outra grande dinastia.

Suppiluliuma estava em guerra, cercando Karkemish (Türkiye). Numa carta, incluída em *Os feitos de Suppiluliuma*, um relato escrito por seu herdeiro e encontrado entre as ruínas de Hatusa, a rainha adolescente Ankhesenamon escreveu: "Meu marido morreu e não tenho filhos. Dizem que você tem muitos filhos. Você deve me dar um deles para que se torne meu marido. Não gostaria de desposar um de meus súditos [ela refere-se a Ay] [...]. Tenho medo".

Suppiluliuma enviou um filho, o príncipe Zannanza, para o Egito, passando por Canaã. Mas era tarde demais. A jornada levou muito tempo; o velho ministro Ay foi aclamado faraó e casou-se com a jovem rainha. Porém Zannanza ainda estava a caminho. Não sabemos o que aconteceu, mas Horemheb certamente o interceptou e assassinou. Foi um favor que o faraó Ay não esqueceu. Ninguém sabe por quanto tempo Ankhesenamon sobreviveu, mas Ay morreu logo, deixando o trono para Horemheb.

Suppiluliuma ficou furioso — "Oh, deuses, o povo do Egito fez isso comigo" — e enviou seus aurigas e carruagens para devastar a Canaã egípcia. Mas, na volta, os soldados e prisioneiros trouxeram uma praga, sempre um sintoma de um mundo interconectado. Logo depois, Suppiluliuma morreu, bem como o príncipe herdeiro, deixando sua dominadora rainha babilônia Tawananna no governo de um império assolado pela rebelião. Em 1321, Mursili II, filho de Suppiluliuma, lamentava: "Ó deuses, o que vocês fizeram: enviaram uma praga a Hati, e agora estão todos morrendo". A pandemia dizimou a capital, Hatusa. Do caos no Egito e em Hati emergiram dois potentados que agora se enfrentariam na maior batalha do mundo antigo.

O dia começou com uma surpresa.

O EMBATE DOS AURIGAS: RAMSÉS E MUWATALLI

Em maio de 1274 a.C., ao norte de Kadesh, Ramsés II, então com 25 anos, 1,70 metro, boa pele e cabelos ruivos ondulados, monarca de uma nova dinastia, deixou seu acampamento em trajes de gala e embarcou numa carruagem dourada, seguido de seu exército de mais de 20 mil homens, distribuídos em quatro divisões. Sua missão: retomar Kadesh, uma cidade murada e cercada de água. Mas suas manobras mais pareciam um desfile ocioso do que um avanço vigilante.

A captura e o interrogatório de dois beduínos confirmaram que o exército hatiano comandado pelo rei Muwatalli estava a duzentos quilômetros de distância, perto de Alepo. Próximo de sua base, o soberano de Hati dispunha de uma força muito maior de 47 500 homens, inclusive 3500 carroças — mas eles estavam bastante longe.

Vadeando o rio Orontes, os egípcios estabeleceram um novo campo avançado para começar o cerco. Há apenas cinco anos no trono, Ramsés, esguio, fisicamente em forma, aquilino, era enérgico e confiante como o pai. A família era nova: o general de Tutankhamon, Horemheb, não tivera filhos e nomeara como vice-rei um general plebeu, Paramessu, então promovido a Filho do Rei. Paramessu adotara como regente o nome Ramsés, mas foi seu filho Seti, outro general robusto e atlético — sua múmia é impressionante —, que restaurou o império com adventício rigor. Mesmo quando o pai ainda era vivo, Seti já vinha atacando a costa de Canaã, onde obrigou os governantes do Líbano a cortarem madeira para sua esquadra, e depois tomou Kadesh. Mas os hatianos, agora sob o impressionante time formado por Muwatalli e seu irmão, Hatusili, netos de Suppiluliuma, a tomaram de volta.

Quando Ramsés II sucedeu o pai — adotando no trono o nome de Usermaatra —, Kadesh foi sua primeira prioridade. Ramsés era exuberante e narcisista, e gravou o nome em mais monumentos do que qualquer outro faraó. Já tinha começado a construir uma capital, Per-Ramsés, "casa de Ramsés". Os construtores de sua tumba viviam numa aldeia de trabalhadores em Deir el-Medina, orgulhosos de sua especialidade. "Sou um artista", escreveu um deles, "que excele em sua arte na vanguarda do conhecimento." Em suas obras, Ramsés definiria seu próprio mundo faraônico.

Mestre do arco e da carruagem, Ramsés derrotou primeiro a frota dos *sherden*, invasores do Mediterrâneo oriental. Depois, voltou-se para Kadesh.

Quando Ramsés saiu em campo, os espiões de Muwatalli estavam observando, mas foram localizados, capturados e torturados para revelar notícias alarmantes: os hatianos estavam muito perto, prontos para atacar. Ramsés ficou indignado com a incompetência de seus generais. Assumiu pessoalmente o comando, enviando seus príncipes reais para fora da zona de combate e despachando seu vizir para que trouxesse a divisão Ptah. Antes que estivessem prontos, os hatianos os emboscaram, seus carros investindo sobre a divisão de Amon, comandada por Ramsés, que enviou o apelo: "Sua Majestade está totalmente só". Em seguida eles atacaram a divisão Rá, no momento em que ela cruzou o rio. Milhares de carroças se chocaram. Comandadas por Muwatalli, as carroças hatianas romperam as linhas egípcias, em seus carros mais frágeis; os egípcios fugiram. Foi uma luta desesperada na qual o próprio faraó, conduzindo sua carroça e atirando com o arco, quase foi morto, sendo resgatado por seus guardas gregos, em seus elmos brilhantes guarnecidos de chifres e brandindo espadas. Não há por que duvidar de Ramsés quando ele afirma que sua personalidade salvou o dia. Ele teve sorte: os filhos de Hati começaram a saquear o campo. Quando, na hora certa, chegaram veículos de reforço, Ramsés, bradando ordens de sua carroça, mobilizou suas forças para atacar Muwatalli. O contra-ataque faraônico rompeu as linhas hatianas.

A noite caía no campo de batalha quando as últimas divisões egípcias chegavam para consolidar a linha. Ao alvorecer os dois reis dispuseram seus exaustos exércitos para um selvagem combate frontal que terminou num impasse. Ramsés recuou seus homens; Muwatalli propôs negociações. Mas Muwatalli tinha vencido: Kadesh continuou hatiana. Ao chegar em casa, Ramsés transformou o desesperado pandemônio da emboscada hatiana numa lenda heroica. Em nada menos do que cinco enormes monumentos, ele projeta a imagem de Kadesh como um triunfo.[3]

Ramsés compartilhava sua glória com uma pessoa: a grã-esposa Nefertari, que agora desempenhava um papel especial no que dizia respeito às tratativas de paz com inimigos,[4] assim como na China uma rainha comandava exércitos de carros na batalha.

Enquanto os aurigas de Ramsés e Muwatalli se chocavam na Síria, o novo armamento havia chegado ao noroeste da China, onde Wuding herdara um reino em torno do rio Amarelo, construído gradualmente por sua família, os Shang, durante algumas centenas de anos. Lendas descrevem um rei chinês anterior, Yu, "que controlava as enchentes" do rio Amarelo, mas a verdadeira história começa com os Shang.

Wuding, o 21º de sua linhagem, era um rei guerreiro que por volta de 1250 a.C. expandiu a influência dos Shang por meio de conquista e do matrimônio: muitas de suas 64 esposas eram princesas de feudos conquistados. Uma esposa favorita, Fu Hao, ascendeu juntamente com sua casa para se tornar uma comandante e alta sacerdotisa. Wuding expandiu-se para o nordeste da China, combatendo os outros feudos, mas também os povos do norte, os guifang — demônios da fronteira —, com os quais aprendeu as artes da besta e da carroça de guerra. Supervisionando uma sociedade agrícola que também produzia artefatos de bronze, armas e seda, os Shang governavam a partir de Yin (perto de Anyang, na província de Henan), auxiliados por escribas que usavam a escrita chinesa primeva, da qual a língua atual deriva. Ao mesmo tempo que cultuavam um deus supremo, Di, que pode ter sido o supremo ancestral dos Shang, além de um panteão menor, eles reverenciavam seus ancestrais como intermediários e consultavam diariamente adivinhos da corte, que usavam a escapulimancia, rachaduras em ossos queimados de boi ou cascos de tartaruga, para responder a todas as questões essenciais da vida — desde a iminência de desastres naturais até a saúde, a colheita e a família.

Os ossos e cascos dos animais eram queimados e os adivinhos interpretavam as rachaduras, escrevendo seus comentários nos ossos, milhares dos quais ainda sobrevivem. A escapulimancia ajudava as pessoas a lidar com um mundo perigoso, imprevisível, mas as adivinhações eram frustrantemente vagas.

Travavam-se guerras em parte para capturar humanos como vítimas sacrificiais, de modo a assegurar uma vida serena após a morte: os Shang — contemporâneos de Ramsés no Egito[5] — eram sepultados numa necrópole de tumbas familiares com artefatos de bronze e armas. "Oferendas a Da Ding", lê-se em uma inscrição. "Da Jia e Zu Yu, cem taças de vinho, cem prisioneiros Qiang, trezentas cabeças de gado." Quando potentados Shang morriam, centenas de pessoas eram mortas e enterradas com eles.

A sra. Fu Hao, mencionada em 170 ossos-oráculos, pode ter começado como adivinha da corte, mas tornou-se a parceira do rei. Quando nomeou a sra. Hao, o rei consultou os adivinhos e eles confirmaram a nomeação. Hao venceu quatro campanhas sucessivas, principalmente contra bárbaros, e quando ela morreu, aos 33 anos, foi sepultada com dezesseis escravos sacrificados e seus animais de estimação favoritos, seis cães.[6] O rei sentiu amargamente sua falta e com frequência pedia seus conselhos no pós-vida.

Em 1045, consta que os Shang foram destruídos por sua própria e pervertida corrupção: o rei Zhou e a esposa Daji navegavam em barcos do prazer, num lago de bebida alcoólica, divertindo-se com concubinas enquanto concebiam perversas torturas para seus inimigos, sendo a pior delas o tormento do canhão ardente, no qual as vítimas eram fritadas vivas em metal em brasa. Mas era provável que esses excessos fossem propaganda dos Zhou, uma emergente dinastia do oeste, que os destruiu. Na batalha de Muye, eles foram derrotados pelo rei Wu, dos Zhou. Após o suicídio do casal real nas ruínas de seu palácio em chamas, Wu perseguiu o resto da família Shang e suas tropas, colecionando 177 779 orelhas, e depois, entre rituais com direito a cantos, sinos e flautas, "decapitou e sacrificou seu pequeno príncipe e senhor do caldeirão, além dos líderes de quarenta famílias", que foram escalpelados. A família Zhou agora governaria por vários séculos, desenvolvendo a primeira burocracia, o Grande Secretariado. O filho de Wu, Cheng, foi desafiado por nobres rebeldes, mas resgatado por um fenômeno raro, um tio benevolente, Dan, *gong* (duque) de Zhou.

Quando Cheng chegou à maturidade, o duque de Zhou cedeu o poder — e depois definiu o que era um governo responsável, e a ideia do Mandato do Céu: se uma dinastia governasse bem, garantiria a ordem, com a bênção do céu, mas, se abusasse do poder, perderia o mandato e seria substituída.

De volta à Síria, um tio menos virtuoso, Hatusili, tomou o trono hatiano do sobrinho. Depois de ocupar Dimasqu (Damasco), ele parou a fim de rezar num santuário para Ishtar, onde conheceu e desposou a filha do sacerdote, Puduhepa, uma das primeiras mulheres no poder cuja voz chegou a nós. A guerra com o Egito continuou até que o rei Hatusili e a rainha Puduhepa negociaram um tratado de paz com Ramsés — o primeiro tratado de que temos registro físico —, o qual, como tantas divisões parecidas em nossa própria época, dividiu Canaã-Síria e depois arranjou um casamento entre os filhos das duas casas. Foi a rainha Puduhepa quem conduziu grande parte da negociação, enquanto o marido galopava para o oeste a fim de flagelar um vassalo, o reino miceniano de Ahhiyawa. Os dois tinham rompido com um pequeno aliado de Hatusili, Wilusa — também conhecida como Ílio, ou Troia.

Em 1250, Hatusili negociou com o rei de Ahhiyawa, Tawagalawa (Etéocles), e numa carta da qual só parte sobrevive, ele escreveu: "Agora que chegamos a um acordo quanto a Wilusa, pela qual fomos à guerra". A ocasião era mais ou menos adequada para um conflito no qual os troianos, com o apoio dos aliados hatianos, combateram os micenianos, possivelmente descendentes de invasores arianos. Baseados em Micenas, no Peloponeso, eles eram governados por reis e guerreiros aristocratas que brandiam espadas, conduziam carroças e erguiam brindes nos ventosos salões das fortalezas. Agora, cultuavam deuses masculinos e femininos, e seus corpos com cicatrizes de guerra, usando máscaras douradas, eram sepultados com suas espadas de bronze. Mas eram também comerciantes eurasianos.[7]

A guerra terminou com o incêndio de Troia, confirmado por escavações arqueológicas. O apoio dos hatianos explica como a pequena Troia conseguiu desafiar uma coalizão de gregos. Mas essas cartas hatianas sugerem que a "Guerra de Troia", depois celebrada na *Ilíada*, foi, se é que de fato aconteceu, um episódio colateral na longa luta dos hatianos para controlar os gregos.

Quinze anos depois de Kadesh, Ramsés II e Natusili III assinaram uma "Paz Eterna", empenhando uma "grande paz e irmandade entre os dois para sempre", com a coassinatura da rainha Puduhepa. Ela não só mediava entre os muitos filhos do rei com concubinas, oficiava festivais religiosos e fazia julgamentos, mas, sempre aguda, sarcástica e arrogante, também negociou o casamento da filha com Ramsés. Nefertari enviou à "irmã" um colar de ouro com doze voltas e uma luxuosa veste tingida. Mas Puduhepa negociou muito francamente com Ramsés.

"Minha irmã, você prometeu me dar sua filha", escreveu Ramsés. "Foi o que você escreveu. Mas você ficou com ela e está com raiva de mim. Por quê?"

"Eu realmente fiquei com minha filha", respondeu Puduhepa. "E você com certeza aprovará meus motivos. A casa do tesouro de Hati foi queimada [por rebeldes]." Puduhepa provocou Ramsés: "Será que meu irmão não possui absolutamente nada? [...] Meu irmão, você quer enriquecer a minhas expensas. Não é digno de sua reputação ou de seu status". Mais ninguém no mundo poderia falar assim com Ramsés, o Grande. Em seguida, ela se jactou dos encantos da filha: "Com quem vou comparar a filha do céu e da terra que darei a meu irmão?". Mas "quero que ela seja superior a todas as outras filhas dos Grandes Reis".

Em 1246 a.C., Ramsés e Puduhepa estavam prontos. "Maravilhosa, maravilhosa é esta situação", exclamou Ramsés. "O Deus do Sol e o Deus da Tempestade, os deuses do Egito e de Hati, asseguraram para nossos dois países a paz eterna!" Puduhepa partiu com a filha, acompanhada de um tesouro de "ouro, prata, muito bronze, escravos, cavalos sem limite, gado, cabras, miríades de carneiros!". Puduhepa disse adeus à filha na fronteira e depois Ramsés "a amou mais do que tudo", mas, quando não vieram filhos, o pai dela o culpou. "Você não gerou um herdeiro com minha filha", escreveu Hatusili. "Será mesmo possível?" Como Ramsés tinha gerado mais de cem filhos, esta é uma implicação injusta. No apogeu de seus impérios, os supermonarcas combinaram um encontro de cúpula. "Embora nós, Grandes Reis, sejamos irmãos, um nunca viu o outro", escreveu Puduhepa para Ramsés, e assim decidiram encontrar-se em Canaã. Mas o encontro nunca aconteceu. Hatusili teve de enfrentar desafios desde o Egeu até o Eufrates, e Ramsés já governava por demasiado tempo, 67 anos, e, quando morreu, aos noventa, deformado pela artrite, atormentado por problemas dentários (todos revelados por sua múmia), seu filho mais velho teve de lidar com ataques em todas as fronteiras,[8] sobretudo no Mediterrâneo, onde todos os poderes agora enfrentavam uma catástrofe. Ninguém sabia o que a tinha causado, mas é provável que uma combinação de clima, desastre natural, pandemia, ambição e implosão sistêmica tenha deslanchado movimentos em alguma estepe distante, que desencadearam migrações em debandada, na qual bandidos do mar arrasaram cidades ricas do Mediterrâneo e da Ásia ocidental. Os atacantes soavam como gregos, e os egípcios os chamaram de "povos do mar", mas eles vinham também por terra, usando novos peitorais de ferro e grevas nas pernas, brandindo espadas e escudos, todos feitos de uma fusão de minério de ferro e ferro meteórico, para se obter um metal mais forte. O ferro já era conhecido havia muito tempo, e é provável que o processo de fundição tenha se desenvolvido lentamente em muitos lugares, a começar pela Índia, espalhando-se pelos sofisticados ferreiros de Hati até a Europa e a África.[9]

O Egito e Hati contra-atacaram. O filho de Hatusili, Tudhaliya IV, atacou os invasores em Alishiya (Chipre), mas logo estava lutando para conter os cavalos do apocalipse. "Se não restar ninguém para atrelar os cavalos", ele escreveu de modo desesperado, "é preciso dar ainda mais suporte. Se o auriga pular de um carro e o valete fugir do recinto, e não restar nem mesmo um cão, seu apoio ao rei tem de ser ainda maior." No Egito, Ramsés III alegou ter derrotado os invasores no delta do Nilo, um triunfo celebrado por seu gigantesco templo-palácio, a "casa de milhões de anos do rei Ramsés", no qual são retratados pênis do inimigo amontoados a seus pés. Mas os construtores de seu túmulo, vivendo com as famílias na aldeia especial de Deir el-Medina, não estavam mais sendo pagos: recusavam-se a trabalhar e promoveram uma paralisação "de braços cruzados", a primeira greve.

"Bárbaros conspiravam em suas ilhas", escreveu Ramsés III, "nenhum país era capaz de resistir a seu armamento." A família Ramsés desintegrou-se: a do Egito caiu para guerreiros líbios; Hati estava destruída; na Europa, os celtas avançavam para oeste; no Mediterrâneo, povos falantes do grego estabeleceram-se na costa do mar Egeu. Na Ásia ocidental, povos semíticos, muitos dos quais falantes do aramaico, fundaram novos reinos: em Canaã, construíram prósperas cidades de comércio na costa; no interior, formaram um reino em torno de Damasco, enquanto mais ao sul uma tribo semítica, falando uma versão primitiva do hebraico, estabeleceu-se e se juntou a um povo que se chamava de "Israel".

Pode ser que já cultuassem uma noção peculiar de uma deidade que não habitava num templo, mas viajava com eles num sacrário móvel.[10] Mas eram todos povos muito pequenos. A confusão foi também uma oportunidade para que uma cidade no norte do Iraque construísse o primeiro império a dominar toda a Ásia ocidental; tratava-se de Assur, e as espetaculares crueldades da Assíria iriam aterrorizar o mundo conhecido.

Os faraós núbios e os Grandes Reis de Assur: Casa de Alara contra Casa de Tiglate-Pileser

Em 853 a.C., em Karkar, no norte da Síria, os reis de Israel e dez outros reinos preparavam-se para combater o mais poderoso monarca da época, Salmanaser III da Assíria, que avançava para destruí-los.

Assur era uma antiga cidade fundada em cerca de 2600 a.C., casa do deus Assur, cultuado em sua torre zigurate e em seu templo, onde reis assírios eram coroados. Por muito tempo, a Assíria foi somente uma cidade-Estado menor numa região dominada pela Acádia e pela Babilônia, mas por volta de 1300 a.C. seus reis, descendentes do semimítico Adasi, começaram a conquistar o norte do Iraque. Após se expandir para Hati e pela Babilônia, a Assíria — Assurayu, em assírio (um dialeto do acadiano) — explorou as predações dos povos do mar para destruir os dois poderes: Salmanaser derrotou o rei de Hati, cujo império fora solapado de maneira fatal por ataques de nômades cassitas; Hatusa foi abandonada. O rei assírio capturou o rei babilônio — "pisei em seu altivo pescoço como se fosse um banquinho" — e em seguida atacou o reino de Elam (Irã) e invadiu a Arábia, capturando entrepostos em Dilmum (Bahrein) e Melua (Índia), autodenominando-se "rei dos mares superiores e inferiores, rei dos reis". Após assumir o poder em 1114 a.C., Tiglate-Pileser I, tentado pelas riquezas de Canaã, saqueou os reinos de Damasco e Tiro, Sídon e Beirute, comemorando o feito, segundo ele, arpoando no Mediterrâneo um "cavalo do mar" — com certeza uma baleia. Quando a Assíria foi desmembrada pela contenda entre seus herdeiros, um pequeno povo no sul de Canaã aproveitou a oportunidade para expandir seu próprio reino.

Por volta de 1000 a.C., os israelitas se uniram sob reis eleitos, primeiro Saul e depois Davi, guerreiro que fez o próprio nome lutando contra as tribos costeiras dos filisteus. Davi, cuja existência como fundador de um reino chamado Casa de Davi é confirmada por uma estela encontrada em Tel Dan, escolheu uma pequena fortaleza e santuário cananeu como sua capital: Jerusalém. No monte Moriá, o filho de Davi, Salomão, construiu um templo para o deus único, idiossincraticamente cultuado pelos israelitas, que desdenharam de Baal e do panteão de deuses cananeus. Não há indício da existência de Salomão a não ser na Bíblia,[1] mas há muitos indícios da existência do templo judaico construído logo depois. O reino unido israelita rapidamente se dividiu: a Casa de Davi governava a parte sul, Judá — origem da palavra "judeu" —, que girava em torno do rico Templo de Jerusalém, atacado por um dos faraós líbios do Egito, segundo uma menção do próprio em suas inscrições. A metade norte de Canaã era governada por um reino maior e mais poderoso, Israel, comandado por um general, Omri, que havia assumido o trono, construído uma nova capital, Samaria, onde foram encontrados artefatos de marfim de seu esplêndido palácio, e feito dela uma potência regional, erguendo seu próprio templo, conquistando Moab, na outra margem do Jordão, e casando seu filho Acabe com a princesa de Sídon, Jezebel.

Israel ficava próxima de Canaã[2] e de suas ricas cidades-Estado costeiras, como Tiro, Biblos e Acre (Líbano/Israel), que comerciavam tintura púrpura, madeira de cedro, marfim entalhado e ébano importados da África e artefatos de vidro, e eram unidas na época sob o rei-sacerdote Ithobaal de Sídon, pai de Jezebel. Cultuadores de Baal, Astarte e outros deuses, os cananeus — também conhecidos como fenícios — navegavam em navios movidos a remos operados por remadores escravizados, e já estavam fundando colônias na Sicília, na Sardenha e na península Ibérica (Cádiz), comerciando e buscando novas fontes de ferro, estanho e prata, e até cruzando o Atlântico para fundar Mogador, no Marrocos. No processo, espalharam sua linguagem escrita, um alfabeto com 22 consoantes, no exato momento em que os tírios fundavam sua Cidade Nova, Qart Hadasht — Cartago (Tunísia). Reis assírios guarneciam seus palácios com marfins cananeus; o palácio de Omri, na Samaria, estava cheio de entalhes de marfim e tesouros cananeus.

O casamento de Acabe com Jezebel uniu a família de Omri a essa sofisticada rede eurasiana, muito afastada dos sacerdotes puritanos da remota Jerusalém. Muitas das realizações que a Bíblia atribui a Salomão podem estar descrevendo Omri, que construiu o porto-fortaleza de Tell el-Kheleifeh, no mar Vermelho, entre Eilat e Ácaba, para comerciar especiarias e marfim, por intermédio do reino de Sheba (Iêmen/Eritreia), com a África, a Arábia e a Índia. Mas, quando Omri morreu em 873 a.C., Acabe e Jezebel enfrentaram uma ameaça iminente: a Assíria estava de volta.

Salmanaser III, retratado em suas estelas empunhando uma maça real e usando coroa, mantos e a longa barba trançada de um monarca assírio, abençoado por seu deus Assur, reconquistou o Iraque, atacou a Pérsia — jactando-se de ter recebido tributo dos paruwash (primeira menção aos persas) — e depois o oeste, exigindo tributos dos israelitas e dos cananeus.

Acabe de Israel e Hadanezer de Aram-Damasco recusaram-se a pagar e reuniram seus exércitos, reforçados por mil cameleiros do rei Gindibu dos árabes, em sua primeira aparição na história e no primeiro registro do uso de camelos em batalha.[3]

Salmanaser marchou para o sul. Judeus e árabes, arameus e fenícios desembainharam suas espadas.

TIGLATE-PILESER E FAMÍLIA: OS ASSÍRIOS CONQUISTADORES DO MUNDO

Salmanaser, comandando 100 mil homens naquele dia, derrotou a aliança israelita-arameia-árabe, matando 14 mil inimigos, mas uma rebelião o chamou de volta para casa. Assim que ele partiu, os aliados romperam. Acabe retomou a aliança com seus compatriotas em Jerusalém, casando a filha Atália com seu herdeiro. Mas ele foi morto por Hadanezer. Jezebel supervisionou a sucessão da família em Jerusalém e na Samaria, mas, em 825 a.C., "Jehu da Casa de Omri", como os assírios o chamavam, assassinou ambos os reis e capturou numa armadilha a rainha-mãe Jezebel, em seu palácio na Samaria, onde ela enfrentou os insurgentes usando suas vestimentas e joias reais, só para que três eunucos da corte, subornados pelos rebeldes, a atirassem pela janela. Com seu cavalo, Jehu pisoteou a rainha, que teve o corpo dilacerado por cães, e prestou tributo a Salmanaser.

A única sobrevivente do massacre foi a rainha-mãe Atália, de Judá, que assumiu o poder em Jerusalém e governou por direito próprio — um fenômeno raro, uma rainha no poder. Mas Atália, como sua mãe Jezebel, era uma megalomaníaca homicida que trucidou a família real para manter o poder. Apenas um príncipe da dinastia davídica foi escondido de seus assassinos. Assim que se soube que Atália tinha sobrevivido, os cortesãos a assassinaram. Israel era vassalo da Assíria, mas a pequena Judá sobreviveu, enquanto a própria Assíria vacilava.[4]

Em 754 a.C., Urartu, famoso pela ferocidade militar e por suas obras de arte em bronze, e governante de um reino nas montanhas do noroeste do Irã, do Azerbaijão e da Armênia, dizimou os assírios. A queda parecia definitiva, mas um homem mudou tudo: seu verdadeiro nome era Pulu, um príncipe que governava a capital assíria, Kahlu (Nimrod). Em 745 a.C., sob o nome de Tiglate-Pileser III, ele criou uma nova Assíria, reduzindo a superpoderosa nobreza e recrutando um exército profissional e auxiliares especializados, todos financiados por sua eficiente coleta de impostos, dirigida por um gabinete de sete pessoas; suas ordens, estampadas com o selo imperial do rei, que o mostrava matando um leão, eram transmitidas pelas estradas por mensageiros. Tiglate-Pileser era voraz e incansável, estava sempre em perpétuo movimento, flagelando o Elam, subindo montanhas com seus homens para vencer Urartu[5] e derrotando uma rainha árabe. Quando Damasco e Israel cercaram Jerusalém, o rei Acaz, de Judá, cometeu a imprudência de lhe pedir auxílio: "'Sou seu servo [...]. Venha em meu socorro', e o rei da Assíria veio".

Tiglate-Pileser fez de Judá um vassalo e reduziu Israel a frangalhos; em 727 a.C., seu monarca buscou desesperadamente um modo de escapar ao domínio assírio: ele apelou ao Egito, mas já não se podia contar com os faraós. O inimaginável estava prestes a acontecer: Kush estava a ponto de tomar o Egito.

ALARA DE KUSH: PRIMEIRO IMPÉRIO AFRICANO

Em 727 a.C., Piye, rei de Kush, galopou para o norte em direção ao Egito. Kush existira durante milênios ao lado do Egito, sua civilização ribeirinha gêmea. Por volta de 800 a.C., um governante local chamado Alara, que depois assumiu o título de rei, uniu um reino baseado em Napata, cidade fundada por Tutemés III, perto da montanha sagrada da cobra, Jebel Barkal, que era governada por uma corte letrada — com secretários de arquivo e chefes de tesouraria. Kush pôs em campo exímios arqueiros e uma formidável cavalaria, todos financiados pelo comércio entre o Mediterrâneo, o interior da África e, via mar Vermelho, a Índia.

Alara praticava uma religião híbrida, egípcia-kushita. Originalmente, os kushitas sepultavam seus mortos sob montes circulares em El-Kurru, perto da capital Kerma, acompanhados de hordas de parentes ou servos, enterrados vivos em sacrifício. Mais tarde, seus reis começaram a construir pirâmides para seus funerais: ainda existem duzentas pirâmides no Sudão, quase o dobro do número do Egito. Como faraó, Alara intitulava-se Sol de Amon, e casou-se com a irmã. Outro de seus irmãos, Kashta, o sucedeu, quando a instabilidade no Egito, sobretudo um conflito em Tebas entre um rei e seus sacerdotes de Amon, obrigaram-no a buscar asilo em Napata, a nova capital kushita, onde incentivaram Kashta a se considerar o legítimo guardião de Amon — e do Egito.

Em 760 a.C., Kashta atacou Tebas, onde obrigou os egípcios a aceitarem sua filha como "esposa do deus de Amon", e se proclamou Senhor das Duas Terras. Kashta e seus herdeiros alegaram ser protetores dos antigos deuses, mas a dinastia nunca se apresentou como egípcia: em sua estátua em Karnak, a filha de Kashta, Amenirdis, representada como esposa do deus de Amon, veste-se como egípcia, mas tem um rosto indubitavelmente kushita.

Quinze anos mais tarde, o filho de Kashta, Piye, chamado por uma das facções egípcias a intervir, avançou sobre o Egito, apresentando-se como mais egípcio do que os egípcios e honrando respeitosamente Amon. Em Tebas, reis prestavam obediência a ele, como faraó — como ele próprio se jactou em Jebel Barkal. Casado com uma prima e com a própria irmã, Piye contentou-se em deixar os vassalos egípcios governando em seu nome até ser desafiado pelos governantes de Mênfis. Em 729 a.C., ele próprio conduziu o ataque à cidade. Todos os potentados do delta submeteram-se a ele, prometendo "abrir nossos tesouros e lhe permitir escolher entre nossos garanhões e os melhores de nossos cavalos". Piye gostava de cavalos mais do que de joias ou mulheres: "As esposas e filhas do rei vinham a ele e o homenageavam, mas Sua Majestade não lhes dava atenção. Em vez disso, ia até os estábulos para ver se os cavalos estavam com fome". Numa cidade que fedia a cadáveres, Piye dificilmente tolerava qualquer crueldade com animais. "Para mim é mais doloroso", escreveu em sua pirâmide em Napata, "que meus cavalos estejam com fome do que qualquer coisa ruim que vocês tenham feito." Quando ele morreu, foi sepultado na pirâmide em Napata com seu esquadrão de cavalos favorito.

Seu irmão Shabaka não ficou em Napata, mas marchou para o norte, onde impôs domínio direto e pureza religiosa queimando vivo um de seus oponentes, instalando o filho como alto sacerdote e primas como esposas do deus de Amon. A Casa de Alara agora governava todo o Egito e o Sudão modernos, num raio de pelo menos 3400 quilômetros a partir do Nilo — num dos maiores impérios africanos da história mundial. Os arquivos reais em Nínive mostram que houve contatos amigáveis entre Shabaka e a Assíria, mas os titãs estavam destinados a entrar em embate. Não parecia provável que Shabaka pudesse ser ameaçado pelo novo rei assírio, tido como fraco. Mas as primeiras impressões podem enganar.

Seu nome era Senaqueribe. Quando se espalharam as notícias de que ele era o novo rei, todo o Império Assírio se rebelou — e Ezequias, rei de Judá, pediu ajuda a Shabaka.

Em 701 a.C., o exército do faraó, composto por kushitas e egípcios, sob o comando do príncipe Taharca, filho mais novo de Piye, marchou para o norte, atravessando o Sinai, ao mesmo tempo que Senaqueribe abria caminho para o sudoeste, em direção a Jerusalém. As duas grandes famílias — uma asiática, a outra africana — iam agora lutar pelo mundo.

Era difícil ser Senaqueribe: seu pai era Sargão II, um vitorioso guerreiro que conquistara o Chipre, a Fenícia e o resto de Israel, promovendo uma limpeza étnica e deportando 29 mil membros de sua elite para a Assíria antes de voltar a Urartu. Num feito espetacular, Sargão conduziu seu exército pelas montanhas a fim de destruir o reino antes de retornar ao interior do país para fundar sua nova capital, Dur Sharrukin — Forte Sargão —, onde se proclamou Rei do Mundo. Mas jamais há descanso para os predadores. Já idoso, mas levado a uma última campanha em Tabal (Türkiye) em 705 a.C., Sargão foi morto num ataque inimigo a seu acampamento, e seu corpo sagrado se perdeu.[6]

Senaqueribe deve ter abominado o velho monstro, uma vez que nunca o louvou ou mencionou. Ao mesmo tempo, possuía toda a atroz grandeza do pai e do avô, e investiu sobre a Babilônia, cidade-Estado independente cultora do deus Marduk, cuja bênção os assírios jamais poderiam ignorar. Senaqueribe foi então em direção ao sul, engolindo a Fenícia e Judá, cidade por cidade.

Quando o Rei do Mundo se aproximou de Jerusalém, a Casa de Davi rezou pela intervenção divina e por um exército redentor vindo do Egito. O príncipe kushita Taharca, com vinte anos de idade, correu em direção à cidade.

Taharca e o rei assírio encontraram-se em Eltekeh, perto de Ashdod; os kushitas foram derrotados e perseguidos até o Egito. Senaqueribe cercou Jerusalém, mas, depois de ser pago com o ouro do templo, decidiu recuar, voltando carregado de butins para embelezar sua capital, Nínive, consagrada à deusa do amor e da guerra, Ishtar. Na cidade, ele mandou construir muralhas maciças com dezoito portões, ornadas com touros alados, e um novo palácio. Para um conquistador sanguinário, é surpreendente que tivesse pendor para a jardinagem; Senaqueribe orgulhava-se dos jardins de Nínive, irrigados por cerca de noventa quilômetros de viadutos e canais que traziam água das montanhas; seu jardim particular, no palácio, continha plantas raras, e ele prometeu a cada habitante de Nínive um lote para a plantação de um jardim. Num mundo ameaçado por espíritos do mal, a proteção sobrenatural era necessária o tempo todo. Assim como os portões da muralha, seus palácios eram magicamente protegidos por pares de touros alados com cabeças humanas — conhecidos como lamassus — pesando trinta toneladas. Era "uma maravilha de se ver", dizia Senaqueribe. Sua cidade, com 120 mil habitantes, era tão grande que só parte dela correspondia à moderna Mossul.

Abençoado com pelo menos sete filhos, Senaqueribe pôs seu primogênito no trono da Babilônia, mas uma facção babilônia prendeu o rapaz e o vendeu ao rei de Elam, que odiava os assírios e o executou. Agora era uma questão pessoal: "Vesti a cota de malha e [...] pus o elmo", lembrou. "Subi depressa em meu grande carro de combate" e "detive o avanço deles, dizimando-os com flechas e lanças. Degolei a cabeça e cortei a preciosa vida deles como quem corta uma corda". Em 689 a.C., Senaqueribe destruiu a Babilônia. "Como as águas de uma tempestade, fiz o conteúdo do estômago e das entranhas deles escorrer para o chão", escreveu com macabro júbilo assírio. "Meus corcéis empinados mergulhavam em seu sangue. As rodas de minha carroça estavam respingadas de sangue [...]. Cortei fora seus testículos; decepei seus genitais como sementes de pepinos de verão."

Senaqueribe foi supremo; mas é uma das ironias do poder que os reis do mundo tenham de lutar para lidar com os próprios filhos.

DEPRESSÃO DE UM REI DO MUNDO: ASSARADÃO E TAHARCA

Senaqueribe favoreceu primeiro um de seus filhos sobreviventes, Ardamulissi, depois mudou de ideia e nomeou o mais novo, Assaradão: "É ele que irá me suceder". Mas "a inveja apoderou-se de meus irmãos", lembrou Assaradão, "numa trama do mal".

Ardamulissi decidiu assassinar o pai e o irmão. Senaqueribe estava ajoelhado num templo em Nínive, orando, distraído, quando o filho mais velho o atacou e retalhou até a morte. Mas Assaradão exterminou os irmãos e as famílias de todos eles, embora, pelos padrões da Casa de Tiglate-Pileser, fosse considerado um maricas. O estresse cobrou seu preço. Ele padecia de febres, perda de apetite, bolhas na pele e paranoia — o que hoje chamaríamos de depressão. "Um dia não é o bastante para o rei se lastimar e deixar de comer?", escreveram seus médicos. "Já estamos no terceiro dia!"

Em Nínive, Assaradão treinou seu filho mais novo, o notável Assurbanípal, que agora havia se mudado para a residência do herdeiro, a Casa da Sucessão. "Eu galopava em puros-sangues e montava garanhões, ansioso por começar", lembrou Assurbanípal. "Eu tinha um arco [...] atirava lanças vibrantes; assumi as rédeas de um carro e fiz as rodas girarem." Mas ele também estudava. Mesmo as dinastias mais brutais acabaram por se instruir. "Estudei [...] a tradição oculta e secreta de todas as artes escriturais. Sou capaz de reconhecer presságios celestiais e terrestres e de discuti-los numa assembleia de eruditos." Assurbanípal também foi treinado pela avó, Naquia, em questões de vigilância e segurança. E, agora que o pai marchava contra o Egito, cuidava de seus interesses em Nínive. O faraó Taharka, filho de Piye, preparava-se para restaurar o poder egípcio sobre Judá.

Enquanto esse núbio governava o berço da civilização, começavam as migrações que iriam mudar o continente. Por muito tempo, a maior parte da África tinha sido dominada por caçadores-coletores khoisan, mas, no oeste — hoje a

Nigéria e Camarões —, povos falantes do banto cultivavam feijões, sorgo e painço, criavam gado e ovinos, forjavam armas de minério de ferro e comerciavam com o norte. Então, por motivos que desconhecemos, os bantos começaram a migrar lentamente para o sul, estabelecendo-se nas melhores terras, matando, conquistando e se casando com os khoisan, que eles foram empurrando pouco a pouco para regiões mais periféricas. Seus chefes guerreiros provavelmente conquistaram reinos, mas, como não deixaram pirâmides ou inscrições para se igualar a Kush, só podemos rastreá-los pelo avanço de sua língua.

Ao norte dos bantos, Taharca treinava seu exército no estilo assírio: numa cavalgada de quase cem quilômetros durante uma noite, "o próprio rei permaneceu montado para ver seu exército avançar, enquanto se exercitava com ele no deserto atrás de Mênfis, na nona hora da noite. Eles chegaram ao Grande Lago no alvorecer". Então Taharca os levou para Judá e para a Fenícia, acordando tratados com Jerusalém e Tiro, ansiosas para escapar do jugo assírio.

Em 674 a.C., Assaradão invadiu o Egito. Derrotado por Taharca, três anos depois ele se recompôs, destruiu Tiro, varreu o Sinai e cercou Mênfis. Taharca recuou para Kush, deixando seu tesouro e suas mulheres para trás. Mas, alguns anos mais tarde, retornou. E, se pensava que a morte de Assaradão o tinha salvado, estava enganado. Em 667 a.C., o jovem rei-erudito Assurbanípal finalmente sacudiu o Império Kushita. "Fiz o Egito e a Núbia sentirem amargamente o poder de minhas armas."[7]

ASSURBANÍPAL E A AVÓ: UMA PARCERIA DE PODER

A chefe de segurança e principal consultora de Assurbanípal era sua avó, Naquia. Foi ela quem o apoiou como sucessor e orquestrou os juramentos de lealdade em todo o império. Apresento neste livro todo um elenco de potentadas, mas poucas se igualam a Naquia, que ordenou: "Conspiradores, sejam barbados, semi-homens (eunucos) ou príncipes reais, matem-nos e tragam-nos para Zakutu (Naquia) e Assurbanípal, rei da Assíria, que é seu senhor".

Assurbanípal era um erudito que empunhava com orgulho uma pena e uma espada, mas o Império Assírio era surpreendentemente burocrático: escribas estavam o tempo todo presentes com suas tábuas de escrita articuladas para registrar impostos, butins, ordens reais. Cerca de 32 mil tábuas com escrita cuneiforme sobrevivem. Mas Assurbanípal foi também o primeiro colecionador de literatura e criou uma biblioteca de textos eruditos, requisições oraculares e relatórios, aos quais juntou outras coleções compradas na Babilônia, lar da alta cultura; ele desdenhava de seus grosseiros antepassados, que nada sabiam sobre livros. Contudo, por mais desdenhoso que fosse, a guerra fazia parte da vida de um rei do mundo. Leões eram caçados[8] — bem como pessoas.

Assurbanípal voltou-se para o leste a fim de atacar Elam, cujo rei, Teumman, foi atingido por uma flecha nas costas e decapitado, tendo sua cabeça levada para Nínive. Assurbanípal derramou libações de seu troféu, enquanto prisioneiros desfilavam em torno da cidade levando cabeças decapitadas em volta do pescoço. No parque real dos prazeres, o rei e a rainha Libbalisharrat, sentados em seus tronos e voltados um para o outro, relaxavam em festas e se entretiam com jogos de tabuleiro, enquanto servos os abanavam e serviam romãs e uvas, eunucos oficiavam, liristas e harpistas tocavam e leões domesticados eram conduzidos em desfile. Essa inscrição apresenta uma cena de sereno esplendor, mas possui um toque muito assírio; a cabeça do rei Teumman está pendurada virada para baixo numa árvore próxima ao piquenique, como se fosse uma pavorosa fruta.

As vitórias de Assurbanípal não aliviaram as tensões em sua própria família. Ele era obcecado por controle e interferia no reino do irmão, a ele subordinado: "Meu irmão Shamashshumukin, a quem tratei bem e que se estabeleceu como rei da Babilônia, esqueceu essa gentileza e planejou o mal" — reunindo uma coalizão de babilônios, elamitas, árabes e arameus. Após quatro anos de guerra, Shamashshumukin lançou-se nas chamas de seu próprio palácio. Assurbanípal ordenou que línguas fossem cortadas ou arrancadas e prisioneiros fossem esfolados. No templo, "entre os colossos onde eles haviam dilacerado Senaqueribe, meu avô, eu os dilacerei como uma oferenda à alma dele. Com seus corpos desmembrados alimentei cães, porcos e peixes das profundezas". Elam foi saqueada, mas a guerra entre a família enfraqueceu a Assíria, e as constantes campanhas no Irã não a livraram das garras dos dinâmicos povos da estepe, que cobiçavam seu império.

Na sequência dessas vitórias, Assurbanípal teve um choque desagradável: um exército de cavaleiros nômades vestidos com pele de carneiro, medas e persas, liderados por um cã meda, Dia-oku, invadiu a Assíria, indo diretamente até as muralhas de Nínive. Esses parsas (persas) e madas (medas), os mais exitosos dos povos arianos do planalto do Irã, montavam pequenos e resistentes cavalos de Nisa, viviam em *ger* (tendas) portáteis e cuidavam de suas manadas de cavalos — 160 mil deles —, curtindo a montaria, festejando, jogando, contando histórias e disputando corridas de cavalos.[9]

Para derrotar esses bárbaros, Assurbanípal contratou outros bárbaros, os citas, cavaleiros arianos que percorriam as estepes da Ásia central. O filho do cã meda foi morto. O filho de um cã persa — que também se intitulava rei de Anshan —, Kurosh, enviou seu próprio filho à corte de Assurbanípal como refém. O outro cã persa era Haxamanis (Aquêmenes). Enquanto esses desgrenhados cavaleiros galopavam ignominiosamente de volta a suas hordas, quem poderia imaginar que seriam os progenitores dos grandes conquistadores do mundo, os persas Ciro e Dario?

Assurbanípal estava exausto. "Que o rei aplique essa loção e talvez a febre ceda", aconselhou seu médico. "Enviarei um unguento." Mas quando, aos sessenta anos, após 42 anos de guerra e refinamento, Assurbanípal morreu, parecia que a Assíria iria reinar para sempre.

Apenas quinze anos mais tarde, porém, Nínive cairia, e, numa história de canibalismo, cidades incendiadas e videiras crescendo de vaginas reais, surgiu a família que governaria um império em três continentes.

ATO II

100 MILHÕES

Haxamanis e Alcmeão: Casas da Pérsia e de Atenas

Em 612 a.C., os exércitos dos inimigos da Assíria cercaram Nínive e aprisionaram o rei Sinsharishkun, filho de Assurbanípal, dentro da cidade condenada. Os doze quilômetros de muralhas foram reforçados, os largos portões estreitados, mas, por seu próprio tamanho, era quase impossível defender essa capital do mundo. Atraídos pelos prêmios desse gigante agora derrotado, novos predadores chegaram para se banquetear.

Um potentado babilônio, Nabopolassar, havia tomado o trono da Babilônia em 626 a.C. Determinado a recuperá-la, Sinsharishkun pediu ajuda aos egípcios, mas em 616 a.C. Nabopolassar voltou a derrotar os invencíveis assírios.

Contudo foi necessária a cavalaria dos medas para derrubá-los. O rei meda, Uvaxštra (Ciaxares), filho de Fravartis, morto por Assurbanípal, estava baseado em sua capital na montanha, Ecbátana, uma cidade com sete muralhas circulares fortificada com bastiões pintados de cores claras. Quando ele se tornou adulto, os citas tinham tomado a maior parte do Irã. Até que, quando se sentiu pronto, Uvaxštra convidou os chefes citas para um banquete e, após embriagá-los, matou-os. Ele depois uniu as tribos medas do Irã ocidental e aliou-se a Nabopolassar da Babilônia para dividir a Assíria. Em 612 a.C., "o rei da Babilônia mobilizou seu exército e o rei dos medas juntou-se a ele. Avançaram ao longo do Tigre em direção a Nínive". O cerco durou três meses, durante os quais chegaram citas para juntar-se ao caos. Em agosto, os atacantes destruíram os diques da cidade, e a inundação permitiu que rompessem as muralhas. O combate foi selvagem — na porta de Halzi, esqueletos de homens e mulheres, e até mesmo de um bebê, crivados de flechas, jazeram por muitos séculos no lugar onde caíram. "Foi uma grande matança", conta o profeta judeu Naum. "Cargas de cavalaria, espadas faiscantes, lanças resplandecentes, hostes de gente chacinada, montes de cadáveres, mortos sem fim, eles tropeçavam nos corpos." No palácio, Sinsharishkun — último da Casa de Tiglate-Pileser — pereceu nas chamas.

Nabopolassar comandava o reino assírio de seu Império Babilônio. Uvaxštra, que dois anos antes havia sido pouco mais que um criador de cavalos, governava do norte do Irã até o oeste, na Türkiye. Uvaxštra entregou sua filha Amartis para o filho de Nabopolassar, o príncipe da Coroa Nabucodonosor. Mas o Egito ainda não estava acabado.

O faraó Necho cavalgou até a costa levantina a fim de derrotar os babilônios. Em seu caminho para o norte, foi desafiado por Josias, rei de Judá, que vislumbrou a oportunidade para uma gloriosa independência, um momento de exultação capturado na Bíblia. Mas Necho derrotou os judeus em Meguido — nome que é a origem bíblica do termo Armagedom — e depois conquistou a Síria.

Em 605 a.C., Nabucodonosor conteve os egípcios em Karkemish e "infligiu a eles tal derrota que nenhum voltou para casa". Mais tarde, ao saber que o pai estava morrendo, literalmente galopou para casa — por quase mil quilômetros — para ser coroado 22 dias depois.

Nabucodonosor passou a maior parte de seu longo reinado suprimindo rebeliões, com sucesso na costa fenícia, com menos sucesso em Canaã. Em 586 a.C., Zedequias de Judá o desafiou: Nabucodonosor atacou Jerusalém e destruiu a cidade, deportando a maioria dos judeus para sua capital: a Babilônia tornou-se um enorme canteiro de obras depois que ele mandou construir dezoito quilômetros de muralhas e uma cidade real em seu interior, na qual se entrava pela colossal porta de Ishtar, esmaltada em azul-escuro e decorada com leões de Ishtar, touros de Adad e dragões de Marduk. Ela levava à via processional conhecida como Que o Arrogante Não Floresça, ao Templo de Esagila e a um zigurate conhecido como A Casa na Fronteira entre o Céu e a Terra, peça central da cidade. Lar de 250 mil pessoas — babilônios, citas, gregos, medas, judeus —, a Babilônia era notória por seus prazeres desenfreados. Os judeus acusavam o rei de "destruidor de nações" e escreviam livros sagrados numa distintiva voz monoteísta. Recusando-se a desaparecer como os outros povos derrotados, eles sonhavam em retornar à cidade sagrada de Sião, no incandescente deserto de Judá: Jerusalém. Foi um anseio que os definiu: religiões e povos são formados por experiências compartilhadas de sofrimento, vividas e revividas por meio de histórias herdadas. "Junto aos rios da Babilônia", eles cantavam, "sentávamo-nos e chorávamos ao nos lembrarmos de Sião."

Todos gostavam da metrópole — exceto aqueles poucos judeus austeros que a chamavam de Prostituta da Babilônia.[1] Mas, no palácio, a rainha meda tinha saudades de casa. Nabucodonosor teria construído os Jardins Suspensos da Babilônia para a consolar.

O pai de Amartis, Uvaxštra, avançou pela Anatólia até ser detido pelo potentado regional, Alíates, que, a partir de Sárdis, governava a Lídia, um abastado reino que se estendia até o mar Egeu. Comerciando entre a Babilônia e a Grécia, Alíates foi o primeiro a cunhar moedas, então feitas de eletro, uma liga de ouro e prata. Os lídios inventaram as moedas ao mesmo tempo que elas apareciam na Índia e na China.

O exército de Uvaxštra era formado por medas, persas e citas; os últimos treinavam os jovens em sua insuperável arte de atirar com arcos em pleno galope, talento que foi ajudado primeiro pelo bocado de freio, depois pelos apoios para pés — que foram sendo gradualmente aperfeiçoados, de um pedaço de corda até uma peça de madeira —, e mais tarde pelos estribos de ferro. Juntas, essas inovações lhes permitiam controlar a montaria enquanto atiravam. Mas, ao serem insultados por Uvaxštra, os citas mataram os jovens e fizeram com eles um ensopado, com o qual alimentaram o rei. Em seguida, buscaram asilo com Alíates, que se recusou a entregá-los a Uvaxštra. Seus exércitos defrontaram-se em maio de 585 a.C. no rio Hális, quando subitamente "o dia tornou-se noite"— um eclipse solar —, o que estarreceu de tal forma ambos os lados que eles pararam de combater e fizeram as pazes: Uvaxštra casou seu filho Rishtivaiga (Lança--Dardos, Astíages) com a filha de Alíates, Arienis.

Quando os reis morreram, Rishtivaiga viu-se no centro de uma rede familiar, como cunhado de Nabucodonosor da Babilônia e do novo rei da Lídia, Creso, que se jactava de ser o monarca mais rico do mundo. Para manter unida essa federação tribal, Rishtivaiga casou a filha, Mandana, com o cã persa Cambises (Kambujiya), rei de Anshan.[2] O bebê dos dois, chamado Ciro (Koresh), foi criado por Mandana — que nesse estágio ainda batia leite, fazia pão e fiava tecidos — até os seis anos de idade como todos os cãs persas. Depois, foi entregue ao pai, para ser treinado na arte de cavalgar e atirar, vestindo calças e caneleiras de couro.[3] Quando Cambises morreu, Ciro passou a vestir o casaco de couro de vaca, o *gaunaka* dos reis de Anshan, e começou a planejar a destruição do avô, Rishtivaiga, que tinha afastado seus cãs, adotando um ritual de corte extravagante e controles burocráticos. Um desses cãs, Arbaku, enviou um apelo a Ciro, costurado dentro do corpo de uma lebre: "Os nobres medas se juntarão a você". Ciro ampliou seu poder casando-se com Cassandane, filha de um cã do respeitado clã haxamanishiya (aquemênida), com quem teve dois filhos. Mas também negociou com o rei da Babilônia, Nabunid (Nabônido), contra o inimigo meda dos dois.

Enquanto Rishtivaiga pinoteava com uma concubina, ela cantou uma canção sobre "um leão que tinha um javali selvagem em seu poder, mas deixou-o entrar em seu covil".

"Quem é esse javali selvagem?", perguntou Rishtivaiga.

"Ciro", respondeu ela. Mas, antes que Rishtivaiga pudesse neutralizar o neto, os persas reuniram seus cãs em Pasárgada, sua capital, próxima de Shiraz. "Sou o homem destinado a realizar sua liberdade: vocês são páreo para os medas. Livrem-se do jugo de Rishtivaiga!" Ciro marchou contra o avô: em 550 a.C., em Pasárgada, os persas estavam cedendo ante os medas, mas suas mulheres abriram as túnicas e exibiram a vulva para os maridos, gritando: "Aonde estão indo, desertores? Querem se arrastar de volta para o lugar de onde vieram?". Os persas voltaram e lutaram, Ciro capturou Rishtivaiga, tomou sua capital Ecbátana e casou-se com sua filha.

Em seguida, marchou contra Creso, o homem mais rico do mundo.

CIRO E A RAINHA TOMIRIS: DE CONQUISTADOR A CÁLICE

Creso alegava ser descendente do deus grego Héracles (Hércules) e consultava regularmente o antigo oráculo grego em Delfos — embora não fosse grego. Mas, sendo um mestre do comércio eurasiano, cuja moeda era amplamente usada, ele estava à vontade com os povos do Egeu e do Eufrates (era, afinal, cunhado de Nabucodonosor, primo de Ciro). Mas agora Ciro tinha de ser detido, de modo que Creso voltou-se para os gregos, recrutando duas cidades-Estado, Esparta e Atenas, para se juntar à Babilônia e ao Egito.

Quem instruiu Creso nos assuntos gregos foi um nobre ateniense chamado Alcmeão, descendente do rei semidivino Nestor e membro de uma das famílias mais ricas da cidade. Alcmeão fez seu trabalho tão bem que Creso ofereceu lhe pagar com tudo que pudesse levar do tesouro lídio. Numa história que ilustra a voracidade de sua família, Alcmeão apareceu em Sárdis vestindo roupas folgadas cheias de bolsos e botas largas que encheu com moedas, aumentando com isso a fortuna da família. A história de Alcmeão não era só a de Atenas, mas a dos próprios gregos.

Após o caos de 1200 a.C., quando os reinos micenianos foram derrubados, os gregos juntaram-se em vilarejos que foram se agrupando em pequenas cidades (polis) — processo conhecido como sinecismo —, nas quais desenvolveram um conceito de autogoverno comunitário. Sua condição de gregos centrava-se na língua, desenvolvida a partir dos fenícios, com quem se encontravam em torno do Mediterrâneo. Os fenícios usavam apenas consoantes: os gregos acrescentaram vogais para desenvolver o primeiro sistema alfabético de escrita. Depois vieram suas histórias. Por volta de 850 a.C., a escrita e a leitura começaram a se espalhar.[4] Rapsodos — cantores de rapsódias — recitavam poemas em festivais. O drama, desenvolvido a partir de festivais religiosos, tornou-se popular. Não eram apenas os gregos que punham a humanidade no centro de seu mundo: todos os povos faziam isso. A novidade dos gregos era sua consciência desse autofoco.[5] Seus escultores desenvolveram o talento de representar o aspecto humano no mármore. Sua religião era um conjunto de rituais — não um sistema de crenças — preocupado com a vida, e não com a vida após a morte. Eles cultuavam um panteão de deuses imperfeitos, ambiciosos, liderados por Zeus, e acumulavam histórias de super-homens semidivinos, como Hércules, e viajantes abençoados por deuses, como Odisseu, cujas façanhas globais refletem as viagens dos marinheiros gregos.[6] "Vocês estão aqui a negócios", pergunta um personagem na *Odisseia*, "ou atravessando os mares como incautos corsários?" Os gregos, assim como seus rivais, os fenícios, eram navegadores, comerciantes e piratas, colonizando o Mediterrâneo, que chamavam de Grande Mar, em navios impulsionados por fileiras de remos.

Mas nem todas as cidades eram marítimas: Esparta era uma monarquia baseada em terra firme, mais precisamente uma diarquia, governada por dois reis de dinastias rivais, descendentes de Hércules, eleitos para governar com um conselho de 28 anciãos, que assumiam o comando em tempos de guerra. As cidades do Peloponeso eram organizadas em torno de uma pequena cidadania de espartanos que não praticavam o comércio, mas serviam como soldados para intimidar uma conquistada população de servos submissos — os hilotas, incultos habitantes de Helos. Os espartanos eram treinados para viver em barracas, não com as famílias; comiam com seus companheiros soldados e mantinham a ferocidade marcial e a obediência de quem pertencia à classe inferior, enviando anualmente esquadrões de espartanos adolescentes para o campo, a fim de matar certo número de servos; eram também incentivados em jogos de guerra, como missões para roubar queijo, e a manter relações efebofílicas com homens mais jovens.[7] Casavam-se na casa dos vinte anos, mas não viviam com a família até chegarem aos trinta, e só deixavam o serviço militar aos sessenta. Crianças defeituosas eram expostas — isto é, abandonadas — aos elementos. Os gregos se orgulhavam de suas maneiras e de seu controle, e eram tão concisos que a palavra "lacônico" vem da Lacônia, a pátria espartana. Mas as mulheres espartanas, famosas pela forma física, pelos cabelos louros e pela moralidade, treinavam em minúsculas túnicas, sendo apelidadas de "exibidoras de coxa" pelos pudicos atenienses.

Dominada por uma nobreza marcial, a sociedade grega era viril, social e competitiva: os homens exercitavam-se nus nos *gymnasia*; nos jantares, ou *symposia*, bebiam uma mistura de vinho e água de uma tigela comum, os simposiastas contavam histórias e faziam sexo com cortesãos — *hetairai* — tocadores de flauta ou rapazes copeiros. Seus camponeses serviam como hoplitas, soldados de infantaria que usavam couraças de ferro, perneiras e elmos emplumados e lutavam juntos numa *phalanx*, protegidos por seus escudos entrelaçados; os nobres combatiam montados, e muitos deles eram procurados como mercenários. Na distante Babilônia, Nabucodonosor empregava auxiliares gregos.

Os gregos orgulhavam-se de seu envolvimento no governo da *polis*, com uma política baseada na boa governança, *eunomia*, e na liberdade, *eleutheria*. Mas suas *polis* eram dominadas por aristocracias, e com frequência governadas por tiranos, às vezes autocratas benevolentes, apoiados pelas classes média e baixa contra nobres presunçosos.

Alcmeão e sua família ateniense eram típicos aristocratas. Atenas tinha se desenvolvido como uma aristocracia governada por um conselho eleito de nove arcontes, que apresentavam suas ideias a uma assembleia de cidadãos do sexo masculino. Diz-se que o primeiro arconte, no século VIII a.C., foi um mítico alcmeônida, e na década de 630 a.C. o líder clânico Mégacles e seu filho Alcmeão estavam à frente do arcontado. Em 621 a.C., um nobre, Drácon, rascunhou as primeiras leis com o próprio sangue, mas seu código draconiano de pouco adiantou para restringir os embates entre facções aristocráticas, que com frequência resultavam em massacres: oitenta esqueletos com os punhos atados foram encontrados em uma sepultura coletiva. Por volta de 593 a.C., Sólon, também um arconte, estabeleceu uma constituição que transformou os pobres em cidadãos plenos, mas que ainda favorecia os alcmeônidas e outros clãs. Quando um outro Mégacles assassinou seus rivais, toda a família foi expulsa de Atenas, o que incluiu os ossos de todos os seus ancestrais. Mas eles voltaram a se erguer.

A rivalidade entre Atenas e Esparta logo começou: em 510 a.C., quando os atenienses eram governados por um tirano, os alcmeônidas, agora liderados por Clístenes, pediram ajuda aos espartanos, os quais, vendo a oportunidade de fazer de Atenas um estado vassalo, expulsaram o autocrata. Mas Clístenes dispensou os espartanos e depois prometeu novos poderes ao povo que o tinha apoiado. Atenas dependia de seus navios; suas trirremes precisavam de remadores; e isso significava que o povo tinha de ser consultado. Clístenes concebeu o governo pelo povo — democracia — por uma assembleia (*ecclesia*) de todos os cidadãos homens (excluindo os escravos).[8] A democracia real era considerada uma eleição por loteria: o Conselho dos Quinhentos, responsável pelo governo, era escolhido por sorteio. Apenas três comandantes — *strategoi* — eram escolhidos anualmente, por meio do levantar de mãos ou de votações com o uso de seixos. Concebido por um membro da mais ambiciosa família de Atenas, o poder do povo nunca era tão democrático quanto parecia ser — não quando os alcmeônidas estavam envolvidos.[9]

Em 547 a.C., enquanto negociava sua aliança contra Ciro, por três vezes Creso consultou Pítia, suma sacerdotisa do Oráculo de Delfos, por intermédio de seu aliado ateniense Alcmeão, focando-se na guerra com a Pérsia. A resposta do oráculo foi uma obra-prima de ambiguidade: se atacasse a Pérsia, ele destruiria um grande império. Ciro marchou imediatamente. Em 546 a.C., quando os reis combateram, Ciro colocou seus dromedários, que carregavam seus suprimentos, na linha de frente da batalha, causando pânico na cavalaria de Creso. Creso foi executado, e Ciro enviou Arbalu para varrer as cidades gregas da Jônia, na costa do mar Egeu.

Somente a Babilônia resistiu, mas seu império estava mergulhado em crise. Em 539, Ciro derrotou os babilônios. Agora rei do mundo, ele desfilou na Babilônia num garanhão branco, acompanhado do filho, Cambises, e realizou uma recepção pública para os príncipes do vasto e novo império, na qual o ex-rei Nabunid foi executado. Agora ele demonstrava respeito pela elite babilônia — inclusive pela mais alta família de banqueiros, os Ebigi[10] — e reverenciava cautelosamente Marduk em seu Templo de Esgila, onde enterrou um cilindro de barro no qual retratava sua jornada de conquistas e matanças como sendo a libertação da Babilônia e de todos os seus súditos.[11]

Mas o império de Ciro seria diferente dos impérios de Tiglate-Pileser e de Nabucodonosor. Todos os deportados tiveram permissão de voltar para casa, cultuar seus próprios deuses e gerir negócios locais — contanto que prestassem obediência absoluta ao rei do mundo e pagassem seus impostos. Em 537 a.C., 40 mil judeus retornaram a Jerusalém para reconstruir seu templo: não admira que vissem Ciro como o ungido, o Messias.

Agora ele poderia finalmente relaxar em seu novo palácio e em seus jardins — *pairidaeza*, origem da palavra "paraíso"[12] — em Pasárgada. Seu império era então o maior que o mundo já vira, mas seria ele capaz de mantê-lo? Ciro não aceitava limites. O Egito seria seu próximo alvo, porém a leste uma rainha cita baseada nas estepes entre o Turcomenistão e o Cazaquistão estava atacando suas terras. Ela também precisava ser destruída. Antes de partir para enfrentá-la, Ciro convocou os filhos, nomeou Cambises, rei da Babilônia, seu sucessor, e atribuiu ao segundo rapaz, Bardiya, o governo da Báctria (ou Bactriana).

A rainha se chamava Tomiris (Tahmirih), que significa "corajosa". Chefes guerreiras eram muito mais comuns entre as tribos nômades dos citas[13] no norte e os árabes no sul do que entre os povos estabelecidos, porque suas mulheres lutavam ao lado dos homens em condições de igualdade: 37% dos guerreiros citas encontrados em túmulos eram mulheres, treinadas para montar e disparar flechas, dotadas de armaduras e ornamentos de ouro na cabeça, jazendo ao lado de cavalos em dourada pompa, da mesma forma que os homens. O mito grego das cavaleiras de um seio só, as amazonas, baseava-se nos citas.

Esse era o povo que Ciro agora perseguia, mas de algum modo o septuagenário conquistador do mundo acabou sendo morto. Tomiris o crucificou e o decapitou à moda cita, colocando sua cabeça num odre cheio de sangue, com as seguintes palavras: "Eu o adverti de que saciaria sua sede de sangue, e assim o fiz".[14]

Da cabeça de Ciro, ela fez um cálice.

Com a morte do rei, os fogos sagrados foram extintos. Em 529 a.C., os persas trouxeram de volta o que restara de Ciro, mas um funeral real, no qual o corpo tratado com cera seria levado numa carruagem dourada, tornara-se impossível.[15]

DARIO E BUDA: A RODA

As notícias de que Ciro "havia deixado o trono" chocaram o império. Seu filho, Cambises II, passou pelo ritual de investidura que combinava bênção sagrada com glória tribal no santuário da deusa Anahnita (equivalente persa de Ishtar), em Pasárgada. Ao longo do ritual, o Grande Rei passava por uma metamorfose, abandonando as próprias roupas e escolhendo um nome para o trono, vestindo o manto de Ciro, bebendo elixires mágicos (e tóxicos) de terebinto sagrado e leite destilado cozinhado pelos magos, empunhando o cetro e sendo enfim coroado com a *kidaris*, ou tiara real, antes de todos os cortesãos se ajoelharem, em sinal de obediência.

Cambises planejou terminar a obra do pai e tomar o Egito. Ele tinha de provar a si mesmo, e rápido. Primeiro, casou-se com suas irmãs mais velhas, Atossa e Roxane, para impedir que se casassem com outros, nomeou seu robusto irmão Bardiya, um musculoso e extraordinário arqueiro conhecido como Corpo Forte, sátrapa da Báctria, e sufocou toda a oposição. Acompanhado por Corpo Forte e um bem relacionado jovem cortesão, Dario, e reunindo uma força que refletia o assombroso império multinacional de sua família — os citas com seus chapéus pontiagudos, os medas, os persas e uma marinha fenícia —, Cambises conquistou o Egito e matou o faraó, mas sem deixar de tratar com respeito as tradições egípcias. Em seguida, planejou atacar Cartago (plano vetado por seus marinheiros fenícios, que se recusaram a atacar os compatriotas), mas em vez disso marchou Nilo abaixo até a Núbia e a Etiópia. Seus êxitos foram notáveis, porém ele não inspirava lealdade.[16] Por inveja de Corpo Forte, Cambises o enviou de volta à Pérsia, e depois, atormentado por histórias que davam conta de sua traição, ordenou que o matassem. Em 522 a.C., Corpo Forte declarou-se rei, enquanto, na própria comitiva de Cambises, uma cabala de sete cãs respeitados, todos relacionados com a dinastia, tramavam contra ele. O mais jovem era Dario (Darayavauš, o "portador do bem"), de 22 anos, neto do cã dos haxamanishiya, que servira a

Ciro como portador de aljava e agora era portador de lança de Cambises. Embora fosse o membro mais jovem da comitiva, Dario era alto, carismático, atlético e notavelmente confiante, e assim surgiu como candidato a rei.

Enquanto voltava às pressas para casa, Cambises sofreu um infeliz acidente: ao desmontar do cavalo, cortou-se com o próprio punhal e morreu de gangrena. Dario escreveu mais tarde que Cambises "morreu sua própria morte" — o que quer que isso signifique. É legítimo se perguntar se os Sete não o mataram silenciosamente. Agora eles galopavam de volta para casa, onde Corpo Forte se casara com sua irmã remanescente, Atossa, mas alienara os próprios nobres. Os Sete chegaram a sua fortaleza, próxima do monte Bisitum, onde Corpo Forte pinoteava com uma concubina. Um eunuco deixou o grupo de choque entrar na câmara real, onde o seminu Corpo Forte lutou com tanto vigor usando um banquinho que foram necessários todos os Sete para subjugá-lo. O irmão de Dario, Artafarna, desferiu a punhalada fatal. Os Sete encontraram-se então ao alvorecer, a cavalo, para decidir quem seria o novo rei, tendo acordado que seria aquele cujo cavalo relinchasse primeiro. Dario ordenou a seu pajem que enfiasse os dedos na vulva de uma égua e, depois, assim que o sol nascesse, os agitasse tentadoramente debaixo do nariz de seu garanhão, que então relinchou. Os outros seis caíram de joelhos ante o príncipe, que agora adotou o nome Dario no trono. É muito provável que ele tivesse sido designado para o cargo de rei desde o início.[17] E ficou acordado que os seis cãs restantes sempre poderiam ter acesso a ele, mesmo se estivesse na cama com uma garota.

O império estava em ruínas: nove contendores surgiram para reivindicar o trono. Porém, abençoado com uma irrepreensível energia e uma sorte invencível, alegando ser o guerreiro da Verdade, manifestação de Ahuramazda, e com o auxílio de seus seis compadres, em dois anos Dario derrotou todos os contendores, que apelidou de "agentes da mentira", definição do mal no zoroastrismo. Eles foram esfolados e empalhados, crucificados e empalados nas muralhas de Ecbátana, perto do monte Bisitum. Lá, num penhasco vermelho-sangue, com um alado Ahuramazda — o deus da verdade, da ordem e da guerra — pairando acima dele, o próprio Dario aparece; brandindo o arco, usando a *kidaris* e o manto ornado de joias, com a barba em corte quadrado aromada com óleo, ele esmaga um impostor sob os pés — "cortei seu nariz, suas orelhas, sua língua e arranquei um de seus olhos" —, enquanto os demais se contorcem acorrentados, à espera do empalamento. A mensagem, em três línguas, não passava de uma mentira, obscurecendo os assassinatos de Cambises e Corpo Forte e a usurpação do trono, e mesclando a ancestralidade de Dario com a de Ciro: "Sou Dario, rei dos reis [...] um haxamanishiya. Favoreci quem ajudou minha família; eliminei quem foi hostil".

Dario, o Grande, foi um fenômeno incomum, um chefe guerreiro cheio de brio e energia que era ao mesmo tempo um visionário e um mestre do detalhe, a ponto de seus súditos o terem apelidado de o Comerciante. Ele lançou uma moeda imperial, o darico, mas foi também um mestre na segurança: seus espiões — os "ouvidos do rei" — relatavam qualquer traição ao chefe de sua polícia secreta, intitulado o "olho do rei". Viajando constantemente com esplendor, maestro de projetos colossais, tolerante com outras religiões (tendo ajudado os judeus a reconstruir seu templo em Jerusalém), Dario construiu uma nova capital em Parsa (Persépolis) com enormes salões e uma escada cerimonial concebida para que Dario a pudesse subir montado a cavalo, e construída inteiramente com "ouro de Sárdis e da Báctria, lazulita e cornalina de Sogdiana, prata e ébano da Índia, frisas da Jônia, marfim da Etiópia e da Índia". Quando jovem, ele havia se casado com a filha de um dos Sete, com quem teve três filhos, mas agora casou-se com todas as esposas e filhas de Ciro, Cambises e Corpo Forte, tendo filhos com todas elas. Atossa, filha de Ciro, agora casava-se com seu terceiro Grande Rei. Numa história transbordante de sangue e traição, seus dois irmãos-reis provavelmente foram assassinados por Dario. Isso bastava ou para esmagar o espírito de uma mulher ou, no caso de Atossa, fortalecê-lo, pois ela se tornou mãe de três filhos, inclusive Xerxes, e uma força política.[18]

As mulheres e os filhos de Dario residiam numa casa protegida: as mulheres eram invisíveis nas inscrições sobre a vida na corte; na verdade, como a corte estava com frequência na estrada, as mulheres viajavam em gigantescas carruagens especiais dotadas de cortinas, que nos acampamentos eram dispostas em conjunto para formar um complexo familiar. Mas as esposas reais eram potestades que administravam seus próprios Estados. A corte familiar, protegida por eunucos de confiança — rapazes africanos e colchianos (georgianos) aprisionados ou comprados na infância e castrados —, era administrada pela mãe de Dario, Irdabama, quando ele estava ausente.

Dario ficava inquieto: quando viajavam, os cortesãos e suas mulheres e famílias — 15 mil pessoas — iam com ele. O fogo sagrado era conduzido a sua frente, puxado por oito cavalos brancos; depois vinham os magos, seguidos pela carruagem vazia de Ahuramazda, depois os exímios guarda-costas reais, os Imortais e os cortesãos de escol, liderados pelo "mestre dos mil", e os companheiros reais, seguidos por sua vez pela casa da rainha. Onde quer que o cortejo parasse, uma tenda palaciana redonda era erguida no centro de uma resplandecente capital formada por tendas.

O império era um negócio de família, no qual o irmão de Dario, Artafarna, "o apunhalador do rei", governava como sátrapa de Jônia grega, e os comandantes eram, em sua maioria, parentes ou descendentes dos Sete. Inevitavelmente, porém, pelo menos um dos Sete se ressentiria daquela realeza sagrada de seu antigo companheiro de aventuras. Certo dia, ao ser impedido de entrar nos apartamentos reais, Vidafarnã (Intrafrenes) ficou injuriado e cortou as orelhas dos guardas. Quando o resto do grupo, de maneira sábia, repudiou o ato, Dario executou Vidafarnã e sua família. Evocando a morte de Ciro em batalha, ele considerou a sucessão: seus filhos haviam sido criados como príncipes guerreiros e crescido no harém; eram despertados ao alvorecer por trombetas, tinham como tutores eunucos gregos e magos, eram enrijecidos mediante banhos de gelo e praticavam montaria com lanças e arcos para acompanhar o pai na caça a leões e na guerra. Até as princesas aprendiam a atirar com o arco e a montar, e tinham aulas de história. Entre os muitos filhos de Dario, Xerxes (Khshayarsha, "o governador de heróis") era não só bonito, mas valente na guerra e na caça. A beleza masculina era evidência do favorecimento de Ahuramazda: escravos eram treinados como esteticistas; os homens persas usavam maquiagem e delineador; barbas falsas e perucas eram tão valiosas que sobre elas incidiam impostos; as barbas eram cacheadas e untadas com óleo perfumado. O ato de se vestir pela manhã era um ritual especial.

Dario, como Ciro, não conhecia limites. Uma vez sentindo-se seguro, ordenou a construção de um canal entre o Nilo e o mar Vermelho, abrindo o Mediterrâneo para o comércio com a Arábia e a Índia. Mais tarde, em 516 a.C., invadiu o Afeganistão e a Índia.

Quando Dario conquistou províncias que seus sucessores governariam durante séculos — sete satrapias, cobrindo o moderno Afeganistão —, notícias de sua invasão teriam chegado a um príncipe que vivia no reino de Magada, um dos dezesseis *mahajanapadas* — principados no nordeste da Índia — governados por castas elevadas, sacerdotes brâmanes e reis e nobres xátrias, segundo os rituais vedas do que mais tarde se tornaria o hinduísmo.[19] Mas muitas das cidades do reino eram repúblicas governadas por *sanghas*, assembleias populares. Os ensinamentos do príncipe tanto desafiavam quanto se encaixavam nessas religiões, de modo a fundar aquela que se tornaria a primeira religião mundial.

Sidarta Gautama, filho de um governante menor, um xátria, o mais velho do clã Shakya, e sua esposa, uma princesa da vizinha Koliya (Nepal), usufruíam de um estilo de vida próprio da nobreza; aos dezesseis anos, ele se casou com sua prima em primeiro grau, Yasodhara, com quem teve um filho, Rahula. "Eu vivia uma vida mimada, muito mimada." Mas Gautama já refletia sobre a vida e a morte e, incomodado com a própria existência hedonista, decidiu buscar iluminação, abraçando o ascetismo. Em seguida ao nascimento de Rahula, ele deixou o lar marital para viajar com dois amigos na condição de *sramana* — um buscador.

Após estudar meditação, ele rejeitou o ascetismo extremo, aceitando alimentos de uma moça de aldeia chamada Sujata. Em vez disso, abraçou um Caminho do Meio. Meditando sob uma figueira num parque de cervos em Sarnath, ele despertou com o conhecimento de que a vida humana é frustrante e desesperada, amaldiçoada pela ambição e por apetites, o que poderia ser mitigado pelas quatro nobres verdades e a compreensão do *dharma*, um caminho do dever que para ele significava a verdade cósmica que levava, após uma vida de contemplação e sofrimento, seguindo o Nobre Caminho Óctuplo, ao nirvana, a liberdade de um infindável renascimento. "Nós somos o que pensamos", pregava Gautama. "Tudo que somos surge com nossos pensamentos. Com nossos pensamentos, fazemos o mundo."

Ele formou então a primeira *sangha*, um círculo de monges que acreditavam estar testemunhando as revelações de um ser humano excepcional, que faziam girar a roda: a imagem de uma roda girando para mudar a consciência e o poder já fazia parte da cultura indiana, tendo sido usada nas primeiras cidades do Indo. Elas chamavam a versão de Gautama de roda do *dharma*, ou *dharmachakra*, e o saudavam como Buda, o Iluminado, embora ele próprio jamais se chamasse dessa forma, preferindo o modesto Tathagata, "o que está aqui". Seus ensinamentos abrangiam ética védica e meditações, mas ele também ameaçava o domínio dos brâmanes.

Estabelecendo-se em Kosala, agora cercado de muitos seguidores, a Buda juntou-se seu filho Rahula, que se tornara monge. Mas Buda foi traído pela própria família: seu primo Devadatta tentou assumir o controle e matá-lo. Tendo fracassado, criou sua própria seita.

Conforme foi ficando mais velho, Buda aconselhou a *sangha* a "encontrar-se em harmonia, sem se deixar cair presa de desejos terrenos", e a "preservar a atenção plena", mas recusou-se a apresentar um herdeiro: "Ensinei o *dharma* sem fazer distinção entre quem está dentro e quem está fora [...]. Se há alguém que pensa: 'Eu me encarregarei da Ordem' [...] que saiba então que o Tathagata não pensa nesses termos. Por que deveria o Tathagata fazer arranjos para a Ordem? Estou velho agora, desgastado".

Em Kushinagat, ele atingiu na morte corporal o elevado estado de *parinirvana*, e seus adeptos o cremaram e distribuíram seus ossos e relíquias entre seus seguidores, que começaram a construir estupas cupuladas nas quais preservá-los e reverenciá-los. Buda não deixou escritos, mas seu filho Rahula e a *sangha* preservaram seus ensinamentos, até que um conselho começou a organizar sua ordem. Buda não reivindicava ser um deus, apenas um sábio, e não quis criar uma religião estruturada, deixando em vez disso uma visão de mundo metafísica. Sua popularidade revelava a necessidade humana de uma missão mais elevada, para abrandar a aterradora imprevisibilidade da vida e a inevitabilidade da morte, mas também para compartilhar valores e rituais através de oceanos e povos: seu poder foi ter oferecido salvação a todos.[20]

Após a morte de Sidarta Gautama, seus seguidores formalizaram suas ideias e seus rituais, e o próprio Buda logo era considerado divino — até suas unhas eram reverenciadas. No entanto era preciso um líder político que girasse a roda para transformar o movimento numa religião mundial. Isso levou tempo — porém a roda estava girando.

Dario nunca chegou ao nordeste da Índia de Buda, mas conquistou Gandhara e Kamboya, no oeste, recrutando tropas indianas que mais tarde serviram nos exércitos persas que atacaram a Grécia. Foi original o bastante para nomear um capitão do mar grego, Cílax de Carianda, para navegar a partir do mar Vermelho a fim de explorar a costa da Índia. Então, depois de um ataque cita, ordenou a seus aliados gregos, marujos experientes, que construíssem um pontão feito de barcos, amarrados uns aos outros, através do Bósforo — e invadiu a Rússia e a Ucrânia.

Os alexandrinos e os haxamanishiya:
Um duelo eurasiano

A RAINHA AMÉSTRIS E A MUTILAÇÃO DE ARTAINTE

Dario desapareceu na vastidão da Rússia e da Ucrânia, caçando os citas. Assim como ocorreu com os invasores que se seguiram a ele, ficou perplexo com a amplitude das estepes, atormentado pelo inverno gelado e frustrado por inimigos elusivos que evitavam o confronto direto e preferiam recuar, atraindo seu exército para as profundezas de um território hostil. Quaisquer que tenham sido os desastres que o acometeram, ele sobreviveu, e em 511 a.C. retornou à Pérsia, feliz por não ter tido o crânio transformado em copo. Dario deixou 80 mil tropas sob o comando de Bagavazda, seu primo, que rumou para o sul, em direção à Macedônia, cujo rei, Amintas, subjugou. Mas os enviados persas abusaram das mulheres macedônias: o filho do rei, Alexandre, matou os ofensores, e o conflito só se resolveu quando Amintas casou a filha com o filho de Bagavazda.

Esse foi o começo de um duelo entre as duas famílias que iria definir os três séculos seguintes. Os argéadas, de Amintas, autoproclamados descendentes de Macedon, sobrinho de Heleno, fundador da Grécia, e de Hércules, vinham governando seu reino desde 650 a.C. Os macedônios, montanheses rudes e barbados que viviam em estado de contenda perpétua, em montes cobertos de florestas e sob uma monarquia semibárbara, não eram considerados pelos atenienses e espartanos como totalmente gregos. Mais tarde, quando Alexandre, filho de Amintas, tentou competir nos Jogos Olímpicos, reservados aos verdadeiros gregos, suas qualificações foram contestadas; ele foi obrigado a citar sua genealogia mítica — e acabou ganhando a corrida.

Dario havia conquistado os gregos mais ricos da Jônia; apenas Esparta e um punhado de cidades-Estado, lideradas por Atenas, permaneciam independentes. Os gregos jônios, que proviam grande parte da armada persa, mas estavam agora ressentidos com os impostos de Dario, se rebelaram e incendiaram Sárdis. Foram eliminados, mas haviam contado com a ajuda dos gregos ocidentais.

Em 491 a.C., Dario, agora na casa dos sessenta anos, enviou seu genro Mardônio, filho do maior dos Sete,[1] para conquistar a Grécia. Mardônio cruzou o Helesponto comandando seiscentos navios e um exército, cooptando o rei Alexandre I da Macedônia. Os persas foram surpreendidos quando Atenas e Esparta, sentindo talvez um inédito vínculo, pelo fato de serem ambas gregas, combinaram de resistir. Quando Mardônio foi ferido na Trácia, Dario promoveu seu sobrinho Artafarna. Desembarcando na planície de Maratona, os persas enfrentaram somente os hoplitas de Atenas — os espartanos estavam atrasados —, mas foram derrotados. Depois de Maratona, os atenienses instituíram uma novidade para controlar os domínios de seus paladinos: os eleitores poderiam escrever secretamente o nome de um político num fragmento de cerâmica (*ostrakon*) para sentenciá-lo ao exílio — ostracismo — por dez anos, contanto que houvesse pelo menos 6 mil votos.

Maratona foi um revés menor para Dario, que aos 64 anos decidiu liderar uma segunda invasão — enquanto promovia Xerxes, que se jactou: "Dario, meu pai, fez de mim o maior depois dele". Em outubro de 486 a.C., Xerxes sucedeu o pai sem percalços, e depois, advertido por Alexandre da Macedônia, entre outros, cruzou o Helesponto para invadir a Grécia com oitocentos navios e 150 mil tropas, inclusive indianos, etíopes e muitos gregos. Os atenienses abandonaram sua cidade e, liderados pelo rei espartano Leotíquides, recuaram para o sul, a fim de defender o istmo de Corinto — mas deixando a retaguarda sob o comando de outro rei espartano, Leônidas, convencido por seus aliados a atrasar os persas na estreita passagem das Termópilas com trezentos espartanos — e vários milhares de fócios e hilotas (esquecidos na maioria dos relatos). Xerxes viu seus Imortais serem massacrados no estreito desfiladeiro, até um traidor grego revelar um caminho que contornava a retaguarda grega. Os persas surpreenderam Leônidas ao alvorecer. "Comam um bom desjejum", disse um animado Leônidas, "pois esta noite jantaremos no submundo" — e depois lutaram até a morte.[2] Xerxes avançou então em direção a Atenas, cuja população havia sido evacuada para a ilha de Salamina. Sua frota aproximou-se dos navios gregos atracados entre Salamina e o continente, e seu vassalo grego, a rainha Artemísia, do Halicarnasso, que comandava a própria frota, o advertiu contra combater marinheiros atenienses num espaço confinado, e aconselhou um bloqueio. Mas, convencido de que os navios inimigos se dispersariam e de que de qualquer forma a vitória era inevitável, Xerxes ordenou o ataque, e sua frota logo foi atraída para os estreitos. Sentado num trono de prata, ele observou enquanto os gregos jônios esmagavam os navios espartanos, com a intrépida Artemísia presente em pleno fragor da luta — "Minhas mulheres são homens, meus homens são mulheres", ele exclamou —, mas os atenienses, sob o comando de Xantipo, um alcmeônida, romperam o cerco, destruindo duzentos navios. Xerxes viu um de seus irmãos ser morto e atirado ao mar. Furioso, executou seus almirantes fenícios. Mas o confronto de Salamina não foi decisivo. Seu exército não fora derrotado, e havia seiscentos navios prontos para o combate. "Retorne a Sárdis", Mardônio o aconselhou, "e leve a maior parte do exército. Deixe-me completar a escravização dos gregos." Depois de queimar Atenas, Mardônio avançou sobre as forças aliadas, que fustigou com a cavalaria.

Quando os atenienses recuaram, com a cobertura dos espartanos, Mardônio, montado em seu cavalo branco, atacou à frente de mil Imortais. O treinamento dos espartanos e a superioridade de seus armamentos levaram à aniquilação dos persas, apenas levemente armados. Mardônio foi morto ao ser atingido por uma pedra, e os persas fugiram. Seu invicto segundo exército tentou se retirar para a Ásia através da Trácia, mas Alexandre da Macedônia trocou de lado e massacrou grande parte das tropas. A conquista havia chegado ao fim[3] — mas Xerxes tinha incendiado Atenas, e a Pérsia obscureceu a Grécia por mais 150 anos.

Enquanto a frota grega derrotava os persas comandados pelo irmão de Xerxes, Masišta (Masistes), em Micale, na Jônia, a vida amorosa de Xerxes estava destruindo sua corte. Primeiro ele se apaixonou pela mulher de Masišta, e, a fim de poder passar mais tempo com ela, casou seu filho, o príncipe herdeiro Dario, com a filha adolescente de Masišta, Artainte, por quem se apaixonou perdidamente. A rainha então descobriu um golpe planejado por Masišta e sua família. Na festa do Noruz (Ano-Novo), quando o rei lhe pediu que escolhesse um presente, ela pediu a família de Masišta. Xerxes, suas loucuras expostas, recuou. A rainha ordenou então que a mulher de Masišta fosse morta da maneira reservada aos traidores: seu nariz, orelhas, língua e seios foram cortados e atirados aos cães.

Previsivelmente, Xerxes perdera sua mística: em 465 a.C., cortesãos o assassinaram em seu quarto de dormir. Na conspiração que se seguiu, Dario foi superado pelo irmão Artaxerxes (Artaxšaça), que, como Grande Rei, voltou-se mais uma vez para as questões gregas, oferecendo-se para financiar todo poder grego que desafiasse o império de Atenas, agora levado ao zênite pelo mais talentoso de todos os descendentes da família de Alcmeão.

Em 431 a.C., Péricles, o "mais destacado homem da democracia ateniense", levantou-se na Assembleia para recomendar uma guerra contra a rival Esparta. Nascido em 495 a.C., Péricles cresceu durante a Guerra Persa — seu pai derrotara os persas em Micale. Sua mãe, Agariste, era uma alcmeônida, sobrinha do criador da democracia, Clístenes, de modo que Péricles foi criado como um príncipe da democracia na mansão da família, tendo estudado filosofia, literatura e música, o ápice da cultura e do orgulho atenienses. Sua ampla fronte granjeou-lhe o apelido Cabeça de Cebola, e, na Assembleia, ele cultivava uma aparência de autocontrole e confiabilidade. No início da década de 460 a.C., aos 35 anos, Péricles apoiava a democracia total. O sucesso na política ateniense exigia oratória, mas também talento militar, uma vez que os cargos mais prestigiosos eram agora os dos dez *strategoi*. Péricles excelia em ambas as coisas, sendo reeleito anualmente para usar o elmo de *strategos*, o que fez durante trinta anos.

Ainda jovem, Péricles casou-se com uma parente, com quem teve dois filhos, mas eles também criaram um alcmeônida órfão, Alcibíades, que se tornou um belo e talentoso jovem que um dia dominaria Atenas. Em casa, Péricles mantinha um salão,[4] frequentado pelo jovem filósofo Sócrates e seu amigo, o escultor Fídias, cuja estátua de Zeus em Olímpia era uma das Maravilhas do Mundo. Mas, na década de 440 a.C., quando Péricles estava em seu auge político, ele se apaixonou por uma garota excepcional, talentosa e autoconfiante: Aspásia, a bela e altamente educada filha da elite da próspera cidade de Mileto — e uma prima dos alcmeônidas. Aos vinte anos, ela provavelmente chegou à casa de Péricles com o pupilo Alcibíades, que era seu sobrinho-neto. Com o dobro de sua idade, Péricles, que havia se separado da esposa dez anos antes, foi cativado por essa brilhante intelectual, que ensinou retórica a Sócrates — e até aconselhou Péricles sobre oratória. Ele a amou tanto durante todo o relacionamento que nunca deixou passar um dia sem beijá-la pelo menos duas vezes, de manhã e à noite. Como meteca — residente estrangeira —, ela não pôde se tornar sua esposa legal, graças à lei de cidadania aprovada pelo próprio Péricles, mas tornou-se sua parceira informal, deslumbrando seu círculo áureo, que vinha ouvir a conversa dela, mas enfurecendo rivais políticos e satiristas, que caluniaram essa mulher da classe alta como uma *hetaira* ou cortesã (embora superior às *pornai*, prostitutas de rua). Talvez isso tenha inspirado o triste comentário de Péricles, que infelizmente se aplica frequentemente nessa história: "A maior honra que uma mulher pode ter é ser menos falada na companhia dos homens". Os filhos mais velhos de Péricles também a criticaram — mas ele e Aspásia tiveram um filho.

Péricles louvava a democracia ateniense, mas caminhava de mãos dadas com um novo tipo de império. Desde o confronto em Salamina, Esparta, no Peloponeso, e Atenas, no mar Egeu, eram rivais cada vez mais violentas na busca pela hegemonia sobre a Grécia, cada uma construindo uma liga de cidades aliadas. Péricles expandiu a enorme frota que havia derrotado o Grande Rei, criando a Liga Deliana de cidades pagadoras de impostos; ele usou as receitas para embelezar a acrópole com o Templo de Atena, conhecido como Partenon, ornado com uma colossal estátua criselefantina de Atena e esculturas de mármore (levadas, bem mais tarde, por volta de 1812 d.C., para a Grã-Bretanha) criadas por Fídias, o maior escultor da Grécia antiga. Péricles foi criticado pela extravagância; Fídias, preso por apropriação indébita. Mas o estadista definira Atenas como a todo-poderosa "escola da Grécia". De um ponto de vista mais prático, ele estendeu as muralhas da cidade de modo a abarcar o porto de Pireu: contanto que os cereais continuassem chegando da Cítia pelo mar Negro (a Ucrânia já era o manancial de alimentos do Mediterrâneo oriental), Atenas era quase inexpugnável. Por volta da década de 450 a.C., a cidade desenvolvera tamanha autoconfiança — outros gregos diriam presunçosa arrogância — que acreditava que sua democracia, seu império e sua cultura faziam dela o líder natural do mundo civilizado. Mas sua ascensão também levou ao crescimento da escravidão. Os atenienses desdenhavam do trabalho na agricultura e na marinha. E, como os escravos trabalhavam no campo, nas minas de prata, nas trirremes e nas casas de família, precisavam ser reabastecidos em tempos de guerra: alguns eram da Cítia, mas outros devem ter sido gregos.[5] A talassocracia de Atenas colocava a metrópole, a cidade-mãe, em rota de colisão com o poder terrestre de Esparta. E o amor pelo poder — e o temor de perdê-lo — levou-a a intimidar cidades menores que a desafiassem. Quanto mais poderosa Atenas ficava, mais Esparta a temia e execrava.

Em 451 a.C., os atenienses voltaram a derrotar os persas no Chipre. Por fim, o rei Artaxerxes concordou com uma trégua com os gregos — mas o rechaço do inimigo comum abalou a solidariedade entre os gregos e levou à guerra com os espartanos.

Depois que Esparta invadiu a Ática, Péricles subornou os invasores para que recuassem e negociou um tratado de paz. Mas a rivalidade foi exacerbada por embates entre aliados menores dos principais contendores. Em 431 a.C., os espartanos enviaram um ultimato: expulsem Péricles e os alcmeônidas e suspendam as rigorosas medidas de Atenas para impor controle econômico... ou lutem! Péricles defendeu a guerra, não só porque a via como inevitável, mas porque julgava que Atenas era mais forte e venceria. Os espartanos voltaram para a Ática, mas Péricles trouxe camponeses locais para dentro das muralhas da cidade. "Permaneçam tranquilos", disse ele. "Cuidem da frota e evitem pôr a cidade em perigo." Enquanto isso, conduziu ataques contra o Peloponeso. Passado o primeiro ano da guerra, ele homenageou os atenienses mortos num estilo retumbante, se não presunçoso. Um ano depois, no entanto, a própria amplitude do poder naval ateniense ricocheteou sobre a cidade: uma doença, um sintoma das redes de comércio afro-eurasianas cuja origem desconhecemos, alcançou a metrópole, levada por marinheiros. A expectativa de vida já era baixa: 44 anos para os homens, 36 para as mulheres. Agora, a nova doença, provavelmente uma febre hemorrágica, com sintomas que iam desde febre e disenteria a vômitos e sangramento na garganta, provava-se extremamente infecciosa, e os que cuidavam dos doentes eram os mais propensos a morrer. Algumas pessoas — entre as quais um aristocrata e general, Tucídides, então com trinta anos de idade — recuperavam-se, e, crendo-se imunes (embora não se compreendesse o conceito de imunidade), passavam a cuidar dos enfermos: mais tarde, Tucídides escreveu a história de tudo que havia visto. Um terço da cidade, 100 mil atenienses, pereceram. Em pouco tempo, havia tantos corpos que piras funerárias foram acesas, para que as pessoas pudessem lançar ali seus entes queridos. Péricles organizou a abertura de sepulturas coletivas: uma delas foi encontrada mais tarde e continha 240 corpos, dez deles de crianças.

A praga minou a confiança da cidade. "A catástrofe", escreveu Tucídides, "era tão avassaladora que as pessoas, sem saber o que aconteceria com elas em seguida, tornaram-se indiferentes a toda regra religiosa ou lei", o que constituiu um desafio à governança, prejudicando a capacidade de alimentar a cidade e minando seu sistema religioso. Os espartanos recuaram, num movimento que os salvou: a praga não atingiu a pátria laconiana. A doença, a propósito, não respeitava as elites. Péricles foi culpado, deposto do cargo de general e multado. Aspásia foi denunciada, e Péricles chorou em público. Mas não ficou afastado por muito tempo. Poucos meses depois, ele foi chamado de volta, porém seus dois filhos legítimos tinham morrido durante a praga, e ele pediu à Assembleia que concedesse cidadania a seu filho ilegítimo com Aspásia.

Veio então o golpe decisivo.

ALCIBÍADES E SÓCRATES

O próprio Péricles contraiu a peste.

Já moribundo, num último discurso, ele declarou que o papel do estadista era "saber o que precisa ser feito e ser capaz de explicá-lo; amar o país e ser incorruptível". Morreu desapontado, mas alegando nunca ter feito "nada que levasse um ateniense a vestir roupas de luto". A praga amainou, porém uma segunda onda veio em 426 a.C., três anos após a morte de Péricles. Atenas levou a guerra até o Peloponeso, fomentando uma revolta hilota, enquanto Esparta capturava as minas de prata que financiavam Atenas. Em 421 a.C., ambos os lados concordaram com uma trégua, ocasião na qual surgiu outro extraordinário líder alcmeônida.

Alcibíades, o menino criado na casa de Péricles, agora com trinta anos de idade, tinha crescido tão singularmente belo que "era caçado por muitas mulheres de família nobre", e "por homens também". Era um soldado destemido: numa guerra anterior contra Corinto, quase fora morto, tendo sido salvo por Sócrates, por algum tempo seu amante. Tutelado por Sócrates, Alcibíades era um orador soberbo — até mesmo seu ceceio era encantador —, um homem-espetáculo nato, rico o bastante para patrocinar apresentações corais para o povo. Foi também um príncipe da democracia. Sócrates ensinou-lhe que "a virtude da ética é a única que importa". Mas Alcibíades revelou-se um mau aluno.

Mimado pelo berço e pela natureza, Alcibíades, agora eleito *strategos* por um fascinado povo, era sibarítico, obstinado e narcisista, usando a vaidade como argumento para a própria ambição. "É perfeitamente justo", ele explicava às pessoas, "que um homem com alta opinião de si mesmo não seja colocado no mesmo nível de outros". Se havia inveja "da magnificência na qual vivo minha vida", esse estilo de vida era só um modo de projetar a glória ateniense. Para anunciar seu surgimento na vida pública, "entrei com sete bigas na corrida [olímpica] (mais do que qualquer indivíduo antes)".

Em 416 a.C., o *strategos* Alcibíades defendeu um retorno ainda mais cruel à guerra contra Esparta: "Se não governarmos os outros, os outros nos governarão". Um pedido de ajuda de uma cidade na Sicília inspirou-o a requisitar o envio de uma expedição. "Foi assim que conquistamos nosso império", disse ele. "Chegamos a um estágio em que somos obrigados a planejar novas conquistas para manter o que já conquistamos", acrescentou, referindo-se à forma como todo império justifica sua expansão. "Vamos aumentar nosso poder!" Os atenienses concordaram.

Pouco tempo antes que ele seguisse para a Sicília, os atenienses, ao despertar, encontraram os *phalloi* das estátuas de Hermes na cidade destruídos — sacrilégio cuja culpa foi atribuída a Alcibíades. Chamado a julgamento e constatando que seria declarado culpado, ele fugiu para Esparta. Sem seus talentos, a expedição à Sicília foi uma catástrofe, e Alcibíades jurou vingar-se de Atenas. "Vou deixar que saibam que estou vivo", murmurou. A democracia era um "claro absurdo". Assim, ele concebeu uma estratégia devastadora em favor dos espartanos: construíram uma fortaleza perto de Atenas, impedindo que os agricultores da Ática alimentassem a cidade e obrigando que todo alimento fosse importado. Em Esparta, porém, Alcibíades seduziu a esposa do rei Ágis e, quando descoberto, prometeu negociar um tratado com a Pérsia para que ela financiasse a guerra contra Atenas. A Pérsia tinha a chave na mão.

Liderando uma frota espartana para a Jônia, Alcibíades apelou ao rei persa Dario II, que, com o auxílio de Parisátide, sua irmã-esposa, subira recentemente ao trono, depois de um surto de homicídios na família. Quando os espartanos ordenaram sua morte, Alcibíades desertou para o lado persa e aconselhou Dario a esperar passar a guerra. Seu plano era retornar a Atenas, onde um golpe da nobreza derrubara temporariamente a democracia.

A marinha ateniense, aquartelada em Samos e mais leal à democracia, tomou o poder em Atenas e elegeu Alcibíades seu comandante. Em 410 a.C., em Cízico, ele triunfou sobre os espartanos. Após uma série de vitórias, inclusive em Bizâncio, junto ao Bósforo, e vital para o suprimento de cereais, Alcibíades retornou a Atenas coberto de glória. Foi perdoado e eleito *strategos autokrator*.

Em 408 a.C., diante de uma Atenas vitoriosa, Dario II apoiou Esparta, financiando sua nova frota em troca de liberdade de ação na Ásia Menor.

Os espartanos derrotaram a frota ateniense enquanto Alcibíades visitava uma ilha próxima. Os atenienses culparam o despreocupado playboy, que então fugiu para seus castelos no Helesponto. A restaurada democracia estava agora desesperada. Os espartanos, tendo garantido o dinheiro persa e a madeira macedônia, ambos negados a Atenas, podiam construir uma frota nova. Quando afundaram o último dos navios atenienses e cortaram seu suprimento de cereais, a metrópole foi obrigada a se render.

Havia um fio solto: Alcibíades estava vivendo num castelo helespontino com a amante. Os espartanos enviaram um esquadrão de choque, e ele morreu lutando — o último dos alcmeônidas.

O CONCURSO DE VENENO DA PÉRSIA E O COMPLÔ DA HALITOSE LITERÁRIA DA MACEDÔNIA

A ascendência espartana durou pouco. Atenas restaurou a democracia, promovendo investigações sobre os desastres militares e morais na guerra. Nesse cruel confronto, os atenienses prenderam Sócrates, outrora tutor de Alcibíades. Sócrates acreditava que todos os humanos tinham de aspirar à *areté* — excelência virtuosa —, enquanto a alternativa, "a vida não examinada", "não valia a pena ser vivida". Mas aqueles que insistem em contar a verdade ao mundo são com frequência insuportáveis, e talvez os potentados atenienses não quisessem que suas loucuras fossem examinadas a fundo por aquele ser mesquinho e mal-humorado. Assim, Sócrates foi julgado e condenado à morte.[6] A cidade recuperou-se rapidamente. Enquanto isso, Esparta ousou intervir na política da Pérsia, agora dominada por um dos mais argutos potentados produzidos pela Casa dos Haxamanishiya.

A rainha Parisátide guiou a dinastia durante décadas. Em 423 a.C., ela tinha ajudado o marido-irmão Dario II a conquistar o trono, vencendo outro irmão, que matou usando um método persa especial: sufocando-o em cinzas frias amontoadas dentro de uma torre especial onde a vítima era colocada. Parisátide e Dario tinham tido êxito em aumentar o poder persa em relação ao da Grécia, mas ela tinha uma fraqueza: mãe de treze filhos, amava apaixonadamente o filho Ciro, a quem nomeou sátrapa do oeste: lá, ele se apaixonou por uma escrava grega de cabelos dourados, Aspásia, cuja castidade e beleza o deslumbraram. Enquanto Parisátide favorecia Ciro, Dario preparava outro filho, Artaxerxes, para o trono — e ele também se apaixonou. Mas sua escolha era perigosa para Parisátide: Estatira era filha de um clã poderoso. Quando o pai e os irmãos de Estatira se opuseram a Dario e a Parisátide, estes ordenaram que todo o clã fosse queimado vivo. Mas Artaxerxes implorou que Estatira pudesse viver, e teve seu desejo atendido. Naturalmente, ela não esqueceu o assassinato da família. Durante vinte anos as duas mulheres se vigiaram.

Em 404 a.C., quando Dario morreu, o gentil Artaxerxes, casado com Estatira, o sucedeu no trono, enquanto a rainha-mãe preparava seu filho favorito, Ciro, então com 22 anos, e um sociopata carismático, para se apoderar da coroa. Dois anos depois, Ciro contratou 12 mil mercenários gregos chefiados por um aventureiro aristocrata ateniense, Xenofonte, e marchou sobre a Pérsia — mas, quando os irmãos se enfrentaram na batalha, o jovem desafiante foi derrubado do cavalo e decapitado.[7] Parisátide viu os assassinos apresentarem a cabeça e a mão de seu amado a Artaxerxes.

Ela nunca superou a morte de Ciro e esperou para se vingar: ganhou dos assassinos de Ciro em jogos de dados. Um foi esfolado; outro, obrigado a beber chumbo derretido; e o terceiro foi morto por escafismo, no qual a vítima era deitada num barco, coberta com outro barco e obrigada a ingerir mel e leite, até que larvas, ratos e moscas a transformassem em um casulo fecal e a devorassem viva.

Artaxerxes herdou a deslumbrantemente bela amante grega do irmão, Aspásia, levada até ele amordaçada e atada. Ele ordenou que a libertassem e recompensassem, e esperou muitos anos até que parasse de chorar por Ciro.

Sua mãe, Parisátide, competia com sua mulher, Estatira, que, como mãe de três filhos, via seu prestígio crescer. Estatira cultivava a popularidade desfilando numa carruagem com as cortinas abertas, deliciando o público e deixando claro que abominava as muitas crueldades da velha rainha. Embora tivesse 115 filhos com suas concubinas, Artaxerxes na verdade amava um belo eunuco. Quando o jovem morreu, de causas naturais, ele pediu a Aspásia que vestisse as roupas do rapaz; sua tristeza a tocou. "Ó, rei, virei consolar seu pesar." Finalmente, tornaram-se amantes.

A rainha-mãe e a rainha conviviam de modo respeitoso, observadas pelo rei: ambas eram extremamente vigilantes quanto a serem envenenadas. Todas as autocracias — desde as cortes da antiga Pérsia até as dos ditadores do século XXI — funcionam com base no poder e no acesso pessoal, que fazem com que a competição no primeiro círculo seja tão íntima quanto perversa. O veneno é a arma ideal nesses setores fechados, comedidos e ambíguos. A corte persa era especialmente vigilante: o servidor de bebida e o provador de comida eram figuras de grande importância na corte, enquanto a punição para o envenenamento era triturar o rosto e a cabeça do culpado entre duas pedras, até que fossem reduzidos a uma geleia. Para ocasiões especiais, o rei mantinha consigo um veneno indiano — e seu antídoto.

O crescente poder de Estatira pode ter sido o catalisador para Parisátide, que sem dúvida considerava-se a guardiã do rei e da dinastia ante uma profunda ameaça: as duas rainhas frequentemente jantavam juntas, com extrema cautela.

Assim, em seu palácio em Susa, Parisátide serviu a Estatira um prato de galinha assada, fazendo sua escrava esfregar o veneno indiano em um dos lados da faca de trinchar, de modo que, ao cortar a ave, pudesse comer com segurança a sua metade. Estatira, agora tranquilizada, pôs-se a comer, e logo entrou em agonia, mas foi capaz de relatar o que acontecera ao ultrajado rei, cujo antídoto, ao que parece, não funcionou. Depois de torturar os servos e triturar a escrava até virar geleia, Artaxerxes exilou a mãe nonagenária.

Artaxerxes voltou sua atenção para a Grécia, pondo Esparta contra Atenas, até impor, em 387 a.C., a Paz do Rei, que reconhecia a autonomia grega, mas o estabelecia como árbitro supremo do mundo helênico. Artaxerxes teve êxito onde Xerxes e Dario fracassaram, governando com uma vontade férrea, do Egito e da Índia até o mundo grego — onde nenhum poder foi tão influenciado pela Pérsia quanto a Macedônia.

Os argéades da Macedônia haviam prosperado em sua interação com a Pérsia, Atenas e Esparta: o rei Arquelau aproveitou o apetite desses Estados por madeira de construção naval para transformar seu feudo montanhoso e infestado de cabras numa força regional, com a ajuda de suas minas de ouro e de prata. Mas, em 399 a.C., durante uma expedição de caça, Arquelau foi apunhalado de maneira mortal por três cortesãos.

Esse era o tipo de brutalidade que os gregos civilizados esperavam dos selvagens macedônios. Seu dialeto era quase incompreensível. Em vez de usarem escravos, como fazia a maior parte dos gregos, eles próprios aravam seus campos; a poligamia de seus monarcas era grosseira e com frequência fazia com que rainhas e príncipes se matassem pela coroa; o fato de beberem vinho não diluído era motivo de bebedeiras e disputas reais das mais imbecis. A Macedônia costumava ser dividida entre cidades estabelecidas ao sul, tribos ingovernáveis no norte e predatórios grupos de forasteiros, da Pérsia a Atenas, cujo patrocínio permitira a Arquelau transformar o reino, transferindo a capital de Egas, que continuou sendo o local dos casamentos e sepultamentos reais, para a cidade de Pela, ornada com colunatas, e onde o rude caçador de cabras desempenhou o papel de rei grego.

Arquelau, orgulhosamente, convidou uma celebridade literária, Eurípides, para passar uma temporada na cidade e enfureceu-se quando um de seus amantes zombou da halitose do poeta, ordenando de imediato sua expulsão. O rapaz tramou então contra o rei, juntamente com dois outros amantes amargurados. O complô da halitose literária acabou por levar ao assassinato de Arquelau. Em 393 a.C., seu sobrinho Amintas III restaurou a ordem. Amintas tinha três filhos: todos seriam reis. O mais novo seria o maior grego de sua época.

O CAOLHO FILIPE E A RAINHA OLÍMPIA

Como todos os gregos, os três príncipes foram criados lendo Homero, mas na Macedônia eles também lutavam, caçavam e passavam dias recuperando-se de jantares regados a bebida. De modo muito incomum para um rei macedônio, Amintas morreu velho, em sua cama, deixando o trono para seu primogênito, Alexandre II, que foi derrotado pela cidade de Tebas, então a principal força grega, que o obrigou a ceder cinquenta reféns.

O rei enviou seu irmão mais novo, Filipe, de treze anos. Depois de passar três anos em Tebas, Filipe aprendeu um estilo de vida baseado no vegetarianismo, no celibato e no pacifismo (mais tarde, ignorou tudo isso). Ele ficou na casa de um general tebano que serviu como seu mentor, e provavelmente foi também seu amante, e estudou as táticas da Banda Sagrada, o corpo de elite de trezentos membros (supostamente 150 casais masculinos) cujas vitórias haviam dado a Tebas sua supremacia.

Em casa, seus dois irmãos mais velhos morreram de forma violenta, deixando um bebê, Amintas IV, como rei. Em 359 a.C., porém, os macedônios, enfrentando uma invasão dos ilírios, seus agressivos vizinhos, aclamaram Filipe II, que imediatamente matou todos os irmãos sobreviventes que conseguiu encontrar e em seguida dividiu e manipulou seus inimigos — por meio de subornos, artimanhas e casamentos (inclusive o dele próprio com uma princesa ilíria). Influenciado por hóspedes persas, ele imitou os Grandes Reis, criando uma corte interior de companheiros reais. Depois, mobilizou implacavelmente um novo exército, coordenando uma cavalaria conduzida pelos companheiros com uma infantaria remodelada, armada com espadas pontiagudas (*xifos*) e piques com mais de quatro metros (*sarissa*), o que lhes permitiu formar cunhas invulneráveis à cavalaria.

Em 358 a.C., Filipe derrotou os ilírios e os macedônios do norte, duplicando o tamanho de seu reino e recrutando seu melhor general, Parmênio, e então estabeleceu alianças matrimoniais com a Tessália e o Épiro, primeiro casando-se com a princesa Filina, que logo deu à luz um filho, Arrideu, depois com sua quarta esposa, a princesa Polixena, filha do rei da Molóssia, no Épiro. Em 356 a.C., Polixena deu à luz um menino chamado Alexandre, e depois uma menina, Cleópatra. Quando Filipe soube que sua equipe tinha vencido os Jogos Olímpicos, Polixena mudou seu nome para Olímpia, à guisa de comemoração. Mas o casal nunca foi próximo, e logo Olímpia descobriu que decididamente não gostava do marido. Vigilante e feral em seus instintos políticos, Olímpia, adepta dos cultos de mistério dionisíacos, mantinha um viveiro de serpentes sagradas que dormiam na cama com ela e apavoravam seus homens — e isso com certeza incluía Filipe, que a rigor não temia mais nada. Além disso, ele raramente estava em casa.

Em vinte anos de duras campanhas e sedosa diplomacia, Filipe derrotou todos os seus ameaçadores vizinhos, e em seguida interveio na própria Grécia para defender a neutralidade da sagrada Delfos e esmagar a ressurgente democracia, Atenas, onde o orador Demóstenes mobilizava a resistência ao "déspota" macedônio, zombando da Macedônia como "um lugar incapaz de prover até mesmo um escravo que valha a pena comprar". Filipe liderava à frente das tropas, e esse era um jogo perigoso. Uma flecha o atingiu no olho direito, ferida à qual ele sobreviveu graças a seu médico; em outra ocasião, foi apunhalado na perna. O crânio e o corpo de Filipe foram encontrados em sua tumba em Egas e reconstruídos, dando-nos um vislumbre desse assustadoramente compacto e pugilístico chefe guerreiro, cheio de cicatrizes, capenga, caolho — mas sempre vigilante.

Seu primogênito, Arrideu, epiléptico ou autista, era incapaz de governar. O mais novo, Alexandre, com treze anos em 343 a.C., era um leitor ávido de Homero e Eurípides, e treinava para a guerra — mas também estava estudando sobre a Pérsia. Filipe deu asilo a um sátrapa persa rebelde, Artabazo, que trouxe com ele sua filha Barsina: ela fez amizade com Alexandre, que com frequência interrogava os visitantes persas. Os dois voltariam a se encontrar.

Alexandre mal conhecia o pai, mas era próximo da mãe, Olímpia, uma das poucas pessoas que não tinham medo de confrontar Filipe — nem de proteger o filho. Em 342 a.C., Filipe contratou o filósofo ateniense Aristóteles, de 37 anos, como tutor de Alexandre. E, quando saiu para travar a guerra com Atenas, nomeou o filho como regente. Alexandre sempre guardava sob o travesseiro uma cópia da *Ilíada* e um punhal, dois objetos que simbolizavam suas duas contraditórias facetas: o grego instruído e o macedônio feroz.

Na ausência do pai, Alexandre exibia sua coragem derrotando tribos rebeldes. Enquanto Atenas reunia uma coalizão de Estados gregos para deter Filipe, eles despacharam enviados a Artaxerxes III da Pérsia.

Era o momento perfeito para se aproximar do Grande Rei. O impressionante Artaxerxes III estava ansioso por intervir na Grécia. Ele tinha esmagado Sídon, o Egito e a Jônia com o auxílio de dois sicários excepcionais, um pirata grego, Mentor, e um eunuco persa, Bogoas, cuja ausência de testículos em nada afetava sua brutalidade militar. Quando retornou a sua capital após quinze anos de guerra, Artaxerxes promoveu Bogoas a "comandante dos mil", o ministro-chefe. Porém, alarmado com a ascensão de Filipe, financiou Atenas e enviou uma unidade para fustigar os macedônios na Trácia, decisão que teria consequências que mudariam o mundo.

Filipe convocou seu filho Alexandre, agora com dezoito anos, para a batalha da Grécia. No verão de 338 a.C., no campo de batalha de Queroneia, Filipe mobilizou 30 mil soldados de infantaria e 2 mil cavaleiros, dando a Alexandre o comando da cavalaria dos companheiros, no flanco esquerdo, contra a coalizão liderada por Atenas, que pôs em campo o dobro de cavaleiros. Mas nada poderia se igualar ao generalato de Filipe ou à experiência de seu exército: em seu flanco direito, ele deliberadamente recuou, enquanto no flanco esquerdo Alexandre conduzia um ataque que aniquilou a Banda Sagrada até o último homem. Quando viu a Banda Sagrada morta, lembrando sua juventude em Tebas, Filipe chorou e erigiu o Leão de Queroneia, uma estátua sob a qual foram encontrados mais tarde os ossos de 254 homens (os macedônios cremavam seus mortos; os gregos os enterravam). Em seguida, o governante da Grécia — intitulado *hegemon* (líder supremo) do Conselho dos Gregos — recebeu notícias importantes da Pérsia, onde uma onda de envenenamentos recíprocos tinha dizimado a família real.

Artaxerxes, aos sessenta anos, tinha planejado destituir o eunuco Bogoas, o qual, em vez disso, envenenou o rei e eliminou seus filhos, um a um, convocando por fim um general heroico e parente real, Artaxhaiata, que havia feito fama ao vencer uma série de combates. Bogoas o coroou como Dario III. Inevitavelmente, o novo rei ansiava por se livrar do eunuco.

Seguiu-se um jogo mortal, uma roleta de venenos em que um tentava matar o outro. Bogoas serviu ao rei um cálice de vinho envenenado, e o rei, dessa vez mais bem informado, insistiu que o eunuco bebesse de sua taça. O envenenador morreu do próprio veneno. Independentemente dos espasmos habituais de intrigas assassinas no topo, o império, restaurado por Artaxerxes III e agora liderado por um confiante e capaz soldado-rei, Dario III, era a incontestável superpotência — e provavelmente continuaria assim por séculos.

Aos 48 anos de idade, o grisalho e caolho Filipe, *hegemon* da Grécia, apaixonou-se por uma adolescente, o que nunca pressagiava boa sorte. Em 337 a.C., Filipe anunciou uma expedição helênica contra a Pérsia, sob o pretexto de vingar a queima de Atenas por Xerxes, mas na verdade para reabastecer seus cofres com o tesouro jônico e castigar os persas por apoiarem inimigos da Macedônia na Trácia. "O senhor", escreveu Alexandre ao Grande Rei, "enviou tropas à Trácia, que é controlada por nós." Enquanto reunia sua vanguarda, Filipe anunciou que voltaria a se casar. Após seis matrimônios diplomáticos com estrangeiras, inclusive Olímpia do Épiro, que lhe granjeara a posse da Molóssia, ele anunciou o casamento com a adolescente macedônia Cleópatra, sobrinha de um nobre, Átalo. Sua paixão pela jovem desestabilizou seu apinhado lar polígamo: Olímpia ficou furiosa. Já cercado por um círculo de jovens apoiadores liderados por um parente, Ptolemeu, talvez um filho ilegítimo do rei, Alexandre ficou alarmado.

Na festa do casamento, os macedônios beberam muito e logo começaram a brigar. O novo tio do rei por afinidade, Átalo, zombou de Alexandre, que era apenas em parte macedônio: "Agora com certeza teremos reis de linhagem pura, em vez de bastardos!". Alexandre jogou sua taça em Átalo, que jogou a dele de volta. Filipe ordenou que Alexandre se desculpasse. Diante da recusa do filho, o embriagado pai desembainhou a espada e a brandiu em sua direção, mas tropeçou, caiu e desmaiou.

"O homem que está pronto para fazer a travessia da Europa para a Ásia", escarneceu Alexandre, "não consegue ir de uma mesa a outra." Depois do jantar, Olímpia e o filho fugiram na noite. Filipe chamou Alexandre de volta, mas, quando um sátrapa persa ofereceu sua filha ao príncipe, o rei recusou e exilou o ajudante de Alexandre, Ptolemeu. Logo depois, a vanguarda macedônia partiu para a Ásia.

Em julho de 336 a.C., em Egas, a família reuniu-se novamente para o casamento da irmã de Alexandre, Cleópatra, com o irmão de sua mãe, Alexandre do Épiro (o clã tinha uma profusão de Cleópatras e Alexandres). Filipe estava exuberante: sua nova esposa tinha acabado de dar à luz uma filha. Um dia após o casamento, ele presidiu os jogos, depois foi ao teatro assistir a uma peça acompanhado dos dois Alexandres, recebendo os aplausos da multidão. Nesse momento, de súbito, um de seus guarda-costas, Pausânias, investiu contra ele e o apunhalou no coração. Socorrido por Alexandre, ele morreu enquanto o agressor era perseguido. Os motivos de Pausânias são misteriosos. Ele tinha sido amante de Filipe, mas, ao ser deixado pelo rei por outro jovem, zombou do rapaz, chamando-o de "hermafrodita". O novo amante queixou-se com seu amigo Átalo, que pegou Pausânias numa armadilha, o estuprou e depois o entregou a seus escravos, que o submeteram a um estupro coletivo. A vida na corte argéada não era para pessoas de coração fraco. Olímpia era mais do que capaz de subornar um assassino. Filipe já tinha decidido que Alexandre ficaria em casa como regente e não participaria da aventura na Ásia — a gota d'água para Alexandre. Os guarda-costas capturaram e crucificaram Pausânias antes que ele pudesse dizer qualquer coisa.

Alexandre foi retirado do teatro pelo general de seu pai, Antípatro, e proclamado rei. Quase que imediatamente, ordenou o assassinato de príncipes rivais — e de Átalo. Olímpia, então, assassinou a filha bebê de Filipe, e sua mãe adolescente, Cleópatra, cometeu suicídio. Filipe foi cremado numa pira, seus ossos lavados com vinho e colocados numa arca de ouro no túmulo da família em Egas. Ao tomar conhecimento desses fatos em Susa, ou em Pasárgada, Dario III deve ter refletido que Filipe mal governara a Grécia por cinco anos antes que a Macedônia se dissolvesse num caos sangrento.

Alexandre III, um homem baixo, compacto e bonito, talvez ruivo como o pai, era um homem de ação e aniquilou a rebelião tebana, arrasando a cidade, matando 6 mil tebanos e escravizando 30 mil. Foi idealizado devido a sua carreira extraordinária, mas era um típico rei macedônio: um assassino nato, vivendo em estado de feroz vigilância, enérgico, a mão sempre na espada; matar era ao mesmo tempo uma necessidade, uma inclinação e uma profissão, essencial para a sobrevivência e para o sucesso. Ele governava em meio a um círculo informal de "machos", composto por nobres inter-relacionados, consciente de que era em torno dele que os fios se entremeavam. Esses homens tinham chamado seu pai de "Filipe, filho de Amintas", e consideravam "Alexandre, filho de Filipe", o primeiro entre iguais — visão que mais tarde se tornaria perigosa. Amigos de Alexandre serviam como guarda-costas, liderados por sua alma gêmea e amante, Heféstio, um talentoso pajem real que, junto com ele e o confiável cúmplice Ptolemeu, havia estudado com Aristóteles.

Na condição de grego, Alexandre existia num mundo iluminado pela filosofia de Aristóteles, mas também cavalgado por deuses, espíritos e descendentes humanos de divindades. Ele acreditava, como todos os seus contemporâneos, que os deuses, com frequência muito próximos em seu disfarce humano, decidiam tudo. Como rei, presidia sacrifícios e regularmente pedia a seus adivinhos que lessem o fígado de animais abatidos. Ele também via a si mesmo nos termos dos heróis homéricos e míticos. Ainda menino, um de seus escravos o apelidou de Aquiles — e ele acreditou nisso.

Na primavera de 334 a.C., acompanhado de 48 mil soldados de infantaria e 6100 de cavalaria, ele seguiu para a Ásia, numa aventura nas pegadas dos deuses. Saltou do barco e cravou sua lança na areia, depois fez sacrifícios a Zeus, Atena e seu antepassado Hércules. Em seguida, prosseguiu para o santuário de Aquiles, em Troia. Ao se identificar com Aquiles, Alexandre chamou a atenção para seu próprio brilho semidivino como guerreiro, para sua liderança de um bando de companheiros reais, para sua amizade com Heféstio (seu próprio Pátroclo) e talvez para sua expectativa de viver uma vida curta e heroica. Se os deuses o abençoassem, ele seria um conquistador.

Ao avançar pela Anatólia, seus soldados se depararam primeiro com os exércitos dos sátrapas de Dario, liderados pelo mercenário grego Mêmnon de Rodes, irmão de Mentor, que prestara excelentes serviços para Artaxerxes e era casado com a bela persa Barsina, que conhecera Alexandre na infância. Junto ao rio Grânico, perto de Troia, dois sátrapas persas atacaram Alexandre — que seguia à frente de seus homens montado em seu cavalo favorito, Bucéfalo — e golpearam seu elmo, mas ele foi resgatado no último minuto pelo filho de sua velha ama, Cleito. Ele venceu e continuou a marchar.

Dario estava superconfiante: tinha de correr para destruir Alexandre assim que pudesse. Ele deixou suas rainhas e filhas em Damasco e, em seguida, fez marchar seu imenso exército de mais de 100 mil soldados para Issus, no sudeste da Türkiye, onde o rei dos reis, em sua carruagem dourada, cercado por 10 mil Imortais, enfrentou os 40 mil de Alexandre. Com vistas a desmoralizar o inimigo e transformar a desvantagem numérica numa agressão cinética, Alexandre atacou Dario diretamente, abrindo caminho pela carne dos Imortais e ignorando uma punhalada na coxa, na esperança de derrubar o próprio rei, até que seus olhares devem ter se cruzado. Os persas perderam a coragem. Com suas tropas recuando, Dario fugiu em seu cavalo cinzento, deixando para trás 20 mil mortos, e voltou para a Babilônia; sua prioridade era o império, não uma coragem irresponsável.

Mais tarde, na tenda de Dario, Alexandre disse: "Limpemo-nos na banheira de Dario".

"Não, banheira de Alexandre", replicou seu ajudante. Parmênio, seu paladino, galopara para o sul a fim de assegurar a família de Dario. Quando o pequenino Alexandre entrou na tenda imperial com o forte e robusto Heféstio, as rainhas — a mãe de Dario, Sisigambis, e sua irmã-esposa, Estatira, com as filhas — prostraram-se diante do homem mais alto. Heféstio ficou embaraçado. Alexandre, tocantemente, as corrigiu, dizendo: "Ele também é Alexandre", e as fez levantar, satisfeito por tratá-las como rainhas. Ali encontrou também uma velha conhecida — Barsina, meio persa, meio grega, viúva de ambos os tios, Mentor e Mêmnon, e Alexandre perdeu sua virgindade com ela — tardiamente para um macedônio.

Dario ofereceu um régio resgate pela família — a Síria, a Jônia e a Anatólia —, além de um casamento com sua filha. Parmênio foi aconselhado a aceitar.

"Se eu fosse Parmênio", replicou Alexandre, "também aceitaria, mas sou Alexandre." Ele escreveu então a Dario: "Já derrotei o senhor e seus sátrapas na batalha, e agora, como os deuses me deram tudo, o senhor e seu país estão sob meu controle. Não me escreva novamente como um igual [...]. Pense em mim como o senhor de tudo que tem".

Alexandre rumou então para o sul, tendo Heféstio no comando de sua frota, seguindo em seu encalço e cuidando de suas provisões a partir da costa. Marchando em direção ao Egito, que o fascinava, Alexandre tomou Sídon, mas Tiro, com a ajuda de sua cidade-irmã Cartago, o desafiou. Quando Tiro caiu, ele deixou que suas tropas atacassem tudo que vissem pela frente, massacrando 8 mil tírios e crucificando 2 mil. E planejou uma vingança contra Cartago. A caminho do Egito, massacrou cada pessoa em Gaza com quem cruzou.

Em Mênfis, fez-se coroar faraó, filho de Amon-Rá, e desceu o Nilo numa barcaça real para visitar o lar de Amon, o Templo de Luxor, onde ordenou que se fizessem gravuras que ainda o mostram como o senhor das Duas Terras. De volta ao delta do Nilo, fundou uma cidade chamada Alexandria.

Agora que Alexandre se tornara um deus, sua comitiva se questionou por que ele flertava na terra das múmias enquanto Dario se mobilizava na Babilônia. Mas o rei-deus estava ansioso por visitar o famoso oráculo de Siwa, um oásis no deserto líbio, para confirmar sua apoteose. Após uma excitante peregrinação pelo Saara, acompanhado de Ptolemeu e Heféstio, o oráculo lhe disse que ele era de fato o filho de Amon, Hórus. Alexandre lhe perguntou se o assassinato de Filipe tinha sido vingado, talvez para desfazer qualquer suspeita que recaísse sobre a mãe ou ele próprio, embora nunca tenha revelado a resposta. Mas o filho de Parmênio, Filotas, zombou da ideia de que o pai de Alexandre fosse Zeus-Amon: o pai dele era Filipe.

Dario seguiu em direção a Nínive (Mossul) e esperou na planície de Gaugamela. Enquanto marchava sobre o Iraque, Alexandre soube que a mulher de Dario, Estatira, tinha morrido durante o parto: havia pouca dúvida de que o bebê era de Alexandre. A posse do corpo dela era a posse da Pérsia. Teria ela seduzido Alexandre? Teria sido violentada?

No amanhecer de 1º de outubro de 331 a.C., Parmênio encontrou Alexandre dormindo pesadamente, sinal de uma calma e uma confiança sobrenaturais. Dario combatia no centro de suas tropas. Alexandre, à frente de sua cavalaria, de súbito avançou obliquamente pelo campo na direção do flanco esquerdo persa, rompendo suas linhas. Dario, então, conduziu um ataque de carruagens, ordenando que seus arqueiros atirassem no rei, que se destacava em sua couraça dourada e manto púrpura, enquanto um corpo de cavalaria ficaria responsável por libertar sua mãe e suas esposas. Mas Alexandre rodeou a retaguarda e avançou na direção de Dario, que galopou para fora do campo de batalha, através dos montes Zagros até Ecbátana (Irã).

Alexandre agora assumiu o novo título de rei da Ásia, mas seus companheiros continuaram em dúvida: Filotas, zombeteiramente, disse que tinha pena dos persas, uma vez que eles estavam combatendo um semideus. Um oficial ofereceu-se a Filotas para assassinar Alexandre. Filotas o desencorajou, mas não disse nada a ninguém. Alexandre em seguida tomou a Babilônia, onde homenageou o deus Marduk, que via como um outro Zeus. Perseguiu Dario, primeiro tomando Susa, onde admirou a inscrição do antigo código de Hamurabi, depois Parsa, onde vingou o incêndio dos templos de Atenas pelos persas. Reza uma lenda que, durante uma festa com muita bebedeira, a *hetaira* Thais teria incentivado Alexandre a pilhar a cidade real. Sem dúvida houve muita farra, mas ele não precisava de incentivos. Parmênio o advertiu contra a destruição, mas Alexandre prometera a seu exército "a cidade mais odiada da Ásia". Os macedônios saquearam seus palácios — estuprando, matando, torturando, escravizando, despedaçando mais de seiscentos vasos de alabastro, lazulita e mármore e até mesmo decapitando uma estátua grega —, e o rei da Ásia, sistematicamente, os incendiou.

Alexandre caçou Dario até Rhagae (Teerã), onde, em julho de 330 a.C., o primo do monarca, Besso, sátrapa da Báctria, o assassinou e declarou-se rei. O corpo de Dario ainda estava quente quando Alexandre chegou. Ele chorou e sepultou o último da casa de Ciro no túmulo da família.[8]

Os companheiros reais talvez pensassem que a perseguição havia terminado, mas Alexandre reorganizou seus homens e empreendeu uma caçada humana a Besso, com um ano de duração, atravessando 1500 quilômetros, primeiro em Helmand, no Afeganistão, onde começou a usar uma túnica persa e a tiara real. Em seus momentos de folga, ele vadiava com um belo e jovem eunuco persa, que cantava como um anjo. Quando um dos pajens informou o general Filotas sobre um complô para assassinar Alexandre, ele mais uma vez não disse nada a ninguém, e o pajem foi diretamente a Alexandre. Mesmo que Filotas não tivesse participado de nenhuma conspiração, Alexandre começou um expurgo, realizando uma série de julgamentos nos quais acusou Filotas e Parmênio de alta traição. Os soldados apedrejaram Filotas até a morte, enquanto Alexandre enviou executores para matar Parmênio. Enquanto o exército prosseguia em sua marcha pelo Afeganistão — onde foi fundada uma segunda Alexandria, perto de Bagram, e uma terceira, que se tornou Kandahar (Iskandera) —, Alexandre nomeou Heféstio e Cleito seus vices, com o novo título de quiliarca.[9]

Quando as neves derreteram, eles subiram pelo Hindu Kush — "matador de hindus" —, como havia feito Hércules, e caçaram Besso na Báctria e em Sogdiana, onde ele foi capturado por Ptolemeu e executado publicamente, amarrado a duas árvores encurvadas e depois soltas, o que fez seu corpo despedaçar. Os afegãos resistiram; Alexandre matou milhares, incendiou cidades, destruiu templos e profanou o *Avestá*, o que lhe valeu o título de Amaldiçoado. Embora novamente ferido em escaramuças, a incrível constituição física de Alexandre garantiu que ele se recuperasse rapidamente e estabelecesse tensos quartéis de inverno em Marcanda (Samarcanda), onde seus companheiros pediram para voltar à Macedônia.

Num embriagado *symposium*, seu general Cleito, o Negro, que uma vez salvara sua vida, zombou de seu despotismo divino e de seus talentos, menores se comparados com os de seu pai Filipe, e terminou lembrando a ele que "esta é a mão que salvou sua vida". Alexandre afastou sua taça, jogou uma maçã em Cleito, depois saltou de seu sofá, pegou uma lança de um guarda-costas e correu para ele, sendo contido por Ptolemeu e um general chamado Perdicas, que lhe imploraram que perdoasse um homem que era praticamente da família. Alexandre ficou furioso, pegou outra lança dos guardas e esperou — e, quando Cleito saiu, cambaleante, alvejou-o mortalmente. Arrependeu-se durante dias, depois voltou para a guerra.

Ele avançou para Sogdiana (Tadjiquistão/Afeganistão), onde um guerreiro local, Huxshiartas, o desafiou de sua inexpugnável fortaleza, a Rocha. Alexandre enviou seus macedônios para escalar aquele ninho de águias. Após ser derrotado, Huxshiartas ofereceu a ele sua filha Roxane — Rauxshana, "estrela brilhante" —, que se tornou esposa de Alexandre num casamento persa. Numa nova afronta a seus oficiais, Alexandre exigiu que eles fizessem a *proskynesis*, o ato de prostrar-se devido aos reis persas. Isso ia muito além da amigável informalidade do companheirismo macedônio. Oficiais indignados, e até mesmo o historiador da corte, Calístenes, sobrinho-neto de Aristóteles, recusaram-se a fazer isso, e um grupo de pajens conspirou para matar Alexandre em seu sono e colocar seu irmão mais velho, Arridaio, no trono. Mas o rei passou a noite inteira fora, numa farra com muita bebida, e os conspiradores foram presos e apedrejados até a morte.

Agora, em 327 a.C., garantidas a Báctria e Sogdiana, Alexandre imitou Hércules invadindo a "Índia" através do passo Khyber, irrompendo no Punjab, recrutando principezinhos como aliados e recebendo dissidentes de reinos locais, o que pode ter incluído um jovem exilado indiano chamado Chandragupta.

Em sua campanha de dois anos na Índia, Alexandre só penetrou no território do atual Paquistão, não aparecendo em nenhuma fonte indiana, porque nunca ameaçou os reinos de Nanda ou Gangaridai, no norte e no leste da Índia; mas os macedônios também encontraram cidades-Estado parecidas com as *poleis* gregas. Alexandre derrotou o exército do rajá dos puaravas, Puru, que, com mais de dois metros de altura, lutava do alto de um de seus elefantes de guerra, e pode ter enviado Chandragupta para negociar uma aliança com ele; com certeza, ansiava por mais conquistas. Quando se aproximaram de Amritsar, o exército já estava a ponto de se amotinar. Num conselho, os generais mais velhos recomendaram que voltassem para o Mediterrâneo, prometendo juntar-se a Alexandre contra Cartago: nem mesmo Heféstio e Ptolemeu objetaram. Após um amuo bem aquileano em sua tenda, Alexandre concordou em deixar a Índia, mas a seu próprio modo aventuresco, resolvendo o mistério do oceano do sul ao descer o rio Indo até o golfo da Arábia e daí até a Babilônia. No caminho, ainda enfurecido com a relutância de suas tropas em atacar uma cidade hostil, ele quase saltou do barco sozinho para o combate. Mas uma flecha o atingiu no flanco e perfurou seu pulmão, e ele desmaiou, sendo resgatado por suas tropas, que, freneticamente, em retaliação, massacraram os defensores. Da ferida cheia de sangue, o ar borbulhava — mas Alexandre se recuperou.[10]

Depois de sobreviver a uma jornada pelo deserto, Alexandre voltou para Susa, onde o esperavam as mulheres do séquito real da Pérsia. Lá, sempre prático, ele decidiu mesclar as elites de seu novo império num casamento de massa, multicultural. Os macedônios odiaram a união forçada com os persas. Esses relacionamentos entre conquistados e conquistadores eram um modo de fundar impérios duradouros por meio de filhos que tivessem uma participação familiar num reino híbrido. Durante uma festa de três dias, cem casais contraíram matrimônio, em cem sofás, com presentes de casamento, mantos de prata e púrpura, prataria e joias, e uma tenda nupcial para cada um. No centro disso tudo, um casamento real: Alexandre esposou a filha de Dario, a jovem Estatira, e Parisátide, filha de Artaxerxes III. Os reis, não podendo confiar em suas famílias de nascimento, precisam criar as suas próprias: Heféstio casou-se com outra filha de Dario, Dripetis. Alexandre estava construindo uma dinastia mundial argéada-haxamanishiya.

MORTE NA BABILÔNIA: O INÍCIO DA MATANÇA

Em vez de administrar o império a partir da capital, Babilônia, Alexandre não conseguiu resistir a fazer mais expedições, navegando Tigre abaixo em direção ao golfo e então subindo de volta até Ópis, onde seu exército se amotinara. Ele ordenou a Seleuco,[11] comandante da unidade de elite dos Escudos de Prata, que executasse os rebeldes, e então, após discursar às tropas sobre as conquistas do pai e as dele próprio, reconciliou-se com o exército. Paranoico quanto à lealdade de seu círculo próximo, numa atmosfera de ameaça e megalomania crescentes, Alexandre expurgou sua comitiva, matando quatro de seus sátrapas e despedindo outros quatro (mais quatro morreram ou foram executados), e chamou de volta seu vice-rei macedônio de longa data, Antípatro.

Subitamente, ele perdeu o homem em quem mais confiava: após uma bebedeira, Heféstio morreu. Alexandre ficou em choque, assassinou o médico de Heféstio, cortou as crinas de seus cavalos, apagou os fogos sagrados da Pérsia

— sinal da morte de um rei — e ordenou que se esculpisse a estátua de um leão, ainda de pé em Hamadan.

De volta à Babilônia, ao palácio de Nabucodonosor, onde vivia com suas esposas, amantes e eunucos, além dos companheiros Ptolemeu e Seleuco, Alexandre — entre desenfreadas bebedeiras, festas com jogos de apostas e viagens de barco, por vezes vestindo chifres, como o deus Amon-Rá — recebia embaixadores, ameaçava os cartagineses, planejava uma nova expedição na Arábia e propunha a construção de uma pirâmide egípcia maior que a de Gizé. Não era sentimental quanto ao amor, mas precisava de um herdeiro, e concebeu um filho com a rainha Roxane.

Quatro dias antes da data marcada para a invasão da Arábia, ele sentiu que estava doente e com febre. Com seus cortesãos em pânico e conspirando, seus soldados desfilando ante sua cama, os médicos o trataram com sangrias e purgantes. Alexandre exigiu ser enterrado com exéquias divinas e faraônicas — em Siwa, no deserto líbio — e em seguida deu seu anel a Perdicas, seu guarda-costas de longa data e quiliarca desde a morte de Heféstio, para habilitá-lo a conduzir os negócios em seu lugar enquanto estava doente. Ele gracejou, debilmente, mas com seu típico realismo, que estava deixando tudo "para o mais forte", ou "o melhor". Os candidatos à sua sucessão teriam de competir em jogos funerários. Depois disso, entrou em coma, morrendo aos 32 anos, seja de bebida, veneno, febre tifoide ou velhas feridas reinfeccionadas.

A matança logo começou. Rivalidades na família e fria política se entrelaçavam: a grávida Roxane, convencida de que carregava um menino, ouviu dizer que Estatira também estava grávida — e sabia que qualquer filho dela seria com certeza o sucessor. Forjando uma ordem real, em meio ao caos, ela convidou as rainhas persas à Babilônia, envenenou tanto Estatira quanto Parisátide, filhas de Dario III e Artaxerxes III, enquanto Sisigambis jejuava até morrer — terminando assim com a dinastia.

Perdicas, o quiliarca, reivindicou a regência e assassinou um oficial que o desafiou. Os encontros entre os grandes eram tensos. Perdicas distribuía funções e províncias: Seleuco tornou-se quiliarca. Ptolemeu pediu e recebeu o Egito. Enquanto taxidermistas egípcios sagrados embalsamavam o corpo do faraó, os paladinos debatiam quem deveria suceder Alexandre, considerando seu filho Hércules, de cinco anos, com sua amante persa Barsina. Arridaio, irmão de Alexandre, estava presente, e, embora não fosse capaz de governar, foi escolhido como Filipe III — para compartilhar o trono com o feto ainda não nascido de Roxane. Semanas depois, ela, triunfantemente, deu à luz o rei Alexandre IV. Muito longe, na Grécia, Olímpia, mãe de Alexandre, ofereceu a filha Cleópatra a Perdicas, o qual, de posse de um rei morto e dois vivos, além do exército principal, e apoiado por seu talentoso quiliarca, Seleuco, estava apto a governar o império até que o jovem Alexandre IV crescesse. Como previra o rei em seu leito de morte, os arrogantes paladinos que haviam conquistado o mundo — "homens cuja ambição não conhece limites estabelecidos por mares, montanhas ou desertos, e cujos desejos superam até mesmo as fronteiras que definem a Europa e a Ásia", nas palavras do historiador Plutarco — dificilmente se deixariam confinar a uma pequena província, e todos, infectados pelo Jogo Mundial de Alexandre, correram para se apoderar do que pudessem.

O mais astuto deles, Ptolemeu, amigo de infância de Alexandre, guarda-costas e companheiro, agora partia para tomar o Egito.

Em 321 a.C., enquanto Perdicas tentava obter o controle da Anatólia, Filipe III, o bebê Alexandre IV e a rainha Roxane escoltaram o colossal e suntuoso ataúde de Alexandre. Incrustado de ouro, perfumado com mirra, esculpido com colunas jônicas, estatuetas da deusa grega Niké em cada canto e bustos das sagradas e chifrudas cabras montanhesas de Amon, frisos com elefantes e leões, o grande ataúde contendo o caixão egípcio em formato humano e a múmia embalsamada de Alexandre, puxado por 64 mulas ornadas de joias, com uma guarda de honra de elefantes e guardiões, percorreu seu lento e glorioso caminho em direção a Egas. Quando avistado, deve ter apresentado um espetáculo fabuloso, mas foi ainda mais bem-vindo para Ptolemeu.

Em algum lugar da Síria, Ptolemeu sequestrou o sarcófago — caso definitivo na história de um cochilo no transporte de um corpo — e o escoltou de volta para exibi-lo em Mênfis. Embora os reis tivessem chegado à Grécia em segurança, Perdicas, ultrajado, marchou para o Egito a fim de recuperar a múmia do conquistador do mundo, mas foi derrotado por Ptolemeu e assassinado por Seleuco. Em seguida, na configuração do império, Ptolemeu ficou com o Egito, Seleuco com a Babilônia, e o veterano general caolho Antígono com a Anatólia central. Nas guerras que se seguiram, Seleuco perdeu o Iraque, voltando a servir Ptolemeu no Egito, e Antígono surgiu como um surpreendente vencedor.

A luta entre os paladinos era complexa, cruel e sempre renovada. Toda vez que alguém obtinha ascendência, os demais se juntavam para detê-lo. Olímpia, agora com 55 anos, era uma homicida que em nada devia aos homens. Em 317 a.C., a rainha atacou a Macedônia para dar apoio ao infante Alexandre IV e a sua mãe Roxane, em oposição ao enteado Filipe III. Olímpia venceu e imediatamente assassinou Filipe, mas poucos meses depois outro general a atacou e a pôs à prova. Recusando-se a derramar o sangue de Alexandre, os soldados a apedrejaram até a morte. O rei Alexandre IV e Roxane foram presos; enquanto isso, Hércules e a mãe, Barsina, viviam tranquilamente na Anatólia. Mas ninguém os esquecera. A família de Alexandre estava sumindo, numa competição de gargantas cortadas cujo objetivo era liquidar todos os rivais.

Os Mauria e os Qin

SELEUCO NA ÍNDIA: A ASCENSÃO DE CHANDRAGUPTA

Graças a seu general Seleuco, Ptolemeu apoderou-se não apenas da Líbia, mas também do Chipre, da Judeia (nome greco-romano de Judá), da Celessíria e de grande parte do Egeu. Como agradecimento, em 312 a.C., Ptolemeu emprestou a Seleuco um pequeno corpo de oitocentos soldados de infantaria e duzentos de cavalaria, com o qual ele conseguiu reconquistar não apenas a Babilônia, onde tinha sido um governador popular, mas também, num desempenho impressionante, de proporções quase alexandrinas, o resto da Síria, do Iraque, do Irã, do Afeganistão e do Paquistão.

Ladino, de rosto pontiagudo e destemido, Seleuco teve o dom de conquistar diferentes nacionalidades para trabalhar com seus macedônios. No último ano de vida de Alexandre, ele se juntara ao círculo íntimo do rei, presente nas derradeiras bebedeiras antes de sua morte, e, ao contrário dos capangas de longa data, não tinha logo de início requisitado uma satrapia. Único a agir dessa forma entre os companheiros, ficou com sua esposa bactriana Atama, decisão que se mostraria sábia quando retomou o leste. Mas a maior ameaça ao herdeiro de Alexandre era de seu próprio sangue: em 310 a.C., Alexandre IV e Roxane foram assassinados, e logo depois Hércules. Por fim, Ptolemeu decidiu casar-se com a irmã de Alexandre, Cleópatra, mas ela também foi assassinada, antes da realização da cerimônia. Após trezentos anos de governo de uma família, a Casa de Alexandre tinha desaparecido.

Em 306 a.C., Ptolemeu e Seleuco declararam-se reis, fundando duas dinastias alexandrinas que governariam durante séculos, estabelecendo novos níveis de baixeza e depravação até sua última grande governante, Cleópatra. O Egito era a pátria de Ptolemeu; enquanto criava ali uma burocracia grecófona, fortificada por um exército macedônio, ele dava apoio a sacerdotes egípcios e embelezava seus templos. Em troca, eles o aclamaram faraó.[1] Mais para o fim do reinado, ele se estabeleceu — trazendo a reboque a múmia de Alexandre — em sua ampliada Alexandria.[2]

Em 287 a.C., agora na casa dos oitenta anos, Ptolemeu escolheu um filho mais novo, o jovem Ptolemeu, de 22 anos, intelectual e compenetrado, para sucedê-lo, em detrimento do filho mais velho, Cerauno, então com 32 anos. Cerauno era uma psicopática força de demolição. Quando morreu, em 283 a.C., o único dos sucessores de Alexandre a falecer na própria cama, Ptolemeu foi sucedido sem percalços por Ptolemeu II, enquanto Cerauno partiu para ir buscar sua fortuna em outros lugares.

Após uma passagem mortífera pelo Mediterrâneo, Cerauno foi até Seleuco e o convidou a se apoderar do oeste. Seleuco, agora com 75 anos, e o último dos sucessores de Alexandre, aceitou o desafio. Seu filho mais velho, Antíoco, que o acompanhava em suas campanhas, era meio persa; isso o ajudou quando estabeleceram um Império Grego da Síria ao Paquistão, o que valeu a Seleuco o epíteto de Nicator, "vitorioso". Assim como Alexandre, Seleuco foi um ávido fundador de cidades, construindo duas capitais — uma no leste, Selêucia (perto de Bagdá), e uma no oeste, Antioquia (Antaquia, na Türkiye). Quando, como parte da aliança, ele tomou uma nova esposa, Estratonice, seu filho Antíoco adoeceu. Ao consultar seu médico, o velho rei descobriu que o rapaz estava apaixonado por ela. Seleuco determinou sua própria sucessão e curou a doença do filho dando ao rapaz tanto a coroa quanto a moça, anunciando seu casamento e depois coroando-os rei e rainha da Ásia, progenitores da dinastia selêucida.

Antes de voltar para o oeste, Seleuco marchara até o Punjab, onde descobriu quais eram seus limites. Em 305 a.C., entrou em choque com uma nova dinastia, liderada por um rei indiano que talvez tivesse conhecido Alexandre.

Vinte anos antes, Chandragupta Mauria, que pode ter sido conselheiro de Alexandre para questões indianas, tinha liderado uma rebelião contra os impopulares reis de Pataliputra (Patna). Chandragupta talvez fosse parente ilegítimo dos Nandas, oculto pela mãe e criado longe da corte. Dizia-se que um cortesão, Cautília (Chanaquia),[3] convidara o garoto para sua escola de filosofia em Takshashila (Taxila). Pouco se sabe sobre Chandragupta, mas é possível que ele tenha servido ao rei Dhana Nanda até despertar o ciúme do jovem general, que ordenou sua morte. Chandragupta finalmente tomou Pataliputra, e, quando o governo macedônio no Punjab desmoronou, expandiu-se ali também.

Em 305 a.C., Seleuco retomou suas províncias indianas, mas, não conseguindo derrotar Chandragupta, encontrou-se com o monarca na margem do Indo, cedeu territórios e concordou com uma aliança matrimonial. Além disso, trocaram embaixadores. O embaixador Megástenes escreveu um livro (em sua maior parte desaparecido), *Indica*, que descreve o fortemente guardado monarca, seu bem organizado império e sua capital Pataliputra, uma das maiores cidades do mundo. Chandragupta enviou a Seleuco um presente útil para um chefe guerreiro que envelhecia: afrodisíacos indianos. Ainda mais útil, ofereceu a Seleuco o equivalente a uma divisão Panzer do século xx — quinhentos elefantes de guerra, que ele usaria para conquistar o oeste.

AXOCA — REI GIRADOR DE RODA

Seleuco, agora com 75 anos, acompanhado do filho de 22, Antíoco, e de seu corpo de elefantes indianos e carroças citas, marchou do Paquistão ao Egeu, derrotando todos os contendores. Em 281 a.C., ao atravessar o Helesponto, Seleuco — o último dos companheiros de Alexandre e, junto com Ptolemeu, o mais talentoso — parou para admirar um antigo santuário. Nesse momento, o psicopata Cerauno, que o convidara para uma visita à Grécia, apunhalou o velho. Depois, tomando o controle do exército, marchou para a Macedônia e reivindicou o trono. Foi uma espantosa reviravolta nos acontecimentos, mas não durou. O próprio Cerauno foi morto em batalha, no fim das guerras dos sucessores de Alexandre. A família de Seleuco ficou com a Síria, o Iraque e o Irã; a de Ptolemeu, com o Egito, Israel e o Líbano.

A filha do grande Ptolemeu, Arsínoe, foi deixada à própria sorte na Grécia: duas vezes casada com reis guerreiros, duas vezes viúva, ela desejava seu quinhão de poder e seguiu para Alexandria a fim de se juntar ao irmão, Ptolemeu II. Arsínoe acusou a nora de planejar o assassinato do faraó, fez com que a matassem e casou-se com o irmão. O incesto agradou aos egípcios, mas desagradou aos gregos. "O senhor está enfiando o pau num buraco profano", escreveu um satirista chamado Sótades. Ptolemeu mandou selar o homem num caixão de chumbo e jogá-lo no Nilo. E passou a chamar a si mesmo e à mulher de Filadelfos — irmãos amantes, casal faraônico divino.

Filadelfo era extravagante em tudo — o que os gregos chamavam de *tryphe*[4] — e fez da biblioteca do pai a maior coleção do mundo, convidando todos os povos a se instalarem em Alexandria, que logo tornou-se o lar de 1 milhão de habitantes, gregos, egípcios e judeus. Quando encomendou a judeus grecófonos que traduzissem sua Torá para o grego, tornou a Bíblia acessível para não judeus, numa ação que teria mais tarde consequências de proporções históricas.

Em 275 a.C., Arsínoe e Filadelfo organizaram um festival sagrado, combinado com desfile militar e feira de comércio, a fim de celebrar seu poder. Oitenta mil tropas marcharam por Alexandria, com carros alegóricos, estátuas de Zeus, de Alexandre e dos próprios irmãos amantes, elefantes, leopardos, girafas e rinocerontes, e delegações de núbios e indianos em suas vestimentas tradicionais. Os núbios anunciaram o comércio de Ptolemeu com Arkamani (Arcamano), *qore* (governante) de Kush, o qual, a partir de sua capital em Meroe, onde construíra muitas pirâmides, que existem até hoje, vendeu elefantes de guerra a Filadelfo. Quanto aos indianos, o tema do festival era Dioniso retornando da Índia — e Filadelfo tinha fundado novos portos no mar Vermelho, nas costas egípcias e árabes, para negociar com o imperador indiano, Axoca, que se jactava de suas conexões gregas, citando Filadelfo em suas inscrições.

Nascido na época em que seu avô Chandragupta dera a Seleuco aqueles elefantes, Axoca era apenas um dos possíveis herdeiros de um império em expansão. Por volta de 297 a.C., Chandragupta abdicou do trono para se dedicar ao ascetismo de Jain, passando-o a seu filho Bindusara, que manteve as relações amigáveis do pai com os selêucidas, pedindo a Antíoco que lhe enviasse figos, vinho e um filósofo grego. Bindusara nomeou Axoca governador do noroeste, em Taxila e Ujjain, onde o rapaz se apaixonou pela filha de um comerciante, Devi — Vidisha-Mahadevi —, que os budistas mais tarde afirmaram ter relação com Buda.

Em 272 a.C., quando Bindusara estava em seu leito de morte, Axoca, mencionado em uma tradição como um homem feio que padecia de desmaios, possivelmente causados pela epilepsia, combateu e matou os irmãos. Intitulando-se Amado dos Deuses (Devanampiya) e O Gentil (Piyadasi), Axoca expandiu seu domínio para a costa leste, vital para a conexão dos Mauria com a Ásia oriental. "O rei Piyadasi conquistou Calinga, 150 mil pessoas foram deportadas, 100 mil foram mortas e muitas mais pereceram", e "Calinga foi anexada". Liderando um exército de setecentos elefantes, mil soldados de cavalaria e 80 mil de infantaria, e protegido por um corpo de guarda-costas que incluía mulheres arqueiras, Axoca pode ter conquistado terras desde o Afeganistão até Bangladesh e Deccan, no sul — naquele que foi provavelmente o maior império que existiu, até o britânico. Quando dispunha do luxo da segurança, fazia o que julgava correto, incentivado por sua amante budista, Devi. "Depois que Calinga foi anexada, o Amado dos Deuses sentiu remorso", ele declarou em uma das 33 notáveis inscrições que ergueu em torno de seu império.[5] "A matança é extremamente penosa para o Amado dos Deuses e pesa muito em sua mente." Ele mencionava inclusive o sofrimento de escravos.

Agora intitulando-se *chakravartin*, monarca girador da roda, e *dharmaraja*, ele "praticava seriamente o *dharma*, desejava o *dharma* e ensinava o *dharma*", que era a lei universal da justiça, um dos principais ensinamentos de Buda. Axoca pregava a tolerância e a paz — "o avanço essencial de todas as seitas [...]. Toda seita deve ser honrada pelas demais". Segundo fontes budistas, ele abriu sete das oito estupas originais com as relíquias de Buda e construiu 84 mil estupas — um evidente exagero — para redistribuí-las. Além disso, supervisionou o Terceiro Conselho Budista e enviou missionários, liderados por seu filho Mahendra e sua filha Sanghamitra, para difundir os ensinamentos de Buda mais ao sul, no Sri Lanka, mas também no oeste, para cinco reis gregos — no exato momento em que um sátrapa grego, Diódoto I, tomava partes do Afeganistão e do Tadjiquistão para fundar seu próprio reino helênico-bactriano.

Funcionários especiais chamados *dharmamahamatas* faziam cumprir o budismo de Axoca: "Este édito *dharma* está gravado, e assim pode perdurar por um longo tempo [...] enquanto viverem meus filhos e netos". Fontes budistas alegam que suas crenças encontraram resistência entre os brâmanes de sua própria família. Enquanto isso, no leste, um conquistador unia a China pela primeira vez.

CORAÇÃO DE TIGRE E DE LOBO: OS QIN ENTRAM EM CENA

Em 247 a.C., o reino militarista de Qin — pronuncia-se Chin — foi desastrosamente herdado por um garoto de treze anos, Ying Zheng, dominado de maneira humilhante pela mãe, que, segundo se dizia, era totalmente dependente de seu bem-dotado amante. A partir desse começo malfadado, o homicida, brilhante e semilouco visionário iria criar a China.

Ying descendia de uma família que remontava à década de 860 a.C., quando eram criadores de cavalos dos reis da dinastia Zhou. Durante séculos, a família governara um pequeno e remoto feudo no noroeste que estava à beira da civilização, mas era considerado bárbaro pelos Zhou. Numa época em que ideais de moralidade mais tarde conhecidos como "confucianos" foram abraçados por um pequeno número de seguidores, os Qin transformaram seu reino em uma força brutal e eficiente, que prosperou no Período dos Estados Combatentes — isto é, durante as perpétuas guerras ao longo de vários séculos entre cerca de sete reinos que governavam o que viria a se tornar a China. Um século antes, Qin havia nomeado um ministro, Shang Yang, que impusera um sistema que colocava o clã acima do indivíduo, dividindo as pessoas em unidades familiares responsáveis pelos atos coletivos de todos os seus membros: "Quem não denunciar um culpado será cortado em dois; quem o denunciar receberá a mesma recompensa daquele que decapitou um inimigo". Antes de sua própria execução, Shang tinha começado a agressiva expansão dos Qin.

Agora, após uma sucessão de duques irresponsáveis, Ying viu-se governante. Seu pai, Zhuangxiang, jamais previra governar, mas, quando mantido como refém no estrangeiro, conheceu um comerciante, Lu Buwei, que tinha uma linda concubina, a sra. Zhao. O príncipe apaixonou-se por ela, e Lu a presenteou a ele. Quando Zhuangxiang tornou-se rei, nomeou Lu seu chanceler, enquanto a sra. Zhao deu à luz o menino Ying Zheng — e seus inimigos, naturalmente, alegariam que o comerciante, e não o rei, era seu verdadeiro pai.

Em 246 a.C., o rei morreu, e o menino Ying, com treze anos, esperava chegar sua hora, orientado por Lu e pela mãe, que voltaram a se tornar amantes. Pensando melhor, Lu resolveu distrair a rainha-mãe apresentando-a a um "homem chamado Lao Ai, que tinha um pênis incomumente grande". Para ter certeza de que ela soubesse desse detalhe, Lu fez com que Lao dançasse ao som de uma música sensual, supostamente "enfiando o pênis no centro de uma roda [...] para despertar o interesse dela". Essa artística apresentação funcionou. A rainha foi fisgada. Lao Ai, agora promovido a marquês, teve com a sra. Zhao, secretamente, dois filhos, convencido de que poderia ser mais esperto do que o jovem rei e pôr no trono uma dessas crianças. As mulheres nos reinos da Ásia oriental com frequência eram politicamente ativas — e denunciar potestades por sua voracidade sexual seria um modo de conspurcar seu papel na história. Por outro lado, as vidas privada e política eram entrelaçadas em monarquias pessoais; uma proximidade física e emocional do governante era essencial para ganhar sua confiança; e as mulheres não eram nem mais nem menos suscetíveis do que os homens de se deixar influenciar por questões de sexo ou amizade. Quaisquer que fossem as proporções de seu pênis, Lao não era páreo para o "coração de tigre e de lobo" do jovem rei. Ying Zhen era assustador, com um "nariz petulante, olhos como fendas, peito de galo e voz de chacal", além de "impiedoso", segundo um visitante. Mas ele também podia ser encantador, enchendo seus visitantes de "roupas, comida e bebida".

Em 239 a.C., o rei, com vinte anos, por sugestão do conselheiro, um ministro chamado Li Si, desafiou Lao Ai a tomar o poder. Ying derrotou o exército de Lao, exterminou todo o seu clã e o reduziu a pedaços usando cinco cavalos. Em seguida, exilou sua mãe. Mestre na manipulação humana, o rei podia ser gentil ou predatório. "Quando está em dificuldades, ele se mostra humilde; quando exitoso, não tem escrúpulos, devora os homens", escreveu um visitante. "Se conseguir conquistar o mundo, seremos todos cativos."

Em rápidas campanhas, concebidas com o conselheiro, Ying Zhen conquistou três dos reinos em contenda. Em 227 a.C., o rei de Yan enviou dois assassinos, que deveriam dar de presente a Ying um mapa e a cabeça de um traidor, e depois matá-lo. Recebendo-os num salão de audiências (descoberto recentemente por arqueólogos) em sua capital Xianyang (perto da moderna Xi'na), Ying aterrorizou tanto os assassinos que eles deixaram cair a cabeça. Um deles puxou um punhal e o brandiu contra Ying, que desembainhou a espada e simulou um recuo, conseguindo aleijar seus dois possíveis assassinos. Ying logo conquistou Yan e o resto dos reinos, tomando o último deles, Qi, em 221 a.C., e unindo a China pela primeira vez — ao preço de cerca de 1 milhão de vidas: "Insignificante como sou, mobilizei tropas para punir príncipes rebeldes, e graças ao poder sagrado de nossos ancestrais, todos os seis reis foram castigados, de modo que finalmente o império encontra-se pacificado".

Então com 38 anos, o rei adotou o título sagrado e cosmológico de Shi Huang-di, Primeiro Imperador da China, jactando-se de ser "o primeiro a conquistar uma única e grande paz". Ying Zhen inventou a China como entidade política, governando por intermédio de quarenta comendas, recolhendo todas as armas do império — derretidas e fundidas em estátuas colossais instaladas no palácio — e acrescentando uma nova sala do trono em Xianyang, além de um imenso parque de lazer, a Suprema Floresta, que abrigava mais uma série de palácios. Ele construiu também a chamada Estrada Reta, com oitocentos quilômetros de extensão (de um total de 6700 quilômetros de estradas), e uma rede de canais. A luta não terminara no norte, onde um grupo de nômades baseados na Mongólia, conhecidos como xiongnu, atacavam o império: Ying Zhen começou a construir a Grande Muralha para impedir o acesso deles às pastagens, de importância vital para suas migrações sazonais. Partes de suas estradas e a Muralha sobrevivem.

O único obstáculo a seu governo eterno era a mortalidade, que compartilhava com todas as pessoas: determinado a alcançar a imortalidade, Ying Zhen consultou magos, que o aconselharam a persegui-la mediante peregrinações a montanhas sagradas ou pelo mar, onde ficava a ilha dos Imortais: frotas foram enviadas para procurá-la.

As movimentações do Primeiro Imperador eram secretas, uma política sensata na esteira de outras duas tentativas de assassinato. Quando se deu conta de que o conselheiro sempre sabia onde ele estava, Ying Zhen mandou executar toda a sua comitiva. E, quando seus magos começaram a chamá-lo de "violento, cruel, ávido de poder", empreendeu uma campanha de terror, executando 460 escribas. Pai de muitos filhos, o Primeiro Imperador favoreceu como herdeiro o primogênito, Fusu, mas o garoto também o criticou, e foi enviado para servir na fronteira.

Muitos devem ter testemunhado como o imperador viajava e inspecionava seus projetos. Certo dia, um oficial menor de Henan chamado Liu Bang, nascido camponês, escoltava alguns prisioneiros para o trabalho nos projetos de construção do imperador e teve a sorte de vê-lo em pessoa. Por estranho que fosse, e embora ninguém pudesse acreditar em tal coisa naquele momento, o futuro pertencia a esse jovem provinciano.

Ying Zheng obrigou 700 mil trabalhadores escravizados a construírem um túmulo colossal no monte Li, quase cinquenta quilômetros a leste da capital, uma pirâmide de quatro faces com 120 metros de altura, que exibia a estranha grandeza de seu criador — seu papel cósmico único e sagrado. O túmulo do Primeiro Imperador excedia qualquer construção em qualquer outra parte, à exceção da Grande Pirâmide. Foi um dos mais sublimes projetos de construção na história do mundo.[6]

Sem dúvida havia contato entre a China dos Qin e o norte da Índia. Provavelmente foram Axoca e seus cortesãos que usaram pela primeira vez o nome Qin, não apenas para designar a dinastia, mas toda a China, em sua vastidão. Já os chineses a chamavam de País Central. Contudo, enquanto Qin unia a China, Axoca perdia a Índia.

O declínio de Axoca está envolto em lendas, algumas budistas, algumas hindus, mas é possível que ele tenha se apaixonado por uma das criadas da esposa, Tishyaraksha, uma cantora-dançarina que se voltou contra o budismo e flertava perigosamente com o filho favorito do rei, Kunala. No confronto que se seguiu, este último ficou cego. Esposas jovens e reis idosos não são uma boa combinação. Quando outro filho de Axoca, Samprati, assumiu o controle da Índia, o envelhecido monarca se viu impotente.[7] Artigos indianos e provavelmente chineses estavam começando a chegar aos portos dos Ptolemeu no mar Vermelho, que os vendiam no Mediterrâneo. Em 236 a.C., o casamento de Ptolemeu III Evérgeta foi realizado em meio a um imbróglio sangrento e incestuoso, característico da família Ptolemeu.

Os Barca e os Cipião:
As casas de Cartago e Roma

O AMOR ENTRE OS PTOLEMEU

O rei Filadelfo planejava trazer Cirene (Líbia), governada durante cinquenta anos pelo enteado de Ptolemeu I, o rei Magas, e por sua esposa Apama, para a esfera do governo egípcio. Assim, promoveu o casamento da filha dos dois, Berenice, com seu filho Evérgeta. Mas Apama, uma princesa selêucida, desejava manter Cirene como uma base selêucida, e, depois que Magas morreu, de glutonaria, tentou frustrar o plano, convidando o filho do rei macedônio, Demétrio, o Belo, para se casar com sua filha no lugar de Evérgeta. Berenice desejava esposar o primo no Egito, mas, relutantemente, casou-se com o janota Demétrio, que depois foi seduzido por Apama.

Berenice resolveu o problema no estilo da família. Irrompendo na alcova maternal com um bando de assassinos, surpreendeu o marido e a mãe na cama: matou o marido, poupou a mãe e depois seguiu triunfante para Alexandria a fim de se casar com Evérgeta.

O Egito ganhou Cirene; Evérgeta e Berenice tiveram seis filhos nos primeiros sete anos de casamento, um raro oásis de sanidade numa família homicida. Os Ptolemeu estavam decididos a conquistar a hegemonia no Mediterrâneo, o que, no leste, significava competir com seus primos e rivais, a família selêucida que ainda governava os territórios da Síria ao Irã. Uma vez rei, Evérgeta, enérgico e carismático, viu uma oportunidade: sua irmã era casada com o rei Antíoco II, mas a morte súbita deste pôs os dois em perigo ante seus vorazes irmãos.

Evérgeta navegou para Antioquia e correu até o palácio, mas chegou tarde demais. Sua irmã e seu sobrinho tinham acabado de ser assassinados. Ele, no entanto, conseguiu assegurar o litoral mediterrâneo da Trácia até a Líbia. Em seu ápice, Evérgeta recebeu um pedido de ajuda de uma cidade-Estado vizinha na África: Cartago pedia um empréstimo para financiar uma guerra contra uma cidade--Estado italiana.

As duas cidades pareciam ter forças equivalentes, mas Cartago, capital de um império comercial mediterrâneo, certamente venceria. Suas forças eram comandadas por um jovem general, Amílcar Barca, cuja família dominaria a cidade pelos cinquenta anos seguintes. Amílcar já era pai de três filhas, mas, antes de deixar Cartago e seguir para a frente de batalha, nasceu seu filho mais velho: Aníbal.

RAIO AFRICANO E SACRIFÍCIO HUMANO: OS BARCA DE CARTAGO

Os Barca tinham suas origens na cidade-mãe Tiro (Líbano): a família de Amílcar se intitulava a "casa tirense dos antigos Barca", embora Barca também signifique "raio". Estabelecida em 814 a.C., segundo o mito de sua fundação, por Dido, uma princesa fenícia expulsa de Tiro pelo irmão, Pigmalião, Cartago — Qart-Hadasht (Cidade Nova) — era uma cidade de templos e palácios, com dois portos, protegida por enormes muralhas e habitada por 700 mil pessoas, tendo vários milhões de súditos no interior tunisino.

Esses colonos fenícios — que se intitulavam cananeus — inicialmente pagavam tributo aos governantes da Namídia, um reino berbere, termo derivado da palavra grega "bárbaro", embora se intitulassem Mazigh-en. No início, berberes e fenícios casavam-se entre si. Mais tarde, porém, os cartagineses obrigavam os berberes a pagar tributo, contratavam seus fabulosos cavaleiros — cavalgavam sem arreios, sela ou estribo — e escravizavam os que resistiam.

Cartago tinha crescido para se tornar a metrópole de um império comercial: seus shekels eram a moeda mediterrânea favorita. Seus armadores e seus rivais gregos haviam desenvolvido as trirremes e as quinquerremes, navios de guerra impulsionados respectivamente por três e cinco fileiras de remos que dominavam o Mediterrâneo. Como marinheiros, os cartagineses eram sofisticados o bastante para navegar pelo Atlântico e exploraram a costa oeste da África, onde capturaram e esfolaram três africanas, que muito tempo depois tiveram a pele exposta no Templo de Tanit. Na África, eles encontraram enormes macacos que chamaram de "gorilas", uma palavra cartaginesa.

Os cartagineses cultuavam Baal Hamon e sua mulher Tanit, em templos nos quais, como seus primos tirenses, sacrificavam animais — e, em tempos de crise, seres humanos — num altar especial, o *tofet*, onde ossos humanos, geralmente de crianças, foram descobertos. Quando desafiavam seus rivais gregos e comerciavam com eles, sincretizavam seu deus Melqart, o primeiro e lendário rei de Tiro, com Hércules, filho de Zeus e de uma mãe humana, reunindo assim o humano e o divino. Falantes do fenício (que tinha muito em comum com o hebraico e o árabe), além do grego e do numídio, eles não comiam carne de porco, circuncidavam os filhos, vestiam túnicas e usavam brincos. Cartago era uma república semidemocrática, controlada por famílias da aristocracia e uma assembleia popular composta por seus cidadãos homens.[1] Dispondo de elefantes africanos, cavalaria numídia, infantaria ibérica, celta, grega e italiana, além de frotas de quinquerremes, todos comandados por oficiais aristocratas, os cartagineses, financiados pelo comércio e por suas produtivas fazendas e minas, onde vigorava o trabalho escravo, tinham se expandido até a península Ibérica, Malta, Sardenha e Sicília.

Em seu leito de morte, Alexandre, o Grande, planejara destruir Cartago, que formou então, contra seus sucessores, uma aliança com a cidade-Estado de Roma, que dominava a península italiana. A aliança não durou muito. Os romanos se expandiram para a Sicília, que os cartagineses consideravam de sua propriedade. Em 264 a.C., o que começara como uma guerra por procuração de pequena escala acabou por se transformar em uma guerra entre as repúblicas italiana e africana.

Os romanos dispunham de um enorme contingente humano, mas não de uma frota; já os cartagineses dependiam de mercenários, mas possuíam a melhor frota do Grande Mar. A tecnologia, porém, nunca permanece como um monopólio durante muito tempo. Copiando um navio cartaginês capturado, Roma construiu sua primeira frota. Ambos os lados eram frequentemente derrotados em terra e mar enquanto a ação passava da Sicília à África e de volta à Sicília, onde Amílcar fustigou posições romanas e atacou a Itália, confiante na vitória. Então uma frota romana derrotou os cartagineses no Mediterrâneo. Cartago ficou atônita.

O imbatível Amílcar recebeu ordens de negociar a paz e foi obrigado a concordar com o impensável: a perda da Sicília e o pagamento de uma indenização. Renunciando ao comando, Amílcar navegou de volta para casa, acusando uma facção rival de o ter apunhalado pelas costas. Seus mercenários celtas, que não tinham sido pagos, amotinaram-se e ameaçaram destruir a cidade: Amílcar assumiu o comando de um pequeno exército, apoiado por uma cavalaria africana sob um príncipe numídio, com quem casou sua filha, e, após três anos de uma guerra terrível (na qual os amotinados, cercados, foram forçados a canibalizar seus escravos), salvou Cartago. Mas Amílcar, o glamoroso herói de guerra, o aristocrático aventureiro, o favorito do povo, estava em perigo.

Os aristocratas o criticaram, mas ele apelou ao povo de Cartago, que agora se afirmava. Enquanto os cartagineses lutavam pela sobrevivência, os romanos tinham violado o acordo feito com a cidade, arrebatando também a Sardenha. Bancando o demagogo diante da assembleia, Amílcar propôs uma solução — uma pequena expedição para saquear e conquistar a península Ibérica, onde os cartagineses tinham uma colônia em Cádiz: suas minas de prata iriam financiar a guerra com Roma. Enquanto seu aliado, Asdrúbal, o Belo, obtinha o apoio da elite, Amílcar conquistava o povo.

Em 237 a.C., Amílcar sacrificou uma vaca a seu deus Melqart-Hércules — e, diante do bom augúrio oferecido pelas entranhas do animal, voltou-se para o filho de nove anos, Aníbal, perguntando se gostaria de juntar-se à aventura. O menino concordou de imediato, e o pai o fez prometer que "jamais demonstraria boa vontade para com os romanos". Depois, acompanhado por um pequeno exército, que incluía seu genro numídio, com sua cavalaria e seus elefantes, ele marchou pela África em direção aos Estreitos, enquanto o Belo, agora também seu genro, conduzia a frota ao longo da costa e transportava os Barca para Cádiz.

Amílcar conquistou a maior parte da península Ibérica, tomando suas minas de prata e enviando dinheiro para Cartago. Aníbal foi instruído em história e em grego por um filósofo espartano, mas aprendeu a guerrear no campo de batalha, com o pai. Quando tribos numídias se rebelaram na África, Amílcar enviou Asdrúbal, o Belo, para casa, a fim de eliminá-las. Mas, em 228 a.C., em uma campanha perto de Toledo, acompanhado dos filhos Aníbal e Asdrúbal, Amílcar foi traído por uma tribo aliada. Enquanto seus filhos fugiam a galope, ele, aos 47 anos, se afogava num rio.

O exército elegeu Asdrúbal, o Belo, genro de Barca, para o comando da expedição; Aníbal, agora com dezoito anos, seria general de cavalaria. Asdrúbal fundou Nova Cartago (Cartagena), e foi dele a ideia de atacar Roma, na própria Itália. Mas, antes que pudessem partir, foi assassinado, e Aníbal herdou o comando. Pouco tempo depois, Aníbal tinha capturado uma cidade ibérica aliada de Roma; Roma apoderou-se de Malta, consolidou a Sardenha, planejou um ataque na África e enviou um exército para tomar a península Ibérica. Embora tenha sido atacado no Conselho dos Poderosos por rivais que acreditavam que Cartago estava florescendo longe da guerra, Aníbal alegou que Roma jamais respeitaria a cidade. O povo apoiou a Casa dos Barca. Haveria guerra.

Enviando para casa um contingente ibérico a fim de defender Cartago, Aníbal importou 12 600 berberes e 37 elefantes. Fez um sacrifício no Templo de Melqart-Hércules em Gades e então marchou com 120 mil homens, cruzando o Ródano em direção aos Alpes, enquanto o cônsul romano, Públio Cornélio Cipião, navegava de Pisa para atacar Aníbal na península Ibérica.

Nenhuma família igualaria os lauréis dos Cipião na luta contra os Barca — e nenhuma família representou tão bem a aristocracia marcial da República Romana, que de muitas maneiras se parecia com a de Cartago.

Roma foi fundada em 753 a.C., 61 anos depois de Cartago — embora a arqueologia prove que já havia assentamentos na região antes disso.[2] Governada primeiro por reis, depois por chefes de bandos guerreiros e coronéis, provavelmente oligarcas patrícios, Roma, como Cartago, desenvolveu-se para se tornar, por volta de 420 a.C., uma república democrática, dominada por clãs aristocratas dos quais os Cipião eram típicos representantes.[3] Ricos e antigos proprietários de terra, entusiasmados com o espírito marcial de Roma, os Cipião proveriam dezesseis dos cônsules da cidade, alguns deles servindo mais de uma vez. Começando como uma das muitas cidades-Estado italianas, cercada de rivais — como os sabinos e os etruscos, que haviam fornecido alguns de seus primeiros reis —, Roma conquistou todos os seus vizinhos italianos. Mas sua ascensão não foi nem suave nem inevitável: em muitas ocasiões, ela foi ameaçada por invasões de gauleses. Em 387 a.C., eles efetivamente saquearam a cidade — e, em 280 a.C., o rei Pirro, do Épiro, primo de Alexandre, o Grande, e aspirante a imperialista, invadiu a Itália e obteve uma série de custosas vitórias.

Os Cipião personificavam o machismo, a violência e a disciplina de Roma, prezando a *pietas* (piedade), a *dignitas* (prestígio) e, acima de tudo, a *virtus*, que chamamos de virtude. O próprio conceito de virtude deriva de *vir* (homem), e assim a decência viril temente a Deus era masculina: os homens governavam a família. Os pais nobres organizavam os casamentos de suas filhas com outros grandes senhores; para os homens era fácil obter o divórcio, e eles faziam isso com frequência.[4] As mulheres eram *sub manu* — debaixo da mão; tecnicamente, podiam ser executadas por seus pais e maridos, e esperava-se que exibissem *pudicitia*, castidade e fidelidade, a fim de garantir a linhagem dos filhos, enquanto cuidavam da casa e se mantinham afastadas da política — embora, claro, exercessem poder por baixo dos panos. Uma vez concluída a procriação, está claro que tinham casos com outros nobres e até mesmo faziam sexo com escravizados — contanto que não ostentassem seus prazeres. A família incluía os escravos domésticos, os quais esperava-se que fossem leais ao *dominus* (senhor) e à sua casa ainda mais do que ao próprio Estado. A escravidão doméstica, de homens e mulheres, sempre envolvia predação sexual pelos senhores — e concubinas. A morte de escravizados por seus senhores era totalmente legal. Numa sociedade escravagista, com cerca de 40% da população constituída de escravos, família e escravidão andavam de mãos dadas. Mas os cativos com frequência eram instruídos, por vezes reverenciados e estimados por seus senhores. Também com frequência eram libertados, e, uma vez homens livres, podiam se tornar cidadãos, até mesmo potentados.

O sucesso de Roma, acreditavam os romanos, devia-se ao favor de seu principal deus, Júpiter Ótimo Máximo. A religião romana não se baseava em doutrina, aperfeiçoamento ou salvação, mas em ritual e estilo de vida, em sacrifícios a um panteão, de modo a assegurar sucesso e prosperidade. Apenas mais tarde os romanos passaram a acreditar que Júpiter lhes havia oferecido um "império sem limites". O crescimento de Roma foi marcado por construções monumentais — a começar pelo gigantesco Templo de Júpiter Ótimo Máximo no monte Capitolino, seguido pela casa do Senado e mais tarde por teatros e anfiteatros. Os banhos públicos vieram depois: austeros Cipião possuíam banhos em suas vilas, mas "eles cheiravam a campo, fazenda e heroísmo", afirmou mais tarde o filósofo Sêneca. Com o império veio o asseio.

No início do século III a.C., Lúcio Cornélio Cipião Barbado ajudou a derrotar uma coalizão de rivais italianos, mas, ainda mais importante, foi o primeiro cônsul definitivamente conhecido, um homem de uma república nova e livre que, ao morrer, em 280 a.C., jactava-se, em seu grandioso túmulo, de vitórias e *virtus*. Seus dois filhos, ambos cônsules, lutaram contra os cartagineses, mas Cneu foi capturado e apelidado de Asina, "jumenta".

Agora os netos de Barbado — Cneu e seu irmão Públio Cornélio Cipião — chegavam à península Ibérica para descobrir que tinham sido vencidos por Aníbal num duelo entre as duas repúblicas — mas também entre duas famílias.

CIPIÃO, ANÍBAL E MASSINISSA

Na primavera de 218 a.C., Aníbal marchou com seus elefantes e 46 mil soldados através dos Alpes, em direção ao interior da Itália. A maioria dos elefantes pereceu, mas, ao longo do caminho, ele cooptou novos aliados, os gauleses do sul da França. Deixando algumas tropas na península Ibérica, sob o comando de Cneu, Públio levou seu exército de volta à Itália para enfrentar Aníbal. Acompanhado do filho de vinte anos — outro Públio, o futuro Africano —, ele tentou deter Aníbal em Ticino, onde foi gravemente ferido, e depois no rio Trébia, onde o outro cônsul romano foi morto, depois de derrotado. Na primavera de 217 a.C., Aníbal cruzou os Apeninos, perdendo um olho devido a uma infecção, e irrompeu pela Itália central.

Castigados, os romanos elegeram Fábio Máximo Verrugoso como ditador num programa de atrito e assédio, e não de batalhas campais. Mas, quando zombaram da coragem do autocrata, chamando-o de "procrastinador", os cônsules mobilizaram um exército de 80 mil homens para confrontar Aníbal. Em Canas, os cartagineses cercaram e mataram 70 mil legionários à razão de cem por minuto. O Cipião mais jovem, agora eleito tribuno, participou do combate e ajudou a salvar os últimos 10 mil sobreviventes, mas esta continua sendo a maior derrota imposta aos romanos. O cônsul aristocrata Lúcio Emílio Paulo foi morto; depois disso, Cipião casou-se com sua filha Emília, a própria definição da moça romana ideal.

Aníbal recolheu os anéis com sinetes dos *equites* — cavaleiros — mortos e enviou seu irmão Mago a Cartago, onde ele, dramaticamente, os lançou no chão do Conselho dos Poderosos. Mas quando Maharba, o comandante de sua cavalaria berbere, o incitou a assediar Roma, Aníbal recusou. "Você sabe como conquistar, Aníbal", disse Maharba, "mas não como agarrar a vitória." Em vez disso, Aníbal enviou ao Senado romano termos razoáveis de paz, implicando que sua expedição visava obrigar Roma a reconhecer a Ibéria cartaginesa e provavelmente voltar à Sicília, abandonando os planos de conquista da Itália.

Em Roma, o pânico apoderou-se da cidade. Quatro traidores, gauleses e gregos, foram queimados vivos no Fórum, um sacrifício humano para salvar a república, que perdera 200 mil homens. Seus aliados italianos e estrangeiros, inclusive a Macedônia, desertaram para o lado de Aníbal. Fábio Máximo restaurou a ordem, purificando a cidade com rituais religiosos. Quando os tribunos do exército discutiram a ideia de abandonar a Itália, o jovem Cipião interveio e desembainhou sua espada, fazendo-os afiançar: "Juro com toda paixão que jamais desertarei minha pátria. Se quebrar voluntariamente meu juramento, que Júpiter, o Maior e o Melhor, dê a mim e a minha família uma morte vergonhosa! Façam o mesmo!". Eles fizeram. Os romanos não perderam a coragem.

Os dois Cipião mais velhos tinham sido enviados de volta à península Ibérica, onde obtiveram vitórias sobre o irmão de Aníbal, Asdrúbal Barca, mas, em 211 a.C., ambos foram mortos. Ansioso por vingar o pai, o Cipião mais jovem, com 25 anos, solicitou o comando, e, como ninguém mais se ofereceu, desembarcou com seu exército na Ibéria, onde, em 209 a.C., derrotou Asdrúbal, que estava prestes a partir com reforços para Aníbal. Cipião combinava energia dinâmica com comedida diplomacia; como era um notório mulherengo, seus homens, esperando agradá-lo, presentearam-no com uma prisioneira — a mais bela mulher da península Ibérica —, mas ele a devolveu a seu noivo, um chefe ibérico que, agradecido, juntou-se aos romanos.

Asdrúbal Barca partiu com reforços ao encontro do irmão, conseguindo transpor os Alpes com um corpo de elefantes, e irrompeu na Itália, mas foi morto no rio Metauro, num embate com um exército romano comandado por Gaio Cláudio Nero, rebento de um grande clã patrício e ancestral da dinastia júlio-claudiana de imperadores, que fez com que a cabeça do cartaginês fosse atirada por sobre a cerca no acampamento de Aníbal.

Dois irmãos Barca foram deixados vivos: Aníbal tinha estado na Itália por quase quinze anos, e, embora não tenha sido derrotado, foi incapaz de desferir o golpe mortal. Roma era invencível. As perdas romanas foram penosas, mas eles tinham uma vantagem sobre os cartagineses — um contingente de 500 mil soldados, dos quais algo entre 10% e 25% cumpriam serviço anual, enquanto Aníbal dependia de mercenários. E as más notícias continuaram a chegar. Cipião derrotou Mago e conquistou a Ibéria; os numídios se rebelaram; e os inimigos de Aníbal o criticaram em Cartago no exato momento em que Cipião estava convencendo o Senado a deixá-lo atacar a África. Fábio Máximo opôs-se à ideia, mas, em 204 a.C., Cipião, cônsul aos 34 anos de idade, no comando de 35 mil homens, desembarcou do outro lado do Mediterrâneo.

Cipião persuadiu o príncipe africano Massinissa, filho de um aliado de longa data de Cartago, a mudar de lado. Massinissa — "o melhor de todos os reis de nosso tempo", um cavaleiro numídio astuto e engenhoso, pai de 41 filhos — podia enfrentar agora a cavalaria de Aníbal. Quando o cerco que impôs a Utica foi rompido pelos cartagineses, Cipião tocaiou seu acampamento, matando 40 mil de suas tropas, um fiasco do qual a cidade nunca se recuperou. Cipião reconheceu Massinissa como o governante berbere, estabelecendo seu reino da Numídia como um aliado de Roma. Aníbal foi chamado de volta, ao 46 anos de idade. Fazia 25 anos que estivera em Cartago pela última vez; Mago morreu na jornada para casa. Agora na África, Aníbal e Cipião se enfrentavam pessoalmente. Aníbal reuniu 40 mil homens e oitenta elefantes. Cipião tinha menos homens, porém mais cavalaria, graças ao rei Massinissa.

Em 19 de outubro de 202 a.C., em Zama, Cipião, por escassa margem, derrotou Aníbal, cujos elefantes desvairaram e atacaram os soldados de seu próprio lado. A guerra tinha custado aos Cipião e aos Barca muitas vidas. Aníbal permaneceu em Cartago, onde foi eleito sufeta, organizou o pagamento de uma indenização e apoiou reformas democráticas, pelas quais o Conselho dos Poderosos seria anualmente eleito, deixando de ser vitalício. Massinissa, cuja aptidão agrícola tornou seu reino, mais tarde, uma fonte essencial de grãos para Roma, fundou uma dinastia que governou por dois séculos.

Agora com uma inigualável autoridade sagrada, Cipião foi recompensado com um triunfo,[5] e em seguida foi-lhe oferecido um consulado vitalício, e a posição de ditador; criticado por seu luxo e grandeza, no entanto, ele aceitou apenas o vitorioso *agnomen* (apelido) Africano,[6] e então se retirou.

Inquieta com a possibilidade de Cartago se recuperar sob o governo de Aníbal, Roma mandou enviados para prendê-lo ou extraditá-lo. Aníbal fugiu para o leste, para a corte de Antíoco III, descendente de Seleuco, que vinha realizando espantosos feitos militares ali.

DEMÉTRIO, REI DOS INDIANOS

Antíoco, o Grande, tenso, esguio, frenético, era tão ambicioso quanto o fundador de sua casa, tendo conquistado grande parte da Türkiye, do Iraque e do Irã, empreendendo campanhas até mesmo na Arábia e na Índia. Na Báctria, seu sátrapa, Eutidemo, tinha declarado independência e resistia em Balkh. Incapaz de derrotá-lo, Antíoco casou sua filha com o arrojado Demétrio, o filho de dezesseis anos do sátrapa. Uma das mais extraordinárias figuras de seu tempo, Demétrio, que sucedeu o pai como rei grego da Báctria, invadiu depois a Índia, em 186 a.C., onde o reino de Axoca tinha desmoronado. Iniciando dois séculos de governo híbrido greco-indiano (mais duradouro do que o Império Britânico), Demétrio — conhecido pelos indianos como Dharmamitae e pelos gregos como Aniketos, "o invencível" — governou a partir de Taxila (Paquistão). Esse rei yavana (greco-indiano) fundiu os panteões indiano e grego: nas efígies das moedas de seu império, ele usa presas de elefante e coroas de píton, conectando Hércules, Buda e possivelmente a deusa brâmane Lakshmi.[7]

Antíoco, o Grande, aceitou uma divisão de elefantes de Demétrio e seguiu para o oeste, onde capturou a Grécia. Mas aceitou Aníbal como conselheiro — o que fez dele um inimigo de Roma: os romanos ansiavam por um acerto de contas e perceberam que precisavam controlar a Grécia, o ponto de partida natural para um ataque. Assim, enviaram para lá os Cipião, o Africano e seu irmão Lúcio, que derrotaram Aníbal no mar, e depois o próprio Antíoco, em terra. Lúcio, depois disso, recebeu o apelido de Asiático, mas os irmãos Cipião foram acusados de aceitar um suborno de Antíoco e deixar Aníbal escapar. O Africano destruiu as tábuas incriminatórias e pediu misericórdia para o líder cartaginês, mas os romanos estavam determinados a caçá-lo. Cercado, o paladino ingeriu veneno, morrendo no mesmo ano que Cipião. Este, amargurado com a ingratidão romana, ordenou que seu sepultamento fosse feito em sua vila natal de Litemum, e não em Roma, com o seguinte epitáfio: "Pátria ingrata, não terás nem mesmo meus ossos". Cipião, o Africano, também pode ter sido envenenado.

Humilhado pela derrota para os romanos, Antíoco desistiu da Europa. Prometeu renunciar a seu exército de elefantes e a sua frota e enviar o filho mais novo a Roma como refém, mas manteve o Irã e o Iraque e ocupou toda a Síria e a Judeia, tratando bem os judeus e concedendo-lhes semi-independência e liberdade de culto em seu templo em Jerusalém. Parecia que a Casa de Seleuco ia destruir seus primos, os Ptolemeu, tomar o Egito e recompor as conquistas de Alexandre. Enquanto isso, na China, os Qin tinham criado um novo e vasto império.

Mas havia sinais de que nem tudo ia bem: o Primeiro Imperador navegava pela costa subindo e descendo, atirando em baleias com uma gigantesca balestra enquanto buscava a ilha dos Imortais.

O PEIXE PODRE DOS QIN: A ASCENSÃO DO MALANDRINHO

O imperador, aos 49 anos, viajava com o príncipe Huhai, de 29, seu 18º filho, e também seu favorito, quando morreu, possivelmente envenenado por seus próprios elixires da imortalidade, que continham infusões de mercúrio. Seu chanceler, o conselheiro, com setenta anos, ocultou sua morte: assim, continuaram a servir refeições ao imperador morto, enquanto seus eunucos fingiam transmitir relatórios à "carruagem adormecida", mas o corpo logo começou a cheirar tão mal que o conselheiro arranjou uma carroça com peixe podre para mascarar a putrefação real. O conselheiro e o camareiro eunuco do jovem príncipe, Zhao Gao, decidiram entregar o trono a Huhai, o que significava que eles permaneceriam no controle.

Quando chegou à capital, Xianyang, o Segundo Imperador subiu ao trono, enquanto o pai era sepultado em seu mausoléu, com um sacrifício humano no qual 99 concubinas que não tinham tido filhos foram sepultadas com ele. Suas ossadas foram encontradas, revelando mortes violentas — uma delas ainda usava suas pérolas. Enquanto os trabalhadores que haviam erguido o complexo eram mortos e atirados numa sepultura coletiva, príncipes reais eram esquartejados na praça principal.

As rebeliões começaram. Em agosto de 209 a.C., em Henan, dois trabalhadores encarregados de entregar um bando de novecentos condenados acorrentados tiveram sua chegada retardada por uma tempestade. Sabendo que, na dinastia Qin, o atraso, como a fuga, era punido com a morte, eles decidiram que, como "fugir significa morrer, assim como conspirar", "era preferível morrer tentando estabelecer um Estado". Afinal, disse um deles, "será que reis e nobres recebem seu alto status ao nascer?". Ao mesmo tempo, um xerife local chamado Liu Bang, o camponês da China central que certa vez vira o Primeiro Imperador em pessoa, liderava outro bando acorrentado que seguia para o monte Li, a fim de trabalhar no túmulo do Primeiro Imperador. Alguns prisioneiros conseguiram fugir, o que significava que Liu e seus subordinados seriam executados — assim, ele libertou todos. Mais homens juntaram-se a seu bando depois que ele matou o magistrado local.

Quando menino em sua aldeia, Liu fora apelidado pelo pai de Malandrinho, devido a sua maliciosa preguiça, mas ele também era afável, alegre e leal. Começando a trabalhar tarde, servindo como acompanhante de um senhor local e se alistando como policial de aldeia, ele ascendeu pouco a pouco, impressionando todos que o conheciam, inclusive um cavalheiro local, que ficou tão encantado com sua fisionomia — que para ele indicava um futuro glorioso — que o casou com sua filha, Lu Zhi. Agora, aos 47 anos, Liu Bang aderia a uma guerra civil multifacetada na qual chefes guerreiros estabeleciam seus próprios reinos.

O Segundo Imperador passava por dificuldades: em agosto de 208 a.C., seu eunuco, Zhao Gao, tramou contra o conselheiro, que foi sentenciado aos terríveis Cinco Castigos, um horror provavelmente criado pelo Primeiro Imperador e que perduraria por séculos: a vítima recebia uma tatuagem no rosto, tinha o nariz cortado, os membros deslocados e depois amputados, os genitais decepados e o corpo cortado ao meio pela cintura.[8] Zhao Gao encenou então um ataque rebelde ao palácio, levando o Segundo Imperador a cometer suicídio e depois nomeando um príncipe dócil como rei. Mas era tarde demais.

Em julho de 207 a.C., Liu Bang, o Malandrinho, atacou a capital, capturou o último dos Qin e, a fim de assegurar a lealdade das populações recém-conquistadas, anunciou uma redução nos castigos da dinastia. Em fevereiro de 202 a.C., após cinco anos combatendo chefes guerreiros rivais, Liu Bang derrotou seus inimigos e aceitou o título de Huang-di, imperador, tendo se tornado conhecido postumamente como Gaozu — "sumo progenitor" — da dinastia Han. O imperador Gao dividiu o império em reinos, que concedeu a membros de sua própria família e, não muito longe de Xianyang, agora em ruínas, construiu uma nova capital, Chang'na. Mesmo tomando muitas concubinas, sua parceira ainda era sua esposa original, Lu, mãe de um filho e uma filha. Mas, temendo que o filho fosse "fraco demais", ele favoreceu uma concubina mais jovem, Qi, e seu filho Liu Ruyi, que prometeu promover. Isso provocou uma odiosa rivalidade entre as duas mães, o que se tornaria característico de muitas cortes chinesas.

Gaodi, nascido camponês, era um soldado bruto e despretensioso afeito à bebida. Certa vez, o imperador fez uma parada em sua herdade no campo, onde, tocando uma cítara, cantou sobre sua improvável ascensão:

Agora que meu poder governa tudo dentro dos mares,
Voltei a minha velha aldeia.
Onde mais encontrarei bravos
Para proteger os quatro cantos de minha terra?

"Dentro dos mares" era a descrição que os Han haviam feito da própria China; o desafio era proteger seus "quatro cantos", particularmente dos xiongnu, os cavaleiros do norte que saqueavam cidades chinesas e que, em séculos futuros, conquistariam toda a China. Eles eram liderados por Modun, que, na condição de *shanyu* — rei —, os unificara numa federação que, reagindo à expansão chinesa, estendeu-se pela Manchúria, pela Sibéria oriental e pela Ásia central, formando o primeiro dos três grandes impérios da estepe. Em 200 a.C., o imperador atacou Modun, mas o *shanyu* logo o cercou. Desesperado para escapar, o imperador Gao reconheceu Modun, pagou-lhe um tributo e deu a ele como esposa uma princesa Han, o que marcou o início da prática do *heqin*, o "parentesco harmonioso", na qual princesas chinesas casavam-se com esses bárbaros sofisticados, também subornados com milhares de fardos de seda. Modun recebeu as duas coisas.

Liu nunca parou de lutar. Num cerco de menor importância, foi atingido por uma flecha, morrendo lentamente por conta da ferida, na companhia de seus fiéis seguidores, relembrando sua espantosa ascensão. Seu compassivo filho mais velho o sucedeu no trono, mas era controlado pela imperatriz viúva Lu, tão aterrorizante quanto competente.

MONSTRA: A PORCA HUMANA

O imperador Hui, quando de sua subida ao trono, tinha apenas quinze anos de idade, e assim, naturalmente, sua mãe tomava todas as decisões políticas, inclusive a de casá-lo com uma prima, embora os dois fossem crianças. Quando Hui teve dois filhos com uma concubina, a sra. Qi, a imperatriz Lu fez com que o casal imperial os adotasse como se fossem deles e tramou para que a verdadeira mãe fosse morta.

Determinada a torpedear as ambições da sra. Qi, ela primeiro tentou capturar o filho do imperador, Liu Ruyi, príncipe de Zhao, que tinha apenas doze anos. O imperador interveio repetidamente para manter o garoto fora das garras da mãe, mas, ao sair para uma expedição de caça, ela o envenenou. Com o filho morto, a sra. Qi ficou vulnerável. A imperatriz então a prendeu e mandou cortar seus braços e pernas. Ela teve também os olhos arrancados, e depois, paralisada por um veneno, foi jogada numa fossa para morrer. Lá, foi exibida ao imperador e outras pessoas com as seguintes palavras: "Eis a porca humana". O imperador dificilmente ousava contrariar a mãe, deixando a política a seu cargo. Ela era boa nisso, mantendo muitos dos seguidores do marido a postos, enquanto esmagava os dissidentes. A corte interna do palácio, com mulheres, eunucos e afins, era com frequência retratada pelos burocratas que compilavam as histórias como decadente e podre. Mas muitas vezes, por meio dessas histórias, esses relacionamentos de confiança formavam a base essencial do imperador contra a burocracia da corte externa. Na China, como em muitas outras monarquias, família e gênero — tantas vezes apresentados em termos de mulheres cruéis viciadas em sexo e homens sem vontade própria — eram duas forças importantes na eterna competição por poder e legitimidade.

Quando a imperatriz finalmente morreu, em 180 a.C., sua própria família estava planejando suplantar os Han. Mas os velhos ministros tinham outras coisas em mente; massacraram toda a família Lu e puseram no trono o filho do alto progenitor, Wen, que consolidou a dinastia que governaria a Ásia oriental quase em paralelo com Roma.

Entre Roma e a China, porém, outro potentado, Antíoco, o Grande, descendente do general de Alexandre, Seleuco, ainda dominava o oeste da Ásia.

MIHRDAD E JUDÁ: MARTELO JUDAICO; DISPARO PÁRTICO

Mas o poder de Antíoco, o Grande, dependia de sua própria energia peripatética: em 187 a.C., ele foi morto enquanto atacava um templo no Irã. Seu filho, Antíoco IV Epifânio, ainda mais maníaco e frenético do que o pai, passara a juventude em Roma. Inspirado pela semidemocracia romana, o espalhafatoso rei gostava de cumprimentar e conversar com seus súditos e os transeuntes, e dava festas espetaculares, nas quais era carregado vestido como uma múmia, antes de irromper de suas bandagens sob o aplauso das multidões. Mas ele também pensava que era a manifestação de um deus — uma combinação ruim. Ansioso por completar o sonho do pai, de um império que fosse da Índia à Líbia, ele invadiu o Egito. Mas Roma, agora, protegia os Ptolemeu. Um enviado romano o interceptou e traçou "uma linha na areia" diante de seus pés: se ele avançasse mais um passo, Roma iria intervir. Antíoco recuou para a Judeia. Lá, os judeus, conectados ao Egito, onde membros da família sacerdotal serviam como generais, conspiraram contra ele. Antíoco matou os judeus, baniu sua fé e fundou um santuário dedicado a si próprio no templo deles, na sagrada Jerusalém, disparando uma rebelião liderada por Judá, o Macabeu (conhecido como Martelo), a qual no fim levou à criação de um novo reino judaico.[9] As províncias iranianas de Antíoco também estavam sob ataque. Galopando para o leste a fim de salvá-las, ele teve o azar de enfrentar um chefe guerreiro chamado Mihrdad (Mitrídates), que criaria um império poderoso o bastante para manter Roma afastada durante quatro séculos.

Mihrdad era sobrinho-neto de Artsakh, provavelmente um chefe afegão que fugira para a Pártia (Turcomenistão), tornando-se o governante sagrado de uma tribo seminômade de cavaleiros que cultuavam o panteão zoroastriano, mas eram influenciados por seus vizinhos helênicos. Seu poder derivava da combinação de uma cavalaria blindada e leve, capaz de disparar balestras de cima das selas: o que os romanos chamavam de "disparo pártico". Em 164 a.C., Antíoco chegou para defender o Irã, mas Mihrdad matou o último Grande Rei selêucida e depois tomou a Pérsia e a Babilônia. Lá, foi coroado rei dos reis, fazendo desfilar estátuas de Marduk e Ishtar antes de seguir para a Selêucia, onde ele e seus sucessores construíram uma nova capital, Ctesifonte, fundindo as realezas grega e persa. Os herdeiros de Mihrdad eram propensos a banhos de sangue, mas sua cavalaria era formidável, e seu tesouro, abundante, graças a um imposto sobre a seda e os perfumes e especiarias comerciados entre a China e o Mediterrâneo, agora dominado por Roma.

Quando Cartago se recuperou de suas derrotas, os romanos voltaram-se para Cipião, para que destruísse a grande cidade de uma vez por todas. Depois de conquistarem a Grécia e a Hispânia — como os romanos chamavam a península Ibérica —, os ambiciosos generais e legiões que haviam participado das guerras contra Cartago queriam mais: novas vitórias significavam novos butins, novos templos, novos escravos para Roma. Cartago não era mais uma ameaça, mas, quando um rabugento ex-cônsul, Catão, a visitou, ficou horrorizado ao ver que estava florescendo. No Senado, exibiu um figo cartaginês ainda fresco para demonstrar que a viagem até a cidade era curta. "Cartago", ele declarou, "tem de ser destruída." Foi a única vez na história em que uma fruta serviu de *casus belli*.

Foi o aliado de Roma na África, o rei Massinissa, quem incitou os cartagineses a romper seu tratado. Isso significava guerra, e os romanos voltaram-se para um jovem Cipião, um homem rico, instruído, imponente, soberbo orador e patrono de um círculo de intelectuais gregos, um homem que se orgulhava de exercitar a mente, admirada pela argúcia, e o corpo, que impressionava pela musculosa solidez. Em 149 a.C., Cipião Emiliano, com 26 anos de idade,[10] liderou o exército romano na África, acompanhado por seu velho tutor grego Políbio, que estava fascinado não só com a expansão do poder romano, mas com a nova conexão entre Oriente e Ocidente. Eleito cônsul com apenas 28 anos, Cipião, auxiliado por Massinissa, derrotou os cartagineses e em seguida isolou a cidade do mar. Depois que prisioneiros romanos foram esfolados e esquartejados nas muralhas, ele atacou a cidade. Os cartagineses queimaram até a morte em seus templos. Os romanos massacraram milhares, e as tropas arremessavam corpos de edifícios em chamas — uma distopia confirmada por achados arqueológicos. Enquanto assistia ao espetáculo, Políbio chorava. "Todas as cidades, nações e poderes", disse ele, "devem, como os homens, encontrar seu cruel destino." A queda de uma grande cidade tem uma pungência especial. É como a morte de uma parte de nós mesmos.

"Isto é magnífico", concordou Cipião, "mas tenho o pressentimento de que um dia esse mesmo cruel destino será imposto a meu próprio país." Ele então arrasou a cidade, vendendo 80 mil de seus cidadãos como escravos, e retornou a Roma como um herói. Políbio, ao voltar para casa, na Grécia, para escrever uma história do mundo, viu o início de um novo ato — a era da *symploki*, ou da interconectividade: "Em tempos primevos, a história consistia numa série de episódios sem relação entre si; a partir de agora, porém, torna-se um todo orgânico", ele escreveu. "A Europa e a África com a Ásia, e a Ásia com a África e a Europa. E as maiores forças continentais afro-eurasianas seriam construídas por duas famílias.

ATO III

120 MILHÕES

Os Han e os césares

Como que para demonstrar sua nova interconectividade, Roma voltava-se agora para o Egito, o manancial de alimentos do Mediterrâneo e o portal para a Ásia. Após destruir Cartago e lutar na Hispânia, Cipião Emiliano — abominado pela facção popular em Roma devido a sua grandeza aristocrática — foi enviado para ter uma conversa com o mais atroz dos faraós egípcios, considerado depravado até mesmo pelos padrões dos degenerados Ptolemeu, e tentar colocar algum juízo em sua cabeça.

Fiscão (Gorducho) — como Ptolemeu VIII era chamado pelos alexandrinos — era fraco, obeso e sádico, e prosperou num período de violência, tumulto e intrigas entre facções. Depois de se casar com a irmã, Cleópatra II, e ter um filho com ela, Menfites, Gorducho apaixonou-se pela filha da irmã-esposa com seu finado irmão — sua sobrinha e enteada Cleópatra III — e casou-se com ela também, envenenando depois a família, pois mãe e filha acabariam por se tornar ciumentas rivais. Cleópatra II ficou perplexa com a traição do marido e da filha, passando a sentir uma repugnância que levou a uma revolução. Gorducho e Cleópatra III fugiram para o Chipre, enquanto Cleópatra II governava o Egito como única rainha. Mas Gorducho não desistiu. Percebendo que Menfites poderia substituí-lo, sequestrou o menino de catorze anos, que confiava no pai. Gorducho ordenou então que o estrangulassem, depois lhe cortassem a cabeça, as pernas e os braços, que enviou à mãe do garoto na véspera de seu aniversário.

Com o coração partido, ela exibiu as partes do corpo aos alexandrinos. Gorducho então jogou melhor do que ela e invadiu a cidade, vingando-se terrivelmente de seus inimigos, que foram queimados vivos. Roma não tinha nenhum interesse nas atrocidades ptolemaicas, importando-se apenas com a influência e o comércio romanos: Gorducho, que visitara a cidade, tratava a família Cipião com grande cuidado, tendo inclusive proposto se casar com uma filha de Cipião. Por volta de 139 a.C., Cipião foi enviado a Alexandria a fim de intimidar o egrégio Gorducho, agora tão obeso que mal conseguia andar. Os alexandrinos assistiam àquele manjar branco real que mal cabia em suas túnicas de seda, molhado e ofegante, tentando acompanhar o robusto romano. "Os alexandrinos estão me devendo", brincou Cipião. "Eles efetivamente conseguiram ver seu rei *caminhar.*"

A política familiar reforçava o papel das mulheres. Cleópatra II sobreviveu ao assassinato do filho. Após a morte de Gorducho em 116 a.C., ela e a filha Cleópatra III governaram com um filho que adorava homus, apelidado pelos alexandrinos de Grão-de-Bico. Quando um rei é chamado por seu prato favorito, é sinal de que a dinastia está com problemas.

Mas Cipião e seu historiador Políbio teriam apreciado a única realização positiva de Gorducho: seus marinheiros descobriram as monções da Índia, e agora podiam navegar para a Pártia ou a Índia no verão e retornar no inverno. Em 118 a.C., ele enviou o marinheiro Eudoxo de Cízico diretamente para a Índia.

PARENTESCO HARMONIOSO, CASAMENTO SALPICADO DE SANGUE: UMA PRINCESA COM OS NÔMADES

Os chineses estavam sondando a partir da direção oposta. Em Chang'an, um notável jovem imperador Han governaria por 54 anos e estabeleceria um império de curta duração, que se estendeu da Coreia, no leste, ao Uzbequistão, no oeste. O imperador Wu era curioso, instruído e ousado, e enviou um embaixador para o ocidente a fim de contatar outras grandes potências — o início do caminho da China para o oeste.

Wudi foi feito por mulheres e quase destruído por elas: em 141 a.C., aos quinze anos, ele foi posto no trono por sua tia e sogra, a princesa Guantao, e imediatamente começou a restaurar o poder imperial. Mas sua avó, a imperatriz viúva Dou, portadora da Talha do Tigre,[1] essencial para dar ordens aos militares, frustrou as propostas do neto. Usando seu fracasso em produzir um herdeiro com a imperatriz Chen, ela planejou seu afastamento. Wudi fingia só se importar com festas, não demonstrando interesse em política, enquanto, secretamente, reunia uma equipe de assessores de confiança. Quando surgiu a oportunidade de se expandir para o sul, ele ousou passar por cima da Talha do Tigre da avó e anexou partes do que é hoje o sul da China, capturando Minyue (Furjian). Em casa, teve um filho com sua concubina favorita. As duas ações sobrepuseram-se à avó, que morreu logo depois. Wudi promovia candidatos promissores se eles fossem capazes de formular documentos em seu estilo retórico antigo favorito, mas, ainda que alguns sábios confucianos tutelassem príncipes imperiais, não desenvolveu um conjunto coerente de doutrinas confucianas. Ele tinha uma verve artística e intelectual própria,[2] e expandiu o antigo departamento musical dos imperadores Qin, responsável pela realização de espetáculos e outras questões culturais. Mas, no fundo, era um imperialista, e, valendo-se das receitas oriundas de impostos, lançou ofensivas em todas as frentes. A fim de construir uma aliança contra os xiongnu, Wudi recorreu ao chamado parentesco harmonioso e enviou uma princesa, Jieyou, a neta empobrecida de um príncipe caído, para se casar com o chefe da tribo wusun (na atual Xinjiang).

Assistida por uma dama de companhia, Feng Liao, Jieyou casou-se três vezes: na primeira, com o chefe wusun; em seguida, quando ele morreu, com seu irmão e herdeiro, que amou e com quem teve três filhos; e, por fim, com o sobrinho dele. No processo, essa mulher notável enviou Feng Liao para negociar alianças e fazer apelos à corte em Chang'an, com tal sucesso que foi nomeada embaixadora.[3]

Nesse ínterim, Wudi despachou um intrépido soldado da corte para uma missão comercial no oeste. Em dez anos de aventuras, Zhang Qian foi capturado, escravizado, aprisionado, escapou, casou-se, foi novamente escravizado e por fim, em 122 a.C., voltou para se reportar ao imperador. Descreveu os partos e os indo-gregos, falou de sua descoberta de um molho de frutas silvestres em Sichuan, à venda numa região do norte da Índia, e recomendou uma raça de cavalos em Fergana (Uzbequistão) conhecida por "suar sangue" — muito provavelmente por serem vítimas de parasitas. Wudi ficou impressionado — queria ter esses "cavalos celestiais", e os relatos o incentivaram a negociar com a Pártia. Esses luxos persas aparecem agora em túmulos chineses, e, a partir de 110 a.C., a Pártia enviou delegações a Chang'an.

Assim como a China descobriu a Pártia, o mesmo aconteceu com Roma: enquanto os Han aperfeiçoavam uma monarquia dinástica, os romanos passaram os cinquenta anos seguintes em guerras civis, das quais emergiu sua própria monarquia. O primeiro governador de Roma desde os reis, Lúcio Cornélio Sula, foi o precursor de César e o primeiro a levar Roma para a Ásia.

O REI QUE NÃO PODIA SER ENVENENADO, O DITADOR MONORQUÍDICO E O CARNICEIRO ADOLESCENTE

Sula era um novo tipo de romano. Passara a juventude em festas com atores e cortesãos, um patrício tão pobre que morava não numa vila, mas num apartamento num quarteirão da cidade. Atlético, de olhos azuis, com um cabelo louro arruivado brilhante e pele sardenta, Sula era ao mesmo tempo jovial e aterrorizante: diziam que tinha apenas um testículo, e ele, alegremente, deixava seus soldados cantarem canções sobre sua anatomia monorquídica, embora punisse qualquer indisciplina com imediata crucificação. Seu lema era "nenhum melhor amigo, nenhum pior inimigo".

Sula, líder dos optimates — a "ótima" elite —, cresceu à sombra de Gaio Mário, um líder mais velho da facção dos populares. Em 107 a.C., quando Mário combateu Jugurtha, da Numídia, neto de Massinissa, serviu como seu vice, capturou o rei berbere e com isso fez seu nome. Mário salvou Roma da maior ameaça desde Aníbal: as tribos celto-germânicas dos cimbros e dos teutões, começando pela Dinamarca e migrando para o sul, tinham derrotado um exército romano — uma crise tão grave que estes realizaram seus últimos sacrifícios humanos para aplacar os deuses. Mário destruiu os invasores. Juntos, Mário e Sula esmagaram em seguida a revolta dos sócios — como eram conhecidas as cidades italianas aliadas de Roma — na chamada Guerra Social. Em 96 a.C., Sula foi enviado para o leste, para governar a primeira província de Roma na Ásia, a Cilícia, onde observou a ascensão meteórica de um talentoso, infatigável monarca, Mitrídates, rei do Punte, descendente de Dario e de Seleuco, que estava conquistando um império que abrangia grande parte da Ásia Menor e do mar Negro. Tido como capaz de falar todas as 25 línguas de seus súditos, Mitrídates tinha se enrijecido ao viver num ambiente selvagem e ao se tornar imune a venenos, bebendo diariamente pequenas doses, criadas por seus hierofantas citas. Em 88 a.C., o Rei Veneno orquestrou um massacre de romanos na Ásia antes de seguir para a Grécia.

Sula explorou uma crescente inquietação com o fato de Mário, que servira sete vezes como cônsul, ser poderoso demais. A rivalidade entre os dois minou a república. Em 88 a.C., quando o Senado planejou a expulsão de Mitrídates da Grécia, Sula obteve o comando, mas Mário tentou ficar com a posição. Violando de modo ultrajante as normas republicanas, Sula fez sua legião marchar sobre Roma e o destituiu.[4] Em seguida, partiu para a Grécia, de onde expulsou o Rei Veneno.

Em sua ausência, Mário retomou o poder, promovendo um jovem sobrinho, Gaio Júlio César. Ele era um dos patrícios julianos que alegavam descender de Eneias e Vênus, mas seu pai, um governante da Ásia, havia morrido jovem. Dotado de uma fria, ágil e irreprimível força vital, cabeça calva de ave, corpo depilado e estilo dândi, ele era próximo da mãe, a astuta Aurélia. Não era rico e sofria de convulsões, provavelmente epilepsia, mas não permitia que nada o detivesse. Mário ajudou a nomeá-lo sacerdote de Júpiter. Mas em 82 a.C., após a morte de Mário, Sula voltou, marchou sobre Roma, derrotou seus oponentes e foi eleito ditador (o primeiro desde a invasão de Aníbal), sendo premiado com o *agnomen* Felix (Afortunado). Em seguida, emitiu um *proscriptio*, um aviso de condenação, na prática um eufemismo para uma lista de condenados à morte. Ele era vingativo. "Nenhum amigo jamais me serviu e nenhum inimigo jamais agiu errado comigo sem ter sido plenamente retribuído" foram as palavras que mandou gravar em seu túmulo.

César foi um dos três jovens meteoros particularmente afetados pela sangrenta ascensão de Sula. Cneu Pompeu, filho de um rico potentado, mobilizou sua própria legião e prestou apoio a Sula, assassinando seus inimigos de forma tão eficiente que foi apelidado de Adulescentulus Carnifex — Carniceiro Adolescente. Marco Crasso — de quem deve derivar a palavra crasso — foi um especulador homicida que acrescentou proprietários de terra às listas de condenados e depois tomou suas propriedades, o que o deixou muito rico. Na condição de mariano, César era vulnerável. Sula ordenou a ele, então com apenas dezoito anos, que se divorciasse da mulher, Cornélia, filha de um inimigo político, mas César ousou recusar: foi destituído do cargo de sacerdote, teve os bens confiscados e seu nome acrescentado à lista de morte. Sua mãe, Aurélia, o salvou, apelando a Sula. César então fugiu para a Ásia, onde, servindo com o governador romano, flertou com o rei da Bitínia, uma relação de subordinação que nunca conseguiu esquecer.[5]

Em 79 a.C., tendo aniquilado seus inimigos, Sula, tão singular em tantos aspectos, retirou-se de sua ditadura e voltou à sua antiga vida de devassidão: ele tinha demonstrado o que era possível fazer em Roma. "Se Sula conseguiu fazer isso", refletiu Pompeu, "por que não eu?" César emularia o ditador, observando que "Sula foi um analfabeto político ao renunciar à ditadura".

Enquanto Sula matava seus inimigos em Roma, o imperador Wu perdia o controle sobre si mesmo e sua família em Chang'an.

O HISTORIADOR CASTRADO E O IMPERADOR WU

Wudi teve uma série de sucessos: em 112 a.C., ele tomou Guangdong no sul e grande parte do Vietnã; em 109 a.C., invadiu a Coreia; em 108 a.C., atacou os xiongnu, depois tomou a maior parte de Xinjiang e se expandiu pelo Cazaquistão até Fergana, no Uzbequistão; em 104 a.C., em busca dos cavalos especiais de Dayuan (Kokand), enviou seu general Li Guangli para travar a Guerra dos Cavalos Celestiais, conquistando assim 3 mil desses corcéis que suavam sangue.

Na corte, porém, as coisas estavam se tornando azedas. Quando a irmã de Wudi o apresentou a Wei, uma cantora-dançarina de origem inferior, ele se apaixonou por ela, e seus filhos tornaram-se os essenciais herdeiros. Mas a tentativa da imperatriz Chen de amaldiçoá-la com feitiçaria foi exposta, e ela foi aniquilada. A nova imperatriz Wei Zifu trouxe-lhe sorte — por algum tempo.

Cheio de caprichos e cada vez mais mortífero, Wudi tornou-se ainda mais imprevidente. Construiu novos e vastos palácios, embarcou em expedições dispendiosas, executando senhores importantes que não tinham se incorporado a seu vasto séquito, e encenou elaborados rituais de sacrifício no sagrado monte Tai, para confirmar o Mandato do Céu.[6] A imperatriz Wei acabou sendo ofuscada por seu amado consorte Li, cujo irmão conquistou lauréis na Ásia central, obtendo fama como o General Voador. Mas os xiongnu revidaram, derrotando um exército dos Han. Em 99 a.C., quando o neto do General Voador, Li Ling, desertou para o lado dos nômades, seu amigo historiador da corte, Sima Qian, tentou interceder junto ao imperador — com consequências atrozes.

Wudi acreditava que a história era tão importante quanto a guerra: ela legitimava a dinastia. Mas tinha de ser a história correta. Wudi encarregou seu grande escriba — parte historiador, parte astrólogo — Sima Tan de escrever a primeira história chinesa completa, hoje conhecida como *Shiji*, ou *Registros do historiador*. Ao morrer, em 110 a.C., Sima Tian passou a pena ao filho de 35 anos, Sima Qian, que se lembrou dele "agarrando minhas mãos com olhos lacrimosos" e dizendo: "Não esqueça o que eu tencionava registrar".

Sima Qian, um ajudante do imperador que havia servido no exército contra os xiongnu, pôs-se a trabalhar. Escribas como ele usavam pincel de escrita, paleta de tinta, faca e selo para escrever em estreitas tiras de madeira, sendo a seda empregada apenas em documentos importantes. Como Políbio, seu contemporâneo em Roma, Sima Qian acreditava que a história do mundo "examinaria tudo que preocupa o céu e o homem, a fim de penetrar as mudanças do passado e do presente". Mas a história do passado é sempre sobre o presente: quando ele criticava conselheiros reais "oportunos" e denunciava as crueldades do Primeiro Imperador, estava ofendendo seu próprio e paranoico monarca.

Em 99 a.C., Sima Qian intercedeu junto ao imperador por Li Ling — "para alargar a visão de Sua Majestade" —, e em consequência disso foi acusado de "grande insulto" e condenado à morte por suicídio, sentença que podia ser comutada com o pagamento de uma multa, ou castração. Sima não tinha o dinheiro e recusou-se a suicidar-se, de modo que foi obrigado a optar pelo "castigo da podridão". Ele acalentava o sonho de que seu livro fosse lido em "aldeias e grandes cidades", mas, "como eu me arrependia de não o ter terminado, submeti-me a essa penalidade extrema sem amargura". A vergonhosa castração era realizada na chamada câmara do bicho-da-seda, onde homens mutilados eram mantidos como se fossem insetos, num recinto quente, sem ar, o que, acreditava-se, impedia a infecção. Ele sobreviveu, foi promovido a arquivista/astrólogo da corte e secretário do palácio, e terminou sua história clássica. Mas seu envolvimento em intrigas ainda não havia terminado.

Em 96 a.C., depois de sonhar com um assassino e fantoches homicidas, Wudi foi convencido pelo chefe de sua segurança de que sua doença era resultado de trabalhos traiçoeiros de magia negra. Num vórtice alucinante de denúncias e caça às bruxas, ele ordenou a xamãs estrangeiros que escavassem os palácios em busca de bonecos mágicos e presidiu julgamentos por feitiçaria contra os próprios ministros, executando nada menos que seis de seus chanceleres, além de clãs inteiros, dezenas de milhares de pessoas inocentes. Até mesmo suas próprias filhas foram sugadas por esse vórtice e executadas. O assassinato de filhos por vezes era uma medida necessária aos monarcas, mas isso raramente se aplicava a filhas.

O primogênito de Wudi com a imperatriz Wei era seu herdeiro natural, mas, aos 62 anos, o imperador teve um filho com uma concubina mais jovem, a sra. Gouyi. Então, o chefe de segurança de Wudi acusou o príncipe Ju de feitiçaria e de desejar a morte do pai — o que provavelmente era verdade, uma vez que o imperador já estava no trono havia muito tempo. Quando a tensão subiu, Ju, ao perceber que estava sendo enquadrado, forjou uma suposta ordem de Wudi e matou o chefe de segurança, antes de correr a se explicar para o pai. Assim, com o apoio da mãe, a imperatriz, tentou tomar o poder.

Após cinco dias de lutas nas ruas de Chang'an, o imperador restaurou a ordem. A imperatriz Wei cometeu suicídio, seu clã foi eliminado e Ju se enforcou. Todos os filhos do imperador — e quem quer que tivesse demonstrado qualquer hesitação em apoiá-lo — foram mortos, à exceção do bebê. Mas aquele frenesi de caça às bruxas mudou a China para sempre, liquidando antigos clãs e criando um vácuo que foi preenchido por funcionários de nascimento obscuro.

Por fim, o imperador percebeu que seus asseclas haviam tramado contra o príncipe Ju. Lamentando-se e culpando-se, ele emitiu o édito de arrependimento de Luntai, mas puniu a família de sua consorte Li, que conseguira destruir a maior parte da família Wei. Os Li foram mortos até um parentesco de nono grau.

O único herdeiro que sobreviveu foi o filho da sra. Gouyi, agora um menino de nove anos. Em 88 a.C., o imperador designou-o seu sucessor, mas, temendo que a jovem mãe do garoto pudesse ficar poderosa demais após sua morte, convocou-a e ordenou sua prisão. Ela prostrou-se, perplexa, ao que ele ordenou: "Saia daqui, agora! Você não pode ser salva!". E mandou matá-la.

Em 87 a.C., quando Wudi morreu e foi sepultado, sem dúvida em vestes ornadas com jade, no túmulo de Maoling, suas concubinas talvez tenham sido sacrificadas, num eco do Primeiro Imperador. Entre os belos artefatos enterrados com ele estava o Cavalo Dourado, uma estatueta de sessenta centímetros de altura de um de seus "cavalos celestiais". Ainda mais do que o Primeiro Imperador, Wudi foi o criador do Império Chinês, tendo duplicado seu tamanho. Mas suas matanças, a caça às bruxas que empreendeu e sua extravagância provocaram vários conflitos na corte e "cem revoltas camponesas".

Em 73 a.C., os escravos de Roma se rebelaram — e os potentados da cidade, Pompeu e Crasso, competiram para esmagá-los.

FORNICADOR CALVO E RAINHA EGÍPCIA: CÉSAR E CLEÓPATRA

Tudo começou na escola de gladiadores em Cápua, onde setenta gladiadores — todos escravos — fugiram e elegeram um trácio, Espártaco, como seu líder. Estabelecendo seu quartel próximo ao monte Etna, ele derrotou unidades romanas repetidamente, assistido por sua parceira, uma sacerdotisa de Dioniso. Roma funcionava com base no trabalho escravo, alimentado por prisioneiros feitos em suas guerras, e os romanos ficaram aterrorizados com a revolta: 40% da população italiana era composta de pessoas escravizadas, e aquela era a terceira revolta de escravos num intervalo de quarenta anos. Os rebeldes de Espártaco, recrutados entre os escravos rurais que trabalhavam em minas e plantações, não chegaram a decidir se fugiriam cruzando os Alpes ou se iriam saquear a Itália, mas não tinham um programa para libertar todos os cativos. Em um ano, 40 mil ex-escravos e suas famílias tinham se unido a Espártaco, que tomara uma faixa do sul da Itália antes de marchar para o norte. Como Pompeu estava conquistando a Hispânia, e outras legiões enfrentavam o Rei Veneno na Ásia, Roma estava vulnerável. O especulador imobiliário Crasso mobilizou forças e derrotou os escravos, crucificando 6 mil; Pompeu fez a limpeza. Ambos reivindicaram o crédito.

Em 67 a.C., Pompeu foi enviado para esmagar o ressurgente Mitrídates, do Punte. Primeiro, ele derrotou o Rei Veneno, que perseguiu pelo Cáucaso, onde Mitrídates cometeu suicídio, depois anexou grande parte da Ásia Menor e da Síria. Pompeu depôs os selêucidas e pôs sob o domínio romano os reinos da Nabateia árabe e da Judeia. Quando um príncipe da Judeia, da família dos macabeus, o desafiou, ele atacou Jerusalém, profanou o templo ao entrar no Santo dos Santos e deixou um rebotalho da Judeia sob domínio judaico. O rei egípcio Auleta (Ptolemeu XII Auleta) cortejou Pompeu, ganhando seu apoio com subornos exorbitantes. É possível que Pompeu tenha conhecido a filha de seis anos de Auleta, Cleópatra, que mais tarde seria muito proficiente ao negociar com potentados romanos. Roma, de repente, era um império tricontinental: somente na Pártia havia um contendor à altura. Pompeu invadiu a Geórgia e a Armênia, mas Frahad II, da Pártia, retomou o território armeno. Pompeu e Frahad negociaram como iguais.

Em Roma, a democracia estava sendo destruída por lutas que visavam os prêmios de seu crescente império. Uma conspiração para derrubá-la num massacre sangrento só foi derrotada graças à eloquência do cônsul, o brilhante orador e sublime escritor Marco Túlio Cícero. Ao chegar em casa, em Roma, ostentando o manto de Alexandre, o Grande (capturado de Mitrídates), Pompeu, mais rico e poderoso do que qualquer romano jamais havia sido, recebeu como prêmio um inaudito terceiro triunfo por suas vitórias num terceiro continente, e ganhou o *agnomen* Magnus — Magno, o Grande. O *tri-triumphator* começou então um espetacular programa de construção. Havia algo do político moderno nesse homem, descrito como "honesto de rosto, sem-vergonha de coração", mas até mesmo o moralista Cícero estava impressionado com sua "incrível *virtus* divina". Pompeu dominava a frágil democracia romana, mas não assumiu totalmente o poder. Em vez disso, os senadores, cautelosos ante esse presunçoso meteoro, demoraram a confirmar seus arranjos na Ásia. Crasso tentou solapar sua posição, apoiando César, que avançava lentamente nos bastidores.

César tinha acabado de voltar a Roma quando soube que Sula estava morto. A jornada para casa revelou muito sobre ele: no caminho, foi capturado por piratas e os advertiu de que, se fosse libertado, mataria todos eles. Uma vez libertado, contratou uma flotilha e os perseguiu e crucificou. De volta a Roma, casou-se (após a morte da primeira mulher) com a neta de Sula, Pompeia, tomou pesados empréstimos e concorreu a um cargo público. Como confidenciou à mãe, suas dívidas eram tão grandes que só tinha duas alternativas: "a eleição ou a prisão". No fim, Crasso pagou suas dívidas. Aderindo à facção dos populares, César foi eleito máximo pontífice — *pontifex maximus* — em preferência a dois veneráveis aristocratas, antes de se distinguir lutando na península Ibérica. Ao voltar, eleito cônsul, propôs um programa populista numa aliança informal com Pompeu e Crasso. Mas eles lutavam para controlar a violência entre facções; a democracia estava se desintegrando; a certa altura, as eleições foram postergadas, e Pompeu serviu como único cônsul. Pompeu e César coroaram sua aliança com casamentos: Pompeu divorciou-se da esposa e casou-se com a filha única de César, Júlia.[7] Os dois agora pertenciam à mesma família. César e Crasso sonhavam ambos em emular as conquistas de Pompeu: César tornou-se procônsul da Gália, enquanto Crasso obteve a Síria.

Em 57 a.C., os triúnviros receberam visitantes do Egito: o rei Auleta e sua filha Cleópatra, agora com doze anos. Após ter empobrecido o Egito para subornar Pompeu, Auleta acabara de ser deposto e fora substituído por sua filha mais velha, Berenice IV. Em fuga do Egito, Auleta veio buscar a ajuda romana, obtendo-a de César e Crasso, que enviaram tropas romanas da Síria — que incluíam um arrogante primo de César, Marco Antônio. Reconquistada a coroa, Auleta assassinou Berenice e a substituiu por Cleópatra, que, de volta a Alexandria, conheceu Marco Antônio. Ele ficou impressionado com a rainha adolescente. Aos dezoito anos, Cleópatra herdou o Egito e casou-se com o irmão, Ptolemeu XIII.

Em 53 a.C., enquanto Pompeu permaneceu em Roma, Crasso navegou para a Síria, esperando superá-lo e derrubar a Casa de Artsakh.

Crasso e 40 mil legionários cruzaram o Eufrates e seguiram em direção ao sul, rumo à Selêucia. O rei parta, Urad II, propôs-se a negociar. Crasso recusou. Abrindo a mão, Urad advertiu: "Cabelo crescerá aqui antes que você veja a Selêucia". Crasso foi aconselhado a evitar as planícies, terreno ideal para a cavalaria parta, mas ignorou o conselho.

Em Carras, legionários exaustos foram confrontados pelos partos, que estavam no alto de uma colina. Inicialmente camuflados com peles de animais, eles as retiraram ao mesmo tempo, revelando mil catafractários — cavaleiros em armaduras — e 17 mil cavaleiros leves, com elmos brilhantes. Enquanto os romanos assumiam sua clássica formação *testudo*, os partas lançavam uma devastadora barragem de flechas. Crasso recuou. Quando parlamentava com os partas, foi derrubado do cavalo e decapitado. Os partas derramaram ouro em sua garganta para zombar de sua crassidão, depois enviaram a cabeça para Urad, um fileleno, casado com uma princesa grega, que estava assistindo a uma tragédia de Eurípides, *As bacantes*. O diretor da peça usou a cabeça como um acessório: um ator apareceu no palco com ela, cantando as palavras: "Trazemos da montanha/ Um cacho recém-cortado para o palácio/ Uma presa maravilhosa".

Muito longe, no oeste, César conquistava a Gália. Ele já tinha 41 anos e ainda estava muito endividado no momento em que lançou suas campanhas, somente agora exibindo sua ambição homicida, seu espírito aventureiro (a certa altura explorando o território inimigo disfarçado de gaulês) e sua infatigável energia. César cuidou para que os romanos lessem sobre suas façanhas — alegou ter matado 1 milhão de gauleses, que os romanos consideravam selvagens —, enviando para casa relatos narrados em terceira pessoa. Apesar de dois ataques à ignorante e bárbara ilha da Britânia, o *imperium* de César estava prestes a acabar, e seus aristocráticos inimigos, apoiados por Pompeu, o desafiaram. Júlia, filha de César e mulher de Pompeu, havia morrido no parto, o que afrouxara os incômodos laços entre os dois. Pompeu, que tinha mais a perder, relutava em lutar, mas deixou a César poucas opções.

"A sorte está lançada!", disse César, incorporando Sula, ao cruzar o Rubicão e entrar na Itália. Pompeu deu suporte à república democrática contra um tirano potencial, mas não estava preparado e foi obrigado a abandonar a Itália e reunir forças na Grécia. César foi atrás dele. Em Farsala, derrotou Pompeu, que navegou para o Egito, onde acabara de reconhecer Ptolemeu XIII, de doze anos de idade, como faraó, juntamente com sua irmã-esposa Arsínoe, depois que estes haviam entrado em litígio com sua magistral irmã mais velha, Cleópatra. Ela agora lutava pela própria vida.

Os Ptolemeu precisavam apoiar os vencedores romanos: assim, quando estava sendo levado de bote para terra firme, Pompeu foi decapitado. Eleito ditador, César deixou Marco Antônio, *magister equitum* — mestre do cavalo (o tradicional vice de um ditador) — governando Roma enquanto navegava para Alexandria com apenas 4 mil tropas, atrás de Pompeu. Ao chegar, os egípcios lhe apresentaram a cabeça do inimigo. César chorou e lamentou pelo ex-genro e em seguida estabeleceu residência no palácio, exigindo que os irmãos rivais, Ptolemeu e Cleópatra, se apresentassem. Cleópatra recusou ser julgada e deu um jeito de ser entregue a César dentro de um saco de roupas carregado por um robusto factótum. Embora não fosse o tipo de pessoa que se deliciaria com o arrogante carisma de Cleópatra, César ficou atônito com esse sensual *coup de théâtre*. Tinha 52 anos; ela, 22.

COM QUEM EU TREPO: CLEÓPATRA, CÉSAR E MARCO ANTÔNIO

Mas a verdade era que eles combinavam. Ambos eram animais políticos, maestros teatrais, sobreviventes e homicidas natos. César era um enérgico praticante de um estilo aventuroso de política; ela, a herdeira da maior dinastia do mundo, dona do corpo do grande Alexandre, que César visitou. Cleópatra era instruída, inteligente, possivelmente virgem e poliglota, falando grego, latim, "etíope", egípcio (primeiro Ptolemeu a fazer isso: sua mãe pode ter sido egípcia) e a língua que César mais respeitava: a do poder. Se perdesse a luta com o irmão, seria morta. Ela precisava de César.

César não estava bem preparado para um combate de rua, mas apoiou Cleópatra. Ptolemeu mobilizou a multidão enquanto suas tropas cercavam César e Cleópatra no palácio. A luta era perversa; César estava arriscando o mundo por uma garota que mal conhecia. Sua pequena força recuou: o museu pegou fogo. Vendo-se numa armadilha, César mergulhou no porto e nadou até um de seus navios — uma façanha, considerando sua idade. Com reforços, inclusive de judeus enviados pelo sumo sacerdote de Jerusalém e árabes despachados pelo rei nabateu, ele por fim derrotou Ptolemeu, que foi afogado, e tomou Alexandria.

César e Cleópatra comemoraram num cruzeiro pelo Nilo — o primeiro descanso dele em dez anos. Deixando Cleópatra, grávida, como faraó, com um irmão mais novo, César apressou-se a esmagar o filho de Mitrídates, Fárnaces, que tinha se apoderado do Punte e ordenado a castração de cidadãos romanos. Derrotou-o com tanta facilidade que se jactou: "Vim, vi e venci". Quando terminou as operações de limpeza na Ásia, na Hispânia e na África, onde, como de hábito, teve um caso com a rainha berbere Eunoé, da Mauritânia, ele celebrou um singular quádruplo triunfo[8] e foi designado o primeiro *dictator perpetuus* de todos os tempos; em seguida, teve o rosto cunhado numa moeda e seu nome acrescentado ao calendários, no mês de julho. César não liquidava seus oponentes; em vez disso, jactava-se de sua misericórdia. Cleópatra estava visitando Roma com o filho dos dois, o pequeno césar — Ptolemeu Cesário. Mas César estava ficando entediado em Roma e planejou emular Alexandre e vingar Crasso, atacando primeiro a Dácia (Romênia) e depois a Pártia, de onde prosseguiria para a Cítia (Ucrânia). Sabendo que César talvez jamais voltasse, Cleópatra tentou fazer com que Cesário, aos três anos de idade, fosse reconhecido como seu herdeiro. Mas, embora ela vivesse em uma de suas vilas, César só falava sobre sua família egípcia com amigos íntimos. Os romanos ficaram fascinados com Cleópatra e seu menino; Cícero foi recebido por ela e resmungou sobre sua arrogância. Quando César fez seu testamento, não mencionou como herdeiro o filho de Cleópatra, mas um sobrinho-neto, Otaviano, de dezenove anos, que tinha se juntado a ele na península Ibérica.

O ditador perpétuo rejeitou três vezes o diadema da realeza oferecido por Marco Antônio, mas seus inimigos, liderados por Bruto, filho de sua amante Servília, que abominava sua quase monarquia, planejaram matá-lo antes de sua partida. Uma profetisa advertiu César quanto aos idos de março; Marco Antônio e Calpúrnia o advertiram quanto ao complô; mas César dispensou seus guarda-costas ibéricos e caminhou para a reunião do Senado no Teatro de Pompeu, onde, no pórtico, Bruto e um grupo de rostos familiares se aproximou. Um deles pediu um autógrafo, e então todos sacaram punhais e o esfaquearam. O frenesi era tal que os assassinos também se apunhalaram uns aos outros. César se defendeu com seu estilo, um afiado instrumento de escrita, mas, quando viu Bruto, filho de Servília, a quem tinha perdoado, disse apenas: "Até você?", caindo no chão e cobrindo a cabeça com a toga. Recebeu 23 punhaladas (embora a segunda, no peito, seja tida como fatal).

Os assassinos desejavam restaurar a república, mas não tinham um plano. Marco Antônio, agora cônsul, os manipulava: no funeral de César no Fórum, ele enalteceu a divindade e a grandeza de César e exibiu sua toga ensanguentada, inflamando tanto a multidão que eles expulsaram os assassinos de Roma. (Eles estabeleceram sua base na Grécia.) Robusto, de cabelos cacheados, violento e viril, um político de sangue-frio, general medíocre e exibicionista impulsivo, Marco Antônio, aos 42 anos, não era um suplente de César, mas aspirava ao poder por si mesmo. Um playboy que estudara filosofia em Atenas, era um entusiasta de seduções e banquetes, e estava sempre meio embriagado. Por vezes vestia uma pele de leão no estilo de Hércules e passeava por Roma num comboio de carruagens britânicas ao lado da mãe e da amante, a cortesã Cíteris. Agora, tinha abandonado Cíteris para desposar Fúlvia — uma ardente árbitra política, outrora casada com o demagógico agitador Clódio —, num ato muito zombado por Cícero. Desdenhando o imaturo herdeiro de César, Otaviano, que agora se intitulava "césar" ele próprio, Marco Antônio finalmente aliou-se ao rapaz, elaborando uma lista de condenados à morte — uma proscrição —, mediante a qual vingou-se de Cícero por seus gracejos. "Não há nada de apropriado nisto que você está fazendo, soldado", disse Cícero a seu executor, "mas tente me matar apropriadamente." Marco Antônio pregou as mãos e a cabeça de sua vítima à tribuna do Fórum enquanto Fúlvia cortava fora sua língua e a perfurava com o alfinete do chapéu — numa feia exibição até mesmo pelos padrões romanos.

Agora que Roma estava assegurada, Marco Antônio e Otaviano perseguiram os assassinos de César na Grécia, onde eles foram derrotados e obrigados a se suicidar. Em seguida, os dois dividiram o império: Marco Antônio ficou com o leste, Otaviano com o oeste.

Marco Antônio tinha herdado a expedição de César à Pártia. Enquanto mobilizava suas forças em Tarso (Síria), Cleópatra, agora com 28 anos, veio assegurar seu apoio, chegando em sua barcaça real como uma Ísis-Afrodite real. Assim como César, Marco Antônio tinha um gosto por monarcas orientais e acabara de ter um caso com a ex-cortesã Glafira, rainha da Capadócia.[9]

Em sua primeira noite juntos, Marco Antônio apaixonou-se por Cleópatra. Ela comemorou no estilo ptolemaico — com banquetes dignos de Baco e o assassinato de um parente: fez Marco Antônio matar sua irmã Arsínoe. Durante a agitada estadia dele em Alexandria, Cleópatra deu à luz gêmeos. Mas pouco tempo depois, em 40 a.C., Marco Antônio negociou uma nova parceria com Otaviano e abandonou a rainha egípcia para se casar com a irmã de Otaviano, Otávia. Os dois líderes agora concentraram-se em retomar a Judeia e a Síria dos partas, nomeando um jovem aliado judeu, Herodes, rei de uma Judeia ampliada.

Em 38 a.C., Marco Antônio seguiu para o leste a fim de atacar a Pártia — e voltou para Cleópatra, dando a ela novos territórios no Líbano, em Israel e no Chipre, enquanto tinham juntos mais um filho. Mas seu exército foi dizimado onde hoje é o Azerbaijão, e ele quase não conseguiu voltar para a Síria. Porém Cleópatra subiu a costa de barco levando suprimentos. Seu apoio, seus acessos de raiva e os filhos que compartilhavam convenceram-no de que seu destino era com ela, e assim ele abandonou Otávia em Atenas.

Marco Antônio e Cleópatra desfilaram por Alexandria como Dioniso e Sarápis, depois se casaram. Ela foi entronada como rainha dos reis, Cesário como rei dos reis, aclamado como filho de César, e os três filhos do casal receberam reinos. Otaviano criticou esse deboche oriental nada viril, ao que Marco Antônio replicou: "Você se opõe a que eu trepe com Cleópatra? Mas estamos casados, e isso não é nada de novo". Na verdade, Otaviano era um hipócrita, e ele próprio um ávido adúltero. Otaviano, casado com Escribônia, na época grávida, tinha se apaixonado recentemente por Lívia, a inteligente, bela e grávida esposa de vinte anos de Tibério Cláudio Nero, um apoiador de Marco Antônio e membro do clã claudiano, que concordou em se divorciar dela. Otaviano divorciou-se de Escribônia no dia em que nasceu sua filha Júlia, e casou-se com Lívia três dias depois de ela dar à luz, numa cerimônia suntuosa repleta de *deliciae* — escravos seminus — e assistida por seu cordato ex-marido. "E quanto a você, é fiel a Lívia?", perguntou a ele Marco Antônio, ingenuamente. "De que importa onde e com quem se tem uma ereção?"

Politicamente, era importante. Otaviano revelou o testamento de Marco Antônio, que aclamava Cesário como filho de César e deixava tudo para Cleópatra, com quem ele queria ser sepultado em Alexandria, presumivelmente embalsamado ao estilo dos faraós. Otaviano denunciou Cleópatra como sendo uma *fatale monstrum*, e o Senado declarou guerra a ela. Marco Antônio e Cleópatra mobilizaram recursos impressionantes — 250 galeras e 20 mil tropas.[10] Se Otaviano vencesse, seu império falaria latim e seria baseado em Roma; se a vitória fosse de Marco Antônio, falaria grego e seria governado a partir de Alexandria — e hoje estaríamos todos falando grego, e não línguas latinas. Eles lutavam pelo mundo mediterrâneo.

A COBRA DE CLEÓPATRA, O NARIZ DE ALEXANDRE

Em 2 de setembro de 31 a.C., as duas frotas se confrontaram. Quando os exércitos colidiram na Grécia, Marco Antônio foi ludibriado pelo general de Otaviano, Marcos Agripa, que bloqueou seu exército e sua frota em Áccio. A frota de Marco Antônio dispunha de navios com muitas fileiras de remos — quinquerremes, octorremes e até mesmo gigantescas decirremes —, mas não era tão boa nos detalhes. Em seu conselho de guerra, Cleópatra, comandando uma frota de duzentos navios, votou por romper o bloqueio de Áccio, mas sua coordenação durante a batalha foi desastrosa. Cleópatra fugiu, voltando para Alexandria com sessenta navios. Ela planejava usar sua frota no mar Vermelho para escapar para seus postos comerciais na Arábia, se não na Índia, mas o rei árabe Malik incendiou seus navios. Enquanto Marco Antônio navegava atrás dela, Otaviano marchou pela Síria, negociando secretamente com Cleópatra, que propôs abdicar do trono, contanto que seus filhos, especialmente Cesário, mantivessem suas coroas. Não está claro se ela de fato acolheu o derrotado Marco Antônio.

Cleópatra negociou com Otaviano, estabelecendo bases em seu mausoléu dentro do palácio. É possível que Marco Antônio tenha sido traído por ela, que lhe fez chegar a informação falsa de que estava morta, num claro sinal para que ele cometesse suicídio. Depois de se golpear com a própria espada, ele foi carregado até o túmulo dela, onde morreu em seus braços, aos 52 anos. Otaviano permitiu que ela residisse no palácio e tomou seus três filhos com Marco Antônio sob custódia. Quando os dois se encontraram, ela soube que não haveria um terceiro ato: Otaviano a exibiria em seu triunfo. "Não participarei de um triunfo", ela lhe disse — tinha visto a irmã Arsínoe ser levada num desfile através de Roma. Depois de um enorme banquete, suas dedicadas assistentes Eiras e Charmian deram um jeito para que um camponês lhes trouxesse um cesto de figos contendo uma cobra, ou ao menos um veneno que todas as três, de algum modo, beberam. Ela enviou uma carta selada a Otaviano, pedindo para ser sepultada com Marco Antônio, ao que os guardas dele correram para detê-la. Mas já era tarde demais: Cleópatra, aos 39 anos de idade, jazendo em sua glória e usando seu diadema, estava morta. Uma de suas damas de companhia ainda estava viva quando as tropas de Otaviano irromperam e viram a rainha em sua magnificência final. "Que cena majestosa!"

"Extremamente", murmurou a garota, "como cabe a uma descendente de tantos reis."

Cleópatra esperava que Cesário governasse o Egito. "Não é bom ter assim tantos césares", advertiram os conselheiros de Otaviano.

Cleópatra enviara o rei Cesário, então com dezessete anos, junto com seu tutor, para o porto de Berenice, no mar Vermelho, de modo que eles pudessem fugir para a Índia, mas Otaviano ludibriou o tutor, trazendo-o de volta ao insinuar que o rapaz poderia governar o Egito — e depois ordenou que fosse estrangulado.[11]

Otaviano visitou o túmulo de Alexandre, mas, ao tocar em sua múmia, quebrou seu nariz — um momento que marcou o fim da era alexandrina, a queda da República Romana e o início de uma monarquia imperial.

AUGUSTO, JÚLIA E A RAINHA CAOLHA DE KUSH

Senhor de um império, o jovem chefe guerreiro Otaviano agia a seu bel-prazer, seduzindo as esposas de seus asseclas, as quais levava para o quarto durante o jantar, devolvendo-as com as orelhas vermelhas e o cabelo desgrenhado. Quando estavam sozinhos, ele as interrogava sobre a política de seus maridos, descobrindo quem estava conspirando contra ele.

Otaviano era um mestre na dosagem de sua política, compreendendo, após anos de guerra e de assassinatos, que medidas abruptas ofendiam, enquanto adaptações respeitosas podiam mascarar mudanças dramáticas. Enquanto supostamente respeitava a república, ele era agora o mais poderoso romano de todos os tempos, e adotou um novo título, princeps — "o primeiro" —, e um novo nome: sugeriram-lhe Rômulo, mas ele finalmente optou por Augusto, no sentido de "excelso". Ainda assim, continuou modesto, permanecendo em sua confortável vila no monte Palatino.[12] Mas essa humildade era artificial. Ele vivia em uma casa enorme, com escravos libertos fazendo o trabalho de secretariado, enquanto as sepulturas dos ajudantes de Lívia demonstram que ela era servida por mil escravizados, que incluíam artistas e anões. Tampouco o reinado de Otaviano foi tão pacato quanto ele gostava de fazer crer. Cruel quando necessário, misericordioso quando possível, ele tinha informantes que lhe relatavam sobre qualquer dissidência, e conspiradores eram eliminados rapidamente; quando um de seus secretários aceitou um suborno para revelar o conteúdo de uma de suas cartas, Augusto, pessoalmente, quebrou suas pernas.[13] Mas ele não era tampouco um megalomaníaco mal-humorado; suas cartas a pessoas de seu círculo íntimo são jocosas e afetuosas. Um grande entusiasta dos jogos, ele era altamente sociável, jantava com frequência com amigos e brincava sobre escrever uma tragédia, enquanto, por meio de seu rico conselheiro, Mecenas, promovia e travava amizade com os poetas de sua corte, Virgílio e Horácio. Ele elogiava a atlética vida amorosa de Horácio e o apelidou de Pênis Perfeito, mas não ameaçava o poeta quando ele fracassava em elogiar o princeps. Apenas o provocava.

César Augusto projetou Roma para ser um divino império mundial que, por trás da fachada republicana, já era uma dinastia: casou-se três vezes, porém, sem filhos homens, suas ambições repousavam em sua filha Júlia. Após casá-la com um sobrinho que morreu jovem, Augusto casou-a com seu parceiro no poder, Agripa, então com quarenta anos, que contava com o mesmo poder do próprio princeps. "Agripa é tão grande", advertiu Mecenas, "que ou deve ser morto ou se tornar um genro." Do casamento de Júlia e Agripa nasceram dois filhos, Gaio e Lúcio, que se tornaram os herdeiros. Mas Júlia via seu destino como um fardo tedioso, por estar continuamente grávida de um marido muito mais velho. A gravidez, porém, tinha seus benefícios.

Enquanto Augusto defendia os valores da família e impunha uma nova política moral conservadora, inclusive uma legislação antiadultério, Júlia tinha uma série de casos, fazendo sexo com o marido apenas quando estava grávida. "Só pego um passageiro quando o porão do navio está cheio." Quando seus filhos cresceram, adorados por Augusto, sua promiscuidade tornou-se um problema.

O império era agora tão grande que Augusto enviou Agripa para governar sua metade oriental: primeiro eles assinaram um tratado com a jovem *kandake* (rainha) de Kush. Mas Amanirenas — "uma mulher um tanto masculina", escreveu o geógrafo-historiador Estrabo, "feroz e caolha", uma de uma sucessão de mulheres guerreiras-governantes — e o marido, o rei Teriteqas, não estavam contentes com a condição de vassalos dos romanos. Sua oportunidade chegou quando Augusto ordenou a seu prefeito egípcio, Aulo Galo, que invadisse a Arabia

Felix (a Arábia Fértil, Iêmen). Especiarias, remédios, perfumes e joias chegavam por mar, vindos da Índia, a portos egípcios ou árabes no mar Vermelho, e também por terra, em caravanas vindas de Marib, em Sheba (Sabá, Iêmen/Etiópia), passando pela Nabateia (Jordânia). Augusto desejava controlar esses comércios.

Assim, 10 mil legionários cruzaram o mar Vermelho a partir de Berenice, desembarcando não longe de Jedá, e marcharam por Medina para tomar Áden, mas perderam-se no deserto, não conseguiram tomar Marib e, com a frota destruída, pereceram.

Em Meroe, Teriteqas e Amanirenas foram informados de que a guarnição egípcia de Augusto tinha partido para a Arábia e invadido o Egito. Quando Teriteqas morreu, Amanirenas assumiu o governo, subindo o Nilo na liderança de seu exército — feito que comemorou numa estela — e queimando uma enorme cabeça de Augusto diante de um templo. O Egito era o principal fornecedor de alimentos para Roma. Augusto atacou Kush, Amanirenas contra-atacou, e depois eles concordaram em negociar. Augusto suspendeu os impostos dos kushitas; Amanirenas cedeu uma faixa da Núbia Inferior — mas tinha desafiado, com sucesso, o maior imperador de Roma.

Augusto fez um trato com Malik, da Nabateia, permitindo que ele embelezasse sua capital rosada, Petra, assim como Mada'in Salih, e ao mesmo tempo apoiando seu aliado judeu Herodes — apesar de seus massacres e de ter matado a própria mulher, que era um tanto traiçoeira, e três de seus filhos homens. Astuto, encantador, visionário e psicótico, Herodes governou durante quarenta anos, remodelando Jerusalém, onde construiu um gigantesco e magnífico templo judaico.[14]

Logo, 120 barcos romanos estavam navegando anualmente dos portos do mar Vermelho para a Índia. Por volta de 20 a.C., uma delegação de um governante indiano chegou para ver Augusto, trazendo tigres como presente. Os comerciantes romanos, geralmente árabes ou egípcios, e não italianos, comerciavam ânforas de vinho, espelhos, estátuas e luminárias em troca de marfim, especiarias, topázio e escravos. E um novo luxo começava a chegar da China, via Pártia e Eudaemon (Áden): seda.

ANDORINHA VOADORA E A PAIXÃO DA MANGA CORTADA

Seu nome era Andorinha Voadora e ela estava dançando no palácio da princesa Yamma quando o imperador veio assistir. Andorinha Voadora, cujo nome verdadeiro era Zhao Feiyen, vinha de uma família tão pobre que, ao nascer, fora abandonada pelos pais — até que, cheios de arrependimento, eles voltaram e a resgataram ainda com vida. Ao ver a esguia e graciosa Andorinha Voadora, então com apenas quinze anos, dançando com Yamma, o imperador Cheng se apaixonou.

Tendo chegado ao trono em 33 a.C., no momento em que Augusto confrontava Marco Antônio, Cheng, com dezoito anos, tinha uma esposa, a imperatriz Xu, e uma adorada consorte, Ban, mas nenhuma delas lhe dera um herdeiro. Cheng era um alegre playboy, quase deserdado pelo pai devido a seu hedonismo, que gostava de música sensual e de mergulhar incógnito nos antros de Chang'an em busca de prostitutas e brigas de galo. Andorinha Voadora era o tipo de mulher de que ele gostava. Quanto às questões políticas, deixava a cargo da mãe, a imperatriz viúva Wang, cujo irmão, Wang Feng, ao lado de outros membros da família, conduziam o império como marechais. Levada ao palácio junto com a irmã Zhao Hede para servir como concubina, Andorinha Voadora elevou os níveis de mortífera inveja na já carregada corte. Um ano após sua chegada, ela e a irmã já tinham enquadrado a imperatriz e a consorte Ban por usarem magia negra, o que levou Cheng a declarar Andorinha Voadora imperatriz, em 16 a.C. Como ela não conseguia engravidar, Cheng teve filhos com duas concubinas. Persuadidos por Andorinha Voadora ou por Zhao Hede (que fazia o trabalho sujo), o imperador ou a imperatriz mataram eles próprios os bebês, a fim de proteger as duas irmãs; uma das mães foi obrigada a cometer suicídio para manter o segredo. As irmãs se desentenderam quando o imperador favoreceu Zhao Hede, e depois conspiraram para envenenar todas as outras concubinas que ficassem grávidas.

Em 7 a.C., Cheng morreu subitamente, talvez depois de uma supergenerosa dose de afrodisíaco administrada por Zhao Hede. Temerosa de que as investigações sobre os bebês mortos e o afrodisíaco a alcançassem, ela cometeu suicídio tão logo o sobrinho de Cheng tornou-se o imperador Ai. Ele despertou grandes expectativas, mas uma doença impediu que governasse, e ele não gostava nem de "música nem de garotas". Em vez disso, apaixonou-se por um cortesão adolescente, Dong Zian: tal era sua devoção a ele que preferiu cortar a manga de sua bata a acordar seu amante, que havia adormecido sobre ela. Muitos imperadores tinham amantes homens, abertamente arrolados entre seus favoritos, mas a "paixão da manga cortada" ia muito além disso: Aidi, de maneira exagerada, promoveu Dong, de 22 anos, ao cargo de comandante do exército, e, em seu leito de morte, deixou o trono para o namorado. Mas vovó interveio: a imperatriz viúva Wang orquestrou o suicídio de Dong e promoveu seu próprio sobrinho a regente. Com 83 anos, a viúva, sozinha, preservou a estabilidade dos Han, mas, quando morreu, em 13 d.C., o sobrinho tentou fundar sua própria dinastia — uma lição de como não se deve administrar um império —, no mesmo momento em que, na outra extremidade da Rota da Seda, outro imperador, auxiliado por uma potestade muito capaz, demonstrava como isso deveria ser feito.

Augusto, agora com 75 anos, estava morrendo em sua vila, em sua cidade natal de Nola, ao sul de Roma, tendo a seu lado a mulher Lívia, também na casa dos setenta, e seu capaz porém moroso filho Tibério. Sua própria família direta não o sucederia; em vez disso, Augusto tecera uma emaranhada rede de casamentos a fim de ligar seu sangue com o de Lívia.

Suas esperanças de deixar um círculo dinástico de herdeiros havia muito se baseavam em seus netos Gaio e Lúcio, filhos adolescentes de Júlia com Agripa. Júlia estava grávida quando, em 12 a.C., Agripa morreu, e deu à luz um filho, Póstumo, que, ao crescer, mostrou-se irresponsável, se não desequilibrado. Mas eles também haviam tido uma filha, Agripina.

Com a morte de Agripa, Augusto ordenou que Júlia se casasse com Tibério, com quem partilhava o poder na tribuna desde 6 a.C. Júlia ficou feliz com a escolha. Tibério, não. Inteligente e exuberante, ela era ao mesmo tempo sexualmente aventureira e politicamente dissidente, resistindo ao controle do pai. Augusto tinha a atenção voltada para a criação dos netos, e arranjou para que Gaio e Lúcio fossem eleitos cônsules. Ele adorava os rapazes, apelidando Gaio de seu "muito amado jumentinho" e ansiando pelo momento em que o sucederiam. Mas então, em rápida sucessão, ambos morreram — no exato momento em que Augusto descobria as travessuras da mãe dos dois.

Vestindo roupas vistosas, Júlia tinha casos ostensivos com uma série de senadores e generais, inclusive um Cipião, Julo Antônio, filho de Marco Antônio — uma escolha perigosa. Se fosse homem, suas proezas teriam sido consideradas pecadilhos viris, mas ela era a herdeira de um império, perigosamente popular, e sua libertinagem solapava a conservadora repressão de Augusto à imoralidade. Em 3 d.C., ele a baniu de Roma — mas, como temia, ela se tornara um símbolo de resistência, atraindo apoio e protestos populares contra ele. Julo Antônio foi executado.

Augusto foi obrigado a se voltar para os filhos de Lívia, Tibério e Druso. Tibério achava a política cansativa. Repudiando a promiscuidade de Júlia e ressentido com as ordens da mãe, farto de guerras, decidiu se retirar em Rodes. Mas isso não foi o fim: a filha de Júlia, também chamada Júlia, tinha ardentes casos com vários homens, entre os quais o poeta erótico Ovídio. Mas a coisa ia muito além de poesia e sexo: o marido de Júlia, Emílio Paulo, estava planejando o assassinato de Augusto. Em 8 d.C., Paulo foi executado, e a jovem Júlia, exilada.[15]

Augusto agenciou o casamento que, no fim, produziu os imperadores Calígula, Cláudio e Nero. O filho mais novo de Lívia, Druso, casado com Antônia, filha de Otávia e Marco Antônio, teve dois filhos: o belo e carismático Germânico e o gago e manco Cláudio. Cláudio teve sorte de não ser abandonado ainda bebê — sua mãe o chamava insultuosamente de Monstro, mas ele se casou quatro vezes e teve filhos. Seu pai, Druso, morreu jovem, porém Augusto promoveu Germânico, que conquistou lauréis nas guerras contra os germânicos. Augusto casou Germânico com Agripina, filha de Agripa e Júlia, e eles tiveram seis filhos, três meninas e três meninos. Agripina insistiu em ir à guerra com o marido, dando ordens na batalha quando necessário e fazendo do filho mais novo, Gaio, um mascote militar, vestido com o uniforme de um minilegionário, de onde seu apelido Calígula — "Botinhas". Augusto mesclou esses planos, nomeando Tibério seu herdeiro, mas ordenando-lhe que adotasse Germânico como filho.

Em seu leito de morte, Augusto falou de seu único grande fiasco: em 9 d.C., três de suas legiões haviam sido eliminadas por membros de tribos germânicas na floresta de Teutoburgo. Arqueólogos de fato descobriram armaduras romanas no local. Augusto passou seus últimos anos murmurando: "Devolvam-me minhas legiões". E, pouco antes de morrer, tendo Lívia ao lado, disse: "Se desempenhei bem meu papel, deem-me seu aplauso".[16] Ele de fato se saíra bem, e foi divinizado como césar ao ser cremado e sepultado em seu magnífico mausoléu, que ainda sobrevive.

Assim que assumiu o poder, Tibério, aconselhado pela mãe, Lívia, cuja *auctoritas* feminina é reconhecida no *cognomen* Augusta, ordenou a morte do último neto de Augusto, Póstumo. Tibério, um princeps reptiliano, retirou-se em Capri, onde mimava sua iguana mansa e deliciava-se nadando enquanto, segundo historiadores sensacionalistas, era devassado pelas línguas de uma tropa de garotos que apelidou de "peixinhos". (Então, como agora, uma orgia numa piscina era sinônimo de depravação.)

Em Roma, delegou o poder a um assecla, Sejano, prefeito das guardas pretorianas,[17] que ele usava para eliminar seus inimigos. Seu herdeiro era o filho Druso, casado com a irmã de Germânico, Livila. Ela, no entanto, começou a ter um caso com Sejano, que aspirava a governar, e pode ter envenenado Druso. Por fim, em 31 d.C., a filha de Marco Antônio, Antônia, visitou Capri para revelar a traição de Sejano. O princeps apareceu em Roma e fez com que ele fosse executado. O destino de Livila, determinado por sua fria e resoluta mãe, foi passar fome até morrer.

Um império é tão bom quanto seus governantes. O foco de Tibério voltou-se para o leste, para onde ele despachou, na condição de vice-rei, seu filho adotado Germânico. A velha iguana tinha inveja desse pequeno príncipe. Quando, aos 37 anos, adoeceu fatalmente na Antioquia, Germânico acusou Tibério de tê-lo envenenado — e morreu olhando para a mulher e os filhos, inclusive o mais novo, de sete anos, Calígula. Mais tarde, Tibério obrigou a viúva a passar fome, depois prendeu e, discretamente, matou os filhos mais velhos de Germânico.

Mais ao sul, o prefeito de Tibério, Pôncio Pilatos, lutava para controlar os turbulentos judeus, que se ressentiam da idolatria e do despotismo romanos.[18] Sua violenta supressão de protestos judaicos em Jerusalém e na Samaria tinha exacerbado as tensões. Agora, em 33 d.C., Pilatos enfrentava um profeta judeu, Jesus, um dos muitos pregadores de seu tipo. Jesus — Ioshua, ou Ieshu, em hebraico — era um descendente da dinastia davídica, dirigida por um dos filhos de Herodes, e havia sido criado na Galileia. Como todos os judeus, ele foi circuncidado no templo em Jerusalém e ia regularmente à cidade na festa de Pessach e em outros festivais judaicos. Nada se sabe sobre as primeiras décadas de sua vida. Quando surgiu como pregador, não reivindicou ser o Messias, embora realizasse atos de cura e de mágica provisão de alimentos. Em vez disso, ao criticar os grandes senhores do templo e apoiar os humildes, ele pregou uma conduta moral na vida terrena, como preparação para um iminente Fim dos Dias, profetizado na Torá judaica. Isso estava em consonância com a necessidade humana de uma missão moral que oferecesse significado na vida e redenção na morte. Confrontado com tumultos durante a festa judaica de Pessach, quando Jerusalém estava apinhada de peregrinos, Pilatos o crucificou numa colina fora da cidade. Depois que seu corpo desapareceu do túmulo, seus seguidores começaram a alardear que ele era o Messias — filho de Deus — e que tinha se erguido dos mortos para carregar os pecados da humanidade.

Tibério não teria dado muita atenção a esse incidente menor entre aquele bando de judeus malucos, mas, ao ser informado da incompetência de Pilatos, chamou-o de volta. Para sua sucessão, designou o último dos filhos de Germânico para ser o césar que traria calma e continuidade: Calígula.

SE AO MENOS ROMA TIVESSE UM SÓ PESCOÇO: CALÍGULA E AS IRMÃS

Nenhum princeps jamais chegou ao poder com tanto entusiasmo popular quanto Botinhas. Ele foi criado por mulheres inflexíveis — primeiro pela bisavó Lívia (que chamava de Odisseu de Saias, depois por Antônia, filha de Marco Antônio —, num vórtice de assassinatos e ambição. Não surpreende que fosse mimado e inseguro.

Em 36 d.C., Tibério convidou Calígula para viver com ele em Capri, "criando uma víbora para o povo romano". Ele na verdade designou dois herdeiros em conjunto, Calígula e seu próprio neto, Tibério Gêmelo, de dezoito anos, porém havia a suspeita de que este último fosse filho de Sejano. Quando Tibério morreu, Calígula, um epilético de 25 anos, desengonçado, rosto pontudo e já encalvecendo, foi aclamado pelo povo, numa orgia de celebração, como "nosso garoto", enquanto prometia acabar com os julgamentos por traição e restaurar as eleições. O Senado o designou como único herdeiro, mas, conquanto seus predecessores fossem comandantes experientes, ele próprio não tinha lauréis. Após uma curta enfermidade, Calígula ordenou a execução de seu primo Gêmelo, ato que horrorizou de tal maneira sua avó comum Antônia que ela resolveu passar fome até morrer. Atraído pela tradição egípcia de casar com irmãs, Calígula reuniu à sua volta suas irmãs Agripina (a mais nova), Júlia Livila e Drusila, e é possível que tenha dormido com elas, ou apenas alegado ter feito isso. Agripina, casada com o aristocrata Cneu Domício Enobarbo, acabara de ter um filho, Lúcio — o futuro Nero. Quando Drusila morreu, Calígula a deificou, fazendo dela a primeira cesarina. Isso implicava que Calígula também era um deus.

No início, ele empreendia doações públicas de dinheiro e projetos de construção, e também orquestrou espetáculos magnificentes e atravessou com seu cavalo, Incitatus, uma ponte feita de barcos no golfo de Nápoles, usando o peitoral da armadura de Alexandre, o Grande. Calígula não resistiu a jactar-se de seu poder; como disse à avó Antônia, "lembre-se de que tenho o direito de fazer o que quer que seja com qualquer um". Ele tinha a verve de um carrasco. Quando matava suas vítimas, ordenava que o executor as "golpeasse de modo que elas sentissem que estavam morrendo". Quando começou a perceber sua impopularidade, ele citou uma peça grega: "Que eles nos odeiem, contanto que nos temam". E acrescentou: "Se ao menos Roma tivesse um só pescoço". Nos jantares, reivindicava o direito de seduzir as esposas de seus convidados e depois lhes atribuía notas. Provavelmente tinha ouvido dizer que Augusto fazia algo semelhante, mas, enquanto de algum modo Augusto era amigável com suas vítimas, Calígula as repelia. Em um de seus jantares festivos, ele irrompeu numa risada: "Com um simples aceno", disse aos cônsules, "posso mandar cortar a garganta dos senhores aqui mesmo". E, sempre que beijava as esposas, suspirava: "Basta uma palavra minha e esta bela cabeça será cortada". Para atormentar o Senado, ele ameaçou fazer de seu cavalo um senador. Com ciúmes dos brilhantes discursos de Sêneca, um senador de 44 anos, filho de um historiador da Hispânia, ordenou sua morte, por conspiração — mas, ao saber que o senador estava mortalmente enfermo, gracejou, dizendo que ele logo ia morrer de qualquer maneira, e apenas o exilou. Sêneca entendia que "toda crueldade brota da fraqueza".

Calígula teve casos com o belo ator Mnester e com o marido de Drusila, Marco Emílio Lépido, um tetraneto de Augusto, uma situação totalmente aceitável para um homem romano, contanto que ele fosse casado, temesse os deuses e adotasse a posição ativa no sexo. Porém, mais tarde, temendo a linhagem de Lépido, ordenou que fosse executado. Seu prefeito pretoriano de confiança, Cássio Quereia, torturava mulheres por esporte, muitas vezes com a participação de Calígula. O imperador exilou suas duas irmãs remanescentes. Suspeitoso, com razão, de todos os membros da própria família, foi indulgente com seu tio aleija-do Cláudio, que passou a vida escrevendo uma história dos etruscos. Calígula o promoveu a cônsul como uma pilhéria, e, num claro sinal de que não o conside-rava uma ameaça, casou-o com a prima adolescente dos dois, Valéria Messalina, também descendente de Otávia e Marco Antônio. Enquanto isso, ansioso por um sucessor, tentou ter um filho, finalmente se casando, pela quarta vez, com sua amante Milônia Cesônia, com quem teve uma filha.

Em busca de um sucesso militar, rumou para a Gália, onde teria ordenado a suas tropas que recolhessem conchas para dedicar a Netuno, o deus do mar. O mais provável é que eles tenham construído cabanas militares (de algum modo mal traduzidas para conchas), enquanto Calígula recebia a lealdade daquele alvo tentador — a Britânia.

Tal era a competência da administração — supervisionada pelo secretário de Calígula, o escravo liberto grego Calisto — que o império continuou a funcio-nar mesmo sob o governo de uma aberração, um demente. Ansioso por garantir o leste, o imperador enviou seu amigo, o príncipe judeu Herodes Agripa, para remover o não confiável prefeito do Egito, e depois o promoveu a rei, tal qual seu avô Herodes, o Grande. Em seguida, Calígula ordenou aos judeus que cultuas-sem uma estátua dele próprio no Templo de Jerusalém. Os judeus se recusaram. Herodes Agripa convenceu-o a cancelar a ordem.[19]

Calígula era mimado, perturbado e ignorante, fazendo inimigos por toda parte. Um regra básica do poder é: zombe de todos, mas jamais de seus guarda--costas. Calígula provocava Quereia, dando-lhe epítetos insultuosos, como Falo e Mocinha. Quereia começou então a tramar com outros dois homens, o secretário--chefe Calisto e provavelmente seu tio Cláudio. Calígula incentivara um escravo de Cláudio a denunciá-lo, um ato que com certeza alienaria qualquer romano. Em 40 d.C., o imperador declarou-se um deus, e estava prestes a deixar Roma e transferir sua capital para Alexandria. Não havia tempo a perder. Em 24 de janei-ro de 41 d.C., com apenas 21 anos, Calígula deixou o teatro no qual presidia um espetáculo em celebração ao Divino Augusto, no monte Palatino, e seguiu pela passagem coberta — o *cryptoporticus* — que atravessava o complexo imperial pa-ra ir tomar um banho no palácio. Seu manquejante tio Cláudio pediu permissão para ser dispensado. Quando Calígula se deteve para assistir a uma apresentação de cantores, três de seus mais confiáveis pretorianos o cercaram e desembainha-ram suas espadas.

Trajano e Primeiro Tubarão:
Os romanos e os maias

"Que seja!", gritou Quereia, puxando da espada e desferindo um golpe no pescoço de Calígula, que no entanto apenas cortou seu maxilar. Outro golpe quase decepou um de seus braços. Às vezes esquecemos a confusão total que envolve os assassinatos. Calígula contorcia-se no chão. "Ainda estou vivo!", gritou, implorando que acabassem com ele.

"Golpeiem-no novamente!", gritaram os pretorianos, que apunhalaram Calígula trinta vezes, inclusive na genitália. Quando perceberam o que tinha acontecido, os guardas germânicos ficaram furiosos e quase chacinaram toda a multidão no teatro. Quereia planejara liquidar toda a família, enviando guardas para matar Cesônia e a filha, mas ela tinha saído correndo e jazia, aos soluços, junto ao corpo abandonado de Calígula. Eles a mataram ali, depois esmagaram a cabeça da bebê contra uma parede.

Os excitados senadores debateram quem iriam nomear como princeps, mas alguns pretorianos encontraram Cláudio escondido atrás de uma tapeçaria. Com a ajuda de seu amigo de longa data, o rei judeu Herodes Agripa, Cláudio negociou com os pretorianos e com o Senado.

Ele fingiu não estar interessado no poder, dizendo que, particularmente, esperava que a extinta república fosse restaurada, mas seu objetivo era permanecer vivo e contrastar com Calígula. A ambição era inerente aos Júlio-Cláudio. Cláudio abraçou a Coroa e mostrou-se tão cruel e caprichoso quanto Calígula.

Ele começou seu reinado com surpreendente rigor, subornando os pretorianos, esquecendo os assassinos de Calígula (conquanto executasse Quereia) e prometendo ao Senado que respeitaria seus privilégios. No estrangeiro, concedeu a seu amigo Herodes Agripa um reino judaico ampliado, que abrangia grande parte dos atuais Estados de Israel, Jordânia e Líbano. Depois, deu ordens para uma pequena e prestigiosa guerra: a conquista da Britânia. O império era conduzido por três eficientes escravos libertos, liderados pelo confiável Narciso, que se tornou tão poderoso que, antes da invasão da Britânia, dirigiu-se ele próprio às legiões inquietas em nome do imperador.

No centro da corte estava a mulher de Cláudio, Messalina. O novo imperador estava com 53 anos; Messalina, com 23, tinha nascido na família imperial. Já tivera uma filha, e agora, quando Cláudio conquistava a Britânia, deu à luz um filho, Britânico.

Quando o sul da Britânia foi pacificado, Cláudio viajou até lá para aceitar a rendição de onze reis britânicos e desfilar por sua nova colônia, na cidade de Camuloduno, montado num elefante (um belo espetáculo para a rua principal de Colchester), mas isso deixou Messalina sozinha em Roma. Incentivada pelos escravos libertos de Cláudio, ela começou a vender cargos públicos e a brincar com o poder.

A jovem imperatriz abraçou o que hoje poderia ser chamado de um estilo de vida libertino, embora ele não tivesse a ver apenas com o sexo; sua busca de emoções era também uma expressão de um poder que subira à cabeça da jovem. Experimentando paixões súbitas e desenfreadas em suas fantasias, ela estava em posição de impor suas vontades. Mas também considerava como inimigo quem quer que não a apoiasse — e era um inimigo perigoso de se ter. Um de seus favoritos era o ator Mnester, que por vezes fora amante de Calígula. Como ele resistiu a suas investidas, supõe-se que ela fez com que Cláudio dissesse a ele, inocentemente, que obedecesse a *todas* as ordens da imperatriz — e ele tornou-se seu amante, deliciando-a tanto que ela mandou fundir sua imagem em bronze. Quando multidões num teatro gritaram que Mnester estava com Messalina no palácio, Cláudio ingenuamente rechaçou a ideia. Além disso, ela salvou a vida de um dos guarda-costas germânicos de Calígula, condenado a morrer na arena dos gladiadores, porque ele tinha dormido com ela. Dizia-se que Messalina vencera uma competição de resiliência sexual ao ter 25 homens em 24 horas, seus feitos protegidos por um círculo de silêncio. Mas a *omertà* não duraria muito.

A coroa de Cláudio era recente e vulnerável. "Este homem, camaradas senadores, que aos senhores parece ser incapaz de ferir uma mosca", escreveu Sêneca, "costumava matar pessoas com a mesma facilidade com que caga um cão." O confuso *princeps* matou 35 senadores.

Enquanto isso, Messalina era ameaçada pelas irmãs de Calígula. Ela expôs Júlia Livila por ter tido um caso com Sêneca, e os dois foram exilados. Cláudio mais tarde mandou matar a recém-retornada Júlia Livila e sua irmã Júlia Lívia por conspiração, supostamente a conselho de Messalina. A imperatriz também temia Agripina, a última das irmãs de Calígula, e seu filho Lúcio Domício Enobarbo — o futuro imperador Nero —, que estava se tornando popular. Dizia-se que, quando tentou sufocar o bebê Lúcio, uma cobra saiu de debaixo do travesseiro. Mais tarde, ela tentou mandar exilar Agripina e matar o menino, mas Nero era mais aclamado nos Jogos do que seu próprio filho Britânico.

Por volta de 47 d.C., Messalina, então com trinta anos, começou a ir longe demais. Quando tramou contra o poderoso escravo liberto Calisto, os colegas deste, Narciso e Palas, perceberam que estavam eles próprios em perigo. Messalina começava a passar do sexo desavergonhado para a conspiração política. Seu amante favorito, Gaio Sílio, era um arrojado senador: ela se sentia tão invulnerável que começou a planejar uma real tomada do poder, esperando afastar (mais provavelmente, matar) Cláudio e governar com Sílio em nome de Britânico.

Sabendo que Messalina poderia facilmente descartá-lo, o leal ex-escravo de Cláudio, Narciso, convenceu as prostitutas favoritas de seu senhor, Cleópatra e Calpúrnia — receptáculos incomuns de integridade —, a lhe contar a verdade. Enquanto Cláudio inspecionava seu novo porto em Óstia, Messalina celebrava um casamento dionisíaco com Sílio, no começo de um golpe apoiado pela milícia da cidade. Quando as protetoras contaram sobre o fato ao imperador, Narciso confirmou a história. Cláudio entrou em pânico, mas os pretorianos ainda eram leais, e Narciso mandou prender os conspiradores. Messalina pegou carona numa carroça de lixo e implorou pela própria vida, apresentando seus dois filhos a Cláudio, que voltava às pressas para Roma. Ele ficou calado, mas Narciso mandou levar as crianças para casa. Depois de prender Messalina, Cláudio e Narciso seguiram até a casa de Sílio, que estava repleta de tesouros surrupiados do palácio. Cláudio, furioso, mandou matar Sílio, Mnester e outros conspiradores. Depois, como ele hesitava, Narciso fez decapitar Messalina. Cláudio não disse nada e pediu outro frasco de vinho.

Cláudio agora parecia fraco, e em dúvida sobre a paternidade de Britânico. Isso abriu a porta para Agripina — e seu filho, Nero.

O GOVERNO DOS ESCRAVOS LIBERTOS: O CASAMENTO DE AGRIPINA

Agripina fazia um espetáculo do ato de consultar o tio sobre todos os assuntos e, na condição de descendente direta de Augusto, consolidava seu principado. Narciso promoveu uma das primeiras esposas de Cláudio, mas Palas, agora dormindo em segredo com Agripina, deu apoio a ela. Em 50 d.C., Cláudio casou-se com Agripina, que foi promovida a augusta, e adotou seu filho Lúcio, que assumiu o nome claudiano de Nero. Agripina nomeou Sêneca tutor de Nero e acusou Narciso de corrupção. Nero estava casado com a filha de Cláudio, Cláudia — e foi nomeado herdeiro juntamente com Britânico.

Cláudio, aos 63 anos e embriagado a maior parte do tempo, começou a se preocupar com a segurança do menino. Ele se aproximou da mãe de Messalina, Domícia, avó de seus filhos, e pensava em voz alta que seu destino era se casar com mulheres e depois puni-las. Agripina temia que ele a dispensasse e se casasse com Domícia. Assim, ao lado de Nero, deu provas ao imperador da deslealdade de Domícia. Cláudio concordou com sua execução.

Mais tarde, em outubro de 54, tendo enviado Narciso para tratar de sua gota, Agripina buscou os talentos de um envenenador chamado Locusta, na prisão por assassinato, e, subornando o provador de alimentos e médico da confiança de Cláudio, envenenou os cogumelos do marido. O princeps ficou doente, mas sobreviveu, e ela então fez o médico envená-lo de novo, dessa vez com sucesso.

Agripina encarregou Nero, com dezessete anos, de prometer um bônus aos pretorianos e executou Narciso, enquanto seu amante Palas permanecia como secretário de finanças.

Em seu primeiro dia como princeps, Nero transmitiu aos pretorianos a melosa senha "melhor das mães", mas logo sua ambição de adolescente entrou em choque com a *auctoritas* de Agripina. Nero, vaidosamente autoconfiante, louro, pescoço de touro e corpulento, tinha obtido o poder com demasiada facilidade para ser capaz de apreciá-lo. Em vez disso, considerando-se talentoso demais para a política, ele ostentava seus talentos como ator e auriga, um político surpreendentemente moderno para quem a política era uma extensão do mundo do espetáculo.

Agripina tentou retomar sua evanescente influência maternal, tornando-se amante do filho. Mas ele se apaixonara pela linda esposa de seu amigo Oto, Sabina Popeia. Quando Nero fez menção de se divorciar de Cláudia, Agripina o desaconselhou. Já a amante zombou de sua incapacidade de contrariar a mamãezinha.

Popeia vestia-se de maneira deslumbrante com o tecido que de repente era a última moda em Roma: as mulheres tinham começado a usar trajes de seda chinesa sem nada por baixo. "Vejo roupas de seda", resmungava Sêneca, "se é que materiais que não escondem o corpo, nem mesmo a decência de alguém, podem ser chamados de roupas. Deploráveis bandos de moças se esforçam para tornar visível a adúltera por trás de finos vestidos — e um marido não conhece o corpo da esposa mais do que qualquer estranho." A moda exigia que se raspassem os pelos púbicos, o que chocou o bem relacionado naturalista Plínio, o Velho. O Senado baniu várias vezes o uso imoral da seda — mas a moda era mais forte. Assim como o dinheiro.[1]

No País Central, a fonte dessa seda, uma brilhante família de escritores e soldados chineses estava vivenciando as oportunidades e os perigos de servir a outra grande dinastia de poder mundial: os Han.

MÃES, IRMÃOS E IRMÃS: NERO, AGRIPINA E OS BAN

Em 54, Ban Biao, que começara a escrever uma história privada da família imperial, pereceu, deixando inacabada sua obra-prima *Hanshu* — o *Livro dos Han*. A brutalidade e a avareza dos conflitos da corte quase tinham destruído os Han, mas, depois de uma sangrenta guerra civil, o imperador Guangwu tinha restaurado a dinastia e encarregado Ban de escrever sua história. Ao morrer, Ban deixou três filhos: dois homens, um poeta sonhador, Ban Gu, então com 22 anos; um robusto soldado, Ban Chao, com 21; e uma filha, Ban Zhao, com nove, que seria a mais notável de uma talentosa família. Todos os três mudariam a história de modos diferentes, que se estenderam da corte imperial, por toda a Rota da Seda, em direção ao oeste. E cada um deles fez sua própria fama: um como historiador, um como um conquistador, e uma como escritora, cortesã e advogada — uma das primeiras mulheres a alcançar tal proeminência.

Ban Gu começou a trabalhar privadamente no livro do pai. Seu irmão rufião Ban Chao não tinha interesse nessa delicada atividade e juntara-se à corte, servindo o imperador como funcionário do Terraço das Orquídeas. Mas o ritmo lento o entediava. Ele ansiava por aventuras.

Ao morrer, o velho imperador foi sucedido por seu filho Ming, com trinta anos, que ouviu dizer que Ban Gu estava "revisando privadamente a história nacional" — um eufemismo para a atitude de não louvar as virtudes da dinastia. Ban foi preso e teve sua biblioteca apreendida. Felizmente, seu irmão, Ban Chao, intercedeu por ele junto a Ming. Mingdi o libertou, convocou-o a sua corte e o nomeou historiador oficial dos Han, enquanto Chao preferia atividades mais rudes: "Jogue fora sua pluma de escrever", ele aconselhou o delicado irmão, "e venha para o exército!". Chao juntou-se ao general Dou Gu numa campanha contra os bárbaros, na qual suas sangrentas façanhas, sua curiosidade cultural e seus talentos políticos acabaram por fazer dele o maior conquistador chinês, expandindo a região ocidental do país (Ásia central). Os Ban prosperavam, mas a corte dos Han era tão perigosa quanto a dos césares.

Nero estava pressionado entre a mãe e a amante. Agripina, ainda com quarenta e poucos anos, embriagou Nero e o seduziu, mas depois ameaçou pôr no trono Britânico, filho de Cláudio. Nero tinha abusado de Britânico, até mesmo o estuprando. Quando ele ordenou ao jovem príncipe que declamasse um poema no teatro, Britânico contou em versos como tinham passado por cima dele, falando com tal dignidade que a multidão o aplaudiu. O fato de Britânico ser um ator melhor do que Nero enfureceu de tal forma o onipotente narcisista que ele ordenou ao envenenador Lacusta que providenciasse dois venenos — um rápido, outro lento — a serem servidos a Britânico num jantar de família. Quando o veneno lento falhou, Nero enganou Britânico e fez com que tomasse o rápido. Em seguida, ficou observando enquanto ele tinha convulsões.

A mãe de Nero, Agripina, e sua esposa Cláudia (irmã de Britânico) deram-se conta de que o imperador estava fora de controle. Nero expulsou Agripina do palácio e arquitetou uma maneira de destruí-la. Os pretorianos jamais matariam uma filha de Germânico, e os venenos com frequência falhavam, de modo que ele ficou encantado quando um desprezível escravo liberto chamado Aniceto lhe apresentou um plano.

Em 59, enquanto participava de um festival na baía de Nápoles, Agripina foi levada para um cruzeiro num barco especialmente sabotado para matá-la: quando o teto de chumbo de um dossel caiu em cima dela, e o próprio barco se partiu, ela ainda assim sobreviveu, conseguindo nadar até a praia. Nero temeu sua vingança e enviou escravos libertos à vila onde a mãe morava. Enquanto era subjugada e massacrada, Agripina apontou para o próprio ventre e gritou: "Golpeie aqui, Aniceto, pois foi este útero que pariu Nero".

Com a ajuda de seu ministro, Sêneca, Nero justificou o matricídio ao Senado acusando Agripina de traição. Agora, ele estava livre.

Em 62, o imperador mandou matar Palas e ficou com sua fortuna. Agora, finalmente, podia se casar com Popeia — exceto pelo fato de que ainda estava casado com Cláudia, a quem abominava. Quando surgiram rumores de que ele se divorciaria da mulher devido a sua infertilidade, o povo protestou, e Nero entrou em pânico. Mais uma vez Aniceto mostrou-se útil, afirmando ter cometido adultério com a imperatriz. Ela foi exilada para a ilha de Pandateria, onde, com apenas 22 anos de idade, foi amarrada e teve as veias cortadas. Sua cabeça foi apresentada a Popeia como presente de casamento. Em 63, Nero e sua nova imperatriz tiveram juntos uma filha.

No ano seguinte, enquanto Nero estava em sua vila em Antium (Anzio), irrompeu um incêndio em Roma, que se espraiou rapidamente pelas amontoadas construções de madeira de vários andares. Esse inferno foi um dos superpropulsores da história — como pandemias e catástrofes — que implacavelmente testam líderes e sistemas, no que pode ser chamado de Teste de Nero. Ele adotou as medidas corretas, oferecendo seus jardins privados como refúgio, reduzindo o preço do grão, erguendo abrigos, convidando refugiados a viver em seus palácios, mas, em sua egocêntrica necessidade de dramatizar a própria importância o tempo todo, montou um espetáculo sobre o incêndio, no qual cantava e tocava lira. Seu charme deteriorou-se ainda mais quando o fogo de Roma reacendeu. A insensível decisão de tirar vantagem do espaço aberto pelo fogo para construir um novo palácio, a Casa Dourada, reforçou a impressão de que ele o tinha ateado. No vestíbulo, Nero erigiu um colosso de si mesmo como um deus nu de 33 metros de altura, segurando um leme apoiado num globo, a fim de expressar seu poder mundial.[2] A verdade importa menos do que a impressão. Nero não havia passado no Teste de Nero.

Popeia foi elevada a augusta após o nascimento da filha, que não viveu muito, e, castelã do palácio de quarenta hectares, era poderosa o bastante para nomear seu próprio e inepto protegido para governar a Judeia.

Sem que fosse impedido por quaisquer conselheiros sensíveis, Nero começou a buscar bodes expiatórios para o fogo e outros eventos inauspiciosos, focando-se numa nova seita judaica popular chamada cristãos, seguidores de Jesus, o profeta executado pelos romanos durante o reinado de Tibério. Eles eram alvo de especial suspeita porque rejeitavam o essencial rito romano de sacrifício aos deuses — bem como o princeps. Esse comportamento era aceitável entre os judeus, que tinham crenças antigas, mas não entre os recém-convertidos cristãos, cujas crenças igualitárias pareciam desafiar toda a ordem social — uma *superstitio* que defendia os escravos, sempre um tema muito delicado. Nero ordenou que cristãos fossem mortos na arena e que um dos apóstolos de Jesus, Pedro, ainda vivo, fosse crucificado de cabeça para baixo.[3]

Na Casa Dourada, o relacionamento de Nero com a grávida Popeia deteriorava-se: durante uma briga, Nero supostamente a chutou na barriga, matando-a. Mais uma vez solteiro, ele tentou esposar a filha mais velha de Cláudio de um casamento anterior, mas, quando a moça recusou, foi também assassinada. O imperador então foi à Grécia participar de corridas de biga e se apresentar como ator, e lá apaixonou-se por um jovem eunuco e escravo liberto chamado Sporus (Esporo, semente), estranhamente parecido com Popeia — e casou-se com ele.

As conspirações intensificaram-se; as rebeliões multiplicaram-se. Sêneca gostava de dizer que "o veneno está embebido de ouro", mas até mesmo o filósofo tinha acumulado tanta riqueza que começou a emprestar dinheiro a juros altos — entre outros, aos chefes britânicos. É possível que sua agressiva cobrança de dívidas tenha acelerado uma rebelião na Britânia, liderada pela rainha Bodiceia, na qual uma legião foi destruída antes que os rebeldes fossem esmagados. Sêneca, agora com sessenta anos, já tinha se retirado em sua vila para escrever ultrajantes sátiras aos imperadores que conhecera quando esteve tenuamente ligado a uma conspiração. Nero ordenou que ele se matasse. "Estamos sempre reclamando por nossos dias serem tão poucos e agindo como se não tivessem fim", refletiu Sêneca. Agora haveria um fim: Sêneca, depois de ingerir veneno e cortar os pulsos, morreu em sua banheira, cercado de amigos.

Em 66, a Judeia explodiu. Os rebeldes, provocados pela flagrante venalidade romana, eliminaram uma legião e fundaram um Estado judaico baseado na magnífica e quase inexpugnável cidade do templo, Jerusalém, um desenvolvimento que ameaçava o império do Oriente e desencadeou uma série de revoltas. As legiões gaulesas e hispânicas rebelaram-se; quando marcharam sobre Roma, os senadores e pretorianos por fim se voltaram contra Nero, que tentou fugir para a Óstia e depois para a Pártia — uma ideia bastante estúpida. Voltando ao palácio em Roma, ele acordou na manhã seguinte para descobrir que havia sido abandonado, e exclamou: "Não tenho amigos nem inimigos!". Ao fugir com um pequeno séquito, inclusive seu belo eunuco Esporo, vestido de mulher, fracassou ao tentar se matar, tanto por afogamento no Tibre quanto pela espada, o tempo todo declamando em voz alta linhas teatrais: "Morrer é tão terrível assim?". Finalmente encurralado, o arquiexibicionista ficou andando de um lado para outro, aos prantos. "Que grande artista o mundo perde comigo", disse, antes de convencer seu secretário a cortar sua garganta. Nesse exato momento um emissário do Senado entrou correndo, mas Nero, sangrando, murmurou: "Tarde demais! Isso é que é lealdade!".

Os césares tinham destruído a si mesmos. Entre 68 e 69 houve três imperadores, antes que um quarto, Vespasiano — um velho e despretensioso general apelidado de Tropeiro, que ajudara a conquistar a Britânia e a quem o escritor Suetônio descreveu como "um homem [que parecia estar] sempre se esforçando para evacuar" —, fosse aclamado. Na época, ele esmagava os rebeldes judeus. Em 70, seu filho, Tito, atacou Jerusalém e destruiu o templo, deixando de pé apenas um dos muros do magnífico edifício de Herodes.[4]

Em 97, o triunfante paladino chinês, Ban Chao, irmão do historiador da corte, despachou um emissário a Roma, via Pártia. Esse general pungentemente enérgico tinha levado suas tropas até muito longe no oeste, às margens do mar Cáspio. Enquanto seu irmão Ban Gu escrevia a história da corte e sua talentosa irmã Zhao casava-se em sua província natal, Ban Chao sempre havia desejado lutar contra os bárbaros nas fronteiras, dizendo a seu irmão escritor: "Um bravo não tem outro plano exceto [...] fazer alguma coisa e se tornar alguém numa terra estrangeira". Sua missão era se apoderar do comércio com a Pártia e com Roma — e vencer os xiongnu. "Se você não se aventurar no covil do tigre", disse Ban Chao, "nunca pegará suas crias."

A AUTORA E O GENERAL PROTETOR NO COVIL DO TIGRE: BAN CHAO E A SÁBIA

Em 75, o novo imperador Zhang, desencorajado pelos intermináveis custos em que incorria para derrubar as tribos da Ásia central, chamou de volta Ban

Chao, que decidiu desobedecer às ordens, tendo percebido que abandonar a região ocidental naquele momento significaria perdê-la para sempre. Em vez disso, ele aconselhou o imperador Zhang, dizendo que seu novo império — como tantos outros — poderia ser mantido com muito poucas tropas, apoiadas por auxiliares locais e por ostensivas exibições de ferocidade. Enquanto negociava com um chefe local, ele soube que embaixadores dos xiongnu tinham chegado para solapar sua missão. Assim, massacrou os enviados e, brandindo a cabeça deles, concluiu com sucesso sua negociação com o novo e cooperativo potentado. Durante outra negociação, quando viu que o chefe estava distraído com o conselho inútil de seu feiticeiro, decapitou o homem no meio da conversa e, impassível, continuou. Mais tarde, ele derrotou os xiongnu e tomou os reinos de Kashgar e Khotan.

Ban encontrou um povo, os yuezhi (guishuang), que, derrotados pelos xiongnu, rumaram para o sul e construíram seu próprio reino: esses cavaleiros nômades, chamados kushan, que então praticavam a deformação craniana, conquistaram a Báctria e irromperam no norte da Índia.[5] Ban Chao derrotou um exército kushan, mas no fim selou a paz com esses novos atores.

Os Ban prosperaram como protegidos da imperatriz de Zhang, Dou, que jogou habilmente o jogo do poder, usando acusações de feitiçaria para destruir o príncipe herdeiro e, depois, adotando o filho de outra concubina, obrigou a mãe do garoto a se matar.[6] O herdeiro cresceu acreditando que era filho de Dou.

Em 88, aos nove anos, o menino sucedeu o pai como o imperador He. A imperatriz viúva Dou ficou no controle, tendo o irmão, Dou Xian, atuando como general-chefe, ou regente. Mas sua arrogância ofendia a todos, até mesmo o menino imperador. Dou Xian obteve vitórias contra os xiongnu, que celebraram com uma cerimônia em Yanran, onde foi inaugurada uma inscrição de Ban Gu. Este foi promovido a secretário do regente, com o título de marechal do Portão do Guerreiro Negro, e a ele se juntou na corte sua irmã Zhao, agora viúva. Recusando-se a casar-se novamente, ela se tornou tutora na biblioteca imperial.

Em 92, o menino imperador de treze anos foi "enchapelado" — a cerimônia para celebrar sua maioridade —, e, com o apoio de um eunuco de confiança, Zheng Zhong, voltou-se contra os Dou: o regente foi eliminado, a imperatriz removida, e seu historiador de estimação, Ban Gu, agora com 61 anos, preso. A irmã de Ban, que conhecia o jovem imperador, fez um apelo, mas Gu foi executado. O ato de escrever história, mais uma vez, demonstrava ser uma atividade perigosa. O imperador He recompensou o eunuco Zheng com os títulos de marquês e diretor do palácio real, fazendo dele o primeiro eunuco a subir tão alto. Um dos eunucos de confiança dos Dou, Cai Lun, guardião de ferramentas e armas, sobreviveu à queda do regente para continuar a desenvolver um material novo de escrita. Até então, a corte fazia seus registros em pesados bambus e em dispendiosa seda, mas agora, após observar como vespas-do-papel misturavam casca de árvore com saliva, Cai inventou o papel, o que lhe valeu uma promoção pelo imperador. Mas Ban Gu estava morto: quem concluiria o *Livro de Han*?

O golpe que resultou na morte de um irmão fez a sorte dos outros. O imperador promoveu Ban Chao a protetor-geral da região ocidental e externou o desejo de que se terminasse o *Hanshu*: assim, ordenou que a erudita irmã Ban Zhao completasse o livro. Ainda com 45 anos, ela ensinava às princesas Han matemática, história, moral e comportamento feminino, aproximando-se da imperatriz Deng Sui, que a promoveu a dama de companhia. Começando, tal qual outras moças, como concubina, Deng Sui fora escolhida como consorte aos quinze anos, por fim substituindo a esposa do governante e tornando-se ela própria imperatriz. Inteligente e competente, incentivou o uso da nova invenção, o papel, provavelmente aconselhada por Ban Zhao, que presidiu a transição da biblioteca imperial do bambu para o novo meio. Seu *Hanshu* foi um dos primeiros livros de história escritos em papel, e suas *Lições para mulheres* foi redigido como um guia para a sobrevivência feminina na corte. Apelidada de Sábia, Ban Zhao dava conselhos sobre todos os assuntos, inclusive técnicas sexuais taoistas, enquanto servia como poeta da corte, escrevendo versos para ocasiões especiais e memorandos sobre política. Muito depois da morte do dócil imperador He, a imperatriz viúva Deng governava a China aconselhada por essa notável mulher.

Enquanto Ban Zhao ensinava imperatrizes sobre astronomia e casamento, seu irmão Ban Chao, protetor-geral, tinha ouvido falar do Império Romano, que os chineses saudaram chamando de Da Qin — Grande China. Ban Chao teria visto as mercadorias e as moedas dos romanos e enviou um emissário chamado Gan Ying para que fizesse um relatório. Sua irmã registrou em sua história que Gan Ying chegou ao mar ocidental, talvez o golfo Pérsico, onde os partas o desencorajaram da empreitada, como ela explicou: "Os romanos comerciam com a Pártia e a Índia por mar. Seu rei sempre quis enviar emissários a Han, mas a Pártia, a fim de controlar o comércio das multicoloridas sedas chinesas, bloqueava o caminho". Ali estava um mundo eurasiano global. Não há nada de moderno no que concerne às guerras comerciais. Quanto aos imperadores romanos, explicou Gan Ying, "seus reis não são permanentes. Eles selecionam e nomeiam o homem mais valoroso. Se há calamidades inesperadas no reino, como ventos frequentes ou chuvas extraordinárias, ele é substituído sem cerimônia, mas o que é demitido não fica zangado".[7]

Se Gan Ying tinha uma visão cor-de-rosa das sucessões romanas é porque estava atualizado: naquele ano de 97, os romanos rejeitaram a dinastia e, em vez disso, escolheram "o homem mais valoroso": seu melhor soldado, contemporâneo e equivalente de Ban Chao, chamava-se Trajano. E Trajano planejou emular Alexandre, o Grande, invadindo a Pérsia e a Índia.

Trajano tinha o aspecto do rude, antiquado soldado romano — robusto, bem barbeado, severo cabelo cinza no estilo clássico de César e comumente retratado usando um brilhante peitoral de armadura entalhado —, e representava bem esse papel.

Trajano nunca estava mais feliz do que quando compartilhava as rações e os acampamentos com "meus excelentes e mais leais camaradas soldados". Suas únicas indulgências eram o vinho e garotos, principalmente atores e dançarinos. Trajano era falastrão e sociável: quando viajava de carruagem, sempre convidava três amigos para conversar durante o trajeto, tomando a rara providência de ter homens talentosos a sua volta. "Gosto do que ouço", disse rudemente, certa vez, a um filósofo, "mas não entendo uma palavra do que você está dizendo." Porém ele tinha um instinto para o poder.

Nascido em Itálica, na península Ibérica, o imperador não tinha filhos com a esposa Pompeia Plotina, mas vivia no centro de uma casa feminina, que era formada por sua irmã, sua sobrinha e duas sobrinhas-netas, que agora tinham se mudado todas para Roma. Quando chegou ao palácio, a imperatriz Pompeia disse aos espectadores: "Entro aqui como o mesmo tipo de mulher que serei quando partir".

Trajano gostava de provocar seu séquito no tocante à sucessão, tendo pedido certa vez que nomeassem os dez melhores candidatos a imperador: é uma estranha característica de épocas exitosas haver muitos homens talentosos o bastante para governar, enquanto em tempos magros parece não haver quase nenhum. Adriano era sempre o primeiro colocado. Como Trajano, era originário da Hispânia. Trajano tinha sido seu guardião quando o pai do menino morreu jovem e foi o curador da educação de seu protegido, mas havia algo nele que o irritava. Adriano tinha encantado a mulher e a cunhada de Trajano, que orquestraram seu casamento com Sabina, a amada sobrinha-neta do imperador, o que lhe ofereceu o posicionamento perfeito. Mas é sempre perigoso ser o principal candidato: talvez a mulher de Trajano o estivesse protegendo, ao não promovê-lo demais. A certa altura, porém, Trajano começou a desaprovar as extravagantes festas do rapaz, e depois Adriano foi pego dando em cima dos amantes de Trajano. Autocratas mais velhos costumam ser suscetíveis a essas questões. "Tudo dependia", escreveu o erudito amigo de Trajano, Plínio, o Jovem, "dos caprichos de um único homem", mas as decisões do imperador eram comumente sensíveis.[8]

Nenhuma época percebe quão feliz é até que já tenha passado. Mas o espírito daquela época teve a sorte de contar com um clima ameno, colheitas exuberantes e abundantes receitas de uma população imperial que girava entre 50 milhões e 70 milhões de habitantes. Trajano possuía as três qualidades essenciais da grandeza — perspicácia, visão e recursos. Entre as guerras para a aniquilação dos dácios (na Romênia), ele embarcou num gigantesco programa de construções em Roma, jactando-se de sua grandeza e de suas vitórias com novos templos, uma triunfal coluna e um novo estádio, chamado Circo Máximo.

Os ricos, servidos por batalhões de escravos, desfrutavam de luxo e conforto — "pérolas do mar Vermelho e marfim indiano polido", nas palavras do poeta Marcial —, mas as realidades da vida urbana, do poder imperial e da sociedade romana continuavam ásperas e confusas, corruptas e brutais.

Roma era agora uma fervilhante megacidade de 1 milhão de habitantes: seus imperadores usufruíam de vastos palácios; os ricos, de vilas suntuosas; enquanto os pobres eram empilhados em *insulae*, blocos de apartamentos com dez andares. "Vivo numa pequena cela, com uma janela que sequer se fecha", escreveu Marcial, "na qual o próprio Bóreas [deus do escuro inverno] não gostaria de viver." Marcial, outro ibérico bem-nascido que estava prosperando em Roma, tinha, alternadamente, contado e não contado com o favor imperial, mas fazia a crônica da hipócrita lubricidade de quem estava no topo e de quem estava na base, com irrepreensível malícia. "Com seu nariz e seu pau agigantado", escreveu, "Aposto que terá fácil ensejo/ Quando ficar excitado/ De checar a ponta para cheirar o queijo." Ele odiava a crueldade dos sádicos senhores de escravos. "Você diz que o coelho não está cozido e pede o chicote;/ Rufo, você prefere trinchar seu cozinheiro a seu coelho." Mas também tinha um bom coração. Seu poema mais tocante foi escrito em louvor de uma amada mulher escravizada que morreu jovem: "Uma criança com uma voz tão doce quanto a dos lendários cisnes".[9]

Mas até mesmo os pobres podiam usufruir do que Juvenal chamou de "pão e circo" — os espetáculos sangrentos no Coliseu e o Circo, com 50 mil e 200 mil assentos[10] —, além das termas, os banhos públicos. Trajano foi o último potentado a construir suas próprias *thermae*, nas quais 60 mil romanos podiam banhar-se ao mesmo tempo — situação ideal para o que Ovídio chamou de "esportes furtivos". Nada definia tão bem o luxo urbano como os banhos, que se tornaram a marca da romanidade: "Banhar-se é viver", rabiscou um romano numa parede, enquanto a lápide de um alegre bon vivant declarava: "Banhos, sexo e vinho arruínam nossos corpos, mas fazem com que a vida valha a pena". Uma verdade atemporal. É irônico, porém, que os banhos definam a civilização romana, já que eles também disseminaram doenças transmitidas pela água, que mataram muita gente. Nos banhos, Marcial fez a crônica da Roma desnuda: ele notou que os homens tentavam cobrir pênis circuncidados (marca dos escravos judeus, portanto muito fora de moda) e registrou a hilaridade das ocasiões em que milhares de banhistas aplaudiam um homem espetacularmente bem-dotado quando se despia. Ele zombava da esposa virtuosa que ficava tão excitada nos banhos mistos que fugia com um jovem, e do machão que comia com os olhos pênis de jovens. Num grafite dessa época, lê-se: "Apeles e Dexter almoçaram aqui prazerosamente, ao mesmo tempo que fodiam", acrescentando: "Nós, Apeles, o Camundongo, e seu irmão, Dexter, fodemos amorosamente duas mulheres, duas vezes". A cidade romana foi replicada em todo o império, da Mauritânia à Britânia: a palavra "civilização" vem de *urbis*, cidade. Mas cidades floresciam não apenas na Europa, na África e na Ásia.

Do outro lado do Atlântico, num mundo durante milênios isolado da Afro-Eurásia, um mesoamericano contemporâneo de Trajano, Primeiro Tubarão — Yax Ehb Xok —, o *ajaw*, ou senhor, da próspera cidade de Tikal (Guatemala), uma das muitas onde se falava o maia, fundava uma grande dinastia, que governaria durante oito séculos. Fundada por volta de 300 a.C., Tikal — conhecida pelos maias como Yaxc Mutal — tinha 100 mil habitantes, sendo muito menor do que Roma, Luoyang, Chang'an e Selêucia, as maiores cidades da Eurásia, cada uma delas com 1 milhão de moradores. Mas Tikal era apenas uma entre muitas cidades-Estado mesoamericanas que se vangloriavam de uma sofisticada vida urbana. Elas desenvolveram uma escrita glífica (usando logogramas para representar palavras), mapearam as estrelas e criaram um calendário, celebrando seus festivais de acordo com seu conhecimento dos céus. Viviam de milho, tomates e feijões e bebiam chocolate. Em suas oficinas, trabalhavam obsidiana e vidro vulcânico para fazer armas, ferramentas, joias e espelhos, e fiavam algodão, que comerciavam, juntamente com escravos, com os vizinhos. Eram dentistas talentosos, que faziam implantes de turquesa e quartzo nos dentes da frente, com tanta firmeza que eles ainda podem ser vistos nos esqueletos maias. Além disso, conheciam a roda, que não usavam para o transporte, mas apenas como brinquedos, embora tenham construído estradas retas, elevadas, conhecidas como estradas brancas, numa alusão à Via Láctea. Em seus monumentais templos piramidais, cultuavam uma rede de deuses que exigiam sangue: seus governantes tinham de trespassar espinhos de arraia no pênis, um ritual doloroso que demonstrava a necessidade de aprovação divina para governar. Nos templos, faziam sacrifícios humanos, decapitando, escalpelando, esfolando e estripando suas oferendas, arrancando o coração delas e as enterrando com animais selvagens. As melhores vítimas eram os prisioneiros bem-nascidos. As cidades tinham quadras esportivas, onde os maias disputavam jogos sagrados com bolas de borracha, e com premiações mais elevadas do que as do futebol contemporâneo. Dizia-se que seus deuses enfrentavam os mortais nessas quadras; alguns eram exímios jogadores, e mortais tornavam-se deuses ao vencê-los. Seus governantes jogavam para demonstrar seu poder, às vezes usando bolas que continham cabeças humanas.

Os jogos representavam as guerras travadas contra cidades rivais, nas quais os maias usavam zarabatanas e lanças feitas de obsidiana. Chamavam os grandes conflitos de "guerras nas estrelas" — representadas pelo glifo de uma estrela despedaçando a Terra. Além disso, comerciavam suas joias, artefatos de obsidiana e escravos com outros povos americanos,[11] inclusive a maior cidade do continente, Teotihuacan, a Cidade do Sol, no vale do México. O apogeu de Teotihuacan coincidiu com o reinado de Trajano. A cidade possuía uma população multiétnica de 150 mil habitantes — maias e outros, além de um interior com mais 1 milhão de pessoas — e gabava-se de uma avenida central, a Avenida dos Mortos, onde se alinhavam pirâmides e templos monumentais. A Pirâmide do Sol, local de sacrifícios em massa, era o terceiro edifício mais alto da Terra.

Teotihuacan era o centro da arte com obsidiana. Seu povo mineirava o vidro de um antigo vulcão, e muitos trabalhavam em laboratórios de obsidiana, produzindo armas, espelhos e joias. Mas a cidade foi construída para não ter veículos de rodas, nem poder de tração animal, e, diferentemente de muitas cidades maias, continha poucas inscrições e nenhuma quadra. Sem retratos ou túmulos, pode ter sido uma espécie de república. Depois de uma revolução por volta de 200 d.C., os teotihuacanos pararam de construir templos e palácios e começaram a erguer confortáveis prédios de apartamentos decorados com coloridos murais psicodélicos, e seus habitantes rezavam em altares comunitários onde as cabeças de vítimas sacrificadas eram exibidas. Esse foi talvez o primeiro esquema de habitação social e renovação urbana.[12]

Em Roma, Trajano, a quem fora concedido o *agnomen* Optimus Princeps — o "melhor imperador" —, decidiu conquistar a Pártia, enfraquecida pelos conflitos da Casa de Artsakh. Roma estava engolindo gradualmente os reinos que controlavam o comércio eurasiano. Em 106, quando o rei nabateano morreu, Trajano anexou a Arábia, dando a Roma mais uma fronteira com a Pártia e o controle da maioria das rotas de comércio, exceto os portos partas no golfo Pérsico. O melhor imperador não podia falhar...

ADRIANO APAIXONADO: MORTE NO NILO

A guerra de Trajano no Iraque começou bem. Enquanto Adriano cobria a retaguarda na Síria, Trajano, dispondo de um exército cosmopolita — composto por apenas cerca de 2% italiano e incluindo cameleiros árabes de Palmira, estilingueiros baleares e cavaleiros africanos sob o comando do general berbere Lúcio Quieto —, encontrou os partas em total desordem. Depois de varrer a capital Ctesifonte, ele desceu o Tigre até o golfo, onde afirmou, observando os navios: "Eu certamente cruzaria até a Índia, se ainda fosse jovem". Mas os partas se reagruparam, enquanto seus aliados — os judeus em Alexandria, no Chipre e na Judeia — se rebelavam. Enfrentando uma insurgência iraquiana, Trajano, aos 63 anos, teve de lutar desesperadamente, com sua "majestosa cabeça grisalha" atraindo o fogo inimigo. Recuando para Antioquia, ele ordenou que Quieto abatesse os judeus, que foram exterminados e escravizados em grande escala. O Optimus Princeps sofreu então um derrame — mas estava convencido de que fora envenenado. À sua cabeceira, a imperatriz Pompeia e sua sobrinha Matídia forjaram a adoção de Adriano, ou persuadiram Trajano a fazê-la. Qualquer um que soubesse demais pagava o preço. Dois dias após a morte de Trajano, em agosto de 117, seu provador de vinho morreu aos 28 anos, como consta em sua lápide — certamente mais do que uma coincidência e um indício de ações funestas em torno do leito de morte do imperador.

O novo imperador, Adriano, abandonou as conquistas de Trajano na Pártia, no que se revelou uma decisão sensata, considerando que as rebeliões judaicas ainda estavam sendo suprimidas. Mas ele não confiava em Quieto e, assim, mandou matá-lo. Depois, ao chegar a Roma, antecipou-se a qualquer oposição, executando quatro ex-cônsules.

Adriano foi apelidado de Graeculus, ou "pequeno grego", por ser fã da cultura, da moda e do amor gregos, e por sua vasta cabeleira encaracolada e barba bem cuidada, ao estilo grego. Gostava de ser especialista em tudo: foi sem dúvida um dos imperadores mais talentosos. Escrevia poemas espirituosos, tinha o dom da palavra e trabalhava duro. Suas expedições, da Síria até a Britânia, fizeram dele o mais viajado dos monarcas até a era do vapor. Tinha inveja dos especialistas, mas promovia pessoas talentosas, travando atrevidos duelos verbais com poetas. Quando uma mulher lhe fez uma petição e ele disse que talvez não tivesse tempo de ler, ela replicou: "Então não seja imperador". Diante disso, ele a louvou e concedeu-lhe uma audiência. Mas esse agitado e incansável imperador também era tão letal quanto sutil, liquidando inimigos com rapidez e empregando espiões — os *frumentari*, ou comissários — que lhe faziam relatórios sobre a vida pessoal de seus subordinados, sempre um conhecimento útil. Podia ser pomposo, pedante e melindroso, e nunca perdoou o arquiteto de Trajano, que, ao ver seus desenhos de domos, lhe disse: "Fique longe disso e continue desenhando cabeças. O senhor não entende dessas coisas". Adriano, mais tarde, mandou matá-lo.[13] E, certa vez, apunhalou um secretário escravizado no olho, cegando-o.

Ele adorava a sogra, Matídia, que deificou assim que morreu (atitude não muito comum para um genro), mas seu casamento com a filha dela, Sabina, passava por dificuldades, embora ele insistisse que ela o acompanhasse em suas viagens. Em 119-21, numa viagem à Germânia e à Britânia, onde construiu sua muralha, atravessando o norte, o relacionamento entre os dois entrou em crise. Seu secretário-chefe, Suetônio, nascido na África, amigo de Plínio e então com quarenta anos, era um ex-arquivista de Trajano que havia peneirado os papéis imperiais para compilar seu *A vida dos doze césares*. Ele foi acusado de ter um caso com Sabina, na época com trinta anos. Plínio disse que ele era "tranquilo e estudioso", mas, a julgar pelo olho que tinha para materiais escandalosos (foi também o autor de uma obra-prima desaparecida, *Sobre as cortesãs*), era uma companhia divertida. O historiador foi dispensado e em seguida desapareceu. Teria Adriano o matado discretamente?

Sabina continuou a acompanhar o marido em suas viagens: na Bitínia, ele se apaixonou por um belo rapaz grego, Antínoo, de catorze anos, que se tornou uma companhia permanente. Viajando em 129 pela Judeia, em visita às ruínas de Jerusalém, e lembrando-se das contínuas rebeliões dos judeus, ele decidiu construir um santuário para Júpiter no local do templo e uma cidade romana no lugar da Cidade Sagrada, que ele chamou de Aelia Capitolina, ou Élia Capitolina (numa alusão à sua própria família, Aelius — ou Élio — e ao Templo de Júpiter no monte Capitolino). Seguindo para o Egito, ele celebrava o festival de Osíris — que marca a morte do deus egípcio e seu renascimento como as águas do Nilo — quando, de algum modo, Antínoo, então com vinte anos, afogou-se, seja por acidente, suicídio, num ritual que deu errado ou num sacrifício em troca da vida de Adriano. Abalado, o imperador fundou uma nova cidade, Antinópolis, em torno do túmulo do amante, e depois estabeleceu um culto no império para celebrar a vivificante morte do divino jovem. O culto tornou-se popular, evidenciando que a narrativa de um jovem sacralizado, que oferecia a salvação mediante a própria morte e ressurreição, era convincente. Mas a sorte de Adriano mudou naquelas águas nilóticas.

Os severanos e os zenobianos:
Dinastias árabes

OS EUNUCOS, O FILÓSOFO IMPERIAL E A PANDEMIA

Enquanto visitava a Grécia, celebrando os rituais da cultura grega e se projetando como um novo Péricles, Adriano incorporava também um outro herói, Antíoco Epifânio. Já em Jerusalém, a construção de Aelia Capitolina no sítio do templo judaico desencadeara uma nova revolta, liderada por um autodeclarado príncipe de Israel, Simão Bar Kochba, que aniquilou uma legião romana e ameaçou a segurança de todo o leste. Correndo de volta para a Judeia e convocando da Britânia seu melhor general, Adriano supervisionou o início de uma dura campanha, retomando o controle da cidade em 135, matando 580 mil judeus e escravizando 97 mil, um número tão alto que provocou uma queda no preço dos escravos. Mas Adriano insistiu em construir Aelia e baniu os judeus da Judeia, que renomeou como Palestina, numa alusão aos filisteus. Os judeus amaldiçoaram Adriano, mas, após essa terceira catástrofe, que se seguiu à destruição de Jerusalém em 586 a.C. e em 70 d.C., os judeus, estabelecendo-se em grandes números em Alexandria e na Hispânia, sobreviveram tanto como religião quanto como povo, jamais perdendo sua ligação com Jerusalém e a Judeia, bem como sua reverência por esses locais.

Ao voltar para sua vila em Tivoli, Adriano, aos sessenta anos, sofrendo de arteriosclerose, adoeceu e começou a se preocupar com a sucessão. Seu sobrinho-neto, Pedânio Frusco, com o apoio de seu distinto avô nonagenário, Servânio, esperava ser o nomeado, mas em vez dele Adriano optou por um festivo aristocrata, Ceiônio. Quando Pedânio e Servânio começaram a resmungar, ou talvez até mesmo a tramar, Adriano mandou executar o rapaz e obrigou o ancião a se matar, o que ele fez, amaldiçoando o imperador, declarando que ele iria "ansiar pela morte, mas seria incapaz de morrer". E foi de fato o que aconteceu.

Sofrendo amargamente, Adriano desenhou um círculo em torno do mamilo como se fosse o centro de um alvo e implorou a um escravo que o matasse, mas sem sucesso. O imperador não perdera completamente sua verve e escreveu brilhantemente sobre a morte.[1] Em 138, Ceiônio morreu jovem, e depois disso Adriano criou à sua volta uma nova família adotiva para governar no futuro. Primeiro ele adotou como filho um decente e eficiente procônsul, Antonino, de 22 anos, a quem exigiu que por sua vez adotasse Lúcio, filho do falecido Ceiônio, e Marco Ânio Vero, de dezesseis anos.

Adriano fora muito próximo da família Vero desde sua infância na península Ibérica. O avô de Marco, outro respeitado procônsul, era um dos amigos em quem o imperador confiava, um sutil político veterano, aclamado em sua inscrição em mármore pelo talento em "fazer malabarismo com bolas de vidro" — uma perfeita definição da política, tanto na época quanto hoje. "Com meu avô Vero", escreveu Marco mais tarde, "aprendi a ser afável e a ter um temperamento doce." Alguma coisa em Marco Vero impactara Adriano, que apelidou o rapaz de Veríssimo. Antonino era também o tio-avô de Marco. Tratava-se de uma rede familiar intricada, mas bem concebida.

Em 138, Adriano, denunciando a mortífera inépcia da medicina — "Muitos médicos mataram o rei" —, finalmente morreu. O imperador Antonino Pio trouxe Lúcio e Marco para o palácio e lhes deu como tutores os melhores mestres de Roma. Enquanto Lúcio era um playboy, Marco era um filósofo, que usava as ideias gregas do estoicismo como guia de vida para um aprendiz de imperador. Esperando-se que morresse por volta dos cinquenta anos, como a maioria dos romanos, Antonino na verdade governou por 23 anos de grande estabilidade. Na maioria dos reinados anteriores, o longo aprendizado de Marco seria insustentável: o imperador acabaria por matar o herdeiro, ou vice-versa. Mas Marco não era ambicioso nem propenso a esse tipo de coisa. Vivendo no antigo palácio de Tibério, no monte Palatino, ele advertia a si mesmo: "Não se deixe cesarizar. Não mergulhe na púrpura — pois isso pode acontecer!".

Em 145, Antonino casou sua filha Faustina com Marco, que, de maneira incomum para um jovem príncipe cercado de escravos, era inocente: "Preservei a flor da masculinidade, não busquei provas de ser viril, até mesmo protelei o tempo". Faustina tornou-se augusta, ultrapassando Marco, que era o césar. A engenhosidade da rede de Adriano estava no fato de permitir que Antonino deixasse o império para a própria filha.

Em 161, os guardas perguntaram ao moribundo imperador qual era sua senha. "Equanimidade", disse ele, e morreu. A equanimidade seria, de fato, o ideal de Marco, que fez de Lúcio seu coimperador — embora ele fosse um homem inepto e impertinente, que percorria o império com um circo de atores e palhaços, tendo chegado a construir uma taberna dentro de sua vila para poder beber e brindar dia e noite.

Faustina passara a maior parte da década anterior grávida e teve catorze filhos, seis dos quais morreram na infância. A mortalidade infantil era alta: apenas 50% das meninas romanas chegavam aos doze anos, e apenas 50% dos meninos chegavam aos sete; a varíola, que provavelmente evoluíra do vírus de um roedor na África pré-histórica, matou muita gente, assim como doenças transmitidas pela água. Marco adorava os filhos, e descreveu uma filha como "um céu sem nuvens, um dia de festa, a esperança bem à mão, alegria total, excelente e impecável fonte de orgulho". Quando um de seus rebentos morreu, ele tentou reagir de maneira estoica: "Um homem reza: 'Como posso não perder meu filhinho?', mas deveria rezar: 'Como posso não ter medo de perdê-lo?'". Sobre a morte, refletiu: "A perda não é nada a não ser mudança". No ano da ascensão do casal, Faustina deu à luz gêmeos. Um deles morreu aos quatro anos, mas o outro, Cômodo, cresceu para ter cabelos dourados e olhos azuis, sendo o enérgico primeiro filho nascido de um princeps governante desde Britânico. A fim de proteger o pequeno Cômodo, Marco casou uma filha com seu coimperador Lúcio e as restantes com maridos que não ameaçariam a sucessão.

Tendo sobrevivido a tantos partos perigosos, Faustina, impetuosa e franca, tornou-se mais distante do cerebral Marco e mergulhou em casos com gladiadores e atores. Marco chegou a flagrá-la com um deles, mas foi tolerante, embora os casos de Faustina fossem mencionados até mesmo nos palcos de Roma. Quando seus ajudantes o aconselharam a exilá-la, ele brincou: "Se eu a mandar embora, teremos de dispensar seu dote também" — o império. Mas as intrigas de Faustina quase custariam a Marco a própria cabeça.

Nenhum imperador romano mereceria tanto um sereno reinado de contemplação filosófica, mas Marcos foi confrontado por guerras em todas as frentes. Do nordeste, tribos germânicas galoparam para o sul e irromperam na Itália; no leste, os partas atacaram a Síria. Lúcio foi enviado para supervisionar um contra-ataque que culminou com o incêndio de Ctesifonte. Ao mesmo tempo, ansioso por tirar partido da derrota dos partas, Marco enviou uma representação à China.

Em 166, emissários de An-dun (Marco Aurélio Antonino), rei de Da Qin (Roma), provavelmente gregos romanizados ou mercadores árabes de um porto do mar Vermelho, chegaram à capital Luoyang para um encontro com o imperador Han — no primeiro contato direto entre os dois impérios. No século anterior, os romanos e os Han haviam estado próximos em vários momentos: quando Trajano visitou Ctesifonte, esteve somente a poucas centenas de quilômetros das guarnições de Ban Yao, filho do protetor-geral Ban Chao. Moedas romanas foram encontradas na China e no Vietnã, mas sobretudo na Índia, sugerindo que a maior parte do comércio ocorreu ali. Levando consigo artigos de marfim, couro de rinoceronte e cascos de tartaruga, além de um ensaio sobre astronomia, os emissários de Marco provavelmente pretendiam discutir o comércio direto de seda, descartando a intermediação dos partas. Mas chegaram bem a tempo de presenciar um grande drama em Luoyang. O imperador Huan, com 34 anos, tomara o controle do reino das mãos de poderosos cortesãos — com a ajuda de eunucos de confiança.

Na China, os candidatos à faca eram por vezes castrados pelas próprias famílias, numa preparação para o serviço na corte, mas outros apresentavam-se fora da corte. Depois de lhes perguntarem três vezes, "Vai ou não se arrepender?", eles eram anestesiados com ópio e imobilizados para a operação — na China, eram não apenas castrados, mas emasculados, perdendo não só os testículos como também o pênis. A ferida levava cem dias para sarar. As taxas de sobrevivência são puro palpite, mas acredita-se que entre 60% e 90% morriam de infecções. Caso sobrevivessem como "não homens", eles se inscreviam para a corte interior. E, pelos serviços prestados aos imperadores, ajudando a esmagar ministros excessivamente poderosos, recebiam títulos e honras. Mas os não homens eram odiados pela sua diferença — com frequência permaneciam pequeninos e tinham vozes agudas e incontinência parcial, urinando por meio de cânulas feitas de pena que mantinham presas nos cabelos — de onde seu apelido, "sacos de urina".

Huandi não conseguiu controlar seus poderosos eunucos, que tramaram contra a imperatriz e fizeram com que ela e todo o seu clã fossem executados por feitiçaria. Quando Huandi morreu, em 168, a imperatriz viúva Dou, com dezoito anos, nomeou o próprio pai, Dou Wu, como regente. Ela decidiu também eliminar as nove concubinas favoritas do falecido imperador, mas os eunucos só a deixaram matar uma delas. O trono ficou vago até o regente encontrar um príncipe Han nas províncias — assim, subiu ao trono, na capital, com onze anos de idade, o imperador Ling. Mas o principal tutor da corte, chefe do serviço civil, Chen Fan, persuadiu o regente a expurgar os eunucos. Dezessete não homens reuniram-se em segredo e "esfregaram sangue nas bocas", numa prece para que o Augusto Céu os ajudasse a aniquilar a família Dou. Os eunucos capturaram a imperatriz viúva e cercaram o regente. Dou cometeu suicídio, sua família foi aniquilada, e Chen Fan foi pisoteado até a morte por coléricos não homens. Os potentados castrados, os chamados assistentes centrais regulares, agora governavam a China — mas um revide antieunucos estava a caminho.

É provável que os emissários de Marco Aurélio estivessem em Kuoyang durante o triunfo dos eunucos, mas não se sabe se conseguiram voltar para casa. Os sucessos de Lúcio contra a Pártia devem ter rendido uma profusão de prêmios, porém isso não foi tudo que ele trouxe de volta.

Uma pandemia tinha atingido a China em sucessivas ondas entre 151 e 161. O mundo era muito mais global do que poderíamos imaginar; a doença foi reportada entre os soldados romanos no cerco de Lúcio a Ctesifonte, e retornou a Roma com eles. Lúcio e Marco comemoraram os triunfos na Pártia, mas logo depois uma peste grassou no império. Marco compreendeu, de modo muito moderno, que a cura e o pânico da peste poderiam ser "muito mais corruptores" do que a doença em si. A pandemia, provavelmente uma cepa de varíola — responsável por um sem-número de mortes ao longo da história —, foi observada pelo médico de Marco, Galeno, um filósofo grego de Pérgamo que estudara medicina em Alexandria. Médico de gladiadores, especializado em tratar e enfaixar feridas infligidas na carne macia pelo frio aço, ele compreendeu que o cérebro era o lugar da alma e que o sangue circulava dentro do corpo. Mas estava definitivamente errado quanto à maior parte das coisas: acreditava que a saúde resultava de quatro humores (sangue, flegma, bílis negra e bílis amarela) e que havia dois sistemas circulatórios diferentes: sua teoria prevaleceu por mais de mil anos, e os médicos constituíram uma ameaça iatrogênica a seus pacientes até o final do século xix. Pelos dois milênios seguintes, onde quer que se lessem as palavras "médicos foram chamados", o melhor a fazer era se preparar para a morte.

Agora acompanhando Marco e Lúcio em sua viagem para o norte, em direção à guerra germânica, Galeno via o exército ser aniquilado pela peste e anotava os sintomas da doença. Nesse período, e durante o segundo surto, alguns anos depois, a taxa de mortalidade foi de 25%, matando 2 mil pessoas por dia em Roma, num total de 250 mil. Roma nunca se recuperou, e a Europa não teve mais cidades com 1 milhão de habitantes até 1800. Aldeias ao longo de todo o império foram esvaziadas, com 10% da população morta e o exército assolado, o que ocasionou uma carência de mão de obra que pode ter afetado a capacidade de encontrar tropas para guarnecer as fronteiras da Germânia e do Danúbio. A peste também atingiu as tribos germânicas, mas elas não viviam em cidades e podiam se realocar facilmente. Os efeitos da doença no enfraquecimento do império foram tão importantes quanto incalculáveis: pandemias são invisíveis e inexplicáveis, mas derrubaram mais impérios do que imperadores dementes e ferrenhas batalhas.

Marcos manteve-se longe de Roma, enquanto Galeno lhe prescrevia um tônico especial feito de teríaca, mirra, carne de cobra e, talvez o mais útil dos ingredientes, ópio extraído do sumo da papoula. No caminho de volta para casa, Lúcio, com apenas 39 anos, contraiu a peste e morreu. Agora Marco concentrou-se em proteger o filho de oito anos, Cômodo, que era cuidado por Galeno.

Em 169, Marco entrou em guerra contra as tribos germânicas, que resistiram, derrotando pelo menos um de seus exércitos e invadindo a Itália e a Grécia. Mas o imperador, que aprendeu a arte militar praticando-a, persistiu, auxiliado por milagres, como um raio que destruiu as armas de cerco germânicas e uma furiosa tempestade que resgatou uma legião sitiada. Por fim vitorioso, ele negociou uma paz em 175, permitindo que muitos germânicos se estabelecessem no império e servissem no exército romano, inclusive as amazonas cujos esqueletos foram encontrados perto da muralha de Adriano, no norte da Britânia.

Marco passou vários anos na linha de frente, meditando sobre o significado da existência.[2] Mas estar ausente de Roma era perigoso. Espalhou-se o rumor de que ele havia morrido, um rumor que chegou a Faustina, cuja prioridade era resguardar a sucessão para Cômodo. Essa notícia falsa foi o primeiro de uma série de mal-entendidos: Faustina escreveu a Avídio Cássio, *rector orientis*, ou vice-rei oriental, para obter seu apoio caso Marco realmente estivesse morto. Deliberadamente ou não, ela havia traído o marido.

O MONSTRO DO FILÓSOFO: CÔMODO

Um déspota cruel, que se autoproclamava descendente de Seleuco, Augusto e Herodes — uma sinistra combinação —, Avídio declarou-se imperador. Mas, no oeste, Marco era popular — e estava muito vivo. Um centurião decapitou Avídio e enviou sua cabeça a Marco, que apenas a mandou enterrar, recusando-se a buscar vingança ("Que nunca aconteça", disse aos senadores, "de qualquer um de vocês ser morto quer por meu voto, quer pelo de vocês"). Em seguida, ele queimou a correspondência de Avídio com Faustina, sem a ler.

De algum modo Marco e Faustina reconciliaram-se, mas logo depois, enquanto viajavam juntos, Faustina morreu, aos 49 anos. Marco a pranteou — "uma mulher tão boa, tão obediente, tão amorosa, tão simples" — e, ao voltar de suas viagens no Oriente, promoveu Cômodo, com apenas quinze anos, a coimperador e cônsul, o mais jovem que jamais existiu. Quando voltou a combater os germânicos, o sorridente diabrete Cômodo esteve a seu lado, mas logo passou a abominar o fastidioso pai. Marco sabia que o rapaz tinha defeitos, mas felizmente os pais são programados para se iludir quanto aos filhos. Muitos adolescentes são mimados, mas no caso de herdeiros imperiais a situação é ainda mais grave. "Se puder, faça-o mudar mediante o ensino; se não, lembre-se de que a generosidade lhe foi dada exatamente para isso", sugeria Marco. "A generosidade é invencível", dizia. "Não, filho, você está prejudicando a si mesmo." Mas o imperador estava diante de um simples mas terrível dilema que só autocratas compreendem: ou escolhia Cômodo como herdeiro e assegurava uma sucessão tranquila ou nomeava outro sucessor e teria de matar o próprio filho ou condená-lo à rebelião e à morte.

Em 179, Marco capturou 40 mil germânicos e comemorou com uma estátua equestre e uma coluna que ainda estão de pé em Roma. Mas logo depois, em Vindobona (Viena), contraiu a peste. Conhecendo bem os sintomas da doença, ele chamou seus cortesãos, repreendeu-os por estarem chorando e em seguida convocou Cômodo, dizendo a seus amigos: "Eis aqui o meu filho, que vocês criaram e que acabou de chegar à adolescência, e precisa de quem o guie pelas tempestades da vida [...]. Vocês devem ser pais para ele, assumir o papel que exerci sozinho [...]. Desse modo, irão prover a si mesmos e a todos os demais um excelente imperador". Os cortesãos devem ter tremido ante a perspectiva de serem liderados por Cômodo. Marco granjeara real afeição e respeito ao aprender a guerrear com aqueles homens. Era um estudioso dos leitos de morte, aqueles estranhos teatros de desintegração do corpo e de transferência política. Marcos viu o filho "presente em seu leito de morte, feliz com o mal que estava acontecendo com ele" e murmurando: "Vamos respirar mais facilmente agora que este mestre-escola partiu". Quando um tribuno lhe perguntou qual era a senha, Marco, aos 58 anos, replicou: "Vá para o sol nascente. Já estou me pondo".

EXTERMÍNIO DE EUNUCOS E A MEGALOMANIA DE EXSUPERATÓRIO

Cômodo era "muito atraente de se olhar, com seu corpo bem-proporcionado e sua beleza máscula, com seus cabelos naturais, louros e cacheados. Quando caminhava à luz do sol, eles brilhavam como fogo (havia quem pensasse que ele os aspergia com ouro em pó antes de sair) [...] e a primeira penugem começava a aparecer em suas faces". Se por um lado os estranhos o admiravam, aqueles que o conheciam melhor antes o odiavam: a primeira conspiração foi liderada por sua própria irmã, Lucila, mas o assassino, o primo dos dois, Quadrado, errou o golpe e foi morto. Lucila foi assassinada. Uma segunda trama deu a Cômodo o pretexto para executar os ministros do pai e em seguida a própria esposa. Um dos conspiradores que haviam se aliado a Lucila fora a filha de um escravo liberto cristão chamada Márcia, ex-amante de Quadrado. De algum modo Márcia não só escapou de ser denunciada como tornou-se amante e conselheira do imperador.

Mas Cômodo possuía um ardiloso instinto para a fraqueza e um grande talento para a manipulação, subornando o exército com dinheiro e com a paz e entretendo as pessoas com espetáculos emocionantes. Divertindo-se em suas irreverentes travessuras, esse cruel bufão cobrava 1 milhão de sestércios para se apresentar como gladiador, tradicionalmente o trabalho de um escravo assassino e, portanto, um modo de projetar um toque popular. Cômodo atuava como um *secutor*, o gladiador de elite que usava um elmo cobrindo todo o rosto, com aberturas para os olhos, uma tanga, um cinturão de couro, uma correia num braço, uma greva numa das pernas, escudo e espada, lutando com um *retiarius*, um gladiador leve que brandia um tridente e uma rede. Ele sempre vencia, mas, quando seus opositores se rendiam, os poupava. Matou cem leões, três elefantes e uma girafa.

Brincadeiras de mau gosto são sempre o recurso dos imbecis; as de Cômodo eram estúpidas e cruéis. Saboreando seu séquito, composto por gigantes e anões, por um lutador brutamontes chamado Narciso e por um homem com um pênis maior do que o de qualquer animal, exceto um elefante, as peças que Cômodo pregava envolviam o ato de cegar e dissecar pessoas. Os espectadores não sabiam se deviam rir desses absurdos ou morder os lábios, aterrorizados.

Em 189, Cômodo se apresentava como Júpiter e Hércules, vestindo uma pele de leão, empunhando uma maça e adotando o extravagante *agnomen* de Exsuperatório (uma palavra deliciosa que significa "supersuperlativo"). Quando se autointitulou Amazônio, fez de Márcia Amazônia. Ela era uma improvável cristã, mas conseguiu proteger o bispo de Roma, Vítor, e libertar cristãos das minas. Ao contrário de seus predecessores, que consideravam o cristianismo uma perigosa *superstitio*, Cômodo o via apenas como apenas outro culto oriental; talvez Márcia o tenha estimulado a ver a si mesmo como um deus reencarnado. Seu desgoverno desencadeou novas conspirações, que alimentaram sua paranoia. A peste voltou com uma vingança; milhares estavam morrendo enquanto as matanças de Cômodo tornavam-se frenéticas. Seus assassinos usavam agulhas previamente contaminadas em feridas provocadas pela varíola, de modo que o assassinado morresse de causas supostamente naturais — talvez tenham sido a primeira arma biológica da história. Agora o imperador planejava um acerto de contas com seus inimigos, no exato momento em que, na China, começava a aniquilação dos eunucos.

Em 22 de setembro de 189, os generais e burocratas decidiram lidar de uma vez por todas com os onipotentes Dez Eunucos, que haviam repetidamente manipulado imperadores fracos e usado de feroz brutalidade para liquidar quem quer que os desafiasse. Quando eles puseram no trono um imperador menino e aniquilaram seus inimigos, os generais decidiram acabar com todos os não homens. Assim, cercaram o Palácio do Norte e atearam fogo no portão para obrigar os eunucos a saírem, devido à fumaça. Três dias depois, atacaram o palácio e mataram todos os eunucos que conseguiram encontrar — por volta de 2 mil. Qualquer um que aparecesse sem a genitália masculina (exceto as mulheres) era decapitado, e assim meninos e adolescentes tinham de provar sua integridade física baixando as calças e revelando seus pênis. O todo-poderoso enuco Zhang conseguiu pôr as mãos no menino imperador Shao e fugir na direção do rio Amarelo, mas eles foram caçados e encurralados. "Estamos sendo destruídos e o caos há de irromper no império", disse o eunuco. "Sua Majestade, por favor, cuide--se!", disse Zhang, e jogou-se no rio.

O poder dos Han desapareceu com seus eunucos. Quando o general Dong Zhuo encontrou o imperador e seu irmãozinho, eles viajavam numa carroça camponesa, quase sozinhos, junto ao rio Amarelo. Todo um sistema cósmico chefiado pelos imperadores Han foi despedaçado pelas rebeliões camponesas. "O veado estava correndo solto", segundo a vívida expressão chinesa usada para descrever o caos, e seriam necessários quatro séculos até que alguém o pegasse e uma família voltasse a unir a China.[3]

Em dezembro de 192, em Roma, Cômodo, com apenas 29 anos, reuniu um bando de gladiadores para executar cônsules e aterrorizar Roma. Mas ele tinha ido longe demais.

HELIOGÁBALO EM TRANSIÇÃO: UM IMPERADOR AFRICANO
E TRÊS IMPERATRIZES ÁRABES

Enquanto relaxava no banho, Cômodo escreveu sua lista de alvos e a entregou a seu amado escravo Filcommodus (Amacômodo). Sua megalomania grassava, furiosa, e sua administração estava em desordem, enquanto governava por intermédio da amante, Márcia. Seus criados passaram a ser o camareiro Eclecto e um pretoriano violento e ameaçador chamado Leto.

Em 191, Cômodo declarou-se "pacificador do mundo", renomeou todos os meses do calendário com base no próprio nome e rebatizou Roma como Colônia Comodiana. Quando planejou um massacre em 1º de janeiro de 192, Márcia aconselhou cautela.

Amacômodo mostrou a ela a lista de alvos do imperador, e Márcia viu que seu nome estava no topo. "Muito bem, Cômodo", disse ela, dando início a uma conspiração com seu amante, Eclecto. "Que recompensa pela gentileza com que o agraciei e pelos insultos bêbados que suportei todos esses anos. Um bêbado não é capaz de derrotar no jogo uma mulher sóbria."

Márcia decidiu envenenar Cômodo e proclamar o prefeito da cidade, Pertinax, imperador. Enquanto isso, Cômodo praticava jogos nos quais decepou a cabeça de uma avestruz. Então, relembrou uma testemunha, "ele veio até onde estávamos sentados segurando a cabeça na mão esquerda e erguendo com a direita a espada ensanguentada". Sem dizer nada, o imperador deu um largo sorriso, os olhos brilhando de maneira estranha e assustadora.

Em 31 de dezembro, Márcia trouxe a Cômodo, em seu banho, um cálice de vinho envenenado. Exsuperatório começou a vomitar, ao que Márcia enviou o gladiador Narciso para estrangulá-lo com a corda de seu roupão. Pertinax foi proclamado imperador e Márcia casou-se com Eclecto. Mas os três foram mortos nas guerras civis que se seguiram, das quais surgiu uma dinastia, liderada por um imperador africano e uma imperatriz árabe.

Com uma barba espessa e encaracolada no estilo grego, Sétimo Severo, nascido na África de uma família berbere cartaginesa, ascendera rapidamente sob Marco graças à pandemia. Aos quarenta anos, servindo na Síria, casou-se com uma moça árabe, Júlia Domna, princesa de Emesa (Homs), com a qual teve filhos gêmeos.[4] A partir de 193, quando foi aclamado imperador, fez campanhas no leste e no oeste e ampliou o império à sua maior extensão, sempre acompanhado por Domna.

Em 208, Sétimo Severo invadiu a Caledônia (Escócia), onde lutou até o ponto mais ao norte, só conseguindo manter, porém, o centro. Em seguida, promoveu seu robusto filho mais velho, Caracala (que ganhou este apelido por usar um rústico capuz caledônio), a coimperador, seguido de seu irmão Geta. Mas os dois rapazes se odiavam. Recuando para Eboraco (York), frustrado pelos caledônios, Sétimo planejou um genocídio: "Que ninguém escape da destruição total [...] nem mesmo um bebê macho no útero". Domna criticou de forma pública a promiscuidade das escocesas. "Nós atendemos ao chamado da natureza muito melhor do que vocês, romanas", replicou a mulher do chefe escocês, "porque esposamos os melhores homens, enquanto vocês, secretamente, são alvos do escárnio dos piores." Em York, o imperador adoeceu e morreu, advertindo os filhos: "Sejam harmoniosos, paguem os soldados, desprezem todos os outros".

A mãe dos rapazes trabalhou pela unidade da família, mas, em Roma, Caracala ordenou o assassinato de Geta. Domna tentou defendê-lo, mas ele foi morto em seus braços. Caracala garantiu cidadania a todos os homens livres no império, a despeito de sua classe ou raça, exibindo uma tolerância que ajudou no êxito de Roma — impérios racialmente inclusivos são mais duradouros. Mas os planos de Caracala eram maximizar as receitas provenientes de impostos, financiar seus gigantescos banhos públicos e a invasão da Pártia. Deixando a mãe na Síria para governar, ele marchou sobre a Pártia, mas foi assassinado por um oficial insatisfeito. Domna, aos 57 anos, padecia de um devastador câncer de mama e cometeu suicídio, mas sua irmã Júlia Mesa assumiu a liderança da família e logo nomeou seu neto de catorze anos, Heliogábalo, sacerdote do santuário da família, imperador, alegando que ele era filho de Caracala com a irmã dela.

Augusta Mesa governou com a filha, ambas integrantes do Senado, enquanto Heliogábalo explorava sua identidade sexual e religiosa. Tendo se casado cinco vezes, ele chocou os romanos com seus deuses sírios, danças sagradas e excêntrica sexualidade, ao se apaixonar por seu auriga Hiérocles — "Estou encantado", disse, "por ser a amante, esposa e rainha de Hiérocles" — e por um bem-dotado lutador chamado Aurélio Zótico, a quem disse: "Não me chame de senhor, sou uma dama", antes de pedir a seus médicos que o provessem cirurgicamente de uma vagina. É possível que tenha sido meramente circundado, prática adotada por judeus e árabes. Muito disso, porém, era apenas propaganda antioriental. Quer tenha sido de fato o primeiro transexual ou apenas um rapaz sírio apaixonado por um auriga musculoso, sua religião oriental ofendeu muitos romanos.

Quando Heliogábalo, então com dezoito anos, voltou-se contra seu herdeiro, o primo em primeiro grau Alexandre Severo, um tipo mais convencional, os pretorianos exigiram que fosse morto. Em 222, sua avó septuagenária Mesa concordou que a filha e o neto fossem mortos, e ambos foram decapitados, seus torsos nus jogados no Tibre. Criado para a realeza, Alexandre Severo, estulto e imberbe, foi dominado primeiro pela mortífera avó, e, após a morte desta, por sua mãe, Mameia, a terceira potestade da família, que acompanhava o imperador até mesmo na guerra. Mameia foi atraída para o cristianismo, estudando com o sábio alexandrino Orígenes, que mais do que provara suas credenciais ascéticas ao castrar a si mesmo. Mas Mameia e Alexandre encontravam dificuldades para resistir aos ataques germânicos e partas. Em 235, na linha de frente germânica, ao enfrentar um motim do exército, mãe e filho — agarrados um ao outro em sua tenda — foram mortos juntos, lançando o Estado em sua maior crise desde Aníbal, um eclipse que beneficiou o novo potentado persa, Ardashir (Artaxes).

Ninguém sabe quais eram suas verdadeiras origens, mas a integridade de sua nova dinastia foi provada, bizarramente, pela oferta de um par de testículos.

O XÁ, O IMPERADOR ESTUFADO E OS TESTÍCULOS SALGADOS

Neto de um sacerdote-príncipe zoroastriano chamado Sasano, Ardashir era um senhor da guerra e da paz, primeiro assumindo o controle da antiga Pérsia, depois restaurando a fé zoroastriana e identificando-se como o escolhido do deus Ahuramazda. Em 220, ele matou o rei parta e casou-se com uma de suas filhas, oferecendo aos senhores partas a oportunidade de se juntar a seu Iranshahr — o Império Iraniano. Na turbulência das primeiras guerras que enfrentou, sua esposa grávida Mirdad era protegida por Abarsam, um sicário acusado de ser o pai do bebê. Esperando provar a integridade da linha real, Abarsam fez-se castrar e enviou ao rei seus testículos numa caixa com sal — sem dúvida um exemplo exagerado de protesto.

Prometendo butins e glórias na guerra contra os sitiados romanos, Ardashir, acompanhado do filho adolescente Shapur, atacou a Síria, aperfeiçoando a força que viria a ser a contribuição sassânida para a arte da guerra: os cavaleiros em armadura de sua cavalaria pesada, conhecidos como catafractários, capazes de romper a infantaria romana. Então ele tomou as fortalezas de Nísibis e Hatra, garantindo o entreposto comercial de Charax, no golfo Pérsico, e assumindo o controle das rotas terrestres e marítimas para a Índia. Em seguida, cavalgou para o leste a fim de aniquilar os kushan. Quando seu pai morreu, em 240, Shapur devastou o leste romano.

Dois dos empregados do xá seriam especialmente importantes: Kirder, um combativo mago zoroastriano, e Mani, um profeta aristocrático de contexto judaico-cristão que fundou uma nova religião, em torno da luta entre o bem e o mal, inspirada nas visões de uma voz sagrada conhecida como Gêmeo. O maniqueísmo disseminou-se não apenas na Pérsia, mas também na China e em Roma — uma religião que poderia, em vez do cristianismo, ter se tornado uma das grandes religiões do mundo. Mani converteu o irmão do rei, Peroz, e muitos outros, e Shapur permitiu que ele pregasse livremente sua fé. Kirder exigiu um expurgo dos hereges, mas o xá estava concentrado em derrotar Roma.

Três imperadores romanos pereceram na luta contra Shapur, e pelo menos um deles teve de se submeter ao rei dos reis. O golpe mais cruel veio em 260, quando Shapur derrotou e depois capturou o imperador Valeriano "com as próprias mãos" — segundo ele próprio, antes de tomar a capital romana do Oriente, Antioquia. Valeriano foi usado por Shapur como escadote de montaria e depois esfolado vivo. Em seguida, teve a pele pintada de vermelho e foi empalhado e exibido num templo.

Quando Roma entrou em guerra civil, parecia que a Pérsia ia substituí-la no leste — até que uma conquistadora árabe mudou o Jogo Mundial.

ZENÓBIA E CONSTANTINO

Quando Shapur estava voltando, carregado de butins, Odeinat, governante de Palmira, declarou-se rei e o atacou, derrotando-o perto de Samosata. Com sua barba encaracolada e um diadema grego, Odeinat (Odenato, para os romanos), aos quarenta anos de idade, era um príncipe mercante árabe, rás — chefe (*rais*), em árabe — e exarca de Palmira, um entreposto comercial no deserto com 200 mil árabes, arameus, gregos e romanos que ficaram ricos com as caravanas de comércio oriental, suas ruínas ainda magníficas mesmo hoje. Odeinat era casado com uma moça árabe-grega, Zenóbia, descendente dos Ptolemeu e aparentada com Cleópatra — mas suas conquistas fariam a rainha egípcia parecer insignificante.

"Seu rosto era escuro, moreno", escreveu um historiador romano, "seus olhos eram negros e poderosos, seu espírito divinamente elevado, e sua beleza, incrível. Seus dentes eram tão brancos que pareciam pérolas." Depois de se casar com o exarca, por volta dos catorze anos, ela contratou um tutor greco-sírio chamado Longino para lhe ensinar filosofia grega.

Odeinat recapturou então Edessa e Emesa para Roma, e mais tarde, em 262, reunindo um grande exército de arqueiros palmirenses, catafractários e cavaleiros árabes, invadiu a Pérsia, cercando Ctesifonte. Aclamado deus pelos palmirenses e recompensado pelo último e fraco imperador com o título de Corrector Totius Orientis, ou vice-rei oriental, teve reconhecido o *agnomen* Pérsico Máximo, mas em vez disso declarou-se rei dos reis, representando a si mesmo como o caçador divino que havia matado dois tigres — Roma e Pérsia. Em 267, quando uma horda de nômades, os godos, fazendo sua primeira aparição na história, atacaram a região da Síria/Iraque, Odeinat os repeliu, mas foi então assassinado por um sobrinho insatisfeito, que tinha sido humilhado durante uma caçada real e agora tomava a Coroa — por um dia. Zenóbia, então com 25 anos, estava com ele. Ela mobilizou o exército, matou o sobrinho e se apoderou do trono, coroando seu filho infante Vabalato (Wah-ballāt, ou Dádiva de Alat, uma deusa árabe). Ao longo de um espantoso período de três anos, ela tomou Antioquia, onde estabeleceu uma corte, aconselhada por Longino, seu filósofo, e, no comando de um exército de 70 mil homens, dirigiu a conquista dos atuais Líbano, Síria, Türkiye, Israel, Arábia e Egito — no exato momento em que Shapur, vencedor de tantos imperadores, morria, deixando Zenóbia na posição de líder incontesto, e a Pérsia paralisada pelo cisma religioso.[5]

Em 272, Zenóbia declarou-se augusta (imperatriz), e seu filho augusto. Mas, no oeste, um dinâmico general romano, Aureliano, primeiro expulsou os violentos bárbaros da Itália, depois marchou para leste a fim de retomar o Egito, e então a Síria, derrotando Zenóbia em Emesa (após ter uma visão de Sol Invicto, que lhe prometeu a vitória). Ao tentar escapar num camelo, Zenóbia foi capturada.[6] Um jovem oficial romano chamado Constâncio Cloro servia no exército de Aureliano quando da tomada de Palmira. Seu filho mudaria radicalmente o mundo.

Nascido numa família humilde na Dácia Romana (Sérvia) em 250, Constâncio chamou a atenção do imperador, que fez dele um de seus guarda-costas. Numa taberna no leste, Constâncio conheceu uma moça grega da Bitínia chamada Helena, com quem se casou, e, enquanto governava a Dalmácia, ela deu à luz um filho, Constantino. É provável que Helena já fosse uma seguidora da seita cristã. Ousado, com um queixo proeminente e pontudo e um corte de cabelo ao estilo de César — um típico general romano —, Constantino não era cristão. Em vez disso, reverenciava Sol Invicto, o deus que ajudara Aureliano a derrotar Zenóbia.

Após o assassinato de Aureliano, Constantino apoiou um novo candidato ao trono, Diocleciano, um general dálmata que lutou para repelir ou absorver tribos que migravam em grandes ondas das estepes orientais. Godos, saxões, samaritanos, francos e germânicos sondavam suas fronteiras, em ruidosos fluxos: cada aterrorizante invasão era também uma fuga aterrorizada de uma invasão ainda mais aterrorizante. Atrás de godos e francos vieram os hunos, que agora atacavam a Pérsia oriental.

Em 285, Diocleciano, dando-se conta de que sua tarefa era enorme demais para um só homem, elevou um general, Maximiano, a coaugusto. Enquanto Diocleciano governava o leste a partir da Nicomédia (próxima ao Bósforo), Maximiano, baseado em Mediolano (Milão), promovia Constantino a governador da Gália.[7] Constâncio casou-se com a filha de Maximiano, sem jamais rejeitar Helena e o filho Constantino. E a conexão mostrou-se valiosa quando os dois augustos nomearam dois césares — Constâncio no oeste, Galério no leste —, criando uma tetrarquia, um governo de quatro governantes.

Constâncio atacou primeiro os francos e outras tribos germânicas, depois invadiu a Britânia, liquidando Caráusio. Seu filho de vinte anos, Constantino, acompanhou o imperador Diocleciano até o Egito e a Babilônia. Constantino, com suas feições bem marcadas, impressionou o imperador, que o casou com sua sobrinha; ela deu à luz seu primeiro filho, Crispo.

Por que Roma estava em crise? Diocleciano acreditava que os deuses estavam insatisfeitos, não só porque a antiga religião estava sendo negligenciada, mas também por conta da disseminação de novas superstições. Em Antioquia, ele e César Galério ordenaram que harúspices (sacerdotes que prediziam o futuro pelo exame das entranhas de animais sacrificados) abatessem animais e interpretassem os augúrios. Mas alguma coisa estava errada, e Diocleciano acreditava que havia cristãos em demasia. Assim, ordenou que todos fizessem sacrifícios para os deuses e os imperadores. Quando os cristãos se recusaram, a matança começou. Cristãos e maniqueístas foram esfolados, queimados e decapitados. Quando o palácio de Diocleciano em Nicomédia pegou fogo, o terror se intensificou. Constâncio, que tinha uma mulher cristã, Helena, e era ele próprio inclinado ao culto de Sol Invicto, ficou quieto, enquanto, no séquito de Diocleciano, seu filho Constantino lamentava em silêncio os "éditos de sangue" contra os "cultuadores de Deus". Ele estava prestes a experimentar uma momentosa conversão.

ATO IV

200 MILHÕES

Casas de Constantino, Sasano e Coruja Lança-Dardos

Em 304, Diocleciano desmaiou em público e decidiu se aposentar, o primeiro imperador a jamais fazer isso; assim, recolheu-se para cultivar repolhos em seu palácio em Split (Croácia).[1] Obrigando Maximiano a fazer o mesmo, Diocleciano promoveu Constâncio e Galério a augustos, do oeste e do leste. Intuindo perigo por parte de Galério, Constantino galopou para o oeste. Depois de se reunir com o pai na Gália, eles seguiram para a Britânia a fim de combater os pictos, mas, em 306, em York, Constâncio morreu, e um rei germânico proclamou Constantino o novo augusto. Assumindo o controle da Britânia, da Hispânia e da Gália, Constantino, aos 34 anos, repeliu um ataque franco e capturou seus reis, que atirou aos leões no anfiteatro de sua capital, Triers. Musculoso e robusto, mandíbula proeminente, nariz achatado e covinha no queixo, Constantino liderava à frente de suas tropas e matava quem se pusesse em seu caminho, mas também era um homem ponderado e cauteloso.

Maximiano apoiou o filho Maxêncio a se tornar imperador e ofereceu a bela filha adolescente, Fausta, a Constantino, cuja primeira mulher havia morrido. O casal teve três filhos, mas a aliança com a família tornou-se frágil. Depois que o sogro tentou assassiná-lo, Constantino manobrou melhor e forçou o velho imperador a cometer suicídio. Fausta estava agora presa a um marido que efetivamente matara seu pai — enquanto seu irmão, Maxêncio, ainda governava a Itália.

Constantino emitiu éditos de tolerância religiosa insinuando simpatia pelo cristianismo, abraçado por sua mãe Helena. Em 312, quando estava perto de um templo dedicado a Sol Invicto, viu um anel em torno do sol. Os cristãos insistiam que Jesus era a "luz do mundo" — o sol —, e Constantino concluiu que havia recebido um sinal de Cristo. Ao marchar para a Itália, ordenou a suas tropas que inscrevessem as duas primeiras letras gregas da palavra "Cristo" — Χρ — em suas bandeiras.

Quando Constantino avançou sobre Roma, Maxêncio perdeu toda a confiança e escondeu suas insígnias reais, inclusive um primoroso cetro com uma orbe azul representando o mundo, no monte Palatino. Na ponte Mílvia, Constantino derrotou o irmão de sua esposa, que caiu de seu cavalo dentro do Tibre; sua cabeça foi depois levada num desfile por Roma na ponta de uma lança.

Constantino revelou-se então um simpatizante do cristianismo. Embora as certezas morais absolutas da seita descartassem um compromisso com o panteão romano, o imperador agiu lentamente, construindo novas igrejas no local do túmulo de são Pedro e uma esplêndida basílica em Latrão, que ainda sobrevive. Seu arco do triunfo, porém, ostentava a figura de Sol Invicto, "companheiro do inconquistável Constantino". E, como a vitória é sempre o mais persuasivo argumento religioso, o imperador acreditou que Cristo tinha vencido suas batalhas por ele.

Constantino governava apenas o Império Ocidental. Licínio, seu colega augusto, governava o leste. Em 313, os dois augustos se encontraram, e Constantino casou sua meia-irmã Constância com Licínio. Mas o império era pequeno demais para dois governantes. Quando ocorreu o confronto, em 324, Constantino, ligeiramente ferido, esmagou Licínio nas proximidades da antiga cidade grega de Bizâncio. Sua irmã Constância, mãe de seu sobrinho, negociou a rendição do marido — mas Constantino matou discretamente tanto ele como a criança. Não era santo.

Constantino agora surgia como um imperador cristão, promovendo a hierarquia da Igreja em paralelo à do Estado e impondo uma nova moral: aboliu a crucificação em honra a Jesus, baniu os jogos mortíferos, fortaleceu a instituição do casamento, desincentivou o adultério, fez do domingo o sabá cristão, fixou as datas do Natal (já celebrado no hemisfério norte como o solstício de inverno) e da Páscoa e perseguiu os judeus, que chamava de "assassinos do Senhor".[2]

Acostumado a ser um governante divino, Constantino se classificava no alto da hierarquia entre Deus e o homem, considerando-se o 13º apóstolo. Mas agora era obrigado a lidar com os fissíparos debates sobre o relacionamento entre Deus, Cristo e o Espírito Santo, que já estavam levando a conflitos cruéis. Até que ponto ia a divindade de Jesus? Muitos cristãos consideravam todos os três divinos, mas o sacerdote alexandrino Ário acreditava que Jesus era um ser humano com um toque divino, subordinado a Deus. A salvação era uma questão de vida ou morte; facções travavam debates cristológicos nas ruas de Alexandria. Constantino ordenou que se queimassem os escritos de Ário e ditou uma fórmula de compromisso em Niceia que se tornou a ortodoxia. Uma religião que acreditava numa verdade absoluta e numa rota inabalável para a salvação não podia fazer concessões.

Constantino descobriu que era mais difícil regular os cristãos do que qualquer outra coisa.[3] Exceto sua própria família.

Em 326, ele prendeu o filho mais velho, César Crispo, e ordenou que fosse morto por envenenamento. De algum modo, sua mulher, Fausta — mãe de três filhos do imperador e de duas filhas —, estava implicada. Ou Crispo havia conspirado com sua glamorosa madrasta ou havia tido um caso com ela. Ao que parece, ela o denunciou ao marido. Tinha dado à luz um filho apenas três anos antes, de modo que seu casamento pelo menos encontrava-se ativo. Mas Constantino tinha matado seu pai e seu irmão, algo que pode lançar uma sombra sobre qualquer união.

Um ano após a execução de Crispo, Constantino ordenou a prisão de Fausta. A mãe do imperador, Helena (agora com 75 anos), havia feito uma intervenção sinistra: criticou-o pela morte de Crispo e o convenceu de que o rapaz fora seduzido e enganado por Fausta. Como resultado, esta foi fervida até a morte nos banhos de vapor. É irônico que essa mortífera sogra tenha se tornado uma santa cristã. Helena, promovida a augusta, foi enviada numa missão imperial para descobrir relíquias de Jesus em Aelia Capitolina, outrora conhecida como Jerusalém.

A mais exitosa arqueóloga de todos os tempos, Helena rapidamente identificou o local da crucificação de Jesus e de seu túmulo, abaixo do Templo de Vênus construído por Adriano. Em seguida, descobriu pedaços da própria Cruz Verdadeira e por fim encomendou a transformação de Aelia numa cidade santa cristianizada, peça central de uma nova Terra Santa cristã, na qual esplêndidas igrejas marcavam os eventos finais da vida de Jesus, enxertadas por cima de sua desacreditada santidade judaica.[4] Helena brandia uma carta do filho — uma das muitas nas quais podemos ouvir sua voz enfática, grandiloquente: "Nada me importa mais do que a melhor maneira de adornar, com uma esplêndida estrutura, o lugar sagrado que, sob orientação divina, libertei do imenso peso de um imundo culto idólatra". O Templo de Vênus foi demolido, substituído por uma basílica para marcar o Santo Sepulcro e o Gólgota, e uma igreja foi também construída no local de nascimento de Jesus em Belém. Mais tarde, Helena entregou a Constantino os fragmentos da Cruz Verdadeira e os pregos da crucificação, que aplicou em seu elmo e em sua brida.

Quando ela morreu, nos braços do filho, Constantino já tinha decidido fundar uma nova capital no leste. Depois de considerar e rejeitar Troia, Calcedônia e Tessalônica, em maio de 330 ele inaugurou uma nova cidade no lado europeu do Bósforo, em Bizâncio, com seu soberbo porto e sua defensável península — bem em frente ao local da vitória sobre Licínio. Afirmando ter sido instruído por Deus a dar a ela seu próprio nome — Constantinopla —, ele planejou uma nova Roma, com seu próprio Senado, mas também uma capital imperial cristã. Seu palácio ficava na acrópole. Enormes basílicas cristãs competiam com um imenso hipódromo e um fórum, onde, no topo de um pilar de pórfiro, apresentava-se o próprio imperador — nu, no estilo pagão, irradiando raios de sol.

Sua conversão tornou o cristianismo tão atraente e poderoso quanto o próprio Império Romano: o poder é sempre a estrela-guia da fé. Três séculos depois da obscura morte de Jesus, Cristo tornava-se agora a principal figura moral da civilização do Ocidente: milhões se converteram. Em 319, a Cártlia (Geórgia), vizinha de Constantinopla, seguiu seu exemplo,[5] enquanto, na África, Ezana, rei de Aksum (Eritreia/Etiópia), que tinha destruído o reino de Kush e se expandido para o Iêmen, havia muito interagia com mercadores e missionários de Alexandria. Por volta de 350, ele também se converteu. Mas a conversão de Constantino levou a novas tensões com a Pérsia, onde os sassânidas coalesciam em torno do ventre de uma rainha grávida.

O EMBRIÃO COROADO E O IMPERADOR PAGÃO

Em 309, integrantes da nobreza persa assassinaram seu rei e coroaram o feto ainda não nascido — o rei embrião — dentro do ventre da rainha, sem saber se o bebê seria do sexo masculino.

Eles tiveram sorte: o bebê veio a ser Shapur II, que, na época da fundação de Constantinopla, havia surgido como um enérgico autocrata. Shapur passou seus primeiros anos castigando as tribos árabes lakhmidas do Iraque, que recrutou, como aliadas, sob a chefia de Amr, o autoestilizado rei de todos os árabes,[6] e depois, mal saído da adolescência, conseguiu manter afastados os hunos. O cristianismo de Constantino fez Shapur questionar a lealdade de seus muitos cristãos. A Armênia, ela própria cristianizada, pediu o auxílio do imperador romano, que se preparou para a guerra. Constantino já havia proclamado césares seus três filhos com Fausta, além dos filhos de seu meio-irmão, enquanto um sobrinho, Anibaliano, tornou-se rei dos reis, prospectivo governante da Pérsia. Quando seguia para o leste, porém, Constantino, então com 65 anos, sentiu que estava doente, por isso enviou Constâncio, seu filho do meio e favorito, para repelir Shapur. Quando Constâncio, ainda adolescente, soube que o pai estava morrendo, apressou-se a voltar. Constantino foi batizado em seu leito de morte, enquanto Constâncio organizava um massacre familiar dos meios-irmãos e dos seis sobrinhos do imperador falecido.

Os três filhos reuniram-se para dividir o império: Constantino II, o mais velho, então com 21 anos, que se considerava o herdeiro principal, ficou com a Britânia, a Hispânia e a Gália; Constante, com a Itália e a África; e Constâncio, com o leste, onde logo deteria Shapur. No entanto, os irmãos logo se desentenderam, e dois foram mortos, deixando Constâncio como único imperador. Mas ele estava agora desgastado e sem recursos.

Apenas dois constantinianos homens haviam sobrevivido à hecatombe familiar — seus primos Galo e Juliano, que viviam tranquilamente em uma propriedade na Capadócia, felizes por estarem vivos. Galo era ambicioso; Juliano evitava a política e estudava filosofia. Constâncio elevou Galo a césar, e ele, imprudentemente, presidiu os jogos em Constantinopla, uma prerrogativa dos augustos. Constâncio mandou decapitá-lo e considerou se deveria matar Juliano também. A mulher do imperador, Eusébia, uma macedônia instruída e gentil, trouxe então Juliano ao imperador. Constâncio concordou em deixá-lo estudar filosofia em Atenas, onde ele rejeitou o cristianismo e abraçou o culto de Sol Invicto.

Constâncio precisava de um parceiro no oeste, embora desconfiasse da popularidade de Juliano. Porém, incentivado por Eusébia, elevou Juliano à condição de césar e o enviou à Lutécia (Paris).

Juliano surpreendeu a todos (sobretudo a si mesmo) ao derrotar os alamanos, mas, em 360, Shapur atacou o leste, apoiado por um exército de auxiliares hunos. A essa altura, os exércitos, tanto o romano quanto o persa, já dispunham de grandes corpos de "bárbaros". Constâncio ordenou a Juliano que enviasse metade de suas legiões para o leste. Juliano acabara de perder sua única aliada, Eusébia, vítima de uma overdose de drogas para fertilidade. Em Paris, foi declarado augusto. Constâncio voltou correndo para destruí-lo, mas morreu no caminho devido a uma febre.

Agora único imperador, Juliano fez o império voltar para o paganismo, atacando a religião cristã e restaurando os templos pagãos, inclusive restituindo Jerusalém aos judeus, para que estes pudessem reconstruir seu templo. Um homem — seu tio — havia imposto o cristianismo, e Juliano poderia ter revertido essa situação, se tivesse sorte. Mas seu negócio mais urgente era a Pérsia, onde ele planejou tomar Ctesifonte; seu exército de 65 mil homens desceu o Eufrates e seguiu por um canal até o Tigre. Quando desembarcou, Juliano demonstrou sua confiança na vitória incendiando a flotilha, mas não conseguiu destruir o exército sassânida. Ctesifonte resistiu e Juliano recuou, fustigado pela cavalaria inimiga. Em 26 de junho de 363, próximo a Samara, ele lançou-se à frente da luta, esquecendo-se de vestir sua malha. Um dardo o atingiu no flanco. Seu médico grego tentou costurar o intestino rompido, mas Juliano morreu — e os romanos, desesperados para voltar para casa, deram a Shapur tudo que ele pediu.

No caos que se seguiu à morte de Juliano, que representou o fim da dinastia constantina, um irascível general Valentiniano foi escolhido como augusto e nomeou o irmão Valente imperador do leste, mas ambos foram obrigados a enfrentar invasões de bárbaros. Em 375, quando o enfurecido Valentiniano morreu, vítima de um derrame,[7] Valente enfrentou a migração armada de godos germânicos, conhecidos como tervíngios, primos de povos que viviam na Ucrânia e na Rússia.[8] Valente os tinha contratado como *foederati*, ou aliados, e concedeu-lhes terras, que foram roubadas por oficiais romanos; os furiosos godos foram à guerra. Em 378, em Adrianópolis (Edirna), um arqueiro godo a cavalo acertou na mosca, atingindo Valente no rosto.

Enquanto Valente caía, o mesmo acontecia, na distante América Central, com o governante de Tikal — conquistada por um chefe guerreiro de Teotihuacan, a magnífica cidade no vale mexicano, chamado Átlatl Cauac (Coruja Lança--Dardos).

PRIMEIRO CROCODILO E RUGILA, O HUNO

O general de Lança-Dardos, Siyah Kak (Nascimento do Fogo), marchou mil quilômetros para o sul a fim de derrotar o *ajaw* de Tikal, Grande Pata de Jaguar, que foi vencido, capturado e muito provavelmente sacrificado. Embora alguns estudiosos duvidem que um líder possa ter chegado de Teotihuacan, é certo que pessoas se movimentavam entre as duas cidades — e essa não seria a última dinastia a ser fundada por um estranho envolto no mistério de lugares distantes. Grande parte dessa narrativa continua sendo um mistério, mas provavelmente Siyah Kak tornou-se regente — Senhor do Oeste —, enquanto Coruja Lança--Dardos nomeou seu jovem filho, Primeiro Crocodilo, *ajaw* de Tikal. Coruja Lança-Dardos governou por muitos anos, mas esse não foi o fim da dinastia de Primeiro Tubarão: Lança-Dardos casou seu filho Primeiro Crocodilo com a sra. Kinich, filha de Grande Pata de Jaguar, unindo as duas famílias. Primeiro Crocodilo governou durante muitas décadas, e, quando morreu, foi sepultado com um crocodilo sem cabeça e nove jovens humanos sacrificados, o mais novo um menino de seis anos, juntamente com um turíbulo em forma de estátua de um velho deus sentado num banquinho feito de ossos humanos. Essa conquista marcou o apogeu de Teotihuacan.[9]

O corpo de Valente nunca foi encontrado. Os godos saquearam os Bálcãs, enquanto borgonheses, saxões, francos e vândalos penetravam as fronteiras romanas. A queda do Império Romano foi mais do que uma fragmentação, menos um acontecimento do que uma transformação. Os bárbaros já não estavam tanto nos portões, mas na cozinha e na alcova: as fronteiras do império eram porosas; seus povos, e especialmente o exército, já eram um favo híbrido de bárbaros cristãos romanizados. Se os romanos temiam os godos, estes estavam ainda mais aterrorizados com o que havia atrás deles.

Nas estepes da Eurásia, um povo conhecido como hunos galopava para o oeste, e entre eles estava a família de Átila. Originários das vastas pradarias do distante leste, onde tudo era desconhecido, eles não eram um único povo, mas uma federação de ferozes atacantes e pastores nômades. Sua língua é desconhecida, mas provavelmente tinha origem turca, e sua migração talvez esteja conectada com a fragmentação dos xiongnu. Vivendo agora a leste do mar Negro, os hunos foram levados para o oeste por conta de mudanças climáticas, de uma liderança dinâmica, da necessidade de encontrar novas pastagens e de notícias de uma possível rica pilhagem. Notavelmente simbióticos com seus cavalos, aos quais eram atados já aos três anos de idade, eles tinham aprimorado o uso de arcos em suas montarias nas estepes e agora eram uma máquina de guerra e conquista, capazes de lutar em qualquer estação e cobrir vastas distâncias. Cada guerreiro viajava com duas ou três montarias de reserva, além de sofisticados arcos e flechas com ponta de ferro. Suas famílias os acompanhavam em grandes carroças, parando para acampar e cozinhar em caldeirões, sendo servidas por prisioneiros escravizados. Na guerra, eles avançavam em unidades de mil guerreiros ou mais, disparando flechas que atingiam velocidades de duzentos quilômetros por hora. "Em cinco segundos, mil flechas podiam atingir duzentos inimigos", escreveu John Man, "e outras mil nos cinco segundos seguintes [...] a um ritmo de 12 mil tiros por minuto, o equivalente a dez metralhadoras." Uma vez que feriam seus inimigos, eles os laçavam e arrastavam pelos pés, ou usando seus cavalos. Até a disseminação da pólvora, mil anos depois, esses arqueiros montados eram uma ameaça mortal às sociedades sedentárias.

Os hunos cultuavam o deus do céu, Tengri, e seus xamãs adivinhavam o futuro, mas seus reis também reverenciavam uma numinosa espada de guerra que habilitava seu portador a governar o mundo. Seus rostos eram repletos de cicatrizes, adquiridas em dolorosos rituais, e seus esqueletos revelam que os crânios de algumas crianças, meninos e meninas, eram apertados de modo que, ao crescer, adquirissem a forma alongada de um pão — e tudo isso horrorizava os romanos. Um chefe guerreiro chamado Rugila, junto com seus irmãos Octar e Mundzuk, unificou os hunos e outros povos numa confederação, conquistando e cooptando os ostrogodos e muitos outros grupos. Então, subitamente, eles galoparam em direção ao Império Romano, na época dividido entre os filhos do imperador Teodósio, um deles em Ravena e o outro em Constantinopla.

Dois extraordinários personagens, um homem e uma mulher, estiveram no centro desse embate: um deles era um huno, sobrinho de Rugila, que ficou noivo de uma princesa romana; o outro era a filha de um imperador romano, que se casou com um rei bárbaro.

ÁTILA E A IMPERATRIZ PLACÍDIA

Gala Placídia era filha do imperador Teodósio, que tinha mantido o império intacto durante vinte tempestuosos anos. Quando ele morreu, deixou dois filhos, a filha e o império aos cuidados de um paladino meio vândalo chamado Estilicão. Enquanto dividia o império entre seus filhos, Estilicão lutava em todas as frentes contra os bárbaros, entre os quais se destacava um ex-aliado dos romanos, Alarico, rei dos visigodos, cujos ancestrais haviam matado o imperador Valente e agora invadiam a Itália. Mas, em 408, o jovem e fraco imperador Honório, invejoso da supremacia de Estilicão, o fez executar, com consequências desastrosas.

Em 410, Alarico cercou Roma, impingindo a seus cidadãos a fome e o canibalismo; em seguida, ele saqueou a cidade, esmagando as urnas de Augusto e de Adriano em seus mausoléus — e partindo com uma prisioneira especial, a irmã do imperador, a princesa Placídia, com vinte anos de idade, que casou então com seu filho Ataulfo. Placídia viu-se rainha dos bárbaros, que tinham destruído Roma.

Mas o casamento teve curta duração. Ataulfo foi assassinado, e seu sucessor humilhou Placídia, que, antes de ser devolvida ao irmão, foi obrigada a caminhar por quinze quilômetros em meio a multidões que zombavam dela. Mas sua vida foi um exercício de força e de sobrevivência. De volta à corte em Ravena e segura, Honório a fez casar, em 417, com um general, com quem ela teve dois filhos: uma menina, Honória, tão irreprimível quanto a mãe, e um menino. Quando Honório morreu, Placídia fugiu do caos subsequente para se juntar a seu sobrinho Teodósio II em Constantinopla, negociou assistência militar a sua causa e em seguida presidiu à expedição que restaurou seu poder — e o de seu filho, Valentiniano III — no oeste.

Governando como augusta e regente, instruída e soberba, Placídia construiu seu próprio palácio e capela em Ravena, enquanto jogava reis bárbaros e seus próprios generais meio bárbaros uns contra os outros. Seu comandante-chefe era um meio godo chamado Flávio Aécio, que passara a juventude como refém na corte dos hunos, onde havia feito amizade com o chefe guerreiro Rugila. Quando Aécio a ameaçou, Placídia o demitiu. Ele então recorreu a Rugila, que lhe emprestou um exército que ele usou para intimidar a imperatriz. Em 432, ela o nomeou seu comandante militar supremo, *magister utriusque militiae*. Placídia e Aécio administraram a transformação do império, estabelecendo seus aliados, os francos e os godos, no oeste, mas perdendo a África para os vândalos.

No leste, o amigo de Aécio, Rugila, expandia-se pela Europa central e amea-çava Teodósio em Constantinopla, que lhe pagou 350 libras de ouro e rezou por sua morte. Em 435, uma doença — provavelmente varíola — atingiu Rugila de maneira fatal, e ele deixou a confederação para seus sobrinhos, Bleda e Átila. Os irmãos obrigaram Teodósio a duplicar seu tributo para setecentas libras de ouro, abrir mercados para os hunos e devolver a ele dois primos que haviam desertado. Quando eles foram entregues, Átila imediatamente os empalou, enquanto os ro-manos assistiam.

Embora chantageassem Teodósio, Átila e Bleda ajudaram a imperatriz Pla-cídia e Aécio a derrotar uma outra tribo germânica invasora, os borgonheses (sem nenhuma relação com a atual Borgonha francesa). Mas eles queriam mais ouro. Assim, em 440, cruzaram o Danúbio a fim de saquear cidades romanas, só paran-do quando lhes pagaram ainda mais. Então Bleda foi morto por Átila, o qual, brandindo a espada sagrada da governança mundial, unificou a "Cítia e a Germâ-nia", do Cáspio ao Danúbio. Ele manteve uma corte em sua capital, cheia de ca-sas de madeira, construída em torno de um enorme palácio de madeira, com todos os confortos romanos — vinho, tapetes, sofás e uma casa de banhos. Um bobo da corte africano chamado Zercon[10] apresentava-se a enviados romanos que chegavam com frequência e aos quais eram oferecidas "mulheres atraentes para relações sexuais, um sinal de honra entre os hunos", lembrou o diplomata romano Prisco, antes de acrescentar, com afetação: "Nós entupimos as mulheres de comida, mas recusamos as relações sexuais". Prisco era fascinado por Átila, que tinha "estatura baixa, peito largo, cabeça grande, olhos pequenos, barba rala ligeiramente grisalha, nariz achatado", e se movimentava com "soberbo apru-mo, os olhos dardejando, mostrando todo seu poder e orgulho". Átila era analfa-beto, de modo que era seu secretário romano, Orestes, quem cuidava de sua correspondência.[11] Embora fosse um "amante da guerra, ele sabia se conter, era excelente em matéria de conselhos, simpático aos suplicantes, generoso com aqueles sob sua proteção". Mas também era letal: "Vou mandar empalá-lo e dá--lo de comer aos pássaros", dizia, e em sua capital era comum haver a qualquer momento um ou dois "espiões" empalados.

Teodósio II, após construir novas muralhas que tornariam Constantinopla praticamente inexpugnável por quase mil anos, deixou de pagar tributos a Átila e ordenou seu assassinato, subornando um aliado esquírio, Edika, para realizar a tarefa. Mas a trama foi descoberta, e Átila saboreou aquela revelação da duplici-dade romana. "O pai de Teodósio era um membro da realeza", disse ele. "Mas eu sou Átila, filho de Mundzuk, e, ao contrário de Teodósio, preservei *minha* nobre-za. Agora, então, quem é o bárbaro e quem é o civilizado?" Constantinopla, po-rém, não podia ser conquistada, e Átila precisava do butim para distribuir a seus vorazes chefes tribais: deveria conquistar a Pérsia ou seguir para o oeste? Com os vândalos estabelecidos na África, e os godos, francos e borgonheses na península Ibérica, na França e na Holanda, ele recebeu então um convite surpreendente: uma proposta de casamento real.

O CASAMENTO SANGRENTO DE ÁTILA — E A NOIVA DE JUSTINIANO

Em Ravena, a imperatriz sexagenária Placídia estava recolhida; seu filho, Valentiniano III, governava, mas sua imprudente e agitada filha Honória, com cerca de trinta anos, entediada com a aborrecida vida de augusta, ansiava por aventuras e começou a ter um caso com seu camareiro Eugênio. Quando sua mãe e seu irmão descobriram, mandaram executar o amante e a fizeram ficar noiva de um velho senador, e então a augusta enviou uma carta a Átila. Em segredo, um eunuco de nome perfumado, Jacinto, levou a missiva e o anel de Honória ao huno.

Átila aceitou a indecente proposta, sugerindo receber como dote metade do Império Ocidental. Placídia ficou ultrajada. Valentiniano decapitou Jacinto e ordenou a execução da irmã, mas a mãe intercedeu, casando a filha às pressas com o velho senador. "Honória não deveria ser injustiçada", escreveu Átila, ao saber que a noiva estava presa. Se ela não recebesse o cetro da soberania, continuou, ele a vingaria. Talvez o tédio daquele casamento tenha matado Honória; talvez o drama tenha matado Placídia; mas ambas morreram quando Átila e sua horda de hunos, godos, borgonheses, gépidos, alanos e lombardos cruzaram o Reno e devastaram a Gália, enquanto Aécio reunia sua igualmente bárbara coalizão de romanos, francos, borgonheses e visigodos. Em Troyes, Átila foi confrontado pelo bispo da cidade, que pediu misericórdia por ser um homem de Deus.

"Eu sou Átila", riu o huno sombriamente. "Flagelo de Deus. Que mortal pode se opor ao flagelo de Deus?" Ele poupou Troyes. Na batalha, perto de Châlons, Aécio o deteve, emboscando o huno num círculo de carroças com suas tropas romanas-visigodas. Átila, recusando ser capturado vivo, preparou-se para a tradicional autoimolação dos nômades, numa fogueira de selas de madeira. Mas os hunos tiveram sorte, matando o rei visigodo, que foi queimado na pira recém-acesa. Aécio não desejava destruir os hunos, o que o deixaria à mercê dos godos.

Ao amanhecer, Átila surpreendeu-se ao constatar que os romanos tinham ido embora — e conduziu sua horda de volta para a Hungria.

Em 452, ele invadiu a Itália, tomando Milão, mas uma doença dizimou suas forças, que recuaram, consoladas com o ouro romano. Na primavera seguinte, o polígamo Átila casou-se com Ildico. Após um banquete de casamento regado a muita bebida, ele desabou na cama, onde teve uma hemorragia e se afogou no próprio sangue.[12] Ildico despertou para se ver coberta de sangue, tendo Átila morto a seu lado. No dia seguinte, "quando já se passara grande parte da manhã, os ajudantes reais suspeitaram que havia algo errado e, após muito alarido, arrombaram as portas". Então, segundo Prisco, encontraram o rei sem qualquer ferimento, com sangue por toda parte, e a linda moça "com o rosto abatido, chorando por sob o véu". Ildico, sem saber, tinha salvado a Europa, mas jamais voltou a ser mencionada: é possível que tenha sido sacrificada e sepultada com Átila.

Logo após a morte do rei dos hunos, um jovem guardador de porcos trácio, de Scupi (Skopje), chamado Justino, escapou de um ataque de bárbaros para se refugiar em Constantinopla, onde chegou com nada mais do que os trapos que vestia e um pouco de pão. Mas ele logo conseguiu um emprego entre os excubitores — a unidade de segurança que guardava o dormitório sagrado, a alcova octogonal do imperador.

Constantinopla era agora uma das maiores cidades do mundo, governada por seus imperadores a partir do Méga Palátion (Grande Palácio), conectado por passagens secretas com o hipódromo e o fórum. Enriquecida pela fartura agrícola e pela receita de impostos do Egito, da Síria, da Grécia e dos Bálcãs, administrada por uma corte e um serviço civil sofisticados, com frequência dirigida pelo castrado camareiro-chefe, a Grande Cidade tinha uma população em franca expansão de 500 mil falantes do grego,[13] cujas principais obsessões eram a soteriologia — a busca pela salvação — e o esporte. Seu cristianismo era perversamente dividido entre várias seitas, enquanto os prêmios do hipódromo, onde as competições podiam ser acompanhadas por até 100 mil espectadores, eram ferrenhamente disputados por cinco equipes de corrida de bigas — cada uma com uma cor diferente —, que, em termos modernos, eram uma mistura de fanáticos por esporte, torcidas violentas, mafiosos e paramilitares. Os imperadores se autointitulavam vice-gerentes de Deus, e os únicos testes reais da aprovação divina, fora a plenitude e a panóplia da monarquia, eram a ordem doméstica, a ausência de calamidades naturais e a vitória na guerra, sobretudo contra os nômades nos Bálcãs e contra o xá da Pérsia.

Justino, o menino camponês ilírio, destacou-se contra os persas antes de voltar ao palácio na condição de *comes excubitorum*, comandante dos excubitores, ou conde da guarda real. Ele tinha chamado a irmã Vigilância e o filho dela, Pedro Sabato, a virem de Skopje e se juntarem a ele e à esposa, que adotaram o menino, dando-lhe um novo nome: Justiniano.

Àquela altura, o imperador era Anastácio, um cortesão sexagenário que lutava para lidar com a última controvérsia cristológica e com a própria sucessão. Em julho de 518, quando a saúde de Anastácio, agora com 87 anos, declinou, Justino e seu sobrinho Justiniano ficaram no centro das intrigas da corte. Imperadores sacros eram tidos como homens acima de indecorosas ambições, pois apenas quem não cobiçava a púrpura seria digno dela. Mas Justino manobrou para que Justiniano, agora na casa dos trinta anos, fizesse o trabalho sujo. Amâncio, o eunuco preboste da alcova, deu a Justino uma recompensa a fim de subornar os guardas para que apoiassem seu candidato, mas, em vez disso, Justiniano a desviou para obter apoio para o tio. Quando o imperador morreu, coube a Justino a tarefa de anunciar sua morte ao hipódromo, onde Justiniano mobilizou a multidão para que pedisse um general. Mas havia dois; irrompeu então um conflito entre os que apoiavam Justino e os que apoiavam seu rival. Justiniano quase foi morto, mas arquitetou a aclamação do tio. No camarote imperial, os eunucos entregaram as insígnias reais a Justino, que então se dirigiu à multidão. Era assim que se faziam imperadores em Constantinopla.

O imperador Justino, com cerca de sessenta anos, tinha experiência, mas não instrução; Justiniano, aos 36, era "baixo, com um bom tórax, bom nariz, boa pele, cabelo encaracolado, bonito", escreveu um contemporâneo, João Malalas. Tinha ainda um "rosto redondo com o cabelo começando a recuar, compleição rosada, cabelos e barba agrisalhando". Era o herdeiro óbvio, mas todos os líderes abominam a própria mortalidade e a ideia de que exista alguém qualificado para sucedê-los. Justiniano quase caiu em desgraça — em nome do amor.

Sua amante era Teodora, uma atriz loura vinte anos mais nova, filha de um treinador de ursos no hipódromo que se apresentara no palco em shows de sexo ao vivo nos quais parceiros múltiplos a penetravam em todos os orifícios, e gansos comiam grãos em suas partes íntimas — de acordo com o amargurado cortesão Procópio, cuja sátira só era engraçada por ser em parte verdadeira.[14] Depois de deixar os covis de urso e os espetáculos de sexo, ela abraçara a religião com uma solenidade desprovida de humor, mas foi o encontro com Justiniano que de fato mudou sua vida.

QUSAY E JUSTINIANO: DE CONSTANTINOPLA A MECA

Justiniano estava determinado a se casar com Teodora, mas a lei bania casamentos entre nobres e atrizes, e a imperatriz Eufêmia desaprovou. Por fim, em 521, Justino legalizou a mésalliance, ao mesmo tempo que empreendeu uma investigação sobre os planos do sobrinho. Justiniano tentou recuperar o favorecimento do qual usufruíra no passado com um plano destinado a demonstrar que Deus favorecia a dinastia de Justino: uma guerra contra a Pérsia.

Os dois impérios estavam travando guerras por procuração, usando aliados árabes da Síria ao Iêmen. O xá sassânida apoiava os árabes lakhmidas do Iraque, e Justino, aconselhado pelo sobrinho, reconhecia o xeque das tribos gassânidas, sediadas nas colinas de Golã, como rei, patrício e filarco. Os potentados árabes combatiam de forma tão feroz que seus senhores imperiais tinham dificuldade para contê-los. No sul da Arábia, os romanos disputavam com os persas, e Himiar (Iêmen) fora conquistada pelos reis cristãos de Axum (Etiópia). Mas então um rei himiar, Abu-Kariba, expulsou os africanos e desafiou Axum, Constantinopla e a Pérsia: converteu-se ao judaísmo e conquistou a Arábia, avançando até Iatrib (Medina), no norte. Quando o rei judeu Yusuf perseguiu os cristãos de seu reino, o rei Kaleb, de Axum, obteve o apoio de Justino para retomar o Iêmen. O exército africano cruzou a Ásia e derrubou Yusuf, que cavalgou com seu corcel para dentro do mar. Por ora, os cristãos tinham vencido.

Entre os três reinos árabes ficavam as pequenas cidades da Arábia, que abrigavam cristãos, judeus e pagãos e constituíam pontos de parada nas rotas de caravanas que iam do mar Vermelho e do golfo da Arábia até o Egito e a Síria. Uma delas era Meca, ao mesmo tempo um centro comercial e um numinoso santuário, governada pela família de um xeque chamado Qusay, que tinha vindo de Himiar e tornara-se o guardião da caaba local, um meteorito negro cercado por um panteão de estátuas.[15] Após a morte de Qusay, por volta de 480, seus filhos e netos governaram Meca, tendo sido os fundadores da família mais poderosa da história mundial.

Em Constantinopla, Justiniano sucedeu o tio e continuou a demonstrar sua briosa legitimidade cristã, perseguindo judeus e maniqueístas, construindo novas igrejas com uma nova característica arquitetônica (o domo), codificando as leis e combatendo a Pérsia. Mas rolar os dados da guerra é sempre um jogo. O xá atiçou seu aliado árabe, o rei al-Mundhir, que atacou a Palestina romana, o Egito e até mesmo os arredores de Antioquia, onde capturou dois generais romanos (devolvidos num resgate) e quatrocentas freiras (queimadas vivas em sacrifício a Uzza).

Justiniano promoveu um general trácio que havia começado no corpo de guarda-costas de Justino. Belisário, cuja figura robusta e sadia e boa aparência estavam em forte contraste com o magro e arruivado Justiniano, era casado com Antonina, filha de um auriga e melhor amiga de Teodora desde sua excitante juventude. Belisário, que tinha entre seus homens Procópio, o historiador pornográfico, era um inovador que, a começar por seu próprio regimento, concebeu um novo exército, com uma cavalaria pesada polivalente e arqueiros de cavalaria leve. Justiniano e Belisário formaram uma parceria vencedora, embora o imperador, um mestre da manipulação, jamais se esquecesse de que um general triunfante constituía uma ameaça. Agora Belisário obtinha vitórias contra os persas, mas era passado para trás por seus indisciplinados árabes, e o xá logo avançou sobre a Síria. Justo quando parecia que as coisas não podiam piorar, elas pioraram.

Em janeiro de 532, Justiniano ordenou o enforcamento de alguns torcedores violentos das equipes verde e azul de corrida de bigas, mas as cordas se romperam e os bandidos escaparam. No hipódromo, a multidão clamava a Justiniano que perdoasse os fugitivos. Diante de sua recusa, as torcidas, unidas e bradando o grito de guerra "Nika!" — Vitória! —, invadiram a prisão e tornaram-se incontroláveis enquanto o fogo grassava. Cercado no Méga Palátion, enquanto um novo imperador era aclamado no hipódromo, Justiniano vacilou, pronto para escapar de barco. Mas Teodora declarou que preferia morrer como imperatriz. "A púrpura", disse, "faz a melhor mortalha."

Porém o casal tinha uma surpresa na manga: Belisário, liderando sua vanguarda de *bucellarii* (comedores de biscoito) e *foederatii* dos Bálcãs, chegou da linha de frente e irrompeu no hipódromo, matando 30 mil pessoas, espantosos 5% da população da cidade. Justiniano estava lá para ficar.

Combalido por esse fiasco, Justiniano teve de assinar uma Paz Eterna com o novo xá, Khusrau (Cosroés), ao preço de 11 mil libras de ouro. Humilhado, ele soube que seu aliado, o rei da África Vândala baseado em Cartago, que também governava a Sicília, fora derrubado num golpe levado a efeito por um nobre chamado Gelimero. Em 533, Justiniano despachou Belisário com 92 navios de guerra, 30 mil marinheiros e 15 500 tropas. O general descobriu que Gelimero estava na Sardenha e, após reabastecer na Sicília, navegou para a África. Em março de 534, Belisário tomou Cartago, primeiro deportando e aniquilando a classe governante vândala, depois voltando a Constantinopla para seu triunfo, que terminou com o *triumphator* beijando, sabiamente, os pés de Justiniano no hipódromo, diante de 100 mil espectadores.

Em seguida, Justiniano usou o assassinato de uma aliada, a rainha goda da Itália, como pretexto para retomar Roma. Em 535, Belisário e um pequeno exército capturaram a Sicília, Roma e Ravena, antes de tomarem o sul da península Ibérica.

Justiniano comemorou esses triunfos embelezando Constantinopla, de modo que a cidade refletisse sua visão de um império cristão: assim, erigiu uma coluna com setenta metros de altura, encimada por uma estátua equestre dele próprio, de armadura; construiu três novas igrejas; e, além disso, de forma ainda mais dramática, uma igreja monumental, Hagia Sofia (Santa Sofia, ou Santa Sabedoria).[16] "Salomão", ele divagava, olhando para a igreja, "eu o superei!" A invencibilidade, porém, é sempre temporária.

Em 540, o xá da Pérsia invadiu a Síria em resposta aos ataques do rei árabe de Justiniano, al-Harit, que tinha atacado o aliado persa al-Mundhir. A guerra por procuração saiu do controle: al-Mundhir retaliou, capturou o filho de al-Harit e o sacrificou à deusa do sol, Uzza. O conflito não terminou até al-Harit matar al-Mundhir em combate, mas por trás desse espetáculo lateral havia um xá sassânida que era páreo para Justiniano como conquistador, construtor e legislador. Khusrau Anushirvan — Alma Imortal — tinha passado os anos de paz liquidando quaisquer famílias rivais e esmagando uma nova religião fundada por um sacerdote zoroastriano chamado Mazdak, que fundira a dupla cosmologia de Ahuramazda e maniqueísmo com ideias revolucionárias de equidade e caridade que tinham muita coisa em comum com o cristianismo, juntamente com uma cepa de hedonismo feminista. Mazdak pensava que as mulheres não eram propriedade dos homens, e seus críticos denunciaram os mazdaquitas como libertinos socialistas. Vendo nisso uma ameaça ao zoroastrismo, Khusrau enterrou vivos muitos desses mazdaquitas deixando só os pés de fora, e disse a Mazdak que admirasse seu "jardim humano" antes que o usasse para a prática do arco e flecha. Não obstante seu jardim humano, Khusrau era mais tolerante e eclético do que Justiniano, e convidou sábios indianos, cristãos e judeus para sua corte, homens aos quais logo se juntaram os filósofos gregos pagãos expulsos por Justiniano. "Estudamos os costumes e a conduta de romanos e indianos e aceitamos aqueles que pareceram ser razoáveis e louváveis", explicou Khusrau. "Não rejeitamos nenhum por pertencer a uma religião ou um povo diferente."

Não era por coincidência que ele praticava com mestria o jogo indiano do xadrez: agora o Imortal avançou sobre a Síria romana e, evitando cercos que só faziam perder tempo, atacou a capital oriental, Antioquia. Khusrau escravizou milhares, que foram enviados numa marcha da morte para o oeste, a fim de povoar uma cidade chamada Veh-Antioc-Khusrau (a Antioquia melhor de Khusrau).[17]

Justiniano convocou Belisário da Itália e o enviou para a Síria, mas ficou desesperadamente enfermo — infectado por uma catastrófica pandemia que Procópio chamou de "uma pestilência, devido à qual toda a raça humana quase foi aniquilada".

A PANDEMIA DE JUSTINIANO — E O MATADOR DE PÁSSAROS DE MECA

A pandemia obrigou Khusrau a recuar, mas no verão de 541 ela atingiu Constantinopla com uma aleatoriedade letal, matando em seu auge 10 mil pessoas por dia. Entre 20% e 40% da cidade pereceu. Era a peste bubônica, transmitida por pulgas carregando a bactéria *Yersinia pestis,* que se aninhava no pelo de marmotas nas montanhas Tian Shan, da Ásia central, e provavelmente transmitida pelas migrações de hunos e outros nômades da estepe, depois se espalhando por intermédio de ratos em cidades e em navios, indo para o sul, para o Egito, para a Índia e a Pérsia e de lá em direção ao oeste, para Constantinopla.[18]

Estavam estabelecidas as condições para uma calamidade: em 536, uma série de erupções vulcânicas dispersaram poeira na atmosfera, e "o sol", lembrou Procópio, "lançava sua luz sem que houvesse claridade"; as temperaturas caíram, as colheitas malograram, as pessoas adoeceram.[19] A doença começou de maneira inocente, mas logo passou a matar:

> As pessoas tinham uma febre súbita e lânguida que começava de manhã e ia até a noite [...]. Nenhuma das que contraíam a doença pensava que ia morrer. Mas, não muitos dias depois, desenvolvia-se um inchaço bubônico: e isso ocorria não apenas na parte do corpo chamada *bubon*, isto é, "abaixo do abdômen", mas também na axila, ao lado da orelha, nas coxas. Esse inchaço era seguido, em alguns casos, de um coma profundo; em outros, de um violento delírio [escreveu Procópio]. Os que eram tomados pelo delírio sofriam de insônia e de imaginação distorcida; suspeitavam que homens estavam vindo para destruí-los e ficavam excitados e fugiam, aos gritos [...] O inchaço então necrosava [quando se instalava a gangrena], e o paciente, incapaz de suportar a dor, morria. Para alguns a morte vinha de imediato; para outros, após muitos dias; alguns exibiam pelo corpo erupções de pústulas negras [mais tarde chamadas de peste negra], do tamanho de uma lentilha, e estes não sobreviviam nem um dia.

Em março de 542, Justiniano emitiu leis para impulsionar a economia, referindo-se à "circundante presença da morte" que "se espalhou por todas as regiões". Mesmo tendo adoecido, ele precisava manter a ordem naquele ossuário. Mas as coisas na cidade estavam saindo de controle: "No início, cada pessoa acompanhava o enterro dos mortos de sua própria família; mais tarde, porém, a confusão e a desordem se instalaram por toda parte".

Teóricos da conspiração espalhavam o pânico de um modo que nos soa bastante familiar hoje. "Eles invocam o tempo todo motivos absolutamente incompreensíveis", observou Procópio, "e fabricam estranhas teorias de filosofia natural. Mas é impossível expressar esta calamidade em palavras, ou conceber para ela qualquer explicação que não passe por Deus." Isso ao menos deixava os políticos fora da equação: ninguém esperava que Justiniano ou Khusrau fossem capazes de proporcionar segurança, como se espera de líderes modernos; apenas Deus poderia causar aquela destruição e dar-lhe um fim. Tratava-se de "um castigo enviado pela bondade de Deus" para fazer com que os devotos se tornassem pessoas melhores, escreveu Justiniano, "mas em vez disso ouço que eles estão se voltando para a avareza". Em Constantinopla, Procópio tinha visto que "até mesmo os corpos de pessoas importantes eram deixados insepultos". Por fim, Justiniano "mobilizou soldados do palácio e distribuiu dinheiro [...]. Eles cavaram sepulturas em torno da cidade e as encheram de mortos". O "cheiro do mal" era insuportável. Quando já não havia mais espaço nem mesmo nas sepulturas coletivas, "eles subiam nas torres das fortificações, arrancavam os telhados e ali jogavam os corpos, em total desordem, amontoando-os até que elas ficassem cheias de cadáveres, e então punham os telhados de volta".

Quando se espalhou a notícia de que Justiniano estava infectado — "pois ele também tinha um inchaço na virilha" —, a hierarquia foi abalada: "Não era possível ver um único homem vestido com a clâmide". Foi decretado um confinamento: "Numa cidade que dominava todo o Império Romano, todos vestiam suas roupas privadas e permaneciam em casa". Khusrau também foi infectado. Mas tanto ele como Justiniano se recuperaram. "Ao atingir um tamanho incomum", escreveu Procópio, "o inchaço supurou, e eles sobreviveram."

Depois de quatro meses, a peste recuou, mas somente para voltar em ondas. A pandemia mostrou-se um superpropulsor, uma dessas catástrofes que impulsionam mudanças tectônicas: 25% dos europeus e muitos persas morreram; a agricultura sofreu; as rendas caíram. Os dois impérios ficaram enfraquecidos.

Em 548, Teodora morreu de câncer, aos 51 anos. Justiniano chorou enquanto ela era enterrada na Igreja dos Santos Apóstolos. Ele viveu mais vinte anos, lutando para manter a Itália e a África — que, como em tantas guerras, tinham sido mais fáceis de conquistar do que de manter. Num império devastado e fustigado pela peste, governado de maneira obstinada por um megalomaníaco pedante, justo e geriátrico, essas guerras tinham um custo alto. Tribos berberes rebelaram-se na África; Roma foi seguidamente conquistada e perdida enquanto Belisário e seus generais combatiam uma insurgência dos godos, antes que povos germânicos do norte, os lombardos, viessem para o sul a fim de desafiar o poder dos romanos, transformando a gloriosa aventura de Justiniano num interminável atoleiro. Mas Constantinopla manteve o sul da Itália durante séculos.

Em 562, Justiniano finalmente fez a paz com Khusrau, pagando mais subvenções em ouro. O tesouro estava vazio, embora ainda se recolhessem impostos de áreas agrícolas assoladas pela peste. Os menos eminentes sucessores de Justiniano têm sua cota de responsabilidade pela sequência dos eventos.

Justiniano, o autoproclamado "conquistador de várias nações", continuava vivo, agarrando-se ao cetro com seus dedos esclerosados e recusando-se a nomear um sucessor. Mas Teodora havia providenciado o casamento de sua sobrinha Sofia com o sobrinho de Justiniano, Justino, que agora servia como *kouropalates*, ou diretor do palácio. Em novembro de 565, quando Justiniano morreu, aos 83 anos,[20] Justino II já controlava o Méga Palátion e anunciou que Sofia governaria com ele como augusta. No velório do embalsamado velho maestro, Justino o beijou, dizendo: "O senhor, meu venerável pai, está feliz nas fileiras dos anjos [...]. O senhor está vendo Deus". Já com 45 anos, Justino estava determinado a provar que era o escolhido de Deus. Assim, recusando-se a reconhecer sua ausência de recursos, preparou-se para enfrentar o Irã, onde Khusrau, o Imortal, inundado de ouro romano, ansiava por se expandir para a Arábia.

O aliado árabe de Khusrau, o rei Amr, o Queimador (que com frequência incinerava seus cativos como sacrifícios humanos), entrou em colisão com o rei africano de Himiar, um cristão de Axum chamado Abraha (ex-escravo de um mercador romano), que agora marchava sobre Meca com um corpo de elefantes.

Em 570, os mequenses, agora liderados por Abdul Mutalib — apelidado de Listra Branca por conta de seus cabelos, guardião da caaba, xeque do clã coraixita, líder de caravanas regulares para a Palestina —, rechaçaram os etíopes e seus paquidermes, usando o assassinato direto: Abraha foi atingido por uma revoada assassina de pássaros sagrados, que o bombardearam com rochas. Os elefantes foram derrotados, o rei africano foi esquartejado. Essa vitória semimítica — o Ano do Elefante — ocorreu no mesmo ano em que nascia em Meca uma criança chamada Muhammad (Maomé).[21]

ATO V

300 MILHÕES

A dinastia de Maomé

CONFLITO EM FAMÍLIA

O pai do menino, Abdula, morreu antes de seu nascimento, e sua mãe Amina faleceu quando ele era jovem, de modo que Maomé bin Abdula foi criado por seu lendário avô vencedor de elefantes, Abdul Mutalib, que, ao lado dos filhos al-Abbas e Abu Talib, conduzia caravanas com especiarias e perfumes do Iêmen até Gaza e Damasco. Antes de morrer, aos 81 anos, Listra Branca ordenou a Abu Talib que criasse Maomé, que foi nutrido por uma ama etíope e um séquito de escravos, e era levado por Abu Talib em caravanas para a Síria quando jovem.

Mas a família estava dividida em dois ramos, descendentes dos gêmeos siameses Umaiya e Hachem, supostamente separados com uma espada. Hachem foi o pai de Abdul Mutalib, bisavô de Maomé. Quando Listra Branca morreu, o clã omíada expulsou os hachemitas de Maomé. As duas linhagens brigaram pelo santuário da caaba e pelas rendas obtidas com as caravanas, mas esse embate acabou se tornando uma luta pelo poder, um conflito familiar que ainda hoje divide o mundo árabe.

Enquanto Maomé crescia em Meca, a Arábia mudava radicalmente, e os reis africanos do Iêmen tiveram motivos para se arrepender de seu ataque aos mequenses. Khusrau, informado pelo rei Amr, o Queimador, seu aliado árabe, de um apelo dos iemenitas por ajuda contra os etíopes, enviou uma força ao Iêmen, que expulsou os cristãos africanos, e anexou o reino. Ali estava um pretexto para a guerra, se é que o imperador Justino precisava de um.

Enquanto Khusrau e Justino travavam sua guerra bipolar, outro povo que mudaria o mundo galopava através das estepes para o norte. Os turcos eram cavaleiros arqueiros nômades das fronteiras da Mongólia/Manchúria que, deslocados pelos tumultos na China, migravam gradualmente em direção ao oeste. Justino enviou delegações para incentivá-los a atacar Khusrau e cessou de fazer pagamentos aos persas. Os turcos abririam uma frente de combate no norte. Mas, quando a guerra começou, Khusrau, o Imortal, ainda vigoroso aos sessenta anos, tomou a fortaleza romana de Dara, enquanto os turcos jamais apareceram por lá. A humilhação deixou Justino furioso.

O IMPERADOR QUE CACAREJAVA COMO UM GALO E LATIA COMO UM CÃO; A LOUCURA DE JUSTINO

Justino tentou se jogar de janelas. Depois pensou que era um lojista vendendo suas mercadorias em torno do Méga Palátion: "Quem vai comprar minhas panelas?". Em seguida, começou a morder seus eunucos. Por fim, apenas "latia como um cão, balia como um bode, miava como um gato e cacarejava como um galo". A única coisa que o acalmava era ser empurrado velozmente por resfolegantes eunucos num carrinho que transportava seu trono enquanto ouvia música de órgão — ou a ameaça de que o rei árabe "al-Harit está chegando". A imperatriz Sofia assumiu o controle, dizendo: "O reino veio por meu intermédio e voltou para mim". Era uma verdadeira sobrinha de Teodora. Mas a loucura minou a família. Sofia planejou transmitir o trono a um primo de Justiniano, mas, diante dos ataques dos nômades abares nos Bálcãs e do avanço dos persas no leste, Justino adotou um general, Tibério. Como comandante-chefe, Tibério II, imperador a partir de 578, selecionou um ex-funcionário e chefe de sua guarda real, Maurício, que, embora não tivesse experiência militar, conseguiu conter os abares e persas. Mas Maurício teve dificuldades para controlar seu extravagante aliado árabe al-Mundhir; em 581, ambos fracassaram em tomar Ctesifonte. Maurício mandou prender o rei árabe. Seu insucesso teria um papel importante na desestabilização do mundo bipolar romano-persa. Em 582, em seu leito de morte, Tibério casou a filha com Maurício, que começou seu próprio reinado como imperador com um golpe de sorte.

O xá Khusrau II tinha chegado a território romano. Neto do Imortal, ele só tinha vinte anos quando um golpe contra seu inepto pai o levou ao trono, mas já demonstrara fibra ao governar a Armênia iraniana. Seu pai foi cegado, depois estrangulado por seus vorazes tios, mas, enquanto os generais arrematavam o poder, o jovem Khusrau conseguiu escapar, acompanhado por Shirin, sua "extremamente bela" rainha cristã,[1] e ajudado pelo rei cristão árabe al-Numan. Uma vez em território romano, o xá-menino proclamou-se suplicante de Maurício, que o adotou como filho e, em troca da Armênia ocidental, emprestou-lhe um exército: assim, em 591, Khusrau retomou Ctesifonte.

Maurício e Khusrau exterminaram seus aliados árabes, que haviam se mostrado inconfiáveis. Os árabes de al-Mundhir, furiosos com a prisão de seu rei, saquearam a Palestina. Maurício encerrou suas subvenções a eles. Khusrau manifestou então o desejo de esposar a filha de seu aliado árabe al-Numan III, que recusou essa "vil abominação". O mútuo desdém de árabes e iranianos é antigo. "Será que o gado das escuras [as mulheres do Irã] não lhe basta?", replicou al--Numan. "Ou ele precisa ter mulheres árabes também?" Khusrau fez al-Numan ser pisoteado até a morte por elefantes. Os desafiadores árabes combateram o xá na Guerra do Úbere do Camelo. Nos dois lados do deserto, os monarcas ressentiam-se dos árabes. Numa estranha atmosfera de expectativa apocalíptica, o Jogo Mundial começou a atuar de modos imprevisíveis.

Khusrau permaneceu leal a seu "pai" Maurício até 602, quando o imperador, que havia sido duro demais com suas tropas, foi derrubado por um motim liderado pelo centurião Focas, que o obrigou a assistir à decapitação de seus seis filhos antes de ser ele mesmo morto, seguido da mulher e de três filhas — uma atrocidade que chocou os bispos de Roma, num Ocidente que ainda reverenciava os imperadores romanos.

Agora, numa Roma sombria, negligenciada pelo distante imperador Focas, arruinada pelas guerras de Justiniano, dizimada pela peste, repelida por assassinatos constantinopolitanos, um bispo começou, quase que por falta de outra opção, a assumir uma importância sagrada. Os bispos de Roma, que ainda não se chamavam papas, eram escolhidos informalmente por outros bispos, por magnatas locais e pelos imperadores de Constantinopla. Agora, um piedoso e carismático aristocrata — Gregório, então com cinquenta anos, que como prefeito de Roma ganhara fama alimentando os pobres — tornava-se o bispo responsável por lançar os fundamentos do papado e dos valores familiares ocidentais. O Ocidente era dominado por reis francos e lombardos que, embora cristãos, praticavam abertamente a poligamia, mantendo várias concubinas, enquanto casavam sobrinhos com sobrinhas a fim de manter a propriedade e o poder dentro de seus clãs. Gregório deu a essa prática o nome de incesto e a baniu, no início de uma obsessiva campanha multissecular da Igreja para promover uma nova visão do matrimônio. Ao mesmo tempo, ele lançou uma missão para converter pagãos do norte.

Em 597, Gregório enviou a Kent um emissário chamado Agostinho. A Britânia já fora convertida uma vez ao cristianismo — por Constantino —, mas, em 410, com a saída das tropas romanas, o luxo romano e o cristianismo desapareceram em alguns lugares. A perda de água corrente, termas e vilas com janelas de vidro foi dramática, mas, em algumas cidades, pisos de mosaico ainda eram instalados nas vilas décadas depois da partida dos romanos. O cristianismo dos bretões romanos foi desgastado, se não eliminado, por invasores pagãos, anglos e saxões vindos da Germânia. Eles mataram, estupraram e empreenderam saques, e suas depredações foram registradas pelo monge historiador Beda. Mas exames de DNA revelam que os invasores, também pela força da afeição, constituíram famílias com os bretões romanos e se estabeleceram. Enquanto o noroeste da Britânia permaneceu desafiadoramente celta sob os reis de Strathclyde e outros, o leste — conhecido como Ânglia — foi colonizado por anglos, e o sul por saxões, que fundaram seus próprios reinos. O rei saxão de Kent, Aethelberth, era casado com a rainha Berta, filha do rei franco de Paris, que havia trazido com ela seu próprio bispo. Gregório ordenou a Agostinho que assegurasse o controle papal.

Aethelberth aquiesceu, e Agostinho tornou-se o primeiro bispo da Cantuária. Embora muito menos dramática do que fazia crer a propaganda, a "conversão da Britânia" foi alardeada por Gregório. O surgimento do papado foi ainda mais favorecido pelo que aconteceu em seguida em Constantinopla.

Quando soube do assassinato de seu pai adotivo, o imperador Maurício, Khusrau foi à guerra. O xá tinha muita coisa a provar: tudo teria de ser gigantesco. Ele se sentava no trono do avô, na colossal *iwan* — sala do trono —, em deslumbrantes trajes cobertos de joias, sobre um tapete com mais de noventa metros quadrados chamado Primavera do Xá, que representava seus jardins. Usando uma armadura arrematada em ouro, montava um imponente garanhão negro chamado Meia-Noite, à frente de um exército de catafractários, sobre o qual drapejava uma bandeira de pele de tigre com quarenta metros de comprimento. Mas o xá queria mais do que pompa. Queria o mundo.

Khusrau planejou uma ofensiva em múltiplas frentes, lançando Khoream, um principete parta casado com a irmã do xá, agraciado com o título de xarbaraz, ou Javali Real, contra a Armênia e depois a Síria. O imperador Focas não estava à altura do adversário, e suas legiões foram desbaratadas pelos catafractários de Javali Real. Os romanos, no entanto, encontraram um nobre jovem e competente — Heráclio, filho do exarca da África — disposto a enfrentar o desafio. Heráclio zarpou para Constantinopla, matou Focas, tomou o trono e empenhou-se para conter Javali Real. Mas o império estava desmoronando.

RECITE! NÃO POSSO RECITAR! RECITE! A REVELAÇÃO DE MAOMÉ

Os persas varreram o oeste. Javali Real tomou Damasco e Jerusalém, despertando um fervor apocalíptico entre os judeus, que ele enfim livrou de séculos de perseguição cristã. Em Antioquia, seus soldados castraram o patriarca cristão e lançaram os genitais em seu rosto. Khusrau restituiu Jerusalém aos judeus, que a governaram durante alguns anos — os últimos, até sua recuperação em 1967 —, enquanto Javali Real torturava o patriarca da cidade até que ele entregasse a relíquia da Cruz Verdadeira, que foi então enviada à rainha Shirin.

O imperador Heráclio foi castigado. A queda de Jerusalém parecia ser o anúncio do Fim dos Dias — não só para os cristãos, mas também para os pagãos árabes: em Meca, o mercador Maomé, agora na casa dos quarenta anos, ouviu falar dessas espantosas derrotas romanas, que sinalizavam uma nova era, uma nova revelação. "Roma foi derrotada numa terra próxima daqui", refletiu ele. Admirado pela retidão, jovialidade e serenidade, ele era conhecido como al-Amin, "o confiável". Maomé tinha viajado por territórios romanos, visitando a Síria pela primeira vez com o tio, e mais tarde sendo enviado para lá por uma mercadora, Khadija, quando tinha 25 anos. Ela era rica, a personificação da independência feminina. A conduta de Maomé durante essa viagem granjeou-lhe outro apelido, al-Sadiq — "o verdadeiro" —, e depois ele se casou com Khadija, que ainda era moça o bastante para lhe dar seis filhos. Os meninos morreram jovens, mas Fátima e três outras filhas sobreviveram. Ao lado deles foram criados um primo de Maomé, Ali (filho de seu guardião Abu Taleb), e um menino chamado Zayed, que fora raptado e escravizado antes de ser libertado e adotado pelo futuro profeta. Maomé viveu feliz com Khadija por 25 anos.

Aos quarenta anos, ele estava meditando numa caverna em Hira quando sentiu-se estranho, febril e claudicante. Ouvindo uma série de zumbidos e suando em bicas, acreditou ter sido visitado pelo arcanjo Gabriel, o qual lhe disse que ele, Maomé, era mensageiro e profeta de Deus. *"Iqra! Recite!"*, ordenou Gabriel.

No início Maomé não contou sobre a experiência a ninguém, exceto a Khadija, mas depois falou sobre a visita de Gabriel a um pequeno grupo liderado por um amigo, Abu Bakr. Sua mensagem, entoada em rimas fascinantes que deslumbravam quem as ouvia, era universal e lúcida, embora muitas vezes expressa na linguagem obscura dos textos sagrados. Maomé conhecia a Bíblia, em parte por conta de suas viagens pela Palestina e pela Síria, em parte por conta dos muitos judeus e cristãos que viviam na Arábia. Seus ensinamentos cooptavam e evocavam as profecias e os profetas dos judeus e dos cristãos, que conferiam a uma nova mensagem uma legitimidade sagrada e antiga. Em seu cerne havia um credo de monoteísmo puro, despojado do ritual e da exclusividade judaicos e do culto cristão a um homem e sua imagem, com seu intricado conceito da Trindade. "Não existe deus a não ser Deus", recitava Maomé, na primeira versão da *shahada*, e esse Deus não tinha filho. O único caminho era a submissão — o islã —, viver segundo as regras do culto numa religião que acolhia a todos, a despeito de classe, gênero ou nação, oferecendo universalidade moral, o incentivo da vida após a morte e rituais e regras de fácil entendimento. Ao contrário do cristianismo, o islã permitia a poligamia, autorizando até quatro mulheres e múltiplas concubinas.

Qualquer pessoa podia aderir ao islã. Um dos primeiros seguidores foi um africano escravizado, Bilal ibn Rabah, conhecido como al-Habashi, "o abissínio". Todos os povos do Livro — judeus e cristãos — eram bem-vindos: Maomé os chamava de "os crentes". Ele formaria uma comunidade — a *umah* — de crentes fiéis para disseminar sua mensagem: o apocalipse — a Hora — era iminente, e só poderia ocorrer em Jerusalém; ele tinha sonhado que visitava a cidade, no que é conhecido como a Viagem Noturna. Quando orava, voltava-se na direção da Cidade Sagrada, orientação que mais tarde foi chamada de *qibla*. Mas Deus havia retirado suas bênçãos dos judeus e dos cristãos: os judeus tinham perdido seu templo, Roma estava caindo diante dos persas. O islã era a terceira e a última das revelações.

Maomé começou a criticar a caaba, o que o tornou impopular entre seus primos coraixitas, liderados pelo rico xeque Abu Sufian, que ordenou seu assassinato. Em 622, levando consigo seus seguidores, Maomé fugiu para o oásis de Iatrib, mais ao norte, onde reuniu mequenses e outros devotos, inclusive judeus, em sua *umah*. Ele "não escrevia bem", de acordo com Abu Bakr, mas seus seguidores anotavam suas palavras, que chamavam de Recitação — o Corão; outras falas foram mais tarde compiladas no Hadith.

Iatrib, renomeada Medinat un-Nabi — Medina, a Cidade do Profeta —, tornou-se um pequeno Estado teocrático conduzido por Maomé, o qual, diferentemente de Jesus, era um líder político e militar, além de um visionário religioso. Maomé promoveu Bilal, seu escravo africano alforriado, a seu primeiro muezim — aquele que convoca para as orações —, graças a sua voz ressonante. Algumas tribos judaicas em Medina, porém, rejeitaram o islã; assim, Maomé transferiu a *qibla* de Jerusalém para Meca — e, como lhe foi dito por Alá, preferiu "relevar as falhas [desses judeus] com graciosa misericórdia". Mas o poder era essencial, e a guerra fundamental, para o sucesso de toda revelação.

Em Badr, em 624, Maomé armou uma emboscada para uma caravana de Meca liderada por Abu Sufian. O xeque contra-atacou; na batalha de Trench, sua feroz mulher, Hind, cantava para encorajar seus homens:

Temos pérolas em volta do pescoço
E almíscar nos cabelos
Se vocês avançarem, receberão nosso abraço
Ou, se fugirem, receberão o banimento

Após a vitória de Abu Sufian, Hind devorou alegremente o fígado do tio de Maomé, Hamza, e fez colares das orelhas de muçulmanos mortos. Toda a situação foi ainda mais odiosa devido à intimidade envolvida: outro tio do profeta, Abbas — que mais tarde se tornaria importante —, lutou pelos pagãos da cidade. Em 627, os habitantes de Meca voltaram para sitiar Medina; durante a chamada Batalha da Trincheira, Maomé ordenou que seus homens avançassem, e eles lutaram contra os mequenses — um impasse militar, mas uma vitória política que levou à desintegração da confederação que havia se formado contra ele. Maomé puniu uma tribo de judeus que havia entrado em conluio com os habitantes de Meca: "Ele cortou a cabeça deles à medida que chegavam" e escravizou as mulheres e crianças.

Suas palavras caíram em terreno fértil na Arábia não só porque ele era carismático, mas porque o mundo parecia estar fora de controle. Impérios surgiam e caíam, em espantosas reviravoltas do destino; os árabes haviam sido deixados à deriva por seus patronos; o comércio estava estilhaçado e os tempos eram desesperadores. "Ninguém estava mais desamparado do que nós. Nossa religião consistia em matar e atacar", lembrou um dos soldados de Maomé. O monoteísmo, que oferecia o consolo da salvação eterna, era mais persuasivo do que a deusa Uzza, com sua fome por sacrifícios humanos. Maomé era apenas um entre os muitos líderes santos que pregavam na Arábia — entre os quais se destacavam Musaylima, Tuhailah, Aswad e a profetisa Sajah. O próprio Maomé, observando o cambaleio surreal da Roma oriental, sentia-se muito mais próximo dos cristãos do que dos zoroastrianos. "Depois de derrotados", previa ele, "eles voltarão a conhecer a vitória."

Os Tang e Sasano

Alheios às revelações nos desertos árabes, a vitória final não parecia inevitável para os romanos. Javali Real tomou o Egito. Em 619, um general de Khusrau, Shahin, avançou da Anatólia até a Calcedônia, cruzando o Bósforo a partir de Constantinopla. Heráclio considerou transferir a capital para Cartago; depois, encontrando-se pessoalmente com Shahin, ofereceu reconhecer Khusrau como imperador supremo, autorizado a nomear governantes romanos. Parecia que ele tinha vencido o Jogo Mundial de seiscentos anos entre a Pérsia e Roma. No nordeste, os turcos tinham sido derrotados por outro de seus generais, o príncipe armênio Smbat Bagration (Simbácio Bagratúnio) — mas teriam sua vingança. Khusrau se autointitulava Parviz — "o vitorioso" —, e o mundo parecia a seu alcance. Os aristocratas iranianos recomendaram aceitar a oferta de Heráclio. Khusrau rejeitou.

O desafio era tomar Constantinopla, com suas muralhas inexpugnáveis. Khusrau negociou com o grão-cã Abaro, que estava assolando os Bálcãs. Mas, em 622, Heráclio concebeu um ousado contra-ataque. Deixando a Grande Cidade bem guarnecida, ele levou 20 mil homens pela costa do mar Negro e desembarcou atrás das linhas persas na Anatólia oriental, onde recebeu uma carta do xá na qual este se intitulava "o caçador mortal, leão do leste, o mais nobre dos deuses, rei e senhor do mundo", e zombava de Heráclio como um "vil e tolo escravo de Khusrau". As palavras eram grandiloquentes o bastante para terem sido compostas de fato por Khusrau, acampado com seu exército no Azerbaijão. "Você diz que confia em Deus. Por que então Ele me entregou Cesareia, Jerusalém, Alexandria?" Khusrau sugeriu que Heráclio se retirasse para cultivar vinhedos em Ctesifonte.

Heráclio transformou o desastre de Jerusalém na primeira guerra santa, literalmente uma cruzada para retomar a Cruz Verdadeira. "O perigo que corremos", declarou, "é o prenúncio de uma vida eterna [...]. Sacrifiquemo-nos por Deus [...]. Ganhemos a coroa dos mártires." Ele marchou rapidamente em direção a Khusrau, surpreendendo-o e obrigando-o a fazer uma ignominiosa retirada. Em seguida, incendiou o grande santuário zoroastriano de Adur Gushnasp, numa vingança por Jerusalém. No início de 625, Heráclio contatou o cã turco, Sipi, sobrinho do grão-cã Tong, a fim de propor uma aliança. Numa brilhante manobra contra os superconfiantes persas, ele emboscou Javali Real, que fugiu nu montado num cavalo, deixando para trás seu escudo de ouro e até mesmo suas sandálias cravejadas de joias.

No oeste, Khusrau, o Vitorioso, ordenava agora a última batalha para a conquista da Grande Cidade, uma partida derradeira do Fim dos Dias. Como ele advertira a Heráclio: "Seria possível eu não destruir Constantinopla?". Javali Real avançou até a Calcedônia; os abares e outra tribo do leste, os eslavos, chegaram no lado europeu, remando até o porto, rolando armas de cerco até a Muralha Teodosiana. A situação parecia ser desesperadora. Mas os romanos conseguiram frustrar a passagem dos iranianos para o lado europeu. Enquanto os persas observavam através do Bósforo, os abares atacavam as muralhas, mas, com a ajuda da Virgem Maria, patrulhando os baluartes, os romanos os repeliram e os forçaram a recuar.[1]

Longe dali, no Iraque, Heráclio, agora numa aliança com 40 mil turcos comandados por Sipi, superou três exércitos iranianos, matando Shahin. Khusrau agora temia Javali Real e ordenou a seu vice que o matasse, porém Heráclio interceptou a carta e a enviou ao próprio general. Eles chegaram a um entendimento secreto, e Javali Real estabeleceu uma corte em Alexandria. Em 627, Heráclio encontrou-se com Sipi numa reunião de cúpula nos arredores de Tbilisi e prometeu a própria filha ao cã xamanista. Em seguida, deixando Sipi encarregado do cerco a Tbilisi, galopou em direção a Ctesifonte.

O pânico tomou conta da capital persa. O xá foi culpado. "Por quanto tempo mais vamos temer e tremer diante desse rei sanguinário? Não foi sob seu comando que muitos de nossos irmãos pereceram aos milhares, em inúmeras ocasiões, por todos os modos de tortura, alguns até mesmo por afogamento?" Khusrau ordenou que todos os prisioneiros fossem assassinados — e isso foi a gota d'água. O Vitorioso tinha reduzido Iranshahr a pó. Seu filho mais velho, Kavad II, traiu "aquele homem malévolo", seu próprio pai, que fugiu sob um disfarce, mas foi caçado. Os grandes senhores cuspiram nele; dezesseis de seus filhos foram assassinados diante dele, e ele depois foi executado com flechas. Sua viúva, Shirin, recusou-se a se casar com o enteado e também foi assassinada. A peste voltou a grassar, matando Kavad II — justo no momento em que Javali Real chegava para se proclamar xá. Ele devolveu a Cruz Verdadeira a Heráclio, que arranjou o noivado do filho com a filha de Javali Real — um casal que poderia um dia governar o mundo. Mas houve resistência à sua usurpação, e ele foi assassinado. Duas filhas de Khusrau subiram ao trono, porém uma foi estrangulada, e a outra, envenenada. Em Medina, os muçulmanos observaram a queda da Pérsia, "onde agora as mulheres governavam", e apreciaram a significância apocalíptica do momento em que Heráclio celebrou seu sucesso na guerra santa levando a Cruz Verdadeira para Jerusalém. Em Ctesifonte, em 632, um príncipe sassânida, neto de Khusrau e Shirin, Yazdegerd, aos oito anos de idade, foi instalado no trono, justamente quando os turcos chegavam para destruir a Pérsia.

Mas então, de repente, os turcos desapareceram. Na outra extremidade da estepe eurasiana, enquanto Heráclio juntava forças com os turcos e Maomé adaptava seu próprio conceito de guerra santa, o novo imperador da dinastia Tang fazia seu próprio acordo com os turcos.

A ascensão dos Tang começou com uma rima perigosa.

TAIZONG E O REI DO TIBETE

Em 614, circulava um poema na China declarando que um homem chamado Li mataria o imperador — que, por essa razão, executou 33 homens com esse nome. Não surpreendentemente, um dos poucos que não foram mortos avaliou sua posição. Em 617, Li Yuan, duque de Yuan, de ascendência em parte turca, e seu segundo filho, o futuro Taizong (nascido Li Shimin), decidiram rebelar-se — não apenas por uma questão de autopreservação, mas também para realizar a profecia da "concessão do céu". "Se não tomarmos o que nos é concedido", disse o pai, "uma calamidade cairá sobre nós."

Levantes camponeses tinham destruído os Han, mas durante seu governo eles haviam restabelecido muitos nômades da estepe, fomentando um império multiétnico, enquanto o budismo indiano tornava-se popular, coexistindo com as crenças tradicionais chinesas.[2]

Em 618, Li Yuan, mais tarde Gaozu ("sumo progenitor") da dinastia Tang, fez um acordo com o grão-cã dos goturcos ("turcos celestiais") a fim de lhes dar cobertura para tomar a China. Após uma década de guerras, ele e Taizong tinham unificado o império. Mas logo tudo isso foi ameaçado pela rivalidade fratricida entre o aparente herdeiro e seu irmão — que se opunham ao dinâmico Taizong. Quando eles tentaram envenená-lo, Taizong os acusou de manter relações sexuais com as concubinas do imperador, sabendo que seriam convocados a se explicar. Quando eles chegaram, Taizong acertou um dos irmãos com sua besta e decapitou o outro. Gaozu, que estava pescando, ficou perplexo ao ser informado de que fora agora afastado e de que Taizong estava no poder. A China não praticava a primogenitura: uma vez que se esperava que os imperadores fossem sábios, a dinastia era equilibrada pela seleção — por escolha livre ou pela força — do príncipe mais capacitado à sucessão.

Aos 26 anos, Taizong era ao mesmo tempo um assassino e um humanista, um erudito e um soldado, um homem brusco, enérgico e extremamente inteligente, frio como gelo e ainda assim emotivo. Ele não tinha crescido como herdeiro, de modo que conhecia as agruras da vida comum — "Quando eu tinha dezoito anos", escreveu mais tarde ao filho, "eu ainda vivia entre as pessoas e sabia de tudo, o que é verdadeiro e o que é falso" —, mas era filho de um general bem relacionado, em parte turco, instruído nos ideais confucianos e no ritual taoista e treinado na arte turca do arco e flecha. Era um desses homens que não deixava nada para depois — um poeta e calígrafo que matara o próprio irmão com seu arco. Aos quinze anos, voluntariara-se para lutar contra os turcos e, aos dezoito, ajudara o sumo progenitor a planejar seu golpe. Taizong foi um conquistador que governou por 23 anos, expandindo o poder chinês tão a oeste quanto os Han. E foi ele também quem encontrou a mulher mais extraordinária da história chinesa, a imperatriz Wu. Juntos, eles dominariam o século.

Taizong foi imediatamente desafiado pelo grão-cã goturco, que havia forçado seu pai a fazer embaraçosas concessões. A partir de 629, Taizong praticou uma generosa diplomacia, como trocar fardos de seda por milhares de cavalos; uma astuta manipulação, como "usar bárbaros para controlar bárbaros"; e desenfreada violência. Depois que o grão-cã goturco tentou assassiná-lo, ele combateu os grão-canatos dos turcos do leste e do oeste,[3] obrigando-os a reconhecê-lo como o grão-cã Tendri, o Cã Celestial dos Turcos, e trazendo o poder dos Tang de volta à Ásia central. Taizong personificava seu multiétnico "império aberto a todos": um império em que a moda e as danças turcas eram populares; em que as elites falavam tanto o turco como o chinês e adotavam o estilo equestre turco, as mulheres praticando montaria e os homens jogando polo; em que caravanas de camelos da Báctria carregando pimenta da Índia, patchuli malaio, madeiras aromáticas de Java e figos da Pérsia juntavam-se a uigures, persas e indianos nos mercados de suas capitais de 1 milhão de habitantes, Chang'an e Luoyang.

Mas as mudanças sempre têm imprevisíveis consequências. No caso de Taizong, a subjugação dos goturcos apresentou uma oportunidade aos tibetanos, sob um jovem rei chamado Songtsen Gampo, de estender seu reino na montanha em direção ao sul — para o norte da Índia — e ao leste — para a província de Sichuan —, uma expansão que um dia custaria caro aos Tang. Filho de um chefe assassinado, Songtsen uniu grande parte do Tibete, enviando um ministro à Índia para aprender sobre governança, budismo e linguagem, e concebendo uma escrita tibetana. Ele se casou com Bhrikutim, tida como uma princesa indiana, encarnação de Tara, deusa hindu e budista. Quando saiu em campanha contra bárbaros tangutes na fronteira com a China, chamou a atenção do imperador chinês.

Songtsen solicitou o maior reconhecimento que um rei asiático poderia receber: uma princesa Tang. Taizong recusou peremptoriamente. Os tibetanos, então, atacaram as províncias Tang em Sichuan, e, quando foram repelidos, Songtsen tornou a enviar um emissário. Mas o imperador não daria uma princesa a tal bárbaro. Em vez disso, em 640, ele encontrou uma prima, fez dela uma imaginária princesa Wencheng e a enviou para se casar com Songtsen. Mais tarde, Taizong lhe emprestou tropas para apoiar um ataque tibetano à Índia — o primeiro embate indochinês.

Taizong estava agora fascinado pelo budismo e estudava maneiras de disseminá-lo na China. Em seu *Prefácio do imperador aos ensinamentos sagrados*, ele tentou conciliar o budismo indiano com o tao chinês. Quando um monge budista chamado Xuanzang pediu permissão para sair numa peregrinação à Índia, Taizong recusou. Em 629, porém, Xuanzang ignorou as ordens e saiu numa espantosa jornada, durante a qual arriscou a vida várias vezes, para chegar a Samarcanda e depois ao Afeganistão, onde, em Bamiyan, admirou as estátuas gigantes de Buda, antes de atravessar o passo Khyber e seguir em sua peregrinação até Peshawar e Nalanda, onde tencionava estudar e rezar. Xuanzang estava testemunhando uma conquista extraordinária do leste: não por meio de exércitos, mas de uma cultura. "Pessoas de lugares distantes e com distintos costumes", observou ele, "dizem muitas vezes que o país que mais admiram é a Índia."

AS VIAGENS DE XUANZANG: O INÍCIO DA INDOSFERA

Xuanzang tinha razão. Já fazia muito tempo, desde os reis gregos da Báctria, com suas moedas de Shiva e Krishna, que o florescimento índico havia disseminado o sânscrito, a arte indiana e as religiões brâmane e budista pelo leste da Ásia. A propagação dessa indosfera havia se intensificado sob a influência dos Gupta,[4] uma dinastia hindu no norte da Índia, mas sua glória teve curta duração. Foi queda da família, após a invasão dos hunos na década de 480, que dispersou sua corte de sacerdotes, missionários, mercadores e artistas não apenas dentro da própria Índia, mas também para o oeste, até o Afeganistão, para o leste, até as ilhas e o sudeste continental, e para o norte, até o Tibete, a China e o Japão. Agora, era o contemporâneo de Taizong e membro da família Palava, Narasimhavarman, apelidado de Mahamala, o Grande Lutador, que conquistava grande parte do sul da Índia e o Sri Lanka. Ele também construiu um porto em Mahabalipuram, a partir do qual mercadores e missionários disseminaram a cultura índica pelo leste da Ásia. Sua capital em Kanchipuram foi visitada por Xuanzang.

A cultura índica fluía para o leste e o oeste. No Afeganistão, os Budas bamianos, vistos por Xuanzang, acabavam de ser completados. No leste, khmers e malaios aprendiam o sânscrito como a língua do poder e da santidade; reis intitulavam-se em sânscrito e tâmil. Primeiro chegou o budismo, com os mercadores, depois seguiu-se o hinduísmo. A primeira inscrição em sânscrito, encontrada em Vo Cahn (Vietnã), foi obra de um rei índico por volta de 250; em 400, partes do Bornéu eram governadas por um rajá brâmane, Rajendra Mulavarman, que erigiu pilares com inscrições em sânscrito e apregoava a chegada de brâmanes xivaístas da Índia. Dizia-se que um príncipe indiano, Kaundinya, havia se casado com uma rainha cambojana, Soma, e fundado o reino indianizado de Funan, que governou grande parte do sudeste continental durante a era Tang. Por volta de 717, um príncipe javanês chamado Sanjaia, um brâmane xivaísta, fundou o reino de Mataram, em Java, centrado no *devaraja* — o culto do rei-deus no qual o *chakravartin* era a incorporação de Shiva ou de Vishnu. Mataram dominou Java durante séculos; a dinastia Sailendra abraçou o budismo, e seus templos em torno de Yogyakarta, longe da Índia, estão entre os maiores monumentos índicos.

O budismo agora alcançara o Japão. Em 552, emissários coreanos chegaram ao Japão levando uma estátua de Buda. Um reino poderoso estava se desenvolvendo ali, incentivado pelos contatos com a China dos Tang. A família governante, os Yamato, alegava descender da deusa do sol Amaterasu, numa sucessão ininterrupta desde 660 a.C., mas isso não passava de uma lenda. A dinastia real só surgia agora, no século VI, como o clã governante no Japão central, fazendo a mediação entre o povo e os deuses: o título *tenno* significa literalmente "imperador celestial". Bastante inspirados em Taizong e nos Tang, os imperadores japoneses criaram um sistema hierárquico na corte para a aristocracia e uma academia para treinar servidores civis, que falavam chinês, vestiam roupas chinesas e liam poesia vinda da China. Em 587, um semimítico filho imperial, o príncipe Shotoku, fundiu o budismo com o panteão japonês.

Quando Xuanzang voltou a Chang'an, liderando uma caravana que trazia quinhentas arcas cheias de tesouros (embora um elefante, presente de um governante indiano, tivesse caído de um penhasco), Taizong disse: "Bem-vindo de volta após dezessete anos, Xuanzang, mas você nunca teve minha permissão para partir". Taizong perdoou a insubordinação e o convidou para ser seu ministro. Xuanzang declinou. "Seria como entrar num barco fora d'água", disse ele. "Eu não só deixaria de ser útil como simplesmente apodreceria." Em vez disso, então, o imperador fez do viajante seu irmão de sangue e o recompensou com seu próprio mosteiro (o Pagode do Grande Ganso Selvagem, que continua de pé em Xi'an). Os mosteiros budistas ficaram ricos, embora Taizong tivesse limitado suas riquezas. As ideias fluíam nos dois sentidos: em 635, um monge cristão, Rabban Olopun, chegou de Constantinopla e foi recebido por Taizong, que explicou: "Princípios corretos não têm localização invariável", e ordenou a construção da primeira igreja na China.

Mesmo em seus últimos anos, porém, Taizong continuava sendo um soldado, liderando suas tropas na batalha e ordenando que seus estimados corcéis fossem esculpidos em seu túmulo. Ele passou os últimos anos tentando subjugar os três reinos coreanos no leste e os turcos ocidentais na Ásia central. Suas guerras turcas tinham salvado o novo xá Yazdegerd, que mal se dava conta de que outro exército nômade se reunia no sul.

A FAMÍLIA DE MAOMÉ

Em 630, Maomé, o profeta dos crentes de Medina, levou seu exército para o sul, a fim de lutar contra Meca, onde negociou com seus familiares. A antropofágica Hind não se impressionou, atormentando o marido aos gritos: "Mate essa bexiga gorda e gordurosa de banha". Em vez disso, Abu Sufian negociou uma entrega pacífica de Meca.

Maomé beijou a caaba, mas destruiu os ídolos em torno dela. Abu Sufian era um pragmático e logo se converteu. Maomé precisava dele: casou-se com sua filha Ramla e contratou seu filho Muawiya (Moáuia) como secretário.

Maomé ainda governava de Medina. Quando chegavam delegações para oferecer submissão, ele as recebia sentado no chão de sua mesquita, com a firmeza e a convicção que lhe granjearam tantos seguidores, nunca reivindicando ser mais do que um mensageiro de Deus. Seu humor era seco: certa vez, uma senhora lhe perguntou se Alá permitia a entrada de idosas no Paraíso. "Não", respondeu ele. A mulher começou a chorar, ao que ele acrescentou: "Ele primeiro as transforma em virgens núbeis".

Nascido num mundo de conflitos familiares, Maomé sabia qual era a força, mas também o perigo, que uma dinastia representava. "A genealogia é mentirosa", disse ele, que enfrentava problemas imensos com uma corte cada vez mais complexa. A família é importante: suas fissuras ainda estão presentes hoje no islã.

Quando Khadija morreu, Maomé casou-se com cerca de outras treze esposas, muitas delas em alianças políticas. Primeiro ele esposou Aisha, filha de seu seguidor Abu Bakr: ele tinha cinquenta anos, ela era adolescente; mas ele a adorava, era sua favorita. Duas esposas mais jovens, viúvas de guerreiros mortos em batalha, juntaram-se à casa, além de uma moça judia, Raiana, escravizada após a destruição de sua tribo. Maomé tinha casado sua bela prima em primeiro grau, Zainab, com seu filho adotivo, o ex-escravo Zaied; não foram felizes, mas Maomé a admirava. Ao ouvir que "o mensageiro de Deus" estava na porta, ela se vestiu com capricho e "provocou a admiração do mensageiro". Zaied a ofereceu a ele, que finalmente concordou em desposá-la. Zainab tinha ciúmes de Aisha. "Ela se igualava a mim em beleza", admitiu Aisha, "e no amor que tinha do profeta."

Maomé recebia os cuidados não só das esposas, mas também de sua filha Fátima; casada com o primo dele, Ali, ela era a mãe de seus netos Hussein e Hassan. Movimentando-se entre duas casas diferentes, o profeta gostava de se sentar com as esposas, contar piadas e refletir sobre a vida, às vezes rememorando Khadija. Gostava de brincar com os netos, deixando que subissem em suas costas, dizendo: "Oh, que belo camelo você tem".

Mas já havia tensão em sua corte. Durante as guerras contra Meca no deserto, Aisha, ao procurar um colar perdido, acabou se perdendo de Maomé, até ser resgatada por um jovem, que a devolveu ao marido. Ela, no entanto, foi acusada de adultério. O mais veemente acusador foi o genro do profeta, Ali. Aisha teve o apoio de sua rival, Zainab, e Maomé no fim das contas acreditou em Aisha, mas isso foi apenas o início de um conflito que ainda divide o mundo islâmico.

O conceito de guerra santa elaborado por Heráclio chegara a Maomé — Abu Sufian tinha visto o desfile do imperador em Jerusalém —, e ele o tomou como sua jihad. O profeta oferecia a paz — "Convide todos para o caminho do Senhor, com sabedoria e belas pregações", dizia ele —, mas também defendia a guerra. "Mate os idólatras onde quer que os encontre." Ele escreveu cartas solicitando conversão até mesmo ao imperador, que lhe enviou de volta um casaco de pele como presente; e o governador romano do Egito lhe enviou uma moça copta, Maria, com quem ele se casou. Mais tarde, em 630, Maomé enviou duas colunas para atacar a Síria. Uma delas chegou a Ácaba (Jordânia); a outra foi interceptada por tropas romanas e derrotada. Mas trouxe de volta informações interessantes: Roma estava apodrecida. Os despojos dos impérios, Pérsia e Roma, debilitados pela peste e pela guerra, não seriam capazes de resistir. Mas tudo dependia de um homem, e não havia um plano para a sucessão: quem poderia suceder o último profeta de Deus? Só havia um único mensageiro de Deus.

EXPURGUEM COM A ESPADA OS INCIRCUNCISOS!
AS CONQUISTAS DA FAMÍLIA DE MAOMÉ

Em 632, Maomé, então com 62 anos, contraiu uma febre. Percebendo que ele estava morrendo, seus seguidores perguntaram se queria ser levado a algum lugar. "Aisha", disse o profeta, e assim eles o levaram até ela, e Maomé morreu em seus braços, deixando que os anciãos escolhessem seu veterano companheiro Abu Bakr como Amr al-Mu'mim, o "comandante dos crentes", mais tarde conhecido como califa. Ali e a família, porém, discordaram. Os aristocratas de Meca estavam céticos, enquanto grande parte da Arábia começava a seguir outros profetas. Abu Bakr enviou forças chefiadas por seu principal paladino, Khalid bin Walid — Espada do Islã —, para retomar essas províncias que se afastavam dos ensinamentos de Maomé. Khalid matou um príncipe que havia se convertido ao islã para poder casar com sua linda mulher, o que provocou um escândalo em Meca. Em 634, porém, Abu Bakr despachou Khalid — acompanhado de seu general Amr al-As e de dois filhos de Abu Sufian, Yazid e Muawiya — para a Síria com 20 mil tropas.

Para contemporâneos e historiadores, as invasões árabes pareceram espantosas em sua rapidez e extensão, mas fazia pouco tempo que os exércitos árabes gassânidas e lakhmidas haviam galopado pela Palestina e pela Síria; agora, era como se esses guerreiros servissem a uma nova causa. A peste abatera as cidades romanas e persas, mas quase não atingira o deserto. Os árabes mobilizaram exércitos de 12 mil homens ou mais, enquanto Heráclio só conseguiu reunir 5 mil. Eles se deslocavam rapidamente em camelos e, uma vez iniciada a batalha, montavam cavalos.

Heráclio, exausto após duas décadas de guerras, assumiu o comando atrás das linhas enquanto os árabes cercavam a Damasco romana, negociando sua rendição no exato momento em que o califa morria e era substituído por Omar. Pesado e indomável, um lutador em sua juventude, Omar, que usava roupas simples e brandia um chicote, começara a compilar o Corão e o Hadith do profeta. Austero e pudico, ele concebeu restrições às mulheres jamais mencionadas por Maomé e mandou espancar o próprio filho até a morte por corrupção. Ele abominava a arrogância flibusteira de Khalid, que chamou de volta a Meca. "Tire esse butim do cu!", rosnou. Khalid entregou seu tesouro e foi enviado de volta à Síria.

Heráclio ordenou que seu irmão Teodoro detivesse os árabes. Em Iarmuk, ao sul de Golã, os dois exércitos, em igualdade numérica, se enfrentaram. Hind, a poeta antropofágica da Arábia, estava lá para incentivar os dois filhos, gritando: "Avante! Expurguem com a espada os incircuncisos!".

Khalid disse a seus homens: "Esta é uma batalha de Deus!". Sua cavalaria emboscou os romanos entre rochedos e rios e os partiu em pedaços, sendo ajudada pela deserção dos aliados árabes cristãos do inimigo. Teodoro foi morto.

Além do butim, os árabes receberam outro presente dos romanos: a peste. Yazid, primeiro governador da Síria, morreu da doença, entregando Damasco a seu irmão Muawiya. As cidades de Homs, Tiro e Cesareia negociaram sua rendição em troca de promessas de liberdade de culto cristão e mediante o pagamento da *jizya*, o imposto cobrado aos Povos do Livro.

Em seguida, Omar enviou Khalid num ataque à Pérsia, onde o xá Yazdegerd tinha dificuldades para resistir à medida que os árabes galopavam diretamente para a muralha de Ctesifonte/Selêucia, aquele complexo de canais e palácios, fruto de séculos de civilização, que os atacantes chamavam de "as Cidades". Ao mobilizar seu exército, com sua colossal bandeira de pele de tigre, seus corcéis e elefantes com armaduras, Yazdegerd conseguiu rechaçar um exército árabe, mas, em 636, primeiro em Qadisiyya (Cadésia) e depois em Jabula, suas forças foram derrotadas. Os árabes cercaram o xá nas Cidades até que sua queda se tornou iminente, quando ele então fugiu para o leste, deixando os beduínos usufruírem de sua incrível boa sorte. Eles oraram no esplêndido *iwan* de Khusrau, entre estátuas de monarcas sassânidas. Ao contrário dos persas, que ostentavam armaduras arrematadas em ouro e cavalos dotados de caparazões, os árabes eram cavaleiros rudes, que vestiam mantos de lã de camelo, cintos de junco e bandanas feitas de cilha de camelo, cabelos espetados para cima como "chifres de bode". Eles montavam cavalos atarracados e usavam escudos que "pareciam uma fatia redonda e grossa de pão", além de arcos e lanças, e a única indulgência que se permitiam era o *saif* — não as lendárias cimitarras curvas, mas armas retas, polidas e muito amadas sobre as quais escreviam poemas e entoavam canções. O poeta Amir ibn al-Tufail falou sobre "espadas que dilaceravam pescoços, aguçadas e afiadas, cuidadosamente embainhadas até o momento em que se precisava delas". Ainda mais excitantes eram os espólios. Os árabes ficaram tão desnorteados com o tapete de Khusrau — a Primavera do Xá — que o retalharam em pedaços; usaram um dispendioso aroma de cânfora como sal de cozinha; e recolheram enormes butins — dinheiro, tesouros e centenas de milhares de cativos. Uma pequena campanha em Sistan, sozinha, rendeu 40 mil escravos. No início, os árabes não tiveram pressa para converter os povos conquistados, pois isso significaria libertá-los; pouco a pouco, porém, os escravizados se converteram, libertando-se de seus patronos árabes e tornando-se *mawla*.

Em 638, exércitos árabes convergiram sobre Jerusalém, com sua aura especial, escatológica, frequentemente citada por Maomé: "Chegou a hora!". O patriarca da Cidade Sagrada só aceitou se render ao comandante, e assim Omar foi encontrá-lo, montado numa mula, e negociou o pacto, com o testemunho de Muawiya, que protegia o culto cristão. Em seguida, ele entrou na cidade, caminhando até o Monte do Templo, onde, tendo-lhe sido mostrada, por um crente judeu, a localização do templo judaico, ele orou e estabeleceu uma mesquita a céu aberto. Mas, depois de saber que Khalid havia estado numa orgia regada a vinho numa casa de banho, onde poetas cantaram seus feitos, ele demitiu Espada do Islã.

Ao retornar a Meca, Omar deixou o cunhado e secretário de Maomé, Muawiya, encarregado da Síria, onde a população era predominantemente cristã.

Os árabes cristãos lutaram pelos muçulmanos, assim como os judeus; e até mesmo persas zoroastrianos eram aceitos no corpo de catafractários. Em Jerusalém, permitiu-se por muitas décadas que os judeus rezassem com os muçulmanos na mesquita do Monte do Templo, enquanto, em Damasco, cristãos e muçulmanos rezavam juntos na Basílica de São João (hoje Mesquita dos Omíadas). Cristãos monofisistas e nestorianos perseguidos por Heráclio provavelmente consideravam os árabes rufiões grosseiros, mas também camaradas monoteístas.

Em 640, Omar ordenou que Amr al-As invadisse o Egito. A subsequente queda de Alexandria marcou o fim de nove séculos de cultura greco-romana no norte da África. Então, cerca de 150 mil árabes conquistaram grande parte da Ásia ocidental, espalhando-se pelo mundo.[5]

Apesar das divisões letais na família de Maomé, que logo irromperiam em guerra, o comandante Omar não havia terminado. Heráclio morreu em 641, e seria apenas uma questão de tempo até que Constantinopla caísse também, mas antes disso Omar enviou novas tropas para capturar o xá Yazdegerd, agora só e abandonado. Ele foi perseguido até um moinho distante perto de Merv (Turcomenistão), onde passou a noite num monte de palha até o dono do moinho voltar e matá-lo, jogando-o no lago. Mas o último xá sassânida havia tido uma ideia final capaz de mudar tudo: enviou seu filho Peroz a fim de pedir auxílio aos chineses.[6]

O meio século seguinte do poder chinês pertenceu a mulheres.

Em 637, quando os exércitos árabes varriam o leste da Pérsia e o norte da África, o imperador Taizong perdeu sua amada esposa. Para animá-lo, os eunucos do palácio interior recrutaram novas concubinas. Taizong notou a tentadora beleza de uma menina de catorze anos, a instruída filha de um oficial e mercador Tang, aparentada, por intermédio da mãe, aos imperadores recentes. Apelidando-a de Encantadora Srta. Wu, Taizong a admitiu como concubina de sexto escalão, um talento.[7] Quando a mãe da menina irrompeu em lágrimas, sua precoce filha replicou: "De que maneira o fato de estar perto do Filho do Céu poderia ser outra coisa senão uma bênção? Por que chorar como uma criança?". Magnetismo sexual, destemida inteligência, cultivada verve e um senso de aventura podem ter feito da srta. Wu uma personagem incomum na corte de Taizong, onde estritas hierarquias podiam cair em razão de um olhar sedutor. Ali, ela foi instruída por eunucos na arte da cosmética — as sobrancelhas eram arrancadas e embelezadas com "antenas de mariposa", brilho de cinábrio era aplicado aos lábios, as faces eram embranquecidas com óxido de chumbo.

O imperador raramente a visitava, mas, certa feita, enquanto o atendia, Wu, com bastante perspicácia, o enredou em seu assunto favorito. "O imperador

Taizong tinha um cavalo chamado Garanhão Leão", ela lembrou mais tarde, "tão grande e poderoso que ninguém conseguia montá-lo." Ela se ofereceu para amansar o animal. "Preciso apenas de três coisas", disse. "Um chicote, um martelo e um punhal afiado. Primeiro, irei fustigá-lo com o chicote. Se ele não se submeter, baterei em sua cabeça com o martelo. Mas, se ainda assim ele não se submeter, cortarei sua garganta com o punhal."

"Você realmente acredita", replicou Taizong de maneira sugestiva, louvando a ousadia da garota, "que está habilitada a conspurcar meu punhal?" É provável que essa conversa tenha acontecido enquanto o imperador fazia sexo com ela, mas, no início de 640, ele enfrentava problemas de saúde e filhos insubordinados. O príncipe herdeiro revelara-se um louco, e dois outros príncipes tinham planejado assassiná-lo; Taizong escolhera seu reticente nono filho, Li Zhi, para ser o futuro Gaozong. Buscando diversão numa desastrosa campanha para conquistar a Coreia, Taizong viu o poder se esvair. Com o cabelo embranquecendo por conta do estresse, Gaozong ficava junto à cama do pai, enquanto Wu atendia o príncipe herdeiro, quatro anos mais novo, e cada vez mais atraído por ela. Mas a situação era delicada, uma vez que tecnicamente ela era sua madrasta, e uma relação entre os dois seria incestuosa. Não obstante, eles iniciaram um caso.

A ENCANTADORA WU: A IMPERATRIZ MATOU MEU BEBÊ

Em 649, aos 51 anos, Taizong morreu. Então, o jovem imperador Gaozong enviou as garotas do pai a um convento budista, onde elas tiveram a cabeça raspada e passaram a vestir roupas de aniagem, num processo de "purificação", antes que pudessem ressurgir para o casamento e para uma vida normal. Um ano depois, Gaozong fez uma visita a elas, a fim de homenagear o pai, e nesse momento viu Wu. A química foi reativada, e os dois começaram a chorar. Ele permitiu que Wu deixasse o cabelo crescer, enquanto ela escrevia um poema sensual que o estimulou a fazer visitas frequentes:

Olho para o seu disco de jade e meus pensamentos se espraiam em desordem
Abatida pelo pesar, dividida e separada, sinto imensa falta de meu soberano.
Se não acredita neste infindável pranto
Abra então meu peito e examine meu vestido vermelho-romã manchado de
                                                                    [*lágrimas.*

Gaozong era casado com a imperatriz Wang, que cometeu o erro de incentivar sua paixão pela srta. Wu, a fim de distraí-lo de outra amante, a consorte Xiao. Mas, como tantas vezes acontecia, a cura foi letal. Ao se mudar mais uma vez para o Palácio Interior, Wu deslumbrou o imperador e encantou as criadas, os eunucos e as concubinas, que se tornaram seus dedicados agentes, enquanto a apreensiva imperatriz Wang, incapaz de ter filhos, adotava o rebento de outra moça a fim de designá-lo príncipe herdeiro, esperando assim interromper a ascensão daquela esplendorosa arrivista. Depois de ter um filho, Wu teve uma filha, que a imperatriz gostava de embalar no colo. Um dia, em 654, a imperatriz brincava com a bebê. Assim que ela saiu, Wu sufocou a própria filha e em seguida, quando o imperador veio visitá-la, mostrou a ele, em agônica tristeza, a bebezinha, que agora tinha o rosto azul, e culpou a imperatriz Wang. Gaozong interrogou seu séquito, e todos responderam que "a imperatriz" era a responsável. Ele então gritou: "A imperatriz matou meu bebê!". A carreira de Wu foi registrada por historiadores hostis após sua morte, mas, ainda que não tenha matado a própria filha, é certo que usou a morte da criança para destruir o relacionamento de Gaozong com a esposa, cuja esterilidade era tida como uma tragédia numa corte dinástica. Wu, por sua vez, daria à luz seis filhos.

A imperatriz Wang recorreu à magia para engravidar, o que permitiu que Wu, informada por seus espiões, a acusasse do uso ilegal de feitiçaria. Gaozong propôs divorciar-se de Wang e casar-se com Wu, mas seus ministros veteranos se opuseram, citando a intimidade de Wu com o imperador morto. Em 655, porém, a imperatriz Wang e a consorte Xiao foram consideradas culpadas de feitiçaria e aprisionadas numa torre. Wu, então com 39 anos, tornou-se imperatriz consorte, e seu filho mais velho, Li Hong, foi nomeado príncipe herdeiro. Um dia, no entanto, ao passar pela torre onde a ex-esposa e a ex-consorte estavam presas, Gaozong ficou tocado com seu choro. Furiosa, Wu ordenou que elas fossem açoitadas, esquartejadas e mergulhadas num tanque de vinho: "Agora vocês podem se embebedar até a medula!".

Gaozong era devotado a Wu, que, aos quarenta anos, deu à luz uma última filha, a princesa Taiping. Sempre protegendo seu poder com engenhosa energia e procurando destruir seus inimigos, jamais deixando escapar qualquer detalhe, ela governou em parceria com o imperador, que apreciava sua argúcia. O poder de Wu refletia o modo como as configurações da família moldavam a Ásia oriental e central: as mulheres entre os povos nômades usufruíam de mais liberdade e autoridade do que as de Estados sedentários. Mas nenhum imperador, especialmente Gaozong, seria capaz de preencher a lacuna deixada por Taizong, e o casal teve de lutar para manter o império unido.

Gaozong sofreu um derrame no início de seu longo reinado, mas se recuperou, e Wu dividiu com ele grande parte do trabalho — eles foram apelidados de os Dois Sábios. Ela se recusou a promover a própria família, ajudando a organizar campanhas contra a Coreia e os turcos, implementando avaliações meritocráticas para o serviço civil, fomentando uma burocracia controlada pelo monarca

— e não por uma elite hereditária — e organizando o complexo e espetacular ritual dos sacrifícios Feng e Shan no monte Tai. Eles comemoraram sua dupla ação adotando os títulos taoistas de imperador e imperatriz celestiais. Wu reverenciava o budismo e o taoismo, embora fosse, como todos na época, extremamente supersticiosa. Seu patrocínio a um mágico foi denunciado por um eunuco ao imperador. Gaozong consultou seu veterano chanceler Shangguan Yi, que o aconselhou: "A imperatriz não tem controle sobre si mesma, e todo o império está insatisfeito com ela. Por favor, deponha-a". Gaozong estava prestes a assinar a deposição quando os espiões da imperatriz a informaram do que estava acontecendo, e ela chegou a tempo de impedi-lo. O imperador culpou Shangguan Yi pela situação, e a imperatriz o acusou de planejar o assassinato de Gaozong, o que o levou a ser executado, junto com o filho. Muito mais tarde, porém, a neta do chanceler desempenharia um papel especial junto a Wu.

A imperatriz compreendia os apetites sexuais do marido. Assim, primeiro trouxe a irmã viúva para ser sua amante (o imperador a apelidou de Beleza do Estado, e ela lhe deu um filho); após sua morte, sua filha, sobrinha de Wu, tornou-se amante imperial — com enorme sucesso. Sempre vigilante, Wu mandou envená-la.

Depois que o príncipe herdeiro morreu de tuberculose (alguns historiadores alegam que Wu o matou), Gaozong promoveu outro filho, Li Xian. Mas houve um problema. À medida que o imperador ia ficando enfraquecido, Li Xian planejou remover a mãe do poder. A frieza entre os dois tornou-se ainda mais gélida. O rapaz havia descoberto um segredo. Ele não era na verdade filho de Wu, mas o bastardo de sua falecida irmã, nascido em segredo e depois adotado por ela. O imperador não melhorou a situação ao anunciar que a mulher e o filho seriam herdeiros conjuntos. O casal consultou então um místico, que advertiu que Xian era inadequado para governar o império. Ao saber disso, o rapaz mandou assassiná-lo e foi devidamente exilado — e seu irmão, Li Zhe, passou a ser o príncipe herdeiro. Com a fome, terremotos e epidemias sugerindo que o Mandato do Céu estava em dúvida, Gaozong entrou em decadência, morrendo em 683. Enquanto Wu fazia seus planos, a corte chinesa recebeu relatos da Síria sobre um novo monarca chamado Mo-yi: o início da era das dinastias árabes.

ATO VI

207 MILHÕES

Casas de Maomé e de Carlos Magno

CÉSAR ÁRABE E YAZID DA PROSTITUIÇÃO, YAZID DOS MACACOS

Mo-yi era Muawiya. No momento em que Gaozong e Wu ouviram seu nome, Muawiya tinha assumido o trono de um novo império, numa perversa guerra familiar. Governar um império é difícil: o califa Omar viajava de mula pelas províncias com um único servidor, deixando Muawiya no comando da Síria. Muawiya queria construir uma frota para enfrentar os romanos, mas Omar recusou — e, suspeitando da visão mundana de Muawiya, o apelidou de César Árabe.

Em 644, Omar foi assassinado por um escravo descontente, e os anciãos mais uma vez desconsideraram Ali, o genro de Maomé, escolhendo em vez disso o afável Otomão, que era casado com as duas filhas mais velhas do profeta. Ele favoreceu o próprio clã, os omíadas, confirmando Muawiya como governador da Síria. Até então os súditos do califado eram predominantemente cristãos e zoroastrianos. Herdando o sistema tributário romano, Muawiya usou funcionários romanos liderados por Sérgio — Sarjun ibn Mansur, em árabe — para tocar a burocracia. Seu médico e poeta de corte era cristão, seu primeiro governador de Jerusalém ao que parece era judeu e sua esposa favorita, Maysun, era uma princesa cristã. Amr al-As o provocou por receber ordens da mulher. "Esposas de homens nobres os dominam", replicou Muawiya. "Homens de baixo nível mandam nas mulheres."

Ele orgulhava-se de sua virilidade sexual, mas, à medida que ficava mais velho e mais gordo, ria de si mesmo. Muawiya dormiu com uma escrava khorasani a quem perguntou:

"Como é leão em persa?"

"*Kaftar*", respondeu ela.

"Eu sou *kaftar*", jactou-se ele, mas, quando perguntou a um cortesão o que isso significava, ele respondeu: "Hiena manca".

"Bom trabalho", disse Muawiya à moça.

Em 655, a nova frota árabe de Muawiya derrotou o imperador Constante II (neto de Heráclio), marcando uma nova era. Mas, um ano depois, amotinados do Egito e do Iraque assassinaram o primo de Muawiya, o califa Otomão, em Medina. Ali, agora com cinquenta anos, foi escolhido como seu sucessor, nomeando alguns dos assassinos para seu séquito. Maomé tinha ordenado a suas mulheres que se mantivessem fora da política após sua morte, mas sua esposa favorita sobrevivente, Aisha (filha do primeiro califa), respeitada como Umm al--Um'minin — "mãe dos crentes" —, denunciou Ali e os assassinos de Otomão. Ela liderou um exército contra Ali, perseguindo-o até o Iraque. No campo de batalha, Aisha discursava para as tropas, comandando-as a partir de um dossel blindado, sobre um camelo vermelho. Mas Ali venceu; o famoso camelo foi morto, e ela foi capturada.[1]

Muawiya, num firme controle do centro, exigiu que os assassinos de Otomão fossem punidos, uma exigência que Ali não podia atender. Incorporando a teatralidade de Marco Antônio ante a toga ensanguentada de César, ele exibiu as relíquias do assassinato do califa, as roupas com o sangue de Otomão e os dedos cortados de sua esposa Naila.

Os dois exércitos se encontraram em Sifim, perto de Raqqa (Síria), onde, com a intensa selvageria do ódio entre irmãos, 70 mil foram mortos numa luta corpo a corpo. Por fim, as tropas de Muawiya espetaram páginas do Corão em suas lanças, para que o outro lado, envergonhado, parasse de lutar. Ali concordou em negociar. O enviado de Muawiya, Amr al-As, manipulou Ali, a quem Maomé jamais atribuíra uma missão importante. "O mensageiro de Deus só nomeava homens capazes", disse Muawiya, "não exigia dos homens nada além de sua capacidade." O exército de Ali desintegrou-se. Em 660, Muawiya realizou um conclave no Monte do Templo, em Jerusalém, onde foi aclamado comandante, incorporando a santidade da Cidade Sagrada.[2]

Logo depois, Ali foi assassinado no Iraque, deixando seus dois filhos, Hassan e Hussein, como herdeiros. Mas ainda que Muawiya e a dinastia omíada tivessem triunfado, o partido (xiita) de Ali, que acreditava que a sucessão deveria descender dele, representaria um perpétuo cisma no coração do islã.

Em 674, Muawiya, tendo derrotado a frota romana, atacou Constantinopla. O cerco, comandado por seu filho Yazid, durou quatro anos. Os árabes acreditavam que a cidade ia cair, ideia provavelmente compartilhada com o imperador Constante, que se mudou para a Sicília, onde foi assassinado no banho por um escravo, com uma saboneteira. Mas as muralhas da Grande Cidade e a frota romana restaurada, juntamente com a primeira utilização de uma nova arma secreta, o fogo grego, um lança-chamas primitivo que jorrava nafta por um tubo, finalmente obrigaram Muawiya a retirar sua frota.

Os califas sempre haviam sido escolhidos pelos anciãos. Muawiya, porém, estabeleceu uma monarquia familiar, nomeando, de maneira controversa, o filho de sua esposa cristã, Yazid, um playboy que se refestelava com vinho e garotas e andava por Damasco com um macaco de estimação. E, no que dizia respeito a um possível rival, Muawiya aconselhava: "Se você o pegar, retalhe-o membro a membro". Mas, quando Muawiya morreu, aos oitenta anos, a devassidão de Yazid chocou os medinenses, que o chamavam de Yazid da Bebida, Yazid da Prostituição, Yazid dos Macacos. O neto de Maomé, Hussein, declarou-se califa no Iraque, mas foi morto em Carbala, suscitando a narrativa xiita do martírio, ainda hoje expressa na lamentação e no autoflagelo no dia sagrado da Ashura. Sua cabeça foi enviada em turnê, e Yazid enfiou o cetro em sua boca. Quando ele morreu, de maneira inesperada, provavelmente vítima da peste, contendores em Kufa (Iraque) e em Medina reivindicaram o trono.

Bem longe, no leste, os árabes aproximavam-se de território chinês — justo quando a extraordinária viúva do imperador Gaozong assumia o controle.

ESPERMA POLÍTICO: OS DENTES E AS GARRAS DA IMPERATRIZ WU

Wu, a imperatriz viúva e regente, estava com sessenta anos. O testamento do imperador falecido especificava que "grandes questões de Estado devem ser resolvidas pela imperatriz celestial", mas seu filho Li Zhe — sob a influência da jovem imperatriz Wei — planejava dar poder ao pai da esposa. Quando confrontado por ter nomeado seu sogro Wei Xuanzhen como ministro, o jovem imperador gritou: "Se eu quiser dar a ele o império todo, quem vai me deter?". Mas *havia* alguém para detê-lo: Wu. E ela logo mobilizou seus ministros e generais. Tendo enfrentado avanços turcos e tibetanos,[3] fomes e rebeliões, eles apreciavam sua experiência e coragem. O rapaz foi deposto. E perguntou qual fora seu crime.

"Você fez menção de entregar o império a Wei", exclamou Wu. "Isso não é um crime?" Enquanto Li Zhe era relegado a uma bem supervisionada obscuridade,[4] Wu nomeava seu filho mais novo, Li Dan, com 21 anos, imperador. Não surpreende que ele tivesse pavor da mãe, sobretudo depois de ela ter obrigado outro de seus filhos, o exilado Li Xian, a cometer suicídio.

Quando as manobras de Wu provocaram uma rebelião dos príncipes Tang, ela orquestrou um terror liderado por um trio secreto de policiais sadistas — seus "dentes e garras" — sob a chefia de Lai Junchen, um psicótico ex-vendedor de bolos que se valeu de denúncias para enquadrar príncipes e funcionários, e até mesmo compilou um *Manual de captura*. Milhares foram mortos na recém-criada prisão de Wu, onde Lai torturava suas vítimas, inventando engenhosas atrocidades.[5] Oitenta por cento dos ministros de Wu foram removidos, e muitos foram mortos. Lai pediu para ser promovido a censor. "Mas você não sabe ler", provocou Wu, que assim mesmo o promoveu, embora preferisse consultar sua proficiente filha, a princesa Taiping.

Wu também era mestre na representação pública, com frequência "retificando nomes" — ou seja, mudando nomes reais, tanto para dar sorte como para renovar sua marca — a fim de relançar seu reinado, tornando públicas suas ideias sobre um bom governo em seu *Regulamentos para ministros* e ordenando que membros da família denunciassem traições cometidas por parentes — a lealdade ao Estado era tudo.

Um amante foi recomendado à imperatriz Wu pela princesa Qiankin, de cinquenta e poucos anos, filha do imperador fundador, Gaozu — num exemplo da desinibida mundanidade das mulheres Tang. O candidato era um robusto e muito mais jovem mercador de óleo de cobra de uma família pobre chamado Xue Huaiyi, cujo atletismo sexual e gigantesco membro tinham impressionado primeiro uma criada da princesa — que, por sua vez, se aproveitara dos talentos dele antes de louvá-los para a imperatriz.

Quando suas visitas regulares levaram os ministros a sugerir que fosse castrado, Wue ordenou, em vez disso, que mestre Xue fosse tonsurado como monge budista e o promoveu a abade do Mosteiro do Cavalo Branco.

Ríspido, aparatoso e arrogante, Xue Huaiyi logo dispunha de imenso poder, escoltado por dez eunucos e um contingente de pesos-pesados. A imagem de Wu como ninfomaníaca em processo de envelhecimento e louca pelo poder era injusta, considerando as centenas de jovens concubinas de que desfrutavam os imperadores, e seu bem-dotado jovem desempenhava um místico rito seminal: os taoistas acreditavam que a essência da vida — o sêmen — de um homem jovem rejuvenescia sua amante mais velha. Mas o mestre tinha outros talentos também, como organizador e arquiteto. Ele aconselhava Wu em matéria de religião, e juntos eles endossaram o budismo, sua sobrenaturalidade e equanimidade emocional complementando a obediência à ética de Confúcio e os ritos místicos do Tao. Ela construiu pagodes, acolheu sábios budistas e ordenou a compilação do texto sagrado *Grande nuvem sutra*, assumindo os títulos *chakravartin* (monarca girador da roda) e *bodhisattva* (ser iluminado). Depois de fazer de mestre Xue o comissário de suas obras, ela escalou 30 mil trabalhadores para construir um primoroso Salão Celestial budista no centro de sua capital Luoyang: a uma altura de cem metros, nove dragões carregavam um dossel exibindo uma colossal fênix dourada.

Wu patrocinava talentos onde quer que os encontrasse, e certa vez censurou jocosamente seus ministros por terem perseguido um crítico que ousara atacá-la: "Como é que vocês podem desperdiçar uma pessoa tão talentosa?". O mais surpreendente de seus consultores — e provavelmente o mais talentoso — era sua jovem e bela secretária Shangguan Wan'er, cujo pai e avô haviam sido executados por Wu por tentarem fazer com que a imperatriz consorte fosse demitida; a criança foi então escravizada. Mas era uma poeta brilhante; Wu viu seus poemas e a contratou. A partir de então, Shangguan Wan'er passou a escrever seus decretos, mas, quando foi flagrada desobedecendo a uma ordem, a imperatriz ordenou que seu rosto fosse tatuado. A escravizada, alforriada, marcada amanuense tornou-se uma potestade nesse regime incomumente feminino.

Em 690, Wu orquestrou em segredo manifestações populares e presságios auspiciosos pedindo que ela se tornasse imperatriz reinante. Por fim ela concordou e obrigou seu filho Li Dan a se retirar — e, assumindo o nome dinástico de Zhou, tornou-se a primeira imperatriz reinante, vestindo os mantos amarelos de um Huang-di — o que a fez ficar ainda mais ferozmente vigilante. Quando dois ministros cometeram o erro de visitar o ex-imperador Dan, ela os fez seccionar ao meio. E, em 693, assassinou a esposa e a consorte de Dan.[6] Quando se encontrou com sua mãe, Dan cautelosamente fingiu que nada tinha acontecido.

Em 694, Wu cansou-se de Xue e promoveu seu médico a seu novo amante. O rejeitado mestre incendiou o Salão Celestial, e seu ciúme a lisonjeou. Ela o promoveu a duque e o fez reconstruir o salão — mas nada é tão morto quanto um amor morto, e as birras dele a enfureceram. Assim, Xue foi espancado até a morte e incinerado, suas cinzas atiradas na lama.

A essa altura, Wu tinha repelido com sucesso e superado tibetanos, coreanos e turcos, acrescentando 1 milhão de não chineses a seu império, recebendo embaixadas, e os impostos que traziam, do Japão, da Índia e da Ásia central, vitórias que justificavam seu Mandato do Céu. Ela se sentiu confiante o suficiente para reduzir o terror. Seu odiado torturador Lai, enriquecido por subornos e sempre sedento dos favores sexuais de famílias aterrorizadas, foi longe demais ao denunciar a filha de Wu, a princesa Taiping. Quando estava prestes a ser esquartejado, a multidão enlouqueceu, arrancando seu coração e o reduzindo a uma polpa.

Wu estava então na casa dos setenta anos e mantinha a beleza por meio de cosméticos. Recorria também a charlatães taoistas, chegando a nomear um deles — um homem que alegava ter quatrocentos anos de idade — chanceler. Pouco tempo depois, porém, o obrigou a cometer suicídio.

Em 697, a princesa Taiping, que era parecida com Wu, recomendou um novo amante à mãe. Belo, jovem e bom cantor, Zhang Changzong era um entre cinco irmãos ambiciosos. A imperatriz ficou extasiada com ele, que lhe apresentou seu irmão Zhang Yizhi como ainda mais apto na cama. Corpulentos, afeminados e arrogantes, "os meninos" — como elas os chamava — vestiam mantos escarlate e realizavam festas ultrajantes na corte. Wu estava deslumbrada e criou para eles uma base de poder literário conhecida como a Instituição das Cegonhas Reinantes — "cegonhas" sendo o termo utilizado para designar as fadas taoistas —, refletindo sua nova crença de que Zhang Changzong era um imortal taoista montado numa cegonha, e ela a Rainha-Mãe do Ocidente, esperando que o sêmen dos meninos, essência da força ativa do homem, a rejuvenescesse.

Com os meninos à solta, a corte da imperatriz Wu era exuberante. Seus festivais celebravam seu próprio não envelhecimento, ou seu triunfo sobre a idade — ela chegou a afirmar que seus dentes estavam crescendo de volta e que as sobrancelhas haviam se realinhado no auspicioso formato de um 8 —, o que a levou, em 699, a encenar um "Hino à longevidade da Sábia", com novecentos dançarinos. A mortalidade é sempre um irritante perigo para tiranos cujo poder só pode ser limitado pela inconveniência terminal da morte. Wu se empanturrava de elixires taoistas, enquanto seus alquimistas desenvolviam uma antiga mistura de salitre aquecido e enxofre — um estágio no longo processo que levaria à criação da pólvora.

Quando tinha cerca de oitenta anos, Wu sentiu que precisava pensar na sucessão. Ela tinha feito a própria família avançar e renomeou os príncipes Li como Wu, mas os meninos, temendo o que aconteceria após a morte da imperatriz, a convenceram a convocar Li Zhe, o imperador deposto, como príncipe herdeiro. Mas ela continuava inclemente. Quando os meninos lhe insinuaram que sua neta e o marido haviam criticado suas travessuras, ela ordenou que fossem espancados até a morte e que os meninos fossem elevados a duques. Mas o peculato dos rapazes era tão descarado que os ministros os acusaram de roubo. Ela os confrontou diante da corte.

"Seu ministro acumulou méritos no serviço ao Estado", insistiu Zhang Changzong. "Minha ofensa não deve resultar em demissão."

"Que serviço meritório", perguntou Wu, "Changzong realizou?"

"Changzong", respondeu o cortesão mais bajulador dos meninos, "inventou um elixir divino, e, quando Vossa Santidade o ingeriu, ele se mostrou muito eficaz." Essa foi sem dúvida a única corte na história na qual a corrupção era relevada pela ingestão de sêmen.

O MATADOR DE MOSCAS DE DAMASCO E A IMPERATRIZ DE TANG

Wu perdoou Zhang. No final de 704, ela adoeceu na Basílica da Longevidade, enquanto seus filhos entravam em conflito e a oposição aos Zhang rodopiava em volta da cama da enferma. O príncipe herdeiro Li Zhe e a princesa Taiping, percebendo que os meninos ameaçavam a sucessão, recrutaram os guardas. Em fevereiro de 705, Li Zhe e quinhentos guardas irromperam no Palácio de Acolhimento aos Imortais, localizaram os meninos Zhang e os decapitaram ali mesmo. Em seguida, invadiram o quarto da imperatriz e cercaram sua cama.

"Qual é a causa deste tumulto?", perguntou ela.

"Os irmãos tramaram uma rebelião", explicou um ministro que compunha o grupo. "O príncipe herdeiro ordenou que os executássemos."

Wu localizou o apreensivo filho, agora com 48 anos. "E você? Agora que os meninos foram executados, você pode voltar para o Palácio do Leste."

Li Zhe estava prestes a obedecer quando um ministro interveio: "Pedimos humildemente que Sua Majestade transfira o trono para o príncipe herdeiro".

Lançando um olhar aterrorizante por todo o recinto, lembrando aos rebeldes como os havia promovido, a imperatriz zombou: "Então é assim que pensam em me retribuir?".

Três dias depois, enquanto as cabeças dos cinco meninos eram exibidas junto à Ponte do Vau do Céu, Li Zhe tornou-se mais uma vez imperador, e a dinastia Tang foi restaurada. Em 16 de dezembro de 705, Wu, reverenciada mas sob prisão domiciliar, parecendo ter envelhecido séculos sem seus cosméticos, morreu, sendo sepultada no mesmo túmulo do marido.

Mas a era do poder feminino não havia chegado ao fim. A esposa do imperador, Wei, sobrevivera ao terror de Wu. "Se tornarmos a ver a luz do dia", seu marido havia lhe prometido, "não a impedirei de fazer nada." Wei assumiu o poder, com o auxílio do amante, Wu Sansi (sobrinho da imperatriz Wu), que também era amante da ex-secretária escravizada e de rosto marcado da velha imperatriz, Shangguan Wan'er, agora com quarenta anos. Quando esse poliamoroso quarteto sentava-se à mesa na corte interior para jogar cartas, as pernas da imperatriz entrelaçavam-se com as de Wu Sansi por baixo da mesa. Tão forte parecia ser o poder feminino que a imperatriz convenceu o marido a declarar sua filha de 21 anos, Anle, princesa herdeira. Diante da resistência do pai, Anle argumentou: "Se minha avó pôde se tornar imperador, por que não poderia a filha do imperador tornar-se imperador?".

Quando Li Zhe tentou conter os abusos da esposa, Wei o envenenou com seus bolos favoritos, mas manteve sua morte em segredo até ter nomeado um imperador adolescente que pudesse controlar. A princesa Taiping descobriu então que Wei não só planejava matá-la, como também tinha planos para aniquilar seu irmão — o ex-imperador Li Dan — e os filhos dele. Era preciso agir, e ela então recrutou seu impressionante sobrinho Li Longji, de 25 anos, que, numa noite de junho de 710, seguiu até o portão do palácio, dominou os guardas e, em seguida, retalhou a imperatriz Wei, que não conseguiu fugir, apunhalou a princesa Anle, enquanto esta se maquiava diante do espelho, e decapitou a grande sobrevivente, a tatuada Shangguan. Li Longji surgiu desse confronto como o imperador Xuanzong. A princesa Taiping, mostrando que era filha de Wu, tentou envenená-lo e pôs em curso uma tentativa de golpe que terminou com a decapitação de seus filhos e com seu próprio e forçado suicídio.

O imperador Xuanzong, o soldado, calígrafo e poeta que havia derrubado quatro mulheres poderosas para se apoderar do trono, levaria o sucesso da dinastia Tang a seu apogeu — ele obteve o poder no exato momento em que sua família e os impérios árabes entravam em contato pela primeira vez.

Em 689, o comandante dos crentes, Abd al-Malik, pôs uma coleira de prata em torno do pescoço de um rebelde capturado e o arrastou pelas ruas de Damasco antes de esmagar seu peito e cortar fora sua cabeça, que então arremessou para a multidão.

Abd al-Malik tinha cabelos longos, lábios rachados e um mau hálito tão forte que lhe valeu o apelido de Matador de Moscas (embora isso talvez fosse propaganda xiita), mas foi também o monarca que criou um Estado islâmico a partir do império pessoal de Muawiya — e construiu o mais belo edifício religioso de seu século. Suas moedas o representam como um guerreiro num manto de brocado brandindo uma grande espada cravejada de joias e segurando um chicote com a inscrição "Comandante dos crentes e servidor de Alá". "A única maneira de curar esta comunidade é por meio da espada", ele pregava. "Não serei o tipo de califa que será enganado ou considerado fraco."

No colapso que se seguiu à morte de Yazid, sua família convocou Marwan — um primo idoso, porém experiente — a Damasco, onde ele assegurou a sucessão de seu capacitado filho, Abd al-Malik. Depois de se casar com Atika, viúva de Yazid, e uma de muitas esposas, o novo comandante enfrentou rebeliões no Iraque e na Arábia, onde Meca era governada por um califa rival. A perda da cidade foi constrangedora. Ali, quando jovem, Abd al-Malik havia sido uma "pomba de mesquita", aprendendo a recitar o Corão inteiro. Agora, porém, ele tinha o exército sírio, uma confiança inabalável e a capacidade de escolher asseclas de talento: o homem que encarregara de executar as missões mais desagradáveis era um mestre-escola feito chefe guerreiro chamado al-Hajjaj, que declamava poesia deliciosamente mortífera nas prédicas de sexta-feira em Kufa, no Iraque — "Vejo olhares famintos e pescoços distendidos; vejo cabeças maduras prontas para serem colhidas; sou o seu senhor [...]. Por Alá, irei reduzi-los a pó" —, antes de exterminar os amotinados. O comandante incentivava os crentes a fazer a peregrinação a Jerusalém, onde, sobre a pedra fundamental do templo judaico, construiu o sublime Domo da Rocha, um santuário destinado a emular os templos de Salomão e de Herodes, mas também rivalizar com Meca e superar Hagia Sofia. A obra foi completada em 691, e no início judeus e cristãos se juntavam aos muçulmanos para orar. Al-Malik levou sete anos para subjugar seus rivais, e, quando o Domo foi concluído, havia retomado Meca.

Depois de fazer o *hajj* — a peregrinação a Meca —, Abd al-Malik reformulou seu califado em termos de fé e família: o islã seria central. Ele foi o primeiro califa a ser amplamente chamado por esse nome, e as moedas do período final de seu governo passaram a rejeitar as imagens humanas até então empregadas, uma proibição que se tornou parte da tradição islâmica. O árabe passou a ser a língua do governo, decisão que mudou o mundo, impondo a língua do Marrocos ao Iraque. Além disso, al-Malik relançou a jihad de Muawiya contra Constantinopla.

Seus filhos dominaram o califado — quatro deles governaram depois do pai, e em seguida um sobrinho, Walid, que converteu a Basílica de São João em Damasco na atual Mesquita dos Omíadas e construiu a Mesquita de al-Aqsa em Jerusalém. Mais tarde, Walid retomou a conquista do mundo em três frentes. Herdou, como vice-rei do leste, o assassino pedagogo al-Hajjaj — que incentivou a marcha para leste —, e ofereceu o governo da China a quem quer que fosse capaz de conquistá-la.

Em 712, seus exércitos tomaram Samarcanda. Em 715 e em 717, pequenos exércitos árabes foram derrotados por tropas chinesas e turcas. Nem todos os generais árabes eram brilhantes. Um deles, conhecido como Flerte, era zombado pelos poetas: "Você avançou sobre o inimigo à noite como se estivesse brincando com sua namorada; tirou o pau para fora e desembainhou sua espada". No oeste, Walid relançou a jihad contra os romanos, incentivado pelo caos em Constantinopla. Em 695, o vingativo tataraneto de Heráclio, Justiniano II, fora derrubado e mutilado, tendo o nariz decepado, mas retomou o trono, usando uma prótese nasal dourada, e agora apelidado de Nariz Fendido. A vingança que ele empreendeu contra seus inimigos foi selvagem, mas contraproducente, pois levou a seu assassinato. Em 716, Walid enviou a Constantinopla um exército de 120 mil homens e 1800 navios, comandados por seu meio-irmão Maslama. O cerco parecia estar perfeitamente sincronizado, uma vez que uma contenda civil paralisava os romanos. Maslama negociou com o *strategos* do distrito da Anatólia, um general isauriano chamado Leão, que prometeu ajudá-lo. Em vez disso, Leão III tomou o poder ele próprio, atacou a resistência e contratou auxiliares pagãos de um novo personagem que chegara aos Bálcãs: Tervel, cã da horda dos búlgaros, que foi recompensado com o cobiçado título de césar.

Os árabes não tomaram a cidade. O novo califa, Omar, ordenou que Maslama recuasse. Calamidades naturais agora se juntavam a ameaças existenciais: o vulcão na ilha de Thera, no mar Egeu, entrou em erupção, lançando jatos de fumaça e provocando tsunamis. Da mesma forma que os governantes modernos consultam cientistas, os potentados medievais consultavam teólogos. Em Constantinopla, o povo se perguntava se suas reverenciadas imagens religiosas, os ícones, não seriam as imagens proibidas pelos Dez Mandamentos. O califa acabara de bani-las, e, ainda que Constantinopla tivesse resistido, saíra vitorioso em várias frentes. O imperador Leão e muitos outros concluíram que sua própria idolatria era a responsável pelos desastres. Sua campanha para a destruição dos ícones deu início a noventa anos de *eikonomachia*: uma batalha autodestrutiva entre iconoclastas e iconófilos, ambos em busca da salvação após a morte, que custou milhares de vidas e consumiu a política de Constantinopla.

No oeste distante, forças árabes avançavam ao longo da costa no norte da África, convertendo tribos berberes, até chegarem a Tânger (Marrocos), de onde podiam ver a costa da Europa.

Em 711, Tariq bin Ziyad, um *mawla* do governador da Ifríquia, Musa bin Nusair, foi convidado a ir à península Ibérica por um dissidente nobre cuja filha supostamente fora estuprada por Rodrigo, rei dos visigodos que governavam a região desde a época dos romanos. Navegando através do estreito com 7 mil berberes, ele desembarcou junto à rocha que depois recebeu seu nome — Jibral Tariq, Gibraltar — e em seguida matou Rodrigo e tomou a capital Toledo. Musa, o superior de Tariq, chegou para confirmar o controle oficial sobre a nova província, al-Andaluz. Mas eles logo foram chamados de volta a Damasco pelo califa Walid, desconfiado desses superpoderosos conquistadores, que acabaram morrendo na prisão. Os árabes tomaram grande parte da Ibéria, embora nunca tenham chegado ao menos exuberante norte, que permaneceu sob o controle de chefes guerreiros cristãos.

Al-Andaluz era o ponto de partida ideal para um ataque à Frância através dos Pireneus. Em 719, os árabes conquistaram Septimania (Narbonne); em 721 e 725, atacaram Toulouse.

Em 732, o governador de al-Andaluz perseguiu um rebelde berbere até a Frância ocidental e depois galopou para o norte em direção a Paris. Mas enquanto a Ibéria tinha caído facilmente, aqui os árabes encontraram uma estirpe diferente de inimigos, os francos, sob seu *dux*, Carlos, que estava prestes a ganhar seu apelido: Martel (Martelo).

O MARTELO E O CALIFA PLAYBOY: BOCETAS NA TESTA DE UM LEÃO

Carlos tinha algo a provar. Ele era filho de uma concubina do pai, Pepino, não de sua esposa principal, e não fora escolhido como herdeiro.

Nos últimos anos do Império Romano, Clóvis, chefe de um bando de guerreiros germânicos baseado no norte da Gália — a Nêustria —, tinha se declarado rei dos francos, conquistando grande parte da Frância e da Germânia romanas e dando à sua dinastia o nome de merovíngia, em homenagem ao avô, Merovec. A ordem romana desapareceu pouco a pouco: algumas cidades ficaram quase vazias; as moedas eram menos usadas; a escravidão declinou; as epidemias grassavam; bispos e nobres, governando a partir de suas mansões, acumularam as melhores terras e controlavam os campesinos, que se tornaram *servi* — servos. Mas os merovíngios — que assinalavam sua santidade deixando o cabelo crescer, uma dinastia de Sansões francos — combatiam entre si, fragmentando-se em reinos menores. Na década de 620, um nobre chamado Pepino, que possuía propriedades em Brabant, tornou-se prefeito do palácio do rei da Austrásia — região que compreendia o norte da atual Alemanha e a Holanda —, fundando sua própria dinastia; mas era um jogo perigoso: seu filho e seu genro foram executados pelos merovíngios. Em 687, seu neto, também chamado Pepino, uniu os reinos, tornando-se *dux et princeps Francorum*, sob o comando do rei nominal.

Pepino teve filhos com Plectruda, sua esposa principal, mas também teve um filho com sua concubina Alpaida, chamado Carlos. Porém, quando seus filhos legítimos morreram, Plectruda convenceu Pepino a deixar o trono para o neto. Em 714, quando o rei morreu, Plectruda promoveu o rapaz e mandou prender Carlos — mas ele conseguiu escapar. Em 719, tendo derrotado todos os seus contendores, ele surgiu como duque-príncipe, e pelo resto da vida travou uma guerra a cada verão, sem jamais perder nenhuma.

No final de 732, al-Ghafiqi, o governador árabe de al-Andaluz, liderou 15 mil árabes na Frância, derrotando Odo, duque da Aquitânia, antes de seguir para o norte. Mas Odo advertiu Carlos, que, reunindo cerca de 1500 francos, saiu para deter os invasores. Durante quatro dias, nas proximidades de Tours, eles ficaram se encarando. Quando a luta começou, a cavalaria leve de al-Ghafiqi se desintegrou ante as armaduras dos cavaleiros francos. Quando Carlos armou um estratagema que ameaçou seu espólio, os árabes cederam, e al-Ghafiqi foi morto. Os invasores recuaram durante a noite. O embate estava longe de ser decisivo — tratava-se apenas de um ataque. Os árabes ainda controlavam Septimania, e logo depois voltaram a atacar. Mas Carlos se via como Martel, o assassino dos infiéis, um macabeu dos últimos dias — o Martelo — e paladino de Cristo.

Pouco tempo depois da morte de Carlos, a família contou com um golpe de sorte. Em 751, o papa Zacarias pediu ajuda ao filho de Martel — Pepino, o Breve — contra os reis lombardos que governavam o norte da Itália. Os papas estavam à mercê de vorazes lombardos e magnatas romanos. Pepino cobrou seu preço: uma coroa. Como resultado disso, o último merovíngio, Quilderico III, foi tonsurado, perdendo seus cachos reais. Pepino era a favor de um novo visual — cabelos curtos e bigode longo — como rei dos francos. Em 753, quando um novo papa, Estêvão, viajou para o norte, para a corte de rei Pepino, foi saudado pelo filho de seis anos do monarca, Carlos — mais tarde conhecido como Carlos Magno.

Estêvão ungiu Pepino, Carlos Magno e seu irmão Carlomano como reis e patrícios dos romanos.

Pepino, o Breve, interveio na Itália, garantindo ao papa regiões abundantes de recursos e ordenando o pagamento, em toda a Europa, de dízimos para financiar o papado, dádivas que, pela primeira vez, deram uma função aos papas. Em seguida, ele expulsou os árabes de Septimania. Quando tinha treze anos, Carlos Magno acompanhou o pai na guerra; quando tinha quinze, Pepino lhe deu sua primeira concubina, Himiltrude, com quem ele teve um filho. No que dizia respeito ao mundo, Pepino e Carlos Magno nada sabiam sobre a vida no outro lado do Atlântico; no norte, tinham boas relações com a principal parte do reino britânico, Mércia; no leste, estavam em conflito com os pagãos saxões da Europa central; mais longe, o mundo grego de Constantinopla era estranho e distante; e mais além dele havia os califas islâmicos cujas terras eram tão vastas que circundavam o Mediterrâneo até a península Ibérica, no oeste. Então, um rebelde islâmico, al-Mansur, enviou um emissário, provavelmente um comerciante judeu, para pedir ajuda a Pepino contra os decadentes califas de Damasco.

Em 743, quando o neto de Abd al-Malik, Walid II, assumiu o califado, sua extravagante devassidão parecia confirmar a podridão anti-islâmica da dinastia omíada. A fruta não caiu longe da árvore: era a época das *jarya*, cantoras escravas compradas por enormes somas. O pai de Walid, Yazid II, tinha se apaixonado por uma dessas cantoras, Hababa, quando era mais jovem, em Meca, mas não teve condições de comprá-la até se tornar califa em 720, quando pagou por ela 4 mil peças de ouro. Em Damasco, Hababa estrelou produções espetaculares com outros cinquenta cantores, produções que o califa achou tão arrebatadoras que imaginou estar no paraíso: "Quero voar para longe". Depois que Hababa se engasgou com uma semente de romã e morreu, ele não foi capaz de se separar do corpo dela durante três dias nada muçulmanos. Em 724, quando Yazid II morreu, Walid, então adolescente, foi entregue a seu tio Hicham. Enquanto este passou vinte anos usufruindo de seu harém, o príncipe herdeiro Walid, poeta, amante, jogador e caçador, ostentou sua ultrajante busca de prazer — "apaixonado pelo amor" — na poesia:

> *Eu gostaria que o cálice de vinho custasse um dinar*
> *E que todas as bocetas estivessem na testa de um leão*
> *Então somente os libertinos beberiam*
> *E somente os bravos fariam amor.*

Sua amante, a cantora escrava Nawar, apelidada de Salma, era comparada por ele a uma colheita exuberante, e suas feições eram enaltecidas: "Salma, meu amor, uma antílope que adoro por seus olhos escuros, pescoço e garganta impecáveis". Mas Salma era infiel, e Walid deleitava-se com essa paixão atormentada.[7]

O comportamento de Walid, semelhante ao de uma estrela do rock, era tão devasso que Hicham decidiu deserdá-lo em favor do próprio filho, Muawiya — mas, como ele morreu, o playboy acabou herdando o império. Quando ficava bêbado demais para deixar suas orgias, Walid fazia o impensável: vestia Salma com os trajes de califa e a encarregava de conduzir as preces da sexta-feira. Ou assim alegaram seus inimigos.

Walid farreava em seus novos palácios do prazer no deserto,[8] chafurdando embriagado em casas de banhos decoradas com mosaicos mais persas e romanos do que islâmicos. Em Qusr al-Amra, ele encomendou afrescos que o mostravam dominando monarcas de Constantinopla, Pérsia, China, Etiópia e Ibéria, e em seu balneário havia sempre garotas nuas, além de muito fumo, danças e banquetes. Ao visitar Walid, um poeta ficou bêbado e gritou para ele: "Filho da puta, se apenas um sussurro passar pelos seus lábios, mandarei cortar sua cabeça".

"Acorde, omíada!", advertiu um dissidente. "Vá buscar o califa de Deus entre os pandeiros e os alaúdes!" Enquanto Walid dava festas, fervilhavam rumores e revelações; rebeldes o cercaram em 744, e o califa, então com 38 anos, foi decapitado. Enquanto isso, não longe de sua casa de festas, algo estranho acontecia.

O DERRAMADOR DE SANGUE E O BEBÊ GIGANTE:
ASCENSÃO DE AL-ABBAS, QUEDA DOS TANG

Numa aldeia rústica chamada Humeima (Jordânia) vivia um bem relacionado porém obscuro fidalgo com seus filhos. Muhammad ibn Ali não tinha nada de excepcional, tirando o fato de ser bisneto do tio de Maomé, Abbas, e estava desgostoso com califas efeminados "cuja única ambição", observou seu filho Mansur, "era a satisfação de prazeres proibidos por Deus". Enquanto os omíadas vacilavam, um vendedor de perfumes chegou à fazenda numa missão secreta vindo do Iraque, onde crescia o apoio a uma furiosa revolução no distante leste, em Khorasan. Em junho de 747, um guerreiro sagrado, um escravo liberto chamado Ibn Muslim, surgiu do nada para desencadear uma rebelião de khorasanis, que se sentiam excluídos pelos árabes omíadas. Estes logo reuniram uma combativa aliança de guerreiros sob bandeiras negras — persas e afegãos, dissidentes e aventureiros, seguidores da linhagem de Ali na família de Maomé, além de sectários chamados carijitas —, que juraram lealdade a "um membro aceitável da casa do profeta". Sabendo que a família de Ali ofendera muitos na Síria, Ibn Muslim apoiou os descendentes de Abbas e enviou o confiável vendedor de cosméticos com um convite ao destino.

Muhammad ibn Ali concordou em apoiar a revolução, causa que legou aos filhos, mas os omíadas ouviram os rumores e mataram o mais velho. Um filho mais novo, Abbas, passou então para a clandestinidade, enquanto Ibn Muslim saía a galope de Khorasan para o Iraque. Lá, os dois se encontraram, unidos no desgosto e no ultraje pelo declínio da Casa do Islã. Proclamando-se califa da Casa de Abbas da dinastia de Maomé, Abbas advertiu: "Preparem-se, pois sou o impiedoso derramador de sangue e destrutivo vingador". Seu nome régio era al-Saffah — o Derramador de Sangue.

Em fevereiro de 750, junto ao rio Zab, Ibn Muslim e al-Saffah derrotaram o exército de Marwan II, que foi caçado e morto no Egito — sendo o último califa omíada.[9] Em abril, al-Saffah e seu irmão al-Mansur tomaram Damasco. O Derramador de Sangue decapitou príncipes omíadas e mandou desenterrar califas mortos, para que fossem "flagelados com chicotes e crucificados", os crânios esmagados. Al-Saffah anunciou então uma anistia para a família omíada, que foi convidada para um jantar reconciliatório perto de Jafa. Mas era uma cilada: enquanto o Derramador de Sangue observava alegremente, os convidados foram massacrados. "Nunca fiz uma refeição", disse ele, "que me fizesse tão bem ou fosse tão deliciosa."

Apenas um príncipe escapou, mas ele posteriormente encontraria um novo reino paradisíaco no oeste. O príncipe Abd al-Rahman, neto do amante de poesia Hicham e filho de seu herdeiro Muawiya, que morrera jovem, fugiu de Damasco junto com o irmão e um escravo grego chamado Badr. Caçados pelos sicários do Derramador de Sangue, foram apanhados junto ao Eufrates, onde o irmão foi decapitado. Mas Abd al-Rahman nadou para salvar a própria vida, no início de um período de cinco anos de aventuras atravessando a Síria e a África em direção ao último lugar em que sua família ainda tinha amigos: a península Ibérica.

O Derramador de Sangue transferiu a capital para Kufa, mais próxima das bases persas dos revolucionários, uma vez que Damasco estava contaminada pela imundície omíada, e seu sucesso foi rematado com avanços em direção às fronteiras da região ocidental da China. Árabes, chineses, tibetanos e turcos lutaram em alianças que mudavam o tempo todo. Os chineses, com o apoio de aliados turcos, rechaçaram os exércitos do Derramador de Sangue até um embate em Talas, onde os turcos trocaram de lado. Os árabes venceram, mas esse foi um combate menor, comparado com a catástrofe que rondava os Tang.

O imperador Xuanzong governara conscienciosamente durante décadas, mas agora, fascinado e enganado por alquimistas taoistas, e deprimido com a traição dos filhos, havia perdido o foco. Depois de liquidar três filhos, ele deixou o poder com um ministro chamado Li Linfu, que recrutou um exército profissional no qual se incluíam sogdianos da Ásia central. Entre eles havia um soldado pomposo, analfabeto e enorme, An Lushan. Quando menino, An Lushan fora preso por roubo e, quando general, quase fora executado por insubordinação. Mas no fim das contas ele se revelou um exímio manipulador de seus patronos, os srs. Tang, que o subestimaram de maneira fatal — An Lushan bancava o caipira gordo, rude e dedicado. Quando o imperador Xuanzong lhe perguntou o que havia em sua barriga, ele respondeu: "Além de um coração leal, não existe mais nada". Em outras ocasiões, ele fingiu não saber o que era um príncipe herdeiro: "Sou um bárbaro! Não entendo de cerimônias formais". Mas ele tinha faro para a fraqueza e compreendia que a pessoa mais importante na corte não era o imperador, mas certa concubina.

Aos catorze anos, Yang Guifei estava casada com um dos filhos do imperador, mas, ao ver sua beleza enquanto se banhava nas fontes de Huaqing — "a água quente escorrendo por seu corpo brilhante como jade", como descreveu um poeta —, o imperador de 69 anos ordenou que ela fosse inscrita como monja taoista, para que pudesse permanecer no palácio, e impingiu outra mulher ao filho. Yang tinha uma pele de porcelana e formas curvilíneas, que exibia num corpete desenhado por ela mesma.

Yang era também irrefreável: com a mesma rapidez com que se alegrava, enfurecia-se. As brigas que tinha com Xuanzong eram tumultuadas. Certo dia, por fim, o ofendido imperador a mandou embora. "Minha ofensa merecia a morte, sou afortunada por Sua Majestade Imperial não ter me matado", ela escreveu a Xuanzong. "Deixarei o palácio para sempre. Meu ouro, meu jade e meus tesouros me foram dados, todos eles, por Sua Majestade Imperial, e seria inapropriado que eu os oferecesse de volta. Apenas o que meus pais me deram eu ousaria dar." Previsivelmente, ela ficou com as joias.

Depois de cortar algumas tranças e enviá-las ao imperador, ele não conseguiu resistir a seu perfume e ordenou ao eunuco Gao Lishi que a trouxesse de volta. E é claro que ela voltou. Onde quer que Yang estivesse, Xuanzong assegurava-se de que suas adoradas lichias lhe fossem entregues por cavalo e que Gao atendesse a todos os seus desejos. Ele também promoveu o primo da concubina a ministro-chefe. Esse paladino, An Lushan, era tão bajulador que o imperador se propôs a adotá-lo como filho, o que levou a uma cena cômica, na qual a consorte Yang vestiu o gigantesco, cabeludo e velho rufião em roupas de bebê e o banhou, enquanto ele gorgolejava, um favor que ele pagou sempre se curvando primeiro para ela: "Bárbaros curvam-se primeiro para as mães, depois para os pais". O imperador achou tudo isso encantador e elevou An a príncipe.

Mas, quando o império foi sacudido por inundações e rebeliões, Xuanzong não conseguiu controlar um conflito entre o ministro-chefe e o general An Lushan. Em dezembro de 755, reunindo seu exército, o general se rebelou e logo derrotou os exércitos Tang. O frágil regime entrou em colapso. An Lushan tomou Luoyang, onde se declarou imperador. Protegidos pela cavalaria, Xuanzong, a consorte Yang, seu primo ministro e o eunuco Gao fugiram de Chang'an em direção a Sichuan. Os soldados mataram o ministro, depois capturaram o imperador, exigindo o fim dos Yang e a execução da consorte. O imperador não conseguia suportar essa ideia, mas Gao convenceu-o a ir em frente. Yang pediu para morrer por estrangulamento com seda, e não decapitada, a fim de manter sua aparência perfeita na vida do além. O eunuco Gao a estrangulou e a sepultou com um sachê de perfumes.

An Lushan ocupou a outra capital, Chang'an, em meio a cenas apocalípticas. "Lembro-me de quando primeiro fugimos dos rebeldes,/ seguindo apressados para o norte em estradas perigosas", escreveu uma testemunha ocular, Du Fu, funcionário do governo e o maior poeta da China, que testemunhou e experimentou o sofrimento de milhões de refugiados:

A noite aprofundou-se na estrada de Pengya,
A lua brilhou sobre as montanhas de Água Branca.
Uma família inteira numa marcha interminável,
Mendigando, desavergonhada, a todos que encontrava pelo caminho.

Apenas meses depois de ter capturado as duas maiores cidades do planeta, An Lushan, que mantinha sua corte em Luoyang, começou a ficar cego, provavelmente devido ao diabetes, e estava tão obeso que ao que parece esmagou um cavalo de maneira fatal. Além disso, precisava de uma equipe de eunucos para tirá-lo da cama. Seus filhos tramaram contra ele. Um deles foi executado.

Em dezembro de 757, outro filho assassinou An e se apossou do trono. Mas os generais Tang, agora sob o comando do ex-príncipe herdeiro, o imperador Suzong,[10] agiram contra a família de An. Incapaz de reunir um grande exército para retomar Chang'an, Suzong apelou para o grão-cã dos uigures, Bayanchur, que havia talhado um novo império a partir das ruínas da confederação dos go-turcos, baseado em sua capital mongol, Ordu-Baliq, e governava a Sibéria oriental, a Mongólia e a maior parte da Ásia central. As tropas uigures de Bayanchur juntaram-se aos exércitos Tang e tomaram Chang'an e Luoyang, e lhes foi permitido saqueá-las durante três dias. Suzong deu a eles 20 mil fardos de seda e casou a própria filha, a princesa Xiaoguo, com Bayanchur — a única filha de imperador que se casou com um bárbaro. Mas Suzong e seu filho Daizong ainda lutavam para controlar o império enquanto os tibetanos, que já tinham conquistado o Nepal e Assam, na longínqua baía de Bengala, se apossavam da maior parte da Ásia central.

Em 763, o imperador tibetano Trisong Detsen enviou 200 mil tropas para a China, atacando Chang'an. Os Tang, com a ajuda dos uigures, logo rechaçaram a investida. A gratidão dos Tang não durou muito: os uigures logo foram massacrados e expulsos, embora seus grão-cãs tenham governado um vasto império até o século ix.[11] Os Tang tinham sido fatalmente atingidos: a rebelião e suas sequelas estiveram entre as guerras mais catastróficas da história humana, com 36 milhões de mortos e deslocados. "Chorando no deserto, quantas famílias sabem o que é a guerra e a perda", escreveu Du Fu. "Todas as palavras sobre os acontecimentos no mundo humano se perderam nesses vastos espaços silenciosos."[12]

No auge da crise, o imperador Suzong, sem guardar rancores após a modesta vitória árabe em Talas, pediu ajuda a al-Mansur, e o califa pode ter enviado um pequeno contingente árabe à China. Diz-se que prisioneiros chineses escravizados levaram o papel ao mundo árabe, de onde a invenção chinesa finalmente alcançou a Europa.

Sem al-Mansur, o califado abbasiya poderia ter sido um momento passageiro; com ele, porém, tornou-se o Estado mais poderoso do mundo, governado pela família de Maomé durante os dois séculos seguintes. Foi somente quando o califa al-Saffah, o Derramador de Sangue, morreu de varíola, aos 32 anos, que seu notável irmão mais velho adotou o título de al-Mansur — o Vitorioso.

Alto, magro, pele áspera e dura, barba amarela, cor de açafrão, al-Mansur sentiu que a maior ameaça a ele vinha de Ibn Muslim. Convidando-o a visitá-lo em sua tenda, e desconsiderando a presença dos soldados de Ibn Muslim no acampamento, al-Mansur bateu palmas, sinal para que seu guarda-costas cortasse a garganta do khorasani. O corpo foi envolvido num tapete e deixado num canto da tenda. Quando o conselheiro de al-Mansur perguntou onde estava o chefe guerreiro, o califa respondeu: "Ali, enrolado". Os restos mortais de Ibn Muslim foram jogados no Tigre. Quando Muhammad, a Alma Pura, líder da família de Ali, principal linha da Casa de Maomé, se rebelou, al-Mansur mandou matá-lo e exibiu sua cabeça numa bandeja de prata.

Cansado de ficar se mudando entre Kufa e acampamentos armados, al-Mansur decidiu erguer sua própria capital, e todos os dias, ao acordar, supervisionava cada detalhe da construção, o que lhe valeu o apelido de Abul Dawanik, "pai dos tostões". Tendo escolhido um lugar junto ao Tigre cercado de terras férteis, cerca de trinta quilômetros ao norte de Ctesifonte / Selêucia, cujos tijolos furtou para usar em suas muralhas, ele construiu uma cidade redonda, Medinat al-Mansur, logo conhecida como Bagdá, e estabeleceu sua corte num vasto Palácio do Portão Dourado, na margem ocidental do rio, encimado por um domo dourado com mais de quarenta metros. Mas ele próprio, na maior parte do tempo, morava numa pequena tenda. Depois, mudou-se para um "pequeno apartamento de um cômodo" com "uma esteira de feltro e nada mais, exceto uma colcha, um travesseiro e um cobertor".

Pio e austero, temperado por seu início obscuro e sua ascensão violenta, al-Mansur não bebia nem promovia festas. Além disso, respeitava a esposa, Arwa, descendente de reis iemenitas, embora apreciasse uma concubina cristã com o sugestivo nome de Borboleta Inquieta.

A riqueza do califado baseava-se num sistema tributário eficiente e no comércio — não somente entre leste e oeste, mas também com o leste da África. Mercadores árabes começavam a comerciar com a costa africana, trazendo para Bagdá não apenas marfim e especiarias, mas também seres humanos: milhares de escravos negros, chamados *zanj*, eram vendidos para trabalhar nas plantações do Iraque — no que marcou o começo do tráfico oriental de escravos africanos.

Al-Mansur controlava o governo por intermédio de um *wazir*, ou vizir, o premiê do império — um emprego perigoso. Após oito anos, o primeiro vizir de al-Mansur e sua família foram executados, mas em meados da década de 760 al-Mansur encontrara um ministro sofisticado. Tratava-se de Khalid, o aristocrático filho persa de Barmak, um sacerdote budista de Balkh (Afeganistão) que fora respeitado como médico, tratando os filhos de Abd al-Malik, Maslama e Hicham, antes de se converter ao islã e se juntar à burocracia. Agora como vizir, Khalid tornou-se um pródigo patrono — a segunda família do império. Al-Mansur mantinha os cortesãos sob seu olhar encarquilhado, uma vez exigindo subitamente um pagamento de Khalid al-Barmaki, que conseguiu quitar a dívida depois de obter empréstimos de todos os grandes senhores que havia ajudado.

Em 758, al-Mansur enviou seu príncipe herdeiro, al-Mahdi, para governar Khorasan, onde al-Mahdi teve a companhia do filho de Khalid, Yahya. Quando a concubina favorita de al-Mahdi, Khayzuran, deu à luz um filho, Harun, concedeu-se à mulher de Yahya a honra de amamentar o príncipe bebê, enquanto Khayzuran fazia o mesmo com o bebê de Barmaki, Fadl. Esses arranjos na amamentação propiciaram a Barmaki uma intimidade especial.

Cortejado em seu *iwan*, tendo uma maça ao lado, al-Mansur era protegido por 4 mil guardas, que também portavam maças e funcionavam como carrascos, e era atendido por setecentos cortesãos vestidos de preto, dispostos em fileiras. Ele criou uma rede de espiões em torno do *barid*, o correio imperial. "Preciso ter sempre quatro pessoas à minha porta", ele costumava dizer. "O juiz, o chefe de polícia e o coletor de impostos — além do chefe dos correios, para que me dê informação confiável sobre os três primeiros." Al-Mansur saboreava o extermínio de seus inimigos, e dizia-se que mantinha um porão secreto onde armazenava as cabeças da família de Ali, todas meticulosamente rotuladas.

Apenas um inimigo lhe tinha escapado: o príncipe menino dos omíadas, Abd al-Rahman.

O FALCÃO DE AL-ANDALUZ E AS POMBAS COROADAS DE AIX: ABD AL-RAHMAN E CARLOS MAGNO

Caçado pelos sicários de al-Mansur, Abd al-Rahman, acompanhado por seu escravo grego Badr, seguiu para o oeste, numa série de fugas. Certa feita, teve de se esconder debaixo das fragrantes saias de uma bela prima, experiência que recordava com alegria na velhice: "Lembro-me até hoje de seu aroma natural!". Por fim alcançou o Marrocos, e, após enviar seu escravo liberto em busca de apoio do outro lado do Mediterrâneo, chegou a Gibraltar em 755, o que lhe valeu o apelido o Chegado (al-Dakhil), e reuniu seguidores: em 756, ele se declarou emir de al-Andaluz. Al-Mansur enviou um exército para esmagá-lo, mas Abd al-Rahman o derrotou, cortou a cabeça de seus generais e as enviou em caixas de presente por todo o caminho até o califa, então numa peregrinação a Meca. "Alá seja louvado por colocar um mar entre nós e esse demônio!", exclamou al-Mansur. "Quem merece o título de Falcão dos Coraixitas?"

"O senhor, ó califa", responderam seus cortesãos.

Ele balançou a cabeça. "O Falcão é Abd al-Rahman."

Abd al-Rahman, então com 26 anos, passou a vida lutando para manter seu título, mas também começou a embelezar sua capital Córdoba, criando uma mesquita a partir de uma igreja visigótica, que se tornaria uma maravilha do Ocidente com sua floresta de colunas, tiradas de ruínas romanas por toda a península Ibérica, talvez projetadas para lembrar as palmeiras da Síria. Ele nunca deixou de ter saudades de sua terra natal, comparando-se a uma palmeira que também era "um estranho no Ocidente/ Longe de seu lar oriental, como eu, pobre de mim [...]/ Você choraria se tivesse lágrimas para derramar/ Por meus companheiros nas praias do Eufrates". Mas o Falcão não podia repousar sobre os louros da vitória. Seus inimigos convidaram Carlos Magno, rei da França, a atravessar os Pireneus e destruí-lo.

Banhando-se em sua piscina nas fontes termais de Aix (Aachen), no meio de sua corte de paladinos, eruditos, concubinas e filhos, Carlos Magno, sofrendo de gota e cheio de dores após semanas montado numa sela, dava algumas braçadas e questionava seu escriba anglo-saxão — "Mestre Alcuíno, permita-me fazer-lhe algumas perguntas" — sobre os planetas ou sobre Plínio, enquanto suas travessas filhas flertavam com os cortesãos.

Desde o momento em que ascendera ao trono, em 758, aos vinte anos, Carlos Magno, louro, gigante e irreprimivelmente enérgico, galopava, espada na mão, de uma ponta à outra da Europa, tendo dominado o continente mais do que qualquer outra pessoa até Napoleão e Hitler, com a diferença de que governou durante quarenta anos — praticamente todo monarca europeu até 1918 foi seu descendente. Ele sobrepujou não só o irmão, mas todos que ameaçaram seu poder; conquistou a Aquitânia e casou-se com a princesa Desiderata, filha do rei lombardo da Itália, Desidério, que quase de imediato agiu para tomar Roma. O papa Adriano apelou a Carlos Magno, que mudou de lado, derrotou Desidério e se apossou da Coroa italiana, rejeitando no processo a esposa lombarda e casando-se com uma princesa germânica, Hildegarda.

Carlos Magno amava as mulheres e casou-se cinco vezes. Hildegarda deu-lhe nove filhos antes de morrer, aos 26 anos, mas ele teve muitos outros — dezoito, no total — com uma hoste de concubinas. Essa ninhada, naturalmente, girava em torno do robusto rei, um homem de 1,95 metro de altura que costumava vestir trajes francos simples — túnica debruada em seda, casaco de pele, calças de linho e uma espada com punho de ouro. Mas sua extraordinária confiança e ambição não vinham sem esforço: frequentemente sofria de insônia, despertando cinco vezes durante a noite e atendendo à corte na cama no dia seguinte.

A princípio, Carlos Magno considerou casar suas sete filhas com príncipes estrangeiros. Mas não suportava a ideia de se separar delas — e há indícios de ligações incestuosas.[13] Notórias por seus jogos, provocações e aventuras sexuais, as garotas eram como "pequenas pombas coroadas", escreveu o cortesão anglo-saxão Alcuíno, "que esvoaçam pelos cômodos do palácio, vêm até a sua janela" e, depois, "como cavalos selvagens, irrompem pela porta do seu quarto". Era difícil conter as "pombas coroadas", por serem jovens, atraentes e destemidas; cada uma delas, fora do casamento, ficou grávida de algum jovem cortesão, e uma engravidou de um abade. Por mais brutal que fosse na guerra, a corte de Carlos Magno era instruída[14] e condescendente, tolerando essa atmosfera erótica sem deixar de apoiar a campanha papal para promover matrimônios monogâmicos sagrados, desestimular anulações, a concubinagem e o casamento entre primos.[15] Ao mesmo tempo, os papas defendiam que apenas filhos pudessem herdar propriedades. A Igreja invocava o direito de herdar terras que não tivessem herdeiros legítimos, e em 900 possuía um terço das terras do Ocidente. Carlos Magno, que associou seu próprio poder ao do papado, apoiou essa versão europeia peculiarmente cristã do matrimônio, fixada na legitimidade e no sexo (em pouca quantidade). As famílias europeias desenvolveram-se de modo diferente ao das famílias da Ásia e da África, onde a lealdade ainda continua se dando em termos de clãs mais amplos. Cada vez mais os europeus casavam-se apenas uma vez, mantendo-se fiéis a suas famílias nucleares; cada vez mais casavam-se mais tarde e tinham menos filhos; algumas mulheres jamais se casavam, uma vez que não podiam mais se tornar esposas secundárias; a propriedade era herdada por filhos legítimos mais velhos, e os moralistas assinalavam sua virtude vivendo segundo as regras da Igreja. O sexo para a procriação era obra de Deus; para o prazer, um delicioso tabu. Tudo isso mudou a Europa, mas não Carlos Magno, que continuou a desfrutar despudoradamente de suas concubinas. Seus filhos, no entanto, foram afetados em sua luta pelo poder.

Mas Carlos Magno vivia para a guerra, a guerra santa. Todo verão, ele ia para o combate em uma das oito diferentes frentes de batalha, onde sua cavalaria pesada, montando poderosos corcéis de guerra, parecia conferir a seus exércitos superioridade sobre todas as outras forças. Ele dava propriedades e títulos a seus magnatas em troca de suprimentos para a cavalaria, num relacionamento feudal entre rei e vassalos que acabou por militarizar e configurar a sociedade em hierarquias consideradas tão naturais quanto sagradas. "É nosso papel", ele disse ao papa Leão III, "defender, em toda parte, pela força das armas, a Sagrada Igreja de Cristo dos ataques de pagãos e da devastação dos infiéis." Ele se preparava para o iminente Fim dos Dias, e seu respeito pela Igreja era um meio de promover não só a vida eterna, mas sua própria dinastia — parceiros no poder e na salvação. A oeste estavam os muçulmanos, e é fácil esquecer que naquela época o leste e o norte da Europa — território que corresponde hoje ao leste da Alemanha, à Polônia, à Escandinávia, aos países bálticos e à Rússia — eram pagãos. A missão de vida de Carlos Magno era converter esses monstros — ou matar todos eles.

MATANDO OS DEMÔNIOS: A ESPADA DE CARLOS MAGNO

"Batismo ou morte!" Era isso que Carlos Magno oferecia. O assassinato em massa era a solução. Em 772, Carlos Magno atacou os saxões que cultuavam os deuses Thor, Wotan e Saxnot e queimou sua sagrada Árvore do Mundo, o santuário do Irminsul, que se acreditava sustentar o céu. Era o início de uma missão de trinta anos para eliminar o "culto dos demônios". Em 782, Carlos Magno massacrou 4500 saxões para deixar bem claro: se eles não abraçassem o cristianismo, seriam "exterminados".

Em 778, um rebelde árabe de Saragoça convidou Carlos Magno a atacar Abd al-Rahman, o Falcão. O rei atravessou os Pireneus e tomou Girona, ao norte de Barcelona, mas Saragoça fechou seus portões, e, após um terrível recuo pelos Pireneus, narrado na cavalheiresca *Canção de Rolando*, Carlos Magno voltou para a Aquitânia.

Destemido, ele voltou-se para o leste e engoliu a Bavária, entrando em contato com os abares, ex-nômades pagãos que governavam a Panônia (Hungria/ Romênia) e que agora também caíam para o rei dos francos. Carlos Magno começou a se ver como um augusto cristão, projeto tornado possível por algumas chocantes atrocidades em Constantinopla, base do único imperador realmente romano. Mas agora uma mortífera filicida ocupava o trono.

A COROAÇÃO DE CARLOS MAGNO, O CASAMENTO DE HARUN

Irene de Atenas, viúva do imperador, agora com cinquenta anos, estava tentando tirar Constantinopla do frenesi de destruição de ícones em que a cidade havia entrado e ansiava por apaziguar Carlos Magno, uma vez que ele poderia ameaçar suas possessões no sul da Itália. Em 781, como regente, Irene negociou o casamento entre seu jovem filho, o imperador Constantino VI, e a filha de Carlos Magno, Rotrude, mas tanto Irene como Carlos postergaram a cerimônia. Constantino era inepto e perverso; depois de ser derrotado pelos muçulmanos numa batalha, quando um tio se rebelou, ele não apenas o cegou, como cortou a língua de outros quatro tios. Sua mãe foi convencida de que poderia fazer melhor; assim, em 797, depôs o filho de 27 anos e o cegou. Essa demonstração de desgoverno feminino convenceu Carlos Magno e os francos de que o trono romano estava vago. Além disso, o papa Leão II estava tão aterrorizado com a luta dos grandes senhores pelo controle da Itália central que concordaria com qualquer coisa para obter a proteção de Carlos Magno. De fato, enquanto ele negociava o novo título do rei franco, assassinos o atacaram e tentaram cegá-lo. Em Roma, no dia de Natal do ano 800, Carlos Magno e seus filhos vestiram togas romanas enquanto o papa o coroava "imperador dos romanos". O primeiro ato do novo imperador foi julgar e executar trezentos dos conspiradores que haviam tentado assassinar Leão.

O novo título do rei dos francos exigia o reconhecimento de Constantinopla. Irene considerou casar-se ela própria com Carlos Magno, mas foi deposta e exilada para fiar lã em Lesbos. Carlos Magno estendeu uma mão amiga ao califa Harun al-Rashid. Era um modo de exercer pressão sobre Constantinopla, que acabara de cometer o erro de entrar numa guerra com Bagdá. Carlos Magno enviou de presente ao califa mantos frísios, cavalos ibéricos e cães de caça. O califa enviou-lhe de volta uma série de presentes — um conjunto de peças e tabuleiro de xadrez feitos de marfim, uma tenda, um elefante chamado Abul-Abbas (que fez todo o percurso de Bagdá a Aix conduzido por seu emissário judeu) e uma espantosa obra de sofisticação árabe, um relógio de água no qual cavaleiros apareciam saindo de pequenas portas a cada hora.[16] Carlos Magno não pôde deixar de ficar impressionado com os esplendores de Harun al-Rashid.

Em 782, Harun casou-se com sua dupla prima-irmã Zubaida, naquela que foi considerada a maior festa de todos os tempos até então. Realizado no Palácio da Eternidade em Bagdá, o casamento foi oferecido pelo pai do noivo, o califa al-Mahdi, e sua mãe Khayzuran, e cada convidado recebeu, como lembrancinha do evento, um saquinho com joias, perfumes e um punhado de dinares de ouro. O noivo tinha dezoito anos, e a jovem noiva apresentou-se com uma *badana* sem mangas e ornada de joias, tomada dos omíadas e passada adiante através da família. Ambos eram netos do califa al-Mansur. Foi ele quem deu à noiva o apelido Zubaida — "pedaço de manteiga".

A mãe de Harun era sua heroína. A esbelta e bela Khayzuran fora raptada e vendida como escrava, até ser vista pelo príncipe herdeiro al-Mahdi, que se apaixonou, libertou-a e casou-se com ela, dando-lhe o nome Khayzuran — "junco". Recusando-se a permanecer no harém, ela se deliciava com sua proeminência.

O acanhado e tímido Harun não era o herdeiro, mas, como muitos descendentes reais, sonhava em se retirar com sua adorável Zubaida para uma propriedade distante do que ele chamava de "fervedouro" de Bagdá. Porém ele já havia demonstrado sua perspicácia ao liderar um exército que abrira caminho até o Bósforo antes de a imperatriz Irene subornar o califado com ouro; o califa outorgou-lhe então o título de al-Rashid, "o justo".

O irmão mais velho de Harun, al-Hadi, teve sucesso como califa, mas, acossado por rebeliões, abandonou Bagdá e entrou em choque com a mãe, Khayzuran, a quem tentou matar. Em setembro de 786, al-Hadi, doente, foi sufocado em seu leito pelas garotas do harém, e Khayzuran assumiu o controle, aconselhada por Yahya, o Barmaki. Tendo assegurado um bônus às suas tropas, elas organizaram a aclamação de Harun. O novo califa nomeou então seu mentor, Yahya, o Barmaki, como vizir: "Investi-o com a regra de minha grei. Governe como julgar correto". Os Barmaki eram quase família. Harun tinha sido criado com o filho playboy de Yahya, Jafar, e sua primeira amante foi provavelmente uma das concubinas de Yahya, Hailana, que implorou ao príncipe que a livrasse do velho ministro. Quando Harun manifestou seus desejos, Yahya lhe ofereceu Hailana.

Harun, frequentemente usando um disfarce, participava de festas com Jafar, como está retratado no *Livro das mil e uma noites*. Em "O carregador e as três jovens de Bagdá", uma jovem sedutora compra deliciosos alimentos e perfumes — pêssegos de Hebron, pepinos egípcios, nenúfares damascenos, pedras de âmbar e almíscar — antes de voltar para uma casa de festas onde uma cafetina a adverte que a discrição é essencial. Então a elas juntam-se Harun e Jafar, para uma orgia na maior metrópole do mundo, obcecada por música e poesia, comida e sexo.[17]

LIVRO DAS MIL E UMA NOITES: O CALIFA E AS ESTRELAS CANTORAS DE BAGDÁ

Poetas célebres e cantoras escravizadas, treinadas em Medina, eram arrematadas pelo califa ou pelos Barmaki por enormes somas, "como nas transferências de hoje em dia do futebol", escreve Hugh Kennedy. "Garotas eram negociadas e aumentavam de valor a cada transação." Essas superestrelas escravas, em parte cortesãs, em parte artistas, jogavam os homens uns contra os outros, escreviam poesia e com frequência gozavam o sexo de maneiras que seriam impensáveis no mundo islâmico de hoje.[18]

Harun era dedicado à mãe, Khayzuran, e feliz com a mulher, Zubaida, que se comportava e vestia como uma imperatriz, calçava botas e chinelos ornados com joias e viajava acompanhada de um séquito de eunucos e concubinas. Khayzuran governava o *hurram* — o santuário do harém — onde Harun mantinha suas esposas, 2 mil escravas e os filhos.

O tédio deve ter desempenhado um papel importante na vida dentro do harém, competindo com o desejo: há histórias sobre garotas de Harun que ansiavam por participar de festas, mesmo arriscando a própria vida, e há também indícios de consolações lésbicas nos nichos do *hurram*: durante o reinado do irmão de Harun, al-Hadi, um cortesão lembrou que, certa vez, um eunuco entrou com uma bandeja coberta com um pano.

"Levantem o pano!", disse o califa al-Hadi.

E lá estavam a cabeça de duas escravas. Por Alá, eu nunca tinha visto rostos mais bonitos ou cabelos mais adoráveis. Havia joias entrelaçadas, e o ar trazia a fragrância de seus perfumes.

"Sabe o que elas fizeram?", perguntou o califa. "Apaixonaram-se e encontravam-se com propósitos imorais. Mandei um eunuco vigiá-las. Ele me contou que elas estavam juntas. Eu as surpreendi debaixo de uma colcha fazendo amor e as matei." Depois ele disse: "Leve essas cabeças daqui, menino", e continuou a conversa como se nada tivesse acontecido.

Zubaida, a própria definição da beldade árabe virtuosa, às vezes ficava alarmada com os casos de Harun, e certa feita deu a ele dez novas garotas para distraí-lo. Harun e Zubaida tiveram juntos um filho, al-Amin, que era assim um membro duplo da Casa de Abbas. Ele teve filhos com outras 24 garotas. Quando a concubina Marajil morreu jovem, Zubaida adotou seu filho, o futuro califa al-Mamun.

Harun tinha de ter as melhores cantoras escravas e pagou colossais 70 mil dirrãs pela "Garota da Pinta". Mas então insistiu que ela lhe dissesse se havia dormido com seu senhor anterior. Quando ela admitiu que "só uma vez", ele a deu ao governador. Às vezes nem mesmo Harun podia ter toda cantora que queria. A estrela do momento era a talentosa Inan. Harun mandou seu eunuco africano Musr pagar 100 mil dinares de ouro por ela, mas o dono não quis vendê-la, o que deixou o califa tão perturbado que sua mãe interveio. Ele alegou que só queria Inan por sua poesia. Nesse caso, observaram a ele, por que não dormir com um poeta homem? O califa riu.

Harun não era o único que estava apaixonado por Inan. Abu Nuwas (Filho dos Cachos Pendentes) era um afrontoso astro literário bissexual que desejava

Inan: "Não tem piedade de um homem que só anseia por uma pequena gota de ti?". Inan respondeu:

"Está se referindo a si mesmo? Dê o fora! Vá se masturbar!"

E ele respondeu:

"Farei isso, temo eu, e você terá ciúme de minha mão."

Abu Nuwas celebrava a sedução de garotas e rapazes com versos que descreviam travessuras sexuais e fracassos por impotência. A libertinagem das mulheres de Bagdá o intimidava. "Estou no meio de um grande mar", ele escreveu, incapaz de lidar com esse entusiasmo lúbrico. "Gritei para um jovem: 'Salve-me'. Se ele não me tivesse atirado uma corda, eu teria caído no fundo daquele mar. Depois disso jurei […] que só viajaria a cavalo." Foi mais feliz com amantes homens: "Ele apreciava abrir o traseiro dos rapazes com a lâmina de sua espada […]. Demonstrar piedade e compaixão apenas onde cabia. Apalpar suas bolas gentilmente". Deliciava-se com a beleza masculina: "Como é venturoso aquele que pode lhe dar um beijo e colher o que guardam suas calças!". Ele recordava noites de bebida e sexo gay, favorecendo eunucos da corte e monges cristãos:

> Estrelas auspiciosas surgiram na noite
> Quando bêbados assediam bêbados
> Passamos o tempo reverenciando o demônio
> Até monges fazerem soar os sinos ao amanhecer
> E os jovens irem embora, vestindo robes encantadores
> Manchados com meu iníquo comportamento.

Ele gostava da companhia de coristas, e lembrou uma discussão sobre sexo entre quatro delas: "Minha vagina é como uma romã partida", dizia uma, "e recende a âmbar terroso. Feliz aquele que me tem quando estou raspada".

Harun recusou patrocinar o poeta. Em vez disso, Abu Nuwas tornou-se amante de al-Amin, o herdeiro, que estava menos interessado em concubinas do que em rapazes eunucos, fazendo a mãe, Zubaida, vestir suas jovens servas com turbante, túnica masculina e faixas, com o cabelo penteado em franjas e cachos laterais. Isso lançou a moda de pajens femininas com aparência masculina conhecidas como *ghulamiyat*.

Mas o prazer tinha seus limites. Harun fez o *hajj* dez vezes; o palácio de Zubaida parecia uma colmeia com tantas garotas recitando o Corão; e, em 803, o califa realizou um *hajj* e também uma jihad bem-sucedida, derrotando o imperador romano, que havia parado de pagar os tributos acordados com Irene. Harun foi menos brincalhão do que sua reputação sugeria. Acabou se mostrando mortífero.

Certa noite, no início de 803, Harun, como de hábito, divertia-se com Jafar al-Barmaki. Mas, quando os dois se separaram, o califa subiu num barco no Eufrates e ordenou a seu eunuco africano Musr que levasse seus guardas de confiança e lhe trouxesse a cabeça de Jafar.

Os Barmaki, o vizir Yahya e seu filho Jafar, tinham extrapolado. Jafar por vezes entrava nos aposentos de Harun sem ser anunciado. Harun havia executado o chefe da Casa de Ali, mas pode ter descoberto que os Barmaki mantinham contato com a dinastia rival. Seus impostos haviam provocado revoltas; seu esplendor alienara o exército. Desconfiando de muitos de seus cortesãos, Harun preparou seu aniquilamento.

Jafar tentou ganhar tempo. "Ele só deu essa ordem porque estava embriagado", disse a Musr. "Não faça nada até o amanhecer, ou ao menos volte a falar com ele sobre isso." Musr tornou a consultar Harun, que respondeu: "Traga-me a cabeça de Jafar, seu filho da puta!".

Ao mesmo tempo, ele convocou Sindi, um devotado liberto, que foi enviado com guardas para prender os demais integrantes da família Barmaki. Yahya morreu na prisão, e a cabeça de Jafar foi levada a Harun, que cuspiu nela e mandou exibi-la nas pontes de Bagdá. A queda dos Barmaki espantou a todos.

Em fevereiro de 808, Harun deixou Bagdá com seu filho favorito, al-Mamun, para pôr fim à agitação em Khorasan, governada pelo rapaz. Harun estava indeciso quanto à sucessão. "Se eu escolher Amin, meu povo ficará infeliz; se eu escolher Mamun, minha família não irá gostar." O califa optou por um meio-termo: al-Amin, filho de Zubaida, seria o monarca sênior, enquanto al-Mamun governaria o leste. Em março, Harun, então com 47 anos, morreu de repente; al-Amin o sucedeu, apoiado por Zubaida. Al-Mamun respeitou a decisão do pai, estabelecendo sua base em Merv (Turcomenistão).

Uma das poucas pessoas que ficou feliz com esse arranjo foi Abu Nuwas, amante de al-Amin, embora até mesmo o poeta fosse cauteloso ao escrever sobre o amigo: "Estou apaixonado, mas não posso dizer por quem; tenho medo dele, que não teme ninguém; gosto da minha cabeça, e me pergunto se ainda estará conectada ao resto do corpo!". Mas a irresponsável incompetência de al-Amin — somada a suas preferências homossexuais — acabou por destruí-lo.[19]

Em 810, os irmãos do califa tinham uma relação distante; ambos mobilizaram tropas. O exército khorasani de al-Mamun derrotou al-Amin e cercou Bagdá, onde começou a se desenrolar uma tragédia. Turbas desarmadas combatiam os invasores na ruas; catapultas bombardeavam a cidade com pedras. "Aqui jaz um estranho longe de casa; sem cabeça no meio da estrada; apanhado no meio da luta; e ninguém sabe de que lado ele estava."

Al-Amin tentou escapar, mas seu barco virou e ele foi capturado; o "pirra-lho de Zubaida" foi jogado no cárcere, onde encontrou um ex-cortesão. "Aproxime--se e aperte-me em seus braços", disse al-Amin, tremendo. "O que meu irmão vai fazer? Matar-me ou perdoar-me?"

Depois da meia-noite, persas armados irromperam na cela. Al-Amin levantou--se: "Somos de Alá e a Ele voltaremos". Os persas o decapitaram e enviaram a cabeça a al-Mamun, que chorou e depois disse a seus conselheiros: "O que está feito, está feito. Comecem a pensar em como explicar isso". Diante de revoltas xiitas, al-Mamun apaziguou a Casa de Ali, prometendo fazer de Ali al-Rida seu herdeiro. Mas, uma vez passado o perigo, ordenou o envenenamento do imame Ali (mais tarde conhecido como Ali Reza, um santo do Irã xiita). Em 819, ele chegou à devastada Bagdá e começou a restaurar a cidade.

Bem-apessoado, talentoso e curioso, al-Mamun era um homem original. Ele foi gentil com a mãe de al-Amin, Zubaida, chamando-a de "a melhor das mães" — e a perdoou. A corte ali era diferente, mais persa do que árabe, mas al-Mamun encomendou traduções de obras gregas e indianas, que foram armazenadas em sua Casa da Sabedoria, um misto de biblioteca e academia que datava dos sassâ-nidas.[20] Além disso, supervisionou um florescimento da ciência, da medicina, da astronomia e da geografia, disciplinas que fascinavam o califa-poeta: "Se eu voas-se para a abóbada estrelada;/ E me juntasse ao fluir do céu para o oeste/ Eu sa-beria, ao cruzar o firmamento,/ O destino de todas as coisas lá embaixo".[21]

Al-Mamun foi o supremo patrono da *adab*, a literatura refinada e urbana. O autor al-Tahiri celebrou a comida e o sexo nos livros *Adultério e sua fruição*, *Histó-rias sobre rapazes escravos* e *Masturbação*. Até mesmo o prazer sexual feminino era celebrado pelos escritores de um jeito que soa muito moderno. Al-Jahiz (Olhos Esbugalhados), nascido em Basra e descendente de um *zanj* africano escravizado, conquistou o patrocínio de al-Mamun com ensaios sobre o Corão, traduções de Aristóteles e valiosas polêmicas, mas preferia escrever a respeito da superioridade dos homens negros sobre os brancos (assunto do qual gostava). Seu *Prazeres com-parados de garotas e rapazes* era um compêndio de entrevistas com os dois sexos sobre o prazer sexual.[22] Al-Mamun contratou Jahiz como tutor de seus filhos, mas eles se assustaram com os olhos esbugalhados do escritor.[23]

Como governante e imame, simpatizante da abordagem xiita e suspeitoso da mentalidade literal do culto do Hadith, al-Mamun insistia que o Corão havia sido criado a partir da palavra de Alá, não tendo sido literalmente escrito por Ele, e obrigava seus estudiosos a concordar com essa opinião. A jihad era um dever; a segurança, uma necessidade; em 830, al-Mamun, ao lado de al-Mutasim, seu irmão muito mais novo, atacou os romanos. Al-Mutasim persuadiu o califa a comprar escravos turcos — *ghilman*, robustos cavaleiros-arqueiros com feições asiáticas. Em 836, como califa, al-Mutasim mudou-se de Bagdá para uma nova capital, em Samara, onde esperava ser protegido por seus pretorianos turcos. Em vez disso, eles tomaram o poder. Em 861, os *ghilman* assassinaram o califa. Em 869, o descontentamento entre negros escravizados nas plantações de cana-de--açúcar e em obras de irrigação no sul do Iraque explodiu numa rebelião de *maadans* (árabes dos pântanos) e africanos livres e escravizados que se estendeu por catorze anos. Ela levou à queda de Basra e ao extermínio de todos os seus habitantes; em 879, os rebeldes chegaram a se aproximar de Bagdá. Cerca de 500 mil pessoas, talvez 1 milhão, foram mortas nos tumultos, o que no futuro desencorajou governantes árabes de utilizarem trabalho escravo africano. A revolta enfraqueceu o califado, justo no momento em que seu rival ibérico prosperava.

O PÁSSARO NEGRO DE CÓRDOBA

O neto do Falcão, Abd al-Rahman II, personificava a novo ideal do machismo andaluz e do *adab* refinado, escrevendo poesia e promovendo novas modas enquanto combatia o filho de Carlos Magno, Carlos, um dos três que herdaram o império.

Enquanto os herdeiros de Carlos Magno — conhecidos, a partir de seu nome latino, Carolus, como carolíngios — lutavam entre si, Abd al-Rahman II mantinha uma corte em Córdoba que agora superava Bagdá em sofisticação, uma cultura personificada por um homem de cor que se intitulava Pássaro Negro e era patrocinado pelo emir. Ziryab, filho de um *zanj* vendido a Bagdá, era um conhecedor da vida civilizada e fora convidado a Córdoba por um músico judeu. Ziryab não apenas introduziu a culinária, a poesia e a verve persa e iraquiana em al-Andaluz, como também desenvolveu a guitarra, ao acrescentar cordas a seu *oud*, e fundou uma escola de música para moças e rapazes. Ele inventou o conceito de refeição que começa com sopa ou salada, passa para as iguarias e termina com doces, todos servidos em pratos diferentes; fomentou a ideia de modas diferentes de acordo com as estações do ano; concebeu as primeiras versões da pasta de dentes e do desodorante (o litargírio, um composto de monóxido de chumbo) e o *mullet* moicano, um estilo de penteado em que o cabelo é cortado curto na frente e nas laterais e deixado longo na parte de trás, sendo o preferido dos *zanj* em Bagdá.

Mas o emir, que não era apenas um aficionado da moda e de garotas cantoras, estava o tempo todo combatendo cristãos do norte e contendores internos, com o auxílio de seu corpo de *ghilman* e de um vizir, Nasr, um nobre cristão capturado e castrado pelos muçulmanos. Quando o emir adoeceu, o eunuco tentou determinar a sucessão, subornando um médico para que envenenasse o governante. A mulher do médico informou o emir, que esperou até que Nasr lhe trouxesse o "remédio" e o fez tomá-lo ele mesmo.

Então, em 844, a era do refinado *adab* foi interrompida por uma aterrorizante visita, quando uma frota de 54 drácares surgiu do nada, trazendo uma raça de desgrenhados pagãos armados com machados que atacaram Sevilha, enquanto outra frota assediava al-Ushbana (Lisboa) e Cádiz. Os vikings haviam chegado.

Os ruríquidas e a Casa de Basílio

Abd al-Rahman II construiu uma frota para rechaçar os vikings usando fogo grego, mas al-Andaluz não era a única região que estava sofrendo. Os vikings também atacaram o norte da África, embora os ataques mais intensos atingissem as costas franca e britânica.

Em 793, uma flotilha atacou o mosteiro em Lindisfarne, assolando a Nortúmbria e a ilha sagrada de Iona, antes de tornar a investir contra a Escócia e a Irlanda. O próprio Carlos Magno testemunhou os primeiros ataques a suas praias e conseguiu contra-atacar. Agora, em 845, uma frota de 120 drácares com 5 mil vikings a bordo subia o Sena e atacava Paris. Os invasores sacrificaram prisioneiros francos a seu deus Odin e só partiram quando o rei da Frância ocidental, depois imperador, Carlos, o Calvo, neto de Carlos Magno, lhes pagou um danigeldo de 7 mil libras de prata e ouro.

Esses bandos que saíam para a guerra, liderados por nobres e reis, a princípio buscavam escravos e butins, mas agora começavam a se estabelecer, fundando reinos em Dublin, nas ilhas da Escócia ocidental e em York, no início de um avanço para a Inglaterra que ameaçava a existência dos reinos anglo-saxões. Alfredo, o rei de Wessex, foi empurrado por eles para os pântanos de Somerset, mas, em 878, conseguiu derrotar o exército viking, ficando forte o bastante para dividir a ilha com os dinamarqueses, cujo líder, Guthrum, ele ajudou a converter ao cristianismo. Em 886, depois de fundir Wessex com a Mércia, Alfredo intitulou-se rei dos anglo-saxões,[1] mas os vikings agora governavam grande parte da Grã-Bretanha e da Irlanda, e logo voltaram a atacar a Frância.

Os vikings eram escandinavos que compartilhavam uma visão de mundo e uma cosmologia baseada em seus deuses, liderados pelo deus da guerra caolho, Odin, que se manifestava como um guerreiro aventureiro, e por Thor, o deus da agricultura. Seu culto era um culto de guerra e de heroísmo,[2] e seus seguidores os reverenciavam em festivais anuais nos quais sacrificavam cavalos e humanos; estes últimos eram pendurados em árvores — que ocupavam um lugar especial em suas crenças — ou despedaçados. Os heróis e seus feitos eram celebrados em histórias épicas e em pedras rúnicas, e seus mortos eram queimados ou sepultados junto com seus soberbos drácares.

Os árabes os chamavam de al-Madjus, cultuadores do fogo, porque eles cremavam seus mortos; os europeus os chamavam de nórdicos; e eles próprios talvez se chamassem de vikings, os "homens de *vik*", isto é, das enseadas, ou fiordes. Eram invasores, mas também comerciantes de escravos e notáveis navegadores, que visitaram a América séculos antes de Colombo.

Ninguém sabe por que esses escandinavos embarcaram em suas aventuras naquele momento; uma população em crescimento talvez tenha suscitado a competição por terras; contendas civis podem ter tornado a vida difícil; talvez a vulnerabilidade ritual de bebês do sexo feminino tenha criado uma escassez de mulheres que exigiu o sequestro de noivas. Eles a princípio se compraziam em matar sacerdotes e atacar igrejas, talvez em retribuição pelas atrocidades cometidas pelos francos, mas sua motivação original era a busca de tesouros e, depois, de escravos — os grandes senhores de Bagdá, Constantinopla e Córdoba almejavam suas peles e seus escravos. Mas é possível que o principal motivo para desfecharem seus ataques fosse o simples fato de serem capazes disso. Seus aprimorados navios de calado raso, inteiramente movidos a vela, guiados por magnetitas, lhes permitiam cruzar oceanos e subir rios. Eles eram conduzidos por reis guerreiros, embora fossem em parte governados por assembleias quase democráticas, lideradas por legisladores — e suas elites eram formadas por instruídos leitores de sagas e pedras rúnicas.

O modo como eles de fato viviam é misterioso o bastante para que historiadores modernos possam supor praticamente qualquer coisa — desde consumo desenfreado de drogas a travestismo — a partir das pistas que nos deixaram. Nas batalhas, eles lutavam com um frenesi que pode, ou não, ter sido estimulado por um alucinógeno — uma pegajosa beladona. Eles eram polígamos; algumas mulheres podem ter sido guerreiras, considerando que alguns poucos túmulos femininos descobertos mais tarde continham espadas — embora talvez todos fossem sepultados com espadas. Cristãos e muçulmanos certamente ficavam espantados com a falta de inibição sexual demonstrada por eles.

Em 862, um chefe viking chamado Rurik, fundador de uma família que governaria a Rússia até 1598, conduziu um bando de guerra para o sul a partir da Escandinávia, descendo o Dniepre até uma sempre mutante zona fronteiriça ribeirinha, onde pagãos turcos e eslavos, dominados por um ascendente canato turco, a Cazária, competiam pelos ricos prêmios do comércio com Constantinopla e Bagdá. Nessa época, escritores árabes mencionam um agrupamento chamado al-Rusiyya — os rus, termo provavelmente derivado do antigo nórdico *roa* (remar) — ligado aos atacantes e comerciantes escandinavos que, partindo de seu entreposto comercial em Staraia Ladoga, no norte, havia muito percorriam os grandes rios, o Volga e o Dniepre. É provável que Rurik fosse um desses rus.

Em sua viagem para o sul, os homens de Rurik tiveram de lidar primeiro com os cazares, que desde o colapso dos turcos ocidentais, em 650, governavam todo o território da Ásia central até a Ucrânia, tendo lutado contra os árabes durante cinquenta anos enquanto mantinham boas relações com os imperadores de Constantinopla, dois dos quais se casaram com princesas cazares. Governados por dois reis, um grão-cã e um *isa*, a partir de um palácio numa ilha do Volga, Atil, os cazares cultuavam Tengri, o deus celeste das estepes. Mas, mantendo sua posição entre a Constantinopla cristã e a Bagdá islâmica, seu grão-cã Bulan converteu-se ao judaísmo, o que é confirmado por moedas datadas de 837-8, com a inscrição Mûsâ rasûl Allâh ("Moisés é o mensageiro de Alá", que ecoa a *shahada* islâmica). O filho de Bulan, Obadias, construiu sinagogas, mas nem todos os cazares praticavam o judaísmo.

Esses grão-cãs judeus controlavam o comércio ribeirinho. Rurik e sua federação de povos eslavos, vikings e turcos comerciavam peles, âmbar, cera, mel, presas de morsa e escravos, pelo que recebiam pagamentos de cazares, romanos e árabes em dirrãs de prata, os dólares da época, o que nos permite imaginar rotas de comércio que se estendiam da Índia à Grã-Bretanha. Grandes quantidades de moedas do califa — 100 mil até agora — foram descobertas na Suécia, assim como um pequeno Buda de bronze na Caxemira, enquanto, na Mércia britânica, reis adaptavam dirrãs, ainda com inscrições em árabe, para uso local. Mas a principal mercadoria viking era humana: eslavos eram tão amplamente vendidos pelo mar Negro e pelo Mediterrâneo que deu origem à própria palavra "escravo".

Tanto Bagdá como Constantinopla propuseram apoiar os cazares e outras tribos nessas turbulentas regiões de fronteira, enviando bravos representantes para tratar com os aterrorizantes bárbaros. Ao se encontrar com os rus, Ibn Fadlan, um emissário do califa, ficou tão excitado quanto enojado: "Nunca vi espécimes fisicamente mais perfeitos, altos como tamareiras, louros e corados", escreveu. O chefe do grupo ficava sentado em seu trono, cercado por quatrocentos guerreiros e quarenta escravos, "destinados a sua cama".[3]

Ibn Fadlan testemunhou o sexo grupal e o sacrifício humano de uma jovem escrava embriagada durante o funeral de um chefe supervisionado por uma xamã, o Anjo da Morte, "uma velha gorda e carrancuda". Ele sem dúvida ficou aliviado ao voltar para Bagdá.

Rurik, um herói quase mítico sobre o qual Ibn Fadlan pouco sabia, governava um feudo a partir de Gorodische ("a cidade"), um assentamento comercial depois refundado como Novgorod ("a nova cidade"). Seus sucessores expandiram-se para o sul. Seu descendente, Igor, foi trazido para a cidade eslava de Kiev, junto ao Dniepre, fundada por volta do século VI, e depois fez dela a sede do comércio de peles e escravos para Constantinopla, onde os rus, conhecidos pelos romaioi como varangianos — serviam frequentemente como guardas de elite.

A Grande Cidade era um prêmio tentador: Igor empreendeu contra ela dois ataques, durante os quais seus drácares foram incendiados pelo fogo grego. Mais tarde, ele foi capturado por uma tribo eslava e amarrado a duas árvores tensionadas por uma corda — que, ao ser partida, rasgou seu corpo ao meio. Mas sua viúva Olga derrotou os inimigos eslavos e seguiu para Constantinopla, onde foi batizada após se encontrar com o imperador. O império ressurgiu graças a um notável camponês armênio, que fez carreira valendo-se do físico musculoso, de seus soturnos encantos e da habilidade com cavalos.

CONSTANTINOPLA E ROMA: BASÍLIO, O MONOCELHA QUE COCHICHAVA COM CAVALOS, E MARÓZIA, A SENATRIZ

A ascensão de Basílio começou quando, ainda um jovem servo, ele conheceu a mulher mais rica do império, Danielis, uma viúva que possuía 3 mil escravos e oitenta propriedades e se tornou sua patrona — e, sem dúvida, sua amante. Pode ser que ele tenha passado com ela muitos anos antes de ter sido apresentado a um cortesão que o mencionou ao jovem imperador Miguel III, especialista em carne de cavalo, o qual o contratou como pajem, depois como guarda-costas, e em seguida como camareiro. Miguel restaurou a lei romana na Grécia e, orientado pela mãe, pôs um fim à agonia iconoclástica — mas ele estava apaixonado, provavelmente do ponto de vista sexual, pela pujança do musculoso Basílio, trinta anos mais velho que ele. Nascido na Trácia e conhecido como "o macedônio", mas provavelmente um armênio, Basílio era "o mais excepcional em forma corporal e compleição; suas sobrancelhas uniam-se numa só, e ele tinha olhos grandes e peito largo", além de uma expressão taciturna. O imperador gostava de observá-lo em suas disputas de luta livre com campeões búlgaros. Quando Miguel se ressentiu com seu influente tio, Basílio o executou, e o monocelha que cochichava com cavalos tornou-se então seu onipresente *parakoimomenos* —

"aquele que dorme ao lado" (da alcova imperial). Embora não tenha tido filhos de seu casamento, Miguel teve um filho com sua amante, Eudóquia Ingerina, que logo passou a compartilhar com Basílio (que ao que parece era irresistível tanto para homens como para mulheres). A fim de legitimar o garoto, Leão, ele ordenou que Basílio se casasse com Eudóquia e o coroou coimperador, dando-lhe sua própria irmã Thekla como amante. Quando Miguel, que bebia muito e foi apelidado de o Bêbado, mudou de ideia e tramou o assassinato de seu favori-to, Basílio foi mais rápido, reunindo um grupo familiar de ataque (que incluía seu pai e seu irmão) que irrompeu na alcova imperial, apunhalou o embriagado imperador e decepou suas mãos — talvez numa vingança pelo lado homossexual e nada cristão de seu relacionamento.

Foi uma ascensão improvável, mas o inculto Basílio mostrou-se um sério e inteligente *basileus*,[4] ao lutar com os árabes, codificar as leis e atacar os búlgaros. Ele nunca teve certeza se Leão era filho dele ou de Miguel, e não gostava do ga-roto. Basílio morreu em 886, aos 75 anos, após um acidente de caça em que foi arrastado por quilômetros, as roupas presas nos chifres de um veado: seu pajem foi executado por ter cortado o cinto do imperador a fim de livrá-lo dos chifres (era ilegal desembainhar uma lâmina diante do imperador). Quando Basílio mor-reu, o imperador Leão também não tinha certeza de quem era seu pai, mas hon-rou as entranhas de Miguel, que sepultou na Igreja dos Apóstolos, ao lado de Basílio.

Talentoso e instruído, mas atormentado, Leão, o Sábio, conteve os árabes no leste, mas perdeu suas fortalezas na Sicília para os invasores, que depois de-sembarcaram no sul da Itália e ameaçaram não só seus últimos territórios, mas a própria Roma.

Em 846, os árabes tinham desembarcado em Óstia e em seguida atacado Roma, saqueando a Basílica de São Pedro. Agora que eles tinham voltado a avan-çar, o papa João VIII, que testemunhara o assalto de Roma, implorava alternada-mente ao imperador Leão e aos reis carolíngios o envio de ajuda. Constantinopla estava acostumada a escolher e ameaçar papas, e Justiniano tinha sequestrado um. Mas agora o pontífice estava sozinho: o caos na Itália, a perda das rendas papais para os árabes, o declínio de prestígio e a ascensão de vorazes barões ita-lianos minaram João VIII, que foi envenenado e em seguida espancado até a mor-te por seus próprios clérigos. Isso deu início a uma nova e sangrenta era, domi-nada por uma única e extraordinária mulher: Marózia. Se Cleópatra pode ser considerada uma heroína feminista, o mesmo deve ser dito de Marózia, gover-nante de Roma e mãe, avó, bisavó, amante e assassina de uma sucessão de papas e príncipes.

O tumulto que começou com o assassinato de João VIII culminou no julga-mento de um papa morto. Em janeiro de 897, o corpo do papa Formoso, que havia morrido mais de um ano antes, foi exumado, vestido com suas roupas papais e submetido a julgamento por perjúrio e violação da lei canônica, ante um sínodo em Roma presidido por seu sucessor Estêvão VI, com um diácono representando o cadáver na condição de seu advogado. Considerado culpado, Formoso foi desnudado, e os três dedos que usava na bênção papal foram cortados; seu corpo foi jogado no Tibre. O motivo para esse necroespetáculo era solapar a legitimidade de um predecessor e com isso reforçar a legalidade do novo papa. Mas não funcionou: Estêvão foi estrangulado, e três papas foram então eleitos por diferentes facções. Mas um deles, Sérgio III, conseguiu obter o apoio de Teofilato, pai de Marózia, e eles assassinaram os outros dois.

Eleito cônsul para o ano de 915, Teofilato governou Roma ao lado da mulher, Teodora, nomeando seus indicados para o papado. Teofilato era um dos emergentes chefes guerreiros que tratavam o papado como apenas mais uma instituição urbana por meio da qual eles podiam controlar uma Roma já dividida em campos armados, os monumentos antigos como o Coliseu ou o mausoléu de Adriano agora servindo como baluartes fortificados. Se a realidade parecia ser uma guerra de gangues, os títulos ainda impressionavam: Eminentíssimo, Magnífico, cônsul e, é claro, papa.

Quando os árabes tomaram Minturno, 130 quilômetros ao sul de Roma, os cristãos entraram em pânico. Mas Teofilato não era capaz de controlar Roma sozinho; o papa era o líder espiritual da cristandade ocidental; a Itália tinha importância estratégica vital, com os árabes e os romaioi no sul; e, no norte, desde Carlos Magno, os reis da Frância Oriental (Germânia) representavam um grande risco.

Teofilato consolidou seu poder casando as filhas. Sua mulher Teodora era uma "desavergonhada prostituta que exercia poder sobre os cidadãos romanos como se fosse um homem", escreveu Liuprando, bispo de Cremona, um servidor do principal inimigo da família, Otão da Germânia: suas alegações geralmente não passavam de um misto de propaganda germânica e chauvinismo.

Em 909, Teofilato casou Marózia com um chefe guerreiro rival, Alberico, marquês de Spoleto, com quem ela teve vários filhos. Marózia pode ter se tornado amante do papa Sérgio e tido um filho com ele. Sua irmã também havia se casado. De maneira incomum, porém, Marózia começou a exercer seu próprio poder político de um modo que alarmou Liuprando, o qual chamou o par de "irmãs prostitutas" que dominavam o papado numa "pornocracia" — regime de prostitutas. Na verdade, elas eram potestades, e, na época, as mulheres gozavam de imenso poder em Roma.

Em 915, Alberico, marido de Marózia, agora eleito patrício — *Patricius Romanorum*, um dos muitos títulos tomados de empréstimo dos tempos antigos —, uniu forças com Teofilato e o papa para expulsar os árabes de Minturno. Em 924, quando o marido foi assassinado e o pai morreu, Marózia, com trinta e poucos anos, assumiu a liderança da facção como *domina*, *senatrix* e *patricia*, governante de Roma. Após ter um caso com o papa João X, que tentou afirmar seu próprio controle, Marózia casou-se com Guido, marquês da Toscana, bisneto de Carlos Magno, que se apaixonou não só por sua beleza, mas também por seu poder.

Em 928, o casal atacou e prendeu João X; detido no mausoléu de Adriano, agora fortificado e transformado no castelo de Santo Ângelo, o papa foi em seguida asfixiado. O próprio Guido morreu logo depois. Enquanto isso, Marózia pôs seu filho com Alberico (se é que não com o papa Sérgio) no trono papal, como papa João XI. Ele tinha apenas vinte anos de idade. Seu outro filho, Alberico II de Spoleto, agora acreditava que devia suceder o pai como governante de Roma. Marózia resistiu, mas uma mulher de poder precisa da ajuda de um homem: assim, ela negociou um casamento com Hugo de Provença, um descendente de Carlos Magno, rei da Itália, que no devido momento chegara a Roma.

Muitos filhos haviam abominado os novos maridos das mães, mas poucos tumultuaram suas festas de casamento. O filho de Marózia, Alberico II, pôs em curso um golpe durante o casamento e cercou a festa no castelo de Santo Ângelo; o noivo abandonou a noiva descendo por uma corda; a própria Marózia foi detida e aprisionada no castelo, onde mais tarde morreu. Alberico II governou Roma como *princeps* durante os vinte anos seguintes, casando-se com sua nova meia-irmã, a filha do rei Hugo, e dando ao filho o portentoso nome de Otaviano. Em seu leito de morte, em 954, Alberico convenceu seus magnatas a nomearem Otaviano *princeps* e depois papa João XII. Esse janota adolescente tornou-se então um tirano. Seus pecados, listados até mesmo pelo ofegante Liuprando, não soam nada notáveis, exceto pela ausência da sodomia: "Ele havia fornicado com a viúva de Rainier, com a concubina do pai, Estefânia, com a viúva Ana e com a própria sobrinha, e transformara o palácio sagrado num prostíbulo. Dizia-se que saía à caça publicamente; que tinha cegado seu confessor, Bento, e que então Bento havia morrido; que tinha matado João, o cardeal subdiácono, depois de castrá-lo", e que "brindava ao diabo com vinho". Mas, em 962, com dificuldades para defender Roma, João XII convocou Otão I, rei da Frância Oriental, que marchou para o sul, acompanhado pelo bispo Liuprando, a fim de protegê-lo, em troca de sua própria coroação como imperador romano. Como seria de esperar, João desaveio-se com os germânicos, mas pereceu — caracteristicamente — durante um arroubo de sexo adúltero.

Otão e seus filhos imperiais irrompiam ruidosamente em Roma com frequência, mas não foram capazes de controlar o papado por muito tempo. Em 974, Crescêncio, sobrinho-neto de Marózia, tomou Roma para os marozianos e derrubou os papas apoiados pelos germânicos, estrangulando vários pontífices inconvenientes. A família nomeou papas até 996, quando o imperador Otão III, com apenas dezesseis anos, e famoso por seu intelecto clássico, varreu Roma e depôs Crescêncio. Em seguida, fez com que este fosse decapitado, sua mulher estuprada por uma gangue, e seu papa, o primo maroziano João XVI, cegado, nariz, orelhas e língua decepados. Assumindo os títulos de imperador do mundo e cônsul dos romanos, Otão planejava governar o Império Germânico a partir de seu novo palácio romano, mas morreu aos 21 anos.

Os crescencianos ainda dominavam a antiga Roma quando, na nova Roma do leste, o filho ilegítimo de Leão, o Sábio, Constantino VII, nascido na câmara de pórfiro do Grande Palácio, onde as imperatrizes davam à luz, afirmou sua legitimidade com o título de porfirogênito ("nascido no púrpura"). Erudito e escritor, ele centrou seus esforços na conversão dos eslavos ao cristianismo. Em 957, foi Constantino quem deu boas-vindas a Olga na primeira visita de Estado russa: ela foi então batizada, tendo o porfirogênito como padrinho. Os eslavos afirmam que ele se apaixonou — evento improvável tratando-se do fastidioso porfirogênito —, mas o fato é que ele incentivou as tendências cristãs de Olga e lhe conferiu direitos comerciais.

Os rus agora desafiavam os cazares. Em 971, o príncipe Sviatoslav atacou e queimou a capital cazar de Atil, e depois, abençoado por Constantino, atacou os búlgaros com 60 mil tropas, derrotando-os e tomando sua capital e uma parte tão grande da Bulgária que o imperador romano ficou alarmado e orquestrou seu assassinato. No caos que se seguiu, Valdemar, o filho mais novo de Sviatoslav com uma concubina, que fora expulso de Novgorod, recebeu tropas de seu primo, o rei da Noruega. Ele então derrotou todos os irmãos e tomou Kiev.

Valdemar mantinha um harém com oitocentas garotas, teve sete mulheres — várias lhe deram filhos — e cultuava os deuses pagãos Dazhbog, Stribog e Mokosh, celebrando suas vitórias com o sacrifício de duas crianças. Mas seus enviados ficaram extasiados com a magnificência cristã da Grande Cidade e sua Hagia Sofia — "Não sabíamos mais se estávamos no céu ou na terra" —, e, quando o próprio Valdemar se deu conta dos benefícios da conversão, seu timing foi excelente. O último da dinastia macedônia, Basílio II, enfrentava uma rebelião e precisava de ajuda.

Aos trinta anos, Basílio era uma força da natureza: "Desde o dia em que o Rei do Céu me convocou para servir como imperador, grande senhor do mundo", ele escreveu para seu próprio epitáfio, "ninguém viu minha lança ficar ociosa". Numa cidade de assumido luxo, eunucos perfumados e intriga bizantina, ele era um espadachim compacto, franco, um piedoso asceta desinteressado de mulheres e provavelmente homossexual.

Valdemar enviou de presente ao novo imperador uma unidade de varangianos com a seguinte advertência: "Não os mantenha em sua cidade, pois eles lhe causarão danos — e não permita que um único deles volte pelo caminho de onde veio". O kievense, em seguida, pediu em casamento a irmã do imperador. Era uma impertinência, porém Basílio, reconhecendo o poder do outro, concordou, contanto que o grão-príncipe de Kiev se convertesse e o ajudasse a retomar Quersoneso, sua colônia na Crimeia. Valdemar cumpriu sua parte, mas, diante da demora de Basílio em enviar a irmã, manteve o território sob seu controle. Basílio enviou a irmã de imediato. Em 988, Valdemar, adotando o nome Vladímir, ou Volodymyr, foi batizado segundo os ritos prevalentes em Constantinopla, um momento decisivo na história do mundo, o qual, juntamente com a conversão dos búlgaros, levou a Rússia e a Europa oriental a desenvolverem seus próprios e distintivos rituais e doutrina — mais tarde conhecidos como ortodoxos.[5] A irmã do imperador, Ana, receava se casar com um bárbaro estúpido, mas Basílio implorou: "Deus leva a terra dos rus ao arrependimento mediante sua agência, e você salvará a Grécia do perigo de uma penosa guerra". Era difícil recusar uma obra de Deus.

PAGÃOS CONVERTIDOS: VLADÍMIR E ROLLO

A pobre Ana foi de barco para a Crimeia a fim de se casar com Vladímir, que devolveu Quersoneso a Basílio II, como "presente nupcial". Vladímir converteu sua terra rus com uma energia característica — concubinas foram removidas, estátuas pagãs destruídas com bastões, e igrejas fundadas. Os habitantes de Kiev receberam ordem de participar de um batismo em massa nas margens do Dniepre: "Quem não aparecer, rico, pobre ou escravo, será considerado um inimigo". As novas conquistas e a conexão romana de Vladímir ajudaram a fazer dele um potentado europeu, e três de suas filhas casaram-se com monarcas.[6] Após sua morte, em 1015, seu filho Jaroslau, o Sábio, presidiu os rus em seu auge, governando a partir de uma Kiev cheia de igrejas. Mas seu apogeu teve curta duração. Depois de Jaroslau, o território dos rus se fragmentou em principados menores, sempre governados por ruríquidas,[7] um dos quais construiria uma pequena fortaleza junto ao rio Moskva — Moscou. Tendo conquistado Kiev para Cristo, Basílio seguiu apressadamente para o sul a fim de deter o novo avanço árabe na Síria, lutando do Cáucaso aos Bálcãs, um imperador guerreiro que compartilhava rações com seus homens e várias vezes quase foi morto em combate, sendo sempre salvo por seus 6 mil guardas varangianos.

Enquanto muitos vikings seguiam para o sul, a fim de servir Basílio, outros atacavam a Frância, onde os herdeiros de Carlos Magno — homens fracos, como revelam seus epítetos: o Gordo, o Simples, o Tartamudo — pagaram ao menos treze danigeldos. O imperador Carlos, o Gordo, conseguira unir todo o império do bisavô — da Itália à Frância Oriental e Ocidental —, mas carecia do instinto matador para mantê-lo. Em 885, uma frota real sob o comando de vários chefes subiu o Sena e cercou Paris. Um dos vikings era um jovem guerreiro chamado Rollo. A pequena cidade, de apenas 20 mil habitantes, era defendida por dois jovens barões do imperador — Odo, conde de Paris, e seu irmão Roberto, filhos de um chefe guerreiro, Roberto, o Forte, que vencera por seus próprios esforços —, que imploraram por ajuda imperial. Em vez disso, Carlos, o Gordo, pagou setecentas libras de ouro aos vikings, um apaziguamento tão descarado que Odo foi eleito rei da Frância Ocidental. Seu reinado foi curto, mas ele fundou uma nova dinastia e um reino que viria a se tornar a França. A família de Odo não foi a única a desencavar um novo reino.

O invasor nórdico, Rollo, também se beneficiou com a batalha de Paris. Como resultado dela, sequestrou a noiva de um conde franco, Popa de Bayeux, com a qual se casou e fundou uma dinastia que, de certa forma, ainda subsiste. Tão grande e pesado que nenhum cavalo era capaz de suportá-lo, Rollo, o Caminhante, capturou então Rouen, e depois, em 911, voltou a atacar Paris. O rei carolíngio da Frância Ocidental, Carlos, o Simples, o comprou com um acordo pelo qual ele poderia manter suas terras contanto que se convertesse ao cristianismo e repelisse os invasores vikings e os superpoderosos barões. Rollo concordou: ele e seus nórdicos ficaram conhecidos como normandos, seu ducado como Normandia; seus descendentes conquistaram a Inglaterra, e os monarcas britânicos atuais descendem dele. Em 922, após depor Carlos, o Simples, e combater Rollo, o irmão de Odo, Roberto, foi eleito rei; seus descendentes seriam reis da França como Capetos, Valois e Bourbon (com alguns interlúdios) até 1848 — quase um milênio.

Mas os normandos não desistiram de atacar: Rouen era famosa por seu mercado de escravos e precisava de escravos islâmicos para vender. Eles ainda estavam atacando al-Andaluz durante a década de 950, mas se depararam com o grande monarca do oeste, que agora tinha sua própria frota, que usava para atacar as praias da Frância e da África.

O CALIFA DE CÓRDOBA

Fervorosamente vigilante e ferozmente marcial, Abd al-Rahman III era um homem musculoso de pernas curtas, louro, com boa pele e olhos azuis. Sua avó era uma princesa cristã, Onneca Fortúnez, filha do rei de Pamplona; sua mãe, uma eslava escravizada, uma entre os milhares de escravos vindos da Rússia e negociados pelos vikings. A corte omíada era um covil de ursos — seu pai fora assassinado por seu tio, e seu tio por seu avô —, mas ele fora treinado para o poder por sua vigorosa tia Sayyida.

Em 912, aos 21 anos, e a uma semana de herdar um reino assolado por rebeliões e desafios, Abd al-Rahman III exibia a cabeça do chefe rebelde ao povo de Córdoba. Mas ele precisou de vinte anos para restaurar o poder omíada, atacando os reinos cristãos, no norte, e o Marrocos, no sul. Em 929, Abd al-Rahman assumiu o califado, uma celebração de sucesso militar e de desdém pelos desgastados califas de Bagdá. Ele gostava de receber seus visitantes cristãos em roupas simples, sentado numa esteira de linho, tendo diante de si apenas um Corão, uma espada e uma chama — oferecendo-lhes ou o Corão ou a espada, seguida do fogo.

Mas ele era um titã europeu que recebia embaixadores dos dois imperadores cristãos, um patrono humanista das artes, dono da maior biblioteca fora de Constantinopla. Córdoba era agora a maior cidade da Europa, ao lado da Roma do leste: seus imperadores enviavam presentes, fontes de mármore e clássicos gregos, que o califa mandara traduzir para o árabe. Ele construiu um novo complexo palaciano, Medina al-Zahra, cujo nome provavelmente vinha de uma jovem escrava, e que tivera como modelo o palácio omíada em Damasco; ficava a dez quilômetros de Córdoba e possuía um colossal salão do trono, construído em volta de uma enorme piscina de mercúrio, além de um zoológico com leões (presente de seus aliados africanos) e um dos primeiros banheiros com descarga, numa época em que Paris e Londres eram cidades pequenas com esgoto a céu aberto. Sua corte era cosmopolita: os guardas e as concubinas eram eslavos; os vizires, com frequência, judeus ou cristãos. Seu médico judeu Hasdai ibn Shaprut servia como embaixador e tesoureiro, correspondendo-se não só com papas e imperadores germânicos e do leste, mas também com os grão-cãs judeus da Cazária.

Mas nem o esplendor do califado nem o *adab* diminuíam a sibarítica ferocidade de Abd al-Rahman, que presidia um harém com 6750 escravas e 3750 escravos. Uma escrava que o traísse era servida como alimento aos leões; um rapaz cristão — mais tarde são Pelágio (Paio) — que repeliu seus avanços foi esquartejado. Talvez tudo isso seja parte de um acervo de histórias antimuçulmanas, mas ele com certeza saboreava sua falta de compaixão. Seu carrasco, sempre com a espada e a esteira de couro prontas, ficou rico. Certa vez, enquanto decapitava uma concubina, uma joia caiu dos cabelos da moça, e o califa permitiu que ele ficasse com ela. Quando um de seus filhos conspirou contra ele, o próprio Abd al-Rahman executou o rapaz em público.

O califa empreendia invasões anuais no norte, sempre liderando seus exércitos, até que quase foi morto em combate. Quando os vikings atacaram al-Andaluz, Abd al-Rahman os rechaçou com sua frota, enquanto se expandia ao longo das costas europeias e africanas, estabelecendo um ninho de piratas em Fréjus, na Côte d'Azur, e conduzindo uma campanha no Marrocos, onde tinha como general um eunuco eslavo apelidado de Galo Castrado. Ao capturar Ceuta e Tânger, Abd al-Rahman obteve acesso às caravanas transaarianas, mas, justo no momento em que esperava controlar o comércio ao longo do Saara, foi frustrado por uma dinastia messiânica surgida num oásis a meio caminho entre o Marrocos e o oeste da África. O califa[8] dificilmente teria acreditado que esse obscuro levante no deserto afetaria o equilíbrio afro-asiático, desafiaria Constantinopla, Córdoba e Bagdá e levaria à fundação da maior de todas as cidades árabes: o Cairo.

Os *ganas* e os fatímidas

PODER AFRICANO: *GANA* DE WAGADU E O MESTRE DO CAIRO

Tudo começou no deserto. Em 905, quando Abd al-Rahman III era um menino, Said bin Husain, aos 35 anos, proclamou-se mádi — o escolhido, o representante de Alá na Terra — no remoto oásis marroquino de Sijilmassa, onde tribos berberes recém-convertidas já haviam sido convencidas, por missionários secretos, de sua santidade. Elas faziam parte de uma rede xiita clandestina de Dawa — o Chamado —, que do Iêmen ao Atlântico orava pela restauração da dinastia de Ali e Fátima, a filha de Maomé; Said reivindicava essa descendência, e sua família se autoproclamava a Casa de Fátima. A família de Said fora perseguida e morta pelos califas de Bagdá, mas ele próprio, disfarçado de comerciante, conseguira escapar com o filho. Embora perseguido por assassinos, deu um jeito de chegar ao Marrocos, onde adotou o título de al-Mahdi Bilah e lançou sua jihad, com a intenção de percorrer todo o caminho até o Iraque e destruir o herético califado.[1]

Quando al-Mahdi assumiu o comando de uma pequena possessão de berberes em Sijilmassa, portão de entrada para o mais poderoso reino africano, Wagadu, governado por *ganas* — reis — soninquês que comandavam um exército de 200 mil homens, parecia improvável que isso jamais pudesse acontecer. Em sua capital, Koumbi Saleh, na Mauritânia, "o *gana* recebe em audiência [...] num pavilhão abobadado em torno do qual há dez cavalos cobertos com materiais bordados a ouro", escreveu um visitante árabe, al-Bakri, pouco tempo depois.

"Atrás do rei ficam dez pajens, segurando escudos e espadas ornamentados com ouro, e à sua direita os filhos dos reis de seu país, vestindo esplêndidos trajes, os cabelos entrançados com ouro." Há ouro em toda parte: até mesmo os cães de guarda do *gana* possuíam "coleiras de ouro e prata incrustados com inúmeras esferas feitas dos mesmos metais". Quando morriam, os *ganas* eram sepultados com tesouros e servos sacrificados; vários túmulos foram encontrados na área do rio Níger. O oeste e o leste da África não eram desconhecidos antes da chegada dos europeus. Na verdade, a Afro-Ásia era um único mundo conectado por tênues porém antigas caravanas e rotas marítimas que atravessavam o deserto e os mares até o Magreb, a península Ibérica, o Egito e o oceano Índico. Cruzando o Saara, os *ganas* comerciavam marfim, cobre, bronze e ouro de Bamaka (hoje Gana), além de bronze de Ibo-Ukwu (Nigéria), onde artífices produziam bronzes de cobras, pássaros e conjuntos de vasos com contas importadas de longe: o tesouro dos *ganas* incluía 100 mil contas de vidro e de cornalina do Egito e da Índia. Wagadu era o maior dos reinos africanos do oeste — Gao, Timbuktu e Kanem-Bornu — que comerciavam com o norte. Dois terços do ouro europeu vinham do oeste da África — assim como, provavelmente, os leões do zoológico de Abd al-Rahman.

As caravanas eram conduzidas por cameleiros berberes, com frequência muçulmanos, de modo que o islã fluía como sal a partir do norte para as terras do ouro. O islã havia chegado a Wagadu: Koumbi Saleh foi dividida em duas cidades, uma de maioria muçulmana, a outra seguindo as religiões pagãs soninquesas, e os *ganas* praticavam um híbrido das duas. Al-Bakri testemunhou o sacrifício humano de servos, embriagados com "bebidas fermentadas" para acompanhar os reis mortos.

No leste, na costa do oceano Índico, mercadores árabes de marfim, especiarias e escravos já comerciavam em Zanj — leste da África —, e também levaram consigo o islã. A conexão entre a Arábia e a África era tão antiga quanto a de Salomão e Sabá. Os árabes comerciavam com africanos que falavam banto, e pouco a pouco desenvolveram uma nova língua híbrida, o suaíli, do árabe *al-Sahel*, "a costa". No Sudão (do árabe Bilad al-Sudan, "terra dos negros") e na Etiópia (que os árabes chamavam de Ak-Habasha, ou Abissínia), o antigo reino cristão de Axum estava se desintegrando.[2] Guerras e ataques produziam prisioneiros que eram comerciados para a costa suaíli, onde mercadores do golfo — os filhos de omanis e persas que haviam se casado com africanas locais — fundaram o porto de Kilwa, a primeira cidade mercantil suaíli. Embarcações percorriam o oceano Índico nos dois sentidos; bananas originárias do sudeste da Ásia chegaram nesses navios e foram plantadas na África, tornando-se uma cultura quintessencialmente africana, disseminada pelos bantos quando estes foram para o sul. Marinheiros de Kilwa cruzavam o Índico. Os primeiros estrangeiros a chegar à Austrália não foram os europeus (os holandeses desembarcaram lá em 1606), mas marinheiros de Kilwa, como ficou claro com a descoberta de moedas de cobre de Kilwa, com inscrições em árabe com o nome de um emir de Kilwa, desenterradas na ilha de Marchinbar, no Território do Norte. Os asiáticos tinham viajado para leste e oeste muito antes: javaneses e malaios provavelmente chegaram à Austrália, como sugerem duas inscrições javanesas.

Indianos, javaneses, malaios e polinésios navegavam com frequência para a África. Por volta do ano 400, marinheiros malaios começaram a colonizar Madagascar, a última grande massa de terra, além da Islândia e da Nova Zelândia, a ser povoada.[3] Em 945, segundo uma história árabe, uma frota javanesa-malaia de Mataram/Srivijaya desembarcou na costa suaíli para obter marfim, peles e escravos negros, mas não conseguiu tomar nenhuma das cidades que ambicionava.

Os comerciantes árabes de escravos, baseados nas cidades suaílis desde Mogadíscio (Somália) e Zanzibar (Tanzânia) até Sofala (Moçambique), governadas por dinastias de mercadores afro-árabes, compravam escravos dos africanos no interior e os negociavam com os mundos índico e árabe, em lugares tão distantes quanto Mataram. O escravismo medieval baseava-se na religião: tecnicamente, o islã bania a escravização de muçulmanos, mas, em sua maior parte, os africanos do leste e do centro eram pagãos. Isso não significa que os árabes que agora penetravam a África não fossem racistas: seus critérios de escravização demonstram que apreciavam os estereótipos racistas.[4] Os contos de Buzurg, no golfo Pérsico, relatam como o rei africano de Sofala comerciava escravos canibais Zanj (a um preço médio de vinte, trinta dinares) com mercadores omanis, até ser ele próprio capturado e negociado com Omã, depois o Cairo, antes de se converter ao islã e voltar para retomar seu trono. Não temos ideia dos números, mas provavelmente muitos milhões de africanos foram escravizados.[5]

No noroeste da África, em Sijilmassa, a jihad do mádi quase terminara antes mesmo de começar. Em 910, o xeque local o prendeu, mas seus agentes invadiram a prisão. Após sua libertação, montando numa onda de fervor religioso, desfraldando as bandeiras brancas da Casa de Fátima, ele e seus berberes galoparam para o leste a fim de tomar Qairawan (Tunísia), fundaram uma nova capital, Mahdia, e avançaram sobre o Egito. Logo declarado califa, suas flotilhas, comandadas por seu filho al-Qaim, capturaram a Sicília e atacaram a Calábria, até mesmo Gênova. Al-Qaim chegou a Alexandria, mas foi derrotado pelo governante do Egito independente, um talentoso eunuco núbio.

OS PERFUMES DE AL-MISK, O PEIXE DE JAWAR
E O VIZIR JUDEU: A CASA DE FÁTIMA

Abd al-Misk Kafur, conhecido como o Mestre, tinha sido capturado em algum lugar no leste da África, escravizado e castrado, depois vendido a um general turco, o *ikhshid* (vice-rei) que governara o Egito como um reino autônomo quando os califas em Bagdá perderam o controle de seu império. O *ikhshid* notou que, enquanto os outros escravos corriam para olhar os animais selvagens que chegavam do interior da África, Kafur nunca tirava os olhos de seu senhor. Tido como feio e deformado, mas sensível e inteligente, conhecia tão bem os perfumes que deu nome a dois deles: almíscar negro e cânfora branca. Em seu leito de morte, o *ikhshid* aconselhou seus filhos a empregarem Kafur como vizir, e no fim ele se tornou governante por direito próprio: o Mestre.

Kafur foi um talentoso general e patrono de artes, mas desentendeu-se com o poeta al-Mutanabi (que zombou dele quando não foi nomeado ministro).[6] Kafur protegia cristãos e judeus, inclusive seu tesoureiro Iakub ibn Kilis, um judeu convertido ao islã. Depois de se perder numa intriga de corte, porém, Ibn Kilis fugiu para os fatímidas, juntando-se ao talentoso e cosmopolita séquito do califa al-Muizz. Este ordenou a seu paladino, Jawar, um louro liberto que fora escravizado no leste da Europa e dado de presente a seu pai, que esmagasse toda resistência até o Atlântico. Jawar enviou a al-Muizz um tanque de peixes para demonstrar que a missão fora cumprida. Enquanto Kafur viveu, o Egito não caiu, mas, depois de sua morte, acabou ficando vulnerável. Em 969, Jawar atacou o Egito, onde ele e al-Muizz[7] fundaram uma nova cidade que chamaram de al--Qairah — "o conquistador" —, o Cairo.

O Egito estava a um passo da liquidação dos ímpios usurpadores de Bagdá e dos infiéis de Constantinopla. Jawar avançou para a Síria, mas foi rechaçado. Ibn Kilis, o vizir judeu, foi renomeado pelo filho de al-Muizz, al-Aziz, "alto, cabelos ruivos e olhos azuis" — sua mãe, Durzan, apelidada de Passarinha, era a escrava cantora favorita de al-Muizz. A parceria de al-Muizz com Ibn Kilis, que ele chamava de Iakub, era quase familiar; havia altos e baixos, e Ibn Kilis era multado e despedido o tempo todo, mas sempre voltava. Era tão rico que tinha sua própria guarda de 4 mil escravos e um harém com 5 mil mulheres, e construiu uma mesquita e universidade chamada al-Azhar (os xiitas a chamaram de Fátima al--Zahra — a Luminosa).

A dinastia governou com magnificência, criando uma corte destinada a impressionar, projetada por suas esplendorosas vestimentas e procissões espetaculares. O Cairo, no início com apenas alguns palácios e a mesquita e universidade de al-Azhar, só pouco a pouco tornou-se uma capital, enquanto Fustat e Alexandria prosperavam com o comércio entre o Mediterrâneo e o oceano Índico. Ibn Kilis foi o primeiro de uma linha de judeus convertidos que serviram como vizires. Os judeus egípcios constituíam uma poderosa e numerosa comunidade, liderada pela família de Rais al-Iahud — chefe dos judeus, nomeado pelos califas —, e serviam como médicos e conselheiros reais. Famílias de mercadores judeus de Fustat viajavam em âmbito tricontinental, do Egito a Sevilha, de Sijilmassa a Samarcanda e Constantinopla, de Mahdia a Kiev, Índia e China. Cerca de 400 mil documentos, encontrados na genizá[8] da sinagoga de Ben Ezra, em Fustat, revelam uma rede de negócios de famílias judaicas bem no centro de um mercado quase global. Os mercadores judeus, assim como os coptas, ficaram muito ricos.

Abominando os sunitas abbasiyat ainda mais do que os cristãos, al-Muizz e Ibn Kilis invadiram a Síria, capturando Jerusalém e Damasco, o que os levou à fronteira romana. Mas aqui Ibn Kilis se deparou com a energia feroz de Basílio, o Bulgaróctono. Os xiitas odiavam tanto os sunitas que, em 987, o vizir assinou uma trégua com o imperador romano Basílio II, a fim de permitir que ele destruísse Bagdá. Por um breve tempo, a Cidade Redonda caiu então nas mãos dos xiitas.

Quando Ibn Kilis ficou doente, al-Aziz exclamou: "Ó, Iakub! Para que você se recuperasse, eu sacrificaria meu próprio filho". Em 991, Ibn Kilis morreu, e al-Aziz dirigiu sua jihad contra Alepo, aliada de Constantinopla. Em abril de 995, Basílio conteve o avanço árabe. Em 996, al-Aziz, então com quarenta anos, desmaiou perto da frente de combate e mandou chamar seu filho de onze anos, al--Hakim. O garoto lembrou: "Eu o beijei, e ele me apertou junto ao peito, exclamando: 'Como eu lamento por você [...] querido do meu coração. Vá brincar; eu estou bem'". Al-Hakim estava trepando num sicômoro quando ouviu o *wasita* (ministro) de seu pai, um eunuco chamado Barjawan, gritar: "Desça daí, garoto".

"Quando desci", lembrou al-Hakim, "Barjawan pôs em minha cabeça um turbante adornado com joias, beijou o chão à minha frente e disse: 'Viva o comandante dos crentes'. As pessoas também beijavam o chão." Enquanto acompanhava o cortejo do pai, aquela herança de sagrada onipotência, numa época de febril expectativa milenar, mexeu com a sensível cabeça do menino.

O CALÍGULA DO CAIRO, A SENHORA DO PODER E O CEGADOR DE BÚLGAROS

Al-Hakim era bonito, robusto e louro, com olhos azuis salpicados de dourado, filho de uma concubina cristã. Enquanto o menino califa prosseguia em seus estudos e suas aventuras nos bordéis do Cairo, Barjawan, um connoisseur janota que possuía mil pares de calças e cintas ornamentadas, restaurava a ordem no império. Eles continuaram sua guerra na Síria, mas, em 999, o próprio imperador Basílio contra-atacou na distante Baalbek (Líbano), causando uma crise no Cairo. Tropas turcas e berberes defrontavam-se nas ruas, numa atmosfera de turbulência apocalíptica, intensificada pela aproximação do quadringentésimo aniversário da jornada de Maomé a Medina e pelo ressurgimento do poder cristão na pessoa de Basílio, que felizmente desviou-se para a Geórgia. Al-Hakim negociou uma trégua com o imperador cristão, que enfim se viu livre para atacar o norte. Um novo césar búlgaro, Samuel, tinha se aproveitado das guerras de Basílio com os árabes para restabelecer um reino do mar Negro ao Adriático. Agora, no ano 1000, Basílio irrompeu na Bulgária, dando início a catorze anos de atrocidades que culminaram, em 1014, na vitória em Clídio, onde o imperador cegou 99% de seus 15 mil prisioneiros, cada unidade sendo conduzida para casa por um solitário guia caolho — visão que horrorizou de tal forma Samuel que ele sofreu um derrame. Não há motivos para duvidar de que essa atrocidade tenha acontecido. Basílio demolira o Estado búlgaro e restabelecera seu império como um poder eurasiano. Após um reinado de 49 anos — o maior de qualquer imperador romano no leste ou no oeste —, o titânico e aterrorizante Bulgaróctono enfim morreu, aos 66 anos, com a mão na espada, enquanto planejava reconquistar a Itália.

O foco de Basílio nos Bálcãs permitiu que o califa de catorze anos de idade, al-Hakim, se concentrasse em seu próprio poder e salvação. Ele havia promovido Barjawan a vizir, mas o eunuco começou a lhe dar ordens e o apelidou de Lagarto. Al-Hakim ordenou a outro eunuco que o apunhalasse e matasse, e apaziguou as multidões alarmadas alegando que se tratava de um traidor. Mas a morte de Barjawan desencadeou novas escaramuças entre as tropas berberes e turcas no Cairo, enquanto o califa de Bagdá zombava de al-Hakim como sendo meio cristão e dos fatímidas como meio judeus sem relação com Maomé.

Al-Hakim era tremendamente inconsistente, e fundou uma Dar al-Ilm — uma Casa do Conhecimento, semelhante à Casa da Sabedoria de al-Mamun — onde se ensinava não apenas teologia ismaelita, como também astronomia e filosofia, em aulas a que ele próprio com frequência assistia. Mas, após a morte de Barjawan, parece que al-Hakim passou a acreditar que a tolerância tinha desagradado a Deus. Em 1004, notando que opulentas caravanas cristãs dirigiam-se a Jerusalém, ele começou a executar cristãos e a converter igrejas em mesquitas. Ao ouvir falar do frenético rito cristão do Fogo Sagrado, que ocorria toda Páscoa na Basílica do Santo Sepulcro, ele baniu o Natal, a Epifania e a Páscoa, bem como a libação com vinho. Em seguida, ordenou que judeus e cristãos usassem acessórios distintos: os judeus, uma canga de madeira (nos banhos, um chocalho); os cristãos, uma cruz. Judeus e cristãos receberam ordem de se converter ou morrer; muitos fingiram se converter.

Em seguida, em 1009, al-Hakim ordenou que a Basílica do Santo Sepulcro de Jesus, em Jerusalém, fosse demolida "pedra por pedra" — para o horror da cristandade, que começara a ter um novo interesse pela Cidade Sagrada. Em Roma, o papa Sérgio IV (apelidado de Boca de Porco, fosse por sua aparência ou por sua ambição) e seu mestre João Crescêncio propuseram uma expedição para salvar Jerusalém. Nada resultou disso, mas foi o primeiro lampejo de um movimento que iria mudar o mundo.

Em 1027, o papa João xix, descendente de Marózia,[9] coroou um novo monarca germânico, Conrado ii, como imperador romano, uma coroação à qual compareceu o rei Canuto, da Dinamarca e da Inglaterra. Os vikings não eram mais apenas comerciantes e atacantes: em Kiev e na Normandia, e agora na Inglaterra, na Islândia e na América, também eram colonos e construtores de império.

OS DENTES AZUIS TOMAM A INGLATERRA: DESPREPARADO, BRAÇO DE FERRO, BARBA-BIFURCADA E PÉ DE LEBRE

Em 1013, o pai de Canuto, Sueno Barba-Bifurcada, intensificou seus ataques a uma próspera Inglaterra, quase unificada pela família de Alfredo, o Grande. O neto de Alfredo, Etelstano, havia tomado York e a Nortúmbria, e, em 927, obtivera a submissão dos monarcas escoceses e galeses de Alba, Strathclyde e Deheubarth, declarando-se rei de toda a Grã-Bretanha, *basileu* e *imperator* — a invenção da independência inglesa.[10]

Precisando de dinheiro para pagar os invasores dinamarqueses e construir navios para os repelir, Etelstano e sua família estiveram entre os primeiros europeus a coletar impostos sobre a agricultura de maneira eficiente. Mas, agora que os dinamarqueses estavam fortes mais uma vez, o rei Etelredo, o Despreparado,[11] foi obrigado a pagar danigeldo aos novos atacantes: a família Dente Azul, fundada um século antes por um chefe guerreiro, Gormo, o Velho, que governava Jelling, na Dinamarca, um reino expandido por seu filho Haroldo (provavelmente o nome deriva da moda pagã de colorir os dentes).[12] Haroldo anunciou sua conversão ao cristianismo em inscrições rúnicas nas pedras de Jelling, mas lutou por mais de trinta anos para controlar a Jutlândia e o sul da Noruega. Em 986, foi deposto por seu filho Sueno Barba-Bifurcada, que tomou a Dinamarca e a Noruega e começou a atacar a Grã-Bretanha.

No Dia de São Brício de 1002, após quatro anos de ataques de Barba-Bifurcada, Etelredo ordenou, em um decreto real, que "todos os dinamarqueses que brotaram nesta ilha, como joio do trigo, devem ser destruídos em um justo extermínio". Na grande violência que se seguiu, anglo-saxões assassinaram dinamarqueses, queimando muitos deles numa igreja em Oxford, onde foram desenterrados 34 esqueletos carbonizados e massacrados, entre os quais o da própria irmã de Barba-Bifurcada, Gunhilda, casada com um nobre dinamarquês da corte de Etelredo. Barba-Bifurcada planejou uma vingança, embora tivesse rivais pelo prêmio inglês: um chefe guerreiro dinamarquês, Thorkel, atacou os ingleses por conta própria e, depois de receber uma enorme recompensa, juntou-se a Etelredo.

Em 1013, Barba-Bifurcada fez uma violenta investida e derrotou Etelredo, que, acompanhado do filho Eduardo, fugiu para a Normandia, onde recebeu asilo do duque Roberto, descendente de Rollo. Mas tudo dependia de Barba-Bifurcada — e, quando ele morreu, tudo desmoronou. Seu filho mais novo, Canuto, com 23 anos, um sujeito "excepcionalmente alto e forte, o mais belo dos homens, exceto pelo nariz, fino e adunco", assumiu então o controle da Noruega. Em seguida, ele formou uma coalizão de escandinavos e poloneses com a participação de um primo, o primeiro rei piasta da Polônia, Boleslau, o Bravo, cujo pai pagão, o duque Mieszko, convertera os poloneses ao catolicismo. Canuto chegou a Sandwich, em Kent, e devastou a Inglaterra. A ele juntou-se um chefe guerreiro inglês, Goduíno, que se tornou seu carrasco, sendo recompensado com o condado de Wessex. Canuto concordou em dividir a Inglaterra com o filho de Etelredo, Edmundo Braço de Ferro, de Wessex, até sua morte — que foi sem dúvida acelerada pelos dinamarqueses, que o assassinaram num momento privado, enquanto ele defecava — sempre um momento de vulnerabilidade.

Em 1017, Canuto foi coroado rei da Inglaterra, casando-se com a viúva de Etelredo, Ema, filha de um duque da Normandia. Jogando nos dois lados, o irmão de Ema protegeu os filhos dela com Etelredo. Canuto matou o único que caiu em suas mãos, enquanto ele e Ema tinham seu próprio filho, Hardacanuto. Autoconfiante como "rei de toda a Inglaterra, da Dinamarca, dos noruegueses e de alguns suecos", Canuto viajou a Roma para a coroação imperial e uma reunião de cúpula europeia, onde jactou-se de ter falado "com o próprio imperador e com o senhor papa".[13] Assim como no caso de Barba-Bifurcada, porém, a morte súbita de Canuto em 1035 desencadeou o caos: Hardacanuto estava na Escandinávia, e assim seu filho com a concubina Elgiva, Haroldo Pé de Lebre, tomou a Inglaterra. Quando o filho de Etelredo, o etelingo (herdeiro) Alfredo, voltou, Goduíno de Wessex o cegou, depois escalpelou suas tropas. Com a morte de Pé de Lebre, atingido pelo tiro de um elfo (um belo eufemismo para causas naturais), Hardacanuto reivindicou a Inglaterra,[14] mas foi obrigado a reconhecer o meio-irmão Eduardo como herdeiro. Um erro fatal.

A volta da Casa de Alfredo foi apoiada por Ricardo III, duque da Normandia, onde os vikings eram agora totalmente cristãos, embora continuassem a atacar e a se aventurar. Agora, eles tinham chegado a um continente que estivera separado da Afro-Eurásia durante muitos milênios: a América.

OS AMERICANOS: FREYDIS E A SERPENTE EMPLUMADA

Por volta de 960, Thorvald Asvaldsson foi exilado da Noruega por assassinato e enviado para uma nova e distante colônia viking no norte: a Islândia. A ilha, que só na década de 870 fora colonizada por Naddod, um viking das ilhas Faroé, tornou-se um refúgio para assassinos e dissidentes. Análises de DNA revelam que muitos dos colonos eram originários da Irlanda ou das ilhas Faroé, vítimas de incursões escravagistas. Os 10 mil islandeses fundaram então um "domínio da lei" controlado por um *althing*, uma assembleia conduzida por um legislador eleito por três anos.

Um primo de Naddod, Thorvald, chegou com a família, igualmente letal: seu filho Eric havia assassinado alguém na Noruega e logo matou vários outros na Islândia. Em algum momento, não querendo voltar para a Noruega e sendo um fora da lei na Islândia, Eric, o Vermelho (assim conhecido por conta de seus cabelos, ou de seu furor homicida), navegou para o oeste e desembarcou num lugar que, num dos primeiros exemplos de construção de marca, decidiu chamar de Groenlândia (Terra Verde), porque "as pessoas ficariam muito mais tentadas a ir para lá se tivesse um nome atraente". Voltando para a ilha com catorze navios, ele construiu no local dois assentamentos dirigidos por uma assembleia. Sua mulher, Thjodhild, era uma cristã cuja devoção "o irritava imensamente". Ela construiu uma capela (na qual um pequeno cemitério abriga corpos provavelmente da família), mas puniu o marido por seu paganismo negando-lhe sexo, castigo severo num lugar tão remoto. Mas talvez Eric tenha se convertido, pois eles tiveram quatro filhos.

Suas casas eram construídas com turfa e esterco, e os animais viviam perto deles como maneira de prover aquecimento, enquanto os utensílios da casa eram feitos de chifres de rena, ossos e madeira. A Groenlândia não era deserta. Tribos de inuítes, que os vikings chamavam de *skraellings*, já viviam lá, em cabanas afundadas no solo, caçando morsas, focas e até mesmo baleias com arpões, e deslocando-se em caiaques. Eric e a família viviam da caça, e é provável que caçadores vikings tenham cruzado o estreito de Davis para o norte da América, estabelecendo-se em Kimmirut, na ilha de Baffin (Canadá), onde foram encontradas pedras de amolar e excrementos de ratos. Como os ratos não são nativos da América, é provável que tenham acompanhado os vikings, que logo se deram conta de que havia outra terra, mais a oeste.

O filho de Eric, Leif, o Afortunado, um cristão, foi incentivado pelo rei da Noruega a converter os vikings da Groenlândia, e juntou-se a uma expedição que seguia para a América. Eric também queria participar, mas, tendo caído do cavalo, percebeu que estava velho demais. Navegando pela costa do Canadá, os viajantes (inclusive um dos irmãos de Leif, Thorvald) detiveram-se primeiro na ilha de Baffin, depois navegaram para a Terra Nova (Markland), onde foram encontradas casas nórdicas para cerca de cem pessoas datadas daquele momento, o da chegada dos primeiros europeus à América. Os irmãos continuaram a navegar e fundaram um segundo assentamento, em L'Anse aux Meadows, onde objetos de madeira — com datação por carbono feita por geocientistas — provam que os vikings estiveram na região em 1021. Não está claro se esse é o lugar que eles chamaram de Vinland, devido à presença de vinhedos. Ao se deparar com três estranhos dormindo debaixo de um barco, os irmãos descobriram os *skraellings* — americanos nativos das tribos Boethuk e Mikmaq — e mataram dois deles. As tribos contra-atacaram, atingindo Thorvald com uma flecha.

Chegaram então mais vikings, e um deles, Porfinn, se apaixonou pela viúva de Thorvald, Gudred. O filho que eles tiveram foi o primeiro colono europeu nascido na América. Ao que parece, a meia-irmã de Leif, Freydis, assumiu o poder. Em litígio com outro grupo de colonos, ela os atacou, ordenando que os homens fossem mortos — mas, quando seus asseclas se recusaram a matar as mulheres, Freydis pegou um machado e massacrou ela mesma cinco mulheres — "um feito monstruoso". Ela foi perdoada quando o grupo foi atacado pelos *skraellings*, e mobilizou a defesa batendo com a espada no peito. L'Anse aux Meadows parece ser um ponto intermediário para algum outro lugar... mas qual?

Alguns historiadores alegam que os vikings fizeram contato com outros *skraellings*. No longínquo sul, no México, a cidade maia de Chichén Itzá, construída em torno de uma pirâmide com trinta metros de altura, era então o lar de 40 mil pessoas — maior do que Londres. Num templo com duzentas colunas dedicado à guerra, pinturas mostram prisioneiros com belos cabelos, olhos claros e pele pálida sendo mortos. "O momento coincide perfeitamente com as viagens nórdicas", especula Valérie Hansen; "os vikings podem ter chegado a Yucatán". Se isso realmente aconteceu, a aventura foi desastrosa — e não deixou rastros.

Os maias não negociavam diretamente com os povos do norte da América, mas havia uma movimentação indireta de mercadorias e ideias: no vale do Mississippi, o cultivo de milho e de grãos fomentou a construção de pequenas cidades rivais, das quais a maior era Cahokia, em Illinois, cuja população, por volta de 1050, parece ter se expandido de 10 mil para 40 mil habitantes, por conta do cultivo do milho. Cerca de cem montículos, ainda hoje visíveis — resquícios de pirâmides de terra batida que abrigavam cabanas de purificação por vapor, ossários e templos —, circundavam o monte original com trinta metros de altura e uma praça gigantesca usada para a realização de rituais. Cahokia era governada por uma família na qual a sucessão talvez ocorresse mediante a descendência da linhagem feminina. Sua elite praticava um jogo, chamado *chunkey*, que era disputado com pedras e tinha relação com a guerra e a mitologia. Por vezes os perdedores eram mortos. Homens e mulheres importantes eram sepultados juntos com capas adornadas com contas e conchas, ao lado de centenas de vítimas sacrificadas, decapitadas, esquartejadas ou enterradas vivas. Quatro sepulturas coletivas contêm cinquenta jovens sacrificadas.[15]

As colônias vikings na América não perduraram. Leif voltou para a Groenlândia, onde seu filho Thjorkell o sucedeu como chefe. Gudred fez a peregrinação a Jerusalém e terminou a vida como freira na Islândia, onde seu filho americano tornou-se o antepassado de muitos islandeses. A aventura dos vikings pela América não mudou o mundo — os colonos eram poucos demais, e os prêmios europeus muito mais atraentes. Ainda assim, como revelam documentos milaneses recém-descobertos, o conhecimento da existência do continente americano foi repassado por marinheiros nórdicos.[16]

O rei dinamarquês Hardacanuto ainda governava a Inglaterra, tendo reconhecido como seu herdeiro o etelingo Eduardo, filho de Etelredo, mais tarde celebrado por sua santa misericórdia como o Confessor. Em 8 de junho de 1042, porém, durante um casamento em Londres, Hardacanuto ergueu um brinde à noiva e "de repente caiu por terra, numa terrível convulsão". O santo Eduardo provavelmente o envenenara. Eduardo foi apoiado por Goduíno de Wessex, o príncipe cegador e escalpelador de massas, o qual, casado com a cunhada de Canuto, tinha ajudado a destruir seu pai e matado pelo menos um de seus irmãos. Mas agora eles aplacavam esses crimes com casamentos. Eduardo casou-se com a filha de Goduíno, Edite, e elevou o filho do aliado, Haroldo, a conde. Quando Goduíno morreu, Haroldo, em parte anglo-saxão, em parte dinamarquês, o sucedeu como primeiro potentado do reino e conde de Wessex. Uma vez que Eduardo não tinha filhos, quem herdaria a Inglaterra?

A ilha encontrava-se na beira da Europa, mas a viagem romana de Canuto havia demonstrado como esse império escandinavo-britânico estava agora conectado com as rotas de comércio mediterrâneo com a Ásia. Duas moedas de uma ressurgente China haviam sido encontradas na Inglaterra de Eduardo, enquanto, no Egito, o Insano Califa, al-Hakim, tinha ido muito além, entrando em contato com o novo imperador chinês.

No Cairo, porém, esse Calígula árabe voltava-se contra seu séquito. Certa vez, passando por um açougue, ele simplesmente pegou um cutelo e, sem pestanejar, matou um de seus cortesãos. Em seguida, cancelou seus decretos antijudaicos e anticristãos e fomentou um novo puritanismo no que concernia aos cairotas. Toda mulher teria de usar véu, e foram banidas do reino as bebidas alcoólicas — um sinal de quão relaxada se tornara a sociedade no Cairo. Al-Hakim decapitou várias de suas concubinas, baniu do Egito todos os cantos e danças, e, por fim, proibiu as mulheres de saírem de casa. Quando ignoravam suas ordens, elas eram mortas. Quando protestavam, dizendo que tinham de fazer compras, o califa lhes dizia para encomendá-las e recebê-las em casa. Outras medidas estranhas se seguiram: seu *wasita* (ministro-chefe) e seus generais eram frequentemente executados; gatos e cães eram exterminados; comer agrião, uva e peixe sem escamas era proibido.

Tocados pela santidade do imamato e pelo grande carisma do jovem califa, alguns sectários ismaelitas acreditavam que al-Hakim "era a personificação de Alá" e o saudavam como divino, ideia que agradava o califa, que agora andava pelas ruas do Cairo em transes induzidos por drogas. Mas os grandes senhores estavam preocupados.

Al-Hakim era muito próximo de sua irmã Sitt al-Mulk — título que significava "senhora do poder". Aos quarenta e poucos anos, al-Mulk era destemida e tinha os mesmos cabelos louros e olhos azuis do califa. Mas ele agora ficara paranoico em relação às intrigas dela. Algumas de suas suspeitas tinham razão de ser. Sitt al-Mulk vivia em esplendor em seu próprio palácio, onde ousava esconder vítimas potenciais da insanidade do irmão. Al-Hakim acusou-a de "fornicação" com generais e vizires, e executou um deles, que acusou de ser seu amante. Sitt al-Mulk percebeu que estava em perigo e fez seus próprios planos.

Quando al-Hakim nomeou como herdeiro um primo, e não seu jovem filho al-Zahir, Sitt al-Mulk protegeu o garoto e escreveu a um general chamado Ibn Daws, contando-lhe que o califa estava acusando os dois de terem um caso. Era uma questão de matar ou ser morto.

Em 1021, al-Hakim, então com 36 anos, deixou o Cairo para meditar e nunca mais voltou. Seu corpo jamais foi descoberto — apenas trapos ensanguentados.

Mas sua influência perdura até hoje.[17] Al-Hakim, cujos portos na Arábia e no mar Vermelho comerciavam regularmente com a Índia e a China, aprendeu com os marujos que algo havia mudado na China. Em 1008, ele enviou um capitão do mar, Domiyat, ao país, levando presentes e cartas a Zhenzong, imperador de uma nova dinastia — os Song — que dera início a um novo ato e fizera do País Central o mais dinâmico, próspero, sofisticado e tecnologicamente inovador império na Terra. Como se inventar a pólvora, a imprensa e a bússola não fossem o bastante, seu fundador pode ter inventado ainda o futebol.

ATO VII

226 MILHÕES

Os Song, os Fujiwara e os Chola

O imperador Zhenzong saudou o contato com o Egito, juntamente com outros parceiros tradicionais na Índia e na Malásia, à medida que sua China — cuja população duplicara para 120 milhões — se tornava o Estado mais refinado do mundo. Mas o fundador da dinastia Song, seu tio, Zhao Kuangyn, fora um rústico arqueiro tão resistente que, certa vez, ao montar seu cavalo sem estribos, foi lançado ao chão pelo animal e, mesmo tendo sofrido uma concussão, foi atrás dele e tornou a montá-lo. Chegando ao topo durante os combates entre chefes guerreiros, em 960 ele se declarou imperador Taizu — o Grande Ancestral. Zhao Kuangyn tinha lutado arduamente para derrotar múltiplos contendores, mas era sempre inovador. Em uma batalha, usou "flechas de fogo" explosivas para bombardear elefantes de guerra; em outra ocasião, seus generais comeram "cativos gordos" na frente de outros prisioneiros mais magros, que foram libertados para disseminar a história da ferocidade dos Song. Funcionou.

Um ávido artista marcial, suposto inventor da técnica do punho longo de Taizu, ele promoveu ainda um jogo chamado *cuju*, e foi pintado jogando-o: o futebol. Mas, uma vez no poder, esse semialfabetizado conquistador provou ser construtivo e criativo. Convenceu seus paladinos a se aposentarem, reassegurou sua posição na família pelo casamento e insistiu que "meus principais conselheiros devem ser pessoas que leem livros". Também restaurou os exames de admissão ao serviço civil, fundou academias e tentou evitar o terror por capricho: "funcionários e eruditos não devem ser executados". Escolhendo o irmão Taizong e não seus próprios filhos para uma sucessão tranquila, ele chamou seu reino de a "Nação Restaurada". E o nome era de fato apropriado.

Agora seu sobrinho Zhenzong governava a partir de Bianjing (Kaifeng), a maior cidade no mundo, com 1 milhão de habitantes, nas margens do rio Bian. Ela estava repleta de lojas, restaurantes, casas de chá, tabernas e palácios, fervilhando com mercadores, lojistas, quiromantes, vigaristas, vendedores ambulantes, videntes e designers. Como escreve Michael Wood, Bianjing marcou a "primeira grande cultura de restaurantes do mundo, com uma profusão de livros de culinária e guias de etiqueta" — que recomendavam uma variedade de pratos de carne, desde codorna e veado até texugo e pangolim — para as "pessoas mais bem alimentadas que já haviam vivido até então".

Acionando um exército de mais de 1 milhão de homens, Taizu e seus sucessores incentivaram deliberadamente o aprendizado técnico e recompensaram inventores, medidas que "resultaram num grande número de pessoas apresentando tecnologias e técnicas". As flechas de fogo de Taizu eram disparadas de tubos e impulsionadas pela pólvora, uma invenção chinesa acidental, produto secundário de medicamentos de "fogo orgânico", elixires da imortalidade que haviam envenenado tantos imperadores. Agora os engenheiros chineses haviam acrescentado salitre extra para produzir um pó mais poderoso, e em seguida os engenheiros dos Song criaram bombas trovejantes, disparadas por catapultas, além de detonadores aéreos lançados a partir do ombro, numa espécie de arma de fogo primitiva.[1]

A marinha permanente dos Song, a primeira da China, talvez a primeira do mundo, seria equipada com essas armas, navegando com bússolas magnéticas, os navios de guerra e barcos a remo protegidos por compartimentos estanques, que não foram utilizados no Ocidente até o século XIX. As mercadorias chinesas eram transportadas ao longo da rede do Grande Canal, melhorada pelos Song, que valiam-se de comportas para compensar desníveis hidrográficos, permitindo assim que os barcos navegassem de Kaifeng até o porto meridional de Hangzhou; enquanto isso, a criação de um serviço postal aperfeiçoava a comunicação. Aristocratas e mercadores ricos viviam em primorosos palácios, usando papel-moeda para comprar livros escritos por eruditos e poetas mulheres, cujas obras eram impressas em papel usando tipos móveis. Essas obras eram lidas por uma enorme base de fãs alfabetizados. A seda e a porcelana da dinastia eram manufaturadas em fábricas do Estado; suas fundições produziam tanto ferro — 100 mil toneladas por ano, utilizando cada vez mais carvão em suas fornalhas — que a Grã-Bretanha só igualou sua produção no século XVIII. Cientistas chineses dissecavam cadáveres para estabelecer a causa da morte; astrônomos mapeavam os céus; ministros de Estado criaram clínicas públicas, sistemas de assistência social, cemitérios para os pobres e auxílios para o campesinato. Os Song ilustram como os governantes podem propiciar prosperidade econômica e avanços tecnológicos centralizando o controle de seu vasto mercado e estimulando a engenhosidade, duas medidas que impulsionaram o comércio exterior. A riqueza e a liberdade eram incentivadas, contanto que não desafiassem o poder dos Song. Mas a hierarquia era estrita: os homens usavam vestes ornamentadas de acordo com sua posição na corte. O risco era que, no fim das contas, o controle político esmagasse a engenhosidade responsável por criar o milagre dos Song.

Esse milagre foi possibilitado por uma sucessão de governantes, que nomearam alguns dos mais refinados estadistas capazes de governar qualquer país. Na época de al-Hakim e Canuto, o verdadeiro governante da China foi a imperatriz Liu. Ela havia começado a vida como uma dançarina órfã que se casara com um ourives decadente, que a vendera ao futuro imperador. Liu e o novo marido não tinham filhos, mas ela adotou o filho de uma concubina, que criou como se fosse seu. Após a morte de Zhenzong em 1022, quando ela tinha 52 anos, Liu se fez imperador, governando por intermédio de seu suposto filho Renzong. Rude e feroz, ela era competente na tomada de decisões, enquanto Renzong, em seu longo reinado, foi refinado e autodepreciativo: "Nunca usei a palavra 'morte' para ameaçar os outros; como ousaria abusar da pena de morte?". Mas ele tomou uma decisão fatal. Os Song só governavam um quarto do território da China atual; o norte era dominado por um reino nômade, o Khitan, que governava a Manchúria e a Mongólia. A fim de evitar uma guerra permanente, Renzong negociou uma trégua pela qual concedeu aos inimigos um amplo pagamento de tributos, o que corroeu os Song por dentro, enquanto empoderava os mortais nômades por fora.

Entre os refinados estadistas dos Song, Shen Gua, o polímata que serviu ao filho de Renzong, o imperador Yingzong, foi um dos mais extraordinários. Ele chegou a ser chefe do Departamento de Astronomia do imperador, ministro auxiliar de Hospitalidade Imperial e embaixador junto aos khitans, e como general conduziu as forças dos Song contra os tangutes.[2] Enquanto isso, fez experimentos com a agulha magnética da bússola e o conceito do norte verdadeiro, pesquisou a órbita dos planetas, projetou um relógio d'água, analisou a história geológica usando fósseis marinhos e mudanças climáticas, melhorou o projeto de docas secas para navios e comportas para canais, analisou questões de farmacologia, aperfeiçoou o forjamento de ferro, dissecou cadáveres de bandidos executados para estudar a garganta e concebeu uma câmera estenopeica. Mas sua sorte na corte acabou chegando ao fim e ele foi culpado por uma derrota para os tangutes. Por fim, retirou-se para sua propriedade rural, chamada Lago do Sonho, onde escreveu o compêndio *Ensaios do Lago do Sonho* — usufruindo de seus "nove convidados".[3]

Shen Gua foi apenas um de muito luminares. Na extremidade sul do Grande Canal, o porto de Linan (Hangzhou), brevemente administrado por um famoso poeta, Su Shi, era o maior entreposto comercial do mundo, com seus canais, restaurantes e ruas apinhados de persas, judeus e indianos, seus navios carregando seda, veludo, porcelana, ferro e espadas para o oeste da Ásia e a Europa, o Egito e o golfo; para o Japão, ao leste, e a Sumatra e a Índia, ao sul.

Em 1033, uma delegação enviada por um parceiro comercial dos Song, Rajendra Chola, *chakravartin* de um império tâmil que conquistara a costa oriental da Índia até Bengala, bem como as Maldivas e o Sri Lanka, chegou a Hangzhou. Paladino do hinduísmo, construtor do majestoso Templo de Brihadishvara e da cidade de Gangaikonda Cholapuram, sua capital, Rajendra estabelecera uma poderosa marinha baseada em Nagapattinam, ao que parece com quinhentos enormes navios, alguns dos quais transportavam mil marinheiros e contavam com a mais recente tecnologia chinesa — cascos compartimentados, bússolas e lança-chamas. Ele também apoiava a Ainnurruvar — "os quinhentos [senhores] dos quatro países e das mil direções" — e outras guildas piratas tâmeis cujas frotas foram precursoras das corporações comerciais armadas europeias. As duas embaixadas de Rajendra na China refletiam sua frustração com o fato de o comércio indiano precisar ser intermediado por um reino de vocação marítima, Srivijaya, na Sumatra, que era mais próximo de Huanzong.

Srivijaya era uma talassocracia índica governada por um rajá, que enviava comerciantes através de uma ampla mandala — círculo sagrado — de poder, vendendo especiarias, cânfora (do Bornéu), cravos, sândalo e pau-brasil à corte chinesa em troca de porcelana e seda, e do reconhecimento de seus rajás como reis. Seu povo pagava tributo aos chineses, mas pensava em sânscrito. Essa confederação mercantil tinha relações estreitas com outro poder índico, a família Sailendra, que governava o raj de Mataram, construindo templos magníficos em Java e presidindo uma mandala que se estendia a lugares tão distantes como as Filipinas e a Tailândia. Mais tarde, seus ramos budista e xivaísta se cindiram e entraram em confronto, um cisma na Indosfera que teve consequências políticas. Mataram e Srivijaya separaram-se. Mas ambos prosperaram como impérios comerciais: encontrados em águas de Srivijaya, destroços de um navio que carregava cerca de 70 mil peças de cerâmica demonstram a escala de seu comércio com a China e o Iraque. A riqueza atrai inimigos, e a confederação srivijayana sancionava piratas que saqueavam comboios árabes, indianos e chineses, fazendo disparar os preços dos cavalos árabes para os exércitos de Chola.

Rajendra teve seu pretexto em 1025, quando o rei mais poderoso do sudeste da Ásia,[4] Suryavarman, o xivaísta hindu que governava o Império Khmer, requisitou sua ajuda contra os srivijayanos budistas. Rajendra navegou com sua frota, saqueou a capital de Srivijaya e capturou seu rajá. Então, grande parte do comércio chinês foi assumido por suas companhias comerciais tâmeis, que se jactavam com nomes como Mercadores dos Três Mundos (árabe, indiano e chinês). Mas a influência dos Song também se estendeu para o leste, para o Japão, onde uma escritora inventava o romance.

"Não importa quão amoroso ou apaixonado você possa ser; enquanto for sincero e evitar causar embaraço aos outros, ninguém se incomodará", escreveu em seu diário a sra. Murasaki, uma viúva com cerca de trinta anos, em 1010, enquanto o todo-poderoso regente Fujiwara Michinaga, de cinquenta anos, flertava com ela na corte do imperador do Japão.

DUAS ESCRITORAS — MURASAKI E A POETA

Poucos dias após esse registro em seu diário, Michinaga — que Murasaki sempre chamava de Sua Excelência — visitava a filha, a imperatriz Shoshi, quando notou que ela estava lendo um capítulo do romance de Murasaki, *O conto de Genji*, a história com a qual ela inventou o gênero. Esses capítulos eram parte de uma narrativa em prosa que explorava a experiência humana por meio de personagens imaginários, de uma maneira nova e pioneira, criada por Murasaki. "Vieram então os comentários usuais", escreveu Murasaki, referindo-se ao flerte de admiradores, "e depois, num pedaço de papel que continha algumas plumas", o regente rabiscou o seguinte poema:

Ela é conhecida pelo azedume
Assim, estou certo de que ninguém que a veja
Possa passar sem experimentar o gosto.

"Estou chocada", disse ela, em resposta ao regente, que fez a proposição diante da própria filha, de quem ela era mentora literária. Mas Murasaki conseguiu provocá-lo de volta, anotando num poema: "Você não leu meu livro nem conquistou meu amor". Compreendendo que toda escritora espera que seus amantes leiam seus livros, o regente insinuou-se em seu quarto e roubou um novo capítulo — e continuou a assediá-la: "Certa noite, enquanto dormia, ouvi o ruído de alguém batendo à porta. Fiquei tão assustada que permaneci quieta pelo resto da noite. Não sei dizer se se tratava do assédio de um tarado ficando velho ou da lisonjeadora atenção de um carismático potentado".

Ela nunca admitiu ter se tornado amante de Michinaga, mas é possível que isso tenha acontecido. Murasaki,[5] dama de companhia, romancista e poeta, estava bem no centro da corte em Heian-kyo — Kyoto — na época de seu pretendente mais velho, Fujiwara Michinaga, governante do Japão por trinta anos. Ela também era uma Fujiwara, uma prima pobre distante, grata pelo favor do parente. Mas suas palavras ainda são lidas hoje em dia.

Murasaki teve um casamento tardio mas feliz, e deu à luz uma filha, porém o marido morreu numa epidemia e ela não voltou a se casar. Desde criança, sua inteligência e instrução impressionavam seu pai, que exclamou: "Que pena não ter nascido homem!".

Ouvindo falar de seus talentos, Michinaga a contratou como assistente, para discutir literatura com sua filha, a imperatriz Shoshi. Em 794, cerca de duzentos anos antes, o imperador Kanmu consolidara um Estado seguro, Nihon — que significa Raiz do Sol —, baseado em Heian-kyo. Chegando da Coreia, o budismo havia se fundido com o sistema de deidades japonês — *kami* —, mais tarde conhecido como xintoísmo. O Japão era muito influenciado pela China, mas agora desenvolvia uma nova e confiante cultura.

Os Fujiwara já lideravam o clã quando, em 729, uma de suas filhas tornou-se a primeira mulher fora da realeza a receber o título de imperatriz. Em 850, Fujiwara Yoshifusa conseguiu assegurar a sucessão imperial de seu sobrinho, Montoku. Depois disso, os Fujiwara governaram como "regentes", para jovens imperadores, e "porta-vozes", para imperadores mais velhos. Essa condição de supremacia era baseada em sua grande riqueza e nos constantes casamentos que faziam dentro da família real, de onde eram escolhidos os filhos imperadores. O próprio Michinaga introduziu sua filha Shoshi no harém do imperador Ichijo. Em geral, havia apenas uma imperatriz e muitas concubinas, e Ichijo já tinha uma imperatriz, Teishi, que lhe dera um filho. Mas Michinaga exigiu que Shoshi também se tornasse imperatriz — e foi atendido.

A melhor maneira de compreender o mundo em que eles viviam é por meio dos escritos da protegida de Michinaga, Murasaki. Tratava-se de um mundo dominado pelos homens, calibrado de maneira estrita pela posição hierárquica e centrado no complexo do Grande Palácio Imperial, numa capital projetada num sistema de blocos, tal qual a capital dos Tang, Chang'an. A vida no complexo era dividida entre o palácio do imperador e a corte do governo, de onde Michinaga despachava. Sua filha Shoshi, a imperatriz, vivia no palácio dos fundos com suas damas de companhia e consortes menores, talvez mil mulheres, ao todo.

Os homens tinham mais de uma esposa, enquanto as mulheres só podiam ter um marido. Em *O conto de Genji*, todas as esposas viviam em torno do pátio da mansão do marido, embora, com maior frequência, diferentes mulheres vivessem em diferentes casas. As mulheres embranqueciam o rosto, avermelhavam as faces, pintavam as sobrancelhas, perfumavam os cabelos e escureciam os dentes; vestiam roupas com várias camadas de seda, damasco e brocado, que tingiam e mudavam de acordo com a ocasião; e compartilhavam a propriedade dos pais. Elas gozavam de considerável liberdade, mesmo para encontros sexuais, como relata Murasaki: "Todas as damas de companhia eram eventualmente abordadas por senhores da corte. Se alguma fosse descuidada, não haveria como ocultá-lo, mas, de algum modo, tomando as devidas precauções, era possível manter seus casos em segredo". Quando Michinaga soube que Murasaki estava dividindo o quarto com outra garota, ele perguntou (esperançoso): "O que acontece quando você entretém alguém que a outra não conhece?".

"Uma observação de mau gosto", observou Murasaki.

Quando a imperatriz Shoshi, patrona de Murasaki, ficou grávida, aos 21 anos, Michinaga a levou para sua própria mansão, Tsuchimikado, onde, acalentada por leituras do budista *Lotus Sutra*, ela aguardou o parto com Murasaki. Um parto caótico era o pesadelo de qualquer mulher. Shoshi estava deitada num estrado elevado na sufocantemente quente galeria superior, cercada de cortinas; cortesãos espiavam o que se passava no cômodo; jogavam arroz para espantar os maus espíritos; Michinaga dava ordens aos gritos; sacerdotes e exorcistas competiam e se empurravam para entoar "ruidosos feitiços destinados a expulsar influências malévolas". Um preceptor "foi derrubado no chão, em espasmos, pelos espíritos". Murasaki observou ironicamente: "Você pode imaginar cada Buda no universo voando para responder". Quando entrou em trabalho de parto, a pobre imperatriz "estava muito angustiada". O parto era perigoso — a imperatriz rival de Shoshi tinha morrido ao dar à luz —, e a mortalidade neonatal, alta.

Então, de repente, o bebê chegou. "Nosso deleite não teve limites", escreveu Murasaki. E, quando constataram que se tratava de um menino, ficaram "em êxtase". Era o triunfo da política de Michinaga de casar as filhas com imperadores. Em 1017, após o nascimento de outro príncipe, ele comemorou seu poder: "Nenhum declínio na glória da lua cheia — este mundo é de fato o meu mundo".

É possível que Michinaga tenha pedido a Murasaki para manter seu diário a fim de celebrar o nascimento. Muitas mulheres mantinham diários; todos escreviam poesia, os homens em chinês, as mulheres em japonês, nesse mundo refinado e literário onde a "sensibilidade", observa Murasaki, "é uma dádiva preciosa".

Murasaki dividiu seu bojudo romance *O conto de Genji* em capítulos, que eram lidos na corte como uma história em série. No centro da narrativa estão o personagem Genji, filho de um imperador (possivelmente baseado em Michinaga), e seus relacionamentos com as mulheres — não só românticos, como também familiares. Enquanto ele flerta com mulheres mais jovens, sua segunda esposa, a sra. Murasaki — Wisteria —, lhe oferece verdadeira amizade. "Vindo da presença de mulheres mais jovens", ela escreve, "Genji sempre esperava que Murasaki lhe parecesse um tanto cansada [...]. Ele vivera com ela por tanto tempo [...] mas eram justamente essas mulheres mais jovens que não conseguiam prover nenhum elemento de surpresa, enquanto Murasaki continuamente o surpreendia, por estar mais radiante naquele ano do que no anterior."

Murasaki descrevia a si mesma como um melancólico "fóssil". "Ninguém gostava dela", escreve. "Todos diziam que era pretensiosa, desajeitada, de trato difícil, espinhosa, muito afeiçoada a suas histórias, arrogante [...] mas, depois que você a conhece, percebe que ela é estranhamente dócil." Não surpreende que as outras garotas ficassem com ciúmes. Ninguém sabe quando Murasaki morreu, mas, em 1019, seu patrono Michinaga retirou-se para um mosteiro budista, entregando a regência ao filho e arranjando a sucessão de seus netos como imperadores, o que asseguraria o governo aos Fujiwara por mais duas gerações. Quando o poder da família começou a desaparecer, os imperadores Song enfrentavam uma catástrofe que foi narrada por outro grande escritor da época, também uma mulher.

Nascida em 1084, em Shandong, Li Qingzhao era a inteligente filha de um erudito que estudara com o poeta Su Shi: ainda muito jovem, começou a escrever poemas "delicadamente contidos". Aos dezessete anos, casou-se com Zhao Mingcheng, um bem relacionado conhecedor de epigrafia, literatura e antiguidades, com quem colecionava livros e obras da época, escrevia ensaios, comia em restaurantes e jogava jogos de tabuleiro, vivendo em Shandong — uma vida de provinciano refinamento Song.

Uma vez que seus pais podiam pagar dotes maiores, o status das mulheres Song aumentou, talvez com a ajuda de um competente governo da imperatriz Liu. As mulheres podiam possuir e herdar propriedades, mas eram agora tão altamente instruídas que publicavam poesia, e com frequência tutelavam filhos. Shen Gua aprendeu estratégia militar com a mãe, algo inimaginável em qualquer outro lugar durante muitos séculos.[6]

Li aproveitava o zênite da prosperidade dos Song — "vivíamos felizes juntos" —, embora não pudesse ter filhos. Em vez disso, trabalhava em sua arte. "A concentração leva ao refinamento da habilidade", ela escreveu, o que significava que "tudo aquilo que você faz pode atingir um nível de real excelência". Mas o curso de seu casamento espelhava a trajetória dos Song. Seu marido apaixonou-se por uma concubina, com quem teve filhos. O casamento deteriorou-se:

> Uma janela fria, uma mesa quebrada e nenhum livro.
> Quão deplorável é ser levada a isso...
> Escrevendo poesia, recuso todos os convites, fechando por ora minha porta.
> Em meu isolamento encontrei amigos perfeitos:
> O sr. Ninguém e o sr. Vazio.

Então veio a invasão.

O imperador Huizong havia negligenciado as fronteiras e os exércitos, admitindo: "Herdei um grande e florescente império, mas fui medíocre e incompetente em sua condução". Em 1125, após uma guerra de vinte anos, seminômades jurchéns da Manchúria destruíram e substituíram os khitans como governantes do norte da China, declarando seu próprio Império Jin e combatendo os Song. O impensável logo aconteceu: os bárbaros, usando a tecnologia militar Song roubada de prisioneiros, cercaram a capital Kaifeng. Em 1127, eles atacaram a cidade, acuando princesas, concubinas e atores-cantores da corte, estuprando mulheres e depois obrigando o imperador Huizong, bem como 14 mil cortesãos e mulheres, a empreenderem uma marcha mortal pela neve, rumo ao norte. A consorte do imperador foi estuprada e sofreu um aborto, depois foi obrigada a cantar para o comandante jurchén. "Em outros tempos vivi no céu, em palácios de pérola e torres de jade", escreveu. "Agora, vivo em meio ao capim e à sarça, meu vestido azul encharcado de lágrimas." Mas ela recusou se apresentar. Não tinha nada a perder. A imperatriz cometeu suicídio; princesas foram vendidas por dez onças de ouro.

À medida que os jurchéns avançavam, a poeta Li e o marido abarrotaram quinze carros com antiguidades e livros e seguiram em direção ao sul. Mas os jurchéns queimaram grande parte de sua coleção. Enquanto passavam entre multidões de refugiados, Zhao, numa demonstração inconsciente da delicadeza Song, disse à esposa que "descartasse a mobília, depois roupas, depois livros, depois antiguidades", mas que levasse consigo os itens mais estimados, de modo que "pudesse viver ou morrer com eles". Ele morreu de disenteria enquanto escrevia um poema, ainda segurando o pincel de escrever.

O imperador também pereceu; um mundo estava morrendo, mas um dos filhos do imperador conseguiu escapar para o sul. Gaozong restabeleceu o Mandato do Céu. Tinha perdido grande parte da China, mas cruzou o Yangtzé e estabeleceu os Song numa nova capital, Linan (Hangzhou), onde muitos dos poetas e polímatas de Kaifeng então se fixaram. A poeta Li juntou-se a eles. Com 48 anos, tornou a se casar, de maneira desastrosa. Seu novo marido era um charlatão e um mentiroso, e a união durou apenas cem dias. "Já em idade avançada, eu me casei com um vigarista sem valor", um homem violento que a espancava. Mas conseguiu o divórcio (não devido à violência dele, mas por conta de suas mentiras sociais). Enfim livre, escreveu desdenhosamente sobre os políticos inúteis de sua época:

Nossos ministros de alto escalão ainda correm em todas as direções;
Imagens dos grandes corcéis dos antigos heróis enchem meu olhos.
Nestes tempos perigosos, onde encontrar verdadeiros cavalos, como eles?

Tendo desenvolvido navios de guerra movidos a remo, guarnecidos com as mais modernas catapultas arremessadoras de bombas e marujos especialmente treinados, os Song enfim derrotaram os jurchéns. De Guangzhou (Cantão) e seus portos meridionais partiam enormes veleiros repletos de artigos de luxo para o Egito e o Iraque, onde uma família de turcos de ascensão recente estava se apoderando do califado.

Os seljúcidas, os Comneno e os Hauteville

ARSLAN, O LEÃO FURIOSO, E A SEMPRE JOVEM ZOÉ

"Deus os criou com a forma de leões", escreveu um cortesão dos turcos seljúcidas, "com rostos largos e narizes achatados, músculos fortes, punhos enormes." Um chefe guerreiro turco chamado Seljuque havia lutado em sua juventude pelos grão-cãs da Cazária judaica. Os nomes de seus filhos — Israel, Yusuf e Musa — sugerem que a família pode ter se convertido ao judaísmo, mas, na década de 990, Seljuque o trocou pelo islã, abraçando a jihad como sua missão, e reuniu uma federação de tribos na Transoxiana, com a ajuda de filhos guerreiros. "Eles escalam grandes montanhas, cavalgam diante do perigo, atacam e se aprofundam em terras desconhecidas." Seljuque e o filho pertenciam a apenas um dos clãs de guerreiros turcos que se espalhavam pelo império árabe.[1]

Após a morte de Seljuque, em 1009, seu neto Tugril derrotou os sultões de Gásni antes de seguir em busca do grande prêmio. Em 1055, suas tropas entraram a galope em Bagdá, resgatando o califa al-Qaim dos xiitas. Enquanto lutava contra os fatímidas e os romanos e conquistava um império, o sultão Tugril, como muitos chefes guerreiros turcos, aspirava à cultura pérsica de Bagdá. Seu sobrinho Alp Arslan — Leão Heroico — foi o maior potentado de seu tempo, governando desde o Paquistão até a Türkiye. Ele promoveu um vizir persa, Abu Ali Hasan, a quem concedeu o título de Nizam al-Mulk — "regulador do reino" —, que embelezou as capitais seljúcidas de Isfahan (Irã) e Merv (Turcomenistão) com mesquitas, bibliotecas e observatórios.

Quando os seljúcidas atacaram as regiões fronteiriças romanas, a herdeira das glórias de Basílio, o Bulgaróctono, foi sua sobrinha Zoé. Após uma decepcionante viagem à Itália para se casar com um imperador germânico, que morreu antes de sua chegada, Zoé passou o resto da vida com as duas irmãs no gineceu do Grande Palácio. Basílio as impedira de se casar com aristocratas que pudessem ameaçar sua Coroa. Teodora era conhecida pela devoção; Zoé, pela beleza loura e por seus amantes.

No dia de sua morte, Constantino VIII casou sua filha Zoé, então com cinquenta anos, com um aristocrata sexagenário, Romano Argiro, que imediatamente tornou-se imperador. "Cada parte dela", escreveu o historiador Miguel Psélo em sua *Chronographia*, "estava firme e em boa condição." Zoé dedicava muita atenção aos cosméticos, e instalou um *myrepseion* (laboratório) em seus aposentos.[2] O esforço compensou: seu retrato num mosaico em Hagia Sofia, criado quando ela estava na casa dos sessenta anos, mostra uma bela mulher. Médicos e charlatães eram consultados para ajudá-la a engravidar, mas ela rapidamente voltou-se contra o marido. João, o Eunuco, filho de um camponês paflagônio que fora secretário de Basílio II e era agora *parakoimomenos* (ministro-chefe), apresentou Zoé a seu irmão mais novo, Miguel, um epilético ex-cambista que encantou a imperatriz.

Em abril de 1034, quando Zoé tinha 56 anos e Miguel, 25, eles estrangularam Romano durante o banho e se casaram no dia seguinte. Quando a paixão entre os dois esfriou, Miguel IV ficou preocupado com a possibilidade de a esposa se voltar contra ele. Quando ficou incapacitado, Zoé e João, o Eunuco, promoveram seu sobrinho — Miguel, o Calafate — a césar. O Eunuco tornou-se monge e se retirou, passando a servir apenas como *orphanothropos*, curador do maior orfanato de Constantinopla. Mas agora o onipotente Eunuco era odiado. Calafate exilou o tio, mandou castrar todos os primos e, em 1042, agiu contra Zoé: acusou-a de traição, tonsurou-a e em seguida a aprisionou numa ilha da qual seria improvável que ela retornasse.

Mas a família de Basílio continuava sendo amada. No hipódromo, Miguel foi bombardeado com frutas, depois cercado no palácio pelas mulheres de Constantinopla, unidas em solidariedade feminina. Zoé, agora com 64 anos, voltou ao poder; Calafate foi cegado e castrado. Zoé e sua irmã freira Teodora foram entronadas. Dois meses depois, Zoé casou-se com (o antigo amante) Constantino Monomachos, que, como imperador, trouxe a amante para um *ménage à trois*. Os romanos temiam que suas amadas velhas irmãs estivessem em perigo, e só se apaziguaram com a aparição de Zoé e Teodora no hipódromo. E, justamente quando Zoé planejava a reconquista da Itália, cinco irmãos normandos brandindo espadas mudaram tudo.

GUILHERME BRAÇO DE FERRO, ROBERTO ASTUTO
E A AMAZONA SIGELGAITA

Em 1035, Guilherme Braço de Ferro, primeiro dos garotos da família Hauteville, chegou ao sul da Itália para apoiar um nobre lombardo contra as forças de Zoé. A Sicília continuava a ser muçulmana, enquanto Nápoles e a Apúlia pertenciam a Zoé — e Roma era governada pelo papa maroziano Bento ix, filho de Alberico de Túsculo. Bento, eleito aos vinte anos, tornou-se notório pelos "estupros, assassinatos e outros indizíveis atos de violência e sodomia", segundo um papa posterior. "Sua vida como pontífice era tão vil, tão cruel, tão execrável, que estremeço só de pensar nela." A conduta de Bento era típica de um sacerdócio que foi denunciado pelo padre reformador Damião, em sua obra aptamente intitulada *Livro de Gomorra*, pela desenfreada simonia, venalidade, concubinagem, sodomia, pedofilia e masturbação mútua. Em 1045, os sacerdotes se rebelaram e convidaram o imperador germânico Henrique iii a livrá-los dos pornocratas marozianos. Henrique tomou Roma e destruiu os marozianos de uma vez por todas. Mas toda essa volatilidade era irresistível para uma talentosa família de arrogantes gigantes louros.

Tancredo de Hauteville, um barão normando de pequena estatura, descendente de um viking chamado Hiallt, teve doze filhos, de modo que a maioria deles teve de buscar sua fortuna no estrangeiro.

Os dois irmãos mais velhos, Drogo e Guilherme, foram para a Itália, onde lutaram por todos os lados. Em 1036, um dos emires árabes da Sicília apelou à imperatriz Zoé, que reuniu um exército que incluía mercenários vikings liderados por um príncipe norueguês, Haroldo Hardrada, e os irmãos Hauteville. A expedição siciliana de Zoé foi um desastre; os arrogantes romaioi desrespeitaram os Hauteville, que depois disso passaram a ter ódio de Constantinopla. Eles então mudaram de lado, juntaram-se ao exército de Henrique, derrotaram as forças de Zoé e tomaram a Apúlia. Henrique (agora imperador) reconheceu Guilherme Braço de Ferro como conde da Apúlia. Em 1042, Hunifredo e Roberto juntaram-se a eles. Este último era conhecido como Guiscardo, ou Astuto, e assim foi descrito por Ana Comnena, filha do imperador e a melhor historiadora da época: "Sua estatura era tão elevada que superava até mesmo os mais altos. Tinha uma compleição rude, cabelos louros, ombros largos, olhos faiscantes — era perfeita e graciosamente constituído, do alto da cabeça ao dedão do pé". Roberto chegara sozinho, pobre demais para se permitir ter um servo, mas seu irmão Braço de Ferro morreu logo depois, e o conde Drogo o deixou de lado. Roberto ganhou seu apelido por conta do truque que utilizava para tomar castelos, fingindo-se de morto. Ele era levado por seus solenes guerreiros para o interior dos castelos dentro de um ataúde, e no momento certo chutava a tampa e pulava para fora, espada na mão.

Em 1053, a ascensão dos Hauteville foi subitamente desafiada, e o desafio vinha de uma direção surpreendente. Um novo papa, Leão IX, um sacerdote germânico apoiado por Henrique, lançou uma ressurgência do papado, banindo a simonia e ordenando o celibato para os sacerdotes, um conceito exclusivo da Igreja católica. E, aterrorizado com a "corrida malévola" dos Hauteville, liderou um exército que rumou para o sul a fim de destruí-los. Mas Roberto Astuto e seu irmão Hunifredo o derrotaram e capturaram, experiência que convenceu o Santo Padre de que ele precisava de relações mais estreitas com Constantinopla, onde Zoé tinha morrido e seu viúvo Monomachos agora governava. Em Constantinopla, porém, os emissários de Leão conseguiram exatamente o contrário, confrontando os gregos de maneira agressiva no que dizia respeito a suas diferenças de doutrina.[3] Por trás disso despontava a crescente confiança de que a Europa ocidental se tornaria mais rica e mais populosa, e uma furiosa inveja de Constantinopla, metrópole de sagrados *autokrators*, maldosas conspirações e uma incompreensível língua grega. Os emissários papais irromperam em Hagia Sofia e excomungaram o patriarca, criando um cisma que nunca cicatrizou, uma divergência teológica que perdura até hoje.

Os Hauteville só libertaram Leão quando ele reconheceu seus territórios. Após a morte de Hunifredo, Roberto tornou-se o conde, agora junto com seu oitavo irmão, Rogério, "um jovem de grande beleza, alta estatura e compleição graciosa, eloquente no falar, calmo no agir, agradável e alegre, furioso na batalha". Roberto Astuto já tinha um filho, Boemundo, mas a fundação de uma casa real estava agora a seu alcance; assim, ele rejeitou a primeira esposa, que passou a ser uma concubina, para se casar com uma princesa lombarda cujos cachos de linho e porte de amazona igualavam os dele. Nas batalhas, Sigelgaita lutava brandindo um machado. "Quando vestia uma armadura", escreveu Ana Comnena, "produzia uma visão aterradora."

O cisma com Constantinopla não deixou ao papa Nicolau II outra escolha senão voltar-se para os Hauteville, a quem encomendou a conquista da Sicília dos árabes numa guerra santa. Em 1066, eles desembarcaram na ilha.

No norte e no sul, os descendentes dos vikings estavam mudando a Europa. O ano de 1066 marcou um impasse para os normandos na Sicília, mas não no norte da Europa. Nesse ano, Guilherme, o Bastardo, duque da Normandia, descendente de Rollo, o viking, invadiu a Inglaterra.

Guilherme, filho ilegítimo do duque Roberto com a filha de um embalsamador, tinha sete anos quando sucedeu o pai. Ele crescera num ambiente violento — um de seus guardiões foi assassinado na cama diante de seus olhos —, e desde a tenra idade tivera de lutar com nobres, com a família e com invasões do rei Henrique I da França, que governava apenas a Île-de-France, no entorno de Paris, e ambicionava a Normandia. O Bastardo herdara uma política avançada em relação à Inglaterra, onde as famílias de Alfredo e de Canuto haviam estabelecido casamentos com a dele próprio. Em 1051, Eduardo, o Confessor, último da dinastia de Alfredo, prometeu o trono da Inglaterra a seu primo em primeiro grau, Guilherme. Quando Haroldo, conde de Wessex, filho de Goduíno, sofreu um naufrágio na Normandia, o Bastardo arrancou dele um juramento de lealdade antes de mandá-lo para casa. Haroldo não tinha reais pretensões ao trono, exceto pelo fato de sua irmã estar casada com o rei. Quando Eduardo morreu, porém, fez-se coroar às pressas, enquanto inimigos no outro lado do mar mobilizavam seus exércitos.

O Bastardo preparou uma frota para invadir. Mas teve a competição de Haroldo Hardrada, o "duro governante", que, quando menino, perdera seu reino para o rei Canuto, sendo obrigado a fugir para o estrangeiro a fim de servir Jaroslau, o Sábio, em Kiev — juntando-se depois à Guarda Varangiana de Constantinopla, onde lutou ao lado dos irmãos Hauteville, antes de reivindicar a Noruega, em 1046. Agora, ele invadia a Inglaterra com 10 mil tropas e seu irmão dissidente, Tostigo. Desembarcando em Tyneside, Hardrada derrotou os condes do norte, enquanto Haroldo galopava para o norte. Se alguém tivesse que apostar em um lado nesse verdadeiro torneio, seria em Hardrada — mas um golpe de sorte mudou tudo. Haroldo matou Hardrada em Stamford Bridge — justamente quando o Bastardo chegava a Hastings. Haroldo seguiu para o sul, com um exército exausto. Em Hastings, uma flecha o atingiu no olho. Os resultados surpreendentes de duas pequenas batalhas direcionaram a Inglaterra para a Normandia, em vez de para a Escandinávia. E o Bastardo tornou-se o Conquistador.[4]

Em 1071, enquanto Guilherme esmagava a resistência inglesa, Palermo, a grande capital árabe da Sicília, enfim caiu ante Rogério de Hauteville, grão-conde da Sicília, que, em vez de massacrar os árabes e judeus da cidade, abraçou sua cultura e fez do árabe uma língua oficial. Enquanto isso, Roberto Astuto travava uma guerra contra Constantinopla, tomando seu último baluarte italiano, Bari. Em seguida, um desastre no leste o encorajou a tomar o grande prêmio: a própria Constantinopla.

PÊNIS NUMA PALMEIRA: A PRINCESA POETA E O LEÃO VAIDOSO

Enquanto Guilherme vasculhava a Inglaterra e Rogério cercava Palermo, o imperador Romano IV marchava para lutar contra Alp Arslan, o sultão seljúcida, que avançava pelo território da atual Anatólia, no início de sua transformação numa terra turca. Mas a guerra mais importante de Arslan era contra os califas fatímidas, por isso ele renovou um tratado anterior com Romano e seguiu para o sul, rumo à Síria. Provocado pelos ataques seljúcidas, no entanto, o imperador avançou com um desorganizado exército de varangianos, pechenegues e anglo-saxões. Arslan foi então para o norte, mas ofereceu uma paz generosa, que Romano, de maneira impulsiva, rejeitou. Em 26 de agosto de 1071, dividindo imprudentemente seu exército em Manzikert, e em litígio com seus generais, Romano foi derrotado.[5] Arslan obrigou-o a se curvar, pousando sua bota no pescoço imperial, depois o fez se levantar e perguntou: "O que você faria se eu fosse levado a você como prisioneiro?".

"Talvez o matasse", respondeu Romano, "ou o exibisse nas ruas de Constantinopla."

"Minha punição é muito mais pesada", disse Arslan. "Eu o perdoo e o liberto."

Se a batalha tinha sido pequena e não muito sangrenta, "as fortunas do Império Romano tinham chegado a seu nível mais baixo". De volta a Constantinopla, Romano foi canhestramente cegado e morreu de uma infecção.

Arslan marchou para o leste a fim de esmagar um rebelde. Depois de capturá-lo, estava a ponto de sentenciá-lo à morte quando o homem, desesperado, investiu contra ele. Orgulhoso de seus arqueiros, o sultão acenou friamente para seus guarda-costas e ergueu a balestra, mas acabou escorregando, e o assassino o apunhalou. "Eu estava cercado de grandes guerreiros que me protegiam noite e dia, mas infelizmente [...] eis-me aqui, morrendo em agonia", ele disse a seus paladinos. "Aprendam esta lição; jamais permitam que a vaidade supere o bom senso." Sepultado em Merv ao lado do pai, aos 42 anos, foi sem dúvida Arslan quem ditou a inscrição em seu túmulo: "Que aqueles que passam contemplem a suprema grandeza de Alp Arslan! Ele agora está sob solo negro".

Seu filho Malik Shah, então com apenas quinze anos, e seu veterano vizir Nizam al-Mulk[6] tinham estado com ele, lutando para manter a união dos reinos. Um primo estabeleceu um sultanato de Rum (Roma) nas ex-províncias romanas da Anatólia, e suas campanhas contra Constantinopla levaram os romanos à mesa de negociação.

Em Merv, Nizam apresentou Malik Shah ao polímata persa Omar Khayyam, inventor das fórmulas algébricas, observador das estrelas, poeta das garotas que bebiam vinho e da vida transitória. Khayyam trabalhava nos observatórios seljúcidas, a joia da Coroa, numa época em que a própria Merv se tornou a Mãe do Mundo, lar de 500 mil habitantes, dotada de uma biblioteca e de um observatório, a maior cidade do mundo fora da China.

O sultão adorava Nizam, chamando-o de "pai", e, com o auxílio deste, estabilizou seu vasto império, refletindo sobre o paradoxo da supremacia terrena: "Sou capaz de lidar com a fome", costumava dizer Malik Shah, "mas salvem-me da maldição da abundância". À medida que sua confiança aumentava, porém, ele começou a se ressentir de Nizam, que lhe dava sermões: "Lembrem o sultão, sou seu parceiro. Não se recordam de quando mataram o pai dele, e esmaguei os rebeldes? Se eu algum dia fechar este tinteiro de vizir, o sultanato cairá". Os in-dispensáveis logo são dispensados. Nizam agiu contra os Assassinos, sectários xiitas[7] que tinham acabado de estabelecer uma pequena teocracia em Alamut, nas montanhas iranianas, e iniciado uma campanha terrorista contra os sunitas. Nizam cercou Alamut, mas não foi capaz de tomá-la. Os Assassinos ordenaram a morte de Nizam, e houve rumores de que Malik Shah os tinha incentivado.

Em outubro de 1092, o vizir, então com 74 anos, foi mortalmente apunha-lado em sua liteira, mas um mês depois Malik Shah foi envenenado pelo califa — e os seljúcidas se dividiram em feudos baroniais, deixando o islã tão vulnerável no leste quanto no oeste.

Em 1091, em Córdoba, uma princesa poeta e libertina foi morta quando um novo grupo de invasores berberes do Marrocos entrou a galope na cidade. Sua história mostra como o reino mais rico da Europa, o califado de Abd al-Rahman, caiu ante uma invasão africana.

A princesa em questão chamava-se Wallada e era filha do califa. Os califas tinham perdido poder para um brilhante chefe guerreiro que devastara o norte cristão, mas abrira lacunas no califado. Em 1025, o pai de Wallada, Muhammad III, foi envenenado, e al-Andaluz fragmentou-se em pequenos reinos governados por reis em guerra — os *taifas*.

Loura, de olhos azuis, com "cabelos soltos e ombros brancos", Wallada le-vava uma vida rara para uma mulher islâmica de Córdoba, agora governada por clãs nobres. Não mais isolada no harém omíada, independente e rica, ela apare-cia em público usando sedas que revelavam sua beleza e suas formas, recitava poemas — competindo com os homens em certames de poesia — e estabeleceu uma escola para poetas mulheres. Além disso, ostentava seus amantes. Quando as autoridades religiosas resmungavam, Wallada lia versos de poemas desafiado-ramente escritos em seus vestidos: "Permito que meu amante toque minha face e concedo meu beijo a quem o deseja". Por volta de 1031, ela se apaixonou por um vizir aristocrático, Ibn Zaydun, que com naturalidade lhe propôs, em poesia:

Entre você e eu (se você quiser) poderia existir
O que não se pode perder: um segredo não divulgado.

Ela saboreava sua sensualidade — "Quando a noite cair, imagine-me a visitá--lo; / Pois creio que a noite é a melhor guardiã de segredos" —, mas tinha fortes crises de ciúme, sobretudo quando Ibn Zaydun dormia com uma de suas escra-vas negras:

Você sabe que sou clara, lua brilhante dos céus.
Mas, para minha tristeza, você escolhe, em vez disso, um planeta escuro e sombrio.

Ibn Zaydun se defendeu: "Você me compeliu a cometer o pecado [...]. Você tinha razão, mas peço que me perdoe, ó pecadora!". Ela lhe deu o troco com sua mais talentosa protegida, a poeta Muhja bint al-Tayyani, e um vizir. Ibn Zaydun reagiu com maldade, escrevendo a Wallada: "Você para mim não era nada a não ser um doce que eu mordia e cuja casca jogava fora, para ser roída por um rato". Wallada se vingou expondo os casos dele com jovens escravos:

Por causa de seu amor por varas dentro de calças,
Apesar de sua excelência,
Se Ibn Zaydun visse um pênis numa palmeira,
Tornar-se-ia um pica-pau.[8]

Exilado em Sevilha, Ibn Zaydun arrependeu-se de ter perdido Wallada: "Lembro-me de você com paixão [...]. Deliciosos foram os dias que passamos enquanto o Destino dormia. Havia paz, e éramos ladrões do prazer". Já a proto-feminista Wallada deixa a história em suas próprias palavras, é claro: "Sou respeitada pelo Deus dos maiores e caminho com orgulho, de cabeça erguida".

A vida sibarítica do pequeno reino muçulmano teve curta duração. Em 1091, no dia em que Wallada, a última omíada, morreu, aos 91 anos, cavaleiros berberes com véus azuis, vindos da cordilheira do Atlas, entraram em Córdoba com seus elefantes e camelos — senhores de um novo império euro-africano que se estendia do rio Senegal aos montes Pireneus.

Os conflitos entre reis islâmicos e cristãos pareciam uma guerra santa, mas a religião era apenas um dos elementos envolvidos; a ambição e a família eram tão importantes quanto. Era comum haver muçulmanos, cristãos e judeus, para não falar de berberes e normandos, em ambos os lados de cada batalha. Samuel ibn Nagrela era um judeu nascido na elite de Córdoba que fugira da turbulência no palácio para estabelecer uma doceria em Granada. Lá, ele foi convidado pelo rei local a escrever cartas e acabou se tornando seu secretário, depois seu vizir. Recebendo seus súditos no palácio da Alhambra, durante trinta anos ele governou Granada, venceu batalhas contra cristãos e muçulmanos e escreveu poemas eróticos dirigidos a rapazes e moças, enquanto assumia naturalmente a liderança dos *sefaraditas*, os judeus ibéricos, para os quais ele era haNaguid — o príncipe. Após sua morte, em 1056, seu jovem filho Iusef o sucedeu por uma década, até que foi acusado de tramar um golpe, ao que os granadinos invadiram a Alhambra e o crucificaram — não apenas como uma represália à presunção judaica, mas aplicando a punição tradicional para traição.

Enquanto o príncipe judeu governava Granada, um cavaleiro castelhano chamado Rodrigo Díaz servia aos reis de Castela, o maior dos reinos cristãos no norte da Ibéria. Depois de ser exilado, devido a uma intriga na corte, ele mudou de lado e passou a lutar pelos reis islâmicos. Nunca tendo perdido uma batalha, Díaz ganhou o apelido, entre os ibéricos, de El Campeador, o Campeão — e, entre os árabes, de El Sayyid, o Senhor, que foi espanholizado para El Cid. Em 1085, seu ex-mestre, Afonso VI, o Bravo, que havia unido os reinos de Castela e Leão, tomou Toledo dos muçulmanos. Mas, em vez de expulsar seus súditos islâmicos, Afonso declarou-se "imperador das duas fés", uma visão que se refletiu em sua própria vida amorosa: além de cinco esposas, ele também tinha concubinas muçulmanas.

O colapso islâmico alarmou de tal forma al-Mutamid, rei de Sevilha e declamador de poesia, que ele apelou para uma horda de tribos fundamentalistas, o poder em ascensão no norte da África. Estava brincando com fogo. "Não quero ser o homem que entregou al-Andaluz aos infiéis", disse ele. "Prefiro ser cameleiro na África do que guardador de porcos em Castela."

Um exército africano preparou-se para invadir a Europa.

O PEIDO DE ROGÉRIO, A MAGIA DE ZAINAB E A ESPADA DE EL CID

Um quarteto extraordinário — dois irmãos, um sobrinho e a esposa de dois deles — tinha mudado radicalmente o oeste da África antes de chegar à península Ibérica. Nos desertos da Mauritânia, nas fronteiras do reino de Wagadu, um berbere convertido chamado Abdullah ibn Yasin iniciou uma jihad entre tribos berberes recém-convertidas que se intitulavam al-Murabitin.[9] Usando o *tagelmust* azul abaixo dos olhos, os almorávidas — agora liderados por Abdullah — rapidamente conquistaram as vitais cidades mercantis de Sijilmassa e Audagoste, antes de seguirem para o norte e derrotarem os reis do Magreb. Depois que Abdullah foi morto em combate, seu irmão Abu Bakr cercou a capital do Magreb, Agmate, defendida por seu governador, Luqut. Em 1058, quando ela caiu, Abu Bakr casou-se com a viúva de Luqut, Zainab an-Nafzawiyya, filha de um mercador berbere da Tunísia, uma mulher bela, inteligente e rica em ouro, experiência e poderes sobrenaturais. Apelidada de Maga, Zainab recusou-se a considerar propostas de casamento até que Abu Bakr tivesse conquistado grande parte do país, ao que ela o vendou e o levou até uma gruta cheia de tesouros, onde por fim removeu a venda: agora tudo pertencia a ele. Tratava-se de uma lenda, mas ela negociou com elites em nome de Abu Bakr. Os berberes, assim como os árabes pré-islâmicos, tinham uma tradição de líderes mulheres, inclusive rainhas que resistiram à conquista árabe.

Enquanto lutava no sul, Abu Bakr nomeou o sobrinho Yusuf ibn Tashfin como cogovernante. Pouco a pouco, Yusuf conquistou a maior parte do Magreb, mas, por ter achado a capital Agmate sufocante demais, criou uma nova — Marrakesh, a cidade que deu ao Marrocos seu nome.

Em 1076, Abu Bakr, agora intitulando-se Amir al-Muslim, "comandante dos muçulmanos", rumou para o sul, seguindo rotas de caravanas, e para a África ocidental, onde derrotou o reino Wagadu dos *ganas*. Tomando uma jovem fula como esposa, Abu Bakr teve um filho (que mais tarde fundaria um reino jalofo) antes de ser morto por uma flecha atirada — num exemplo de extremo azar — por um guerreiro soninquês cego. Tendo herdado esse novo império, que se estendia da Argélia e do Marrocos ao Mali e ao Senegal, Yusuf recebia agora da Ibéria o convite de al-Mutamid.

O rei Afonso advertiu Yusuf contra a invasão. "Espere e veja só o que vai acontecer!", replicou Iusuf. Em 1086, cerca de 15 mil homens, entre os quais 6 mil de uma cavalaria de choque do Senegal, cruzaram o estreito de Gibraltar em jangadas, levando elefantes e camelos. Os guerreiros de Yusuf, com seus véus azuis, derrotaram Afonso, que só conseguiu manter Toledo e apelou ao papa por uma guerra santa. Assim que Yusuf navegou de volta para a África, El Cid ajudou o monarca ibérico a restaurar seu poder sobre os aliados islâmicos, antes de se dirigir para Valência, que capturou, declarando-se príncipe — por fim um soberano independente. Mas Yusuf não havia terminado: em 1090, ele tornou a cruzar o estreito, exilando ou matando os decadentes reizinhos islâmicos.[10]

Enquanto os homens com véus cercavam Valência, seu príncipe, El Cid, morreu, e sua esposa Jimena aguentou três anos até Afonso a tirar de lá. Ela seguiu então para Burgos, junto com o corpo do Campeão. Yusuf conquistara um novo império islâmico na península Ibérica. A cristandade estava em crise.

Somente na Sicília o islã fora vencido, graças aos irmãos Hauteville. Em 1081, Roberto Astuto, percebendo a fraqueza de Constantinopla, atacou a *Basileia Romaion*, enviando uma vanguarda comandada por seu filho mais velho, Boemundo, de 27 anos, que atravessou o Adriático em direção aos Bálcãs. Filho da primeira mulher de Astuto, Boemundo, ainda mais colossal do que o pai, com seus cabelos louros, recebera seu apelido por causa do gigante mitológico Buamundus Gigas. Roberto e sua duquesa Sigelgaita marcharam para o leste. Em Constantinopla, um general aristocrático chamado Aleixo Comneno, um homem afortunado, incansável e talentoso, tomou o trono, enfrentando avanços do inimigo em todas as frentes — normandos nos Bálcãs, pechenegues e cumanos na Ucrânia, seljúcidas na Anatólia. Contando com o apoio da Guarda Varangiana (que agora incluía anglo-saxões armados com machados) e da frota de Veneza, cidade-cliente de Constantinopla, ele marchou para os Bálcãs a fim de deter os Hauteville.

Sigelgaita entrou na batalha com o marido e o enteado. Quando as tropas dos Hauteville estavam quase destruídas, a amazona cavalgou atrás delas empunhando uma lança, uma visão tão aterradora para os soldados em fuga que eles voltaram, juntaram-se à batalha e venceram. Mas Aleixo, com a ajuda de uma peste, derrubou as forças de Hauteville, e Roberto foi chamado pelo papa. Aleixo dedicou-se então a repelir os pechenegues e os cumanos da Ucrânia e em seguida voltou-se mais uma vez para os seljúcidas — num desempenho notável que salvou a *Basileia Romaion*. Não admira que a filha de Aleixo, Ana, o adorasse, uma vez que o pai lhe evocava "um furioso redemoinho [...]. Suas sobrancelhas escuras eram curvadas, seu olhar tão terrível quanto gentil [...] seus ombros largos, braços musculosos e peito profundo eram de um molde heroico" — e ele seria o herói de sua história, *A Alexíada*.

Mais tarde, Aleixo recompensaria Veneza, fundada em 421 por refugiados das romanas Aquileia e Ravena que fugiam dos bárbaros, dando-lhe direitos comerciais especiais no império e concedendo a seu governante eleito o título de "*dux* de Veneza". Isolada em sua lagoa, Veneza evoluíra de uma colônia de Constantinopla para um agressivo Estado de navegadores, governado por um *dux* que se tornaria o doge da *Serenissima Republica*, que se expandiu até a Dalmácia e se dedicou ao comércio de especiarias e escravos antes de começar a conquistar suas próprias colônias. Não era o único Estado marítimo a prosperar no comércio com o leste, rivalizando com Gênova e Pisa, oligarquias cristãs semelhantes.

Aleixo foi agraciado com um novo golpe de sorte. Em 1085, Roberto Astuto morreu durante a peste aos 69 anos, sendo sucedido por seu irmão, o grão-conde Rogério, da Sicília, que foi então convidado por Gênova e Pisa a atacar a Túnis islâmica, numa cruzada inicial. Rogério estava mais interessado em vender trigo siciliano para a Tunísia do que em massacrar muçulmanos. Sua resposta foi pungente: "Rogério levantou o pé e soltou um grande peido, dizendo: 'Aí está um conselho melhor!'". Mas o peido do Hauteville não foi suficiente para amainar os ventos da guerra santa. Um novo papa estava prestes a rearmar a cristandade com uma nova missão: a Cruzada.

OS CRUZADOS: O GIGANTE E A FILHA DO IMPERADOR

O imperador Aleixo apelou ao novo papa, Urbano II, pedindo ajuda para combater os seljúcidas. Todos os papas tinham de equilibrar o poder entre os imperadores germânicos e os Hauteville. A eleição de Urbano tivera a oposição do imperador germânico, que escolhera um contrapapa. Já ansioso por revigorar a Igreja, dar suporte a Aleixo e provavelmente desviar a agressão germânica, Urbano foi informado de um novo massacre de peregrinos cristãos a caminho de Jerusalém, perpetrado pelos turcos. Ele convocou então um concílio em Clermont, onde, em 27 de novembro de 1095, incitou uma assembleia de príncipes, clérigos e pessoas comuns "a destruir a raça vil" de turcos infiéis e "entrar no caminho do Santo Sepulcro; tomar aquela terra da raça perversa e subjugá-la [...] para a remissão de vossos pecados, com a certeza da imperecível glória do Reino do Céu".

Sua audiência entoava *"Deus vult!"* — "É o desejo de Deus!" —, um combativo mantra que ressoou pela Europa. Boemundo de Hauteville cercava Amalfi no momento em que o ouviu. Então, "inspirado pelo Espírito Santo", o Gigante ordenou que "o mais valioso manto fosse imediatamente recortado em cruzes, e a maioria dos cavaleiros começou a se juntar a ele". O mesmo aconteceu com seu sobrinho, Tancredo, de vinte anos, cujo zelo era comparado com "a vitalidade de um homem até então adormecido".

Príncipes e camponeses despertaram para esse frenesi, correndo para assumir a Cruz — a promessa de empreender a "peregrinação" e conquistar Jerusalém. A palavra "cruzada" só começou a ser empregada mais tarde. Os números eram assombrosos. Na primeira onda, liderada por um pregador descalço conhecido como Pedro, o Eremita, 80 mil camponeses, príncipes e sacerdotes atravessaram a Europa até Constantinopla, de onde esperavam, com toda a vagueza de crentes fanáticos, chegar de algum modo a Jerusalém. Príncipes reuniam exércitos de cavaleiros e soldados, liderados naturalmente pelos normandos. O filho mais velho de Guilherme, o Conquistador, Roberto, conhecido aviltantemente como Calças Curtas, e que herdara a Normandia (enquanto seu irmão Guilherme II Rufo recebera a Inglaterra), aderiu de imediato ao movimento, que era inspirado num misto de fé, ambição e aventura, e estimulado pela energia libertada pelo crescimento da economia e da população. Não havia necessidade de escolher entre vários motivos: fanatismo, saques, viagens e oportunismo encaixavam-se perfeitamente com salvação religiosa e aventura violenta.

A despeito do peido de Rogério, Boemundo, príncipe de Taranto, filho de Roberto Astuto, agora com quarenta anos, tinha sete parentes em seu séquito, inclusive seu sobrinho Tancredo, cujos "poderes foram despertados, a ousadia posta em ação, os olhos abertos". Assim como milhares de outros, "sua alma estava numa encruzilhada. Qual dos caminhos seguir? Os Evangelhos ou o mundo?". Agora, ele podia ter os dois.

Deve ter parecido duvidoso que os peregrinos algum dia chegassem a Jerusalém e matassem a "raça amaldiçoada" dos muçulmanos, por isso eles se voltaram contra os infiéis que havia em seu meio: os judeus. Um dos príncipes cruzados, Godofredo de Bulhão, o conde franco-germânico da baixa Lorena, que ia acompanhado de seus dois irmãos, anunciou que estava "vingando o sangue do crucificado ao erradicar completamente qualquer traço de quem carregasse o nome 'judeu'". Em maio de 1096, os judeus foram massacrados em Trier, Mainz e Speyer, no primeiro espasmo de um racismo antijudaico que se tornaria uma bactéria na cultura europeia.

"Todos aqueles que viviam no Ocidente, entre o Adriático e Gibraltar, migraram em massa para a Ásia, marchando de uma extremidade à outra da Europa", lembrou Ana Comnena, que esperava pelos peregrinos em Constantinopla. Após uma década de guerra contra os rebeldes, Aleixo tinha estabilizado o império. Mas Ana esperava sucedê-lo.

Aleixo deixara a mãe encarregada de governar enquanto combatia os Hauteville, e a princípio planejava deixar o império para sua filha mais velha, Ana, que nascera porfirogênita, com os dois pais presentes: "Isso significava, ainda no útero, o amor que eu estava destinada a ter de meus pais". Prometida em casamento ao coimperador do pai ainda criança, depois quase se casando com o filho de um sultão seljúcida, ela cresceu acreditando que governaria de pleno direito, e, mais tarde, ao ser desposada por um aristocrata, acreditou que ela e o marido sucederiam o pai. Em vez disso, Aleixo coroou o filho João como coimperador. Ana ficou desapontada.

Aleixo estava alarmado com a guerra populista do papa: todas as guerras lideradas por imperadores romanos eram santas por definição, e suas experiências com os Hauteville tinham lhe ensinado que os francos — como ele chamava todos os ocidentais — eram brutos, de "paixão incontrolável, caráter errático, imprevisíveis e avarentos".

Quando a esfarrapada multidão de peregrinos francos chegou aos arredores de Constantinopla, Aleixo os alimentou e os apressou a seguir caminho para o sultanato de Rum. Então chegaram Boemundo de Hauteville e os exércitos de príncipes. Recebendo-os no Grande Palácio, Aleixo não se levantou para cumprimentá-los, confiante em sua superioridade romana. Foi amável até mesmo com seu velho inimigo, Boemundo, embora o Gigante tenha suspeitado de que sua comida poderia estar envenenada. Ana chamou-o de "perjuro nato", mas não conseguiu desviar o olhar do louro abrutalhado, "uma maravilha para os olhos [...] de proporções perfeitas". E não se tratava de um louro estúpido: "Seu espírito era multifacetado e ardiloso [...] ele era bem-informado". Boemundo, que tinha muito a ganhar e nada a perder, foi convencido pelos príncipes a fazer o juramento de amizade a Aleixo, o que significava que ele seria seu soberano, uma humilhação atenuada por enormes quantidades de ouro.

Lidando com esses exércitos, o imperador "usou todos os meios possíveis, físicos e psicológicos", para que se apressassem a atravessar os estreitos para a Ásia. Uma vez do outro lado, a horda de camponeses se deparou com os arqueiros montados do sultão de Rum, Kilij Arslan (Leão da Espada), que massacrou 17 mil deles. Poucos sobreviveram. Os exércitos dos príncipes foram os próximos. Leão da Espada enfrentou os cruzados em Dorilaeum, mas seus arqueiros não conseguiram derrubar os cavaleiros em suas pesadas armaduras.[11] Em outubro de 1097, eles chegaram a Antioquia, onde descobriram que o momento era miraculosamente oportuno. A Casa do Islã estava despedaçada, governada por atabegues — barões — turcos em conflito, enquanto os califas fatímidas lutavam para controlar seus próprios generais e a multidão cairota; eles odiavam os sunitas ainda mais do que os cristãos e assinaram um pacto de não agressão com os cruzados.

Boemundo cercou Antioquia, com a ajuda de suprimentos entregues por navios genoveses em São Simão, o porto mais próximo. As cruzadas foram possibilitadas pelas cidades comerciais italianas, lideradas por Gênova,[12] seguida de Pisa — uma grande oportunidade comercial que os astutos italianos não perderam. Veneza tomou a Cruz enquanto cidade e construiu uma frota cruzada especial.

Em Antioquia, onde os cruzados começavam a ficar desesperados, Boemundo pôs um cristão armênio no comando de uma de suas torres. Uma vez pronto, o Gigante convenceu os príncipes de que aquele que tomasse Antioquia ficaria com ela. Quando os atabegues de Mossul galoparam para salvar a cidade, o agente de Boemundo abriu os portões; as forças dos Hauteville penetraram, matando todos os muçulmanos. Mas então chegaram os turcos. Agora eram os cruzados que estavam cercados, sendo obrigados a se alimentar de cavalos, cães e ratos, assolados pela fome. Um peregrino foi inspirado por uma visão a desenterrar a Santa Lança que perfurara o flanco de Jesus na Cruz, descoberta sob o chão de uma igreja. Isso certamente elevou o moral: enquanto sacerdotes carregavam a lança numa procissão sagrada, o Gigante liderou seu exército faminto, derrotou os turcos e declarou a cidade como seu principado.[13]

Godofredo e outros príncipes conduziram o exército para o sul, chegando finalmente aos arredores de Jerusalém. A assombrosa beleza do Domo da Rocha e da Mesquita de al-Aqsa coroava o monte Moriá, onde outrora se erguera o templo dos judeus, com seus remanescentes muros dourados ainda reverenciados pelos judeus. Mas o objetivo da cruzada era o Santo Sepulcro. Sagrada para as três religiões abrâmicas, Jerusalém era uma pequena cidade fortificada onde viviam 20 mil muçulmanos e judeus, e suas muralhas eram defendidas por milhares de soldados egípcios, inclusive cavaleiros núbios.

Quando os cruzados, agora reduzidos a meros 10 mil homens, cercaram a Cidade Sagrada, no calor abrasador do deserto da Judeia, foram novamente resgatados pelos genoveses, que tinham chegado a Jafa, no Mediterrâneo, e, desmantelando seus navios, forneceram a madeira para a construção de catapultas e armas de cerco.

Em 15 de julho de 1099, enquanto pedras arremessadas por catapultas e flechas voavam em ambas as direções, e aríetes se chocavam contra os portões da cidade, Godofredo, então com 38 anos, conduziu as primeiras tropas de sua arma de cerco para o lado nordeste das muralhas, enquanto outros irrompiam a partir do sul. Abrindo os portões a partir de dentro, os cruzados, que tinham sobrevivido a uma jornada de quase 5 mil quilômetros, massacraram todos que encontraram pelo caminho: homens, mulheres e crianças, muçulmanos e judeus. Enquanto o general egípcio e suas tropas negociavam a fuga, todos os demais eram mortos. Os desesperados hierosolimitas amontoaram-se no Haram al-Sharif (assim os muçulmanos chamavam o Monte do Templo), subindo ao telhado do Domo da Rocha e orando para serem salvos. Tancredo de Hauteville, sem dinheiro e ambicioso, porém mais humano do que seus camaradas, tentou negociar um salvo-conduto em troca de um resgate, mas "alguns pagãos foram impiedosamente decapitados, outros atingidos por flechas disparadas das torres, e outros ainda torturados por um longo tempo e queimados vivos", escreveu um dos cruzados. "Pilhas de cabeças, mãos e pés espalhavam-se pelas ruas e casas", pisoteadas enquanto "homens e cavaleiros corriam de um lado para outro sobre os cadáveres". Bebês tinham a cabeça esmagada contra as paredes. Judeus eram queimados vivos em sua sinagoga. Tancredo supervisionou o saque do ouro e dos tesouros do Domo e de al-Aqsa. Havia sangue coagulado nos freios dos cavalos montados pelos príncipes, que prosseguiram, com as túnicas, rostos e mãos manchados de sangue, para rezar no Santo Sepulcro, às lágrimas, louvando a Deus. Enquanto os cadáveres eram queimados em fogueiras, os príncipes e soldados corriam para tomar as melhores casas. Godofredo foi eleito rei, mas, insistindo que Jesus era o único rei de Jerusalém, escolheu o título de Advogado do Santo Sepulcro e transformou al-Aqsa em residência real, acreditando que a mesquita havia sido outrora o palácio de Salomão. Embora uns poucos muçulmanos e judeus bem relacionados tenham sido resgatados pelos egípcios e sobrevivido, praticamente todos os hierosolimitas foram mortos.

No Natal, quando a cidade ainda fedia à putrefação humana e muitos cavaleiros tinham voltado para a Europa, Boemundo e o irmão de Godofredo, Balduíno, chegaram em sua primeira peregrinação. O novo patriarca de Jerusalém, Daimberto, de Pisa, abençoou Balduíno como conde de Edessa, e Boemundo como príncipe de Antioquia.[14] Em 1100, quando Godofredo morreu, Balduíno foi designado rei de Jerusalém, dando início a uma dinastia francesa, enquanto Boemundo, a partir de Antioquia, expandiu seu principado — até ser capturado por um chefe guerreiro turco e mantido como refém.[15] Seu sobrinho Tancredo, glorificado com o título de príncipe da Galileia, serviu como regente de Antioquia até o retorno do Gigante. O principado antioquiano de Boemundo, ao qual mais tarde a família acrescentou Trípoli (Líbano), durou mais que o dobro do reino de Jerusalém — um ramo oriental dos Hauteville.

Furioso com "aquele verdadeiro patife", o imperador Aleixo tentou comprar o Gigante, mas Boemundo, em vez disso, convenceu o rei Balduíno a pagar seu resgate. Precisando de mais dinheiro e cavaleiros, Boemundo navegou para a Europa, onde, revelando seu novo status, casou-se com a filha do rei da França,

Constança, que lhe deu o requerido filho. De volta a Antioquia, o Gigante dispôs-se a atacar Aleixo, mas foi derrotado, e em 1108 viu-se obrigado a se submeter ao imperador. Morreu não muito tempo depois.

Em 1118, Aleixo também estava morrendo, e determinado a deixar o trono para seu filho João, conhecido como o Mouro, por seu aspecto moreno, e como o Belo, por sua personalidade comedida. A mulher de Aleixo ainda defendia a filha, Ana. Na noite anterior à morte do pai, João antecipou-se à mãe e à irmã e apoderou-se do anel com o sinete, tomando o Grande Palácio. Ana tentou mobilizar tropas e planejou um golpe contra o irmão, que não compareceu ao funeral de Aleixo, temendo ser assassinado. O Belo manteve o trono e logo descobriu outra conspiração de Ana, que em seguida foi confinada a um convento.[16] João e seu filho Manuel foram tão capazes quanto Aleixo e esforçaram-se para destruir os Hauteville, que planejavam tomar Jerusalém.

Desde o início, os Hauteville da Sicília tinham governado de um jeito diferente, promovendo árabes e gregos. Quando o grão-conde Rogério, irmão de Roberto Astuto e tio do Gigante, morreu, em 1101, sua viúva Adelaide governou em nome dos filhos, Simão (brevemente) e Rogério II. Balduíno de Jerusalém precisava de dinheiro; Adelaide desejava Jerusalém. Livrando-se de sua primeira esposa, após um casamento sem filhos, Balduíno, aos 37 anos, casou-se então com Adelaide, com base no entendimento de que, se tivessem um filho, ele herdaria Jerusalém, e, se não tivessem, Rogério II seria feito rei. Em Jerusalém, Adelaide foi enganada por Balduíno I, e em seguida, de maneira humilhante, enviada de volta à Sicília. Seu filho Rogério ficou exasperado. Ele reivindicou Jerusalém e Antioquia em nome dos primos mais jovens, plano frustrado pelos barões antioquianos, que casaram sua herdeira Constança (neta de Boemundo) com um príncipe francês, Raimundo de Poitiers.[17]

Os cruzados inspiraram os surtos de resistência islâmica coordenada. Em 1144, Edessa caiu diante de Zengi, atabegue de Mossul e Alepo, o que serviu como catalisador da segunda cruzada, liderada pelo piedoso jovem Luís VII, da França (acompanhado da esposa, Eleanor da Aquitânia), e pelo rei da Germânia, Conrado III. Os estrategistas cruzados reconheceram que, para que os Estados cruzados — conhecidos como Outremer, ou Ultramar — pudessem sobreviver, eles teriam de conquistar ou a Síria ou o Egito. Optaram pela Síria. A caminho da Antioquia, o monástico Luís foi traído por sua serelepe esposa Eleanor, herdeira da Aquitânia, que teve um caso com seu refinado tio Raimundo. Após um encontro com os hierosolimitas liderados por Balduíno III, os três reis falharam no cerco a Damasco. Seu fracasso foi aproveitado pelo imperador Manuel, herdeiro de João, que agora podia obrigar os Hauteville a reconhecer sua supremacia.[18]

Nem todos os Hauteville tiveram de fazer concessões. Moreno e italianizado, tendo saído mais à mãe do que aos louros Hauteville, Rogério II pode ter sido derrotado no Outremer, mas, na Sicília e no sul da Itália, construiu o maior reino da Europa, provocando muita inveja nos imperadores germânicos — que desde os tempos de Carlos Magno e Otão tinham se acostumado a dominar a Itália — e nos papas romanos, que temiam o poder normando.

Abraçando a natureza multiétnica da Sicília, Rogério II criou uma corte única que combinava as culturas normanda, grega, árabe e judaica. Casado com a filha meio árabe de Afonso de Castela, ele governava por intermédio de Jorge de Antioquia, um corsário grego que outrora servira a governantes árabes na Tunísia e ostentava o título de *amir amiratus*, emir dos emires (origem da palavra almirante). Em 1146, Jorge tomou Trípoli e uma faixa do norte da África, depois Corfu, e em seguida atacou Constantinopla, disparando flechas contra o próprio Grande Palácio. Manuel foi defendido por seus aliados venezianos, aos quais, em agradecimento, concedeu um quarteirão comercial em Constantinopla. Mas, quando lhes pediu que atacassem a Sicília, os venezianos recusaram. Injuriado, ele ofereceu um status especial aos genoveses.

Na Sicília, Rogério encomendou a construção da Capela Palatina, um edifício de tirar o fôlego, com seus domos e mosaicos bizantinos e *muqarna* — abóbada em forma de estalactite — fatímida, bem como o único retrato feito em vida do próprio Rogério, apresentado como um governante sagrado. Escoltado por guarda-costas árabes, ele tinha preferência pelos eruditos árabes e judeus. Em 1138, o geógrafo Muhammad al-Idrisi criou a *Tabula Rogeriana*, um mapa-múndi, ou planisfério, entalhado em prata, que incorporava o melhor conhecimento disponível até as viagens de Colombo, e escreveu *A ocupação de um homem desejoso de conhecimento completo dos diversos países do mundo* — que descrevia as jornadas de marinheiros árabes ao mar dos Sargaços, nas Bermudas, e incluía uma descrição da China,[19] mas não mostrava a Mongólia, onde, durante a década de 1120, enquanto Rogério construía seu império siciliano, um chefe mongol conquistava o seu.

ATO VIII

360 MILHÕES

Gengis: Uma família de conquistadores

Khabul Khan, chefe do clã Borjigin, estava unindo com sucesso os povos nômades que havia muito viviam em sua montanha sagrada, Burkhan Khaldun, e agora o aclamavam grão-cã de uma misteriosa federação chamada Khamag Mongol — o Todo Mongol.[1] Seu bisneto, criado numa família totalmente destruída pelo destino, reverenciaria sua memória e vingaria sua queda.

Khabul beneficiou-se da divisão da China em reinos que guerreavam entre si — os sofisticados Song, no sul, que lutavam contra a dinastia Jin, no norte, liderada pelos jurchéns; o reino Xi Xia, dos povos tangutes, no oeste, que dominavam Xinjiang; e, na Ásia central, o Império Khitan. Quando foi convidado a prestar tributo ao imperador jurchén, em Zhongdu — a "capital central" (mais tarde Beijing) —, Khabul comportou-se como o menos "civilizado" dos bárbaros, empanturrando-se de comida e bebida com irrestrita vulgaridade, e em seguida puxando jovialmente a barba do imperador. Os cortesãos ordenaram seu assassinato, mas Khabul escapou e derrotou os jurchéns, ganhando seu reconhecimento.

Sua tribo mongol era apenas uma entre as muitas que lutavam constantemente pelo poder, num sempre mutante caleidoscópio de alianças, que por vezes se reuniam em confederações. De modo geral, uma aristocracia de *baghathurs* (paladinos) que valorizavam sua genealogia governava esses pastorais guardadores de iaques, cavalos, carneiros e gado, caçadores e pescadores que se espalhavam entre a floresta e a estepe. Os conflitos eram ferozes, as contendas eram insufladas, e, quando chegava o momento, "a vingança era feita — abençoados por Tengri [a principal deidade], esvaziamos-lhes os peitos, cortamos uma fatia de seus fígados, exterminamos a linhagem masculina e estupramos todas as mulheres sobreviventes", como descreveu o bisneto de Khabul, Gengis Khan.

Os guerreiros mongóis usavam gorros de pele com protetores de orelha, uma túnica coberta de pele para o inverno, meias de feltro e botas, com um elmo de couro que ia até o pescoço e uma couraça de couro laqueado. No verão, vestiam sedas da China. "Os homens raspavam um pequeno quadrado no topo da cabeça, e com o que restava do cabelo faziam tranças que pendiam de cada lado até as orelhas", observou muito mais tarde um visitante ocidental. Eram "homens impressionantes, estranhos na aparência e nos costumes, corpulentos, audaciosos, fortes, bonitos, com olhos estreitos e escuros, cabelos negros e densos, sobrancelhas retas, narizes tão rasos que as faces se destacavam, totalmente desprovidas de pelos".

Intitulando-se os "povos que vivem em tendas de feltro", suas casas eram os *gers*, tendas montadas em pesadas carroças puxadas por bois, que podiam ser dispostas lado a lado, como se fossem uma cidade sobre rodas. Seus cavaleiros, "camponeses vestidos em roupas militares", eram capazes de galopar quase cem quilômetros por dia a toda velocidade e sobreviver a longos períodos na sela, vivendo de leite, de carne de marmota seca e do sangue de seus cavalos. Além disso, desidratavam o leite, que misturavam com água para produzir uma bebida nutritiva. Cada um levava dois arcos compostos, uma espada curva, um machado, uma maça, uma lança e um laço. Treinavam para a guerra na *nerge*, ou caça, perseguindo antílopes e martas, frequentemente com a ajuda de um falcão. As marmotas eram o alimento básico, que podia ser fresco ou ressecado para o inverno, e constituíam também a fonte de peles para as roupas. Mas esses animais, ou melhor, as pulgas que viviam em seu pelo, teriam um papel especial na história do mundo. Todas essas iguarias eram consumidas com grandes quantidades de *kumis*.[2] O álcool era o calcanhar de aquiles dos mongóis: eles eram beberrões, e três dos filhos de Gengis morreriam de alcoolismo.

Ecléticos em suas crenças, eles reverenciavam Tengri (que significa Céu Azul), realizavam seus cultos nas montanhas sagradas e nas fontes dos rios e confiavam nos xamãs para interpretar augúrios. Mas os povos da estepe respeitavam outros deuses: por volta do ano 1000, uma tribo rival, os keraítas, converteram-se ao cristianismo nestoriano.[3]

Em 1146, após governar por quinze anos, Khabul morreu, sendo sucedido por seu filho, Ambagai Khan. Em 1161, Ambagai foi capturado por uma tribo rival, os tártaros, que o entregaram aos jurchéns. "Vinguem-me", foi a mensagem que Ambagai enviou a seu irmão Kutula, um homem cuja "voz ressoava como um trovão, com mãos que lembravam patas de urso, capaz de partir um homem ao meio como se fosse uma flecha", e que "nas noites de inverno dormia nu junto a uma fogueira". Porém Kutula também foi capturado, e os jurchéns submeteram os dois cãs a uma horrível tortura numa máquina chamada jumento de madeira. Ali terminava o curto canato mongol.

A QUEDA DE TEMUJIN

A família entrou em tempos de tamanho desespero que Yesugei, neto de Khabul, já não era mais um cã, apenas um *bagathur*. Cavalgando pela estepe, ele se deparou com uma carruagem puxada por iaques, levando a bagagem de uma garota olqunnut chamada Hoelun, recém-casada com um merquite, que ele sequestrou e desposou, tendo com ela quatro filhos. O primeiro, nascido em 1162, logo após a queda da família, foi Temujin (Ferreiro) — "que ao nascer segurava na mão direita um coágulo de sangue do tamanho do nó de um dedo".[4]

Quando Temujin tinha cerca de nove anos, seu pai escolheu para ele uma esposa, Börte, e por tradição o deixou no acampamento do pai da moça. Cavalgando de volta para casa, Yesugei aceitou a hospitalidade de velhos inimigos, membros da tribo tártara, que o envenenaram. Yesugei morreu três dias mais tarde, depois de dizer ao filho de um aliado da família, Munglig, que trouxesse Temujin de volta — para defender a família, que ainda se encontrava em catastrófica queda livre.

Seus rebanhos foram roubados, os filhos quase passavam fome. "Não temos amigos além de nossas sombras", diziam. Temujin discutiu com Bekter, um meio-irmão, sobre um peixe roubado; em seguida, com o irmão Qasar, abateram-no com seus arcos. A mãe dos rapazes ficou furiosa. "Destruidores! Vocês são como cães selvagens comendo as próprias secundinas!" O chefe de uma tribo rival decidiu liquidar Temujin; capturado, puseram-lhe uma canga no pescoço e o destinaram à escravidão, mas ele escapou e se escondeu. Tornou-se então *anda* — irmão de sangue — de Jamuqa, outro rapaz ambicioso, mas ambos tinham uma verve autoritária e logo começaram a discutir. Pouco tempo depois, ladrões roubaram os cavalos da família, e Temujin, com a ajuda de um rapaz chamado Boorchu, mais tarde um de seus companheiros, os trouxe de volta. Posteriormente, conheceu outra família, que lhe ofereceu seu filho Jelme como parceiro.

Havia algo especial em Temujin: "Ele tem fogo nos olhos, luz no rosto". Temujin jamais esquecia um amigo, mas tampouco uma desfeita, repetindo como um mantra sua determinação de "vingar a vingança; retribuir a retribuição". Agora, tinha chegado à *ordu* — corte (origem da palavra "horda") — de Toghril, cã dos keraítas cristãos, que outrora havia sido *anda* de seu pai. Aceitando como presente um casaco de zibelina negro, Toghril nomeou Temujin chefe de seu clã Borjigin. Mais tarde, a esposa de Temujin, Börte, foi raptada pela tribo merquite como vingança pelo sequestro de Hoelun, vinte anos antes.

Temujin enviou Boorchu e Jelme para seguir os merquites, enquanto ele próprio recuava para Burkhan Khaldun, onde recordou, meditativamente: "Quando minha vida não valia mais do que um piolho, escapei. Só salvei minha própria pele e um cavalo, seguindo os caminhos de um alce, transformando em casa a copa de um salgueiro". Temujin fez um sacrifício a Tengri: "pendurou o cinto no ombro e ajoelhou-se nove vezes para o sol, oferecendo-lhe um borrifo de *kumis* e orações". Dizendo à família que "estou protegido", ele acreditava ter sido poupado e escolhido por Tengri. Mas essas ambições devem ter soado ilusórias. Parecia improvável que o mundo voltasse a ouvir sobre ele.

TAMARA, DEFENSORA DO MESSIAS

No oeste distante, em 1159, o imperador Manuel cavalgava pelas ruas de Antioquia, tendo atrás de si o príncipe Reinaldo e o rei Balduíno III, de Jerusalém. Ele negociava casamentos para comemorar a ressurgência romana — o dele próprio com Maria de Antioquia, o de sua sobrinha Teodora com Boemundo III, e o de sua sobrinha-neta com Amalrico, de Jerusalém. Em 1169, Manuel e o rei Amalrico atacaram o Egito, num plano mal coordenado que fracassou em tomar o abastado porto de Damieta, e recebeu um contragolpe letal, enfraquecendo de tal forma o regime cairota que, após a morte do califa al-Adid, seu vizir, um talentoso emir curdo chamado Saladino, pôs fim ao califado fatímida e uniu o Egito e a Síria num único sultanato sunita, um pesadelo estratégico para o decadente reino de Jerusalém, agora cercado.

Mas essa não era a única catástrofe que pairava sobre a cristandade. Em 1172, no oeste, uma nova dinastia berbere havia destruído os almorávidas, conquistado o norte da África até a Líbia, atravessando em seguida o Mediterrâneo para tomar grande parte da península Ibérica.[5]

Para sorte de Saladino, Manuel, o Grande, estava sobrecarregado. Em 1176, o imperador, então com 58 anos, foi emboscado pelo sultão seljúcida de Rum, um revés que expôs a fragilidade do Outremer. Jerusalém e os estados cristãos estavam fragilizados devido à carência de efetivos militares. Os francos originais tinham praticado casamentos mistos com cristãos orientais e armênios, mas também com povos árabes; seus filhos mestiços, dos quais os ocidentais zombavam, chamando-os de *pulains* (aves de capoeira), com frequência serviam numa cavalaria de turcópolos (filhos de turcos) em exércitos multiétnicos, guarnecidos por forças especiais celibatárias, a começar pela Ordem do Templo de Salomão

— os templários —, uma ordem militar-religiosa sediada no Domo da Rocha. Depois de Amalrico, porém, a sorte do Outremer chegou ao fim.⁶ O rei adolescente de Jerusalém, Balduíno IV, embora leproso, agiu com bravura para derrotar Saladino em 1177, contando com um exército de apenas quinhentos cavaleiros e templários. Mas sua morte terrível, o rosto se decompondo atrás de uma máscara, era uma metáfora inescapável para o próprio Estado.

Em julho de 1187, em Hatin, Saladino cercou e derrotou um irresponsável e desqualificado rei de Jerusalém, Guido de Lusinhão, e decapitou não só o ex-príncipe de Antioquia, Reinaldo, como duzentos templários e todos os turcópolos mestiços, que eram especialmente desprezados. Então, em 2 de outubro, tomou a Cidade Sagrada para o islã, demonstrando notável misericórdia, em contraste com a carnificina dos cruzados 88 anos antes.

A cristandade ficou perplexa. Na Etiópia, o rei Gebre Meskel Lalibela construiu um complexo de igrejas escavadas na rocha, a fim de criar uma Jerusalém africana. Na Europa, três monarcas impressionantes — o imperador Frederico Barba-Ruiva, Ricardo Coração de Leão, da Inglaterra e da Aquitânia, e Filipe Augusto, da França — mobilizaram exércitos. O fracasso das cruzadas desencadeou ataques aos judeus: em York, toda a comunidade foi queimada viva, enquanto os reis seguiam para o leste. Barba-Ruiva morreu no caminho, afogado num rio.⁷ As outras prima-donas reais brigaram entre si, mas, em Acre, combateram Saladino até chegarem a um impasse: Acre sobreviveu como capital de um remanescente Outremer, do qual era o principal porto; Saladino governava do Egito ao Iraque, e Jerusalém permaneceu sob domínio islâmico até 1917.

O eclipse de Manuel e a queda de Jerusalém beneficiaram uma rainha notável: Tamara, da Geórgia. O sul do Cáucaso era um tampão natural entre os impérios; lá, não obstante, os antigos reinos da Geórgia e da Armênia, os primeiros a se converter ao cristianismo, oscilavam entre alianças árabes e romanas.⁸

Em 1178, aos dezoito anos, Tamara foi coroada cogovernante ao lado do pai, Jorge III, que estava envolvido em uma série de guerras e casou sua outra filha, Rusudan, com um príncipe dos Comneno. No ocidente latino, as mulheres no poder eram, em sua maioria, rapidamente depostas por magnatas, mas, influenciada pela tradição constantinopolitana de imperatrizes, Tamara pelo menos tinha um modelo. Rainha aos 24 anos, com a morte do pai, ela manobrou cuidadosamente para apaziguar potentados rebeldes que se ressentiam do poder feminino, mas em 1185 foi obrigada a se casar com um príncipe russo descendente de Rurik, Jorge de Vladímir-Susdália. O apogeu dos rus havia muito acabara. Os ruríquidas estavam em constante conflito, lutando para governar os principados mais poderosos. Jorge teve sorte, tornando-se rei da Geórgia, mas Tamara era rainha dos reis. E ela abominava o atoleimado Jorge, o qual, "quando embriagado, revelava seus hábitos citas; totalmente pervertido e depravado, ele chegava até mesmo a adotar um comportamento sodomítico". Em 1187, ela o acusou de ter vícios não naturais, divorciou-se dele e o exilou em Constantinopla.

Liberta do patriarcado de clérigos e barões, ela agora se casou — incomumente, por amor — com seu atraente e inteligente primo Davi Soslan, um príncipe ossetiano que conhecia desde sempre. Diante da ressurgência islâmica, Tamara estabeleceu uma aliança com Saladino, e em seguida enviou Davi para atacar os governantes turcomanos da Türkiye oriental e do Irã ocidental. Desafiada por um príncipe seljúcida, disse a ele: "Você conta com o ouro e numerosos guerreiros, enquanto eu conto com o poder de Deus". Em suas moedas, com inscrições em árabe e georgiano, lia-se apenas: "Defensora do Messias".[9]

Enquanto seu príncipe ossetiano obtinha vitórias para "a deusa servida por Davi, o sol", Tamara governava um império que se estendia do mar Negro ao mar Cáspio. Enquanto isso, o casamento de sua irmã Rusudan com um príncipe dos Comneno dificilmente poderia ter sido mais desafortunado.

A *Basileia Romaion* estava prestes a desabar, mas a verdadeira mudança viria do leste, onde Temujin, um chefe mongol em ascensão, via-se diante de uma insuportável perspectiva. "Minha mulher", lamentava o futuro Gengis, "foi violada." E estava grávida.

A VOLTA POR CIMA DE TEMUJIN

Temujin foi informado de que Börte fora oferecida como despojo de guerra a um príncipe merquite. Ele apelou a seu protetor Toghril (seu "cã-pai") e a seu irmão de sangue, Jamuqa, que atacaram os merquites à noite. Os merquites, avisados da emboscada, fugiram desordenadamente pela estepe. O resgate, contado na história da família de Gengis, revela um lado raro de Temujin. "Enquanto prosseguiam as pilhagens e estupros, ele galopou atrás dos merquites em fuga, gritando: 'Börte! Börte!'. Reconhecendo a voz do marido, ela pulou de sua carroça e correu na direção dele. Era uma noite de luar; ele reconheceu a sra. Börte, e eles caíram nos braços um do outro."

Ela estava grávida de oito meses. Temujin não a rejeitou, e ela deu à luz Jöchi, que Temujin tratou como se fosse um filho. Mas eles tiveram juntos mais três filhos, Chagatai, Ögodei e Tolui, e cinco filhas. Quando Tolui tinha cinco anos, um tártaro tentou raptá-lo do acampamento da família, mas ele foi salvo por sua irmã Altani, que segurou o sequestrador até os guarda-costas chegarem e matarem-no. Os guardas reivindicaram o crédito, mas Temujin promoveu a moça a *bagathur*.

Pouco a pouco, o caráter excepcional de Temujin foi reconhecido — ele era "alto, vigoroso, robusto, com olhos de gato, possuía uma energia focada". Além disso, tinha cabelos negros, uma constituição de aço, a rara capacidade de ouvir, um enorme vigor e uma inabalável confiança, reforçada pela percepção de uma missão sagrada, essencial para uma liderança transcendente. Sabia enxergar talentos e conquistar lealdades. Três primos da Casa de Khabul declararam que o "Céu Azul ordenou que Temujin seja o nosso cã", prometendo trazer "belas virgens, tendas palacianas e capões com boas garupas"; em troca, ele louvou seus primeiros escudeiros, dizendo-lhes: "Quando eu não tinha mais ninguém além de minha sombra, vocês eram minha sombra. Vou promovê-los". Seus seguidores começaram a chamá-lo de Gengis Khan — "cã feroz".

Quando o imperador jurchén do norte da China pediu-lhes que atacassem os ferozes tártaros que faziam incursões nas fronteiras chinesas, Toghril e Gengis mataram o chefe do bando — finalmente vingando o pai de Gengis. O imperador fez de Toghril um *wang-khan* (cã-rei), e de Gengis um protetor da fronteira: ambos ainda reconheciam a autoridade dos Jin. Gengis prometeu lealdade a Toghril: "Como um falcão, voei sobre a montanha, por você peguei as garças de patas azuis".

Depois de massacrar os tártaros, Gengis tomou duas garotas como concubinas e capturou um menino privilegiado, instruído, chamado Shigi, que usava uma argola de ouro no nariz e uma faixa de seda, o qual deu à mãe para que o criasse, e que mais tarde tornou-se seu principal juiz. Quando as tribos elegeram Jamuqa como Gur Khan — "cã universal" —, a fim de liderá-las contra Toghril e Gengis, tornou-se provável que um deles, Gengis ou Jamuqa, camaradas de infância, acabasse como governante da estepe. Em 1201, Jamuqa e sua coalizão de tribos atacaram Temujin, que teve o apoio do velho Toghril. A Batalha dos Treze Lados foi tão renhidamente travada que seus exércitos dormiam quase apoiando-se uns nos outros. O cavalo de Gengis foi golpeado, e depois ele próprio foi atingido no pescoço por uma flecha envenenada. Jelme o resgatou, sugou o veneno e em seguida arrastou-se pelo campo de batalha, a fim de roubar tofu e água do inimigo para o parceiro. Ao amanhecer, Gengis recuperou-se — "meus olhos voltaram a ficar claros" — e reconheceu que Jelme tinha salvado "minha vida três vezes".

Depois da vitória, o arqueiro que atingira seu cavalo foi trazido até ele, e admitiu o que tinha feito. Implacável, mas cheio de empatia, Gengis o perdoou, concedendo-lhe o nome Flecha — Jebe — e acrescentando: "Vou usá-lo como *minha* flecha". Jebe logo seria um de seus paladinos.

Agora o relacionamento entre o velho cã Toghril e o jovem Gengis azedara: quando Gengis propôs casar seu filho Jöchi com a filha de Toghril, o cã-rei recusou, talvez porque Jöchi não fosse de fato filho de Gengis.

Em 1203, Toghril uniu forças com Jamuqa: "Vamos pegar Temujin e matá-lo". Gengis conseguiu escapar, mas notou a ausência de seu filho Ögodei. Quando trouxeram o garoto, ferido por uma flecha no pescoço e pendendo sobre o alforje da sela, o cã chorou. Desaparecendo em Transbaikal (Sibéria), Gengis se recuperou e em seguida ressurgiu. Na Batalha das Areias Ardentes, ele derrotou o enfermo Toghril, que, depois de fugir, foi decapitado.

As tribos conquistadas enviavam garotas para Gengis e seus filhos: as jovens eram tratadas como troféus, e o estupro era um rito perverso da conquista mongol. Mas algumas mulheres demonstraram uma postura desafiadora ante a crueldade masculina, e algumas se tornaram as mulheres mais poderosas do mundo, com o direito de contar suas próprias histórias.

Depois de derrotar os tártaros, Gengis escolheu a filha do chefe, Yesugen, como concubina. Um dia, durante o ato sexual, ela sugeriu: "Se assim desejar, o cã cuidará de mim, considerando-me um ser humano que vale a pena ter a seu lado. Mas minha irmã mais velha, Yesui, é superior a mim: na verdade, é adequada para um governante". Gengis sequestrou Yesui, e as duas irmãs tornaram-se esposas seniores. Ele estava apaixonado por Yesugen, e ela o acompanhou nas expedições seguintes. Depois de derrotar os merquites, Gengis capturou outra garota, Khulan, que um de seus generais resolveu guardar para si mesmo — uma perigosa impertinência. Enquanto Gengis interrogava o oficial, a própria Khulan desafiou o cã a inspecionar sua virgindade e ter ele próprio sexo com ela. Gengis ofereceu Töregene, a mulher do cã merquite, a Ögodei.

Quando as duas sobrinhas keraítas de Toghril lhe foram entregues, Gengis tomou uma para si mesmo e deu a outra, Sorqaqtani, a seu filho mais novo, Tolui. Ela seria a mãe de dois monarcas e, durante trinta anos, a mulher mais poderosa da Eurásia.

Por fim, Gengis capturou seu irmão de sangue que se tornara nêmese, Jamuqa, o qual implorou para ser executado, dizendo: "O sol se levanta com meu nome e agora se põe com ele". Gengis, generosamente, deu-lhe uma morte real não sangrenta, quebrando suas costas.

Assim como seu bisavô Khabul, Gengis governou os "povos que vivem em tendas de feltro" — mas era improvável que alguém fora das hostes bárbaras jamais tivesse ouvido falar sobre ele.

A queda de Constantinopla, a rainha das cidades, parecia ser mais importante: a degradação começou quando os Comneno, que haviam produzido três excepcionais imperadores, apresentaram o playboy mais tóxico da história.

O SEDUTOR E O VINGADOR: OS DENTES DE ANDRÔNICO E OS OLHOS DO DOGE

Andrônico, neto do imperador Aleixo e primo de Manuel, era um bufão jactancioso, incompetente e superestimado, cuja ascensão ao topo parecia uma piada inverossímil — até que um processo de momentosa inevitabilidade a tornou iminente. Suas ambições eram imensas, suas seduções, priápicas, sua sucessão, catastrófica. Após se casar primeiro com uma irmã do rei Jorge III da Geórgia (tia de Tamara), ele começou por seduzir sua prima Eudóquia Comnena, depois fugiu, perseguido pelos furiosos irmãos dela, e estabeleceu-se em Antioquia, onde teve um caso com a irmã da imperatriz Maria, a princesa Filipa, da família Hauteville. Após fugir novamente, para Jerusalém, Andrônico (então com 56 anos, idoso pelos padrões medievais) seduziu a rainha Teodora Comnena, a bela viúva de Balduíno III e três décadas mais nova. Juntos, eles fugiram para a corte do atabegue de Mossul e líder da jihad contra os cruzados, Nur al-Din.

Andrônico tinha se retirado para as províncias e era visto como uma piada internacional, até o momento em que um raro conjunto de circunstâncias afastou seus rivais e fechou caminhos alternativos: Manuel, o Grande, morreu de febre; sua viúva, Maria de Antioquia, uma Hauteville impopular, tornou-se a regente do filho, Aleixo II, e uma onda de xenofobia fez com que os italianos fossem odiados por seus privilégios comerciais. Em 1183, Andrônico montou nessa onda, marchou sobre Constantinopla e massacrou pisanos e genoveses. Em seguida, mandou afogar Maria e estrangular Aleixo, de catorze anos, antes de se casar com a noiva do rapaz, Inês da França. Ela tinha doze anos, ele, 65 — embora ainda exibisse com orgulho o lustroso cabelo e todos os dentes. Enquanto as conspirações se multiplicavam, Andrônico massacrava os oponentes, mas seus dois inimigos ancestrais lançaram incursões — os seljúcidas a leste e os Hauteville a oeste. Em Veneza, as depredações de Andrônico causaram indignação. O mercador Enrico Dandolo, sobrinho do patriarca veneziano, cego devido a uma pancada na cabeça vinte anos antes, possivelmente em Constantinopla, liderou uma frota que foi assolada pela peste e não teve sucesso. Mas Andrônico, abandonado por todos, foi obrigado a negociar com Dandolo, libertando prisioneiros venezianos e lhes devolvendo seu território.

Em 1185, uma rebelião popular, liderada pelo aristocrata Isaque Ângelo, derrubou Andrônico, submetendo-o a três dias de tortura. Após ter sido pendurado de cabeça para baixo no hipódromo, seus olhos foram arrancados, os genitais amputados, os dentes extraídos, o rosto queimado, tudo isso com o objetivo de destruir as feições com as quais aquele cruel pavão de contumaz narcisismo cativara não apenas muitas mulheres, mas também o povo de Constantinopla.

Em seguida, ele foi apunhalado e esquartejado. Pouco tempo depois, um de seus filhos foi morto; outro, cunhado de Tamara da Geórgia, foi cegado e enviado para Tbilisi.

Em 1192, Veneza elegeu um novo doge, Dandolo, que recebeu uma delegação de cruzados franceses em busca de um empréstimo para financiar sua cruzada contra o Egito.[10] Não tendo conseguido o dinheiro, Dandolo assumiu o comando da operação, tomou a Cruz e declarou que, embora estivesse "velho e fraco, ninguém sabe governá-los como eu, e irei e morrerei" no "maior empreendimento jamais realizado". Navegando pelo Adriático até a Croácia veneziana, com 12 mil venezianos e franceses, ele atacou a cidade rebelde de Zara, onde se juntou a ele um príncipe romaioi, Aleixo IV Ângelo, que pediu sua ajuda para derrubar o tio, o imperador de Constantinopla. Dandolo, apoiado entusiasticamente pela maioria dos cruzados, navegou para o Bósforo, esperando que os cidadãos da Grande Cidade dessem boas-vindas a Aleixo, o que não aconteceu. Exasperado, ele ordenou a devastação de Constantinopla. Ouvindo os sons da batalha do convés de sua galera escarlate, ele ordenou, de repente, que o navio fosse encalhado na praia, enquanto se mantinha em atitude de desafio na proa — uma visão que inspirou suas tropas e provavelmente os constantinopolitanos, pois eles derrubaram o imperador e deram boas-vindas ao candidato veneziano. O imperador pagou uma parte do ouro que devia a Dandolo — não o bastante para Veneza —, porém demais para seus súditos: ele foi assassinado.

Em 12 de abril de 1204, Dandolo, furioso, devastou a cidade, usando navios mercantes amarrados uns aos outros como plataformas de armas de cerco, enquanto tropas venezianas e francesas escalavam as muralhas. Isso só foi possível porque a desmoralizada cidade estava fragilmente defendida. Uma vez lá dentro, porém, os latinos, enojados com os afetados, traiçoeiros e idólatras gregos, saquearam a cidade, estuprando freiras, matando crianças e profanando a iconóstase de prata de Hagia Sofia, onde entronizaram uma velha prostituta. O doge organizou o saque de esculturas de pórfiro dos tetrarcas de Roma, e os cavalos de bronze acima da linha de largada do hipódromo (eles ainda estão lá, e há uma réplica na fachada da Basílica de São Marco, em Veneza). Dos territórios dos romaioi, Dandolo criou um novo império chamado Romênia. Ao próprio Dandolo, agora com 97 anos, foi oferecido o trono, mas ele recusou. O escolhido acabou sendo um francês, porém Dandolo obteve para Veneza três oitavos do *Partitio Romaniae*. Depois de aceitar os sonoros títulos de déspota da Romênia e senhor de três oitavos do Império Romano, ele morreu — e foi a única pessoa jamais sepultada em Hagia Sofia. Constantinopla nunca se recuperou; Veneza tomou Creta, Chipre e o sul da Grécia e incorporou esses territórios a seu próprio império mercantil. Mas o sucesso de Dandolo levou a uma guerra com Gênova, na qual o filho único do doge foi morto.

A rainha Tamara da Geórgia assistira a tudo isso com horror; seu cunhado cego Manuel Comneno vivia em Tbilisi com o filho Aleixo. Agora Tamara enviou tropas georgianas para tomar Trebizonda, onde Aleixo Comneno declarou-se imperador, fundando um Estado cliente da Geórgia.[11] Quanto a Tamara, seu amado rei Davi morreu, e ela sofria de uma "enfermidade feminina", possivelmente câncer do útero, o que a levou a coroar seu filho, Jorge IV, o Resplandecente, como cogovernante. Ao saber que havia uma nova cruzada, Jorge empunhou a Cruz para libertar Jerusalém, incentivado por (falsas) notícias de que um rei cristão, Preste João, avançava do leste. Contudo, algumas das notícias eram corretas. Havia *de fato* um novo rei no leste, e ele estava *mesmo* vindo.

GENGIS — MINHA VIDA DOURADA — E A PESTE NEGRA

Em 1206, Gengis convocou um *qurultai* — a assembleia que confirmava a liderança das estepes, não mediante votação, mas por simples comparecimento — para comemorar sua ascensão a grão-cã. Abençoado, após uma consulta sagrada com o Céu Azul, por intermédio do xamã da corte, Kokochu, que o acompanhava desde a juventude, ele tornou-se oficialmente "grão-cã de todas as tribos que vivem em tendas de feltro" — keraítas, naimans, merquites, tártaros —, à frente de uma nova nobreza de comandantes confiáveis, unidos sob seu estandarte branco de nove caudas de iaque. Gengis elogiou seus servidores, contando histórias do passado e designando Jebe, Kublai e os irmãos Jelme e Subotai seus "quatro cães de caça".

Seu código de leis, o *Yasa*, foi lido em voz alta. Os casos seriam julgados por seu filho adotivo Shigi, e o cumprimento da lei seria imposto por outro filho, Chagatai. Embora fosse analfabeto, Gengis contratou um escriba uigur para ser o guardião do selo e utilizava a escrita uigur nos negócios. Um serviço de correio a cavalo, o Yam, fazia a comunicação entre exércitos e províncias. Este era o empreendimento de uma dinastia divinamente abençoada, agora chamada Família Dourada: somente a Família Dourada governaria o mundo, somente a Família Dourada escolheria o cã no *qurultai*, e nenhum sangue dourado poderia jamais ser derramado. As quatro filhas de Gengis foram investidas de considerável poder; todas eram casadas com potentados e receberam reinos para governar por direito próprio. A filha mais velha, Alakhai, governou as tribos ongud e, mais tarde, grande parte do norte da China, tornando-se a principal fornecedora de cavalos para o pai, que a chamava de "princesa que governa".

Nesse momento supremo, o xamã de Gengis, Kokochu, acusou o irmão do grão-cã, Qasar, de traição: "O Espírito revelou-me — Temujin governará primeiro, Qasar depois. A menos que remova Qasar, você estará em perigo". Kokochu tinha um status inviolável — era meio-irmão de Gengis, compartilhando com ele a mãe, Hoelun, e tendo como pai o mais antigo conselheiro do grão-cã, Munglik. Gengis mandou prender Qasar, mas sua mãe arreou um camelo branco, conduziu sua carruagem ao longo da noite e apelou ao filho, desnudando os seios e chorando: "Este são os seios que amamentaram vocês dois!". Mas sua mulher, Börte, o advertiu de que Kokochu poderia ser uma ameaça a seus próprios filhos.

Libertando Qasar, Gengis ordenou a seu irmão Temüge que matasse Kokochu, quebrando-lhe as costas. "Ele já não era amado pelo Céu", disse Gengis, advertindo a família de Kokochu: "Vocês estavam começando a pensar que se igualam a mim". Ele nomeou então outro xamã. "O Céu ordenou-me que governasse sobre todos os homens", disse Gengis. "A proteção e a promoção do Céu Azul me habilitaram a destruir meus inimigos e alcançar esta elevada dignidade."

Os excepcionais talentos de Gengis, combinados com as bênçãos de boas colheitas e um clima ameno, a grande população humana e equina da estepe e a divisão da China, significavam que o grão-cã dispunha agora de 80 mil arqueiros montados que consideravam a vitória, a aventura e o butim os prêmios essenciais por sua lealdade, e prova de uma liderança sagrada. Os prêmios eram os reinos dos Song, dos tangutes e dos jurchéns.

Em 1209, Gengis derrotou o império tangute budista de Xi Xia, no noroeste da China,[12] mas, incapaz de tomar sua capital murada, aceitou a submissão do imperador. Em seguida, voltou-se para o império jurchén dos Jin, que governava 40 milhões de pessoas no nordeste da China, zombando de seu emissário: "Pensei que o imperador era nomeado pelo Céu". Aquilo, disse ele, era uma vingança pela morte de seus antepassados Kutula e Ambagai. Chegando às muralhas de Zhongdu (Beijing), Gengis percebeu que não tinha armas de cerco suficientes, por isso atacou o sul. Em 1214, reuniu seus exércitos ao norte de Zhongdu, mas sofreu uma epidemia de patologia desconhecida. O imperador jurchén fez a paz, enviando uma filha como noiva do grão-cã, mais quinhentos rapazes e moças, 3 mil cavalos e 10 mil fardos de seda — mas a dinastia jun estava desmoronando. Gengis contratou engenheiros chineses para construir suas armas de cerco, utilizou bombas incendiárias e foguetes desenvolvidos pelos Song e empregou um príncipe chinês para lhe dar conselhos sobre estratégia. Em 1216, tomou e saqueou Zhongdu, matando milhares de pessoas e deixando pilhas de cadáveres para apodrecer. Em seguida, voltou-se para o oeste, deixando o general Muqali com uma força menor, de cerca de 23 mil mongóis, para submeter o império fragmentado.

Em 1218, desviando para o leste, Gengis engoliu o canato de Kara-Khitai (Cazaquistão), onde capturou a famosa e esbelta imperatriz Juerbiesu. Ela zombou do fedor dos mongóis, uma afronta que foi relatada a Gengis. Ele a interrogou, mas, impressionado com sua beleza, passou a noite com ela, que se tornou sua esposa de terceiro escalão.

Esses movimentos em terras distantes iriam reverberar pela Eurásia, libertando um novo patógeno que se tornaria a peste negra. Pequenas porém misteriosas mudanças no clima global e na nutrição humana podem levar a surtos de doenças já presentes, mas adormecidas durante séculos. A peste tinha sido descoberta num antigo túmulo sueco de 3000 a.C., sugerindo que pode ter se originado na Europa muito antes de aparecer no leste. A peste bubônica foi durante muito tempo enzoótica, comumente transmitida por pulgas no pelo de marmotas, camelos e ratos, que se multiplicavam onde quer que os humanos deixassem detritos de sua vida cotidiana. As marmotas eram uma marca da vida mongol, considerando que os membros das tribos vestiam-se com pelo e couro de marmota e comiam sua carne. A peste só voltou a eclodir no Ocidente um século depois, mas novas pesquisas provam que ela tinha começado muito antes.

Em algum lugar nas vertentes das montanhas de Tian Shan ocorreu a fatal transmissão entre humanos e animais — quando um mongol comeu a carne de uma marmota infectada ou foi mordido por uma pulga vivendo no pelo de um desses roedores. Infectada com o patógeno *Yersinia pestis*, a pulga nutriu-se do sangue de um humano ou defecou numa lesão da pele, injetando bacilos na corrente sanguínea. Uma vez infectados, os humanos transferiam a doença ou diretamente, pela tosse, ou indiretamente, por meio de sua onipresente companhia: ratos infestados de pulgas. Os surtos dificilmente eram registrados. Se os nômades se deparavam com a peste, podiam levantar acampamento. Mas as cidades não podiam apenas se mover. Os exércitos mongóis, inconscientemente, levaram o patógeno para a China e depois para o Ocidente.

GENGIS E OS FILHOS: QUAL É A MAIOR ALEGRIA DE UM HOMEM?

A conquista levou Gengis às fronteiras da Corásmia, um novo reino islâmico que abrangia o Uzbequistão, o leste do Iraque e o Afeganistão e fora conquistado pelo cruel e arrogante Muhammad Shah, que ouvira de testemunhas oculares relatos sobre o saque de Zhongdu. O xá estava convencido de sua superioridade sobre os rudes mongóis e de seu próprio sucesso. Mas o conquistador estava prestes a ser conquistado, o clássico caso de predação entre jaguar e crocodilo. Quando Gengis enviou ao xá emissários mongóis e cerca de quatrocentos mercadores islâmicos, os corasmianos os executaram, enviando a cabeça deles de volta para Gengis.

A fim de "vingar a vingança, retribuir a retribuição", Gengis planejou a invasão de seu novo teatro de operações. Sua esposa favorita, Yesui, advertiu: "Quando seu corpo tombar, como uma árvore, a quem você deixará seus povos? A qual de seus quatro filhos?".

"Mesmo sendo mulher", gracejou Gengis, "ela está mais do que correta." Todos os seus filhos tinham se distinguido como comandantes, mas todos tinham falhas: Jöchi possuía um temperamento incontrolável; Chagatai era meticuloso, porém ríspido; Tolui era o melhor general; Ögodei, o favorito, era grande, alegre e conciliatório. Todos eram desenfreadamente alcoólicos. Chagatai odiava Jöchi.

"Temos de ser governados por esse bastardo merquite?", gritou Chagatai.

"Nosso pai nunca disse que eu era diferente, por que você faz isso?", replicou Ögodei. Os príncipes começaram a brigar, mas foram apartados.

"Ögodei é misericordioso", sugeriram os generais. "Fiquemos com Ögodei."

"Jöchi, o que você acha? Fale!", gritou Gengis.

"Digamos que Ögodei", concordou Jöchi.

"Ögodei, fale!", disse Gengis.

"O que devo dizer? Que não sou capaz?", replicou Ögodei, exibindo a modéstia requerida, mas também característica. "Darei meu melhor." Os príncipes aprovaram.

"Assim será", disse Gengis.

Em 1219, Gengis invadiu a Corásmia, enviando Jebe e Subotai na vanguarda, seguidos do príncipe Jöchi[13] com uma coluna, enquanto ele próprio liderava outra com o príncipe Tolui, em direção a Bucara (Uzbequistão), uma cidade de influência persa com 300 mil habitantes e uma famosa biblioteca. Gengis usou a grande mesquita como estábulo: "Não há forragem nos campos; encham a barriga de meus cavalos!". Depois dirigiu-se à elite: "Vocês cometeram grandes pecados. A prova disso? Eu sou a punição de Deus". Em seguida a cidadela foi devastada, o povo escravizado, a biblioteca queimada, antes que Gengis continuasse para Samarcanda, onde juntaram-se a ele seus outros filhos. Eles foram enviados para tomar Gurganj (Urgench, Turcomenistão), a capital da Corásmia. Quando a cidade caiu, 50 mil soldados mongóis receberam ordem de matar, cada um, 24 cidadãos de Gurganj, o que significaria 1,2 milhão de pessoas. Pode ter sido o maior massacre da história.

O xá fugiu, perseguido por Jebe, a Flecha, e Subotai, numa ardente caçada que terminou com a morte solitária de Muhammad numa ilha do mar Cáspio. Seus filhos, mais capazes, não desistiram: buscaram uma aliança contra Gengis com os sultões de Delhi, na Índia, mas no fim foram destruídos.

Gengis varreu o Afeganistão e o norte do Irã, massacrando toda a população de Balkh e Herat. Tolui tomou a resplandecente ex-capital seljúcida de Merv,[14] onde Gengis sentou-se num trono dourado e ordenou que se queimasse a biblioteca de Nizam al-Mulk. Em seguida, declarando que "essas pessoas resistiram a nós", separaram centenas de milhares de homens, mulheres e crianças em rebanhos e os massacraram como se fossem carneiros. "Gengis Khan ordenou que se contassem os mortos", escreveu o historiador árabe al-Athir, que entrevistou sobreviventes, "e havia por volta de 700 mil cadáveres" — um exagero, mas ainda assim um dos dias de maior atrocidade em toda a história. Os que foram mantidos vivos como escravos eram conduzidos à frente dos mongóis como escudo humano, prática já usada na China. Durante o cerco de Nixapur (Irã), Toquchar, casado com a filha de Gengis, Checheikhen, foi morto por uma flecha. Quando a cidade caiu, sua viúva assumiu o comando, orquestrando a morte de todos e reunindo as cabeças de homens, mulheres e crianças em diferentes torres. Talvez tenha sido a filha de Gengis quem concebeu essas terríveis torres, que se tornaram declarações arquitetônicas da ferocidade mongol. O neto favorito de Gengis, Mutugen, filho de Chagatai, foi morto no cerco de Bamian (Afeganistão). Durante o jantar, Gengis informou o pai, baniu o luto e ordenou a destruição de Bamian: não haveria saque, apenas fogo e morte. Até mesmo cães e gatos foram mortos. Essas cidades jamais se recuperaram.

Em 1220, Gengis tinha 58 anos, mas não perdera o entusiasmo pela conquista. Certa vez, festejando com seus generais, ele perguntou: "Qual é a maior alegria de um homem?". Os generais escolheram prazeres diferentes — beber, caçar, festejar —, até que Gengis disse: "O maior prazer de um homem é esmagar um rebelde e derrotar um inimigo, destruí-lo, tomar tudo que ele tem, sequestrar suas esposas e fazê-las chorar, montar seus bons cavalos e fornicar com suas belas mulheres e filhas — e possuí-las totalmente". Essa "posse" era literal: os nômades viam as suas conquistas como totais — tesouros, cidades, gado e seres humanos eram agora deles, para compartilhar ou matar. A guerra sexual era considerada um direito de conquista e um prazer da vida. Evidências de DNA mostram que milhões de pessoas descendem de um único ancestral que viajou pela Ásia naquela época. O mais provável é que tenha sido o próprio Gengis Khan, que, depois de séculos de reprodução de seus descendentes, é literalmente o pai da Ásia.

No Afeganistão, Gengis mandou chamar um reverenciado filósofo taoista, Qiu Chuji, que lhe haviam recomendado na China: "Mestre, o senhor me trouxe um elixir da imortalidade?".

"Posso proteger a vida, mas nenhum elixir vai estendê-la", respondeu o Mestre, que recomendou refrear o apetite por garotas, caça, luta e bebida.

"O Céu enviou este Santo Imortal para nos ensinar essas coisas", disse o grão-cã a seus cortesãos. "Gravem-nas em seus corações." Embora, "infelizmente, nós, mongóis, sejamos criados para disparar flechas e montar — hábitos difíceis de deixar de lado". De qualquer forma, por ordem do grão-cã, o taoismo foi incentivado na China, desfavorecendo o budismo.

O sucesso não corrompera Gengis, que, como todos os autocratas, gostava de falar sobre si mesmo. "O Céu desaprova o luxo da China", ele refletia. "Prefiro a simplicidade da estepe. Visto as mesmas roupas e como a mesma comida que vestem e comem os vaqueiros e os cavalariços, e trato os soldados como meus irmãos; numa centena de batalhas estive na frente do combate. Em sete anos realizei grandes feitos; em seis direções, tudo está sujeito a uma única regra."

Enquanto estava no centro das atenções, Gengis mantinha contato, por meio de seu correio a cavalo, com o *noyan* (marechal) Jebe e o *baghatur* caolho

Subotai, que enviara para a maior incursão da história. Partindo com 20 mil homens numa aventura de mais de 7 mil quilômetros através do Irã, eles galoparam até a Geórgia. Em fevereiro de 1221, aniquilaram os cavaleiros do filho de Tamara. Jorge, o Resplandecente, morreu em decorrência dos ferimentos e foi sucedido pela irmã, Rusuda, tão bonita quanto sua mãe Tamara, mas menos astuta e afortunada. "Os tártaros", escreveu ela, primeira europeia a se deparar com mongóis, "um povo selvagem, de aspecto infernal, vorazes como lobos, invadiram meu país."

Flecha e Subotai cavalgaram para o norte, na direção da Rússia e da Ucrânia, onde derrotaram uma coalizão de povos da estepe. Eles agora enfrentavam os russos, governados pela Casa de Rurik. E estavam em menor número: 30 mil russos liderados pelo príncipe Mstislav Mstislavitch, o "ousado de Galich", e pelos príncipes de Kiev, Tchernigov e Smolensk os defrontaram em Kalka, nas proximidades de mar de Azov. Os mongóis os derrotaram. Mstislav Romanovitch, grão-príncipe de Kiev, rendeu-se — contanto que não houvesse derramamento de sangue. Jebe e Subotai astuciosamente honraram a promessa, festejando num estrado de madeira que aos poucos foi esmagando os príncipes russos.

Os ruríquidas não tinham perdido seu maior exército, o do grão-duque Jorge de Vladímir-Susdália. Enquanto Jebe e Subotai voltavam para casa, por ordem de Gengis, os europeus tomavam conhecimento dos mongóis.

Se Gengis era o grão-cã do leste, o grão-cã do oeste era o mais extraordinário dos Hauteville. O imperador Frederico II, que exultava com o epíteto Stupor Mundi — Maravilha do Mundo —, preparava-se para defender a cristandade.

Os khmers, os Hohenstaufen e os Polo

JAYAVARMAN DE ANGKOR E A MARAVILHA DO MUNDO

Muitas crianças devem ter se sentido esmagadas pela herança de Frederico. Ele era neto de Rogério II da Sicília e de Frederico Barba-Ruiva, portanto em parte Hauteville, em parte Staufen — os governantes germânicos da Suábia, descendentes de Carlos Magno. Frederico era único, primeiro por sua linhagem, depois por seu caráter. Sua mãe, Constança, inteligente, resiliente e ruiva, era a filha póstuma de Rogério II, sequestrada pela corte dos Hauteville em Palermo, até ficar claro que era a herdeira da Sicília, ao que, em 1186, seu sobrinho Guilherme, o Bom, negociou uma paz coroada com o casamento de Constança, de trinta anos, com Henrique, filho de Barba-Ruiva. Com a morte prematura do sobrinho de Constança, ela e o marido, que era agora o imperador germânico Henrique VI, tiveram de lutar pelo reino.

Chegaram então notícias improváveis: Constança ficou grávida aos quarenta anos. Saudável, seu filho recebeu o nome de Frederico Rogério, em homenagem aos dois célebres avôs, e viria a ser o principal ator europeu durante os cinquenta anos de ascensão de Gengis. Após a morte do marido, a rainha/imperatriz Constança dedicou-se a proteger a Sicília em nome do filho, que pôs sob a proteção do papa. Coroado rei da Sicília aos três anos de idade, ele foi educado por tutores islâmicos, judeus e gregos, e protegido por guarda-costas sarracenos — e, dada a informalidade siciliana, tinha liberdade suficiente para brincar com os amigos nas ruas.

Após a morte da mãe, agora eleito imperador romano e rei da Itália, Frederico, cabelos ruivos e olhos verdes, aprendeu a falar fluentemente seis línguas, inclusive o árabe. Considerava-se o imperador universal da cristandade, e era talentoso, curioso e extravagante, dotado da perspicácia necessária para governar sua complexa herança e lutar por ela. Escreveu um guia de falcoaria e fundou a Universidade de Nápoles, mas, irritado com a piedade católica, aprazia-se em provocar papas e sacerdotes, fazendo arriscados gracejos sobre Cristo, mantendo um harém de concubinas e escrevendo poemas de amor para muitas amantes. Também se deliciava em debates com astrônomos árabes e judeus e mágicos ingleses, e criou uma cidade árabe no continente, que povoou com rebeldes muçulmanos da Sicília.

Frederico ficou alarmado com o ataque dos mongóis, mas seu misterioso desaparecimento permitiu que focasse nas cruzadas. O papa Inocêncio III, tendo feito convocações às cruzadas na Ibéria[1] e no Outremer, ordenou a Frederico que tomasse a Cruz, para distraí-lo do propósito de construir seu poder na Itália. Frederico preparou-se para capturar Jerusalém no campo de batalha e na cama: recrutou uma ordem militar-religiosa germânica, a Ordem dos Cavaleiros Teutônicos (em troca de ajuda em outra cruzada, contra os pagãos da Lituânia e da Prússia); e casou-se com Iolanda, de treze anos, rainha nominal de Jerusalém, o que lhe permitiu arrogar o título de rei, embora quem realmente governasse a cidade fosse o neto de Saladino — os cristãos só governavam Acre e uma faixa do litoral. Embora a rainha de Jerusalém tenha morrido apenas dois anos depois, ao dar à luz um filho, Frederico usou de subterfúgios para não partir para o Outremer, ultrajando o papa Gregório IX, que o chamou de "precursor do Anticristo" e o excomungou. Em 1228, quando Frederico e seus cavaleiros teutônicos finalmente navegaram para Acre, os mongóis cavalgavam de novo para o oeste.

Depois de sete anos de guerra no leste, Gengis decidiu voltar para casa, suas ambições ainda por satisfazer. A Índia não fora conquistada, tampouco a China dos Song. Explorando o Punjab, onde o príncipe fugitivo da Corásmia estava à espreita, Gengis fez uma advertência ao supremo governante do norte da Índia, um ex-escravo turco chamado Iltutmish, que com muita sensibilidade apaziguou o mongol. O islã dominava o norte da Índia desde 1192, quando um chefe guerreiro afegão muçulmano invadira e derrotara os rajaputes hindus, estabelecendo um sultanato baseado em Delhi. Desde então, até 1857, reinaram os reis muçulmanos; até 1947, a Índia foi dominada por conquistadores estrangeiros.

Reconhecido como sultão pelo califa de Bagdá, Iltutmish e seus turcos saquearam os templos hindus "idólatras" e as estupas budistas. As religiões florescem quando são apoiadas por poderes terrenos: o islã tinha em seus sultões verdadeiros defensores; o budismo, já minado na Índia pela popularidade do hinduísmo tântrico, jamais se recuperou. A família hindu Chola tinha dominado o sul da Índia e o sudeste da Ásia, e embora seu último grande imperador tenha enfrentado o infortúnio, sua influência índica sobrevivia na glória suprema da Indosfera. Agora um dinâmico soberano budista construía um Império Khmer no sudeste da Ásia, baseado em sua resplandecente capital, Angkor. Jayavarman VII, contemporâneo de Gengis Khan, derrotou o reino hindu dos cham, no sul do Vietnã, e expandiu a influência de Angkor até Mianmar, Malásia e Yunnan (China).

Em 1113, um exuberante rei-deus guerreiro, Suriavarman II, tinha tomado o trono khmer depois de massacrar grande parte da família e derrotar todos os seus contendores, com o auxílio de seu aliado, o imperador Chola da Índia, e apaziguar o imperador chinês, a quem enviou delegações. Ao mandar erguer uma série de assombrosos monumentos, culminando com um templo com cinco torres e múltiplos pátios, Angkor Wat, dedicado a Vishnu, esse contemporâneo dos reis cruzados era um visionário determinado a fazer de Angkor um monumento atemporal à sua grandeza.[2] Após sua morte, os chams subiram o rio Mekong e saquearam Angkor. Ainda um jovem príncipe, Jayavarman VII contra-atacou e, ao longo de um reinado de 37 anos, estabeleceu um império de costa a costa. Abraçando o budismo e adaptando os templos hindus de Angkor, ele fez dela uma das maiores e mais belas cidades do mundo, suas dependências reais e sagradas ocupando duzentos hectares. A Grande Angkor, com uma população de mais de 1 milhão de pessoas, estendia-se por mais de mil quilômetros quadrados de subúrbios, lagos e vilas, apoiados por sofisticados sistemas hidráulicos de canais e *barays* (reservatórios), que irrigavam arrozais e plantações de palmeiras. Notável em muitos aspectos, quando morreu, em 1218, aos 99 anos, Jayavarman foi sucedido por um filho, Indravarman II, que voltou a dedicar muitos templos do pai à celebração de Shiva.

Enquanto a cultura índica florescia em Angkor, e Iltutmish promovia o islã no norte da Índia, Gengis galopava de volta para casa.

GENGIS E FREDERICO: CONFRONTO NO LEITO DE MORTE

Gengis voltou para a Mongólia com seus netos Möngke, de quinze anos, e Kublai, de dez. Caçou um antílope com eles e celebrou com gordura e sangue o ritual de passagem à idade adulta. Ambos eram filhos de Tolui e governariam como grão-cãs. Gengis preocupava-se: "Depois de nós, nossa raça usará roupas douradas, comerá alimentos doces, montará esplêndidos cavalos, beijará as mais adoráveis mulheres — e esquecerá que deve tudo isso a nós!".

Ainda havia muito a fazer. A conquista total da China não seria possível sem o território dos tangutes, que haviam se recusado a enviar tropas para a campanha da Corásmia. "Enquanto comemos", disse Gengis a seus cortesãos, "falemos sobre como os matamos e destruímos. Esse foi o fim, eles já não existem." Gengis devastou suas cidades, mas preservou manuscritos raros e drogas medicinais especiais, às vezes contendo seus massacres.

"Pretende chorar outra vez pelas pessoas?", Ögodei provocou o pai. Um general aconselhou Gengis a exterminar os chineses e transformar o centro do país em pastagem, mas seus conselheiros chineses explicaram-lhe as potenciais receitas com impostos. "Um império que pode ser conquistado no dorso de um cavalo", ele divagava, "não pode ser governado de lá." Quer ou não tenha feito esse comentário, Gengis encomendou um sistema de tributação.

Quando o imperador tangute estava a ponto de se render, o grão-cã caiu do cavalo e à noite adoeceu. "Príncipes e generais consultavam-se; naquela noite o cã estava febril", disse a *khatun* Yesui (*khatun* era a mulher de um cã, ou imperatriz). Os generais propuseram uma retirada.

"Os tangutes vão dizer que estamos vacilando", replicou Gengis, ditando ordens específicas: *khatun* Yesui deveria receber o território tangute, e ele próprio deveria ser sepultado na montanha sagrada de Burkhan Khaldun. "Não deixem que saibam de minha morte. Não chorem ou lamentem quando o governante tangute e seu povo deixarem a cidade, *matem todos!*"

Gengis estava morrendo em segredo quando o governante tangute chegou ao *ordu* dourado, em agosto de 1227. Ele apresentou suas dádivas — gigantescos budas dourados, rapazes e moças, camelos e cavalos, tudo em conjuntos de nove, o número sagrado —, mas foi preso e estrangulado, seu séquito aniquilado. Ao saber disso, Gengis afirmou: "Tivemos nossa vingança. Eles desapareceram". Agora ele podia morrer, deixando um império quatro vezes maior que o de Alexandre, com o dobro do tamanho do Império Romano — mas só metade do que ainda viria a ser. Seu corpo foi levado para o norte a fim de ser sepultado em segredo em Burkhan Khaldun, acompanhado de cavalos e escravos sacrificados, num local que jamais foi encontrado. Então os príncipes dourados liderados por Tolui, as filhas de Gengis e seus generais reuniram-se num *qurultai*, onde, conforme acordado com o pai, Chagatai propôs que Ögodei se tornasse grão-cã. Ögodei consultou os irmãos e decidiu recomeçar a conquista do mundo, assumindo o comando da campanha para aniquilar os jurchéns — pois de outra forma "as pessoas iam se perguntar com que capacidade sucedi meu pai". Em 1231, Ögodei, acompanhado de Tolui, tomou a capital jurchén de Kaifeng, mas adoeceu de cirrose, causada pelo alcoolismo. Tolui também tinha problemas com o álcool — bebia tanto *kumis* que por vezes chorava em público, deixando a política para a mulher, Sorqaqtani Beki. Ögodei se recuperou; Tolui morreu de alcoolismo, deixando Sorqaqtani para governar seus territórios em todo o norte da China. Ögodei a respeitava. Primeiro, pediu-a em casamento, depois ofereceu a ela seu inútil filho Güiük. Mas ela recusou graciosamente, dizendo que os quatro filhos eram sua prioridade. Ela tinha razão: ela e eles eram o futuro. Em vez disso, tornou-se conselheira de Ögodei. "Nenhum portador de turbante [masculino] poderia ter lidado com essas questões com semelhante brilhantismo", escreveu o historiador persa Juvaini. "Em qualquer negócio que Ögodei empreendesse, quer dissesse respeito ao império ou ao exército, ele a consultava, modificando os planos segundo suas recomendações."

Com frequência embriagado, Ögodei fundou uma capital mais permanente em Caracórum (Mongólia) e encomendou uma história da família. Embora por vezes perdoasse condenados à morte, também ordenou o estupro de milhares de moças da tribo conquistada dos oirates depois que sua governante, sua irmã Checheikhen, morreu. Seu vício era tão descontrolado que Chagatai o obrigou a permitir que um "supervisor" limitasse o número de bebidas, fato que ele contornou emborcando copos de vinho maiores.

Enquanto Ögodei declinava, sua mulher, a *khatun* Töregene, encarregava-se do governo, nomeando funcionários muçulmanos, turcos e persas para coletar impostos dos chineses. Em 1236, o grão-cã enviou um exército de 150 mil homens, sob o comando de seus sobrinhos Batu (filho de Jochi) e Möngke (filho de Tolui), além de seu próprio filho Güyük, todos sob as ordens do marechal Subotai, a fim de conquistar a Europa.

Frederico II, a Maravilha do Mundo, não estava preparado. Logo após a morte de Gengis, ele chegara à Terra Santa, onde negociou um plano de paz com o sobrinho de Saladino, Sultan al-Kamil. Os herdeiros de Saladino tinham demolido as muralhas de Jerusalém a fim de impedir que fossem usadas por famílias rivais ou cruzados. Agora, Frederico e al-Kamil acordaram que cada religião controlaria seus próprios santuários: os muçulmanos o Haram al-Sharif, os cristãos o Santo Sepulcro. Em Jerusalém, um triunfante Frederico usou sua coroa de rei da Cidade Sagrada, enquanto escrevia poemas de amor a sua amante "síria": seria ela franca ou árabe? Àquela altura, ele começava a ficar calvo e míope. Um escritor árabe que o viu em Jerusalém gracejou: "O imperador, coberto de cabelos ruivos, estava calvo e míope. Se fosse um escravo não valeria duzentos dirrãs no mercado". Mas o visionário compromisso de Frederico era odiado pelos obstinados cruzados. Quando voltou para Acre, açougueiros atiraram-lhe tripas.

Ele correu para casa, a fim de lidar com seus inimigos, a começar pelo papa Gregório,[3] que enviara um exército para tomar a Sicília, depois os turbulentos príncipes germânicos, encorajados por seu despótico filho Henrique, rei dos romanos. Frederico travou uma longa guerra para retomar seus territórios.[4] A Itália foi dividida entre seus próprios apoiadores e os do papa, e os dois lados tinham facções em cada cidade, os gibelinos apoiando o imperador, e os guelfos, o papa, num conflito que durou um século. Na Germânia, Frederico deserdou e mandou prender Henrique, que morreu de lepra na prisão, e reconquistou apoiadores germânicos. Um deles foi seu afilhado, um jovem e agressivo cavaleiro chamado Rodolfo, que vinha expandindo as propriedades em torno de seu castelo suíço, a Montanha do Falcão: Habsburgo. Rodolfo especializou-se em mudar de lado para obter concessões, fazendo manobras que estabeleceram os fundamentos da dinastia dos Habsburgo, que conquistaria um novo continente e governaria partes da Europa até 1918.

Intitulando-se conde de Habsburgo, Rodolfo confirmou suas credenciais marciais ao liderar seu próprio contingente nas cruzadas no norte contra os pagãos — onde, a partir de 1237, o imperador apoiou seu aliado, Hermann von Salza, mestre dos cavaleiros teutônicos, contra os pagãos lituanos, prussianos, sambinos e semigalianos, que ainda governavam grande parte do território que hoje constitui a Polônia, Belarus e os países bálticos. Era uma oportunidade não só para matar infiéis, mas também para conquistar novos territórios.

Enquanto Frederico vencia essas guerras, Subotai, o marechal mongol caolho, acompanhado do neto de Gengis, Batu Khan, irrompia na Europa. Em 1237, eles cruzaram o Volga, varrendo rapidamente o que hoje é a Rússia, a Ucrânia e Belarus. Em 1239, quando tomaram Vladímir, seu notável príncipe ruríquida, Jorge II, foi morto, e sua mulher mortalmente queimada na igreja. Em 1240, o príncipe Möngke destruiu Kiev.

Em 9 de abril, em Legnica, depois de incendiar Lublin e Cracóvia, um exército mongol derrotou poloneses, boêmios e saxões, matando o duque polonês, cujo corpo nu e decapitado foi reconhecido pela mulher apenas pelo fato de ter seis dedos num dos pés. Outro exército, sob o comando de Batu e Subotai, invadiu a Hungria. "Vocês moram em casas e têm cidades e fortalezas fixas", disse Batu, ameaçadoramente, a Bela IV, da Hungria. "Desse modo, como é que vão escapar de mim?" Um inglês que falava húngaro veio por parte de Batu para pedir submissão: Bela recusou.

No dia seguinte a Legnica, Subotai e Batu combateram Bela em Mohi, onde mataram 65 mil homens: talvez tenham usado pólvora e bombas de nafta trazidas da China — se fizeram mesmo isso, foi a primeira vez que se usou pólvora na Europa. Mas Batu foi criticado por incompetência por seu primo Büiük, filho do grão-cã Ögodei, que exigiu uma retirada. Subotai recusou e avançou para tomar e incendiar Peste, junto ao Danúbio. Seus destacamentos avançaram então para a Áustria, no oeste, onde locais capturaram oito atacantes. Um deles era o inglês que tinha oferecido termos de rendição a Bela.[5]

Batu Khan cruzou as fronteiras e entrou no império de Frederico. Aos 39 anos, o neto mais velho de Gengis ameaçava os grandes senhores da Europa. "Estou vindo para usurpar seu trono", ele disse a Frederico, aconselhando-o a abdicar e se tornar falcoeiro em Caracórum. Frederico, especialista em falcoaria, riu, dizendo ser qualificado para o trabalho. Mesmo ao enfrentar os mongóis, a Europa não foi capaz de se unir: imperador e papa declararam uma cruzada, mas odiavam-se.

Batu e Subotai estavam prestes a tomar a Europa quando chegaram notícias dramáticas: Ögodei tinha morrido em dezembro de 1241, sem nomear o filho Güyük como sucessor. A fim de eleger um novo grão-cã, os príncipes tiveram de retornar para o *qurultai* em Caracórum — dominado pelas mulheres na década seguinte.

QUANDO MULHERES GOVERNARAM O MUNDO: SORQAQTANI E RAZIA

Após a morte de Ögodei, sua viúva, a *khatun* Töregene, governou o império. As viúvas governavam até um novo grão-cã ser eleito. Mas o príncipe sênior, Batu Khan, conhecido como Agha — Irmão Mais Velho —, recusou-se a ir para Caracórum, temendo pela própria segurança, e Töregene não tinha força suficiente para coroar o filho mais velho, Güyük. Em vez disso, ela governou usando um intermediário dos mais improváveis, uma prisioneira de guerra persa chamada Fátima, que se tornou "aquela com quem compartilhava confidências íntimas, depositária de segredos ocultos", prevalecendo sobre funcionários, "livre para emitir suas próprias ordens" e fazendo por merecer o sarcástico apelido de Khatun. Enquanto sua rival Sorqaqtani conspirava contra ela, Törgene confiava totalmente em Fátima, mas não nos funcionários de Ögodei, e executou um deles mandando enfiar pedras em sua garganta. Mas ela temia as filhas de Gengis e matou a mais nova, Ilalti, governante dos uigures, acusando-a de ter envenenado seu irmão Ögodei.

Em Caracórum, Töregene recebeu seljúcidas de Rum, bagrátidas da Geórgia, príncipes ruríquidas da Rússia e emissários ocidentais em busca do apoio mongol. Um intrépido sacerdote sexagenário, Giovanni da Pian del Carpine, chegou como emissário de Inocêncio IV. Alguns príncipes eram festejados e promovidos; outros, festejados e assassinados.

Töregene não era a única potestade. Em Delhi, o sultão Iltutmish favorecera sua filha mais velha, Razia: "Meus filhos são ineptos", disse ele, "por isso decidi que minha filha deveria reinar". Quando ele morreu, porém, seus emires entronaram seu filho Ruknudin Firuz, um playboy que montava bêbado em elefantes, acompanhado de um séquito de eunucos e cornacas excessivamente promovidos, enquanto sua mãe, Shahturkhan, governava e acertava contas, cegando e matando um dos filhos de Iltumish. Ela logo percebeu que sua enteada Razia constituía uma ameaça, e ordenou seu assassinato. Em vez disso, durante as orações de sexta-feira, Razia apelou ao povo, incitando-o a atacar o palácio. Em seguida, prendeu e executou Shahturkhan e Firuz, tornando-se sultana por direito próprio. Os emires que a protegiam presumiam que ela seria uma testa de ferro; no início, ela respeitou o recato muçulmano, assistindo aos conselhos atrás de uma cortina, escoltada por guarda-costas mulheres, mas depois começou a governar publicamente e sem véu, cabelos cortados, usando arrojados equipamentos masculinos — couraças, espadas e botas — e montando seu próprio elefante por toda a Delhi.

Seu principal conselheiro era Jamaludin Yaqut, um escravo habashi (abissínio) que ascendera a general e que ela nomeara mestre de cavalaria, ofendendo seus generais turcos. Quando Razia desmontava de um cavalo, os cortesãos notaram que Yaqut punha as mãos debaixo de suas axilas, num sinal de chocante intimidade: estava claro que eram amantes. A combinação de uma mulher e um homem africano — o gênero dela, a raça dele — era demais para o povo de Delhi.

Razia promoveu Yaqut a *amir al-amira* — comandante-chefe. Seus inimigos conspiraram contra eles, o assassinaram e prenderam Razia para pôr outro meio-irmão no trono. Quando este se revelou turbulento, um dos chefes guerreiros, Altunia, que era o carcereiro de Razia, apaixonou-se por ela e lhe ofereceu casamento em troca de uma parceria; ela aceitou, mas eles foram derrotados, e Altunia foi morto. Vestida como um homem, ela buscou refúgio numa cabana camponesa, mas, enquanto dormia, seu anfitrião notou as joias em seu casaco e a matou, enterrando-a no jardim. Foi pego tentando vender as joias e revelou seu segredo. O túmulo abobadado de Razia, o Portão Turcomano, em Delhi, foi durante muito tempo um local de peregrinação.

Em Caracórum, Töregene governou por cinco anos até que, em 1246, Batu Khan concordou em enviar emissários para votar pelo inexpressivo Güyük, o qual deixava a maioria das decisões para a mãe. Güyük, "astuto e muito severo, quase nunca visto rindo ou celebrando", estava determinado a impor a disciplina de Gengis, após o moderado Ögodei. Agora, ele se ressentia do poder da mãe e abominava sua factótum, Fátima, e por fim enviou guardas para prendê-la. Töregene recusou-se a entregá-la. Güyük e sua *khantun*, Oghul Qaimish, julgaram e torturaram publicamente Fátima, que, nua, foi queimada e teve seus orifícios costurados antes de ser jogada num rio.

Dezoito meses depois, Güyük marchou para o leste a fim de atacar o Iraque e destruir Batu, que provavelmente o envenenou. Sua viúva assumiu o controle como regente, negociando com o enviado francês André de Longjumeau, a quem disse: "A paz é boa", mas "vocês não poderão ter paz a menos que façam a paz *conosco*!". Do contrário, "nós o destruiremos". Mas, fatalmente, ela uniu seus inimigos ao marginalizar Sorqaqtani.

A viúva de Tolui era "extremamente inteligente e capaz [...] a mulher mais inteligente do mundo", segundo o historiador Rashid al-Din. Criando cuidadosamente os quatro competentes filhos, ensinando-lhes as principais línguas — Kublai aprendeu chinês —, essa cristã nascida na realeza tinha a mente aberta, construindo igrejas mas também uma madraça. Agora ela enviou à Rússia seu astuto filho Möngke, para ver o Irmão Mais Velho. Batu recebeu-o calorosamente, reunindo o time vencedor que invadira a Hungria. Depois de convocar um *qurultai* longe de Caracórum, Batu convidou as viúvas de Gengis, de Ögodei e a própria Sorqaqtani, que traiu o acordo. Em julho de 1251, o grão-canato foi oferecido a Batu. Ele recusou, propondo o nome de Möngke, então com 43 anos, que foi escolhido e, depois de graciosamente recusar duas vezes, aceitou a terceira oferta. Eles marcharam então sobre Caracórum. Möngke odiava Oghul Qaimish, "mais desprezível do que uma puta", e ordenou que fosse torturada da mesma forma que havia torturado Fátima, nua, seus orifícios costurados, depois afogada dentro de um saco. Sorqaqtani e Möngke purgaram a família e acabaram com o reinado das *khantuns*: nenhuma mulher teria o poder novamente, ordenou Möngke, ou "veremos o que veremos" — um eufemismo para a morte. Quando a purgação estava no auge, Sorqaqtani adoeceu, acreditando que seu Deus cristão a punia pelas matanças, que ela agora tentava deter antes da própria morte.

Abençoada por Tengri, a missão de Gengis — conquistar o mundo — estava longe de ter terminado.

ALEXANDRE NEVSKI E MÖNGKE KHAN: RETOMADA DA CONQUISTA DO MUNDO

Möngke, que tinha lutado na Hungria e na Polônia, teve a perspicácia de dirigir a conquista eurasiana do mundo e governá-lo — encomendando um censo de impostos em territórios desde a Coreia até a Ucrânia. No centro, Caracórum, onde mantinha a corte num palácio simples, com tecidos dourados, aquecido por um braseiro onde ardiam raiz de absinto e esterco de gado. "Sentava-se numa pequena cama, vestido com um rico manto de pele que brilhava como a pele de uma foca", enquanto exibia seus gerifaltes.

Ainda obcecados com a perda de Jerusalém, e com a fantasia de Preste João, potentados europeus despacharam enviados a Caracórum: Willem van Ruysbroek, emissário flamengo de Luís ix, da França, chegou para converter Möngke ao cristianismo, ou pelo menos negociar uma aliança entre os mongóis e os cruzados contra o islã.

Möngke era filho de uma cristã e casado com uma cristã, a quem por vezes acompanhava em sua ida à capela, reclinando-se numa cama dourada durante o serviço. "Nós, mongóis, acreditamos em um Deus único", ele disse a Willem. "Assim como deu dedos diferentes a minha mão, Deus ofereceu caminhos diferentes para os homens." Mas, quando se tratava de poder sagrado, ele era severo como o avô: "Se, ao ouvirem o decreto do Deus eterno, não quiserem prestar atenção e mandarem um exército contra nós, sabemos o que podemos fazer". O mundo estava agora prestes a ver a que ele se referia.

Möngke governou em parceria com Batu, o Irmão Mais Velho, cujo canato, conhecido como Horda Dourada e baseado em Sarai, no Volga, cobria grande parte da Rússia europeia e da Ucrânia. Batu era jovial e bem-disposto, mas "cruel na guerra". Ele usou os ruríquidas como executores. O mais capaz de seus vassalos mongóis era Alexandre, de 25 anos, filho do príncipe de Vladímir, que compreendia os benefícios do apaziguamento. Seu pai, Jaroslau II, fora envenenado em Caracórum pela *khatun* Töregene — e Alexandre foi até lá, ajoelhou-se ante os assassinos de seu pai, e Kiev foi-lhe concedida. Agora que estava no comando, Batu visitava com frequência o Irmão Mais Velho e seu filho Sartuq, a fim de prestar obediência. Robusto e sagaz, com a voz de um trompete, Alexandre impressionou tanto Sartuq que eles acabaram se tornando irmãos de sangue. Ele precisava dos mongóis: Novgorod, uma república mercantil,[6] estava sob ataque do oeste. Um novo poder em ascensão, o ducado pagão da Lituânia, expandia-se para a Polônia, Belarus e Ucrânia. A Suécia ameaçou Novgorod, que convidou Alexandre a defendê-la. Em 1240, ele derrotou os suecos no rio Neva (o que lhe valeu, muito mais tarde, a alcunha Nevski). Depois, enfrentou os cavaleiros teutônicos e outros cruzados germânicos que haviam tomado a Prússia, a Livônia e a Semigália antes de se voltarem contra os ortodoxos russos. Em 1242, a cavalaria de Alexandre, atacando através do gelo do lago Pepius, derrotou os Irmãos Livônios da Espada.

Em 1252, ameaçado por seus irmãos rebeldes, Alexandre obteve o apoio de Batu para derrotar seu próprio sangue e foi nomeado príncipe supremo de Vladímir; em troca disso, impôs o controle mongol e cobrou os impostos do grão-cã. Quando, em 1258, Novgorod e outras cidades russas se rebelaram, Alexandre arrancou os olhos e cortou fora o nariz dos rebeldes, atacando a cidade acompanhado por mongóis, o que torna duvidoso seu status de herói e patriota russo. Por razões desconhecidas, os cãs ficaram descontentes. Em 1263, Nevski, aos 43 anos, morreu na prisão em Sarai, provavelmente envenenado. Seus irmãos e filhos disputaram a sucessão, dando início a quase dois séculos de submissão à Horda Dourada.

Daniel, o filho mais novo e mais fraco, ficou com a porção mais mirrada — Moscou —,[7] mas seria dele e dos príncipes de Moscou que descenderiam os tsares da Rússia.

Enquanto Batu assegurava a posse da Rússia, Möngke ordenou a seus irmãos que continuassem a conquista do mundo — Kublai tomando a China dos

Song e Hulagu suprimindo a Pérsia e depois conquistando Iraque, Israel e Egito. Kublai, vice-rei do norte da China, já estava em guerra. Como um assalto frontal aos Song seria perigoso, Möngke ordenou-lhe que cercasse o império conquistando o reino independente de Dali, mais ao sul. Enquanto Kublai preparava um ataque em múltiplas frentes contra os Song, Möngke, ao saber que um esquadrão de Assassinos estava a caminho para matá-lo, ordenou a Hulagu que os destruísse, e em seguida o califado de Bagdá: "Imponha as leis de Gengis Khan das margens do Amu Dária [Ásia central] ao Egito. Os que se submeterem, trate com gentileza; os que resistirem, extermine".

HULAGU E SAADI: ENTRETENDO UM ELEFANTE, MASSACRANDO UMA CIDADE

Hulagu marchou para o oeste com 100 mil homens (cada um com dois escravos, cinco cavalos e trezentas ovelhas) e um corpo de engenheiros de cerco chineses com mil catapultas — possivelmente lançadores de bombas a pólvora, com alto poder explosivo —, além de príncipes cristãos e cavaleiros de Antioquia, Geórgia e Armênia, ansiosos por destruir o califado. Essa horda de homens era acompanhada de uma horda de patógenos. Hulagu levou seu próprio suprimento de comida — enormes quantidades de grãos, escoltadas por ratos, e carne-seca, incluindo marmota curada. Novas pesquisas sugerem que esse foi o momento em que a peste negra foi trazida do Oriente, um século antes da data previamente aceita.

O cã esmagou a Transoxiana, depois cercou os Assassinos em seu refúgio de Alamut. Em novembro de 1256, o imame dos Assassinos, Rukn al-Din, se rendeu. Um dos auxiliares persas de Hulagu, Ata-Malik Juvaini, cujo pai servira ao xá corasmiano e depois a Gengis, incentivou o incêndio da biblioteca local, mas o polímata persa Nasir al-Din al-Tusi explicou que a teologia dos Assassinos não se baseava em livros. Hulagu poupou a biblioteca. Já Rukn foi envolto num tapete e pisoteado por cavalos até virar uma polpa. Hulagu concluiu seu triunfo ordenando a morte de 12 mil Assassinos.[8]

Em 22 de janeiro de 1258, Hulagu cercou Bagdá, advertindo o califa de que "a humilhação pela graça de Tengri havia alcançado as dinastias da Corásmia, os seljúcidas e os Dailam (Assassinos), mas os portões de Bagdá nunca se fecharam para eles. Como poderia a entrada estar fechada para nós, que temos tanto poder? Quando eu liderar minhas forças para Bagdá, com ira justificada [...] farei com que desabem do cume do céu. Não deixarei viva uma única pessoa".

"Jovem", retorquiu o califa abbasiya al-Musa'sim (que tinha 45 anos, enquanto Hulagu tinha 38), "você, que mal começou sua carreira e está embriagado com um sucesso de dez dias, acreditando ser o governante do mundo, não sabe que do leste até o Magreb todos os que cultuam Alá são escravos de *minha* corte?" Hulagu ordenou a seu paladino, Kitbuqa, um cristão, que fizesse chover rochas, bombas e nafta sobre Bagdá, que logo ardeu, e teve seus diques destruídos, inundando os campos. Quando a cidade caiu, a mulher cristã de Hulagu, Doquz, prima de sua mãe, Sorqaqtani, convenceu-o a poupar os cristãos, mas seus aliados georgianos tiveram um prazer especial em matar muçulmanos.

Em 10 de fevereiro de 1258, o califa chegou ao *ordu* de Hulagu para se render. Hulagu expulsou todos os habitantes de Bagdá. Fora das muralhas, os bagdalis eram massacrados — algumas fontes afirmam que 800 mil foram mortos. O próprio Hulagu vangloriou-se de ter matado 200 mil — e os mongóis saquearam Bagdá "como falcões famintos atacando um bando de pombas, ou lobos furiosos atacando um rebanho de ovelhas, com rédeas soltas e sem qualquer expressão de vergonha no rosto, cortando com facas colchões e camas de ouro incrustadas de joias, arrastando garotas com véu do harém pelas ruas, para se tornarem seus brinquedos", queimando mesquitas e hospitais, despedaçando os túmulos abbasiyat, embora grande parte da biblioteca de al-Mamun tenha sido salva por um herói, o bibliófilo Nasir al-Din al-Tusi. Hulagu levou a corte para o Palácio Octogonal, onde, num banquete para celebrar a vitória, ameaçou o destroçado califa: "Você é o anfitrião, nós somos seus convidados. Traga-nos tudo que tiver". Al-Musta'sim abriu suas arcas do tesouro. "Agora diga a meus servos", ordenou Hulagu, "onde estão seus tesouros *ocultos*." Al-Musta'sim revelou o ouro escondido num lago ornamental. Em seguida, o califa e seus filhos foram enrolados em tapetes e pisoteados por cavalos até a morte.[9] Não era só Hulagu que estava matando pessoas. Seu acampamento em Bagdá foi então atingido por uma misteriosa epidemia, que quase não foi registrada em meio ao caos mortífero, mas eclodiu em outros cercos também.

Deixando seu epígono iraniano Juvaini para reconstruir Bagdá, Hulagu galopou para a Síria, encontrando-se com um aliado Hauteville, Boemundo VI, o Belo, o príncipe de 21 anos de Antioquia, e seu sogro, Hetum, o rei armênio da Cilícia, um pequeno reino cristão, que se juntaram a sua horda e ajudaram a capturar Alepo e Homs. Inspirado em seus amigos francos, Hulagu puniu um chefe guerreiro turco que crucificara um cristão: o homem foi cortado ao meio enquanto era obrigado a comer o próprio corpo.

É difícil conceber a tragédia das depredações de Hulagu, mas uma testemunha, um poeta persa chamado Saadi, falou com soldados árabes e registrou em sua obra-prima *Bustan* como era lutar contra o cã: "Da chuva de flechas que caíam como granizo, e de todos os lados, surgia a tempestade da morte", desencadeada pelos agressores mongóis, que pareciam "um bando de leopardos, fortes como elefantes. A cabeça dos guerreiros era encerrada em ferro, assim como os cascos dos cavalos".[10]

Em março de 1260, o marechal mongol Kitbuqa entrou em Damasco, acompanhado por Boemundo, o Belo, e o rei Hetum, que jubilosamente mandou rezar uma missa na antiga Basílica de São João, agora a Grande Mesquita. Enquanto a cavalaria de Hulagu tomava Nablus e chegava a Gaza, a realização do sonho cruzado de uma Jerusalém cristã e a conquista mongol do Egito pareciam inevitáveis.

QUEM ME DERA SER PÓ: O REI ESCRAVO E O ÚLTIMO HAUTEVILLE

Hulagu exigiu que o Egito se rendesse, mas, em 11 de agosto de 1259, bem a leste, Möngke, que acompanhava Kublai na guerra contra a China dos Song, morreu de disenteria. Hulagu voltou a entrar no Irã, deixando Kitbuqa no comando. Os francos entraram em choque com os mongóis, favoráveis aos ortodoxos ou nestorianos, em vez dos católicos, enquanto os egípcios decapitavam os emissários de Hulagu. Kitbuqa não poderia ignorar tal afronta. Os egípcios marcharam para detê-lo.

Os novos governantes egípcios eram soldados duros que tinham começado como escravos — mamelucos. Eram russos e turcos, georgianos e circassianos, sendo que os louros de olhos azuis eram especialmente apreciados, roubados ou comprados de seus vilarejos, vendidos no mercado de escravos genovês da Crimeia e comprados por Saladino e sua família. Convertidos ao islã, treinados como soldados e depois alforriados, eles se tornaram aguerridos paladinos, unidos pelo fervor islâmico e pelo espírito de corpo, e dominaram e depois destruíram a dinastia de Saladino.

Sua ascensão foi acelerada por uma nova cruzada. Em 1249, Luís IX, da França, desembarcou com um exército que quase conquistou um Egito caótico, que só foi salvo por um mameluco turco louro de proporções pantagruélicas chamado Baibars, que tinha um olho azul e o outro totalmente branco. Uma junta de emires mamelucos assassinou o jovem sultão e substituiu a família de Saladino,[11] enquanto Baibars avançava contra os dispersos mongóis. Em Ain Julut (Fonte de Golias), perto de Nablus, os 15 mil mamelucos de Baibars, montando cavalos de guerra maiores que os dos mongóis, emboscaram as forças de Kitbuqa, que lutaram até o último homem. "É aqui que tenho de morrer", disse o marechal. "Que um soldado vá até o cã e diga a ele que Kitbuqa recusou-se a retroceder. Uma vida feliz ao cã!" Quando seu cavalo foi enfim derrubado, ele foi levado ante os mamelucos.

"Depois de derrubar tantas dinastias", provocaram os mamelucos, "olhe só para você agora!"

"Não se deixe embriagar por um momento de sucesso", replicou Kitbuqa, o conquistador do Irã e do Iraque, inesperadamente derrotado por ex-escravos. "Quando as notícias de minha morte chegarem ao cã, o Egito será esmagado pelos cascos dos cavalos mongóis." E, quando a espada já se erguia contra ele, concluiu: "Fui escravo do cã. Não sou, como vocês, assassino de meu senhor".

Baibars — que se intitulava Pantera e deixou sua insígnia por toda a região — promoveu-se a sultão. Com uma alegria sanguinária e uma energia demoníaca, ele fez campanha durante dezessete anos, mantendo os mongóis à distância, precipitando-se para o sul do Nilo contra o reino núbio de Makuria, lançando, a seguir, um ataque violento contra todos os cristãos, tomando Cesareia e Jafa, e mais tarde, em 1268, atacando Antioquia, sede dos Hauteville. Ele escreveu a Boemundo, o Belo: "Você deve ter visto seus cavaleiros prostrados sob os cascos dos cavalos, suas casas pilhadas por saqueadores, sua riqueza pesada em quintais, suas garotas vendidas, quatro de cada vez, e compradas por um dinar de sua própria moeda!". Em 1277, quando tentava envenenar um inimigo, Baibars distraidamente bebeu do copo errado, um risco ocupacional para aqueles que se habituam a matar os convidados. Foi sucedido por um emir veterano, Qalawun, que, com seus filhos e netos, conquistou Israel e a Síria,[12] enquanto os mongóis se ocupavam com a China.

Quando Möngke morreu, Kublai, que promovia um cerco a Wuchow, correu em direção ao norte, para o palácio de verão em Xanadu (Shangdu), e proclamou-se grão-cã, ignorando o desafio de seu irmão mais novo, Ariq-boga. Kublai abandonou Caracórum para fundar uma nova capital de inverno conhecida em chinês como Dadu (Grande Capital), e em mongol como Khanbalic (Cidade do Cã, mais tarde Beijing), que foi projetada por um arquiteto árabe, Iktiyar al-Din. O único prédio dessa época que permanece de pé, o Pagode Branco, foi obra de Arniko, um nepalês. Dadu, assim, foi uma cidade chinesa meticulosamente planejada, construída para um mongol por um árabe e um nepalês.

Incentivado por sua esposa favorita, Chabi,[13] o budista Kublai tolerava a todos. "Não estou interessado nas pedras que compõem a ponte", ele disse, "mas no arco que a suporta." Ele protegia os budistas, falava chinês e ansiava por anunciar seu Mandato do Céu e aumentar os impostos cobrados dos chineses, o que o levou a recrutar o Grupo Consultivo Lótus de Ouro — uma junta de consultores chineses.

Ainda era um mongol, com frequência reclinado num *ger* junto a seus palácios, ou liderando caçadas, acompanhado de 14 mil caçadores, 2 mil cães de caça, 10 mil falcoeiros, tigres siberianos treinados e guepardos africanos, águias e milhares de tropas que, prestativamente, apanhavam as centenas de animais abatidos pelo robusto grão-cã, atormentado pela gota, de cima de um enorme *houdah* instalado sobre quatro elefantes amarrados uns aos outros.

Em 1264, Kublai receberia Niccolò e Maffeo Polo, dois jovens mercadores venezianos dedicados ao comércio constantinopolitano. Sua especialidade eram joias, e seu maior cliente viria a ser Kublai.

KUBLAI E OS IRMÃOS POLO

Em 1259, deixando a mulher de Niccolò em Veneza, grávida, os Polo chegaram a Constantinopla, dominada por Veneza desde a conquista de Dandolo, mas não por muito mais tempo. Eles deixaram a cidade no exato momento em que ela estava prestes a cair.[14]

Os Polo investiram em joias e, a seguir, cruzaram o mar Negro, indo direto para Sarai, capital de Berke, o cã da Horda Dourada, irmão de Batu, a quem "deram, de livre vontade, todas as suas joias". Os Polo sempre pensaram grande, e foram até o topo: Berke "determinou que eles recebessem o dobro do valor das joias". Os Polo deviam ser encantadores, pois, aonde quer que fossem, cãs de cabelos grisalhos lhes davam as boas-vindas. Berke chegou a nomeá-los seus mediadores.

Em 1252, Berke converteu-se ao islã — o primeiro da família a fazê-lo — e ficou indignado com a carnificina do primo Hulagu em Bagdá. "Ele tem de pagar pela morte do califa." O clã dourado estava se voltando contra si mesmo. Três membros de sua família foram mortos por Hulagu — "Mongóis mortos por espadas mongóis". Eles se enfrentaram no Cáucaso; mas, mesmo enquanto combatiam, uma esfera de influência mongol — tão abrangente como o poder do mundo anglo nos dois séculos anteriores — se estendeu da Coreia a Novgorod. Em 1262, Berke aliou-se ao principal inimigo de Hulagu, Baibars, refletindo que, "se fôssemos unidos, teríamos conquistado o mundo inteiro".

Se alguma vez houve uma Pax Mongolica, ela foi esporádica, como descobriram os Polo. "Tendo as estradas se tornado inseguras, os irmãos não puderam voltar a Veneza e ficaram detidos por três anos em Bucara, aprendendo mongol, antes de encantarem um emissário de Hulagu que ia ao encontro de Kublai — que, segundo ele, estava fascinado com a Europa e o cristianismo. Afinal, sua mãe era cristã. Os Polo juntaram-se à caravana.

Os Keita do Mali e os Habsburgo da Áustria

O VORAZ RODOLFO E MARCO MILHÃO

Em Dadu, por volta de 1271, Kublai recebeu os Polo, interrogando-os cordialmente sobre os dois imperadores cristãos, depois encarregando-os de levar uma carta ao papa Clemente v, requisitando cem eruditos para ensinar aos mongóis e um pouco de óleo da lâmpada do Santo Sepulcro, em Jerusalém. Os Polo ficaram deslumbrados com os oito palácios de Kublai, "com seus telhados verdes e azuis como as penas de um pavão, claros como cristal", e um salão de banquetes para 6 mil pessoas.

Munidos de um salvo-conduto imperial,[1] os Polo voltaram para Veneza, mas, quando chegaram, Niccolò "descobriu que sua mulher estava morta e que deixara um filho de quinze anos chamado Marco" — como relatou o próprio Marco. Os Polo encontraram a Europa em meio ao caos — Clemente estava morto, os herdeiros de Frederico tinham sido assassinados.[2] Gibelinos e guelfos lutavam pelo poder na Itália. Mas uma família prosperava: os Habsburgo.

Ninguém chegou a um acordo quanto a quem deveria ser o imperador da Germânia, mas Rodolfo de Habsburgo aspirava à Coroa, por ser neto de Frederico e bisneto de uma princesa Staufen. Alto, arrogante, ambicioso, perverso e de nariz comprido, ele era, em suas próprias palavras, "um guerreiro insaciável", que incendiava mosteiros, arrasava vilarejos, enforcava bandidos e massacrava pagãos bálticos. Em 1273, agora velho (55 anos), foi eleito rei da Germânia.[3] Começou seu reinado anunciando hipocritamente que "hoje perdoo todos os males que me fizeram, e prometo ser um defensor da paz assim como outrora fui um voraz guerreiro".

Seu rival era o corpulento rei tcheco da Boêmia, Otocar, o Dourado, cujas minas de prata o haviam tornado o soberano mais rico da Europa, com a corte mais vistosa.[4] Otocar e Rodolfo conheciam-se bem, tendo feito juntos uma cruzada contra pagãos lituanos: Königsberg (a Cidade do Rei, hoje Kaliningrado) foi fundada em homenagem a Otocar. Eles, no entanto, se detestavam. Quando o legítimo duque da Áustria morreu, o áurico rei tcheco casou-se com sua irmã Margarida, trinta anos mais velha, apoderou-se de Viena e então reivindicou o trono imperial, zombando de Rodolfo de Habsburgo devido a seu renitente "manto cinzento".

O Kaiser Rodolfo conquistou cinco príncipes, casando suas filhas com eles: o casamento, e não a guerra, era o método principal dos Habsburgo. Em seguida, depois de assegurar a Áustria, ele atacou Otocar, que, reluzente em seu glamour dourado, prostrou-se diante dele. Rodolfo, deliberadamente, estava sentado num banquinho baixo. "Ele zombou de meu manto cinzento", rosnou. "Que zombe dele agora." Quando Otocar, almejando a vingança e a Áustria, falhou em manter a palavra, Rodolfo o derrotou em Dürnkrut, perto de Viena. O Dourado foi desnudado e teve a genitália cortada e enfiada na boca. Rodolfo em seguida o eviscerou, expondo-o sem entranhas e sem membros em Viena, e fez de seu próprio filho, Alberto, o Caolho, duque da Áustria.[5]

Com a morte de Rodolfo, os eleitores, temendo o poder dos Habsburgo, elegeram outro príncipe como rei da Germânia. Caolho usou de estratagemas para ser eleito e cortou a garganta do rival. Sua aparência "nauseante" não era ajudada pela órbita vazia de um olho, provocada por seus médicos, na tentativa de curar um envenenamento pendurando-o de cabeça para baixo por tempo demais. Até meados do século XVIII, os médicos eram tão destrutivos que é provável que aristocratas com acesso a médicos caros vivessem *menos* do que camponeses que não contavam com eles. Em última análise, Caolho foi arruinado pela própria avareza, ao não compartilhar a herança do pai com um sobrinho que sofria com o apelido de João Ninguém. Depois de rejeitar um desdenhoso ramalhete de Caolho, João e seus capangas emboscaram o rei, partindo seu crânio com uma maça. A vingança dos Habsburgo foi atroz: os filhos de Alberto — Leopoldo, duque da Áustria, e Inês, rainha da Hungria — sentaram-se num estrado observando enquanto 69 inocentes, criados dos capangas de João, eram decapitados um a um, seus corpos sem cabeça dispostos em fileiras. Enquanto jorrava o sangue, Inês suspirava: "Estou banhada no orvalho de maio".

Os Habsburgo eram então a Casa da Áustria — e os Polo estavam no caminho de volta a Kublai Khan, agora na companhia do filho adolescente de Niccolò, Marco. Em sua viagem, os venezianos passaram pela capital das cruzadas,

Acre, onde tiveram um golpe de sorte: um amigo foi eleito papa, e eles seguiram para a China levando cartas papais e o óleo sagrado de Jerusalém — mas esquecendo os cem eruditos.

Após uma jornada excitante, durante a qual Marco ficou fascinado com a libertinagem sexual das garotas tangutes, que achou "lindas, vivazes e sempre prontas para forçar os homens a agir",[6] os Polo chegaram a Dadu, prostraram-se ante Kublai e apresentaram Marco: "Senhor", disse Niccolò, "eis meu filho e seu homem, a coisa que me é mais cara no mundo, e que lhe trouxe com grande perigo". Kublai ficou encantado com o elegante adolescente italiano, deleitando-se com suas vibrantes histórias e seu "aspecto nobre". Quando o próprio Marco se jactou — "Este jovem nobre parecia ter uma compreensão divina, mais do que humana" —, os cortesãos mongóis mal conseguiram disfarçar sua "grande vexação" ante essa arrogância, e depois o apelidaram de Marco Milhão, por sua presunçosa grandiloquência.

Na condição de emissários papais, os Polo tentaram converter Kublai ao catolicismo, mas sua heterodoxia era inexpugnável.[7] Marco, no entanto, ficou encantado com a jovial grandeza de Kublai. Enquanto os Polo mais velhos comerciavam, Kublai enviou Marco em missões internacionais, embora tenha exagerado sua importância. A verdade já era extraordinária o bastante: nenhum ocidental jamais se aproximara tanto de Kublai Khan. Polo afirmou ter sido nomeado governador; o mais provável era que atuasse como coletor de impostos, entre muitas outras atividades que desempenhou durante os dezessete anos em que serviu a Kublai. Se já manifestara curiosidade em relação às histórias e às joias dos Polo, o grão-cã estava agora mais interessado na conquista da China dos Song. Marco alegou que o pai e o tio o assessoraram no desenvolvimento de seu canhão, a fim de romper as muralhas das cidades dos Song. Os mongóis tinham levado a pólvora e armamentos chineses para a Europa, mas nenhuma tecnologia se difunde tão rapidamente — nem é aprimorada mais depressa — do que a tecnologia para matar. Os europeus já estavam aprimorando projetos chineses. É provável que Kublai estivesse fabricando o primeiro canhão de ferro,[8] e sua guerra com os Song foi a primeira totalmente travada com pólvora.

Kublai enviou seus generais Baian (apelidado de Cem Olhos) e Achu (neto de Subotai) com enormes exércitos chineses e mongóis a fim de tomar as grandes cidades do território Song. Como Achu não conseguia avançar, Kublai pediu a seus primos no Iraque que lhe enviassem engenheiros árabes para construir catapultas, copiadas de desenhos francos, que combinou com bombas chinesas de alto poder explosivo; os Song contra-atacaram. A luta foi lenta e feroz, em terra, em cercos e nos rios. Em 1275, Cem Olhos massacrou todos os 250 mil habitantes de Changzhou; no ano seguinte, toda a população de Changsha cometeu suicídio; por fim, após cinquenta anos de guerra, a capital Linan (Hangzhou) se rendeu. Foi a primeira vez que um invasor nômade conquistou a China e a primeira vez, desde a queda dos Tang, que a China foi unificada sob um só governante. Agora Kublai, grão-cã de todos os reinos dourados[9] e fundador da dinastia Yuan da China, governava o maior império do mundo em extensão e em população, o maior que jamais existiria. Vendo-se como imperador universal, faltava-lhe apenas conquistar as últimas potências independentes da Ásia.

KUBLAI INVADE O JAPÃO

"Pensamos que todos os países pertencem à nossa família", disse Kublai, em tom de ameaçado, ao regente japonês. "Ninguém gostaria de recorrer à guerra." O Tibete[10] e a Coreia haviam sido subjugados, o que levou Kublai a cruzar oitenta quilômetros de mar até o Japão, ainda governado a partir de Kyoto por imperadores nominais, sob a direção de regentes hereditários. O regente não aceitou a exigência de submissão.

Em 1274, Kublai enviou 150 navios para conquistar o Japão, desembarcando em Hakata, onde, para sua surpresa, foi rechaçado por um pequeno exército japonês. Mas essa era apenas uma das guerras que ele travava em múltiplas frentes. No sul, Kublai voltou-se para os reinos da Indosfera, enviando Marco Polo numa delegação à Birmânia e ao Vietnã. Seu filho Toghon invadiu Annam e depois Champa (norte e sul do Vietnã), mas os vietnamitas, usando táticas de guerrilha, o derrotaram, e ele, humilhado, viu-se rejeitado pelo pai; mongóis não perdem. Angkor e depois o interior evitaram render-se, mas a Birmânia, tendo seu governo sediado na capital de pagodes vermelhos, Pagan, e os reinos tailandeses de Chiangmai e Sukhothai foram obrigados a ceder. Com o sudeste da Ásia assegurado, a frota de Kublai desembarcou 30 mil homens em Java e esmagou o indianizado império comercial de Sinhgasari com a ajuda de um aliado javanês, Raden Wijaya, que depois mudou de lado e expulsou os mongóis.[11]

O fracasso no Japão foi exasperante. Em 1281, Kublai, aos 65 anos, preparou duas armadas em vertiginosa velocidade e enviou 45 mil mongóis e 120 mil chineses-coreanos, acompanhados de milhares de cavalos e armados com bombas, para invadir o Japão. As frotas não conseguiram se reunir como planejado. Mas, em agosto de 1281, a frota meridional de Kublai desembarcou em Kyushu, onde nobres japoneses usaram pequenos brulotes para criar o caos entre os gigantescos navios mongóis e derrotaram os invasores, ajudados pelo Vento Sagrado (camicase) de um fortuito tufão. Os navios mongóis que foram a pique, descobertos por estudiosos de naufrágios, eram enormes — um deles tinha mais de setenta metros de comprimento, com compartimentos estanques e duas âncoras colossais —, mas seu acabamento rudimentar explica seu fracasso. A perda de vidas foi elevada; talvez tenha sido o dia mais letal da guerra naval em todos os tempos.

Enquanto o obeso Kublai, aos setenta e tantos anos, deteriorava-se, empanturrando-se de elixires da imortalidade e de comida, seu herdeiro morria da doença da família — a bebida —, e nem mesmo o velho Cem Olhos, que se sentava com ele para rememorar seus triunfos, conseguia animá-lo. Os três Polo ainda estavam na corte, 25 anos mais velhos e consideravelmente mais ricos, mas Kublai recusava-se a deixá-los voltar para casa — o problema de fazer amizade com autocratas caprichosos. Eles imploravam para partir.

"Por quê? Desejam morrer no caminho?", perguntava Kublai. "Digam-me. Se precisam de mais ouro, eu lhes darei."

Niccolò Polo caiu de joelhos. "Tenho esposa em casa e não posso abandoná-la, segundo nossa fé cristã."

"Vocês não podem ir embora em hipótese alguma." Eles ficaram com medo de jamais tornar a ver a Sereníssima.

A FUGA DOS POLO E O HISTORIADOR DOS ILCÃS

Em 1291, Kublai desejava enviar uma jovem noiva dourada, Kököchin (Azul como o Céu), para se casar com seu sobrinho-neto Arghun, ilcã da Pérsia. Kököchin precisava de um viajante experiente como guardião, e seus criados sugeriram Marco Polo, então com 38 anos. Após um comovente adeus no qual receberam joias e combinaram voltar "um dia", Kublai ordenou aos Polo que a acompanhassem, dando-lhes cartas dirigidas a todos os reis da cristandade. A noiva, de dezessete anos, era "muito bonita e afável" e usou um toucado *bochta*, ornado de joias, durante a jornada por mar, que foi feita em quinze navios com seiscentos cortesãos. Após uma viagem infernal em que quase todos morreram, provavelmente de peste, os dezoito sobreviventes, entre os quais Kököchin, os três Polo e seu escravo mongol Pedro, desembarcaram em Ormuz.

Arghun, neto de Hulagu, estava negociando com o papa uma cruzada contra os mamelucos do Egito, mas acabou adoecendo. Arghun enviou um genovês ao Ocidente para oferecer Jerusalém a Eduardo I da Inglaterra e a Filipe da França, em troca da ajuda dos francos.[12] Mas era tarde demais. Num combate apocalíptico, Acre caiu diante dos mamelucos.

Arghun, já então um alcoólico viciado em elixires da imortalidade, estava prestes a se casar com Kököchin quando tomou uma overdose. A maioria dos ilcãs morria tão jovem por conta de bebedeiras e drogas que nenhuma morte acontecia sem acusações de envenenamento. Os Polo foram detidos. Kököchin não queria que Marco fosse embora, mas, felizmente, o filho de Arghun, o ilcã

Ghazan, casou-se com ela em lugar do pai. Ela também morreu jovem — ou por envenenamento ou pela peste.

Baixinho e "mais feio do que o soldado mais feio de seu exército", Ghazan, um homem furtivo, ardiloso e culto, que falava árabe, persa, hindi, tibetano, franco e chinês, era uma autoridade em história mongol, um comandante feroz e um mestre em intrigas sangrentas. Criado numa mistura de cristianismo, budismo e tengrismo, ele se converteu ao islã para conectar a dinastia a seu povo. Assim, logo estava perseguindo budistas, cristãos e judeus, mas continuou a buscar uma ofensiva conjunta com os poderes cristãos contra os mamelucos. Em 1300, sua cavalaria e seus aliados armênios tomaram Damasco e Israel, galopando por uma Jerusalém sem muros para alcançar Gaza. A personalidade de relevo do ilcanato era o vizir de Ghazan, seu médico persa judeu Rashid el-Din, filho do boticário de Arghun, que, após se converter ao islã, governou por quase vinte anos. Ghazan o encarregou de escrever sua *História universal*, reunindo muitas das histórias da família a partir de uma obra perdida, *O livro dourado*, e dos relatos do próprio ilcã. Quando Ghazan morreu, no auge do ilcanato, seu irmão Öljaitü renomeou Rashid. Embora não conseguisse manter as conquistas de Ghazan, Öljaitü compartilhava sua tolerância cultural e suas ambições, e fundou uma nova metrópole sagrada, Soltanyeh.[13] Mas, em 1316, a morte de Öljaitü, por excesso de bebida, destruiu Rashid, que foi acusado de envená-lo. "Eis a cabeça de um judeu!", gritavam seus inimigos, fazendo desfilar sua cabeça cortada. "Deus o amaldiçoe!"

Após nove meses em Tabriz, a capital ilcã, os três Polo finalmente escaparam. Ao se aproximarem de Veneza, ouviram dizer que seu patrono, Kublai, tinha morrido. Os Polo fascinaram os venezianos não só com suas histórias, seu escravo mongol Pedro e invenções chinesas — o papel-moeda, os óculos —, mas também com sua fortuna, que utilizaram para comprar um *palazzo*. Durante um jantar, os três exibiram seus rústicos casacos de pele mongóis, depois subitamente cortaram o forro, do qual jorraram joias escondidas.

SUNDIATA, O REI LEÃO; OS MANSAS DO MALI E OS MEXICAS DA CIDADE-ILHA

Marco estava agora envolvido na sangrenta rivalidade entre Gênova e Veneza, que disputavam as recompensas do comércio de especiarias e de escravos vindos do mar Negro e do litoral atlântico. As cidades também comerciavam lã da Inglaterra — frequentemente tratada numa cidade do interior, Florença, que prosperava na fabricação de couro, no processamento de têxteis e como centro bancário, impulsionada por sua própria moeda de ouro, o florim, e seu uso pioneiro de letras de câmbio e sociedades anônimas.

Gênova e Veneza enriqueceram com o comércio de escravos. O acossado imperador dos romaioi, Miguel III Paleólogo, concedera às duas cidades e aos mamelucos direitos comerciais sobre os escravizados do mar Negro. O entreposto genovês de Kaffa era a capital de seu território da Gazária, na Crimeia, governado a partir de 1281 por um cônsul genovês e depois por escritórios especiais — era o maior mercado de escravos da Europa. Já os venezianos usavam Tana, um porto mongol na Crimeia. Os italianos compravam muitas escravas para o serviço pessoal e sexual; como veremos, os Médici possuíam escravas brancas e negras. A identidade dos escravizados dependia das guerras que estavam sendo travadas no momento; as guerras dos mongóis geravam um incalculável número de cativos, uma vez que todo soldado mongol possuía dois escravos como parte de seu equipamento. Turcos, russos, circassianos e georgianos escravizados não paravam de chegar à Europa e ao Egito. A maior demanda por escravos homens vinha dos comandos militares do Egito; o sultão Qalawun, ele próprio um ex-escravo, prometia aos comerciantes italianos pagar acima do preço de mercado, e havia cerca de 12 mil mamelucos em sua casa. Sultões posteriores chegaram a ter 25 mil, mas eles acabavam sendo alforriados e podiam ascender ao posto de generais, até mesmo monarcas.

Os genoveses eram mais aventureiros que os venezianos, pagando por suas mercadorias asiáticas em barras de ouro provenientes da África ocidental, numa época em que marinheiros genoveses e catalães começavam a se aventurar na costa marroquina. Em 1291, dois irmãos genoveses, os Vivaldi, tentaram encontrar uma rota "pelo mar Oceano" até a Índia, descendo a costa marroquina e depois rumo ao desconhecido, de onde nunca mais voltaram. Mais tarde, outro genovês, Lancelotto Lalocello, zarpou em busca dos Vivaldi. Enquanto isso, os venezianos se concentravam em seu império mediterrâneo e no comércio com o Egito.

O ouro que lubrificava todo esse comércio estava agora nas mãos de uma poderosa dinastia africana. Precisamente no momento em que Marco voltou, um misterioso potentado africano chamado Sakura surgiu do Saara e chegou ao Cairo, a caminho de Meca. Sakura era *mansa* — imperador — de um opulento novo reino construído à custa de conquistas militares e do comércio de ouro nas ruínas de Wagadu.

Seu fundador, Sundiata Keita,[14] era o filho proscrito de um *farma* (rei) mandinga, Naré Maghann Konaté, a quem fora dito numa visão que se casaria com uma mulher feia que daria à luz um Grande Rei. Em vez disso, sua jovem mulher, Sogolon, deu à luz um aleijado, Sundiata; mãe e filho foram ridicularizados pela esposa principal do rei, Sassouma Bereté, e pelo príncipe herdeiro, Dankaran. Sundiata não andou até ter sete anos. Quando Naré morreu, Dankaran ordenou que Sundiata fosse morto. Mãe e filho fugiram para a corte do rei sosso Soumaoro Kanté, e o encorajaram a expulsar o perverso Dankaran, mas em vez disso os sossos ocuparam o reino. Então os anciãos mandingas convidaram Sundiata a voltar. Por volta de 1235, ele mobilizou um exército e derrotou os sossos em Kirina, e em seguida o Gbara, a assembleia dos grandes senhores, feiticeiros e homens sagrados do islã (marabutos), o escolheu como *mansa*, em troca de seu reconhecimento de um código de lei oral,[15] concordando que os *mansas* seriam escolhidos da família Keita — que governou até 1610.

Estabelecendo sua base numa nova capital, Niani (Mali), Sundiata — conhecido como o Rei Leão — expandiu-se para o Senegal e Gâmbia, no Atlântico, e ao longo do rio Níger, para o norte da Nigéria, cooptando os príncipes conquistados. Os *mansa* controlavam a extração de ouro das minas de Bamaka e Bure, trabalhadas pelo povo acã (Gana) e fonte fundamental de sua riqueza, mas, como explicou Musa, o descendente do Rei Leão, eles não eram os donos das minas, obtendo o ouro através do comércio ou de impostos: "Se as conquistarmos e tomarmos, não vão render nada". Mas o ouro tinha importância suprema. De fato, um dos títulos de Sundiata era Senhor das Minas de Wangara.

O islã fora trazido pelo deserto por berberes e comerciantes árabes. Sundiata alegava descender do abissínio liberto Bilal, primeiro muezim de Maomé, mas também foi descrito como um mago mandinga. O império era alimentado não só por ouro, como também por têxteis e escravos — em geral pagãos capturados nas intermináveis guerras de Sundiata —, que serviam como trabalhadores, criados e concubinas.[16]

Por volta de 1255, Sundiata de algum modo afogou-se no rio Sankarani — num lugar ainda chamado Sundiatadun (Profundezas de Sundiata) —, mas seu filho, Uli (Yérélinkon), continuou a expansão, fazendo a primeira peregrinação de um *mansa* a Meca. Porém quando dois irmãos Keita lutaram pelo trono, Sakura, um general liberto, tomou o poder, reconstruiu o reino e foi para Meca, apenas para ser assassinado no caminho de volta para casa, o que levou à restauração dos Keita.

Os genoveses não eram os únicos atraídos pelo Atlântico. O *mansa* Abu Bakr II, neto de Sundiata, "não acreditava que fosse impossível descobrir limites mais longínquos do oceano Atlântico e desejava veementemente fazer isso", explicou seu sucessor, Musa. "Assim, equipou trezentos navios com homens, ouro, água, provisões para anos" e os enviou. Apenas um navio voltou, por isso o *mansa* "preparou outros 2 mil navios — mil para ele próprio e seus homens, mil para água e provisões — e me deixou como delegado" ao embarcar no Atlântico. Os números da frota podem ter sido exagerados, mas não há motivos para duvidar que os africanos almejassem a exploração tanto quanto os genoveses: será que os *mansa* estavam em busca da América?

O sudeste da América do Norte estava em polvorosa. Precisamente nessa época, algo terrível aconteceu em Cahokia e em outros reinos do Mississippi. Secas, doenças ou guerras destruíram essas povoações, que foram abandonadas. Valas comuns de corpos desmembrados, por vezes canibalizados, sugerem uma violenta campanha de limpeza e migração em debandada. Desse caos, que talvez jamais compreendamos, surgiu um realinhamento dos povos da América do Norte e a migração para o sul de povos que fundariam o Império Mexica. Os cahokianos foram pressionados pela migração de outras tribos, às quais os sobreviventes provavelmente se juntaram; alguns podem ter continuado a cultivar milho, mas a maioria vivia da coleta e da caça, bem como do plantio de milho e grãos. Após a queda dos reis do Mississippi, essas tribos provavelmente passaram a ser governadas por assembleias nas quais respeitados anciãos debatiam suas decisões com todo o povo, inclusive as mulheres, escolhendo líderes para guerras ou caçadas especiais. Mas seu mundo não era pacífico. Eles lutavam uns com os outros o tempo todo; nenhuma tribo era dominante; a política do poder entre os povos nas vastidões da América do Norte estiveram, nos dois séculos seguintes, em constante fluxo.

As tribos que, com seu avanço, podem ter pressionado Cahokia ou aproveitado o caos eram povos que falavam línguas uto-nauatles ou uto-astecas e moviam-se para o leste a partir da Califórnia. Alguns permaneceram no norte — tornando-se os povos comanche e shoshone —, mas muitos outros, gradualmente, durante séculos, foram atraídos pelas ricas cidades e a terra fértil do vale do México, e migraram para o sul. Todos vinham de uma terra semimítica chamada Aztlan, origem da palavra asteca. Por volta do ano 1300, os mexicas, um dos povos mais pobres, chegaram à região. Tratados como párias, foram empurrados para as terras menos desejáveis.

Os mexicas chegaram a uma terra de cidades poderosas, como Texcoco e Azcapotzalco, onde as pessoas viviam do milho e do feijão, cozinhando tamales e tortilhas e bebendo *pulque*, uma bebida alcoólica feita do agave (muito mais fraca do que a tequila e fermentada em vez de destilada). As mulheres fiavam tecidos de algodão; os homens trabalhavam na agricultura e lutavam — não utilizavam nem metal nem rodas, mas os brinquedos de seus filhos possuíam rodas; além disso, usavam borracha misturada com seiva de glória-da-manhã (processo que só foi descoberto no Ocidente no século XIX) para fazer bolas para seus jogos. Na ausência do metal, recorriam ao vidro vulcânico de obsidiana para forjar suas armas.[17]

Os mexicas inspiraram-se não apenas nas cidades existentes, mas também nas incríveis ruínas da misteriosa cidade que chamavam de Teotihuacan — Lar dos Deuses — e de Tula — Lugar de Juncos. Em 1325, o deus supremo dos mexicas escolheu o pântano de uma ilha para matar seu sobrinho Copil, jogando o coração do jovem no lago Texcoco e dizendo aos mexicas para construírem sua cidade onde encontrassem uma águia alimentando-se de uma cobra. Eles construíram Tenochtitlán naquele lugar pantanoso porque mais ninguém o desejava — mais tarde, porém, como aconteceu em Veneza, uma vez resolvidos os problemas de drenagem, ele se tornaria uma cidade defensável, quase inexpugnável, ligada ao continente por uma passagem elevada.

No início, os mexicas serviram como soldados de uma cidade-Estado próxima, Azcapotzalco, lar dos tepanecas, que vinham do norte da América, também falavam nauatle e eram governados por uma família descendente dos reis toltecas; mas eles estabeleceram relacionamentos com muitas cidades da região, e, mais ou menos nessa época, decidiram escolher um monarca — *tlatoani*, que significa orador —, casando seu líder Acamapichtli com uma princesa tepaneca. Escolhido na família por um conselho de eminentes, o novo orador postou-se nu ante seu deus protetor e conduziu uma expedição militar a fim de capturar prisioneiros sacrificiais, antes da pomposa cerimônia de sagração, que teve danças e sacrifício humano. Seu filho Huitzilihuitl (Pluma de Beija-Flor) expandiu a cidade e o território enquanto construía alianças mediante casamentos com princesas de reinos fora do vale. Ele apoiou os vitoriosos tepanecas, que permitiram que os mexicas estabelecessem seus próprios relacionamentos com a vizinha Texcoco. Sendo formalmente apenas o primeiro entre iguais numa oligarquia de aristocratas, o orador tecnicamente era o dono de toda a terra, que consignou a seus nobres, uma elite servida por escravos. Quando um governante morria, seus escravos eram mortos junto com ele. Os mexicas estavam estabelecidos em sua cidade-ilha — mas seria preciso um conquistador para lhes dar um império.

O HOMEM MAIS RICO DO MUNDO — MUSA NO CAIRO

Abu Bakr, *mansa* do Mali, provavelmente jamais chegou à América.[18] "Aquela foi a última vez que o vimos", disse seu sobrinho Musa, "e assim tornei-me rei por direito próprio." Musa, 25 anos, sobrinho-neto de Sundiata, agora *mansa*, pode ter assassinado o tio; o que quer que tenha acontecido, porém, o fato é que ele começou a se expandir, conquistando "24 cidades". Muçulmano devoto, proibia a escravização de outros muçulmanos. Em vez disso, o *mansa* "trava uma permanente guerra santa contra os pagãos do Sudão, seus vizinhos", capturando uma infinidade de prisioneiros que eram prontamente escravizados. Há indícios de que Musa pode ter matado a própria mãe, talvez num acidente, o que o estimulou a fazer o *hajj*: ele perguntou a seus advogados o que poderia fazer para obter o perdão de Alá. Musa planejou uma grandiosa peregrinação a Meca passando pela maior cidade do islã, o Cairo, partindo com um séquito de 20 mil cortesãos (algumas fontes mencionam 60 mil), vários soldados, 14 mil escravas e quinhentos escravos. "Cada escravo", escreveu al-Sadi de Timbuktu, "levava nas mãos um bastão feito de quinhentos *mithqals* [dois quilos] de ouro." Camelos transportavam "cem cargas de ouro". Enquanto o norte da África encontrava-se num caos, o sultão mameluco, al-Nasir Muhammad, filho de Qalawun, estava no auge de seu prestígio, governando Egito, Israel, Síria, Meca e Medina. Mas até mesmo os cairotas estavam assombrados com os esplendores de Musa — e mal podiam esperar para aliviá-lo da maior quantidade possível de ouro. Ao se aproximar, Musa enviou 50 mil dinares de ouro como presente a al-Nasir, que então o recebeu em seu palácio, na Cidadela de Saladino, onde o *mansa* "recusou-se a beijar o chão".

"Não me prostro diante de ninguém além de Alá", disse Musa, ao que al--Nasir "o escusou". Então, os dois sentaram-se juntos, como iguais — o maior dos sultões e o maior dos *mansas*; o primeiro, filho de um escravo; o segundo, descendente de reis.

Passando um ano no Cairo, Musa "e seus seguidores compraram todo tipo de coisas, achando que seu dinheiro era inextinguível". Mas os egípcios sistematicamente passavam a perna nos malineses. Musa gastou tanto dinheiro que o mercado de ouro entrou em colapso. Em conversas com luminares egípcios, ele discutiu a estranha morte oceânica de seu predecessor e a fonte da incrível riqueza da família. Após completar o *hajj*, Musa teve de tomar dinheiro emprestado para manter seu estilo de vida no caminho de volta para casa. A maioria de seus escravos morreu no trajeto, o que o fez comprar substitutos turcos, eslavos e etíopes, num total de 12 mil homens, que ele levou para o oeste da África.

De volta ao Mali, Musa anexou as antigas cidades mercantis de Jené, Gao e Timbuktu. Nesta última, empregou seu novo arquiteto andaluz al-Sahali para construir a mesquita Djinguereber (feita de barro) e a madraça de Sankoré (ambas ainda de pé), bem como o palácio do *mansa*. Musa e seus sucessores recebiam os cortesãos num pavilhão abobadado, guardado por trezentos arqueiros e lanceiros, anunciados por trompetes e tambores. Tudo isso era observado pelo agudo olhar de um peregrino do Marrocos que fazia o *hajj* e passou pelo Cairo na mesma época de Musa: Ibn Battuta embarcou então numa incrível jornada, durante a qual conheceu o cã da Horda Dourada, serviu a um sultão psicopata de Delhi[19] e cruzou com amigos marroquinos na China mongol. Depois de sobreviver a roubos, tragédias e assassinatos, ele ajudou a governar as Maldivas, onde se casou. Em toda parte na Ásia e na África, encontrou a escravidão e usufruiu de seus benefícios — colecionando e se livrando de escravos, esposas e amantes, cujas qualidades descreveu amorosamente.[20]

Ao visitar o Mali sob a dinastia Keita, Ibn Battuta ficou impressionado com a magnificência dos *mansas*, mas repreendeu os malineses por sua atitude relaxada em relação à liberdade feminina: as mulheres sentavam-se para conversar livremente, não estavam confinadas a um harém nem cobriam o rosto, enquanto suas escravas e filhas "apareciam nuas diante deles, expondo a genitália".

Assim que voltou ao Marrocos, o rei de Fez ordenou que escrevesse suas memórias. Talvez o maior dos livros de seu gênero, *Um presente para aqueles que contemplam as belezas das cidades e as maravilhas da viagem* é um relato dos 190 mil quilômetros que Ibn Battuta percorreu. Marco Polo só conseguira percorrer 20 mil, mas estava prestes a escrever o outro grande livro de viagens de seu tempo.

Marco Milhão nunca havia combatido, mas Veneza e Gênova estavam agora em guerra. Assim, ele preparou sua própria galera e juntou-se à frota comandada por Andrea Dandolo, filho do doge e descendente do conquistador cego de Constantinopla. Mas, em setembro de 1298, ele foi derrotado na Dalmácia; Veneza perdeu 83 de seus 95 navios, e mais de 5 mil marinheiros (a maioria escravos das galés). Dandolo cometeu suicídio, batendo a cabeça contra um mastro, e Marco foi capturado. Preso em Gênova, ele logo começou a contar suas façanhas a carcereiros e prisioneiros, entre os quais um autor de romances arturianos, Rustichello, que decidiu registrar as exageradas porém deliciosas *Viagens*, agora lidas por todos, e que apresentavam a China, a Índia e a Pérsia a pessoas que nunca tinham saído das cidades onde viviam. Quando foi solto, Marco finalmente se casou, mas tornara-se um oligarca rico, mesquinho e litigioso. Nas ruas, as crianças gritavam: "Conte-nos outra mentira, Marco!", mas ele sempre tinha no bolso uma cópia das *Viagens* para ler em voz alta. Quando estava morrendo, em 1324, o conteúdo de seu testamento — no qual alforriava seu escravo mongol Pedro e deixava o toucado de Kököchin e a *paiza* de Kublai para as filhas — revelou que Xanadu jamais lhe saíra dos pensamentos.

Polo e Ibn Battuta eram unicórnios da aventura. Embora a maioria das pessoas jamais tivesse saído de suas cidades e aldeias, muitas estavam viajando ou se conectando com mundos diferentes, e muito disso se devia à esfera de influência mongol da Família Dourada, cujos exércitos e conexões tinham aproximado Oriente e Ocidente como nunca antes. Mas essa podia ser uma bênção contraditória: a peste aceleraria sua queda, ao sofrer uma mutação e se tornar uma cepa pneumônica muito mais contagiosa.

Em 1347, os corpos inchados e putrefatos de soldados mortos começaram a chover sobre os mercadores de escravos genoveses, sitiados em Kaffa.

QUATRO ESCRITORES DURANTE A PESTE NEGRA

Janibeg, o cã da Horda Dourada, soberano da Rússia, ordenou que os corpos atingidos pela peste fossem catapultados para dentro de Kaffa, a fim de acelerar sua rendição. Frequentemente citado como o momento em que a peste passou do Império Mongol à Europa ocidental, é mais provável que o patógeno já tivesse transposto as muralhas.

Assim como viajara para o oeste, a peste viajara para o leste, começando no centro: lápides nestorianas perto de Issik-Kul, no Quirguistão, mencionam a peste de 1338-9. Enquanto os irresponsáveis descendentes de Kublai lutavam pelo poder, desastres naturais — inundações e fome — combinavam-se com uma onda de rebeliões camponesas que disseminaram a doença pela China e solaparam a dinastia. A população do país, que abrigava então 120 milhões de pessoas, pode ter se reduzido à metade. A doença também seguiu para o oeste ao longo das rotas de comércio mongóis até o ilcanato, agora governado pelo jovem Abu Said, descrito por Ibn Battuta como "a mais bela das criaturas de Deus". Mas o ilcã estava em guerra com um primo, Özbeg, rei da Horda Dourada, que em 1335 invadira o Cáucaso. Abu Said, com trinta anos, correu para repelir a investida, mas foi vitimado pela peste com seis de seus filhos. As mortes súbitas levaram à desintegração do ilcanato, o segundo reino dourado a ser devastado.

Em algum momento durante os embates, o patógeno foi transferido para o terceiro canato. Özbeg tinha se expandido para a Europa, atacando a Trácia e obrigando o imperador Andrônico III a lhe dar uma filha em casamento. Na Rússia, ele assassinou pelo menos quatro ruríquidas e promoveu como principal impositor da lei mongol Jorge de Moscou, com quem casou sua irmã. Moscou ficou tão rica que o filho de Jorge, Ivan, foi apelidado de Kalita, "bolsa de moedas".[21] Na Crimeia, Özbeg confirmou Kaffa como genovesa e Tana como veneziana, mas, em 1343, após sua morte, o assassinato de um muçulmano por um genovês levou seu filho Janibeg a cercar Kaffa. Em 1346, quando Janibeg voltou com novas forças, entre as quais seus aliados moscovitas, a peste assolou seu acampamento; 25% da população da Horda Dourada acabaria por morrer — e, tivesse ou não lançado corpos infectados para dentro de Kaffa, o genovês contraiu a doença.

Janibeg levantou acampamento, e assim suas tropas espalharam a doença pela Rússia e pela Escandinávia. Um navio de escravos genovês que seguia da Crimeia para Alexandria foi atingido tão severamente que, de seus trezentos passageiros, apenas 45 estavam vivos quando atracou, e também eles morreram. Em outubro de 1347, doze navios genoveses atracaram em Messina, na Sicília, com uma carga terrível: pessoas mortas e agonizantes, cobertas de pústulas negras sanguinolentas do tamanho de um ovo, drenando pus. Como vimos, as pulgas das marmotas — iguaria dos cavaleiros nômades —, depois as dos ratos, espreitando nos fétidos acampamentos dos exércitos, nas vielas das docas e nos porões dos navios revelaram-se eficientes vetores da morte. A Europa já estava enfraquecida por uma grande fome, e a desnutrição diminui a resistência a doenças. A melhor forma de compreender o curso da pandemia de peste negra é por meio de quatro dos mais refinados homens de sua época, escritores em mundos diferentes que, diante de uma situação em tudo insuportável e impensável, fizeram o que fazem os escritores: escreveram.

Em Alepo, governada pelos sultões mamelucos, al-Wardi, historiador do mundo e autor de um tratado geográfico, *A singularidade das coisas estranhas*, foi um dos primeiros a compreender a estranheza de uma pandemia global. "A peste começou", ele escreveu, "na terra da escuridão." Mesmo diante do horror, al--Wardi registrou com sombria sagacidade:

Ah, desafortunado quem ela chama!
Ela encontrou a fissura nas muralhas da China —
eles não tiveram chance ante seu avanço.
Ela desfilou pelo Catai, aproveitou a oportunidade em Hind
e separou almas em Sind.
Passou a Horda Dourada no fio da espada, atravessou a Transoxiana e penetrou
[a Pérsia.

A Crimeia encolheu-se e desmoronou.

Agora, porém, a peste estava cada vez mais perto: "Ela destruiu a humanidade no Cairo [...] silenciou todo movimento em Alexandria, atacou Gaza, encurralou Sídon e Beirute, disparou suas flechas em Damasco. Lá, a peste sentou--se como um leão num trono e varreu com força, matando diariamente um milhar de pessoas, ou mais". Por fim, ela chegou a Alepo.

Nessa mesma época, na costa africana de Túnis, capital do reino do Magreb, um jovem de dezessete anos chamado Ibn Khaldun e seu irmão Yaha estudavam filosofia, matemática e história com eruditos de renome. Eles vinham de uma família de aristocratas andaluzes que tinham fugido da península Ibérica. Mas agora a peste atingia Túnis.

No outro lado do Mediterrâneo, na Itália, um poeta florentino, Francesco Petracco, nome que ele próprio latinizou para Petrarca, estava no auge da fama. Amante da poesia, a Itália de Petrarca encontrava-se assolada por guerras, sendo a arena do conflito entre imperadores germânicos e reis franceses, que estabeleceram seu próprio papado em Avignon. A política florentina era tipicamente cruel: o pai de Petrarca, um político, fora exilado da cidade, assim como um conterrâneo, Dante Alighieri, que na década de 1320 concluíra seu poema épico *Comédia*, que exerceu profunda influência em Petrarca. O rapaz, embora treinado como clérigo e tabelião, servindo como secretário de um cardeal em Avignon, buscava iluminação no mundo clássico, estudando as cartas de Cícero, e desejava apenas ser poeta. Também fazia algo peculiar, que se tornaria parte da civilização europeia: comungar com a natureza e subir uma montanha apenas pelo prazer de fazê-lo.

Sua epopeia *África* — sobre Cipião — tornou-o conhecido ainda jovem. Em 1327, aos 23 anos, sua vida mudou quando viu uma mulher casada na igreja. "Debati-me constantemente com um amor avassalador, mas puro", ele escreveu, "o único que tive." Esse amor inspirou seu *Cancioneiro* de sonetos de amor, que o tornou famoso.

Como sacerdote, ele não podia se casar nem ter casos, mas ainda assim teve um filho e uma filha com uma amante. Em 1341, sua poesia granjeou-lhe a honra de ser laureado em Roma. Agora, em Verona, no auge de sua carreira, ele testemunhou a chegada da "foice mortífera". Seu irmão, um monge cartuxo, viu 24 de seus camaradas monges perecerem. "Oh, meu irmão!", lamentou Petrarca. Mas o pior estava por vir. Ele perdeu dois de seus entes mais queridos — seu filho e sua misteriosa musa:

> Laura, ilustre por suas virtudes, e há muito celebrada em minhas canções, saudou meus olhos pela primeira vez nos dias de minha juventude [...] mas, no ano de 1348, retirou-se da vida, enquanto eu estava em Verona, inconsciente de minha perda [...]. Seu corpo casto e encantador foi enterrado no mesmo dia: sua alma, assim acredito, retornou ao céu, de onde veio. Escrever estas linhas em amarga memória desse acontecimento, e no lugar onde mais frequentemente vão encontrar meus olhos, tem em si algo de uma cruel doçura.

Em Alepo, al-Wardi observou as medidas desesperadas que estavam sendo tomadas contra a peste. "Ah, se vocês pudessem ver os nobres de Alepo estudando seus livros de medicina. Eles seguiam seus remédios ingerindo alimentos secos e amargos. Os bubões que perturbam a vida dos homens são esfregados com argila armênia." Mas ela não se deteve. Em Verona, Petrarca viu seus entes queridos morrerem — "Onde estão agora nossos gentis amigos, onde estão seus amados rostos, suas tranquilizadoras palavras, sua amena e agradável companhia?" — enquanto se correspondia com um novo admirador, o jovem Giovanni Boccaccio. Seu colega florentino, cujo pai trabalhava para o banqueiro Bardis, não gostava de bancos. Enviado pelo pai à dissoluta corte napolitana, Boccaccio apaixonou-se por uma musa, que chamou de Fiammetta, e foi ela quem inspirou sua poesia inicial.[22] Quando ele tentou o direito, também detestou. Sonhava com a literatura e ansiava por conhecer Petrarca.

Enquanto 100 mil florentinos morriam em três meses, Boccaccio fugiu para o campo. Ele testemunhou como, "no início, certos inchaços, na virilha ou na axila, cresciam até atingir o tamanho de uma maçã, ou de um ovo, alguns mais, alguns menos, sendo chamados vulgarmente de furúnculos da peste".[23] Ninguém compreendia como a doença se disseminava, mas havia a ideia de que era através de um "miasma". Tais suspeitas não eram de todo infundadas, pois a pneumônica mutação era transmitida por meio da respiração, de peles, da comida. "Alguns diziam: a corrupção do ar mata. Eu dizia: o amor à corrupção mata", escreveu al-Wardi, rindo do modo como "eles perfumam suas casas com cânfora, flores e sândalo, usam anéis de rubi, comem cebolas, vinagre e sardinhas". Boccaccio observou que "o mero toque nas roupas parecia, por si só, transmitir a doença a quem as tocava". Muitos acreditavam que ela tinha origem divina: "Oh, Deus, ela age por Sua ordem", disse al-Wardi. "Livra-nos disso [...]. Pedimos perdão por nossas almas iníquas."

Então a peste matou al-Wardi, seu espirituoso cronista. Em Túnis, Ibn Khaldun viu a mãe e o pai morrerem da doença, que levou também muitos de seus professores; ele e o irmão sobreviveram e viram como "cidades e prédios eram reduzidos a restos, estradas eram extintas, mansões se esvaziavam, dinastias e tribos se enfraqueciam. Todo o mundo habitado mudou".

Sentimentos de impotência, medo, repugnância e desconfiança corriam à solta. Na Germânia e na Áustria, os judeus, eternos forasteiros onde quer que vivessem, foram acusados de envenenar poços e queimados vivos. Flagelantes iam de cidade em cidade chicoteando-se, a fim de demonstrar arrependimento. "O medo e as ideias fantasiosas" se espalhavam enquanto "homens e mulheres ignorantes arvoravam-se em médicos", escreveu Boccaccio. Nenhum tratamento funcionava; lancetar os bubões apenas espalhava o patógeno; queimar especiarias ocultava o fedor da putrefação; fazer sangrias, aplicar ventosas e pôr pombos semimortos sobre os bubões não salvavam ninguém.

Pela manhã, corpos eram tirados das casas, antes de serem jogados em carroças em que se amontoavam cadáveres: "um homem morto não tinha mais importância do que uma cabra morta". Os coveiros ficaram ricos e arrogantes, supervisionando valas comuns onde "os corpos eram dispostos como fardos no porão de um navio". A maior parte da população fugiu para o campo, na esperança de que o ar mais limpo e o espaço aberto aliviassem a peste, mas relatos de vilarejos repletos de mortos e corpos jazendo ao lado das estradas provavam que o ambiente rural não constituía um refúgio. Pesquisas recentes mostram que não era a densidade de pessoas, mas a densidade de ratos, que influía na taxa de mortalidade. Além disso, galinhas, vacas e porcos também eram portadores da doença. "Alguns viviam em pequenas comunidades"; outros "comiam e bebiam sem moderação, indo de taberna em taberna, satisfazendo o apetite". Mulheres nobres exibiam o corpo aos criados e dormiam com eles. Então, de maneira inexplicável, a primeira onda da peste amainou.

Em outubro de 1350, Florença encarregou Boccaccio de dar as boas-vindas a um filho famoso que retornava: Petrarca, que ele hospedou em sua casa. Petrarca era nove anos mais velho, mas os dois tornaram-se amigos. Boccaccio o chamava de "mestre", e juntos eles viram a peste voltar: "Tínhamos lamentado o ano de 1348, mas agora nos dávamos conta de que aquele fora apenas o começo do luto e de que essa estranha força do mal, de que não se ouvira falar durante eras, não tinha cessado desde então, pronta para golpear de todos os lados, à direita e à esquerda, como o mais hábil combatente. Assim, depois de varrer o mundo inteiro várias vezes, sem deixar nenhuma parte incólume, ela vinha atingir algumas regiões duas, três, quatro vezes".

As taxas de mortalidade eram assombrosas — 50% dos 6 milhões de habitantes da Inglaterra; 75% da população de Veneza; 98% de algumas partes do Egito — e resultaram na morte de algo entre um terço e a metade da população da Eurásia e do norte da África. Dos 75 milhões de europeus, 25 milhões pereceram. A bactéria também alcançou a África ocidental e central, onde foram encontradas aldeias abandonadas. No mundo, o número total de vítimas é estimado entre 75 milhões e 200 milhões. E ainda não era o fim: pandemias sempre voltam, e a peste atacou repetidamente durante os séculos seguintes.

Por fim, em Ragusa (Dubrovnik), as autoridades venezianas ordenaram que os marinheiros permanecessem em seus navios durante trinta dias (*trentino*), depois quarenta (*quarentino*) — e o sistema começou a funcionar. Mas, para muitos, era tarde demais. O último superpropulsor, a peste negra, havia mudado tudo.

ATO IX

350 MILHÕES

Os timúridas, os Ming e os obás do Benim

OS OTOMANOS CHEGAM À EUROPA: DOIS CASTELOS E UM CASAMENTO

Todos esses argutos observadores espantaram-se com o horror que, segundo Ibn Khaldun, "engoliu muitas das boas coisas da civilização e as destruiu". Petrarca indagou: "Como a posteridade há de acreditar que houve um tempo em que o mundo esteve bem perto de ficar sem habitantes? Casas vazias, cidades desertas, campos negligenciados e uma medonha e universal solidão em toda a terra? Oh, felizes as pessoas do futuro, que não terão conhecido essas misérias e talvez classifiquem nosso testemunho junto com as fábulas".

A peste negra inspirou uma nova percepção do poder supremo de Deus, mas também uma apreciação do valor da própria humanidade, a maior das criações divinas. Petrarca, olhando para a antiga luz da cultura clássica, chamou aqueles séculos que o separavam dela de "Idade das Trevas". Ele anunciava uma nova claridade — a celebração do conhecimento e da beleza, inclusive do corpo humano —, que viria a ser a Renascença. Embora orando a Deus, os últimos trabalhos de Petrarca colocavam o homem no centro do mundo. Boccaccio também celebrava o gênio vivaz da humanidade diante da catástrofe, imaginando sete mulheres e três jovens escapando da peste para se abrigar numa casa de campo nos arredores de Florença, onde contam cem histórias de amor, sexo e absurdo num período de dez dias — o *Decameron* — que revelaria a "comédia humana". (Foi Boccaccio quem chamou a obra-prima de Dante de *Divina comédia*.)

A peste negra mudou a sociedade e o poder "como uma repetida e imaculada criação", escreveu Ibn Khaldun, "um mundo trazido de novo à existência". Boccaccio observou o júbilo dos sobreviventes na "moral mais frouxa das mulheres que sobreviveram". As mulheres ficaram mais independentes e passaram a buscar mais o prazer, o que Boccaccio celebrou com a primeira obra biográfica sobre a vida de 106 mulheres, muitas delas míticas: *De mulieribus claris — Sobre as mulheres famosas*. Embora tenha havido menos mortes entre os ricos, que viviam em espaços maiores e mudavam de residência com mais facilidade, a peste reduziu o controle que eles tinham, criando uma escassez de mão de obra, o que elevou o status de pessoas comuns. As oficinas de processamento de lã da Itália e de Flandres, da Inglaterra e da França, careciam de trabalhadores. A elevação dos salários e a queda da desigualdade levaram a um maior poder de compra, que duplicou o investimento per capita, o que por sua vez levou a uma maior produção de têxteis e outros bens de consumo. Ter menos bocas para alimentar significava uma dieta melhor. Os salários das mulheres — que em outros tempos correspondiam à metade do que se pagava aos homens — eram agora equivalentes. Os trabalhadores formavam guildas. Essa nova confiança surgida entre as pessoas comuns levou-as a empreender uma série de revoltas camponesas. A escassez de mão de obra exigia novas fontes de energia — a energia hidráulica foi aproveitada para mover moinhos de água e fornalhas de fundição —, e trabalhadores não remunerados eram agora obtidos de uma fonte totalmente nova: escravos africanos. A demanda por seda, açúcar, especiarias e escravos inspirava os europeus, unidos por um novo espírito de corpo, a viajar para o estrangeiro, destruir seus rivais, no leste e na própria Europa, de modo a satisfazer seus apetites. A competição resultou em melhorias nas armas de fogo, canhões, pólvora e galeões. O paradoxo da peste negra é que ela não apenas elevou o respeito pela humanidade, mas também a degradou; além de dizimar a Europa, tornou-se um fator da ascensão europeia.

E, é claro, pandemias mudam as famílias: desde o papa Gregório i, no final do século vi, a Igreja tentara impor sua própria e peculiar política anticasamento em família. Agora, a peste negra ajudava. Jovens trabalhadores, inclusive mulheres, labutavam por mais tempo e economizavam mais antes de se casar, o que também acontecia mais tarde, por volta dos vinte anos, de modo que podiam se permitir viver em suas próprias casas, pequenas unidades de produção onde produziam tecidos caseiros para vender. Em famílias mais ricas, isso concentrava a propriedade da terra nos filhos legítimos mais velhos. A instituição da família nuclear prosperou de maneira singular na Europa.

Ninguém esperava que reis e rainhas resolvessem a crise. Enquanto em tempos modernos a pandemia empoderou governos, naquela época, a princípio, "sobrecarregou as dinastias senis", escreveu Ibn Khaldun, "e enfraqueceu sua autoridade". A peste negra matou soberanos, desde Simão, grão-príncipe de Moscou, até os cãs da Ásia.

Na França, onde os reis tinham tomado a maior parte dos territórios herdados pelos monarcas ingleses, metade da população pereceu; a ordem se desfez. A insular Inglaterra saiu-se melhor: aos dezessete anos, Eduardo III — um dos poucos reis ingleses que poderia merecer o epíteto "Grande" — tinha tomado o poder da mãe e seu amante num golpe noturno que liderou pessoalmente com um grupo de amigos. Agora, ele estava em meio a uma bem-sucedida porém dispendiosa campanha para tomar o trono da França, ao qual tinha pretensões muito bem fundamentadas. Pouco tempo antes de a peste negra atacar, ele derrotou os franceses em Crécy e em seguida capturou Calais, ameaçando engolir toda a França com a ajuda de uma rede de alianças europeias.

Em 1348, quando irrompeu a peste, ele estava enviando sua filha de catorze anos, a princesa Joana, para se casar com o príncipe Pedro de Castela, filho de Afonso XI, o Vingador. Ao desembarcar em Bordeaux, no entanto, a peste negra a matou, bem como a maior parte de seu séquito. Enquanto seu corpo ainda jazia no castelo, a peste assolou o porto, matando tanta gente que o prefeito mandou incendiá-lo, cremando junto os corpos. "É com muita amargura no coração que temos de lhe informar", Eduardo escreveu a Afonso, "que a Morte Destrutiva (que abate jovens e idosos, sem poupar ninguém, igualando ricos e pobres) infelizmente levou nossa querida filha."[1] Enquanto a peste matava um terço da população inglesa, elevando os salários, Eduardo tentou limitar a paga dos trabalhadores. Mas a Inglaterra recuperou-se tão rapidamente que, em 1356, ele já mobilizava um pequeno exército de 6 mil homens para atacar a França. Em Poitiers, seu filho, o Príncipe Negro, derrotou os franceses e capturou seu soberano, que morreu no cativeiro.

Petrarca perdeu o filho para a peste negra, mas, depois de trabalhar como diplomata durante uma década, retirou-se com a filha para Pádua. Ele e Boccaccio, que também servia como diplomata, continuaram a ser amigos próximos e correspondentes. Ao morrer, Petrarca deixou cinquenta florins para Boccaccio "comprar um roupão quente para o inverno". Ibn Khaldun serviu monarcas desde Granada até o Cairo, mas foi a experiência com a peste negra que inspirou seu grande projeto: uma história do mundo. Ao longo de sua extraordinária carreira, ele testemunhou pessoalmente como a queda de dinastias e a Morte Destrutiva abriram o Jogo Mundial a dois novos contendores turcos.

Dois castelos e um casamento marcaram o surgimento de uma nova potência na Europa. O casamento, realizado em 1346, quando a peste chegava a Constantinopla, foi entre Teodora, a filha de dezesseis anos do reclamante imperial João VI Cantacuzeno, e um bei turco — líder de milícias de guerra — chamado Orhan, de 65 anos, cuja família viria a dominar o sudeste da Europa e a Ásia ocidental até 1918.

Orhan era descendente de um chefe guerreiro, Ertuğrul, a quem os seljúcidas tinham concedido terras no noroeste da Türkiye. O filho de Ertuğrul, Osman — ou Otomão, de onde o nome otomano —, havia estabelecido um principado perto do Bósforo explorando as guerras civis em Constantinopla, que também fora fatalmente enfraquecida pela peste negra; os otomanos foram menos afetados. Em 1329, o filho de Osman, Orhan, um incansável chefe militar que governou por quase quarenta anos, derrotou Andrônico III, anexou a Niceia e a Nicomédia e obrigou os imperadores romanos a acompanharem-no, um mero bei turco, na campanha. Em troca do apoio a um reclamante do trono de Justiniano, ele obteve o referido casamento imperial romano.

Depois, em 1354, os otomanos fizeram sua estreia na Europa. A peste mal conseguira refrear a irrupção de uma nova guerra entre as vorazes cidades italianas de Gênova e Veneza, travada em Constantinopla. Orhan apoiou os genoveses e entrou na Europa, onde ocupou uma fortaleza, Galípoli, cujas muralhas foram destroçadas por um terremoto.

Foi assim que tudo começou. Orhan enviou Murad, seu filho com uma concubina grega, para assumir o comando na Europa, onde mais tarde ele tomou a Bulgária, atacou a Valáquia (Romênia) e invadiu a Albânia, a Bósnia e a Sérvia. O imperador João V apelou aos reis cristãos da Sérvia e da Hungria, pedindo ajuda contra os otomanos. Em 1371, Murad esmagou os sérvios no rio Maritsa. Os otomanos tinham tomado grande parte dos Bálcãs cristãos ortodoxos, embora só governassem um pequeno território na Ásia — e isso moldou o emergente Estado. Recrutando sua infantaria entre os eslavos cristãos, Murad comprava ou raptava anualmente uma cota de meninos cristãos, entre oito e doze anos, prática conhecida como *devshirme*, para servirem como cortesãos e soldados em seu *Jeni Ceri* (novo exército), o corpo de janízaros; a cavalaria ainda era formada por turcos recrutados pelos beis da Anatólia. Esses escravizados seriam incontáveis milhões. Além disso, o harém de Murad era formado por garotas roubadas de aldeias eslavas ou ilhas gregas, e muitas vezes vendidas com a intermediação de cãs mongóis e mercadores de escravos italianos. Embora os otomanos fossem turcos do Turcomenistão, o sistema de Murad implicava que fossem com frequência filhos de concubinas eslavas e que os vizires também com frequência fossem eslavos. Declarando-se sultão e nomeando o primeiro grão-vizir para administrar o Estado otomano, Murad conquistou os Bálcãs, ignorando a ascensão de uma força feroz no leste, que desafiaria os otomanos e aterrorizaria o mundo conhecido, da China à Síria.

Mestre de uma violência espetacular e conhecedor de arte requintada, ele colecionava escritores e escravas, cidades e reinos que erigiram ao mesmo tempo torres de cabeças humanas e minaretes de suprema beleza. Esse rude predador, coxo e mutilado, mas longe de inválido, trouxe o jogo de xadrez da Índia e, como de hábito, desenvolveu suas próprias regras.

Adolescente na década de 1350, Timur, filho do chefe da tribo turco-mongol dos barlas, nascido em Kesh (Shahrisabad, próximo a Samarcanda), realizava uma incursão numa aldeia vizinha quando um pastor o atingiu com flechas que lhe perfuraram a perna e a mão. Ele perdeu dois dedos, ficou com o braço comprometido e tornou-se acentuadamente coxo, mas seus ferimentos não prejudicaram sua capacidade de montar e de atirar nem diminuíram sua incrível confiança. Aos quarenta anos, alto, com uma cabeça enorme, cabelo avermelhado e peito largo, seu enorme carisma permitira-lhe controlar as caóticas rivalidades dos canatos da Horda Dourada e estabelecer uma coalizão de mongóis, turcos e persas que logo dominaria a Ásia ocidental. Seus contemporâneos o apelidaram de Timur-i-lenk, Timur, o Coxo: Tamerlão.

Como apenas a Família Dourada de Gengis era autorizada a prover cãs, Tamerlão, enquanto se autocoroava emir da Transoxiana, fazendo de Samarcanda sua capital, estabeleceu um cã fantoche e casou-se com a viúva de um cã, Sarai Mulk Khanum. Ela tinha cerca de trinta anos e, além de "extraordinariamente bela", era descendente direta de Gengis, o que permitiu a Tamerlão adotar o título de *gürkan* — genro imperial. Constantemente em guerra para expandir seus territórios, ele era um imperador em tudo, menos no nome. Tinha 43 concubinas favoritas, mas somente Sarai o aconselhava, servindo como sua regente em Samarcanda quando ele estava fora, lutando, sendo a principal de suas esposas. Somente quatro de seus muitos filhos chegaram à idade adulta, e seu favorito era Jahangir, que ele casou com uma herdeira dourada, Khanzada, neta de Janibeg Khan. Em 1374, ao marchar contra o pai da moça, este enviara sua bela filha ao encontro do conquistador, à frente de uma procissão de oferendas. Tamerlão fez a paz imediatamente e casou Khanzada com Jahangir, mas o filho morreu de uma enfermidade dois anos depois. O inabalável *gürkan* ficou de coração partido e sepultou o jovem num esplêndido túmulo (ainda existente) em sua cidade natal de Kesh, onde planejara ser ele próprio sepultado. "Desde então tudo se tornou melancólico para ele, que tinha o rosto quase sempre banhado de lágrimas." Enquanto promovia os filhos e a família para comandar o crescente império, ele dava atenção especial à viúva de Jahangir e seus filhos.

Tamerlão era o produto da ferocidade das estepes e do refinamento da cultura urbana persa, projetando-se tanto como um homem culto quanto como um carniceiro. Um amante da poesia persa, o conquistador acolheu o poeta persa Hafiz, um sábio e divertido cronista do amor, do sexo, do vinho e do misticismo, que escrevera um famoso *ghazal* — poema de amor e desejo — para uma garota:

Se aquela beleza de Shiraz tomasse meu coração na mão
Pelo negro sinal em sua face
Eu daria as cidades de Samarcanda e Bucara.

Agora Tamerlão o provocava: "Com a minha espada, conquistei a maior parte do mundo para embelezar Samarcanda e Bucara — e você as trocaria por uma garota de Shiraz?".

"Oh, soberano do mundo", replicou Hafiz, "foi por conta de tal generosidade que fui reduzido, como se pode ver, a meu presente estado de pobreza." Tamerlão riu e o recompensou. Eis a verdadeira visão que Hafiz tinha dos políticos e paladinos:

Dario, Alexandre, seu grande alarido
Pode ser facilmente resumido num verso ou dois.[2]

A coalizão de mongóis, turcos, persas e uzbeques formada por Tamerlão pôde ser mantida graças às constantes vitórias e à interminável entrega de saques para distrair e recompensar seus vorazes emires. Mas a única maneira de sustentar seu poder era mediante a guerra contínua, alimentada por uma ambição tão colossal que exauriu até mesmo seus paladinos, que, como os de Alexandre, lhe imploraram por um descanso, para que pudessem aproveitar seus prêmios. Embarcando em vinte anos de inexorável combate, saqueando cidades desde Bursa e Bagdá a Damasco e Delhi, com frequência tendo de retomar a rebelde Khorasan, Tamerlão reivindicava todas as terras das dinastias dourada e seljúcida, recorrendo a um terror de dimensões mongóis, empilhando alegremente torres de cabeças a fim de anunciar sua ferocidade. Em Sebzewar, no Irã, ele amontoou 2 mil prisioneiros vivos um em cima do outro e fez com que fossem rebocados, formando torres vivas. Em Isfahan, suas torres continham, como ele próprio se jactava, 70 mil cabeças. Ninguém sabe ao certo o número de suas vítimas, mas estima-se que ele tenha matado 17 milhões de pessoas — 5% da população mundial.

No início da década de 1380, Tamerlão acolheu, como aliado, um ambicioso cã dourado chamado Toqtamish. Príncipes russos liderados por Demétrio Donskoi, de Moscou, haviam derrotado a Horda recentemente, mas, dois anos depois, Toqtamish restaurou o poder, incendiando Moscou e massacrando metade dos moscovitas.[3] Em seguida, desafiou o próprio Tamerlão.

A partir de 1385, numa campanha que se estendeu por dez anos, Tamerlão derrotou Toqtamish numa série de batalhas — considerando uma delas a "sua maior vitória" —, avançando pela Rússia para o norte, em direção a Moscou: esqueletos sem cabeça, mãos e pés contam a história de sua passagem. Na Crimeia, ele escravizou genoveses e venezianos em Kaffa e Tana.

Enquanto Tamerlão galopava pela Rússia, o sultão otomano Murad e seu filho Bajazeto, conhecido como Relâmpago, lideravam um exército de 30 mil homens que marchou sobre Kosovo para enfrentar 15 mil sérvios. Em 15 de junho de 1389, no Campo dos Melros, perto de Pristina, Murad, aos 63 anos, comandando a ala central do exército em meio a um "círculo de camelos acorrentados" — enquanto seus filhos Relâmpago e Iakub guarneciam os flancos direito e esquerdo —, resistiu a uma carga da cavalaria pesada cristã. Doze cavaleiros sérvios liderados pelo príncipe Lázaro tentaram abrir caminho até o sultão. Um deles, Miloš Obilić, se rendeu, mas, ao se prostrar ante o vitorioso, cravou um punhal, que levava escondido, na barriga do sultão. Lázaro foi capturado e decapitado. Com o corpo do pai ainda quente, Relâmpago, de 29 anos, convidou o irmão Iakub à pavorosa tenda do sultão e o mandou estrangular — no invertido e típico cumprimento dos povos da estepe, que jamais derramavam sangue real. Foi o primeiro fratricídio otomano e o início de uma medonha instituição. Após se casar com a filha do príncipe Lázaro, Olivera, e derrotar a cruzada do rei húngaro que visava detê-lo,[4] Relâmpago julgou que havia chegado o momento de tomar Constantinopla. Ele cercou a Grande Cidade, já muito diminuída, construindo um castelo no lado asiático, Güzelce Hisar, que permanece de pé. Com o oeste sob controle, Relâmpago seguiu para o leste, onde encontrou um triunfante Tamerlão, agora soberano de todos os canatos dourados da Ásia central, da Pérsia, do Iraque, do Afeganistão e da Geórgia, aos quais acrescentara um novo prêmio: a Índia.

TAMERLÃO TOMA DELHI; RELÂMPAGO NUMA JAULA

Em 17 de dezembro de 1398, quando Tamerlão aproximava-se da grande cidade de Delhi, deparou-se com o imenso exército do sultão, que incluía elefantes com armaduras. A cavalaria do turcomano começou a entrar em pânico com o cheiro dos paquidermes, mas Tamerlão carregou seus camelos com feno e madeira, pôs fogo nas cargas e conduziu-os em direção às linhas indianas. Os camelos, enlouquecidos com o fogo, gritando de dor, atacaram os elefantes, que, aterrorizados, pisotearam o exército indiano. O sultão — cujo reino no norte da Índia fora solapado pelas psicóticas predações do avô[5] — também era muçulmano, mas Tamerlão alegou que aquela era uma guerra santa, porque os governantes indianos estavam acolhendo a idolatria hindu. O sultão fugiu, deixando dezenas de milhares de prisioneiros, que Tamerlão executou em massa. Ao se apoderar de Delhi, Tamerlão poupou as pessoas, mas saqueou a cidade de forma tão agressiva que os indianos se rebelaram. Diante disso, suas tropas tornaram-se ainda mais violentas, massacrando milhares. Ao assumir o trono, Tamerlão foi saudado por um desfile de 120 elefantes, enquanto chacinava hindus e destruía seus templos.

Levando consigo artistas indianos para embelezar Samarcanda e elefantes para fortalecer seu exército, Tamerlão retornou à sua capital, sabendo que já era tempo de providenciar a sucessão. Escolheu como herdeiro seu neto mais velho, Muhammad Shah, filho de Jahangir e Khanzada: vigoroso e capaz, o jovem tinha nas veias o sangue de Gengis Khan e de Tamerlão. Mas Tamerlão tinha um problema familiar com seu filho mais novo, Miran Shah. Casado com Khanzada, a viúva de Jahangir, Miran Shah era um rechonchudo alcoólico espancador de mulheres que ousava dizer que o pai estava velho e deveria deixar os filhos governarem. Khanzada foi até o sogro, mostrou-lhe a blusa manchada de sangue, devido aos golpes de Miran Shah, e relatou suas tendências traiçoeiras. Tamerlão, que havia pranteado a morte de Jahangir, agora chorou novamente. Com uma corda no pescoço, Miran Shah implorou por misericórdia e foi perdoado, mas nunca mais foi promovido. Khanzada juntou-se ao círculo doméstico do sogro.

Tamerlão nunca ficava parado por muito tempo. Relâmpago estava se expandindo para o leste, tendo adotado o título de sultão de Rum, reivindicado pelo próprio Tamerlão. "Você não passa de uma formiga", ele disse a Relâmpago. "Não tente lutar com os elefantes, pois eles o esmagarão sob as patas. Como pode um principezinho como você competir conosco? A verdade é que a sua tagarelice jactanciosa não surpreende. Os turcos estão sempre falando bobagem."

"Vamos caçá-lo por todo caminho até Tabriz", replicou Relâmpago, que formara uma aliança com os mamelucos do Egito. Os exaustos generais de Tamerlão pediram um descanso, advertindo que uma guerra contra dois reinos poderosos seria imprudente, mas o conquistador, embora já estivesse na casa dos sessenta anos, não deu ouvidos. Em 1401, ele esmagou a rebelde Bagdá, onde cada soldado foi instruído a trazer duas cabeças para os construtores das torres; em seguida, avançou em direção a Relâmpago. Mas, como os sultões mamelucos ameaçavam seu flanco, desviou-se para a Síria.

O sultão mameluco, um garoto de catorze anos, seguiu para o norte acompanhado de seu resignado tutor, Ibn Khaldun, o célebre historiador, agora com setenta anos.[6] Tamerlão desincumbiu-se rapidamente do menino, que voltou para o Cairo, deixando Ibn Khaldun para negociar a rendição de Damasco.

O velho historiador foi descido das muralhas de Damasco numa cesta e levado à magnífica tenda de Tamerlão. "Eu o encontrei reclinado, apoiado num cotovelo, enquanto lhe ofereciam pratos de comida", relembrou Ibn Khaldun. "Em seguida, me curvei. Ele ergueu a cabeça e estendeu a mão para que eu a beijasse, o que prontamente fiz." Depois Tamerlão perguntou sobre sua história de vida, e o historiador contou suas aventuras. "Isso não basta", disse Tamerlão. "Quero que você faça uma descrição detalhada do Magreb por escrito, de modo que eu possa vê-lo com meus próprios olhos."

"Há trinta anos que desejava conhecê-lo", disse o historiador.

"Por quê?"

"O senhor é o soberano supremo do universo. Ninguém se compara — nem César, nem Khusrau, nem Alexandre, nem Nabucodonosor. O sultão Timur é invencível."

Tamerlão deu de ombros, modestamente. "Eu? Sou apenas um representante do imperador. *Aquele* é o soberano!", disse, apontando para um desajeitado principezinho dourado, seu enteado. Negociando a rendição de Damasco e convidando o historiador a juntar-se a seu conselho, Tamerlão discutiu a história da Babilônia até um emir lhe sussurrar que suas forças estavam prontas para atacar a cidadela damascena, que ainda resistia.

O conquistador "foi transportado, devido à lesão no joelho, e, depois de montar seu cavalo, cavalgou para Damasco, as bandas tocando num triunfante frenesi". A seguir, acompanhado de Ibn Khaldun, mandou acionar balistas e lançadores de chamas de nafta sobre a cidadela. Quando ela caiu, Tamerlão ordenou que fosse saqueada, depois que chacinassem e queimassem vivas 30 mil pessoas, as cabeças emparedadas nas inevitáveis torres. Ibn Khaldun, depois das cordiais conversas sobre história e vida com o diabólico conquistador, sabia que tinha de falar com cuidado para manter-se vivo.

"Peça o que quiser", disse Tamerlão, enquanto a cidade ardia. "Realizarei seu desejo."

"Meu exílio tornou-me esquecido", disse Ibn Khaldun, um especialista em apaziguar monarcas letais. "Talvez *o senhor* possa me dizer o que desejo."

"Fique comigo", disse Tamerlão.

"Existe ainda alguma generosidade além daquela que o senhor já demonstrou por mim? Fui cumulado de favores..."

Tamerlão compreendeu. "Deseja voltar para o Cairo?"

"Meu único desejo é servi-lo. Se minha volta ao Cairo lhe servir, então eu irei. Do contrário, não desejo ir."

"Vou realizar seu desejo", disse Tamerlão, e enviou Ibn Khaldun para o Cairo. Em seguida, voltou-se para os otomanos. Relâmpago agora rompera o cerco de Constantinopla. Em Ancara, 150 mil homens de Tamerlão, com 32 elefantes, seus cornacas armados de lança-chamas, enfrentaram 100 mil soldados de Relâmpago[7]. Relâmpago estava cercado e teve seu cavalo atingido antes de ser capturado pelo neto de Tamerlão, Muhammad Shah, que foi ferido e depois morreu. Constantinopla rendeu-se a Tamerlão, que avançou até o Egeu, atacando Esmirna (Izmir). Tamerlão tratou Relâmpago com decência, mas, depois que ele tentou escapar, confinou-o a uma carroça com grades, onde ele morreu três meses depois. (Tamerlão herdou seu jovem escravo bávaro, Schiltberger.)

A hora dos otomanos tinha certamente acabado.

O mundo estava aos pés de Tamerlão. Em Samarcanda, ele contemplava suas próximas conquistas enquanto supervisionava seus arquitetos e artistas indianos e árabes e recebia um emissário da longínqua Castela.[8]

"Samarcanda era a cidade mais maravilhosa no mundo", relatou o enviado castelhano, Clavijo, que encontrou o grisalho Tamerlão com sua corte num paradisíaco jardim. Ele estava reclinado sob a coberta de um dossel ornamentado, vestindo um casaco simples de seda e um chapéu branco ornado de joias, "tão velho e enfermo que quase não conseguia manter os olhos abertos". O conquistador vivia em tendas carmim abobadadas, enquanto suas esposas moravam em palácios. Tamerlão, "num humor excelente, bebia muito vinho e instava todos os seus convidados a fazer o mesmo", enquanto cordeiros (e criminosos) eram abatidos. Toda manhã, inspecionava seus sítios de construção, "passando lá a maior parte do dia".

Seus visitantes mais importantes eram da China. Em 1403, emissários chineses anunciaram a ascensão de um novo imperador e exigiram o pagamento de tributos. Tamerlão mandou prendê-los. Um novo imperador cometera a impertinência de expulsar a Família Dourada da China. Tamerlão alegou ser seu herdeiro e declarou um jihad contra os chineses.

Ele tinha razão em considerar a China uma ameaça. Naquele momento, seu imperador preparava um empreendimento espantoso — o envio de uma grande frota para levar o poder chinês até a Pérsia, na esfera direta de influência do conquistador. E a nova dinastia fora fundada pelo homem mais humilde que jamais fundara uma dinastia, o único imperador que começara a vida, literalmente, como um mendigo.

O IMPERADOR MENDIGO: MORTE POR MIL CORTES
E EXTERMÍNIO ATÉ O NONO GRAU

Os olhos arregalados, o queixo pontudo e saliente, a testa protuberante, o rosto enrugado e marcado de espinhas, a compleição robusta e a estatura incomum não condenavam Zhu Yuanzhang, futuro imperador Hongwu — na verdade, numa época estranha de portentos milenários e rebeliões místicas, sua espantosa feiura prenunciava um futuro notável para aquele homem de desenfreada violência e visão ilimitada. Em qualquer outra época, ele teria sido um funcionário provinciano; em tempos de extrema oportunidade, porém, os personagens extremos prosperam.

Enquanto a dinastia mongol de Kublai Khan se deteriorava, enfraquecida pela peste, Zhu Yuanzhang nascia (quase ao mesmo tempo que Tamerlão) no seio de uma família itinerante tão pobre que seus irmãos foram vendidos pelos pais. Aos dezesseis anos, seus pais e seu último irmão pereceram na peste. Ninguém tinha recursos para enterrá-los, nem alimentar o jovem Zhu, que foi entregue a um mosteiro budista, cujos monges o fizeram mendigar. No momento em que a China se fragmentava pelas rebeliões milenaristas dos Turbantes Vermelhos (que aguardavam a vinda de Maitreya, o Futuro Buda, Rei da Luz), o noviço mendigo juntou-se a um chefe militar insurgente, que o promoveu e o casou com sua filha.

Em 1356, Zhu, agora um chefe guerreiro com seu próprio exército, cruzou o Yangtzé e tomou Nanjing, fazendo dela sua capital. Em seguida, começou a recrutar eminentes escribas literários como conselheiros, aprendendo sobre história e rituais, e tendo como modelo o fundador da dinastia Han. Depois, abrindo caminho através da China, promoveu a guerra em ampla escala, usando canhões e pólvora. Em 1363, depois de mobilizar uma flotilha de navios colossais, maiores do que qualquer coisa jamais imaginada no Ocidente, e um exército de cerca de 300 mil homens, Zhu derrotou seus inimigos — uma força de 200 mil homens — no lago Poyang, numa batalha que continua a ser o maior embate marítimo da história. Cerca de 60 mil marinheiros inimigos foram mortos.

"Somos os governantes do País Central [...] originários do povo de Anhui", admitiu o ex-mendigo em 1368, explicando como o Mandato do Céu havia passado da família de Kublai Khan para ele. "Portadores do Mandato do Céu e dos espíritos dos ancestrais, aproveitamos o 'outono da caça aos veados' [caos] [...]. Hoje, os grandes oficiais civis e militares e as massas se unem para exortar nossa ascensão." Precisamente no momento em que Tamerlão surgia como governante da Ásia central, Zhu declarava-se imperador Hongwu (Imensamente Marcial) de uma nova dinastia Ming (Radiante).

Hongwu, governando a partir de Nanjing, era tão notável quanto parecia. Depois de capturar Dadu (Beijing), ele restaurou o poder imperial e os exames confucianos para o serviço civil, e processou funcionários corruptos, que mandou esfolar vivos. Mas foi se tornando cada vez mais paranoico e mortífero, voltando-se contra os amigos que o tinham aconselhado durante sua ascensão e dando rédea solta à sua polícia secreta, a Guarda de Uniformes Bordados, que possuía suas próprias câmaras de tortura. Ele impôs a punição coletiva das Nove Exterminações Familiares, o que significava que as famílias das vítimas eram mortas até o nono grau — na prática, todos os familiares. Líderes ascendiam e caíam com seus clãs; mulheres enfrentavam a escravidão ou a morte. Os dirigentes eram submetidos à morte por mil cortes, o antigo *lingchi*, que consistia em desmembrar as pessoas, ainda vivas, em quatro partes, o que podia ser menos doloroso com o uso do ópio. Cortesãos e ministros eram espancados, e por vezes mortos, na presença de Hongwu. Em 1380, ele executou seu principal conselheiro e 15 mil membros de sua família (pelas suas próprias contas); um ministro foi morto junto com 30 mil membros de seu clã. O terror só foi interrompido pelo sinal místico de um raio que atingiu seu palácio.

"Incontáveis pessoas" foram mortas, ele admitiu em seu édito de instrução, as *Grandes advertências*, desculpando-se por suas purgas e assumindo ele próprio o controle do governo. Quando denúncias lhe provocavam frenesis homicidas, refletia: "Se eu for leniente, dirão que estou confuso […], se for duro, serei chamado de tirano". Às vezes, ele sentia que toda aquela matança era inútil: "O império estava pacificado, as pessoas eram más, os funcionários, corruptos. Mesmo que dez fossem executados pela manhã, outros cem surgiriam à noite".

Seus filhos, designados para governar regiões, estavam aterrorizados. Quando Hongwu convocou com urgência um filho e uma nora, ambos cometeram suicídio. Outro filho teve uma overdose de elixires taoistas. O imperador nomeou seu neto mais velho, Zhu Yunwen, como herdeiro, impondo uma regra de primogenitura a fim de evitar o caos das sucessões mongóis, o que desapontou imensamente seu quarto filho, o feroz e capaz Zhu Di (príncipe de Yan), que esperava herdar o trono.

Zhu Di foi nomeado guardião do setor militar mais complicado, o norte, onde prosseguia a guerra contra a família de Gengis e os mongóis. No sul, seu pai conduzia uma campanha em Yunnan, onde, entre seus prisioneiros, havia um órfão muçulmano, Zheng He, que foi castrado e dado de presente a Zhu Di.

Em 1398, enquanto Tamerlão avançava no oeste, o velho monstro Hongwu finalmente morreu, sendo sepultado com 38 concubinas sacrificadas. Seu neto de vinte anos, Zhu Yunwen, gentil e intelectual, tornou-se o imperador Jianwen (Estabelecedor da Civilidade) e cancelou os éditos brutais do avô. Além disso, reduziu o poder de seus tios, mas o mais forte deles — Zhu Du — resistiu.

Visionário, exuberante e arrogante, um guerreiro enérgico tão sedento de sangue quanto o pai, mas um estudioso dos clássicos de Confúcio, Zhu Di era um inimigo perigoso, e, antes que o imperador pudesse voltar-se contra ele, marchou para o sul com seu exército. Em julho de 1402, ele irrompeu na capital do sul, Nanjing. Quando o palácio pegou fogo, o imperador desapareceu, mas seu corpo carbonizado, bem como os de sua imperatriz e seu filho mais velho, foram convenientemente encontrados nas cinzas e exibidos ao povo (enquanto um filho sobrevivente foi aprisionado durante 54 anos). Tudo isso, malgrado histórias românticas sugerindo que o jovem imperador havia escapado, permitiu que Zhu Di o sucedesse como o imperador Yongle (Perpétua Felicidade).

Yongle enfrentou a resistência de apoiadores do sobrinho, esquartejando milhares, usando não só a Guarda de Uniformes Bordados do pai, mas criando também uma polícia secreta de eunucos, a Estação Oriental. Sentenciado ao extermínio até o nono grau, o tutor de seu sobrinho, Fang Xiaoru, gritou: "Nada de nove! Que sejam dez!". Yongle concordou. Enquanto era bisseccionado pela cintura, com 872 parentes esperando para ser esquartejados, Fang escreveu a palavra "usurpador" com o próprio sangue.

Yongle considerava o País Central o supremo poder do mundo, declarando que o pai "tinha recebido o Mandato do Céu e se tornado senhor do mundo". Mas havia um homem em seu caminho: Tamerlão.

SEGUINDO A VIA CHINESA: O ALMIRANTE EUNUCO E O TÚMULO DE TAMERLÃO

Logo após sua ascensão, em 1403, Yongle ordenou a Zheng He, de 33 anos, diretor dos serviçais do palácio, com a classificação 4A — o posto mais elevado a que um eunuco podia chegar, vestindo um manto vermelho em vez de azul —, que construísse uma gigantesca frota a fim de projetar o poder chinês para o oceano Índico, região familiar aos marinheiros chineses. Não há registro de conversas de Yongle com Zheng He, mas não há dúvidas de que o embate cada vez mais iminente com Tamerlão desempenhou um papel importante. O projeto de Zheng não era uma viagem de exploração, comércio ou conquista — "Os quatro mares são amplos demais para serem governados por uma única pessoa", disse Yongle. A armada foi projetada para intimidar governantes locais e fazê-los reconhecer a supremacia chinesa e pagar tributos, embora pudesse também, se necessário, eliminar piratas e esmagar a resistência.

Considerando a jihad de Tamerlão, a escolha de Zheng era irônica: ele era bisneto de Omar de Bucara, governador muçulmano de Kublai em Yunnan, um descendente de Maomé que convertera muitas pessoas de sua província ao islã. O pai e o avô do rapaz haviam feito o *hajj*, mas o pai fora morto durante a invasão dos Ming, depois de ser castrado. Juntando-se ao séquito de Yongle, o avantajado soldado de 1,85 metro de altura — "faces e testa salientes, nariz pequeno, olhos brilhantes, voz sonora como um gongo" — venceu batalhas na guerra civil.

Enquanto a frota estava sendo construída, no início de 1405, chegaram notícias a Yongle de que Tamerlão se aproximava com um grande exército. Tamerlão "já estava com a saúde abalada", observou Clavijo. "Não podia mais ficar de pé por muito tempo, ou montar a cavalo, tendo sempre de ser carregado em sua liteira." Mas Tamerlão jamais perdera uma guerra. As defesas na fronteira foram reforçadas, e a frota de Zheng He estava quase pronta para zarpar. Logo após se juntar ao exército, porém, Tamerlão, com cerca de 68 anos, morreu, desencadeando uma guerra entre seus filhos e netos, da qual seu filho mais novo, Shahrukh, emergiu como o sucessor.[9] Governando a partir de Herat (Afeganistão), Shahrukh fez a paz com Yongle, que em julho ordenou a Zheng que zarpasse com sua frota de 255 navios, cada um deles equipado com 24 canhões e 27 500 homens. Os 62 "navios do tesouro", todos com nove mastros, eram gigantescos, com 120 metros de comprimento e 55 de largura.[10]

"O servidor palaciano Zheng He, acompanhado de outros", relatou o cronista da corte, "foram enviados com cartas imperiais aos países do oceano ocidental, levando presentes para seus reis, entre os quais artigos de ouro, brocado, sedas estampadas e gaze de seda." Zheng zarpou para Champa, que reconheceu a supremacia chinesa, e depois para a Malásia e Java, seguidas do Sri Lanka e de Calicute (Índia); durante a mesma viagem, derrotou uma frota pirata, matando 5 mil corsários. Ele deixou inscrições em várias paradas, invocando Buda, Alá, a deusa do mar Tianfei e deuses hindus, combinando maestria política com respeito poético pelos mares: "Atravessamos 100 mil *li* [50 mil quilômetros] do vasto oceano e contemplamos grandes ondas, elevando-nos à altura do céu [...]. Sob denso nevoeiro e chuva fina, em meio a ondas que o vento elevava à altura de montanhas [...] abrimos nossas velas e navegamos".

Em 1407, de volta a Nanjing, acompanhado de um rei pirata pronto a ser decapitado, e de emissários portando tributos do sudeste da Ásia e da Índia, Zheng foi encarregado de partir em outras duas expedições. Na terceira, foi desafiado por um rei do Sri Lanka. Zheng He atacou sua capital e capturou o monarca, substituindo-o por um chinês. Estados em Luzon e Sulu (Filipinas), Sumatra e Brunei[11] trocaram embaixadores e pagaram tributo ao imperador Yongle. "Dos limites do céu aos confins da terra", jactava-se Zheng, "não há povos que não tenham se tornado súditos e escravos." Sua missão ficou claramente definida na inscrição que deixou em Malaca, onde declarou que "seu justo rei, prestando respeito à suserania imperial, deseja que seu país seja tratado como um de nossos domínios imperiais e siga a via chinesa". Em 19 de dezembro de 1416, Yongle celebrou o retorno de Zheng recebendo dezoito embaixadores de monarcas do sul da Ásia, que reconheceram seu poder. O imperador organizou então uma quinta viagem, a fim de levar esses embaixadores de volta a seus reis e de ir muito além do que antes: para a Arábia e a África.

Yongle era incansável. Travou seis guerras mongóis e uma vietnamita, restaurou o Grande Canal e construiu uma nova cidade, Beijing (Capital do Norte), onde 1 milhão de trabalhadores, muitos dos quais escravizados, labutaram arduamente (muitas vezes morrendo) na construção de vastos palácios nos setenta hectares de seu santuário interior, a Cidade Proibida. Em privado, os eruditos funcionários confucianos viam as viagens e os palácios como extravagâncias megalomaníacas. Yongle tornara-se dependente de elixires taoistas que continham arsênico, chumbo e mercúrio, que pouco a pouco o envenenaram.

Precisamente quando inaugurava a nova capital, o imperador foi abalado por um escândalo sexual humilhante que levantou uma incômoda questão: poderia o maior imperador guerreiro do mundo ser traído por um homem sem testículos?

O MASSACRE DAS CONCUBINAS

Nem todos os eunucos tinham o pênis amputado junto com os testículos: as ligações sexuais — conhecidas como relações vegetais — com concubinas eram possíveis, mas proibidas. As jovens pertenciam ao imperador. Muitas concubinas eram apegadas aos eunucos, o que fomentava discretos romances. Mas os cortesãos eram espionados pelos eunucos da polícia secreta da Estação Oriental.

Em 1421, depois de Yongle se mudar para a Cidade Proibida, uma concubina cometeu suicídio após ter um caso com um eunuco. Yongle, humilhado pela traição de um semi-homem, ordenou o massacre imediato, por esquartejamento, de 2800 garotas, algumas com apenas doze anos de idade, e seus eunucos. As moças foram "cortadas, rasgadas e despedaçadas". Uma jovem concubina coreana, a sra. Cui, estava em Nanjing convalescendo de uma doença e sobreviveu, escrevendo mais tarde um relato, que foi preservado. Ao voltar à Cidade Proibida, ela descobriu que seu mundo tinha sido aniquilado. "Havia uma tristeza tão profunda no palácio que um trovão sacudiu os três grandes salões", ela relembrou. "O relâmpago os atingiu, e depois de todos aqueles anos de labuta arderam todos até o fim." O fogo castigou o imperador em declínio.

Em 1424, Yongle, aos 64 anos, enviou Zheng numa pequena expedição e, em seguida, avançou até a frente mongol. Lá, sofreu um derrame, causado pelo consumo excessivo de seus elixires da imortalidade.

A sra. Cui — que tinha apenas trinta anos — e outras quinze garotas foram estranguladas com laços de seda branca e sepultadas com Yongle em seu túmulo. O último sucessor de Yongle, seu neto Xuande, incumbiu então o almirante Zheng He de outras tarefas, nomeando-o para o governo de Nanjing e para o posto de diretor dos três tesouros budistas — embora tenha permitido que fizesse uma sétima e última viagem. As últimas viagens conectaram muitos mundos — nenhum deles mais diferente do que o dos Ming em Beijing e o dos sultões suaílis no leste da África.

Em janeiro de 1419, Zheng He, o almirante eunuco, depois de receber a submissão de Ormuz (Irã), desembarcou em Áden (Iêmen), onde os sultões locais, ansiosos por evitar o poder dos mamelucos do Cairo, submeteram-se a Yongle e trocaram presentes antes que frota chinesa zarpasse para Melinde, na África, reunindo um verdadeiro zoológico de leopardos, leões, camelos, rinocerontes e girafas para o imperador. A sensação que esses animais fizeram em Beijing estimulou novas viagens ao continente africano.

China e África havia muito estavam conectadas: mercadores chineses, malaios e árabes comerciavam porcelana e seda em troca de marfim, ébano e ouro; milhares de moedas chinesas e muita porcelana foram encontradas em Zanzibar. Na sexta viagem de Zheng, iniciada em novembro de 1421, a frota do tesouro visitou Barawa e Mogadíscio, portos do reino somali de Ajura, que se estendia até Ogaden, na fronteira com a Etiópia.[12]

A frota de Zheng navegou até Kilwa, fundada por africanos convertidos ao islã que inventaram uma descendência mítica de um aristocrata persa de Shiraz. Esses príncipes, que agora praticavam casamentos mistos entre africanos e árabes, talvez omanis, controlavam um império litorâneo desde Mombaça (Quênia) até Sofala (Moçambique), com colônias na ilha da Lua (Madagascar). Ao ser interceptado pelo sultão de Kilwa, Zheng atacou a cidade e em seguida navegou para Sofala. Os monarcas suaílis reconheceram então o imperador da China. Depois de receber incenso, âmbar-gris, marfim e novos animais (inclusive elefantes e "aves-camelos" — avestruzes), Zheng, agora em sua sétima viagem, provavelmente morreu no mar, a caminho de casa. O imperador Xuande e seus burocratas rejeitaram a imprevidência de Yongle e ancoraram as superfrotas, queimando os registros de Zheng, confiantes de que a superioridade chinesa não exigia conexões com o mundo exterior. A China não voltaria a projetar um poder global nessa escala, nem retornaria com força à África até o lançamento, em 2013, da iniciativa Cinturão e Rota.

Segundo os registros chineses, os suaílis comerciavam não apenas "selvagens" escravizados do interior da África, mas também ébano, marfim e ouro. Elefantes e homens eram caçados no atual território do Quênia e da Tanzânia, mas o ouro e o cobre que chegavam a Sofala para serem exportados através do oceano Índico vinham de um reino no interior: sua capital, Zimbábue,[13] era uma cidade de pedra, a mais antiga ao sul do Saara, fundada por volta do ano 900, e seu Grande Recinto, com torres e muralhas, fora erguido ao longo dos anos 1200. Seus príncipes xonas falavam banto e eram mercadores de ouro, criadores de gado e fabricantes de cerâmicas, além de proprietários de artefatos dourados e estátuas de águias, que foram encontrados no local junto com porcelanas da

China e da Pérsia. Na época em que Zheng visitou Sofala, o Zimbábue estava desmoronando — seu soberano, Mukwati, fora solapado por um príncipe mais jovem, Nyatsimba Mutota, que desafiou seu comércio de sal e ouro e partiu para fundar um novo reino, Mutapa, do qual se tornou *mwene* (rei). Abarcando a Tanzânia, a Zâmbia e o Zimbábue, Mutapa foi expandida pelo filho de Mutota, Nyanhewe Matope. O *mwene*, residindo em Zvongombe, no sul do Zambeze, e brandindo um machado cerimonial e uma lança de ouro, governava por meio de nove ministros conhecidos como Esposas do Rei, alguns dos quais eram de fato rainhas e irmãs do monarca, sendo os demais conselheiros homens. Mas o Zimbábue perdeu sua importância e mais tarde foi abandonado.

Os mundos muito diferentes da África oriental e ocidental estavam conectados por rotas saarianas de comércio que levavam ao Egito e ao Magreb, mas a movimentação entre eles era dificultada pela vastidão da selva e da savana. A política da África ocidental, porém, era igualmente dinâmica e complexa: uns poucos reinos poderosos e um sem-número de entidades menores lutavam por territórios, pelo controle dos campos auríferos acãs e por escravos capturados em guerras. O ouro e os escravos eram comerciados através do Saara por caravanas árabes; foram provavelmente mais de 6 milhões de escravos entre os séculos XI e XVII. Os reinos falantes do banto, muitos dos quais recentes, foram fundados, assim como seus equivalentes europeus, por chefes guerreiros talentosos que se valiam de seu carisma pessoal, de conquistas sangrentas e de casamentos inteligentes. Por volta de 1375, quando Tamerlão e Hongwu eram chefes guerreiros em ascensão, o maior desses reinos, o Congo, foi criado pelo casamento entre duas famílias reais. O rei de Mpemba Kasi, Nima a Nzima, casou-se com Luqueni Luansanze, filha ou irmã do rei de Mbata, Nsaku Lau. Seus filhos fundiram os reinos, e depois, governando até 1415, conquistaram grande parte de Angola e da república do Congo (Brazzaville), construindo uma capital, Mbanza, que logo se tornou o lar de dezenas de milhares de pessoas. Sempre escolhido a partir dessa linhagem, o manicongo (rei) presidia a corte vestindo ouro e plumas, num trono coberto, e só era permitido aproximar-se dele de joelhos. Ninguém tinha permissão para vê-lo comer.

Em torno de Mbanza, os escravos trabalhavam em fazendas — "A captura de escravos deu aos reis do Congo um grande poder". A escravidão era um componente antigo da sociedade africana, "disseminada porque os escravos eram a única forma de propriedade privada produtora de receitas reconhecida na lei africana", escreveu John Thornton: na verdade, os escravos eram a "principal forma de riqueza na África central". Mas não se tratava de uma escravidão de bens móveis — envolvendo a propriedade e o comércio de pessoas e de seus filhos —, como se viu em impérios europeus posteriores. A fundação do Congo teve como base o artesanato, especializado na ferraria. Diz-se que seu primeiro rei havia projetado uma forja especial, mas os manicongos comerciavam marfim, peles, tecidos, cerâmica e escravos, constantemente repostos em incursões escravagistas e guerras expansionistas.

Mais para o norte, um dinâmico obá (rei), Euarê, o Grande, expandia um pequeno reino iorubá chamado Ibini — Benim (Nigéria). Descendente dos *ogisos* — "reis do céu" — de um reino edo medieval, o Igodomigodo,[14] seu nome verdadeiro era Ogum. Filho de um obá, Ogum fora expulso pelo próprio irmão, e, no exílio, aprendeu a ter confiança e a praticar magia, em parte por ter removido um espinho da pata de um leão, que então lhe concedeu poderes sobrenaturais. Depois de matar o irmão e mudar seu nome para Euarê (A Luta Acabou), ele simplificou as regras da sucessão, reduzindo a influência eleitoral dos *umaza* (chefes) antes de embarcar numa embriaguez de conquistas e de embelezamento dos palácios de Ibini. Intitulando-se Rei Leopardo, Euarê centralizou toda a vida ao redor de si mesmo e de sua família, promovendo a rainha-mãe a uma categoria especial. Sua cidade, o Benim, tornou-se a maior da África subsaariana, tendo sido descrita por um visitante europeu como "maior do que Lisboa; todas as ruas são retas e vão até onde a vista pode alcançar. As casas são grandes, sobretudo a do rei, que é ricamente decorada e tem belas colunas". Euarê encomendou esculturas e gravuras naturalistas, feitas de coral, madeira, terracota, pedra, ferro e bronze (dando início a uma coleção que, mais tarde, seria chamada de Bronzes do Benim). Elas representavam obás anteriores — cultuados como divinos ou dotados de poderes sobrenaturais — ou o próprio Euarê, em avatares que aludiam aos leopardos; seus artesãos também produziam pilares, altares, portas e máscaras. Tudo era usado num calendário de festivais para celebrar e restaurar o poder dos obás e afastar os maus espíritos que pudessem ameaçar o reino.[15]

A cidade abrigava muitos escravos capturados nas guerras de Euarê, e eles eram usados como criados, trabalhadores e moeda de troca por ouro, marfim e cobre. As pessoas livres eram distinguidas das escravizadas por rituais de escarificação. O sacrifício humano, realizado com danças rituais, homenageava o obá e apaziguava o rei-deus da morte. Quando um obá morria, seus guardas eram sacrificados, suas mulheres cometiam suicídio e todos eram sepultados junto com ele.

Euarê, já conhecido como o Grande, estava apenas começando — sem saber que outra família num canto mais ao norte dava seus primeiros passos no continente.

Em 21 de agosto de 1415, enquanto os chineses visitavam a costa leste da África, uma frota de duzentos navios portugueses, levando 45 mil tropas lideradas pelo rei João e seus filhos, invadia o noroeste do continente, desembarcando em Ceuta (Marrocos), numa cruzada de menor importância que, pouco a pouco, levaria os aventureiros ibéricos a contornar a África para chegar à Índia.[16]

Portugal era muito pequeno. Atingido pela peste negra, tinha apenas 900 mil habitantes. Na extremidade da península Ibérica, uma articulação entre o Mediterrâneo e o Atlântico, a Europa e a África, tinha a localização ideal para comerciar ao norte, com a Inglaterra, e ao sul, ao longo da costa africana.

Portugal tinha se tornado um reino independente na década de 1140, sob o domínio de uma família de aventureiros borgonheses, mas sua relação com seu maior rival, Castela, era íntima e duvidosa, tendo havido, ao longo dos séculos, muitas guerras e casamentos entre ambos. Por essa razão, suas famílias reais estavam intrinsecamente relacionadas, a tal ponto que uma tomada de Portugal por Castela, ou vice-versa, nunca estava fora de cogitação, enquanto a pretensão inglesa pelo trono castelhano implicava repetidas intervenções de Londres. Os três reinos cristãos, Portugal, Castela e Aragão, tinham desempenhado papéis heroicos durante a Reconquista, uma cruzada contra os muçulmanos que deixou Granada na condição de último reino islâmico da península Ibérica. Os nobres portugueses, também chamados fidalgos, eram homens tenazes, mas pobres, e ansiavam por novos espólios — e seu novo rei, o Bastardo, tinha algo a provar.

João nunca esperara assumir o trono, mas tinha progredido numa corte malévola e suspeita, governada por seu errático e concupiscente pai.[17] Filho temporão de uma amante, o Bastardo, promovido ao cargo de mestre da Ordem de Aviz, de cruzados, era mais popular que seu meio-irmão legítimo, que sucedeu o pai no trono. Quando esse irmão morreu, a linhagem legítima — por meio da filha do rei casada com o rei castelhano — deveria levar à anexação por Castela. Em vez disso, a nobreza apoiou João como a opção popular portuguesa. Frustrando tentativas de Castela de tomar o reino, ele assegurou a independência portuguesa. Seu casamento com uma princesa inglesa, Filipa, gerou uma linhagem de cinco infantes impressionantes, que agora ansiavam por invadir a África e aniquilar os mouros: a guerra era obra de Deus, a vingança pelas muitas invasões da península Ibérica pelo Marrocos. O terceiro filho de João, Henrique, mais tarde conhecido pelos estrangeiros como o Navegador, era o mais entusiasmado.

O momento era propício para João. O Marrocos estava irremediavelmente dividido, e a aventura satisfazia seus inquietos fidalgos.

Quando João desembarcou em Ceuta, os marroquinos, surpreendidos, investiram contra ele, mas era tarde demais. Após uma luta cruel, os fidalgos de João derrubaram os portões e irromperam na próspera cidade. O príncipe Henrique exibiu uma coragem insana durante o ataque, ficando isolado entre guerreiros marroquinos a cavalo, tendo de ser resgatado por um cavaleiro que deu a vida pelo infante, enquanto o próprio Henrique sofreu apenas ferimentos leves. João deu permissão para três dias de pilhagens, matando muçulmanos com a alegria típica dos cruzados e torturando árabes ricos até a morte. Os portugueses pilharam não apenas os árabes, mas também mercadores genoveses que já estavam no Marrocos. Os genoveses constituíam a vanguarda dos aventureiros na África; já tinham tentado tomar Ceuta e ajudado Castela a empreender a primeira conquista atlântica, a das ilhas Canárias.[18] João converteu a mesquita local numa igreja e elevou a cavaleiros os três infantes, Duarte, Pedro e Henrique. Tal era a escassez de luxos entre os portugueses que os soldados ficaram abismados com as luxuosas casas de Ceuta.

Acontecia que os portugueses tinham desenvolvido uma nova tecnologia naval: seus navios leves — barcas e bergantins, a seguir caravelas, todos muito pequenos, com menos de trinta metros — eram resistentes e manobráveis. Os marinheiros de Henrique tinham começado a compreender a "volta do mar", uma técnica de navegação que explorava os ventos circulares do Atlântico e as correntes marítimas e permitia uma guinada para o desconhecido que levaria a novas praias. As caravelas eram ideais para essas viagens oceânicas; mais tarde, quando os portugueses as equiparam com uma nova arma, a bombarda, essa mistura de pólvora e leveza revelou-se impressionante. O Navegador não era um explorador nem um cientista (não há evidências de que tenha fundado escolas de navegação ou academias científicas), mas, nomeado pelo pai administrador da Ordem de Cristo, de cruzados, não via contradição entre a obra de Deus, a grandeza de Portugal e a exploração da África. Foi o início de um processo que deu forma ao mundo de hoje; depois veio o império, e junto com ele a colonização — "a reprodução da própria sociedade mediante a migração para longas distâncias", diria James Belich —, iniciada pelos portugueses e prosseguida por espanhóis, ingleses, franceses e holandeses, que, matando e destruindo, construindo e procriando, criaram muitas vezes sociedades únicas, híbridas, e mais tarde Estados modernos em quatro continentes.

João decidiu manter a posse de Ceuta, marcando o início de uma nova era de impérios marítimos, na qual uma poderosa família europeia, os Aviz, usou seus novos navios, a bombarda e a feroz ambição das cruzadas e do comércio para abrir caminho na África e na Ásia.

ATO X

350 MILHÕES

Os Médici e os mexicas, os otomanos
e os Aviz

HENRIQUE, O NAVEGADOR: ESCRAVOS, AÇÚCAR E OURO

Em 1425, o infante d. Henrique, duque de Viseu, ordenou a plantação de uma nova cultura em um de seus novos territórios. Tratava-se de uma cultura que mudaria o mundo: a cana-de-açúcar. O território em questão era a desabitada ilha da Madeira, no Atlântico, reivindicada por dois dos cavaleiros de Henrique e desenvolvida para ele por um mercador de Piacenza, Bartolomeu Perestrello.

O açúcar teve origem nos mares do sul, provavelmente na Papua-Nova Guiné, e chegou à Índia por volta de 350 d.C., e depois ao califado árabe. O *al-sukar* era uma cultura de mão de obra intensiva, realizada pelos *zanj*, os escravos africanos, em suas plantações no Iraque, tendo sido levada mais tarde pelos árabes para a Sicília e al-Andaluz. Quando a insurgência dos otomanos começou a bloquear a chegada do açúcar a partir do leste, Henrique, com o apoio dos genoveses, trouxe mudas da planta da Sicília e começou a cultivá-la na ilha da Madeira. Lá, Perestrello, capitão donatário e senhor de Porto Santo, uma das ilhas do arquipélago, usou trabalhadores italianos e portugueses, aos quais logo se juntaram 2 mil escravos, provavelmente berberes do Marrocos. Mais tarde, sua filha se casou com um jovem marinheiro genovês, Colombo.

Em seguida, Henrique desenvolveu os Açores, tentou roubar as Canárias de Castela e, em 1434, encarregou seus homens de navegarem mais para o sul. Três anos depois, dando-se conta de que as caravanas saarianas evitavam Ceuta, seguindo para Tânger, ele convenceu o irmão, o rei Duarte, a apoiar um ataque à cidade, que se revelou desastroso.[1] Os marinheiros de Henrique começaram então a navegar ao longo da costa ocidental da África.

Em 1444, um dos homens de Henrique chegou a Lagos, no Algarve, com caravelas carregadas com 225 escravos, alguns deles berberes, alguns africanos negros: "alguns bastante brancos, de bela aparência [...] outros [...] menos brancos, como mulatos; outros, repetindo, negros como etíopes, e muito feios". Henrique os exibiu à margem do rio. "Eu te rogo que as minhas lágrimas nem sejam dano da minha consciência, que nem por sua lei daquestes, mas a sua humanidade constrange a minha que chore piedosamente o seu padecimento", escreveu, no português da época, uma testemunha, Gomes Eanes de Zurara, arquivista real e biógrafo de Henrique. "Mas para seu dó ser mais acrescentado [...] começaram de os apartarem uns dos outros, afim de os porem seus quinhões em igualeza; onde convinha de necessidade de se apartarem os filhos dos padres, e as mulheres dos maridos e os dos irmãos dos outros." Grande parte do comércio escravagista tinha sido originalmente movimentada pela demanda por escravos domésticos, que se juntavam a casas de famílias. Agora, com o surgimento da escravidão atlântica, os mercadores de escravos capturavam famílias inteiras e as separavam. A escravidão era uma instituição que ia contra a família. Esse cenário, cheio de crueldade, hipocrisia e avareza, marcou o início de uma indústria que adoçaria os palatos europeus e envenenaria a sociedade durante cinco séculos.[2]

A partir de 1445, os capitães de Henrique viajaram para além do rio Senegal e começaram a negociar com potentados africanos, que tinham seus próprios e complexos interesses, sendo experimentados no comércio de pimenta, marfim, ouro e escravos com mercadores árabes ou berberes ao longo do Saara.[3] Em troca de pimenta, ouro, marfim e escravos — em geral prisioneiros de guerras capturados de inimigos vizinhos —, os aventureiros portugueses ofereciam cavalos ou pagavam com moedas locais, barras de ferro, tecidos ou, mais comumente, búzios. Esses mercadores dividiam a região conhecida como Guiné (termo que tem origem numa palavra berbere usada para designar o povo negro) em seções por produto — Costa do Ouro, Costa da Pimenta, Costa do Marfim e Costa dos Escravos —, como se se tratasse de um supermercado continental.

Nas costas do oeste africano, extratores de seiva de palmeira bebiam vinho de palma e tocavam *akonting* junto à praia quando, de repente, iluminados por luzes no mar, "fantasmas canibais" desembarcaram e os capturaram, para nunca mais serem vistos. Essas memórias, passadas adiante e evocadas por Daniel Jatta, um músico-historiador gambiano, marcam um momento crucial: os "fantasmas canibais" eram os portugueses de Henrique, e os extratores de seiva estiveram entre os primeiros a ser capturados em praias africanas e escravizados — provavelmente levados para trabalhar nas plantações de Perestrello na ilha da Madeira.

Enquanto os Aviz sondavam o continente africano, Henrique, em Lisboa, enviava um presente ao papa Martinho v, que já se mostrava interessado na África e na escravidão. Em 1418, logo após ter sido eleito, Martinho reconheceu a campanha portuguesa no Marrocos como uma cruzada, mas a escravidão africana ainda não era discutida. Os escravos na região do Mediterrâneo continuavam a ser, de modo geral, turcos, eslavos e georgianos comerciados por genoveses, venezianos e egípcios, via Crimeia, para os mercados islâmicos e cristãos. Em 1425, Martinho baniu a venda de cristãos a muçulmanos, mas não a outros cristãos, porque italianos ricos com frequência possuíam escravos eslavos (ortodoxos), em geral garotas, para o trabalho doméstico e a exploração sexual. Agora, no entanto, Henrique enviou ao papa dez escravos africanos.

Martinho estava envolvido num projeto para mudar o mundo — a restauração de um papado romano único, após um século de papas e antipapas múltiplos e simultâneos, apoiados por potentados germânicos e franceses — e teve o apoio de uma família que começava a definir um novo mundo mercantil e um novo tipo de dinastia: os Médici.

COSIMO E O PAPA PIRATA: EM NOME DE DEUS E DOS BONS NEGÓCIOS

Em 1417, quando foi eleito, o papa Martinho vivia em Florença, onde um banqueiro chamado Giovanni de Médici mostrou-se imediatamente interessado em ganhar seu favor. Já rico com os negócios papais, Giovanni personificava a crescente prosperidade de Florença, uma interiorana cidade-Estado da Toscana governada de modo republicano pela Signoria, um comitê de nove homens, e vários outros conselhos, todos eleitos por guildas de comércio e dominados por dinastias mercantis que competiam pelo poder. Esses oligarcas faziam verdadeiros malabarismos para conciliar sua ânsia de ostentar roupas, palácios e igrejas com a austeridade populista e a filantropia cristã esperadas de um florentino próspero. Os Médici, descendentes de boticários que inspiraram seu nome e sua insígnia — as *palle*, ou bolas vermelhas, que representavam comprimidos —, tinham servido como gonfaloneiros várias vezes, mas agora pareciam estar em declínio.

Giovanni mudou tudo isso. Os florentinos eram especialistas no refinamento, tingimento e exportação da lã que recebiam da Inglaterra, de Flandres e da Borgonha, um comércio beneficiado pela captura de Pisa e de seu porto, Livorno. Giovanni era dono de duas oficinas de processamento de lã, mas, em seguida, expandiu-se para outra especialidade florentina, a atividade bancária,[4] no que foi ajudado pelo uso disseminado das moedas de ouro da cidade, os florins, em toda a Europa. Em 1401, Giovanni havia desempenhado um papel importante na encomenda das novas portas do Batistério — um agradecimento pela recuperação de Florença após um surto da peste —, que seria decidida numa competição. Lorenzo Ghiberti e Filippo Brunelleschi acabaram por vencer o concurso conjuntamente, e, em seguida, Giovanni encomendou a este último a construção de uma igreja para sua família, a Basílica de São Lourenço. Mais tarde, Brunelleschi criou a cúpula de 42 metros da catedral da cidade, Il Duomo, que recebeu a bênção do papa.

Giovanni tinha enriquecido mediante sua amizade com o mais improvável dos papas desde Marózia. Um pirata napolitano, Baldassare Cossa prosperara no caos de múltiplos papas, assassinando seu predecessor e vencendo as eleições como João XXIII, tendo seu papado e suas guerras financiados por "meu grande amigo Médici". Frequentemente acompanhado pelo filho de Giovanni, Cosimo, Cossa esperava pôr um ponto final no cisma do papado, mas, em 1414, foi deposto, acusado de sodomia, pirataria, assassinato, incesto e a sedução de duzentas garotas. Cossa escapou, porém foi capturado e aprisionado. Giovanni o resgatou, mas agora apoiava um cardeal em ascensão, Oddone Colonna, um monge florentino descendente de Marózia. Potentados eclesiásticos elegeram então Colonna como Martinho V, a fim de reunificar a Igreja. Em setembro de 1420, Martinho dirigiu-se formalmente em procissão de Florença a Roma, onde nomeou Giovanni banqueiro papal, auxiliado por seu filho Cosimo.

Já experiente no comércio com Roma e Flandres, Cosimo, então com trinta anos, fora educado pelos eruditos humanistas de Florença. Enquanto os Médici enriqueciam, seus rivais na Signoria começaram a ficar invejosos. "Não pareça dar conselhos, mas apresente suas opiniões de maneira discreta durante as conversas", Giovanni aconselhou Cosimo, em seu leito de morte. "Não faça da sede do governo a sua oficina, espere até ser chamado por ele [...] e mantenha-se sempre afastado do olhar do público."

Logo após a morte do pai, Cosimo foi acusado de traição na Signoria por uma facção inimiga dos Médici e teve sorte de ser apenas banido: "Se me tivessem enviado para ir viver entre os árabes, eu teria ido de bom grado". Muitas vezes, a política é apenas a arte de esperar. Em 1434, ele foi convidado a voltar a Florença. Governou de maneira contida, esforçando-se para parecer um cidadão comum, raramente servindo como gonfaloneiro, mas tornando-se, nos trinta anos seguintes, "rei em tudo, menos no nome", segundo um papa. Cosimo derramou dinheiro no embelezamento de Florença e continuou, como o pai, a patrocinar artistas, o que via como uma aposta contra as agitações da política. "Conheço os humores da cidade", disse ele. "Em menos de cinquenta anos seremos expulsos, mas meus edifícios permanecerão."

Quando seu amigo toscano e colega bibliófilo Tommaso Parentucelli foi eleito papa Nicolau V, Cosimo ajudou a financiar um projeto espantoso: a nova Roma. Ele abriu bancos por toda a Europa, com o lema "Em nome de Deus e dos bons negócios", negociando lã, especiarias e brocados. Mas grande parte do comércio se baseava no alúmen, um mineral necessário para o curtume e a fabricação de tintas e vidro. Enquanto o avanço otomano bloqueava a chegada de suprimentos do leste, minas de alúmen foram desenvolvidas nas terras papais. Cosimo foi nomeado agente papal do alúmen, que, de maneira inesperada, tornou-se o responsável por financiar o início de um empreendimento de dois séculos de regeneração urbana: uma cidade cristã sagrada enxertada no esplendor pagão.

Roma era uma ruína. Seus monumentos — o Coliseu, os mausoléus de Augusto e Adriano — estavam agora fortificados, servindo como quartéis de clãs criminosos rivais, os Colonna e os Orsini. Ao longo dos nove anos de seu reinado, o papa, inundado de recursos provenientes de guerras na Itália, dízimos da Europa, alúmen e um culto de peregrinação, começou a restauração de Roma, projeto que seria um dos motores de um novo esplendor intelectual. Era o florescimento anunciado por Petrarca nos dias mais sombrios da peste que destruíra a Europa, mas também quebrara o molde de suas estruturas e ideias — precisamente no momento em que a competição entre Estados europeus incentivava novas tecnologias de guerra, novos meios de informação e novas concepções de humanidade e beleza. No cerne desse florescimento encontrava-se uma mudança gradual da crença em um agente totalmente divino para a ideia de que a humanidade em si era sagrada e bela, merecendo se exprimir e aperfeiçoar.[5] Tudo isso engendrou um invencível senso de possibilidades que, ainda que expresso como um retorno ao conhecimento clássico, era na verdade inteiramente novo, estimulantemente brutal e impetuoso, cintilante e desavergonhado, baseado em novas tecnologias — navios, armas, viagens e uma invenção que permitiu que as pessoas comuns lessem sobre tudo isso: a imprensa.[6]

Nicolau V e Cosimo de Médici não se deixavam inibir pelas contradições entre a glória cristã e a grandeza pagã: tudo deveria ser mobilizado para a maior glória de Deus, do pontífice de Deus e do banqueiro de Deus. Nicolau converteu o mausoléu de Adriano em sua fortaleza papal, o castelo de Santo Ângelo, restaurou a Muralha Leonina, quarenta igrejas antigas e os viadutos de Roma, e transferiu sua residência do Palácio de Latrão para o Vaticano. Um inovador, ele sobreviveu a conspirações romanas para assassiná-lo, mas foi também um protagonista europeu, eliminando o último antipapa, apaziguando a França e, em março de 1452, ungindo o novo rei germânico, Frederico III, o primeiro Habsburgo efetivamente coroado pelo papa.

Aos 37 anos, Frederico era um homem embotado e sonolento, que logo se tornaria obeso. Ironicamente, porém, seria ele o arquiteto da ascensão dos Habsburgo. Sua esbelta e bela noiva, a portuguesa Leonor, que achava a corte vienen-se tediosa e inculta e amava dançar e jogar, sem dúvida ajudou o irmão, o rei Afonso v, a obter apoio papal às novas expedições africanas — em troca de ajuda numa crise mais urgente no leste.

Em abril de 1453, aos 21 anos, Mehmed II, o sultão otomano, cercou Cons-tantinopla com um exército de 160 mil homens, que contava com milhares de arcabuzeiros de elite, uma flotilha de 110 navios e setenta canhões, um deles tão grande que exigia sessenta bois para puxá-lo. A era dos canhões e das armas de fogo tinha chegado para valer.

O DEGOLADOR E O CONQUISTADOR: A QUEDA DE CONSTANTINOPLA

O imperador Constantino XI Paleólogo apelou por ajuda europeia. O papa Nicolau v enviou uma flotilha, em parte financiada pelos portugueses, sob Isido-ro, metropolita de Kiev, e 2 mil voluntários genoveses que correram para ajudar Constantinopla. A cidade, agora o lar de apenas 50 mil romaioi, havia muito tempo era cobiçada pelos otomanos.

Tamerlão quase destruíra o sultanato, mas o pai de Mehmed, Murad II, enérgico e competente, embora contraditório, instável e desatento, lutara de ma-neira incansável: nas marchas turcas, em que os beis obtiveram a independência, com o apoio do filho de Tamerlão, Shahrukh;[7] e nos Bálcãs, onde Hungria, Ve-neza e Sérvia se rebelaram. Na costa do mar Egeu, Gjergj Kastrioti (Jorge Cas-trioto), um principezinho cristão convertido ao islã, criado na corte otomana, onde era conhecido como Iskender Beg, servira como governador. No entanto, ele se rebelou, reconverteu-se ao cristianismo e, declarando-se Senhor da Albâ-nia, desafiou Murad durante 25 anos, intitulando-se Skanderbeg. Mas o sultão aperfeiçoou seu exército, encomendando canhões e uma novidade: armas de fo-go portáteis, disparadas da altura dos ombros, sucessoras das azagaias de fogo chinesas, e mais tarde conhecidas como arcabuzes. Elas foram os primeiros mos-quetes, usadas primeiramente pelos janízaros de Murad e logo adotadas por seus oponentes cristãos.

Em 1444, em Varna, depois de se ajoelhar de maneira ostensiva para rezar em meio à batalha, Murad derrotou os húngaros e executou seu rei. Em seguida, porém, aos quarenta anos, passou por uma crise pessoal. Chamou então seu fi-lho Mehmed, de apenas doze anos, à capital Edirna (Adrianópolis) e abdicou. Mehmed foi cingido com a espada de Osman. Em 1448, no entanto, húngaros, poloneses e valáquios avançaram, e Mehmed, exasperado com a crise de meia--idade do pai, disse a ele: "Se *você* é o sultão, lidere *seus* exércitos. Se *eu* sou o sultão, então lhe *ordeno* que lidere *meus* exércitos". Murad voltou, e juntos eles derrotaram os cristãos. O sultanato foi restaurado — mas entre seus territórios europeus e asiáticos estava a muito enfraquecida Grande Cidade.

Mehmed planejara tomar Constantinopla, porém foi frustrado por seu complacente grão-vizir turcomano Çandarlı Halil Paxá, que recebia subornos de Constantino IX. Em 1451, quando seu pai morreu, Mehmed mandou estrangular o irmão, num fratricídio que converteu em prática política,[8] e em seguida voltou-se para Constantinopla. Çandarlı preferia manter Constantinopla como um Estado cliente, mas, quando os romaioi começaram a fazer intrigas contra Mehmed, o vizir os advertiu: "Gregos estúpidos. Tudo que conseguirão com isso será perder o pouco que têm".

Mehmed era um visionário cosmopolita. Educado por tutores turcos e italianos, leu a *Ilíada* e a *Anábase de Alexandre*, de Arriano, falava sete línguas e escrevia poesia em turco e em persa. Crescera em meio a príncipes cristãos, entre os quais Radu, o Belo, um dos filhos de Drácula.[9] Eles tornaram-se amantes, e Mehmed rabiscava poemas eróticos — "Seus lábios davam vida nova a quem seus olhares matavam" — numa cultura que considerava a sexualidade uma questão de poder, e não de identidade: o penetrador era viril; o penetrado, submisso. Aspirando ao legado romano e ao prestígio internacional de Constantinopla, que os turcos chamavam de Maçã Vermelha, por ser tão desejada, Mehmed percebeu que as defesas da cidade contavam, se tanto, com 5 mil homens, e que a pólvora reduzira a inexpugnabilidade de suas muralhas. Abordado por Orbán, um canhoneiro húngaro, ele encomendou todo um parque de armas, que ia desde uma peça monstruosa a canhões menores e manobráveis.

Mehmed construiu um castelo, Rumelihisarı, no lado europeu do Bósforo, ao qual deu o nome Degolador, e que fora projetado para bloquear a cidade. Quando um capitão veneziano tentou romper o bloqueio, os canhões de Mehmed afundaram o navio, e ele mandou empalar o capitão no litoral do Bósforo, como um espantalho vivo.

Em 5 de abril de 1453, Mehmed chegou para supervisionar o cerco da cidade com um exército que incluía destacamentos cristãos de sérvios e valáquios sob o comando de seu favorito, Radu, o Belo. Mas o cerco completo, também por água, era impedido por uma enorme corrente que se estendia pelo estuário do Chifre de Ouro, e assim ele criou uma passagem feita de troncos engordurados através de Gálata e fez com que toda a frota fosse arrastada por ela, para, depois, flutuar no Chifre de Ouro. Os romaioi tentaram, sem sucesso, queimar a frota usando brulotes. Quatro italianos capturados foram empalados por ordem do sultão, e em resposta os cristãos massacraram prisioneiros otomanos sobre as muralhas. Os atacantes muçulmanos foram fritos em jatos de fogo grego.

Mehmed minou as muralhas; um especialista romaioi chamado Johannes Grant, referido nos relatos latinos e gregos como germânico, mas que talvez fosse escocês, contraminou as posições otomanas. Os canhões de Mehmed danificaram repetidamente as fortificações (embora Orbán tenha sido feito em pedaços por uma de suas próprias criações). Após a meia-noite de 29 de maio, o sultão ordenou o ataque. Suas tropas irromperam pela danificada seção noroeste da muralha, e o último imperador despiu suas vestes reais púrpuras e lançou-se à luta. Seu corpo jamais foi descoberto. Em cenas de caos apocalíptico, venezianos e genoveses atiravam-se das muralhas, cabeças caíam no Bósforo "como melões num canal", e os conquistadores turcos se descontrolaram, saqueando a Maçã Vermelha durante três dias — enquanto Mehmed esperava do lado de fora.

O papa ficou tão deprimido que desejou ainda ser um bibliotecário. A Europa recolheu-se, horrorizada, e a flotilha papal, financiada pelo rei português, d. Afonso, só chegou após a queda da cidade. De qualquer forma, em troca do apoio, Nicolau reconheceu as conquistas portuguesas na África como uma cruzada autorizada "a invadir, buscar, capturar, derrotar e submeter todos os sarracenos e inimigos de Cristo [...] e reduzir suas pessoas à escravidão perpétua", direito expandido para incluir "guineenses e outros negros capturados à força ou comprados de maneira legítima". Afonso expandiu seus territórios marroquinos — o que lhe valeu a alcunha O Africano — e apoiou o tio, Henrique, o Navegador.

Em 1456, dois dos capitães de Henrique, um deles veneziano, o outro genovês, colonizaram Cabo Verde, uma ilha desabitada ao largo do Senegal que se tornou o escritório central da escravidão em Portugal e a primeira colônia tropical. A colonização das ilhas do Atlântico encorajou naturalmente a ideia de que podia haver outras ilhas, maiores. Por volta de 1339 — um século e meio antes de Colombo —, um monge milanês, Galvano Fiamma, escreveu, numa recém-revelada *Cronica Universalis*, sobre "outra terra, mais para oeste, chamada Marckalada" — ou Markland, o nome norueguês para a costa dos Estados Unidos-Canadá —, que ele afirmou ter sido descrita por "marinheiros que frequentam os mares da Dinamarca e da Noruega". Os marinheiros ingleses tinham visitado ilhas misteriosas, provavelmente a Terra Nova, e Perestrello, o colonizador da ilha da Madeira, também possuía papéis sobre uma misteriosa terra naquele lugar. Os corpos que se dizia terem sido levados até às praias da Irlanda, com rostos de aparência mongol, eram sem dúvida os cadáveres de nativos americanos que de algum modo haviam se perdido no mar.

OS MEXICAS DE ITZCÓATL: AQUELES QUE MORRIAM PELO DEUS

Precisamente no momento em que Afonso, o Africano, avançava pelo Marrocos e descia a costa africana, outro imperialista, não menos ambicioso e autocomplacente, expandia de maneira agressiva seu império, governando a partir de sua capital insular, Tenochtitlán. Moctezuma I tinha 42 anos quando sucedeu ao trono do Império Mexica, em 1440.

Os mexicas eram uma civilização de organização sofisticada, com uma narrativa — registrada em ilustrações pintadas em pele de cervo e em livros que se dobravam como um acordeão, feitos de fibras de agave — de guerra constante contra cidades rivais e deuses vorazes. Cultuadas em templos monumentais, essas divindades exigiam sacrifícios humanos, que lhes eram oferecidos na forma de corações ainda pulsantes arrancados dos peitos, sendo as peles das vítimas muitas vezes vestidas por sacerdotes enquanto dançavam. Mas Tenochtitlán era apenas uma das muitas cidades-Estado do império, que abrigava uma variedade de formas de governo, entre as quais autocracias, teocracias e semidemocracias.

Em seus tempos de jovem príncipe, Moctezuma havia sido membro do trio que criou o Império Mexica. Por volta de 1427, mais de vinte anos após a morte de Tamerlão, o conselho de Tenochtitlán escolhera o dinâmico Itzcóatl ("serpente de obsidiana") como governante, ou *tlatoani*, o orador — que criou o império com o auxílio de seu sobrinho Moctezuma, filho de um monarca anterior.

Os mexicas tinham sido irrequietos vassalos da cidade-Estado dominante dos tepanecas, Azcapotzalco, cujo orador, Tezozomoc, ao longo de seu extenso reinado, havia conquistado grande parte do vale do México. Sua morte enfraqueceu o domínio da cidade sobre os mexicas: em 1427, Itzcóatl liderou um golpe, proclamou a independência, matou seus parentes pró-Azcapotzalco e formou uma aliança com os governantes de Texcoco e Tlacopan, cidades-Estado próximas. Juntos, eles derrotaram Azcapotzalco e dominaram o vale, expandindo-se em seguida para fora dele, travando guerras constantes nas margens meridionais dos lagos Xochimilco e Chalco. Quando esmagava outros Estados, Itzcóatl queimava suas histórias, registradas num sistema de escrita pictórica em códices de cortiça ou couro, porque "não seria sábio que todas as pessoas pudessem conhecer as pinturas". Em vez disso, ele promoveu a história oficial de Huitzilopochtli, deus da guerra e do sol dos mexicas, que exigia o sangue de vítimas humanas. Em sua homenagem, Itzcóatl começou a construir a peça central do recinto sagrado da cidade, a Casa do Grande Deus (Grande Templo), dedicado a Huitzilopochtli e Tlaloc, deus da chuva, cada um com seus próprios santuários no topo de uma grande pirâmide em degraus.

Na base da escadaria erguia-se o disco esculpido de Coyolxauhqui, entre duas enormes cabeças de serpente, com gravuras representando o esquartejamento da deusa, reencenado anualmente em rituais sacrificiais.

Os sacrifícios eram conduzidos por sacerdotes, sobretudo homens, mas também mulheres, que enegreciam rostos e o corpo, marcavam com cicatrizes as orelhas, os genitais, os braços e o peito, em rituais de autossacrifício, e usavam os cabelos longos e emaranhados com sangue humano, que também manchava a boca e o rosto. As vítimas, escravos ou prisioneiros, eram transformadas em personificações de Deus, mimadas com banquetes, sexo e purificação antes de subirem os degraus do Grande Templo, conduzidas pelos sacerdotes do fogo, que as deitavam na pedra sacrifical. "Quatro homens esticavam [a vítima], segurando-a pelos braços e pernas"; então, o sacerdote do fogo erguia a faca "e, depois de abrir o peito, agarrava de imediato o coração. E aquele que tinha o peito aberto ainda estava vivo. E o sacerdote dedicava o coração ao sol". As vítimas, "aqueles que morriam pelo deus", eram "atiradas então escadaria abaixo, banhadas em sangue", e depois disso um sacerdote as decapitava e guardava o crânio numa prateleira com centenas de milhares de outros.[10]

Com a morte de Itzcóatl em 1440, seu sucessor e sobrinho Moctezuma Ilhuicamina completou o Grande Templo e o império, tomando Chalco. Juntos, eles se expandiram ainda mais, para a região do Mar do Céu (o golfo do México), intitulando-se Vizinhos do Mar do Céu.

Mas a autocracia eleita dos mexicas não era o único sistema mesoamericano; sua rival, Tlaxcala, era uma república semidemocrática, governada por cerca de cem *teuctli* — conselheiros — eleitos que tinham de demonstrar um etos civil de humildade, incluindo jejuns, sangrias e preparação moral, antes de assumirem o cargo, para o qual se exigia ostentosa eloquência. Em Tlaxcala, não havia campos para jogos de bola nem palácios. A democracia, longe de ter sido exportada para as Américas pelos iluministas europeus ou pelos pais fundadores, já estava presente. Esses republicanos eleitos eram o oposto dos monárquicos mexicas, arrogantes e abominados imperialistas contra os quais seus guerreiros e lutadores *otomi* resistiam, a fim de preservar sua independência.

Moctezuma se autopromoveu a *huehuetlatoani*, ou orador supremo, traduzido como "imperador". Os mexicas se distinguiam de seus aliados, acreditando que, como povo escolhido dos deuses e sucessores de Teotihuacán, estavam destinados a governar o mundo. Seus oradores eram substitutos dos deuses, saudados quando de sua ascensão. "Você é a flauta deles [...] de você eles fazem as próprias presas e garras, você é a besta selvagem, o comedor de pessoas, o juiz deles." Os mexicas também estabeleceram uma nobreza com ordens militares-religiosas de cavaleiros *quauhpili*, que usufruíam de privilégios — somente aos nobres era permitido o uso de botoques labiais, mantos de algodão e braçadeiras de ouro.[11] Os nobres possuíam centenas de concubinas, inclusive escravas capturadas na guerra, mas dentro da família real as mulheres eram poderosas.[12]

No entanto, enquanto o império se expandia e aumentava a tensão com seus aliados, a sangria no Grande Templo[13] tornou-se ainda mais frenética. Os aliados e vassalos dos mexicas estavam amargamente ressentidos com eles. Se tivessem a oportunidade, não hesitariam em se erguer e destruí-los.

Incas, trastâmaras e ruríquidas

O AGITADOR DA TERRA E O IMPOTENTE

Enquanto Moctezuma consolidava seu império no distante sudoeste, outro imperialista, o inca Yupanqui, criava o Tawantinsuyu, as Quatro Partes Juntas, o maior império das Américas.

Nascido no pequeno reino de Cusco, no Peru, o príncipe Yupanqui ("honrado") tomou o trono do pai e do irmão. A família acreditava descender de um rei estrangeiro sagrado e errante. O pai de Yupanqui, Inca Viracocha, havia nomeado outro filho como herdeiro, mas ambos abandonaram a capital durante uma invasão inimiga. Yupanqui recusou-se a partir, mobilizou o povo e derrotou os invasores, levando os despojos de guerra ao pai, que se recusou a reconhecê-lo como superior em relação ao herdeiro escolhido e ordenou que o matassem. Agora intitulando-se Pachacuti, o "agitador da terra", Yupanqui tomou o trono, humilhando o pai e embarcando numa jornada de quase quarenta anos de conquistas durante os quais subjugou a maior parte do Peru. Ele embelezou Cusco, construindo o monumental Templo Dourado do Sol, no centro da cidade, e o complexo da fortaleza Sacsayhuamán, com suas muralhas em zigue-zague sobre a cidade. Nas montanhas, ergueu o misterioso mas impressionante palácio em degraus de Machu Pichu, com seus aposentos reais e o Templo do Sol.

Quando ficou velho demais para lutar, seu filho Tupac Inca Yupanqui continuou a expansão através dos Andes até o Equador, onde construiu uma segunda capital, Quito, e iniciou uma expedição no Pacífico.

Esses dois carismáticos *sapa* incas quase completaram o império em apenas cinquenta anos. O *sapa* inca, "o único imperador", era o monarca divino cuja missão, atribuída pelo Sol, era governar o mundo; mas ele também era o "filho do Sol" e o "amante e benfeitor dos pobres", embora devorasse ouro e prata. Usando um diadema turquesa entrançado, com um pingente na testa e alargadores pendulares nas orelhas, e carregando um bastão emplumado e uma maça de ouro, era protegido por 5 mil *orejones* (orelhões), vestidos em túnicas vermelhas e brancas. As coroações dos *sapa* incas eram celebradas com o estrangulamento de duzentas crianças entre quatro e dez anos de idade, cujos ritos de morte, concebidos por Pachacuti, incluíam a queima de roupas de luto e a degola de 2 mil lhamas, enquanto "mil meninos e meninas serão trazidos e enterrados para mim em lugares onde dormi ou me diverti".

Pachacuti era o nono *sapa* inca, um rei-deus que nunca morria. Após a morte, os reis incas eram mumificados e reverenciados ao lado de uma estátua dourada — um substituto — em seus palácios, onde funcionários lhes serviam bebidas e os cobriam com decorações de ouro; às vezes assistiam a eventos importantes em seus tronos. Esses ancestrais há muito tempo mortos, reis e rainhas, aconselhavam os *sapa* incas. Os incas empregavam exércitos de cerca de 35 mil soldados — em raras ocasiões, chegando a 100 mil —, todos usando plumas multicoloridas e armaduras de ouro, prata ou cobre, brandindo maças, porretes e arcos e cantando canções como "Beberemos do crânio do traidor, usaremos colares feitos com seus dentes, tocaremos a melodia do *pinkullu* com flautas feitas a partir de seus ossos, rufaremos o tambor fabricado com sua pele, e assim dançaremos!". A guerra e o comércio eram facilitados por animais de carga, lhamas e alpacas; o império, com 4 mil quilômetros de extensão, era interligado por 40 mil quilômetros de estradas. A agricultura era fomentada com a aspersão de um fertilizante natural, o guano — fezes de aves —, em campos onde se cultivavam milho, batata, batata-doce e tomate.

Os incas tinham 2 mil concubinas — havendo cotas de "mulheres conquistadas" consagradas como "noivas do Sol". A *coya*, ou rainha, uma irmã ou prima do imperador, era poderosa. Os incas eram polígamos; a descendência nobre era passada tanto por homens quanto por mulheres, e as crianças eram herdeiras de qualquer um dos pais. Não havia em sua língua uma palavra para "virgem", e o sexo pré-marital não era condenado. Reprimir impulsos sexuais era considerado insalubre. Isso só era esperado das crianças nobres, e mesmo assim apenas até o casamento. Os incas falavam quéchua e não possuíam uma escrita, mas se comunicavam por um sistema de nós. Faziam sacrifícios humanos a seu panteão, mas não numa escala comparável à dos mexicas.

Tupac expandiu-se para Colômbia, Argentina, Bolívia e Equador. Tratava-se de um império agressivo, ganancioso — como o de seus contemporâneos, os mexicas, e o da família Aziz-Trastâmara, na península Ibérica —, conduzido por monarcas guerreiros e aristocracias marciais e inspirado em cultos religiosos de conquista, pilhagem e redenção. Suas conquistas pareciam imparáveis — mas foram os ibéricos que primeiro desmoronaram, num conflito familiar cruel e ridículo.

A masturbação do rei Henrique IV de Castela por seus médicos levou à ejaculação, mas o esperma real do trastâmara era "aguado e estéril". Os médicos e os cortesãos entraram em desespero — e assim a esfregação peniana continuou. O esperma era recolhido num tubo dourado e dado à rainha de Henrique, outra princesa portuguesa, Joana, para que esta o injetasse na vagina, numa tentativa desesperada de inseminar um herdeiro. O médico judeu, Samaya, supervisionava os procedimentos "para ver se ela conseguia absorver o sêmen — mas ela não conseguia".

De olhos azuis e atlético, com seus cabelos ruivos à inglesa, queixo comprido, testa proeminente e nariz achatado e quebrado, Henrique parecia um leão ou um macaco, mas, tímido, gentil e despretensioso, faltava-lhe o dinamismo necessário para controlar os guerreiros de Castela.

Seu pai, João II, era um alegre meio inglês que apreciava os poetas e era obcecado pela caça. Ele casou Henrique com Bianca de Navarra, mas o noivo foi incapaz de consumar o casamento, e, de maneira embaraçosa, não pôde exibir os lençóis ensanguentados das núpcias. Enquanto os cortesãos tagarelavam sobre o formato e o alinhamento do pênis real, bem como uma possível homossexualidade, João enviava sacerdotes para entrevistar amantes de Henrique, prostitutas que testemunharam que "seu membro viril era firme e produzia semente masculina" em fecunda profusão. O próprio Henrique acreditava que se tratava de um caso de "impotência recíproca devido a influências malignas" — feitiçaria —, e a pobre Bianca foi enviada de volta para casa, para o pai. Em 1451, o rei João, que voltara a se casar com uma princesa portuguesa, teve outro filho legítimo — a infanta Isabel, 26 anos mais nova que Henrique.

Preocupado com uma interferência portuguesa, João casou Henrique com sua prima em primeiro grau, Joana: os casamentos consanguíneos já eram um problema na família real ibérica. Mas, como Henrique mais uma vez foi incapaz de desempenhar seu papel, passados sete anos, a independente Joana fez seus próprios arranjos, embarcando num caso — o primeiro de muitos — com o mordomo-mor do marido, Beltrán de la Cueva, do qual resultou uma filha. Os potentados da Europa discutiam a trastâmara com detalhe ginecológico. "A rainha foi impregnada sem perder a virgindade", o papa Pio II foi informado por seu secretário; "o esperma derramado na entrada penetrou os lugares mais recônditos dentro dela". Mas havia também quem acreditasse "que outro homem, e não Henrique, era o pai". A filha foi apelidada de La Beltraneja, em referência a seu pai biológico.

A situação foi ainda mais humilhante porque a meia-irmã de Henrique, Isabel, possuía todas as qualidades de um rei, exceto a masculinidade. Era o imperativo de impedir sua sucessão que fazia do esperma de Henrique tão importante. Isabel passara a juventude ora em empobrecida reclusão com a mãe insana, ora resistindo às desavergonhadas tentativas do irmão de casá-la com maridos inadequados. Sobrevivendo numa corte perigosa e instável, mantendo seu próprio conselho, ela mostrou ser inteligente, reservada e destemida, fortalecida pela fanática devoção católica e pela nobreza dos Trastâmara.

Enquanto Henrique lutava para se impor e o rei português intervinha na esperança de se apoderar do reino, Isabel, secretamente, começou a organizar seu próprio casamento — o matrimônio que daria origem a um império. Mas a impotência de Henrique reforçara o poder dos reis berberes de Granada, a última potência islâmica na península Ibérica, que agora se recusava a pagar os tributos devidos. Henrique tentou provar sua virilidade marcial liderando ataques a Granada, um reino tão próspero que sua capital epônima, com 165 mil habitantes, era de longe a maior cidade da Ibéria e uma das maiores da Europa. O islã ressurgia: Granada rechaçou facilmente os ataques cristãos, enquanto, na outra extremidade do continente europeu, o conquistador otomano eliminava os últimos redutos da cristandade.

A SEGUNDA E A TERCEIRA ROMA: CÉSAR MEHMED E SOFIA DE MOSCOU

Enquanto Mehmed esperava do lado de fora de Constantinopla, suas tropas estupravam mulheres e rapazes, matavam e escravizavam milhares. "Cada tenda era um céu", jactou-se um soldado otomano, "cheio de rapazes e moças, servos sexuais do paraíso, cada qual uma beleza majestosa oferecendo um pêssego suculento". No final do terceiro dia, o sultão encerrou a pilhagem e entrou a cavalo, deslumbrado com a Rainha das Cidades. No antigo Palácio de Bucoleão — cujas ruínas permanecem de pé —, ele refletiu sobre a transitoriedade de impérios citando Saadi:

A aranha produz a cortina no palácio de Khusrau,
A coruja faz soar o alívio no castelo de Afrasiyab.

Ao visitar Hagia Sofia, ele surpreendeu um soldado saqueando tesouros e o fustigou com a parte plana da lâmina da espada.

Mehmed era agora o senhor de uma Constantinopla em ruínas e semideserta. Proclamando-se Kayser-i-Rum, césar de Roma, ele converteu Hagia Sofia numa mesquita e construiu seu próprio palácio no Fórum, e um segundo Novo (Topkapi) Palácio no lugar do Méga Palátion, que demoliu.¹ Quanto a Halil, o grão-vizir que frustrara todos os seus planos desde 1444, ordenou que fosse degolado, o primeiro de muitos vizires a serem mortos. A partir de então a maioria dos vizires deixou de ser turca, dando lugar a ex-escravos eslavos ou gregos, todos convertidos ao islã. Ao menos um dos sobrinhos do último imperador paleólogo converteu-se ao islã e chegou a grão-vizir. A tolerância otomana foi exagerada pelos historiadores. "A tolerância não é o mesmo que a celebração da diversidade", escreveu Marc David Baer, mas um "estado de desigualdade". Judeus e cristãos existiam à mercê do soberano, contanto que oferecessem submissão total, muitas vezes tendo de usar distintivos e roupas especiais para marcar sua inferioridade em relação aos muçulmanos e sofrendo surtos de perseguição. Havia sempre exceções: os sultões-césares não têm amigos, mas o cortesão mais próximo de Mehmed era seu médico, um judeu italiano chamado Giacomo di Gaeta, que se converteu ao islã para se tornar Hekim Yakub Paxá, mais tarde grão-vizir.

O papa convocou uma cruzada para restaurar a Segunda Roma, mas, ao norte, as conquistas de Mehmed contribuíram para a ascensão da Rússia, convertendo os príncipes de Moscou, até então meros impositores da lei mongol, em arrogantes césares ortodoxos.

Mal descansando depois de tomar Constantinopla, Mehmed buscou explorar as ruínas da Horda Dourada, estabelecendo uma aliança com Haci Giray, descendente de Gengis e Jochi. Giray fundou seu próprio reino familiar, o canato tártaro da Crimeia, que continuou a ser uma formidável potência europeia durante trezentos anos, mobilizando exércitos de cavalaria com 50 mil homens, que em várias ocasiões tomaram Moscou, e quase capturaram Viena.

Mehmed e Giray atacaram as cidades italianas da Crimeia e se apoderaram de seu mercado de escravos. Giray começou então a atacar a Polônia cristã, a Moscóvia e a Lituânia, em busca de escravos de pele clara. Mehmed galopou ao longo do mar Negro até a Valáquia (Romênia), onde, com o apoio de Radu, o Belo, investiu contra o desafiador irmão do príncipe, Vlad, que odiava os otomanos. Vlad compensou seus escassos recursos com táticas intrépidas e uma enorme crueldade, matando os enviados de Mehmed ao cravar pregos em seus turbantes. Em meio a invasões otomanas e durante três reinados como voivoda, Vlad exterminou inimigos, saxões e turcos, empalando-os em florestas de estacas — prática que chocou até mesmo o sultão e que o levou a ser conhecido como o Empalador, inspiração para Drácula —, até ser expulso e substituído por Radu.²

Em 1460, Mehmed eliminou as ramificações de Constantinopla; capturou Trebizonda e avançou pela Grécia, que permaneceu otomana até a década de 1820. Lá, ele expulsou o último irmão do imperador, Tomás Paleólogo, déspota da Moreia, que escapou com sua filha bebê, Zoé, que foi adotada pelo papa. Numa demonstração de como o poder feminino tinha a capacidade de unir e transformar, essa talentosa princesa teria um papel especial na criação da Rússia: em 1472, quando tinha 23 anos, o papa a casou por procuração, na Basílica de São Pedro, com o grão-príncipe de Moscou de 32 anos, Ivan III. Adotando o nome ortodoxo de Sofia, essa sofisticada greco-romana chegou à rude e fria Moscou para conhecer seu belo marido pela primeira vez.

Ivan recebera uma educação rigorosa. A ascensão de Moscou estava longe de assegurada. Durante um longo período, parecia que a Lituânia, e não a Moscóvia, iria unir o império eslavo. Os duques da Lituânia eram os últimos potentados pagãos na Europa, até que, em 1385, o potentado pagão Jagelão, de 33 anos, converteu-se ao catolicismo para obter a Coroa da Polônia, por meio do casamento com Edviges, sua herdeira:[3] o último rei piasta, Casimiro, o Grande, havia morrido sem deixar filhos, legando o trono da Polônia ao sobrinho, pai de Edviges. Enquanto as duas monarquias permaneciam formalmente separadas, Jagelão atribuiu-se os títulos de grão-duque dos lituanos, rei da Polônia e senhor de Rus, estabelecendo uma singular união lituano-polonesa que veio a se tornar o maior Estado da Europa. Jagelão, que adotou o nome de Ladislau II, derrotou os cavaleiros teutônicos no norte, engolindo depois a Prússia antes de seguir para o sul e devorar as terras da antiga Rus.

Moscou foi eclipsada: seu príncipe, Basílio II, perdeu o controle do reino e da família, foi capturado pelo cã mongol de Kazan e um primo o cegou. Seu filho Ivan, na época com seis anos, testemunhou o episódio. Mas Basílio, o Cego, venceu a guerra na família limitando-se a esperar, e sua volta a Moscou foi marcada por um ajuste de contas selvagem, com a ajuda de Ivan, que ele proclamou co-governante. Basílio havia enfatizado sua conexão com Constantinopla — sua irmã foi a penúltima imperatriz. Agora, ele e Ivan reivindicavam a liderança dos ortodoxos por *translatio imperii*, a transferência do poder de Constantinopla para a Moscóvia — mais tarde saudada como a Terceira Roma —, com a ajuda das conexões familiares e, mais tarde, do casamento de Ivan com Sofia.

Apelidado de Grózni — "terrível" —, Ivan era um homem alto e magro, com olhos aterrorizantes. Um beberrão capaz de visões grandiosas e ações fulminantes, ele conquistou faixas de território de velhas rivais, Novgorod e Tver. Sofia, ao que parece, o encorajou a deixar de pagar tributo aos mongóis. O cã dourado Ahmed, aproveitando a luta fraternal entre os moscovitas, decidiu atacar, incentivado pela Polônia-Lituânia. Moscou estava em perigo, mas Ivan garantiu o apoio de rivais de Ahmed, os Giray da Crimeia. Em outubro de 1480, ele enfrentou os mongóis no rio Ugra, num impasse que terminou com o recuo de Ahmed, que marcou o eclipse — mas não o fim — do poder mongol[4] e um revés para a Polônia-Lituânia, que ficou temporariamente dividida na década de 1490.

Ivan tinha duplicado os territórios da Moscóvia e sua própria magnificência, intitulando-se agora Autocrata de Todas as Rússias, e, pela primeira vez, césar — tsar. Os moscovitas utilizavam o título tanto para o cã mongol quanto para o *basileus* romano. Como Estado vassalo e depois sucessor dos cãs, Ivan e seus herdeiros requisitaram a crença mongol no poder absoluto do sagrado tsar, sua missão sagrada de conquistar, a total propriedade da terra e o controle sobre todos os "escravos" — como eram conhecidos todos os seus súditos, inclusive os nobres. O esplendor imperial e a missão ortodoxa de Constantinopla também eram vitais, mas foi a tradição mongol que provavelmente constituiu a chave para compreender a Rússia até o século XXI.

Sofia, princesa de Constantinopla, pode ter sido uma pessoa comum e monótona, mas não apenas teve um casamento incrivelmente bem-sucedido — gerando onze filhos, cinco meninos e seis meninas —, como estabeleceu uma notável parceria com o marido.

UM GOLPE MALSUCEDIDO: O MAGNÍFICO E MICHELANGELO

Embora as mulheres em Moscou residissem em zonas separadas, os *terem*, Sofia — essa "ardilosa mulher" — presidia seu próprio conselho e recebia enviados à vontade; além disso, "o príncipe com grande frequência acolhia suas sugestões". Sofia supervisionou a contratação de arquitetos italianos para embelezar o Kremlin. Ela e Ivan prestavam muita atenção na Itália e em seus árbitros da elegância: os Médici. Mas os florentinos tinham acabado de sobreviver a um terrível ataque.

Numa manhã de domingo, em abril de 1478, os irmãos Lorenzo e Giuliano, governadores de Florença, seguiam para a catedral acompanhados de um cardeal em visita, do arcebispo da cidade e do herdeiro de um financista. O que eles não sabiam era que o jovem cardeal e os homens à sua volta eram todos assassinos. Sete malfeitores, entre os quais dois sacerdotes, à espreita atrás do altar, fingiam aguardar o início do serviço. Ao soar o sino da sacristia, eles sacaram seus punhais e caíram sobre os irmãos Médici.

De olhos escuros e cabelos negros repartidos ao meio, Lorenzo de Médici, que fora educado por humanistas e eruditos e ainda não completara trinta anos, já era celebrado na cidade por sua "natureza jovial", pela gentileza com os amigos, por sua poesia picante, seu mecenato aos artistas e pelo prazer que tinha em cantar, caçar e jogar o *calcio*, um jogo parecido com o futebol. Não era menos admirado por sua hábil gestão de Florença, em meio ao perpétuo rodízio de poder entre as muitas cidades-Estado e reinos maiores que compunham a Itália. Com a morte de seu pai, Piero, Lorenzo, que tinha então apenas vinte anos, foi convidado pela Signoria a "assumir o Estado, com o mesmo cuidado que meu pai e meu avô lhe dedicaram". Ele hesitou, "considerando que o fardo e o perigo eram grandes", mas acabou por consentir, "mesmo sem ter vontade".

Em 1471, Francesco della Rovere, filho de um pescador, um homem enérgico, grosseiro e desdentado, foi eleito papa Sisto IV, e de imediato renomeou Lorenzo de Médici como seu banqueiro. Sisto aprimorou Roma, erguendo a primeira ponte sobre o Tibre desde a Antiguidade, instituindo a Biblioteca Vaticana e encomendando uma pequena capela, chamada Sistina, em sua homenagem, cujos afrescos seriam pintados por Ghirlandaio e Sandro Boticelli, a seu convite. Sisto era um entusiástico "amante de garotos e sodomitas" que tomou os próprios sobrinhos como amantes. Uma vez que os sacerdotes não podiam mais se casar, era comum que os papas promovessem seus sobrinhos a magnatas territoriais durante seus curtos reinados — foi do termo latino *nipotis*, "sobrinho", que se originou a palavra nepotismo. Sisto elevou seis sobrinhos a cardeais. Mas, quando pediu a Lorenzo um empréstimo de 60 mil ducados para comprar a cidade de Imola para um deles, Girolamo Riario, o banqueiro recusou, na esperança de adquiri-la para Florença.

Sisto ficou furioso, tomou o dinheiro emprestado de outra família florentina, os Pazzi, e decidiu destruir Lorenzo. Para isso, incentivou seu sobrinho de dezessete anos, o cardeal Raffaele Riario, juntamente com o jovem banqueiro Francesco Pazzi e o amargurado arcebispo de Pisa, Francesco Salviati, a assassinar Lorenzo e tomar o poder de Florença. Sisto tentou se resguardar: se Lorenzo for morto, perguntou Girolamo Riario, "Sua Santidade perdoará quem o matar?".

"Você é um animal", respondeu Sisto. "Não quero que ninguém seja morto, apenas uma mudança de regime." E acrescentou: "Lorenzo é um patife". Os Riario decidiram que uma visita do jovem cardeal atrairia os Médici para a morte.

Ao toque do sino da sacristia, um dos homens disfarçados de padre apunhalou Lorenzo no pescoço, mas o atlético Médici conseguiu se desvencilhar e, brandindo a espada contra o agressor, saltou sobre a balaustrada do altar, enquanto outro assassino erguia o punhal e despedaçava o crânio de Giuliano. Os assassinos o apunhalaram dezenove vezes, de maneira tão frenética que Francesco Pazzi chegou a se cortar.

Lorenzo, escoltado por seu séquito, correu de volta para o Palazzo Médici. "Giuliano está em segurança?", perguntou, enquanto os amigos sugavam e limpavam sua ferida, para o caso de o punhal estar envenenado. No Palazzo della Signoria, ali perto, o arcebispo Salviati atacava a sede do governo com um bando de mercenários perusinos, mas, enquanto soava o sino da Torre della Vacca, defensores dos Médici irromperam no recinto e os massacraram, desfilando com a cabeça deles na ponta das lanças enquanto perseguiam os assassinos. O tio de Francesco Pazzi, Jacopo, depois de ser capturado, torturado e enforcado, foi atirado no portão do Palazzo Pazzi, onde sua cabeça serviu como maçaneta, enquanto os dois sacerdotes assassinos eram castrados. Uma corda foi amarrada em torno do pescoço do arcebispo, que foi então desnudado e atirado pela janela, pendendo ao lado do também desnudo Pazzi. Enquanto se debatiam e lutavam para sobreviver, o arcebispo nu cravou os dentes na coxa de Pazzi. Um jovem artista que vivia no palácio dos Médici ficou fascinado com a cena: Leonardo da Vinci fez um esboço de um dos corpos.

O golpe tornou Lorenzo ainda mais poderoso. Sisto o excomungou, convidando o sinistro rei Ferrante, de Nápoles — que gostava de mumificar seus inimigos e mantê-los completamente vestidos num museu macabro —, a derrubar os Médici, mas Lorenzo partiu para a cidade. Havia o risco de que acabasse no museu de Ferrante. "Meu desejo é que, com minha vida ou minha morte, meu infortúnio ou minha prosperidade, eu possa contribuir para a riqueza de Florença." Tendo obtido a paz, ele voltou, sendo saudado como o Magnífico.

"Se Florença estivesse destinada a ter um tirano, ela jamais poderia encontrar um candidato melhor ou mais encantador", comentou mais tarde um escritor florentino. Negligenciando a atividade bancária — emprestara dinheiro demais ao rei inglês Eduardo IV, afundado numa guerra civil entre as várias linhagens da família real —, Il Magnifico dedicou-se à política. Casado com uma romana dos Orsini,[5] ele adorava os filhos e escrevia peças para que atuassem nelas, mas era realista quanto a seus talentos. "Tenho três filhos", disse. "Um bom, um astuto e um tolo." O tolo era o mais velho, Piero, desajeitado e sem tato, destinado a sucedê-lo em seu papel em Florença. O bom era o do meio, Giuliano, e o astuto era o mais novo, Giovanni, gordo, jovial e sibarítico. Percebendo que a chave para Florença era Roma, Lorenzo não só casou a filha com um filho natural do papa Inocêncio VIII, como o convenceu a fazer de Giovanni cardeal. "Você é o mais jovem cardeal de todos os tempos", ele escreveu ao rapaz. "Demonstre sua gratidão levando uma vida santa, exemplar e casta em Roma, que é um antro de iniquidade." O filho de seu irmão assassinado, Giuliano, juntou-se ao lar e também foi destinado a Roma.

Lorenzo fundou uma escola neoplatônica nos jardins de São Marco, junto ao Palazzo Médici, onde jovens artistas viviam numa atmosfera de liberdade artística e exploração erótica. Um desses jovens protegidos era um artesão bastardo do vilarejo toscano de Vinci. Leonardo da Vinci, filho de um tabelião, tinha sido preso em 1476 por sodomia, sendo depois libertado. "Registros policiais", escreveu Catherine Fletcher, "demonstram que a maioria dos homens na Florença do final do século XV fez ou foi acusada de fazer sexo com outros homens em ao menos uma ocasião." Lorenzo admirava uma lira de prata em forma de cabeça de cavalo que Leonardo tinha feito. Quando, em 1482, o duque de Milão pediu um escultor, enviou-lhe Leonardo, que se apresentou como engenheiro militar, dizendo-se também capaz de esculpir. A Itália era um campo de batalha entre as dinastias do norte — os Valois franceses, os Habsburgo germânicos — e chefes militares locais, que engrandeciam seu poder com a guerra e a arte. A guerra em primeiro lugar. Sem vitórias, não havia nada para os artistas celebrarem, nem despojos com os quais pagá-los. Esses senhores da guerra eram inovadores em tecnologia militar, tendo melhorado a velocidade e a facilidade de manuseio de arcabuzes e outros itens de artilharia, além das fortificações destinadas a resistir aos bombardeios.[6] Leonardo obteve o emprego em Milão — era apenas mais um dos protegidos dos Médici.

Em 1489, Lorenzo pediu que Ghirlandaio lhe enviasse discípulos talentosos dentre seus aprendizes. Ghirlandaio enviou um menino de treze anos cujos talentos para a escultura eram tão impressionantes que o levaram a exclamar: "Esse menino sabe mais do que eu!". Criado numa cidadezinha da Toscana, filho de um funcionário nomeado pelos Médici, mas descendente de uma nobreza empobrecida, Michelangelo di Buonarroti tinha enorme orgulho da família, mas sentia-se atraído pela dura arte do mármore: "Junto com o leite de minha ama recebi o dom de empunhar o cinzel e o martelo, com os quais crio minhas figuras". Ele era um jovem irreprimível, rebelde, irascível e com frequência insuportável, mas também apaixonado e sagaz; tinha ombros e peito musculosos devido ao trabalho físico da escultura, o corpo duro e forte, "olhos castanhos com manchas amarelas e azuis". Na escola de Lorenzo, Michelangelo envolveu-se em romances com homens mais velhos: um relacionamento efebofílico era um rito de passagem na Itália daquela época. Isso por vezes levava a brigas, de uma das quais saiu com o nariz quebrado. Mas o rapaz estava focado na arte e gostava de escolher o mármore nas pedreiras. Depois de esculpir a cabeça de um fauno no estilo clássico, Il Magnifico ficou assombrado e perguntou ao pai do garoto se ele poderia ficar. Convidado a jantar com a família Médici diariamente, Michelangelo cresceu em contato com os filhos de Lorenzo, sobretudo o futuro papa Giovanni. Também foi incentivado a exibir "todos os dias a Il Magnifico os resultados de seus labores".

A magnificência de Lorenzo impressionava a Europa, até mesmo os moscovitas. Quando Ivan, o Grande, fez menção de construir uma cidadela adequada à mais nova potência da Europa, ele e Sofia, criada na Itália, voltaram-se para os Médici.

O KREMLIN DE SOFIA; A ALBÂNIA DE SKANDERBEG;
O RETRATO DE BELLINI

Os tsares contrataram um dos arquitetos de Lorenzo de Médici, Aristotele Fioravanti, que viajou para Moscou e iniciou os trabalhos na Catedral da Dormição, enquanto servia como engenheiro de artilharia nos cercos de Ivan. Quando Fioravanti manifestou seu desejo de voltar para casa, Ivan mandou prendê-lo, e ele pereceu na prisão. Mas todos os tsares até Nicolau II foram coroados na Catedral da Dormição.[7]

Como convinha a uma bizantina, Sofia mostrou-se adepta das intrigas do Kremlin. Seu filho mais velho, Basílio, era em parte ruríquida, em parte paleólogo, mas, em 1497, quando Ivan coroou o neto Demétrio como grão-príncipe, Basílio, apoiado pela mãe, tentou um golpe. A investida não teve sucesso, e Sofia e o filho caíram em desfavor, mas, de algum modo, conseguiram destruir seus rivais, e Basílio voltou ao poder, sendo coroado corregente, enquanto Demétrio e a mãe foram presos. As dinastias sempre puseram mulheres contra mulheres e mães contra mães. Dessa vez, Sofia saiu triunfante. Elena provavelmente foi envenenada; Demétrio morreu na prisão. "Darei o principado a quem eu quiser", disse o moribundo Ivan, ao transferi-lo para Basílio III,[8] que seria o pai de Ivan, o Terrível.

Nos Bálcãs, Mehmed impunha o controle otomano, incorporando a Sérvia e a Bósnia; apenas o senhor da Albânia, o indomável Skanderbeg, guerreiro das montanhas, resistia, apoiado por Veneza até sua morte, quando também a Albânia foi subjugada. Mehmed construiu então uma marinha mediterrânea para enfrentar Veneza, que se viu ante a perspectiva de perder seu império. Ao fazer a paz, os venezianos enviaram a Mehmed um presente especial, na forma de Gentile Bellini, o artista oficial do doge e o mais famoso de Veneza, ao lado do irmão, Giovanni. Os artistas, como tudo o mais, faziam parte de dinastias: o pai de Gentile e Giovanni, Jacopo, treinara os rapazes junto ao artista paduano Andrea Mantegna, que depois casou-se com a irmã deles, Nicolosia. Uma vez em Constantinopla, Bellini pintou o sultão, captando sua inteligência alerta e ladina — uma inteligência demonstrada de maneira crua quando, ao que se diz, Mehmed venceu um debate com o artista acerca da perspectiva anatômica de sua *Cabeça de são João Batista* decapitando um escravo.

Tendo tomado a Segunda Roma, Mehmed voltou-se para a primeira. Em 1480, a partir da Albânia, ele enviou sua frota para capturar Otranto, causando pânico na Itália e incentivando uma nova guerra santa contra o islã, cujo primeiro sucesso seria obtido na Espanha.[9] Lá, a rainha Isabel de Castela criou uma Inquisição para investigar e expurgar judeus que praticavam sua religião em segredo, envenenando a pureza dos cristãos, e lançou uma guerra com o objetivo de aniquilar o reino muçulmano de Granada.

Os manicongos, os Bórgia e os Colombo

Cabelos ruivos, olhos azuis, pele pálida, piedosa e perspicaz, Isabel era a antítese de seu meio-irmão de esperma ralo, Henrique, que a instava a se casar com uma série de maridos inadequados — inclusive um inglês corcunda (o duque de York, futuro Ricardo III). Isabel o desafiou, e, quando o litígio na família voltou-se contra Henrique, ele a reconheceu como herdeira.

Enquanto isso, Isabel negociava secretamente o próprio casamento. Conhecia seu pretendente desde criança: Fernando de Aragão era alegre, belo e inteligente, mas um duplo primo: seu pai, João, rei do império marítimo aragonês da Catalunha, da Sicília e da Sardenha, era um Trastâmara; sua mãe, castelhana; o casamento uniria dois reinos. Havia muito a organizar: Isabel também precisava obter a dispensa papal, por causa da consanguinidade. Com apenas dezoito anos, ela divertia-se com o drama, assinando mensagens enigmáticas como A Princesa. Era, ao mesmo tempo, uma adolescente excitada planejando a fuga de casa e uma política pragmática projetando seu futuro reinado, no qual realizaria o trabalho de Deus.

Quando Henrique ordenou "que eu fosse capturada e privada da liberdade", Isabel enviou um bilhete a Fernando repleto de conspiração romântica: "Diga-me o que fazer, e eu o farei". Fernando, que tinha dezessete anos, respondeu com um colar de ouro adornado com "sete enormes rubis". "A fim de correr os mesmos riscos que ela corria", Fernando, rei da Sicília, galopou durante a noite até Valladolid, disfarçado e acompanhado de cinco cavaleiros, a fim de consumar o encontro.

No caminho, eles encontraram um afável cardeal espanhol que vinha correndo de Roma com a bula que permitia o casamento. Tratava-se de Rodrigo Bórgia, cuja licenciosidade e vulgaridade horrorizavam Isabel. Os Bórgia, pequenos nobres aragoneses, já tinham prosperado em Roma: o tio de Rodrigo, Calisto III, o promovera a cardeal. Rodrigo revelou-se um exímio jogador no Vaticano. Quando Paulo II sofreu um enfarte (segundo seus inimigos, enquanto era sodomizado), Rodrigo entregou sua tiara a Sisto IV, que apoiava Isabel. Ela foi informada das "incontroláveis paixões" de Rodrigo e de seus "jogos depravados", que incluíam lutas na lama entre desnudos "cortesãos, judeus e asnos". Mas ele era seu cardeal.

Em outubro de 1469, ela viu Fernando aproximando-se a cavalo de Valladolid — "É ele! É ele!" —, onde se casaram sem demora. "Na noite passada, a serviço de Deus, consumamos o casamento", anunciou Fernando. Isabel acrescentou: "Esta é uma questão embaraçosa e odiosa para mulheres nobres", mas "nossos atos são a evidência que temos de apresentar". Os lençóis ensanguentados foram então exibidos.

Fernando "a amava sobremaneira, embora também se entregasse a outras mulheres". Padecendo de acessos regulares de ciúmes, Isabel tolerava suas amantes e seus bastardos. Logo vieram quatro infantas. Ansiosos por conceber um filho homem, eles consultaram seu médico judeu, Lorenzo Badoc, antes do nascimento do infante João. Mantiveram seus reinos separados, mas concordaram em jamais agir um contra o outro. Fernando era um amante de "toda sorte de jogos", cujo "dom especial [era] provocar em quem quer que falasse com ele o desejo de amá-lo e servi-lo, porque tinha uma maneira muito amistosa de conversar". Ele se alegrava em aceitar os conselhos de Isabel porque, segundo um cortesão, "sabia o quanto ela era capaz".

Com a morte de Henrique, o casal criou uma nova entidade, a Espanha, mas teve de lutar por isso. Afonso, o Africano, e suas tropas portuguesas invadiram Castela, juntando-se a outros inimigos. "Vocês podem matá-los à vontade, não haverá nenhuma punição. Sou apenas uma frágil mulher", disse Isabel, mobilizando seus cavaleiros. Mas, "se houver perigo, o melhor é remediá-lo, para que passe rapidamente e não se transforme em uma doença prolongada". E acrescentou: "Se vocês me disserem que uma mulher não deve falar sobre essas coisas, eu respondo: não vejo quem esteja se arriscando mais do que eu!". No mar, os portugueses derrotaram os castelhanos na batalha da Guiné, apoderando-se do comércio de ouro e de escravos, no primeiro embate europeu em continente africano; em terra, porém, Isabel expulsou Afonso. A Espanha era o lar de muitos muçulmanos e de 150 mil judeus, que viviam lá desde os tempos romanos, embora muitos tivessem se convertido ao catolicismo; esses *conversos* eram agora alvo de desconfiança, como subversores estrangeiros da cristandade.

A corte itinerante de Isabel, que se movia entre Sevilha, Toledo e Valladolid, era devota e formal, mas não desprovida de alegria — ela adorava dançar, ouvir música, cantar e se enfeitar, usando vestidos de brocado escarlate e ouro. Conhecia bem os líderes judeus: o octogenário Abraham Seneor era um conselheiro veterano, e seu médico era judeu. Mas, em 1478, Isabel pediu ao papa Sisto seu próprio Santo Ofício da Inquisição, nomeando como inquisidor-geral seu confessor de infância, o ascético Tomás de Torquemada. Eles recebiam denúncias de "judaizantes" secretos, que eram torturados no cavalete e por afogamento simulado, e tinham suas propriedades confiscadas. Depois, caso fossem declarados "reincidentes", esses *relapsos* — não os judeus praticantes, mas os cristãos que praticavam o judaísmo em segredo — eram vestidos com sambenitos em cerimônias públicas chamadas autos de fé, sessões rituais de penitência. A partir de 1481, essas cerimônias passaram a contar com a presença do monarca e da nobreza. Se fossem culpados de reincidência, os hereges recalcitrantes eram "entregues à justiça do braço secular" e incinerados vivos e nus nos arredores da cidade. Se confessassem, eram garroteados antes de serem queimados.[1]

Enriquecida pelas propriedades dos mortos e pela eliminação "desse crime herético", Isabel, empedernida em sua crença de que Castela encontrava-se crivada de hereges judaizantes, mostrava-se entusiasmada. A Inquisição em Sevilha examinou 16 mil denúncias, e 2 mil pessoas foram executadas nos primeiros dez anos. Isabel voltou-se então para os muçulmanos.

Em 1481, um grupo de cavaleiros islâmicos granadinos capturou uma cidade de Castela, um constrangimento que acelerou a cruzada de Isabel para eliminar o rico porém caótico emirado de Granada. Fernando comandava os embates no campo de batalha, enquanto Isabel cuidava dos suprimentos, financiada por seus conselheiros judeus Samuel Abulafia e Isaac Abravanel.

Montada a cavalo, vestida de modo a transmitir todo o seu poder, Isabel entregava provisões nos acampamentos militares enquanto supervisionava as negociações para encorajar a guerra civil entre os granadinos. Nesse aspecto, foi ajudada pela captura do emir Muhammad XII, que, deixando seu filho, El Infantico Ahmed, como refém, tornou-se seu vassalo. Os muçulmanos venceram algumas escaramuças — "Fui informada sobre o que aconteceu com os mouros", ela escreveu. "Estou muito descontente" —, e em 1487, enquanto os monarcas cercavam Málaga, um muçulmano tentou assassiná-los. Morto pelos guardas de Isabel, o corpo do homem foi catapultado para dentro da cidade. Quando Málaga caiu, Isabel escravizou todos os seus habitantes, distribuindo cerca de 11 mil escravos. Em 1489, enquanto a guerra se arrastava, a rainha visitou o cerco de

Baza, onde se juntou a seu séquito um marinheiro genovês desgrenhado que acabara de chegar a Castela.

Filho de um tecelão, taberneiro e queijeiro genovês, Cristóbal Colón — Cristóvão Colombo — navegara com mercadores genoveses até a Inglaterra, a Islândia e a Guiné. Um compilador de profecias apocalípticas — sobretudo as da Bíblia — e livros de viagens — sobretudo os de Marco Polo —, Colombo era um homem visionário, loquaz, inseguro, mentiroso e desavergonhadamente insistente, mas também um marinheiro obstinado e empreendedor, obcecado, como tantos, então e agora, com o iminente fim do mundo. Ele era casado com Filipa Perestrello, filha do falecido potentado da ilha da Madeira, que lhe mostrara documentos da família sugerindo a possibilidade de chegar às Índias navegando para oeste — e lhe proporcionara acesso à corte portuguesa.

Colombo apresentou ao vigoroso novo rei, João II, primo de Isabel, sua visão de uma viagem que mudaria o mundo.

OS MANICONGOS E EL HOMBRE DE PORTUGAL

João era uma boa aposta para Colombo; sendo sobrinho-neto do Navegador, ele tinha acompanhado o pai, Afonso, o Africano, em suas conquistas. Aos 26 anos, herdeiro de uma Coroa sobrecarregada, traído por notáveis poderosos, ele decapitou um primo, o duque de Bragança, e convidou outro, o duque de Viseu, a apresentar-se à sua câmara para "um ato de justiça privada": ali, eviscerou-o com as próprias mãos, antes de matar todos os seus cúmplices. Não admira que Isabel o chamasse de El Hombre; para os portugueses, ele era O Príncipe Perfeito. Em 1482, João construiu um castelo na Costa do Ouro, Elmina (ainda de pé), para servir de apoio ao comércio de ouro, que agora contribuía com um quarto da receita real.[2] Cerca de 8 mil onças de ouro por ano eram enviadas a Lisboa, às vezes chegando a 25 mil. Os portugueses entraram no comércio de escravos local, comprando cerca de quinhentos escravos por ano do Benim, governado pelo obá Euarê. Um dos principais negócios no centro dessa venda de seres humanos ao longo dos séculos seguintes foi a troca de pulseiras de bronze portuguesas — as manilhas — por ouro, marfim e escravos dos obás do Benim e de outros soberanos africanos. Os obás do Benim e seus artistas derretiam as manilhas, compradas com seus tesouros e escravos, e usavam o bronze para fundir os mais extraordinários artefatos, pilares, máscaras e bustos, hoje conhecidos como Bronzes do Benim. Em 2023, usando processos de análise geoquímica, pesquisadores foram capazes de atestar pela primeira vez "a origem do bronze europeu usado na elaboração dos notórios Bronzes do Benim produzidos pelo povo edo da Nigéria". Os reis portugueses encomendaram milhares dessas pulseiras aos Fugger, uma família de banqueiros-mercadores que prosperava no centro do novo mundo global e, entre outros negócios, controlava as minas eslovacas que forneciam o cobre usado na manufatura das manilhas na Renânia. Os monarcas africanos esperavam de seus colegas portugueses um tipo específico de manilha e precificavam suas mercadorias, humanas e outras, de forma compatível. A história dos Bronzes do Benim abarca tanto a tragédia quanto a beleza — e todas as complexidades morais da humanidade. Alguns escravos eram vendidos por meio de Elmina ou Cabo Verde aos reis acãs de Denkyra, que os utilizavam como carregadores e trabalhadores; outros eram vendidos a europeus para trabalhar em São Tomé, na Madeira e nas Canárias.

Enquanto Isabel combatia Granada, El Hombre encarregou um cortesão, Diogo Cão, de avançar mais para o sul. Ele penetrou então no rio Congo e ouviu falar do poderoso reino interior do Congo, onde começou a negociar com o manicongo Nzinga a Nkuwu, que considerava os portugueses aliados úteis. Em 1491, Nzinga ofereceu à delegação de João uma recepção magnífica — 3 mil guerreiros com arcos e cocares de penas de papagaio dançando ao som de tambores e trombetas de marfim, que os escoltaram até sua capital, Mbanza. Lá, na presença de sua corte, Nzinga concordou com uma aliança com Lisboa em troca do próprio batismo, assumindo o nome cristão de João I do Congo, enquanto seu filho Nzinza a Mbemba tornou-se Afonso. Sua visão do catolicismo era uma fusão sincrética com seus próprios costumes religiosos, um culto real associado ao poder sagrado dos manicongos, impregnado de espiritualidade baconga. Quando os padres portugueses exigiram que dissolvesse seu harém, João mudou de ideia, mas seu filho Afonso, um governador regional na casa dos trinta anos, começou a estudar o catolicismo. Com a morte de João, em 1505, e a ajuda da mãe, Afonso candidatou-se ao trono e derrotou o irmão anticristão numa batalha em que contou com o auxílio de uma visão de são Jaime. Instituindo uma nobreza ao estilo português, com títulos, brasões de família e ordens religiosas-militares cristãs, ele aprendeu a ler, construiu escolas de estudos bíblicos e fundou uma capital com palácios de pedra e igrejas. Usando mosquetes portugueses e cavalos, Afonso expandiu seu reino, mantendo alguns escravos capturados para trabalhar em suas próprias plantações e oferecendo centenas deles ao rei em Lisboa, enquanto vendia milhares a mercadores portugueses.

Porém essa não era a única opção dos reis africanos. O obá Esigie, do Benim, comerciava cativos e pimenta com os portugueses, mas concebeu um relacionamento mais sábio, mantendo estritamente sua independência.[3]

Em 1488, El Hombre enviou um fidalgo, Bartolomeu Dias, para navegar em torno do ponto mais meridional da África, que ele chamou de cabo das Tormentas (mais tarde, cabo da Boa Esperança), abrindo uma rota para as desejadas especiarias do oceano Índico — no mesmo momento em que Colombo propunha sua própria viagem na direção oposta —, embora não haja evidências de que tenha falado com João. Mas as cortes ibéricas eram uma grande e perversa família. João acabara de casar o filho com a filha mais velha de Isabel — e assim Colombo passou para os Trastâmara. Por volta de 1482, ele chegou a Sevilha, em busca de um lugar onde educar o filho, e visitou o convento franciscano La Rábida, onde conheceu o brilhante e bem relacionado frade Antonio de Marchena, que encorajava a ideia de navegar para a Índia através do mar Oceano (o Atlântico) — permitindo que um último imperador mundial conquistasse Jerusalém. Tratava-se de Fernando, que, como rei de Aragão, tinha pretensões à Cidade Sagrada (um feudo de Nápoles). Marchena apresentou-o aos aristocratas, que o introduziram na corte.

Colombo incumbiu o irmão de propor o plano ao novo rei inglês, Henrique Tudor. Ainda mal instalado no trono e notoriamente mesquinho, Henrique objetou, perdendo assim a oportunidade de criar um Império Britânico mais cedo. Colombo, então, foi atrás dos monarcas espanhóis. Logo após o nascimento de sua filha mais nova, Catalina, Isabel recebeu o fascinante e estapafúrdio genovês. Era frequente que ela e Fernando caíssem na gargalhada ante suas apresentações, momentos que Colombo mencionou orgulhosamente em suas cartas.

Assim que os monarcas encerraram sua cruzada, tornando Granada uma cidade-Estado pagadora de tributos, Muhammad XII desafiou seus patronos cristãos, que, então, se preparam para a matança. Enquanto eles cercavam a cidade, Isabel residiu numa tenda quase califal no acampamento. Quando saiu para ver as ameias, testemunhou uma surtida de cavaleiros árabes, que terminou com seiscentos deles mortos. Os granadinos agora comiam "cavalos, cães, gatos". Por fim, o emir negociou a paz com o general dos monarcas, Gonzalo Fernández de Córdoba, que falava árabe fluentemente. Em 2 de janeiro de 1492, Isabel, teatralmente vestida com uma aljuba em estilo mourisco, saia até os joelhos, mangas longas, brocado de seda, acompanhada de Fernando e do filho João, também eles em vestimentas árabes, e de seu séquito, que incluía o grisalho Colombo, viu Muhammad XII cavalgar em sua direção. O emir despiu o chapéu, tirou um pé do estribo e inclinou-se para beijar a mão da rainha, que, magnanimamente, recusou o gesto. Em seguida, devolveu o filho dele, El Infantico Ahmed, recebendo em troca quatrocentos escravos cristãos e as chaves da cidade. Depois de partir, Muhammad deteve-se no topo da colina — o Último Suspiro do Mouro — para contemplar setecentos anos de al-Andaluz, enquanto os católicos celebravam uma missa. Enquanto a nobreza granadina zarpava para o Marrocos, os Trastâmara tinham agora cerca de 400 mil muçulmanos para somar a seus 150 mil judeus.[4]

Apreciando o febril regozijo milenar daquele momento, Colombo requisitou uma audiência. Finalmente, escolhera o momento perfeito.

No acampamento de Santa Fé, aguardando para entrar em Granada, os monarcas ouviram Colombo descrever sua visão mágica de um império oceânico e de Fernando como último imperador mundial e rei de Jerusalém. Enquanto os portugueses cunhavam moedas de ouro na Guiné, Isabel só possuía as Canárias. Os monarcas estavam dispostos a apoiar Colombo, mas a expulsão dos mouros encorajou uma solução radical para o problema judaico, que pode ter sido ideia de Fernando. Eles pediram a Torquemada que esboçasse uma ordem de expulsão de todos os judeus. O espírito não era inteiramente novo: os cruzados haviam iniciado uma onda de massacres de judeus. Judeus ingleses, franceses e austríacos já tinham sido expulsos. A peste desencadeara um surto de violência antijudaica, e houve um massacre em Castela em 1391. Mas a Espanha era o lar da maior comunidade judaica no mundo.

"Por que vocês agem desta forma contra seus súditos?", perguntou o cortesão judeu Abravanel. "Imponham-nos impostos pesados!"

"Você pensa que isso vem de mim?", protestou Isabel. "Foi o Senhor que pôs essa ideia na cabeça do rei." Os líderes judeus fizeram uma nova tentativa com Fernando, que culpou Deus e a mulher. "Esforçamo-nos imensamente, sem sucesso", recordaria Abravanel. "Era a rainha que estava por trás dele e endureceu sua decisão." Abravanel ofereceu 30 mil ducados em troca da retirada do decreto de expulsão.

"Judas vendeu uma vez o filho de Deus por trinta moedas de prata", gritou Torquemada, colocando um crucifixo entre os monarcas. "Vossas Majestades pensam em vendê-lo uma segunda vez por 30 mil! Bem, aqui está ele, vendam-no!"

Em 31 de março de 1492, depois de se terem instalado no Palácio da Alhambra, em Granada, os monarcas emitiram seu decreto, "expulsando todos os judeus de nossos reinos" e ordenando que não "voltassem jamais". Ou eles se convertiam ou teriam de sair, sem exceção, no prazo de quatro meses. Confrontados com a experiência mais traumática da história judaica entre a queda de Jerusalém e o Holocausto, muitos judeus, inclusive seu líder, Seneor, optaram pela conversão. Mas dezenas de milhares (inclusive a família deste autor) recusaram-se a trair sua fé, primeiro perdendo suas propriedades — roubadas ou vendidas à força —, e em seguida deixando el-Sefarad, sua pátria durante mais de mil anos. Alguns, sofrendo predações de traficantes de pessoas, embarcaram em viagens para o islâmico Marrocos, ou para as cidades mercantis da Itália e de Flandres. Mas encontraram a maior segurança em dois reinos do leste: a Polônia-Lituânia — que, devido a seu próprio espírito de idiossincrática tolerância, iniciado com o Estatuto de Kalisz, de 1264, ratificado em 1334 por Casimiro, o Grande (supostamente incentivado por sua amante judia, Esterka), era agora o país mais livre da

Europa — e o sultanato otomano, onde Mehmed convidara os judeus a se estabelecer em Constantinopla. O filho do sultão recebeu de bom grado os judeus sefarditas. "Vocês dizem que Fernando é um governante sábio", observou Bajazeto II, "mas ele empobreceu seu próprio país e enriqueceu o meu." Milhares de judeus instalaram-se em Constantinopla e Tessalônica. Porém, a princípio, muitos deles, inclusive os ancestrais deste autor, atravessaram a fronteira a pé e foram para Lisboa, pagando tributo a João. Em 17 de abril, entusiasmados com essa rigorosa ação antijudaica, os monarcas espanhóis chamaram Colombo, que, após louvá-los pela "expulsão dos judeus de todos os nossos reinos" e pelo estabelecimento da Inquisição, voltou a propor sua viagem. Por fim, ele foi encarregado de zarpar, recebendo 10% das receitas, em caráter perpétuo, e os títulos de almirante do mar Oceano, vice-rei e governador de quaisquer terras que descobrisse — em caráter hereditário, pois ele esperava fundar uma dinastia. Após a morte da mulher, ele passou a criar o filho Diego, mas sua nova namorada adolescente, Beatriz Enríquez, também lhe deu um filho, ao qual chamaram Fernando, em homenagem ao rei.

Em 3 de agosto, Colombo zarpou em três navios pequenos, com noventa marinheiros de muitas raças, inclusive Pedro Alonso Niño, um africano liberto e piloto experiente. Em 12 de outubro, eles descobriram terras nas Bahamas, depois navegaram até Cuba e o Haiti, onde Colombo[5] encontrou povos nativos, alguns dos quais amigáveis e pacíficos — que os espanhóis chamaram de tainos —, alguns hostis e marciais — que chamaram de caribes. O almirante convenceu-se de que estava nas Índias e por isso chamou todos os habitantes de *los indos*.[6]

Isabel havia determinado que seus súditos livres cristãos não podiam ser escravizados. De início, Colombo aplicou esse princípio aos pacíficos tainos, que, em vez disso, eram obrigados a atuar como trabalhadores contratados, enquanto os canibais caribes eram escravizados. Voltando para casa a fim de se apresentar aos monarcas com artefatos de ouro e um grupo de tainos, ele fez uma parada em Lisboa e gabou-se de seus achados para um invejoso rei João, que chegou a considerar a ideia de liquidá-lo. De volta à Espanha, Colombo exibiu seus tesouros e prisioneiros a Isabel e Fernando, que ficaram excitados: "Descobrimos recentemente algumas ilhas e terras continentais no mar Oceano, que fazem parte das Índias". Depois de nomear os dois filhos pequenos de Colombo como pajens de seu herdeiro, João, Isabel enviou o almirante de volta com dezessete navios financiados com dinheiro tomado aos judeus, repletos de colonos e de soldados, a fim de fundar uma colônia. Nas quatro viagens que fez, Colombo desembarcou na Jamaica, na Costa Rica e no Panamá, mas montou sua base em Hispaniola (Haiti/República Dominicana), onde nomeou o irmão, Bartolomeu, *adelantado* — governador militar —, e fundou uma cidade, Santo Domingo. Antes disso, porém, Hispaniola, dividida entre chefes locais, teve de ser conquistada; em resposta, o cacique de Maguana, Caonabo, tentou destruir os espanhóis. Mas os Colombo não tardaram a explorar rivalidades locais para recrutar auxiliares tainos, enquanto os espanhóis se apossavam das nativas como escravas sexuais ou parceiras. Cristóvão e Bartolomeu lideraram duzentos soldados espanhóis e auxiliares tainos com cães de guerra contra Caonabo, que foi capturado, mas morreu na viagem para a Espanha. Sua viúva, Anacaona (Flor Dourada), fugiu para a corte de seu irmão Bohechío, cacique dos jaraguás, do oeste. Juntos, eles fizeram a paz com Bartolomeu Colombo e reconheceram Isabel. Quando o irmão morreu, Anacaona governou como cacica.

Colombo estava determinado a fazer fortuna. Apelidado de Faraó por seus subordinados, ele se revelou um tirano melindroso e narcisista. Ao enviar 4 mil caribes escravizados para serem vendidos na Espanha, ele explicou que os assentamentos podiam "ser pagos com os escravos feitos entre esses canibais; acreditamos que eles serão melhores do que outros escravos, uma vez livres de sua desumanidade". Isabel desaprovou, temendo que a escravização minasse o processo de evangelização. As depredações de Colombo já provocavam resistência entre os nativos americanos e ressentimento em Castela. As rebeliões dos tainos foram reprimidas. Correndo de volta para se justificar à rainha, Colombo misturou o misticismo cristão com áuricas promessas e lamurienta insegurança, denunciando os cortesãos que "criticavam e minimizavam o empreendimento". Os monarcas apoiaram Colombo: "A resposta de 'Suas Altezas' foi rir e dizer que eu não deveria me preocupar com nada". Colombo retornou a Hispaniola. Agora, entretanto, seus desmandos provocavam motins em Castela.

Por fim, Isabel enviou um cortesão, Francisco de Bobadilla, para descobrir o que estava acontecendo e ajudar Colombo. Ao chegar, Bobadilla encontrou um cenário sinistro — corpos balançando em forcas, os Colombo caçando rebeldes espanhóis, tripudiando de escravos tainos em suas propriedades, decepando línguas, orelhas e narizes. As colônias tropicais haviam se tornado um parque de diversões para os espanhóis. Colombo admitiu a depravação pedófila dos colonizadores: "Uma mulher pode ser possuída por cem castelhanos, e há muitos mercadores em busca de meninas de nove e dez anos de idade, atualmente o grupo mais caro". Colombo foi preso e enviado de volta à Espanha. Seu escravagismo ofendia a moralidade de Isabel. "Que poder tem meu almirante para entregar qualquer de meus vassalos?", ela perguntou, embora tenha permitido a venda de mais escravos enquanto ordenava: "Assegure-se de que os índios sejam bem tratados como vassalos". Em vez disso, porém, esses "vassalos" foram empregados como mão de obra nas plantações — *encomiendas* — de Colombo e seus asseclas. Mas Bobadilla mostrou que não era melhor do que ele. Em 1502, Isabel enviou Nicolás de Ovando, que chegou com trinta navios e 2500 colonos. Entre eles havia dois homens que teriam um papel importante nas Américas: um jovem frade, Bartolomeu de las Casas, e um ambicioso jovem da Extremadura, Francisco Pizarro. O primo deste último, Hernán Cortés, perdeu a viagem porque foi pego na cama com uma mulher casada, e, ao tentar escapar, acabou caindo da janela. Mas ele logo se juntou ao grupo. Ovando plantou cana-de-açúcar; os tainos foram enviados para o trabalho forçado nas propriedades, onde eram tratados como escravos sexuais e mortos, muitas vezes por motivos fúteis.

Em 1503, Ovando e trezentos soldados aproximaram-se do reino de Anacaona, cacica dos jaraguás, que os recebeu em grande estilo. Mas algo deu errado, e cinquenta espanhóis foram mortos nos embates que se seguiram. Anacaona foi enforcada, e seu povo, exterminado. Os massacres de Ovando mostraram a seus subordinados Pizarro e Cortés como lidar com os governantes locais, mas horrorizaram seu sacerdote, De las Casas.

Os tainos foram assolados pela varíola e por outros patógenos trazidos pelos espanhóis, para os quais não tinham resistência. Eles pereceram rapidamente, deixando de existir como raça separada, embora a análise do DNA dos habitantes atuais da região revelem que se miscigenaram com os espanhóis. Somente algumas de suas palavras — canoa, maca, furacão, tabaco — sobreviveram. Os espanhóis infectaram-se com a sífilis, que levaram para a Europa, onde ela grassou na população.[7]

Quando soube que Colombo tinha sido preso, Isabel o mandou soltar e o reembolsou, mas ele tornou-se amargo. "Estabeleci a soberania do rei e da rainha sobre o novo mundo", escreveu, em uma das primeiras menções à expressão "novo mundo", "e agora a Espanha, antes considerada um reino pobre, está entre os mais ricos". Isso não era verdade. Enquanto os portugueses prosperavam, pouco ouro fora encontrado no Caribe. Tantos tainos haviam morrido que Ovando teve de importar da Espanha os primeiros escravos negros.

De volta a Castela, Isabel continuava grata a Colombo e o enviou novamente com o irmão Bartolomeu e o filho Fernando numa expedição final, embora ele estivesse proibido de regressar a Hispaniola. Colombo foi então para Honduras. Durante a viagem, o almirante enviou Bartolomeu para capturar uma canoa de comércio de Yucatán, saqueando-a e mandando-a de volta para que os sobreviventes levassem as notícias da chegada dos pálidos gigantes de barba vermelha, que chegariam aos ouvidos do orador supremo dos mexicas, no apogeu do império.

Após ficar encalhado na Jamaica durante um ano, Colombo voltou para Castela em novembro de 1504, exausto e em desespero. "Hoje", ele disse a Isabel, "não tenho sequer uma telha em Castela. Se quiser comer ou dormir, tenho de ir a uma taberna [...]. Estou sendo tratado como um estrangeiro. Estive na vossa corte por sete anos e todos com quem falei sobre o empreendimento o trataram como uma piada. Agora, até mesmo alfaiates estão pedindo para fazer descobertas. Vim servir aos senhores quando tinha 28 anos, e agora não tenho um só fio de cabelo que não esteja branco. Estou doente." Ele tinha razão: até mesmo alfaiates estavam se tornando "descobridores", inclusive seu amigo florentino Américo Vespúcio, um protegido dos Médici que, em 1502, após suas viagens, se deu conta de que as Índias deveriam "ser mais propriamente chamadas de Novo Mundo, uma vez que nossos ancestrais não tinham absolutamente nenhum conhecimento delas".[8]

O império de Isabel foi desafiado por João II, El Hombre, que alegou que as terras descobertas eram por direito portuguesas, mas a rainha tinha o apoio de seu aliado Rodrigo Bórgia, o cardeal valenciano que, em parte graças ao apoio de Castela, acabou tendo sorte. "Sou o papa! Sou o papa!", gritou Rodrigo ao vencer as eleições em 1492. Agora Alexandre VI, ele estava determinado a fazer dos Bórgia potentados europeus — e se divertir no processo.

FOGUEIRA DAS VAIDADES: O PAPA ALEXANDRE E A ORGIA DAS CASTANHAS DOS BÓRGIA

Alexandre VI era um homem "belo, de semblante jovial e comportamento afável, dotado de uma fala macia. As mulheres belas sentiam-se atraídas por ele e excitavam-se com ele de maneira invulgar, com mais força do que 'o ferro é atraído por um ímã'". Mesmo quando era ainda um jovem cardeal, ele fora repreendido por Pio II por participar de uma "orgia" num jardim em Siena, com "várias mulheres totalmente entregues a vaidades mundanas [...]. Ouvimos que, em meio a danças, permitia-se todo tipo de libertinagem". Tendo sido vice-chanceler de cinco pontífices, ele era um especialista nas artes obscuras do poder e do prazer romanos: tinha quatro filhos com sua amante de longa data, Vannozza dei Cattanei (uma jovem de Mântua que mais tarde seria proprietária de uma taberna romana chamada A Vaca).

Mediante bajulações, Alexandre não tardou a estabelecer um feudo familiar, promovendo rapidamente seu filho mais velho, Giovanni, a gonfaloneiro dos exércitos papais e obtendo dos monarcas católicos um ducado para si mesmo, enquanto elevava seu filho de dezoito anos, César, a cardeal. Ele cortou despesas e vivia de modo austero, sobrevivendo de sardinha, uma iguaria catalã. No entanto, amava as mulheres. Aos 62 anos, o papa apaixonou-se por uma jovem de dezoito, Giuliana Farnese, La Bella Giulia, que, apelidada de Noiva de Cristo, se mudou para um palácio com a filha do papa, Lucrécia. No Palazzo Apostolico, as festas dos Bórgia costumavam contar com a presença de lascivos cardeais (alguns anciões, mas muitos deles adolescentes) e jovens prostitutas que participavam de engenhosos jogos projetados para apresentar as segundas aos primeiros.

Numa festa organizada por César no Vaticano, cinquenta garotas dançaram nuas, e depois castanhas foram espalhadas pelo chão — e os cortesãos, iluminados por candelabros estrategicamente localizados, "puseram-se a catá-las, de gatas, enquanto Alexandre, César e sua irmã Lucrécia observavam". Isto de acordo com o mestre de cerimônias papal, Johann Burchard, que, embora ansioso por obscurecer os Bórgia, descreveu uma cena que poderia parecer crível numa república de estudantes, mas não numa corte renascentista. Os jogos terminavam com uma orgia papal. "Anunciavam-se prêmios para aquelas que fossem capazes de realizar o ato com o maior número de cortesãos."

O papa tentava manter seus patronos espanhóis satisfeitos, mas, quando Isabel exigiu que ele perseguisse e expulsasse os judeus de Roma, Alexandre recusou. Fernando e Isabel estavam determinados a manter o sul da Itália, mas, no norte, um jovem rei francês estava igualmente decidido a reivindicar Nápoles, ambição estimulada pelo inimigo dos Bórgia, o cardeal Giulio della Rovere, sobrinho do falecido papa Sisto. Apanhados no meio dessa disputa, os Bórgia escolheram o que lhes pareceu ser a única opção possível: a duplicidade.

A posição de Alexandre tinha se complicado com a morte, aos 43 anos, de Lorenzo, o Magnífico, que em seu leito de morte recebeu um sacerdote dominicano, Girolamo Savonarola, prior de São Marco, a quem confessou seus pecados. Aos quarenta anos, Savonarola, um homem pequeno, cadavérico, calvo, de nariz aquilino e lábios caídos, sobrancelhas espessas e olhos verdes que "por vezes lançavam lampejos vermelhos", já era o autor de *De contemptu mundi*, proferindo sermões obcecados com o sexo que advertiam contra os males da sodomia e do adultério. Savonarola profetizou sobre a Espada do Senhor assomando sobre Florença e alertou que exércitos cruzariam os Alpes como "bárbaros armados com gigantescas navalhas".

Com efeito, no outono de 1494, o exército francês apareceu, sob o comando do jovem Carlos VIII, soberano de um reino que, após cem anos de conflitos com a Inglaterra, surgira como um Estado único, o mais populoso da Europa (15 milhões de habitantes contra 3,7 milhões da Inglaterra). Carlos "era hediondo e pequeno, com uma boca malformada que não se fechava, as mãos contorcendo-se em movimentos espasmódicos". Os franceses, no entanto, toleravam seu comportamento mulherengo, chamando-o de L'Affable.

Pietro de Médici, de 22 anos, o filho mais velho de Lorenzo — e o mais estúpido —, apaziguou o rei Carlos entregando-lhe Pisa e Livorno, o que indignou a tal ponto a Signoria e o povo que os Médici foram expulsos de Florença. Quando os franceses chegaram, Savonarola louvou Carlos, a quem chamou de o "escolhido de Deus". Aos gritos de "Arrependa-se, ó Florença, enquanto é tempo", Savonarola pediu o conselho divino. "O Senhor conduziu meu barco para águas abertas. O vento me leva adiante. Conversei esta noite com o Senhor: "'Vou falar — mas por que preciso me intrometer no governo?'."

"Se você quer fazer de Florença uma cidade sagrada", respondeu o Senhor, "é preciso lhe dar um governo que favoreça a virtude."

Diante de fiéis arrebatados e aterrorizados, Savonarola disparou: "Contemplem a Espada que baixou; o flagelo caiu. Está chegando. Chegou!". Sua voz esganiçada era tão aterrorizante que Michelangelo afirmou ainda conseguir ouvi-la quarenta anos depois. "Não sou eu quem está pregando", clamou o dominicano, "é Deus quem fala por meu intermédio." O mensageiro do Senhor advertiu os florentinos que demonstrassem virtude, desistissem do jogo, dos carnavais, do perfume, dos cosméticos e do sexo e rejeitassem os Médici e os Bórgia — além dos pagãos Platão e Aristóteles. Num frenesi de ordens apocalípticas, ele e seus seguidores, os Penitentes, presidiam um terror em nome da virtude. Seu reinado demonstra como uma pequena, mas determinada facção de extremistas arrogantes e autoeleitos é capaz de dominar uma sociedade, recompensar seus apoiadores com espólios e destruir aqueles que consideram desprovidos de virtude, um modelo para ideologias autoritárias desde então. Grupos desse tipo podem sempre ser frustrados pela vontade da maioria, mas florescem quando as pessoas deixam de se organizar ou perdem a coragem. Os "bandos abençoados" de Savonarola — grupos de crianças e adolescentes carolas — obrigavam os florentinos a se ajoelhar, rezar, jejuar e cantar hinos em voz alta. Em seguida, raspavam a própria cabeça como sinal de virtude. Mulheres atraentes eram denunciadas como prostitutas — "pedaços de carne com olhos", declarou Savonarola — e chicoteadas em público; mulheres elegantes recolhiam-se em conventos. Os Penitentes quebravam espelhos, leques, frascos de ruge e de cosméticos. Livros e quadros eram queimados em "fogueiras das vaidades" num patíbulo em forma de pirâmide.

Depois de deixar Savonarola como ditador sagrado de Florença, Carlos, intitulando-se Le Victeur, marchou para o sul e ocupou Roma, onde o cardeal Della Rovere o instou a depor Alexandre. Em vez disso, o papa manteve a calma, incentivando o rei francês a tomar Nápoles, no que se revelaria uma vitória ambiciosa demais. Alexandre negociou o apoio dos Habsburgo e dos Trastâmara. Carlos havia se excedido e viu-se obrigado a fugir de volta para a França, deixando entre seus esplêndidos pertences um pornográfico "livro cheio de imagens desnudas das amantes do rei".

Agora Alexandre estava pronto para lidar com Savonarola, que vacilava em seu domínio sobre Florença. O Bórgia o excomungou. Savonarola ameaçou seus críticos: "Há assentos preparados no Inferno. Diga a eles que o castigo chegou!". Desafiado a provar seu relacionamento com Deus caminhando sobre o fogo, ele foi salvo por uma tempestade. Mas então foi preso pelo povo, torturado com o *strappado*, considerado culpado de heresia, pendurado por correntes e queimado. "Suas pernas e braços caíram pouco a pouco", até só restarem cinzas. Os Médici ansiavam por voltar a Florença, mas um rival, Piero Soderini, opôs-se a seu estilo real e reafirmou o poder republicano, tendo sua política concebida por um jovem de 29 anos, Nicolau Maquiavel, um divertido escritor e cínico diplomata.

Alexandre planejava um reino para seu filho mais velho, Giovanni, duque de Gandia — até que o jovem foi encontrado no Tibre com a garganta cortada e nove ferimentos provocados por um punhal. O fato de, entre a infindável lista de suspeitos, haver dois irmãos do próprio duque — Joffre, indignado com a traição fraternal, e César, que tinha ciúme do favorito do pai e dormia com a mulher dele — revelava algo sobre a família. Alexandre ficou devastado: "Amávamos o duque de Gandia mais do que qualquer outra pessoa no mundo; daríamos sete tiaras para tê-lo de volta com vida".

César deu um passo à frente, renunciando ao escarlate e pairando nas alturas como uma estrela perversa. Nomeado gonfaloneiro e duque da Romanha, era um homem excepcional — vistoso, infatigável, mortífero, priápico, tendo gerado pelo menos onze filhos. Sua ambição não conhecia limites e seu lema era "César ou nada". Por trás de tudo isso espreitavam o estilete e o garrote: como disse Maquiavel, César acreditava que era "melhor ser temido do que amado".[9] Até mesmo seu orgulhoso pai era da opinião de que "o duque é um homem de bom coração, mas incapaz de suportar um insulto". Quando Alexandre o aconselhou a tolerar a animosidade, César replicou: "Os romanos podem até publicar calúnias, mas vou ensiná-los a se arrepender". O assassinato era seu instrumento: "Toda noite são descobertos quatro ou cinco homens assassinados, bispos e outros, pelo que toda Roma treme de medo de ser assassinada pelo duque". Quando seu cunhado Afonso, duque de Bisceglie, primo de Fernando e Isabel, se opôs aos interesses da família — que já não precisava de um aliado espanhol, agora que era aliada da França —, o sicário espanhol de César, d. Micheletto, o estrangulou no Vaticano.

César conquistou o principado da Romanha, movimentando-se tão depressa que "ele chega a um lugar antes de se saber que saiu de outro". Micheletto estrangulou alguns dos comandantes capturados e cortou outros ao meio: "Esta manhã, Ramiro foi encontrado em dois pedaços na praça pública", escreveu Maquiavel. "Isso agradou o príncipe, que se mostrou capaz de fazer e desfazer um homem a seu bel-prazer."[10]

Mas o sucesso dos Bórgia era superficial, dependente do cada vez mais velho Alexandre, que em maio de 1499 orquestrou mais uma invasão francesa pelo novo rei Luís XII, em troca do casamento de César com Carlota de Navarra. Luís concedeu a César o título de duque de Valentinois, com o apelido de Valentino, devido a seus casos amorosos, mas desdenhava da vaidade do genro, que via como "vanglória e fanfarronice tola". Na noite de núpcias, César gabou-se de ter deixado "oito marcas de sua virilidade", embora na verdade o jovem sifilítico precisasse recorrer a afrodisíacos — que eram secretamente substituídos por laxativos, uma *escamotage* que levava a um tipo muito diferente de ejaculação. A sífilis começara a desfigurar seu rosto, comendo seu nariz, até que César foi obrigado a usar uma máscara de couro a fim de ocultar a decomposição.

A rainha Isabel deu um sermão a Alexandre, com "muito amor", sobre o "desprazer e angústia" que sentia por suas ultrajantes "festas", mas Alexandre respondeu com o que importava, favorecendo Castela sobre Portugal em sua bula *Inter caetera*, que levou os dois reinos a negociarem uma divisão mais realista do mundo no Tratado de Tordesilhas. Agora, os monarcas católicos tinham planos maiores.

Isabel negociava um duplo casamento com os Habsburgo, que daria origem ao primeiro império mundial.

Os Habsburgo e os otomanos

O ARQUIDORMINHOCO DO IMPÉRIO ROMANO
— E JOANA, A LOUCA

Em agosto de 1496, Isabel escoltou sua filha de dezesseis anos, Joana, até uma nau no porto setentrional de Laredo e assistiu à sua partida para Flandres, a fim de se casar com Filipe, o Belo, duque da Borgonha. Quase ao mesmo tempo, seu único filho, João, desposaria a irmã de Filipe, Margarida.[1]

Os dois cônjuges estrangeiros eram filhos do Kaiser Maximiliano, o Hércules Germânico, um homem robusto, louro, de olhos azuis, que escondia com a barba um queixo protuberante e tivera um desenvolvimento lento na infância, só começando a falar aos nove anos de idade, tendo crescido numa família em crise.

Seu pai, Frederico III, o Gordo, o Kaiser casado e coroado em Roma quarenta anos antes, suportara décadas de catástrofes, sobrevivendo com impressionante serenidade a um cerco terrível de Viena em que acabou derrotado. "A felicidade", disse ele, "está em esquecer o que não se pode recuperar." Apelidado de Arquidorminhoco do Império Romano, Frederico comia prodigiosamente, não parava de fazer prognósticos, recolhia excrementos de rato e cuidava de flores, aborrecendo sua enérgica esposa portuguesa. Mas seu lema — "Mantenha a moderação e não perca de vista o objetivo" — era plenamente justificado. Sobrevivendo a todos os seus inimigos, Frederico reivindicou seus territórios, promovendo a Casa da Áustria com o acróstico AEIOU (*Alles Erdreich ist Österreich*

433

untertan, ou "O mundo inteiro é súdito da Áustria") — um sonho que Maximiliano tornaria realidade.[2]

Ao contrário do Arquidorminhoco, Maximiliano cresceu atlético e galante, com um gosto pelo que chamava de "estar nu com mulheres", acrescentando: "Dancei, brandi lanças, cortejei senhoras. Acima de tudo, dei boas risadas". Esse incansável extrovertido galopou através da Europa a fim de pedir a mão da maior herdeira da época, Maria, a Rica, duquesa da Borgonha, que englobava a Holanda.

O casamento de Maximiliano lançou os Habsburgo, ao produzir o filho essencial, Filipe. Maria adorava caçar, mesmo quando grávida, mas acabou sendo fatalmente arremessada do cavalo. Maximiliano ficou desolado, porém sua visão de um imperador cristão universal e da *Hausmachtpolitik* — poder da família — era irreprimível. "Depois de servir a Deus", disse ele, "ponho o avanço de minha dinastia acima de todas as coisas." Entre seus muitos esquemas de promoção da família, ele decidiu, após a morte da esposa, que seria papa e começaria a subornar cardeais, prometendo à filha Margarida que "nunca mais iria atrás de mulheres nuas" e assinando "Maxi, seu bom pai e futuro papa". Ele não chegaria a pontífice, mas seu império multifacetado exigia guerras perenes, nas quais o Hércules Germânico ostentava impavidamente sua primorosa armadura ornada em ouro.[3] A luta entre os Habsburgo e os Valois, a Germânia e a França, pelas estratégicas terras fronteiriças da Borgonha se estenderia até o século xx, mas foi com ele que teve o seu início. Maximiliano combateu a França e lutou na Itália e na Germânia — dezessete campanhas no total. Mas a guerra exigia dinheiro, não apenas coragem. Havia muitos soldados, mas somente um Fugger, o Rico.

Sempre falido, o Kaiser dependia de Jakob Fugger, um severo banqueiro ruivo de Augsburgo que começara no ramo têxtil, mas depois convencera o rei da Hungria a investir em suas minas de prata: Fugger pagava uma quantia para comerciar o metal. Concentrando-se nos Habsburgo, ele fez empréstimos ao Arquidorminhoco durante seus dias mais sombrios, e depois ajudou Maximiliano a liquidar outros empréstimos usando suas minas de cobre. As tratativas de Fugger com Maximiliano fizeram dele provavelmente o plebeu mais rico da Europa, o primeiro milionário. Mas o grande sucesso de Hércules foi a união de seus filhos Filipe e Margarida com os de Isabel, Joana e Jão. Esses casamentos sacrificavam as crianças da realeza — o que era especialmente verdadeiro no que dizia respeito às filhas, que eram enviadas para o exterior a fim de se casar com estrangeiros desconhecidos, para nunca mais voltarem a ver os pais e muito provavelmente morrer durante o parto — em nome do poder, que também era um jogo biológico.

Se Filipe falhasse em gerar filhos e João tivesse sucesso, os espanhóis poderiam reivindicar a Áustria. Mas o infante João, o Anjo de Isabel, estava tão atraído por Margarida que se exauriu sexualmente, morrendo seis meses depois, ao que parece por fornicação excessiva, mais provavelmente de varíola.[4] Isabel ficou abalada com a perda.

O casamento da irmã de João foi quase bem-sucedido demais, mas de modo diferente. Joana, bem-educada, ruiva como a mãe, era obsessiva e uma livre--pensadora. Em seus tempos de menina, desafiara o catolicismo. Sua mãe "tratou" sua recusa em se confessar com torturas, prescrevendo-lhe *la cuerda*, o que significava suspendê-la com pesos nas pernas e nos braços. Não funcionou. Vivendo agora em Bruges, Joana via Filipe saltar "de banquete em banquete, de senhora em senhora" e sentia-se ultrajada com sua promiscuidade. Ele, por sua vez, se enfurecia com as críticas dela. Joana apegou-se pateticamente a suas quatro escravas africanas, com quem compartilhava a cama.[5] Quando deu à luz uma filha, Filipe disparou: "Como é menina, ponha-a na conta da arquiduquesa; quando Deus nos der um filho, ponha-o na minha". Seguiram-se novas gravidezes. Joana, grávida do herdeiro, Carlos, estava num baile quando a bolsa d'água estourou, e o bebê nasceu numa latrina de Gent, embora tenha sido criado na Borgonha; um segundo filho, Fernando, foi criado na Espanha.

Joana e Filipe eram agora herdeiros da Espanha, da Áustria e da Borgonha. Demoraram para ir à Espanha, mas, quando lá chegaram, as tentativas de Joana de obrigar Filipe a segui-la numa política antifrancesa o enfureceram. Temendo que a mãe desejasse romper seu casamento, Joana desabou sob o estresse. "Ela dorme mal, come pouco, está triste e muito magra", advertiram os médicos, enquanto a infanta acampava fora das muralhas, recusando-se a entrar. O destrutivo embate entre Estado e família era conduzido não por frios estadistas, mas por uma mulher: Isabel. Filipe retornou à Borgonha, e, quando Joana juntou-se a ele, estava tão tomada de ciúmes que arranhou uma das amantes dele com uma tesoura. Agora, só confiava em suas escravas.

"Não estou contente com as escravas", disse ele. "Mande-as embora."

Joana explodiu, ameaçando matar seu mensageiro e recusando-se a comer. Filipe se fechou em seus aposentos. Ela bateu às portas.

"Se não fizer o que digo", advertiu Filipe, "vou deixá-la."

"Prefiro morrer", ela gritou, "a fazer o que você pede."

"Então faça como quiser!", ele explodiu, convencido de que ela havia enlouquecido.

Quando souberam do episódio, Isabel e Fernando adoeceram, com febre; ele se recuperou, mas ela morreu, aos 53 anos. Joana tornou-se então rainha de Castela. Ela e Filipe zarparam a fim de reivindicar o reino. Sofreram um naufrágio na Inglaterra e ficaram com o velho rei Henrique VII e a irmã de Joana, Catarina, viúva do príncipe Artur. Henrique observou Joana atentamente. "Ela parecia bem, contida e graciosa", ele notou, "embora o marido [Filipe] e os que estavam com ele a tratassem como se fosse louca."

Quando o casal chegou à Espanha, o pai e o marido de Joana decidiram que estava mesmo louca, concordando que se a "rainha, dita a mais serena, por escolha própria ou convencida por outras pessoas, tentasse se intrometer no governo, ambos a impediriam". Hoje, é impossível saber em que medida seu confinamento se devia a uma conspiração masculina ou a uma depressão maníaca. Ela era maltratada: quando se recusava a comer, o pai ordenava que fosse chicoteada. Pouco tempo depois, confiando a Espanha a Filipe, Fernando partiu para Nápoles.

Apesar da "insanidade" de Joana, o casal continuava a dormir na mesma cama. Em setembro de 1506, após exaustivas festas, Filipe morreu — ou de febre tifoide, ou de insolação ou de alcoolismo. Fernando voltou a governar Castela. Enquanto Filipe era embalsamado, Joana, grávida do sexto filho, apoderou-se de seu corpo e o levou consigo para o Palácio de Tordesilhas, recusando-se a sepultá-lo e viajando com ele. Por mais louca que ela estivesse, no entanto, o jogo biológico das alianças matrimoniais de Maximiliano daria resultado para ambas as famílias, de um modo que nenhuma delas poderia imaginar.

Fernando governou sozinho o império em expansão. A América agora atraía navios carregados de ávidos conquistadores, com frequência enérgicos e talentosos, mas também vorazes e impiedosos, que iam para as Índias "a fim de servir a Deus e ao rei e enriquecer", objetivos nos quais, assim como os cruzados, não viam contradição. Em 1504, formado como tabelião, Cortés estabeleceu-se em Santo Domingo, obtendo uma *encomienda* de trabalhadores forçados nativos e unindo-se, em seguida, a Diego Velázquez, homem de confiança dos Colombo. Depois de apelar a Fernando, Diego Colombo readquiriu o vice-reinado hereditário. Em 1511, Velázquez, governador de Cuba, embarcou na conquista da ilha, com a ajuda de Cortés. A resistência dos tainos foi liderada por um cacique haitiano chamado Hatuey, que fugira com seus homens, de canoa, para Cuba. Brandindo ouro, Hatuey advertiu os tainos cubanos: "Eis aqui o Deus que os espanhóis cultuam. Por isso eles matam [...] eles nos falam da alma imortal e de suas recompensas e punições eternas, mas roubam o que nos pertence, seduzem nossas mulheres, estupram nossas filhas". Ao longo de uma guerra de três anos, Velázquez esmagou Hatuey, acabando por queimá-lo vivo — e, numa entre muitas atrocidades que cometeu, massacrou 2 mil tainos que tinham apenas se reunido para contemplar, estupefatos, os espanhóis e seus cavalos.

O capelão presente nesses massacres era o anguloso, calvo e intenso frade dominicano Bartolomeu de las Casas, que recebera uma propriedade em Hispaniola, mas agora declarava: "Vi aqui um nível de crueldade que nenhum ser vivo jamais viu ou espera ver". Ele continuou a denunciar essa crueldade ao rei Fernando, que chamou de volta Diego Colombo. Mas isso não foi o bastante: o próprio De las Casas zarpou para a Espanha a fim de ver o rei. Porém a conquista tinha chegado agora ao continente.

Pizarro juntou-se a uma dessas expedições, lideradas por Vasco Núñez de Balboa, que em 1510 fundou Santa María la Antigua del Darién (mais tarde abandonada), o primeiro povoado construído pelos conquistadores no continente, e em seguida atravessou o istmo do Panamá, onde, caindo de joelhos, maravilhado, foi o primeiro europeu a ver o oceano que ele chamou de mar do Sul. Balboa, *adelantado* do mar do Sul, combateu os nativos, convertendo alguns ao cristianismo, mas entrou em choque com seu feroz superior, Pedrarias Dávila, conhecido na corte como El Justador, o qual, ao chegar à América, ficou doente e foi enterrado vivo num caixão, sendo salvo por um servo que o ouviu se mexer em seu interior. Dávila, que viajava sempre com o caixão, subornou Pizarro e ordenou-lhe que prendesse Balboa, o qual mandou decapitar. Pizarro agora tinha um patrono. Quando Dávila fundou a Cidade do Panamá, Pizarro foi seu primeiro prefeito — e começou a ouvir falar de um vasto e rico reino no sul.

Já na Itália, Fernando triunfava, tendo recuperado Nápoles e a Sicília. Ele não precisava mais dos dúplices Bórgia. Eram os Bórgia que precisavam dele.

"Previ a morte de meu pai e fiz todos os preparativos para isso", César Bórgia confidenciou a Maquiavel, "mas não antecipei que eu mesmo estaria lutando com a morte." Em agosto de 1503, Alexandre VI e César adoeceram. Quando Alexandre morreu, seu corpo — "o rosto agora da cor de uma amora, coberto de manchas negro-azuladas, o nariz intumescido, a boca distendida por uma língua com o dobro do tamanho" — foi, segundo um alegre Burchard, "enrolado num tapete e apertado" num caixão estreito. Lucrécia adorava o pai: o poeta Pietro Bembo a viu após a morte de Alexandre "naquele quarto escuro, em seu vestido preto, deitada e chorando". E César estava doente demais para evitar a subida ao trono de seu mais mortal inimigo.

QUEM TEM MAIS COLHÕES: DOIS *TERRIBILES* — JÚLIO E MICHELANGELO

Belicoso e vingativo, Giuliano della Rovere, sobrinho de Sisto, escolheu o nome Júlio II inspirado em Júlio César, determinado a reconquistar o poder papal, jogar aquilo que chamou de "o Jogo Mundial"[6] e embelezar Roma, para a glória de Deus e de sua própria família. Autocrático e temperamental, apelidado de Il Terribile, ele com frequência espancava os cortesãos com seu bastão. Quando cardeal, havia tido uma filha, a astuta Felícia, a quem confiava negociações diplomáticas, embora os inimigos o acusassem de ser "um grande sodomita" — mais tarde, ele foi tomado pela sífilis de tal forma que os cortesãos tiveram de impedir os visitantes de beijar seus pés em putrefação.

Primeiro, Júlio se livrou de César Bórgia, obrigado a fugir para a Espanha. "Não quero viver nos mesmos aposentos em que os Bórgia viveram", disse ele, saboreando seu triunfo, "e proíbo, sob pena de excomunhão, que se volte a falar ou pensar neles — seu nome tem de ser apagado." Mas na verdade havia pouca diferença entre os Bórgia e os Della Rovere.

Júlio estava ansioso para entrar em guerra. "É preciso expulsar os bárbaros", rugia. Os principais bárbaros eram os franceses, que controlavam o norte da Itália, mas ele odiava igualmente os venezianos e cobiçava Bolonha. Depois de mobilizar um exército de elite, a Guarda Suíça, financiada por Fugger, o Rico, vestiu uma armadura papal e obrigou o hedonista Giovanni de Médici a marchar para o norte, em sua comitiva. Júlio ameaçava os inimigos capturados: "Faça isso de novo e mandarei enforcá-lo". Durante o ataque aos franceses em Mirandola, disse, antes de subir uma escada: "Vejamos quem tem mais colhões, se o rei da França ou eu!". Em 1506, tomou Bolonha, retornando a Roma como *triumphator* cesariano e pontífice cristão. Ordenou então a derrubada da antiga Basílica de São Pedro e sua total reconstrução, financiada por Fugger. O novo edifício foi projetado por Donato Bramante, que concebeu um modelo constantinopolitano com cinco domos, muito diferente daquele que acabaria por ser construído. Mas Bramante também aconselhou Júlio a convocar um jovem artista de Urbino, Rafael Sanzio.

Cortês e sociável, Rafael, que se aproximava dos trinta anos, era filho do artista do duque de Urbino. Órfão aos onze anos, havia estudado em Florença, onde se inspirara no muito mais velho Leonardo da Vinci. Em 1508, Júlio lhe encomendou a decoração de seus apartamentos, agora livres dos Bórgia, no terceiro andar do Vaticano, a começar por seu escritório e biblioteca, a Stanza della Segnatura, onde Rafael pintou *A escola de Atenas*, que retrata uma série de personagens, entre os quais o próprio Júlio e Giovanni de Médici. Ao mesmo tempo, o pontífice contratou Michelangelo, que fizera fama com sua estátua de *Davi* na república de Florença.

Júlio supervisionava de perto seus artistas, administrando "os humores dos homens de gênio", tratando-os com dureza, muitas vezes retendo verbas que haviam sido prometidas. Rafael era afável; Michelangelo, irascível. Júlio e Michelangelo, ambos apelidados de Il Terribile, estavam sempre provocando um ao outro. "É absolutamente terrível tentar negociar com esse homem, que se recusa a ouvir", resmungava Michelangelo, "e descarrega em você os piores insultos jamais proferidos." Michelangelo exigia liberdade total para "fazer como eu quiser". Certa vez, quando Júlio foi autoritário, Michelangelo, que havia recebido uma oferta do sultão Bajazeto, ameaçou deixá-lo e partiu às pressas para Florença, sendo caçado por guardas papais a cavalo. Júlio exigiu que Florença o entregasse.

Sem querer arriscar uma guerra, os florentinos o enviaram para Bolonha. "Você deveria ter vindo a nós", disse Júlio. "Mas esperou que fôssemos até você." O artista ajoelhou-se, pedindo perdão. Na época, os artistas eram vistos como um misto de artesãos e engenheiros. A desvantagem consistia em serem tratados como servos brilhantes; a vantagem, em estarem totalmente desobrigados das limitações de uma especialização profissional. Mas Michelangelo exigiu que o pontífice o tratasse com respeito — o primeiro artista a receber esse tratamento. Mantendo-o em Bolonha, Júlio visitou seu ateliê, encomendando uma escultura de si mesmo. Michelangelo perguntou como devia representá-lo.

"Com uma espada", rosnou o Papa Terribile, "não uma pena."

Júlio primeiro o encarregou de construir seu túmulo — um projeto grandioso que levou décadas e nunca foi concluído —, mas depois ordenou a Michelangelo que pintasse o teto da Capela Sistina, construída por seu tio Sisto. "A pintura não é a minha arte", respondeu Michelangelo, que se sentia muito mais confortável como escultor. Mas Júlio o intimidou e o convenceu. Michelangelo considerava toda a sua obra uma expressão do divino. "Se meu rústico martelo dá forma a traços humanos", escreveu, "a partir da pedra dura, ora este, ora aquele, ele é empunhado e orientado pela Ordem Divina, que lhe empresta movimento, e o movimenta segundo Sua escolha."

Na capela, Michelangelo construiu andaimes de madeira, e, a quarenta metros do chão, deitado de costas, pintou sobre o gesso úmido nove cenas, que começavam no início dos tempos e eram dominadas por sua representação de Deus e de sua energia divina. Foram necessários quatro anos para que concluísse o trabalho. "Levo uma existência miserável", ele disse ao pai. "Meu estômago está espremido contra o queixo, minha barba aponta para o céu, meu peito gira como o de uma harpia. Meu pincel, acima de mim, está sempre a respingar." Com todos os seus talentos, ele tinha momentos de dúvida: "Minha pintura está morta […]. Não sou pintor". Júlio inspecionava o trabalho, subindo pelas escadas.

Os artistas de Júlio observavam-se com inveja: Michelangelo, então com trinta anos, rude e forte, atormentado, furioso, homossexual; Rafael, elegante, cortês, magro, bonito, amante de sua modelo Margherita Luti, conhecida como La Fornarina, "a filha do padeiro". Enquanto Rafael vivia e se vestia com estilo, Michelangelo parecia um camponês, apesar de ganhar enormes somas, que gastava na expansão das propriedades da sua aristocrática família. A fama de Leonardo e a ascensão de Rafael exasperavam o turbulento e paranoico Michelangelo, que desprezava os dois, sobretudo o tranquilo Rafael, nove anos mais novo do que ele. "Todas as discórdias entre mim e o papa deviam-se à inveja de Bramante e Rafael." Quando Bramante mostrou a Rafael a Capela Sistina, Michelangelo zombou: "Rafael tinha bons motivos para ficar com inveja, pois o que ele conhece de arte, aprendeu *comigo*".

Eles tentavam se evitar, mas encontraram-se uma vez, Michelangelo em suas ruminações solitárias, Rafael acompanhado de um grupo. Michelangelo, malicioso, perguntou se um dos homens do grupo era o chefe de polícia, ao que Rafael lhe perguntou se, excluído da sociedade, ele havia encontrado um carrasco.

Mas a imagem de Michelangelo como um homem solitário é enganosa: ele vivia em meio à sua *brigata* — o bando —, um ambiente doméstico de assistentes e artistas que ele ajudava a treinar e amava como uma família. Tinha um dom para a amizade com as mulheres — suas cartas a elas são espirituosas e amorosas; e, quando se apaixonava por homens, suas cartas de amor revelavam vulnerabilidade e paixão.

As guerras de Júlio começaram a dar errado. Ele perdeu a Borgonha e deixou crescer a barba, como forma de luto — foi assim que Rafael o pintou. Em abril de 1512, foi derrotado por Luís XII, da França, em Ravena, onde seu amigo, o cardeal Médici, foi capturado e quase morto antes de escapar. O pontífice enviou a filha, Felícia — também retratada por Rafael —, para negociar com os franceses, enquanto o Médici lhe pedia que recorresse a seus aliados espanhóis para retomar Florença. Júlio concordou. Os espanhóis atacaram a cidade; Soderini e Maquiavel foram derrubados. O cardeal Médici e seu irmão Giuliano retornaram, enquanto as multidões gritavam: "Bolas! Bolas! *Palle! Palle!*", referindo-se ao brasão da família. Os Médici estavam de volta.

As bolas rolavam. Quando Júlio morreu, vitimado pela sífilis, Giovanni de Médici foi eleito papa, com o nome de Leão X, e os cardeais irromperam da Capela Sistina aos gritos de "Bolas! Bolas!".

LUTERO E LEÃO: AS FEZES DO DIABO E O ELEFANTE DO PAPA

"Deus nos deu o papado", disse Leão. "Vamos desfrutá-lo." E assim ele fez, presidindo banquetes com carne de símios, miolos de macaco e língua de papagaios, com sessenta entradas, garotos nus saindo de tortas e um bobo da corte que engolia quarenta ovos ou vinte frangos. Leão era obeso, míope, de rosto vermelho e, embora frequentemente atormentado por uma fístula anal, alegre e divertido. Mas não ligava para os outros: quando caçadores eram mortos em suas expedições de caça, ele mal reparava: "Que dia tivemos!".

Conhecia Michelangelo desde que eram crianças no palácio de Lorenzo, o Magnífico — "irmãos, criados juntos", dizia, e encomendou-lhe o projeto da Capela dos Médici na Basílica de São Lourenço, em Florença. "Ele é terrível", reclamava do artista. "É impossível lidar com ele." Preferia Rafael, que agora pintava as *Stanze di Raffaello* e, após a morte de Bramante, fora encarregado da Basílica de São Pedro.

Leão, brilhando com suas joias, exalando o aroma de especiarias caras e da putrefação anal, emulava os Bórgia e os Della Rovere ao promover família, escolhendo seu amável sobrinho, Lorenzo, filho de Piero, para ser o governador de Florença. Ele arranjou um casamento para o rapaz com uma prima do rei francês, Madeleine de La Tour d'Auvergne, com quem ele teve uma filha, Catarina — que viria a ser rainha da França. Dias após o nascimento de Catarina, Lorenzo morreu, ao que Leão nomeou seu primo Giulio, filho bastardo de Giuliano, morto pelos Pazzi, cardeal e senhor de Florença. Enquanto vivia em Roma, Giulio tivera um filho, Alessandro, com uma moça de cor, Simonetta, provavelmente filha de escravos africanos. Os Médici tinham escravos brancos e negros.

As intrigas de Leão desestabilizaram a Cúria, a corte papal. Uma de suas primeiras nomeações para cardeal foi a de seu jovem amante, Alfonso Petrucci, que viria a se ressentir amargamente de seu patrono, organizando uma conspiração na qual o médico de Leão trataria sua fístula anal com uma injeção de veneno. Quando a trama foi descoberta, Petrucci, sob tortura, implicou outros cardeais, que foram perdoados em troca de suas fortunas. Mas Leão ordenou que um carrasco mouro estrangulasse o ex-amante com uma faixa escarlate. Seu novo amante era o cantor meio otomano Solimando.

Para pagar as obras da Basílica de São Pedro, Leão precisava de mais dinheiro, obtido através de empréstimos junto a Fugger, o Rico, de pagamentos por chapéus cardinalícios e da venda de indulgências (pelas quais um pecador podia se livrar do purgatório em troca de pagamentos feitos à Igreja). As indulgências eram o último e ultrajante abuso da santidade por parte do papa, que desagradavam particularmente um monge germânico de Vitemberga, na Saxônia. Seu nome verdadeiro era Martin Luder, que ele mudou para Eleutério — Liberto — e germanizou para Luther (Lutero).

Depois de quase ser atingido por um raio, Lutero experimentou uma revelação damascena, largou os estudos de direito e tornou-se monge. Mas, numa visita a Roma, ficou horrorizado. "Aquela poça repugnante e fétida, tomada pelos mais perversos patifes do mundo", ele escreveu com típica ferocidade, estava coberta de "imundos disparates. Se existe um inferno, Roma foi construída sobre ele." Roma era de fato uma Babilônia moderna na qual, como afirmou o poeta obsceno de Leão, Pietro Arentino, os visitantes "queriam geralmente visitar não apenas as antiguidades, mas também as modernidades, isto é, as senhoras".

Lutero, um pungente agitador, teatral e moralista, ficou ainda mais enojado com a mascataria agressiva de Leão: "Por que o papa, cuja riqueza é maior do que a do mais rico Crasso, constrói a Basílica de São Pedro com o dinheiro dos crentes pobres e não com seu próprio dinheiro?". Em outubro de 1517, Lutero redigiu um ataque ao papa em suas *95 teses*, que afixou, junto com outros comunicados, na porta da Schlosskirche de Vitemberga. Mas ele não dependia da porta da igreja: dispunha de um novo meio, a imprensa. Ao todo, 3,1 milhões de cópias das *Teses* foram publicadas. Além disso, ele se fizera pintar repetidamente por seu amigo Lucas Cranach, tornando seu combativo rosto um dos mais famosos na Germânia.

Polemista cruel e visceral, Lutero era fixado em fezes e em sexo, e, mais tarde, acusou o papa de ser um sodomita transexual, cujas ordens eram "seladas com as próprias fezes do Diabo, escritas com os peidos do ânus papal". Além disso, lançava diatribes selvagens contra os judeus: "Estaremos errados se não os matarmos", esses "seres diabólicos", "vermes venenosos" contaminados pelas "fezes do diabo [...] onde chafurdam como porcos", sendo a sua sinagoga "uma prostituta incorrigível, um vadia maligna".

A fúria de Lutero deu voz não apenas ao ressentimento com a corrupção papal, mas também a um nascente ceticismo. A santidade, argumentava, não se baseava nos títulos, pagamentos e rituais mágicos da Igreja católica, mas no relacionamento direto entre homem e Deus (sem intermediários sacerdotais), orientado pelas Escrituras — *sola scriptura* —, que logo seriam traduzidas do latim para o alemão, podendo assim ser lidas por todos. Tudo de que as pessoas precisavam para entrar no reino dos céus era da alfabetização, que Lutero agora promovia.

À medida que seus ensinamentos se espalhavam, 27 freiras de um mosteiro cisterciense próximo manifestaram o desejo de se juntar a seu movimento. Lutero, aos 41 anos, organizou sua fuga do mosteiro em barris de arenque, e, presumivelmente depois de elas terem se limpado do cheiro de peixe, sentiu-se atraído por uma delas, Catarina, de 26 anos. Nunca tinha considerado se casar — "não porque eu seja insensível à minha própria carne ou a meu sexo (pois não sou feito nem de madeira nem de pedra), mas porque espero diariamente a morte de um herege". Agora, "de repente, eu estava ocupado com pensamentos muito diferentes. O Senhor me fez mergulhar no casamento". Ele argumentou que "uma mulher não tem controle sobre si mesma. Deus fez seu corpo para estar com um homem, para ter filhos". Assim, ela era bem-vinda para desfrutar do sexo — e eles foram abençoados com seis filhos. Mas Lutero devia ser exaustivo. "Querido marido, você é tão rude", disse certa vez Catarina. Porém a freira no barril de peixe foi decisiva: Lutero decretou que os sacerdotes protestantes podiam se casar.

O espírito protestante espalhou-se rapidamente pelo norte e pelo centro da Europa, dos príncipes aos camponeses, baseado no que era fundamental: a palavra da Bíblia. A religiosidade mais pessoal do protestantismo estimulou um novo espírito independente nos negócios, na arte e na vida cotidiana. As nações protestantes — grande parte da Germânia, depois a Holanda, a Grã-Bretanha e a Escandinávia — tornaram-se mais letradas do que as católicas. A alfabetização mudou a psicologia (até mesmo a formação do cérebro), mas sem dúvida também aumentou a autoconfiança e o conhecimento, assim como a autodisciplina, a automotivação, o pensamento analítico e a sociabilidade, contribuindo para aquilo que mais tarde fez o norte da Europa ser tão bem-sucedido. O protestantismo não foi o único fator nesse espírito europeu de "trabalho duro, paciência e diligência", mas, como escreveu Joseph Henrich, foi "uma injeção de ânimo [...] ao mesmo tempo consequência e causa da mudança na psicologia das pessoas".

Tentando ignorar Lutero, Leão zombava dessa "querela monacal". Ele acabara de receber um espantoso presente da Índia: um elefante branco chamado Hanno, que, em tamanho e jovialidade, quase parecia uma metáfora do próprio Leão. "Em meu bruto seio", escreveu Leão, num tom elefantino, "eles perceberam sentimentos humanos." Mantido num recinto feito sob medida, entre as basílicas de São Pedro e Latrão, Hanno foi desenhado por Rafael — e, quando o papa quis ridicularizar um poeta pretensioso, fez com que montasse em Hanno e seguisse até o Capitólio, ao som de estridentes trombetas, até que o paquiderme, assustado com o barulho, recusou-se a seguir adiante. Mas os tolos tratadores de Hanno envenenaram-no por engano com um laxante misturado com ouro. Quando ele morreu, Rafael projetou seu memorial ("Aquele que a Natureza arrebatou, Rafael de Urbino restaurou com sua arte"). Leão escreveu o epitáfio à sua "poderosa fera", enquanto Aretino escreveu um pornográfico *Último desejo e testamento do elefante Hanno*, no qual o pênis do paquiderme era deixado ao priápico cardeal Di Grassi, "para que ele possa se tornar mais ativo na encarnação de bastardos, com a ajuda de madame Adriana".[7] Leão perdoou a impertinência de Aretino, mas compreendia sua própria ligação com Hanno, escrevendo em seu túmulo: "Mas eu desejo, ó deuses, que o tempo que a natureza me deu, e que o destino arrebatou, seja por vocês acrescentado à vida do grande Leão". O elefantino Leão não sobreviveu por muito tempo a Hanno, mas, no epitáfio deste, o frívolo pontífice tocou em algo muito mais importante:

> *Poderoso elefante que o rei Manuel,*
> *Tendo conquistado o Oriente,*
> *Enviou como cativo ao papa Leão x.*

Esse "conquistador" era Manuel i, o rei de Portugal que havia planejado uma messiânica conquista do mundo, do Brasil e do Congo até a Índia e a Indonésia, pelos agressivos cruzados-marinheiros de seu pequeno reino.

OS SAQUEADORES ORIENTAIS DE MANUEL: VASCO DA GAMA
E AFONSO DE ALBUQUERQUE

Em 1493, quando era ainda um jovem príncipe e foi convocado por seu primo, João ii, Manuel temeu que o rei pretendesse eviscerá-lo, como havia feito com seu irmão. Em vez disso, ele o nomeou herdeiro. Sua sorte, ao sobreviver ao expurgo de João, somou-se à crença de que estava destinado a ser um rei Davi latino, que retomaria Jerusalém, arrasaria Meca e destruiria o islã. Aos 26 anos, quando sucedeu a João, tinha um rosto redondo e braços compridos e simiescos. Influenciado pelos primos Fernando e Isabel, casou-se com a filha mais velha dos dois; quando ela morreu, depois de dar à luz, casou-se com a irmã dela.[8] Mas a primeira esposa tinha se recusado a casar-se com ele a menos que expulsasse todos os judeus de Portugal.

Manuel protegera os judeus portugueses, que detinham um quinto da riqueza mobiliária do país, e cujo número aumentara com o influxo de refugiados após a expulsão dos judeus da Espanha ordenada por Isabel. Mas a Espanha e Deus eram mais importantes. Assim, em outubro de 1497, Manuel obrigou os judeus a fazerem uma conversão em massa.

A família judaica mais rica de Portugal fingiu se converter: o mercador de pimenta-malagueta Francisco Mendes casou-se com a herdeira Beatriz de Luna, que ficou conhecida como Gracia Mendes, numa cerimônia católica na catedral de Lisboa. Mas, quando foram expulsos, eles voltaram ao judaísmo e fugiram para a Holanda, no início de uma jornada que culminaria em sua ascensão a potentados otomanos e reis judaicos. Na época, porém, até mesmo ser cristão-novo era perigoso. Em 1506, frades dominicanos lideraram um pogrom no qual vários milhares de judeus e cristãos-novos foram queimados vivos numa fogueira na praça principal de Lisboa.

Manuel gastou o dinheiro dos judeus na construção de quatro navios, carregados com canhões e liderados por um fidalgo de sua comitiva, Vasco da Gama, membro da Ordem de Santiago, dos cruzados, cujo falecido pai fora originalmente nomeado para capitanear a viagem. Sua missão era seguir a rota de Bartolomeu Dias e assumir o controle do comércio de especiarias no oceano Índico, com o objetivo de flagelar os muçulmanos, compensando seu pequeno número com canhoneios e ferocidade.

Navegando em torno do sul da África, Vasco da Gama subiu a costa suaíle, atacando navios árabes ao largo de Melinde, onde encontrou aliados, recrutou um piloto árabe em Mombaça e depois navegou até Calicute (Kozhikode), na costa do Malabar, na Índia, a mais proeminente de uma constelação de cidades-Estado que comerciavam pimenta, canela, cardamomo, gengibre, cravo, joias, ébano, âmbar e tamarindo. A Índia estava fragmentada, o norte governado por um enfraquecido sultanato muçulmano em Delhi, o sul dividido entre um rajá hindu de Vijayanagara e o sultanato islâmico de Bijapur.

Na cosmopolita Calicute, Vasco da Gama encontrou comerciantes árabes e indianos, assim como um judeu polonês que falava italiano nascido em Alexandria, um representante do sultão de Bijapur; ele primeiro o torturou, depois o batizou como Gaspar da Gama, usando-o como intérprete e negociador. Os portugueses confundiram os templos hindus e as suas estátuas com igrejas cristãs, mas o *samoothiri* (*zamorin*), Senhor do Mar, soberano hindu de uma cidade parcialmente islâmica, não se impressionou com os magros presentes de Vasco da Gama. Esses príncipes-mercadores indianos estavam acostumados a lidar com estrangeiros — chineses, malaios e árabes em contato com os sultões mamelucos do Egito. Mas os métodos portugueses eram uma surpresa desagradável.

Depois de mal sobreviver à viagem de volta, na qual dois terços de seus homens pereceram, Vasco da Gama foi alçado à nobreza, sendo-lhe concedido o título de "almirante dos mares da Arábia, Pérsia, Índia e todo o Oriente". Ele foi enviado de volta por Manuel, que se jactava de suas explorações e agora se intitulava "senhor do comércio, da conquista e da navegação da Arábia, Pérsia e Índia".

Inspirado por seu destino divino, Manuel enviou uma série de frotas para o leste, 81 navios em cinco anos, muitos dos quais financiados por Fugger, o Rico. Em março de 1500, o rei se despediu de Pedro Álvares Cabral, um de seus cortesãos favoritos, e de treze navios, com Bartolomeu Dias e o judeu polonês convertido Gaspar da Gama a bordo. Avançando para oeste pelo Atlântico, Cabral desembarcou numa nova "ilha", que reivindicou para Manuel, e à qual deu o nome de Ilha de Vera Cruz (mais tarde, Brasil), antes de contornar a África (onde Dias se perdeu numa tempestade), via Sofala e Melinde, até à Índia. Quando o *samoothiri* tornou-se hostil, matando cinquenta de seus homens, Cabral bombardeou Calicute, matando seiscentos, depois uniu forças com o rajá de Cochim, que se ressentia de sua posição inferior em relação a Calicute. Sete dos treze navios portugueses retornaram carregados de especiarias, que foram vendidas com lucro.

Manuel, percebendo a oportunidade que a "ilha" (Brasil) oferecia, enviou mais navios para explorá-la, um deles sob o comando de Américo Vespúcio, que se deu conta de que não se tratava de uma ilha, mas de um continente. Reunindo informações em seu departamento de negócios coloniais, a Casa da Índia, Manuel resolveu desafiar não só comerciantes egípcios e árabes no oceano Índico, mas também seus rivais europeus, Veneza e Gênova. Sua visão era extraordinária — dominar um vasto território, controlado por comerciantes suaíles, árabes e indianos, com minúsculas flotilhas de marinheiros portugueses, comandadas por seus principais cortesãos, usando galeões, uma força esmagadora de artilharia e atos espetaculares de terror mortífero. Sua voracidade monopolista fez dele o primeiro monarca verdadeiramente empreendedor: o rei francês, invejoso de sua riqueza, apelidou-o Le Roi Épicier, o "rei das especiarias".

Manuel organizou uma Frota da Vingança para fazer os indianos pagarem por sua impertinência com Cabral, que foi nomeado seu comandante. Mas a competição entre os aliados de Cabral e os de Vasco da Gama foi vencida por este último. Começava agora a matança. O almirante Gama, vestido de cetim carmesim e abençoado pelo rei, primeiro atacou Kilwa (Tanzânia). Depois, cruzando o oceano Índico, queimou vivos todos os peregrinos de um navio que voltava de Meca. Em seguida, bombardeou Calicute, enquanto enforcava indianos em seus mastros e combatia uma frota árabe de corsários. Sua crueldade era espetacular: as vítimas eram esquartejadas e degoladas, e pilhas de partes de seus corpos eram enviadas de volta aos governantes; além disso, o almirante decepou os lábios e as orelhas do embaixador do *samoothiri*, enviando-o de volta a Calicute com as orelhas de um cão costuradas na cabeça.

O rei português manteve a pressão, desafiando o soberano do oceano Índico: al-Ghaury, sultão do Egito. Manuel enviou duas novas frotas, agora equipadas com canhões, sob o comando de d. Francisco de Almeida, veterano da conquista espanhola de Granada e primeiro governador e vice-rei do Estado da Índia portuguesa — sua tripulação incluía um jovem nobre, Fernão de Magalhães. Mas, a seguir, enviou atrás de d. Francisco um irreprimível soldado-cortesão, Afonso de Albuquerque, um veterano de barba branca que ajudara a tomar Tânger e derrotar a incursão de Mehmed II em Otranto.

Almeida bombardeou Kilwa com o apoio de um rival da cidade, o sultão de Mombaça, depois seguiu para a Índia e construiu a Fortaleza de Cochim e outros fortes que, agora, formavam o Estado da Índia. A primeira missão de Albuquerque era tomar a ilha de Socotorá, ao largo da costa do Iêmen, e o porto de Mascate. Ele planejava desembarcar em Jidá, realizar uma incursão no interior e roubar o corpo do profeta. O emir de Meca, o xarife Barakat II, apelou ao sultão al-Ghaury, assim como o sultão de Gujarate. Al-Ghaury encomendou aos venezianos a construção de uma frota que, sob as ordens de seu almirante curdo, Hussein al-Kurdi, juntamente com uma flotilha de Calicute-Gujarate comandada por um ex-escravo georgiano, Malik Ayyaz, confrontou Almeida. Uma frota indo-egípcia construída por venezianos, tripulada por escravos remadores russos e arqueiros etíopes e comandada por um curdo e um georgiano enfrentou então uma força portuguesa em Chaul, onde o filho de Almeida foi morto. Foi um revés que acabou sendo vingado alguns meses depois em Diu, onde os portugueses massacraram os mamelucos e mataram seus prisioneiros por dissecação, tiros de canhão e enforcamento.

Ao perceber a argúcia de Albuquerque no comando, Manuel o promoveu. Albuquerque entendeu rapidamente o mundo do oceano Índico e compreendeu que, se quisessem estabelecer uma presença permanente, os portugueses precisavam erguer algumas fortalezas estrategicamente situadas. Ele planejou atacar o Egito no mar Vermelho, mas seu novo aliado indiano, Timoji, um corsário que servira ao reino de Vijayanagara, incitou-o a tomar Goa do sultão de Bijapur e fazer dela a capital indiana de Manuel. Juntos, eles atacaram a cidade, matando 6 mil defensores.

Em 1511, Albuquerque, recém-nomeado duque de Goa, navegou até o centro do comércio de especiarias, o sultanato de Malaca (Malásia), que tomou em sua segunda tentativa, matando todos os muçulmanos, mas poupando malaios e indianos; em seguida, enviou três navios para capturar as ilhas Molucas, produtora de cravo-da-índia, macis e noz-moscada, mas eles sofreram um naufrágio. Albuquerque encheu barcos de noz-moscada e cravo-da-índia e zarpou para Ormuz, no golfo Pérsico, onde construiu uma fortaleza para controlar os estreitos.

A fim de celebrar seu projeto global, Manuel realizou desfiles em que elefantes e rinocerontes, enfeitados com ouro, desfilaram pela cidade seguidos de cavalos árabes e um jaguar. Em 1514, Albuquerque recebeu um presente do sultão de Cambay, o elefante Hanno, que enviou a Manuel, em Lisboa, junto com um rinoceronte. O rei promoveu um combate entre os dois belos animais, mas o elefante, de maneira sensata, recusou-se a enfrentar o rinoceronte, e Manuel o enviou ao papa Leão.

Em Lisboa, Manuel construiu seu grande Paço da Ribeira, que abrigava a Casa da Índia, a Casa dos Escravos e a Casa da Guiné, além de seu arsenal. A cidade era um dos principais mercados europeus de especiarias, açúcar e, cada vez mais, escravos; em 1500, cerca de 15% da população lisboeta era composta por escravos africanos. O comércio se intensificou: 10 mil foram comerciados entre 1500 e 1535. O ouro e o açúcar exigiam mão de obra barata. O gosto europeu pelo doce era satisfeito pelas presas vampíricas dos mercadores de escravos. As plantações de cana-de-açúcar em São Tomé, na Madeira e em Cabo Verde eram lucrativas, mas exigiam mão de obra intensiva. Entre 1510 e 1540, os governantes acãs compraram 10 mil escravos de intermediários portugueses. Agora, no entanto, os mercadores de escravos se expandiam da baía do Benim — a Costa dos Escravos — para mil quilômetros ao sul, até o Congo. O comércio escravagista viria a se tornar uma atrocidade gigantesca e um negócio mortífero, resultando na maior migração forçada da história — mas apenas 3% dessa migração ocorreu entre 1450 e 1600: o comércio infernal estava apenas começando.

Tanto a raça como a fé eram importantes para os portugueses. Na Índia e na África, os construtores de impérios exibiam o mesmo racismo e o mesmo apetite pela coerção de outras nações, mas rapidamente se acomodaram com as mulheres indianas e africanas. Em Goa, Albuquerque construiu conscientemente uma nova cidade portuguesa, mas incentivou os colonos a se casarem com as indianas. É fácil exagerar a dimensão do Império Português: ele era superficial e mal distribuído; apenas algumas cidades foram conquistadas.[9]

Enquanto Albuquerque chegava ao sudoeste da Índia, outro senhor da guerra estrangeiro — cuja família viria a conquistar grande parte do subcontinente — invadia o norte.

ATO XI

425 MILHÕES

Os timúridas e os mexicas, os otomanos e os safávidas

BABUR TOMA DELHI

Em janeiro de 1505, Babur, com 22 anos de idade, invadiu a Índia pela primeira vez. Como era apenas um príncipe de importância menor, lutando pela própria existência, a invasão foi minúscula comparada à de seu trisavô Tamerlão, que havia saqueado Delhi. Babur ("tigre") era um rapaz extrovertido, exuberante e brincalhão com uma linhagem impressionante — a mãe descendia de Gengis Khan, o pai de Tamerlão. Mas, no meio século desde a morte de Shahrukh, filho de Tamerlão, em 1447, os descendentes do conquistador não haviam conseguido controlar seu antigo império. Como todo mirzá,[1] Babur desejava se sentar no trono do conquistador em Samarcanda. Porém muitos mirzás já não eram mais guerreiros, mas playboys — "boas companhias em conversas e festas, mas estranhos à guerra".

Babur, contemporâneo de Manuel e Michelangelo, tinha doze anos quando o pai — um mulherengo, poeta, soldado fanfarrão e criador de pombos, "gordo, valente, eloquente" — morreu; estava visitando seus pombos quando o pombal caiu ravina abaixo. "O mirzá Umar Sheikh", escreveu Babur, "voou com seus pombos e o pombal e virou um falcão." Herdando o vale de Fergana, o mirzá dependia da avó, a begum Ësan Dawlat, "uma planejadora hábil e inteligente, na tática e na estratégia". Babur era um turco chagatai, hábil com a balestra, a espada, a maça de seis flanges e a machadinha do cavaleiro das estepes, e, graças às exuberantes memórias que escreveu — *Baburnama* —, é um dos primeiros estadistas que podemos conhecer pessoalmente.

Babur se casou pela primeira vez na adolescência, com Aisha, mas seu primeiro amor foi um garoto: "Descobri em mim uma estranha inclinação por um garoto no mercado do acampamento, e até mesmo seu nome, Baburi, combinava comigo". Às vezes "Baburi vinha até mim, mas eu ficava tão encabulado que não conseguia encará-lo", e, quando Babur topava com ele, "eu me derretia [...]. Fico muito embaraçado toda vez que vejo meu amado". Atormentado pelo ardor amoroso, "aquela efervescência de desejo e paixão, e a pressão da loucura juvenil, eu vagueava descalço e de cabeça descoberta pelas ruas, pomares e vinhedos. Não percebia a mim mesmo e a mais ninguém". Mais tarde ele se casou com Maham, sua bela e inteligente prima, em quem confiava implicitamente, dizendo: "Trate as palavras de Maham como lei", em especial depois que ela deu à luz o amado filho Humaium.

Em 1496, Babur tomou Samarcanda, mas perdeu-a depois de cem dias. "Chorei sem querer", admitiu. "Existe alguma dor, algum sofrimento, que meu coração ferido não conheça?" Em 1500, aos dezenove anos, "tomei Samarcanda" outra vez; "eu tinha 240 homens". Um ano depois, humilhado em batalha, Babur fugiu, em situação tão desesperadora que ele e seu pelotão tiveram de comer os próprios cavalos. "Quando se tem a pretensão de governar e o desejo de conquistar, não se pode ficar sentado apenas olhando, enquanto as coisas não dão certo uma e outra vez." Mas ele também sabia que poder é solidão: "Além de meu próprio coração, nunca encontrei um confidente".

Então, bem no momento em que planejava fugir para a China, a sorte virou: ele capturou Cabul, famosa pelos jardins e pela pobreza, com duzentos rufiões que teve de disciplinar. "Mandei abater quatro ou cinco e esquartejar um ou dois." Começando com esse bando mal organizado, ele partiu para conquistar a terra mais rica do mundo. "Meu desejo pelo Hindustão [Índia] era constante", escreveu Babur, enquanto fazia incursões pelo passo Khyber, onde via a riqueza da Índia: "Todos os anos, 20 mil animais trazem escravos, tecidos, açúcar e especiarias". Ainda melhor, o sultanato de Delhi, governado durante cinquenta anos pela dinastia Lodi, de ascendência afegã, era frágil.

Nos intervalos entre os ataques na Índia, Babur se entretinha com bebidas e drogas. "Havia muita turbulência, era desagradável", relembrou. Certa vez, "saímos a cavalo, subimos num barco e bebemos álcool, depois deixamos o barco gritando ébrios e, montando nossos cavalos, permitimos que galopassem de rédeas soltas. Devo ter ficado realmente bêbado". Ele foi o único conquistador psicodélico e divagava sobre os narcóticos: "Como os campos de flores pareciam estranhos sob sua influência". "Nada além de flores roxas, às vezes amarelas e roxas, com manchas douradas."

Em novembro de 1525, Babur liderou 20 mil homens, entre os quais 4 mil arcabuzeiros e artilheiros enviados pelo sultão otomano, e entrou no Punjab (Paquistão). Em seguida, atacou Delhi, numa investida súbita e violenta. Em 21 de abril de 1526, em Panipate, ao norte de Delhi, 100 mil homens e cem elefantes do sultão Ibrahim desafiaram seu pequeno contingente. Os canhões e os mosquetes dos invasores provavelmente venceram. A cabeça de Ibrahim foi entregue a Babur. Aos 43 anos, ele havia conquistado o norte da Índia. "Dei ordens ao mirzá Humaium [seu primogênito] de ocupar a capital, Agra." Mas, depois de ter distribuído os despojos, seus soldados manifestaram o desejo de voltar para Cabul: ele queria ficar.

Não porque gostasse da Índia — "um país de poucos encantos, o povo não tem boa aparência [...] não há bons cavalos, nem bons cães, nem uvas, nem melões ou frutas de qualidade, nem gelo ou água gelada, nem bons pães ou alimentos cozidos nos mercados, nem banhos quentes", e havia uma "grande antipatia entre o povo deles e o meu". Mas fora uma conquista e tanto — e o que ele queria era a glória. "Deem-me fama e morrerei satisfeito." Babur convocou os nobres mongóis e turcos. "Deus nos concedeu a soberania no Hindustão", declarou, num tom muito parecido ao de outros predadores — os portugueses e espanhóis — a quem Deus concedera o império.[2]

Babur resolveu provar a comida indiana, mantendo os cozinheiros do finado sultão, o que se mostrou um erro quase fatal. A mãe do falecido soberano subornou os cozinheiros para envenenarem a comida de Babur. "Vomitei muito", ele escreveu ao filho Humaium. "Nunca vomito depois das refeições, nem mesmo depois de beber. Veio-me à mente uma nuvem de suspeita." Quatro cozinheiros foram torturados e confessaram. "Ordenei que o provador fosse esquartejado, o cozinheiro esfolado vivo; fiz com que uma das mulheres fosse pisoteada pelos elefantes e que outra fosse alvejada." A mãe do sultão foi morta discretamente, enquanto Babur chegava à conclusão de que "aquele que chega ao ponto da morte aprecia a vida".

Babur foi desafiado por Rana Sanga, um rajaputc,[3] cujos 200 mil homens marcharam sobre Agra, ansiosos por derrubar a Casa de Tamerlão. Babur renunciou temporariamente à bebida, despejando e esvaziando garrafas de vinho na frente do exército. "Nobres e soldados", disse ele, "quem quer que se sente ao banquete da vida deve, antes que ele se encerre, beber do cálice da morte, mas quão melhor é morrer com honra do que viver na infâmia!" Ao se juntarem à batalha em Khanua, os soldados seguravam seus exemplares do Corão. "O plano foi perfeito, funcionou de maneira admirável", observou Babur, cuja artilharia otomana "rompeu as fileiras de pagãos com espingardas e canhões", enquanto os soldados "lutavam com gosto". Ele celebrou a vitória erguendo torres de crânios como Tamerlão, antes de repartir a Índia com seus asseclas turcos, mongóis e

afegãos, em troca de seu serviço militar. Em seguida, redigiu suas memórias, construiu jardins, fumou ópio, entupiu-se de vinho (citando o verso "Estou bêbado,
oficial. Castigue-me quando estiver sóbrio") e divertiu-se com duas escravas georgianas enviadas pelo xá da Pérsia — "dançarinas de faces rosadas". Enquanto Babur decaía, Humaium, que governava Cabul, adoeceu. Babur se sentiu arrasado.

Sua imperatriz Maham, junto ao leito do príncipe, o repreendeu: "Você é
um rei e tem outros filhos, eu sofro porque tenho apenas este".

"Maham", respondeu ele, "é verdade que tenho outros filhos, mas não amo
nenhum como o seu Humaium." Babur ofereceu a própria vida em troca da vida
do filho. Em dezembro de 1530, o jovem Humaium, de 23 anos, se recuperou
— enquanto Babur adoecia. Babur lhe deu um último conselho: "Não faça nada
contra seus irmãos, mesmo que eles mereçam".[4]

Humaium era "corajoso no campo de batalha, engenhoso e vivaz, muito
espirituoso", mas "contraiu maus hábitos, como o uso excessivo de ópio", e preferia passar o tempo entre conversas e prazeres, sem ganas sanguinárias; seu
maior insulto era dizer: "Seu tonto!". Ele foi prontamente desafiado por todos os
lados — pelos irmãos, pelos guzerates, pelos portugueses e, de maneira mais
grave, por um dos generais afegãos de seu pai, que avançou sobre Agra. Em
1541, Humaium fugiu para Sind (Paquistão), a oeste.

No caminho, encontrou uma adolescente meio persa chamada Hamida,
que resistiu a seus galanteios, provavelmente porque as perspectivas de Humaium eram pouco promissoras. Mas por fim se casaram, e então, com quarenta criados, escaparam pelo tórrido deserto do Thar. Em Umarkot, Hamida deu à
luz o primeiro filho de Humaium, que nasceu sobre um camelo. Humaium foi
obrigado a deixar o bebê em Kandahar, com a tia Khanzada. Ela achou o bebê
muito parecido com Babur; ao crescer, ele se tornou Akbar, o Grande. Humaium
fugiu para a Pérsia. Era como se o comando dessa dinastia conquistadora não
passasse de um rápido e inútil esforço de seus arcabuzeiros. Na verdade, as vitórias tinham sido obtidas graças à sua artilharia, presente do sultão otomano Selim, o Triste, que agora alterava o equilíbrio da Eurásia.

SELIM — MERGULHADO EM SANGUE ATÉ O PESCOÇO

Em março de 1517, Selim entrou a galope no Cairo, tendo destruído o sultanato mameluco e conquistado todo o mundo árabe, ampliando a área de seu
império em 70%, e lhe conferindo, pela primeira vez, uma maioria islâmica. Neto de Mehmed, o Conquistador, terceiro filho do sultão Bajazeto, Selim era ágil,
esguio e cadavérico, perspicaz e paranoico, impaciente e implacável. Seu sucesso
se ancorava em seus arcabuzeiros, que podiam ser treinados em duas semanas,

ao passo que dominar a arte do arco e da montaria levava uma vida inteira. Os arcabuzes, que com o auxílio de um suporte de balestra podiam ser disparados a partir do ombro, e eram acesos com uma mecha e detonados com uma nova invenção, o gatilho, estavam se tornando mosquetes.

Selim, frustrado com a hesitação do pai e com seu próprio isolamento como príncipe governador de Trebizonda, onde se queixava de estar "fraco e indefeso", marchou sobre Constantinopla e derrubou o pai, provavelmente envenenando-o. A seguir, estrangulou, um a um, os três irmãos e sete sobrinhos. Depois de assumir o trono, seus próprios filhos desapareceram, provavelmente também estrangulados, para abrir caminho ao sucessor escolhido por Selim, Suleiman. Sempre acompanhado por seus verdugos, os Sem-Língua,[5] o padixá — imperador — matou três de seus vizires, chutando para lá e para cá a cabeça de um deles: era, nas palavras de um de seus oficiais, o "rei das feras, devorador de homens". Quando um de seus vizires ousou pedir para ser avisado caso estivesse a ponto de ser executado, Selim respondeu que até podia considerar a possibilidade, mas que, no momento, não dispunha de nenhum substituto. Tinha orgulho de sua sanguinolência: "Afundado num mar de sangue", descreveu-se em um de seus poemas, escritos sob o nome de Selimi, "mergulhado em sangue até o pescoço". Tão logo se sentiu seguro, Selim renovou tratados com Veneza e a Polônia, sinalizando à Europa seu desejo de paz, enquanto enfrentava um desafio crescente a leste: o rei-deus da Pérsia.

O ALEXANDRE-JESUS DA PÉRSIA APOSTA NA CONQUISTA DO MUNDO

Em 1501, Ismail, de treze anos, declarou que era o mádi, o messias. Poeta, caçador, amante de meninos e meninas e um colossal beberrão, Ismail — "claro, bonito e muito agradável; não muito alto, mas de figura graciosa e bem constituída, com ombros largos e cabelo arruivado" — afirmou sua divindade, anunciando em poemas suas aspirações ao comando divino e militar. Nos anos 1320, seu avô curdo Safi al-Din (fundador dos safávidas) tivera uma revelação damascena e se convertera do sunismo ao xiismo duodecimano.[6] Após o assassinato do avô, do pai e do irmão mais velho, Ismail foi criado e treinado em segredo. Então, saudado por um exército de crentes turcomenos, os Barretes Vermelhos (assim chamados por conta de seus barretes escarlates com doze dobras), como o Guia Perfeito e o imame oculto, ele se lançou à conquista da Pérsia e do Iraque.

Ismail ordenou a morte de todos os sunitas: massacrou 20 mil em Tabriz e destruiu seus templos. Esse jovem xá, em parte Jesus, em parte Alexandre, preparou-se então para destruir os otomanos. Converteu o crânio de um cã sunita em cálice de bebida, deu a carne do cã como alimento para os Barretes Vermelhos e enviou a pele do homem a Selim.

O otomano denunciou os delírios divinos de Ismail — "Você incitou seus abomináveis xiitas ao intercurso sexual não abençoado e ao derramamento de sangue inocente" — e preparou um ataque preventivo. Os dois competiam na poesia: o xá enviou ao sultão uma caixa de ópio, gracejando que sua poesia egrégia devia ser obra de um viciado.

No verão de 1514, Selim massacrou 40 mil Barretes Vermelhos antes de invadir o Iraque, combatendo Ismail em Çaldiran, onde seus 60 mil homens, armados de mosquetes e com duzentos canhões, puseram em debandada 75 mil arqueiros montados turcomenos, que não dispunham de uma única arma.

O xá foi ferido, sua esposa favorita foi capturada, sua divindade invencível foi destroçada. Ele reconstruiu o reino, jurando nunca mais comandar seus exércitos em batalha. Patrocinando belas pinturas miniaturistas e trabalhando como aprendiz em sua oficina real, ajudou na criação de um magnífico *Shahnameh* ilustrado — antes de se afundar na bebida e na depressão, morrendo com apenas 37 anos de idade. Mas deixou o Irã como a nação xiita duodecimana que se mantém até hoje.

Foi para respaldar um rival oriental de Ismail que Selim emprestou sua artilharia a Babur e Humaium, o que lhes permitiu capturar a Índia. Mas, quando Selim solicitou apoio ao Egito, os mamelucos se negaram a ajudar.

Em 1516, Selim marchou novamente para leste. Ismail temeu o pior, mas tratava-se de uma diversão. Selim guinou para a Síria mameluca, onde os egípcios foram derrotados e o sultão foi morto: os mosquetes esmagaram as balestras. Seguindo rumo ao sul e, durante o percurso, visitando Jerusalém, Selim enforcou o último sultão mameluco nos portões de Cairo. Agora soberano de Meca e de Jerusalém e senhor das riquezas do Egito, Selim celebrou a si mesmo como o messiânico "senhor da conjunção auspiciosa" e "conquistador alexandrino do mundo".[7]

Enquanto isso, em sua tenda às portas do Cairo, seu capitão naval Piri Reis apresentou um mapa do mundo inscrito em cores em couro de gazela. Seus detalhes tinham sido transmitidos aos otomanos por um nobre espanhol, capturado e escravizado em 1501 por Kemal Reis, tio de Piri, perto de Valença.[8] Os otomanos só não chegaram às Américas porque não foram capazes de conquistar o Marrocos, que controlava o acesso ao Atlântico. Mas, a leste, Selim montou frotas no mar Vermelho e forneceu artilharia a aliados na Etiópia, na Índia e na Indonésia.

A cristandade ficou alarmada com Selim. O papa Leão e o imperador Maximiliano convocaram uma cruzada. Os imperadores do Oriente e do Ocidente — Selim e Maximiliano — morreram quase ao mesmo tempo, sendo sucedidos por filhos jovens que herdaram territórios tão vastos que pareciam ultrapassar a capacidade de qualquer indivíduo.

ROXELANA E SULEIMAN: A RADIANTE E O MAGNÍFICO

Maximiliano estava preparado para a morte, exaurido pela pressão de defender seus territórios, sofrendo de uma lista inteira de problemas de saúde, desde colite a sífilis. Viajava com um caixão, mas planejava o futuro, negociando um duplo matrimônio a fim de estabelecer relações entre os Habsburgo e a família Jagelão, que governava a Boêmia e a Hungria. Ele casou o neto Fernando com a princesa húngara Ana, e a neta Maria com Luís, rei da Hungria. Isso poderia levar a uma tomada da Áustria pelos Jagelão, mas mesmo no caso de uma tragédia a união compensaria. Maximiliano sempre vencia os jogos matrimoniais. Em 1519, indignado quando comerciantes locais lhe recusaram crédito, ele sofreu um derrame, e, seguindo suas próprias especificações de penitência, teve o corpo açoitado e os dentes arrancados. Seu neto Carlos de Gante, de dezenove anos, herdou um império que se estendia do Panamá a Viena, de Bruges a Palermo.

Logo depois, percorrendo a Bulgária a cavalo, Selim morreu de câncer de pele ou de peste. Tendo estrangulado tantos membros da família, a ele se sucedeu o único otomano que continuava vivo, seu filho Suleiman, de 25 anos, que herdou terras desde Meca até a Hungria.

Carlos e Suleiman acreditavam ser monarcas universais de fés universais; ambos enfrentavam heresias militantes; ambos combatiam ao mesmo tempo em várias frentes, por terra e por mar. Pareciam imensamente poderosos, mas tinham de navegar entre interesses conflitantes. Suleiman podia executar quantos vizires desejasse, mas ainda tinha de estar atento aos janízaros, ao clero, aos governadores locais e aos filhos. Limitada pelas mesmas leis e tradições que haviam lhe rendido territórios tão extensos, a monarquia de Carlos formava uma complexa tapeçaria de direitos e instituições — assembleias, guildas, cidades e repúblicas com seus próprios costumes e constituições, legados por monarcas anteriores. Tudo isso era frustrante para Carlos, mas tornava a Europa especialmente criativa e dinâmica. Esses soberanos, rivais por quase meio século, ansiavam pela conquista, marca da grandeza terrena e do favor divino.

Logo após ascender ao trono, Suleiman, "alto, mas hirsuto, de rosto esguio, nariz aquilino, com a sombra de um bigode e uma pequena barba", reticente e inescrutável, severo e vigilante, conheceu uma escrava eslava a quem deu o nome de Hürrem — "radiante" —, devido à sua aparência e exuberância, embora os enviados cristãos a chamassem de Roxelana, isto é, a rutena: ela viria a ser a ucraniana mais poderosa da história. Naquele ano, essa filha de sacerdote, aos treze anos de idade, fora raptada de sua aldeia numa incursão ordenada pelo cã da Crimeia com o objetivo de obter escravos. Crianças de boa aparência foram capturadas e escravizadas por cavaleiros mongóis. Cáfilas de escravos acorrentados foram conduzidas pelas estepes até a Crimeia, onde o mercado de Kaffa, tomado de Gênova, fornecia a principal fonte de renda otomana — um império financiado pela escravidão. A cidade era tão importante que a primeira tarefa que Suleiman se atribuiu foi a de governá-la, ao lado da mãe, Hafsa, ela própria capturada numa incursão escravagista. A primeira incursão dos Giray, em 1468, capturou 18 mil pessoas, mas as incursões foram ficando cada vez maiores — em 1498, ao que consta, uma delas teria capturado 100 mil. O número de pessoas capturadas ainda é incalculável: um historiador estima que tenham sido 10 milhões entre 1450 e 1650; outros sugerem 6,5 milhões entre os séculos XI e XIX. Mais obscuro do que seu equivalente atlântico, esse comércio de escravos, que não estava baseado na raça, foi igualmente amplo, cruel e mortal para suas vítimas.

Os mercados de escravos otomanos eram locais de desespero. "Um homem que não tenha visto isso não viu nada", observou mais tarde um viajante turco. "Ali, uma mãe é separada do filho e da filha, um filho do pai e do irmão, vendidos entre lamentos, gritos de socorro, pranto e dor" — cena semelhante às tragédias dos mercados de escravos africanos. Mas havia grandes diferenças. Aqueles que sobreviviam à viagem pelas estepes tinham uma saída para escapar da escravidão. Um menino escravizado, convertido ao islamismo e alforriado, podia se tornar grão-vizir, enquanto uma menina, como demonstraria Roxelana, podia vir a ser imperatriz.

Em algum momento em suas primeiras semanas, Suleiman, que era "muito concupiscente" e ia visitar com frequência "o palácio das mulheres", recebeu um presente de Roxelana. Ele foi informado de que o doador era seu amigo íntimo Ibrahim, filho de um pescador grego. O escravizado Ibrahim, que falava grego, turco e italiano, tivera a sorte de ser presenteado ao jovem Suleiman, que logo o promoveu a camarista, e depois, com cerca de trinta anos, a grão-vizir. Apelidado pelos que o invejavam de Frenk (o "ocidental") e Makbul (o "favorito"), ele viria a ser o arquiteto da expansão de Suleiman em três continentes. E seu poder aumentaria se a concubina favorita de Suleiman fosse sua protegida — contanto que conseguisse mantê-la sob controle. Mas ninguém era capaz de controlar Roxelana.

Em Constantinopla, Roxelana foi recebida no mundo feminino do Velho Palácio, o primeiro construído por Mehmed no centro da cidade, que era comandado pela mãe do sultão, a *valide sultan*, administrado por eunucos e ocupado por filhas solteiras e crianças da realeza, concubinas aposentadas e jovens cativas como Roxelana, que aprendiam a costura e o bordado, o Corão, a língua turca e o virtuosismo sexual. Muitas vezes uma garota começava como *odalik* ou serva e por vezes jamais conhecia o sultão, passando a vida toda, até a aposentadoria, como *valide* nesse mundo especial, ressoante de vozes em russo, albanês, turco e italiano. Mas Roxelana logo aprendeu que o poder não estava no reino feminino do Velho Palácio, mas na acrópole do Novo Palácio, dominado por homens. Sofisticado, acolhedor, sensual, poliglota, obcecado pela política e por seu avatar íntimo, a fofoca, o harém era não só maternidade, creche, universidade e bordel, mas também um santuário familiar e um centro de poder. As centenas de jovens russo-ucranianas, gregas e italianas estavam ali para servir sexualmente o padixá, cuja obrigação era ter filhos entre os quais seria escolhido o novo governante. Toda garota queria ser *gözde* — vista pelo sultão; toda *odalik* queria se tornar amante do sultão, mas o sonho de todas era ser *umm al-walad* — mãe de um filho otomano —, o que lhes valia um status especial e a promessa de manumissão após a morte de seu dono.

Roxelana tinha "belos cabelos" — ruivo-dourados —, que Suleiman elogiava. Numa carruagem fechada, sob a guarda de eunucos uniformizados, ele a transferiu para seu Salão das Donzelas, um micro-harém no Novo Palácio. Depois que Suleiman partiu para atacar a Sérvia, Roxelana deu à luz um filho, Mehmed. Suleiman já tinha três filhos de odaliscas diferentes: havia uma regra segundo a qual, após o nascimento de um filho, o sultão não poderia voltar à mesma odalisca, para que cada príncipe pudesse ter o apoio de uma só mãe. Mas quando Suleiman retornou de Belgrado, após capturar a cidade, Roxelana foi chamada de volta ao Novo Palácio, onde recebeu uma grande quantidade de joias feitas pessoalmente pelo sultão, que aprendera o ofício com artesãos gregos em Trebizonda. Nos intervalos de suas expedições militares, eles conceberam uma filha, Mihrimah, e depois mais três meninos.

A fecundidade e a força física de Roxelana eram admiráveis, tendo a maioria de seus filhos sobrevivido enquanto a epidemia matava dois dos filhos de Suleiman com outras mulheres. Como perceberia em breve Henrique VIII, contemporâneo de Suleiman, o índice de mortalidade infantil era alto, e muitas mulheres morriam no parto. Em cinco anos, Roxelana se tornara tão poderosa que, quando a mãe do sultão deu a ele "duas belas donzelas russas", ela "se atirou ao chão em prantos", protestando de tal forma que Hafsa levou embora as duas jovens. O sultão era devotado a "meu grande e único amor".

Como era frequente que Suleiman estivesse fora, travando guerras, os dois se correspondiam constantemente. "Meu sultão", escreveu Roxelana, "não há limites para a ardente angústia da separação."

Quando ele a arreliava por não ler suas cartas, pois do contrário "teria escrito mais sobre o desejo de me ver", ela respondia lembrando-lhe os filhos: "Agora, meu sultão, basta, minha alma está comovida demais. Quando suas cartas são lidas, seu servo e filho Mir Mehmed e sua escrava e filha Mihrimah choram e gemem de saudades". Mas ela não ocultava sua jovial impaciência: "O pranto deles me enlouquece". Os poemas de Suleiman — que assinava como Muhibi (o "amante", talvez o apelido que ela havia lhe dado) — indicam como ele a via: "Minha jovem dos belos cabelos, meu amor das sobrancelhas oblíquas, meu amor de olhos marotos".

"Sou feliz", disse esse governante de olímpica indiferença, chamando-a de "minha mais sincera amiga, minha confidente". Em meio a intermináveis pressões, Suleiman lhe concedeu o maior elogio de todos: ela era "a única pessoa neste mundo que não me faz sofrer". O padixá a comparava não só às províncias que já possuía, mas também às que esperava conquistar: "Minha Istambul, minha Caraman, terra de minha Anatólia;/ Meu Badaquistão, minha Bagdá e Khorasan". Ela podia ter sido escravizada, mas ele a chamava de "minha sultana": Roxelana era ingovernável. E Suleiman assinava: "Sou seu Amante, você me traz Alegria".

Os dois jovens monarcas sem dúvida precisavam desse tipo de companheirismo para sobreviver. Carlos também encontraria consolo para as pressões de sua herança num relacionamento amoroso.

CARLOS E O MANICONGO

Carlos, com sangue germânico, espanhol, borgonhês e português, cresceu em Bruges e, falando primeiramente francês, depois flamengo e alemão, e mais tarde espanhol, era conhecido como Carlos na Espanha, Karl na Germânia e Charles em Bruxelas. Seu rosto parecia uma caricatura hereditária do conjunto de seus domínios: "Ele é alto, com um físico magnífico, rosto longo, belos olhos azul-claros, a boca e o queixo não tão bonitos como seus outros traços, a boca torta com o lábio inferior descaído". O queixo alongado e o lábio proeminente — sinais de um prognatismo mandibular patológico — eram traços de sua ascendência trastâmara e habsbúrgica, a boca com uma fresta entre os lábios devido às adenoides alongadas, "a língua curta e grossa, o que significa que ele fala com grande dificuldade". Apesar disso, Carlos era irreprimivelmente ambicioso, imaginando uma monarquia cristã universal e a expansão do império, e tendo escolhido o lema *Plus Ultra* — "mais além". Possuía muita energia e senso de dever, e era ponderado e capaz de tomar decisões em muitas frentes, apesar das pressões contínuas e das viagens constantes: "Nove vezes à Germânia, seis à Espanha, sete à Itália, dez a Flandres, quatro à França, duas à Inglaterra e à África, oito viagens no Mediterrâneo, três nos mares de Espanha", relembrou mais tarde. Caçadas, banquetes e mulheres — ele gerou vários filhos ilegítimos — eram suas distrações, e ostras e cerveja gelada suas iguarias favoritas, mas não surpreendia que, como Suleiman, fosse propenso à melancolia. Uma vez que a mãe e a avó eram insanas, e que ele mesmo sofria de depressão, era preciso ter uma constituição e uma personalidade impressionantes apenas para sobreviver. Mas ele fez melhor do que isso.

Primeiro, apressou-se em ir à Espanha para reivindicar o reino. Lá, foi recebido pela mãe maníaca, que fazia doze anos que não via. O rapaz de dezesseis anos se ajoelhou diante de Joana, que "perguntou três vezes ao rei se ele era de fato seu filho, pois tinha ficado muito alto", mas confirmou seu direito de governar em nome dela. Quando estava em Castela, Carlos teve um caso com a avó por afinidade, Germana de Foix, a viúva de 29 anos do rei Fernando. No entanto, arrogantes oficiais flamengos desencadearam uma rebelião dos *comuneros* espanhóis. Ela foi sufocada, e seu líder, um bispo, torturado por ordens de Carlos e então garroteado.

Esse equilibrista político também estava negociando sua eleição para imperador e enfrentando uma efervescente crise religiosa. Seus rivais Francisco I da França e Henrique VIII da Inglaterra também cobiçavam a coroa de Carlos Magno. "Se você aspira a esse trono", recomendara-lhe o avô Maximiliano, "não poupe recursos." Carlos tomou um empréstimo de Fugger, o Rico, pagou 1,5 milhão de florins aos eleitores e converteu-se no imperador Carlos V,[9] cujo primeiro problema foi Martinho Lutero. Carlos convocou o fulminador fecal para ser julgado pelos príncipes. Em abril de 1521, na Dieta (assembleia imperial) de Worms, Carlos confrontou Lutero e suas diatribes heréticas.

"Não confio no papa", retrucou o incorrigível Lutero. "Submeto-me às Escrituras e minha consciência é serva da palavra de Deus. Não posso e não vou me retratar de coisa alguma", disse, e fez uma saudação cavaleiresca. Carlos — simpático aos sentimentos luteranos, mas convencido de que a autoridade papal e o ritual eram essenciais — determinou que se matasse ou queimasse Lutero: "Que seja apreendido e punido como infame herege".

"Queimem-no! Queimem-no!", gritavam os espanhóis, mas, sem que ninguém soubesse, Lutero contava com a proteção de seu patrono, Frederico III, o eleitor da Saxônia de bastas suíças, cujos serviçais o carregaram em triunfo para o exterior. Carlos deixou que ele escapasse, e Frederico organizou seu "sequestro" por "ladrões armados", que o esconderam num castelo saxão enquanto o protestantismo se difundia com grande rapidez. Um dos primeiros príncipes a se converter foi o grão-mestre dos cavaleiros teutônicos, Alberto, que transformou as terras prussianas de sua ordem em feudo pessoal. Esse filho mais novo de uma família germânica de menor importância, os Hohenzollern, se tornou duque da Prússia.

O principal rival de Carlos era Francisco da França, alarmado por ter de encarar os Habsburgo nas duas fronteiras; mas, graças a Lutero, Carlos teve de combater o protestantismo plebeu numa série de guerras e revoltas camponesas, que marcaram o começo de 150 anos de conflitos sectários, equivalentes ao cisma entre sunitas e xiitas no islamismo. No entanto, ele não conseguia governar sozinho todos os seus territórios, e assim nomeou o irmão Fernando arquiduque austríaco em Viena. Fernando, hábil e pragmático como Carlos, fora criado na Espanha e falando castelhano. Os irmãos eram estranhos um ao outro. Quando se encontraram, depois de dez anos, falavam línguas diferentes. Todavia, a despeito das várias crises, Deus e a dinastia sempre vinham antes.

"Engana-se quem crê que o império de todo o mundo cabe a alguém devido aos homens ou às riquezas", disse Carlos à assembleia castelhana em 1520. "O império provém apenas de Deus." E acrescentou: "Eu teria me contentado com o Império Espanhol", que incluía "o mundo fértil em ouro" — a América. Lá, ele reinava apenas sobre Panamá, Cuba, Jamaica e Hispaniola, onde habitavam 5 mil espanhóis, os povos tainos incultos e alguns africanos escravizados — dispondo de ouro em quantidade limitada. Carlos apoiou Bartolomeu de las Casas, o frade horrorizado com a matança dos tainos, designando-o "protetor dos índios". O frade, porém, concebeu uma solução atroz: salvar os tainos importando escravos africanos. Em agosto de 1518, Carlos, a fim de proteger os tainos, autorizou um cortesão flamengo a exportar 4 mil escravos da África: muitos desses primeiros escravos americanos eram uolofes muçulmanos da Senegâmbia.

Em 1520, Carlos voltou a nomear Diego Colombo vice-rei. Colombo, duque de Veragua (Panamá) e marquês da Jamaica, agora casado dentro da aristocracia, chegou a Santo Domingo em grande estilo, estabelecendo-se num novo palácio, Alcázar de Colón (ainda parcialmente existente). Colombo inaugurou o setor açucareiro na Jamaica — que era inteiramente sua —, mas tratava seus escravos uolofes de maneira tão pavorosa que, em dezembro de 1522, eles se lançaram à primeira revolta escrava, alguns fugindo para formar uma comunidade de rebeldes escravizados, conhecidos como maroons, a partir do termo espanhol para o gado selvagem, *cimarrón*.[10]

Os portugueses, no entanto, estavam muito à frente dos espanhóis, tendo postos avançados distantes em Goa, Cochim (ambos na Índia), Ormuz (Irã), Malaca (Malásia), Sri Lanka e África, onde descobriram que o Congo era o posto ideal de fornecimento de escravos. A demanda era cada vez maior: os portugueses tinham se dado conta de que possuíam agora uma longa linha costeira pouco povoada, com terras desconhecidas no interior, o Brasil, que se tornou o mercado mais importante para escravos. Estes, em sua maioria esmagadora, eram trazidos do Congo, onde os portugueses usavam mercenários e aliados africanos do reino vizinho de Ngola para capturá-los e seus próprios agentes mestiços para fazer a entrega.[11] O manicongo Afonso, aliado dos portugueses, adquiriu milhares de escravos durante suas campanhas militares, mas logo perdeu o controle, incapaz de restringir o comércio de escravos aos prisioneiros de guerra. "Todos os dias, mercadores raptam nosso povo", ele escreveu em 1521 a João III, sucessor de Manuel, "filhos desta terra, filhos de nossos nobres, até mesmo pessoas de nossa família", acrescentando em outra carta que "muitos de nossos súditos cobiçam avidamente as mercadorias portuguesas", razão pela qual "capturam muitos de nossos súditos negros livres". Agora os padres também comerciavam despudoramente escravos, inflamados pelas "luxúrias do mundo e a tentação da riqueza, da mesma forma que os judeus crucificaram o Filho de Deus por causa da ganância". Dez de seus próprios sobrinhos, enviados a Portugal para serem educados, foram escravizados e vendidos ao Brasil: "Até agora não sabemos se estão vivos ou mortos". Mas João III precisava do tráfico. "Os portugueses daí, pelo contrário, me contam como o Congo é vasto", respondeu ele, "e tão densamente povoado que é como se nunca um escravo tivesse partido." O rei piedoso tirou Vasco da Gama de seu retiro para uma última viagem.[12]

Em 1518, Carlos recebeu Magalhães, de 39 anos de idade, veterano das guerras de Albuquerque, cujos planos mal elaborados haviam sido recusados por João. Ao propor navegar a oeste para chegar às "ilhas das especiarias", na suposição de que a América era próxima da China e das Molucas, o plano de Magalhães não era circum-navegar o mundo. Mas, ao insinuar que os portugueses não conheciam essa rota, Carlos lhe deu apoio.

Logo após a partida de Magalhães, com cinco navios e 260 marinheiros (incluindo germânicos, franceses, italianos, africanos e um inglês com seu criado malaio conhecido como Henrique, talvez a primeira pessoa a circum-navegar o globo), o governador de Cuba, Diego Velázquez, pediu permissão para enviar uma expedição a Yucatán, na América Central. Carlos autorizou. Velázquez preparou uma expedição sob o comando de seu secretário, Hernán Cortés, parte da primeira onda de espanhóis aventureiros que se seguiu a Colombo. Depois de fundar uma cidade nova na costa do golfo, Cortés ficou sabendo que havia no interior um reino com abundância de ouro e decidiu imediatamente desafiar o controle de Velázquez.

Em junho de 1519, Cortés enviou a Carlos uma carta prometendo "tanto ouro quanto o que Salomão acumulou para o Templo", junto com um disco de ouro representando o sol, com cerca de 1,80 metro de diâmetro, e seis escravos caribes, e solicitando "os cargos de conquistador, capitão-geral e magistrado-chefe" da cidade. Ao mesmo tempo, Velázquez pleiteava a execução de Cortés por insubordinação. O brilho do ouro convenceu Carlos.

Cortés partiu para o interior do Império Mexica acompanhado por quinhentos espanhóis, além de João Garrido, nascido no Congo, capturado pelos portugueses e depois alforriado, de uma mulher chamada María de Estrada (que lutou em todas as batalhas e era irmã de um dos conquistadores), de vários judeus conversos e de um número ignorado de escravos tainos e africanos.

Subindo a costa com seus onze navios, Cortés chegou ao reino maia de Potonchán e, usando seu canhão e onze cavalos, sufocou qualquer resistência. Recebeu trinta mulheres escravizadas, inclusive uma jovem nobre nauatle, Malinche, "a mais bela, a mais vivaz", reduzida à escravidão pelos maias. Ela falava maia e nauatle, e logo aprendeu espanhol. As jovens foram distribuídas entre os homens de Cortés e convertidas ao cristianismo. Cortés ofereceu Malinche ao espanhol mais aristocrático de sua guarnição.

Moctezuma mandou enviados com ouro e penas. Os espanhóis "se atiraram ao ouro como macacos", mas nenhum falava nauatle, até que Malinche se ofereceu como intérprete. Notando seus talentos não só para a tradução, mas também para a diplomacia, Cortés a tomou de volta, prometendo-lhe recompensas se ela o levasse a Moctezuma. Mais tarde ele disse que, depois de Deus, devia a conquista a Malinche — conhecida pelos espanhóis como Doña Marina. Cortés mostrou seu canhão e arcabuzes; os enviados voltaram ao orador supremo para lhe apresentar o relatório. "O que desencorajou Moctezuma sobremaneira foi saber que as armas disparavam ao comando dos espanhóis", relembrou um dos mexicas, "soando como trovão, despejando e cuspindo fogo. Elas transformavam uma árvore em poeira. O equipamento de guerra deles era todo de ferro: armaduras, espadas, arcos, lanças." A América não tinha cavalos. "Os cervos [cavalos] deles eram da altura dos telhados; seus cães de guerra, criaturas enormes", com "mandíbulas grandes e poderosas e olhos amarelos ferozes". O aço, os cavalos e a pólvora davam aos espanhóis uma imperiosa superioridade técnica.

No entanto, Moctezuma também tinha certeza de que os mexicas estavam destinados pelos deuses a governar o mundo, e, após toda uma vida de vitórias marciais e glória política, vacilou. Cortés, enquanto negociava com os governantes locais, tendo Malinche como intérprete, ficou sabendo que os totonacas e muitos outros povos estavam insatisfeitos com o extorsivo Império Mexica. Foi aí que os dotes de Malinche se mostraram fundamentais. A proposta de participar da derrubada espanhola do malévolo império de Moctezuma era irresistível. A seguir, Cortés e Malinche se depararam com a poderosa república independente de Tlaxcala, a qual, para a surpresa de Cortés, não tinha "nenhum governante supremo", sendo regida por conselhos de chefes que "se reúnem e, em assembleia, tomam decisões", como "Veneza ou Gênova". Depois de um embate com os tlaxcaltecas, Cortés os recrutou como aliados, e 10 mil deles se juntaram a seu exército. Cortés era um líder talentoso, mas o que possibilitou sua conquista foram as dezenas de milhares de aliados locais. Ele comandou esse exército hispano--tlaxcalteca durante a conquista da cidade sagrada de Cholula, uma teocracia com representantes rotativos, dominada pelo Templo de Quetzalcóatl, ainda mais alto do que o Grande Templo de Tenochtitlán.

Cortés foi bem recebido na cidade, mas se manteve vigilante em suas ruas apinhadas. Seus aliados tlaxcaltecas detestavam os cholutecas e influíram no passo que ele daria a seguir, mas foi Malinche quem o avisou de um complô para matar os espanhóis. Cortés matou milhares de cholutecas e saqueou seu ouro, predações das quais os tlaxcaltecas participaram de maneira entusiástica, antes de sacrificarem muitos dos sobreviventes.

Com o reforço de milhares de soldados locais, em novembro de 1519 Cortés abordou a resplandecente cidade imperial de Tenochtitlán, onde Moctezuma discutia as reações que seriam adotadas. Seu irmão Cuitláhuac era a favor da guerra; Moctezuma se decidiu pela paz temporária. Transportado em sua liteira entre duzentos cortesãos, esse confiante monarca na casa dos quarenta anos, de cabelos compridos, modos simpáticos, usando um diadema de turquesas e sandálias de ouro sob um dossel de plumas de quetzal, encontrou Cortés montado em seu cavalo de batalha: dois homens convictos do destino virtuoso de seus impérios sagrados. Mas Moctezuma tinha tudo a perder e Cortés tudo a ganhar. Eles viam um ao outro nos termos de seus próprios mundos pessoais. Ambos desceram e Cortés pôs um colar no pescoço do orador, mas, quando tentou lhe dar um abraço, os cortesãos o impediram. A seguir, conduziram os espanhóis à inesquecível cidade de templos cintilantes, canais, praças e casas multicoloridas, observados pelas multidões nos telhados e nas canoas. Alguns espanhóis achavam que estavam sonhando; outros, que aquilo parecia Veneza.

Cortés foi acomodado num palácio real, onde Moctezuma foi visitá-lo. Os espanhóis, por sua vez, visitaram o palácio do orador supremo e se deslumbraram com as instalações, entre elas os banhos (os mexicas, ao contrário dos pouco asseados espanhóis, banhavam-se todos os dias e trocavam regularmente de roupa), se regalaram com os pratos — codornizes e perus assados, tortilhas — e se impressionaram com uma bebida de cacau e um novo inebriante, o tabaco, que Moctezuma fumava. Todas essas novidades depois se popularizariam na Europa. Mas os espanhóis ficaram horrorizados com os templos, onde os sacerdotes, com os cabelos manchados de sangue humano fresco e os lóbulos das orelhas sangrando com as perfurações rituais, lhes mostraram a escadaria de onde eram atiradas as pessoas sacrificadas, pingando sangue, e o alto da pirâmide, onde uma estátua humanoide segurava um receptáculo de pedra para os corações humanos. Viram também o *techcatl*, a pedra verde de execução, manchada de sangue, e braseiros com corações humanos ainda quentes dos sacrifícios daquele dia. O justificado horror dos espanhóis deveria ter sido um pouco mais moderado, pois eles sabiam que havia cidades europeias decoradas com a cabeça dos executados e tinham visto hereges ardendo na fogueira em várias ocasiões.

Então Cortés foi informado de que os soldados de Moctezuma na costa tinham entrado em confronto com as forças espanholas. Ele puniu os comandantes mexicas, ordenando que fossem atacados por seus cães de batalha — mastins e cães de caça treinados para matar — e então queimados vivos, o que chocou os mexicas.

Enquanto o medo se espalhava pela cidade, Cortés refletia preocupado sobre o que fazer e decidiu prender o monarca, receando estar prestes a ser traído. Quando soube que Velázquez enviara uma força para prendê-lo, voltou às pressas para a costa e conseguiu obter o apoio dos espanhóis. Enquanto isso, seus homens em Tenochtitlán tentaram impedir um sacrifício, desencadeando um massacre ao qual se seguiu uma revolta. Mexicas furiosos apedrejaram e então prenderam Moctezuma. Tão logo ele morreu, em razão dos ferimentos ou por ordens de Cortés, seu irmão Cuitláhuac, casado com Tecuichpoch Ixcaxochitzin, a filha de onze anos de idade de Moctezuma, foi escolhido como orador supremo. Cortés acorreu depressa para salvar seus camaradas.

Em junho de 1520, sitiado no palácio, sem homens suficientes para derrotar os insurgentes mexicas, Cortés deixou o local sob um ataque feroz — perdendo muito ouro e seiscentos homens, na chamada Noite Triste —, mas conseguiu escapar pela ponte. Enfrentando a derrota, ele demonstrou sua sagacidade, dizendo aos homens: "Avante, nada nos falta!". Reunindo suas forças, comunicou a Carlos: "O melhor nome para esta terra parece-me ser Nova Espanha", da qual ele se podia dizer imperador, "o mesmo título que da Germânia". Mais importante, porém, ele enviou insígnias de ouro. "O mundo fértil em ouro" impressionou o imperador.

Cortés reconstituiu o exército. A mística mexica fora destruída, e os povos subjugados se apressaram em se juntar aos espanhóis no ataque ao império, devorado então por um caçador ainda mais voraz — um caso de predação jaguar-crocodilo. A segunda cidade da Tripla Aliança, Texcoco, se somou a Cortés, que deixara em Tenochtitlán uma arma ainda mais mortífera: o vírus da varíola. "Alastrou-se entre nosso povo uma grande peste, durante setenta dias, matando uma enorme quantidade de pessoas", uma vítima afirmou mais tarde aos padres espanhóis. "Estouraram chagas em nossos rostos, nossos peitos, nossas barrigas, ficamos cobertos de chagas terríveis da cabeça aos pés. A doença era tão terrível que ninguém conseguia andar ou se mover. Muitos morreram da peste, e muitos outros [...] de fome, em suas camas." Cuitláhuac morreu, e a ele se sucedeu um sobrinho, o jovem Cuauhtémoc, guerreiro respeitado que também era casado com Tecuichpoch Ixcaxochitzin, a filha de Moctezuma. Tão logo foi escolhido, Cuauhtémoc matou os filhos de Moctezuma. Cortés revidou com o terror, agora empregando setecentos espanhóis e 70 mil soldados locais, um exército híbrido de espanhóis, tlaxcaltecas e texcocas, os europeus com armadura, arcabuzes e espadas de Toledo, gritando "Castela!", e os mesoamericanos com cocares de plumas, portando *macuahuitl*, clavas com ponta de obsidiana, gritando "Tlaxcala!". Atacaram primeiro um dos aliados de Tenochtitlán, os tepeacas, matando 20 mil homens — uns estraçalhados por cães de guerra, outros devorados em banquetes canibais — e escravizando mulheres e crianças, marcadas com o G de *guerra*. Cortés foi guiado por seus aliados tlaxcaltecas e texcocas, sedentos de vingança contra os mexicas. "Naturalmente, Cortés teve de moldar seus planos segundo os objetivos dos aliados indígenas", escreveu Fernando Cervantes. Eles acreditavam que estavam usando os espanhóis — e vice-versa.

Em 22 de maio de 1521, Cortés sitiou Tenochtitlán, cortando o abastecimento de víveres.

ISABEL MOCTEZUMA: A ÚLTIMA IMPERATRIZ E A QUEDA DOS MEXICAS

No final de julho, com novecentos espanhóis, 150 mil tlaxcaltecas e texcocas e o respaldo dos bergantins no lago, Cortés atacou a cidade. Treinados desde a infância e tendo desenvolvido uma forte resistência devido aos cortes frequentes com espinhos e ao consumo de um alucinógeno, o peiote, os mexicas lutaram de maneira furiosa, afundando um bergantim, quase capturando o próprio Cortés, sacrificando prisioneiros e pendurando 53 cabeças. Mas, no final, escreveu Cortés, "ficaram sem flechas, dardos ou pedras", e "nossos aliados dispunham de espada e armadura, e massacraram tantos deles em terra e no mar que mais de 40 mil foram mortos". Ele admitiu francamente que seus aliados tlaxcaltecas "se refestelaram" com os prisioneiros, "pois levaram todos os mortos, esquartejaram-nos e os comeram". Cortés não mencionou o auxílio de seus aliados na batalha, mas reconheceu que "tivemos mais problemas em impedi-los de matarem com crueldade do que em combater o inimigo. Pois nenhuma raça, por selvagem que seja, jamais praticou crueldade tão feroz e antinatural do que os nativos destas partes". Longe de ser uma vitória de novecentos espanhóis sobre 4 milhões de pessoas, tratou-se do triunfo da esmagadora superioridade numérica e técnica, ajudada pela epidemia mais implacável já vista nas Américas. Em 13 de agosto, Cuauhtémoc foi por fim capturado.

"Mate-me imediatamente", ele disse a Cortés, pedindo-lhe que poupasse a jovem esposa, Tecuichpoch. "As mulheres e crianças gemiam tão alto", escreveu Cortés, "que não houve um único homem entre nós que não sentisse sangrar o coração." Era preciso muito para que seu coração sangrasse: "Não pudemos impedir que, naquele dia, fossem mortas e sacrificadas mais de 15 mil pessoas". Os soldados espanhóis e tlaxcaltecas vitoriosos se entregaram aos saques e aos estupros. Os mexicas lamentaram a queda na seguinte trenodia:

Lanças quebradas jazem nos caminhos
Arrancamos os cabelos com pesar
As casas agora estão sem telhado
E com as paredes vermelhas de sangue.

Cortés desmantelou Tenochtitlán e construiu a Cidade do México, substituindo o Grande Templo por uma enorme igreja. Quando o ouro descoberto se revelou insuficiente, mandou torturar Cuauhtémoc com fogo a fim de obter mais informações, enquanto recompensava seus homens de confiança com *encomiendas* e enviava tesouros e um jaguar para Carlos. Mas, de início, ninguém na Europa prestou muita atenção. Seu primeiro tesouro foi capturado por um pirata francês, e o jaguar escapou, matando dois marinheiros e atirando-se a seguir no Atlântico.

Pouco antes do cerco de Cortés a Tenochtitlán, Magalhães foi morto enquanto combatia os nativos das Filipinas que se recusavam a se converter ao cristianismo. No momento em que os tesouros de Cortés chegavam à Espanha, também lá chegou um navio de sobreviventes cadavéricos e desesperados da viagem de Magalhães. Numa odisseia catastroficamente complicada em que contornou o extremo da América do Sul, chegando a um oceano "pacífico", a que deu o nome de Pacífico, Magalhães perdera homens e navios em tempestades, motins e surtos de escorbuto, antes de chegar a Guam e depois a Brunei, às Molucas e às Filipinas,[13] onde o próprio explorador foi ferido. Mas um capitão, Juan Sebastián Elcano, encheu seu navio de especiarias e, com dezoito sobreviventes, voltou à Espanha pela África. Carlos, gabando-se de que eles tinham ido "aonde nem Portugal nem qualquer outra nação esteve", concedeu a Elcano um brasão de armas com um globo e a divisa *Primus circumsdedisti me* — "Você foi o primeiro a me circundar". O imperador, junto com os banqueiros Fugger, financiou uma segunda viagem, durante a qual Elcano se perdeu no Pacífico e morreu de fome.

Esses aventureiros ibéricos mal tinham tocado a imensidão do Pacífico e de suas ilhas, algumas das quais apenas pouco tempo antes tinham sido povoadas: a última onda de povoadores polinésios ocupara as duas ilhas de Aotearoa (Nova Zelândia) apenas por volta do ano 1300. Os maoris continuaram no local, e, por razões ignoradas, perderam a vontade e a tecnologia para navegar longas distâncias. Em Rapa Nui (ilha da Páscoa), os ilhéus, ali assentados desde o século III, haviam erguido enormes estátuas e templos para honrar seus ancestrais e observar as estrelas.

No meio do Pacífico, as quatro ilhas principais do Havaí eram governadas por dinastias de chefes que se casavam entre si, dizendo-se descendentes de uma deusa fundadora, Papa. Ainda não se conhece a sequência exata, mas é possível que o Havaí tenha sido povoado por polinésios do Taiti por volta do ano 700, poucos séculos depois da chegada de novos conquistadores de Niku Hiva (que os espanhóis chamariam de Marquesas).

Embora mais tarde muitos ingênuos viajantes europeus tenham idealizado o Havaí como um paraíso do amor e da tranquilidade, tratava-se de uma sociedade hierárquica poliamorosa de guerreiros, dominada pelo *kapu*, a religião polinésia, com rituais, alimentos e terras especificados de acordo com cada classe. Os chefes recebiam *mana*, carisma divino, por herança e pela guerra, o que lhes conferia o direito de sacrificar seres humanos aos deuses. Os súditos se curvavam até o solo perante os chefes. As disputas pelo poder eram tão ferozes quanto na Europa; os bebês nobres eram mortos se chorassem ao ser depostos na pedra sagrada de Naha; celebravam-se as vitórias com sacrifícios humanos. O chefe derrotado era pessoalmente sacrificado — em geral estrangulado — pelo vencedor.

O conceito geral de família era mais flexível do que o prevalente na Europa: as mulheres, tanto as de classe alta quanto as de classe baixa, gozavam de um grau de independência inimaginável na China ou na Europa, e podiam ter amantes; as crianças muitas vezes tratavam dois homens como pai e geralmente eram criadas por primos, e não pelos pais. Os homens de idade pegavam garotos adolescentes como *aikane* — amantes. Mas a genealogia era registrada em crônicas e muito valorizada. Por volta dessa época, a ilha principal era governada por uma *alii nui* (rainha) semimítica chamada Kaikilani, ancestral dos reis que iriam confrontar os europeus.

Cortés pouco sabia a respeito do Pacífico, exceto que abrigava novas terras para conquistar. Aos 49 anos de idade, ainda mantinha toda a sua ambição e energia. Antes de permitir novas expedições, o imperador Carlos determinou que os povos indígenas "devem ser autorizados a viver em liberdade", mas Cortés já os vinha obrigando a se matar de trabalhar nas *encomiendas*, e surtos epidêmicos — de sarampo, varíola, caxumba, febres hemorrágicas — vinham abatendo grandes contingentes: em 1580, cerca de 88% dos habitantes do vale do México haviam morrido.

Como outros conquistadores concorriam para "explorar" (tomar) as terras em torno do vale, Cortés se sentiu obrigado a se antecipar a eles, organizando expedições pela costa do Pacífico e dando início à sua própria expedição até o mar de Cortés, à qual se seguiu a de um homem seu, que subiu a costa até San Francisco e mapeou o litoral de um novo território chamado Califórnia.[14]

Os aliados de Cortés continuaram independentes, e muitos reinos se mantiveram fora do controle espanhol por mais de um século. Em 1523, Cortés enviou seu ajudante Pedro de Alvarado para conquistar os reinos maias de Quiché e Caqchiquel na Guatemala e em El Salvador, mas não teve sucesso. Por fim, foi necessária a ajuda maciça dos povos nauatles para esmagar os caqchiqueles; ao norte, os zapotecas ajudaram Cortés a tomar o luxuriante cale de Oaxaca. O segundo maior reino, o dos purépechas, foi conquistado em 1530, mas o último reino maia independente só caiu em 1697.

A América do Norte foi ainda mais complicada. Em 1528, uma expedição comandada por Pánfilo de Narváez tentou fundar uma colônia em La Florida, as extensas terras entre o Alabama e a Flórida moderna, mas a tentativa foi um desastre. Arrastando-se por 3 mil quilômetros, morrendo de fome e comendo uns aos outros, os espanhóis foram escravizados por índios coahuiltecas: quatro sobreviventes conseguiram chegar à Cidade do México.[15]

Em sua expedição a Honduras, Cortés levou Cuauhtémoc, o orador supremo, temendo deixar o último governante na Cidade do México. Mas, quando descobriu um complô revoltoso, mandou decapitá-lo e empalá-lo.

Quando Cortés voltou à Cidade do México, sua esposa de longa data, Catalina Suárez, juntou-se a ele, mas morreu de forma misteriosa, provavelmente assassinada pelo marido. Malinche, a intérprete maia de Cortés, e em alguns aspectos a arquiteta da aliança decisiva com os aliados mesoamericanos, se tornou sua amante — não sabemos se obrigada ou por vontade própria — e lhe deu seu primeiro filho, Martín, conhecido como El Mestizo. Cortés levou o menino para a Europa, conseguiu que o papa o reconhecesse como filho legítimo e o criou na Espanha. Quanto a Malinche, Cortés lhe deu uma *encomienda* e a casou com outro espanhol, com o qual ela teve uma filha. Ainda jovem, com apenas cerca de 23 anos, essa mulher admirável tinha suportado catorze anos de escravidão; agora era proprietária de terras e esposa de um cavalheiro espanhol. Mas morreu pouco tempo depois, talvez numa das epidemias.

Em meio à matança dos mexicas, Cortés conduziu uma estranha fusão entre conquistadores espanhóis e realeza mexica, com especial respeito pela linhagem de Moctezuma. Agora, ele considerava a filha de Moctezuma, Tecuichpoch, de 25 anos, viúva de três oradores supremos, como símbolo importante da nova ordem. Converteu-a ao cristianismo com o nome de Isabel Moctezuma, casando-a com um homem de sua confiança (que logo morreu) e concedendo-lhe uma *encomienda*, cultivada por escravos locais e africanos. Descrita como "muito bonita", ela se tornou uma cristã devota, mas também foi incapaz de evitar o leito de Cortés e se tornou sua amante.[16]

Cortés era agora riquíssimo, mas seus inimigos, liderados por Diego Colombo, levaram uma enxurrada de denúncias a Carlos v — que, todavia, recebera alegremente os primeiros 60 mil pesos de ouro de suas "terras férteis". O imperador assumiu o controle, presidindo a um Conselho das Índias no Palácio de Alhambra, em Granada, e confiscando uma parte das posses sultânicas de Cortés. Em 1528, esbravejando contra "rivais e inimigos poderosos" que "toldaram os olhos de Sua Majestade", Cortés tomou um navio de volta para casa, para ficar frente a frente com o imperador.

Embora não gostasse do rude conquistador que tanto enriquecera seu império, Carlos nomeou-o capitão-geral do mar do Sul e marquês do vale de Oaxaca, concedeu-lhe 23 mil vassalos e perdoou sua insubordinação. Cortés comemorou desposando uma nobre, com quem teve um filho legítimo, d. Martin, e logo voltou para a Nova Espanha, vivendo em grande esplendor em seu palácio (a primeira construção espanhola no continente, que ainda pode ser vista em Cuernavaca).

Ao assumir o controle da Nova Espanha, Carlos recebeu o primo de Cortés, Francisco Pizarro, que lhe pediu apoio para uma expedição a fim de conquistar outro fabuloso reino aurífero — o Peru. Como dirigente da Cidade do Panamá desde longa data, Pizarro vinha explorando a costa do Pacífico mais ao sul, reunindo informações. Carlos assentiu. Quando os homens de Pizarro reclamaram das duras condições de vida, Pizarro bradou: "Lá está o Peru com suas riquezas; aqui, o Panamá e sua pobreza. Que cada qual escolha o que melhor cabe a um valoroso castelhano. De minha parte, vou para o sul".

Carlos, como sempre, estava desesperado por dinheiro, pessoalmente esgotado, mentalmente estressado e politicamente sobrecarregado — e precisava de companhia, se não de uma esposa.

Os incas, os Pizarro, os Habsburgo e os Médici

LE GRAND NEZ E A IMPERATRIZ DOS CRAVOS

O imperador enfrentava problemas em todas as frentes. A leste, Suleiman avançava; a oeste, Francisco da França, a personificação do monarca renascentista machão e lascivo, mas também cultivado, conhecido como Le Grand Nez (Narigão) e Grand Colas (Grande Galo), detestava Carlos na mesma medida em que se ressentia do círculo dos Habsburgo. O ódio era mútuo. Carlos desafiou Francisco para um combate singular. Francisco tentou capturar Milão na Itália, onde, nos arredores de Pavia, em 24 de fevereiro de 1525, os arcabuzeiros de Carlos derrubaram a cavalaria de assalto[1] de Francisco e capturaram Le Grand Nez, que foi levado para a Espanha. "Não me resta nada", disse Francisco à mãe, "a não ser a honra e a vida." Depois de tentar fugir disfarçado de escravo africano, enegrecendo o rosto, ele se rendeu a Carlos e, embora recusando-se a encontrá--lo, recuperou a liberdade, tendo todavia de deixar os filhos como reféns. Exuberante, entrando a galope em Paris, ele bradou: "Sou rei novamente"; em seguida, renegou o trato e assinou uma aliança com a Inglaterra.

Carlos, com 26 anos, celebrou a vitória casando-se com uma jovem que veio a adorar. Depois de um noivado com Maria — a filha de seis anos de idade de Henrique VIII e sua tia Catarina —, a fim de minar a aliança franco-inglesa, ele mudou de ideia e se casou com a infanta Isabel, de 23 anos, a filha pálida e ruiva de Manuel de Portugal, que ofereceu um dote gigantesco. Isabel tinha boa educação e usava altivamente um medalhão com a inscrição *Aut Caesar aut nihil*, decidida a se casar apenas com um grande monarca. Ela conseguiu seu césar, enquanto o irmão João III desposou Catarina, irmã de Carlos. Os primos de primeiro grau se viram pela primeira vez no casamento em Sevilha, mas ela era extremamente bonita. Os dois se apaixonaram em núpcias felizes no palácio arabesco de Alhambra em Granada, onde ele construiu um novo palácio e importou cravos para plantar em homenagem a ela.

A jovem imperatriz "dorme todas as noites nos braços do marido; ficam na cama até as dez ou onze horas", observou um diplomata português, "sempre falando e rindo juntos". Carlos se gabava de estar com as mãos trêmulas de tanta atividade erótica — "não consigo sequer escrever" —, como se fosse "ainda um recém-casado", e Isabel logo engravidou, sobrevivendo a um dolorosíssimo parto com régia compostura. Ela pediu um véu, e, quando uma parteira aconselhou que gritasse, caso necessário, respondeu: "Prefiro morrer. Não fale assim comigo: posso morrer, mas *não* vou gritar".[2] O bebê recebeu o nome de Filipe. Embora a tratasse egoistamente como uma máquina reprodutora — ela teve sete gestações — e a abandonasse por quatro anos seguidos enquanto defendia o império, Carlos a amava, louvando sua "grande beleza". Também confiava nela, nomeando-a regente; elogiava suas decisões como "muito prudentes e bem concebidas".

Em maio de 1529, foi Isabel quem autorizou o rude conquistador Pizarro a partir para um lugar chamado Peru. "Ordenamos que o capitão Pizarro seja encarregado de governá-lo pelo resto da vida", ela escreveu. "Damos-lhe permissão para levar consigo 250 homens."

Em dezembro de 1530, Pizarro partiu do Panamá, chegando fortuitamente no momento em que o Império das Quatro Partes saía de uma guerra de sucessão. Conquistador e pai de cinquenta filhos, o inca Huayna Capac, que governara por trinta anos, havia expandido as Quatro Partes à sua maior extensão, desde o centro peruano até as montanhas andinas e os pântanos amazônicos, entrando nas terras atualmente correspondentes à Bolívia, à Argentina, ao Chile e ao Equador — vitórias celebradas esfolando os governantes vencidos, espetando as cabeças em estacas e utilizando as peles em tambores. O *sapa* inca sabia da chegada europeia antes mesmo das conquistas de Cortés, mas, em 1524, no sudoeste da Colômbia, contraiu a varíola, trazida pelos espanhóis, morrendo numa epidemia junto com o herdeiro escolhido. O Império das Quatro Partes foi dividido entre dois filhos, Huáscar, que governaria a partir de sua nova cidade de Quito, e o favorito Atahualpa, como rei autônomo de Cusco no sul — divisão que logo se revelou desastrosa. Huáscar seduziu as esposas de seus nobres e capturou os feudos de incas anteriores, levando a tensões com o irmão, que havia prendido. Quando Atahualpa escapou, os irmãos, apoiados por clãs reais antagônicos, lutaram entre si com exércitos de 50 mil homens cada, até a captura de Huáscar.

No momento em que Pizarro estava prestes a chegar, Atahualpa montou um espetáculo sádico, obrigando o meio-irmão a assistir enquanto todas as suas esposas e filhos eram torturados e mortos. Estava se dirigindo à capital Cusco, com um exército de 40 mil homens, quando encontrou o capitão-geral Pizarro, acompanhado de seus 106 infantes e 62 cavaleiros, numa empreitada familiar que incluía três irmãos. Os espanhóis concordaram em prestar saudações a Atahualpa, que descansava num retiro próximo em Cajamarca. Na praça central da cidade, os castelhanos esconderam habilidosamente sua artilharia em edifícios próximos. Quando Atahualpa foi trazido à praça por seus serviçais, o frade de Pizarro lhe ofereceu um breviário. O inca jogou o breviário no chão, e o conquistador "deu um sinal ao atirador para que disparasse sobre os incas".

O INCA E O CONQUISTADOR

Os poucos cavalos de batalha de Pizarro arremeteram contra os incas, que não reagiram. Sete mil foram mortos. Atahualpa foi preso. Pizarro exigiu um enorme resgate em ouro. Oferecendo uma aliança militar ao vencedor, Atahualpa deu a Pizarro sua meia-irmã Quispe Sisa, de quinze anos. Ela foi batizada como Inés Yupanqui e então seduzida pelo grisalho Pizarro, que a apelidou de Pispita, nome de um belo pássaro espanhol, a lavandeira. Quando estava em custódia, Atahualpa, ainda travando sua guerra civil, ordenou o assassinato do irmão — "Como poderá meu irmão tomar tanto ouro e prata para si mesmo? Eu daria o dobro do que ele pode dar se o matassem e me deixassem como senhor". Ele mandou trazerem ouro de Cusco para Pizarro. Foram fundidas seis toneladas de ouro e cinco de prata, mas, quando os generais do inca reuniram novos exércitos para atacar os espanhóis, Pizarro entrou em pânico e decidiu matar o monarca, acusando-o de idolatria e do assassinato do irmão. Então condenou-o à fogueira, destino intolerável para um inca. O frei de Pizarro ofereceu o estrangulamento a Atahualpa caso se convertesse, e assim ele adotou o nome de seu assassino, Francisco, e foi garroteado.

A seguir, um jovem inca, Manco Yupanqui, outro filho de Huáscar que havia sobrevivido ao massacre da família ordenado por Atahualpa, propôs uma aliança a Pizarro, crendo que conseguiria restabelecer o Império das Quatro Partes com a ajuda espanhola. Em Cusco, os irmãos Pizarro entronaram Manco como inca, na presença de seus ancestrais reais mumificados.

A capital era deslumbrante. "Esta cidade é a maior e a mais bela já vista neste país ou em qualquer outro lugar das Índias", Pizarro escreveu a Carlos. "Podemos assegurar a Sua Majestade que é tão bela e tem construções tão refinadas que seria admirável mesmo na Espanha." Pizarro comandou o saque do Coricancha, o Templo do Sol, com seus muros e paredes de ouro e prata, seu jardim de plantas douradas, seu altar de sacrifícios, onde ficavam a imagem do Sol e as várias estátuas de ouro de dirigentes incas anteriores, e tudo foi fundido. Em seguida, Pizarro enviou o irmão Hernando à Espanha com a primeira remessa para o imperador.

Carlos dominou a Itália. Em Roma, Leão x excomungou Lutero, que esbravejava, declarando que "o papa pratica [...] a sodomia de maneira aberta e despudorada". Após a morte de Leão x e de um efêmero sucessor, Carlos apoiou a eleição de outro Médici, Júlio, que se tornou Clemente VII. Afável e culto, Clemente encomendou a Michelangelo, a quem conhecia desde a juventude, a conclusão da capela da família em Florença, dizendo-lhe: "Pense apenas no trabalho" e "Não poupe despesas". Michelangelo comemorou. "Júlio é papa. O que alegrará o mundo todo", disse a seu cavouqueiro. "No que diz respeito à arte, muitas coisas serão realizadas." Roma, porém, seria saqueada numa orgia de violências e rapinas.

O DUQUE NEGRO, MICHELANGELO E O SAQUE DE ROMA

O papa Clemente traiu Carlos e se aliou a Francisco. Carlos ficou furioso: "Você certamente sabe o papel que tivemos em sua eleição". Seu exército, sem pagamento e insatisfeito, marchou sobre Roma. Clemente se preparou para lutar, mas cometera um erro de cálculo grosseiro. No começo de maio, os imperialistas atacaram a cidade, matando os homens da Guarda Suíça de Clemente nos degraus da Basílica de São Pedro. Clemente escapou para o castelo de Santo Ângelo, onde derreteu joias para seu plano de fuga. No lado de fora da fortaleza de Adriano, os lansqueneses de Carlos — muitos deles protestantes — se enfureceram, estuprando freiras, desfigurando pinturas de Rafael no Vaticano com o rabisco "Lutero" e matando 10 mil romanos — até que a peste os levou. A catástrofe que recaiu sobre Clemente levou a uma revolução contra os Médici em Florença. Essas cenas apocalípticas ajudaram a inspirar a visão do inferno de Michelangelo em *O Juízo Final* e intensificaram o ódio entre católicos e protestantes. Lutero se regozijou, escarnecendo: "Cristo reina de tal modo que o imperador que persegue Lutero em favor do papa é obrigado a destruir o papa em favor de Lutero".

Em 6 de junho, Clemente, apavorado com Carlos, se rendeu, prometendo pagar um resgate. Em seguida, refugiou-se no campo, onde recebeu enviados ingleses, que lhe pediram permissão para que o casamento de Henrique VIII com

Catarina de Aragão, tia de Carlos, fosse anulado, e ele desposasse sua amante Ana Bolena, de espírito muito vivo e determinado. Em qualquer outra altura, teria sido possível arranjar uma solução para o pedido, mas a política, como o amor, é acima de tudo uma questão de momento adequado: Clemente não podia correr o risco de ofender Carlos. Henrique, que era uma figura afável, vivaz e atraente e se tornou um manipulador pomposo, brutal, narcisista e semi-impotente, desesperado por um filho para dar seguimento à sua dinastia arrivista, e apaixonado por Ana Bolena, era um conservador religioso. Mas seu talentoso ministro protestante Thomas Cromwell era um radical em termos de religião, e orquestrou o divórcio de Catarina, o casamento com Ana Bolena, o cisma com Roma e um passo na direção de uma Inglaterra reformista. A recusa de Clemente deu a Henrique uma justificativa para reagir contra a interferência europeia, ao mesmo tempo formando e refletindo os instintos autônomos da Inglaterra.

Em 1530, Carlos chegou a Bolonha para receber sua recompensa de Clemente: uma coroação papal, que seria a derradeira. Em troca, Clemente pediu que os Médici fossem restaurados em Florença, onde Michelangelo, apesar de suas relações com a família, apoiava a república, sendo governador-geral das fortificações contra os Médici. Mas as fortificações de nada valeram: Carlos restaurou a família florentina.

Assim como Henrique, Clemente não tinha herdeiros legítimos, mas apenas dois jovens bastardos, um deles provavelmente filho de uma escrava negra. O ilegítimo Alessandro de Médici crescera na obscuridade, e sua mãe era descrita como "escrava", "moura" e "metade negra". Agora, porém, a necessidade familiar prevalecia sobre o preconceito racial. Alessandro teve um imenso golpe de sorte, sendo primeiro instruído e treinado, depois investido como duque de Florença e noivo de Margarida, filha ilegítima de Carlos. Alcunhado de Il Moro, o "mouro", Alessandro, o primeiro e único governante europeu de cor, mostrou-se adepto da política florentina sanguinária, envenenando o primo, o cardeal Hipólito de Médici, e talvez mandando matar a própria mãe africana, a fim de evitar constrangimentos sociais. Gastando somas extravagantes com seus trajes magníficos e pistolas de entalhes requintados, o Duque Negro era agora um *magnífico* italiano. Carlos pode ter se impressionado, mas Michelangelo não: depois de se recusar a fazer o projeto de uma fortaleza para Alessandro, o duque ordenou seu assassinato. Felizmente, "alguém soprou em meu ouvido que, se eu quisesse me salvar, não deveria ficar lá por mais tempo", e assim o artista fugiu para Roma, onde obteve o perdão de Clemente.[3]

No entanto, Clemente ainda estava jogando os Habsburgo contra os Valois, ao promover o casamento de outra herdeira dos Médici, Catarina, alcunhada Duchessina, de catorze anos de idade, com o segundo filho de Francisco, Henrique. Embora parecesse improvável que Henrique viesse um dia a se tornar rei, Catarina dominaria a França por quarenta anos.

Já moribundo, Clemente encomendou a Michelangelo a pintura da parede dos fundos da Capela Sistina. Todavia, a morte do generoso patrono de Michelangelo levou à eleição de um ainda melhor. Paulo III, antes Alessandro Farnese,[4] cortês, astuto e por vezes homicida, convocou Michelangelo, então com sessenta anos e sobrecarregado e cansado demais para aceitar novos trabalhos. Paulo insistiu: "Alimentei essa ambição por trinta anos e, agora que sou papa, não aceitarei recusas. Estou decidido a tê-lo a meu serviço".

Michelangelo, então, pintou *O Juízo Final*, um afresco do despertar dos mortos no Dia do Juízo Final e da segunda vinda de Cristo. A seguir, Paulo lhe encomendou o projeto de uma praça no Monte Capitolino, o Campidoglio, onde colocou a estátua de Marco Aurélio, e então o nomeou como supervisor da Basílica de São Pedro. Paulo e Michelangelo ficaram amigos.

O artista agora prosperava em Roma, enviando dinheiro à sua família irresponsável para devolvê-la à nobreza, ao mesmo tempo atendendo à sua prole de protegidos e mantendo amizades entre nobres e plebeus. Ele enviava desenhos e cartas de amor a um jovem nobre, Tommaso dei Cavalieri, mas era à sua cara amiga, a princesa Vittoria Colonna, que escrevia sobre arte com maior intimidade: "Como guia confiável em minha vocação, a beleza se colocou diante de mim como um direito de nascimento, um espelho e uma lâmpada para a arte". Michelangelo temperava a rabugice com o riso e o senso de humor, troçando de sua bexiga de velho: "Urina! Como a conheço bem — um tubo gotejante, que me obriga a levantar cedo demais, enquanto a aurora brinca de esconde-esconde lá fora — ugh!". Ele estava envelhecendo e, numa ocasião, caiu do andaime na Capela Sistina.[5]

Em Florença, Alessandro de Médici acabara de se casar com a filha de Carlos V, Margarida da Áustria, de catorze anos, mas seu ar extremamente emproado e seus entusiásticos modos sedutores atraíam grande inveja, sobretudo em Lorenzaccio, seu paupérrimo primo e companheiro. Em política, é muito frequente que o maior perigo venha de dentro, não de fora, e nada supera os ódios internos de uma família.

Lorenzaccio resolveu matar o Duque Negro. Em 1536, ofereceu-lhe o sonho de qualquer mulherengo: a sedução de uma esposa íntegra. Atraindo-o para o encontro, ele irrompeu e se lançou com um sicário sobre Alessandro, que dormia. Apunhalado por Lorenzaccio no estômago, Alessandro reagiu, quase arrancando numa mordida o dedo do assassino, até que o sicário lhe cortou a garganta.[6]

Carlos foi o imperador universal da cristandade, tendo na armadura a inscrição "Carlos, o Divino". Mas seu inimigo Suleiman considerava-se não apenas sultão, cã e padixá, mas também o *verdadeiro* césar. Vendo Carlos desdenhosamente como mero "rei da Espanha", ele avançou sobre Viena.

OS FAVORITOS DE SULEIMAN: ROXELANA E IBRAHIM

"O rei da Espanha", disse Suleiman a um enviado francês, "anunciou o desejo de agir contra os turcos, e agora estou avançando contra ele. Se o homem tiver colhões e coragem, que venha."

Seu favorito, Ibrahim Paxá, encomendou a joalheiros venezianos a confecção de uma tiara imperial com quatro coroas. O vizir governava supremo, instalado num palácio novo no hipódromo (ainda existente), onde presidia a demonstrações espetaculares de poder imperial. Os grão-vizires tinham o direito de ostentar cinco caudas de cavalo em seus estandartes, mas Ibrahim podia usar seis, apenas uma a menos do que o sultão. Somente a Hürrem ucraniana, conhecida como Roxelana — mãe de cinco filhos sultânicos —, tinha o poder de desafiá-lo.

O filho adolescente do sultão, Mustafá, invejava Ibrahim. O sistema funcionava jogando mãe e filho contra mãe e filho. A mãe de Mustafá, Mahidevran, incapaz de superar Hürrem, atacou-a arranhando seu rosto e cortando seu cabelo. Convocada por Suleiman, Hürrem se recusou a atendê-lo, dizendo que sua aparência fora destruída. Mahidevran foi exilada.

A vida de Suleiman parecia estável com Ibrahim e Roxelana. Enquanto sua mãe Hafsa governou seu mundo familiar, Suleiman não alterou a posição de Roxelana. Mas, quando a *valide sultan* morreu, ele alforriou a amante, ainda na casa dos vinte anos, e então a desposou.[7]

Depois de vários filhos, entre os quais apenas um seria o sucessor, Suleiman e Hürrem pararam de procriar, sabendo que os derrotados no jogo do poder seriam estrangulados. Hürrem provavelmente usava supositórios intravaginais, com óleo de folhas de repolho, pimenta, sumo de hortelã-pimenta, folhas de poejo e endro. Ela herdou o controle do Velho Palácio e do harém, saindo das sombras, correspondendo-se com as rainhas da Polônia e da Hungria e ao mesmo tempo financiando suas entidades beneficentes em Istambul e Jerusalém. "Você sabe que nunca me contento com pouco", ela admitiu a Suleiman.

Suleiman e Ibrahim estavam planejando guerras, tratados e construções em enorme escala. No leste, o sultão combateu os persas xiitas; no oeste, em 1524, derrotou os húngaros e matou o jovem rei da Hungria, Luís II, o último jaguelônico, levando a um dos acordos matrimoniais dos Habsburgo feitos pelo imperador Maximiliano: Fernando, irmão mais novo de Carlos e arquiduque da Áustria, casou-se com a irmã de Luís. Assim, Fernando agora reivindicava a Hungria, a Boêmia e a Croácia, que se manteriam como reinos dos Habsburgo até 1918.

A seguir, em 1529, Suleiman e Ibrahim invadiram a Áustria, com 120 mil otomanos sitiando Viena, que só foi salva devido às chuvas torrenciais, que os obrigaram a deixar para trás suas armas pesadas. Três anos depois, eles voltaram a atacar; dessa vez, Carlos contra-atacou na Hungria otomana. Em outro continente, conquistas ulteriores ampliaram o império americano de Carlos: em 1532, os Habsburgo encarregaram o dinâmico aventureiro Pedro de Heredia, então com 28 anos, de expandir seus domínios na Colômbia. Ele fugira de Madri depois de sobreviver a um ataque que lhe desfigurara o nariz e de perseguir e assassinar três de seus agressores. Em 1533, à frente de um punhado de homens, Heredia derrotou os chibchas e negociou tratados com a ajuda de sua própria Malinche, uma jovem cativa mocaná conhecida como India Catalina, que fora sequestrada por Heredia e tornara-se sua concubina — assim como uma talentosa intérprete e diplomata. Usando as leis espanholas contra os espanhóis, Catalina mais tarde reivindicaria nos tribunais parte da riqueza acumulada por Heredia — e talvez tenha sido casada com um sobrinho dele. Na mesma época em que Pizarro tomava Cusco, Heredia fundou uma cidade, Cartagena das Índias, a partir da qual saqueou templos e túmulos no litoral do Pacífico. Tão grande foi a pilhagem de ouro e prata que seus homens receberam recompensas maiores que os subordinados de Cortés e Pizarro. Como no caso dos demais conquistadores, essas lucrativas atrocidades logo viraram uma dor de cabeça para Carlos: Heredia acabaria naufragando a caminho de um tribunal de Madri, mas Cartagena tornou-se o maior entreposto de prata e escravos dos domínios espanhóis no litoral caribenho.

Carlos e Suleiman não conduziam seu duelo apenas em terra. Em 1528, diante dos avanços otomanos por terra e dos piratas islâmicos à caça de escravos no mar, Carlos contratou o melhor almirante cristão, Andrea Doria, governante de Gênova como censor perpétuo e herdeiro de uma dinastia de oligarcas do comércio marítimo. Enquanto Suleiman se ocupava com a guerra contra o Irã, Doria invadiu a Grécia otomana. O sultão, por sua vez, mandou chamar o maior corsário de seu tempo: Barba-Ruiva.

Os timúridas e os ruríquidas, os otomanos e a Casa dos Mendes

Em 1533, Barba-Ruiva entrou no Bósforo e passou pelo Palácio de Topkapi com quarenta navios, de bandeiras esvoaçantes, antes de presentear Suleiman com carregamentos de ouro, joias e tecidos transportados por camelos e escoltados por leões e por uma procissão de jovens cristãs escravizadas, cada qual portando uma oferenda valiosa. Suleiman nomeou Barba-Ruiva, de barba alaranjada, corpulento, sobrancelhas hirsutas, Kapudan-i Derya ("capitão do mar"), ordenando que Ibrahim construísse estaleiros e montasse uma frota.

Barba-Ruiva nascera em Lesbos, filho de um cristão albanês, um ex-soldado da cavalaria que se tornara oleiro, e da viúva de um padre grego, convertidos ao islamismo. Dois de seus irmãos, Oruç e Ilyas, tinham se dedicado ao comércio até serem capturados numa cruzada dos cavaleiros de São João — que mataram Ilyas e escravizaram Oruç, mantendo-o em suas galés até que ele fosse libertado por Khidr, o futuro Barba-Ruiva. Quando Isabel e Fernando começaram a perseguir seus súditos muçulmanos, os irmãos se lançaram a uma missão de resgate, transportando alguns refugiados em segurança até o Marrocos.

Muitos antigos muçulmanos espanhóis se associaram a Barba-Ruiva, liderados pela jovem nobre Aisha, que deixara Granada em 1492 com o último emir. Quando os refugiados nobres chegaram ao Marrocos, agora enfrentando uma guerra de facções, o pai de Aisha a ofereceu em casamento ao potentado do porto de Tetuán. Com a morte do marido, ela assumiu Tetuán como "senhora do poder", Sayyida al-Hurra, fortificando a cidade e criando uma frota para atacar as embarcações cristãs — ela era chamada pelos cristãos de Rainha Pirata. Tendo se instalado na ilha de Djerba, os dois irmãos faziam incursões na Itália e na Espanha, capturando crianças e moças cristãs para vender nos mercados de escravos. Muitas vezes essas incursões resultavam na captura e escravização de até 6 mil pessoas. Os irmãos tomaram vários portos africanos, primeiro Orã, depois Argel e Bougie, onde Oruç perdeu o braço, que substituiu por uma prótese de prata, ficando conhecido entre os turcos como Braço de Prata. Ao oferecer Argel a Selim, o Triste, que a aceitou como uma *sanjak* (província), Braço de Prata enfureceu Carlos, que ordenou os ataques a Orã e Tlemcen durante os quais Braço de Prata foi morto. O último irmão, Khidr, o Barba-Ruiva, assumiu o comando. Enviando navios para auxiliar o ataque de Suleiman a Rodes, Barba-Ruiva fez novas incursões na Itália e na Espanha; seus capitães atacaram o norte da França, a Cornualha e a ilha de Wight, enquanto ele convertia Argel numa exuberante cidade escravagista em rápido desenvolvimento — o começo do que os cristãos chamaram de Costa da Berbéria.

Ao deixar Istambul, Barba-Ruiva, almirante-chefe e governador do norte da África e de Rodes, foi em perseguição a Doria, atracando em Óstia, o porto romano, e capturando Capri (onde construiu o Castello Barbarossa, cujas ruínas ainda podem ser vistas hoje). Graças a uma rede de informações operada por sua *femme d'affaires* judia, Strongila, foi Hürrem quem informou Suleiman sobre as primeiras vitórias de Barba-Ruiva.

Diante de uma contraofensiva dos Habsburgo, Ibrahim conseguiu firmar um tratado com a França contra Carlos, em parte negociado por Barba-Ruiva, que visitou Toulon com sua frota. Carlos v mandou um emissário a Barba-Ruiva para lhe oferecer o comando da África ou assassiná-lo. Barba-Ruiva degolou o sicário.

Em 1535, Carlos retaliou, capturando Túnis, enquanto Suleiman e Ibrahim conduziam uma ofensiva contra o xá safávida do Irã, Tahmasp, capturando Bagdá. Mas Ibrahim, depois de dez anos de vice-reinado, tinha se acomodado demais com Suleiman e se tornara demasiado cosmopolita, mesmo para os tolerantes otomanos. Quanto mais tempo um ministro permanece no cargo, maior o número de inimigos que faz. Ibrahim não se pejava de alardear sua magnificência. "Embora eu seja escravo do sultão, tudo o que digo é feito. Posso num gesto converter um cavalariço em paxá, posso dar reinos e províncias a quem bem entender", dizia aos enviados estrangeiros. Ibrahim mandou instalar na frente de seu palácio no hipódromo as estátuas de Hércules, Diana e Apolo capturadas na Hungria, o que chocou os muçulmanos iconoclastas. "Dois Abraões vieram ao mundo", gracejou o poeta Figani. "Um deles um destruidor de ídolos, o outro um idólatra." Ibrahim mandou estrangular Figani. Embora tivesse um amante italiano, desde longa data Ibrahim amava Hatice, a irmã do sultão, enviando-lhe poemas — sem a permissão de Suleiman. Quando em campanha, deixava que os subordinados o tratassem por "sultão". Executara um vizir rival — e entrara em conflito com Hürrem. "Pediram-me uma explicação sobre minha zanga com o paxá", ela escreveu a Suleiman em 1526. "Será dada. Por ora, envie saudações ao paxá, se ele as aceitar." O sultão permitiu que Ibrahim desposasse sua irmã, com uma *fiesta* no hipódromo. Mas o vizir era próximo de Mustafá, o primogênito de Suleiman, cuja provável sucessão constituía uma ameaça mortal para os filhos de Hürrem.

Nos idos de março de 1536, o padixá e o vizir romperam juntos o jejum do Ramadã. Então Ibrahim foi se deitar no Palácio de Topkapi. A certa altura da noite, Suleiman enviou os Sem-Língua aos aposentos de Ibrahim, e lá eles garrotearam o amigo de infância. O *makbul* (favorito), disseram os engraçadinhos, agora estava *maktul* (morto), enterrado em uma tumba sem qualquer inscrição. A posição de Hürrem se fortaleceu: Suleiman nomeou o genro do casal, Rüstem, grão-vizir. Rüstem era casado com a filha favorita dos dois, Mihrimah (Sol da Lua), que viria a se tornar uma potestade otomana por direito próprio.

Quando jovem escravo, Rüstem, filho de um criador de porcos croata, dera um salto arriscado de uma janela a fim de pegar um pequeno berloque que Suleiman deixara cair. Hürrem desejava para a filha um homem mais bem-apessoado, mas Rüstem pagou o médico judeu do sultão para que ele declarasse que o sujeito tinha sífilis. Este, por sua vez, alegou que Rüstem tinha lepra, o que foi desmentido pela presença de um piolho em suas roupas — acreditava-se que os piolhos evitavam os leprosos. Em 1539, Rüstem — que com a ascensão ao poder fora apelidado de Piolho Sortudo, e agora estava com quarenta e poucos anos — desposou Mihrimah, de dezessete anos, tornando-se *damad*, genro imperial. Acumulando grande riqueza, viria a ter 1700 escravos. Mas as princesas otomanas eram dotadas de um poder especial: podiam se divorciar dos maridos, acumular riquezas pessoais e exercer discretamente o poder. Assim como a mãe, Mihrimah era bela, loura, vigorosa e inteligente, e mais tarde negociou com os monarcas poloneses em nome do pai e do irmão.

Suleiman conduzia uma guerra global, por muito tempo negligenciada pelos historiadores europeus. Em 1538, ele enviou oitenta naus e 40 mil homens para o oceano Índico através do mar Vermelho — talvez a maior frota mercante a operar nesses mares desde as chamadas frotas do tesouro da dinastia Ming. Seu almirante era um eunuco húngaro escravizado e futuro grão-vizir, Hadim Suleiman Paxá. Aos 69 anos de idade, ele partiu de Jedá, tomou Áden (Iêmen) dos portugueses e teve então um encontro com os gujarates aliados do sultão num ataque malogrado à portuguesa Diu (no oeste da Índia). No Chifre da África,

Suleiman invadiu Habesh (Eritreia) e capturou Massawa, que permaneceria otomana até o século XIX. Também enviou soldados e canhões a seus aliados, os sultões de Adal, na Etiópia, e de Ajura, na Somália, para ajudá-los no ataque aos inimigos cristãos locais. Essas conquistas trouxeram para o Cairo e depois para Constantinopla uma nova substância estimulante, derivada de grãos, há muito apreciada pelos sufis iemenitas: o café. O café se tornou uma mercadoria global, e as cafeterias contribuíram para a nova sociabilidade nas cidades. Barba-Ruiva foi um dos primeiros a anexar uma cafeteria à sua mansão.

No Mediterrâneo, Barba-Ruiva tomou Otranto, enquanto Suleiman ameaçava o norte da Itália; o almirante capturou muitas das últimas ilhas e bastiões venezianos, levando a república a ingressar na Liga Santa organizada pelo papa Paulo III contra os otomanos. Em setembro de 1538, perto de Preveza (Grécia), Doria, o almirante de Carlos, comandou 112 galés e 50 mil homens contra a frota de 122 naus de Barba-Ruiva, enquanto Sinan, o almirante de origem judaica de Barba-Ruiva, desembarcava soldados na costa, cobrindo a retaguarda otomana. Barba-Ruiva destruiu treze naus e capturou 36, fazendo 3 mil prisioneiros e conquistando o domínio do Mediterrâneo.

Carlos estava com a atenção voltada para as preocupantes condições de saúde de Isabel. Grávida pela sétima vez e possivelmente tuberculosa, era "a maior tristeza do mundo, tão magra que nem parece uma pessoa". Em maio de 1539, Isabel deu à luz um bebê natimorto e em seguida morreu de febre pós-natal, aos 35 anos de idade. Carlos desabou — "Nada é capaz de me consolar", disse à irmã Maria. Em seguida, enviou o filho Filipe para supervisionar o enterro da mãe em Granada e incumbiu Ticiano de pintá-la a partir dos retratos existentes, e então passou a viajar sempre com a imagem da falecida. Mas logo retomou seus hábitos mulherengos, gerando secretamente um filho, Jerônimo, com uma serva adolescente germânica. O menino foi tirado da mãe e criado por cortesãos — e apareceria mais tarde.

Recuperando-se desses golpes, Carlos planejou um ataque vigoroso a Argel, mas, como sempre, dispunha de poucos recursos — até o momento em que chegou da América uma frota de metais preciosos deslumbrantes, enviada pelo capitão Pizarro, cujo irmão Hernando presenteou Carlos com o primeiro quinhão de ouro peruano e notícias da conquista.

OS IRMÃOS HABSBURGO E SEUS CONQUISTADORES

O imperador desaprovava os assassinatos de Pizarro — "A morte de Atahualpa me desagradou porque era um soberano" —, mas acrescentou: "Como lhe pareceu necessário, por ora aprovamos". Mais tarde, ele concedeu a Pizarro o título grandiloquente de marquês da Conquista, ao mesmo tempo concordando com as "alocações permanentes de habitações indígenas" como efetiva mão de obra escrava.

Para a sorte dos conquistadores, o momento era propício: as tribos xauxa e wanka, que se ressentiam dos incas, serviram como auxiliares dos espanhóis, assim como os incas contrários a Atahualpa. Sem esses aliados, o golpe de Pizarro teria sido impossível.

Os Pizarro usavam e abusavam de seu domínio sobre as princesas incas, mas também elevaram a posição mediana da família cruzando com a realeza inca, para não falar da apropriação de seus bens. Várias dessas princesas eram muito jovens. Os espanhóis utilizavam um repugnante "teste da capa" para saber se elas tinham idade suficiente para o intercurso sexual: se as golpeassem por trás com uma capa e elas caíssem, eram novas demais; se continuassem de pé, estavam prontas. Foi uma farra de estupros para os espanhóis, embora algumas mulheres incas se orgulhassem de atrair os onipotentes estrangeiros. Pizarro, que nunca se casou, viria a se apaixonar por Quispe Sisa (Inés), irmã de Atahualpa, com a qual gerou Francesca. Ela foi reconhecida como legítima por Carlos e se tornou a maior herdeira do Novo Mundo. Mas Pizarro não resistiu a tomar outra irmã de Atahualpa, Azarpay, que também instalou em seu palácio, para a fúria de Inés.

Pizarro retornou à costa para fundar a Cidade dos Reis (Lima), mas seus irmãos Gonzalo, Juan e Hernando, voltando da Espanha, humilharam o jovem Manco Inca, que consolidara seu poder matando todos os adversários em sua própria família. Os Pizarro estupraram as princesas de Manco e extorquiram mais ouro. Gonzalo capturou a *coya* (rainha) e irmã de Manco, Cura Ocllo. Os incas o criticaram. "Quem lhes disse para falar com o corregedor do rei? Não sabem que tipo de homens somos nós, os espanhóis?", reagiu Gonzalo, enfurecido. "Juro que, se não se calarem, vou cortá-los vivos e fazê-los em pedacinhos!" Gonzalo estuprou Cura Ocllo e aprisionou Manco, que foi acorrentado, torturado e queimado, e os irmãos Pizarro urinaram sobre ele. Manco escapou e reuniu um exército de 200 mil homens, montando cerco aos noventa espanhóis em Cusco e a Francisco Pizarro em Lima. O governador percebeu que não podia mais confiar em seu harém: sua leal Pispita, Inés, denunciou a meia-irmã Azarpay, "e assim, sem maiores considerações, ele determinou que Azarpay fosse garroteada" junto com outras amantes. A mãe de Inés enviou soldados para ajudar Pizarro a manter Lima.

Manco montou seu quartel-general na cidadela sagrada de Sacsayhuamán, encimando Cusco, mas demorou para reunir seus homens. Sitiados em Cusco, os irmãos Pizarro limitaram-se a resistir. As expedições de Francisco foram derrotadas. Juan Pizarro foi morto quando atacava Sacsayhuamán. Os demais irmãos acabaram sendo resgatados por seu rival, Diego de Almagro, que retomou Cusco, mas então entrou em atrito com os Pizarro e os aprisionou. Francisco revidou, capturando e garroteando Almagro — medida que depois se voltaria contra ele. Manco, agora empregando os arcabuzes e espadas que haviam dado vantagem aos espanhóis, retirou-se e fundou um novo reino nas florestas de Vilcabamba.

Francisco Pizarro se vingou, queimando vivos vários incas. Quando capturou a rainha de Manco, Cura Ocllo, já violentada por seu irmão, ele e seu secretário a estupraram em conjunto e então despiram-na, torturaram-na, encheram-na de flechas e colocaram-na num cesto que desceu boiando pelo rio, até Manco, que "chorou e fez grandes manifestações de luto, pois a amava muito".[1]

Finda a revolta de Manco, Pizarro enviou mais ouro a Carlos para "ajudar Sua Majestade na guerra contra os turcos".

"Envie-me os lavores mais especiais em ouro e prata", ordenou o imperador. "O restante, pode cunhar." Ele tinha sempre em mente seus conquistadores. Em 1535, Carlos nomeou um vice-rei da Nova Espanha, Antonio de Mendoza, para controlar o arrogante Cortés. Mendoza prosseguiu a conquista e se gabou de seus procedimentos, matando os locais "com disparos de artilharia até ficarem em pedaços, soltando os cães em cima deles ou dando-os a escravos africanos para que os matassem — a fim de punir os maiores culpados e semear o temor entre os demais". E acrescentou que, durante a conquista de Granada, "espancamos e apedrejamos muitos muçulmanos"; os demais "eram tratados como escravos e divididos". A arrogância de Mendoza fez Cortés espumar de raiva.

Em 1540, o marquês do vale de Oaxaca voltou para a Espanha, rico, mas amargurado e ansioso por ser reconhecido. Carlos o evitou, até que Cortés empurrou os cavaleiros de seu séquito e saltou para a carruagem imperial. "Quem é você?", perguntou o Kaiser, alarmado.

"Sou o homem", respondeu Cortés, "que lhe deu mais províncias do que o número de cidades legadas por seus ancestrais." Carlos permitiu que Cortés e seu filho Martín, El Mestizo, integrassem sua comitiva na cruzada para tomar Argel — ao mesmo tempo que, em Lima, o outro conquistador, Pizarro, marquês da Conquista, finalmente gozava seu sucesso. Mas não por muito tempo. O filho meio inca de Almagro, conhecido como El Mozo, buscou vingança contra o espanhol. Em junho de 1541, ele e uma tropa de assalto atacaram o palácio de Lima. Pizarro reagiu com uma alabarda, matando dois assassinos antes de cair, apunhalado no pescoço, e implorar misericórdia a Cristo.

"Confesse no inferno", gritou o Moço, esmagando um vaso sobre o rosto de Pizarro, enquanto seus capangas o apunhalavam mais vinte vezes, e em seguida o decapitaram. Mas esse não foi o fim dos Pizarro, nem dos incas.[2]

Em outubro de 1541, Carlos embarcou em Palma com uma frota de quinhentos navios e 30 mil homens — entre os quais os Cortés, pai e filho. Mas um temporal destruiu a frota; os argelinos contra-atacaram, quase capturando o próprio imperador. Cortés e Martin por pouco não se afogaram, mas perderam todas as suas joias, embora tenham sobrevivido.

Com a presença de Cortés, o imperador concentrou sua atenção nos abusos espanhóis. Em 1542, Carlos assinou as chamadas Leis Novas, criando o Conselho das Índias, limitando as *encomiendas* e protegendo os indianos ocidentais, o que enfureceu o último irmão Pizarro que permanecia na América. Gonzalo Pizarro entrou em Lima a cavalo, usando plumas e veludo preto crivado de joias, incentivado por seus seguidores a se declarar rei do Peru e a se casar com Francesca, a herdeira inca de Francisco com onze anos de idade, fundindo o sangue dos incas com o dos Pizarro. Os rebeldes derrotaram e mataram o vice-rei, mas, em abril de 1548, o novo delegado de Carlos reuniu as forças imperiais e capturou e decapitou Gonzalo.[3]

Mas a proteção dos povos indígenas, conforme foi sugerida por Bartolomeu de las Casas, El Protector de los Indios, acelerou a importação de escravos africanos. João Garrido, que acompanhara Cortés, foi provavelmente o primeiro africano a se estabelecer nas Américas.[4] É possível que três esqueletos encontrados numa vala comum no Hospital Real de San José de los Naturales, na Cidade do México, e datados dos anos 1520, sejam dos primeiros escravos — eles são originários da África e mostram ossos fraturados e o desgaste causado pelo trabalho físico pesado; um deles foi morto por uma bala de cobre. Como os reis de Portugal detinham os direitos sobre a África, o tráfico escravo espanhol era inicialmente operado por traficantes portugueses e *pombeiros*.[5] Tornou-se um negócio muito lucrativo. Conforme os ameríndios pereciam, o preço dos escravos africanos subia de maneira exponencial, passando de quatro ou cinco pesos em 1527 para cinquenta em 1536 e duzentos em 1550. Durante o reinado de Carlos, chegaram à América dos Habsburgo cerca de 30 mil africanos escravizados.

A América rapidamente afetou o mundo: seu ouro e sua prata financiavam os Habsburgo, mas acabaram avançando para o leste, chegando à Índia e à China, onde eram usados para pagar os artigos de luxo da família imperial. Os rostos decadentes de papas e príncipes revelavam que a sífilis devastava a Europa quase tão rapidamente quanto a varíola dizimara a América.[6] Os alimentos do Novo Mundo agradaram o paladar dos conquistadores: a batata andina, de fácil cultivo, logo se tornou um ingrediente básico em toda parte, em especial na Rússia e na Irlanda. A batata-doce, transplantada por mercadores europeus, ganhou popularidade na África e sobretudo na China, onde ajudou a impulsionar o crescimento demográfico. O milho, importado por mercadores europeus, transformou a agricultura na Ásia; na África ocidental, sua resistência à seca e a facilidade de armazenamento contribuíram para uma maior concentração de poder dos reis locais de Oió e do Benim. Mas o milho também ajudou os traficantes de escravos a alimentar os escravizados nas travessias do Saara e do Atlântico. Em sua esteira seguiram-se a pimenta vermelha, a baunilha, o peru, o tomate, o abacaxi e a abóbora. O tabaco se tornou um vício global, o chocolate, uma bebida de grande popularidade (muito antes que um chocolateiro inglês, em 1847, produzisse chocolates sólidos). Do ponto de vista intelectual, a revelação da existência de outras civilizações, com conhecimentos e valores próprios, desafiou o pensamento europeu e veio por fim inspirar uma nova curiosidade e maior abertura mental.

Os monarcas "gêmeos" — o habsbúrgico e o otomano — agora estavam ambos exaustos com suas obrigações, embrutecidos pelo poder. Carlos teve a sorte de contar com um filho saudável e capaz, Filipe, que possuía o férreo controle e a capacidade de concentração que faltavam ao pai. Depois que ele prometeu manter a castidade até o matrimônio, Carlos providenciou o casamento consanguíneo do rapaz com Maria Manuela, filha de João III de Portugal e da irmã de Carlos, sobrinha da mãe do noivo. Carlos dava a Filipe conselhos sensatos em política: "Nunca faça nada quando estiver enfurecido" e, sobretudo, "Não confie em ninguém; ouça todos; decida sozinho". Mas, na arena sexual, seus conselhos não eram tão bons.

Carlos, enquanto continuava a seduzir mocinhas e a gerar filhos, tentava controlar o filho: "Você logo estará casado; é importante refrear os desejos", que "podem ser perigosos tanto para o crescimento quanto para a força do corpo. Chega até a causar a morte, como fez com o príncipe João, o que me levou a herdar esses reinos [...]. Peço e exijo que, depois de consumar o casamento, você alegue alguma doença e mantenha-se longe de sua esposa". Na noite de núpcias, um cortesão entrou no quarto depois de duas horas e meia e retirou o recém-casado de lá. Ao saber que Maria estava grávida, Carlos cumprimentou o filho: "Pensei que levaria mais tempo". Filipe não era o tristonho fanático da lenda: gostava de dançar e flertar, e agora mantinha um caso com uma bela dama de companhia (embora houvesse um rabino entre seus antepassados). A esposa deu à luz um filho, mas morreu de infecção, aos dezessete anos. O bebê Carlos nasceu com deficiências físicas e mentais — resultantes do casamento endógamo e talvez da falta de oxigênio — que viriam a pôr em risco o pai e a própria monarquia. Filipe, tomado de "angústia e pesar", recolheu-se a um mosteiro durante um mês.

Em 1543, quando Carlos deixou a Espanha, Filipe começou a governar o reino. "Não deixe de me enviar soldados", pediu o pai. Filipe resistiu, relembrando-o do "esgotamento de seus reinos". A exigência de soldados e dinheiro e a constante importunação azedaram a relação entre os dois. Ao mesmo tempo, Carlos derrotou Francisco numa corrida para granjear as simpatias de Henrique VIII, desviando convenientemente os olhos do rude tratamento que o obeso monarca envelhecido dava à sua tia Catarina.[7] Em 1544, Henrique chegou a Calais e os dois atacaram a França, obrigando Francisco a pedir a paz.

Carlos tinha prometido ao irmão Fernando que ele e o filho o sucederiam como imperadores, mas então, de súbito, anunciou que nomearia o próprio filho, Filipe. Os irmãos quase romperam. "Temos de decidir quem é imperador, você ou eu", Carlos disse a Fernando. Isso poderia ter causado um cisma entre os Habsburgo, mas Carlos recuou. Num pacto que perduraria pelos 150 anos seguintes, os dois ramos da família acordaram se ajudar mutuamente. Filipe herdaria a Espanha, onde já governava, a Holanda, a Itália e as Américas; Fernando governaria a Áustria e o império.

Em 1547, Carlos derrotou os príncipes protestantes em Mühlberg,[8] num triunfo católico — o apogeu do trabalho de sua vida. Mas, em 1552, os príncipes protestantes, fortalecidos pela França, reagiram, desbaratando as forças de Carlos, a quem quase mataram ou capturaram, o que o obrigou a fugir semiconsciente numa liteira, atormentado por dívidas, hemorroidas e gota — o nadir de seu reinado —, enquanto os almirantes otomanos retomavam Túnis. "Não posso estar em toda parte e fazer tudo", escreveu desesperançado a Fernando. Falido e quebrado, queixou-se: "Não consigo encontrar um centavo, nem alguém que me queira emprestá-lo, nem um homem sequer na Germânia disposto a declarar apoio a mim". Desconfiava até do irmão: "Começo a me perguntar se Fernando teria algum entendimento secreto com os autores dessa conspiração".

Em 1556, Carlos finalmente autorizou Fernando a negociar uma paz germânica que permitia aos príncipes germanos escolherem sua seita: *cuius regio, eius religio* (seu reino, sua religião). É raro que uma mesma família tenha dois hábeis estadistas ao mesmo tempo, mas o irmão de Carlos v, o cauteloso, sábio e conciliador arquiduque Fernando, estabelecera um reino habsbúrgico na Mitteleuropa, abrangendo a Áustria, a Boêmia, a Hungria e a Croácia; reconstruíra o Palácio de Hofburg, em Viena, para lhe servir de sede; tivera um casamento feliz com sua esposa herdeira, que produziu treze filhos que sobreviveram à infância; formara um herdeiro moderado, Maximiliano, a quem fez desposar a filha de Carlos, Maria da Espanha; e repelira quatro invasões de Suleiman. O sultão, agora com sessenta anos, lidava com sua própria crise familiar ao estilo otomano — com a corda.

A IMPERATRIZ OTOMANA, O PIOLHO SORTUDO E *DOÑA* GRACIA

Hürrem, a ex-escrava nascida na Ucrânia que era agora a imperatriz de Suleiman, continuou a ser sua companheira, correspondendo-se constantemente com ele em suas campanhas e servindo como seus olhos em Constantinopla. "Às vezes você me trata com bondade, às vezes me atormenta", ele escreveu. "Meu amor, qualquer que seja seu estado de espírito, sempre me adaptarei a ele." Quando seu primeiro filho com Roxelana morreu, Suleiman chorou desesperadamente, de início querendo impedir que o corpo fosse sepultado e a seguir rezando durante quarenta dias. Mas em política ele era gélido.

Envelhecido, vigilante, cansado do mundo, Suleiman monitorava com atenção os filhos. Era próximo de Mustafá, o primogênito, que ganhara uma perigosa popularidade entre os janízaros, os mosqueteiros de elite temidos pelo sultão.

Em campanha contra os persas em 1548, depois de tomar Tabriz e grande parte do Cáucaso, Suleiman, agora magro e gotoso, sentia o peso da idade.[9] "Você disse que seu nobre pé estava doendo", escreveu Hürrem. "Deus sabe, meu sultão, que fiquei tão nervosa que chorei." Em 1553, o xá Tahmasp contra-atacou, e Suleiman enviou Piolho Sortudo, casado com sua filha Mihrimah e grão-vizir por nove anos, a fim de repeli-lo. O padixá foi informado pelo genro que Mustafá estava discutindo o "afastamento" de Suleiman. Talvez o príncipe tenha pensado que Piolho — com o apoio da esposa, Mihrimah, e da sogra, Hürrem — desejava matá-lo.

"Deus não permita", retrucou Suleiman, "que meu Mustafá Khan se atreva a tal insolência." Mas, mesmo fatigado, comandou seu próprio exército e se juntou a Piolho, viajando com Cihangir, seu filho caçula, que comentou com ele que sua corcunda impediria que os irmãos o matassem. "Meu filho", respondeu Suleiman, "Mustafá se tornará sultão e matará todos vocês."

Em Ereğli, Suleiman convocou Mustafá, e sua mãe implorou que ele não fosse. Deixando seus guarda-costas, Mustafá entrou na tenda do pai, e lá, observados pelo padixá, os Sem-Língua saltaram sobre ele com suas cordas. Mustafá resistiu, mas, ao tentar escapar, tropeçou no próprio manto, foi estrangulado e teve o corpo arremessado para fora da tenda. O exército pranteou sua morte e pediu a cabeça de Piolho. Suleiman concordou em dispensar o vizir. Escrevendo de Constantinopla, Hürrem lhe recomendou que enviasse boas-novas para acalmar a cidade e rogou pela vida de Piolho, assinando: "E é tudo. Sua humilde escrava".

Piolho Sortudo teve sorte mais uma vez: sua esposa Mihrimah, embora infeliz no casamento, continuou a defendê-lo. Dois anos depois, Suleiman mandou estrangular seu vizir e renomeou Piolho. Hürrem vencera: haviam sobrado apenas seus dois filhos, Selim e Bajazeto. Mas somente um seria o sucessor — e o outro teria de morrer.

Selim era corpulento, jovial e hedonista, um poetastro beberrão cuja concubina favorita, Nurbanu, era uma nobre grega escravizada por Barba-Ruiva. Não gozava de popularidade no exército, onde era chamado de Touro; em Constantinopla, chamavam-no de Louro. Bajazeto era marcial e ambicioso.

Enquanto a mãe promovia Selim, Bajazeto tentou fomentar uma revolta. Hürrem intercedeu e obteve o perdão para ele. Em 1558, porém, ela morreu no Velho Palácio, sendo sepultada na tumba da Mesquita Süleymaniye que o padixá construíra para ambos. Após a morte da mãe, Mihrimah se mudou para o Velho Palácio e tornou-se conselheira e acompanhante do pai, construindo entidades beneficentes e mesquitas (inclusive encomendando a Sinan — que diziam ser apaixonado por ela — o projeto da Mesquita de Rüstem Paxá, de um azul requintado, em homenagem ao finado marido). Uma pintura mostra sua altiva beleza: ela se tornara uma potestade euroasiática, tentando manter a paz entre os irmãos.

No entanto, Bajazeto ainda planejava tomar o poder. Aí estava uma família poderosa que falava da morte e da traição em poemas. Suleiman repreendeu o rapaz, que escreveu em resposta:

"Perdoa a ofensa de Bajazeto, poupa a vida deste escravo. Sou inocente, sabe Deus, meu sultão afortunado, meu pai."

Suleiman respondeu:

"Meu Bajazeto, perdoo-te a ofensa se emendares tua conduta. Mas não digas 'Sou inocente'. Mostra arrependimento, meu querido filho."

Foi nesse momento que a família mais rica da Europa chegou a Constantinopla. Tratava-se dos Mendes, judeus ibéricos liderados por *doña* Gracia e seu sobrinho José Nasi, casado com a filha dela, Reyna. Sua vida antes disso já havia sido extraordinária: *doña* Gracia, herdeira da instituição bancária dos Mendes/Benveniste, fora expulsa da Espanha para Portugal, escapando em seguida para Antuérpia. Quando Carlos V tentou roubar sua fortuna, ela e José fugiram pela França até Veneza, antes de negociarem sua chegada a Istambul. Com um histórico de falsas conversões e de observância judaica secreta, eram sobreviventes natos que tinham um dossiê completo de vários nomes.[10] Os venezianos aprisionaram Gracia, ao que o sobrinho José escreveu para o médico judeu de Suleiman. O sultão ordenou que a Signoria libertasse La Signora. Ela e a filha chegaram a Constantinopla em grande estilo, entrando no Bósforo numa esplêndida flotilha, seguidas por José. *Doña* Gracia fazia negócios com imperadores, papas e reis, saindo-se muito bem, uma proeza admirável para uma mulher e uma judia. Quando o pontífice mandou queimar judeus na fogueira, *doña* Gracia organizou um boicote aos portos papais. José serviu de conselheiro e financiador de Selim durante seus embates com o irmão.

Em 1559, Bajazeto arregimentou tropas. Suleiman enviou Selim para combater o rebelde, que fugiu com os quatro filhos para a Pérsia, onde o xá Tahmasp lhe concedeu asilo.

O xá era mestre nos jogos de política familiar com os vizinhos. A oeste, ele obteve uma fortaleza e 1,2 milhão de florins de Suleiman. Em troca, permitiu que Selim e um grupo de Sem-Língua entrassem furtivamente na Pérsia e estrangulassem Bajazeto e os quatro filhos.[11] A leste, seu jogo era outro, e ele ajudou o imperador deposto da Índia, Humaium, filho de Babur, rebento da Casa de Tamerlão, a retomar seu reino indiano — na esperança de que se convertesse ao xiismo e tornasse a Índia um Estado subordinado e agradecido. Em vez disso, ele ajudou a restaurar o maior governante da Índia desde Axoca.

O REI PRUDENTE E TRÊS RAINHAS INGLESAS

Akbar, filho de Humaium, fora criado pela irmã de Babur em Cabul, mas, quando o xá deu a Humaium um regimento de cavalaria para ajudar na retomada da Índia, o rapaz se juntou ao pai na cavalgada até Delhi. A força invasora de 5 mil persas e afegãos, comandados por um robusto paladino afegão, Bairam Shah, era muito pequena para tomar um subcontinente. No exílio, Humaium absorvera a cultura de influência persa que viria a se tornar parte intrínseca do estilo mogol. Bibliófilo e apreciador do ópio, como muitos na família, ele caiu da escada de sua biblioteca e teve a morte de um amante dos livros. O imperador Akbar nomeou Bairam como seu *vakil* — premiê — até aposentá-lo, em 1562. Ele recorria cada vez mais aos conselhos de sua antiga ama de leite, uma mulher leal e competente chamada Maham Anga, promovendo de forma excessiva seu filho adolescente Adham Khan, irmão adotivo de Akbar, com quem crescera. Quando Adham se atreveu a contrariá-lo, Akbar deu rédea solta a seu Tamerlão interior: na frente da corte, esmurrou a cara do irmão, aos gritos de "Seu filho da puta", e o arremessou pela sacada. Adham sobreviveu, e assim Akbar ordenou que o carregassem escada acima e o defenestrou novamente, quebrando-lhe o pescoço. "Você fez bem", disse a mãe de Adham, embora a "cor tivesse abandonado seu rosto".

Akbar havia tomado o poder com arqueiros montados persas, mas construiu o império com canhões e mosquetes otomanos, logo vindo a fabricar os seus próprios. Akbar e a Casa de Tamerlão agora eram conquistadores da Índia. As torres de cabeças indianas erguidas por Akbar mostravam a conquista mais predatória de todos os tempos: segundo um *maharana* rajapute chamado Pratap, ele era um invasor "turco cruel". Akbar esteve em guerra durante vinte anos, primeiro perseguindo os inimigos em enormes caçadas, acompanhado por mil guepardos e escoltado por seus exércitos — "caçando outra espécie de elefante selvagem", como dizia seu ministro, ritual que muitas vezes levava à sujeição dos adversários. Quando isso não funcionava, Akbar empregava seus arqueiros montados mongóis, elefantes de guerra e a mais moderna artilharia. Ele próprio era um exímio atirador com sua arma favorita, chamada Sangram (na época, as armas de fogo e as espadas recebiam nomes). Em 1556, usando seu canhão, Akbar retomou primeiramente Delhi e Agra, depois Lahore e o Punjab — e, em 1558,

Rajputana, acabando a cada vez com os nobres rajaputes, comandados pelo *maharana* de Mewar, Udai Singh, construtor da requintada cidade lacustre de Udaipur. Em fevereiro de 1568, quando a fortaleza Chittorgarh, de Udai, caiu, Akbar massacrou 30 mil pessoas, expondo a cabeça delas nas ameias. A maioria dos rajaputes se submeteu: ele fez amizade com Man Singh, rajá de Amber, nomeando-o *mansabdar* de 7 mil homens,[12] tratando-o por *farzand* (filho) e se casando com sua irmã. Seus casamentos levaram a uma fusão de linhagens timúridas e rajaputes com as culturas sanscrita e persa. Graças à sua maestria nos jogos de poder imperial, a dinastia conquistadora se enraizou na Índia.

Então Akbar se voltou para o sudoeste, a fim de tomar Gujarate — o sultanato costeiro que, com seu entreposto de Surat, ligava a Índia ao comércio europeu — e os suprimentos militares otomanos. Ele concedeu o direito a Goa aos portugueses, que haviam chegado à Índia antes de Babur. Em 1573, Akbar comemorou a invasão da capital Ahmedabad erguendo mais torres de cabeças. O comércio de Gujarate fez da dinastia uma potência mercante mundial. Então o padixá guinou para o leste e o norte, tomando Bengala e Caxemira.

De rosto barbeado, exceto pelas suíças, alto, esguio, atlético, de cílios longos, Akbar parecia mongol, e dizia-se que seus olhos negros cintilantes "ferem com seu brilho". Era reservado — "guarda seus motivos e controla suas emoções", e "nunca perde tempo", usando uma clepsidra para "estimar o tempo", na convicção de que "a preguiça é a raiz do mal". Adorava testar o destino montando elefantes durante o *musth* (o período em que eles são mais agressivos), "campeando deliberadamente elefantes assassinos para que, se eu tiver feito algo que desagrade a Deus, esse elefante acabe conosco". Vivia de maneira perigosa, jogando polo noturno com bolas luminosas especialmente projetadas e entregando-se a caçadas imprudentes: certa vez, foi atingido nos testículos pelos chifres de um antílope. Também foi ferido na virilha na batalha em Gujarate, adquirindo um ligeiro coxear timúrida. Em 1564, um assassino o acertou no ombro com uma flecha. A segurança era crucial. Akbar era um consumado utilizador de venenos, fossem impregnados nos punhos de uma túnica presenteada pelo imperador ou oferecidos pessoalmente, por sua própria mão, numa folha dobrada de bétel.

Embora analfabeto e possivelmente disléxico, patrocinava intelectuais, tendo à frente o *vakil* e ideólogo Abul-Fazl e o irmão, o poeta Faizi, luminares de suas Nove Joias.

Akbar acreditava ser um imperador sagrado e incorporava não só as tradições islâmicas e de influência persa, mas também suas contrapartes turcas e rajaputes. Pacificou os hindus, abolindo a *jizya* e o abate de vacas, e questionava o próprio islamismo, concebendo uma *Din-i Ilahi*, ou "fé divina", de religiosidade híbrida e eclética, que abarcava o islamismo, o hinduísmo e o zoroastrismo. Aproximando-se o milênio islâmico, intitulou-se mádi, ou "renovador do segundo milênio". Em 1585, cunhou moedas com a inscrição "*Allahu akbar jalla jalaluhu*", que normalmente significaria "Alá é grande", mas também podia significar "Akbar é Alá", brincando com a ideia de substituir Maomé. Recuou de sua apoteose pessoal, mas projetou a santidade da monarquia mogol, promovendo-se como padixá timúrida, dirigente sagrado islâmico e *chakravartin* hindu. Adotou a tradição hindu de aparecer diariamente ao amanhecer na sacada do Forte de Agra: essa *jharokha darshan*, vista por multidões, se tornou um rito essencial do reinado mogol.

Enérgico no sexo como em tudo o mais, ele insistia em ter as esposas de seus emires, caso lhe agradassem, e suas exigências de novas jovens constituíam "um grande terror [...] na cidade". Como todos os monarcas das estepes, porém, consultava as mulheres sábias da família, sobretudo sua principal esposa e prima em primeiro grau, Ruqaiya.

Em meio a todo esse sucesso espreitava a tensão: Akbar sofria de "melancolia". "Meu coração é oprimido por essa pompa externa", afirmou. "Eu sentia uma amargura interna, minha alma era tomada de extrema dor." Em 1573, aos 31 anos, enquanto conversava ebriamente sobre a coragem dos heróis rajaputes, que arremetiam contra as lanças até serem atravessados por elas, de súbito cravou a espada na parede e correu em sua direção, só parando ao ser impedido por Man Singh, seu cunhado rajaputе.

Assim como os cãs de Gengis, os timúridas eram propensos ao alcoolismo: dois filhos de Akbar morreram de tanto beber; seu herdeiro Salim (mais tarde o imperador Jahangir) era viciado em ópio, vinho e áraque. Compreensivelmente, as jovens na *zenana* eram ávidas consumidoras dessas substâncias, e ficavam tão dependentes que Akbar mandava revistar os visitantes. Às vezes, adormecia durante as discussões com jesuítas, durante as quais bebia *post*, água com ópio. Mais tarde, passou a apreciar o tabaco, trazido por visitantes portugueses. A nicotina não era a única mercadoria americana que chegava à Índia: o ouro e a prata das Américas enriqueceram o reino de Akbar. Ele promovia o comércio: como disse Abul-Fazl, "com regulamentações sábias, preserva-se a receita". Graças ao crescimento das cidades, ao bom rendimento das colheitas, às melhorias salariais e ao sucesso de oficinas caseiras especializadas em têxteis (conduzidas por artesãs que compatibilizavam a criação dos filhos com o trabalho qualificado), a Índia — com uma população de 150 milhões de habitantes, sendo 110 milhões governados por Akbar — produzia um quarto dos têxteis mundiais, bem como pimenta, café, ópio, chá, especiarias, marfim e salitre. Akbar incentivava os mercadores portugueses e depois ingleses porque pagavam em ouro e prata, com o que a Índia timúrida rivalizava com a China dos Ming como o reino mais rico do mundo.

No entanto, todas essas monarquias das estepes tinham um defeito fatal: a família. A disputa entre os filhos, para selecionar o mais capaz, gerava surtos mortíferos de brigas capazes de derrubar impérios. Enquanto Akbar tentava gerir os conflitos entre os filhos, o esgotado padixá cristão, Carlos v, fonte de todo aquele ouro e prata, dava uma aula magistral sobre a forma de lidar com a sucessão.

Carlos estava tendo um colapso nervoso: ele "se ocupa dia e noite com o ajuste e a sincronização de seus relógios; muitas vezes acorda os valetes para que o ajudem a desmontá-los e remontá-los". Ansiando pela ordem em meio ao caos, desejava que os relógios tiquetaqueassem em uníssono.

Ainda assim, em meio ao colapso, Carlos arranjou o novo casamento de Filipe. Henrique VIII havia morrido, deixando um filho frágil e franzino, Eduardo VI, que, apesar de jovem, era um rigoroso protestante. Morrendo de tuberculose aos quinze anos de idade, foi ele pessoalmente quem desviou a sucessão de sua meia-irmã católica Maria para sua prima de segundo grau, Joana Grey, filha protestante do duque de Suffolk e bisneta de Henrique VII. Aos dezesseis anos, Joana se tornou a primeira rainha reinante da Inglaterra: passados nove dias, foi derrubada pelos apoiadores de Maria, filha de um rei poderoso e de uma rainha espanhola de grande popularidade. Maria executou o ministro de Eduardo, restaurou a ligação da Inglaterra com Roma e ficou encantada com a perspectiva de se casar com o fogoso Filipe, agora rei de Nápoles e da Sicília.[13] O casamento católico — concebido para ecoar o de Fernando e Isabel em 1469 — foi um sucesso na Inglaterra. Mas Maria e seus ministros recorreram a um complô anticatólico como pretexto para decapitar sua rival, a ex-rainha Joana.

Filipe foi até a Inglaterra e desposou Maria, uma mulher pouco atraente, então com 37 anos, na Catedral de Winchester, tornando-se rei da Inglaterra e da Irlanda. "Depois de celebrar e consumar o casamento com a rainha", ordenou Carlos, "passados seis ou oito dias, deixe-a." Filipe não se sentia muito inspirado pela aparência física de Maria — "Será preciso um grande Deus para beber desse cálice", suspirou seu melhor amigo —, mas consumou valorosamente as núpcias, a tal ponto que a deleitada rainha precisou de quatro dias na cama para se recuperar. Então, para a tristeza de Maria, Filipe escapou para Bruxelas, a fim de assistir à abdicação do pai.

A partida é um dos testes da sagacidade política; poucos sabem quando ou como partir. A sucessão é o grande teste de um sistema; poucos a realizam bem. A aceitação paterna da independência filial é um teste da solidariedade de qualquer família. Carlos se saiu bem nos três testes. Em outubro de 1555, apoiando-se no ombro de seu favorito holandês, Guilherme, o Taciturno, príncipe de Orange, Carlos discursou a seus dignitários: "Eu tinha grandes esperanças — apenas algumas se realizaram", disse, "e apenas algumas me restam: e ao custo de quanto esforço! Elas acabaram por me deixar cansado e doente". Poucos dirigentes teriam a coragem de confessar: "Sei que cometi muitos erros, grandes erros, primeiro por causa de minha juventude, depois por causa do erro humano e de minhas paixões, e por fim por causa do cansaço. Mas nunca cometi nenhum mal deliberado a ninguém, quem quer que fosse". Ele então entregou o reino espanhol a Filipe. Acompanhado da amada irmã Leonor, de suas pinturas de Ticiano — em especial o retrato de Isabel, há muito finada — e de seus relógios, Carlos se retirou para um mosteiro em Yuste, na Espanha, onde orou e dedicou--se a seus relógios até morrer, aos 58 anos de idade.

Maria instaurou a perseguição aos hereges protestantes, queimando 283 deles na fogueira, e pôs sua meia-irmã protestante, Elizabeth, sob prisão domiciliar. Mas ela estava cada vez mais aflita: Filipe gostava de ser rei da Inglaterra e da Irlanda, mas abominava os deveres conjugais. A pobre rainha desejava tanto um filho que, em setembro de 1554, sua barriga inchou, ela sentia enjoo todas as manhãs e seus períodos cessaram. Mas Filipe duvidou dela, e, gradualmente, seus cortesãos perceberam que se tratava de uma falsa gravidez.

Filipe era esguio, de tez clara, com cabelos louros e olhos azuis gélidos, o queixo pequeno dos Habsburgo oculto por uma barba loura. Era inteligente e meticuloso, com sagacidade para tomar decisões num império global, memória excelente, muita energia para dedicar às horas de trabalho e o sangue-frio necessário para ordenar guerras e matanças. O jovem rei sabia ser encantador, gostava de danças e de mulheres, apreciava a arte e tinha senso de humor, e regozijava-se em enfiar a tromba de seu elefante de estimação nas celas de monges austeros; mais tarde, mostrou-se um marido amoroso e um pai indulgente com as filhas. No entanto, compartilhava a missão messiânica do próprio pai sem mostrar a humildade deste na vitória, e, como recordou um cortesão, "tinha um sorriso talhado à espada".

Filipe precisava desesperadamente de uma família — e de um herdeiro saudável. No núcleo de sua corte avultava o problema de seu primogênito, que desde cedo torturava animais, cegava cavalos e açoitava criadas. D. Carlos, príncipe das Astúrias, cuja mãe portuguesa morrera quatro dias após seu nascimento, talvez tenha sido afetado pela falta de oxigênio no cérebro; era corcunda, manco e violento. Filho único, era sem dúvida emocionalmente carente, tendo um pai que se ausentava por anos a fio, mas o problema principal era seu deficiente patrimônio genético.[14] A endogamia havia criado um império mundial, porém a mesma política destinada a fortalecê-lo acabara por enfraquecê-lo de maneira fatal.

Filipe, reinando sobre 50 milhões de pessoas em quatro continentes, da Ásia à América e à Europa, vivia, tal como o pai, em guerra constante — contra a França, contra o papa, contra os otomanos —, e isso antes de enfrentar desafios heréticos por todos os lados.

Esse imperialista messiânico acreditava que Deus faria milagres por ele; tudo parecia possível. "O mundo não é suficiente": era esse seu lema. A quantidade de papéis e documentos com que tinha de lidar era enorme, mas ele atuava como seu próprio secretário — "eles estão me matando de trabalho durante o dia, o que significa que à noite estou exausto". Em certa ocasião, escreveu: "São dez horas da noite, estou em frangalhos e morrendo de fome". Sua obstinação levava a erros e ilusões. O problema de um imenso poder é que ele ultrapassa a capacidade de um único ser humano de exercê-lo. "Sua Majestade anda trabalhando ainda mais do que de hábito", escreveu um de seus assistentes, "lendo e escrevendo documentos até lhe saírem pelo traseiro (que sua senhoria me perdoe), pois no sábado, às três da madrugada, foi atacado por uma terrível diarreia." Ele tomava todas as decisões. A autocracia oferece uma coerência que a democracia não tem, mas a substitui por uma rigidez petrificada pela ilusão e afogada em detalhes.

Filipe já estava em guerra com a França pelo controle da Borgonha e da Itália, conflito que durava quase um século. Ele ordenou que as tropas avançassem da Holanda e entrassem na França. Em 10 de agosto — Dia de São Lourenço — de 1557, em Saint-Quentin, seus *tercios* derrotaram os franceses, vitória que Filipe celebrou construindo o colossal palácio-mosteiro-mausoléu de São Lourenço da Vitória do Escorial, perto de Madri, que refletiria sua grandiosa visão messiânica da monarquia sagrada.

Todas as vitórias eram atribuídas à graça divina: "Foi obra de Deus". Filipe montou um relicário sagrado de doze corpos, 144 cabeças e 306 membros, etiquetados à mão e regularmente utilizados para tratar as enfermidades da família. Sua missão na vida era combater a heresia do protestantismo e ser o paladino do contra-ataque católico conduzido pelo papado. Ele dizia com frequência a seus ministros que servi-lo era "o mesmo" que servir a Deus, convicção que justificava qualquer coisa. Por toda a Europa, intensificava-se o choque entre as duas denominações religiosas. Filipe insistia: "Prefiro perder todos os meus Estados e cem vidas, se eu as tivesse, a tolerar a menor ofensa à religião e ao serviço de Deus, pois não pretendo reinar sobre heréticos". Além disso, assistia a muitos autos de fé. Certa vez, quando uma vítima gritou com ele, respondeu: "Eu traria a lenha para queimar meu próprio filho se ele fosse tão perverso como você". Numa época em que não havia divisão entre secular e religioso, Filipe acreditava na necessidade de perseguir a heresia e a impureza de protestantes e cristãos criptojudeus que se infiltravam no reino de Deus, mas o número de execuções que praticava não era maior do que na maioria dos outros reinos europeus. A caça aos criptojudeus estava ligada a um certificado de pureza racial — *limpieza de sangre* — que costumava ser fácil de obter e era fundamental para ocupar qualquer cargo, mas a perseguição podia se dar contra *conversos* suspeitos. Quando lhe convinha, Filipe fechava os olhos à impureza racial. Consolidou o poder real nas Américas esmagando a insubordinada família Cortés e incentivando os jovens espanhóis a se assentar naqueles territórios.[15]

Um recruta típico foi um jovem basco, Simón Bolívar, que prosperou em Caracas, desenvolvendo fazendas agrícolas, minas de cobre e um porto, importando africanos escravizados e depois fundando escolas e seminários, além de servir como procurador de Filipe. Agora, cerca de 5 mil espanhóis governavam 10 mil africanos e 350 mil ameríndios. Bolívar personificava a elite branca de *mantuanos*, que usufruía prodigamente sua separação racial, enquanto, na verdade, se cruzava com ameríndios e africanos, criando um novo mundo de povos miscigenados.[16]

Em 1557, Maria, agora com 41 anos, após ser visitada por Filipe, rei da Inglaterra, pensou mais uma vez que estava grávida, mas infelizmente suas duas falsas gravidezes eram, com muita probabilidade, os sintomas iniciais do câncer uterino que a matou em novembro do ano seguinte. A ela se sucedeu sua meia-irmã protestante, Elizabeth, filha de Ana Bolena, que fora executada.

Filipe pranteou a morte de Maria, "como vocês bem podem compreender", e sentia falta de seu reino inglês. Propôs casamento a Elizabeth. A intelectual, forte e decidida rainha rejeitou o pretendente e restaurou o protestantismo em seu reino. Ambos, Filipe e Elizabeth, consideravam a religião um elemento essencial de sua missão. A Coroa dele fora forjada pela guerra santa; ela teve de ser mais pragmática para sobreviver — não tinha "nenhuma vontade de abrir janelas na alma dos homens". Certa vez, disse em tom de provocação: "Existe apenas uma fé; todo o resto é uma disputa em torno de ninharias"; mas ambos estavam dispostos a matar por essas ninharias. Elizabeth executou quase duzentos católicos em seu pequeno reino, mas, calejada por sua arriscada trajetória de princesa a bastarda, de bastarda a prisioneira e de prisioneira a soberana, era mestre na arte da encenação política, na opacidade e no aplainamento de arestas. Agora, porém, obtivera tanto sucesso em desafiar Filipe que ele decidiu adotar uma ação mais drástica.

Enquanto Filipe assumia o leme, um jovem ruríquida se impunha em Moscou. Eram o oposto um do outro: o primeiro, a própria definição do autocontrole; o outro, a do frenesi. Filipe se autodenominava El Prudente; Ivan se tornou Grózni: o Terrível.

HOYDA! FERA SEDENTA DE SANGUE

Em 2 de outubro de 1552, Ivan IV, de 22 anos de idade, ajoelhou-se para rezar enquanto seu exército — os tradicionais arqueiros montados e seus novos mosqueteiros *streltsi*, acompanhados de 150 canhões — atacava Kazan, junto ao Volga, a capital de um canato, e matava seus habitantes muçulmanos, libertando milhares de escravos cristãos. Depois de voltar de Kazan, sua amada esposa Anastácia deu à luz o primeiro de seus três filhos.

O conquistador cristão celebrou a vitória em Moscou, construindo a Catedral de São Basílio, com seus nove domos exuberantes, na Praça Vermelha. Em poucos anos, esse jovem autocrata transbordante de energia expandira seu reino, modernizara o exército, promulgara um novo código jurídico e garantira a dinastia. Mas uma doença e, a seguir, uma morte iriam desestabilizá-lo, desencadeando aquela sua mescla peculiar de carisma sagrado, energia lastimosa e sadismo ensandecido.

Neto do temível Ivan, o Grande, e de sua esposa Sofia Paleóloga, o menino era grão-príncipe desde os três anos de idade, após a morte do pai, Basílio III, que deixara a esposa, Elena Glinskaia, como regente. À morte de Elena, Ivan teve como companhia apenas o irmão surdo-mudo. "A meu irmão Jorge, de abençoada memória, e a mim, criaram-nos como vagabundos. O que sofri por falta de roupa e comida!" É difícil crer nessas alegações, mas ele era um fabulista histérico e sangrentamente melodramático, assombrado pelo purgatório bíblico. Ao crescer, tornou-se um homem alto, ágil "como um leopardo", com nariz aquilino, boca sensual e olhos faiscantes.[17] Já torturando animais, que arremessava do alto das torres do Kremlin, Ivan passou uma adolescência desenfreada ao lado de um bando de rufiões, cometendo atos de banditismo, e, tão logo obteve algum poder, mandou empalar alguns desses amigos. Tinha ouvido falar das crueldades de Vlad, o Empalador, e de seu notável avô, Ivan, com quem guardava enorme semelhança.

Em janeiro de 1547, Ivan foi consagrado na Catedral da Dormição como Autocrata de Todas as Rússias e — pela primeira vez — tsar. Foi coroado com o "barrete" de Constantino Monômaco, provavelmente um presente mongol, enquanto seu patriarca agora fundia as ideologias mongol e romana, anunciando o tsar como encarnação de Deus e personificação do Estado.

Ivan, então, presidiu a um desfile de noivas — um concurso de beleza de origem em parte bizantina, em parte mongol, em que se despachavam ordens por todo o reino, anunciando: "Aqueles que tiverem filhas donzelas, apresentem-se sem demora a nossos representantes para inspeção [...]. Aquele que ocultar uma filha donzela será punido". Ivan escolheu Anastácia Romanovna Zakharina-Iureva — a primeira dos Románov —, que deu à luz os filhos exigidos e a quem ele veio a amar — ou, pelo menos, de quem veio a depender como apoio emocional.

Ivan morava no Kremlin, um conjunto de palácios e igrejas cercado por uma fortaleza de muros vermelhos, com uma corte devota dominada por uma rede de boiardos (aristocratas) endógamos e um influxo de príncipes mongóis, filhos dos cãs da Horda Dourada. Ivan protegia esses príncipes, que não representavam uma ameaça política; é provável que falasse tártaro, e, embora fosse fanaticamente devoto, sua corte também tinha expressivos traços mongóis: mesmo seus nobres referiam-se a si mesmos como "seus escravos", ao estilo mongol.

Farreando em festas e fornicações, intercaladas por jejuns e orações, Ivan era influenciado por um padre de barba branca chamado Silvestre, que considerava até mesmo os espelhos e a música como manifestações satânicas. O jovem Ivan escanhoava o rosto, até que Silvestre o persuadiu de que fazer a barba era coisa de sodomitas, instigando-o a implantar o uso obrigatório de barbas.

Logo após sua coroação, o fogo destruiu grande parte de Moscou, matando milhares de pessoas. Ivan foi retirado às pressas da cidade, e uma turba, atiçada pela histeria pública e por conspirações da corte, exigiu a vida de sua avó Ana Glinskaia, acusada de feitiçaria, e acendeu mais fogueiras. Ivan se negou a entregar a avó; reunindo seus homens, capturou e empalou os líderes do bando. A vida na corte era intrinsecamente desgastante, mas os frequentes incêndios que se alastravam por Moscou e os reiterados surtos de peste contribuíam para o sentimento de Ivan de que se tratava de um mundo sempre à beira de um inferno apocalíptico.

Em março de 1553, Ivan adoeceu. Ele estava decidido a ter como sucessor seu filho bebê, Demétrio, mas não existiam regras de sucessão; os cortesãos queriam evitar outra regência e impedir que a família de Anastácia assumisse o poder. Muitos se voltaram para o primo em primeiro grau de Ivan, o príncipe Vladímir, de dezessete anos, perspectiva melhor do que um bebê. Durante doze dias, oscilando entre estados de consciência e recaídas na inconsciência, Ivan tentou obrigar os boiardos a jurarem lealdade a seu bebê. Vladímir foi obrigado a fazer o juramento. Então Ivan se recuperou e começou a acusar os boiardos de quererem "alçar Vladímir ao trono e, como Herodes, destruir seu filho, concedido por Deus". Em seguida, saiu em peregrinação até um mosteiro distante, exigindo a presença de Anastácia e do tsarévitche Demétrio. Mas era uma jornada perigosa. Ao sair do barco, a ama do bebê o deixou cair no rio. (Não há registros do que aconteceu com ela.) Ivan perdia seu único herdeiro.

Felizmente, pouco tempo depois, Anastácia deu à luz um outro filho sadio, Ivan. Em doze anos ela pariu seis filhos, inclusive Fiódor, provavelmente nascido com síndrome de Down. Tanta pressão cobrou seu preço. Ivan era muito apegado à esposa, exigindo sua presença constante, mesmo em viagens perigosas, mas possuía uma sexualidade ardente e irrefreada.

Em 1556, ele deu seguimento à captura de Kazan com um ataque a Xacitarxan — Astracã —, o principal mercado escravo do Volga, no qual devastou a cidade. A queda desses canatos foi o começo da ascensão da Rússia como império eurasiano. Ivan deu respaldo a uma família de conquistadores russos tão importante para a Rússia quanto os Cortés para a Espanha: Anikei Stroganov, um velho e robusto mercador de 67 anos, e seus três fissíparos porém competentes filhos, cuja riqueza provinha do comércio das peles de animais que capturavam ao leste do Volga e da exploração das salinas nos arredores de Solvichegodsk, ao norte.

Quando um mercador inglês, Richard Chancellor, navegava para o norte em direção à China, e acabou parando onde viria a se erguer a cidade de Arcangel, Ivan tomou o controle pessoal da localidade, esperando obter benefícios da Inglaterra. Ele encarregou os Stroganov de atravessarem os Urais até o canato da Sibéria, controlado por Kuchum Khan, descendente de Gengis, e povoado por mongóis e tribos indígenas. Ivan deu à família terras nos Urais e na Sibéria, onde eles construíram fortalezas, assentaram camponeses e desenvolveram minas e salinas, comerciando madeira e peles e fornecendo salitre e areia a Ivan. Eles tinham seu próprio exército, um regimento — *drujina* — de saqueadores da fronteira chamados cossacos.[18] Mas o alvo seguinte de Ivan foi o Báltico, onde pretendia assegurar um porto na Livônia (Estônia/Letônia) e obter acesso ao comércio europeu.

Em 1558, quando a antiga ordem de cruzados da Livônia, oficialmente chamada de Terra Mariana, tentou se unir à Polônia-Lituânia, Ivan atacou, a princípio tomando Narva e em seguida desencadeando um conflito complexo que envolvia a Polônia, a Suécia, a Dinamarca e o canato da Crimeia. Ivan procedeu engenhosamente nesse jogo e de início obteve vitórias, mas a guerra de vinte anos quase acabou por destruir Moscou — e enlouquecer seu soberano.

Em setembro de 1559, Ivan arrastou Anastácia numa peregrinação a Mojaisk, precisamente no momento em que a guerra passava por uma crise, mas ela adoeceu, esgotada pelo marido, enfraquecida pela dor de perder quatro filhos e exaurida pelos partos. Ivan não tardou em enviá-la de volta a Moscou: "Como hei de recordar a impiedosa viagem para nossa cidade dirigente com a tsarina enferma?". Em agosto de 1560, Anastácia, aos 29 anos, estava à beira da morte, enquanto muitos cortesãos encorajavam Ivan a buscar a paz e incêndios se alastravam por Moscou. Além disso, Devlet Giray, o cã da Crimeia, invadia o sul, capturando milhares de escravos. Ivan estava convencido de que Anastácia fora enfeitiçada e envenenada. As análises de seus restos mortais mostram 0,8 miligrama de arsênico para cada cem gramas de osso, e 0,13 miligrama de mercúrio, mas quantidades parecidas dessas substâncias foram encontradas nas ossadas de outros membros da realeza — sintomas de charlatanismo iatrogênico, mas não de assassinato.

Ivan desabou, oscilando entre surtos homicidas e sexuais, enquanto seus conselheiros suplicavam que se casasse de novo — um de seus filhos era doente demais para governar, e a dinastia exigia um herdeiro —, mas seu catálogo de casamentos faria Henrique VIII parecer um marido sadio. Depois de tentar desposar a herdeira da Polônia, Catarina Jagelão, e então uma princesa sueca, Ivan fez algo extraordinário: em agosto de 1561, casou-se no seio da família de Gengis e da Casa do Islã, apaixonando-se pela princesa Kucheny, a bela filha de Temriuk, cã de Kabarda, e estabelecendo uma aliança que fortaleceu sua posição no Cáucaso. Kucheny se converteu, tornando-se a tsarina Maria (enquanto seu irmão Salmuk foi batizado como príncipe Miguel Cherkasski, assim fundando uma das famílias aristocráticas da Rússia imperial). Mas Ivan tinha mudado: embriagando-se e cabriolando, acompanhado por um circo de *skomorokhi*, palhaços e menestréis, ele começou um romance com um jovem e belo cortesão, Fiódor Basmanov, que se tornou seu "catamita". Quando um magnata, o príncipe Demétrio Obolenski Ovchinin, troçou de Basmanov — "Servimos o tsar de maneiras úteis, e você com suas sujas relações sodomitas" —, Ivan o escaldou em água fervente e, a seguir, o apunhalou.

Enquanto mais aristocratas fugiam para a Polônia, Ivan e seu comandante Shahghali, ex-cã muçulmano de Kazan, capturavam Polotsk (Bielorrússia), afogando toda a sua população judaica no Dvina. No retorno de Ivan a Moscou, os críticos de sua guerra, de seu casamento tártaro e de seu romance homossexual conspiraram para que Vladímir se tornasse tsar. A vigilância era — e continua sendo — a única maneira de sobreviver no Kremlin, mas Ivan foi muito mais além, espancando e estrangulando boiardos, mandando costurá-los dentro de peles de ursos, que eram então jogadas aos cães de caça, ou assá-los vivos em fornalhas ardentes. Ivan, inspirado pela imagem do inferno bíblico, acreditava ter o direito e a missão de flagelar seu reino, suas vítimas arcando com a culpa do tsar, assim como o tsar arcava com a culpa do reino. Para os camponeses, era esse o comportamento esperado de seu Paizinho Tsar — *tsar-batiushka*.

Um cortesão de Ivan, o príncipe Andrei Kurbski, se horrorizou ao ver o tsar e seus homens de confiança se tornarem "feras sedentas de sangue" que recorriam a "torturas e execuções jamais vistas". Quando Kurbski soube que seria preso pelo assassinato de Anastácia, bandeou-se para a Polônia, deixando esposa e filho, que foram imediatamente mortos por Ivan. Kurbski denunciou "a ira intolerável, o ódio acerbo e as fornalhas ardentes" do Autocrata de Todas as Rússias.

Em dezembro de 1564, Ivan denunciou os boiardos como "traidores" — "Eles querem me devorar", disse — e propôs-se a dar-lhes seu reino, "embora pudesse chegar o momento em que o exigiria de volta e o tomaria". Acompanhado pelos filhos de Maria e de Anastácia, e pela própria Maria, ele deixou Moscou e seguiu de trenó até uma cabana de caça, Alexandrovskaia Sloboda. Os moscovitas lhe suplicaram que voltasse — "Como podemos viver sem um senhor?" —, oferecendo-se para matar "os malfeitores que o tsar indique".

Nesse mesmo mês, Ivan dividiu o reino em dois: sua *oprichnina*, que continha as terras mais ricas e férteis, e a *zemshchina*, deixada ao encargo dos boiardos. A fim de proteger sua pessoa sagrada, ele montou um corpo de capangas, os *oprichniki*, liderado por um grupo de boiardos, aventureiros, estrangeiros e príncipes tártaros, entre os quais o irmão de sua esposa, que se trajavam de preto sobre as vestes suntuosas, cavalgavam com a cabeça de um cão nas rédeas e uma escova no cabo do chicote, tendo feito o juramento: "Juro ser leal ao senhor grão-príncipe [...] e denunciar qualquer mal que possa estar sendo tramado contra o tsar do qual tome conhecimento". Muitas vezes acompanhando e supervisionando de perto as farras predatórias de seu grupo, aos brados de *"Hoyda!"*, um grito de guerra mongol, Ivan matava magnatas e seus filhos, que eram decapitados, empalados e mergulhados sob o gelo, indo para o inferno após morrerem como apóstatas.

Em Alexandrovskaia Sloboda, Ivan, cenobita e sibarita, supervisionava um diabólico mosteiro, onde ele e seus monges assassinos acordavam às quatro da manhã para as matinas e entoavam sinceros hinos de arrependimento, partindo em seguida para festanças homossexuais e sessões de tortura até a hora de se recolherem à cama, às nove da noite, quando então três velhos cegos contavam histórias ao insone tsar. Ivan tinha a companhia de um médico-astrólogo germânico, Eliseus Bomelius, que havia entrado em desavenças com a rainha Elizabeth da Inglaterra e agora se tornara seu mago e envenenador.

Em 1567, Ivan descobriu uma conspiração para entronizar seu primo Vladímir, de Staritsa. Foi o próprio Vladímir que, receando uma armadilha, lhe revelou o complô. Ivan atacou primeiramente um boiardo de antiga confiança, Ivan Fiódorov. O tsar, acompanhado por um novo e aterrorizante sicário, Maliuta Skuratov, prendeu os servos de Fiódorov num quarto cheio de pólvora que então fez explodir, gritando de entusiasmo enquanto os corpos despedaçados saltavam pelos ares. Em seguida, "ele e seus filhos das trevas, como um louco rodeado de loucos alucinados, galoparam a rédeas livres para contemplar os cadáveres estraçalhados". Ivan apunhalou Fiódorov, que então foi estripado por Skuratov. Os *oprichniki* mataram ao todo 150 boiardos — e a maioria de seus dependentes e familiares —, mas a guerra se deteriorava junto com a saúde mental de Ivan, possivelmente exacerbada pelo mercúrio prescrito para as dores nas costas. Em 6 de janeiro de 1569, enquanto os boiardos bandeavam-se para os poloneses, Ivan, acompanhado pelo filho e por seus mosqueteiros e *oprichniki*, investiu contra as cidades de Tver e Novgorod, segunda residência do príncipe Vladímir, onde o povo, herdeiro de uma tradição republicana e mercantil, estava cansado da guerra, que interferia em seu comércio com a Suécia. Milhares foram mortos: grelhados vivos, amarrados uns aos outros e mergulhados no gelo. Em outubro, Ivan capturou o primo. Vladímir, a esposa e a filha de nove anos foram obrigados a tomar veneno.[19] Então ele se voltou para seu amante, Basmanov, que foi obrigado a matar o próprio pai antes de ser morto, e a seguir para seus ministros, encabeçados pelo guardião do selo, Ivan Viskovati, para o qual concebeu um espetáculo horripilante.

Em 25 de julho de 1570, Ivan, vestido de preto e brandindo um machado e um arco, chegou à pradaria de Poganaia, nos arredores de Moscou, acompanhado do filho Ivan, agora com dezesseis anos, e de 1500 mosqueteiros montados. Lá, encontrou vinte postes cravados no solo e unidos por vigas, além de caldeirões de água gelada e de água fervente. Observando a cena junto com diplomatas e o público, viu então os *oprichniki* chegarem, trazendo Viskovati e trezentos nobres — a maior parte do governo moscovita —, que, após torturas atrozes, mal conseguiam andar.

"Pretendo destruí-los de tal forma", disse-lhes Ivan, "que não restará nenhuma memória de vocês." Então, montado em seu cavalo, pediu à multidão que "se aproximasse para assistir ao espetáculo".

Viskovati, que mantivera negociações com poloneses, suecos e otomanos, foi acusado de traição e amarrado nas vigas. Ivan lhe ordenou que confessasse.

"Vá, prossiga, beba sua dose de sangue inocente", gritou Viskovati. "Malditos sejam vocês e seu tsar." Suas palavras foram então interrompidas por Maliuta Skuratov, que lhe cortou o nariz, as orelhas e os genitais, matando-o depressa e enfurecendo Ivan, que viu nisso um gesto de misericórdia.

Então, um a um, os boiardos, alguns com esposa e filhos, foram decapitados, mortos na água fervente, esfolados vivos ou, num novo método muito apreciado, pendurados pelas costelas — 116 vítimas ao todo. Mas os desastres que Ivan infligia a si mesmo estavam apenas começando: agora, um novo padixá otomano empreendia uma invasão.

O SULTÃO LOURO, O DUQUE JUDEU, O VIZIR SÉRVIO

Naquele verão, Selim, o Louro, ciente do caos que Ivan estava criando, encarregou seu firme grão-vizir Mehmed Sokollu (um sérvio nascido Sokolović, ex-grão-almirante) de invadir Moscou, capturar Astracã e construir um canal entre o Volga e o Don a fim de conectar os mares Cáspio e Negro — mas a guarnição de Ivan resistiu e a campanha falhou. Travando combates desde Sumatra até o Mediterrâneo, aquela era apenas mais uma aventura entre muitas outras para os otomanos, no zênite de seu império. Selim herdara as ambições mundiais do pai, Suleiman, se não sua altivez glacial e sua serena perspicácia para travar guerras em três continentes.

Quatro anos antes, relutantemente, o septuagenário Suleiman havia se unido a Sokollu, ao príncipe Selim e ao exército numa investida contra a Hungria. Durante uma batalha, Suleiman morreu em sua tenda. Sokollu venceu a contenda, enviou a notícia da vitória a Selim, que estava na Sérvia, executou todas as testemunhas da morte do sultão e, escorando o cadáver em sua carruagem, manteve a notícia em segredo por 48 dias — uma encenação e tanto.

Selim renomeou Sokollu grão-vizir e concedeu a seu conselheiro judeu José Nasi o monopólio sobre o vinho e a cera de abelha, além de nomeá-lo duque de

Naxos e das Sete Ilhas (o único príncipe judeu desde os cazares).[20] Os dignitários se odiavam, mas Selim considerava ambos indispensáveis.

Selim, orientado por José e Sokollu, empreendeu uma guerra mundial contra os espanhóis e os portugueses. Acabara de enviar uma frota a Sumatra para ajudar o sultão de Achém contra os portugueses e outra flotilha para auxiliar o sultão de Gujarate. José, que após a morte da tia morava no luxuoso palácio de Belvedere, em Istambul, negociou com o imperador dos Habsburgo, os reis da França e da Polônia e a Signoria de Veneza. Recebendo cartas do imperador e de vários reis, operando sua própria rede de espionagem, José era uma figura ímpar; conhecido como o Grande Judeu, negociou a paz com a Polônia e orientou a eleição de seu rei, mediou negociações com os príncipes da Moldávia e da Valáquia, manteve a aliança com a França e, quando os franceses se negaram a lhe pagar uma dívida, capturou seus navios em Constantinopla e vendeu a carga que transportavam. Por fim, incitou Guilherme, o Taciturno, e os holandeses a se revoltarem contra Filipe.

Selim não tardou a expandir o domínio do pai no Mediterrâneo. Quando José soube que o arsenal veneziano havia explodido, recomendou a Selim a conquista do Chipre, enviando uma expedição que por fim tomou a ilha. Era uma provocação que os Habsburgo não poderiam ignorar, mas primeiro Filipe precisava da paz no norte — e de uma nova esposa.

Em 1559, obteve as duas coisas ao negociar a paz de Cateau-Cambrésis com os franceses, que marcou o fim da guerra entre os Habsburgo e os Valois pela Itália, vencida pelos primeiros. A nova esposa de Filipe era a francesa Isabel, de catorze anos de idade, filha de Henrique II e de sua esposa italiana, Catarina de Médici, que a escoltou até a fronteira. O casamento fazia parte do contra-ataque católico ao protestantismo, mas, quando Filipe viu a noiva, ficou encantado: Isabel era elegante, extravagante, adorava jogos de azar e transbordava de alegria gaulesa.[21] Filipe se apaixonou e ia visitá-la no meio da noite. Isabel ficou surpresa com a paixão do marido; a mãe lhe recomendou que se sentisse agradecida. Logo o nascimento de duas filhas abrandou Filipe, que finalmente experimentava as alegrias da vida familiar.

Mas Isabel tentou influenciar o marido em favor dos interesses franceses, treinada por Catarina de Médici, a principal política de sua época, e tão odiada que a chamavam de "verme do túmulo da Itália".

Os Valois e os Saadi, os Habsburgo e os ruríquidas

LA SERPENTE: UMA RAINHA MÉDICI NA FRANÇA

Em 10 de julho de 1559, celebrando o casamento da filha na Place des Vosges, Catarina viu o marido, Henrique II, filho de Le Grand Nez, montado em seu cavalo Infeliz e usando as cores de Diana de Poitiers, sua amante de longa data, fechar a viseira do elmo e baixar a lança. Catarina lhe pediu para não prosseguir, mas ele gritou em resposta: "É precisamente por você que vou lutar". Então os dois cavaleiros, com armadura completa, investiram a galope um contra o outro.

A justa fazia parte daquele casamento: dizia-se que o rei Francisco, um erotômano, havia monitorado a noite de núpcias do casal. "Ambos", ele concluiu, "demonstraram bravura na justa." Mas, com a morte do tio dela, o papa Clemente, o dote de Catarina foi cancelado. Sem valor para a França, vista como uma italiana maquinadora de uma família de comerciantes, Catarina, com "sua boca grande demais, olhos demasiado grandes e excessiva palidez para ser bela, mas uma mulher muito distinta, com o corpo bem modelado", viu o marido se apaixonar por Diana de Poitiers, dezenove anos mais velha do que ela. Os Médici a chamavam de Velha Dama. Henrique falou em repudiar Catarina por não engravidar, embora Diana o incentivasse a visitar a esposa. Catarina tomava urina de cavalo para combater a esterilidade, decorava sua "fonte da vida" com cataplasmas de galhadas de cervo e esterco de vaca adornados com flores de pervinca esmagadas e leite de éguas — não propriamente os perfumes que estimulariam as relações sexuais.

Por fim um médico sensato examinou o casal, descobriu pequenas anomalias nos órgãos genitais de ambos e conseguiu corrigi-las. Catarina engravidou e sobreviveu a nove partos. Quatro filhos e duas filhas alcançaram a idade adulta, entre eles Isabel, a esfuziante rainha da Espanha. Três filhos se tornaram reis, todos enfermiços e desequilibrados, talvez por terem herdado a sífilis dos Médici; de toda forma, seu nascimento trouxe prestígio a Catarina. Quando Henrique sucedeu o pai, Catarina teve de se mostrar agradável com sua amante Diana, lembrando mais tarde: "Era o rei que eu realmente estava entretendo, agindo a doloroso contragosto, pois nunca uma mulher que amasse o marido conseguiu amar sua puta". Mas ela tolerava a situação porque "o amava demais".

Os rivais na justa se chocaram e ouviu-se o pavoroso som de uma lança se partindo. Catarina gritou; a multidão prendeu a respiração; Henrique cambaleou; tinha a viseira escancarada, jorrando sangue das lascas que se projetavam do olho e da têmpora. Esposa, amante e filho desmaiaram. O médico de Filipe, o dr. Vesalius,[1] foi chamado; Henrique urrava de dor enquanto os médicos tentavam remover os fragmentos. Foi um momento perigoso para uma França dividida; 10% da população era de huguenotes — como se chamavam os protestantes franceses —, liderados pela rainha Joana de Navarra e pelo almirante Coligny, da família Montmorency, e Henrique estava decidido a exterminar a "escória protestante".

Catarina correu para seu filho enfermiço, Francisco, que soluçava: "Meu Deus, como poderei viver se meu pai morrer?". A septicemia se instalou. O novo rei, Francisco II, era casado com Maria, de dezesseis anos, a pequenina e impulsiva rainha meio escocesa, meio francesa, que descendia da irmã de Henrique VIII e cedeu poder a seus tios ultracatólicos, os irmãos Guise, decididos a acabar com os huguenotes.

Quando o próprio Francisco, depois de dezesseis meses, morreu de uma infecção no ouvido, Catarina tomou o poder como *gouvernante de France* no lugar de outro filho franzino, Carlos IX, com dez anos de idade, alcunhado a Criança. Se a juventude órfã de Catarina personificava o drama das mulheres nas famílias poderosas, sua idade adulta apresentava as oportunidades para que exercesse o poder.[2]

"Não fui amada por seu pai, o rei, como gostaria", Catarina confidenciou à filha Isabel, "e Deus [...] me deixou com três filhos pequenos e um reino dividido onde não há um único homem em quem eu confie." Catarina julgava que devia chegar a um acordo com os protestantes a fim de preservar a França para os filhos,[3] mas os Guise a difamaram junto a Filipe, dizendo que ela estava a tratar com hereges. Filipe a chamava de Madame la Serpente. "Portanto, minha filha, minha amiga, não deixe seu marido, o rei [Filipe], acreditar numa inverdade", ela pediu a Isabel. "Não pretendo mudar minha vida ou minha religião."

Em janeiro de 1562, Catarina aplacou os huguenotes com seu tolerante édito de Saint-Germain, que desagradou a Filipe. Em março do mesmo ano, num conflito em Vassy, Francisco, duque de Guise, matou 74 protestantes, levando a uma guerra civil geral e, então, ao assassinato do duque. Quando Catarina propôs a Filipe uma reunião de cúpula, ele se negou a ver La Serpente, enviando em seu lugar Isabel, que o defendeu contra a mãe.[4] Catarina propôs casar a filha Margarida com d. Carlos, o bizarro filho de Filipe. Mas Filipe tinha um novo membro da família que pretendia promover em lugar do filho insano. Assim, convocou um garoto de doze anos chamado Jerônimo.

"Fiquei encantado em saber que ele é meu irmão", escreveu Filipe. Tratava-se do filho ilegítimo do imperador com uma criada germânica, criado na obscuridade. Filipe lhe perguntou se ele sabia quem era seu pai. "Não", respondeu Jerônimo. Filipe lhe deu um beijo, concedeu-lhe corte própria e o renomeou d. João da Áustria. D. João foi criado com o primo Carlos, que tinha exatamente a mesma idade.

Mas os dois eram muito diferentes. D. João se tornou um paladino vistoso e competente; Carlos degenerou e se tornou um maníaco sanguinário. Ambos, porém, cobiçavam o poder.

O FILHO ASSASSINO E FLAGELANTE E O IRMÃO FANFARRÃO DE FILIPE: VITÓRIA E DESGOSTO

Em 1562, quando perseguia uma criada que gostava de flagelar, d. Carlos caiu da escada e bateu a cabeça. A cabeça inchou, ele perdeu a visão e pediu febrilmente que colocassem em sua cama o corpo perfumado de um cultuado franciscano (mais tarde canonizado como são Diogo). Carlos dormiu, mas a cabeça havia infeccionado. O médico, Vesalius, fez então uma trepanação e drenou o fluido do cérebro do rapaz, removendo um pedaço do crânio e salvando sua vida — embora Filipe tenha creditado a cura ao "odor de santidade" do encarquilhado santo.

Filipe prometeu a Carlos o governo da Holanda, mas aos poucos percebeu que, "embora meu filho tenha dezenove anos, e embora outras crianças demorem a se desenvolver, Deus quer que o meu fique atrás de todos". D. João pediu permissão para combater os otomanos no Mediterrâneo. Filipe negou, mas o impetuoso bastardo desobedeceu às ordens do meio-irmão e foi servir no mar. Quando voltou, impressionou Filipe com sua fascinante energia. Carlos tinha inveja; seu comportamento vinha se tornando mais alarmante: embora estudasse alemão e o império e estivesse feliz com o noivado com sua prima dupla Ana, ele saiu de rompante de uma reunião das Cortes Castelhanas (o parlamento), arremessou um pajem pela janela, ateou fogo a uma casa, tentou matar vários cortesãos e flagelou freneticamente vários criados.

Filipe agora enfrentava uma crise em suas Dezessete Províncias (Holanda e Bélgica), o que deu ao filho louco uma chance de se intrometer em assuntos perigosos. Em 1566, Filipe, com sua imposição agressiva do poder habsbúrgico, na forma de tributos e do catolicismo, causou revolta nas cidades sofisticadas, de espírito independente, várias delas protestantes, de seus territórios mais ricos. Embora os reis se pavoneassem no primeiro plano, na maioria dos lugares seus poderes eram sempre limitados, em certa medida, por assembleias, conselhos municipais e guildas, sobretudo nas Dezessete Províncias pluralistas, onde os direitos e privilégios dessas instituições haviam sido confirmados pelos duques da Borgonha. A governadora nomeada por Filipe, sua meia-irmã Margarida da Áustria, viúva do Médici Negro, tinha uma posição conciliatória. Filipe discordava.

"Em assuntos de religião, não contemporize", ele ordenou. "Puna com o máximo rigor." Em 1567, Filipe enviou seu melancólico paladino Fernando de Toledo, duque de Alba, veterano de Túnis e Mühlberg, para esmagar a rebelião. Depois de ser usada por Filipe para atrair e então prender nobres rebeldes, Margarida renunciou, e o duque de Alba (que os holandeses chamavam de Duque de Ferro, e os espanhóis de O Grande Duque) iniciou uma guerra convencional e uma campanha de repressão para derrotar os rebeldes, decapitando dois líderes nobres. Ele se gabava de ter executado 18 600 pessoas durante a captura das cidades holandesas, e convocou o mais destacado protestante das províncias, Guilherme, o Taciturno, príncipe de Orange, protegido de Carlos v e nomeado por Filipe *stadtholder* da Holanda e da Zelândia. Contando com o discreto incentivo de Elizabeth da Inglaterra e, por intermédio do duque judeu José Nasi, do sultão Selim, Guilherme fugiu para a Germânia, onde, ao lado dos irmãos, assumiu a liderança protestante, apelando aos huguenotes franceses e assinando cartas de marca para corsários protestantes, os *Watergeuzen* (Mendigos do Mar), que logo derrotaram os navios de guerra espanhóis e entraram com um exército na Holanda.[5] Pelo resto do reinado de Filipe, as Dezessete Províncias, onde ele teve de empregar pelo menos 80 mil soldados, se tornaram um verdadeiro atoleiro — do qual emergiria grande parte do que pensamos ser o mundo moderno.

D. Carlos, porém, entrou secretamente em contato com os rebeldes holandeses e propôs a d. João, seu tio de confiança, da mesma idade que ele, que lhe fornecesse uma galé para escapar e tomar o poder na Holanda. Em troca, Carlos lhe oferecia a Coroa de Nápoles. D. João informou Filipe sobre a traição. O pior estava por vir. Mais tarde, ao receber d. João, Carlos tentou matá-lo com seu arcabuz, mas os criados o haviam desengatilhado. Ele puxou então de uma adaga e se lançou sobre o tio, que o desarmou, atirou de lado o príncipe baixinho e corcunda e puxou uma espada: "Não dê um passo sequer, Sua Alteza!". Carlos resolveu matar o pai.

Numa meia-noite de 1568, Filipe pôs o elmo e o peitoral, reuniu um grupo de homens armados, que conduziu pelos corredores do Alcázar de Madri, e irrompeu no quarto de d. Carlos, que despertou e se viu cercado pelo pai e por vários cortesãos de espada em punho. "Meu objetivo", escreveu Filipe, "era encontrar uma solução permanente. Era improvável que o tempo trouxesse uma cura."

Carlos foi aprisionado no Alcázar, onde passou fome e tentou se suicidar, engolindo um diamante. Morreu seis meses depois. A morte foi um alívio para Filipe. Mas, em outubro de 1568, sua adorada Isabel, com 23 anos, morreu de infecção após um aborto. Desolado, Filipe não pretendia se casar novamente, mas sua sobrinha Ana, a filha de 21 anos de seu primo imperador Maximiliano II, prometida a Carlos, agora estava disponível. Até mesmo o papa desaconselhou o casamento consanguíneo, mas ele precisava mais do que nunca de um filho.

De modo a assegurar que os primos austríacos apoiassem sua cruzada antiprotestante, Filipe convidou Rodolfo, irmão de sua nova esposa e agora herdeiro aparente dele próprio, para uma visita à Espanha. "Que ninguém o afaste de sua fé", ele disse a Rodolfo, "que é a única verdadeira!" Rodolfo aprendeu o cerimonial espanhol, passando a usar os calções pretos e os rufos "espanholados", mas ficou horrorizado com o dogmatismo de Filipe. O que o impressionou foi a arte do Escorial, onde Ticiano estava pintando *A última ceia*. Rodolfo, o Louco, viria a ser o mais descomposto e excêntrico de todos os Habsburgo.

Enquanto Filipe se assentava num feliz quarto casamento, seu meio-irmão d. João conquistava a glória.

Em janeiro de 1567, Filipe baniu a fé, os costumes, a língua e as roupas dos 400 mil mouriscos — muçulmanos forçados a se converter ao catolicismo em 1501 — da Espanha. Estes, incentivados por José Nasi em Constantinopla, reagiram com uma rebelião na área montanhosa de Alpujarras, sob o comando de um líder misterioso, El Habaquí, e apoiada por *jihadis* da África e janízaros otomanos enviados por Selim. Filipe designou d. João para esmagá-los, dando início a uma guerra suja em que as aldeias mouriscas foram exterminadas e os rebeldes muçulmanos torturaram católicos. D. João foi ferido em combate. "Você precisa se preservar", disse-lhe Filipe. "Preciso guardá-lo para grandes coisas." Filipe determinou deportações em massa. "A visão mais triste do mundo", escreveu João. "Havia tanta chuva, vento e neve que os pobres coitados se agarravam uns aos outros, lamentando. Não se pode negar que o espetáculo de despovoamento de um reino é extremamente doloroso." Cerca de 90 mil pessoas morreram; Filipe planejou expulsar os mouriscos restantes — solução trágica executada por seu filho, Filipe III.

Logo depois, chegou a notícia de que Selim havia tomado o Chipre de Veneza. Pio V convidou Filipe, um pouco mais desafogado após uma trégua com os holandeses, a unir-se a uma Liga Santa contra os otomanos. Filipe nomeou d. João, de 25 anos, para o comando de 208 galés, seis galeaças, outros 24 navios de guerra e 60 mil homens (entre os quais Miguel de Cervantes, o futuro romancista) que travariam combates com uma frota otomana de trezentos navios e cerca de 100 mil homens. As galés otomanas eram mais manobráveis; os cristãos tinham uma artilharia melhor. Ignorando as instruções de Filipe para evitar a impetuosidade militar tanto quanto a incontinência sexual, João estava decidido a lutar, solicitando o conselho de almirantes experientes na frota e praticando repetidamente várias manobras.

Com uma armadura reluzente, João percorreu a frota numa fragata, dirigindo-se aos marinheiros em diversas línguas: "Meus filhos, estamos aqui para vencer ou morrer!". Ordenou que os escravos das galés, na maioria muçulmanos, fossem duplamente acorrentados, enquanto o capitão-paxá otomano Ali dizia a seus escravos cristãos: "Se vencermos esta batalha, prometo-lhes a liberdade".

Em Lepanto, perto da costa grega, os otomanos tentaram cercar os combatentes da Liga Santa com sua formação em crescente. O combate foi feroz, e as galés otomanas explodiam pelos ares com os canhoneios de d. João. Este, à proa de seu *El Real*, ordenou o ataque de *Sultana*, a nau do capitão-paxá, acabando com o moral das tropas otomanas. As gaivotas se refestelaram com os corpos eviscerados que boiavam no Mediterrâneo rubro de sangue. Ao todo, foram mortos 35 mil turcos e capturados 130 navios otomanos; do lado cristão, houve 8 mil baixas e 20 mil feridos. Milhares de escravos cristãos, acorrentados a seus navios, acabaram por afundar, mas 12 mil foram libertados. Com a vitória, d. João se tornou o grande herói da cristandade e convenceu Filipe de seu destino messiânico. Ele queria navegar até Istambul, mas Filipe o conteve. Então d. João capturou Túnis. Agora, queria um reino para si.

Filipe, triunfante sobre o islã, agora instigava a pena de morte por heresia na França, que estava ligada a seus problemas holandeses. Em agosto de 1572, Catarina de Médici planejava um grandioso casamento parisiense — e o massacre de metade de seus convidados.

O CASAMENTO VERMELHO: O REI FANFARRÃO,
A RAINHA CROCODILO E O TSAR PSICÓTICO

Antes cética quanto à repressão de Filipe na Holanda, agora Catarina planejava liquidar seus próprios protestantes, que apoiavam temerariamente os holandeses contra os espanhóis.

Ela estava negociando o casamento de sua filha Margarida com o príncipe protestante Henrique, de dezoito anos, filho da rainha Joana, do pequeno reino da Navarra, nos Pirineus, e de Antônio de Bourbon, duque de Vendôme, primo do rei por um ramo menor da família Capeto. O casamento visava reunificar a família, dividida pela religião. Mas, quando os huguenotes planejaram sequestrar a própria Catarina, ela começou a pensar numa mescla entre o matrimônio e uma solução radical.

Margarida, uma deslumbrante jovem de cabelos castanhos cujo "rosto adorável brilhava com uma impecável tez branca", resistia ao casamento. Ao criar os filhos, Catarina teve bastante dificuldade em controlá-los: Carlos era fraco, desonesto e tuberculoso; Henrique, duque de Anjou, astucioso e depravado, com o rosto prejudicado por uma fístula entre o olho e o nariz e uma preferência manifesta por orgias desenfreadas com travestis. Catarina tentou mudar seus gostos dando uma festa cheia de jovens servas nuas, mas, entre seus acessos de autoflagelação, orações e jejuns, Henrique preferia seu amante do sexo masculino, *sieur* de Lignerolles. Catarina mandou apunhalar Lignerolles num beco, e isso foi só o começo.

Os rapazes estavam presos numa dança sinistra com a mãe. "Não sou daquelas mães que amam os filhos apenas por amar", Catarina disse a Henrique. "Amo vocês porque os vejo à frente em grandeza e renome." Henrique e Carlos se sentiam atraídos pela irmã Margarida e a seduziram ou violentaram: "Foi você o primeiro a pôr meu pé no estribo", diria ela mais tarde a Henrique, tremendo de excitação secreta quando ele a abraçava.

Margarida já estava apaixonada por um primo que não pertencia à realeza. Quando a mãe e o irmão Carlos descobriram o flerte, acordaram-na à noite e lhe deram uma tremenda surra, esfrangalhando sua camisola. Ela concordou em obedecer à mãe: "Eu não tinha vontade nem escolha a não ser as dela".

Enquanto os convidados chegavam a Paris, Catarina se reuniu com Henrique. O rei Carlos, o Fanfarrão, tinha uma amizade próxima, quase filial, com o líder protestante, Gaspar de Coligny, e assim Catarina e Henrique decidiram que, uma vez que "o almirante [Coligny] inspirou em Sua Majestade [Carlos] uma opinião negativa e sinistra sobre a rainha", segundo o relato de Henrique, "minha mãe e eu resolvemos nos livrar dele".

Em agosto de 1572, Paris, tensa e abrasadora, estava repleta de convidados luxuosamente trajados. O noivo protestante, Henrique de Navarra, moreno, aquilino, musculoso, chegara com oitocentos cavaleiros de armadura preta e fortemente armados. Margarida deslumbrou os cortesãos: "Além da beleza do rosto e do corpo bem torneado, ela estava magnificamente vestida [...] o cabelo adornado com grandes pérolas brancas e diamantes raros — [como] um cintilante céu noturno repleto de estrelas".

Em 18 de agosto, na Catedral de Notre-Dame, usando uma coroa com aro de arminho e um vestido cravejado de joias, Margarida postou-se ao lado de

Henrique, que estava acompanhado pelo almirante Coligny, para fazer seus votos. Segundo relatos, o cardeal lhe perguntou duas vezes se confirmava sua intenção, e Margarida nada respondeu; assim, Carlos estendeu a mão e baixou sua cabeça, em sinal de assentimento. Isso pode ter sido propaganda posterior dos Bourbon, mas a atmosfera da cerimônia era ameaçadoramente pesada. Nos quatro dias que se seguiram, Catarina preparou seu golpe. Não era à toa que colecionava crocodilos embalsamados: do teto de seu gabinete pendiam sete deles.

No dia 22, Catarina e Henrique contrataram um sicário para alvejar Coligny, mas ele apenas feriu a mão do almirante. O rei ficou furioso quando Coligny sussurrou que sua mãe e seu irmão lhe haviam usurpado o poder. Catarina e Henrique, rodeados de huguenotes ávidos por vingança, foram obrigados a visitar o acamado Coligny e prestar seu respeito. No Louvre, Catarina e Henrique concordaram em "acabar com o almirante de qualquer modo. Era necessário convencer o rei. Decidimos ir a seu gabinete após o jantar".

A rainha crocodilo resolveu massacrar não só Coligny, mas também a nobreza huguenote. Quando ela e Henrique contaram ao monarca que Coligny planejava matá-lo, Carlos bradou: "Mentira! O almirante me ama como a um filho". Catarina declarou que Coligny o estava enganando. De repente, o rei desequilibrado se convenceu. "Então matem todos eles!", gritou o Fanfarrão. "Matem todos eles!"

Na madrugada do Dia de São Bartolomeu, a tropa de assalto da Guarda Suíça de Henrique invadiu a casa de Coligny e irrompeu em seu quarto de dormir. "É você o almirante?", perguntaram.

"Sim, sou eu. Esperava apenas ser morto por um cavalheiro, e não por um labrego." Mas o labrego cravou a espada no peito de Coligny e o atirou pela janela, sinal para que se desse início à hecatombe. No Louvre, onde o recém-casado Henrique estava alojado com seu séquito, Margarida era considerada suspeita por ambos os lados, "e assim ninguém me contou nada até aquela noite". Por fim, ela decidiu confrontar a mãe. "Se Deus quiser, respondeu minha mãe, não me recairá mal algum, mas, em todo caso, preciso ir, pois do contrário posso despertar suspeitas." Depois de rezar pela própria vida, Margarida se juntou a Henrique no leito, cercado por quarenta guardas huguenotes. Margarida adormeceu. Mais tarde, Henrique saiu do quarto, mas foi detido e trancado em segurança enquanto os homens da guarda real iam de aposento em aposento, matando os convidados. Os huguenotes, ao fugirem para o pátio, foram alvejados por arqueiros.

Margarida foi despertada por batidas à porta, aos gritos de "Navarra!". Quando um criado abriu a porta, um huguenote ensanguentado da cabeça aos pés entrou cambaleando, perseguido por cinco guardas reais, e se agarrou a ela, cobrindo-a de sangue. Rindo, o capitão da guarda "me deu a vida daquele homem agarrado a mim".

"Estão matando todos", o embaixador espanhol escreveu a Filipe. "Desnudando-os, arrastando-os pelas ruas, não poupando nem sequer as crianças. Deus seja louvado!" E acrescentou: "Foi um dos maiores prazeres que senti em toda a minha vida".

O rei Carlos entrou em pânico, exclamando: "Que carnificina! Deus me perdoe [...]. Estou perdido". E então pôs toda a culpa na mãe: "Pelo sangue de Deus, é você a causa de tudo isso". Henrique de Navarra se converteu ao catolicismo. Os corpos foram amontoados em volta do Louvre. Coligny foi castrado e enforcado, sua cabeça entregue a Catarina, que a enviou ao papa. Três mil pessoas foram mortas em Paris e 20 mil na França.

Os franceses, disse um monarca estrangeiro, eram bárbaros. Esse monarca, Ivan, o Terrível, também não era nenhum humanitário,[6] e agora perdera sua capital por causa de suas próprias atrocidades. Em maio de 1571, Devlet Giray, o cã da Crimeia, rumou para o norte e atacou Moscou, escravizando dezenas de milhares de pessoas e deixando a cidade em ruínas fumegantes. "Eles queimaram Moscou e não ousaram me contar durante dez dias", resmungou Ivan. "Isso é traição" — e traidores tinham de ser mortos, alguns envenenados pelo dr. Bomelius.

Decidindo que precisava voltar a se casar, Ivan realizou um concurso de noivas, em que teve a ajuda do médico germânico para selecionar as doze jovens finalistas. Seu papel era "examinar a urina delas num copo e definir e explicar sua natureza"; depois disso, o tsar escolheu por si mesmo uma das concorrentes, mas a jovem morreu logo após o casamento. Ele se casou então uma quinta vez, logo antes de um novo ataque de Devlet no norte. Dessa feita, os generais de Ivan usaram sua artilharia, operada por mercenários germânicos, para repelir os tártaros. Em seguida, o tsar reunificou o reino, acabando com a divisão entre *oprichnina* e *zemshchina*. Descartando ou matando a quinta esposa, Ivan manifestou o desejo de uma sexta, que fosse da família real da Inglaterra ou da Polônia. O dr. Bomelius propôs Elizabeth da Inglaterra, que já concordara em conceder asilo a Ivan, caso ele perdesse o trono. Ivan a criticava por não ser "soberana de nascimento" e por manter-se solteira. Agora, a Polônia oferecia uma oportunidade.

Em julho de 1572, o último rei jaguelônico da Polônia morreu, deixando como herdeira a irmã Ana, meio italiana, com boa educação e solteira aos quarenta anos de idade. Mas os nobres poloneses — os *szlachta* — se recusaram a ter uma mulher no trono e reuniram o Sejm (parlamento) para escolher um novo rei para Ana. Ivan, com o apoio de alguns lituanos, propôs-lhe casamento, assim como um Habsburgo, mas um surpreendente forasteiro mostrou uma flexibilidade irresistível. Henrique de Anjou, o maldoso e amaneirado filho de Catarina de Médici que não conseguira se tornar rei da Inglaterra ou da Holanda e ansiava por ter sua própria coroa, enfeitiçou Ana, e concordou com termos que criavam o Estado mais livre e democrático da Europa.[7] Henrique foi o escolhido, mas, ao chegar, surpreendendo os poloneses com sua pesada maquiagem e seu séquito vistoso, adiou o casamento com Ana, e então, de súbito, recebeu a notícia de que o irmão, Carlos, havia morrido. Henrique era rei da França *e* da Polônia. Abandonando Ana, a infanta polonesa, que agora procurava um marido para lutar contra Moscou, Henrique escapuliu rapidamente à noite, como um ladrão perfumado e empoado de ruge, perseguido por cavaleiros poloneses indignados, e reemergiu em Paris como Henrique III. "Você e a França", ele disse à mãe, "valem mais do que a Polônia."

ASSASSINATO DOS FILHOS: O REI DOS HERMAFRODITAS E O TSAR DA SIBÉRIA

Usando braceletes de coral, brincos, gibões escarlates pregueados e recortados e fitas roxas, com o cabelo cacheado e perfumado, o rei Henrique foi apelidado de Rei da Ilha dos Hermafroditas ou Rei de Sodoma, mas foi incapaz de deter a guerra religiosa, banindo mais uma vez o protestantismo. O casamento de Margarida com o Navarra, santificado durante a cerimônia vermelha, foi amaldiçoado: ela tinha tantos casos que o rei mandou prendê-la por promiscuidade. Furiosa, Margarida relembrou como fora seduzida por ele e pelo irmão Carlos. Sua mãe, Catarina, insinuou ao genro que talvez fosse melhor liquidarem Margarida.[8]

Henrique III reconhecia que Henrique de Navarra, que retornara ao protestantismo, era seu herdeiro, mas estava decidido a ser ele o senhor. Formando sua própria tropa de assalto, os Quarenta e Cinco, mandou matar seus rivais católicos, os irmãos Guise que ainda sobreviviam: um foi morto na sua frente, enquanto ele escarnecia: "Rei de Paris, hein? Agora não tão grande". O outro foi retalhado e grelhado numa lareira como um kebab aristocrático. Os furiosos parisienses expulsaram Henrique de Paris. Catarina ficou horrorizada: "Desgraçado! O que foi que ele fez? Orem por ele. Tomou o caminho da ruína". Em agosto de 1589, logo após a morte da mãe, aos 69 anos, Henrique recebeu um visitante, um frade, quando estava sentado em seu penico. O frade puxou de uma adaga e o apunhalou, enquanto ele defecava. "Ah, meu Deus", gritou Henrique, segurando as tripas. "Desgraçado!" Antes de morrer, deu um conselho final a seu homônimo de Navarra: "Você viverá muitas calamidades enquanto não mudar de religião". Com o falecimento do último Valois, Navarra, agora Henrique IV, primeiro dos Bourbon, lutou por seu reino — "Governo com o traseiro na sela e a arma em punho" — até entender que o predecessor tinha razão. Henrique se converteu pela quinta e última vez ao catolicismo, pelo menos em sentimento, se não nas palavras: "Paris vale uma missa".[9]

O segundo casamento de Henrique não o aproximou do recorde do monarca europeu mais vezes casado. Em Moscou, Ivan agora se casava pela sétima e então pela oitava vez, e sua última esposa concebeu um filho. No outono de 1575, o dr. Bomelius fez um horóscopo prevendo perigo para o tsar. Ivan abdicou do cargo de grão-príncipe da Rússia e nomeou em seu lugar um rebento da casa de Gengis e sobrinho da tsarina Marina, Simeão Bekbulatovich, que "reinou" por um ano antes que Ivan retomasse a Coroa. Mas, em 1579, a guerra teve uma guinada decisiva: os poloneses retomaram Polotsk e invadiram Moscou. Ivan pôs a culpa de seus desastres no dr. Bomelius, que tentou fugir, com joias costuradas no forro das roupas. Mas ele foi apanhado e assado num espeto.

Não era fácil ser filho e herdeiro de Ivan, o Terrível. Ivan Ivanovitch estava no auge das forças, enquanto o pai encontrava-se tolhido pela artrite, mal conseguindo se mover, segundo um exame de seu esqueleto: não existe nada mais perigoso do que um tigre manco. O pai havia por duas vezes escolhido — e depois descartado — esposas para ele. O jovem Ivan por fim se casou pela terceira vez, por amor. Em novembro de 1582, o velho Ivan, manquejando em seu bastão de metal afiado, viu a nora grávida usando apenas um manto, em vez dos três tradicionais, e lhe deu uma bofetada.

"Você enviou minha primeira esposa para um convento", gritou o filho, "e depois a segunda. Agora, fere a terceira." O tsar o atingiu na cabeça com o bastão de gume afiado. O tsarévitche morreu logo depois. A nora abortou. Ivan ficou enlouquecido de dor, arranhando as paredes. "Ai de mim, um pecador", escreveu, numa de suas típicas elucubrações. "Eu, um cachorro fedorento [...] sempre chafurdando em bebedeiras, fornicações, adultérios, imundícies, assassinatos, rapinas, espoliações, ódio e todo tipo de maldades." Ele fez uma lista das vítimas que matara sem a extrema-unção, encomendando orações pela alma delas. Ivan perdera uma guerra e um filho — assim como ganhara um novo império.

Em setembro de 1582, seus conquistadores, os Stroganov, acuados por Kuchum, o cã da Sibéria, contrataram um capitão cossaco, Iermak, para atacar o canato. Iermak e 840 flibusteiros e escravos, armados com mosquetes e dois canhões, atravessaram os Urais, aliaram-se a alguns dos povos animistas indígenas ostíacos, que detestavam os muçulmanos tártaros, e derrotaram Kuchum, capturando Qashliq, a capital mongol. Aceitando o título oferecido por Iermak, tsar da Sibéria, Ivan exultou, ordenando que tocassem os sinos e enviando presentes a Iermak, além de uma unidade de mosqueteiros.

Em março de 1584, Ivan, com 54 anos, mas enfermo, disse ao embaixador inglês: "Estou envenenado pela doença". Tinha turquesas nas mãos. "Está vendo? A mudança de cor, de pura para turva, anuncia minha morte." Dizia-se que a cor das turquesas mudava na presença de veneno.

Naquela tarde, o Terrível se banhou e entoou hinos em alta voz; então, enquanto jogava xadrez, foi acometido por um derrame.

Enquanto Ivan morria, Iermak passava por grandes apuros em Qashliq, sitiado por tártaros e ostíacos, que conseguiu repelir, mas estava isolado e quase sem pólvora. Em 5 de agosto de 1585, o conquistador sofreu uma emboscada de Kuchum; seus homens foram mortos, e ele próprio, ao tentar fugir por um rio, se afogou sob o peso da armadura do Terrível.

Os cossacos de Iermak entraram em pânico e abandonaram Qashliq. Mas, em 1598, conseguiram reforços e voltaram, fundando Tobolsk, a primeira cidade europeia na Sibéria. A conquista e a colonização da Sibéria, negligenciadas pelos historiadores, foram parecidas com as do norte da América dois séculos depois: os colonizadores esmagaram a resistência indígena dos povos tungues e buriates, queimaram aldeias, estupraram e escravizaram mulheres e introduziram doenças calamitosas, em particular a varíola; algumas tribos recorreram ao suicídio coletivo.[10]

Levaria apenas quarenta anos para os russos chegarem ao oceano Pacífico, onde os espanhóis tinham capturado as Filipinas, nome derivado de Filipe II, que ordenou sua conquista.[11] Agora, tudo parecia possível a El Prudente, que deu ordens para a tomada da China, plano que foi alterado por conta de problemas mais perto de casa.

Enquanto gozava dessa sucessão de êxitos, Filipe tinha dificuldades para controlar d. João, seu exuberante irmão, que decidiu enviar para a Holanda como governador-geral, a fim de negociar uma paz permanente. Filipe lhe acenou uma recompensa irresistível: d. João também comandaria a "Empresa da Inglaterra", isto é, a Armada Espanhola, destruiria Elizabeth, desposaria Maria da Escócia e se tornaria rei. Instigado por dois secretários de Filipe, João desobedeceu ao meio-irmão e arruinou as negociações holandesas. Filipe provavelmente mandou assassinar o secretário de João nos becos de Madri.

Filipe estava ao mesmo tempo tentando refrear seu sobrinho português, o rei Sebastião, outro estranho fruto da consanguinidade, ora hiperativo, ora mergulhado no torpor, mas sempre arrebatado pela ideia de uma cruzada messiânica.

A própria existência de Sebastião era tida como um milagre: a família quase se extinguira em 1554, quando o único filho do rei morreu de tuberculose, deixando uma esposa grávida, Joana, filha de Carlos V. Mas, dezoito dias depois, ela deu à luz Sebastião, o Desejado. Sebastião, que apreciava a companhia de jovens monges e evitava a companhia feminina, encabeçou a expansão imperial: na China, assegurou o domínio de Macau; no sudeste da África, fundou a fortaleza de

São Sebastião (Moçambique); e, a oeste, construiu um novo porto de escravos em Luanda (Angola) e se expandiu no reino de Ndongo — tornando os portugueses os únicos europeus, até então, a construírem um império africano territorial, e não apenas costeiro. Mais perto de casa, Sebastião aspirava a se tornar "imperador do Marrocos", explorando uma cisão na dinastia Saadi e apoiando um pretendente contra seu tio pró-otomano, o sultão.

Filipe desaconselhou o plano de Sebastião, mas, em 1577, o Desejado aportou em Tânger com a nata da nobreza portuguesa, 17 mil homens e um sem-número de voluntários,[12] que marcharam de armadura completa até o interior. O calor era tão intenso que Sebastião despejava água fria dentro da armadura. Mas ele não estava preparado quando, em 4 de agosto de 1578, em Alcácer-Quibir, se defrontou com 60 mil soldados marroquinos. O sultão Abd al-Malik estava morrendo, mas seu irmão Ahmed cercou os portugueses. Por três vezes a montaria de Sebastião foi alvejada. Então ele atacou e foi repelido; seu pretendente marroquino foi afogado (e, mais tarde, esfolado e empalhado), e o vitorioso Abd al-Malik expirou — três reis mortos durante uma batalha. Oito mil portugueses pereceram e 15 mil — entre os quais muitas vivandeiras — foram escravizados. O corpo de Sebastião jamais foi encontrado: ele se tornou então o Rei Adormecido, que despertaria e reinaria no Fim dos Dias. Mas sua extravagância beneficiou dois monarcas.

O irmão de Abd al-Malik, Ahmed — agora o sultão al-Mansur, o Vitorioso, mais tarde conhecido como o Dourado —, tinha enorme capacidade: transformou o Marrocos numa potência crucial e aliou-se a Elizabeth da Inglaterra, com quem esperava reconquistar a Espanha. Al-Mansur também nutria a esperança de colonizar a América com colonos marroquinos, abençoados por um advento transatlântico do mádi, coisa que não ocorreu. Ao sul, ele cobiçava as riquezas do Império Songai, que substituíra o Império do Mali, cobrando tributos sobre o sal e o ouro. O *askia* (rei) reagiu com arrogância, enviando insultuosamente dois calçados de metal. Doze anos depois de Alcácer-Quibir, al-Mansur enviou pelo Saara um pequeno exército, munido de canhões, sob o comando de um renegado espanhol de olhos azuis, Judar Paxá, escravizado e castrado quando menino. O eunuco tomou Timbuktu e retornou com trinta camelos carregados de ouro. Durante uma década, al-Mansur comandou um império de sal, ouro e escravos na África ocidental.[13]

O outro beneficiário foi Filipe. A dinastia de Avis estava quase extinta e ele era o herdeiro: capturou Portugal e uniu os dois primeiros impérios mundiais. Seu irmão, o espalhafatoso d. João, teve uma morte inglória devido ao tifo, mas seu falecimento prejudicou as negociações com os holandeses, que retomaram a guerra — dessa vez, Filipe nomeou seu talentoso sobrinho italiano, o duque de Parma, que capturou Antuérpia e as províncias do sul. A divisão foi decisiva: em

1579, em Utrecht, as sete províncias do norte — Holanda, Zelândia e outras — formaram uma união de defesa militar, dirigida pela Assembleia dos Estados Gerais, com a ajuda de Guilherme e da família Orange. Dois anos depois, as Províncias Unidas declararam a independência, enquanto o sul (Bélgica) jurou lealdade aos Habsburgo. A união tinha 1,5 milhão de pessoas, e suas forças sob Guilherme e o irmão foram derrotadas por Parma. Elizabeth ajudou com um pequeno exército que foi esmagado pela cidade italiana. No entanto, as Províncias Unidas, forjadas pela guerra religiosa, pelo patriotismo nascente e pelas viagens internacionais, e bem servidas por suas várias cidades muradas e terrenos alagados, demonstraram grande capacidade de resistência; a união também foi fortalecida por uma sociedade pluralista que acolhia imigrantes de talento, por uma economia e mercados financeiros sofisticados e por um precoce sistema de assistência social para aos pobres. Enquanto os Mendigos do Mar acossavam a marinha mercante dos Habsburgo, Elizabeth liberou seus próprios corsários — os "cães do mar" liderados por Jack Hawkins e Francis Drake — para uma farra desenfreada de ataques ingleses. A guerra contra os Habsburgo se tornou uma luta até a morte.

O REI BAYANO, DRAKE E DIEGO

Em 26 de setembro de 1580, um capitão naval devoniano de meia-idade, Francis Drake, entrou no porto de Plymouth com a carga mais lucrativa já obtida pelos ingleses em um ataque aos tesouros dos Habsburgo. Mas ele retornou com apenas um dos cinco navios de sua flotilha, e somente 56 dos oitenta tripulantes originais do navio. Elizabeth ficou encantada: calcula-se que teve um lucro de 4700%.

Drake pertencia a uma rede de famílias aparentadas de Devon — os Hawkins, os Gilbert, os Raleigh — dedicada ao comércio marítimo, que encabeçaria a expansão inglesa e seu envolvimento no tráfico escravo. No centro estavam os parentes de Drake, a família Hawkins, a quem ele devia sua ascensão. Os Hawkins desde longa data comerciavam lã inglesa com as cidades italianas, e, em 1530, William Hawkins iniciou o comércio de marfim na Guiné. Seu filho Jack, quando menino, conhecera e servira a Filipe da Espanha ("meu antigo senhor"), quando este chegou à Inglaterra para se casar com a rainha Maria, e aproveitou as oportunidades geradas pela tensão crescente com a principal potência católica. Em 1562, ele arrecadou fundos junto a mercadores londrinos para fazer incursões pela costa africana e comerciar escravos, partindo com o primo Drake, de vinte anos, para atacar mercadores portugueses, tomando "em sua posse, em parte pela espada, em parte por outros meios, um total de até trezentos negros". Então, navegou até Hispaniola, onde, em troca dos escravos, "recebeu tais quantidades de couro, gengibre, açúcar, pérolas", que encheu cinco navios. Vendeu quinhentos escravos em sua segunda viagem; na terceira, foi contatado por dois reis africanos que lhe pediram ajuda contra um rival, recebendo como pagamento "tantos negros quantos se poderiam obter em guerras".

Brusco, obstinado e corajoso, de olhos miúdos e argutos, Hawkins foi o pioneiro do tráfico escravo inglês, que viria a se tornar um empreendimento financeiro de imensa lucratividade e crueldade, embora àquela altura ainda fosse dominado pelos portugueses. Na primeira metade do século, foram comerciados 120 mil escravos através do Atlântico; na segunda metade, a cifra quase dobrou, passando para 210 mil. O ouro da Colômbia e a prata do Peru eram ainda mais valiosos: duas frotas do tesouro compostas por cinquenta galeões iam e vinham entre a Europa e o Caribe, enquanto outra navegava do Pacífico até a China. Em 1590, as frotas de Filipe rendiam 11 milhões de pesos por ano. Elizabeth nomeou Hawkins inspetor da marinha, para a qual ele ajudou a projetar navios leves e ligeiros, capazes de circum-navegar o globo e superar os majestosos galeões espanhóis; mas ele também continuou a fazer incursões na África e na América.

Filipe ficou furioso com os "piratas" ingleses. Os espanhóis, porém, continuaram a comprar seus escravos até que, em 1568, em San Juan (México), desbarataram uma flotilha de Hawkins: os primos de Devon escaparam da morte por um triz. Drake, no entanto, identificara o elo mais fraco na transferência marítima de prata do Peru, por terra pelo Panamá e então por mar até Cádiz, e obteve aliados para ajudar em seus assaltos.

Em 1572, ele negociou com o rei Bayano dos maroons no Panamá. Os escravos nas fazendas espanholas da Jamaica e do Panamá se rebelavam com frequência e logo fundaram suas próprias comunidades maroons rebeldes, governadas por reis eleitos, muitas vezes membros raptados da realeza africana. Nas minas de ouro da Venezuela, um escravo da baía de Biafra chamado Miguel matou seu cruel capataz e fugiu, fundando uma comunidade estruturada nos moldes da monarquia espanhola, tendo a si mesmo como rei e sua esposa Guiomar como rainha, e sendo coroados por seu próprio bispo, até que Miguel foi assassinado e sua rainha voltou a ser escravizada. Agora, atacando o Panamá, Drake encontrou o rei Bayano. Um maroon panamenho chamado Diego negociou uma aliança e se tornou companheiro de Drake em viagens futuras. Em março de 1573, Drake conseguiu capturar um comboio inteiro de prata espanhola.

Elizabeth e seus assistentes investiam em incursões transcontinentais contra os Habsburgo. "Muito nos agradaria nos vingar do rei da Espanha", a rainha disse a Drake, "por todas as injustiças que sofremos." Em dezembro de 1577, cinco navios partiram de Plymouth. Drake, acompanhado por Diego e possivelmente por outros ex-escravos, entrou em atrito com seu cocapitão durante a viagem: Drake o acusou de feitiçaria e traição e ordenou que fosse degolado. Navegando pelo Pacífico e perdendo suas outras embarcações, ele capturou navios do tesouro espanhóis, subiu pela costa californiana e atravessou o oceano até as Molucas (onde Diego morreu em razão de ferimentos), até voltar penosamente a Plymouth em seu *Golden Hind*, onde entregou uma recompensa tão grande que a metade da rainha, 160 mil libras, era maior do que a receita anual da Coroa.

Drake foi sagrado cavaleiro, mas sua ascendência como aventureiro marítimo foi desafiada por outro robusto filho do sudoeste inglês. Walter Raleigh também fazia parte da rede de famílias aparentadas de Plymouth, porém era mais jovem, mais afável e mais romanticamente letrado, uma mescla irresistível de assassino, amante e poeta.

Seu meio-irmão Humphrey Gilbert, sobrinho de Drake por parte da esposa, havia lutado contra os Mendigos do Mar holandeses e então ajudara a organizar uma feroz reconquista da Irlanda, que nunca fora totalmente subjugada pela Inglaterra. A chamada Plantation, a operação de expurgo em que os condes anglo-normando-irlandeses católicos que tradicionalmente governavam a ilha foram substituídos por senhores e colonos ingleses protestantes, era comandada pelos mesmos homens do sudoeste inglês que conduziam a guerra contra a Espanha. Gilbert, a quem Raleigh e Drake se uniram, tratava a Irlanda como um conquistador, decorando seu acampamento com filas de cabeças irlandesas. Era quase um ensaio para conquistas posteriores: depois de capturarem os soldados espanhóis enviados por Filipe para auxiliar os irlandeses católicos, Raleigh ajudou pessoalmente a decapitar mais de duzentos deles. Os primos foram agraciados com 20 mil hectares na Irlanda. Drake, quando estava lá, participou do massacre de seiscentos servidores do chefe irlandês Sorley Boy MacDonnell.

Gilbert e Raleigh estavam em termos de amizade com o mago e astrólogo de Elizabeth, John Dee, que gozava de tanta influência que a data de coroação da rainha fora escolhida pela consulta feita por ele aos astros. Em 1577, Dee escreveu *A perfeita arte da navegação*, propondo o que chamou de Império Britânico na América do Norte, inspirando Gilbert a anunciar, em 1582, a Terra Nova (no Canadá) como a primeira colônia inglesa. Depois que ele morreu, na viagem de retorno, Elizabeth autorizou Raleigh a colonizar "terras distantes, pagãs e bárbaras [...] não de posse efetiva de qualquer príncipe cristão ou habitadas por povos cristãos", em troca de um quinto de todo o ouro que lá fosse encontrado. Em 1587, Raleigh patrocinou uma colônia inglesa, Roanoke (na Carolina do Norte), mas seus colonos desapareceram, morrendo de fome, doenças ou ataques de americanos nativos. Mesmo assim, a colônia abortada de Raleigh inaugurara, como Dee havia previsto, um novo empreendimento: o império.[14]

O próprio Raleigh foi nomeado capitão do corpo de guarda de Elizabeth no exato momento em que Filipe ordenava que ela fosse assassinada. Não era uma ameaça que se pudesse tratar com leviandade: ele havia oferecido uma recompensa a quem matasse seu outro inimigo protestante, Guilherme de Orange.[15] Filipe pretendia entronizar Maria, a rainha escocesa, uma trapalhona terrível, de uma obtusidade impulsiva e paixões temerárias. Em 1567, após a morte de seu marido francês, Francisco II, ela voltou para governar uma Escócia cada vez mais protestante, inspirada pelo ativista John Knox, que, em seu livro *The First Blast of the Trumpet against the Monstruous Regiment of Women*, atacou abertamente a rainha, até que esta o exilou. Seu segundo casamento com um elegante primo católico, Henrique Stuart, conde de Darnley, de dezoito anos, com mais de 1,80 metro de altura, conhecido como o Rapaz Espigado, rendeu um filho, Jaime, mas causou uma rebelião protestante. O rapaz matou o confidente italiano de Maria, razão pela qual muito provavelmente ela concordou com o assassinato do próprio Henrique, organizado por um conde rufião que então a raptou e a desposou. Essa aliança sanguinária despertou tanta indignação que os protestantes entronizaram o bebê Jaime e Maria fugiu para a Inglaterra, onde Elizabeth lhe concedeu asilo, o que ela retribuiu conspirando com Filipe. "Ai, a pobre tola não vai parar enquanto não perder a cabeça", comentou Carlos IX da França. "Vão condená-la à morte. É por sua própria culpa e sandice."

Então, em fevereiro de 1587, quando os complôs de Maria foram desmascarados, Elizabeth mandou decapitá-la, levando Filipe a invadir a Inglaterra, numa escala somente possível para um império mundial.

DUAS ARMADAS: FILIPE E HIDEYOSHI

A estratégia de Filipe estava correta: era impossível defender todos os portos de seu império mundial; somente uma ofensiva concentrada contra a base do inimigo poderia ter sucesso. Não se tratava da loucura delirante de um fanático católico. Muitas invasões da Inglaterra feitas por mar — desde Forkbeard a Henrique Tudor — haviam tido êxito, mas Deus mora nos detalhes: um plano simples e o bom tempo eram fundamentais.

Porém Filipe se achava mais esperto do que os especialistas: seu "plano mestre" previa uma frota que sairia de Cádiz, rechaçaria os ataques ingleses ao largo de Flandres, se encontraria com um exército comandado por seu sobrinho, o duque de Parma, que se uniria à frota, e então invadiria a Inglaterra — uma mistura desordenada de ações que exigiam timing perfeito, flutuando numa maré de contingências imprevisíveis. Enquanto os estaleiros construíam a frota com capacidade para transportar 55 mil soldados de infantaria e 1600 de cavalaria, Filipe, agora com sessenta anos, escolhia para o comando da Armada um membro da alta nobreza, Alonso de Guzmán, duque de Medina Sidônia, que não tinha nem experiência de batalha nem uma personalidade imponente. Depois que Drake atacou Cádiz, destruindo muitos navios, e Filipe adoeceu de nervosismo, tanto Guzmán quanto o duque de Parma levantaram objeções ao plano. "Dediquei esta empreitada a Deus", Filipe disse a Guzmán. "Recomponha-se e cumpra sua parte."

Em julho de 1588, o duque partiu com 130 navios tripulados por 8 mil marinheiros, transportando 18 mil soldados, enquanto Filipe rezava na capela do Escorial. Sobrevivendo a ataques ingleses no canal da Mancha, comandados pelos vice-almirantes Drake e Hawkins, dificilmente o tipo de vitória apresentado nas histórias inglesas, o duque e sua frota intacta aguardaram diante de Calais o exército de 30 mil homens do duque de Parma. Ao descobrirem tardiamente que a frota havia chegado, as tropas marcharam em direção aos navios. Mas os ingleses enviaram brulotes que forçaram a Armada a fugir e enfrentar um temporal, o que a dispersou. Alguns navios naufragaram, enquanto outros seguiram numa viagem de quase 5 mil quilômetros em torno da Escócia e da Irlanda. Quinze mil marinheiros morreram.

Enquanto isso, do outro lado do mundo, outro visionário megalomaníaco, filho de um camponês que ascendera por seus próprios esforços, Hideyoshi, regente imperial japonês, lançava sua própria frota para uma invasão que Filipe também havia pensado em fazer: a China.

Em maio de 1592, Toyotomi Hideyoshi determinou que 158 800 homens em setecentos navios de transporte de tropas, acompanhados por trezentos navios de guerra, desembarcassem na Coreia e invadissem a China, o ponto alto de uma carreira extraordinária. Ele planejava prosseguir e conquistar a Índia. Por mais de um milênio, o Japão tinha sido nominalmente governado por um imperador, ou *tenno*, da família divina Sun, mas o poder efetivo era exercido por um regente, atingindo sua glória sob Fujiwara Michinaga, conforme descreveu a sra. Murasaki. Mas, nos últimos tempos, os regentes haviam perdido poder para os *daimyos*, que eram mais ou menos como senhores feudais.

Nos anos 1560, o *daimyo* Oda Nobunaga, chefe de um poderoso clã, começou a se impor sobre outros chefes guerreiros, instigado pelo lema "Governar o reino pela força". Nobunaga era tão excêntrico que o conheciam como O Idiota, até que sucedeu o pai e começou a vencer batalhas. Ele comemorava as vitórias em banquetes nos quais as cabeças laqueadas e douradas dos inimigos eram exibidas em travessas.

No início de sua ascensão, Nobunaga recrutara um rapazinho pobre, Hideyoshi, que começou como portador de suas sandálias e ascendeu a general. Em 1581, ele passou suas tropas em revista em Kyoto junto com o imperador, mas, quando foi assassinado, seu vingador e sucessor foi o infatigável Hideyoshi, um tipo maníaco e exuberante que se dedicou a completar a unificação do Japão.

Nessa tarefa, teve o auxílio de um notável rival e aliado, Tokugawa Ieyasu, um *daimyo* que tinha a mesma perspicácia, mas não a impaciência de Hideyoshi. Uma vez que dava seu apoio a alguém, Ieyasu jamais o traía e considerava que o principal segredo para o sucesso não era a força, mas a paciência. Quando jovem, fora feito refém e quase perdera o poder da família, porém raramente era derrotado em batalha e mostrou sua fibra quando a esposa e o filho foram denunciados por deslealdade: ordenou que a sra. Tsukiyama fosse decapitada e obrigou o primogênito a cometer suicídio por *seppuku*, cortando o ventre. A essa altura, já era devotado a uma jovem duas vezes casada, a quem escolheu pela beleza e pela sabedoria política: a sra. Saigo, que contribuiu para sua ascensão e morreu jovem, aos 37 anos, deixando dois filhos saudáveis que se tornaram os herdeiros.

Hideyoshi, nomeado regente, via-se agora como o Filho do Sol, tendo sua mãe sido engravidada por um raio de sol, o Imperador do Mundo. Voltou-se para a China. Os imperadores Ming recebiam tributo nominal dos japoneses e reconheciam os regentes como reis do Japão. Mas agora o Filho do Sol chamava o Japão de Terra dos Deuses: "Tomar pela força a terra virgem dos Ming será tão fácil quanto esmagar um ovo com uma montanha!". O plano era "abrir caminho" pela Coreia, mas o rei coreano não permitiu a passagem dos japoneses. Enquanto Ieyasu, sabiamente, mantinha seus soldados em casa, Hideyoshi enviou sua armada, que obteve sucesso imediato. Três semanas após o primeiro desembarque, os japoneses derrotaram o exército coreano, tomaram a capital Seul e invadiram a Manchúria. Mas logo enfrentaram uma insurreição. Todos os servidores públicos coreanos capturados foram executados, junto com as esposas e filhos. A quantidade de orelhas e narizes conservados em sal, acondicionados em caixas e remetidos a Hideyoshi foi tão grande que ele construiu o *Mimizuka* — o Monte de Orelhas. Um destacamento registrou 18 350 narizes e foi devidamente recompensado. Outros 60 mil coreanos foram escravizados por mercadores japoneses: "Depois de amarrarem essas pessoas umas às outras com cordas em torno do pescoço, eles a conduzem pelo caminho. A visão dos diabos e demônios devoradores de homens que atormentam os pecadores no inferno deve ser algo parecido". E então a invasão malogrou.

Em fevereiro de 1593, o Exército Celestial dos Ming, com 400 mil homens, irrompeu na Coreia, desbaratando o exército de Hideyoshi e matando mais coreanos. Hideyoshi encetou negociações, reivindicando o território coreano. Beijing, por sua vez, ofereceu o tradicional reconhecimento de Hideyoshi como rei vassalo. Hideyoshi, então, enviou outro exército, com 100 mil homens, enquanto tentava lidar com a própria família: ele sonhara em fundar sua própria dinastia, nomeando o arrogante sobrinho Hidetsugu como regente e adotando ele próprio o título de *taiko*, regente reformado. Esse acerto já estava se mostrando difícil quando a sra. Chacha, concubina de Hideyoshi, deu à luz outro filho, Hideyori, a quem ele nomeou sucessor. Hideyoshi, então, decidiu liquidar o sobrinho e toda a sua família. Hidetsugu foi forçado a cometer suicídio, e suas 39 concubinas e filhos foram todos decapitados. Enquanto isso, os *daimyo* comandados por Ieyasu prestaram um voto de lealdade ao bebê, em juramento assinado com sangue.

Hideyoshi estava enfraquecido pela situação em que se atolara na Coreia, que custara a vida de quase 1 milhão de pessoas — 750 mil coreanos e 100 mil japoneses —, mas também criou uma fratura na dinastia Ming da China, abrindo os portões para um "bárbaro", Nurhaci, cã dos cavaleiros do norte, os jurchéns,[16] que se prontificou a ajudar os chineses. Em vinte anos, Nurhaci uniu as tribos mongóis e jurchéns. Era apenas o começo: sua dinastia manchu viria a destruir a dinastia Ming e governar a China até o século xx.

Em 1597, o adoentado Hideyoshi se virou contra os japoneses cristãos, instigado por um capitão espanhol que revelara que a Espanha usava os padres como vanguarda em suas conquistas coloniais. Os jesuítas portugueses e os franciscanos espanhóis tinham convertido 300 mil japoneses e assegurado Nagasaki como base missionária. Hideyoshi copiara os modelos portugueses para seus navios e mosquetes, mas agora declarou: "Meus Estados estão cheios de traidores [...] serpentes que alimentei em meu seio". Em Nagasaki, ele crucificou 26 católicos.

Assim que a notícia chegou a Madri, Filipe ficou horrorizado. Já enfrentara um fiasco muito maior em sua guerra inglesa. O fracasso da Armada "dói muito", escreveu. "E, se Deus não nos enviar um milagre (que é o que espero), desejo morrer e ir ter com Ele." Mas ele não morreu, e continuou a supervisionar seu império nos mínimos detalhes a partir de seus aposentos abarrotados de relíquias no Escorial, enquanto seus inimigos protestantes, ingleses e holandeses ganhavam forma e ficavam mais fortes com sua inimizade, enriquecendo com seus tesouros. Enquanto montava sua segunda Armada, Filipe observava com preocupação as travessuras libertinas de seu sobrinho, o imperador Rodolfo, que estava chocando a Europa.

O IMPERADOR LOUCO DE PRAGA

Pelos corredores do Castelo de Praga transitava o bizarro elenco de necromantes, magos, cientistas, artistas e rabinos a serviço de Rodolfo, que também contava com um astrólogo dinamarquês com nariz de ouro, um alegre hierofante inglês, um demonólatra irlandês sem orelhas, uma amante italiana, um amante judeu convertido, um filho psicótico chamado Júlio César e leões de estimação, que andavam soltos.

Rodolfo era o mais estranho dos Habsburgo, convertendo Praga num laboratório de novas ideias e pensadores originais, enquanto combatia os otomanos e tentava lidar com as guerras religiosas.

De queixo comprido, olhos esbugalhados e cabelo claro, Rodolfo havia tido um desenvolvimento lento, passando vários anos quase sem falar. Seu pai, Maximiliano II, era simpático aos protestantes, ao passo que sua mãe, irmã de Filipe, era uma tremenda fanática que, assim que o jovem, tímido e frágil filho acedeu ao trono, tentou forçá-lo a desposar a filha de Filipe. Ele não queria. "Você tem medo de perder seus Estados e povos?", ela zombou. "Que figura você fará perante Deus e o mundo, se retribuir Sua bondade com um insulto e puser sua mãe numa situação intolerável?"

Recusando-se a obedecer, ambíguo em relação a seu catolicismo e evitando qualquer matrimônio, Rodolfo deixou a mãe no lúgubre Palácio de Hofburg, em Viena, e criou seu próprio mundo secreto no Castelo de Praga. A cidade era cosmopolita e protestante, com uma rica comunidade de 10 mil judeus e muitos artistas e astrólogos que já eram patrocinados por seu pai. Anulando as restrições impostas aos judeus, Rodolfo estava decidido a aprender todos os segredos do cosmo. Mantinha uma câmara de curiosidades, colecionando bebês bicéfalos e chifres de unicórnio. Em seus laboratórios, investigava as obsessões da época: a alquimia, uma "ciência" de ampla aceitação dedicada a transformar metais vis em ouro, e o ocultismo hermético, a crença de que os espíritos e as fórmulas matemáticas permitiam que o homem acessasse o poder divino. Aventurava-se na cabala com o rabino Loew, que diziam ser capaz de criar um *golem* — um monstro místico — a partir do barro. Em 1583, Rodolfo contratou o mago inglês John Dee, o visionário imperialista de barbas brancas, que chegou com um ajudante sinistro, Edward Kelley, um charlatão irlandês que tivera as orelhas cortadas por forjar moedas falsas.

Em 1588, Rodolfo recrutou um ex-padre napolitano de espírito independente chamado Giordano Bruno, que questionava os dogmas católicos e seguia as ideias de Copérnico, sustentando que existiam "inúmeros corpos celestes", que as estrelas eram outros sóis, que o universo era infinito e que as almas podiam migrar para outros corpos após a morte. Bruno foi excomungado por protestantes e católicos, mas recompensado por Rodolfo.[17] Em 1599, Rodolfo atraiu um nobre dinamarquês, Tycho Brahe, que perdera o nariz num duelo com um primo por causa de um debate matemático e usava uma prótese de ouro. Ele havia reunido dados sobre as estrelas nas *Tabelas rudolfinas*, rotulando estrelas novas como *stellae novae*. Ele aceitava em parte o heliocentrismo copernicano, mas sustentava que a Terra orbitava em volta da Lua. Seu assistente, Johannes Kepler, um professor de matemática luterano, discordava com amigável veemência.

Rodolfo, fascinado pelos quadros de Ticiano de seu tio Filipe no Escorial, era também um grande colecionador, comprando seus próprios quadros de Ticiano e dando apoio a Giuseppe Arcimboldo, o pintor da corte do pai, que pintava rostos usando objetos naturais: em sua tetralogia *As quatro estações*, Rodolfo, representando o deus romano da abundância, Vertumno, é construído a partir de frutas.

Mas o mundo de Rodolfo começava a se cobrir de sombras: os leões atacavam seus cortesãos, e seus livros contábeis registram as indenizações que teve de pagar pelos graves ferimentos causados. Ele chegou a chamuscar a barba ao realizar experiências com explosivos. Rapazes e "moças imperiais" eram prostituídos. Rodolfo apaixonou-se pela filha de seu artista Strado, Katarina, com quem teve cinco filhos, entre os quais d. Júlio César da Áustria, um maluco diabólico que logo faria coisas terríveis. Os magos caíram em desgraça; depois de terem experimentado uma troca de casais, Dee fugiu para salvar a própria pele, enquanto o desorelhado Kelley, preso por fraude e culto ao demônio, se matou com veneno.

Embora nada tivesse de soldado e vivesse para a arte e o sexo, Rodolfo era o defensor da cristandade. Quando um jovem padixá, Mehmed III, neto de Selim, o Louro,[18] liderando habilmente seu exército, derrotou os Habsburgo em Keresztes, o imperador viu-se obrigado a reagir. Enquanto empreendia uma longa guerra que drenava seus recursos e sua sanidade, Rodolfo tentava penosamente equilibrar católicos e protestantes.

Seu debilitado tio Filipe, criticando Rodolfo no palácio do Escorial, tomou uma decisão que iria afetar milhões de pessoas. Em 1595, ansioso por manter estoques de escravizados africanos, ele começou a conceder licenças — *asiento de negros* — a mercadores portugueses e genoveses para entregar, cada um deles, de 3 mil a 5 mil africanos. Enquanto morria de câncer, o único bálsamo para sua agonia foram as relíquias que a filha lhe colocava no corpo. Mas mesmo então ele continuava a dirigir a guerra contra os holandeses e ingleses. Elizabeth intensificou seus contra-ataques. Os espanhóis, porém, repeliram Drake na Coruña, onde ele perdeu 10 mil homens e vinte navios, e em 1595 desbarataram Drake e Hawkins em San Juan (Porto Rico). Os dois devonianos morreram de disenteria e foram sepultados no mar, Drake com armadura completa.

No ano seguinte, Elizabeth revidou, enviando uma pequena frota sob o errático comando de dois favoritos — o conde de Essex, um jovem frívolo e vaidoso que ocupava um cargo acima de suas capacidades, e Raleigh — para capturar Cádiz. Em junho de 1596, eles saquearam a cidade. Mas Filipe não terminara a obra de Deus. Em outubro, enquanto o conde de Essex estava longe, o Rei Prudente enviou sua segunda armada — 130 navios e 20 mil *tercios* — para tomar a Inglaterra. Elizabeth e seus paladinos se apavoraram, mas um temporal dispersou a frota. No entanto, mesmo moribundo, Filipe não estava acabado: em 1597, enviou a terceira armada — 140 navios e 10 mil homens. Elizabeth estava furiosa que o conde de Essex ainda não tivesse voltado, porém, mais uma vez, o Deus de Filipe não cumpriu sua parte. Dois galeões explodiram e uma tempestade interveio, embora um navio tenha desembarcado setecentos *tercios* na Cornualha. Vendo que estavam sozinhos e cercados por milícias inglesas, eles reembarcaram dois dias depois e foram embora. Elizabeth — agora velha, careca, desdentada, o rosto pintado com uma camada de alvaiade e vinagre — sobrevivera. Mas a maior ameaça era de sua própria criação: o conde de Essex.

Em 13 de setembro de 1598, Filipe morreu, sendo sucedido pelo único filho sobrevivente, Filipe III, que continuou sua obra, lançando uma quarta invasão à Grã-Bretanha, que desembarcaria na Irlanda, e expulsando todos os muçulmanos da Espanha. Em Praga, seu primo Rodolfo, enfrentando a loucura e a traição dentro de sua própria família, convenceu-se de que a Igreja deveria revidar contra os protestantes, valendo-se de todas as armas à disposição — guerra, política e arte. Enquanto os protestantes dominavam as terras dos Habsburgo, Rodolfo os perseguiu na Hungria e na Áustria, mas, incoerente em todos os assuntos, tolerou-os em Praga. Todavia, embora os papas tivessem liderado um contra-ataque católico, os protestantes ainda pareciam vencer. Em aliança com o papa, os irmãos de Rodolfo, encabeçados por Matias, julgando que Rodolfo constituía uma ameaça à monarquia e à Igreja, começaram a incentivar a oposição e impor a conversão ao catolicismo. Rodolfo se viu preso entre os dois lados. Em 1605, os húngaros e transilvânios se rebelaram; os protestantes austríacos recuaram diante da agressiva perseguição católica. O conflito era acompanhado atentamente em Londres por uma monarca que sentia a mesma ambivalência de Rodolfo. Não eram os únicos a recear que um iminente conflito religioso estivesse prestes a tomar conta da Europa.

Em 26 de dezembro, Dia de Santo Estêvão, de 1606, numa Londres assolada por uma onda mortífera de peste, que levara ao fechamento de teatros e cervejarias, e num reino abalado por uma conspiração terrorista católica, Jaime I, rei veterano da Escócia e novo rei da Inglaterra, estava no Grande Salão de Whitehall na companhia de trezentos cortesãos para assistir a uma nova peça de um ator-escritor chamado William Shakespeare.

ATO XII

545 MILHÕES

Os daomeanos, os Stuart e os Villiers, os timúridas e os otomanos

O REI DAS BRUXAS — JAIME APAIXONADO, SHAKESPEARE NA CORTE

A peça a que a corte assistia era *Rei Lear*, um drama sombrio de poder senescente, insanidade paterna, divisão política e ingratidão filial, terminando em caos e tragédia. Mas ela não parecia muito deslocada na nova, instável e incômoda união entre a Inglaterra e a Escócia, onde nos últimos seis anos vários golpes contra a velha rainha Elizabeth e o novo Jaime haviam sido abortados, para não mencionar uma conspiração católica a fim de exterminar toda a família real e a classe dirigente.

Jaime era rei desde o primeiro ano de vida; os pais tinham morrido de forma violenta e ele fora criado numa corte de nobres sanguinários e fanáticos religiosos, num reino dominado por uma seita protestante, a dos presbiterianos, que repudiava padres e bispos. O rei era um pedante bêbado e desleixado que discorria sobre feitiçaria e teologia para os cortesãos, cuspindo saliva e escorrendo baba pelos cantos da boca: alguns observadores ingleses diziam que ele tinha a língua grande demais, mas tratava-se apenas de uma estocada por causa do sotaque escocês carregado. Criado como presbiteriano, ele se revelou inteligente e curioso, mas carente de afeto, o que não era de surpreender, além de plenamente convicto do poder maléfico das bruxas.

A necessidade de explicar a sucessão de calamidades — guerras religiosas, pandemias e safras pobres —, somada ao medo de mulheres pouco convencionais e da popularidade de obras impressas sobre feitiçaria, desencadeara uma enxurrada de julgamentos por bruxaria. Em Trier, nos anos 1580, um arcebispo orquestrou vários ataques aos protestantes, judeus e bruxas, que levaram à queima de 386 pessoas. Em 1589, no auge dessa sinistra histeria, Jaime se casou por procuração com Ana da Dinamarca, mas ela teve de abandonar a viagem à Escócia por causa das tempestades. Jaime zarpou para ir buscá-la — um raro momento de romantismo heterossexual —, mas estava convencido de que as tempestades eram obra de feiticeiras e, ao voltar, incentivou um processo em North Berwick que levou à tortura e à queima de um grande número delas. Jaime seria o único monarca intelectual da Grã-Bretanha: escreveu primeiramente sobre a feitiçaria, em *Daemonologie*, e depois um ensaio enaltecendo o direito divino dos reis.

Enquanto Elizabeth envelhecia, Jaime negociava secretamente com seus cortesãos: o conde de Essex estava ansioso por acelerar a sucessão de Jaime. Mas Elizabeth tinha perdido a paciência com seus acessos de cólera. Em fevereiro de 1601, o insolente narcisista deu início a um golpe, contratando a companhia teatral de Shakespeare para encenar *Ricardo II* como sinal para destruir a tirana e entregar a Inglaterra a Jaime. "Ricardo II sou eu", diria mais tarde uma pesarosa Elizabeth. O conde de Essex foi decapitado. Shakespeare provavelmente passou por um interrogatório; foi por pouco, mas sobreviveu. Após a morte de Elizabeth, em 1603, Robert Cecil, seu ministro de confiança, facilitou a sucessão do rei dos escoceses.[1]

Uma das primeiras decisões de Jaime foi nomear a trupe de atores do lorde camareiro, que pertencia parcialmente a Shakespeare, como King's Players, e encarregá-la de fazer dez apresentações ao rei por temporada. Os dois filhos de Jaime, o atraente Henrique e o magro e tímido Carlos, prometiam estabilidade, e Ana em Londres sobreviveu a mais três gestações, em partos feitos por um médico francês com um instrumental secreto que assegurava maior segurança aos nascimentos.[2] Todavia, a atmosfera estava tensa com uma nova onda de peste bubônica se alastrando por Londres, com um número de mortes que disparou de vinte para mil por semana, levando Jaime a determinar o fechamento dos teatros e das arenas de luta de ursos. O rei começou a negociar a paz com a Espanha, mas não anulou as restrições contra os católicos, desencadeando a conspiração de Robert Catesby para explodir o Parlamento em sua sessão inaugural. Tal complô é visto hoje em dia como uma brincadeira, porém esse espetáculo terrorista teria matado não só a maior parte da família real, mas a elite inteira, somando milhares de pessoas. Em 4 de novembro de 1605, uma carta anônima alertou Cecil, e foram encontrados 36 barris de pólvora sob o Parlamento. Os conspiradores foram caçados e abatidos.

A paranoia e os equívocos, as pestes e os confinamentos, as mudanças de poder e a importância dos personagens inspiraram Shakespeare, o qual também quase fora destruído. Enquanto a Inglaterra assistia ao julgamento dos terroristas e comemorava a sobrevivência do rei escocês e de seus jovens filhos, Shakespeare escreveu uma peça escocesa, *Macbeth*, vagamente inspirada nos fatos históricos, sobre o ímpio crime de matar um rei e os fascínios da feitiçaria. Agora com 42 anos, com sinais de início da calvície, com um pequeno bigode e barbicha, Shakespeare era filho de um modesto fabricante de luvas de Warwickshire, nascido no ano em que Michelangelo morreu. Pode ter começado como mestre-escola, passando a atuar nos anos 1580. Shakespeare ganhou renome com dois poemas épicos, uma série de sonetos e, apesar do fechamento periódico dos teatros durante os surtos de peste, várias peças cômicas e históricas. Mas enriqueceu como ator e gerente, coproprietário da companhia de teatro do lorde camareiro, o que lhe permitiu comprar a maior casa de sua cidade natal de Stratford-upon-Avon. Lá ele se casara jovem, tendo duas filhas e um filho, Hamnet, que morrera uma década antes, aos onze anos de idade. Quando estava em Londres, Shakespeare se movia entre as tabernas libertinas de Southwark, onde se hospedava em pensões, e o brilho corrupto da corte, onde era valete de câmara. Discreto e reservado, seus ardentes sonetos de amor e traição, descrevendo romances entre homens e mulheres numa Londres de bordéis e doenças venéreas, sugerem experiência mundana: "Quando meu amor jura que diz apenas a verdade,/ Acredito nela, embora saiba que mente".

Em 5 de janeiro de 1606, Jaime compareceu a uma festa na Casa de Banquetes do Palácio de Whitehall para celebrar o casamento do conde de Essex, filho de catorze anos de idade do favorito executado, com Frances Howard, filha de um dos nobres que haviam destruído o pai do noivo. Esse casamento, concebido por Jaime como um gesto de reconciliação, viria a se tornar um escândalo sangrento. Mas, por ora, Shakespeare observava as jovens nobres que dançavam com trajes escarlate num espetáculo criado por seu rival, o dramaturgo Ben Jonson, um turbulento simpatizante católico que havia matado dois homens em duelos, mas ainda assim se alçara de pedreiro e homicida a poeta nacional. A alegre extravagância do espetáculo serviu de inspiração a Shakespeare para escrever *Antônio e Cleópatra*, em que a chegada da rainha egípcia numa barcaça resplandecente exigia uma encenação igualmente exuberante — muito diferente da intolerável angústia de sua outra obra em andamento, *Rei Lear*.

Nos dias que se seguiram à apresentação, Jaime observou secretamente o julgamento dos conspiradores católicos. Em 30 de janeiro, oito deles foram arrastados de costas em cestos de vime até o patíbulo, onde foram pendurados, tiveram os órgãos genitais cortados e queimados, os intestinos e o coração retirados, sendo por fim decapitados, num processo que se destinava a colocá-los "a meio caminho entre o céu e a terra como indignos de ambos".

Logo depois de comparecer à apresentação de *Rei Lear*, Jaime assistiu a uma justa em que um jovem cortesão escocês, Robert Carr, foi derrubado do cavalo e quebrou a perna. Jaime se apaixonou imediatamente por ele; cuidou do rapaz, educou-o e o sagrou cavaleiro. Carr começou a dominar a corte e logo foi elevado a conde de Somerset. A rainha Ana o detestava, e o Parlamento desprezava os presentes generosos de Jaime ao caledônio arrivista. Felizmente, a ascensão de Carr era contrabalançada pelo carisma de Henrique, príncipe de Gales, fascinado com o mundo que se abria.

Londres em 1606 era de um cosmopolitismo inesperado. As viagens dos mercadores ingleses de escravos haviam trazido algumas centenas de africanos para a cidade, onde a África ocupava o pensamento das pessoas. Elizabeth determinara que eles fossem deportados, mas a ordem jamais foi cumprida. Os londrinos tinham ficado fascinados com a visita de um embaixador marroquino. Shakespeare havia escrito sonetos de amor a uma "escura dama": podia ser simplesmente uma morena, mas também podia muito bem ser uma africana;[3] *Otelo*, que estreou em 1604, tinha como protagonista um general mouro. Na Noite de Reis do ano seguinte, Ana presidiu à *Mascarada negra* de Jonson, em que a rainha e suas damas, com o rosto pintado de preto e usando figurinos de Inigo Jones, interpretaram as filhas do deus Níger, que desejavam que o deus Oceano embranquecesse sua pele.

Seguro de si, erudito e justador, praticante de tênis e de um tipo primitivo de golfe, o príncipe Henrique pediu permissão ao pai para estudar com o prisioneiro Raleigh. O ferrabrás, trancafiado na Torre, ficou contente em receber o príncipe, para quem provavelmente começou a escrever sua *História do mundo*. Henrique ficou tão entusiasmado com as histórias de Raleigh sobre um reino abundante em ouro na América do Sul, o Eldorado, que financiou seu próprio aventureiro, Thomas Roe, para uma expedição à Guiana. Raleigh era a autoridade no assunto: sua colônia na América, Roanoke, e sua captura de uma majestosa carraca portuguesa, repleta de preciosidades e especiarias da Ásia oriental — ouro, âmbar-gris, cravo, canela e cochonilha —, havia inspirado a criação de duas companhias — a Companhia das Índias Orientais (East India Company, EIC), fundada em 1600 para comerciar especiarias asiáticas com o apoio de Jaime, que concedeu ao capitão da primeira viagem o título de cavaleiro, e a Companhia da Virgínia, licenciada em 1606 para fundar uma colônia na costa americana.[4] A terra a que chegou a expedição desta última recebeu o nome de Cape Henry, e ali foi criado um assentamento, Jamestown. Embora os povos americanos nativos da região, a confederação powhatan, tenham sido de início amistosos, os colonos morreram aos montes de fome e doenças. Essas viagens desastrosas serviram de inspiração para a última peça de autoria exclusiva de Shakespeare, *A tempestade*.

A EIC, por sua vez, em sua primeira década de existência, enviava apenas três navios por ano. Os verdadeiros dínamos eram os holandeses, muito à frente dos ingleses. Filipe II, ao fechar seus portos em 1598 à Holanda, involuntariamente abriu o mundo à ambição holandesa. Entre 1595 e 1602, os holandeses enviaram cinquenta navios para atacar as remessas habsbúrgicas. Em 1602, os Heren XVII — os Dezessete Cavalheiros, muitos dos quais membros das dinastias mercantis aparentadas dos Bicker e dos De Graeff, que dominavam a política holandesa — fundaram sua própria Companhia Holandesa das Índias Orientais (Vereenigde Oost-Indische Compagnie, VOC), outorgada pelos Estados Gerais, com poderes militares e governamentais para conquistar e manter entrepostos comerciais na Ásia. A Bolsa de Valores de Amsterdam — a primeira do mundo — foi fundada para negociar suas ações. A VOC se integrou facilmente na estrutura pluralista da Holanda, com suas sete províncias, poderosas cidades e guildas, mas também se tornou a primeira empresa multinacional, a primeira sociedade de capital aberto e a primeira corporação de guerra. As famílias que a administravam refletiam as mudanças na sociedade, estimulando a organização moderna, os valores da industriosidade e o patronato artístico, bem como as inovações técnicas e a concorrência implacável.

A VOC baseava seu comércio na violência. "Não há comércio sem guerra", disse seu diretor-geral, Jan Pieterszoon Coen, aos Dezessete, "nem guerra sem comércio." Os lucros eram pródigos, e as rivalidades com mercadores portugueses, ingleses e chineses brutalmente fomentadas.[5] Em 1607, Coen se juntou a uma expedição às ilhas Banda — as mais ricas das Molucas —, onde os indonésios massacraram a maior parte dos holandeses. Coen, um severo conquistador e fanático calvinista, empregou enorme violência para instalar entrepostos comerciais da VOC na ilha, lançando os governantes locais uns contra os outros e atacando os rivais portugueses e ingleses. Convicto de que realizava a obra de Deus — "Não desistam, não poupem os inimigos, Deus está conosco!" —, era inclemente mesmo com seus próprios homens. Quando encontrou um oficial holandês com uma moça na cama, mandou decapitá-lo. A VOC concorria com os ingleses, os hispano-portugueses e os chineses pelo controle das Molucas, tendo tomado Amboíno dos lusos. Um de seus primeiros sucessos foi entrar no Japão.

Tokugawa Ieyasu, mestre da paciência, não teve problemas em lidar com esses mercadores. Em 1598, aos 47 anos, Hideyoshi, o aspirante a conquistador da China, morreu de febre, deixando um conselho de regentes encabeçado por Ieyasu para governar em nome de seu filho de cinco anos. Ieyasu logo dizimou a facção de Hideyoshi, emergindo como xógum de um novo governo em Edo, que depois se tornaria Tóquio, e fundando uma dinastia que governou o Japão até 1868. Os hispano-portugueses já comerciavam através de Nagasaki; agora, chegavam também os protestantes. De início, os holandeses e ingleses foram bem acolhidos pelo xógum. Em 1600, um aventuroso marinheiro de Kent chamado Will Adams, veterano das incursões de Drake, foi um dos poucos sobreviventes da primeira flotilha da VOC a rumar para o leste. Enquanto os hispano-portugueses exigiam sua execução como pirata, Adams era levado ao Castelo de Osaka. Depois de ganhar as graças do próprio Ieyasu durante uma conversa que se estendeu pela noite afora, Adams se juntou à sua corte, aprendeu japonês, treinou como samurai e se tornou conselheiro do xógum em tecnologia europeia, construindo para ele seu primeiro navio de guerra ao estilo europeu. Adams trabalhava contra os espanhóis e holandeses enquanto promovia os interesses da EIC. Os holandeses e ingleses foram autorizados a manter sua presença mercantil, mas, em 1628, o novo xógum, Hidetada, filho de Ieyasu, se virou contra o cristianismo, expulsando os padres católicos e queimando 55 católicos. Por dois séculos, sob os xoguns Tokugawa, o acesso europeu ao Japão se manteve restrito.

Em outras partes, as campanhas da VOC prosseguiam a todo vapor. Em 1618, Coen assegurou o controle de Jacarta (renomeada como Batávia) em Java, sendo recompensado pelos Dezessete com o cargo de governador-geral. Os Dezessete solicitaram a captura das ilhas Banda, ricas em especiarias. "Para lidar adequadamente com essa questão", escreveu Coen, "é necessário submeter Banda mais uma vez e povoá-la com outra gente." Mais de 10 mil indígenas foram mortos e outros tantos deportados, enquanto a VOC assegurava o monopólio do cravo e da noz-moscada. Ela foi igualmente implacável com seus concorrentes europeus, afogando e degolando 21 mercadores ingleses em Amboíno.

Onde quer que os portugueses estivessem presentes, a VOC atacava os postos avançados dos Habsburgo: em Taiwan, seus soldados tomaram um forte português para desenvolver o comércio com a China. Ao mesmo tempo, ela avançava sobre a Índia. Em 1608, a VOC atacou os portugueses em Coromandel, capturou Pulicat e negociou uma concessão com os marajás de Vijayanagara, e então abordou o maior monarca do Oriente, o novo imperador mogol, Jahangir. Aqui também foram rapidamente seguidos pelos ingleses.[6]

Ao abordar Jahangir, da linhagem de Tamerlão e Babur, a EIC e a VOC estavam cortejando o dirigente da maior potência do mundo. Jahangir, então conhecido como Salim, era o filho opiômano de Akbar, o Grande: seu pai, a certa altura, chegou a trancá-lo e vetar seu acesso ao ópio, na tentativa de sanar sua dependência. Salim manteve o vício durante toda a vida, mas nem por isso suas ambições diminuíram. Na família de Tamerlão, filhos e netos disputavam a Coroa, e os perdedores morriam: "Trono ou tumba!". Com o pai idoso, o príncipe tentara tomar o poder, assassinando o vizir Abul-Fazl. Akbar retaliou ameaçando deixar o império para Khusrau, o filho do próprio Jahangir.

Em 3 de novembro de 1605, quando morreu o grande padixá (na mesma semana do complô católico para explodir o Parlamento em Londres), Salim adotou o nome de Jahangir — Capturador do Mundo —, enquanto seu filho Khusrau se revoltava e capturava o Punjab. Jahangir esmagou a rebelião, dizendo a seu general: "Faça o que for necessário. Reis não têm família".[7] Khusrau foi conduzido num elefante por entre uma avenida crivada de lanças; seus apoiadores foram obrigados a prestar reverência antes de serem empalados, "a punição mais dolorosa", observou Jahangir. O surpreendente é que, depois disso, o rapaz voltou a conspirar e foi cegado.

Jahangir dava mostras de seu temperamento timúrida, tanto expandindo o império quanto mostrando propensão à crueldade, certa vez matando um serviçal por derrubar um prato e um caçador por atrapalhar seu alvo. Era fascinado pela arte, pela ciência e pela arquitetura, sendo influenciado pelo renascentismo europeu, que considerava um instrumento científico — um meio de estudar o mundo. Seu pintor Abu al-Hasan aperfeiçoou o requintado e exuberante estilo mogol para um opiômano imperial que dependia cada vez mais da esposa, Nurjahan.

AS IMPERATRIZES DE AGRA E CONSTANTINOPLA: LUZ DO PALÁCIO E BELA LUA

Nurjahan nascera Mihr al-Nisa, filha de um dos ministros de Akbar, um iraniano que servira na Índia. Jahangir a conheceu quando ela ainda era casada com um temerário paladino que o salvara do ataque de um tigre. Jahangir lhe deu o nome de Sher Afgan — o "afastador de tigres". Anos depois, após a morte de Sher Afgan, Jahangir voltou a ver Mihr al-Nisa.

Na corte em Agra, o *meena bazaar* para o festival do Noruz era a ocasião ideal para flertar. Mihr al-Nisa estava com 34 anos, viúva e com uma filha; Jahangir já tinha 51 anos, quinze esposas e um harém apinhado, mas "creio que nenhuma me amava tanto". Essa persa astuta, criada em Kandahar, era não só ágil, impetuosa e bonita, fluente em persa e árabe, mas também divertida. Gostava de pintar com um copo de bebida na mão e era excelente atiradora; certa vez, montada num elefante, acertou quatro tigres com apenas seis balas, sem errar um único tiro. "Nunca se vira tal pontaria", escreveu Jahangir. "Os quatro tigres não tiveram nem chance de saltar." Em outra ocasião, um mercador inglês viu o casal entrando alegremente de carroça num campo de caça, apenas os dois, o imperador dirigindo.

Em 1612, depois do casamento — em que ele lhe deu o nome de Nurmahal, Luz do Palácio, mais tarde a promovendo a Nurjahan, Luz do Mundo —, ambos acertaram o matrimônio do terceiro filho de Jahangir, o abstêmio e disciplinado Khurram (futuro Shahjahan), com a sobrinha dela, Arjumand Banu, tão erudita e encantadora quanto a tia. Khurram sempre fora o neto favorito de Akbar, que o chamava de Alegre; Akbar o tirou da mãe rajapute e o entregou à sua esposa principal, Ruqaya, para que o criasse; ela "sempre o promoveu", dizendo a Jahangir que "não havia nenhuma comparação entre ele e meus outros filhos". Criado por esses dois titãs, Khurram não se deixou impressionar pelo fútil Jahangir, porém se apaixonou imediatamente por sua nova esposa, renomeando-a Mumtaz Mahal (Augusta do Palácio). Mas então Nurjahan casou a própria filha com outro filho de Jahangir, o caçula e inútil Shahryar, despertando em Khurram a suspeita de que ela planejava destruí-lo.

Foi então que as companhias holandesa e inglesa chegaram a Agra para solicitar concessões comerciais. O império de Jahangir era a potência mais rica do mundo, e, naquele momento, chegava ao auge de seu poderio econômico: estima-se que sua participação no PIB mundial aumentava rapidamente, saltando de 22,7% em 1600 para 24,4% em 1700, maior do que a da China. A população do império — 110 milhões de pessoas — era maior do que a soma de toda a população europeia. Seus tecidos, manufaturados em milhares de pequenas oficinas caseiras, eram exportados para a Europa, onde estavam começando a entrar na moda, junto com joias, marfim e especiarias fornecidos por mercadores portugueses e árabes. Em 1616, porém, Jahangir concedeu aos holandeses feitorias mercantis primeiro em Surat e depois em Bengala. Na mesma época, a EIC enviou seu exuberante plenipotenciário Thomas Roe, veterano da busca do Eldorado nas Guianas, para ganhar as graças do imperador. Os dois beberam juntos, e Jahangir concedeu a Roe uma feitoria em Surat. Mas esses europeus eram peixes pequenos demais para o Capturador do Mundo.[8]

Jahangir governava o norte da Índia, mas não o sul. Ansioso por se expandir, ele ordenou que Khurram avançasse para o sul e entrasse no Decã (de *Dakhin*, que significa sul), o que levou o pai a promovê-lo ao mais alto *mansab* (o sistema de hierarquias criado por Akbar) e ao título de Shahjahan — Rei do Mundo. "Num impulso de afeição paterna explícita, tomei-o em meus braços", escreveu Jahangir. "Quanto mais ele mostrava sua reverência por mim, mais minha ternura aumentava."

No entanto, o avanço dos mogóis para o sul foi bloqueado pelo sultanato de Ahmadnagar, governado na época por um talentoso paladino africano, Malik Ambar, um abissínio — nome dado aos pagãos do interior da África que eram capturados por cristãos ou árabes e então vendidos aos gujarates para servir como soldados aos sultões do sul e do leste da Índia.[9] Vendido pelos pais e convertido ao islamismo por seu primeiro senhor em Bagdá, Ambar acabou sendo alforriado. "Um cafre [termo árabe que significa "infiel" e se tornou um epíteto racista europeu para designar os africanos] negro com um severo rosto romano", segundo um mercador holandês, ele comandou 10 mil abissínios, tomando Ahmadnagar como *peshwa* (principal ministro) e promovendo um casamento entre sua filha e o sultão local. Derrotando várias vezes Jahangir, Ambar tinha quase oitenta anos quando Shahjahan o humilhou, triunfo celebrado por Jahangir numa pintura em que ele atira uma flecha em Ambar, alegoria da realização de um desejo, mostrando como o abissínio se tornara poderoso. Somente após a morte de Ambar é que os mogóis passaram a aceitar Ahmadnagar.

No entanto, as relações entre pai e filho eram complicadas. Quanto mais caloroso era Jahangir, mais gélido era Shahjahan. Mesmo nesse período de amor familiar havia derramamento de sangue: Shahjahan pediu a guarda do irmão cego Khusrau e então o matou. Ele reservava sua afeição para Mumtaz Mahal. "Não gere filhos com outras mulheres", disse-lhe ela, "para que os delas e o meu não briguem pela sucessão." Ele ordenou que as outras mulheres abortassem a gravidez. Agora, observava o declínio paterno.

"A begum Nurjahan, que tem maior habilidade e experiência do que os médicos, tentou diminuir meu número de taças e aplicar remédios", relembrou Jahangir. "Ela reduziu gradualmente meu vinho." O poder de Nurjahan dependia da vida de um drogado timúrida, mas sua contemporânea em Constantinopla era uma mulher ainda mais admirável, que dominaria o Império Otomano por quarenta anos.

Quando o sultão otomano Ahmed a viu pela primeira vez, Anastácia era uma odalisca grega recém-escravizada de seu harém. Os dois tinham treze anos de idade, e ele lhe deu o nome de Mahpeyker — Bela Lua. Mas, quando se apaixonou por ela, deu-lhe o nome de Kösem — Líder. "Bela e arguta", comentou o enviado veneziano, "com muitos talentos, canta belamente, é extremamente amada pelo rei", que até "a ouvia em alguns assuntos". Juntos, eles geraram nove filhos, entre os quais cinco homens — um com brilhantes dotes, outro um insano sanguinário. Kösem enfrentava concorrência: Osman, o primogênito de Ahmed, era filho de outra odalisca; ela se tornou próxima dele, embora sempre desse prioridade aos próprios filhos.

O sultão Ahmed, presume-se que por sugestão de Kösem, encerrou a tradição de estrangular irmãos reais: assim, preservou o próprio irmão na "gaiola dourada" do harém. Os padixás agora passavam menos tempo comandando exércitos, o que resultava em maior poder para a equipe do palácio: seus eunucos africanos agora tinham o mesmo grau hierárquico dos grão-vizires.[10]

Culto, atlético e brincalhão, poeta e esgrimista, Ahmed, que sempre desejava ter Kösem a seu lado, dedicava intenso trabalho à sua Mesquita Azul, concebida junto com Mehmed Agha, que se formara com o grande Sinan. A Mesquita Azul, com seus cinco magníficos domos, oito domos menores e seis minaretes, além de telhas verde-azuladas, numa cascata de estilos bizantino-otomanos, continua a ser uma das belezas de Istambul. Os otomanos haviam tido várias vitórias recentes na Hungria e capturado o Cáucaso da Pérsia, o que levou Ahmed a deixar de lado sua obrigação principal: a guerra. De repente, em 1605, ele foi atacado por um novo e terrível xá.

Bisneto do rei-menino messiânico Ismail, Abbas se formara entre os expurgos sangrentos dos xás safávidas e as fanfarronices tirânicas de seus generais turcomanos, que haviam cegado seu pai e retalhado sua mãe. Aos dezessete anos, um dos generais depôs seu pai e o coroou.

Trigueiro, ágil e robusto, de olhos verdes e bigodes caídos, Abbas era um amante dos prazeres, mas com sede de poder, concentrado e imprevisível, sempre portando uma espada, volta e meia decepando a cabeça dos prisioneiros na frente da corte. Em batalha, tinha força suficiente para enfrentar e liquidar um matador otomano. Certa vez, tomado de raiva pelos erros toscos dos soldados numa batalha simulada, ele correu entre as tropas, cortando ao meio quatro homens. Apesar disso, era informal, cozinhava a própria comida, treinava o cavalo na praça de Isfahan e conversava com os passantes. Usando disfarces, conferia o preço dos alimentos no mercado: quando os comerciantes o enganavam, não deixava passar a trapaça — ordenou que assassem um padeiro em seu próprio forno e grelhassem vivo um açougueiro.

Abbas apreciava entusiasticamente moças e rapazes, umas e outros geralmente georgianos escravizados. No harém, as moças por vezes "o suspendiam no ar, giravam pelas salas e atiravam-no sobre o tapete enquanto ele gritava: 'Ah, suas putas, suas doidas!'". Tal como em Constantinopla, o harém era dirigido por eunucos africanos e georgianos. Às vezes o próprio Abbas realizava as orquiectomias, e com tal precisão que o número dos que morriam era menor do que o habitual. Seu novo exército era formado basicamente por escravos *ghilman* do Cáucaso. Em 1605, ele atacou os otomanos e retomou Tabriz e o Cáucaso, onde escravizou 160 mil pessoas.

Depois de seus êxitos iniciais contra os otomanos, Rodolfo enviou um emissário a Abbas, que o recebeu cordialmente enquanto examinava duas espadas, escolhia uma delas e decapitava um prisioneiro otomano, recomendando que o imperador tratasse os turcos da mesma maneira. Mas agora o mundo real estava alcançando o imperador da fantasia.

QUEDA DO ALTO: O PRÍNCIPE DAS TREVAS E O COPRÓFAGO JÚLIO CÉSAR

"Dizem que você é alquimista, astrólogo e dado à necromancia", Albrecht escreveu a seu irmão Rodolfo. "Se isso for verdade e Sua Majestade tiver caído nos hábitos de usar os serviços dos mortos, ai da Casa da Áustria." Agora o papa Clemente VIII liderava um ressurgimento católico militante, uma reação ao ardor do protestantismo, e planejava mudar o regime em Praga, espionando Rodolfo e incentivando os irmãos dele, encabeçados pelo arquiduque Matias, a depô-lo. "É de concordância geral entre os católicos em Praga", informou o enviado de Clemente, "que o imperador foi enfeitiçado e está em aliança com o demônio. Foi-me mostrada a cadeira na qual Sua Majestade se senta e mantém conversas com o Príncipe das Trevas [...] e o pequeno sino que usa para convocar os espíritos dos finados."

Em 1606, os irmãos Habsburgo e o sobrinho deles, Fernando de Estíria, tiveram um encontro secreto em Viena. "Sua Majestade agora chegou ao ponto de abandonar totalmente Deus", disse Matias, acrescentando que o irmão estava se devotando a "magos, alquimistas, cabalistas". Matias obrigou Rodolfo a firmar a paz com os otomanos. Em Praga, Rodolfo, desconfiando de todos e convencido de que os irmãos queriam matá-lo, apunhalou seu camareiro no meio da noite e então tentou o suicídio. Em busca de um servo leal, promoveu a camareiro um judeu tirolês convertido, Philip Lang — talvez fossem amantes —, permitindo-lhe que controlasse o governo, enquanto esse epígono vendia quadros e o traía junto a seus irmãos. "Sei que estou morto e condenado", Rodolfo disse a Lang, "possuído pelo demônio."[11]

Os dois irmãos agora tentavam obter o apoio protestante. Em julho de 1609, Rodolfo assinou uma Carta de Majestade que prometia tolerância religiosa para os protestantes — mas, quando sentiu seu poder ameaçado, mandou convocar um destacamento de mercenários que desagradou a todas as partes. As tropas de Matias entraram na Boêmia, obrigando-o a ceder a Hungria e a Áustria. Em março de 1611, enquanto Rodolfo arengava pelos corredores do castelo — "Ele pegou todas as minhas coroas, uma a uma" —, Matias marchava sobre Praga, onde foi bem recebido. "Praga, Praga", amaldiçoava Rodolfo, "eu lhe trouxe fama, mas agora você me expulsa [...]. Que a vingança recaia sobre você!"

Matias deixou que Rodolfo mantivesse o castelo. Quando o leão favorito de Rodolfo morreu, ele percebeu que era o fim. Agora imperador, Matias confirmou a promessa de tolerância de Rodolfo, mas os protestantes reivindicavam o direito de construir novas igrejas em terra católica. Enquanto Matias morria, seu sucessor Fernando II prometeu severas sanções católicas, auxiliado pelos altos funcionários católicos Jaroslav Bořita e Vilém Slavata. Os nobres boêmios invadiram o castelo, dizendo-lhes: "Vocês são inimigos nossos e de nossa religião"; em seguida, jogaram os dois pela janela, fazendo o mesmo com o secretário Filip Fabricius — a defenestração era uma espécie de tradição em Praga: uma morte ignóbil. Mas os três sobreviveram à queda de quase 25 metros de altura, os católicos dizendo que ela fora atenuada pela Virgem Maria, e os protestantes citando um monte de lixo. Fabricius seguiu a galope para informar Viena, onde o imperador Fernando lhe concedeu um título de nobreza com o epíteto Hohenfall

(Queda do Alto). Fernando investiu contra os rebeldes boêmios, que então depuseram os Habsburgo e elegeram o príncipe protestante Frederico, eleitor do Palatinado, casado com Elizabeth, filha de Jaime I.

Jaime estava sendo pressionado a apoiar o genro, mas andava muito abatido com a morte de seu querido filho Henrique, em 1612, que o obrigara a deixar como herdeiro o simplório Carlos, que ainda nem chegara aos doze anos. Assim, ele dava mais atenção a seu favorito, o conde de Somerset.

Então, em 14 de setembro de 1613, um cortesão chamado Sir Thomas Overbury morreu na Torre de Londres depois de uma injeção no reto.

ASSASSINATO POR ENEMA: OS FAVORITOS DE JAIME

Jaime ficou chocado ao saber que Overbury tinha sido morto por ordens de Robert Carr, seu querido conde de Somerset, e da nova esposa dele. Overbury fora o conselheiro político de Carr até que este se apaixonou pela casada Frances, condessa de Essex, a cuja ostentosa cerimônia de casamento Shakespeare havia comparecido. Overbury não aprovou, advertindo o patrono sobre a "injúria e a iniquidade" da condessa e compondo um poema inteiro, "The Wife", contra ela. Mas os Howard, a poderosa família pró-hispânica de Frances, armaram contra Overbury e persuadiram Jaime, enciumado com a relação entre o conselheiro e o conde, a prendê-lo na Torre — e a permitir o casamento de Frances e Carr, sob a justificativa de que o marido dela, o conde de Essex, era impotente. O casal decidiu eliminar Overbury, primeiro demitindo o diretor da Torre e o substituindo por um apaniguado corrupto, e então introduzindo um carcereiro sanguinário. Recrutaram em seguida uma cafetina que lidava com poções, Anne Turner, para fornecer o veneno, obtido com a esposa de um boticário. O veneno foi ministrado pelo médico de Overbury, que fora subornado e lhe deu para comer bolos untados com arsênico. O conselheiro passou mal, mas não morreu, e então o médico recebeu ordens para enfiar um enema de cloreto de mercúrio no reto de Sir Thomas. Overbury agonizou e morreu logo antes do casamento do conde de Somerset e de Frances Howard. Carr era constantemente promovido por Jaime, que, no entanto, começava a se cansar de sua ganância e pomposidade. Foi então que, durante uma caçada, o rei viu um lindo rapaz: George Villiers se tornou o instrumento para derrubar o conde, cujos inimigos fizeram um fundo comum para comprar ao Adônis um novo traje adornado de joias. Villiers foi então apresentado como isca diante do rei, dançando graciosamente em mascaradas da corte, exibindo as famosas pernas. Agora que Carr já não era invulnerável, o diretor da Torre o denunciou pela morte de Overbury.

Os assassinos foram detidos e, sob tortura, confirmaram que seus patronos eram de fato Robert Carr e Francis Howard, que foram aprisionados na Torre. Em novembro de 1615, Anne Turner, descrita no julgamento como "prostituta, cafetina, feiticeira, bruxa, papista, delinquente e assassina", foi enforcada com outras três pessoas. Jaime estava desesperado, rogando que o conde de Somerset não lançasse "calúnias sobre mim, acusando-me de cúmplice de seu crime". No julgamento mais famoso do reino, acompanhado nervosamente pelo monarca, Carr e Howard foram considerados culpados e condenados à forca. Jaime, então com 48 anos, indultou o casal e teve o consolo de George Villiers, então com 21 anos, que um bispo descreveu, babando de excitação, como "o homem com o corpo mais belo de toda a Inglaterra": Jaime se apaixonou por ele, nomeou-o mestre das cavalariças e mais tarde elevou sua posição, concedendo-lhe o raro título de marquês de Buckingham. Chamava-o de "minha doce esposa", e Villiers mais tarde relembrou como o amava "na época que passamos em Farnham, da qual jamais me esquecerei, quando não se podia encontrar a cabeceira da cama entre o senhor e seu cão". Villiers o chamava de "querido Pai e Padrinho".

Enquanto essa joia chegava à corte, outra desaparecia. Depois de encenar sua última peça (perdida), *Cardênio*, Shakespeare, quer tenha sido por motivo de doença ou por envolvimento em algum escândalo, retirou-se para Stratford. Numa rara visita a Londres, o dramaturgo teve um "alegre encontro" com seu amigo e rival Ben Jonson, e "parece que bebeu demais", pois, voltando para casa, em 23 de abril de 1616, "morreu em razão de uma febre lá contraída".

Na Europa, o sonho de Jaime de conciliar as duas seitas se afogava em sangue. Em 8 de novembro de 1620, na Montanha Branca, o Kaiser Fernando desbaratou os boêmios. A filha e o genro de Jaime fugiram e perderam a Boêmia e o Palatinado. Nomeando o marquês de Buckingham lorde almirante e encarregando-o de conduzir a política, Jaime negociou com os espanhóis, na esperança de salvar as terras da filha em troca do casamento de Carlos com a infanta Maria da Espanha.

Carlos ficou encantado. Miúdo, elegante, sinuosamente polido, devoto anglicano da Alta Igreja, com a obsessiva crença no direito divino dos reis, ele era fascinado pela princesa dos Habsburgo, que vira apenas num retrato. O romance foi incentivado pelo marquês de Buckingham, oito anos mais velho do que ele, e que ensinou o desajeitado príncipe a dançar. Ansiando pela aprovação paterna, Carlos reverenciava o marquês, que parecia capaz de obtê-la.

Os protestantes no Parlamento não gostaram dessa pacificação católica. No começo de 1623, tendo seus ministros sob ataque no Parlamento, Jaime se viu diante da popularidade crescente de uma seita protestante cada vez mais devota, que adotava a palavra da Bíblia, um estilo de vida mais ascético e um envolvimento íntimo e direto com Deus e Cristo, que tinha o encanto de fazer com que seus crentes se vissem como os Eleitos e os Santos. "Vou acossá-los e removê-los do reino", advertiu Jaime. Mas a religiosidade era contagiosa e aumentava de intensidade com seu oposto. Quanto mais militante era o ressurgimento católico, mais fanáticos se tornavam os Santos trajados de preto — zombeteiramente chamados de puritanos —, sempre criticando os outros de forma severa e cuspindo palavras da Bíblia, uma linhagem de que Shakespeare troçou com seu personagem Malvólio. Eles foram ficando cada vez mais poderosos graças à oposição de nobres e fidalgos ascéticos e farisaicos que desafiavam Jaime e sua corte desorganizada e exuberante enquanto as negociações espanholas se complicavam. Mas Jaime tinha certeza de que conseguiria romper o impasse, planejando a proeza mais bizarra já tentada por um príncipe inglês.

Em junho de 1622, em Praga, Fernando celebrou sua vitória com um "teatro de sangue", matando 48 protestantes boêmios; alguns foram enforcados; os que tinham blasfemado tiveram a língua cortada ou pregada na forca; todos foram esquartejados. Os Habsburgo haviam vencido.[12] Por ora.

A paz com os otomanos permitira que o Kaiser católico quebrasse o poder protestante. Agora, um vigoroso padixá tentava recompor o equilíbrio — uma intervenção que ajudou a elevar ao poder a admirável política Kösem.

ASSASSINATO POR COMPRESSÃO TESTICULAR: KÖSEM E SEUS MENINOS

O poder familiar permitia que as mulheres desempenhassem papéis muito diferentes. Nas monarquias, a filha sem poder enviada para se casar com um potentado distante era menos valorizada do que a esposa ou a filha de um camponês, essenciais para a gestão de uma pequena propriedade. Mas Kösem e mulheres como ela eram protetoras de filhos e muitas vezes regentes de reis, o que também podia torná-las potestades. Em 1617, com morte do marido, Ahmed, Kösem negociou a sucessão de seu irmão Mustafá. Mas Mustafá era simplório demais: seu passatempo era atirar moedas aos peixes no Bósforo. Kösem já não podia mais adiar a ascensão do primogênito de Ahmed, Osman II, de catorze anos de idade, mas garantiu que ele não matasse imediatamente os meios-irmãos — os filhos dela.

O jovem e resoluto padixá planejava obrigar a Polônia-Lituânia a apoiar os protestantes, em posição de desvantagem contra os triunfantes Habsburgo, e centralizar o poder em Istambul. Osman estava em termos amistosos com Kösem, mas lhe faltava uma *valide sultan* própria para administrar o Palácio de Topkapi. Ele cedeu a Geórgia ao xá Abbas, e então (depois de mandar estrangular o irmão) entrou com seu exército na Polônia. Mas uma mudança climática na

Eurásia, chamada Pequena Idade do Gelo, desestabilizava as sociedades e contribuía para turbulências de Constantinopla à China, da Ucrânia a Paris: fazia tanto frio que o Bósforo congelou, as pessoas morriam de fome, os janízaros resmungavam insatisfeitos e, na linha de frente, o enorme exército de Osman foi detido pelos poloneses.

Em maio de 1622, ao voltar a Istambul, na mesma época em que Fernando, em Praga, concebia seu teatro de sangue, Osman planejava desmobilizar os janízaros e criar um exército semelhante ao de Abbas, mas seu plano acabou por desencadear um golpe no qual os janízaros desceram por cordas do telhado do palácio e prenderam o sultão. Encarcerado na fortaleza de Yedikule, Osman era enérgico demais para aceitar ser destronado. Ele resistiu com tal força ao estrangulamento que um lutador corpulento teve de matá-lo pela compressão dos testículos — um método respeitoso, na medida em que não provocava derramamento de sangue real, mas que sem dúvida indicava a raiva inspirada pelo sultão. Foi o primeiro regicídio otomano, ao qual logo se seguiria uma versão inglesa, marcando um recuo em relação ao conceito de monarquia ilimitada.

Em meio ao caos, Kösem conseguiu astuciosamente elevar ao trono seu filho de onze anos, o turbulento Murad IV. Agora em íntima aliança com o grão-vizir e o *kizlar aga*, ela retornou ao poder, procurando proteger Murad e seus outros dois filhos sobreviventes. Nas cartas francas que escrevia ao grão-vizir, Kösem — admirada pelas multidões como Valide-i Muazzama, a Mãe Magnificente — revelava mestria nos negócios: "Como está indo o pagamento dos salários? Ainda falta muito?". Não tolerava bobagens e dava ordens firmes: "Acho que se pode dizer que é preciso dar atenção às provisões para a guerra. Se dependesse de mim, teríamos tratado disso antes. Não é culpa minha nem do meu filho". Além disso, tinha senso de humor: "Você realmente me dá dores de cabeça, mas eu também lhe dou uma dor de cabeça terrível. Quantas vezes me perguntei: 'Será que ele está cansado de mim?'. Mas o que mais posso fazer?".

Criado em meio a conspirações de janízaros e linchamentos públicos de ministros, Murad viria a ser o maior padixá desde Suleiman. Mas, por ora, um sultão menino era uma oportunidade boa demais para ser desperdiçada pelo xá Abbas. Quando Bagdá se rebelou contra os otomanos, Abbas rompeu a paz e tomou o Iraque. E não só: também tomou o Bahrain dos Habsburgo e cobiçou a fortaleza deles em Ormuz, que sobranceava o golfo Pérsico. O xá não dispunha de navios, mas a EIC estava tentando negociar concessões comerciais com a Pérsia, e assim, em 1622, ele tomou de empréstimo uma flotilha de quatro navios — e atacou Ormuz.

Aos dezoito anos, o novo rei de Espanha e Portugal, Filipe IV, neto do Rei Prudente, estava preocupado menos com a Pérsia e mais com dois ingleses misteriosos, de sobrenome Smith, que haviam chegado inesperadamente a Madri.

Em 7 de março de 1623, Filipe ficou admirado ao saber que Thomas e John Smith eram, na verdade, Carlos, príncipe de Gales, de 23 anos de idade, e o marquês de Buckingham, de 31 anos, que tinham feito uma viagem emocionante pela Europa. Jaime lamentou as travessuras de "meus bebês", mas chamava-os de seus "arrojados cavaleiros", e promoveu Buckingham a duque, a fim de ajudar nas negociações.

Jaime estava pensando numa aliança espanhola com a infanta Maria, irmã de Filipe, a fim de manter a Inglaterra fora da guerra, reconquistar o Palatinado do genro e obter um proveitoso dote como pagamento.[13] Carlos se convencera de que estava apaixonado por Maria. Já o agora duque de Buckingham, ansioso por transmitir a aliança a Jaime, mas também por se ligar ao herdeiro, incentivou um plano arriscado que apelava ao senso romântico e aventureiro do príncipe. Devia ter pensado melhor. Ignorando a complexidade da questão religiosa, os dois foram a Paris, onde admiraram a rainha habsbúrgica da França, Ana da Áustria, a irmã de olhos verdes de Filipe IV, que Carlos disse ser "belíssima"; mal deram atenção à cunhada de Ana, Henriqueta Maria.

Os Smith cavalgaram até Madri. Sua chegada desconcertou e fascinou Filipe, que recebeu a dupla no Alcázar. Filipe era filho de primos-irmãos — sua mãe era irmã do imperador Fernando — e herdara os impérios hispano-portugueses que se estendiam por cinco continentes, mas também a mandíbula dos Habsburgo e a sagrada formalidade da realeza espanhola. Ele era a peça central do "teatro de grandeza" da corte, saudado como El Rey Planeta — o Rei Planeta (o Sol, na época, ocupava o quarto lugar na hierarquia planetária) — e servido às refeições por cortesãos de joelhos. Filipe se movia devagar, sem sorrir, como um navio-fantasma humano; dizia-se que rira apenas três vezes durante seu longo reinado.

Mas, na esfera privada, o ser planetário era inseguro, devoto, brincalhão e amoroso, orientado por um poderoso *valido* (premiê), o conde-duque de Olivares, um sujeito expansivo, corpulento e extravagante com um nariz que parecia um martelo vermelho e que promovia a si mesmo com marcial magnificência. O *valido* conquistara seus favores com uma mistura de bajulação ao velho estilo — carregando o urinol real cheio até a borda, arranjando encontros do rei com atrizes — e uma irresistível segurança: ele tinha um plano para revigorar a Espanha, afetada pela crise financeira e pelos excessos militares, e ele já estava funcionando. Ruivo, de bigodes esvoaçantes, Filipe não era nenhum tolo, mas se reconhecia assoberbado por "um mar de confusões e um oceano de dificuldades", e por isso precisava de Olivares. O rei "é dotado de todos os talentos", escreveu o artista Peter Paul Rubens, que o conhecia bem, mas "desconfia de si mesmo e se curva demais aos outros".

Foi nessa mesma época que outro artista, Diego Velázquez, de 23 anos, filho de um tabelião de Sevilha, chegou para conhecer o monarca — logo antes de Carlos e do duque de Buckingham. Olivares o convidara para uma audiência real, mas ele teve de esperar enquanto Filipe e Olivares lidavam com os desajeitados ingleses. O casamento inglês não aconteceria sem a liberação dos católicos da Inglaterra e a conversão de Carlos ao catolicismo. O duque de Buckingham teria vindo oferecer a conversão do príncipe? De outro modo, a visita seria muito canhestra. Filipe permitiu que Carlos vislumbrasse sua irmã de véu, mas ela se negou a desposar um herege. Enquanto isso, os dois machões exibidos, Olivares e o duque, discutiram e quase chegaram às vias de fato.

A única coisa que Filipe e Carlos tinham em comum era o amor pela arte, a única vencedora em todo o desastre. Carlos recebeu dois quadros de Ticiano do rei espanhol, que era extremamente polido. Ambos posaram para Velázquez. Filipe gostou muito do estilo do artista, que representou o habsbúrgico ao mesmo tempo como homem imperfeito e majestade planetária. Depois de pintar Olivares com toda a sua inflada arrogância, e retratando com sensibilidade Filipe e sua mandíbula, Velázquez foi nomeado guardião da câmara privada.

Carlos agora percebia que, a menos que assinasse um acordo que preservasse sua posição, Olivares não o deixaria voltar a Londres. Ele assinou. Decidido a se vingar dos Habsburgo, ele e o duque de Buckingham voltaram para a Inglaterra, onde o público ficou encantado ao ver que não vinham acompanhados por uma infanta. Mas agora todas as facções queriam a guerra contra a Espanha — e uma aliança com a França. Carlos e o duque, imprudentes, permitiram que o Parlamento determinasse a impugnação de seu próprio tesoureiro em troca de subsídios para a guerra. Em março de 1625, Jaime morreu, com o duque a seu lado segurando-lhe a mão — pouco antes de Carlos assumir o trono como Carlos I e se casar com a princesa francesa de quinze anos, Henriqueta Maria, cujos olhos escuros mostravam seu sangue Médici.

Em viagem a Paris para buscar a noiva, Buckingham ostentou todo o seu glamour em 25 trajes incrustados de diamantes, e, numa festa ao ar livre, flertou descaradamente com a esposa de Luís XIII, Ana da Áustria. Na corte, conheceu uma das figuras mais fascinantes da Europa, o artista e diplomata flamengo Rubens, cuja excepcional energia e grande ambição deviam algo à notória queda do pai.[14] A arte sensual, extravagante, chamativa e multicolorida de Rubens era a ala estética do ressurgimento católico, concebida para ofuscar e derrotar o austero protestantismo e exibir a magnificência dos Habsburgo.[15] Mas Rubens pouco se impressionou com o duque e todos os seus diamantes quando este o contratou para decorar seu palácio em Londres.

Ao conhecer Henriqueta Maria, Carlos mal conseguiu acreditar no quanto ela era miúda. Os dois combinavam, mas ela estava cansada das restrições na corte. "Sou a pessoa mais aflita da Terra", escreveu. Criada em Paris, filha de um grande rei, o assassinado Henrique IV, era católica devota e muito extravagante, possuindo um séquito de duzentas pessoas, inclusive seu anão favorito, Jeffrey Hudson. Este lhe fora presenteado pelo duque de Buckingham, saltando de uma torta e envergando uma armadura, e se tornou seu inseparável Lord Minimus. Hudson teria uma vida quase tão dramática quanto a de seus senhores reais. Mas o casamento de Carlos era dominado pelo duque, enquanto as linhas de ação política de ambos patinhavam na escalada da guerra europeia.

Carlos e o duque de Buckingham entraram em guerra contra a Espanha e enviaram uma expedição para restaurar Frederico no Palatinado, mas também apoiavam os protestantes franceses, que estavam sendo esmagados por Luís XIII, irmão de Henriqueta Maria. Terminaram em guerra contra os dois países, Espanha e França — uma tremenda confusão, que, além do mais, criava tensões em torno do casamento de Carlos. O duque de Buckingham assumiu o comando, mas todas as suas expedições fracassaram. Ele gastou 10 mil libras com as próprias roupas na expedição para salvar os protestantes em La Rochelle (incluindo 367 libras por um cadinho de prata para perfumar), mas não pagava os soldados. Passou a ser odiado. Mesmo Rubens, pintando o duque, comentou: "Quando considero seu capricho e arrogância, fico com pena do jovem rei". Ele previu ainda que o duque estava "rumando para o precipício". O Parlamento insistia que, "enquanto este importante personagem não for removido da intermediação dos grandes assuntos de Estado, não temos esperança de qualquer sucesso". Mas Carlos, em vez disso, desconsiderou o Parlamento, e as guerras prosseguiram.

Em 23 de agosto de 1628, o duque de Buckingham, com apenas 35 anos, aquartelado no Greyhound Pub em Plymouth para organizar sua expedição espanhola, foi esfaqueado no peito por um soldado indignado. "Patife!", gritou o duque, e então caiu. Sua esposa grávida desceu correndo as escadas e o encontrou morto na mesa de refeições. Enquanto as multidões celebravam sua morte, Carlos "atirou-se ao leito, lamentando com grande emoção e abundância de lágrimas", e permaneceu dois dias inteiros no quarto. Mais tarde, desgostoso com o prazer do Parlamento pelo assassinato, multiplicou seus elogios ao duque e adotou os dois filhos dele, que foram criados com os seus próprios. Mas o assassinato pôs fim à guerra espanhola de Carlos, com a paz negociada por Rubens, e salvou seu casamento.[16] Sem o duque de Buckingham por perto, o frio Carlos se descongelou e veio a amar Henriqueta Maria. "Querido Coração", ele escreveu mais tarde, "tenha a plena certeza de que não há risco que eu não enfrente ou dores que não sofra a fim de gozar a felicidade de sua companhia." Em 1630, com o auxílio de Peter Chamberlen e seu fórceps secreto, Henriqueta Maria deu à luz um príncipe de Gales, também Carlos, ao qual se seguiu um duque de York, Jaime, e outros cinco filhos.

Afetuoso na esfera privada, Carlos era altivo e obstinado na esfera política. Acreditava no direito divino dos reis, muito embora as sucessões inglesas fossem desde longa data confirmadas pelo Parlamento, formado pela Câmara dos Lordes, hereditários e nomeados, e pela Câmara dos Comuns, com cavalheiros eleitos por cerca de 5% da população — embora as mulheres não tivessem direito ao voto. Carlos agora dispensou o Parlamento, financiando seu governo com tributos agressivos. Não era tirânico: ninguém foi executado, mas seus novos impostos, cobrados sem o consentimento dos parlamentares, despertaram forte oposição. Desaprovando os puritanos do Parlamento, Carlos adotou um protestantismo anglicano que reavivava o papel das igrejas e dava apoio à autoridade régia. À diferença dos dirigentes continentais, os reis ingleses dispunham de frotas, mas não de exércitos permanentes — e isso significava que não tinham força para derrubar seus parlamentos. Um acirrado conflito religioso foi o estopim que, somado a um monarca ambicioso, mas sem recursos, a uma nobreza dividida, a um Parlamento cada vez mais confiante e a um senso de catástrofe milenarista exacerbado pela guerra europeia e pelas dificuldades econômicas, lançou a Inglaterra num período de sessenta anos de crises. Os ingleses, porém, não estavam sozinhos: a Germânia, a França, a Espanha, a Polônia, a China e os otomanos também passavam por crises devastadoras.

Nessa atmosfera apocalíptica, dois homens em lados opostos — um lorde católico e um puritano da província — concentraram sua atenção não na Inglaterra, mas no Novo Mundo. Jamestown quase desaparecera: dos 3600 colonos enviados para lá entre 1619 e 1622, 3 mil tinham morrido. Agora, porém, ingleses de perfis variados estavam em busca de uma vida nova na América, não porque desejassem a liberdade para todos, mas porque desejavam se libertar dos outros.

SANTOS DA AMÉRICA: CROMWELL, WARWICK E WINTHROP

Um cavalheiro de Huntingdonshire, eleito para o último Parlamento de Carlos, estava tão desgostoso com a tirania religiosa do rei que começou a pensar em emigrar para a América. Oliver Cromwell viria a ser o segundo grande estadista de sua família.

Descendente da irmã de Thomas Cromwell, ministro de Henrique VIII, a riqueza de sua família provinha da distribuição dos saques monásticos que sobreviveram à decapitação do representante monárquico nos assuntos religiosos; seu tio de grande fortuna, Sir Oliver Cromwell, sagrado cavaleiro pela rainha Elizabeth, recebia seus admiradores numa grande mansão, Hinchingbrook, na qual com frequência se hospedavam Jaime I e o príncipe Carlos, os quais o jovem Cromwell certamente deve ter visto. Mas ele herdou pouca coisa do pai. Dez anos antes, desposara Elizabeth Boucher, a jovem e rústica filha de um mercador puritano bem relacionado, que deu à luz nove filhos. Após estudos esporádicos de direito, Cromwell se viu no meio de uma sucessão de crises: depois de ser eleito para o Parlamento por Huntingdon, ele discutiu com a pequena nobreza local, deixou a cidade e sofreu um *valde melancholicus* — uma crise nervosa. Sua única especialidade eram os cavalos, talento inestimável quando assumiu o comando da cavalaria. A redenção veio com uma súbita e total conversão, por meio da qual ele, o "maior dos pecadores", passou a acreditar que fazia parte da "congregação dos primogênitos", tendo sido escolhido por Deus para ser um dos santos predestinados ao paraíso. Cromwell escrevia sem cessar sobre Deus e a Providência, mas era surpreendentemente amoroso e tolerante com os filhos, ainda que, como crente, visse com preocupação o fato de sua filha Bettie, favorita alegre e brincalhona, "buscar sua própria vaidade e pensamentos carnais". Embora sempre se apresentasse como um homem simples e comum, criado por Deus — descrição repetida por muitos historiadores —, ele não era o que parecia: rude, explosivo e briguento, tinha uma tendência ciclotímica, oscilando entre a euforia e o desespero.

Enquanto Carlos parecia ter derrotado o Parlamento e os puritanos, Cromwell tipificava aqueles que sonhavam com uma "peregrinação" a uma nova Terra Prometida, e é provável que conhecesse por alto o maior defensor da colonização, com quem viria a ter relações muito próximas: Robert Roch, conde de Warwick. Imensamente rico, com trajes magníficos e excelentes ligações, investidor desde o início tanto na Companhia das Índias Orientais quanto na Companhia da Virgínia, além de almirante de sua própria flotilha corsária anti-hispânica, Warwick era um simpatizante dos puritanos e um empresário colonial inovador. Intenso, astuto, com uma barba pontiaguda na ponta do queixo, era um homem "de coragem para as maiores empresas", desempenhando o papel principal em dois grandes acontecimentos: a fundação da América e a queda de Carlos I.

Embora os primeiros colonos sejam muitas vezes apresentados como puritanos humildes que entoavam hinos, a criação da América sempre foi um empreendimento conjunto de nobres e plebeus: após a fome em Jamestown, foram os aristocratas que resgataram a Virgínia e enfrentaram os povos powhatan, que reagiram com uma série de massacres. Mas o plantio de uma nova cultura, o tabaco, originário do sul da América e agora reexportado a partir da Europa, ofereceu um meio de subsistência aos colonos — e o maior latifundiário local era Warwick, dono da fazenda de tabaco de Richneck.

Precisamente nessa época, em 1630, dezessete navios, transportando mil colonos liderados por um próspero líder puritano chamado John Winthrop, que fora destituído do cargo por Carlos, chegaram à Nova Inglaterra para fundar a comunidade de Massachusetts, nos moldes de uma teocracia inspirada pela Jerusalém dos israelitas bíblicos — "uma cidade sobre uma colina". Warwick e seus "amigos devotos" tinham investido na Companhia da Baía de Massachusetts. Em março de 1628, Carlos concedera terras a Warwick para o estabelecimento de uma nova empresa, a New England Company, e agora o conde apoiava outras duas: Saybrook, em Connecticut, e Providence, em Honduras/Nicarágua.

A Nova Inglaterra fora fundada por acaso. Em 1620, dois navios de peregrinos ultrapuritanos, o *Mayflower* e o *Fortune*, zarparam rumo à Virgínia, mas chegaram à Nova Inglaterra, onde estabeleceram um assentamento, Plymouth. Os colonos tentaram criar uma comunidade santa, embora divergissem quanto ao significado disso. Nos anos 1630, seguiram-se mais 21 mil colonos. Mas não foram apenas puritanos que fundaram a América.

Em 1632, Carlos autorizou um político católico, George Calvert, barão de Baltimore — e, assim como Warwick, investidor desde o começo nas companhias da Virgínia e das Índias Orientais —, a fundar uma colônia que se chamaria originalmente Carola, a partir do nome do rei. Mas Carlos mudou a designação para Maryland, a partir do nome da esposa.[17] Esgotado pelas viagens, Calvert morreu em 1632; seu filho Cecil o sucedeu como Primeiro Lord Proprietário, Conde Palatino das Províncias de Maryland e Avalon na América, e enviou dois navios, o *Ark* e o *Dove*, com dois jesuítas e duzentos colonos, seguidos por seu irmão mais novo como governador.

Essas colônias se diferenciaram imediatamente da Inglaterra. Desde o início, ficou claro que os proprietários e as companhias fundadoras não conseguiriam controlar os colonos. Dispondo de uma abundância de terras, mas sofrendo com a escassez de mão de obra e atritos crescentes com os powhatan, os primeiros virginianos instituíram uma assembleia eleita em julho de 1619. As eleições eram anuais, e o eleitorado era proporcionalmente maior (mais de 70% de homens brancos) do que o da terra natal. Mas os colonos precisavam de uma solução para o problema da mão de obra. Eles recebiam concessões de terra — vinte hectares por colono —, o que incentivava os mais prósperos a trazer trabalhadores em regime de servidão por contrato, para acumular mais terras. Os servos por contrato, em geral rapazotes, que formavam de 70% a 85% dos colonos, trabalhavam cerca de sete anos até serem liberados. Mas as fazendas de tabaco, de Warwick e outros, exigiam mão de obra ainda mais barata — e foi o conde puritano que mostrou a saída.

Em 1619, um navio negreiro espanhol, *San Juan Bautista*, zarpou de Luanda levando 350 ambundos escravizados. Durante a travessia infernal, 143 morreram. Ao chegar ao Caribe, 24 crianças foram vendidas na Jamaica, ainda governada pela dinastia Colombo, mas vinte adultos foram capturados por um dos navios de Warwick, que os enviou para a Virgínia, onde foram postos a trabalhar em Richneck. Provavelmente já havia um par de africanos nas colônias, mas estes foram os primeiros a ser traficados no norte da América. Em 1625, mais ao sul, no Caribe, colonos ingleses reivindicaram uma antiga ilha espanhola, Barbados. Nos oitenta anos que se seguiram, 21 mil africanos escravizados foram levados para o norte da América[18] — mas isso foi um século antes que a escravidão se tornasse essencial para a vida colonial.

Enquanto a Inglaterra fundava essas colônias, a Espanha reivindicava territórios do Texas à Califórnia; os franceses tinham fundado o Quebec em 1608 e estavam explorando os Grandes Lagos e o rio Mississippi. Em 1624, os holandeses compraram Manhattan de um governante americano nativo e fundaram Nova Amsterdam.[19] Não chegaram a um continente vazio. O que quer que mostrassem os mapas europeus, o continente continuaria a ser, durante séculos, território dos vários povos indígenas nativos, ainda que fosse escassamente povoado, tendo talvez entre 2 milhões e 7 milhões de habitantes, divididos entre numerosas tribos guerreiras — massachusetts, abenakis, mohawks — que viviam com um mínimo de propriedades, sem governo central ou lei formal. Essas tribos discutiam questões políticas em assembleias com debates eloquentes, elegendo líderes apenas em época de guerra. Viviam da caça e da horticultura, deslocando-se sazonalmente entre terrenos de caça. Todas sofreram com os patógenos trazidos pelos europeus, mas sua maior desvantagem era a ausência de uma estrutura formal de comando. Em frequentes guerras entre si, e ávidos pelos mosquetes europeus, seus líderes se aliavam aos recém-chegados para obter vantagem contra tribos rivais.

Se eles tivessem se unido contra os colonizadores, a história americana poderia ter sido muito diferente. Mas, por ora, os europeus se agarravam a minúsculos e dispersos assentamentos, lavrando e orando, contando com a proteção dos mosquetes e de paliçadas fortificadas. Para sustentar suas posições, empenhavam-se numa série de guerras em pequena escala, mas ainda assim atrozes, contra as mutáveis federações de tribos. Desde o começo, os colonos combateram a ferocidade americana nativa com sua própria selvageria, pagando recompensas por escalpos.[20]

Cromwell agora se sentiu tentado a se unir aos puritanos de Warwick em Connecticut. Mas sua vida se estabilizou depois que herdou de um primo algumas propriedades na Inglaterra. A instabilidade, porém, vinha aumentando. Em 1637, as inovações religiosas do rei Carlos desencadearam uma revolução escocesa, quando ele impôs um novo livro de orações. Os escoceses assinaram uma aliança para resistir. O rei tentou reprimi-los pela força. Um esteta considerado por Rubens "o maior estudante de arte", Carlos nada tinha de soldado, e suas forças foram derrotadas pelos escoceses. Essa vitória, coincidindo com o alastramento da guerra religiosa na Europa, despertou oposição a seus impostos na Inglaterra. Warwick e seu grupo de nobres e membros do Parlamento agora estavam convictos de que o monarca era um tirano ímpio em conluio com a esposa católica. Warwick o repreendeu pessoalmente pela tributação. Para financiar a guerra escocesa, Carlos teve de convocar o Parlamento, mas também nomeou um executor dinâmico, seu representante na Irlanda, o conde de Strafford. A espiral crescente de medo e ódio levou ambos os lados à violência. Warwick e seus aliados incentivavam uma invasão escocesa, e o conde de Strafford planejava importar um exército irlandês. Se o Parlamento não destruísse o conde, este destruiria o Parlamento: em abril de 1641, os parlamentares aprovaram um decreto de perda dos direitos civis, condenando-o por traição. Em maio, uma execução virtuosa e um casamento protestante mostraram para onde caminhavam as coisas: pouca gente comemorou o casamento de Maria, a filha de nove anos de Carlos, com o príncipe holandês de Orange, de doze anos, mas milhares aplaudiram a decapitação do conde de Strafford. Em outubro de 1641, a tensão aumentou ainda mais com uma rebelião católica na Irlanda, na qual vários protestantes ingleses foram mortos. Os parlamentares acreditavam que a rebelião havia sido fomentada por Carlos e não se atreveram a lhe conceder um exército a fim de sufocar os irlandeses, para que não o utilizasse contra eles próprios. O conflito irlandês envenenou a política londrina: agora os dois lados receavam que se tornasse uma luta pela sobrevivência, na qual um lado destruiria o outro.

Em dezembro, a oposição conseguiu aprovar sua proposta de um grande protesto contra Carlos, pleiteando a reforma da Igreja e do Estado. Na Câmara, Cromwell, agora com 41 anos, sussurrou a seu vizinho de assento que, se a proposta não tivesse sido aprovada, teria ido para a América: "Eu teria vendido tudo o que tinha na manhã seguinte e nunca mais veria a Inglaterra". Os comitês do Parlamento agora assumiam grande parte das tarefas do governo. Em 4 de janeiro de 1642, Carlos e sua guarda entraram na Câmara dos Comuns e tentaram prender cinco parlamentares,[21] mas eles tinham fugido, e as multidões hostis se acotovelaram contra o rei. Uma semana depois, ele deixou Londres e ergueu seu estandarte em Nottingham: era a guerra.

Enquanto a Inglaterra fracassava em termos de Estado, Shahjahan levava a Índia mogol a seu auge.

Nurjahan conseguira afastar Jahangir do ópio, mas era tarde demais: o padixá perdera o controle, e um general rebelde o fizera prisioneiro de forma humilhante — embora ele quase tenha sido libertado por Nurjahan, que comandou uma missão de resgate montada num elefante. Quando Jahangir morreu,[22] Shahjahan ordenou que seu vizir Asafkhan, irmão de Nurjahan e pai de Mumtaz, matasse seu irmão, dois sobrinhos e dois primos. Enquanto o filho sucedia o pai como padixá, a sobrinha sucedia a tia como imperatriz.

Shahjahan estava profundamente apaixonado por Mumtaz, a quem deu o título de Malika-i-Jahan, "rainha do mundo". "Todo o seu deleite", escreveu o historiador da corte, "estava concentrado nessa dama ilustre, a tal ponto que não sentia por suas outras mulheres um milésimo do amor que tinha por ela." Mumtaz passou a maior parte dos dezenove anos de casamento grávida, tendo um parto a cada dezesseis meses. Sobreviveram quatro meninos e três meninas.

Essa deveria ter sido uma receita para o respeito e a lealdade. Mas o poder derrotou a família: todos os sete filhos do casal, mesmo as meninas, se lançaram numa sangrenta disputa de poder. A primeira filha, Jahanara, era a favorita do pai; o menino mais velho, Darashikoh, era o herdeiro, mas o terceiro, Aurangzeb, mostrava o necessário instinto sanguinário: na adolescência, durante uma luta de elefantes, ao ser atacado por um deles, segurou calmamente as rédeas do cavalo e aguardou, com a lança em riste.

Ninguém era capaz de desempenhar o papel de imperador como Shahjahan, criado não pela mãe rajapute, mas por Akbar e Ruqaiya. Enquanto Akbar era retratado na arte da corte em caçadas atléticas e Jahangir como um príncipe sensível, Shahjahan se apresentava como um messias divino, o "segundo Senhor da Conjunção entre Júpiter e Vênus", ao lado de Tamerlão, o primeiro Senhor.

Mumtaz era sua parceira em tudo, tendo recebido uma verba sem precedentes de 1 milhão de rúpias e o sinete imperial, que lhe permitia verificar todos os documentos. Ela sempre o acompanhava, fosse na guerra, fosse na paz.

Em junho de 1631, o imperador e Mumtaz, agora com 38 anos e grávida pela 14ª vez, estavam em viagem rumo ao sul, para a campanha no Decã. Em Burhanpur, ela passou trinta horas em trabalho de parto até dar à luz uma filha, Gohara, e então sofreu uma hemorragia. A filha mais velha, Jahanara, saiu correndo para rezar e distribuir esmolas à multidão, enquanto Shahjahan, "paralisado", soluçava em desespero. Mas o sangramento não cessou.

TAJ MAHAL: A FILHA DE MUMTAZ E O FILHO LOUCO DE KÖSEM

Quando Mumtaz morreu, Shahjahan passou uma semana gemendo e uivando de dor, e seu cabelo ficou branco. Após um ano de recuperação, ele reapareceu, acompanhado por Jahanara, que atuava como imperatriz no lugar de Mumtaz. Shahjahan projetou um mausoléu de mármore branco para Mumtaz e para si mesmo, que expressaria seu amor por ela: a Coroa do Palácio (Taj Mahal), a afirmação de um soberano que conhecia poucos limites e que governava o maior Estado do mundo na época.[23] Apesar disso, Shahjahan não descuidou da principal atividade da Casa de Tamerlão: a conquista.

Não é barato manter um império: quanto maior o poder, maiores as aspirações e mais altos os custos. É uma regra do poder imperial e da natureza humana que todo Estado expanda suas ambições para além de seus recursos, pelo menos um grau acima. O segundo Senhor da Conjunção aspirava ao governo de toda a Índia, expulsando os impertinentes portugueses do porto do rio Hooghly, em Bengala, avançando para o sul no Decã e para oeste no Afeganistão. O declínio de seu agressivo vizinho persa, Abbas, o Grande, abria oportunidades a oeste: Abbas destruíra suas próprias realizações ao liquidar ou mutilar os três filhos. Morreu em 1629, deixando o trono a um neto cruel, iletrado, opiômano, Safi, filho do príncipe herdeiro assassinado, que matou a maior parte da família. Mais tarde, Shahjahan capturou Kandahar, enquanto mais a oeste os otomanos — liderados por um jovem, predatório e talentoso padixá — se juntavam ao retalhamento dos territórios.

Murad IV, o filho irrefreável de Kösem, era um verdadeiro touro e vivia caçando, bebendo e lutando. Enquanto ele crescia, a Mãe Magnificente comandava o império como regente — *naib-i-sultanat* —, mas era incapaz de controlar o filho. Murad fazia o que bem entendia: por exemplo, galopar em volta do hipódromo. "Mande pararem de arremessar dardos no hipódromo", Kösem pediu ao grão-vizir Halil Paxá. "Meu filho adora fazer isso, o que me enlouquece. Recomende-lhe cuidado, mas não agora." Kösem orientava Halil — uma potestade feminina, num mundo masculino, dirigindo um império tricontinental.[24]

A Mãe Magnificente era amada por sua autoridade e beleza, para não falar de sua caridade: no Rajab, o mês das boas ações, disfarçava-se e saía incógnita para pagar as dívidas dos devedores presos. Mas Murad se irritava com ela. "O que posso fazer? Minhas palavras o ferem", escreveu Kösem, parecendo qualquer mãe ao lidar com um adolescente rebelde. "Mas mantenha-o vivo", disse a Halil. "Ele é vital para todos nós."

Em 1628, aos dezesseis anos, Murad assumiu o poder, iniciando uma onda de terror, executando vizires corruptos com a própria espada, proibindo estabelecimentos de venda de bebidas e café, patrulhando Istambul disfarçado e executando qualquer trapaceiro. Mas estava prestando especial atenção ao declínio da Pérsia sob o xá Safi — e cobiçava o Iraque. Assumiu pessoalmente o comando dos exércitos. Em 1634, depois de derrotar os poloneses, invadiu o Cáucaso para retomar Yerevan, proeza celebrada em Istambul com um desfile triunfal em estilo romano (e o estrangulamento de dois meios-irmãos).

Quando Murad estava fora, Kösem servia como seus olhos e ouvidos. Quando ela soube que o mufti estava conspirando, ordenou que fosse estrangulado.

Em casa, Murad recebia a corte, exibindo seus dotes de pugilista, muitas vezes desafiando os cortesãos a assaltos em que terminava segurando os adversários no alto, acima da própria cabeça, como narrou seu amigo Evliya Çelebi, poeta sufi, aventureiro e contador de histórias escandalosas que estava escrevendo o maior livro de viagens do mundo. Murad gostava dos versos satíricos de

Nefi, mas recomendou ao satirista que parasse de zombar do grão-vizir e ordenou que um eunuco negro redigisse seu pedido de desculpas. Quando uma gota de tinta preta respingou na carta do eunuco, Nefi não resistiu a uma piada racista: "Seu suor sagrado pingou". Ao ouvir isso, Murad ordenou que o estrangulassem. O padixá estava se tornando um sádico neroniano: sentava-se num quiosque no Bósforo, bebendo e atirando com a balestra nos barqueiros que se aproximassem demais. Em 1638, ele invadiu o Iraque e pôs os iranianos em debandada. O xá Safi morreu depois de uma competição de bebida e Murad tomou o controle de Bagdá. O Iraque se manteve otomano até 1918.

Murad fez outro desfile triunfal em estilo romano em Constantinopla, em que sua mãe Kösem desfilou numa carruagem dourada. Ele tinha apenas 29 anos, mas, adoecendo de cirrose, perdeu a cabeça, matando primeiro o grão--vizir e depois o irmão mais novo — e teria executado o último irmão, o lunático Ibrahim, se Kösem não tivesse implorado pela sua vida. Quando morreu, em 1640, o único príncipe otomano ainda vivo era Ibrahim, o Louco, um erotômano sanguinário cujos atos insanos obrigaram Kösem a tomar uma decisão intolerável para uma mãe.

Os otomanos não eram a única dinastia em crise: os Stuart na Inglaterra e os Bourbon na França estavam atolados numa guerra civil, enquanto os Habsburgo tentavam defender sua posição na Germânia. A crise europeia agora se transformava num conflito mundial, com os ataques holandeses aos Habsburgo na África e na América.

Em 1641, o manicongo Garcia II estava decidido a expulsar do Congo os portugueses, "os quais, em vez de ouro ou prata, agora comerciam escravos, que não são feitos de ouro ou de tecido, mas são criaturas", e por isso convidou os holandeses — uma decisão que desencadearia uma guerra do Brasil a Angola, destruindo seu próprio reino, intensificando a competição europeia pelo controle do açúcar e da escravidão e abrindo o Atlântico não só aos holandeses, mas a um novo ator: a Inglaterra.

O MANICONGO GARCIA, A RAINHA NZINGA E O *AHOSU* HOUEGBADJA: TRÊS REIS AFRICANOS

O manicongo Garcia era um monarca mestiço congolês e português, "trajado com elegância, com brocados dourados entremeados de pérolas [...] na cabeça a coroa real cravejada com as mais graúdas pérolas e joias, o trono de veludo escarlate". Ele recebia sua corte em meio a tapeçarias flamengas, vestindo linhos indianos, comendo com talheres de prata americana na companhia de nobres congoleses e bispos de faixas vermelhas, enquanto os secretários tomavam notas. Governando a região em torno do rio Congo a partir de sua capital de São Salvador (Mbanza Kongo), Garcia — também chamado de Nkanga a Lukeni a Nzenze a Ntumba — era letrado em português, tendo sido educado por jesuítas, e praticava em sua capela particular um catolicismo eivado de elementos religiosos congoleses. Não era exatamente uma vítima do comércio escravagista português: depois de matar o rei e o próprio irmão, ficou famoso pelos lucros que obteve com a escravidão.

Assim como os manicongos adotavam ornamentos europeus, os portugueses, de maneira semelhante, vinham passando por um processo de africanização diferente do observado entre os demais europeus. Muitos lançados — párias, os colonos originais — haviam se unido a mulheres africanas e tiveram filhos luso-africanos que muitas vezes adotavam tradições africanas, inclusive a escarificação, praticando um híbrido de catolicismo e *vodun* (vodu). Os lançados se casavam dentro das famílias dinásticas africanas: Tomás Robredo desposou a filha do manicongo Álvaro v. Muitos luso-africanos se tornaram férreos traficantes de escravos, os chamados pombeiros.

Originalmente, as dinastias congolesas eram próximas de Portugal, mas a expansão de Luanda e a intensificação do tráfico escravo haviam rompido essa relação, quando os manicongos solicitaram a intervenção dos holandeses. Agora o Congo estava sendo destroçado não só pelos portugueses, mas também por incursões de agressores africanos de origem incerta, os jagas, e os imbangalas, um grupo guerreiro com um culto sangrento, que formava crianças-soldados em rituais pavorosos — triturando bebês num moedor de grãos e praticando o canibalismo. Ambos prosperariam no caos que se aproximava.

Garcia tinha um problema adicional com o vizinho ao sul, o reino do Dongo, e sua notável rainha. Para obter escravos, os portugueses tinham inicialmente incentivado o Dongo a invadir o Congo. A seguir tentaram, sem sucesso, conquistar o Dongo, que era governado por um *ngola* (rei) chamado Mbandi, que no entanto os derrotou. Quando o *ngola* Mbandi foi envenenado, sua irmã Nzinga Mbande, então na casa dos vinte anos, ocupou o trono, mantendo os restos mortais do irmão num relicário, de modo a poder consultá-lo. A rainha fora batizada e educada por jesuítas, falando e escrevendo em português. Agora, derrotou todos os pretendentes ao trono e capturou um reino vizinho, Matamba, contratando seus próprios auxiliares imbangalas, comandados por um líder que se autodenominava Nzinga Mona (Filho de Nzinga). Nzinga, que enfrentava constantes desafios masculinos, apresentava-se como rei, usando roupas masculinas, punhais e lanças, mantendo concubinos e provando-se uma comandante tão valorosa quanto seus rivais homens, europeus ou africanos.

Os portugueses foram os únicos europeus que realmente penetraram no interior da África: na África ocidental, 50% dos europeus morriam ao longo do ano em que chegavam, fosse de malária, de febre amarela ou de disenteria, o que impossibilitava o avanço das conquistas. Como o envolvimento europeu raramente ia além dos portos, outros dirigentes podiam lidar com as coisas de outra maneira. Os obás do Benim (sul da Nigéria) rejeitavam a interferência estrangeira; como observou um mercador holandês, "no que diz respeito ao comércio, eles são muito rigorosos, não admitem a menor infração de seus costumes", e, após a década de 1520, começaram a reduzir seu envolvimento direto na escravização — embora nomeassem os obás de Lagos, na Costa dos Escravos, como vassalos beninenses que lhes pagavam tributo.

Ao mesmo tempo, as conquistas de um novo potentado, o *ahosu* (rei) Houegbadja, um líder guerreiro fon, geravam milhares de novos escravos, que ele vendia aos europeus.

Seu reino, o Daomé (atual Benim), foi fundado por três irmãos que, por volta de 1600, demarcaram seus próprios territórios. Então, mais tarde, Houegbadja, terceiro *ahosu* da família Alladaxonou, uniu vários povos fons, construindo uma capital, Abomé, onde se erguiam doze palácios decorados com baixos-relevos que registravam a história do reino e representavam os ancestrais sagrados. Houegbadja presidia a uma corte complexa, sempre protegido por um escravo segurando um guarda-sol e escoltado por uma guarda de mulheres guerreiras, que depois se tornou a vanguarda dos exércitos daomeanos. Todos os anos, o *ahosu* realizava um festival que incluía desfiles militares, o pagamento de tributos e as cerimônias de *xwetanu*, em que quinhentos e às vezes até 4 mil escravos eram decapitados, não raro por guarda-costas femininas, como oferendas aos antepassados do monarca. Os reis eram sagrados, mas eram eleitos por um conselho de príncipes e uma família de sacerdotes; quando morriam, milhares de escravos eram sacrificados.

Houegbadja recebia mosquetes em troca dos escravos, num incentivo para que os reis africanos capturassem mais prisioneiros, mas isso implica que careciam de iniciativa própria: muito pelo contrário, a rivalidade entre esses reinos, ainda pouco compreendida pelos europeus, levava a guerras da mesma forma como ocorria na Europa e na Ásia. As guerras africanas, como as asiáticas, rendiam cativos. O que havia de específico era a demanda de escravizados como bens móveis nas Américas. Os governantes africanos sacrificavam alguns — embora a maioria fosse libertada mais tarde —, mas agora estava sendo formalizada uma nova versão europeia da servidão: a escravidão como propriedade sobre a pessoa. É pouco provável que os dirigentes africanos que vendiam prisioneiros escravizados aos europeus entendessem de início que os estavam vendendo para uma nova forma de sujeição, ainda mais cruel, destinada a abastecer as fazendas de tabaco e, posteriormente, de cana-de-açúcar nas Américas, embora mais tarde eles com certeza tenham ficado a par dos detalhes. A maioria dos africanos pensava que os europeus eram canibais e que os escravos se destinavam a servir de alimento.

Foi o império canavieiro de Portugal no Brasil que constituiu a fornalha voraz da escravidão como propriedade sobre a pessoa, e seu apetite e seus lucros foram os catalisadores desse novo conflito mundial. Em 1530, os portugueses exportaram uma nova planta para o Brasil, a cana-de-açúcar, mas foram lentos no desenvolvimento de sua enorme colônia. Em 1548, cerca de 3 mil ameríndios trabalhavam como escravos em seis engenhos de açúcar, mas estavam sendo dizimados pela doença, pelo trabalho escravo e pelo suicídio, até que, em 1570, instigado pelos jesuítas, o rei proibiu a escravização dos povos nativos, a menos que fossem capturados numa "guerra justa". Exploradores mestiços, conhecidos como bandeirantes, sendo Antônio Raposo Tavares um dos mais famosos, saíam em assaltos pelo interior, matando e escravizando milhares de indígenas. Os ameríndios reagiram iniciando revoltas messiânicas, as chamadas santidades, que justificaram ainda mais assaltos. No final do século, cerca de 50 mil escravos haviam morrido de exaustão, ocasionando uma escassez que foi preenchida por africanos.

O açúcar mudou o mundo. Não era apenas um produto: era um destruidor e criador de mundos nos dois lados do Atlântico. O comércio agora se transformara num enorme e diabólico empreendimento. Agricultores portugueses migravam para fazendas no Brasil, onde enriqueciam no setor escravagista e canavieiro. Em 1600, eram 30 mil portugueses com 15 mil escravos africanos; em 1620, 50 mil portugueses comandavam o mesmo número de escravos africanos e ameríndios. Depois disso, o número de africanos passou a superar o de ameríndios e o tráfico escravo se tornou frenético: em 1650, tinham sido trazidos para o Brasil 250 mil africanos, e em muitas áreas 75% da população era escrava.

Luanda era o escoadouro do novo tráfico; os reinos entre a atual Angola e o atual Congo constituíam o território de caça: entre 1502 e 1867, passaram pelo tráfico de Angola cerca de 2,8 milhões de africanos. A América do Norte nunca alcançou a escala brasileira: entre os cerca de 11 milhões de escravos transportados pelo Atlântico, 4,9 milhões aportaram no Brasil. Eles eram capturados em incursões dos soberanos africanos. Os de menor valor — velhos e às vezes crianças novas demais ou demasiado doentes para trabalhar — costumavam ser sacrificados.

Em Pombe e outros mercados escravos, eram vendidos a pombeiros que os conduziam pela África acorrentados em filas, vigiados por outros escravos. Entre aqueles capturados em Angola, estimou-se que 10% morriam durante a captura e 22% no percurso até a costa. Uma vez no litoral, os sobreviventes eram confinados em grandes fortalezas, desde Luanda, no sudoeste, até Elmina, na África ocidental. Nas masmorras e barracões apinhados, eram sistematicamente espancados, acorrentados e marcados a ferro, os homens açoitados, as mulheres violentadas, como parte de sua "preparação". Mortes e estupros ocorriam a poucos metros de capelas e luxuosas salas de jantar europeias. Os escravos eram despersonalizados, conhecidos como "peças", "cabeças" ou "ébano da Guiné". Dez por cento deles morriam nas fortalezas.

Os sobreviventes eram conduzidos pelas "portas sem volta" até os "tumbeiros", como eram conhecidos os navios negreiros, que muitas vezes retornavam do Brasil carregados de cachaça e fumo, feito com tabaco brasileiro rústico tratado com melaço. Os traficantes de escravos compravam cereais dos governantes locais para alimentar (parcamente) suas propriedades humanas.

Embora fosse de seu interesse não matar nem danificar sua mercadoria, os traficantes de escravos também queriam lucrar o máximo possível, e por isso os amontoavam nos porões, alimentando-os apenas com milho, azeite e água. As viagens eram medonhas, de sofrimentos insuportáveis: estima-se que de 6% a 10% dos africanos, às vezes até 20%, morriam durante as viagens — cinquenta dias até o Rio de Janeiro —, sobretudo de gastroenterite, mas também havia muitos suicídios, e os corpos eram atirados à fila de tubarões vorazes que seguiam atrás das embarcações. "Aquele navio, com seu fedor intolerável, a falta de espaço, os gritos contínuos e os gemidos incessantes de tantos desgraçados", relembrou o frade Sorrento, um capuchinho italiano que em 1649 fez uma viagem com novecentos escravos, "parecia o próprio inferno." Esse inferno tornava-se ainda pior porque os africanos, de modo geral, acreditavam que para se reunir a seus antepassados após a morte deviam morrer entre os seus — assim, se morressem num navio negreiro e fossem atirados ao mar, seus espíritos jamais descansariam, vagando eternamente como almas penadas.

À chegada, eles eram banhados e azeitados, e recebiam fumo e gengibre para lidar com a tristeza; então eram leiloados, com garantia de devolução caso adoecessem na primeira quinzena. Outros 3% costumavam morrer nessa etapa. Assim, somente 50% dos capturados começavam a trabalhar.

As fazendas canavieiras exigiam trabalho intensivo, brutalmente pesado, e a mortalidade exigia sempre mais escravos. Muitas vezes, era mais fácil matá-los de exaustão e importar novos escravos do que permitir que formassem família. Conhecidos como "bens móveis", tal como o gado, os africanos escravizados começavam a trabalhar aos oito anos. Depois de oito horas na lavoura, iam labutar nos engenhos. A expectativa média de vida era de 25 anos. O administrador de uma fazenda registrou que 6% de seus escravos exigiam reposição anual. As mulheres eram constantemente violentadas por seus donos, e os abusos sexuais eram endêmicos e até mesmo essenciais para a psicologia e a prática da escravidão. Os senhores difundiam o mito de que os escravos eram promíscuos, mas, na verdade, muitas vezes eles se abstinham sexualmente a fim de não trazer filhos àquele mundo. Os suicídios eram comuns, dando-se geralmente pela ingestão de terra. Os senhores temiam que a solidariedade tribal levasse a rebeliões, por isso eliminavam as ligações tribais e familiares, separando os clãs e dando novos nomes aos escravos, como se eles nunca tivessem existido.[25] Todos os escravizados sonhavam com a libertação, quando não com a revolta. A submissão dependia da ameaça constante de violência. Os fazendeiros utilizavam uma série de castigos: o açoitamento, o uso de correntes no pescoço, a morte lenta com uma máscara de ferro. A escravidão não se sustentava sem a agressão, e tanto a violência quanto a rentabilidade não se justificavam aos olhos dos fazendeiros brancos sem um senso de superioridade racial natural que depois se tornou uma ideologia amplamente difundida.

Na Europa, assolada por uma guerra religiosa que não parava de se alastrar, os Habsburgo, liderados pelo imperador Fernando, estavam se saindo bem, tendo conquistado o norte da Germânia graças a um misterioso líder militar tcheco, genioso e irrefreável, chamado Albrecht von Wallenstein. Mas a vitória dos Habsburgo destruiu o equilíbrio de poder no continente, enquanto o meteórico Wallenstein ameaçava sobrepujar o nada carismático Fernando, que então teve a prudência de dispensá-lo.

Em 1628, o rei sueco Gustavo Adolfo, o Leão do Norte, que já tomara a Livônia (excluindo, desse modo, o Estado moscovita do Báltico por um século), invadiu o norte da Germânia com um exército pequeno, mas de alta qualidade, e virou a maré mais uma vez em favor dos protestantes. Anunciando o império sueco — *Stormakstiden* —, Gustavo avançou para o sul da Germânia. Fernando reconvocou Wallenstein, que de início teve algum êxito contra Gustavo. Então, durante a tensa Batalha de Lützen, o Leão foi ferido duas vezes e morto com um tiro na têmpora enquanto jazia no chão.[26] Os Habsburgo, falidos e esgotados, precisavam de ajuda.[27] Assim, o Rei Planeta enviou um exército espanhol sob o comando de seu irmão, o cardeal-infante Fernando, que em Nördlingen, em setembro de 1634, ignorou os conselhos de seus cautelosos generais e derrotou os protestantes. Em Madri, Filipe e Olivares comemoraram a vitória erguendo o enorme Palácio do Bom Retiro, decorado com retratos de Velázquez, que pintou o monarca e o *valido* como paladinos de armadura montando cavalos de robusta musculatura. Diante da vitória dos Habsburgo, Luís XIII, agora orientado pelo habilidoso cardeal Richelieu, declarou guerra.

Foi nesse momento que o manicongo Garcia recorreu aos holandeses, que, ao lado da França, puseram em prática seu *Groot Desseyn* — grande desígnio — de destruir o império habsbúrgico e se apoderar do tráfico escravo e do comércio açucareiro.

Os zumbas e os Orange, os Cromwell e os Villiers

SEREI A PUTA DA RALÉ: OS DEZENOVE CAVALHEIROS DE
AMSTERDAM E O PRÍNCIPE PIRATA DE NOVA AMSTERDAM

Em 7 de setembro de 1628, um almirante holandês de cinquenta anos chamado Piet Heyn[1] atacou uma frota do tesouro habsbúrgica perto de Cuba e fez a maior captura na história da pilhagem naval: dezesseis galeões levando uma carga tão valiosa — 11 milhões de florins — que o mercado da prata quebrou, lançando os Habsburgo numa crise financeira. A prata financiou uma ofensiva holandesa: o *Groot Desseyn*.

Em 1621, no começo da guerra, os Estados Gerais haviam concedido o monopólio do comércio ocidental aos Dezenove Cavalheiros, que fundaram a Companhia das Índias Ocidentais com o objetivo de dominar o setor açucareiro do Atlântico. Açúcar significava escravos. Os holandeses não eram novatos no comércio escravagista: desde Carlos v, mercadores flamengos e holandeses comerciavam escravos. Agora, em 1624, os holandeses tentaram tomar Luanda e Elmina, sem sucesso; em 1627, tomaram a ilha de Gorée (em Dacar, no Senegal). Eles não eram os únicos europeus interessados no açúcar: em 1627, havia mercadores ingleses plantando cana-de-açúcar em Barbados, a ilha caribenha que haviam assegurado pouco tempo antes; em 1635, os franceses estavam plantando na Martinica. Mas os holandeses operavam em outra escala.

O êxito da Holanda, um território pequeno, próspero e sofisticado, refletia o singular desenvolvimento das sociedades europeias, onde a perpétua beligerância inspirava uma extrema competitividade, a inovação tecnológica e a lealdade aos Estados e credos. O fervoroso protestantismo incentivava os valores familiares, a confiança mútua e a sombria diligência personificados por Jacob de Graeff, o mais proeminente dos *regenten*, os oligarcas do comércio de açúcar, especiarias e escravos que dominaram a política holandesa por trinta anos. A rede de relações entre primos De Graeff e Bicker coordenou a ascensão da Holanda numa incômoda coexistência com os príncipes de Orange, que eles viam como perigosamente monárquicos. A Holanda foi pioneira no Estado de direito, que era essencial para o comércio e a concorrência com os rivais, e fundou universidades de direito, enquanto a necessidade de especialização incentivou outros a se concentrarem em profissões liberais. Os mercadores já não restringiam mais suas vendas a conhecidos nos comércios próximos, mas também faziam negócios com estrangeiros, devendo por isso cultivar a imparcialidade, a boa educação e a confiança, além da implacável avareza necessária para a obtenção de lucros: o grande nó da questão capitalista. Amsterdam, onde Jacob de Graeff e seus filhos Cornelis e Andries se sucederam no cargo de prefeito, encontrava-se na vanguarda da urbanização: entre 1500 e 1800, 20 milhões de pessoas se mudaram para cidades concentradas basicamente no norte da Europa. Elas eram insalubres: muitos morriam — 1% da população urbana por ano —, mas eram substituídos por outros. Quanto maiores as cidades, maior o número de artesãos, mais altas as qualificações e mais fartas as comodidades de que se dispunha. Numa pintura encomendada a Rembrandt, um dos mais respeitados artistas dessa idade de ouro holandesa, Andries de Graeff, um nobre ruivo e rubicundo, aparece vestindo orgulhosamente os trajes negros típicos dos calvinistas, com uma gola branca.

Em 1637, a Companhia das Índias Ocidentais conquistou uma parte do Brasil, de onde enviou flotilhas em novas tentativas de tomar Elmina e outras fortalezas de escravos africanos. Em 1641, convidados pelo manicongo Garcia, os holandeses atacaram Luanda. Foram os primeiros europeus setentrionais a ingressar no mercado escravo em grande escala. A rainha Nzinga se uniu a Garcia e aos holandeses numa guerra feroz que arruinou Angola. Em 1647, Nzinga derrotou os portugueses. A aposta de Garcia e o *Groot Desseyn* dos holandeses tinham dado certo: de uma hora para outra, as corporações militarizadas da pequena república híbrida das Províncias Unidas se estendiam pelo mundo.

A caminho do Oriente, os holandeses paravam para se abastecer de provisões no cabo onde pioneiros haviam fundado a Cidade do Cabo, e então começaram a avançar para o interior e reivindicar terras, sufocando, aniquilando e miscigenando-se com o primeiro povo com que se depararam, os cóis, pastores nômades que foram rapidamente destruídos pelos mosquetes e pelos agentes patogênicos. Do outro lado do Atlântico, na Nova Holanda, a Companhia das Índias Ocidentais expandia seu povoado na ilha de Manhattan, a Nova Amster-

dam, aonde um colono aventureiro, Claes Martenszen van Rosenvelt, antepassado dos Roosevelt, chegara adolescente no começo dos anos 1640 para começar
vida nova, estabelecendo um pequeno sítio numa área que mais tarde se tornaria
o centro da cidade.

Um fundador menos típico, mas também antepassado de uma dinastia nova-
-iorquina, foi Anthony Janszoon van Salee, o filho corpulento de um pirata holandês renegado, Murad Reis, presidente da república pirata de Salé, no Marrocos, e de sua esposa moura, que chegou à América em 1630 com uma parte do
tesouro paterno ilicitamente adquirido. Van Salee, um muçulmano descrito como "turco" e "mulato", protegia os africanos livres e lia o Corão. Mesmo para os
padrões daquele porto grosseiro, o filho de um chefe de Estado africano e sua
ousada esposa germânica, Grietse Reyniers, ex-taberneira, escandalizaram a
Igreja reformada holandesa. Grietse foi acusada de mostrar as partes íntimas aos
marinheiros, de medir com uma vassoura o pênis dos fregueses em sua taberna
e de ser amante do governador, ao que gracejou: "Por muito tempo fui a puta da
nobreza; agora, serei a puta da ralé". A Igreja tentou expulsar o casal por impiedade, mas eles permaneceram, tiveram quatro filhos e morreram ricos, os maiores proprietários de terra em Manhattan. Cornelius Vanderbilt, o barão ladrão da
Era Dourada, descendia da filha de ambos, Annica. Os holandeses comerciavam
peles e compravam terras dos algonquinos, que então foram expulsos pelos iroqueses. Os recém-chegados chamavam os mercadores navais holandeses de "o
povo da água salgada".

A escala do êxito holandês só foi possível porque a outra potência marítima
protestante — a Inglaterra — havia se desintegrado.

SANTOS E CAVALEIROS: CARLOS, HENRIQUETA MARIA E CROMWELL

No final da tarde de 2 de julho de 1644, em meio a um combate feroz em
Marston Moor, perto de York, o general de divisão Oliver Cromwell e os 5 mil
soldados de cavalaria sob seu comando se lançaram ao ataque. Era a maior batalha já travada em solo britânico — 28 mil soldados parlamentares e escoceses,
sob o comando do general escocês Leven, enfrentavam 18 mil cavaleiros sob o
comando do príncipe Ruperto do Reno, sobrinho do rei Carlos. Ninguém sabia
disso na época, mas aquela seria a batalha decisiva da guerra, e a que iniciaria a
ascensão de Cromwell.

Fazia dois anos que o Parlamento e o rei tinham optado pela guerra. Nenhum dos lados dera até então um golpe decisivo nem encontrara um paladino
arrojado. De início, a vantagem esteve com Carlos; os bandos treinados do Parla-

mento não passavam de entusiastas indisciplinados. Mas um dos primeiros a reunir uma tropa de cavalaria foi Cromwell, o ex-fazendeiro de Huntingdonshire.

O príncipe Ruperto tinha apenas 25 anos, 1,80 metro de altura, e gostava de usar botas de cano alto, trajes de seda e veludo e chapéus largos de cavaleiro. Deleitava-se com amantes e jogos de azar e nunca era visto sem seu belo cachorro, Boye; tinha elã, mas carecia de disciplina. Cromwell, por sua vez, orgulhava-se de sua simplicidade: rubicundo, de cabelo arruivado com início de calvície, maçãs do rosto salientes, "voz aguda e pouco melodiosa, eloquência cheia de fervor", roupas grosseiras e escuras. Dominado pela fogosa cavalaria de Ruperto durante as batalhas iniciais, Cromwell reparou que "seus cavaleiros são filhos de fidalgos", ao passo que os dos parlamentares eram "velhos servidores decadentes e empregados de tabernas". Ele decidiu então recrutar crentes: "É preciso ter homens de espírito". Alguns reclamavam que esses cromwellianos eram "sectários arrogantes, pretensiosos e estourados" que "se dizem devotos" e têm "visões e revelações". Para Cromwell, no entanto, eles constituíam sua "adorável companhia". Rapidamente promovido a coronel, Cromwell reuniu à sua volta uma "família" de oficiais com ideias semelhantes, encabeçada por Henry Ireton, que se casou com sua filha Bridget. A imprensa parlamentar o chamava de Old Ironside (Velho Durão), e seus cavaleiros devotos se tornaram os Ironsides (Durões).

Até aquele dia em Yorkshire, os dois lados tinham se imobilizado no impasse de uma guerra em que a cortesia inicial se deteriorara numa feroz rixa sectária. Mas quando os escoceses, ao assinarem uma Liga e Aliança Solene que concordava em seguir "a palavra de Deus" e buscar "a extirpação do papismo", se juntaram à guerra, enviando 22 mil homens para formar o Exército dos Dois Reinos, a balança passou a pender para o Parlamento.

O rei aflito se despediu de Henriqueta Maria. Quando a guerra começou, a rainha, cujo catolicismo atraía uma violenta hostilidade parlamentar, estava na Holanda. Tendo quase naufragado, acabara de voltar à Inglaterra. Retomando a união com o rei, ela engravidou novamente, mas se viu obrigada a mudar de cidade em cidade, perseguida por parlamentaristas. No devido tempo, deu à luz uma filha, mas seus dois filhos mais novos já eram prisioneiros parlamentares. Pouco tempo antes da Batalha de Marston Moor, Carlos a enviara à França para levantar fundos. "Adieu, meu querido coração", ela escreveu. "Se eu morrer, creia que você perde uma pessoa que nunca foi senão total e inteiramente sua." Marido e mulher jamais voltaram a se ver. "Eu nunca deveria ter deixado o rei", ela disse mais tarde ao filho. Warwick, o lorde almirante do Parlamento, perseguiu a rainha papista, na esperança de matá-la, mas Henriqueta conseguiu escapar para a França, acompanhada por sua corte e por Lord Minimus.[2]

Enquanto o exército anglo-escocês ameaçava tomar York, Ruperto se preparava para combater em Marston Moor, já receando os Ironsides de Cromwell.

Num fim de tarde do começo do verão, Ruperto ouviu os puritanos entoando cânticos, enquanto Cromwell liderava o ataque com 4 mil cavaleiros de sua Associação do Leste e mil escoceses, rompendo uma divisão da cavalaria real. Cromwell era um fanático, mas nada tinha de rígido: pelo contrário, era entusiástico, muitas vezes contagiante, arremetendo em batalha com o rosto transfigurado por um brilho virtuoso maníaco, rindo alto. "Eu não podia, cavalgando em meus afazeres, deixar de rir alto em louvor a Deus, na segurança da vitória", ele escreveu. Os Ironsides atacavam aos gritos de "Deus é Nossa Força" e "O Senhor das Legiões!".

Então Ruperto arremeteu. "A divisão de Cromwell sofreu um grande tranco", observou um parlamentarista, "atacada pelos homens mais bravos de Ruperto [...], permaneceram na ponta da espada por um bom tempo, acutilando-se uns aos outros." Cromwell foi ferido no pescoço. "Mas por fim (assim aprouve a Deus) ele irrompeu entre os inimigos, dispersando-os como poeira." Convenientemente, Cromwell (tal como os historiadores ingleses) esqueceu que Marston Moor foi na verdade uma vitória escocesa: o paladino escocês Leven ocupou o norte da Inglaterra durante os dois anos seguintes.

Ao fim da batalha, os parlamentaristas moderados, que constituíam a facção presbiteriana, queriam negociar, mas Cromwell, líder dos independentes, insistiu na vitória completa. "Por que pegamos em armas, em primeiro lugar?", indagou. O poder se transferira de Warwick e seus magnatas tementes a Deus para os novos linhas-duras. Defendendo o "prosseguimento vigoroso e efetivo da guerra", Cromwell insistiu: "Empenhemo-nos!". Embora alardeasse sua humildade e temor a Deus, ele era o fanfarrão supremo, propagandeando suas façanhas em folhetos, atribuindo a si as proezas de outros e enfraquecendo seus superiores, que derrubou e substituiu um a um. O Comitê dos Dois Reinos encomendou um Novo Exército sob as ordens do vistoso comandante Sir Thomas "Black Tom" Fairfax, um nobre de Yorkshire que se tornou lorde general, enquanto seu tenente, Cromwell, foi promovido a tenente-general de cavalaria. Os dois trabalhavam bem em conjunto: em Naseby, em 14 de junho de 1645, por fim obtiveram uma vitória decisiva, tendo Cromwell liderado o ataque.

Carlos se rendeu ao marechal escocês Leven, na esperança de voltá-lo contra o Parlamento. Em vez disso, os escoceses o entregaram a seus inimigos. Em junho de 1647, o rei negociou duas vezes com os comandantes parlamentares, inclusive Cromwell, que o autorizou a visitar seus dois filhos aprisionados, Elizabeth e Henrique, duque de Gloucester: "A visão mais terna que os olhos já contemplaram", segundo Cromwell. O pequeno duque, que nem completara sete anos de idade, não reconheceu o rei. "Sou seu pai, menino", disse Carlos.

O Parlamento agora era dominado por puritanos conservadores que, naquele mês de junho, aboliram todos os espetáculos de teatro, bem como o Natal e a Páscoa, mas os presbiterianos moderados ainda tinham esperanças de conseguir uma paz negociada. Em agosto, o exército pôs fim a qualquer tipo de conciliação. Fairfax entrou em Londres à frente do Novo Exército, enquanto Cromwell comandava a retaguarda. Seu exército se tornava cada vez mais radical: alguns oficiais propunham uma constituição escrita, direitos universais, a abolição da Câmara dos Lordes e o voto masculino universal. Cromwell, socialmente conservador e monárquico por instinto, ficou horrorizado com essas ideias, mas provavelmente aprovou o expurgo militar do Parlamento que então se seguiu. Enquanto Fairfax continuava sendo lorde general, Cromwell, mais político, se tornava mestre em recuos inescrutáveis e subestimava de maneira cada vez mais ostensiva seu papel, embora sempre ressurgindo com maior poder. Nos momentos de tensão, em debates no Parlamento ou no conselho militar, estourava em gargalhadas frenéticas ou iniciava guerras de almofadas. Agora, ele e seu grupo de generais eram os potentados. Mas o que fazer com o rei?

O colapso inglês não passava de uma pequena escaramuça em comparação à barafunda que estava destruindo o maior reino do mundo. Carlos era um prisioneiro sem perspectivas, mas o imperador Ming, no Oriente, enfrentando revoltas camponesas, fomes e a invasão da feroz cavalaria manchu, encontrou uma solução singularmente radical.

MATANDO REIS: TEXUGOS E HETMANS, CUBOS DE AÇÚCAR E CORDAS DE ARCO

Em 25 de abril de 1644, o imperador Chongzhen, com apenas 33 anos de idade, mandou chamar a esposa e a filha, matou as duas com sua espada e então seguiu sozinho até o parque Jingshan, em Beijing, onde se enforcou numa árvore, deixando uma mensagem que dizia: "Morro envergonhado, incapaz de encarar meus ancestrais".[3] Enquanto Beijing era devastada por rebeldes, ele perdera o controle sobre grande parte da China e enfrentava o avanço dos manchus vindos do norte. Beijing se afundou no caos até que, um mês e meio depois, em 5 de junho, um guerreiro manchu de armadura, com a cabeça raspada na frente e o cabelo em trança na parte de trás, entrou na cidade com uma pequena escolta de arqueiros montados, desmontou do cavalo e simplesmente anunciou à multidão: "Sou o príncipe regente, Dorgon. O príncipe herdeiro chegará logo mais. Vocês permitirão que eu governe?".

"Sim", responderam os cidadãos. Logo juntou-se a Dorgon — "texugo" — uma horda de arqueiros montados; um menino de seis anos de idade, Shunzhi, sobrinho de Dorgon e neto do fundador da família Nurhaci, era agora o imperador de uma nova dinastia Qing. O talentoso Texugo, formalmente tratado como tio e príncipe regente, conquistou o resto da China, massacrando cidades inteiras. Então criou uma nova ordem: instalou as tropas de elite — os Oito Estandartes — em Beijing, mas reinstituiu os exames para o serviço público e promoveu os estudiosos chineses dos Han, perguntando: "Como os manchus e os Han podem se unir?". Apesar disso, matou todos os príncipes Ming e determinou que todos os homens chineses raspassem a frente da cabeça e usassem uma trança atrás, do contrário seriam executados.[4]

O imperador menino não gostava do tio, que seria mais tarde assassinado durante uma caçada, mas àquela altura Dorgon havia obtido um novo Mandato Celestial; a família agora iria restaurar o País Central como o maior império do mundo — ao mesmo tempo que o império mundial dos Habsburgo desmoronava.

A guerra de Filipe IV quase desintegrara as duas monarquias habsbúrgicas. A França derrotou os austríacos e então invadiu a Espanha. Os portugueses tinham perdido grande parte de seu império para os holandeses e culpavam os Habsburgo; em 1640, uma assembleia declarou o duque de Bragança, bisneto de Manuel, o Venturoso, como João IV. Os suecos tomaram Praga. O Rei Planeta consultou uma freira carismática que, misticamente transportada aos jumanos, um povo indígena do Texas, aconselhou-o a governar por direito próprio. Ele dispensou Olivares e se preparou para negociar.

Todos os lados estavam exaustos, imobilizados num impasse. Em outubro de 1648, na Vestfália, Filipe e seu primo austríaco, o Kaiser Frederico III, chegaram a um termo de compromisso, pondo fim ao conflito que ficou conhecido como a Guerra dos Trinta Anos, reconhecendo o direito dos germânicos de seguirem a religião que bem entendessem. Àquela altura, a Germânia estava arruinada: em trinta anos de guerra, os cavaleiros do apocalipse tinham matado cerca de 10 milhões de pessoas. A Vestfália instaurou a soberania dos Estados numa Europa multipolar, assegurando a liberdade criativa — e a concorrência destrutiva — pelos séculos vindouros. Houve muitos perdedores, mas três vencedores: os suecos, que governavam o Báltico e uma fatia da Germânia, a Pomerânia; os holandeses, que conquistaram a independência; e uma família suábia antiga e obscura.

A Casa de Hohenzollern, comandada pelo eleitor Frederico Guilherme, convertera sua pequena área de feudos empobrecidos, construídos em volta de Brandemburgo e da Prússia, numa potência do norte germânico. O Grande Eleitor viu suas terras destruídas pela guerra — em 1648, Berlim tinha apenas 6 mil habitantes. Ainda assim, convencido de que "alianças são boas, mas forças próprias são melhores", ele transformou sua nobreza *junker* numa classe militarista, explorando a guerra para quebrar os Estados representativos e impor a autocracia que se prolongaria até 1918.[5]

O eleitor era o duque da Prússia, que fazia parte da enorme Comunidade Polaco-Lituana: em suas províncias do sul, cossacos, homens livres, muitos pequenos nobres, citadinos, camponeses e soldados fugidos fundaram uma república, governada por hetmans eleitos, nas ilhas Sech, para além das corredeiras do Dniepre. Tanto eles como os camponeses, que falavam ucraniano, sofriam a dominação dos senhores católicos poloneses. Uma série de rebeliões cossacas ortodoxas contra os reis poloneses católicos havia tentado obter o reconhecimento de sua condição de nobreza. Na primavera de 1648, ano em que os moscovitas chegaram ao Pacífico, um nobre e oficial cossaco, Bohdan Khmelnitski, que servira por muito tempo ao rei contra os otomanos e fora capturado e escravizado por dois anos, entrou em conflito com um importante nobre polonês por causa das terras e da bela esposa cossaca do homem — conhecida como Helena das Estepes. Khmelnitski, eleito hetman dos cossacos, iniciou uma rebelião que se espalhou pela Ucrânia. Em maio, seus cossacos, em aliança com a cavalaria nogai enviada pelos cãs da dinastia Giray, da Crimeia, derrotaram os poloneses, e, em dezembro, em Kiev, ele se declarou hetman, príncipe da Rutênia e Autocrata Único de Rus. Seus exércitos, aos quais se somaram alguns rebeldes citadinos e camponeses falantes do ucraniano, chacinaram nobres e sacerdotes poloneses, bem como, no ano de 1648, 60 mil judeus que lá tinham vivido em segurança durante séculos, mas que então se viram presos entre senhores católicos e cossacos ortodoxos.

O hetmanato independente de Khmelnitski mal chegou a durar cinco anos: Khmelnitski precisava de um patrono para proteger seu reino. Traído pelo cã da Crimeia, ofereceu submissão ao sultão otomano, que abandonou o hetman aos tártaros, obrigando-o a recorrer a Moscou.

Em janeiro de 1654, o hetman jurou lealdade ao tsar moscovita Alexei, que, assim como seus sucessores até os tempos modernos, considerava a Ucrânia uma província — a Pequena Rússia — desde sempre unida à sua fraterna Grande Rússia.[6] Os otomanos não se interessaram, pois Constantinopla estava às voltas com sua própria crise. Lá, Kösem, a Mãe Magnificente do sultão louco, enfrentava um dilema.

Uma mãe podia matar o próprio filho?

No começo, Ibrahim, o Louco, agora com 33 anos, se contentou em deixar a mãe governar por ele. De início desinteressado das mulheres, possivelmente impotente, ele se voltou para um espiritualista charlatão, Cinci Hoca, que lhe receitou afrodisíacos e pornografia. Ibrahim virou um libertino. Sua mãe, ao receber de presente uma moça russa escravizada chamada Turhan, deu-a ao sultão, que prontamente a engravidou. Mas suas depravações aumentavam enquanto o império diminuía: ele gostava de peles e mulheres gigantescas, de preferência ao mesmo tempo. Só conseguia desempenhar o ato sexual num aposento cheio de peles de marta, mas era tão libertino que tentava se limitar a uma jovem nova por semana, às sextas-feiras. Foram despachadas ordens por todo o império a fim de encontrar as mulheres de maior tamanho. Então, em 1644, o padixá começou a se afirmar, promovendo Cinci Hoca, seu bando de trapalhões e uma gerente de harém a posições de poder.

Ele ordenou que o molde dos úberes e da vagina de uma vaca fosse enviado a todas as províncias, a fim de encontrar uma mulher em quem servisse. Uma jovem armênia de dezesseis anos chamada Maria, e a quem ele apelidou de Cubo de Açúcar, era extremamente gorda. Além de Turhan, nascida na Rússia, ele nomeou mais sete *hasekis* (consortes), entre as quais Cubo de Açúcar, agora rebatizada como Sivekar Sultan, concedendo-lhes as rendas de suas províncias mais ricas, Damasco e Egito — um grave erro.

Cubo de Açúcar teria dito a Ibrahim que uma das concubinas lhe fora infiel. Em resposta, ele ordenou que 280 odaliscas fossem costuradas dentro de sacos e afogadas no Bósforo; por causa disso, Kösem convidou Cubo de Açúcar para um jantar e a envenenou secretamente.

O erro seguinte do padixá foi catastrófico. Colérico com os piratas malteses que haviam atacado uma nau de peregrinos muçulmanos, Ibrahim ordenou que a marinha capturasse Creta, uma província veneziana. Os venezianos declararam guerra, atacaram a Grécia otomana e bloquearam o Bósforo, causando escassez de alimentos e gerando tumultos em Constantinopla. O grão-vizir e Kösem discutiram a ideia de depor Ibrahim, que reagiu executando o vizir e banindo a mãe e as irmãs do harém. Ele estava planejando assassiná-la, ao estilo de Nero.

Em 8 de agosto de 1648, os janízaros e a turba estavam tão indignados com a inépcia do sultão que lincharam o novo vizir, que foi transformado em espetinho grelhado e vendido nas ruas — e desde então ficou conhecido como Mil Pedaços. Ibrahim, agora francamente paranoico, mandou jogar Mehmed, seu filho pequeno com Turhan, dentro de uma cisterna. Seu egoísmo punha em risco a própria dinastia. Kösem resgatou o menino.

Os vizires abordaram Kösem, dando-lhe o surpreendente tratamento de Umm al-Muminin — Mãe dos Muçulmanos, título da esposa favorita de Maomé — e apontando a autoridade califal da dinastia. "Você não é apenas a mãe do sultão; é a mãe de todos os verdadeiros fiéis. Ponha fim a esse caos." Ela acabou por concordar: "No fim, ele acabará por nos matar, a vocês e a mim. Perderemos o controle do governo. Levarei meu neto, Mehmed". Kösem insistiu que não matassem Ibrahim. Os paxás o prenderam e cingiram Mehmed com a espada de Osman. Então, pediram à Mãe Magnificente que executasse o filho. Somente uma determinação da autoridade religiosa do império — o *sheikh ul-Islam* — poderia autorizar uma mãe a matar o filho. O xeque assinou uma *fatwa*: "Se há dois califas, mate um deles". Kösem aquiesceu.

Enquanto os paxás e concubinas olhavam pelas janelas do Topkapi, os Sem-Língua se aproximaram silenciosamente de Ibrahim.

"Ninguém que tenha comido de meu pão terá piedade de mim?", ele gritou. "Esses homens cruéis vieram me matar. Misericórdia!" Os arcos se retesaram.

Enquanto os otomanos executavam um monarca, os ingleses faziam o mesmo.

Em Londres, Oliver Cromwell, à sua maneira sinuosa, debatia o que fazer com seu prisioneiro, o rei Carlos. Se alguém lhe sugerisse submetê-lo a julgamento, ele o consideraria "o maior traidor do mundo". O lorde general Fairfax tampouco se sentia à vontade com a ideia, mas os radicais devotos no exército e provavelmente seu capelão americano, Hugh Peters, estavam propondo um julgamento. Cromwell ergueu os olhos para os céus: "Uma vez que a Providência e a necessidade os levaram a isso, ele deveria orar a Deus para abençoar seus conselhos". Em outras palavras, ele acreditava que era hora de julgar Carlos. "Não posso senão me submeter à Providência."

A COROA INCORRUPTÍVEL E A MÃE MAGNIFICENTE

Em janeiro de 1649, Cromwell conseguiu o que queria: que o Parlamento aprovasse a exclusão dos lordes do governo, a declaração de uma "Comunidade e Estado Livre" e o julgamento de Carlos. O rei, cercado por um corpo de guarda maciço, miúdo e elegante em seda preta, foi levado a Westminster Hall e acusado de "um desígnio pérfido" — a traição. Lord Fairfax foi escolhido para presidir à corte, mas não compareceu. "Eu deveria saber por qual poder sou aqui chamado", disse Carlos. "Lembrem-se de que sou seu rei, seu rei legítimo. Pensem bem nisso." Recusou-se a cooperar, mas Cromwell não tinha mais dúvidas. "Digo-lhes", afirmou, "que cortaremos a cabeça dele, mesmo com a coroa." Quando os 68 membros do Superior Tribunal de Justiça tomaram assento, Hugh Peter orquestrou um cântico, "Execução! Justiça!", embora também tenha havido alguns gritos de "Deus salve o rei". Quando Fairfax foi mencionado, sua esposa Anne gritou da galeria: "Ele teve a sensatez de não estar aqui"; quando os juízes disseram agir em nome de "todas as pessoas de bem da Inglaterra", ela declarou: "Não, nem a centésima parte delas", e foi removida. Os membros do tribunal então decidiram que o "tirano, traidor, assassino e inimigo público das pessoas de bem da nação" deveria ser "executado por decapitação".

"Quero que ouça uma palavra, senhor!", disse Carlos.

"Não, senhor!", respondeu o juiz. "Guardas, levem o prisioneiro."

Ao defender a execução de Carlos, Cromwell declarou seguir uma orientação divina: "Não nos faltou uma parcela de notáveis providências e aparições do Senhor. Sua presença está entre nós". Sem qualquer consulta prévia, foram nomeados 135 "comissários" para julgar o rei; 47 não compareceram. No final do julgamento, que durou quatro dias, 67 deles o julgaram culpado, mas alguns resistiram a assinar a sentença de morte. Cromwell foi o terceiro a apor sua assinatura, e então ameaçou os demais: "Aqueles que participaram, que mostrem as mãos; quero vê-las *agora*". Num de seus interlúdios maníacos, explodiu em risos enquanto ele e um dos comissários jogavam tinta um na cara do outro. No fim, 59 assinaram.

No Palácio de St. James, Carlos se deu conta de que jamais voltaria a ver seu primogênito, o príncipe de Gales, nem seu segundo filho, Jaime, que escapara à prisão parlamentar vestido de mulher. "Prefiro que você seja Carlos, o Bom, a Carlos, o Grande", ele escreveu ao príncipe. "Adeus, até nosso reencontro, se não na terra, então no céu." Entretanto, pediu para ver os filhos mais novos, Elizabeth, de treze anos, e Henrique, de oito. A despedida foi comovente. Enquanto Elizabeth soluçava, Carlos lhe pediu que "não lamente nem se atormente [...]. pois será uma morte gloriosa"; sugeriu a ela que se consolasse na leitura e enviou sua mensagem de amor a Henriqueta Maria. "Seus pensamentos nunca se afastaram dela, seu amor seria o mesmo até o fim." Ele então abraçou a menina: "Querida, você se esquecerá disso".

"Enquanto viver, jamais me esquecerei", respondeu ela.

Em seguida, ele convidou Henrique a se sentar em seus joelhos. "Querido [...], eles vão cortar minha cabeça e talvez o façam rei", disse. "Mas você não deve ser rei enquanto seus irmãos Carlos e Jaime estiverem vivos."

"Prefiro ser cortado ao meio a fazer isso", respondeu o menino. Carlos beijou os dois, chorando de "alegria e amor". Enquanto eles eram levados, Carlos, olhando pela janela, correu atrás deles e os beijou novamente, e em seguida caiu no leito.

Em 30 de janeiro de 1649, numa tarde gelada, enquanto Cromwell rezava num grupo de orações, Carlos, de 48 anos, com a barba e o cabelo agora brancos, e duas camisas, para que não o vissem tremer naquele frio congelante, além de uma jarreteira com 412 diamantes, dividiu seus pertences entre os filhos (deixando um relógio de ouro para a filha de seu amigo sempre lembrado, o duque de Buckingham).

"Vamos, então", disse ele, e, cercado de soldados, ao rufo dos tambores, cruzou o parque de St. James, atravessou o tortuoso Palácio de Whitehall, saiu pela Casa de Banquetes, com seus forros pintados pelo amigo Rubens, e subiu ao cadafalso. Lá aguardavam o "jovem Gregory" Brandon, carrasco hereditário, e seu assistente, os dois com perucas, trajes de marinheiro e máscaras de malha, além do machado. Enquanto Carlos discursava para a multidão, um soldado bateu duas vezes no machado. "Não fira o machado que pode me ferir", disse Carlos, e concluiu: "Passo de uma coroa corruptível para uma coroa incorruptível, na qual não pode haver perturbações. É uma boa troca". Então apoiou a cabeça no cepo e estendeu as mãos para mostrar que estava pronto. Brandon deu um golpe certeiro. O assistente ergueu a cabeça: "Vejam a cabeça de um traidor!". Os soldados aclamaram e aplaudiram; outros mantiveram um silêncio respeitoso. O assistente — que talvez fosse o pregador americano Peter — deixou cair a cabeça, arranhando a face. Soldados e espectadores se aglomeraram para cortar mechas do cabelo régio, mergulhar lenços no sangue azul e cortar lascas do cadafalso como lembranças.[7] A notícia chegou à família dias depois. No Louvre, em Paris, a rainha, que estava jantando, ficou "sem palavras" por um longo tempo, enquanto, em Haia, o primogênito Carlos entendeu que o pai estava morto ao ser tratado por "Sua Majestade". Ele caiu em prantos.

Em Constantinopla, Kösem governava pelo neto de sete anos, Mehmed IV. Presidindo aos conselhos por trás de uma divisória, na presença do padixá menino, a Mãe Magnificente repreendia os vizires. "Tornei-o vizir para que passe o tempo em jardins e vinhedos?", vinha a voz por detrás da cortina. "Dedique-se aos assuntos do império e que eu não ouça mais a respeito de suas cabriolas." Mas o sultão tinha sua própria mãe, Turhan, que fora treinada por Kösem e então presenteada a Ibrahim. Ela queria ser regente e conspirava contra Kösem, a qual, por sua vez, pensava em depor o garoto e entronizar outro neto, com uma mãe menos ambiciosa. Mas havia um espião no séquito de Kösem, que informou Turhan sobre o plano. Agora, tratava-se de uma corrida para ver qual mulher mataria a outra primeiro.

"Graças a Deus, vivi por quatro reinados e venho governando há muito tempo", disse Kösem ao conselho. "O mundo não vai melhorar nem ser destruído com minha morte." Turhan agiu primeiro. Em 2 de setembro de 1651, Kösem, com 63 anos, foi perseguida pelo palácio enquanto uma escrava leal tentava salvá-la, gritando: "Sou eu a *valide*".

Kösem se escondeu dentro de um armário, mas viram seu vestido. Enquanto era estrangulada com uma cortina, ela lutou tão desesperadamente que verteu sangue pelos ouvidos e pelo nariz. Quando a notícia veio a público, o povo fechou Constantinopla por três dias em luto pela Mãe Magnificente.

Enquanto isso, uma nova família assumia o controle em Londres — e não era da realeza. O corpo de Carlos I, a cabeça costurada ao pescoço, foi embalsamado e exposto no Palácio de St. James para visitas pagas. Consta que Cromwell teria olhado para o monarca e murmurado: "Se ele não tivesse sido rei, teria vivido por mais tempo".

A nova república estava em prontidão para o combate. O exército sob as ordens de Cromwell e de seus oficiais conservadores tinha um evidente domínio — mas entre a soldadesca fervilhavam ideias democráticas perigosamente radicais. Na Irlanda, rebeldes católicos atacavam colonos protestantes. Os parlamentaristas tinham ficado horrorizados com a ideia de um exército real irlandês esmagando a Inglaterra, mas os colonizadores ingleses por muito tempo haviam tratado os vizinhos como semibárbaros, fora das regras de guerra usuais. Além do mais, o fato de serem católicos colocavam-nos além de qualquer redenção. Cromwell foi até a Irlanda. Num frenesi de ódio moralista, ele atacou Drogheda, incendiando soldados abrigados numa igreja; padres tiveram a cabeça despedaçada depois de terem se rendido; as unidades capturadas foram dizimadas; 3 mil foram mortos. "Este é um julgamento justo de Deus sobre esses bárbaros desgraçados", explicou Cromwell, "que encharcaram as mãos em tanto sangue inocente."

Carlos II, com vinte anos, agora chegava à Escócia, onde os escoceses, sob as ordens de Leven e alarmados com Cromwell, mudaram de lado. Fairfax acabou por renunciar ao posto de comandante-chefe, e Cromwell foi nomeado capitão-general. "Rogo-lhes, pelas entranhas de Cristo, que considerem a possibilidade de que talvez estejam errados", advertiu Cromwell, e em seguida esmagou os escoceses em Dunbar, ao que Carlos marchou para o sul com outro exército. Cromwell foi em seu encalço, derrotando o rapaz em Worcester, num ato de "suprema misericórdia" que fortaleceu seu insuperável prestígio como "nosso chefe de homens", nas palavras de seu secretário de Línguas Estrangeiras, um poeta parcialmente cego chamado John Milton. Cromwell ordenou que o Parlamento concordasse com um novo Estado britânico, mas, quando os parlamentares resistiram, entrou na câmara num rompante de fúria, gritando feito um louco para os "devassos": "Vou pôr fim a todo este palavrório. Vocês não são o Parlamento". Em seguida, convocou os soldados: "Entrem!". Vendo o presidente da Câmara em sua cátedra, ele rosnou: "Tirem-no dali!", e pegou a maça cerimonial. "O que faremos com essa bugiganga? Tomem, levem-na daqui!" A seguir, dirigindo-se aos atônitos parlamentares, declarou: "Foram vocês que me obrigaram a isso, pois tenho procurado o Senhor dia e noite". Por fim, desdenhou do Parlamento: "Não se ouviu nem sequer o latido de um cão!".

Quando um general radical propôs uma teocracia a que chamou de Sinédrio dos Santos — nome otimista para qualquer grupo de políticos —, o talentoso general John Lambert elaborou uma monarquia mista sob o comando de Cromwell, de um Conselho de Estado e de um Parlamento eleito. Assim, em 16 de dezembro de 1653, em Westminster Hall, trajado de preto e escoltado por seu velho aliado Warwick e outros pares, Cromwell foi empossado como "Sua Alteza Lord Protetor". Recebeu aposentos reais em Hampton Court e Whitehall, seria saudado como rei a quem tirariam o chapéu, sua esposa deveria ser tratada por "Sua Alteza", seus filhos e filhas seriam príncipes e princesas, seus decretos seriam assinados "Oliver P", e poderia nomear seu sucessor. A corte de Oliver não tinha o esplendor dos Stuart, nem haveria qualquer murmúrio sobre os escândalos dos tempos de Jaime I, mas tampouco lhe faltava animação: Cromwell gostava da companhia do bando de filhas alegres e da encantadora condessa de Dysart. Governava com um círculo de generais e parentes; uma de suas filhas se casou com dois generais de alta patente; duas foram desposadas por pares cromwellianos, e a quarta se casou dentro da maior dinastia puritano-colonial — a do conde de Warwick.[8] Os dois filhos do novo soberano inglês, Richard, conhecido como Dick, e Henry, ingressaram no Conselho de Estado, mas o futuro dependia de Dick, um tipo de cara comprida, sem queixo, extravagante e atolado em dívidas — muito diferente de Sua Alteza Oliver, que tentava prepará-lo e o aconselhava: "Procure continuamente o Senhor e Sua face". Ele preferia Henry, que era bastante capaz, mas Dick era o primogênito, e por isso deveria ser o sucessor.

Oliver, como muitos ditadores, buscava o poder, mas se compadecia de si mesmo ao conquistá-lo: "Vocês veem como estou ocupado. Preciso de compaixão. Sei o que sinto. Não vale a pena aspirar a altas posições e grandes negócios no mundo; eu não deveria ter conforto, mas minha esperança está na presença do Senhor. Não procurei essas coisas; fui chamado a elas pelo Senhor". Oliver era apenas um "pobre verme e fraco servo" de Deus.

O "verme" agora era quase rei de uma nova Israel: "Vocês são a maior formação de Deus que já houve", ele disse a seu novo Parlamento. "Estão no limiar das promessas e profecias." Esse Segundo Advento só poderia ocorrer quando as profecias bíblicas fossem honradas, os judeus regressassem a Sião e se convertessem ou fossem destruídos no Fim dos Dias. Era esse papel na Providência cósmica que tornava os judeus, desde longa data banidos da Inglaterra, caros a Cromwell, que se encontrou com o rabino luso-holandês Menasseh ben Israel e deu início ao processo que lhes permitiria regressar.

Enquanto agia para tomar o controle das colônias americanas,[9] Oliver pretendia lançar uma ofensiva santa contra os Habsburgo católicos a fim de instaurar um império inglês. Tal ideia se inspirava em Thomas Gage, um monge católico que se tornara um vingador protestante e propunha um "Desígnio Ocidental" — a conquista do Caribe espanhol e da América do Sul.

"Deus nos trouxe aonde estamos", disse Cromwell, "para considerar a obra que podemos fazer em casa e no mundo" — e a Providência nunca lhe negara uma vitória. Mais de 25 mil colonos brancos já tinham ido para a colônia de Barbados, com suas novas e lucrativas fazendas de cana-de-açúcar, cultivadas por trabalhadores brancos contratados (muitos dos quais católicos irlandeses deportados, outros crianças de famílias empobrecidas), que no entanto estavam sendo substituídos por escravos africanos. Os fazendeiros ingleses logo ficaram em inferioridade numérica e viram-se confrontados com o receio de rebeliões de escravos, além do problema de que a escravidão não estava prevista na legislação inglesa. Sua resposta foi a promulgação da Lei para um Melhor Ordenamento e Governo dos Negros, que viria a ser a base cruel de toda a legislação escravagista americana e caribenha. A nova lei afirmava que, "sendo escravos brutos", os africanos não tinham direitos; que o castigo por desobediência seria o açoitamento na primeira transgressão, a amputação do nariz, o açoitamento e a marcação com ferro em brasa na segunda; e que, se "algum negro sob punição de seu senhor vier infelizmente a perder um membro ou até a vida, a ninguém será aplicada nenhuma multa em resultado disso".

Enquanto planejava seu Desígnio Ocidental, Oliver se viu em guerra não só contra os espanhóis, seus inimigos católicos, mas também contra seus tradicionais aliados protestantes, os holandeses, por causa do comércio e do apoio de Guilherme, príncipe de Orange e cunhado de Carlos II, aos Stuart. Ansioso por firmar a paz com os colegas protestantes, Cromwell propôs uma união política com as Províncias Unidas, e então, firmando uma aliança com o cardeal Mazanin, da França, lançou sua frota contra os espanhóis. Sua "Invencível Armada" partiu sob o comando conjunto de um republicano irascível, Robert Venables, e um jovem e vigoroso fidalgo, William Penn. Era um momento propício: os Habsburgo se viram em dificuldades quando os soldados ingleses desembarcaram na rica ilha açucareira de Hispaniola.

GANGA ZUMBA — REI DOS PALMARES

A invasão foi um fracasso. Os soldados lutaram "de maneira extremamente infeliz e patética", reconheceu o general Venables, "atormentados pelo calor, a fome e a sede". Em maio de 1655, porém, capturaram Santiago (Jamaica), ainda em posse dos Colombo. Enquanto os espanhóis resistiam e os maroons locais apoiavam os ingleses, o primeiro governador convidou os Irmãos do Litoral, uma confraria de piratas, a se estabelecer na Jamaica e atacar portos espanhóis. Liderados por Henry Morgan, um aventureiro galês, eles converteram sua sede, Cagway (que logo passaria a se chamar Port Royal), no mais sórdido, espalhafatoso e mortífero puteiro do mundo.

Agora os ingleses começaram a acelerar a importação de escravos africanos para suas fazendas na Jamaica e em Barbados.[10] Mas, na metrópole, Oliver ficou atônito com o fracasso do império divino: Deus havia retirado sua bênção daquela nação de pecadores. Cromwell tentou corrigir a venalidade moral de seu povo governando por intermédio de seus generais, que fecharam tabernas e proibiram atividades ímpias como a dança, a rinha de galos, a luta de ursos e o futebol. O Natal continuou suspenso. Mas a Inglaterra estava prestes a ter uma oportunidade graças ao modesto novo rei de Portugal, João IV, que respondeu ao ataque holandês. O *Groot Desseyn* dos holandeses lhes rendera uma conexão transatlântica de Elmina e Luanda a Manhattan e ao Brasil, onde a brutal eficiência dos holandeses calvinistas donos de escravos despertou a hostilidade de nobres brancos e ameríndios mestiços, de senhores de escravos católicos e caçadores de escravos, que lideraram uma insurreição em Pernambuco. A guerra, travada no Brasil e em Angola, era cruelmente multiétnica: os dois lados recrutaram auxiliares ameríndios e afro-lusitanos; os portugueses recrutaram escravos, com a promessa de que receberiam a liberdade em troca do serviço militar.

Em fevereiro de 1649, o exército multirracial de João, comandado por um afro-brasileiro chamado Henrique Dias, filho liberto de escravos, com o título de Governador de Todos os Crioulos, Negros e Mulatos, e por um ameríndio potiguar, Filipe "Poti" Camarão,[11] derrotou os holandeses nos Guararapes. Em seguida, os afro-brasileiros atravessaram o Atlântico a fim de restaurar o domínio português na África sob um comandante afro-lusitano, Salvador Correia de Sá. Durante quinze anos, os holandeses, com o auxílio de seus aliados, o manicongo Garcia e a rainha Nzinga de Ndongo, lutaram contra os portugueses, os dois lados empregando em campo milícias canibais imbangalas. Os portugueses por fim retomaram Luanda; retirando-se para o interior, Garcia e Nzinga sobreviveram, morrendo posteriormente de forma pacífica, enquanto os imbangalas, sob o comando do *jaga* (rei) Kasanje, formaram seu próprio reino, que perdurou por dois séculos. Mas então chegou a hora do acerto de contas.

Em 1665, o manicongo António, filho de Garcia, contando com o apoio dos holandeses, lançou um ataque aos portugueses em Ambuíla. Entre seus comandantes estava uma princesa real, Aqualtune, dois filhos dela, Ganga Zumba e Ganga Zona, e a filha Sabina. Os bacongos foram desbaratados, António foi morto e a princesa e sua família foram escravizados e enviados para o Brasil. Mas a história não parou por aí, pois eles viriam a se tornar os governantes do maior reino escravo rebelde da América.

Os escravos resistiram desde o começo, mas as revoltas eram impiedosamente esmagadas. A alternativa era "ir para o mato", porém eles precisavam de algum lugar para onde ir. Os perseguidores dos escravos, os chamados capitães do mato, eram caçadores sinistros, virtuosamente protegidos por santo Antônio, pagos por seus patrões para recuperar ou matar os escravos fugidos; eles viajavam com sacolas de couro nas quais guardavam a cabeça dos escravos, que tinham de apresentar para receber o pagamento. Desde o começo do século, porém, os escravos brasileiros fugidos haviam criado comunidades rebeldes chamadas quilombos, a partir do nome dos acampamentos de guerra imbangalas de Angola. Nesses mocambos, os ex-escravos construíam aldeias, viviam à base de palmito, feijão e frango, e se tornavam guerrilheiros especializados, usando armas e a capoeira, modalidade que é a um só tempo dança e arte marcial. No começo do século, quarenta escravos de uma propriedade tinham fugido e formado um quilombo perto do Recife, no extremo oriental do Brasil, ao qual deram o nome de Palmares, por causa das palmeiras de que subsistiam. O quilombo de Palmares era conhecido como Pequena Angola, pois muitos dos que lá moravam eram bacongos, e seus líderes eleitos muitas vezes eram príncipes africanos que haviam mantido seu prestígio durante a vida como escravos. Quando os holandeses foram derrotados, os portugueses tentaram esmagar Palmares, lançando mais de vinte ataques ao quilombo, todos fracassados. Como ponderou um governador português: "É mais difícil derrotar um quilombo do que os holandeses".

Quando foram escravizados, a princesa Aqualtune e seus filhos Ganga Zumba e Ganga Zona viram-se alocados numa fazenda canavieira, Santa Rita, em Pernambuco, no Nordeste brasileiro, não muito longe de Palmares, onde Sabina, que fora escravizada em data anterior, já estava morando. Logo após sua chegada, Ganga Zumba e a família fugiram para Palmares, onde esse neto de manicongo, com cerca de 35 anos de idade, guerreiro experiente, foi escolhido como rei. Seu nome verdadeiro não é conhecido — Ganga Zumba é um título em quicongo que significa "grande senhor" —, mas ele pôs as diversas aldeias a cargo dos irmãos e da mãe enquanto combatia e derrotava reiteradamente os portugueses, atraindo cada vez mais escravos rebeldes e chegando a governar 30 mil pessoas (o Rio de Janeiro tinha 7 mil cidadãos) e um território do tamanho de Portugal. Sua corte ficava num pequeno palacete, onde ele vivia com suas três esposas (duas negras e uma mestiça), guardas e cortesãos. Assim como na África, era aconselhado por mulheres mais velhas, sua mãe e uma matriarca chamada Acotirene.

Os súditos saudavam o rei ficando de joelhos e aplaudindo, como no Congo. Cada vila, fortificada com paliçadas e armadilhas, possuía uma capela e um padre, mas tratava-se de um catolicismo miscigenado que tolerava a poligamia e os ritos bacongos. Ganga Zumba promoveu seu sobrinho Zumbi. Embora não haja certeza sobre as datas e as relações familiares, Zumbi, nascido em Palmares em 1655, antes da chegada dos tios, fora capturado numa incursão portuguesa e criado por um padre, António de Melo. Batizado com o nome de Francisco, aprendendo português e latim, ele impressionou o mestre com "uma capacidade que jamais imaginei na raça negra e que muito raramente vi entre os brancos". Aos quinze anos, Francisco fugiu e voltou para o quilombo, onde adotou o nome de Zumbi, ligado aos espíritos noturnos imortais do culto bacongo dos ancestrais. Foi então nomeado pelo tio comandante do exército de Palmares.

No final dos anos 1670, a fama do reino de Palmares se espalhara pelas Américas, incentivando outras rebeliões. Em 1677, Ganga Zumba foi ferido num ataque, durante o qual alguns de seus parentes foram capturados. No ano seguinte, o governador de Pernambuco, Pedro Almeida, fez uma proposta de paz segundo a qual aqueles nascidos em Palmares poderiam conservar a liberdade desde que reconhecessem a Coroa, enquanto os fugitivos recentes seriam devolvidos a seus senhores.

Esgotado por quinze anos de guerra e vinte campanhas, Ganga Zumba resolveu negociar, mas seu sobrinho Zumbi se opôs à devolução de qualquer fugitivo. Quando Zumba assinou o acordo, Zumbi, aconselhado pela esposa Dandara, o envenenou e foi eleito rei.

CONQUISTADORES DO MUNDO: SHIVAJI, AURANGZEB E A POETA

Zumbi repelia continuamente os ataques portugueses, quase um por ano, mas não esquecera o padre que fora seu professor, tendo o visitado em segredo três vezes, com grande risco pessoal. Até mesmo Pedro Almeida admirava Zumbi, um "negro de singular valor, grande ânimo e constância rara. Este é o espectador dos mais, porque a sua indústria, juízo e fortaleza aos nossos serve de embaraço, aos seus de exemplo".

Em setembro de 1657, quando a dinastia Ganga governava Palmares,[12] Shahjahan, o maior potentado do mundo, não apareceu no balcão da *jharokha* no Forte Vermelho: estava doente.

Após a morte de Mumtaz, Shahjahan se consolara com farras priápicas, alimentadas por afrodisíacos, percorrendo todo o harém, mas também seduzindo as esposas de seus cortesãos, muitas vezes apanhadas nos bazares do palácio por onde ele patrulhava, acompanhado por duas concubinas tártaras que anotavam suas escolhas. Mais tarde, sua bela filha Jahanara, que se parecia com a mãe, passou a organizar seus encontros secretos, intimidade que gerou boatos de que também se tornara sua amante. Entre os quatro filhos, o favorito de Shahjahan era o primeiro, Darashukoh, tímido, ingênuo e inovador, contestando a ortodoxia religiosa tal como fizera Akbar, escrevendo o tratado *Confluência de dois mares*, que propunha uma convergência entre o islamismo e o hinduísmo. Mas isso ofendia os muçulmanos mais rígidos — como seu terceiro filho, Aurangzeb, feroz, rabugento, abstêmio, que agora servia como paladino itinerante do pai. A partir de 1636, com apenas dezessete anos, ele tentou expandir os domínios da família a partir de sua base afegã de Cabul e, após falhar, voltou-se para o Decã.

Aurangzeb era casado com uma princesa iraniana, a begum Dilras Banu, com quem teve cinco filhos.[13] Então, em 1653, o arrogante asceta viu Hira Bai Zainbabadi, uma dançarina e cantora da casa de sua tia, subindo numa árvore para colher uma manga, num "movimento de roubar o coração". Aurangzeb "obteve sua posse junto à indulgente tia e [...] lhe deu seu coração". Servia-lhe vinho, mas ele próprio não bebia, até que um dia ela "pôs um cálice na mão dele e insistiu que bebesse. Por mais que ele rogasse e suplicasse, ela não teve piedade, e o príncipe estava prestes a beber quando a travessa jovem o fez por ele".

"Era para testar seu amor", disse ela, rindo para o mortificado Aurangzeb.

Quando Hira Bai morreu, apenas um ano depois, Aurangzeb ficou desolado, mas refletiu que "Deus fora misericordioso com ele ao pôr fim à vida daquela dançarina". E emergiu do episódio gelidamente imperturbável.

Agora que Shahjahan estava doente, Darashukoh reivindicou a regência, desencadeando uma encarniçada guerra familiar. Aurangzeb observava e aguardava, enquanto seus dois outros irmãos, Shahshuja e Murad, declaravam-se padixás. Shahjahan queria deixar o leito de enfermo para persuadir os filhos a voltarem para suas províncias, mas Darashukoh, muito seguro de si, recusou. A irmã Jahanara tentou intermediar, até que Aurangzeb descobriu que o pai estava em conluio com Darashukoh. Em junho de 1658, Aurangzeb sitiou Shahjahan no Forte de Agra, cortando o fornecimento de água e reduzindo o velho imperador a um patético poema:

Meu filho, meu herói [...] ontem eu tinha um exército de 900 mil homens.
Hoje preciso de um jarro de água.

"Colhemos o que semeamos", Aurangzeb escreveu ao pai. "Você não me amou", disse-lhe mais tarde. Shahjahan se rendeu. Aurangzeb convidou Murad para um banquete regado a álcool. Depois de dormir para curar a bebedeira, Murad foi preso e em seguida assassinado. Enquanto Darashukoh fugia, Shahshuja foi derrotado e escapou para a Birmânia, onde morreu.

"Darashukoh precisa ser exterminado", disse Aurangzeb. Em agosto de 1659, Darashukoh foi traído e então decapitado, e seu filho Sulaymanshukoh obrigado a beber ópio até morrer de overdose. Aurangzeb fez desfilar sobre um elefante o corpo sem cabeça de Darashukoh. Quando lhe entregaram a cabeça, Aurangzeb recusou-se a olhar — "Assim como não quis ver a cabeça desse infiel em vida, também não quero vê-la agora" —, mas é possível que a tenha enviado ao pai, que residia no Forte de Agra com Jahanara. Aurangzeb insistiu que assumia "o perigoso fardo da Coroa por necessidade, e não por livre vontade". E pontificou ao pai: "Quando você adoeceu, Darashukoh usurpou o poder para promover o hinduísmo e destruir o islamismo", ao passo que ele mesmo vencera porque "sempre fui um fiel defensor do Corão". Seus irmãos deviam morrer, "porque a justiça assim exige".

Imperador aos quarenta anos, Aurangzeb se tornou Alamgir — Conquistador do Mundo. Sob seu comando, a Casa de Tamerlão alcançou seu auge indiano. De início, Alamgir gostava de música e patrocinava músicos. Apaixonou-se por uma adolescente georgiana, uma dançarina-concubina escravizada, Udaipuri, que herdara de seu irmão assassinado Darashukoh. Ao subir ao trono, concedeu a sua filha favorita, a poeta Zebunnissa, um considerável grau de liberdade, mas ela ficou independente demais. "Oh, Makhfi, este é o caminho do amor, e sozinha você deve seguir", ela escreveu. Zebunnissa estava tendo um romance público com um jovem nobre e mantendo contato com os irmãos amotinados. Alamgir a prendeu e a manteve prisioneira por vinte anos.

Esse puritano controlador tentava limitar a sensualidade, proibindo que as mulheres usassem calças justas e ordenando em Caxemira que as pessoas usassem ceroulas por baixo dos trajes. Conforme sua corte se tornava mais ordeira e rigorosa, ele pregava ao filho Azzam — "Receie os suspiros dos oprimidos" — e alertava seu vizir: "A opressão trará a escuridão no Dia do Juízo Final". Alamgir foi provavelmente o governante mais diligente da história indiana, quase nunca dormindo e sempre estudando com atenção seus papéis: "Fui enviado ao mundo pela Providência para viver e trabalhar, não para mim mesmo, mas para os outros". Refletia com frequência sobre o poder, e era maquiavélico: "Não há como governar sem impostura" e violência.[14] "Os maiores conquistadores", dizia ele, "não são os maiores reis." E, no entanto, esse descendente de Tamerlão vivia para a conquista: "Quando houver um inimigo a destruir, não poupe nada, tudo é lícito [...] para obter o sucesso".

Apesar de todas as suas considerações sobre a justiça, Alamgir restaurou o domínio sobre o Punjab executando o guru sikh Tegh Bahadur, esmagou a resistência afegã e então dedicou seu reinado a conquistar o sul, onde suas ambições colidiram com as de um guerreiro hindu carismático.

Em 1660, Alamgir enviou um exército para destruir o descendente de um dos generais de Ambar, um guerreiro hindu chamado Shivaji, que, estabelecido em Pune, se rebelou contra o sultão de Bijapur e começou a construir um reino no Decã. Em 1659, num encontro com um general de Bijapur, Shivaji usou uma garra de tigre que trazia dentro da manga para eviscerar o adversário, e então esmagou seu exército. Ele insistia que os mogóis eram estrangeiros turcos e que o que ele queria era criar um *Hindavi swarajya* — um reino indiano hindu. Quando derrotou as tropas de Alamgir, o imperador o convidou à corte, na esperança de cooptá-lo, assim como a seu filho Sambhaji, com as tradicionais lisonjas, apenas para humilhar e então prender os orgulhosos maratas. Enquanto decidia se matava Shivaji ou o nomeava governador de Cabul, o Tigre do Decã enviava diariamente cestos de doces para os pobres. Um dia, Shivaji e o filho escaparam dentro dos cestos e voltaram ao Decã para conquistar seu próprio império.

Logo depois de Alamgir conquistar o mundo, o maior governante inglês do século adoeceu.

A RAINHA DICK

Em setembro de 1658, Oliver Cromwell, agora com 59 anos e atordoado com a dolorosa morte por câncer de sua filha favorita, Betty, caiu de cama com o sangue envenenado por uma infecção renal. Seus generais planejaram a sucessão em volta de seu leito de morte.

Em março de 1657, o presidente da Câmara voltara a oferecer a Coroa a Oliver. Seu primogênito Dick, que o sucederia no trono, ficou em dúvida. Mas seu filho mais novo, Henry, lorde tenente da Irlanda, competente e bem-apessoado, viu a oferta como "uma vistosa pluma no chapéu da autoridade". Cromwell fumava sem parar enquanto ruminava sobre a ideia, que também chamou de "essa pluma num barrete". Decidiu aceitar a oferta — até que saiu para dar uma caminhada no parque de St. James e encontrou três de seus generais republicanos, que lhe disseram que renunciariam caso ele aceitasse. "Não posso assumir o governo com o título de rei", Oliver disse ao Parlamento. "Deus o amaldiçoou." Assim, em junho, ele foi investido com uma panóplia quase real, uma procissão com a espada do Estado, portada por Warwick, e um cetro, cavalgando por Londres com o primogênito Dick a seu lado. Quando adoeceu, prevaricou na nomeação de seu sucessor.[15]

"Digam-me, é possível cair em desgraça?", perguntou aos que estavam à sua volta, acrescentando a certeza: "A fé é a aliança, o único esteio". Quando estava a ponto de entrar em coma, os generais lhe pediram que nomeasse um sucessor: Dick? "Sim", murmurou ele, recuperando-se de manhã para dizer aos filhos: "Sigam alegremente", antes de ir ao encontro do Criador.

Dick, com 31 anos de idade, estava junto ao leito com o genro do Protetor, o general Charles Fleetwood, e o cunhado John Desborough, que representava o exército. Henry Cromwell manteve a Irlanda. No começo daquela noite, o conselho visitou Dick e o nomeou chefe de Estado. Dick aceitou de bom grado. "Tendo o Sereníssimo e Renomado Oliver, finado Lord Protetor, declarado e nomeado em vida o nobilíssimo e ilustríssimo Lord Richard, filho primogênito de sua finada Alteza, para sucedê-lo no governo desta nação", os cromwellianos, em 9 de setembro de 1658, declararam-no o legítimo Protetor. Carlos II, observando os acontecimentos da Holanda, perdeu as esperanças de algum dia retornar. Mas Dick, desprovido de carisma, de experiência e da bênção da Providência, não possuía autoridade.

Embora os cromwellianos apoiassem seu protetorado, muitos dos generais, republicanos puritanos ultraconservadores, desejavam uma república religiosa. Dick aumentou os soldos do exército, mas, por falta de verbas, deu um golpe para assumir seu controle, dissolveu o conselho de oficiais e convocou um novo Parlamento. Mas não deu certo. Na verdade, ele não conseguia controlar nem a assembleia nem os generais, que forçaram sua dissolução e reconvocaram os remanescentes do Parlamento que fora eleito em 1640. Os aliados franceses de Dick se prontificaram a invadir a Inglaterra e lhe dar respaldo, mas, espremido entre generais e cromwellianos, republicanos e monarquistas, com fanáticos em ambos os lados, "Richard P" — agora apelidado de "Rainha Dick" — vacilava, refletindo que jamais derramaria sangue para manter o poder, "que é um fardo para mim". Suas dívidas eram tão vultosas que o Parlamento teve de lhe conceder imunidade para que não fosse preso, além de uma pensão. Só existe uma coisa mais desprezível do que uma ditadura competente: uma ditadura incompetente. Em 25 de maio de 1659, após oito meses no cargo, Dick foi deposto, e uma junta, o Comitê de Segurança, assumiu o poder. O general Lambert, estimado no exército, tinha esperanças de governar sozinho, mas o comandante cromwelliano na Escócia, George Monck, auxiliado por Black Tom Fairfax, derrotou o general radical e marchou para o sul, aconselhando secretamente Carlos II a anunciar a reconciliação e voltar.

O arruinado Dick, fazendo hora em Whitehall, assediado por credores, apelou para a ajuda de Monck: "Assim como não posso deixar de me julgar indigno de grandes coisas, da mesma forma você não me julgará digno da total destruição". Enquanto Milton, o secretário de Oliver, escrevia seu *Paraíso perdido*, sobre a queda do Jardim do Éden, muitos cromwellianos, inclusive o escriturário Samuel Pepys, negociavam indultos e recompensas. O comandante naval Edward Montagu, amigo de Oliver, mudou de lado junto com a frota, e, levando a bordo seu jovem primo Pepys, zarpou em busca de Carlos II na Holanda. Monck protegeu Dick, que escreveu melancolicamente que "fora da cidade" era "o lugar mais adequado para pessoas sem emprego", e fugiu para o continente.[16] A essa altura, em maio de 1660, Carlos II, quatro anos mais novo do que Dick, havia desembarcado em Dover. A Inglaterra comemorou a Restauração.

O Rei Planeta deve ter invejado os ingleses, com seu jovem e alegre príncipe. A necessidade de ter filhos o levaria ao casamento incestuoso que gerou a tragédia mais bizarra da dinastia.

Os manchus e os Shivaji, os Bourbon, os Stuart e os Villiers

Num longo casamento com uma princesa francesa, Filipe viu a morte de sete de seus oito filhos, e então a da esposa. A monarquia não tinha herdeiro. Em 1649, Filipe, com 44 anos, desposou Mariana, sua sobrinha devota de catorze anos de idade, que era apenas quatro anos mais velha do que sua afilhada Maria Teresa e que passou heroicamente a década seguinte dando à luz bebês que morriam. Mesmo assim, a árdua missão de procriar continuou enquanto Velázquez registrava o desenvolvimento da família.

Muitas vezes Filipe passava horas no ateliê do artista, vendo-o pintar. Velázquez era fascinado por seus colegas barrocos: Rubens se dava bem com ele, e ambos visitaram os Ticiano no Escorial. Mas Velázquez queria fazer uma peregrinação estética até Roma, atraído pelo outro gigante barroco.

"Você foi feito para Roma", disse o papa Urbano VIII ao filho de um jovem escultor, Gian-Lorenzo Bernini, "e Roma foi feita para você." Urbano fora apresentado a Bernini quando ainda era cardeal. "Esse menino", disse-lhe Paulo V, "será o Michelangelo de sua época." Agora Urbano o nomeou para revigorar Roma. "É uma grande sorte para você, *cavaliere*, ver o cardeal Maffeo Barberini eleito papa", disse Urbano, "mas nossa sorte é ainda maior por termos o *cavaliere* Bernini vivo em nosso pontificado." Bernini concordava.

Como curador papal e arquiteto-chefe de São Pedro, Bernini trouxe à existência o gigantismo vistoso da colunata da basílica e a pompa áurica do baldaquim interno — e, para os papas posteriores, a fonte dos quatro rios em sua Piazza Navona. A fé de Bernini era embelezada com uma macia sexualidade: sua Santa Teresa foi esculpida retorcendo-se de êxtase, mas sua Roma afetada ocultava uma brutalidade sexual. Bernini mantinha um romance com uma mulher casada, Costanza Bonucelli, a quem adorava e esculpiu, mas ficou tão indignado quando ela se deitou com Luigi, seu irmão selvagem (um monstro que mais tarde estuprou analmente um jovem ajudante do ateliê), que mandou um criado cortar o rosto da amante com uma navalha. O papa, furioso, obrigou Bernini a se casar imediatamente com uma jovem romana, e o criado que deu a navalhada foi preso — mas a vítima Costanza também foi detida, por adultério.

O crime de Bernini foi perdoado. Sua contemporânea, Artemisia Gentileschi, também filha de um artista reconhecida como criança-prodígio, foi outra vítima tratada como criminosa. Seu pai Orazio era filho e irmão de pintores, e havia pintado para Henriqueta Maria em Londres e para muitos outros clientes da realeza. Em 1611, Artemisia, virgem aos dezessete anos, cabelo acobreado e encaracolado, lábios carnudos e rosto largo, estava pintando com o artista Agostino Tassi, vinte anos mais velho, quando ele e um assistente a estupraram, ajudados por uma inquilina.[1] Tassi, que fora julgado por incesto e mais tarde seria julgado por tentar matar uma cortesã grávida, prometeu casamento, mas depois mudou de ideia, e a isso o pai de Artemisia entrou com uma denúncia. Ela teve de reviver a agonia ao prestar depoimento. Tassi, desonesto e violento, tentou subornar testemunhas e difamá-la como prostituta. O espantoso é que ela foi levada a visitar Tassi na prisão e torturada com um torniquete, para que se pudesse saber se estava falando a verdade. "È vero, è vero, è vero", repetia ela. "É verdade!"

"Que mentira descarada!", gritou Tassi. Ele foi considerado culpado, mas sua sentença seria revogada mais tarde.

Artemisia — ardorosa, independente, volúvel — reconstruiu a vida. Logo após seu suplício, pintou *Susana e os anciãos*, mostrando uma jovem seminua rejeitando os anciãos cobiçosos; suas obras posteriores *Judite e Holofernes* e *Salomé com a cabeça de João Batista* mostram mulheres decapitando homens. Eram temas típicos na época, mas todas as suas telas fulgem com o brilho de uma vingança redentora. Mudando-se para Florença, onde os Médici e o poeta Michelangelo Buonarroti (sobrinho-neto do artista) se tornaram seus patronos, Gentileschi se casou com um pintor florentino e teve filhos — mas ele também administrava os negócios dela e foi conivente com o romance de Artemisia com o aristocrata Francesco Maringhi. Amante e patrono, Maringhi foi o amor de sua vida. Agora quinquagenária, essa *donna forte* tinha grande confiança em si mesma: "Mostrarei a Sua Ilustríssima Senhoria", ela escreveu a seu patrono napolitano Antonio Ruffo, "do que uma mulher é capaz", acrescentando: "Você encontrará o espírito de César na alma de uma mulher". Em 1649, quando Filipe autorizou Velázquez a fazer uma segunda visita à Itália, para estudar e comprar obras de arte, tanto Bernini quanto Gentileschi estavam no auge da carreira — e ele encontrou e pintou o novo papa, Inocêncio x.[2] Velázquez se embebeu da sensualidade da Itália, lá deixando um filho. Ainda na Itália ou logo depois, o cortesão habsbúrgico pintou *Vênus ao espelho*, em que uma bela e voluptuosa mulher é vista por trás, admirando-se num espelho que reflete seu rosto, mas deveria refletir a visão entre suas coxas.

Velázquez voltou a um desanimado Filipe IV, que o promoveu a diretor dos espetáculos do palácio, função na qual ele redesenhou o panteão das tumbas dos Habsburgo no Escorial,[3] enquanto continuava a pintar o rosto agora murcho e tristonho do Rei Planeta, até que Filipe proibiu novos retratos. Quando a rainha Mariana deu à luz uma filha, Margarida, Velázquez registrou o desenvolvimento dessa criança muito habsbúrgica a quem Filipe chamava de "minha alegria". Filipe deu ao pintor o Salão Principal dos aposentos de seu herdeiro morto no Alcázar, onde Velázquez passava grande parte do tempo, e que inspirou seu *As meninas*, pintado por volta de 1656. No centro do quadro está a loura e viçosa Margarida, acompanhada por duas meninas, três cortesãos, um cachorro, duas anãs e um autorretrato do artista — enquanto Filipe e Mariana observam: as realidades e ilusões da corte acompanhando os temas universais da família.

Agora Velázquez, finalmente sagrado cavaleiro pelo rei, criou um tipo diferente de obra-prima. Em 7 de junho de 1660, na ilha dos Faisões, ele organizou uma cerimônia matrimonial — a entrega de Maria Teresa, filha de Filipe, ao jovem rei francês que iria dominar a Europa pelos cinquenta anos seguintes.

ANA E MAZARIN

Luís XIV, com vinte anos, mal podia esperar para consumar o casamento,[4] embora de início não quisesse de forma alguma se casar. Ele fora instruído na arte do governo e das intrigas por Ana, sua glamorosa mãe habsbúrgica, e por Giulio Mazarini, um padre italiano que se transformou no cardeal francês Jules Mazarin.

Foi Mazarin quem negociou o casamento. Ele fora escolhido e formado pelo cardeal Richelieu, ministro de Luís XIII, herdando sua astúcia e perspicácia e a elas acrescentando uma exuberância de tipo italiano e uma despudorada venalidade muito próprias. Em seu leito de morte, Luís XIII nomeara Ana como regente do filho e Mazarin como seu padrinho.

Os dois foram as pessoas mais importantes na vida de Luís, e é quase certo que tenham sido amantes. Na correspondência remanescente entre os dois, repleta de códigos e sinais secretos que indicam amor e sexo, Mazarin declarou:

"Nunca existiu uma amizade que se aproxime da que tenho por você", e "sou até o último suspiro ***", enquanto a rainha, reconhecendo não poder pôr muita coisa por escrito, anunciou: "Sempre serei como devo ser, aconteça o que acontecer [...] um milhão de vezes até o último suspiro". Eles usavam para o reizinho o codinome de Confidente. Fato raro numa família régia, Luís era extremamente próximo da mãe e de seu amante, a quem adorava como a um pai. A realeza jamais pode confiar na própria família; precisa criar a sua.

Todavia, enquanto a guerra contra os Habsburgo sangrava os cofres do Estado, a França era atingida por cinco anos de turbulência — La Fronde, nome derivado da funda que a turba usava para quebrar as janelas dos inimigos —, durante os quais as colheitas fracas, os impostos exorbitantes e a corrupção monárquica deram rédeas soltas a príncipes bourbônicos, nobres poderosos, turbas parisienses, soldados sem pagamento e parlamentos (os antigos tribunais de justiça que também registravam éditos reais). No auge da crise, as turbas apavoraram o rei-menino, o qual, junto com a mãe e Mazarin, foi obrigado a fugir de Paris. O fato de a Fronda ter coincidido com a execução de Carlos I e a entronização de Cromwell apenas intensificava esse pavor. As humilhações jamais saíram dos pensamentos de Luís. Depois que Mazarin fugiu para o exílio temporário (acompanhado por seu homem de maior confiança, D'Artagnan), mãe e filho retornaram. Mas, passado o perigo e assinada a paz com a Espanha, os três voltaram a se reunir.

Os primeiros amores de Luís foram as sobrinhas de Mazarin (conhecidas como as mazarinettes), Olympe e Marie Mancini, mas isso logo virou um problema. A libido de Luís era tão intensa quanto sua sede pela *gloire*: no final da adolescência, suas esfregações com Marie irritaram tanto seu pênis que uma aplicação de "essência de formigas" fez-se necessária.

Quando Ana e Mazarin começaram a negociar o casamento espanhol de Luís,[5] ele, decidido a desposar Marie Mancini, simplesmente se negou. "Peço que relembre o que tive a honra de lhe dizer em várias ocasiões, quando você me perguntava o que era necessário para ser um grande rei", Mazarin escreveu a Luís. "Era isto: não se deixar dominar por nenhuma paixão." Quando Luís enviou a Marie um cachorrinho, com uma coleira na qual se liam as palavras "Pertenço a Marie Mancini", Mazarin ficou fora de si. Por fim, Luís desistiu. "Você é rei", disse ela. "Você chora e eu parto." Nove meses após o casamento de Luís com sua prima Maria Teresa, nasceu um filho, o delfim — mas a consanguinidade explica por que, entre os seis filhos gerados pelo casal, apenas o primeiro sobreviveu além dos quinze anos de idade.

Em março de 1661, Mazarin, aos 58 anos, se encontrava à beira da morte. Luís estava ao lado do leito, em lágrimas, trazendo água e medicamentos. Soluçava tão alto que lhe pediram que saísse do aposento. O cardeal deixou a França como o maior Estado da Europa — uma monarquia absolutista de 19 milhões de pessoas (sendo a Inglaterra uma instável monarquia mista de 4 milhões), mas sua morte foi, como Luís escreveu a Filipe IV, "uma das maiores dores que já senti". Pouco tempo depois, a mãe de Luís adoeceu com gangrena, úlceras e abscessos. Luís dormia ao pé de sua cama, e, vendo-a agonizar, murmurou: "Como está bonita. Nunca a vi tão bela".

"Faça o que eu lhe disse", sussurrou Ana ao morrer.

"O que sofri ao perder a rainha, a senhora minha mãe", confidenciou Luís, "ultrapassa qualquer coisa que se possa imaginar."

Em seguida, declarou: "Estou decidido, daqui por diante, a governar o Estado sozinho".[6] Sua missão era conquistar para a França o domínio mundial, em lugar de seus primos Habsburgo. Enquanto se entregava a uma série de casos amorosos (ignorados pela rainha Maria Teresa, que apenas disse: "Não sou tão tola quanto imaginam, mas sou prudente. Vejo claramente as coisas"), Luís criava uma nova corte francesa. Ele promoveu melhorias no Louvre (aconselhado por Bernini, que chegara de Roma, mas detestava Paris), porém em 1665 encomendou um novo palácio em Versalhes, onde encenava elaborados rituais em torno de sua própria pessoa sagrada, para distrair os nobres do poder e de Paris.[7]

Luís sabia que estava dando "um valor imenso" a algo que, em si, não valia nada. A corte era uma instituição de múltiplas finalidades: colmeia familiar, centro de tráfico de influência, central de empregos, agência de acompanhantes, mercado matrimonial, bazar de artes e peças teatrais, servida por 10 mil criados. "Sente-se quando puder, urine quando puder, peça qualquer emprego que puder!", gracejavam os cortesãos. Como não havia latrinas, os cortesãos urinavam no poço das escadas. Numa ocasião, quando um tesoureiro estava à morte, Luís se queixou: "O homem nem morreu e dezesseis pessoas já pediram seu emprego". Ele deu sua resposta habitual: *"Je verrai"* — vou ver.

O monarca francês tinha senso de humor, brincando com seu debilitado artista Le Brun: "Não morra, Le Brun, apenas aumente o preço de seus quadros". Ele entendia o teatro da realeza: "Os reis devem agradar ao público". Até os trinta anos, ele próprio atuava e dançava no palco — adorava dançar; e foi Jean-Baptiste Poquelin, um cortesão abastado conhecido pela família como Le Nez, devido ao enorme nariz, e pelo público como Molière, quem escreveu muitas das peças em que ele atuou, tendo como missão "fazer rir o monarca que faz tremer toda a Europa". Mas, por trás dos prazeres e dos mexericos, havia uma sombria disputa pelos favores de um homem.

SEXO, VENENO E GUERRA NA CORTE DO REI SOL

Luís era um monógamo serial promíscuo, que transformou a posição de *maîtresse en titre* num cargo semioficial. A primeira foi Françoise-Athénais de Rochechouart, uma mulher espirituosa, ambiciosa e voraz, loura de olhos azuis, nascida na mais alta nobreza e casada com o marquês de Montespan. Quando tanto a rainha como a amante de momento de Luís ficaram grávidas, cometeram a imprudência de pedir à marquesa de Montespan que entretivesse o altamente lúbrico rei, que logo se apaixonou por ela. Durante algum tempo ele manteve as duas amantes em alojamentos contíguos, mesmo que tivesse o hábito de seduzir praticamente qualquer moça que lhe aparecesse pela frente, inclusive as criadas das três mulheres. A marquesa de Montespan regia a corte e gerou sete filhos com o rei. Mas era gananciosa e petulante: seu apelido era Quanto?. Ao ser suplantada por uma improbabilíssima rival, ela perdeu qualquer perspectiva.

A marquesa escolheu como governanta dos filhos uma opção segura: Françoise d'Aubigné, de 39 anos de idade. De olhos escuros, devota, inteligente, sem filhos, ela era filha de um matador e viúva de um poeta bêbado. Mas, para surpresa de todos, depois de uma fieira de mulheres mais jovens, Luís começou a se apaixonar por ela, elevando-a a marquesa de Maintenon; mais tarde, em 1683, após a morte da rainha, ele a desposou. A ex-governanta era franca com ele, detestava a corte, acreditava que homens e mulheres eram igualmente inteligentes e via o patriarcado com ceticismo. "Os homens são insuportáveis quando os vemos de perto", dizia. Diretora de uma escola onde as meninas aprendiam história e matemática, logo ela mesma se tornou poderosa, embora afirmasse não ser "nada". Luís a adorava: "Tenho por você uma estima e um respeito que não sou capaz de expressar", ele escreveu, "e, de fato, qualquer afeição que você sinta por mim, sinto ainda mais por você, sendo inteiramente seu com todo o meu coração". Embora fosse *seconde dame d'atours* para o delfim, agora ela dominava a corte.

Sua ascensão foi intolerável para Madame de Montespan, agora obesa, que consultou moradoras da zona crepuscular, onde a alta sociedade e o submundo se sobrepõem: La Voisin, feiticeira, abortista e fornecedora de venenos e poções do amor, e La Bosse, que usava o sangue de bebês mortos ou natimortos em rituais de magia negra. Essas bruxas eram sistematicamente empregadas por cortesãs e amantes abandonadas. A criada de Montespan, Claude des Oeillets, com quem Luís mantivera relações sexuais, consultava La Voisin, e outra ex-amante, Olympe de Soissons, sobrinha de Mazarin, também recorrera a Voisin ao ser deixada por Luís. Voisin teria enfeitiçado a comida de Luís, salpicando-a com sangue de bebê. O feitiço veio à luz durante o julgamento de um aristocrata por homicídio. Ao ser informado disso, o rei determinou que se fizesse uma investigação, que, explorada por políticos e engordada por denúncias, expôs a feitiçaria,[8] o envenenamento e o infanticídio: 194 pessoas foram detidas e torturadas. Voisin e 35 outras pessoas foram queimadas na fogueira, torturadas até a morte ou quebradas na roda. Mas, como disse o chefe de polícia, os verdadeiros culpados eram importantes demais para cair: "A enormidade de seus crimes lhes servia de salvaguarda". Luís suspendeu os processos e Montespan se recolheu a um convento.

A outra forma de distrair a nobreza era a guerra e o império. Luís via a *gloire* como um passatempo e um dever dos reis, e a enorme população da França lhe permitiu enfrentar e derrotar por cinquenta anos exércitos maiores do que os de qualquer outro chefe de Estado. Ele treinava as tropas durante horas, encorajando os nobres a se vestir como se a batalha fosse uma festa. Seus dândis carniceiros esplendidamente trajados foram copiados por aristocratas de toda a Europa, embora as reluzentes cotas usadas por oficiais e soldados ajudassem a identificá-los nos campos de batalha toldados pela fumaça negra da pólvora. Luís se dedicava sistematicamente à expansão: em 1667, invadiu e tomou da Espanha o Franco-Condado e a Holanda, e então engoliu Luxemburgo. Mas, em 1672, levantou-se contra "a ingratidão, a ignorância e a insuportável vaidade" da minúscula república holandesa — que tinha 1,5 milhão de habitantes, contra os 20 milhões de Luís —, agora governada pelo mais brilhante dos dinastas. Tratava-se de Johan de Witt, um estadista imperial e erudito matemático — que utilizou as taxas de sobrevivência dos primeiros estudos sobre as causas de morte para calcular taxas de seguro de vida, além de ter criado a anuidade financeira — que havia governado informalmente a república, com êxito, durante vinte anos.

Esbelto, moreno, bonito, intenso, De Witt era o protegido de Cornelis de Graeff, regente de longa data de Amsterdam e presidente da voc, tendo desposado sua sobrinha Wendela Bicker, o que o colocara no centro das privilegiadas dinastias que, por meio das companhias das Índias Orientais e Ocidentais, haviam promovido a ofensiva global holandesa. Em 1650, Guilherme, príncipe de Orange, morreu ainda jovem — tendo seu filho Guilherme, que iria governar a Inglaterra, nascido oito dias após sua morte. De Graeff e De Witt, então com 24 anos, viram a oportunidade de dispensar os *stadtholders* da Casa de Orange, declarando o príncipe Filho do Estado (guardião do governo), cuja educação era ciosamente vigiada pelos *regenten*.

Três anos depois, De Graeff ajudou a elevar De Witt a *roadpensionaris* — grão-pensionário da Holanda, na prática o premiê. De Witt travou uma guerra tão implacável contra a Inglaterra que levou seu novo rei Carlos II para os braços de Luís, com consequências catastróficas.

OS IRMÃOS ALEGRES E A COMPANHIA AFRICANA

Em 14 de maio de 1660, quando o almirante Montagu chegou a Haia com a verba concedida pelo Parlamento a Carlos II, o rei, vestindo roupas velhas e gastas, ficou tão empolgado à vista do dinheiro que chamou seu irmão, Jaime, duque de York, só para admirar aquela fortuna. Os irmãos estavam determinados a usufruir o trono e — por qualquer meio possível numa Inglaterra assolada pelo rancor religioso e pela instabilidade política — a preservar a monarquia pela qual o pai de ambos dera a vida.

Embarcando na nau capitânia de Montagu, Carlos chegou a Dover acompanhado de um grupo misto de monarquistas — encabeçado por Jaime, ex-cromwellianos[9] e um clérigo rabugento, Gilbert Burnet, que observou que o rei "tem uma péssima opinião sobre homens e mulheres, e é muito desconfiado; ele pensa que o mundo é inteiramente governado pelo interesse [próprio]". Mas ele admirava seu "estranho controle sobre si mesmo: consegue passar dos negócios aos prazeres e dos prazeres aos negócios com tal facilidade que todas as coisas lhe parecem semelhantes".

No exílio, o consolo dos Stuart tinha sido a busca do prazer; no poder, era a vingança. Em doze anos de penúria, Carlos tivera apenas duas amantes registradas e queixava-se de que os rumores "concederam-me excessiva honra, atribuindo-me uma enorme quantidade de belas damas, como se eu fosse capaz de satisfazer metade delas". Apaixonara-se por Lucy Walter, que lhe deu um adorado filho: o duque de Monmouth. Agora, pretendia ir à desforra por aqueles anos sombrios.

Não houve expurgos nem prêmios, mas o vertiginoso entusiasmo da corte de Carlos ocultava uma tensão precária e sombria: aquela era uma Inglaterra paranoica, divisionista e cruel. Regicidas foram enforcados e esquartejados; o grande Oliver foi exumado e teve a cabeça exposta.

Alto, trigueiro, brincalhão, descontraído, italianizado (por parte da avó Médici) nos traços e no temperamento, Carlos era um mestre das manobras secretas, mas nada tinha de orador — "nunca ouvi um homem falar tão mal quanto ele", comentou Pepys. "A única coisa que notei foi a tolice do rei, brincando com o cachorro ou a braguilha." Falho e bonachão, sempre que possível Carlos evitava tomar decisões — o que nem sempre é um mau hábito em política. "O rei", escreveu Pepys, "só se importa com os prazeres e abomina a ideia de assuntos sérios." Carlos não sentia a menor necessidade de se justificar. "Os desejos são livres", dizia ele, "e Deus Todo-Poderoso jamais condenará um homem por se permitir um pequeno prazer." Na verdade, seus desejos não estavam de modo algum livres de custos, e ele ainda dependia do Parlamento para custeá-los.

Era essencial ter um herdeiro: uma princesa portuguesa, Catarina de Bragança, trouxe Bombaim e Tânger como dote, mas não conseguia engravidar, ficando numa posição constrangedora, uma vez que o marido não parava de gerar filhos com amantes. O herdeiro continuava a ser seu irmão, Jaime, duque de York, que logo se tornaria um problema que sintetizava e exacerbava a crise inglesa.

Os "irmãos alegres" eram muito diferentes: Carlos, um protestante indeciso, era corajoso, mas flexível, sutil e paciente; Jaime, que se converteu ao catolicismo em 1669, era turrão, de uma teimosia sinistra e uma valentia desmiolada. Tinha o mesmo entusiasmo sexual do rei, mas não o mesmo gosto: Carlos gracejava que as "meretrizes feias" do irmão eram tão sem graça que deviam ser uma penitência determinada por seu padre confessor.[10] Quando eles estavam no exílio, Jaime seduzira Anne, filha do conselheiro de seu irmão, Edward Hyde, futuro conde de Clarendon e Lord Chanceler, prometendo-lhe casamento se ela cedesse. Honrando a palavra, ele a desposou, e, depois de ter perdido seis filhos, ela deu à luz duas filhas, Maria e Ana, ambas criadas como protestantes, ambas futuras rainhas. Jaime era lorde grão-almirante e, assim, trabalhava de perto com Pepys, que louvava sua modéstia e engenhosidade e observava como ele era afetuoso com as filhas — "como um pai normal" —, embora também fosse um libertino que "fitava intensamente minha esposa".

Os irmãos logo deram rédeas livres ao espírito mercantil da Inglaterra para concorrer globalmente com a potência comercial suprema, a Holanda de De Witt. Carlos seguiu o exemplo de Oliver aprovando Leis de Navegação com vistas a promover o comércio de escravos africanos e artigos de luxo indianos. Ao ouvirem falar da "montanha de ouro" na Gâmbia, Carlos e Jaime fundaram a Companhia de Reais Aventureiros, relicenciada em 1672 como Companhia Africana Real, que traficou 16 mil africanos em sete anos, fundou fortes ao longo do litoral e capturou a Costa do Cabo, uma fortaleza de escravos holandesa construída pelos suecos. Jaime dirigia a empresa, e seus acionistas incluíam desde Carlos e o príncipe Ruperto ao filósofo John Locke (cujo antepassado John Lok fora um pioneiro na África ocidental), Samuel Pepys e um mercador de Bristol chamado Edward Colston, mais tarde vice-diretor da companhia. Na África, 90% de seus representantes ingleses morreram de doença, e a Companhia Africana Real, tal como outras companhias europeias de comércio, nunca teve poder suficiente para derrotar os chefes africanos que com frequência a desafiavam. De qualquer forma, a participação britânica no comércio de escravos aumentou em seus primeiros dez anos, passando de 33% para 74%. Entre 1662 e 1731, a Companhia Africana Real transportou cerca de 212 mil escravos, dos quais 44 mil morreram em trânsito ao longo de mais de quinhentas viagens. A maioria era vendida ao Caribe.

Os conflitos com os holandeses indignaram o público "louco por guerra". "Todos nos superam", Jaime disse a Pepys, "e penso que nunca superaremos ninguém." Na verdade, a hora da Inglaterra estava chegando. Em 1665, as duas potências protestantes entraram em guerra, com Jaime no comando da frota, equipada por Pepys. Em Lowestoft, Jaime derrotou os holandeses, embora recebendo respingos dos miolos da cabeça estourada de um de seus oficiais; e os ingleses tomaram Trinidad e Nova Amsterdam, rebatizada por Carlos como Nova York, completando a linha costeira contígua das colônias inglesas desde a Nova Inglaterra até o território recém-criado das Carolinas, assim chamada em homenagem ao próprio Carlos.[11]

De Witt e os holandeses acreditavam que Deus castigaria a depravação inglesa. Dito e feito: em 1665, um surto de peste obrigou a um confinamento do país: milhares de pessoas deixaram Londres, e as universidades fecharam. Apesar da morte de 7 mil londrinos numa semana, Pepys estava numa grande empolgação profissional e sexual — "Nunca fui tão feliz" —, enquanto um estudante de Oxford sem qualquer interesse por garotas e festas aproveitava os dois anos de confinamento na casa dos pais em Lincolnshire, fazendo experiências em si mesmo: Isaac Newton. "Peguei uma agulha grossa e a enfiei entre o olho e o osso, o mais perto da parte de trás do olho que consegui", ele escreveu, desenhando o globo ocular. Foi um momento revelador: Newton, fazendo experiências com a gravidade e a matemática, era um dos novos polímatas europeus que acreditavam, acima de qualquer outra coisa, que a ciência exigia provas.

À epidemia seguiu-se um incêndio que destruiu grande parte de Londres; foi Pepys quem se apressou em avisar o rei em Whitehall e recomendou que explodisse as casas em volta para deter o avanço das chamas.[12] Então De Witt organizou um grande golpe: visitou a frota holandesa e, à guisa de incentivo, enforcou três capitães; a seguir, colocando seu irmão Cornelis de Witt a bordo, deu andamento ao plano. Em 19 de junho de 1667, os holandeses entraram no rio Medway e atacaram a base naval de Chatham, incendiando ou capturando catorze navios de linha enquanto Londres entrava em pânico. "Todo o reino está perdido", pensou Pepys, que agora se via sentindo falta de Cromwell: "É estranho que [...] hoje em dia todos pensem em Oliver e o elogiem". Carlos zombou "daqueles tempos puros e angelicais", sacrificou o chanceler Clarendon e tentou a paz, casando Maria, a filha de Jaime, com o jovem Guilherme de Orange.

Carlos recorreu à sua maior amizade no mundo para obter vingança contra os holandeses e dinheiro para sossegar o Parlamento: sua irmã de 26 anos, Henriqueta.

MINETTE, BARBARA E DE WITT DEVORADO

A princesa, que Carlos chamava de Minette, era casada com o cruel irmão de Luís XIV, Filipe de Orléans, conhecido como Monsieur. Inteligente, culta e ardorosa, ela havia encantado Luís e suportado as intimidações de Monsieur, além dos ciúmes dos amantes dele. Carlos adorava Minette e sentia bastante sua falta: "Tenho certeza de que ficarei muito impaciente até ter a felicidade de ver minha *chère* Minette outra vez". E nada a agradava tanto quanto agradar o irmão. "Cada um tem sua fantasia pessoal, e a minha é estar muito presente em tudo que lhe diz respeito!", disse ela. E acrescentou: "Ninguém o ama tanto quanto eu". Agora ela o demonstrava indo e vindo entre os reis, negociando um tratado secreto pelo qual Luís XIV prometia verbas que permitiriam a independência do monarca inglês em relação ao Parlamento, em troca da promessa secreta de Carlos de se converter ao catolicismo — nenhuma dessas promessas vinha expressa no texto oficial do tratado. O desempenho de Minette mostrava a que ponto a dinastia podia fortalecer o poder das mulheres. Mas, voltando à França, ela teve uma morte dolorosa devido a uma úlcera supurada. "Monsieur é um patife!", bradou Carlos, arrasado, convicto de que Minette fora envenenada.

Agora engajado numa aliança católica, respaldado por uma "cabala"[13] de ministros encabeçada por George Villiers, duque de Buckingham, um homem elegante, escorregadio e devasso que negociara o tratado público com Luís, Carlos já estava na cama com os católicos.

Fazia mais de uma década que a favorita do monarca era a exuberante Barbara Villiers, sobrinha-neta do primeiro duque de Buckingham, uma libertina curvilínea e impetuosa, promovida a condessa de Castlemaine,[14] que deu à luz cinco filhos, todos elevados à nobreza. Mas, apesar de libertina, ela era também uma ardorosa católica.

Embora o rei incentivasse a tolerância aos católicos, eles eram excluídos do governo pelo Parlamento. Quando o tratado secreto de Carlos foi parcialmente revelado, o duque de Buckingham perdeu poder. Isso convinha ao rei, que agora se dedicava a amantes mais jovens, tendo dito a Barbara que "não se importava com quem ela amava". Ela tomou novos amantes, desde acrobatas até um jovem oficial da guarda chamado John Churchill, cujo pai era Winston Churchill, um oficial monarquista, e cuja mãe era outra sobrinha-neta do duque de Buckingham. Churchill tinha "uma bela figura e modo irresistíveis, tanto para homens como para mulheres"; não à toa, a expressão "esbelto como Churchill" tornou-se de uso corrente na corte. A irmã dele, Arabella, caiu do cavalo enquanto caçava com o duque de York, revelando suas belas pernas e ainda mais. Tornou-se amante de Jaime.

Barbara Villiers usou Churchill para desacreditar uma amante do rei com quem rivalizava; ele declarou que, à chegada do rei, precisara pular sem calças pela janela. Carlos o confinou ao quartel, e Barbara o compensou com uma pensão anual. Tal foi o começo de carreira do futuro duque de Marlborough. Logo depois, Churchill se casou com a bela e habilidosa Sarah Jennings. Na corte, fez amizade com o cortesão Sidney Godolphin, que o rei descrevia elogiosamente como "nunca no caminho, nunca fora do caminho". Sarah, por sua vez, travou amizade com a princesa Ana, filha do duque de York. O quarteto que um dia viria a governar a Grã-Bretanha se tornou inseparável.

Em 1672, Luís e Carlos entraram em guerra contra a Holanda de De Witt. Os exércitos franceses invadiram a Holanda e os holandeses caíram, só resgatando o país ao inundá-lo. Eles deram um nome bastante adequado ao evento, chamando-o de Rampjaar — "ano do desastre" —, e jamais recuperaram sua proeminência global.

Os orangistas enfurecidos culparam De Witt, que foi ferido num atentado e então forçado a renunciar. Todos os olhos se voltaram para o príncipe de Orange, Guilherme, de 22 anos, que foi nomeado *stadtholder* e capitão-geral, e tentou desesperadamente conter os franceses. "Meu país está de fato em perigo", disse ele, "mas existe uma maneira de não o ver perdido, que é morrer na última trincheira." Severo, rígido e empedernido, Guilherme fora pouco amado; o pai morrera antes de seu nascimento, a mãe vivia atormentada pelo assassinato de seu próprio pai, Carlos I, e a gélida relação que o príncipe mantinha com De Witt não chegava a ser amenizada com as partidas de tênis que disputavam. Ele viu aí sua chance. As milícias orangistas, organizadas por Guilherme ou em seu nome, capturaram e executaram De Witt e seu irmão; em seguida, entregaram-nos a uma turba que estripou e esfolou os cadáveres, pendurou-os nus, vendendo orelhas, dedos e outros "nacos" nas ruas, e então cozinhando e comendo o fígado de ambos — um assombroso banquete canibalista na cidade mais sofisticada da Europa. No entanto, o ritual macabro tinha uma lógica: De Witt havia "descarnado" o Estado holandês, e agora os holandeses o descarnavam.

Luís parecia imparável, e a seguir anexou Estrasburgo e a Alsácia. Saudado como o Rei Sol, mimado pela sorte, afetado pelo narcisismo virtuosista daqueles eternamente no poder, julgava-se o senhor da Europa. O encanto francês escondia uma ambição gélida. Luís tinha a constituição férrea necessária para guerras, cerimônias e intrigas intermináveis: mais tarde, ao passar por uma dolorosíssima operação de seis horas, sem anestesia, para remover uma fístula anal, ele não gritou em momento algum, apenas dizendo duas vezes: *"Mon Dieu"*.[15] Agora, no entanto, ia precisar de toda a sua energia: enquanto os Orange e os Habsburgo conspiravam contra ele, Luís lançava as bases de um Império Francês mundial para desafiar a Inglaterra na América e na Índia.

O SUPREMO QING, O GRANDE MOGOL E O *CHHATRAPATI*

Em 1664, Luís criou a Compagnie Française des Indes Occidentales e a correspondente Compagnie Française des Indes Orientales para promover o Império Francês por meio do comércio e da espada — embora estivesse muito atrás de seus rivais portugueses, holandeses e ingleses. Em 1682, em "nosso território da Nova França", seu explorador, *sieur* de La Salle, com a ajuda de aliados americanos nativos, construiu fortes em torno dos Grandes Lagos, que se somaram aos assentamentos franceses anteriores no Quebec, e reivindicou todo o vale do Mississippi, dando-lhe o nome de Louisiana. No entanto, eram poucos os colonos franceses. A partir de 1663, Luís enviou mais de oitocentas mulheres — *les filles du roi* — para se casarem com os colonos.

Os conquistadores de Luís eram fascinados pela estranha liberdade dos americanos nativos, que desprezavam os europeus como indivíduos cruéis, loucos por dinheiro, obcecados com status, escravos que se curvavam servilmente a reis e aristocratas. Um jesuíta francês escreveu: "Eles imaginam que devem gozar por direito de nascimento a liberdade de potros selvagens sem render homenagem a ninguém". Outro observou que "não há povo na terra mais livre do que eles", e acrescentou: "Os pais aqui não têm nenhum controle sobre os filhos". Por meio de assembleias nas quais homens e mulheres tinham o direito de falar e argumentar, numa espécie de democracia com elementos matriarcais, eles escolhiam quem os governaria apenas para comandar guerras ou caçadas especiais.

Em 1691, um embaixador da confederação dos hurões (Ontário, Canadá) foi recebido por Luís, mas não se impressionou com o Rei Sol. Ainda se discute a identidade do enviado, mas provavelmente tratava-se de Kandiaronk, eleito "orador" do conselho dos hurões, um político-soldado eloquente e talentoso que lançara habilmente os franceses contra os iroqueses rivais. Debatendo os méritos da sociedade francesa em comparação aos da sociedade iroquesa com um dos oficiais do Rei Sol, Louis-Armand, barão de Lahontan, Kandiaronk escarneceu dos "erros e desordens que observavam em nossas cidades, causados pelo dinheiro". Os nativos "riem da diferença de postos hierárquicos […] rotulam-nos de escravos […] alegando que nos degradamos ao nos sujeitarmos a um só indivíduo […]. Dizem que o termo 'selvagens' que aplicamos a eles caberia melhor a nós". Kandiaronk tocava na essência da liberdade ocidental — grande parte dela era (e é) teórica, visto que a maioria das pessoas estava, na verdade, presa a seu lugar na sociedade. Na sociedade de Kandiaronk, por outro lado, muitas vezes as pessoas desafiavam seus senhores e iam embora, juntando-se a outra tribo. Ele perguntava por que se permitia que os endinheirados exercessem autoridade sobre os demais, e considerava absurda a história de Jesus ("a vida e morte do filho do Grande Espírito") — embora, por razões pragmáticas, tenha se convertido mais tarde. "Imaginar que se pode viver num país de dinheiro", disse ele, "e preservar a alma é como imaginar que se poderia preservar a vida no fundo de um lago." Em 1703, o barão de Lahontan publicou sua conversa com Kandiaronk, *Des dialogues curieux entre l'auteur et un sauvage de bon sens qui a voyagé*, que inspirou uma nova geração a questionar a autoridade europeia e as origens da civilização.

No Caribe, Luís disputava com espanhóis e ingleses a cana e os escravos: ele tomou Santo Domingo, Martinica e Guadalupe, que, junto com a Louisiana, tinham 2 mil novos escravos trabalhando nas fazendas canavieiras, fornecidos anualmente por sua Compagnie de Guinée et du Sénégale (que tinha o rei francês entre seus acionistas), na África.[16] Na época da morte de Luís, havia 77 mil escravos na América francesa. Mas ele também acompanhou os ingleses e holandeses a leste, procedendo à conversão e anexação de Ayutthaya — Tailândia[17] — e respaldando sua Compagnie des Indes Orientales, que reivindicava a Isle de France (Maurício) e a Île Bourbon (Reunião), onde agora as novas fazendas canavieiras eram cultivadas por escravos provenientes da África oriental. Em 1674, os enviados de Luís abordaram o imperador Alamgir para negociar concessões indianas que concorreriam com os ingleses, no exato momento em que sua nêmesis hindu — Shivaji — criava seu próprio reino.

Em junho de 1674, em Raigad, sua fortaleza na montanha, o grande Shivaji foi coroado *chhatrapati* de Maratha Swaraj, num ato profundamente simbólico que teria enorme repercussão por toda a Índia, com a criação de uma nova linguagem de soberania hindu que não fazia nenhuma menção aos mogóis muçulmanos. Alamgir ficou indignado e denunciou o "rato da montanha".[18] Mas não conseguiu derrotar o *chhatrapati*. Em 1680, quando Shivaji morreu, de disenteria, sua esposa mais antiga cometeu o *sati* em sua pira funerária, e seu filho Sambhaji emergiu como *chhatrapati*. Sambhaji conhecia bem os mogóis e ajudou Akbar, filho de Alamgir, numa rebelião que resultou na morte do príncipe. Alamgir planejou uma morte terrível para o hindu que se intrometera em sua família.

Em 1684, Alamgir tentou pessoalmente tomar a capital marata, Raigad, mas fracassou quando Sambhaji subiu pela costa ocidental, atacando os aliados portugueses de Alamgir em Goa. Mas, por fim, Alamgir levou a melhor: em fevereiro de 1689, capturou o próprio Sambhaji. Sua vingança foi terrível: em Bahadurgad, Sambhaji foi levado à presença de Alamgir e teve de passar pelas varas dos soldados mogóis, recebendo ordens de abraçar o islamismo. Uma vez que ele se recusou, cortaram-lhe a língua e repetiram as ordens. "Nem que o sultão me desse a filha como prostituta!", ele escreveu em resposta. Alamgir ficou uma fera. Sambhaji foi torturado durante duas semanas com garras de metal com as quais lhe extraíram os olhos, a língua e as unhas; então, foi esfolado vivo e esquartejado com as garras na boca e no ânus — e as partes de seu corpo foram atiradas aos cães. Raigad foi capturada por Alamgir, que perseguiu o novo *chhatrapati*, Rajaram, de maneira incansável — sem conseguir, no entanto, destruir a dinastia.

Alamgir concedeu aos franceses uma feitoria em Surat, à qual se seguiu Pondicherry na costa oriental; esta se tornou o quartel-general dos franceses (mantendo-se francesa até 1954). Mas Luís estava mais fascinado pelo novo imperador Qing da China, a quem, em 1687, enviou duas delegações de estudiosos jesuítas. Em 1669, no auge dos êxitos do Rei Sol, o imperador Kangxi iniciou seu governo pessoal: os dois tinham muito em comum.

Aos sete anos, Kangxi, bisneto do conquistador manchu Nurhaci, foi escolhido como sucessor pela avó, Xiazhuang, viúva do primeiro imperador manchu, que o amava e era amada por ele. Depois de sete anos dominados pelo regente Oboi, a avó e o neto tramaram juntos sua prisão e queda.

Atlético, com marcas de varíola,[19] de olhos vivos e inteligentes, Kangxi adotou o absolutismo, dispondo dos três elementos indispensáveis à política: a argúcia, a visão e os recursos. Como manchu, ele aprendera desde criança a montar e utilizar o arco e flecha, e passava três meses por ano caçando. "Quando os manchus vão caçar no norte", disse ele, "os cavaleiros se adensam como as nuvens de um temporal, os arqueiros montados formam uma unidade com os cavalos, voam juntos!" Mas, como príncipe chinês, ele também era formado na ética confuciana. O papel de um imperador, dizia, era simplesmente "dar vida a pessoas e matar pessoas".

Governando mais de 150 milhões de súditos, Kangxi era um trabalhador incansável, que levantava cedo para examinar relatórios, dos quais 16 mil sobrevivem, todos marcados com a tinta vermelha usada por ele. O imperador estudava os casos com atenção. "Erros em questões de vida e morte são indesculpáveis", afirmava. "Adquiri o hábito de ler as listas, verificar o nome e o registro de cada homem condenado à morte [...], depois repassar a lista com os grão-secretários e decidir quem poupar."[20] Kangxi travou guerras em escala continental, primeiro contra poderosíssimos generais manchus e a seguir contra os oirates (mongóis ocidentais), nos territórios que hoje correspondem à Mongólia e ao Tibete, mas considerava a independente Taiwan, governada pelo rei pirata Koxinga, como um especial insulto à grandeza chinesa.[21] O filho e o neto de Koxinga derrotaram uma frota holandesa-manchu e prosperaram; mas, por fim, em 1683, em Penghu, Kangxi derrotou a frota de Koxinga e atacou Taiwan.

Kangxi modernizou o Grande Canal e melhorou as comunicações, fato tanto mais importante porque a população estava aumentando, graças a novas variedades de arroz combinadas com o plantio de culturas americanas — batata-doce e milho —, o que levou ao surgimento de cidades maiores. Os mercadores chineses exportavam chá, porcelana e seda, e eram pagos com prata americana: a receita de Kangxi cresceu enormemente — mas ele tinha o cuidado de restringir a riqueza dos mercadores e o acesso dos estrangeiros. Suas rendas eram tão imensas que ele pôde cortar alguns impostos; suas guerras em várias frentes, porém, absorviam grande parte dos recursos.

A inabalável crença de Kangxi na superioridade manchu era temperada pela curiosidade que sentia pelas inovações europeias: ele teve aulas com os padres jesuítas de Luís sobre ciência, matemática, astronomia e música, e estudou cravo. No entanto, embora ajudasse com prazer um potentado não cristão, quando os otomanos ameaçaram o coração da cristandade, Luís se negou a ajudar seus rivais habsbúrgicos.

Viena estava prestes a cair.

Os afexáridas e os manchus, os Hohenzollern e os Habsburgo

LEOPOLDO, O QUEIXADA, SOBIESKI, O PÓLVORA E A RAINHA CLEÓPATRA:
O ÚLTIMO GRANDE ATAQUE

Em 14 de julho de 1683, cerca de 170 mil soldados otomanos, liderados pelo grão-vizir Merzifonlu Kara Mustafá, cercaram a cidade que chamavam de Maçã Vermelha. Depois do assassinato da grande Kösem, sua nêmesis Turhan, agora *valide sultan*, governava como regente do filho Mehmed IV e solucionou uma crise de confiança nomeando como vizir um septuagenário de mortífero vigor: Köprülü Mehmed Paxá. Nascido cristão na Albânia, escravizado e empregado como ajudante de cozinha, Köprülü matava qualquer um que lhe opusesse resistência e escreveu a um amigo de infância: "É verdade que ambos fomos criados no harém e ambos fomos protegidos de Murad IV; apesar disso, saiba que, se os amaldiçoados cossacos pilharem qualquer uma de suas aldeias e vilas, juro que ignorarei seu caráter virtuoso e farei picadinho de você como advertência ao mundo". A solução de Turhan deu certo. Köprülü e o filho acrescentaram Creta e a Transilvânia ao império, enquanto Mehmed se distraía com sua mania de caçadas: "O pai [Ibrahim] era louco por trepar, o filho é louco por caçar".

Mustafá, genro de Köprülü, depois de obter uma vitória limitada contra os poloneses, convenceu Mehmed, o Caçador, de que o momento era propício para conquistar os Habsburgo, esgotados e debilitados pela consanguinidade.

O queixo do imperador Leopoldo era tão alongado que ele recebeu o apelido de Queixada. "Deus fez seu crânio no formato de uma cabaça ou de uma garrafa de água", comentou o escritor otomano Evliya Çelebi, "os olhos redondos como os de uma coruja; a cara comprida como a de uma raposa, as orelhas largas como pantufas de criança, o nariz amarfanhado feito uma uva; caberiam três dedos dentro de cada narina, por onde saem pelos pretos como a barba de um espadachim, que se misturam e se confundem com o bigode; ele tem lábios como os de um camelo, e, sempre que fala, saliva escorre por eles." Leopoldo era casado com a sobrinha, Margarida, a infanta loura vestida de azul que aparece em *As meninas*, de Velázquez, filha de Filipe IV da Espanha. Ele a chamava de Gretl, ela o chamava de tio, e o casamento dos dois era feliz, embora — o que não surpreende — três de seus quatro filhos tenham morrido. Margarida gostava de se divertir, e esse seu gosto inspirou a corte barroca do casal. Já Leopoldo era um flautista e compositor de talento, promovendo espetáculos maravilhosos com fogos de artifício que iluminavam o céu e carruagens e cavalos que pareciam voar. Mas a imperatriz também trouxe consigo seu antissemitismo espanhol. Horrorizada em ver como se multiplicavam os judeus em Viena, ela o incentivou a expulsá-los e saquear seus bens.[1]

Leopoldo tinha problemas maiores. No oeste, seu primo Luís invadira a Holanda dos Habsburgo, e agora, do leste, estavam vindo os otomanos. Leopoldo recorreu ao mais valoroso paladino do leste: o rei de uma Polônia-Lituânia enfraquecida pela revolta cossaca e pela expansão moscovita. João III Sobieski era um sofisticado espadachim polonês, fluente em francês, turco e tártaro, que havia percorrido o Ocidente, desposara uma aristocrata francesa, Marysieńka (com quem teve doze filhos), e lutara contra e a favor dos turcos, tártaros e suecos, personificando a República Serena em seu apogeu. Suas cartas diárias a Marysieńka traziam muitos mexericos e assuntos políticos, mas eram bem amorosas: ele a chamava de Cleópatra; ela o chamava de Pólvora. Percebendo que, se Viena caísse, a Polônia seria a próxima, Sobieski, agora gordo e com 54 anos, concordou em ajudar Leopoldo, que abandonou a cidade com 60 mil vienenses, deixando um veterano, o conde Ernst von Starhemberg, para defender a capital com apenas 15 mil homens. Mas ele contava com 370 canhões, ao passo que Mustafá — demasiado confiante, acompanhado de 1500 concubinas supervisionadas por setecentos eunucos negros, além de seu zoológico particular — havia dado pouca atenção à artilharia, colocando em campo apenas 130 canhões. Foi um combate cerrado, com minas e contraminas nas muralhas. Quando o vizir iniciou o bombardeio, parecia que Viena ia cair, mas então Sobieski assumiu o comando de uma Santa Aliança papal e veio em socorro da cidade, liderando 70 mil homens, com destaque para os cossacos ucranianos do Dniepre e os hussardos poloneses "alados" — que usavam penas de avestruz na parte de trás da armadura.

Mustafá não cobrira sua retaguarda e dependia dos 40 mil cavaleiros do cã da Crimeia, que estavam mais interessados em saquear a Áustria. Viena estava à beira da catástrofe quando, em 11 de setembro de 1683,[2] Sobieski apareceu na retaguarda do sultão.

"Esse homem está mal acampado", observou Sobieski, "não entende nada de guerra." Às seis da tarde de 11 de setembro, ele e 18 mil hussardos poloneses alados desceram (quase) voando pelo monte Kahlenberg, atravessaram as linhas otomanas e entraram no acampamento de Mustafá. O sultão ordenou que decepassem a cabeça de sua avestruz favorita, enquanto fugia com seu harém. "Deus e nosso abençoado Senhor eterno nos concedeu a vitória", Leopoldo disse a Margarida. "As tendas e carroças caíram em minhas mãos, *et mille autres galanteries fort jolies et fort riches.*"[3]

O rei polonês entrou em Viena, sem esperar a volta do Kaiser Leopoldo. "Toda a plebe beijava minhas mãos, meus pés, minhas roupas", vangloriou-se, enviando a Marysieńka um dos estribos de ouro de Mustafá. "Outros apenas tocavam em mim, dizendo: 'Permita-nos beijar tão valorosa mão!'." Leopoldo se apressou em voltar, irritado com Sobieski, e ambos tiveram um encontro gélido — não havia nada mais gelado do que a ingratidão habsbúrgica. Leopoldo se apresentou como vencedor; os canhões otomanos foram fundidos e transformados em novos sinos para a Catedral de Santo Estêvão. A Polônia salvara a cristandade, mas Sobieski foi seu último grande rei.

Em Belgrado, Mehmed enviou ao vizir os Sem-Língua, com suas cordas de arco. "Devo morrer?", Mustafá perguntou aos Sem-Língua, e então curvou o pescoço. "Se Deus quiser." Mas o próprio sultão foi deposto, e os otomanos jamais retomaram a iniciativa. Leopoldo ordenou que seu melhor general, o príncipe Eugênio de Saboia, um jovem oficial francês que se desentendera com Luís XIV, contra-atacasse, capturando Buda e Belgrado, dessa forma quase dobrando a área do território habsbúrgico. Mas, a oeste, Luís estava prestes a dominar a Europa, proeza que comemorou anulando a tolerância aos protestantes concedida por seu avô, Henrique IV.

Somente Guilherme de Orange conseguiria impedir que Luís, "meu inimigo mortal", tomasse o Reino Universal — e, para tanto, lançou mão de uma medida extraordinária: em 5 de novembro de 1688, o *stadtholder* da Holanda, de 36 anos, marido da princesa Maria da Inglaterra, invadiu a própria Inglaterra.

O BEBÊ SUBSTITUTO, A ROUPA DE BAIXO DO REI E OS ORANGE

Tratava-se, em certo sentido, de uma áspera rixa familiar, girando em torno dos dois irmãos, Carlos II e Jaime, e do primo deles, Guilherme. Carlos, que tinha catorze filhos ilegítimos e o apelido de Old Rowley, nome de um famoso garanhão, não tinha um herdeiro legítimo a não ser o católico Jaime, que não gozava de muita popularidade. O Parlamento protestante objetou à sucessão, dando início a uma crise fatídica — parte de cinquenta anos de luta religiosa e política.

Tudo começou em 1673, quando Jaime se casou com uma princesa italiana "alta e de formas admiráveis", Maria de Modena, apenas alguns anos mais velha do que suas filhas, Maria e Ana. "Trouxe uma nova amiguinha de brincadeiras para vocês": foi com essa falta de tato que ele apresentou a esposa às meninas. A "noiva papista" de Jaime e a possibilidade de um herdeiro católico inspiraram um malévolo conspiracionista, Titus Oates, que já acusara falsamente um mestre-escola de abusar de seus alunos, a dizer que havia agora em curso um complô papista do médico de Maria para matar o rei (com veneno ou uma bala de ouro) e entronizar Jaime. Suas alegações serviram de estopim para a histeria e o terror.[4] Carlos interrogou Oates — um "homem pérfido" —, mas foi obrigado a aprovar a execução de 22 inocentes. Pepys, agora membro do Parlamento e recém-promovido a secretário do almirantado, deplorou "tal estado de desorientação e medo", e como resultado disso foi denunciado como protegido de Jaime. Mas, absolvido da acusação de ser um agente católico, foi reconduzido ao cargo.

O Parlamento tentou excluir Jaime e tornar herdeiro o primogênito ilegítimo de Carlos, o duque de Monmouth. Carlos, cuja vida sexual refletia sempre sua política, começou a ter relações com duas atrizes protestantes, Moll Davis e Nell Gwynne. Encomendou uma pintura de Nell nua, que mantinha atrás de outra pintura e desvelava aos olhos gulosos dos amigos. Pepys não tinha o talento teatral de Nell em grande conta — "um papel sério, que ela faz de modo muito grosseiro" —, mas ela tinha o dom da palavra, dizendo certa vez a uma multidão que parou sua carruagem e a acusou de ser uma das amantes católicas de Carlos: "Minha boa gente, vocês se enganam; sou a meretriz *protestante*".

Todavia, Carlos julgava que a exclusão levaria ao fim de sua concepção da monarquia. "Jamais cederei e não me deixarei intimidar", disse. "Os homens costumam ficar mais tímidos com a idade; quanto a mim, ficarei mais ousado." Em qualquer caça às bruxas é preciso tempo, mas "os homens de bem estarão comigo". Ele tinha razão. Emergindo como monarca quase absoluto, ele governava por meio de ministros jovens, apelidados de *chits* [fedelhos], entre os quais estava Godolphin, um favorito da corte. Carlos e os *chits* resolveram desguarnecer Tânger, que fazia parte do dote da rainha e estava sob pressão de um novo sultão marroquino. Pepys foi enviado para supervisionar. Logo depois, Tânger foi capturada por Ismail ibn Sharif, o Guerreiro, construtor do Império Marroquino e membro da dinastia alauíta, que descendia do profeta Maomé e tivera início em Sijilmassa, antes de unir o país e avançar ao sul para Timbuktu e o rio Senegal. Ismail, filho de uma africana escravizada, tomara o trono em 1672. Maior negociante de escravos da época, ele escravizou 220 mil africanos — alguns deles formando regimentos de elite —, aos quais se somaram milhares de europeus, escravizados por seus corsários baseados em Salé. Todos eram tratados de maneira atroz: Ismail usava os africanos para policiar os brancos.[5]

Morrendo de insuficiência renal aos 54 anos, atormentado pelos médicos com purgantes, eméticos, enemas, queimaduras, ventosas, bolas de pelo do estômago de cabras, gotas de crânios humanos moídos e bebidas com amônia, sangrando até quase não ter mais sangue, a própria definição de iatrogênese, Carlos, já não mais alegre, murmurava: "Sofri muito mais do que é possível imaginar". Em seguida, converteu-se ao catolicismo. Mas não esqueceu as namoradas, dizendo a Jaime para não "deixar a pobre Nell passar fome". Jaime se tornou rei. "Teria sido um ótimo rei", disse Sarah Churchill, cortesã da rainha, "se não fosse o papado." Jaime assinou uma Declaração de Indulgência para os não protestantes, utilizando-a para libertar os católicos enquanto montava seu exército e prendia os dissidentes. A oposição fervilhava em torno do duque de Monmouth, que era arrojado, porém inexperiente, e fugiu para a Holanda. Quando o duque invadiu a Inglaterra com apenas 85 seguidores, Guilherme alertou Jaime, cujo general, John Churchill, esmagou com facilidade a invasão. Jaime então mandou decapitar o sobrinho; no entanto, a sucessão continuou nas mãos de protestantes, sendo sua herdeira a filha Maria, casada com Guilherme de Orange.

Encantando os holandeses, mas incapaz de entusiasmar o ameno Guilherme, a bela Maria sofreu alguns abortos e perdeu um recém-nascido, em decorrência do casamento consanguíneo. Jaime tentou dividir marido e mulher avisando a filha sobre o caso de Guilherme com sua cortesã Elizabeth Villiers. Maria ficou de emboscada e flagrou o marido saindo do quarto da amante, mas ele prometeu que a deixaria — o que não chegava a ser uma grande concessão, visto que o *stadtholder* preferia a companhia de um oficial bonitão, Hans Bentinck, que cuidara dele no período em que havia tido varíola.

Sete dissidentes da alta nobreza inglesa entraram em contato com Guilherme quando a rainha Maria tomou as águas de Bath e engravidou. Em junho de 1688, para o júbilo dos católicos e a descrença dos protestantes, a rainha, atendida por Hugh Chamberlen com seu fórceps secreto,[6] deu à luz um filho, um herdeiro católico. Jaime não permitira a presença da filha Ana nem dos cortesãos protestantes durante o parto, fazendo surgir a teoria conspiratória de que um bebê substituto fora introduzido clandestinamente no Palácio de St. James. Maria então se virou contra o pai, a fim de "salvar a Igreja e o Estado", e os sete nobres assinaram uma carta em código dirigida a Guilherme, convidando-o a invadir a Inglaterra. Guilherme reuniu sua frota.

Jaime, tolo como sempre, declinou o apoio militar oferecido por Luís. Enquanto Maria esperava em Haia, Guilherme zarpou com 250 navios e 35 mil homens, entre os quais "duzentos negros trazidos das fazendas da Holanda na América", e atracou em Torbay, Devon.

Guilherme avançou lentamente. Lord Churchill, o comandante de Jaime, mudou de lado (sendo mais tarde recompensado por Guilherme, que lhe concedeu o condado de Marlborough), seguido pela princesa Ana, que era amiga íntima de Sarah, esposa de Churchill. Jaime, arrasado com a traição das duas filhas, entrou em pânico, atirando ao mar o Grande Selo, de modo a impedir seus inimigos de convocarem o Parlamento. Mas o selo foi resgatado por pescadores, que revistaram rudemente a roupa de baixo do rei. Guilherme avisou o tio Jaime que não teria como garantir sua segurança. Pepys, secretário da marinha, providenciou o navio que levou a rainha Maria e o filho para a Europa.[7] Ao entrar em Londres, Guilherme deixou que Jaime escapasse para a França, onde ele montou uma corte rival — seus seguidores eram conhecidos como jacobitas. Enquanto o *mobile vulgus* — expressão latina para "multidão inconstante", desde então abreviada em inglês como *mob* — se rebelava e celebrava a invasão dos Orange acenando laranjas, o severo holandês convocou Maria, que estava na Holanda. Tomada de uma "secreta alegria" que foi "logo tolhida pela consideração dos infortúnios de meu pai", ela concordou que Guilherme assumisse o cargo: "Ela não seria mais do que sua esposa; faria tudo a seu alcance para torná-lo rei por toda a vida". Quando a convenção — não o Parlamento, que só podia ser convocado pelo soberano — se reuniu e protestou, Guilherme ameaçou voltar para a Holanda, a menos que o fizessem rei. A convenção concordou. A herdeira do casal real, Ana, irmã de Maria, traíra o pai em favor do protestantismo e considerava a irmã como a primeira na linha sucessória, mas ficou indignada ao vê-la entregar a sucessão a Guilherme, que chamava de o Aborto Holandês.

Em troca da Coroa inglesa, Guilherme III aprovou uma Lei de Direitos que solucionava o dilema letal que havia paralisado a Inglaterra durante cinquenta anos de fracasso do Estado. A lei estabelecia um equilíbrio de poder entre um Parlamento poderoso, os oligarcas nobres e o monarca, que detinha o controle do executivo.[8]

Ninguém sabia se esse novo ordenamento daria certo. Os reis continuaram a ser os principais governantes da Inglaterra por mais um século, com o direito de nomear governos e travar guerras — e assim poderiam ter continuado, se um maior número deles fosse tão magistral na arte da guerra quanto Guilherme.

O monarca holandês trouxe a estabilidade, o império da lei e a energia criativa necessários para construir uma potência mundial. Ele supervisionou a criação do Banco da Inglaterra, e, percebendo que a cunhagem inglesa tinha graves problemas, lançou a Grande Recunhagem, que foi gerida por um luminar inglês, Isaac Newton. Agora com 53 anos, Newton recebera a sinecura de guardião da Casa da Moeda Real, que era administrada com tanta incompetência que ele por fim aceitou conduzir pessoalmente a recunhagem essencial como mestre, cargo altamente lucrativo, recebendo uma porcentagem sobre cada moeda produzida.

Sendo um dos primeiros membros da Royal Society de Carlos II para as ciências, Newton era um solitário melindroso, canhestro nas amizades, briguento e vingativo, que nunca se casou e provavelmente era assexual. Sua ardorosa amizade com o cientista suíço Nicolas Fatio pode ter sido uma afinidade masculina típica da época — ou seu único caso amoroso; o fim da relação lhe causou um colapso emocional. Ele teve uma briga terrível com seu amigo John Locke, que "se empenhava em me envolver com mulheres". O novo encargo era apenas seu mais recente serviço ao novo espírito de investigação científica racional. "Não invento hipóteses", ele escreveu em *Principia Mathematica*:[9] o conhecimento deveria se basear em provas, não na superstição — convicção partilhada por uma constelação de pensadores de toda a Europa naquela época, que vinham mantendo contatos cada vez mais próximos — o começo de uma incandescência intelectual que iluminaria o século seguinte.

Saindo de Cambridge, Newton se mudou para Londres a fim de coordenar a emissão da moeda moderna e acionar judicialmente os falsificadores, sendo a falsificação um crime capital. Ele perseguia os falsificadores com todo o gosto e engenho de um detetive, e processou 28 cunhadores, muitos dos quais foram enforcados, arrastados pelas ruas e esquartejados — embora não exista nenhum indício de que Newton tenha se disfarçado e penetrado no submundo. Agora rico com a Casa da Moeda, ele aumentou ainda mais sua riqueza com investimentos inteligentes.

Guilherme recrutou a Inglaterra em sua incansável campanha contra o Rei Sol. Jaime, com o apoio de Luís, tentou mandar assassinar o holandês, instigou uma malograda revolta escocesa em Dunkeld, desencadeando um massacre de clãs jacobitas em Glencoe, e então invadiu a Irlanda. Guilherme desbaratou as forças do sogro no rio Boyne e em Aughrim, e então imobilizou Luís — dando início à guerra de 127 anos da Inglaterra para impedir o domínio francês na Europa. Mas ambos estavam concentrados na morte iminente do rei habsbúrgico da Espanha, Carlos, o Enfeitiçado.[10]

Todos ficaram surpresos que Carlos, cunhado de Luís, ainda estivesse vivo. Filho do Rei Planeta, que morrera muito tempo antes, e da sobrinha deste, Mariana, ele fora implacavelmente castigado pela maldição da endogamia habsbúrgica — nascera com inchaço cerebral, apenas um rim e um testículo, e um queixo tão deformado que mal conseguia mastigar, mas com uma garganta tão larga que era capaz de engolir grandes nacos de carne. Nunca aprendeu inteiramente a ler e escrever, mancava e sofreu múltiplas morbidades, inclusive sarampo, varíola e rubéola. Carlos, escreveu Martyn Rady, tinha "um estado intersexual com genitália ambígua": a uretra saía pela parte de baixo de um pênis não desenvolvido, detalhe que constituía a base para a paz na Europa: poderia gerar um filho? Em caso negativo, quem herdaria seu império?

Sua mãe o casara com uma bela princesa francesa por quem ele se apaixonou, mas a vida sexual do casal, que devia causar a ambos um estresse insuportável, foi um compreensível fracasso. Depois de anos de um casamento carinhoso, a jovem ponderou um tanto confusa que "não era mais realmente virgem, mas que, até onde conseguia entender, jamais teria filhos", confidenciando ao embaixador de Luís que, "apesar de extrema vivacidade" da parte do marido, "a cocção, como dizem os médicos, não era perfeita". Esses médicos receitaram um afrodisíaco de pouco proveito: dormir junto ao corpo embalsamado do pai ajudaria Carlos a alcançar uma ereção. Depois que a primeira esposa morreu, Carlos se casou com uma princesa germânica que surripiava miudezas de seus palácios e o obrigava a passar por exorcismos contra a feitiçaria. A mãe do monarca espanhol o mantivera numa cadeira para poupar suas energias; ele tinha sensatez suficiente para se recusar a torná-la regente plenipotenciária, devoção suficiente para passar catorze horas assistindo a um auto de fé, força suficiente para caçar e inteligência suficiente para convidar Giordano, o pintor da corte, a ver *As meninas* de Velázquez.

"O que você acha?", perguntou Carlos.

"Esta, senhor, é a teologia da pintura", respondeu Giordano.

Com a deterioração de seu estado de saúde, Carlos foi visitar o panteão no Escorial a fim de contemplar os corpos da família. Enquanto isso, os Habsburgo da Áustria e os Bourbon da França disputavam a sucessão.

Agora quatro leitos de morte — esses elementos universais da vida familiar, essas letais transferências de poder capazes de destruir um império — desestabilizavam a Europa e a Ásia. "Num piscar de olhos, num instante, num sopro", disse o maior monarca da época, Alamgir, "a condição do mundo muda."

LEITOS DE MORTE TITÂNICOS: CARLOS, ALAMGIR, LUÍS, KANGXI

Na segunda metade de outubro de 1700, em Madri, Carlos sofreu uma disenteria explosiva, com "250 movimentos em dezenove dias", que foi tratada com extrato de cantárida nos pés como agente cáustico, pombos mortos sobre a cabeça e ingestão de leite de pérolas. Por fim, em 1º de novembro, ele murmurou: "Agora não sou nada", e deixou a monarquia para Filipe, neto de Luís.[11]

Luís não conseguiu resistir e aceitou, mas sua jogada espanhola, que encontrou enérgica resistência por parte da Inglaterra e dos Habsburgo austríacos, deu início a quinze anos de guerra que levariam seus sonhos à beira da catástrofe. A leste, o velho e intratável imperador Alamgir prosseguia em sua guerra de vinte anos para destruir o reino de Shivaji.

Assim como as de Luís, as conquistas de Alamgir em seu próprio continente não tinham precedentes: o território governado por ele foi o maior na história da Índia, exceto sob o domínio britânico, séculos depois — mas o orgulho e o império não têm fim. Nenhum dos dois conseguia parar. Quando seu vizir sugeriu que voltassem para Delhi, Alamgir escarneceu: "Eu me pergunto como um servidor hereditário onisciente como você é capaz de aventar tal coisa". Enquanto isso, a família de Shivaji permanecia em Decã, agora comandada por Taibai, a admirável viúva de Rajaram, de apenas 25 anos de idade, rainha guerreira filha do comandante-chefe de Shivaji. "Enquanto me restar um sopro desta vida mortal, a labuta não terá fim", dizia Alamgir. Um de seus oficiais cansados reclamou: "Era tão grande sua vontade de tomar todos os fortes que ele pessoalmente corre de um lado para outro, ansiando por qualquer amontoado de pedras". Apesar disso, sua guerra era um empreendimento gigantesco: em 1695, o acampamento de Alamgir tinha quase cinquenta quilômetros de perímetro, com 60 mil soldados de cavalaria, 100 mil de infantaria, 50 mil camelos, 3 mil elefantes e 250 bazares distribuídos em volta da tenda imperial vermelha, onde ele mantinha sua corte com os filhos e a amante dançarina georgiana, Udaipuri.

Somente a maior economia do mundo conseguiria financiar uma guerra de tal escala; o PIB indiano correspondia a 24% da economia mundial, e a receita anual de Alamgir era dez vezes maior do que a de Luís. Tradicionalmente, os europeus usavam roupas de lã ou de linho, mas agora o acesso ao algodão indiano criara uma tal "mania" pelos tecidos indianos — introduzindo no vocabulário europeu termos como *chintz, pyjamas, khaki, taffeta* e *bandanna* — que, em 1684, a EIC sozinha estava importando 1,76 milhão de peças por ano, o que correspondia a 83% de seu comércio. Na África, agora se usava o algodão indiano como moeda de troca por escravos.

Alamgir tratava os europeus na Índia como intermediários úteis e lucrativos, comprando navios e canhões dos portugueses, mas não havia dúvida sobre quem mandava. Em 1686, a EIC, alarmada com o crescimento francês na Índia, exigiu mais direitos comerciais. Em 1688, Alamgir conquistou Golconda, concentrando sua atenção no Forte de São Jorge, dos ingleses, em Madras (Chennai). A EIC e Alamgir estavam se expandindo nas novas áreas ao mesmo tempo, mas, quando veio o confronto, a vitória de Alamgir foi fácil.

Ele exigiu impostos maiores; os ingleses resistiram, e em resposta Alamgir atacou Bombaim e Surat; os ingleses se submeteram, humilhados, prostrando-se diante do imperador e pagando uma enorme indenização a fim de recuperar suas feitorias. Então, em setembro de 1695, um pirata inglês mercador de escravos, Long Ben (isto é, Henry Every), se lançou a um grande assalto, atacando a flotilha anual de 25 navios de Alamgir com destino a Meca e capturando o navio *Ganj-i-Sawai* (Enorme Tesouro) carregado de ouro. Os piratas torturaram os oficiais indianos para que entregassem o ouro e violentaram em grupo as moças a bordo — muitas se suicidaram —, mas Long Ben embolsou o butim num valor sem precedentes de 600 mil libras, tido supostamente como a maior pilhagem da história, mas com certeza uma soma incalculável, tão enorme, de fato, que quase acabou com a presença inglesa na Índia.[12] Exigindo a cabeça de Long Ben, as forças navais de Alamgir atacaram Bombaim e capturaram todas as feitorias da EIC.

Londres enviou um mercador veterano da Índia como novo presidente de Madras, a fim de negociar. Thomas Pitt era o clássico caçador clandestino convertido em guarda-caça. Natural de Dorset e filho de um vigário, ele iniciara seus negócios à margem da EIC trinta anos antes (um "mercador ilegal"), o que lhe valera uma multa e uma fortuna, que lhe permitiu voltar à Inglaterra e comprar uma propriedade no campo e um assento no Parlamento. Agora contratado pela EIC, Pitt foi enviado para aplacar Alamgir, que cercava o Forte de São Jorge. Pitt cedeu e negociou uma gigantesca multa de 150 mil rúpias, obtendo a devolução de Bombaim e a criação de uma nova feitoria em Calcutá (Kolkata), enquanto fortificava a cidade de Madras, em franco crescimento. Aproveitando os vários soldados indianos que lutavam no Decã, ele começou a contratar mercenários indianos, conhecidos como sipaios.

Pitt detestava a humilhação inglesa e reclamava que os "governadores nativos têm o desplante de nos tripudiar e extorquir o que bem entendem" — coisa que nunca deixariam de fazer "enquanto não lhes mostrarmos nosso poder". Isso seria impossível enquanto Alamgir governasse.

Pitt esgotara sua fortuna anterior, mas agora, prestes a se retirar das atividades, adquiriu um diamante de 426 quilates, extraído em Kollur e contrabandeado por um escravo, que o escondeu dentro de uma ferida no corpo. Então um inglês matou o escravo, roubou o diamante e o vendeu a um mercador indiano. Em 1701, o mercador o vendeu a Pitt por cerca de 20 mil libras, e Pitt o despachou para a Inglaterra escondido no tacão do sapato de seu filho Robert, vendendo-o mais tarde em Paris pela soma descomunal de 135 mil libras.[13] A ascensão da Inglaterra na Índia e em outros lugares viria a ser dirigida pelos Pitt.

Em Ahmadnagar, agora com 89 anos, engelhado, enfermo e sorumbático, Alamgir por fim sucumbiu — "o fim de minha jornada" —, sob os cuidados da filha Zinatunnisa. "Não sei quem sou e o que andei fazendo", ele confessou ao filho Azzam. "Faltou-me totalmente qualquer competência política." Em seu testamento, aconselhou os sucessores: "Jamais confiem em seus filhos, nem os tratem com intimidade". Despedindo-se de Azzam — "adeus, adeus, adeus" — em 3 de março de 1707, ele enfim morreu, enquanto "um furacão se erguia com tamanha violência que derrubou todas as tendas montadas no acampamento. Muitas pessoas e animais morreram [...]. Aldeias foram destruídas". Desta vez, a guerra entre seus filhos, vencida por Muazzam (Bahadur Shah), que executou Azzam, destruiu o império. Como advertira Alamgir, "depois de mim, o caos!".

"*Après moi, le déluge*", concordava seu contemporâneo Luís xiv, que da mesma forma perceberia a futilidade de sua guerra intermediária contra a Inglaterra e Guilherme de Orange.

Em março de 1702, Guilherme iii cavalgava perto de sua casa, o Palácio de Kensington, quando o cavalo tropeçou num montículo de terra e o derrubou da sela. Ele acabou morrendo, enquanto os jacobitas brindavam ao "pequeno cavalheiro de colete de veludo preto" — mas a guerra contra Luís prosseguiu e a nova rainha Ana promoveu John Churchill, conde de Marlborough, a capitão-geral e chefe de um ministério em conjunto com o tesoureiro do reino, seu caríssimo amigo Sidney Godolphin. Sarah Churchill tentava orientar a insegura e enfermiça rainha, atormentada por doze gravidezes malsucedidas. As duas eram amigas íntimas, usando os pseudônimos de sra. Freeman (Sarah) e sra. Morley (Ana), mas havia outras duas pessoas nessa parceria: o sr. Freeman (Churchill) e o sr. Montgomery (Godolphin). "Cada dia", Ana escreveu a Sarah, "me torna mais e mais ciente da grande bênção que Deus Todo-Poderoso me concedeu na forma de três caros amigos como você, o sr. Freeman e o sr. Montgomery."

Miúdo, moreno, reticente e incorruptível, Godolphin, que servira no Tesouro nos reinados de Carlos, Jaime e Guilherme, tornou-se o primeiro premiê efetivo, excelente administrador do Parlamento e das finanças, louvado por seu protegido Robert Walpole pela "boa administração, prudência e habilidade".[14] Nunca nenhum ministro tivera de levantar somas tão grandes quanto Godolphin precisou fazer para financiar uma guerra europeia, mas ele também negociou uma união entre a Inglaterra e a Escócia, persuadindo os parlamentaristas escoceses a se fundirem com o Parlamento londrino,[15] tornando-se, em 1707, o primeiro tesoureiro da Grã-Bretanha. Churchill, seu colega de duunvirato, estava agora com cinquenta anos e não tinha muita experiência, porém se demonstrou o maior de todos os generais britânicos. "Anseio estar com você", ele escreveu a Godolphin, cujas cartas eram "um dos maiores prazeres que tenho". Quando o general estava fora, Sarah aconselhava Godolphin. Os duúnviros arranjaram os casamentos entre seus respectivos filhos.

Zarpando para a Europa, John Churchill coordenou a aliança entre os holandeses e os Habsburgo, mas também venceu as batalhas, e seu melhor momento foi uma marcha forçada de quatrocentos quilômetros para o sul, no verão de 1704, para salvar Viena dos exércitos franceses. Ele se encontrou com o comandante habsbúrgico, o príncipe Eugênio de Saboia, e juntos eles desbarataram o exército franco-bávaro em Blenheim. "Preste meus respeitos à rainha", John escreveu a Sarah, "e diga a ela que seu exército teve uma vitória gloriosa." Eugênio — magro, feio, desmazelado, com rapé espalhado pela roupa, mas brilhante — era igualmente admirável,[16] e eles formavam uma dupla muito especial. "O príncipe Eugênio e eu nunca divergimos sobre nossa parte dos louros", disse Churchill.

"Não só estimo, como realmente amo o príncipe." Liderando as cargas em batalha, por vezes caindo do cavalo quando os estribeiros eram degolados a seu lado, Churchill obteve uma série de vitórias e, como embaixador-geral, conseguiu manter a aliança. Em abril de 1707, ele partiu numa missão importante, para visitar na Saxônia o ascético rei guerreiro da Suécia, Carlos XII.

O tsar moscovita Pedro I e seu aliado Augusto, o Forte, rei da Polônia e eleitor da Saxônia, haviam atacado os suecos na esperança de dividir suas terras bálticas. Mas Carlos atacou pelo Báltico, derrotou Pedro e depôs Augusto, a seguir ocupando a Polônia. Tendo ainda apenas 25 anos, estava em dúvida se se aliava à França contra os Habsburgo ou se atacava Moscou. Churchill, ansioso por garantir que ele atacasse Pedro,[17] optou por lisonjear Carlos, o qual, de todo modo, considerava Moscou uma ameaça maior. Em 1º de janeiro de 1708, o rei sueco invadiu Moscou, o primeiro dos três invasores modernos que subestimaram a extensão da Rússia. Carlos desviou para o sul, entrando na Ucrânia.

Pedro, um gigante de dois metros de altura com alguns tiques musculares, era um soldado reformador, obcecado por inovações técnicas em navios e canhões, e estava decidido a transformar e rearmar seu reino. Possuía as três qualidades essenciais que todo político precisa ter para realizar alguma coisa — perspicácia, visão e recursos —, além de uma robustíssima constituição e um gosto por festanças selvagens — que incluíam um consumo descomunal de álcool, anões saltando de dentro de bolos e garotas nuas — e brigas de soco. Ainda assim, fora visitar a Holanda e Londres para obter tecnologia militar. Depois de impor seu poder, massacrando e torturando pessoalmente os rivais, esse autocrata competente e aterrorizante reformou a nobreza russa, fazendo com que seus nobres usassem roupas germânicas e se escanhoassem. Além disso, fundou uma nova capital, São Petersburgo, em território capturado aos suecos, modernizou o exército, financiado por impostos sobre os camponeses, e criou uma marinha báltica. O recrutamento de camponeses para o serviço militar vitalício, bem como a imposição de serviço militar obrigatório aos nobres, militarizou a sociedade, criando um enorme exército permanente de 300 mil soldados. Essa escala permitiu que os tsares usassem seus homens como bucha de canhão para compensar o atraso russo.

Em 8 de julho de 1709, em Poltava (Ucrânia), Pedro desbaratou as forças de Carlos, convertendo a Polônia em satélite russo e completando a ocupação das terras suecas no sul do Báltico.[18] O tsar Románov se tornou Pedro, o Grande, primeiro *imperator* da Rússia (*Rossiiya*, helenização de Rus), uma nova potência europeia e império eurasiano, forjado com tecnologia europeia e embelezado com artes, maneiras e luxos europeus. Mas o império em si era inspirado pelo senso de uma excepcional missão nacional e religiosa de expansão predatória, e governado por um autocrata que personificava o Estado sem as limitações impostas por assembleias representativas, direitos da nobreza ou instituições civis, como em outros reinos europeus.

Cumprida a missão a leste, Churchill enfrentou um problema em casa. Ele havia obtido um ducado, um principado do Sacro Império Romano, um palácio, Blenheim, perto de Oxford, e uma fortuna, mas, menos estável do que Godolphin, era extremamente sensível e de humor variável, oscilando entre uma entusiástica energia e quedas ciclotímicas em tempos de crise. "Ando realmente muito cansado dos assuntos do mundo", disse a Godolphin. "Meu único prazer é a expectativa de estar com você e Lady Marlborough."

No entanto, o relacionamento entre Ana e Sarah azedou. Ana, obesa, de pele manchada e enfermiça, adorava a bela Sarah, mas sua dignidade real e sua carência encontravam correspondência inversa na venenosa indelicadeza de Sarah. "Lamento ver que a sra. Morley e a sra. Freeman ainda não conseguiram acertar bem as coisas", o sr. Montgomery escreveu ao sr. Freeman. "Tenho certeza de que vão conseguir." Mas não conseguiram. A inveja e as suspeitas dos adversários de John Churchill geraram o receio de que o paladino se tornasse um Cromwell, e eles usaram o orgulho Stuart de Ana e a malevolência de Sarah para promover uma amiga régia mais afetuosa, Abigail Masham, que, instigada por Robert Harley — um rival —, virou a rainha contra os três amigos.

Em 1708, Harley persuadiu Ana a dispensar Godolphin, mas Churchill ameaçou renunciar, e, com isso, conseguiu que o amigo retornasse ao cargo, agora com o apoio de um jovem protegido, um parlamentar rústico e rubicundo de Norfolk, Robert Walpole, ministro da Guerra. A essa altura, Ana e Sarah andavam em malévolas e acaloradas altercações. Percebendo o desapreço de Ana, Churchill solicitou o cargo de capitão-geral em caráter vitalício, alarmando a monarca Stuart, que temia uma ditadura cromwelliana. "Tenho razões para acreditar", John escreveu a Sarah numa de suas cartas codificadas, que "42 [Ana] sente ciúmes do poder de 39 [ele próprio]."

Ana passara a odiar Sarah, o que não era de surpreender: "Não gosto de reclamar, mas também não posso deixar de dizer que ninguém jamais foi tão usado por um amigo quanto tenho sido usada por ela desde que assumi a Coroa", Ana disse a Churchill. "A única coisa que desejo é que ela pare de me arreliar e me atormentar." Poucos monarcas escreveram algum dia uma carta desse tipo, mas Sarah agora estava "dizendo coisas muito chocantes" — inclusive acusando Ana de lesbianismo. Churchill e Godolphin devem ter se desesperançado, enquanto Walpole chamava Sarah de "cadela desgraçada". As negociações de paz entre Churchill e Luís XIV fracassaram, e Ana finalmente dispensou Godolphin — que foi então difamado na figura do insinuante Volpone (na peça de Ben Jonson) —, em seu lugar nomeando Harley, que obteve maioria parlamentar. Churchill foi igualmente dispensado, e Godolphin morreu no ano seguinte.

Harley, agora conde de Oxford e primeiro-ministro, orquestrou o impedimento de Churchill, a quem Walpole defendeu lealmente, sem conseguir, no entanto, evitar sua condenação ao exílio. A rainha, percebendo que fora manipulada e arrependendo-se do tratamento que havia dado aos duúnviros, demitiu Oxford logo antes de morrer, em 1714.

Os oligarcas de 1688 asseguraram uma sucessão protestante com a coroação de Jorge I, o eleitor de Hanôver de 54 anos[19] que, de maneira sensata, considerando que muitos tories eram favoráveis à restauração dos Stuart, promoveu os whigs e reinstituiu John Churchill como capitão-geral. Com o apoio de Luís, Jaime Stuart, herdeiro de Jaime II, desembarcou na Escócia, estabelecendo sua corte em Edimburgo, mas o último serviço de Churchill foi coordenar a derrota da rebelião.

As vitórias de Churchill haviam marcado a ascensão da Grã-Bretanha, agora cada vez mais forte, à condição de potência europeia, pela primeira vez desde a perda de seus territórios franceses em 1453. A paz de Utrecht foi um golpe de sorte para o idoso Luís IV, cujo neto Filipe se mantinha como rei da Espanha, enquanto os Habsburgo eram indenizados por Nápoles, Milão e Bélgica: a Grã-Bretanha conseguiu apenas Gibraltar — e o *asiento de negros*, a licença espanhola para o fornecimento de escravos que era registrada na Companhia dos Mares do Sul, criada especialmente para esse fim. Os investidores — desde o rei e suas amantes até Walpole e Newton — negociavam as ações, que subiam constantemente.

A paz serviu de algum consolo para Luís, mas "a França tinha se expandido demais e talvez injustamente", escreveu sua consorte, a marquesa de Maintenon. "Nossa corte ainda está muito triste. Só falamos de trigo, aveia, cevada e palha. Ele está muito ocupado em atender ao povo." Em abril de 1711, o primogênito de Luís morreu de varíola — e a seguir morreu o primogênito do primogênito, e depois o primogênito do primogênito do primogênito.[20] Luís ficou arrasado. "Nunca vi tanta dor [...] na corte", comentou Maintenon.

Em 1º de setembro de 1715, após o mais longo reinado da história europeia, Luís, com 72 anos, roído pela gangrena, com a perna esquerda totalmente enegrecida, administrou seus momentos finais no leito de morte com estilo impecável. "Meu caro menino", disse ao bisneto de cinco anos de idade, que logo seria Luís XV, "você será o maior rei do mundo", mas "não me imite em minhas guerras." Então dirigiu-se aos ministros: "*Adieu, messieurs* [...]. Parto, mas o Estado permanecerá". Por último, dirigiu-se à consorte: "O que será de si, madame?".

"Não sou nada", respondeu ela. "Pense apenas em Deus." Os criados choravam alto.

"Por que choram?", perguntou Luís. "Pensavam que eu era imortal?" Rezando uma prece, ele se finou "como uma vela que se extingue".

Na China, o outro titã da época, Kangxi, enfrentava sua própria agonia sucessória.

"Se eu puder morrer sem que haja uma explosão de problemas", ele escreveu aos sessenta e tantos anos, "será a realização de meus desejos." Seu filho Yinreng, cuja mãe morrera no parto em 1674, tornou-se ao crescer um pedófilo perverso que comprava crianças para abusar delas sexualmente, e tentou derrubar o pai — talvez tivesse problemas de sanidade mental. Como sua saúde em declínio incentivava a conspiração entre os 24 filhos, Kangxi determinou a prisão perpétua de Yinreng por "desumanidade e maldade diabólica". O imperador começou a mostrar preferência pelo undécimo filho, Yinzhen, que o apresentou a seu próprio filho, Hongli, de onze anos de idade, a quem Kangxi logo se afeiçoou. Quando o velho imperador se encontrou com a mãe do menino, disse-lhe que ela era uma "mulher de sorte" por ter um filho que lhe traria "grande honra" — uma indireta nada ambígua.

Ao morrer, em 20 de dezembro de 1722, ele deixou o trono para Yinzhen, que se tornou o imperador Yongzheng. A França estava em recuperação, a Índia mogol se dissolvia no caos, mas Kangxi deixou a China como a maior potência da Terra: seu neto Hongli se tornou o imperador Qianlong, cujo reinado se estendeu até uma nova era.

Os ressurgentes Habsburgo, por outro lado, se viam acossados por um problema de gênero. Em Viena, Carlos vi, filho de Leopoldo, não conseguira tomar a Espanha, mas se consolara com a sucessão, tornando-se imperador-arquiduque. Mas sua jovem filha era a herdeira — e um predador perseguia o império.

O TORDO, O MONSTRO PRUSSIANO, O HÉRCULES POLONÊS

Carlos se casara com uma princesa germânica, Elizabeth, loura, delicada e vivaz: ele a chamava de Branca Liezl. Em 1716, Liezl deu à luz uma filha, Maria Teresa. Mas, para ajudá-la a conceber um menino, os médicos lhe receitaram uma dieta calórica regada a licor que a deixou tão estufada que, no fim, ela precisava ser transportada numa cadeira mecânica.

Maria Teresa, loura, de olhos azuis, devota e inteligente, foi educada por jesuítas, cantava nas óperas em família e gostava de andar a cavalo. Aos dezenove anos, casou-se com um príncipe alegre e afável, Francisco Estêvão, duque de Lorena, que ela adorava, e deu à luz dezesseis filhos em vinte anos. Maria Teresa não mostrava talentos especiais, mas tampouco se esperava que ela os tivesse. Somente um perigo extremo iria revelá-los. Nesse meio-tempo, Carlos torrava todos os seus recursos, enquanto uma potência de segunda categoria, a Prússia, economizava cada centavo e reunia gigantes.

Seu soberano Hohenzollern, Frederico Guilherme, cujo pai negociara uma promoção a rei, era autoritário e meio demente, mas também um visionário frugal e sagaz que converteu a Prússia na Esparta europeia. Herdando o trono aos 25 anos de idade, ele eliminou do reino todos os arrebiques afrancesados do pai e se concentrou em atrair colonos industriosos para seus territórios, promovendo o comércio e criando um exército desproporcionalmente grande, com destaque para a infantaria — que disparava "como uma bateria de tiro ambulante cuja rapidez em recarregar triplicava seu poder de fogo" (nas palavras do filho) — e para um regimento de "gigantes de Potsdam". Ele contratava colossos por toda a Europa, enviando sequestradores de gigantes para raptá-los. "A moça ou mulher mais linda do mundo me seria indiferente", dizia ele, "mas soldados altos... são *eles* meu ponto fraco."

Frederico Guilherme amava sua rainha, Sofia Doroteia de Hanôver, mas ela odiava os abusos violentos, a "horrenda avareza" e o filistinismo tolo do marido. Ele pensou em se divorciar, mas não podia se arriscar a ofender a família da esposa: o pai dela se tornara Jorge I da Inglaterra.

Londres estava tomada por um frenesi especulativo, ativado pelas ações da Companhia dos Mares do Sul, dedicada ao tráfico escravo e estruturada para saldar a dívida do governo. Faziam-se fortunas com a compra e venda de suas ações. O idoso Isaac Newton ganhara tanto dinheiro vendendo-as que não resistia a recomprá-las. Mas poucos percebiam que a empresa era mal gerida. Quando ela quebrou, muitos investidores tiveram perdas enormes. Newton, que na velhice morava com a sobrinha (o marido dela o sucedera na Casa da Moeda), ficou envergonhado por perder metade de sua fortuna — embora continuasse muito rico. Uma furiosa reação pôs a culpa nos políticos corruptos, em Elefante e Castelo e no rei alemão. Jorge recorreu a Robert Walpole, o protegido de Godolphin, que de início atuou como "anteparo", poupando os responsáveis, e então se dedicou a resolver a crise. Conhecido como Tordo, imperturbável, cínico e pragmático, famoso por devorar maçãs na Câmara dos Comuns, Walpole gostava de alardear que sempre abria em primeiro lugar as cartas de seu guarda-caça e que não era "nenhum santo, nenhum espartano, nenhum reformador", mas permanecera tão leal a Godolphin e Churchill que fora preso por Harley. Ele havia negociado ações da Companhia dos Mares do Sul e tivera prejuízo (e não os lendários ganhos de 1000%), mas foi compensado com enormes lucros nas ações de outra empresa de comércio escravo, a Companhia Africana Real. Agora, ele convertia a quebra da Companhia dos Mares do Sul em sucesso, dividindo-a em duas partes: uma empresa de comércio escravo que continuou por décadas a vender lucrativamente seres humanos e um banco que emitia títulos do governo. Walpole converteu décadas de dívidas aleatórias num único título de fácil negociação, criando o primeiro mercado moderno de títulos, que deu à Grã-Bretanha um acesso inédito ao capital necessário para construir uma potência mundial.

Walpole zombava da virtude pública, que chamava de "voos de escolares", arreliando os garotos: "Bom, então você vai ser um romano antigo, um patriota? Creio que em breve deixará disso e se tornará mais sensato". Ele era, como lembrou um amigo, "alegre, sociável, de boa índole, de maneiras deselegantes, de moral frouxa", com "um senso de humor grosseiro", mas "o administrador parlamentar mais competente que, creio eu, já existiu". Acumulando uma fortuna e uma grande coleção de arte em seu Houghton Hall, um verdadeiro palácio em Norfolk, Walpole era casado com Catherine, filha de um mercador, ambos entusiastas da sensualidade que, assim que o casamento esfriou, tiveram um bando de amantes. Após a morte de Catherine, o Tordo se casou com Maria Skerritt, sua espirituosa e sedutora amante, 25 anos mais nova do que ele, mas, três meses depois, ela morreu no parto, deixando-o transtornado.

Walpole era mestre em lidar com seus senhores régios, primeiro o espigado Jorge I, e depois seu filho, Jorge II.[21] Ele costumava dizer: "Todo homem tem seu preço". Quando um rival tentou cultivar as graças da amante de Jorge II, Walpole revidou fazendo amizade com a vivaz esposa do monarca, a rainha Carolina; gracejou prosaicamente dizendo que o rival "pegou a porca errada pelo rabo; eu, a certa". Diziam os boatos que ele oferecera a própria esposa a Jorge II (quando era príncipe de Gales) e dormira com a rainha. Seu governo de vinte anos confirmou a supremacia da Câmara dos Comuns e sua oligarquia whig — a "tordocracia" — governou a Grã-Bretanha pelos quarenta anos seguintes.

Os hanoverianos brigavam com os filhos — mas nada que se comparasse às atrocidades familiares dos Hohenzollern e dos Románov.[22] Frederico Guilherme e Sofia, irmã de Jorge II, tiveram quinze filhos; ela era devotada ao mais velho, Frederico, e esperava que ele se casasse dentro da dinastia britânica. O rei arruinou as negociações, e então, quando ela engravidou inesperadamente, tentou executá-la por adultério. Frederico Guilherme implicava com Frederico e batia nele, castigando-o por pequenas transgressões, como usar luvas ou ser atirado ao chão por um cavalo. Sofia defendia os filhos. "Qualquer coisa que meu pai mandasse meu irmão fazer", lembrou Frederico, "minha mãe ordenava que ele fizesse o contrário."

Com apenas 1,58 metro de altura, o rei aterrorizava soldados e cortesãos, com seus furores agravados pelas dores e agonias da porfiria, da mania, da gota, das chagas purulentas, das febres e cãibras. "Quero sofrer tudo pacientemente", dizia ele, e passou a pintar para aplacar seus "tormentos". A rainha incentivou Frederico, agora com dezesseis anos, a seguir suas inclinações artísticas, praticando a flauta entre os treinamentos militares e montando secretamente uma biblioteca francesa. O pai monstruoso agora desconfiava de que faltavam ao filho "inclinações realmente viris".

Em 1728, pai e filho foram visitar o dirigente da Saxônia, tradicional rival da Prússia. Atlético e musculoso, Augusto, o Forte, que supostamente gerara 365 filhos, também era rei da Polônia, e tudo o que Frederico Guilherme abominava: depravado, extravagante, ímpio — tinha se tornado católico para conquistar o trono polonês — e fraco. Seu aliado Pedro, o Grande, reduzira a Polônia a um Estado cliente russo. Augusto, campeão no arremesso de raposa (certa vez presidiu a um sinistro festival durante o qual foram lançadas ao ar 647 raposas, 533 lebres e 34 texugos), promovia a si mesmo com representações, óperas e porcelanas de Meissen (sequestrando seu inventor para desenvolver a tecnologia), no intuito de fazer de Dresden a "corte mais deslumbrante da Europa".

A legião de amantes de Augusto era liderada pela lépida e talentosa Aurora von Königsmarck[23] e sua escrava turca Fátima, mas dizia-se que entre elas incluía-se a própria filha dele, a bela Ana, condessa Orzelska, de vinte anos, que fumava muito, se travestia de homem e por quem o visitante Frederico, com apenas dezesseis anos, ficou imediatamente deslumbrado. Ele a relembrou como "esse pequeno milagre da natureza que possuía todos os encantos possíveis, acompanhados de bom gosto e delicadeza"; segundo Guilhermina, sua irmã mais velha, Frederico "prometeu tudo para obter a posse dessa beldade, sua primeira amante".

Esperando distraí-lo de sua filha-amante, Augusto chocou os prussianos abrindo uma cortina e revelando uma cantora de ópera nua num nicho. Frederico Guilherme tirou correndo o filho da sala, mas a essa altura Frederico estava apaixonado por Orzelska e entrou em depressão ao voltar para a melancólica Berlim. Estarrecido com o que vira durante a visita, seu pai alardeou: "Permaneço tão puro como quando saí daqui". Mas, no retorno, o rei e o príncipe entraram em rota de colisão pelo que o pai descreveu como as "atividades efeminadas e lascivas" de Frederico.

O monarca bateu em Frederico com a bengala, esmurrou-lhe a cara e o atirou ao chão, obrigando-o a beijar seus pés. Quando Guilhermina defendeu o irmão, o rei lhe deu um bofetão, que a derrubou e deixou inconsciente. Mas então Frederico se apaixonou por um garoto.

O PRÍNCIPE FILÓSOFO, O *PHILOSOPHE* E A MARQUESA

Depois de um relacionamento íntimo com um oficial escocês,[24] Frederico foi enviado para longe, em contrição. Mas, em vez de se arrepender, o príncipe da Prússia, de dezoito anos, estabeleceu afinidade com Hans von Katte, um oficial amante da beleza oito anos mais velho do que ele; juntos, eles planejaram a fuga do príncipe para a Inglaterra, o que constituía um ato de traição.

Em agosto de 1730, quando Frederico foi apanhado, o pai o interrogou: "Foi você que seduziu Katte ou ele que o seduziu?". Em seguida, ordenou que Katte fosse decapitado — "é melhor ele seguir para a morte do que a justiça deixar o mundo" — na frente do rapaz, que foi trazido e obrigado a assistir à cena, para ser expurgado de desejos que iam contra a natureza.

"Por favor, me perdoe, meu querido Katte, em nome de Deus, me perdoe", gritava Frederico.

"Não há nada a perdoar", respondeu Katte. "Morro por você com alegria no coração!"

Frederico desmaiou. Frederico Guilherme resolveu executar o filho, dizendo à rainha que ele já estava morto.

"O quê?!", ela gritou. "Você assassinou seu filho?"

"Ele não era meu filho. Era apenas um desertor desgraçado!"

"*Mon Dieu, mon fils!*"

A rainha e Guilhermina gritavam. O rei começou a bater na filha, e tiveram de puxá-lo para que não a matasse. Carlos, o Kaiser dos Habsburgo, estava presente e intercedeu para salvar a vida de Frederico — gesto misericordioso que, mais tarde, sua filha Maria Teresa deve ter lamentado.

Frederico nunca perdoou o pai — "que homem terrível" —, mas, nos dez anos seguintes, reconheceu que Frederico Guilherme "sabia quais eram os grandes interesses de seu país melhor do que qualquer ministro ou general. Foi graças a seus esforços, a seu trabalho incansável, que fui capaz de realizar tudo que realizei desde então".

Frederico planejou uma deliciosa vingança contra o pai, consumindo avidamente a literatura de um novo movimento que se espalhava pela Europa — o Iluminismo —, representado por seu herói Voltaire, com quem começou a se corresponder.

Em 28 de março de 1727, Voltaire, aos 33 anos, já um dramaturgo famoso, por vezes favorito real, por vezes dissidente, agora exilado em Londres, compareceu ao funeral de Isaac Newton. Foi um momento crucial. Já convencido de que a constituição mista britânica era superior ao absolutismo francês, e sendo um admirador da ciência newtoniana, Voltaire conversou com os médicos de Newton e ficou fascinado não só ao saber que o cientista morrera virgem, mas também ao ouvir da sobrinha dele que sua teoria da gravidade nascera da queda de uma maçã. Foi uma passagem de bastão: Voltaire se via como herdeiro de Newton.

Nascido François-Marie Arouet, filho de um advogado, tendo na família o apelido de Zozo, Voltaire não quis estudar direito, preferindo escrever poesia. Seu pai o enviou para trabalhar com o embaixador francês na Holanda, mas seu caso com uma adolescente conhecida como Pimpette lhe valeu a demissão do emprego, assim como seu poema sobre o incesto do regente francês com a filha lhe valeu a prisão na Bastilha. Mais tarde, sua insolência com um aristocrata novamente lhe trouxe uma surra e um tempo de prisão. Voltando da Inglaterra, ele entrou num consórcio que comprou a loteria do Estado e fez uma fortuna. A seguir, apaixonou-se por uma bela e talentosa escritora, a jovem Émilie, marquesa de Châtelet, e instalou-se (com a permissão do marquês) no castelo dela, onde escreveram textos de filosofia, história, literatura e ciência[25] — ela traduziu Newton e ele o popularizou, e foi ela a primeira mulher a ter um artigo publicado na Academia Francesa. Mais tarde, ambos tiveram outros amantes — ele se sentiu atraído pela sobrinha —, mas continuaram parceiros até a morte da marquesa, durante o parto.

Em 1734, as *Cartas filosóficas* de Voltaire, defendendo a tolerância religiosa e política, ganharam fama em toda a Europa, mas esse foi apenas o começo de sua campanha contra a superstição, que mais tarde ele sintetizou numa máxima: *"Écrasez l'infâme"*. Foram a tortura e a execução injusta de um protestante erroneamente condenado, Jean Calas, muito mais tarde, em 1762, que inspiraram sua mais famosa campanha. Voltaire acreditava no progresso humano, mas não demais: zombou do otimismo ingênuo com o personagem Pangloss, em *Cândido*. Criticava todas as religiões — cristãos, judeus e muçulmanos —, troçando dos padres que "saem de um leito incestuoso, inventam cem versões de Deus, depois comem e bebem Deus, depois urinam e defecam Deus". E gracejava: "Deus não existe, mas não contem a meu criado, para que ele não me mate durante a noite".

Voltaire foi o primeiro dos *philosophes*, que defendiam uma nova mentalidade — cética, racional, científica, tolerante, buscando a maior felicidade dos homens — e contestavam a fé cega e a monarquia sagrada. Se escolhemos adorar Deus, argumentou mais tarde Immanuel Kant, o *philosophe* germânico de Königsberg, "nós, criaturas finitas, podemos nunca vir a entender a natureza infinita da realidade". Kant resumiu o espírito iluminista em duas palavras: *Sapere aude!* — Ousa saber!

Voltaire, que era mais rico e mais famoso do que sua legião de seguidores, tendo, além de todos os outros talentos, grande habilidade financeira, desempenhava o papel de protetor: quando um escritor jovem e pobre se via em apuros, ele intervinha. Foi o que aconteceu no caso de Denis Diderot, cujo pai, um cuteleiro da província, cortou relações com o filho quando ele se negou a ingressar no sacerdócio. Denis era um rapaz atrapalhado, travesso, de grande energia, que sentia curiosidade em relação a tudo, desde o hermafroditismo à acústica, e escrevia uma enxurrada de textos que contestavam o domínio monárquico e católico, além de cartas de amor para suas múltiplas amantes, romances e obras pornográficas: seu *Joias indiscretas*, uma fantasia erótica narrada pelas vaginas de odaliscas falando sobre um sultão voyeurista, escrita para mostrar que as mulheres gostavam de sexo tanto quanto os homens, levou-o à prisão. Voltaire conseguiu a soltura de Diderot, que depois disso iniciou a obra que definiria o novo pensamento, a *Encyclopédie*, com textos sobre todos os temas à luz desse novo Iluminismo.

No entanto, isso não significou o fim da velha mentalidade; ainda havia inúmeros fanáticos religiosos; alguns *philosophes* se opunham à escravidão, outros não; alguns poucos nem sequer eram democratas. "A democracia é um despotismo porque estabelece um poder executivo contrário à vontade geral. Por ser possível que 'todos' decidam contra 'um' cuja opinião possa diferir, a vontade de todos não é, portanto, a de todos", escreveu Kant. Muitos acreditavam em monarquias mistas, com reformas feitas a partir do topo, mas Voltaire escreveu uma biografia de Pedro, o Grande, e incentivava a noção de "reis-filósofos".

O pomposo Iluminismo era, na verdade, o movimento intelectual de uma elite europeia febrilmente interligada, que estava à beira de um colapso nervoso e de uma crise de identidade, ainda perpassada pelo esnobismo, pelo fanatismo, por teorias da conspiração e mascates ilusionistas. Era uma época de disfarce e reinvenção, um tempo de sociabilidade, viagens, individualidade e liberdade sexual personificado por um escritor chamado Giacomo Casanova. Após uma famosa fuga de uma prisão em Veneza, Casanova percorreu a Europa, geralmente acossado por dívidas, perseguições religiosas e doenças venéreas, estudando ciência e alquimia, procurando mecenas aristocratas, propondo esquemas financeiros, adotando nomes e títulos falsos, perdendo dinheiro em jogos de azar como o *faro* e se encontrando com imperadores e *philosophes*. Tudo isso enquanto se entregava a aventuras sexuais com mulheres de alta e baixa extração, jovens e velhas, algumas românticas, algumas aventurosas (um *ménage à trois* com freiras), e outras predatórias, com violações e até mesmo pedofilia.

Quando se retirou para se tornar bibliotecário de um conde da Boêmia, ele narrou tudo isso em memórias que eram a expressão da nova sensibilidade do indivíduo em meio a uma nova consciência de comunidade. "Orgulho-me", escreveu Diderot, "de ser um cidadão dessa grande cidade, o mundo." Tal espírito se manifestava na redação de cartas: pessoas cultas de Massachusetts a Moscou ficavam acordadas até tarde, escrevendo freneticamente, à luz de velas, cartas que, muitas vezes, esperavam que fossem copiadas pelos amigos e partilhadas com *cognoscenti* ao redor do mundo.

Em 1736, um dos melhores epistológrafos, o príncipe Frederico, escreveu uma carta a outro virtuose epistolar, Voltaire, o qual reconheceu o caráter especial do missivista, mas também, como todos os escritores, logo perdeu a cabeça ao ser lisonjeado por um indivíduo poderoso. Frederico estava se rebelando secretamente contra o pai, deixando o cabelo crescer e usando robes escarlates de brocados. Ele desdenhava a cristandade, o filistinismo germânico e a virilidade marcial; adorava tudo que era francês, enviando a Voltaire seus poemas e textos filosóficos. Mas, ao mesmo tempo, ruminava sobre a sucessão habsbúrgica: pensava em se casar com Maria Teresa, até que o pai o obrigou a desposar uma princesa germânica que, segundo Guilhermina, cheirava tão mal que "deve ter uma dúzia de fístulas anais". "Graças a Deus acabou", Frederico disse à irmã após a noite de núpcias, ignorando empedernidamente a esposa pelo resto de sua vida de casados. Durante esse período, o pai o deixou acompanhar o velho príncipe Eugênio em campanha, o que permitiu que Frederico aprendesse com aquele brilhante idoso — irascível, culto, homossexual: "Se entendo alguma coisa de meu ofício, devo-o ao príncipe Eugênio". Embora atraído pelo Iluminismo, escrevendo um ataque a Maquiavel, Frederico planejou uma jogada maquiavélica que viria a chocar a Europa.

Enquanto Frederico sonhava com uma conquista audaciosa, outro príncipe em ascensão e excepcional dirigente, Nader Shah, do Irã, planejava sua própria invasão. O alvo era a Índia. Em 1738, Nader capturou Kandahar e Cabul, e a seguir Lahore. Então, o maior conquistador do século e o último dos saqueadores tribais seguiu o exemplo de seus heróis Gengis e Tamerlão, e avançou sobre Delhi.

Em 24 de fevereiro de 1739, o imperador mogol Muhammad Shah, bisneto de Alamgir, que escrevia poemas sob o pseudônimo de Sada Rangila (Eterno Playboy), tomou posição em Karnal. Rangila era um connoisseur da música de Sadarang, da pintura de Nidha Mal e do canto das *tawaifs* (cortesãs), lideradas por Nur Bai, poeta e cantora que tinha os dentes da frente separados, "voz de rouxinol e a beleza de uma huri", e era generosamente remunerada pelos versos dos *ghazals* que cantava. Amante regular de Rangila, Nur Bai gostava de atormentar sua esposa oficial, begum Qudsia, ela própria ex-cantora, mas estava mais interessada num diamante enorme que ele usava no turbante. Enquanto os elefantes dos potentados faziam fila do lado de fora da mansão de Nur Bai, ela desfilava por Delhi em seu próprio elefante ornamentado com joias. Depois do assassinato atroz de seus predecessores, não era de admirar que Rangila se dedicasse ao amor e à música. Os artistas da corte do Playboy o retratavam penetrando as dançarinas com um falo invencível, mas nada disso servia para fazer frente a Nader.

Após a morte de Alamgir, os mogóis tinham perdido o controle de seus magnatas e *subahdars* (governantes). O jovem Rangila recorrera a um dos protegidos de Alamgir, Chin Qilich Khan ("senhor menino espadachim"), filho de um paladino turco de Bucara, agora vice-rei do Decã com o título de Nizam al-Mulk ("regulador do reino"). O *Nizam*, porém, estava furioso com os "bufões e meretrizes" do imperador Playboy, que zombavam dele como o Mico Dançante do Decã, e se retirou para criar seu próprio reino, fundando uma dinastia que governou Hyderabad até 1947. Mas não foi o único. Por toda a Índia, *subahdars* capturavam territórios e tributos, instalando-se como príncipes — *nawabs*, nababos. Os membros da família Tamerlão haviam chegado como conquistadores turcos, indianizando-se ao se casarem com princesas hindus, mas a dinastia e um pequeno círculo de cortesãos haviam sugado o império para obter verbas a fim de custear suas guerras e luxos. Segundo uma estimativa, 655 nobres, de uma população total de 150 milhões de indianos, detinham um quarto do PIB. A fracassada tentativa de Shahjahan de conquistar Samarcanda e seus projetos de extravagante vaidade — o Taj Mahal —, a que se seguiram as guerras intermináveis de Alamgir, contribuíram para a queda dos mogóis. "Falhei em proteger o povo", admitiu Alamgir em seu leito de morte. Agora, esse sistema predatório de busca de receitas, baseado em imperadores fortes e concorrência fraca, havia se desintegrado, "minado por dentro e por baixo", escreveu Richard M. Eton, "tal como os cupins escavam silenciosamente a base de uma estrutura de madeira". A leste, Bengala foi privatizada por seu *subahdar*; a oeste, um chefe sikh, Shahu, tomou o Punjab.

No centro, o neto de Shivaji, Shahu, nomeara como *peshwa* (ministro) um general marata firme e competente, Baji Rao, que se expandira de maneira agressiva pelo território mogol e criara um Império Marata, preparando o filho Balaji Rao como sucessor: esse mestre da cavalaria havia derrotado o *Nizam* de Hyderabad e outros príncipes, acabando por se voltar para a decadente Casa de Tamerlão: "Basta um talho no tronco da árvore agonizante, e os galhos cairão sozinhos". Em 1737, Baji galopou para o norte, até Delhi, derrotou os mogóis, e então os galhos começaram a cair. Mas ele estava esgotado e morreu antes de completar quarenta anos. A Casa de Tamerlão agora governava apenas Delhi, mas foi preciso aparecer um predador estrangeiro para liquidar os mogóis.

O ORGASMO, O CONQUISTADOR, O DIAMANTE E A CORTESÃ: NADER, RANGILA E FREDERICO

"Vim não para deixar o país em paz, mas para virar tudo do avesso", declarou Nader, um homem vigoroso, atlético, batido pelas intempéries, com mais de 1,80 metro de altura. "Não sou humano, sou a ira de Deus." Sua ascensão só foi possível graças à degeneração dos xás safávidas, que morriam prematuramente de alcoolismo, sífilis e consumo excessivo de ópio, enfraquecendo a Pérsia a tal ponto que um guerreiro afegão com um minúsculo exército conseguiu conquistar o império. Foi uma catástrofe que trouxe poder a Nader.

Em 1709, as tribos pachtos ghilzais, sunitas que odiavam os safávidas xiitas, comandadas por um chefe respeitado, Mirwais Hotak, se rebelaram contra seus dirigentes persas. Os safávidas, que também governavam o Cáucaso, a oeste, promoveram reis bagrationis — descendentes da rainha Tamara — a cargos elevados e recrutaram exércitos de soldados-escravos georgianos: o xá Hosain derrotou um rei georgiano rebelde, o vigoroso paladino Jorge XI, e então o restaurou no trono, nomeando-o comandante-chefe e governador de Kandahar. Jorge, que se converteu ao islamismo com o nome de Gurgin Khan, marchou para leste com seu exército georgiano e retomou o Afeganistão, deixando que Hotak massacrasse seus rivais pachtos, os abdalis. Essas rivalidades logo explodiriam para além do Afeganistão, dando origem a dois impérios afegãos.

O rei Jorge enviou Mirwais Hotak a Isfahan, onde este alertou o xá contra o régulo excessivamente poderoso que governava o Afeganistão e a Geórgia. Mirwais Baba — Vovô Mirwais — foi enviado de volta para vigiar Jorge, que exigiu a filha do afegão como concubina. Hotak enviou outra jovem, que fez passar por sua filha, e então orquestrou o massacre de Jorge e de seus georgianos num banquete. Ele uniu os chefes afegãos, perguntando "se a algum de vocês falta a coragem para aproveitar essa preciosa dádiva da liberdade enviada pelos céus". Em seu leito de morte, Mirwais Baba ordenou ao filho Mahmud, de dezoito anos, que fosse "tomar a própria Isfahan".

Em maio de 1722, Mahmud Hotak e 15 mil afegãos, armados com uma inovação pachto, os *zamburaks* (vespas), canhões leves montados sobre camelos, invadiram o Irã. Em Gulnabad, 50 mil magníficas tropas persas bloquearam a passagem. "Se vocês vencerem, terão como prêmio o tesouro de Isfahan", Hotak disse a seus pachtos. "Se falharem, não terão saída e enfrentarão a morte, agravada pela desgraça." Graças a seus cem *zamburaks*, eles desbarataram os iranianos e então montaram um cerco a Isfahan, onde 80 mil pessoas morreram de fome. Ao tomar a cidade, Mahmud se declarou xá, mas teve dificuldade em controlar a Pérsia. Enlouquecido pela paranoia e uma diarreia explosiva, primeiro ele matou a maioria dos safávidas e depois a própria família. "Ele tinha os intestinos tão desarranjados que expelia excrementos pela boca." Então, foi estrangulado pelo próprio sobrinho, Ashraf. A Pérsia se desintegrou.

Somente um príncipe safávida, Tahmasp, sobreviveu, mas suas perspectivas eram sombrias, até que ele foi resgatado por um obscuro chefe militar: Nader. Nascido em 1698, filho de um pastor de cabras turcomano afexárida, Nader começou como bandoleiro com um carisma feroz, mas logo passou a comandar um exército próprio: sabia o nome de todos os oficiais e de muitos soldados rasos, que o chamavam de Baba Bazorg — Grande Pai. Então, ele ofereceu seus 2 mil homens ao xá sitiado; mas tinha um rival, Fath-Ali Khan, chefe dos cajares, um clã turcomano das costas do mar Cáspio. Em 1726, Nader mandou matá-lo, embora mais tarde os cajares viessem a governar o Irã. Nader então retomou a Isfahan destruída. Quando Ashraf Hotak fugiu para o Afeganistão, o Grande Pai restaurou o beberrão e arrogante Tahmasp. Então, com um exército semitribal e semipermanente de arqueiros montados, *zamburaks* e *jacayerchi* (arcabuzeiros), iranianos, curdos, turcomanos, afegãos e uzbeques, Nader recuperou partes do Iraque e o Cáucaso. Tahmasp o recompensou com o título de Tahmasp-Qoli — Escravo de Tahmasp —, e, a seguir, de regente. Mas Nader queria mais.

Em 1731, Tahmasp perdeu as conquistas caucasianas de Nader. Em Isfahan, Nader bebeu com o xá, que se embriagou até cair; Nader, então, convidou os magnatas a entrar e ver o xá estuporado, e o substituiu por um bebê, Abbas III. Era inconcebível que um turcomano maltrapilho substituísse o sagrado safávida, mas, por um processo de momentosa inevitabilidade, Nader passou a ser cada vez mais visto como pretendente ao trono. Em quatro anos, ele derrotou estrangeiros a leste e a oeste, tomou o golfo, Mascate e o Bahrain, e então reuniu 20 mil notáveis que lhe propuseram assumir a Coroa. Quando o mulá supremo assegurou em privado sua lealdade aos safávidas, Nader ordenou que o estrangulassem, exigindo lealdade total a si próprio e abandonando radicalmente o xiismo.

Orgulhoso de suas origens humildes, ele e seu primogênito Reza Qoli desposaram irmãs do xá — seus afegãos se fundiram com os safávidas. O passatempo do Grande Pai eram festas regadas a bebidas com suas concubinas, o que podia ser perigoso para quem tivesse a língua solta: certa vez, um dos presentes fez um trocadilho com o nome de Nader e foi estrangulado na mesma hora. Mas o verdadeiro prazer de Nader era a guerra.

Em 1729, ele esmagou os abdalis de Herat e recrutou 12 mil para suas forças especiais. Assim como os persas tinham usado os georgianos para esmagar os afegãos, agora Nader usava os afegãos para esmagar a Geórgia. Nove anos depois, ele entrou a leste no Afeganistão, expulsando os hotakis de Kandahar, que deu aos abdalis. Escolheu como guarda-costas o filho do chefe deles, Ahmad, de dezesseis anos de idade, mais tarde conhecido como Durrani (Pérola), bonito, robusto, simpático.

Quando seus inimigos afegãos se refugiaram com Rangila, o imperador mogol, Nader exigiu que retornassem. Rangila recusou, e Nader obteve seu pretexto para atacar inicialmente a Índia, tomando Lahore. Em janeiro de 1739, ele marchou sobre Delhi, pronto para lançar Tamerlão contra seus descendentes. Rangila convocou seu conselheiro veterano, o *Nizam*, enquanto Nader e 100 mil soldados — inclusive uma unidade georgiana comandada por um rei georgiano adolescente, Hércules II, e os afegãos sob as ordens de Durrani — avançaram contra os 300 mil homens e 2 mil elefantes do adversário. Os *zamburaks* e *jacayerchi* de Nader liquidaram os mogóis. O *Nizam* sequer chegou a entrar em batalha: ficou bebericando café no *howdah* em cima de seu elefante, até obter a submissão do imperador.

Entrando em Delhi — Shahjahanabad —, com seus 400 mil habitantes, Nader, guardado por 20 mil cavaleiros, foi recebido por Rangila, sentado no Trono do Pavão ornamentado de joias no colossal Salão de Audiências encomendado por Shahjahan com sua inscrição: "Se há um paraíso na terra, é este, é este!". Nader proibiu os saques, mas, enquanto os iranianos celebravam o Noruz, espalharam-se boatos de que ele fora assassinado, e as multidões começaram a atacar suas tropas. Cavalgando até a Mesquita Roshan-ud-Daulah, ele subiu no telhado. Às nove da manhã, foi disparado um tiro, e Nader puxou de sua espada, dando início à carnificina. Às três da tarde, jaziam por terra cerca de 25 mil mortos. Rangila enviou o velho *Nizam* a Nader. Ele citou Hafiz:

Ó rei, mataste tantos
Se quiseres matar mais, traze-os de volta à vida.

"Perdoo-o por causa de sua barba grisalha", respondeu Nader, suspendendo a chacina. Então, deixando os cadáveres nas ruas, começou a reunir seus espólios, tanto de seres humanos quanto de pedras preciosas. Uma bisneta de Alamgir foi dada em casamento a seu filho Nasrullah, unindo afexáridas arrivistas e timúridas. Quando os cortesãos se puseram a mapear as tradicionais sete gerações da genealogia do noivo, Nader simplesmente declarou: "Digam-lhes que ele é o filho de Nader Shah, filho da espada, neto da espada e assim sucessivamente por setenta gerações".

O *Nizam* notou o afegão Durrani, guarda-costas de Nader. "Ele será rei", disse. Nader chamou Durrani, sacou da adaga e cortou suas orelhas.

"Quando você for rei", disse-lhe Nader, "isso o lembrará de mim."

Mais tarde, ele chamou Durrani:

"Aproxime-se. Lembre-se de que um dia você será rei."

"Execute-me se quiser, Majestade. Não há nenhuma verdade nessas palavras."

"Trate bem os descendentes de Nader", disse-lhe Nader.

Aproveitando a calmaria regada a sangue, Nader convidou a cortesã Nur Bai para apresentar um *ghazal*. "O que você deixou de meu coração", cantou ela — e lhe falou de um enorme diamante escondido no turbante do Playboy. Nader resolveu seduzir a famosa *tawaif* e levá-la para casa. Ela fingiu passar mal e sumiu; se dormisse com Nader, disse, "eu me sentiria como se meu próprio corpo fosse culpado de um massacre".

Nader voltou a coroar o imperador Rangila com o *jiqe*, o penacho imperial preso no turbante régio, restaurando o poder da "ilustre família do *gürkan*" (um dos títulos de Tamerlão), e acrescentou: "Não se esqueça, não estou longe". Nader carregou 30 mil camelos e 20 mil mulas com os saques, inclusive o Trono do Pavão, que se tornou o símbolo da realeza iraniana, e Rangila lhe entregou o diamante de 105,6 quilates, que o xá comparou a uma "montanha de luz" (Koh-i-Noor). O itinerário percorrido por essa pedra mapearia a trajetória do poder sul-asiático, passando pelos cofres de monarcas iranianos, afegãos e sikhs até ir parar na Coroa britânica. Nader estilhaçara o frágil prestígio dos mogóis; seu delicado e delicioso símbolo, Nur Bai, suspeita de colaboração, morreu na pobreza; gananciosos governadores mogóis e rajás rajaputes disputavam os prêmios, agora unindo-se a eles estrangeiros igualmente vorazes. Nader pensou em enviar o filho Nasrullah, casado na família de Tamerlão, para governar a Índia.

Em São Petersburgo, observando as predações de Nader, a nova imperatriz da Rússia, Isabel (filha de Pedro), comparou-o horrorizada à sua versão europeia, Frederico, o Grande.

Em maio de 1740, um ataque de porfiria matou o ogro Frederico Guilherme, liberando seu filho Frederico, de 28 anos, um jovem brilhante, imprudente e neurótico. Ele despontou em alto e glorioso estilo, criando uma corte homoerótica que teria enlouquecido o pai. Seu grande amor era um esteta bissexual veneziano, Francesco Algarotti, e o novo rei celebrou o coup de foudre entre os dois com um poema, "O orgasmo", enviado a Voltaire e dirigido a "Algarotti, Cisne de Pádua". O poema mostra um Frederico muito diferente.[26]

Agora ele podia pôr as ideias de Voltaire em prática, proclamando-se "o primeiro servidor do Estado": "Minha tarefa principal é combater a ignorância e o preconceito, esclarecer os espíritos e trazer felicidade ao povo". Voltaire o saudou como "rei-filósofo". Frederico convidou o philosophe para uma visita a Berlim.

Em certos aspectos, porém, Frederico saíra exatamente ao pai — era um ditador que controlava tudo de perto, ferozmente malévolo não só com os rivais, mas também com os parentes e pessoas comuns. Molestava os irmãos, zombava de todos e odiava a maioria das mulheres, tendo gritado certa vez para as damas de companhia: "Sente-se o cheiro dessas vacas miseráveis a quilômetros de distância". A única mulher por quem tinha amor era a irmã Guilhermina. Embora alardeasse virtudes filosóficas, era um cínico: "Se há algo a ganhar com a honestidade, sejamos honestos; se a falsidade é necessária, sejamos velhacos". Dispensou os gigantes do pai, mas, encorajado por seus 80 mil soldados e pelos cofres cheios, viu uma oportunidade: a França, agora sob o hedonista Luís xv e sua astuciosa amante, Madame de Pompadour ("uma puta desprezível", segundo Frederico), estava com dificuldades para manter sua posição de destaque; a Rússia se via frequentemente paralisada pelas intrigas sanguinárias dos Románov; a Grã-Bretanha tentava evitar o emaranhado de confusões europeias. Então, em outubro, Carlos vi dos Habsburgo morreu, após comer aquilo que Voltaire chamou de "uma panela de cogumelos que mudou o curso da história". Maria Teresa, aos 23 anos, viu-se arquiduquesa da Áustria, rainha da Hungria e da Boêmia, mas não podia se tornar imperatriz. Frederico estava pronto para explorar essa feliz conjunção, e escreveu: "Sou o filho mais afortunado da natureza".

Em 16 de dezembro de 1740, Frederico invadiu a rica província habsbúrgica da Silésia; ainda escrevia para Algarotti, mas agora estava seriamente concentrado em expandir a Prússia a qualquer preço, inclusive sua morte em batalha. Sitiada em Viena, Maria Teresa refletia: "Vi-me sem dinheiro, sem crédito, sem exército, sem experiência e conhecimento próprio". Seus generais tinham sido nomeados por apadrinhamento. "Quanto ao estado em que encontrei o exército, nem consigo descrevê-lo", disse. "É pouco provável que haja na história uma cabeça coroada que tenha começado sob circunstâncias mais penosas."

Maria Teresa enfrentava a demolição da dinastia, mas ergueu-se à altura do desafio com aguda perspicácia, acessos frequentes de raiva, uma teatralidade romântica e um toque de leveza. Também estava grávida, e em março de 1741 deu à luz um filho, José, finalmente um varão habsbúrgico. Mas seus ministros eram verdadeiras peças de museu e acovardados: "De início, todos quiseram esperar para ver como as coisas decorreriam". Diante da renúncia de uma dessas relíquias, ela respondeu: "Seria muito melhor se você ficasse e fizesse algo de bom". E acrescentou: "Vou cuidar para que não cause nenhum estrago". A outro, ela retrucou: "Ah, meu Deus, quantos resmungos e caras feias [...]. Pare de suplicar a rainha e ajude!". Lidando com um bebê, uma guerra e uma monarquia fracassada, ela ainda tinha de animar o marido carente, Francisco: "Querido amado [...]. Eu estava aflita como um cachorrinho por sua causa [...]. Ame-me e me perdoe por não escrever mais [...]. *Adieu* [...]. Sua feliz esposa". Ainda assim, adorava estar grávida: "Queria estar no sexto mês de uma nova gravidez", disse logo depois de dar à luz José.

Frederico invadiu a Silésia, desencadeando vinte anos de guerra. Em seu primeiro combate, a Batalha de Mollwitz, fugiu do campo para descobrir depois que havia vencido. Mas, tendo sido o maior general entre Eugênio e Napoleão, logo aprendeu a arte do comando, desbaratando os insípidos generais de Maria Teresa. A guerra se ampliou rapidamente quando Luís xv, desejando liquidar seus rivais, somou-se ao retalhamento da monarquia habsbúrgica. O eleitor da Bavária, chefe da Casa de Wittelsbach, rival dos Habsburgo, venceu a eleição para imperador e tomou Praga. A Hungria andava pensando em independência.

Maria Teresa manteve a fibra. Correu para Budapeste, trajando luto, e declarou: "Agora está em jogo a própria existência do reino da Hungria, de nossa pessoa, de nossos filhos e de nossa Coroa. Traídos por todos, depositamos nosso único recurso na lealdade, nas armas e na antiga bravura dos húngaros". Eles prometeram 40 mil soldados e mais tributos, promessas que ela agradeceu teatralmente erguendo seu bebê e apresentando-lhes o futuro rei José. Em meio a tudo isso, dirigiu a enorme corte, na qual um rígido cerimonial hispânico emperucado mesclava-se à informalidade familiar, mostrando sua habitual vivacidade, adorando os "carrosséis" em que ela e suas damas, vestidas com todo o requinte, percorriam Viena montadas de lado na sela dos cavalos, disparando suas pistolas ao ar; depois, ia dançar a tarde inteira, e dava um baile de máscaras em que aparecia vestida de camponesa.

Após oito anos, Maria Teresa percebeu que não seria possível destruir Frederico pela guerra. Embora nunca tenha desistido de reconquistar a Silésia, negociou a paz e venceu a eleição do marido como imperador, e então se concentrou na reforma da monarquia.

O casamento com Francisco era feliz, a não ser pelos ciúmes que tinha de suas atrizes. As brigas por causa das amantes e de outras exigências do marido terminavam com "nosso refúgio habitual, carícias e lágrimas [...]. Perdi outra vez a calma", e Francisco saía. "Se ele for mesmo embora", ela escreveu, "ou vou atrás dele ou me tranco num convento." Durante as guerras silesianas, normalmente estava grávida, criando os dezesseis filhos entre o Hofburg e seu novo palácio de verão, Schönbrunn: "Tive de redigir o texto em quatro partes", ela escreveu a um ministro. "Havia seis crianças na sala comigo e o imperador também: nota-se." Maria Teresa cuidava de perto das crianças, escrevendo longas ordens aos preceptores: "Insisto que comam tudo sem reclamar, sem escolher nem separar". Tratava as filhas como ativos dinásticos, criando-as apenas para casar: "Elas não devem ser autorizadas a falar com porteiros e foguistas, nem a dar ordens; nasceram para obedecer". As virtudes de seus rebentos eram friamente analisadas: "Joana é cabeça-dura, embora bastante esperta; José, um bom menino, mas não muito capaz". A favorita era a bela e inteligente Mimi — Maria Cristina —, que lembrou que "no amor há sempre uma dose de desconfiança e palpável frieza". O poder é uma mãe cruel.

O penúltimo rebento, que nasceu quando ela estava com 39 anos, foi Maria Antônia — futura Maria Antonieta —, que cresceu frívola e impulsiva. O herdeiro, José, era extremamente inteligente, mas não tinha nem tato nem empatia: "Meu filho foi criado desde o berço com a maior ternura e amor, mas é preciso reconhecer que seus pedidos e desejos eram atendidos de múltiplas formas, tornando-o mimado e permitindo que desenvolvesse uma noção prematura de sua alta posição". José admirava os *philosophes*, mas seu ídolo era Frederico, a nêmesis da mãe. A imperatriz estava preocupada com o futuro.

As infidelidades de Francisco intensificaram a presunçosa devoção de Maria Teresa; os quadros de nus foram cobertos, e a comissão de castidade criada por ela espionava os casos amorosos, expulsava as atrizes provocantes e apinhava as prostitutas em balsas que desciam o Danúbio — o que lhe valeu o escárnio da iluminada Europa. Embora suspeitasse dos *philosophes*, suas reformas deram certo.

"Estes não são mais os mesmos austríacos", observou Frederico, que agora se queixava daquela "ambiciosa e vingativa inimiga, tanto mais perigosa por ser mulher". Maria Teresa sobrevivera, embora Frederico tenha conservado a Silésia. Voltaire o saudou como o Grande, mas nutria uma desconfiança constante por líderes militares. "É proibido matar", escreveu Voltaire. "Portanto, todos os assassinos são punidos, a menos que matem em grande escala e ao som de trompas." O encontro dos dois foi uma decepção. Os dois maiores homens da Europa queriam ser dominantes — e tiveram um choque desagradável, cada qual vexando o outro. Estavam melhor separados — e a guerra não chegara ao fim.

Nader, o Frederico da Ásia, tampouco podia descansar em seus louros. Ele voltou de Delhi como o xá de maior êxito do milênio. Mas o êxito nunca é definitivo. O brilho nunca está muito longe da loucura.

O QUE É UM PAI, O QUE É UM FILHO? A LOUCURA DO GRANDE PAI

Agora se intitulando Shahanshah — rei dos reis e Senhor da Conjunção —, Nader voltou para casa e descobriu que seu amado primogênito Reza Qoli, general de sucesso que deixara como vice-rei, havia orquestrado uma conspiração para tomar o trono caso acontecesse alguma coisa ao pai, matando o ex-xá Tahmasp e seus filhos jovens. A esposa de Reza, filha de Tahmasp, havia cometido suicídio, enquanto o príncipe reclamava: "Meu pai quer conquistar até os confins da terra e oprime todos nós". O comportamento de Reza foi descrito pelo favorito de Nader, Taqi Khan, que entretinha o xá durante suas bebedeiras. Nader gostava tanto de Taqi que chegou a lhe prometer que jamais o executaria, o que quer que ele fizesse. No entanto, havia um ponto fraco na relação entre os dois. Nader suspeitava de Taqi, que, por sua vez, se sentia subestimado por Nader.

Reza chegou para saudar o pai triunfante com uma comitiva própria de 12 mil mosqueteiros. Nader foi tomado de paranoia e passou a favorecer um filho mais novo e o sobrinho Ali Qoli. Rebaixou Reza e deu a mais bela princesa mogol para Ali Qoli. Em 1741, Nader estava andando a cavalo quando foi atingido por um tiro; Reza foi socorrê-lo, mas o xá o acusou de cumplicidade. Em seguida, encontrou o assassino, que confessou tudo sob tortura. Nader ameaçou arrancar os olhos de Reza.

"Pois arranque-os e enfie na boceta da sua mulher", gritou Reza.

"O que é um pai", soluçava Nader quando lhe trouxeram os olhos do rapaz, "o que é um filho?". Nader abraçou Reza, soltando uivos de dor.

"Você deveria ter pensado melhor", disse Reza por fim. "Ao tirar meus olhos, você cegou a si mesmo e destruiu sua própria vida."

Nader estava em campanha contra os otomanos, mas se retirou de Mossul, adoentado, parecendo muito mais velho do que era, enfrentando uma onda de rebeliões.

Em Shiraz, seu amigo íntimo Taqi se rebelou. Nader esmagou Shiraz num acesso frenético, erguendo torres de cabeças decepadas. Como tinha jurado que jamais executaria o amigo, bolou uma tortura engenhosa em que ele não morreria. Taqi foi castrado e teve um dos olhos arrancado, mas não o outro, para que pudesse assistir à execução dos filhos e irmãos, e, a seguir, ao estupro coletivo de suas amadas esposas pelos soldados. Levado à presença de Nader, Taqi, caolho e castrado, conseguiu se sair com um gracejo que lhe salvou a vida, e foi enviado para governar Cabul. Mas o tirano estava provocando insatisfação entre muitos de seus servidores. Quando determinou a prisão do sobrinho Ali Qoli, o príncipe começou a conspirar.

Em 1747, Nader convocou os filhos e o neto favorito Shahrokh (filho do cegado Reza e de sua esposa safávida), fitando-os longamente com um ar estranho, e então lhes pediu que tomassem o trono. Todos temiam uma trapaça. Em junho, enquanto combatia os rebeldes curdos, o Grande Pai acampou em Fathabad, onde, sozinho e paranoico, desconfiou que seus guardas afexáridas estavam conspirando com Ali Qoli. Então, ordenou que Durrani e seus afegãos executassem os pretorianos iranianos. Mas, de alguma forma, os guardas ouviram o plano. Nader dormia com sua concubina favorita, Chuki, quando os assassinos entraram na tenda. Chuki o acordou; Nader pôs-se de pé num salto, mas tropeçou quando um dos guardas brandia a espada, o que lhe decepou o braço. Enquanto rogava misericórdia, teve a cabeça cortada.

Durrani e os afegãos tentaram resgatá-lo, e choraram ao encontrar o cadáver degolado. Então saquearam a tenda, retirando o diamante Koh-i-Noor que Nader levava no braço e arrancando o anel com sinete.

A seguir, retornaram a galope para Kandahar.

Os Durrani e os Said, os Hemings e os Toussaint

CONQUISTADORES AFEGÃOS E REIS ÁRABES: OS DURRANI, OS SAUDITAS E OS OMANIS

A cabeça de Nader foi enviada para Ali Qoli, que se proclamou xá Adil e então perseguiu os filhos e netos do tio, não só matando todos eles, mesmo os que tinham dois anos de idade, mas também estripando as concubinas grávidas de Nader. Quando a tribo qajar reivindicou o poder, Adil matou seu chefe e castrou seu filho de quatro anos de idade, Agha Muhammad Khan, que décadas depois se vingou, restaurou o Irã e se tornou uma raridade: um eunuco fundador de uma dinastia. O atroz Adil foi, ele próprio, assassinado, e Shahrukh, o neto remanescente de Nader, foi cegado, dando início a décadas de tumultos — mas, entre as chamas, seu guarda-costas Durrani ganhou força e seus aliados árabes se libertaram do poder iraniano.

O afegão, voltando para casa, parou e realizou uma *jirga* (assembleia) que o elegeu xá, sob o nome Durr-i-Durran, "pérola das pérolas": ele declarou a independência afegã da Pérsia, avançou sobre Kandahar e esmagou os intriguistas sob as patas de elefantes, criando o *vilayet* — nesse caso o Estado — que mais tarde se tornou o Afeganistão. Aproveitando a situação caótica na Pérsia e na Índia, Durrani seguiu o exemplo de Nader em suas conquistas, mas aprendeu a lição dada pela aventura insensata dos hotakis: criou um império em torno de um núcleo afegão. Marchando a leste, ele anexou territórios até o rio Indo em Sindh (Paquistão), então rumou a oeste para tomar Mashhad e Nixapur (Irã), onde — honrando sua promessa a Nader — instalou Shahrukh, o neto cego do Grande Pai, como fantoche.

Durrani não foi o único a se beneficiar da queda de Nader:[1] na Arábia, surgiram duas dinastias que governam até hoje. Quando a notícia da morte de Nader chegou à Arábia, a guarnição iraniana em Omã recebeu um convite de Ahmed bin Said, o aliado local de Nader, para um banquete. Em sua fortaleza em Barka, Ahmed massacrou todos eles, fundando um novo império que acabaria se estendendo desde as costas do Paquistão até as praias da África. Em 1749, ele foi eleito imame,[2] ascensão vista com hostilidade por seus rivais árabes — os Saud, que estavam construindo seu primeiro reino. Desde Saladino, uma única família — fundada por Qatada, um xarife descendente de Maomé — governava Meca, Jedá e o Hejaz, controlando as receitas auferidas com as peregrinações; sua posição foi confirmada por Selim, o Triste, em 1517. Mas os otomanos nunca governaram o Nadj, o interior da Arábia. Um pequenino vilarejo num oásis, Diriyyah, com apenas algumas centenas de habitantes, era o feudo dos Saud, agora governado por Muhammad ibn Saud, um mercador e dono de terras. Então, em 1744, um ex-cultivador de damasqueiros chamado Muhammad ibn Abd al-Wahab, filho de uma linhagem de dignitários religiosos, chegou a Diriyyah. Wahab começara a pregar depois de retornar do *hajj*, desgostoso com a conspurcação de Meca e de Medina, maculadas pelos cultos de tumbas sagradas e homens santos. Qualquer mediação entre Deus e o homem constituía uma heresia. Em visita a Basra, Wahab vira cristãos e judeus vivendo juntos sob o heterodoxo Nader.

Esse ativista pregava a guerra santa para purificar o islamismo, firmar o *tawhid* — a doutrina de um único Deus — e criar um emirado sagrado, baseado na volta às origens — *salaf* — do islamismo. Sem ambições particulares, Wahab era hábil em formar alianças políticas e inspirava reverência entre seus seguidores. "O que há além da verdade, senão o erro?", perguntava ele, renegando o pai, o irmão e alguns filhos. Sua visão de mundo maniqueísta era intransigente: "desembainhe-se a espada" contra idólatras, charlatães, xiitas. Qualquer mistura com infiéis era maléfica. Ele chocou sua vila natal de Uyayna ao apedrejar uma adúltera. Foi expulso e fugiu para Diriyyah, onde fez a aliança que mudou a história mundial.

"Esse oásis é seu", disse Ibn Saud. "Não tema seus inimigos. Jamais o expulsaremos!"

"Você é o chefe do povoado", respondeu Wahab. "Prometa-me que travará a jihad contra os infiéis. Serei o líder em assuntos religiosos."

O imame e o xeque lançaram imediatamente sua jihad, recrutando todos os homens entre dezoito e sessenta anos de idade, aos quais depois se somaram beduínos condutores de camelos, conquistando as cidades do Nadj, uma a uma, e matando seus oponentes. Após a morte de Saud em 1764, seu filho Abdulaziz, aconselhado por Wahab, tomou Riad. A aliança saudita-wahabita tinha ambições desmedidas, pretendendo conquistar não só Meca e Medina, mas também o Iraque, e derrotar até mesmo os otomanos. Mas primeiro eles ameaçaram os hachemitas do Hejaz e os odiados ibaditas de Omã.

Ahmed bin Said e seus sucessores imediatos estavam se expandindo e fizeram de Mascate o entreposto entre a Índia e a África. Conforme os franceses aumentavam suas fazendas cafeeiras e canavieiras em Maurício (Isle de France) e o conflito militar se intensificava na Índia, os omanis forneciam os escravos a partir de seu império africano oriental com base em Zanzibar, então capturando Kilwa. Os sultões de Omã comerciavam anualmente 50 mil escravos, mas mesmo esse tráfico era pequeno em comparação ao que estava acontecendo no Atlântico.

AGAJÁ, O VICE-REI DE UIDÁ E O MONSTRO DA JAMAICA

Na África ocidental, Agajá, o *dada* (rei) do pequeno mas agressivo reino do Daomé, atacou Ardra e Uidá, reinos fons que vendiam escravos para os franceses e britânicos. Agajá, filho do fundador Houegbadja, enfrentava problemas constantes com seu vizinho mais forte, o reino de Oió. Seus *alafins* (reis) comandavam uma grande cavalaria e tinham enriquecido com o enorme comércio escravagista com os europeus. O *dada* Agajá aceitava a condição de tributário de Oió, mas isso não o impediu de decidir se apoderar de uma fatia do comércio escravagista franco-britânico, que agora atingia uma terrível intensidade. Agajá via os imensos lucros gerados pelos portos de Uidá e Aladá (Ardra). "O rei [Haffon de Uidá] é um tremendo bruto", observou um cirurgião naval inglês. "Se não consegue obter uma quantidade suficiente de escravos, marcha com um exército e despovoa. Ele e o rei de Aladá cometem grandes depredações no interior."

Tendo a sede do governo na capital Savi, cercada pelas feitorias dos europeus, Haffon se sentava num trono presenteado pela Compagnie Française des Indes Occidentales, usando uma coroa presenteada pela Companhia Africana Real dos britânicos, fornecendo e controlando sua mercadoria humana. Em 1724, Agajá capturou primeiramente Aladá, e então, em 1727, Uidá, matando Haffon e acabando com seu poder oculto ao comer suas pítons sagradas. Além disso, expurgou os dissidentes e os vendeu como escravos para o Brasil. Reunindo um exército regular de 10 mil homens, Agajá ampliou o corpo feminino de guarda-costas com o recrutamento de prisioneiras e alforriou escravos e fugitivos, que então treinou para matarem e capturarem escravos para vender aos europeus. Estabelecidas na capital de Agajá em Abomé, essas forças aterrorizavam os vizinhos com ataques a aldeias inocentes, matando jovens e velhos, sequestrando homens e mulheres de compleição robusta e levando-os em marcha até os mercados escravos. Ainda hoje, seus descendentes contam histórias dessas façanhas. As guardas femininas apenas refletiam o poder das mulheres na corte do Daomé, onde todos os que moravam no palácio, a Casa Grande, eram chamados de *ahosi* — esposas reais —, inclusive os ministros homens, enquanto as princesas efetivas, todas elas com papéis especiais na corte, se reuniam num Conselho de Esposas, que podia prevalecer sobre o *dada*. (Em Oió, quando um *alafin* era impopular, era estrangulado pelas esposas.)

Agajá e seu filho Tegbesu, que o sucedeu em 1740, comandavam um monopólio escravagista que lhes rendia cerca de 250 mil libras anuais. Tegbesu matava ou escravizava os rivais, inclusive seu irmão Truku, que foi vendido ao Brasil. Além disso, negociava acordos com os europeus, recebendo-os "num belo assento de veludo escarlate, ornamentado com fímbria de ouro, fumando tabaco, com rendas de ouro no cabelo, um penacho de plumas de avestruz e um rico manto de damasco escarlate". Sob os daomeanos, Uidá se tornou o porto escravagista mais movimentado da África ocidental: a partir de 1700, saíam anualmente de 25 a cinquenta navios com destino às Américas.

Ali perto, a oeste do Daomé e no interior da Costa do Ouro (Gana), um líder acã, Osei Tutu, uniu vários bandos de caçadores e agricultores, usando armas holandesas, para derrotar um reino rival rico em ouro, Denkyira, e coroar a si mesmo como *asantehene* — rei. Em 1680, estabelecendo uma capital em Kumasi, no interior, Osei Tutu, aconselhado por seu sacerdote Anokye, adotou um assento encurvado de ouro maciço, o *Sika Dwa Kofi*, enviado pelos céus, como símbolo de seu reinado e do espírito do povo axânti. Após a morte do fundador em 1719, seu sucessor Opoku Ware "exerceu violentamente o poder como um tirano, comprazendo-se com sua autoridade", comentava o povo gonja, vitimado pelos axântis. "Povos de todos os horizontes tinham grande medo dele."

Os *asantehenes* eram escolhidos entre a família por uma assembleia de duzentas pessoas, dominada por quatro famílias, e eram aconselhados no poder por um conselho de dezoito servidores e pela rainha-mãe — a *ohemmaa*. Seu palácio era "uma construção imensa"; seus trabalhos em joias e troféus de cabeças em ouro eram refinadíssimos. Entre suas tradições médicas, praticavam desde longa data uma forma de inoculação contra a varíola. No final do século, a capital tinha 25 mil habitantes (numa época em que Glasgow tinha 77 mil e Nova York, 40 mil). Os axântis, de início, importavam escravos portugueses de Angola para trabalhar em suas minas e lavouras, servir na corte e, à morte dos *asantehenes*, ser oferecidos em sacrifício. Mas agora atacavam o interior para fornecer escravos aos britânicos e holandeses, comerciando ouro, tecidos e nozes em troca de armas e metais.

Os escravizados eram postos em marcha forçada e acorrentados em filas atrozes por agentes afro-europeus, na maioria mulheres. Em Cacheu, o porto lusitano de escravos na África ocidental, a traficante mais poderosa era Bibiana Vaz, que deu um golpe contra outra mercadora de escravos, Crispina Peres, que foi acusada de "fetichismo" (certamente uma versão sincrética do catolicismo e da religião africana) e deportada para Lisboa, a fim de ser julgada pela Inquisição.

Esses agentes entregavam as vítimas às temíveis fortalezas de escravos onde vinha se intensificando o tráfico escravo transatlântico, dominado pelos britânicos, franceses e holandeses. Estima-se que tenham sido traficados pelo Atlântico 6 494 619 escravos entre 1701 e 1800, correspondendo a mais da metade de todo o tráfico atlântico entre 1492 e 1866. Os navios britânicos transportaram mais de 3 milhões de pessoas entre 1618 e 1807, a maioria ao longo do século XVIII. Os franceses levaram mais de 2 milhões entre 1625 e 1848. Era um sistema coercitivo considerado eficiente, mas havia resistência.

Em 36 mil viagens, houve quinhentas rebeliões. A história do *Neptunus*, um navio negreiro holandês, mostra por que raramente tinham êxito: em 17 de outubro de 1785, na costa africana ocidental, duzentos prisioneiros escravizados foram entregues ao *Neptunus* por mercadores escravagistas africanos de canoa. Os prisioneiros se rebelaram e tomaram o navio, mas caçadores africanos — pagos para recapturar os fugitivos — o cercaram, com a ajuda de escravagistas britânicos. Diante da recaptura, os corajosos rebeldes acenderam os barris de pólvora no porão de carga e cometeram suicídio coletivo.

As diabólicas crueldades nas fazendas britânicas eram tão corriqueiras na vida dos colonos que um fazendeiro na Jamaica, Thomas Thistlewood, as registrava alegremente em seu diário. Filho mais novo de um agricultor de Lincolnshire, ele chegou ao Caribe aos vinte anos para ser capataz de uma grande fazenda na Jamaica, chamada Egypt. A ilha ainda se recuperava de uma longa revolta de escravos fugidos liderada por duas comunidades maroons armadas, dirigidas pela rainha Nanny e pelo coronel Cudjoe, ambos acãs da Costa do Ouro, que tiveram tal êxito sobre os ingleses que eles conquistaram a liberdade — em troca de ajudarem a esmagar futuras revoltas. Como muitos fazendeiros, Thistlewood contratou os maroons para perseguir os fugitivos, descrevendo a "aparência majestosa" de Cudjoe, com "pluma no chapéu, espada ao lado, arma sobre o ombro […]. Descalço e de pernas nuas". Nove anos após sua chegada, Thistlewood presenciou outra revolta escrava, liderada por Tacky e pela rainha Akua, que foram ambos perseguidos por soldados, pelas milícias dos colonos e pelos maroons de Cudjoe.

Os britânicos ficaram chocados com as revoltas — a primeira das rebeliões que, tanto quanto a campanha abolicionista, foram gradualmente lançando descrédito sobre a escravidão. Tendo comprado uma fazenda própria, chamada Breadnut, Thistlewood levava a vida refinada de um cavalheiro do Iluminismo, enco-mendando livros científicos de Londres, vivendo com uma escrava, Phibbah, e tendo filhos com ela — e ao mesmo tempo tratando seus escravos com um sadis-mo alucinado, castigando-os com chibatadas, agrilhoamentos e salgas (quando os fugitivos eram recapturados e espancados, esfregava-se salmoura e pimenta em suas feridas), além de um castigo orgulhosamente inventado por ele para um escravo chamado Derby, que tinha comido um pedaço de cana-de-açúcar. Thistle-wood chamou a punição de "Dose de Derby", e em janeiro de 1756 anotou no diário: "Açoitei Derby muito bem açoitado e fiz Egypt [outro escravo] cagar em sua boca". Quando outro escravo, Port Royal, fugiu, Thistlewood registrou: "Dei-lhe um açoitamento moderado, salguei-o bem, fiz Hector cagar em sua boca, pus imediatamente uma mordaça enquanto estava com a boca cheia e o fiz usá-la por quatro ou cinco horas". Thistlewood registrou 3852 estupros que co-meteu (inclusive em grupo) com 138 mulheres, sendo várias delas menores de idade, espalhando descuidadamente doenças venéreas.

Os luminares iluministas, em sua maioria — de Diderot em Paris a Samuel Johnson em Londres —, se horrorizavam com a escravidão. Voltaire tinha uma posição mista. Deplorava a instituição, via os africanos como primos — "nin-guém poderia tratar seus parentes de maneira mais pavorosa" — e, em *Cândido*, perguntou: "A que preço comemos açúcar?". Mas, ao mesmo tempo, considera-va que os africanos tinham origens diferentes das europeias.[3] Diderot e Guillau-me Thomas Raynal denunciaram a escravidão em sua *Histoire philosophique et politique des établissements et du commerce des Européens dans les deux Indes* e aprova-vam as rebeliões escravas. No entanto, o *philosophe* alemão Immanuel Kant se opunha a qualquer "fusão de raças" e, no ensaio "Das diferentes raças humanas", apoiou a escravidão, crendo que ela refletia uma hierarquia racial que tinha no topo os brancos, no meio os asiáticos e africanos ("o negro pode ser disciplinado e cultivado, mas nunca é genuinamente civilizado [...] ele recai por si só na selva-geria") e os americanos nativos "muito abaixo do negro". A ideologia racista de Kant era incomum nesses círculos, mas a escravidão euro-americana requeria uma formulação teórica que justificasse sua dominação não cristã, a violência necessária para mantê-la e o estilo de vida luxuoso e os enormes lucros que ela rendia aos senhores escravagistas. As ideias racializadas sobre os africanos não foram inventadas pelos europeus escravocratas no século XVIII: os medievais eram obcecados por linhagens e pela hereditariedade; mercadores escravagistas e intelectuais árabes como Ibn Khaldun propagavam ideias racializadas sobre os africanos não muito diferentes das dos senhores escravocratas europeus, numa época em que o racismo não era de forma alguma a base da escravidão, visto que os escravos podiam ser tanto brancos quanto negros. Agora, porém, numa era mais científica, desenvolvia-se uma abordagem mais sistemática: em 1774, Edward Long, um juiz inglês e fazendeiro jamaicano, ofereceu uma ideologia racista em sua *History of Jamaica*, sugerindo que os africanos eram uma "raça de pessoas" à parte, "indiscerníveis dos animais", com "maneiras, estupidez e vícios bestiais". Essa nova versão de uma velha ideia iria justificar a figura do escravo como bem móvel. "A escravidão não nasceu do racismo", escreveu Eric Williams. "O racismo nasceu da escravidão."

Em Londres e Paris, os barões escravocratas do açúcar agora se fundiam com aristocratas, mercadores e nababos das Índias: Henry Lascelles, da pequena fidalguia de Yorkshire, chegou a Barbados aos 22 anos de idade, acumulando fazendas caribenhas e mantendo em simultâneo uma vida britânica, tornando-se diretor da EIC e membro do Parlamento. Ao se suicidar em 1753, Lascelles era o homem mais rico da Inglaterra, deixando meio milhão de libras, fortuna que financiou o estabelecimento de uma dinastia britânica clássica — as propriedades, as mansões e o condado de Harewood.

À diferença das leis nas Américas, o direito consuetudinário britânico não reconhecia a escravidão. Em 1729, donos de escravos fizeram uma petição ao procurador-geral, que os apoiou com seu parecer de que "um escravo vindo das Índias Ocidentais para a Grã-Bretanha não se torna livre". Os escravos eram explicitamente anunciados: "Vende-se um pretinho bonito com cerca de nove anos de idade", dizia um anúncio no *Daily Advertiser*. Ainda assim, apesar do parecer de 1729, e embora a escravidão fosse plenamente legal nas colônias e nos navios que faziam a travessia do Atlântico, seu estatuto na metrópole era ambíguo. O mesmo se dava na França, onde um escravo podia acionar o tribunal do almirantado para obter a liberdade.

Nos dois países, havia muitos escravos libertos e um número ainda maior de mestiços. Trataremos de Paris mais adiante, mas na Inglaterra devia haver, em meados do século, cerca de 15 mil britânicos negros. E havia algumas raras exceções aos horrores: em 1752, um senhor de escravos, o coronel Bathust, vendeu suas propriedades jamaicanas e voltou com um escravo de sete anos de idade chamado Francis Barber, provavelmente seu filho natural, dando-lhe a manumissão em testamento. Após uma breve aventura na marinha, Barber se tornou o estimadíssimo criado do equivalente britânico mais próximo de Voltaire, Samuel Johnson, o impetuoso leão do Iluminismo londrino, lexicógrafo e erudito. Opositor da escravidão, ele educou Barber, tornando-o uma figura conhecida na Londres literária — e, ao morrer, fez dele um de seus herdeiros.[4]

Mas esses casos eram exceções; em sua maioria, os escravizados não eram resgatados por duquesas e eruditos, mas morriam jovens em navios no meio do Atlântico ou nas fazendas caribenhas.

O tráfico atlântico era apenas uma parte de um mundo de servidão, mas seus registros permitem que os historiadores estimem que, ao longo de quatro séculos, tenham sido escravizados cerca de 12,6 milhões de seres humanos. Os portugueses transportaram quase 50% desses 12,6 milhões; os britânicos, 25%; os franceses, 10%; os holandeses, 5%. Nos quatro séculos modernos, é provável que tenham sido escravizadas 30 milhões de pessoas: 12 milhões atravessando o Atlântico, cerca de 10 milhões cruzando o oceano Índico a partir da África oriental, e 10 milhões de turcos, russos, georgianos e circassianos das estepes eurasianas. Aí não se inclui o comércio berbere-marroquino de europeus ocidentais, nem os vários milhões de sérvios e albaneses escravizados pelos otomanos; algumas dessas crianças escravizadas se tornaram vizires e *valide sultans*, mas isso não atenua sua tragédia. Entre os escravos islâmicos, havia muitas mulheres que serviam em casas de família — porém o serviço doméstico quase sempre incluía abusos sexuais. Estima-se que somente os cãs da Crimeia tenham escravizado 4 milhões. Como não existe nenhum registro documental desses tráficos, é provável que as cifras sejam muito maiores.

Em Uidá e em outras fortalezas de escravos, os porões dos navios eram carregados com centenas de africanos, "apertados como arenques num barril", e então partiam para a pavorosa viagem até o Brasil português, a Saint-Domingue francesa ou o "Velho Domínio" britânico, a Virgínia.

TRÊS FAMÍLIAS AMERICANAS: OS HEMINGS, OS JEFFERSON E OS TOUSSAINT

Em 1735, uma recém-chegada capturada na África ocidental, "de sangue totalmente africano", nas palavras de seu bisneto, foi violentada ou seduzida por um capitão naval inglês chamado Hemings, em Williamsburg, tendo provavelmente chegado como cativa em seu navio negreiro. Os escravos preservavam suas origens africanas, como bacongos ou acãs, tanto quanto possível. Os senhores, temendo essas afinidades, se apressavam em cortar qualquer vínculo perigoso, conferindo-lhes uma nova identidade escrava e novos nomes, muitas vezes clássicos: havia muitos Aníbais e Césares. O nome dela talvez tenha sido Partênia.

Ela engravidou. Em 1662, os virginianos haviam transformado em lei o conceito de *partus sequitur ventrem* — se a mãe era escrava, o filho também seria. Assim, quando Partênia deu à luz uma filha, Elizabeth, conhecida como Betty, o capitão Hemings ofereceu "um preço extraordinariamente alto" por aquela que era de sua "própria carne", mas seu proprietário recusou.

Hemings tentou raptar o bebê, mas acabou desistindo. Betty Hemings se viu como pertence de Martha Eppes, que a herdara do pai, ele próprio descendente de colonos fundadores que haviam adquirido terras. Em 1746, Martha se casou com um homem que vencera na vida por seu próprio mérito, um advogado pioneiro e corretor de escravos chamado John Wayles, nascido em Lanca-shire, na Inglaterra, que viera trabalhar para um cavalheiro em regime de servi-dão por contrato e depois acumulara patrimônio e fortuna — uma versão inicial daquilo que viria a se chamar "sonho americano". Todas as colônias americanas possuíam assembleias eleitas — a da Virgínia se chamava Câmara dos Burgueses — dominadas por plantadores de tabaco, que criaram uma infraestrutura jurídi-ca a fim de proteger suas vidas e propriedades humanas contra rebeliões: algo entre 40% e 50% dos virginianos eram escravos. Em 1723, a Virgínia decretou que "nenhum escravo negro, mulato ou índio será libertado, qualquer que seja o pretexto". Wayles se tornou dono de Elizabeth Hemings.

Dois anos depois de se casar, Martha Wayles morreu ao dar à luz uma se-gunda filha, que recebeu o nome da mãe. Wayles teve mais duas esposas, e am-bas morreram jovens; depois disso, ele tomou Betty Hemings, descrita como uma "mulata clara", como "concubina". Embora a sociedade desaprovasse, tra-tava-se de um hábito tão comum que chegava quase a ser universal. "A doutrina difundida da supremacia branca supostamente inoculava os brancos contra a mistura inter-racial", escreveu Annette Gordon-Reed, mas revelava-se "inconfiá-vel quando se deparava com a força da sexualidade humana". Wayles e Hemings tiveram seis filhos. É claro que a servidão sexual sempre fez parte da escraviza-ção, fosse na Roma pagã, na Istambul islâmica ou na Virgínia: o sexo entre senho-res e escravas se dava "nos termos dos homens, longe dos olhos e do escrutínio do mundo exterior [...], fosse por estupro, usando a força direta ou implícita, ou, em alguns casos, quando havia uma genuína atração mútua entre homem e mu-lher". É impossível avaliar essas relações em nossos termos: "As mulheres escra-vizadas não podiam, na prática e por lei, negar seu consentimento", e os teste-munhos "deixam claro o predomínio do estupro durante a escravidão".

Quando Wayles morreu, Betty, os filhos e outros 124 escravos foram lega-dos em herança para a filha Martha — e seu futuro marido, um certo Thomas Jefferson, que nascera em 1743, não muito depois de Betty.

Jefferson, um rebento da elite escravocrata virginiana, crescia ali perto. Seu pai, Peter, era um aventuroso pioneiro de segunda geração que demarcara novas terras e empurrara a fronteira para o oeste, mapeando uma rota até os montes Allegheny. Era juiz de paz e servia na Câmara dos Burgueses, tendo acumulado 2800 hectares de terras e sessenta escravos, criando o estilo de vida refinado e intelectual em que Thomas se formou. Filho do Iluminismo, Thomas lia Locke, Newton, Voltaire e tocava violino, dizendo à filha que "não há um fio de capim nem nada que se mova que me seja desinteressante". Com 1,86 metro de altura, esbelto, de cabelos levemente arruivados, olhos cor de avelã, nariz afilado, Jeffer-son era sociável, mas inescrutável, polido e ostensivamente franco. Em privado, porém, mostrava-se ambicioso. Por trás desse simpático verniz, ele também era passional, extremamente tenso, sofrendo de enxaquecas em razão do estresse. Com a morte do pai, herdou 2 mil hectares de terra. Aos 26 anos, depois de se formar como advogado, Jefferson foi eleito para a Câmara dos Burgueses. Martha Wayles, enquanto isso, se casara e enviuvara. Naquela sociedade colonial fechada, era apenas uma questão de tempo até que fosse convocado.

Na mesma época em que a mãe de Elizabeth Hemings chegava à Virgínia, Hipólito, filho escravizado de um governador de Aladá, provavelmente capturado e vendido pelo rei Agajá do Daomé, foi entregue à colônia francesa de Saint-Domingue, metade da ilha de Hispaniola (a outra metade sendo a colônia espanhola de Santo Domingo). Em um dos milhões de tragédias diárias da escravidão, a esposa de Hipólito, Affiba, e seus filhos também foram capturados, mas vendidos separadamente para Saint-Domingue. Sem saber que Affiba estava trabalhando numa propriedade próxima, Hipólito se casou com uma mulher chamada Pauline, também aladá. Quando soube disso, Affiba morreu de pesar. Hipólito e Pauline tiveram cinco filhos, sendo o primeiro deles um menino: Toussaint.

"Nasci escravo, mas a natureza me deu a alma de um homem livre", disse Toussaint, que cresceu na fazenda canavieira Bréda, propriedade de um aristocrata francês ausente, o conde Pantaléon de Bréda, que lhe deu o nome de Toussaint Bréda. Trabalhando desde novo como vaqueiro, ele aprendeu com o pai a medicina aladá e foi batizado como católico, cultuando ao mesmo tempo o voduísmo; falava fon, francês e crioulo. Toussaint conhecia a tragédia da escravidão que "arranca o filho à mãe, o irmão à irmã".

Seus pais morreram jovens, e depois disso Toussaint foi "adotado" por um amigo materno, um liberto aladá nascido na África, num exemplo das filiações informais que tornavam suportável o insuportável. A maioria dos escravos em Saint-Domingue morria de exaustão sem chegar aos 37 anos de idade, e então eram substituídos por novos escravos vindos da África, conhecidos como *bossales*. Sessenta por cento dos escravos homens, que em média sobreviviam três anos, morriam por excesso de trabalho — cerca de 500 mil ao todo. Era um ambiente que incentivava aquilo que, mais tarde, o barão de Vastey, um intelectual haitiano, chamou de "devassidão crapulosa". O *Code Noir* era amplamente ignorado, e os senhores franceses tratavam seus escravos de forma atroz: muitos eram estuprados e torturados de maneiras engenhosas — inclusive com explosivos que os estouravam pelos ares, num procedimento que os franceses chamavam de "um pouco de pólvora no cu" —, enterrados vivos, queimados em fornalhas, genitalmente mutilados, com frequência obrigados a usar focinheiras.

Os *colons* franceses levavam uma vida luxuosa em Saint-Domingue,[5] mas viviam apavorados à ideia de ser assassinados por seus escravos, que caracterizavam ao mesmo tempo como animais indolentes e estrangeiros ameaçadores. A sociedade era rigorosamente dividida entre os brancos, a população crescente de mestiços e negros libertos — que, muitas vezes, eram eles mesmos donos de escravos — e os escravos.

A melhor maneira de sobreviver era se tornar cocheiro ou serviçal na mansão do fazendeiro:[6] Toussaint foi promovido a cocheiro por Bayon, o administrador da fazenda. Ao crescer, ele presenciou a rebelião de François Makandal, um sacerdote (*oungan*) de um só braço da África ocidental — falava um pouco de árabe — que realizava rituais que, fundindo-se com o catolicismo, deram origem ao vodu haitiano. Os *colons* alegavam que Makandal os envenenara, mas novas pesquisas mostram que se tratou de um surto de antraz. De todo modo, Makandal liderou uma insurreição que constituía uma ameaça mortal, e assim capturaram-no e queimaram-no vivo em Porto Príncipe. Os escravos acreditavam que seu espírito escapara às chamas.

"O virtuoso Bayon de Libertad" alforriou Toussaint, que arrendava seus próprios escravos em sua fazenda. Embora casado com Suzanne, a filha de seu padrinho, e tendo filhos com ela, Toussaint era um prolífico amante que tinha muitas mulheres, negras e brancas. Nesse meio-tempo, ele ingressou no submundo das confrarias de escravos e seguidores do vodu, que começaram a sonhar com a revolução. Mas sua visão de mundo nunca foi racializada. Fruto do mundo do vodu africano de Makandal e das danças marciais chamadas calindas, mesclados com a fé católica e ideais iluministas, ele acreditava no potencial da natureza humana.

Na mesma época, esses dois notáveis americanos, Toussaint e Jefferson, estavam lendo os mesmos livros — Voltaire, Diderot, Raynal — e, apesar disso, sonhando com diferentes versões de liberdade.

Maria Teresa não tinha muito conhecimento sobre a América, mas um remoto massacre americano comandado por um jovem colonialista dava-lhe agora a ocasião de destruir Frederico, o Grande.

MIMI E ISABEL: SUA BUNDINHA ANGELICAL

Em 28 de maio de 1754, na vastidão do condado de Ohio, um jovem oficial britânico, à frente de trezentos americanos e americanos nativos mingos, montou uma emboscada contra as tropas francesas e as iroquesas sob o comando do *sieur* de Jumonville. Oficiais franceses e britânicos competiam para colonizar o interior americano.

O oficial George Washington, com 22 anos, mais de 1,80 metro de altura e compleição robusta, era, como Jefferson, filho de um fazendeiro rico descendente dos primeiros colonos, que possuía milhares de hectares de terra e muitos escravos. O pai de Washington morrera jovem, a mãe era gelidamente autoritária, e ele, ao crescer, tornou-se um indivíduo reticente, cauteloso e firme. Mas, como Cromwell, era muito mais esperto e ambicioso do que deixava transparecer.

Graças à amizade com a família Fairfax, descendente do comandante de Cromwell na guerra civil, que controlava mais de 2 milhões de hectares americanos, Washington, aos dezesseis anos, começara a fazer o levantamento do vale do Shenandoah. Aos vinte, possuía oitocentos hectares de terras. Apaixonou-se nesses primeiros anos por Sally Fairfax, a deslumbrante esposa de seu melhor amigo e patrono, paixão singular numa vida fleumática que, mais tarde, ele definiu como "mil ternas passagens". Depois dessa crise romântica, Washington se casou com uma viúva rica e sem graça, Martha Custis, que lhe trouxe terras e mais trezentos escravos, tornando-o um dos homens mais ricos das colônias. Jefferson observou que Washington "sempre exerceu um comando severo". Com efeito, ele foi "criado primeiro para governar escravos, a seguir um exército, depois uma nação". Washington costumava observar a indolência de seus escravos, reclamando que "não existe bando mais preguiçoso de malandros". Quando eles fugiam — 7% fugiram —, não descansava enquanto não os recapturava, e enviava os malcomportados para a morte prematura em fazendas caribenhas.

Ao rastrear o inimigo no condado de Ohio, Washington recebeu de seus auxiliares mingos o apelido de Conotocaurius — destruidor de aldeias. Suas forças, quando encontraram os franceses e iroqueses, montaram uma emboscada e os massacraram: muitos foram escalpelados. Enquanto Washington interrogava Jumonville, um de seus aliados mingos partiu a cabeça do prisioneiro com uma machadinha.[7]

Quando a notícia chegou a Londres, o inquieto primeiro-ministro, Thomas Pelham, duque de Newcastle, um dos irmãos que haviam dado continuidade ao sistema de Walpole, estudou o mapa, esforçando-se para localizar aqueles obscuros locais. "Não há dúvida de que Annapolis precisa ser defendida", disse, bufando. "Mas onde fica Annapolis?" Pelham dirigira a política externa britânica por trinta anos, mas aquela era a primeira vez que um estadista britânico precisava ter um melhor conhecimento da América. Agora, mesmo ele percebia que uma guerra colonial contra a França era inevitável: os franceses estavam desafiando os interesses britânicos na América, na Índia e na África ocidental. O duque sempre apoiara Maria Teresa contra a Prússia — seu "Velho Sistema" —, mas, numa vertiginosa troca de parceiros de dança, acabou apoiando Frederico, o Grande, contra Maria Teresa, a qual, por sua vez, encontrou alguns aliados inesperados, que eram ameaçados pela Prússia. Luís xv e sua amante, Madame de Pompadour, detestavam Frederico, odiado também pela inflexível filha loura de Pedro, o Grande, a imperatriz Isabel da Rússia: tal hostilidade não deixou de ter uma certa contribuição de Frederico, que chamou Pompadour e Isabel de "as putas".[8] Maria Teresa, num gesto drástico, aliou-se então à sua inimiga tradicional, a França, e a Rússia logo se uniu à aliança.

Financiado com subsídios britânicos, mas agora enfrentando uma aliança letal, Frederico lançou um ataque preventivo à Boêmia e sitiou Praga, desencadeando a Primeira Guerra Mundial. Em 18 de junho de 1757, os exércitos de Maria Teresa em Kolín esmagaram as tropas de Frederico; enquanto os soldados prussianos titubeavam e começavam a perder terreno, ele bradou: "Patifes, vocês querem viver para sempre?". Quarenta por cento deles foram mortos, e o rei escapou por pouco. "Faetonte foi finalmente esmagado", escarneceu seu irmão, o invejoso príncipe Henrique. "Não sabemos o que será de nós." Mas Frederico, com a ajuda da inércia austríaca e da inconfiabilidade russa, se precipitou contra os franceses, derrotando-os em Rossbach, e então desbaratou os austríacos em Leuthen, suas duas maiores vitórias.

Os cossacos, porém, estavam chegando. "Pretendo continuar esta guerra, mesmo que seja obrigada a vender todos os meus diamantes e metade de minhas roupas", disse Isabel da Rússia, que tinha 5 mil vestidos. Pompadour estava de acordo: "Odeio o rei da Prússia [...] acabemos com esse Átila do norte". Maria Teresa se referia a ele de modo muito conciso: apenas o Monstro. Frederico escarnecia das "três primeiras putas unidas da Europa". Em agosto de 1758, em Zorndorf, ele enfrentou a ferocidade russa, num confronto exaustivo de um combate entre carniceiros. Um ano depois, em Kunersdorf, os russos o esmagaram. "Minha cota está crivada de balas de mosquete", escreveu, "e dois cavalos em que estive montado foram mortos." Ele cogitou o suicídio: "É uma desventura estar vivo [...]. Restam-me apenas 3 mil dos 48 mil homens que eu tinha [...] Está tudo perdido [...]. Não devo sobreviver à queda de minha pátria. Adeus a todos". A cavalaria russa atacou Berlim. A situação de Frederico era desesperadora: "Meu único lema agora é vencer ou morrer". A única coisa que lhe restava era apostar: "Devo embarcar numa grande aventura e dobrar a aposta ou desistir".

Maria Teresa, acompanhando apreensivamente as lentas manobras de seus generais e a ferocidade intermitente dos aliados russos, assistia com satisfação a destruição de Frederico. Enquanto isso, em 1760, arranjou o matrimônio de José, seu filho de dezenove anos, um rapaz de figura marcante, porém dogmático, com Isabel de Parma, de dezoito anos, uma morena sensual de olhos escuros e pele trigueira, que por um breve tempo iluminou o egocentrismo obstinado de José e atiçou paixões entre os Habsburgo. Isabel, uma romântica vivaz, inteligente e reflexiva, que escrevia sobre filosofia e economia, ganhou a imediata adoração da imperatriz-rainha e de seu marido (com quem partilhava o amor pela música e pela filosofia). No entanto, nenhum deles percebeu que Isabel se apaixonara por Mimi, de dezessete anos, a irmã mais inteligente de José, confidente e favorita da mãe.

"Creia-me, minha querida, só posso dizer a alegria que é vê-la e estar com você", Isabel escreveu a Mimi numa de mais de duzentas cartas de amor. "Nunca, no céu ou na terra, nem por causa da ausência, ou por qualquer outra coisa ou pessoa, isso mudará para mim." Era uma paixão vulcânica: "Adoro você, ardo por você". Depois de enviar uma de suas cartas, ela escreveu: "Aqui estou eu novamente, minha crudelíssima irmã, em grande expectativa até saber o efeito do que você anda lendo [...]. Não consigo pensar em nada a não ser que estou de cabeça virada de amor, como uma tola. Sendo você tão cruel, a verdade é que nem deveria ser amada, mas como alguém, ao conhecê-la, poderia evitá-lo?".

Depois de dar à luz uma filha, ela ressurgiu ainda mais ardorosa, e sua mente era uma mistura de "filosofia, moral, histórias, reflexões profundas [...] e enlevo por você". Elas combinavam encontros secretos pelas costas de José. Isabel avisava a Mimi: "Se o arquiduque sair, irei à sua casa".

"Amo-a loucamente e anseio por beijá-la", escreveu Mimi. "Beijá-la e ser beijada. Beijo sua bundinha angelical."

"Se quer me possuir, reze para que faça bom tempo", escreveu Isabel. "Beijo tudo que você me deixar beijar."

Isabel dizia a Mimi que ela era "a mais adorável das criaturas", a quem se sentia "muito inclinada a sufocar de beijos". Mas era também estranhamente macabra: "A morte é uma coisa boa". Mimi reagia ao fatalismo de Isabel: "Deixe-me lhe dizer que seu grande anseio pela morte é francamente mau. Significa que você ou é egoísta ou quer parecer uma heroína". Será que Isabel ansiava pela morte como fuga de um amor insustentável ou seu louco amor expressava seu agudo fatalismo?

No auge desse intenso relacionamento, os Habsburgo costumavam convidar uma família de músicos para lhes fazerem apresentações. A imperatriz adorava música e cantar em público. José tocava teclado, Leopoldo e Maria Antonieta tocavam cravo, e todas as jovens sabiam cantar.

Em 13 de outubro de 1762, os Habsburgo se reuniram em Schönbrunn para assistir à apresentação do pequeno Wolfgang Mozart. O menino de seis anos estava acompanhado pela família. Seu pai, Leopold, um violinista talentoso, inspirado, mas taciturno, *Kapellmeister* assistente do príncipe-arcebispo de Salzburgo e descendente de uma família criativa, desde cedo notou que o filho era um prodígio: aos cinco anos, Mozart compôs sua primeira peça musical. Nessa atuação para os Habsburgo, Leopold tocou violino, a seguir Wolfgang tocou cravo e, ao desafio do imperador Francisco, cobriu o teclado com um pano e tocou perfeitamente. A arquiduquesa Isabel tocou violino. "Basta dizer que Wolferl [Mozart] saltou para o colo da imperatriz, pôs-lhe os braços em volta do pescoço e beijou-a vigorosamente", escreveu Leopold Mozart. No dia seguinte, os Mozart receberam um vultoso pagamento. Maria Teresa ficou tão encantada com Wolfgang que lhe enviou um traje especial de brocado lilás, o qual certamente contribuiu para o gosto futuro de Mozart por indumentárias extravagantes.

Mozart era "um homem essencialmente feliz", escreveu Jan Swafford, espirituoso, exuberante, transbordante de energia, sempre cheio de ideias musicais de grande poder e beleza — muito diferente do clichê do gênio meditativo imaginado pelos românticos no século seguinte. "Wolfgang é extraordinariamente alegre", escreveu seu austero pai, "mas também um pouco maroto." Leopold era melancólico, decepcionado com a própria carreira — "Todos os homens são canalhas", dizia a Mozart —, mas sua esposa era brincalhona e escatológica. Na adolescência, Mozart encontrou uma parceira travessa na prima Maria Ana Thekla: "Fomos feitos um para o outro, porque ela também é um pouco malandra". As mútuas explorações sexuais inspiravam a Mozart cartas ardentes: "Vou beijar suas mãos, faces, joelhos e [...] tudo que você me permitir beijar". Mesmo quando se apresentava a aristocratas, ele não deixava de fazer gozações em privado, comentando que "estavam presentes muitas pessoas da alta nobreza: a duquesa Fodona, a condessa Cagarriso, e também a princesa Merdolina com as duas filhas". Mas já estava compondo: "O concerto vou escrever em Paris, vem a calhar/ Pois lá faço tudo rapidinho, enquanto estiver a cagar".

Inspirado por Viena, Leopold levou Mozart numa turnê europeia a Paris (onde, mais tarde, sua mãe morreria traumaticamente de tifo), Londres e novamente Viena. Lá, José viria a se tornar seu patrono.

José já estava loucamente apaixonado por Isabel quando ela tocou com a família Mozart. Isabel tinha grande perícia em lidar com ele, ao mesmo tempo que escrevia, talvez para Mimi, um tratado sobre os homens em que os descrevia como "animais imprestáveis", antevendo o empoderamento feminino.

E então veio o desastre. Isabel, após o nascimento prematuro de uma segunda filha, a quem deu o mesmo nome de Mimi, Maria Cristina, contraiu varíola. Sua última carta foi para a amante: "Deus é benevolente demais para não me deixar ter o prazer de beijá-la de novo [...]. Adeus, fique bem". Isabel morreu aos 21 anos, e a ela se seguiu a nascitura.

Mimi ficou desnorteada — embora mais tarde tenha feito um casamento feliz —, mas José ficou inconsolável: "Perdi tudo, o objeto de toda a minha ternura, minha única amiga". Disse à mãe: "Jamais voltarei a me casar [...] minha existência chegou a um ponto de ruptura". A imperatriz-rainha ordenou imediatamente que ele se casasse com uma princesa de Wittelsbach, Josefa da Baviera. Ele resistiu. Mimi, colocando a dinastia em primeiro lugar, mostrou a José as cartas que Isabel lhe escrevera, a fim de acabar com suas ilusões, ainda que ele não as entendesse. Por fim ele aquiesceu, mas detestou a nova esposa — "baixa, sem qualquer vestígio de encanto, o rosto coberto de manchas, os dentes horríveis" —, e se queixou a um amigo: "Minha esposa é insuportável, mas eles querem que eu faça filhos. Como vou conseguir? Se eu pudesse tocar com a ponta do dedo alguma minúscula parte de seu corpo que não fosse coberta de manchas, eu até tentaria". Observando a mesquinhez do irmão, Mimi refletiu: "Se eu fosse a esposa dele, me enforcaria numa árvore em Schönbrunn". Mas até Maria Teresa concordava que Josefa não era "agradável". Dois anos depois, Josefa também morreu de varíola, uma infatigável carrasca.

Enquanto Frederico manobrava e conduzia negociações desesperadas, William Pitt, o novo primeiro-ministro britânico, neto de John Pitt e filho de Robert, o homem que contrabandeara o diamante da Índia, organizou uma guerra em várias frentes que lhe rendeu uma assombrosa sequência de vitórias, desde a América e a África até a Índia.

Os Románov e os Durrani, os Pitt, os comanches e os Kamehameha

A GUERRA DE PITT: O GRANDE PLEBEU

Ator nato, melodramático, tempestuoso e beberrão, William Pitt, após um breve período como soldado, ganhara renome ao desferir estocadas maldosas contra Walpole e os Pelham, atacando sua corrupção no plano doméstico e sua inércia no plano internacional. Ao vociferar contra as facções venais (e coordená--las magnificamente), ele representava o eleitorado de Old Sarum, um local desabitado e em ruínas comprado por John Pitt. Casado com Lady Hester Grenville, filha de um clã poderoso, ele tinha o apoio de sua própria facção: essa pequena panelinha dos Pitt-Grenville dominou a política inglesa pelos cinquenta anos seguintes.

Jorge II detestava Pitt, mas, em dezembro de 1756, percebendo que não tinha controle sobre Newcastle, admitiu que o vaidoso e emproado orador possuía um plano e concordou com um ministério de Pitt, encabeçado nominalmente pelo duque de Devonshire. "Tenho certeza de que posso salvar o país", gabou-se Pitt, agora secretário de Estado para o sul, "e ninguém mais." Quando vieram as manobras que o tiraram do poder, Pitt lançou uma campanha nacional que revelou a nova importância da opinião pública e levou à sua reconvocação. Ele era agora popularmente aclamado como o Grande Plebeu, e, dessa vez, estava em parceria com o duque de Newcastle.

Pitt concebeu o primeiro conflito global do país, a Guerra dos Sete Anos: sua estratégia era vencer "o Canadá nas margens do Reno", pagando Frederico para atacar a França enquanto seus protegidos valentões — os "rapazes de Pitt" — investiam contra as colônias francesas. Ele capturou as fortalezas de escravos dos franceses no Senegal e na Gâmbia, e atacou Guadalupe; na América, caíram Louisburg e o Quebec. Mas nem tudo deu certo: em Monongahela, no vale de Ohio, um general britânico aloprada e arrogante, Edward Braddock, ignorou os conselhos de seu subordinado virginiano, o coronel Washington, especialista em guerras coloniais, e foi desbaratado por forças francesas e iroquesas. Braddock foi liquidado; dois cavalos montados por Washington foram mortos. Isso foi decisivo sob outro aspecto: Washington notou a indiferença britânica e ficou indignado com a recusa de seus superiores em reconhecê-lo e promovê-lo, bem como as suas tropas coloniais. Mas esse tipo de revés era pouco frequente.[1]

Na Índia, iniciava-se um novo jogo: um invasor estrangeiro voraz e brutal estava prestes a devastar a terra.

SENHORES DA GUERRA INDIANOS: DURRANI E CLIVE

Ahmed Durrani: assim se chamava o extraordinário xá afegão, ex-guarda-costas de Nader. Em janeiro de 1757, bem na época em que Pitt organizava sua ofensiva mundial, Durrani entrou em Delhi. Estava longe de ser a sua primeira invasão da Índia — ele invadiria a Índia oito vezes e saquearia Delhi em duas ocasiões.

A predação afegã da Índia se iniciara dez anos antes, em dezembro de 1747, com o ataque de Durrani a Rangila, o imperador mogol toldado pelo consumo de ópio, que teve a sorte de que o paiol dos invasores explodisse. Um ano depois, Durrani capturou Sindh e o Punjab (Paquistão), e a seguir conquistou Caxemira, atraída para o vórtice da Índia devido ao avanço dos maratas sob o *peshwa* Balaji Rao, que, após a morte de Shahu, governava por intermédio de um *chhatrapati* fantoche. Em 1749, o *Nizam* de Hyderabad, uma lenda viva que sobrevivera a oito imperadores, um xá e oito batalhas, morreu aos 76 anos de idade, provocando uma disputa entre os herdeiros que atraiu ao caos um número ainda maior de atores. Esses principelhos manipulavam e eram manipulados por soldados-mercadores britânicos e franceses, aventureiros agressivos atraídos para uma região politicamente caótica, mas ainda comercialmente rica. Os dois dinastas que disputavam o cargo de *Nizam* atraíram europeus rivais: um tinha o apoio de um vistoso governador-geral francês, Joseph, marquês Dupleix, veterano da Compagnie des Indes Orientales, que era casado com uma beldade de sangue parcialmente indiano conhecida como Joanna Sombre, útil intermediária com os potentados indianos. Dupleix comandava seu exército de sipaios vestido como nababo. O dinasta rival contratou um temível major da EIC, Stringer Lawrence.

Então Balaji Rao e seus maratas se somaram à divisão do território — e Durrani teve de defender seu novo império. Nenhum dos atores nesse caos — fosse indiano, afegão, francês ou britânico, muçulmano, hindu ou cristão, branco ou pardo — tinha escrúpulos ou valorizava a paz, e todos eram gananciosos e implacáveis.

O xá Durrani entrou em Delhi, saqueando seus tesouros e tomando concubinas, mas não o trono, dizendo ao indefeso imperador Alamgir II: "Concedo-lhe a Coroa do Hindustão: venha me ver amanhã de manhã com dignidade real". A seguir, expressou seu comedimento em versos:

> Esqueço o trono de Delhi
> Quando recordo os cumes montanhosos de minha bela Pakhtunkhwa.

Com a corte e seu harém instalados nos aposentos imperiais em Delhi, Durrani casou seu filho Timur com a filha do imperador, enquanto ele próprio desposava a filha de Rangila. Retornando pelo Punjab, ele e o filho enfrentaram outro desafio: os sikhs, reprimidos por várias gerações de mogóis, tendo seus gurus executados, haviam reagido tornando-se uma ordem militar-religiosa, organizada em exércitos e divisões e liderada por comandantes eleitos, os *sirdars*, um dos quais, Charat Singh, *sirdar* do *misl* de Sukerchakia, distinguiu-se em particular: seu neto seria o construtor de impérios Ranjit, o Leão do Punjab. Durrani e Timur destruíram Lartarpur e Amritsar, cidades sagradas dos sikhs, arrasando os templos do Chak Guru, profanando-os com sangue de vaca e conspurcando os lagos sagrados. Insurgentes sikhs assediaram os afegãos, que trucidaram civis em massa.

Enquanto Durrani mantinha sua corte na capital mogol, um jovem líder guerreiro britânico manobrava para destruir o poder francês e dominar uma província remota, mas rica: aos dezenove anos, Robert Clive, filho de um vigário de Shropshire, ingressara na EIC como amanuense. Dotado de energia frenética entremeada de acessos de insanidade mental, Clive era um contabilista aguerrido que sonhava com a ação — "um homem que não havia nascido para a escrivaninha", na expressão de Pitt —, tendo por isso ingressado no exército da EIC, onde teve rápida ascensão. Na época, 90% dos lucros da EIC vinham não da Índia, mas da China.[2] O caos na Índia, porém, oferecia uma oportunidade a que nenhum dos atores conseguiria resistir. Assim como a oeste Durrani e Balaji Rao convergiram para Delhi, a leste Dupleix e a Compagnie des Indes Orientales lançaram, nos anos 1740, uma ofensiva contra os passivos britânicos. Em parte inspirado por Dupleix, Clive obteve seu primeiro comando. Em 1751, ele havia feito nome — e anunciado um novo dinamismo britânico — ao capturar e manter uma fortaleza, derrotando em seguida um potentado indiano apoiado pelos franceses. Pitt o elogiou. Clive casou-se com uma jovem de dezoito anos de idade que, a conselho do irmão, fora a Madras especificamente para desposá-lo, e com quem teve nove filhos. Depois que Clive sofreu um colapso nervoso, o casal voltou carregado de riquezas para Londres, onde ele foi eleito para o Parlamento e comprou um baronato. Mas retornou à Índia bem a tempo de participar da guerra de Pitt.

"Nunca se viu ou se ouviu falar de um cenário de tanta anarquia, confusão, propina, corrupção e extorsão em país algum, a não ser Bengala", disse Clive. Ele não era o único predador atraído pelas tentações de Bengala: Balaji Rao também se deixou seduzir por elas, atacando o país seis vezes e matando 40 mil pessoas. Mas Clive tinha o temperamento apropriado para combater os líderes guerreiros franceses e indianos da época, e a melhor síntese de seu espírito agressivo está numa nota que enviou a um subordinado, que enfrentava uma força superior: "Caro Forde, combata-os imediatamente; envio-lhe amanhã a ordem do conselho". Agora uma série de desastres atingia os interesses britânicos. O jovem nababo de Bengala, Siraj ud-Daula, neto de Alivardi Khan, que tomara a província dos mogóis, havia capturado o lucrativo forte britânico de Calcutá, trancando numa masmorra, sob o calor, 64 prisioneiros britânicos. Quarenta e três deles morreram.

Em fevereiro de 1757, Clive, encabeçando a marcha de seu pequeno exército, atravessou o vasto acampamento indiano — passando pelo chamado Corredor de Calcutá — para retomar o forte. Em 23 de junho, sua "batalha" decisiva de Plassey foi uma pantomima. A forma mais segura de vencer uma batalha é negociar o desfecho. Seu exército — 1100 europeus, 2 mil sipaios — era minúsculo; os ministros e as forças armadas do nababo mudaram de lado graças, basicamente, às negociações de Clive; a pólvora tinha se encharcado com as chuvas, e ele perdeu apenas 22 sipaios (e nenhum europeu). Tendo minado os franceses, também derrotou os holandeses e informou Pitt: "Deixei-lhe muito claro que haverá pouca ou nenhuma dificuldade em obter a possessão completa desses reinos ricos, e isso com o próprio consentimento mogol". Ele assegurou Bengala para a EIC. No Parlamento, Pitt elogiou "Clive [...] um general trazido pelos céus", que combateu com "um desempenho que encantaria o rei da Prússia". Desfrutando a fortuna nababesca de 300 mil libras (1 bilhão de libras em valores atuais), o novo Lord e a nova Lady Clive de Plassey compraram a propriedade do duque de Newcastle, estarrecendo Londres com seu grau de ostentação: o furão de estimação da dama usava uma coleira de diamantes de 2500 libras, e seu prodígio de estimação — Mozart — se apresentava no salão do casal. Clive continuava frágil: dependente de ópio, teve outro colapso.

No entanto, Bengala era apenas uma província. Em Kandahar, Durrani, agora enriquecido com o saque de Delhi e as receitas do Punjab e de Khorasan, não se importaria em deixar os mogóis em paz, contanto que os maratas fizessem o mesmo. Mas um general marata, acompanhado por Vishwas, o filho adolescente de Rao, entrou em Delhi e instalou no trono seu próprio imperador. Em 14 de janeiro de 1761, os dois exércitos se enfrentaram em Panipate, onde, em 1526, Babur derrotara a Índia. Durrani executou o general, Vishwas e 28 maratas, e escravizou 22 mil mulheres e crianças. A batalha selou o fim da Índia mogol — que, após as ocupações de persas, maratas e afegãos, agora não passava de uma entidade simbólica.

Durrani celebrou a vitória com uma entrada triunfal em Delhi, e então saqueou a cidade pela segunda vez em cinco anos. Mas, em sua ausência, os sikhs haviam se rebelado — e, com sua impetuosa agressividade e suas táticas de guerrilha, eram difíceis de derrotar. Os afegãos, incapazes de vencer os guerrilheiros, lançaram uma campanha de extermínio dos sikhs civis. Em 5 de fevereiro de 1762, Durrani massacrou cerca de 20 mil sikhs, na maioria mulheres e crianças. Os sikhs ainda se referem ao episódio como *Vadda Ghalughara* — o Grande Massacre —, atrocidade imperialista sem paralelo na história indiana moderna. Viajando com cinquenta carroças de cabeças sikhs, Durrani explodiu novamente o santuário de Harmandir Sahib em Amritsar, profanando o lago sagrado com os cadáveres de homens e vacas. Todavia, quando o templo explodiu, um fragmento o atingiu no nariz, causando um ferimento que acabaria por matá-lo. Mas parecia que a nova hegemonia da Índia estava agora nas mãos de Durrani ou dos *peshawas* hindus.[3]

Em Londres, o *annus mirabilis* de Pitt dera origem ao primeiro Império Britânico, e Frederico parecia acabado — até que teve um golpe de sorte. A imperatriz Isabel legou o trono russo a um dândi germânico detestável, Pedro III, que adorava Frederico e imediatamente reconvocou os exércitos russos. Frederico ficou espantado: "Que confiança se pode depositar nos assuntos humanos se as coisas mais ínfimas são capazes de mudar o destino dos impérios? Tais são as ironias do destino". Em privado, Frederico troçava da "imbecilidade divina" de Pedro III, que logo ofendeu o exército russo, a nobreza e, com grande imprudência, a hábil e carismática esposa, Catarina. A monarquia de Maria Teresa estava muito debilitada; os franceses se viam à beira da bancarrota e choravam suas perdas, que haviam engordado a Grã-Bretanha, a qual tivera ganhos enormes no continente onde se iniciara a guerra — a América. O Forte Duquesne, tomado pelo coronel Washington e seu regimento virginiano, passou a se chamar Pittsburgh. Em 1763, a Grã-Bretanha já estava com seu império americano ganho[4] — mas ele mal duraria uma década.

CONSTRUTORES DE IMPÉRIOS: GUERREIROS COMANCHES E PITT, A COBRA

Apesar disso, os britânico-americanos, franceses e espanhóis mal haviam penetrado na vastidão da América. Os europeus ocupavam apenas as Treze Colônias na costa leste. Em outros lugares, pequenos grupos de aventureiros europeus se abrigavam em paliçadas de madeira e comerciavam peles, negociando com os americanos nativos que controlavam o interior. Aristocratas de peruca, aspirando rapé nas capitais europeias, até podiam negociar essas terras nos mapas, mas isso pouca diferença fazia in loco. Aquela vasta extensão era governada por um leque sempre variável de nações indígenas, que não mediam o poder em termos de reinos e fronteiras. Mas nem por isso reinava a paz entre essas nações: elas também eram construtoras de impérios.

A maior nação indígena era a dos comanches, uma ramificação dos shoshones, parentes distantes dos mexicas, que falavam uma língua semelhante e também cultuavam o sol. As decisões de guerra e paz eram tomadas em assembleias nas quais os anciãos prevaleciam, mas mulheres e homens mais jovens se sentavam num círculo externo e podiam expor suas posições. Eles elegiam um *paraibo*, chefe guerreiro, para comandar as confederações de grupos de guerra.

O mundo desses povos indígenas havia mudado com a chegada dos espanhóis, que introduziram armas e cavalos que nunca tinham existido nas Américas: após um levante dos povos do sudeste, a Revolta de Pueblo de 1680, os espanhóis perderam o controle de milhares de cavalos. Os comanches, usando armas de fogo, arco e flecha e lanças, portando armaduras de couro, passaram a dominar a arte equestre, criando nada menos que 80 mil cavalos árabes de pequeno porte, treinados para o calor e a poeira. A narrativa tradicional dos povos indígenas inevitavelmente derrotados pelos europeus é desmentida pela ascensão dos comanches, que se adaptaram habilidosamente e por 150 anos prosperaram no sul/sudeste. Os cavalos e as armas de fogo lhes permitiram liquidar as manadas de bisões — mais de 200 mil por ano —, esmagar seus rivais, os apaches, que eram vulneráveis porque, além das incursões, também lavravam a terra, e atacar territórios espanhóis, muitas vezes em noites de lua cheia — a Lua Comanche.

Os espanhóis controlavam essa área nos mapas europeus, mas seus governadores a chamavam de Comanchería e negociavam acordos com *paraibos* comanches, para que desistissem de fazer incursões e passassem a comerciar: os comanches comerciavam cativos escravizados, nativos e europeus. Nas feiras de Taos, os governadores espanhóis trocavam armas e cavalos por couro de bisão, pele de castor e escravos, especialmente moças jovens. Uma vez vendidas, os comanches as "defloram e corrompem à vista de assembleias incontáveis de bárbaros e católicos [...] dizendo aos compradores: 'Agora pode levá-la — agora ela está boa'". Em suas incursões, eles geralmente matavam os homens, arrancavam seus olhos e os escalpelavam, muitas vezes com o pênis enfiado na boca; quando não os matavam, levavam-nos para as aldeias, onde eles eram torturados pelas mulheres. As jovens eram estupradas, mas mantidas como escravas, assim como seus filhos.

Essa ferocidade tinha uma outra faceta: os comanches e outros americanos nativos muitas vezes adotavam os prisioneiros europeus que sobreviviam a esses tormentos iniciais. Depois que esses prisioneiros aprendiam a viver e a montar como eles, seus captores os incorporavam a suas famílias sem fazer qualquer distinção racial, fossem europeus ou escravos negros capturados. Um dos maiores chefes guerreiros comanches era em parte europeu.

Nos anos 1760, havia cerca de 40 mil comanches, cada família possuindo cerca de oito cavalos, e eles governavam grande parte do Novo México e do Texas, praticamente expurgados de colonos europeus. Quando os europeus negociaram o fim da guerra, o governo nominal da Comanchería mudou, mas isso não fez muita diferença para os comanches.

Em 25 de outubro de 1760, Jorge III, com 22 anos de idade, o primeiro da família a falar inglês sem um pesado sotaque gutural germânico, herdou o trono. Estava decidido a ser um "rei patriota", revigorando o poder monárquico com a remoção dos oligarcas whigs venais que vinham governando desde 1688: o soberano ainda era o chefe de governo, nomeando ministros que, embora encabeçados por um premiê responsável por cuidar dos assuntos régios no Parlamento, respondiam à Coroa. A democracia ainda estava muito distante. De lábios carnudos, cabeça miúda, olhos azul-claros saltados, diligente e sincero, Jorge se referia ao duque de Newcastle como "um tratante" e a Pitt como "a cobra", e tinha ideias radicais sobre a escravidão. Como escreveu num ensaio para seu mentor, o conde de Bute, a escravidão "repugna tanto à lei civil quanto à lei da natureza".

O viperino Pitt estava rodeado de fãs na coroação de Jorge III, mas, nas divergências sobre a paz, renunciou e prorrompeu em lágrimas. No lugar dele, Jorge nomeou seu mentor Bute, um homem pouco afeito às mundanidades, que se mostrou tão incompetente para administrar os assuntos parlamentares e diplomáticos que o rei percebeu que teria de transigir. Ele e seu novo primeiro-ministro, George Grenville — cunhado de Pitt —, estavam de acordo que os colonos americanos, 2,5 milhões no total (sendo um quarto deles afro-americanos escravizados), deviam contribuir para as despesas de guerra. Em 1765, portanto, eles impuseram novos tributos — um selo fiscal — sobre os bens coloniais, que geraram a resistência americana sob o lema "sem representação, sem taxação". Jorge e seus ministros vacilaram e, depois de um ano, revogaram a Lei do Selo, incentivados por Pitt, que declarou: "Alegro-me que a América tenha resistido". Mas Londres também honrou promessas feitas aos americanos nativos aliados, proibindo a expansão americana nos montes Allegheny, que Washington e Jefferson, típicos magnatas ávidos por terras e membros da Câmara dos Burgueses virginiana, consideravam um direito.

Com a crise, Pitt, agora com 58 anos, voltou ao poder, alçado a conde de Chatham. Mas ele sofria de uma gota terrível e de esgotamento nervoso, para o qual seu médico prescreveu uma receita pavorosa, o consumo de álcool. Num momento vital da crise americana, a Grã-Bretanha estava sendo comandada por um maníaco-depressivo alcoólatra, escondido num quarto escuro, instável demais para governar, mas prestigioso demais para ser demitido.

Ao contrário da Grã-Bretanha, Maria Teresa não conseguira auferir ganhos de suas vitórias. Frederico manteve a Silésia, e dois anos depois ela ficou arrasada com a morte súbita do marido, o que significava ter de envolver José, agora imperador, no governo. Os dois viviam às turras, José querendo mais poder, defendendo uma reforma radical de tipo iluminista e uma expansão agressiva, viajando e fazendo inspeções peripatéticas, enquanto a imperatriz-rainha, agora obesa, por vezes abatida e sempre trajando luto, tentava aprimorá-lo e contê-lo, lançando mão de uma mescla de reprimendas severas e ameaças de abdicação.

O próprio José sofria, sentindo uma falta desesperada de Isabel, e então perdendo também sua filha adorada: "Sinto sua falta em tudo". Amargurado, mas cheio de energia reformadora, ele reclamava da monotonia da pretensiosa corte materna, "uma reunião de uma dúzia de damas casadas idosas, três ou quatro damas de companhia idosas [...]. Mas nada de sociedade [...] os inteligentes mortalmente entediados com mulheres obtusas". O próprio José não era dado a extravagâncias ou libertinagens, tendo se apaixonado por uma mulher de certa idade, governanta da filha, depois por uma grande princesa, consolando-se por fim com encontros aleatórios durante suas viagens, prostitutas (uma visita a um bordel vienense terminou mal para ele, que bateu numa moça e foi expulso do local) e visitas periódicas à filha de seu jardineiro. Seu maior prazer era a música.

Todavia, Maria Teresa não perdera a exuberância. Quando Leopoldo lhe deu um neto — futuro imperador —, ela atravessou correndo o Hofburg até o palco do teatro do palácio, interrompeu os atores no meio da fala, batendo palmas para pedir silêncio, e anunciou: "Nosso Leopoldo teve um filho!". Mais urgente era o problema de sua caçula, Maria Antonieta.

O GOVERNO DO PAU E DA BOCETA: CATARINA, A GRANDE, E POTEMKIN

A imperatriz-rainha, parecendo uma diretora de escola, havia cuidado atentamente da educação dos filhos, mas nunca conseguira controlar Antonieta. Em 1770, Maria Teresa se despediu da mocinha de catorze anos, de olhos azuis, rosto oval, pele de porcelana, cabelos acobreados, que soluçava ao deixar a mãe para se casar com Luís, o delfim francês de quinze anos, um indolente obstinado e entusiástico caçador, obcecado pela marinha, cuja maior alegria era mexer com fechaduras em sua oficina e torturar gatos. O velho rei Luís XV, um incorrigível viciado em sexo com tendências pedófilas, ficava desalentado com a patetice do filho e seu desinteresse nada bourbônico pelo sexo, e Antonieta, por sua vez, logo de saída fez um papelão ao se negar a cumprimentar a amante real, Madame du Barry.

Em pouco tempo, a política e a vida sexual de Antonieta começaram a preocupar sua apreensiva mãe. Ela informava regularmente Maria Teresa de seus períodos menstruais, e esta logo percebeu que o casamento não fora consumado na noite de núpcias — nem nos oito anos subsequentes. "Quanto à delfina", resmungava Maria Teresa, "nada!"

Em abril de 1774, Luís XV morreu de varíola, e a seu falecimento seguiu-se um "rugido trovejante" — eram os pés dos cortesãos correndo do aposento do finado até o novo rei. Luís XVI nomeou um ministro veterano da marinha, o conde de Maurepas, como seu *principal ministre d'état*, usualmente seguindo seus conselhos. Em assuntos econômicos, costumava dizer: "Parece-me que esta é a vontade geral, e quero ser amado". Mas, apesar da imagem de passividade, era muito claro sobre o que queria: desenvolver a marinha até encontrar uma ocasião para derrubar os ganhos britânicos.[5]

Antonieta adorava máscaras e gastava somas exorbitantes em apostas no *faro*, em penteados grandiosos, joias e novos palácios. "Estou apreensiva com a juventude de minha filha", escreveu Maria Teresa, "sua suscetibilidade à adulação, sua ociosidade, seu desinteresse por qualquer atividade séria." Assim, providenciou espiões para vigiá-la em Paris. Ela imaginava que Antonieta iria cuidar dos interesses austríacos: seu chanceler de Estado, o príncipe Kaunitz, declarou que Antonieta era "má pagadora" por não atender a essa expectativa. O próprio Luís a advertiu de que "a ambição de seus parentes vai frustrar tudo", e anunciou orgulhosamente que "não tenho a menor intenção de deixar que mulheres [por exemplo, sua esposa habsbúrgica] tenham qualquer influência". Referia-se à política externa. Na corte, Antonieta tentou primeiramente se vingar dos cortesãos que a tinham humilhado quando delfina. Ao promover sua melhor amiga, Yolande de Polignac, e a família desta, Antonieta tentava diminuir a alta nobreza criando seu próprio círculo, conduta que indispôs os grandes dignitários contra ela.

Já de início, ainda no reinado do sogro, Antonieta se vangloriava de ter conseguido a dispensa de um ministro. "Pedi ao rei para mandá-lo embora", contou a uma amiga próxima, referindo-se zombeteiramente a Luís como aquele "pobre homem". Maria Teresa ficou indignada. "Onde está o bom e generoso coração da arquiduquesa Antonieta?", perguntou-lhe a mãe. "Vejo apenas intriga, despeito vulgar, prazer no escárnio e perseguição." E acrescentou: "Passei o inverno inteiro tremendo à ideia de seu sucesso demasiado fácil e dos bajuladores à sua volta, enquanto você se lançava a uma vida de prazer e absurda ostentação".

Foi um infortúnio que esse casal enfrentasse os problemas de uma monarquia à beira da bancarrota. A França nunca fora tão absolutista quanto alegava Luís xix, sempre minada pelos direitos medievais dos tribunais de recursos e por um sistema tributário obsoleto que não taxava a aristocracia. Mesmo com o regime sob ameaça de crise, os cortesãos agarravam sofregamente cada franco que conseguiam. Governada por facções vorazes e uma formalidade esclerosada, mesmo um Mazarin teria dificuldades para atravessar os problemas enfrentados pelo monarca serralheiro.

"Sua sorte pode muito facilmente mudar", Maria Teresa alertou a filha. "Um dia você reconhecerá a verdade disso, e então será tarde demais. Espero não estar viva quando lhe sobrevier o infortúnio."

Antonieta se sentiu repreendida: "Amo a imperatriz, mas tenho medo dela". Enquanto se preocupava com Antonieta, Maria Teresa tinha de lidar com a ascensão de uma figura muito vivaz e ambiciosa: Catarina, a Grande. É irônico que essa época de chauvinismo ostentasse um maior número de potestades femininas do que o século xxi.

Em 1762, o homem que havia salvado Frederico, o tsar Pedro iii, pagara com a vida pela tolice: sua sofredora esposa Catarina, de origem germânica, organizou um golpe com a ajuda do amante e dos amigos deste nas Guardas. Pedro foi preso e estrangulado por ele, um regicídio que horrorizou Maria Teresa, também estarrecida com a desinibição sexual de Catarina, que promovia os amantes a posições oficiais na corte, do mesmo modo que os reis faziam com suas concubinas. Ainda pior, Catarina revelava grande inteligência política, expandindo habilmente o poderio russo. Era uma grande entusiasta do Iluminismo e chegou a redigir um projeto de reforma do Estado, reunindo uma comissão para discutir a abolição da servidão.

"Uma mulher é sempre uma mulher", Frederico disse a seu irmão Henrique, "e, no governo feminino, a boceta é mais influente do que a razão." Na verdade, o mais importante para Catarina era a razão de Estado. Com olhos azuis, cabelo acobreado, de figura curvilínea, radiosamente encantadora e politicamente voraz, Catarina era perita na publicidade, correspondendo-se com Voltaire, que a aclamou com o epíteto de a Grande (como fizera com Frederico), e recebendo Diderot em São Petersburgo. Mas era astuciosa demais para impor as ideias dos *philosophes*, e preferiu se dedicar à construção do império, dominando primeiramente a Polônia, onde orquestrou a eleição de um ex-amante, Estanislau Poniatowski, como rei, e a seguir combatendo os otomanos e a dinastia Giray no sul, onde obteve novos territórios.

Em 1772, Catarina manobrou Frederico para dividir a Polônia-Lituânia, e, juntos, eles ofereceram um naco a Maria Teresa. A imperatriz abominava qualquer conluio com o monstruoso Frederico e a lasciva Catarina, mas foi incapaz de resistir. "Uma pessoa precisa saber quando se sacrificar", suspirou. Após a viagem de José para encontrar Frederico ("Aquele homem é um gênio", disse ele), Maria Teresa participou da partilha que acabaria com o reino polonês. "Catarina e eu não passamos de meros salteadores, mas me pergunto como a imperatriz-rainha conseguiu se acertar com seu confessor", comentou Frederico, sarcástico. "Ela chorava enquanto capturava; quanto mais chorava, mais capturava."

Isto era apenas o início para Catarina, mas, diante de uma longa guerra otomana e de uma arriscada revolta camponesa, ela promoveu um visionário exuberante, irreprimível, de forte personalidade, seu amante Grigóri Potemkin, que se tornou seu marido secreto e parceiro político — o maior ministro da dinastia Románov. "É isso que acontece", refletiu Frederico, "quando o pau e a boceta governam."[6]

Jorge III, invulgarmente sadio, num feliz casamento com uma princesa germânica, adotou uma abordagem muito diferente. Em 1770, nomeou para a liderança do governo um amigo de infância afável e competente, sem compromisso com facções, que se demonstrou o administrador parlamentar de maior êxito desde Walpole, embora menos proficiente nos assuntos da América. Lord North, de 38 anos, era tão modesto que recusava se dizer primeiro-ministro. Mas não tinha como fugir ao fato de que o governo parlamentar britânico estava mal projetado para conduzir guerras em locais distantes. Frederico, o Grande, mestre do comando unido, zombava: "O rei da Inglaterra muda de ministros com a mesma frequência com que muda de camisa".

Os britânicos agora governavam um extenso império que ia do Canadá a Bengala, no leste da Índia. Durrani, xá do império afegão, instalou em Delhi um fantoche mogol, Alam II, e escreveu ao conquistador britânico, Lord Clive, ordenando que reconhecesse seu imperador lacaio. Em 1765, Clive retornou como primeiro governador-geral de Bengala. Ele havia deixado o general Hector Munro no comando, enquanto Alam e uma aliança antibritânica desafiavam o poder da EIC. Em outubro de 1764, Munro esmagou um motim sipaio. Os britânicos haviam desde cedo adotado o castigo mogol de disparar os rebeldes como balas de canhão. "A parte superior das costas fica apoiada na boca do canhão", observou um oficial chocado. "Quando o canhão é disparado, vê-se a cabeça avançar no ar por uns doze metros, os braços voam à direita e à esquerda, as pernas caem no chão [...] e o corpo é literalmente explodido." Munro executou vinte rebeldes dessa maneira. Então desbaratou o exército mogol, matando 2 mil homens e perdendo apenas 289.

Ao retornar, Clive aceitou apoiar o imperador indefeso em troca de Bengala. Em 12 de agosto de 1765, ele recebeu um *firman* de Alam que concedia Bengala à EIC, bem como alguns poderes no Decã e no principado de Arcot. A transação, que marcou o início da hegemonia britânica no leste da Índia, contrastava com o que Durrani estava fazendo no Punjab, a oeste.[7]

"Destruamos esses homens", ordenou Durrani, "escravizemos suas mulheres e filhos!" Os afegãos mataram freneticamente sikhs e não sikhs antes que Durrani partisse a galope para o oeste, a fim de receber o tributo do emir de Bucara — seu império se estendia pela área do atual Uzbequistão. Mas Durrani, com cinquenta anos, estava doente, com o rosto infeccionado pelo fragmento de Amritsar. No verão de 1773, tinha o nariz e a nasofaringe infestados de larvas, que caíam dentro da boca, até que ele não conseguiu mais comer nem falar. O epitáfio em sua tumba octogonal em Kandahar afirma que "o leão jaz com o cordeiro", tal foi a paz que conquistou com sua grandeza. No entanto, era pouca a paz que propagava: ele foi um conquistador feroz, peripatético, autor de poemas, que perpetrou atrocidades no Punjab, mas também fundou as cidades modernas de Cabul e Kandahar e criou um novo país, onde ainda hoje é conhecido como Baba-i-Afghan — o "pai dos afegãos". Embora tenha perdido o Punjab para um reino sikh independente, seu filho Timur manteve unido o império. Setenta anos depois, porém, o neto de Durrani contribuiria para o primeiro malogro afegão da Grã-Bretanha.

Enquanto isso, em Londres, Lord North enfrentava uma crise em Bengala, onde a EIC estava falindo devido à disparada dos gastos militares, enquanto os bengalis passavam fome devido aos impostos cobrados pela companhia inglesa. Clive e seus colegas nababos já eram notórios pelas fortunas que possuíam. Falou-se em nomear Clive para comandar tropas britânicas na América, mas todas as facções se sentiam incomodadas com seus métodos e suas riquezas. Em 1772, ele foi atacado por inimigos políticos no Parlamento, por causa de sua voracidade. "Um grão-príncipe dependia de meu bel-prazer; uma cidade opulenta estava à minha mercê [...]. Andei por caves subterrâneas que eram abertas apenas a mim, repletas [...] de ouro e joias!", retrucou ele. "Senhor presidente da Casa, fico espantado com minha moderação." Era o único a se espantar. Mas, quando o nababo foi exonerado em votação parlamentar, Jorge disse a North que, muito embora "ninguém dê mais valor a seus serviços do que eu", sentia-se "surpreso" que o juízo dos parlamentares "pareça aprovar a rapina de Lord Clive".[8]

Em 1773, North assumiu o controle da EIC, nomeando um governador-geral e um conselho: o efetivo governo de Bengala pela empresa militar durara pouco mais de dez anos. Mas ele também enfrentou uma crise em suas outras colônias, na América, a que deu uma solução unindo ambas. Para ajudar a EIC, North aboliu os impostos sobre o chá indiano exportado para a América, onde os coloniais se opunham a prejudicar seus próprios mercadores. Em novembro do mesmo ano, americanos — pintando o rosto de preto e usando cocares mohawk — atacaram navios carregados de chá no porto de Boston. North reagiu de forma desproporcional: aprovou as chamadas Leis Coercitivas e enviou tropas.

No alto de uma montanha na rústica Virgínia, Jefferson levou a esposa Martha Jefferson para a Honeymoon Cottage, uma ala pequena, mas já concluída, do Palácio Monticello. Três anos antes, logo após sua eleição para a Câmara dos Burgueses, Thomas visitara Martha Wayles Skelton, uma viúva de 23 anos. Casaram-se em janeiro de 1772, e, no ano seguinte, quando o pai de Martha morreu, herdaram 4500 hectares de terras tomadas de dívidas, além de 135 escravos, entre os quais Betty Hemings e seus seis filhos com Wayles. O mais novo era um bebê recém-nascido, uma menina chamada Sally, que desempenharia um papel especial na vida de Jefferson.

RADICAIS: OS JEFFERSON E OS HEMINGS; A RAINHA INGLESA
DA DINAMARCA E A QUEDA DO MÉDICO

Jefferson já estava obcecado com duas missões difíceis — construir sua nova mansão, o Palácio Monticello, no alto de um monte, e "uma cidade sobre uma colina", sua visão do Iluminismo na América. "A arquitetura é meu prazer", disse ele, "e levantar e derrubar, uma de minhas diversões favoritas." O Monticello seria sua obsessão por toda a vida. Escravos contratados nivelaram a montanha; a casa em si foi construída por trabalhadores livres e escravos (dele mesmo e contratados), brancos e negros, ao longo dos anos. Ele próprio fez o projeto, cheio de novidades e ornamentos, construindo seu gabinete em volta do quarto de dormir. Suas ideias de liberdade conflitavam com a realidade de um estilo de vida baseado na escravidão; como advogado, ele representava os filhos de escravos que pleiteavam a liberdade e defendia que os senhores os libertassem — mas não libertou os dele próprio e não acreditava que negros e brancos pudessem conviver. Por mais liberal que fosse um proprietário de escravos, a instituição só funcionava porque se baseava na violência. Jefferson permitia que seus capatazes surrassem os africanos, mas era bem menos rigoroso do que seu contemporâneo e colega dignitário Washington, por exemplo. Uma coisa era falar do Iluminismo, outra coisa era praticá-lo.

Os escravos domésticos que moravam perto da mansão do fazendeiro eram, em certos aspectos, privilegiados em comparação aos que trabalhavam nas plantações, porém mais propensos a ser estuprados pelos senhores. Os Hemings eram tratados de maneira diferente — eram três quartos brancos e meios-irmãos da sra. Jefferson.

Como Martha tinha duas filhas com Jefferson, os Hemings desempenhavam o papel tradicional de escravos domésticos, ajudando-a a criar as filhas, que cresceram com seus primos escravizados da mesma idade. A prima mais nova, Sally Hemings, estava crescendo no Monticello na época em que Jefferson escrevia sua *Visão sumária dos direitos da América britânica*. "Os reis são os servos", ele escreveu, "não os proprietários do povo [...]. Não deixemos que o nome de Jorge III seja uma mácula na página da história." Nesse ensaio, ele tentou desenvolver uma definição dos direitos humanos e propôs a abolição da escravatura — só que não naquele momento.

Nem todos eram tão comedidos em suas reformas quanto esses pilares do Iluminismo, Catarina, Frederico e Jefferson. Quase ao mesmo tempo, na Dinamarca, um escandaloso *ménage à trois* entre um médico radical, sua amante rainha e seu marido rei inauguraram a reforma mais iluminista do mundo.

A experiência tivera início em novembro de 1766, quando Jorge III enviou sua filha de quinze anos de idade, Carolina Matilde, para desposar seu primo em primeiro grau, Cristiano VII, rei da Dinamarca, Noruega e Islândia. O noivo, um rapaz de dezessete anos, tolo, desajeitado, instável, que se masturbava em público e feria a si mesmo, frequentador constante dos bordéis de Copenhague, tratava a esposa com frieza. A isolada rainha adolescente, inteligente, intensa e modesta, estava desesperada. Ficava aturdida e assustada com as excentricidades sexuais de Cristiano, mas ainda assim encantava os dinamarqueses: "Sua aparência lhe permitia evitar a crítica das mulheres e cativava o olhar dos homens".

Quando deu à luz um filho, Frederico, o marido não mostrou nenhum interesse. Às vezes era maníaco, muitas vezes letárgico. Os ministros veteranos se informaram sobre os tratamentos possíveis e receberam a recomendação de um jovem médico germânico, Johann Friedrich Struensee, de 31 anos, vistoso, sofisticado, filho erudito de um pastor pietista. Struensee conhecera os *philosophes* em Paris e adotara as ideias de Jean-Jacques Rousseau, o pensador mais radical entre eles. Rousseau acabara de publicar *O contrato social*, em que sustentava que o homem nascia bom e a sociedade o corrompia, e *Emílio ou Da educação*, em que declarava: "Tudo sai bem das mãos do Autor das coisas; tudo degenera entre as mãos do homem". Assim, ele propunha "desnaturar" as crianças a fim de prepará--las para a cidadania. Struensee, que escrevia seus próprios tratados rousseaunianos, irrompeu na corte problemática como um sopro de ar fresco, acalmando o rei e reconfortando a rainha. Cristiano viria a confiar nele cegamente, assim como a rainha, sobretudo após a inoculação do filho de ambos. Struensee reconciliou os adolescentes, incentivando o rei a voltar ao leito da rainha, ao mesmo tempo que supervisionava a infância do príncipe Frederico segundo as regras de Rousseau.

Tendo ainda apenas dezenove anos, Carolina se apaixonou por Struensee, iniciando um romance fogoso na frente do rei. Em setembro de 1770, contaminado pela visão e pela autoridade do médico, Cristiano demitiu o chanceler e promoveu Struensee a conde e a ministro do Gabinete Privado, com o poder de assinar ordens régias: o ditador iluminista. A rainha-mãe confrontou Carolina, que retrucou: "Rogo-lhe, madame, deixe-me governar meu reino como me aprouver". A sogra subornou os serviçais para que registrassem o adultério de Caroline com Struensee, espalhando farinha do lado de fora do quarto dela, para marcar as pegadas masculinas. Também encontraram as ligas de Caroline no leito de Struensee.

Em julho de 1771, a rainha deu à luz uma menina, Luísa Augusta, que se parecia com Struensee. O rei ficou desconfiado e desconcertado. Enquanto isso, o conde médico assinou mais de mil decretos abolindo a tortura, os privilégios da nobreza, a censura e o tráfico escravo.[9] Além disso, criou asilos para bebês enjeitados, financiados com uma taxa sobre as apostas, e aumentou o número de propriedades rurais dos camponeses. A Dinamarca era agora o reino mais progressista da Europa.

Em 16 de janeiro de 1772, em Copenhague, Struensee dançava com a amante rainha, sob as vistas do marido, num baile de máscaras no Teatro da Corte, no Palácio de Christiansborg. Após o baile, de madrugada, ele foi preso por guardas reais, num golpe organizado por conspiradores apoiados pela rainha-mãe. Enquanto a rainha era interrogada no Castelo de Kronborg, Struensee negava o relacionamento sexual entre os dois, certo de que o rei o respaldaria e a rainha o defenderia. Mas os dois amantes foram induzidos a confessar o relacionamento, ela na esperança de atrair a culpa sobre si mesma, ele em resposta à promessa de ter a vida poupada se confessasse a verdade. Carolina voltou atrás na confissão, mas era tarde demais. Condenado à amputação da mão direita — por assinar decretos traidores — e então à decapitação, Struensee continuou a crer que seria poupado quase até o último minuto, quando viu seu associado mais próximo ser decapitado diante dele. "Eu gostaria de ter salvado ambos", disse o rei — mas não salvou. Depois de três golpes canhestros, Struensee foi decapitado com um machado — hoje exposto em Copenhague — e então esquartejado. Seus decretos foram anulados, e a escravidão da Companhia das Índias Orientais dinamarquesa foi restaurada.

Jorge III, embora constrangido com a "conduta criminosa" da irmã, advertiu os dinamarqueses de que não a castigassem, e enviou a Marinha Real para ameaçar Copenhague.[10] Mas agora o rei enfrentava a revolução na América.

Jorge e Lord North podiam ter concebido várias soluções para a crise. Jorge podia ter se declarado rei da América (seu pai pensara em transferir seu outro filho para as colônias como duque da Virgínia) e anunciado que estava protegendo os direitos americanos — como agora fazia com seus súditos canadenses; podia ter encarado o blefe dos americanos dando-lhes um assento no Parlamento (como acontecera com a união escocesa e irlandesa). Em vez disso, North decidiu endurecer,[11] o que levou os patriotas americanos a realizarem seu primeiro Congresso Continental na Filadélfia, ao qual Washington compareceu. Os delegados fundaram então uma Associação Continental, que unia as colônias numa única organização. Enquanto Jefferson observava do Monticello, o altivo e taciturno Washington resolvia "dedicar minha vida e fortuna à causa", assumindo o comando de uma milícia virginiana.

Jorge e North pensavam que os colonos seriam incapazes de se coordenar politicamente e recuariam. "Os dados agora estão lançados", Jorge escreveu a North; "as colônias devem se submeter ou triunfar [...] não devemos voltar atrás."

Em abril de 1775, em Lexington, os casacas-vermelhas britânicos foram desafiados por um grupo de colonos — uma escalada que levou a um segundo Congresso, no qual Washington foi eleito comandante-chefe; a nomeação se deveu tanto a "sua elevada estatura", como observou maliciosamente John Adams, quanto a seu "dom do silêncio". Washington foi brindado por Jefferson e pelo colono mais famoso da América, Benjamin Franklin, de 69 anos, luminar polímata do Iluminismo, mas, até então, o general era o único soldado no Exército Continental. Jefferson foi eleito para um Comitê dos Cinco e incumbido de redigir uma Declaração de Independência, que foi aprovada em julho de 1776: "Todos os homens são criados iguais", dizia a declaração, "com certos direitos inalienáveis", entre os quais estão "a vida, a liberdade e a busca da felicidade" — embora não para todos. Os pais fundadores americanos — todos varões, escrevendo sobre a igualdade dos "homens" — estabeleciam critérios morais elevados para a democracia, mas não viviam à altura deles. Jefferson desejava abolir o tráfico escravo, mas outros senhores de escravos resistiram, e assim chegaram a uma solução de compromisso, concordando em retomar o assunto dali a vinte anos. Em Londres, Samuel Johnson troçava da encenação americana: "Como é que ouvimos os mais altos brados por liberdade entre os condutores de negros?".

Apressando-se até a Nova Inglaterra, Washington afastou os britânicos de Boston, mas teve de defender Nova York com seu pequeno exército de 8 mil homens, que logo cederam sob o ataque britânico. Na retirada, Washington perdeu sua habitual compostura e bradou: "São esses os homens com quem tenho de defender a América?". Sim, e ele a defendeu, retirando-se para Nova Jersey enquanto os britânicos tomavam a Filadélfia.

North acreditava que a vitória estava garantida e contratou 18 mil mercenários de Hesse, uma medida tradicional, visto que os exércitos britânicos eram pequenos. Catarina, a Grande, e Potemkin, que acabavam de esmagar uma enorme rebelião de servos no Volga, ofereceram a Jorge um exército russo para destruir os americanos, o que era uma possibilidade interessante. Se Jorge e North realmente fossem "tiranos", como alegavam os patriotas, teriam lançado uma guerra total com tropas numerosas, como fizera Catarina contra seus rebeldes, ou teriam retaliado com a brutalidade empregada pelo tio do rei, o duque de Cumberland, contra os rebeldes escoceses em 1745. Em vez disso, eles esperaram persuadir os americanos, nunca enviaram tropas suficientes, subestimaram a determinação, a habilidade e o número de rebeldes e superestimaram o sentimento legalista. North praticamente sequer interveio junto a seu secretário colonial, Lord George Germain, que dividiu as forças britânicas em três, com comandantes rivais, o que, ao fim e ao cabo, permitiu que os americanos as derrotassem uma por uma. Já bastava a dificuldade de conduzir uma guerra a uma distância de cinco semanas de viagem de navio. North, deprimido, pediu exoneração, mas Jorge, tendo pagado secretamente suas enormes dívidas, obrigou-o a permanecer no cargo. Em maio de 1778, um Pitt (Chatham) cadavérico entrou coxeando na Câmara dos Lordes, ajudado pelo filho, a fim de defender a conciliação americana, mas desabou. Morreu nos braços de William, seu filho de dezoito anos, que viria a ser o maior premiê do século.

Luís XVI observava satisfeito o malogro britânico na América, embora hesitasse em intervir. Mas tinha problemas maiores: uma dívida no reino e uma incapacidade sexual no boudoir, ambas objeto de comentários na Europa.

ANTONIETA E LUÍS: TERAPIA SEXUAL IMPERIAL EM VERSALHES

Em novembro de 1776, Antonieta, infeliz e transtornada, apelou ao irmão, o imperador José, um improvável terapeuta sexual, cujos relacionamentos pessoais e casamento mais recente eram um desastre. Em junho de 1777, José visitou a irmã em Paris e lá examinou a espantosa situação na corte mais sexualmente desinibida da Europa: ninguém tinha explicado nem ao rei nem à rainha como se fazia amor. Mas o imperador era talvez o único homem em quem o rei da França podia confiar. José levou o monarca — "bastante fraco, mas não um imbecil" — para um passeio. "Imagine! No leito conjugal, ele tem uma ereção plenamente satisfatória [...] introduz o membro, fica lá por dois minutos imóvel, retira sem jamais descarregar, mas ainda ereto, e deseja boa noite", José escreveu ao irmão Leopoldo. "Ah! Se eu pudesse ter estado presente uma única vez, teria arranjado devidamente as coisas. Ele precisa ser fustigado para descarregar vigorosamente, como os asnos. Além disso, minha irmã é muito plácida, e juntos são dois incompetentes."

José de alguma forma acertou a situação, salvando a aliança e o matrimônio. Ao copular com Luís, Antonieta pensou em Maria Teresa: "Minha querida mãe [...], já faz mais de oito dias que meu casamento foi plenamente consumado; temos repetido a prova, e ontem de maneira ainda mais completa. De início pensei em mandar um mensageiro à minha querida mamãe".

O primeiro parto — uma filha — foi um pesadelo: ao anúncio "a rainha está para dar à luz", os cortesãos lotaram o aposento quente e abafado; ela teve hemorragia e desmaiou, enquanto Luís tentava abrir a janela. Mais tarde, quando eles pararam de copular, Maria Teresa supôs que o rei tivesse uma amante: "Minha regra é que a mulher deve apenas suportar com paciência os lapsos do marido. Não há por que criar caso em torno disso". Mas o casamento dos dois deu a volta por cima: Luís disse à esposa que a amava e jamais teria uma amante. Depois disso seguiram-se três filhos. José exultou: "Ambos escreveram para me agradecer". O Kaiser adorava Antonieta, comentando que ele próprio, se fosse casado com ela, seria muito feliz, mas ao mesmo tempo ficava preocupado, pois "o vórtice de dissipação à sua volta impede-a de ver e pensar em qualquer outra coisa que não seja passar de um prazer a outro". José previu: "A revolução será cruel".

A revolução americana também se tornara cruel, com uma vertente racial. O governador britânico da Virgínia, o conde de Dunmore, apelou imediatamente aos afro-americanos escravizados: "todos os servos, negros e outros", seriam libertados "se, capazes e dispostos a pegar em armas", se unissem às "tropas de Sua Majestade". Trezentos libertos do Regimento Etíope Real do conde de Dunmore combateram sob o estandarte "Liberdade para os Escravos", enquanto uma Brigada Negra sob um implacável comandante guerrilheiro, Titus Cornelius, conhecido como coronel Tye, fazia breves e constantes ataques às forças americanas. Cinquenta mil escravos passaram para o lado dos britânicos. Os iroqueses e outros americanos nativos planejavam apoiar os britânicos contra os colonos.

Washington tentou manter o exército unido no vale Forge, enquanto intimidava os líderes iroqueses e treinava suas tropas "extremamente sujas e nauseantes", cujo caráter simplório ele atribuía a "uma inexplicável espécie de estupidez na classe inferior dessa gente". Sua esperança era que uma guerra prolongada com linhas de abastecimento contínuas enfraquecesse a determinação dos britânicos.

Os ideais da revolução americana marcaram uma nova época — a frutificação da guerra civil inglesa e do Iluminismo.

Mas, sem uma mudança no jogo, parecia improvável que os americanos vencessem.

DISPARE SUA FLECHA: KAMEHAMEHA E COOK

No vale Forge, Washington recebeu a adesão de um jovem aristocrata francês de apenas dezenove anos de idade, Gilbert du Motier, marquês de Lafayette, que equipara um navio com seus próprios recursos e chegara à América em junho de 1777 para lutar pela liberdade. Os americanos logo perceberam a potencial influência de Lafayette em Paris e o elevaram a major-general. Washington se ofereceu para ser seu "amigo e pai". Suas escaramuças com os britânicos, que relatava em cartas entusiásticas para a França, eram seguidas atentamente por Luís e Antonieta.

Muitos governantes sonham com essa panaceia suprema: uma guerra breve e vitoriosa. Luís XVI não era exceção. Sabia que não tinha fundos para se permitir uma guerra, mas seu novo ministro das Finanças, o banqueiro suíço Jacques Necker,[12] informou-o de que, se vencesse a guerra no prazo de apenas um ano, poderia financiá-la com empréstimos sem precisar aumentar os impostos. Lafayette voltou para defender a América, e, depois que uma vitória em Saratoga mostrou que os americanos eram capazes de derrotar os soldados britânicos e hessianos, Luís concordou em intervir, com o respaldo dos primos espanhóis. Uma guerra breve e vitoriosa restauraria as fortunas régias. Em 6 de fevereiro de 1778, o octogenário enviado americano Benjamin Franklin negociou a aliança. Antonieta apoiou a guerra, e seu primeiro amante desempenharia um papel importante na Revolução Americana.

Logo após chegar a Paris, Antonieta conhecera esse amigo especial num baile de máscaras, evento muito setecentista que permitia o encontro de monarcas incógnitos com mascarados desconhecidos — e todos arranjavam novos amantes. Na ocasião, ela topou com um conde sueco de cabelo louro claro, Axel von Fersen, da mesma idade, que conversara com Antonieta sem saber quem ela era. Agora, em 1778, Fersen voltava a Paris. "Ah, eis um velho conhecido", disse ela, e um oficial a serviço da rainha notou que "sua mão tremia com visível emoção".

Após um casamento decepcionante, Antonieta se apaixonou. Fersen considerava a rainha, com gravidez bem adiantada, "a mais bela e amigável princesa". Pedindo-lhe que trajasse seu elegante uniforme sueco, ela o recebeu em sua mansão informal, o Petit Trianon, na propriedade de Versalhes, onde "a rainha não conseguia despregar os olhos dele [...], olhos cheios de lágrimas". Foi o início de uma ligação amorosa que durou pelo resto da vida de Antonieta; mas eles ainda não eram amantes físicos. "Amo-a e a amarei loucamente por toda a minha vida", escreveu Fersen mais tarde, enquanto ela se referia a ele como "o mais amado e amoroso dos homens", declarando: "Meu coração é todo seu".

Na América, Washington estava agora pronto para passar outro inverno de ansiedade em Middlebrook, em Nova Jersey. Mas, enquanto o mundo atlântico se concentrava na rebelião, um potentado polinésio — cujo arquipélago faria parte da América — encontrava seu primeiro europeu.

Em 26 de janeiro de 1779, na baía de Kealakekua, Kaleiopuu, *alii-nui* (rei) do arquipélago do Havaí, um dos últimos territórios desconhecidos pelos europeus, fez uma visita, acompanhado do filho Kiwalao, ao capitão de um de dois navios britânicos. Em seu círculo de jovens nobres, sobressaindo-se a ambos, estava também o terceiro homem do reino, seu sobrinho Kamehameha, um colosso de 2,10 metros de altura com sobrancelhas densas, olhos penetrantes e pálpebras pesadas, além de um ar poderoso e ameaçador. Ele logo uniria as ilhas havaianas.

O velho *alii-nui*, encarquilhado pela dependência do narcótico *awa*, mas ainda um entusiástico amante de seus jovens namorados, chegou envergando um esplendoroso manto *ahuala* escarlate, preto e amarelo, feito com 400 mil penas tiradas de 80 mil pássaros, e um elmo *mahiole* emplumado. Os paramentos eram impressionantes, mas os dirigentes havaianos estavam enfraquecidos por suas ferozes lutas políticas.

Por volta de 1735, um príncipe ambicioso do clã dirigente, Alapai, o Grande, derrubara e matara os rivais, sacrificando-os para obter sua *mola* (poder espiritual), e unindo várias ilhas num mesmo reino, que governou por vinte anos.

Quando sua sobrinha, a nobre Kekuiapoiwa, engravidou e pediu o olho de um tubarão, sinal de que o bebê seria um trucidador de reis, Alapai ordenou que matasse o bebê. Sem saber o que fazer, a mãe o colocou sobre a Naha, a pedra sagrada: se o menino chorasse, seria executado — mas ele não chorou. O rei guerreiro enviou sicários para matá-lo, mas Kekuiapoiwa escondeu o filho. Por fim, confiante em seu poder, Alapai suspendeu a sentença de morte e chamou o bebê Kamehameha de volta à corte. Quando Alapai morreu, por volta de 1754, seu parente Kaleiopuu tomou o poder.

Agora subindo a bordo do navio europeu com seu rei, Kamehameha examinou atentamente os navios e seus canhões, além do chefe europeu, que reunia em si os interesses científicos iluministas de um intelectual inglês e a missão imperial de um conquistador britânico: James Cook.

A infância de Cook havia sido bastante difícil: trabalhara no sítio do pai em Yorkshire e numa mercearia até ingressar na Marinha Real, distinguindo-se como piloto a tempo de conduzir o general Wolfe pelo rio St. Lawrence a fim de capturar o Quebec. Em agosto de 1768, Cook, agora com 39 anos, tímido, impaciente, de raciocínio rápido, alto e bem-apessoado, autodidata e com grande motivação própria, fora escolhido pela Royal Society para comandar o HMS *Endeavour* e observar o trânsito de Vênus pelo Sol no Taiti, levando um astrônomo e um jovem e rico botanista chamado Joseph Banks para contornar a Terra do Fogo até o Pacífico. No Taiti, ele conheceu um navegador e sacerdote polinésio, Tupaia, um altivo refugiado de Raiatea que lhe ensinou como os polinésios tinham atravessado o oceano, ajudou-o a mapear as ilhas e o acompanhou na travessia do Pacífico em 1770 até chegar a Aotearoa — a que os holandeses tinham dado o nome de Nova Zelândia —, onde encontraram o povo maori.

Navegando para a Austrália, Cook chegou a um local na costa leste que chamou de baía da Arraia, e depois renomeou como Botany Bay, em homenagem a Banks, que coletou 30 mil espécimes durante a viagem e divisou um animal extraordinário — o canguru —, primeiro sinal de que o continente estivera isolado por muitos milênios. Reivindicando a Austrália oriental — Nova Gales do Sul — para a Grã-Bretanha, Cook se deparou com aborígenes gweagal na área de Botany Bay, aproximando-se "tanto da costa que era possível ver várias pessoas na praia; aparentavam ser de uma cor muito escura ou preta". Infelizmente, os gweagal resistiram ao desembarque de Cook, atirando lanças até alcançá-los e ferir um dos homens. Não queriam se comunicar. Tupaia morreu na Batávia, na viagem de retorno de Cook.

De volta a Londres, Cook e Banks se tornaram celebridades, contando sobre suas proezas e exibindo seus 1400 novos espécimes de vegetais, entre eles o eucalipto e a acácia, além do passageiro taitiano Omai, que foi apresentado a Jorge III e pintado por Joshua Reynolds. Mas Cook ficava entediado em seu país. Com os pensamentos vagueando sem cessar, ele dizia ter viajado "mais longe do que qualquer homem antes de mim, e tão longe quanto penso ser possível ir um homem" — o que, de fato, era verdade naquela época.

Em julho de 1776, o patrono de Cook, o conde de Sandwich, primeiro lorde do almirantado, encomendou uma viagem aos HMS *Resolution* e *Discovery* a fim de levar Omai de volta para casa; mas, na verdade, para encontrar uma passagem noroeste para o Pacífico — e superar a França.

Cook levou Omai de volta ao Taiti e então partiu para "descobrir" Maui e o Havaí, dando-lhes o nome de ilhas Sandwich. Os britânicos não sabiam, mas era a temporada do Makahiki, as festas para celebrar a colheita e o deus Lono, uma das quatro deidades primordiais, e várias canoas de havaianos foram visitar os europeus. Os homens queriam negociar e ofereceram porcos e frutas; as jovens dançavam no convés, cantando uma *hula*:

> *Onde, ó, onde*
> *Está o graveto de haste oca, onde,*
> *Para fazer uma flecha para o falcão?*
> *Venha e dispare [...]*
> *Um pênis, um pênis para desfrutar:*
> *Não fique parado, venha gentil [...]*
> *Dispare sua flecha.*

Os britânicos protestantes ficaram surpresos com essa generosidade sexual. Cook nunca se envolveu pessoalmente com as jovens havaianas (fiel à esposa em casa, com os seis filhos do casal), mas escreveu dizendo ter permitido o contato sexual da tripulação "porque não conseguiria impedi-lo". Mas tentou restringir a transmissão de doenças venéreas de seus homens às polinésias, inspecionando-os e autorizando apenas os saudáveis a farrearem nas ilhas. Na época não se sabia que homens com doenças sexualmente transmissíveis podiam ser assintomáticos e espalhar a infecção, e Cook ficou angustiado ao ver mulheres havaianas com chagas da sífilis.

No *Discovery*, o *alii-nui* Kaleiopuu tirou o manto e o elmo e os presenteou ao inglês, que ignorava quão valiosos eram. Mas os dois lados logo se desiludiram mutuamente. Os britânicos faziam sexo com mulheres em locais considerados sagrados para os havaianos, enquanto os puritanos marinheiros ficaram escandalizados ao saber que Kaleiopuu tinha uma série de garotos adolescentes como *akane* (amante do mesmo gênero) e que gostava que ejaculassem sobre ele. Quando um dos oficiais de Cook, William Bligh,[13] ordenou aos havaianos que realizassem algumas tarefas e tentou espancá-los quando eles se negaram, Cook, sensatamente, levantou âncora e partiu — para explorar a costa da Califórnia.

Quando Cook voltou, seus homens, inadvertidamente, roubaram ídolos de madeira para usar como lenha, o que enfureceu os havaianos. Pressentindo o perigo, ele resolveu imitar Cortés e sequestrar o rei Kaleiopupu sob mira da arma, mas foi frustrado quando a esposa do rei, Kanekapolei, deu o alarme. Na confusão, Cook atirou num havaiano e seus marinheiros mataram vários outros, até que um nobre havaiano acertou a cabeça de Cook com uma clava feita de dente de tubarão. Os havaianos então apunhalaram Cook e quatro marinheiros.

Enquanto o rei se escondia, o príncipe Kamehameha, seu sobrinho, enviou um porco ao *Discovery* como gesto de reconciliação. Depois que os britânicos bombardearam uma aldeia, Kaleiopuu entregou o crânio, o escalpo e os pés e as mãos de Cook.[14] Os restos do capitão foram sepultados no mar.

Em 1782, Kaleiopupu morreu e seu filho Kiwalao o sucedeu, tendo Kamehameha como guardião do deus da guerra: a oferenda de seres humanos ao deus da guerra era prerrogativa real, mas Kamehameha sacrificou pessoalmente um nobre rebelde ao deus. Kiwalao tentou detê-lo, porém Kamehameha o capturou e o sacrificou, assumindo a posição de *alii-nui* da ilha principal. Para conquistar as outras ilhas, ele precisava de canhões — e, pouco tempo depois, dois americanos cometeram o erro mortal, ainda que providencial, de fornecê-los. Da mesma forma, para que os patriotas vencessem, Washington precisava da frota francesa, mas Luís se movia com uma lentidão glacial.

A INTERVENÇÃO: ANTONIETA E FERSEN

Em 1789, Luís enviou à América um contingente sob o comando do conde de Rochambeau; para acabar com o falatório e ter um pouco de aventura, Fersen juntou-se a ele. Mas essa intervenção na América era pequena demais, vagarosa demais. Luís também enviara uma armada franco-espanhola de 65 navios de linha, com 30 mil soldados, para invadir a Grã-Bretanha, empreendimento que falhou por pouco, principalmente devido às condições climáticas. Necker tomara um grande empréstimo para financiá-lo. Os empréstimos franceses saíam tão caro por conta da falta de transparência das finanças reais: as finanças britânicas eram muito mais transparentes, permitindo que o governo britânico tomasse empréstimos a juros 2% menores. Necker montou um orçamento falso que ocultava a terrível crise financeira, agora exacerbada pela guerra, e então renunciou, calado e mal-humorado.

Só depois de dois anos de guerra é que Luís determinou que toda a sua frota sob o almirante De Grasse auxiliasse os americanos. Em setembro de 1780, Washington e Lafayette se encontraram com o conde de Rochambeau e Fersen a fim de coordenar a empreitada. Quando o mais vigoroso general britânico, Charles Cornwallis, entrou com 9 mil soldados na Virgínia, Washington e os franceses, agora apoiados pela grande frota sob o comando de De Grasse, partiram em seu encalço.

No começo de 1781, Cornwallis enviou unidades para perseguir o governador Jefferson da Virgínia. Jefferson abandonou a capital, Richmond, às predações britânicas e fugiu para sua fazenda a oeste. Vinte e três de seus escravos fugiram — ou, como disse Jefferson, "juntaram-se ao inimigo" —, além de catorze de Washington.

Jefferson não era um líder militar. Sua delicada esposa Martha deu à luz seis filhos, mas apenas duas filhas sobreviveram à infância; a cada parto, a saúde de Martha se deteriorava.[15] Agora ele se dedicava a cuidar dela.

De repente a guerra se acelerou. Washington, Rochambeau e De Grasse convergiram na Virgínia, onde Cornwallis, confiante em suas forças, fortificou seu acampamento em Yorktown.

Em novembro de 1780, enquanto Antonieta aguardava notícias da América, sua mãe, Maria Teresa, com 63 anos, agonizava no Hofburg, nos braços de José.

"Sua Majestade está confortável?", perguntou José.

"Não", respondeu a imperatriz-rainha, "mas em posição suficientemente boa para morrer." Agora José podia ser o patrono de seus queridos músicos, Salieri e Mozart, e reformar a monarquia com ideias que até Jefferson aprovaria. "Todos os homens", ele declarou, "são iguais ao nascer."

MOZART, JOSÉ E SUAS EREÇÕES CONTÍNUAS

José, agora com quarenta anos, longe de ser um habsbúrgico de queixo comprido e baboso, era esbelto, bem-apessoado, informal, espirituoso, autodepreciativo, o mais extraordinário da família — um visionário radical: "Herdamos de nossos pais apenas a vida animal; portanto, não há a menor diferença entre rei, conde, burguês e camponês". Ele saía em turnês e inspeções intermináveis, com um número ínfimo de acompanhantes, evitando cerimônia, apreciando permanecer incógnito na figura de conde Falkenstein, vestido de maneira simples, usando casaco militar e botas e entregando-se a aventuras sexuais que, queixava-se ele, consistiam numa "escolha entre camponesas feias e esposas de falcoeiros". Em uma visita a Paris, foi escolhido ao acaso para ser padrinho num batizado, e o padre perguntou seu nome:

"José."

"Sobrenome?"

"Segundo."

"Ocupação?"

"Imperador."[16]

Quando se discutia a Revolução Americana, Jefferson dizia que José gracejava: "Sou monarquista por ofício". Mas também era obsessivo, sem tato, precipitado. "Como príncipe, ele terá ereções contínuas", previu seu caro amigo, o príncipe de Ligne, "e nunca ficará saciado. Seu reinado será um priapismo permanente." Acreditando que a reforma só era possível a partir do alto, José era um legislômano infatigável, tendo promulgado 6206 leis, na maior parte admiráveis: sua *Toleranzpatent* estabeleceu a tolerância religiosa aos protestantes e judeus — ao mesmo tempo impondo medidas para racionalizar o que considerava superstição judaica. O Kaiser era um grande reformador, mas também um disciplinador militarista, que acreditava que "tudo existe para o Estado". Ele aboliu a servidão, reduziu a censura e diminuiu a nobreza. Contudo, como imperador, faltavam-lhe equilíbrio e empatia.

Em 1784, ele proibiu os funerais extravagantes, e, a fim de poupar espaço, ordenou que as pessoas fossem enterradas dentro de sacos em valas comuns, projetando um caixão reutilizável que se abria para despejar o corpo dentro da vala. Os vienenses abominaram a medida de tal maneira que José acabou por desencadear tumultos fúnebres. "Ele não tinha a menor ideia da arte do governo", escreveu Casanova, que o conheceu, "pois não tinha o mínimo conhecimento do coração humano." Mas, para os músicos, José foi uma bênção: ele vivia para a música, tocando ele próprio violoncelo e teclado, e adorava a commedia dell'arte italiana.

Em 1781, Mozart, agora com 25 anos e organista da corte em Salzburgo, recebeu ordens de seu senhor, o príncipe-arcebispo, de encontrá-lo em Viena para as comemorações da entronização de José. Mozart mal podia esperar para se livrar do homem, que, ciumento de seu serviçal, tratava-o aos gritos. Mozart, um homem baixo, franzino, de olhos grandes, com uma auréola de cabelo louro, ficava indignado com a arrogância do príncipe-arcebispo: "Meu corpo tremia inteiro, e eu cambaleava pela rua feito um bêbado". Misericordiosamente demitido, "meu principal objetivo agora é encontrar o imperador [...]. Decidi que ele precisa me conhecer. Eu ficaria muito feliz se conseguisse lhe apresentar minha ópera e tocar uma ou duas fugas, pois é disso que ele gosta". Em dezembro, José convidara Mozart para tocar num concurso de piano e estava apoiando sua carreira de pianista e compositor de concertos e óperas, a começar por *O rapto do serralho*.

Numa cidade musical, favorecida por um imperador louco por música, Mozart fervilhava de ideias. "A música reina suprema", escreveu. Se antes ele havia escrito sobre sexo e fezes, agora tudo tinha a ver com música, como quando contou sobre como havia composto sua ópera: "Agora, sobre a ária de Bellmont [sic] em lá maior. Ah, quanta ansiedade, quanta paixão! Sabe como a expressei? Mesmo o coração ardente, palpitante? Com dois violinos tocando em oitavas". Mozart, cujos instintos amorosos haviam sido refreados pelo terror às doenças venéreas, desde que vira um amigo de infância acometido de sífilis, estava vivendo como pensionista na casa de uma família musical, os Weber, e se apaixonou pela filha do casal, Constanze, de dezenove anos. Casaram-se felizes e tiveram seis filhos, perdendo metade deles. Mozart ficou destroçado quando o primeiro menino morreu: "Estamos muito tristes por causa do nosso pobre e querido menininho, tão lindo e rechonchudo". Ele nunca deixou de flertar, mas, como escreveu a um amigo playboy, "você não acha que os prazeres dos romances caprichosos e instáveis não chegam nem perto da bênção do verdadeiro afeto?". Ao passear no Augarten, vendo Mozart e Constanze de brincadeiras, José foi até eles e gracejou: "Ora, ora, três semanas de casados e já aos socos".

Foi na estreia da ópera que José teria dito: "Bonito demais para nossos ouvidos [vienenses], meu caro Mozart, e com uma quantidade monstruosa de notas!". Mas o imperador o admirava e apoiava. Estava troçando, como muitas vezes fazia, da tosca audiência vienense, embora tivesse dito antes que Mozart "só tem um defeito em suas peças para o palco, e seus cantores reclamam muito disso: ele os ensurdece com seu acompanhamento completo".

Na estreia de seu *Concerto para piano em ré menor*, José acenou o chapéu e exclamou: "Bravo, Mozart!". A admiração era mútua. "Não existe nenhum monarca no mundo a quem eu preferiria servir", disse Mozart, "mas não vou esmolar um cargo." Sua verdadeira frustração era o fato de José ter nomeado um compositor italiano, Antonio Salieri, seis anos mais velho, como compositor da câmara imperial, obstruindo seu caminho. As óperas de Salieri faziam mais sucesso do que as de Mozart. José apoiava os dois; quando Gluck morreu, promoveu Salieri a *Kapellmeister* e Mozart a compositor da câmara imperial.

No entanto, o Habsburgo sonhava com conquistas. José contornou o velho Frederico para negociar uma nova aliança com Catarina, a Grande, planejando o ataque e a partilha do Império Otomano. Os Románov sempre tinham pretendido conquistar Constantinopla, que chamavam de Tsargrad — Cesarópolis.[17] Seu plano dependia de a Grã-Bretanha e a França estarem com a atenção voltada para a América.

Em vez de desafiar os rebeldes em Yorktown, Cornwallis ficou preso na cidade. Quando a Marinha Real tentou resgatá-lo, os franceses a derrotaram na baía de Chesapeake. Em 19 de outubro de 1781, Cornwallis se rendeu a Washington.[18] Fersen ajudou nas negociações, enquanto se entretinha agradavelmente com os americanos. "As mulheres são bonitas, simpáticas e disponíveis", ele escreveu. "É o que me basta." Luís e Antonieta tinham muitos motivos para celebrar. Três dias depois, em Versalhes, ela deu à luz um delfim, herdeiro do trono. Dessa vez, somente dez pessoas tiveram autorização para assistir ao parto — e Antonieta temia que fosse outra menina, até que o rei disse: *"Monsieur le Dauphin* pede permissão para entrar!".

Sem informar seus aliados franceses, Benjamin Franklin começou a negociar a independência americana.[19] Os legalistas fugiram para o Canadá ou voltaram para a Grã-Bretanha: os escravos fugidos que haviam lutado pelos britânicos agora corriam perigo. Washington, marchando sobre Nova York, ordenou a recaptura dos fugitivos: "Alguns de meus escravos […] provavelmente estão em Nova York […]. Ficarei muito agradecido se você puder mantê-los em segurança, para que eu possa resgatá-los". Dezessete foram perseguidos. Não se sabe quantos foram recapturados. No último instante, em cenas não muito diferentes das de Saigon em 1975 ou de Cabul em 2021, os legalistas se amontoaram nos navios britânicos para fugir. Mas, ao contrário das traições de 2021 em Cabul, os britânicos, a despeito das demandas de Washington pelos escravos, se recusaram a descumprir a promessa de resgatá-los: 75 mil legalistas, entre os quais muitos ex-escravos, foram evacuados de Nova York, Savannah e Charleston.

"Oh, Deus", disse Lord North, "acabou!" Jorge III desejava dar continuidade ao combate, mas North estava alquebrado.

Desdenhando os que lhe pediam para tomar o poder ou se tornar rei da América, Washington renunciou ao comando e se retirou para o monte Vernon. "Se ele fizer isso", disse Jorge, que passara o reinado inteiro procurando um político honesto, "será o maior homem do mundo."

Abalado pelo tremendo fracasso, Jorge procurou novos líderes que não estivessem manchados pela perda da América e recorreu a um jovem invulgar, William Pitt, segundo filho do vencedor da Guerra dos Sete Anos. Depois de Cambridge, onde, como relembrava seu amigo William Wilberforce, "nenhum homem se entregou com mais liberdade ou alegria a facécias burlescas", Pitt chegou sem grande esforço ao Parlamento. Ele defendia que se devia conceder liberdade à América, e em 1782, quando tinha apenas 23 anos, se tornou chanceler do Tesouro, durante o efêmero governo que negociou a independência americana. A perda da América diminuía decisivamente o poder monárquico, forçando Jorge a aceitar uma ímpia aliança de North com o radical sibarita Charles James Fox — uma das primeiras vezes em que um rei britânico foi obrigado pela votação parlamentar e pela opinião pública a aceitar um ministro totalmente contra sua vontade. Mas ele logo dispensou ambos.

Desesperado para romper o padrão corrupto de governo, Jorge ofereceu três vezes o cargo de premiê a Pitt, até que, no Natal de 1783, ele aceitou: os palpiteiros achavam que Pitt e seu "ministério natalino" dificilmente sobreviveriam ao Natal. Mas o Honesto Billy, ou William, o Grande — meticuloso, eloquente, incorruptível, mas também extremamente fechado, beberrão (por insensata prescrição do médico, tal como ocorrera com seu pai) e assexual (provavelmente morreu virgem) —, era um orador magnífico e um administrador eficiente, pedindo ao rei controle sobre seus ministros. Jorge aquiesceu, marcando o início do governo ministerial sob um primeiro-ministro poderoso.

Eles tinham perdido a América, mas falar na morte do Império Britânico era um exagero. Politicamente divididos, os Estados britânicos transatlânticos continuavam interligados pela cultura, pela língua, pelo comércio e pela migração.[20] Pitt estava prestes a nomear um novo líder militar na Índia, que fundaria um raj britânico no país. Mas, na própria Grã-Bretanha, três excepcionais empreendedores estavam promovendo as mudanças que levariam a Europa ao poder mundial e remodelariam a própria forma da família.

ATO XIII

990 MILHÕES

Os Arkwright e os Krupp, os Habsburgo, os Bourbon e os Sanson

O TITÃ LOUCO POR FERRO, O DUQUE DO CANAL, O BELO
DÂNDI, O VELHO PERNA DE PAU E MOLL, A ANDARILHA

Em 1786, Jorge III concedeu o título de cavaleiro a um empreendedor reclamão e irascível que começara como barbeiro, inventando perucas à prova d'água: Sir Richard Arkwright, então com 54 anos de idade. Quinze anos antes, Arkwright, que era filho de um robusto alfaiate, montara uma pequena fábrica usando a nova tecnologia de uma máquina de fiação de algodão, e então criou um moinho movido a água em Cromford que teve tanto êxito que o levou a fundar um novo tipo de local de trabalho, a fábrica, na qual podia empregar mais trabalhadores, entre os quais crianças de sete anos, que ele organizava em turnos de treze horas, controlados por sinos que impunham rigorosa pontualidade: os que chegavam atrasados não recebiam pagamento.

Arkwright, "bochechudo e barrigudo", juntou uma fortuna de 500 mil libras, o que lhe permitiu comprar um castelo no campo, enquanto abria constantemente novas fábricas, que revolucionaram a indústria têxtil britânica. Por muito tempo, essas fábricas não passavam de pequenos chalés, onde as mulheres podiam trabalhar ao mesmo tempo que cuidavam do número crescente de filhos, que também faziam parte da mão de obra. A confecção de lã — na Inglaterra, em Flandres, em Florença — ajudara a criar a classe mercantil europeia, mas os tecidos indianos ainda dominavam o mercado. Os artigos essenciais da vida não tinham mudado muito ao longo dos milênios; durante séculos, o trabalho continuara basicamente a ser o mesmo. Mas grandes mudanças exigem uma conexão dinâmica entre forças que se fundem: revoluções e guerras que se combinam com novas tecnologias e ideologias. O uso tecnológico de Arkwright era tão radical quanto sua criação do sistema fabril, que mudou o modo de trabalho das pessoas. Agora tudo ia mudar — e rápido.

As máquinas movidas a vapor foram inicialmente usadas nas minas de carvão; agora, nas tecelagens de algodão, aumentavam duzentas vezes a produtividade. Como os computadores nos anos 1990, elas promoveram mudanças na própria mentalidade de uma geração. A energia a vapor, assim como os têxteis que produzia, tornou-se uma tecnologia central tão universal que ganhou uma invisível onipresença. Essas tecnologias, escreveu Mark Weiser, "se entremeiam no tecido da vida cotidiana até se tornarem parte dele". Mas as invenções não teriam funcionado sem a disponibilidade de combustível fóssil — o abundante carvão da Grã-Bretanha foi essencial. Agora o carvão precisava ser transportado até as fábricas.

O empreendedor que criou os meios de transporte do carvão estava longe de ser um rude ex-peruqueiro: Francis Egerton, duque de Bridgewater, foi um daqueles afortunados latifundiários que descobriram carvão em suas propriedades. Mas era preciso que o carvão chegasse às fábricas. Em 1776, aos quarenta anos de idade, ele completou seu primeiro canal, iniciado em 1771, ligando Worsley a Manchester, enquanto construía outro entre Liverpool e Manchester. Era um sujeito sério e tristonho, um tanto rechonchudo, que herdara o título aos doze anos de idade. Ficou noivo de uma estrela da sociedade, Elizabeth, duquesa de Hamilton, uma das irmãs irlandesas Gunning,[1] muito populares na época, famosas como atrizes amadoras. Mas o noivado foi cancelado, ela se casou com outro magnata, e Bridgewater fechou sua mansão de Londres. Jamais se casou e em seguida se recolheu, colecionando obras de arte e projetando os canais que lhe renderam 2 milhões de libras — tornando-se o nobre mais rico da Grã-Bretanha.

Em 1781, a energia do carvão foi aproveitada por um mestre ferreiro maníaco, John Wilkinson, filho de um fundidor com o apelido de Titã Louco por Ferro. Ele utilizou motores a vapor para alimentar altos-fornos e fundir ferro para a fabricação de peças de artilharia. Além disso, patrocinou a ponte de ferro de Coalbrookdale — a primeira do mundo —, forjada por Abraham Darby III, filho de outra família de mestres ferreiros. A essa altura, Wilkinson produzia um oitavo de todo o ferro britânico, e sua "loucura por ferro" culminou na fundição e forja de seu próprio ataúde e do obelisco em cima da sepultura.

Os princípios das novas tecnologias já eram conhecidos havia séculos. A tecnologia do vapor em si não era novidade; a máquina de fiação de Arkwright apenas aprimorava o trabalho de uma longa série de inventores, remontando desde James Watt e Matthew Boulton até Thomas Newcomen, em 1712, que se inspirara nos escritos do francês Denis Papin, que em 1687 publicara suas ideias. Os gregos haviam construído uma bomba a vapor no século I, e os Han já tinham transformado ferro-gusa em ferro batido. Os desenvolvimentos de Arkwright não se deviam portanto a inventores "geniais", mas a séculos de conhecimento acumulado, pequenas modificações, descobertas acidentais e, agora, um intercâmbio mais acelerado, que permitia que os espíritos cultivados e as redes de trabalho interconectadas experimentassem, inovassem e aplicassem as tecnologias — e então concorressem uns com os outros. Muitos desses inventores britânicos eram membros da Sociedade Lunar, que se reunia na província, em Birmingham, para debater "os primeiros indícios de descobertas, as observações em curso e a mútua convergência de ideias". Foi essa "convergência de ideias" — eles se correspondiam com Benjamin Franklin na América e com os *philosophes* em Paris — que se tornou o motor da inovação e o motivo pelo qual, desde então, passou a ser tão comum trabalhar simultaneamente em diversas invenções em locais diferentes.

Todavia, o conhecimento jamais se desenvolveria sem a demanda de um mercado que pagasse por ele, sem um sistema político suficientemente flexível para fomentá-lo e sem uma sociedade receptiva o bastante para recompensá-lo: todos esses três fatores se reuniam numa mesma figura: Jorge, o filho do rei, príncipe de Gales, o primogênito de uma egrégia linhagem real de tratantes amorais e depravados.

Em 1783, o príncipe de 21 anos recebeu residência própria na Carlton House. Ganancioso, perdulário, delirante, despudorado, propenso a engordar, mas artístico e refinado, ele carregava as cicatrizes da indiferença e do ódio geracional entranhados na família Hanôver. O rei, dizia ele, "me odeia; sempre me odiou, desde os sete anos de idade". Aliando-se à oposição contra o monarca e Pitt, ele se apaixonou por uma série de belas amantes. Obrigado a desistir de uma delas, desfaleceu entre espasmos no tapete, esganiçando-se: "Amo-a tanto! Vou enlouquecer! Minha cabeça vai rachar ao meio!". Quando por fim desposou Carolina, uma rude princesa Brunswick, fez isso em parte para obter acesso a verbas parlamentares, a fim de saldar suas gigantescas dívidas, que chegavam a 630 mil libras. Ao vê-la pela primeira vez, ele balbuciou: "Não estou passando bem; por favor, tragam-me um copo de brandy"; mas conseguiu ebriamente consumar o casamento, talvez uma semana após a noite de núpcias — o suficiente para gerar uma herdeira, a princesa Carlota.

Apesar disso, não havia quem defendesse e melhor encarnasse a nova sociedade de consumo do que Jorge, conhecido pelo diminutivo afetuoso de príncipe, "Prinny", e seu amigo bem mais jovem, George "Belo" Brummell, o neto garboso e exibido de um criado, filho do secretário de Lord North. Quando estudava em Eton, e depois, como oficial adolescente da guarda real, Brummell cativara

Prinny com seu senso de estilo, substituindo os suntuosos casacos, calções e meias longas de algodão por um plastrão branco, camisas bem passadas, calças e casacos escuros feitos sob medida, combinados a uma toalete elaborada, lavando-se com sabonete e escovando os dentes — tudo isso custava uma fortuna. "Ora, com tolerável economia seria possível fazê-lo com oitocentas libras", disse Brummell, numa época em que um cavalheiro podia viver bem com duzentas libras anuais — e um trabalhador com doze libras.

Prinny e Brummel determinavam a moda entre a elite elegante, conhecida como *le ton*, que passava o tempo trocando visitas, brigando, flertando com as esposas uns dos outros, fornicando com cortesãs, jogando *faro*, encomendando obras de arte, planejando novas casas e jardins, indo para a Itália em Grands Tours (e voltando como *macaronis* da moda) e passeando por Londres, que, agora, graças às novas manufaturas, se tornava uma capital mundial.

Os clubes de elite — exclusivamente masculinos ou femininos — existiam para excluir, mas também para tentar a classe média que aspirava à ascensão social. As duquesas e condessas que determinavam a moda exibiam seus trajes e casos amorosos e influenciavam a política por meio de seus salões: as cinco patronas do clube feminino Almack's se regalavam com seus caprichos e amantes. Seus trajes da moda eram mostrados em boletins de notícias e em cartuns, sendo então copiados pelas classes médias que compravam tecidos, chapéus, luvas e vestidos em novas lojas que vendiam acessórios manufaturados nas fábricas de Manchester, muitas vezes confeccionados por operárias e crianças que recebiam metade do salário pago aos homens. Esse contraste incentivava um culto das mulheres de classe média que não só não trabalhavam, protegidas pelos diligentes maridos, como também encarnavam a virtude frágil e idealizada.

Em Londres, essas pessoas podiam se dar ao luxo de comer em restaurantes; comer fora não era só uma questão de alimentação, mas também uma ocasião de entretenimento, ostentação e satisfação. O prazer público era tão delicioso quanto sua variedade privada. Nos jardins de Vauxhall, na margem sul do Tâmisa, um empreendedor abriu um local noturno recreativo um tanto escuso onde 2 mil apostadores — às vezes 12 mil — de todas as classes se misturavam para comer, passear, flertar e buscar parceiros para o sexo. As cidades tinham lados sombrios. Os cortiços — conhecidos como *rookeries* — eram favelas imundas encharcadas de gim. A prostituição grassava — dizia-se que havia 80 mil prostitutas em tempo parcial em Londres, personificadas por Moll Hackabout, a jovem provinciana da série pintada por William Hogarth, para não mencionar as cortesãs famosas.

Quem melhor entendeu esse novo mercado foi um ceramista perneta de Staffordshire, Josiah Wedgwood, nascido numa família não conformista de oleiros, que incentivou essas primeiras influenciadoras — que ele chamava de "legisladoras do gosto" — a comprar suas peças.

Quando jovem, ele contraiu varíola, o que lhe deu ocasião de desenvolver novas técnicas de olaria, mas afetou sua perna, impedindo-o de modelar o barro no torno (desde então passou a andar de muleta) e convertendo-o em projetista. Vinte e cinco anos depois, ele teve de amputar a perna, sem anestesia, e seus operários passaram a chamá-lo de Velho Perna de Pau.

Wedgwood percebeu que eram as mulheres que compravam artigos de luxo: "A moda é infinitamente superior ao mérito", refletiu ele. "É preciso apenas escolher as patrocinadoras certas." Em 1765, quando Carlota, a rainha consorte de Jorge III, encomendou um jogo, ele passou a se designar "mestre oleiro de Sua Majestade" e anunciou o conjunto como "louça da rainha", produzindo jogos mais baratos para as classes médias e sendo o pioneiro em montar catálogos, dar garantia de devolução e promover ofertas especiais — em outras palavras, foi o inventor do marketing. Em 1767, ele construiu uma olaria moderna, Etruria, em Stoke, ao lado da estrada do planejado canal de Trent e Mersey, no qual investiu e por onde transportava suas peças.[2] Quando suas louças conquistaram o mundo — até Catarina, a Grande, encomendou alguns jogos —, Wedgwood abriu um showroom em Mayfair, onde expunha "vários serviços completos de mesa e sobremesa [...] em duas filas de mesas [...] a fim de atender às damas com o melhor, o mais correto e mais elegante método". Era o começo de um novo comercialismo que viria a se transformar nas monumentais lojas de departamentos e, dois séculos depois, nas compras e influenciadores on-line atuais.

Poucos aristocratas eram tão empreendedores como Bridgewater. Os magnatas com títulos nobiliárquicos estavam em posição de dominar o novo mundo nascente, mas não o fizeram. Embora tivessem rendas gigantescas, torravam sua riqueza em casas de campo, apostas e cortesãs dispendiosas, enquanto os industrialistas de classe média investiam em novas tecnologias. Muitos dos têxteis para clientes de classe média eram manufaturados por Robert Peel, um austero e esforçado descendente de pequenos proprietários de Lancashire que, por gerações, tinham "terceirizado" a fabricação de tecidos para pequenos tecelões domésticos. Agora nos meados dos vinte anos de idade, ele usou as bombas de Arkwright para montar uma tecelagem de algodão, e depois, aos trinta, fundou o primeiro complexo industrial em Radcliffe, alojando os trabalhadores num barracão e usando mão de obra infantil com jornada de dez horas por dia.

Esse intenso sistema comercial oferecia às famílias chances e penalidades jamais sonhadas. Os prósperos ficavam mais contidos pela convenção burguesa e pela necessidade salarial; os homens tinham de trabalhar longas horas em escritório e obedecer a um novo tipo de chefe, agora chamado de *boss* — do holandês *baas*; as virtuosas mulheres de classe média ficavam confinadas ao trabalho doméstico não remunerado; e os pobres arregimentados, incluindo mulheres e crianças, labutavam em fábricas impiedosas, muitas vezes com patrões abusivos.

Peel, o sétimo homem mais rico da Grã-Bretanha, logo se tornando baronete e membro do Parlamento, tinha decência suficiente para ver que suas fábricas eram cruéis, e promoveu a primeira legislação para a melhoria das condições de trabalho. Decidido a tornar seu primogênito Robert um cavalheiro, preparou-o não para os negócios, mas para se somar aos governantes britânicos, fazendo-o repetir os sermões depois do ofício na igreja e enviando-o para a Harrow School. O menino viria a ser o primeiro integrante da nova classe média a governar a Grã-Bretanha.

O noroeste germânico não estava muito atrás da Grã-Bretanha. Foi então que uma mulher iniciou a dinastia que alimentaria o surgimento da indústria germânica. Em 1782, Helene Amalie Krupp, de 52 anos de idade, cujo marido Jodocus morrera trinta anos antes, comprou uma oficina de forja de ferro falida no norte de Essen, no Ruhr, e investiu em minas de carvão para alimentar seu alto-forno, empregando o filho como contador. Os Krupp eram uma antiga família mercantil do Ruhr — um deles, Anton, fabricara canhões durante a Guerra dos Trinta Anos —, às vezes sendo burgomestres de Essen. Mas, como Merseyside, na Grã-Bretanha, o Ruhr abrigava a matriz essencial da ciência, da inovação e do comércio, acoplada ao carvão, à água e às comunicações. O alto-forno da viúva Krupp logo estava manufaturando peças de cozinha e bolas de canhão que vendia aos principados germânicos, inclusive à Prússia. Com a morte prematura do filho, ela treinou o neto, Friedrich Krupp, com constância e firmeza. Ao morrer, aos 97 anos, a viúva Krupp lhe deixou uma fortuna — que ele conseguiu perder. Os Krupp pareciam ter fracassado, mas iriam se recuperar.

Essa "revolução" industrial levou um século para modernizar a vida humana de uma maneira que conseguiríamos reconhecer. "O inglês de 1750", escreveu David Landes, "estava mais próximo, nas coisas materiais, dos legionários de César do que de seus bisnetos." Foi um século que mudou a vida humana mais do que todos os anteriores e que deu tal domínio aos seres humanos, que desde muito tempo eram o animal mais poderoso da Terra, que eles começaram a mudar a própria Terra, inclusive o clima — uma era antropocênica.

Em 1700, um alienígena poderia achar que a China e a Índia continuariam a dominar o mundo. Mas estaria enganado. Não bastava que a Europa se saísse bem; os gigantes do Oriente deviam cair. Os mogóis já haviam sucumbido, e, embora ninguém ainda soubesse disso, a próxima seria a China.

Havia algo em relação à Europa que a qualificava para o que aconteceu a seguir. Nenhum Estado hegemônico dominava o continente europeu, uma salada de quinhentos reinos, cidades-Estado e repúblicas engalfinhadas numa concorrência feroz que incentivava a independência e a engenhosidade, impulsionada por centros rivais de poder cívico e econômico, pela cultura iluminista e por famílias nucleares que, como os Wedgwood e os Krupp, casavam entre si, comungando os mesmos valores e transmitindo a riqueza. Exagera-se a ideia de uma ética protestante do trabalho — a França católica também era sofisticada —, mas essas nações setentrionais haviam desenvolvido um espírito de motivação e iniciativa própria, criando uma psicologia europeia singular, que favorecia o individualismo, o autoaprimoramento e uma sociedade de confiança. "Onde as maneiras são afáveis, há comércio", refletiu um *philosophe*, o barão de Montesquieu, em 1749, "e, onde há comércio, as maneiras são afáveis." Não só as maneiras, mas os padrões. "Sempre que se introduz o comércio", escreveu um *philosophe* escocês, Adam Smith, em 1766, "a probidade e a pontualidade o acompanham — as principais virtudes de uma nação comercial."

Foi o capitalismo financeiro em sua acepção mais ampla que financiou a revolução. O espírito internacional da Grã-Bretanha, da Holanda, da França e da nova república americana estimulava a manufatura e o comércio. A vida econômica do mundo passava pela escravidão, devido ao açúcar, ao tabaco e ao algodão. Os lucros se encarnavam na riqueza dessas potências, prontas a investir em novos negócios; ela afetava tudo. Mas havia muitas riquezas que não estavam vinculadas à escravidão, desde o carvão e os canais de Bridgewater ao ferro de Wilkinson e à porcelana de Wedgwood — e havia também os Krupp e outros empresários dos reinos germânicos, com pouquíssima escravidão e domínio imperial. A escravidão era uma fonte significativa de capital, mas estava longe de ser a única.

Uma súbita disparada na população britânica — movida pelo aumento da produção alimentar, que dobrou entre 1600 e 1800 — levou a um mercado de trabalhadores e consumidores. As pessoas afluíam em grande número às cidades: entre 1790 e 1850, a população urbana mais do que dobrou, passando de 9,7% para 22,6%. Em 1800, Londres tinha 1 milhão de habitantes. Em trinta anos, esse número dobrou; nos anos 1870, já dobrara mais uma vez. O crescimento se devia a melhores condições e melhor alimentação, mas certamente não a avanços médicos. Agora um caso eminente iria demonstrar que os médicos continuavam a ser uma ameaça iatrogênica — mesmo para os mais privilegiados.

Em 16 de outubro de 1788, Jorge III, aos cinquenta anos, enlouqueceu — envenenado pelo menos em parte pelos próprios médicos.

SALLY HEMINGS E MARIA ANTONIETA: O COLAR DE DIAMANTES
E O CHUCHUZINHO

"Peço a Deus que eu possa morrer", implorava Jorge, "pois estou enlouquecendo." Com febre e dores de estômago, ele começou a tagarelar numa algaravia incessante, que piorou até ser totalmente tomado pela psicose. Às vezes ficava violento, muitas vezes fugia dos cortesãos e tinham de ir atrás dele. Seus médicos abomináveis o tratavam com uma série de remédios letais e tratamentos nocivos, inclusive escarificação (cortes na pele), técnicas vesicatórias (criando pústulas na pele), ventosas (com copos de vidro quente sobre a pele), venissecção (sangrias), sanguessugas e doses de láudano, purgantes e tártaro emético com adição de arsênico.

A loucura do rei foi mais tarde diagnosticada como porfiria hereditária, mas os médicos modernos creem que ele sofria de transtorno bipolar, possivelmente desencadeado ou exacerbado por envenenamento químico.[3] Em 1788, os médicos não tinham nenhum entendimento das doenças mentais nem das propriedades de seus próprios remédios. Por fim, um "médico de doidos", Francis Willis, um vigário de sessenta anos de idade que tratava os "malucos" não só com a tradicional coerção, mas também com a "saúde e boa disposição" de exercícios rústicos e tranquilos, chegou a Windsor. Ele reduziu os tônicos venenosos, mas empregou sua receita própria de bondade usando mordaças e camisas de força que, quando menos, aumentavam a pressão sobre o paciente.

Pitt foi obrigado a aprovar um Decreto de Regência permitindo ao príncipe de Gales tornar-se príncipe regente. Prinny ficou entusiasmado com a ideia do poder — demitindo Pitt e promovendo seus aliados whigs — e de mais verbas para gastar. Mas Jorge se recuperou, o que permitiu a Pitt evitar a demissão. Por ora, Pitt ampliou a autoridade do primeiro-ministro, em parte devido à loucura, em parte devido à América — onde a nova república, caótica e endividada, era governada por uma mistura confusa de Estados e comitês. Enquanto Washington tentava restaurar suas propriedades em declínio e recapturar os escravos fugidos, Rochambeau e Ferson voltavam triunfalmente a Paris, onde Antonieta recebeu o sueco para o período mais intenso do relacionamento entre os dois. Logo se somaria a eles um novo dignitário americano: Jefferson.

Era uma fuga da tragédia. O júbilo com a liberdade americana foi agridoce para Jefferson. Logo depois de Yorktown, em maio de 1782, sua esposa Martha deu à luz uma filha (que depois morreu nova, de coqueluche), mas, após seis gestações, ela estava com a saúde deteriorada e era atendida por Betty Hemings, cercada pelos filhos Hemings, pelos meios-irmãos escravizados, pelas duas filhas e o marido de Betty, e por um transtornado Jefferson. Segurando a mão de Martha, Jefferson "lhe prometeu solenemente que nunca se casaria outra vez". Quando sua esposa morreu, em 6 de setembro, ele deu a Sally Hemings, a meia-irmã dela, de onze anos de idade, a sineta de Martha, uma lembrança ambígua que era um tributo à intimidade, mas também um instrumento de serviço. Depois de dez anos de "felicidade irrestrita", ele sucumbiu.

A relação dos Estados Unidos com a França, sua principal aliada, era de máxima importância: o Congresso Continental pediu a Jefferson que se tornasse embaixador em Paris. Ele partiu, levando a filha Patsy e James Hemings, que treinaria e se tornaria chefe de cozinha francês.

Jefferson apreciava muito a vida da Paris iluminista, onde, no Hôtel de Langeac, que havia alugado, passou a frequentar a sociedade liberal, envolveu-se num ardente romance com uma jovem casada, Maria Cosway, e num flerte com Angelica Church (futura cunhada e amiga íntima de outro luminar americano, Alexander Hamilton), levando uma vida com a qual todo americano iluminista só poderia sonhar.

Ao nascimento de um delfim, Luís Francisco, que Antonieta deu à luz três dias depois da rendição britânica em Yorktown, logo se seguiu a chegada de mais um filho. Uma vida familiar feliz reaproximara o rei e a rainha, dando mais influência a Antonieta. O delfim era enfermiço, mas o nascimento de um menino aumentou seu poder; a vitória americana também dera maior força a Luís. Agora, após gerar um filho, é muito plausível que Antonieta, provavelmente com a concordância de Luís, tivesse tomado Fersen como amante.

O sueco mantinha um grande leque de amantes, mas amava Antonieta. "Não quero os laços do casamento que são contra a natureza", ele escreveu à irmã. "Não posso me casar com a única pessoa que eu gostaria, a única que realmente me ama, e assim não posso ser de ninguém." Uma fatura mostra que Antonieta pagou um chaveiro para criar um sistema de polia que lhe permitisse, no leito, trancar e destrancar a porta de seus aposentos secretos em Versalhes. O diário de Fersen cita "o plano [deles] de ocupar o andar de cima". Luís, se via Fersen, retirava-se "com enorme tato […] assim ela não precisava recear ser surpreendida". Fersen, em suas cartas, chamava-a de "Josefina" — seu nome completo era Maria Antonieta Josefa —, e estava sempre com ela. "Até mais", ele escreveu à irmã, "devo ir até a rainha." É possível que o segundo filho de Antonieta, seu favorito, a quem chamava de Chou d'Amour — "chuchuzinho" —, fosse fruto do romance com Fersen. "A moda de cuidar dos próprios filhos", escreveu o aristocrata, bispo e futuro premiê Talleyrand, que, como filho coxo, fora rejeitado pelos pais e excluído da herança, "ainda não surgira. Na verdade, era o contrário." Apesar disso, Antonieta — talvez influenciada por *Emílio*, de Rousseau — agora passava muito tempo com os filhos, que lhe causavam grande preocupação. A filha mais velha mostrava a arrogância habsbúrgico-bourbônica; o delfim mais velho, meigo e frágil, sofria de tuberculose vertebral, mas "Chuchuzinho é um encanto e amo-o loucamente".

Todavia, a vitória sobre a Grã-Bretanha, que chegara com três anos de atraso, custando 1,5 bilhão de francos, levara o reino à bancarrota, a uma profusão de dívidas, a uma escassez de alimentos que levou à fome e a uma crescente insatisfação com a corte, na qual se via o rei apático e fleumático ser dominado pela frivolidade exuberante de sua rainha austríaca — que agora obrigou o marido a lhe deixar comprar outro palácio em Saint-Cloud.

Estados fortes não são minados por trivialidades, mas o escândalo pode destruir um regime fraco com a rapidez da pólvora. Tudo começou com os joalheiros parisienses que tinham produzido um gigantesco colar de diamantes para Luís xv, que planejava dá-lo à sua amante Du Barry. Com a morte do monarca, eles ficaram desesperados para vendê-lo. Em 1775, Antonieta gastara 500 mil libras francesas em diamantes, mas agora não se interessou quando o marido lhe ofereceu o colar, dizendo que o dinheiro seria mais bem gasto em navios de guerra.

O joalheiro, porém, foi manipulado por uma vigarista chamada Jeanne de la Motte, casada, mas amante de vários nobres e repassadores, inclusive o cardeal de Rohan, *grand aumônier* na corte real, de quem Antonieta não gostava, pois transmitia furtivamente a sua mãe mexericos sobre suas extravagâncias. Motte ofereceu o colar a Rohan. Ele esperava conquistar as graças de Antonieta entregando-o a ela. Motte falsificou cartas para fazê-lo crer que Antonieta estava interessada e apresentou uma prostituta vestida como a rainha para persuadi-lo. O joalheiro deu o colar a Rohan, que o deu a Motte para presenteá-lo a Antonieta. Em vez disso, Motte vendeu as pedras em Londres, deixando o cardeal perigosamente exposto.

Em maio de 1786, Luís foi informado do golpe e mandou prender Rohan, Mott e o charlatão Cagliostro.[4] "Senhor, fui enganado", Rohan disse a Luís. O enrosco deveria ser examinado sigilosamente por uma comissão do conselho. Mas "o público supõe que recebi o colar sem pagar por ele", disse Antonieta, que defendeu uma absolvição pública no tribunal de Paris. Motte foi açoitada nua e marcada a ferro — embora tenha dado uma mordida no algoz. Mas o tribunal estava lotado de inimigos de Antonieta, que em 31 de maio de 1786 absolveu Rohan da acusação de desrespeito pelos soberanos. Os monarcas, caluniados e depois humilhados, passaram por um duplo papelão.

Um jovem tenente da artilharia, terceiro dos oito filhos de um importante advogado corso e esposa, que eram nobres empobrecidos e cujo amor incondicional por ele lhe incutira uma autoconfiança inabalável, acompanhou de perto o escândalo, vendo-o depois como um grave passo rumo ao desastre. "Deve-se datar a morte da rainha a partir do julgamento do colar de diamantes", concluiu Napoleão Bonaparte, que acreditava que "é sempre um detalhe que decide uma grande questão".

Depois de um ano em Paris, Jefferson chamou sua filha mais jovem, Polly, de nove anos, que foi acompanhada na viagem transatlântica por sua prima escravizada, Sally Hemings, de catorze anos. As mocinhas passaram por Londres, onde o arrogante secretário de Estado americano John Adams e sua esposa Abigail se escandalizaram com o fato de que Sally fosse se juntar a Jefferson. "A velha ama que você esperava que a acompanhasse", Abigail escreveu a Jefferson, "ficou doente e não pôde vir; ela está com uma menina de uns quinze ou dezesseis anos." O casal recomendou que mandassem Sally de volta para a Virgínia. Jefferson não deu ouvidos.

Em Paris, Sally se somou ao pessoal doméstico de Jefferson. Era "muito bonita" e "muito perto de branca", relembrou Isaac Jefferson, um colega escravo, com "cabelo liso descendo pelas costas". Jefferson, excepcionalmente, pagava salário a James e Sally Hemings, revelando tanto as diferentes condições da vida parisiense quanto o estatuto especial dos Hemings, irmãos de sua querida esposa. Quando seu romance com Maria chegou ao fim, Jefferson pagou a dispendiosa inoculação não só de sua família, mas também dos Hemings, realizada por um famoso médico de reis, Daniel Sutton. Jefferson também providenciou aulas de francês para Sally e lhe comprou roupas.

Jefferson, agora com 44 anos, um homem que escrevera que a miscigenação racial resultava em "aprimoramento do corpo e da mente", iniciou então um relacionamento com Sally, de apenas quinze anos. "Durante aquele período", como disse Madison, o filho dos dois, "minha mãe se tornou a concubina do sr. Jefferson."

SAINT-GEORGES, LIGAÇÕES PERIGOSAS E OS ABOLICIONISTAS

Na primavera de 1789, Jefferson, com as filhas e certamente com os Hemings, assistiu a um concerto de um admirável violinista mestiço, George Bridgetower, de onze anos de idade, anunciado como o Príncipe Africano. Muitos africanos e mestiços moravam em Paris, tal como em Londres. Assim como a legislação britânica era ambígua em relação à escravidão, a legislação francesa tampouco dizia claramente se a escravidão poderia existir na própria França. Os escravos podiam se registrar no tribunal do almirantado e reivindicar a liberdade.

Nascido na Polônia, George era o brilhante filho de um servidor, nascido em Barbados, dos príncipes Esterházy, patronos de Haydn. Jefferson e a família também iriam acompanhar a carreira do mestiço mais famoso de Paris, que era próximo tanto das intrigas políticas quanto do novo movimento abolicionista francês: Joseph Bologne, *chevalier* de Saint-Georges, violinista, compositor e campeão de esgrima. Saint-Georges foi contratado pelos poderosos Orléans, primos do rei, para reger o *Concert Olympique* maçônico realizado no Palais Royal da família. Sua ópera *L'Amant anonyme* foi um sucesso, e ele estreou outra logo após a chegada de Sally. Saint-Georges era agora amigo do jovem Filipe, o rico e liberal duque de Orléans, primeiro príncipe de sangue que não só conspirava contra o rei, mas apoiava uma causa radical: a abolição da escravatura.

Orléans, seu chefe de equipe Laclos, o conselheiro *philosophe* Jacques-Pierre Brissot e o amigo músico e *homme de couleur* Saint-Georges iam regularmente a Londres por política e prazer.[5] Orléans, sempre se alternando entre múltiplas amantes, era amigo de Prinny, o príncipe de Gales, com quem partilhava a cortesã escocesa Grace Elliott. Depois de gerar um bastardo de sangue real, Grace acompanhou o duque no retorno a Paris. Laclos baseou a libertinagem de seu romance *As ligações perigosas* na complicada vida amorosa de Orléans, que admirava a monarquia parlamentar britânica e pretendia, substituindo o primo Luís, se não como rei, pelo menos como regente, instaurar o mesmo sistema na França. Mas todos eram veementes opositores da escravidão, agora em seu diabólico zênite na Grã-Bretanha e na França.

Em 1778, a França traficava todos os anos 13 mil africanos para o Caribe; a Grã-Bretanha estava muito à frente, traficando 80 mil. Nos dois países, uma parcela cada vez maior da elite vinha se horrorizando com a escravidão, embora o lobby escravocrata conhecido como Interesse continuasse extremamente poderoso. Na França, o movimento tinha o apoio do primeiro príncipe da linha sucessória, e em Londres contava com o apoio do próprio primeiro-ministro.

Em 12 de maio de 1787, em Holwood House, a residência suburbana de Pitt em Bromley, o primeiro-ministro de 27 anos estava sentado sob uma árvore, conversando com dois parlamentares, seu primo William Grenville e William Wilberforce, filho de um mercador rústico de Yorkshire. Wilberforce era amigo de Pitt desde Cambridge, e os dois tinham feito juntos o Grand Tour da Europa. O fato de que Pitt e Grenville eram filhos de primeiros-ministros e de que eles próprios encabeçariam o governo indica como era minúscula a oligarquia de mercadores e proprietários de terras. "Lembro-me de uma conversa com o sr. Pitt", rememorou Wilberforce, "ao pé de uma velha árvore."

"Wilberforce", disse Pitt, "por que você não anuncia uma moção sobre a questão do comércio escravo?"

Wilberforce fora recrutado para a campanha da abolição por um contemporâneo de Cambridge, o reverendo Thomas Clarkson, que o visitava semanalmente.

A campanha vinha adquirindo impulso desde 1765, quando um escravo chamado Jonathan Strong, levado de Barbados para Londres, foi espancado por seu dono, um advogado chamado David Lisle, e deixado à morte, sendo no entanto encontrado e salvo por um admirável médico, Granville Sharp, funcionário público e membro de uma talentosa família de excelentes profissionais liberais e músicos amadores. Sharp ameaçou denunciar o escravocrata por agressão, caso tentasse recuperar a posse de Strong. Sharp obteve a alforria do escravo, embora o barbadiano tenha morrido aos 25 anos, provavelmente em razão dos ferimentos. Sharp iniciou uma campanha contra "a injustiça e a perigosa tendência de tolerar a escravidão". Mas o lorde juiz supremo, William Murray, conde de Mansfield, tentou evitar qualquer mudança que prejudicasse a propriedade de escravos, até que, em 1772, finalmente determinou que o Interesse não poderia mais impor a escravidão na Grã-Bretanha.[6]

Então, em 1781, um caso atroz intensificou o sentimento antiescravagista. Um navio negreiro de Liverpool, o *Zong*, de propriedade de William Gregson, prefeito de Liverpool e magnata escravagista, partiu da Fortaleza da Costa do Cabo, base da Companhia Africana Real (em Gana), com 442 escravos amontoados no porão de carga, o dobro do que o projeto do navio comportava. Sessenta e dois africanos morreram no mar. Quando a água e os alimentos acabaram e alastraram-se as doenças, o capitão, sabendo que não poderia reivindicar o seguro por escravos que morressem em terra, executou 142 homens e mulheres jogando-os ao mar. Outros dez se mataram. Os assassinatos permitiram que Gregson declarasse que os escravos tinham "perecido da mesma forma que uma carga de bens", reivindicando do seguro trinta libras por cada escravo afogado. É provável que esses assassinatos e pagamentos do seguro fossem comuns, mas dessa vez a história foi descoberta por um escravo liberto, Olaudah Equiano, um ativista abolicionista cuja autobiografia, *Interesting Narrative*, contava sobre seu sequestro no Benim e sua escravização por três proprietários na América, no Caribe, na Europa e na Ásia, até sua liberdade na Londres dos anos 1780.

A partir de 1783, Equiano e Sharp passaram a divulgar a infâmia. O primeiro julgamento foi favorável aos mercadores de escravos, mas, quando a seguradora contestou o resultado, Mansfield emitiu um julgamento ambíguo, reconhecendo os direitos de propriedade, mas determinando com base numa tecnicalidade que não cabia pleitear o pagamento do seguro.

Dez dias depois da conversa de Pitt com Wilberforce, em 22 de maio de 1787, ele se encontrou com Clarkson, junto com Sharp e Equiano, na primeira reunião da Sociedade para a Concretização da Abolição do Tráfico de Escravos, fundada pelo ceramista Josiah Wedgwood e outros empreendedores radicais, muitos deles dissidentes da Igreja anglicana.[7] Wilberforce viria a liderar a campanha no Parlamento, apresentando seu primeiro projeto de lei em 1791. Sua estratégia era primeiramente abolir o tráfico, evitando a questão sobre como confiscar propriedade humana.[8] Os abolicionistas enfrentavam a vigorosa oposição do Interesse, liderado pelo parlamentar George Hibbert, mercador de escravos na Jamaica e construtor das Docas das Índias Ocidentais em Londres, mas também botanista, antiquário e fundador da Royal National Lifeboat Institution, que qualificava o comércio escravo como "indispensável", explicando: "As colônias não existiriam sem o comércio africano. As manufaturas de Manchester e Sheffield iriam imediatamente à ruína, e sua população morreria de fome".

Em Londres, em novembro de 1787, o *philosophe* Brissot foi convidado para a sociedade abolicionista de Sharp. Brissot tinha o apoio de uma jovem dramaturga de espírito independente, Olympe de Gouges, que também integrava o círculo dos Orléans. De Gouges iniciara sua campanha contra a escravidão com a peça *L'Esclavage des noirs*, mas agora publicara *Réflexions sur les hommes nègres*. Brissot foi incentivado a fundar na França uma Société des Amis de Noirs, na qual logo ingressaram De Gouges e o marquês de Lafayette.[9] Brissot admirava Jefferson, a quem conhecia bem, e o convidou a entrar na Société. "Fico muito sensibilizado pela honra", respondeu Jefferson, sempre afável, em 11 de fevereiro de 1788. "Você sabe que ninguém mais do que eu deseja ver a abolição não só do tráfico, mas da escravidão; e certamente ninguém estará mais disposto a enfrentar qualquer sacrifício para esse objetivo." Ele, no entanto, recusou o convite, porque "poderia prejudicar minha capacidade de servir [à causa] do outro lado do oceano". Orléans enviou Saint-Georges a Londres para conversar com Prinny e os abolicionistas,[10] mas logo mergulhou para explorar a crise cada vez mais profunda enfrentada por Luís e Antonieta. Por trás do brilho da corte, Luís estava falido — e agora fazia sua maior aposta.

RÉQUIEM: JOSÉ E MOZART

Diante da crise financeira na França, Luís abraçou a reforma e convocou uma assembleia de notáveis para impor a tributação da nobreza e o fortalecimento dos tribunais de recursos. "Os camponeses pagam tudo", disse o rei. "Os nobres, nada." Não era um projeto impossível, mas exigia a habilidosa construção de uma aliança. Porém Lafayette, paladino americano e um dos notáveis, atacou a corte; os notáveis rejeitaram a reforma do rei, acelerando a crise de crédito. Luís desabou, com seu esgotamento nervoso exacerbado pela morte da filhinha Sofia, aleitada durante semanas pela rainha. O casal estava sob terrível pressão. Luís aparecia aos prantos nos aposentos de Antonieta. Ela, por sua vez, se apoiava em Fersen, com quem se correspondia escrevendo com suco de limão ou tinta invisível.

Luís a arrastou para a alta política. Enquanto Antonieta fazia reduções nas despesas da corte e praticamente comandava o governo em seu palácio pessoal no Petit Trianon, confidenciando à melhor amiga, Polignac, que "o personagem acima de mim [Luís] não se encontra em bom estado", a insatisfação se espalhava. A traição começou na família e se alastrou para a nobreza: Orléans liderou uma *révolte nobiliaire* que minou o regime por dentro. Antonieta era responsabilizada por tudo, numa espiral de teorias da conspiração, sendo chamada de Madame Déficit por sua extravagância e de La Austrochienne (Austrocadela) por dar milhões aos austríacos. *Le Godmiché Royal* (O Consolo Real) e outros folhetos pornográficos a mostravam fazendo sexo com Yolande de Polignac.[11] "Você conhece uma mulher", perguntou a rainha, "que mereça mais piedade do que eu?"

O povo exigia a volta de Necker, o especulador cujas negociações escusas haviam acarretado e aprofundado a crise. Luís, relutante, o renomeou. "Estou tremendo", admitiu Antonieta. Se Necker falhasse, "serei ainda mais detestada". Necker manteve o regime vivo tomando novos empréstimos, mas até o rei percebeu que agora não tinha outra escolha a não ser convocar os États Géneraux. Essa assembleia eleita de nobres, membros do clero e plebeus, que prosperara durante as crises medievais e não era convocada desde 1614, anunciaria o fim da monarquia absolutista criada por Richelieu, Mazarin e Luís xiv. "Todos estão com o espírito em ebulição", observou Fersen. "Só se fala em Constituição. As mulheres, em especial, estão se somando ao tumulto."

Em 5 de maio de 1789, os Estados Gerais se reuniram em Versalhes. Luís e Antonieta logo perderam o controle quando o Terceiro Estado — repleto de advogados de província indignados com a decadência bourbônica — tomou a iniciativa, jurando criar uma Constituição. Luís tentou ignorá-lo, mas o Terceiro Estado se reuniu numa quadra de tênis como a Assembleia Nacional, à qual se somaram o bourbônico renegado Orléans e o nobre renegado Lafayette, que se tornaram os traidores mais odiados de Antonieta. Em meio a esse pesadelo, Luís e Antonieta enfrentavam o maior horror que pode acometer um genitor: o delfim, em grande agonia, morreu de tuberculose vertebral, e Chuchuzinho se tornou o novo herdeiro.

Em Paris, avultava a fome, devido às más colheitas. Uma multidão aos gritos de "Pão! Pão!" atacou a prisão da Bastilha, símbolo da injustiça real, e agora de sua impotência, capturou armas, decapitou servidores reais e aterrorizou o campo. A única esperança de Luís era assumir pessoalmente a liderança de uma revolução liberal. Enquanto as tropas guardavam Versalhes, os irmãos do rei e muitos aristocratas fugiam para o exílio, mas Luís hesitava: "Fico ou vou? Não estou pronto para nenhum dos dois".

O imperador José, irmão de Antonieta, observava horrorizado. Em 1787, ele se somara a Catarina, a Grande, e ao príncipe Potemkin numa deslumbrante e festiva turnê pela Nova Rússia e pela Crimeia, o canato tártaro recém-anexado pelos Románov, mas essa exibição provocou um contra-ataque dos otomanos: a guerra resultante foi um triunfo para os Románov, que ganharam o sul da Ucrânia e a costa do mar Negro, mas não para os Habsburgo. José, no front otomano da Valáquia (Romênia) e da Moldávia, enfrentou derrotas e epidemias, e se consolava cantando a partitura da nova ópera de Mozart.

Mozart florescia numa Viena que amava diversão, mas esbanjava em roupas e artigos de luxo, regendo ensaios com um manto escarlate e um tricorne com rendas de ouro. Em 1785, aos 29 anos, ele levou uma peça de Beaumarchais, *As bodas de Fígaro*, ao libretista favorito de José, Lorenzo da Ponte, um judeu nascido no gueto veneziano que se tornara um padre dissoluto e dono de bordel. O *Fígaro* encantou José. A seguir, Mozart e Da Ponte começaram a trabalhar em *Don Giovanni*, com a contribuição de Casanova, amigo de Da Ponte, que ajudou no libreto. "Minha ópera *Don Giovanni*", Mozart escreveu em Praga, onde se deu a estreia, "foi recebida com os maiores aplausos."

Mozart encontrava-se num surto frenético de criatividade — em 1788, escreveu três sinfonias em seis semanas. Embora a guerra estivesse destruindo José, o imperador adorou *Don Giovanni*: "A ópera é divina, possivelmente, apenas possivelmente, ainda mais bela do que *Fígaro*". Mozart tomou empréstimos demais e saiu em turnê para obter dinheiro, escrevendo a Constanze: "Querida esposa de meu coração. Você pensa em mim tanto quanto penso em você? Olho seu retrato de dois em dois minutos e choro, metade de alegria, metade de dor [...]. Escrevo esta carta com lágrimas nos olhos". Mas suas dívidas estavam fora de controle; ele vivia atormentado não só com os flertes, mas também com as enfermidades de Constanze. E seu patrono José estava com tuberculose, malária e enfrentava uma revolta em Flandres — assim como a irmã Antonieta enfrentava a destruição em Paris.

Lafayette consultou o amigo Jefferson sobre uma *Déclaration des droits de l'homme*. Como todos os revolucionários, eles eram influenciados por Rousseau, cujo *O contrato social* sustentava que o povo se expressava por meio da *"volonté générale"* — a vontade geral. "A lei", escreveu Lafayette, "é a expressão da vontade geral." A Assembleia aprovou a *Déclaration*, junto com o rascunho de uma Constituição. Em Paris, a autoridade real quase desaparecera.

"É uma revolta?", perguntou Luís.

"Não, senhor", respondeu um cortesão. "É uma revolução."

O rei ficou apavorado quando Lafayette foi eleito comandante da milícia, agora renomeada Garde Nationale, mas estava paralisado demais para aproveitar o impasse entre moderados e linhas-duras. Os linhas-duras romperam o impasse enviando uma turba parisiense a Versalhes, onde esfaquearam dois guarda-costas e irromperam no palácio gritando: "Cortem a cabeça dela e fritem-lhe o coração e o fígado!". Antonieta se escondeu numa passagem secreta: nesse dia, seu cabelo ficou grisalho. Ainda assim, ela e o marido apareceram no balcão com Lafayette para enfrentar o povo, antes que uma turba, portando lanças com as cabeças dos guarda-costas, obrigasse o casal real a fugir para o Palácio das Tulherias em Paris. "Presenciei tudo isso e retornei a Paris numa das carruagens do séquito do rei", escreveu Fersen. "Deus me livre de voltar a ver uma cena tão aflitiva." O rei aterrorizado aprovou em lágrimas a abolição das velhas regras e taxas feudais, além da *Déclaration des droits* esboçada por Jefferson.

Enquanto observava entusiasticamente a revolução, Jefferson soube que Sally estava grávida. Não sabemos que perspectiva ela tinha de Jefferson. "Os oprimidos [...] muitas vezes criam suas próprias narrativas internas [...], desprezando seus senhores", escreveu Annette Gordon-Reed, mas "a maneira como Jefferson tratava Hemings e sua família provavelmente a dispunha em relação a ele de maneira mais favorável do que hostil."[12] Sally conhecia as leis francesas da escravidão o suficiente para saber que tinha uma escolha: podia ficar e reivindicar a liberdade no tribunal do almirantado ou voltar com Jefferson para a escravidão no Monticello. Assim, recordou seu filho Madison, ela decidiu ser ousada: "Recusou-se a voltar com ele", exigindo concessões para os filhos de ambos. Jefferson "lhe prometeu privilégios extraordinários [...] um compromisso solene".

Eles então partiram para a América, chegando em dezembro de 1789, e lá receberam uma proposta do novo presidente dos Estados Unidos da América. Em 30 de abril, em Nova York, Washington tomara posse depois de vencer a primeira eleição sob os auspícios da nova Constituição, criada por uma convenção na Filadélfia. Seu ex-secretário, o coronel Hamilton, havia pressionado em favor de um sistema misto ao estilo inglês, com um governador vitalício, mas outros haviam resistido à ideia, considerada monárquica demais: o acordo foi por uma presidência forte, equilibrada por um congresso bicameral e um judiciário independente. Ali estava um Estado fundado sobre o princípio da liberdade, sendo sua democracia um exemplo para o mundo — "Espanta-me encontrar esse sistema praticamente perfeito", disse Franklin.[13]

Washington, que rejeitou o título de "Sua Alteza", preferindo "senhor presidente", ofereceu a secretaria de Estado a Jefferson e a do Tesouro a Hamilton. Entre os primeiros assuntos que trataram estavam a escolha de uma nova capital e a criação de um banco do Estado. Em junho de 1790, em Nova York, Jefferson, um aristocrático fazendeiro da Virgínia, convidou o coronel Hamilton, um bastardo das Índias Ocidentais sem um tostão que ascendera por seu próprio mérito e se tornara um herói de guerra, para um jantar preparado por James Hemings, seu chefe de cozinha escravo treinado na França. No "salão onde as coisas acontecem", eles concordaram que, após uma temporada na Filadélfia, construiriam uma nova capital no Potomac. Em dezembro daquele ano, Hamilton fundou um banco estatal.

No palácio Monticello, Sally Hemings deu à luz seu primeiro filho com Jefferson, com a assistência de sua mãe Betty, mas a criança logo morreu (outras cinco, porém, chegariam à idade adulta). Na Filadélfia, Jefferson e Hamilton, que se detestavam, tiveram grandes atritos sobre o futuro da república. Washington[14] ficou alarmado com a violência na França. Hamilton era pró-britânico; Jefferson, pró-francês, pontificava que não havia como passar "do despotismo para a liberdade num colchão de plumas".

Em Paris, enquanto as potências estrangeiras começavam a se armar contra a revolução, em parte incentivadas pelo casal real, usando Fersen como intermediário, Antonieta não ousara se corresponder com o irmão, o imperador José, mas agora procurou ajuda. O plano de José era resgatar os Bourbon, mas, ignorado pelos aliados russos, que estavam tomando terras otomanas em torno do mar Negro, ele voltou para Viena, coberto de dolorosíssimas chagas. "Sou desafortunado em tudo que faço", escreveu, redigindo seu próprio epitáfio: "Aqui jaz um príncipe cujas intenções eram puras, mas teve a dor de ver todos os seus planos caírem por terra". Grande parte da política consiste em espera e silêncio. "Ele governou demais", escreveu Ligne, "e reinou de menos."

Em 20 de fevereiro de 1790, logo após a estreia de *Così fan tutte*, de Mozart, José morreu em desespero e Mozart perdeu seu patrono, cujo irmão Leopoldo, o novo imperador, agora trabalhava para salvar a monarquia. Enquanto compunha sua ópera maçônica, *A flauta mágica*, Mozart sentia falta de Constanze: "Há uma espécie de vazio que fere". Naquele ano, ele escreveu duas óperas em três semanas, mas, ao receber a encomenda de um réquiem, disse à esposa: "Sei que devo morrer"; o réquiem "é para mim mesmo". No entanto, agora recebia o lucrativo cargo de *Kapellmeister* de Viena. Mesmo Salieri o elogiava, e ele estava passando mais tempo com o filho Karl: "Estou tão feliz de levá-lo à ópera. Ele está ótimo". Mozart pensava criar uma ópera a partir de *A tempestade*, de Shakespeare. Tudo ia bem, mas então ele adoeceu. Horrivelmente inchado, continuou escrevendo partituras, até que, em 5 de dezembro de 1791, morreu. Constanze acreditava que o marido havia morrido por excesso de trabalho e que seu único defeito era ter "um coração mole demais" e não saber "lidar com dinheiro". Ele foi enterrado, em conformidade com os decretos de José, numa vala comum.

Com a morte do irmão, Antonieta perdeu seu mais caro aliado, mas continuava a se encontrar com o amante, Fersen. "Estou um pouco mais feliz", ele escreveu. "Às vezes vejo-a com toda a liberdade e isso nos consola, apesar de todas as coisas desagradáveis que ela precisa suportar."

ANTONIETA, O CARRASCO E A GUILHOTINA

Em julho de 1790, no Palácio de Saint-Cloud, Antonieta negociou secretamente com o revolucionário moderado Honoré, conde de Mirabeau, um gigante sibarita e presidente da Assembleia que queria ser o premiê da França sob uma monarquia constitucional ao estilo inglês. Antonieta, embora horrorizada com o desleixado conde, ofereceu-lhe um salário para apoiar o rei. "Senhora, a monarquia está salva!", ele exclamou; ela era "o único homem de que o rei dispõe". Mas Mirabeau morreu, e quem o sucedeu na missão de implantar a monarquia constitucional foi seu jovem vice, o esguio e bem-apessoado Antoine Barnave. Luís e Antonieta ofereceram ao vaidoso e ambicioso Lafayette uma antiga posição, a de condestável, mas o paladino itinerante, aspirando a ser um Cromwell--Washington, recusou — perdendo a chance de ocupar a liderança. Sem um líder definido, a Assembleia lançou as bases da sociedade moderna: os direitos e a igualdade dos judeus foram concedidos, levando ao fim da repressão na Europa. Mas as mulheres foram deixadas de lado, e a escravidão era francamente apoiada por muitos revolucionários. A Assembleia, ao abolir a nobreza, indispôs 250 mil nobres; ao perseguir os padres, desencadeou uma contrarrevolução católica no oeste da França; ao atormentar o rei, mobilizou os monarcas da Europa.

Tempos extremos ofereciam oportunidades extremas para os que tinham soluções extremas. Os delegados da Assembleia discutiram um código penal, adotando a proposta do dr. Guilloton de criar um instrumento racional de execução humanitária. "Agora, com minha máquina", gabou-se Guillotin, "corto sua cabeça num piscar de olhos e você nem vai sentir." Ele não era realmente o inventor da guilhotina, apenas seu defensor, mas muitos dos que riram dele iriam "num piscar de olhos" experimentar sua "máquina". O carrasco hereditário, conhecido como Monsieur de Paris, era o *chevalier* Charles-Henri Sanson, que testou a guilhotina em carneiros e condenados mortos. Estudante de medicina até herdar o cargo do pai durante a adolescência, era o quarto nessa dinastia carrasca. Já praticando o ofício havia três décadas, ele supervisionara as horrendas execuções — com espada, machado e roda — do Antigo Regime. Em 1757, aos dezoito anos, executara um condenado por tentativa de assassinato real, Damiens, a quem torturou e castrou. Amarrando-o por braços e pernas a quatro cavalos, ele estraçalhou o condenado, cortando seus tendões para facilitar o desmembramento, e então o queimou vivo. Sanson recomendou a guilhotina à Assembleia. Sua experiência teria muito uso.

"Finalmente", Fersen contou à irmã, "no dia 24 [de dezembro de 1790], passei um dia inteiro com ela. Foi o primeiro. Imagine minha alegria." O belo dia com "o adorável personagem" emocionou Antonieta. "O personagem e eu conseguimos nos ver em segurança uma vez", ela disse a Yolande de Polignac. "Você bem pode imaginar nossa felicidade."

Luís e Antonieta agora se atormentavam com a Constituição que a Assembleia esperava que eles aprovassem e pediram o direito de se mudar de Paris para Saint-Cloud. Quando a permissão foi negada, Antonieta ordenou que Fersen planejasse a fuga do casal real para uma fortaleza, Montmédy, onde Luís conseguiria lidar com os revolucionários e com seus irmãos exilados, que estavam propondo à Áustria um ataque à Assembleia.

Em 20 de junho de 1791, numa noite quentíssima, duas crianças e dois monarcas entraram numa carruagem comprada por Fersen, com o rei disfarçado como criado de uma baronesa russa (Antonieta). O delfim pensou que eles estavam indo a uma peça, "visto que estávamos todos com essas roupas esquisitas". O desaparecimento da família não passou despercebido, e mensagens foram trocadas; eles tinham faltado a uma reunião com hussardos leais, e o cabeleireiro de Antonieta não aparecera, o que sempre era mau sinal. Quando a carruagem entrou em Varennes, os monarcas foram reconhecidos e presos, sendo triunfalmente reconduzidos a Paris por uma delegação que incluía Barnave, de trinta anos e simpático à realeza. Acendeu-se uma faísca de atração entre ele e Antonieta, o início de uma correspondência secreta sobre a instauração de uma monarquia moderada. Quando um padre lhes mostrou apoio na rua, a multidão o desmembrou e apresentou suas mãos e cabeça a Antonieta.

A desairosa fuga expôs a duplicidade dos soberanos. "Naquela noite", notou um cortesão, o cabelo já grisalho de Antonieta "ficou branco como o de uma mulher de setenta anos." Preso no Palácio das Tulherias, Luís esbravejava contra Voltaire e Rousseau — "esses dois homens foram a ruína da França". Antonieta se correspondia com Barnave, em ascensão na Assembleia, e, por intermédio de Fersen, com o irmão Leopoldo. "Não se preocupe conosco. Estamos vivos", ela disse a Fersen em código. "Os líderes da Assembleia parecem querer nos tratar com gentileza." Mas então: "Fale com meus parentes sobre o envio de ajuda externa". E dois dias depois: "Cuide-se, por mim. Não poderei mais escrever. Mas nada neste mundo poderá me impedir de adorá-lo até a morte". Fersen estava com ciúme de Barnave e comentou: "Comenta-se que a rainha dorme com Barnave". Luís e Antonieta oscilavam entre planos desesperados. Ela ordenou que Fersen suspendesse a intervenção da Áustria e da Prússia: "A força apenas prejudicará". Em setembro, o atormentado Luís jurou obediência à Constituição — que ainda lhe dava o poder de nomear ministros e vetar leis —, enquanto Antonieta e Barnave tinham esperanças de que se tomasse um curso mais moderado. "Se eu fizer algum acordo com eles", ela assegurou Fersen, "será apenas para usá-los." Mas o armamento dos Habsburgo e dos Hohenzollern minou Barnave — e condenou os Bourbon.[15]

Em janeiro de 1792, Barnave, derrotado, retirou-se para a província, com sua visão de uma monarquia constitucional em descrédito, derrubada na Assembleia por um governo pró-guerra da facção girondina mais radical, liderada por Brissot. Um mês depois, Fersen, planejando outro resgate, infiltrou-se disfarçado em Paris (ficando na casa de uma de suas amantes), e, esquivando-se aos guardas, entrou no apartamento de Antonieta. Eles passaram a noite juntos, no último encontro que tiveram. "Termino agora esta carta", ela escreveu depois, "mas não sem lhe dizer, meu querido e terno amigo, que o amo loucamente."

Em fevereiro, o avanço dos monarcas germânicos lançou Paris numa crise que destruiu os girondinos. Foi um descorado, canhestro, míope e ascético advogado de Arras, com sua voz esganiçada, que ocupou o vácuo. Maximilien Robespierre, de 33 anos, eleito líder dos jacobinos, uma facção mais radical, emergira pouco a pouco como a voz da virtude incorruptível e intérprete da vontade geral: "Legitimamente, a soberania sempre pertence ao povo", mas uma elite seleta tem que decidir a vontade geral do povo, que "quer o que é bom, mas nem sempre o enxerga". Era uma ideia que justificaria um grande derramamento de sangue. Esse guardião puritano — talvez o único virgem entre fanfarrões mulherengos — passou a guiar cada vez mais o povo, ou melhor, os artesãos radicais, os sans-culottes (que usavam calças, em vez de calções) de Paris. "Esse homem irá longe", gracejara Mirabeau; "ele acredita em tudo o que diz." Robespierre argumentara contra a guerra, dizendo que ela fortaleceria o rei. Agora a crise o levava de roldão ao poder e destruía os Bourbon. A guerra, que se prolongaria — com breves intervalos — por 23 anos, abarcando toda a Europa e grande parte do mundo, intensificou o fanatismo e a intolerância da revolução. "Seu amigo", Antonieta escreveu a Fersen, mal codificando o significado do que dizia, "corre o máximo perigo. Sua doença avança de modo terrível [...]. Conte a seu círculo sobre a desafortunada situação em que ele se encontra."

Enquanto os Bourbon enfrentavam essa crise, um súdito francês, que vivia bem longe, na Saint-Domingue caribenha, estava desapontado com a Revolução Francesa por razões muito diversas. O ex-escravo Toussaint lançava agora a maior rebelião escrava desde Espártaco e os *zanj*.

DUAS REVOLUÇÕES — HAITI E PARIS: CÉCILE E TOUSSAINT, ROBESPIERRE E DANTON

Em agosto de 1791, uma cabala de líderes escravos, Dutty "Zamba" Boukman, Georges Biassou e Cécile Fatiman, coordenada por Toussaint, reuniu-se secretamente à noite em Bois Caïman para dar início a uma rebelião em favor dos 500 mil escravos de Saint-Domingue. Eles juraram vingança com rituais vodus supervisionados por Fatiman, de vinte anos de idade, que atuava como *mambo* (sacerdotisa).[16] Um porco foi sacrificado, e eles beberam seu sangue.

Toussaint não se impressionou com a Revolução Francesa: apesar de todas as suas medidas liberais, a Assembleia era dominada por senhores escravocratas que se negavam a abolir a escravidão. Agora, em Saint-Domingue, 10 mil escravos se juntaram ao exército rebelde, que logo passou a contar com 80 mil soldados, ultrapassando os 40 mil brancos e 28 mil negros livres para conquistar grande parte da colônia, enquanto os donos de escravos eram mortos e tinham suas propriedades incendiadas. Biassou se proclamou vice-rei, mas foi Toussaint que "comandou todos os detalhes da trama, organizou a revolta e preparou a explosão". A maioria desejava a abolição da escravatura; os radicais queriam "matar os brancos"; Toussaint, porém, tinha em vista uma comunidade multirracial que mantivesse intactas as fazendas de cana-de-açúcar. Os revolucionários se posicionaram como legalistas, apoiando Luís contra o lobby pró-escravidão na Assembleia: era, em parte, uma revolução contra a Revolução Francesa.

Em julho de 1792, Toussaint ajudou a redigir uma *Lettre originale des chefs des nègres révoltés*, defendendo a abolição da escravidão com base nos "direitos naturais universais" e a criação de uma comunidade não racializada de iguais numa Saint-Domingue multirracial.

Em agosto de 1792, voltando a atacar a Assembleia escravocrata, Toussaint comemorou o aniversário de Luís XVI, enquanto se alastrava em Paris um pânico sangrento, desencadeado pelo medo de invasões estrangeiras e traições internas. Em 9 de agosto, os militantes urbanos de Paris elegeram uma comuna insurrecionista que, em cooperação com Robespierre, organizou uma turba que, no dia seguinte, atacou as Tulherias, matando novecentos membros da Guarda Suíça, e derrubou a monarquia constitucional. "O que eles podem fazer comigo?", perguntou Antonieta. "Matem-me, tanto faz que seja hoje ou amanhã." Luís e Antonieta fugiram para a Assembleia, onde presenciaram por uma grade a suspensão da monarquia antes de serem detidos e encarcerados na sinistra Torre do Templo. Lá, todos os dias, de manhã, Luís ensinava humildemente latim e geografia ao filho. Enquanto se realizavam as eleições por voto universal para uma nova assembleia, a Convenção, a histeria — condensada no lema *"La patrie en danger"* [A pátria em perigo] — agora se tornava cruenta.

Dez dias após o ataque às Tulherias, os prussianos invadiram a França. Quando chegaram a Verdun, Paris foi tomada por um frenesi violento. Em setembro, quando a nova Convenção se reuniu, Georges Danton, um carismático aliado de Robespierre, filho de um rude advogado de Champagne, instigou os deputados: "Quem se recusar a servir deve ser punido com a morte!", bradou. Para vencer os inimigos, "precisamos de audácia, mais audácia, sempre audácia, e a França estará salva!". Então veio espantosa a notícia: em 20 de setembro, o exército revolucionário francês em Valmy derrotara os prussianos. No dia 22, os deputados aboliram a monarquia. Embora houvesse um impasse na Convenção entre os girondinos — liderados, entre outros, por Brissot — e os *montagnards* [montanheses] — mais radicais, assim chamados porque se sentavam nos bancos mais altos da Convenção, agora liderada por Robespierre —, o medo e o pânico levaram grupos de assassinos, alguns surgidos de maneira espontânea, inspirados por Danton, alguns provavelmente organizados pelos jacobinos, a atacarem as prisões, matando 1300 cortesãos e padres, enquanto prostitutas eram estupradas em bando. A princesa de Lamballe, amiga de Antonieta, foi estripada e teve a cabeça exibida à rainha, que desmaiou.

Além disso, o governo, supervisionado pela Convenção, encontrava-se num caos completo, enfrentando não só inimigos externos, mas também a contrarrevolução católica e monarquista na Vendeia e a revolta republicana moderada em Lyon. Enquanto Robespierre emergia como a personificação da virtude republicana, o novo Estado era banhado de sangue com um sacrifício régio — o início de uma era moderna de política nacional de massas que remodelou tanto a dinastia quanto a família privada. Às cinco da manhã de 21 de janeiro de 1793, Luís foi despertado por tambores.

ATO XIV

790 MILHÕES

Os Bonaparte e os albaneses, os Wellesley e os Rothschild

ANTONIETA, JOSEFINA E A LÂMINA NACIONAL

Na noite anterior, Luís XVI — avisado de antemão — disse à família que se despediria na manhã seguinte, mas, chegado o momento, não conseguiu reunir ânimo para vê-la. Seu filho de sete anos, o delfim, soluçava: "Deixe-me sair!". O carcereiro perguntou aonde ele queria ir. "Falar com as pessoas para que não matem meu pai."

Robespierre revelara a correspondência traidora dos Bourbon com os invasores e pleiteou que fossem executados. Julgado perante a Convenção, Luís respondeu a cada um dos trinta pontos de acusação, dizendo-os "absurdos", e por fim declarou: "Sempre agi pelo povo". Ironicamente, foi acusado de apoiar a revolução de Saint-Domingue.

Robespierre exigira a sentença de morte, declarando orgulhosamente: "Sou inflexível com os opressores porque sou compassivo com os oprimidos". A Convenção, que incluía o duque de Orléans, primo de Luís, que absurdamente mudara o próprio nome para Filipe Igualdade, votou pela pena de morte. Luís encontrou na tragédia uma segurança interior que mal conhecera na glória. Quando seu advogado, em lágrimas, o informou sobre a votação e propôs uma contrarrevolução, Luís respondeu: "Isso incitaria a guerra civil. Prefiro morrer. Ordene a eles que não façam nenhuma tentativa de me salvar — o rei da França jamais morre".

As ruas estavam tão apinhadas que eles levaram duas horas para chegar ao patíbulo na lotadíssima Place de la Révolution, onde o carrasco Sanson, com os filhos Gabriel e Henri, aguardava o rei. Luís começou a falar — "Morro inocente [...]. Rogo a Deus que o sangue derramado por você jamais recaia sobre a França" —, mas o rufar dos tambores abafou sua voz. Sanson cortou o cabelo do monarca e o amarrou na engenhoca. A lâmina o decapitou, e Sanson mostrou a cabeça ao povo. *"Vive la nation!"*, bradou a multidão. Antonieta e os filhos ouviram o clamor. Cidadãos aos gritos banharam-se no sangue, salpicando uns aos outros.

Antonieta recebeu o anel de casamento de Luís, com a inscrição "M.A.A.A. [Maria Antonieta, Arquiduquesa da Áustria] 19 Aprille 1770". Numa cena de angustiante drama, encenada em suas celas imundas, Antonieta, com a filha Maria Teresa, fez uma vênia ao filho, agora Luís XVII. Mas o menino estava doente e emaciado. Logo a seguir, as crianças foram apartadas da mãe. "Meu menino, estamos prestes a partir", disse Antonieta, segurando-o. "Nunca se esqueça de Deus, que lhe traz esta provação, nem de sua mãe, que o ama. Seja afável, paciente e bondoso, e seu pai olhará do céu e o abençoará."

A execução de Luís foi "o feito mais atroz e criminoso que a história do mundo teve ocasião de testemunhar até o momento", disse o primeiro-ministro Pitt, que decidiu usar a riqueza britânica — "o ouro de Pitt" — para financiar uma série de alianças de potências europeias em guerras contra a França.[1] No plano interno, ele temia a revolução e criou leis proibindo os sindicatos. Enquanto os exércitos revolucionários franceses venciam a Bélgica e invadiam a Holanda, a Convenção declarou guerra à Grã-Bretanha.

Em 6 de abril de 1793, quando o levante da Vendeia ameaçava Paris, a Convenção criou em caráter de emergência um Comité de Salut Public (Comitê de Segurança Pública) sob Danton "para tomar a arma do Tribunal Revolucionário". Em junho, foi aprovada uma Constituição democrática, mas, devido à guerra, não chegou a ser implementada. Naquele mês, Danton se retirou para o campo enquanto a Convenção anunciava "um governo revolucionário até a paz", que deu plenos poderes ao Comitê, composto por doze revolucionários, na maioria advogados de província, reeleitos bimestralmente. Em 2 de junho, Robespierre orquestrou a prisão de Brissot e dos girondinos, e no mês seguinte foi eleito para o Comitê, que governava a partir do gabinete verde do rei nas Tulherias. Os doze dirigiam a guerra e instituíram o que viria a ser chamado *La Terreur*, o Terror, como manifestação de "justiça [...] severa e inflexível [...] a emanação da virtude". Em 23 de agosto de 1793, um programa de recrutamento em massa, a *levée en masse*, criou o primeiro exército nacional efetivo, dirigido pelo membro mais capaz do Comitê, Lazar Carnot, "organizador da vitória". Nascia "uma nova era", disse o poeta Goethe, "na história do mundo" — uma era de nações e ideologias expressas em políticas de massa. O fim da monarquia sagrada inaugurou o culto da nação e seu duplo institucional, o Estado nacional, que continua a ser a unidade básica para a organização dos governos. O poder é a mãe da ideologia. O nacionalismo, a identificação com uma comunidade maior de mesma língua, fortalecida pela raça e pela história — ambas muitas vezes inventadas e ornamentadas com mitos comoventes —, desenvolveu-se para justificar esse novo Estado. Se parecia que a razão e a virtude removeriam as famílias do poder, isso não aconteceu: as dinastias, velhas e novas, facilmente mudaram de forma e se adaptaram à nova dinâmica.

Em 17 de setembro, uma Lei dos Suspeitos outorgou poderes de execução sumária ao Comitê, o qual também assumiu o comando total da economia e então implantou um novo calendário revolucionário. A histeria pública, o caos militar, a rivalidade das facções e a corrupção desbragada intensificaram o Terror. Em 31 de outubro, Brissot e 28 girondinos seguiram para a guilhotina entoando canções republicanas. Dezesseis mil vítimas, muitas delas denunciadas num frenesi de medo e covardia, e a maioria culpada apenas de ser "aristocrata", viriam a ser guilhotinadas. O Terror não matou pessoas por razões religiosas, como havia sido a prática na Europa durante séculos, mas para impor a lealdade. Robespierre investigou um complô estrangeiro contra a revolução que, na verdade, era um caso de peculato dos fundos da Compagnie des Indes Orientales praticado por revolucionários da elite próximos dos doze. A lei de 14 de frimário (dezembro) deu ao Comitê o poder de esmagar a oposição, um poder que, pode-se dizer, define a soberania de uma nação. Foi um efeito da revolução na criação da política moderna tão significativo quanto os Direitos do Homem: aquela endossava um Estado onipotente, enquanto estes anunciavam o domínio do individualismo.

Os enviados do Comitê percorriam a França, executando traidores. "Esses monstros devem ser desmascarados e exterminados", declarou Robespierre referindo-se aos rebeldes de Lyon. "A cidade de Lyon será destruída", ordenou. Lá foram mortas 2 mil pessoas, amarradas umas às outras diante de um canhão e estraçalhadas. Em Nantes, 2 mil foram presas em barcaças que foram então afundadas.

Em Paris, Sanson — agora amado como Charlot, ou o Vingador Nacional — e seus filhos decapitaram freneticamente 2900 das vítimas de Robespierre. Sanson ficou tão exausto que passou a função para o filho Gabriel. Num momento importante do Terror, Gabriel estava decapitando tanta gente que, ao erguer uma cabeça para a multidão, escorregou no sangue, caiu do cadafalso e quebrou o pescoço. "Assim como Saturno", escreveu um observador, "a revolução devora seus filhos" — e o banquete havia se iniciado. Filipe Igualdade votou a favor do Terror, mas, quando seu filho Luís Filipe, desgostoso com a execução do rei, bandeou-se para a aliança, o duque foi guilhotinado.[2] Barnave também.

Entre os detidos estava a jovem filha de um senhor de escravos, Marie Josèphe Rose Tascher de La Pagerie, a futura imperatriz Josefina, que chegara da Martinica aos quinze anos de idade para desposar o visconde Alexandre de Beauharnais. Agora presos em celas lotadas, ambos aguardavam a morte.

O pequeno Luís XVII, apartado da mãe, semimorto de fome e entupido de álcool, sofreu lavagem cerebral e foi obrigado a denunciar a mãe por abuso sexual. Ao ouvir os passos na cela de cima, o menino escarneceu: "Aquelas malditas putas ainda não foram guilhotinadas?". A filha mais velha de Antonieta, Maria Teresa, e sua cunhada, Madame Elizabeth, permaneceram com a rainha. Depois também foram apartadas.

Em 14 de outubro de 1793, enlutada de preto, mas com sapatos vermelhos de salto alto de uma outra era, Antonieta foi julgada e declarada culpada de espionar para José II, de lhe dar dinheiro e de abusar sexualmente do filho. Informada da alegação do filho de que era uma "nova Agripina", de que o ensinara a se masturbar com tanta força que um de seus testículos inchara, e de que então fornicara com ele, ela replicou: "A natureza se recusa a responder a tal acusação, mas apelo a todas as mães que estão aqui". Robespierre temia que a dignidade de Antonieta "a tornasse objeto de compaixão". Desdenhosa, a filha de Maria Teresa disse a seus torturadores: "Eu era uma rainha e vocês me destronaram. Eu era uma esposa e vocês mataram meu marido. Eu era uma mãe e vocês arrancaram meus filhos de mim. Resta-me apenas meu sangue — apressem-se e tirem-no!". Sua última carta à cunhada e à filha mostrava seu pesar pela separação dos filhos e rogava a Elizabeth que perdoasse as alegações do menino — "Pense como é fácil fazer uma criança nessa idade dizer qualquer coisa" —, pedindo-lhe que beijasse seus "pobrezinhos". A carta não foi enviada, mas entregue a Robespierre.

Quando o carrasco, Henri Sanson, que sucedera o irmão, chegou à prisão da Conciergerie para lhe amarrar os pulsos, ela perguntou se podia fazer suas necessidades em privado. Ele negou, e então ela se agachou num canto, na frente dos carcereiros. Antonieta, vestida de branco, com 37 anos de idade, mas parecendo uma idosa, foi transportada numa carreta aberta, escarnecida pela multidão. Em certo momento, rabiscou um bilhete para Fersen, que depois lhe foi entregue clandestinamente: *Adieu*, meu coração é todo seu". Ela morreu corajosamente.

"Fiquei arrasado", escreveu Fersen. "Pensava nela o tempo inteiro, em todas as horríveis circunstâncias de seus sofrimentos; a dúvida que pode ter sentido em relação a mim, à minha afeição [...] me atormentava."

Luís XVII deteriorava numa cela tomada de fezes. "Meu irmão está doente", escreveu Maria Teresa. "Escrevi à Convenção pedindo permissão para cuidar dele." Mas Robespierre foi implacável. Quando o menino morreu, seu médico levou seu coração escondido num lenço para sepultá-lo em terra consagrada.

"Se a base do governo popular em tempo de paz é a virtude, sua base na revolução são a virtude e o terror", declarou Robespierre em 5 de fevereiro de 1794: "A virtude, sem a qual o terror é catastrófico; e o terror, sem o qual a virtude é impotente". Seu turbilhão de virtude viria a ser o modelo para todas as caças laicas e farisaicas às bruxas; o Comitê foi o primeiro ministério moderno de guerra, o primeiro governo concebido para purificar e remodelar a sociedade.

Em março, o retorno de Danton — exigindo o fim do Terror, alertando contra a ditadura e propondo negociações de paz — ameaçou o projeto e o governo de Robespierre. O Incorruptível Verde-Mar — epíteto que lhe foi dado pelo historiador Thomas Carlyle — acusou Danton e seus apoiadores de pregarem o derrotismo, roubarem fundos da Compagnie des Indes Orientales e intercederem em favor de Maria Antonieta. Em 5 de abril, Danton e os demais foram para a guilhotina. "O que mais me aborrece", teria comentado Danton na carroça de Sanson, "é que vou morrer seis semanas antes de Robespierre."

Robespierre vencera, mas agora ninguém estava em segurança. Ele e o Comitê intensificaram as execuções pela "lâmina nacional". A guerra acelerou o surgimento de uma geração de jovens oficiais. No sul, as forças monarquistas e britânicas haviam capturado Toulon, e Robespierre enviou dois legados para retomar o porto, seu irmão Augustin e um ex-visconde, Paul Barras, que ficaram impressionados com um jovem capitão corso chamado Napoleão Bonaparte, magro, pálido, cheio de energia, que em dezembro de 1793 comandara a artilharia durante a vitoriosa recaptura de Toulon. Com 24 anos, Bonaparte foi promovido a general. Em Saint-Domingue, outro jovem brilhante general assumia o comando de um exército revolucionário.

Após três anos de revolução, a Convenção proscreveu a discriminação racial, mas se negou a abolir a escravidão, enviando 6 mil soldados franceses para retomar a Joia do Caribe.

O ESPÁRTACO NEGRO E O TIRANO DA VIRTUDE

Enquanto os franceses tentavam esmagar os ex-escravos, Toussaint foi a Santo Domingo, a outra metade de Hispaniola, a fim de negociar uma aliança com os espanhóis, que o nomearam general. Enquanto isso, o próprio Biassou e vários líderes comerciavam cativos, que vendiam aos hispânicos. Biassou ordenou que Toussaint fosse assassinado, mas este permaneceu com os espanhóis e emergiu como um destacado líder.

Alto, magro, incansável, usando "um casaco azul, uma grande capa vermelha, punhos vermelhos com oito filas de rendas, grandes dragonas douradas, colete escarlate, calças, botas de meia altura, chapéu redondo com uma pluma vermelha", ele "conseguia se fazer invisível onde estava e visível onde não estava", comentou um inimigo. "Tinha do tigre a agilidade de movimentos." Imbuído da cultura africana e das tradições escravas do ocultismo vodu entremeadas com o catolicismo, a língua francesa e o Iluminismo parisiense, espirituoso, brincalhão e sempre surpreendente, Toussaint era um mestre na tática militar, manobrando entre a França, a Espanha e a Grã-Bretanha. "Convém falar pouco", dizia ele, "mas fazer o máximo possível." Apresentando-se como um cruzamento entre um deus da guerra, Ogum, e um metamórfico espírito vodu das encruzilhadas, Papa Legba, ele adotou um novo nome, Louverture — "a abertura".

Depois de dois anos "atrás das cortinas", Toussaint proclamou: "Sou Toussaint Louverture: vocês talvez tenham ouvido meu nome. Vocês sabem, irmãos, que empreendi a vingança e quero que a liberdade e a igualdade reinem em Saint-Domingue [...] para trazer felicidade a todos nós".

Como comandante, ele reuniu em torno de si os homens de confiança que dominariam o Haiti. Jean-Jacques Dessalines, futuro imperador, era um dos escravizados que Louverture administrara após sua própria manumissão, enquanto Henri Christophe, futuro rei, trabalhara como escravo, cavalariço, garçom e tocador de tambor, ao lutar em Savannah com o regimento negro francês, os Chasseurs-Volontaires de Saint-Domingue, e com os americanos contra os britânicos. Os homens de Toussaint eram, na maioria, escravizados nascidos na África, sobretudo bacongos de Angola, mas o chefe de seu Estado-Maior, o general Agé, era branco. Louverture se gabava de ter passado "noventa espanhóis pela espada" após uma batalha, tendo enviado a cabeça deles aos franceses, mas, apesar disso, desagradavam-lhe os "combatentes com gosto pelo derramamento de sangue", e ele muitas vezes protegia os *colons*.

Em 4 de fevereiro de 1794, em Paris, Robespierre apoiou o decreto da Convenção abolindo a escravidão: *"La Convention Nationale déclare que l'esclavage des Nègres dans toutes les colonies est aboli"*, reconhecendo que a rebelião dos escravizados era irreversível. Toussaint saudou esse "grande consolo para todos os amigos da humanidade". Encerrando sua aliança tática com os espanhóis traficantes de escravos, ele negociou com o governador francês Étienne de Laveaux e prometeu que iria se "devotar a esmagar os inimigos da república". Toussaint saudou Laveaux por seu "excepcional amor pelo povo negro"; Laveaux o elogiou entusiasticamente a Paris: "Não tenho como enaltecer o suficiente as virtudes, o talento, as qualidades marciais [de Toussaint]; ele é pleno de humanidade, infatigável como combatente".

Robespierre agora adotava a concepção de um Estado da virtude.[3] "Se Deus não existisse, teríamos de inventá-lo", disse, citando Voltaire. Em 8 de junho, num ritual pomposamente solene no alto de uma montanha artificial construída no Champ de Mars, ele presidiu ao lançamento de uma nova religião, *"le Culte de l'Être Suprème"*. Como potentado virtuoso e hierofante do Ser Supremo, Robespierre encontrava-se em seu auge sanguinário — mas estava indo longe demais, e seus colegas se indignavam com sua proeminência. Dois dias depois, uma lei outorgou a Robespierre e ao Comitê poderes para matar todos os inimigos públicos. Em julho, foram decapitadas diariamente sessenta vítimas; uma delas foi o marido de Josefina de Beauharnais, que aguardava sua própria execução. Agora, mesmo os Sanson tinham dúvidas: o idoso patriarca era acometido de "visões terríveis [...]. Talvez Deus me castigue por minha obediência covarde a um arremedo de justiça". Henri Sanson foi preso. Mas o Comitê estava reduzido a ruidosas brigas noturnas. Robespierre se retirou para seus aposentos a fim de se recompor e planejar a prisão dos inimigos. Em 26 de julho, proferiu um discurso tremendamente equivocado defendendo sua revolução, "a primeira fundada na teoria dos direitos da humanidade e nos princípios da justiça", ameaçou os inimigos da revolução — "os monstros" — e então refletiu: "A morte não é um sono eterno [...]. A morte é o começo da imortalidade". Mas sua ameaça de "esmagar todas as facções" uniu, naquela noite, moderados e radicais numa conspiração contra ele. No dia seguinte, 9 de termidor no calendário revolucionário, Robespierre e seus epígonos, ao tentarem iniciar o expurgo, foram acusados de planejar "a morte da Convenção".

"Abaixo o tirano", bradaram os críticos de Robespierre.

Ele tentou falar, mas o medo lhe tirou a voz.

"É o sangue de Danton", gritaram, "que o sufoca!"

"É Danton que vocês lamentam?", retrucou Robespierre. "Covardes! Por que não o defenderam?"

Preso e então libertado no caos, Robespierre e seus asseclas fugiram para o Hôtel de Ville, onde, sitiado pela milícia, ele disparou contra si mesmo, mas apenas estourou o maxilar. Observado pelas multidões aos uivos, com o rosto enfaixado, ele foi entregue à lâmina nacional, onde Henri Sanson, reconduzido à função, arrancou-lhe a bandagem. Robespierre soltou um grito agudo e desmaiou antes que Sanson lhe cortasse a cabeça. Não era uma revolução, mas um golpe interno dentro do Comitê, onde a facção jacobina continuou a comandar, em parceria com os moderados, agora fortalecidos. Os prisioneiros, inclusive Josefina, foram libertados.[4] Entre os robespierristas presos em Nice estava o general Bonaparte, que teve a sorte de ser libertado. Enquanto isso, seu patrono Barras, um *bon vivant* bissexual da Provença que combatera os britânicos na Índia, ajudava a desmantelar a máquina do terror.

Em 5 de outubro de 1795, enfrentando uma revolta em Paris, Barras convocou Bonaparte, que mandou o filho de um taberneiro gascão, Joachim Murat, um rapaz de dezoito anos, 1,80 metro de altura, cabelo cor de azeviche e olhos azuis, ir buscar quarenta canhões. "A ralé precisa ser movida pelo terror", disse

Bonaparte, ordenando que Murat disparasse "uma rajada de metralha" contra a multidão. O fogo dos canhões matou trezentas pessoas e trouxe ao general a gratidão de Barras, que então foi escolhido como presidente de um Diretório de cinco homens. A França, combatendo os Habsburgo, os Hohenzollern e os britânicos na Itália, na Alemanha e na Holanda, mantinha-se bem, com a eficiente organização de um dos *directeurs*, Carnot. Liberados do Terror, fruindo o poder, os revolucionários, que haviam ascendido por seu próprio mérito, e os aristocratas retornados celebravam a sobrevivência numa profusão de luxos libidinosos e acordos venais: ninguém tanto quanto Charles Maurice de Talleyrand, um libertino lânguido e claudicante que conhecera Pitt e Hamilton no exílio britânico e americano, e que se tornou o astuto e habilidoso ministro francês das Relações Exteriores.

Barras, que Carnot dizia ter "os gostos de um príncipe opulento, generoso, magnificente e perdulário", iniciou um romance com Josefina de Beauharnais. Quando ela ficou exigente e dispendiosa demais, ele disse que estava "cansado e enjoado" daquela "cortesã bajuladora". Promoveu então o pálido Bonaparte, de cabelos longos, cuja "magreza emaciada se converteu num rosto cheio", dotado de "um sorriso sempre agradável", e então incentivou Josefina a se concentrar em seu protegido. Depois de mandar o filho pequeno lhe entregar uma mensagem, Josefina por fim se encontrou com Napoleão, e ele se apaixonou loucamente. Ela era seis anos mais velha do que ele, mas muito menos inocente — seu charme, o cabelo castanho e os olhos cor de avelã, aliados a uma sofisticada técnica sexual que Bonaparte chamava de *le zigzag*, mais do que compensavam a boca desdentada que a impedia de sorrir, suas extravagâncias irreprimíveis e sua suposta falta de inteligência. Talleyrand ria, dizendo: "Nunca ninguém se safou melhor sem ela".

"Acordo repleto de você", escreveu Bonaparte naquele mês de dezembro. "Sua imagem e a lembrança dos prazeres inebriantes da noite passada não dão descanso a meus sentidos." Em março de 1796, Barras presidiu ao casamento dos dois, e, certo da devotada lealdade de Bonaparte, escolheu-o para comandar o Exército da Itália. Em Paris, Josefina começou um romance com um jovem hussardo e tentou retomar a posse de suas propriedades em Saint-Domingue.

Em abril, Toussaint celebrou sua aliança com Laveaux, que o chamava de "o Espártaco Negro, o líder anunciado pelo *philosophe* Raynal para vingar os crimes perpetrados contra sua raça", e o nomeou vice-governador. Toussaint era muito apreciado pelas esposas dos *colons* franceses. Casado com Suzanne e um pai amoroso, ele tinha como amantes Madame Fisson, "uma jovem branca de rara beleza" cujo marido *colon* se tornou um de seus agentes, e Marguerite Descahaux, esposa de outro *colon*. Era bombardeado com mechas de cabelo louro e bilhetes de esposas de fazendeiros que o chamavam de "meu príncipe", e incentivava seus funcionários brancos a se casarem com mulheres negras, inclusive suas próprias amantes.

Mas o verdadeiro desafio de Toussaint era unir seu povo, formado na maior parte por *bossales* da África, isto é, africanos nativos que ainda se identificavam como bacongos ou ibos. "Eu sou o negro que as pessoas veem quando se olham no espelho", disse ele, "e é a mim que elas devem recorrer se quiserem gozar os frutos da liberdade." Mas o Diretório não confiava em Toussaint, que retrucou que os africanos "haviam usado armas e mãos para que a colônia se mantivesse francesa". Barras não se convenceu, enviando um general chamado Hédouville para desarmar as milícias negras. "Quem é o maior defensor da liberdade de vocês?", perguntou Toussaint ao povo. "O general Hédouville, um ex-marquês, ou Toussaint Louverture, o escravo de Bréda?"

A revolta de Toussaint estava aterrorizando um pequeno círculo de proprie-tários de escravos. "Tenho sinceros sentimentos de solidariedade", escreveu o presidente Washington, "pelas aflições de irmãos [senhores escravagistas] sofre-dores." Em fevereiro de 1793, ele assinou a Lei do Escravo Fugitivo, permitindo sua perseguição. E também Jefferson, convencido de que "todas as ilhas das Ín-dias Ocidentais ficarão nas mãos do povo de cor", declarou que "devemos prever as cenas sangrentas que sem dúvida nossos filhos e provavelmente nós mesmos (ao sul do Potomac) teremos de atravessar".

Os senhores britânicos também estavam receosos, mas Pitt postergara a Lei do Comércio Escravo de 1792, de Wilberforce, e estava concentrado no combate à França e na expansão imperial. Em setembro de 1793, ele enviou uma grande expedição para capturar um valioso ativo francês, Saint-Domingue, e restabele-cer a escravidão a fim de salvaguardar as fazendas canavieiras britânicas em Bar-bados e na Jamaica. Toussaint liderou uma resistência encarniçada, derrotando duas expedições britânicas com o auxílio de um grande surto de febre amarela.

Em maio de 1796, voltando-se para a Índia, onde os franceses conspiravam contra a Grã-Bretanha, Pitt nomeou um grande amigo de Eton e Oxford — Rich-ard Wellesley, de 37 anos, conde de Mornington — governador-geral da presi-dência do Forte William (Calcutá). Uma das primeiras medidas de Pitt, em 1784, fora tomar o controle da EIC: desde então, o primeiro-ministro nomeava o Con-selho de Controle da Índia e o governador-geral, que, na verdade, dirigia as três presidências indianas.[5] Embora Clive tivesse assegurado o controle de Bengala, os territórios britânicos eram limitados, e a maior parte da Índia era governada pelos maratas, com enormes receitas. Foi somente então que Wellesley, dinâmi-co e autocrático, libertino e perdulário, passou a estudar como lançaria "as fun-dações de nosso império na Ásia", auxiliado por dois irmãos mais jovens, um como subtenente e o outro como comandante de confiança. Arthur, o futuro duque de Wellington, frio, lacônico, talentoso e bem-apessoado, servia de contraponto aos esquemas exagerados e à impetuosidade explosiva de Richard. Os dois juntos, filhos de um obscuro proprietário de terras anglo-irlandês, instaurariam o poderio britânico na Índia e na Europa.

UM MONTE DE OLHOS: O TIGRE TIPU E O LEÃO DO PUNJAB, OS IRMÃOS WELLESLEY E O EUNUCO VINGADOR DA PÉRSIA

Em Calcutá, Wellesley fazia o papel de procônsul, desfilando numa carruagem elegante com um séquito armado, construindo um novo e resplandecente Palácio do Governo e saindo em busca de conquistas sexuais. Dois reinos do sul da Ásia haviam surgido a oeste: em 1790, Ranjit Singh, de dez anos de idade, neto do afamado *sirdar* sikh Charat, herdou o *misl* de Sukerchakia da família, e, com o auxílio da mãe, e mais tarde de sua destemida sogra, Sada Kaur, expulsou os Durrani, avançou sobre Lahore, uniu a comunidade sikh pela guerra e pelo casamento (tinha cerca de 43 mulheres) e, em 1801, foi coroado marajá do Punjab. Cego de um olho devido à varíola contraída na infância, culto, feroz e magnífico, *Sher-e-Punjab* (Leão do Punjab) patrocinou as artes como um mogol, contratou oficiais europeus e, aliando-se aos britânicos, lançou seu próprio projeto imperial, expandindo-se para a Caxemira, o Tibete e o Afeganistão — onde os Durrani perderam suas províncias persas e centro-asiáticas graças às conquistas de um eunuco feroz decidido a vingar humilhações nacionais, dinásticas e testiculares.

Miúdo, engelhado, enrugado e de voz aguda, Agha Muhammad Khan fora castrado aos cinco anos de idade pelo sobrinho de Nader Shah, a fim de impedir qualquer ameaça de sua tribo qajar, e então passara décadas como prisioneiro na corte, até 1779, quando uma mudança de regime permitiu que o eunuco escapasse, montasse seu exército tribal e conquistasse Shiraz, Isfahan e Tabriz. Ao entrar em Khorasan, ele capturou Shahrokh, o neto cego de Nader, e o torturou pessoalmente, enchendo sua coroa de chumbo derretido e mandando enterrar seu corpo sob a porta de entrada do palácio em sua nova capital, Teerã. Em 1791, ele invadiu o Cáucaso, expulsou as forças russas e recapturou Yerevan. Ao tomar Kumani, mandou arrancar os olhos de seus 20 mil habitantes e empilhá-los em montes.

Em agosto de 1795, atacou a Geórgia, cujo rei, Hércules II, que servira no círculo de Nader, rogou proteção a Catarina, a Grande. Pouco antes de morrer, Catarina deixou a Geórgia. Em setembro, o eunuco derrotou Hércules e arrasou Tbilisi, construindo torres de cadáveres e levando 15 mil escravos para Teerã, onde foi coroado xá.

Seu reinado foi curto. Em junho de 1797, ele ouviu seus valetes discutindo e condenou dois deles à morte, mas adiou as execuções até a manhã seguinte. Durante a noite, eles se esgueiraram na tenda real e esfaquearam o xá. Mas o monstro unira o Irã: o sucessor, seu sobrinho Fath-Ali Shah, manteve o reino unido, e a família governou o país até 1925.

Enquanto persas, afegãos e sikhs encontravam-se ocupados no leste, Wellesley estava decidido a ser o fundador do Império Britânico na Índia, onde os britânicos eram apenas uma parcela de uma mescla cosmopolita de europeus e indianos que conviviam em termos de igualdade: um a cada três britânicos no subcontinente era casado com uma indiana. Em Hyderabad, onde os britânicos haviam garantido que o *nizam* não se aliasse aos franceses, o residente (representante) britânico, James Kirkpatrick, era casado com a bela princesa Khair-un-Nissa. Dizia-se que Wellesley desaprovava, mas ele estava concentrado no principal inimigo do país, Maiçor, um reino recém-desmembrado do Império Vijayanagara ao sul por um chefe guerreiro, Haidar Ali Khan. Seu filho de educação francesa, o sultão Tipu, um galã leonino cujo sultanato era famoso pela estabilidade social, prosperidade econômica e harmonia entre cidadãos hindus e muçulmanos, contratou oficiais franceses para conquistar Malabar e Arcot e derrotou um exército britânico — crendo que os franceses lhe dariam apoio. Mas isso não aconteceu. Tendo conseguido "atrair a fera da selva para a armadilha", Wellesley soltou para cima deles seu irmão Arthur, que atacou Shrirangapattana e matou Tipu. Wellesley usou Maiçor para atacar os maratas. Em setembro de 1803, em Assaye, o general Arthur Wellesley derrotou o marajá de Gwalior, numa vitória que, mais tarde, considerou maior do que Waterloo — "a mais sangrenta, em termos de números, que vi na vida" —, enquanto no norte outro exército britânico derrotava os maratas, comandados por oficiais franceses, nos arredores de Delhi, que então se integrou à esfera britânica. Muitos governantes, inclusive o imperador mogol, foram autorizados a governar, enquanto os britânicos ditavam a política externa. A Índia havia sofrido uma série de conquistas por grupos guerreiros a leste, mas essa era a primeira vez que era conquistada por uma potência marítima — o que deu à Grã-Bretanha volume e envergadura. Ao voltar à Inglaterra como marquês e com uma fortuna de 100 mil libras, Wellesley, o verdadeiro arquiteto do *raj* britânico, mais do que dobrara os territórios de Londres e planejava se tornar primeiro-ministro. Arthur também ingressou na política.

Mais a leste, a EIC tentou novamente entrar na China, o Estado mais poderoso da Ásia, governado por Qianlong, o octogenário imperador de 300 milhões de pessoas, que expandira o poder chinês na Ásia central: o maior Império Chinês de todos os tempos. Mas ele vivera demais e sofria com a maldição do sucesso: o sucesso do passado torna impensável a reforma do presente.[6] A balança comercial era altamente favorável à China, com os britânicos, confinados ao Cantão, pagando em prata, mas a EIC esperava pagar o chá chinês com um novo produto indiano, o ópio. Em setembro de 1792, os britânicos enviaram um representante diplomático, o conde Macartney, a fim de solicitar "uma pequena ilha não fortificada para servir de residência aos mercadores britânicos".

Qianlong, de constituição esguia, rosto aquilino, sereno e majestoso, vestindo "uma túnica larga de seda amarela e um barrete de veludo negro com uma bola vermelha no alto e adornado com uma pena de pavão", recebeu Macartney, que lhe ofereceu presentes mostrando a tecnologia britânica: um telescópio, um barômetro, uma bomba de ar, um planetário e seis vasos de porcelana Wedgwood. Qianlong troçou da bomba de ar — "serve apenas para divertir crianças" —, mas a porcelana Wedgwood deve tê-lo alarmado. O envio britânico de porcelana para a China mostrava que o mundo tinha mudado, mas Qianlong rejeitou as pretensões britânicas, refletindo a concepção de mundo dos tempos em que estava no auge de suas forças: "Nosso Império Celestial possui todas as coisas em prolífica abundância", e a "maldosa solicitação" da Grã-Bretanha era uma "transgressão flagrante dos costumes de meu império". Por ora, a presença dos britânicos na China parecia irrelevante.

A Grã-Bretanha não podia mais deportar criminosos para os Estados Unidos, mas Banks, o naturalista do capitão Cook, sugeriu que Nova Gales do Sul era perfeita para uma nova colônia penal. Pitt e seu ministro do Interior, o visconde Sydney, enviaram uma frota de onze navios comandada pelo capitão Arthur Phillip para assegurar a colônia no vasto continente australiano, lar de centenas de milhares de habitantes indígenas, a maioria deles sem qualquer contato com europeus, a não ser por alguns marinheiros holandeses e britânicos no decorrer do último século.

Em janeiro de 1788, o governador Phillip alçou a bandeira na costa, dando ao assentamento o nome de Sydney Cove e desembarcando os primeiros 732 condenados, ladrões vindos de Londres. Em 1792, quando Phillip voltou à capital inglesa, estavam assentados em Nova Gales do Sul 4221 britânicos, dos quais 3099 condenados, que trabalhavam em grupos acorrentados, enquanto as populações indígenas eram derrubadas por doenças e tinham suas terras apropriadas pelos colonos.[7]

Os britânicos não eram os únicos conquistadores capturando e retalhando territórios no Pacífico. Em 1790, as predações de uma família americana de comerciantes de peles, inadvertidamente, ajudaram Kamehameha a criar um reino havaiano. Um comerciante americano, Simon Metcalfe, foi com seu navio *Eleonora* até o Havaí, onde, depois de uma briga, açoitou um chefe tribal, matou cem havaianos com seu canhão e seguiu viagem em direção à China. Um pouco mais tarde, quando seu filho Thomas, de dezenove anos, chegou a bordo do *Fair American*, os havaianos se vingaram, atacando a nau e matando o rapaz e sua tripulação — exceto um artilheiro.

Numa ilha próxima, o pai de Thomas, Simon, enviou um contramestre para descobrir o que tinha acontecido com o filho. Quando o marinheiro foi aprisionado, Simon zarpou para a China.

Os dois marinheiros britânicos foram convidados por Kamehameha a operar seus canhões recém-adquiridos: sensatamente, eles não só concordaram, como também se tornaram seus cortesãos íntimos. Isaac Davis, de Gales, e John Young, de Yorkshire, começaram como artilheiros, em seguida ajudaram a comandar os exércitos de Kamehameha e por fim se casaram dentro da dinastia. Após comprar armamentos de mercadores britânicos e americanos e aprender a fabricar pólvora a partir do salitre — que se encontrava com facilidade no Havaí —, Kamehameha, auxiliado por Davis e Young, atacou Maui. Cinco anos depois, em maio de 1795, liderou mil canoas de guerra e 10 mil soldados, junto com canhões operados por artilheiros de Gales e Lancashire, para capturar Oahu, vencendo uma batalha em Nu'uanu e então sacrificando seu governante. A seguir, esse notável conquistador iria enfrentar mercadores americanos europeus em seu próprio jogo.

Em dezembro de 1793, Jefferson renunciou a seu cargo no gabinete de Washington, deixando o terreno livre para seus rivais do Partido Federalista conservador, Hamilton e o vice-presidente Adams, alegando hipocritamente que "a leve pitada de ambição [...] se evaporou há muito tempo", enquanto conspirava sem remorsos. "Ele é tão ambicioso", observou Adams, "quanto Oliver Cromwell." Jefferson detestava o confronto direto, adotando ares de nobreza olímpica, ao mesmo tempo que manipulava a imprensa para destruir Hamilton — negando-se a criticar o Terror de Robespierre. No Monticello, ele derrubou e reiniciou a construção de sua mansão com cúpula, e retomou o relacionamento com Sally. Em 1795, aos vinte anos, Sally deu à luz outra filha, que também morreu nova.

Depois de dois mandatos, Washington voltou a Mount Vernon para salvar seus bens.[8] A "aposentadoria" de Jefferson foi breve e ilusória: ele se transformou cuidadosamente, passando de aristocrata parisiense-virginiano a um homem austero de virtude popular; concorreu com Adams, que ganhou a presidência. Como vice-presidente, prêmio por ter ficado em segundo lugar, Jefferson passava o mínimo de tempo possível na capital Filadélfia e o máximo de tempo possível em casa, onde, em 1797, Sally deu à luz um filho, Beverly. Enquanto a presidência de Adams se deteriorava, Hamilton, prepotente, brilhante, mas autodestrutivo, arruinara a si mesmo ao reconhecer um caso com uma mulher casada, Maria Reynolds. Jefferson sem dúvida estava adorando a implosão de seus rivais federalistas, mas, conforme ficou mais próximo da presidência, seus próprios segredos se converteram em dinamite política.

Em 1800, Jefferson, concorrendo com um advogado nova-iorquino amoral, Aaron Burr, foi eleito (por estreita margem) para a presidência e se mudou para a Casa do Presidente na nova capital, Washington — pouco tempo antes de Sally dar à luz uma menina, Harriet. Em setembro de 1801, o *Virginian Federalist* publicou revelações sobre "o sr. J.", dizendo que ele "tem vários filhos amarelos e é dado a afeições jovens". Um ano depois, James Callender, um escrevinhador racista usado por Jefferson em suas batalhas contra Adams, revelou no *Richmond Recorder*: "É amplamente sabido que o homem, que o povo se deleita em honrar, mantém [...] como concubina uma de suas escravas. O nome dela é SALLY". Jefferson ignorou a matéria.

Tendo de início aceitado Saint-Domingue como parte da era das revoluções, Jefferson mudou de ideia ao saber da matança de brancos empreendida na ilha, e advertiu que os "canibais da terrível república" podiam desencadear a "combustão" de uma guerra racial nos Estados Unidos. Tentava, porém, evitar o tema da escravidão, concentrando-se na obra de sua vida — a criação da nova nação americana. Ironicamente, sua maior oportunidade foi acelerada pelo êxito de Toussaint.

Em troca de não incentivar revoltas de escravos, Toussaint estava agora em bons termos com os Estados Unidos e a Grã-Bretanha. Acreditando que o melhor caminho para a liberdade passava por Paris, ele enviou os filhos para serem educados na França, e, quando acabara de invadir a Santo Domingo hispânica, libertando os cativos de lá e unindo as duas partes da ilha, veio a notícia de que um general francês havia tomado o poder em Paris.

Logo após seu casamento com Josefina, em março de 1796, Bonaparte, com 26 anos, chegou à Itália para combater os Habsburgo, que estavam defendendo suas províncias no norte do país. Bonaparte manobrava com vertiginosa habilidade tanto no campo de batalha quanto no da publicidade. Assim como a Alemanha, a Itália era uma "expressão meramente geográfica", como diria um ministro habsbúrgico, governada no norte pelo imperador dos Habsburgo e pelo rei saboiardo de Piemonte-Sardenha, no centro pelos papas, e em Nápoles-Sicília por um rei bourbônico. Ao conquistar Milão em maio daquele ano e seguir para o sul, Bonaparte montou novas repúblicas que espelhassem a França, impondo os princípios do Iluminismo, abolindo a Inquisição e as assembleias da nobreza e libertando os judeus de séculos de restrições antijudaicas.

Inebriado pela excitação do poder e pelo exercício da superioridade francesa, "eu não me via mais como um simples general", confessou Bonaparte mais tarde, "mas como um homem que decidia o destino dos povos". Nenhuma de suas ambições teria tido qualquer importância não fossem as vitórias que ele conquistou, que teriam sido impossíveis sem a força desagrilhoada da França, *la Grande Nation*, com sua vasta população, sua admirável organização militar e seus generais, filhos de taberneiros e tanoeiros promovidos por mérito próprio, tudo isso somado ao fervor republicano e ao sentimento de superioridade francesa. A aliança de seus inimigos, os Habsburgo, com os Románov, financiada por Pitt, era demasiado esparsa e mal coordenada.[9]

Bonaparte sonhava com o poder e com Josefina, rogando que ela fosse a seu encontro, escrevendo diariamente, passando do prático — "Estou um pouco cansado, todos os dias na garupa de um cavalo" — ao erótico — "um beijo em seu seio e então um pouco mais embaixo, então mais, muito mais embaixo". Ao descobrir que ela estava dormindo com um "belo" hussardo, ele se afundou num desvanecimento romântico: "Você não me ama mais, só me resta morrer". Recebendo a corte num palácio milanês, junto com a mãe, Bonaparte adotou maneiras régias, promovendo os irmãos, casando as irmãs com generais franceses e aristocratas italianos e ao mesmo tempo dizendo num gracejo desarmante ao Diretório: "Se meses atrás eu desejava ser duque de Milão, hoje desejo ser rei da Itália".[10]

Depois de assinar um tratado de paz tomando o norte da Itália e a Bélgica para a França, Bonaparte aconselhou os *directeurs* a tomarem a Grã-Bretanha como alvo de ataque, "ou contem que serão destruídos pela corrupção desses ilhéus intriguistas e empreendedores". E acrescentou: "Concentremos toda a nossa atividade no setor naval e destruamos a Inglaterra. Feito isso, a Europa estará a nossos pés". Numa celebração triunfal em Paris, Barras e o Diretório, todos absurdamente trajados com togas romanas, equipararam Bonaparte a um novo César, que agora planejava uma aventura no Egito para eliminar a Grã-Bretanha da guerra, fundar um império alexandrino, ser o paladino do Iluminismo francês e tornar-se invencível.

Como sugeriu Talleyrand, Bonaparte prometeu que, "tão logo conquiste o Egito, estabelecerá relações com os príncipes indianos e, junto com eles, atacará os ingleses em suas possessões". Em 19 de maio de 1798, Bonaparte e seus 280 navios zarparam de Toulon com um exército de 38 mil homens, além de 167 estudiosos (historiadores, arquitetos, matemáticos e botanistas), do irmão Luís, do enteado Eugênio, de seu comandante da cavalaria mestiço, o general Dumas, e de 450 mil litros de vinho.

POTENTADOS EGÍPCIOS: BONAPARTE E MEHMED ALI

Bonaparte, mergulhando pessoalmente na história antiga dos faraós, de Alexandre e de César, chegou a uma província semiautônoma dos otomanos. O Egito, como a maioria dos territórios otomanos, era semi-independente, governado por gananciosos paxás mamelucos turcos. "Essa horda de escravos, comprados no Cáucaso e na Geórgia, tiranizou a parte mais bela do mundo", disse Bonaparte, ordenando que seus soldados fossem tolerantes com a cultura egípcia:

"Tratem-nos como trataram os judeus e os italianos. Respeitem seus muftis e imames".

Depois de desembarcar em Alexandria, a vanguarda sob o comando do general Dumas, a quem os austríacos apelidaram de Demônio Negro, cavalgou para o sul. Mas esse gigante irrefreável, "o homem mais bem-apessoado que já se viu", ressentia-se das ambições de Bonaparte e começou a conspirar contra ele.

Em 20 de julho de 1798, às portas do Cairo, Bonaparte derrotou os mamelucos. Esse mestre da publicidade deu ao combate o nome de "Batalha das Pirâmides" e declamou: "Soldados, lembrem-se de que, do alto dessas pirâmides, quarenta séculos de história os contemplam" — muito embora elas, na verdade, não estivessem à vista. A cavalaria de Dumas perseguiu os mamelucos. Os franceses ocuparam o Cairo, a maior cidade da África, mas, dez dias depois, a frota de Bonaparte, ancorada na baía de Abu Qir, foi destruída por um impetuoso almirante britânico caolho e maneta, Horatio Nelson. Bonaparte não se deixou abalar, mas agora seu leque de opções se reduzira. Em outubro, os cairotas se rebelaram; Bonaparte e Dumas esmagaram a revolta, matando 5 mil rebeldes e acuando os restantes na Mesquita de al-Azhar, que bombardearam com a artilharia e então atacaram, com o próprio Dumas entrando no recinto a galope. Mas então Bonaparte soube da trama de Dumas: ameaçou executá-lo, porém acabou permitindo que voltasse para a França.[11] Dumas foi substituído por Murat, o galante combatente gascão que trazia na espada a inscrição "A honra e as damas", e que em várias ocasiões salvou os franceses da cavalaria mameluca.

Mas um exército otomano se aproximava pela Síria, apoiado pelo paxá de Acre. Bonaparte marchou para o norte e sitiou a cidade. A expedição foi um desastre: ele massacrou os prisioneiros, matou seus próprios soldados feridos e não conseguiu tomá-la. Enquanto divulgava boletins mentirosos sobre suas realizações e ganhava um hino patriótico, *Partant pour la Syrie*, Bonaparte foi finalmente informado de que Josefina lhe fora infiel o tempo inteiro. "Perdi a fé", lamentou-se ele, "na natureza humana."

Em outubro de 1799, ele abandonou todo o seu exército (não pela última vez), passando furtivamente pelos navios britânicos. "Bah! Chegaremos lá", disse. "A sorte jamais nos abandonou!" Acompanhado por seu guarda-costas escravo, o georgiano Roustam, ele chegou a Paris para explorar seu prestígio político. No Egito, as forças britânicas e otomanas convergiram sobre o exército francês, que foi por fim evacuado.[12] O sultão Selim III determinara a recaptura do Egito, reunindo um exército que incluía um turco albanês, Mehmed Ali, da mesma idade de Bonaparte, que se tornaria o Napoleão islâmico.

Nascido em Cavala (Grécia), Mehmed Ali era filho de um funcionário otomano albanês e sobrinho do governador, tendo sido "criado como um cavalheiro". Mas, quando Napoleão invadiu o Egito, seu tio o alistou numa unidade comandada pelo próprio filho. Ele chegou ao Egito em 1801, quando os franceses se retiravam e o Cairo estava se tornando um caos. Os otomanos não conseguiam controlar os mamelucos. Mehmed Ali, porém, assumindo o comando de 4 mil agressivos albaneses, conseguiu habilmente vencer ambos. Em maio de 1805, altos dignitários cairotas enviaram uma delegação para visitá-lo.

Ele perguntou:

"Quem vocês escolheram como governador?"

Eles responderam:

"Não aceitaremos ninguém a não ser *você*."

Só então Mehmed Ali mandou chamar os filhos e os parentes da Grécia. Depois de apenas quatro anos no Egito, mal falando o árabe, iletrado até os quarenta anos de idade, ele passou a governar os egípcios. Como Napoleão, deu lustro à sua biografia, muitas vezes referindo-se a si mesmo na terceira pessoa, como César; mas, ao contrário do corso, ele criou um Estado e uma dinastia que perduraram. Mehmed Ali, o potentado islâmico de maior êxito nos tempos modernos, dominaria o Egito por 43 anos, conquistando (como Napoleão) um vasto mas efêmero império e quase provocando uma guerra europeia, mas então criando a primeira economia industrial fora da Europa e uma dinastia que governou o Egito até 1952.

Em outubro de 1799, de volta a Paris, Bonaparte encontrou o Diretório praticamente se desfazendo e — com a ajuda de dois aliados, seu irmão espigado Luciano, que aos 23 anos presidia a Câmara Baixa do Legislativo, o Conselho dos Quinhentos, e Talleyrand — concordou em ser a "espada" para um golpe de Estado. No começo, o golpe do 18 de brumário (9 de novembro) deu errado. Bonaparte entrou pisando duro no Conselho dos Antigos, a câmara alta, mas então amaciou no discurso. Com esse vacilo, Murat e seus granadeiros expulsaram os Quinhentos e provocaram os Antigos. Bonaparte se tornou primeiro-cônsul da França, com 99,95% de aprovação num plebiscito. "Se ele durar um ano", disse Talleyrand, renomeado ministro das Relações Exteriores, "irá longe."

Depois de muita gritaria e choradeira, o primeiro-cônsul perdoou as infidelidades de Josefina (enquanto se lançava à sua própria série de infidelidades com grande entusiasmo, mas nunca com virtuosismo: "Três minutos e acabou", dizia à sua equipe). Eles se mudaram para os aposentos régios das Tulherias. Bonaparte gostava da transformação dos papéis. "Venha, minha crioulinha", ele brincava, entrando com a esposa nos braços no boudoir de Antonieta, "deite-se na cama de seus senhores." Josefina teve a decência de confessar: "Posso sentir o fantasma da rainha perguntando o que estou fazendo no leito dela".

A seguir, o cônsul se voltou para a aliança antifrancesa, com a ofensiva dos austríacos na Itália. Numa proeza anibalesca, Bonaparte, comandando seu exército, atravessou os Alpes com canhões em vez de elefantes, e então, com magníficas manobras e pura sorte, derrotou os austríacos em Marengo, obtendo uma paz não só com a Áustria, mas também com a Espanha, que trouxe aos franceses mais territórios — inclusive o interior dos Estados Unidos, a Louisiana, que ele planejou transformar no centro de um novo império. Isso deu a Bonaparte uma chance de pensar o que faria com os escravos rebeldes da França.

DOIS GENERAIS: TOUSSAINT E NAPOLEÃO

Toussaint também emergira com um novo e belo título ao obter o comando de seu país. Após vencer uma terrível Guerra das Facas travada contra um líder militar rival birracial, André Rigaud, sua Assembleia aprovou em julho de 1801 uma Constituição intitulada *Concernant la liberté des nègres, des gens de couleurs et des blancs*, que o nomeou libertador, protetor e governador vitalício, com o direito de escolher seu sucessor. Mas Toussaint examinou meticulosamente a nova Constituição francesa de Bonaparte: o artigo 91 permitia que se reinstaurasse no Caribe certo grau de escravidão.

O protetor Toussaint tinha grande interesse em preservar a riqueza das fazendas que agora se desintegravam sem a mão de obra escrava: ele e seus generais Dessalines e Christophe dirigiam as próprias fazendas (Dessaline tinha trinta), impondo a lei marcial para implantar a servidão por contrato. Toussaint chegou a discutir a ideia de importar da África servos por contrato. Mas seus poderes régios despertaram oposição, liderada por seu venal sobrinho, o general Moyse. Quando este tentou tomar o poder, Toussaint ordenou que ele e quarenta rebeldes fossem executados por tiro de canhão.

Toussaint assegurou o cônsul Bonaparte de que ele tinha a lealdade da colônia, mas "sob a administração de um negro". Por um breve período, Bonaparte aprovou. Enquanto ele estava no Egito, Josefina havia solicitado a devolução de suas fazendas. Toussaint assentiu e lhe enviou as receitas das propriedades; Josefina recebeu os filhos do Espártaco Negro para jantar e se afeiçoou a Placide. Bonaparte disse aos rapazes que o pai deles era "um grande homem que havia prestado importantes serviços à França" e decidiu reconhecê-lo como capitão-geral, na esperança de que ele liderasse um exército francês contra a Jamaica britânica e possivelmente contra os Estados Unidos. Em vez disso, o protetor pacificou os Estados Unidos e a Grã-Bretanha; ao mesmo tempo, visto que agora a Espanha era aliada da França, sua ocupação de Santo Domingo interferia nas relações hispânicas de Bonaparte.

Aliciado pelo lobby dos senhores escravocratas, Bonaparte resolveu restaurar a escravidão e destruir Toussaint, advertindo que seu governo deixara de reconhecer a "soberania do povo francês". Recusando-se a "tolerar uma única dragona nos ombros desses negros", Bonaparte disse ao Conselho de Estado: "Sou a favor dos brancos porque sou branco e por nenhuma outra razão [...]. Como poderíamos conceder liberdade aos africanos, esses homens incivilizados?". E acrescentou: "Se a [...] Convenção tivesse entendido o que eles estavam fazendo e soubesse o que se passava nas colônias, teria abolido a escravidão? Duvido muito". Em seguida, ele reuniu um exército de 20 mil soldados, recebendo posteriormente um reforço de mais 23 mil homens, e lançou sua maior expedição no ultramar, sob o comando de Victoire-Emmanuel Leclerc, a quem concedera em casamento sua mais bela irmã, Pauline. Bonaparte deu ordens secretas e detalhadas a Leclerc para que, de início, atraísse Toussaint, e, em caso de resistência, o eliminasse e ameaçasse os resistentes, dizendo que eles seriam "devorados pelo fogo como cana-de-açúcar seca". Dois generais de Saint-Domingue, futuros líderes do Haiti, Alexandre Pétion e Jean-Pierre Boyer, ambos filhos de colonos franceses e mulheres escravizadas, ambos derrotados por Toussaint e agora do lado dos franceses, fizeram parte da expedição. Percebendo que os franceses pretendiam restaurar a supremacia branca e a escravidão, como logo fariam na Martinica e em outras colônias, Toussaint treinou seus 20 mil homens e declarou: "Se eu tiver de morrer nessas circunstâncias, enfrentarei a morte honrosamente — como um soldado".

A realidade foi pior. Em janeiro de 1802, Toussaint viu as tropas de Leclerc desembarcando. "Vamos morrer", pensou. "Toda a França veio para Saint-Domingue." Leclerc atrapalhou-se no desembarque, e Toussaint ordenou que Dessalines e Christophe arrasassem a cidade de Cap (outrora "a Paris do Caribe"), desencadeando "o fogo e a destruição. Destruam e queimem tudo, para que os que vieram nos reescravizar tenham sempre diante dos olhos a imagem do inferno que merecem". A guerra foi impiedosa: Leclerc ordenou o afogamento em massa dos prisioneiros negros e construiu uma câmara de gás num navio, usando dióxido de enxofre para asfixiar quatrocentos haitianos; Toussaint arrancou os olhos dos prisioneiros franceses.

Leclerc passou do furor genocida para o desespero inerme, mal conseguindo lidar com Pauline, embora ela estivesse em segurança a bordo da capitânia; ele disse a Napoleão que o caos circundante "desgastou-a de tal forma que ela adoeceu". Reduzido a uma brigada de 4 mil combatentes, que incluíam oficiais brancos e soldadas nascidas na África, Toussaint travou uma guerra de guerrilha, viajando disfarçado e dormindo numa prancha de madeira; os brancos eram massacrados. "Não poupem ninguém", ordenou. "É vencer ou morrer!" Os franceses sofreram perdas severas. Em março de 1802, metade deles tinha morrido ou adoecido de febre amarela. Leclerc propôs uma política de massacre maciço; Pauline rogou a Bonaparte que o chamasse de volta. Atormentado por Pauline, que arranjou uma série de amantes entre os poucos soldados franceses que não estavam morrendo na epidemia, Leclerc pediu que ela voltasse para a França, mas Pauline se consolava com o fato de que "aqui reino como Josefina; ocupo o primeiro lugar". Ela reinava, porém, sobre a desolação.

Todavia, os franceses avançavam. Toussaint perdia seus homens numa sangria desatada, e seus generais Christophe e Dessalines negociaram indultos e então se bandearam. Toussaint, obrigado a negociar, se encontrou com Leclerc, comemorando o cessar-fogo num banquete com a presença do francês e de quatro futuros governantes haitianos. Em seguida, recolheu-se a uma de suas propriedades, mas Bonaparte ordenou que o capturassem. Leclerc, com o auxílio de sua nêmesis, Dessalines, subornou um aliado de confiança para atrair Toussaint à sua propriedade; lá, ele foi preso e, junto com a esposa, os filhos (inclusive Placide, que se unira ao combate contra os franceses) e o devotado criado mestiço Mars Plaisir, entregue a Leclerc. O libertador acorrentado foi enviado para a França.[13] Entre maio e junho de 1802, Bonaparte restaurou a escravidão em alguns territórios caribenhos, o que desencadeou uma nova guerra de libertação em Saint-Domingue, liderada por Dessalines, escolhido comandante-chefe. Christophe, Boyer e Pétion juntaram-se a ele. Dessalines massacrou os apoiadores brancos e negros de Toussaint. Leclerc propôs a Bonaparte que os franceses "destruíssem todos os negros das montanhas, homens e mulheres, poupando apenas as crianças com menos de doze anos; que destruíssem metade dos negros nas planícies e impedissem que um único homem de cor usasse uma dragona". Mas a seguir ele mesmo morreu de febre.

Em novembro, Pauline voltou a Paris com o corpo de Leclerc,[14] e o substituto dele, Donatien, visconde de Rochambeau, filho do aliado de Washington, passou a empregar o terror — mortes em massa por afogamento e queima na fogueira, crucificação e trucidamento por cães. Ele ofereceu um baile em Porto Príncipe para as mulheres mestiças da elite, com um banquete num salão revestido de preto, depois do qual o anfitrião abriu as portas para um aposento onde estavam expostos os corpos de seus maridos, recém-executados. Rochambeau determinou medidas genocidas, a morte de todos os negros com mais de doze anos de idade e a importação de novos escravos africanos. Mas, em 18 de novembro de 1803, em Vertières, Dessalines derrotou os franceses. No dia seguinte, Rochambeau abriu negociações. Dessalines lhe deu dez dias para evacuar 8 mil homens. A França perdera sua colônia mais rica: Bonaparte ficou perplexo — "o maior erro que cometi" —, refletindo mais tarde que deveria ter simplesmente nomeado Toussaint vice-rei. Na terceira das três grandes revoluções, Toussaint e Dessalines haviam mudado o mundo: após a morte de 30 mil franceses e 350 mil haitianos, Dessalines derrotara uma grande potência europeia. Mas ela foi decisiva também em outro aspecto: convenceu Napoleão a vender o interior dos Estados Unidos.

De início, o francófilo Jefferson havia apoiado o esmagamento dos rebeldes de Toussaint. Mas, ao descobrir que Bonaparte havia recuperado a Louisiana, o próprio núcleo da América, conspirou para remover os franceses, na convicção de que os Estados Unidos precisavam do porto de Nova Orléans. Jefferson ameaçou Bonaparte, dizendo que faria uma aliança com a Grã-Bretanha caso ele não abrisse mão da Louisiana, e enviou James Monroe a Paris no momento em que Bonaparte percebeu que estava perdendo o Haiti.

Em abril de 1803, desinibido por sua desconfiança do poder presidencial e da diplomacia imperial, Jefferson comprou a Louisiana por 15 milhões de dólares: "É o caso de um tutor que investe o dinheiro de seu tutelado comprando um importante território adjacente; e dizendo-lhe, quando atinge a maioridade — 'fiz isso para seu próprio bem'". Jefferson dobrara o tamanho dos Estados Unidos, engolindo o que viriam a ser quinze estados e possibilitando a expansão da nação como potência continental.[15] Fascinado pelas histórias do capitão Cook, ele formou um Corpo de Descoberta, enviando uma expedição, liderada por Meriwether Lewis e William Clark, para explorar o oeste e alcançar o Pacífico. Logo a seguir, conheceu um imigrante germânico rude e grosseiro cujo comércio de peles, artigos de luxo chineses e propriedades em Manhattan viria a se encaixar plenamente com a prosperidade americana. O presidente considerava o duro mercador, John Jacob Astor, de quarenta anos de idade, "um excelentíssimo homem".

Filho de um açougueiro em Walldorf, perto de Heidelberg, Astor de início se mudou para Londres, a fim de comerciar instrumentos musicais; em seguida, acompanhando um irmão que se juntou aos mercenários britânicos de Hesse na América, montou uma loja de artigos musicais em Nova York, passando mais tarde ao lucrativo comércio de peles de castor, arminho, vison e outros animais.

Viajando de canoa e carroça, Astor comprava peles de americanos nativos na fronteira canadense, às vezes conquistando-os ao tocar flauta, às vezes vendendo rum e armas, obtendo lucros de 1000% ao vender as peles em Londres. Depois de se casar com Sarah Todd, uma abastada nova-iorquina com quem logo formou uma grande família, ele começou a enviar uma rede de batedores para as terras recém-desbravadas de Jefferson e de lá até o Pacífico, onde a Califórnia continuava hispânica e a Rússia acabara de reivindicar o Alasca.

Grosseiro, rubicundo e avarento, mas um organizador incansável, Astor fazia lobby junto aos políticos, emprestando dinheiro ao vice-presidente Burr e cultivando as boas graças do presidente Jefferson, que aprovava seus planos. Muitas vezes seus batedores eram massacrados por americanos nativos, mas sua American Fur Company prosperava.

Em abril de 1804, o presidente correu para o Monticello, onde sua filha Maria estava doente. Ela morreu em seus braços; mas, enquanto esteve lá, ele engravidou Sally Hemings. Ela então deu à luz um filho, que, segundo a tradição do casal, deveria ter o nome de um de seus amigos: Dolley Madison, esposa do secretário de Estado, prometeu um presente a Sally caso o filho recebesse o nome do marido. O presente nunca chegou, mas o menino ainda assim foi batizado James Madison Hemings.[16]

Ironicamente, o melhor serviço que Jefferson prestou à humanidade esteve ligado à sua posição ambígua diante da escravidão. Ele sabia que o maior assassino da época era a varíola, e, em Paris, determinara a inoculação de Sally Hemings e seus irmãos. Em maio de 1796, um médico rural inglês, Edward Jenner, notando que a maioria das mulheres que ordenhavam vacas era imune à doença, retirou pus da chaga de varíola bovina de uma ordenhadeira e o injetou num menino, que se tornou imune: deu a esse procedimento o nome de vacinação, a partir de *vacca*, em latim. Como ocorre com muitos avanços, a maioria dos médicos não reconheceu a descoberta. Era preciso o trabalho de amadores e então de líderes para levar seus benefícios ao público, e isso muitas vezes demandava décadas. Em 1801, Jefferson ouviu falar da vacinação por meio de um professor de Harvard, que, assombrosamente, recebera a vacina por correio do outro lado do Atlântico e a enviara ao presidente, dentro de um frasco com rolha. Jefferson percebeu que não havia "na medicina nenhuma descoberta tão valiosa", e "inoculei cerca de setenta ou oitenta de minha própria família [...]. Nossa experiência se estendeu no total a cerca de duzentas pessoas", inclusive alguns de seus filhos e três escravos, sendo que dois eles, o mordomo Burwell Colbert e o ferreiro Joseph Fossett, foram imunizados com sucesso. O que havia de surpreendente na vacina era que se tratava de um medicamento para pessoas que ainda não estavam doentes, o que levou a um movimento antivacina. "Por surpreendente que seja ver um presidente em exercício conduzindo testes experimentais com drogas em seu tempo livre", escreveu Steven Johnson, fazia sentido que um não médico derrotasse os antivacina e promovesse a cura mais importante dos tempos modernos. Jefferson trouxe a público suas descobertas, levando o Congresso a aprovar a Lei da Vacina em 1813. A Grã-Bretanha demorou quarenta anos para fazer o mesmo.

Em Paris, Bonaparte, ainda com apenas 33 anos de idade, estava sentado na banheira quando seus irmãos José, o mais velho, e Luciano criticaram sua decisão de vender a Louisiana. "Eu sei o preço do que abandono", ele gritou, levantando-se nu. Agora sua principal preocupação americana era o casamento do irmão caçula Jerônimo, um oficial naval irresponsável, com uma herdeira, Betsy Patterson, em Baltimore. Furioso, Napoleão ordenou que Jerônimo voltasse, reclamando de sua família avarenta. Os Bonaparte tinham ciúmes de Josefina e de seus filhos Beauharnais — Eugênio, o encantador rapaz que servia na equipe de Napoleão, e a bela e inteligente Hortênsia —, e o próprio Napoleão os preferia a seus irmãos divisionistas. Mas ele tentou reconciliar as famílias, casando o irmão Luís com Hortênsia. Fossem quais fossem seus defeitos — e não eram poucos —, Bonaparte planejava fundar a maior dinastia desde Carlos Magno.

UM IMPERADOR E CINCO REINOS

Em 2 de dezembro de 1804, na Catedral de Notre-Dame, numa cerimônia oficiada pelo papa Pio VII, Bonaparte coroou a si mesmo imperador, usando uma longa toga de cetim com fios de ouro, um manto de arminho escarlate e uma coroa de louros dourados. Sussurrou ao irmão José em italiano: "Se papai pudesse nos ver agora…". Mas a mãe Letícia, que sobrevivera a treze gestações, estava lá para ver a apoteose dos filhos. José tentara impedir que Josefina fosse coroada imperatriz, porque dessa forma os filhos de Luís e Hortênsia seriam netos imperiais, enquanto os dele próprio seriam apenas netos de um burguês. As irmãs Bonaparte se negaram a carregar a cauda do vestido de Josefina, mas Napoleão insistiu: "Minha esposa é uma boa mulher. Satisfaz-se com diamantes, vestidos bonitos e os infortúnios de envelhecer […]. Fazê-la imperatriz é um ato de justiça. Sou acima de tudo um homem justo". Então ele coroou Josefina, ajoelhada e com os olhos cheios de lágrimas, usando um vestido longo branco, um manto de cetim com fios de ouro, diadema, cinto, colar e brincos de diamantes, e "tão bem maquiada que parecia ter 25 anos de idade".

O imperador, em guerra contra a Grã-Bretanha, a Rússia e a Áustria, achava que o título lhe permitiria negociar com os Románov e os Habsburgo. Em agosto de 1802, ele se tornara o primeiro cônsul vitalício e a França já conquistara um império europeu da Bélgica à Itália. Em janeiro de 1804, devido a uma conspiração bourbônica para assassiná-lo, concentrara sua atenção na monarquia. "Eles procuram destruir a Revolução atacando minha pessoa. Vou defendê-la, porque *sou eu* a Revolução", disse, acrescentando: "Apenas o princípio hereditário pode prevenir uma contrarrevolução".[17] Em maio, os franceses o endossaram como *empereur des français*, uma nova monarquia aprovada em plebiscito, com sua estabilidade assegurada pela dinastia — a qual ele rapidamente concebeu, adotando como arma heráldica as abelhas dos merovíngios e criando uma aristocracia e um marechalato meritocráticos. José foi alçado a grão-eleitor e Luís a condestável da França, mas Napoleão reclamava muito de suas brigas irresponsáveis: como "o único instrumento de meu destino, não devo nada a meus irmãos". Murat foi recompensado recebendo em casamento a irmã do imperador, Carolina, um grão-ducado, um bastão de marechal e o título de *premier chevalier d'Europe*. Napoleão anulou o casamento de Jerônimo, a quem perdoou, enquanto ria das reivindicações das irmãs: "Quem ouve minhas irmãs", gracejou, "deve imaginar que administrei mal a herança de nosso pai, o finado rei". Logo depois, ele, que já era *il presidente della Repubblica Italiana*, foi coroado rei da Itália. *"Pourvu que ça dure"* [Espero que dure], murmurou sua mãe.

A maioria dos políticos tem dificuldade para diferenciar entre seus interesses pessoais e os interesses do Estado, mas os ditadores acreditam que eles são a mesma coisa. No caso de Napoleão, essa ilusão justificava a morte de centenas de milhares de pessoas em batalhas para assegurar seu comando durante uma década tumultuada. Muitos, porém, ficaram indignados com sua coroação. Um deles foi um jovem admirador sul-americano, Simón Bolívar, presente em Paris naquele dia, que fulminou: "Desde então, considerei-o um tirano hipócrita". Em Viena, o compositor Beethoven rasgou ao meio o frontispício de sua *Sinfonia n. 3*. "Então ele também não é nada mais do que um homem comum?", perguntou. "Ele se elevará acima de todos e se tornará um tirano." Beethoven alterou o nome de sua composição, originalmente *Sinfonia intitolata Bonaparte*, para *Heroica*, "em memória de um grande homem".[18]

Agora Napoleão queria a paz com a Grã-Bretanha, na esperança de que Londres se satisfizesse com seu império mundial enquanto ele dominava a Europa, mas a política britânica, a partir de Guilherme III e até o século XXI, consistia em contestar qualquer potência com pretensões de dominar o continente europeu. Em maio de 1804, Pitt, agora com 45 anos, voltou ao poder após um breve intervalo. O poder o envelhecera: tinha alcançado muitas realizações, inclusive, em 1801, a incorporação da Irlanda ao Reino Unido, junto com a Inglaterra e a Escócia. Agora alcóolatra, com o apelido de Homem das Três Garrafas, devido à compulsão em beber vinho do Porto, receitado por seu médico, ele estava decidido a deter Napoleão, financiando exércitos austríacos, prussianos e russos em terra e empregando a Marinha Real no mar. Napoleão resolveu invadir — "basta sermos senhores do mar por apenas seis horas e a Inglaterra deixará de existir" —, e ordenou que sua frota franco-espanhola destruísse a Marinha Real.

Quando a Áustria se somou à terceira aliança, Napoleão fez o que chamou de "pirueta", enviando sua Grande Armée contra a Alemanha. Em setembro de 1805, ele comandou uma campanha magistral em que superou os inimigos ("Destruí o exército austríaco simplesmente marchando", disse a Josefina), e então, em dezembro, depois de tomar Viena e passar uma noite em Schönbrunn, juntou-se a seu exército em Austerlitz, aproveitando-se da lentidão dos comandantes austríacos, das trapalhadas pueris do imperador russo Alexandre, com seu excesso de autoconfiança, e da medíocre coordenação entre eles, ao mesmo tempo mostrando sua excepcional habilidade de aplicar força máxima no ponto e no momento certos para esmagar os exércitos austríacos e russos: "Terminemos essa guerra com um estrondo de trovão". No campo de batalha, escreveu a Josefina: "Derrotei os exércitos russo e austríaco comandados pelos dois imperadores. Estou um pouco cansado".

No entanto, enquanto ele conquistava a hegemonia europeia em terra, sua frota era desbaratada em Trafalgar por Nelson, que foi morto durante a batalha. A vitória britânica restringiu a sustentabilidade do império de Napoleão e estabeleceu o domínio naval britânico por um século. Num jantar em Londres, Pitt, exausto e doente, respondeu à aclamação de "salvador da Europa" com uma lacônica eloquência: "A Europa não é salva por um homem só. A Inglaterra se salvou por seus esforços, e confio que salvará a Europa com seu exemplo". Mas, quando soube de Austerlitz, ele percebeu que o ímpeto estava com Napoleão: "Enrolem esse mapa; não será necessário nos próximos dez anos".

No dia seguinte à batalha em Austerlitz, o peripatético Napoleão se encontrou com o imperador Francisco, neto de Maria Teresa, e achou graça em sua integridade habsbúrgica. Ele era "tão moral", gracejou Napoleão, "que nunca fez amor a não ser com a esposa". Treinado por seu "segundo pai", o imperador José, que o considerava respeitador, mas sem imaginação, Francisco falava o alemão vienense, além de tcheco e italiano, cultivando um estilo um tanto folclórico de informalidade popular e realizando audiências gerais (abertas ao público) duas vezes por semana nas quais usava um casaco militar simples, ao estilo de José. Mas também desconfiava e tinha ciúme dos irmãos, sobretudo do excelente comandante Carlos, a quem espionava. Era quase capaz de mostrar presença de espírito; quando lhe falaram de um patriota tirolês combatendo os franceses, respondeu: "Eu sei que ele é patriota... mas é patriota por mim?". Gostava mais de ficar com as esposas — casou-se quatro vezes — e de fazer caramelo do que de lidar com pormenores da política. Horrorizado com o presunçoso conquistador, mas extremamente polido, Francisco concordou a contragosto com o reordenamento europeu de Napoleão: o Império Romano foi substituído por uma Confederação do Reno comandada por Bonaparte. Francisco já alterara seu próprio título, adotando agora o de imperador da Áustria.

Em 23 de janeiro de 1806, aos 46 anos, Pitt morreu de uma úlcera estomacal (dizendo, segundo alguns, "Oh, meu país", ou, segundo outros, "Bem que eu comeria uma tortinha de porco de Bellamy"), sendo sucedido pelo primo Grenville, o primeiro de uma série de "amigos do sr. Pitt" decididos a destruir Napoleão.[19] O imperador concebeu um bloqueio a fim de cortar as receitas da "nação de lojistas", enquanto continuava em guerra contra o tsar russo, a quem a Prússia se uniu. Napoleão advertiu o rei prussiano: "Sua Majestade será derrotada". Em outubro de 1806, Napoleão desbaratou os prussianos em Jena (onde Hegel, vendo-o passar a cavalo, admirou-se ao testemunhar "o Espírito Universal sair da cidade [...] um indivíduo a cavalo erguendo o braço sobre o mundo e dominando-o"), e depois os russos em Eylau e Friedland. "E o que são 2 mil homens mortos numa grande batalha?", refletiu Napoleão.

As vitórias obrigaram a Rússia a negociar. Numa balsa em Tilsit, o imperador ficou encantado com o tsar Alexandre, alto, forte, de olhos azuis e cabelos claros, um mestre inescrutável da duplicidade que sobrevivera às cortes da avó Catarina, a Grande, e do pai tirânico, Paulo, o Louco, tendo participado do conluio para matá-lo. Agora o derrotado Románov colaborava com o ogro corso numa partilha da Europa, obtendo, entre outros territórios, a Finlândia.

Napoleão protegeu suas vitórias promovendo a família: seus irmãos se tornaram reis — José de Nápoles, Luís da Holanda, Jerônimo da Vestfália; seu enteado Eugênio se tornou vice-rei da Itália.[20] Napoleão espicaçava e passava sermão nos irmãos régios, dizendo a seu favorito, José: "Você deve ser rei e falar como rei", algo que José nunca conseguiu fazer totalmente, e dando bronca em Jerônimo por ser espirituoso: "Sua carta era engraçadinha demais. Não é preciso ser engraçado em tempos de guerra".

O rei Luís, casado com Hortênsia, filha de Josefina, tornou-se nativo, anunciando: "No momento em que pisei em solo holandês, tornei-me holandês". O imperador ficou indignado e disse que ele não teria nenhuma serventia "se continuar a governar com lamúrias e se deixar se intimidar". Napoleão prosseguiu: "Você me cansa desnecessariamente [...]. Só as mulheres choram e se lamuriam; os homens agem; você me fará lamentar sua fraqueza. Mais energia, mais energia!". Os irmãos, por sua vez, sentiam inveja e ressentimento; ninguém tinha a energia de Napoleão, e certamente não Luís, que o imperador logo destituiu do cargo de rei da Holanda — ele teria mais utilidade em termos dinásticos. Hortênsia deu à luz um menino, Luís Napoleão, mas então ostentou seu romance com o filho natural de Talleyrand, com quem teve um filho ilegítimo, Charles de Morny. Tempos depois, Luís Napoleão ocuparia o trono francês — e seria Morny a entronizá-lo.

Ao reordenar os Estados germânicos menores, Napoleão, sem saber, deslanchava a carreira de um banqueiro judeu que se tornou conhecido como o Napoleão das Finanças.

OS REIS DO CAPITAL: OS ROTHSCHILD

Nathan Mayer Rothschild era filho de Mayer Amschel Rothschild, agente da corte de Guilherme IX e príncipe-eleitor de Hesse-Kassel, que fizera fortuna alugando mercenários hessianos (em geral para a Grã-Bretanha, pela qual eles combateram na América) e agora cometera o erro de apoiar a Prússia. Napoleão puniu Guilherme dando Hesse ao próprio irmão, o rei Jerônimo. Guilherme confiou seu dinheiro a Mayer Rothschild, a fim de ocultá-lo do imperador francês. Rothschild já enviara o filho para a Grã-Bretanha, onde ele utilizou o capital hessiano para estabelecer uma família que viria a personificar a nova era do capitalismo internacional e se tornaria a mais rica do mundo.

"Um homenzarrão que usava uma peruca redonda não empoada e um pequeno cavanhaque", Mayer Rothschild nascera na Judengasse — a Alameda dos Judeus — do gueto de Frankfurt, criado por Frederico, o Gordo, em 1458, para proteger e isolar os judeus. Como os judeus não podiam ter terras, eram proibidos de entrar em parques, bares e bulevares, sendo obrigados a usar faixas amarelas e a descer da calçada e tirar o chapéu sempre que qualquer não judeu lhes dissesse, "Judeu, cumpra seu dever", não lhes restava muita escolha a não ser se concentrar em seu credo e trabalhar no comércio. Rothschild, que originalmente negociava com moedas e tecidos, se tornou *Hoffaktor* — agente da corte — de Guilherme ix e depois do imperador Francisco. Embora José ii e a Revolução Francesa tivessem iniciado o processo de suspensão das restrições que pesavam sobre os judeus, Rothschild se empenhava em conquistar a igualdade civil para "nossa nação", cujo povo ansiava pela liberdade, e negava-se a abandonar o judaísmo. Esta seria uma missão constante da família.

Agora que Napoleão anulara Hesse-Kassel, Mayer Rothschild contrabandeou quatro baús de moedas para a Grã-Bretanha, onde, primeiro em Manchester e depois em Londres, Nathan, seu terceiro filho, investiu o dinheiro de Guilherme, dando à família uma base poderosa, e permitindo que passassem de judeus da corte e mercadores de tecidos a banqueiros. Gutle, a esposa de Mayer, que sobrevivera a dez gestações, teve fibra suficiente para enfrentar uma batida e um interrogatório dos franceses em busca do tesouro hessiano. Mas as mulheres estavam excluídas dos negócios da família: ao morrer, aos 68 anos, Mayer deixou uma fortuna mediana e um testamento especificando que os bens deviam ser transmitidos apenas pela linha masculina, o que incentivava o casamento entre parentes. Nathan, dinâmico e engenhoso, sobressaiu em relação aos irmãos, honrando a insistência paterna na "unidade inquebrantável" da família ao colocá-los em diversas capitais europeias. "Meu irmão em Londres é o comandante-geral", disse Salomon Rothschild, responsável pelos Habsburgo em Viena. "Sou o marechal de campo." E acrescentou: "Nunca nenhum de nós expressará desaprovação diante da conduta do outro, visto que agimos sempre pelo interesse conjunto".

A mudança para Londres os colocava no lugar perfeito: os Rothschild seriam beneficiários de três movimentos que estavam transformando o mundo. O primeiro era o desenvolvimento industrial, baseado no aço e nos têxteis britânicos e alimentado pelo carvão e pelo vapor, e que logo se expandiria para a Alemanha e a França. A seguir, havia a abertura da sociedade ao talento e o começo da política de massas fomentada por Napoleão, que, ao remover as restrições sobre os judeus, permitiu pela primeira vez que eles participassem das comunidades ocidentais. Por fim, as guerras napoleônicas obrigavam as nações a utilizarem exércitos tão grandes que precisavam ser financiados por um mercado de capital que a família Rothschild viria a moldar e a dominar durante um século.

A oportunidade não tardou a chegar, quando Napoleão, tendo se imposto a leste, voltou-se para o oeste, decidido a obrigar Portugal e a Espanha a se unirem em sua guerra contra a Grã-Bretanha. O imperador parecia um tubarão que precisava comer incessantemente para continuar vivo. Cada conquista abria a possibilidade de uma nova, à qual ele não conseguia resistir, mas drenava cada vez mais seus recursos. A Espanha era governada por um incompetente ménage à trois, com um rei bourbônico, Carlos IV — um fanfarrão constantemente traído —, sua impulsiva rainha Maria Luísa e seu absurdo amante, Manuel de Godoy, apelidado de El Chorizo, numa alusão não só à província da Estremadura, de onde ele vinha, e que era conhecida pelas carnes, mas também a seu formidável equipamento sexual. Um dia, a rainha viu Godoy arranhando seu violão e se apaixonou. Em 1792, o rei, alegremente, nomeou o peralvilho de 28 anos secretário de Estado, galardoando-o mais tarde com dois ducados, e então com o título absurdo de *príncipe de la paz*. Godoy logo seria o chouriço mais detestado da Espanha.[21]

Napoleão percebia de longe os pontos fracos de qualquer situação. Quando escreveu a Carlos para avisá-lo de que estava sendo traído por Godoy, este interceptou a carta, mas simplesmente a repassou ao monarca — que a ignorou. Napoleão não teve dificuldade para persuadir os três, bem como o ressentido herdeiro, Fernando, a se unirem a ele numa invasão de Portugal que colocava em território espanhol soldados franceses; a seguir, convenceu o casal real a abdicar totalmente do trono. Então, nomeou José como o novo monarca, substituindo-o em Nápoles pelo cunhado Murat. O *premier chevalier* — que Napoleão considerava "o homem mais corajoso do mundo [...] ornado com ouro e plumas que se elevavam sobre sua cabeça como um campanário" — estava na Espanha naquela época comandando o exército francês. Ele ocupou Madri, mas, em 2-3 de maio de 1808, os madrilenhos se rebelaram. "Sangue francês foi derramado", disse Murat. "Isso exige vingança. Todos os presos serão executados." A repressão desencadeou uma insurreição feroz, sendo as suas atrocidades cruelmente representadas por Goya em *Os desastres da guerra*. Napoleão se referia a ela como "minha úlcera espanhola", reconhecendo que "a injustiça foi cínica demais [...] continua a ser muito feia".

Em Portugal, o imperador francês provocou algo igualmente extraordinário. Em 29 de novembro de 1807, à medida que as tropas francesas avançavam sobre Lisboa, o príncipe regente João VI, um homem indeciso, barrigudo, de rosto comprido, lábios grossos e olhos remelentos que morava no palácio-mosteiro de Mafra apenas na companhia de padres e de um pelotão de morcegos empregados para matar os mosquitos que infestavam o lugar, partiu para o Brasil.

Os zulus e os sauditas, os Christophe, os Kamehameha e os Astor

Fazia muito tempo que João governava no lugar de sua mãe insana, a rainha Maria, uma fanática religiosa histérica perseguida pelo demônio e tratada em vão por Willis, o "médico de loucos" de Jorge III. O verdadeiro inimigo de João era a esposa espanhola, Carlota Joaquina, muito magra, de rosto pontudo, verruguenta, com buço e manquitola, que, montando freneticamente a cavalo, aprendendo a disparar canhões e se esbaldando em casos amorosos, tentava derrubar o marido e governar pelos interesses da Espanha. Isso não contribuía muito para a harmonia conjugal.

João, agora, depois de passar meses aflito, decidiu corajosamente desafiar Napoleão e transferir a corte portuguesa para o Brasil. Enquanto os cortesãos em pânico se apinhavam no cais em Belém, embarcando seus pertences, as damas abandonavam suas carruagens e, inteiramente vestidas, vadeavam a água até os navios, algumas delas se afogando. João chegou disfarçado de mulher e embarcou no *Príncipe Real* acompanhado pela traiçoeira esposa, sete filhos e a rainha louca, que ficava dizendo: "Mais devagar! Eles vão pensar que estamos fugindo". Doze mil portugueses embarcaram numa frota britânica de quinze navios de guerra e quarenta navios menores, então partiram e ficaram jogando baralho durante toda a viagem até o Rio de Janeiro.

Quando a família real chegou, os brasileiros não se encantaram muito com ela: os crioulos do Rio gostavam de banho, mas o príncipe regente nunca tomava banho completo. Porém os cariocas (do tupi *Kara-i-oka*) ficaram empolgados em partilhar a primeira capital americana de uma dinastia europeia.

O Rio era uma cidade baseada na escravidão. Os cativos trabalhavam como mão de obra informal, vendiam comida e carregavam os senhores em cadeiras e liteiras, enquanto novos escravizados vindos da África chegavam às docas. O príncipe regente era dono de 38 mil escravos. Os Bragança adotaram a cultura eclética do Brasil, formando uma companhia de teatro com músicos africanos escravizados, mas ficavam chocados com a informalidade caótica daquela "infame Babilônia", de aparência africana, com festas que misturavam o catolicismo português com os rituais africanos. O rei, após a morte de Maria, a Louca, permaneceu de bom grado no Brasil — enquanto tropas britânicas comandadas por Wellington combatiam os franceses em Portugal —, decisão que levaria a uma monarquia sul-americana independente.

Não seria a única. Em 1º de janeiro de 1804, o governador-geral vitalício Dessalines declarou a independência de uma nova república, a que chamou de Haiti, seu nome taino — uma nação de escravos libertos, a segunda república livre das Américas e o primeiro país a abolir a escravidão. "Não basta expulsar os bárbaros que a encharcaram de sangue", ele bradava. "Soldados! Deem a todas as nações um exemplo terrível, mas justo, de vingança." Dessalines prometeu "matar todo francês que conspurcar a terra da liberdade", e mandou enforcar quinhentos em sequência. Enquanto isso, centenas de homens, mulheres e crianças francesas[1] seguiram em fila até o porto; as mulheres foram estupradas, e depois todos foram afogados diante de mercadores estrangeiros. As grávidas foram mortas para evitar o nascimento de mais franceses. O massacre — algo entre seiscentos e 4 mil mortos, na maioria esfaqueados — destinava-se a garantir que os franceses jamais voltassem. A carnificina foi brutal, mas, ainda assim, era uma pequena atrocidade em comparação com os 350 mil locais mortos pelos franceses.

"Vinguei a América", disse Dessalines, mas a matança de todos os brancos ajudou a destruir a economia haitiana. Em 6 de outubro, ele foi coroado imperador Jacques I do Haiti. Sua imperatriz Marie-Claire Heureuse Félicité cuidou de franceses feridos, rogou ao marido que poupasse os brancos e escondeu alguns deles em casa (ao mesmo tempo criando também os sete filhos do casal e os filhos das inúmeras amantes de Dessalines). O imperador protegeu e deu emprego a seu antigo senhor escravocrata francês, mas apoiou os 90% de haitianos negros contra a elite mestiça, rivalidade que até hoje desgasta o país.

O imperador temia, com razão, que a França tentasse retomar a colônia: determinou que seu general Henri Christophe começasse a construir a enorme fortaleza La Citadelle e outras fortificações. O próprio Jacques, um voraz administrador de fazendas, usou seus soldados e o chicote haitiano, o *coco-macac*, para obrigar ao trabalho os *cultivateurs* que agora labutavam nos campos. Seus generais conspiravam contra ele; em outubro de 1806, o imperador se pôs em marcha para esmagar os rebeldes, mas, atraído à casa de Alexandre Pétion em Porto Príncipe, foi alvejado e apunhalado, e fatiaram-lhe a cabeça. Então uma multidão desfilou com o corpo desmembrado, gritando: "O tirano morreu!".

Depois de Jacques, Henri Christophe, anglófono, veterano da Guerra de Independência dos Estados Unidos, ex-garçom, tamboreiro e cavaleiro, se tornou presidente, tendo o mestiço Pétion, por algum tempo aliado francês e inimigo de Louverture, na presidência do Senado, mas eles logo entraram em atrito. Pétion governava o Sul com leniência, quebrando as fazendas e ao mesmo tempo favorecendo a elite mestiça a que pertencia. Alcunhado de Papa Bon Coeur, teve como conselheira uma das mulheres mais admiráveis da história americana, sua amante Marie-Madeleine Lachenais, filha de um coronel francês e de uma africana. Mais tarde ela se tornou amante do secretário e herdeiro dele, o general Boyer, e assim ficou conhecida como La Présidente de Deux Présidents. Mas os haitianos estavam longe de ter acabado com a monarquia.

No Norte, o presidente Henri Christophe chegou ao poder na mesma época em que Wilberforce e os abolicionistas britânicos finalmente faziam algum progresso.

Em 23 de fevereiro de 1807, Grenville, o primeiro-ministro que, com Wilberforce, apoiara a abolição no encontro no jardim de Pitt, garantiu que o projeto de lei para a abolição do comércio escravo fosse aprovado na Câmara dos Comuns por 283 votos contra dezesseis. A Grã-Bretanha não era a primeira; a Dinamarca abolira o tráfico quatro anos antes, na segunda tentativa. Mas os britânicos tinham o poder de impor a abolição, enviando navios de guerra — que em breve formariam o Esquadrão da África Ocidental, com base em Freetown — que capturaram 1600 navios negreiros, libertando 150 mil cativos. O Haiti era o único país que, até então, abolira a escravidão em si. Wilberforce e Clarkson logo se puseram em contato com Christophe.[2]

Em 26 de março de 1811, Christophe foi coroado rei Henrique i (*premier monarque couronné du Nouveau-Monde*, assim como defensor da fé) por um padre branco, junto com sua rainha Maria Luísa,[3] filha de um homem livre que era o dono da taberna Crown, onde os dois tinham se conhecido. Eles foram entronizados numa plataforma com mais de vinte metros de altura, sob um dossel escarlate numa igreja envolta em seda azul-celeste. Nas celebrações que se seguiram, o rei Henrique brindou a "meu caro irmão Jorge iii — obstáculo invencível à ambição desenfreada de Napoleão", embora, tal como o imperador, ele tenha criado sua própria aristocracia, encabeçada por quatro príncipes e oito duques: seu comandante-chefe se tornou o duque de Marmelade e cooptou os sobrinhos do imperador Jacques como barões e cavalariços. Mas o novo rei também promoveu intelectuais do Iluminismo haitiano. O escritor Julien Prévost se tornou ministro das Relações Exteriores e conde de Limonade, e seu ideólogo era o historiador Valentin de Vastey, agora alçado a barão.

O rei e a rainha encomendaram carruagens reais e insígnias da realeza em Londres — com a inscrição "Liberdade, Igualdade e Henrique", e o brasão declarando "Renascido das cinzas", e a corte se rejubilava com seus alamares dourados e uniformes espetaculares. A rainha comandava sua própria unidade de amazonas, que desfilavam em festejos anuais, celebrando com espetáculos de luzes, canções crioulas e danças como a calinda e o samba.

Autocrático e irritadiço, o rei tinha uma energia enorme, o primeiro grande estadista negro dos tempos modernos, sonhando em criar um Haiti ordeiro, rico e instruído que mostraria aos brancos que um reino negro era capaz de igualá-los ou superá-los. Enfrentava a ameaça constante de rivais internos e de invasões francesas, impondo seu poder com um Corpo Real do Daomé — 4 mil soldados importados da África ocidental —, ao mesmo tempo concluindo a fortaleza do imperador Jacques, a Citadelle La Ferrière, onde consta terem morrido milhares de trabalhadores. Seu Palácio de Sans-Souci em Milot, com pisos de mármore refrescados com água de nascentes das montanhas, era apenas um de seus quinze castelos, "erguidos pelos descendentes de africanos", escreveu o barão de Vastey, "para mostrar que não perdemos o gosto e o gênio arquitetônico de nossos ancestrais, que cobriram a Etiópia, o Egito, Cartago e a antiga Espanha com seus magníficos monumentos".

Filho de um proprietário de escravos francês e de uma negra livre, Vastey, primo do general bonapartista Dumas, reagia contra as justificativas iluministas da escravidão e do racismo, situando os episódios de crueldade haitiana em seu devido contexto ao expor os "crimes sem precedentes [da França] que faziam a natureza estremecer", em obras que contavam com um amplo público leitor na Europa e na América — o primeiro intelectual de cor a ter um público leitor mundial, o primeiro a escrever a história negra. Preocupado com uma nova invasão francesa e ansioso por unir o Haiti, Henrique atacou o Estado rival de Pétion e criou sua própria marinha sob o comando de um almirante britânico. O rei era um anglófilo e consultou Clarkson a respeito de sua ideia de ensinar língua e literatura inglesas aos haitianos. Clarkson enviou professores ingleses ao rei, o qual, por sua vez, apoiou a campanha de Clarkson para abolir totalmente a escravidão.

A Lei de Grenville estava longe de acabar com o comércio escravo. Cerca de 700 mil pessoas continuavam escravizadas nas fazendas britânicas, 300 mil na Jamaica. Brasil, Cuba e as colônias francesas ainda demandavam mais cativos, os quais se tornavam cada vez mais importantes nos Estados Unidos, com seus novos desenvolvimentos técnicos.

Jefferson sobrevivera às revelações sobre sua família com Sally Hemings e foi reeleito presidente em 1804.[4] Em 1807, um mês após a aprovação da Lei de Grenville, ele assinou uma Lei de Proibição à Importação de Escravos, mas continuou em dúvida sobre como abolir a escravidão e garantir a efetiva libertação, negando-se a reconhecer o Haiti e permitindo que a escravidão fosse estendida à Compra da Louisiana.

Bem na época em que a rentabilidade da escravidão parecia cair, uma invenção subitamente a colocou no centro da prosperidade americana. Em 1793, Eli Whitney, um professor de Savannah, ajudou a criar uma máquina com um sistema de cilindros mais eficiente para remover as sementes do algodão. Essa máquina — uma descaroçadora — ajudava a tornar o plantio do algodão altamente rentável. Os fazendeiros sulistas passaram para o cultivo algodoeiro, enviando o algodão para os cotonifícios da Nova Inglaterra ou, via Nova York, para a Manchester britânica. Em 1793, foi exportado um total de 227 toneladas. Em 1810, o total foi de 38 600 toneladas, correspondendo a 20% das exportações americanas. Dez anos mais tarde, esse número tinha dobrado. A escravidão se tornara essencial para o Sul.

Mais a oeste, os batedores de Astor estavam explorando costas e rios em busca de peles. Astor fundou uma cidade própria na costa pacífica, Astoria, e enviou navios para o Alasca, depois para o Havaí e a China, a fim de trocar peles por sândalo, chá, ópio e especiarias. Ele aplicou maciçamente os lucros de sua American Fur Company em imóveis em Nova York, comprando a propriedade de Burr e muitas outras. Nos anos 1820, ele era o primeiro milionário americano. O surpreendente é que seu rival no comércio do Pacífico não era americano nem europeu, e sim um conquistador havaiano.

ESPOSAS DOS CONQUISTADORES: KAMEHAMEHA E NAPOLEÃO

Mais a oeste, Kamehameha, rei do Havaí, que residia em sua mansão em Kailua-Kona com trinta esposas e 25 filhos,[5] estava concluindo a conquista do arquipélago com a ajuda de seu artilheiro britânico John Young, que alçou à nobreza, dando-lhe a sobrinha em casamento. Embora ainda governasse como conquistador guerreiro, usando a capa *ahuala* amarela feita de 250 mil penas de *mamo*, uma ave agora extinta, conduzindo seus exércitos e fazendo pessoalmente sacrifícios humanos, ele sempre apreciou a tecnologia europeia. Depois de comerciar sândalo com os europeus e americanos, Kamehameha montou sua frota própria com vinte navios para comerciar com a China, a América e o Alasca russo — uma realização extraordinária que contradiz a narrativa tradicional do imperialismo europeu. Assim como Kamehameha, Napoleão também estava no auge.

Em setembro de 1808, em Erfurt, na Alemanha, o tsar Alexandre, quatro reis e um luxuoso círculo de aristocratas e nobres prestavam seus respeitos à figura hegemônica da Europa.

Napoleão sustentava que "é preciso haver um poder superior que domine todos os outros com autoridade suficiente para obrigá-los a viver em harmonia" e que esse poder era a França. A Grã-Bretanha e o resto da Europa discordavam. Napoleão já havia se excedido — os irmãos não tinham pulso, os Habsburgo e os Románov conspiravam, e Talleyrand, a quem ele odiava como "merda numa meia de seda", o estava traindo. "Cabe a você salvar a Europa e resistir a Napoleão", Talleyrand disse a Alexandre. "Os franceses são *civilizados* — o soberano deles, *não*." Alexandre desprezava o ogro, mas manipulava magnificamente sua vaidade. "Estou feliz com Alexandre", Napoleão disse a Josefina. "Se ele fosse mulher, creio que o tomaria como amante."

Em março de 1809, o imperador Francisco enviou tropas para invadir os territórios germânicos, a Polônia e a Itália, a fim de restaurar o orgulho austríaco e o equilíbrio de poder na Europa, mas, numa série de batalhas que culminaram em Wagram, às portas de Viena, no outro lado do Danúbio, Napoleão derrotou o irmão de Francisco, o arquiduque Carlos. "Meus inimigos estão derrotados, destruídos, em debandada total", ele disse a Josefina. Em Viena, Beethoven se protegeu das granadas do imperador francês no porão da casa do irmão, com almofadas tampando as orelhas. Napoleão ocupou a capital, impondo termos rigorosos aos Habsburgo. Também sobreviveu a uma tentativa de assassinato. As batalhas quase perdidas, a morte de seu herdeiro e sobrinho, o primogênito de Luís, e o fato de ele próprio ter tido dois filhos ilegítimos com amantes diferentes, tudo isso o convenceu de que devia se divorciar de Josefina, agora com 46 anos de idade. Enquanto ela chorava e desfalecia, ele lhe disse: "Você tem filhos, eu não tenho nenhum. Você certamente há de entender a necessidade de fortalecer minha dinastia".

Napoleão propôs um casamento aos Románov — com Catarina, a amada irmã de Alexandre, que ficou estarrecido com a presunção do ogro. Catarina foi rapidamente entregue a outro pretendente, deixando uma irmã mais nova, Ana. Mas Napoleão transferiu sua atenção dos Románov para a maior dinastia europeia, os Habsburgo.

"Fico com pena da pobre princesa que ele escolher", gracejou Maria Ludovica — mais conhecida como Maria Luísa, de dezoito anos, a filha loura, alegre e bonita do imperador Francisco —, antes de saber que seria ela. Quando soube, soltou um suspiro e disse: "Resigno-me à Divina Providência". A mais nova dinastia estava se unindo à mais antiga. O casamento se deu por procuração antes que a arquiduquesa partisse para a França. Ao chegar ao Palácio de Compiègne, os dois cônjuges ficaram mutuamente impressionados. Ela exclamou: "Você é muito mais bem-apessoado do que seu retrato", e ele se sentiu tão deleitado que consumou o casamento antes que fosse formalmente celebrado. "Ela gostou tanto", gabou-se Napoleão, "que me pediu para repetir."

OS WELLESLEY, OS ROTHSCHILD E A MULHER MONTADA NA BESTA

Napoleão estava tão envolvido com a imperatriz que se afastou de sua amante favorita, passando todas as noites com Maria Luísa, embora refletisse: "Amei Maria Luísa [...]. Amei mais Josefina; isso era natural; crescemos juntos; ela era cheia de graça". Maria se apaixonou por ele, dizendo ao pai: "Garanto-lhe, querido papai [...], quanto mais a gente o conhece, mais o aprecia e o ama".

"As princesas deveriam se apaixonar?", Napoleão mais tarde se perguntou. "Elas são ativos políticos."

Em março de 1811, quando ele recomendou ao obstetra que "faça de conta que está fazendo o parto não da imperatriz, mas de uma burguesa da rua Saint-Denis", Maria deu à luz um rei de Roma, Napoleão Francisco, após um trabalho de parto bastante sofrido. "Não tenho coração mole, mas fiquei muito comovido com o sofrimento dela", ele declarou, gabando-se pouco diplomaticamente para Josefina: "Meu filho é grande e saudável". Estava em êxtase: "O aliado de minha família com todos os soberanos da Europa". Sim, era verdade, mas todos os seus novos parentes conspiravam para sua queda. Concebido para destruir a Grã-Bretanha, seu bloqueio, conhecido como Sistema Continental, não era nem continental nem sistemático. A Grã-Bretanha adotou uma posição de desafio sob um "amigo do sr. Pitt", Spencer Perceval, um evangélico que considerava Napoleão "a mulher montada na besta" do Livro das Revelações. O marquês Wellesley imaginava ter chances de se tornar primeiro-ministro, mas, devido a uma briga feia com a esposa, uma ex-atriz, e a um vício sexual que constrangia até mesmo seu irmão Arthur, teve de se contentar com o Ministério das Relações Exteriores. Perceval e Wellesley, procurando uma forma de atacar a aliança franco-espanhola, foram persuadidos por um aventureiro sul-americano a enviar um exército para a Venezuela.[6] Arthur Wellesley, animado pelas vitórias contra os maratas, foi designado para o comando, mas o exército foi redirecionado para apoiar a insurreição espanhola. Depois de derrotar rapidamente os franceses em Talavera, o general, elevado a visconde Wellington, conquistou o amor de seus soldados, que o chamavam de Belo; ele, por sua vez, chamava-os não só de "bons camaradas", mas também de "a escumalha da terra": "Não sei que efeito esses homens terão sobre o inimigo, mas, por Deus, eles me assustam". Desdenhando vanglórias, afirmou: "Só existe uma coisa pior do que a vitória numa batalha: uma batalha perdida" — embora ele nunca tenha descoberto o que era perder.

Wellington vivia com constante falta de recursos. Nathan Mayer Rothschild, que negociava barras de ouro no continente e emprestava dinheiro ao governo, agora se prontificou a contrabandeá-las para Wellington a fim de pagar seus soldados. O "governo não sabia como levá-las a Portugal", explicou. "Encarreguei-me de tudo e enviei para a França." Esse enorme trabalho secreto lançou as bases da fortuna da família — "o melhor negócio que fiz na vida". O irmão caçula, James Rothschild, providenciou a travessia do canal da Mancha e a entrega a Wellington. "O sr. Rothschild", disse Lord Liverpool, o ministro da Guerra que o nomeou fornecedor de Wellington, era "um amigo especial [...]. Não sei o que faríamos sem ele". Nathan, usando seus próprios informantes e mensageiros secretos, comunicando-se com os irmãos com termos em código para o ouro como "gorducho", "peixe", "cerveja" e "crianças", logo estava entregando não só ouro britânico a Wellington, mas também os subsídios para a Rússia, a Prússia e a Áustria — 42 milhões de libras em 1810 e 1815. Entrando e saindo constantemente do número 10 de Downing Street para ver o primeiro-ministro, ele angariou nos mercados o dinheiro que fez da Grã-Bretanha uma potência mundial.[7]

Enquanto Wellington derramava sangue francês na Espanha, as relações de Napoleão com Alexandre se encontravam tão tensas que ambos estavam montando novos exércitos. "Por causa de meu casamento com Maria, eu nunca deveria ter entrado em guerra contra os russos, mas tinha certeza do apoio da Áustria", afirmaria Napoleão, que decidiu invadir a Rússia.

CONQUISTAS ÁRABES: MEHMED ALI E OS SAUDITAS

No Cairo, em 1811, no auge do poder de Napoleão na Europa, o paxá do Egito, Mehmed Ali, convidou 450 emires mamelucos com seus turbantes, túnicas e cotas de malha amarelos, e calças e chinelos pontudos vermelhos, para uma cerimônia em seu divã na Cidadela de Saladino. Recebeu-os respeitosamente, mas, quando eles saíram por um corredor, os portões foram fechados e seus soldados mataram todos, sem exceção. Enquanto se recolhiam as cabeças decepadas, suas residências foram invadidas, suas mulheres estupradas, e outras mil pessoas foram perseguidas. Mehmed era agora o senhor do Egito.

O sultão otomano Mahmud II reconheceu Mehmed como governador egípcio, mas submeteu-o a um teste que mataria dois coelhos com uma cajadada só. Desde 1517, os sultões guardavam orgulhosamente o *hajj* como Protetores dos Dois Santuários, Meca e Medina, mas agora uma obscura família de fanáticos puritanos, vinda dos grotões do Najd, atacara as cidades. Tratava-se dos Saud, que, começando em 1744 como emires de Diriyyah, haviam firmado uma aliança com o asceta pregador sunita Wahab para livrar o islamismo do politeísmo, da magia, da corrupção e da heresia xiita, a fim de reafirmar suas origens. O emir saudita Abdulaziz, que tomou Riad, aceitou a lealdade do Qatar e do Bahrain e então tentou derrubar os al-Said de Omã, enviando um exército sob o comando de um emir negro núbio, que não conseguiu depor a família. Em 1802, ele enviou o filho Saud, o Carniceiro, ao Iraque otomano, para atacar o santuário de Karbala, onde massacrou milhares de xiitas. Karbala foi vingado quando um xiita apunhalou Abdulaziz. O Carniceiro avançou sobre o Hejaz, onde encontrou a resistência de Gahlib, emir de Meca, um dos hachemitas descendentes do profeta Maomé; foi o início de uma contenda entre as duas primeiras famílias do islamismo que se prolongou até o século XX. O sultão ordenou que Mehmed destruísse os Saud.

Tousson, filho de Mehmed, retomou as cidades sagradas, mas teve dificuldade para derrotar os Saud e ficou desalentado. "Não desista e não desanime", aconselhou o pai, "pois o desânimo é uma desgraça que não condiz com você." Quando Tousson morreu, vítima da peste, Mehmed entrou pessoalmente na Arábia para contra-atacar, com a assistência de seu primogênito ruivo Ibrahim, filho provavelmente adotivo, que havia massacrado os mamelucos. Ibrahim se revelou um excelente general, perseguindo os Saud até Diriyyah, onde capturou o jovem emir Abdullah e o enviou para Constantinopla. Depois de ser obrigado a ouvir o alaúde — castigo doloroso para um wahabita —, Abdullah foi decapitado em público. Todos imaginaram que nunca mais ouviriam falar dos Saud.

Tendo anexado a Arábia a seu feudo, agora Mehmed planejava conquistar o Sudão. Em casa, lançou-se a reformas visionárias, assumiu a propriedade pessoal da terra egípcia, reformou as leis, criou escolas para mulheres e passou a comerciar açúcar e algodão — supervisionava tudo em detalhes, com ambições napoleônicas. "Sei muito bem que o Império Otomano ruma diariamente para a destruição", disse. "Sobre suas ruínas erguerei um império enorme que se estenderá [...] até o Eufrates e o Tigre." Em Paris, o Mehmed Ali europeu estava montando o maior exército já visto na Europa para conquistar o maior país do continente.

NAPOLEÃO, MARIA E MOSCOU: OS FRANCESES SÃO COMO
MULHERES — NÃO SE PODE FICAR MUITO TEMPO LONGE DELES

Em maio de 1812, Napoleão deixou Maria Luísa como regente em Paris, cuidando do rei de Roma, e invadiu a Rússia com sua Grande Armée multinacional de 600 mil soldados. "O jogo é sempre vencido por quem comete menos erros", disse. Apesar do conselho dos mais cautelosos, Napoleão subestimou a vastidão da Rússia, o ardor do patriotismo russo, a ferocidade dos soldados russos e a firmeza de Alexandre. Na expectativa de que Alexandre viesse a negociar, ele avançou cada vez mais pelo território, enquanto os russos se retiravam, até que o tsar sitiado foi obrigado a nomear um respeitado marechal, o príncipe Mikhail Kutuzov, um veterano caolho inabalável, para resistir e lutar. Nas poucas horas de incessante carnificina em Borodino, a matança foi maior do que em qualquer outro combate até o primeiro dia da Batalha do Somme, em 1916. A situação estava num impasse, até que Kutuzov bateu em retirada e abandonou Moscou.

Napoleão ficou numa cidade deserta, em chamas, aguardando uma rendição que nunca veio.[8] Em outubro, com a chegada de um inverno brutal, ele deixou Moscou e combateu para abrir seu caminho de retorno, antes de abandonar seus homens a fim de salvar o trono. "Os franceses são como mulheres", gracejou. "Não se pode ficar muito tempo longe deles." Atravessando a galope a Europa, ele chegou a Paris em dezembro, tendo perdido 524 mil homens, que sucumbiram mais devido ao tifo do que aos russos.

"Que carreira ele arruinou!", exclamou o tsar. "O feitiço se rompeu." Agora era a vez de Alexandre se vingar. A Rússia e a Prússia se uniram numa aliança financiada pela Grã-Bretanha, mas Napoleão arregimentou novos exércitos e surpreendeu os inimigos com manobras magistrais. "Escreva ao papai Francisco uma vez por semana", ele disse a Maria, "envie-lhe detalhes militares e minha afeição." Em Lützen, em maio de 1813, depois de derrotar os russos e os prussianos, voltou a escrever a ela: "Estou muito cansado, obtive vitória completa sobre [...] o imperador Alexandre e o rei da Prússia". E acrescentou, numa mensagem ao sogro Francisco, que Maria "continua a me agradar ao extremo. Ela é agora minha primeira-ministra".

Francisco, no entanto, aconselhado por seu ministro Klemens von Metternich, um homem talentoso, porém frívolo, neurótico, amante dos prazeres, avançava inexoravelmente contra o genro. Metternich, louro, de olhos azuis, cosmopolita, tinha amizade com Napoleão, dormira com sua irmã Carolina Murat e negociara o casamento do imperador francês com Maria Luísa, mas acreditava no equilíbrio estratégico e sabia que Napoleão jamais aceitaria transigir.

"Metternich me parece um intriguista conduzindo muito mal o papai Francisco", Napoleão disse a Maria, mas estava diante do dilema dos líderes militares que haviam ascendido por seus próprios esforços: "Devo tudo à minha glória. Se a sacrificar, deixo de existir". Em agosto de 1813, os Habsburgo mudaram de lado. "Iludido por Metternich, seu pai se juntou a meus inimigos", ele disse à leal esposa. Em Dresden, Napoleão derrotou austríacos, prussianos e russos, informando Maria de que "o papai Francisco teve a sensatez de não vir" e "as tropas de papai Francisco nunca foram tão ruins". Mas em Leipzig, em outubro, os 200 mil homens de Napoleão foram derrotados por 300 mil russos, austríacos e suecos — o maior combate europeu até a Primeira Guerra Mundial. A França foi invadida pela aliança, comandada por Alexandre a leste e por Wellington a sudoeste. Até mesmo o rei e a rainha de Nápoles — Murat e sua irmã Carolina — traíram o imperador francês, enquanto Talleyrand negociava a restauração dos Bourbon sob a figura obesa de Luís XVIII, irmão do rei guilhotinado. "A traição", disse Talleyrand, "é uma questão de datas." Quando seu castelo de cartas caiu, Napoleão reconheceu (como Luís XIV) que "fiz guerras demais", e tentou tranquilizar a apreensiva esposa: "Lamento saber que você está preocupada. Anime--se, fique alegre. Minha saúde está ótima, e meus assuntos, nenhum deles muito fácil, não estão em má forma". Mas Maria talvez estivesse mais concentrada em si mesma do que na crise de Napoleão, como que se perguntando em seu diário o que mantinha o marido tão ocupado: "Não tenho nenhuma notícia do imperador. Ele é muito informal em seus hábitos. Vejo que está me esquecendo".

Como sinal da desintegração do império, o irmão de Napoleão tentou em março de 1813 seduzir a imperatriz Maria. "O rei José", ela se queixou ao marido, "me diz coisas muito cansativas."

"Não mostre excessiva familiaridade ao rei", recomendou Napoleão. "Seja fria [...]. Nada de intimidades [...]. Fale com ele apenas na presença da duquesa e através de uma janela." Mais tarde, ele confidenciou: "Tudo isso me deprime bastante; preciso ser reconfortado por membros de minha família". Recomendou pateticamente a José: "Se você deseja o trono, tome-o [...], mas deixe-me o coração e o amor da imperatriz". E então instruiu: "Não deixe que a imperatriz e o rei de Roma caiam em mãos inimigas". Referindo-se ao menino, acrescentou, sinistramente: "Prefiro vê-lo afogado no Sena".

Quando os exércitos aliados cercaram Paris, a imperatriz Maria fugiu, acabando com qualquer possibilidade de que seu rei-bebê herdasse o trono. Talleyrand assumiu o poder. Os russos ocuparam Paris dezoito meses depois de os parisienses terem ocupado Moscou; Alexandre lutara desde Moscou a Paris, orientando, desse modo, a ascensão da Rússia como grande potência.[9] O tsar ficou na mansão de Talleyrand, junto com Wellington, recém-nomeado duque. Alexandre ficou encantado com a imperatriz Josefina; Wellington se entreteve com os favores das atrizes que antes os concediam a Napoleão.

Lafayette organizou o exílio de Napoleão nos Estados Unidos. Mas, em vez disso, Napoleão, em Fontainebleau, abdicou em favor do filho, que tecnicamente se tornou Napoleão II, e aceitou o título de imperador da pequena ilha de Elba — e, para a imperatriz Maria, o ducado italiano de Parma. "Você terá [...] um belo país", ele escreveu. E manifestou a esperança de que, "quando você se cansar de Elba e eu começar a entediá-la, o que será inevitável quando eu envelhecer [...] você se contentará com meu infortúnio se [...] ainda puder ser feliz partilhando-o". Naquela noite, ele tentou o suicídio com sua caixinha de veneno, que carregava consigo desde Moscou.

Depois de passar a noite vomitando, Napoleão sobreviveu. A Marinha Real o deixou em Elba, e a ele logo se juntaram a mãe e a irmã Pauline. As partidas de baralho lhe davam tédio.

"Você está trapaceando, filho", dizia a matriarca.

"Você é rica, mãe", respondia ele.

Em Paris, Josefina morreu de pneumonia aos cinquenta anos de idade, enquanto a segunda imperatriz, Maria, foi arrebatada pela cavalaria austríaca e reuniu-se ao pai. Ainda tinha esperanças de seguir Napoleão em Elba. "Estou numa posição muito crítica e infeliz; preciso ser muito prudente", escreveu. "Em certos momentos, penso que o melhor que poderia fazer seria morrer." Francisco enviou a filha e o neto para Viena, onde lhe designaram como camareiro o conde Adam von Neipperg, um espadachim caolho, para impedir que ela se reunisse a Napoleão. "Dentro de seis meses, serei seu amante", bravateou Neipperg, "e logo seu marido." Maria se apaixonou por ele — e então engravidou.

Maria logo se viu em Viena na companhia dos potentados e aproveitadores da Europa, reunidos num congresso para reorganizar o continente, presidido pelo imperador Francisco e pelo chanceler Metternich. "Ontem, quando cheguei", escreveu Metternich, "encontrei toda a Europa em minha antecâmara." O congresso era um imenso cassino, uma cúpula diplomática, um baile interminável, uma ciranda social, um banquete gastronômico, um imenso bordel infestado de doenças venéreas, com a presença de Alexandre, Wellington, Talleyrand e centenas de diplomatas, espiões, banqueiros, charlatões e proxenetas, além de milhares de prostitutas e 18 mil membros do público, com trilha sonora de Beethoven: seu *A vitória de Wellington* foi o hino do congresso, aberto com um baile no Hofburg para 10 mil convidados.[10]

Apesar disso, havia sinais de uma nova era. Um dos salões favoritos, frequentado por Metternich, Wellington e Talleyrand, era o da sofisticada esposa de um banqueiro, Fanny von Arnstein, que era judia — a primeira *salonnière*. Metternich criou um dos primeiros departamentos de polícia secreta para observar os presentes: eles logo se tornariam ferramentas de Estado essenciais. A Obersten Polizei- und Censur-Hofstelle do barão Franz Hager empregava um exército de espiões, desde princesas a *Grabennymphen*, prostitutas de rua: o Kaiser e o chanceler recebiam relatórios diários. O outro assistente indispensável de Metternich era seu assessor de imprensa, Friedrich von Gentz. "O maior mal é a imprensa", Metternich disse a ele. Mas a política de massas estava logo ali, à porta do palácio.

Os altos dignitários restauraram o que julgavam ser um equilíbrio: os Habsburgo encabeçaram uma confederação germânica e asseguraram o norte da Itália; os Románov foram restaurados na Polônia e os Bourbon na França; fora da Europa, a Grã-Bretanha manteve a colônia do Cabo, e o comércio escravo foi abolido no hemisfério norte.[11] Logo após assinarem o tratado, os magnatas receberam uma notícia espantosa.

Em fevereiro de 1815, Napoleão, furioso por não receber sua pensão e pelo afastamento de Maria, fugiu de Elba, reuniu seus veteranos, que afluíram em bando para seu estandarte, sem se importarem com o gordo e arrogante Luís XVIII, e retomou Paris. Foi imediatamente declarado "um perturbador do mundo". Ele avançou e entrou na Bélgica, a fim de derrubar os anglo-prussianos antes que chegassem os austro-russos. Começou bem. "Oh, Deus, Napoleão me ludibriou", disse Wellington, deixando Viena para assumir o comando. Em 18 de junho, em Waterloo, Napoleão, agora com 45 anos, barrigudo, extremamente cansado, com as hemorroidas agravadas,[12] não conseguiu controlar a refrega e perdeu 25 mil homens — mais do que em qualquer outra batalha, exceto a de Borodino.[13] "Uma disputa extremamente renhida", disse Wellington.

Nathan Rothschild soube de Waterloo antes de Lord Liverpool, graças à sua própria rede de informantes, mas, ao contrário do mito de que os Rothschild fizeram fortuna com a informação, a rápida vitória o deixou numa situação difícil, expondo seus investimentos, assim como o término da grande guerra francesa pusera fim a suas atividades de financiador de governos. "Estou muito abatido", disse Nathan, duas semanas depois, ao irmão Carl. O irmão dos dois, Salomon, levantou fundos para o Kaiser Francisco e emprestou dinheiro a Metternich (com o codinome Tio). Metternich foi o primeiro estadista a jantar regularmente com judeus na casa dos Rothschild. Em 1816, o imperador Francisco alçou os irmãos à nobreza, concedendo-lhes o baronato, embora gracejasse dizendo que eles eram "mais ricos do que eu". Em Nápoles, Carl aconselhava a ex-imperatriz Maria Luísa; Amschel, em Frankfurt, cobria a Prússia; Nathan, ascético e intenso, dirigia a família a partir de Londres.

Os prazeres familiares eram o verdadeiro tesouro dos Rothschild. "Depois do jantar, geralmente não tenho nada para fazer", Nathan escreveu para Salomon em Viena. "Não leio livros, não jogo baralho [...]. Meu único prazer são os negócios, e assim leio as cartas de Amschel, de Salomon, de James e de Carl." Em 1806, Nathan se casara com a filha de um mercador holandês, Hannah Barent Cohen,[14] com quem teve sete filhos e que o considerava seu "melhor amigo". A irmã dela, Judith, se casou com um imigrante italiano, Moses Montefiore, um banqueiro sefardita que morava perto de Nathan e vivia no andar de cima da loja na St. Swithin's Lane, no centro de Londres, onde ele conduzia seu negócio de barras de ouro. Eles compartilhavam a família e os negócios, e colaboravam cada vez mais em campanhas pelos direitos dos judeus e por reformas liberais.

Nathan era especialista em apostar no futuro. "O sr. Rothschild tem um amigo muito valioso", disse Lord Liverpool, competente o bastante para permanecer no cargo de primeiro-ministro por mais de catorze anos.[15] As guerras tiveram um alto custo em sangue e dinheiro para a Grã-Bretanha, mas, ao fim e ao cabo, retardaram o desenvolvimento da economia europeia — mais de 3 milhões de pessoas morreram — e aceleraram o britânico. A guerra foi o motor que impulsionou o crescimento da Grã-Bretanha. E os Rothschild forneceram o combustível: o capital.

A avaliação que eles faziam da Europa era igualmente precisa. Os Rothschild emprestaram dinheiro a Luís XVIII e a Talleyrand. Meses depois de se arrastar de volta a Paris, Luís demitiu Talleyrand e mostrou-se incapaz de conter um expurgo dos bonapartistas. Em Marselha, trezentos mamelucos de Napoleão foram mortos na caserna. Após o assassinato do sobrinho do rei, milhares foram perseguidos por apoiarem o ex-imperador — inspirando o enredo do romance *O conde de Monte Cristo*, de Dumas. "Eles não aprenderam nada e não esqueceram nada", observou Talleyrand. Os Rothschild também apoiaram Luís Filipe, duque de Orléans, o primo liberal do rei. "Uma corte é sempre uma corte", disse James de Rothschild, "e sempre leva a algo."

Em Londres, Nathan deu respaldo a um cortês príncipe germânico, Leopoldo de Saxe-Coburgo, que, depois de passar algum tempo nas cortes de Napoleão e de Alexandre, conseguiu um casamento com a herdeira britânica, a princesa Carlota. Mas ela morreu em 1817, depois de parir um natimorto. Leopoldo não tinha nenhuma perspectiva, mas Salomon aconselhou Nathan: "Em tempos difíceis, devemos mostrar amizade ainda maior por um homem". Com a morte de Carlota, a sucessão britânica passou para o duque de Kent, um dos desprezíveis irmãos do príncipe regente, que, casando-se tarde, conseguiu ter uma filha, Victoria. Mas as apostas em Luís Filipe e Leopoldo dariam certo para os Rothschild.

Em Londres, Nathan tinha a confiança de todos os atores envolvidos, de Jorge IV (que em 1820 tornara-se rei, deixando de ser príncipe regente)[16] a Lord Liverpool e Wellington; ele era o eixo da nova conexão entre finanças, poder e sociedade, e sua posição se destacou ainda mais quando ajudou a salvar o Banco da Inglaterra. Mas o sucesso dos Rothschild não os tornava estimados. Eles constituíam a vanguarda dos judeus emancipados que, outrora escondidos nos escritórios contábeis da Judengasse, agora prosperavam no estranho e ruidoso mundo das bolsas de valores, fábricas, jornais e valores burgueses, cavando sua ascensão social até às salas de estar de famílias cristãs e da aristocracia. O sucesso gerou novas variantes do antissemitismo medieval, em parte por inveja desses novos-ricos, em parte por desconfiança do poder, abrangendo tanto um fervor nacionalista quanto um receio conservador.

Os judeus ainda enfrentavam leis discriminatórias em toda a Europa: eram cada vez mais perseguidos na Rússia, e mesmo na Grã-Bretanha não podiam ser eleitos para o Parlamento, nem frequentar universidades ou ocupar cargos públicos. Nathan e seu cunhado Montefiore faziam campanha pelos direitos dos judeus. Por mais olímpica que fosse sua vida social, por mais luxuosas que fossem suas mansões, eles ainda eram judeus praticantes concentrados na família: entre os sete filhos de Nathan, quatro se casaram no seio dos Rothschild, um com um Montefiore, outro com um primo e apenas um fora do círculo familiar. Em 1827, no entanto, Montefiore fez uma arriscada visita a Jerusalém — então um monumental vilarejo semideserto, negligenciado pelos vorazes paxás otomanos —, e lá abraçou a crença religiosa no tradicional sonho judaico de um retorno a Sião, que se encaixava muito bem com um novo interesse cristão pela Cidade Sagrada.

Em 5 de maio de 1821, enquanto Metternich presidia ao equilíbrio de poder na Europa, um soldado aposentado doente morreu numa casa insalubre na esquecida ilha de Santa Helena, no Atlântico, e ninguém se importou. "Não foi um evento", troçou Talleyrand, "apenas uma notícia." Enquanto Bonaparte, aos 51 anos, sucumbia a um câncer de estômago, três conquistadores — no sul, no leste e no norte — fundavam novos impérios africanos.

SHAKA ZULU, MOSHOESHOE E DONA FRANCISCA: O *MFECANE*

Em 1816, Shaka enfeitiçou o pai, *nkosi* (rei) da pequena chefatura zulu do rio Mfolozi Branco, um povo nguni do sul da África,[17] e então, quando este morreu, matou seu meio-irmão, herdeiro legítimo, e reivindicou o trono. Shaka era impulsivo, criativo e carismático, mas, no fundo, até sua própria família o considerava imprevisível e assustador.

Ele era o filho mais velho, inesperado e talvez indesejado, do rei Senzangakona e da filha de um chefe, Nandi — Doce. Quando Senzangakona subiu ao trono, casou-se várias vezes e teve dezoito filhos, criando ressentimento no primogênito. Nandi e Shaka fugiram, protegidos pela irmã de rei, Mnkabayi, uma mulher de grande astúcia e influência política que se tornou árbitra do reino numa cultura que respeitava o poder feminino. Nandi se casou novamente, enquanto Shaka, amargo e isolado, voltou para a residência paterna. Quando ficou claro que iria criar problemas, o pai decidiu matá-lo.

Shaka fugiu para um mundo maior, dividido entre dois reinos ngunis — Mthethwa, governado pelo rei Dingiswayo, e Ndwandwe, sob o rei Zwide —, que já se digladiavam numa rivalidade mortal que explodiria num conflito maior, o *Mfecane* — o Esmagamento. Shaka, aos 22 anos, uniu-se ao rei Dingiswayo de Mthethwa, o qual, declarando que "deve haver um grande rei para exercer controle sobre os pequenos", reconheceu o potencial do príncipe bastardo e o promoveu a comandante; Shaka logo ficou conhecido como herói de Dingiswayo. Juntos, eles conspiraram para que Shaka tomasse a chefatura zulu do pai. Em 1816, durante uma visita paterna, Shaka providenciou o feitiço, uma ferramenta poderosa na sociedade nguni, que levou à morte de Senzangakona. O sucessor do rei foi um filho mais novo, Sigujana. Dingiswayo emprestou um regimento a Shaka, e assim ele pôde acabar com o irmão. Sua tia Mnkabayi, atuando como regente, providenciou que ele fosse convidado a se tornar *nkosi* do pequeno reino zulu. Shaka dançou o *ukugiya*, banhou-se no recinto real e emergiu para ser saudado como *nkosi*. Mas, em 1818, Zwide atacou e matou Dingiswayo, dizendo a Shaka: "Agora que removi sua cabeça, traga-me o corpo inteiro, ou jogarei o corpo no rio Thukela".

"O corpo tem duas cabeças, como a grande cobra do rio Nkanyamba", respondeu Shaka. "Você é simplesmente tolo demais para ver a outra."

Shaka expandiu seu reino, treinando um novo exército com os métodos que desenvolvera com seu patrono: manobras rápidas de regimentos intensivamente treinados por trás de paredes de escudos, comandadas por ele mesmo, operando como chifres de gado em batalhas para cercar e envolver a retaguarda do inimigo e, assim, impedir sua retirada. Eles usavam as tradicionais clavas e lanças compridas, mas também uma nova lança curta. Não tinham cavalos, que morreram depois de picados por moscas tsé-tsé, nem rifles, que desprezavam. Shaka exigia o celibato de seus soldados na ativa, treinados para lutar descalços, com resistência adquirida por meio de danças sobre abrolhos. Qualquer desobediência era punida com a morte. Criando uma nação hierárquica com sua família no alto e nações conquistadas mais abaixo, ele fomentou um *esprit de corps* nos zulus, fazendo o desfile de seus *amabutho* — regimentos —, que dançavam com peles de animais enquanto cantavam: "Você é um animal selvagem! Um leopardo! Um leão!", acreditando serem o Povo do Céu, com poder concedido pelos deuses e pelos espíritos dos antepassados. As feiticeiras podiam obter o controle de uma pessoa usando pequenos fragmentos do corpo, unhas, fios de cabelo ou urina — assim, era preciso descartá-los com grande cuidado. Depois da batalha, os combatentes corriam o risco de ser contaminados pelos inimigos, e, portanto, estripavam os cadáveres, a fim de purificar os matadores. Não se tomavam prisioneiros. "Não deixem ninguém vivo", dizia Shaka, "nem mesmo um cachorro ou uma criança nas costas da mãe."

Em 1819, Shaka derrotou o rei Zwide, que fugiu para Moçambique.[18] Os zulus mataram a mãe de Zwide fechando-a numa palhoça com hienas famintas.

Shaka passou para novas conquistas. Não era considerado bonito — tinha uma cabeça "peculiar", olhos vermelhos, dois dentes salientes e um jeito de rir "fora da boca", o corpo invulgarmente hirsuto —, e sabia disso. "Dizem que tenho o costume de matar as pessoas, mas jamais o matarei", disse, ameaçador, a um guerreiro de bela figura. "Se eu fizesse isso, os zulus ririam de mim, dizendo que o matei por ser bonito e porque sou feio." Mais tarde, encomendou óleo de Macassar aos europeus, a fim de tingir a barba e o cabelo de preto.

Shaka vivia nas várias capitais de seu reino entre centenas de mulheres — esposas mais antigas e seu *isigodlo* de concubinas, que prendiam o cabelo em coques, vestiam saias de couro curtas e pregueadas e usavam brincos de marfim entalhado. Era "um homem de muito sentimento, e com muita frequência passava da dor ou excessiva alegria para um forte acesso de choro". Não gerou nenhum filho de que se tenha notícia, o que podia ser deliberado: dava ordens para que as grávidas abortassem ou fossem executadas. De manhã, após ser barbeado, costumava sair, convocar seus comandantes e discursar para o povo.

"Estão ouvindo o rei?", gritava aos cortesãos.

"Sim, pai!"

Curandeiros (*sangoma*) e adivinhos (*izangoma*) eram consultados para "farejar" os bruxos malignos: se fossem espertos, eles adivinhavam os desejos de Shaka; mas, se apontassem algum de seus favoritos, eram mortos. Quando Shaka apontava com o bastão e dizia "Matem os bruxos", as vítimas eram arrastadas para fora, empaladas, e então golpeadas com uma clava, ou tinham o pescoço quebrado, ao passo que as mulheres eram estranguladas. "Vejam os abutres voando no alto", exclamava Shaka. "Uuu! Os pássaros do rei estão com fome." Consta que ele estripou uma grávida para "ver como a criança se deitava" — casos que são narrados por mais de uma fonte e podem ser verídicos. As crueldades começaram a se tornar cada vez mais bizarras. Seus meios-irmãos Dingane e Mhlangana e a tia poderosa o vigiavam de perto. Mesmo sua mãe, Nandi, a Grande Aliá (monarca feminina), questionava seus excessos.

Enquanto as conquistas de Shaka intensificavam o *Mfecane*, ele era apenas mais um ator da disputa multiétnica por poder e recursos. A nordeste, os portugueses haviam criado um modelo único de império europeu. Seus reis concediam títulos e propriedades aos líderes guerreiros luso-africanos, os *senhores dos prazos*, que governavam junto com magnatas africanos.[19] Esses senhores luso--africanos — os prazeiros, comandando exércitos privados de colonos e *chicundas* (soldados-escravos) — caçavam no interior do continente em busca do gado, escravos e marfim para vender em Lourenço Marques (atual Maputo, em Moçambique): mais ao norte, mercadores omanis e suaílis de escravos abriam caminho na África central, vendendo seus cativos em cidades junto ao oceano Índico, enquanto Mehmed Ali atacava o Sudão. Ao sul, os mestiços griquas atacavam o norte do Cabo; os reis xhosas conquistaram a parte oriental do Cabo, e atrás deles vieram os holandeses e os britânicos.

Os mercadores holandeses da voc tinham fundado a Cidade do Cabo, onde assentaram milhares de bôeres pobres — agricultores e calvinistas devotos —, que logo se depararam com os coletores-caçadores khoikhois (bosquímanos ou hotentotes, para os europeus), descendentes dos habitantes originais do continente e impelidos para o sul pelos bantos que migravam da África ocidental. Os holandeses importavam escravos do Daomé, de Angola e de Moçambique para trabalhar em suas fazendas, ao mesmo tempo fragmentando os khoikhois, que, espremidos entre bantos e holandeses, dizimados pela varíola e reduzidos a uma servidão por contrato muito próxima da escravidão, quase foram extintos. Os colonos, que se denominavam africâneres, se expandiram para o norte e o leste, assim encontrando os ngunis, pastores de gado de chifre comprido, que avançavam para o sul conquistando seus próprios reinos.

Os africâneres se tornaram pioneiros habilidosos, que atacavam os rebanhos e caçavam elefantes em busca do marfim, mas também se assentaram com africanas, tendo filhos com elas, e às vezes viviam mais como a realeza nguni do que como europeus. Tornaram-se grandes combatentes em unidades montadas, chamadas *comandos*, e treinavam os filhos mestiços para auxiliar nos combates. Quando os britânicos tomaram o Cabo, a colônia tinha 75 mil habitantes — 15 mil africâneres semi-hostis, 13 mil escravos negros e 1200 libertos; os demais eram griquas mestiços de khoikhois e holandeses, conhecidos como "bastardos". Quando chegaram ao Cabo, avançando a norte e a leste, os novos colonos britânicos enfrentaram a resistência do reino amaXhosa liderado pelos reis guerreiros tshawes Ngqikam Hintsa e Mgolombane Sandile. Os xhosas eram excelentes guerreiros, cuja argúcia é muitas vezes descurada pelos historiadores: eles detiveram o Império Britânico durante setenta anos.

Agora, em 1818, enquanto os britânicos combatiam os xhosas sob o comando de Hintsa, um grupo de pioneiros fundou Port Natal na costa leste e seguiu até a capital kwaBulawaio de Shaka. O rei zombou do estranho cabelo claro dos forasteiros — comparando-o à cauda dos bois —, mas lhes concedeu direito ao porto e os recrutou como conselheiros militares. No entanto, as conquistas de Shaka estavam chegando a seu limite.

Em 1824, quando os caçadores britânicos ainda se encontravam em seu *kraal*, Shaka estava dançando quando um atacante tentou assassiná-lo com um golpe de lança no flanco. Shaka perseguiu os implicados no ataque, que o povo espancou até virarem papa, e então massacrou a tribo qwabe, sobre a qual resolvera lançar a culpa — embora desconfiasse, e com razão, da própria família. Em 1827, sua mãe Nandi morreu de forma misteriosa. Ela desaprovara os expurgos de Shaka e talvez tenha protegido o bebê de uma de suas concubinas: ele ou a matou, num acesso de fúria, ou mandou matá-la, ao estilo de Nero. Ela foi enterrada como membro da realeza zulu, sentada sobre os corpos sacrificados de homens de confiança, servos e concubinas, estrangulados ou enterrados vivos. Matando qualquer suspeito de deslealdade, Shaka teria supostamente executado 7 mil pessoas. Após a morte de Nandi, ele nomeou a tia Mnkabayi como Grande Aliá.

Enquanto os britânicos e os africâneres sondavam as terras zulus e Shaka lançava o terror, o sul da África estava em ebulição. Em 1828, precisando de mais uma vitória, Shaka enviou uma expedição contra Soshangane, outrora um dos generais de Zwide, que conduziu para leste a tribo fundada por seu avô Gaza a fim de criar seu próprio reino. Seguindo muitas das táticas militares de Shaka, Soshangane desbaratou os zulus, enfraquecendo o inimigo. "Sou como um lobo na planície, perdido em busca de um local para esconder a cabeça", disse Shaka, incentivando os adivinhos a farejarem bruxos entre seus meios-irmãos, Dingane e Mhlangana. A Grande Aliá, Mnkabayi, sugeriu então que ele estava louco e havia matado a mãe. Mas, enquanto estivesse protegido por Mbopha, seu devotado *inceku* (guerreiro/guarda-costas), ninguém encostaria um dedo nele.

Menos meteórico, porém mais admirável do que Shaka foi Moshoeshoe, nascido no mesmo ano do zulu, líder dos sotos, pastores que sofriam muito com as predações dos ngunis e griquas. Moshoeshoe liderou seu povo numa perigosa migração para o planalto de Qiloane (no Lesoto), criando um bastião — a Montanha da Noite, que diziam crescer de dia e encolher de noite — onde enfrentou ataques de todos os líderes rivais para criar um rico reino pecuário. Explorando astuciosamente os britânicos, ele se ofereceu como contrapeso aos africâneres e zulus, comprando rifles e contratando um missionário francês, Eugène Casalis, como *consigliere*.

Num reinado de cinquenta anos (terminou em 1870), Moshoeshoe derrotou britânicos, africâneres, zulus e ndebeles. Mais humanitário e construtivo do que Shaka, ele era "majestoso e benevolente. Seu perfil aquilino, os traços cheios e regulares, os olhos um pouco cansados causaram profunda impressão em mim", escreveu Casalis. "Senti de imediato que estava tratando com um homem superior, treinado para pensar, comandar os outros e, sobretudo, a si mesmo." Dessas guerras emergiu a forma atual do sul da África.[20]

Mais ao norte, um ex-general do rei Zwide e primo de Shaka, Zwangendaba, liderou seus ndwandwes numa trilha de mais de 1500 quilômetros, atravessando Moçambique e o Zimbábue ao longo de quinze anos. Depois que o rio Zambeze abriu suas águas para eles durante um eclipse, assentaram-se na atual Tanzânia, onde um sultão omani, Said, o Grande, empreendia suas conquistas para formar um império da Somália a Moçambique, do Quênia ao Paquistão.

Tudo isso começou com dois xeques árabes num duelo de adagas no deserto árabe.

Em 1832, Said bin Sultan, sultão de Omã, transferiu sua capital para a África, estabelecendo sua corte em Zanzibar, onde construiu um palácio, Bait al--Mtoni. Ele começara sua ascensão duas décadas antes, quando o pai fora assassinado; seu primo Badr foi nomeado regente, com o apoio dos sauditas. Em 1806, Said atraiu o regente à sua fortaleza no deserto, onde armou uma emboscada. Os dois príncipes travaram um duelo mortal — e o adolescente Said venceu. Quando Badr, sangrando, seguiu cambaleante para o deserto, os cameleiros de Said o decapitaram.

Depois de liquidar o primo, Said capturou Mascate, que, com a ajuda de seu pai, se tornara um dos entrepostos do oceano Índico, e então partiu para conquistar a costa suaíli da África. A família al-Said já era senhora de Zanzibar, que Said visitara quando criança. Ele construiu um império talassocrático, tomando Pemba em 1823. No golfo, capturou o Bahrain e o Qatar, mas não conseguiu mantê-los. Então, tomou os portos de Gwadar (Paquistão) e de Bandar Abbas e Ormuz (Irã). Em 1837, capturou Mombaça.

Mas havia um problema: a escravidão. Said vendia cativos a príncipes indianos e fazendeiros franceses nas ilhas de Reunião e Maurício, conservando alguns para suas próprias plantações de cravos. Os afro-omanis avançavam pelo interior da África, numa caça implacável a escravos e elefantes em torno dos lagos Tanganica e Vitória, chegando a Uganda e ao Congo. Em Kazeh (Tanzânia), os senhores escravagistas zanzibaritas viviam como sultões, com escravos e concubinas, governando seus próprios feudos congoleses. Em anos mais avançados do governo de Said, Tippu Tip, de vinte anos de idade, filho de uma aristocrata omani e de um suaíli, comandou um grupo de cem artilheiros no interior da África, iniciando sua carreira como líder guerreiro escravagista, mercador de cravos e, muito depois, participante ativo na partilha europeia da África.

Em 1820, percebendo que os britânicos desejavam segurança na Índia, o sultão Said negociou uma aliança com a Grã-Bretanha em troca de ser isentado da proibição de comerciar escravizados.

Os omanis também vendiam escravos a seu vizinho do norte, Mehmed Ali, que resgatara Omã das predações dos sauditas e agora estava decidido a conquistar seu próprio império africano. Em 1820, Mehmed enviou uma expedição comandada pelo filho Ismail, a fim de destruir o reino de Sennar e conquistar o Sudão. "Você sabe que o único objetivo de sua missão é pegar negros", ele disse a Ismail. "Os escravos, para nós, são mais valiosos do que joias."

Recebendo a corte reclinado em seu divã cairota, como "uma aranha na teia", o paxá Mehmed Ali cultivava uma aura de mistério, olhando fixamente os visitantes e falando em tom portentoso. "Os únicos livros que leio", dizia, "são os rostos dos homens." Dispondo de seu próprio prelo, negou-se a imprimir Maquiavel, comentando trocista que o italiano "não tinha nada a lhe ensinar". Comandava tudo, promovendo os filhos, mas decapitando qualquer oposição.[21]

Mehmed Ali fundou Cartum, no Sudão, para servir como sua base ao sul, e onde seus homens capturaram 30 mil cativos, dos quais dois terços morreram no trajeto para o norte, conduzidos "como um rebanho de ovelhas com distomatose". Seu impetuoso filho Ismail foi morto, mas as incursões egípcias agora estavam rendendo anualmente 10 mil escravos sudaneses. Todavia, Mehmed Ali, governante da Arábia, do Egito e do Sudão, cobiçava as novas tecnologias europeias, cultivando algodão e construindo moinhos para processá-lo — o primeiro Estado não europeu a ingressar na Revolução Industrial. Ele convidou oficiais franceses para treinar seu exército moderno, tomando Napoleão como modelo, ao mesmo tempo que cultivava relações especiais com a Paris bourbônica — onde Luís XVIII, inchado e cansado, tinha dificuldades para competir com a glória do ex-imperador, cuja lenda aumentava. Depois de Waterloo, Maria Luísa, a segunda esposa de Bonaparte, partiu com Neipperg para governar o ducado de Parma, onde, em segredo, concebeu filhos com ele, tendo no entanto recebido ordens de deixar o jovem filho Napoleão em Viena.

O menino recebeu um novo nome: outrora rei de Roma e Napoleão II, seu avô Francisco o renomeou como Napoleão Francisco, duque do Reichstadt.[22] Tendo verdadeira veneração pelo pai, ele ficou chocado ao saber da vida amorosa da mãe com Neipperg. "Se minha mãe fosse Josefina", disse a um amigo, "meu pai não estaria enterrado em Santa Helena e eu não estaria em Viena. Minha mãe é boa, mas fraca [...] não a esposa que meu pai merecia."

Napoleão Francisco treinou como soldado, mas seu avô e o chanceler Metternich temiam que ele se unisse aos bonapartistas na França ou em revoluções em outros lugares. Em 1814, o tsar Alexandre concebera uma aliança conservadora com a Áustria de Metternich e a Grã-Bretanha de Lord Liverpool para guiar a Europa com base em regras — uma versão autocrática do Conselho de Segurança da ONU —, a fim de sufocar o alastramento do espírito revolucionário. Ou, pelo menos, como disse Metternich, "os acontecimentos que não podem ser evitados devem ser direcionados".

Mas Metternich e seus aliados tiveram dificuldades para manter sua posição na Ibéria: um dos reis da península, João, estava no Rio de Janeiro, enquanto o outro, o inepto rei Fernando da Espanha, tentava restaurar o governo absolutista. Quinze anos antes, Fernando, então com dezesseis anos, disputara uma partida de tênis com um rapazote magrela de Caracas, Simón Bolívar, de dezessete anos, o qual, perdendo um ponto, atingiu a cabeça do príncipe das Astúrias. Mais tarde, Bolívar gabou-se: "Quem imaginaria que esse acidente era um prenúncio e que eu arrancaria a joia mais preciosa de sua coroa?". A joia era a América — e Bolívar, junto com dois monarcas haitianos e um príncipe português, iria libertar um continente e inaugurar uma nova era.

ATO XV

I BILHÃO

Os Bragança e os zulus, os albaneses, os daomeanos e os Vanderbilt

OS LIBERTADORES: BOLÍVAR E PEDRO

Por volta de 13 de outubro de 1822, no alto dos Andes, em Loja (Equador), um soldado febril, exausto e desidratado inspecionava suas tropas. Mais tarde, delirando, sonhou que escalava o vulcão de Chimborazo, "gigante da terra". Ao chegar ao topo, "desfaleci […]. Senti-me como que inflamado por um fogo estranho e sobrenatural. O Deus da Colômbia tinha se apossado de mim. De repente, o Tempo se pôs à minha frente".

"Sou o pai dos séculos!", disse o Deus.

"Ó Tempo", respondeu ele, "é certo que o mísero mortal que escalou essa altura deve perecer!"

"Não esconda os segredos que o Céu lhe revelou! Diga a verdade aos homens!"

O sujeito que sonhava e delirava não era nenhum pré-hippie andarilho, mas Simón Bolívar, de 39 anos, o presidente da extensa República da Grã-Colômbia que, na carreira mais extraordinária da época, havia libertado boa parte da América do Sul e agora se concentrava no Peru, no Equador e na Bolívia. Ele havia conquistado uma área de quase 3 milhões de quilômetros quadrados, maior do que a Europa, vencendo florestas, desertos e montanhas e libertando milhões de escravos. À exceção de figuras como Alexandre, Gengis ou Napoleão, poucos tinham alcançado tais triunfos, mas Bolívar era mais sensível, menos rude e mais estético do que os outros.

Nascido no luxo, Bolívar, com 1,67 metro de altura, esguio, com olhos ardentes e pernas magras, era exuberante, passional e com ilimitada confiança em si mesmo: fortalecera o físico a fim de poder fazer frente a vaqueiros calejados, certa vez montando a cavalo com as mãos amarradas atrás das costas e outra vez entrando a cavalo num rio com as duas mãos amarradas, a fim de demonstrar sua perícia: "Não pensem que esse tipo de coisa não é útil num líder". Renunciara à sua fortuna; vivia no lombo de um cavalo junto com os mais rudes *gauchos*. "O quê?!", exclamou um espanhol que queria ver o Libertador. "Aquele homenzinho [...] montado numa mula?"

Após cada vitória, Simón era cercado por admiradoras vestidas de branco para saudar o Libertador, conforme ele tomava cada cidade, e cada vitória era comemorada com um baile. "Há homens que, para pensar, precisam ficar sozinhos e longe do burburinho", dizia ele, mas "eu deliberava melhor quando estava no centro da festança, entre os prazeres de um baile". Nunca duvidou de seu destino. "Um homem forte desfere um único golpe", escreveu, grandiloquente, "e um império desaparece."

O pai de Bolívar, Juán Vicente, ficava extremamente indignado com a condução corrupta de seus senhores espanhóis. "Injustiça", sussurravam os coloniais, "significa Revolução."[1] Juán pediu a um amigo, o radical Francisco de Miranda, que encabeçasse uma revolução contra a Espanha, um empreendimento muito arriscado.[2]

Simón Bolívar perdeu os pais ainda novo, tornando-se um órfão muito rico, criado por uma escrava negra, Hipólita, educado por preceptores iluministas e brincando à solta com a criançada na rua. Ele "pensava em poucas coisas" afora libertar a América Latina: "Eu era fascinado pelas histórias dos heróis gregos e romanos", e "Washington despertou em mim a vontade de ser igual a ele". Muitos crioulos eram refreados pelo medo de uma guerra racial: 10% dos venezuelanos eram escravizados. Bolívar, porém, se orgulhava de uma linhagem que incluía uma jovem escravizada. "Nosso povo não tem nada a ver com os europeus ou os estadunidenses", ele refletia. "Somos mais uma mistura entre África e América."

Aos quinze anos, Bolívar foi para Madri e lá conheceu a rainha Luísa, porque seu amante mais recente era um venezuelano — foi nessa época que ele deu uma raquetada na cabeça do príncipe herdeiro. Depois de uma sucessão de casos amorosos, Bolívar se casou com uma jovem *mantuana* de Caracas, isto é, uma crioula branca da aristocracia colonial, porém a esposa logo morreu de febre amarela. Ela foi o amor de sua vida, "mas, se eu não tivesse enviuvado", ele escreveu, "jamais teria me tornado o general Bolívar, El Libertador. A morte cedo me levou à estrada da política, para seguir a carruagem de Marte".

Em 1807, a surra que o risível rei espanhol levou de Napoleão acabou com o medo necessário à sobrevivência dos impérios: os grandes nobres de Caracas formaram uma junta leal ao rei e enviaram Bolívar a Londres, onde, em vão, ele pediu o apoio do marquês Wellesley e conheceu seu herói já idoso, Miranda. A dupla somou forças, voltando para casa a fim de lançar a revolução, mas o gene-ralíssimo Miranda, agora com sessenta anos de idade, ofendeu a todos e foi ven-cido pelas manobras espanholas. Bolívar provavelmente traiu o eclipsado dita-dor, prendendo-o pouco antes da investida dos espanhóis. Miranda morreu numa prisão espanhola e Bolívar assumiu o comando de um exército rebelde.

Tal como os franceses no Haiti, os espanhóis procediam de forma diferente ao lutar nas colônias: massacraram 12 mil, esfolando os rebeldes e usando suas orelhas nos chapéus. "Espanhóis, contem com a morte", declarou Bolívar, "mes-mo que tenham sido indiferentes. Americanos: contem com a vida, mesmo que tenham sido culpados." Em agosto de 1813, ele tomou Caracas, mas os *llaneros*, os vaqueiros mestiços das planícies, apoiaram os europeus. A legião infernal do caudilho dos *llaneros* desbaratou os rebeldes. Bolívar fugiu de Caracas com a fa-mília, a amante e sua querida ama alforriada Hipólita. Executando mil espanhóis pelo caminho, ele foi para o Haiti, onde travou amizade com o presidente Pétion, o Papa Bon Coeur da revolução haitiana. "Pude perceber sua grandeza", disse Pétion, que exigiu apenas a libertação de todos os escravos.

"A ambição europeia impôs o jugo da escravidão sobre o resto do mundo", concordou Bolívar, que já era abolicionista, "e o resto do mundo se viu obrigado a reagir". Ele nunca esqueceu que "Pétion é o verdadeiro libertador".

Em dezembro de 1816, munido de armas haitianas, Bolívar voltou para a Venezuela. "Decreto a total liberdade de todos os escravos", ele declarou, come-çando por iniciativa própria uma guerra de eliminação, unindo exércitos de criou-los, ex-escravos, *llaneros* e mercenários britânicos numa campanha incansável contra a Espanha. El Libertador levou então a guerra a Nova Granada (Colôm-bia), vencendo em Boyacá montado em seu cavalo Palomo e capturando Bogotá.

Em junho de 1821, Bolívar venceu a batalha decisiva em Carabobo, que expulsou a Espanha de Caracas, e então foi eleito presidente de uma nova repú-blica chamada Grã-Colômbia. Exausto, tomado de preocupação, grisalho, ele admitiu: "Estou consumido pelo demônio da guerra, decidido a terminar a luta". E explicou: "Meu médico me disse muitas vezes que meu espírito se alimenta do perigo. É uma grande verdade. Quando Deus me trouxe à terra, trouxe também uma tempestade de revoluções para me servir de alimento. Sou o gênio da tem-pestade".

Na Espanha, o governo do rei Fernando fora minado por uma revolução. Agora o Libertador nascido na tempestade atravessava os cumes nevados dos An-des e as florestas tropicais para atacar os espanhóis no Peru. Passando com suas tropas pelas mesmas tribulações, ele derrotou os espanhóis em Bombona e contemplou o Chimborazo, enquanto outro libertador muito diferente declarava a independência do Brasil acometido por uma forte disenteria.

Esse outro libertador jamais conquistaria metade de um continente nem falaria com um deus no alto de um vulcão — e não era revolucionário nem abolicionista. Na verdade, era um príncipe bragantino, dono de milhares de escravos, e a libertação do Brasil foi totalmente diferente.

O príncipe Pedro era brincalhão e informal, gostava de cantar e tocar violão, e costumava usar chapéu de palha, calças brancas de algodão e jaqueta listrada. Tendo chegado ao Rio com nove anos, adorava a informalidade hedonista da cidade, papeava com os passantes nas ruas e entrava semidisfarçado em bares e bordéis; também tomou como amante uma atriz francesa. À diferença do pai, o rei João, Pedro adotara o gosto brasileiro pelo banho. Mas, embora se considerasse uma espécie de liberal, espancava os cativos e se esbaldava sexualmente com mulheres escravizadas, que muitas vezes via na rua e comprava.

João, que permanecera no Brasil, negociou o casamento do filho com uma habsbúrgica austríaca. O Kaiser Francisco já dera uma filha em casamento a Napoleão; agora, acedeu em casar uma irmã mais nova de Maria Luísa, Leopoldina, com vinte anos de idade, esbelta, de cabelos claros, alegre e atenciosa, com Pedro, um rapaz de dezenove anos não muito respeitável. Metternich ficou exasperado com as negociações — "Os portugueses são o povo mais lerdo do mundo!" —, e então com a própria arquiduquesa: "Nunca vi uma menina mais tola e mimada [...]. Se eu fosse seu pai, dava-lhe uma surra".

Leopoldina, muito chegada à irmã Maria Luísa, ficou empolgada com a aventura do Brasil, aprendendo português, estudando botânica e as obras do viajante naturalista Alexander von Humboldt, embora tivesse ideias romantizadas. "A Europa se tornou insuportável", ela escreveu, ao passo que os "selvagens" brasileiros eram "filhos da natureza ainda não corrompidos pelo luxo". Percebendo a "corrupção" do Brasil, ela declarou: "Vou me conduzir com todo o recato possível", evitando "qualquer literatura que excite a sensualidade".

Em novembro de 1817, quando ela chegou, provocando excitação popular, o rei João acabara de reprimir uma revolta em Pernambuco e de mandar embora a atriz francesa amante de Pedro. Após uma noite de núpcias em que foi despida pela sogra e pelas cunhadas, Leopoldina ficou chocada com a mesquinhez dos palácios, com o mau cheiro do sogro que não tomava banho e com a grosseria do marido.

Pedro praguejava a torto e a direito, fazia esboços pornográficos, detestava a mãe, a quem chamava de "vaca", urinava pelas sacadas do palácio, defecava à plena vista de suas tropas. "Estou fascinada pelo país", ela escreveu, bravamente. "Passo os dias fazendo música com meu marido." Mas, para a irmã Maria Luísa, admitiu: "Com toda a sinceridade, ele diz o que lhe passa pela cabeça com uma certa brutalidade; está acostumado a fazer o que bem entende", mas "me ama com ternura". E acrescentou, dirigindo-se à mulher que sobrevivera a Napoleão: "De fato você tem razão, a verdadeira felicidade não existe". O casal tinha atitudes diferentes em relação aos criados: "Ela era sempre muito bondosa quando passava por nós", relembrou um escravo da mansão campestre do casal. "Ele era arrogante, andava com uma bengala com castão de prata e nos espancava." Leopoldina vivia sempre grávida e deprimida.

Então, de repente, em 1820, estourou uma revolução em Portugal, que marcou o início de uma longa luta entre o liberalismo constitucional e o absolutismo monárquico, exacerbada pelas rixas entre os Bragança. O rei estava atormentado, até que por fim concordou em voltar a Lisboa, deixando Pedro, de 22 anos, como regente do Brasil. No Rio de Janeiro, as multidões clamavam: "Que o povo governe o Brasil!", e exigiam que João adotasse uma Constituição liberal, mas permanecesse na América. Pedro ordenou que os soldados atirassem contra as multidões. Em abril de 1821, ao partir para Lisboa depois de passar treze anos fora, João disse ao filho, um tanto bizarramente: "Pedro, se o Brasil se separar, antes seja por ti, que me hás de respeitar, do que para algum desses aventureiros". Estranhamente, a revolução brasileira era agora liderada por Pedro. Quando as multidões cariocas pediram que ele ficasse, Pedro declarou: "Digam ao povo que fico".

Em agosto de 1822, o regente Pedro visitou São Paulo. Ele andara vacilando entre a independência e a lealdade ao pai, escrevendo-lhe cartas afetuosas, dando-lhe notícias dos netos e gabando-se de suas proezas sexuais com as jovens cariocas. Suportando o comportamento bruto do marido, Leopoldina também o pressionou pela independência. Com essa ideia na cabeça, Pedro percorreu as províncias, granjeando apoio para si e para o governo, ao mesmo tempo se divertindo com as jovens fornecidas por seu secretário bajulador, Gomes da Silva, o Chalaça.

Perto de São Paulo, ele encontrou "por acaso" uma liteira carregada por dois escravos transportando Domitila de Castro, uma beldade casada com um grosseirão da província e irmã de um de seus cortesãos. Deslumbrado, Pedro apeou, teceu-lhe elogios e insistiu em carregar pessoalmente sua liteira.

"Como Sua Majestade é forte", disse Domitila.

"Nunca mais você será servida por negrinhos como este", disse ele.

Quando Pedro voltou ao Rio, Domitila se reuniu a ele no grande romance — egoísta, apaixonado, destrutivo — da história brasileira. A pressão política estava aumentando. Um dia, andando a cavalo, no instante em que sentia um espasmo de diarreia, ele recebeu uma carta: Portugal preparava-se para reconquistar o Brasil, enquanto os aristocratas brasileiros exigiam total independência. Não havia muita escolha, pois, se ele resistisse, enfrentaria a prisão. Entre espasmos de disenteria, às margens de um rio chamado Ipiranga, ele rasgou as cores de Portugal, atirou o chapéu ao chão, sacou da espada e gritou: "É tempo! Independência ou morte! Estamos separados de Portugal".

Em outubro de 1822, Pedro foi declarado imperador do Brasil. "De Portugal nada, nada; não queremos nada!", ele escreveu ao pai. "Triunfa e triunfará a independência brasílica, ou a morte nos há de custar." Em sua coroação, em 1º de dezembro, o imperador Pedro amalgamou motivos habsbúrgicos, bragantinos e ameríndios, usando uma túnica de seda verde, botas de esporas e uma murça feita de penas de galo-da-serra. Mas essa não foi a primeira monarquia americana.

A RAINHA MARIA LUÍSA DO HAITI E O GRÃO-SENHOR DO PARAGUAI: A EXPERIÊNCIA RACIAL DO DR. FRANCIA

No Haiti, o visionário rei Henrique ainda governava seu reino ao norte; no sul, o aliado de Bolívar, Alexandre Pétion, morreu, deixando o poder a seu aliado Boyer, filho de um alfaiate francês e de uma congolesa escravizada.

Em outubro de 1820, Boyer organizou um golpe contra Henrique. O rei, autocrático e impopular, teve um derrame no Palácio de Sans-Souci e no dia 8 de outubro matou-se com uma bala de ouro. Foi rapidamente enterrado em sua Citadelle. Seu herdeiro, o príncipe real Victor-Henri, de dezesseis anos, foi passado no fio da baioneta; o barão de Vastey foi apunhalado e então jogado dentro de um poço. Boyer, aconselhado pela amante, Marie-Madeleine Lachenais, uniu o norte e o sul, e a seguir anexou a Santo Domingo hispânica e acolheu 6 mil afro-americanos livres como colonos; mas a experiência não deu certo: logo 2 mil deles voltaram para casa.[3] A França, porém, ainda reivindicava o Haiti.

O Haiti não era o único novo Estado pioneiro numa sociedade pós-escravagista.

O Paraguai estava fazendo uma experiência racial única no continente, embora, ao final, com consequências catastróficas.

Em outubro de 1820, enquanto Bolívar conquistava o continente e o rei Henrique enfrentava o amotinamento no Haiti, um estudioso e frugal doutor em teologia, José Gaspar de Francia, que se tornara primeiro professor e depois advogado, descobriu um complô para assassiná-lo. Com 54 anos de idade, pouco tempo antes ele havia se declarado ditador supremo de um novo Estado chamado Paraguai, ordenando que sua polícia secreta, os *pyraguës* ("pés peludos"), prendesse todos os conspiradores e praticamente qualquer um que tivesse instrução ou houvesse desempenhado algum papel político. Eles seriam torturados na Câmara da Verdade e então executados. Como Francia se orgulhava de sua parcimônia, cada executor poderia usar apenas uma bala. Ele assistiu às execuções sentado num tamborete sob uma laranjeira do lado de fora do palácio. Abaixo das listas de morte, escreveu sem ironia: "Pax Francia".

Austero, metódico, solene, de olhos negros penetrantes e desconfiados, em geral trajando seu uniforme oficial, com casaco azul rendado, colete, calções e meias brancas, o doutor morava em seu palácio, um pequeno bangalô, apenas com a irmã viúva, duas criadas mestiças (ocasionais amantes), um jovem valete e barbeiro negro, um médico crioulo e três guardas guaranis, pessoas de confiança que de vez em quando eram acusadas de traição e executadas.

Francia era praticamente o único responsável pelo Paraguai, nome derivado de uma tribo ameríndia, os paiaguás, que tinham resistido aos primeiros conquistadores. O remoto território, chamado pelos espanhóis de Província Gigante das Índias, era um remanso onde uma minúscula elite de crioulos semi-instruídos (Francia era um dos dois únicos doutores universitários de todo o país) administravam fazendas no sistema de *encomiendas*, trabalhadas por escravos africanos e guaranis. Governada por vice-reis espanhóis no distante Río de la Plata (Argentina), sua capital Asunción tinha apenas 3500 crioulos e 1500 negros. Embora a nova república contasse com a riqueza do tabaco, sua próspera tranquilidade era ameaçada por tribos indígenas, rebeliões escravas e avanços portugueses do Brasil.

El Supremo governava a nação com apenas um ministro, observando as estrelas com astrolábios, estudando e fazendo esboços botânicos, fumando charuto e sorvendo com um canudinho a requintada especialidade local, uma estimulante infusão de *yerba mate*.[4]

Os crioulos eram altamente miscigenados com os guaranis, mas defendiam sua superioridade racial com suscetível arrogância. Ao ingressar na vida pública, por meio de um concurso para a cátedra de teologia no seminário, Francia, filho de um oficial e cruel administrador de fazendas crioulo, foi acusado de ser mestiço, mas insistiu em sua *limpieza de sangre*. Após a derrubada do governo espanhol em Buenos Aires, os paraguaios declararam a independência e Francia subiu ao poder graças a um astuto jogo de influências, e periódicas renúncias e retiradas para sua pequena *chacra* (chácara). Em 1813, foi eleito cônsul-adjunto, montando a primeira divisão militar sob seu comando; então, manobrando e vencendo os rivais, foi eleito ditador perpétuo em junho de 1816. Os guaranis foram incentivados a chamá-lo de *Karaí-Guazú* ("grão-senhor").

Administrando tudo de perto, de maneira obsessiva, ele estava decidido a criar um Estado rousseauniano de igualdade racial e virtude nacional. Controlava o comércio de cana-de-açúcar, tabaco, charuto e erva-mate, que financiava seu novo exército, e resolveu criar uma legislação para solucionar a questão das castas raciais e pôr fim à supremacia branca. Assim, proibiu todos os crioulos e *peninsulares* (reinóis) de se casarem com brancos: eles tiveram ordens de desposar apenas pessoas de cor ou ameríndias. Impondo rigorosamente a lei, Francia supervisionava todos os casamentos, encerrando dessa forma séculos de governo racial espanhol e gerando uma nova nação paraguaia miscigenada. A escravidão foi abolida, embora o trabalho imposto por Francia nas fazendas não fosse muito diferente.

A experiência sociológica criou a nação mais ordeira da América do Sul, que persistiria sob uma quase monarquia por sessenta anos de paz. Francia se regozijava com a desordem no resto do continente e dizia: "Minha política para o Paraguai [era] um sistema de não intercurso com outras províncias da América do Sul", para evitar a "contaminação daquele sórdido e incansável espírito de anarquia e revolução que tem desolado e desgraçado todas elas".

MANUELA, O LIBERTADOR E O REI DO ALGODÃO

No Peru, o outro Libertador, Bolívar, observava o avanço de um chefe guerreiro rival. José de San Martín, comandante do Exército dos Andes, enviado pelos governantes do Rio da Prata, libertara o Chile e entrara no Peru, mas ficara sem suprimentos. Em julho de 1822, num espinhoso encontro de titãs, Bolívar o superou. No alto dos Andes, ele derrotou os espanhóis e então se apaixonou como nunca antes.

Entrando em Quito (Equador), o Libertador ergueu o olhar para uma varanda e viu uma jovem, Manuela Sáenz, assistindo à sua chegada. Pouco depois, encontraram-se num baile. Manuela, filha ilegítima de um aristocrata, casada com um insípido mercador inglês, bela e cheia de vitalidade, uniu sua vida à dele. Lutava junto com Bolívar nas batalhas: "Se meus soldados tivessem sua pontaria", disse ele, promovendo-a a coronel, "teríamos derrotado a Espanha muito tempo atrás". Mas Manuela, que atuava como sua secretária, deixava-o furioso com suas aventuras eróticas com amantes mulheres, que incluíam suas duas criadas, ex-escravas negras que vestia como mamelucas. Sua vitalidade passional o esgotava. "Quero atender, linda Manuela, a suas demandas de amor", ele pedia. "Tenho uma paixão louca por você", mas "dê-me tempo". Em agosto de 1824, liderando seus homens nas montanhas, Bolívar expulsou os espanhóis e foi eleito ditador do Peru e presidente de um novo país que recebeu seu nome: a Bolívia. Mas o Peru "contém dois elementos que são a desgraça de toda sociedade justa e livre", disse Bolívar, "o ouro e os escravos. O primeiro corrompe tudo o que toca; o segundo é corrupto em si mesmo".

O que ele falava, na verdade, podia se aplicar a toda a América.

Em 9 de fevereiro de 1825, o presidente americano James Monroe, em final de mandato, compareceu a um jantar com seu sucessor, o presidente eleito John Quincy Adams — filho do segundo presidente —, e o rival derrotado, um rude general de fronteira chamado Andrew Jackson, em homenagem a um visitante, o marquês de Lafayette; durante o jantar, brindaram a Bolívar como o "Washington da América do Sul". Mas seus brindes à liberdade americana mal disfarçavam as crescentes tensões entre o espírito de conquista continental, a missão cristã e a instituição da escravidão, de um lado, e, do outro, os valores liberais da democracia americana.

Os abolicionistas dos estados do Norte tentavam impedir que os proprietários de escravizados do Sul estendessem a escravidão para os novos estados. Entre 1820 e 1830, a produção algodoeira no Sul dobrou, exigindo mais mão de obra. O comércio escravo fora proibido, o que significava que o sistema anterior, de matar a mão de obra escrava por excesso de trabalho e então substituí-la por novas peças, tornara-se inviável; os escravos agora viviam por mais tempo e tinham filhos, o que reduzia a urgência e a premência do tráfico. Mas as crueldades continuaram atrozes: nesse mesmo período, 875 mil escravos foram "vendidos rio abaixo" (o Mississippi), transportados em vapores ou acorrentados em filas e obrigados a marchar a pé, para trabalhar nos algodoais. As libertações alcançadas por Bolívar e Dessalines, porém, inspiravam os negros americanos. Os senhores escravocratas do Sul se apresentavam como uma aristocracia majestosa em mansões com grandiosas colunas, mas essa elegância era apenas aparente, fundada na violência racial — as rebeliões eram selvagemente esmagadas. Ao mesmo tempo, a cultura de propriedade sobre seres humanos enfraquecia a ética do trabalho; esses senhores nunca investiam na industriosidade, e, assim, a sociedade escravocrata trazia os germes de sua própria derrota.

Em 1820, negociou-se um acordo pelo qual o Maine, como estado não escravagista, e o Missouri, como estado escravagista, ingressaram na União. "Agarramos o lobo pelas orelhas e não podemos segurá-lo nem o soltar com segurança", ponderou Jefferson.[5] "A justiça está num prato da balança e a autopreservação no outro." O acordo, "como um alarme de incêndio na noite, me acordou e me encheu de terror. Tomei-o na hora como o dobre de finados da União [...], de fato guardei silêncio por ora, mas é apenas um adiamento".

Lafayette foi ao Monticello para ver Jefferson, e os dois, ao se abraçarem, caíram em lágrimas. Jefferson levou Lafayette para conhecer sua Universidade da Virgínia, que concebera como um convite para que os jovens viessem "beber do cálice do conhecimento". No entanto, a reforma do Palácio Monticello e a construção de seu campus universitário haviam sido realizadas por escravizados, o que deixou Lafayette um tanto desconfortável. Em 4 de julho de 1826, aos 83 anos, Jefferson morreu, alforriando em testamento Madison e Eston, seus dois filhos mais novos com Sally (os dois mais velhos já tinham deixado o Monticello), mas não Sally, e deixando dívidas no montante descomunal de 100 mil dólares, que levaram não só à venda do palácio, mas também ao trágico leilão de seus escravos, e, com isso, à fragmentação de suas famílias. Patsy, filha de Jefferson, permitiu que Sally morasse em Charlottesville com Madison e Eston até sua morte. Os dois filhos mais velhos de Jefferson e Sally se identificavam como brancos, os mais novos como negros, e desapareceram dentro dessas duas comunidades.

Era o fim de certo tipo de América. Mas Lafayette também visitou um tipo muito diferente de herói — o general Jackson, em sua fazenda em Hermitage, no Tennessee. Ele representava a arrogante agressividade da fronteira e o domínio do Rei do Algodão, que enviava suas safras para a Algodópolis da Grã-Bretanha.

O espírito da liberdade estava no estrangeiro. Mesmo a próspera e vitoriosa Grã-Bretanha parecia próxima do turbilhão: os protestos fermentavam; em Yorkshire e Shropshire planejavam-se rebeliões armadas; conspiradores concebiam atrocidades terroristas.

OS ROMÂNTICOS E A NAÇÃO MODERNA: A AVENTURA GREGA
DE LORD BYRON E A SINFONIA N. 9 DE BEETHOVEN

Lord Liverpool temia uma revolução britânica. A Grã-Bretanha estava longe de ser uma democracia: cerca de 400 mil homens, uma pequena proporção da população masculina, tinham direito ao voto. Os nobres possuíam *"rotten boroughs"*, minúsculos distritos eleitorais, com pouquíssimos votantes, que elegiam parlamentares: segundo uma estimativa, entre os 515 parlamentares, 351 eram escolhidos apenas por 177 nobres. Um típico eleitorado *"rotten"*, Higham Ferrers, de propriedade do conde Fitzwilliam, tinha apenas um votante, mas ainda assim enviou um representante ao Parlamento.

O movimento pela reforma era impulsionado pelo crescimento das cidades industriais. Manchester era a Algodópolis e uma distópica "chaminé do mundo". Todas as invenções humanas podem melhorar a vida e, ao mesmo tempo, pôr em risco a humanidade e o meio ambiente: as fábricas criaram um novo meio ambiente para uma nova classe trabalhadora, um mundo duro, cruel e enfumaçado de "sombrias usinas satânicas". Como disse mais tarde um visitante: "Patifes ricos, malandros pobres, prostitutas e maltrapilhos bêbados formam a moral; a fuligem, que a chuva converte numa pasta, formam o corpo, e a única vista é uma chaminé comprida: que lugar! É a materialização da entrada do inferno".[6]

Em Manchester, em 16 de agosto de 1819, uma multidão de 60 mil pessoas reivindicou a reforma do direito de voto. A cavalaria investiu contra os manifestantes, matando dezoito e ferindo mais de quatrocentos — no chamado Massacre de Peterloo (somente na Grã-Bretanha, dezoito mortes seriam consideradas um "massacre" e comparadas a Waterloo) —, o que desencadeou novos protestos. A fim de sufocar a propaganda radical, Lord Liverpool fechou o cerco com suas Seis Leis, que em fevereiro de 1820 provocaram uma conspiração para matar e decapitar o primeiro-ministro e o príncipe regente. Os treze conspiradores foram traídos por espiões das forças de segurança e presos numa batida polícia da época, os Bow Street Runners. Cinco conspiradores, entre os quais William Davidson, filho de um fazendeiro britânico na Jamaica e uma negra, foram enforcados e, a seguir, decapitados. A Grã-Bretanha resistia, mas a pressão por reformas estava se tornando irrefreável. Na Europa, Metternich e aliados encontravam dificuldades para reprimir o crescimento de um espírito de liberdade e de um sentimento nacional que se combinaram no empolgante e reflexivo movimento dos românticos.

Em 6 de março de 1821, um oficial grego do exército russo, o príncipe Alexander Ypsilantis, chefe de uma organização secreta grega, a Filiki Eteria, atravessou a fronteira da Kishinev russa e entrou na Iaşi otomana, anunciando uma revolução grega. "Chegou a hora", ele escreveu. "Os povos esclarecidos da Europa aguardam ansiosamente a liberdade dos helenos." Nos meses seguintes, cidadãos de todo o mundo grego, que, além da Grécia continental, abrangia Fanar, em Constantinopla, e a Moldávia e a Valáquia, se rebelaram contra o sultão otomano.[7] O sultão apertou o cerco: os fanariotas foram publicamente decapitados, o patriarca ortodoxo enforcado em seu próprio portão, os gregos desbaratados e massacrados. Mas, na Grécia propriamente dita, um grupo misto de bandoleiros cleftes e príncipes fanariotas continuava a lutar — um incentivo à revolução romântica. Mil filelenos acorreram para lutar pela Grécia — destacando-se entre eles um escandaloso poeta romântico.

Lord Byron, manco, de cabelo crespo, celebridade poética, descrito por uma de suas amantes como "louco, malvado e perigoso", encantara os românticos com sua epopeia das aventuras de um jovem desenfreado, Childe Harold, e escandalizara os burgueses britânicos com seus casos com garotos e garotas, culminando, ao que se dizia, na sedução de sua meia-irmã. Na gritaria que se seguiu, ele deixou o país e foi apoiar os radicais italianos na Itália, onde viveu o sonho dos românticos, definindo o ser humano como "Metade pó, metade deidade, incapaz/ De pousar ou se alçar". Ele detestava Metternich e Lord Liverpool.[8] Se a poesia era de Byron, a música era de Beethoven, cujo gênio surdo, semilouco e desgrenhado personificava o tempestuoso romantismo. Em maio de 1824, ele estreou sua *Sinfonia n. 9*, uma celebração da liberdade, usando a "Ode à alegria" de Schiller, que só podia ser uma crítica ao sistema de Metternich. "Todos os homens serão irmãos!"[9]

Em agosto de 1823, Byron, de 35 anos, chegou a Cefalônia, na Grécia. No começo do ano seguinte, no continente, acompanhado por sua pequena Brigada Byron, assumiu o comando conjunto das forças gregas, ao mesmo tempo apaixonando-se ardorosamente por seu pajem. O herói romântico estava planejando um ataque contra Lepanto quando morreu nada romanticamente de disenteria. A rebelião se intensificou, observada com alarme pelo sultão otomano e com preocupação por Metternich, Lord Liverpool e o novo tsar russo, Nicolau I, irmão de Alexandre. Em sua sucessão, em dezembro de 1825, Nicolau — um mandachuva bem-apessoado de olhos cinzentos, muito autoritário e grandiloquente — enfrentou um golpe de oficiais liberais. Naquele momento, a Rússia poderia ter tomado outro rumo. Em vez disso, Nicolau esmagou o golpe com a artilharia e a forca. Não desejando correr riscos em casa, ele criou a primeira polícia política russa, os Gendarmes, e a polícia secreta, a Terceira Seção de sua chancelaria pessoal, que no início tinha apenas 416 empregados. Esses departamentos encobertos passaram cada vez mais a ser não só instrumentos do poder de Estado, mas também a representação de sua temível aura mística.

Começando com Alexandre e continuando com Nicolau, a família Románov venceu as probabilidades biológicas e gerou quatro imperadores competentes e conscienciosos em sequência. Desprezando as tagarelices do Parlamento britânico, abominando as ideias liberais, desdenhando seus milhões de judeus, Nicolau, portando a tocha da autocracia, do nacionalismo e da ortodoxia russos, abraçou um senso de missão imperial. Usando seu total comando para vencer as democracias ocidentais incoerentes, era um hábil participante do Jogo Mundial, esmagando uma rebelião polonesa em 1830, retomando o Cáucaso da Pérsia, travando uma longa guerra contra os jihadistas tchetchenos e conspirando para tomar Constantinopla.

Ele teve sua primeira chance quando o sultão Mahmud II recrutou o dinâmico governante egípcio Mehmed Ali para esmagar os rebeldes gregos. Mehmed, então, enviou seu talentoso filho Ibrahim, o Vermelho — assim chamado por causa de sua barba e de sua ferocidade —, para a Grécia, onde massacrou sistematicamente os insurgentes, acabando com a rebelião. Os gregos recorreram aos russos, aos franceses e aos britânicos, que, por razões diferentes, agora lhes deram apoio.

Nicolau, o paladino ortodoxo, via os gregos como uma maneira de esmagar os otomanos; na Grã-Bretanha, o Parlamento era dominado por George Canning, o calvo, irritável e brilhante filho de um vinhateiro anglo-irlandês empobrecido e de uma atriz, que hesitava sobre a reforma no país, mas via boas oportunidades para a Grã-Bretanha nas novas nações estrangeiras — da Grã-Colômbia à Grécia. "Nossa política externa não pode ser conduzida contra a vontade da nação", disse ele. Na Grécia, ele somou forças com Nicolau, enviando frotas para proteger os gregos. Mehmed Ali aconselhou cautela ao sultão, mas não foi ouvido.

Em Navarino, em 20 de outubro de 1827, a frota anglo-franco-russa afundou a frota egípcio-otomana — e Ibrahim voltou para o Egito. Mehmed ficou indignado com a loucura otomana. Canning e Nicolau agora apoiavam um novo país — a Grécia — que constituía um novo tipo de Estado, formado pela autodeterminação, aspirando a recriar uma história, uma língua e uma nação antigas. Foi o primeiro de muitos que, ao longo do século seguinte, se relançaram a partir dos impérios dinásticos. Uma nova maneira de imaginar a política que veio a se tornar a única.

Canning celebrou as novas nações de Bolívar. "A América espanhola está livre", disse, reconhecendo a Grã-Colômbia de Bolívar. E acrescentou, melodramático: "Eu trouxe o Novo Mundo à existência para corrigir o equilíbrio do Velho".

Bolívar vencera a guerra, mas tinha dificuldade em controlar a paz.

VOCÊS ESTÃO APUNHALANDO A MIM, REI DO MUNDO? BOLÍVAR E SHAKA

Em 1828, Bolívar, inspirado pelos Estados Unidos e pela Grã-Bretanha a conceber uma forma de se livrar da "anarquia", realizou um congresso em Ocaña a fim de aprovar uma Constituição para a Grã-Colômbia, mas, quando o encontro terminou, impôs seu próprio Decreto Orgânico, declarando-se presidente vitalício com direito a nomear o sucessor. Doente e cadavérico, Bolívar tinha dificuldade em controlar seu enorme Estado. Sua amante Manuela recusou-se a voltar para o marido inglês e se juntou a ele, escandalizando a sociedade com seu poder (foi apelidada de La Presidenta), dançando e saracoteando enquanto Bolívar sonhava com mais conquistas. Tomando o poder em Bogotá, ele foi declarado Libertador-presidente. "A república estará perdida", declarou, "se não me der a mais completa autoridade." Para seu horror, porém, agora odiavam-no como um tirano.

Enquanto os inimigos de Bolívar na América do Sul planejavam matá-lo, no sul da África havia assassinos no encalço de Shaka.

Em 22 de setembro de 1828, Shaka estava sentado numa esteira na frente de sua casa em KwaDuzuka, admirando seus rebanhos e recebendo delegações, servido por suas mulheres *isigodlo*, quando seus meios-irmãos Dingane e Mhlangana apareceram de repente, com lanças escondidas sob os mantos. Shaka estabelecera seu reino usando novas táticas militares e um terror imprevisível, mas sua tia Mnkabayi, a fazedora de reis, chocada com o matricídio neroniano perpetrado pelo sobrinho, agora considerava-o um "louco" que tinha de ser eliminado.

Mbopha, o guarda-costas de Shaka, distraiu a atenção do rei dispersando a multidão. O rei observava divertido enquanto Mbopha voltava para retomar sua posição atrás dele. Mas então, enquanto os irmãos se aproximavam, Mbopha golpeou as costas de Shaka com a lança; o príncipe Mhlangana se juntou a ele, mas Dingane, temendo ser tachado de regicida, se conteve. "O que está havendo com os filhos de meu pai?", gritou Shaka. "Vocês estão apunhalando a *mim*, rei do mundo? Vão acabar matando-se um ao outro." Mhlangana saltou por cima do corpo para tomar o trono. A multidão observava perplexa. Os assassinos se juntaram a fim de ouvir a balada sagrada e sacrificar um boi preto para homenagear as proezas dos ancestrais e render graças a Senzangakona — e purificar os assassinos contra a feitiçaria.

Shaka foi enterrado sentado com um pedaço da nádega na boca a fim de eliminar a raiva de seu espírito; dez cortesãos e mulheres foram sacrificados junto com ele. Os assassinos proibiram o luto pelo "louco", e então, enquanto Mbopha se incumbia do reino, a família zulu se reuniu para escolher o novo *nkosi*. Dingane era estimado entre o exército, mas Mhlangana havia matado Shaka e saltado sobre o cadáver. Vestida como homem, envolta em mantos feitos com caudas de macacos-azuis e um cocar de penas, brandindo um feixe de lanças e um escudo de guerra, a Grande Aliá Mnkabayi, que fizera Shaka rei e então concordara com seu assassinato, acusou o sobrinho, que se tornara chefe apenas por conta de "uma força insana". Ela decidiu que "aquele com a azagaia ensanguentada" — Mhlangana — "não reinará" e nomeou Dingane, que se intitulou o Mediador. A Aliá ordenou a morte de Mhlangana. Dingane convidou o irmão para nadar no rio, onde o grupo armado da Grande Aliá o emboscou.

De físico robusto e bem-apessoado, com uma pequena barba, ágil na dança e na guerra, Dingane, de quarenta anos, executou Mbopha, oitenta comandantes e todos os seus irmãos, à exceção de um, e então esmagou a oposição tsonga no sul de Moçambique, bem como os ndebeles e os suázis. Quanto aos europeus em Lourenço Marques e em Port Natal, renomeada Durban a partir do governador britânico do Cabo, Sir Benjamin D'Urban, ele enviou impis (regimentos zulus) para puni-los, enquanto persuadia caçadores brancos a instruir alguns de seus homens no uso de rifles.

Shaka havia morrido, mas em Bogotá, três dias depois, os assassinos no encalço de Bolívar se depararam com uma força da natureza: Manuela.

Na madrugada de 25 de setembro de 1828, um pelotão de ataque invadiu o palácio. Despertando, Manuela defendeu a porta, e, quando Bolívar se preparava para lutar, mandou-o fugir. Bolívar pulou pela janela; Manuela manteve os assassinos à distância. Frustrados, eles a espancaram enquanto El Libertador se escondia debaixo de uma ponte. Bolívar agradeceu Manuela, Libertadora do Libertador, mas a humilhação esfacelara o Gênio da Tempestade, cujo Estado agora se desfazia à medida que o Peru, a Bolívia, o Equador, a Venezuela e a Colômbia se tornavam independentes. Bolívar, como a Grã-Colômbia, estava morrendo.

Em janeiro de 1830, aos 47 anos, Bolívar encarou a realidade: "Colombianos! Hoje deixo de governá-los [...]. Juro que nunca, jamais, meus pensamentos foram maculados pelo desejo de reinar". Definhando como um cadáver, ele se retirou para La Quinta, sua casa nos arredores de Cartagena, e falou tropeçando nas palavras: "Como vou sair deste labirinto?".

Não havia saída.

REVOLUÇÃO: PEDRO E DOMITILA

Bolívar morreu proferindo uma praga: "A América é ingovernável [...]. Quem serve uma revolução está apenas lavrando o mar [...]. Este país cairá infalivelmente nas mãos da multidão desenfreada, para depois passar a tiranetes quase insignificantes de todas as cores e raças".

Assim como Bolívar estava perdendo o controle da Colômbia, Metternich estava perdendo o controle da França, o estopim da revolução. "Quando Paris tosse", disse ele, "a Europa pega um resfriado."

Em 30 de julho de 1830, a revolução voltou às ruas de Paris. Carlos x, o último irmão de Luís xvi, com o auxílio de seu ministro, o duque de Polignac, filho da melhor amiga de Maria Antonieta, atacou os liberais na Assembleia, enfrentando a oposição de Lafayette — agora com setenta anos e de volta à França depois de receber uma fortuna de 200 mil dólares votada pelo Congresso americano. Desde o começo do reinado, Carlos estava decidido a promover o absolutismo no país e no império. Em 17 de abril de 1825, ele enviou catorze navios de guerra a fim de obrigar o Haiti a pagar uma indenização à França pela perda de seus escravos e pelo massacre de 1804 — em troca de seu reconhecimento. O presidente Boyer foi chantageado a pagar 150 milhões de francos, mas, para isso, teve de tomar um empréstimo com um banco francês. A soma foi enviada em dinheiro vivo para a França. A dupla dívida empobreceu o Haiti.[10]

Enquanto a oposição fervilhava, Carlos procurou um diversionismo napoleônico numa conquista africana: ela começou como uma farsa, mas, no século xx, quase destruiria a própria França. Quando um governante de Argel tocou num enviado francês com seu espanador de moscas, Carlos utilizou esse episódio de ópera bufa como um pretexto para invadir o Estado berbere, no início do que viria a se tornar o maior império da África. Em 5 de julho de 1830, as tropas francesas capturaram Argel. No dia 9, no Palácio de Saint-Cloud, Carlos anunciou que agora governaria por *ordinance*, e, no dia 25, quando começaram os problemas em Paris, acabou com a liberdade de imprensa, dissolveu a Assembleia e cancelou o direito de voto. Dois dias depois, os jornais desafiaram o rei, lançando a primeira revolução dos meios de comunicação. As multidões ergueram barricadas nas ruas de Paris, gritando: *"À la guillotine!"*. O combate se espalhou; no dia 29, a turba invadiu as Tulherias. Enquanto Lafayette corria para o centro da cidade e assumia o comando da Guarda Nacional, Carlos abdicou. A Assembleia convidou Lafayette a assumir o governo; em vez disso, ele propôs o sobrinho liberal do monarca, Luís Filipe, como rei dos franceses.

O pai de Luís Filipe, Filipe Igualdade, havia sido guilhotinado; já o filho combatera pessoalmente os austríacos e então debandara da revolução, viajando pela Europa e pelos Estados Unidos, hospedando-se com George Washington, ensinando geografia numa escola germânica e matemática numa escola inglesa, antes de voltar à França com os primos Bourbon.[11] O duque de Orléans era um homem franco, despretensioso e pouco régio, de quem Talleyrand dizia, com sarcasmo: "Não basta ser alguém — é preciso ser alguma coisa". Mas o rei levara uma vida impressionante, e mesmo a sobrinha-amante de Talleyrand, Dorothea de Dino, dizia: "Não há conversa mais interessante do que a do rei". Porém ele fazia o papel de rei-cidadão, evitando manter uma corte, enquanto seu amigo James de Rothschild financiava o regime e lhe dava apoio, desencorajando guerras. Rothschild também financiou as primeiras ferrovias, e inaugurou seus Chemins de Fer du Nord levando 1700 parisienses para almoçar em Lille e jantar em Bruxelas.

James recebia na antiga mansão de Talleyrand em Paris, com jantares preparados por Carême, um *chef de bouche*, filósofo da *haute cuisine* que servira Talleyrand, Alexandre I e Jorge IV. O banqueiro comemorava as vitórias de seus cavalos de corrida com vinhos Lafitte de fabricação própria. Espirituoso, cáustico e sempre atento, tinha um casamento feliz com Betty, sua bela sobrinha vienense, que contratou Chopin para dar aulas de piano aos cinco filhos, mantinha um salão quase régio e era amiga da rainha Maria Amélia. Em 1836, quando o irmão Nathan morreu, James tornou-se o líder da família. Ainda falava francês com um sotaque germânico carregado, e, quando sua sobrinha londrina se casou fora do credo judaico, insistiu que ela fosse ostracizada. Ainda assim, ele personificava um novo mundo capitalista interconectado. Recebia em seu salão não só príncipes, mas também Honoré de Balzac, o exuberante romancista que observava os personagens de alta e baixa extração, sobrevivendo no novo reino da indústria e do dinheiro. O pai de Balzac ascendera de menino campônio a secretário da realeza, tornando-se depois um organizador revolucionário e ensaísta idiossincrático, e casando-se apenas aos 53 anos de idade com a bela filha de um lojista abastado que seria a mãe de Balzac.

Após um estágio numa firma de advocacia,[12] Balzac empreendeu uma busca quixotesca de fortuna em múltiplos campos, desde a publicação de livros a aterros de escória na Sardenha e silvicultura ucraniana, incapaz de resistir a uma *"bonne spéculation"*.

Seu primeiro best-seller, *Eugênia Grandet*, retratava uma filha oprimida pela avareza do pai, um rico agricultor; então, em *O pai Goriot*, ele apresentou Rastignac, um jovem da província tentando a vida numa turbulenta Paris: "as ruas de Paris possuem qualidades humanas". Paris era sempre um personagem — "a cidade de 100 mil romances, a cabeça do mundo".

Os romances de Balzac, *"faits pour tout le monde"*, escritos para todos e sobre todos, renderam-lhe, tal como a Dumas, uma grande fortuna. Ele vivia como pensava que um escritor parisiense deveria viver, tendo casos com duquesas e cortesãs, passando a noite a escrever, tornando-se obeso, sem fôlego, envenenando-se pouco a pouco com enormes doses de café (um alerta a todos os escritores). Mas também era um romântico, apaixonando-se por uma condessa polonesa que só conhecia por cartas assinadas *L'Étrangère*.

Balzac tomava empréstimos de James de Rothschild, mas talvez se ressentisse do poder do banqueiro, tendo retribuído sua ajuda com um personagem, o barão de Nuncingen, que guardava semelhanças com James. "O segredo das grandes fortunas sem causa aparente", escreveu Balzac em *O pai Goriot*, definindo uma regra do capitalismo moderno, "é um crime esquecido, porque foi cometido de maneira adequada." Balzac era fascinado por todos os tipos sociais — que analisava em seus romances realistas, que chamou de "Études des Moeurs" —, pessoas "que não acreditam em mais nada, a não ser no dinheiro". Mas era através da família que esse dínamo incansável seguia os fios da trama.

Depois de Paris, a revolução se espalhou para a Itália dos Habsburgo, a Polônia dos Románov, a Holanda e, em abril de 1831, o Brasil dos Bragança. Em 1824, o imperador Pedro recebera a prerrogativa — o Poder Moderador — de supervisionar uma assembleia eleita por um amplo eleitorado de homens brancos numa Constituição híbrida. Pouco tempo depois, em dezembro de 1825, sua maltratada imperatriz habsbúrgica Leopoldina deu à luz um filho, Pedro, duque de Bragança. Mas Pedro também exibia sua devoção por Domitila, agora elevada a marquesa de Santos, que acabava de dar à luz uma filha, Isabel, reconhecida pelo imperador como duquesa de Goiás.

Loucamente apaixonado por Domitila, ele impôs a amante à esposa deprimida, que, agora odiando a "pavorosa América", escreveu à irmã Maria Luísa sobre o "bárbaro" Pedro: "Ele acaba de provar sua negligência para comigo, destratando-me na presença daquela que é a causa de todas as minhas aflições". A imperatriz estava novamente grávida. Em dezembro de 1826, quando o marido estava fora, combatendo uma rebelião no sul, Leopoldina sofreu um aborto; enfraquecida pelos eméticos e laxativos, acabou morrendo. Pedro ficou horrorizado com seu próprio comportamento, perseguido pelo fantasma da falecida. Até saltou da cama que dividia com Domitila: "Afaste-se de mim! Sei que levo uma vida indigna. A lembrança da imperatriz não me abandona". E lamentava o filho

Pedro: "Pobre menino, você é o príncipe mais infeliz do mundo". O imperador decidiu se casar novamente.

Não era fácil — sua crueldade e promiscuidade eram notórias no Brasil e na Europa. Ele chegou a uma solução de compromisso, escolhendo a princesa Amélia, de dezessete anos de idade, filha do príncipe Eugênio, filho de Josefina. Assim, a primeira esposa de Pedro era uma Habsburgo, e a segunda uma Bonaparte. Ele se tornou um marido fiel. Enquanto isso, lutava para estabilizar o Brasil. Primeiro, derrotou a Confederação do Equador no norte, depois conduziu uma guerra no sul: em 1825, a distante província brasileira da Banda Oriental se rebelou, encorajada pelas Províncias Unidas do Rio da Prata. Pedro combateu os argentinos por terra e mar em pequenas escaramuças (as duas frotas no rio da Prata, a argentina e a brasileira, eram comandadas por mercenários britânicos). Então seu pai, João VI, morreu, tornando-o rei de Portugal. Mas ele renunciou ao trono lusitano em favor da filha pequena, Maria II, que, com a característica indiferença das dinastias, foi enviada a Portugal. Porém a guerra no sul do Brasil falhou, e ele perdeu parte da província, que se tornou o Uruguai.

Odiado pela crueldade conjugal, desafiado pela Assembleia liberal, enfrentando a rebelião dos cariocas, que gritavam "Morte ao imperador!", Pedro abdicou e partiu para a Europa, tratando o Brasil como uma namorada. "Está tudo acabado entre mim e o Brasil, para sempre", declarou.

Seu filho de cinco anos de idade, o agora imperador Pedro II, foi criado no isolamento de uma propriedade campestre enquanto o Brasil era governado por regentes. Embora a primeira Constituição prometesse uma "libertação gradual dos escravizados africanos", a seguinte, em 1824, ignorou a escravidão, que aumentava de maneira explosiva: na primeira metade dos anos 1820, chegavam anualmente ao Brasil 40 mil cativos africanos; a partir de 1826, eram 60 mil por ano. A abolição britânica do tráfico negreiro e seu Esquadrão da África Ocidental tinham reduzido o comércio atlântico. Apesar disso, entre 1807 e 1865, foram comprados 3,5 milhões de africanos, escravizados e transportados para o outro lado do oceano.

OS GLADSTONE — QUAMINA E SIR JOHN: REBELDES ESCRAVOS
E SENHORES DE ESCRAVOS

Enquanto a Grã-Bretanha combatia Napoleão e debatia a reforma política, nem mesmo Wilberforce falou muito sobre a escravidão, embora 700 mil pessoas continuassem escravizadas nas fazendas britânicas. A escravidão jamaicana foi consolidada com a aquisição da Guiana holandesa no continente, onde as fazendas em Demerara usavam escravos para produzir o melhor açúcar mascavo do mundo. Sir John Gladstone, filho de um comerciante escocês, presbiteriano devoto que se mudara para Liverpool e fizera fortuna com a importação de milho, açúcar e algodão, comerciando com a Índia, os Estados Unidos e o Brasil, já possuía fazendas na Jamaica, mas comprara uma nova fazenda em Demerara, que o ajudou a se tornar o maior proprietário britânico de escravos e presidente da Associação das Índias Ocidentais, o Interesse. E foi nesse exato momento que os próprios escravos reconduziram seus sofrimentos ao centro da política.

Em agosto de 1823, Quamina e Jack Gladstone, pai e filho escravizados, lideraram uma revolta que se iniciou na fazenda Success, de Sir John Gladstone. Mas eles não tinham nenhum parentesco com o nababo de Liverpool, cujos três filhos, entre os quais William, o futuro primeiro-ministro, já estavam em Eton. Quamina, com quarenta e tantos anos de idade, traficado da Costa do Ouro, era o carpinteiro-chefe de Gladstone; seu filho Jack, tanoeiro, era um rapaz bonito, "de boa constituição", com 1,86 metro de altura. Obrigado a trabalhar treze horas por dia, Quamina fora impedido de cuidar da esposa agonizante, Peggy, e, um dia, ao voltar para casa, encontrou-a morta. Incentivado por um pastor inglês, John Smith, cuja igreja era frequentada por Quamina, Jack organizou uma revolta à qual se uniram 13 mil escravizados. Eles quase tomaram a colônia.

Os britânicos enviaram rapidamente seu Regimento das Índias Ocidentais, formado por escravos caribenhos libertados, a fim de esmagar os rebeldes. Centenas foram mortos; dezenove foram condenados à morte e tiveram a cabeça exposta em varas, numa advertência aos escravizados nascidos na África, que acreditavam que somente os corpos inteiros voltavam a seus lares após a morte. Quamina foi acuado, morto a tiros e amarrado numa forca; uma "colônia de vespas construiu um ninho na cavidade de seu estômago, entrando e saindo das mandíbulas pavorosamente abertas". Após uma carta de Gladstone na Inglaterra pedindo misericórdia, Jack foi exilado em Santa Lúcia, mas a morte do reverendo John Smith na prisão inflamou a causa abolicionista tanto quanto a matança dos escravizados. A abolição ganhava impulso, e da mesma forma a resistência do Interesse.

O duque de Wellington, agora primeiro-ministro,[13] estava decidido a resistir à abolição, à reforma parlamentar e à suspensão das restrições a católicos e judeus. Todavia, seu vice, Robert Peel, o herdeiro dos têxteis, persuadiu-o a eliminar as restrições católicas.[14] O duque alegou que o Parlamento não tinha nenhum direito de libertar escravos: "Não devemos saquear os proprietários nas Índias Ocidentais", disse, "para adquirir popularidade na Inglaterra". Já a retirada das restrições judaicas estava fora de questão.

A indústria manufatureira britânica estava em franca expansão, contando agora com o auxílio das primeiras locomotivas a vapor, que transportavam passageiros e mercadorias a novas velocidades perigosamente altas: em 15 de setembro

de 1830, o duque de Wellington inaugurou a linha Manchester-Liverpool. O ex-
-ministro William Huskisson estava em sua locomotiva oficial conversando com
o duque quando outra, *The Rocket*, veio em sua direção. Huskisson tentou passar
para o vagão ducal, mas caiu sob as rodas do *Rocket*, tendo a perna esmagada.
"Encontrei minha morte", disse ele. "Deus me perdoe!" O acidente não teve um
efeito dissuasor, e as ferrovias logo uniram a Grã-Bretanha: as viagens de trem
passaram de 5,5 milhões em 1838 para 111 milhões vinte anos depois. Em Manchester, Wellington foi vaiado por operários, mas continuou a rejeitar a reforma
parlamentar — política que destruiu seu ministério quando o rei Jorge IV, gordo
e velho, morreu. A única filha do monarca, a adorada Carlota, morrera aos 21
anos, durante o parto, em 1817. Assim, o herdeiro era seu irmão, o duque de
Clarence, um ex-marinheiro fanfarrão, com dez filhos ilegítimos com a amante
atriz, que tinha dúvidas sobre a reforma e a abolição. Tornou-se Guilherme IV
aos 64 anos, e foi obrigado a oferecer o cargo de primeiro-ministro a Charles,
conde Grey, um veterano defensor da reforma e da abolição. Fora do poder desde
1807, esse libertino da Regência e magnata fundiário septuagenário alardeava
que "a área total de seu gabinete ministerial ultrapassava qualquer registro anterior". Todavia, Grey iria revolucionar o mundo britânico com duas leis.

O LORD CUPIDO E AS DAMAS PATRONAS

O parceiro de Grey era seu irrefreável secretário das Relações Exteriores, o
latifundiário anglo-irlandês Harry Temple, visconde Palmerston, agora com 46
anos. Notório pelas incansáveis aventuras sexuais, Palmerston, que dominou os
governos de 1830 a 1865, foi, mais do que qualquer outro, o arquiteto do poder
britânico mundial numa nova era do império.

Quando aluno da Harrow School, ele ficara conhecido como um pugilista
inculto; quando jovem, ganhou o apelido de Lord Cupido, um garanhão da Regência dos velhos tempos que de início chamara a atenção por ser o amante de
três das cinco damas patronas do clube de elite Almack, a começar pela esposa do
embaixador russo, Dorothea Lieven, que também fora amante de Metternich.
Agora, de rédeas livres como secretário das Relações Exteriores, ele mantinha
um registro de seus encontros sexuais quase diários, algumas vezes de manhã,
outras à noitinha e muitas vezes no meio do dia, com um leque variado de cortesãs, prostitutas e condessas, anotados de maneira não muito sutil, num código
bem inglês, na forma de comentários sobre o clima. "Uma bela noite no jardim"
era um registro típico.

Charles Grey fizera parte dos governos tories desde 1809, como secretário
de Guerra, mas em 1828 passou para os whigs como protegido de Canning, de-

fensor de uma reforma cautelosa e da abolição da escravatura. A partir daí, ocupando em caráter quase permanente o cargo de secretário das Relações Exteriores, apoiou medidas liberais no país, ao mesmo tempo promovendo o poder britânico no exterior. "Não temos aliados eternos nem inimigos perpétuos", declarou. "Nossos interesses é que são eternos e perpétuos, e nosso dever é segui--los." E insistiu: "Os que desejam ver os princípios da liberdade vicejarem e se estenderem pelo mundo devem prezar com veneração quase religiosa a prosperidade e a grandeza da Inglaterra". Certa vez, um francês, pensando que fazia um grande elogio, disse a Palmerston: "Se eu não fosse francês, gostaria de ser inglês", ao que ele respondeu: "Se eu não fosse inglês, gostaria de ser inglês". Sua resistência em negociações detalhadas lhe valeu outro apelido: Palmerston "Protocolos". Orador medíocre, o exuberante e astuto rufião de suíças tornou-se um ícone público, retratado na imprensa como Palmerston, o pugilista profissional. Era o Lord Pedra-Pomes que agora criava a idiossincrática combinação britânica entre missão liberal e imperialismo armado — política parecida com a dos Estados Unidos na segunda metade do século xx. Ela foi concebida à sua própria imagem. Primeiro ele enfrentou as consequências das revoluções de 1830, em que a antiga Holanda austríaca se rebelou contra o rei holandês. Palmerston criou um novo reino, a Bélgica, na esperança de refrear a França e preservar o equilíbrio de poder.

Ele ofereceu o trono belga a um príncipe favorito, Leopoldo de Saxe-Coburgo, viúvo da herdeira britânica Carlota. Assim, tornou-se o primeiro rei da Bélgica, onde sua família ainda reina.

Metternich ficou abalado com os acontecimentos de 1830 — "Minha vida inteira está destruída" —, e odiava Palmerston: "Ele está errado em tudo". Palmerston gostava de espicaçar o velho chanceler: "Eu gostaria de ver a cara de Metternich", disse. Mas as revoluções de 1830 se revelaram menos desastrosas do que se temia inicialmente: o tsar esmagou os poloneses; Metternich manteve a Itália; Luís Filipe e Leopoldo estabilizaram a França e a Bélgica, onde se demonstraram enérgicos patronos da indústria — ambos eram aliados íntimos dos Rothschild. Luís Filipe parecia ser o próprio modelo do monarca moderno; os Bonaparte estavam visivelmente acabados.[15]

Palmerston, enquanto projetava sua visão de um novo mundo, defendia em seu país a reforma e a abolição, que agora se tornavam inevitáveis.

PREFIRO MORRER NA FORCA A VIVER COMO ESCRAVO:
PAPAI SHARPE E A ABOLIÇÃO

Em dezembro de 1831, 60 mil escravos jamaicanos se rebelaram, liderados por um pregador batista milenarista, Samuel "Papai" Sharpe, "o mais inteligente e admirável escravo, com um corpo vigoroso e bem moldado", relembrou um missionário, com "olhos de brilho absolutamente deslumbrante". Foram mortos apenas catorze brancos, mas, com o usual auxílio dos maroons, que recebiam dos fazendeiros conforme a quantidade de orelhas de negros que entregavam, a Rebelião do Natal foi esmagada. Seiscentos cativos morreram em batalha ou assassinados por fazendeiros, e 340 foram condenados à morte, alguns por terem simplesmente roubado um porco ou uma vaca. "Prefiro morrer na forca", declarou Sharpe, "a viver como escravo."

Enquanto Grey nomeava uma comissão de inquérito repleta de donos de escravos, manifestantes revoltados exigiam a reforma eleitoral e atacavam a mansão de Wellington. Em 7 de junho de 1832, Grey e Palmerston obtiveram a aprovação da Lei da Reforma, medida parcial que ampliou o eleitorado de 250 mil para cerca de 650 mil votantes — quase o mesmo número de escravizados caribenhos, cuja libertação se tornou o ponto central das eleições gerais no final daquele ano. O jovem William Gladstone se pronunciou contra a abolição, afirmando que a escravidão "não [era] necessariamente um mal", e alegou que as condições dos escravos não eram piores do que as da mão de obra infantil na Inglaterra, ao passo que a libertação iria "trocar os males que agora afetam o negro por outros mais graves". O rei, que tinha visitado fazendas escravagistas quando marinheiro, também insistiu que a "situação dos negros" era de "humilde felicidade".

No entanto, horrorizado com as rebeliões escravas, o Parlamento finalmente obteve maioria favorável à abolição. O secretário das Colônias de Grey, Edward Stanley, um nobre de Lancashire, futuro conde de Derby, que depois seria primeiro-ministro em três oportunidades, prometeu a abolição "sem paliativos nem concessões". Mas, para ser aprovada, ela exigia *ambos*, paliativos e concessões — "para que sejamos justos com o escravo", disse Palmerston, "e com o fazendeiro". Os votos do Interesse impediam a abolição, a menos que o governo pagasse indenizações, comprando os escravos de seus proprietários a fim de libertá-los.

A Lei da Abolição da Escravidão teve sua terceira leitura na Câmara dos Comuns em agosto de 1833, logo após a morte de Wilberforce, e entrou em vigor um ano depois. Mas era tão falha que alguns abolicionistas até pensaram em votar contra ela.

A solução de compromisso rendia uma enorme fortuna aos proprietários de escravos, mas, sem as indenizações, a lei não teria sido aprovada. Os cativos se tornaram "aprendizes" em servidão por contrato de seis anos antes da libertação completa. Os proprietários, que iam de nobiliários a pessoas de cor, com um quarto de mulheres, receberam, por exemplo, vinte libras por escravo na Jamaica e quinze libras na Guiana, num total de 15 milhões de libras.[16] Sir John Gladstone recebeu o maior pagamento, 106 769 libras por seus 2508 escravos, e seu filho William, o futuro primeiro-ministro, reconheceu a abolição: "Que Deus a favoreça".[17]

Nem todos, porém, gostaram da medida. Na África, muitos governantes resistiram obstinadamente ao fim desse lucrativo comércio, e, fato estranho, a abolição coincidiu com a intensificação dos conflitos e da própria escravidão em todo o continente.

AS GUERREIRAS DO DAOMÉ, O VICE-REI DE UIDÁ, O CALIFA DE SOKOTO E O COMANDANTE PRETORIUS

Quatro anos depois da abolição, mas fora do alcance britânico, o califa de Sokoto, Muhammad Bello, morreu, deixando um novo império que era agora o segundo maior Estado escravagista na história mundial, com cerca de 2,5 milhões de escravos — perdendo apenas para o maior deles, os Estados Unidos, com 3,5 milhões. O pai de Bello, Usman dan Fodio, um alto e carismático hauçá nascido na cidade muçulmana de Gobir (Nigéria), iniciara em 1774, aos vinte anos de idade, uma jihad inspirada por visões e transes místicos, lançara-se à conquista do maior império na África subsaariana, e em 1803 se declarara califa. À sua morte, em 1817, o filho Bello deu continuidade à guerra santa, expandindo-se do norte da Nigéria para Burkina Faso, Camarões e Níger.

As guerras entre governos africanos prosseguiram à medida que eles lutavam e se expandiam, à semelhança do que aconteceu com os Estados eurasianos; durante as guerras capturavam-se escravos, agora menos fáceis de exportar, o que criava um excedente. "Depois da abolição", escreveu John Reader, "o uso de escravos na África se tornou mais corrente do que nunca, e a escravização na verdade aumentou."

Mais ao sul, o rei Guezô, do Daomé, com o auxílio do notório "vice-rei de Uidá" e seu exército feminino, resistiu à abolição. Um visitante do palácio de Guezô na capital Abomé passou por "três cabeças humanas […] o sangue ainda correndo" nos dois lados da entrada. "O comércio escravo é o princípio de governo de meu povo", disse Guezô aos enviados britânicos. "É a fonte de sua glória e riqueza. Suas canções celebram as vitórias, e a mãe embala o filho com cantigas de triunfo sobre um inimigo reduzido à escravidão."

Guezô intensificou o tráfico, vendendo 10 mil escravos por ano, enviou expedições para capturar inimigos entre os povos vizinhos e transformou seu corpo de guarda feminino no corpo de elite Ahosi ou Mino ("Esposas do Rei" ou "Mães", em fon), uma vanguarda de 3 mil a 6 mil jovens que fascinavam os visitantes europeus, criados ouvindo as histórias das amazonas de Heródoto. Ingressando na guarda a partir dos oito anos de idade, sendo-lhes vetado o sexo ou o casamento (a não ser com o rei), as mulheres eram treinadas para suportar a dor andando descalças sobre espinhos. Usavam túnicas listradas sem mangas e um barrete com o emblema de um crocodilo, e portavam adagas, espadas curtas, clavas e rifles. Cantavam:

Assim como os ferreiros forjam o ferro e mudam sua natureza,
Assim mudamos a nossa!
Não somos mais mulheres, somos homens.

Algumas eram recrutadas entre as mulheres do palácio, outras eram alistadas à força pela própria família, muitas eram viúvas de prisioneiros mortos ou escravizados. Elas eram utilizadas por Guezô não só como tropa de choque e na captura de escravos, mas também para proceder às execuções determinadas por ele; crônicas de visitantes registram centenas de escalpos reunidos pelas guerreiras. Um enviado britânico fez um desenho retratando a comandante do grupo, Seh-Dong-Hong-Beh, com um rifle numa das mãos e uma cabeça decepada, sangrando, na outra.

Em 1818, o jovem príncipe Gakpe (futuro Guezô) havia tomado o trono do irmão, o rei Adandozan, com a ajuda de um mercador de escravos afro-brasileiro, Francisco Félix de Souza, descendente do primeiro governador português do Brasil. Adandozan aumentou a frequência de suas expedições de captura de escravos e utilizava os cativos em suas plantações de dendezeiros, que agora tinham se tornado lucrativas na Nigéria. Chegava até a vender possíveis dissidentes da família real como escravos. O temível e agora envelhecido Souza, que cultuava um misto de catolicismo e vodu, era originalmente tão pobre que roubava conchas de caurim dos templos vodus, mas depois prosperara como mercador de escravos, vivendo num esplendor sultanesco numa ampla residência, Singbomey, em Uidá, entre um harém de africanas com as quais gerou 201 filhos. Quando foi reivindicar o pagamento de uma dívida de Adandozan em Abomé, o rei o prendeu. Mas o príncipe Gakpe, cuja mãe fora resgatada da escravidão brasileira por Souza, foi visitá-lo na prisão, e os dois firmaram um pacto de sangue para destruir o rei. Sendo auxiliado em sua fuga pela viúva afro-holandesa do rei Agonglo, ele forneceu armas ao príncipe, que então tomou o poder, adotando o nome Guezô, e promoveu Souza a chachá, título inventado a partir do costume de Souza de dizer "Já, já!" em português. Guezô colocou a mãe, Agontime, no poder como *kpojito* (rainha-mãe), e, usando os rifles fornecidos por Souza, fragmentou o reino de Oió, expandindo seu poderio. Não demorou muito e a Grã-Bretanha bloqueou seus portos na tentativa de restringir as escravizações de Guezô.

Guezô e Bello estavam longe de ser os únicos potentados africanos indignados com a abolição.[18] A escravidão também estava em enorme crescimento na África oriental, e no sul da África uma tribo branca também ficou furiosa com a abolição.

Em 1836, os africâneres falantes de holandês, que consideravam a escravização de africanos um direito concedido por Deus, começaram a migrar do Cabo para escapar ao domínio britânico e conquistar um novo território. Esses 14 mil *Voortrekkers*, moralistas, fortemente armados e bem organizados, acompanhados por um número similar de africanos escravizados que, após a abolição, tinham passado a se chamar "aprendizes", mas muitas vezes eram treinados para lutar ao lado deles, entraram em choque com os reis africanos. Os africâneres se tornaram mais uma tribo na predação em cadeia que ocorreu durante o *Mfecane*, em busca de terra e gado — mas com armamentos melhores. Alguns atacaram o rei Mzilikazi dos ndebeles, forçando-o a entrar no Zimbábue; outros, liderados por Piet Retief, alcançaram a corte zulu do rei Dingane. Aos brados de "Morte aos bruxos!", Dingane e seus homens os mataram a cacetadas e então atacaram seus acampamentos, liquidando quarenta *Voortrekkers*, 250 auxiliares negros e 185 crianças, enquanto outro regimento, sob o comando do príncipe Mpande, eliminava uma unidade britânica inteira vinda de Port Natal, matando os dezesseis brancos e vários milhares de auxiliares negros e atacando a própria cidade de Port Natal. Mas os africâneres se reuniram sob o experiente Andries Pretorius, eleito comandante-chefe, que em dezembro de 1838, empregando 472 bôeres e 120 soldados africanos, derrotou 12 mil zulus, matando mil deles e tendo apenas três bôeres feridos. Pretorius fundou uma república em volta de uma nova cidade, Pietermaritzburg, em território zulu. Dingane, derrotado pelos suázis e humilhado pelos bôeres, planejava matar seu irmão remanescente, Mpande. Acompanhado pelo filho Cetshwayo, Mpande escapou e foi recrutar a ajuda de Pretorius.

Em 1840, Mpande e Pretorius atacaram e derrotaram Dingane, que se retirou para as montanhas, porém foi assassinado por seus próprios cortesãos. Gordo, indolente, de boa índole, mas ciente de que "o povo zulu é governado pela matança", Mpande não teve escolha a não ser repartir a pilhagem de gado com Pretorius, a quem cedeu dois quintos de seu reino. A Grã-Bretanha, de ganância e recursos muito superiores aos de todos os grupos locais envolvidos no jogo, holandeses e ngunis, estava no encalço deles, logo acabando com a república africâner de Port Natal.

Pretorius, convidado a seguir para o norte em auxílio ao rei soto Moshoeshoe, fundou uma nova República Sul-Africana (posteriormente o Transvaal), enquanto outros *Voortrekkers* criavam o Estado Livre de Orange. Quando morreu, seu filho Marthinus foi eleito presidente do Transvaal — sua capital recebeu o nome de Pretória em homenagem ao pai —, e, mais tarde, também do Estado Livre de Orange. Durante todo esse tempo, ele não deixou de caçar elefantes (por conta do marfim), roubar e disputar gado e capturar escravos africanos. Logo a descoberta de ouro e diamantes iria desencadear outra disputa pelo poder.

Mais ao norte, no Egito, a escravidão ainda era essencial para o projeto de Mehmed Ali, que contratara oficiais franceses para treinar um exército de georgianos e sudaneses escravizados, recrutara felás egípcios e oficiais turcos e reconstruíra sua frota. Furioso com o sultão, responsável pela perda de sua frota em Navarino, ele exigiu a Síria em troca de seu prejuízo. Como a exigência não foi atendida, aproveitou sua chance de conquistar um império.

O ESTRATAGEMA DE MEHMED ALI: O NAPOLEÃO DO ORIENTE

Em 31 de outubro de 1831, Ibrahim, filho de Mehmed Ali, invadiu a Síria, tomando Jerusalém e Damasco. "Se o sultão disser que posso ficar com Damasco", ponderou Mehmed Ali, apoiado por Luís Filipe, "então vou parar por lá [...], do contrário, quem sabe?" Então, em maio de 1832, Ibrahim atravessou os montes Tauro, entrando no coração da Türkiye. Enquanto Mehmed Ali avaliava instalar Ibrahim no trono de Constantinopla, o sultão Mahmud lhe concedeu o Egito e cedeu a Síria. Quando Ibrahim avançou e se aproximou da Grande Cidade, o sultão apelou a seu inimigo ancestral, o tsar Nicolau, que enviou um exército para defender Constantinopla, e em julho aceitou um protetorado russo. Nicolau alegou que queria preservar o Império Otomano: "Se ele cair, não quero seus destroços. Não preciso de nada". Ninguém acreditou.

Em maio de 1838, Mehmed Ali, que agora governava o Sudão, a Arábia, a Síria, Israel e a maior parte da Anatólia, declarou sua independência de Constantinopla. O sultão Mahmud eliminara recentemente os poderosíssimos janízaros — massacrando 5 mil deles — e contratara oficiais ocidentais para treinar seu exército em moldes modernos.[19] Mas, em Nezib, Ibrahim agora desbaratava o novo exército otomano e avançava sobre a Grande Cidade. Incentivado pelo genro evangélico, Lord Shaftesbury, e pelas campanhas de Montefiore, ambos acreditando num retorno judaico a Sião, Palmerston enviou um cônsul britânico a Jerusalém a fim de proteger os judeus, que, desde longa data, eram alvo de perseguição. Ele estava decidido a salvar os otomanos, a desgastar os Románov e a deter Mehmed Ali. Em julho de 1840, Palmerston ameaçou entrar em guerra com Luís Filipe, apoiador de Mehmed Ali, e socorreu os otomanos, enviando a frota britânica para bombardear Beirute e Acre: Mehmed Ali aceitou o governo hereditário no Egito e no Sudão, em troca de sua retirada da Síria, da Türkiye, de Creta e da Arábia.

Ainda mais a leste, Palmerston enfrentava uma crise provocada pela própria Grã-Bretanha no Afeganistão, onde os netos do rei Durrani arruinaram o império ao lutarem uns contra os outros, permitindo que outro clã pachto, os Barakzai, liderados por Dost Mohammad, tomasse Cabul. Shahshuja, o neto deposto de Durrani, seguiu para o exílio na Índia.

Palmerston e seus pró-cônsules indianos monitoravam os avanços russos na Ásia central. Os Estados-tampão entre os dois impérios — os canatos de Bucara e Khiva, a Pérsia, o Afeganistão e o reino sikh — se tornaram a arena de um torneio clandestino, o chamado Grande Jogo, em que russos e britânicos arrojados, muitas vezes disfarçados como locais, tentavam recrutar os governantes. A Rússia apoiou um ataque persa a Herat, enquanto uma força russa tentava tomar o canato de Khiva (Uzbequistão). A Grã-Bretanha dava apoio ao marajá sikh Ranjit Singh, inimigo inveterado dos afegãos.[20] O emir afegão Dost Mohammad resistiu às exigências britânicas de ceder o controle da política externa. Exagerando na postura de provocação, manipulado pelo marajá sikh, o governador-geral da Índia, Lord Auckland, mentiu para Londres, solicitando uma invasão a fim de colocar Shahshuja no poder, quando deveria simplesmente negociar um acordo de segurança. Palmerston aprovou, relutante.

Em fevereiro de 1839, o Exército do Indo — composto por 55 mil homens, entre oficiais britânicos e sipaios indianos, auxiliados por tropas sikhs — marchou sobre Cabul, e em agosto Shuja Durrani foi aclamado como xá. Retirando a maioria das forças britânicas do Afeganistão, Lord Auckland deixou 8 mil homens em apoio a Durrani, e esse número se reduziu ainda mais quando o novo primeiro-ministro britânico, Robert Peel, decidiu cortar despesas. Em Cabul, as ligações sexuais entre afegãs e soldados britânicos geravam tanta indignação entre os afegãos quanto as crueldades de Shahshuja, visto como fantoche dos britânicos, e dos sikhs, odiados desde as guerras de Durrani no Punjab. As tensões se agravaram ainda mais quando um soldado britânico estuprou uma mocinha afegã. Em torno de Kandahar, os ghilzais iniciaram uma jihad contra os britânicos.

Em 2 de novembro de 1841, Akbar Khan, filho do emir, entrou com os insurretos em Cabul, onde atacaram e mataram os britânicos dentro da cidade e então sitiaram o acantonamento militar. Em seguida, Akbar ludibriou os britânicos propondo uma negociação e estripou pessoalmente o enviado deles. Depois de uma derrota em Bibi Mahru, 690 britânicos, 3800 indianos e 12 mil mulheres e crianças foram forçados a deixar Cabul.

Enquanto atravessavam desfiladeiros estreitos, Akbar, empregando excelentes atiradores afegãos, orquestrou o massacre da coluna inteira em oito dias. Um único sobrevivente, o dr. Brydon, seguiu cambaleando até Jalalabad. Shahshuja se virou contra os britânicos, mas foi assassinado.

Em 1842, dois exércitos britânicos invadiram o Afeganistão, deixando um rastro de destruição e carnificina, e retomaram Cabul, onde dinamitaram o mercado e pilharam a cidade antes de ir embora. Apesar da perda de 4500 soldados, um número de baixas sem precedentes, o poder britânico se afirmara mais uma vez, sendo confirmado pelo destino do império sikh: o marajá morrera durante a invasão. Em 1849, seu filho, o marajá Duleep Singh, assinou a entrega do Punjab aos britânicos. Em 1855, o emir afegão Dost Mohammad concordou em ser "amistoso" com a Grã-Bretanha.

A retirada foi um desastre, mas de pequenas proporções para um império mundial. A lição não era que o Afeganistão constituía "o cemitério dos impérios" — um clichê equivocado —, mas simplesmente que os invasores deviam entrar e sair depressa, que foi o que aconteceu em 1842. O Afeganistão continuou a ser um Estado cliente britânico — com um interlúdio sangrento em 1878 — até 1919. Ironicamente, a Grã-Bretanha imperial lidou com o Afeganistão de forma muito mais sensata do que a Grã-Bretanha e os Estados Unidos democráticos do século XXI.

Na sequência ocorreu a derrocada do reino sikh: após a morte de Ranjit, o Leão do Punjab, seu primogênito e seu neto foram assassinados; a viúva do primeiro, Chand Kaur, assumiu o poder, mas logo foi deposta e espancada até a morte por criados, que seguiam ordens de seu sucessor, um outro filho do Leão, que também acabou assassinado. Em 1843, a viúva mais jovem de Ranjit, a extraordinariamente bela Jind Kaur, conhecida como Jindan, de 26 anos, passou a governar como regente, em nome do filho mais novo do Leão, Duleep Singh, então com cinco anos. Mas o reino esfacelado já não mais servia como Estado-tampão e tornou-se um alvo irresistível para os britânicos, que usaram a intimidade da maharani com seu ministro para difamá-la, tachando-a de "messalina". Derrotado em duas guerras, o Punjab foi anexado em 1849; e Duleep, após entregar o diamante Koh-i-nor aos britânicos, foi banido. Jindan ainda tentou resistir, mas foi capturada. Conseguindo escapar disfarçada de criada, ela percorreu 1300 quilômetros até o Nepal, só reencontrando-se com Duleep treze anos depois. Os dois então se exilaram na Inglaterra, onde ele foi educado como um "cavalheiro inglês", converteu-se ao anglicanismo e travou amizade com a rainha Vitória. A mãe fazia questão de recordá-lo de suas glórias passadas. Quando Jindan faleceu, aos 55 anos, Duleep recebeu permissão para cremá-la em Bombaim. Vivendo luxuosamente numa enorme propriedade na Ânglia Oriental, adquirida com a renda de sua aposentadoria, ele se reconverteu ao siquismo e tentou em vão retornar ao Punjab. Morreu em Paris.

Já no Mediterrâneo, Palmerston tivera êxito em salvar o sultanato otomano das mãos de Mehmed Ali e dos russos. Afundando-se na senilidade, tecendo fantasias quanto a uma invasão da China, Mehmed Ali, o maior líder do Egito nos tempos modernos, legou um Estado independente, com uma indústria algodoeira e um exército moderno, que seria governado por sua família até a década de 1950.

A oeste, outro império baseado na produção algodoeira e no comércio escravo, sob o comando de um líder militar vitorioso, planejava sua própria expansão.

A entrada no Texas.

OS LÍDERES MILITARES ESTADUNIDENSES:
AS BALAS DE JACKSON E A PERNA DE SANTA ANNA

Em 30 de janeiro de 1835, no Congresso, um assassino alucinado disparou duas pistolas contra o presidente Jackson, então com 67 anos de idade, e as duas falharam. O Velho Feroz não perdera nada de sua ferocidade: derrubou o assassino com a bengala e o teria espancado até a morte se não tivesse sido impedido por outro pioneiro, Davy Crockett.

A presença de Crockett, com seu gorro de castor, não era coincidência. O membro da Câmara de Representantes estava planejando suas próprias expedições para tomar o Texas.

O presidente grisalho tinha fundado toda a sua carreira na expansão dos Estados Unidos sobre territórios britânicos, espanhóis e americanos nativos. De rosto sulcado, com 1,83 metro de altura, olhos azuis e cabelo ruivo rebelde, esse robusto filho de Ulster criado nas Carolinas era um pioneiro rude, que gostava de brigar nos saloons e tinha duas balas no corpo em razão de duelos. Seus homens o chamavam de Nogueira Velha, enquanto os americanos nativos o apelidavam de Faca Afiada e Velho Feroz — e a história de sua vida era a história da marcha voraz do poder americano. "Nasci para a tempestade", dizia ele. "A calmaria não me convém."

Quando adolescente, Jackson lutara na Guerra de Independência; jovem adulto, fizera fortuna suficiente para comprar uma fazenda algodoeira em Hermitage, no Tennessee, e 150 escravos, mas também adotara um órfão americano nativo. Defendia com a pistola a virtude de sua esposa Rachel contra acusações de bigamia: matou um homem que a insultara. Nas fronteiras, comandava milícias de colonos e auxiliares americanos nativos, disposto a "conquistar não só as Flóridas, mas toda a América do Norte hispânica". Em 1812, quando a pressão britânica contra os navios americanos e o exemplo encorajador da resistência shawnee levaram à guerra, Jackson investiu contra os nativos muscogee (creek) que haviam atacado colonos estadunidenses, e em 8 de janeiro de 1815 se tornou herói nacional ao derrotar um exército britânico e salvar Nova Orléans. Durante a guerra, afro-americanos escravizados fugiram para a área dos indígenas seminoles e formaram sua própria comunidade livre em Fort Negro, na Flórida. Em 1816, Jackson, com a ajuda de auxiliares creek, atacou a Flórida, destruiu Fort Negro e derrotou os seminoles apoiados pelos britânicos.[21] Em 1818, ignorando o presidente Monroe, por fim tomou a Flórida, onde executou dois agentes britânicos capturados. A Espanha, enfrentando Bolívar na América do Sul, vendeu a Flórida aos Estados Unidos; mais tarde, Jackson se tornou governador do novo estado. Desprezava os pomposos presidentes Monroe e Adams, os aristocratas da Virgínia e os advogados de Massachusetts, e dizia rindo: "É pobre demais a cabeça que só consegue pensar em uma maneira de pronunciar uma palavra".

Em 1822, após suas vitórias, ferido e esgotado, Jackson sofreu um colapso, tossindo sangue, mas recuperou-se, fundou seu Partido Democrata e concorreu à presidência contra John Quincy Adams. Perdeu a primeira campanha, mas venceu a segunda, em 1828, numa pérfida disputa: foi acusado de ser o filho canibal de uma prostituta e um "mulato" casado com uma bígama. Alertando que "os poderes mais importantes do governo tinham sido entregues ou vendidos a um preço vil" e que iria reivindicá-los de volta para o povo, Jackson teve 56% da votação popular e resmungou: "A coragem do desespero torna um homem a maioria". Mas Rachel, atormentada pelas calúnias, morreu pouco tempo depois de um ataque cardíaco. Tiveram de separá-lo do corpo da esposa, e, no funeral em Hermitage, ele advertiu: "Que Deus Todo-Poderoso perdoe seus assassinos, como sei que ela os perdoou. Eu jamais conseguirei".

Jackson era visceral na política como na vida: vivia dizendo que mataria os rivais; odiava os banqueiros e disse a uma delegação: "Vocês são um covil de víboras e ladrões e, por Deus eterno, vou extirpá-los". Na cerimônia de juramento, em 4 de março de 1829, convidou o público para a festa de posse na Casa Branca e, ao que consta, teria então fugido do tumulto escapando pela janela. No cargo, expurgou o funcionalismo das "mãos desleais ou incompetentes", lançando o sistema em que os presidentes nomeiam seus próprios assistentes civis. Seu governo não foi mais limpo do que o de seus predecessores: ele preferia governar por meio de seus apaniguados, o chamado Gabinete da Cozinha, em vez de seus secretários, que o enfureciam ao protestar contra a moral da esposa de seu secretário da Guerra.

Jackson empreendeu uma política agressiva de ampliação das fronteiras nacionais, conseguindo a aprovação de sua Lei da Remoção Indígena, que obrigou os americanos nativos a irem para reservas no Oklahoma — milhares de cherokees morreram durante a chamada "Trilha das Lágrimas". No oeste, comerciantes de peles, alguns a serviço de Astor, abriram as trilhas de Santa Fé e do Oregon, guiados e protegidos por "homens das montanhas": James Kirker, um imigrante irlandês, personificaria a sombria ferocidade da vida nas fronteiras. Um colega mais jovem, Kit Carson, encarnaria mais tarde o lado glamoroso dessa vida, como herói de "romances baratos" e artigos de jornais. Ambos eram iletrados que haviam começado como comerciantes de peles, com breves passagens pelo garimpo de prata e cobre. Viviam como indígenas, muitas vezes se casavam com indígenas — e matavam indígenas. Kirker, o mais velho, comandara em 1812 um navio corsário americano contra os britânicos, e depois, caçando animais de pelo, passou a viver ao lado dos apaches, chegando a participar de suas incursões. Carson, unindo-se a uma expedição para o oeste, matou seus primeiros americanos nativos aos dezenove anos de idade. Eles tinham roubado seus cavalos. "Sofremos bastante enquanto procurávamos os animais perdidos", ele escreveu, "mas, tendo recuperado nossos cavalos e mandado muitos peles-vermelhas para seu lar distante, logo esquecemos nossos sofrimentos." Os americanos escalpelaram as vítimas, assim como os nativos os teriam escalpelado. Todavia, Carson se casou com duas americanas nativas, Singing Grass e Making Out Road.

A política indígena de Jackson estava ligada a seus planos expansionistas na América espanhola. Ele pretendia comprar o Texas de um novo país que surgira nas províncias espanholas da Nova Espanha: o México. Seu oponente era Antonio López de Santa Anna, cuja carreira, fundada na famosa vitória contra uma potência imperial europeia, era semelhante à dele. Ocupando seis vezes a presidência do México, Santa Anna dominou o país por cinquenta anos.[22]

Enquanto Santa Anna construía suas fazendas em Veracruz e ascendia a general, tornou-se famoso em 1829 ao derrotar uma última tentativa espanhola de retomar a Nova Espanha e em seguida declarou-se o Napoleão do Oeste. Em 1833, foi eleito presidente, mas ficava mais feliz recebendo em sua *hacienda*, seduzindo mulheres (casou-se com duas herdeiras, a segunda com dezesseis anos, enquanto ele tinha quarenta e poucos; reconheceu quatro filhos ilegítimos) ou comandando um exército. O México, porém, era muito grande, estendendo-se da Califórnia ao Texas e abarcando a maior parte do centro americano. Comanches e apaches percorriam as províncias setentrionais, disputando suas presas, cabeças de gado e seres humanos. Um *paraibo* comanche, Casaco de Ferro, atacou o Texas: em 1820, teve um filho, Peta Nocona, que desempenharia um papel especial na história americana. Os colonos — tanto mexicanos quanto americanos — tinham dificuldade em lidar com os comanches, que percorriam livremente a área e eram mestres nas técnicas de artilharia e cavalaria.

Santa Anna desprezava os ameríndios e mestiços. "Nem daqui a cem anos", ele disse a um americano, "meu povo estará preparado para a liberdade. Eles não sabem o que é isso; o governo adequado para eles é o despotismo, mas não há razão para que não seja um despotismo sábio e virtuoso." Julgava-se o homem capaz de exercê-lo e impôs um novo governo centralizado, mas enfrentou Jackson, que pretendia fazer no Texas o que havia feito na Flórida. A captura americana do Texas era então apresentada como um nobre empreendimento contra os mexicanos primitivos. Na verdade, o México abolira a escravidão em 1829, e os americanos desejavam restaurá-la.

Em 1825, Stephen Austin, cujo pai sonhara em colonizar o território, instalou 1200 famílias no Texas, sob contrato com o governo mexicano. Elas eram escravagistas. "A ideia de ver uma terra como aquela dominada por uma população escrava quase me faz chorar", disse Austin. "De nada adianta dizer a um americano do norte que a população branca será destruída daqui a uns cinquenta ou oitenta anos pelos negros e que suas filhas serão violentadas e massacradas por eles." Portanto "o Texas precisa ser um país de escravos".

Austin, acompanhado por Davy Crockett, reivindicou autonomia para sua colônia, e, em outubro de 1835, declarou a independência. Santa Anna o prendeu e entrou no Texas, mas foi detido por Crockett e outros pioneiros na velha missão em Álamo. Durante os treze dias de cerco, Santa Anna matou 188 pioneiros e em seguida executou Crockett e 342 prisioneiros. Ele costumava combinar guerra e sexo: durante a Batalha do Álamo, seduziu uma bela jovem que se recusava a dormir com ele a menos que se casassem. O caudilho mandou um coronel se vestir de padre e realizou uma falsa cerimônia de casamento para ludibriá-la.

Todavia, o atraso no Álamo permitiu que um notável colono texano, chegado não muito tempo antes, se destacasse como líder. Sam Houston, que passara anos vivendo com o povo cherokee e lutara com Jackson contra a nação creek, formara-se como advogado e fora eleito governador do Tennessee antes de chegar ao Texas, onde logo veio a rivalizar com a liderança de Austin. Em San Jacinto, Houston, mesmo ferido, derrotou e capturou Santa Anna, sendo eleito presidente da República do Texas. No final do mandato, Jackson ofereceu 5 milhões de dólares ao México pelo Texas e pensou em capturá-lo. O presidente Houston conhecia bem os cherokees e outras tribos, e planejava negociar uma fronteira entre o Texas e a Comanchería, mas perdeu poder para Mirabeau Buonaparte Lamar,[23] filho de um plantador de algodão da Geórgia, poeta, advogado e combatente. Lamar comandara a carga de cavalaria em San Jacinto e agora armara os assassinos paramilitares da república, os Rangers, para destruir os comanches e os cherokees, aos quais chamava de "pretos vermelhos" e "canibais selvagens", exigindo sua "completa extinção". Os Rangers, com a ajuda de auxiliares indígenas, canibais tonkawas e cafuzos, combateram os comanches e apaches, imagens especulares uns dos outros. Esses mestres da sangrenta guerra de fronteira embarcaram num conflito feroz que se prolongou por cinquenta anos.

Em maio de 1836, Casaco de Ferro e o filho adolescente Peta Nocona reuniram quinhentos comanches e aliados numa incursão no leste do Texas, onde atacaram Fort Parker, uma casa de madeira que era o bastião de um pioneiro de 77 anos de idade, John Parker, e sua família. Os comanches mataram, escalpelaram e castraram os Parker homens, capturando duas mulheres e três crianças, entre as quais Cynthia Ann Parker, de oito anos de idade, que foi adotada pelos comanches e renomeada Nadua ("enjeitada"), aprendendo a língua e abraçando a cultura comanche. Alguns anos depois, Peta Nocona a escolheu para esposa. Os comanches eram polígamos, mas Peta a amava e tiveram três filhos, o primeiro deles um menino, Quanah. Cynthia não estava sozinha. Nos anos 1840, os comanches possuíam 5 mil escravos mexicanos.

Em 1849, Kit Carson ajudou a rastrear uma americana, a sra. Ann White, capturada pelos apaches, que a mataram no último instante. "A sra. White era uma mulher frágil, delicada, muito bonita", escreveu um dos soldados, "mas, diante dos tratamentos sofridos, fora reduzida a um farrapo [...], coberta de socos e arranhões." Quando sobreviviam à iniciação, esses prisioneiros podiam ser libertados e se tornar comanches.

Os texanos jamais desistiam de procurar os capturados durante suas incursões. Centenas foram entregues sob resgate ou por fim resgatados em expedições de batedores e Rangers, mas muitos permaneceram nas mãos dos comanches; alguns optaram por continuar com eles. Os Rangers lançavam ataques de represália contra a Comanchería. Os chefes comanches então se dispuseram a negociar a paz, devolvendo escravos brancos em troca do reconhecimento de seu Estado.

Em março de 1840, 65 chefes, acompanhados por mulheres e duas crianças, chegaram à Câmara do Conselho em San Antonio para negociar, trazendo apenas uma cativa branca, uma jovenzinha. De repente as janelas da Câmara se escancararam e milicianos texanos escondidos abriram fogo contra eles, que tinham entrado na cidade deixando suas armas e lanças do lado de fora. Foram abatidos 35 comanches (inclusive três mulheres e uma criança) e sete texanos. Em vingança, um chefe guerreiro, Corcunda de Bisão, reuniu um grupo com cerca de quinhentos homens, inclusive Casaco de Ferro, que em julho atacou cidades na costa, matando escravos, capturando 1500 cavalos e manchando de sangue unidades texanas — até mesmo os Rangers, que conseguiram matar doze comanches em Plum Creek. Sam Houston, ao ser reeleito presidente do Texas, negociou um acordo de paz reconhecendo a Comanchería, mas o Senado não o ratificou. Enquanto isso, os *paraibos* comanches Corcunda de Bisão e Casaco de Ferro lideraram oitocentos guerreiros para atacar o México.

Os mexicanos reagiram contratando James Kirker, o ágil "homem das montanhas" de cabelos longos. O comércio de peles definhava, e em 1834 Astor encerrou o negócio. "O castor estava ficando escasso", disse Kit Carson. "Precisávamos tentar outra coisa." Carson se tornou batedor do exército e guia para os milhares de migrantes que seguiam para o oeste. Contratado pelo México, Kirker se tornou um matador profissional, à frente de um bando de duzentos psicopatas — brancos, índios e cativos negros fugidos — e tendo como segundo em comando um shawnee chamado Spybuck. A eles somou-se John Horse, um lendário seminole negro, filho de mãe escravizada e pai seminole, que combatera os americanos e depois escapara tanto à escravidão americana quanto à seminole, indo para o México, onde havia se tornado auxiliar de fronteira e caçador de escalpos. Esses medonhos predadores, usando colares de orelhas, recebiam por "escalpos com uma orelha de cada lado" (cem pesos por homem adulto, cinquenta por mulher, 25 por criança). Kirker matou pessoalmente mais de quinhentos apaches.[24] Os comanches se somaram ao bando para matar seus rivais.

Libertado pelos americanos, Santa Anna se redimiu em sangue quando o rei francês Luís Filipe enviou um exército a Veracruz a fim de vingar os maus-tratos dispensados pelos mexicanos a um *pâtissier* francês — houve alguma vez um pretexto mais gálico para a guerra? Em 1839, Santa Anna derrotou os franceses, mas, durante a refrega, perdeu uma perna e uma mão; sempre afeito aos espetá-culos, ele organizou um funeral militar para a perna. A perda dos membros res-taurou seu poder, mas não por muito tempo. Uma multidão rebelde o derrubou da presidência, e, exumando a perna homenageada com honras militares, esma-gou-a nas ruas da Cidade do México. O general se retirou para Cuba, mas logo voltou.

Em fevereiro de 1845, já em final de mandato, o presidente John Tyler, um senhor escravocrata da Virgínia, anexou o Texas, enquanto muitos americanos abraçavam a ideia de que o continente lhes pertencia por determinação da Pro-vidência e de que a conquista era seu "destino manifesto". Por mais de trinta anos, 400 mil migrantes pobres seguiram para o oeste, em carroças, pelas perigo-sas trilhas do Oregon. O México se mobilizou quando o novo presidente estadu-nidense, James Polk, que fizera campanha pela expansão, provocou uma guerra e então ordenou uma invasão em plena escala que serviu como batismo de san-gue para muitos dos generais que combateriam na futura guerra civil; os "ho-mens da montanha" Carson e Kirker serviram de batedores. No exército do ge-neral Zachary Taylor, um velho durão que obteve as primeiras vitórias dos Estados Unidos, servia um jovem oficial, Ulysses Grant, o reticente e enérgico filho de um empreendedor ríspido e ruidoso de Ohio, formado na Academia Militar de West Point e casado com Julia, filha de um senhor de escravos rabu-gento do Sul. Grant desaprovava aquela "guerra extremamente injusta", tal co-mo um congressista de Illinois chamado Abraham Lincoln, que criticava Polk por buscar "a glória militar — aquele arco-íris atraente que se ergue em jorros de sangue".

Polk, agora com inveja dos louros de Taylor, nomeou Winfield Scott, um velho pomposo, para desembarcar em Veracruz. Enquanto Scott avançava sobre a Cidade do México, Grant, um excelente cavaleiro, servia com seu futuro adver-sário, Robert E. Lee. O México recorreu a seu herói perneta, Santa Anna, cujas fortificações detiveram o avanço de Scott até que Lee conseguisse encontrar uma maneira de contorná-las. Santa Anna escapou, "perseguido tão de perto", disse Grant à esposa, "que sua carruagem, um veículo esplêndido, acabou sendo tomada, junto com sua perna postiça e 30 mil dólares em ouro". Em 8 de setem-bro de 1847, Scott entrou na Cidade do México, combatendo nas ruas, e em se-guida promoveu Grant e Lee.[25]

Em 2 de fevereiro de 1848, num tratado assinado em Guadalupe Hidalgo, os Estados Unidos obtiveram a Califórnia e novos territórios, que no conjunto eram maiores do que a Europa ocidental; o México perdeu 55% de sua área. A vitória abriu novas oportunidades para os colonos americanos, que afluíram para o oeste a fim de obter terras e ouro, mas essa expansão trazia agora uma pergunta: a escravidão se expandiria junto com ela? "Os Estados Unidos conquistarão o México", escreveu Ralph Waldo Emerson, "mas isso será como o homem que ingere o arsênico que ao final acabará por derrubá-lo. O México nos envenenará." Grant via a catástrofe que se avizinhava como, "em larga medida, consequência natural da guerra mexicana. As nações, tal como os indivíduos", ele escreveu, "são punidas por suas transgressões". Agora havia mais de 3 milhões de escravos nos estados sulistas produtores de algodão, enquanto o Norte industrial atraía ondas de imigrantes da Irlanda, dos reinos germânicos e, mais tarde, da Itália, que afluíam em grande número nas cidades em crescimento.

A nação colonizadora agora se estendia de um oceano a outro, embora a área central fosse, segundo Pekka Hämäläinen, "um mundo aparentemente desordenado e incontrolável de pradarias, desertos, bisões e índios". Milhares de colonos seguiam em carroças, presas dos elementos e dos americanos nativos. Em fevereiro de 1847, um grupo de 87 pessoas da família Donner tentou uma nova rota a partir do Missouri, mas, perdendo-se nas montanhas e no deserto, foram dizimadas pela fome e reduzidas ao canibalismo. Sobreviveram apenas 48. Dois anos depois, com a descoberta de ouro na Califórnia, iniciou-se a primeira febre do metal: o vilarejo de San Francisco passou de mil para 30 mil habitantes; ao todo, 300 mil colonos afluíram para a Califórnia. Por quase um século, poucos colonos haviam chegado aos Estados Unidos — em 1820, foram apenas 8 mil —, mas agora, com os vapores, as crises na Europa, as corridas em busca de terra e ouro, a imigração triplicou: 1,6 milhão de irlandeses, fugindo da fome em sua terra natal, cruzaram o Atlântico,[26] dando início a uma corrida de colonos que transformou os Estados Unidos, criando novas cidades e aumentando o número de europeus em contato com americanos nativos, que ainda controlavam grande parte do interior.

Na Califórnia, milícias de garimpeiros e outros colonos atacavam e matavam os nativos, juntando orelhas e escalpos para receber sua recompensa. A Lei de Proteção Indígena, enquanto isso, impôs aos americanos nativos e seus filhos o regime de servidão. Os sobreviventes foram levados para reservas, mas esses senhores do interior ainda desafiavam os colonos euro-estadunidenses: os dacotas continuavam a dominar as planícies do Norte; os comanches, as terras da Comanchería, na fronteira texano-mexicana. Os americanos nativos, com fuzis e cavalos, haviam intensificado a caça ao bisão. Até então, só os comanches matavam anualmente 280 mil bisões, mas agora os colonos estavam acabando com as manadas. Entre os comanches vivia o chefe Peta Nocona, a esposa Naduah (outrora Cynthia Ann Parker, a mocinha raptada de Fort Parker) e o filho Quanah.

Este não fazia ideia de que a mãe era branca; fora treinado como combatente comanche pelo pai, a quem acompanhava regularmente nas incursões.[27]

OS ESTADOS UNIDOS VOLTAM-SE PARA O OESTE:
O REI DO HAVAÍ, A RAINHA EMMA E O COMODORO VANDERBILT

Enquanto milhares de americanos se estabeleciam na Califórnia, a nação era atraída para o Pacífico, comerciando na China, infiltrando-se no Havaí e ansiando por abrir o Japão, fechado durante séculos sob a dinastia Tokugawa de xoguns. Perry entrou na baía de Edo com quatro cruzadores a vapor fortemente armados, a fim de pleitear um tratado comercial com os japoneses, agora sob a ameaça de canhões.

No Havaí, o reinado de Kamehameha III, filho do Conquistador que unira as ilhas do arquipélago, fora dominado pela luta entre seu desesperado amor pela irmã e a influência de missionários americanos.[28] Os reis havaianos tinham por hábito desposar as irmãs, mas as rainhas viúvas do Conquistador haviam proibido os sacrifícios, e então, numa reforma radical, abolido o tradicional sistema *kapu* de idolatria, convertendo-se ao cristianismo. Além disso, acolheram os missionários protestantes estadunidenses, que começaram a se casar dentro das famílias havaianas, a comprar terras e a interferir nos costumes sexuais locais.

De início, o jovem rei se dedicou a aventuras sexuais com Kaomi, seu amante masculino, o tradicional *aikane*, que era meio taitiano e ex-cristão. Kamehameha o nomeou colaborador, dividindo o reinado com ele, até ser pressionado a removê-lo do cargo. Seu verdadeiro tormento, porém, não era o caso com Kaomi, mas o grande amor de sua vida: a irmã Nahienaena — luminosa em seu manto de penas escarlate num retrato pintado por Robert Dampier —, que também era apaixonada por ele. Na tradição havaiana, o casamento entre os dois apenas fortaleceria a dinastia, mas os missionários conseguiram proibi-lo. Nahienaena se casou com outro aristocrata, porém tornou-se amante do rei, e, em 1836, quando deu à luz um filho, Kamehameha o nomeou herdeiro.

No entanto, tal como ocorria com os Habsburgo, a família estava sendo geneticamente destruída pela união incestuosa: o bebê morreu em poucas horas. O rei ficou arrasado. Nahienaena morreu logo depois, aos 22 anos de idade. Quando ele por fim desposou outra parente, Kamala, os dois filhos do casal morreram na primeira infância.

Os reis sempre haviam nomeado ministros meio havaianos ou europeus. A família de John Young, o artilheiro do Conquistador, desempenhava um papel especial. O filho de Young, John Young II, que crescera junto com o rei, era seu premiê. Mas, em 1830, o premiê foi flagrado "de calças na mão" no quarto da rainha Kamala e condenado à morte — pena que só foi comutada devido aos rogos da rainha viúva. Surpreendentemente, John Young permaneceu como ministro do Interior. Kamehameha III manteve a independência havaiana, mas o interesse de americanos e europeus estava aumentando cada vez mais.

Em dezembro de 1854, à morte súbita de Kamehameha, seu sobrinho Alexander Liholiho o sucedeu como Kamehameha IV.[29] Enquanto resistia à entrada americana, ele se apaixonou por outra integrante da família Young, uma neta do artilheiro do Conquistador, Emma Rooke, que tanto europeus quanto havaianos consideravam de uma beleza deslumbrante. Depois de se casarem, marido e mulher passavam muito tempo com o secretário do rei, um americano bem-apessoado chamado Henry A. Neilson. Quando a rainha deu à luz um filho, em 1858, o rei começou a beber e a sentir ciúmes do americano: em setembro de 1859, deu um tiro no peito de Neilson. Este, gravemente ferido, sobreviveu por dois anos, durante os quais o rei tentou se redimir cuidando dele. Pouco tempo depois, o casal perdeu o filho, de quatro anos. Ficaram devastados; Emma adotou o nome Voo do Chefe Celestial.

Enquanto os Estados Unidos rumavam para o oeste, um empreendedor aguerrido e visionário, Cornelius Vanderbilt, que já operava balsas a vapor em Nova York, passou para o ramo dos navios a vapor, que se tornaram o meio mais rápido de chegar à Califórnia: os passageiros atravessavam o istmo do Panamá de barco, depois tomavam um trem e reembarcavam nos navios a vapor de Vanderbilt para chegar a San Francisco. Corpulento, de ar ameaçador, Vanderbilt, descendente do filho do pirata Janszoom, de Salé, começara trabalhando nos barcos do pai, adquirindo o dele próprio aos dezesseis anos de idade. Um magnífico auscultador do mercado e explorador de novas tecnologias, ríspido, autocrático, alcunhando-se o Comodoro, ele esmurrava os inimigos, oprimia a família, traía os amigos, subornava juízes e políticos, manipulava o mercado de ações e arruinava os rivais: "Eu, por mim, jamais irei a um tribunal tendo nas mãos o poder de fazer justiça a mim mesmo". Intenso e vigilante, ele vivia num mundo acirradamente competitivo: "Não tenho medo de meus inimigos, mas, por Deus, é preciso ficar atento quando se está entre amigos". As primeiras ferrovias americanas foram construídas em 1827; em 1840, havia mais de 4300 quilômetros de trilhos; em 1860, eram 48 mil, construídos, mantidos e controlados por empreendedores agressivos encabeçados por Vanderbilt, que logo se somou ao octogenário Astor como um dos homens mais ricos dos Estados Unidos.

Em Nova York, o Comodoro e os impetuosos barões das ferrovias foram perdoados por suas riquezas e convidados a ingressar no refinado mundo das famílias mais antigas, ao estilo britânico, em troca de doações filantrópicas a instituições ainda controladas por aristocratas americanos. As famílias mais antigas não temiam o comércio; apenas não eram muito boas nessa área. Os Roosevelt, descendentes dos primeiros colonos holandeses, tinham enriquecido com o óleo de linhaça e propriedades em Manhattan, mas também entraram na vida pública, como vereadores e congressistas; construíram mansões no norte do estado e costumavam se casar dentro de um círculo de elite. Isso mudou com Cornelius Van Schaack Roosevelt, nascido no século XVIII e último membro da família a falar holandês, descendente dos Schuyler e dos Van Schaack. Baixo, ruivo, solene, cheio de energia, ele desde menino mostrara sua disposição, ao saltar, num domingo, no lombo de um porco, um daqueles que ainda vagavam pelas ruas de Manhattan no começo do século, e cavalgá-lo até que o animal o derrubasse. Ambicionando ser "um homem de fortuna", manufaturava vidro laminado, essencial para o rápido crescimento do setor imobiliário e o acolhimento dos novos imigrantes, e em seguida passou a investir em imóveis, que lhe renderam mais de 3 milhões de dólares.

Com o avançar da idade, Cornelius Van Schaack Roosevelt comprou casas em volta de sua mansão, entre a rua 20 Leste e a Broadway, para os cinco filhos: um deles se tornou congressista, e o caçula, Theodore, não se interessava muito por vidro. Descrito por seu filho homônimo como "um leão de bela aparência e boa índole" e "o melhor homem que conheci na vida", Theodore financiou entidades beneficentes e fundou o Metropolitan Museum of Art. Aos dezenove anos, o herdeiro manhattiano conheceu Martha "Mittie" Bulloch, filha de um fazendeiro da Geórgia criada em Bulloch Hall, uma mansão com colunas na fachada. Como todas as filhas de fazendeiros, ela crescera dividindo o quarto com uma escrava de companhia, conhecida como sua "sombra" — Lavinia, apelidada de Toy (Brinquedo). Os adolescentes vinham de mundos diferentes que estavam prestes a colidir.

Enquanto os Estados Unidos obtinham um império, as monarquias da Europa eram abaladas pela revolução. Em 22 de fevereiro de 1848, vinte dias após a assinatura do Tratado de Guadalupe Hidalgo, multidões parisienses, bradando *"Vive la réforme!"* e *"Vive la République!"*, tomaram Paris — uma sublevação que anunciava o retorno dos Bonaparte e o momento em que a política de massas e a saúde pública remodelavam a dinastia familiar e o poder de Estado para reformar a Europa.

ATO XVI

1,1 BILHÃO

Os Bonaparte e os manchus, os Habsburgo e os comanches

REVOLUÇÕES E POLÍTICA DE MASSAS: LUÍS NAPOLEÃO E LOLA MONTEZ

"Estou firme na sela do cavalo", insistia Luís Filipe, que agora sufocava a dissidência e resistia a reformas de tipo britânico: apenas 1% da população francesa (240 mil eleitores) podia votar para a Assembleia, enquanto os operários se esfalfavam em fábricas medonhas e os burgueses desejavam as liberdades concedidas na Grã-Bretanha, que agora tinha 1 milhão de eleitores. Luís Filipe tentava distrair a atenção dos franceses com a *gloire* bonapartista: em 1840, ele apresentou o retorno do corpo de Napoleão, trazido de Santa Helena, e compareceu a seu sepultamento nos Invalides.

Em janeiro de 1848, iniciaram-se tumultos em Palermo que então se alastraram para Paris, onde as multidões ocuparam as ruas em 22 de fevereiro. No dia seguinte, os soldados mataram 52 manifestantes. Multidões de operários socialistas e burgueses liberais logo tomaram o controle das ruas e sitiaram Luís Filipe no palácio. O rei abdicou em favor do neto, e, depois de um dia inteiro de tumultos, fugiu disfarçado num coche. Sua queda marcou o fim da família Capeto, que governara a França — com alguns pequenos intervalos — desde 922.

O poeta radical Alphonse de Lamartine declarou uma Segunda República, que habilitou o voto de todos os 9 milhões de homens adultos do país (concedendo o sufrágio masculino universal antes da Grã-Bretanha e dos Estados Unidos), criou Oficinas Nacionais para empregar trabalhadores e, por fim, em 27 de abril, quinze anos depois da Grã-Bretanha, aboliu a escravidão, indenizando os donos de escravos.[1]

A notícia foi transmitida por um novo meio, o telégrafo, que acelerou os acontecimentos mundiais: a revolução se espalhou pela Europa. O ex-monarca Luís Filipe zarpou para Dover sob o nome de "Sr. Smith", e o príncipe Luís Napoleão Bonaparte, de quarenta anos, sobrinho do conquistador e filho de seu irmão, o rei Luís, zarpou para Calais.

O príncipe vira Napoleão apenas uma vez — num desfile nas semanas que antecederam Waterloo —, e durante vinte anos suas traquinagens haviam sido motivo de risos na Europa. Mas ele era dotado de uma autoconfiança inabalável. "De tempos em tempos", escreveu, "criam-se homens a cujas mãos é confiado o destino do país. Sou um deles." Sua ascensão ilustra aquele misterioso processo da política, a momentosa inevitabilidade, por meio do qual o absurdamente impossível torna-se plausível, e então — quando as alternativas são rejeitadas e os demais caminhos se fecham — provável e, por fim, iminente. Apesar de tudo, Luís Napoleão era um arauto do mundo moderno: ajudou a criar a nova política de massas e fundou a última versão do Império Francês.

Sua mãe Hortênsia, filha de Josefina, "uma linda loura com olhos cor de ametista", cantora talentosa que escreveu o hino bonapartista "Partant pour la Syrie", sempre o tratara como um homem dotado de um destino, enquanto seu pai Luís, de espírito mesquinho, nunca acreditou inteiramente que o príncipe era de fato seu filho. Educado na Suíça e treinado como artilheiro na escola militar, Luís Napoleão era um rapaz tímido e taciturno, de olhos castanhos, nariz grande e lábios cheios, com uma cabeçorra, troncudo e com pernas curtas e grossas numa época em que as pernas dos homens, devido aos calções justos, eram um elemento essencial da beleza masculina. Ainda assim, ele possuía uma aura romântica que atraía as mulheres. "Geralmente é o homem que ataca", gabava-se ele. "Quanto a mim, tenho de me defender, e muitas vezes capitulo."

Tão logo seu primo, o duque de Reichstadt — Napoleão II —, morreu, em 1832, ele se tornou o pretendente bonapartista. Aos 25 anos, publicou seu manifesto *Rêveries politiques*, reunindo um grupo de aventureiros variegados, entre os quais sempre se incluíam uma devotada patrona, alguns oficiais e seu criado Thélin. A eles logo se somou Jean Fialin, o *soi-disant* visconde de Persigny, um ex-soldado espigado, jornalista em tempo parcial, promotor político de grande gênio e um dos primeiros manipuladores da imagem de pessoas públicas, que se tornariam comuns na democracia moderna. Em 1836, Luís Napoleão tentara tomar o poder de Luís Filipe em Estrasburgo, na esperança de liderar uma marcha sobre Paris, mas, pelo contrário, foi humilhado, preso e expulso da França. A Europa riu, e seu pai e seus tios, que haviam renunciado ao bonapartismo, desesperados para receber pensões de Luís Filipe, ficaram furiosos.

Mas Luís Napoleão nunca renunciou ao bonapartismo e passou anos exilado em Londres e Nova York. Quando Luís Filipe trouxe o corpo de Napoleão de volta para a França, Luís Napoleão pensou em emular Ptolemeu e sequestrar o corpo. Em vez disso, porém, tentou dar um segundo golpe, que resultou em sua condenação à "prisão perpétua" na Fortaleza de Ham, perto do Somme. "Existe na França", ele gracejou, "algo que seja perpétuo?"

Na fortaleza, que ele chamava de Universidade de Ham (não foi o último prisioneiro a usar a prisão como academia), ele lia livros, tinha casos (gerando dois filhos com uma dançarina de sapateado), e então fugiu com a ajuda de Thélin. Em Londres, herdou a fortuna do pai e se lançou a mais uma sucessão de casos amorosos. Quando o dinheiro acabou, envolveu-se com uma atriz-cortesã que se apresentava como Harriet Howard; ela tinha fugido com um jóquei e depois se assentou com um nababo, que lhe deixou uma fortuna. Apaixonou-se pelo príncipe, e, acreditando no destino dele, deu-lhe apoio constante.

Enquanto Luís Napoleão chegava à Paris revolucionária, os vienenses se rebelavam contra o imperador desnorteado: Fernando, com 42 anos, filho de primos duplos, nascera com encefalite e epilepsia e se contentava em deixar a política a cargo de seu vetusto chanceler, Metternich. Não consumara o casamento porque a noite de núpcias fora interrompida por convulsões, e adorava pudim de damasco — e gritava quando lhe diziam que não era época da fruta: "Sou o imperador e quero pudim de damasco!". Era mentalmente estável, mas incapaz de governar. Quando Metternich lhe falou da revolução, perguntou: "Isso é permitido?". Não era, mas é essa a particularidade das revoluções: húngaros, italianos e até vienenses se voltaram contra os Habsburgo, que tentaram proteger Metternich, e então, quando os soldados atiraram contra os manifestantes, sacrificaram-no. O Cocheiro da Europa teve de enfrentar a realidade de que o coche da monarquia estava galopando fora de controle. "Não sou mais ninguém", disse Fernando, depois de 39 anos no poder. Vestido de mulher, fugiu para Londres com a jovem esposa e a família: "Não tenho mais nada a fazer, mais nada a discutir".

As revoluções eram um bramido de fúria contra a velha hierarquia numa nova era de cidades fervilhantes, fábricas em expansão, ferrovias velozes, bolsas de valores frenéticas, jornais em multiplicação, folhetins bem-sucedidos e notícias transmitidas por telégrafo. As ferrovias britânicas agora ligavam cidades em todo o país: em 1840, havia 2400 quilômetros de trilhos, que em 1850 haviam mais do que quadruplicado, passando para 10 600 quilômetros — a França estava muito atrás, com 3200 quilômetros. Os empreendedores ferroviários cogitaram acrescentar uma rota transatlântica a suas redes de transporte: em 1840, um empresário canadense, Samuel Cunard, embarcou em seu primeiro vapor, o *Britannia*, indo de Liverpool à sua Nova Escócia natal em doze dias, criando um serviço que ligava os continentes e que logo permitiria que milhões de pobres de muitos países, da Irlanda aos reinos germânicos, migrassem em busca de novas oportunidades nas nações coloniais das Américas e da Austrália. Na base da sociedade, o operariado urbano mourejava em fábricas infernais que produziam bens para os consumidores burgueses, agora mais confiantes: a primeira loja de departamentos, o Bon Marché, fora inaugurada em Paris em 1838, e seu proprietário planejava uma versão ainda maior — além de impérios, uma era de empórios. Os operários agora enfrentavam os industriais, formando sindicatos e adotando uma nova ideologia que colocava a classe trabalhadora no centro da sociedade: o socialismo.[2]

Fugindo duas vezes da capital, enquanto o povo linchava e enforcava ministros em postes de luz, o Kaiser Fernando e os Habsburgo ainda tinham a vontade de poder que é essencial para mantê-lo, e empregaram seus exércitos leais para esmagar a Itália e então atacar Viena. Em seguida, realizaram uma conferência familiar secreta em que "o único homem da corte", a arquiduquesa Sofia, cunhada do imperador, a princesa bávara que flertara com o filho de Napoleão nos anos 1820, persuadiu o marido, o irmão do imperador, a renunciar à sucessão. Ela havia treinado o filho Francisco, de dezoito anos, louro, de olhos azuis, sério e compenetrado, para assumir o trono. Em Olomouc, a transmissão foi registrada de modo comovente pelo Kaiser que deixava o trono. "O assunto se encerrou com o novo imperador se ajoelhando perante seu velho imperador e senhor, isto é, perante mim", escreveu Fernando, "e pedindo a bênção, que lhe dei, depondo as duas mãos sobre sua cabeça e fazendo o sinal da cruz […], então beijei nosso novo senhor […]. Depois disso, eu e minha querida esposa fizemos as malas."

Adotando o nome de Francisco José, o novo imperador retomou a reconquista do império, primeiro na Itália e então na Áustria. Muitas dinastias cambalearam. Na Baviera, uma das mais antigas, a dos Wittelsbach, parecia uma ópera bufa: o rei Luís, de 62 anos, que governara por 23 anos, caíra recentemente sob o fascínio de uma deslumbrante cortesã irlandesa, Eliza James, que dizia ser uma dançarina espanhola chamada Lola Montez. "Amo você com minha vida, meus olhos, minha alma, meu corpo", ele escreveu, discorrendo sonhador sobre seus "cabelos negros, olhos azuis, formas graciosas […]. Voltei a ser jovem". Lola dominava Munique: "Estou a ponto de receber o título de condessa", gabou-se a um amigo. "Tenho uma propriedade encantadora, cavalos, criados […], estou cercada pela atenção de grandes damas, vou a todos os lugares, Munique inteira me serve." E acrescentou: "O rei me ama apaixonadamente". Mas o reinado de Lola foi curto. Ela se divertia mantendo casos com estudantes enquanto a revolução incendiava a Baviera, obrigando Luís a exilá-la e a aceitar uma Constituição. "Minha muito amada Lolita", escreveu o rei traído, "já não sou mais amado, apenas seu coração permanece comigo […]. Renunciarei à Coroa."[3] Sua abdicação serenou a revolução.

Mais ao norte, em Frankfurt, uma entusiasmada Assembleia Nacional promovia uma Alemanha constitucional e unificada, acabando com a "Confederação Germânica" presidida pela Áustria e oferecendo a Coroa ao timorato rei prussiano Frederico Guilherme IV. De início, uma revolução em Berlim o obrigara a aceitar uma constituição. Seu irmão mais novo, Guilherme, conservador, foi para o exílio britânico; ao voltar, usou a pólvora para restabelecer a ordem nas ruas. Agora Frederico Guilherme se recusou a "recolher uma Coroa da sarjeta, desgraçada com o fedor da revolução, conspurcada pela imundície". Todavia, passou a acalentar a ideia de liderar uma união germânica. Mas a Áustria se recuperara e reafirmara seu poder; a Assembleia foi dissolvida e fechada; os Hohenzollern tinham sido humilhados e ao mesmo tempo demonstrado ser essenciais.[4]

O desempenho de Frederico Guilherme tinha enfurecido os nobres *junkers*, em especial um robusto proprietário de terras da Pomerânia, Otto von Bismarck, que, provocando os liberais com seus discursos sobre a monarquia divina, brincava com a ideia de comandar um exército para derrubar o rei e incentivava o "retinir dos sabres nas bainhas". A reação à revolta gerou uma profunda decepção em dois jovens radicais germânicos que planejavam uma revolução socialista.

AS CORTESÃS E *O CAPITAL*: NAPOLEÃO E MARX

Friedrich Engels, filho de um industrial germânico dono de fábricas têxteis em Manchester, conhecera um colega radical, Karl Marx, em Paris, em 1844, quando tinham respectivamente 23 e 26 anos de idade, e juntos desenvolveram a ideia de que a classe trabalhadora — que chamavam de proletariado — se tornaria o motor da revolução mundial. Marx era filho de um advogado judeu de Triers, Herschel Marx, descendente de uma linhagem de rabinos, que se convertera ao protestantismo e adotara o nome Heinrich. Marx ficou devastado e também empobrecido com a morte do pai, mas se casou com uma aristocrata intelectual que tinha boas ligações sociais, Jenny von Westphalen, com quem já tinha três filhos. Enquanto o marido de Jenny planejava a revolução, o irmão dela era o ministro do Interior prussiano que ajudou a reprimi-la.

Engels, tanto como industrial quanto como amante, orientado pela companheira, uma operária irlandesa chamada Mary Burns, conhecia trabalhadores de Manchester e tinha dinheiro, o que lhe permitiu levar Marx numa viagem de estudos pela cidade inglesa. Marx e Engels observaram que as cidades industrializadas estavam matando o operariado: mesmo depois dos avanços na medicina e na alimentação, a expectativa de vida estava diminuindo — os trabalhadores de Liverpool morriam aos 25 anos. Agora, os britânicos da classe trabalhadora viviam dezessete anos a menos do que os das classes superiores, muitos deles vitimados pelo cólera. Os médicos acreditavam que isso se devia ao "miasma". Nos Estados Unidos, a expectativa de vida caíra treze anos entre 1800 e 1850; na cidade de Nova York, a mortalidade infantil era de quase 50%. Muitas mães agora davam à luz em maternidades nos hospitais, mas 10% delas morriam — e descobriu-se que eram os próprios médicos que (com a melhor das intenções) causavam sua morte.[5]

Enquanto os avanços na assistência médica e na higiene urbana estavam prestes a gerar uma grande melhoria na expectativa de vida, Marx e Engels, adaptando Saint-Simon, consideravam o novo sistema capitalista o culpado de tudo isso. Em janeiro de 1848, eles escreveram o *Manifesto comunista*, apresentando uma "teoria crítica" que explicava o mundo interconectado: "Até agora os filósofos se preocuparam em interpretar o mundo de várias maneiras; o que importa é transformá-lo". Eles argumentaram que "toda a história da humanidade tem sido a história da luta de classes". Semanas depois, a Europa estava em revolução, e os dois se lançaram pessoalmente ao tumulto, Engels transportando rifles, Marx usando uma herança para armar operários belgas.

Em Viena, Milão e Praga, Francisco José venceu os rebeldes, mas a Hungria abraçou a independência nacional, assim como as províncias otomanas da Valáquia e da Moldávia, uma aspiração que se alastraria facilmente para os súditos poloneses e ucranianos de Nicolau. O tsar ocupou Bucareste e a Moldávia e se ofereceu para esmagar a Hungria. Francisco José, em posição humilhante, concordou; 190 mil soldados russos abriram caminho até Budapeste, e o jovem Kaiser nunca perdoou o arrogante tsar pela ajuda prestada. Em Berlim, Frederico Guilherme revogou sua Constituição e restaurou uma versão limitada de seu poder anterior. Tendo imposto a ordem em seus reinos, os dinastas ficaram observando a França. O único nome que não queriam ouvir era o de Napoleão.

Luís Napoleão, hospedado num hotel parisiense, num país que pouco conhecia e cuja língua falava com sotaque alemão, sempre acreditara na magia do nome Bonaparte. De início, ele permitiu que seu tio idoso, o ex-rei Jerônimo, e outros dois primos concorressem à Assembleia Nacional, enquanto ele próprio voltava a Londres, onde as multidões cartistas, contagiadas pelo espírito revolucionário, faziam manifestações por mais democracia. Wellington, agora com 79 anos, reuniu seus soldados, e Bonaparte se registrou como guarda especial. Em Paris, Jerônimo e os demais foram eleitos. Persigny pregou cartazes pela cidade com a imagem de Luís Napoleão e a mensagem *"Lui!"*: "Ele!".

Os trabalhadores das Oficinas Nacionais se armaram, adotando o vermelho como cor da revolução; os burgueses entraram em pânico com a ameaça. "Ouvia-se o espectro de 1792, o som da guilhotina", observou um jovem escritor, Gustave Flaubert.[6] O ministro da Guerra, o general Cavaignac, atacou os rebeldes, que resistiram aguerridamente. Milhares foram abatidos a tiros no combate.

Cavaignac se tornou o favorito na primeira eleição presidencial, mas Luís Napoleão também concorreu, auxiliado por um novo irmão que ele mal sabia que tinha. Aos três anos de idade, sua mãe desaparecera para dar à luz Auguste de Morny, que, atuando jovialmente na política, no sexo, nas finanças e no Jockey Club, apoiara Luís Filipe enquanto fazia fortuna com beterrabas. Agora, porém, se aliou ao meio-irmão. Persigny e Morny ofereciam tudo a todos: ordem e segurança, socialismo e glória.

Em dezembro de 1848, depois que a Assembleia restringiu o direito de voto, Napoleão teve 5,5 milhões de votos e Cavaignac, 1,1 milhão. O príncipe-presidente, mudando-se para o Palais de l'Élysée, comportava-se como se estivesse sempre concorrendo ao cargo, percorrendo o país de trem, declarando que "o nome Napoleão é um programa completo em si mesmo: no país, significa ordem, autoridade, religião e o bem-estar do povo; no exterior, a dignidade da nação", e prometendo representar o homem comum contra a Ameaça Vermelha do socialismo. Ele estava apenas esperando a chance de mostrar sua perspicácia napoleônica. Primeiro, enviou tropas para a Itália a fim de resgatar o papa Pio IX dos nacionalistas italianos, brandindo suas credenciais napoleônicas, conservadoras e católicas.

O passo seguinte foi liderado por homens, mas parcialmente organizado e financiado por mulheres: em 1º de dezembro de 1851, depois de ir ao teatro e então ao Jockey Club, Morny se lançou a um golpe napoleônico, a Operação Rubicão, financiada pela amante de Napoleão, Harriet Howard, e sua própria amante, a esposa do embaixador belga. Os generais simpáticos ao golpe prenderam 26 mil pessoas, alvejaram quatrocentas, deportaram 9 mil para a Argélia e derrubaram a Constituição. Depois de restaurado o sufrágio universal, 7,5 milhões de eleitores aprovaram a ditadura de Luís Napoleão por dez anos. "Ao que parece, a França deseja um retorno ao império", ele declarou, e acrescentou, para tranquilizar a Europa: "O império significa paz". Em dezembro de 1852, novamente aprovado por 7,5 milhões, ele foi proclamado imperador Napoleão III.[7]

A revolução tinha terminado, mas mudara tudo. Marx fugiu para Londres. Agora usando uma barba de profeta bíblico, lutando para sobreviver em antros esquálidos no Soho, sem dinheiro, bebendo muito, atormentado por furúnculos e enxaquecas, ele se sustentava com o que Engels lhe dava e com os magros proventos das matérias que escrevia para o jornal *New-York Daily Tribune*, reclamando amargurado da "desgraça da existência". Mas também negligenciou a esposa longamente adoentada, engravidou a governanta e persuadiu Engels a assumir a responsabilidade por seu filho ilegítimo, que foi entregue a pais adotivos.[8]

No entanto, na sala de leitura do Museu Britânico, Marx elaborava uma ideologia abrangente numa obra-prima, *O capital*: o capitalismo estava condenado por suas próprias contradições internas porque a história era regida pelo materialismo dialético, uma progressão, primeiramente, para o governo do proletariado, e, a seguir, para um comunismo sem Estado e sem classes, de completa igualdade. Na certeza de suas pesquisas científicas, o marxismo oferecia uma ortodoxia que iria substituir a religião para o grande número de excluídos dos espólios do capital no país e no império. Um pequeno grupo de radicais começou a segui-lo. Quando a classe trabalhadora votou pela ordem e pela liberdade, e não pela revolução, Marx a denunciou como lumpemproletariado, cujas ideias mostravam uma "falsa consciência".

Napoleão III se jactava da criação de um novo império, mas, assim como o tio, precisava de um herdeiro.[9] O imperador erotômano procurava mulheres nos bailes do Élysée, ou mandava o primo camareiro, Felix Baciocchi, arranjá-las para ele. No palácio, elas eram instruídas a esperar nuas pelo imperador, com as palavras: "Você pode beijar Sua Majestade em qualquer parte, menos no rosto". As amantes atestavam sua impudente perícia, seu egoísmo como amante, e contavam como a cera de seus bigodes se derretia. Uma jovem comentou que "nem tive tempo de fazer um protesto simbólico antes que ele me agarrasse num local íntimo". Não conseguindo desposar uma princesa germânica, Napoleão conheceu Eugênia de Montijo, condessa de Teba, uma ruiva espanhola gelidamente elegante. Instruída pela mãe,[10] Eugênia resistiu até ele se apaixonar.

Ao ver Eugênia e a mãe num balcão durante um baile, Napoleão ergueu a vista, gracejando com elas:

"Como posso chegar até suas pessoas, minhas senhoras?"

"Passando pela capela, senhor", respondeu Eugênia.

Os Bonaparte desaprovavam. "Luís", disse o tio Jerônimo, "se casará com a primeira mulher que o recusar." Mas Morny aprovava, e o barão James de Rothschild já reparara nela antes disso. Em janeiro de 1853, Eugênia apareceu de braço dado com Rothschild num baile, durante o qual disse ao vacilante imperador que, se ele não a pedisse em casamento, partiria para Londres. "Senhora condessa", ele escreveu à mãe de Eugênia, "estou há muito tempo apaixonado pela senhorita sua filha." Depois de dispensar sua patrona, Harriet Howard, Napoleão desposou Eugênia, que afinal detestava o sexo que ele tanto apreciava — "Sinceramente, por que os homens nunca pensam em outra coisa a não ser *nisso*?", refletiu ela —, mas engravidou.

ESPLENDORES E MISÉRIAS DAS CORTESÃS

Em 16 de março de 1856, depois de um doloroso parto, durante o qual Napoleão III implorou aos médicos que usassem "qualquer sedativo moderno inventado pela ciência", a imperatriz Eugênia deu à luz o herdeiro, o príncipe imperial.

Napoleão III foi um modernizador muito dinâmico. Concebeu uma Paris moderna que estabeleceria novos padrões para a higiene e o traçado de todas as cidades, inclusive Londres. Em 23 de junho de 1853, ele nomeara um funcionário da província, Georges Haussmann, prefeito de Paris — "um dos homens mais extraordinários de nossa época", disse Persigny, "grande, forte, vigoroso, cheio de energia, e ao mesmo tempo inteligente, astuto e de grande engenho". As ordens de Napoleão a Haussmann foram de *"aérer, unifier et embellir Paris"*. Enquanto Napoleão planejava as obras numa enorme maquete em seu gabinete, Haussmann demolia cortiços e criava os bulevares, parques, praças e estações da Paris de hoje. Mais importante do que a beleza era a higiene. "As galerias subterrâneas são um órgão da cidade grande, funcionando como um órgão do corpo humano", disse o prefeito. "Circulam águas limpas e frescas; as secreções são misteriosamente removidas."[11]

Napoleão III promoveu as ferrovias. Os trens incentivavam a viagem e o comércio, mas o vapor também era uma questão de poder e conquista, ao ampliar a distância entre o noroeste da Europa e a república de colonos dos Estados Unidos e o resto do mundo. Na Europa, as ferrovias facilitavam o deslocamento militar — algo em que a França foi pioneira, sendo mais tarde ultrapassada pela Prússia. No exterior, os vapores fortaleciam o império, permitindo que a Grã-Bretanha e a França enviassem rapidamente tropas para a África ou para o leste.[12]

A expansão ferroviária empreendida por Napoleão III foi acelerada por seu irmão Morny, mas guiada por James de Rothschild. Os irmãos Rothschild prosperaram enormemente com as ferrovias, assim afastando os desafios de banqueiros rivais. Em 1870, a França contava com 22 500 quilômetros de trilhos.

Em 1855, James encomendou um palácio neorrenascentista em Ferrières, construído pelo mesmo arquiteto que havia projetado Mentmore para seus primos ingleses. "Construa-me um Mentmore", determinou James, "mas com o dobro do tamanho." Era um palácio adequado para um senhor do mundo, com oitenta aposentos equipados com todos os luxos, um salão colossal com quarenta metros de comprimento por vinte de largura, encimado por uma claraboia de vidro. Era um "conto de fadas, um palácio de Aladim", comentou sua prima Charlotte de Rothschild, esposa de Lionel, enquanto os irmãos Goncourt, escritores antissemitas, criticavam a "idiota e ridícula extravagância — uma mixórdia de todos os estilos".

No dia da inauguração, Napoleão III chegou de trem, desceu sobre um tapete verde bordado com abelhas bonapartistas e seguiu até o palácio em carruagens em que tremulavam o azul e o amarelo do brasão Rothschild para admirar o *château* repleto de obras de Rubens e Velázquez. À saída de Napoleão, James, mantendo o rosto impassível, gracejou: *"Sire, meus filhos e eu jamais esqueceremos o dia de hoje. Le mémoire será de grande valor para nós"* — sendo que *le mémoire*, no masculino, significava a conta a pagar.

Napoleão III consultava frequentemente James, que agora supervisionava um império financeiro mundial, levantando empréstimos para dinastias desde os Bragança brasileiros aos otomanos, enquanto seu agente americano, August Belmont, financiava as ferrovias americanas e a guerra dos Estados Unidos contra o México. Mas James desaconselhou Napoleão a travar guerra. "É um princípio de nossa casa não emprestar dinheiro para a guerra. Não está em nosso poder evitar a guerra", ele escreveu, "mas queremos pelo menos manter a convicção de que não contribuímos para ela." Os antissemitas tentavam culpar os financistas judeus pelas guerras europeias, mas as potências continentais vinham travando embates constantes desde os godos, muito antes do surgimento dos Rothschild, e, depois que a família deixou de desempenhar um papel central, continuaram a guerrear por muito tempo. James troçava do lema de Napoleão, *"L'empire c'est la paix"*, preferindo *"L'empire c'est la baisse"* — o império é a queda —, e acrescentando: "O imperador tinha razão quando dizia que o império é a paz, mas o que ele não sabe é que, quando há uma guerra, o imperador está acabado".

James vivia para a família, mas mesmo ele tinha dificuldade em resistir ao fenômeno parisiense das cortesãs. Em *Esplendores e misérias das cortesãs* — um dos últimos romances de Balzac, escritos antes de sua morte por excesso de trabalho e café —, o barão de Nucingen, inspirado nele, paga para dormir com a adorável, mas frágil Esther. Mais do que James, o irmão do imperador, o duque de Morny, tornou-se o árbitro das finanças, do prazer e da moda. O luxo napoleônico era sultanesco e sibarita, mas o mesmo se podia dizer da venalidade numa cidade de pobreza sórdida e sufocante, com milhares de prostitutas de rua e *grisettes* de posição mediana. Mas as cortesãs mais ricas, as *grandes horizontales*, muitas vezes ex-prostitutas ou atrizes que recebiam pagamento de aristocratas, plutocratas ou dândis por seus favores, tornaram-se celebridades — aparecendo no palco, tendo seus retratos, agora possibilitados pela fotografia, vendidos como cartões-postais, e suas travessuras contadas nos periódicos. Elas eram perfidamente exploradas desde a infância, muitas vezes tinham um final de vida trágico, mas também eram corajosamente independentes, zombando das restrições das mulheres respeitáveis. Era um mundo de música, arte e literatura, porém as *horizontales* ocupavam o centro do palco. Jacques Offenbach, filho de um cantor de sinagoga de Colônia, era o compositor emblemático do império, com libretos de Ludovic Halévy. Em 1855, quando Napoleão III inaugurou sua *Exposition Universelle*, visitada por mais de 5 milhões de pessoas, Offenbach lançou suas primeiras óperas bufas, que apresentaram ao mundo Hortense Schneider, que se tornou La Snéder, a personificação da beleza e do prazer parisienses. As cortesãs eram as estrelas de suas óperas, em especial *Orphée aux enfers*, em que o "galope infernal" — o cancã — se tornou o tema da época. La Snéder começou como uma das amantes de Offenbach antes de se tornar amante de Napoleão III, de Morny e de uma série de príncipes. A mais ousada *horizontale* era britânica: filha de músicos irlandeses de Plymouth, Cora Pearl (cujo verdadeiro nome era Emily Crouch) apareceu seminua interpretando o Cupido em *Orphée*.[13]

Romancistas e artistas ficavam fascinados com o drama e a tragédia da vida dessas jovens. Em 1863, no Salon des Réfusés, que Napoleão criou especificamente para artistas inovadores, Édouard Manet expôs seu quadro *Olympia*, em que mostrava uma cortesã nua e ousada, cujo modelo tinha sido Victorine Meurent, artista e amante do pintor, acompanhada pela criada negra inteiramente vestida, baseada numa modelo chamada Laure. A pintura chocou os burgueses, mas ajudou a lançar um novo gênero, criticado por ser demasiado "impressionista": o nome pegou.

A sensível e talentosa decana das cortesãs, Valtesse de La Bigne, alcunhada Rayon d'Or, era amiga e amante de Manet e Offenbach, patrona de pintores e escritores, atriz e autora do romance *Isola*, mas conhecida principalmente por seu magnífico leito dourado com dossel — ainda em exposição no Musée des Arts Décoratifs. Aos 28 anos de idade, um jovem crítico meio italiano, Émile Zola, lançou uma série de romances inspirados por Balzac narrando a história de uma família na Paris napoleônica, *Les Rougon-Macquart* — uma obra fundamental da história familiar: "Quero explicar como uma família, um pequeno grupo de pessoas, se comporta numa sociedade [...]. A hereditariedade tem suas leis, como a gravidade". Depois de entrevistar Valtesse e ver seu leito, ele criou o primeiro romance sobre o sex appeal das celebridades, personificado pela irresistivelmente destrutiva Nana, aquela "boa menina" que se eleva à riqueza em seu leito palaciano, "um trono, um altar onde Paris veio a admirar sua nudez soberana" — um ofuscante meteoro erótico como o próprio império. Valtesse detestou *Nana*, dizendo que a heroína era "uma puta vulgar e estúpida".[14]

Em 1853, as delícias de Paris mudaram a vida de um visitante impressionável, o herdeiro do ditador do Paraguai, que foi recebido por Napoleão III e se apaixonou por uma cortesã que se tornaria a mulher mais poderosa da América do Sul — e a maior latifundiária do mundo.

ELIZA LYNCH E A RAINHA VITÓRIA: DUAS POTESTADES

Francisco Solano López era filho do governante do Paraguai, uma pequena república isolada, social e racialmente igualitária, criada pelo grão-senhor José Gaspar de Francia, que a governou por 26 anos até sua morte, em 1840. Após um breve intervalo, a ele se sucedeu seu primo Carlos Antonio López; "esse grande vagalhão de carne humana, um verdadeiro mastodonte", depositou suas esperanças no filho primogênito Francisco, que enviou para a Europa a fim de com-

prar armas para seu enorme exército. Francisco, com 28 anos de idade, encomendou navios britânicos e artilharia francesa, e, enquanto estava em Paris, em
1854, "deu rédeas soltas a suas propensões naturalmente licenciosas e mergulhou nos vícios daquela alegre capital" — até conhecer Eliza Lynch, de dezenove
anos, a ruiva cortesã filha de um médico naval irlandês.

O general López voltou ao Paraguai com seu novo vapor e com Eliza Lynch
grávida e decidida a trazer a grande agitação da Paris do Segundo Império para
o minúsculo país sul-americano, onde deu à luz o primeiro de cinco filhos. Enquanto isso, seu amante era promovido a vice-presidente e ministro da Guerra.
Se os paraguaios ficaram fascinados com Eliza, que chamavam de La Lynch, a
família López ficou horrorizada com *La Concubina Irlandesa* — mas seria o próprio Francisco quem viria a destruir o Paraguai.

Logo após o casamento de Napoleão III com Eugênia, eclodiu uma terrível
escaramuça de punhais e pistolas entre monges católicos e ortodoxos na Basílica
do Santo Sepulcro em Jerusalém. A briga cenobita desencadeou uma guerra europeia que ofereceu a Napoleão a oportunidade de se aliar ao único país suficientemente liberal para se associar ao imperador arrivista: a Grã-Bretanha. Nicolau
e Napoleão competiam para intimidar o sultão otomano Abdul Mejide a lhes
conceder influência e a proteção dos cristãos. Napoleão III enviou um torpedeiro
para afirmar a "autoridade soberana" da França sobre os Lugares Sagrados. Abdul Mejide aceitou essa autoridade até que o tsar Nicolau ameaçou a guerra, ao
que o otomano concordou que era Románov o protetor dos cristãos ortodoxos.

O tsar então invadiu a Moldávia e a Valáquia otomanas, na esperança de
avançar mais ao sul e tomar Istambul; como principal exportador europeu de
cereais a partir de Odessa, ele pretendia controlar os estreitos. Conclamou então
uma revolta eslava balcânica, influenciado por uma nova ideologia pan-eslavista,
por meio da qual os eslavos sob a liderança russa desafiariam o ódio e a hipocrisia
do Ocidente democrático. Mas Nicolau, um homem rígido, enfermo, a quem o
sucesso subira à cabeça, cometeu um erro de cálculo. Ele contava com o apoio
dos Habsburgo e as divisões ocidentais. Porém Francisco José o traiu. E havia
também Palmerston, que abominava sua autocracia expansionista. Palmerston
era um secretário do Interior liberal e reformador, crítico implacável da escravidão, empenhado em reduzir o uso de mão de obra infantil, protetor das mulheres ao instituir o divórcio civil e pioneiro do papel do Estado no combate às epidemias, ao tornar obrigatória a vacinação das crianças contra a varíola.[15] Agora,
ele apressou-se em ir a Paris a fim de coordenar suas ações com Napoleão.

Em 27 de fevereiro de 1854, percebendo que Nicolau não recuava, Palmerston guiou a Grã-Bretanha e a França numa guerra conjunta contra a Rússia. Em
setembro, 30 mil soldados franceses e 26 mil soldados britânicos, auxiliados pelos
italianos do Piemonte e pelos otomanos, desembarcaram na Crimeia a fim de

tomar a base naval de Potemkin em Sebastopol e destruir o poderio russo no mar Negro. Foi a primeira das guerras nos meados do século em que a bravura da cavalaria e a inépcia dos comandantes aristocráticos entraram em choque com a eficiência mortífera dos armamentos modernos. Os dois lados foram de uma incompetência atroz, usando cargas de cavalaria contra artilharia maciça e empregando a infantaria contra posições fortificadas; tanto a infantaria quanto a cavalaria eram comandadas por sujeitos autoritários, arrogantes e negligentes.

Palmerston sugeriu que a rainha Vitória e seu marido, o príncipe Alberto, a quintessência de um novo puritanismo burguês, fizessem o impensável: convidassem Napoleão III, herdeiro do inimigo ancestral e notório imperador das farras da nova Babilônia, para uma visita a Windsor. Palmerston concordara com o golpe de Napoleão III, provocando com seu entusiasmo a indignação de Alberto, cujas reclamações o levaram a renunciar ao cargo de secretário das Relações Exteriores. O casal real desaprovava Palmerston, mas Napoleão era simplesmente inaceitável.

A rainha britânica subira ao trono em 1837, ainda uma adolescente apreensiva e inexperiente. A monarquia já não era poderosa, mas Vitória, pálida, loura, roliça, de rosto redondo e olhos azuis, conduzia-se como se fosse a governanta, empregando sua influência e prestígio com uma grandiloquência obstinada sem qualquer sombra de hesitação. Sua firmeza oferecia uma fachada tranquilizadora para o povo britânico, arrojado, ambicioso e próspero; sua atitude de superioridade moral combinava perfeitamente bem com os valores das classes médias, que se consideravam virtuosas. Mas foram Palmerston e uma casta de aristocratas e oligarcas que efetivamente levaram a Grã-Bretanha ao poder mundial.

A tarefa principal de Vitória era se casar e providenciar um herdeiro. Os pequenos principados germânicos haviam por muito tempo prestado seus serviços matrimoniais às dinastias europeias, mas o tio de Vitória, o rei Leopoldo da Bélgica, transformara sua família, os Saxe-Coburgo, na "coudelaria da Europa", como dizia Bismarck. Leopoldo era imponente, enérgico e sofisticado, tendo transformado a recém-criada Bélgica, com o auxílio de seus amigos Rothschild, numa próspera economia moderna, mas era também um grande casamenteiro. Em 1840, ele conduzira seu sobrinho simpático, solene e cerebral, Alberto, à jovem que era o melhor partido do mundo. Alberto reagira contra seus desinibidos pais, o duque e a duquesa de Saxe-Coburgo. O duque levara o jovem Alberto e seu irmão Ernesto para conhecer as cortesãs da Babilônia parisiense: Ernesto se tornou viciado em sexo, e Alberto converteu-se num moralista pudico. A mãe dos rapazes retribuiu os serviços do duque tomando como amante seu camareiro de origem judaica, supostamente o pai natural de Alberto, e o marido pediu o divórcio; ela nunca mais pôde ver os filhos. Vitória se encantou com Alberto: "repleto de bondade e doçura", ela escreveu, "muito esperto e inteligente [...] extremamente bem-apessoado; tem os cabelos quase da mesma cor dos meus, olhos grandes e azuis, um belo nariz, uma boca muito meiga [...], mas o encanto de sua fisionomia é sua expressão, extremamente agradável". Vitória agradeceu Leopoldo "pela perspectiva de *grande* felicidade que você contribuiu para me dar". Ela passou grande parte do casamento grávida, tendo primeiro uma filha, Vicky, à qual se seguiu um menino, Bertie, príncipe de Gales, e mais sete rebentos.[16]

Vitória e Alberto viam Palmerston e Napoleão III como fornicadores deploráveis. Agora num feliz casamento com sua amante de longa data, a condessa Cowper, Palmerston nunca se retirou da arena: quando ele se aventurou no quarto de uma dama de companhia em Windsor, a rainha, que não gostava daquele "homem forte, determinado, cheio de ambição mundana", ficou chocada. Alberto o chamava de "inescrupuloso".

Em 16 de abril de 1855, Napoleão III e Eugênia chegaram a Windsor. Para a surpresa de todos, o incorrigível imperador e a imperatriz arrivista encantaram os comportadíssimos Saxe-Coburgo. "Há algo de fascinante, melancólico e envolvente que nos atrai nele", refletiu Vitória. De fala mansa, cortês, inescrutável, Napoleão flertou com Vitória, que, como notou Clarendon, secretário britânico das Relações Exteriores (descendente do duque de Buckingham, um favorito de Jaime I, que, naquele mundo minúsculo da sociedade europeia, calhava de ser o amante da mãe de Eugênia), sentiu-se "poderosamente tocada com aquilo, pois nunca recebera galanteios amorosos na vida, e o galanteio dele era de uma natureza que lhe lisonjeava a vaidade sem alarmar sua virtude; ela gostou da novidade". Napoleão conversou com Alberto em alemão, permitindo-lhe que se entregasse a minuciosas preleções sobre seus planos para museus e entidades beneficentes.

Na Crimeia, a artilharia e as doenças mataram 450 mil russos, 120 mil otomanos, 100 mil franceses e 40 mil britânicos, mas os ocidentais se revelaram um pouco menos ineptos, derrotando os russos e por fim tomando Sebastopol. O tsar Nicolau teve uma morte infeliz, e o atraso russo ficou exposto à vista de todos; seu atraente filho Alexandre II foi obrigado a negociar o Tratado de Paris, que extinguiu temporariamente o poderio russo no mar Negro.[17]

Quanto aos otomanos, Palmerston mais uma vez salvara seu império: ele e Napoleão III incentivaram os reformadores em torno do sultão Abdul Mejide a modernizarem o Estado e prometerem direitos jurídicos iguais para os não muçulmanos, assim protegendo judeus e cristãos, e a abolição da escravidão negra — embora não da escravidão branca: as brutais operações russas contra a minoria circassiana no Cáucaso agora levariam a um enorme crescimento nas vendas de escravos circassianos para Istambul. O *Tanzimat* — reordenamento — otomano fomentou um novo "otomanismo", na tentativa de criar uma identidade multiétnica a fim de manter o império unido. Palmerston estabeleceu uma proteção britânica especial para os judeus otomanos, enquanto os franceses protegiam os maronitas do Líbano. A influência europeia servira de guia para a tolerância otomana, mas essa era de cosmopolitismo durou apenas três décadas.

Em 18 de agosto de 1855, Napoleão III se encontrou com Vitória e Alberto em Dunquerque e os escoltou a Paris para uma visita à Exposition Universelle, sua versão da Grande Exposição promovida pelo casal real britânico.[18] Primeira soberana britânica a visitar Paris desde Henrique VI, Vitória levou o filho Bertie, com treze anos, que ficou enlevado com a cidade dos prazeres. "Eu gostaria de ser seu filho", ele disse a Napoleão. Bertie, ruivo e gorducho, ansiava pela aprovação paterna e ao mesmo tempo gostava de chocá-lo: voltaria à Babilônia parisiense tão logo tivesse a oportunidade. A Crimeia não era o único projeto anglo--francês — as duas nações estavam sendo subitamente atraídas para conflitos contra as dinastias orientais.

Em 11 de maio de 1857, o monarca mogol Bahadur Shah Zafar, de 81 anos, descendente de Tamerlão, Babur e Alamgir, recebeu uma notícia alarmante: iniciara-se uma revolta contra os britânicos, e agora estavam chegando a Delhi os primeiros sipaios rebeldes, para aclamá-lo como governante e matar qualquer cristão que encontrassem pela frente.

A REBELIÃO: O ÚLTIMO DOS TIMÚRIDAS E O PRIMEIRO NEHRU

Bahadur tinha pouco poder fora de sua residência, o Forte Vermelho em Shahjahanabad, em Delhi. Como todos os mogóis instruídos, era calígrafo e poeta em persa e urdu, mas governava apenas "de Delhi a Palam" (um subúrbio de Delhi), tendo sua corte financiada por uma pensão da EIC. A Grã-Bretanha, que acabara de tomar o controle do Punjab a oeste e da Birmânia a leste, agora dominava a Índia, primeira vez em que o subcontinente era governado por uma única potência. Os britânicos tinham pretensões ao reino mogol e, como os mogóis, contavam apenas com uma estrutura improvisada, dirigida por Londres, algumas partes nominalmente governadas pela EIC, grande parte ainda regida por príncipes indianos. A canhestra arrogância britânica havia enfurecido tanto hindus quanto muçulmanos. A mescla cultural anterior fora substituída por uma superioridade britânica racista que vetava aos indianos posições elevadas e por uma missão evangélica que despertava o receio de uma conversão forçada. Os príncipes e proprietários de terras ressentiam-se com as anexações britânicas. Os protonacionalistas se indignavam com o governo estrangeiro. No começo de 1857, no exército bengali, as novas munições, untadas com sebo de porco ou de vaca, alarmaram hindus e muçulmanos, que, enfurecidos com as punições impostas por grosseiros oficiais britânicos, se amotinaram em Meerut e agora se dirigiam a Delhi.

Quando rajás e sipaios recorreram a Zafar como a autoridade tradicional da Índia, ele percebeu a expectativa de milhões de pessoas. Em Delhi, os sipaios se uniram aos rebeldes de Meerut e a uma rede clandestina de jihadistas; os britânicos fugiram da cidade ou se esconderam no palácio, enquanto eclodiam revoltas populares em Uttar Pradesh e Madhya Pradesh, bem como no Rajastão e em Bihar.

Quando uma mistura de rajás, chefes guerreiros, camponeses, sipaios e pregadores — muçulmanos e hindus — atacaram soldados britânicos, matando mulheres e crianças, os europeus responderam com igual ferocidade, auxiliados pelas três novas tecnologias que lhes davam suprema vantagem: o telégrafo, que lhes permitia pedir reforços; as ferrovias britânicas, que transportavam rapidamente as tropas até os portos; e os vapores, que as levavam até a Índia. A segurança era frágil: havia 45 mil soldados britânicos, alguns da EIC, alguns da monarquia, e 311 mil sipaios. Bastaria um único líder indiano unificador para tomar o país inteiro. No entanto, o motim tinha um caráter muito regional, com apoio de massa apenas em Uttar Pradesh, a oeste, enquanto a maior parte da população, a maioria dos mercadores indianos, as elites dos portos e quase todos os principados no norte e no centro continuavam leais, assim como dois dos três exércitos da EIC. Sem o auxílio dos soldados indianos, os britânicos jamais teriam conseguido esmagar a rebelião.

"Não os conclamei, vocês agiram com maldade", Zafar declarou aos sipaios rebeldes, mas eles se aglomeraram à sua volta, gritando: "A menos que o senhor rei se junte a nós, vamos todos morrer".

"Não tenho soldados", respondeu Zafar, "nem arsenais, nem verbas."

"Dê-nos apenas sua bênção."

Zafar os abençoou, retomou as audiências da corte pela primeira vez desde a conquista de Nader e nomeou seu vigoroso filho Mirza Mughal comandante-chefe. Mirza Mughal organizou às pressas posições de defesa. Os sipaios, junto com seus próprios criados, perseguiram os europeus. Mirza Mughal participou do conluio para massacrar 52 britânicos no Forte Vermelho. Dentro da cidade, o *kotwal* — chefe de polícia — do imperador era Gangadhar Nehru, filho de um escriturário da EIC e agora pai de quatro filhos, que evitou se envolver na rebelião. Ao fim e ao cabo, sua família viria a dominar uma Índia unificada.

Em Awadh, a sudeste de Delhi, a begum Hazrat Mahal, viúva do último rei, tomou o poder na capital Lucknow e entronizou seu filho adotivo Nana Saheb. Foram mortos quatrocentos britânicos. Mais ao sul, Lakshmi Bai, a bela viúva de trinta anos do último rajá marata de Jhansi, excelente esgrimista e cavaleira cujo principado tinha sido anexado pelos britânicos, embora simpatizasse com os rebeldes, tentou proteger os civis europeus. Mas, diante da perspectiva de enfrentar invasões de príncipes indianos rivais e a intervenção britânica, somou-se à rebelião, supervisionando a fundição de canhões e emergindo como líder militar dotada de encanto, mas de grande firmeza, fascinando os britânicos com seu "caráter elevado" e "figura admiravelmente elegante".

Palmerston, agora por fim primeiro-ministro, ficou aliviado com a lealdade dos exércitos de Madras e Bombaim, dos governantes da Caxemira e de Hyderabad e dos sikhs e pachtos do Punjab. Nomeando Charles Canning governador-geral da Índia, ele ordenou que o filho do antigo primeiro-ministro britânico esmagasse a rebelião. A extrema violência de ambos os lados desencadeou uma selvageria mútua.

ESFOLAR, EMPALAR, QUEIMAR: OS BRITÂNICOS RECONQUISTAM A ÍNDIA

Em Awadh, no verão de 1857, cidadãos e soldados britânicos foram sitiados em Lucknow. Em Kampur, Nana resgatou duzentas mulheres e crianças de um massacre. Quando as forças britânicas avançaram, vindas de Allahabad, os sipaios se recusaram a matá-las, e assim cinco açougueiros do mercado chacinaram os duzentos britânicos com cutelos, ao passo que os bebês tiveram a cabeça esmagada contra árvores. Os corpos então foram atirados dentro de um poço. Alguns britânicos foram arremessados como projéteis de canhão. No total, foram mortas 6 mil pessoas durante a revolta.[19]

A matança de civis britânicos e as supostas violações de mulheres britânicas, sinistramente relatadas na imprensa da Grã-Bretanha, foram usadas para justificar a vingança. William Hodson, o filho louro de um vigário, estudioso fluente em persa, latim, grego e hindi, e ao mesmo tempo um carniceiro que se entusiasmava em matar com a espada e com sua arma favorita, a lança de caçar porcos, formou uma milícia anglo-sikh, a Hodson's Horse, cujos integrantes se orgulhavam dos massacres que praticavam. "Nunca deixo que meus homens façam prisioneiros", disse Hodson. "Eles os matam de imediato." John Nicholson, oficial anglo-irlandês de uma brigada, estava jantando com seus colegas oficiais quando soube da rebelião. "Motins são como a varíola", disse ele. "Espalham-se depressa e precisam ser liquidados o mais rápido possível." Nicholson, "uma figura imponente, com 1,85 metro de altura, uma longa barba preta e olhos cinza-escuros com pupilas negras que se dilatavam como as de um tigre", calejado por guerras contra os sikhs e os afegãos (numa das quais encontrou o corpo mutilado do próprio irmão, com os órgãos genitais enfiados na boca), formou uma "forte coluna móvel" de tropas regulares britânicas e auxiliares punjabis, e começou a caçar os rebeldes. Ele propôs "esfolar vivos, empalar ou queimar" os "assassinos e desonradores de nossas mulheres", jactando-se: "Eu infligiria as torturas mais excruciantes que conseguisse imaginar com a consciência totalmente tranquila". Depois de perseguir rebeldes em Peshawar, ele enforcou os chefes de cozinha que haviam tentado envenenar oficiais britânicos, dizendo, ao entrar no refeitório da caserna: "Desculpem-me, cavalheiros, por deixá-los esperando o jantar, mas é que eu estava enforcando seus cozinheiros".

Nicholson e Hodson rumaram para Delhi. Em setembro, eles se juntaram às forças britânicas acampadas na cordilheira acima da cidade, que travavam escaramuças com os rebeldes, mas estavam paralisadas pela hesitação do inepto coronel Archdale Wilson. Nicholson, sempre acompanhado por seu gigantesco guarda-costas punjabi, que se postava atrás dele às refeições e dormia atravessado na entrada da porta, havia se transformado numa lenda. Graças à sua tática agressiva, os reforços conseguiram avançar e os britânicos atacaram a cidade. Nicholson foi atingido durante o combate, ainda indignado com o coronel hesitante, e acenou com a pistola: "Graças a Deus ainda tenho forças para atirar nele, se for necessário". Não foi. Nicholson morreu enquanto o imperador e seus filhos se retiravam para o túmulo de Humaium.

Hodson, com seus cavaleiros sikhs, atravessou a galope a Delhi hostil, obrigando 2 mil rebeldes a se renderem, então cercou o túmulo e exigiu a rendição de Zafar. Tomando-o como prisioneiro com a promessa de não matá-lo, Hodson voltou no dia seguinte para a rendição do príncipe mirzá, de seu irmão e seu filho. Quando entraram em Delhi, conduzidos numa carroça puxada por bois, Hodson parou e, sacando seu revólver, atirou e matou os três. Em seguida, removeu suas espadas e anéis de sinete e então pendurou os corpos nus em Khooni Darwaza, o Portão de Sangue. "Não posso deixar de me sentir satisfeito com as calorosas congratulações que recebi por meu êxito em destruir os inimigos de nossa raça", ele escreveu. A maior parte dos dezesseis filhos do imperador foi morta. "Dispus dos membros principais da Casa de Tamerlão, o Tártaro", declarou orgulhosamente. "Não sou cruel, mas de fato apreciei a oportunidade de livrar a terra desses desgraçados."

Os britânicos retomaram Kampur em novembro, e em março de 1858 libertaram Lucknow, onde, sob o fogo do bastião de Sikanbdar Bagh, os soldados, aos brados de "Kampur! Seus assassinos!", mataram 2 mil rebeldes, amontoando os corpos "numa pilha da altura da minha cabeça", como relembrou um futuro marechal de campo, Frederick Roberts. "Uma massa crescente de mortos e moribundos inextrincavelmente entrelaçados." Ao encontrarem os corpos de civis assassinados, os soldados britânicos ficaram ensandecidos, estuprando mulheres, costurando sipaios muçulmanos em peles de porco antes da execução, fazendo com que os brâmanes hindus fossem mortos por dalits (outrora conhecidos como os Intocáveis, o estrato oprimido sob as quatro castas). Dez mil indianos foram mortos em Kampur e Lucknow. Hodson, investigado por corrupção, foi morto enquanto atacava o palácio da begum, que escapou.[20]

Após a retomada de Jhansi, com um massacre de mulheres e crianças, Lakshmi Bai seguiu para Gwalior, num último esforço de defesa. Em junho, os britânicos atacaram. Usando um uniforme de cavalaria, ela foi ferida e derrubada do cavalo por um sabre britânico; a seguir, enquanto disparava sua pistola, foi morta a tiros. Na Grã-Bretanha, o público estava sedento de sangue; centenas de milhares de indianos foram mortos antes que Canning interrompesse o derramamento de sangue. Recebendo o zombeteiro apelido de Clemente, Canning assumiu o controle direto da Índia a partir da EIC, governando como primeiro vice-rei, junto com um secretário de Estado. Vitória se tornou rainha da Índia, e o relacionamento entre o vice-rei e os príncipes governantes foi promovido com majestosas recepções públicas, em cerimônias presididas por pró-cônsules imperiais.[21]

Em 1862, ao morrer no exílio birmanês, aos 87 anos, Zafar foi o último timúrida. Na mesma época, nascia outra dinastia: durante o bombardeio britânico de Delhi, o chefe de polícia do imperador, Gangadhar Nehru, fugira com a esposa Jeorani e quatro filhos e se estabelecera em Agra. Logo após a morte de Gangadhar, Jeorani deu à luz um filho, Motilal. Quando o irmão mais velho deste se formou advogado, a família se mudou para Allahabad, onde Motilal também se tornou um advogado de sucesso e se casou com sua segunda esposa, Swarup Rani Thussu. Em 14 de novembro de 1889, ela deu à luz um menino, Jawaharlal. Motilal, um elegante contador de histórias com bigode encerado e voz retumbante, prosperou e, em 1900, comprou uma mansão com torres, onde Jawaharlal foi educado, até ser enviado para a Harrow School, o mesmo internato britânico onde Palmerston havia estudado.

A Índia não foi a única crise oriental que Palmerston teve de enfrentar. Alguns dos soldados que esmagaram a rebelião indiana estavam antes se encaminhando para atacar a China, onde comerciantes britânicos que faziam fortunas com a venda de ópio indiano para opiômanos chineses tinham sido atacados. Em abril de 1856, quando a guerra da Crimeia terminou e a rebelião indiana teve início, uma concubina imperial em Beijing, Cixi, de 21 anos, deu à luz um menino, filho único do imperador Xianfeng.

Ela conduziria a política chinesa até o século XX.

O DRAGÃO MANCO, O VELHO RATO COM CABEÇA DE FERRO
E O PEQUENO AN: A ASCENSÃO DE CIXI

Cixi nasceu num império colossal à beira da catástrofe. Cresceu num lar confortável, filha resoluta de um oficial e duque manchu; à diferença dos Han chineses, os manchus não enfaixavam os pés das mulheres. Em 1839, quando ela tinha sete anos, o imperador Daoguang determinou a apreensão e a destruição de uma mercadoria britânica ilegal. "O ópio", disse ele, "é um veneno que corrói nossos bons costumes e nossa moral." Por duzentos anos a família manchu Aisin Gioro havia governado uma China em ascensão, permitindo que europeus — primeiro os portugueses e depois os britânicos — americanos e outros, comerciassem através de Guangzhou (Cantão). O imperador Qianlong e seus sucessores resistiram às demandas europeias de portos e não tinham nenhum interesse nos têxteis britânicos. Quando seu setor algodoeiro começou a ser afetado pela produção do Sul dos Estados Unidos, os agricultores bengalis começaram a cultivar a papoula, da qual extraíam o ópio que era vendido em Guangzhou. Como a EIC estava proibida de comerciá-lo, o narcótico era comprado por empreendedores em Calcutá, alguns deles pársis, outros britânicos, liderados por um robusto escocês, William Jardine, um médico naval da EIC que fundara a Jardine Matheson e se tornara o comerciante de ópio mais bem-sucedido da região, alcunhado pelos chineses de Velho Rato com Cabeça de Ferro. Jacob Astor e outros americanos se juntaram ao negócio.

Pesquisas recentes sugerem que o ópio era mais um símbolo do ódio ao poder e aos lucros dos britânicos do que uma ameaça efetiva à saúde da população chinesa. Antes do advento da aspirina e da penicilina, o ópio — muitas vezes sob a forma de uma tintura alcoólica conhecida como "láudano" — era o único analgésico eficaz disponível no mundo, empregado contra os mais diversos incômodos físicos, desde dores nas costas até cólicas menstruais. Embora fosse muito viciante, normalmente era usado de forma segura, como panaceia no tratamento de febres, disenterias e tosses, mas também para aliviar a fome, o que explica em parte sua popularidade na China. Produtos contendo ópio continuaram sendo vendidos livremente na Europa e nos Estados Unidos até o século XX.

Quando os chineses destruíram o ópio britânico, Jardine fez pressão junto a Palmerston, o secretário das Relações Exteriores, que zombou no Parlamento dos "hábitos morais" dos chineses e determinou que se travasse uma guerra em defesa do ópio britânico. Armados com foguetes Congreve, os navios de guerra da Grã-Bretanha desbarataram as embarcações de junco dos chineses. "Não há dúvida de que esse acontecimento, que marcará época no progresso da civilização das raças humanas", Palmerston escreveu a Jardine, "deve vir acompanhado pelas mais importantes vantagens para os interesses comerciais da Inglaterra." Em 1842, a China cedeu Hong Kong e uma área de 56 hectares ao norte de Shanghai para os britânicos, além de portos para a França e os Estados Unidos.[22] Para a China, foi o fim devastador de dois séculos de proeminência.

Quando o abalado imperador ordenou investigações por corrupção, o pai de Cixi foi multado, mas não tinha dinheiro para pagar a multa. A adolescente Cixi sugeriu a ele os bens que poderia vender. "Essa filha", disse o pai, "mais parece um filho."

Em 1852, Cixi, usando um vestido manchu bordado e um toucado com joias, apresentou-se num grupo de jovens manchus (não chinesas) num salão nos fundos da Cidade Proibida, para a primeira seleção de concubinas para o harém do novo imperador Xianfeng, de dezenove anos de idade, um coxo e melancólico amante de óperas conhecido como o Dragão Manco. Miúda, com pele perfeita, lábios carnudos e olhos radiantes, agora conhecida como concubina Yi, Cixi não era a mais bonita, mas foi escolhida como concubina de baixa posição para integrar o harém, que possuía oito escalões.

No escalão mais alto ficava a imperatriz Zhen, um ano mais nova do que Cixi e alcunhada de Fênix Frágil: ela tinha dez criadas, uma vaca, carne em abundância e muitos eunucos. No escalão mais baixo, Cixi tinha quatro criadas e nenhuma vaca. Mas, para o Dragão Manco, não bastava desfrutar de suas concubinas manchus na Cidade Proibida; ele também introduzia clandestinamente no Palácio de Verão, mais descontraído, prostitutas de pés enfaixados, um requinte que adorava. Quando queria sexo, ele marcava o nome de uma concubina numa plaqueta de bambu que entregava ao eunuco-chefe; a concubina era então levada nua, nos braços de um eunuco, a um dos dois quartos do imperador. Depois do sexo, ela voltava para o harém. Cixi foi convocada e ficou grávida. Em 1854, foi alçada ao quinto escalão. Quando dava conselhos ao imperador, ele se enervava, queixando-se com a esposa Zhen que Cixi era "astuciosa". Zhen formou uma aliança com a grávida Cixi. Quando, como dizia sua ficha no palácio, "a concubina Yi deu jubilosamente à luz um grão-príncipe", o imperador ficou empolgado e a promoveu a nobre consorte Yi, abaixo apenas da imperatriz, e casou seu irmão, o príncipe Chun, com a irmã de Cixi.

Xianfeng precisava de alguma boa notícia. Logo após sua ascensão ao trono, dez anos depois da derrota infligida pela Grã-Bretanha, iniciou-se no sul uma revolta camponesa, liderada por um camponês carismático, Hong Xiuquan, que se intitulava o Sol e Irmão de Jesus Cristo. Sua mística Sociedade de Adoração a Deus, Taiping, se espalhou pelo sul, onde ele fundou um Reino Celestial, com sede em Nanjing. Ao saber da revolta, o imperador chorou. Mas o pior estava por vir.

Xianfeng, o quarto entre nove filhos, fora escolhido pelo pai como sucessor (gravando seu nome numa caixa laqueada com as palavras "Dez Mil Anos") por causa do ódio que sentia pelos britânicos, franceses e americanos. Os estrangeiros tinham mais do que triplicado o fornecimento de ópio no decorrer de uma década, construindo novos portos em Hong Kong e Shanghai, enquanto seus missionários penetravam no país. Xianfeng nomeou funcionários para acabar com as concessões feitas pelo pai e restringir os missionários. Em outubro de 1856, nascido o filho de Cixi e iniciados os problemas na Índia, um ataque chinês a um navio britânico, o *Arrow*, desencadeou o conflito. Palmerston se negou a "abandonar uma grande comunidade de súditos britânicos no extremo do globo a um grupo de bárbaros — sequestradores, assassinos, envenenadores". Era a guerra.

Após sua recente vitória em conjunto com a Grã-Bretanha, Napoleão III, usando como pretexto o assassinato de um missionário francês na China, somou-se ao ataque contra os chineses.

Xianfeng reforçou suas defesas em torno de Beijing, mas as forças anglo-francesas, sob o comando de James Bruce, conde de Elgin, e de Charles Cousin-Montauban, desembarcaram suas tropas e avançaram para as fortalezas de Dagu. O imperador aceitou as reivindicações britânicas, mas depois voltou atrás. Os britânicos tentaram atacar os bastiões de Dagu, porém foram repelidos. Em agosto de 1860, Bruce e Montauban conseguiram atacar os baluartes. À guisa de revanche, Xianfeng mandou prender e torturar os enviados britânicos, com os pés e as mãos para trás firmemente acorrentados: 21 dos 39 morreram em grande agonia. Mas, em 21 de setembro, a cavalaria manchu foi aniquilada em Ba-li-qiao (Palikoa), e os europeus tomaram Beijing. Xianfeng e sua corte, incluindo Zhen e Cixi, seguiram para o norte, libertando os prisioneiros remanescentes. A indignação ocidental foi tão grande que Bruce e Montauban ordenaram que o belo Palácio de Verão, construído por Qianlong, fosse saqueado e incendiado. As tropas se entregaram a uma "pilhagem indiscriminada e destruição aleatória", escreveu um jovem oficial britânico, "tomadas por uma insanidade temporária" concentrada em "pilhar e pilhar". Bruce e Montauban — agora conde de Palikoa — saquearam bastões de ouro e jade para Vitória e Napoleão; um velho cortesão que morreu durante o ataque deixou cinco cães pequineses que foram levados para a Grã-Bretanha: um deles foi dado à rainha e viveu em Windsor durante dez anos. Os tratados de paz assinados pelo irmão do imperador cediam Kowloon à Grã-Bretanha, prometiam indenizações e concediam à Rússia um trecho costeiro da China, onde logo foi construído um porto oriental, Vladivostok.

Napoleão III acreditava na *mission civilisatrice* da França tanto quanto qualquer estadista britânico acreditava no destino imperial da Grã-Bretanha. Na Argélia, agora lar de mais de 100 mil *colons* franceses, as forças de Napoleão III empregaram métodos brutais, massacres e deportações. Os franceses foram derrotados por algum tempo por um xeque místico, e, depois de sua morte, por uma líder feminina, Lalla Fatma N'Soumer, até que ela foi capturada, morrendo no cárcere. Napoleão, em visita à Argélia, tentou se contrapor ao racismo *colon* concebendo uma colônia francesa e um reino árabe em que ele seria *roi des Arabes*: "Sou imperador dos árabes da Argélia tanto quanto dos franceses". Assim como na Grã-Bretanha, foram empresários dinâmicos que impulsionaram a expansão imperial. Depois de sondado pela família de magnatas da navegação, os Prom de Bordeaux, para penetrar mais a fundo na África, Napoleão III ordenou que seus governadores se expandissem de Saint-Louis, na costa, para o interior do território que hoje corresponde ao Senegal. Ansioso por explorar a presença francesa no leste asiático, ele tomou uma base naval na China e então enviou uma flotilha para atacar Annam (Vietnã), onde os missionários católicos tinham despertado represálias — o imperador Tu Duc tentara repelir a infiltração católica com a execução de dois padres espanhóis. Em setembro de 1857, tropas francesas tomaram Da Nang e Saigon; foram repelidas pelos vietnamitas das duas cidades, mas Napoleão enviou reforços que, em junho de 1862, retomaram Saigon. Assim se estabeleceu a colônia francesa da Cochinchina.

Então, em 1863, Napoleão voltou-se para o Camboja. Fazia tempo que seus reis tinham abandonado Angkor, transferindo sua capital para Phnom Penh, mas, fraco e dividido, o Camboja era disputado pelos imperadores do Vietnã e pelos reis de Sião (Tailândia). Em 1848, o príncipe cambojano Duong expulsou os vietnamitas, com o apoio de Sião, e restabeleceu o reino khmer. Mas cometeu o erro de pedir a proteção napoleônica em 1853: "O que quer que eu faça? Tenho dois senhores como vizinhos, e a França fica longe". Não por muito tempo. O filho de Duong, Norodom, foi obrigado a aceitar um protetorado francês. Napoleão III instaurara a Indochina, império asiático-francês que perdurou até 1954.

Em Beijing, a derrota quebrou Xianfeng, que foi sucedido em 1861 por seu filho de cinco anos de idade com Cixi, o imperador Tongzhi, e oito regentes, liderados por um príncipe manchu, Sushun, e seu irmão, enquanto a imperatriz Zhen atuava como mãe formal e imperatriz viúva. Aproximando-se o funeral de Xianfeng, Cixi, ainda oficialmente consorte Yi, persuadiu Zhen a fazer campanha pela sua promoção a coimperatriz viúva, adotando o nome Alegre — Cixi. Angariando secretamente o apoio dos irmãos de Xianfeng, os príncipes Gong e Chun, que a incentivaram a "ouvir a política atrás das cortinas", e obtendo ardilosamente o controle dos sinetes reais, Cixi manipulou os regentes fazendo com que gritassem desrespeitosamente com ela enquanto embalava, junto com Zhen, o imperador infante. Sushun ordenou o assassinato de Cixi.

No funeral de Xianfeng, quando metade dos regentes acompanhava o caixão e a outra metade acompanhava o novo imperador, Cixi preparou um golpe, escondendo o decreto para dispensar os regentes, que costurou dentro das roupas de Zhen. Alguns regentes irromperam no harém, gritando: "Somos nós que redigimos decretos". Cixi ordenou friamente que os prendessem. Sushun, encarregado do caixão, foi preso em flagrante com duas concubinas, conduta imprópria durante as exéquias reais. Cixi marcou o julgamento, acusando os regentes de assinarem os tratados estrangeiros e falsificando o testamento do marido, e dois deles "receberam seda" — o lenço branco para se enforcarem; Sushun foi decapitado.

Após a coroação do filho, usando um vestido de brocado amarelo com estampas de dragão, num trono de nove dragões no Salão da Harmonia Suprema,

Cixi se tornou dirigente da China, sentando-se todos os dias com Zhen (com quem governou nominalmente durante vinte anos), ambas vestindo túnicas estampadas com fênix, sapatos incrustados de pérolas e penteados altos, atrás do pequeno imperador, enquanto discutiam assuntos de Estado com o Grande Conselho. De máxima urgência era a rebelião Taiping, cujos líderes agora governavam 30 milhões de pessoas numa área maior do que toda a Europa. O Rei Celestial, o Irmão de Jesus, havia morrido, mas os Adoradores do Céu continuaram a lutar enquanto a peste bubônica se alastrava. Cixi era resiliente e impiedosa, conduzindo com extrema inteligência a política da corte na Cidade Proibida, onde fazia gastos extravagantes, envenenava rivais e cortava a cabeça de quem quer que a desagradasse. Sua atitude em relação a reformas era inconsistente e superficial, sua familiaridade com o mundo real quase inexistente, e suas políticas de modo geral baseavam-se na vontade de manter o poder a qualquer custo. A fim de derrotar a rebelião Taiping, a corte enfraquecida devolveu o poder a governadores aptos, com frequência vice-reis de Zhili, a região em torno de Pequim — primeiro Zeng Goufan, e depois seu protegido Li Hongzhang, que dominou a política chinesa nos quarenta anos seguintes. Zeng e Li assumiram o comando da guerra contra os rebeldes, arregimentando um Exército Sempre Vitorioso com o auxílio de dois excepcionais aventureiros, o americano Frederick Ward e o britânico Charles "Chinês" Gordon.[23] Li convidou os líderes de Taiping para um jantar, onde lhes foi oferecido o barrete de mandarim, mas, ao se ajoelharem e desnudarem a cabeça, eles foram decapitados. A rebelião Taiping, junto com a revolta de An Lushan no século VIII, foi a guerra civil mais sangrenta da história: morreram 40 milhões de pessoas.

Cixi apoiou as iniciativas de seus vice-reis, como a aquisição de navios de guerra modernos, a construção de ferrovias e a abertura de escolas; adorava novidades tecnológicas — porém, ao construir uma pequena ferrovia em Pequim, fez questão de que o trem fosse puxado por eunucos, e não por uma locomotiva a vapor. Seu poder teve um preço. Como viúva, com trinta e poucos anos, Cixi não podia usar maquiagem nem trajes vermelhos chamativos, dando preferência a vestes alaranjadas, coletes azul-claros e, com o avançar da idade, uma peruca. Tinha dificuldade em ter amigos, que dirá amantes, e suas companhias eram os eunucos. Cixi se apaixonou por um eunuco jovem e sensível, An Dehai, e, temerariamente, encarregou o Pequeno An de escolher uma esposa para seu filho Tongzhi; orgulhoso com sua missão, ele partiu com uma comitiva, transgredindo a regra que proibia os eunucos de saírem de Beijing. Os príncipes Gong e Chun ignoraram o salvo-conduto dado por Cixi e prenderam o Pequeno An e mais seis eunucos; ele então foi decapitado e teve seu corpo nu exposto em público. Um de seus amigos, um colega eunuco, criticou Cixi por não vir em seu apoio. Ela ordenou que o estrangulassem, e então caiu de cama durante um mês, sofrendo de insônia e vômitos. Entre o poder e o amor, Cixi sempre escolhia o poder. Em 1875, quando seu filho único, Tongzhi, morreu, apenas dois anos depois de ter assumido plenos poderes, ela adotou e entronizou seu sobrinho bebê, o imperador Guangxu, retirando-o do pai, o príncipe Chun, que era seu inimigo e a quem humilhou. Adotando o título de imperatriz-mãe, Cixi fez com que o imperador a chamasse de Querido Papai. Ela agora iria dominar a China até o início do século xx.

Napoleão III vencera as guerras contra a Rússia e a China, assegurara o controle da Argélia e se expandira no Senegal e na Indochina. Agora, uma bela condessa atrairia sua atenção para a Itália.

SE NECESSÁRIO, SEDUZIR O IMPERADOR: NAPOLEÃO III, A RAINHA DE COPAS E O *RISORGIMENTO* DA ITÁLIA

A condessa Virginia "Nini" di Castiglione não era uma diplomata qualquer. "Alistei a bela condessa no serviço diplomático piemontês", disse o conde Camillo Cavour, premiê do Piemonte, o reino italiano do norte. A fim de conseguir a unificação da Itália, ela devia "flertar e, se necessário, seduzir o imperador", obtendo o apoio de Napoleão III contra os Habsburgo. De olhos verdes e cabelos da cor do azeviche, "um milagre de beleza, Vênus descida do Olimpo", nas palavras de Paulina Metternich, esposa do embaixador austríaco, mas também impudente e despreocupada, Nini Castiglione era uma aristocrata florentina recém-casada com um conde de mais idade, com quem teve um filho antes de manter um breve romance com o rei piemontês, Vítor Emanuel II. "Uma tonta", concluiu Lord Clarendon, mas Cavour, um bon vivant que tinha seis amantes, considerava-a sua arma secreta. "Use os métodos que desejar, minha prima, mas faça o trabalho."

Paris já fervilhava de beldades ambiciosas, mas Castiglione se tornou o centro das atrações e foi rapidamente notada por Napoleão, que fez com que a levassem clandestinamente às Tulherias. Enquanto a imperatriz Eugênia estava grávida, Castiglione apareceu num baile como a Rainha de Copas, num vestido "totalmente aberto nas laterais, dos quadris para baixo, o cabelo flutuando solto pelo pescoço e pelos ombros", com um coração estrategicamente posicionado sobre o púbis.

"Seu coração parece um pouco baixo", observou a imperatriz. Mas "todos os movimentos eram forçados, e ela começou a enervar as pessoas", disse Paulina Metternich.

"Ela é muito bela", Napoleão disse à prima, a princesa Mathilde, "mas me deixa mortalmente entediado." Napoleão voltou-se então para Marie Anne, esposa de seu ministro das Relações Exteriores, o conde Alexandre Walewski, filho de Napoleão I com sua amante polonesa Marie Walewska. Certa vez, durante uma viagem no trem imperial até Compiègne, uma porta deslizou e se abriu, mostrando o imperador aos beijos com Marie Anne, em plena vista do marido. Nas Tulherias, quando os cortesãos o flagravam *en bonne fortune*, Napoleão simplesmente cumprimentava e prosseguia; quando a imperatriz o surpreendia, soltava apenas um *"Sortez, mademoiselle"*, e a moça se vestia e saía depressa.

O sexo não deu os resultados esperados, mas o assassinato sim. Em janeiro de 1858, os nacionalistas italianos, descontentes com a indiferença de Napoleão à sua causa, lançaram bombas sobre ele e Eugênia enquanto eles seguiam para o teatro, matando oito pessoas. Os monarcas, levemente feridos, assistiram bravamente à peça, mas a experiência quase fatal fez com que Napoleão relembrasse sua juventude como patriota italiano. Agora, combinando nacionalismo romântico, compulsão conspiratória e ambições militares, ele apoiou Cavour e o *risorgimento* italiano, provocando a guerra com a Áustria.

Em 24 de junho de 1859, em Solferino na Itália habsbúrgica, Napoleão III, fumando sem parar montado em sua sela, derrotou os austríacos sob Francisco José numa das primeiras batalhas modernas e a última comandada por um soberano. Ao todo, lutaram 300 mil soldados, e 29 mil foram mortos — mais do que em Waterloo. "Pobres sujeitos! Que coisa terrível é a guerra!", suspirou Napoleão, vomitando à vista de uma pilha de membros amputados. Mais tarde gracejou, um tanto sinistro, mas de modo sensato: "Cansei da guerra. Depende demais da sorte". Numa cabana perto de Villafranca, ele se encontrou com Francisco José, com quem firmou um acordo de cessão da maioria dos territórios italianos habsbúrgicos ao novo reino. Mas, traindo mais uma vez seus aliados italianos, Napoleão III tomou a Saboia, a atual Riviera, para a França. Muitos italianos ficaram furiosos. Um patriota valentão, Giuseppe Garibaldi, um marinheiro de Nice que se tornou um libertador profissional,[24] comandou seu exército de voluntários, os Mil, na tomada da Sicília, onde foi aclamado ditador. Em Milão, Vítor Emanuel se declarou rei da Itália, saudado por Garibaldi, que então passou para uma nova guerra.

Em 1861, Garibaldi ofereceu seus serviços ao presidente recém-eleito dos Estados Unidos, Abraham Lincoln, durante a crise sobre a escravidão, alimentada pela contradição moral no centro da democracia que estava transformando o mundo.

Alguns meses antes, em abril de 1860, um ex-oficial, passando por tempos difíceis, começara a trabalhar na loja paterna de artigos de couro em Galena, no estado de Illinois, onde atendia os clientes e recebia faturas. Às vezes, Ulysses Grant entretinha os amigos contando casos da guerra mexicana. Mas havia uma mácula em seu passado: seis anos antes, o capitão Grant fora obrigado a pedir dispensa do exército por estar embriagado durante o cumprimento do dever. "Quando não tenho nada para fazer", ele confessou, "fico triste e deprimido, e tenho uma tendência natural para a bebida." Seu pai, Jesse, agora um próspero curtidor e lojista, deu-lhe um emprego de assistente na loja, e foi desse posto de observação pouco provável que ele acompanhou o surgimento da crise.

Grant nunca reclamava, mas estava visivelmente destinado à obscuridade, e não havia muitos sinais de que logo surgiria como um dos maiores americanos.

AMANHÃ DAREMOS UM BANHO NELES: ULYSSES E ABRAHAM

No mês seguinte, o recém-criado Partido Republicano escolheu como seu candidato presidencial um ex-congressista e obscuro advogado interiorano, Abraham Lincoln. Com 1,90 metro de altura, olhos cinzentos, simiesco e loquaz, nascido numa cabana de madeira no Kentucky, Lincoln fora apresentado como Abe, o Honesto e o Rachador de Lenha, tendo conquistado a atenção nacional nos debates para a disputa de uma cadeira no Senado por Illinois.

O cisma americano já fervilhava e antecipava uma guerra. Ele se iniciara no Kansas, onde um abolicionista meio louco, John Brown, que dizia ser "o instrumento de Deus", liderou uma milícia antiescravagista que combatia os senhores de escravos. Em outubro de 1859, Brown invadiu a Virgínia e acabou sendo enforcado. Lincoln abominava "a injustiça monstruosa da escravidão" e a decadência moral do "poder escravagista". Embora aceitasse sua existência nos estados do Sul, o candidato presidencial do novo Partido Republicano não admitia sua difusão. Os sulistas temiam que qualquer restrição ameaçasse sua capacidade de expansão. De uma hora para outra, a postura conciliatória de quarenta anos parecia ter se esgotado.

Em 6 de novembro de 1860, Lincoln foi eleito presidente. Em dezembro, a Carolina do Sul se separou da União, e a ela se seguiram outros seis estados escravagistas. Juntos, eles proclamaram uma Confederação Provisória dos Estados Unidos, que elegeu como presidente um ex-general e senador proprietário de escravizados, Jefferson Davis, e Alexander Stephens como vice. Num discurso em Savannah, na Geórgia, Stephens definiu a Confederação pela escravidão: "Seu pilar se assenta na grande verdade de que o negro não é igual ao homem branco; de que a escravidão — a subordinação à raça superior — é sua condição normal e natural. Nosso novo governo é o primeiro, na história do mundo, baseado nesta grande verdade física, filosófica e moral". Os fazendeiros da Confederação criaram um mito de cavalheirismo sulista ridicularizado por Grant: "Os donos de escravos do Sul acreditavam que a propriedade de escravos lhes conferia uma espécie de título de nobreza". A rebelião tinha como objeto não os direitos dos estados, e sim a escravidão. A guerra subsequente demonstrou que a escravidão, além de moralmente repugnante, era também desastrosa do ponto de vista econômico. A Confederação tinha uma população menor porque a escravidão achatava os salários dos brancos pobres e, portanto, não atraía novos imigrantes; além disso, não fomentava a indústria. No entanto, essa seria uma guerra de exércitos recrutados e massacres industriais.

Enquanto Grant oferecia seus serviços e assumia o comando de um regimento no Missouri, Lincoln oferecia o cargo de comandante do Exército da Virgínia a Robert E. Lee, um garboso aristocrata virginiano casado com a bisneta de Martha Washington. Lee, que acreditava que "os negros estão incomensuravelmente melhor aqui do que na África [...]. A disciplina dolorosa pela qual estão passando é necessária para sua educação como raça", recusou a oferta e assumiu o comando das forças confederadas. Lincoln, então, recorreu a um jovem general, George McClellan, que o desprezava como um "babuíno bem-intencionado", desejava manter a escravidão e alimentava ambições cesarianas, dizendo à esposa: "Tornei-me, ao que parece, o poder da terra. Quase penso que, se conquistasse algum pequeno sucesso agora, poderia me tornar ditador". Lincoln o nomeou comandante do Exército do Potomac e depois comandante-geral, mas McClellan prevaricou durante o ataque dos confederados. O presidente logo ficou insatisfeito. "Se o general McClellan não pretende usar o exército", disse, "eu gostaria de tomá-lo emprestado por um tempo."

A Confederação controlava a Virgínia, e sua melhor chance de derrotar o Norte, mais populoso, era atacar sem demora. Lee avançou, mas não com rapidez ou vigor suficiente. Na guerra que se seguiu, ficou evidenciado o poder destrutivo das novas tecnologias sobre o corpo de homens posicionados como se estivessem travando uma guerra tradicional de cavalaria e bravura. Em vez disso, havia barragens de artilharia e rifles de longo alcance, marcando o início de uma nova era que exigia novos generais: em Antietam, 20 mil combatentes foram mortos ou feridos, no dia mais sangrento da história americana. Lincoln logo percebeu que Grant, combatendo no oeste, tinha estofo de vencedor. Mesmo quase sendo derrotado em Shiloh, disse: "Amanhã daremos um banho neles". Os generais precisavam de fibra para arriscar grandes baixas, mas Grant também possuía o sangue-frio e a antevisão estratégica para vencer. "Vi um campo aberto", ele disse, relembrando o desfecho em Shiloh, "tão coberto de mortos que seria possível percorrer toda a clareira, em qualquer direção, pisando em cadáveres, sem tocar o pé no solo."

O fim da ofensiva de Lee permitiu que Lincoln, em 22 de setembro de 1862, declarasse a libertação dos 3,5 milhões de escravos nos estados confederados, que entraria em vigor a partir de 1º de janeiro do ano seguinte. Frederick Douglass, um líder afro-americano outrora escravizado, perguntou-se se Lincoln cumpriria a promessa: "Algum homem de cor é capaz [...] de esquecer a noite que se seguiu ao primeiro dia de janeiro de 1863, quando o mundo veria se Abraham Lincoln era um homem de palavra?".[25]

Mais de 179 mil afro-americanos fugiram do Sul e se juntaram às forças da União. Nem todos os generais os receberam bem, mas Grant os acolheu.[26]

Lincoln por fim exonerou McClellan, mas Grant era criticado por suas batalhas sangrentas e tendências alcoólicas. "Acho que não resta a Grant nenhum amigo além de mim", disse Lincoln. "O que eu quero são generais que travem batalhas e conquistem vitórias. É o que ele faz." Grant tomou Vicksburg, no Mississippi, enquanto outro general competente, utilizando a superioridade de homens e armamentos da União, derrotou os confederados numa batalha sangrenta em Gettysburg, na Pensilvânia. Ao visitar o campo de batalha, Lincoln definiu o ideal americano do "governo do povo, pelo povo, para o povo". Ao planejar sua reeleição, receou que Grant concorresse contra ele. Depois de constatar que Grant não nutria tais ambições, Lincoln o promoveu ao comando dos exércitos da União e finalmente os dois se encontraram.

"Ora, ora, aqui está o general Grant", disse Lincoln na Casa Branca. "Bem, é um grande prazer." Grant, robusto, lacônico, intenso, admirava o tagarela e desengonçado Lincoln — "um grandíssimo homem", disse ele —, mas detestava atenções, dizendo a Julia: "Desejo sinceramente voltar para o acampamento". No entanto, os dois tinham muita coisa em comum: eram pragmatistas interioranos subestimados, sem papas na língua, que abominavam a escravidão e ainda assim haviam se casado dentro de arrogantes famílias escravagistas. Ambos tinham sua cruz a carregar: para Lincoln, era a depressão; para Grant, o álcool. As ordens operacionais de Lincoln eram simples. "Ele queria que eu derrotasse Lee", disse Grant, "mas como fazer isso cabia a mim." Grant e Lee eram opostos: Lee, um aristocrata que manobrava como um Napoleão virginiano; Grant, "o sujeitinho mais calado que já se viu", observou um oficial. "O único sinal que temos de que ele está em algum lugar é que ele faz as coisas andarem." E ele logo fez as coisas andarem, avançando na Virgínia e na Geórgia.

Lincoln determinou o alistamento militar obrigatório, embora os primeiros recrutamentos tenham gerado tumultos em Manhattan. As guerras civis dividem as famílias, e os Roosevelt não fugiam à regra: o idoso milionário Cornelius Van Schaack e seu filho Theodore eram ardorosamente abolicionistas e ianques, ao passo que a esposa de Theodore, Mittie, era uma confederada igualmente ardorosa. Em 1860, ela deu à luz um filho — Theodore Jr., Teddy —, numa época em que os Estados Unidos estavam em crise. Em segredo, Mittie costurava roupas para os soldados confederados, e seus irmãos planejavam assassinar Lincoln e comprar novos navios de guerra na Grã-Bretanha. Seu marido Theodore se negava a lutar contra a própria família, e, como muitos de sua classe, pagou um substituto para combater em seu lugar. O pequeno Teddy admirava a mãe, mas tinha adoração por Lincoln e sonhava em lutar pela União.

A autodestruição dos Estados Unidos oferecia uma boa oportunidade a seus rivais. No oeste, os povos nativos retomaram as incursões. Bandos comanches atacaram o Texas; em setembro de 1860, o governador Houston enviou uma unidade de Rangers e auxiliares tonkawas para persegui-los, montando uma emboscada na aldeia de Peta Nocona e massacrando homens, mulheres e crianças. Peta Nocona e o filho Quanah estavam fora, mas os Rangers capturaram uma mulher de cabelo louro e olhos azuis e sua filhinha de colo.

CYNTHIA PARKER E PETA NOCONA; FRANCISCO JOSÉ E SISSI

Ao ser indagada, a mulher loura disse "Mim Cynthia", ao que um dos Rangers exclamou: "Ora, Tom, é uma branca, índios não têm olhos azuis". Ela foi levada então para Fort Belknap, onde seu irmão sobrevivente, Isaac Parker, não reconheceu a irmã perdida por tanto tempo — e que mal se lembrava de qualquer palavra em inglês. Mas por fim os Parker a adotaram. No entanto, Cynthia sofria com a ausência de Peta e dos filhos, que pensava estarem mortos. Quando sua filha morreu, vítima de uma gripe, ela tentou se matar, cortando os seios, e depois deixou-se morrer de fome.

Nas pradarias, seu marido Peta Nocona também a pranteava, e pouco tempo depois morreu em razão de ferimentos. Só então o filho de ambos, Quanah, agora com quinze anos, descobriu que a mãe era americana. Decidido a lutar por seu povo, ele se juntou a outro grupo de guerreiros e planejou a vingança.

Napoleão III e Palmerston também consideraram a situação propícia a seus interesses. Ironicamente, o primeiro potentado do Velho Mundo a apoiar Lincoln foi Alexandre II. O virtuoso advogado interiorano e o concupiscente imperador Románov tinham algo em comum: Alexandre libertara os servos russos em fevereiro de 1861, dois anos antes da libertação dos escravos promovida por Lincoln. Em ambos os casos, a medida alimentou expectativas radicais que se revelaram decepcionantes — e os dois viriam a pagar com a vida.

Surpreendentemente, a Grã-Bretanha e a França se inclinavam em favor da Confederação. Palmerston fora reeleito em 1859, aos 74 anos de idade, seu vigor físico confirmado por rumores de filhos ilegítimos e a citação num caso de divórcio, o que só aumentou sua popularidade marota. Palmerston ficava exasperado com seu chanceler Gladstone, melodramático, de olhos alucinados, metido a grande virtuoso, que percorria as ruas de Londres procurando prostitutas a fim de redimi-las: isso incluía longas e excitantes conversas com as damas da noite sobre Cristo, depois das quais Gladstone tentava não se masturbar. "Sempre que ele chega à minha casa", disse Palmerston, "passam-se coisas estranhas." Palmerston organizara as campanhas antiescravagistas da marinha, mas os setores têxteis da Grã-Bretanha e da França dependiam do algodão do Sul dos Estados Unidos. Gladstone propôs uma intervenção armada,[27] e Palmerston quase chegou a reconhecer a Confederação — assim como o aliado Napoleão, que em parte foi refreado por seu dentista americano, Thomas Evans, certamente o dentista mais poderoso da história.[28] Mas Napoleão, em meio às campanhas expansionistas na Ásia e na África, viu a ocasião de fundar um império americano no México.

Reduzida à metade pelas aquisições americanas e prejudicada pela má gestão e pela desigualdade racial e econômica, a república se debatia em dificuldades, mas seu presidente, Benito Juárez, um advogado que ascendera das mais humildes origens zapotecas, havia restaurado a ordem depois de Santa Anna, suspendendo o pagamento das dívidas do país com a Europa. Incentivado por Morny, que possuía ações e títulos mexicanos, Napoleão organizou uma aliança anglo-francesa para explorar o caos americano. Embora apoiasse a intervenção francesa, Palmerston preferiu não se envolver muito. Em dezembro de 1861, as tropas napoleônicas, transportadas em vapores, desembarcaram no México, expulsaram Juárez e, em junho de 1863, tomaram a capital. Eugênia apresentou o marido aos altos dignitários mexicanos, que propuseram uma monarquia europeia. Em julho, Napoleão, à procura de um imperador para o México, encontrou-o entre os Habsburgo: Maximiliano, irmão de Francisco José.

O jovem imperador sofrera uma derrota em Solferino e perdera a Itália, mas sobrevivera. Até pouco tempo antes, o arquiduque Maximiliano era o herdeiro do irmão, mas a mãe de ambos, Sofia, arranjou o casamento entre Francisco José e sua sobrinha bávara, a princesa Sissi, de 23 anos de idade. O severo Kaiser se apaixonou loucamente por ela. Tratava-a sempre por "Querido Anjo", escrevendo "Minha mais querida e doce alma, amor de meu coração", e assinando "seu homenzinho". Enquanto ele se recobrava da perda da Itália, Sissi deu à luz duas filhas. Mas ela se mantinha indiferente ao obstinado imperador, sufocada pela pompa da corte e vexada pela sogra estridente, que tinha o comando sobre os bebês e zombava de Sissi, considerando-a uma "mãe jovem e tola". Quando uma de suas filhas morreu de tifo, aos dois anos, Sissi caiu numa profunda depressão, recusando-se a comer. Montando aparelhos de ginástica nos palácios, ela fazia exercícios, seguia dietas e bebia obsessivamente.

Alta, esbelta, muito bonita, Sissi tinha orgulho da cintura fina (42 centímetros) e usava espartilhos bem apertados. Ansiava pela liberdade, pela fama e pelo amor como uma mulher moderna, montava e caçava freneticamente, tornando-se a cavaleira mais veloz da Europa. Cada vez mais centrada em si mesma, entregando-se a seus caprichos, tinha pouco tempo para Francisco José e não muito para os filhos: "Os filhos são a desgraça das mulheres, pois, quando chegam, afastam a beleza". Adorava os versos de Heinrich Heine e também escrevia poemas, muitas vezes escarnecendo dos inimigos; detestava a vida da realeza — "essa dura faina, essa tortura", dizia. "Ela esposava a ideia de que a liberdade é um direito de todos", escreveu sua futura nora, Estefânia. "Sua imagem da vida parecia um lindo conto de fadas de um mundo sem dores nem restrições." Em 1858, Sissi deu à luz um filho, o príncipe herdeiro Rodolfo, assim cumprindo seu principal dever, e depois disso passou a viajar pelo mundo, procurando o prazer e evitando a corte, o marido e os filhos.

Maximiliano era um problema. Recém-casado com Carlota, filha de Leopoldo da Bélgica, em mais um entrelaçamento Saxe-Coburgo, ele ansiava por uma Coroa. O imperador o nomeou comandante naval, mas o exonerou devido a seu liberalismo. Agora, no verão de 1863, enquanto se intensificava a guerra civil americana, foi-lhe oferecido o trono do México. Carlota insistiu que aceitasse. Não era algo tão absurdo quanto parece hoje: já existia uma monarquia bem-sucedida no Brasil, governada por seus primos, e os Habsburgo haviam governado o México durante séculos. Napoleão III lançou seus encantos sobre Maximiliano, que o via desdenhosamente como um "diretor de circo [...] com pernas arqueadas, de andar bamboleante e um olhar furtivo por entre os olhos semicerrados, correndo atrás de qualquer mulher bonita". Mas Napoleão espicaçou o senso de missão liberal de Maximiliano. "É uma questão de salvar um continente inteiro da anarquia", disse ele, "de dar um exemplo para toda a América." E prometeu: "A França nunca faltará ao Império Mexicano".

Enredado na guerra civil, Lincoln alertou contra um plano que feria a preponderância americana no Sul, expressa na Doutrina Monroe, mas não estava em posição de impedi-lo. Francisco José incentivava o plano, porém insistiu que Maximiliano renunciasse a seus direitos à Áustria. Maximiliano, furioso, começou a repensar a questão, mas Carlota insistiu e Napoleão escreveu: "É impossível que você desista de ir para o México. A honra da Casa dos Habsburgo está em jogo".

Maximiliano e Carlota partiram para o México.

GUERRAS AMERICANAS: PEDRO E LÓPEZ; CARLOTA E ELIZA

Em maio de 1864, o casal chegou ao México,[29] estabelecendo sua corte no Castelo de Chapultepec, outrora um santuário dos *tlatoani* mexicas, atacado em data mais recente por soldados americanos e agora luxuosamente restaurado. Maximiliano era favorável à educação universal e aos direitos dos trabalhadores, o que lhe valia a antipatia dos conservadores; por outro lado, o apoio francês o desacreditava junto aos liberais. Ele se inclinou para a direita, apoiado por seu escasso exército mexicano, por tropas francesas e por um regimento sudanês negro enviado pelo aliado egípcio de Napoleão, Said, filho de Mehmed Ali. Mas o presidente eleito Juárez congregou uma insurreição nacional.

Maximiliano podia olhar com certa inveja, mais ao sul, para seu primo de primeiro grau, Pedro II, no Brasil: lá, o jovem imperador era amado. Aos catorze anos de idade, o neto de Francisco da Áustria, sobrinho de Napoleão I, de feições muito habsbúrgicas, louro, de queixo comprido, fora coroado imperador constitucional com cetro, manto de penas de tucano e *épaulettes* de plumas de galo-da--serra, atendido por cortesãos negros e mestiços. "A monarquia", escreveu Lilia Schwarcz, "estava se tropicalizando."

Alternando-se entre o Rio de Janeiro e um palácio de verão em sua nova estância, Petrópolis, Pedro dirigia, mas não impunha o governo, sendo diligente na promoção da monarquia e das novas tecnologias, os vapores e as ferrovias; além disso, foi o primeiro fotógrafo régio, tendo comprado daguerreótipos. "Se eu não fosse imperador, gostaria de ser professor", dizia ele, às vezes acrescentando: "*La science, c'est moi*". Alegre, erudito, poliglota, estudando grego, medicina, astronomia e engenharia, devidamente casado com uma princesa Bourbon, discretamente devotado à amante, ele abraçou a cultura afro-brasileira, apoiando o Carnaval do Rio e rendendo homenagem a seus chefes negros eleitos, os Três Reis e o Imperador do Divino Espírito Santo.

No entanto, a sociedade brasileira ainda se baseava nas fazendas de café, que empregavam trabalho escravo. Entre 1841 e 1850, pelo menos 83% dos escravizados africanos foram para o Brasil, e os demais para os Estados Unidos e Cuba. Mas a Marinha Real britânica estava capturando um número cada vez maior de navios negreiros. Os fazendeiros no Brasil ainda temiam uma revolta como a haitiana — em 1849, havia 110 mil escravizados para 266 mil brancos no Rio de Janeiro. A área em torno do palácio no Rio era tão apinhada de escravos que era conhecida como Pequena África, e, a despeito de toda a miscigenação, as elites brasileiras eram todas brancas. Condessas frequentavam bailes da realeza e faziam compras nos empórios parisienses da rua do Ouvidor, como narram as histórias do escritor Machado de Assis, cujo personagem Cândido Neves é um caçador de escravos orgulhoso de seu trabalho. Em 1850, o Brasil proibiu o tráfico negreiro, mas não a escravidão. No entanto, o que veio a desafiar a monarquia não foi uma revolta escrava, e sim uma guerra.

Em 1864, o marechal Francisco López, presidente do Paraguai desde a morte do pai[30] e companheiro de Eliza Lynch, mãe de seus cinco filhos, atacou o Brasil. Nos sete anos desde que chegara de Paris, Lynch ensinara os locais a apreciar a comida, a culinária e a moda francesas, ao mesmo tempo que acumulava quase 5 milhões de hectares de terras estatais transferidas a ela, tornando-se a maior latifundiária do mundo.

O pai do marechal, no leito de morte, recomendara ao filho que evitasse a guerra com o Brasil. Apesar disso, López, conhecido como El Mariscal, com 55 mil soldados armados com a mais nova tecnologia, utilizou a independência do Uruguai como pretexto para atacar o Brasil e a Argentina. Era uma loucura espantosa: a população total do Paraguai era menor do que a Guarda Nacional brasileira. Enquanto o Brasil, o Uruguai e a Argentina contra-atacavam e Maximiliano se debatia para sobreviver no México, o general Grant sufocava a Confederação de norte a sul.

LINCOLN E GRANT: SOMOS TODOS AMERICANOS

Em 4 de março de 1865, em Washington, DC, com soldados negros marchando no desfile de posse, Lincoln prestou juramento pela segunda vez, prometendo, com refinada eloquência, "sem rancor por ninguém, com caridade por todos, com firmeza na retidão", que a guerra continuaria, se necessário, "até que toda gota de sangue arrancada pelo açoite seja paga por outra arrancada pela espada". O vice-presidente Andrew Johnson se embebedou. "Não o deixem falar", ordenou Lincoln — mas, de todo modo, ele falou. Entre os convidados estava um ator confederado fanático, John Wilkes Booth, que tinha vindo a convite da namorada, filha de um senador. Ele havia trabalhado recentemente numa montagem de *Júlio César* e pensou em matar Lincoln durante a posse. Em vez disso, porém, começou a organizar uma conspiração para sequestrar ou aniquilar o presidente.

Em 9 de abril, em Appomattox, na Virgínia, Grant venceu Lee, que finalmente concordou em negociar. Na sala do tribunal local, Lee, agora general-chefe confederado, muito garboso em um uniforme cinza imaculado, luvas longas de camurça, faixa de seda e botas luzidias com acabamento de seda vermelha, ofereceu sua espada a Grant, que mascava um charuto e usava uma "jaqueta de soldado raso, desabotoada, mas com as quatro estrelas; botas de cano alto salpicadas de lama". Grant começou a conversar.

"Encontrei-o uma vez, general Lee, quando servíamos no México."

"Sim, eu sei, mas nunca fui capaz de relembrar traços fisionômicos", retorquiu Lee, em tom grandiloquente. "Pedi para vê-lo a fim de me certificar dos termos em que você aceitaria a rendição de meu exército."

Grant rabiscou os termos, que foram passados a limpo por seu ajudante, o general Ely Parker, o seneca de Tonawanda convertido ao cristianismo, que os entregou a Lee. O confederado enrubesceu e hesitou, pensando que Parker era negro. Então estendeu a mão.

"Fico contente em ver aqui um verdadeiro americano", disse Lee.

"Somos todos americanos", respondeu Parker.

Lee assinou. Haviam participado dos combates 3 milhões de americanos, entre os quais cerca de 180 mil soldados e 20 mil marinheiros negros; 750 mil tinham morrido. A União vencera: 3,5 milhões de cativos tinham sido libertados e logo teriam direito de voto. Lincoln acolheu de novo o Sul. Nem todos achavam que ele defenderia os escravos libertados: Lincoln, disse Douglass, ainda era um "presidente do homem branco".

Em 14 de abril, na Casa Branca, Grant contou a Lincoln e a seu gabinete como se dera a rendição, e em seguida o presidente convidou os Grant a irem naquela noite ao Ford's Theatre para assistir a uma apresentação de *Our American Cousin*. Ao visitar o teatro mais cedo, Booth soube que os Lincoln e os Grant estariam lá naquela noite; ele e seu bando planejavam salvar a Confederação — que ainda tinha um exército ativo em campo — decapitando a União. Mas Julia Grant, que não se dava bem com Mary Lincoln, recusou o convite.

"Querido marido", Mary Lincoln disse a Abraham naquela tarde, "você quase me assusta com sua grande animação."

"E é assim que me sinto, Mary", respondeu Lincoln. "Para mim, a guerra acabou hoje."

Mary Lincoln era imprudente, incoerente, instável e possivelmente bipolar, uma provação para o marido, mas eles tinham perdido um filho aos três anos de idade, e outro, Willie, morrera de febre tifoide aos onze anos; durante a guerra, tinham passado por uma tensão medonha. O presidente acrescentou:

"Devemos nos animar mais no futuro. Com a guerra e a perda de nosso querido Willie, temos sido muito infelizes."

Enquanto os Lincoln se preparavam para ir ao teatro, os Grant se dirigiam para a estação. No caminho, passaram por um homem — Booth — a galope, que espiou dentro da carruagem, certificando-se de que eles não iriam ao teatro. Às 22h13, no Ford's Theatre, Booth se esgueirou no camarote do presidente, desferiu-lhe um tiro com uma Deringer na parte de trás da cabeça e saltou do camarote para o palco, gritando: *"Sic semper tyrannis!"*. Em seguida, fugiu. Outro conspirador emboscou o secretário de Estado, William Seward, que estava acamado, doente, e o apunhalou, ao passo que o terceiro conspirador não conseguiu encontrar o vice-presidente Johnson e se embebedou. Lincoln morreu na manhã seguinte. Booth foi morto num tiroteio; os demais conspiradores foram enforcados.

Johnson, um sujeito medíocre de cabelo comprido, brigão e beberrão, tomou posse. Como único senador sulista a apoiar a União, ele fora escolhido por Lincoln para a vice-presidência em sinal de reconciliação, mas era um racista empedernido: "Este é um país para homens brancos, e, por Deus, enquanto eu for presidente, será um governo para homens brancos". A Lei dos Direitos Civis de 1866 prometia o direito de voto a todos os cidadãos, "sem distinção de raça, cor ou condição prévia de escravidão"; Johnson a vetou, mas seu veto foi suplantado. As emendas à Constituição aboliram a escravidão e concederam cidadania a todos os ex-escravos. Os afro-americanos se regozijaram com a possibilidade de votar. Enquanto o Congresso aprovava as Leis da Reconstrução, que pormenorizavam os termos de readmissão dos estados rebeldes, os exércitos da União ocuparam o Sul, e Grant ordenou que seus generais impusessem as novas leis. A União vencera a guerra, mas perdera a paz.

A retaliação do suprematismo branco se iniciou de imediato. Os sulistas aprovaram Códigos Negros para impedir que os libertos votassem. Em Memphis e em Nova Orléans, turbas brancas matavam negros. Em Pulaski (no Tennessee), os veteranos confederados criaram uma milícia clandestina, chamada Ku Klux Klan, a partir do grego *kuklos* (círculo), usando capuzes brancos para representar os fantasmas dos camaradas mortos.

Enquanto o presidente Johnson manchava o legado de Lincoln,[31] seu paladino Grant anunciava "Agora ao México", visto que considerava Napoleão III "parte ativa da rebelião" e o imperador Maximiliano uma "base de operações" da "monarquia europeia [...] um ato frontal de guerra". Sua guerra mexicana seria "curta, rápida, decisiva", mas seus planos desandaram com a deterioração de suas relações com o insigne presidente Johnson.

Grant não precisou combater os franceses no México: Napoleão perdeu o ímpeto com o enfraquecimento de sua posição na Europa. "O exército francês tem todo o entusiasmo por Maximiliano", disse a imperatriz Carlota ao pai, mas, em fevereiro de 1866, Napoleão, horrorizado com o êxito da insurreição contra seu fantoche, demonstrado pela vitória da União, começou a recuar — um movimento que, segundo escreveu a Maximiliano, "pode causar a Sua Majestade um embaraço temporário". O imperador Maximiliano pensou em abdicar, mas Carlota foi à Europa a fim de apelar a Napoleão, que a recebeu em três lacrimosos e dolorosos encontros: "Fizemos nosso melhor por Maximiliano, mas tudo que podemos fazer agora é ajudá-lo a escapar". Carlota, orgulhosa de sua ascendência metade Bourbon, metade Coburgo, gritou: "Em minhas veias corre o sangue dos Bourbon [...]. Eu não deveria ter desonrado meus antepassados e a mim mesma tratando com um Bonaparte". Mas ninguém ajudou. "É tudo inútil", ela telegrafou a Maximiliano, e então se afundou na loucura, escondendo-se no Vaticano e declarando que estava sendo envenenada. Mais tarde, trancou-se num castelo belga, onde passou a acreditar que era a imperatriz não só do México, mas também de muitos outros lugares. Maximiliano se negou a fugir enquanto o cerco das forças mexicanas se fechava.

Mais ao sul, o outro protegido napoleônico, o marechal López, estava convicto de ter vencido o Brasil e a Argentina, e sua amante Eliza Lynch comandava seus batalhões femininos, *Las Residentas*. A primeira ofensiva de López no Mato

Grosso teve êxito, mas a segunda, contra a Argentina, foi um desastre. O imperador Pedro se declarou "voluntário número um" e se apressou em ir para a frente de batalha. Couraçados brasileiros avançaram pelo rio Paraná, enquanto os aliados da Tríplice Aliança atacavam. O Brasil tinha um exército minúsculo, com apenas 18 mil soldados, mas Pedro recrutou novas tropas, oferecendo liberdade aos cativos em troca do alistamento: "Forças e mais forças a Caxias, apresse a medida de compra de escravos e todos os que possam aumentar o nosso exército". Vinte mil escravos se alistaram.

Em maio de 1866, um exército aliado invadiu e destruiu a maior parte das forças de López, numa série de derrotas durante as quais os paraguaios foram dizimados por cargas de artilharia. Logo o marechal ficou com um número tão reduzido de homens que também precisou recrutar escravos; seus homens entravam em batalha "seminus, sem sapatos nem botas, cobertos com ponchos esfarrapados — mesmo os coronéis vão descalços". Enquanto o Paraguai passava fome e sofria epidemias, o exército invasor do general Caxias sitiava a grande fortaleza de Humaitá, sem se dar conta de que ela estava praticamente vazia — até que por fim os paraguaios se renderam, em agosto de 1868. Agora López estava condenado: apesar das terríveis perdas brasileiras, o imperador Pedro insistiu em caçar "o tirano"; enquanto isso, na Europa, o cenário mudava.

Napoleão III e Palmerston haviam conduzido os assuntos europeus por vinte anos. Aos oitenta anos de idade, ainda montando a cavalo todos os dias, a saúde do velho Palmerston começou a declinar. Em 18 de outubro de 1865, antes de entrar em coma, ele ainda imaginava estar negociando tratados: "Esse é o artigo 98; agora passe ao próximo". Vitória nunca confiara muito no velho malandro, que "com frequência nos causava preocupação e desgaste, embora como primeiro-ministro se conduzisse *muito bem*". Palmerston, que recebeu um raro funeral de Estado, havia moldado o século britânico. E Gladstone escreveu: "A morte realmente deitou a galhada mais alta da floresta".

Conforme seu parceiro Palmerston saía de cena, Napoleão III, cansado, indisposto, punido com as sequelas do México, passava férias na Villa Eugénie em Biarritz. Lá, recebeu um gigantesco visitante germânico que comia e bebia em quantidades descomunais: num encontro, ele emborcou "um copo de madeira, outro de sherry, um frasco inteiro de Yquem e um copo de conhaque", e gostou tanto do peixe que exclamou: "Por um ensopado desses, eu daria vinte margens do Reno". Napoleão e seu círculo zombavam da rude grosseria prussiana do visitante — mas, tendo aprendido com os êxitos de Napoleão, e explorando bem seu implacável virtuosismo pessoal, ele logo reordenaria o poder europeu. "Eles me tratam como uma raposa", Bismarck disse mais tarde. "Um sujeito esperto de primeira categoria. Mas a verdade é que, com um cavalheiro, sou sempre um cavalheiro e meio, e, quando tenho de lidar com um pirata, tento ser um pirata e meio." O pirata prussiano planejava criar uma nova potência: a Alemanha.

ATO XVII

1,2 BILHÃO

Os Hohenzollern e os Krupp, os albaneses e os dacotas

Em 1865, quando foi à Villa Eugénie conversar com Napoleão III e saber qual seria seu preço para não intervir na guerra que planejava contra a Áustria, fazia três anos que Otto von Bismarck era ministro-presidente da Prússia. O prussiano admirava a forma como Napoleão tinha usado o voto universal para obter o apoio dos conservadores, e agora planejava fazer o mesmo. O nacionalismo havia substituído a religião enquanto modo de oferecer um sentimento de pertença e significado a milhões de pessoas; os Estados nacionais, governados por burocracias impessoais, tinham se tornado fantásticos organizadores de recursos; as sociedades civis se tornavam cada vez mais complexas — mas as dinastias podiam se adaptar e proporcionar estabilidade e liderança. As nações eram como famílias, e os monarcas eram os pais e as mães.

Muitos acreditavam que o astucioso Napoleão III passaria a perna em Bismarck, e somente em retrospectiva é possível justificar o desdém que os historiadores mostram por Napoleão e o respeito que mostram pelo ministro-presidente. "Podemos imaginar a excêntrica loquacidade com que o sr. Bismarck desenvolveu seus planos otimistas", escreveu um diplomata britânico, "e a disfarçada ironia e o oculto divertimento do sutil soberano."

Bismarck era mais sutil do que parecia, sendo o inteligente e misantropo filho de um *junker* arquetípico, porém inoperante, e de uma mulher intelectual, filha de um conselheiro de Frederico, o Grande. Bismarck desprezava o pai, que nada tinha de extraordinário — "Quantas vezes retribuí sua [...] bondosa ternura com frieza e maus modos" —, e escarnecia da mãe: "Quando pequeno, eu a odiava". Ele cresceu com uma autoconfiança que não conhecia limites.

Quando estava na Universidade de Göttingen, foi apelidado de *Junker* Louco, pelo modo selvagem como caçava, bebia e duelava (disparava insultos a torto e a direito a fim de provocar contendas, tendo travado 25 duelos ao longo de três anos letivos), mas tinha curiosidade intelectual, era cosmopolita, poliglota, muito lido e se sentia atraído por estrangeiros — seu melhor amigo era um americano, e se apaixonou por uma inglesa. Depois de uma paixão pela esposa de um amigo, ele se casou com Johanna von Puttkamer, uma mulher recatada com quem teve três filhos, um dos quais atormentava de maneira terrível, e mais tarde veio a se consolar com uma paixão platônica por uma princesa russa. Adorava conflitos, mas nunca serviu no exército prussiano; era um cristão pietista evangélico sem um pingo de generosidade cristã. Um orador de voz suave, mas imponente, possuía uma inteligência fascinante e era um magnífico escritor.

Horrorizado com as revoluções de 1848, achava que Frederico Guilherme era fraco demais e ofereceu seus serviços ao irmão conservador dele, o príncipe Guilherme, ao mesmo tempo que fazia discursos provocadores no Landtag (a assembleia prussiana). Mas tinha uma visão absolutamente clara da política, habilidade que cultivara durante seus períodos como embaixador em Frankfurt, Paris e São Petersburgo: "Por que grandes Estados travam guerras hoje em dia? A única base sólida [...] é o egoísmo, não o romantismo". Bismarck aprendeu sua lição fundamental com Napoleão: o populismo nacionalista era conservador. "A Prússia está totalmente isolada. Há apenas um único aliado para a Prússia, se ela souber como conquistá-lo e lidar com ele: [...] o povo alemão." Ele descobriria um modo: "A política é menos ciência do que arte". Deliciava-se com os riscos do ofício: "Ele me ensina que uma pessoa pode ser a mais esperta do mundo e ainda assim tatear como uma criança no escuro".

Guilherme, ao assumir o trono, encontrou uma monarquia paralisada, incapaz de fazer com que o Landtag aprovasse seu orçamento militar. O irrefreado Bismarck, que em outros tempos estaria fora de questão, agora se tornara, num processo de momentosa inevitabilidade, a única escolha do rei. Ao contrário de Napoleão III, ele não dependia de eleições ou golpes de Estado, nem liderava um partido político; toda a sua carreira dependia do favor de um velho oficial Hohenzollern, Guilherme, que podia dispensá-lo a qualquer momento. Eles mantiveram um relacionamento de 26 anos que mais parecia um tempestuoso casamento, entremeado por surtos bismarckianos de gritos, choros e ameaças de demissão. Guilherme mais tarde gracejou: "Não é fácil ser Kaiser sob Bismarck". Esse colosso solitário e incansável era maníaco, mesquinho, paranoide e vingativo —

mas o dinâmico executor de projetos que resultavam de uma análise brutalmente clara da alquimia do poder.

O plano de Bismarck era ousado, mas não secreto: "Logo serei obrigado a assumir [...] o governo prussiano", ele disse a Disraeli, ao visitar Londres em junho de 1862. "Minha primeira providência será organizar o exército"; então "aproveitarei o pretexto para declarar guerra à Áustria [...] e unificar a Alemanha sob a liderança prussiana".

"Tenham cuidado com esse homem", disse Disraeli. "Ele está falando sério." Como ministro-presidente, Bismarck gostava de chocar os liberais prussianos: "As grandes questões da época serão resolvidas não com discursos e decisões majoritárias — este foi o grande erro de 1848 —, mas com ferro e sangue".

A guerra era arriscada — para Bismarck, significava "lançar os dados de ferro" —, mas ele era afeito aos riscos: "Passei a vida toda apostando alto com o dinheiro dos outros". Bismarck tinha confidentes judeus, mas, como muitos *junkers* e muitos nobres conservadores da Rússia à França, desprezava socialmente os judeus, vendo-os como o prenúncio de um perigoso liberalismo. Porém seus planos exigiam dinheiro. Os Rothschild eram próximos da Áustria e da França, mas ainda assim ele foi jantar na mansão de Mayer Carl von Rothschild em Frankfurt, zombando do "velho regateador judeu, com suas toneladas de prata e colheres e garfos de ouro". Mayer recomendou então ao ministro-presidente os serviços de um aliado, Gerson Bleichröder. Bleichröder tornou-se o banqueiro de Bismarck, além de seu negociador diplomático, e talvez um de seus poucos amigos.

Bismarck e Guilherme receberam o auxílio do terceiro prussiano notável: Alfred Krupp, o Rei dos Canhões, fundador de uma dinastia que dominaria a indústria alemã ao longo de todo o governo dos Hohenzollern, de Hitler e da União Europeia.[1]

O neto da viúva Krupp, pai de Alfred, fundara as grandes siderurgias germânicas em Essen, mas levara-as à bancarrota, chegando a perder sua mansão e sendo forçado a se mudar para um pequeno chalé que ficava ao lado das fornalhas. Alfred era tão extraordinário quanto Bismarck, um louco hipocondríaco, neurótico, magro feito um varapau, de membros compridos e rosto pontudo, sempre usando uma peruca ruiva velha e desgastada, obcecado pelo aço, pela tecnologia e, estranhamente, pelo cheiro de esterco de cavalo.

Em 1826, quando o pai morreu, Alfred, então com catorze anos, criado no "medo da ruína total", herdou as fundições da família e foi a Yorkshire a fim de espionar a fabricação do melhor aço britânico, o de Sheffield. Ao voltar, mal dormindo, o tempo todo doente — "Comemorei meu aniversário à minha maneira, no ano passado com remédios contra a tosse, este ano com enemas" —, ele tocou sozinho a empresa: "Eu era ao mesmo tempo escriturário, missivista, caixa, ferreiro, fundidor, batedor de coque, vigia noturno da fornalha", onde "tive sucesso na importante invenção de um aço cadinho que se derretia totalmente". A princípio, ganhou dinheiro vendendo colheres para os austríacos; então, aproveitando o desenvolvimento das ferrovias, começou a vender seus eixos e molas de aço fundido, além das primeiras rodas de trem de aço sem solda; logo estava fornecendo trilhos ferroviários para a Europa, os Estados Unidos e a Ásia. A seguir, tentou fabricar rifles com aço.

Em 1853, o empresário obcecado por aço se casou com Bertha, de 21 anos, uma loura igualmente neurastênica, com quem romantizava sobre a liga metálica: "Onde eu supunha não possuir senão uma peça de aço fundido, eu tinha um coração". Ela deu à luz um filho, Friedrich, mas sofria no chalé sombrio tomado de fuligem. "Uma pessoa deve ser simples", ele pontificava. "Saber que tem a roupa de baixo limpa sob o vestido deveria ser o suficiente."

Em pouco tempo, a situação se tornou intolerável para ela. Mas então, em 1852, Krupp conheceu o outro relacionamento que seria fundamental em sua vida: o príncipe Guilherme admirou tanto uma de suas armas que foi inspecionar a fábrica de Essen, e, como rei, encomendou a ele cem canhões pesados. Depois do discurso de Bismarck sobre "ferro e sangue", Guilherme o enviou a Krupp, que forneceria o ferro. Os dois jantaram juntos na fábrica, e Bismarck comentou, a propósito de Napoleão: "Como ele é tolo". Quando Krupp projetou um canhão de retrocarga, Guilherme e Bismarck o compraram, mas também a Rússia, a Grã-Bretanha e a Áustria. Krupp escreveu: "Devemos pôr toda a nossa energia a serviço da Prússia". Bismarck esperou para usar as novas armas.

Em novembro de 1863, a morte de um rei dinamarquês permitiu que Bismarck explorasse um tradicional problema dinástico. A Dinamarca reivindicava os ducados germânicos de Schleswig e Holstein. Em janeiro de 1864, Bismarck firmou uma aliança com Francisco José a fim de derrotar os dinamarqueses; cada qual ocuparia um dos ducados. Bismarck soube apreciar um momento de conjunção propícia: a Rússia estava satisfeita com a aquiescência prussiana em face do esmagamento da rebelião polonesa; a Grã-Bretanha estava com as atenções voltadas para a Índia, e a França para o México.

Bismarck instruiu Bleichröder a informar James de Rothschild em Paris que "a intimidade com a Áustria chegou ao fim. Seguir-se-á um esfriamento". Em seguida, visitou Napoleão III em Biarritz, acenando vagamente com nacos da Bélgica, de Luxemburgo e da Renânia, mas não se chegou a nenhum acordo. Napoleão considerava a Bélgica "uma pera madura que uma hora cairá em nossa boca", enquanto Bismarck o comparou a "um taberneiro estendendo a mão para ganhar uma gorjeta". O imperador era "uma esfinge sem enigma". O rei Guilherme recebeu Krupp, alertando-o a não vender armas para a Áustria: "Seja sensato enquanto é tempo".

Bismarck planejou o confronto com a Áustria. Eugênia incentivou Napoleão a mobilizar suas forças, mas, desgastado pela corrosão do poder e ludibriado pelo prussiano, ele não viu necessidade.[2] Os Habsburgo tinham sido o "poder à frente" da Confederação Germânica, substituta do Sacro Império Romano-Germânico, desde 1815 (com um breve interlúdio em 1848-9). Para defender essa supremacia, Francisco José entrou confiante em guerra contra a Prússia, apoiado pelos reis da Bavária, da Saxônia e de Hanôver, todos munidos de canhões Krupp. Os fuzis de agulha da Prússia eram superiores aos fuzis Lorenz da Áustria, mas, surpreendentemente, os Habsburgo confiavam nessas armas mais lentas, porque o fogo rápido incentivava os soldados a desperdiçarem munição. O chefe prussiano do Estado-Maior, Helmuth von Moltke, notara que as ferrovias tinham sido usadas por Napoleão III e depois pelos americanos na guerra civil, e dominou ele próprio seu uso.

Em 3 de julho de 1866, em Sadowa (Königgrätz, na Chéquia), Moltke derrotou os austríacos.[3] Bismarck pôs fim à liderança germânica nominal da Áustria e criou uma Confederação Germânica do Norte, encabeçada pelo rei Guilherme da Prússia, que desejava aumentar o império habsbúrgico. Mas, depois de um acesso de lágrimas e gritos, Bismarck conseguiu se fazer ouvir, prevendo que a Áustria se tornaria uma aliada natural da Prússia: com efeito, a Casa dos Habsburgo se manteve como a principal aliada dos prussianos até 1918.

Bismarck adorou "jogar essa partida de 1 milhão de dólares que na verdade não tinha. Agora, depois de ganhar a aposta, ficou deprimido". Mais tarde, animou-se outra vez, esmurrando a mesa: "Venci todos eles! TODOS!". Krupp também se sentiu dividido — um de seus canhões explodira, matando os canhoneiros. Depois de uma crise nervosa, para a qual nada contribuíram os casos amorosos e a vida luxuosa que a esposa levava, ele se ofereceu para trocar as armas velhas por novas, apresentando uma nova geração de armas para os entusiasmados Guilherme e Bismarck.

A derrota em Sadowa era um sinal para que Napoleão III exercesse a cautela, ainda mais num momento em que os franceses assistiam ao desenlace da partida final mexicana. Maximiliano se retirou para Santiago de Querétaro, onde foi sitiado por Juárez. Ao tentar escapar, foi traído e condenado à morte. "Sempre desejei morrer numa manhã como esta", murmurou Maximiliano, ao ser conduzido perante 3 mil soldados, para os quais discursou, galhardamente: "Mexicanos! Homens de minha classe e raça [ele se referia aos Habsburgo] são criados por Deus para ser a felicidade das nações ou seus mártires. Longa vida ao México!". Dispensando a venda nos olhos, ele coreografou seu martírio com dois generais, um de cada lado, assim como Cristo. Francisco José não fez nenhum comentário sobre a morte do irmão, dizendo apenas que sentiriam sua falta na próxima caçada, onde "ainda podemos esperar algum espírito esportivo".

Aguardando uma chance de unir os reinos germânicos, Bismarck voltou-se como um obus Krupp para a França. Em abril de 1867, o mundo celebrou o apogeu da França napoleônica na segunda *Exposition Universelle*, à qual compareceram 7 milhões de pessoas. O romancista Victor Hugo, geralmente crítico de Napoleão, escreveu o folheto.

Em 12 de abril, Hortense Schneider, o ícone sexual de Paris, estrelou *La Grande-Duchesse de Gérolstein*, de Offenbach, numa apresentação a que compareceram Napoleão, o rei Guilherme, Bismarck, o tsar Alexandre II e o Kaiser Francisco José. Assediada por monarcas, La Snéder não ia para a cama por menos de 10 mil francos. Bertie, o rechonchudo príncipe de Gales, com 25 anos de idade, representando a mãe, mergulhou na lubricidade parisiense.[4] Mas teria sido melhor se o anfitrião tivesse prestado atenção a Krupp, que exibiu na *Exposition* um colossal canhão, granadas de mil libras e um lingote gigantesco de aço de 35 toneladas — todos devidamente apreciados por Bismarck e Guilherme. Não admira que, no teatro, Bismarck tenha rido do retrato do poder e da guerra apresentado por Offenbach: "É exatamente assim".

ISMAIL, O MAGNÍFICO, E EUGÊNIA: O IMPÉRIO É UMA VELHINHA

Em 17 de novembro de 1869, a imperatriz Eugênia inaugurou o canal de Suez, obra de seu primo Ferdinand de Lesseps.[5] O projeto de um canal unindo o oceano Índico e o Mediterrâneo, diminuindo a distância entre a Europa e a Índia, era uma ideia antiga, mas Mehmed Ali, tolhido pelos britânicos em seus projetos expansionistas, passara a dar preferência a um plano francês. Lesseps era um diplomata, não um engenheiro, mas havia servido no Cairo, encontrando Mehmed e seus sucessores para propagandear um projeto apoiado pessoalmente por Napoleão III. As relações entre o Cairo e o imperador eram tão próximas que os egípcios tinham enviado um regimento núbio para combater no México. Durante a guerra americana, fora o algodão egípcio que suprira as fábricas têxteis britânicas; jorrava dinheiro, e milhares de operários morreram na construção do canal.

Ismail, de 33 anos, quediva reinante do Egito, neto de Mehmed, filho de Ibrahim, o Vermelho, e de sua esposa circassiana, era um homem de enorme vitalidade, e abraçou o projeto de Suez, supervisionado por Lesseps a partir de sua villa (ainda de pé) na nova cidade de Ismaília. Ismail, o Magnífico, imaginativo, impaciente, transbordante de energia, também se encontrava em meio ao público que assistiu a *La Grande-Duchesse de Gérolstein*, e fez compras em Paris, torrando dinheiro com os canhões de Krupp e com a cortesã parisiense Blanche d'Astigny, que se juntou a ele no Cairo. O Egito, disse Ismail, "não fica mais na África; agora fazemos parte da Europa" — e construiu ferrovias, palácios, pontes e teatros.

Eugênia[6] e Francisco José atracaram seus respectivos iates ao lado do *Mah-rousa* de Ismail. Eugênia telegrafou para Napoleão: "Magnífico!". Em Ismaília, o quediva montou um acampamento sultanesco com 1200 tendas com quadros e candelabros, e encomendou uma apresentação da *Aída* de Giuseppe Verdi, realizada em seu novo teatro de ópera. Mas sua verdadeira ambição era um império africano, e seu estratagema ajudou a desencadear o retalhamento europeu da África.

De volta à França, Eugênia encontrou Napoleão sofrendo de esgotamento e pedras na bexiga. Seu irmão astucioso, Morny, tinha morrido, e ele tentava apaziguar a crescente oposição concedendo algum poder aos ministros e à Assembleia — reformas são sempre momentos perigosos.

Em fevereiro de 1870, a Espanha ofereceu seu trono ao sobrinho do rei Guilherme, o príncipe Leopoldo von Hohenzollern-Sigmaringen. Então Leopoldo consultou Guilherme: deveria aceitar? Guilherme vetou, mas Bismarck o convenceu a mudar de ideia, planejando usar a oferta como uma isca para Napoleão: "Politicamente, um ataque francês seria muito proveitoso".

Os franceses ficaram indignados, obrigando Napoleão a reagir. Sua energia sexual mostrava-se maior do que sua vontade política. Ele tivera um caso recente com uma acrobata de circo, mas, em agonia por causa dos cálculos biliares, tinha dificuldade em resistir à escalada. "É uma desgraça", disse Eugênia. "O império está virando uma velhinha."

A RATOEIRA: A QUEDA DE NAPOLEÃO

Assediado por Eugênia, em pânico com o furor belicista do povo, Napoleão permitiu que seu ministro das Relações Exteriores exigisse de Guilherme a rejeição da oferta espanhola.[7] Quando Guilherme assim procedeu, seu embaixador, em vez de se dar por satisfeito com o sucesso, insistiu que ele pusesse a rejeição por escrito, possivelmente em busca de um pretexto para a guerra. Se assim foi, o estratagema deu certo: o velho rei, irritado, ditou um telegrama. Bismarck alterou sua redação para que ficasse claramente grosseiro. A honra de Napoleão foi posta em causa. A França declarou guerra. Em julho, os franceses mobilizaram um exército que se forjara na Argélia e no México e derrotara a Rússia e a Áustria; muitos confiavam que venceria a Prússia. Guilherme, junto com a Baváriae outros reinos, mobilizou 1,1 milhão de homens. "Fomos vergonhosamente forçados a entrar nessa guerra", a princesa Vicky disse à mãe, a rainha Vitória. As duas deploravam a agressão napoleônica e admiravam a honra prussiana, alheias ao estratagema de Bismarck.

Napoleão III insistiu em assumir o comando de um exército em Lorena, acompanhado por Loulou, o príncipe imperial de catorze anos, e deixou Eugênia como regente em Paris; um segundo exército se reuniu na Alsácia. Todavia, a mobilização foi incompleta, o imperador sofria com as dores e tinha dificuldades para exercer o controle. Do lado prussiano, o cerebral e meticuloso chefe do Estado-Maior, Moltke, *Der Grosse Schweiger* — "o grande silencioso" —, fez manobras brilhantes em ferrovias construídas especialmente para esse fim, posicionando canhões Krupp com o dobro do alcance francês.[8] Napoleão III, doente, mal conseguia montar a cavalo, que dirá comandar uma guerra, e ele e seus marechais se confundiam repetidamente quanto à direção tomada pelos inimigos. Depois de escapar por pouco de Metz, sitiada pelos prussianos, Napoleão tentou ajudar seu outro exército e proteger Paris, caindo numa armadilha. Com lágrimas nos olhos, abraçou Loulou e o enviou para um local seguro.

Em Sedan, em 1-2 de setembro de 1870, os 250 mil soldados de Moltke, com quinhentas armas, e observados por Bismarck e Guilherme, capturaram Napoleão e 110 mil homens.

"Nós os temos numa ratoeira", disse Moltke.

"Estamos num penico e eles estão cagando em cima de nós", exclamou o general Ducrot. Os canhões de Krupp ceifavam como foices a cavalaria francesa.

"Oh! Sujeitos corajosos", surpreendeu-se o rei Guilherme.

"Por que", indagou Napoleão, entrando na batalha para encontrar a morte, "essa luta inútil prossegue?" Mas, incapaz de morrer, ordenou a rendição. Bismarck ficou assombrado com a presença de Napoleão, e, enquanto o imperador cavalgava para o quartel-general prussiano, o atalhou: "Bati continência. Ele tirou o quepe, e a isso tirei o meu". Levado a um chalé, Napoleão III lamentou ter "sido induzido à guerra pela opinião pública". Bismarck se surpreendeu com sua decrepitude, murmurando: "Uma dinastia sai de cena".

Os dois se reuniram num castelo nos arredores e Guilherme tratou Napoleão com cortesia. "Cumprimento-o por seu exército, sobretudo sua artilharia", disse Napoleão. Krupp vencera. Enquanto Napoleão soluçava, Guilherme enrubesceu e desviou o olhar.

Eugênia, em Paris, recebeu o telegrama do marido. "Vocês certamente não acreditam nessa abominação", ela exclamou, numa "torrente de palavras insensatas e incoerentes". "Um Napoleão nunca se rende. Ele morre! Por que não se matou? […] Que nome irá deixar a seu filho?!" Do lado de fora, uma multidão revoltada cercou as Tulherias, entoando: *"La déchéance!"* — A deposição! Em 4 de setembro, no Hôtel de Ville de Paris, foi proclamada a Terceira República, que deu início a um novo esforço de guerra contra a Prússia, ao estilo de 1792. Eugênia, insistindo que não tinha "medo da morte", mas "temia cair nas mãos das viragos que conspurcariam minha cena final", fugiu para a casa de Evans, seu dentista americano, que a escoltou para a Inglaterra. Ela se estabeleceu em Kent, onde o moribundo Napoleão se juntou a ela. O filho Loulou sonhava em se alistar no exército britânico.

A debacle coincidiu com a vitória do imperador tropical Pedro II sobre o marechal López, que tanto admirava Napoleão.

A KKK E GREASY GRASS: GRANT E TOURO SENTADO

Pedro II acampou com seus soldados e resistiu a quaisquer medidas de paz, enquanto os brasileiros lutavam e entravam em território paraguaio, perseguindo o tirano. "Que medo poderia eu ter? De que me tirassem o governo?", indagou Pedro. "Muitos reis melhores do que eu o têm perdido, e eu não lhe acho senão o peso duma cruz, que carrego por dever."

Depois que os brasileiros tomaram Assunção, López transferiu a capital duas vezes. Pedro II nomeou seu cunhado francês, Gaston, conde d'Eu, de 27 anos de idade, comandante-chefe. Gaston, neto de Luís Filipe, de início se decepcionara com a esposa, a princesa Isabel, mas revelou-se um homem capaz e afetuoso. O público ficou encantado com suas proezas, pois ele não só venceu batalhas, como libertou 25 mil escravos paraguaios — embora muitos tenham sido então recrutados para o exército aliado. López, em desespero, matou seus dois irmãos, os cunhados e centenas de estrangeiros; seu engenheiro inglês cometeu suicídio com uma injeção de nicotina. Sem munição, ele ordenou que as vítimas fossem mortas a golpes de lança. Por fim, em Cerro Corá, López, acompanhado de Eliza Lynch e do filho de ambos, o coronel Juan, de catorze anos, das *Residentas* e de uma guarda de quatrocentos jovens semidesnudos, caiu numa armadilha, foi ferido e abandonado. Soldados brasileiros o encontraram lavando as feridas num córrego e o abateram. "Um coronel paraguaio nunca se rende", gritou Juan, que então foi também baleado. Eliza se lançou sobre o corpo do menino, gritando: "É essa a civilização que vocês prometeram?". Obrigaram-na a cavar a sepultura do marido e do filho com as próprias mãos.[9] Durante a guerra, morreram entre 800 mil e 1,3 milhão de paraguaios, uma perda da qual o país jamais se recuperou.

O imperador Pedro II havia triunfado. Mas a guerra expusera a ineficiência, a injustiça e a corrupção; a bravura dos regimentos negros, em particular, realçara a infâmia da escravidão. Pedro era um abolicionista vagaroso, sem poder constitucional para prevalecer sobre sua elite escravocrata.[10] Mas, na esteira da vitória sobre o Paraguai, em setembro de 1871, orquestrou a Lei do Ventre Livre: os filhos de escravos nasciam livres. O Brasil, com 1,6 milhão de cativos, era agora a última sociedade escravagista na América. Enquanto Pedro era recebido em

Washington por um novo presidente, os ex-escravos americanos corriam o risco de voltar a perder totalmente a liberdade.

Com o desmoronamento da presidência de Johnson, o general Grant se retirara do governo. Johnson, alvo de amplo desprezo, dispensara seu secretário de Guerra, cujo cargo era protegido pela legislação do Congresso, o que levou ao primeiro processo de destituição presidencial da história dos Estados Unidos. Johnson sobreviveu ao julgamento no Senado, mas saiu enfraquecido demais para concorrer uma segunda vez à presidência.

Reticente e desconfiado, porém no auge de seu prestígio, Grant foi ambivalente. "Eu não queria a presidência", disse. "Mas não foi possível evitar." Em novembro de 1868, Grant, com o apoio de Douglass, venceu a eleição — tornando-se o mais jovem presidente até então, e decidido a defender a qualquer custo os 3,5 milhões de afro-americanos do Sul libertados.

Na cerimônia de posse, Grant prometeu que o sufrágio negro seria protegido numa 15ª Emenda à Constituição e convidou o primeiro senador afro-americano, Hiram Revels, um pastor episcopal que ajudara a arregimentar regimentos negros durante a guerra, a visitar a Casa Branca. Em fevereiro de 1870, Grant determinou que fossem disparados cem salvas de canhão para comemorar a 15ª Emenda — "o acontecimento mais importante desde o nascimento da nação", disse. Até então, apenas três negros haviam sido eleitos nos Estados Unidos, e agora dezesseis ocupariam vagas no Congresso, e mais de mil em outros cargos; criaram-se escolas e igrejas negras por todo o Sul; e famílias negras, separadas pelo mecanismo antifamília da escravidão, se reuniram e se fortaleceram na busca por seus parentes perdidos.

As conquistas tinham sido significativas, mas os ex-proprietários de escravizados no Sul estavam decididos a retomar o poder, e acabariam tendo o apoio dos líderes do Norte numa espantosa inversão da vitória na guerra.

A todos os cativos libertados tinham sido prometidos dezesseis hectares de terra e uma mula, mas os ex-proprietários de escravos se recusaram a cumprir a promessa — muito embora seus antepassados tivessem recebido vinte hectares de terra por cabeça. Nessas circunstâncias, os escravos libertos ficavam vulneráveis. "Quando vocês nos libertaram", declarou Frederick Douglass dez anos mais tarde, "não nos deram nenhum pedaço de terra: soltaram-nos aos céus, aos temporais, aos furacões, e, ainda pior, à ira de nossos senhores enfurecidos." Por todo o Sul, a KKK assassinava e intimidava os escravos libertos e os defensores brancos dos direitos dos negros. O Império Invisível de paramilitares racistas da KKK ameaçavam um novo conflito e uma nova opressão. Dois mil negros foram mortos em linchamentos — assassinatos extrajudiciais de afro-americanos que teriam supostamente cometido crimes, muitas vezes celebrados pelos brancos como parte da cultura "sulista".

A violência era apenas a vanguarda de um contra-ataque mais feroz. O vice-presidente ex-confederado Alexander Stephens e muitos de sua coorte racista tinham sido eleitos para o Congresso. Quando o senador afro-americano Revels tomou assento, democratas do Sul tentaram impedi-lo. Gradualmente, a supremacia branca sobre os ex-escravos foi reimposta, mas, acima de tudo, o maior objetivo era impedir que o povo negro, 36% do eleitorado sulista, exercesse seus direitos de voto. Mesmo no Norte, apenas algumas partes da Nova Inglaterra concederam o direito de voto aos afro-americanos. Connecticut, Wisconsin e Minnesota recusaram; a maioria dos estados sulistas agora aprovava "Códigos Negros". Os banhos de sangue promovidos pela KKK e seus aliados, os Cavaleiros da Camélia Branca, aumentaram, e os racistas tomaram o poder em alguns condados.

Grant denunciou "a força e o terror" que pretendiam "reduzir as pessoas de cor a uma condição análoga à escravidão", supervisionou a aprovação da Lei da Ku Klux Klan e três Leis de Execução e enviou tropas federais, xerifes do departamento de Justiça e o novo serviço secreto para destruir os terroristas domésticos. Na Carolina do Sul, foram presos 2 mil membros da KKK. Em 1873, a KKK e outro grupo paramilitar, a Liga do Homem Branco, provocaram tumultos em Colfax, na Louisiana, matando cerca de trezentos negros; em 1876, em Elleton, na Carolina do Sul, foram massacrados 150 afro-americanos. Nos dois casos, Grant enviou o exército, esmagando a KKK, mas a luta estava apenas começando.

Grant propôs então outra solução, dando prosseguimento à ideia de Lincoln de comprar um novo estado para servir de lar seguro ao povo negro do Sul, protegendo-o dos crimes da KKK. O Congresso não ratificou o tratado, o que levou Grant a enviar Douglass até o Caribe para examinar a anexação americana da República Dominicana, a ex-colônia espanhola que conquistara a independência enfrentando as tentativas do presidente haitiano Boyer e do imperador Faustino de conquistar um pequeno império próprio. Com o apoio de Douglass, Grant a comprou por 1,5 milhão de dólares, mas o Congresso bloqueou a aquisição. Douglass ficou desapontado e furioso com as traições à vitória da guerra civil.

Durante os dois mandatos de Grant na presidência, sua nobre tarefa no Sul e suas louváveis intenções em relação aos americanos nativos foram solapadas por sua ingenuidade pessoal na alta política e por sua incapacidade de conter a voracidade imperial dos Estados Unidos no oeste. Ele apoiou um plano de paz, oferecendo "civilização, cristianização e cidadania" aos americanos nativos, quando o que estes na verdade queriam era a liberdade de caçar e fazer incursões. A guerra civil revigorara os dacotas e os cheyennes no Colorado e nas duas Dakotas, enquanto no Sul os comanches haviam retomado suas incursões.

Agora as duas frentes se deterioravam juntas. Grant era simpático, mas muitos de seus generais pensavam como o general Sherman: "Quanto mais índios matarmos este ano, menos teremos de matar no ano que vem". No começo de 1870, em Montana, a cavalaria americana queimou vivos e esquartejou 173 pés-negros piegans, sendo a maioria mulheres e crianças, mostrando os instintos genocidas do exército.

Em 27 de junho de 1874, Quanah Parker, filho de Peta Nocona e de sua esposa inglesa Cynthia Ann, comandou uma unidade de trezentos combatentes num ataque a cem caçadores de bisões em Adobe Wall, no Panhandle texano. Quanah estava acompanhado por um novo guia espiritual, Isa-tai, um feiticeiro que, em maio, durante uma dança do sol, previra a destruição dos colonos brancos, unindo uma série de comanches num grupo de guerra novamente poderoso, com mil combatentes. "Nunca se vira nada tão esplendidamente bárbaro", relembrou Billy Dixon, um dos caçadores de bisões. "Centenas de guerreiros, a própria nata dos combatentes das tribos das planícies do sudoeste, montados em seus mais belos cavalos, com armas de fogo e lanças, portando pesados escudos de couro de bisão, chegaram como o vento." Mas as espingardas de caça dos americanos mantiveram Quanah à distância, e um tiro fortuito disparado por Dixon matou Isa-tai; Quanah fico ferido.

No oeste, a predação militar e a corrida do ouro empreendida pelos colonos aumentaram as tensões e obrigaram o relutante Grant a determinar a remoção dos dacotas. Em novembro de 1864, em Sandy Creek (no Colorado), as tropas americanas mataram e escalpelaram 160 cheyennes. Em 1868, um tratado reconheceu a terra sagrada dos Black Hills como território dos sioux oglalas, um povo dacota, mas seis anos depois o exército enviou ao local um vistoso coronel, George Armstrong Custer, e mil soldados do 7º Regimento de Cavalaria, que confirmaram a presença de veios de ouro. Prospectadores afluíram em massa à região, fundando Deadwood e outros campos rústicos de mineração. Em junho de 1876, Touro Sentado, chefe supremo e sacerdote dos sioux, fez uma dança do sol e, em seu transe, viu "soldados caindo no acampamento como gafanhotos do céu". Ele e seu colega Cavalo Louco firmaram uma aliança multitribal e lançaram-se à guerra.

Ao sul, no Texas, os comanches raptaram um menino branco, provocando uma ação militar. O general Sherman afirmou então que os Estados Unidos não deviam "se submeter à prática de pagar por crianças roubadas. É melhor que a raça índia seja eliminada". Suas tropas, com o auxílio de batedores tonkawas, atacaram aldeias comanches e perseguiram Quanah, cuja rendição marcou o fim da Comanchería.[11]

Nas duas Dakotas, várias colunas militares convergiram sobre as aldeias dos americanos nativos. Grant detestava o insubordinado, narcisista e autopropagandista Custer, um sujeito temerário de cabelo louro comprido e roupas de couro de cervo com franjas, que se opusera à Reconstrução, passara pela corte marcial por atirar em desertores e recentemente matara mais de cem mulheres e crianças cheyennes do Sul. Grant baniu esse "homem de cabeça não muito equilibrada" das expedições, mas anuiu quando o general no comando solicitou a presença dele.

Em 17 de junho, Cavalo Louco derrotou uma coluna comandada pelo general Crook. Em 25 de junho, em Greasy Grass, Custer, sempre transbordante de autoconfiança, e seus homens foram emboscados por Touro Sentado, Cavalo Louco e várias centenas de guerreiros, e dizimados em trinta minutos, com um saldo de 267 mortos. Custer foi encontrado com um tiro na cabeça, despido, com uma flecha no pênis.

A derrota levou à destruição sistemática das aldeias americanas nativas de uma ponta a outra das Grandes Planícies; depois disso, as tribos foram para reservas. Os Black Hills foram capturados; o principal beneficiário da corrida do ouro era um engenheiro de minas nascido no Missouri, de barba desgrenhada, agora morando em San Francisco, chamado George Hearst. Veterano da corrida do ouro de 1849, transformado no barão mais rico do garimpo por Homestake Mine, sua mina na Dakota do Sul, Hearst mais tarde foi eleito senador, e, em 1880, aceitou, como pagamento de uma dívida de pôquer, um jornal decadente, o *San Francisco Examiner*, que então deu de presente ao filho, William Randolph.

Hearst era apenas um dos barões ladrões que surfavam na onda do vigoroso capitalismo americano. Enquanto os meeiros negros lutavam para sobreviver, a produção algodoeira se recuperava. As ferrovias atravessavam o continente, dobrando sua extensão de 56 mil quilômetros em 1865 para 112 mil quilômetros em 1870. As ferrovias se tornaram o grande negócio dos Estados Unidos, enriquecendo os enormes oligarcas daqueles tempos que o escritor Mark Twain chamou de Era Dourada:[12] Vanderbilt passou para a construção de ferrovias, enfrentando os rivais Jay Gould e E. H. Harriman. Foi em suas relações com os empresários que Grant, que supervisionara calmamente o exército, mostrou agora uma arrogante ingenuidade que maculou sua presidência.

A Era Dourada foi impulsionada pelo carvão e movida a vapor, mas um jovem anguloso e meticuloso investia em outro combustível à base de carbono que parecia ter utilidade apenas para a iluminação. Na verdade, ele iria mudar o mundo. Em 10 de janeiro de 1870, John D. Rockefeller, de 31 anos, fundou uma refinaria de petróleo em Cleveland, Ohio, a que deu o nome de Standard Oil. No final da guerra civil, ele começara a comprar outras refinarias. Sua natureza ascética, que se manifestava na obsessão pela ordem e o asseio, era uma reação a um pai camelô ambulante, bígamo, vendedor de óleo de cobra. Fazia muito tempo que as casas eram iluminadas com óleo de baleia, extraído por baleeiros, mas, em 1857, descobriu-se petróleo vazando do solo em Oil Creek, na Pensilvânia, o que marcou o início de uma guinada para o principal produto comercializado por Rockefeller, o querosene, agora usado para iluminar as residências e as ruas das cidades em expansão. Rockefeller partiu para seu "grande jogo", como dizia ele, uma agressiva integração dos negócios petrolíferos num "truste" que controlava tudo, desde a extração do combustível, passando pelo seu transporte e refino, até a chegada aos consumidores, que compravam suas latas de querosene nas lojas locais. Além disso, os subprodutos do refino do petróleo eram úteis para a fabricação de lubrificantes para maquinários, produtos para a pele e uma coisa chamada gasolina, a qual, porém, não era lucrativa e parecia não ter nenhuma utilidade.

O ponto fraco de Grant era o dinheiro. O presidente era sempre bem recebido pelo onívoro Gould, que, engolindo ferrovias de maneira voraz, também tentava acuar o mercado do ouro. Gould personificava o fascínio e a sordidez do capitalista predador: os americanos, escreveu Twain, já "desejavam o dinheiro" antes, "mas ele os ensinou a se prostrarem e o adorarem". Se os erros de julgamento de Grant mancharam sua reputação, foram seus sucessores que dilapidaram suas verdadeiras realizações.[13]

"Vocês dizem que nos emanciparam. Sim, é verdade, e agradeço-lhes por isso", declarou Douglass na convenção republicana de 1876. Mas "o que significa isso, se o homem negro é incapaz de exercer essa liberdade, e, depois de libertado do açoite de seu senhor, fica sujeito a seu rifle?".

Em 1876, Grant conduziu o país em meio a uma eleição acirrada, na qual acabou vencendo um republicano de Ohio, Rutherford Hayes, graças a um acordo que retirou as tropas federais do Sul e permitiu que os democratas sulistas "resgatassem" seus estados, aprovando uma enxurrada de leis repressoras (conhecidas como as Leis de Jim Crow, em referência a *Jump Jim Crow*, um número teatral em que brancos representavam negros) que impunham a segregação nas escolas, nos transportes e nos lugares de lazer, e impediam que os negros votassem, incentivando uma atmosfera em que as perseguições eram normais, as mais cruéis sendo os linchamentos, cada vez mais frequentes. Entre 1865 e 1950, foram linchados cerca de 6500 negros (e 1300 brancos, em geral imigrantes). Esse funesto acordo de Hayes dificilmente foi redimido com a nomeação de Douglass, já idoso, como primeiro delegado americano negro em Washington, DC. A União vencera a guerra; a Confederação venceu a paz.

Em 5 de janeiro de 1871, Bismarck finalmente conseguiu o que queria, e os canhões Krupp de Moltke começaram a bombardear uma Paris sitiada.

O CHANCELER DE FERRO E DISRAELI

Após a queda de Napoleão III, Paris foi rapidamente cercada. Bismarck e Guilherme se instalaram confortavelmente na residência mais luxuosa da Europa ocidental, o palácio de James de Rothschild em Ferrières. "Aqui estou sentado", gabou-se Bismarck numa carta à esposa, "sob uma pintura do velho Rothschild e família."

"Sou pobre demais para comprar uma coisa dessas", resmungou Guilherme. "Gente como nós não chega a isso; só um Rothschild consegue algo assim." Enquanto Bismarck negociava com os reis germânicos a criação de uma Alemanha unificada, o clima pesava nos quartéis da Prússia. O novo governo francês recusou os termos moderados e atacou os prussianos; os camponeses franceses se uniram a uma insurreição. Moltke ordenou a destruição de aldeias e tiroteios contra civis, mas se recusou a bombardear Paris. Três meses depois, entrando com o rei em Versalhes, Bismarck teve o que queria: os canhões Krupp arremessaram 12 mil bombas na capital. Na cidade sitiada, uma rebelião operária tomou o poder e declarou a Comuna de Paris.

Bismarck precisava que um monarca germânico propusesse Guilherme como imperador da Alemanha, e o melhor candidato era o soberano do maior reino depois da Prússia: Luís II da Baviera, de 25 anos de idade. Neto de um patrono de Lola Montez, Luís era um sonhador desequilibrado que, tão logo subiu ao trono, convidou para uma visita a Munique seu liquidado e endividado herói, o compositor Richard Wagner, que desde a revolução de 1848 havia deixado um rastro de dívidas e aventuras adúlteras. Luís se identificava com o mítico Lohengrin, o Cavaleiro do Cisne, um dos heróis germânicos que haviam inspirado Wagner, que escrevia agora um novo ciclo operístico, *O anel dos nibelungos*. Luís era fascinado pelo imponente Wagner, com seu queixo saliente e cabeleira rebelde, que flertava de maneira despudorada com o monarca homossexual. Patrocinou sua nova ópera, *Tristão e Isolda*, mas Wagner escandalizou os bávaros com um romance desabrido com Cosima Liszt, a esposa de seu maestro, e então exigiu a demissão dos ministros do reino. Ofendido, Luís o mandou embora, mas afinal acabou financiando o próprio teatro de ópera de Wagner, o Festspielhaus, e a mansão do compositor na cidadezinha de Bayreuth, onde ele apresentou seu *O anel dos nibelungos*, mostrando o elevado alcance e a torrente musical do que chamava de *Gesamtkunstwerk* — obra de arte total —, a qual, à sua maneira, definia a germanidade tanto quanto o novo império de Bismarck, o império para o qual ele queria agora a ajuda de Luís.

O Rei Cisne preferia uma Alemanha frouxa sob o comando dos primos habsbúrgicos e resistiu ao pedido de Guilherme, até que Bismarck lhe pagou secretamente 6 milhões de marcos de ouro. Luís assinou então seu *Kaiserbrief*, pedindo a Guilherme que estendesse "direitos presidenciais a todos os Estados germânicos [...] com o título de Kaiser alemão". Em 18 de janeiro de 1871, numa convocação de príncipes e ministros em Versalhes, Bismarck "apareceu com o mais soturno dos humores" e leu seu "discurso ao povo germânico". A seguir, um grão-duque exclamou: "Longa vida ao Kaiser Guilherme!". Um "hurra estrondoso fez o salão tremer pelo menos seis vezes".[14] Era "o sonho dos poetas germânicos", exultou Frederico, filho do novo Kaiser. "A Alemanha volta a ter seu imperador." Os canhões trovejavam enquanto Paris era bombardeada. Por fim a Terceira República concordou com os termos germânicos, a perda de Alsácia e da Lorena e o pagamento de uma indenização de 5 bilhões de francos, soma levantada por Gustave e Alphonse de Rothschild, filhos de James, que tinham ajudado a defender Paris durante o cerco.

Bismarck concebeu um Estado germânico experimental, um híbrido de absolutismo e democracia em que o rei da Prússia, Guilherme, presidia como Kaiser aos vários reinos e principados germânicos, tendo como contrapeso um Reichstag, eleito pelo voto masculino universal — uma monarquia mista tão complicada que somente o mais brilhante manipulador da Europa conseguiria comandar: o próprio Bismarck. Suas contradições a tornavam instável, provavelmente inviável, mas ela foi de imediato uma poderosa fonte de energia econômica. Krupp, senhor do maior complexo industrial da Europa, comemorou. A vitória na guerra era sua melhor propaganda. "O aço fundido conquistou sua posição atual como o material imprescindível na guerra e na paz", disse o Rei dos Canhões, exultante, ao Kaiser alemão. "As ferrovias, a grandeza da Alemanha, a queda da França pertencem à era do aço." Agora morando na Villa Hügel, um novo palácio com trezentos aposentos perto de Essen, empregando 20 mil trabalhadores uniformizados, Krupp preparou o filho Fritz como herdeiro.

Bismarck, nomeado chanceler e elevado a príncipe, receava que o octogenário Kaiser Guilherme logo morresse: seu herdeiro, Frederico, que se distinguira na guerra, era um liberal, influenciado pela esposa inglesa, Vicky. Bismarck detestava os dois, considerando-os obstáculos a seus planos. A tensão de administrar sua invenção pouco coesa era compulsiva, mas exaustiva mesmo para o cínico e engenhoso chanceler. Septuagenário, ele era capaz de ditar memorandos durante cinco horas seguidas, ao mesmo tempo controlando nos mínimos detalhes suas próprias e múltiplas conspirações. O estresse, porém, o levou a uma espiral de paranoia, glutoneria e insônia que quase o matou — foi salvo por um médico que, amorosamente, o colocou de dieta, relaxava-o, envolvendo-o em mantas, e segurava sua mão até que conseguisse dormir.

O Chanceler de Ferro firmou uma aliança entre a Alemanha e os outros dois imperadores conservadores, Francisco José e Alexandre II da Rússia. O tsar, que concordara com a unificação da Alemanha em troca do fim das restrições impostas pela Guerra da Crimeia, agora estava concentrado na desintegração otomana, fomentada pelos eslavos ortodoxos da Europa oriental que desejavam a independência. A Sérvia e a Romênia já eram autônomas. Em 1877, Alexandre atacou os otomanos para criar um novo país, a Bulgária, e tomar Constantinopla e os estreitos do Bósforo e de Dardanelos. Enquanto os exércitos dos Románov seguiam a galope para os arredores da Grande Cidade, Disraeli, agora primeiro--ministro, detinha a agressão russa e salvava o sultanato enviando a Marinha Real britânica. Bismarck, temendo que os russos conquistassem Istambul, o apoiou.

Os dois provinham de mundos diferentes. Disraeli, neto de um comerciante judeu que havia imigrado da Itália e filho de um refinado escritor e bibliófilo, era o primeiro estrangeiro a governar a Grã-Bretanha desde os romanos, uma ascensão obtida com grande inteligência e intrigas audaciosas, mas sem dinheiro, terras ou conexões. "O sr. Disraeli é primeiro-ministro!", escreveu a rainha Vitória à filha Vicky. "Que orgulho para um homem 'vindo do povo'." Disraeli exultou: "Subi o pau de sebo até o topo".

Disraeli orgulhava-se de ser judeu e praticou o judaísmo até os doze anos, quando o pai se desentendeu com os membros da sinagoga que frequentava e se converteu ao anglicanismo, o que possibilitou a carreira política do filho, vedada aos judeus praticantes por conta de restrições antijudaicas. Magro e elegante, com olhos escuros e cabelo cacheado, em geral usando calças verdes e exibindo uma prímula, Disraeli envolvera-se em atividades financeiras duvidosas e manteve por algum tempo um triângulo amoroso com um figurão escandaloso e sua jovem amante, até se tornar famoso com seus romances. Dedicado agora a uma esposa abastada, ainda que um tanto excêntrica, doze anos mais velha do que ele, que o chamava de Dizzy — "tonto" — e não sabia, gracejava ele, "quem tinha vindo antes, os gregos ou os romanos", Disraeli foi o primeiro conservador moderno, um defensor da união da aristocracia e do povo em "Uma Só Nação" e um promotor entusiástico do poderio britânico mundial.[15]

Em 1867, venceu os liberais de Gladstone para aprovar uma Lei de Reforma que dobrava o número de eleitores masculinos, dando início a uma efetiva democracia britânica em que a maioria dos homens adultos tinha direito ao voto. Obtendo uma vitória esmagadora em 1874 e sendo alçado a conde de Beaconsfield, a essa altura já envelhecido, fraco e cansado, Disraeli foi o líder mais cosmopolita da Grã-Bretanha, tendo ido ao Cairo e a Jerusalém — o primeiro premiê de uma minoria étnica. Agora, num congresso em Berlim, ele e Bismarck somaram forças para conter a Rússia, salvar Constantinopla e reordenar a Europa oriental.

Os dois se admiravam mutuamente. "Bismarck se eleva acima de todos", escreveu Disraeli. "Com 1,90 metro de altura, proporcionalmente robusto, com uma voz suave e gentil que contrasta de forma singular com as coisas medonhas que diz, eis aí um déspota rematado." Bismarck declarou: "O velho judeu, é ele o homem". O congresso concedeu a ilha de Chipre à Grã-Bretanha, censurou o antissemitismo e criou uma série de novos Estados nacionais: a Sérvia e a Romênia se tornaram reinos, e a Bulgária e Montenegro principados independentes, cada qual aspirando a recriar reinos desaparecidos, muitas vezes imaginários.[16] Mas o declínio dos otomanos, as ambições dos novos Estados eslavos e a rivalidade entre a Rússia e a Áustria converteram os Bálcãs no estopim do conflito europeu. "Um dia", previu Bismarck, "a Grande Guerra europeia será provocada por alguma estúpida ninharia nos Bálcãs."

Disraeli foi bem recebido ao voltar à Grã-Bretanha: "Eu lhes trouxe de volta a paz — uma paz que espero ser honrosa". Esse delicado equilíbrio na Europa obrigou as potências a transferirem suas rivalidades para outra arena: a África.

ATO XVIII

1,3 BILHÃO

As casas de Salomão e Axânti,
os Habsburgo e os Saxe-Coburgo

SALAMA, PRINCESA DE ZANZIBAR, E OS CADÁVERES REAIS DE CATANGA

No dia 24 de dezembro de 1871, num teatro do Cairo, Ismail Paxá — ou Ismail, o Magnífico — fez as honras da casa na estreia da ópera *Aída*, pela qual havia pago 150 mil francos a Verdi. A história de uma princesa etíope capturada e escravizada por um paladino egípcio não era de todo fictícia. Ismail estava empenhado em conquistar a África oriental, começando pela Etiópia. A partilha da África pelos europeus foi, sob muitos aspectos, desencadeada pelo soberano do Egito.[1] A fim de obter o apoio ocidental, Ismail promoveu uma cruzada antiescravagista, enviando tropas ao sul para ocupar Darfur (Sudão). Embora em declínio no Atlântico, o tráfico de escravos crescia no interior da África. Potentados africanos e árabes — e, até então, um grupo disperso e variado de europeus — eram todos rivais na busca por poder e recursos. Na região oeste do continente, os califas e os senhores de escravos de Sokoto eram donos de 2,5 milhões de cativos — um quarto da população da região;[2] na África oriental, a violência só aumentava.

Em 1856, com a morte de Said, o extraordinário sultão omani que fundara um império afro-árabe, o sultanato de Zanzibar e Omã foi dividido entre dois de seus filhos: um deles ficou com Omã, ao passo que o outro, Majid, tornou-se, com apoio dos britânicos, o sultão de Zanzibar e de grande parte do Quênia e da Tanzânia, promovendo incursões para a captura de escravos e a coleta de marfim no interior do continente. Foi então que a escravidão no leste da África alcançou o seu ápice. No decorrer do século XIX, 1,6 milhão de escravos, dois terços dos quais mulheres, foram vendidos a senhores árabes e indianos; todos os anos, 60 mil cativos passavam pelo mercado de Mkunazini, em Zanzibar, onde ficavam confinados em 75 senzalas em condições infernais.

No próprio arquipélago de Zanzibar, onde labutavam 100 mil escravos, o sultão Majid auferia uma enorme renda com os cativos, o cravo-da-índia e o marfim, chegando a converter um navio de guerra usado pelos confederados americanos, o *Shenandoah*, num iate luxuoso, o *Majid*. Todavia, o irmão mais jovem do sultão, Bargush, abominava a crescente influência britânica e, em 1859, organizou um golpe com a ajuda da irmã de quinze anos, Salama bint Said.[3] O golpe fracassou, mas Bargush acabaria sucedendo o irmão; no poder, comprou navios a vapor e estabeleceu uma linha marítima entre a África e a Índia. Embora tenha aceitado fechar o mercado de Mkunazini, ele continuou a lucrar secretamente com as incursões escravagistas e a expansão imperial de uma temível falange de potentados militares — africanos, árabes e europeus —, todos traficantes de escravos usados no transporte de uma mercadoria ainda mais valiosa: o marfim.[4]

Um desses potentados omani-zanzibarita, Tippu Tip, estabeleceu um império de 650 mil quilômetros quadrados. "Era um sujeito alto, de barba preta, compleição negroide, na flor da idade, resoluto e perspicaz", escreveu um jornalista. "Tinha feições agradáveis e atiladas, com um tique nervoso nos olhos", sempre vestido com túnicas brancas deslumbrantes e portando uma adaga de prata com filigranas. Seu lema era: "Escravos não custam nada; basta capturá-los". Quando um barco repleto de mulheres e crianças cativas foi destroçado numa cachoeira, ele se limitou a comentar: "Que pena... era uma canoa excelente".

Nem todo o tráfico de escravos estava nas mãos dos árabes: durante décadas, dois chefes nyamwezi controlaram áreas imensas do Congo. Um deles, Mytela Kasanda, combateu os omanis, adotando o nome de Mirambo — "Cadáveres" —, à frente de milicianos *ruga-ruga*, trajados com blusas de pele humana, gorros de escalpos humanos, cinturões de intestinos humanos e colares de dentes humanos. Seu rival Msiri governava o reino Yeke, em Catanga, armado por um aliado afro-lusitano de Angola chamado Coimbra, cuja irmã, Maria de Fonseca, era igualmente ativa no tráfico. Msiri casou a filha com Tippu Tip de modo a selar uma aliança.

No sudeste do continente, o principal potentado era Mutesa, *kabaka* (rei) de Buganda (Uganda), um ditador robusto, mas psicótico, que adornava o corpo com anéis de cobre e joias e, a partir de 1856, manteve-se no poder por três décadas em sua capital de enormes cabanas, cuidado pela mãe, quatrocentas esposas, ministros e verdugos, dispondo de um vasto exército e de uma flotilha de canoas que transportavam marfim e escravos. Alcançando o poder aos dezenove anos de idade após um massacre familiar, Mutesa, cuja dinastia havia governado por dois séculos, assegurou seu domínio por meio de mortes e torturas aleatórias, sacramentadas por sacrifícios humanos sazonais de oitocentas vítimas.

Governando cerca de 2 milhões de pessoas, o *kabaka* explorava as rivalidades entre muçulmanos e cristãos, zanzibaritas e egípcios a fim de expandir o reino. Mais ao sul, um temível chefe guerreiro goano, Manuel António de Sousa, conhecido como Gouveia, transformou as plantações do tio num feudo pessoal para exploração de escravos e marfim na Zambézia portuguesa, formando um exército particular de africanos, conquistando o reino de Gaza e tornando-se senhor de Manica. Após se casar com a filha do rei do Barué, o filho do casal tornou-se herdeiro do trono. Todos esses Estados escravagistas viviam mergulhados num frenesi de guerras predatórias visando territórios, escravos e marfim, e que agora atraíam o interesse da maior potência africana: o Egito.

ISMAIL E TEODORO: A BATALHA PELA ÁFRICA ORIENTAL

Depois de tomar o Sudão, Ismail continuou a avançar pela região central da África, anexando a Equatória (o norte de Uganda), onde instalou como governador o general Gordon, o Chinês, que vinha de combater a rebelião Taiping a mando da imperatriz Cixi. Mesmo sendo Ismail um senhor de escravos, Gordon aceitou a incumbência, com o objetivo de combater a escravidão.

Em seguida, Ismail voltou-se para a Etiópia, uma imensa região com variedade étnica e dividida em reinos cristãos e sultanatos islâmicos, formalmente governados por um *negus negust*, rei dos reis — ou imperador —, que alegava ser descendente do rei Salomão e da rainha de Sabá, ainda que na verdade descendesse de Menelik, o fundador medieval dessa dinastia cristã. Em 1855, um nobre secundário, Kassa Hailu, conquistou os reinos de Tigré, Gojjam, Showa e Wollo, aprisionou os príncipes salomônicos na fortaleza montanhosa de Magdala e coroou a si mesmo *negus negust* Teodoro II. "De estatura média, compleição muscular compacta e capaz de suportar qualquer tipo de fadiga", Teodoro tinha "porte nobre e um andar majestoso, e era o melhor atirador, o melhor lanceiro, o melhor corredor e o melhor cavaleiro".

Em seu baluarte em Magdala, ele favoreceu um dos prisioneiros, Sahle Maryam, um jovem príncipe de Showa mais tarde conhecido como Menelik — a quem deu em casamento a própria filha. Menelik, por sua vez, venerava Teodoro, "que me educou e por quem sempre tive profunda afeição filial". Após a morte da amada esposa, porém, Teodoro começou a perder as estribeiras. Menelik conseguiu escapar quando Teodoro passou a arremessar prisioneiros de um penhasco e a matar e torturar outros tantos. Em 1862, o errático imperador solicitou ajuda britânica contra os potentados muçulmanos, e, quando esta não se concretizou, aprisionou enviados e missionários britânicos. Disraeli, então, despachou 13 mil soldados sob o comando de Sir Robert Napier, um exemplar defensor do império que lutara contra sikhs, indianos e chineses. Em abril de 1868, Napier derrotou Teodoro diante de Magdala, matando novecentos etíopes e sofrendo apenas duas baixas fatais, forçando o imperador desesperado a libertar os reféns britânicos, jogar no precipício os prisioneiros etíopes e, em seguida, quando Napier invadiu a fortaleza, suicidar-se com um tiro. Recompensado com um título de nobreza, Lord Napier de Magdala saqueou os tesouros etíopes e em seguida recuou,[5] enquanto príncipes rivais, liderados por Menelik de Showa e Kasa Mercha de Tigré, disputavam o trono. Kasa Mercha saiu vencedor e foi coroado João IV.

Essa incursão britânica foi coberta por um jornalista americano, Henry Morton Stanley, que relatou a rapinagem dos soldados britânicos, mas também se apaixonou pela África e viria a personificar o espírito da aventura e da exploração europeias. Na realidade, ele não era americano nem se chamava Stanley, e sim John Rowlands, um galês ilegítimo, abandonado pela mãe e criado em reformatórios, que aos dezoito anos zarpou para os Estados Unidos, adotou um novo nome, trabalhou nos barcos que navegavam pelo Mississippi, lutou ao lado tanto dos confederados como dos nortistas e, em seguida, dedicando-se ao jornalismo de guerra sensacionalista, foi contratado pelo *New York Herald* para cobrir a pequena intervenção militar de Napier na África.

Stanley ignorava a história e a cultura africanas, considerando o continente uma "região despovoada", ou seja, uma tela em branco, uma oportunidade comercial, um palco fantástico para que ele, um mentiroso e incansável aventureiro, exibisse o machismo vitoriano e desafiasse "essa vida rasa de tantos milhares na Inglaterra, onde um homem não se permite ser real e natural". Agora faltava-lhe apenas uma história ainda maior.

Seu famoso contemporâneo, o indômito missionário David Livingstone, estava perdido e, temia-se, morto. Stanley, perto de completar trinta anos, propôs então a seu editor em Nova York criar sua própria sensação jornalística: o relato da busca e do encontro do missionário.

Livingstone já era célebre por outro tipo de abordagem da África, liderando uma missão tipicamente vitoriana para difundir o cristianismo, combater os senhores de escravos na África oriental e localizar as nascentes dos rios Zambezi e Nilo. Tão carente de atenção quanto Stanley, Livingstone era um homem obsessivo e desprovido de humor que ascendera por esforço próprio, vindo da classe trabalhadora de Glasgow. Pai de cinco filhos, ele ficava entediado em casa e passou a ansiar pelo drama solitário e justiceiro de suas missões. Começando como missionário na África do Sul aos 27 anos, revelou-se inquieto e incansável, tornando-se um "explorador" e atravessando todo o continente (um feito alardeado na imprensa britânica, ainda que dois *pombeiros* — traficantes de escravos — já tivessem cruzado a África em 1806). Em seu íntimo, porém, o que realmente palpitava era um culto vitoriano da morte: "Devo ser um mártir de minha causa?". Os jornais sensacionalistas de Londres e Nova York cobriam suas façanhas, as senhoras da sociedade iam ver suas palestras. Embora a paixão abolicionista de Livingstone fosse nobre e genuína, também estava vinculada à sua própria vaidade e à convicção de que a abertura da África ao "comércio" — aos negociantes britânicos — era o melhor antídoto à escravidão.

Muitos dos "aventureiros" na África, na maior parte britânicos e franceses, acreditavam numa "missão civilizadora" baseada em concepções racistas da inferioridade africana; e, mesmo antes do surgimento dos Estados, não era fácil distinguir entre missionários cristãos, exploradores científicos e geográficos e agentes imperialistas, aventureiros mercantis, mercenários predatórios e turistas sexuais — todos, no entanto, dispostos a correr riscos, em incursões muitas vezes letais. Mais tarde, quando Stanley cruzou a África, desde o oceano Índico até o Congo, uma travessia de cerca de 11 mil quilômetros, todos os brancos de seu grupo (com exceção dele próprio) e 173 africanos perderam a vida.

Em 1866, Livingstone partiu da costa leste africana com apenas 35 carregadores a fim de localizar a nascente do Nilo, mas acabou se envolvendo numa confusão de guerras e incursões escravagistas na qual seus homens foram paulatinamente perdendo a vida ou desertando. O que o impulsionava era a obsessão pelo Nilo: "A nascente do Nilo é valiosa apenas como um meio de tornar poderosas as minhas palavras entre os homens [...] a fim de remediar um mal tremendo". À mercê de senhores de escravos, quase sem suprimentos, ele mal conseguiu sobreviver, ainda que acometido de disenteria. E a notícia de seu desaparecimento intrigava o mundo todo.

Em março de 1871, Stanley pôs-se a caminho para "resgatar" Livingstone, acompanhado de colunas de carregadores africanos e de um arsenal formidável, que lhe permitiu agir como chefe militar, abrindo caminho a bala em meio aos conflitos entre traficantes de escravos africanos e árabes, vez por outra abatendo a tiro de espingarda africanos de passagem. Em novembro, por fim, ele encontrou o explorador perdido, num clássico relato de aventura imperial mistificadora. "Dr. Livingstone, suponho?", teria dito Stanley, dando início a essa mescla de missão nobre e empulhação descarada. Desdentado e emaciado, Livingstone não era mais do que "um saco de ossos". Stanley retornou aos Estados Unidos o quanto antes a fim de divulgar a façanha, e Livingstone, tipicamente, insistiu em prosseguir rumo à nascente do Nilo, morrendo de disenteria no caminho.

Todavia, o relato de Stanley o tornou famoso em todo o mundo. E, mais importante, deu publicidade à "enorme desgraça humana" do tráfico escravagista na África oriental, levando o público britânico a exigir sua abolição, numa campanha que iria — juntamente com a ambição imperial — atrair as potências europeias. Londres mobilizou a Marinha Real para interceptar os barcos dos traficantes e obrigou o sultão Bargush de Zanzibar a acabar com o tráfico.

Depois desse feito sensacional, Stanley seguiu para a África ocidental, onde uma expedição britânica demonstrou como, pela primeira vez, as novas descobertas técnicas e científicas tornavam viável o avanço europeu no interior do continente. Nos quatro séculos desde a construção do forte de Elmina pelos portugueses, raras vezes os europeus haviam tentado conquistar o interior, com exceção dos anglo-holandeses na região do Cabo e dos portugueses em Angola e Moçambique. Eles se restringiram ao litoral, contidos pelo terreno, o clima e, sobretudo, a malária e a febre amarela, que acabavam com a maioria dos europeus. Em 1824, uma tentativa britânica de desafiar o reino de Axânti terminou com a cabeça do governador britânico sendo usada como taça pelo *asantehene*. Somente cerca de 5% do continente africano fora colonizado. Porém essa situação estava prestes a sofrer uma dramática mudança: o telégrafo facilitou a comunicação; os barcos a vapor permitiram o deslocamento e a concentração de tropas; novos armamentos exibiam um poder de fogo devastador; e, ainda mais importante, a disponibilidade de quinina — extraída da casca de uma árvore andina, a cinchona, e agora cultivada em Java — assegurava o tratamento da malária e a sobrevivência dos europeus no interior africano.

Em 1871, a aquisição pelos britânicos da Costa do Ouro neerlandesa foi contestada pelos axântis, sob a liderança da rainha-mãe Afua Kobi, a instância decisória crucial nesse reino matrilinear. Depois de orquestrar a eliminação de príncipes rivais, Afua Kobi conduzira ao trono o filho Kofi Karikari. "Sou apenas uma mulher", afirmou ela, "mas esmagaria o governador apenas com a mão esquerda." Ela não se deu conta, porém, de que as novas tecnologias haviam alterado a dinâmica dos confrontos. Em fevereiro de 1874, Garnet Wolseley — um daqueles generais anglo-irlandeses indispensáveis para a ampliação do Império Britânico — usou barcos a vapor para desembarcar 2500 soldados britânicos na África e abriu estradas pelo interior. Em seguida, com a ajuda de milhares de guerreiros fântis, investiu contra a capital axânti, Kumasi. Afua Kobi e os axântis foram derrotados após combates intensos, cobertos pelo célebre Stanley. Quando Afua e suas tropas recuaram, Wolseley arrasou a capital e forçou a rainha a pagar uma indenização em ouro, libertar milhares de cativos e proibir os sacrifícios humanos — embora os britânicos não tenham capturado o Trono de Ouro sagrado. Afua Kobi então depôs Kofi e instalou no trono outro filho. Wolseley — que afirmara que "só há uma maneira de um jovem entrar no exército — empenhando-se em ser morto de todas as maneiras possíveis" — tornou-se o grande solucionador de problemas do império.

No leste da África, o caos na Etiópia foi uma oportunidade para o quediva Ismail Paxá, que ocupou Massawa (Eritreia) e Zeila (Somália), na costa, e tentou avançar sobre Zanzibar, onde foi repelido pelo sultão. Em 1875, um exército egípcio liderado pelo filho do quediva, Hassan, e contando com oficiais americanos, suíços e dinamarqueses, invadiu a Etiópia, mas acabou surpreendido e aniquilado em Gundet e Gura pelo imperador João. O príncipe Hassan foi capturado, e a vitória fortaleceu João.[6] Ali perto, Gordon, o governador-geral de Ismail, alargava os limites do império egípcio ao sul, descendo 5 mil quilômetros pelo Nilo, até os grandes lagos e Buganda, onde topou com a resistência do *kabaka* Mutesa. Percorrendo incansavelmente as vastidões sudanesas em caravanas de camelos e barcos a vapor, o santo paladino declarou: "Venho desfechando golpes letais contra a escravidão" — mas o fato é que estava claudicando. Os senhores de escravos sudaneses — *khabirs* que escravizavam 50 mil pessoas por ano — resistiam encarniçadamente.

Ismail Paxá fracassara na Etiópia e em Buganda, mas agora controlava um vasto império, o primeiro resultante da partilha do continente. No entanto, após dez guerras, 2 mil quilômetros de ferrovias, cortesãs francesas e canhões Krupp, não tinha mais condições de saldar suas dívidas. Ocorreu-lhe então vender suas ações no canal de Suez, cobiçadas por Disraeli. O primeiro-ministro recorreu a um de seus melhores amigos, Lionel de Rothschild.[7] Em novembro de 1875, numa reunião do gabinete, Disraeli propôs a compra das ações e, pouco depois, desculpou-se e saiu por um instante da sala. "Conseguimos", informou ao secretário Montagu Corry, que saiu apressado numa carruagem rumo a New Court, onde Rothschild o esperava. Disraeli precisava de 4 milhões de libras "para amanhã". "Rothschild pegou uma uva moscatel, colocou-a na boca e jogou fora a casca."

"E qual é a garantia?", perguntou.

"O governo britânico", respondeu Corry.

"Então tudo bem." Enquanto o banqueiro enviava, por telégrafo, uma ordem de pagamento para Ismail, Disraeli era recebido pela rainha Vitória.

"Está acertado", comunicou Disraeli, cheio de afetação. "A senhora agora é dona de Suez."

A VITÓRIA DE CETSHWAYO E O ÚLTIMO NAPOLEÃO

Disraeli vangloriou-se: "A Fada" — assim ele chamava a rainha Vitória — "está em êxtase". Um ano depois, o primeiro-ministro consolidou o *raj* ao torná-la imperatriz da Índia, cujas fronteiras estava agora obrigado a defender. O império é sempre uma farsa do poder, uma trapaça enganadora, possibilitada pela mística da hegemonia que só se sustenta pela ameaça da pronta aplicação da força. As potências europeias — Portugal, Holanda, Grã-Bretanha — eram nações pequenas que tinham uma necessidade particular do blefe imperial para manter sob controle colônias remotas e com vastas populações. E a empresa imperial era dispendiosa. Exércitos e infraestrutura logo consumiam os lucros, e não era fácil evitar o vórtice imperial: cada nova conquista implicava mais guerras para preservar o que se possuía, além de novas anexações visando negar troféus aos concorrentes. Disraeli adquiriu o controle do canal de Suez para manter a França afastada, mas o principal inimigo dos britânicos era a Rússia: os Románov eram os mais bem-sucedidos construtores de impérios desde Gengis Khan. Em 1865, os russos tomaram Tashkent; em 1868, Samarcanda; e os emires de Bucara e os cãs de Khiva tornaram-se vassalos dos Románov. Após uma década de assombrosa expansão, Alexandre II chegara à fronteira afegã. Impedido pelos britânicos de tomar Constantinopla, o tsar começou a planejar com seus generais a invasão da Índia.

Sondado nervosamente pelos Románov e pressionado pelos britânicos a dar provas de lealdade, o emir afegão Sher Ali oscilava entre uma inquietante insegurança e uma altiva rebeldia. Quando se recusou a atender as demandas britânicas, Disraeli deu luz verde para uma invasão, que, mais bem planejada e equipada que a de 1839, tomou Cabul e instalou no poder o filho do emir, orientado por um plenipotenciário britânico. Na mesma época, porém, o primeiro-ministro defrontou-se com um desastre na África.

Em janeiro de 1879, Cetshwayo, *nkosi* dos zulus, filho de Mpande, sobrinho de Shaka, ordenou que 20 mil guerreiros investissem contra uma força britânica composta por 18 mil casacas-vermelhas, que haviam se concentrado temerariamente em Isandlwana.

Essa não era a primeira guerra desencadeada por Lord Carnavon, o secretário responsável pelas colônias, que, depois de tornar o Canadá um domínio autônomo, pretendia instalar uma estrutura semelhante na África do Sul, dominada pelos colonos brancos. Mas a África do Sul não era o Canadá: os zulus, xhosas e africâneres brancos não tinham a menor intenção de cooperar. As arrogantes exigências do alto-comissário Bartle Frere logo fizeram os xhosas se rebelarem. Depois de esmagá-los, ele se voltou para Cetshwayo, "um homem de grande habilidade e força de caráter, postura altiva e sagaz". Enquanto Cetshwayo voltava a treinar os guerreiros, Frere exigiu que ele cedesse territórios e reduzisse o exército. O *nkosi* recusou e reuniu as tropas. Frere estava preparado.

As agressões britânicas refletiam as novas apostas na África do Sul. Oito anos antes, perto do rio Vaal, a nordeste da cidade do Cabo, haviam sido achados diamantes na fazenda dos irmãos De Beer, em Griqualand, terra dos mestiços griquas, liderados por um *kaptein* hereditário, Andries Waterboer. Iniciada a corrida aos diamantes, 50 mil caçadores de fortunas afluíram para garimpar o chamado Big Hole. Entre esses exploradores estava um boxeador judeu do East End londrino chamado Barney Barnato e o filho asmático de um vigário inglês, Cecil Rhodes. Tanto o *kaptein* griqua como os presidentes africâneres do Transvaal e do Estado Livre de Orange reivindicavam as minas de diamantes, mas os britânicos rapidamente anexaram o garimpo New Rush, logo batizado em homenagem ao secretário colonial, Lord Kimberley. Frere planejava atuar não só contra Cetschwayo, mas também contra o Transvaal africâner, que acabou por anexar. Os africâneres não opuseram resistência de imediato, pois também temiam os zulus ressurgentes.

Em janeiro de 1879, Frere enviou 18 mil homens, sob o comando do general Lord Chelmsford, que liderou pessoalmente uma coluna com 1500 soldados. Cetshwayo investiu contra Chelmsford com 24 mil guerreiros sob as ordens de seu irmão: "Avancem aos poucos, ataquem ao amanhecer, acabem com os soldados vermelhos". Excessivamente confiante, Chelmsford acampou com a coluna em Isandlwana sem fortificar a posição, convencido de que os mil casacas-vermelhas britânicos e os quinhentos africanos da tropa de apoio, armados com fuzis Martini-Henry, poderiam sobrepujar facilmente os zulus. Ele estava numa missão de reconhecimento quando os zulus atacaram a tropa de surpresa, matando 1210 soldados — 739 brancos e 471 africanos, todos desventrados —, ainda que registrando um número similar de baixas. Mais tarde, em Rorke's Drift, os zulus emboscaram uma unidade britânica, que resistiu por doze horas. Em março, em Itombe, Cetshwayo destruiu outra coluna britânica, matando oitenta homens; no entanto, um assalto imprudente a um acantonamento fortificado, embora provocando a morte de 84 britânicos e de uma centena de africanos, custou-lhe a vida de 2 mil zulus. Em Londres, Disraeli estava furioso, mas Chelmsford redimiu-se ao voltar a invadir, agora com 25 mil homens equipados com uma nova arma: a metralhadora Gatling.[8]

Um jovem francês de 22 anos saiu apressado de Londres para se juntar às forças britânicas: era Luís Napoleão, o Loulou, filho único de Napoleão III e Eugênia. Loulou suplicou para ser recrutado. Disraeli vetou a ideia, mas Eugênia apelou à rainha Vitória. "O que se há de fazer", suspirou Disraeli, "quando temos de lidar com duas mulheres obstinadas?" Loulou — apelidado de PI (príncipe imperial) — estava ansioso por lutar, dizendo: "Se tenho de morrer, prefiro uma azagaia a uma bala". Durante uma missão de reconhecimento, a pequena unidade de que fazia parte foi emboscada por trinta zulus; seu cavalo espantou-se e fugiu, derrubando-o no chão e deixando-o para trás, disparando uma pistola até ser abatido com dezoito golpes de azagaia.

Vitória visitou Eugênia, que vivia em Kent, a fim de confortá-la. Mais tarde, após negociar a paz, Cetshwayo devolveu a espada napoleônica de Loulou. Na

Inglaterra, a morte do príncipe imperial, assinalando o fim dos Bonaparte, fascinou o público tanto quanto os combates em Rorke's Drift.

Em 4 de julho de 1879, Chelmsford avançou pelo *kraal* régio em Ulundi, onde, enfrentando o exército zulu com uma formação conhecida como "quadrado de infantaria", duas metralhadoras Gatling e peças de artilharia, dizimou, em apenas trinta minutos, 1500 adversários, ferindo milhares de outros. Em seguida, ateou fogo a Ulundi. O rei foi capturado e despachado para Londres, e seus domínios repartidos.[9] A derrocada de Cetshwayo estimulou os africâneres, exímios atiradores e guerrilheiros, que derrotaram os casacas-vermelhas. A Grã-Bretanha reconheceu a independência, mas os diamantes, e logo em seguida o ouro, iriam transformar a África do Sul.

"Esse terrível desastre", comentou Disraeli a respeito de Isandlwana, "me abalou profundamente" — assim como outro fiasco, dessa vez em Cabul. No dia 3 de setembro, soldados afegãos se amotinaram por falta de pagamento, e o protesto desembocou numa revolta: o plenipotenciário britânico foi assassinado, e 7 mil soldados britânicos acabaram cercados e derrotados. Isandlwana e Cabul demonstraram que um grande império podia sofrer derrotas em mais de uma frente e, ao mesmo tempo, manter o prestígio.

Na campanha eleitoral em andamento, o rival de Disraeli, William Gladstone, com setenta anos de idade, mas incansável, atacou o defensor do império por sua vaidade e exibicionismo, ao passo que Disraeli, cinco anos mais velho e acometido de gota e asma, zombava do "retórico rebuscado, inebriado com a exuberância da própria verbosidade". Esta, porém, se mostrou efetiva: em abril de 1880, Gladstone foi eleito com ampla maioria, exultando com o fato de que a derrota de Disraeli era "como assistir ao desaparecimento de um amplo e magnífico castelo num romance italiano".

Gladstone estava comprometido com a concessão de um governo autônomo à turbulenta Irlanda, onde os camponeses católicos esbravejavam contra a aristocracia protestante. Por outro lado, não conseguiu se furtar à vertigem imperialista: era preciso estabilizar a situação no Afeganistão. Dessa vez os britânicos recorreram a um comandante mais hábil, o general Frederick Roberts, conhecido como Bobs, um anglo-irlandês baixinho e musculoso, veterano da Índia e da Etiópia, que rompeu o cerco com sua tropa e retomou Cabul. Em julho de 1880, uma força britânica de 2500 soldados, sobretudo indianos, foi desbaratada pelos afegãos. Tal como em 1842, os britânicos aprenderam o conceito da guerra no Afeganistão: uma investida forte seguida de uma retirada rápida, deixando no governo um soberano amistoso. "Talvez não seja muito lisonjeiro para o amor-próprio", escreveu Roberts, "mas [...] quanto menos formos vistos pelos afegãos, menor será a antipatia deles por nós." O novo emir, Abdur Rahman, depois de aceitar que o Afeganistão mantivesse relações exteriores apenas com a Grã-

-Bretanha, dedicou os doze anos seguintes a reprimir rebeliões. Em 1885, quando tropas russas atacaram uma unidade afegã em Panjdeh, levando russos e britânicos à beira de um conflito, o emir e os seus apoiadores britânicos não perderam a calma. Os desastres de 1878 asseguraram para a Grã-Bretanha outras quatro décadas de protetorado sobre o Afeganistão.

O outro vórtice imperial de Gladstone era o Egito, onde, em 1882, a interferência britânica desencadeou uma revolta nacionalista. De modo a proteger o canal de Suez, Gladstone, relutantemente, enviou Wolseley para ocupar o país; mais ao sul, no Sudão, uma missão britânica antiescravagista havia provocado uma jihad liderada por Muhammad Ahmed, filho de um construtor de barcos no Nilo, que, após uma vida como ermitão, experimentara visões divinas e alegava ser o mádi. "Vamos destruir este mundo e construir o próximo", dizia. "Quem não acreditar no meu messianismo será purificado pela espada." Em seguida, ordenou a seus seguidores, os ansaris (tal como os seguidores de Maomé que haviam ido para Medina): "Matem os turcos [egípcios], não paguem impostos". A revolta do mádi contou com o apoio dos traficantes de escravos reacionários que haviam sido ameaçados pelo bem-intencionado abolicionismo britânico.

Quando os fanáticos ansaris derrotaram as tropas britânicas e egípcias, a imprensa londrina exigiu: "Enviem Gordon!". Com relutância, Gladstone nomeou o excêntrico justiceiro Gordon para comandar a evacuação das tropas no Sudão, mas o general decidiu seguir sua própria missão divina. Mesmo cercado pelos ansaris, Gordon insistiu na defesa de Cartum com 7 mil sudaneses. "Sinto-me mais propenso a crer que a vontade Dele seja talvez a minha libertação", escreveu à irmã. "As alegrias terrenas são cada vez mais opacas, desbotadas as suas glórias." Enquanto o mártir sequioso de publicidade alardeava coragem, um protesto público obrigou Gladstone a enviar uma expedição de resgate comandada por Wolseley. "Melhor uma bala na cabeça", escreveu Gordon, "do que tremeluzir sem ser notado." Fumando um cigarro atrás do outro, Gordon espancava os criados com um bastão e berrava: "Vão, digam a todos em Cartum que Gordon não teme nada, pois Deus o criou sem medo!".

No dia 26 de janeiro de 1885, o mádi atacou Cartum e massacrou as tropas de Gordon, que foi trespassado por uma lança; sua cabeça decepada foi levada ao mádi, que a pendurou numa árvore em Omdurmã — "com os olhos azuis semicerrados", notou um prisioneiro europeu. Os britânicos admiraram esse espírito de heroísmo cristão e exigiram vingança; Gladstone foi afastado do cargo. O mádi assumiu o poder no Sudão, tornando o comércio de escravos um monopólio estatal, auxiliado por traficantes árabes responsáveis pelo cativeiro de centenas de milhares de indivíduos. Quando morreu, o califa (sucessor de Maomé) Abdullahi, servido por quinze meninos cativos e quatrocentas concubinas, assumiu o comando, tratando Darfur e Equatória como reservas para a captura de escravos.

Empenhado numa expansão imperial, o califa invadiu a Etiópia em 1888, massacrando e escravizando milhares, e, depois, saqueando a capital, Gondar. O imperador João reagiu avançando Sudão adentro. Em março de 1889, em Gallabat — um episódio negligenciado, talvez por se tratar de um confronto entre africanos, mas uma das maiores batalhas travadas no continente —, 150 mil etíopes foram à desforra contra 80 mil sudaneses, que saíram vitoriosos ao matar o rei João IV, o último monarca derrubado no campo de batalha e cuja cabeça acabou pendurada junto à de Gordon na mesma árvore sinistra em Omdurmã.

Essa batalha, na qual cerca de 30 mil guerreiros perderam a vida, foi apenas mais um episódio na partilha que seria desencadeada em parte pela ambição de um único soberano.

O CARNICEIRO LEOPOLDO, O VERDUGO PETERS E O DEMENTE VOULET: CONQUISTAS AFRICANAS

Anguloso e desajeitado, com nariz avantajado e barba cerrada, Leopoldo II da Bélgica era um manipulador excêntrico que sempre sonhara com um império. Filho do tio da rainha Vitória, Leopoldo de Saxe-Coburgo, e de uma filha de Luís Filipe, o jovem duque de Brabante não se conformava em ser "rei de um pequeno país e de um povo tacanho" e alegava que, "quando os homens são grandes, por mais estreitos que sejam os horizontes, sempre acham uma maneira de levar a cabo grandes façanhas". Ele tentou comprar Creta, Cuba, Fiji, Sarawak, as Filipinas, o Vietnã e partes do Texas e da China. Inspirando-se em Ismail Paxá, via o Egito como "uma mina de ouro", dizendo que "não podemos poupar esforços para desenvolvê-lo", e sugeria que "seria conveniente a aquisição de um pequeno reino na Abissínia". Quando menino, o pai arranjara para que se casasse com uma arquiduquesa habsbúrgica, Maria Henriqueta, obcecada por cavalos: foi a união de "um cavalariço e uma monja", brincou Pauline Metternich, "sendo a monja o duque de Brabante". Em 1865, ao ascender ao trono, Leopoldo declarou que tudo o que queria era tornar a Bélgica "forte, próspera, [e] portanto dotada de colônias próprias".

Assim que ouviu falar da travessia da África por Stanley, ele anunciou que "gostaria de conhecê-lo". Leopoldo encantou Stanley, o jornalista que se considerava um chefe guerreiro. Após criar um Comité d'Études du Haut-Congo, nome concebido para conferir uma pátina de filantropia, o rei contratou Stanley, que logo se deu conta da "esperteza" do monarca, que, "sob a égide de uma associação internacional, pretendia fazer da bacia do Congo uma dependência da Bélgica". Na África, ele começou a instalar "entrepostos" belgas, dos quais o principal era Leopoldville (Kinshasa), superando um explorador francês, o conde

Savorgnan de Brazza, numa competição para reivindicar territórios. "Não quero perder", comentou Leopoldo, "a minha fatia desse magnífico bolo africano."

Em 1882, ele fundou a Association Internationale du Congo para servir de fachada às suas aquisições, que chamou de "Estados livres", reivindicando imensas áreas no "centro da África, abandonadas pelo Egito e nas quais prossegue o comércio de escravos. Permitir que sejam administradas por um novo Estado seria a melhor maneira de chegar à raiz do problema e extirpá-lo".

"Falcatruas! Fantasias!", zombou Bismarck, enfadado com Leopoldo, que "exibe as pretensões e o egoísmo ingênuo de um italiano convencido de que o charme e a boa aparência vão lhe permitir conseguir a troco de nada o que quiser". O Chanceler de Ferro, enfrentando o ressentimento até mesmo dos social-democratas, pelo fato de a Alemanha estar ficando para trás na corrida imperial, vinha sendo pressionado pelo sinistro filho de um clérigo de Hanôver, Carl Peters, um estudante de filosofia de 26 anos que, depois de saber das conquistas coloniais britânicas durante uma estadia em Londres, fundara uma Companhia Alemã da África Oriental e viajara a Zanzibar para reclamar territórios. Por duas vezes Bismarck recusou-se a aceitar as reivindicações de Peters sobre regiões de Ruanda, do Burundi e da Tanzânia. Todavia, em novembro de 1884, Bismarck convidou a Berlim todos os pretendentes a territórios africanos para que se acertassem quanto à divisão do continente, enquanto Leopoldo aguardava em Bruxelas. A Europa, sobretudo nos Bálcãs, estava tão tensa que as potências, acostumadas a uma competição acirrada, transferiram suas rivalidades para a África: "exploradores" britânicos e franceses — em geral soldados imperiais — correram para assegurar "fatias" do bolo, mesmo que apenas para impedir que os outros as conseguissem. A ideologia e a religião sempre refletem as contingências políticas: as missões cristãs e a *mission civilisatrice*, justificadas por teorias de superioridade racial e eugenia, coadunavam-se perfeitamente com as ambições imperialistas e a busca do lucro comercial.[10]

Todavia, na mesma época, e na mesma cidade, um cientista lançava os fundamentos que iriam refutar essa pseudociência. Em 1869, na cidade alemã de Tübingen, um cientista suíço, Friedrich Miescher, usando bandagens empapadas de pus obtidas num hospital próximo, constatou, ao analisar as células sanguíneas brancas, uma nova substância, que batizou inicialmente de "nucleína", e depois de "ácido nucleico". Embora ele ainda não soubesse, a "nucleína" continha na verdade o ácido desoxirribonucleico — DNA —, que mostrava como a família e a hereditariedade ocorriam de fato através de linhagens ancestrais ao longo de milhares de anos. Enquanto Bismarck encontrava-se na Chancelaria em Berlim repartindo a África, um professor de química no outro lado da cidade — Albrecht Kossel — deu-se conta da importância desses ácidos. "Os processos vitais são como um drama", afirmou Kossel, "e estou estudando os atores, não o enredo."

O enredo continuava nas mãos de Bismarck. A Alemanha, a Grã-Bretanha e a França apoiaram todas as pretensões de Leopoldo, a fim de impedir que o Congo fosse controlado por outros. Assim, o rei belga tomou posse do território congolês como sua propriedade particular e pessoal: uma área de 2,5 milhões de quilômetros quadrados (77 vezes maior do que a Bélgica) habitada por 10 milhões de pessoas. Faltando pouco para se proclamar "imperador do Congo", Leopoldo o chamou de Estado Livre do Congo — mas agora era preciso conquistá-lo. Com vistas à exploração comercial, ele organizou um exército particular, a Force Publique, contratando belgas e outros aventureiros europeus para comandar 20 mil congoleses, gerenciar a coleta de marfim e cuidar de uma nova fonte de renda, a borracha. Em 1888, um veterinário irlandês, John Dunlop, inventou o pneumático de borracha, para uso em bicicletas, e em seguida nos carros a motor. Empunhando rifles, chicotes de pele de hipopótamo e facões, os capangas de Leopoldo perseguiam qualquer opositor e executavam os trabalhadores que deixavam de entregar as cotas de borracha. "Assim que a borracha tornou-se a questão principal", relembrou Charles Lemaire, um funcionário de Leopoldo, "escrevi ao governo: 'Para obter a borracha, será preciso decepar mãos, narizes e orelhas'." Por meio da violência, a Force Publique assegurou a exploração da borracha com mão de obra barata, matando aqueles que se recusavam a trabalhar ou punindo os que resistiam com o corte de membros em caso de infrações menores: as unidades contavam até mesmo com um "guardião de mãos", pois alguns soldados recebiam bônus por mãos decepadas (e munição poupada), enquanto outros as colecionavam como troféus. E por vezes os oficiais da Force Publique atiravam nos africanos por diversão, assassinavam as próprias amantes se as surpreendiam com outros homens, violentavam mulheres e negociavam "voluntários" agrilhoados que não passavam de escravos. Embora hoje seja impossível calcular a quantidade de mortes, estima-se que milhões de africanos tenham morrido. Mas nem isso foi suficiente.

Leopoldo queria expandir seus domínios a leste e incorporar o Sudão. Assim, ordenou a Stanley que ajudasse o assediado governador da Equatória egípcia, Emin Paxá, um médico judeu alemão que se convertera ao islã. Mas, para fazer isso, eles teriam de recorrer ao apoio dos zanzibaritas. Leopoldo e Stanley aliaram-se então ao chefe guerreiro Tippu Tip, nomeando-o governador local. Emin foi resgatado e Leopoldo reivindicou para si a região da Equatória. "Agora, o que você me diz de tomarmos Cartum?", perguntou a Stanley. Como anfitrião da Conferência Antiescravagista em Bruxelas, Leopoldo foi criticado pela aliança com Tippu. Este, já enfermo, retirou-se para Zanzibar, sendo sucedido pelo filho Sefu e o sobrinho Raschid, que controlavam grande parte do Congo com outros chefes guerreiros escravagistas. Em 1890, Msiri, soberano da independente Catanga, foi procurado por emissários britânicos, franceses e belgas, que negociaram com sua esposa luso-africana, Maria de Fonseca.

Leopoldo saiu vencedor por ser mais implacável: quando o sexagenário Msiri ameaçou com uma espada o tenente belga Omer Bodson, este disparou contra o monarca e em seguida decepou-lhe a cabeça, bradando: "Matei um tigre! *Vive le roi!*", antes de ser morto pelos guardas de Msiri. O filho adotado deste, Mukanda, acusou Maria de trair Msiri em favor dos europeus. Forçando-a a ficar de joelhos, decapitou-a com um facão. "Sou Mukanda, aquele que anda sobre os inimigos!", vangloriou-se, mas havia perdido a independência: Leopoldo agora era o senhor de Catanga.

Bismarck contentou-se com prêmios menores, que iam dos Camarões ao sudoeste da África,[11] enquanto Peters — de cintura larga, pele delicada e pálida, envergando trajes militares que ele próprio havia desenhado e carregando uma parafernália de armas — tentou tomar Uganda, do *kabaka* de Buganda, e Tanganica, do sultão de Zanzibar. Teve sucesso em Tanganica, onde, como *Reichskommissar*, e conhecido como Mkono wa Damu ("homem ensanguentado"), governou de maneira brutal. Quando flagrou sua concubina predileta com um criado, ordenou que ambos fossem enforcados e arrasou seus vilarejos natais, chocando até mesmo os alemães, que chamaram de volta o verdugo Peters e enviaram tropas para sufocar a rebelião que se seguiu.[12]

A parte do leão na divisão da África coube à Grã-Bretanha e à França — a Terceira República revelando-se tão sequiosa de um império quanto a família Bonaparte. A era do nacionalismo popular que assinalou o fim da monarquia e da aristocracia estritas promoveu tanto os valores burgueses como governos cada vez mais representativos no âmbito interno, mas a segurança, os lucros e o prestígio tornavam indispensáveis, no âmbito externo, os empreendimentos imperialistas. Em 1873, a França — com um Parlamento de maioria monarquista — ofereceu o trono ao conde de Chambord (e neto de Carlos x), que perdeu a Coroa quando se recusou a aceitar a bandeira tricolor. Na ausência de uma monarquia, o exército passou a simbolizar a estabilidade, o catolicismo e *l'ordre moral* — em contraposição à outra França, secular, liberal e socialista. O exército era o símbolo unificador de um país dividido, cujo consolo era o império.

"As raças superiores", declarou o primeiro-ministro Jules Ferry na Assembleia Nacional em 28 de março de 1884, "têm o dever de civilizar as inferiores." Um advogado com imponentes suíças, Ferry anexou o derradeiro Estado da Berbéria, Túnis, e expandiu os domínios franceses na Indochina, incorporando o Camboja, o Laos e o restante do Vietnã, embora esta última anexação tenha sido contestada pela China. Ferry derrotou os chineses numa guerra que contribuiu para desacreditar o primeiro-ministro — mas não o império. Enquanto aniquilavam milhares de pessoas num interminável conflito para subjugar a Argélia, os militares franceses contavam com uma vanguarda cosmopolita, a Legião Estrangeira, imbuída do culto da vitória a todo custo. "Legionários, vocês se tornaram soldados para morrer", eles ouviram do general Oscar de Négrier quando conquistaram novos territórios no Vietnã, "e a missão que tenho para vocês é justamente essa!".

Na África ocidental, a França esmagou o reino Wassoulou no Mali e na Guiné, antes de se voltar para o Daomé. O rei deste, Glelê, filho de Guezô, mantinha-se no poder por meio de incursões militares, usando escravizados para explorar o óleo de palma em seus domínios, mas, ao conceder as vilas de Cotonou e Porto-Novo aos franceses, começou a perder autoridade. A conferência de Berlim atribuiu o Daomé aos franceses. Quando Glelê foi assassinado, seu filho Kondo, adotando o nome régio de Beanzim, tornou-se um rei-guerreiro conforme a tradição local, difundindo a sua efígie sob a forma de estátuas de madeira adornando a capital do reino, Abomé. Em 1889, ele retomou o tráfico de escravos em território francês, usando destacamentos femininos de vanguarda, conhecidos como Minon, na caça de escravos. Em 1892, os franceses invadiram o reino, sob o comando de um robusto coronel descendente de franceses, africanos e ameríndios, Alfred-Amédée Dodds, que havia combatido em Sedan e na Indochina. Em Adégon, o rei Beanzim foi derrotado por Dodds, e quatrocentas guerreiras morreram. Em janeiro de 1894, enquanto Dodds fechava o cerco, Beanzim mandou incendiar Abomé e foi enviado para o exílio na Martinica. A França apoderou-se de imensos territórios por meio da brutal Armée d'Afrique, composta por regimentos de cavaleiros berberes e árabes — os *spahi* — e caravaneiros do Magreb, bem como por 200 mil fuzileiros da África ocidental (os Tiralleurs Sénégalais), da Indochina e de Madagascar. Com essas tropas, os franceses conquistaram um império que se estendia do sul do Congo até o Chade e por grande parte do noroeste do continente africano.

Enquanto celebrava as conquistas no exterior, no âmbito interno a França estava à beira de uma guerra civil devido a um caso de grotesca injustiça. Em 5 de janeiro de 1895, um oficial judeu, o capitão Alfred Dreyfus, filho de um fabricante de tecidos alsaciano, foi acusado de espionar para os alemães e condenado à prisão perpétua na infame ilha do Diabo, ao largo da Guiana Francesa. O comando do exército, porém, sabia que ele era inocente e também quem era o verdadeiro culpado, um oficial aristocrático. O romancista Émile Zola denunciou o escândalo em "J'accuse", uma carta aberta ao presidente — pela qual pode ter sido envenenado. O exército falsificou outras evidências e voltou a acusar Dreyfus, que, no entanto, acabou sendo perdoado pelo presidente. O "Caso Dreyfus" deixara evidente a fragilidade da França — e o importante papel dos militares na sustentação da *patrie* e do império.[13]

Os britânicos também estavam se apropriando de tudo que podiam — e ao menor custo possível — por meio das usuais empresas dotadas de milícias. "A política britânica", afirmou o primeiro-ministro, o marquês de Salisbury, antigo secretário das Relações Exteriores de Disraeli, "deixa-se levar ociosamente pela correnteza e vez por outra lança uma âncora a fim de evitar uma colisão." No entanto, ela se viu repetidas vezes pressionada por ministros imperialistas e conquistadores em busca de lucros. Na África oriental, com a morte em 1884 do *kabaka* Mutesa e o fim de suas veleidades imperiais, o assassinato de convertidos cristãos por seu filho levou um dinâmico soldado-empresário britânico, Frederick Lugard, filho de um vigário e veterano das guerras afegãs e sudanesas, a driblar o psicopata alemão Peters e assumir o controle de Uganda; seus sucessores anexariam as terras dos quicuios, no atual Quênia. Quando Khalid, o sultão de Zanzibar, envenenou o tio Bargush, que contava com o apoio dos britânicos, a Marinha Real entrou em ação, abrindo fogo ao mesmo tempo que 150 fuzileiros invadiam o palácio, o que resultou em seu afastamento do trono em exatos 38 minutos — a guerra mais breve da história. Os sucessores de Khalid concordaram que Zanzibar se tornasse um protetorado britânico, libertaram 60 mil escravos e se mantiveram no poder.

Na África ocidental, um negociante escocês reticente, obcecado por sexo e beberrão, oriundo da ilha de Man, Sir George Goldie, estava formando um império ao norte da colônia britânica de Lagos. "Tive a ambição de acrescentar a região do Níger ao Império Britânico", afirmou Goldie, que antes vivera uma "existência dissoluta", incluindo alguns anos com uma amante árabe no Egito. Em visitas à África, ele teve filhos com uma mulher ibo. Goldie era um exímio solicitador de favores políticos, obtendo uma concessão privilegiada para sua companhia, a Royal Niger Company — no mesmo rio Níger controlado por Lugard, recém-saído da conquista de Uganda, à frente da Royal Niger Constabulary, uma milícia de oficiais britânicos e soldados africanos que fazia frequentes incursões punitivas e sufocava qualquer oposição. O prêmio era o azeite de dendê, empregado na fabricação de lubrificantes industriais e sabão.

Em 1895, na Costa do Ouro, os britânicos impuseram um protetorado ao *asantehene* Agyeman Prempeh, que foi exilado nas Seychelles. Apenas cinco anos depois, contudo, a obtusidade de um governador britânico empenhado em ocupar o sagrado Trono de Ouro dos axântis desencadeou uma rebelião liderada, na ausência do *asantehene*, por uma sexagenária, Yaa Asantewaa, a rainha-mãe do feudo fon de Ejisu, que assumiu o comando de 12 mil guerreiros axântis. Depois de enfrentamentos ferozes, ela foi capturada, mas o Trono de Ouro continuou oculto.[14]

Em 1897, a milícia de Goldie atacou e derrotou os emirados de Bida e Ilorin, em parte para que cessassem as incursões escravagistas, mas também com o intuito de derrotar os franceses. No ano seguinte, Goldie aconselhou Londres a conquistar os emirados escravagistas de Sokoto, ao norte, e fundir numa única colônia toda a região, que abrigava uma variedade de etnias e religiões. A companhia acabou sendo vendida (mais tarde, se tornaria a multinacional Unilever), mas o plano foi executado: Lugard e a Força Fronteiriça da África Ocidental investiram contra Sokoto e libertaram 2 milhões de escravizados. Foi a mulher de Lugard, Flora Shaw, quem sugeriu que a colônia fosse chamada de Nigéria, da qual ele se tornou o primeiro governador-geral.

A essa altura, os franceses dominavam a maior parte da África, seguidos pelos britânicos. Em termos demográficos, a Grã-Bretanha governava quase 30% de todos os africanos, e a França, 15%. Em ambos os países, os imperialistas mais agressivos aspiravam a consolidar seus territórios em impérios contíguos: a França, de leste a oeste, desde o Senegal até o Djibuti; a Grã-Bretanha, no sentido norte-sul, da colônia do Cabo até o Cairo. Mas tais ambições estavam prestes a se chocar.

Do Congo jorravam os lucros de Leopoldo, mas também relatos de atrocidades, reveladas primeiro no romance *Coração das trevas*, do polonês Joseph Conrad, que foi oficial num vapor fluvial na região, e, depois, num relatório incriminador redigido pelo cônsul britânico Roger Casement. Em Londres, Leopoldo foi acusado de pedofilia e de frequentar uma "casa irregular" à qual pagava oitocentas libras mensais para que lhe fornecessem virgens entre dez e quinze anos. Em Paris, o rei, então com 65 anos, interessou-se por uma prostituta, Blanche Delacroix, de quinze anos, "bem fornida, mas graciosa", despachando uma alcoviteira com a mensagem: "Madame, fui enviada por um cavalheiro que a achou interessante. Trata-se de um personagem do mais alto escol, cuja posição elevada me obriga a ocultar seu nome". Convocada para uma cômica entrevista durante a qual o "personagem do mais alto escol", a quem ela equivocadamente chamava de "rei Oscar", a examinou em silêncio, Blanche foi aprovada. Tornou-se amante de Leopoldo, mãe de dois de seus filhos e dona de uma fortuna em ações do Congo; além disso, foi agraciada com o título de baronesa de Vaughan.

Leopoldo, contudo, não negligenciou por completo a família legítima. Em 1880, ele realizara o triunfal casamento da filha Estefânia com o príncipe herdeiro dos Habsburgo, Rodolfo, numa cerimônia em Viena que contou com a presença de Bertie, o príncipe de Gales, e Guilherme, o príncipe herdeiro da Prússia. Rodolfo, porém, era destrambelhado e talvez insano; Estefânia ficou cada vez mais desesperada, mas ninguém poderia ter previsto a tragédia que se seguiu.[15]

RODOLFO E MARIA EM MAYERLING; O INSPETOR HIEDLER
E ADOLF EM BRAUNAU

Desde muito ignorado pela mãe, Sissi, mais preocupada consigo mesma, e tratado com frieza por Francisco José, que se recusara a permitir que frequentasse a universidade, Rodolfo era inteligente, surpreendentemente liberal e com propensões republicanas, buscando a companhia de liberais, e mesmo de judeus, escrevendo artigos anônimos contra a nobreza e até um estudo etnográfico sobre o império que foi bem recebido pelo pai. Sempre que Sissi irrompia em sua vida, ao visitar a corte, "os olhos do príncipe herdeiro brilhavam [...], ele é muito parecido com a mãe, a quem idolatra".

Francisco José ficava perplexo diante da mulher indomável e do filho hostil. Sissi passava a maior parte do tempo caçando na Inglaterra, obsessivamente preocupada em emagrecer e se exercitar, ao mesmo tempo buscando a privacidade e cortejando a publicidade, mas ao menos o ajudara na Hungria, onde a reconquista de 1848-9 nunca fora perdoada. Cultivando uma estreita amizade, possivelmente um caso, com o conde Gyula Andrássy — um elegante ex-rebelde húngaro que apreciava se vestir com túnicas de brocados dourados e peles de tigre, ao estilo de Átila —, Sissi articulara a negociação de um novo arranjo, a monarquia dual da Áustria-Hungria. Andrássy tornou-se ministro das Relações Exteriores, aproximando a Áustria da Alemanha, mas a ascensão dos húngaros, combinada com a emergência dos novos países eslavos, estimulou o fervilhante nacionalismo dos tchecos e de outros povos eslavos.

Sissi encorajou o tedioso marido, agora com 53 anos, a se consolar com uma atriz casada, Katharina Schratt, de trinta anos, que ele havia admirado desde o camarote imperial no Burgtheater. A aproximação do Kaiser foi glacial. "Não tive coragem", ele escreveu a Sissi, "observado de todos os lados por binóculos e pelas hienas da imprensa." No entanto, o caso acabou por ser consumado. "Ontem se completaram exatamente seis semanas desde que a deixei em seu leito, e espero daqui a dois dias voltar a estar nele!", escreveu à atriz. "Será um reencontro maravilhoso." Sissi o ajudou, indo visitar Katharina. "Você precisa se conter", Francisco assegurou a Katharina, "assim como eu, ainda que no meu caso não seja nada fácil." E acrescentou: "A imperatriz repetidas vezes se expressou em termos favoráveis a seu respeito". Em particular, Sissi considerava a atriz um tanto bovina, mas, como disse a filha deles, Maria Valéria, "seus modos calmos e naturais atraem o papai". Não demorou para que Katharina fosse incluída no círculo mais íntimo dos Habsburgo: era a única coisa que trazia alegria a Francisco, além das caçadas: "Poka está feliz esta noite", Sissi comentou com a filha. "Convidei a amiga dele." Poka, "peru" em húngaro, era o apelido que a imperatriz havia dado a Francisco José.

Nenhum dos pais tinha muito tempo para Rodolfo, que se ressentia do refinado companheiro de caça de Sissi, George "Bay" Middleton, e ridicularizava as cartomantes espiritualistas que ela frequentava. E Sissi não ajudava em nada ao provocar a nora, chamando-a de "labrega".

O príncipe herdeiro, carente e imprudente, tornou-se "obcecado por mulheres", viciado em drogas e cortesãs, mantendo um registro de suas conquistas sexuais (com as virgens assinaladas em tinta vermelha) e estabelecendo uma hierarquia de presentes para elas, conforme sua origem: da realeza, da nobreza ou da plebe.

Rodolfo e Estefânia foram se afastando. Após o nascimento de uma filha, Rodolfo voltou às amantes, apaixonando-se por Mitzi Kaspar, uma atriz adolescente e cortesã no bordel vienense de Madame Wolf. Logo transmitiu gonorreia a Estefânia, que, evidentemente, voltou-se contra ele e iniciou um caso com um conde polonês. Em conformidade com suas ideias liberais, Rodolfo era amigo de Bertie, que tinha o espírito aberto e era amigo dos Rothschild e de outros magnatas judeus. Ambos eram grandes apreciadores das cortesãs, mas até Bertie notou que, "para um jovem de sua idade, Rodolfo está muito bem informado a respeito dos assuntos sexuais". Ao mesmo tempo, Rodolfo abominava o grotesco colega herdeiro, Guilherme da Prússia, a quem chamava de *junker* intransigente e reacionário", brincando com Estefânia que só o convidaria para estar com ele se fosse para "apressar sua saída deste mundo numa elegante aventura de caça".

Enquanto isso, ele acompanhava a tragédia do primo Luís da Bavária, que durante duas décadas gastara extravagantemente em castelos de fantasia e óperas wagnerianas, ignorando os assuntos de Estado e mantendo casos com protegidos. Luís só contava com a simpatia da prima Sissi. "O rei não está louco", ela se convenceu, "é apenas um excêntrico que vive num mundo de sonhos." Quando Luís decidiu demitir seus ministros, estes apelaram a Bismarck. Em 1886, porém, os médicos assinaram um relatório psicológico declarando que ele de fato estava insano. No mês de junho, quando ministros e médicos chegaram para afastá-lo do governo, uma baronesa leal tentou agredi-los com uma sombrinha, Luís mandou prendê-los e, em seguida, tentou fugir. Como ele não tinha filhos, o tio Leopoldo tornou-se regente. "Como o senhor pôde afirmar que estou louco?", Luís perguntou ao dr. Bernhard von Gudden, diretor do asilo de alienados de Munique. "O senhor nunca me examinou." No dia seguinte, transferido para o Castelo de Berg, às margens do lago Starnberg, Luís e Gudden não voltaram de um passeio pelas margens do lago. Foram encontrados mortos na água; Gudden havia sido estrangulado, mas a causa da morte do rei continua a ser um mistério.[16]

Uma das fantasias de Rodolfo era assistir à morte de outra pessoa: assim, ele propôs a Mitzi um pacto de suicídio — sobretudo por estar convencido de quão inviável era sua própria sucessão. "No dia em que papai cerrar os olhos para sempre, a situação da Áustria vai ficar muito desconfortável", ele alertou a irmã. "Meu conselho é que você emigre" — tal como milhões de alemães vinham fazendo.[17]

Rodolfo já havia tido um caso com uma promíscua mulher casada recém-nobilitada, a baronesa Helene Vetsera, com quem fora para a cama mal saído da adolescência. Agora, ela o apresentou à filha adolescente, Maria, que se queixava da mãe: "Desde pequena, ela sempre me usou para obter alguma vantagem". Maria acabou se apaixonando loucamente por Rodolfo, que ficou encantado com a "força de sua beleza plena e triunfante, seus olhos negros profundos, seu perfil esculpido, seu pescoço divino, sua graça sensual e arrebatadora". E confessou: "Não consigo ficar longe dela". Nem por isso ela era sua única amante.

Em 29 de janeiro de 1889, Rodolfo dormiu com Mitzi, seu verdadeiro amor, e, no dia seguinte, ambos partiram rumo ao pavilhão de caça em Mayerling. "Se pudesse oferecer-lhe a minha vida", escreveu Mitzi, "eu o faria de bom grado, pois o que mais me importa?" Para a mãe, Rodolfo descreveu Mitzi como "um anjo puro que me acompanha aqui e na vida futura".

Na madrugada do dia seguinte, Maria, então com dezessete anos, deitou-se no leito, o cabelo espalhado sobre os ombros, segurando uma rosa; Rodolfo, agora com trinta anos, disparou contra sua têmpora, ou fez com que bebesse veneno — os detalhes são incertos —, e em seguida passou várias horas ao lado do cadáver antes de se matar com um tiro. Quando foram descobertos, a primeira a ser informada foi Sissi, que reagiu com frieza, insistindo que "a jovem o envenenara", mas chamou Katharina e a instruiu que acalmasse Francisco José ao dar-lhe a notícia. Então, mandou chamar Estefânia e, maliciosamente, disse-lhe que "tudo teria sido diferente se ele tivesse uma esposa que o compreendesse".[18] Helene, a mãe de Maria, apareceu indagando se alguém sabia do paradeiro da filha. Sissi contou-lhe o ocorrido. Helene soluçou:

"Minha criança, minha linda criança!"

"Mas você se dá conta de que Rodolfo também está morto?", perguntou Sissi. Helene caiu de joelhos:

"Minha criança infeliz, o que ela fez?"

"Lembre-se", disse Sissi. "Rodolfo morreu de um ataque do coração."

Em Mayerling, os cortesãos empenharam-se em ocultar os fatos: o corpo de Rodolfo foi enviado de volta ao Hofsburg, e dois tios de Maria conseguiram sair discretamente com o corpo da jovem, vestindo-o e colocando-o sentado na carruagem. Como a corte anunciou que ele se suicidara num acesso de insanidade, Rodolfo pôde ser sepultado na Capela dos Capuchinhos. Sissi retomou as viagens, e seu comportamento tornou-se cada vez mais bizarro.

Enquanto a Viena decadente refletia o império multiétnico dos Habsburgo, o arcaico Kaiser governava a monarquia *kaiserlich und königlich* — imperial e real — por meio de uma rígida hierarquia de nobreza e burocracia. Um exemplo típico dessa espécie era Alois Hiedler, inspetor aduaneiro em Braunau am Inn.

Filho ilegítimo de Maria Schicklgruber, ele mais tarde adotou o nome do padrasto (provavelmente seu verdadeiro pai), Hiedler.

Embora fosse um valentão irascível, taciturno e beberrão, Alois também era competente. Sem educação formal, ascendera por mérito, orgulhava-se do uniforme e fazia questão de ser tratado como *Herr Oberoffizial*. Tinha como passatempos a criação de abelhas, o consumo de cerveja e os casos com mulheres: sua vida amorosa era caótica e semi-incestuosa, tendo tido filhos com várias mulheres, dos quais sobreviveu uma filha, Angela, até que ele começou outro caso, ainda casado, com uma prima ou meia-sobrinha que trabalhava em sua casa como criada, Klara Pölzl, 23 anos mais nova. Com a morte da esposa, ele se casou com Klara: os primeiros três filhos do novo casal morreram ainda pequenos, dois deles num mesmo surto de difteria. Em abril de 1889, quando Hiedler (agora com a grafia alterada para Hitler) estava com 51 anos, Klara teve mais um filho, Adolf, seguido de uma filha, Paula. Outro filho morreu de sarampo. Longe de ter uma infância difícil, Adolf desfrutou de uma criação confortável graças ao salário generoso de Alois. Vez por outra, sofria com castigos físicos do pai, mas esse tipo de disciplina era quase universal na época. Adolf considerava as tarefas escolares "ridiculamente fáceis" e desfrutava do amor passional da mãe, que lhe infundiu uma ilimitada autocomplacência e confiança em si mesmo. No mínimo, foi amado demais.

Ao se aposentar, aos 58 anos, o *Oberoffizial* Hiedler mudou-se para o campo, mas morreu em 1903, quando Adolf tinha treze anos, e Paula, seis. Adolf sempre desdenhara da pomposidade burocrática do pai, convencido de estar destinado a ser um artista. Mudando-se para Linz, a afetuosa e devota Klara criou os filhos e estimulou os devaneios indolentes de Hitler, apoiando seu projeto de estudar arte. O relacionamento de Hitler com as irmãs era frio — "gansas estúpidas", era como ele as chamava —, embora ele fosse mais próximo de Angela. Desde o princípio, os adultos notavam seus "olhos extraordinários": "Ele tinha os mesmos olhos claros da mãe [...] e sua mirada penetrante". A fim de escapar da tediosa família, ele saiu de casa para se tornar um artista famoso em Viena, onde havia um novo herdeiro do trono: Francisco Ferdinando.

MONARCAS MODERNOS: FRANCISCO FERDINANDO E SOFIA, PEDRO E ISABEL, QUERIDO GUILHERME

Francisco Ferdinando era filho do irmão do imperador, que, em mais um golpe do destino, morrera numa peregrinação a Jerusalém, ao beber a água do rio Jordão. Ele tinha duas obsessões: a hierarquia real e atirar em qualquer coisa, desde elefantes até as 272 511 aves e animais registrados em seu diário — não se pode dizer que não era consciencioso. Ainda assim, deixou o imperador perplexo ao se apaixonar por uma nobre que não fazia parte da realeza, Sofia Chotek. Francisco José acabou por permitir que eles se casassem morganaticamente, isto é: os filhos do casal seriam excluídos da sucessão monárquica.

De pavio curto e arrogante, mas um atilado defensor da autocracia, Francisco Ferdinando viajou pelo mundo a fim de se preparar. Estabelecendo uma chancelaria militar em sua residência, o Palácio Belvedere, ali se dedicou a examinar os problemas que acometiam a democracia. Ele estava convencido de que cabia ao império oferecer aos eslavos uma parceria similar àquela concedida aos húngaros: "O irredentismo em nosso país [...] cessará de imediato se aos nossos eslavos for proporcionada uma vida confortável, justa e boa". Repetidas vezes, ele alertou para os confrontos com a Sérvia, que poderiam ocasionar a intervenção da Rússia.

Primo em primeiro grau de Francisco José, o imperador Pedro II governava havia 58 anos o Brasil, uma das últimas sociedades escravagistas do Atlântico. Enfastiado do poder, Pedro decidiu viajar pelo mundo e deixou a filha, Isabel, encarregada do governo, mas o marido dela, o francês Gaston de Orléans, conde d'Eu, era considerado um estrangeiro avarento e odiado. Em 1881, as joias reais foram roubadas do palácio, e, quando as suspeitas recaíram sobre dois criados, d. Pedro os protegeu, causando indignação pública. Ele pretendia abolir a escravatura de forma paulatina, a fim de evitar rebeliões e a quebra na produção agrícola. Em 1885, a Lei dos Sexagenários libertou os escravos com mais de sessenta anos. Por fim, no dia 13 de maio de 1888, a princesa Isabel aboliu a escravatura e libertou cerca de 700 mil cativos, o que lhe valeu uma onda de popularidade e o título de Redentora dos Negros. Enquanto estes apoiavam a monarquia, formando até um Batalhão Negro para defendê-la, muitos fazendeiros haviam se tornado republicanos.

A política chegara a um impasse. Todos esperavam a reação do exército, cujo comandante, o marechal Deodoro da Fonseca, mantinha-se fiel ao imperador. Ao retornar de viagem, Pedro foi recebido com júbilo, mas o entusiasmo durou pouco. Em novembro de 1889, o idoso imperador ofereceu um baile para oficiais da marinha chilena em visita à capital. Ao chegar ao local da festa, deu um passo em falso. "A monarquia tropeça", brincou. "Mas não cai." O marechal Deodoro tentou desencorajar os oficiais republicanos — "Eu queria acompanhar o caixão do imperador, que está idoso e a quem respeito muito" —, mas em vão. Um governo provincial logo proclamou a república. No palácio, Pedro ficou à espera do marechal, que estava constrangido demais para se apresentar. A imperatriz entrou em pânico. "Qual, senhora. Lá chegando, isso se acaba", disse o imperador. "Isso é fogo de palha, conheço meus patrícios. As monarquias não caem facilmente." Mas o fato é que caem.

De madrugada, oficiais subordinados comunicaram ao imperador que ele havia sido deposto e banido do país. "Não sou um escravo fugitivo", disse Pedro ao embarcar. "Não vou sair a meio da noite." Mas foi o que fez. "Os senhores todos perderam a cabeça, estão loucos", indignou-se. Enquanto o imperador seguia para a Europa, Deodoro da Fonseca tornava-se o primeiro presidente do Brasil.

No passado, Pedro fora celebrado pela modernidade, mas agora, na Europa, um presunçoso e jovem Kaiser, orgulhoso de sua familiaridade com a tecnologia e com a ética da cavalaria medieval, avançava para o centro do palco.

Em março de 1888, com a morte de Guilherme I aos noventa anos, seu filho, Frederico III — também conhecido como Fritz, o hábil comandante de 1870 —, ascendeu ao trono com a esposa britânica, Vicky, filha da rainha Vitória, consciente de estar enfermo demais para colocar em prática sua visão de uma Alemanha liberal. Quando os judeus alemães viraram alvo de uma campanha antissemita, Fritz e Vicky demonstraram apoio a eles visitando uma sinagoga em Berlim.

Bismarck tramou a destruição do casal real, concentrando seu ódio em Vicky — "uma mulher selvagem [...] que o apavorava com a sexualidade desenfreada que deixa transparecer nos olhos". Mas o chanceler teve sorte: Fritz já sofria com um câncer na garganta e a traição do filho. Guilherme, desde muito mimado e patrocinado pelo avô, Guilherme, o Grande, desprezava o pai debilitado e a mãe liberal, e mal podia esperar para se tornar um Kaiser absolutista e árbitro da Europa.

O Kaiser Frederico governou por apenas 98 dias, falecendo em 15 de junho de 1888, sendo sucedido pelo filho Guilherme, de 29 anos, chamado pelo idoso Bismarck de "o jovem".

Devido ao parto anormal, no qual o bebê encontrava-se em posição pélvica, Guilherme ficou com o braço esquerdo atrofiado. Educado numa escola comum, ele era mais feliz no Corpo da Guarda, em meio ao companheirismo masculino e aos adornos fetichistas da virilidade prussiana: uniformes, botas de cano alto, capacetes com figuras de águias. Costumava ir a Viena em busca de aventuras sexuais, tendo um filho com uma amante antes de iniciar uma relação com uma cortesã berlinense que se apresentava como Miss Love — e ambas satisfaziam seu fetiche por mulheres com luvas. Aos 22 anos, Guilherme casou-se com Dona (Augusta Vitória) de Schleswig-Holstein, que também satisfazia o fetiche. "Vou cuidar para que desfrute de todos os seus pequenos prazeres", ela prometeu. "Agora sempre uso luvas à noite [...]. Meu maridinho safado [...]. Você sabe como é grande o amor que tenho por você [...] e o quanto estou disposta a fazer de tudo. Prometo não decepcioná-lo." Eles tiveram sete filhos, mas Guilherme acabou por se enfadar com o casamento.

Ao assumir o trono, Guilherme herdou Bismarck, o criador do Reich híbrido que apenas ele próprio conseguia de fato administrar, esforçando-se para conter não só a ascensão dos socialistas no Reichstag como o Kaiser jovem e arrogante. Eram duas tarefas desafiadoras: o supremo comandante militar era quase talentoso, interessado em tudo, mas também desequilibrado, bombástico, impetuoso, grandiloquente e hiperativo — um tagarela maníaco que raramente parou de falar e de viajar nos trinta anos seguintes, repetindo a seus acompanhantes: "Nenhum de vocês sabe de nada. Só eu sei alguma coisa".

Guilherme intimidava e perseguia a mãe, Vicky, obrigada a enviar suas cartas para a Inglaterra clandestinamente. "G. [Guilherme] acredita que pode fazer tudo sozinho", ela escreveu à mãe, a rainha Vitória. "Claro que isso não é verdade. Um pouco de modéstia e autoconhecimento mostrariam que ele não é, como imagina, um gênio ou Frederico, o Grande. Temo que vá se meter em problemas", devido ao "gosto por brincar de déspota e se exibir". E acrescentou que "é uma infelicidade para todos nós que G [...] esteja imbuído de preconceitos, falsas noções e ideias equivocadas [...], falta-lhe tanta maturidade de caráter e juízo [...], com frequência ele abusa do poder que lhe chegou às mãos". Vicky também se mostrou presciente: "E o pior é que talvez *todos* nós tenhamos que pagar por sua ignorância e impudência". Era na guerra que ela estava pensando.

A Alemanha fervilhava. Em certo sentido, era o Estado mais moderno da Europa, com um Reichstag repleto de socialistas de classe média; suas indústrias, sobretudo siderúrgicas e petroquímicas, superavam as da Grã-Bretanha e da França. Em outro sentido, porém, era um país antiquado, governado pelas prerrogativas absolutistas do rei prussiano, rodeado de *junkers* com botas de cano alto, a quem dizia que estava "sempre consciente de que os meus antepassados me observam desde o outro mundo e que um dia terei de prestar conta a eles da glória e honra do exército". Guilherme estava convencido de que seu poder emanava de Deus. "Para sempre e eternamente há apenas um único e *verdadeiro imperador* no mundo", escreveu, "e ele é *germânico*, quaisquer que sejam os seus atributos e qualidades pessoais, mas pelo *direito de uma tradição milenar*. E o seu chanceler tem de *obedecer!*"

Bismarck teve de comprar de Miss Love as cartas de amor que ela recebera de Guilherme, mas este logo se ressentiu da preponderância do chanceler. "Estou acostumado a ser obedecido", disse Guilherme. "Não entro em discussões."

Guilherme reuniu um círculo de ríspidos generais prussianos e de reverentes homossexuais enrustidos, liderados por um amigo íntimo, doze anos mais velho, o conde Philipp zu Eulenburg, músico, poeta e espiritualista, casado e pai de seis filhos. Em 1886, ao se conhecerem durante uma caçada, eles ficaram encantados um com o outro. Cantavam juntos baladas místicas nórdicas, remavam em lagos, frequentavam sessões espíritas, discutiam raças e fofocavam sobre Luís da Bavária, onde Philipp servia como diplomata. Porém, acima de tudo, planejavam como seria o reinado guilhermino. A imperatriz Dona logo foi tomada de ciúmes, acusando o marido de ter um caso com o amigo.

O Kaiser a ignorou, admitindo que se sentia mais feliz com os "os belos rapazes" de seus regimentos de Potsdam. Ele adorava os cruzeiros de verão no iate *Hohenzollern*, onde desfrutava da companhia masculina e divertia-se com brincadeiras machistas, em geral envolvendo alusões anais. Certa vez, em 1894, quando estavam no mar, Philipp foi despertado pela "voz alta e risonha do Kaiser à porta: ele estava perseguindo suas excelências Heintze, Kessel, Scholl etc. pelos corredores do barco até o *leito*".[19]

Eulenburg adorava Guilherme, a quem chamava de *Liebchen* — "querido" — mesmo diretamente, e "o mais bondoso dos Kaiseres, o mais simpático dos amigos", por quem ele "ansiava"; Guilherme, o "meu amigo do peito, o único que tenho". Todavia, o reprimido Kaiser pouco sabia da vida clandestina dos amigos íntimos de Philipp. Quando rumores sobre um deles, o conde Kuno von Moltke, comandante de Berlim, chegaram a seus ouvidos, Guilherme procurou outro membro do grupo. "Anteontem, o *Liebchen* me abordou no Tiergarten", escreveu o barão Axel von Varnbüler. "Depois de expressar admiração por minhas botas amarelas e traje de equitação, ele me perguntou: 'Você sabe alguma coisa de Kuno?'."

Guilherme zombou da aliança de Bismarck com a Rússia, que visava assegurar a paz e impedir o cerco da Alemanha. "Esse jovem quer entrar em guerra com a Rússia", queixou-se Bismarck, "e, se pudesse, começava a desembainhar a espada agora mesmo. Mas não participarei disso." Philipp via seu *Liebchen* como a "personificação da Alemanha" e elogiava o modo como "o Kaiser combina em si mesmo duas naturezas — a cavalheiresca [...] e a moderna". Agora, passou a aconselhar Guilherme a se livrar do velho monstro dominador. Em março de 1890, quando o Kaiser e o chanceler se desentenderam a respeito dos direitos dos trabalhadores, Guilherme aproveitou para demiti-lo, nomeando em seu lugar um general mais aquiescente.

Guilherme queria ser "meu próprio Bismarck", fazendo pleno uso dos impressionantes poderes imperiais. No exterior, como disse a Eulenburg, seu sonho era a dominação alemã, "uma espécie de supremacia napoleônica [...] no sentido pacífico". Mas ele também abraçava as ideologias raciais que contrapunham os teutos (germânicos) aos eslavos (russos). Philipp tivera um caso com o ideólogo racista Gobineau, cujas teorias sobre a superioridade da raça ariana estavam se tornando populares e foram adotadas por Guilherme.

O Kaiser manteve com a Áustria-Hungria a aliança firmada por Bismarck, à qual se somara recentemente a Itália, mas sua postura bombástica semeava confusão e alarme: ao mesmo tempo que invejava o liberalismo e o poder britânicos (representados por sua mãe e pelo irmão dela, Bertie), maravilhava-se com seu império e sua força naval (representados pela venerada avó Vitória).

Uma contradição similar distorcia o modo como via a Rússia. Em 1º de março de 1881, enquanto o tsar Alexandre II, então com 67 anos, circulava pelas ruas, rodeado de cossacos e policiais à paisana, a caminho de uma revista da guarda, um radical atirou uma bomba em sua carruagem. Era um dia especial: os Románov haviam acabado de promulgar um decreto criando a primeira assembleia consultiva da Rússia, composta por delegados eleitos, que, "não posso deixar de reconhecer, é o primeiro passo para uma Constituição". No entanto, a lentidão com que as reformas eram conduzidas havia inspirado, e depois decepcionado, com consequências fatais, os radicais russos, cuja facção Vontade Popular realizou quatro tentativas de assassiná-lo. Alexandre saiu ileso do atentado, mas, mesmo desaconselhado, insistiu em confortar os feridos. Ao fazer isso, outro terrorista lançou uma bomba a seus pés, que lhe arrancou a perna. O tsar morreu horas depois, sob o olhar do filho gigante, agora Alexandre III, e do neto, o atônito Nicolau.

Com 1,90 metro, rude, beberrão, preferindo vestir as blusas e botas dos mujiques, Alexandre III pôs fim às reformas do pai, reprimiu as aspirações tanto dos nacionalistas como dos liberais e retomou a tradição da autocracia policial, da expansão imperialista e do nacionalismo messiânico associado à eslavofilia. A russificação — a proibição do uso das línguas georgiana, finlandesa e ucraniana — acabou levando esses povos a juntarem aos partidos nacionalistas ou socialistas. Os judeus, na posição mais baixa da hierarquia étnica, foram intensamente perseguidos. O Colosso era um exímio e competente ditador, sempre ciente do que queria: certa vez, entortou um garfo e disse ao embaixador austríaco: "É isto que vou fazer com seu exército". Não hesitava em agarrar os ministros pelo pescoço ou em atormentar o filho tímido e franzino, Nicolau, a quem via como uma "criança". Por outro lado, estimulou os negócios, dando início a um surto de crescimento econômico com a construção de ferrovias e o desenvolvimento da indústria.[20]

Guilherme tentou conquistar Alexandre (que o considerava repelente), mas então rompeu a aliança de Bismarck com o império tsarista. Nem mesmo Philipp entendia bem o que o Kaiser queria de fato. A Grã-Bretanha e a Rússia eram rivais na dominação da Ásia, mas Guilherme queria se aliar à Rússia contra a Grã-Bretanha ou à Grã-Bretanha contra a Rússia?[21] Todavia, durante 24 anos, esse instável narcisista foi, segundo o aliado Francisco Ferdinando, "o maior homem da Europa".

Alexandre III reagiu tomando duas decisões prescientes cujas consequências mudaram o mundo. Em julho de 1891, firmou uma aliança com a França republicana, originando precisamente o cerco que Guilherme tentara evitar; e, por volta da mesma época, encomendou a construção da Ferrovia Transiberiana, com 9289 quilômetros, projetando o poder russo na direção de uma China em vias de desintegração.

Também Guilherme estava obcecado com o surgimento daquilo que o racista Gobineau chamava de "perigo amarelo". Em 17 de setembro de 1894, na foz do rio Yalu, uma nova potência naval, o Japão, afundou oito (de um total de dez) couraçados chineses e em seguida desembarcou tropas na China, tomando Port Arthur e massacrando a população civil.

As casas de Hohenzollern e de Roosevelt, de Salomão e dos manchus

Em julho, a imperatriz viúva Cixi, então com setenta anos de idade e afastada do poder havia cinco anos, soube pelo sobrinho, o imperador Guangxu, da iminente guerra com o Japão. Guangxu ficou desconcertado: ignorante, displicente, apavorado com trovões (durante as tempestades fazia os eunucos gritarem para abafar o som), ele revertera as reformas da tia e negligenciara a marinha de guerra, enquanto sua consorte adolescente, Zhen, vendia cargos pelas ofertas mais altas. Para os monarcas manchus, com 400 milhões de súditos, os 40 milhões de japoneses não passavam de *wojen* — anões — racialmente inferiores. Ao eclodir o conflito, Guangxu anunciou que "os anões transgrediram todas as leis das nações e esgotaram a nossa paciência: ordenamos aos nossos exércitos que os arranquem de seus covis". Mas os japoneses haviam mudado.

Trinta anos antes, em novembro de 1867, o xógum hereditário, cuja família Tokugawa governara o Japão por três séculos, desde Tokugawa Yeyasu, devolveu o poder ao imperador. Após um breve conflito, um novo *tenno* (imperador) anunciou a restauração do domínio imperial, que deveria "enriquecer o país e fortalecer os militares".

Um príncipe adolescente, Mutsuhito, acedeu ao trono, adotou o nome de Meiji — "domínio esclarecido" — e tornou-se o chefe nominal de um círculo de elite composto por reformistas empenhados em derrubar a velha ordem e forjar na prática um novo Estado. A capital foi transferida de Kyoto para Edo (rebatizada como Tóquio); um jovem samurai reformista, Ito Hirobumi, redigiu uma nova Constituição, com base nas constituições alemã e britânica, com um primeiro-ministro e um Parlamento eleito, que serviriam ao "sacro" e "inviolável" imperador do "trono sagrado estabelecido por ocasião da divisão dos céus e da terra". O *tenno* deveria ser "venerado". Todavia, o "conhecimento", afirmava o juramento constitucional de Ito, "deve ser buscado em todo o mundo a fim de revigorar os fundamentos do domínio imperial". Oficiais britânicos e alemães foram contratados para treinar um novo corpo militar incutido de modernidade técnica e *bushido* medieval, que, juntamente com o próprio imperador, constituiria o âmago do *kokutai*, uma matriz de monarquismo, xintoísmo e sociedade que iria predominar até 1945.[1]

Em duas décadas, o Japão se transformara na economia mais industrializada da Ásia, na mesma época em que a China se desintegrava e, com isso, tornava-se um alvo irresistível para os impérios europeus — e tanto uma tentação como um alerta para o Japão.

A Coreia ficaria na linha de frente na corrida entre os europeus e os japoneses para aproveitar o declínio da China. Se os europeus ocupassem a Coreia, esta se tornaria "uma adaga voltada para o coração do Japão". Governada desde 1392 pela família Joseon, a Coreia era tradicionalmente vassala dos chineses. Aconselhado pela carismática esposa, a rainha Min, o rei Gojong procurou se manter neutro. A união deles fora arranjada pelo pai dominador do rei, o *daewongun* — príncipe da grande corte —, que, como regente, empenhara-se em excluir toda influência externa, uma política cada vez mais inviável diante do expansionismo japonês e russo à custa do Reino Eremita.

A princípio o casal se odiava, e ela se recusou a consumar o casamento na noite de núpcias, mas eles acabaram se aproximando, a despeito de terem perdido o primeiro filho. "Uma mulher esguia com uma figura muito elegante", a rainha Myeonseong — Min — era culta e assombrosamente bela, comentou um visitante inglês. "O cabelo preto luzidio, a pele translúcida e perolada [...] de uma inteligência esfuziante." Após uma década de regência pelo *daewongun*, Gojong tornou-se adulto e, instigado por Min, afastou o pai do governo. Negociando com a China e a Rússia, e abrindo o Reino Eremita à modernização, Min resistiu ao controle japonês. Porém, em abril de 1894, uma rebelião camponesa levou à intervenção tanto da China como do Japão.

Em Tóquio, não restava outra opção, segundo o primeiro-ministro Ito Hirobumi, "além de ir à guerra", a fim de manter a China longe. O imperador Guangxu, "surpreso com essa traição", reconheceu que era "difícil argumentar com os anões" — que prontamente desembarcaram 240 mil soldados na Coreia. Os japoneses capturaram Pyongyang e o rei Gojong; em seguida, derrotaram a China em terra e no mar — seus oficiais comparando os chineses a "porcos agonizantes". Em abril de 1895, em Shimonoseki, Ito obrigou a China a conceder à Coreia uma "independência" sob controle do Japão e a ceder a próspera ilha de Taiwan e a estratégica cidade setentrional de Port Arthur (Lüshunkou) aos japoneses. De repente, o Japão havia arrebatado as melhores regiões da China, para grande incômodo de Guilherme.

O Kaiser temia uma "Ásia consolidada, o controle da China pelo Japão", e apelou a São Petersburgo, onde Alexandre III, com apenas 49 anos, mas um bêbado incorrigível que costumava esconder garrafas de vodca nas botas, estava morrendo de cirrose hepática. Ele foi sucedido pelo filho Nicolau, então com 26 anos, que choramingou: "Nem de longe estou preparado. O que vai ser da Rússia?". Não é fácil estar preparado para o poder — a maioria dos líderes democráticos não tem experiência quando são eleitos —, e não havia como treinar para o leque de talentos necessários para governar como um autocrata. Nicolau não era nenhum colosso como o pai, nem tinha o senso teatral de Guilherme, mas sua inescrutabilidade atraente, polidez a toda prova e devoção matrimonial disfarçavam o empenho em promover a autocracia ortodoxa e o poder russo. Com a vitória do Japão, o novo tsar viu a oportunidade de fazer o que os Románov sempre haviam feito: expandir o império.

Guilherme conhecia Nicolau e a esposa deste, Alexandra de Hesse-Darmstadt, de ascendência anglo-germânica, neta da rainha Vitória, desde a infância, pois ambos eram seus primos. Nicky e Alix haviam se conhecido ainda pequenos e se apaixonado quando adolescentes, mas a devota protestante Alix negou-se a se converter à fé ortodoxa — até abril de 1894, quando eles compareceram ao casamento do irmão dela, juntamente com a rainha Vitória e o Kaiser Guilherme. Depois de ter recusado a proposta de Nicolau, Alix consultou Guilherme, que a convenceu a aceitar. Nos dias infelizes após a morte do pai, Nicolau casou-se com Alexandra.

Agora Nicolau passou a perseguir o sonho de um império asiático que se estenderia por todo o território atravessado pela Transiberiana. Numa carta, Guilherme enviou-lhe um esboço intitulado "Contra a ameaça amarela". "Sem dúvida vou fazer tudo ao meu alcance para manter a tranquilidade da Europa e proteger a retaguarda da Rússia", ele escreveu a Nicolau em abril de 1895, "de modo que ninguém possa atrapalhar seu avanço no Extremo Oriente. Pois é claramente a grande tarefa da Rússia cultivar o continente asiático e defender a Europa dos avanços da grande ameaça da raça amarela."

Com o apoio de Guilherme, Nicolau obrigou o Japão a abrir mão de parte de suas conquistas e subornou a China para que esta fizesse concessões à França e à Alemanha — e entregasse Port Arthur à Rússia. Depois de consultas a místicos tibetanos e mongóis, o tsar planejou a conquista da Manchúria e da Coreia

— a rainha Min estava ansiosa pelo apoio russo a fim de escapar ao jugo nipônico. Inconformados com a perda dos troféus chineses, os japoneses decidiram se vingar, lançando a Operação Caça à Raposa. Min era a raposa.

Num alvorecer de outubro de 1895, cinquenta assassinos irromperam no Palácio Gyeongbokgung, e, depois de prenderem o rei, foram atrás da rainha Min, cuja feminilidade lhes despertou uma fúria especial. Eles a encontraram escondida entre as damas de companhia. As mulheres foram todas mortas. Em grupo, os *ronin* violentaram e retalharam a rainha de 43 anos, deceparam-lhe os seios e depois exibiram seu corpo aos enviados russos, antes de levá-lo para o bosque e queimarem os restos mortais com querosene. O rei ficou horrorizado e inconsolável. Reagindo à matança, rebeldes coreanos atacaram os japoneses. Agora a luta era pela hegemonia no Oriente.

Em Beijing, o imperador Guangxu convidou Cixi a reassumir o poder. "Devemos adotar de maneira ampla os costumes ocidentais", ele decidiu, e criou uma monarquia constitucional. No entanto, Guangxu e seus ministros também temiam o poder feminino e ordenaram o assassinato de Cixi. Em vez disso, quem acabou por prevalecer foi ela, que decapitou os reformistas e enviou Guangxu à prisão. Todo esse desgoverno manchu inspirou um estudante de medicina cantonês a derrubar a dinastia.

"Não podemos perder esta oportunidade única", declarou Sun Yat-sen, então com 29 anos. Ele odiava os manchus e estava convencido de que deveria se tornar o líder revolucionário de uma república chinesa independente. Filho de um alfaiate e de uma carregadora, o jovem médico cristão ajudou a fundar a Sociedade para a Regeneração da China, financiada por um empresário de Shanghai chamado Charlie Jones Soong, um ex-missionário cristão cuja filha viria se casar com Sun. A rebelião revelou-se um desastre, e Cixi fez com que os revoltosos fossem decapitados.

Obstinado, obsessivo e politicamente tão impiedoso quanto flexível, o dr. Sun conseguiu fugir e se reunir a um irmão abastado no Havaí — onde outra mulher poderosa, e uma rainha extraordinária, lutava para se manter independente de uma nova potência no Pacífico: os Estados Unidos.

A RAINHA LILI'UOKALANI E TEDDY ROOSEVELT:
A ABUNDÂNCIA E O ENGENHO DOS ESTADOS UNIDOS

Compositora e cantora, tocadora de ukelele, entusiasta do amor e patriota havaiana, Lili'uokalani tinha 55 anos quando sucedeu o jovial irmão, Kalakua, e tornou-se rainha, mas desde muito já governava o Havaí como regente. Presa num casamento infeliz com o filho de um mercador americano, com quem vivia numa mansão guarnecida com colunas conhecida como Washington Place, ela era uma prima da dinastia do Conquistador, uma cortesã veterana e rica proprietária de terras. A mais bem-sucedida das suas canções, "Aloha Oe", fala de um de seus muitos casos amorosos.[2]

Lili'uokalani estava empenhada em interromper a expansão americana e em subjugar os grandes barões açucareiros dos Estados Unidos, organizados no Annexation Club. Em 1887, com o apoio de uma milícia de colonos, os Fuzileiros de Honolulu, eles forçaram Lili'uokalani e o irmão a aceitarem a assim chamada Constituição da Baioneta, que debilitou ainda mais a monarquia e concedeu direito de voto a todos os brancos, mas apenas a alguns havaianos — e a nenhum asiático.

No entanto os Estados Unidos, tal como o Japão, estavam projetando seu novo poderio naval por todo o Pacífico. Em 1867, eles se aproveitaram da chamada Lei do Guano[3] para anexar a ilha havaiana de Midway, ao mesmo tempo que o irmão da rainha, o rei Kalakua, lhes concedia o controle de Pearl Harbor. Agora, em Washington, DC, um novo vice-secretário da marinha acompanhava tudo e se preparava para participar da partilha do Pacífico.

Teddy Roosevelt, o menino que assistira da janela ao cortejo fúnebre de Lincoln, era asmático, de saúde frágil e fora educado em casa. Aspirando a ser um cientista, acumulara no quarto tantos animais empalhados que os irmãos o apelidaram de Museu Roosevelt de História Natural. Com a saúde restabelecida, aprendeu a boxear em Harvard, mostrando-se um sujeito excêntrico, dotado da energia maníaca que muitas vezes serve de antídoto para a depressão. Após a morte do pai, esse dínamo irrefreável e belicoso com óculos redondos, voz rouca e "dentes que estalavam como castanholas" entrou na "arena": "Minha intenção", disse ele, era "fazer parte da classe governante".

Em sua festa de formatura, um primo bem mais velho, o "Squire" James Roosevelt, conheceu uma jovem altiva, Sara Delano, filha de um rico mercador com negócios na China, com quem logo se casaria. Não demorou para que ela desse à luz um filho, Franklin, cuja vida iria se inspirar na carreira do primo Teddy. James Roosevelt fizera fortuna investindo em ferrovias e carvão num país em pleno surto de crescimento, personificado por Thomas Edison, o Mago de Menlo Park, que anos depois iria registrar a voz de Teddy e apoiar suas políticas.

Em 1882, Thomas Alva Edison, o filho semissurdo de dois professores de Ohio — que começara a vida como telegrafista durante a Guerra de Secessão e aos 22 anos de idade registrara a primeira patente —, acionou um comutador no escritório do banqueiro J. P. Morgan e começou a fornecer energia elétrica para a iluminação de 59 casas em Manhattan, fundando uma empresa de eletricidade que se tornaria a Edison Illuminating Company.

Edison, que patenteou nada menos que 1093 invenções, era sozinho uma usina de engenhosidade científica numa época em que os avanços técnicos do século anterior começavam de fato a melhorar o cotidiano das pessoas comuns. Ferozmente competitivo e incapaz de tolerar qualquer oposição,[4] ele registrava em média uma patente nova a cada quatro dias, sempre vestido com um terno amarrotado e ensebado. Um vegetariano que se alimentava sobretudo de leite, às vezes trabalhava direto por 72 horas e não costumava dormir mais do que quatro horas por noite. A família vinha em segundo lugar. Depois que a primeira mulher morreu de uma overdose acidental de morfina, Edison casou-se com uma jovem de vinte anos. Negligente com a prole, exasperava-se com os filhos mercenários e alcoólatras, a quem se recusava a empregar em seus laboratórios.

Edison era um exemplo rematado de uma até então inédita convergência de invenção científica e aplicação prática. "Temos de continuar criando coisas que tenham valor comercial", disse ele. "Não podemos mais ser como um vetusto professor alemão que se contenta em passar a vida toda estudando os pelos de uma abelha!" Edison criou um novo ambiente para o pensamento criativo: com os lucros de uma de suas invenções, um sistema telegráfico multiplex, instalou um laboratório em Menlo, Nova Jersey, onde colocou em prática o conceito de pesquisa e desenvolvimento. "Nunca fiz uma descoberta sequer", afirmou, brincando que "o gênio é 1% de inspiração e 99% de transpiração".

Sua empresa de eletricidade não se baseava numa descoberta repentina. Até recentemente a eletricidade fora considerada apenas uma forma de entretenimento, e ele era somente um em meio a uma falange de inventores que vinham fazendo experimentos com lâmpadas incandescentes capazes de iluminar residências e ruas, para substituir as lamparinas a óleo.[5] Em seguida, aperfeiçoou a tecnologia para gerar e distribuir a eletricidade. Nem sempre, porém, acertava. Embora considerasse a corrente contínua a maneira mais segura de transmitir os impulsos elétricos, empregava um talentoso jovem sérvio, Nikola Tesla, que acabou por abandoná-lo e foi trabalhar para um rival, George Westinghouse, a fim de desenvolver a corrente alternada. Tesla estava certo. Edison foi ultrapassado por Westinghouse, e seus banqueiros fundiram vários de seus negócios com outros, criando duas empresas, a Con Edison e a General Electric. Edison também estava experimentando com a gravação de sons (o fonógrafo, que deu início ao negócio da música), a transmissão de vozes (o microfone de carbono, que possibilitaria o telefone), as baterias recarregáveis e a câmera de cinema (o cinetoscópio, que daria origem à indústria cinematográfica). Além disso, fundou o Black Maria, o primeiro estúdio de cinema, que produziu 1200 filmes mudos.

Mais tarde, ele explorou a ideia de um dispositivo para conversar com os mortos. Talvez estivesse gracejando, mas seria apenas uma questão de tempo para que outros aparelhos elétricos mudassem radicalmente a vida cotidiana. As geladeiras melhoraram de tal modo a nutrição que, nas décadas seguintes, a altura média dos americanos aumentaria em 5,1%. Do outro lado do mundo, e quase ao mesmo tempo, em fevereiro de 1882, um neozelandês criou um navio refrigerado para transportar carne de carneiro congelada de Dunedin a Londres, onde a carga chegou em condições de consumo depois de 98 dias no mar.[6] Todos esses aparatos tornaram-se de tal modo corriqueiros e onipresentes que ficaram quase invisíveis, levando a uma perda da habilidade de viver sem eles. Contudo, sem eles, a vida moderna entraria em colapso. E as melhorias na nutrição coincidiram com avanços na medicina e na produtividade agrícola que, em conjunto, desencadearam o maior salto demográfico em toda a história do planeta.

As lâmpadas incandescentes tornaram obsoleto o querosene — bem na época em que Rockefeller assumiu o controle do mercado americano desse combustível. A impressão que se tinha é que Rockefeller estava condenado a ser um empresário empobrecido num setor irrelevante, mas o chefe de engenharia da Edison Illuminating em Detroit tinha uma visão de futuro que mudaria tudo isso, demitindo-se a fim de aperfeiçoar um veículo que usava um subproduto da gasolina para mover um motor a combustão de uma carruagem sem cavalos.

No princípio as carruagens motorizadas eram tão lentas que os engraçadinhos costumavam gritar: "Arrume um cavalo!". Edison havia incentivado Henry Ford, um garoto de fazenda do Michigan que havia muito experimentava com motores agrícolas a gasolina, a criar o Quadriciclo Ford autopropelido. Tal como o próprio Edison, Ford estava longe de ser o único visionário: em Mannheim, na Alemanha, em 1885, o engenheiro Carl Benz aperfeiçoara um motor a combustão e projetara um automóvel motorizado. Embora esses inventores fossem todos homens, em agosto de 1886 a sra. Bertha Benz roubou a engenhoca do marido e, com os dois filhos a bordo, a conduziu por uma centena de quilômetros, comprando gasolina em farmácias, a fim de visitar a mãe. Essa foi a primeira viagem de carro, mas Bertha também contribuiu para tornar a condução mais segura ao usar uma liga feminina para isolar um fio e um grampo de cabelo para desbloquear um cano, e ao inventar as pastilhas de freio. Ford prestou atenção. Na Ford Motor Company, ele aperfeiçoou a produção em massa de automóveis baratos — tal como fizera o rival Benz, em Mannheim. Edison e Ford — um virulento antissemita, adepto de teorias da conspiração — tornaram-se amigos, e todos os anos realizavam excursões automobilísticas.[7]

Com a descoberta de novos campos de petróleo no Texas, na Califórnia e na Pérsia, os automóveis — seguidos pelos ônibus e caminhões — tornaram acessíveis todas as regiões do mundo, e logo eram tão populares que a gasolina virou um produto essencial. E Rockefeller passou a ser o homem mais rico do mundo — na mesma época em que Teddy Roosevelt, o político que iria desafiar seu monopólio, era eleito para o primeiro mandato na Assembleia do Estado de Nova York.

Arrogante, abastado e dentuço, o republicano atraiu a hostilidade dos democratas, que planejaram humilhá-lo, lançando-o ao alto e recolhendo-o numa cama elástica improvisada feita de cobertores. "Por Deus, se vocês tentarem algo assim", alertou Teddy, "vou distribuir porradas, mordidas e chutes no saco." Certo dia, durante uma sessão legislativa, ele recebeu um telegrama urgente.

Retornando apressado para casa em Manhattan, viu-se diante de uma dupla tragédia: a mãe, Mittie, falecera de febre tifoide; e sua adorada e jovem esposa, Alice Lee, dera à luz uma filha, também Alice, e em seguida morrera de insuficiência renal crônica, então conhecida como doença de Bright. "A luz", anotou Roosevelt em seu diário, "extinguiu-se da minha vida." Depois de entregar a filha a parentes, ele foi buscar consolo na região árida, sem lei e palpitante das Badlands, no território de Dakota, onde os nativos americanos haviam sido subjugados, as manadas de búfalos caçadas até a extinção, e era possível acumular fortunas com a criação de gado e a prospecção de ouro. Lá, ele travou amizade com Quanah Parker, o último chefe comanche.

Pretensioso e rico, Teddy comprou a fazenda Elkhorn, na Dakota do Norte, passando a se vestir como vaqueiro: "Uso sombrero, lenço de seda, blusa de couro franjada, perneiras de pele de foca, botas de crocodilo, e tenho um revólver com cabo de pérola e um rifle Winchester lindamente entalhado", além de uma faca de caça gravada com as iniciais "T. R.". A fazenda Elkhorn ficava perto do local em que o líder dacota Alce Manchado estava prestes a sofrer uma vingança pelo massacre de George Custer e seus homens na Batalha de Little Bighorn.

Em 29 de dezembro de 1890, em Wounded Knee, na Dakota do Sul, o 7º Regimento de Cavalaria estava desarmando uma aldeia dacota quando um guerreiro surdo, incapaz de ouvir as ordens que haviam sido dadas, disparou seu rifle, ao que parece por acidente. Seguiu-se o caos, durante o qual as tropas abriram fogo e mataram o debilitado chefe Alce Manchado. Mais tarde, o soldado Hugh McGinnis recordou que "crianças indefesas e mulheres com bebês de colo foram perseguidas por até três quilômetros ao redor do local do confronto e abatidas sem misericórdia pelos soldados [...]. Os soldados simplesmente enlouqueceram". No final, trezentos dacotas foram mortos, assim como 29 soldados. "Ainda consigo ver as mulheres e crianças massacradas, amontoadas e dispersas ao longo da sinuosa ravina", recordou Alce Negro, um sobrevivente dacota. "O sonho de um povo morreu ali."

Ao mesmo tempo democracia liberal e nação conquistadora, os Estados Unidos haviam decuplicado seu território desde a independência: este foi o remate da conquista continental, tornada inevitável pela mera quantidade de colonos. Conduzindo rebanhos de gado em jornadas de treze horas a cavalo e enfrentando ladrões de gado com a arma apontada, Roosevelt aprendeu que, "ao agir como se não tivesse medo, pouco a pouco deixei de ter medo". Ele tinha uma concepção aristocrática da fronteira, mas, nos escalões sociais inferiores, milhões continuavam a desembarcar dos navios a vapor, uma onda desencadeada pelo assassinato de Alexandre II.

Segundo os rumores, os assassinos seriam judeus (na verdade, não havia nenhum judeu entre eles). Em Kiev, Varsóvia, Odessa e cerca de duzentos outros locais, os judeus foram atacados por multidões de russos, e provavelmente centenas foram estuprados e mortos em pogroms (do termo russo *pogromit*, "destruir"). Alexandre III odiava os judeus e atribuiu a perseguição à deslealdade do povo judaico, promulgando novas leis repressivas, que foram mantidas por Nicolau II, igualmente intolerante. Isto levou muitos judeus do Império Russo a se tornarem revolucionários marxistas e milhões de outros a emigrar, alguns tomando o rumo de Jerusalém e engrossando um novo movimento nacionalista judaico, enquanto a maioria, nos vinte anos seguintes, seguia para o Ocidente: 140 mil acabaram na Grã-Bretanha, mas quase todos — de 2,5 milhões a 4 milhões — viajaram para os Estados Unidos.[8]

Agora, essa enorme onda de colonos vorazes e dispostos a correr riscos não era mais motivada pelo "desespero", mas, como escreveu James Belich, pela "esperança". Cerca de 4,5 milhões de irlandeses, 3 milhões de italianos, 2 milhões de poloneses, 2 milhões de alemães[9] e 1,5 milhão de escandinavos migraram para os Estados Unidos. Mas eles não iam apenas para os Estados Unidos: no decorrer de todo o longo século XIX, 36 milhões de pessoas chegaram à Austrália e à América do Norte, num movimento de expressão principalmente inglesa, comparável às migrações-conquistas macedônia, árabe, mongol e espanhola.[10] A maioria desses imigrantes seguiu para as cidades. Em 1830, menos de uma centena de pessoas morava em Chicago; em 1890, eram 1 milhão; no mesmo período, Melbourne passou de zero a 378 mil habitantes. Nova York contava 1 milhão de habitantes em 1850; em 1900, eles eram 3,5 milhões, uma população que iria quase duplicar em 1930. Mais de 20 milhões de imigrantes desembarcaram nos portos americanos entre 1850 e 1920 — a maior migração da história, que, num frenesi de virtuosa destruição e aguerrida criatividade, impulsionou a ascensão não só dos Estados Unidos, mas de um mercado global efetivamente interconectado. Esse novo mercado mundial também tinha os seus riscos. O colapso de um imprudente banco britânico, o Barings, desencadeou a primeira crise econômica global, atraindo milhões para as ideias marxistas e anarquistas. Após o assassinato do presidente francês em 1894, os anarquistas liquidaram uma série de líderes ocidentais. Uma depressão econômica mundial estimulou, segundo os versos de 1883 da poeta Emma Lazarus, "as massas apinhadas que aspiravam a respirar livres,/ Os miseráveis refugos de plagas fervilhantes./ Que venham a mim aqueles sem casa e fustigados pelas tempestades". Os Estados Unidos receberam de braços abertos famílias como os Drumpf bávaros e os Wonskolaser judeus.

Ainda que agressivos, os Drumpf e os Wonskolaser mantinham-se dentro dos limites da legalidade. De volta à "arena" em Nova York, Teddy Roosevelt confrontou o poder tanto dos imigrantes criminosos como dos plutocratas abastados. Depois de perder muito dinheiro e recuperar um tanto com um livro de sucesso, *Hunting Trips of a Ranchman*, ele voltou a se casar, dessa vez com uma namorada de infância, Edith Carow, com quem teve cinco filhos. Em seguida, convenceu o presidente Benjamin Harrison a nomeá-lo para a Comissão do Serviço Público, em Nova York. Em 1894, o combativo Roosevelt tornou-se chefe de polícia da cidade de Nova York, apreciando participar tanto de batidas em antros de vício como do confronto com os poderosos locais. No entanto, depois de se tornar amigo de Jacob Riis, um jornalista especializado em denúncias, autor de *How the Other Half Lives*, também procurou melhorar as terríveis condições de vida dos imigrantes. "Durante dois anos", relatou Riis, "fomos irmãos na rua Mulberry" — que era dominada pela máfia. Milhares de imigrantes acorriam a Nova York: primeiro os irlandeses, depois italianos, alemães e judeus. Em 1901, Nova York era o maior porto do mundo, mas as condições difíceis propiciaram o surgimento de outra cultura tipicamente americana, que costuma ser deixada de fora da história mundial: a criminalidade.

Pouco depois de Roosevelt começar a patrulhar Little Italy, o bairro onde se concentravam os imigrantes italianos, um adolescente bem-apessoado e espalhafatoso, cujos pais haviam acabado de chegar da Sicília, onde o pai trabalhara numa mina de enxofre, ameaçou um franzino e frágil garoto judeu caso este não lhe pagasse uma taxa de proteção no valor de dez centavos por semana. Recém-chegado de Grodno, no Império Russo, o menino recusou. Impressionado, o siciliano, Salvatore Lucania, convidou o rapaz, Meier Suchowlański, a entrar para sua gangue, a Five Points. Lucania era agora conhecido como Lucky Luciano; e Suchowlański abreviou o nome para Meyer Lansky. Juntos, eles formaram uma parceria com um amigo violento e elegante de Lansky, Benjamin Siegel, um assassino psicopata de olhos azuis brilhantes conhecido como Bugsy, que já chefiava um esquema de proteção na rua Lafayette.

Eles não passavam de moleques de rua, mas Luciano estava familiarizado com a longa história de sociedades criminosas na Sicília, formadas por camponeses que, incapazes de obter justiça dos aristocratas e reis, aplicavam suas próprias regras e criavam rituais inspirados no catolicismo — embora o termo "máfia" tenha possivelmente se originado entre os súditos cristãos do emirado árabe que, alegando ser *ma'afi* ("isentos"), recusavam-se a pagar a *jizya*, o imposto per capita cobrado dos não muçulmanos. Na Nova York da época de Teddy Roosevelt, a criminalidade italiana era dominada por Giuseppe Morello, o Mão de Garra, um rufião oriundo de Corleone, que derrotara a Camorra napolitana, descartando suas vítimas em barris. Morello, porém, acabou sendo preso, abrindo o caminho para o homem que inventou a máfia americana: Giuseppe Masseria, conhecido como Joe the Boss — Joe, o Chefe. Por ora, os três rapazes, Luciano, Lansky e Siegel, ganhavam dinheiro com a exploração de prostitutas, furtos e esquemas de proteção, porém mais tarde organizariam o crime em escala nacional nos Estados Unidos, corrompendo políticos na cidade de Nova York e em Cuba, e criando a indústria de cassinos e entretenimento em Las Vegas.

Enquanto patrulhava esse submundo e, ao mesmo tempo, tinha seus feitos divulgados pela imprensa nova-iorquina, Roosevelt acabou atraindo a atenção do novo presidente, William McKinley, que em 1897 o nomeou vice-secretário da marinha. Roosevelt foi influenciado pelo livro de um oficial americano chamado Alfred Mahan: *The Influence of Sea Power upon History*. E nada demonstrava tão bem os benefícios do poder marítimo do que aquilo que estava acontecendo no Havaí.

Em 1893, a rainha Lili'uokalani tentou subjugar o poder dos barões açucareiros americanos ao reformular a Constituição havaiana, iniciativa que levou um Comitê de Segurança Pública, liderado por Sanford Dale, descendente de missionários americanos, a ordenar que os Fuzileiros de Honolulu atacassem o palácio. Charles Burnett Wilson, um americano legalista à frente dos quinhentos homens da guarda real, saiu em defesa da rainha. O comitê recorreu então ao cônsul americano, que convocou os fuzileiros navais. Acompanhando da varanda do palácio a instalação de dois canhões e duas metralhadoras Gatling, Lili'uokalani aceitou negociar, mas recusou-se a abdicar. Dole foi declarado presidente do Havaí; mas o presidente americano Grover Cleveland denunciou "a ocupação ilegal de Honolulu, sob falsos pretextos, pelas forças americanas", e ordenou que a rainha fosse reconduzida ao trono caso anistiasse os rebeldes. Ela, no entanto, se recusou.

Em janeiro de 1895, foram encontradas armas em sua residência, Washington Place, destinadas a um contragolpe. Detida e julgada, a rainha foi condenada a cinco anos de trabalhos forçados. Dole ameaçou executar seus apoiadores a menos que ela abdicasse. "Se fosse apenas por mim, teria escolhido a morte", disse ela, ao aceitar os termos. Ainda que tivesse prometido não iniciar "nenhuma guerra de conquista", o presidente McKinley afirmou: "Não podemos deixar que essas ilhas caiam sob o controle do Japão".[11] O Congresso aprovou a anexação do arquipélago, enquanto Roosevelt entrevia uma nova oportunidade na rebelião que eclodira em Cuba, uma das últimas colônias espanholas: seus 350 mil escravos haviam sido libertados apenas dez anos antes, e os espanhóis vinham reprimindo brutalmente os rebeldes, que contavam com o apoio de muitos americanos — o qual só cresceu quando o líder deles, o poeta e filósofo José Martí,

foi morto em combate. McKinley e Roosevelt enviaram a Cuba um encouraçado, o *Maine*, que, em 15 de fevereiro de 1898, explodiu no porto de Havana, matando 266 oficiais e marinheiros. "Se isso não fosse errado", Roosevelt comentou
com a irmã, "creio que seria preferível uma guerra externa."

ROOSEVELT E OS ROUGH RIDERS

Uma guerra contra a Espanha significaria "dar mais um passo para que a
América se livre por completo do domínio europeu", disse Roosevelt, e também
beneficiaria "nosso povo, dando-lhe algo para pensar que não sejam ganhos materiais". Ele conduziu McKinley à guerra, ajudado pelos belicosos jornais de William Hearst, o filho do magnata do ouro. Utilizando sua cadeia de jornais, que
incluía desde o *San Francisco Examiner* ao *New York Journal*, Hearst incitava os
leitores (que, no apogeu, chegaram a 30 milhões) com manchetes incendiárias,
relatos emotivos e rumores sinistros. Enquanto a imprensa marrom fomentava a
guerra contra a Espanha, Roosevelt formava um regimento próprio, a Primeira
Cavalaria Voluntária, que batizou de Rough Riders, uma mescla de aristocratas
da costa leste, caubóis genuínos e milicianos do Texas.

Em julho de 1898, após desembarcar em Cuba e investir contra os espanhóis nas colinas de San Juan, o coronel Roosevelt, montando o cavalo Little
Texas, deu ordem para atacar, cavalgando à frente do regimento, enquanto 89 de
seus companheiros eram mortos. Roosevelt abateu a tiros um espanhol: "Pro-
meti matar ao menos um", disse. "Vejam todos esses espanhóis mortos." Enquanto Hearst divulgava suas façanhas naquele "momento febril" da libertação
de Cuba, no outro lado do Pacífico a frota de Roosevelt desbaratava os navios
espanhóis na baía de Manila, assumindo o controle das Filipinas. A Espanha acabou cedendo aos americanos os territórios de Porto Rico, de Guam e das Filipinas, mas os filipinos, liderados por Emilio Aguinaldo, preferiram proclamar a
independência. Acenando com o que chamou de "assimilação benévola" — um
novo eufemismo para a conquista imperial — "para o bem maior dos governados", McKinley deu início a uma guerra colonial, recorrendo à tortura, aos assassinatos e aos campos de concentração para esmagar a resistência. Cerca de
200 mil filipinos foram mortos. Roosevelt, agora vice-presidente de McKinley,
contribuíra para transformar os Estados Unidos numa potência naval e num ator
importante no Pacífico. E ele não era o único obcecado pela marinha.

Também o Kaiser Guilherme havia lido o livro de Mahan, comentando
com a mãe que o almirante "Nelson é para mim 'o mestre', aquele que me inspirou ideias e planos navais". Frustrado por não contar com o apoio britânico, ele
lançou sua *Weltpolitik* — política mundial —, ou melhor, sua política externa

imperialista: "Aprendi com Napoleão a maior parte dos princípios militares que adoto e sigo", ele disse a Vicky. E, se pretendia conduzir a *Weltpolitik* segundo tais princípios, a Alemanha teria de se equiparar ao poderio naval britânico. Para colocar em prática essa *Flottenpolitik* — política naval —, Guilherme recrutou o amigo Fritz Krupp, pedindo que construísse dezenove navios de guerra, oito encouraçados, doze cruzadores de grande porte e trinta cruzadores ligeiros.

No outono de 1898, ele estendeu a *Weltpolitik* ao Oriente, partindo com uma enorme comitiva (que incluía oitenta criados) e um renovado guarda-roupa de uniformes rebuscados (com destaque para botas, chicotes e véus) para visitar o sultão Abdulhamid II, que revogara uma efêmera Constituição liberal, restaurando a autocracia otomana num império que perdera a maioria das províncias europeias. Baixo, atilado e neurótico, com a barba avermelhada por hena, Abdulhamid era um exímio ebanista, pianista e compositor de óperas, apreciador do champanhe, das histórias de Sherlock Holmes e das peças de teatro francesas, além de um modernizador no campo da tecnologia. Agora apresentava-se como califa, estimulando o nacionalismo islâmico com o objetivo de unir os inquietos súditos árabes e turcos. Quanto aos reformistas, cuidou para que fossem assassinados por uma polícia secreta inspirada na dos vizinhos russos, e mostrou-se um habilidoso manipulador da política étnica. Furioso com a defesa dos armênios e búlgaros pelos russos, Abdulhamid sufocou uma revolta dos curdos, um povo montanhoso sunita que se espalhara pela Síria otomana, o Iraque e o Irã; em seguida, armou-os em regimentos de cavalaria irregulares, conhecidos como Hamidiye, para que se voltassem contra os cristãos, e observou atentamente os novos clubes árabes que discutiam o despertar de uma nação árabe, empenhando-se em projetar o poder otomano por meio da construção de novas ferrovias até Bagdá e a Arábia.

Nesta última, duas famílias, a dos hachemitas e a dos sauditas, rivais durante três séculos, apaziguavam Abdulhamid, mas deploravam seu poder. Ambas forneceriam os soberanos de muitos reinos; ambas permaneceriam no poder até o século XXI. E um hachemita e um saudita seriam responsáveis pela reconfiguração do mundo árabe.

ABDULAZIZ — O RETORNO DOS SAUDITAS

Em Meca, o emir hachemita, Ali Awn al-Rafiq, promovido pelo sultão, pertencia a uma família de descendentes de Maomé que havia governado a Cidade Sagrada desde Saladino — exceto entre 1803 e 1818, quando haviam sido expulsos por outra família, os Saud.

Ciente do prestígio dos hachemitas, Abdulhamid soube que o sobrinho do emir, Hussein, estava conspirando contra o tio e o convocou a Constantinopla, onde a polícia secreta relatou seus encontros com parentes, descrevendo-o como um "indivíduo deliberadamente recalcitrante, cujas concepções, nas raras ocasiões em que consentiu em expressá-las, revelaram uma perigosa capacidade de pensamento original". O sultão o alertou para que tomasse cuidado, mas o nomeou para o Conselho de Estado. Hussein, à vontade nos pequenos oásis da Arábia, nos acampamentos no deserto (onde caçava com falcões e estudava a fauna) e nos cafés do Bósforo, era franzino e obstinado, cortês, sagaz e consciente de sua linhagem. E esperou até que sua oportunidade se apresentasse.

Na outra extremidade da península, no Kuwait, outro príncipe extraordinário, Abdulaziz ibn Saud — conhecido no Ocidente como Ibn Saud —, planejava recuperar o patrimônio perdido. Criado num mundo caótico de conspirações, pertencia a uma família que, em parceria com os wahabitas, uma seita de fundamentalistas salafistas, havia conquistado e perdido dois reinos. Em 1890, quando estava com quinze anos, Abdulaziz vira o pai ser expulso de Riad por um rival e perder tudo; mas os refugiados encontraram abrigo entre amigos, os al-Sabah, outrora salteadores no Iraque que, expulsos pelos otomanos, haviam tomado o Kuwait. Esses minúsculos feudos no golfo Pérsico, antes controlados pelo Irã, eram aliados do vice-rei britânico da Índia, que pouco se importava com o que ocorria no interior da Arábia. Abdulaziz — de nariz aquilino, robusto e medindo 1,93 metro, excelente cameleiro e atirador — foi criado em parte pela tia. "Ela me amava ainda mais que aos próprios filhos", ele recordou. "Quando ficávamos sozinhos, falava-me das grandes coisas que eu iria realizar: 'Cabe a você reviver a glória da Casa dos Saud', insistia, em palavras que me atingiam como carícias."

Aos 26 anos, Abdulaziz, empunhando uma cimitarra e um fuzil Martini-Henry, liderou uma série de ataques no centro da península Arábica, o Najd. Numa dessas investidas, ele e seis homens fizeram uma incursão de surpresa em Riad, matando o governador e tomando a fortaleza. Abdulhamid enviou tropas para expulsar Abdulaziz, que, embora ferido, não desistiu: voltou a atacar, e dessa vez matou seu rival e conquistou o Najd. Os sauditas haviam retomado o poder, mas Abdulaziz queria mais: controlar toda a Arábia com a ajuda do Kaiser Guilherme.

Em outubro de 1898, o frenético Kaiser desembarcou em Constantinopla, fervilhando de ideias que queria discutir com Abdulhamid: a construção de ferrovias, o treinamento do exército — e o sionismo. Pouco antes, Guilherme fora procurado por um jornalista vienense, Theodore Herzl, que, preocupado com o acirramento do antissemitismo — um termo que designava o racismo contra os judeus e fora cunhado recentemente, em 1880 — não apenas na Rússia, mas também em Paris e Viena, chegara à conclusão de que os judeus jamais estariam seguros na Europa. "A ideia que me ocorreu" — ele a chamou de sionismo — "é muito antiga: a restauração do Estado judeu." A Judeia fora governada pelos judeus durante um milênio antes do nascimento de Cristo; judeus de todas as partes veneravam Jerusalém e a Judeia desde a queda de Simon Bar Kochba, em 135, e sempre haviam sonhado em retornar. Uma comunidade judaica pequena e empobrecida, muitas vezes perseguida e com direitos restritos, vivia há muito tempo em Jerusalém e na Palestina otomana. Entre 1560 e 1860, Jerusalém fora negligenciada e saqueada, não passando de um monumental vilarejo murado e quase vazio, presa de déspotas turcos locais, lar de poucos milhares de árabes e poucas centenas de judeus. Até que a conquista de Mehmed Ali e as reformas otomanas reacenderam o interesse das potências europeias, que a reconstruíram com igrejas e albergues. Os Románov enviavam para lá a cada ano milhares de peregrinos russos — no entanto, também as medidas antissemitas no interior de seu império levavam cada vez mais os judeus russos a Jerusalém. Árabes e judeus mudaram-se para a cidade. Em 1860, Moses Montefiore ergueu o primeiro bairro judeu fora das muralhas, ao passo que os Hussein, uma família de nobres, construíram o primeiro assentamento árabe. Em 1883, Edmond de Rothschild, o filho mais novo de James, ajudou imigrantes russos a fundarem um vilarejo judaico, Rishon LeZion, e, na década seguinte, havia uma ligeira maioria de judeus em Jerusalém. Herzl, imaginando uma república aristocrática judia liderada pelos Rothschild, voltou-se para o Estado europeu mais civilizado e moderno, a Alemanha, e, por intermédio de Philipp Eulenburg, conseguiu uma audiência com Guilherme.

Guilherme e Philipp eram antissemitas virulentos. "Sou bastante favorável a que os *Mauschel* [termo pejorativo para os judeus] se mudem para a Palestina", respondeu o Kaiser. "Quanto mais cedo eles se forem, melhor." Porém, quando mencionou a ideia a Abdulhamid, então dedicado a promover sua autoridade califal no mundo árabe, este de imediato a descartou. Em seguida, Guilherme rumou para Jerusalém, onde inaugurou uma imponente igreja alemã, zombou dos judeus empobrecidos — "sebosos e esquálidos, aduladores e abjetos [...] um monte de Shylocks" — e recebeu Herzl, comentando que sua ideia era "bastante salutar". Todavia, quanto a um eventual patrocínio, ele escarneceu: "Bem, vocês têm dinheiro de sobra!".[12] Já em Damasco, Guilherme se declarou "protetor de todos os muçulmanos", apoiando os otomanos e antecipando-se aos britânicos, que haviam dado um passo maior que a perna na África.

No princípio, a Grã-Bretanha havia parecido irrefreável, graças a uma invencível e inovadora tecnologia mortífera. Em 25 de outubro de 1893, paramilitares britânicos sob as ordens do magnata dos diamantes Cecil Rhodes usaram pela primeira vez uma nova arma — a metralhadora Maxim — contra as investidas dos guerreiros matabeles.

Rhodes não esperava viver muito. Tal como Clive e Lugard, era filho de um clérigo — no seu caso, da zona suburbana do condado de Hertfordshire — e sofria de insuficiência cardíaca e asma crônica. Ele ansiava por aventuras, e, como a família acreditava que o calor sul-africano lhe faria bem, ele, ainda adolescente, estabeleceu-se na inóspita zona de mineração de Kimberley. Ali, superou os concorrentes e acumulou concessões mineiras, até conquistar junto aos Rothschild o apoio que lhe permitiu transformar sua empresa, a De Beers, na principal produtora de diamantes. Solteiro e desajeitado com as mulheres, manipulado por uma vigarista que quase o levou à falência, provavelmente era homossexual e devotado ao secretário, Neville Pickering. Sua grande paixão era na verdade o Império Britânico e a ampliação deste por meio de uma planejada ferrovia entre a Cidade do Cabo e o Cairo, ao longo da qual as populações africanas seriam submetidas ao domínio da raça branca. "Sustento que somos a melhor raça do mundo", escreveu em seu testamento, "e que, quanto mais ocuparmos o mundo, melhor será para a raça humana."

Em 1886, as apostas aumentaram quando foi encontrado ouro no Transvaal, a república africâner, logo invadida por garimpeiros britânicos, os *uitlanders*. Em 1890, Rhodes, então com 37 anos, foi eleito primeiro-ministro da colônia do Cabo, e logo passou a restringir os direitos dos africanos. "O nativo tem de ser tratado como uma criança sem direito de voto", ele afirmou. "Precisamos adotar o sistema do despotismo." Em seguida, contratando um grupo paramilitar, a British South African Company, ampliou o domínio britânico no Transvaal e mais ao norte, no reino africano de Lobengula, o soberano dos ndebeles e filho do fundador Mzilikazi, ex-general de Shaka, que conquistara o reino na década de 1820. Comandante de 20 mil guerreiros, com vinte esposas e no poder desde 1868, Lobengula conseguira impedir a infiltração britânica, mas Rhodes e os mercenários, organizados por seu entusiástico assecla Leander Jameson, um belicoso médico,[13] declararam guerra. Lobengula mobilizou suas tropas. Em Shangani, 6 mil guerreiros, armados com lanças e fuzis Martini-Henry, atacaram os milicianos de Rhodes, os quais, no entanto, contavam com uma vantagem única: a metralhadora Maxim.

Ao se mudar dos Estados Unidos para a Inglaterra em 1882, depois de perder a batalha da lâmpada incandescente para Edison, Maxim conhecera um americano que lhe deu um conselho: "Deixe de lado a eletricidade e a química! Se quiser ganhar dinheiro, invente algo que permita que esses europeus se matem com maior facilidade".

Em Shangani, cinco metralhadoras Maxim chacinaram 1500 matabeles em questão de minutos — "foi como aparar a grama"; uma semana depois, causaram outras 2500 baixas fatais. "O tiroteio", comentou Rhodes, "deve ter sido excelente." Todos ficaram impressionados com a tecnologia britânica. "Aconteça o que acontecer", escreveu Hilaire Belloc, "apenas nós temos/ a metralhadora Maxim, e mais ninguém." Todavia, o problema de uma tecnologia nova é que os concorrentes também podem adquiri-la, e logo os britânicos se tornariam alvos da Maxim. Com o prestígio em baixa, Lobengula acabou envenenado, e a destruição de seu reino foi facilitada por um astuto soberano vizinho, o rei de Tswana, Khama III, o Grande. Os colonos britânicos afluíram, batizando o território de Rodésia, mas, quando tentou subjugar Khama, Rhodes foi derrotado pela sagacidade do adversário. Convertido ao cristianismo, Khama viajou a Londres e apelou ao governo britânico, que reprovou as iniciativas predatórias de Rhodes e permitiu que o rei mantivesse Bechuanalândia (Botsuana).[14] "É humilhante", resmungou Rhodes, "ser completamente derrotado por essa negrada."

Em dezembro de 1895, Rhodes organizou uma invasão do Transvaal por seiscentos mercenários liderados pelo dr. Jameson, que foram facilmente repelidos pelos fazendeiros africâneres. O primeiro-ministro britânico, Lord Salisbury, ficou furioso; Rhodes demitiu-se do cargo de primeiro-ministro do Cabo, e Jameson foi responsabilizado pelo fiasco.[15] O Kaiser Guilherme chegou a ordenar que tropas alemãs interviessem contra a Grã-Bretanha, mas foi contido por seus ministros.

Semanas depois da incursão chefiada por Jameson, um monarca africano comprovou os limites da conquista europeia, quando, em 1º de março de 1896, no vale de Aduá, 14 mil soldados italianos atacaram o exército etíope.

MENELIK E A IMPERATRIZ TAYTU: VITÓRIA AFRICANA

Assim como a Alemanha, a Itália era uma nação recente e melindrosa, ansiosa por se equiparar aos anglo-franceses. O primeiro-ministro Francesco Crispi, conhecido como o Solitário, um nacionalista autoritário e populista exaltado que combatera ao lado de Garibaldi, era um imperialista agressivo. "Crispi quer ocupar tudo", brincou o rei Humberto, "até a China e o Japão." Ele é "horrível", acrescentou, "mas indispensável". Próximo a Bismarck, de quem a Itália era aliada, Crispi apoderou-se de Massawa, um território que chamava de Eritreia (do nome em latim para o mar Vermelho, *mare Erythraeum*), mas, quando se dispôs a avançar sobre a Etiópia, topou com o mais talentoso líder africano da época imperialista: Menelik II.

Menelik vinha a ser o jovem príncipe que fora prisioneiro e genro do volúvel imperador Teodoro. Após o suicídio deste, Menelik lamentou a morte, mas submeteu-se ao imperador João, que o instalou como rei de Showa. Durante dezessete anos ele foi casado com uma nobre indomável, a princesa Befana, que favoreceu os filhos de casamentos anteriores e repetidas vezes tentou destroná--lo. Depois de se divorciarem, ele continuou a sofrer por ela: "Como vou olhar para essas mulheres com os mesmos olhos que outrora contemplaram Befana?". Afortunado pela terceira vez, ele acabou se unindo a Taitu Bitul, potestade de Gojjam e Gondar, no norte, que já se casara três vezes e comandava seu próprio regimento.

Em 1889, quando João foi assassinado por seguidores do mádi, Menelik, alegando descendência direta pela linha masculina do rei Salomão e da rainha de Sabá, tornou-se afinal imperador. Majestoso e afável, ele "demonstrava grande inteligência" e "curiosidade juvenil", sobretudo a respeito das armas ocidentais: "muito amistoso", comentou um visitante italiano, "e aficionado por armas". De fala acelerada e lacônica, respondia a todos os postulantes com a frase "Sim, talvez". Depois de adestrar as tropas no uso de peças de artilharia e fuzis franceses, britânicos e russos, em parte capturados, em parte adquiridos, ele expandiu seus domínios a partir da região central de Amhara, e, em dez anos de conquistas, incorporou Tigré e outras províncias setentrionais, ao mesmo tempo que derrotava os reinos meridionais de Kaffa e outros, massacrando os inimigos e escravizando milhares. A partir de seu quartel-general instalado na nova capital, Adis Abeba, fundada pela esposa, Menelik criou um império que perdurou, com notáveis interlúdios, até a década de 1970. Essas guerras, somadas à introdução do gado italiano, provocaram uma peste bovina e uma fome que talvez tenha sido a pior de toda a história da África, matando 10 milhões de pessoas.

Menelik não se importava de deixar a Eritreia para os italianos, mas agora Crispi ordenou a anexação da Etiópia, tentando enganar o imperador etíope. "Este país é meu", ele declarou, "e de ninguém mais." Crispi vangloriou-se de que a Itália iria derrotar os "bárbaros" africanos e levar o imperador a Roma "numa jaula".

"Um inimigo cruzou o mar", declarou Menelik, "escavando sob nosso território como uma toupeira [...]. Negociei com essa gente", mas "basta! Vou repelir o invasor". O general italiano Oreste Baratieri subestimou Menelik, que rapidamente derrotou um destacamento italiano e, em seguida, reunindo um enorme exército, marchou para o norte, cavalgando sobre uma sela escarlate, vestido numa túnica branca e protegido por um guarda-sol dourado. Crispi repreendeu Baratieri pela derrota diante dos "macacos" africanos: "Isto é uma tísica militar, não uma guerra [...]. Estamos preparados para qualquer sacrifício, custe o que custar, a fim de resgatar a honra do exército e o prestígio da monarquia". À frente de 20 mil homens, incluindo os aliados da Eritreia, Baratieri tentou um ataque surpresa contra a região montanhosa de Aduá, enviando três brigadas na escuridão, na expectativa de provocar um confronto com Menelik. De seu posto de comando no topo da montanha, ao lado da imperatriz Taitu, o imperador derrotou sucessivamente as brigadas italianas. De súbito, a imperatriz deu um salto. "Coragem!", exclamou. "A vitória é nossa! Avante!" Em seguida, despachou seus guerreiros, e Menelik seguiu atrás com 25 mil soldados da reserva, aniquilando quase metade dos italianos, e três de seus cinco generais — um triunfo africano sem precedentes na história colonial. Crispi foi alijado do poder. Menelik continuou a acumular vitórias, contrapondo os europeus uns aos outros. Agora, passara a apoiar a construção de uma ferrovia entre Adis Abeba e o porto francês de Djibuti, concedendo a exploração deste a seu poderoso médico, Vitale, nascido na ilha de Guadalupe.[16] Enquanto os italianos sonhavam com a "vingança de Aduá", os britânicos vingavam o general Gordon no vizinho Sudão.

Em 2 de setembro de 1898, em Omdurmã, ao lado de Cartum, no Sudão, um jovem cavaleiro do 2º Regimento de Lanceiros preparou-se para o embate com o exército do califa, uma intimidante força de 50 mil lanceiros e cavaleiros, agitando estandartes, vestidos com *jibbahs* e cotas de malha. Antes, ele espreitara as fileiras adversárias com binóculos. "Nunca mais vou ver algo assim", escreveu Winston Churchill, então com 23 anos e um jornalista arrogante e presunçoso, ex-aluno da Harrow School, descendente de John Churchill, o duque de Marlborough, e filho de um político excêntrico, Lord Randolph, que morrera de sífilis.

Herbert Kitchener, *sirdar* do exército egípcio, havia se oposto à presença de Churchill, mas a mãe do rapaz, Jenny Jerome, filha glamorosa de um especulador americano da Era Dourada, mexeu os pauzinhos — e Churchill acabou acompanhando os 25 mil soldados anglo-egípcios de Kitchener.

Gélido, solitário e obsessivo, com quase 1,90 metro de altura, louro de olhos cinzentos (um dos quais estrábico) e rosto impassível como uma máscara, Kitchener era um oficial anglo-irlandês que ascendera por mérito próprio, celibatário, provavelmente homossexual reprimido, que combinava argúcia penetrante, ambição rancorosa e uma paixão por sua coleção particular de porcelanas. Agora, essa meticulosa operação iria lhe granjear o apelido de Máquina Sudanesa. Quando os lanceiros britânicos arremeteram, Churchill estava entre eles.

GANDHI, CHURCHILL E A MÁQUINA SUDANESA

"Os acontecimentos pareciam decorrer em absoluto silêncio", recordaria Churchill acerca de uma das últimas cargas de cavalaria. "Os brados do inimigo, os gritos dos soldados, os disparos de tantos tiros, o entrechoque de espadas e lanças [...] não eram registrados pelo cérebro." Enquanto ele lutava, "os homens, agarrados às selas, titubeavam impotentes, cobertos pelo sangue que escorria de uma dezena de ferimentos. As montarias, também esguichando sangue, vítimas de golpes tremendos, arriavam, cambaleantes". Quando arremetiam, os guerreiros madistas eram ceifados pelas metralhadoras Maxim, antes que as tropas avançassem aos berros de: "Lembrem-se de Gordon!".

"Bem, demos uma surra e tanto neles", comentou a Máquina Sudanesa, despachando os inimigos feridos. Para Churchill, os britânicos haviam sido "desonrados pelo massacre desumano dos feridos". Doze mil sudaneses caíram mortos. Segundo uma testemunha, "não foi uma batalha, mas uma execução [...] não havia montes de cadáveres, na verdade mal restaram corpos; mas [os pedaços estavam] espalhados por hectares e hectares". Quanto aos britânicos, contaram apenas 48 baixas fatais. Churchill ficou ainda mais "escandalizado" com a "profanação do túmulo do mádi por Kitchener e pela forma bárbara como levou a cabeça do mádi numa lata de querosene como troféu", com a intenção de usá-la como tinteiro. Embora protestos o tenham obrigado a sepultar a cabeça, Kitchener acabou sendo nobilitado, e o califa, derrotado e morto.

O Sudão do Sul era a derradeira região da África ainda não reivindicada pelos europeus. Kitchener soube que um capitão francês, à frente de 120 *tirailleurs* senegaleses, partindo da distante Brazzaville, chegara ao vilarejo de Fashoda com o objetivo de garantir o Império Francês transcontinental. Enquanto Kitchener navegava pelo Nilo a fim de enfrentar os franceses, seu subordinado Churchill seguia apressado para a África do Sul, onde os britânicos seriam humilhados por adversários muito diferentes.

Em outubro de 1899, quando os *uitlanders* britânicos exigiram o direito de votar na república bôer, os milicianos locais, hábeis combatentes também equipados com metralhadoras Maxim, lançaram ataques preventivos contra os assentamentos britânicos, cercando Kimberly e Ladysmith e derrotando forças britânicas menos ágeis. Rhodes apostou na defesa de Kimberly. Churchill, cobrindo o conflito para um jornal, chegou a ser capturado, mas conseguiu fugir, e essas aventuras só contribuíram para seu renome. Enquanto isso, num ambiente muito diverso, um advogado indiano trabalhava como padioleiro para os britânicos na batalha em torno de Ladysmith. Mohandas Gandhi, o filho de classe média do principal ministro de um pequeno feudo no Rajastão, fora aceito como advogado em Londres, mas, em 1893, com 23 anos, foi convidado a defender uma causa na África do Sul. Ele se instalou em Durban, onde, elegante com o colarinho engomado, o bigode aparado e o terno bem cortado, viveria por 21 anos, lutando pelos direitos dos indianos. Enquanto Churchill retornava a Londres como herói do império e era eleito membro do Parlamento, Gandhi aperfeiçoava o conceito de protesto não violento, o *satyagraha* (a força da verdade), que mais tarde adotaria na campanha pela independência da Índia.

Com o fracasso das ineptas forças britânicas, Lord Salisbury recorreu à Máquina Sudanesa. Em dezembro de 1899, Kitchener chegou para subjugar os africâneres, queimando suas fazendas, "concentrando" as famílias em novos acampamentos — nos quais cerca de 26 mil mulheres e crianças sucumbiram a doenças — e, por fim, capturando as cidades principais e derrotando suas tropas.[17] O Kaiser Guilherme e o tsar Nicolau se mostraram encantados com a quase humilhação do império da rainha Vitória — bem na época em que a crise de outra imperatriz, Cixi, proporcionava-lhes uma oportunidade de se apropriarem de outros territórios na China.

DUAS VETUSTAS IMPERATRIZES: CIXI E VITÓRIA

"Muitas vezes pensei que era a mulher mais inteligente que já havia pisado na terra", comentou mais tarde a imperatriz Cixi, reconhecendo, porém, que estava prestes a cometer "o único erro grave da minha vida". Incapaz de liquidar o odiado sobrinho, o imperador Guangxu, que continuava a reinar de sua prisão domiciliar, ela se voltou para a consorte deste, Zhen, denunciando-a por corrupção e forçando-a a testemunhar a tortura dos eunucos. Cixi apoiou as reformas do veterano Li Hongzhang, fundando universidades e construindo ferrovias, mas, em junho de 1900, o desgoverno manchu, a derrota para o Japão, a ousadia dos missionários cristãos e as intrusões europeias provocaram uma nova revolta, liderada pela Sociedade dos Punhos Harmoniosos e Justiceiros, cujos membros praticavam artes marciais na expectativa de se tornar invulneráveis às balas europeias. Visando "exterminar os estrangeiros", os chamados *boxers*, 250 mil camponeses empunhando lanças avançaram sobre Beijing a fim de expulsar os invasores da Europa. Quando os ocidentais se refugiaram nas legações, muitos paladinos chineses e manchus aprovaram e aderiram à causa dos revoltosos. "Os *boxers* foram enviados pelo céu", afirmou Cixi, "para livrar a China dos odiosos estrangeiros."

Como a própria Cixi continuava indecisa, as oito grandes potências, lideradas por um general alemão, entraram em ação para resgatar seus súditos. "Caso se defrontem com o inimigo, não esmoreçam nem façam prisioneiros", o Kaiser ordenou a suas tropas. "Exatamente há mil anos, os hunos, sob o comando de Átila, conquistaram renome [...], que a honra da Alemanha seja tão bem defendida por vocês que nenhum chinês jamais ouse voltar a olhar de maneira torta para um alemão." Em particular, até Eulenburg preocupava-se com Guilherme, que "não consegue mais se controlar quando tomado de fúria. A situação me parece muito alarmante".

Cixi colocou-se ao lado dos *boxers*: "Talvez a mágica deles seja pouco confiável, mas como poderíamos não confiar na intuição e na vontade do povo?". Assim, ela declarou guerra contra as oito maiores potências do planeta. Dois oficiais desaconselharam a medida; Cixi ordenou que lhes cortassem a cabeça. Mas tinha poucas tropas sob seu comando; elas eram controladas pelos poderosos oficiais, que ordenaram que a imperatriz fosse ignorada. Enquanto as tropas das oito nações abriam caminho à força até Beijing, Cixi, acompanhada do imperador Guangxu, fugiu para o norte, dizendo à sua inimiga aprisionada, a consorte Zhen: "Você é jovem e bela, e provavelmente será violentada pelos soldados estrangeiros. Tenho certeza de que sabe o que deve fazer" — ou seja, suicidar-se. Em vez disso, porém, ela ordenou que Zhen fosse atirada num poço. No caminho para Xi'an, por vezes choramingando devido ao frio e à fome, Cixi iniciou as tratativas de paz — e retornou à Cidade Proibida.

Na distante Londres, outra imperatriz agonizava. Em janeiro de 1901, o médico de Vitória enviou ao Kaiser Guilherme um telegrama cifrado de Osborne House, a residência da rainha na ilha de Wight: "Surgiram sintomas preocupantes". Guilherme sempre ansiara pelo amor de Vitória — "As pessoas não fazem ideia do quanto adoro a rainha, de quão intimamente ela está associada a minhas lembranças" —, e agora confessava o temor de que "ela esteja irremediavelmente enferma [...] sem que eu possa vê-la mais uma vez". Ele viajou até Londres, onde Bertie ainda tentou demovê-lo, mas, como o estado de Vitória só piorava, o tio e o sobrinho correram para Osborne. Quando a rainha cega e semiconsciente despertou, os filhos não mencionaram a presença de Guilherme. Ele ficou ofendido, mas por fim o médico o conduziu sozinho ao leito da rainha, que conseguiu murmurar: "O imperador é muito bondoso". Guilherme ajoelhou-se ao lado da cama, apoiando a avó com o braço direito, "os olhos detidos fixamente nela". O Kaiser e Bertie, agora rei-imperador Eduardo VII, ajudaram a colocar a franzina rainha no caixão.

"Embora tenha ouvido muito a respeito da rainha Vitória", refletiu Cixi, "não creio que a vida dela tenha sido tão interessante e movimentada quanto a minha [...]. Ela não tinha nenhuma influência na política, ao contrário de mim. Tenho 400 milhões de súditos que dependem de minhas decisões." Em setembro de 1906, aconselhada pelo general Yuan e por ministros reformistas, mas agindo tarde demais, Cixi prometeu instalar uma monarquia constitucional, ordenou que fossem realizadas eleições para uma assembleia e introduzidas reformas banindo os "pés de lótus" e a "morte por mil cortes", e ao mesmo tempo fundou escolas para meninas e concedeu bolsas para que jovens mulheres pudessem estudar no exterior. Entre as beneficiárias dessas bolsas estavam Qingling e Meiling Song, filhas do empresário cristão Charlie Song, que foram estudar no Wellesley College, em Massachusetts. O aliado secreto de Song, Sun Yat-sen, ainda tentou desencadear outras revoluções, ainda que sem sucesso, e terminou por se exilar no Japão.

Cixi sobrevivera, mas o tsar Nicolau manteve as tropas russas na Manchúria e intensificou sua infiltração na Coreia.[18] Esses dois territórios eram reivindicados pelos japoneses. Os dois lados começaram a negociar. Nicolau poderia ter chegado a um acordo, ocupando a Manchúria e cedendo a Coreia. Em vez disso, iludido por visões de um império asiático e uma missão divina, zombou do desafio japonês à Rússia, insistindo que "não haverá guerra", pois "esses macacos" jamais conseguiriam derrotar os russos.

Até então, o reinado de Nicolau tivera apenas um êxito limitado. Ainda que a economia estivesse crescendo e os campos de Baku produzissem metade do petróleo do mundo, os trabalhadores que afluíam às cidades e às novas fábricas e refinarias[19] viviam em condições lastimáveis, o que os tornava propensos a adotar ideias marxistas. A intransigência do tsar em empreender qualquer tipo de reforma não deixava à oposição outra alternativa que não fosse instigar a revolução. E a política de promover os russos ortodoxos de modo a assegurar apoio aos Románov afastava metade dos súditos da Rússia: poloneses católicos, finlandeses protestantes, judeus, armênios e georgianos.

Em 1901, um jovem georgiano começou a trabalhar na refinaria de petróleo dos Rothschild em Batumi e a organizar clandestinamente greves e sabotagens: Ióssif Djugachvili era filho de um sapateiro alcoólatra e abusivo e de uma mãe beata e dedicada que, a fim de fazer do filho um bispo, empenhou-se ao máximo em enviá-lo a um seminário em Tíflis, onde o uso da língua georgiana era proibido e os seminaristas que insistiam em falar o idioma eram espancados. Ali, como milhares de outros jovens, Djugachvili acabou se convertendo a outra fé — o marxismo. Ele se juntou ao Partido Operário Social-Democrata atraído por um de seus líderes, Vladímir Ulianov, que adotara o nome de Lênin, um aristocrata culto e abastado aguerridamente devotado à revolução, que adaptara as doutrinas de Marx para as condições da Rússia, formando uma minúscula vanguarda que iria implantar uma "ditadura do proletariado" com base no terror. Para Djugachvili, Lênin era um herói, a "minha águia dos cimos". Mais tarde, ele adotaria o nome de Stálin.

Para o ministro do Interior de Nicolau, Viatcheslav von Plehve, "o que este país precisa é de uma guerra breve e vitoriosa que contenha a onda revolucionária".[20] Embora muitos políticos sonhem com uma "guerra breve e vitoriosa", raros são os que conseguem obtê-la. Nicolau, por sua vez, estava convencido de que lhe faltava pouco para anexar a Manchúria e a Coreia.

A crise vinha sendo acompanhada em Washington por um novo presidente. Em setembro de 1901, enquanto discursava na cidade de Buffalo, o presidente McKinley foi alvo de disparos de um anarquista. O vice-presidente Roosevelt, que passava férias em Vermont, foi visitar o colega, que se recuperava num hospital, e depois voltou aos Adirondacks. Mas, de repente, o estado de McKinley piorou, e ele faleceu, sendo sucedido na presidência por Roosevelt.

Arrogante e cabotino, Roosevelt era um tipo novo de presidente, regozijando-se com a plenitude e o espetáculo do crescente poderio americano, apresentando-se como um guia para a nação, pontificando desde seu "púlpito formidável" com a confiança moral exibida apenas por aqueles convencidos de uma grandeza herdada.

Ele governava por meio de um círculo íntimo, conhecido como o Gabinete do Tênis. Enquanto isso, os membros de sua família viraram celebridades, sendo amplamente fotografados. Teddy insistia em jogos e excursões familiares, durante as quais entoavam: "Por cima, por baixo, através, mas nunca ao redor!". Suas caçadas de ursos chegaram a dar origem a um brinquedo: o ursinho de pelúcia Teddy Bear. Mas ele tinha dificuldade para controlar a filha mais velha, a irrefreável e vivaz Alice, que dançava noites adentro, fumava, flertava e andava com uma serpente enrolada no pescoço. Ele tentou canalizar a exuberância da jovem enviando-a numa viagem à China e ao Japão, durante a qual ela conheceu a imperatriz Cixi, mas causou outro escândalo ao flertar com um congressista, Nicholas Longworth. Mesmo que depois eles tenham se casado, Roosevelt ficou exasperado.

Alice queixava-se de que o pai queria ser "a noiva em todo casamento, o morto em todo funeral, e o bebê em todo batizado", ao passo que ele mesmo exclamava: "Tenho que escolher entre uma coisa e outra: ou ser presidente [...] ou controlar Alice. Não é possível fazer as duas coisas ao mesmo tempo".

Roosevelt voltou-se contra os superpoderosos trustes e foi o primeiro presidente a se convencer de que cabia ao Estado restringir o poder dos monopólios. "De todas as formas de tirania", ele afirmou, "a menos atraente e a mais vulgar é a tirania da mera riqueza." Ele acreditava, com razão, que o dever do Estado era limitar a autocracia. "Como todos os americanos, gosto do que é grande", disse, "campos imensos [...], trigais, ferrovias, fábricas, barcos a vapor. Mas [...] nenhum povo se beneficia da riqueza se essa prosperidade corrompe sua moral." Assim, com o auxílio do procurador-geral, Charlie Bonaparte,[21] Roosevelt investiu contra Rockefeller, obrigando-o a desmembrar a Standard Oil, e contra trustes de bancos, ferrovias e empresas produtoras de tabaco.

Todavia, sua realização mais duradoura foi no campo da saúde pública, onde deu um passo gigantesco que salvou milhões de vidas, e não só nos Estados Unidos. Na época, as farmácias ainda vendiam, à guisa de medicamentos, uma série de fraudulentas poções semitóxicas, muitas das quais contendo elevados teores de arsênico, cocaína e heroína. Em 1906, incentivado por militantes socialistas e médicos, Roosevelt criou uma agência nacional encarregada de impor padrões à indústria de medicamentos e alimentação, um esforço que ressaltava o quanto as descobertas científicas eram cruciais para salvar vidas, mas inúteis sem os líderes, organizadores e ativistas capazes de levar essas melhorias à população em geral. Em 1863, um cientista francês, Louis Pasteur, fazendo pesquisas em seu laboratório em Lille, descobrira a bactéria responsável pela deterioração do vinho. Ao ampliar a pesquisa ao leite, ele constatou que, aquecendo-o até determinada temperatura, era possível tornar seguro seu consumo — uma descoberta revolucionária. No entanto, somente quarenta anos depois o processo de pasteurização começou a salvar vidas.

Durante décadas, milhares de crianças morreram envenenadas depois de ingerir leite produzido por vacas alimentadas com resíduos de grãos usados na fabricação de uísque. Esse leite tóxico continuou a fazer vítimas fatais até que Nathan Straus, o proprietário judeu das lojas de departamentos Macy's, começou a pasteurizar o leite e vendê-lo aos pobres por um preço baixo. Roosevelt apoiou Straus, ordenando uma investigação que levou a uma recomendação oficial da pasteurização. E o mesmo ocorreu com outras descobertas cruciais para salvar vidas.[22] No entanto, no que dizia respeito ao combate ao racismo, o presidente mostrou-se menos ousado.

Pouco tempo depois de assumir a presidência, Roosevelt convidou o líder negro Booker T. Washington para um jantar em família na Casa Branca — a primeira vez que isso ocorria. Nascido no cativeiro, reitor do Tuskegee College, no Alabama (patrocinado por milionários brancos), Washington era um respeitado moderado que havia proposto o Compromisso de Atlanta, segundo o qual os negros do Sul deveriam deixar a política para os brancos em troca da oportunidade de estudar e da igualdade jurídica, aceitando as leis de Jim Crow. Ele apoiava um grupo de empresários negros, liderados por Ottawa W. Gurley, filho de escravos do Alabama, que haviam se mudado para o bairro de Greenwood, em Tulsa, no estado de Oklahoma, para construir o que Washington chamava de "Wall Street Negra". Gurley ergueu um hotel que levava seu nome, fez negócios imobiliários e se tornou o primeiro milionário negro. Mas era uma exceção: em todo o Sul, as leis de Jim Crow ainda impunham a segregação e negavam aos negros o direito de votar.

O convite a Washington enfureceu os sulistas. A Casa Branca, trovejou James Vardaman, logo a seguir governador do Mississippi, estava "tão saturada com a catinga dos negros que os ratos devem ter se refugiado no estábulo". Roosevelt reagiu com timidez. "O próprio fato", ele admitiu, "de por um instante ter me arrependido de convidá-lo fez com que me envergonhasse de mim mesmo." Ele não voltou a repetir o gesto.

As posições de Washington foram contestadas por antigos apoiadores, como o polímata e visionário W. E. B. Du Bois, o primeiro afro-americano a se doutorar por Harvard e, depois, a estudar em Berlim. Com vinte e poucos anos,

Du Bois investigara as altas taxas de óbito por tuberculose entre os afro-america-nos pobres da cidade da Filadélfia, revelando que tal mortalidade — as pessoas de cor morriam em média quinze anos antes do que os brancos — estava associada ao modo como eles eram forçados a viver nos bairros mais insalubres.

Ao publicar *As almas do povo negro*, um estudo sociológico sobre a experiên-cia afro-americana, Du Bois denunciou Washington como "o grande contempo-rizador", e, em Niagara, partiu para o contra-ataque, lançando uma campanha não só contra as leis de Jim Crow, mas também contra o que mais tarde viria a chamar de "linha da cor" invisível, o "véu" que os afro-americanos se sentiam obrigados a usar, e a "dupla consciência" que tinham de seguir.[23] No entanto, os linchamentos prosseguiam, e, quando brancos em Brownsville, no Texas, incri-minaram soldados negros sob falsos pretextos, o presidente expulsou 167 deles de modo injusto.

Na política externa, Roosevelt era mais ousado. "Sempre gostei muito de um provérbio da África ocidental", dizia. "Fale macio e carregue um porrete grande; é assim que se vai longe." Ele assumiu o controle da construção do canal do Panamá e vislumbrou uma oportunidade na crise entre a Rússia e o Japão.

Em 8 de fevereiro de 1904, a esquadra japonesa sob o comando do almiran-te Togo Heihachiro atacou de surpresa a base naval russa em Port Arthur, cer-cando a cidade, enquanto forças nipônicas invadiam a Coreia e, depois, investiam contra as posições russas na Manchúria. Os japoneses contavam com a aprova-ção dos aliados britânicos, que estavam tão confiantes nas ameaças russas à Índia que já se preparavam para invadir o Tibete.[24] A princípio, o marquês Ito, que fora primeiro-ministro em quatro ocasiões, defendera um compromisso com a Rús-sia e viajara a São Peterbursgo a fim de negociar, mas a arrogância inerme de Nicolau convenceu os *genro* — fidalgos que haviam se tornado oligarcas — a to-mar o rumo da guerra. Um jovem príncipe japonês, Hirohito, acompanhava o drama. Seu avô, Meiji, o Grande, agora com 51 anos de idade, estava longe de ser um *paterfamilias* caloroso com os netos Hirohito e Chichibu, recebendo-os en-galanado com o uniforme militar e em posição de sentido. "Nunca conheci o amor caloroso e incondicional que um avô comum dedica aos netos", confessou Chichibu.

"Não haverá guerra", insistia o tsar. Ele assistia a uma peça teatral quando soube que se equivocara. Apressou-se então a enviar tropas pela Transiberiana, mas elas chegaram num ritmo lento demais, e seus comandantes não se enten-diam, ao passo que os japoneses se mostraram bem organizados. Port Arthur se rendeu após um cerco, o almirante Togo desbaratou a esquadra russa no mar Amarelo, e os russos foram derrotados em Mukden. O rápido confronto que vi-sava evitar a revolução acabou tendo um efeito oposto: na primavera de 1905, o tsar perdeu o controle da Polônia, do Cáucaso e do Báltico. Logo após o excitante nascimento de um herdeiro, Alexei, o desesperado Nicolau ordenou que a esquadra do Báltico partisse numa travessia global, transpondo o canal da Mancha, circundando a África e cruzando o oceano Índico para enfrentar o Japão. Em maio, porém, em Tsushima, os japoneses aniquilaram a frota russa, afundando oito encouraçados e provocando a morte de 5 mil marinheiros. Ainda que o exército russo continuasse operacional e estivesse prestes a concentrar todo o seu poderio na Manchúria, a reputação de Nicolau e o prestígio dos Románov naufragaram junto com as belonaves.

Roosevelt então se ofereceu como mediador. Em agosto de 1905, ele recebeu os emissários russos e japoneses, mas achou as negociações tortuosas demais. "Quanto mais vejo o tsar, o Kaiser e o *mikado*", comentou, "mais aprecio a democracia." Embora no início tenha se inclinado para o lado dos oprimidos japoneses, aos poucos ele se deu conta de que na verdade a ameaça vinha do Japão. Nicolau foi obrigado a ceder Port Arthur, retirar suas tropas da Manchúria e reconhecer o domínio japonês sobre a Coreia. O acordo de paz "é muito bom para a Rússia e o Japão", exultou Roosevelt, "e para mim também!".

No dia de São Patrício de 1905, ele assistiu ao casamento da sobrinha, Eleanor, com um ambicioso primo de ambos, Franklin Roosevelt. "Bem, Franklin", comentou o presidente, "não há nada melhor do que manter tudo em família."

FRANKLIN, ELEANOR E HIROHITO

Franklin e Eleanor formavam um casal improvável. Ela tivera uma infância miserável, semiabandonada no lar caótico de um tio bêbado e demente. O pai, Elliot, irmão de Teddy Roosevelt, era um alcoólatra agressivo que costumava chamá-la de Pequena Nell; para a mãe, que morrera jovem, ela era a Avozinha, ao passo que a mulher do presidente simplesmente dizia: "Pobre coitada, é tão simples".

Eleanor só se encontrou depois de estudar em Londres. Estudando com tutores em casa, e depois se formando em Groton e Harvard, Franklin era o oposto: afável e simpático, atlético e exuberante, com uma cabeça leonina e um sorriso arrebatador, ainda que bastante afetado e mimado. Fora criado como um pequeno lorde e era adorado pelo pai — o "Squire" James, falecido em 1900 — e pela enérgica mãe, Sara, que lhe incutira uma confiança absoluta em si mesmo. Sara, porém, odiava Eleanor, que, por sua vez, se preocupava que "jamais serei capaz de prendê-lo, ele é atraente demais". Embora ela considerasse o sexo "uma tortura a ser suportada", o casal teve seis filhos. A escolha da noiva por Franklin era em parte um reflexo da adoração que tinha por seu herói, Teddy, pois também ele sonhava em ser presidente.

Teddy Roosevelt, de maneira irrefletida, prometera respeitar a tradição em Washington e não concorrer a um terceiro mandato; assim, em 1908, ao deixar a Casa Branca com apenas cinquenta anos, dedicou-se a caçar animais de grande porte e viajar pela América Latina. Foi uma decisão da qual viria a se arrepender amargamente e que o primo Franklin evitaria com entusiasmo. Caberia a ele lidar com o agressivo Japão que se consolidara após a vitória contra a Rússia.

O jovem Hirohito tinha como tutores dois heróis dessa guerra, o general Nogi e o almirante Togo. Em 1907, o imperador Meiji assinou o Decreto Militar Geral nº 1, concedendo aos militares "a autoridade para atuar independentemente do gabinete", e estabelecendo que a política imperial seria orientada pelos "nossos direitos e interesses na Manchúria e na Coreia".[25] Em 1912, quando o imperador faleceu, sendo sucedido por um filho enfermiço, o tutor de Hirohito, Nogi, e sua esposa curvaram-se diante dos retratos do *tenno* e, em seguida, ela cravou um punhal no próprio pescoço e ele se eviscerou. O suicídio ritualístico, até recentemente tido como medieval, voltou à moda devido ao novo culto da guerra no Japão.

Em outubro de 1905, a onda revolucionária forçou o tsar Nicolau a aceitar uma constituição. Descobriu-se que o adorado herdeiro Alexei sofria de hemofilia, o que tornava provável uma morte precoce, um segredo que Nicolau e Alexandra mal conseguiam suportar. Seu sofrimento era aliviado por um místico siberiano, Grigóri Rasputin, cuja simplicidade rústica, convicção religiosa e devoção contribuíam para restaurar a confiança do casal régio. Determinado a recuperar a autocracia a fim de transmiti-la ao filho, encastelado em palácios enquanto o terrorismo e o caos abalavam o império, Nicolau guardara a lealdade do exército. Agora, enquanto o tsar liderava uma sangrenta reconquista dos próprios domínios, seu jubiloso rival, o Kaiser Guilherme, entreviu a oportunidade de obrigá-lo a uma aliança capaz de mudar a ordem mundial.

Satisfeito com o eclipse da Rússia, Guilherme propôs a Nicolau que se encontrassem em seus iates no mar Báltico. Ainda aconselhado por Eulenburg, o Kaiser estava no auge, nomeando como chanceler o insinuante protegido do amigo, Bernhard von Bülow. "Desde que possa contar com Bülow", Guilherme disse a Eulenburg, "posso dormir tranquilamente." Não por acaso, Bülow tinha o apelido de Enguia: ao mesmo tempo que flertava com Eulenburg, bajulava o Kaiser.[26]

Diante de uma rebelião dos povos herero, nama e san no sudoeste da África, Guilherme instigou seu comandante militar, Lothar von Trotha, a recorrer ao genocídio. "Estou convencido de que a nação tem de ser exterminada", afirmou Trotha. Não se conhecem os números exatos, mas, a partir de outubro de 1904, cerca de 60 mil homens, mulheres e crianças foram massacrados, uma decisão aprovada por Alfred von Schlieffen, o idoso chefe do Estado-Maior imperial.

"Uma vez desencadeada", disse Schlieffen, "a guerra racial só pode ser encerrada mediante a completa aniquilação ou escravização do adversário." Ao mesmo tempo, ele detalhava um plano para uma eventual guerra na Europa.

Durante o encontro no Báltico, Guilherme logrou convencer o tsar a entrar numa aliança que contradizia a aliança da Rússia com a França. Mais tarde, Nicolau viu-se forçado a cancelar o acordo. O agressivo programa de construção naval iniciado por Guilherme — ele planejava dotar a marinha de guerra alemã com sessenta encouraçados até 1918 — revelou-se um tiro pela culatra, pois levou a Grã-Bretanha a apressar a construção de seus novos encouraçados dreadnought e também a se aproximar da França, apenas seis anos depois de os países quase chegarem às vias de fato por causa do episódio em Fashoda. Em 1904, o polido e francófilo Eduardo VII estimulou uma *entente cordiale*, logo militarizada com cláusulas secretas visando a Alemanha.

Schlieffen estava convencido de que a única maneira de a Alemanha sair vitoriosa de um conflito europeu seria esmagando a França, possivelmente avançando através da Bélgica neutra, e ao mesmo tempo mantendo afastada a Rússia. O plano de Schlieffen tornou-se ainda mais essencial e arriscado quando, em agosto de 1907, a Grã-Bretanha e a Rússia firmaram uma aliança, encerrando meio século de rivalidades na Ásia central. Os fracassos de Guilherme haviam levado ao isolamento da Alemanha.

Não havia, porém, necessidade de uma guerra. A economia alemã, baseada nos setores siderúrgico e químico, estava a caminho de superar a economia britânica e dominar a Europa.[27] Somente na corte empolada de Guilherme os homens oscilavam desconcertados entre o fervor bélico e a prostração, temerosos dos desafios de outras nações e raças — mais urgentemente, dos russos eslavos. Na grande república americana, Teddy Roosevelt acreditava que "nenhum triunfo da paz é tão grande quanto os triunfos supremos da guerra" — pois assim é que se forjavam os grandes estadistas. Em Viena, Constantinopla e São Petersburgo, os líderes estavam convencidos de que apenas a guerra iria revigorar as dinastias senescentes; a Sérvia, a Grécia e a Bulgária, nações recentes e ambiciosas, consideravam que a guerra abriria caminho para novos impérios; e, mesmo nas democracias, os homens adestravam-se entusiasticamente em brigadas militares, preparando-se para o conflito iminente. Ao eclodir, porém, este iria destruir as dinastias que pretendia salvar, e, em meio ao sangue, à dinamite e à lama, acabaria por reformular a família — no poder, nos locais de trabalho e nas residências.

Em Berlim, a crise de virilidade foi exacerbada por escândalos no ápice da máquina de guerra machista do Kaiser.

ATO XIX

1,6 BILHÃO

Os Hohenzollern, os Krupp, os otomanos, os *tennos* e os Song

QUERIDA, HARPISTA, TUTU E CONCETTINA: GUILHERME E SEUS AMIGOS

Tudo começou com Friedrich Krupp, filho do grande fabricante de canhões e parceiro de Guilherme no rearmamento militar e na construção de navios de guerra — o *Meister* de 50 mil trabalhadores em Essen. Krupp era casado e tinha filhos, mas passava a maior parte do tempo desfrutando de uma vida gay e promíscua em Capri e nos hotéis berlinenses. Na Alemanha, como em todos os países europeus, a homossexualidade era ilegal e passível de processo judicial sob o desumano parágrafo 175 do Código Penal. Também era um tabu nessa sociedade devota e machista, o que tornava os gays vulneráveis tanto à prisão como à chantagem.

Quando a imprensa socialista começou a circular rumores sobre Krupp, Guilherme o aconselhou a evitar Capri, mas, em seguida a esposa do *Meister*, Margarethe, passou a receber cartas anônimas e fotos revelando as orgias de Krupp. Ela fez um apelo ao Kaiser e tentou assumir o controle da empresa. Em vez disso, Guilherme fez com que ela fosse recolhida a um hospício, e Krupp o agradeceu pela "maneira bondosa e gentil com que Sua Majestade atuou em meu favor". Em novembro de 1902, jornalistas socialistas expuseram "Krupp em Capri", identificando um jovem barbeiro como seu amante. Na semana seguinte, Krupp se matou. O Kaiser, depois de lhe assegurarem que Krupp era "assexual", ainda que tivesse uma natureza "excepcionalmente branda", marcou presença no funeral desse "homem genuinamente alemão", atacou os socialistas e, em seguida, reconhecendo o valor estratégico da dinastia Krupp, conduziu ele próprio a sucessão na empresa. Krupp deixara duas filhas: Bertha, com catorze anos, era a única herdeira. Wilhelm escolheu o marido dela, o diplomata Gustav von Bohlen und Halbach, que, ao se casar em 1907, adotara o nome Krupp e acabaria se mostrando um magnata habilidoso, fornecendo os canhões para a Primeira Guerra Mundial — apelidados de Grande Bertha pelas tropas — e mais tarde apoiando Hitler.

Em 1907, um jornalista socialista, com a ajuda de um burocrata amargurado do Ministério das Relações Exteriores, denunciou um círculo de homossexuais aristocratas liderado pelo "Harpista" (Eulenburg) e seu amante "Docinho", o general Kuno von Moltke, o "Tutu". Como viu com clareza a princesa Eulenburg, "embora estejam atacando meu marido, o alvo deles é o Kaiser". Guilherme então ordenou que os amigos reagissem com processos por difamação. Em outubro de 1907, Moltke iniciou o primeiro dos sete processos judiciais que revelaram um mundo secreto de apelidos picantes, trajes fabulosos, poder oculto e encontros sexuais com um elenco de nobres, garçons e pescadores. Aconselhado pelo chefe do gabinete militar, o general Dietrich von Hülsen-Haeseler, um crítico ferrenho da camarilha de Eulenburg, o Kaiser demitiu Moltke e afastou-se do amigo, que o apresentara a "cavalheiros de reputação duvidosa". Eulenburg sofreu um colapso nervoso e em seguida foi preso. Um outro jornalista alegou que o chanceler Bülow, a Enguia, embora casado, era um homossexual enrustido, conhecido em seu círculo como Concettina, e nomeara o jovem amante para o Conselho Privado.

Guilherme também sofreu um colapso nervoso. Recuperando-se com amigos na Inglaterra, ele concedeu uma entrevista polêmica que quase o arruinou. Na Alemanha, o ódio anacrônico que demonstrava por políticos eleitos, pelos sindicatos e pela imprensa, na verdade por grande parte do mundo moderno, associado ao escandaloso caso Eulenburg, solapou sua autoridade — justamente quando a tensão nos Bálcãs se agravava.

Aliada da Alemanha, a Áustria, lutando para controlar os inquietos eslavos, foi desafiada pela Sérvia, governada por um rei pró-russo, Pedro Karađorđević,[1] instigado por grupos nacionalistas e por um círculo secreto de poderosos irredentistas que sonhavam com a criação de uma Grande Sérvia em território habsbúrgico. Francisco Ferdinando, amigo de Guilherme, via a Sérvia como uma ameaça existencial, mas agora o tsar Nicolau passara a apoiar os sérvios.

Se havia uma solução para essa charada, ela estava em Viena, onde, após meio século no trono, o antiquado imperador Francisco José ainda mantinha a rotina de sempre. Ele "continua de pé", escreveu a filha Valéria, "um homem simples e justo", depois de tantas tragédias e derrotas.

Em setembro de 1898, a imperatriz Sissi desembarcava de uma balsa em Genebra quando o esbarrão de um transeunte fez com que caísse. Ela logo se reergueu e ainda caminhou por cem metros, conversando. "O que pretendia esse sujeito?", perguntou a um cortesão. "Talvez roubar meu relógio?" Então, de repente, ela perdeu o fôlego: "Ó, não, o que está acontecendo comigo agora?". E caiu morta. Um anarquista havia perfurado seu coração com um espeto de ferro. "Como alguém pode matar uma mulher que nunca feriu ninguém?", lamentou Francisco José. "Ninguém faz ideia do tanto que eu a amava."

O alquebrado e grisalho monarca de suíças sucumbiu ao pesar, e Francisco Ferdinando saiu em busca de uma solução, enquanto, a seu redor, a corte embotinada, engalanada e endragonada dos Habsburgo — a mais tediosa da Europa — fervilhava em Viena, a cidade mais excitante, um laboratório para as ideias de raça, revolução e arte que marcariam o século xx.

VIENA: FRANCISCO, FREUD, KLIMT, HITLER E OUTROS ARTISTAS

O sentimento de que o império estava no fim conferia à cidade uma tensão nervosa, febricitante e quase sexual, expressa por escritores, médicos e artistas, muitos dos quais judeus.

Um desses médicos judeus nascera na Galícia: Sigmund Freud, filho de um negociante de lã, era ao mesmo tempo típico e excepcional. Adorado pela mãe, muito culto e poliglota, Freud começou estudando os efeitos da cocaína e quase sucumbiu ao hábito antes de se restringir aos charutos. Em 1886, casado com a neta de um rabino e chefe de família, ele abriu uma clínica particular especializada em transtornos nervosos, na qual tratava de uma paciente afligida de moléstias misteriosas, "Anna O" (na verdade, uma abastada feminista judia chamada Bertha Pappenheim), incentivando-a a discutir incidentes de teor sexual ocorridos na infância. Com isso, conseguiu aliviar os sintomas neuróticos, num processo que denominou de "psicanálise", que acabaria mudando a consciência do século xx. Em *A interpretação dos sonhos*, publicado em 1899, ele argumentou que, além da consciência, havia também um subconsciente. Avançando mais, propôs que o caráter, governado pela libido e pela pulsão de morte, era determinado pelas experiências psicossexuais no período da infância. Em especial, Freud postulou a existência de um complexo de Édipo — marcado pelo ódio ao pai e a atração pela mãe — e também da ansiedade de castração, nos meninos, e da inveja do pênis, nas meninas.

Na mesma época em que Freud publicava sua obra sobre os sonhos, outro médico judeu, Arthur Schnitzler, filho de um cirurgião laringologista húngaro e conhecido de Freud, escrevia *A ronda*, que, começando e terminando com uma prostituta, contava a história de dez relacionamentos sexuais na decadente Viena. Acusado de pornografia, Schnitzler retrucou: "Escrevo sobre o amor e a morte. Que outros temas existem?". Trabalhando nos arquivos do Ministério da Guerra, o aspirante a escritor Stefan Zweig, filho de um banqueiro judeu, era um convicto cosmopolita que, numa metrópole onde fervilhava o racismo virulento e o liberalismo universalista, desprezava todos os lados. Em sua autobiografia, *O mundo de ontem*, Zweig escreveu que "desde o princípio, no fundo do coração, sempre tive certeza de minha identidade como cidadão do mundo". Filho de um ourives austríaco, Gustav Klimt pintava excitantes quadros eróticos — *O beijo* e *A dama dourada* —, cintilantes com folhas de ouro, retratando a amante Adele Bloch-Bauer, filha de um financista judeu casada com um banqueiro mais velho. Klimt tornou-se famoso, mas muitos aspirantes a artistas mal conseguiam sobreviver.

Adolf Hitler, filho de um oficial austríaco, queria estudar na Academia de Artes de Viena, mas desistiu após duas tentativas fracassadas. Ainda assim, mudou-se para a cidade em 1907, com dezoito anos de idade, hospedando-se numa pensão. Passava o tempo lendo na cama sobre Frederico, o Grande, e mitologia germânica — "os livros eram o seu mundo" —, bem como assistindo às óperas de Wagner.

Em dezembro desse mesmo ano, Hitler sofreu um duro golpe com a morte da mãe, vítima de um câncer aos 47 anos. Até o fim da vida, ele carregaria no bolso um retrato de Klara e manteria um quadro dela em seus aposentos. Ele ficou agradecido ao médico judeu que havia cuidado da mãe, prometendo que jamais se esqueceria dele; mais tarde, o dr. Bloch foi o único judeu a quem protegeu. Por um tempo, a herança materna permitiu que vivesse folgadamente. Quando acabou o dinheiro, passou a morar em abrigos para trabalhadores, sobrevivendo com empregos subalternos e a venda de esboços em cartões-postais, ao mesmo tempo que observava a tensão entre alemães, judeus burgueses e eslavos.

Os vienenses nativos estavam assoberbados pelo dilúvio de imigrantes tchecos, judeus e poloneses. Entre 1880 e 1910, a população da cidade dobrou; os tchecos representavam um quinto dos habitantes, e os judeus, quase um décimo (8,7%), a proporção mais alta de todas as cidades europeias. Um novo nacionalismo germânico, que tinha como alvo principal esses imigrantes, era liderado por Karl Lueger (apelidado de Belo Karl), o eterno prefeito de Viena que chocara Francisco José com seu racismo vulgar: os Habsburgo eram a única dinastia governante de um império multiétnico que não podia recorrer ao nacionalismo. "Viena não pode tornar-se Jerusalém!", dizia Lueger, mas brincava: "Sou eu que decido quem é judeu". E acrescentava: "Alguns dos meus melhores amigos são judeus".

O jovem Hitler respeitava o Belo Karl, de quem se lembrava como um "excelente orador", mas admirava sobretudo Georg Ritter von Schönerer, o aristocrático *Führer* (líder) de um movimento antissemita e anticatólico que adotava a saudação romana. Hitler costumava acompanhar os debates no Conselho Imperial, enojando-se com os tagarelas parlamentares eslavos, e via o cada vez mais senil imperador Francisco José circulando de carruagem de um palácio a outro.

Nas mesmas ruas e cafés, Ióssif Djugachvili, o bolchevique georgiano apelidado de Koba, vivia numa pensão perto de Schönbrunn, e ali escreveu para Lênin um artigo sobre as nacionalidades no Império Russo. Seminarista, poeta fracassado, mulherengo e bem-apessoado— ainda que solitário, bexiguento, com um braço atrofiado e olhos castanhos —, Djugachvili era um marxista fanático que passara anos no exílio siberiano, do qual se evadira várias vezes. A polícia secreta do tsar, a Okhrana, a única organização eficiente no império, havia neutralizado os revolucionários, enviando vários deles para a Sibéria e muitos outros para o exílio no exterior.

No final de 1912, Djugachvili foi visitar Lênin em Cracóvia, na Galícia austríaca. Em sua facção bolchevique repleta de falastrões pretensiosos, a quem chamava de "bebedores de chá", Lênin apreciava a dureza de Djugachvili e de seus asseclas. Para financiar o partido, ele ordenou a Koba que roubasse bancos: em junho de 1907, em Tíflis, Djugachvili realizou um assalto espetacular (embora sanguinolento). Lênin elogiou o "maravilhoso georgiano": era "exatamente o tipo de que precisamos". Ao assinar seu artigo vienense, Djugachvili, imitando Lênin, adotou um pseudônimo proletário: Stálin, o Homem de Aço. Ainda em Viena, ele conheceu um jornalista marxista, de cabelos volumosos e peito largo — um glamoroso e arrogante herói de 1905 — chamado Liev Trótski, filho de um rico fazendeiro judeu da Ucrânia. Os dois se odiaram à primeira vista. E nenhum deles cruzou com Hitler.

Ali perto, no magnífico Palácio Belvedere, Francisco Ferdinando buscava uma solução criativa para o problema eslavo. Em 1906, nomeou um novo chefe de gabinete, Franz Conrad von Hötzendorf, que também tinha a ideia fixa de que era preciso destruir os sérvios e anexar a Bósnia para salvar o império. O tsar e seu público nacionalista, porém, apoiavam os eslavos ortodoxos. Os dois impérios decadentes voltavam-se para as ferozes e incontroláveis nações bálticas a fim de reanimar um ímpeto antiquado.

Em setembro de 1908, Francisco Ferdinando coordenou um acordo com a Rússia que ignorava a Sérvia: caso a Rússia obtivesse o controle dos estreitos de Constantinopla, a Bulgária, também protegida dos russos, se tornaria independente,[2] e a Áustria anexaria a Bósnia. Francisco Ferdinando vangloriou-se para Guilherme, dizendo que "estava envolvido até o pescoço naquilo, e mesmo que vinha dele o impulso principal". Um mês depois, quando Francisco José anunciou a anexação da Bósnia, os eslavófilos russos, furiosos com a traição sérvia, obrigaram Nicolau a renegar o pacto. Com o apoio da Rússia, a Sérvia ameaçou entrar em guerra, obrigando os Habsburgo a recorrerem a seu aliado, o Kaiser

Guilherme. "Contem comigo até o fim", Guilherme prometeu a Francisco José. A Europa estava à beira da guerra.

No final de outubro, o jornal londrino *Daily Telegraph* publicou a chocante entrevista concedida meses antes pelo Kaiser, na qual ele assegurava aos britânicos que sua esquadra tinha como alvo o perigo amarelo e alegava ter protegido os britânicos, que eram "loucos de pedra". Na Grã-Bretanha, todos ficaram alarmados com o Kaiser, e na Alemanha sua autoridade ficou abalada; ele demitiu o "traidor" Bülow e promoveu o confiável Theobald von Bethmann Hollweg. Não só Guilherme apoiou os Habsburgo como os incitou à guerra: "Acabem logo com isso!".

Em novembro, Guilherme foi caçar com o "querido Francisco" e depois seguiu para outra caçada, organizada por seu novo melhor amigo, o príncipe austro-alemão Maximilian von Fürstenberg, no Castelo Donaueschingen. Ali, antes do jantar, enquanto todos tomavam coquetéis, o general e conde Hülsen, o robusto e bigodudo chefe do gabinete militar do Kaiser, apareceu com um vestido de baile rosa-choque emprestado pela anfitriã e um chapéu adornado com penas de avestruz. Como recordou uma testemunha, ele ficou "dançando graciosamente ao som da música, empunhando um leque de maneira coquete. Recompensado com aplausos clamorosos, afastando-se de costas e atirando beijos às damas", ele se retirou do salão — e teve um colapso. "O homem que acabara de se mostrar tão cheio das alegrias da vida… morto! E a seu lado estava o Kaiser, o homem que, mais do que qualquer outro, fora íntimo dele." Enquanto essa morte espalhafatosa era encoberta, a Rússia ameaçou apoiar a Sérvia. Diante disso, em fevereiro de 1909, Guilherme alertou a França de que, "caso haja intervenção russa contra a Áustria, o *casus foederis* [desencadeando a obrigação de cumprir um tratado] impõe-se de imediato para nós: mobilização". Diante da perspectiva de uma guerra com a Alemanha e de um conflito europeu, Nicolau, debilitado pela revolução, vacilou. "O papel desempenhado pela Alemanha é odioso e abominável", ele comentou com a mãe. "Não vamos esquecer isso." Guilherme e Francisco José ficaram animados com o recuo da Rússia. "Para mim, foi um prazer genuíno ter lhe servido como um bom assistente ao menos uma vez", Guilherme disse ao amigo. "Um maravilhoso ensaio para o confronto de verdade."

Um sentimento de desesperança e de que havia pouco tempo serviu de estímulo para soluções extremadas. Retomando seus poderes autocráticos, Nicolau reconstruiu o exército; na próxima vez, teria de lutar. Em Belgrado, Apis empenhou-se em acelerar a ressurgência sérvia. Em Constantinopla, os otomanos cuidavam de evitar o desmembramento do império. Em Tessalônica, uma cosmopolita cidade otomana, lar de 90 mil judeus, soldados apoiados por mercadores de uma abstrusa minoria religiosa[3] juntaram-se a uma organização secreta, o Comitê União e Progresso — os Jovens Turcos —, que assumiu o controle do

Terceiro Exército e forçou Abdulhamid a aceitar um Parlamento. O último autocrata otomano abdicou; um Parlamento foi eleito; e um passivo otomano de 65 anos, Mehmed v, foi entronizado. Entre os Jovens Turcos, o jovem e elegante oficial İsmail Enver tinha pouco apreço pela democracia: somente a guerra poderia restaurar o império. Enquanto Mehmed tomava as rédeas do governo, outro império decadente perdia sua veterana monarca: em novembro, a imperatriz Cixi deu-se conta de que estava agonizando e tomou uma dose fatal de arsênico.

QUERO MINHA BABÁ: O IMPERADOR-BEBÊ, O DR. SUN YAT-SEN E AS IRMÃS SONG

Primeiro Cixi ordenou o envenenamento do sobrinho, o imperador Guangxu,[4] e em seguida enviou os eunucos para que agarrassem de surpresa o príncipe manchu Puyi, o filho de dois anos do príncipe Chun, afastando-o da mãe (ele só voltaria a vê-la sete anos depois). Com o menino aos berros, eles o levaram num palanquim até a imperatriz. "Lembro-me de que de repente me vi rodeado de estranhos", escreveu Puyi, "diante de uma cortina surrada, através da qual vislumbrava um rosto emaciado, assustador, medonho. Era Cixi. Não consegui conter os berros. Cixi disse para alguém me acalmar com doces, mas atirei-os no chão."

"Quero minha babá", gritou Puyi.

"Que malcriado!", disse Cixi. "Tirem-no daqui."

Duas semanas após a morte da imperatriz, no Salão da Harmonia Suprema, Puyi, assustado com os tambores e a música, soluçou durante toda a sua coroação como imperador Xuantong. "Não chore", disse-lhe o pai, agora o regente Chun. "Já vai terminar." Xuantong tornou-se uma criança infernal e voluntariosa — "açoitar os eunucos fazia parte da minha rotina", admitiu mais tarde —, que costumava alvejar os cortesãos com uma espingarda de pressão.

Aquele incansável promotor de conspirações, o dr. Sun Yat-sen, agora com 44 anos, ainda determinado a "expulsar os bárbaros tártaros [os manchus], regenerar a China, instaurar uma república e promover uma distribuição justa das terras", observava os acontecimentos do exílio. Estava viajando havia uma década, buscando financiadores e ideologias que o ajudassem a tomar o poder na China. A certa altura, o governo chinês o sequestrou na embaixada londrina, e ele só não foi repatriado e decapitado por causa do clamor da imprensa pela sua libertação. Ele já iniciara ao menos sete insurreições fracassadas, e, em 10 de outubro de 1911, estava nos Estados Unidos organizando mais uma quando os soldados de Wuhan se amotinaram. Yuan Shikai, um fiel general de Cixi, nomeado primeiro-ministro, foi encarregado pelo regente de esmagar o levante, mas a rebelião se espalhou com rapidez. Sun voltou correndo para sua terra.

Em dezembro, os delegados revolucionários em Nanjing elegeram Sun Yat-sen como presidente provisório da primeira república chinesa. Chegando a Shanghai, Sun instalou seu quartel-general na mansão de Charlie Song, cujas filhas Qingling e Meiling continuavam a estudar nos Estados Unidos; a mais velha, Ailing, então com 23 anos, encantou o novo presidente, já casado com várias concubinas, todas tratadas de maneira pavorosa. Ailing não se mostrou receptiva a seus avanços, e Sun não estava numa posição de força: não era o único presidente da China.

Em Beijing, o general Yuan Shikai recebeu dos revolucionários a proposta de liderar o país, caso derrubasse a monarquia. Em 12 de fevereiro de 1912, ele articulou a abdicação de Puyi — encerrando 250 anos de domínio manchu e dois milênios de império — e assumiu a presidência, enquanto Sun renunciava à posição.[5] De família aristocrática, Yuan vivia num lar tradicional chinês, ao lado de uma esposa e nove concubinas com "pés de lótus", alimentando-se de leite humano fornecido por amas de leite. Agora, esse paladino conservador, que menosprezava o dr. Sun, a quem considerava um diletante cosmopolita, adotou plenamente o poder e seus rituais, sendo escoltado por um corpo de guarda-costas gigantes e vestidos com uniformes ornados com peles de leopardo. Uma mescla de agitadores, generais e gângsteres instalou-se no poder. Em Shanghai, reduto elegante do capitalismo e da moda, a Gangue Verde de criminosos controlava os negócios e a política: o revolucionário Chen Qimei, vinculado aos bandidos, capturou a cidade em nome de Sun. Ao ser criticado por um antigo apoiador, Chen enviou um capanga para matá-lo. O assassino era um seguidor de Sun chamado Chiang Kai-shek, originário de uma família pobre e educado no Japão. Chiang viria a governar a China.

Nas primeiras eleições genuínas do país, 40 milhões de eleitores deram a vitória ao partido nacionalista de Sun, o Kuomintang (KMT), assegurando-lhe a maioria numa assembleia nacional agora sediada em Beijing. Ambos os lados, aliados aos grupos criminosos, tentaram se matar. Após sobreviver a um atentado, Yuan contratou a Gangue Verde para eliminar Sun. Em março de 1913, assassinou o candidato de Sun a primeiro-ministro e fechou o Parlamento.

Sun fugiu para o Japão, acompanhado de Charlie Song e das filhas deste, que se tornaram secretárias do líder. Embora tivesse se apaixonado por Ailing, quando esta se casou com um homem da mesma idade, voltou-se para a nova assistente, a irmã do meio, Qingling, recém-chegada do Wellesley College, em Massachusetts: "Não consigo tirá-la da cabeça", confessou. "Encontrei o amor pela primeira vez." Qingling flertava com ele, alertando-o de que poderia se casar com Yuan e "virar imperatriz". Sun recorreu ao pai da moça, que foi direto: "Somos uma família cristã; nenhuma das minhas filhar vai se tornar concubina de ninguém, seja rei, imperador ou presidente". Com 21 anos de idade, Qingling, no entanto, iniciou um caso com o cinquentão Sun, seu "ocupadíssimo homem". Eles viajaram secretamente para Tóquio, onde se casaram.

O retorno de Sun à China parecia improvável: o presidente Yuan havia fechado o Parlamento e se declarado imperador.

UM CASAMENTO DE FAMÍLIA: TRÊS IMPERADORES E TRÊS PAXÁS

Yuan, porém, não durou muito como ditador. Quando morreu de uremia, o País Central se despedaçou, dividido em três governos debilitados, pois o poder efetivo estava nas mãos de chefes guerreiros e criminosos, liderados por um indivíduo que era uma mescla das duas coisas. Zhang Zuolin, que se intitulava o Tigre de Mukden, começara como um salteador franzino, conhecido como Espinha, mas, agora, à frente de um exército de 300 mil homens, tinha se tornado o senhor de todo o norte da China. Ao assumir o controle de Beijing, ele cogitou restaurar a dinastia manchu, que, no entanto, havia se tornado irrelevante.[6]

Na Europa, porém, as dinastias continuavam a ter um papel central. Em maio de 1913, numa festa para mil convidados em Berlim, o Kaiser, sempre tagarelando sobre a iminência da guerra, hospedou em seu palácio o tsar Nicolau II e o rei-imperador Jorge V, seus primos, por ocasião do casamento de sua única filha, Vitória Luísa, com o príncipe Ernesto Augusto, de Hanôver, primo em primeiro grau dos monarcas britânico e russo.

Um autoritário escrupuloso, mas irritadiço, Jorge chegou com a rainha Maria, ao contrário de Nicolau, desacompanhado. Ambos trajavam uniformes da cavalaria prussiana e elmos com ponteiras, ao passo que Guilherme estava vestido como um cavaleiro britânico com insígnias russas; no entanto, por trás da arrogância dinástica e das escolhas indumentárias, os três acompanhavam atentamente os abalos no Império Otomano. As apreensões haviam começado em 1911, quando a Itália, desesperada por uma colônia após ser humilhada pelos etíopes, tomou Trípoli e Bengazi dos otomanos. Enver, um dos Jovens Turcos, tentou preservar Trípoli, mas teve de se concentrar na defesa da pátria turca quando os novos e vorazes reinos dos Bálcãs — Bulgária, Romênia, Grécia, Sérvia e Montenegro — passaram a disputar pedaços do império. Nessa primeira guerra dos Bálcãs, as maiores conquistas territoriais foram obtidas pelas tropas búlgaras.

Em janeiro de 1913, convencido de ser o Napoleão turco, Enver tomou o poder com dois companheiros, Talaat e Jemal — os Três Paxás —, os quais, no intuito de salvar o império, adotaram uma mistura tóxica de ultranacionalismo turco, darwinismo social — incluindo a eugenia e uma hierarquia de superioridade racial incutidas neles por instrutores militares alemães — e acentuado belicismo. Eles abominavam as minorias cristãs, sobretudo armênios e gregos, e adotaram concepções que não se distinguiam muito das que mais tarde seriam aprovadas pelos nazistas. Enver tornou-se membro da dinastia, casando-se com a filha do sultão.

No casamento dos Hohenzollern, "houve absoluta unanimidade entre Jorge v, o imperador [Nicolau] e eu", Guilherme gabou-se para Francisco Ferdinando (que não esteve presente no casamento), de que os reinos dos Bálcãs talvez atacassem a Bulgária.[7] O Kaiser arrastou o secretário particular de Jorge até um canto. "Os eslavos estão inquietos e vão acabar atacando a Áustria", previu sinistramente. "A Alemanha será obrigada a defender sua aliada. A Rússia e a França vão intervir, e depois a Inglaterra."

Muitos na Grã-Bretanha estavam persuadidos de que a guerra era inevitável. O chanceler liberal, David Lloyd George, um esforçado advogado de grande lábia conhecido como o Mago Galês (que, enquanto dínamo priápico, também tinha o apelido de Bode), que se empenhara em instigar e taxar a aristocracia a fim de financiar programas sociais para as classes trabalhadoras, agora alertava que a Grã-Bretanha entraria em guerra se a paz sofresse "uma humilhação intolerável para uma grande nação". Seu amigo Winston Churchill, então com 37 anos, recém-nomeado para o comando do almirantado, ordenou a construção de mais quatro encouraçados — "como preparativo para um ataque da Alemanha, como se ele fosse ocorrer no dia seguinte" — e tomou uma decisão crucial: iniciou a conversão do combustível dos navios de guerra de carvão para óleo, adquirindo 51% das ações de uma empresa, a Anglo-Persian Oil, que descobrira campos de petróleo quatro anos antes. Dessa forma, o Irã, governado pelos xás da dinastia Qajar, e ainda debilitado por uma revolução, tornou-se vital para o poderio britânico, uma vez que a posse de petróleo, dali em diante, seria decisiva para as grandes potências. "O próprio controle era o prêmio", declarou Churchill.

No brinde nupcial, Guilherme não resistiu e fez uma associação entre família e raça. "Minha querida filha, agradeço do fundo do coração por toda a alegria que me proporcionou", disse. "Enquanto for falada, a língua alemã refletirá o eminente papel desempenhado pelos guelfos e os Hohenzollern no desenvolvimento histórico da nossa pátria." No fim do baile, Nicolau aproximou-se da noiva. "Espero", disse suavemente, "que você seja tão feliz quanto nós."

Os três imperadores não voltariam mais a se encontrar. Guilherme manteve-se próximo de Francisco Ferdinando, a quem escreveu, depois do casamento, para expressar uma "confiança inabalável em você, caro Francisco". Além disso, incentivou o comandante austríaco, o general Conrad, a aniquilar a Sérvia. Em 1913, mal se contendo, Conrad solicitou autorização para iniciar as hostilidades em 23 ocasiões. "Somos da mesma opinião", comentou Guilherme, enfurecido com a lentidão glacial das decisões na Áustria, ainda dependentes, em última análise, do alvitre de Francisco José. "Não há mais como evitar o conflito entre eslavos e alemães, que certamente vai eclodir", ele explodiu. "Quando? Já veremos."

Em meados de junho de 1914, Guilherme hospedou-se com Francisco Ferdinando no Castelo de Konopiště, em Praga. O Kaiser insistiu na guerra; se os austríacos "não atacassem, acabariam em pior posição". Dois dias depois de retornar à Alemanha, ele comunicou ao chanceler Bethmann Hollweg que a Rússia planejava realizar um ataque preventivo. Em 28 de junho, em Kiel, Guilherme, acompanhado de Gustav Krupp, embarcou em seu iate *Meteor* a fim de se preparar para uma competição, enquanto Francisco Ferdinando e Sofia seguiram para Sarajevo, com o propósito de inaugurar um museu.

Os Hohenzollern, os Habsburgo
e os hachemitas

Enquanto Francisco e Sofia cruzavam Sarajevo num carro aberto a motor, um modelo Gräf & Stift Double Phaeton, o terrorista Nedeljko Čabrinović, membro de um esquadrão de assassinos sérvios (três dos quais eram adolescentes, sempre a melhor idade para arregimentar terroristas) organizado pelo coronel Apis, lançou uma bomba na direção do automóvel, obrigando o motorista a seguir a toda pressa para a residência do governador. "Então é *assim* que vocês recebem os convidados", bradou Francisco. "Com bombas!"

Outro terrorista, Gavrilo Princip, de dezenove anos, aguardava com uma pistola em outro trecho da rota e percebeu que o atentado havia fracassado; desistindo, foi comer algo num café. Na casa do governador, Francisco insistiu em visitar as vítimas da explosão. Como era óbvio que outros assassinos poderiam estar à espreita — afinal, o tsar Alexandre III havia sido morto em maio de 1881 depois de sobreviver a um atentado a bomba e ignorar a possibilidade de um segundo —, o trajeto planejado foi alterado. No entanto, quando Francisco e Sofia retornaram ao Double Phaeton, o motorista, ainda confuso, equivocou-se e seguiu o itinerário original, e, manobrando numa rua secundária para fazer uma curva, deixou o carro morrer, colocando Francisco e Sofia exatamente diante do café onde estava Princip — que de imediato se levantou, atravessou a rua empunhando a pistola e disparou, atingindo Sofia no estômago e Francisco no pescoço. O motorista conseguiu dar a partida, recuou com o carro e saiu apressado rumo à sede da prefeitura, enquanto um fio de sangue escorria pelo rosto de Francisco.

"Pelo amor de Deus! O que aconteceu com você?", exclamou Sofia, antes de tombar entre os joelhos do marido, por conta de uma hemorragia interna.

"Sofia, minha querida, não morra", ele implorou. "Aguente firme, pelos nossos filhos." O chapéu de Francisco então caiu, e ele tombou para o lado, sendo amparado por seu ajudante de ordens, o coronel Harrach.

"Sua Alteza está sofrendo muito?", indagou Harrach, tentando desabotoar o colarinho do imperador.

"Não é nada, não é nada", repetia Francisco. Ambos se esvaíram em sangue rapidamente. Ao saber da morte do pouco estimado sobrinho, Francisco José, que havia perdido duas guerras, bem como o irmão, a mulher e o filho de forma violenta, limitou-se a comentar: "Não podemos desafiar o Todo-Poderoso". Em seguida, refletiu: "Uma potência superior restaurou a ordem que, infelizmente, fui incapaz de manter". Todavia, como reagir à Sérvia?

"Não seria melhor cancelar a regata?", indagou Guilherme em Kiel. E voltou apressado a Berlim; em Viena, Francisco José e o general Conrad decidiram atacar a Sérvia, e o velho imperador escreveu ao Kaiser pedindo ajuda. "Os sérvios precisam de uma lição — e o quanto antes", respondeu Guilherme. "É agora ou nunca." E incitou os austríacos: "Não podemos esperar mais para agir". Na verdade, Francisco José se arrependeria "se não aproveitarmos o momento atual". Impulsivo e incoerente, Guilherme estava no centro das tomadas de decisão alemãs, ajudado por Bethmann Hollweg e por seu neurótico chefe do Estado-Maior, o jovem Helmuth von Moltke, alçado a essa posição pelo tio todo-poderoso. No mínimo, eles visavam à aniquilação da Sérvia; no máximo, uma guerra europeia para derrotar a França, por meio de uma adaptação do Plano Schlieffen, e apropriar-se de suas colônias e regiões industriais, convertendo a Bélgica num Estado-satélite, dividindo a Rússia em principados e estabelecendo a hegemonia germânica.

"A ação militar contra a Sérvia", refletiu Bethmann Hollweg em 6 de julho, "pode levar a uma guerra mundial." A despeito das discussões sobre táticas nas tensas semanas que se seguiram, havia um surpreendente consenso entre as lideranças alemãs e austríacas de que era preciso aproveitar a oportunidade, não só por uma questão de honra — hoje diríamos de credibilidade —, mas também por uma estrita questão de poder. "Vai ser uma luta sem esperança", Conrad confidenciou à amante, "mas que precisa ser travada, pois uma monarquia tão antiga e um exército tão glorioso não podem ser humilhados de forma tão vergonhosa." Mesmo no auge de seu poderio militar e de sua virtuosa superioridade, os impérios são assombrados por ansiedades diante da perda de poder e do declínio iminente. E, na verdade, havia muito tempo esses impérios haviam passado do auge: o fim se aproximava.

Guilherme partiu para sua excursão anual à Noruega, de modo a contar com um álibi diplomático, dizendo a Krupp: "Desta vez, não vou vacilar". Na Áustria, porém, Francisco José aguardava em seu castelo alpino em Bad Ischl enquanto ministros e generais em Viena redigiam um ultimato brutal à Sérvia, cuja divulgação foi adiada quando eles se deram conta de que o presidente francês Poincaré estava em São Petersburgo, em visita ao aliado Nicolau. O ultimato foi atrasado até que Poincaré tivesse embarcado na viagem de volta, um atraso que tornou bem mais provável a eclosão do conflito. Em 23 de julho, o ultimato dos Habsburgo foi apresentado aos sérvios, desencadeando uma fatídica sequência de eventos. Numa complexa movimentação diplomática, conduzida sobretudo por um meio lento e pouco expressivo, as mensagens telegráficas (e, ocasionalmente, pela primeira vez numa crise mundial, por ligações telefônicas), nenhum estadista percebeu as consequências ou ramificações da crise em andamento.

"De forma implacável, e sob quaisquer circunstâncias", Bethmann Hollweg disse a Guilherme em 26 de julho, "a Rússia tem de ser apresentada como a fonte da injustiça." A expectativa de Guilherme era de que os russos hesitassem; em vez disso, Nicolau preparou-se para a guerra. Guilherme supôs que os britânicos permaneceriam neutros, enviando o irmão Henrique para se encontrar com Jorge v no palácio de Buckingham. Mas os monarcas britânicos não tinham autoridade. Em 25 de julho, os sérvios rejeitaram o ultimato. Dois dias depois, o Kaiser retornou a Berlim e encontrou-se com Bethmann Hollweg, que insistiu que eles aguardassem a mobilização russa, pois "é importante que sejamos vistos como tendo sido forçados às hostilidades". No dia 30, Francisco José declarou guerra à Sérvia, murmurando que "não me resta outra saída", e dizendo a Conrad: "Se vamos perecer, que seja de forma honrada". Nicolau ordenou a mobilização. Guilherme enviou um telegrama ao tsar no qual, desonestamente, o incitava à contenção, uma vez que insistira para que a Áustria atacasse a Sérvia.

"Ainda bem que você está de volta", telegrafou Nicolau. "Uma guerra execrável foi declarada a uma nação desvalida [...]. Serei assoberbado pela pressão e forçado a tomar medidas que vão levar à guerra. Imploro, em nome de nossa velha amizade, que contenha seus aliados."

"As iniciativas militares russas", respondeu Guilherme, "levarão a uma calamidade." Nicolau pediu a Guilherme que intermediasse uma solução. Recorrendo a uma recente invenção, o telefone, que acabara de ser instalado no Peterhof, Nicolau interrompeu a mobilização das tropas — para a exasperação dos generais. Todavia, num dos telegramas que enviou a Guilherme, ele afirmou que, cinco dias antes, tomara "medidas militares" — uma afirmação ambígua que sublinha a importância da comunicação clara e os perigos da diplomacia pessoal.

"Isto foi quase uma semana antes de nós!", exclamou Guilherme. "Não posso mais me comprometer com uma mediação [...]. O tsar, que vinha insistindo nisto, estava secretamente mobilizando suas tropas sem o meu conhecimento. Minha tarefa está concluída!", prosseguiu, e acrescentou: "Isto significa que também preciso mobilizar minhas forças". Em seguida, ele exigiu que a Rússia interrompesse qualquer medida nesse sentido. Diante da mobilização da Áustria, o tsar concluiu que não poderia mais adiar os preparativos e permitiu que seu ministro das Relações Exteriores transmitisse ao chefe do Estado-Maior, por telefone, a ordem para a retomada da mobilização.

"Daqui em diante", respondeu o general, "não atendo mais o telefone."

"Pode destruir o aparelho", respondeu o ministro, enquanto milhões de russos eram convocados aos quartéis. Agora também a França se viu obrigada a iniciar uma mobilização. No Neues Palais em Potsdam, Guilherme foi incentivado pelos filhos empolados e pela mulher, todos "tremendamente belicosos", e todos esperando que a agressão russa permitisse que a Grã-Bretanha se mantivesse neutra — mesmo que, por duas vezes, os britânicos tivessem deixado claro que jamais iriam tolerar a destruição da França.

Em 31 de julho, confirmando a mobilização russa, Guilherme recorreu ao telefone para dar o sinal verde a Moltke. Conservando um exército para se defender da Rússia, Moltke ordenou que todo o restante de suas forças invadisse a França, através da Bélgica, e tomasse Paris. Guilherme praticamente ordenou que Francisco José declarasse guerra à Rússia: a Sérvia agora não passava de uma "questão secundária". Apenas o papel da Grã-Bretanha permanecia incerto: quando a intervenção britânica tornou-se mais provável, tal foi o pânico de Moltke que ele não escapou à zombaria do imperador: "Seu tio teria dado uma resposta bem diferente". Em meio à tensão, Moltke mal conseguia se controlar, choramingando: "Estou disposto a enfrentar os franceses e os russos, mas não um Kaiser assim". Ao receber um telegrama conciliador de Jorge, Guilherme, "exaltado", saudou a neutralidade britânica com champanhe. Porém, no dia 4 de agosto, quando as tropas alemãs invadiram a Bélgica, a Grã-Bretanha declarou guerra, enquanto multidões histéricas comemoravam em toda a Europa: o tsar e Alexandra apareceram no balcão do Palácio de Inverno; o Kaiser anunciou à multidão que "não vejo facções, apenas alemães"; ao passo que na Odeonsplatz, em Munique, Hitler, então com 25 anos e recém-instalado na cidade graças à herança paterna, depois de ter sido rejeitado pelo exército austríaco por motivos médicos, juntava-se à massa exultante. "Arrebatado pelo entusiasmo tempestuoso", ele relembraria, "caí de joelhos e agradeci aos céus [...] por ser afortunado o bastante para estar vivo nessa época." Não demorou para que se engajasse no exército real bávaro, e "teve início então a época mais inesquecível e excitante da minha vida".

Exaurido, o Kaiser passou dois dias recolhido ao leito. "Um breve descanso para os nervos", comentou. Enquanto os russos avançavam na frente oriental,

Moltke tomou a fortaleza de Liège e seguiu adiante rumo a Paris. No leste, um veterano general aposentado, Paul von Hindenburg, foi convocado, e, auxiliado por Erich von Ludendorff, um ambicioso oficial que ascendera por esforço próprio, cercou os exércitos russos em Tannenberg, ao mesmo tempo que, no oeste, as tropas alemãs eram contidas no vale do rio Marne. O Plano Schlieffen-Moltke fracassara. Em 14 de setembro, após seis semanas à frente do esforço de guerra, Moltke sofreu um colapso nervoso e foi exonerado por Guilherme, que o substituiu pelo ministro da Guerra, Erich von Falkenhayn. No entanto, Falkenhayn insistiu com o plano e iniciou uma "corrida para o mar", visando cercar as tropas francesas, logo reforçadas por uma enorme força britânica. O intelectual primeiro--ministro britânico, Herbert Asquith, um advogado do Partido Liberal que, todos os dias, passava horas a escrever cartas de amor para uma jovem e aristocrática amante, nomeou o conde Kitchener para o cargo de ministro da Guerra. Kitchener foi um dos primeiros a se dar conta de que o conflito se estenderia por anos, exigindo "novos exércitos" de recrutas que iriam lutar "até o último milhão". Seus olhos plúmbeos e o lema "O país precisa de você" atraíram centenas de milhares de voluntários. A escala do conflito refletia a explosão demográfica no mundo, a mística das ideias nacionalistas, a panóplia do poder moderno, a amplitude dos impérios europeus e a capacidade de trens e navios a vapor de transportar pelo mundo enormes quantidades de combatentes — a Era das Massas.[1] Na frente ocidental, os combatentes ficaram presos num selvagem e sanguinolento impasse; esse era o horror da guerra de trincheiras, onde campos verdejantes e exércitos maciços de milhões de civis, recrutados em quantidades jamais vistas, eram transformados numa imensa massa de lama e estilhaços, carne e ossos, por metralhadoras Vickers e obuses Krupp.

UM CABO ALEMÃO NA FRENTE OCIDENTAL: MORTICÍNIO INDUSTRIAL NA ERA DAS MASSAS

"Tomamos posição em trincheiras imensas e esperamos", recordou um cabo alemão que participou de uma dessas batalhas, o primeiro enfrentamento em Ypres, e escreveu um dos mais vívidos relatos da experiência comum em ambos os lados da frente ocidental. "Por fim veio a ordem de avançar. Saímos de nossos buracos e nos pusemos a correr [...]. À direita e à esquerda explodiam obuses e zuniam as balas inglesas [...]. Então os primeiros dos nossos começaram a tombar. Os ingleses nos visavam com as metralhadoras. Nos atiramos ao chão [...], mas não podíamos ficar ali para sempre." Em seguida, eles cruzaram apressados o campo e saltaram nas trincheiras britânicas: "Ao meu lado havia homens de Württemberg, e aos meus pés, ingleses mortos e feridos. De repente percebi por que a minha queda havia sido suave". Em seguida veio a luta corpo a corpo. "Quem não se rendia era abatido." Havia mortos por todos os lados. Os canhões faziam um "concerto infernal", e ao redor deles ouvia-se o "ruído e estalo dos projéteis". Mesmo assim havia uma espécie de beleza: "Somente as chamas continuam a brilhar, e ao longe, a oeste, é possível ver os holofotes e ouvir o ininterrupto fogo de artilharia dos grandes encouraçados". Ele foi o único soldado de seu grupo que restou vivo; então, "uma bala rasgou minha manga direita, mas milagrosamente não sofri nem sequer um arranhão" — o primeiro de vários episódios em que escapou por um triz, o que o convenceu de estar protegido pela Providência. O cabo Hitler havia sobrevivido ao batismo de fogo.

No leste, enquanto suas tropas forçavam o rei sérvio ao exílio e avançavam pela Galícia russa, Francisco José convidou o novo herdeiro e a família para se juntarem a ele em Schönbrunn. Ao saber da morte de Francisco Ferdinando, Carlos, de 26 anos, ficou compreensivelmente abalado. "Vi seu rosto empalidecer sob o sol", relembrou sua jovem esposa, Zita. "Sou um oficial de corpo e alma", Carlos disse a ela, "mas não entendo como alguém que vê os entes mais queridos seguirem para o front pode amar a guerra." Ele comandou suas tropas primeiro contra a Itália, depois contra a Rússia e a Romênia, conquistando a admiração do povo por sua inabalável afabilidade. Quando Zita celebrou uma das primeiras vitórias austríacas, Francisco José, então com 84 anos, deu de ombros. "Sem dúvida, é uma vitória, mas é sempre assim no começo das minhas guerras, que acabam todas em derrotas. E desta vez vai ser ainda pior [...]. Revoluções vão eclodir, e aí será o fim."

"Mas isto não é possível", exclamou Zita, com apenas 22 anos. "É uma guerra justa!"

"Sim, aí é que se nota quão jovem você é, pois ainda acredita na vitória dos justos."

A frente ocidental agora se transformara em "uma trama de refúgios subterrâneos, trincheiras com frestas, barreiras de arame farpado e minas terrestres — quase inexpugnável", recordou Hitler. Na Europa, as frentes ocidental e oriental flutuavam em conjunto, os movimentos numa coincidindo com impasses na outra. Falkenhayn arremeteu através de Flandres, mas foi repelido com baixas enormes; no leste, austríacos e alemães ocuparam a Polônia e a Galícia; em seguida, no oeste, Falkenhayn tentou exaurir o exército francês em Verdun com um excruciante banho de sangue — no qual pereceram 145 mil alemães e 163 mil franceses. De julho a novembro de 1916, no Somme, uma ofensiva anglo-francesa, concebida para romper o impasse, assinalou um novo recorde de matança mecanizada: 20 mil soldados britânicos tombaram no primeiro dia; ao longo dos cinco meses de batalha, os britânicos contabilizaram 420 mil mortos e feridos; os franceses, 200 mil; e os alemães, 500 mil.

Servindo como mensageiro que "arriscava a vida todos os dias", Hitler recebeu a Cruz de Ferro de Segunda Classe e participou da batalha do Somme, onde os britânicos introduziram uma nova arma movida a diesel, uma aposta de Churchill para superar o impasse: um blindado de ferro, dotado de uma torre de canhão e esteiras, que ele chamou de "lagarta"; outros preferiam "couraçado terrestre". No final, ele acabou identificado por um termo em código inócuo: tanque. Modelos aperfeiçoados de tanques, equipados com obuseiros, revolucionaram os confrontos bélicos, recriando os ataques de cavalaria na era da mecanização, assim como as máquinas voadoras, os aeroplanos, foram inicialmente usados para reconhecimento, ainda que ridicularizados pelos generais machistas. *Tout ça, c'est du sport*, comentou irritado o marechal Foch. No entanto, poucos meses depois, os aviões estavam sendo usados para o lançamento de granadas, sendo agora equipados com metralhadoras e, mais tarde, com bombas, e enfrentando aparelhos inimigos para o controle dos céus. Nos mares, novas engenhocas, os submarinos construídos pela Krupp — conhecidos como U-boats —, foram usados para afundar navios carregados de gêneros alimentícios a caminho da Inglaterra.

A Alemanha havia contado com o apoio da Itália e da Romênia. No entanto, a Itália acabou se juntando aos Aliados, encetando uma desgastante "guerra branca" nos Alpes contra os austríacos. E, para escândalo de Guilherme, seu primo Hohenzollern, o rei Carlos da Romênia, recusou-se a entrar na guerra ao lado dos alemães.

Em 29 de outubro de 1914, Enver, regozijando-se com os títulos de "vice-generalíssimo, comandante supremo dos exércitos do islã, *damad* do califa", aliou-se à Alemanha. No Cáucaso, sacrificou 80 mil homens numa ofensiva contra os russos, que contaram com o apoio dos armênios ortodoxos. E o ataque de seu parceiro Jemal ao Egito britânico fracassou.

Todavia, em outras partes do seu larguíssimo panorama, os otomanos saíram-se bem. Convencido de que o impasse na frente ocidental e a retirada russa podiam ser revertidos com a derrota dos otomanos, Churchill instigou um desembarque nos Dardanelos com o objetivo de tomar Constantinopla. Porém, um habilidoso coronel, Mustafa Kemal — mais tarde Atatürk, o fundador da Türkiye —, derrotou as forças terrestres e navais mal coordenadas (embora com enormes perdas otomanas), um fiasco que beneficiou Kemal e provocou a queda de Churchill. Enquanto as forças britânicas defendiam os novos campos petrolíferos na Pérsia, um exército aliado saiu de Basra rumo a Bagdá, mas acabou cercado em Kut pelos otomanos e obrigado a se render.[2]

Em Damasco, Beirute e Jerusalém, os árabes nacionalistas, entrevendo uma oportunidade de escapar ao domínio otomano, conspiravam contra os Três Paxás, que iniciaram uma campanha genocida contra os traidores étnicos. Em janeiro de 1915, culpando os armênios por suas derrotas anteriores, Enver, Talaat e Jemal ordenaram o massacre de todos os armênios, a quem atribuíam simpatias pró-russas. Começando pelo assassinato de notáveis em Constantinopla, eles em seguida criaram uma "Organização Especial" paramilitar que provocou a morte de cerca de 1 milhão de armênios.[3] "A questão armênia", vangloriou-se Talaat, "não existe mais." Os assírios — uma seita cristã — também foram massacrados pela Organização Especial. Os curdos dos regimentos Hamidiye participaram da matança; outros curdos foram deportados e mortos. Em Damasco e Beirute, os paxás enforcaram os nacionalistas árabes, enquanto na península Arábica duas dinastias empenhavam-se em seus interesses: Hussein de Meca, 37º descendente de Maomé, desde muito contava assumir o poder no Hejaz, na costa oeste. Obstinado, vaidoso e autocrático, então com 61 anos, Hussein estava convencido de que ele e sua família hachemita iriam suceder os sultões otomanos, e não só na Arábia. Ele encarregou seu enérgico primogênito, Abdullah, de propor aos britânicos uma revolta árabe contra os turcos. No entanto, essas intrigas alarmaram os rivais, a família Saud, no Najd, no leste da península, onde Abdulaziz ibn Saud, o alto e vigoroso xeque, rival dos hachemitas, forçou os britânicos a reconhecerem a independência de seu feudo.

Em 1915, os britânicos, diante da matança em Flandres e do fiasco em Kut e nos Dardanelos, instigaram tanto os hachemitas como os sauditas a apoiarem os Aliados. Abdulaziz resistiu à ideia, mas Hussein, negociando por intermédio dos filhos Abdullah e Faisal, agora exigia um vasto reino hereditário que abrangia não só a Arábia, mas também os territórios dos atuais Iraque, Síria, Líbano e Israel. Os britânicos descartaram a inclusão de Jerusalém e de trechos da Palestina, porém a princípio concordaram com as reivindicações.[4] Ao mesmo tempo, começaram a negociar uma pátria judaica com o líder sionista, um químico nascido na Rússia, Chaim Weizmann, que, com a ajuda de duas viúvas da família Rothschild, Dolly e Rózsika,[5] descobriram que Lloyd George e o aristocrático ex-primeiro-ministro, e agora primeiro lorde do almirantado, Arthur Balfour, eram favoráveis ao retorno dos judeus à Judeia.

Ambas as negociações foram concebidas para reunir o máximo de apoio num momento desesperado e ambas estavam subordinadas aos tradicionais jogos do poder imperial, no âmbito dos quais britânicos, franceses e russos concordavam — e assim o formalizaram no Acordo Sykes-Picot — em dividir o Império Otomano: os britânicos ficando com a Palestina e o Iraque, os franceses com Damasco e Beirute, e os Románov com trechos do território otomano, além da joia da Coroa: Constantinopla.

O ESCROTO DO KAISER: HINDENBURG COMO DITADOR

Em junho de 1916, com os combates em seu ápice na frente ocidental, as forças do tsar Nicolau rechaçaram as tropas austríacas, salvas na última hora pelos alemães. O fato mais decisivo, porém, foi o aniquilamento da guarda pessoal de Nicolau — a tropa pretoriana dos Románov. Em todos os países, políticos conciliadores foram substituídos por pares mais belicosos, dispostos a travar uma guerra total. O Kaiser perdeu o controle quase de imediato, declarando grotescamente: "Que usem as baionetas e obriguem os bastardos a recuar", num conflito dominado pela lama e a dinamite. Mas estava sintonizado com o novo nível de selvageria, exigindo que os civis franceses fossem "impiedosamente enforcados" e os prisioneiros russos morressem de inanição. Guilherme permaneceu isolado em seu quartel-general. Com um dos testículos inchados — chegou a 32 centímetros de diâmetro antes de ser operado —, ele também sofria com furúnculos no rosto, possivelmente sintomas de porfiria. Agravando seu estado, havia a decepção com Falkenhayn, que perguntou ao rival de 64 anos, Hindenburg, comandante da frente oriental, se este "tinha o desejo e a coragem de assumir o posto" de chefe do Estado-Maior em seu lugar.

"Não tenho o desejo", retrucou Hindenburg. "Mas a coragem, sim." Em agosto de 1916, Guilherme o nomeou para o comando do Estado-Maior, e Ludendorff como chefe do serviço de intendência. A dupla passou a governar a Alemanha a partir do quartel-general no Castelo de Pless, na Polônia, e mais tarde, desde Spa, na Bélgica, reportando-se diariamente ao comandante supremo. Em Londres, Asquith mostrou-se incapaz de dominar a produção de armas e ficou à mercê de Kitchener e dos generais. Uma escassez de obuses foi solucionada por Lloyd George; e o problema Kitchener deixou de existir quando o marechal morreu afogado a caminho da Rússia. Em dezembro, Lloyd George tornou-se primeiro-ministro, empenhando-se em obter a vitória. Na Rússia, ocorreu o inverso: o tsar Nicolau colocou um incompetente passivo — ele próprio — como comandante-chefe, e uma histérica frívola — sua esposa Alexandra, aconselhada por um místico siberiano ignorante, o venal e dissoluto Rasputin — para gerenciar a complexidade de um império em guerra. Os Habsburgo também estavam desmoronando. Guilherme os obrigou a reconhecer Hindenburg como comandante supremo. Em novembro de 1916, Francisco José, acometido de bronquite, murmurou: "O que mais falta acontecer agora?", e deu o último suspiro: Carlos tornou-se imperador.

Em 30 de dezembro de 1916, um grupo secreto de vários Románov e aristocratas usaram a beleza de uma princesa para atrair Rasputin a um palácio, onde o monge foi envenenado e morto a tiros, seu cadáver sendo enterrado sob o gelo que cobria o rio Neva. O lúbrico camponês acabou levando a culpa pela incompetência do tsar e da tsarina, mas era evidente a responsabilidade destes, cuja autoridade declinante foi solapada ainda mais com a morte de Rasputin. Enquanto Nicolau retornava ao quartel-general, a escassez de pão desencadeou protestos espontâneos por toda a capital. Apressando-se a voltar, ele acabou isolado num vagão ferroviário e forçado por seus generais a abdicar, sendo substituído por um governo provisório decidido a prosseguir com a luta contra a Alemanha.

A queda dos Románov coincidiu com a cirurgia no escroto de Guilherme. Este, enquanto se recuperava, ficou perplexo com a derrocada de Nicolau, mas também excitado com o avanço dos exércitos alemães na Rússia: "A vitória e sua recompensa, a proeminência mundial, estão ao nosso alcance, se conseguirmos revolucionar a Rússia e romper a coalizão". O Ministério das Relações Exteriores alemão já identificara o bacilo perfeito para infectar a Rússia: Lênin, o líder bolchevique que, em Zurich, quase desistira da revolução. "Não creio", disse ele, "que ela vá ocorrer em nossa vida." Quando ocorreu, ele perguntou: "É um trote?".

Os alemães forneceram um trem selado (isto é, sem controle de passaportes) para levar o líder bolchevique e trinta camaradas a Petrogrado — a capital fora rebatizada para evitar as sugestões germânicas de Petersburgo. Já no trem, Lênin assumiu o controle de forma autocrática, impondo regras para os fumantes e os usuários dos banheiros. Seu desembarque na Rússia mudou tudo.

Em julho de 1917, enquanto outras batalhas na frente ocidental sangravam ambos os lados, o príncipe hachemita Faisal e seu conselheiro, o coronel T. E. Lawrence, tomavam a cidade de Aqaba.

UM REI NA ARÁBIA, UM BOLCHEVIQUE EM PETROGRADO

Hussein, xarife e emir de Meca, deu início à revolta disparando um fuzil da janela do palácio e em seguida enviando os filhos para atacar as forças otomanas na península Arábica: Abdullah conquistou Jidá, na costa, e Faisal tomou Al Wajh. Iludido a respeito de seu próprio poder e atrativos, Hussein proclamou-se rei dos árabes, o que enfureceu o rival Abdulaziz ibn Saud, que se queixou junto aos britânicos, os quais por sua vez obrigaram Hussein a se contentar com o título mais modesto de soberano do Hejaz.

A família acabou encontrando um defensor num agente de inteligência enviado pelos britânicos. Aos 29 anos, Thomas Lawrence era um arabista que desprezava a elite britânica, mas venerava o império, um recluso empenhado em se autopromover mesmo que de maneira fantasiosa, filho ilegítimo de um baronete, estudioso da história dos árabes e um excelente escritor cujo grande amor foi um jovem árabe. Ele também se revelaria um exímio combatente no deserto. Ao conhecer os príncipes hachemitas, Lawrence ficou fascinado por Faisal, então com 32 anos, e que lhe pareceu o cavaleiro árabe ideal. "Ele é notável", declarou, efusivamente. Lawrence apoiou os hachemitas, mas, como agente do império, esperava que Faisal se mostrasse devidamente agradecido. "As tribos", disse Lawrence, eram "enérgicas, quase temerárias", a guerra "era uma luta entre dervixes e as tropas regulares — e estamos do lado dos dervixes. De nada servem nossos manuais". Mas ele tendia a exagerar as próprias façanhas. Em novembro, foi capturado e violentado pelos otomanos, mas conseguiu escapar: "Nessa noite, a cidadela da minha integridade foi irremediavelmente perdida". Enquanto um exército britânico invadia o Iraque, outro, agora apoiado pelos hachemitas, avançava desde o Egito até a Palestina, onde Falkenhayn, enviado por Hindenburg, reforçava a resistência otomana.

Em âmbito doméstico, Guilherme e Hindenburg agora enfrentavam a escassez de alimentos e o descontentamento político: os partidos socialista e liberal clamavam por reformas. Em janeiro de 1917, o Kaiser ordenou que os submarinos atacassem navios de carga a fim de cortar os suprimentos para a Grã-Bretanha, mas o afundamento de navios americanos e o incentivo de Berlim às agressões mexicanas acabaram sendo a gota d'água para os Estados Unidos. Em abril, o presidente Woodrow Wilson solicitou ao Congresso que declarasse guerra, exaltando a honra americana em face da avareza europeia. "Não temos objetivos egoístas", disse. "Não somos nada além de defensores dos direitos da humanidade" — ainda que essa moralidade não fosse tão evidente assim no plano interno. Wilson nada fizera para se contrapor às leis segregacionistas e promover intervenções militares no continente americano.[6]

Filho de um teólogo da Carolina do Sul, historiador clássico, reitor da Universidade Princeton e recém-chegado à política, Wilson ascendera à presidência em 1912 porque Teddy Roosevelt, desentendendo-se com o sucessor William Taft, fundara um terceiro partido que dividira os votos republicanos. Wilson apreciava o prestígio do nome Roosevelt e nomeou Franklin, que acabara de se eleger senador pelo estado de Nova York e era obcecado por navios, para o antigo cargo de Teddy, o de vice-secretário da marinha. Quando os Estados Unidos decidiram reforçar seu poderio militar, Franklin Roosevelt ampliou sistematicamente a marinha, que quadruplicou de tamanho.[7] Havia outro motivo para o empenho de Franklin no cargo: a antiga governante de seus filhos, Lucy Mercer, agora trabalhava a seu lado — e eles acabaram se apaixonando. "Franklin merecia se divertir", comentou Alice Roosevelt depois de flagrar o casal. "Afinal, era casado com Eleanor."

"Ela não é adorável?", dizia Franklin. Alice atormentava Eleanor de maneira cruel, insinuando que Franklin tinha uma amante.

Os americanos desembarcaram na Europa num momento crucial. A França titubeava, os motins se multiplicavam entre as tropas; a Rússia estava se desintegrando, e Lênin preparava-se para tomar o poder. Em 2 de novembro de 1917, Balfour, agora ministro das Relações Exteriores da Grã-Bretanha, enviou uma carta a Lord Rothschild prometendo um "lar nacional judaico" na Palestina, ao mesmo tempo assegurando que "nada será feito que possa prejudicar os direitos de existência das comunidades não judaicas", ou seja, dos árabes palestinos. A carta, aprovada pelo presidente Wilson e reiterada numa declaração francesa semelhante, fora concebida para agradar às comunidades judaicas nos Estados Unidos e na Rússia. Hussein e os hachemitas contavam com a promessa de que governariam grande parte do mundo árabe. Nenhuma promessa teria sido feita em outras circunstâncias que não aquele sanguinolento impasse, agora exacerbado pelo colapso da Rússia.

Enquanto Lawrence fustigava com seus ataques as ferrovias otomanas, um exército britânico precipitava-se para Jerusalém. Lloyd George incentivou a captura da Cidade Sagrada como um "presente de Natal" ao povo britânico, que efetivamente o recebeu quando o prefeito da cidade, agitando uma bandeira branca feita a partir de um lençol, comicamente tentou se render por três vezes aos surpresos soldados britânicos, antes de a capitulação enfim ser aceita. O coronel Lawrence e os oficiais britânicos adentraram respeitosamente a cidade.

Em Petrogrado, em 8 de novembro, Lênin, disfarçado com uma peruca, foi impedido de entrar em seu quartel-general no Instituto Smolni pelos guardas vermelhos. Só depois de convencê-los de sua identidade pôde assumir o comando das forças bolcheviques e dar início ao golpe.

Desde sua chegada, em abril, ele havia assediado o primeiro-ministro, Aleksandr Kérenski, um franzino mas dinâmico advogado socialista, com um astuto programa intitulado "Paz, terra e pão". Em julho, Kérenski, que se imaginava um líder militar napoleônico, lançou ofensivas contra os alemães, mas seu fracasso contribuiu para a desintegração do Estado, criando um vácuo de poder que Lênin estava disposto a preencher. Perseguido por Kérenski, Lênin entrou na clandestinidade, e, mobilizando os companheiros mais radicais, Trótski e Stálin, organizou a tomada do Palácio de Inverno,[8] que mal contava com defensores. Depois de invadido pelos bolcheviques, estes assaltaram as adegas do tsar e ficaram tão ébrios que uma brigada de bombeiros teve de ser chamada para destruir as garrafas (mas também eles acabaram bêbados). Os bolcheviques logo asseguraram o controle de Moscou, porém o restante do império caiu nas mãos dos alemães e dos otomanos. Ao mesmo tempo, poloneses, georgianos, finlandeses, ucranianos, armênios e muitos outros povos se declararam independentes.

Confrontado com decisões intoleráveis devido aos irrefreáveis avanços alemães, Lênin negociou uma paz com a Alemanha, em troca da cessão de grande parte da Ucrânia e das regiões do Báltico e do Cáucaso, para enorme satisfação do Kaiser. "As terras bálticas são indivisíveis e serão governadas por mim, pois eu as conquistei", jactou-se Guilherme enquanto distribuía reinos (a Lituânia católica para um Habsburgo; a Finlândia para um príncipe de Hesse), embora chamasse os bolcheviques de "judeuzinhos", denunciando essa "Internacional Judaica pela qual se espera que os cristãos se engalfinhem até a morte".[9] Hindenburg tomara o lugar do Kaiser como símbolo nacional, fazendo uma declaração em seu septuagésimo aniversário: "Músculos tensionados, nervos de aço, olhos para a frente!". Quando Hindenburg, respeitosamente, deu uma ordem a Guilherme, o Kaiser respondeu: "Não preciso de seus conselhos paternalistas". Mas acabou obedecendo.

Em 16 de novembro de 1917, a França, assoberbada por motins e prestes a entrar em colapso, voltou-se para um crítico feroz de seus líderes, o antigo primeiro-ministro Georges Clemenceau, Le Tigre, então com 77 anos.[10] Ele arregimentou o país com uma retórica que claramente inspiraria Churchill duas décadas depois: "Dentro de casa, faço a guerra; no exterior, faço a guerra; em qualquer lugar, faço a guerra". E acrescentou: "Não basta morrer, é preciso dominar!". Praticando esgrima e encontrando-se todos os dias com a amante, o Tigre demitiu generais, mandou prender os críticos e prometeu *la guerre jusqu'au bout*. Churchill o comparou a "um animal selvagem". A França resistia enquanto 1 milhão de soldados americanos começavam a chegar ao continente.

Por outro lado, a situação dos otomanos estava cada vez mais precária. No início de 1918, o príncipe herdeiro Mehmed viajou à Alemanha, acompanhado do general Kemal, para informar a Guilherme e a Hindenburg que o império não tinha condições de prosseguir, atribuindo a culpa a Enver. Em março, triunfante na Rússia, frustrado na frente ocidental, perdendo a força no âmbito doméstico, Ludendorff lançou uma ofensiva, a Operação Michael, a fim de romper as linhas aliadas, conseguindo avançar sessenta quilômetros. "A batalha foi vencida", exultou o Kaiser, "e os ingleses totalmente derrotados." As baixas alemãs foram tremendas: a unidade de Hitler perdeu metade de seus integrantes apenas em abril; já o cabo Hitler recebeu a Cruz de Ferro de Primeira Classe. Mas a matança embruteceu os combatentes. "Só é possível derrotar a morte com a morte", concluiu Hitler, um social-darwinista convicto. "A vida é uma luta constante e terrível que serve à preservação da espécie — alguém tem de morrer para que outros sobrevivam." Por outro lado, ele também apreciava a camaradagem nas trincheiras (e com um cão terrier, Foxl) — a família de que sentia falta —, ainda que, numa ocasião em que os colegas planejaram celebrar sua sobrevivência num bordel francês, tenha exclamado: "Eu morreria de vergonha se visse uma francesa despida" — o que os convenceu de que aquele virgem abstêmio e não fumante era "um tanto excêntrico". Ao visitar uma Berlim assolada pela fome, Hitler ouviu teorias conspiratórias segundo as quais os judeus estavam solapando os esforços militares, ainda que estivessem servindo nas fileiras como todos os alemães. Em julho, veio o contra-ataque francês, e os alemães começaram a rachar, tendo empregado todas as suas tropas de reserva; e em Amiens, em agosto, 456 dos novos tanques britânicos irromperam pelas linhas alemãs e passaram a avançar, reforçados pelos americanos.

Em outubro, o príncipe Faisal, com o apoio de Lawrence, entrou na recém-liberada Damasco; na Arábia, seu irmão Abdulla cercou os otomanos em Medina. No entanto, já eram patentes as tensões entre as aspirações hachemitas e a realidade da partilha acertada por ingleses e franceses. Embora Damasco estivesse na esfera francesa, Faisal fez pouco-caso e reivindicou a Síria, de início em nome do pai, o rei Hussein. Nesse mesmo mês, Guilherme fez uma visita a Gustav Krupp (cujo lema de guerra era "Quanto maior o inimigo, maior a honra!") em seu complexo industrial em Essen. Envergando o capacete com a águia dourada e o uniforme de marechal de campo, o Kaiser dirigiu-se aos trabalhadores do alto de um monte de escória, discursando contra os "traidores", exortando-os a serem "duros como o aço" e acrescentando, imprudentemente, que "todo trabalhador tem seu dever, vocês em seus tornos e eu no trono". Depois de um longo silêncio, os operários gritaram "Fome!" e "Paz!", desconcertando o Kaiser.

No quartel-general, Ludendorff teve um colapso nervoso e ficou tão exaltado que foi conduzido para fora por Hindenburg, que se recusou a demiti-lo: "Com frequência, o chamado do soldado exaure até os caráteres fortes". Mas agora a dupla disse a verdade para Guilherme. "A guerra", aceitou o Kaiser, atônito, "tem de ser encerrada."

A QUEDA DOS KAISERES

Os combates continuaram a se arrastar. Em outubro de 1918, Hitler estava no hospital, após ter ficado temporariamente cego por causa do gás de mostarda, e Guilherme nomeou um príncipe liberal, Maximiliano de Baden, ironicamente primo de Napoleão III, como chanceler, encarregando-o de negociar um armistício. Agora, contudo, o poder estava com o Partido Social-Democrata (SPD, na sigla em alemão), chefiado pelo filho de um alfaiate e veterano líder do Reichstag, Friedrich Ebert, favorável à manutenção da monarquia e temeroso de uma revolução comunista. Porém, quando os marinheiros se rebelaram em Wilhelmshaven, Ebert convenceu-se de que não havia como preservar a monarquia. Enquanto os espartaquistas comunistas formavam conselhos operários em Berlim, Maximiliano foi até Spa e pediu a Guilherme que abdicasse. "Nem em sonho penso em abandonar o trono por algumas centenas de judeus ou um milhar de trabalhadores", zombou o Kaiser.

"Se o Kaiser não abdicar", Ebert disse a Maximiliano, "a revolução social é inevitável. Não é isto o que desejo, e na verdade odeio essa perspectiva." Em 9 de novembro, Ebert exigiu a Chancelaria, pedindo ao príncipe Maximiliano que servisse de regente para o segundo filho de Guilherme. Na mesma tarde, porém, um companheiro de Ebert, Philipp Scheidemann, foi até o balcão do Reichstag e anunciou: "A decadente monarquia acabou. Vida longa à república alemã!".

"Não cabe a você", berrou Ebert, "proclamar a república!" Mas estava feito. No dia seguinte, Guilherme partiu para o exílio na Holanda,[11] assinalando também o fim de 22 dinastias alemãs. "Que seja", comentou o rei da Saxônia, Frederico Augusto III, ao abdicar, "agora vocês que se virem com essa porcaria!" A "porcaria" era a iminente revolução marxista.

Em Viena, o imperador Carlos I propôs um Estado federal para as várias nacionalidades e a independência para os poloneses. No entanto, a monarquia desintegrou-se em Estados novos (a Tchecoslováquia, uma república democrática; a Iugoslávia, uma monarquia sob Pedro Karađorđević) e outros mais antigos. A Polônia — ressurgindo a partir de territórios dos Habsburgo e dos Románov — declarou-se independente sob Józef Piłsudski, um patriota irreprimível, socialista de origem nobre que escapara de prisões russas, servira como ministro num "reino" cliente da Alemanha e agora era eleito chefe de Estado, vislumbrando a Polônia como um "lar nacional" de várias etnias. A Hungria e a Áustria voltaram-se contra os Habsburgo.

No dia do armistício, Carlos renunciou à "participação no governo", mas permaneceu em Schönbrunn até que o líder socialista Karl Renner veio avisá-lo: "O táxi está esperando". Embora tenha partido de bom grado, o ex-imperador insistiu: "Eu não abdiquei". Ainda no hospital, Hitler soube do armistício pelo capelão: "Tudo voltou a ficar negro, e caminhei aos tropeções de volta ao leito de enfermo [...]. Havia sido tudo em vão".

A máquina bélica de moer carne afetou a todos, numa escala que impulsionou a Era das Massas. Nada menos do que 9,7 milhões de soldados haviam sido mortos; e talvez outros 10 milhões de civis.[12] Os soldados que retornaram das frentes de batalha tinham a expectativa de influir no próprio futuro. A guerra também afetou as famílias: as mulheres, até mesmo da classe média, começaram a trabalhar, e queriam continuar assim. A escassez de homens só reforçava o poder feminino. Só então a democracia plena — com sufrágio universal para os homens e cada vez mais mulheres — foi instituída em muitos países.[13]

Tal como muitos outros, Hitler se perguntava: "Tudo aconteceu apenas para que um bando de criminosos se apoderasse de nossa pátria? [...] Meu ódio só crescia". Apenas a *Dolchstoss* — a "punhalada nas costas", desferida por traidores e judeus — podia explicar a derrocada alemã. Foi então que "decidi me tornar um político".

Franklin Roosevelt, enviado à Europa para inspecionar estaleiros e portos, visitou Paris e Londres, onde se encontrou com Churchill — "um dos raros homens", recordaria mais tarde, "que foi grosseiro comigo". Na viagem de volta aos Estados Unidos, enquanto a Alemanha desmoronava, Roosevelt caiu de cama com febre, provavelmente contaminado pelo vírus da gripe A, subtipo H1N1, ou *influenza* — assim chamado por causa de um surto na Itália, em 1743, supostamente causado pela influência das estrelas. Era uma nova variante do vírus, identificada pela primeira vez num quartel do exército em Fort Riley, no Kansas, que depois se disseminou, levado por soldados americanos, pela Europa, onde, pelo fato de ter contagiado o rei espanhol Afonso XIII, recebeu o nome de "gripe espanhola" (na África, ela foi chamada de "gripe brasileira", e, na Polônia, de "gripe bolchevique"). A movimentação de tropas pelos oceanos ajudou na disseminação do vírus por todo o planeta — em duas ondas, a primeira branda, a segunda letal —, matando multidões de crianças pequenas e de adultos no grupo etário de vinte a quarenta anos. Meio bilhão de pessoas contraíram a gripe, e 30 milhões morreram. Em Moscou, ela provocou a morte de um comparsa de Lênin, Iákov Sverdlov; na Arábia, levou três filhos e a esposa favorita de Abdulaziz; na Etiópia, o jovem regente, o *ras* Tafari Makonnen, que logo se tornaria Hailé Selassié, sobreviveu.[14]

A bordo do uss *Leviathan*, muitos não tiveram a mesma sorte; Roosevelt, porém, se recuperou depois de ser desembarcado numa maca.[15] Ao examinar a bagagem do marido, Eleanor encontrou cartas de amor que ele escrevera para a amante, Lucy Mercer. Profundamente magoada, propôs que se divorciassem, mas o novo conselheiro político de Franklin, um jornalista minúsculo, repelente e espalhafatoso chamado Louis Howe, alertou que ele jamais seria presidente caso se separasse; além disso, a mãe de Franklin, Sara, ameaçou excluí-lo do testamento. Franklin disse então à esposa que jamais voltaria a se encontrar com Lucy, promessa que não cumpriu.

Em janeiro de 1919, foi a vez de o presidente Wilson embarcar para a Europa, com o intuito de impor a moralidade americana — o princípio de autodeterminação expresso em seus Catorze Pontos — à Grã-Bretanha e à França, ambas semifalidas por causa da guerra, mas ainda aferradas — por hábito, missão e ambição — aos projetos imperialistas. Roosevelt e Eleanor, reatando a união, que o filho do casal, James, descreveu como "uma trégua armada até o dia em que ele morreu", juntaram-se a Wilson em Paris.

Lloyd George e Clemenceau, o Bode e o Tigre, concordaram com os princípios de Wilson — comprometendo-se com "a libertação plena e definitiva dos povos" — e com a proposta de um novo organismo mundial que evitasse guerras futuras, a Liga das Nações. Entretanto, os dois lascivos radicais se revelaram entusiásticos construtores de impérios. "Wilson me aborrece com os tais Catorze Pontos", gracejou o Tigre. "Até mesmo Deus contentou-se com dez!" Wilson achou Lloyd George "escorregadio", mas ainda assim preferível a Clemenceau. "Fiz tudo que se poderia esperar", zombou Lloyd George, "sentado entre Jesus [Wilson] e Napoleão [Clemenceau]."

"Três homens absolutamente poderosos e absolutamente ignorantes", observou Balfour, "retalhando os continentes", decidiram muita coisa — ainda que muito tenha ficado pendente: o Tratado de Versalhes reconstituía a Polônia e reconhecia os amálgamas multiétnicos da Tchecoslováquia e da Iugoslávia, criados a partir dos feudos dos Hohenzollern, Románov e Habsburgo, e punia a Áustria e a Hungria, reduzindo drasticamente seus territórios. Também encolhia a Alemanha, devolvendo a Alsácia à França, desmilitarizando o vale do Reno, impondo o pagamento de reparações e colocando milhões de alemães étnicos nos novos países eslavos. Era impossível contentar a todos. A Itália e o Japão haviam combatido em favor dos Aliados e não receberam nada. Na Ásia, as três potências aliadas não se ativeram aos princípios de Wilson: na China, concederam ao Japão os portos administrados pelos alemães, mas, quando o príncipe Konoe, o delegado japonês, exigiu que os povos não brancos fossem considerados iguais, recusaram o pedido, enfurecendo tanto os japoneses como os chineses.[16] E o que fazer do Império Otomano? Lloyd George e Clemenceau regateavam em torno do que chamavam de "mandatos" sobre as terras árabes:

Tigre: "Diga o que você quer".
Bode: "Quero Mossul".
Tigre: "Está bem. O que mais?".
Bode: "Também quero Jerusalém".
Tigre: "Combinado".

Clemenceau queria ficar com a Síria, porque os reis cruzados eram franceses e os dois Napoleões imperiais haviam enviado tropas à região. Lloyd George pretendia criar um reino para Faisal, que Lawrence apresentara como "o maior líder árabe desde Saladino". A parte mais importante da Türkiye seria dividida numa Constantinopla internacional, uma pequena nação turca e dois novos países, o Curdistão e a Armênia, ao passo que Esmirna e a Anatólia ocidental passariam a fazer parte de um novo império grego.[17]

O Tratado de Versalhes tinha muitas falhas, mas nenhuma tão grande quanto a de excluir da Europa as duas potências mais a leste, a Alemanha e a Rússia. Desde o início, portanto, estava condenado ao fracasso. Lloyd George admitiu que os "mandatos" eram "um substituto do antigo imperialismo". Entretanto, a guerra também mobilizou a resistência ao império. Em abril de 1919, Gandhi, agora com 49 anos, anunciou uma campanha de satyagraha contra os britânicos em toda a Índia, mas caberia à violência britânica revolucionar a campanha de não violência. Em Amritsar, a prisão de dois de seus seguidores desencadeou uma revolta. No dia 11, os britânicos abriram fogo contra a multidão; os manifestantes mataram cinco europeus. Dois dias depois, outra multidão, incluindo pessoas que celebravam o festival de Baisakhi, reuniu-se em Jallianwala Bagh, onde um imprudente general britânico, Reginald Dyer, chegou com noventa soldados indianos decidido a "punir os indianos por sua rebeldia".

ENQUANTO TIVERMOS A ÍNDIA: GANDHI E NEHRU

De volta à Índia após 21 anos na África do Sul, Gandhi tivera a oportunidade de analisar o poder da Grã-Bretanha: este só funcionava, ele argumentou em seu livro *Hind Swaraj: Autogoverno da Índia*, porque a maioria dos indianos cooperava com os britânicos, cuja força coercitiva dependia dos policiais e soldados indianos. O próprio Gandhi deixara de ser um advogado de elite bem trajado para se tornar um ativista seminu, vestindo um *dhoti* e um xale tecido com algodão indiano, como parte do movimento Swadeshi, voltado para a autossuficiência — pelo qual convocava a população a fiar e urdir em teares manuais os *khadi* e boicotar os tecidos produzidos nas fábricas britânicas, que haviam inviabilizado a indústria têxtil na Índia. Um Partido do Congresso, aprovado pelo vice-rei, havia sido fundado vinte anos antes, mas estava dividido entre moderados e radicais, e muitos na elite indiana menosprezavam o movimento. Motilal Nehru, um advogado abastado, *pandit* (mestre) brâmane, descendente da elite do Império Mogol, irmão de um importante ministro, morador de uma mansão em Allahabad, acreditava na cooperação anglo-indiana e enviou o filho Jawaharlal para estudar em Harrow e se tornar um cavalheiro inglês.

No entanto, depois de se formar em Cambridge e tornar-se advogado, agora vivendo na mansão com a esposa Kamala, Jawaharlal aderiu ao socialismo e tornou-se membro do Partido do Congresso, entusiasmado com a volta de Gandhi: "Todos nós o admirávamos por sua luta heroica na África do Sul, mas ele parecia muito distante, diferente, apolítico". Quando Nehru, então com trinta anos, conheceu Gandhi, "vimos que ele estava preparado para aplicar seus métodos na Índia — e que eles prometiam ser bem-sucedidos". No início mantendo-se afastado do Partido do Congresso, Gandhi — conhecido como Mahatma ("grande alma") — provou que esses métodos eram efetivos. Os britânicos ofereceram aos indianos uma participação limitada nos governos locais, mas a maioria dos líderes em Londres considerava a Índia crucial para o poderio britânico. "Enquanto governarmos a Índia", comentou o ex-vice-rei Curzon, agora ministro das Relações Exteriores, "continuaremos sendo a maior potência do mundo", e "não temos a menor intenção de abandonar as possessões indianas". Assim que os britânicos impuseram limites emergenciais aos protestos indianos, Gandhi organizou o primeiro boicote.

No dia 13 de abril de 1919, em Jallianwala Bagh, o general Dyer ordenou a seus soldados indianos que disparassem contra a multidão, matando de quinhentas a mil pessoas e ferindo outras 1200.[18] O massacre abalou a fachada da benevolência e da competência dos britânicos: Motilal Nehru queimou no jardim de casa seus ternos e chapéus ingleses, além da mobília que adquirira em Londres, observado pela filha de Jawaharlal, então com dois anos e chamada Indira. Gandhi, com o apoio de Nehru, assumiu a liderança do Partido do Congresso.

Entretanto, havia uma falha: os muçulmanos constituíam uma enorme minoria na Índia, e os britânicos, que compreendiam melhor o islã do que o hinduísmo, haviam baseado o *raj* nos mogóis. Durante a Primeira Guerra Mundial, 1,3 milhão de indianos, sobretudo muçulmanos, haviam se apresentado como voluntários para lutar na Europa. Ascético, dotado de empatia e carisma extraordinários, Gandhi via a si mesmo como uma figura religiosa, que buscava a *moksha*, a autoperfeição, por meio da "flagelação da carne", liberto das regras normais. "Não cabe a mim provar a correção do que disse na época", afirmaria mais tarde, "o essencial é apenas saber o que sinto agora." Embora estivesse determinado a unir as comunidades da Índia, o Partido do Congresso, a despeito de todo o secularismo, acabou se tornando majoritariamente hindu. Quando um movimento de dalits [intocáveis] exigiu seus próprios representantes, Gandhi jejuou a fim de impedi-los. "O sistema de castas", argumentou, "não se baseia na desigualdade", mas era a estrutura que mantinha unida a Índia hindu. Gandhi personificava os protestos pacíficos, mas sabia que o "problema comunitário" somente poderia ser resolvido pela violência. "Prefiro ver hindus e muçulmanos matando uns aos outros", escreveu em 1930, "do que ver diariamente nosso cativeiro dourado."[19]

Depois de reformular o mundo, Wilson retornara exausto a Washington. Em 2 de outubro de 1919, sofreu um derrame que o deixou semiparalisado e parcialmente cego. Mantendo em segredo o estado de saúde de Wilson, sua segunda mulher, Edith Galt, encarregou-se das tarefas da presidência: "Jamais tomei qualquer decisão sozinha; apenas determinava o que era importante [...] e em que momento apresentar as questões a meu marido".

Assim como Wilson, os americanos deram as costas para o exterior. Em Elaine, no Arkansas, quando meeiros negros tentaram formar um sindicato em setembro, grupos de linchadores e uma nova versão da KKK, apoiados pelo governador, alegaram a existência de uma "insurreição negra" e mataram duzentos afro-americanos em três dias de tumultos. Além disso, 75 negros inocentes foram condenados por homicídio e insurreição, e doze deles sentenciados à morte.

A Associação Nacional para o Progresso de Pessoas de Cor fez uma campanha contra a injustiça, e as condenações terminaram anuladas pelo Tribunal Superior do estado. Em Tulsa, Oklahoma, em maio de 1921, quando um engraxate negro foi acusado de atacar uma menina branca, uma tentativa de linchamento de prisioneiros negros provocou um tiroteio na cadeia. Uma turba de brancos invadiu e incendiou a "Wall Street Negra", causando muitas vítimas fatais, e a perda total dos negócios de Gurley e de outros empresários. A Guarda Nacional confinou 6 mil negros; outros 100 mil foram expulsos de suas casas. Entre as testemunhas de um linchamento no interior da Geórgia estava um jovem batista, Michael King, futuro pai de Martin Luther King Jr., que decidiu se tornar pastor a fim de combater a injustiça racial.

Além das tensões raciais, havia nos Estados Unidos um novo puritanismo que se contrapunha à desenfreada *joie de vivre* que explodira depois de anos de guerra e pandemia.

O CÉREBRO, O HOLANDÊS TOLO E LUCKY LUCIANO

Em outubro de 1919, a Lei Volstead, impulsionada por um ressurgimento evangélico, proibiu o consumo de bebidas alcoólicas, uma decisão que criminalizou grande parte da sociedade e, ao mesmo tempo, legitimou um novo grupo de criminosos, cujos membros deram cabo dos tradicionais *padrini* (padrinhos) sicilianos. Com a ajuda dos comparsas judeus Meyer Lansky e Bugsy Siegel, Lucky Luciano controlava uma das redes criminosas que atuavam em todas as grandes cidades e estavam prontas para importar bebidas e servi-las em novos bares clandestinos. Um dos membros da gangue de Five Points, Al Capone, conhecido como Snorky pelos trajes elegantes e Scarface pelas cicatrizes no rosto, mudou-se para Chicago, onde acabaria assassinando o *padrino* e tornando-se o chefe da gangue. Luciano teve como mentor um manipulador extraordinário que vivia na parte rica da cidade chamado Arnold Rothstein, o filho de um honesto negociante judeu que se tornou gângster mais por escolha do que por necessidade. Conhecido como Cérebro, Rothstein fez fortuna com apostas em jogos — supostamente teria manipulado os resultados do campeonato nacional de beisebol, a World Series, em 1919 — antes de se dedicar à importação e distribuição de uísque, usando navios e caminhões próprios, e conferindo uma organização empresarial às atividades criminosas.

Rothstein passou a apoiar Luciano, até mesmo ensinando-o a se vestir e a ampliar sua influência, por meio de uma rede de corrupção que incluía juízes, policiais e políticos. O negócio das bebidas alcoólicas, associado a outros interesses — cassinos, bordéis, drogas, jogos, sindicatos, controle de portos e proteção —, de repente transformou esses imigrantes rudes em magnatas do crime.

Na Casa Branca, dirigida pela primeira-dama Edith Wilson, o vice-secretário da marinha, Roosevelt, ficou horrorizado ao ver o presidente incapacitado: o vigor esportivo era parte do que o tornava fascinante. Nas eleições de 1920, Franklin concorreu como candidato à vice-presidência, mas os democratas perderam.[20] Meditando no que faria a seguir, em agosto de 1921, Franklin, agora com 39 anos, saiu de férias para velejar ao largo da ilha de Campobello, no Canadá, onde foi acometido de dores nos músculos e na coluna. Ele desmaiou com febre e paralisia. De repente, não conseguia mais se mover, nem mesmo evacuar. Enquanto lutava desesperadamente pela vida, os médicos discutiam o diagnóstico, por fim concluindo que se tratava de poliomielite — "uma doença infantil", comentou Franklin. Quando passou a febre, ele estava paralisado da cintura para baixo, e se ausentou quase por completo da vida dos filhos. "Essa foi a época do segundo pai", comentou o filho James, "o pai com pernas mortas."

Sustentado pelo "temperamento de primeira classe", Franklin concentrou-se em refazer a vida, passando meses na Flórida e, em seguida, buscando uma cura em Warm Springs, na Geórgia, que ele adquiriu e transformou numa clínica de hidroterapia, impondo-se aos pacientes com sua extraordinária confiança e jovialidade: "Vocês se comportaram enquanto o papai estava longe?".

Franklin aprendeu a se mover precariamente com muletas, desenvolvendo músculos no torso e nos ombros, e acostumando-se a ficar de pé com a ajuda de suportes nas pernas. Estas, contudo, continuavam imprestáveis, e seu progresso muito precário. Ao tentar retomar o trabalho como advogado, ele sofreu uma queda diante de todos. "Não se preocupem, não foi nada", comentou, sorrindo, enquanto o ajudavam a se reerguer. Ele aceitou a enfermidade com uma determinação disfarçada por uma irresistível e inescrutável vivacidade, o aristocrata superficial enrijecido pelo sofrimento e animado pela empatia que despertava. Eleanor cuidou dele, mas sem constrangê-lo em suas novas companhias, como o propagandista Howe (que o chamava de mestre, ou, às vezes, de "holandês tolo") e uma jovem secretária, a "menina" LeHand, que o idolatrava. Eleanor partiu para uma vida própria como militante liberal, aprendendo com Howe a falar em público.

"Creio que um dia", Howe disse a Eleanor, "Franklin vai ser presidente." Enquanto este lutava para refazer a vida, a paz wilsoniana na Europa começava a desmoronar. A impressão era que a Alemanha, e talvez grande parte da Europa, estava prestes a sucumbir aos bolcheviques.

Na Rússia, a retirada das tropas alemãs desencadeou uma feroz guerra civil e étnica, mas Lênin, um mestre do pragmatismo, sobrepujou um a um os rivais e, em seguida, iniciou uma reconquista do império dos Románov. Transferindo para Moscou a capital do Estado soviético (os sovietes eram os conselhos revolucionários que haviam surgido na maioria das cidades russas e agora eram usados como cortina de fumaça para sua ditadura), ele encarregou Trótski de formar um novo exército, o Exército Vermelho, e um ascético nobre polonês, Félix Dzerjinski, de organizar uma polícia secreta, a Tcheká, destinada a liquidar os inimigos.

E os inimigos de Lênin não eram nada imaginários. Em agosto de 1918, ele mal conseguiu escapar a um golpe de aliados radicais, sendo alvejado enquanto discursava. Os soldados vermelhos travaram uma luta encarniçada contra as tropas dos brancos conservadores. Revolucionários nacionalistas proclamaram a independência na Geórgia, na Ucrânia, na Finlândia e na Polônia, bem como na Estônia, na Letônia e na Lituânia. Intervenções mal coordenadas e insuficientes dos Estados Unidos, da Grã-Bretanha, da França e do Japão contribuíram para o desmoronamento do antigo império tsarista. No entanto, Trótski, controlando a região central e mais populosa, recrutando 5 milhões de homens até 1921, impondo uma rígida cadeia de comando, conseguiu derrotar cada inimigo separadamente.[21]

Todos os lados recorreram a engenhosas crueldades em escala maciça, que resultaram na morte de 12 milhões de pessoas. Enquanto os russos brancos ofereciam um novo Império Russo aos camponeses, mas não terras, Lênin mobilizava os trabalhadores, enganava os camponeses e propunha a autonomia nacional para as minorias. Lênin abdicou da Finlândia e dos países bálticos, mas lutou pela Ucrânia, essencial para o novo Estado, pois produzia um terço dos cereais russos, dois terços do carvão e quase todo o aço.[22] Em abril de 1920, o marechal Piłsudski, concordando com o hetman ucraniano Petliura em um alinhamento dos Estados polonês e ucraniano nos moldes de uma nova comunidade polonesa-lituana, tomou Kiev no mês de maio. Lênin contra-atacou e retomou a cidade no mês seguinte. Uma vez assegurado o controle da Ucrânia pelos bolcheviques, estes se voltaram para a Polônia e a Alemanha.

Enquanto Lênin empenhava-se para obter o controle da Ucrânia, os comunistas alemães tentaram tomar o poder em Berlim e ocuparam Munique, mas o presidente Ebert aplacou os soldados alemães, dizendo: "Vocês continuam invictos". Ebert aliou-se ao exército e aos paramilitares reunidos nos Freikorps, que assassinaram as lideranças marxistas em Berlim e, mais tarde, em abril de 1919, retomaram Munique depois de seiscentas mortes.[23]

Ainda um soldado e agora com 29 anos, Hitler compartilhava a fúria com a derrota alemã, e passou a adotar as ideias da supremacia racial germânica e de um virulento antissemitismo. Num curso de adestramento militar, ele falou em público pela primeira vez. "Vi um rosto pálido e encovado", recordou um dos instrutores, "sob uma cabeleira bem pouco militar, um bigode aparado e olhos muito grandes, brilhantes, de um tom azul-claro e fanaticamente gélidos." Em seguida, ouviu a voz gutural com que Hitler se dirigiu aos colegas: "Tive a estranha sensação de que, ao mesmo tempo que os excitara, fora o interesse deles que *lhe* havia conferido sua voz". Esse observador comentou com um colega que "um de seus alunos é um orador público nato". Hitler adotou a teoria da "punhalada nas costas", alegando que os traidores eram judeus, a quem associava aos comunistas, num "judeo-bolchevismo".

"Precisamos sondar com as baionetas", disse Lênin, "se a revolução social na Polônia está madura." No verão de 1920, ele invadiu a Polônia, nomeando como ditador o chefe da política secreta, Dzerjinski. Varsóvia parecia condenada. A Europa prendeu o fôlego.

SONDANDO COM AS BAIONETAS: OS REIS DE MUNIQUE, SÍRIA E IRAQUE

No dia 16 de agosto de 1920, Piłsudski, aconselhado por oficiais britânicos e franceses, entre os quais um jovem francês chamado Charles de Gaulle, frustrou a ofensiva bolchevique. Lênin absorveu o golpe devastador. No sul, Stálin conquistou as regiões independentes da Geórgia, da Armênia e do Azerbaijão — e, neste último, os campos de petróleo de Baku.[24] Os bolcheviques não iriam mais conquistar a Europa, ao menos por enquanto, mas agora Lênin defrontava-se com a tarefa de viabilizar seu Estado, bem na época em que, em Munique, libertada do domínio comunista em meio a um banho de sangue, Hitler, agora agente do serviço de inteligência militar, passava a monitorar o pequeno Partido dos Trabalhadores Alemães, de ideologia *völkisch*. Após dar baixa no exército no momento em que as forças de Lênin eram derrotadas no Vístula, Hitler assumiu o controle do partido, rebatizando-o como Partido Nacional-Socialista dos Trabalhadores Alemães — o Partido Nazista. "Foi uma época maravilhosa", diria mais tarde. "A melhor de todas."

Hitler aperfeiçoou seu talento para a oratória, praticando como um ator a gesticulação desenfreada, experimentando frases e temas, adotando uma mescla de pseudociência racial, história fantasiosa, cavalaria medieval e imaginário religioso, que calava fundo no público das lotadas cervejarias bávaras, investindo contra os "traidores de novembro", os políticos corruptos e os judeus. "Por que somos antissemitas?", perguntava. E respondia que os judeus "eram parasitas de outros povos", impelidos por "Mamon e pelo materialismo [...] o único objetivo judeu é a dominação mundial", e a única solução para isso, "a remoção dos judeus do seio de nosso povo". No início de 1921, ele criou no partido uma ala paramilitar, a *Sturmabteilung* (SA) — "tropa de assalto" —, dotando-a de uniformes pardos, para combater "nosso inimigo, o judeu". Os nazistas atraíram dois heróis de guerra bem relacionados: o capitão Ernst Röhm, três vezes ferido e com cicatrizes no rosto, e Hermann Göring, filho de um governador da colônia alemã do sudoeste da África e um ás da aviação militar casado com uma baronesa. Com a hiperinflação, os distúrbios e as greves criando um ambiente de caos e queda livre distópica, Hitler tornou-se o "rei de Munique" e atraiu o próprio general Ludendorff para uma tentativa de tomar o poder. A inspiração deles vinha da Itália.

Em outubro de 1922, um agressivo veterano de guerra e jornalista de queixo quadrado chamado Benito Mussolini, líder do Partido Nacional Fascista, apoiado pelo movimento paramilitar do *Squadrismo*, os camisas-negras, ameaçou marchar sobre Roma e tomar o poder num reino que se desintegrava após as enormes perdas na guerra. Para Mussolini, as "plutodemocracias" (Grã-Bretanha e França) haviam impedido a Itália de receber sua devida parte nos despojos. O nome "fascismo" vinha de *fasces*, um feixe de varas com um machado que simbolizava a autoridade dos cônsules na Roma antiga. Mussolini propunha a criação de um novo Império Romano que tomasse o lugar da democracia e derrotasse o marxismo. Muitos empresários e aristocratas se entusiasmaram com a ideia. Quando Mussolini e os fascistas se aproximavam de Roma, o rei Vítor Emanuel III o convidou à cidade, tornando desnecessária a marcha.

Com 1,52 metro de altura e apelidado de Sciaboletta (Espadinha), o rei via Mussolini como um "homem forte" indispensável, tal como Crispi.[25] Recorrendo a uma característica imagem fálica, Mussolini menosprezou o monarca, a quem comparou a um "anticoncepcional", acrescentando que era "baixinho demais para uma Itália destinada à grandeza". Mussolini acreditava que a libido agressiva era uma extensão do poder, vangloriando-se de que "o gênio está nos órgãos genitais". Ele entrou em Roma vindo de trem, foi nomeado primeiro-ministro e recorreu ao terror para dominar a Itália. Porém, o novo culto do ditador super-homem trazia consigo uma rejeição transcendente da rotina trivial e uma projeção do extraordinário que podiam ser compartilhadas pelas massas. Hitler estava convencido de que poderia fazer o mesmo e tomar o poder.

Mais a leste, também Faisal e Lawrence empenhavam-se em frustrar as decisões das potências aliadas. Em 7 de março de 1920, em Damasco, Faisal foi aclamado rei de uma Grande Síria que abrangia os atuais territórios da Síria, do Líbano e de Israel.

Como a região coincidia com o mandato da França, Faisal tentou negociar com Clemenceau, mas os sírios rejeitaram os franceses e o forçaram a tomar uma decisão. Apoiando a promessa sionista da Grã-Bretanha nesse reino árabe, Lawrence promoveu encontros entre Weizmann e Faisal, que aceitou a imigração judaica caso ocorresse sob sua autoridade. Tudo isso fazia parte dos planos de Lawrence, enquanto o irmão mais velho de Faisal, Abdullah, ficaria com o Iraque.

Decididos a reivindicar seu novo império, os franceses derrotaram o precário exército de Faisal. Embora convencido de que era melhor "tomar e depois perguntar", Faisal entendia "a arte da flexibilidade política: os sírios perderam a independência ao insistir no tudo ou nada".

Em 12 de março de 1921, no hotel Semíramis, no Cairo, Churchill, agora secretário colonial de Lloyd George, deleitava-se numa reunião de seus "Quarenta Ladrões", um grupo de especialistas que iria redesenhar o mapa do Oriente Médio e do qual faziam parte Lawrence, Sir Percy Cox e Gertrude Bell. Para esta, contudo, "podemos esquadrinhar nossa história do começo ao fim sem topar com figuras mais incompetentes do que Lloyd George e Winston Churchill".

A tarefa inicial de Churchill era sufocar as rebeliões antibritânicas no Iraque, promovidas por xiitas, sunitas e curdos, com o xeque destes últimos, Mahmud Barzani, tendo se declarado rei. Enquanto ordenava à RAF que bombardeasse os rebeldes ("um excelente treinamento"), Churchill concebeu uma forma menos dispendiosa de administrar os mandatos. A Grã-Bretanha iria governar a Palestina diretamente — acolhendo os imigrantes judeus, mesmo não havendo nenhum plano efetivo para uma "Pátria Judaica" — e ofereceria o Iraque aos hachemitas. Mas Churchill logo descobriu que estes não eram bem o que diziam ser: "Eu não havia me dado conta da debilidade intrínseca da posição do rei Hussein [...]. A de Ibn Saud é muito mais firme".

No palácio em Meca, Hussein, um rei Lear árabe, enfureceu-se com a traição — não só dos britânicos, mas também dos filhos. Em sua arrogância, ele havia desdenhado de Abdulaziz, porém o xeque saudita agora comandava um fanático exército wahabita, o Ikhwan (Irmandade), cujo grito de guerra era "Vem aí o sopro divino!". Os sauditas se vangloriavam de que o wahabismo era "a religião mais pura do mundo", acrescentando: "Eu sou o Ikhwan — e ninguém mais".

Em maio de 1919, Abdullah avançou rumo à capital saudita de Riad. Diante dos rumores de que os britânicos estavam cedendo o Iraque a Hussein, Abdulaziz concluiu que "os britânicos me cercaram de inimigos". Os guerreiros do Ikhwan se esgueiraram no acampamento do excessivamente confiante Abdullah e, aos gritos de "Vem aí o sopro divino!", massacraram quase todos os 8 mil homens; o príncipe só escapou porque rasgou com um punhal os fundos de sua tenda e saiu galopando em trajes de dormir. Era o fim de Hussein e o início da ascensão dos Saud.

Agora Churchill ofereceu o trono do Iraque a Faisal, que seria confirmado por um plebiscito, mas governaria sob a proteção britânica. Faisal aceitou: em agosto de 1921, foi coroado rei em Bagdá, com o procônsul britânico Cox entoando: "Vida longa ao rei!", enquanto soldados do regimento de Dorset disparavam uma salva de tiros. Com um rosto carrancudo, olhos tristes e bom senso, Faisal governou por meio de gabinetes de notáveis sunitas, potentados judeus e de seu lugar-tenente da época da Revolta Árabe, Nuri al-Said, que iria dominar o Iraque até uma macabra derrocada três décadas depois.

Abdullah ficou furioso com Faisal. Indignado com a perda do Iraque, "mesmo que pertencesse a seu irmão", ele saiu à frente de trinta oficiais e duzentos beduínos na região leste da Palestina, a Transjordânia, e tomou a vila de Maan (Amã). Abdullah era um *bon vivant*, "interessante, de conversa agradável e bem-humorado", disse Faisal, "um apreciador de poesia" que gostava de atirar em maçãs colocadas sobre a cabeça dos criados.

Churchill assegurou-lhe os seus domínios. "O emir Abdullah está na Transjordânia", escreveu, "onde, numa tarde de domingo, entreguei-lhe Jerusalém." Abdullah revelou-se o mais hábil hachemita — cujos descendentes ainda governam a Jordânia no século XXI —, mas a família logo perdeu a Arábia.[26]

Em março de 1924, Hussein se proclamou califa, escandalizando a maioria dos muçulmanos após a péssima administração de Meca e constrangendo os próprios filhos. Abulaziz ibn Saud atacou Taif, uma vila de veraneio perto de Meca. O Ikhwan expulsou de lá o príncipe Ali, filho de Hussein, e massacrou trezentos moradores. Ali buscou refúgio junto ao pai, que o recebeu aos berros, mas seu destino estava selado. Hussein acabou por abdicar em favor de Ali, que se tornou rei do Hejaz, enquanto o pai partia num comboio motorizado, carregado de latas de querosene repletas de moedas, com os guarda-costas negros perfilados nos estribos dos carros.

Enquanto o rei Ali aguardava em Jidá, os caravaneiros de Abdulaziz irrompiam em Meca, aos brados de "Os moradores de Meca — vizinhos de Alá — estão sob a proteção de Alá e de Ibn Saud". No mesmo mês de novembro, Abdulaziz entrou em Meca montando um camelo, antes de se prostrar como um humilde peregrino na Cidade Sagrada. Ele cuidou de se apresentar como o novo Guardião dos Dois Santuários. Assim que o rei Ali escapou de barco, Abdulaziz foi proclamado rei do Najd e sultão do Hejaz. Depois de doze anos, a família Saud estava de volta ao poder.

Quanto a outros arranjos no Oriente Médio, em julho de 1922, a recém-criada Liga das Nações confirmou os mandatos britânicos e franceses, em conformidade com a legislação internacional, estipulando "um lar nacional para o povo judeu" na Palestina e "resguardando os direitos civis e religiosos de todos os seus habitantes", um plano endossado pelo Congresso americano. Os arranjos árabes de Lloyd George e Clemenceau perduraram por duas décadas, mas a divisão que eles promoveram do território otomano, concedendo um império à Grécia, já estava em vias de desmoronamento: Kemal, o arrojado general otomano, liderou um ressurgimento turco que frustrou tais planos.

Os Pahlavi e os Song, os Roosevelt, os mafiosos e os Kennedy

ATATÜRK, REZA, LÊNIN: PAI DOS TURCOS, LUZ DOS IRANIANOS E O MAIOR DOS GÊNIOS

Louro, de olhos azuis e desenvolto, Kemal era filho de um soldado turco e de uma mãe abcázia, tendo sido criado em Tessalônica. Juntou-se aos Jovens Turcos e combateu os italianos quando estes invadiram a Líbia, em 1911, e depois os búlgaros na Trácia, em 1912. Ele insistira com Enver para que não se aliasse aos alemães na guerra, mas destacou-se na campanha de Galípoli antes de conter o avanço dos russos no Cáucaso e dos britânicos na Síria. Agora, enfrentava a partição anglo-francesa do território no âmago do antigo Império Otomano, em que parte das terras seria concedida à Grande Ideia, o novo império grego, favorecido por Lloyd George, um entusiástico classicista.

Em setembro de 1921, o marechal Kemal, presidindo uma Grande Assembleia Nacional em Ancara, opôs-se à ambição grega e, em agosto de 1922, num confronto que mobilizou 400 mil soldados, derrotou as forças gregas em Dumlupinar, investindo contra a cosmopolita cidade greco-turca de Esmirna, na qual, em meio a massacres medonhos, os gregos acabaram sendo expulsos, num episódio que passaram a chamar de "Catástrofe". O fiasco resultou na queda de Lloyd George. Em novembro, Kemal aboliu a monarquia: o último sultão, Mehmed VI, refugiou-se num navio da Marinha Real, embora um primo tenha sido temporariamente proclamado califa. Com 43 anos de idade, Kamal, eleito presidente da nova república da Türkiye, foi reconhecido pelas potências aliadas, concordou com uma troca de populações de 350 mil turcos e 1,1 milhão de gregos[1] e cancelou a independência da Armênia e do Curdistão.

Kemal mostrou-se implacável com os opositores, que foram assassinados ou enforcados,[2] e massacrou e bombardeou os rebeldes curdos que ameaçavam o regime.

Ele tinha uma ideia de como deveria ser a nação turca. Rejeitou a decadência otomana, separou religião e política, adotou o alfabeto romano para a língua turca, fundou uma universidade em Ancara e aboliu a obrigatoriedade do uso do véu para as mulheres, a quem assegurou também o direito à educação e ao voto. Além disso, mudou a capital para Ancara e, em Constantinopla (agora rebatizada Istambul), transformou em museu a igreja de Hagia Sofia, erguida por Justiniano e convertida em mesquita por Mehmed II. Também ordenou que os turcos adotassem, pela primeira vez, sobrenomes: ele próprio tornou-se Kemal Atatürk — "pai dos turcos".

Atatürk era um autocrata que vivia como um sultão nos antigos palácios otomanos, usando com frequência o iate presidencial; ainda que fosse um epicurista libertino, mulherengo, com uma vida amorosa complicada, e um consumidor contumaz de raki, ele também era um *paterfamilias* generoso, tendo adotado treze órfãos.[3] Embora nunca tenha se tornado sultão, inspirou outro general a se tornar xá.

Em 25 de abril de 1926, no salão do Palácio do Golestão, em Teerã, um militar alto de origem obscura coroou-se e foi aclamado xá do Irã. No intervalo de poucos anos, passara de cavalariço a monarca, dando início a uma dinastia que permaneceria no poder até a década de 1970, temporariamente restaurando o poderio e a riqueza do país. Um rude e brutal ferrabrás, neto e filho de soldados, sempre empertigado e irascível, Reza nascera na província de Mazandarão, à beira do mar Cáspio, e se incorporara ao regimento de cossacos persas criado por conselheiros russos. Exímio cavaleiro e especialista em metralhadoras Maxim, chegou ao posto de comandante e casou-se com a filha do general supremo — numa época em que a Pérsia estava se desintegrando. Mas suas reservas de petróleo eram cruciais para o poderio britânico. Em 1906, o xá Qajar havia sido obrigado a promulgar uma Constituição, mas o reino era dominado pela Grã-Bretanha e a Rússia. Após a revolução liderada por Lênin, os bolcheviques foram expulsos pelo general britânico Edmund Ironside, que buscava um homem forte para governar o país. Foi então que conheceu Reza. "Com quase 1,90 metro de altura e ombros largos", comentou Ironside, "nariz adunco e olhos cintilantes, ele tinha uma aparência notável."

Reza parecia ideal para ser a face do regime. Em 1921, ele propôs assumir o poder. Ao saber do assentimento dos britânicos, "começou a dançar, a assobiar", recordou um de seus oficiais, "e a estalar os dedos". À frente de seiscentos cavaleiros, seguiu para Teerã e depôs o primeiro-ministro, nomeando um substituto e assumindo ele próprio o Ministério da Guerra — para anunciar sua chegada, mandou distribuir cartazes repletos de frases que começavam com a expressão "Eu ordeno". Após esmagar chefes guerreiros rebeldes, Reza se mostrou um reformista visionário, um empenhado patriota e um autocrata paranoico, enquanto o jovem e impotente xá se aborrecia na Europa.

Em outubro de 1925, quando o Majlis (parlamento) se reuniu para debater o fim da dinastia Qajar e a sagração de Reza como xá, dois futuros potentados estavam presentes: Mohammad Mossadegh, então com 43 anos e ex-ministro das Relações Exteriores, alertou que Reza era competente demais para servir como um monarca constitucional; um jovem de 23 anos chamado Ruhollah Khomeini, estudante de história e teologia islâmicas e poeta ocasional, acompanhava os debates, inconformado ao mesmo tempo com a interferência externa e com a ascensão daquele general sem religião. Os capangas de Reza chegaram até mesmo a tentar assassinar um de seus oponentes na escadaria do Parlamento; acabaram matando o homem errado, mas o recado estava dado. Em dezembro, o Majlis aprovou a criação de uma nova monarquia.

Na cerimônia de sagração, um requintado aristocrata, Abdolhossein Teymourtash, apresentou a coroa a Reza, então com 48 anos e vestindo um uniforme militar sob o manto real. Educado em São Petersburgo, o sofisticado Teymourtash, mulherengo e amante dos jogos e da bebida, definiu o teor do novo regime: houve leituras de trechos do *Shahnameh*, de Ferdowsi, e Ciro e Dario foram lembrados. Inspirando-se no aliado Atatürk, Reza determinou que os persas adotassem sobrenomes e usassem roupas ocidentais; as mulheres ficavam desobrigadas do uso do véu e deviam frequentar a escola. Ele também construiu ferrovias, fábricas, estradas, escolas seculares e uma universidade em Teerã. Empunhando uma vara, criticava aos berros o país de súditos "atrasados e ignorantes", e não hesitava em vergastar quem o contradissesse. Também costumava chutar a virilha dos insubordinados, e, embora fingisse respeitar os poderosos mulás, estapeou um aiatolá que fez um comentário sobre os vestidos de suas filhas.

O mais importante para Reza era que o filho Mohammad — com seis anos e gêmeo de uma menina, Ashraf — o sucedesse. "Ave do bom augúrio", foi como apelidou o príncipe. Considerando que qualquer leniência podia constituir um estímulo à homossexualidade, Reza e o filho somente se tratavam por "senhor", e Mohammad achava o pai uma figura "assustadora". Por outro lado, a mãe, Tadj ol-Molouk, incutiu-lhe a ideia de que era um predestinado.

Teymourtash também era influente — o primeiro amor de Mohammad foi a filha do ministro. Por recomendação deste, o garoto foi enviado para uma escola em La Rosey, na Suíça, o que lhe permitiu escapar da presença paterna. Ali, desde os onze anos de idade, o príncipe herdeiro descobriu as alegrias do sibaritismo ocidental — e afinal fez um amigo, Ernest Perron, de 23 anos, jardineiro e professor assistente de poesia na escola, e o responsável por apresentá-lo a Rabelais e Mozart. Esta não era bem a formação viril que Reza imaginara para o herdeiro.

Enquanto Atatürk e Reza moldavam os novos Estados, Lênin forjava uma nova Rússia, sem se preocupar com os custos humanos. "Não faz sentido uma revolução sem pelotões de execução", comentou, e nas ordens a seus asseclas insistia em mortandades em massa. No Estado que concebeu, governado por ele próprio como presidente do conselho dos comissários do povo (primeiro-ministro), controlado exclusivamente por um pequeno Partido Comunista, o poder concentrava-se num grupo minúsculo de líderes. Conhecido como "birô político", ou Politburo, e dominado pelos hábeis Trótski e Stálin, o gabinete assumiu uma prerrogativa quase sagrada de onisciência e tomada de decisões em nome do povo, naquilo que Lênin chamou de "ditadura do proletariado". Lênin implantou temporariamente uma forma branda de capitalismo para salvar um país arruinado pela guerra e cujo perfil étnico discutia com Stálin, visando preservar a Ucrânia e manter sob controle os países que consideravam "limítrofes". O georgiano propôs uma federação russa soviética; os bolcheviques ucranianos, georgianos e de outras regiões desejavam manter-se independentes da Rússia. Lênin, que abominava o "grande chauvinismo russo", também era dessa opinião. Com o objetivo de incluir os ucranianos e excluir os poloneses, ele sugeriu a criação de uma União das Repúblicas Socialistas Soviéticas da Europa e da Ásia, na qual os quatro povos principais teriam as suas repúblicas. A ideia era satisfazer as aspirações dos ucranianos e georgianos, que haviam participado da revolução e queriam se libertar da "prisão das nações" tsarista. Em teoria, os povos teriam o direito de "sair" da União quando quisessem, mas "jamais" se desvincular por completo. O problema é que, se o partido acabasse debilitado, as repúblicas poderiam alcançar a independência e se transformar em genuínas nações. Na época, contudo, ninguém se preocupou com isso. Afinal, não havia probabilidade de que isso ocorresse.[4]

Todo esse esforço acabou sendo demais para Lênin. Em maio de 1922, enquanto descansava numa dacha próxima de Moscou, ele sofreu um derrame que o deixou semiparalisado e incapaz de falar. No teatro Bolshoi, em 28 de dezembro, Stálin presidiu à criação da União das Repúblicas Socialistas Soviéticas, que incentivava as culturas nacionais, como a dos ucranianos e georgianos. Quando retornou ao Kremlin, Lênin sofreu outro derrame. Como todos os líderes, ele se considerava insubstituível: nomeou o georgiano Stálin, truculento mas autodepreciativo, para o cargo de secretário-geral, como forma de contrabalançar o poder do comissário de guerra, o arrogante e pretensioso Trótski. E em vão suplicou a Stálin que lhe desse cianureto, a fim de se suicidar. Trótski pouco se empenhou em criar uma facção, mas o sociável, acessível e modesto Stálin cultivava aliados entre os robustos *praktiki* provinciais, que preferiam sua obstinação à arrogância de Trótski. Além disso, os russos jamais iriam tolerar um líder judeu. Quando afinal se tornou patente a vontade de Stálin de tomar o poder, o incapacitado Lênin ainda tentou afastá-lo, mas era tarde demais. Enquanto Trótski e outros ideólogos pomposos continuavam a subestimar o georgiano, este já tomava decisões: em janeiro de 1923, passou a defender Sun Yat-sen, que, depois de trinta anos, afinal encontrava um apoiador de fato capaz de ajudá-lo.

AS IRMÃS SONG: SUN, CHIANG E MAO

Sun Yat-sen e sua jovem esposa, Qingling Song, haviam passado cinco anos balançando entre o poder e o desastre. Em 1917, com apoio dos alemães, Sun tomara o poder em Guangzhou e se proclamara marechal supremo, pouco antes de ser deposto. Enquanto Lênin ficava incapacitado, Sun retornou a Guangzhou como presidente até que, em junho de 1922, um de seus generais tentou assassiná-lo. Sun correu para o porto, abandonando Qingling, a jovem esposa grávida, como isca para cobrir a fuga: era uma "luta de vida e morte", ela recordou, "ficamos literalmente mergulhados num inferno de tiroteios constantes", depois dos quais "me disfarcei de velha camponesa, protegida por um dos guardas, que se fez passar por vendedor ambulante". Ela sofreu um aborto espontâneo, mas acabou juntando-se a Sun, sob a proteção de um jovem general do Kuomintang (KMT) chamado Chiang Kai-shek, que lhes proporcionou refúgio em Shanghai enquanto Sun pedia socorro a Moscou.

Logo após a chegada de Lênin ao poder, Sun manifestara por telegrama sua admiração pelo "grande homem". Havia algo de comum nas trajetórias de Lênin e Sun. Como disse Meiling Song, "notei que os indivíduos mais bem-sucedidos em geral não dispõem de grandes poderes extraordinários, mas são aqueles que têm uma tal crença em si mesmos que invariavelmente hipnotizam tanto os outros como a si mesmos". Embora Lênin tivesse incentivado a fundação do Partido Comunista chinês, este era irrelevante, e Moscou apoiava Sun.

Em 21 de janeiro de 1924, aos 53 anos, Lênin morreu, e, como queria, teve um funeral simples. O ex-seminarista Stálin fez uma série de votos ao "maior dentre os gênios do proletariado" e ordenou que o corpo de Lênin fosse embalsamado e exibido como um *tsar-batiushka* — pequeno pai — soviético e quase cristão num mausoléu de pórfiro avermelhado. "Nós, os comunistas, somos de um cariz especial", disse Stálin. "Somos feitos de uma substância especial." Isto já era evidente. Enquanto driblava os rivais no partido e promovia o "socialismo num único país", Stálin enviava dinheiro a Sun, para que este criasse a Academia Militar de Whampoa, em Guangzhou, e ali treinasse suas tropas; em troca, Sun aceitou que Stálin controlasse a Mongólia e Xinjiang, e incorporou o recém-criado Partido Comunista Chinês a seu KMT. Aconselhado por Qingling e pelo irmão desta, T. V. Song, e armado por Stálin, Sun pretendia conquistar o norte da China, infestado de chefes guerreiros, numa campanha militar liderada por Chiang Kai-shek, então com 37 anos. Entre os comunistas que passaram a frequentar a sede do KMT estava um indivíduo alto de 31 anos, com roupas amarfanhadas e cabelo desgrenhado: Mao Tsé-tung. Juntamente com Sun, esses dois homens iriam determinar o destino da China durante o resto do século.

Violento, irascível, de cabeça raspada, filho de um empobrecido mercador de sal e apoiado por uma mãe devota a quem idolatrava, Chiang havia sido treinado no exército japonês antes de se juntar à Gangue Verde de Shanghai em 1911 e adotar a causa de Sun. Enviado a Moscou por este, Chiang adquiriu uma aversão pelos arrogantes bolcheviques (sobretudo Trótski), por seus dogmas e ambições veladas na China. Ocultando essa desconfiança, enviou o único filho, Chiang Ching-kuo, para estudar na recém-criada Universidade Sun Yat-sen, em Moscou. A despeito do entusiasmo que o irmão demonstrava pelo capitalismo, Qingling aderiu ao marxismo.

Agora com 58 anos, Sun preparava a expedição para o norte quando recebeu o diagnóstico de câncer no fígado. Enquanto agonizava, ele reafirmou a aliança com os soviéticos e disse a Qingling que "gostaria de seguir o exemplo de meu amigo Lênin e ser embalsamado", insistindo para que o túmulo fosse construído na Montanha Púrpura, em Nanjing, próximo ao de Zhu Yuanghang, fundador da dinastia Ming. Sun foi quase divinizado como Pai da China e Libertador da Nação, ecoando o culto a Lênin — e Chiang emergiu como postulante à liderança. "Tenho condições", ele disse à mulher, "mas falta-me prestígio." E acrescentou: "Preciso me aproximar da família Song". A família Song era da mesma opinião.

Em junho de 1926, a irmã mais velha, Ailing — casada com o rico banqueiro H. H. Kung —, convidou Chiang para um jantar, no qual ele ficou sentado entre a anfitriã e a irmã mais nova desta, Meiling, ambas elegantes em *qipaos* reluzentes. Meiling surpreendeu-se ao ver que o general rude e de pavio curto era sério e sensível, e Chiang vislumbrou a oportunidade de se casar com a cunhada de Sun.

Em seguida, agora comandante supremo, Chiang liderou a expedição para o norte, expandindo o seu poder, mas tais êxitos só reforçaram a posição dos comunistas no interior do governo. Mao Tsé-tung, um radical marxista, mas também nacionalista, colaborava com o KMT como membro suplente do Comitê Executivo Central: numa foto de grupo, ele aparece de pé atrás de Qingling e T. V. Song. Filho de um abastado camponês de Hunan — ele nunca perdeu o sotaque —, Mao desentendera-se com o pai, mas, reconhecia, "adorava minha mãe", uma budista com pés de lótus, ou, como se definia a beleza na época, "lírios tigrinos de sete centímetros". Desfrutando da complacência materna, ele teve uma juventude despreocupada, escrevendo poemas, antes de se juntar a um exército republicano e, depois, formar-se como professor e mergulhar em leituras sobre a história e as lutas: "Quando dão rédea livre aos impulsos, os Grandes Heróis são magnificamente poderosos, turbulentos e invencíveis [...] como um furacão num desfiladeiro, ou um maníaco sexual irreprimido batendo as ruas atrás de uma amante". A excitação do conflito e do poder sobre a vida e a morte nunca foi tão bem expressa. "A guerra revolucionária é um antídoto que não só elimina a peçonha inimiga", ele argumentou, "mas também nos purga de nossa esqualidez."

Quando o Partido Comunista foi fundado, em Shanghai, ele esteve presente à primeira reunião. Mesmo durante a cooperação com o KMT, Mao concentrou-se nas reformas fundiárias, sempre implacavelmente radical em suas concepções e natureza. Impulsivo e inescrupuloso, exímio manipulador de pessoas graças à grande lábia, leitor incansável e aficionado de história, com uma memória excepcional, ele possuía uma inquebrantável vontade de dominar. Influenciado, como tantos, pelo darwinismo social, que se encaixava na luta de classes marxista, Mao estava convencido de que "a paz duradoura é intolerável para os seres humanos"; em vez disso, "o que amamos é navegar em mares turbulentos". Para ele, era preciso que a China fosse "destruída e refeita" para voltar a se erguer.

Com a captura de Wuhan por Chiang, os comunistas, apoiados pela sra. Sun, assumiram o poder, iniciando um reino de terror à medida que pequenos exércitos vermelhos anexavam territórios. O congresso do KMT foi sequestrado pela minoria comunista; em Shanghai, conduzidos por um jovem e hábil líder, Zhou Enlai, os comunistas começaram a confiscar empresas. Chiang estava perdendo o controle do país, e as irmãs Song cobraram uma reação: recorrendo a um aliado, o gângster Du, conhecido como Orelhão, Chiang planejou um contragolpe e preparou listas daqueles que seriam mortos: Mao e Zhou estavam em todas.

Embora o filho continuasse em Moscou, Chiang afirmou: "Não posso sacrificar os interesses nacionais por causa dele". Em 12 de abril de 1927, ele entrou em ação, e Du e sua gangue decapitaram comunistas nas ruas de Shanghai. Dez mil foram mortos. "Melhor matar mil inocentes", disse Chiang, "do que deixar escapar um único comunista." Mao escapou e juntou-se a um exército comunista: mais adiante iniciou um levante que seria sufocado. Acusado de "oportunismo militar", ele se refugiou num enclave comunista em Jiangxi, mas aprendeu a lição do expurgo efetuado por Chiang, comentando com o emissário de Stálin: "O poder vem do cano das armas".[5] Ao assumir o comando em Jiangxi, Mao notou um recém-graduado magrelo e neurótico da Academia de Whampoa: era Lin Biao, então com vinte anos, que iria se revelar o melhor general comunista, e seu herdeiro escolhido, mas acabaria morrendo tentando derrubá-lo. Mao sentiu a truculência do enfrentamento quando sua esposa foi decapitada pelo KMT, ainda que logo em seguida tenha se unido a uma jovem companheira, com a qual teve outros filhos. Enquanto Zhou cuidava da luta clandestina em Shanghai, Mao organizava execuções públicas de proprietários de terras em manifestações do partido, declarando que "a revolução não é uma reunião social, nem um ensaio, nem uma pintura, nem um bordado", e sim "um ato de violência pelo qual uma classe desbanca outra". Stálin comentou que Mao era "insubordinado, mas bem-sucedido", e começou a apoiá-lo.

Chiang, por sua vez, começou a cortejar Meiling Song, convidando-a para sair em diversas ocasiões. E comprometeu-se a estudar o cristianismo e a mandar embora suas concubinas. Em setembro de 1927, eles ficaram noivos; em dezembro, por fim se uniram, no "maior casamento já visto em Shanghai", escreveu Meiling, que domou Chiang, consolidou-se como sua principal conselheira, abandonou as roupas ocidentais e passou a vestir *qipaos* de seda com fendas até os joelhos em ambos os lados. A união nunca foi um romance passional. "Ali estava minha oportunidade", ela escreveria mais tarde. "Ao lado de meu marido, eu iria me empenhar incessantemente para fortalecer a China."

Chiang baseou sua ditadura em Nanjing, apresentando-se como presidente do Conselho de Estado e comandante supremo. Ele menosprezava os chineses, que via como "preguiçosos, indiferentes, corruptos, decadentes", "cadáveres ambulantes", e não confiava em ninguém, criando uma polícia secreta cujos agentes assassinavam rivais e torturavam inimigos. Quando Chiang ordenou que um camarada comunista fosse executado, a sra. Sun o xingou, aos berros, de "carniceiro". Mais tarde, ele planejou assassiná-la num falso acidente de carro, mas acabou desistindo da ideia.[6]

Todavia, no norte, um império buscava agressivamente se expandir. O Tigre de Mukden, o marechal Zhang Zuolin, ainda controlava a Manchúria, com o apoio do Japão. Em 25 de dezembro de 1926, Hirohito tornou-se imperador, numa época em que seus generais buscavam conduzir a nação. A facção militar da Via Imperial considerava o novo reinado uma oportunidade única para afastar os cautelosos políticos liberais e implantar uma ditadura militar nacionalista sob o comando do imperador: a expansão imperial à custa da China era tida como um direito do Japão enquanto grande potência.

Dois homens estavam no caminho dos japoneses: na Manchúria, o marechal Zhang; e, no restante da China, Chiang Kai-shek. Sem pedir permissão ao governo, os generais japoneses resolveram o primeiro problema. Em 4 de junho de 1928, explodiram o trem em que viajava o marechal. A Manchúria foi herdada pelo filho do Tigre, um viciado em ópio conhecido como o Jovem Marechal, mas cujo poder era bem mais debilitado. Em seguida, teriam de lidar com Chiang, que emergira como líder nacional ao mesmo tempo que o homem que iria apoiá-lo.

No dia 6 de novembro de 1928, Franklin Roosevelt realizou uma extraordinária façanha de renascimento político. O candidato democrático à presidência, Al Smith, havia proposto que Roosevelt concorresse ao governo do estado de Nova York, pressupondo que um inválido jamais seria capaz de desafiá-lo em âmbito nacional. Embora tivesse de ser carregado ao sair de carros ou subir em palanques, Roosevelt provou que Smith estava equivocado. "Bem, aqui está o incapaz mencionado por meu oponente", declarou. "Este é o 16º discurso que pronuncio hoje."

JAZZ: ROOSEVELT, JOSEPHINE BAKER, LUCKY LUCIANO E OS LOUCOS ANOS 1920

Para surpresa de todos, até dele mesmo, Roosevelt venceu a eleição para governador, e, na eleição presidencial, Smith sofreu uma derrota retumbante para Herbert Hoover. A um jornalista que lhe perguntou como se sentia, Eleanor respondeu: "Não estou emocionada com a eleição de meu marido. Pouco me importa. Que diferença vai fazer para mim?". Roosevelt prometeu "uma era de bons sentimentos".

Embora os Estados Unidos tivessem ficado de fora da Liga das Nações proposta por Wilson, sua economia crescia sem parar, o mercado de ações só fazia subir, os anos 1920 ficavam cada vez mais loucos e os "bons sentimentos" americanos conquistavam o mundo. No plano interno, com a proibição das bebidas alcoólicas ainda vigente, os americanos bebiam em bares e clubes noturnos clandestinos, os *speakeasies*, ao som do jazz, uma palavra derivada de "jasm", gíria que remetia à "potência sexual" dos músicos negros de Nova Orléans. E foi nessa cidade que o jazz se desenvolveu, a partir da fusão de estilos musicais afro-americanos — blues, ragtime, jig piano. Sua balada seminal, "Strange Fruit", cantada por Billie Holiday, conta a história de um linchamento — e a maioria dos movimentos musicais que marcaram os Estados Unidos e a Europa no século xx teria raízes no horror e no sofrimento da vivência afro-americana. F. Scott Fitzgerald, um jovem escritor que fez a crônica da riqueza descuidada e do passado enigmático dos novos aristocratas no romance *O grande Gatsby*, batizou esse período de "Era do Jazz". Em Chicago e em Nova York, ao mesmo tempo, arranha-céus vertiginosos foram erguidos. E o jazz passou a ser adotado pelos americanos brancos, que gastavam o dinheiro feito na indústria, na bolsa de valores ou no crime em clubes noturnos glamorosos — controlados por gângsteres italianos, irlandeses e judeus — onde eram servidos uísques escoceses e canadenses. Lucky Luciano foi recrutado como assassino de aluguel por Joe Masseria, o gorducho e epicurista *padrino* de Nova York; e com frequência contava com a ajuda de Meyer e Bugsy. Confrontado por rivais, Masseria sobreviveu a uma tentativa de assassinato (com apenas dois buracos de bala no chapéu), com tiros de metralhadora disparados desde um carro em movimento. Depois disso, consolidou-se como o *capo di tutti capi*, o chefe dos chefes, cobrando tributo de outros mafiosos de Detroit e Buffalo.

Ainda que fosse o típico representante dos Loucos Anos 1920, um homem de violência elegante, pontificando em pistas de turfe, restaurantes e *speakeasies*, rodeado por guarda-costas, Rothstein, o Cérebro, não conseguiu conter a paixão pela jogatina, acumulando tantas dívidas que acabou sendo crivado de balas. Agonizando no hospital em 1928, ele se recusou a revelar o nome dos assassinos. "Cuidem de seus negócios", ele disse aos policiais, "que eu cuido dos meus." E acrescentou, brincando: "Foi a minha mãe".

Em Paris, o fim da guerra e da pandemia de gripe despertou a *joie de vivre* e *les années folles* — os anos loucos — quando um ex-soldado, o negro Jim Europe, à frente dos Harlem Hellfighters, apresentou à cidade o ragtime e o charleston. Mais tarde, com um espetáculo de revista, a *Revue Nègre*, Paris ficou fascinada por uma mulata de dezenove anos, Josephine Baker, nascida no Missouri, que começara dançando nas esquinas de St. Louis, mas odiava o racismo americano. "Eu não suportava mais os Estados Unidos", disse, "e fui uma das primeiras americanas de cor a se mudar para Paris" — que ela tomou de assalto, apresentando-se quase nua, vestindo apenas uma tanga de bananas. "A mulher mais sensacional que já se viu", recordou o escritor americano Ernest Hemingway. E não apenas no campo da música: em 1927, Baker foi a primeira afro-americana a estrelar um filme mudo, uma produção francesa intitulada *La Sirène des tropiques*. No entanto, era o cinema americano que agora conquistava o mundo. Enquanto uma família de imigrantes russos inaugurava o cinema falado, foi um perspicaz banqueiro irlandês o primeiro a fazer fortuna com os filmes, e assim catapultar a própria família como uma dinastia política americana.

RIN TIN TIN: KENNEDY, O PEQUENO CÉSAR E FRANKLIN ROOSEVELT

Em 6 de outubro de 1927, numa de suas salas de cinema em Nova York, os irmãos Warner estrearam o primeiro filme sonorizado, *O cantor de jazz*, usando o novo sistema Vitaphone. Quando o astro da produção, Al Jolson, abriu a boca e disse o bordão "Esperem um pouco, vocês ainda não ouviram nada", o público ficou primeiro atônito e, em seguida, quase histérico. O filme rendeu aos irmãos Warner 2,6 milhões de dólares e inaugurou uma nova época.

Edison assegurara o monopólio na produção de filmes até 1915, quando sua patente foi cancelada, mas outros já vinham rodando filmes mudos. Em 1918, quando Edison morreu, uma geração de judeus russos — peleteiros, luveiros, sapateiros — havia se estabelecido em Hollywood, atraídos pelo clima ensolarado, ideal para as filmagens. Em 1917, os quatro irmãos Warner haviam fundado a Warner Brothers, cuja primeira produção rentável foi um filme sobre as atrocidades alemãs, seguido de uma história sobre doenças venéreas que fracassou nas bilheterias; seu primeiro sucesso estrondoso foi com uma série de filmes com o pastor alemão Rin Tin Tin, tido por Jack Warner como mais inteligente do que a maioria de seus atores.

Como 15 mil salas de uma ponta à outra dos Estados Unidos exibiam filmes, e a audiência das rádios chegava a milhões, o negócio atraiu o banqueiro Joe Kennedy, o dínamo louro de Boston que se proclamara "o presidente de banco mais jovem dos Estados Unidos", enquanto fazia fortuna no mercado acionário. Kennedy percebeu que o cinema e o rádio iriam transformar a vida das pessoas. "É como o telefone", disse, "e temos de aproveitar essa onda."

Ele não era o único a pensar assim. O magnata da imprensa Randolph Hearst, herdeiro da fortuna amealhada pelo pai durante a corrida do ouro, vinha produzindo filmes para ajudar na carreira da amante, a atriz Marion Davies. Kennedy procurou Hearst e propôs que se unissem — para "fomentar a revolução do cinema falado e um modelo de controle corporativo e integração vertical" —, mas o barão da imprensa se mostrou reticente. Kennedy, então, adquiriu um estúdio falido, mudou-se para Los Angeles, e em pouco tempo detinha o controle de três estúdios de cinema. Bem casado com Rose Fitzgerald, filha de Honey Fitz, duas vezes prefeito de Boston, Kennedy tinha nove filhos, dos quais quatro meninos, mas deixou a família em Boston a fim de aproveitar a vida em Hollywood, onde logo atraiu a estrela de cinema Gloria Swanson. Um mulherengo insaciável, costumava solicitar a seus homens que lhe arranjassem "belas jovens", pois tinha de se "alimentar de carne nova". Sua técnica de sedução assemelhava-se ao modo como fazia negócios: certa vez, ele irrompeu no quarto de Swanson e anunciou: "Não dá mais! Chega! Tem de ser agora!", recordou Gloria. "Ele era como um cavalo amarrado, rude, ardoroso, apressado para se libertar", e não demorava nada para chegar ao clímax.

Em outubro de 1928, Kennedy fundiu vários estúdios na RKO, vendendo em seguida sua participação por 5 milhões de dólares e depois transferindo outro estúdio para a Pathé por mais 4 milhões. Abandonando de repente Swanson e Los Angeles, voltou a Nova York, onde o mercado de ações só fazia subir com transações frenéticas. Kennedy costumava dizer que, quando o engraxate lhe dava dicas de ações, sabia que havia chegado o momento de vender as que possuía.

No dia 29 de outubro de 1929, a "Terça-Feira Negra", as ações sofreram uma queda brutal em Wall Street, e logo depois nas outras bolsas ao redor do mundo. O colapso das bolsas desencadeou uma persistente depressão, econômica e psicológica, e uma queima generalizada de ativos, seguida de quedas nos preços, na demanda e no crédito, resultando na devastação da indústria e da agricultura americanas, com 13 milhões de trabalhadores desempregados. Houve uma crise de confiança nos Estados Unidos.

O colapso da bolsa também acelerou a crise em outro setor americano, o do crime organizado. Rival de Joe, o Chefe, Salvatore Maranzano, um assassino fanfarrão originário de Castellammare del Golfo, na Sicília, que se considerava o Júlio César do crime, convenceu Luciano a eliminar o *padrino*. Em abril de 1931, Luciano convidou Joe para jogar cartas num restaurante em Coney Island. Quando Luciano foi ao banheiro, Bugsy Siegel entrou no local com outros três comparsas e matou o Chefe, assinalando o fim do que veio a ser chamado de Guerra Castellammarese. Proclamando-se pomposamente *capo di tutti capi*, Maranzano, o Pequeno César, organizou a máfia em cinco "famílias" nova-iorquinas, ao lado das "famílias" de outras cidades em todos os Estados Unidos.[7] Obcecado pela dinastia júlio-claudiana, desconfiando do judeu Meyer e de Bugsy, e invejoso de seu vice, Maranzano ordenou a morte de Luciano. Em vez disso, em setembro, Bugsy e Meyer enviaram cinco capangas judeus, disfarçados de policiais, ao escritório de Maranzano na avenida Park, onde o mataram a facadas. As atividades criminosas eram tão rentáveis que Luciano ganhava milhões de dólares por ano, mas ele próprio não se declarou *padrino*; em vez disso, criou uma comissão — uma espécie de conselho de diretores — encarregada de supervisionar o crime organizado durante os cinquenta anos seguintes.

Na respeitável Nova York, o governador Roosevelt experimentava iniciativas progressistas para combater a Depressão, enquanto o presidente Hoover patinava em Washington. Em 1932, ele concorreu à presidência contra Hoover, comprometendo-se a estabelecer "um novo pacto para os americanos", aumentar significativamente os gastos públicos e revogar a Lei Seca. Hoover o chamou de "camaleão de terno", mas os Estados Unidos estavam ansiosos por um fio de esperança e o elegeram presidente. Mesmo antes da posse, um lunático tentou assassiná-lo a tiros, mas Roosevelt tranquilizou os americanos dizendo que "a única coisa a temer é o próprio medo". Aprovando um amplo conjunto de leis para viabilizar o pacto que havia proposto, o chamado New Deal, ele conseguiu restabelecer a confiança no sistema bancário e abriu as torneiras dos recursos governamentais. Ao criar uma nova comissão mobiliária para regulamentar o mercado de ações que havia causado o colapso financeiro, ele escolheu para dirigi-la um dos mais bem-sucedidos especuladores, Joe Kennedy, que aplicara seus ganhos em imóveis e, depois da revogação da Lei Seca pelo Congresso, no setor de bebidas alcoólicas. Embora Kennedy pretendesse ele mesmo concorrer à presidência, Roosevelt zombava-o em particular, referindo-se a ele como o "irlandês ruivo".

Franklin Delano Roosevelt transmitia uma confiança jovial com sua voz sonora e piteira elegante, reforçada pela história pessoal de superação. Transmitindo pelo rádio suas aristocráticas palestras ao pé da lareira para os eleitores, ele se revelou um exímio ator político, que mal deixava escapar por trás do sorriso afável o jogador calculista.

Roosevelt estimulou Eleanor a se tornar a "consciência do New Deal", que ela ajudou a divulgar numa coluna diária nos jornais. Enquanto viajava pelo país, Eleanor revelou-se inestimável para Franklin: coube a ela indicar o homem perfeito para dirigir a Works Progress Administration, uma agência estatal que criou 3 milhões de empregos: o assistente social Harry Hopkins, que, após a morte por câncer de Howe, tornou-se um auxiliar indispensável do presidente. Ainda que sentisse falta da família ao redor, Roosevelt sabia muito bem que "uma das piores coisas do mundo é ser filho de um presidente". Jimmy sofreu com a tensão de ser assistente do pai; Elliott tornou-se um playboy envolvido em negócios escusos; e Anna casou-se duas vezes, mas acabou voltando a ser a companheira predileta do pai.

"Reconheço a grandeza de Franklin e o quanto foi bom para mim", confessaria Eleanor, "mas, como pessoa, sou uma estranha para ele, e não me interessa ser outra coisa." Talvez esse tenha sido um mecanismo desenvolvido por ela para lidar com a decepção causada pelo caso do marido; ela se consolava com uma amiga especial, a robusta ex-repórter e apreciadora de charutos Lorena Hickock, conhecida como Hick, com a qual Eleanor desfrutou de algo parecido com o amor. "Não pude dizer *je t'aime* e *je t'adore*, como tinha vontade de fazer", ela escreveu, "mas vou dormir pensando em você." Provavelmente era um relacionamento sexual: "Nunca faria com mais ninguém o que fiz com você". A Casa Branca de Roosevelt era uma corte presidencial: a srta. LeHand tomando notas vestida com um penhoar, e Hick, que se mudou para a Casa Branca, seguindo Eleanor "como um são-bernardo".

Em 30 de janeiro de 1933, quando Roosevelt preparava-se para tomar posse, Adolf Hitler encontrou-se com o presidente alemão, o marechal de campo Paul von Hindenburg, que, às 11h15, o empossou como chanceler, ou chefe de governo, da Alemanha. Tal como Roosevelt, seu completo oposto, Hitler só chegara ao cargo por causa da Depressão. Porém, ainda que insistisse que sua ascensão havia sido inevitável, isso estava longe de ser verdadeiro. Ela se tornara possível graças ao titânico velhote, o maior alemão vivo.

O MARECHAL DE CAMPO E O CABO

"Minha inclinação era contrária", declarou Hindenburg, que se afastara para escrever suas memórias, cultivar sua propriedade rural e desfrutar das caçadas, "a manter qualquer interesse na política atual." Ele não estava sendo de todo sincero. Em 1919, o ambicioso e já idoso *junker* afirmara que a Alemanha não havia sido derrotada nos campos de batalha — e sim "apunhalada pelas costas" por misteriosos traidores. Em 1920, pensou em concorrer à presidência, mas a morte da esposa o deixou alheado e inconsolável.

Então, no final de 1923, o antigo intendente-geral Ludendorff o procurou com uma ideia extraordinária: ele iria tomar o poder ao lado de um vulgar agitador de multidões. Hindenburg rejeitou categoricamente tal impertinência.

No dia 8 de novembro daquele ano, Hitler, Ludendorff e 2 mil nazistas invadiram uma famosa cervejaria de Munique, onde um comissário do governo bávaro fazia um discurso. Disparando a pistola para o alto, Hitler saltou sobre uma cadeira aos brados de "Eclodiu a revolução nacional! O salão está cercado [...], ninguém sai daqui". Após uma longa noite de confusão, Ludendorff e Hitler conduziram os revoltosos até o Ministério da Guerra bávaro; ao chegarem à Odeonsplatz, os soldados que guarneciam uma barricada abriram fogo. Catorze nazistas e quatro policiais caíram mortos; Hitler escapou por uma rua lateral e entrou num carro — e, quando este quebrou, seguiu mancando até a casa de um seguidor. "Abri a porta", escreveu Helen Hanfstaengl, "e ali estava ele, pálido como um fantasma, a cabeça descoberta, o rosto e a roupa sujos de terra." Ele prometeu que iria se matar.

Hindenburg conclamou à unidade nacional. Hitler foi condenado por traição a cinco anos de encarceramento. Os nove meses que passou na prisão de Landsberg foram "a minha universidade pública", e foi nesse período que ele escreveu sua obra crucial, *Minha luta*, ditada ao devotado secretário Rudolf Hess, filho de um rico empresário. Ali ele explicitou com meridiana clareza um programa extremamente ambicioso e homicida — que ia desde a "erradicação" dos judeus até a conquista de um "espaço vital" ariano na Rússia e na Polônia — que somente poderia ser colocado em prática por meio da guerra e do extermínio promovidos sob sua liderança predestinada. Um estrondoso sucesso de vendas, o livro rendeu-lhe uma fortuna; e, depois de publicado, nenhum seguidor podia alegar ignorância de suas intenções.

Quando Hitler saiu da prisão, a Alemanha avançava no caminho da recuperação econômica, e até da prosperidade, auxiliada pelo Plano Dawes, sob a liderança de Hindenburg, que em 1925 obtivera a permissão do Kaiser — seu rei e senhor — para concorrer à presidência.

A fim de reconquistar o próprio partido, Hitler atraiu um jovem jornalista socialista, Joseph Goebbels, que ficou fascinado por "aqueles grandes olhos azuis como estrelas" e o ajudou a se consolidar na liderança, com base num culto quase messiânico, tendo como bíblia *Minha luta*, uma saudação oficial — "*Heil Hitler!*" — e um corpo de guarda-costas, a Schutzstaffel (ss), com uniformes pretos.

A ss era comandada pelo bávaro Heinrich Himmler, um fracassado criador de galinhas com transtornos estomacais de origem nervosa, o míope e desajeitado filho de um diretor de escola e tutor da realeza. Hitler não tinha dúvidas de que chegaria sua hora: "Já profetizei muita coisa". Em outubro de 1929, o colapso da bolsa nova-iorquina lançou a Alemanha numa desesperada espiral econômica de inflação, desemprego e violência.

Em março de 1930, Hindenburg, aconselhado pela camarilha do filho Oskar e por um ajudante de ordens da época da guerra, o coronel Kurt von Schleicher, rejeitou o regime parlamentarista e, apoiado no artigo 48 da Constituição, implantou um governo autocrático, nomeou um chanceler e passou a governar por decretos. Hindenburg repudiou a democracia parlamentar na mesma época em que o extremismo de Hitler, no decorrer da proliferação de movimentos direitistas, ganhava popularidade não só em meio à classe média ameaçada, como em meio à elite que odiava os socialistas, temia os comunistas, ressentia-se do Tratado de Versalhes e ansiava pelo autoritarismo. O príncipe Guilherme Augusto, um dos filhos do Kaiser (ainda exilada na Holanda), foi um dos primeiros entre os aristocratas e magnatas que se juntaram aos nazistas.[8]

Nas eleições de setembro de 1930, Hitler recebeu 18,3% dos votos, ficando atrás apenas dos sociais-democratas. Enquanto a sa espalhava o terror pelas ruas, os nazistas, liderados por Göring, dominavam o Reichstag. E esperavam por uma fatia do poder, mas em vão. Em vez disso, Hitler sofreu um abalo na família. Geli Raubal, a animada filha de sua meia-irmã Angela, dezenove anos mais jovem do que ele, o acompanhava com frequência em suas incansáveis excursões políticas. No entanto, quando se apaixonou por seu motorista, o tio Adolf proibiu o relacionamento. Hitler tinha admiração pelas mulheres, muitas vezes elogiando-as como "grandes, louras e maravilhosas", mas, diferentemente do pai priápico, era canhestro na presença delas, e em pelo menos duas ocasiões, ao perguntar-lhes: "Você não quer me beijar?", ouviu como resposta um sonoro "Não, Herr Hitler". É provável que amasse a onipresente Geli, incentivando-a a se tornar cantora; e certamente preferia as mulheres mais jovens, tal como o pai. "Não há nada melhor do que formar uma menina", refletiu, "que é maleável como cera." Em setembro de 1931, Geli matou-se com um tiro, usando uma pistola que havia ganhado do tio Adolf. Não se sabe por que fez isso, mas é bem provável que se sentisse sufocada por ele.

"Estes são dias de muita tristeza", confessou Hitler, abalado, a Winifred Wagner, a nora do compositor e uma das dedicadas anfitriãs que lhe serviam de mães substitutas. O suicídio da sobrinha fez dele um vegetariano e confirmou que o amor e a família pouco lhe importavam. "Sou a pessoa mais limitada do mundo nessa área", disse, "sou um ser completamente não familiar." Pouco tempo depois, o quarentão Hitler conheceu Eva Braun, então com dezoito anos, filha de um mestre-escola e assistente de seu fotógrafo, Hoffman, que se encaixava no ideal da mulher "grande, loura e maravilhosa". E, quando também ela tentou o suicídio, isto lhe valeu um lugar permanente na vida dele — "Essa garota fez isso porque me ama" —, mas Eva era tão discreta que Hitler costumava dizer que tinha "outra noiva. Eu *sou* casado: com o povo alemão". Esse casamento, contudo, dava a impressão de que jamais seria consumado. No outono de 1931, Hindenburg conheceu Hitler numa conferência. Hitler o considerou "um velho tolo", ao passo que Hindenburg odiou o "cabo austríaco". Não parecia nada provável que alguma vez chegasse ao poder, e não foi a Alemanha, mas o Japão, que produziu a fagulha que detonou o conflito mundial.

Em 18 de setembro de 1931, militares japoneses explodiram uma ponte nas proximidades de Mukden, levando o imperador e seus generais a enviarem novas tropas para a China. Hirohito autorizou a tomada de grande parte da Manchúria, onde permitiu que o último manchu, Puyi, fosse coroado imperador fantoche. O sucesso encorajou os generais ultranacionalistas e expansionistas, convencidos de que lhes cabia por direito um império nipônico na China. Não havia outro caminho além da força bruta: no próprio Japão, eles assassinaram o primeiro-ministro e planejaram golpes de Estado; no exterior, provocaram o confronto com as tropas chinesas em Shanghai.

Chiang Kai-shek percebeu a inevitabilidade de uma guerra com o Japão, mas buscou "antes de tudo a estabilidade interna" — a erradicação dos comunistas em Jiangxi. Ele também tentou trazer o filho que continuava na Rússia. "Mais do que nunca sinto falta do meu filho", escreveu. "Sonhei com minha finada mãe e por duas vezes pedi-lhe ajuda [...]. Tenho uma enorme dívida para com ela." Assessorado por generais alemães, ele organizou quatro expedições para cercar e destruir o reduto comunista de Mao. A fim de punir Chiang, Stálin enviou seu filho para trabalhar nas minas.

Em outubro de 1934, com Chiang aproximando-se cada vez mais em sua quinta incursão, Mao conseguiu romper o cerco fortificado e partiu numa longa e sinuosa marcha, durante a qual perdeu, por doenças, confrontos e deserções, 80 mil de seus 100 mil seguidores. Mao abandonou o próprio irmão, uma esposa e vários filhos pequenos, mas, em janeiro de 1935, em Zunyi, conseguiu se impor entre as lideranças do partido. Mais tarde, essa longa retirada seria mitificada como a Grande Marcha, com muitas batalhas heroicas inventadas pela propaganda comunista. Mao não era nenhum gênio militar, e tinha um estilo de liderança quixotesco e perdulário — Chiang ficou perplexo diante daquela "peregrinação em círculos". Por fim, quando Mao e 4 mil soldados remanescentes estabeleceram seu quartel-general no extremo norte, em Shaanxi, junto ao rio Amarelo, a ele se juntou, como lugar-tenente, um antigo líder do partido: o sofisticado, francófono e gracioso Zhou Enlai, que tinha como assistente um camarada que um dia iria governar a China, Deng Xiaoping, o franzino e irascível filho de um pro-prietário de terras em Sichuan, então com 31 anos.[9] Instalando-se em Yan'an, em confortáveis abrigos construídos em cavernas repletas de livros, Mao reforçou seu poderio militar a fim de destruir Chiang. Ele ali viveria durante dez anos, enquanto o Japão invadia a China, desafiando a Liga das Nações.

Em março de 1932, Hindenburg venceu Hitler nas eleições presidenciais. Enfrentando a crescente violência nazista, Hindenburg estava decidido a se tornar o líder da direita. "Não vou desistir do esforço de me aproximar de maneira saudável da direita", prometeu, nomeando um novo chanceler, amigo do tempo de guerra de Kurt von Schleicher, chamado Franz von Papen, um nobre católico abastado, cavaleiro premiado e oficial condecorado que, durante a Primeira Guerra, tentara organizar um ataque do México aos Estados Unidos. Schleicher, agora ministro da Defesa, controlava esse "gabinete de monóculos", mas Hindenburg ofereceu a vice-chancelaria a Hitler, líder do maior partido no Reichstag, que se excedeu ao exigir o cargo de chanceler. "Não posso confiar o império do Kaiser Guilherme e de Bismarck a um cabo da Boêmia", resmungou o presidente, mas ainda assim recebeu Hitler de maneira régia: "Quero lhe estender a mão como companheiro de armas". A despeito de estilos diversos, o cabo e o marechal de campo tinham muito em comum: ambos eram nacionalistas germânicos, odiavam a república, o Tratado de Versalhes, e pretendiam desmembrar a Polônia.[10] Eles estavam convencidos de personificar a nação alemã (embora Hindenburg venerasse a monarquia e preferisse a restauração dos Hohenzollern), acreditavam na "punhalada pelas costas" dada por socialistas e judeus, veneravam uma *Volksmeinschaft* (comunidade nacional) militarista e desprezavam a democracia, tal como os generais japoneses, que agora intensificaram o conflito no Extremo Oriente.

Schleicher e Papen já estavam negociando com os nazistas, na expectativa de tirar partido de seus brutamontes nas ruas e de seus votos no Reichstag. Para Schleicher, eles eram uma manifestação vulgar, mas essencial, da nação; e parecia que os nazistas haviam chegado a seu limite: em novembro de 1932, eles perderam votos. No Natal desse ano, Hitler perdeu a esperança.

Papen empenhou-se em manter a ordem, mas Hindenburg acabou por demiti-lo e substituí-lo por Schleicher. Ainda próximo de Hindenburg, Papen almejava ocupar a Chancelaria. Em 4 de janeiro de 1933, ele se encontrou com Hitler em Colônia, na casa de um banqueiro nazista, o barão Kurt von Schröder, um exemplo típico dos magnatas que agora apoiavam o cabo austríaco. Os nazistas estavam de volta ao jogo. Papen ainda insistia na Chancelaria, mas, afinal, no dia 23 de janeiro, durante uma reunião na casa de um vendedor de champanhe nazista, Joachim von Ribbentrop, acabou concordando com a proposta de oferecer a Hitler o cargo de chanceler.

Quando Schleicher se demitiu, o presidente, apesar de ter prometido jamais nomear "o cabo", pediu a Papen para formar um gabinete que incluísse Hitler. Mesmo sabendo dos planos deste para dissolver o Reichstag e assumir poderes ditatoriais, Papen persuadiu Hindenburg a nomeá-lo para a Chancelaria, tendo ele próprio como vice, ambos apoiando os princípios do programa explícito de Hitler — a remoção, da sociedade, dos "social-democratas, comunistas e judeus", e o "restabelecimento da ordem" — e convencidos de que poderiam conter eventuais excessos. Papen recrutou Alfred Hugenberg, um ex-executivo da Krupp, líder do Partido Popular Nacional e barão da imprensa, que aceitou a pasta da Economia. "Temos Hitler no bolso", vangloriou-se Papen. Hugenberg concordou que o cabo austríaco serviria como seu "instrumento", e que conseguiriam "restringir tanto quanto possível seu poder".

No derradeiro minuto, depois de assegurar o controle da polícia e dos militares, Hitler aceitou o convite para a Chancelaria e apertou a mão de Hindenburg. Para Goebbels, que organizara uma parada com tochas, aquilo parecia "algo saído de um conto de fadas", ao passo que Hitler achava que era "nada menos do que a renovação de uma condição milenar". Depois de tomar posse, Hitler confidenciou a um assecla: "Agora podemos começar de verdade. Nunca mais sairei daqui".

Em fevereiro, Hindenburg concordou em restringir os direitos de expressão e de reunião, iniciando a repressão aos partidos de esquerda. No dia 20, Göring promoveu um encontro entre Hitler e 22 barões da indústria, liderados por Gustav Krupp, chefe da dinastia de fabricantes de armas favorecida por Guilherme II, agora um nazista convicto que contribuiu com um terço dos 3 milhões de marcos angariados pelos magnatas para financiar a eleição que forneceria os votos para a tomada do poder. Em 28 de fevereiro, um incêndio no Reichstag, ateado por um lunático comunista, proporcionou a um excitado Hitler a desculpa para esmagar e banir os comunistas. Em março, Hindenburg ordenou que a insígnia nazista, a suástica, se tornasse um símbolo oficial, ao lado do velho pavilhão imperial, enquanto Himmler, o comandante da ss, e seu comparsa Reinhard Heydrich — de uma rica família de intelectuais e musicistas agora decadente (ele mesmo era um ex-oficial naval afastado por imoralidade) — instalavam-se em Munique para organizar os órgãos de segurança de Hitler e o primeiro campo de concentração nazista, em Dachau. Em abril, o ministro da Segurança da Prússia criou a Gestapo (*Geheime Staatspolizei*), a polícia secreta, mais tarde transferida para a alçada de Himmler. Numa cerimônia na Igreja da Guarnição, em Potsdam, Hitler, de casaco preto, curvou-se diante de um lacrimoso Hindenburg, que, envergando o uniforme de marechal, orava na cripta de Frederico, o Grande. Dirigindo-se ao presidente, Hitler saudou-o "por sua vida maravilhosa", que lhe permitira fundir os Hohenzollern e os nazistas.

Dois dias depois, o Reichstag aprovou a Lei de Autorização que conferia poderes ditatoriais a Hitler — e, uma semana depois, este ordenou um boicote dos negócios judeus e propôs a legislação antissemita que excluía os "não arianos" (definidos como todos aqueles com um ou mais avós judeus) do funcionalismo público, a qual culminaria em 1935 com as Leis de Nuremberg que cancelaram a cidadania alemã dos judeus e os proibiram de manter relações com os arianos. Hindenburg não se opôs, com a ressalva de que fossem excluídos das leis os judeus veteranos de guerra. Desde o princípio, Hitler voltou-se para o exterior a fim de anular o Tratado de Versalhes, renunciando à participação na Liga das Nações e planejando a reunião das populações germânicas, a começar pela sua terra natal, a Áustria, onde a democracia já estava comprometida. Das novas nações surgidas do Tratado de Versalhes, Hitler odiava sobretudo a Polônia e a Tchecoslováquia.

No entanto, o interesse pela Áustria chocou-se com as ambições daquele que fora o seu herói, Mussolini. Quando os dois se conheceram em Veneza, o Duce não ficou impressionado com o Führer — "mais cabeça-dura do que inteligente", na avaliação do italiano. No entanto, a primeira jogada austríaca de Hitler fracassou quando os nazistas locais tentaram em vão um golpe de Estado. Mussolini ficou furioso, mas estava ocupado reforçando suas tropas na Eritreia e na Somalilândia a fim de investir contra a Etiópia. Enquanto isso, Hitler reduzia o desemprego por meio de alentados investimentos em rodovias expressas, as *Autobahnen*, e outros grandes projetos de infraestrutura, mas esse milagre econômico não poderia perdurar. Quando Krupp expulsou os judeus do Conselho Industrial do Reich, sua mulher Bertha expressou dúvidas. "O Führer está sempre certo", ele argumentou. E logo Hitler o nomearia Führer do setor industrial.

Em junho, Papen, afinal entrevendo a realidade, denunciou Hitler. Goebbels recusou-se a divulgar o discurso, e Papen reclamou com Hindenburg, que abruptamente ameaçou afastar Hitler da Chancelaria, algo que estava em seu poder. Os industriais e os generais temiam a SA, cujo chefe, Röhm, almejava suplantar o exército e estatizar o setor industrial. Krupp apelou a Hitler, que, em junho de 1934, visitou as fábricas do conglomerado. Os generais prussianos agora apoiavam Hitler. Eles eram essenciais, ao passo que a SA tornou-se dispensável.

Em seu vertiginoso refúgio montanhoso em Obersalzberg, Hitler hesitava. Era a crença autorrealizável que tornava tão arrebatadores os seus discursos, e tão dominadora sua personalidade. Inescrutável e evasivo — o codinome que escolheu para si era Lobo —, Hitler era guiado pela convicção de que iria morrer jovem, muitas vezes afirmando: "Quando eu não estiver mais aqui...". Além disso, era um jogador temerário, com sonhos que extrapolavam o senso comum: "Sigo pelo caminho que a Providência me indica com a certeza de um sonâmbulo".

Dois heróis foram particularmente inspiradores para o artista-guerreiro: Frederico, o Grande, e Wagner. Em todos os gabinetes que ele ocupou havia retratos de Frederico; e suas estadas com a família de Wagner em Bayreuth eram sagradas. Todos os políticos têm uma existência dupla — como indivíduos exibindo apenas atributos pessoais e como fenômenos representando algo maior: a magia decorre da fusão das duas coisas. Capaz tanto de charme insinuante quanto de fúria aterradora, Hitler desempenhava muitos papéis, gracejando que era "o maior ator da Europa". Com os dons de simulador e manipulador, ele conseguia intimidar e cooptar aristocratas e trabalhadores, alemães e estrangeiros, ao mesmo tempo que se mostrava hábil para manter em sua corte íntima e "familiar" de asseclas devotados o que o arquiteto Albert Speer chamou de "um sistema cuidadosamente calibrado de inimizade recíproca".

Embora dormisse tarde e raramente se sentasse a mesas, Hitler mantinha uma concentração prolongada, ditando discursos para várias secretárias ou, mais tarde, conduzindo a guerra. Vegetariano e abstêmio, um germofóbico com dentes cariados, ele se mostrava mais descontraído na companhia de certas famílias, os apoiadores iniciais e amigos da época de Munique, seguidos pelos Wagner e, depois, pelos Goebbel e por Eva Braun. Porém, recorria cada vez mais ao maior teste do poder: a inversão do tempo pelo ditador. Abominando a solidão, impunha aos que o rodeavam monólogos intermináveis que, embora fascinantes de início, acabavam por entediá-los. Exibindo a onisciência do autodidata e a fanfarronice do aventureiro, ele desprezava os especialistas e sempre tinha razão. "Minha vida", comentou, "é o maior romance da história."

LONGOS PUNHAIS; O GRANDE TERROR; O IMPULSO DAS MASSAS E O PODER PESSOAL: HITLER E STÁLIN

"Pelo amor de Deus", exclamou Hitler, "qualquer coisa é melhor do que essa espera: estou pronto!" Em 30 de junho de 1933, a matança aos poucos começou. Hitler aprovou as listas de execuções preparadas por Himmler e Heydrich e deu a senha da operação — "Colibri" — a Goebbels, que a telegrafou a Göring e a Himmler em Berlim.

O próprio Hitler voou para Munique. Röhm foi detido enquanto dormia (com um amante) por um Hitler furibundo, empunhando um chicote; vários outros líderes da SA também foram flagrados em agarramentos homossexuais, para horror do Führer. Em seguida, todos foram fuzilados pela SS; em Berlim, Schleicher (e a mulher), bem como outros rivais dos nazistas, foram mortos; no total, talvez 180 pessoas tenham sido eliminadas. Hindenburg ficou chocado com o assassinato do casal Schleicher, mas Hitler se desculpou, alegando que o general sacara uma pistola. Sofrendo de um câncer em fase terminal, Hindenburg acabou aprovando.

Hitler retornou a Berlim, adorando todo o drama: "Camisa parda, gravata preta, casaco de couro castanho-escuro, botas militares de cano alto, somente tons escuros", escreveu uma testemunha. "Destacando-se, a cabeça descoberta, um rosto pálido, insone e não barbeado [...] do qual um par de olhos apagados fitavam por entre mechas de cabelo." Na manhã seguinte, Hitler comentou com o secretário: "Acabei de tomar banho e sinto como se tivesse renascido". No dia 2 de agosto, Hindenburg morreu, deixando cartas suplicando pela restauração da monarquia — e elogiando a "missão histórica" de Hitler. Este agora passou a acumular a presidência e a chancelaria; e o exército jurou fidelidade a ele como o "Führer do povo alemão".[11]

"Esse Hitler é uma figura e tanto", comentou um admirador inesperado, Stálin, a seus epígonos no Kremlin, impressionado com a Noite dos Longos Punhais. Um extremista nato, apoiado por uma polícia secreta sanguinária, agora chamada de OGPU, e uma rede de campos de concentração, o gulag, Stálin tornara--se um mestre da política propulsiva da Era das Massas, cooptando milhões de pessoas, sobretudo os jovens, para o projeto bolchevique de destruir o velho mundo e construir um mundo novo e mais justo em conformidade com o drama emocionante da revolução. No entanto, ele também apreciava a modernidade como um enfrentamento geopolítico, impelido por armas de destruição em massa, mortandades em massa, produção em massa e espetáculos em massa. Nele se mesclavam a missão revolucionária marxista, o próprio poder pessoal e o excepcional destino imperial da Rússia. Quanto mais mobilizava as massas, menos poder restava a elas e mais poder ele acumulava — a ironia da política de massas. Stálin embarcara numa aposta colossal e radical para industrializar a Rússia num ritmo vertiginoso, usando tecnologia e conselheiros americanos para iniciar um processo de coletivização da agricultura na Ucrânia e em outras regiões, açambarcando implacavelmente os cereais para financiar a indústria nascente. No princípio, os bolcheviques haviam incentivado a cultura ucraniana, como parte da política de *korenizatsiia* (indigenização), mas assegurando a predominância de Moscou. No entanto, diante da resistência dos camponeses ucranianos, Stálin decidiu "quebrar sua espinha" por meio da repressão e da fome. Lembrando-se da invasão polonesa e temendo "perder a Ucrânia", ele reprimiu a cultura e a língua ucranianas, prendendo, fuzilando ou deportando de 4 milhões a 5 milhões de pessoas. Porém, nem a repressão nem a fome se restringiram a essa república: a escassez de alimentos também atingiu o baixo Volga, o norte do Cáucaso e o Cazaquistão. Mais tarde, Stálin comentaria de passagem com Churchill que 10 milhões haviam morrido de fome, e as pesquisas demográficas confirmam o desaparecimento de 8,5 milhões de pessoas. Quatro milhões de camponeses morreram esfaimados na Ucrânia — um em cada oito habitantes —, na atrocidade hoje conhecida como Holodomor ("morte pela fome"), que foi, segundo Serhii Plokhy, "um fenômeno artificial, causado por políticas de Estado", resultantes de "iniciativas de teor claramente etnonacional". Ao mesmo tempo, o Holodomor era parte de uma fome soviética mais ampla — de 1,2 milhão a 1,4 milhão de cazaques também pereceram por falta de comida: "Esta", escreveu Stephen Kotkin, "foi a maior proporção de óbitos na União Soviética". A calamidade criada pelo próprio Stálin poderia ter destruído a URSS, mas a aposta cruel acabou compensando: a URSS emergiu com as fazendas coletivas, nas quais trabalhavam 100 milhões de pessoas tão oprimidas quanto os servos — e também com um setor industrial moderno cuja produção logo poderia superar a da Alemanha.

Beneficiando-se do momento excepcional de internacionalismo marxista num âmbito em geral dominado por russos étnicos, o caucasiano, bexiguento e encorpado Stálin, um fanático marxista-leninista de braço mirrado que sempre falou russo com sotaque pesado, agora comandava o império tsarista. No partido, porém, os companheiros zombavam de sua obscuridade, contestavam sua ditadura, questionavam a coletivização e, na opinião de Stálin, incentivaram sua mulher maníaco-depressiva, Nadejda, a se matar. Se a Rússia tivesse de travar uma nova guerra contra Hitler, Stálin precisava assegurar o poder absoluto. E o assassinato foi o método que escolheu para isso. "Nosso sistema", confessou, "é o sangramento", mais tarde explicando que o método era "mais rápido, porém mais sangrento".

Cinco meses depois da Noite dos Longos Punhais, em 1º de dezembro de 1934, o aliado de Stálin e líder de Leningrado (ex-Petrogrado) Sergei Kirov foi assassinado, muito provavelmente por um desequilibrado cuja mulher seduzira — embora também seja possível que sua morte tenha sido arranjada por Stálin. Sempre um mestre da improvisação, Stálin assumiu poderes emergenciais e implantou um regime de terror, ordenando prisões, deportações e matanças a fim de expurgar o partido não só de traidores, mas até daqueles que poderiam *aventar* a possibilidade de pensamentos desleais. O terror fazia parte do DNA do Partido Comunista; a autocracia era parte do DNA do Estado russo; e o assassinato, uma ferramenta política essencial para Stálin, mas também algo entranhado numa personalidade moldada pela luta clandestina, a brutalidade da guerra civil e, sobretudo, a experiência de poder e insegurança no Kremlin. A ditadura gera seus próprios monstros. O estranho caos do terror foi resultado de tudo isso, impulsionado pela feroz selvageria de Stálin, associada à vontade implacável, à habilidade política e à violência fria, mas totalmente imprevidente. Nenhuma outra grande potência foi capaz de se voltar contra si mesma em tal escala, num frenesi extraordinariamente caótico e homicida. Desconfiando de generais e bolcheviques veteranos, Stálin promoveu uma caça às bruxas generalizada, montando melodramáticos e espetaculares julgamentos nos quais líderes respeitados confessaram as conspirações mais desatinadas. Ele e o comissário do NKVD, um assecla nanico chamado Nikolai Iejov, compilaram listas de pessoas a serem executadas, conhecidas como "álbuns", que incluíam milhares de camaradas, muitos dos quais conhecidos íntimos de Stálin; ao mesmo tempo, centenas de milhares de vítimas anônimas foram escolhidas por meio de cotas estabelecidas com base em locais, raças e tipo de formação. Nas "operações nacionais", poloneses e coreanos foram dizimados; no interior das repúblicas, o terror abateu-se com mais força entre os ucranianos. A tortura vingativa de velhos inimigos, a matança de amigos e famílias inteiras, bem como os cenários paranoicos de conspirações espantosas eram todos um reflexo da alienação do próprio Stálin, convencido de que o terror era a única forma de assegurar uma lealdade inabalável. "É melhor que dez inocentes sofram do que deixar escapar um espião", disse ele. "Quando se corta lenha, sempre voam estilhaços." No período em que esteve no poder, 18 milhões de inocentes passaram pelos atrozes campos do gulag. Começando com meros 79 mil trabalhadores forçados em 1930, subindo para 1 milhão em 1935 e cerca de 7 milhões em 1938, esses prisioneiros se esfalfaram na abertura de canais e no trabalho em minas; entretanto, como no Sul dos Estados Unidos, essa escravidão não era apenas diabólica, mas também economicamente ineficiente. Nos anos 1936-8, 1 milhão de vítimas foram oficialmente liquidadas, mas o número real era bem maior. Quarenta mil oficiais militares foram executados, incluindo três dos cinco marechais. O total de mortos durante a época de Stálin jamais será conhecido, mas estima-se que ronde os 20 milhões.

Observando o "moedor de carne" autodestrutivo da Rússia stalinista, Hitler convenceu-se de que a União Soviética fora gravemente debilitada. Enquanto isso, rejubilava-se com a união mística do *Volk und Führer*, do povo e do líder, apresentando-se em imensas manifestações teatrais em Nuremberg. "Uma vez, no passado, vocês ouviram a voz de um homem", discursou Hitler na manifestação realizada em setembro de 1936, "e [...] essa voz fez com que despertassem, e vocês a seguiram [...]. Quando nos reunimos aqui somos tomados pelo maravilhamento deste encontro. Nem todos entre vocês conseguem me ver, e não consigo ver todos vocês. Mas posso sentir todos vocês, e todos podem me sentir."

ETIÓPIA COM OU SEM OS ETÍOPES: HAILÉ SELASSIÉ E MUSSOLINI

Em dezembro de 1934, enquanto Hitler voltava-se para a Europa e Stálin lançava seu terror, o Duce retornou à Etiópia para se vingar da derrota de Aduá.

Cinco anos antes, o regente etíope, *ras* Tafari, então com 37 anos, fora coroado como *negus negust* Hailé Selassié na Catedral de São Jorge, em Adis Abeba.

Pela primeira vez, convidados de todas as potências europeias compareceram a uma cerimônia concebida para exibir em toda a sua glória as tradições e a modernidade da Etiópia independente. Hailé Selassié anexou o último dos sultanatos islâmicos e promulgou uma Constituição que estabelecia uma monarquia absolutista.[12] Todavia, a posição da Etiópia, entre a Eritreia italiana e a Somalilândia, tornava o país um local ideal para Mussolini inaugurar seu novo Império Romano.

"Somente ele e eu sabemos o que vai acontecer", jactou-se o general Emilio De Bono, que prometeu ao Duce que a conquista seria "tranquila".

"Avance o quanto antes", ordenou Mussolini.

Enquanto os italianos tentavam atrair os etíopes para o remoto oásis de Wal-Wal, em Ogaden, Hailé Selassié recusou-se a mobilizar o exército e recorreu à Liga das Nações. A Grã-Bretanha e a França, já sobressaltadas com Hitler e não desejando empurrar Mussolini para uma aliança com os alemães, se desonraram ao consentir com a iniciativa predatória do Duce.

Em 3 de outubro de 1935, sem qualquer declaração de guerra, De Bono (partindo da Eritreia) e Rodolfo Graziani (desde a Somalilândia) invadiram a Etiópia com 476 mil homens, entre os quais 60 mil eritreus do destacamento colonial real, 17 mil milicianos do Gruppo Bande Eritrea e tropas somalis do sultão Olol Dinle, apoiados por quinhentos tanques e 350 aviões. Dos 250 mil soldados de Selassié, apenas os 20 mil guardas imperiais estavam devidamente armados; já sua força aérea contava apenas com seis aparelhos operacionais. Além disso, os italianos haviam subornado alguns magnatas etíopes.

Diante do Palácio de Menelik, ao som de tambores, o *negus negust*, com uniforme cáqui, calmo e sereno, fez a revista das tropas: havia guardas equipados com metralhadoras Vickers sobre mulas, porém muitos tinham apenas porretes, lanças e cartucheiras vazias. Enquanto os italianos bombardeavam Aduá, Mussolini demitiu De Bono e nomeou o marechal Pietro Badoglio, ordenando-lhe que usasse "gás e lança-chamas mesmo em grande escala", acrescentando: "Lance mão de todos os recursos bélicos". Dois filhos de Mussolini, Bruno e Vittorio, eram pilotos militares e participaram de bom grado dos bombardeios, vangloriando-se de massacrar os etíopes.

O imperador contra-atacou no sul da região de Tigré, mas foi forçado a recuar, com as tropas intoxicadas por gás. "De todos os massacres desse conflito terrível e impiedoso", recordaria mais tarde, "esse foi o pior. Homens, mulheres e animais foram despedaçados ou queimados com gás de mostarda, os agonizantes e os feridos berrando de dor." Em março de 1936, Selassié e o restante das tropas no norte foram derrotados em Maychew por Badoglio, sofrendo 11 mil baixas. Ao recuar, o imperador parou para orar nas catedrais subterrâneas e entalhadas na rocha em Lalibela antes de voltar a Adis Abeba, onde os conselheiros suplicaram para que não se deixasse cair nas mãos dos italianos. Desde o norte, Badoglio iniciou então uma "marcha da vontade férrea", ao passo que Graziani — que, como Badoglio, ficara conhecido por massacrar os líbios no norte da África — avançou desde o sul. Em maio, Selassié escapou da capital três dias antes da chegada de Graziani, que foi nomeado vice-rei. Quatro dias depois, em Roma, Mussolini apareceu na varanda do Palazzo Veneziano. "A Etiópia é italiana!", bradou para a multidão em êxtase. "Aduá foi vingada." E o rei Vítor Emanuel foi proclamado imperador da Etiópia.

Em julho, tanto Mussolini como Hitler receberam enviados de um general rebelde na Espanha. O país havia sofrido com a ditadura, a desigualdade, a depressão e a perplexidade após a perda do império. Afonso XIII, o rei Bourbon, vivia no exílio, e a empobrecida república estava letalmente cindida entre socialistas laicos e conservadores católicos. Quando os socialistas venceram as eleições, o general Francisco Franco juntou-se à rebelião. Baixinho, de cintura larga e voz esganiçada, cauteloso e astuto, Franco tornara-se o mais jovem general da história do país, comandando a brutal Legião Africana em escaramuças no protetorado espanhol marroquino, mas seus legionários continuavam no Marrocos, o que permitiu que o governo republicano mantivesse o controle de grande parte do país.

Os emissários de Franco tiveram sorte de encontrar Hitler, então hospedado com a família Wagner em Bayreuth. "Não é assim que se começa uma guerra", exclamou o Führer, temeroso de que os "judeus bolcheviques de Moscou" assumissem o controle da Espanha. Hitler e Mussolini providenciaram o transporte aéreo das tropas franquistas do Marrocos para a Espanha continental e, em seguida, enviaram para lá 50 mil soldados italianos e 16 mil alemães. A luta contra o fascismo atraiu 40 mil voluntários estrangeiros, organizados nas Brigadas Internacionais. Pouco a pouco, Stálin convenceu-se da necessidade de apoiar a república, fornecendo 3 mil assessores e armamentos, e lançando na Espanha uma campanha de terror similar à que conduzia na Rússia. Um comandante supremo meticulosamente homicida, Franco fracassou na tomada de Madri, mas, ajudado por bombardeios aéreos italianos e alemães, via a si mesmo como o caudilho da derradeira cruzada, aniquilando os infiéis socialistas. Ambos os lados mataram civis: os republicanos fuzilaram cerca de 38 mil pessoas, enquanto os franquistas executaram 200 mil.[13] Havia similaridades entre a Espanha e a Etiópia.

Graziani, agora marquês de Neghelli, proibiu a "promiscuidade racial", e, após ser alvo de uma tentativa de assassinato em Adis Abeba em 19 de fevereiro de 1937 (Yekatit 12, no calendário etíope), deu carta branca aos soldados italianos e milicianos para se vingarem. Assim, aos gritos de "Duce! Duce!" e "Civiltà Italiana!", 20 mil pessoas acabaram sendo massacradas. "Ruas inteiras foram incineradas", e os moradores metralhados ou mortos com armas brancas.

"O Duce vai ter a Etiópia", afirmou o vice-rei Graziani, "com ou sem os etíopes." No ano anterior, enquanto visitava uma igreja em Jijiga, ele caíra num buraco oculto sob um tapete, uma humilhação da qual estava decido a se vingar. Quanto ao mosteiro em Debre Libanos, ordenou: "Executem sumariamente todos os monges, sem distinção, incluindo o vice-prior". Dois mil monges foram mortos. No total, os italianos mataram 400 mil etíopes. A Liga das Nações aprovou sanções, as quais em seguida foram canceladas. "A Itália tem a honra de informar à Liga", vangloriou-se o conde Ciano, ministro das Relações Exteriores e genro de Mussolini, "sobre seus esforços para civilizar a Etiópia." Em Genebra, Hailé Selassié, sereno e solene, advertiu a Liga que "não se trata apenas da agressão italiana, mas da segurança coletiva", indagando em seguida: "Que resposta devo transmitir a meu povo?".

Não havia o que dizer — e Hitler não foi o único a perceber que a Liga da Nações era inócua. Em 25 de novembro de 1936, o Japão firmou um pacto antissoviético com a Alemanha, que logo contou com a assinatura da Itália — um prenúncio da aliança dos países do Eixo. Embora a posição do próprio Hirohito seja até hoje opaca, é provável que, em consonância com os cortesãos e generais, ele tenha se convencido de que era o momento de conquistar a China.

Em fevereiro de 1936, um golpe promovido por oficiais nacionalistas intensificara a pressão sobre Hirohito. Os revoltosos foram executados, mas o imperador, os generais e o *genro* (os políticos veteranos) reforçaram o culto do nacionalismo militarista, mesclado ao cavalheirismo do *bushido*, aos rituais xintoístas e ao culto imperial. Em particular, Hirohito não se considerava divino, mas acreditava que o imperador era indistinguível da nação e do Estado. Em maio de 1937, ele ratificou os *kokutai no hongi* — fundamentos da comunidade política nacional —, segundo os quais o imperador era uma "divindade viva". Todos deveriam "viver para a glória maior do imperador, abdicando do egoísmo individual e, com isso, expressando sua verdadeira vida como parte de um povo": este era o *kodo*, a "via imperial". Hostil às democracias ocidentais, essa ideologia pan-asiática pressupunha a superioridade nipônica. Para o *genro*, a China era subumana em termos raciais, um mero território que o Japão, graças aos sacrifícios sanguinolentos de 1895 e 1904, estava destinado a dominar.

Em 7 de julho de 1937, uma imprevista troca de tiros entre tropas japonesas e chinesas na ponte Marco Polo, que proporcionava acesso a Beijing, serviu de pretexto para a invasão da China — o início de um confronto que cobraria a vida de 14 milhões de chineses (somente a Rússia sofreria perdas maiores) e lançaria a centelha de uma guerra mundial.

ATO XX

2 BILHÕES

Os Roosevelt, os Sun, os Krupp, os Pahlavi e os sauditas

HIROHITO INVADE A CHINA

Após consultar os generais, liderados por seu tio-avô, o príncipe Kotohito, e o primeiro-ministro, o príncipe Konoe, Hirohito recebeu a garantia de que a guerra seria "concluída em dois ou três meses". Culto e pragmático, aficionado de Oscar Wilde, Konoe estava convencido, depois de participar da conferência de Versalhes, de que os líderes ocidentais eram colonialistas racistas empenhados em destruir o Japão.

"Não seria melhor concentrar uma força significativa no ponto mais crucial", indagou Hirohito, "e desferir um golpe decisivo?" O ministro da Guerra era da mesma opinião: essa deveria ser uma "guerra total", mas "não declarada", a fim de evitar uma intervenção ocidental ou soviética. Em 28 de julho de 1937, a data correta do início da Segunda Guerra Mundial, os japoneses lançaram uma ofensiva contra Beijing e a cidade portuária de Tianjin. No dia 8 de agosto, a antiga capital foi capturada, bem como grande parte do norte da China.

Chiang Kai-shek adiava o momento de reagir aos "bandidos anões", hesitando entre "a sobrevivência ou a aniquilação". Se não resistisse aos invasores, arriscava-se a perder poder; se o fizesse, havia a possibilidade de ser derrotado. Ele acabou negociando com Mao a formação de uma frente unida contra o Japão. Em Xi'an, Chiang encontrou-se com Zhou Enlai, lugar-tenente de Mao. No entanto, os comunistas manipularam o patriotismo do chefe guerreiro da Manchúria, Zhang Xueliang, o Jovem Marechal, que, aborrecido com as hesitações do generalíssimo, concebeu um esquema para pressionar Chiang. Suas tropas invadiram a mansão de Chiang, mataram os guardas e encontraram o generalíssimo escondido numa encosta de montanha ainda com a roupa de dormir e sem a dentadura. A esposa dele, Meiling Song, cogitou atacar o vilarejo, mas, em vez disso, correu para se juntar ao marido. Embora Mao preferisse que Chiang fosse executado, Stálin, temendo um ataque japonês, ordenou que o libertassem. Chiang concordou com o plano do líder soviético, de uma aliança antinipônica, e em troca recebeu o filho de volta.

Depois de ser libertado, castigado e humilhado, Chiang comandou, à frente de 500 mil homens, a defesa de Shanghai — Hirohito permitira que os generais ordenassem o ataque à cidade com 200 mil soldados. No confronto morreram 9 mil japoneses — e quase 250 mil chineses. Indignados com as perdas, os comandantes nipônicos ordenaram que os soldados tratassem civis e militares da mesma maneira: sem fazer prisioneiros, eles acabaram massacrando milhares de pessoas em Shanghai. Em 13 de dezembro, os japoneses tomaram a capital Nanjing. O general Matsui Iwane, comandante da frente, e o príncipe Yasuhiko Asaka — tio de Hirohito e chefe da Força Expedicionária de Shanghai — decidiram que, antes da parada militar triunfal, era preciso dar uma dura lição aos chineses. No primeiro dia, 32 mil pessoas foram mortas. A ordem de Asaka era "executar todos os presos". No final, as tropas de Asaka podem ter matado até 340 mil chineses; e cerca de 20 mil mulheres foram estupradas, mutiladas e assassinadas.[1] A matança, expressão da ira diante da resistência chinesa e demonstração da superioridade racial japonesa, prosseguiu por seis semanas. Hirohito e seus generais eram os responsáveis, mas até o general Matsui ficou "deprimido", dizendo: "Lamento por tais atrocidades, mas o exército tem de continuar agindo assim até que a China se arrependa". Matsui e Asaka foram convocados de volta ao Japão, onde o imperador elogiou o primeiro e condecorou o segundo.

Chiang tomou uma posição em Wuhan, mas foi derrotado, transferindo a capital para Chungking, no interior. Em seu baluarte em Shaanxi, Mao preparou-se para uma prolongada guerra de guerrilha, notando a ironia de que "aqueles que tomaram a latrina não conseguem usá-las, enquanto os que estão apertados para cagar não dispõem de fossas". Na capital Yan'an, ele ampliou suas forças de 30 mil para 440 mil homens, mas estes estavam empenhados numa guerra que jamais concluiriam nem tinham condições de sustentar. Nesse caleidoscópio que se alterava com rapidez, havia apenas uma certeza reconhecida por todos os atores: o conflito que se aproximava, como disse Stálin, seria "uma guerra de máquinas", e isto significava que o "domínio do petróleo", nas palavras de Churchill, "era o grande prêmio". Aqueles que o controlassem seriam os vencedores.

O xá havia se desentendido com os britânicos, exigindo uma fatia maior dos lucros do petróleo iraniano. Ao ameaçar revogar a concessão, obteve condições mais favoráveis. Era o princípio de uma transferência de poder da Europa para a Ásia. Mas o atrito envenenou a corte de Reza.[2]

A esperança de Reza era que a sucessão dinástica coubesse ao filho Mohammad, que nessa época retornou do internato suíço, acompanhado do faz-tudo da escola, o efeminado Ernest Perron, onze anos mais velho: "Um sujeito curioso", escreveu um diplomata britânico, "vestido como um boêmio de comédia musical que também lê as linhas na palma da mão e faz os comentários mais surpreendentes sobre a *vie sexuelle* dos outros!". Apavorado com a homossexualidade, o xá investiu contra Perron com o chicote, ordenando que fosse expulso, somente tolerando a sua presença depois de ser convencido pelas filhas, que o empregaram como jardineiro. Todavia, o papel de Perron era emocional, e não sexual: depois de perder a virgindade com uma criada suíça, o príncipe herdeiro revelou-se um mulherengo pelo resto da vida.

Apressando-se em acertar o casamento do filho, o xá escolheu para ele uma princesa egípcia: a Casa de Mehmed Ali era a dinastia mais antiga da região, ainda que sunita. Em março de 1939, no Palácio de Abdeen, no Cairo, o príncipe iraniano casou-se com a princesa Fawzia, irmã do jovem rei Farouk, do Egito, antes de a cerimônia nupcial ser repetida em Teerã, com a presença do xá. Filha da rainha Nazli, que era em parte francesa, Fawzia tinha "um rosto perfeito em forma de coração e olhos azuis estranhamente pálidos, mas penetrantes". Criada em meio ao luxo hedonista do Egito, ela ficou chocada com a rispidez do xá, entediada com o paroquialismo burguês da corte persa e infeliz com o desajeitado marido. Pressentindo a iminência da guerra, o xá esperava assegurar seu reino equilibrando-se entre a Grã-Bretanha e a Alemanha.

Mais ao sul, em 3 de março de 1938, uma companhia petrolífera americana encontrou petróleo no poço Dammam 7, no novo reino da Arábia Saudita. Até então, a ascensão de Abdulaziz ibn Saud e dos wahabitas não passara de uma questão de segurança menor para os britânicos, que apoiavam os reis hachemitas no Iraque e na Transjordânia. Agora, porém, a Arábia juntou-se ao Irã e ao Iraque, formando um grupo cada vez mais poderoso de detentores de reservas de petróleo.

Abdulaziz dependia das taxas cobradas dos peregrinos que iam a Meca, mas essa fonte de renda diminuiu de maneira significativa durante a Grande Depressão. Embora cruciais para sua ascensão, os milicianos do Ikhwan agora o ameaçavam e tinham de ser neutralizados. Em março de 1929, na Batalha de Sabilla, tropas sauditas equipadas com metralhadoras, apoiadas por aviões da RAF, dizimaram centenas de cameleiros, aniquilando o poderio da milícia. Em 23 de setembro de 1932, Abdulaziz proclamou-se soberano de um novo país, a Arábia Saudita.[3] E logo foi recompensado: os engenheiros equiparam o novo Palácio Murabba com eletricidade e banheiros, dando início à transformação dos sauditas, de chefes guerreiros do deserto em potentados internacionais. Estimulado por um inglês enigmático, John Philby, um ex-diplomata britânico que, ao se converter ao islã, recebera do rei o nome de xeque Abdula, as empresas ocidentais (todas pagando comissões a Philby) começaram a prospectar petróleo no país.[4] Em Riad, Philby se portava como um xeque; nos restritos clubes londrinos, como um funcionário público britânico. Agora, ele passou a negociar as primeiras concessões sauditas para a exploração de petróleo, firmadas em 1933 com a SoCal; em seguida, em 1937, com a Texaco, num consórcio com uma empresa fundada por Abdulaziz, a Aramco. Com o aumento das tensões internacionais, todas as potências — sobretudo a Alemanha e o Japão, que não controlavam nenhum campo petrolífero — saíram atrás desse "grande prêmio".

É ASSIM QUE SE FAZ: O PLANO DE HITLER

Em 20 de abril de 1937, no dia em que completou 48 anos de idade, Hitler revelou sua verdadeira visão imperial a dois confidentes: Albert Speer, um jovem e melífluo arquiteto, presenteou-lhe com uma maquete da nova e gigantesca capital, Germânia (Berlim). "Entende por que planejamos algo tão grande?", perguntou Hitler enquanto, ao lado de Goebbels, admirava um Salão do Povo sete vezes maior do que a Catedral de São Pedro, projetado para abrigar 180 mil pessoas; o palácio-fortaleza do Führer; um arco do triunfo com oitenta metros de altura, destinado a humilhar o Arco do Triunfo parisiense; e uma estação ferroviária maior do que a Grand Central em Nova York. "Fiz esses esboços uma década atrás", dissera Hitler ao contratar Speer. "Sabia que um dia construiria tudo isso." De acordo com os planos de Speer, as obras da Germânia seriam concluídas em 1950. Mais tarde, ele mostrou o projeto ao pai, que exclamou: "Vocês estão loucos!". Agora, porém, Hitler confidenciou a Speer que Germânia seria "a capital do Império Germânico". Mais tarde, diria a Goebbels o que logo pretendia fazer com a Áustria e a Tchecoslováquia: "Vamos invadir ambas [...]. Por isso os grandes planos de construção do Führer". Numa reunião secreta, Hitler explicou: "Sempre vou até o ponto extremo do que sinto que posso arriscar e nada além [...]. Eu digo: 'Quero destruir você. Então uso de minha astúcia para colocá-lo contra a parede, de modo que você não possa revidar, sob pena de receber um golpe mortal no coração'". Em seguida, berrou: "É *assim* que se faz".

Hitler começou a aumentar a pressão sobre a Áustria, convocando o chanceler Kurt Schuschnigg em fevereiro de 1938 e ameaçando-o com uma invasão. "Minha missão está predestinada", disse a ele. "Você não acha que poderia resistir mesmo por uma hora, não é? Quem sabe? Talvez eu esteja em Viena amanhã de manhã, como uma tempestade de primavera." Schuschnigg ainda tentou vencer Hitler em seu próprio jogo, convocando um referendo sobre a independência: isto só forneceu a Hitler um pretexto para concentrar as tropas da Wehrmacht, o exército alemão, na fronteira com a Áustria.

Em Viena, o barão Alphonse de Rothschild hesitava em partir, mas sua mulher, a elegante inglesa Clarice Sebag-Montefiore, soubera pelo amante, um funcionário do Ministério das Relações Exteriores, que os nazistas já haviam preparado uma lista dos judeus que seriam detidos. O casal encheu o carro de bagagem e seguiu rumo à França. Aos 82 anos, Sigmund Freud recusava-se a partir. "Na Idade Média, teriam me queimado", insistia ele. "Agora, contentam-se em queimar os meus livros."

Schuschnigg cancelou o plebiscito e demitiu-se, entregando o governo ao ministro do Interior, um nazista. No dia 12 de março, as tropas alemãs entraram na Áustria. Deslocando-se numa carreata de Mercedes conversíveis em meio a multidões extasiadas, Hitler, ao passar por Linz, olhou para a janela do médico judeu Eduard Bloch, que acenou de volta, e depois chegou a Viena, onde subiu ao balcão do Hofburg antes de visitar o túmulo da sobrinha Geli Raubal. Essa *Anschluss* — união da Alemanha e da Áustria — desencadeou uma série de tragédias, a começar pelos brutamontes nazistas que obrigaram os judeus a limparem as ruas. O especialista em assuntos judaicos de Himmler — Adolf Eichmann, um ex-guarda do campo de Dachau e filho de um contador que agora dirigia o Departamento Judaico da SD, Seção II/112 — tomou posse de um dos cinco palácios dos Rothschild para ali instalar a Agência Central para Emigração Judaica, a fim de supervisionar o confisco de bens, sobretudo dos 100 mil judeus ansiosos por saírem do país.

O barão Louis de Rothschild, o jovial irmão de Alphonse, jogador de polo, botânico, esteta, casado com uma condessa austríaca, recebeu a visita de oficiais da SS, os quais ouviram do mordomo que voltassem depois do almoço. Quando tentava sair do país, o barão foi detido no aeroporto de Aspern. Göring e Himmler competiam entre si para arrancar um resgate dos Rothschild. O vencedor foi Himmler, que visitou o barão na prisão e negociou sua liberdade em troca de 21 milhões de dólares. Louis acabou por se juntar ao irmão nos Estados Unidos.[5] Freud continuava se recusando a partir.

Na esteira dos nazistas vieram os aproveitadores, liderados por Krupp, que, com a ajuda de Göring, apropriou-se da maior siderúrgica da Áustria. Assim como os Wagner eram a dinastia cultural de Hitler, os Krupp eram para este a realeza da indústria. Quando recebeu Mussolini, Hitler o levou para visitar o complexo industrial Krupp em Essen. A fim de celebrar o quinquagésimo aniversário de Hitler, Krupp o presenteou com uma mesa de aço entalhada com suásticas e uma citação de *Minha luta*. Hitler adorou. O filho de Gustav Krupp, Alfried, de nariz adunco, cadavérico e olhos fundos, membro da ss desde 1931, passou a integrar o conselho da empresa, desenvolvendo carros de combate para o novo tipo de guerra baseado na mobilidade.

"Agora é a vez dos tchecos", Hitler, eufórico, disse a Goebbels, dando início aos preparativos para uma guerra contra a Tchecoslováquia em nome da minoria alemã que vivia nos Sudetos. Em 17 de setembro de 1938, o primeiro-ministro britânico, o insípido Neville Chamberlain, decidido a salvar a paz na Europa, chegou ao Berghof, o espetacular refúgio alpino do Führer, onde foi alvo de arengas exaltadas e de negociações sensatas. Chamberlain menosprezou Hitler — "totalmente insosso", comentou, "dá para confundi-lo com o pintor de paredes que já foi". O Führer, por sua vez, zombou de Chamberlain, que lhe pareceu "afetado e santarrão", "um verme". Depois de novos encontros, Chamberlain vangloriou-se, dizendo que iria tentar evitar uma guerra "decorrente de uma rixa num país remoto em meio a gente da qual não sabemos nada". Numa conferência em Munique mediada por Mussolini, Chamberlain e o primeiro-ministro francês Daladier concordaram com a "cessão do território alemão dos Sudetos", na Tchecoslováquia.

De volta à Grã-Bretanha, Chamberlain mostrou-se triunfante. "Meus bons amigos", declarou no aeroporto, "creio que teremos paz em nossa época. Podem ir para casa e dormir tranquilos." Os mais sensatos não conseguiram pegar no sono. "Você tinha uma escolha entre a guerra e a desonra. Ao escolher a desonra, terá a guerra", advertiu Churchill, considerando Munique uma "rematada derrota". Acompanhando os acontecimentos em Washington, o presidente americano, em privado, concordava com Churchill. Ansioso para desviar Joe Kennedy de uma eventual candidatura à presidência, Roosevelt o nomeou embaixador em Londres. Lá, o insolente irlandês deleitava-se na alta sociedade, mas também apoiava o círculo antissemita da viscondessa Astor, que favorecia uma política de apaziguamento em relação a Hitler. Os judeus alemães, dizia Kennedy, "eram responsáveis por serem tratados assim". E acrescentou para um amigo: "Determinados judeus são aceitáveis, mas enquanto raça são abomináveis, pois estragam tudo o que tocam". Roosevelt ficou horrorizado com Hitler: "os berros, o histrionismo e o efeito que tudo isso tem sobre o público… eles não aplaudem, urram como animais", comentou com a prima e confidente Daisy Suckley. "A Europa é um barril de pólvora mundial."

A região dos Sudetos não bastava para Hitler, que, impedido de entrar em guerra, planejou uma "ocupação rápida" do restante da Tchecoslováquia — e, "quando chegar a hora, vamos amaciar a Polônia com métodos de eficiência comprovada".

Semanas mais tarde, depois do assassinato a tiros de um diplomata alemão em Paris por um judeu polonês, Hitler e Goebbels organizaram um pogrom antijudaico, a *Kristallnacht* (Noite dos Cristais), em toda a Alemanha. Nos dias 9 e 10 de novembro de 1938, judeus foram espancados, cerca de uma centena mortos, e 30 mil detidos e enviados a campos; mil sinagogas foram incendiadas, e lojas judaicas atacadas. Hitler discutiu a "questão judaica" com Goebbels. "O Führer quer expulsar todos os judeus da Alemanha. Para Madagascar ou qualquer outro lugar do tipo." No dia 30 de janeiro de 1939, discursando no Reichstag, Hitler associou o destino dos judeus europeus à guerra que planejava iniciar. "Muitas vezes durante minha vida fui um profeta, e quase sempre ridicularizado", disse. "Hoje, volto a profetizar: se os financistas judeus internacionais [...] conseguirem outra vez mergulhar as nações numa guerra mundial, o resultado não será a bolchevização da terra e, com isso, uma vitória dos judeus, mas a aniquilação da raça judaica na Europa."

Em março, ele convocou o idoso presidente tcheco Emil Hácha, a fim de obter dele a cessão do restante da Tchecoslováquia. Hácha teve um derrame. Em seguida, as tropas alemãs ocuparam Praga, que se tornou a capital do protetorado da Boêmia e Morávia sob controle direto de Hitler, que concedeu independência formal a um Estado eslovaco fantoche, governado por um sacerdote fascista. Hitler entregou as fábricas da Skoda a Krupp. Dias depois, forçou a Lituânia a ceder a cidade portuária báltica de Memel. Por fim, a Grã-Bretanha e a França, reconhecendo o equívoco da política de apaziguamento, anunciaram que garantiriam as fronteiras do alvo seguinte de Hitler, a Polônia. Até então, o Führer havia encadeado uma série de iniciativas bem-sucedidas. "É o milagre desta época vocês terem me encontrado entre tantos milhões", afirmou numa manifestação. "E o fato de eu ter encontrado vocês é a grande sorte da Alemanha." Convencido de que a guerra era inevitável e desejável, ele se voltou então para a outra potência contrária do Tratado de Versalhes, que perdera território para a Polônia e era liderada pelo adversário bolchevique, Stálin. Somente o ditador soviético poderia impedir que Hitler travasse uma guerra em duas frentes.

Em maio, enquanto o Führer refletia sobre seus planos no Berghof, o ministro das Relações Exteriores, Ribbentrop, mostrou a ele filmes de Stálin no mausoléu de Lênin em Moscou, durante a parada militar do Dia do Trabalho. Stálin, comentou Hitler, "parece ser alguém com quem posso negociar".

Era um sentimento mútuo — ainda que sempre temporário.

Já havia algum tempo, Stálin vinha enviando sinais de distensão. O terror começava a escapar a seu controle. Em 25 de novembro de 1938, Iejov, mergulhando em orgias de bebida e sexo com homens e mulheres, e tentando encobrir seus excessos, acabou substituído por um competente lacaio, Lavrenti Béria, um georgiano malévolo, sádico e estuprador, que supervisionou o último surto de matança, no qual foi incluído o próprio Iejov. "Morro com o nome de Stálin nos lábios", disse Iejov antes de ser executado. Diante de um Hitler cada vez mais forte na Europa e de um Japão agressivo na Ásia, ainda que senhor de um partido aterrorizado e de um Estado debilitado, Stálin considerou as abordagens tanto dos nazistas como das democracias franco-britânicas. Desconfiando dos britânicos, desde muito empenhados em destruir a Rússia soviética e dispostos a "nos transformar em peões de fazenda", e convencido de que os outros desejavam que "tiremos da fogueira suas castanhas", Stálin não tinha ilusões quanto à hostilidade final de Hitler. Embora tivesse lido *Minha luta*, concluíra que uma détente com o Führer era mais plausível e mais vantajosa. Hitler, por sua vez, sem esquecer a promessa de erradicar o judeo-bolchevismo, pôde afinal iniciar sua guerra contra a Polônia — uma decisão que dependia da aliança com os soviéticos. Cortejado por todos os adversários, Stálin contava com o tempo.

Em agosto de 1939, Hitler enviou um telegrama do ditador soviético sugerindo que Ribbentrop voasse imediatamente a Moscou. Quando chegou o assentimento de Stálin, o Führer jantava e deu um soco na mesa: "Eu os tenho na palma da mão!". Enquanto Hitler informava a seus generais que agora os alemães teriam um "espaço vital", Ribbentrop seguia para Moscou e o gabinete de Stálin no Kremlin, o "Cantinho", onde o secretário-geral estava pronto para negociar a partilha do Leste Europeu. Ao mesmo tempo que recebia Ribbentrop, Stálin preparava-se para o confronto com os japoneses na fronteira com a Mongólia. Dois dias depois da chegada do ministro nazista, o recém-promovido comandante militar de Stálin, Gueórgui Jukov, atacou os japoneses com 50 mil homens em Khalkhin Gol. Essa batalha definiria o futuro da guerra mundial tanto quanto as negociações no Cantinho.

No Berghof, Hitler jantou com Eva Braun e seu círculo íntimo, e depois ficou acordado com os Goebbel, insone, com o olhar vazio, quase febril. No Cantinho, Stálin e Ribbentrop não demoraram para se entender — uma das vantagens das ditaduras. "A Alemanha e a Rússia jamais voltarão a se enfrentar", exclamou Ribbentrop para Stálin ao brindarem com champanhe.

"*É preciso* que seja assim", replicou Stálin, exultante, mas alerta. Às quatro da madrugada, Hitler recebeu o telegrama de Ribbentrop: ele e Stálin haviam dividido a Polônia; e Stálin também recebeu a garantia de que ficaria com regiões limítrofes do antigo império dos Románov, partes da Finlândia, os países bálticos e a Romênia.[6] Depois de saudar Ribbentrop como "o novo Bismarck", Hitler deu sinal verde para a invasão da Polônia. Em 25 de agosto, na remota Mongólia, tanques soviéticos encurralaram as forças japonesas, numa vitória que provocou uma mudança nos planos nipônicos. Em vez de atacar a Rússia, o

Japão se voltaria contra a Grã-Bretanha e os Estados Unidos. Já Stálin havia encontrado um vencedor: Jukov, obstinado, rude, robusto, acabaria se revelando o melhor general da Segunda Guerra.

Até que a vitória estivesse assegurada, "não quero nada mais do que ser o primeiro soldado do Reich", disse Hitler no dia 1º de setembro, envergando uma túnica militar cinzenta, diante de um Reichstag calado, ou "não viverei para ver o final" — um alerta público de suicídio. Ele também se comparou a Frederico, o Grande, que, diante de "uma grande coalizão", havia "triunfado".

Enquanto 1,5 milhão de soldados alemães irrompiam em território polonês naquela manhã, Hitler instruiu seus subordinados a travarem um novo tipo de guerra. "Aniquilar Polônia", especificou, em anotações feitas por um general. "Nenhuma piedade. Ação brutal [...]. Rigor máximo." Hitler desprezava as democracias — "Vermes! Vi como agiram em Munique" —, mas dessa vez os vermes reagiram: a Grã-Bretanha e a França declararam guerra; Chamberlain enviou uma força expedicionária de 390 mil homens para apoiar os franceses, e, embora com relutância, trouxe o indômito mas magistral Churchill de volta como chefe do almirantado.

Dando-se conta do quanto Chamberlain estava fragilizado, Roosevelt escreveu secretamente a "meu caro Churchill", encorajando-o a "manter-me informado de tudo que lhe possa parecer relevante". No entanto, ele estava de mãos atadas pelos 62% de americanos favoráveis à neutralidade na guerra, pelo antissemitismo generalizado e pelo embaixador Kennedy, que "sempre foi e vai continuar sendo um apaziguador", segundo Roosevelt. "Um estorvo."

Hitler exigiu um "um áspero confronto étnico" na Polônia, "sem restrições legais". Ao mesmo tempo que anexava as ex-províncias prussianas e criava um governo-geral para administrar o restante, ele explicou que "ali nos interessa apenas obter mão de obra" e "expurgar do Reich os judeus e os polacos". Cerca de 1,7 milhão de judeus poloneses caíram nas mãos dos alemães. Na esteira do exército regular vieram cinco, e depois sete, esquadrões homicidas especiais, os ss Einsatzgruppen, formados por Heydrich, agora chefe do Reichssicherheitshauptamt (rsha, o principal órgão de segurança do Reich), mesclando o sd (o serviço de inteligência nazista) e batalhões de policiais comuns. Coube a eles assassinar todos os que constavam de uma lista (o Livro de Perseguição Especial), com os nomes de 40 mil membros da elite polonesa. "Que não reste nada da liderança polonesa", ordenou Hitler. "Onde quer que haja líderes poloneses, eles devem ser mortos, por mais duro que isto soe." Alguns comandantes dos Einsatzgruppen eram brutamontes toscos com histórico criminal, mas muitos eram extremamente qualificados — três deles eram médicos, assim como nove dos dezessete oficiais do Einzatzgruppe A — e de classe média, quando não da aristocracia. Depois da guerra, os generais alemães propagaram o mito de que a

Wehrmacht (o exército regular) não havia participado das atrocidades nazistas. Na verdade, a maioria dos oficiais regulares não só aprovava as "missões étnico-políticas", como também colaborava para o seu cumprimento; e os soldados comuns também ajudavam e até tiravam fotos. Eram raros e corajosos os que se recusavam a participar. O próprio Himmler compareceu a algumas das execuções, dizendo aos assassinos que, "para ser sincero, não faço nada sem o conhecimento do Führer".[7]

Embora milhares de pessoas estivessem envolvidas na matança, tudo dependia da liderança de Hitler. Em novembro, ele voou até Munique para fazer o discurso anual diante dos "veteranos" do Putsch da Cervejaria, saindo logo em seguida — exatamente quando explodiu uma bomba, ali colocada por um assassino solitário, Georg Elser. Hitler convenceu-se de que a Providência o havia poupado — "O destino do Reich depende apenas de mim" —, o que tornava ainda mais urgente sua missão: "Somente podemos enfrentar a Rússia se tivermos as mãos livres a oeste".

Na corrida entre a Grã-Bretanha e a Alemanha para capturar a Noruega, os britânicos saíram derrotados. O pouco bélico Chamberlain viu reduzida sua autoridade. Às 10h15 do dia 9 de maio de 1940, ele se encontrou com os dois pretendentes à sua sucessão. Chamberlain e os próceres do Partido Conservador preferiam o secretário das Relações Exteriores, o duque de Halifax, apelidado de Raposa Santa, ex-vice-rei da Índia. Um descarnado e moralista aristocrata com um braço mirrado e sem mão, Halifax estava propenso a negociar com Hitler. Já Churchill, visto como um belicista meio americano, transgressivo e arrogante, manteve-se em silêncio até Halifax desistir do cargo.

Um imperialista aristocrático, Churchill era um excêntrico anacrônico, extravagante e bon vivant, apreciador de bebidas e de charutos, irascível, mordaz e espirituoso, com um gosto por trajes incomuns — um macacão que desenhou para uso em abrigos antiaéreos mais parecia uma roupa de bebê. Entretanto, ele não só se deu conta da natureza de Hitler como seu temperamento marcial, criatividade visionária, energia exuberante, experiência ministerial única, conhecimento da guerra e da história e domínio da língua inglesa o tornavam extremamente qualificado para assegurar a sobrevivência da Grã-Bretanha. "Pobre povo, pobre povo", murmurou. "Eles confiam em mim, e tudo que posso lhes oferecer por um bom tempo é o desastre."

Em 10 de maio, após meses da chamada "guerra de mentira", Hitler, irrequieto e nervoso, anunciou uma campanha militar que iria decidir "o destino do povo alemão por um milênio" e avançou a oeste através da Bélgica e da Holanda. Mas seu principal avanço ocorreu mais ao sul, nas Ardenas, onde, de modo arrojado, usou seus carros de combate numa guerra-relâmpago, a *Blitzkrieg*. "Fomos derrotados", o primeiro-ministro francês Paul Reynaud anunciou a seu colega britânico, que tomou um avião a fim de reforçar a resistência francesa. Quando Churchill lhe perguntou onde estava sua reserva estratégica, o comandante-chefe das tropas francesas respondeu que não havia nenhuma.

Reynaud nomeou para o governo o herói de Verdun, o marechal Pétain, então com 84 anos, juntamente com um general que liderara três fracassados contra-ataques e estava convencido de que a França não deveria se render: Charles de Gaulle, subsecretário da Guerra, era um desajeitado erudito-soldado aristocrata com 1,93 metro de altura, cabeça pequena e nariz grande, apelidado de La Grande Asperge — "o grande aspargo". No dia 9 de junho, ele voou até Londres a fim de se encontrar com Churchill e solicitar a intervenção da RAF na batalha da França. Churchill recusou, mas ficou impressionado com o "jovem e enérgico" De Gaulle, que, temperado por um período como prisioneiro de guerra na Alemanha durante a Primeira Guerra Mundial, acreditava "numa certa concepção da França", uma França majestosa, preferivelmente governada por um líder régio que um dia poderia ser ele mesmo.

Dois dias depois, Churchill retornou à França para se encontrar com um abatido Reynaud e notou o "vigor" de De Gaulle; Pétain já se mostrava um derrotista. De volta a Londres, Churchill propôs uma união franco-britânica; no entanto, no dia 10, Reynaud demitiu-se e Pétain tornou-se primeiro-ministro para negociar com Hitler. Quando Mussolini entrou na guerra, invadindo a França pelo sul, De Gaulle escapou para Londres, "sozinho e despojado [...]. Eu me lançava numa aventura". Em 14 de junho, Paris caiu. Quatro dias depois, De Gaulle fez uma transmissão radiofônica para a França na qual perguntava: "Já foi dita a última palavra? É inevitável que morra a esperança? É a derrota definitiva? Não! [...] Nada está perdido para a França".

Enquanto Pétain iniciava as negociações, a força expedicionária britânica viu-se encurralada na praia em Dunquerque. A vitória foi tão completa que Hitler titubeou. "O Führer está terrivelmente nervoso", escreveu seu chefe de gabinete. "Assustado com o próprio êxito." Enquanto Hitler vacilava, 300 mil soldados britânicos foram resgatados por uma flotilha de pequenos barcos.

Hitler recebeu a rendição francesa — tecnicamente, um armistício — no mesmo vagão de trem em Compiègne em que os alemães haviam se rendido em 1918; e deixou o sul da França e as colônias francesas intactos sob o governo de Pétain, que se instalou em Vichy. O ex-Kaiser e seus filhos cumprimentaram Hitler.

Na madrugada de 23 de junho, acompanhado por Speer, Hitler voou até Paris, onde percorreu a cidade numa Mercedes conversível, parando diante da torre Eiffel e do túmulo de Napoleão nos Invalides, onde ordenou o retorno do filho do imperador francês, o duque do Reichstadt, uma de suas mais estranhas obsessões históricas. "Paris não é uma cidade adorável?", perguntou a Speer. Em julho, Hitler foi a Essen para celebrar o septuagésimo aniversário de Krupp e agradecer-lhe pessoalmente pelos blindados Panzer.[8] Em Bayreuth, assistiu a uma apresentação da ópera *Götterdämmerung*. "Já ouço", comentou com Winifred Wagner, "as asas da deusa da vitória." Ele estava prestes a fazer a maior aposta de uma vida de jogador.

Sua expectativa era de que a Grã-Bretanha se rendesse. Halifax sugeriu negociar, mas Churchill manteve-se firme, dizendo à população britânica que "não tenho nada a oferecer além de sangue, trabalho, lágrimas e suor", em uma guerra "contra uma tirania monstruosa jamais vista no sombrio e lamentável registro da criminalidade humana". Zombando da "situação militar desesperada da Grã-Bretanha", Hitler ordenou uma invasão pelo mar (a operação Leão Marinho), mas os almirantes alertaram que isto só seria viável se tivessem superioridade aérea. Em julho de 1940, Hitler convocou aquele que escolhera como herdeiro, Göring, o comandante da Luftwaffe recém-promovido a Reichsmarschall, para "destruir a RAF" e, depois, "eliminar a pátria dos ingleses e [...] ocupar todo o país". No entanto, ao mesmo tempo, já se voltava para a cruzada de sua vida: "Uma vez destruída a Rússia, a última esperança da Inglaterra desaparecerá".

Em agosto, Hitler ordenou o início dos ataques aéreos da Luftwaffe, mas adiou a operação Leão Marinho depois que os corajosos pilotos britânicos e seus aviões mais modernos, ajudados por um novo equipamento, o radar, e associados à eloquente resistência churchilliana, venceram a Batalha da Inglaterra. A outra vitória de Churchill foi transatlântica. Ao criticar o "ator" Churchill, Kennedy acreditava (nas palavras de Roosevelt) que a "pequena classe capitalista estaria mais segura sob Hitler", informando Washington que a Grã-Bretanha estava condenada e que "a democracia está acabada". Mas Churchill convenceu Roosevelt, solicitando ajuda imediata: "Não posso me eximir de lhe dizer que, na longa história do mundo, é isto que deve ser feito agora".

HITLER E O JOVEM REI

Roosevelt transferiu cinquenta destroieres para a Grã-Bretanha e convocou Kennedy, a quem maliciosamente neutralizou com a oferta de apoiar sua futura candidatura presidencial. Concorrendo a um inédito terceiro mandato, Roosevelt ganhou por ampla maioria,[9] ficando com as mãos livres para ajudar a Grã-Bretanha por meio de um programa de empréstimo de armas e suprimentos conhecido como Lend-Lease. "Imaginem que a casa do vizinho esteja pegando fogo. Se eu lhe emprestar a mangueira de jardim", explicou habilmente aos americanos numa de suas transmissões na rádio, "posso ajudá-lo a apagar o incêndio." Os Estados Unidos seriam "o arsenal da democracia".

Em 22 de junho de 1941, Hitler, agora amplamente visto como um gênio na Alemanha, invadiu a Rússia no que chamou de Operação Barbarossa, uma campanha que imaginara em *Minha luta* e que vinha planejando desde a queda da França. "A demolição da Rússia", explicou aos generais, não só obrigaria os britânicos a se renderem, como também permitiria ao Japão "concentrar toda a sua força contra os Estados Unidos", o que impediria os americanos de lutarem contra a Alemanha. Ele ordenou ainda a seus generais que se preparassem para, depois de concluída a operação, uma "invasão do Afeganistão e um conflito com a Índia". A Operação Barbarrosa deveria ser uma guerra de aniquilação, "uma luta até o fim", na qual os "agitadores bolcheviques, os guerrilheiros, os sabotadores e os judeus" seriam todos liquidados de vez, enquanto os prisioneiros de guerra russos seriam deixados para morrer de fome. "Assim que alcançarmos a vitória, ninguém perguntará sobre nossos métodos", disse ele, refletindo que "hoje ninguém mais se lembra dos armênios".

Hitler estava exultante com esse "ataque em massa em escala gigantesca, o maior já visto em toda a história. O exemplo de Napoleão não vai se repetir". A URSS iria ruir "em quatro semanas". Mesmo Hitler, contudo, tinha momentos de dúvida em relação aos "enormes riscos" incorridos: "O início de toda guerra é parecido com a abertura de uma porta num quarto escuro. Nunca se sabe o que está oculto nas trevas", ele admitiu aos secretários. A "estranha" Rússia era como o "navio-fantasma *Holandês Voador*. Não há como saber nada [...]. Pode ser uma gigantesca bolha de sabão, mas também algo completamente diferente". E assim foi.

A invasão fora adiada por causa das contingências da proliferação do conflito. Os êxitos nazistas atraíram predadores menores: o generalíssimo Franco, da Espanha, encontrou-se com Hitler para exigir a Gibraltar britânica e as colônias francesas. "Prefiro que me arranquem um ou dois dentes", resmungou Hitler, "a encontrá-lo de novo." Mussolini queria Nice e a Tunísia francesa, mas superestimou a capacidade italiana: depois de invadir a Albânia — governada desde a década de 1920 por um soberano autoproclamado, o rei Zog —, suas tropas se viram em dificuldades. Os britânicos, reunindo 350 mil soldados africanos, libertaram a Etiópia, recolocando no trono Hailé Selassié; em seguida, atacaram a Líbia, desbaratando as tropas de Mussolini. Hitler teve de enviar o Africa Korps para conter a retirada italiana e ameaçar o Egito britânico, além de socorrer a Itália na Grécia.

Uma grande preocupação para o Führer eram os Bálcãs, fonte do petróleo romeno e também a base de lançamento da Operação Barbarossa. Stálin vinha reforçando a influência soviética na Bulgária e na Romênia, o que tornava a operação ainda mais urgente. Hitler admirava o déspota romeno, Ion Antonescu, um ferrabrás irascível, apelidado de Cão Vermelho por causa do cabelo ruivo e do temperamento explosivo, que conquistara renome lutando a favor dos Aliados durante a Primeira Guerra Mundial. O rei Miguel, o último dos Hohenzollern, assombrado pelo pai, o narcisista, sexualmente incontinente e politicamente catastrófico Carlos II, mal tolerava o intimidante Cão Vermelho, que agora alinhava a Romênia a Hitler.

Com dezoito anos, afável e decente, criado por uma mãe sensata, o impotente Miguel viu-se forçado a conceder a Antonescu o título grandiloquente de *Conducator*. "Nós tínhamos um relacionamento estranho", o rei contou a este autor. "Ele me tratava como uma criança e me excluía. Eu abominava ter de lidar com um ditador." No início de 1941, Miguel almoçou com Hitler, que se mostrou "tenso e inamistoso. De repente, engatava num assunto, os olhos ficavam vidrados e não parava mais de falar. Ainda tentei dizer algo, mas era impossível interrompê-lo". Hitler falava sem parar. "Lembro-me de que a última coisa que disse foi: 'Garanto que os Estados Unidos jamais entrarão na guerra contra nós'. Não acreditei nele."

Antonescu era um antissemita virulento. "Os judeus são a personificação de Satanás", disse a seu gabinete. "Nossa luta é uma luta de vida ou morte. Ou vencemos e limpamos o mundo, ou eles vencem e seremos escravos." Antonescu aderiu com entusiasmo a Hitler, que inclusive tolerou que o Cão Vermelho o ilustrasse a respeito da história romena. Antonescu prometeu colaborar com tropas para a Operação Barbarossa. A Hungria, a Bulgária e a Iugoslávia aliaram-se ao Eixo, até que um golpe pró-britânico em Belgrado ameaçou adiar a invasão alemã da Rússia.

Irado, Hitler ordenou uma guerra "impiedosa e dura" que "destruísse a Iugoslávia", dividindo-a de modo a criar uma Croácia independente e governada pelo movimento ultranacionalista Ustaše, liderado por Ante Pavelić. Assim que chegou ao poder — nominalmente sob o rei italiano Tomislav II —, Pavelić, assumindo o título grandiloquente de *Poglavnik*, desencadeou um frenesi homicida, apoiado pelo clero católico. Visando eliminar todos os judeus e um terço dos sérvios que viviam na Croácia, sua carnificina expôs o ódio que grassava entre vizinhos íntimos: 300 mil sérvios, 30 mil judeus e 20 mil ciganos foram massacrados num tumulto tão macabro que os próprios nazistas chamaram os milicianos da Ustaše de "monstros", e Himmler reclamou com o *Poglavnik*.[10]

Os acontecimentos na Iugoslávia adiaram a invasão da Rússia por alguns meses cruciais. "Em quatro semanas", afirmou um eufórico Hitler, agora abrigado na Toca do Lobo, um quartel-general sombrio e infestado de pernilongos num maciço bunker de concreto em Rastenburg, no leste da Prússia, "tomaremos Moscou." Às três da manhã de 22 de junho, 3 milhões de soldados e 3 mil tanques cruzaram a fronteira.[11]

A MAIOR BATALHA DA HISTÓRIA: A GUERRA DE ANIQUILAÇÃO DE HITLER; A APOSTA DE HIROHITO

A surpresa foi quase total. No dia anterior, Stálin ouvira tenso os relatórios crescentes sobre as forças alemãs que se concentravam e as preocupações dos generais. Permitindo apenas preparativos menores, ele mal conseguira dormir em sua dacha de Kuntsevo, onde foi despertado por um telefonema, no qual Jukov o avisava de que os alemães estavam atacando em todas as frentes.

Esse foi o maior erro na carreira de Stálin, que recebera inúmeros relatórios de inteligência enviados por uma excepcional rede de espionagem em Berlim e Varsóvia, e também de Churchill e até de Mao, mas sobretudo de seu agente em Tóquio, Richard Sorge, um libertino playboy meio alemão e meio russo. Amigo do adido alemão, cuja mulher era uma de suas inúmeras amantes, Sorge ficara sabendo até mesmo a data da invasão. "Há um desgraçado que abriu fábricas e bordéis no Japão e se dignou a nos informar que o ataque alemão vai ocorrer em 22 de junho", zombou Stálin. "Estão sugerindo que devo acreditar nele?" A ditadura e o terror podem suprimir informações inestimáveis, além do bom senso. "Diga a seu informante que vá se foder", anotou num dos relatórios. Astuto como um lobo e flexível como um felino, Stálin também podia ser teimoso como uma mula. "Um oficial de inteligência", afirmou, "deve ser como o demônio e não confiar em ninguém, nem mesmo em si." Nesse caso, estava errado. Ele sabia que Hitler era seu inimigo e que a guerra era inevitável, mas estava convencido de que o pacto firmado adiaria o confronto até 1943. Com o aumento das tensões, deveria ter sondado uma aliança com a Grã-Bretanha. E equivocou-se ao considerar Hitler um estadista convencional, quando na verdade ele era um "sonâmbulo" empenhado em guerras de aniquilação.

Retornando às pressas para o Kremlin, Stálin ordenou contra-ataques em todas as frentes. O resultado foi desastroso, o que levou ao cerco de milhões de soldados soviéticos pelos alemães, que continuavam a avançar, tomando primeiro Minsk e depois Smolensk. Quando Stálin e seu círculo íntimo visitaram o quartel-general e pediram para ver os relatórios mais recentes, Jukov, um general duro como aço, teve de admitir, sem conter as lágrimas, o colapso das frentes russas. "Lênin nos deixou um Estado e estragamos tudo", comentou Stálin, antes de voltar à dacha por dois dias a fim de se recompor e, tal como Ivan, o Terrível, testar a lealdade de seus boiardos. No terceiro dia, os dirigentes foram visitá-lo e insistiram para que assumisse o comando. O ex-menino de coro georgiano que, como Hitler, acreditava ser um soldado nato assumiu então o título de comandante supremo e, mobilizando os recursos sem paralelo de força humana e industrial da Rússia, e reunindo um assombroso exército de 4,2 milhões de soldados, reanimou a população com uma mescla de patriotismo, terror e marxismo para enfrentar o Führer numa "luta de vida ou morte".

"Irmãos e irmãs, meus amigos!", começou ele, dirigindo-se à população. "A história mostra que não existem exércitos invencíveis." Não era bem essa a opinião de Hitler.

"A guerra está praticamente vencida", o Führer disse a Goebbels uma semana depois. "O Kremlin vai cair." Ao embaixador japonês, assegurou que "a resistência não vai durar mais do que seis semanas". A interferência de Stálin na guerra foi desastrosa: em pouco mais de um ano, ele perdeu 3,5 milhões de homens e a maior parte da Rússia europeia. Os territórios ocupados pelos alemães foram divididos em dois comissariados, o da Ucrânia e o da Ostland. O objetivo de Hitler era que "Moscou fosse varrida da face da Terra". A população russa, de 194 milhões, seria reduzida, por inanição, a apenas 30 milhões; o Império Alemão se estenderia até os montes Urais; os governadores alemães viveriam em palácios, e os agricultores alemães, em belas aldeias na Ucrânia, na Crimeia e nos países bálticos, ao passo que os eslavos seriam escravizados ou expulsos para a Sibéria. E de imediato os invasores nazistas começaram as matanças em grande escala: dos 5,7 milhões de prisioneiros de guerra, 3 milhões morreram de fome, o maior crime da guerra depois da destruição dos judeus europeus. "Estou tratando essa questão com muita frieza", disse Hitler. "Considero-me apenas o executor da vontade da história. Assim que formos os senhores da Europa, ocuparemos uma posição dominante no mundo."

Roosevelt, contemplando o mundo conturbado desde a serenidade da Casa Branca, concentrou-se inicialmente em Londres, enviando à capital inglesa seu fiel assistente, Harry Hopkins, cadavérico, mas confiante. Ele disse a um lacrimoso Churchill: "Conte com nosso apoio para o que for". Em seguida, Hopkins voou para Moscou, onde se encontrou com Stálin e prometeu ajuda, retornando exausto para se juntar a Roosevelt numa reunião de cúpula com Churchill a bordo do *Prince of Wales*, ancorado na baía de Placentia, ao largo de Terra Nova.

"Por fim estamos juntos", Roosevelt disse a Churchill, mais tarde escrevendo a Daisy Suckley que "ele é um homem tremendamente vital. Gosto dele". Depois de se comprometerem com a implementação futura de um programa democrático de cunho wilsoniano (a Carta do Atlântico), ambos se emocionaram quando, num culto dominical no grande encouraçado, os aristocratas protestantes entoaram os exultantes hinos de seus internatos ao lado da (condenada) tripulação. Esse foi o primeiro de muitos encontros.

Em setembro, o Grupo de Exércitos Centro alemão aproximava-se de Moscou, mas a resistência soviética estava se intensificando, o inverno havia chegado e a Rússia ainda não caíra "como um castelo de cartas". Quando começou a se dar conta de que a Blitzkrieg poderia fracassar, Hitler tornou-se menos loquaz e mais irritadiço; ao mesmo tempo, pressionou os generais a capturarem os abundantes recursos mais ao sul e ao norte, adiando o ataque a Moscou. Na frente sul, os alemães tomaram Kiev, capturando 665 mil soldados soviéticos, enquanto ao norte cercavam Leningrado, onde 1 milhão de civis morreram de fome, com a intenção de arrasar a cidade — "a nêmesis da história", esbravejou Hitler.[12]

"Este será o maior drama de uma cidade em toda a história", vangloriou-se Goebbels. Ansioso por evitar "a segunda invasão mongol de um segundo Gengis Khan", Hitler ordenou "a maior batalha da história mundial", visando à tomada de Moscou. Entretanto, as temperaturas caíram; a resistência soviética tornou-se mais dura; em seguida, houve o degelo, e a lama por toda parte que impedia a movimentação dos veículos. Ao conde Ciano, Hitler disse que o inverno traria "uma repetição do destino de Napoleão, mas para a Rússia, não para a Alemanha". No dia 16 de outubro, em Moscou, Stálin ordenou que os principais comissariados fossem evacuados para a retaguarda; o processo foi desordenado; toda a sua biblioteca foi carregada num trem — mas no dia 16 de outubro ele decidiu permanecer na cidade e lutar. No dia 30, os alemães interromperam seu avanço. Em 7 de novembro, Stálin presidiu à parada comemorativa da Revolução de Outubro e convocou Jukov para assumir o comando. Stálin contava com uma reserva militar que Hitler não levara em conta: o exército do Extremo Oriente, com 1 milhão de homens e 17 mil tanques, pronto para reagir a um ataque japonês.

Hirohito também hesitava quanto à estratégia. Em julho de 1940, com o consentimento de Hitler, os japoneses, já sobrecarregados pela guerra na China, ocuparam a Indochina francesa. Impondo sanções a Tóquio, o presidente Roosevelt bloqueou o fornecimento de aço, ferro e alguns combustíveis. Logo após o início da Operação Barbarossa, o Conselho Imperial japonês decidira evitar mais confrontos com a Rússia, firmando um tratado de neutralidade com Stálin. Se os Estados Unidos ameaçassem o suprimento de petróleo, o Japão também teria de lutar contra os americanos e as colônias holandesas e britânicas. "Nosso império não será detido pela guerra contra a Grã-Bretanha e os Estados Unidos", afirmou o príncipe Konoe, ressalvando que, "se o conflito germano-soviético tomar um rumo vantajoso para nós, aí poderemos resolver a questão do norte".

O belicoso ministro da Guerra, o general Tojo, traçara um plano cristalino — e a simplicidade muitas vezes é confundida com lucidez. Esse filho de general conhecido como Navalha, veterano da guerra civil russa e agora comandante na Manchúria, era um disciplinador desprovido de humor que costumava estapear os oficiais como forma de incutir neles o *bushido*. Tojo propôs que atacassem os Estados Unidos e a Grã-Bretanha.

"E qual é o plano no caso de uma guerra prolongada?", perguntou Hirohito. Não havia: Tojo teria de obter uma vitória imediata — ou seria a derrota. De acordo com o plano meridional, seriam enviados 185 mil homens para capturar os campos petrolíferos e os recursos das Índias Orientais holandesas e da Malásia britânica. Antes, contudo, os japoneses teriam de desferir um golpe fulminante contra a frota americana em Pearl Harbor, na tradição do ataque de 1904 a Port Arthur. E, por questões de segurança, também precisariam tomar dos Estados Unidos as Filipinas e a ilha de Guam, numa ampla ofensiva através do Pacífico, com outra frente avançando rumo à Austrália. No entanto, o mais dotado almirante japonês, Yamamoto Isoroku, um veterano de Tsushima, alertou que "não será suficiente tomar Guam e as Filipinas, nem mesmo o Havaí e San Francisco", e perguntou se Tojo e os outros falcões estavam "confiantes quanto ao resultado final e preparados para os sacrifícios necessários".

"Os japas estão em palpos de aranha", comentou Roosevelt, que não desejava provocar Tóquio, "tentando decidir de que lado vão pular. Não há como saber o que eles vão fazer". Quando o príncipe Konoe sugeriu negociações, Roosevelt aceitou; no entanto, em setembro de 1941, a escassez de petróleo ameaçava paralisar todo o Japão. Konoe propôs "iniciar a guerra se, até o início de outubro, não conseguirmos satisfazer nossas demandas por meios diplomáticos". E pediu que Hirohito tomasse uma decisão: ele poderia ter se recusado a entrar em guerra, negociado com os americanos e realizado concessões temporárias, enquanto aguardava os desenvolvimentos da guerra europeia. O príncipe Konoe consultou então o almirante Yamamoto.

"Tenho condições de fazer um grande avanço nos primeiros seis meses ou um ano", respondeu o almirante, "mas não posso garantir absolutamente nada no segundo e terceiro anos." Kanoe preferia negociar, mas, como relembrou, "Sua Majestade [...] tendia para a guerra". Numa conversa assombrosa, Hirohito, então com 44 anos, e seus comandantes decidiram arriscar tudo em vez de colocar de lado as ambições imperialistas.

"Se iniciarmos as hostilidades", perguntou Hirohito, "nossas operações têm alguma possibilidade de êxito?"

"Sem dúvida", respondeu o general Hajime Sugiyama, chefe do Estado-Maior.

"Na época do Incidente Chinês [a invasão], o exército me assegurou que alcançaríamos a paz depois de uma única investida. Era você o ministro da Guerra, Sugiyama."

"É que topamos com dificuldades imprevistas..."

"Mas eu não os alertei?", indagou Hirohito. "Agora está mentindo para mim, Sugiyama?"

"Sua Majestade?", interrompeu o chefe da marinha, o almirante Nagano.

"Diga."

"Não temos 100% de probabilidade de vitória [...]. Imagine uma pessoa enferma que seja abandonada: ela vai morrer. Mas se o médico prevê 70% de chance de sobrevivência se ela for operada, não seria o caso de tentar a cirurgia? E se ainda assim o paciente morrer, só nos resta aceitar que era o que tinha de acontecer."

"Está bem, então."

Stálin, em meio ao desesperado esforço para salvar Moscou, esperava pela decisão de Hirohito. "A possibilidade de um ataque japonês", o espião Sorge informou ao líder soviético em 14 de setembro, "já não existe." Este foi o informe de inteligência mais decisivo da Segunda Guerra Mundial.[13] Stálin prestou atenção e, silenciosamente, transferiu seu intacto exército siberiano para Moscou.

Konoe iniciou as tratativas com os Estados Unidos, mas Roosevelt insistiu na retirada das tropas japonesas da China e da Indochina. "Se cedermos às demandas americanas", alertou Tojo, "serão destruídos os frutos do Incidente Chinês" — ou seja, o império japonês na China. No dia 17 de outubro, Konoe se demitiu e, em seu lugar, Hirohito nomeou Tojo, que ficou "completamente atônito". "Não passo de um homem comum, sem qualquer talento extraordinário", disse. "Tudo aquilo que realizei, devo ao trabalho duro e à obstinação." Mas aceitou o cargo. Agora a guerra era inevitável. "Se o imperador determinou que assim seja", disse Tojo, "então assim será."

"Agora vamos em frente", disse Hirohito. "Quando a marinha pretende iniciar as hostilidades?"

"No dia 8 de dezembro", respondeu o almirante Nagano.

Para Tojo, o risco era comparável ao de saltar num despenhadeiro com os olhos fechados: "Há momentos em que precisamos ter a coragem de empreender algo extraordinário".

Tojo também conferiu com Hitler se ele estaria disposto a entrar numa guerra contra os Estados Unidos. Embora o Führer não tivesse nenhuma obrigação nesse sentido, os Estados Unidos eram para ele "uma sociedade bastarda", constituída de judeus, negros e eslavos que "não tinham a menor possibilidade de criar uma cultura própria ou de operar com êxito um sistema político". E ele estava convencido de que já estava em guerra com Roosevelt. Além disso, "a União Soviética está acabada", anunciou seu porta-voz.

"Nunca antes", comentou Hitler com companheiros veteranos, "um império gigantesco foi tão rapidamente esmagado." No entanto, as condições invernais voltaram a piorar, e os alemães foram forçados a interromper mais uma vez seu avanço, agora às portas de Moscou. Em 6 de dezembro, Jukov contra-atacou. Moscou foi de fato "a maior batalha da história" — a batalha decisiva da guerra que marcou o fim da sequência de vitórias nazistas.

Dois dias depois, antes do amanhecer do dia X, 8 de dezembro, os aviões japoneses decolaram rumo a Pearl Harbor, Singapura e Guam, enquanto tropas japonesas desembarcavam na Malásia britânica e nas Índias Orientais holandesas. "Durante todo o dia, o imperador envergou o uniforme naval, aparentando excelente humor", enquanto chegavam os primeiros relatórios sobre a guerra na Ásia Maior. Ao amanhecer, 355 aviões japoneses atacaram Pearl Harbor, com a missão de destruir quatro encouraçados e, sobretudo, os três porta-aviões americanos. Os encouraçados foram afundados, e 2467 homens foram mortos, mas os porta-aviões estavam ao largo da ilha, e os aviões retornaram sem tê-los encontrado. Embora Hirohito tenha celebrado, Yamamoto se deu conta de que os japoneses não haviam infligido perdas suficientes.

Abalado e pálido, Roosevelt dirigiu-se ao Congresso nessa "data que vai perdurar na infâmia", mas ainda não estava em guerra contra Hitler. No dia 11 de dezembro, no Reichstag, Hitler declarou guerra contra os Estados Unidos, acusando Roosevelt de liderar "os judeus em toda a sua perfídia diabólica". Ele parecia triunfante, mas, naquele exato momento, inaugurava o Século Americano. Nas proximidades de Moscou, Jukov começou a forçar o recuo dos alemães, cujos generais entraram em pânico. Hitler ordenou-lhes que não recuassem "um único passo". Eles suplicaram que o Führer autorizasse a retirada. "Vocês acham que os granadeiros de Frederico, o Grande, morreram de bom grado? Eles teriam preferido continuar vivos, mas seu rei tinha todo o direito de exigir o sacrifício." Hitler alegou que, se tivesse "demonstrado fraqueza, mesmo que por um instante, ocorreria uma catástrofe que deixaria nas sombras até mesmo a de Napoleão". Como disse em novembro ao ministro das Relações Exteriores dinamarquês, "se os alemães não se mostrarem fortes e dispostos a fazer sacrifícios e derramar sangue para continuar existindo, eles merecem perecer e ser destruídos por outra força maior".

Em janeiro de 1942, Stálin, o outro comandante supremo, superconfiante e autodidata, insistiu numa ofensiva em múltiplas frentes que, sobrecarregando seus exércitos, permitiu que os alemães se recuperassem. E o fracasso da Blitzkrieg de Hitler acelerou a tragédia dos judeus.

VEJO UMA ÚNICA OPÇÃO — O EXTERMÍNIO COMPLETO:
HITLER E O HOLOCAUSTO

Retomando sua "profecia", Hitler declarou que "o resultado desta guerra será a destruição dos judeus". Mas a matança não começara com os judeus, e sim com os próprios alemães.

Na primavera de 1939, Hitler ordenara a liquidação dos muito idosos, dos doentes mentais e dos deformados, a fim de assegurar a "sobrevivência dos mais aptos". Nos jantares, costumava falar do plano "para erradicar os doentes incuráveis e não apenas os enfermos mentais". Ele encarregou seu médico pessoal, Karl Brandt, e uma Comissão para o Registro Científico das Principais Moléstias e Afecções Genéticas, composta por médicos radicalizados, de implantarem um sistema secreto denominado T4 (a sede do programa de eutanásia ficava no número 4 da Tiergartenstrasse, em Berlim). Em setembro de 1939, Hitler autorizou a "morte misericordiosa de doentes tidos como incuráveis" por meio do Luminal, ou fenobarbitol — e, depois, por sugestão da sd, do monóxido de carbono. Mais de 65 mil doentes foram assim assassinados.

Embora na Alemanha restassem apenas 200 mil judeus aterrorizados e empobrecidos, na Polônia, agora sob controle alemão, viviam 1,5 milhão de judeus. Hitler planejava deportá-los para a colônia francesa de Madagascar, onde presumivelmente muitos iriam perecer. Em 1940, porém, os alemães começaram a construir muros em torno dos guetos nas cidades polonesas, confinando assim mais de 400 mil judeus. Foi a guerra com a Rússia, no entanto, que proporcionou as condições letais para a matança. Numa conferência em dezembro de 1940, Himmler anunciou que, segundo os cálculos de Eichmann, 5,8 milhões de judeus logo cairiam nas mãos dos nazistas, oferecendo a oportunidade de uma solução final para o problema judaico. No princípio de 1941, Hitler pediu a Heydrich que apresentasse "uma proposta para a solução final". Em maio, pouco antes da Operação Barbarossa, com o assentimento do Führer, Himmler criou quatro Einsatzgruppen, que seguiriam na esteira dos Grupos de Exército, cada qual liderado por oficiais de confiança do rsha. Göring ordenou a Heydrich que cuidasse de "todos os preparativos" para uma "solução total da questão judaica". Até então, os "judeus que desempenhavam funções públicas e partidárias" haviam sido as principais vítimas, mas agora os Einsatzgruppen começaram a matar todos os judeus, inclusive mulheres e crianças, que encontravam nos países bálticos e na Ucrânia, auxiliados por fascistas lituanos, letões e ucranianos[14] — e contando com o apoio entusiástico dos romenos.

Em junho de 1941, Antonescu ordenou que a população judaica de Iasi fosse eliminada, e 13 mil judeus foram massacrados. Odessa, a grande cidade cosmopolita do mar Negro por onde passavam os cereais russos, caiu em outubro, após um cerco que revelou a inépcia romena — as tropas romenas mataram 30 mil judeus nas ruas, enquanto os 200 mil sobreviventes foram levados para o campo de concentração de Bogdanovka, onde foram massacrados de forma tão caótica que Himmler e Eichmann ficaram constrangidos. Com o auxílio de Einsatzkommandos (unidades dos Einsatzgruppen) e de alemães ucranianos, os romenos mataram mais de 300 mil judeus, sendo, depois dos alemães, os maiores responsáveis pelas mortes de judeus.

Himmler e Heydrich visitaram os locais dos massacres e aprovaram o que viram, incluindo a queima, por policiais alemães, de quinhentas mulheres e crianças numa sinagoga em Białystok. Nos dias 29 e 30 de setembro de 1941, em Babi Yar, nos arredores de Kiev, o Einsatzgruppe C, com a ajuda de ucranianos, executou 33 771 judeus de Kiev. "A operação em si transcorreu sem problemas", afirmou o relatório oficial. "A Wehrmacht aprovou as medidas tomadas." Oficiais do exército registraram os judeus, colocaram faixas de identificação em seus braços e os levaram para um local de concentração, fornecendo os caminhões para o transporte, isolando as zonas de execução e até participando do morticínio. No final do ano, os Einsatzgruppen haviam chacinado meio milhão de judeus na Ucrânia e nos países bálticos.[15]

Em agosto, Himmler presenciara uma execução, que talvez tenha sido registrada pelo cinegrafista pessoal de Hitler, embora não se saiba se o Führer assistiu ao filme; no entanto, depois disso, ele solicitou ao comandante do Einsatzgruppe B que encontrasse um método menos "psicologicamente opressivo" que os fuzilamentos em massa. Nebe procurou então os médicos que haviam participado do programa de eutanásia dos incapacitados alemães e estavam agora desocupados, desde que Hitler cancelara o programa, após denúncias do bispo de Münster.

Em novembro de 1941, Walther Rauff, o Standartenführer da ss, testou o gaseamento por monóxido de carbono em caminhões especiais que foram em seguida transferidos para os Einsatzgruppen. Em outubro, Himmler ordenara ao chefe de polícia da ss, Globocnik, que instalasse um campo de extermínio em Bełżec — na mesma época em que Hitler determinara que todos os judeus usassem estrelas amarelas e fossem expulsos da Alemanha. O bombardeio das cidades alemãs pela RAF e, sobretudo, o fracasso da invasão da Rússia justificaram essa guinada para o extermínio físico. Em reuniões com seus paladinos, Hitler sempre insistia em exigir a eliminação dos judeus. Como registrou Goebbels, "o Führer decidiu por uma limpeza completa. Ele profetizou aos judeus que, se iniciassem uma guerra mundial, sofreriam sua própria destruição. Este não é apenas um modo de dizer [...]. A destruição efetiva dos judeus deve ser a consequência". Num encontro com Hitler em 18 de dezembro, Himmler anotou: "Questão judaica. Exterminá-los como resistentes". Mais tarde, Himmler recordou que "o Führer me encarregou de executar essa dificílima ordem". É provável que a decisão de levar adiante o Holocausto tenha sido tomada por Hitler entre os dias 12 e 18 de dezembro de 1941 — no momento em que o contra-ataque russo começava a revelar que a vitória alemã não era uma certeza.

Em 20 de janeiro de 1942, numa mansão da ss à beira do lago Wannsee, em Berlim, Heydrich teve uma reunião com quinze funcionários públicos (dos ministérios do Interior, das Relações Exteriores e outros), oficiais da ss e membros do Partido Nazista, entre os quais Eichmann, o responsável pelo Departamento Judaico do RSHA, com o objetivo de acertarem "uma abordagem consistente entre os órgãos centrais" para levar adiante a "solução final". Depois de pomposamente lembrar a todos que Göring havia conferido a ele e a Himmler a responsabilidade por essa *Endlösung*, Heydrich explicou que, dos 11 milhões de judeus europeus, os mais robustos poderiam ser postos para trabalhar até a morte, "eliminados por causas naturais", ao passo que os que sobrevivessem, os mais fortes, teriam de ser "tratados de acordo", pois eram "o produto da seleção natural e, se libertados, serviriam de semente para o renascimento judaico". O representante do governo-geral sugeriu que seus 2,5 milhões de judeus fossem exterminados de imediato. Em seguida, Heydrich explicou que os demais judeus seriam confinados em "guetos de trânsito e transportados para o leste" — um eufemismo para o extermínio em massa. Os judeus seriam arrebanhados em toda a Europa, levados para os campos da morte e assassinados. Encerrada a reunião, Heydrich convidou Eichmann a tomar um conhaque.

Cinco dias depois, na Toca do Lobo, Hitler insistiu com Himmler e outros que "isto tem de ser feito rapidamente [...]. Os judeus precisam deixar a Europa [...]. Vejo uma única opção: o extermínio completo". Em 14 de fevereiro, ele disse a Goebbels: "Não há lugar para sentimentalismo. Os judeus merecem a catástrofe que estão vivendo [...]. Precisamos acelerar esse processo com uma brutalidade despojada de emoção". Três dias depois, as primeiras vítimas, judeus de Lublin, foram mortos por gaseamento em Bełżec. Em apenas um mês foram seguidos por outros 70 mil. Novos campos de extermínio foram construídos em Sobibor e Treblinka, onde, até o outono de 1942, foram assassinados um total de 1,7 milhão de judeus poloneses.[16] Um novo campo de extermínio, Birkenau, foi acrescentado ao complexo já existente de Auschwitz, onde em setembro de 1941 um novo gás letal, o Zyklon-B, fora testado em prisioneiros russos.

Em 27 de maio de 1942, Heydrich, agora à frente do protetorado da Morávia, e que Hitler planejava nomear governador da França, estava saindo de Praga quando teve sua Mercedes atacada com granadas lançadas por corajosos comandos tchecos. Estilhaços do banco do carro atingiram seu baço. Embora a penicilina, que estava sendo desenvolvida nos Estados Unidos, pudesse tê-lo curado em uma semana, Heydrich acabou morrendo dias depois. Mas a Solução Final continuou.

OS SENHORES DE ESCRAVOS: KRUPP

O complexo de Auschwitz-Birkenau tornou-se o centro da matança e do cativeiro dos judeus europeus fora da Polônia e da URSS. No sistema implantado por Heydrich, cabia à polícia local registrar os judeus que viviam em sua jurisdição e embarcá-los em trens "para o leste". No entanto, a reação dos vassalos de Hitler foi pouco entusiástica e, em vários casos, obstrutiva: embora tivesse promulgado uma Lei Racial, Mussolini recusou-se a deportar os judeus italianos; o regente húngaro, Horthy, que perseguira os judeus por meio de uma legislação antijudaica de cunho nazista aprovada em 1938, e fora informado da Solução Final, enviou 100 mil judeus para os campos, mas recusou-se a entregar a maioria da grande comunidade judaica no país. Poucos judeus foram afetados na Argélia, mas, na França metropolitana, a polícia arrebanhou 75 mil judeus e os enviou para os campos de extermínio, onde praticamente todos foram mortos — um registro especialmente horrendo na pátria do Iluminismo.[17] Os dinamarqueses conseguiram esconder praticamente todos os seus judeus, 90% dos quais foram levados clandestinamente para a Suécia. Os holandeses, por outro lado, colaboraram com o morticínio: 107 mil dos 140 mil judeus holandeses foram deportados, e praticamente todos foram mortos — uma proporção maior do que qualquer outro país da Europa ocidental, inclusive a Alemanha.

Ao chegarem a Auschwitz, os judeus passavam por uma "seleção" feita por um médico da ss, Josef Mengele, que decidia quem seria forçado a trabalhar e quem seria exterminado de imediato. Um monstro elegante que realizava "experiências" perversas com crianças judias, Mengele enviava crianças, mulheres e idosos para os "chuveiros" (salas seladas e equipadas com bocais invisíveis por onde saía o gás), onde eles eram despojados de seus pertences e roupas antes de serem mortos; em seguida, seus corpos eram arrastados para fora por trabalhadores cativos judeus que, depois de arrancarem seus dentes de ouro, os jogavam em crematórios com altas chaminés de onde saía uma fumaça doentia.[18] Em julho de 1942, Himmler acompanhou, em completo silêncio, uma seleção de judeus holandeses feita por Mengele, antes de jantar com o comandante do campo, exibindo uma "excelente e radiante disposição de espírito". Uma família vienense personificou a intricada escala dessa matança transeuropeia: quatro das irmãs mais velhas de Sigmund Freud foram despachadas em trens e chacinadas em remotos campos de extermínio: Mitzi e Paula Freud foram mortas por gaseamento em Maly Trostenets (Belarus), Rosa em Treblinka, e Dolfi morreu de inanição em Theresienstadt.

No total, foram mortos de 5,9 milhões a 6,1 milhões de judeus, quase 1 milhão deles assassinados pelos Einsatzgruppen. Um mundo inteiro foi destruído, uma cultura desapareceu. Os romani e os sinti (denunciados como "ciganos vira-latas") também foram visados: 500 mil foram mortos na *Porajmos* (Devoração), assim como de 5 mil a 15 mil homossexuais e vários milhões de poloneses e russos gentios. Embora os trens e o arame farpado tenham tornado viável as deportações em massa e os campos de concentração desde a década de 1890, e embora outros regimes — em especial o de Stálin, na Rússia, e mais tarde os da China comunista e o do Camboja — tenham assassinado muita gente, nenhum deles o fez em tal escala e usando métodos industriais. De motivação racial, este foi um crime sem paralelo na história, e para o qual não havia um nome: em 1944, um judeu polonês inventou o termo "genocídio" para descrever essa monstruosidade — uma palavra que, como o próprio Holocausto, não deveria jamais ser mal empregada.

Sempre há dinheiro por trás do morticínio em massa: vivendo luxuosamente, os vice-reis nazistas se compraziam com o poder sádico e sexual sobre inocentes cujas propriedades saqueavam. Mas eles também impunham o cativeiro aos eslavos e judeus. Os Krupp, que absorveram empresas por toda a Europa conquistada, eram um exemplo típico dos empresários alemães que aderiram a essa ordem diabólica. Krupp apropriou-se de fábricas em doze países, desde Dnepropetrovsk (Dnipro), na Ucrânia, até Paris, onde confiscou empresas francesas — cujos donos foram, com o seu conhecimento, enviados para os campos de extermínio. Em abril de 1942, ao visitar Hitler na Toca do Lobo, Krupp elogiou a aniquilação dos judeus, "mas não via nenhum motivo para que eles não contribuíssem antes de partir", solicitando trabalhadores forçados e oferecendo à ss uma comissão por cada escravo cedido.

No decorrer de três anos, 12 milhões de cativos — os poloneses identificados nas roupas pela letra "P"; os russos, pelo acrônimo "sr" (russos soviéticos) ou "ost" (*Ostarbeiter*, "trabalhador do leste"); e os judeus, pelo termo "*Judenmaterial*" (material judaico), mais tarde substituído pela estrela amarela — foram importados para o Reich ou para os campos de trabalho forçado. Cerca de 30 mil eslavas serviam nos bordéis militares alemães. Os números são imprecisos, mas colossais. Terminada a guerra, 5,2 milhões de trabalhadores forçados foram repatriados para a Rússia e a Polônia.

Em julho de 1942, Krupp colaborou estreitamente com Speer, o ministro encarregado dos armamentos: o maior senhor de escravos de toda a história aceitou "45 mil russos, 120 mil prisioneiros e 6 mil civis" para trabalhar em suas siderúrgicas e minas de carvão. No entanto, isto foi apenas o começo. Krupp obteve a autorização de Hitler para usar os escravos judeus de Auschwitz na construção da fábrica Berthawerk (assim chamada em homenagem à sua mãe) na Silésia, e logo muitos outros chegaram a Essen, onde havia placas dizendo "os eslavos são escravos". As comunicações internas da empresa mencionavam abertamente que "escravos" haviam chegado do "mercado de escravos", e Alfried Krupp era designado como *Sklavenhalter* — senhor de escravos. Krupp controlava 38 campos de trabalho guardados por membros da ss e policiais da empresa (duros como o aço Krupp) munidos de porretes. "Cuidado para não passar à história como traficante de escravos", alertou um de seus diretores.

Em outubro de 1942, Krupp inaugurou uma fábrica de detonadores de obuses em Auschwitz, "para fazer uso desse pessoal", acertando os detalhes com o comandante Rudolf Höss. "Quanto à cooperação de nosso departamento técnico em Breslau, posso dizer apenas que, entre esse departamento e Auschwitz, há o entendimento mais ajustado", escreveu Krupp em setembro de 1943, "e isto está garantido para o futuro." Até o final da guerra, notou um de seus gerentes, "Krupp considerava uma obrigação fazer com que 520 jovens judias, algumas mal saídas da infância, trabalhassem nas condições mais brutais no núcleo da empresa, em Essen".

O que tornou possível tais crimes foi a colaboração de centenas de milhares de pessoas, e cada uma delas tem exatamente a mesma culpa do próprio Hitler. Logo elas se tornaram conhecidas dos líderes e da maioria da população alemã graças a eventos nas ruas, quando não por relatos de soldados. Muitos que poderiam ter agido de forma diferente nada fizeram — entre eles o papa Pio XII. Por outro lado, também houve pessoas corajosas — muitas, embora não em número suficiente — que protegeram os judeus, algumas por motivos escusos — o aproveitador Oskar Schindler salvou 1400 judeus poloneses —, mas em sua maioria gente comum e até da realeza. Na Romênia, o príncipe Miguel acompanhou Antonescu numa visita a Odessa e protestou em vão contra os massacres. Porém, quando Himmler ordenou a aniquilação de todos os judeus romenos, ele e sua mãe, a rainha Helena, se recusaram a cumprir a determinação. "Em 1942", comentou Miguel, "eu me convenci de que era preciso fazer algo."

"Cale a boca", berrou Antonescu, "você não passa de uma criança." No entanto, Miguel conseguiu que os líderes da comunidade judaica fossem libertados e interrompeu as deportações para Bełżec, uma façanha notável em meio aos estarrecedores crimes romenos.[19]

Hitler, porém, tinha uma preocupação mais premente. "Se eu não conseguir o petróleo de Maikop e Grózni", disse ele, "serei obrigado a encerrar a guerra."

A BATALHA DE HITLER PELO PETRÓLEO

No verão de 1942, Hitler planejava a Operação Azul, uma ofensiva contra a Rússia que visava ocupar Stalingrado, no Volga, e os campos petrolíferos em Baku, Maikop e Grózni. A captura dos depósitos russos de combustível não foi de muita serventia: os tanques russos eram abastecidos com diesel, e os alemães com gasolina. Stálin revelou-se um mestre da produção industrial, transferindo setores inteiros para o leste: no caso do tanque russo T-34, simples e manobrável, tido pelos generais alemães como "o melhor nos campos de batalha", a maior fábrica foi inteiramente transferida para Tcheliabinsk, que se tornou Tankograd ("cidade dos tanques"), logo produzindo 1300 unidades por mês, superando a produção alemã de carros de combate sob Speer.[20] No entanto, todos esses tanques dependiam do suprimento de petróleo.

Em junho, o general Erwin Rommel forçou a rendição de milhares de soldados britânicos em Tobruk, e suas forças logo tomaram o rumo do Egito. Se Hitler conquistasse o Cáucaso, ele teria acesso ao petróleo do Iraque e do Irã — e sairia vencedor da guerra. Com Rommel aproximando-se do Egito, o pavor tomou conta dos judeus palestinos.[21] As forças britânicas, auxiliadas por combatentes judeus, incluindo o jovem sionista Moshe Dayan, haviam tomado a Síria da França de Vichy: Dayan perdeu um olho nessa batalha. Churchill não correu riscos com os campos de petróleo. No Iraque, onde o neto do rei Faisal, Faisal II, então com seis anos, era jovem demais para governar, os britânicos depuseram um general pró-alemão. No Irã, Reza Shah tentou explorar a rivalidade entre britânicos e alemães, mas, em agosto de 1941, Stálin e Churchill invadiram o país, derrotaram o tão alardeado exército (levando o xá a espancar um general com o bastão) e forçaram a sua abdicação e exílio, substituindo-o pelo filho Mohammad Reza, então com 21 anos.

Em julho de 1942, Hitler chegou a seu quartel-general ucraniano em Vinnitsa — batizado de Lobisomem — para lançar a Operação Azul, que mais uma vez surpreendeu Stálin e obteve resultados extraordinários, com as forças do Eixo, depois de tomarem a Crimeia,[22] avançando pelas estepes sufocantes e alcançando Stalingrado em setembro. Enquanto Churchill buscava um general capaz de fazer frente a Rommel, Stálin, ordenando às tropas que não dessem "nenhum passo atrás", sob pena de serem fuziladas por unidades especiais, transformou numa fortaleza as ruínas de Stalingrado. Enquanto o Sexto Exército alemão lutava pelo controle da cidade, os soviéticos ofereciam uma resistência encarniçada, casa por casa. Sentindo que a vitória se aproximava, Hitler estava decidido a obtê-la a qualquer custo: era "uma batalha de gigantes", nas palavras de Goebbels. Stálin mal conseguia dormir, passando a noite num sofá no Cantinho do Kremlin, enquanto os russos lutavam com ferocidade, numa resistência assombrosa, estimulada pelo terror, mas também inspirada pelos cultos quase sagrados do patriotismo, do sacrifício e do heroísmo. *"Za Rodina, za Stalina!"*, gritavam, no meio da luta. "Pela pátria, por Stálin!" As perdas soviéticas em toda a guerra não tiveram paralelo: 12 milhões de combatentes e mais de 15 milhões de civis pereceram.

Distante da carregada e severa atmosfera de microgestão vigente nos quartéis-generais de Hitler e de Stálin, Roosevelt hospedava Churchill em sua idiossincrática Casa Branca, que chamava grandiosamente de "o quintal". Ali, empunhando de modo teatral a piteira, enfrentava vastas questões de âmbito global, em meio ao preparo de martínis e à companhia de comparsas residentes, como Harry Hopkins, a jovem e bela princesa herdeira Marta, da Noruega, e a devota prima Daisy Suckley, além do fox-terrier Fala: "Você é a única que não preciso entreter", Roosevelt adulava Daisy, com frequência falando em se aposentar e viver com ela em sua casa de campo em Hyde Park. A pressão era extraordinária. "Estou a caminho do gabinete e vou passar o dia destroçando várias pessoas", ele contou a Daisy, encontrando tempo para lhe escrever cartas indiscretas. Seu hóspede, Churchill, que em dezembro de 1941 sofrera um ataque cardíaco de menor importância durante uma estada anterior na Casa Branca, estava abalado com os recentes desastres militares britânicos, a queda de Singapura e a derrota em To-bruk. Porém, no decorrer das semanas seguintes, ele e Roosevelt adiaram qual-quer invasão da França, concordando, em vez disso, que seria melhor desembar-car tropas no norte da África e atacar o "ponto vulnerável" de Hitler na Itália. De Washington, Churchill voou para Moscou a fim de informar a Stálin que não haveria uma invasão da França. Stálin o acusou de covardia — mas os dois vete-ranos guerreiros acabaram bebendo juntos noite adentro.

Hitler jactou-se de que Stalingrado estava prestes a cair e que "ninguém vai nos tirar desse lugar de novo", acrescentando que "os judeus riram das minhas profecias [...]. Mas posso garantir que vão engolir esse riso".

No Pacífico, Tojo celebrava uma sequência de vitórias, tendo afundado os encouraçados britânicos *Repulse* e *Prince of Wales* e arrebatado a Malásia e Hong Kong dos britânicos, as Índias Orientais dos holandeses, e Guam e as Filipinas dos americanos. Em fevereiro de 1942, foi a vez de a Singapura britânica se ren-der. Aviões japoneses bombardearam a Austrália, e a Marinha Imperial propôs uma invasão do país. Tojo, no entanto, preferiu atacar o *raj* britânico, começando pela Birmânia. Com o apoio dos tailandeses e de insurgentes liderados por Aung San, um nacionalista antibritânico, Tojo conquistou a maior parte do país, inter-rompendo o envio de suprimentos, por parte dos Aliados, para a China. Assim como outros nacionalistas asiáticos, Aung alinhou-se à política pan-asiática do Japão a fim de se contrapor aos impérios europeus.[23] Todavia, a brutalidade nipô-nica expôs a realidade: os prisioneiros aliados foram submetidos a trabalhos for-çados, marchas mortíferas, torturas, decapitações e fome. Um quarto dos filipi-nos morreu. Na China, os japoneses mataram 4 milhões de civis com sua "estratégia de redução a cinzas", conhecida como a política de "matar tudo, quei-mar tudo, saquear tudo", devidamente autorizada por Hirohito. Ao longo de toda a guerra, 14 milhões de chineses perderam a vida.

MAO E A ATRIZ DE SHANGHAI

Roosevelt decidiu dar prioridade à Europa, o que restringiu sua ajuda para Chiang, que, esperava ele, manteria 700 mil soldados japoneses ocupados. Roo-sevelt lhe enviou um mordaz general americano, Joe Stilwell, conhecido como Vinagre, que logo passou a abominar Chiang (a quem chamava de Amendoim); o ódio era recíproco. Incapaz de entender os chineses, Stilwell ressentia-se da ditadura de Chiang, sustentada pelo chefe da polícia política, Dai Lai, que costu-mava lançar os prisioneiros em caldeirões. A sra. Chiang viajou para os Estados Unidos a fim de discursar em manifestações e conquistar o favor de Roosevelt, encantando os americanos com seu sotaque de Wellesley e seus elegantes *qipaos*.

Quando as forças britânicas e indianas começaram a recuar na Birmânia, Stilwell cobrou o auxílio de Chiang, que enviou tropas, logo desbaratadas. Instalado nas confortáveis cavernas de Yen'an, o rival Mao Tsé-tung travava uma guerra de guerrilha contra os japoneses, enviando novos destacamentos para o norte, na Manchúria — dessas unidades fazia parte um jovem coreano, Kim Il-sung, que recebeu dos japoneses o apelido de Tigre, por conta da ferocidade de seus ataques, ainda que em pequena escala.

Deleitando-se com as derrotas de Chiang, Mao lançou a Campanha de Retificação, um terror stalinista que chamou de "dor e atrito" e foi conduzido por Kang Sheng, um comparsa sádico sempre vestido de túnica e botas negras e montado num cavalo preto. Kang escoltara os dois filhos de Mao quando estes foram estudar em Moscou, onde, em 1937, colaborara com o verdugo de Stálin, Iejov, para liquidar os trotskistas chineses. Agora, aderira a Mao, com quem apreciava conversar sobre sexo e terror, compartilhava material erótico e inventava suplícios. Kang torturou e fuzilou milhares de pessoas, ao mesmo tempo que organizava as sessões de "luta e confissão" que iriam caracterizar o terror maoista.

Mao jogava mahjong, lia livros de história e divertia-se com um harém de atrizes de Shanghai até que uma deslumbrante estrela de cinema, Jiang Qing, de 27 anos, filha de uma concubina e de um estalajadeiro alcoólatra, chegou a Yen'an. Em Shanghai, ela havia sido detida por esquerdismo, mas conseguira, flertando ou dormindo com seus interrogadores, escapar do KMT. Embora os companheiros de Mao criticassem suas "concubinas imperiais", ao discursar numa reunião, ele a notou na primeira fila e emprestou-lhe seu casaco. Mais tarde, ela o procurou em casa para devolver o casaco e passou a noite lá. Mao abandonou a mulher, que era respeitada e o acompanhara durante a Grande Marcha, e insistiu em se casar com Jiang Qing, apoiado por Kang Sheng, iniciando um relacionamento que iria perdurar até a década de 1970. Na mesma época, Anying, o filho de Mao, retornou de Moscou, com uma pistola presenteada por Stálin, juntando-se à irmã de quatro anos, Li Min, num arranjo troglodita. Em 1940, Jiang Qing deu à luz uma filha, Li Na, mas a família era sempre secundária em relação ao poder. Mao recusou-se a salvar o irmão Zemin, executado pelo KMT; Jiang denunciou a cuidadora de Li Na, acusando-a aos berros de envenenar o leite da criança. Mao reconheceu que Jiang Qing era "tão peçonhenta quanto um escorpião" — mais tarde, por pouco ela não governaria a China.

Após a queda de Rangum, os japoneses ameaçaram a Índia, onde o charmoso, mercurial e elegante Nehru se destacara como líder do Partido do Congresso e respeitoso seguidor de seu *bapu*, Gandhi. Em 1928, Nehru havia declarado que "a Índia precisa romper o vínculo com a Grã-Bretanha e alcançar a independência completa".[24] Ele encontrava-se preso quando sua mulher, Kamala, morreu de tuberculose. Nehru havia se dedicado sobretudo à política — admitindo que "quase cheguei a negligenciá-la", ainda que Kamala tenha sido presa por sua militância. Foi a filha do casal, Indira, muitas vezes sozinha quando o pai estava encarcerado, que se tornou sua confidente política.[25]

Frustrados por anos de evasivas britânicas, Nehru e Gandhi discordavam a respeito da guerra: Gandhi, um pacifista pragmático, preferia a neutralidade; Nehru, um socialista internacionalista, apoiava a Grã-Bretanha contra o fascismo. Mas a recusa dos britânicos em comprometer-se com a independência no pós-guerra acabou por reuni-los de novo. "Há quem diga que Jawaharlal e eu estávamos afastados", comentou Gandhi. "Vai ser preciso bem mais do que uma diferença de opinião para nos apartar [...]. Jawaharlal será meu sucessor." Entretanto, muitos muçulmanos e hindus se apresentaram como voluntários para lutar em favor da Grã-Bretanha, permitindo que o exército indiano decuplicasse de tamanho, para 2,5 milhões de homens, e os britânicos reconheceram Jinnah como representante dos muçulmanos indianos: "Ao ser tratado em pé de igualdade com o sr. Gandhi, fiquei de queixo caído". Em Lahore, Jinnah declarou que "os muçulmanos constituem uma nação, seja qual for a definição de nação, e precisam ter [...] seu Estado". Este era um dilema que angustiava Gandhi.

A essa altura, Chiang Kai-shek, ansioso por apoiar a Grã-Bretanha e demonstrar uma solidariedade asiática, voou até Delhi a fim de se encontrar com Nehru e Gandhi, instigando-os a entrar na guerra. Ambos cordialmente ignoraram a sugestão.

Em agosto de 1942, Nehru e Gandhi lançaram o movimento Saiam da Índia, que, longe de ser uma iniciativa de desobediência civil, resultou na destruição de centenas de postos policiais e estações ferroviárias, bem como na sabotagem de ferrovias e redes de telegrafia. Os britânicos reagiram mobilizando tropas e efetuando prisões em massa. A campanha acabou fracassando, e os indianos continuaram a se alistar para lutar pela Grã-Bretanha.

Na mesma época da visita de Chiang à Índia, surtos de fome estavam matando muita gente nos dois maiores países asiáticos, ambos exacerbados pela incompetência governamental e pelas prioridades impostas pela guerra. Em Bengala, 3 milhões de indianos morreram de inanição.[26] Mil quilômetros a leste, em Henan, comentou Chiang, "as pessoas estão morrendo de fome, e cães e animais estão devorando os cadáveres". E acrescentou: "Nossa realidade social é lastimosa. Estamos exaustos depois de seis anos de guerra". Dois milhões de chineses perderam a vida.

Em maio de 1942, Tojo planejava um Pacífico extravagantemente japonês — tão fantástico quanto as visões de Hitler —, no qual os nipônicos dominariam a China, cedendo o leste da Índia para um novo reino birmanês e governando a Austrália, o Havaí, o Alasca e até mesmo o Canadá. Já o almirante Yamamoto resistia a essa "febre de vitória", tendo escrito à sua gueixa predileta: "A primeira etapa foi uma espécie de brincadeira infantil e logo vai acabar; agora vem a hora dos adultos".

O FUTURO DA HUMANIDADE: ROOSEVELT, STÁLIN E JACK KENNEDY

Em junho, Yamamoto e sua esquadra, incluindo quatro porta-aviões, partiram rumo ao atol de Midway, a caminho do Havaí, mas foram surpreendidos pelos americanos, que, tendo decifrado as comunicações secretas dos japoneses, conseguiram afundar todos os seus quatro porta-aviões, perdendo apenas um. Em abril de 1943, eles decifraram um plano de voo de Yamamoto e abateram seu avião. Daí em diante, a iniciativa passou para os Estados Unidos, que lançaram sua primeira ofensiva através de vastas distâncias no Pacífico, bem mais ao sul, em Guadalcanal e nas ilhas Salomão. Ao largo dessas ilhas, às 2h27 da madrugada de 2 de agosto, um barco torpedeiro de patrulha, o *PT-109*, comandado pelo tenente Jack Kennedy, então com 26 anos e filho do embaixador Joe Kennedy, foi abalroado por um destroier japonês. O *PT-109* explodiu e afundou, e dois de seus tripulantes morreram no ato. Dez outros sobreviveram, três com queimaduras graves. "Vamos lutar ou capitular?", perguntou-lhes o comandante. "Vocês têm famílias [...]. Eu não tenho nada a perder." Eles decidiram lutar. Kennedy já sofrera muito com problemas de saúde, incluindo a doença de Addison (diagnosticada depois da guerra), e o choque feriu suas costas. Ainda assim, ele resgatou dois companheiros e conseguiu arrastá-los até uma ilha próxima, nadando por quilômetros, até que patrulhas polinésias afinal os salvaram antes que morressem de fome. O embaixador Kennedy assegurou que o heroísmo do filho fosse devidamente celebrado. "FILHO DE KENNEDY É HERÓI NO PACÍFICO", anunciou o *New York Times*.[27]

Na Toca do Lobo, Hitler declarou que a queda de Stalingrado "era apenas uma questão de tempo", jactando-se em particular de que invadiria o Iraque — "algo totalmente dentro das possibilidades" —, mas sua impaciência o deixara cego para uma vulnerabilidade cada vez maior. Em Moscou, Stálin e Jukov, estudando os mapas, vislumbraram uma oportunidade, e, inusitadamente, o gélido ditador até mesmo apertou as mãos do implacável general. Enquanto prosseguiam os violentos confrontos nos arredores de Stalingrado, o general Montgomery reuniu forças superiores e derrotou Rommel em El Alamein; e, no dia 8 de novembro, 107 mil soldados anglo-americanos desembarcaram no Marrocos e na Argélia, forçando o recuo das forças alemãs, italianas e de Vichy.

Em 19 de novembro, Jukov pôs em marcha a Operação Urano: 1 milhão de soldados russos avançaram em duas alas, esmagando as tropas romenas, mais fracas, e cercaram o Sexto Exército alemão, que estava às portas de Stalingrado.

"Em qualquer circunstância", berrou Hitler, "vamos resistir, custe o que custar." Em 2 de fevereiro de 1943, o Sexto Exército se rendeu. O mito da invencibilidade do Führer desmoronou. Enquanto Hitler estava convencido de ser um gênio militar, Stálin aprendeu a arte de comandar, encontrando e colaborando com generais talentosos, e promoveu a si mesmo e a Jukov ao posto de marechal. Em seguida, 10 milhões de soldados soviéticos deram início a uma contraofensiva, numa série de frentes que se estendiam por 1500 quilômetros, e, durante dois anos, enfrentando uma resistência feroz, e a um custo tremendo, expulsaram os nazistas de sua terra arrasada.[28] No dia 9 de julho, tropas inglesas e americanas desembarcaram na Sicília. Depois de perder dezenas de milhares de soldados na frente russa e na África, Mussolini estava incapacitado por cãimbras abdominais. Em 25 de julho, o rei Vítor Emanuel demitiu e mandou prender o Duce. Hitler imediatamente ocupou a Itália e enviou comandos para resgatar seu aliado.

O caminho para a vitória tinha de ser discutido pessoalmente. Assim, Roosevelt, Stálin e Churchill seguiram para Teerã — essa foi a primeira vez que Stálin viajou de avião. Em 28 de novembro, Roosevelt encontrou-se com Stálin pela primeira vez, logo desenvolvendo afinidades, pessoais e estratégicas, com o líder soviético, em detrimento de Churchill, o mais fraco dos três, e cujo império indiano lhe parecia antiquado. Stálin convenceu Roosevelt, hospedado na legação americana, de que um plano de assassinato nazista tornava mais seguro que ele se mudasse para a legação soviética; ansioso por consolidar o relacionamento com Stálin, Roosevelt concordou. Evidentemente, Stálin mandou instalar microfones nos aposentos do presidente americano.

"O futuro da humanidade está em nossas mãos", disse Churchill, abrindo a reunião de cúpula, "a maior concentração de poder global já vista na história da humanidade."

"Fomos mimados pela história", reconheceu Stálin. "Vamos começar os trabalhos." Eles decidiram então que os anglo-americanos invadiriam a França em maio de 1944 (mais tarde, o desembarque seria adiado em um mês) e que Stálin poderia ficar com os três Estados bálticos, que lhe haviam sido concedidos por Hitler. Durante o jantar, Stálin sugeriu que 50 mil oficiais alemães fossem executados. Roosevelt concordou. Quando Churchill levantou-se, em protesto, Stálin insistiu que estava brincando.

O líder menos importante em Teerã era o jovem xá do Irã. Churchill nem sequer deu-se o trabalho de visitá-lo, ao contrário de Stálin. O xá almejava aumentar o poderio iraniano e pediu carros de combate; Stálin assentiu, desde que fossem operados por soldados russos. O xá colecionava carros, aprendera a pilotar aviões e era mulherengo. Infeliz com a esposa egípcia, Fawzia, continuava dependente de seu conselheiro suíço místico-poético, Perron, promovido de jardineiro a secretário. No entanto, uma coisa o xá aprendera: o significado do poder.

No Dia D — 6 de junho de 1944 —, 156 mil soldados ingleses e americanos, sob o comando do americano Dwight Eisenhower, desembarcaram na Normandia para levar a cabo a Operação Overlord.[29] No final do mês, 850 mil soldados foram desembarcados nas praias, irrompendo pela França enquanto outras tropas avançavam para o norte da Itália em meio à resistência alemã. Os desembarques do Dia D assinalaram uma vitória ainda maior: as infecções dos feridos começaram a ser tratadas com um novo e milagroso medicamento: a penicilina.[30]

Com as forças anglo-americanas avançando pela Itália e pela França, Hitler ordenou que Paris "não deve cair em mãos inimigas a menos que esteja completamente em ruínas", mas foi desobedecido por seus generais. Esquivando-se aos atiradores alemães, De Gaulle afinal entrou em Paris, triunfante: "Paris indignada! Paris arruinada! Paris martirizada! Mas Paris liberada!". Ele estava decidido a restaurar *"la grandeur"* da *"France éternelle"*, governada por ele próprio, como um monarca republicano.

Os exércitos de Stálin irromperam na Polônia; dias depois, em 20 de julho, Hitler estava debruçado sobre mapas na cabana de madeira que lhe servia de centro operacional na Toca do Lobo quando uma bomba explodiu.

Em meio a paredes destroçadas e oficiais mortos, Hitler sofrera apenas um corte na perna e o rompimento de um tímpano, a sua vida salva pela perna da mesa. Exultante com mais um indício de sua predestinação, ele soube que o responsável havia sido um coronel condecorado que acabara de deixar a cabana: o conde Claus von Stauffenberg, que perdera um olho e a mão na guerra, que ele, como a maioria dos oficiais prussianos, havia apoiado, com todas as suas horrendas atrocidades, até a derrota na frente russa. No entanto, Stauffenberg foi um dos raros que tiveram a coragem de resistir a Hitler. Após a explosão, ele escapou da Toca do Lobo convencido de que o Führer estava morto, voou até Berlim e lá soube do fracasso do golpe. Hitler provou que estava vivo conversando por telefone com o principal conspirador, que em seguida prendeu e fuzilou Stauffenberg para salvar a própria pele. Himmler arrebanhou então os suspeitos, que, por ordem de Hitler, foram "pendurados como carne" e filmados enquanto agonizavam — possivelmente para deleite do ditador. Já sofrendo com a doença de Parkinson, e estimulado por um coquetel farmacêutico injetado por um charlatão, Theodor Morell (que fizera fortuna vendendo ao exército uma fórmula própria contra piolhos, que chamava de "pó russo", que foi vendida), que incluía Pervitin (uma metanfetamina) e Eukodal (o opioide oxicodona), Hitler fora ferido com estilhaços da bomba, que infeccionaram. No entanto, Morell salvou-lhe a vida, aplicando penicilina encontrada com soldados americanos capturados. Em estado lastimável, o Führer agora tinha os olhos injetados, uma palidez cadavérica, mancando e com tremores no braço e na perna. Ainda que mantivesse o poder sobre a Alemanha graças à sua campanha de vingança, ele vinha perdendo aliados com a mesma rapidez com que se aproximava o Exército Vermelho.

Em julho, Stálin ordenou que suas forças interrompessem o avanço perto de Varsóvia, enquanto 20 mil combatentes da resistência polonesa iniciavam um levante contra os alemães, visando consolidar sua posição antes da chegada dos soviéticos. Tal como todos os líderes russos, obcecado com a ameaça de uma Polônia independente e ansioso por instalar os comunistas no poder, Stálin decidiu não ajudá-los, permitindo que as tropas da ss e diversas forças auxiliares ucranianas massacrassem, com depravação diabólica, 15 mil rebeldes e 200 mil civis poloneses, e arrasassem a própria Varsóvia.

"Planejei um golpe", contou o príncipe Miguel da Romênia a este autor, "contra o marechal Antonescu." Os soviéticos estavam às portas do país. Em 23 de agosto, Miguel convocou o Cão Vermelho para uma audiência e ordenou um armistício. O Cão ficou furioso. Miguel sacou a pistola. Quatro oficiais desarmaram Antonescu. De arma em punho, "conduzi-o até o cofre real, onde meu pai guardava sua coleção de selos, e o prendi lá dentro". Em seguida, o príncipe iniciou as tratativas de paz. Esse foi o momento mais glorioso de Miguel, mas era pouco e tarde demais.

Na vizinha Bulgária, Hitler mandara envenenar um relutante aliado, o tsar Bóris III. Na Hungria, Horthy também tentou um golpe antinazista, mas os comandos de Hitler sequestraram o filho do regente e o usaram como refém para obrigar Horthy a abdicar. Na esteira das tropas alemãs veio Eichmann, que organizou a deportação de 400 mil judeus em apenas três meses, enviando a maior parte deles para a morte em Auschwitz.

Em fevereiro de 1945, depois que os bombardeiros americanos destruíram a Chancelaria em Berlim, com os exércitos aliados convergindo do oeste e do leste, Hitler, acompanhado de Eva Braun, refugiou-se num bunker, bem na época em que Stálin, Roosevelt e Churchill partiam para uma conferência em Ialta, na Crimeia, um antigo palácio de veraneio do tsar recém-liberado. Na penumbra úmida do bunker de concreto, Hitler não deixou de pendurar o retrato da mãe no quarto; e seu minúsculo gabinete era dominado por um retrato de Frederico, o Grande, cuja suspensão de última hora da morte da tsarina Isabel o obcecava. "Também ele não foi feito para a Guerra dos Sete Anos", murmurou Hitler, "mas para os jogos amorosos, para a filosofia e para tocar flauta. Ainda assim teve de cumprir sua missão histórica." O casaco de Frederico estava sempre manchado de rapé. Eva Braun notou quão manchada estava a túnica cinza de Hitler e o provocou: "Você não precisa copiar tudo que tenha a ver com o velho Fritz!".

As tardes de Hitler eram ocupadas com reuniões, e as refeições feitas com Braun; os quatro secretários ainda tinham de suportar o "chá" até as quatro da madrugada, enquanto o ditador, deitado, continuava seus monótonos discursos — uma rotina entremeada com fagulhas de esperança e espasmos de raiva.

No dia 4 de fevereiro, Stálin, viajando no vagão ferroviário de Nicolau II, chegou a Ialta; em Berlim, Eva Braun, decidida a permanecer até o fim e, se preciso, morrer ao lado de Hitler, celebrou seu 33º aniversário com o amante e os cortesãos numa seção intacta da Chancelaria.

No palácio branco do tsar em Livadia, Stálin presidiu aos trabalhos de forma calma, jubilosa e inescrutável, com pleno domínio dos temas, ainda que exausto após anos de jornadas de dezesseis horas. Roosevelt, o mais jovem dos três, acabara de ser eleito presidente para um inédito quarto mandato. Mas sofria de arteriosclerose e sentia-se "cansado e sem energia", bocejando com frequência. Churchill também estava exaurido, "mais confuso do que o normal", queixou-se um dos participantes; porém, mesmo distante de sua melhor forma, ainda era superior à maioria. Deliciado com o novo poder, Stálin comovia-se com o presidente americano e desconfiava do primeiro-ministro britânico. Acompanhado pela filha Anna e por um exaurido Hopkins, Roosevelt tendia a concordar com Stálin, ingenuamente convencido de que as potências progressistas poderiam reconfigurar um mundo pós-imperial; já Churchill sentia falta da antiga parceria com o americano. Todavia, a Grã-Bretanha, falida e incapaz de cumprir suas obrigações imperiais, agora estava à sombra das novas superpotências. Os Três Grandes decidiram que a rendição alemã deveria ser incondicional; acertaram a criação de um órgão internacional mais forte, denominado Organização das Nações Unidas; e acordaram que Stálin entraria na guerra contra o Japão. Mas esse implacável realista, cujos exércitos agora liberavam o Leste Europeu, sabia muito bem que "as fronteiras serão decididas pela força", e já preparava coortes de stalinistas locais para servir como seus vassalos. Somente na Iugoslávia e na Albânia os movimentos de resistência locais tomaram o poder sem a ajuda dos soviéticos.[31]

Roosevelt disse a Stálin que era sionista e perguntou-lhe se ele também. "Em princípio", respondeu Stálin. Falando da Palestina, Roosevelt brincou que "três reis o esperavam".

"Estou um pouco cansado, mas tudo bem", Roosevelt disse a Eleanor antes de deixar Ialta a bordo do USS *Quincy*. Ancorado no Grande Lago Salgado no Egito, sentado no convés com uma capa escura, ele encontrou-se primeiro com o jovem e afetado soberano egípcio, o rei Farouk, descendente de Mehmed Ali, e depois com Hailé Selassié, agora reconstruindo a Etiópia após as devastações italianas; por fim, chegou Abdulaziz ibn Saud, trazido no USS *Murphy* com um rebanho de ovelhas a serem abatidas e guardas armados de cimitarras. Abdulaziz era manco. O presidente e o rei reuniram-se no convés em cadeiras de rodas. Mencionando as atrocidades alemãs, Roosevelt pediu-lhe que autorizasse a crescente migração judaica para a Palestina. "Os judeus e os árabes jamais irão cooperar", retrucou Abdulaziz. "Dê aos judeus as melhores terras alemãs." A viagem de volta de Roosevelt estendeu-se por nove dias.

Em 19 de março, ao assinar o chamado Decreto de Nero, Hitler ordenou a destruição de toda a infraestrutura alemã; contudo, em muitas áreas, os oficiais mais sensatos começavam a ignorar essas ordens fanáticas; por todo o império em colapso, os guardas da ss demoliam campos de extermínio e forçavam os prisioneiros esfomeados a marcharem até a morte para o oeste. No dia 20, Hitler saiu do bunker para fazer uma revista dos novos combatentes da Juventude Hitlerista — um deles tinha apenas doze anos —, apertando bochechas e puxando orelhas enquanto se movia diante da fileira, em sua derradeira imagem registrada em filme. Goebbels ainda desfrutava do favor do Fuhrer, ao passo que Göring sonhava em sucedê-lo, e Himmler tentava negociar vidas de judeus em acordos secretos.

"Bem, quem vai tomar Berlim?", Stálin perguntou a seus comandantes em 1º de abril, no Kremlin. "Nós ou os Aliados?"

"Nós", gritou o marechal Konev, de cabeça afilada.

"Quem chegar lá primeiro que ocupe a cidade", ordenou Stálin. Konev e Jukov se apressaram a voar até a frente.

Enquanto os soviéticos mobilizavam suas vastas forças, Roosevelt estava com Daisy Suckley em Hyde Park; segundo ela, "com um aspecto terrivelmente cansado — totalmente esgotado [...]. Ele não vai conseguir suportar essa tensão por muito mais tempo". Ao tomar o trem para Warm Springs (a Pequena Casa Branca) com Daisy, ele "brincava e ria como sempre", talvez porque Lucy Mercer iria a seu encontro. Em 12 de abril, sentado com Daisy e Lucy, Roosevelt levou a mão à fronte, queixando-se de dor de cabeça, e em seguida caiu morto.[32]

"Que milagre!", exclamou Hitler, convencido de que era a repetição do adiamento de Frederico, o Grande. "Quem riu por último? A guerra não está perdida."

AINDA PODEMOS VENCER: A OFENSIVA DE HIROHITO

Stálin ficou estranhamente abalado com a morte do presidente americano: "Roosevelt era inteligente, educado, presciente", mesmo que "estivesse prolongando a existência do capitalismo". Na Casa Branca, minutos após Eleanor receber a notícia, o vice-presidente Harry Truman, um obscuro mas leal senador por Missouri, chegou para tomar um drinque. Ela colocou a mão em seu ombro e disse: "Harry, o presidente morreu".

Silêncio.

"Há algo que eu possa fazer por você?", perguntou Truman.

"Há algo que nós podemos fazer por *você*?", retrucou Eleanor. Mais tarde, Truman colocaria uma placa em sua mesa no Salão Oval: "Aqui acaba o jogo de empurrar a responsabilidade!".

No dia 16 de abril, Jukov e Konev deram o sinal verde para que 2,5 milhões de soldados, 41 mil canhões e 6250 tanques avançassem contra Berlim, com o primeiro ficando com a honra de tomar a cidade. Quando o avanço de Jukov foi retardado pela resistência alemã, Stálin ordenou a Konev: "Desvie as divisões blindadas para Berlim". Depois de cercada a capital alemã, houve duros confrontos, rua após rua, enquanto os russos se dirigiam para a Chancelaria. Somente na Alemanha, estima-se que 2 milhões de mulheres tenham sido violentadas por soldados russos.[33] No interior do bunker, "já se ouvem as explosões dos obuses de artilharia", escreveu Eva Braun, que treinava disparos com pistola no jardim. Os tanques soviéticos chegaram à periferia da cidade no momento em que Hitler celebrava seu aniversário com Göring, Himmler e Goebbels. Quando estes escaparam de avião, ele insistiu em morrer ali. Nessa noite, Eva Braun organizou uma festa para ele na parte superior do bunker, dançando, cantando e bebendo champanhe. Porém, na reunião do dia seguinte, Hitler soube que sua ordem para um contra-ataque sob o comando do general Steiner da ss fora desobedecida. Furioso e espumando pela boca, ele vituperou contra a traição antes de desabar numa poltrona: "A guerra está perdida, mas, se vocês acham que vou deixar Berlim, cavalheiros, estão muito enganados. Prefiro meter uma bala na cabeça". O médico da ss recomendou-lhe a combinação de um "tiro e veneno" para o suicídio.

Fora de Berlim, Göring reivindicou a posição de sucessor de Hitler, mas em vão; Himmler, por sua vez, desgraçou-se ao entrar em contato com os Aliados. O representante de Himmler, Hermann Fegelein, casado com a irmã de Eva Braun, foi encontrado embriagado com uma amante e abatido a tiros no jardim. Os russos capturaram Viena, e os americanos avançaram pelo vale do Ruhr, detendo Alfried Krupp na Villa Hügel. Com os tanques russos cada vez mais próximos, o casal Goebbels mudou-se para o bunker com os quatro filhos. Eva Braun escreveu uma carta, "um derradeiro sinal de vida", à melhor amiga; com a morte "perigosamente cada vez mais próxima", ela sofria "por causa do Führer. Talvez tudo afinal dê certo, mas ele perdeu a fé".

Na noite de 28 de abril, Hitler e Eva se casaram — ele com uma túnica cinzenta com medalhas, ela com um vestido de seda escuro. Ela assinou a certidão, "Eva Hitler, nascida Braun", e celebrou com champanhe enquanto o noivo se retirava para ditar "meu testamento político", no qual responsabilizou "os interesses judeus", que foram "obrigados a expiar sua culpa, ainda que por meios mais compassivos", uma alusão oblíqua ao Holocausto. O casal ficou acordado até as quatro da manhã, com o pessoal entregando-se a uma farra desenfreada. "Uma febre erótica tomou conta de todos", relembrou a secretária de Hitler. "Por todos os lados, mesmo na cadeira do dentista, vi corpos entrelaçados em abraços lascivos. As mulheres deixaram de lado todo o pudor [...] expondo abertamente as partes íntimas."

Ao acordar, com o dia avançado, Hitler foi informado de que os tanques russos estavam a cerca de quinhentos metros do bunker. Em Milão, Mussolini e sua amante haviam sido fuzilados e pendurados de cabeça para baixo. No dia 30 de abril, depois de almoçar, Hitler testou o cianeto no cão alsaciano, Blondi, que morreu de imediato; em seguida, apertou a mão de todos e se retirou com Eva para seus aposentos. O pessoal aguardou até que os ruídos de celebração no andar de cima fossem interrompidos por um tiro. O valete foi espiar e, ao voltar, disse: "Acabou". Eva Hitler estava sentada, com as pernas recolhidas, exalando um odor de amêndoas (efeito do cianeto), e Hitler tombara para o outro lado, um fio de sangue na testa, a pistola aos pés, e o papel de parede borrifado de sangue. Os corpos foram enrolados em tapetes, levados para fora e incinerados no jardim, enquanto obuses russos explodiam nas proximidades. Pouco mais de doze horas depois, Jukov ligou para a dacha de Stálin em Kuntsevo.

"O camarada Stálin acabou de se recolher ao leito", disse o guarda-costas.

"Vá acordá-lo", ordenou Jukov.

Stálin atendeu o telefone. "Então esse é o fim do bastardo", disse. "Pena que não conseguimos agarrá-lo vivo. E o corpo, onde está?"[34]

A rendição alemã ocorreu três dias depois, enquanto Stálin deslocava exércitos soviéticos e mongóis para atacar os japoneses na Coreia e no norte da China. Durante o difícil avanço dos americanos pelo Pacífico, Hirohito exigiu repetidas vezes que os generais contra-atacassem. "Não há nenhum sinal de ataques. Por que não estão acontecendo? Não há algum modo, em algum lugar, de conseguirem uma verdadeira vitória contra os americanos?", insistia. "Façam isso para que eu possa me tranquilizar."

Com os bombardeios americanos devastando as cidades japonesas em incessantes raides aéreos, não restava a Hirohito outra opção a não ser criticar os militares: "Precisamos retomar os ataques". Em janeiro de 1944, suas tropas haviam investido sem êxito contra a Índia; em abril, a ofensiva Ichigo, que mobilizou 700 mil soldados, abalou o governo de Chiang; porém, em julho, Hirohito exonerou o general Tojo, prometendo ao novo primeiro-ministro que "permaneceria nesta terra divina e lutaria até a morte". Em outubro, quando os americanos, sob o comando do general Douglas MacArthur, desembarcaram nas Filipinas, Hirohito exigiu que as tropas nipônicas resistissem. "Concordei com o enfrentamento crucial de Leyte", ele admitiu mais tarde, uma decisão que custou a vida de 80 mil japoneses. No início de 1945, o imperador consultou vários antigos primeiros-ministros, e todos, com exceção de Konoe, recomendaram que continuasse a lutar. "Se resistirmos por tempo suficiente", disse Hirohito, "talvez possamos vencer." Konoe queixou-se de que, "levando em conta nosso *kokutai*, a menos que o imperador concorde com isso, não podemos fazer nada". Os ex-primeiros-ministros eram "insanos". Em junho, o nervosismo de Hirohito chegou a tal ponto que ele caiu doente. "Minha vontade é que planos concretos para encerrar a guerra sejam preparados o quanto antes", ordenou, "e que sejam feitos esforços para colocá-los em prática." No entanto, os Aliados agora exigiam a rendição incondicional.

No dia 17 de julho, enquanto os americanos se aproximavam do Japão, Stálin viajou de trem para se encontrar com Truman e Churchill (que acabara de enfrentar uma eleição geral) num palácio de estilo Tudor, o Cecilienhof, construído por Guilherme II em Potsdam.[35] Os três líderes acertaram as divisões territoriais e os deslocamentos de populações que confirmaram a anexação por Stálin de Lviv e do sudoeste da Polônia — adicionados à Ucrânia soviética —, além da Moldávia e dos países bálticos.[36] Nada menos do que 11,5 milhões de refugiados alemães se deslocaram para oeste. Os três líderes eram senhores de um novo mundo, embora nenhum deles ainda tivesse se dado conta de que seu domínio seria superado por uma nova força. No dia 17 de julho, Truman foi informado de que um novo bebê tinha vindo ao mundo: "O doutor acabou de voltar e está muito entusiasmado e confiante de que o garotinho é tão forte quanto o irmão maior". Só que não se tratava de um bebê humano, e sim de uma bomba.

ATO XXI

2,3 BILHÕES

Os Nehru, os Mao e os Sun, os mafiosos, os hachemitas e os albaneses

No dia anterior, 16 de julho de 1945, enquanto observava a nuvem em forma de cogumelo produzida pela Experiência Trinity, o exultante diretor do sigiloso Projeto Manhattan, Robert Oppenheimer, citou o *Bhagavad-Gita*: "Se o brilho de mil sóis irrompesse de repente no céu, seria como o esplendor do Todo-Poderoso". Mas o "esplendor" era o de um poder temível: "Eu me tornei a Morte, destruidora de mundos".

A bomba atômica resultara de uma pesquisa de quatro décadas.[1] Em 1943, no Quebec, Roosevelt e Churchill fundiram a pesquisa nuclear de seus países no Projeto Manhattan, baseado em Los Alamos, no estado do Novo México. Quando Stálin visitou Truman (considerando-o nem "educado" nem "inteligente"), nenhum dos dois mencionou o teste. "Não fui informado na época", disse Stálin, "pelo menos não pelos americanos." Na verdade, graças a espiões soviéticos, ele sabia das pesquisas desde 1942. Até a explosão, nem Stálin nem Truman podiam imaginar o impacto global do teste, batizado de Trinity. Ao serem informados pelos serviços de inteligência da realização do teste, e sabendo que seus agentes haviam capturado urânio de laboratórios nazistas próximos a Berlim, Stálin e Béria discutiram, em duas ocasiões, como iriam reagir caso fossem informados por Truman, tendo decidido "fingir que não sabiam de nada".

No dia 24 de julho, em Potsdam, Churchill criticou Stálin por suas iniciativas agressivas na Romênia. "Uma cerca de ferro", disse, numa primeira versão da expressão "cortina de ferro", "foi instalada."

"Contos de fadas", retrucou Stálin, levantando-se para ir embora. Truman apressou-se para alcançá-lo; Churchill, já alertado, ficou assistindo.

"Os Estados Unidos", disse Truman, "testaram uma nova bomba de extraordinário poder destrutivo."

O rosto de Stálin manteve-se impassível. Diante da fanática resistência japonesa em Okinawa, e da expectativa de que uma invasão do Japão pudesse custar a vida de 268 mil americanos, Truman decidiu usar a nova arma.

"Uma nova bomba", repetiu Stálin. "De extraordinário poder. E provavelmente decisiva contra os japoneses! Que sorte!" De volta à residência de Ludendorff, o líder soviético informou a seus comparsas que os britânicos e americanos "estão contando que não seremos capazes de desenvolver também uma dessas bombas, mas estão enganados". Ele já havia encarregado Béria do programa nuclear soviético, mas agora este se tornou a "prioridade máxima", dando início a uma corrida entre as potências.

No dia 6 de agosto, um bombardeiro B-29 batizado de *Enola Gay*, em homenagem à mãe do piloto, o coronel Paul Tibbets, decolou de Tinian, nas ilhas Marianas, e iniciou um voo de seis horas até Hiroshima, sobre a qual, às 8h15, lançou a primeira bomba atômica, apelidada de Little Boy. Somente três dos tripulantes do avião sabiam que tipo de bomba estavam carregando. "Foi difícil acreditar no que vimos", contou Tibbets. "Santo Deus!", exclamaram os tripulantes, boquiabertos. Quando a bomba caiu, 100 mil pessoas morreram de imediato, e em seguida uma tempestade de fogo arrasou a cidade e uma chuva radioativa escura se precipitou sobre um novo inferno na terra.

Hirohito ficou abalado, mas não se rendeu, adiando a decisão. E, ao que parece, ficou ainda mais chocado quando, dois dias depois, Stálin invadiu a Manchúria. No alvorecer do dia 9 de agosto, outro B-29 americano — apelidado de *Bockscar* — lançou a bomba Fat Man sobre Nagasaki, enquanto o imperador se reunia com seus generais para discutir as negociações, insistindo que, se o divino *kokutai* não fosse preservado, continuaria lutando. Dois dias foi o tempo que as bombas levaram para convencê-lo a aceitar uma rendição incondicional, vencendo a relutância do belicoso ministro da Guerra, o general Anami. O imperador então decidiu dirigir-se à população. O discurso, gravado por técnicos de uma rádio, continha um dos maiores eufemismos da história: "A guerra", afirmou Hirohito, "decorreu de uma forma não necessariamente vantajosa para o Japão". Como sua voz estava fraca demais, ele teve de regravar a fala. Antes que ela fosse transmitida, oficiais militares, estimulados por Anami, invadiram o palácio numa tentativa de sequestrar a gravação. Eles mataram o comandante da Guarda Imperial, mas não conseguiram encontrá-la e acabaram se suicidando. No dia seguinte, o próprio general Anami tirou a própria vida por meio de um estripamento ritualístico, deixando uma nota: "Com minha morte, suplico humildemente o perdão do imperador pelo enorme crime". E, ao meio-dia, os japoneses ouviram, pela primeira vez, a voz do *tenno*. "Nosso povo acreditou demais no país imperial", escreveu Hirohito ao filho de onze anos, o príncipe herdeiro Akihito, que, por segurança, estava fora de Tóquio. "Nossos militares sabiam avançar, mas não recuar. Se tivéssemos prosseguido com a luta, teríamos sido incapazes de proteger as três insígnias imperiais [espelho, espada, joia], e mais compatriotas teriam de morrer. Contendo minhas emoções, tentei salvar a semente da nação."

Em 30 de agosto, o general MacArthur desembarcou em Tóquio, encarregado por Truman de preservar a estabilidade do Japão e, ao mesmo tempo, julgar os militares japoneses por crimes de guerra. Tojo foi executado, mas MacArthur decidiu poupar Hirohito, também claramente culpado, reapresentando-o como um monarca constitucional, e não divino.

O único dos líderes agressores a permanecer no cargo tornou-se a figura de proa de uma próspera democracia, que reinou até 1989 (seu neto Naruhito tornou-se em 2019 o 126º *tenno* da mais antiga dinastia do mundo). No Ocidente, os vitoriosos puseram-se de acordo para levar os nazistas a julgamento no Tribunal Militar Internacional, em Nuremberg, numa parceria entre juízes democráticos e stalinistas. Ribbentrop foi condenado à forca; Göring suicidou-se; e Speer conseguiu se livrar do patíbulo. Os genocidas mais graduados dos Einsatzgruppen e dos campos de extermínio foram enforcados — Himmler havia cometido suicídio —, mas poucos com patentes mais baixas foram punidos. Krupp foi julgado e condenado a doze anos de prisão. Antonescu foi fuzilado. Escaldado por tantos horrores, um mundo mais guiado por regras, criado pela combinação de um tribunal de direitos humanos e a autoridade das Nações Unidas, promoveu uma legislação supranacional, um critério de conduta civilizada e uma definição jurídica de genocídio.[2] O antissemitismo tornou-se moralmente intolerável, e foram restaurados os princípios iluministas.

No momento em que as bombas atômicas foram usadas, Churchill deixara de ser primeiro-ministro, numa derrota eleitoral que surpreendeu Stálin. "Um partido único", comentou, "é muito melhor."

"Uma bênção disfarçada", comentou Clementine Churchill.

"Por enquanto", retrucou Churchill, "parece uma bênção muito bem disfarçada." A derrota foi em parte aliviada pelo oferecimento, por Jorge VI, do ducado de Dover, um título que Churchill recusou. O novo primeiro-ministro trabalhista, Clement Attlee ("um homem modesto", observou Churchill com sarcasmo, "com qualidades igualmente modestas"), instaurou um sistema que assegurava a renda dos desempregados e proporcionava assistência médica gratuita a todos, o protótipo de uma ambiciosa concepção do Estado como garantidor do bem-estar que os cidadãos do Ocidente passaram a ver como mais relevante do que as tradicionais funções estatais de garantia da ordem e da segurança públicas. Antes da guerra, somente uma revolução poderia levar à distribuição da riqueza e à proteção dos pobres: agora, a realização britânica seria alcançar o mesmo de forma pacífica. No plano interno, Attlee propôs o que chamou de "Nova Jerusalém"; já no plano externo, sua visão acabaria desembocando numa guerra pela velha Jerusalém — e na sanguinolenta independência da Índia. Já em dezembro de 1945, os indianos foram às urnas para eleger uma Assembleia legislativa.

O problema é que havia dois vencedores.

O FIM DA ÍNDIA UNIDA: NEHRU, JINNAH E A VICE-RAINHA

Nehru e o Partido do Congresso venceram as eleições. Mas também Jinnah e a Liga Muçulmana, que, após uma campanha voltada para um único objetivo — a criação do Paquistão —, conquistou todos os assentos destinados aos muçulmanos. Nehru formou o primeiro governo indiano, mas de caráter provisório, devido à tensa coalizão com a Liga.

Libertado da prisão em 1944, a aspiração de Nehru era herdar todo o *raj* britânico e, pela primeira vez na história, governar uma Índia unificada. Os britânicos não se opunham a isso; pelo contrário, estavam ansiosos por entregar todo o *raj* a um único líder, Nehru, capaz de abrilhantar a anglosfera à frente de um domínio britânico.

Romântico, Nehru abraçara a visão de uma Índia magnífica, que costumava comparar a uma bela jovem. "A Índia estava em meu sangue", ele escreveu, como um romancista sentimental; "ela é adorável demais e não sai da lembrança de nenhum de seus filhos [...] pois faz parte deles tanto na grandeza como nos defeitos, e eles se espelham em seus olhos profundos". Desconsiderando grande parte da história indiana (Gandhi desdenhava da história por ser "uma interrupção da natureza", um mero instante nos ciclos de vida e reencarnação), bem como as diferenças entre hindus e muçulmanos, ele acreditava numa democracia secular unificada representada pelo Partido do Congresso. "Não existe conflito cultural na Índia", insistia. Havia uma única Índia, e Nehru descartava a perspectiva de uma contestação muçulmana. "Essa ideia é absurda", ele escreveu em 1935, "e nem sequer merece consideração." No entanto, o declínio do poder britânico e a nova política eleitoral estimulavam um novo nacionalismo de base étnica e religiosa. E os resultados eleitorais revelaram, sem a menor sombra de dúvida, duas concepções do país.

Attlee propôs um regime federativo para a Índia, o que poderia ter impedido a cisão. No início, ambos os lados aceitaram a ideia, mas então Nehru a rejeitou, convencido de que o Partido do Congresso poderia ficar com todo o *raj*. A reação de Jinnah foi convocar um Dia de Ação Direta em Kolkata, durante o qual muçulmanos massacraram hindus, sem serem reprimidos pelo governo de Bengala, dominado pela Liga Muçulmana. Gandhi correu para Kolkata a fim de jejuar pela paz.

Em março de 1946, Nehru viajou a Singapura a fim de passar em revista as tropas indianas. Quando os soldados se aglomeraram entusiasmados em torno dele, Edwina Mountbatten, de 44 anos e casada com Lord Mountbatten, o comandante supremo dos Aliados no Extremo Oriente, foi derrubada em meio à confusão. Nehru e Mountbatten a ajudaram a se erguer. Os três deram-se tão bem que, quando Attlee precisou de um vice-rei para supervisionar o processo de independência, Nehru provavelmente sugeriu Mountbatten. E assim o visconde Mountbatten (agora da Birmânia) foi nomeado o último vice-rei da Índia — "o homem mais poderoso da Terra", como chegou a dizer. Ele era afável, competente e vaidoso. Já Edwina era uma herdeira extravagante, de língua ferina, que mesclava uma animada vida extramarital (com amantes de ambos os sexos, sendo o predileto Leslie Hutchinson, "Hutch, o Granadino", um dos maiores astros do cabaré) a um atilado serviço público. Mountbatten a admirava como uma força da natureza.³

O casal convidou Nehru e Indira inúmeras vezes ao palácio do vice-rei em Delhi. Indira tornou-se uma companheira indispensável do pai nos vertiginosos meses que se seguiram. Mountbatten travou uma "verdadeira amizade com Nehru". As filhas do vice-rei por vezes entravam num aposento e surpreendiam Nehru de ponta-cabeça praticando ioga. Pouco a pouco, um relacionamento íntimo, ainda mais comovente dada a maturidade de ambos, estreitou-se entre o viúvo Nehru e a vice-rainha Edwina. "De repente me dei conta (e talvez você também)", ele escreveu mais tarde a ela, "de que havia um vínculo mais profundo entre nós, que uma força incontrolável da qual eu mal tinha consciência nos atraía. Senti-me arrebatado e ao mesmo tempo contente com essa nova descoberta." Ela era da mesma opinião: "Você me transmitiu uma estranha sensação de paz e felicidade. Talvez eu tenha tido o mesmo efeito sobre você?". Mountbatten notou o que estava ocorrendo e comentou com a filha: "Por favor, não comente com ninguém, mas ela e Jawaharlal são muito amáveis juntos. Eles têm um genuíno apreço um pelo outro [...]. Mamãe tem sido incrivelmente amável nos últimos tempos".

Mountbatten tinha uma predileção acentuada por Nehru, e ambos zombavam de Jinnah: "um caso patológico", segundo Mountbatten; "um paranoico", segundo Nehru. Todavia, o esmagador êxito eleitoral de Jinnah havia derrubado o mito da unidade nacional promovido por Nehru.

Mountbatten poderia ter insistido mais na ideia de um regime federativo, que, como se comprovara nos Estados Unidos, podia ser poderoso e democrático. Gandhi propôs que Jinnah fosse o primeiro-ministro de uma Índia unificada. Somente um esquema de federação poderia ter evitado o banho de sangue, mas para implantá-lo seria preciso tempo. Em vez disso, Nehru cedeu à demanda de Jinnah de que o país fosse dividido, cabendo ao Partido do Congresso a maior parte da Índia britânica — com a capital, o exército, a burocracia —, em troca do estatuto de domínio para os novos países. "Estávamos exaustos", admitiu mais tarde. "A partição era uma saída, e decidimos seguir por esse caminho."

Mountbatten aprovou o plano de criação de dois Estados, a Índia e um Paquistão muçulmano.[4] Gandhi estava consciente de que isto resultaria em violência. "As únicas alternativas", disse a Mountbatten, "são a continuidade do domínio britânico para manter a lei e a ordem ou um banho de sangue. O banho de sangue precisa ser enfrentado e aceito."

Em 3 de junho de 1947, ao lado de Nehru e Jinnah, Mountbatten anunciou "a transferência de poder para um quinto da raça humana" e a divisão do país, com o Paquistão distribuído em duas regiões não interligadas. Ninguém ficou satisfeito com essa solução: Jinnah queria ficar com todo o Punjab e Bengala, além da Caxemira, e exigiu uma faixa de terra que permitisse a comunicação entre ambas as regiões. Os mapas exatos, a serem traçados por um juiz britânico que nunca pusera os pés na Índia, seriam apresentados logo após a independência, o que só recrudesceu a tensão.

Em seguida, Mountbatten declarou que a Grã-Bretanha iria deixar o país em dez semanas, uma retirada vertiginosa, revelada com a típica pompa do vice-rei. Característico de toda transferência de poder é o fato de que, uma vez decidida, o novo poder passa a exercer uma força própria de atração e repulsão. A rapidez e a incerteza foram a causa provável de um cataclisma sangrento, cujas únicas justificativas são o declínio acelerado do vice-reinado britânico, sua relutância em aceitar que soldados britânicos morressem a fim de manter a ordem no país e o fato de que nenhum governante da Índia havia antes transferido de maneira voluntária o subcontinente a outro poder. Milhões de pessoas entraram em pânico, apreensivas não só para saber em que país iriam ficar, mas também por sua própria segurança. "Estamos mergulhados em crises", disse Nehru. Para complicar ainda mais a situação, 40% da Índia ainda eram governados por príncipes: o *nizam* (soberano) de Hyderabad, Osman Ali Khan, Asaf Jah VII, de sessenta anos e descendente do paladino de Aurangzeb, considerava-se um monarca muçulmano e havia casado o filho com a filha do último califa otomano. Agora, ele se recusava a ter seus domínios incorporados à Índia e planejava proclamar a independência.

Em 14 de agosto de 1947, em Carachi, Jinnah, então com 71 anos e debilitado pela tuberculose, proclamou a independência do Paquistão, do qual se tornou primeiro-ministro e governador-geral, sendo saudado como líder supremo. No dia seguinte, Nehru anunciou "o encontro [da Índia] com seu destino [...] assim que soar a meia-noite", a retórica ressaltando o quanto ele, ainda o brâmane ex-aluno de Harrow, a despeito de seu socialismo, era o sucessor e herdeiro do *raj* britânico. A Índia tomou posse de três quartos desse *raj*, e a administração colonial, sempre ocupada sobretudo por indianos, foi inteiramente transferida para o novo Estado, com exceção dos funcionários britânicos. Uma enorme multidão acompanhou o alçamento da bandeira indiana, em cujo centro estava o *dharmachakra*, o símbolo de Axoca. Nehru teve de resgatar a filha do vice-rei, Pamela, quase esmagada no meio da multidão. "Ele foi muito ágil com suas sandálias", ela recordou. "'Venha para cá', disse. 'Não consigo, estou de salto alto', respondi. 'Bem, é melhor tirar os sapatos'" — e ambos foram passados de mão em mão acima da massa humana.

Longe dessa excitação, muçulmanos, hindus e sikhs começaram a atacar uns aos outros, desencadeando migrações de refugiados apavorados. Dois milhões foram mortos num frenesi de morticínios, estupros e incêndios criminosos. Trens de refugiados chegavam ao destino final com todos os passageiros massacrados. Mais de 10 milhões de pessoas tiveram de abandonar suas casas na maior migração isolada da história. Quando começou a matança, Gandhi, com a obra de sua vida encharcada de sangue, ameaçou jejuar até a morte, ao passo que Nehru acolheu refugiados em sua residência, dizendo: "Eu sei, *mere bhai* [meu irmão], também partilho desse sofrimento". Ao ver um muçulmano prestes a ser linchado, Indira desceu do trem em que estava e enfrentou aos gritos a turba até conseguir libertar o homem.

Nehru estava decidido a incorporar o máximo possível do território indiano. A Caxemira, muçulmana, mas governada por um marajá hindu, era de importância vital — e, para Nehru, descendente de eruditos locais, era como "uma mulher deslumbrantemente bela". Em outubro, pachtos muçulmanos e soldados paquistaneses invadiram a região, levando o marajá a aceitar que a Caxemira fosse incorporada à Índia, o que lhe permitiria requisitar tropas. Quatro dias depois, Nehru enviou o exército.

Quando Gandhi chegou a Delhi, Nehru, assim como Indira e seu filho mais velho, Rajiv, então com três anos, foram vê-lo à noite. Em 30 de janeiro de 1948, no dia seguinte à visita de Indira e Rajiv, Gandhi, a caminho de suas orações, foi alvejado com três tiros no peito por um nacionalista hindu vinculado à organização paramilitar RSS. Nehru correu para Birla House, onde Gandhi estava hospedado, e lá caiu de joelhos, aos prantos, ao lado do cadáver franzino. Nessa noite, a fim de acalmar a multidão cada vez maior que se concentrava diante da casa, o corpo de Gandhi foi colocado no telhado e iluminado. "A luz se apagou em nossas vidas", disse Nehru, "e há trevas por toda parte."

O amor entre Nehru e Edwina se intensificou nos últimos meses. "Conversávamos com mais intimidade, como se um véu tivesse sido removido", escreveu Nehru em maio de 1948, "e podíamos nos olhar sem medo ou constrangimento." Pouco importa se havia ou não um aspecto sexual na relação. Por vezes, o relacionamento provocava tensões com a irmã mais nova de Nehru, Krishna: "Edwina sempre tinha razão". Quando Nehru a censurou por usar joias demais, ela replicou: "Você não se incomoda quando é com Edwina, na verdade sempre elogia as joias dela". Edwina chorou quando os Mountbatten deixaram a Índia; Nehru costumava vagar pelos aposentos dela na casa do vice-rei, para "me perder na terra dos sonhos".[5]

Em setembro de 1948, o exército indiano, a elite das tropas do *raj*, derrotou os paquistaneses na Caxemira; e Nehru ordenou a invasão de outro principado problemático, o de Hyderabad, onde o *nizam* proclamara a independência. Num conflito armado de cinco dias, batizado de Operação Polo, a Índia desbaratou as forças de Hyderabad, enquanto turbas hindus massacravam 40 mil muçulmanos — o maior morticínio da história moderna do país. Ao presidir à prosperidade da Índia nos dez anos seguintes, Nehru contou com a ajuda da filha Indira, que vivia na residência dele, a Teen Murti House, e ali criou os filhos para a vida dinástica. "Não podemos ter medo de nos machucar", ela ensinou a Rajiv e a Sanjay. "Espero que vocês sejam corajosos [...]. Existem milhões de pessoas no mundo, mas quase todas apenas se deixam levar pela correnteza, com medo de morrer e um medo ainda maior de viver." Jawaharlal, Indira e os filhos dela — que iriam governar a democracia mais populosa do mundo por três gerações — não fariam parte dessa maioria.

Enquanto os britânicos deixavam a Índia e o Paquistão agora independentes (ao mesmo tempo que planejavam manter as possessões africanas), os holandeses e os franceses, humilhados por derrotas na Segunda Guerra, empenhavam-se em recuperar suas colônias na Ásia, a Indochina francesa e as Índias Orientais holandesas. No Vietnã, Ho Chi Minh, à frente do Viet Minh, proclamara a independência em Hanói, de início se associando aos franceses num expurgo de trotskistas e nacionalistas. Em 1946, porém, assim que a França voltou a ocupar o país, Ho e o brilhante general Vo Nguyen Giap, um professor de história que agora colocava em prática seus conhecimentos como um Trótski asiático, passaram a combater o poderoso exército francês num conflito brutal. Em Jacarta, nas Índias Orientais, o ex-arquiteto Sukarno declarou-se presidente de um novo Estado, a Indonésia, baseado em cinco princípios, a *pancasila*, que mesclava democracia e nacionalismo. Em julho de 1947, na mesma época em que Nehru e Jinnah assumiam o poder, os holandeses atacaram Sukarno, e, em seguida, aproveitaram uma insurreição comunista para reconquistar grande parte do arquipélago. Auxiliado por seu principal oficial militar, Suharto, o próprio Sukarno reprimiu os comunistas, enquanto continuava a enfrentar os holandeses. Essa guerra imperial preocupou Truman de tal maneira que ele ameaçou cortar a ajuda americana à Holanda. Os holandeses se retiraram do arquipélago, reconhecendo o imenso e novo país, que Sukarno, flertando com a considerável militância comunista, transformou na chamada "Democracia Guiada", governada por ele próprio como presidente monárquico e vitalício.

Os britânicos, entretanto, também estavam saindo da Palestina, onde, num conflito multifacetado, dois soberanos árabes rivalizavam com o nascente Estado judeu e as milícias palestinas.

DOIS REIS: FAROUK, ABDULLAH E A PARTILHA DA PALESTINA

O virulento conflito étnico no âmago da Palestina foi exacerbado pelas ambições dos dois principais dinastas árabes — o astuto hachemita Abdullah, da Jordânia, e o espalhafatoso Farouk, da Casa de Mehmed Ali, soberano do Egito —, que visavam expandir os reinos e conquistar a liderança do mundo árabe.

A maioria dos Estados do Oriente Médio — Síria, Israel, Líbano — foi criada a partir do velho Império Otomano nos dois anos que se seguiram ao fim da Segunda Guerra Mundial. Em abril de 1946, os franceses concederam a independência a dois países recém-criados, a Síria e o Líbano.[6] A Grã-Bretanha fez o mesmo na Transjordânia; e, no Egito, concentrou suas tropas no canal de Suez. A Palestina era mais complicada: em 1917, os britânicos haviam se comprometido com a criação de uma "pátria para os judeus", mas sem a perspectiva de um Estado, e mesmo a promessa de uma "pátria" não era nada certa. Aos curdos, armênios, alauitas e drusos também haviam sido prometidos Estados — que nunca se concretizaram. Os árabes palestinos havia muito tempo eram majoritários na região, ao lado de um pequeno grupo de judeus — e as duas comunidades eram muito antigas. No entanto, em Jerusalém, os judeus eram maioria desde a década de 1880.

Os árabes incomodavam-se com a presença dos imigrantes judeus, que logo formaram uma próspera comunidade agrícola. O apoio britânico a uma pátria para os judeus não durou nem vinte anos: com a intensificação do conflito, essa política foi descartada, e, em 1937, a Grã-Bretanha prometeu independência aos árabes, na mesma altura em que estes iniciavam uma revolta que foi sufocada pelas armas britânicas. Agora, com a concessão da independência aos novos Estados árabes, os 600 mil judeus, liderados por David Ben-Gurion, um pequeno e aguerrido pragmatista de origem polonesa com uma cabeleira branca, rebelaram-se contra os britânicos a fim de conquistar seu próprio Estado. A experiência judaica era singular, assim como as circunstâncias na Palestina, mas, sob outros aspectos, como disse Stálin, o sionismo era simplesmente a "expressão nacional judaica". E o sofrimento do Holocausto convencera muitos a apoiarem a criação de um Estado judeu. Mas não a Grã-Bretanha: Attlee proibiu a entrada de migrantes judeus na Palestina e contava entregar a região a um Estado árabe. As milícias judaicas voltaram-se contra as tropas britânicas: Israel, tal como a Türkiye em 1922, foi forjado por uma revolta anti-imperialista contra a vontade britânica. Desesperado, Attlee acabou transferindo o problema para as Nações Unidas.

Em 29 de novembro de 1947, com sua resolução 181, a ONU aprovou a divisão da Palestina em dois Estados, um judeu e um palestino. Esse plano — similar ao implementado na Irlanda e na Índia — teve o apoio do presidente Truman. "Sou o próprio Ciro", ele brincou, referindo-se ao rei persa. Empenhado em obter "um Estado a qualquer custo", Ben-Gurion aceitou o compromisso; já os palestinos decidiram lutar para obter toda a região. Grupos paramilitares árabes atacaram a comunidade judaica, defendida por uma milícia bem organizada, a Haganah.

Tudo isso acontecia sob o olhar atento de Farouk, o jovem soberano da maior nação árabe, o Egito. Entronizado aos dezesseis anos, com 1,83 metro de altura e belo como um ídolo de matinê, ele fora educado na Grã-Bretanha e era imensamente rico, dono de propriedades que se estendiam por 30 mil hectares. Embora tão protegido a ponto de nunca ter visitado as pirâmides, logo se tornou *al-malik-al-mahbub,* o "rei amado". Durante a Segunda Guerra, ele fora humilhado pelo procônsul britânico, que se impusera depois de cercar o Palácio de Abdeen com tanques. Agora, porém, Farouk ansiava por demonstrar o poderio egípcio.

Ainda que casado, Farouk tinha predileção por dançarinas, clubes noturnos, carros velozes e cassinos; seu Egito era uma mescla cosmopolita de turcos, circassianos, coptas, judeus, gregos e libaneses. Ele "era fascinado pelo fato de eu ser judia", relembrou Irene Guinle, uma de suas amantes. "A única pessoa que Farouk ouvia era o pai, Fuad [...] [que] lhe disse que as melhores mulheres do mundo eram as judias." No entanto, para todas as namoradas, Farouk não passava de um jovem preguiçoso, e tão solitário que seu melhor amigo era o filho vigarista do eletricista do palácio, Antonio Pulli, conhecido como Cegonha, por ser capaz de dormir de pé nas boates.

Com quase trinta anos, ainda um aprendiz na política, Farouk adotou o novo nacionalismo árabe, enquanto acompanhava atento a ascensão de um xeque fundamentalista, Hassan al-Banna. Os seguidores deste, os cerca de 1 milhão de membros da Irmandade Muçulmana, acreditavam que o "islã é a solução" e que tanto a decadência da corte de Farouk como a emigração judaica para Jerusalém eram intoleráveis. Eles passaram então a assassinar os ministros de Farouk, que tentou promover uma monarquia de cunho islâmico. No entanto, ao realizar a peregrinação a Meca, o *hajj*, ele preferiu fazê-la a bordo do seu iate, o *Mahrousa*. Em seguida, tentou neutralizar a Irmandade combatendo os judeus e anexando o sul da Palestina. Afinal, Mehmed Ali havia governado a região.

No Cairo, em dezembro de 1947, Farouk foi o anfitrião de uma recém-criada Liga Árabe, reunindo sete países árabes independentes, que decidiu ir à guerra. "Pouco importa quantos são [os judeus]", afirmou Azzam Paxá, o secretário egípcio da Liga, "vamos jogar todos no mar." Instalando o mufti de Jerusalém como presidente da Palestina, Farouk reuniu 40 mil soldados, mas, quando soube que só metade deles dispunha de armas, e que, destes, somente a sua guarda sudanesa estava preparada para entrar em combate, insistiu que 55 milhões de árabes não teriam problemas para destruir 600 mil judeus, que contavam com apenas 35 mil combatentes. Ainda assim, ele teria de enfrentar um rival árabe na partilha da Palestina.

Abdullah, rei da Transjordânia e descendente de Maomé, zombava da dinastia de Farouk: "Não se faz um cavalheiro simplesmente colocando no trono o filho de um lavrador dos Bálcãs". Ele também possuía uma unidade militar de elite, os 10 mil homens da Legião Árabe, comandados por oficiais britânicos. Abdullah estava decidido a se apoderar de áreas da Palestina, à força ou pela astúcia, negociando secretamente com os judeus a divisão da região ao mesmo tempo que se declarava publicamente contrário a um Estado judeu. Abdullah conseguiu se eleger comandante supremo das forças da Liga Árabe e mobilizou os legionários, enquanto Farouk passava em revista as tropas egípcias montado a cavalo e promovia ao generalato as suas irmãs.

Em 15 de maio de 1948, os britânicos se retiraram da Palestina, e Ben-Gurion proclamou a criação do Estado de Israel,[7] ao mesmo tempo que as forças de Farouk e Abdullah eram complementadas por contingentes sírios, iraquianos e sauditas. Stálin, que já começava a prender e a fuzilar os judeus soviéticos, acusando-os de falta de lealdade, foi o primeiro a reconhecer o novo Estado. O plano egípcio era avançar pelo litoral e tomar Tel Aviv. Em vez disso, em combates ferozes, acompanhados de atrocidades de ambos os lados, o recém-criado exército israelense, bem liderado por oficiais disciplinados e equipado com armamentos enviados pelos soviéticos, acabou desbaratando todos os exércitos árabes. Mais de 700 mil palestinos fugiram ou foram expulsos durante o conflito, mas a Catástrofe — *Nakba* — marcou o nascimento de Israel, ajudado pela expulsão, pelos países árabes, de 800 mil judeus sefarditas — comunidades que haviam existido por milênios em Alexandria, Damasco, Marrakesh e Bagdá —, que se mudaram para Israel e lá moldaram a cultura do novo país.

Ainda com a guerra em andamento, o empenho total dos israelenses e o influxo de imigrantes sefarditas permitiu que Israel mobilizasse 115 mil combatentes no início de 1949, contra apenas 60 mil árabes. Abdullah conseguiu invadir a Cisjordânia e tomar a seção antiga de Jerusalém, mas as tropas de Farouk foram derrotadas, em parte devido a Pulli, que adquirira armamentos italianos defeituosos. Dois egípcios se distinguiram no campo de batalha: o general Mohamed Naguib foi ferido três vezes, mas já estava aborrecido com Farouk, cujos excessos conhecia bem. Depois que 4 mil egípcios ficaram sitiados durante quatro meses no bolsão de Faluja, um deles, o alto e bem-apessoado filho de um trabalhador dos correios, o coronel Gamal Abdel Nasser, ferido no cerco, ficou tão furioso com a incompetência de Farouk que escreveu um livro, *Filosofia da revolução*, e começou a planejar um golpe de Estado.

Em fevereiro de 1949, Farouk concordou com um armistício, retirando as tropas do deserto de Negev. Israel consolidou-se como uma democracia liberal de maioria judia e minoria árabe — a única democracia na região, tanto na época como agora. E os palestinos, como os judeus anteriormente, ainda alimentam o sonho de um retorno.

Para os soldados árabes, não era fácil perdoar a inépcia dos líderes. Na Síria, o frágil regime democrático deixado pela França foi derrubado pelo general Husni al-Zaim — o primeiro dos inúmeros golpes de Estado nos países árabes. Por toda a região, os líderes recorriam sem pudor, e com consequências fatais, à violência irrestrita, às rivalidades étnicas e ao favoritismo familiar, em vez de se empenharem na consolidação da democracia e da sociedade civil. O outro vencedor foi Abdullah, da Jordânia, como chamava seu reino, cujo território acabou sendo duplicado. Agora que havia tomado posse da Cidade Sagrada, ele se proclamou rei de Jerusalém, o primeiro a governá-la de fato desde a breve visita do imperador Frederico II em 1229. Muitos, porém, eram incapazes de perdoá-lo pelas bem-sucedidas manobras dinásticas: em 1951, ele foi assassinado na Mesquita de al-Aqsa, no Monte do Templo, em Jerusalém — diante do neto — e, mais tarde, sucessor — Hussein, então com dezessete anos, e outro aluno de Harrow, que jamais esqueceria o episódio. No Egito, uma epidemia de cólera tornou evidente a incompetência de Farouk; planejando sua derrubada, a Irmandade Muçulmana assassinou o primeiro-ministro. Farouk, contudo, fez com que al-Banna fosse morto e baniu a Irmandade. Careca, obeso e absolutista, mas com uma economia próspera e quase livre dos britânicos e da Irmandade, Farouk conseguiu sobreviver.

Por ordem de Stálin, os vassalos tchecos forneceram a Israel os armamentos que lhe permitiram vencer a guerra, ao mesmo tempo que, na China, também transferia enormes quantidades de armas que iriam mudar o mundo.

MAO, JIANG QING E SONG, A IRMÃ VERMELHA

A vitória de Mao não era inevitável. Assim que Stálin retirou as tropas soviéticas da Manchúria, em maio de 1946, uma medida crucial para as relações com os Estados Unidos, Chiang, mobilizando 4,3 milhões de soldados, ocupou quase toda a província, expulsando 1,27 milhão de comunistas. Mao entrou em pânico, e preparava-se para retomar a guerra de guerrilha quando foi salvo pelos americanos. O enviado de Truman, o general George Marshall, chefe do Estado-Maior durante a guerra, foi enganado por Mao, que minimizou seus vínculos com Stálin e realçou a disposição de colaborar com os americanos. Marshall forçou Chiang Kai-shek a interromper a guerra civil e negociar um cessar-fogo — um erro fatal. Stálin restringira o fornecimento de armas a Mao durante a guerra, apoiando Chiang contra os japoneses. Agora Stálin passou a ajudar Mao, a quem transferiu armamentos japoneses e soviéticos, ao mesmo tempo que treinava o exército de Manchukuo, aliado dos japoneses, como soldados vermelhos, e emprestava 20 mil coreanos que estavam no setor norte soviético da Coreia.

Internamente, Stálin deportou dezenas de milhares de pessoas das regiões retomadas, provocando — sem o admitir — um novo surto de fome na Ucrânia que cobrou a vida de quase 1 milhão de pessoas: ele ainda debochou da situação, afirmando que teria deportado todos os ucranianos se não fossem tantos. Stálin agora via o mundo dividido em "dois campos armados" e vislumbrava uma futura guerra contra os Estados capitalistas liderados pelos Estados Unidos. Prestes a contar com uma bomba atômica — o primeiro teste soviético ocorreu em agosto de 1949 —, ele impôs seus vassalos em todo o Leste Europeu, convencido, como disse aos iugoslavos, de que "cada lado vai impor seu próprio sistema". Para um líder russo, o primeiro e mais importante desses países a ser garantido era a Polônia. Na Romênia, o rei Miguel, com apenas 26 anos, viu-se obrigado a aceitar um governo dominado pelos comunistas, que logo prendeu e julgou os líderes liberais, por meio de decretos que o rei recusou-se a firmar. Em novembro de 1947, depois de comparecer em Londres ao casamento dos primos, a princesa Elizabeth da Inglaterra e o príncipe (e oficial naval) Philip da Grécia, Miguel retornou à Romênia, onde, em 30 de dezembro, foi convocado ao Palácio Elisabeta. O dirigente comunista Gheorghe Gheorghiu-Dej e Andrei Vichinksi, o asseclá de Stálin e histérico promotor dos julgamentos espetaculares de Moscou, o ameaçaram: "Se o senhor não assinar isto [uma declaração de abdicação] agora, seremos obrigados a executar mais de mil estudantes presos". Miguel, contudo, negou-se a assinar o documento, na esperança de contar com o apoio de tropas leais.

"Os guardas foram detidos", informou Gheorghiu-Dej, "as linhas telefônicas foram cortadas, e canhões estão apontados para seu gabinete." Em seguida, sacou uma pistola. "Olhei pela janela", recordou Miguel, "vi os canhões e assinei." No mesmo dia, Gheorghiu-Dej proclamou uma "república popular". A Bulgária havia caído bem antes,[8] mas, agora, golpes similares articulados por Stálin ocorriam na Polônia, na Hungria e na Tchecoslováquia. Nesta última, o ex-primeiro-ministro e filho do fundador do país, Jan Masaryk, suicidou-se ou foi defenestrado. A Iugoslávia e a Albânia, países que haviam se libertado dos alemães, foram mais idiossincráticos: o altivo Tito, meio croata e meio esloveno, sobrevivente do terror em Moscou, conseguiu reunificar a Iugoslávia e expurgar os inimigos. No entanto, resistiu ao assédio de Stálin. Furioso diante desse ato de lesa-majestade, Stálin ordenou que fosse assassinado. Um raríssimo exemplo de alguém que desafiou o líder soviético, Tito escreveu-lhe uma carta: "Pare de enviar assassinos para me matar [...]. Se mandar outro, também enviarei alguém a Moscou, e não será preciso mais do que um".[9]

Enquanto consolidava o Império Russo, sem precedentes e maior do que o dos Románov, Stálin contava que as democracias capitalistas não teriam disposição para lutar pelo Leste Europeu, e estava certo: a paz das quatro décadas seguintes seria baseada não apenas nas regras jurídicas internacionais, mas no reconhecimento, pelo Ocidente, de que metade da Europa pertencia a Moscou. Na extremidade oeste do continente, a Espanha ainda era governada por Franco, que adaptou de modo frenético sua ditadura fascista a fim de obter o favor americano como cruzado anticomunista, proclamando-se "caudilho da guerra de libertação contra o comunismo" e restaurando a monarquia dos Bourbon enquanto se mantinha como regente. Salazar, seu vizinho português ultranacionalista e menos rebarbativo, assegurava a estabilidade interna e, no plano externo, mantinha vigorosamente o império, enviando milhares de colonos brancos a suas possessões africanas.

A democracia europeia restringia-se ao centro, e mesmo ali cambaleava. A empobrecida Itália dava a impressão de tender para o comunismo. Na França, onde uma debilitada Quarta República mostrou-se ingovernável, o primeiro-ministro De Gaulle retirou-se para sua soturna casa em Colombey. Os governos eram breves. A França, tal como Portugal, consolava-se com seu império.

Nem Stálin nem Truman tinham certeza de que a Alemanha, dividida em duas zonas, uma soviética e outra ocidental, deveria um dia ser reunificada. Com a intensificação da Guerra Fria, Truman mostrava-se cético; já Stálin, de início, favorecia a reunificação. No entanto, Berlim, bem no centro da zona oriental, continuava dividida entre as potências. Em 1948, na expectativa de resolver a questão alemã expulsando os americanos de Berlim, Stálin bloqueou o acesso às zonas ocidentais, mas Truman reagiu e ordenou que se organizasse uma ponte área de reabastecimento da cidade. A essa altura, convencido de que os Estados Unidos resistiriam aos avanços comunistas em todas as frentes, e que uma Alemanha unificada e neutra seria inviável, Stálin instalou um Estado vassalo soviético em sua região oriental. Na Alemanha ocidental, os americanos incentivaram um regime democrático, e necessitavam da sofisticação alemã para enfrentar os comunistas. Coube ao chefe da espionagem antissoviética de Hitler, Reinhard Gehlen, montar seu serviço de inteligência; o especialista em mísseis Werner von Braun foi incorporado ao programa de foguetes dos Estados Unidos; e vários dos planejadores do Holocausto presentes à reunião do Wannsee acabaram libertados.[10] Krupp foi reabilitado e retomou o comando de seu império industrial. Os Estados Unidos adotaram um remédio ousado para sanar a debilidade europeia: um maciço programa de ajuda conhecido como o Plano Marshall. Stálin o rejeitou e iniciou novas ondas de repressão. Suas ameaças disparatadas levaram as democracias ocidentais — que se recuperavam graças à ajuda americana, e compartilhavam uma confiança crescente em suas sociedades abertas — a formarem a Organização do Tratado do Atlântico Norte (Otan), uma aliança militar contra os comunistas, que logo também criariam uma organização semelhante. Inspirados por suas origens religiosas e missionárias, os Estados Unidos adotaram a concepção de que a abertura, as eleições e os mercados iriam em última análise promover o avanço rumo à democracia e ao capitalismo em todas as partes. Já a URSS de Stálin, mesclando sua missão marxista quase religiosa ao tradicional nacionalismo russo antiocidental, estava convencida de que iria conduzir o mundo rumo à sua versão de progresso.[11]

O êxito de Stálin no Ocidente estimulou-o a fazer o mesmo no Oriente, onde a Coreia tornou-se a Berlim asiática. As tropas soviéticas ocuparam o norte do país; as americanas, o sul. Ao planejar a instalação de um Estado-satélite comunista, Stálin teve dificuldades para encontrar vassalos. Por fim, Béria descobriu um comunista nascido na Coreia cujos pais cristãos haviam fundado um dos primeiros grupos antinipônicos e que lutara na década de 1930 nos exércitos de Mao antes de se refugiar na Rússia. Com 33 anos, Kim Song-ju era desconhecido em seu país, mas, astutamente, adotou o nome de um combatente famoso, talvez mitológico: Kim Il-sung, o Tigre. Kim aderiu a uma mescla de stalinismo e nacionalismo coreano.

Em março de 1948, com o colapso de uma trégua articulada por Marshall, o presidente Mao tomou a Manchúria do generalíssimo Chiang, que por sua vez capturou o quartel-general de Mao em Yan'an. Mao escapou com a esposa Jiang Qing e o lugar-tenente Zhou Enlai. Estabelecendo-se nas proximidades de Beijing, ele ordenou a seu melhor general, Lin Biao, que avançasse rumo ao sul. A guerra com o Japão exaurira a China de Chiang; a vitória o destruiu. Embora Chiang tivesse pouco interesse em ganhos materiais, os Song revelaram-se exemplares em termos de malversação de fundos: a sra. Chiang vivia como uma imperatriz, e o irmão dela, o primeiro-ministro T. V. Song, acumulou uma fortuna de 300 milhões de dólares em especulações cambiais. Chiang afastou T. V., mas promoveu comandantes tão ineptos que talvez fossem comunistas infiltrados. Enquanto Chiang queixava-se dos Song, Meiling viajou a Nova York.

Em abril de 1949, Mao tomou a capital Nanjing. Depois de orar e chorar no túmulo da mãe, Chiang voou para Taiwan, onde, meses depois, Meiling foi encontrá-lo.[12] Mao convidou a irmã dela, a sra. Sun — Qingling —, a quem chamava de "querida irmã mais velha", para que se unisse a ele em Beijing: "Venha nos mostrar como construir uma nova China". Mao foi buscá-la na estação ferroviária e a nomeou para o cargo de vice-primeira-ministra; o primeiro-ministro Zhou Enlai ofereceu-lhe o palácio onde Puyi havia nascido ("Estou recebendo o tratamento régio", vangloriou-se ela).[13]

Mao decidiu transferir a capital para Beijing, instalando-se numa mansão confortável, a Biblioteca da Fragrância de Crisântemo, com uma cama gigantesca na qual se empilhavam os livros — no protegido complexo de Zhongnanhai, na Cidade Proibida, que virou seu Kremlin. Mao não se interessava por dinheiro, e sim por conforto e segurança, usando cerca de meia centena de mansões reformadas, ordenando ao exército que selecionasse mulheres jovens de seus grupos teatrais para servir em sua própria trupe, e satisfazer sexualmente o presidente, no que o ministro da Defesa, o general Peng, chamava de "seleção das concubinas imperiais". A esposa de Mao, Jiang Qing, não interferia.

Em 1º de outubro de 1949, Mao, acompanhado da sra. Sun, proclamou a República Popular, desde o alto da Porta de Tiananmen, para 100 mil pessoas. O triunfo de Mao, associado à explosão de uma bomba atômica por Stálin em agosto, foi um choque para os Estados Unidos, desestabilizou o presidente Truman e desencadeou uma caça às bruxas contra uma secreta infiltração comunista (as chamadas "atividades antiamericanas"), liderada pelo senador alcoólatra Joseph McCarthy, que, com o apoio do onipresente Joe Kennedy, contratou o filho mais novo deste, Bobby, como assessor jurídico do seu comitê. Recorrendo a Stálin para industrializar a China, Mao iniciou uma feroz campanha de terror "para suprimir os contrarrevolucionários", ordenando especificamente "prisões e execuções maciças", criticando os subordinados por serem "lenientes demais e por realizarem execuções de menos", e queixando-se de que em "muitos locais há uma relutância em eliminar os contrarrevolucionários de maneira ostensiva. Essa situação precisa mudar". Muitos foram fuzilados diante de paradas militares, com pedaços de cérebro e sangue borrifando os espectadores. Embora Mao se jactasse de que 700 mil haviam sido fuzilados, o número real ficou em torno de 3 milhões de mortos, e outros 10 milhões foram enviados a campos de trabalho — *Laogai*, "reforma pelo trabalho" —, onde milhões perderam a vida durante seu reinado. Ele também se voltou contra as tradições de parentesco, proibindo a poligamia, o concubinato e o enfaixamento dos pés.[14] Assim que essa campanha foi encerrada, Mao planejou um novo expurgo, conhecido como os Três Antis (contra o burocratismo, os desfalques e os desperdícios), instruindo os sequazes: "Temos de executar dezenas de milhares de fraudadores [...]. Quem desobedecer é ele mesmo um burocrata ou um fraudador". As execuções, explicou, são "extremamente necessárias. Somente se forem realizadas de forma adequada poderemos assegurar nosso poder".

Leitor voraz de história, sobretudo a respeito do Primeiro Imperador, com quem se identificava, Mao tinha como grande prioridade obter para a China o status de grande potência, o que implicava ter um arsenal nuclear. Em dezembro de 1949, ele viajou de trem até Moscou por ocasião do 70º aniversário de Stálin. Lá, Mao, então com 56 anos, cortejou o grisalho Stálin, chamando-o de "Mestre". Quando o Mestre o manteve esperando por semanas, ele se queixou: "Vim aqui apenas para comer, cagar e dormir?". Stálin manteve sua influência na Manchúria; Mao conseguiu ajuda para a industrialização e o comando dos comunistas asiáticos.[15] Os encontros desses megalomaníacos talentosos e paranoicos foram constrangedores, culminando com um jantar na dacha de Stálin onde o Tsar Vermelho tentou fazer com que o Imperador Vermelho dançasse ao som do gramofone. Mao se recusou; Stálin ficou aborrecido; e a bomba atômica foi descartada — no entanto, Mao tinha um plano implacável para garantir que a obteria.

Em abril de 1950, em Moscou, Stálin recebeu Kim Il-sung, que pediu permissão para atacar a Coreia do Sul apoiada pelos americanos.

O TIGRE KIM E A GUERRA POR PROCURAÇÃO DE STÁLIN

Kim já se tornara exímio na manipulação de seus patronos titânicos: um ano antes, pedira a Stálin que iniciasse a guerra; quando este se recusou, ele foi procurar Mao, que prometeu apoio. Em seguida, Kim voltou a sondar Stálin, que mais uma vez se recusou. Diante disso, Kim afirmou que consultaria Mao. Stálin o convocou a Moscou e aprovou "uma atitude mais ativa visando à unificação da Coreia" — ou seja, uma guerra —, desde que Kim "recorresse a Mao, que tem uma bela compreensão da Ásia". No entanto, alertou, "se você levar uma surra, não vou mexer um dedo. Você terá de pedir ajuda a Mao". Stálin sabia que isso poderia desencadear uma guerra mundial — "Devemos recear que isso aconteça? No meu caso, não" —, porém o mais provável é que Kim acabasse testando os Estados Unidos e passasse "vários anos consumindo centenas de milhares de vidas americanas". Stálin estava delineando o gabarito da Guerra Fria: a guerra por procuração, de letalidade local, sem o risco de confronto nuclear.

Em 25 de junho de 1950, 75 mil soldados de Kim atacaram a Coreia do Sul, prontamente ocupando a maior parte da península. Truman, com a aprovação da ONU, logo desembarcou tropas americanas em quantidade suficiente, sob o comando do bombástico e cesarista MacArthur, a fim de desbaratar as forças de Kim e tomar a capital Pyongyang.

Kim pediu ajuda a Stálin, que disse a Mao: "Mova de cinco a seis divisões ao longo do paralelo 38 [...]. Diga que são voluntários". Mao, porém, recusou-se a intervir; Stálin encontrou-se com Zhou e Lin em sua dacha no mar Negro. Em conversas que avançaram pela abafada noite georgiana, Stálin insistiu com Mao, dizendo que as tropas deste não precisavam lutar, e prometendo cobertura aérea. Mao acabou cedendo.

"Com ou sem cobertura aérea soviética, vamos avançar!" No dia 25 de outubro, 450 mil soldados chineses investiram em ondas contra os perplexos americanos; a capital do sul, Seoul, caiu em janeiro de 1951.

Um milhão de soldados americanos, ainda sob o comando de MacArthur, participaram do contra-ataque, forçando o recuo dos chineses. Quando MacArthur ameaçou usar armas nucleares táticas, Truman o exonerou. Esmagado entre Stálin-Mao e os americanos, Kim Il-sung agora estava desesperado para cessar as hostilidades. Stálin e Zhou chegaram a discutir se era melhor liquidar o líder coreano, mas Stálin concordou com Mao que era preciso continuar a guerra. "A guerra revelou a fraqueza dos americanos", comentou o Tsar Vermelho. "Eles querem dominar o mundo e não conseguem subjugar nem mesmo a pequena Coreia." E acrescentou friamente: "Os norte-coreanos não perderam nada além de soldados". As perdas de Mao foram um tanto mais significativas: 400 mil soldados, entre os quais o filho Anying, que, acompanhando o marechal Peng como intérprete de russo, morreu num ataque aéreo americano. Quando foi informado, Mao ficou em silêncio e depois comentou: "Não há guerra sem mortes".

Em fevereiro de 1953, o recém-eleito presidente Dwight Eisenhower, o general que comandara a invasão do Dia D, ameaçou explicitamente a China com armas nucleares. A Coreia convencera Stálin de que a China precisava de um arsenal atômico. No dia 28, Stálin ficou bebendo alegremente com os comparsas até a madrugada.[16] Ele estava organizando uma nova campanha de terror contra seus barões, associada à detenção de um grupo de médicos predominantemente judeus por uma trama de assassinato que ele próprio havia inventado. Nessa noite, contudo, Stálin sofreu um derrame; seus camaradas e os médicos ficaram apavorados demais para tratá-lo de imediato, pois poderia estar apenas embriagado, e o deixaram caído no chão, empapado na própria urina. Depois que Stálin foi embalsamado e colocado ao lado de Lênin no mausoléu, Béria passou a controlar o Estado como principal chefe adjunto do governo, responsável pela segurança e pelo comando militar, libertando uma enorme quantidade de trabalhadores cativos no gulag, propondo uma retirada da Alemanha oriental — "nem sequer é um Estado de verdade", disse, "pois só se sustenta com a presença das tropas soviéticas" — e a liberalização política, um programa parecido ao que seria implementado mais tarde por Gorbatchóv.

As novas lideranças estabeleceram a paz na Coreia. Embora tenha sido derrotado na guerra e arruinado o país, Kim Il-sung conseguiu eliminar os rivais e implantar uma versão coreana de comunismo e nacionalismo, a ideologia *juche* — autossuficiência e isolamento —, temperada por um culto em torno do nascimento quase divino do filho Jong-il (de fato nascido na URSS) na montanha sagrada da Coreia. A partir dessa mescla ele daria origem a uma dinastia hereditária que governou o país até a terceira geração.

Mesmo sem ter sido alçado aos cargos mais altos, Béria parecia concentrar o poder efetivo; no entanto, seus vícios macabros e arriscadas iniciativas políticas alarmaram o rude, desajeitado e verrugoso Nikita Khruschóv, a quem Béria equivocadamente subestimava. Khruschóv alertou os camaradas: "Béria está afiando suas facas". Como Béria controlava os órgãos de segurança que protegiam os barões, Khruschóv recrutou o marechal Jukov, que, no dia 26 de junho de 1953, dirigiu-se ao Kremlin à frente de um grupo de oficiais leais, entre os quais Leonid Brejnev, um vice-comissário do exército apreciado por Stálin. Durante uma sessão do Presidium, Khruschóv orquestrou a condenação de Béria; o grupo de Jukov irrompeu no plenário, brandindo pistolas, e prendeu o georgiano. Mais tarde, Béria foi julgado por estupro e traição, e, com uma toalha enfiada na boca, executado com um tiro na testa.

Um belicoso mineiro semiletrado e devotado marxista-leninista, impulsivo e irreprimível, Khruschóv fora um protegido de Stálin e encarregara-se de muitas mortes ao governar a Ucrânia e Moscou. No entanto, foi ele quem pôs fim ao governo baseado em execuções, embora a polícia secreta — rebatizada como KGB — continuasse onipresente e vigilante. Depois da guerra e do terror, era tão grande a escassez de homens que as mulheres foram incentivadas a trabalhar, e o aborto, ilegal desde 1935, foi legalizado. O porcino Khruschóv agora confrontava o polido Eisenhower num jogo bipolar de poder, travado em duelos por procuração ao redor do mundo. Após as vitórias comunistas na China e, depois, na Indochina, Eisenhower temia "o que se poderia chamar de princípio da 'queda de dominós'. Basta derrubar o primeiro que [...] o último [...] com muita rapidez também tomba". Os Estados Unidos e a Rússia, as duas superpotências nucleares, agora desfrutavam de um âmbito genuinamente global, cada qual buscando clientes locais e recorrendo à guerra, à espionagem, ao crédito e à cultura para derrotar o rival ideológico. Ambos aumentaram enormemente os gastos e o uso da tecnologia nos setores militares. Tanto a KGB como o novo serviço de inteligência americano, a CIA, tornaram-se burocracias imensas, poderosas e muitas vezes assassinas, embora a KGB também fosse responsável por oprimir os próprios cidadãos e os dos Estados vassalos.[17]

No plano interno, os Estados Unidos viviam uma época de prosperidade, com a economia — agora um terço da produção mundial — estimulada pelo consumo em massa, a produção militar e a engenhosidade técnica, irrestritamente inovadora e confiante na virtuosa missão de promover a democracia capitalista. No país mais rico de toda a história,[18] o apetite de consumidores abastados por modas, carros e geladeiras, divulgados em anúncios berrantes, estimulou uma produção cada vez mais eficiente; seus filmes e sua música reverberavam pelo mundo de modo tão compulsivo quanto os movimentos pélvicos de Elvis Presley. Um belo jovem com irresistível sensualidade e melíflua voz de barítono, inspirando-se no gospel e no blues afro-americanos que ouvia na infância pobre no Mississippi e depois em Memphis, promoveu um novo estilo musical — o rock 'n' roll —, vendendo 500 milhões de discos que fizeram dele "o Rei". O rádio e a televisão haviam restringido as atividades comunitárias — os passeios e os teatros deixaram de ser essenciais —, mas o teatro doméstico da televisão reuniu as famílias e ajudou a reforçar o sentimento nacional por meio do compartilhamento de adoradas séries dramáticas e apresentadores confiáveis, ainda que as cenas televisionadas de conflitos políticos e armados também contribuíssem para dividi-las. Alguns líderes eram melhores nas telas de TV do que como governantes.[19] A TV tornou-se um poderoso instrumento político tanto nos Estados democráticos como nos autocráticos. Foi a televisão que ajudou a expor o estilo bombástico e intimidante do senador americano McCarthy, que promovera uma caça às bruxas contra supostos comunistas infiltrados nas artes e nos governos.

E não eram apenas as mercadorias que circulavam: voos mais baratos permitiram que milhões passassem as férias em terras estrangeiras; e agora muitos americanos podiam voar para sua própria Babilônia americana: a ilha de Cuba.

O HOTEL NACIONAL DE MEYER LANSKY; A REVOLUÇÃO
FRACASSADA DE FIDEL CASTRO

Em 1952, Meyer Lansky, o gângster de origem russa que crescera nos becos da Little Italy nova-iorquina, encontrou-se com um antigo ditador cubano, o coronel Fulgencio Batista, na suíte deste no hotel Waldorf-Astoria, em Manhattan, a fim de planejar uma nova tomada de poder e a divisão dos cassinos em Havana. Filho ilegítimo e trabalhador braçal, Batista, de ascendência taina, africana, chinesa e espanhola — o único presidente mestiço na história de Cuba —, conhecia Lansky de longa data — depois de 1933, ele ajudara Havana a se tornar o parque de diversões adultas do mundo ocidental.

Lansky e Bugsy Siegel haviam sobrevivido à prisão e ao julgamento do chefe Lucky Luciano, condenado a cinquenta anos por proxenetismo,[20] mas os mafiosos negociaram sua libertação fazendo um acordo, denominado Operação Submundo, pelo qual Luciano e seus estivadores se comprometeram a impedir a infiltração nazista no porto de Nova York. Ao ser libertado, Luciano montou um quartel-general em Havana; em 1946, ele e Lansky organizaram uma reunião de mafiosos importantes no Hotel Nacional, onde foram entretidos por um jovem cantor de olhos azuis — filho de um boxeador e dono de bar em Nova Jersey e de uma parteira (que ocasionalmente realizava abortos) — chamado Frank Sinatra, cujo apelo sexual agreste, sublime voz de barítono e fraseado extenso o tornariam o ídolo das primeiras fãs adolescentes da era consumista, as *bobby-soxers*. O primeiro problema na agenda da reunião dos mafiosos era o mais velho amigo deles: Bugsy Siegel.

Enquanto Havana fervilhava, Lansky e Siegel empenharam-se em concretizar a sua visão de uma cidade do prazer para os americanos, investindo num hotel-cassino, o Flamingo, no vilarejo de Las Vegas, no deserto de Utah, atraídos pela legalização do jogo e pelas apostas em corridas de cavalos. Siegel estava baseado em Los Angeles, onde travou amizade com astros e produtores de Hollywood, então divulgando o glamour do capitalismo americano para o mundo. Depois de vários processos por homicídio, Siegel queria investir em negócios legítimos, assegurando o construtor do Flamingo que ele não precisava se preocupar, porque "agora só matamos uns aos outros". Mas Siegel gastava dinheiro demais comprando joias para a namorada. Para a inauguração do Flamingo, no qual investiu 6 milhões de dólares, ele convidou seus conhecidos Clark Gable e Judy Garland; contudo, Lansky e Luciano começaram a desconfiar que ele estava se apropriando de parte dos lucros — um pecado capital nesse meio. Lansky resolveu o problema: em 20 de junho de 1947, quando Siegel recebia amigos em sua mansão de Beverly Hills, um atirador de tocaia o matou com um tiro no olho.

Fulgencio Batista, ao permitir que Lansky abrisse hotéis e cassinos em Cuba, e que empresas americanas controlassem o açúcar cubano, pediu ao gângster baixinho que pagasse ao presidente da ilha para que abdicasse, e, em seguida, voltou ao poder como ditador. Com a máfia dominando Havana, e as companhias americanas controlando o setor agrícola cubano, a CIA apoiou Batista. Americanos mais cautelosos alertaram que a corrupção do novo regime seria um estímulo para uma revolução.[21] Batista e sua polícia secreta, o Departamento de Repressão a Atividades Comunistas, logo demonstraram com que facilidade iriam esmagar os comunistas.

Em 26 de julho de 1953, Batista frustrou uma pífia tentativa comunista de tomar o quartel de La Moncada em Santiago de Cuba. Muitos dos 165 rebeldes foram fuzilados, e seu despreparado líder, o jovem advogado Fidel Castro, acabou preso, e imaginava-se que neutralizado para sempre. Cuba estava segura, mas a preocupação maior da CIA voltou-se então para dois soberanos amigos que corriam perigo.

O GORDO LASCIVO E O ESCOTEIRO: NASSER E O XÁ TOMAM O PODER

Em 1952, Kermit Roosevelt, ou Kim, um espião americano de 35 anos, desembarcou no Cairo para se encontrar com o rei Farouk, de quem se tornara amigo durante a guerra, com o objetivo de reforçar a monarquia. Neto do presidente Teddy Roosevelt, Kim — que se havia engajado na organização antecessora da CIA, o OSS, durante a Segunda Guerra, e estava convencido de que os Estados Unidos deviam apoiar os nacionalistas árabes como forma de conter os soviéticos — personificava a assertividade elitista do período inicial da CIA. Isto refletiu-se no nome dado à missão no Egito: Projeto FF (Fat Fucker, "gordo lascivo"). O "gordo lascivo" era o rei Farouk. Kim tinha também outra missão, relacionada com um soberano igualmente jovem, o xá do Irã. No Egito, o controle do canal de Suez era crucial para assegurar o suprimento de petróleo; no Irã, os próprios campos petrolíferos estavam ameaçados. E os dois países estavam vinculados: a irmã de Farouk, Fawzia, era casada com o xá. Chefe da divisão do Oriente Médio e África da CIA, Kim Roosevelt estava encarregado de resolver ambos os problemas.

Ele começou visitando Farouk. Como o rei se negava a conter as extravagâncias ou afastar Pulli e outros de seu círculo íntimo, o americano passou a sondar um grupo de jovens oficiais que abominavam a inepta monarquia. Esse grupo, o Movimento dos Oficiais Livres, era liderado pelo coronel Nasser e por seu aliado Anwar Sadat, o filho de camponês que fora preso durante a guerra por participar de uma conspiração pró-alemã. Desistindo de Farouk, Kim incentivou Nasser, que lhe parecia pró-americano.

Farouk, que odiava os britânicos, declarou que o canal de Suez pertencia ao Egito, atribuiu-se um novo título, rei do Egito e do Sudão, e passou a dizer que descendia do profeta: "Se existe uma gota de sangue árabe nas veias de Farouk, está tão diluída que é impossível rastreá-la até Maomé", fulminou o general Naguib. "Isso é um sacrilégio." Farouk divorciou-se da rainha, a popular Farida, uma aristocrata de ascendência turca, para se casar com uma adolescente, Narriman, escolhida em parte por ser árabe e de classe média; no entanto, a mescla de frieza e extravagância não ajudou a melhorar a popularidade do obeso sibarita. Em um filme recém-lançado, *Quo Vadis*, em que Peter Ustinov interpretou o papel de Nero, a semelhança com o rei era tão acentuada que a película foi proibida no Egito. Era evidente que Farouk estava perdendo o controle: em 26 de janeiro de 1952, manifestantes queimaram salas de cinema, hotéis e clubes noturnos.

A reação de Farouk foi promover o cunhado Ismail Chirine, o Garoto Bonito, um playboy que se casara com Fawzia depois de seu divórcio com o xá, para o posto de ministro da Defesa. Foi a gota d'água para Nasser, que, acendendo um cigarro atrás do outro e ouvindo *Scheherazade*, de Rimsky-Korsakov, acelerou os preparativos para o golpe, recrutando o general Naguib como chefe nominal. Quando oficiais denunciaram a trama para Farouk, este zombou deles, dizendo que não passavam de um "bando de cafetões". Na noite de 23 de julho de 1953, Nasser tomou o quartel-general do exército no Cairo. Farouk estava num cassino em Alexandria, mas pediu ajuda ao embaixador americano contra os revoltosos comunistas. Nasser e Sadat discutiram quanto à conveniência de executar o rei, mas afinal decidiram poupar-lhe a vida, enviando dois destacamentos militares para prendê-lo.

Empunhando uma metralhadora, Farouk seguiu de carro — com Narriman, seu filho e Pulli — até o palácio fortificado de Ras el-Tin, defendido por guardas sudaneses. Quando as tropas rebeldes investiram contra o palácio, o rei chegou a ferir quatro deles com um fuzil de caça; porém, como nem os americanos nem os britânicos ofereceram-lhe ajuda, Farouk cedeu e assinou a abdicação, em favor do filho Fuad. Vestido com o uniforme branco de almirante, o rei e a sua família embarcaram no iate *Mahrousa*, o mesmo que levara o avô Ismail ao exílio em 1879. Constrangido e emocionado, o general Naguib beijou-lhe a mão. "Não é nada fácil governar o Egito", comentou Farouk, encerrando 146 anos de domínio familiar.

Os Oficiais Livres nomearam Naguib como presidente, mas, assim que se tornou patente seu conservadorismo, o impetuoso, alto e exuberante Nasser, que já atuava como chefe de governo, tomou o lugar do general na presidência, conquistando enorme popularidade com uma reforma fundiária e uma oratória poderosa, primeiro no Egito e depois como uma das principais vozes do nacionalismo secular pan-árabe. Além deste, havia outro caminho para o mundo árabe: o da religião. Os poderes religioso e secular estavam sempre em contato, por vezes em atrito, por vezes em consonância, mas, como todas as ideologias, sempre contagiosos e fluidos.

Nasser consultou um líder da Irmandade Muçulmana: Sayyid Qutb, um pálido celibatário de pálpebras semicerradas que, abismado com a decadência americana durante o período em que estudara no Colorado, pregava a *jihad* contra o Ocidente materialista. A história moderna do mundo árabe pode ser escrita com base nesses dois homens. Assim que se deu conta de que Nasser era contrário às suas ideias, Qutb ordenou que fosse assassinado. Em outubro de 1954, Nasser estava fazendo uma transmissão ao vivo no estúdio de uma rádio quando um dos membros da Irmandade tentou em vão matá-lo a tiros. Um ator nato, Nasser extraiu o máximo desse atentado. "Podem me matar", exclamou, "desde que eu tenha insuflado orgulho, honra e liberdade em vocês. Se Gamal Abdel Nasser for morto, cada um de vocês vai se tornar Gamal Abdel Nasser." Orientado pela CIA, mas também empregando ex-nazistas, Nasser recorreu então ao Serviço Geral de Inteligência, o Mukhabarat — o instrumento indispensável de todos os governantes árabes —, para sufocar a ameaça jihadista. Qutb foi enforcado, mas seus livros continuaram a ser lidos em todo o mundo islâmico, e por todas as seitas — e também por um professor de filosofia e jurisprudência islâmicas, o xiita Ruhollah Khomeini.

Enquanto Farouk desfrutava do luxuoso exílio na Itália com uma vedete, Kim Roosevelt foi aconselhar o ex-cunhado de Farouk, Mohammad Reza Shah, que, aos 34 anos, corria o risco de ser exilado ou assassinado. O xá sofrera amargamente com a humilhação da queda de seu pai e da ocupação anglo-soviética, mas era dotado de tino para governar. "Não há existência mais solitária nem mais infeliz", afirmou ele, "do que a do homem que decide dominar em vez de reinar." Ele começou a se destacar em 1946, quando conseguiu recuperar Tabriz dos soviéticos, e depois em 1949, ao sofrer um atentado durante uma visita à Universidade de Teerã, tendo sido ferido no rosto e no ombro por um terrorista que foi abatido no local. Uma onda de simpatia possibilitou que o xá conferisse novos poderes para nomear governadores, um passo inicial no projeto de modernizar o Irã e torná-lo uma grande potência.

O xá teve de enfrentar um partido comunista em ascensão, o Tudeh; o imprevisível aiatolá Kashani, que apoiava o movimento terrorista Fadayan-e Islam (Devotos do islã); um exército conservador; e, no Parlamento (Majlis), o retorno do veterano político Mohammad Mossadegh e a Frente Nacional, empenhados na nacionalização das empresas petrolíferas britânicas que atuavam no país. Diante da fúria antibritânica, o xá nomeou para o cargo de primeiro-ministro um general enérgico, Ali Razmara, encarregando-o de negociar com a Grã-Bretanha, mas ele acabou sendo assassinado pelo Fadayan-e Islam. Enquanto o xá buscava outro primeiro-ministro, o Majlis aprovou a nacionalização do petróleo, e também, com o apoio do aiatolá Kashani, a nomeação de Mossadegh para o lugar de Razmara. Em 28 de abril de 1951, o xá de fato nomeou Mossadegh, que, três dias depois, nacionalizou a Anglo-Iranian Oil Company. Na época com 69 anos, Mossadegh era um revolucionário improvável. Formado em Paris, nobre e riquíssimo proprietário de terras — a mãe era uma princesa Qajar, e a esposa, neta de um xá —, ele estava fisicamente debilitado e governava o país de seu leito, vestido de pijama. Detestando os britânicos — "você não faz ideia de como são ardilosos e malignos", disse a um emissário americano —, esse equilibrista neurótico procurou conciliar, de um lado, os comunistas, e, de outro, o xá, o exército e os aiatolás. E a única maneira de ser bem-sucedido nisso era assumindo ele próprio poderes autocráticos.

Em julho de 1952, Mossadegh contestou o controle exercido sobre o exército pelo xá, que o exonerou; no entanto, diante dos distúrbios organizados tanto pelos comunistas como pelos aiatolás, o xá viu-se obrigado a reconduzi-lo ao cargo. Depois de obter o comando dos militares, Mossadegh, com o apoio dos líderes religiosos e dos comunistas, assumiu poderes emergenciais. Ele tentou apaziguar os comunistas, mas só conseguiu frustrá-los, ao mesmo tempo que convencia a todos de que ele próprio estava virando ou um déspota ou um comunista. Em janeiro de 1953, o aiatolá Kashani voltou-se contra ele. Os comunistas tentaram tomar o poder, e os militares conspiravam contra o xá. No exterior, Winston Churchill, aos 78 anos e primeiro-ministro pela segunda vez, concordou com Eisenhower que Mossadegh corria o risco de ser dominado pelos comunistas.

O xá sentia-se acuado — "O canalha queria se vingar", recordaria mais tarde a respeito de Mossadegh —, encontrando consolo apenas em Soraya, a segunda esposa, uma mestiça alemã-iraniana e o grande amor de sua vida. A rainha afastou Perron, o mentor suíço do xá, por considerá-lo um "homossexual que odiava as mulheres e envenenava a corte". Embora tímido, Mohammad Shah era sexualmente voraz e tinha olhos expressivos, "castanho-escuros, quase negros, reluzentes, às vezes com um brilho duro, às vezes tristes ou gentis, eles exalavam charme e refletiam sua alma". Soraya o acalmava com sexo, a única coisa, além de pilotar aviões, que aliviava sua tensão. Ele dormia com uma pistola sob o travesseiro.

Com pronunciamentos enigmáticos feitos a partir de sua mansão fortificada, Mossadegh acabou por se desentender com todos. "Nossa autoridade em todo o Oriente Médio", comentou Churchill, "está violentamente abalada." Esta também era a opinião de Eisenhower: seus conselheiros, sobretudo o secretário de Estado, John Foster Dulles, e o irmão deste, Allen, fundador e diretor da CIA, consideravam Mossadegh um ditador inepto que seria forçado a cair nos braços dos soviéticos. "Existe", indagou Eisenhower, "alguma iniciativa viável que possa resolver essa situação?"

Em julho de 1953, Kermit Roosevelt chegou a Teerã com 1 milhão de dólares em espécie para articular um golpe contra Mossadegh: era a Operação Ajax. Um militar ambicioso e corrupto, o general Fazlollah Zahedi, ex-ministro do Interior e primo de Mossadegh, casado com outra neta do xá Qajar, estava organizando seu próprio golpe e tinha interesse em receber ajuda ocidental. O xá, por outro lado, desconfiava de todos, sobretudo dos anglo-americanos.

No dia 1º de agosto, Kim foi levado sigilosamente numa limusine ao Palácio do Golestão para se encontrar com o xá. Os golpes de Estado não costumam ter trilhas sonoras, mas Kim escolheu "Lucky Be a Lady", na voz de Frank Sinatra, como seu tema. Ele e os colegas do SIS britânico, Woodhouse e Darbyshire, exageraram enormemente a própria importância e competência em meio a esse tumulto de conspirações. A imagem que tinham de todos os iranianos, a começar pelo xá e por Zahedi, como apavorados, corruptos e pueris, enquanto viam a si próprios como hábeis e frios manipuladores, não passava de fanfarronice delirante e de orientalismo racista da pior espécie. De modo revelador, Roosevelt atribuiu os codinomes de "Escoteiro" ao xá, "Velho Caduco" a Mossadegh e "Mandachuva" a si mesmo.

Em 16 de agosto, nos arredores de Teerã, o xá firmou os decretos que demitiam Mossadegh e nomeavam em seu lugar Zahedi. Com o apoio dos comunistas, porém, Mossadegh mobilizou uma turba e tentou prender Zahedi. Outra turba financiada por Kim foi derrotada, mas Zahedi escapou e se escondeu. O golpe fracassou; o xá, agora correndo o risco de ser assassinado, refugiou-se com Soraya primeiro em Bagdá e depois em Roma.

Os Norodom e os Kennedy, os Castro, os Kenyatta e os Obama

O JOVEM SOBERANO DO CAMBOJA

Zahedi e seus seguidores, contudo, estavam em liberdade; e a recusa de Mossadegh em armar os comunistas acabou lhe custando um apoio crucial, ao mesmo tempo que as negociações com os ocidentais afastaram o aiatolá Kashani. No dia 19 de agosto, o aiatolá promoveu uma mobilização de seus adeptos na capital, financiado por 100 mil dólares da CIA, na mesma altura em que Zahedi reapareceu, enviando tropas para bombardear a casa de Mossadegh. O Velho Caduco teve de fugir pelos fundos de pijama, mas logo foi detido. Em Roma, no hotel Excelsior, Soraya chorou de alívio. "Eu sabia", comentou o xá, "que eles me adoravam."[1]

De volta ao Irã, Mohammad Shah poupou a vida de Mossadegh, que foi confinado numa de suas propriedades, e, menos de um ano depois, demitiu Zahedi, revelando-se um jogador mais hábil do que previra o Ocidente. Vigilante e paranoico, ele abominava particularmente as duas superpotências, e jogou uma contra a outra a tal ponto que Khruschóv ordenou seu assassinato e Eisenhower ameaçou afastá-lo do trono. O xá convenceu-se de que poderia ser mais esperto do que ambos. No âmbito interno, ele se inspirou em Mossadegh, apropriando-se de sua reforma agrária e sua retórica nacionalista para a modernização da monarquia, com o objetivo de iniciar sua própria revolução.

Nasser era outro que estava se aproveitando da rivalidade entre as superpotências — "alimentos dos americanos, dinheiro dos árabes, armas dos russos, um prestidigitador e tanto", gracejou o xá mais tarde. Agora Nasser solicitava financiamento para um enorme projeto, a represa de Assuã. No princípio, Eisenhower e Dulles mostraram-se receptivos; no entanto, desconfiados dos vínculos de Nasser com os soviéticos, acabaram por negar os empréstimos. Ao mesmo tempo que incentivava os ataques palestinos às fronteiras israelenses, Nasser nacionalizou o canal de Suez em julho de 1956, desviando os fundos resultantes para a construção da represa. O primeiro-ministro britânico Anthony Eden, que, depois de quinze anos esperando para suceder Churchill, agora dependia de analgésicos e estava enfermo demais para desempenhar suas funções, considerava Nasser, despropositadamente, um novo Hitler — uma falha comum aos líderes da geração que viveu a Segunda Guerra Mundial. Por outro lado, os franceses sofriam ainda mais do que os britânicos com o declínio imperial.

Em 7 de maio de 1954, o comandante de 11 mil soldados franceses em Dien Bien Phu, no Vietnã, enviou uma mensagem final — "O inimigo penetrou nossas defesas. Estamos explodindo tudo. *Vive la France!*" — e rendeu-se às forças de Ho Chi Minh. Defrontados com a retomada do país pelos franceses, Ho e Giap haviam sempre confiado que, por mais sangue que fosse derramado, acabariam por derrotar as tropas ocidentais. "Vocês podem matar dez dos meus homens para cada um dos seus que cair", Ho teria dito a um francês. "Ainda assim, serão derrotados, e a vitória será minha." Giap havia explorado a incompetência francesa para, usando milhares de carregadores, transportar peças de artilharia pela selva até cercar o exército francês — obtendo assim a independência do Vietnã do Norte.[2]

No vizinho Camboja, um extraordinário e jovem rei também lutava pela independência. Abençoado com uma bela figura, espírito impulsivo, ambição ilimitada e egoísmo desenfreado, o rei Norodom Sihanouk passara a juventude praticando equitação, jogando futebol, assistindo a filmes e cortejando mulheres, gerando inúmeros filhos de inúmeras amantes, desde duas de suas próprias tias até atrizes e cortesãs; além disso, tocava saxofone e clarinete na banda real e estava decidido a escapar do domínio francês. No meio século seguinte, Sihanouk seria rei, chefe de governo, presidente e autocrata, bem como testa de ferro, vítima e prisioneiro de Pol Pot — uma carreira iniciada em 1941, quando as autoridades francesas o escolheram para ocupar o trono, pois conjugava os dois ramos rivais da dinastia real Norodom.

Enquanto crescia, o príncipe estabeleceu uma estreita ligação com um menino que um dia iria controlá-lo e matar 1 milhão de pessoas, inclusive vários de seus filhos. Saloth Sar, filho de agricultores abastados, mudou-se do campo com o irmão para viverem com uma prima, que era bailarina e amante do rei Monivong; por dezoito meses, ele foi noviço num mosteiro budista. Mais adiante, depois de se formar num novo e privilegiado internato, o futuro Pol Pot ganhou uma bolsa para estudar eletrônica em Paris.

A guerra entre franceses e vietnamitas contribuiu para levar o rei playboy Sihanouk à linha de frente da política. Depois de seu triunfo na luta pela independência em 1953 e de uma viagem pela França e os Estados Unidos, Sihanouk inclinou-se para o socialismo e rejeitou a hegemonia americana. "Se eu tivesse nascido numa família comum", disse, "teria sido esquerdista, mas nasci príncipe [...] e disso não posso me afastar." Já Saloth Sar conseguiu se afastar. Em Paris, ele leu Stálin, Mao, Rousseau, Sartre e conviveu com aquele que se tornaria seu melhor amigo, Ieng Sary; eles se casaram com duas irmãs e voltaram ao Camboja como marxistas fanáticos. Saloth imediatamente engajou-se numa unidade do Viet Minh, voltando depois a Phnom Penh para trabalhar como professor. Tudo indicava que havia retomado uma vida normal.

Com um senso teatral nato, Sihanouk deleitava-se com as luzes da ribalta, mas ansiava pelo exercício efetivo do poder. Em 2 de março de 1955, abdicou de repente (em favor do pai) e, cunhando o título *Samdech Upayuvareach* — o "príncipe que era rei" —, tornou-se chefe de governo. A França ficara no passado, e agora Sihanouk planejava assegurar a paz para um Camboja neutro.

Derrotados na Ásia, os franceses não estavam dispostos a abrir mão das colônias na África, e muitos de seus soldados que combateram os vietnamitas eram argelinos. A Argélia, ocupada pela França desde 1830, fazia parte da França metropolitana: 1 milhão de colonos franceses, os *pieds-noirs*, ou *colons*, ali haviam se estabelecido. Em 1945, porém, quando os argelinos se manifestaram em Sétif exigindo seus direitos, as tropas francesas e os *colons* abriram fogo contra a multidão. As represálias contra os colonos levaram os franceses a assassinar milhares de argelinos. Em 1º de novembro de 1954, a FLN — Front de Libération Nationale — matou franceses em toda a Argélia. O exército francês e as milícias de colonos reagiram com brutalidade, iniciando uma guerra que iria se agravar e ameaçar a própria existência da democracia francesa.

Enquanto a França se debatia, Khruschóv e Mao colhiam vitórias em todas as frentes. Todavia, o líder soviético quase destruiu seu próprio império.

UM ISRAELENSE EM PARIS

Em fevereiro de 1956, Khruschóv marcou sua própria supremacia ao denunciar os crimes de Stálin perante o Comitê Central, num "discurso secreto" que desencadeou, primeiro, turbulências na Polônia, e depois, em 23 de outubro, uma revolução na Hungria contra o domínio soviético. Depois de semanas dormindo mal, contemplando a perda do império de Stálin, Khruschóv ameaçou invadir a Polônia; conteve-se, mas em seguida, após nervosas consultas com Mao e Tito, preparou-se para invadir a Hungria. A revolta animou os Estados Unidos:

o império de Stálin estava rachando. No dia seguinte, porém, três potências reuniram-se sigilosamente em Paris a fim de acertar um plano para aliviar a situação de Khruschóv.

Em 24 de outubro, numa vila em Sèvres, os representantes do Velho Mundo — os decadentes impérios britânico e francês — e do Novo Mundo — o vigoroso e minúsculo Israel — colaboraram para humilhar outra nova força, o Egito de Nasser, que firmara um enorme acordo para a compra de armas da União Soviética e nacionalizara o canal de Suez. Os confrontos entre tropas egípcias e israelenses eram cada vez mais frequentes — e Nasser também apoiava os rebeldes argelinos contra a França.

Britânicos, franceses e israelenses compartilhavam o mesmo inimigo. Shimon Peres, protegido de Ben-Gurion, nascido Szymon Perski na Polônia antes de migrar para a Palestina em 1934, era um exímio negociador com veia poética, e já negociava a compra de armamentos franceses. "Acabei seduzido pela França, esse cativante país", comentou com este autor. "Para mim, um rude *kibbutznik*, Paris era a mais bela cidade dos sonhos e da literatura." Os americanos haviam se recusado a fornecer armas a Israel, mas os franceses não se fizeram de rogados.

Em Sèvres, Ben-Gurion, acompanhado de seu chefe de gabinete, o caolho Moshe Dayan, e de Peres, chegou a um acordo sigiloso com o primeiro-ministro francês Guy Mollet e o secretário das Relações Exteriores britânico, Selwin Lloyd, que lhe permitiria matar vários coelhos com uma só cajadada: numa operação apropriadamente batizada de Mosqueteiro, Israel atacaria o Egito e, em seguida, a França e a Grã-Bretanha interviriam para restabelecer a paz. Mesmo nas sigilosas negociações em Sèvres havia um segredo ainda mais recôndito. Peres explicou que Israel, um Estado novo e pequeno, corria um enorme risco: "Precisamos de uma força de dissuasão", disse. "E a França pode nos proporcionar isso." Os franceses concordaram. Um país com apenas oito anos de existência iria contar com bombas nucleares, desenvolvidas em Dimona, no Neguev. Peres jamais admitiria que Israel possuía armas nucleares. "A guerra e a paz são sempre uma dança misteriosa", ele contou a este autor, mas o fato é que isto mudou o equilíbrio de poder no Oriente Médio.

Em 29 de outubro, Ben-Gurion ordenou que o exército avançasse pelo Sinai; paraquedistas anglo-franceses ocuparam o canal de Suez, e Nasser e o comandante Abdel Hakim Amer discutiram sobre a iminente queda do Egito. Mas o plano fracassou: Eden não havia consultado Eisenhower, que, temendo que os árabes se aliassem aos soviéticos, exigiu a retirada das tropas anglo-francesas, provocando a queda da libra esterlina e a renúncia de Eden. Ironicamente, Khruschóv também exigiu a retirada das tropas, ameaçando com uma guerra nuclear. O episódio de Suez selou o destino dos húngaros e salvou Khruschóv.

Em 4 de novembro, Khruschóv ordenou a invasão da Hungria; suas tropas mataram 10 mil revoltosos e restauraram o domínio soviético antes que os países capitalistas pudessem intervir. No entanto, suas trapalhadas políticas e bravatas de bêbado haviam alarmado de tal forma os camaradas stalinistas que estes tentaram afastá-lo do poder. Khruschóv foi salvo pelo marechal Jukov, que arregimentou e levou de avião para Moscou os líderes regionais que apoiavam o dirigente soviético. Diante da popularidade cada vez maior do marechal, não tardou para que Khruschóv o acusasse de "bonapartismo". Inicialmente propenso a se recriminar, Khruschóv, agora secretário-geral do partido e chefe do governo, transformou-se num autocrata presunçoso que falava sem parar e considerava-se entendido em todos os assuntos, desde os literários até os científicos. Além disso, via-se pronto para romper o impasse com o Ocidente. "Gostem ou não, a história está do nosso lado", declarou a embaixadores depois de sufocada a rebelião em Budapeste. "Vamos enterrar vocês!" As ameaças nucleares durante a crise de Suez haviam dado certo: "O vencedor é aquele que tem os nervos mais fortes".

No entanto, Khruschóv fracassou em manter unido o mundo comunista. Mao ficava horrorizado com sua grosseria e o desprezava, considerando-se o supremo líder marxista. A intervenção na Coreia havia demonstrado que a China necessitava de proteção nuclear; agora, o bombardeio do território taiwanês provocou uma ameaça nuclear de Eisenhower. "No mundo atual, se não quisermos ser intimidados", disse Mao em janeiro de 1955, "temos de contar com esse aparato." Em 1957, Khruschóv começou a transferir a tecnologia nuclear para a China, um processo que culminou na explosão da bomba atômica chinesa. "Se o pior [uma guerra nuclear] sobreviesse e metade da humanidade morresse", Mao declarou aos russos em Moscou, "restaria ainda a outra metade, o imperialismo seria extirpado e o mundo se tornaria socialista." Khruschóv ficou estupefato. "Não dava para dizer se ele estava brincando." Não estava.

Mao mostrou-se ingrato. Quando o líder soviético solicitou autorização para instalar postos de escuta no litoral chinês, ele reagiu de forma tão ameaçadora que o russo embarcou num avião e foi até Beijing. Numa série de discussões exaltadas, Mao humilhou e zombou de Khruschóv. "Basta de rodeios", disse, "ainda não chegamos ao que importa." E, em seguida, obrigou Khruschóv a nadar com ele — o russo fora de forma debatendo-se como um porco desajeitado, tentando acompanhar o tubarão chinês. "Eu sou um mineiro, e ele um campeão de natação", comentou Khruschóv. Mao, notou seu médico, Li Zhisui, "estava deliberadamente encarnando o imperador, tratando o soviético como um bárbaro que devia pagar tributo".

Khruschóv percebeu o quanto Mao era parecido com Stálin: "Eram iguais". Para eles, a vida humana não significava nada. Contestado no plano interno, Mao lançou uma campanha de terror que excluiu a China do palco mundial durante uma década. De volta a Moscou, o arrogante Khruschóv mal acusou o golpe sofrido em Beijing e decidiu acelerar a produção de mísseis a fim de se equiparar aos Estados Unidos — aproveitando a tecnologia para inaugurar a exploração espacial, em outubro de 1957, com o lançamento do satélite Sputnik e, em seguida, da cadela Laika, o primeiro mamífero a ser colocado em órbita (embora provavelmente já estivesse morta ao chegar ao espaço); quatro anos depois, com o *Vostok 3A*, o cosmonauta Iúri Gagarin tornou-se o primeiro ser humano a ir ao espaço e retornar. A resposta de Eisenhower foi criar a Nasa e acelerar o programa espacial americano. Khruschóv já decidira, porém, que a melhor maneira de derrotar o Ocidente era um blefe monumental que levaria o mundo à beira do cataclismo.

A crise de Suez destruiu Eden, mas reforçou a posição de Nasser. Em julho de 1958, a força do líder egípcio ficou evidente quando uma turba de iraquianos jogou futebol com a cabeça do jovem rei Faisal...

EVISCERADO EM BAGDÁ: EL RAIS E O ÚLTIMO REI DO IRAQUE

Extremamente popular como El Rais, "o chefe", Nasser ameaçava os aliados ocidentais, os sauditas na Arábia e os hachemitas na Jordânia e no Iraque. Na Arábia, o rei fundador Abdulaziz morreu em 1953, escolhendo como sucessor, entre os 45 filhos, o imprudente e extravagante Saud, que logo se envolveu numa dispendiosa guerra no Iêmen contra tropas egípcias. Saud e Nasser planejaram matar um ao outro. Na família Saud, os irmãos acabaram afastando Saud do trono e colocando em seu lugar o robusto Faisal.

Os hachemitas eram mais vulneráveis. Em 1º de fevereiro de 1958, Nasser e o presidente da Síria concordaram em fundir seus Estados numa República Árabe Unida, tendo Nasser como mandachuva. Os hachemitas entraram em pânico e articularam uma união política dos reinos da Jordânia e do Iraque, mas essa União Árabe apoiada pelos britânicos não foi bem-vista, sobretudo em Bagdá. Um animado jovem de 23 anos, cuja grande paixão em Harrow era jogar críquete, o rei Faisal II do Iraque vivia sob o domínio do influente e anglófilo Nuri al--Said, que lutara ao lado de Lawrence da Arábia e fora primeiro-ministro em catorze ocasiões. A União Árabe acabou acelerando os planos dos Oficiais Livres do Iraque, estimulados e inspirados por Nasser.

Em 14 de julho de 1958, véspera do casamento do rei Faisal, oficiais liderados por Abd al-Karim Qasim invadiram o Palácio Rihab. Embora tenha se rendido, Faisal foi levado para o pátio com a mãe, uma tia, um tio, e foram todos metralhados. "Tudo que fiz foi me lembrar da Palestina", afirmou um dos assassinos, "e o gatilho da metralhadora disparou como que por mágica." Os cadáveres foram arrastados pela rua al-Rashid, desnudos, mutilados, decapitados, pisoteados, desmembrados, eviscerados e pendurados de balcões antes de serem queimados.

Quando a turba irrompeu em sua mansão, o primeiro-ministro Nuri escapou vestido de mulher, mas seus sapatos masculinos foram vistos, e ele foi abatido a tiros e enterrado, para depois ser exumado, emasculado, enforcado e atropelado várias vezes por um ônibus. Nasser ficou encantado. Chocados, os países ocidentais enviaram tropas ao Líbano, ao passo que Khruschóv alertava contra qualquer interferência. Na vizinha Jordânia, Hussein, agora o último monarca hachemita, e rodeado de oficiais leais a Nasser, submeteu-se ao líder egípcio enquanto o Iraque mergulhava numa espiral de extremismo. Qasim e seus sucessores lutaram para controlar o Partido Baath (Ressurreição), fundado na Síria por um cristão, que pregava uma violenta mescla de socialismo, nacionalismo e anti-imperialismo.

Cinco anos depois, em fevereiro de 1963, os baathistas tomaram o poder na Síria, e em seguida no Iraque, onde o novo e pouco cerimonioso primeiro-ministro, o coronel Ahmed al-Bakr, costumava recorrer a um primo implacável para realizar tarefas homicidas especiais: Saddam Hussein, então com 31 anos.

O episódio de Suez intensificou uma crise africana que a França e a Grã-Bretanha enfrentaram de modo muito diverso. Os vastos impérios na região haviam existido apenas por cerca de setenta anos, e agora o poder que as metrópoles detinham debilitava-se pouco a pouco. A França, particularmente, mergulhou numa crise existencial que levou a um golpe militar que quase destruiu a democracia.

LA GRANDEUR: DE GAULLE E HOUPHOUËT

Em 1956, um líder marfinense, Félix Houphouët-Boigny, tornou-se ministro do gabinete francês, o primeiro africano e o primeiro indivíduo de cor a fazer parte de um governo europeu ou americano, algo inconcebível em Londres e muito menos em Washington. Impressionante, divertido e astuto, filho e sucessor de um chefe tribal, ele era um fenômeno que se convertera ao catolicismo e se formara em medicina. Tendo servido como *chef de canton* na Costa do Marfim, tornara-se *grand propriétaire* de uma plantação de cacau e, em 1945, fora eleito para representar seu país na Assembleia Nacional francesa, onde fez campanha pela independência marfinense com maquiavélica maestria. Ao se aliar aos comunistas franceses, Houphouët provocava todos que o acusavam de ser comunista: "Como é que eu, um líder tradicional, médico, *grand propriétaire*, católico, posso ser tido como comunista?".

A brutalidade com que os franceses sufocavam qualquer ameaça a seu império era bem conhecida, mas, depois da Indochina e de Suez, eles passaram a apoiar Houphouët e outros nacionalistas negros. Ao contrário da Grã-Bretanha, que combatia a ascensão de potentados africanos, a França escolhia seus favoritos e os promovia. Houphouët, que logo ocuparia a presidência da Costa do Marfim independente e ficaria conhecido como *Papa*, ou *Le Vieux*, tornou-se íntimo de presidentes franceses, assim como os soberanos absolutistas do Marrocos.[3] Havia, porém, uma óbvia exceção a essa abordagem generosa: a agonia da Argélia.

Enquanto De Gaulle acompanhava os acontecimentos e esperava em Colombey, a revolta argelina descambava numa sanguinolenta luta sectária. Entretanto, foi a Argélia que o levou de volta ao poder. O exército francês e os *colons* arrasaram e deportaram vilarejos inteiros, torturaram e eletrocutaram prisioneiros, quando não os lançavam de helicópteros, e assassinaram seus líderes; por outro lado, a FLN matou, sequestrou, mutilou e violentou civis, aterrorizou os argelinos e executou seus próprios militantes. Em oito anos, cerca de 900 mil argelinos, 25 mil soldados e 10 mil *colons* foram mortos. Em 13 de maio de 1958, enquanto as autoridades metropolitanas fracassavam em manter o controle na Argélia, generais franceses, com o apoio dos *pieds-noirs*, se insurgiram contra Paris e proclamaram um Comitê de Salvação Pública, na expectativa de atrair De Gaulle, a quem chamavam de Le Grand Charles. De Gaulle considerava-se predestinado a restaurar a glória da França: "Nem por um instante na vida perdi a convicção de que um dia governaria a França". Não era uma tarefa fácil: "Como é possível governar um país", perguntou ele, "com 258 tipos de queijo?". Agora esse país estava à beira da desintegração. Mas De Gaulle, o gigante de aparência estranha, era um lutador nato. "A grandeza", disse ele, parafraseando Shakespeare, "é forjada nos grandes conflitos." Além disso, "a França não é a França sem *la grandeur*". E *la grandeur*, segundo De Gaulle, era ele mesmo. Napoleão era seu modelo: "Quero um 18 de Brumário [o golpe promovido por Napoleão em 1799] sem os métodos do 18 de Brumário". Todavia, por inclinação e convicção, De Gaulle era um monarca. "O líder é aquele que não fala", escreveu, quando estava detido num campo alemão de prisioneiros de guerra em 1917.

Esse caráter inescrutável permitiu que ambos os lados, os políticos ineptos e os generais revoltados, acreditassem que podiam contar com seu apoio. Um mestre das intrigas clandestinas, em grande parte promovidas por um ex-espião gorducho e afável, Jacques Foccart, De Gaulle cozinhou os militares em fogo lento até que os políticos aceitassem seu retorno. "A crise nacional", anunciou então, poderia ser "o princípio de uma ressurreição [...]. Agora vou retornar a meu vilarejo e me colocar à disposição do país".

Em 1º de junho de 1958, na condição de primeiro-ministro, De Gaulle solicitou com êxito à Assembleia Nacional plenos poderes por um período de seis meses — a aprovação revestiu de legalidade o golpe. Três dias depois, ele voou para a Argélia, onde declarou perante a multidão extasiada: "Entendo o que estão pedindo". De fato entendia, mas não da maneira esperada. Com aprovação de 85% da "comunidade" francesa (a França metropolitana e as colônias africanas), promulgou-se então uma Constituição que criava o que De Gaulle chamou de "uma espécie de monarquia popular, que é o único sistema compatível com o caráter e os perigos da nossa época".[4]

Uma de suas primeiras iniciativas foi convidar a Colombey o chanceler da Alemanha ocidental, Konrad Adenauer, também já idoso. Lá, eles delinearam uma nova Europa. O predecessor de De Gaulle, Guy Mollet, já havia forjado uma Comunidade Econômica Europeia. A princípio De Gaulle mostrou-se desconfiado, mas uma parceria com Adenauer colocava a França no centro de uma Europa cada vez mais federalizada. Quanto à Grã-Bretanha, manteve-a afastada com um arrogante *"Non!"* — e também guardou distância dos Estados Unidos, ao mesmo tempo que criava uma *force de frappe* nuclear francesa.

A prioridade era a Argélia — e, para a surpresa dos *colons*, De Gaulle não hesitou em traí-los e conceder a independência ao país. "Ou mudamos", insistiu, "ou morremos." Em resposta, generais, paraquedistas e legionários estrangeiros ocuparam o centro de Argel, enquanto, na França, militares prepararam-se para tomar o poder. Dirigindo-se à nação vestido em seu uniforme, De Gaulle denunciou aquele "punhado de generais [...]. Estamos vendo o Estado ser insultado, a nação desafiada, nossa força degradada [...]. Lamentável! Lamentável! Lamentável!". E acrescentou: "Vejam para onde a França corre o risco de ir, comparado ao que está em vias de se tornar". A brutalidade se intensificou tanto na colônia como na metrópole; a FNL realizou atentados terroristas em Paris; já a organização terrorista dos *pieds-noirs*, a OAS, tentou matar De Gaulle. Em 22 de abril de 1961, generais franceses promoveram um golpe de Estado em Argel contra o presidente francês. Em seguida, terroristas franceses tentaram assassiná-lo num ataque a bomba. Um ano depois, em 22 de agosto de 1962, o Citroën de De Gaulle sofreu uma emboscada, e uma bala passou rente à cabeça do presidente. Em Paris, em 17 de outubro de 1961, a polícia atacou uma manifestação de argelinos com tal selvageria que mais de cinquenta pessoas foram mortas, uma atrocidade sem paralelo em qualquer democracia ocidental.

"Napoleão dizia que no amor", observou De Gaulle, "a única vitória está na fuga. Na descolonização também, a única vitória está na retirada." No dia 1º de julho de 1962, a Argélia tornou-se independente. No entanto, se a França estava destinada a preservar sua grandeza, disse o general De Gaulle, "isto se deve à África".

O general encarregou Foccart, sua *éminence grise*, de cuidar da *Françafrique*, e Foccart tornou-se de fato o padrinho dos autocratas francófonos, a maioria dos quais adorava De Gaulle. Ao longo de 35 anos, sob quatro presidentes, Foccart controlou a política africana, enviando tropas e espiões franceses sempre que os autocratas apoiados pela França eram ameaçados. "Vamos pôr um fim a essa comédia", De Gaulle disse a Foccart, que ordenou uma intervenção militar no Gabão. Quando os ditadores africanos promoviam eleições de fachada, ouviam o recado: "O general acha que 99,8% de votos é um pouco exagerado". Em 1966, na República Centro-Africana, um oficial homicida, Jean-Bédel Bokassa, que adorava De Gaulle e o tratava como "papa", tomou o poder. Foccart comentou que ele era "confiável".

"Confiável ele é", respondeu De Gaulle, "mas também é um imbecil." Bokassa contou com o apoio francês para se coroar como um imperador napoleônico — somente após treze anos de tirania, e depois de ele ter assassinado centenas de estudantes, as tropas francesas foram mobilizadas para afastá-lo do poder.[5]

Também houve casos bem-sucedidos: Papa Houphouët não expulsou os colonos franceses. Em vez disso, exaltou "o relacionamento humano entre os franceses e os africanos" e, com apoio francês, governou de forma autocrática durante 33 anos, em exímia colaboração com vários presidentes da França. Ele se entendia tão bem com De Gaulle que ajudou a esboçar a Constituição francesa de 1958. Acompanhado de Marie-Thérèse, sua bela e pouco convencional esposa 25 anos mais nova, Houphouët encontrava-se frequentemente com De Gaulle e Foccart (que era o padrinho dos filhos adotados pelo casal). Ambos apoiaram Houphouët mesmo quando este, já idoso, decidiu transferir a capital marfinense para sua aldeia natal, onde mandou construir uma catedral maior que a de São Pedro em Roma. Correu um rumor de que seu arquiteto francês se tornara íntimo demais de Marie-Thérèse, mas logo em seguida ele morreu, na queda de um helicóptero. Sem se constranger com a própria riqueza — "as pessoas se surpreendem com minha predileção pelo ouro, mas é que simplesmente nasci assim" —, Houphouët colaborou com Foccart na destituição de líderes comunistas em toda a África. Mesmo no século XXI, tropas francesas continuavam presentes na África ocidental, influenciando as transferências de poder. Assim era a descolonização à francesa: "Tudo tinha de mudar", escreveu Julian Jackson, "a fim de que tudo permanecesse igual".[6]

Já o impassível e inabalável novo primeiro-ministro britânico, Harold Macmillan, preferia agir de modo muito diverso — com uma dança.

Em 18 de novembro de 1961, o primeiro governante independente da África britânica pediu a uma inglesa que o acompanhasse numa dança ao som do *high-life* num baile na sede do governo de Gana — o Palácio de Christiansborg, outrora um forte utilizado no tráfico de escravos. A ocasião, o local e os personagens não poderiam ser mais apropriados para aquele momento, que assinalava uma nova era nas relações entre a Europa e a África. A inglesa era a rainha Elizabeth II, de 35 anos, resplandecente num vestido de ombros descobertos; o governante era o presidente Kwame Nkrumah, de 51 anos, exuberante em seu smoking.

Embora fosse um autocrata marxista e pan-africanista, Nkrumah admirava a "jovem" rainha. Numa ocasião anterior, quando uma visita dela fora cancelada devido a uma gravidez, exclamara: "Se a senhora tivesse me dito que minha mãe havia morrido, meu choque não seria maior". Num momento em que Nkrumah conduzia um conturbado país a um regime de partido único e buscava uma aliança com os soviéticos, a preocupação de Macmillan era que a rainha pudesse ser vítima de um atentado. "Pior seria se eu deixasse de ir a Gana por medo, e depois Khruschóv desembarcasse lá", ela replicou majestaticamente para o primeiro-ministro. "Não sou uma estrela de cinema. Sou a chefe da Commonwealth — e sou paga para correr riscos."[7]

Essa dança foi o derradeiro ato num longo movimento de aproximação entre a Grã-Bretanha e os líderes da independência africana. Até a crise de Suez, Londres tinha tentado preservar a maioria das colônias, aprisionando líderes africanos e reprimindo rebeliões, ainda que seu domínio fosse cada vez mais solapado pela resistência. Agora, porém, com a Grã-Bretanha falida após duas guerras mundiais e concentrada na defesa da Europa contra a Rússia, Macmillan começou a reconhecer as lideranças locais e a permitir a realização de eleições. Foi um processo muito diferente do que havia ocorrido na África do Sul. Na Cidade do Cabo, em 3 de fevereiro de 1960, Macmillan acolhera enfaticamente os "ventos de mudança". Mas agora a África do Sul era governada pelos africâneres brancos num regime racista de apartheid. Os africanos nunca haviam tido o direito de votar sob o domínio britânico, mas, em 1948, o Partido Nacional africâner, fazendo campanha com o lema *die kaffer op sy plek* ("o africano em seu lugar"), chegou ao poder com os votos de 3 milhões de eleitores brancos, e logo começou a segregar os 13 milhões de negros, a reduzir os direitos dos mestiços e a proibir as relações sexuais inter-raciais — medidas similares às leis racistas do Sul dos Estados Unidos.

Apenas quatro anos antes do baile, os britânicos haviam transferido o poder em Gana a Nkrumah; e dez anos antes ele estava confinado numa prisão britânica. Filho de um ourives acã, Nkrumah frequentara a escola britânica Prince of Wales, em Acra, onde se formou como professor, antes de ir estudar nos Estados Unidos e na Grã-Bretanha. Ele se via como filósofo e historiador. Em suas viagens, entusiasmou-se com o sonho pan-africanista de Marcus Garvey e encontrou-se com W. E. B. Du Bois.[8] Após vencer as eleições legislativas em 1951 e tornar-se primeiro-ministro da recém-independente Costa do Ouro em 1957, ele rebatizou o país em homenagem aos reis (*ganas*) da Wagadu medieval. Atacando o "tribalismo" e ignorando os soberanos axântis,[9] Nkrumah, um homem solitário e isolado, logo instituiu uma ditadura de partido único com um culto semimessiânico (assumindo o título de *Osagyefo* — "redentor"), e lançou-se numa cruzada para ser nomeado presidente dos "Estados Unidos" da África.

Na London School of Economics, onde estudara antropologia, ele conheceu outro grande africano inspirado por Du Bois: Johnstone Kamau, que mudou de nome para que condissesse a seu país.

Jomo Kenyatta, o alto e forte filho de um agricultor quicuio, era uma figura excepcional: formado por missionários, estudara em Moscou — onde desenvolveu ojeriza ao marxismo — e na London School of Economics — onde deslumbrou os colegas com seu fez, túnica e bengala com castão de prata. Kenyatta definiu uma nova nação queniana em seu estudo antropológico *Facing Mount Kenya*. Depois de passar a guerra criando galinhas em Sussex (onde era conhecido como Jumbo no pub local), ele retornou à terra natal. Os britânicos haviam dividido suas possessões na África oriental em várias entidades anômalas, entre as quais Uganda e a maior de todas, o Quênia, que recebeu o nome de sua montanha mais alta. Cultivado por 80 mil colonos britânicos, famoso pelas trocas de casais movidas a coquetéis (e por ocasionais assassinatos na alta sociedade), o Quênia poderia ter se transformado num Estado de colonos como a África do Sul, mas as apropriações de terras pelos britânicos revelaram-se intoleráveis para os quicuios, desencadeando, em 1952, uma sublevação — a chamada Revolta dos Mau-Mau — na qual 32 colonos e 2 mil africanos perderam a vida. Os britânicos sufocaram a insurgência matando 11 mil rebeldes e enforcando mil, nessa que foi sua última guerra colonial em 1952 — e prenderam Kenyatta, falsamente acusado de liderar o grupo. Ele permaneceu encarcerado por sete anos.

Kenyatta — também conhecido como Lança Flamejante — contava com o apoio de um carismático líder trabalhista, Tom Mboya, da etnia luo, que providenciava bolsas de estudo para jovens quenianos. Em 1960, ele conseguiu uma dessas bolsas para um excepcional estudante de economia, também da etnia luo, chamado Barack Obama, que foi estudar na Universidade do Havaí.

O pai de Barack, Hussein Onyango Obama, era um lavrador, dignitário e curandeiro luo que vivia no oeste do Quênia, perto de Uganda, e tinha uma inteligência tão irrequieta que os moradores da aldeia brincavam, dizendo que ele tinha "formigas no rabo". Barack era o filho que ele havia tido com a quarta esposa, Akumu. Autodidata, Hussein mudara-se para Zanzibar, servira no regimento britânico de fuzileiros reais na Birmânia e, aos cinquenta anos, voltara para sua aldeia com um gramofone. "Como podem os africanos derrotar os brancos", perguntou ele, "se não conseguem sequer fabricar suas próprias bicicletas?" Detido e liberado pelos britânicos durante a Revolta dos Mau-Mau, ele se tornou amigo de Mboya. Hussein adorava Barack, um rapaz "muito inteligente", mas não tolerava sua independência, tendo lhe dado uma surra quando foi expulso da escola. Barack casou-se com uma jovem local, Kezia, mas odiava o emprego burocrático que o pai lhe arranjara em Mombasa. Expulso de casa por Hussein, frequentou manifestações pró-independência, foi preso e solto. Então aproximou-se de Mboya, que acabara de voltar dos Estados Unidos, onde fora recebido pelo American Committee on Africa, dirigido por Eleanor Roosevelt, tendo se encontrado com Sidney Poitier e Martin Luther King — e, no complexo da família em Hyannis Port, com o jovem senador e candidato democrata à presidência Jack Kennedy, que se comprometeu a obter recursos para o intercâmbio de estudantes.

Um dos estudantes escolhidos por Mboya foi Obama, que seguiu para o Havaí; Kennedy venceu as eleições presidenciais.

NIKITA E JACK, MIMI E MARILYN

Joe Kennedy continuava a mexer os pauzinhos, mas havia sofrido golpes insuportáveis: o filho mais velho, também Joe, morrera na guerra; a filha Kick perecera num acidente de aviação; e Jack sofria (em segredo) com problemas de saúde, como dor nas costas, doença de Addison e hipertireoidismo, tratando-se com esteroides, anfetaminas e hormônios.

O pai o encaminhou para o Congresso assim que acabou a Segunda Guerra. Em 1953, logo depois da eleição para o Senado, Jack casou-se com uma grã-fina de gélida elegância, Jacqueline Bouvier, com quem teve um filho e uma filha; pouco depois do casamento, contudo, ele teve de passar por uma complexa cirurgia nas costas. A saúde precária e o machismo dos Kennedy haviam concorrido para que levasse uma vida cheia de riscos e promiscuidade sexual; ele costumava se encontrar com o amigo Sinatra — o mestre do suingue — e seu grupo de amigos atores, o chamado Rat Pack, que incluía o cunhado de Kennedy, Peter Lawford, e o afro-americano Sammy Davis Jr. Em Las Vegas, o cantor e o senador divertiam-se com mulheres e farreavam. Kennedy era então o candidato à presidência mais bem preparado: formara-se em Harvard, estudara na London School of Economics, viajara pelo mundo e conhecera muita gente, era um herói de guerra e um escritor agraciado com um prêmio Pulitzer. Por outro lado, nunca governara nada, tinha uma vida sexual imprudentemente priápica, uma saúde precária, e sua carreira até então fora bancada pelo pai rico. Ele já era candidato à presidência quando se encontrou pela primeira vez com Khruschóv.

Em setembro de 1959, Khruschóv viajou aos Estados Unidos, na primeira visita de um líder russo ao continente. Após as ameaças nucleares durante a crise de Suez, ele passara a ser visto com respeito e fora convidado por Eisenhower. Sua jovialidade agressiva — após o moroso e saturnino Stálin — assombrara os americanos. Nessa visita, ele vislumbrou o futuro ao conhecer o centro de pesquisas da International Business Machine, a IBM, onde ficou mais impressionado com a cantina do que com a tecnologia e, compreensivelmente, mais excitado ao se encontrar com Marilyn Monroe. E também conheceu Kennedy.

Após essa bem-sucedida visita, a distensão entre Khruschóv e Eisenhower chegou ao fim quando o russo ficou sabendo dos voos americanos de espionagem sobre a União Soviética. Irado, ele foi tomado de uma fúria hipomaníaca que fez os camaradas duvidarem de sua sanidade: ordenou que um avião espião U2 fosse abatido e, em seguida, reclamou com os americanos. Quando Macmillan foi a Moscou num esforço de mediação, Khruschóv o recebeu aos berros, vangloriando-se depois de que havia "enfiado um poste telefônico no rabo do primeiro-ministro". No plenário das Nações Unidas, ele deu socos na mesa e, em seguida, tirou o sapato e o usou para bater nela (para constrangimento dos próprios companheiros). "Foi muito divertido!", comentou. Abominando Eisenhower e o vice-presidente Nixon, ele estava convencido de que sua influência contribuíra para solapar a campanha deste último, não apenas celebrando a eleição do herdeiro de Massachusetts, mas inclusive alegando que "ajudamos a eleger Kennedy".

O que aos americanos parecia glamour, a Khruschóv parecia imaturidade. A tomada de Washington por Kennedy foi comparada à tomada de uma cidadezinha do Renascimento italiano por uma família de *condottieri*. No entanto, os Kennedy eram melhores do que isso, levando sua administração — a vulgaridade do pai transformada, pela geração seguinte, formada em Harvard, em requinte americano abrilhantado por artistas populares — à tediosa Washington de Eisenhower. Era em grande parte um negócio familiar machista, com o irmão Bobby como procurador-geral e capanga-mor, e um séquito de colaboradores e astros amistosos liderados por Sinatra, defensor dos direitos civis, intermediário da máfia e organizador do baile de gala da posse, além de cafetão do presidente. "Se não faço sexo todo dia", Kennedy declarou ao cerebral e assexual Macmillan, "fico com dor de cabeça." As amantes iam desde a cortesã Judith Exner, apresentada por Sinatra, e a cantora pop Phyllis McGuire — ambas compartilhadas com um amigo de Sinatra, o chefe mafioso de Chicago, Sam Giancana —, até Marilyn

Monroe, compartilhada com o irmão Bobby, além de duas secretárias, apelidadas de Fiddle e Faddle, e de uma estagiária alta e sofisticada, Mimi Alford.

Em seu quarto dia na Casa Branca, Mimi foi convidada por Dave Powers, primeiro-amigo e alcoviteiro presidencial, a uma festa na piscina, seguida de coquetéis e de uma proposta eufemística: "Quer conhecer a ala residencial, Mimi?". E o tour da ala residencial em geral incluía um tour do próprio Kennedy. Mimi contou que "não dá para descrever o que aconteceu naquela noite como um encontro amoroso" — ela continuou a chamá-lo de "senhor presidente" mesmo quando estava nua na cama de Jackie —, mas foi algo "sexual, íntimo, passional" e, mais tarde, ele passou a providenciar cápsulas de nitrito de amila para aumentar o prazer sexual nesses encontros.

Kennedy demonstrou um lado mais desagradável quando, na beira da piscina da Casa Branca, ordenou que ela fizesse sexo oral em Powers: "Não creio que o presidente achasse que eu faria isso, mas agora me envergonho de dizer que fiz. Ele observou tudo em silêncio". Kennedy adotava o nome de "Michael Carter" quando ligava para ela, que o chamava de "o grande compartimentalizador", uma qualidade essencial para qualquer líder. Na realidade, "sempre havia [nele] uma camada de reticência".

A corte presidencial era submetida a um controle rígido. A autoconfiança de Kennedy permitia-lhe nomear os conselheiros mais talentosos e ser ambicioso nas reformas essenciais. Um século após a Guerra da Secessão, o apartheid racial ainda predominava no Sul do país, onde os afro-americanos eram segregados e não podiam votar. Embora não fosse um liberal em questões raciais, Kennedy defendeu zelosamente os direitos civis havia muito pendentes, apoiando um movimento cada vez maior liderado por Martin Luther King, o filho homônimo do pastor de Atlanta que visitara Berlim em 1934.

O Martin pai não se furtava a castigar fisicamente o Martin filho, mas, "sempre que levava um corretivo, ele aguentava firme, as lágrimas escorrendo, sem jamais dar um pio". Ele havia se filiado à Associação Nacional para o Progresso de Pessoas de Cor, empenhando-se na luta contra "a natureza ridícula da segregação no Sul", e declarando numa manifestação que "não vou mais lavrar o solo com mulas. Nunca mais voltarei a sair da estrada para dar passagem aos brancos". Martin Luther King recordou-se de uma ocasião em que um policial o parou por um delito de trânsito e o chamou de "moleque"; o pai então apontou para o filho e disse: "Ele é um menino, mas eu sou um homem, e, se você não me tratar como tal, não vou prestar atenção no que diz". Muito elegante, a ponto de receber o apelido de Tweedy, Martin Jr. estudou em Boston, frequentou cursos em Harvard e exibiu sua eloquência altissonante a uma estudante de canto, Coretta Scott, com quem iria se encontrar por indicação de um amigo.

"Diante de seus encantos", ele disse ao telefone, "sou como Napoleão em Waterloo."

"Você ainda nem me viu pessoalmente", ela riu. Quando se casaram, ele procurou mantê-la afastada da campanha pelos direitos civis, para que cuidasse dos filhos. Martin Luther King e o pai, pastores de uma igreja de Atlanta, faziam campanha juntos, e em 1955 precisavam de um caso que expusesse a legislação segregacionista. Quando Rosa Parks, uma afro-americana de Montgomery, no Alabama, recusou-se a ceder seu assento num ônibus para um branco e foi detida, surgiu a oportunidade de lançar uma campanha contra as leis racistas. Ao organizar o boicote da empresa de ônibus e ter sua casa visada por um atentado a bomba, MLK emergiu como o líder da organização pelos direitos civis Southern Christian Leadership Conference, impelindo Kennedy a propor a revogação das leis segregacionistas. Quando MLK foi detido, durante a campanha presidencial, os Kennedy ligaram para prestar apoio a Coretta e conseguiram que ele fosse libertado. Todavia, quando no poder, permitiram que o FBI monitorasse os telefones de King a fim de descobrir eventuais conexões comunistas — e também para registrar seus casos de adultério. Na primavera de 1963, após ser detido várias vezes, MLK levou sua campanha para Birmingham, no Alabama, onde os protestos foram sufocados pela polícia. A partir de uma prisão na cidade, King passou a argumentar que somente a transgressão das leis provocaria uma mudança: "O grande obstáculo para os negros em sua caminhada para a liberdade é [...] o branco moderado, mais devotado à 'ordem' do que à justiça". E concluiu, dizendo que "tudo que Hitler fez na Alemanha estava amparado em leis".

Em 28 de agosto de 1963, depois de ser libertado por ordem de Bobby Kennedy, King liderou a Marcha sobre Washington por Emprego e Liberdade, com o apoio do presidente. Diante do Lincoln Memorial, ele discursou perante centenas de milhares de pessoas: "Eu tenho o sonho de que um dia, nas colinas avermelhadas da Geórgia, os filhos dos antigos escravos e os filhos dos antigos donos de escravos sejam capazes de se sentar juntos à mesa da fraternidade". Fracassou a primeira tentativa de Kennedy para aprovar uma Lei dos Direitos Civis, mas ele não desistiu.

Enquanto Martin Luther King lutava pelos direitos civis, o jovem queniano Barack Obama, um estudante em parte financiado por Kennedy, havia se matriculado como o primeiro aluno africano da Universidade do Havaí. No início de 1960, durante uma aula de russo, Obama conheceu uma americana branca que estudava antropologia e tinha o imponente nome de Stanley Ann Dunham. "Ele era preto como carvão", escreveu mais tarde o filho do casal, Barack Obama, "e minha mãe, branca como leite" — no entanto, eles foram aceitos pelos pais de Ann. Liberais e livres-pensadores, os Dunham do Kansas descendiam de um soldado da União, primo de Jefferson Davis, e de uma índia cherokee. Depois que

Ann levou uma amiguinha negra para brincar em casa e um vizinho comentou: "É bom a senhora ter uma conversa com sua filha, sra. Dunham. Nesta cidade, meninas brancas não brincam com gente de cor", a família mudou-se para o Havaí.

"Brilhante, teimoso e carismático", Obama pai — estudioso, conversador e um dândi que preferia blazers, boinas e cachimbos — era magistral e irreprimível, mas também imprevisível e imprudente. Quando um amigo deixou o cachimbo cair numa ravina, ele "o agarrou e, levantando-o do chão, começou a sacudi-lo sobre a amurada". No dia 4 de agosto de 1961, Ann deu à luz um menino, Barack Jr., mas Obama já andava inquieto e o casamento logo terminou. Ann começou então um relacionamento com um estudante indonésio, e mãe e filho foram viver no país asiático. "Seu pai podia lidar com quase tudo", diria mais tarde o avô de Barack Jr. Seja como for, Barack pai mal voltou a ver o filho, mudando-se para Harvard, onde se casou com uma jovem colega judia. No entanto, a carreira de Barack Jr. iria mudar os Estados Unidos — ao passo que seu pai, cada vez mais perturbado, acabou por retornar ao Quênia, onde Mboya e Kenyatta, libertado pelos britânicos, estavam negociando a independência.

Os novos Estados lutavam para se consolidar, mas a África ainda contava com um imperador cujos domínios — exceto pelos seis anos de ocupação italiana — jamais haviam sido colonizados.

O LEÃO DE JUDÁ — E A FLORZINHA AFRICANA

Em 13 de dezembro de 1960, Hailé Selassié, então com 68 anos e desde 1916 no poder, estava em visita ao Brasil quando um grupo de cortesãos invadiu seu gabinete no Palácio de Menelik e desencadeou um golpe de Estado — o primeiro na África. Fora da Etiópia, ele era um herói para os africanos, o Leão de Judá; em seu país, era um autocrata isolado que se empenhava em fundar um império.

Tudo girava em torno de sua pessoa no Palácio de Menelik, onde se dizia, em amárico, que um indivíduo precisava "ter o rosto estapeado" e "aguardar por muito tempo junto à porta" caso quisesse ser notado pelo imperador.

O *negus* havia criado órgãos de segurança inter-relacionados: o Departamento de Segurança Pública e o ainda mais sigiloso Gabinete Privado Imperial, que vigiava os próprios ministros, os quais eram constantemente transferidos de uma função a outra; a única exceção era o devotado "ministro da pena". Esse controle estrito, no entanto, não evitou que Selassié cometesse equívocos: um deles foi a promoção do talentoso oficial Workneh Gebeyehu, do comando do serviço de segurança para o posto de chanceler. Mas então o favorito sugeriu que seria conveniente que o idoso *negus* abdicasse em favor do príncipe herdeiro. "Workneh", retrucou o *negus*, "estamos consternados em ver que você continua sendo uma criança. Vamos continuar a exercer o poder de que nos revestiu o Todo-Poderoso até o fim. A propósito, você já ouviu falar de alguém que tenha abdicado voluntariamente de seu poder?" Depois disso, Workneh passou a conspirar com dois outros favoritos do imperador para afastá-lo do trono. O príncipe herdeiro Asfaw Wossen concordou em transmitir uma "proclamação revolucionária", declarando-se regente de um governo constitucional: "O dia de hoje marca o início de uma nova era". Mas o imperador voltou apressado do Brasil.

No aeroporto, o filho prostrou-se a seus pés. Erguendo-o, Hailé Selassié disse: "Estaríamos orgulhosos de você se tivéssemos retornado para assistir ao seu funeral. Levante-se!". O relacionamento entre pai e filho nunca mais foi o mesmo. E, nas ruas de Adis Abeba, as tropas do Leão investiram contra os revoltosos, matando 2 mil pessoas. Quando os tanques imperiais atacaram o palácio, onde os ministros eram mantidos como reféns, os sublevados assassinaram quinze ministros e generais. O ex-favorito Workneh matou-se com um tiro e teve o cadáver pendurado diante da Catedral de São Jorge.

"Não vai haver nenhuma mudança no regime", anunciou o Leão, que se mudou para o novo palácio do Jubileu. Herdeiro de Menelik II, Selassié era um imperialista: em 1946, com a ocupação pelos britânicos da colônia italiana da Eritreia, a ONU dispôs que ela fizesse parte de uma federação com a Etiópia, mas Selassié a anexou em 1962 e baniu os partidos políticos contrários. Como todos os impérios, o da Etiópia só se sustentava pela força. Rebeliões na Eritreia e no Ogaden somaliano se tornaram supurantes guerras de conquista.

Ainda assim, Selassié era o mais emblemático líder africano. Em fevereiro de 1962, ele convidou os militantes pela independência a uma conferência do Movimento Pan-Africano pela Liberdade em Adis Abeba, no qual, vestindo um uniforme magnificamente engalanado e repleto de medalhas, foi o primeiro a discursar. Em seguida, subiu ao palco um advogado sul-africano que pela primeira vez saía de seu país: Nelson Mandela. Então com 43 anos, Mandela ficou fascinado ao constatar que, "embora [Selassié] aparentasse ser muito pequeno, sua dignidade e confiança o faziam parecer o gigante africano que de fato era". E isso mesmo a Etiópia não sendo uma democracia: "Somente o imperador destacava-se acima de todos".

Mandela — ou Madiba, como se chamava em seu clã — era um príncipe do reino xhosa de Thembu, em Transkei, ao norte da província do Cabo, e descendente do rei Zwide. Seu pai, conselheiro do soberano de Thembu, acabou exonerado por desafiar os britânicos, mas Mandela foi adotado pelo carismático regente de seu povo e criado juntamente com os príncipes. "Minha concepção posterior de liderança foi influenciada pelo que observei do regente" — que o preparou para ser conselheiro, enviando-o para estudar em internatos metodistas. Depois de se formar em direito e se casar com a enfermeira Evelyn, o alto e belo Mandela aderiu ao Congresso Nacional Africano, porque "ser africano na África do Sul significa ser politizado desde o nascimento". Ele dedicou toda a sua vida à luta contra o apartheid. Foi preso inúmeras vezes, e sua dedicação à causa acabou por levá-lo a se separar da esposa, com quem havia tido um filho. Pouco tempo depois, "ao passar por um ponto, notei com o canto do olho uma jovem adorável à espera do ônibus". Mandela ficou encantado por Winnie Madkikizela — por "sua paixão, juventude, coragem, obstinação" —, e "meu amor por ela redobrou minha força para enfrentar o que me esperava". Eles tiveram dois filhos.

Em 1960, a polícia de Sharpeville matou 69 manifestantes e feriu 249, dando início a uma nova onda de protestos pelos quais Mandela voltou a ser preso. Quando liberado, ele se tornou "um animal noturno", apelidado de Pimpinela Negra. Em seguida, fundou a ala militar do Congresso Nacional Africano — a Lança da Nação —, que iniciou uma campanha de atentados a bomba. Hailé Selassié ofereceu treinamento militar a Mandela e seus companheiros. Porém, assim que retornou de Adis Abeba, ele foi detido.

Na prisão, "o agente penitenciário olhava para o outro lado enquanto [ele e Winnie] nos abraçávamos e nos acariciávamos". Durante o julgamento por traição e terrorismo, Mandela, vestido não de terno, mas com um *kaross* xhosa de pele de leopardo, declarou que "estou preparado para morrer". Em 12 de junho de 1964, ele foi condenado à prisão perpétua. Confinado na ilha Robben — da qual somente um único prisioneiro conseguiu escapar para o continente —, os guardas o receberam entoando em africâner: "Esta é a ilha. Aqui você vai morrer!". Quando se mostrava desafiador, eles ameaçavam: "Olha, cara, vamos acabar contigo, a sério, suas mulheres e filhos nunca saberão o que aconteceu".

Para sobreviver, Mandela recorreu a uma disciplina férrea e a meditações diárias, escrevendo a Winnie que a prisão era "o lugar ideal para aprender a se conhecer [...]. No mínimo, a cela nos proporciona a oportunidade de examinarmos diariamente a nossa conduta, de superarmos o que temos de ruim e melhorarmos o que temos de bom". E acrescentou: "Nunca esqueça que um santo é um pecador que insiste em se redimir". Enquanto Mandela esteve preso, seu filho mais velho morreu num acidente de carro, e Winnie foi detida inúmeras vezes. Nas cartas que lhe escreveu, ele exaltou "sua beleza e encanto arrebatadores [...]. Lembre-se de que a esperança é uma arma poderosa quando tudo o mais se perdeu [...]. Penso em você o tempo todo". No final, os 27 anos que passou encarcerado acabaram por corroer seu casamento, mas reforçaram sua lenda.

Enquanto isso, no dia 25 de maio de 1963, em Adis Abeba, Hailé Selassié, o paradigma dos líderes africanos, recebeu os rivais para a primeira reunião da Organização da Unidade Africana: Nkrumah, o marxista anglófono, tinha a esperança de liderar os Estados Unidos da África com seu próprio exército — uma ambição que foi alvo da zombaria do francófono Papa Houphouët, da Costa do Marfim. Selassié buscou um equilíbrio entre ambos, dirigindo a organização antes de entregar as rédeas a Nkrumah.

"Sei que a descolonização vai ser desastrosa", dizia De Gaulle em privado. "Eles vão mergulhar de novo em guerras tribais, feitiçaria e canibalismo", mas "os americanos e os russos acham que têm a vocação para libertar as populações colonizadas e estão concorrendo uns com os outros". Khruschóv foi o primeiro a vislumbrar a oportunidade de "sublevações contra regimes reacionários carcomidos, contra os colonizadores", prometendo "colocar-se na linha de frente, ao lado dos povos que lutam pela libertação de suas nações". As guerras por procuração das superpotências — numa espécie de nova partilha da África, dessa vez em nome da descolonização e da liberdade — acabariam matando mais africanos do que a primeira.

Tudo começou em junho de 1960, quando os belgas de repente perderam o controle do Congo. Após a Force Publique abrir fogo contra manifestantes nas ruas, os congoleses conseguiram realizar eleições, e o rei Balduíno (bisneto de Leopoldo II), exaltando a "missão civilizadora" da Bélgica, concedeu a independência ao país. Ao mesmo tempo, numa tentativa de manter o controle sobre os militares e os recursos do Congo (que tinha reservas de urânio e de outros minérios), os belgas organizaram a derrubada do primeiro chefe de governo eleito, Patrice Lumumba, um talentoso pan-africanista de 35 anos e aliado dos soviéticos, pelo coronel Joseph Mobutu, oficial da Force Publique e agora chefe de gabinete. Mobutu foi o primeiro de vários generais politizados que demonstraram com que frequência o exército tornava-se o representante da nação nos recém-criados Estados africanos, reunidos pelas potências colonialistas em enormes entidades novas. De modo surpreendente, os belgas ordenaram a "eliminação definitiva" de Lumumba: seus agentes o prenderam, torturaram e fuzilaram, e depois dissolveram o corpo em ácido. Um belga chegou a levar para casa um dente de Lumumba como troféu. Khruschóv ficou furioso quando Mobutu, com o apoio dos Estados Unidos, instaurou a ditadura barroca e cleptocrática do Zaire, que durou três décadas.[10]

Em seu discurso de posse, Kennedy prometera que, "na longa história do mundo, raras foram as gerações que tiveram a tarefa de defender a liberdade" — um eufemismo para o combate ao comunismo — "em sua hora de maior perigo. Não me eximo dessa responsabilidade — aceito-a de bom grado". Khruschóv também buscava uma forma de aumentar as apostas e, inesperadamente, topou com uma oportunidade no próprio continente americano, quando outro par de irmãos tomou o poder a apenas 150 quilômetros de Miami.

Em 9 de janeiro de 1959, aos 33 anos, o barbudo apreciador de charutos Fidel Castro, El Comandante, ajudado pelo irmão, o austero Raúl, que dirigia as operações militares, entrou triunfalmente em Havana. Os irmãos Castro eram filhos ilegítimos, mas bem formados, de um produtor de açúcar, um imigrante espanhol que, por esforço próprio, tornara-se proprietário de 10 mil hectares de terras. Educados por jesuítas, os irmãos incorporaram o lema de santo Inácio, segundo o qual "toda dissidência é traição". Formado em direito, Fidel tornou-se um revolucionário ("se eu pudesse ser como Stálin"), primeiro participando de um golpe fracassado em Bogotá, e depois, enojado com o retorno de Batista ao poder, liderando o ataque ao quartel de Moncada, em Santiago de Cuba, quando ele e Raúl foram presos.

Fidel ficou famoso durante o julgamento ao fazer um discurso grandiloquente — "A história me absolverá" —, mas os irmãos só escaparam de ser fuzilados graças às suas conexões: a mulher de Fidel era irmã do ministro do Interior de Batista. Assim que descobriu, após ser libertado, que também ela havia trabalhado para o Ministério do Interior, ele pediu o divórcio. Acima de tudo vinha a política. Fidel era verboso e prolixo, e até o irmão Raúl queixou-se de que, na prisão, não havia parado de falar durante intermináveis semanas.

Quando a pressão dos americanos forçou Batista a libertá-lo, Fidel mudou-se para a Cidade do México, onde conheceu Ernesto Guevara, o Che, um médico bonitão e asmático, filho de uma rica família argentina. "Extraordinário", comentou Fidel, "um sujeito muito culto e inteligente [...]. Um médico que virou soldado, sem deixar de ser médico." Os dois se deram tão bem que passaram a noite toda conversando.

Em novembro de 1956, à frente de 81 combatentes precariamente treinados, Fidel e Raúl usaram um barco em péssimas condições, o *Granma*, para desembarcar em Cuba. Sob intenso bombardeio, sobreviveram apenas dezenove tripulantes; ainda assim, os irmãos e seus companheiros barbudos iniciaram uma guerra de guerrilha durante a qual quase foram aniquilados em três ocasiões; atuando nos confins da Sierra Maestra, porém, acabaram sobrevivendo. Devido à corrupção, à arrogância e à inépcia de Batista, além de um financiamento surpreendentemente equivocado da CIA, a lenda e os êxitos dos *fidelistas* só cresceram. E Fidel conheceu uma jovem guerrilheira, Celia Sánchez, filha de um médico, que se tornou sua amante e ajudante de campo. Nos momentos mais sombrios, quando restavam apenas uma dúzia de guerrilheiros, "Celia estava ao meu lado".

Em janeiro de 1959, Batista fugiu do país levando milhões, e Fidel instalou seu quartel-general no hotel Hilton de Havana, tendo Raúl Castro como ministro da Guerra, Che à frente do Ministério da Educação, e Celia, com quem dividia um minúsculo apartamento, como secretária do Conselho de Ministros. Listas foram compiladas com os nomes dos inimigos, que foram devidamente fuzilados. "Não estamos executando inocentes", insistiu Fidel, mas "homicidas que o merecem". Magnatas do setor agrícola e mafiosos americanos foram expulsos.

Embora governassem juntos, os irmãos Castro eram muito diferentes: Fidel era um showman egomaníaco e estrategista verboso; Raúl, cauteloso e detalhista. Fidel tinha o apelido de El Caballo, devido aos fugazes encontros sexuais com admiradoras estrangeiras, sobretudo francesas liberais deslumbradas; Raúl era inseparável da mulher Vilma. Ambos conversavam várias vezes por dia, e, quando o regime se consolidou, viviam em casas vizinhas em Punto Cero, um complexo residencial fortificado nas proximidades de Havana. No gabinete de Fidel havia um retrato de José Martí, uma foto autografada de Ernest Hemingway ("Li três vezes *Por quem os sinos dobram*") e outra de seu pai.

No princípio, Fidel via-se mais como um Alexandre, o Grande (ele batizou vários dos filhos com o nome Alexandre), do que como um Lênin latino, mas, como explicou, "eu tinha uma bússola — Marx e Lênin". Em fevereiro de 1960, Khruschóv enviou a Havana seu aliado Anastas Mikoyan. O armênio Mikoyan, um robusto ex-seminarista que sobrevivera nos círculos próximos de Lênin e Stálin, aconselhou Khruschóv a apoiar Fidel. A combinação entre Khruschóv, o ex-mineiro impulsivo e maníaco, e o intelectual cubano narcisista e irritável logo levaria o mundo à beira da catástrofe.

Ao chegar à presidência, Kennedy herdou os planos da CIA para invadir Cuba. Em 17 de abril de 1961, uma força de 1400 emigrados cubanos, apoiados por alguns aviões americanos, desembarcou na baía dos Porcos, mas foi facilmente repelida por Fidel: embora centenas de milicianos castristas tenham sido mortos, ele capturou cerca de mil invasores, dos quais centenas foram executados. "Obrigado por Playa Girón", Fidel escreveu a Kennedy, referindo-se à praia onde haviam chegado os invasores. "Antes da invasão, a revolução estava debilitada; agora, foi revigorada." Kennedy demitiu o chefe da CIA, Allen Dulles.[11] Ainda que tivesse desdenhado da corrupção promovida pela máfia em Havana, e até mesmo simpatizasse com Fidel, ele ordenou que este fosse liquidado — com a ajuda dos mafiosos. Para tanto, a CIA recrutou Meyer Lansky, Santo Trafficante e Sam Giancana. Ao menos oito tentativas — incluindo o uso de venenos em equipamentos de mergulho, charutos e pasta de dentes — não deram em nada. "Houve dezenas de atentados", contou Fidel, "e alguns quase deram certo", mas "outros foram frustrados pela sorte". Khruschóv não ficou impressionado com Kennedy.

A imprevisibilidade era o único aspecto previsível de Khruschóv. No dia 4 de junho de 1961, os dois líderes encontraram-se em Viena, onde o belicoso Khruschóv quase esmagou Kennedy, 23 anos mais jovem, mas sob o efeito de medicamentos para as dores nas costas. "Se os Estados Unidos começarem uma guerra por causa da Alemanha, que assim seja", berrou Khruschóv, num momento arrepiante de um encontro deprimente. "Vem aí um inverno gélido", concluiu Kennedy, abatido. "Ele simplesmente me deu uma surra", comentou. Mas o episódio também serviu para fortalecê-lo.

Khruschóv zombou de Kennedy por ser "muito inexperiente, até imaturo". Sua expectativa a princípio era forçar os americanos a saírem de Berlim ocidental. "Berlim são os testículos do Ocidente", disse Khruschóv, "que posso apertar toda vez que quiser ouvir um berro." Mas os testículos aguentaram o aperto. A fragilidade estava mesmo no satélite na linha de frente soviética, a Alemanha oriental, uma sombria distopia totalitária vigiada pela onisciente Stasi. Tantos eram os seus cidadãos que fugiam para o lado ocidental que Khruschóv ordenou que se erguesse uma barreira, o Muro de Berlim, a fim de confinar toda a população oriental. E agora ele se voltava para a ameaça de Kennedy a Cuba. "A lição mais importante na luta pelo poder em nossa época", segundo ele, era que "aqueles com nervos fracos fracassam". E ele iria pôr esses nervos à prova. "É como jogar xadrez no escuro."

ARMAS NUCLEARES EM CUBA: A PUTA DO MILIONÁRIO E O GÂNGSTER IMORAL

Após o episódio da baía dos Porcos, "um pensamento", recordou Khruschóv, "não me saía da cabeça: 'e se perdermos Cuba?'". Em maio de 1962, ele propôs algo a seus camaradas: "Fidel seria derrotado se houvesse outra invasão", mas, se fossem instalados mísseis balísticos em Cuba, "tal desastre poderia ser evitado". Além disso, eles contribuiriam para "restabelecer o equilíbrio de poder": afinal, os americanos haviam acabado de instalar mísseis na Türkiye, bem na fronteira da União Soviética. Os mandachuvas concordaram com o bombástico Khruschóv, mas Mikoyan levantou uma questão. Os Estados Unidos iriam bombardear os mísseis: "E aí como vamos reagir? Atacando o território americano?". Mikoyan foi voto vencido. "Instalar foguetes com ogivas nucleares. Transportar em segredo. Anunciar mais tarde", registraram as minutas da reunião. "Esta será uma política ofensiva."

Dias depois, os irmãos Castro foram informados. "Esta é a melhor forma de protegermos Cuba", respondeu Fidel. "Estamos dispostos a aceitar todos os mísseis." Khruschóv comentou com os companheiros que estava colocando "um ouriço" nas calças do Tio Sam. Em julho, enquanto os planos eram detalhados, Raúl Castro e Che Guevara fizeram uma visita a Moscou, onde perguntaram: "Que precauções foram tomadas para o caso de a operação ser descoberta?".

"Não se preocupem", respondeu Khruschóv, animado, "não vai haver ne-nhuma reação maior; se houver, mando a esquadra do Báltico." Mais tarde, co-mentou: "Vou agarrar Kennedy pelo saco e forçá-lo a negociar" — afinal, assim como um camponês que no inverno leva o bode para dentro da cabana e acaba se acostumando com o cheiro, Kennedy iria "acabar se acostumando com o chei-ro dos mísseis".[12]

Em 26 de julho de 1962, uma frota soviética partiu de Odessa levando para Cuba 44 mil soldados e seis bombas atômicas, além de dezoito mísseis de cruzei-ro nucleares, três divisões de armas nucleares táticas e seis bombardeiros. Em agosto, os mísseis começaram a ser instalados: é provável que Khruschóv tenha autorizado o comandante a usar armas táticas, caso necessário. Embora tenham notado a movimentação em Cuba, os serviços de inteligência americanos ha-viam deixado passar os enormes preparativos em Odessa e não se deram conta da magnitude da mobilização soviética.[13]

Em 14 de outubro, um avião espião americano revelou a presença de alguns mísseis na ilha, lançando Kennedy numa crise que colocava o mundo em risco. Ele sentiu o ouriço nas calças. "Ele não pode fazer isso comigo", disse, chamando Khruschóv de "maldito mentiroso" e "gângster imoral". Essa era a maior crise que qualquer presidente teria de enfrentar, e, no final, ele se mostrou à altura, dizendo a seu Comitê Executivo: "Cavalheiros, hoje vamos merecer o que ga-nhamos".

Os assessores mais belicosos propuseram ataques cirúrgicos para destruir os mísseis, o plano favorito de nove membros do Comitê Executivo, contra nove adeptos da imposição de um bloqueio. Kennedy rapidamente optou pelo bloqueio de Cuba, anunciando a decisão numa entrevista coletiva. No Kremlin, Khrus-chóv entrou em pânico: "Aí está! É o fim da obra de Lênin!". Mikoyan e o Presi-dium do Soviete Supremo, todos veteranos da Segunda Guerra temerosos de um confronto armado, ficaram alarmados com sua imprudência. Diante do que lhe parecia uma invasão iminente, Khruschóv admitiu que "a tragédia é que eles podem atacar e vamos reagir, o que pode levar a uma guerra em grande escala". Aos comandantes, recomendou que "empenhem-se ao máximo para não usar as armas nucleares", e enfatizou que seria indispensável a autorização de Moscou para que estas fossem instaladas.

Em Washington, Kennedy anunciou uma quarentena a Cuba e exigiu que as armas fossem retiradas da ilha. No Comitê Executivo, "demos o passo inicial", relembrou Bobby, "e ainda estamos vivos". O presidente permitiu que os gene-rais mais ansiosos planejassem ataques aéreos — a essa altura nenhum deles sa-bia que havia um arsenal nuclear na ilha —, mas "a perspectiva é infernal", co-mentou com Bobby. Kennedy estava obcecado por um livro da historiadora Barbara Tuchman sobre o início da Primeira Guerra Mundial, *Canhões de agosto*, que ele e seus assessores haviam lido. "A impressão é que de algum modo eles foram tropeçando até a guerra", comentou, por "estupidez, idiossincrasias individuais, mal-entendidos e complexos de inferioridade e grandeza." Nunca uma historiadora foi tão importante.

Em Moscou, Khruschóv foi tomado pelo nervosismo e ordenou que parte da esquadra soviética desse meia-volta; em Washington, ansioso para ver o resultado da quarentena, Kennedy ficou encantado ao saber que os seis navios haviam mudado de rumo, mas ainda assim ordenou que fossem abordados. "A tensão era visível em seu rosto e em seus olhos", observou Bobby. Na última hora, a ordem para abordar os navios soviéticos, que teria levado a um confronto, acabou sendo cancelada. "Por um instante o mundo havia parado, e agora voltava a girar." Em Moscou, um Khruschóv insone "praguejava contra Washington e ameaçava jogar uma bomba atômica na Casa Branca", mas depois se acalmou e saiu com os camaradas para ver *Boris Godunov* no teatro Bolshoi. "Isso terá um efeito desanuviador", disse Khruschóv. "Se Khruschóv e outros dirigentes estão se divertindo no teatro, então todos podem dormir tranquilos." Na manhã seguinte, porém, quando soube do endurecimento do bloqueio, ele praguejou "como um barqueiro", batendo com os pés no chão. "Vou esmagar esse verme!", gritou. Kennedy não era nada mais do que "a puta de um milionário".

Enquanto Khruschóv se acalmava, Kennedy tirou Jackie e as crianças de Washington e aumentou a condição de prontidão defensiva para o nível 2,[14] isto é, a um passo da guerra. A decisão alarmou Khruschóv a tal ponto que ele disse a Mikoyan que retiraria os mísseis em troca da "promessa dos americanos de não atacar Cuba". Em seguida, ditou uma longa e digressiva carta propondo uma mescla de paz e provocação. Mas a crise ainda estava longe de se dissipar: Fidel ordenou que qualquer avião americano fosse abatido e começou a se preparar para uma invasão iminente, passando acordado a noite toda na embaixada soviética, bebendo cerveja e comendo salsichas. Foi então que concluiu que a melhor saída seria uma guerra nuclear.

Khruschóv costumava ler em tradução os artigos do poderoso colunista Walter Lippman, do *Washington Post*, nos quais este propunha uma solução para a crise: a remoção dos mísseis americanos da Türkiye em troca da retirada dos mísseis soviéticos em Cuba. Nunca houve na história um jornalista tão influente quanto Lippman. Aproveitando essa ideia, Khruschóv enviou uma segunda carta menos conciliadora a Kennedy, que encarregou o irmão de discutir a proposta com o embaixador soviético. Como o presidente se descontraiu um pouco, o assessor especial Dave Powers convocou a amante adolescente dele, a estagiária Mimi. No entanto, ainda que conversasse com ela, "a expressão de Kennedy era séria [...] e mesmo os gracejos tinham um tom desanimado e sombrio": "Prefiro que meus filhos sejam vermelhos do que mortos", comentou, antes de enviá-la para a cama, preferindo assistir sozinho ao filme *A princesa e o plebeu*.

Ainda que os líderes estivessem rumando para um entendimento, as tropas e os armamentos continuavam apontando para um confronto. Khruschóv, então, recebeu uma carta de Fidel: "Os imperialistas podem iniciar um ataque nuclear contra a URSS", sugeriu o líder cubano, e por isso aquele era "o momento adequado" para lançar ataques nucleares contra os Estados Unidos. "Por mais difícil e horrenda que seja essa decisão, não me parece restar outra alternativa." Esta continua sendo a carta mais aterrorizante jamais escrita por um líder. Khruschóv ficou horrorizado: "Quando ela foi lida para nós, ficamos ali sentados em silêncio, olhando uns para os outros por um longo tempo".

"Sua proposta é que lancemos um ataque nuclear inicial", ele escreveu a Fidel. "Isso não seria um simples ataque, mas o início de uma guerra mundial termonuclear."

"Sabemos que seríamos aniquilados [...] na eventualidade da eclosão de uma guerra termonuclear", respondeu Fidel, "e, se de fato isso ocorresse, o que faríamos com os loucos que desencadearam a guerra?"

As tropas soviéticas tinham autorização para recorrer a todas as armas não nucleares, e elas derrubaram um avião americano e mataram o piloto. Bobby comunicou ao embaixador soviético que Kennedy poderia retirar os mísseis da Türkiye em "quatro ou cinco meses", mas "não pode dizer nada em público", acrescentando que "o prazo é crucial". Ele não estava exagerando: ao largo das Bermudas, navios americanos lançaram cargas explosivas de profundidade e não letais para indicar a um submarino soviético dotado de armas nucleares, o *B-59*, que ele devia emergir. Mas os oficiais do *B-59* não haviam recebido instruções de Moscou e só sabiam das negociações por estações de rádio americanas. Em 27 de outubro, por volta do meio-dia, o capitão Savitsky, convencido de que as duas superpotências estavam agora em guerra, ordenou o lançamento de um míssil nuclear T5: "Preparem os mísseis [com ogivas nucleares] dos tubos 1 e 2 para disparo!". Mas seu comandante, Akhipov, usando o submarino como centro de comando, cancelou a ordem e o convenceu a subir à superfície, onde um navio americano lhe enviou sinais luminosos amistosos. Savitsky entendeu a mensagem e ordenou que se interrompessem os preparativos para o disparo. Foi o mais próximo de um conflito nuclear que já se chegou no mundo.

Nos arredores de Moscou, em sua dacha em Novo-Ogarevo (mais tarde a residência de Vladímir Putin), Khruschóv convenceu os camaradas Mikoyan e o protegido deste, o chefe de Estado titular Leonid Brejnev, de que seria melhor aceitar a oferta de Kennedy de retirada dos mísseis, tanto em Cuba como na Türkiye: "Para salvar a humanidade, precisamos recuar".

Em Washington, Kennedy ficou tão aliviado que comentou com Powers: "Sinto-me como se tivesse renascido. Você se deu conta de que já tínhamos um ataque aéreo preparado para terça-feira? Graças a Deus acabou tudo". No entanto, quando Khruschóv comunicou a decisão a Havana, Fidel ficou furioso e inconformado. O líder soviético sugeriu "oferecer-lhe um conselho de amigo: que mostrasse paciência e contenção", e enviou Mikoyan, cuja esposa Ashken estava morrendo em Moscou, a Havana, onde ele disse a Fidel que os mísseis seriam retirados da ilha. Em particular, Fidel chamou Khruschóv de "crápula [...] imbecil", vociferando que o russo não tinha *cojones* e era um *maricón*. Numa reunião posterior, em 22 de novembro, Fidel recusou-se a permitir inspeções da ONU e irritou-se com Mikoyan: "Não concordamos com a retirada dos mísseis [...]. Por quem nos tomam? Vocês nos tratam como um zero à esquerda, como um trapo imundo". Em seguida, solicitou armas nucleares.

Fidel: "Nós assumimos o risco [...]. Estávamos até preparados para uma guerra nuclear".

Mikoyan: "Também nós estávamos dispostos a fazer sacrifícios por Cuba".

Fidel: "A União Soviética não transferiu armas nucleares para outros países?".

Mikoyan: "Temos uma lei proibindo a transferência desse tipo de armas".

Fidel: "Mas não seria o caso de deixar armas nucleares táticas aqui em Cuba?".

Mikoyan: "Não, camarada Fidel, não há essa possibilidade".

Mikoyan recebeu a notícia de que a sua mulher havia falecido e enviou o filho Sergo de volta para o funeral,[15] ao qual Khruschóv estupidamente recusou-se a assistir: "Não gosto de funerais; não é o mesmo que ir a um casamento, não é?". Os mísseis balísticos foram retirados — e também as bombas atômicas e as armas nucleares táticas de que os americanos não tinham conhecimento.

A crise estava superada.

Khruschóv criticou o cubano: "Por ser jovem, ele não conseguiu se conter". No entanto, a crise mostrara, segundo ele, que "somos membros do Clube Mundial". Khruschóv se defendeu: "Não é preciso agir como o oficial tsarista que se matou por ter soltado um peido no baile". O episódio foi um pouco mais do que um peido no meio de um baile. "Cortei os culhões dele", exultou Kennedy, ao retomar o caso com Mimi. E ambos os líderes, que haviam apavorado um ao outro, deram a entender, por meio de assessores, que chegara a hora de reduzir seus arsenais nucleares e que seria conveniente instalar uma linha telefônica direta — na verdade um aparelho de telex — para evitar futuras crises. O dispositivo foi testado por ambos os lados — os americanos enviaram uma citação de Shakespeare, e os soviéticos, uma de Tchekhóv —, e se mostraria útil mais cedo do que se previa.

"Temos um problema para convencer os outros de nosso poder", disse Kennedy, "e o Vietnã parece ser o lugar apropriado para resolver isso." Embora considerasse Ho Chi Minh uma espécie de "santo" esquerdista, Khruschóv proporcionava um apoio restrito aos vietnamitas, ao mesmo tempo que monitorava o aumento da quantidade de militares americanos na Tailândia e no Vietnã do Sul.

Em alta após a crise de Cuba, Kennedy odiava os dois líderes asiáticos com quem mais se parecia — e era odiado por eles.

SIHANOUK E O XÁ

O príncipe Sihanouk, o carismático playboy que estava agora apaixonado por uma miss eurasiática adolescente chamada Monique — que virou sua amante principal, mas não a única, e era com frequência comparada a Jackie Kennedy —, estava empenhado em preservar a neutralidade do Camboja. Sihanouk aderiu ao movimento dos países não alinhados — liderado por Nasser, Nehru e Sukarno —, e claramente inclinava-se em favor dos soviéticos. Porém, na Indochina, onde até mesmo os Estados Unidos e a União Soviética haviam concordado em manter o Laos neutro, havia pouco espaço para uma neutralidade efetiva. Após o alívio temporário proporcionado pela retirada francesa, Ho Chi Minh e seu camarada mais jovem e agressivo, Le Duan, ordenaram ao general Giap que iniciasse a infiltração de tropas no Vietnã do Sul, agora governado por outro grupo de parentes, o presidente Ngo Dinh Diem e seus irmãos.[16]

Kennedy ampliou a quantidade de assessores militares americanos, de mil para 16 mil, e pressionou Sihanouk para que resistisse aos avanços comunistas. A CIA chegou a aprovar um plano para matar o príncipe, organizado pelos Ngo, mas Sihanouk sobreviveu ao atentado a bomba. O próprio Kennedy ficou exasperado com os Ngo, que reprimiam brutalmente os crescentes protestos budistas. Em novembro de 1963, apenas vinte dias antes da viagem de Kennedy a Dallas, os Ngo foram depostos por seus generais e mortos a golpes de baioneta; a sra. Nhu escapou do mesmo destino porque estava no exterior. Cada vez mais próximo da China, Sihanouk passou a se incomodar com as ameaças americanas.

Por outro lado, Kennedy também tinha muito em comum com o xá do Irã: eram ambos da mesma idade, filhos playboys e atléticos de magnatas dominadores e casados com gélidos ícones da moda. Tragicamente, contudo, a rainha Soraya não podia ter filhos; depois que o xá, agora com quarenta anos, suplicou que ela lhe permitisse ter uma segunda esposa, eles se divorciaram, e, em 1959, o xá se casou com uma jovem e vivaz estudante de arquitetura, Farah Diba, numa cerimônia em que esta vestiu um modelo de Yves Saint Laurent. Farah era mais liberal do que ele e mais receptiva às mudanças. Eles tiveram dois filhos e duas filhas, e em termos de elegância ela também era comparada a Jackie Kennedy. Tanto Kennedy como Mohammad Pahlavi eram mulherengos que não hesitavam em correr riscos e clientes do bordel parisiense de Madame Claude.[17]

No entanto, o xá e o presidente se odiavam. Na década seguinte à queda de Mossadegh, Pahlavi se destacara como um líder cada vez mais poderoso na região. Ao mesmo tempo que enfrentava uma barafunda de conspirações, ele renegociou os acordos petrolíferos com o Ocidente e, em 1960, foi um dos fundadores da Opep, a organização dos países produtores de petróleo, conseguindo manter-se próximo tanto dos sauditas como dos israelenses, os quais respeitava e apreciava. Jogando os americanos contra os soviéticos, ele se aliou aos primeiros, mas ressentia-se das interferências. E criou uma polícia secreta, a Savak, para caçar os comunistas, muitos dos quais foram executados, e lidar com as constantes conspirações contra o regime.

Kennedy considerava o xá um tirano pouco eficiente e o aconselhou a nomear como primeiro-ministro um aliado dos americanos. Com o orgulho ferido e planejando uma revolução e o rearmamento do país, o xá aceitou a sugestão com relutância, convencido de que Kennedy tentava afastá-lo do poder. Quando Pahlavi e Farah visitaram Kennedy na Casa Branca, os encontros foram gélidos. Mas, quando o xá retornou ao Irã e enfrentou com firmeza os aiatolás, Kennedy afinal se convenceu de que ele poderia ser um aliado útil.

Em 9 de janeiro de 1963, Pahlavi lançou a Revolução Branca, um conjunto de reformas que visavam industrializar o país, redistribuir terras e conceder direitos às mulheres, e que escandalizaram os ulemás — os teólogos islâmicos liderados por Ruhollah Khomeini. O irascível aiatolá, de 63 anos, parecia um mulá medieval, mas também era um inovador. Com apoio da Fadayan-e Islam, uma rede clandestina de extremistas e terroristas responsável pelo assassinato de uma série de ministros, ele vinha desenvolvendo uma extraordinária ideia que implicava a rejeição completa do domínio laico: enquanto aguardavam a irrupção messiânica do mádi oculto, os xiitas deveriam adotar o governo pelo guardião jurídico islâmico — o *velayat-e faqih*. É provável que Khomeini já pensasse em si mesmo para desempenhar essa função. Para a maioria dos ulemás, contudo, essa era uma concepção excêntrica, para não dizer bizarra.

No dia festivo da Ashura, 3 de junho de 1963, Khomeini denunciou o xá como um homem "indigno e miserável", comparando-o ao califa omíada Yazid, que, anos antes, nesse mesmo dia, assassinara Husain, o primeiro imame. Pahlavi recorreu ao leal primeiro-ministro, Asadollah Alam, um jovial latifundiário que havia se desfeito de suas propriedades e perseguira funcionários corruptos. "Disponho de armas e canhões [...]. Vou acabar com as mães deles." Em 5 de junho, Alam mandou prender Khomeini, deflagrando dias de distúrbios violentamente reprimidos pelo exército, que matou quatrocentas pessoas a tiros. Afastando temporariamente o confiável Alam, o xá nomeou um novo primeiro-ministro, Hassan Ali Mansur, que repreendeu duramente Khomeini e chegou a dar um tapa em seu rosto. Enviado para o exílio no Iraque, ele encomendou o assassinato de Mansur. O xá, porém, havia triunfado. Khomeini tornara-se irrelevante e obsoleto.

Nomeando o amigo Alam ministro da corte, posto mais importante que o de primeiro-ministro numa monarquia absolutista, o xá ganhou tempo para dar andamento à sua revolução — que tinha objetivos admiráveis, ainda que implementados de maneira imperfeita. Pahlavi, porém, obteve êxito na promoção do Irã como "a chave de uma vasta região", recebendo abundantes armamentos americanos, ao mesmo tempo que apoiava aliados do Ocidente, como Marrocos, Jordânia e Israel.[18] Além disso, o Irã conteve um Iraque radicalizado ao apoiar uma rebelião dos curdos.

O xá era admirado por Alam como "um reformador decidido e exigente", um meritocrata que costumava dizer: "De onde vêm os Pahlavi? Meu pai era um simples soldado das províncias". Encarregando-se pessoalmente de todas as negociações, o xá não confiava em ninguém e reclamava da tensão em que vivia. Suas recreações mal se distinguiam daquelas de outros potentados, e os diários mantidos por Alam revelam os detalhes. Embora tivesse um casamento feliz com Farah, ele e Alam apreciavam receber "convidadas" — as jovens de Madame Claude, que chegavam de avião e eram remuneradas com joias. Soando exatamente como Kennedy, ele dizia que o sexo era sua "única descontração [...]. Se não fosse por esse pequeno prazer, eu estaria destroçado". A inteligente e sensível rainha Farah, "uma influência moderadora", não via Alam com bons olhos, sabendo que "o marido dela e eu caímos juntos na farra".

No âmbito interno, as iniciativas de Pahlavi haviam criado uma classe média letrada, e milhões de camponeses tinham migrado para as cidades em busca de trabalho. Mas o xá não lhes oferecia nenhuma perspectiva de participação no governo, e o dinheiro obtido com o petróleo era desperdiçado em artigos de luxo, corrupção e armas, em vez de aliviar a pobreza, ao passo que a Savak recorria à tortura para sufocar qualquer oposição. O duque de Edimburgo, que costumava visitar Pahlavi, contou a este autor: "O xá comprova quão perigoso e difícil é tentar fazer tudo sozinho". Acostumado ao êxito e tomado cada vez mais pela grandeza, Pahlavi sentia que sua ascensão era algo predestinado — uma ideia confirmada quando seu inimigo na Casa Branca viajou a Dallas para fazer campanha.

KENNEDY SAI DE CENA: LYNDON JOHNSON E MARTIN LUTHER KING

No dia 23 de novembro de 1963, em Dallas, Kennedy, deslocando-se numa limusine aberta ao lado de Jackie, elegante num conjunto rosa Chanel, foi atingido por tiros na cabeça e na garganta, disparados por Lee Harvey Oswald, provavelmente agindo sozinho. Com a roupa salpicada pelo cérebro do marido, Jackie arrastou-se para fora do carro e foi resgatada por um guarda-costas, enquanto o comboio seguia apressado para o hospital, onde o presidente chegou morto. Seu sucessor, Lyndon Johnson — um agigantado e robusto político texano, um exímio congressista que odiava tanto a vice-presidência ("não vale um balde de cuspe", comentou certa vez, referindo-se a um dos vices de Franklin Roosevelt) como os presunçosos Kennedy —, fez o juramento de posse no avião presidencial, o Air Force One, ao lado de Jackie, ainda vestindo o Chanel ensanguentado.

Johnson ordenou que a linha direta com Moscou fosse usada pela primeira vez, a fim de informar os russos do assassinato. Khruschóv, que temia que os soviéticos fossem responsabilizados, acreditava que Kennedy havia sido morto por conservadores interessados em evitar qualquer distensão com Moscou. E enviou Mikoyan, um dos carregadores do caixão de Lênin em 1924, ao funeral do presidente americano.

Com um estilo de liderança brutal — "se não conseguir foder o rabo de um sujeito, então ao menos bata com o pau na cara dele, porque é melhor deixar claro quem manda do que permitir que ele fique com as chaves do carro" —, Lyndon Johnson acabou surpreendendo ao levar adiante a promoção dos direitos civis. Ele se ressentia do respeito que devia aos Kennedy. E agora Bobby pranteava o irmão tendo um caso com sua viúva Jackie. Johnson odiava Bobby e o "bando de Harvard"; e o sentimento era recíproco. "Bobby, sei que você não gosta de mim", disse Johnson certa vez. "Seu irmão gosta [...]; o que tem contra a minha pessoa?" Bobby admitiu que Johnson era "o ser humano mais formidável que já conheci. Ele simplesmente devora os mais fortes". Ao mesmo tempo, considerava-o "quase um animal". Johnson manteve Bobby como procurador-geral, encarregado de lidar com a questão dos direitos humanos.

"Até que a justiça seja cega à cor, até que a educação não leve em conta a raça", prometeu Lyndon Johnson, "até que a oportunidade seja indiferente à cor da pele das pessoas, a emancipação será uma proclamação, mas não uma realidade." Todavia, sua decência foi sempre maculada por um pragmatismo grosseiro: "Vou fazer com que esses negros votem nos democratas nos próximos duzentos anos". Em 2 de julho de 1964, a Lei dos Direitos Civis proibiu a discriminação e a segregação racial. Em março de 1965, Martin Luther King iniciou uma campanha em favor do direito de voto em Selma, no Alabama, onde a brutalidade policial no chamado Domingo Sangrento deixou evidente o quanto as leis racistas, tal como a escravidão, eram baseadas na violência. Dois dias depois de King conduzir uma sessão de orações na ponte Edmund Pettus, em Selma, Lyndon Johnson, o mais bem-sucedido legislador da história presidencial, apoiou o projeto de lei que assegurava o direito de voto aos negros, promulgado em 6 de agosto de 1965. King chorou: depois de trezentos anos de escravismo e apartheid, havia começado a emancipação dos afro-americanos. Porém, seria preciso mais do que duas leis para superar um preconceito de séculos.

Pahlavi não derramou nenhuma lágrima pela morte de Kennedy, chegando a rascunhar uma carta repleta de críticas para Lyndon Johnson, que Alam recusou-se a enviar, mas também ele vivia sob a mira de armas e já sobrevivera a uma tentativa de assassinato. Logo após a morte de Kennedy, um guarda-costas muçulmano radicalizado tentou fuzilar o xá em seu gabinete: depois de se esquivar aos disparos de metralhadora, ele prosseguiu calmamente com os compromissos do dia, comentando que "os ladrões nunca entram duas vezes na mesma casa".

No Kremlin, uma nova equipe iria confrontar Johnson. A Fidel Castro, seguro, mas humilhado, não restou outra saída senão perdoar Khruschóv, algo que os próprios camaradas do russo não podiam fazer. Às quatro horas da tarde do dia 13 de outubro de 1964, o septuagenário Khruschóv adentrou o Presidium no Kremlin. Ele passava férias na Abcásia, às margens do mar Negro, quando foi convocado por Brejnev: "Não podemos decidir sem você!". Khruschóv voltou de avião a Moscou. Durante a reunião, Brejnev inesperadamente passou a denunciá-lo por agir de forma ditatorial, cometer erros, beber demais, "contradizer Lênin", "tomar decisões em almoços" e chamar o Presidium de uma matilha de "cães que mijam na sarjeta". Bem, agora era nele que estavam mijando.

Com 57 anos, Leonid Brejnev, um homem de aspecto ursino e sobrancelhas cerradas, despretensioso e jovial, era protegido de Khruschóv desde a década de 1930. Filho de um metalúrgico russo do leste da Ucrânia, "Lionia" servira na frente ucraniana com o padrinho, sendo mais tarde promovido por Stálin. Também fez parte da equipe que prendeu Béria, apoiando Khruschóv contra os dirigentes stalinistas, e foi promovido a vice-líder do partido. No entanto, desaprovou as denúncias contra Stálin, incomodava-se com os surtos coléricos de Khruschóv e ficou horrorizado com o desastre de Cuba. "Antes da guerra", Khruschóv costuma zombar de Brejnev, "os rapazes o apelidaram de Bailarina", porque "qualquer um podia fazê-lo rodopiar". Em junho de 1964, Brejnev começou a conspirar, mas ficou tão nervoso que quase caiu em prantos — "Khruschóv está sabendo de tudo. Estamos perdidos. Ele vai nos fuzilar" —, e até fez falsas anotações em seu diário: "Encontro com Nikita Sergeievitch. Reunião agradável e animadora". Brejnev mobilizou a KGB e sugeriu que matassem Khruschóv, ou sabotassem seu avião. Em outubro de 1964, quando Khruschóv passava férias na cidade de Pitsunda, na Abcásia, Brejnev preparou a armadilha e o chamou de volta a Moscou.

"Você está sofrendo de megalomania", um dirigente gritou para Khruschóv, "e essa doença é incurável." Mas o maior pecado havia sido Cuba. "Você jogou com o destino do mundo", disse outro. "Nunca a Rússia nem o exército soviético", afirmou um terceiro, "sofreram tamanha humilhação."

"Não posso tergiversar com minha consciência", concluiu Brejnev. "Proponho que o camarada Khruschóv seja exonerado dos postos que ocupa e que estes sejam redistribuídos."

"Vocês se juntaram para jogar merda sobre mim", replicou Khruschóv, "e não vou contestar [...], estou velho e cansado demais." Mas e quanto às suas realizações? "Não há mais medo e podemos falar de igual para igual. Essa é a minha contribuição." Khruschóv não foi executado. Mikoyan tornou-se chefe de Estado; o veterano Alexei Kossigin virou primeiro-ministro; e Brejnev assumiu o comando do partido, logo em seguida adotando o antigo título stalinista de secretário-geral. Porém, estava longe de ser um Stálin — ou mesmo um Khruschóv.

Os hachemitas e os Kennedy, os Mao, os Nehru e os Assad

Brejnev era enérgico e aguçado, afável e bem-humorado, um realista cauteloso, sempre fazendo piadas, inventando apelidos e rindo alto. Suas opiniões sobre a política americana e os líderes estrangeiros eram surpreendentemente acuradas, e, no Kremlin, ele tentava "convencer seus interlocutores e criar uma atmosfera aberta e desanuviada nas conversas", relembrou o jovem secretário de Stavropol, Mikhail Gorbatchóv, a quem ele sempre provocava por causa do seu "império ovino". Um mujique que bebia bem, caçador entusiástico e mulherengo, vaidoso mas capaz de rir de si próprio, Brejnev colecionava carros esportivos e medalhas imerecidas: em visita a Berlim, ao ganhar de presente uma Mercedes, oferecida por Honecker, seu vassalo na Alemanha oriental, saiu dirigindo com tal imprudência que destruiu o carro ao fazer uma curva mais fechada.

Depois de conceder a si mesmo o título de marechal, foi ridicularizado por anunciar aos berros: "Abram caminho para o marechal". Sobre a teoria marxista, brincava: "Vocês não esperam que Lionia Brejnev tenha lido tudo isso, não é?". Ele mantinha um diário tão tedioso quanto os dos Habsburgo: "Abati 34 gansos", era uma anotação típica. "Com Lionia, tudo que eu precisava fazer era contar piadas", relembrou Semichastni, o chefe da KGB, "e nada mais." Enquanto os americanos estavam convencidos de que os soviéticos eram exímios titereiros, na verdade os vietnamitas estavam tomando suas próprias decisões, e Mao consolidava seu poder.

Em Hanói, com o venerável Ho Chi Minh aposentado, Le Duan intensificou a escala do conflito, infiltrando 40 mil soldados regulares no Vietnã do Sul, que já abrigava 800 mil guerrilheiros do Viet Cong. "A ameaça comunista", afirmou Lyndon Johnson, "precisa ser decisivamente eliminada."[1] No final de 1965, ele havia enviado 200 mil soldados e iniciado uma campanha de bombardeio do Vietnã do Norte, mas minimizou a escalada americana: "Se você tem uma sogra com um único olho [...] no meio da testa", explicou, "é melhor não permitir que fique na sala de estar". Sihanouk, agora chefe de Estado no Camboja, estava no auge, governando sem oposição, pronunciando longos discursos, vangloriando-se de conquistas sexuais, apresentando composições jazzísticas com seu conjunto e promovendo balés estrelados pela belíssima filha. Também estava mandando executar os oponentes e permitindo que a família de Monique amealhasse uma fortuna enquanto o caldeirão vietnamita transbordava para o Camboja.

O Viet Cong utilizava áreas fronteiriças no Camboja e no Laos como rotas de suprimento para suas forças no Vietnã do Sul: era a Trilha Ho Chi Minh. Em 1964, Sihanouk, num acordo com Zhou Enlai, que visitou Phnom Penh, permitiu que suprimentos chineses passassem pelo Camboja a caminho do Vietnã — na chamada Trilha Sihanouk —, em troca de parte dos equipamentos militares. Com a escalada militar americana, Sihanouk inclinou-se para a esquerda, incorporando ao governo Khieu Samphan, um intelectual marxista formado na Sorbonne e membro de uma facção maoista clandestina liderada pelo professor Saloth Sar. Quando Sihanouk o acusou de apoiar uma revolta camponesa e o desautorizou em público, Khieu Samphan desapareceu, e muitos acharam que tivesse morrido. Mas ele na verdade se refugiara na selva, onde se encontrou com Saloth Sar, que em seguida voou até Beijing, onde foi recebido pelo vice-premiê Deng Xiaoping. No entanto, foi o chefe da política secreta de Mao, Kang Sheng, que entreviu todo o seu sinistro potencial. Em 1966, quando os chineses voltaram-se contra Sihanouk, este se deu conta de que havia algo acontecendo em Beijing.

A PICADA DO ESCORPIÃO E A QUEDA DO PEQUENO CANHÃO:
MAO ATIÇA JIANG QING

Em novembro de 1965, o septuagenário Mao, depois de tolerar três anos de crescente oposição, convocou sua mulher Jiang Qing — a ex-atriz transformada em comissária cultural, apreciadora de óperas e filmes clássicos, mas também a executora da linha cultural kitsch do partido — e ordenou que delineasse um manifesto revolucionário. A cultura seria o instrumento, o objetivo era "castigar este nosso partido", e o alvo, "a linha negra oposta ao pensamento de Mao Tsé-

-tung". Ao vê-lo se divertir com o harém de dançarinas, Jiang ficou incomodada. "Na luta política", ela observou, "nenhum líder se compara a ele", mas, "em sua conduta privada, tampouco há alguém capaz de contê-lo". Ao flagrar Mao, já sexagenário, na cama com uma enfermeira, ela o descompôs aos berros antes de se retirar. Arrependendo-se em seguida, enviou-lhe um bilhete com uma citação do romance clássico chinês *Jornada ao oeste*: "Meu corpo está na Caverna da Cortina de Água, mas meu coração continua a seu lado". Mao podia ficar com as amantes; o que ela queria de fato era uma carreira. Em particular, Mao execrava Jiang — "peçonhenta como um escorpião" —, e durante anos ela convivera com o desprezo dos dirigentes do partido. Agora chegara a hora da vingança. "Virei o cão do presidente Mao", diria ela mais tarde. "Qualquer um que o presidente me mandasse morder, eu mordia."

Mao a instruiu a recrutar Lin Biao — o perverso, hipocondríaco e cadavérico marechal recém-alçado à vice-presidência —, que compilara um livro vermelho com frases de Mao. Este prometeu fazer de Lin Biao seu sucessor. Lin e a esposa, igualmente neurótica e amargurada por rumores a respeito de seu passado sexual, juntou-se a Mao e a Kang Sheng, o chefe dos serviços de segurança sempre vestido de preto. Às esposas caberia o protagonismo; a inveja desempenharia sua parte; e a vingança seria servida fria.

Essa foi uma crise autoinfligida por Mao. Em 1958, ele lançara o Grande Salto Adiante, um frenético e demencial programa de industrialização concebido para fazer a China "superar todos os países capitalistas" com vertiginosa rapidez; para tanto, camponeses e trabalhadores foram obrigados a gerar excedentes alimentícios que financiassem a produção cada vez maior de aço e de navios, ao arrepio da opinião dos especialistas: "os conhecimentos dos professores burgueses valiam tanto quanto o peido de um cão". A venda dos alimentos excedentes serviria para financiar o desenvolvimento de tecnologias e armamentos novos. Noventa milhões de chineses foram compelidos a construir fornos siderúrgicos cujos produtos eram imprestáveis. Não demorou para que a carestia afligisse o campo: em três anos, 38 milhões de pessoas morreram de inanição, na pior fome do século.[2] "Trabalhando assim", Mao afirmou em maio de 1958, "metade dos chineses talvez venha a perecer." E acrescentou: "Mas isto já aconteceu várias vezes na história da China". Em 1959, o ministro da Defesa, Peng Dehuai, criticou o Grande Salto Adiante, porém foi afastado e substituído por Lin Biao. Em 1962, até mesmo o presidente Liu Shaoqi, o vice de Mao, estava atacando o programa: "As pessoas não têm o que comer". Liu, o premiê Zhou e o pragmático vice-premiê Deng Xiaoping, que seria a outra figura crucial do século na China, empenharam-se em moderar as requisições de alimentos.

No campo externo, enquanto brigava com os perplexos russos, Mao começava a projetar o poder do país, inaugurando uma nova versão da história na qual a China aparece como a perpétua potência suprema no Leste Asiático — um papel que de fato desempenhou no auge dos impérios Tang, Ming e Manchu, mas entremeados por séculos de fragmentação. Em 1959, Mao anexou o Tibete, obrigando seu jovem soberano sagrado, o dalai-lama, a buscar refúgio na Índia. Em seguida, ele decidiu ensinar a Nehru a não desafiar o poderio chinês.

Havia já uma década, Nehru estava no comando da maior democracia do mundo, implementando projetos de cunho social e desenvolvendo os setores de energia e siderurgia, adotando formalmente uma posição de "não alinhamento", mas na prática aliado aos soviéticos: embora tenha desaprovado a intervenção anglo-francesa no Egito, ele se recusou a criticar a repressão soviética na Hungria. Seu desafio era estabelecer "um Estado justo por meios justos" e "um Estado laico num país religioso"; por outro lado, ele pouco fez para combater a miséria ou o sistema de castas, que considerava parte integrante da cultura hindu. Era de uma perspectiva aristocrática que via o povo. "Tenho até prazer nesses contatos renovados com o povo indiano", contou a Edwina Mountbatten. "O esforço para explicar [as coisas] em termos simples [...] e esclarecer essa gente simples é ao mesmo tempo exaustivo e estimulante." Todavia, o *raj* que ele herdara dos britânicos encontrava-se abalado por revoltas armadas, todas sufocadas com brutalidade, e pela úlcera supurante da Caxemira. Em 1961, Nehru tomou Goa de Portugal e, no ano seguinte, recebeu Pondicherry da França.

E ele já estava empenhado em obter a bomba atômica para a Índia. "Precisamos ter essa capacidade", afirmou. "Antes de tudo devemos mostrar que somos capazes, e só depois falar de Gandhi, da não violência e de um mundo desnuclearizado." Embora Khruschóv tenha visitado Delhi, Nehru entendeu-se melhor com Zhou Enlai; ele era fascinado pela China, a quem via como o principal parceiro da Índia no iminente século asiático. Agora, no entanto, Mao contestava a fronteira sino-indiana, precariamente delineada pelos manchus e pelos vitorianos. "Nem um metro de território vai ser tirado da Índia", reagiu Nehru, que nomeou um inepto amigo da Caxemira como chefe de gabinete e o encarregou de promover a expulsão das tropas chinesas.

Em outubro de 1962, as tropas de Mao derrotaram os indianos e avançaram. Nehru, antes tão satisfeito em ser aliado dos chineses, ligou desesperado para Washington e implorou pela ajuda de bombardeiros americanos. A festa de aniversário dos 49 anos de Indira, ocorrida no mês seguinte, foi desoladora. Quando parentes perguntaram a Nehru como estava, ele se limitou a responder que "os chineses irromperam pelo passo de Sela". Mao poderia ter continuado a avançar até Kolkata, mas deteve as tropas. "Nada me mortificou tanto", confessou Nehru. Indira notou o quanto estava abalado: "A tensão é tremenda". Em 27 de maio de 1964, após dezoito anos como primeiro-ministro e com 74 anos de idade, Nehru morreu de um ataque cardíaco. Indira perdeu o companheiro mais próximo e até mesmo sua casa, pois vivera na residência do pai desde a independência. Enquanto ela pensava em deixar a Índia e abrir uma pensão em Londres, os dirigentes do Partido do Congresso escolheram Lal Shastri como primeiro-ministro, e ele nomeou Indira para comandar o Ministério das Comunicações. A hora dela iria chegar mais cedo do que imaginava.

Os êxitos no campo externo não asseguraram a posição de Mao internamente. Em abril de 1966, ele deu rédea solta a Jiang Qing e a seu manifesto de "morte à cultura"; uma "camarilha antipartido" foi denunciada e Lin Biao declarou que todo aquele que criticasse Mao deveria ser "executado [...], o país todo deve clamar por seu sangue". Ao mesmo tempo que Mao destravava o ressentimento contra os barões do partido, Lin Biao, em particular e no Politburo, reagia a cartas difamatórias assinadas por "Montecristo" que acusavam sua esposa de aventuras sexuais, divulgando uma bizarra declaração segundo a qual a sra. Lin "era virgem quando se casou comigo" e "não manteve nenhum relacionamento amoroso de natureza sexual". Em maio, assim que assegurou o apoio do premiê Zhou, Mao lançou uma campanha de terror por meio do Grupo da Revolução Cultural,³ incitando os estudantes a punir qualquer "ideia burguesa" aventada por professores e suspendendo as aulas. Na Universidade de Beijing, professores foram espancados por gangues dos chamados guardas vermelhos.

Em julho, Mao sinalizou seu poder nadando no rio Yangtsé. "Eu queria me exibir", admitiu mais tarde, mas, se não tivesse contado com a sub-reptícia ajuda de um guarda-costas, "teria morrido". Em Zhongnanhai, o revigorado septuagenário mudou-se para uma nova residência, conhecida como a Casa da Piscina por contar com uma piscina interna. Quando Mao convocava os cortesãos a Zhongnanhai, os guardas diziam: "Você está sendo esperado na piscina".

Em agosto, o próprio Mao escreveu uma carta dirigida aos estudantes da nação, atacando os líderes partidários "venenosos" e a "arrogância da burguesia", e ordenando: "Destruam os centros de comando". Em seguida, ao lado de Lin, apareceu numa parada militar empunhando O pequeno livro vermelho e estimulou uma caça às bruxas pública: o ministro encarregado do setor carvoeiro foi espancado, pendurado com os braços amarrados às costas e depois esfaqueado. Em toda a China, grupos de estudantes e arruaceiros atacaram seus chefes, desde professores até dirigentes do partido, promovendo "sessões de luta" nas quais as vítimas eram espancadas e forçadas a se incriminar — um novo modelo de intolerância esquerdista.

Tal como Stálin, um mestre da mobilização na Era das Massas, Mao conduziu a campanha de terror, designando formalmente Lin Biao como sucessor, ao mesmo tempo que sua mulher e a de Lin eram promovidas ao Politburo. Ele preservou aqueles que lhe poderiam ser úteis mais tarde. O presidente, Liu, foi descartado como "principal companheiro de viagem capitalista" e, em seguida, espancado e torturado. Mais tarde, Liu seria abandonado enquanto morria de câncer, sem acesso a tratamentos. No entanto, Mao respeitava Deng Xiaoping, o robusto e competente ex-favorito que estava no comando do país, apelidando-o de Pequeno Canhão. Mesmo assim, Deng foi denunciado como o "segundo maior companheiro de viagem capitalista", exonerado de suas funções e despachado para uma fábrica de tratores em Jiangxi; e o filho dele, Pufang, foi torturado e jogado do alto de um prédio — ele sobreviveu, mas ficou paraplégico.[4] Aliado de Mao, o vice-premiê Xi Zhongxun foi denunciado por Kang Sheng, rebaixado para uma fábrica de tratores e depois humilhado publicamente e encarcerado, enquanto seu filho, Xi Jinping, criado em condições privilegiadas, testemunhava a queda do pai e os guardas vermelhos saqueavam a casa da família. Qi Xin, casada com Xi Zhongxun e mãe de Xi Jinping, viu-se forçada a denunciar o marido numa apavorante sessão de luta. A filha do casal se suicidou. Qi acompanhou Xi no exílio, onde ele se dedicou a ler Adam Smith e Churchill, mas ficou amargurado e traumatizado pelos mais de dez anos que se passaram até ser reabilitado. O filho Xi foi obrigado a se inscrever no Movimento de Envio ao Campo, de onde tentou retornar a Beijing, mas foi detido e enviado de volta. Ele somente reencontraria os pais com quase vinte anos de idade. Quando se tornou o governante supremo da China, meio século depois, ele se recordou do terror: "Ainda vejo os cercados [os campos de detenção da Guarda Vermelha]", disse. "Entendo a política num nível mais profundo." A China foi tomada pelo caos: 3 milhões de pessoas foram mortas, 100 milhões demitidas, 17 milhões deportadas ou forçadas a se "reeducar", enquanto 1 bilhão de exemplares de *O pequenos livro vermelho* eram sacudidos no ar.

Brejnev estava fascinado e desconcertado por Mao. "Que tipo de pessoa é ele?", perguntou a Fidel Castro. "Um comunista ou um fascista? Ou talvez um novo tipo de imperador chinês?" Evitando o desatino maoista, Brejnev continuava a defender o império de Stálin — "Quando forças hostis ao socialismo tentam atrair um país socialista para o capitalismo, isto se torna [...] um problema de todos os países socialistas" —, porém, após a crise cubana, ansiava por limitar, juntamente com os americanos, os arsenais nucleares dos dois países, ao mesmo tempo que continuava a apoiar as guerras quentes travadas por procuração na África.

NASSER E O REI: SEIS DIAS EM JUNHO

A África era um território propício para os soviéticos, mas a rivalidade ocidental e a instabilidade política eram obstáculos difíceis. Nkrumah viajava com frequência a Moscou, Havana e Hanói, mas Papa Houphouët, em uma ação coordenada com Foccart, o conselheiro para assuntos africanos de De Gaulle, apoiou uma conspiração contra Nkrumah, que foi redimido por seu próprio exército e destituído, lançando Gana numa espiral de ditaduras e corrupção. Houphouët não era o único a se inclinar para o mundo ocidental. Em 12 de dezembro de 1964, o sexagenário Kenyatta, recém-saído da prisão domiciliar, elegeu-se presidente do Quênia. Afável, hedonista e teatral, o Lança Flamejante era polígamo, tendo se casado quatro vezes, por último com Ngina, trinta anos mais nova e tão extrovertida quanto ele, mas descaradamente empenhada em acumular riqueza. Por fim implantando um regime de partido único, no qual era saudado como *mzee* — venerável mestre —, empunhando um espanta-moscas e com frequência vestindo túnicas de pele de leopardo, ele dominava o Quênia[5] por meio de uma corte de comparsas quicuios, dividindo a pilhagem do governo, tornando seus parentes os maiores proprietários de terras do país e desentendendo-se com seu aliado, o luo Tom Mboya, ministro das Finanças.

A essa altura, o protegido de Mboya, Barack Obama pai, havia voltado de Harvard para se incorporar à elite local. Enquanto sua ex-esposa Ann, agora antropóloga formada, vivia com o marido indonésio em Jacarta, juntamente com o filho, Barack mudou-se para Nairóbi com a nova esposa, Ruth Baker, branca e judia. E logo tornou-se um economista graduado no Ministério das Finanças comandado por Mboya. Embora tivesse tudo para dar certo, não foi o que ocorreu — e ele somente voltaria a ver o filho numa única ocasião.

Kenyatta manteve os soviéticos longe do Quênia; já o Egito mostrou-se mais receptivo. Brejnev forneceu a Nasser armamentos, conselheiros e informações para o confronto com Israel, que por sua vez era aliado dos países ocidentais. Nasser preparou-se para a guerra, promovendo um amigo de longa data, Abdel Hakim Amer, a marechal e ministro da Guerra. Esguio, libertino e teimoso, Amer resistiu às tentativas de Nasser de controlar o exército. Enquanto Amer estava sempre farreando com garotas e se drogando, Nasser, diabético e com problemas cardíacos, vivia estressado e sem dormir. Em casa, sua filha predileta apaixonou-se pelo filho do general Ashraf Marwan, um espalhafatoso e jovem engenheiro que não tinha a confiança do ditador. No entanto, Mona prevaleceu, e o novo genro passou a fazer parte do gabinete presidencial, vivendo luxuosamente por um tempo em Londres até que Nasser, furioso com a extravagância do casal, humilhou Marwan, que depois iria se vingar.

Amado pelas multidões, Nasser intensificou as ameaças de aniquilação a Israel, estimulado pelas promessas de poderio militar feitas por Amer. O ditador que acredita no próprio mito acaba sendo consumido por ele. No início de 1967, enquanto os israelenses repeliam as investidas das milícias de exilados palestinos e duelavam com o exército sírio, Nasser solicitou a retirada das forças de manutenção da paz da onu estacionadas no Sinai e anunciou a liquidação de Israel.

Brejnev transmitiu ao líder egípcio informes secretos indicando que Israel planejava atacar a Síria. Embora equivocados, tais informes foram usados por Nasser para incitar os sírios à guerra.

Na frente central, na Jordânia, Hussein, o baixinho rei hachemita, então com 32 anos, fora acusado por Nasser de ser um "lacaio do imperialismo" e estava na mira de assassinos egípcios. Com o mesmo nome do bisavô, o emir de Meca, educado em Harrow e Sandhurst, era astuto, lépido e esportivo, e estava sempre de olho em mulheres bonitas. Hussein se orgulhava de ser o guardião do Monte do Templo em Jerusalém, mas sua posição era precária — ainda estava de luto pelo primo Faisal, massacrado no Iraque. Embora governasse a Cisjordânia, Nasser reconhecia como legítima representante dos palestinos a recém-fundada Organização para a Libertação da Palestina (OLP), dominada pelo jovem radical Yasser Arafat, nascido no Cairo, mas criado em parte no bairro magrebino de Jerusalém.

Então Nasser convocou o reizinho. Ele poderia prendê-lo ou matá-lo no Cairo, mas Hussein aquiesceu. O imponente líder egípcio brincou sinistramente que não iria prendê-lo, mas exigiu assumir o comando das forças jordanianas. Hussein se submeteu. "Nosso objetivo básico", afirmou Nasser, "é a aniquilação de Israel."

No outro lado da fronteira, os israelenses estavam tomados pelo pânico. Idoso e desalentado, o primeiro-ministro Levi Eshkol mostrava-se indeciso. O chefe de gabinete, o louro e lacônico Yitzhak Rabin, que comandara as tropas de elite em 1948, fumava um cigarro atrás do outro e estava à beira de um colapso nervoso. Diante da ansiedade generalizada da população, temerosa por sua sobrevivência, Eshkol cedeu ao clamor público e nomeou Moshe Dayan, que usava um tapa-olho de pirata, para o Ministério da Defesa. "Original, bem-apessoado", nas palavras de Shimon Peres, "e com uma inteligência brilhante", Dayan, nascido em Israel e morador de um kibutz, era um mulherengo compulsivo, arqueólogo diletante e fluente em árabe. Muitos de seus amigos eram árabes. Ele fora treinado por comandos britânicos durante a revolta árabe. Dayan e Rabin prepararam um ataque preventivo contra o Egito e depois a Síria, alertando Hussein para que se mantivesse fora do conflito.

Ao romper do dia 5 de junho de 1967, aviões israelenses — caças Mirage fornecidos pela França — destruíram em terra a força aérea egípcia. Em seguida, tropas israelenses irromperam pelas defesas inimigas, ocupando o Sinai e chegando até o canal de Suez. O marechal Amer ordenou contra-ataques, anunciou a vitória, mas depois entrou em pânico e mandou que seus soldados recuassem. Dayan voltou-se então para o norte a fim de derrotar a Síria e tomar as colinas de Golã. Aflito, Hussein acompanhava tudo; Amer vangloriou-se de vitórias históricas e ordenou que a Jordânia atacasse Israel. Hussein enviou a Legião Árabe.

Dayan a desbaratou, ocupou a Cisjordânia e, em seguida, num momento de excitação quase mística, reunificou Jerusalém sob um governo judeu, depois de quase dois milênios. A vitória na Guerra dos Seis Dias mudou muita coisa: enquanto os judeus de todo o mundo celebravam, e milhares oravam no Kotel — o Muro das Lamentações, um resquício do antigo Templo judaico —, Israel foi tomado por um surto de confiança excessiva. As frias considerações estratégicas recomendavam que seria bom reter parte da Judeia e da Samaria, assim como Golã e o Sinai, de modo a conferir uma margem de segurança para o estreito Estado de Israel. Todavia, o triunfo militar colocou muitos palestinos sob domínio israelense e despertou em Israel um nacionalismo religioso, subjacente à tradição laica e socialista do novo Estado, que defendia a ocupação das terras dos antigos reinos. Para muitos israelenses, Jerusalém — a Sião sagrada — tornou-se sua capital "indivisível" e "perpétua".

No quartel-general do exército, Nasser e Amer quase chegaram a trocar sopapos. Em seguida, El Rais comunicou à população que se demitia. Milhões acorreram diante do palácio, gritando: "Somos seus soldados, Gamal!". Reinstalado no poder, Nasser exonerou Amer, que, apoiado por oficiais, tentou dar um golpe. Em sua residência, Nasser confrontou o comandante, ordenando que fosse preso, e saiu: em seguida, Amer cometeu suicídio ou foi executado. Após lamentar a morte de seu "aliado mais próximo", Nasser visitou Brejnev a fim de obter mais armas. "Se eu fosse o líder de Israel", comentou com o líder soviético, "jamais abriria mão dos territórios ocupados." Diante da derrota dos aliados, Brejnev usou a linha direta com os Estados Unidos para confirmar que Lyndon Johnson não iria intervir.

OS ASSASSINATOS: BOBBY KENNEDY, MARTIN LUTHER KING, MBOYA

Nem se quisesse, Johnson teria condições para tanto: além de debilitado pela guerra no Vietnã, ele enfrentava a oposição de Bobby Kennedy, agora senador por Nova York e um liberal inspirador que canalizava o crescente desgosto público pelo presidente. "Alguns veem as coisas tal como são e perguntam por que são assim", ele comentou. "Eu sonho com o que jamais existiu e me pergunto: por que não?"

Um total de 525 mil soldados americanos lutaram no Vietnã. Milhares de jovens, mobilizados por Bobby Kennedy e Martin Luther King, protestavam contra uma guerra injusta e equivocada. Cabelos longos, calças boca de sino e minissaias eram a moda, a maconha o estimulante, a teoria crítica marxista a visão, e Mao e Che Guevara os heróis adequados a um mundo radicalmente novo que prometia um utópico sonho de amor, tolerância e igualdade para os poucos jovens nas Américas e na Europa que realmente viveram esse breve período que ficaria conhecido como a "década de 1960".

Seus verdadeiros cronistas foram, antes de tudo, os poetas: Bob Dylan e Leonard Cohen, ambos jovens judeus de classe média — de Minnesota e Montreal, respectivamente — que musicaram seus poemas. O rock proporcionou a trilha sonora do período, sobretudo o de uma série de grupos britânicos liderados primeiro pelos Beatles, e personificados pelos Rolling Stones, marcados pelos meneios sensuais, os lábios grossos e a insolência sexual de Mick Jagger, bem como pelos riffs do guitarrista Keith Richards. Eles compunham suas próprias canções, inspirados no blues americano — poucas músicas refletiram tão bem a rebelião, a promessa e o cinismo da década de 1960 quanto "(I Can't Get No) Satisfaction". Os poderes estabelecidos na Grã-Bretanha se assustaram com esses radicais hedonistas, prendendo e condenando à prisão, por porte de entorpecentes, Jagger e Richards, que foram salvos por um editorial do *Times* londrino intitulado "Quem tortura uma borboleta?". Depois de libertados, veio a apoteose: tanto eles como outros astros do rock — talentosos músicos de origem obscura, enriquecidos com a venda de milhões de discos, apresentando-se em estádios lotados, cruzando o planeta em aviões particulares com séquitos de namoradas, cortesãos e fornecedores de drogas — alcançaram, nos cinquenta anos seguintes, o ápice de um novo prestígio social global, compartilhado com astros do cinema e dos esportes, na era do consumo em massa do Ocidente, e comparável ao dos príncipes, guerreiros e papas de séculos anteriores.

Essa época também teve um característico pano de fundo visual: as imagens jornalísticas de soldados americanos, suados e drogados, e de helicópteros Chinook no Vietnã — foi a primeira guerra a ser televisionada. A grande manifestação artística desse mundo alienado foram as magníficas distorções das pinturas de Lucian Freud, o neto de Sigmund, que se revelaram bem mais excitantes do que os quadros "expressionistas abstratos" e ultraconceituais da década de 1950.[6]

A rebelião da juventude eclodiu na mesma época em que se comprovava a realidade dos laços familiares: em 1962, dois cientistas, um britânico e outro americano, receberam o prêmio Nobel pela descoberta da estrutura do DNA. Nove anos antes, um cientista calvo entrou no pub que costumava frequentar em Cambridge e anunciou para os intrigados beberrões: "Achamos o segredo da vida". Francis Crick, de 36 anos, em colaboração com o jovem americano James Watson, de 24, haviam descoberto a hélice dupla do DNA — mas não sozinhos. Na verdade, sem que ela soubesse, eles aproveitaram o trabalho da pesquisadora Rosalind Franklin, uma química anglo-judia de 32 anos cuja descoberta crucial das propriedades básicas do DNA fora comunicada a Crick e Watson por um colega do King's College em Londres. "Quando vimos o resultado", recordou Watson, "tivemos de nos beliscar. Será que era mesmo assim tão bela? Sim, de fato." Franklin morreu precocemente de câncer aos 37 anos e por isso não compartilhou o Nobel concedido a Crick e Watson.

A descoberta confirmou que o próprio DNA era o portador da informação hereditária, e outros estudos mostraram que todos os seres humanos são praticamente idênticos — nossas diferenças são ínfimas: todos trazemos em nós uma coleção de histórias familiares e fazemos parte de uma família mais ampla e fundamental. A descoberta também confirmou que a raça, enquanto categoria social, não se baseava em diferenças científicas nem refletiam a ancestralidade genética, sendo na verdade uma construção social, o que não a tornava, porém, menos influente. O conhecimento do DNA humano contribuiu para revelar as reviravoltas, migrações, acomodamentos e choques que moldaram a história humana, e desencadeou uma revolução biológica que mudou o mundo, desde tratamentos médicos e métodos de investigação criminal até um novo interesse pela genealogia.

Em 1960, a pílula anticoncepcional, baseada em hormônios que inibem a ovulação, pela primeira vez libertou as mulheres do controle masculino do sexo, que agora podia ser desfrutado em si mesmo. Novos aparelhos domésticos — máquinas de lavar, geladeiras, aspiradores etc. — tornaram obsoletas as empregadas domésticas e também liberaram as donas de casa — estimuladas por um movimento de capacitação das mulheres, o feminismo — para que se dedicassem a carreiras profissionais fora do lar. Embora as mulheres tenham passado a ter menos filhos, a maioria deles chegava à idade adulta, o que levou a um novo culto da infância, sobretudo nas classes médias, onde o desejo de que as mulheres fizessem parte da força de trabalho chocou-se com as virtudes de uma formação cuidadosa dos filhos. O movimento feminista foi o grande êxito dos anos 1960 e do início da década seguinte, a "grande reforma liberal" que incluiu o direito ao aborto, o fim da pena capital e o reconhecimento dos direitos dos homossexuais.

A liberdade sexual feminina chocou a gerontocracia constituída de rígidos líderes masculinos. Em 1965, Franco e Tito completaram 73 anos; De Gaulle, 75.[7] "Não podemos reduzir as mulheres a máquinas de fazer sexo", declarou De Gaulle, denunciando a pílula anticoncepcional nesse mesmo ano. "As mulheres são feitas para ter filhos [...]. O sexo vai tomar conta de tudo!" E foi o que ocorreu. Dois anos depois, ele legalizou os anticoncepcionais, mas, em 3 de maio de 1968, estudantes radicais ocuparam a Sorbonne em Paris e começaram a erguer barricadas, a clamar por uma revolução marxista e a gritar *Adieu, De Gaulle!*". Enquanto os trabalhadores entravam em greve, os estudantes ocupavam as universidades. O presidente chamou o movimento de *"chienlit"* — "tumulto", mas literalmente "merda na cama" — e mobilizou a polícia antidistúrbios: "Quando uma criança perde a compostura e passa dos limites, a melhor maneira de acalmá-la é com umas boas palmadas". A violenta repressão só intensificou os *événements*. Enquanto a sra. De Gaulle perdia o controle e chorava numa recepção, o presidente deblaterava: "Os franceses nunca se recuperaram da derrota em Waterloo e Sedan". E alertava: "Não sou Luís Filipe".

Ele imaginou uma solução única nas democracias modernas: em 29 de maio, em vez de voltar para casa em Colombey, De Gaulle requisitou um helicóptero e, acompanhado de um assessor e do filho, voou para o quartel-general francês da Otan, em Baden-Baden. "Está tudo acabado", disse ao general Massu, sondando a lealdade do exército para um golpe militar.

"Isso é impossível", retrucou o general. "É uma loucura." De Gaulle não era o único potentado sob assédio. Na Tchecoslováquia, um reformista iniciou uma Primavera de Praga contra o Império Soviético. Nos Estados Unidos, um alquebrado Lyndon Johnson anunciou que não iria concorrer a um segundo mandato. A expectativa era que Bobby Kennedy vencesse as eleições. Na França, porém, como em outras partes, a maioria — exaltada pelo candidato presidencial americano Richard Nixon como a "maioria silenciosa" — não estava disposta a tolerar por muito tempo os excessos dos jovens radicais. Quando De Gaulle retornou ao Palácio do Eliseu para convocar novas eleições, a opinião pública já se voltara contra os estudantes. De Gaulle, contudo, não tinha mais condições de continuar, demitindo-se logo em seguida.

Em 21 de agosto, Brejnev enviou 200 mil soldados para sufocar a Primavera de Praga, prolongando por mais duas décadas o império de Stálin. Também nos Estados Unidos chegava ao fim a festa amorosa da década de 1960. Martin Luther King passou a ser bombardeado com ameaças: em 3 de abril de 1968, ele fez menção à própria morte. "Quero apenas cumprir a vontade de Deus", pregou. "E Ele me permitiu subir ao topo da montanha. E de lá pude ver. De lá vislumbrei a terra prometida. Mas talvez não chegue a ela junto com vocês." No dia seguinte, na varanda do motel em que estava hospedado, ele foi abatido a tiros por um criminoso em busca da fama. Bobby Kennedy denunciou "essa insensata ameaça de violência", acrescentando que "a causa de nenhum mártir jamais foi interrompida pela bala de seu assassino". Três meses depois, em junho, Kennedy, então com 42 anos e prestes a ser nomeado candidato à presidência pelo Partido Democrata, discursou no hotel Ambassador, em Los Angeles; ao sair, pela cozinha, foi alvejado por um palestino desequilibrado. "Vai dar tudo certo", conseguiu dizer, enquanto agonizava. Mas não foi bem assim.

Em 5 de julho de 1969, em Nairóbi, Tom Mboya, o exuberante ministro das Finanças do idoso presidente Kenyatta, estava caminhando pela Government Road quando topou com seu protegido, Barack Obama pai. Ele havia tentado ajudá-lo, mas o irreprimível rebelde insistira em criticar suas iniciativas, e depois perdera sucessivos empregos até se tornar um alcoólatra agressivo. No primeiro de vários acidentes automobilísticos, ele estava dirigindo embriagado e provocou a morte de seu passageiro e melhor amigo. Seu casamento havia desmoronado. Obama conversou um pouco com Mboya e seguiu em frente. Momentos depois, ouviu os tiros: o luo Mboya fora assassinado por um quicuio. Antes de ser enforcado, o assassino perguntou: "Por que vocês não vão atrás do Grande Homem [Kenyatta]?". Kenyatta costumava dizer que "T. J. [Mboya] é meu filho predileto", mas é possível que seus cortesãos quicuios tenham ordenado a execução, que, como os assassinatos de Bobby Kennedy e Martin Luther King nos Estados Unidos, marcou o início de uma política tribal mais violenta no Quênia, e também o aceleramento do declínio de Obama pai, agora convencido de que outro acidente de carro, sofrido enquanto ele estava alcoolizado, fora encomendado por Kenyatta. Como diriam mais tarde os parentes a seu filho, Kenyatta dominava o Quênia — "Aí está o começo de tudo: com o Grande Homem" —, e Obama "esqueceu o que unia tudo por aqui".[8] Mas ele não esqueceu o filho americano: "Deixei um tourinho nos Estados Unidos. Algum dia vou buscá-lo".

Certo dia, Obama pai, então com 37 anos, apareceu no Havaí para visitar o filho perdido havia muito, que retornara ao arquipélago americano depois de viver um tempo na Indonésia. Ann continuava casada com o marido indonésio e trabalhava em Jacarta. Com dez anos, Barack morava com os avós no Havaí e frequentava a melhor escola preparatória do estado. Mais tarde, Ann viria se juntar a ele. Agora o menino voltou a encontrar o pai famoso: "um sujeito alto e escuro [...] mais magro do que eu imaginava", vestido com "paletó azul e camisa branca, gravata escarlate e óculos de tartaruga", mancando e apoiando-se numa bengala com castão de marfim. Ele ensinou Barack a dançar — e apresentou-se na escola dele. No entanto, fora ao Havaí para levar Ann e Barack de volta a Nairóbi. Ann se recusou.

Barack e o pai não voltaram a se encontrar. A mãe, apenas dezoito anos mais velha, era tudo para ele — "a alma mais bondosa e generosa que conheci", ele escreveu. "Devo a ela o que há de melhor em mim."

Em Nairóbi, Obama pai foi convidado a trabalhar no Ministério das Finanças, por fim obtendo o reconhecimento que merecia, enquanto Barack estudava em Los Angeles até ser admitido na faculdade de direito da Universidade Columbia. Em 23 de novembro de 1982, seu pai, que tinha apenas 48 anos, morreu num acidente de carro. "Pouco depois de meu aniversário de 21 anos, um estranho ligou para me dar a notícia", escreveu Obama. Ele ansiava por conhecer a verdadeira história do pai e entender a história da família: sonhava com o pai e voltou-se para a África a fim de se definir.

Enquanto Barack iniciava os estudos universitários e saía em busca de si mesmo, os Estados Unidos estavam em seu ponto mais baixo, divididos internamente, num impasse diante da Rússia soviética, perdendo soldados e prestígio no

Vietnã. "Você acha que é o líder mais poderoso depois de Deus", disse um exausto Lyndon Johnson a seu sucessor, Richard Nixon, recebendo-o com relutância no Salão Oval, "mas, quando se acomoda nessa cadeira alta, logo percebe que não pode contar com as pessoas."

O PODER AFRODISÍACO: KISSINGER E O JOGO TRIANGULAR DE NIXON

Richard Nixon era tão complicado quanto Lyndon Johnson, ainda que ligeiramente mais polido. O filho irritadiço, desajeitado, misantropo e emocionalmente sufocado de um merceeiro falido e tacanho e de "uma beata quacre", Nixon havia superado a derrota para Kennedy e, em seguida, concorrera desastrosamente ao cargo de governador da Califórnia. "Vocês não terão mais um Richard M. Nixon para chutar", disse aos repórteres após esse último fracasso. Logo depois, porém, diante do fiasco de Johnson no Vietnã e das divisões nacionais que este provocou, Nixon se reinventou como o representante da "maioria silenciosa". Seu primeiro desafio, ao tomar posse em janeiro de 1969, era descobrir como deixar o Vietnã.

"Em questões internacionais, minha regra é: 'faça aos outros o que fariam com você'", ele disse à primeira-ministra israelense Golda Meir.

"E mais 10%", acrescentou Henry Kissinger, seu assessor de segurança nacional. Ambos formavam uma dupla improvável, mas eficiente. Com 45 anos, Kissinger logo se mostrou mais importante do que o secretário de Estado. Um refugiado judeu de Fürth, na Bavária, que escapara para os Estados Unidos em 1938, ele conhecia as tragédias do extremismo europeu melhor do que qualquer estadista americano: "Tendo vivido sob o totalitarismo, sei bem do que se trata". Isto o tornou um especialista do poder. Depois de servir no exército americano, ele se formou em história por Harvard, escrevendo uma tese sobre Metternich. Inevitavelmente, ele próprio se comparava a Metternich, e os Estados Unidos de 1969 à Áustria de 1809: "Um governo que perdeu o elã e a autoconfiança, e que conhecia seus limites, mas não seus objetivos", que só poderiam ser alcançados pela "sutileza da diplomacia".

Oriundos de mundos diferentes, Nixon e Kissinger eram dissimulados e pragmáticos, ambos impressionados e repelidos um pelo outro, e exímios manipuladores do Jogo Mundial. Porém, enquanto o presidente era moroso e solitário, Kissinger, com sotaque alemão e voz grave, exibia um agudo senso teatral, e, durante uma longa carreira, sempre apreciou analisar as personalidades que conhecia: nos jantares regulares para a veneranda Alice Roosevelt Langhorne, filha de Teddy Roosevelt, Nixon incentivava o professor de Harvard a se exibir, e Kissinger tornou-se o mais glamoroso assessor desde Palmerston, regalando-se como o centro das atenções e fazendo piadas como "não há nada mais afrodisíaco do que o poder", ao mesmo tempo que namorava estrelas de cinema. "A energia concentrada dos primeiros meses de mandato", ele contou a este autor, "sempre é vital, e nós tínhamos um plano grandioso." Talvez as circunstâncias tenham sido favoráveis: em 16 de julho de 1969, 650 milhões de pessoas assistiram boquiabertas enquanto dois astronautas americanos pisavam na superfície da Lua.[9] Desde a Casa Branca, Nixon disse a eles que "agora os céus tornaram-se parte do mundo dos homens". O astronauta Buzz Aldrin descreveu a Lua como sendo de uma "desolação magnífica". Mas antes Nixon precisava lidar com a desolação do Vietnã.

"Uma retirada súbita poderia nos criar um problema de credibilidade", comentou Kissinger, empenhado em mudar o relacionamento com a Rússia e a China. "Para os Estados Unidos, o desafio era assegurar que sempre tivesse mais opções do que qualquer um dos outros dois lados do triângulo." O que ele planejava era negociar com Brejnev, acenar a Mao e sair do Vietnã, deixando atrás de si uma nuvem de pólvora. E conseguiu alcançar esses três objetivos. Nesse processo, porém, as falhas de Nixon macularam a democracia americana tanto quanto as feridas do Vietnã.

Em março, Nixon aprovou o bombardeio sigiloso das trilhas comunistas que passavam pelo Camboja. O príncipe Sihanouk fracassara em seu intento de manter o reino fora dos combates. Enquanto milhares de estudantes protestavam contra a guerra nos Estados Unidos, Nixon e Kissinger iniciaram contraofensivas em preparação para o início de negociações secretas, numa política de expansão das hostilidades antes de seu encerramento. Empenhando-se em manter os americanos e os comunistas fora do Camboja, Sihanouk temia perder a região leste do país para os vietnamitas e encorajar os comunistas locais, o chamado Khmer Vermelho. Mas ele acabou sendo esmagado de ambos os lados.

No início de 1970, o ex-professor e estudante de francês Saloth Sar, secretário-geral dos comunistas cambojanos, adotou um novo nome, Pol Pot, e visitou a China, onde Mao lhe prometeu ajuda militar para uma revolução que deixara de ser um sonho distante.

O FIM DE B-52: MAO E POL POT

Enquanto Pol Pot estava em Beijing, e Sihanouk — o príncipe que era rei — visitava Moscou, o comandante militar pró-americano Lon Nol tomou o poder em Phnom Penh. Porém, tal era o prestígio da monarquia que os camponeses se revoltaram e mataram o irmão de Lon Nol como vingança pelo golpe, supostamente devorando seu fígado. Lon Nol prostrou-se aos pés da rainha-mãe, suplicando o perdão por ter destituído o filho dela; entretanto, os ataques contra os norte-vietnamitas trouxeram ao país não só mais vietcongues, como também tropas americanas — numa operação ironicamente batizada de "Acordo pela Liberdade". Decidido a retomar o poder, Sihanouk seguiu direto para Beijing, onde foi recebido amistosamente por Mao e Zhou, que o convenceram a formar uma aliança com o outro hóspede cambojano, Pol Pot. A vaidade de Sihanouk contribuiu para a ocorrência de uma tragédia. Mao manteve Sihanouk em Beijing e enviou Pol Pot de volta ao Camboja — ao mesmo tempo que enfrentava ele próprio uma crise.

Em setembro de 1971, Mao retornou a Beijing sem saber que o herdeiro, o marechal Lin Biao, e o filho deste, Lin Liguo, o Tigre, estavam planejando assassiná-lo, num drama que iria intrigar o mundo durante décadas.

Assim que declarou encerrada a Revolução Cultural, Mao percebeu que Lin seguia a própria ambição, exercendo influência até mesmo sobre seus guarda-costas e criticando sua esposa. Lin também estava alarmado com a belicosidade demonstrada por Mao: em março de 1969, tropas chinesas e soviéticas se enfrentaram no rio Ussuri, num episódio estimulado por Mao, que considerou a ideia de iniciar uma guerra total. O Timoneiro resolveu então testar Lin, exigindo que fizesse uma autocrítica. O marechal Lin se recusou. As opiniões encobertas que Lin tinha de Mao refletiam-se nos planos de seu adorado filho, o Tigre, playboy e chefe adjunto da força aérea, que veio a odiar o "sádico paranoico [...], o maior tirano feudal da história chinesa", a quem apelidou de B-52, o nome de um modelo de avião bombardeiro americano.

O Tigre planejava o assassinato de B-52 bem na época em que o Timoneiro comunicava aos aliados que Lin "mal podia esperar para ocupar o poder". Os Lin decidiram bombardear o trem de Mao, que, no entanto, alterava o tempo todo sua agenda. Então, os derradeiros planos do Tigre frustraram-se com a notícia de que Mao estava de olho no marechal. Pai e filho organizaram uma fuga, mas o Tigre ainda tinha a esperança de matar o líder chinês. Imprudentemente, confiou tais planos à irmã Dodo, uma maoísta fanática, que os contou à guarda de segurança de Mao. Ao ser informado, Mao ficou tão assustado que teve de ser sedado. Lin Biao, a esposa dele e o Tigre, brandindo uma pistola, saíram às pressas para o aeroporto, perseguidos pelos guarda-costas de Mao, e conseguiram embarcar num avião, que decolou sem terminar de ser abastecido.

Duas horas depois, Mao recebeu a notícia de que um avião caíra na Mongólia e de que seu herdeiro estava morto. Agitado e febricitante, emborcando copos de maotai e pílulas para dormir, de repente ele estava envelhecido e aflito, segundo os médicos, por um problema cardíaco. Durante muito tempo ele se convencera da necessidade de uma "frente unida" contra Moscou, mas agora ainda tentou uma derradeira mudança de rumo e de alcance mundial. "Temos de nos aliar a uma das duas potências hegemônicas", declarou, "nunca devemos lutar com ambos os punhos." Isto se adequava bem ao plano de Kissinger.

Tudo começou com o pingue-pongue. Mao conduziu a iniciativa por intermédio do sobrinho Mao Yuanxin, filho de seu irmão Zemin, executado em 1943. Desde muito, Mao mal tolerava a esposa, Jiang Qing. Certa vez, quando ela conseguiu convencer os guardas a deixarem-na entrar na residência do marido, este ameaçou mandar prendê-la caso não saísse de imediato. Portanto, cabia às jovens enfermeiras-amantes transmitir as ordens do Timoneiro. Nas lembranças de seu médico, Mao "passou a confiar muito mais nas mulheres do que nos homens". Exagerando nos remédios para dormir, ele afirmou: "As palavras ditas sob o efeito de soníferos não contam". Mas então deu uma ordem tão surpreendente que sua enfermeira predileta, a Pequena Wu, viu-se obrigada a confirmá-la.

"O senhor está tomando soníferos", disse ela. "Essas palavras contam?"

"Contam! E seja rápida!", ordenou Mao. "Ou não vai dar tempo." Zhou foi encarregado de coordenar o plano, enviando inesperadamente um convite para que a equipe americana de pingue-pongue jogasse em Beijing. "Vocês inauguraram um novo capítulo nas relações sino-americanas", Zhou disse aos jogadores perplexos. Por intermédio do Paquistão, Mao convidou Kissinger a Beijing. "Esta é a comunicação mais importante a um presidente americano desde a Segunda Guerra", Kissinger disse a Nixon. Em julho de 1971, enquanto a Índia e o Paquistão se digladiavam, Kissinger voou para a China.

PODE ME CHAMAR DE SENHOR — A BONECA TOLA DOMINA A ÍNDIA

Nixon chamava Indira Gandhi de "a cadela" e, por vezes, de "a bruxa". "Os indianos são lastimáveis", ele disse a Kissinger. Preferia os paquistaneses, que eram "diretos", ainda que "às vezes estúpidos demais". Nixon não foi o primeiro a subestimar Indira, embora tenha se dado conta de quão implacável ela podia ser. Quando Shastri morreu de um ataque cardíaco, em janeiro de 1966, os dirigentes do Partido do Congresso escolheram a atraente filha de Nehru, então com 48 anos, como uma primeira-ministra que poderiam controlar — um político socialista a apelidou de Boneca Tola. Mas a Boneca superou a todos e, em seguida, conseguiu se eleger.

Negligenciada e solitária na infância, com o pai sempre em campanha ou na prisão, Indira nascera para governar, mesclando uma ânsia de amor com a legitimidade conferida pelo poder. Ela havia sentado ao lado do avô Motilal, de Gandhi e de Nehru quando estes recebiam líderes mundiais. Estudara em Oxford e seguira o conselho paterno: "Seja ousada que o restante virá". Quando lhe perguntaram como o presidente americano deveria chamá-la, respondeu: "Ele pode me chamar de primeira-ministra ou de senhora primeira-ministra. Pode dizer a ele que meus ministros me chamam de 'senhor'". Todavia, a majestade de Indira, relembrou Kissinger, "trazia à tona a insegurança de Nixon". Graciosa em seus sáris e cabeleira grisalha, ela era imperiosa, paranoica e desconfiada. Quando a imprensa tentou descobrir se tinha um amante, refletiu em particular que "não me comporto como mulher; é a minha falta de sexo que em parte explica isso".

Em março de 1971, prometendo *garibi hatao!* ("acabar com a miséria!"), ela havia obtido uma vitória eleitoral tão esmagadora que os ocidentais a chamaram de "imperatriz" da Índia. Agora, ela entrevia uma oportunidade na desintegração do Paquistão. A guerra que daí resultou, tal como os conflitos árabe--israelenses, foi uma consequência da partição, da qual surgira um novo país, o Paquistão, que nada herdara da influência estabilizadora da burocracia colonial britânica, e tivera sua identidade moldada pelo exército e o islamismo, e forjada no ódio visceral à Índia. A nova nação estava cindida em duas regiões, o Punjab a oeste e Bengala a leste, distantes uma da outra cerca de 2500 quilômetros. Agora os paquistaneses do leste se rebelaram, buscando se tornar independentes dos magnatas arrogantes de Islamabad, expulsando milhões de refugiados hindus para a Índia.

O ditador militar do Paquistão, o general Yahya Khan, deu o sinal verde para suas tropas na capital da região leste, Daca, metralhando estudantes, violentando em massa as mulheres, assassinando crianças, matando 10 mil pessoas em dias e 500 mil em meses. Indira preparou-se para a guerra, confrontando em escaramuças as tropas paquistanesas no leste. Em 3 de dezembro de 1971, os paquistaneses, inspirando-se em seus inimigos israelenses, realizaram ataques preventivos contra onze bases aéreas indianas. O exército indiano avançou e ocupou Daca, ao mesmo tempo que investia contra a região oeste do Paquistão, desbaratando as forças adversárias num conflito que durou treze dias. A região leste declarou-se independente e adotou o nome de Bangladesh. Indira saiu triunfante do conflito.[10] Exultantes com a primeira vitória do país em séculos, os indianos a saudaram como Durga, a invencível deusa de dez braços. "Indira é Indira", declarou o presidente do Partido do Congresso. Tendo herdado a Coroa, ela agora passou a preparar o filho predileto para o trono.

Nixon e Kissinger acompanhavam tudo morosamente. Mais cedo, no mesmo ano, Kissinger visitara a região a fim de promover uma conciliação, mas isto não passava de cortina de fumaça. O Paquistão era apoiado pela China e pelos Estados Unidos, uma posição que os aproximou. Sigilosamente, Kissinger foi a Beijing a fim de se reunir com Mao, preparando o caminho para uma visita do próprio presidente...

No dia 21 de fevereiro de 1972, Nixon e Kissinger foram recebidos por Mao na Casa da Piscina, em seu estúdio repleto de livros que parecia "mais o refúgio de um erudito do que a sala de audiências de um líder todo-poderoso".

"Votei em você", Mao brincou com Nixon. "Gosto de direitistas."

Kissinger contou a Mao que costumava recomendar os livros dele a seus alunos na Universidade Harvard.

"Esses escritos", replicou Mao, "não são nada."

"Os textos do presidente", comentou Nixon, "emocionaram uma nação e mudaram o mundo."

"Só consegui mudar alguns lugares", sorriu Mao, "ao redor de Beijing." Em seguida, ele criticou Nixon com um débil elogio: "Seu livro *Seis crises* não é de todo ruim". Quando os americanos tentaram negociar — oferecendo deixar de reconhecer Taiwan como a China oficial —, Mao os dispensou: "Prefiro não falar de problemas espinhosos". Kissinger não conseguiu deixar de admirar o "rei-filósofo".

Brejnev ficou horrorizado com esse encontro e convidou Nixon a ir a Moscou, convencido de que "todos perdem" numa guerra. Talvez, perversamente, confiasse mais em Nixon do que em qualquer outro presidente americano, além de admirar, e quase invejar, Kissinger. "Nunca houve um bom presidente [americano]", ele disse a Fidel, "e provavelmente nunca haverá. A diferença entre republicanos e democratas é irrelevante." Quanto aos Estados Unidos, não passavam de "uma sociedade doente", onde "o gangsterismo, o racismo e o consumo de drogas haviam alcançado enormes proporções. Os monopólios roubavam a população, depois de terem se apoderado do poder político". No entanto, ele admirava Nixon e considerava Kissinger "um sujeito astuto e inteligente". Kissinger, por sua vez, não ficou nada impressionado com Lionia. Num desses encontros, Brejnev, um metalúrgico transformado em tsar, fez com que o judeu alemão Kissinger, filho de um mestre-escola, vestisse botas e calça cáqui para caçar javalis. Brejnev também costumava conduzir Nixon em alta velocidade em limusines ZiL e barcos esportivos. "Desfrutem do que é bom sem se preocupar", gritava. Quando ele visitou Washington e Nixon o presenteou com um Lincoln Continental, Brejnev insistiu em sair dirigindo o carro, mas foi contido pelo serviço secreto.

"Tiro as bandeirolas do carro e coloco óculos escuros", disse Brejnev. "Assim ninguém vai ver minhas sobrancelhas e posso andar por aí como qualquer americano."

"Já andei de carro com você", replicou Kissinger. "E não acho que você dirija como qualquer americano!"

Em maio de 1972, Nixon e Brejnev firmaram um primeiro acordo — o Tratado de Limitação de Armas Estratégicas, que deu início a negociações que se estenderiam por três décadas. Agora com 67 anos, Brejnev ficou entusiasmado: aderiu com fervor à détente, visando, por meio de uma parceria pragmática com os Estados Unidos, conduzir o mundo — conquistando para a Rússia o respeito e a legitimidade que esta almejava, sem ao mesmo tempo trair seu compromisso leninista e seus vassalos ao redor do planeta. Brejnev estava obcecado com essa missão pessoal de promover a paz mundial e reduzir, ou mesmo abolir, a rivalidade nuclear, mais tarde propondo até uma aliança de defesa com os americanos. Essa era a primeira visita de um presidente americano à Rússia desde que Roosevelt fora a Ialta, em 1945 — e Nixon lisonjeou Brejnev ao afirmar que o relacionamento entre ambos assemelhava-se ao de Stálin e Roosevelt. Não foi apenas o auge do reinado de Brejnev — permitindo-lhe superar os rivais e consolidar-se como o líder supremo, algo reforçado pelo culto à sua própria personalidade —, mas também o auge da superpotência soviética, equivalente em poderio e prestígio aos Estados Unidos, e igualmente bem-sucedida em âmbito global, vitoriosa no Vietnã e logo mais em outras frentes, controlando uma rede de Estados-clientes no mundo árabe, na Ásia e na África. Foi apenas nessa época que os Estados Unidos trataram a Rússia como uma superpotência equiparável. No entanto, tudo isso dependia dos indivíduos: governar sozinho uma potência mundial era uma tarefa estressante. Como alertara Iúri Andropov, então chefe da KGB, Brejnev estava prestes a exaurir a si mesmo e a economia soviética — ao passo que Nixon encontrava-se à beira da autodestruição no exato momento em que a política doméstica voltava-se contra a détente.

Na onda desses êxitos, eles também negociaram a retirada americana do Vietnã. Mas Nixon foi incapaz de conter sua própria paranoia maniqueísta. Um mês após a assinatura do tratado, ele ordenou a um comparsa que enviasse quatro capangas — "os encanadores" — para invadir e colocar escutas na sede do Partido Democrata, no edifício Watergate, onde eles foram presos em flagrante. Embora Nixon tenha mentido para ocultar sua participação no episódio, não é verdade que tenha sido destruído apenas pela tentativa de encobrimento. O crime original era grave o suficiente. Dois jornalistas do *Washington Post* acabaram revelando uma rede de conspirações paranoicas e pagamentos secretos que abalaram sua presidência.

Além disso, a distensão com os soviéticos revelou-se precária. Em 24 de outubro de 1973, alguns meses depois do jovial encontro entre os líderes, Brejnev ameaçou seguir adiante com uma intervenção militar.

As casas de Salomão e dos Bush, os Bourbon, os Pahlavi e os Castro

BESTAS SELVAGENS E LEÕES: OS ASSAD DE DAMASCO

Em 6 de outubro de 1973, no Yom Kippur — o dia mais sagrado do calendário judaico —, tropas egípcias e sírias atacaram Israel por Suez e Golã, surpreendendo os israelenses, a despeito dos alertas enviados pelo agente que eles tinham no gabinete do presidente do Egito.[1] Dois novos líderes, no Egito e na Síria, haviam mudado a reação dos árabes a Israel: um deles se revelaria um corajoso pacificador e pagou com a própria vida por isso; o outro fundou uma dinastia de gângsteres que custaria a vida de muitos de seus concidadãos.

Essa mudança de guarda começara com o maior funeral da história do mundo. Em 28 de setembro de 1970, Nasser, com apenas 52 anos, morreu de um ataque cardíaco, sob o olhar de Anwar Sadat, vice-presidente e colega da época dos Oficiais Livres. Mais de 10 milhões de egípcios prestaram homenagens ao líder, e até o rei Hussein pranteou o homem que quase o matara. O próprio Hussein lutava para sobreviver à OLP de Yasser Arafat, que tentou matá-lo e transformar a Jordânia em sua base. Hussein contou com a ajuda dos israelenses, Arafat, dos sírios, até um cessar-fogo intermediado por Nasser.

Embora Nasser tivesse sido único, eram vários os pretendentes a seu trono. Os novos candidatos exibiram as credenciais no funeral. O primeiro deles, soluçando ostensivamente, era o tenente líbio Muammar Qaddafi, então com 29 anos, um bem-apessoado beduíno que se formara na Grã-Bretanha, onde costumava jogar futebol no Hyde Park e passear por Picadilly com túnicas árabes.

Ele havia venerado Nasser e fundado seu próprio grupo de Oficiais Livres, com os quais depôs em 1969 o rei Idris. Promovendo a si mesmo ao posto de coronel e presidente, Qaddafi logo foi visitar o Cairo. "Um jovem simpático", foi a opinião de Nasser, "mas muito ingênuo." No final, ele se revelaria bem pior do que ingênuo.[2]

Outro candidato mais formidável também estava presente no funeral de Nasser: o alto e magro ministro da Defesa sírio, o general Hafez al-Assad, louro e de testa pronunciada. Pouco tempo depois, Assad retiraria suas tropas da Jordânia, ajudando a salvar Hussein; e, no dia 12 de novembro de 1970, assumiria o poder em Damasco.

Assad era um dos onze filhos de um robusto clã alauita, uma seita que vivia em torno da cidade litorânea de Lataquia, tradicionalmente opositora dos sunitas em Damasco. O avô ficara conhecido como al-Wahhish — "a besta selvagem" —, e o pai, Ali, defensor da independência da Lataquia alauita, adotara o nome de al-Assad — "o leão". Por sua vez, Hafez tornou-se a Esfinge de Damasco.

Embora quisesse ser médico, Assad acabou se formando como piloto de aviação, no Egito e na União Soviética, antes de aderir ao movimento baathista nacionalista que, bem mais tarde, em março de 1963, tomaria o poder na Síria. Ele foi o responsável pelo apoio aéreo. Sobrevivendo às brigas internas do movimento, no ano seguinte foi promovido ao comando da Força Aérea síria, enquanto seu irmão, Rifaat, criava a unidade pretoriana do partido. Em 1966, por meio de um golpe, uma facção alauita, liderada pelo esquerdista Salah Jadid, passou a governar o país, nomeando Assad como ministro da Defesa. Os irmãos Assad, contudo, rejeitaram a revolução interna, preferindo o confronto com Israel.

Para governar a Síria, Assad promoveu alauitas e membros da família. O irmão Rifaat comandava sua guarda pessoal, as Companhias de Defesa. Hafez era casado com Anisa Makhlouf, com quem teve cinco filhos; e promoveu o irmão dela para a chefia do serviço de informações, o Mukhabarat; o sobrinho de Makhlouf tornou-se o banqueiro da família. E Rifaat era casado com Salma Makhlouf, prima de Anisa.

O filho predileto de Hafez e Anisa, Bassel, tinha oito anos quando o pai se tornou presidente. "Víamos nosso pai em casa, mas ele estava sempre tão ocupado que passavam-se dias sem que trocássemos uma palavra com ele", Bassel contou mais tarde a um biógrafo do pai. "Nunca estávamos juntos no café da manhã ou no jantar, e também não me lembro de nenhum almoço em família." Porém há filmes domésticos que registram as férias da família: "Como família, costumávamos passar um ou dois dias em Lataquia no verão, mas também ali ele ficava em seu gabinete e não o víamos muito". Por algum tempo, o irmão de Hafez, Rifaat, foi seu herdeiro.

Assim que virou presidente, Assad viajou a Moscou a fim de solicitar a Brejnev que rearmasse a Síria — em troca de uma base naval em Tartous. Brejnev concordou, e os Assad seriam os aliados árabes de Moscou até a década de 2020.

O último candidato à posição de Nasser, e o menos considerado, era seu sucessor no comando do Egito, Anwar Sadat. Filho de camponeses pobres, ele logo se tornou popular ao conter a polícia secreta e expulsar os conselheiros soviéticos; além disso, tinha um plano para humilhar os israelenses que coincidia com as ambições de Assad. Não demorou para que ele soubesse que também Sadat preparava-se para a guerra; assim, os dois se encontraram em segredo e planejaram um ataque-surpresa, embora tivessem ocultado um do outro seus derradeiros objetivos. O inovador e corajoso Sadat visava se posicionar melhor para negociar a paz; já o irredutível radical Assad pretendia eliminar o Estado sionista. Sadat consultou o rei saudita Faisal, o segundo dos filhos de Abdulaziz a ocupar o trono, que controlava a assombrosa riqueza proporcionada pelo petróleo e supervisionava as melhorias nos locais sagrados realizadas por um amigo, o construtor Muhammad bin Laden. Faisal enviou destacamentos para lutar ao lado dos egípcios, mas também estava convencido de que chegara a hora de os árabes usarem o petróleo como arma.

Enquanto os árabes se preparavam para a guerra, os israelenses estreitavam relações com um amigo local, o xá do Irã, que admirava o Estado de Israel, fornecendo-lhe petróleo, comprando-lhe armas e recebendo seus líderes em Teerã. A essa altura, o xá estava no apogeu.

Em 12 de outubro de 1971, ele organizou a festa do século para celebrar os 2500 anos da Grande Civilização iraniana.

PAVÕES IMPERIAIS: O FESTIM SATÂNICO E O ANJO

O xá arraigava suas próprias realizações numa tradição ininterrupta que remontava aos tempos pré-islâmicos da Pérsia. A riqueza advinda do petróleo o sustentava como líder hegemônico do golfo Pérsico, ajudado também pelo estreito relacionamento com Nixon, ao mesmo tempo que superava o Iraque ao apoiar os rebeldes curdos.

"Ciro! Supremo soberano, rei dos reis, herói imortal da história", entoou pomposamente o xá durante a cerimônia de abertura diante do túmulo de Ciro. "Hoje, como na sua época, a Pérsia traz a mensagem da liberdade e do amor da humanidade num mundo convulsionado." Ele também fez questão de alertar os adversários: "Estamos vigilantes e assim continuaremos".

O xá recebeu seiscentos convidados — entre os quais o vice-presidente americano, Spiro Agnew; o presidente soviético, Nikolai Podgorni; o rei Hussein da

Jordânia; o príncipe Philip e sua filha, a princesa Anne, da Grã-Bretanha; e o imperador Hailé Selassié, da Etiópia — em Persépolis, onde eles ficaram hospedados numa Cidade Dourada construída para a ocasião e constituída de luxuosas tendas circulares, marcadas com a insígnia do Cilindro de Ciro e forradas com tapetes persas nos quais haviam sido tecidas as feições de cada potentado. Ao som dos trinados de 50 mil aves canoras importadas, os convidados de honra desfrutaram de um banquete preparado pelo restaurante parisiense Maxim's, no qual foram servidos *paon à l'impériale* (pavão imperial) e 150 quilos de caviar em pratos de Limoges, numa mesa com setenta metros de comprimento, tudo acompanhado de 2500 garrafas de champanhe Dom Pérignon, mil garrafas de Bordeaux e mil garrafas de Borgonha. Em seguida, eles assistiram a um espetáculo em que milhares de soldados iranianos, vestidos com uniformes concebidos para a ocasião, desempenhavam os papéis de heróis iranianos, desde Dario e Khusrau até os Qajar e os Pahlavi.

Havia, porém, sinais inquietantes: as aves canoras tombaram mortas do céu devido ao calor, uma briga eclodiu entre os garçons franceses e suíços, e a princesa Anne murmurou que aquela era a última vez que comeria pavão. Farah odiou "essas celebrações terríveis", admitindo mais tarde que a festa havia escandalizado os iranianos religiosos, "sem que tivéssemos nos dado conta". "Mas eu deveria servir pão e rabanete a chefes de Estado?", indagou o xá. Exilado no Iraque, o aiatolá Khomeini esbravejou contra o "festim satânico".

O sucesso havia subido à cabeça do xá. "Durante 27 anos, estive no centro dos acontecimentos mundiais", ele disse a Alam, "por isso não é nada surpreendente que tenha sido abençoado com tal presciência." Em todo caso, ele ainda tinha senso de humor, provocando a mãe sobre sua vida sexual com Reza Shah.

Alam, porém, "notou mudanças alarmantes": rigidez e arrogância. "O povo iraniano me adora", disse o xá, "e jamais me abandonará." Em fevereiro de 1971, ele declarou, de maneira autoelogiosa, que "a liderança iraniana no Oriente Médio é reconhecida por todo o mundo". Não admira que vivesse num mundo de conspirações, convencido de que os Estados Unidos eram dirigidos por "uma organização que atuava em segredo e era poderosa o bastante para eliminar os Kennedy e todos que se colocassem em seu caminho". Ele também acreditava estar protegido por uma providência homicida: "Aprendi na prática que um fim trágico chega a todos que me enfrentam: Nasser já era; John e Robert Kennedy mortos por assassinos; o irmão deles, Edward, caído em desgraça; Khruschóv deposto".

Embora, em outubro de 1967, ele tivesse se autointitulado Shahanshah — "rei dos reis" —, Alam suplicou-lhe que liberalizasse o regime autocrático. Diante da sugestão de Farah para que realizasse eleições, o xá preferiu zombar: "Você está me saindo muito revolucionária. Queria vê-la governando este país". Ele dedicava especial atenção à polícia secreta, a Savak, que prendeu e torturou 2 mil opositores políticos. "Sociedades requintadas contam com métodos eficientes de interrogatório", explicaria mais tarde. "E, no caso daqueles que traem o próprio país, tudo é permitido."

Até mesmo sua vida amorosa degringolou: "Uma jovem chamada Gilda", escreveu Alam, "anda espalhando rumores por Teerã de que Sua Majestade está totalmente apaixonado por ela". Gilda era "bela, mas fútil e implacavelmente ambiciosa".

"Maldita mulher", comentou o xá. "Estive com ela algumas vezes [...]. Mais um pouco e esses rumores chegam aos ouvidos da rainha." Eles chegaram à mãe de Farah, que o ameaçou com um divórcio, alegando que "a filha não havia se acostumado à luxúria".

"Bobagem", replicou o xá. "Depois de muitas discussões", Alam escreveu em seu diário, "concordamos que era preciso arrumar um marido para a maldita Gilda." No entanto, o xá não conseguia deixar de fazer suas "visitas": "Fui o portador de uma carta endereçada a Sua Majestade por uma encantadora jovem", registrou Alam. "Ele se mostrou muito envaidecido", até que foram interrompidos pela imperatriz Farah, que perguntou sobre o que estavam conversando.

"Questões de governo", replicou o xá, impassível.

Em março de 1972, o xá recebeu uma visita secreta feminina que *de fato* ali estava para discutir questões de Estado. Então com 73 anos de idade, Golda Meir (nascida Golda Mabovich, em Kiev) — primeira-ministra de Israel e tarimbada veterana sionista, de quem Ben-Gurion previsivelmente dissera que era "o único homem em meu ministério" — tinha muitos pontos em comum com o xá, e juntos eles haviam decidido apoiar os curdos contra o Iraque.

Agora, Meir vinha recebendo alertas de guerra vindos de um informante extraordinário no centro do poder egípcio. Sadat nomeara o genro de Nasser, Ashraf Marwan, marido de Mona Nasser, para ser seu principal conselheiro em assuntos externos. Porém, um mês antes, em dezembro, Marwan havia tido um encontro com um agente do Mossad no hotel Royal Lancaster em Londres para oferecer seus serviços a Israel. O Mossad lhe deu o codinome Anjo. Entre os motivos do Anjo estavam desentendimentos familiares, ambição frustrada e prazer em conspirar. Em seguida, ele começou a avisar os israelenses de que Sadat preparava um ataque-surpresa. Embora a informação fosse valiosa, por duas vezes Sadat adiou os planos, e isto se refletiu na credibilidade de Marwan.

Meir havia se concentrado na crescente ameaça terrorista contra Israel. Em 6 de setembro de 1972, terroristas palestinos sequestraram onze atletas israelenses na Olimpíada de Munique. Eles faziam parte da organização Setembro Negro, formada por Arafat para fustigar Israel após a derrota da OLP para o rei Hussein em setembro de 1970. Pelo menos um dos reféns foi castrado; e todos os onze israelenses e nove palestinos acabaram mortos quando uma tentativa de resgate pela polícia da Alemanha ocidental terminou com um tiroteio catastrófico. Dois dias depois, Meir criou o Comitê X e o encarregou da operação Ira de Deus, com o objetivo de assassinar os vinte líderes por trás da organização palestina. Em outubro, com o início dos assassinatos, os alertas do Anjo tornaram-se urgentes.

Sadat e Assad encontraram-se em Alexandria e convocaram o rei Hussein, ocultando-lhe a iminência do ataque planejado, mas convidando-o a participar. Em 25 de setembro de 1973, o rei voou para Tel Aviv e alertou Meir que os sírios estavam prestes a atacar. "E vão começar uma guerra sem os egípcios?", ela perguntou.

"Eles vão atuar juntos", respondeu o rei hachemita. Aquilo parecia uma armadilha. Na opinião de Meir e Dayan, os árabes jamais ousariam algo assim tão pouco tempo depois de 1967.

No dia 6 de outubro, os exércitos árabes surpreenderam as tropas israelenses no canal de Suez, forçando-as a recuar, ao mesmo tempo que investiam contra posições israelenses em Golã. As forças aéreas dos países árabes bombardearam os alvos, os mísseis portáteis soviéticos Sagger neutralizaram os blindados adversários, e os seus mísseis antiaéreos derrubaram os aviões israelenses. As tropas sírias conseguiram romper a linha de defesa inimiga; em combates desesperados, alguns poucos tanques conseguiram conter os sírios. Como tinham outros objetivos, os egípcios interromperam o avanço e consolidaram suas posições, permitindo que os israelenses concentrassem forças contra os sírios.

Em 8 de outubro, Dayan estava tão desalentado que disse a Golda Meir que Israel corria perigo, perguntando: "Será este o fim do Terceiro Templo?" — uma maneira cifrada de sugerir que talvez tivessem de recorrer a armas nucleares (cujo código era "Templo"). Meir ordenou então que treze dispositivos táticos fossem preparados para lançamento. Ao mesmo tempo, suplicou a Nixon que lhe fornecesse mais equipamentos militares; Sadat e Assad também pediram mais armamentos a Brejnev — ambos os lados acabaram recebendo mais equipamentos por via aérea. No entanto, o pior havia passado. No dia 11, os tanques israelenses contra-atacaram e desbarataram as linhas inimigas, avançando rumo a Damasco. No dia 15, forças israelenses cruzaram o canal de Suez e cercaram o Terceiro Exército egípcio. De repente, o Cairo estava vulnerável. Alarmado, Sadat apelou para que Nixon e Brejnev, em conjunto ou separadamente, enviassem tropas a fim de deter os israelenses, que continuavam a avançar.

Na noite de 24 de outubro, Brejnev disse a Nixon: "Vou ser direto. Se você achar inviável uma ação conjunta nessa questão, teremos de considerar a possibilidade de tomar medidas apropriadas de maneira unilateral". Em seguida, Brejnev despachou unidades de paraquedistas para o Egito. Kissinger correu para a

Casa Branca: "O que podemos fazer para impedi-los de mandar os paraquedistas? Devo acordar o presidente?". O presidente, porém, estava desacordado de tanto beber, "confuso" com o clamor crescente por seu impeachment. Agora secretário de Estado, Kissinger insistiu com Sadat para que retirasse o pedido de intervenção soviética e americana, e reassegurou Brejnev, ao mesmo tempo que elevava de 2 para 3 o nível de prontidão nuclear. Brejnev, abalado e exausto, estava a ponto de entrar em colapso. Sadat retirou o pedido de intervenção. Brejnev, então, enviou uma mensagem conciliadora enquanto Kissinger ia e vinha entre os adversários, convencendo-se de que Meir era "uma mulher despropositada", Assad intratável e Sadat admirável. Assad e Sadat haviam conquistado respeito, mas cada qual o usou de uma maneira. Assad aproveitou para estender o poder sírio ao Líbano, colocando-se como o principal inimigo de Israel e fundando uma dinastia. Quanto a Sadat, para Kissinger, ele "tinha a sensatez e a coragem do estadista e, por vezes, a percepção de um profeta". Agora, arriscaria tudo para conseguir a paz.[3]

A essa altura, o rei Faisal recorreu ao petróleo como arma, articulando com os demais produtores da Opep um aumento dos preços e um corte na produção. Com isso, desencadeou uma crise de petróleo que ameaçou provocar uma catástrofe nos países ocidentais e deixou evidente a vulnerabilidade dos americanos no setor, algo que os levaria a fazer de tudo para manter o acesso às reservas petrolíferas. Já para os sauditas, os aumentos de preço resultaram num acúmulo extraordinário da riqueza da família real, levando seus membros a adotarem uma vida dupla — como puritanos wahabitas internamente e sibaritas decadentes no exterior, adquirindo iates, palácios e garotas de programa, mas também empreendendo uma modernização vertiginosa e comprando novos armamentos, muitos dos quais por intermédio do filho do médico de Abdulaziz, Adnan Khassoggi, um playboy do jet-set apelidado de Pirata que cobrava comissões tão altas que se tornou "o homem mais rico do mundo". Enquanto a Casa dos Saud tomava seu lugar entre os poderosos do mundo, a Casa de Salomão se desintegrava.

Em 12 de setembro de 1974, no Palácio do Jubileu, o octogenário imperador Hailé Selassié ficou perplexo ao se ver diante de um grupo de jovens oficiais radicais: o que estavam fazendo em seus aposentos? Eles então o informaram de que estava detido. Selassié não acreditou no que ouviu.

POR ACASO O REI DAVI SE APOSENTOU? O *NEGUS* E O MAJOR MENGISTU

Ao retornar da festa monumental do xá, Selassié defrontou-se com uma guerra persistente contra os rebeldes eritreus ao norte e os rebeldes somalis ao sul, ao mesmo tempo que uma fome devastava as regiões de Wollo e Tigré, no nordeste. As superpotências tinham seus representantes no Chifre da África: Moscou apoiava Siad Barre na Somália, a quem forneceu armas para atacar a Etiópia, que por sua vez era sustentada por Washington; os rebeldes da Eritreia, treinados pela China, avançaram desde o leste. O imperador estava perdendo o controle de seus domínios. Quando um nobre que o apoiava sugeriu que talvez fosse melhor se aposentar, ele replicou: "Por acaso o rei Davi se aposentou?". Desafiado por uma jornalista, ele se descontrolou: "Democracia! República! O que significam essas palavras? Não passam de ilusões, ilusões", antes de se retirar, resmungando: "Quem é essa mulher? Basta, vá embora". No entanto, era ele quem vivia de ilusões.

Embora 50 mil pessoas estivessem à beira da inanição, o *negus* recusava-se a reconhecer a fome: "Está tudo sob controle". O xá do Irã, seu aliado, ofereceu-lhe ajuda, mas "ele recusou", anotou Alam, "negando que alguém estivesse sofrendo ou mesmo que houvesse uma seca". Os desatinos do imperador faziam Alam lembrar o xá: "É inevitável pensar nos paralelos".

Estudantes protestavam e jovens oficiais conspiravam. Em fevereiro de 1974, depois de distúrbios em Adis Abeba, Hailé Selassié dirigiu-se ao país pela televisão e conseguiu acalmar os manifestantes, mas seu governo, ainda que não desmoronasse, continuava a se debilitar, enquanto generais, estudantes, oficiais subalternos e marxistas preparavam um golpe. O general Aman Andom, que havia sido exonerado pelo imperador, assumiu a liderança de um Conselho Administrativo Militar Provisório (apelidado de Derg), ao qual cada unidade rebelde enviou três representantes.

No dia 12 de setembro, o Derg não encontrou dificuldades para tomar o Palácio do Jubileu e capturar o imperador, agora um idoso alquebrado, que, bizarramente, foi conduzido a um quartel num Fusca — "O quê? Vão me levar nisso?", murmurou o imperador ao ver o carro — antes de ser confinado no palácio. Tecnicamente, os rebeldes reconheceram o príncipe herdeiro, que estava no exterior em tratamento médico, como "imperador designado", mas a seguir nomearam o general Aman como o primeiro presidente do país. Aman havia sido o mentor de um jovem soldado de origem pobre que agora se destacaria como líder. Mengistu Haile Mariam, de 37 anos, fora enviado ao Derg por seu comandante, que queria se livrar de um criador de casos. Em vez de criar caso, Mengistu, o mirrado filho de um criado, acabou governando o país. Ele fora treinado nos Estados Unidos, onde foi alvo de racismo. De volta à pátria, foi tomado pelo ódio ao racismo da elite imperial. "Neste país, certas famílias aristocráticas classificam automaticamente aqueles de pele escura, lábios grossos e cabelo crespo de *barias* [escravos]", ele declarou ao Derg. "Que fique bem claro para todos que logo vou fazer esses imbecis se arrastarem de joelhos sobre o milho!" Convertido ao marxismo, ele permanecia na sombra, mas começou a organizar o Derg com vistas a uma revolução leninista, incentivando o esmagamento da oposição entre os militares. Em outubro, começou a matança. Aristocratas e generais foram detidos. Quando o antigo patrono de Mengistu, o general Aman, resistiu, foi denunciado e morto num tiroteio. Em março de 1975, Mengistu propôs que os líderes do Derg fossem escolhidos pelo voto secreto — e ele foi eleito vice-presidente conjunto com outro militar, o major Atnafu Abate. Durante dois anos, os dois majores governaram a Etiópia.

Em novembro de 1974, após a prisão em massa de membros da elite, Mengistu propôs a execução de sessenta príncipes, generais e aristocratas. A medida foi aprovada pelo Derg. Mengistu encarregou-se de interrogar o imperador, acusando-o de roubar 14 bilhões de dólares: "Onde iria conseguir tanto dinheiro? E para fazer o quê?", replicou Selassié. "Para viver no exílio? Já passamos por isso." Isolado, cuidado apenas pelo mordomo, o ex-monarca olhou pela janela e chorou. "Ó, Etiópia, alguma vez fui motivo de desgosto para você?" Ele tinha razão em se sentir ameaçado.

Em 27 de agosto de 1975, Mengistu ficou rondando os aposentos do monarca. O mordomo fora dispensado. Mengistu e três outros usaram clorofórmio para nocautear o velho imperador, e em seguida o sufocaram. "Tentamos de tudo", ele mentiria mais tarde, "mas não conseguimos salvá-lo." Mengistu enterrou o último Leão de Judá sob uma laje no exterior, diante das latrinas num dos pátios do palácio.

Com os soviéticos desafiando os Estados Unidos na África, Kissinger cuidava da política externa americana enquanto Nixon enfrentava o processo de impeachment. "A população tem o direito de saber", afirmou Nixon na televisão, "se o presidente é ou não um vigarista. Bem, não sou um vigarista. Tudo que consegui foi por merecimento."

Seu principal inimigo estava perplexo: "Nixon está numa posição difícil", disse Brejnev numa conversa com Fidel, "mas achamos que ele vai conseguir se safar. A astúcia de Kissinger vai ser útil para ele." Fidel odiava o presidente americano — "Nixon é um filho da puta", dizia —, mas Brejnev simpatizava com ele, a ponto de escrever-lhe: "Estamos vendo de que maneira tendenciosa e desavergonhada seus oponentes manipulam os fatos [...]. Não posso ser mais explícito. Creio que você entende o que quero dizer". Brejnev acabou não enviando essa carta, e Nixon, perdendo o apoio até mesmo dos republicanos no Congresso, estava prestes a ser afastado da presidência. Na noite anterior à renúncia, pediu a Kissinger que se ajoelhasse e orasse.

Em 9 de agosto de 1974, Nixon afinal renunciou: "Por vezes fui bem-sucedido, em outras ocasiões fracassei, mas sempre estive convencido daquilo que certa vez Theodore Roosevelt disse a respeito do homem na arena, 'com o rosto sujo de terra, suor e sangue'".

Acompanhando tudo desde Beijing, o cada vez mais idoso Mao também simpatizava com Nixon, enquanto meditava sobre a derrocada dos imperadores. Por outro lado, estava insatisfeito com os resultados da distensão, queixando-se a Kim Il-sung de que Kissinger (agora secretário de Estado do novo presidente Gerald Ford) era um "sujeito nefasto", que usara a China para seduzir Moscou. Ele precisava proteger a revolução, mas dispunha de pouco tempo; os comparsas Kang Sheng e Zhou Enlai estavam morrendo de câncer; Lin Biao falecera. Mao contava apenas com a esposa, Jiang Qing, o "escorpião". Ele então a promoveu, bem como aos seus epígonos, um grupo que chamava de "Camarilha dos Quatro". Destes, tinha predileção por um melífluo guarda de segurança que virara líder da Guarda Vermelha, Wang Hongwen, de 37 anos, a quem nomeou vice-presidente, e seu herdeiro aparente.

Porém, até mesmo Mao percebeu que a Camarilha carecia de autoridade para governar a China; por isso, reabilitou Deng Xiaoping — o Pequeno Canhão — e o colocou no comando do exército. A essa altura, Mao, já diagnosticado com a doença de Lou Gehrig, começara a definhar e a sufocar, mas ainda fazia questão de participar de todas as decisões da liderança, recusando-se a permitir que Zhou fosse operado do câncer. Mesmo agonizando, Zhou pressionou Mao para que nomeasse Deng para o cargo de vice-primeiro-ministro — o que foi motivo de ressentimentos.[4]

Mao esperou o momento conveniente para voltar a dar rédea solta a Jiang Qing, ao mesmo tempo que celebrava o triunfo de outro de seus perversos protegidos, Pol Pot, agora surpreendentemente apoiado pelo ex-rei Sihanouk.

Em 17 de abril de 1975, os jovens combatentes do Khmer Vermelho, vestindo túnicas pretas e lenços vermelhos, deixaram a selva para ocupar a elegante e afrancesada capital Phnom Penh, que mais parecia um navio indo a pique, com os americanos se retirando às pressas, o governo fugindo e o último primeiro-ministro sendo degolado. O Khmer Vermelho — que possuía apenas 68 mil combatentes — logo ordenou que todos os 370 mil moradores da capital a abandonassem no prazo de três dias. Em 23 de abril, Pol Pot entrou na cidade deserta.

Com 45 anos, ascético, de fala mansa e neurótico, aficionado de poesia francesa, Pol Pot era "muito amável, genuinamente simpático e amistoso", recordou um companheiro, "muito sensível". Marcado por anos de clandestinidade nas selvas, "jamais culpava ou repreendia os outros", quase sempre empunhando um leque, como os monges budistas com quem estudara; no entanto, era um controlador fanático, com uma concepção de revolução bem mais radical do que a do próprio Mao. Secretário-geral do partido desde 1963, Pol liderava um minúsculo grupo de professores fanáticos, tão secreto que raramente se referia a eles pelos nomes, mas apenas por números, como "Irmão nº 1" ou "Irmão nº 87". Era um grupo tão coeso que ele e o Irmão nº 3, seu velho amigo dos tempos de Paris, Ieng Sary, eram casados com as irmãs Khieu Thirith e Khieu Ponnary, filhas privilegiadas de um juiz que haviam frequentado o mesmo liceu particular que eles antes de viajarem para estudar Shakespeare na Sorbonne. Outro amigo deles de Paris, o professor Son Sen — o Irmão nº 89 —, comandava a polícia política, conhecida como Santebal (Mantenedores da Paz), ao passo que sua esposa, também professora, cuidava da educação. Esse pequeno grupo de pedagogos homicidas formavam a Angkar — a Organização, o governo sem rosto. Com o auxílio do veterano intelectual Khieu Samphan, o Irmão nº 4, eles pretendiam criar "um precioso modelo para a humanidade", por meio da aniquilação de todas as classes educadas e privilegiadas e do esvaziamento das cidades capitalistas, impondo a todos os cambojanos uma sociedade pré-industrial sem classes — o Ano Zero da Kampuchea Democrática. "Vamos queimar o mato velho", disse Pol, "para que cresça uma nova vegetação." Dois milhões e meio de pessoas abandonaram as cidades, 20 mil delas morrendo ou sendo mortas no caminho, e logo em seguida começaram as execuções.

No entanto, o novo chefe de Estado era um rei sagrado, descendente de quatro séculos de monarcas: Sihanouk fez transmissões a partir de Beijing a fim de incitar os camponeses a apoiarem o Khmer Vermelho. Antes, ele havia se embrenhado na selva para conhecer Pol Pot, tendo o ego afagado e as desconfianças desarmadas pela humildade serena do Irmão nº 1. Sihanouk voltou a Phnom Penh e ao palácio real; Pol Pot morou por um tempo no Pagode Prateado, onde a liderança costumava se reunir, mas depois se mudou para o antigo edifício do Banco do Estado, agora conhecido como K-1. Enquanto era preparado o Ano Zero, os "elementos nefastos" foram avisados: "Não há vantagem em mantê-los e nenhuma perda em destruí-los". Em seguida, para poupar munição, eles passaram a ser espancados até a morte com porretes. As crianças eram afastadas de suas famílias. Son Sen supervisionou a matança "de forma tão escrupulosa quanto um mestre-escola", com os membros da Santebal torturando e matando milhares de pessoas em sua sede principal, uma antiga escola rebatizada como S-21, e em outros 150 centros de extermínio secundários. Os membros do Khmer Vermelho às vezes comiam o fígado das vítimas, carregavam fetos como talismãs e usavam os cadáveres como fertilizantes. Mais de 1 milhão de pessoas foram executadas, e 2,5 milhões morreram no total.

Sihanouk saiu publicamente em defesa da Kampuchea Democrática. A brutalidade do Khmer Vermelho era de conhecimento geral antes mesmo que eles tomassem Phnom Penh, mas, numa espécie de pacto faustiano, Sihanouk adotou uma entorpecente estratégia de ignorância a fim de assegurar a própria sobrevivência, e como parte de um plano para afastar os lacaios do regime quando fosse mais conveniente. Conduzido numa excursão ao campo por Khieu Sampan, o Ir-mão nº 4, Sihanouk viu o que estava acontecendo, mas então já era tarde demais. Ele tentou se afastar do regime, porém foi colocado em prisão domiciliar. Siha-nouk havia compactuado não só com o massacre de seus súditos — um terço de todos os homens do país foram mortos —, mas também com o de familiares: cinco de seus filhos foram liquidados. Nem mesmo os membros da Angkar escapavam à pressão. A tensão e a paranoia enlouqueceram a mulher de Pol Pot, que mergu-lhou na esquizofrenia. Phnom Penh foi a primeira das peças do dominó americano a tombar; em seguida, em 30 de abril de 1975, Saigon foi tomada pelos vietcon-gues; em 23 de agosto, Vientiane, a capital do reino do Laos, caiu nas mãos do Pa-thet Lao comunista, e seu último rei morreu num campo de trabalhos forçados.

Depois de pôr em marcha o programa de extermínio, Pol Pot foi se encon-trar com Mao, que elogiou o Ano Zero: "Um único golpe para acabar com todas as classes [...], uma façanha magnífica". Porém, tal como fora instruído por Stá-lin, ele aconselhou o Irmão nº 1: "Você está no caminho certo. Cometeu erros? Sem dúvida. Agora é preciso corrigi-los". Em particular, Pol Pot menosprezava tanto Khruschóv como Mao, considerando a revolução deste último "empalide-cida e titubeante", ao contrário da sua própria, de um "vermelho refulgente". Todavia, o alerta de Mao era astuto. Pol Pot irritou os vietnamitas pró-soviéticos, que, recém-vitoriosos sobre os americanos, não iriam tolerar receber lições de uma ex-província.

Em janeiro de 1976, logo após se reunir com Pol Pot, o elegante primeiro--ministro de Mao, Zhou Enlai, morreu. A essa altura, o próprio Timoneiro mal conseguia se mexer ou se comunicar sem a ajuda das enfermeiras, mas ainda continuava atento e vigilante. Quando os estudantes aproveitaram o funeral de Zhou para protestar, Mao voltou a exonerar Deng, colocando o Pequeno Ca-nhão em prisão domiciliar e insistindo para que não fosse molestado. Depois de planejar coroar um acólito da esposa, Wang Hongwen, membro da Camarilha dos Quatro, ele surpreendeu a todos ao nomear como herdeiro Hua Guofeng, governador de sua província natal, que havia conhecido durante uma visita ao santuário erguido no local onde nascera. Enquanto as enfermeiras liam para ele a história de Sima Guang, Mao começou a agonizar; Jiang Qing logo apareceu e começou a massagear suas pernas e dar ordens aos médicos. No entanto, nem sempre quem fica à beira do leito do agonizante herda o reino.

O CRUZADO E O PRÍNCIPE: TIRANOS E DEMOCRATAS EUROPEUS

Enquanto Mao ouvia histórias de imperadores e fazia os herdeiros de jogue-tes, um monarca europeu preparava sua sucessão. Em 30 de outubro de 1975,

Francisco Franco, com 82 anos, entrou em coma. Como via a si mesmo como um governante na tradição de Fernando e Isabel e Filipe II, ele acreditava que só poderia ser sucedido por um rei. O fato de não ter tido filhos, apenas uma filha, Carmen, contribuía para isso. Franco planejou então uma sucessão recorrendo aos Bourbon, a antiga família dos Capetos franceses que governara a Espanha de 1714 até a revolução de 1931, equilibrando ambos os ramos com seu próprio Movimiento Nacional.

O conde de Barcelona, filho do último rei, pedira permissão a Franco para que seus filhos estudassem na Espanha, e fora atendido. Em 1956, os dois príncipes, Juan (o mais velho) e Alfonso, ao brincarem com uma pistola que julgavam estar descarregada, protagonizaram uma tragédia. Juan apontou a arma para Alfonso e acionou o gatilho, matando o irmão mais velho. "Diga que não fez isso de propósito!", gritou o pai. Enquanto jogava com os dois ramos dos Bourbon, Franco começou a se interessar pelo bem-apessoado Juan, que, aconselhado pelo pai, comprometeu-se com o generalíssimo a respeitar sua visão autoritária.

Em 1962, Franco convidou o príncipe Juan e a mulher a se mudarem para o Palácio de Zarzuela; sete anos depois, pediu a Juan que jurasse lealdade ao Movimiento Nacional e o ungiu como herdeiro, recomendando que adotasse o nome de Juan Carlos. Franco ainda impôs outra condição: o príncipe teria de conferir à sua filha Carmen o título de duquesa. Juan aceitou as condições. Os cortesãos alertaram Franco de que o príncipe era um liberal enrustido e um libertino devasso, mas Juan Carlos tratava o ditador como um velho rei, e El Caudillo confiava nele. Em 1968, o ditador, alquebrado e controlado pela filha e o genro, abriu mão da derradeira possessão colonial da Espanha, a minúscula Guiné Equatorial, transferindo o governo a Macías Nguema, filho de um feiticeiro da etnia fang que vira o pai assassinar o irmão e depois ser morto a golpes de porrete por um oficial colonial espanhol, e cuja mãe se suicidara. O próprio Nguema tinha transtornos mentais e era viciado em drogas, tendo passado por tratamentos em hospitais psiquiátricos na Espanha. Numa reunião em Madri para discutir o futuro do novo país, ele alegou que Hitler havia pensado em libertar a África, mas conquistara o continente errado. Com frequência perdia o fio dos discursos, o que os eleitores interpretavam como uma graça encantadora. No entanto, logo depois de vencer a primeira eleição presidencial, ele empurrou o ministro das Relações Exteriores pela janela e iniciou um regime de terror de assombrosa intensidade. Considerando-se o Milagre Único, e glorificando-se com o lema "Não há outro Deus além de Macías Nguema", ele promoveu execuções em massa nas quais 50 mil pessoas perderam a vida, às vezes ao som ensurdecedor de música pop britânica. No palácio, ele guardava um tesouro em malas, saqueando a riqueza do pequeno país rico em petróleo e matando ou exilando um terço da população. A Guiné Equatorial era tão minúscula que Nguema governava com a ajuda de parentes, que eram as únicas pessoas com força suficiente para derrubá-lo.[5]

Na própria Espanha, a sucessão ocorreu de forma mais tranquila. Franco morreu em 20 de novembro de 1975, e Juan Carlos o sucedeu como rei, declarando: "Juro por Deus e pelos Santos Evangelhos [...] permanecer leal aos princípios do Movimiento Nacional" e nobilitando a filha do ditador, Carmen, que passou a ser a duquesa de Franco.

Nenhum outro monarca europeu havia desfrutado de tanto poder desde 1919. Longe de ser franquista, Juan Carlos, então com 37 anos, um compulsivo caçador de animais de grande porte e de mulheres louras, era um democrata. Durante seis anos, ele cuidadosamente conduziu a Espanha para a democracia, demitindo o primeiro-ministro franquista e nomeando em seu lugar um ex-franquista que virara democrata, Adolfo Suárez, que, em junho de 1977, saiu vencedor das primeiras eleições genuínas em quarenta anos. E uma nova Constituição promulgada por Suárez converteu Juan Carlos em monarca constitucional. Mas a realização do rei seria posta à prova: em novembro de 1978, um golpe militar — a Operação Galáxia — foi frustrado, porém os oficiais, convencidos de que Juan Carlos poderia ser controlado, planejaram um novo golpe para restaurar a ditadura.

Na Índia, quem deu um golpe foi Indira Gandhi.

INDIRA E O FILHO

A maior democracia do mundo estava se tornando uma dinastia hereditária: Indira Gandhi passou a preparar o filho predileto, Sanjay, para ser a terceira geração dos Nehru a ocupar o poder.[6]

O primogênito Rajiv era um tranquilo piloto da Indian Airlines casado com uma italiana, mas Indira tinha uma predileção pelo orgulhoso segundo filho, Sanjay, um principezinho impulsivo, mimado e autoritário, cuja ânsia de poder era comparável à da mãe. Um playboy que participava de competições automobilísticas e pilotava aviões, ele sonhava em virar empresário, fundando uma empresa automobilística que sobrevivia graças aos favores governamentais. Sanjay era motivo de preocupação e de fascínio para Indira. "Rajiv tem um emprego", ela escreveu, "ao contrário de Sanjay [...]. Ele é muito parecido comigo quando tinha essa idade — as mesmas arestas e tudo o mais —, e me dói o coração pensar no sofrimento que talvez tenha de passar."

O estilo imperioso de Indira, a ascensão de Sanjay, a corrupção do Partido do Congresso e a crise mundial do petróleo provocaram greves e tumultos violentos no país. Processos nos tribunais trouxeram à luz os subornos em dinheiro vivo dos comparsas de Indira e detalhes técnicos que serviriam para contestar até mesmo sua vitória eleitoral. Mórbida e paranoica, incapaz de confiar nos outros, vislumbrando uma "conspiração profunda e generalizada [...], forças desintegradoras [...] em pleno desenvolvimento", a gélida e poderosa Indira passou a depender demais do filho, para quem escrevia versos constrangedores: "Sanjay, esse ser feroz [...] com juízos sempre mordazes".

Em junho de 1975, uma contestação jurídica com base em corrupção eleitoral invalidou a eleição de Indira. Sanjay insistiu que se tratava de uma "conspiração" e a aconselhou a não se demitir. "Você bem sabe como estava o país", disse ela. "O que teria ocorrido se eu não estivesse lá para liderá-lo? Eu era a única capaz de fazer isso, afinal."

No dia 25 de junho, Indira declarou estado de emergência, de modo a restabelecer "uma situação de calma e estabilidade". Recorrendo à antiga legislação britânica preservada pela Assembleia Constituinte, mandou prender opositores e censurar a imprensa, comparando o país a uma criança enferma da qual ela seria a mãe: "Por mais querida que seja uma criança, se o médico prescreve um remédio, este tem de ser administrado [...]. Quando uma criança sofre, sua mãe sofre também". O próprio Sanjay, que desdenhara dos indianos de "fígado rosado" e "desprovidos de culhões", pouco valorizava a democracia: "As gerações futuras não vão se lembrar de quantas eleições tivemos, mas do progresso que conseguimos". Sanjay vangloriava-se de seu poder — a mãe "obviamente me dá ouvidos, ela já me escutava quando eu tinha cinco anos" — e lançou um programa de reformas radicais, com 25 itens, a fim de combater a pobreza, eliminar as favelas e conter o crescimento demográfico. Indira o promoveu a líder da Juventude do Partido do Congresso e mandachuva de Delhi. Ele se esbaldou com tanto poder, morando na casa vizinha à de Indira e permanecendo o tempo todo ao lado dela. Ambos desdenhavam da democracia, que apenas "regurgita gente medíocre".

Essa arrogância descambou em abusos: fortunas foram amealhadas no setor imobiliário; 140 mil pessoas foram presas, incluindo 40 mil sikhs; e o mesmo destino tiveram todos os líderes da oposição. Sanjay supervisionou uma campanha de esterilização para reduzir a população: 8,3 milhões de homens foram submetidos a vasectomias, alguns compulsoriamente, e muitos morreram de infecções. "Indira é a Índia, e a Índia é Indira", declararam seus cortesãos no Partido do Congresso, numa "forma de excesso oriental à qual não dou atenção". No entanto, as travessuras de Sanjay acabaram por debilitá-la. "Aqueles que atacam Sanjay estão se voltando contra mim", disse ela. "Ele não é um pensador, mas um realizador." Sanjay era odiado. Ao cancelar o estado de emergência e convocar novas eleições em março de 1977, Indira sofreu uma derrota tão retumbante que chegou a perder a cadeira na Câmara Baixa, o Lok Sabha, ao passo que Sanjay não conseguiu se eleger para nenhum cargo legislativo. Logo em seguida, Indira e Sanjay foram detidos. A carreira política de ambos parecia ter chegado ao fim — na mesma época em que a da mulher de Mao recebia um impulso.

Em 9 de setembro de 1976, pouco depois da meia-noite, Mao Tsé-tung, rodeado pelas enfermeiras-namoradas, a esposa Jiang Qing e o inócuo herdeiro Hua, enfim morreu. A Camarilha dos Quatro controlava o Partido Comunista. Jiang Qing exigiu ser nomeada presidente e sucessora de Mao.

O PEQUENO CANHÃO, OS OITO IMORTAIS E A GANGUE DO ESCORPIÃO

Agora presidente e primeiro-ministro, Hua Guofeng ficou alarmado, assim como os veteranos comparsas de Mao, que secretamente entraram em contato com Deng, o Pequeno Canhão, então em prisão domiciliar em Zhongnanhai, o complexo da liderança partidária. Jiang desconfiava de uma conspiração, e, de fato, Deng e os inimigos dela planejavam um golpe, para o qual recrutaram a guarda pretoriana da presidência, a Unidade 8341. Em 6 de outubro, Hua convidou parte da Camarilha para discutir um novo volume das obras de Mao. Dois deles foram presos assim que chegaram; o sobrinho de Mao foi capturado na Manchúria; o vice-primeiro-ministro Wang Hongwen resistiu à ordem de prisão e matou dois guardas. Em seguida, a Unidade 8341 cercou a mansão de Jiang no Terraço do Pescador e a prendeu.

Hua ocupava os postos mais altos, mas o poder flui automaticamente para a autoridade, e não para os cargos: ao contrário da água, ele sempre corre para a nascente. Deng pontificava em sua residência, ainda que não ocupasse nenhum cargo. Seis meses depois, o Pequeno Canhão, então com 73 anos, assumiu o comando, como vice-primeiro-ministro e chefe de gabinete, tomando decisões que iriam mudar o mundo: Mao, decretou ele, tinha "sete partes boas, e três partes ruins", mas os erros seriam atribuídos aos membros da Camarilha dos Quatro. Estes foram julgados, e Jiang Qing condenada à morte.[7] Todavia, a decisão mais momentosa de Deng foi a de promover a abertura da economia chinesa, ao mesmo tempo que preservava o monopólio de poder do partido. "Pouco importa se um gato é preto ou branco; se captura o rato, é um bom gato." O gato era bom. As reformas, segundo ele, eram a "segunda revolução" da China.[8] Deng reabilitou um antigo aliado, Xi Zhongxun, em desgraça por dezesseis anos e recém-saído da prisão, colocando-o à frente da província de Guangzhou. Xi propôs uma inovação: criar regiões voltadas para o comércio externo. "Vamos chamá-las de zonas especiais", concordou Deng, acrescentando uma frase da época da Grande Marcha: "É preciso encontrar um meio de entrar, para então lutar em busca de uma saída". O filho de Xi Zhongxun, Xi Jinping, que passara anos vivendo com os camponeses, retomou a vida entre os filhos da elite, que estavam cientes de que um dia iriam contribuir para o governo do país. As zonas econômicas especiais concebidas por Xi seriam cruciais para o vertiginoso crescimento econômico da China. Já no campo da política externa, o país adotou a fórmula "Melhor agir com calma, sem impaciência". Para a Grã-Bretanha, contudo, essa era uma área preocupante: a concessão de Hong Kong terminaria em 1997. Também nesse caso, Deng mostrou-se flexível, adotando a postura de "um país, dois sistemas", ao mesmo tempo que conclamava a China a "dar tempo ao tempo e ocultar sua força".

Jovial, mordaz, baixinho e desbocado, o Pequeno Canhão tornou-se o líder supremo. Não demorou para que Deng abdicasse da maioria dos cargos oficiais, decidindo tudo em sua residência, em reuniões com os veteranos — conhecidos como os Oito Imortais, numa alusão aos heróis da mitologia chinesa —, onde fumavam, jogavam xadrez e expectoravam numa escarradeira, enquanto a filha mais nova, Deng Rong, tomava notas. Nas questões internacionais, ele recomendava: "Fiquem atentos, calmos e assegurem nossos interesses". O Ocidente ficou encantado com Deng;[9] já os estudantes chineses, impacientes para uma abertura, clamavam por um regime mais pluralista. O Pequeno Canhão era flexível em termos ideológicos e econômicos, mas não quando se tratava do poder, que continuava a considerar dependente das armas.

Em novembro de 1975, o último império remanescente, o português, subitamente retirou-se da África, que viu a chegada de uma nova potência: Cuba.

A ÁFRICA DE FIDEL

A guerra anticolonialista de Fidel Castro era quase uma inversão simétrica da história, uma ironia que ele não deixaria de apreciar: filho de um colono espanhol, ele despachou soldados sobretudo negros para enfrentar tropas apoiadas pelos americanos em várias regiões africanas. Cuba, segundo ele, estava "compensando a África pelo tráfico de escravos". Fidel via a África como "o elo mais fraco da cadeia imperialista" e estava disposto a impor o marxismo ao continente — um antídoto ideológico ao imperialismo europeu. Sua intervenção foi desencadeada por um golpe em Lisboa, onde, em abril de 1974, um grupo de capitães, fartos da opressão doméstica e das guerras na África, tomou o poder. A chamada Revolução dos Cravos estabeleceu a democracia em Portugal e pôs um fim a cinco séculos de imperialismo e a treze anos de guerras coloniais — e, ao mesmo tempo, acelerou uma sangrenta luta pelo controle de Angola.

Em 11 de novembro de 1975, Agostinho Neto, o líder marxista do Movimento Popular de Libertação de Angola — formado em medicina em Lisboa e filho de um pastor metodista —, declarou a independência de Angola e tomou a capital Luanda, ao mesmo tempo que duas outras facções anticomunistas ocupavam outras regiões do país. Casado com uma portuguesa, Neto era um revolucionário veterano que conhecera Fidel e Che em Havana, e fora várias vezes preso por Salazar, sem nunca deixar de praticar a medicina. Depois das guerras coloniais sob a ditatura direitista de Salazar, e séculos de espoliação portuguesa, a guerra civil foi brutal. Neto executou seus opositores, implantou um Estado de partido único inspirado nos soviéticos e pediu ajuda a Moscou e a Havana. "Aceitamos o desafio", respondeu Fidel, que apropriadamente batizou a intervenção militar de Operação Carlota, o nome de uma escrava que, "em 1843, comandou um dos inúmeros levantes contra os estigmas da escravidão e deu a vida por isso". Os americanos apoiaram as outras facções, que também contavam com um aliado oculto, a África do Sul, que invadiu o sudoeste da África e, em seguida, Angola. Para evitar a queda de Luanda, 36 mil cubanos foram enviados às pressas por Fidel, que não demorou a ter 55 mil soldados no país africano. "Poucas vezes na história", ele se jactou, em visita à frente de combate, "uma guerra — a mais terrível e dilacerante ação humana que se pode imaginar — foi marcada por tal grau de humanidade por parte dos vitoriosos." As tropas cubanas, acrescentou, iriam permanecer no país por quinze anos. Ainda na primavera de 1988, cerca de 40 mil cubanos, angolanos comunistas e soldados da Namíbia derrotaram os rebeldes angolanos e seus aliados sul-africanos em Cuito Cuanavale, a maior batalha na história moderna da África. Mais de 300 mil cubanos serviram no país.

Angola tornou-se a feroz linha de frente de uma guerra por procuração travada em todo o sul da África. No oeste, Fidel apoiou os insurgentes do sudoeste africano; no leste, na outra colônia portuguesa, Moçambique, Samora Machel, filho de um fazendeiro abastado cujo avô lutara pelo último rei de Gaza, proclamou a independência, também com o apoio cubano e enfrentando contrarrevolucionários auxiliados pela África do Sul. Após séculos de domínio português, e quarenta anos de ditadura salazarista, Machel nacionalizou propriedades, torturou oponentes em "centros de reeducação" e executou 30 mil inimigos de classe. No centro, os 270 mil rodesianos brancos desafiaram os planos britânicos de conceder a independência a 6 milhões de africanos. Também com o apoio do regime de apartheid da África do Sul, os rodesianos lutaram contra a maioria predominantemente negra[10] que, décadas depois da maior parte da África, reivindicava a independência para o país que chamavam de Zimbábue, numa homenagem à arruinada cidade do século XIII.

No início de 1977, Fidel Castro, atendendo a um pedido de Mengistu, enviou 16 mil soldados para a Etiópia. "Sentimo-nos compelidos a ajudar os etíopes", disse ele, "e cumprir com nossa parte." Logo após o assassinato de Hailé Selassié, a Etiópia começou a se desintegrar, com uma intensificação das rebeliões em Tigré e na Eritreia. A revolução acabou devorando seus filhos. "Vamos atacar os inimigos que nos enfrentarem", comentou Mengistu, "e não seremos apunhalados pelas costas. Vamos armar os companheiros e vingar, duas ou três vezes, o sangue daqueles que caírem." Mengistu e Atnafu chegaram a sacar suas pistolas em reuniões, manifestando a crescente rivalidade entre ambos. Em 3 de fevereiro de 1977, Mengistu efetuou um expurgo do comitê executivo do Derg, empunhando uma metralhadora e disparando pessoalmente contra os companheiros, matando nada menos que 58 oficiais. Em seguida, elegeu-se presidente e emergiu como ditador, empreendendo uma campanha de terror — Qey Shibir — inspirada naquela promovida por Lênin em 1918. Brejnev e Fidel ficaram impressionados. "Mengistu me pareceu ser um líder tranquilo, honesto e convicto", concluiu Fidel. "Ele é uma personalidade intelectual que revelou sua sabedoria em 3 de fevereiro [...]. Não hesitou em prender e fuzilar os direitistas." Nesse dia, seu rival Atnafu não estava na capital, mas seria executado mais tarde no mesmo ano.

"Esteja certo, camarada Brejnev", afirmou Mengistu numa visita ao Kremlin, "de que estamos dispostos a sacrificar tudo em prol da revolução." Não era um exagero retórico. "Morte aos contrarrevolucionários", ele bradou numa manifestação pública, ao mesmo tempo que destruía freneticamente garrafas cheias de um líquido vermelho. Mas o terror de Mengistu também era uma desforra imperial: "Nós combatemos aqueles que pretendiam desmembrar a nação". Mengistu foi responsável por 750 mil mortes. Entretanto, os somalis avançavam na direção de Harar, no leste da Etiópia; em Tigré, o talentoso e erudito Meles Zenawi, então com 22 anos, que vencera o prêmio Hailé Selassié na melhor escola de Adis Abeba, fundou a Liga Marxista-Leninista de Tigré, que curiosamente apoiava o regime de Enver Hoxha na Albânia contra todas as grandes potências; na Eritreia, um marxista fanático, Isaias "Isu" Afwerki, instruído em Beijing, recebia armamentos chineses. Diante de tantas ameaças à Etiópia soviética, Fidel Castro ordenou o envio de novas tropas ao país.

Após uma passagem triunfante pela África, onde se encontrou com Neto e Mengistu, Fidel seguiu para Moscou, onde juntou-se a Brejnev na celebração de outro êxito: os comunistas haviam tomado o poder no Afeganistão.

O xá Zahir, filho do monarca fundador da dinastia, conseguira manobrar com êxito por entre os escolhos da Guerra Fria enquanto soviéticos e americanos competiam para apoiar os projetos afegãos. No entanto, era bem mais próximo dos soviéticos: na primeira viagem que fez ao sul da Ásia, Khruschóv visitou Cabul. A KGB financiou um partido comunista que se dividia em duas grandes facções, uma de língua pachto e outra de língua persa, na mesma época em que as reformas do xá desencadearam um movimento islamista. Em 1973, o xá foi derrubado por um primo, o príncipe Daoud, que servira como primeiro-ministro e tinha o apoio dos comunistas. As reformas introduzidas por ele se mostraram decepcionantes, e sua reivindicação da região dos pachtos no Paquistão levou o primeiro-ministro paquistanês, Zulfikar Ali Bhutto, a financiar grupos islamistas por meio do serviço secreto, o ISI. Quando Brejnev queixou-se da interferência americana no Afeganistão, Daoud rebelou-se e começou a prender os comunistas.

Em abril de 1978, tropas comunistas invadiram o palácio e metralharam Daoud e sua família, incluindo mulheres e crianças, em seguida enterrando todos numa cova coletiva. Nur Muhammad Taraki — um veterano escritor de romances realistas-socialistas e, ao mesmo tempo, um mulherengo bon vivant e marxista fanático — assumiu o poder e proclamou-se o "Gênio do Oriente". Estava tão confiante que se vangloriou para a KGB: "Voltem daqui a um ano — todas as mesquitas estarão às moscas!".

Brejnev considerava Taraki um companheiro leninista e apoiou seu programa, que promovia a educação laica, a reforma agrária e os direitos das mulheres, sendo bem semelhante ao que os americanos tentariam impor no país depois dos ataques do Onze de Setembro. No entanto, essas reformas radicais afastaram os afegãos conservadores, enquanto a facção de língua pachto passou a assassinar os rivais tadjiques mais moderados. Os soviéticos os aconselharam a pôr um fim a esses conflitos, mas eles "continuam a executar os que discordam deles", afirmou o primeiro-ministro soviético Kossigin. Quando os *mujahidin* (guerrilheiros muçulmanos) lançaram uma jihad anticomunista, Taraki solicitou apoio militar aos soviéticos e massacrou toda oposição — o primeiro-ministro Hafizullah Amin liquidaria cerca de 30 mil pessoas nos dezoito meses seguintes. Logo depois, em setembro de 1979, Amin mandou prender Taraki, e, afirmando contar com a permissão de Brejnev, fez com que o velho companheiro fosse estrangulado. Brejnev ficou furioso; o interior do Afeganistão fervilhava de jihadistas; os russos começavam a perder o controle, e o chefe da KGB, Iúri Andropov, recorreu a uma solução tradicional: o envenenamento.

Aos 72 anos, Brejnev sofreu um derrame, mas seus companheiros geriátricos na liderança do Kremlin não acharam necessário aposentá-lo do comando de um sistema tão esclerosado quanto suas coronárias. O declínio foi rápido. Enfermiço e habituado a remédios para dormir, bebendo em excesso, Brejnev tinha dificuldades para controlar a própria família: a filha Galina contrabandeava diamantes da Sibéria e mantinha abertamente relacionamentos com gângsteres e domadores de leões. O horizonte desse potentado global sofreu um drástico encolhimento. Com frequência Brejnev passava sozinho o dia todo: "16 de maio de 1976. Não fui a lugar nenhum. Ninguém me ligou. Não liguei para ninguém. De manhã fui cortar e lavar o cabelo e fazer a barba. Caminhei um pouco. Vi o Exército Central [um time de futebol] perder para o Spartak. Os rapazes jogaram bem". Mas os diários revelam quem estava ascendendo. "Andropov ligou. Veio me ver. Conversamos." Iúri Andropov fornecia sedativos para Brejnev. Ainda mais importante, eles discutiam sobre o que fazer com os afegãos homicidas.

"Um comitê foi formado para liquidar Amin", Andropov escreveu a Brej-nev. A KGB tinha um departamento, a Câmara, dedicado aos venenos. Andropov conseguiu infiltrar nas cozinhas que serviam Amin um assassino azeri, de codi-nome Paciência, que fora treinado como cozinheiro.

Andropov tinha uma ideia para reformar a União Soviética. Como embaixa-dor em Budapeste, ele articulara o esmagamento da revolução húngara em 1956 e, depois, nomeado chefe da KGB em 1967, supervisionara a invasão da Tchecos-lováquia, bem como as novas campanhas repressivas contra dissidentes e *refuse-niks* judeus, recorrendo ao uso de hospitais psiquiátricos a fim de "sufocar qual-quer tipo de dissidência". Implacável, abstêmio e incorruptível, Andropov era um inquisidor dostoievskiano que sabia tudo a respeito de todos. Ao entrevistar um subordinado que comentou: "Permita-me dizer algo a meu respeito", Andropov replicou: "O que o leva a crer que sabe mais sobre si mesmo do que eu?". Entre-tanto, Andropov tinha um segredo de família: fora criado por um padrasto e ha-via trabalhado nas barcaças do Volga, ou seja, tinha um perfeito passado proletá-rio; mas, na verdade, era filho de um joalheiro judeu, Karl Fainshtein, morto num tumulto antigermânico durante a Primeira Guerra Mundial, e de sua espo-sa russa Ievguênia — fato que ocultou ao se inscrever no Partido Comunista em 1937. A origem judaica não o impediu de perseguir os dissidentes judeus.

No campo das relações externas, Andropov desprezava a corrupção e a de-bilidade das democracias ocidentais e implementou sofisticados programas de desinformação que estão na origem das atuais "fake news". Esse leninista ferre-nho, apreciador de romances policiais e de jazz, estava convencido de que eram necessárias medidas duras no período em que a ditadura estivesse se reformulan-do. Ele se deu conta de que o Estado soviético, cada vez mais interligado à econo-mia global, precisava mudar. Os gastos militares — da ordem de 15% do PIB — não eram alarmantes para uma superpotência. E, em 1977, a descoberta de novas reservas na Sibéria ocidental tornaram o país o maior produtor mundial de pe-tróleo. Por outro lado, a URSS tornou-se dependente demais dos lucros do petró-leo, que financiavam a importação de cereais, em vez de tecnologia ocidental, e subsídios a Cuba e outros Estados vassalos, algo que Andropov considerava um "roubo vulgar". "Nossa tarefa é conceber um sistema de etapas logísticas, econô-micas e morais", afirmou, "que estimule a renovação de equipamentos e geren-tes." Ele também anteviu o perigo representado pela estrutura, herdada de Lênin, de quinze repúblicas "independentes". "Vamos nos livrar das divisas nacionais", propôs. "Temos de traçar um novo mapa da URSS."

"Em vinte anos", disse Andropov em 1975, "seremos capazes de nos permitir o que hoje está ao alcance do Ocidente, ou seja, liberdade de opinião e de informação, e diversidade na sociedade e na arte." Para ele, entretanto, o poder político deveria continuar sendo um monopólio do Partido Comunista. Tal como Deng na China, Andropov contemplava uma crescente liberdade econômica, mas sob um rígido controle político. Ele era "o mais perigoso", comentou o reformista Aleksandr Iakovlev, "porque era o mais inteligente".

Pouco tempo antes, Andropov conhecera um novo e enérgico líder partidário em Stavropol, com quem passou a compartilhar feriados, caminhadas por trilhas e sessões de cantoria de músicas proibidas por sua própria KGB: Mikhail Gorbatchóv. Gorbatchóv elogiava Brejnev e fazia todo o necessário para ascender. No entanto, ele e a esposa, a ruiva Raisa, ambos pertencentes a famílias mortas por Stálin, também estavam atônitos com a inércia do líder.

Andropov orientou a ascensão de Gorbatchóv, ciente de que o sistema estava cada vez mais disfuncional. E Gorbatchóv encontrou um espírito afim no severo mas inteligente chefe do partido na Geórgia, Eduard Shevardnadze, de olhos azuis com uma pluma de cabelos brancos, que, durante uma caminhada numa praia do mar Negro, de repente comentou com Gorbatchóv que "tudo está podre". Em 1978, incitado por Andropov, Brejnev promoveu Gorbatchóv para o Politburo em Moscou. "Precisamos mesmo disso?", perguntou Raisa.

"Não dá mais", replicou Gorbatchóv, "para continuarmos vivendo assim."

No Kremlin, ele ficou surpreendido ao ver o secretário-geral adormecer nas reuniões do Politburo. A liderança soviética mais parecia "uma cena de Gógol", queixou-se a Andropov, que respondeu que "a estabilidade do partido, do país e até do mundo" exigia que "apoiassem Leonid".

Nos níveis mais baixos da hierarquia da KGB, Andropov incentivava um espírito de lealdade cavalheiresca. Em 1969, ele promoveu um novo culto da polícia secreta, a Tcheká, patrocinando uma série de TV intitulada *Dezessete momentos na primavera*, protagonizada por um superespião soviético, o coronel Isaiev, que se infiltrava nos altos círculos nazistas usando o nome Stierlitz.[11] A campanha deu certo. Stierlitz virou um herói soviético. Brejnev apreciava de tal modo a série que mudou os horários das reuniões do Comitê Central para que pudesse assisti-la; e a série também inspirou muitas pessoas a se inscreverem na KGB — entre elas um estudante de direito em Leningrado chamado Vladímir Putin. Putin venerava Andropov como um herói e queria ser como Stierlitz. "A ideia que eu fazia da KGB", recordaria mais tarde, "estava baseada em histórias românticas de espionagem."

Em 1975, aos 23 anos, Putin começou a trabalhar para a KGB, dedicando-se tanto à contrainteligência como à vigilância interna. Mais tarde, ele se formaria no Instituto Iúri Andropov. Sua formação nada tinha de excepcional: ele crescera num apartamento dilapidado de um decadente bloco residencial de Leningrado, participando de gangues de rua; sua mãe, Maria, o concebeu aos 41 anos, mas havia perdido um bebê durante o cerco à cidade na Segunda Guerra e o mimara com o tipo de atenção que por vezes confere à criança uma enorme autoconfiança. Vladímir — mais conhecido como Vova — também foi alvo da bondade de uma vizinha judia que o alimentava enquanto os pais trabalhavam, e de um professor de educação física que o encaminhou para o caratê. Mas Vova tinha uma conexão mais profunda com a polícia secreta: o avô Spiridon trabalhara na intendência do NKVD, cozinhando tanto para Lênin como para Stálin; e seu pai servira em unidades do NKVD durante a guerra.

O envenenamento do déspota afegão revelou-se mais difícil do que imaginara Andropov — e Brejnev e o Politburo não sabiam como lidar com a situação. No início, Andropov recomendou cautela. Que o veneno cumprisse sua função. Porém, se uma intervenção fosse necessária, ela deveria ser rápida e fácil.

Em agosto de 1978, o xá do Irã recebeu uma ligação do potentado do país vizinho, o vice-presidente iraquiano Saddam Hussein, que lhe perguntou se aprovaria o assassinato de um problemático exilado iraniano no Iraque, o aiatolá Khomeini. Saddam explicou que Khomeini vinha causando problemas entre os xiitas iraquianos e queria saber se podia mandar matá-lo ou enviá-lo para o exílio em outra parte. O que o xá preferia fazer?

O IMAME, O XÁ E SADDAM

A essa altura, até mesmo os cortesãos do xá vinham sugerindo que implementasse reformas. Em junho de 1974, Alam chegou a lhe perguntar: "Como podemos esperar que as pessoas tolerem a falta de pão se continuamos a insistir que vivemos numa era dourada?". O xá "deu a impressão de ter ficado muito abalado e ordenou que eu montasse um comitê". Ao mesmo tempo, sua jogada para tornar o Irã a potência hegemônica no golfo e dividir o Iraque começava a dar resultados. Ele apoiara uma sangrenta revolta curda, liderada pelo mais recente chefe guerreiro da família Barzani, que conseguiu forçar os iraquianos a reconhecerem sua autonomia.[12] No entanto, o líder emergente do Iraque — Saddam Hussein — temia que a perda do Curdistão levasse à desintegração do país.

Na opinião do xá e de Alam, Saddam era um "jovem magro, bem-apessoado e muito inteligente". Nascido na cidadezinha de Tikrit, ele não fora mimado por uma mãe adoradora nem se chocara com um pai agressivo. O pai morrera logo depois de seu nascimento, e a mãe, Sabha, sofrera um colapso, enviando o filho para ser criado em Bagdá pelo irmão, Khairallah Talfah, um nacionalista árabe radical. Foi Khairallah quem introduziu o menino no Partido Baath, que em 1963 tomou o poder no Iraque e na Síria, ainda que logo em seguida tenha sido prejudicado por disputas e expurgos. "Os baathistas", comentou Khruschóv, acompanhando as matanças, "tomaram emprestados os métodos de Hitler." Saddam destacou-se com a tentativa de assassinato de um presidente iraquiano e fugiu para o Egito, mas em 1968 voltou ao país quando um primo, o general Ahmed al-Bakr, casado com a irmã de seu tio Talfah, chegou ao poder no último espasmo das lutas sectárias baathistas e nomeou Saddam para comandar a polícia secreta.

Ao se casar com uma prima professora, Sajida, filha de Talfah, Saddam colocou-se no centro de um pequeno clã, onde logo seria acompanhado pelo filho do tio e por seus meios-irmãos. Enquanto o xá do Irã gastava bilhões de dólares em armamentos americanos, Saddam, agora vice-presidente do Conselho do Comando Revolucionário, cultivava um relacionamento com Moscou. Em abril de 1972, Bagdá firmou um tratado com a União Soviética, e Saddam tornou-se próximo de um espião da KGB, Ievgueni Primakov — por vezes chamado pelo codinome Maxim, mas cujo verdadeiro nome era Finkelstein (ele era judeu) —, que admirava no iraquiano uma "firmeza que muitas vezes se transformava em crueldade, uma vontade férrea que se aproximava da teimosia implacável". Al--Bakr caiu doente bem na época em que os rebeldes curdos, apoiados pelo xá, ameaçaram se separar no norte do Iraque. Como não dispunha de força suficiente para impedi-los, Saddam foi obrigado a negociar.

Em março de 1975, num encontro em Argel, o xá conseguiu uma proeza ao convencer Saddam a ceder ao Irã o controle da via navegável do rio Shatt al-Arab; em troca, ele deixaria de apoiar os curdos. O êxito não é um estímulo para reformas, e o xá desfrutava um momento de triunfo. Porém, em julho do ano seguinte, Alam estava desesperado: "Afirmamos ter levado o Irã à beira de uma Grande Civilização, mas o país sofre com quedas de energia e nem sequer podemos garantir o fornecimento de água na capital". O xá preferia negar tudo isso: "A única coisa errada com a economia é sua extraordinária taxa de crescimento".

O poder é corrosivo, e o xá vinha jogando esse jogo desde 1941, havia quase quatro décadas. "Não há mão firme no leme", alertou Alam, "o capitão está exaurido." Enquanto isso, "o povo deseja progresso material, justiça, harmonia, ter voz nas questões políticas. Estou muito apreensivo". Mas, em janeiro de 1977, os abundantes recursos do país haviam sido dilapidados. "Estamos falidos", reconheceu o xá.

Quando uma das amantes suecas do xá sofreu uma intoxicação alimentar, o ministro da corte enviou o médico real, por engano, à "amiga francesa" de Alam. "Sua Majestade quase chorou de tanto rir." Os iranianos, porém, não estavam rindo. Milhões de camponeses haviam se mudado para as cidades, onde, desarraigados e empobrecidos, negligenciados pelas elites venais, voltaram-se para os mulás tradicionalistas, ouvindo, em fitas cassete contrabandeadas, as pregações do aiatolá Khomeini, exilado em Najaf, nas quais ele descrevia o xá como "a víbora americana cuja cabeça tem de ser esmagada com uma pedra". A essa altura, Saddam ofereceu ao xá a cabeça de Khomeini — e o rei dos reis rejeitou a oferta. Então Saddam expulsou o aiatolá do Iraque.

Khomeini acabou refugiado em Paris. Antes disso, o presidente francês Giscard d'Estaing consultou o xá, que não se opôs. Em outubro, Khomeini instalou-se no subúrbio parisiense de Neauphle-le-Château. Suas aparições nos meios de comunicação, vestindo uma túnica e sentado sob uma macieira — a antítese do esplendor dourado do xá —, eram organizadas por uma aliança de liberais bem formados, xiitas moderados e revolucionários esquerdistas e treinados pela OLP no Líbano. Cada um desses grupos estava convencido de que iria controlar o idoso aiatolá. E estavam todos enganados.

O xá menosprezou a ameaça, chamando os opositores de "canalhas corruptos"; e a Savak continuava prendendo e torturando os suspeitos. O problema de um regime de um homem só é que ele depende da sobrevivência desse homem: acometido de exaustão, o xá foi submetido em segredo a exames e diagnosticado com câncer linfático — e o fiel Alam também sofria com um câncer avançado. Tratado com esteroides, deprimido e passivo, Mohammad Reza Shah vacilou, ignorando o início de protestos cada vez mais frequentes e de ataques fundamentalistas. Em seguida, em agosto de 1978, um incêndio no cinema Rex em Abadan, de natureza criminosa, provocou a morte de 420 pessoas — descobriu-se depois que as portas haviam sido trancadas. Era uma provocação por parte de terroristas islâmicos, e funcionou: a Savak foi vista como responsável, e os protestos viraram uma bola de neve.

Enfermo, o xá perdeu a vontade de lutar, recusando-se a reprimir com violência os manifestantes. Em seguida, consultou seu aliado, os Estados Unidos, onde a reação a Watergate levara à Casa Branca um presidente democrata inexperiente, beato e dentuço: Jimmy Carter, um produtor de amendoim da Geórgia. Carter era o anti-Kissinger, e sua mera presença enfraquecia o poder americano. Ele sinalizou que não continuaria a dar apoio ao xá, e soube por emissários de Khomeini que o aiatolá não ameaçaria o fluxo de petróleo para os Estados Unidos. Enquanto milhões de iranianos protestavam nas ruas, o xá ficou estupefato com a traição americana e lutava para encontrar alguém disposto a aceitar o cargo de primeiro-ministro; com o definhamento do exército, a monarquia ruiu como madeira podre. Em 8 de setembro de 1978, as forças de segurança começaram a disparar contra os manifestantes, matando uma centena de pessoas: essa "sexta-feira negra" proporcionou mártires e impulso para o movimento.

Em 16 de janeiro de 1979, o xá, debilitado e pálido, mas ereto e digno, embarcou em seu avião depois de ter a mão beijada por um jovem oficial ajoelhado, enquanto Farah, sob o efeito de sedativos, chorava em silêncio. O xá seguiu para o Egito, onde foi recebido por Sadat. Duas semanas depois, no dia 1º de fevereiro, Khomeini decolou de Paris num avião lotado com conselheiros esquerdistas e jornalistas americanos, que lhe perguntaram o que estava sentindo. "Hichi" — "Nada" —, respondeu, rejeitando o sentimentalismo americano e expressando a grandeza mística da divindade. Seis milhões de pessoas — uma das maiores aglomerações humanas de todos os tempos — quase o esmagaram quando seu comboio seguiu para o Cemitério dos Mártires, onde ele teve de ser resgatado por um helicóptero militar. "Eu vou decidir o governo", anunciou para a multidão. "Vou arrebentar os dentes desse governo [provisório]." O momento decisivo não tardou a chegar: seus aliados laicos haviam arranjado para que ele ficasse hospedado provisoriamente numa escola para meninas, Refah, mas, na manhã seguinte, os mulás, seus aliados religiosos e antigos discípulos irromperam na escola e levaram Khomeini, agora exaltado como o imame infalível, para seu quartel-general.

Embora tenha designado um islamista moderado para o cargo de primeiro-ministro, Khomeini conseguiu enganar os esquerdistas, os moderados e os americanos: o poder, na verdade, foi delegado a um Conselho da Revolução Islâmica, cujo núcleo central era constituído por vários de seus discípulos, homens que haviam passado por incontáveis prisões ao longo dos anos: um deles, um clérigo de quarenta anos nascido em Najaf, era Ali Khamenei, que desfrutava da confiança de Khomeini e organizou um novo exército, a Guarda Revolucionária Islâmica. Esses dois homens — primeiro Khomeini e depois Khamenei — iriam governar o Irã como imames até a década de 2020.

A verdadeira natureza de Khomeini se revelou assim que seus apoiadores saíram vencedores de confrontos com a Guarda Imperial e prenderam todos os generais e ministros. Estes foram levados para a escola Refah, onde o principal juiz revolucionário, o gordo, sorridente e homicida Sadeq Khalkhali, discípulo de Khomeini desde 1955 e líder de longa data do Fadayan-e Islam, fez com que fossem todos fuzilados no telhado do prédio. Ao receber uma ligação solicitando que adiasse a execução do duradouro primeiro-ministro do xá, ele pediu ao interlocutor que esperasse um pouco e, em seguida, fez ele mesmo o disparo letal. Então, voltou ao telefone: "Lamento, mas a sentença acabou de ser cumprida". Mais tarde, iria se vangloriar: "Matei mais de quinhentos criminosos próximos da família real […], não sinto nenhum remorso" — exceto pelo fato de o xá ter escapado. Em outubro, Mohammad Reza Shah desembarcou nos Estados Unidos para fazer um tratamento médico, o que inspirou uma campanha denominada "Morte aos Estados Unidos", na qual quatrocentos estudantes ocuparam a embaixada americana em Teerã e tomaram 66 americanos como reféns, com o apoio de Khomeini, que aproveitou o episódio para afastar os moderados e impor uma teocracia sui generis: o líder supremo — pela Lei do Guardião — era um monarca absoluto sagrado, superior ao presidente e ao Parlamento eleitos.

Humilhado, Carter despachou tropas especiais, na Operação Garra de Águia, para resgatar os reféns, mas os helicópteros caíram em meio a uma tempestade de areia, matando oito comandos, cujos cadáveres ressecados viraram acessórios num macabro espetáculo iraniano. "Quem derrubou os helicópteros do sr. Carter?", perguntou Khomeini. "Fomos nós? Não, foi a areia! Essa areia é agente de Deus. Eles que tentem de novo." Não tentaram. Os comandantes-chefes dos militares americanos exigem os louros da vitória: Carter ficou marcado pela derrota e a falta de sorte; ainda assim, buscou colocar em prática o primeiro acordo de paz entre árabes e israelenses.

Em 19 de novembro de 1977, Sadat, confiante depois dos êxitos iniciais contra Israel, havia corajosamente voado até Jerusalém.

JJ DE GANA E SADAT EM JERUSALÉM

Dirigindo-se ao Parlamento de Israel, o Knesset, Sadat conclamou: "Vamos pôr um fim à guerra". Seu anfitrião israelense, Menachem Begin, um inflexível nacionalista de origem polonesa que recorrera ao terrorismo para solapar o mandato britânico, havia encerrado trinta anos de governos trabalhistas, conquistando os votos dos negligenciados judeus mizrahim — ou orientais — oriundos de países árabes. Begin devolveu o Sinai ao Egito em troca de uma paz que escandalizou o restante do mundo islâmico. Em março de 1979, quando o acordo foi assinado em Washington, o sírio Assad e o líbio Qaddafi, juntamente com o imame Khomeini, denunciaram a traição de Sadat.

O primeiro estrangeiro a visitar Khomeini foi Yasser Arafat, o líder palestino que treinara muitos radicais iranianos em acampamentos no Líbano financiados pelos soviéticos. A fé é contagiosa e consumível: a revolução de 1979 mudou o mundo tanto quanto as revoluções de 1789 e de 1917. Os ocidentais laicos viram Khomeini como um espectro saído do passado obscurantista e intolerante. Na verdade, ele era o futuro. As ambições de Khomeini eram pan-islâmicas, ilimitadas pelo xiismo ou pela história iraniana, abrangendo desde os palestinos laicos ("hoje o Irã, amanhã a Palestina") até os sunitas. Khomeini havia se inspirado em Qutb, o sunita egípcio enforcado por Nasser; agora os seguidores de Qutb buscavam inspiração nele. O presidente Sadat concedera asilo a seu amigo, o xá deposto e agonizante, que teve de se mudar dos Estados Unidos para o Panamá, perseguido pelos agentes de Khomeini, empenhados em matá-lo ou extraditá-lo. Quando o xá morreu, no Cairo, Sadat providenciou para que fosse sepultado na Mesquita de al-Rifai, ao lado de Ismail, o Magnífico, e do rei Farouk. O acordo de paz com Israel e a lealdade para com o xá por parte de Sadat despertaram o ódio dos fundamentalistas islâmicos.

No Paquistão, em 4 de abril de 1979, o antigo primeiro-ministro eleito Ali Bhutto foi enforcado por ordem do general islamista que o havia deposto. Em julho de 1977, o então chefe de gabinete, o general Muhammad Zia, havia derrubado Bhutto, um autocrata imperioso cujas manobras para conciliar socialismo, islamismo e feudalismo, sem falar no assassinato de opositores, haviam acabado por afastar todos os lados. O próprio Bhutto nomeara Zia e incentivara o brusco oficial de formação britânica a disseminar o islã no exército, mas o general odiava Bhutto e, mais tarde, o levou às barras dos tribunais por assassinato. Agora a revolução xiita no Irã incentivava o sunita Zia a islamizar o Paquistão e impor a *sharia*.

Ainda que sua influência fosse poderosa, Khomeini enfrentava uma ameaça imediata: ele desprezava Saddam Hussein e conclamava à destruição dos "ímpios baathistas". Saddam também não morria de amores por ele.

Em 22 de julho de 1979, Hussein, recém-proclamado presidente do Iraque, dando baforadas num charuto, subiu ao palco numa reunião do Conselho do Comando Revolucionário e deu início a um expurgo, gravado em vídeo e depois transmitido a todo o país. Após o acordo de paz firmado por Egito e Israel, o presidente iraquiano al-Bakr propusera uma união com Assad, seu homólogo baathista na Síria: al-Bakr seria o presidente, tendo Assad como vice, e Saddam perderia o cargo. Naturalmente, a proposta foi solapada por Saddam, levando a um afastamento do sírio, que acabou se aproximando do Irã, numa aliança que asseguraria a sobrevivência de sua dinastia até a década de 2020.

Após articular a aposentadoria de al-Bakr, Saddam emergiu das sombras, um radical semiletrado cuja irrefreável ascensão, engenhosa crueldade e corte de sicofantas o convenceram de estar predestinado a ser uma nova mescla de Saladino, Nasser, Nabucodonosor e Stálin. Assim que chegou à presidência, ele mandou prender os adversários e os torturou, para que incriminassem outros numa "conspiração síria".

Agora no palco do Conselho do Comando Revolucionário, ele enumerou e apontou os "irmãos que nos traíram" e estavam ali presentes, com a desenvoltura de um diabólico apresentador de programa de jogos da tevê. À medida que os nomes eram anunciados, Saddam gritava "Fora!", e as câmeras mostravam agentes do Mukhabarat, vestidos de terno, escoltando-os para fora da sala, enquanto os demais demonstravam lealdade aplaudindo-o e aclamando-o. Ao final, Saddam e seus asseclas derramaram lágrimas, secando os olhos com lenços; mais tarde, conduziram até os calabouços os sobreviventes, onde estes receberam pistolas e foram obrigados a fuzilar prisioneiros; outros foram indultados e forçados a matar muitos mais.

Khomeini e Saddam não eram os únicos líderes que lançavam mão de assassinatos para purgar seus países. Em 26 de junho de 1979, Jerry Rawlings, um sargento da Força Aérea de Gana de 32 anos, fincou uma fileira de estacas na praia em Acra, a capital ganense, e convidou a imprensa para um espetáculo macabro. "Havia seis postes de madeira, e de cada um pendia uma corda", relembrou um jornalista. "E, atrás dos postes, havia sacos de areia." Em seguida, uma ambulância se aproximou. "A porta traseira foi aberta", e desceram dois ex-presidentes, os generais Akuffo e Afrifa, e quatro oficiais de alta patente. "De repente um silêncio inquieto tomou conta dos espectadores", enquanto os homens eram amarrados nos postes. "Quase ninguém notou o pelotão de fuzilamento entrar nas barracas, pois toda atenção estava voltada para os oficiais condenados."

Filho de uma jeje e de um farmacêutico escocês de Galloway, Jerry John (JJ) Rawlings era um piloto alto e exuberante que estava enojado com a venalidade e a incompetência dos governantes civis e militares que haviam sucedido Nkrumah. Casado com Nana e pai de três filhas, ele fracassara várias vezes nos exames para se tornar oficial e estava prestes a ser afastado da força aérea. Excêntrico e impetuoso, Rawlings aderiu a uma organização secreta de oficiais, o Movimento África Livre, que planejava golpes em vários pontos do continente.

Em Gana, o golpe foi organizado por ele e seu melhor amigo no famoso colégio interno Prince of Wales, em Acra, o major JC Kojo Boakye Djan — ambos tinham se rebelado contra o inglês que dirigia a escola. Em maio de 1979, Rawlings topou com o amigo e o convidou: "JC, vamos tomar uma bebida".

No bar do hotel Continental, Rawlings de repente propôs: "JC, estamos prontos para tomar o poder".

"Você e quem mais?", perguntou JC.

"Tem um bando de caras", respondeu JJ.

O amigo o aconselhou a pensar melhor.

"Você pensa demais", disse JJ, "e corre o risco de ser visto como um covarde."

O golpe foi um desastre. Rawlings e os "caras" foram capturados e estavam a ponto de ser executados.

"Não tínhamos opção", lembrou JC. "Precisávamos libertar Rawlings antes que ele fosse morto."

Em 4 de junho de 1979, JC invadiu a prisão e soltou Rawlings; em seguida, eles tomaram o Castelo e derrubaram o general Akuffo. Estabelecendo um Comitê Revolucionário das Forças Armadas, Rawlings iniciou um "exercício de limpeza interna", prendendo três ex-presidentes e cinco generais. As primeiras execuções foram realizadas na surdina, mas o espetáculo na praia de Acra atraiu uma multidão.

"Não se ouviu nenhuma ordem de disparo", relembrou um jornalista. "Apenas um súbito estalido: *ta-ta-ta*. E dava para ver o sangue empapando as roupas." Anos depois, Rawlings refletiu que aquilo foi "muito doloroso e lamentável, mas não havia outra saída". Em seguida foi compilada uma lista com trezentos nomes, e todos acabaram mortos. Mais tarde, porém, Rawlings surpreendeu ao permitir a realização de eleições livres, vencidas por um respeitado diplomata e adepto de Nkrumah, o dr. Hilla Limann. Rawlings voltou para sua base aérea, mas, após dois anos de um governo fraco e corrupto, voltou a tomar o Castelo em 31 de dezembro de 1981. "Companheiros ganenses", anunciou, "isto não é um golpe. Não quero nada além de uma revolução [...]. Nada será feito desde o Castelo sem o consentimento do povo."

Rawlings presidiu à morte por vingança de três juízes que haviam se atrevido a contestar a repressão durante seu período inicial no governo. Confrontado com protestos, mandou prender e fuzilar um dos membros da própria junta de governo. Ao mesmo tempo, arruinou a economia do país com nacionalizações de inspiração marxista, incentivado por seus aliados Fidel e Qaddafi. Embora parecido com muitos dos tiranos pró-soviéticos da África, o excêntrico Rawlings não era um deles, pois, no final, ainda acabaria surpreendendo a todos.

Na região do golfo Pérsico, Saddam e Khomeini desde sempre haviam se odiado. Saddam quase conseguira assassinar Khomeini: em vez disso, matara o aiatolá xiita al-Sadr. Havia muito tempo os iraquianos ressentiam-se da superioridade iraniana e do poder do xá: o padrasto de Saddam, o tio Talfah, escrevera um panfleto intitulado "Três coisas que Deus não deveria ter criado: persas, judeus e moscas". A essa altura, Saddam viu-se obrigado a voar até Riad a fim de pedir apoio aos sauditas. Khomeini detestava os sauditas, a quem chamava de "os cameleiros de Riad e os bárbaros do Najd". Fahd, o príncipe herdeiro saudita e filho de Abdulaziz, prometeu a Saddam 1 bilhão de dólares por mês. Os americanos deram o sinal verde para a guerra, assim como Brejnev, que acabara de tomar uma decisão fatal.

OPERAÇÃO TEMPESTADE-333 EM CABUL

A Operação Tempestade-333 foi a missão de tropas especiais mais bem-sucedida da época moderna. Às 19h15 do dia 27 de dezembro de 1979, mais de mil comandos soviéticos, disfarçados com uniformes afegãos, invadiram o Palácio de Tajbeg, a quinze quilômetros de Cabul, e liquidaram o secretário-geral do Afeganistão, Hafizullah Amin, cujas políticas radicais e expurgos sanguinários, admiração por Stálin e formação americana acabaram se revelando intoleráveis para os soviéticos. A senilidade de Brejnev era inquietante: agora, ele dançava com datilógrafas e garçonetes, e em público mal conseguia completar uma frase, tornando-se alvo de piadas em todo o país. No entanto, a cúpula geriátrica e onipotente preocupava-se com Amin. "Em nenhuma circunstância", afirmou Andropov, "podemos perder o Afeganistão."

Os generais haviam alertado contra uma invasão. Em particular, Gorbat-chóv considerava a intervenção um "equívoco fatal", mas, no dia 12 de dezem-bro, Andropov conseguiu impor seu argumento. Enquanto as tropas eram prepa-radas, Amin mudara-se do palácio presidencial para o Palácio de Tajbeg, mais bem protegido. E o agente Paciência de Andropov era agora o chefe de cozinha de Amin. Caso conseguisse matá-lo, a invasão do Afeganistão não seria inevitável.

No dia 13 de dezembro, o agente soviético tentou matar Amin, mas foi o sobrinho deste quem acabou ingerindo a maior parte do alimento envenenado, tendo de ser levado às pressas a Moscou para receber um antídoto. Em seguida, um atirador de elite recebeu ordens para alvejar Amin, mas não conseguiu se aproximar o suficiente. Andropov, então, aprovou uma rápida intervenção para liquidar Amin e pacificar o país. No dia 25 de dezembro, tropas soviéticas come-çaram a desembarcar no Afeganistão com a aprovação do próprio secretário--geral. No dia 27, algumas horas antes da Operação Tempestade-333, Amin presi-diu a um banquete durante o qual foi envenenado: tanto ele como os demais convivas caíram doentes. Amin chegou a entrar em coma, mas seu hábito de be-ber Coca-Cola contribuiu para diluir o veneno, e um médico russo que não rece-bera orientações da KGB conseguiu reanimá-lo. Quando a notícia de que Amin es-tava vivo chegou aos russos, setecentos comandos — liderados por 25 assassinos da unidade Trovão do grupo Alfa, juntamente com equipes da KGB e da GRU, e con-tando com o apoio de setecentos paraquedistas e tropas especiais (*spetsnaz*) — in-vadiram o palácio e entraram em choque com os 1500 soldados que o defendiam.

"Os soviéticos vão nos salvar", disse Amin enquanto os comandos de An-dropov irrompiam no palácio.

"Esses são os soviéticos", replicou o ajudante de ordens.

"É verdade", reconheceu Amin. Os assassinos massacraram o secretário--geral e praticamente toda a sua família, incluindo a esposa e o filho de onze anos, bem como 350 guardas — uma filha foi ferida, mas conseguiu sobreviver. O piso de madeira do palácio ficou ensopado de sangue. Um presidente pró-soviético, Ba-brak Karmal, foi empossado; 80 mil soldados, apoiados por 1500 tanques, toma-ram as cidades; logo o contingente russo subiu para 125 mil soldados, e, no auge, mais de 600 mil pessoas foram mobilizadas no conflito. A invasão soviética de-sencadeou uma sublevação cada vez maior de cerca de 250 mil *mujahidin* coman-dados por líderes tribais e religiosos,[13] apoiados inicialmente pelo Paquistão e, depois, pela CIA e os sauditas.

O Afeganistão proporcionou uma cobertura perfeita para Hussein. Em 22 de setembro de 1980, ele ordenou a invasão do Irã, chamando-a de "Qadisiyya de Saddam", numa alusão à derrota infligida pelos árabes aos persas no ano de 638. No entanto, Hussein não conseguiu derrubar Khomeini; pelo contrário, o ataque árabe reforçou o apoio do fanatismo islâmico e do nacionalismo iraniano ao ima-me, salvando o regime. Milhares de iranianos se apresentaram como voluntários para usar os lenços vermelhos dos mártires e foram instigados a deixar as trincheiras, muitas vezes armados apenas com a chave para os portões do paraíso, em ondas humanas suicidas que interromperam o avanço iraquiano. Ao mesmo tempo que executava em massa marxistas e "traidores" liberais, Khomeini incorporou 200 mil recrutas a seu novo exército, a Guarda Revolucionária. Os Estados Unidos e a Rússia foram generosos com a ajuda militar ao ditador iraquiano. "É uma pena", disse Kissinger, "pois nenhum dos lados pode perder." O conflito iria se estender por uma década e cobrar a vida de 1 milhão de jovens — uma catástrofe esquecida que estimulou tanto Khomeini a consolidar a sua teocracia como Saddam Hussein a assumir novos riscos, financiado pelos sauditas.

O rei Fahd, o quarto filho de Abdulaziz a ocupar o trono, reagiu ao desafio iraniano — e a um ataque de rebeldes islamistas ao santuário em Meca — tornando mais rígidas as práticas religiosas no reino, adotando o título de Guardião dos Dois Santuários e patrocinando uma campanha wahabita em todo o mundo árabe, contrapondo-se a Khomeini numa batalha de fé que levou a uma intensificação do fanatismo. Seu irmão Salman — o inteligente, voluntarioso e irascível governador de Riad (que se tornaria rei na década de 2020) —,[14] que costumava punir os impertinentes com um tapa no rosto, encarregou-se do financiamento das organizações beneficentes islâmicas — através das quais canalizou recursos para os afegãos — e do pequeno grupo de sauditas que foram lutar ao lado delas.

Nessa época com 22 anos, Osama bin Laden era um dos 56 filhos do empreiteiro do rei, Muhammad bin Laden, um iemenita que começara como carregador em Jidá e, em 1930, depois de cair nas graças de Abdulaziz e de Faisal, encarregara-se da reconstrução de Meca e de Medina para a dinastia Saud. Os Bin Laden eram especialistas em cultivar não só a família real saudita, mas também os potentados americanos.

Muhammad bin Laden fez questão de que a maioria de seus filhos estudasse na Grã-Bretanha e nos Estados Unidos. Este foi o caso do herdeiro, Salem, que estudou num colégio interno britânico. Após a morte do pai num acidente aéreo, Salem bin Laden consolidou seu relacionamento com Faisal, mas também adquiriu imóveis na Flórida, onde tornou-se amigo de uma família aristocrática que lhe poderia ser útil. Em abril de 1979, ele investiu numa recém-criada empresa petrolífera de George W. Bush, o filho arrogante e beberrão de um político de classe alta, George H. W. Bush, que planejava concorrer à presidência dos Estados Unidos.

POPPY, OSAMA E GEORGE W. BUSH

Alto, convencional, com voz de taquara rachada, pouco articulado e carente de "visão", George pai sofria para conciliar sua decência de classe alta e ambição irrefreável. Um rebento do tipo de família americana dona de "complexos residenciais", os Bush descendiam de ferreiros, mestres-escolas e garimpeiros ingleses; eram radicais abolicionistas e defensores do sufrágio feminino, mas também membros da elite empresarial da costa leste. O avô de George, Samuel, filho de um vigário da Igreja Episcopal, havia feito fortuna administrando uma siderúrgica que produzia peças para E. H. Harriman, um barão ladrão da Era Dourada. O filho dele, Prescott, trabalhava no banco de investimentos Harriman Brothers e casou-se com a filha do presidente do banco, George Herbert Walker. Deste, os Bush herdaram o complexo residencial no Maine, Kennebunkport, onde, tal como outros membros da elite branca e protestante, conviviam com o duplo inferno de arranjos domésticos espartanos e a prática de esportes ao ar livre no inverno.

Apelidado de Skin ("pele"), por causa da magreza, e Poppy, em homenagem ao avô Pop Walker, Bush pai, como o próprio pai antes dele, estudou na Universidade Yale e foi membro da prestigiosa sociedade estudantil secreta Skull and Bones, casando-se em seguida com Barbara Pierce, a indômita filha de um bem-sucedido editor, descendente de um dos primeiros colonos de Massachusetts. Pouco depois de se casar, George alistou-se na força aérea, e sobreviveu quando seu avião foi abatido pelos japoneses em 1944. Estabelecendo-se em Houston, no Texas, fez fortuna no setor petrolífero, enquanto criava com Barbara seis filhos. Abalados com a morte por leucemia de uma filha, eles mimaram o primogênito, George W., que virou uma mescla vulgar de príncipe texano e estudante de Yale envolvido em sociedades secretas. Foi ele quem conseguiu que os Bin Laden investissem no negócio familiar.

Seguindo os passos paternos, George H. W. Bush entrara na política, e Nixon recompensou sua lealdade com o cargo de embaixador em Beijing; em seguida, Gerald Ford o colocou à frente da CIA. Mais afeito aos bastidores do que ao palco, Bush pai escrevia bilhetes de agradecimento a todos que conhecia. Agora, estava pronto para concorrer à presidência. Seu filho, George W. Bush, ganhava dinheiro com petróleo e investia no time de beisebol Texas Rangers, mas também bebia em excesso, e chegou a ser detido por dirigir embriagado. Seu casamento com Laura Welch, uma bibliotecária virtuosa, fez com que mudasse de vida, deixando de lado a bebida e abraçando Deus, a sobriedade e a política. Não só Laura era "elegante e bela, [mas] estava disposta a tolerar minhas arestas", disse ele. "E tenho de admitir que ela conseguiu apará-las." Bush filho trocou a Igreja Episcopal pelos Metodistas Unidos da esposa.

O outro príncipe, Osama bin Laden, com 1,93 metro, notável e carismático, adotou as ideias de Sayyid Qutb e frequentava as palestras do irmão deste em Jidá. Acima de tudo, estava convencido de que apenas a guerra santa contra os ateus infiéis — soviéticos, americanos e sionistas — e a restauração das leis da *sharia* levariam o islã de volta às suas origens mais antigas e genuínas. Ao herdar

25 milhões de dólares do pai, ele abandonou a faculdade antes de se formar e, com apoio do rei Fahd e do príncipe Salman, seguiu para o Paquistão, onde, com o auxílio do ISI, usou a fortuna para reunir cerca de 2 mil combatentes árabes dispostos a enfrentar os russos. Em Peshawar, Osama conheceu um cirurgião egípcio poliglota e de óculos, o dr. Ayman al-Zawahiri, de trinta anos, que fazia parte de um grupo terrorista, a Jihad Islâmica, então empenhado em organizar a resistência afegã. Al-Zawahiri iria mais tarde se tornar o médico, conselheiro e sucessor de Osama, mas naquela altura retornou ao Cairo, onde seus camaradas planejavam assassinar o presidente Sadat.

Em setembro de 1981, Sadat ordenou prisões em massa de jihadistas, membros da Irmandade Muçulmana e intelectuais, e até mesmo de coptas, mas deixou passar uma rede de conspiradores no alto-comando do exército. Esses conspiradores infiltraram um pelotão liderado por um tenente jihadista chamado Islambouli num desfile de peças de artilharia e carros de combate que celebrava a guerra de 1973 contra Israel. Em 6 de outubro, enquanto Sadat era saudado por caças a jato, Islambouli apoderou-se de um dos caminhões militares que participavam do desfile, ao mesmo tempo que seus cúmplices, com granadas ocultas nos capacetes, aproximavam-se da arquibancada presidencial. Quando Sadat perfilou-se e os saudou, imaginando que fizessem parte da parada, eles lançaram as granadas e abriram fogo contra o presidente, atingindo-o no peito. No meio da confusão que se criou, Islambouli aproximou-se do local e esvaziou sua arma contra o presidente caído — o melhor líder egípcio desde Mehmed Ali. Ferido nessa ocasião, o vice-presidente Hosni Mubarak assumiu a presidência, governando o país por trinta anos, mantendo a paz com Israel e sobrevivendo a uma tentativa de assassinato realizada pelo irmão de Islambouli. Os assassinos foram executados — e o dr. al-Zawahiri chegou a ser detido. Ao ser liberado, reuniu-se com Osama bin Laden, que continuava no Paquistão, lutando contra os soviéticos. Juntos, eles fundaram uma nova organização jihadista adepta do terrorismo, chamada Al-Qaeda — "a base".

Sadat não era o único que enfrentava o desafio dos jihadistas. O mesmo ocorria na Síria, com Assad, mas este lidou com o problema de outro modo: em 2 de fevereiro de 1982, a artilharia começou a bombardear a sua cidade natal, Hama.

À frente de um país pequeno, com uma economia centralizada de estilo soviético, Assad havia criado uma Grande Síria ao intervir no Líbano. Beirute era famosa por suas atrações decadentes e por seu Estado frágil, cuja dominação pelos cristãos maronitas era ressentida por uma minoria xiita oprimida, recém--reforçada por uma milícia aguerrida, o Hezbollah — "Partido de Deus" —, financiada por Khomeini. O colapso do Estado libanês foi exacerbado por outros dois personagens — um chefe guerreiro druso, Walid Jumblatt, um playboy que andava armado e citava Marx de cima de uma Harley Davidson, e a OLP de Arafat, que se estabelecera no país e contribuíra para ali desencadear uma guerra civil. Em 1976, Assad enviou tropas para estancar o derramamento de sangue, ao mesmo tempo que Rifaat e outros herdeiros acumulavam fortunas. Mas a ditadura laica de Assad, a repressão aos islamistas e a heresia alauita eram intoleráveis para a Irmandade Muçulmana.

Em junho de 1980, os distúrbios islamistas tomaram conta de Hama, Homs e Idlib, e os jihadistas tentaram matar Assad. Diante disso, em 27 de junho, o irmão de Assad, Rifaat, massacrou mil membros da Irmandade na prisão de Tadmur (Palmira) e assassinou seus líderes. Em fevereiro de 1982, após a morte de Sadat, os irmãos decidiram liquidar o problema do islamismo: Rifaat cercou o centro da sublevação em Hama com 12 mil soldados e bombardeou a cidade com helicópteros e artilharia, e em seguida a invadiu com tanques, possivelmente usando gás e no final matando cerca de 40 mil pessoas.

Os irmãos Assad monitoravam atentamente seus domínios no Líbano, que a OLP passara a usar como base para atacar Israel. Os Assad odiavam Arafat e solapavam seu poder defendendo outras facções palestinas, mas os ataques a Israel acabaram atraindo o Estado judeu para a confusão. Em 6 de junho de 1982, Menachen Begin, inspirado por seu arrogante ministro da Defesa — o veterano general Ariel Sharon, herói da guerra de 1973 —, ordenou uma invasão do Líbano a fim de expulsar de lá a OLP; enquanto pilotos sírios e israelenses duelavam no céu, as tropas israelenses cercavam Beirute. Em agosto, Arafat e a OLP foram obrigados a sair do Líbano, e um aliado dos israelenses, o cristão Bachir Gemayel, foi eleito presidente.

Embora tivessem ocupado metade do Líbano e colocado um aliado na presidência, os israelenses acabaram provocando uma reação que anulou esses triunfos, quando os Assad ordenaram a morte do presidente Gemayel. Furiosas, as milícias cristãs massacraram os palestinos nos campos de refugiados de Sabra e Chatila, ao mesmo tempo que o Hezbollah iniciava uma sangrenta campanha de bombardeio dos israelenses. Begin foi abatido pela depressão; Sharon foi exonerado e condenado; e o Hezbollah, aliado xiita dos Assad, passou aos poucos a dominar o Líbano, com consequências desastrosas.

Os Assad também conseguiram recuperar o poder na Síria. No entanto, em novembro de 1983, Hafez sofreu um ataque cardíaco. Seu irmão, Rifaat, tentou dar um golpe em março de 1984, mas Hafez se recuperou, neutralizou Rifaat, afastou-o do comando das Companhias de Defesa, "promoveu-o" a vice-presidente e o exilou. Em seguida, passou a se apoiar em seu primogênito, Bassel. Os Assad não teriam de lidar com os islamistas pelos 25 anos seguintes.

Enquanto eles reprimiam os jihadistas na Síria, os americanos, ironicamente, investiam na guerra santa no Afeganistão.

Um novo presidente americano, Ronald Reagan, rejeitou a distensão com os soviéticos estabelecida por Nixon e vislumbrou no Afeganistão a oportunidade de assentar um golpe no "império". Eleito aos 69 anos, Reagan adotou um estilo presidencial mais dramático, majestoso e bélico. Nascido em Illinois, o filho afável, embora folclórico, de um vendedor alcoólatra e por vezes violento, e de uma mãe alegre que "sempre esperava encontrar o melhor nos outros, e quase sempre encontrava", Reagan tornou-se locutor de rádio, astro de cinema, representante sindical e, mais tarde, governador da Califórnia. A voz meliflua, o porte atlético, a afabilidade instintiva, a ginga de caubói o saudável cristianismo e o anticomunismo restauraram a fé e a confiança dos americanos após os contrastes maniqueístas das eras Nixon e Carter. Apelidado de Gipper, por causa de um jogador de futebol americano que retratou num filme, Reagan mesclava o apelo jovial da costa oeste à rigidez aristocrática da costa leste de George H. W. Bush, que se tornou seu vice-presidente.[15] Ninguém se comparava a ele na capacidade de reagir à pressão com bom humor. Logo após tomar posse,[16] ao ser alvo de um atentado a tiros de um lunático, ele brincou com a esposa, Nancy: "Desculpe, querida, me esqueci de desviar da bala". Na crise que se seguiu, Bush conquistou sua confiança ao não se aproveitar de sua incapacidade temporária.

Assim que os reféns americanos foram libertados pelo Irã, Reagan recorreu ao poderio dos Estados Unidos para confrontar o que chamou de "império do mal" da URSS em todas as frentes, desde Angola e a América Central até o espaço, onde prometeu levar adiante uma fantasiosa Iniciativa de Defesa Estratégica de alta tecnologia que assustou os soviéticos — mesmo que ainda não tivesse sido posta à prova. Contrastando com a aparente placidez de Reagan, seus lugares-tenentes fanfarrões mostravam-se imprudentemente cínicos em suas aventuras — quase destruíram a presidência com um esquema ilegal de financiamento do resgate dos reféns no Irã e dos guerrilheiros anticomunistas na Nicarágua por meio da venda de armas israelenses aos aiatolás iranianos, numa fantasmagórica conspiração. Nada disso, porém, parecia prejudicar o presidente, que havia restaurado a confiança dos americanos em seu excepcionalismo.

O Afeganistão logo se revelou um atoleiro para os soviéticos, que penavam para derrotar os *mujahidin* no agreste território afegão. No vale do Panjir, eles lançaram nada menos do que nove ofensivas, mas raramente conseguiram controlar mais do que as cidades principais. Carter havia iniciado a Operação Ciclone no Afeganistão, e Reagan a expandiu, gastando 3 bilhões de dólares para sangrar os soviéticos, ao mesmo tempo que os pressionava em outras partes do mundo. Os americanos romantizavam esses "combatentes pela liberdade" afegãos, convencidos de que eram anticomunistas, mas o fato é que os jihadistas detestavam qualquer tipo de intruso infiel. O dinheiro americano era canalizado pelo ISI paquistanês do presidente Zia, que favorecia os grupos jihadistas a fim de impedir que o Afeganistão caísse sob a influência indiana.

"Não somos pró-Rússia nem pró-Estados Unidos", afirmou Indira Gandhi, de volta ao poder e acompanhando atentamente a guerra no Afeganistão. "Somos apenas a favor da Índia." Ela governava com o filho Sanjay, agora parlamentar e secretário-geral do Partido do Congresso, e obviamente seu sucessor escolhido. Em 23 de junho de 1980, ele decolou com seu avião do aeroclube de Delhi; ao fazer uma manobra enquanto sobrevoava o próprio gabinete, seu calçado acabou se enroscando nos pedais e o avião caiu. Indira correu até o local e ainda viu o corpo destroçado do filho; os médicos levaram três horas para reconstruí-lo de modo que pudesse ser exibido. Seu sangue-frio era insuperável. Diante de um parente que chorava, ela disse: "Basta, basta, *puphi*, nós não choramos".

Quatro dias depois, estava de volta à cadeira presidencial; mas agora, sem Sanjay, teve de considerar o filho mais velho, Rajiv, como herdeiro. Rajiv tinha um casamento feliz com a bela Antonia Maino, filha de um empresário do ramo da construção civil que nascera perto de Turim. Sem nada saber da Índia, ela trabalhara como *au pair* na Inglaterra e, depois, como comissária de bordo, conhecera o piloto Rajiv. "Quando trocamos olhares, senti de imediato meu coração saltando", ela relembrou. "Foi amor à primeira vista." Adotando o nome de Sonia, ela se tornou restauradora de quadros e logo se tornou a favorita de Indira. "Não entendo muito de política", comentou Rajiv. "Mas minha mãe precisava de ajuda."

Pouco tempo depois, em abril de 1981, Indira foi a Londres para discutir a questão do Afeganistão com outra mulher em posição de liderança.

"Há quem ache estranho que a sra. Gandhi e eu tenhamos uma boa relação pessoal", comentou Margaret Thatcher, a primeira-ministra britânica. Afinal, eram opostas: Gandhi, socialista e pró-soviética; Thatcher, conservadora e anticomunista. Porém, elas tinham muito em comum: ambas haviam estudado no Somerville College, em Oxford; ambas eram líderes natas, tanto na guerra como na paz; e ambas eram mulheres que haviam se destacado em áreas dominadas por homens. "Em nenhum sentido sou feminista", escreveu Indira, "mas tenho a convicção de que as mulheres são capazes de tudo." Thatcher era da mesma opinião: "As feministas me odeiam, não é?", disse ela. "E não as culpo por isso." Quando afirmou que Indira "tinha essa capacidade de combinar as coisas, de ser muito feminina e ao mesmo tempo tomar decisões muito duras", Thatcher poderia estar falando de si mesma. E, tal como Indira, foi preciso uma guerra para que chegasse a seu auge.

Em 2 de abril de 1982, a Argentina, desde longa data governada por ditadores militares que haviam assassinado ou feito "desaparecer" milhares de esquerdistas, invadiu e ocupou uma remota possessão britânica no Atlântico Sul, as ilhas Malvinas. No prazo de três dias, Thatcher conseguiu reunir e despachar uma força-tarefa naval que percorreu 13 mil quilômetros a fim de retomar as ilhas. Quando um cruzador argentino, o *General Belgrano*, adentrou uma zona de exclusão definida pelos britânicos, Thatcher ordenou que fosse afundado, uma decisão que afastou a marinha argentina da batalha. No dia 21 de maio, as forças britânicas desembarcaram nas ilhas; em 14 de junho, tomaram de volta a capital. Toda a operação foi muito arriscada. Antes da guerra, a permanência de Thatcher no poder parecia condenada. No entanto, ela conseguira concretizar o sonho de todo líder: uma guerra breve e vitoriosa. E mostrou ser uma líder guerreira nata. "Temo que não seja possível retomar as ilhas sem perder vidas", ela disse a um rapaz (este autor) que a entrevistou em Downing Street pouco tempo depois. "Perdemos 255 vidas nas ilhas Malvinas. Os russos derrubaram um avião comercial coreano e só com isso fizeram 269 vítimas fatais." A vitória restaurou a confiança em sua concepção do excepcionalismo britânico: "Não creio que seja possível falar em excesso de patriotismo quando se defende um país que representa a honestidade, a integridade, a liberdade e a justiça".

Nascida Margaret Roberts, Thatcher era filha do dono de um armazém em Grantham que se formara em química na Universidade de Oxford e depois se tornara advogada. Mais inteligente do que a maioria dos oponentes, dominando os temas e sobrepujando colegas e rivais, ela era ao mesmo tempo radical, favorecendo empresários enriquecidos por esforço próprio, e socialmente conservadora. O tom de voz pernóstico e empostado, o penteado louro e bufante, a bolsa a tiracolo tornaram-se acessórios teatrais de sua majestade. Ela tinha orgulho da própria diligência e vigor, descansando com apenas quatro horas diárias de sono. "Nasci assim, fui treinada assim", contou a este autor, "e continuei a agir assim [...]. É preciso nascer com uma boa constituição e depois se acostumar a trabalhar duro. Eu precisaria dormir bem mais do que durmo se tivesse me acostumado a isso." Casada havia muito tempo com um diretor de empresa aposentado, apreciador de uísque e de partidas de golfe, ela, tal como Indira, favorecia descaradamente um filho presunçoso.

Durante a década de 1970, a Grã-Bretanha havia aderido à Comunidade Econômica Europeia (mais tarde, a União Europeia), mas isto não interrompera uma acentuada espiral declinante, com o aumento do desemprego, sindicatos poderosos ameaçando os empresários (eles próprios presos a uma cultura obsoleta) e os terroristas irlandeses do IRA Provisório lançando uma onda de atentados sangrentos, em parte financiados por Qaddafi. Eleita em 1979, Thatcher enfrentou os sindicatos, desregulamentou o mercado de ações e promoveu a "autossuficiência, a iniciativa, o trabalho duro", reacendendo a confiança no vigor empresarial e uma visão patriótica do passado democrático e imperial da Grã-Bretanha: "Neste enorme império, tentamos levar o melhor de nossas leis e o melhor de nossa honestidade às nações que administramos. E o resultado não foi nada ruim". Todavia, ela não se via seguindo o caminho de Churchill: "Ninguém pode se considerar um novo Churchill. Isto seria demasiado arrogante e presunçoso [...], ainda que ele tenha visto, advertido e agido com clareza, e eu procure fazer o mesmo". Se Indira era seu avatar como rainha guerreira, Reagan era seu parceiro geopolítico. Reagan e Thatcher atuavam num palco político dominado pela televisão, um meio de comunicação que jamais teria funcionado para líderes anteriores: "Não me lembro de nenhuma entrevista de Churchill na TV", refletiu Thatcher. Mas ela e Reagan dominaram esse meio, que depois se tornaria essencial para todos os líderes de todos os regimes.[17]

Aliada próxima de Reagan, Thatcher enfrentou um mundo que parecia imutavelmente dividido entre soviéticos e americanos; é fácil esquecer quão recente era a democracia na península Ibérica, e que metade da Europa continuava a ser governada por ditadores leninistas. Em 23 de fevereiro de 1981, uma conspiração de duzentos militares espanhóis, liderados por um coronel, tentou impedir o avanço da Espanha rumo à democracia. Após invadirem o Parlamento espanhol, as Cortes, eles fizeram reféns e dispararam armas enquanto oficiais colocavam tanques nas ruas de outras cidades, numa tentativa de restaurar a ditadura franquista em nome do rei. Depois de dezoito horas, à 1h15 da madrugada, o rei Juan Carlos, envergando o uniforme de capitão-general, dirigiu-se à nação: "A Coroa não vai tolerar a interrupção do processo democrático pela força". Esse foi "o meu momento decisivo, e eu sabia o que fazer", o rei contou a este autor.

No Leste Europeu, as ditaduras comunistas perduravam de maneira sombria, por vezes promovendo ondas de terror assassino. Em dezembro de 1981, Enver Hoxha iniciou uma dessas campanhas contra seus próprios camaradas, o que resultou na morte do primeiro-ministro e de dois ministros — tudo por causa de um caso entre dois adolescentes.

Considerando-se o único árbitro da virtude marxista, Hoxha desentendeu-se primeiro com seu defensor iugoslavo, Tito, e em seguida denunciou Khruschóv e aderiu a Mao antes de rejeitar as reformas de Deng, promovendo um culto do próprio isolamento virtuoso e construindo uma rede de 170 mil fortificações para enfrentar os invasores capitalistas e heréticos. Enquanto os adeptos de seu culto expressavam lealdade por meio da Saudação Hoxhista — com o punho cerrado junto ao coração —, ele supervisionava todos os detalhes da vida dos albaneses, com a ajuda da feroz polícia secreta, a Sigurimi. Em agosto de 1981, o leal comparsa de Hoxha, Mehmet Shehu, que fora primeiro-ministro durante 27 anos, recebeu a visita de seu filho Skender, que lhe contou que estava apaixonado por Silva Turdiu, uma bela jogadora de vôlei, e que pretendiam se casar. "Ó, não, por que você se envolveu com eles?", exclamou Shehu, sabendo que Silva tinha parentesco com um escritor que zombara da homossexualidade enrustida de Hoxha, chegando a publicar o verso "Glória ao teu rabo, ó dândi!".

Depois de sofrer um ataque cardíaco, Hoxha perdeu a confiança em Shehu, desconfiando que ele estivesse planejando a sucessão dos filhos. Então, ele e a lúgubre esposa Nexhmije atravessaram a rua do Bloco para cumprimentar Shehu e sua mulher Fiqirete, que estavam acompanhados do jovem casal, mas o ditador mal disfarçou sua fúria ao vê-los, por não ter sido consultado de antemão. Oito dias depois, o noivado foi desfeito. "Chamei Mehmet", escreveu Hoxha em 11 de setembro, "para saber do noivado do filho com uma família repleta de criminosos de guerra, dos quais alguns foram executados e outros exilados. A cidade está fervendo com a notícia. Mehmet tinha plena consciência do fato. Um grave erro político."

No restrito ambiente do Bloco, Hoxha aumentou a pressão sobre o primeiro-ministro e sua família. Em 17 de dezembro, Shehu foi alvo de ataques no Politburo. "Reflita sobre as críticas", alertou Hoxha. Nessa mesma noite, Shehu escreveu uma longa carta ao ditador, meditando sobre a luta de ambos contra a traição do "complô Iago-Khruschóv" — numa mescla de jargão marxista e shakespeariano —, e mais tarde foi encontrado morto com um tiro em seu quarto de dormir. "Podemos dizer que Mehmet morreu 'acidentalmente'", escreveu Hoxha. Não se sabe se Shehu se suicidou ou foi suicidado, mas Hoxha cuidou para que a esposa dele fosse detida e torturada, e o filho Skender fuzilado, juntamente com os ministros do Interior e da Saúde.[18]

Thatcher e Reagan pouco sabiam desses assassinatos encobertos na minúscula e empobrecida Albânia, mas, assustados com o avanço soviético em Angola, no Afeganistão e na Nicarágua, e com o aumento do arsenal nuclear da URSS, compreenderam a necessidade de intensificar a competição com o bloco adversário. Do alto de seu sistema decrépito, Andropov preocupava-se com greves e protestos na Polônia, e temia que Reagan, com o estilo de caubói pronto para atirar, estivesse preparando um ataque nuclear preventivo. "Os Estados Unidos estão se preparando para uma guerra nuclear", ele alertou em maio de 1981, no meio da batalha pela sucessão de Brejnev. Andropov enfrentava a competição de uma mediocridade geriátrica: Konstantin Tchernenko, o Mudo, que começara como verdugo stalinista antes de se tornar o vice de Brejnev, tentando, como observou Gorbatchóv, "isolar Brejnev de qualquer contato direto". Todavia, em julho de 1982, Brejnev ligou para Andropov: "O que acha de eu transferir para você o aparato do Comitê Central? Vou colocá-lo em posição de liderança [...] e aí cabe a você agir". Na reunião seguinte do Politburo, Andropov assegurou a presidência, mas já estava sofrendo de insuficiência renal, que o obrigava a fazer diálise regularmente. Em 10 de novembro, depois que Brejnev morreu enquanto dormia, Andropov o sucedeu, em meio à tensão crescente com os Estados Unidos.

No caminho para o local em que seria velado publicamente, o fundo do caixão cedeu e o corpo de Brejnev caiu no chão.

A TERCEIRA GERAÇÃO DOS NEHRU

Em 15 de novembro de 1982, no tradicional funeral kitsch de Brejnev — que contou com a presença de Fidel, Assad, Mengistu e Indira —, o mecanismo que baixava o caixão falhou, fazendo-o desabar na sepultura ao lado do Muro do Kremlin com um estrondo tão alto que levou os presentes a se esforçarem, sob a liderança do vice-presidente Bush, para conter o riso. Aquele era o som da agonia de um império. Todavia, uma potência em declínio é mais perigosa do que uma ascendente, e foi nessa altura que o mundo chegou perto de um cataclismo.

O império vermelho estava tão esclerosado quanto as artérias dos sucessores de Brejnev. Perturbado com a instalação de mísseis nucleares Pershing II na Europa, Andropov convenceu-se de que Reagan estava prestes a "desencadear uma guerra nuclear", uma disposição persistente "não só irresponsável, mas insana". Enquanto monitorava os exercícios da Otan e o aumento nas comunicações cifradas entre Reagan e Thatcher, Andropov ordenou prontidão máxima e um contra-ataque imediato.

Na noite de 31 de agosto para 1º de setembro de 1983, essa disposição para apertar gatilhos fez com que as defesas soviéticas abatessem um avião de passageiros sul-coreano, matando 269 pessoas. Andropov zombou dos "generais cretinos". À meia-noite do dia 26 de setembro, Stanislav Petrov, um tenente-coronel da Força de Defesa Aérea, estava de prontidão num bunker próximo a Moscou quando foi informado por satélites da aproximação de um míssil; ele questionou a informação, pois achava improvável um ataque feito com um único míssil. Em seguida, o sistema identificou outros quatro mísseis — ainda uma quantidade insuficiente para um ataque maciço dos americanos. Petrov chegou à conclusão de que os novos computadores não eram confiáveis. Embora não tivesse autoridade para lançar um contra-ataque, ele tinha um prazo de sete minutos para relatar um ataque desse tipo a Andropov, que, nessa ocasião, estava inacessível, preso a uma máquina de diálise.

Petrov adiou a decisão e não informou a ninguém sobre os mísseis. Ele estava certo. Na verdade, os computadores estavam reagindo a uma rara sincronicidade de raios solares e nuvens. "Creio que esse episódio", comentou mais tarde Petrov, que não foi recompensado, pois havia revelado falhas técnicas no sistema de defesa soviético, "foi o mais próximo que nosso país chegou de uma guerra nuclear acidental." Semanas depois, Andropov acreditou que um exercício anglo-americano com armas nucleares táticas, batizado de Able Archer 83, poderia encobrir um ataque de verdade, e colocou os generais de prontidão em seus bunkers.

Thatcher e Reagan compartilhavam uma visão de mundo, ainda que tivessem estilos muito diferentes. Thatcher era irritante e arrogante — os soviéticos a chamavam de Dama de Ferro, ao passo que o presidente francês Mitterrand admirava seus "olhos de Calígula, e boca de Marilyn Monroe". Ela certamente não temia o confronto com colegas desdenhosos, sindicatos rebeldes ou terroristas irlandeses. Em 12 de outubro de 1984, quando se hospedou no Grand Hotel em Brighton para a conferência do Partido Conservador, o IRA tentou assassiná-la com um atentado a bomba. Cinco pessoas foram mortas, mas Thatcher reagiu com o sangue-frio que partilhava com Indira Gandhi.

"Pouco me importa viver ou morrer", afirmou Indira alguns dias depois, em 30 de outubro, quando passou a enfrentar ameaças de morte cada vez mais alarmantes por parte dos sikhs do Punjab. No dia seguinte, vestindo um sári alaranjado, a primeira-ministra beijou a neta Priyanka, disse ao neto Rahul que se mostrasse destemido quando ela morresse e caminhou da residência familiar até o gabinete, aproximando-se de dois de seus guarda-costas sikhs, que sacaram as armas.

A ameaça sikh se reproduzia dentro de sua própria casa. O relacionamento com Maneka, a irritável viúva de Sanjay, então com 25 anos, logo se deteriorou. Filha de um general sikh que aspirava suceder ao marido, Maneka desafiou as ordens de Indira para não se envolver com política. Indira então a expulsou de casa, dizendo: "Daqui você não vai levar nada além das roupas". Enquanto Maneka saía, as duas continuavam a berrar uma com a outra, Indira lutando para ficar com o neto ainda bebê. "É inconcebível na cultura indiana expulsar a nora de casa", gritou Maneka. Indira, por sua vez, insultou a família sikh da outra: "Você vem de um meio diferente".

Os sikhs — alguns dos quais lutavam por uma pátria independente — haviam liderado a oposição na época do regime de emergência imposto por Indira. Agora, visando dividir o partido sikh Akali Dal, Indira promoveu um líder sikh, Jamail Singh Bhindranwale. Mas havia um problema: ele era um extremista e logo escapou a seu controle, armando seus seguidores, exigindo a criação de um Estado sikh e fortificando o Akal Takht, o segundo santuário mais importante no Templo Dourado em Amritsar, ao mesmo tempo que enviava gangues de assassinos para aterrorizar os adversários.

Em 3 de junho de 1984, Indira ordenou que o exército tomasse o complexo do Templo Dourado. A luta feroz que se seguiu resultou na destruição do Akal Takht e na morte de 780 militantes e quatrocentos soldados. Os sikhs juraram se vingar de Indira, que reagiu: "A Índia existe há muito, muito tempo, milhares de anos, e meus 66 anos mal contam".

Na manhã de 31 de outubro, enquanto ela caminhava até o gabinete, um de seus guarda-costas, o subinspetor Beant Singh, sacou a pistola e disparou cinco vezes no ventre da primeira-ministra, antes de instar o colega, o policial Satwant Singh, a fazer o mesmo. Então este disparou 25 vezes com a submetralhadora Sten contra uma Indira já agonizante. Sonia Gandhi estava no banho quando ouviu os tiros e, por um instante, achou que eram fogos do Diwali. Em seguida, saiu de casa vestida com um roupão e gritando "Mamãe!", ajoelhando-se junto a Indira. Beant e Satwant se entregaram. "Fiz o que tinha de fazer", disse Beant. "A gente faz o que é preciso." Os guardas o mataram em seguida e feriram Satwant, que sobreviveu.

No voo de volta de Kolkata, Rajiv foi sondado para assumir o cargo de primeiro-ministro. "Não tenho interesse", respondeu. "Não insistam." Porém ele havia pensado melhor quando se juntou a Sonia no hospital em Delhi. Ela ainda tentou convencer o marido a recusar a oferta. "Eles estavam se abraçando e ele a beijava na testa", dizendo: "É o meu dever, tenho de fazer isso". Sonia insistiu então que ele seria morto. Rajiv replicou que isto "iria acontecer de um jeito ou de outro". Assim é a lógica implacável do poder hereditário. Herdeiro de uma família cuja liderança remontava ao bisavô, quando não ao chefe de polícia do último imperador mogol, Rajiv pertencia à terceira geração dos Nehru que governavam a maior democracia do mundo.

Thatcher voou para Delhi. Enquanto as multidões hindus entoavam "sangue por sangue", Rajiv acendeu o fogo na pira da mãe. Na mesma noite do assassinato, turbas hindus invadiram as ruas de Delhi, à caça dos sikhs: cerca de 8 mil deles foram mortos num pogrom quase justificado por Rajiv, que, poucos dias depois, refletiu que "quando tomba uma árvore frondosa é natural que o chão ao redor trema um pouco". Thatcher acompanhou a cremação: "Ela parecia tão pequena".

De volta à Grã-Bretanha, ela e Reagan continuaram assistindo à cadavérica sucessão em Moscou. "Como esperam que eu consiga algo dos russos", brincou Reagan, "se eles não param de morrer?"

Em 9 de fevereiro de 1984, Andropov morreu de falência renal, após incentivar Gorbatchóv a ocupar seu lugar. Gorbatchóv ficou abalado com o falecimento. "Devemos tudo a ele", comentou Raisa. No entanto, o grupo esclerosado no Kremlin escolheu o pálido comparsa de Brejnev: Tchernenko, o Mudo, que passaria a maior parte de seu reinado mantendo um silêncio sepulcral no hospital enquanto a própria União Soviética agonizava. Os problemas — colapso econômico, debilidade global, derrota no Afeganistão, repressão e desigualdade — eram graves, mas não necessariamente fatais. Ninguém podia imaginar o que estava por acontecer.

Com o declínio de Tchernenko, Gorbatchóv foi convidado a Londres por Thatcher, que vinha estudando a história russa. Os dois se admiravam. Thatcher abordou Gorbatchóv a respeito da falta de liberdade e de empreendedorismo no mundo soviético, e ele não se furtou a debater o assunto. Ela ficou impressionada com o bem cortado terno do russo e com a elegância das roupas de Raisa — "o tipo de coisa que eu mesma poderia vestir". Em seguida, foi a Washington e anunciou a Reagan que uma nova era estava começando: "Tenho simpatia pelo sr. Gorbatchóv".

Em 10 de março de 1985, Tchernenko deu o último suspiro e Gorbatchóv tornou-se secretário-geral, prometendo glasnost (abertura) e perestroika (reestruturação). Como registrou em notas, ele também planejava "sair do Afeganistão" — mas lentamente. "Vamos sair de lá em dois ou três anos", afirmou, "mas o resultado não pode parecer uma derrota vergonhosa, como se tivéssemos simplesmente desistido, depois de perder tantos jovens [13 mil soldados soviéticos]." Tudo a respeito dele era animador: charmoso, otimista, incansável, Gorbatchóv sorria, seus olhos brilhavam, e ele dava ouvidos às pessoas comuns. Até mesmo a marca de nascença que trazia na testa parecia um sinal de honestidade. No entanto, continuava sendo um leninista devotado, esmiuçando Lênin para extrair lições que lhe permitissem reformar um Estado moderno na economia globalizada. A URSS era o maior produtor de petróleo do mundo, alcançando o apogeu em 1987, exatamente quando a oferta excessiva provocou uma queda nos preços e um abalo na economia soviética. No campo externo, Gorbatchóv sabia que tinha de reduzir os gastos globais de Moscou, e, no campo interno, confrontar a "ditadura da burocracia". Contestar a supremacia do partido leninista ou do Estado soviético era inconcebível. No entanto, sua confiança era inabalável: ele sentia que podia avançar em todas as frentes.

Primeiro, ele nomeou como ministro das Relações Exteriores um velho aliado, Eduard Shevardnadze, o secretário do partido na Geórgia. "Mas sou georgiano", replicou Shevardnadze, "não um diplomata." A despeito disso, Gorbatchóv apreciava sua inteligência aguçada e "afabilidade oriental".

Para o cargo de secretário do partido em Moscou, Gorbatchóv convocou um reformista robusto e animado dos Urais: Boris Iéltsin. Ambos estavam com 54 anos de idade; ambos tinham pais que haviam sido presos por Stálin; ambos eram empenhados, orgulhosos e vaidosos; ambos ansiavam por ocupar o centro do palco; ambos haviam ascendido no Partido Comunista e sido nomeados líderes regionais por Brejnev. Apesar disso, eles não podiam ser mais diferentes. Quase abstêmio, Gorbatchóv era austero, às vezes verboso e pomposo; já Iéltsin era imprevisível, obsessivo, gregário, exuberante — e alcoólatra. Gorbatchóv estudara literatura e se casara com uma aluna de filosofia sem papas na língua; Iéltsin formara-se em engenharia, fora jogador de vôlei e de tênis e se casara com uma engenheira discreta. Além disso, era um líder nato, mas impulsivo, volátil, instável e (quase sempre) embriagado, um homem de apetites numa escala russa. Quando criança, perdera alguns dedos brincando com uma granada; agora fazia o mesmo com o Politburo de Gorbatchóv.

Quase de imediato, a glasnost de Gorbatchóv foi contestada. Em 26 de abril de 1986, o núcleo do reator nuclear nº 4 em Tchernóbil derreteu e explodiu. A catástrofe era um símbolo do iminente colapso soviético — bem no momento em que os Estados Unidos chegavam ao ápice como a única superpotência, e sua tecnologia mudava o modo como as famílias de todo mundo viviam e pensavam.

ATO XXII

4,4 BILHÕES

Os Iéltsin e os Xi, os Nehru e os Assad, os Bin Laden, os Kim e os Obama

Enquanto centenas de milhares de pessoas corriam perigo e eram afinal evacuadas das redondezas de Tchernóbil, Gorbatchóv tentou censurar a notícia, que somente seria divulgada quase um mês depois. Os custos pressionaram ainda mais a economia e o próprio Gorbatchóv, que se dedicou então a planejar sua própria explosão. As primeiras reformas que introduziu com o objetivo de libertar a economia do controle do partido não resolveram de imediato os problemas. Em janeiro de 1987, avançando mais do que Andropov, ele tomou uma decisão surpreendente, quase romanticamente delirante: não apenas iria revolucionar a economia, mas instaurar uma espécie de *demokratizatsiya* de partido único por meio de eleições genuínas a fim de obter um Congresso, composto por 2250 representantes escolhidos pelo povo, que iria se sobrepor ao Politburo e ao governo. Ele estava entendendo de forma equivocada as ideias de Lênin, que sempre perguntava: "Quem controla quem?". Lênin havia controlado, e depois neutralizado, os sovietes de modo a concentrar um enorme poder nas próprias mãos. Gorbatchóv tentava se desfazer do império, reformar a economia e promover a liberalização política, uma mudança que inevitavelmente iria estimular, de um lado, o nacionalismo entre os diversos povos da URSS e, de outro, a desintegração política em Moscou. Sua tentativa de levar adiante simultaneamente as três coisas era de tal modo ambiciosa que havia nisso algo de ingênuo ou de excessiva — e quase suicida — arrogância.

No âmbito externo, Gorbatchóv percebeu que não teria como reformar o Estado mantendo ao mesmo tempo uma feroz competição com os Estados Unidos. Ele propôs então a desativação progressiva de todo o arsenal nuclear até o ano 2000: em outubro de 1986, ele e Reagan reuniram-se em Reykjavik e quase chegaram a um acordo para abolir essas armas. Os dois líderes se entenderam bem, ao contrário das esposas. Mais tarde, Gorbatchóv anunciou que os soviéticos iriam retirar as tropas do Leste Europeu, abandonando a busca da revolução mundial em favor da busca de "valores plenamente humanos". Havia dúvidas entre os americanos se isso era real ou apenas uma fachada, mas Reagan continuou a pressionar. Quando visitou o Muro de Berlim, ele conclamou: "Sr. Gorbatchóv, derrube esse muro".

Enquanto isso, Iéltsin circulava publicamente por Moscou, indo a pé ou de metrô a seu gabinete, visitando cafés, lojas e fábricas, distribuindo relógios — seu devotado guarda-costas Korjakov carregava vários no bolso. Gorbatchóv fazia pouco desse esforço de autopromoção; para Iéltsin, o secretário-geral era "paternalista". Em janeiro de 1987, ele criticou Gorbatchóv pelo excessivo otimismo em relação à perestroika; Gorbatchóv reagiu contra "as falas grandiloquentes, vazias e ultraesquerdistas" de Iéltsin.

"Ainda sou novo no Politburo", defendeu-se Iéltsin. "Este é um bom aprendizado para mim."

"Você é emotivo demais", advertiu Gorbatchóv. Os comunistas empedernidos resistiam às reformas. Iéltsin pressionou por mais avanços, ao mesmo tempo que admitia estar "abusando de sedativos e apreciando demais o álcool". Em setembro de 1987, quando os conservadores o criticaram por permitir pequenas manifestações, Iéltsin subitamente se demitiu do Politburo. "Espere, Boris", disse Gorbatchóv, "não perca a cabeça." Em outubro, Iéltsin voltou-se contra Gorbatchóv no Comitê Central. Furioso, o secretário-geral denunciou sua "imaturidade" e "ignorância" — "você é incapaz de distinguir entre o dom divino e uma omelete!". Agora Gorbatchóv o odiava: "Tudo que ele quer é ser um herói do povo". Iéltsin bebia cada vez mais e caiu numa terrível depressão, mutilando-se no peito e no ventre com uma tesoura. "Que cretino!", zombou Gorbatchóv. "Ele ensanguentou a própria casa." Em seguida, fez com que Iéltsin fosse internado num hospital e depois o forçou a enfrentar uma sessão ritual de críticas. Iéltsin jamais o perdoaria por esse tratamento "imoral, desumano". Acompanhado apenas de Korjakov, que se demitira da KGB a fim de apoiá-lo, Iéltsin retirou-se para um sanatório. "Olhei dentro de mim", disse Iéltsin, "e não havia ninguém ali. Eu estava vivo apenas formalmente."

A KGB perguntou a Gorbatchóv se ele queria que algo acontecesse a Iéltsin. Gorbatchóv recusou a oferta.

Em fevereiro de 1988, as reformas de Gorbatchóv afrouxaram o controle de Moscou sobre as quinze repúblicas soviéticas, que jamais haviam sido concebidas para se tornar independentes. Em Nagorno-Karabakh, no Azerbaijão, os armênios cristãos se voltaram contra os azeris muçulmanos, que por sua vez massacraram milhares de armênios. Os georgianos, conquistados por Lênin após uma breve independência, já ansiavam por se libertar. Ao norte, lituanos, letões e estonianos — povos germânicos, e não eslavos, que haviam sido anexados à força por Stálin após duas décadas de independência — começaram a se mobilizar. A melhor maneira de conquistarem a independência seria obtendo-a para todas as quinze repúblicas criadas por Lênin e Stálin. Algumas, como a Geórgia, eram nações seculares; outras não passavam de invenções soviéticas que nunca haviam existido. A Rússia era a maior república, seguida pela Ucrânia, que, exceto por seus vários regimes durante a guerra civil, havia sido dominada intermitentemente pela Rússia desde 1654, 1780 e 1945. Os cazaques, uzbeques e tadjiques haviam sido governados originalmente por antigos canatos, mas o Cazaquistão, o Uzbequistão, o Tadjiquistão, o Quirguistão e o Turcomenistão, na Ásia central, eram todos criações soviéticas baseadas em províncias do império dos Románov. Antes de ser a Rússia Branca, Belarus havia pertencido à Lituânia.

Enquanto afrouxava o domínio soviético sobre os Estados clientes, Gorbatchóv tentava negociar uma saída honrosa do Afeganistão, onde instalara um ex--chefe da polícia secreta mais sutil, Najibullah, encarregado de formar um governo de reconciliação. Mas qualquer conciliação em meio à retirada soviética era inviável. Em maio de 1988, o exército soviético deixou o país de forma unilateral, e o regime de Najibullah começou a ruir. Na Europa, um recuo pacífico estava em andamento: em dezembro, Gorbatchóv começou a retirar os 500 mil soldados alojados em Estados vassalos, aos quais prometeu "liberdade de escolha". Todavia, não há império que perdure sem a ameaça da violência.

Gorbatchóv era agora um equilibrista, tentando manter-se de pé não só numa única corda bamba, mas em quatro: a reforma da economia, a contestação do partido, a defesa da União e a manutenção do país como potência mundial. Em maio de 1989, ele presidiu ao primeiro Congresso eleito, que o colocou à frente de um novo Soviete Supremo. No auge de sua fama e confiança, um Gorbatchóv cada vez mais autocrático esperava conduzir as reformas como um onipotente presidente parlamentar, mas, na realidade, esse *apparatchik* sem carisma e com frequência prolixo logo enfrentou dificuldades para controlar os comunistas mais intransigentes, os nacionalistas republicanos e a intelligentsia liberal. Ainda pior, ele havia abdicado da mística de um secretário-geral stalinista; Moscou não tinha mais poder sobre seus vassalos. A aversão humanitária à violência foi sua grandeza e tragédia, condenando ao fracasso suas realizações. "Eles não sabem que, se esticarem demais a coleira", disse, "ela vai se romper." Os poloneses, que haviam perdido a antiga independência, foram os primeiros a testar a resistência da coleira. Helmut Kohl, o chanceler da Alemanha ocidental, perguntou a Gorbatchóv o que iria acontecer. "Cada um", foi a resposta, "que responda por si mesmo."

No Leste Europeu, nos frágeis Estados vassalos, desde a Alemanha oriental até a Hungria, multidões saíram às ruas clamando por liberdade. No âmbito da União, a Geórgia e a Lituânia pressionaram pela independência. Iéltsin, numa visita aos Estados Unidos, embriagou-se publicamente e ficou assombrado com a abundância de produtos nos supermercados. De volta à Rússia, começou a questionar o bolchevismo. "O que eles fizeram a favor de nosso pobre povo?", perguntou.

Enquanto Gorbatchóv tentava lidar com todos esses choques, Deng Xiaoping, atônito, acompanhava os acontecimentos desde Beijing, onde demonstrou que havia outra saída. Deng era mais duro, mais sanguinário, mais cauteloso do que o ingênuo Gorbatchóv. Ainda que fosse possível liberalizar a economia, o Pequeno Canhão continuava achando que o poder dependia das armas. Sem estas, nada restava. Na opinião de Deng, Gorbatchóv não passava de "um imbecil".

Em maio de 1989, a chegada de Gorbatchóv a Beijing causou um constrangimento para Deng, que começava a perder o controle da própria capital. Quase 1 milhão de manifestantes, na maioria estudantes, estavam acampados na praça Tiananmen, reunidos em torno de uma estátua de papel machê, a Senhora da Liberdade, clamando por democracia a líderes que hesitavam sobre o que fazer. Aos 85 anos, Deng ainda presidia a Comissão Militar Central, mas já estava semiaposentado, tendo transmitido o poder a sucessores, que haviam fracassado em conter os protestos crescentes contra a corrupção e o nepotismo. Em abril, após os antirreformistas terem imposto a exoneração do aliado de Deng, Hu Yaobang, este morreu de um ataque cardíaco, e seu funeral desencadeou mais uma série de manifestações pró-democracia. Um protegido de Deng, o secretário-geral Zhao Ziyang, dispôs-se a conversar com os estudantes. Depois da partida de Gorbatchóv, no dia 17 de maio, Deng, reunindo em Zhongnanhai os dirigentes supremos do partido, conhecidos como os Oito Imortais, afirmou temer que os estudantes tivessem "como objetivo o estabelecimento de uma república burguesa totalmente dependente do Ocidente", e alertou que "não há como recuar agora sem que a situação fuja ao controle". O Pequeno Canhão sacou sua arma, mobilizando a tropa; Zhao dirigiu-se em prantos aos manifestantes e foi prontamente exonerado. Os Oito Imortais — todos homens, com exceção da viúva de Zhou Enlai, Deng Yingchao — votaram pela repressão aos rebeldes.

No dia 2 de junho, Deng deliberou que a "ordem fosse restaurada na capital [...]. Ninguém pode impedir o avanço das tropas". Os soldados "podem agir para se defender e tomar qualquer medida para afastar os obstáculos". Os "obstáculos" eram os estudantes, que haviam erguido barricadas. O exército retomou as ruas. Um soldado foi morto, desnudado e pendurado em um ônibus; em seguida, o exército abriu fogo contra a multidão. Um estudante postou-se na frente de uma coluna de tanques, impedindo-a de seguir adiante, e subiu na torre de um deles para criticar os soldados. Centenas de pessoas foram mortas.

Nomeando novos líderes, Deng se aposentou, mantendo-se apenas à frente da Associação de Bridge da China. No entanto, continuou sendo o líder supremo, e sustentou sua concepção de poder político com liberdade econômica até morrer, aos 92 anos. Deng havia criado um modelo para o poder chinês, enquanto Gorbatchóv desencadeava a aceleração do impulso para a desintegração da União Soviética, algo que somente poderia ser impedido pela força.

A NOVA ÁFRICA: MANDELA E JJ, MENES E ISAIAS

Em setembro de 1989, a Polônia elegeu um novo primeiro-ministro não comunista; os alemães orientais começaram a explorar os pontos débeis das fronteiras; no interior da URSS, os georgianos, liderados por um alucinado professor de Shakespeare e antigo dissidente, Zviad Gamsakhurdia, votaram pela independência, ao mesmo tempo que suas próprias minorias, os ossetas e os abcásios, lutavam para ter seus próprios Estados; e os armênios e azeris entraram em confronto. Por outro lado, Iéltsin, o rival de Gorbatchóv, também desmoronava. No dia 28, ele apareceu extraordinariamente embriagado, com um buquê de flores, e tentou entrar na festa de aniversário do secretário-geral. Os guarda-costas o contiveram à força e o jogaram no rio Moscou. "A água estava terrivelmente fria", contou Iéltsin. "Desmaiei e fiquei caído no chão [...] e depois me arrastei até a delegacia de polícia mais próxima." Os aliados de Gorbatchóv alegaram que a amante de Iéltsin havia derramado um balde de água gelada sobre ele; os defensores de Iéltsin viram no episódio uma tentativa de assassinato. Seja como for, era evidente que Iéltsin deixara de ser uma ameaça.

Em 9 de novembro, às onze e meia da noite pelo horário de Berlim, os dirigentes da Alemanha oriental, pressionados pela abertura da fronteira entre a Áustria e a Hungria, e depois por enormes manifestações, planejaram abrir discretamente os portões do Muro; no entanto, anunciaram as medidas de modo atrapalhado, desencadeando manifestações jubilosas, com as pessoas de repente afluindo aos pontos de travessia e começando a derrubar o muro com picaretas e as mãos nuas. Enquanto as multidões invadiam as sedes da Stasi em toda a Alemanha oriental, em Dresden, um estupefato coronel da KGB, Vladímir Putin, então com 37 anos, queimava arquivos sigilosos e preparava-se para voltar para casa em Leningrado. Na Polônia, na Hungria e na Tchecoslováquia, os comunistas foram afastados nas chamadas revoluções de veludo. Algumas foram menos aveludadas do que outras: no dia de Natal de 1989, em Bucareste, na Romênia, um casal sexagenário assustado, mas desafiador, foi arrastado para fora de um veículo blindado para transporte de soldados. Nicolae e Elena Ceauşescu haviam governado a Romênia desde 1965. Agora ele fora derrubado pelos próprios camaradas e pelo povo, em confronto com agentes da Securitate, e rapidamente condenado à morte. Quatro soldados foram encarregados de fuzilar o casal separadamente, mas Nicolae e Elena insistiram em ficar juntos, cantando a *Internacional*. Eles morreram na metade da música.

Em fevereiro de 1990, o secretário de Estado americano, James Baker, já discutia a reunificação da Alemanha e a expansão da Otan. Em setembro, Gorbatchóv concordou com ambas as iniciativas. Embora pudesse ter extraído mais concessões enquanto ainda contava com 300 mil soldados na Alemanha oriental, ele necessitava dos empréstimos ocidentais a fim de impedir o colapso da Rússia. Mas perdeu a oportunidade. Os americanos estavam tontos com a vitória. Quando Gorbatchóv tentou impor os parâmetros do relacionamento da Alemanha com a Otan, o agora presidente Bush disse a Kohl: "Ao diabo com isso. *Nós* vencemos, *eles* perderam". Isto revelava certa falta de imaginação. A Rússia poderia ter sido cooptada para fazer parte da União Europeia, e até mesmo da Otan. Afinal, as vitórias não duram para sempre. "Na vitória", aconselhava Churchill, "o melhor é ser magnânimo."

O "muro" também caiu na África. Em 5 de julho de 1989, Nelson Mandela, com quase 71 anos de idade, trajando um terno novo depois de 27 anos atrás das grades, foi tirado da prisão para um encontro secreto com *Die Groot Krokodil* — o presidente sul-africano P. W. Botha — em sua residência de Tuynhuys, onde Cecil Rhodes ficara hospedado. Para a surpresa de Mandela, o Crocodilo, que, como ministro da Defesa e das Questões Raciais, havia imposto o apartheid durante décadas, mostrou-se "cortês e respeitoso" enquanto discutiam história. "Foi então que senti que não havia como voltar atrás."

Mandela estava certo: a queda da Cortina de Ferro significava o fim das guerras por procuração na África. Os Estados Unidos e a União Soviética não iriam mais apoiar os aliados notórios, ainda que a queda destes muitas vezes colocasse em risco a própria existência dos Estados: no Zaire — o antigo Congo —, a queda do duradouro aliado dos americanos, Mobutu, inaugurou uma luta feroz pelo poder e por riquezas minerais que se estendeu por trinta anos.[1]

Mandela foi levado de volta para a prisão; o Crocodilo abdicou em favor de um novo primeiro-ministro nacionalista, F. W. de Klerk. Em 13 de dezembro, "fui levado de novo a Tuynhuys", escreveu Mandela. Lá, ele se deu conta de que De Klerk era "alguém com quem podíamos negociar". Em 9 de fevereiro de 1990, De Klerk disse a Mandela que estava "me tornando um homem livre" e, em seguida, serviu a ambos uma dose de uísque: "Ergui o copo para brindar, mas só fingi que bebia; esses destilados são fortes demais para mim". No dia seguinte, às quatro da madrugada, Mandela acordou. Ele fizera amizade e conquistara os guardas africâneres, que tinham "reforçado minha crença na humanidade essencial até mesmo daqueles que me mantinham atrás de grades". E então os abraçou. Às três da tarde, acompanhado de Winnie, ele saiu da prisão. "Quando uma equipe de TV empurrou na minha direção um comprido objeto escuro e peludo, recuei instintivamente", pois nunca vira algo assim. "Winnie me explicou que se tratava de um microfone."

Ao reencontrar os companheiros do Congresso Nacional Africano, "dava para notar em seus olhos a pergunta: teria ele conseguido sobreviver ou estava acabado?". O que havia acabado era o casamento: incapaz de resistir ao fardo da solidão, da repressão e da tentação do poder, Winnie tivera vários casos e comandava uma gangue que aterrorizava o Soweto, onde seus capangas, reunidos no Mandela United Football Club, haviam assassinado adversários e até crianças. "Ela se casou com um homem", reconheceu Mandela generosamente, "que logo em seguida a deixou e virou um mito", mas depois o mito voltou para casa e era "apenas um homem". Este foi seu maior remorso: "Quando a vida é uma luta, há pouco espaço para a família". Os filhos haviam perdido o pai, e, quando este afinal saiu da prisão, era "o pai da nação". Mandela divorciou-se de Winnie e, aos oitenta anos de idade, anunciou que estava "apaixonado" ao conhecer outra mulher — Graça, a viúva de Machel, o ditador de Moçambique.

Em seguida, Mandela embarcou numa excursão mundial, encontrando os antigos apoiadores Fidel e Qaddafi, que haviam financiado o Congresso Nacional Africano, e novos patrocinadores, liderados pelo magnata liberal Harry Oppenheimer, dono dos diamantes da De Beers e das minas de ouro da Anglo American, que o ajudou a construir sua nova casa. Mandela fora na origem um príncipe thembu, tornara-se um revolucionário comunista e depois um democrata liberal humanista que, inspirado por Gandhi e Martin Luther King, estava decidido a criar uma "nação arco-íris" de pessoas brancas e negras. Assombrosamente, depois de quarenta anos de repressão violenta, ele conseguiu fazer isso sem qualquer massacre ou fuga de brancos — uma realização sem paralelo que resultou de sua personalidade. Uma comissão de paz e conciliação ouviu o testemunho sobre a repressão empreendida pelos agentes de segurança da África do Sul — e perdoou suas depredações. Ali onde Gandhi fracassara em realizar uma transição pacífica, Mandela, ao ser eleito presidente em abril de 1994, foi bem-sucedido.

Os aliados dos soviéticos também ruíram: na Etiópia, em 1984-5, as atrocidades de Mengistu, bem como uma seca, haviam causado uma onda de fome que afligiu mais de 7 milhões de pessoas. Ele deliberadamente restringiu o fornecimento de alimentos às regiões de Tigré e Wollo, onde a resistência ao governo era mais acentuada. Mais de 1 milhão de pessoas morreram ali. Agora, em maio de 1991, abandonado por Gorbatchóv, Mengistu fugiu para o exílio, deixando atrás de si uma guerra civil logo vencida por uma aliança de rebeldes étnicos liderados por Meles Zenawi, de Tigré, que rejeitara o marxismo em sua versão albanesa e se juntara a um maoista da Eritreia, Isaias Afwerki, que capturou Adis Abeba. Meles seguiu o espírito da época, prometendo uma democracia liberal, mas acabou governando como autocrata durante duas décadas. Não tardou para que se desentendesse com o insano Isaias, que converteu a Eritreia, pela primeira vez um Estado independente, num domínio pessoal arregimentado, no qual toda a população era recrutada e aterrorizada pela polícia política, um regime considerado totalitário pela ONU: Afwerki governou até a década de 2020. Após a morte de Meles, os tigrés cederam o poder a um oromo, e o país voltou a se desintegrar em meio a conflitos étnicos.

Mandela foi único, mas outro talentoso líder africano, menos conhecido fora do continente, conseguiu salvar seu país depois de quase destruí-lo. Jerry John Rawlings, à frente de Gana por uma década, era o mesmo ditador que, em 1979, fuzilara generais na praia diante de jornalistas. Agora, ele reagiu à queda do Muro. Em termos econômicos, passou a acatar os conselhos do Banco Mundial, ao mesmo tempo que, politicamente, promovia uma democracia liberal. Envergando ternos elegantes ou trajes tradicionais, o espalhafatoso Rawlings fundou um partido político e concorreu à presidência. Em 3 de novembro de 1992, venceu as eleições livres com 60% dos votos, e depois ainda conquistaria um segundo mandato em 1996. A sucessão é a prova dos nove, mas, assim que completou os dois mandatos, ele se aposentou, aos 54 anos. Gana era então uma próspera democracia e uma força econômica — um dos casos de sucesso na África. "Sob o risco de soar pouco modesto", refletiu Rawlings, "Gana não teria sido poupada de cair no abismo se não fosse por um visionário" — ainda que, evidentemente, muito imperfeito.

Na Rússia, a derrocada do comunismo também foi obra de um visionário — mas este não se chamava Gorbatchóv. Em março de 1990, a eleição de Gorbatchóv para o cargo de presidente da União Soviética provocou uma cascata de novas aspirações nos locais mais surpreendentes: em Alma Ata, um ex-metalúrgico, agora primeiro-secretário, Nursultan Nazarbaev,[2] fora eleito presidente da República do Cazaquistão. "Não tínhamos combinado que somente haveria um único presidente?", perguntou Gorbatchóv.

"No Cazaquistão", explicou Nazarbaev, um dos protagonistas do que viria a ocorrer em seguida, "as pessoas estão se perguntando: 'Por que também não podemos ter um presidente?'"

Nazarbaev trocou de padrinho, remontando o fluxo de poder até outra fonte. Em 29 de maio de 1990, Iéltsin foi eleito presidente do Soviete Supremo da Rússia. Gorbatchóv ficou estupefato: "Aqui e no exterior ele bebe como um gambá. Toda segunda-feira a cara dele dobra de tamanho, de tão inchada. Ele mal consegue articular uma palavra [...]; apesar disso, as pessoas não se cansam de dizer que 'ele é o nosso homem' e perdoam tudo". Em 12 de julho, Iéltsin abandonou repentinamente um congresso comunista, demitiu-se do partido e, em seguida, proclamou a soberania da Rússia. Odiado pelos veteranos comunistas e desprezado pelos liberais frustrados, fragilizado pela economia titubeante e por um nacionalismo virulento, Gorbatchóv via o poder encolher enquanto imprecava contra o canalha Iéltsin: as personalidades importam, e a rivalidade entre ambos contribuiu para a derrocada do Estado. Em agosto, Gorbatchóv negociou um preço para a reunificação alemã, sob a forma de bilhões de dólares em empréstimos para a URSS que, como se queixou o próprio Gorbatchóv, foram imediatamente roubados: "Simplesmente desapareceram". Embora satisfeito com o fato de "a época do ditador ter ficado para trás, assim como a era totalitária, as velhas ideias dispersas como as folhas de uma árvore antiga e sem vida",[3] o presidente Bush ficou assustado com a turbulência soviética. E agora a aventura de um nacionalista genuinamente suicida — o mais próximo aliado árabe de Moscou — iria contribuir ainda mais para abalar a posição de Gorbatchóv.

Em 2 de agosto de 1990, Saddam Hussein invadiu o Kuwait. Ele se considerava vitorioso na guerra com o Irã, na qual o idoso Khomeini afinal aceitara um cessar-fogo. "Felizes aqueles que perderam a vida nesse comboio de luz", comentou o aiatolá. "Infeliz de mim que sobrevivi e tive de provar do cálice envenenado." Ele levara consigo a Teerã o jovem mulá Ebrahim Raisi, que estudara sob a orientação de seu vice Khamenei e, ao comandar o "comitê da morte", havia pessoalmente torturado e supervisionado as execuções de milhares de oposicionistas. Quando faleceu, aos 86 anos, o imame teve um funeral comparável ao de Nasser em termos de mobilização: milhões de pessoas enlouquecidas invadiram o cortejo, derrubando no chão o cadáver mal protegido, rasgando a mortalha e saltando para a sepultura, até que os guardas começaram a atirar para o alto, resgatando o corpo com um helicóptero a fim de enterrá-lo mais tarde no mesmo dia. Todavia, sua criação revelou-se mais firme: seu assecla, o presidente Ali Khamenei, escolhido como líder supremo,[4] permaneceu no poder por três décadas, durante as quais o Irã tornou-se mais poderoso do que na época do xá.

Com um exército inchado, montanhas de dívidas, uma família gananciosa e o país cindido, Saddam Hussein também recorreu a soluções extremas. Internamente, aniquilou 180 mil curdos e assírios em Anfal, por terem colaborado com os iranianos, massacrando civis e usando armas químicas, ao mesmo tempo que tentava obter armas atômicas com ajuda francesa. Em 1981, Israel bombardeou suas instalações nucleares; quando Saddam encomendou um supercanhão (apelidado de Grande Babilônia) a um fabricante de armas canadense, o empresário foi morto pelo Mossad.

Saddam se esforçava para controlar os filhos e primos. Seu proxeneta e provador de alimentos, Hana Gegeo, filho do chefe de cozinha e da babá das filhas de Saddam, o apresentou a uma médica loura, Samara, que se tornou sua amante e depois esposa, o que naturalmente despertou rancores na primeira mulher, Sajida, e nos filhos dela. Seus fiéis meios-irmãos queriam casar seus filhos com as filhas de Saddam, mas, em meados da década de 1980, foram os ascendentes e jovens primos Hussein e Saddam Kamel que conquistaram as jovens Raghad e Rana. Um rapaz que flertou com a filha predileta do ditador, Hala, foi assassinado.

Nem mesmo Saddam era capaz de controlar o filho mais velho, Uday, colocado no comando do Comitê Olímpico e da Associação de Futebol, um sinal de que o via como herdeiro. Mas Uday, afligido por um problema de fala, era um psicopata à maneira de Calígula, e costumava espancar homens e violentar mulheres. Em 1988, ele irrompeu numa festa em homenagem à esposa do presidente egípcio Mubarak e espancou Gegeo até a morte com uma barra de ferro. Em seguida, tentou se matar; ao ser convocado pelo pai, disse a Saddam: "Volte para sua legítima esposa". Furioso, Saddam quase o matou: "Ele teve sorte que eu não estava armado". Uma tentativa de fugir para os Estados Unidos foi frustrada pelos genros, os irmãos Kamel, iniciando uma briga que acabaria num banho de sangue. Afinal, Saddam exilou Uday na Suíça e voltou sua predileção para outro filho, menos demente: Qusay, que comandava a Organização Especial de Segurança, o principal órgão de segurança do regime.

A essa altura, Saddam enfrentava dificuldades financeiras. O Kuwait havia lhe emprestado 30 bilhões de dólares e queria o dinheiro de volta. O minúsculo Kuwait tinha a mesma parcela (cerca de 20%) do Iraque no mercado global de petróleo. Saddam o considerava parte do antigo *vilayet* otomano de Basra. Ele sondou os americanos: "Não temos opinião sobre os conflitos entre os árabes", informou-lhe o embaixador americano, "como nesse caso, envolvendo desentendimentos relativos à divisa com o Kuwait". Diante dessa equivocada luz verde, Saddam ordenou que seu exército, composto por 120 mil soldados e 850 tanques, invadisse o país vizinho. O emir do Kuwait fugiu; seu irmão foi fuzilado e em seguida esmagado por um dos tanques de Saddam. Dando rédea solta para Uday, que retornara do exílio, e para as pilhagens do voraz clã de Tikrit, Saddam decidiu anexar o país.

Gorbatchóv ficou furioso e enviou seu chefe de espionagem Primakov para conter Saddam; o líder iraquiano colocava em risco o próprio fundamento do Ocidente — o petróleo —, sem falar nas leis internacionais. Bush hesitou; "este não é o momento para vacilar", ouviu de Thatcher. Pressionado, o presidente americano conseguiu que a ONU aprovasse uma resolução e formou uma inédita coalizão, que incluía desde Thatcher[5] até Assad, cujas tropas se concentraram na Arábia Saudita. Saddam conseguira o impossível: unir contra si quase todo o fragmentado mundo árabe. Somente Arafat e um relutante rei Hussein ficaram do seu lado.

Em 17 de janeiro de 1991, Bush ordenou os primeiros bombardeios da Operação Tempestade no Deserto, incentivando os iraquianos a se rebelarem contra Saddam, que disparou mísseis Scud contra Israel antes de invadir a Arábia, ocupando de forma temporária a cidade de Khafji. Na primeira guerra da era do vídeo, acompanhada ao vivo pela CNN, um novo canal de notícias que ficava 24 horas no ar, o exército de Bush, com quase 1 milhão de soldados, usou a supremacia aérea e terrestre para desbaratar as tropas iraquianas, incinerando divisões inteiras de tanques e caminhões, ao passo que curdos, xiitas e árabes se rebelavam. Porém, uma vez libertado o Kuwait, Bush, temeroso de ficar enredado, interrompeu a invasão, permitindo que Saddam se mantivesse no poder no Iraque central, com todas as armas proibidas. Embora tivesse cometido um tremendo erro de cálculo, após duas décadas de terror Saddam ainda contava com um grupo leal de apoiadores, cada vez mais concentrados em sua família. Seus negociadores conseguiram autorização dos americanos para que as forças iraquianas usassem helicópteros, os quais foram em seguida empregados para massacrar os rebeldes. A coalizão registrou apenas 292 baixas fatais, mas 85 mil iraquianos morreram. O apogeu americano coincidiu com o perigeu soviético.

Às quatro e meia da tarde do dia 18 de agosto de 1991, Gorbatchóv, que passava as férias na dacha de Foros, na Crimeia, foi interrompido por um guarda-costas, que o avisou da chegada de uma delegação. Gorbatchóv soube então que as linhas telefônicas haviam sido cortadas. "Algo ruim está acontecendo", comentou com Raisa. "Talvez algo terrível." Era um golpe de Estado: a Comissão Estatal para o Governo de Emergência, liderada pelo chefe da KGB e ministro da Defesa, havia tomado o poder para interromper a desintegração da União Soviética. Em dezembro de 1990, Shevardnadze havia se demitido, alertando para um eventual golpe. A Lituânia fora a primeira a se declarar independente, logo seguida pela Estônia e a Letônia — e o próprio Gorbatchóv havia perdido o controle desde 13 de janeiro, quando membros das tropas especiais, as *spetsnaz*, haviam disparado contra civis numa estação de TV na capital lituana, Vilnius, um crime que só reforçou o espírito independentista. Em março, Gorbatchóv vencera um plebiscito para a criação de uma nova União de Estados Soberanos. Nazarbaev concordou em ser o primeiro-ministro. No mesmo mês, porém, a Geórgia preferiu se tornar independente. Em 10 de julho, Iéltsin tornou-se presidente da Rússia após eleições democráticas, conquistando uma legitimidade maior que a de Gorbatchóv, que não se elegera. Em seguida, a Ucrânia adiou a decisão de participar da nova União. Em 1º de agosto, o presidente Bush ainda tentou salvar a União Soviética, visitando Kiev a fim de alertar os ucranianos contra o "nacionalismo suicida".[6] Ele próprio meio ucraniano, Gorbatchóv tentou desesperadamente atrair a Ucrânia para a nova União, alegando que uma Ucrânia independente seria frágil demais para sobreviver como Estado, e dizendo a Bush que ela só existia como república porque os bolcheviques ucranianos a haviam inventado a fim de reforçar seu poder, "acrescentando Kharkiv e o Donbas". Stálin reconhecera as fronteiras existentes, e a Crimeia fora acrescentada por Khruschóv. Essas regiões russas, explicou Gorbatchóv, iriam solapar qualquer Ucrânia independente.[7]

Agora em sua dacha na Crimeia, Gorbatchóv perguntou aos membros da comitiva a quem prestavam conta.

"À Comissão."

"Que comissão?"

Quando eles começaram a explicar os objetivos da Comissão, Gorbatchóv berrou: "Cale a boca, canalha, miserável!". As forças da KGB haviam cercado a mansão, também visada pelos canhões dos navios de guerra no mar Negro. Raisa Gorbatchóv sofreu um pequeno derrame. Os Gorbatchóv não sabiam, mas a Comissão cometera uma série de erros não forçados em Moscou. Primeiro, havia planejado prender Iéltsin e até cercado sua dacha, mas ele escapou e seguiu para o Soviete Supremo russo — conhecido como a Casa Branca —, onde várias unidades militares o apoiavam. Em seguida os conspiradores realizaram uma farsesca coletiva de imprensa, na qual ficou evidente que ao menos dois deles estavam embriagados. A Casa Branca acabou sendo defendida pela multidão de pessoas e pelas unidades fiéis a Iéltsin. Logo depois, ele apareceu e subiu desafiador num carro de combate. Os conspiradores correram para a Crimeia a fim de implorar pelo perdão, enquanto Iéltsin enviava tropas para resgatar Gorbatchóv. Depois de prender os conspiradores, Gorbatchóv ligou para Iéltsin. "Então você está vivo", bradou Iéltsin. "Estávamos prontos para lutar por você!" Dois conspiradores se suicidaram. Gorbatchóv retornou a Moscou, mas já estava debilitado e demitiu-se do cargo de secretário-geral em 24 de agosto. No Soviete Supremo, Iéltsin desencadeou seu próprio golpe, humilhando Gorbatchóv na tribuna e forçando-o a admitir que seus próprios ministros haviam apoiado a conspiração.

Em 1º de dezembro, os ucranianos votaram a favor da independência. Iéltsin ainda tentou fazer com que participassem de sua nova versão da União. A secessão da Ucrânia foi decisiva. No dia 8, numa cabana de caça em Belaveja, em

Belarus, um local apreciado por tsares e secretários-gerais, Iéltsin encontrou-se sigilosamente com os líderes da Ucrânia e de Belarus, e colocou em marcha um golpe para acabar com a URSS. Nazarbaev e outros líderes da Ásia central juntaram-se a eles numa nova Comunidade de Estados Independentes.

"Com que autoridade você fez isso?", berrou Gorbatchóv. "Por que não me avisou? [...] E quando Bush souber, como vai ficar a situação?" Iéltsin, entretanto, já ligara para Bush. Em 9 de dezembro, Gorbatchóv recebeu Iéltsin e o presidente Nazarbaev, do Cazaquistão.

"Bem, sentem-se", Gorbatchóv disse a eles. "Amanhã, o que vão dizer à população?"

"Vou dizer", começou Iéltsin, "que vou tomar o seu lugar."

Mais tarde, Nazarbaev diria que "preferia não ter presenciado aquilo", mas foi então que se tornou ditador de um enorme Estado novo, o Cazaquistão, que governou de forma absoluta durante trinta anos, proclamando-se líder da nação e batizando a capital, Nursultan.

Às cinco da tarde do dia de Natal, Gorbatchóv ligou para Bush. "Olá, Mikhail", respondeu Bush, que estava em Camp David com a família.

"George, meu caro amigo", disse Gorbatchóv. "Finalmente tomei minha decisão." Ou seja, ele decidira se demitir. "O debate em nossa União sobre o tipo de Estado a ser criado tomou um rumo distinto daquele que eu considerava correto." Este foi um dos maiores eufemismos de toda a história.

Às sete da noite, Gorbatchóv dirigiu-se à população e em seguida entregou a um general a maleta com os códigos nucleares, que foi repassada a Iéltsin. Mais tarde, Gorbatchóv diria a seus assessores que iria ligar para a mãe, que desde longa data vinha insistindo para que "eu largasse tudo e voltasse para casa". Gorbatchóv afinal seguiu o conselho materno. Percorrendo os corredores do Kremlin, Iéltsin buscou o gabinete de Gorbatchóv — o Cantinho, antes ocupado por Lênin, Stálin e Andropov — e, chegando lá, pediu que trouxessem copos. Então ele e Korjakov tomaram uísque. "Muito bem", engrolou Iéltsin, presidente da nova Federação Russa, "agora sim."

A FAMÍLIA: BORIS, TATIANA E RASPUTIN

Aconselhado por uma legião de jovens reformistas, Iéltsin proibiu o comunismo, permitiu o acesso a uma série de arquivos e converteu, aos trambolhões, a economia planificada num capitalismo de livre mercado, lançando um programa de privatizações. Quase de imediato a economia entrou em colapso, com mafiosos agindo livremente e um processo de privatização marcado de maneira inevitável pela pressa e a corrupção, enquanto uma bem relacionada plutocracia de ex-dirigentes comunistas e barões ladrões, conhecidos coletivamente como os "oligarcas", adquiriam as empresas de petróleo por uma fração de seu valor efetivo. Iéltsin, que mesclava os instintos liberais de um democrata com os hábitos de um tsar embriagado, revelou os crimes de Stálin e incentivou denúncias históricas, mas jamais extinguiu os órgãos de segurança. Em vez de dissolver a KGB, ele a dividiu em duas novas agências. Ao mesmo tempo, instigava a rivalidade dos dois grupos ao seu redor: de um lado, defendia os jovens reformistas ocidentalizantes; de outro, mantinha-se próximo do chefe dos órgãos de segurança, o arrogante e beberrão Korjakov, agora alçado ao posto de general.

Enquanto Iéltsin assumia o poder em Moscou, Shevardnadze, o antigo ministro das Relações Exteriores da URSS, estava se transformando num líder da Geórgia. Em maio de 1991, Zviad Gamsakhurdia, que fora perseguido por Shevardnadze na década de 1970, quando este era o procônsul soviético, elegeu-se presidente com 86,5% dos votos numa eleição legítima, prometendo acabar com toda interferência russa. Todavia, num prazo de poucas semanas, Gamsakhurdia — maníaco, de olhar vazio e neurótico — conseguiu ofender os liberais com seu despotismo, Moscou com sua russofobia e as minorias étnicas com sua campanha chauvinista "Geórgia para os georgianos". Em setembro, o presidente era uma solitária figura shakespeariana cercada em seu palácio. "Sim, sou como um rei numa peça de Shakespeare." De Henrique V, ele passou a Lear e, depois, Ricardo II.

Seu principal inimigo era um personagem ainda mais extraordinário: um antigo chefe de gangue, prisioneiro do gulag e dramaturgo chamado Jaba Ioseliani, que na época de Stálin havia assaltado um banco. Agora ele contava com um exército particular, os *Mkhedrioni* (Cavaleiros), para defender o território georgiano e derrubar Gamsakhurdia. Em dezembro, Ioseliani, o tipo de excêntrico que prospera em meio ao caos de impérios arruinados, expulsou Gamsakhurdia da presidência e instalou um Conselho de Estado, que convidou Shevardnadze a retornar ao governo. A Raposa Cinzenta, antes um dos árbitros mundiais ao lado de Bush e Gorbatchóv, tornou-se dessa forma um entrincheirado patriota num Estado minúsculo, empobrecido e desorganizado, sob o domínio de um líder militar preso na época em que era membro do Politburo. Shevardnadze teve de engolir o orgulho. Diante da arrogância de Jaba e de seu séquito, sorriu com amargura: "Ah, que saudades de Thatcher e de Bush!".

Espasmos homicidas inspirados por sonhos medievais de impérios perdidos mostraram o que podia ocorrer quando o equilíbrio global deixava de ser garantido por impérios ou superpotências. A Iugoslávia foi despedaçada por grupos nacionais rivais, instigados ao confronto por nacionalistas vingativos, o que levou a uma guerra entre a Sérvia e a Croácia, e depois a uma campanha sérvia para exterminar os muçulmanos na Bósnia, completada com campos de concentração, estupros coletivos e massacres. Depois de três anos e meio de guerra, Bill Clinton conseguiu, em novembro de 1995, que os adversários firmassem um acordo de paz em Dayton, Ohio, do qual resultou um Estado bósnio multiétnico e extremamente complexo, mas os sérvios passaram então a atacar os albaneses no Kosovo até março de 1999, quando Clinton ordenou os ataques aéreos da Otan que forçaram o recuo da Sérvia e enfureceram ainda mais os russos.

Na África, nenhuma potência interveio. Em abril de 1994, membros da etnia hutu em Ruanda iniciaram um massacre, cuidadosamente planejado, de seus vizinhos tútsis, visando aniquilá-los por completo. As potências coloniais, a Alemanha e a Bélgica, haviam tradicionalmente favorecido os tútsis, fomentando o ressentimento hutu que levou aos massacres pouco antes de o país obter a independência. Mas a França, sempre empenhada em promover a *Françafrique*, via Ruanda como uma espécie de criança colonial adotada, apoiando a liderança hutu e treinando suas milícias. Quando a Frente Patriótica de Ruanda, dominada pelos tútsis e liderada pelo desajeitado general Paul Kagame, se rebelou, a França reagiu como se se tratasse de um desafio, apoiado pelos britânicos, à *Françafrique*. Embora não tenha aprovado o massacre que se preparava, os franceses nada fizeram para impedi-lo. Quando o presidente de Ruanda foi morto a tiros pela Frente Patriótica, os hutus reagiram com o genocídio, matando, quase sempre com facões, mais de 500 mil tútsis em poucos dias. A França interveio apenas em parte e tardiamente, antes que a Frente Patriótica invadisse desde a região fronteiriça de Uganda-Congo e instalasse Kagame como ditador. As ambições de Ruanda e de Uganda se concentraram no apoio aos chefes guerreiros e à elite do Congo, num banho de sangue continental, a Grande Guerra africana do Congo, uma luta atroz por minérios e poder.[8] Nem as potências europeias nem a intelligentsia ocidental mostraram grande interesse pelo conflito, uma catástrofe que provocou a morte de cerca de 5,4 milhões de pessoas.

Em Moscou, Iéltsin enfrentava outro desafio: uma nova geração de ultranacionalistas autoritários no Soviete Supremo, que, a partir de uma Casa Branca fortificada, o contestavam e o criticavam por seu liberalismo de livre mercado pró-americano, que empurrara a economia para uma queda livre — o PIB caíra 50%, em meio a um colapso da lei e da ordem, com mafiosos assassinando abertamente os adversários e se infiltrando em negócios legítimos. Os membros do Soviete Supremo votaram então pela deposição de Iéltsin: as forças fiéis a ele ocuparam a estação de TV em Ostankino e ergueram barricadas nas ruas. Moscou se esvaziou. Korjakov, o chefe dos órgãos de segurança, recomendou o envio de tanques. "Uma rebelião armada fascista-comunista em Moscou", alertou Iéltsin, "será reprimida." No dia 3 de outubro de 1993, seus comandos tomaram a estação de TV, após combates que duraram a noite toda. Enquanto os tanques de Iéltsin disparavam contra a Casa Branca (cena testemunhada pessoalmente por este autor), unidades de elite invadiam o prédio. No final, o autocrático Iéltsin saiu vencedor: "A Rússia precisa de ordem".

Iéltsin estava determinado a manter unida a Federação Russa,[9] ela própria um conglomerado de repúblicas étnicas. Os mais rebeldes eram os tchetchenos muçulmanos, deportados para a Sibéria em 1944, por ordem de Stálin. Liderado por um ex-general da força aérea soviética, esse povo guerreiro, controlado por clãs e chefes belicosos, agora reivindicava a independência. Iéltsin mandou cercar Grózni, uma cidade fervilhante, onde este autor viu grupos de milicianos pavoneando-se em uniformes surreais enquanto aguardavam o ataque russo. Em dezembro de 1994, Iéltsin aprovou o assassinato dos líderes tchetchenos por meio de um atentado a bomba, a ser seguido pela invasão de Grózni — segundo o ministro da Defesa, Grachev, para tanto seria necessário apenas "um regimento aerotransportado numa operação de duas horas". Em vez disso, as tropas russas foram derrotadas pelos tchetchenos, que retomaram a cidade. Em 1996, para sua humilhação, Iéltsin foi obrigado a retirar as tropas.

Em junho desse mesmo ano, Iéltsin, bebendo cada vez mais e sofrendo de arteriosclerose, teria de enfrentar uma eleição que provavelmente seria vencida pelos comunistas ressurgentes. O general Korjakov, que se vangloriava de ter "governado o país nos três últimos anos", sugeriu o cancelamento do pleito. Mas a filha de Iéltsin, Tatiana, uma engenheira de 37 anos que trabalhara no setor espacial soviético, assumiu o controle e convocou os oligarcas, que tinham como líder um engenheiro e matemático judeu, Boris Berezóvski, que se tornara bilionário depois de assumir o controle das indústrias automobilísticas Avtovaz e de companhias petrolíferas siberianas. Berezóvski conquistara a confiança da família ao supervisionar a publicação das memórias de Iéltsin, e acabou se tornando o "cardeal das sombras", ficando conhecido como o "Rasputin" de Iéltsin. "Em várias ocasiões na história", ele contou a este autor, "os financistas tiveram muita influência no Estado: afinal, não somos parecidos com os Médici?" Ainda mais confiável e discreto era um tranquilo protegido de Berezóvski, o jovem Roman Abramovich. Tatiana abandonara o marido pelo redator anônimo das memórias de Iéltsin, Valentin Iumachev, com quem se casaria mais tarde. Iumachev logo foi promovido a chefe de gabinete de Iéltsin, completando a corte ao redor do presidente — conhecida como "a Família".

Não era essa a única família no poder. Em 21 de janeiro de 1994, Bassel al--Assad, o herdeiro do presidente da Síria, acompanhado do primo Hafez Makhlouf, um oficial da Guarda Republicana, avançava velozmente de carro a caminho do aeroporto, de onde voaria para uma estação de esqui, quando perdeu o controle de sua Mercedes.

Bassel era baixo, barbado, atlético e robusto, campeão de equitação, amigo da filha cavaleira do rei Hussein e fanático por armas, carros velozes e jovens libanesas. Treinado na Rússia e responsável pela segurança do presidente, era o predileto e amado do pai, Hafez al-Assad, a quem aconselhava nos assuntos referentes ao Líbano. O presidente o via como o jovem Saladino, o Cavaleiro Dourado que, com sua montaria, combatia cruzados e sionistas. Seu companheiro na Mercedes também estava no centro de uma dinastia: a tia de Makhlouf era Anisa al-Assad, a primeira-dama da Síria, e o irmão Rami já se destacava como o encarregado dos negócios familiares.

Sofrendo de diabetes e arteriosclerose, Assad baseou a dinastia numa aliança com o Irã, que poderia protegê-lo do rival Saddam. E agora ficou enfurecido ao saber das negociações secretas entre Rabin, o novo primeiro-ministro israelense, e Arafat, o presidente da OLP.

Embora sucessivos presidentes americanos, a partir de Carter, tivessem se empenhado em promover a paz, Israel vinha se recusando, há mais de vinte anos, a negociar com a organização terrorista. Rabin, no entanto, permitiu que o ministro das Relações Exteriores israelense, Shimon Peres, iniciasse negociações sigilosas. Os dois — o lacônico Rabin e o visionário Peres — se odiavam. Peres articulou as conversas secretas em Oslo entre um acadêmico israelense e uma autoridade palestina, que evoluíram para o reconhecimento mútuo de Israel e da OLP e o estabelecimento de uma Autoridade Palestina, no primeiro passo para a criação de um Estado e a partilha de Jerusalém. "Minha posição era: primeiro a paz, depois os detalhes", relembrou Peres. "A paz é como o amor: antes de tudo, é preciso haver confiança." Para Assad, tudo isso era uma traição; por outro lado, representava uma oportunidade para o rei Hussein, que durante décadas conseguira apaziguar seus ameaçadores vizinhos árabes (Saddam e Assad), ao mesmo tempo que se encontrava secretamente com Rabin. Por isso, Hussein contribuiu para o processo. Em 13 de setembro de 1993, recebidos por Clinton na Casa Branca, Rabin e Arafat, acompanhados do rei Hussein, firmaram os acordos de paz. Um mês depois, Hussein e Rabin assinaram um tratado próprio.

Acompanhando os acontecimentos desde Damasco, Assad reagiu ordenando o assassinato do rei Hussein. E ele não foi o único a sacar a arma. Em 4 de novembro de 1995, Rabin foi assassinado por um fanático judeu. O atentado marcou o início do colapso dos Acordos de Oslo, exacerbado por nacionalistas israelenses e extremistas palestinos. Quando os sucessores de Rabin sugeriram uma divisão de Jerusalém, Arafat a rejeitou. A solução de dois Estados — a única esperança de paz — permaneceu inviável. "Não estamos envergonhados nem temerosos", afirmou Hussein no funeral de Rabin em Jerusalém, "tampouco temos outra disposição se não a de levar adiante o legado pelo qual tombou meu amigo, tal como meu avô, nesta mesma cidade, quando eu o acompanhava ainda menino." Alertado pela CIA, Hussein conseguiu se esquivar aos assassinos enviados por Assad, mas a essa altura já sabia estar acometido de um câncer. Embora seu irmão Hassan fosse o príncipe herdeiro, Hussein começou a preparar o primogênito Abdullah para substituí-lo no trono.

Em Damasco, Bassel al-Assad morreu no acidente de carro, do qual o primo saiu ferido. Hafez ordenou luto pelo "mártir da nação". Restaram a Hafez três filhos: o mais novo, Maher, era um atarracado oficial militar, sempre pronto a disparar sua arma e com dificuldade para se controlar; depois vinha Madj, que tinha problemas mentais; por fim, havia Bashar, um médico que vivia em Londres sob outro nome. Anisa preferia Maher, mas Assad chamou de volta Bashar, então com 28 anos. Alto, esguio e sem queixo, fã de Phil Collins, Bashar era um candidato improvável a ditador. Tornara-se cirurgião-oftalmologista porque não suportava ver sangue: ainda assim, acabaria se tornando sanguinário numa escala jamais concebida pelo pai.

Os governantes comunistas que sobreviveram foram aqueles que mesclaram dinastia e ideologia. Os irmãos Castro perduraram em Cuba. Na Coreia do Norte, Kim Il-sung controlou sua sucessão. Em 8 de julho de 1994, ao morrer, aos 82 anos, Kim não só foi embalsamado[10] como declarado "presidente eterno e imortal", ao passo que seu meticuloso plano para fundar uma dinastia marxista hereditária garantiu a suave ascensão ao trono de seu filho, Kim Jong-il. Nascido na Rússia, onde era conhecido como Iúri — a família o chamava de Iúra —, ele fora educado na China durante a Guerra da Coreia (e às vezes passava férias anonimamente em Malta), ao mesmo tempo que iniciava a ascensão na hierarquia partidária, até ser promovido pelo pai, em 1980, ao posto de Querido Líder e Comandante Supremo.

Exibindo um topete e uma túnica de corte stalinista, Kim fora criado como um principezinho, com predileção por uísques escoceses, lagosta e sushi, mas revelou-se um exímio manipulador, tendo aprendido com o pai as regras essenciais da dinastia Kim — cuja sobrevivência baseava-se na rivalidade das superpotências, na promoção da família e na eliminação de todos os oponentes. Suas obsessões eram os filmes ocidentais e as armas nucleares. Pai e filho se consideravam numa guerra perpétua com a Coreia do Sul e o mundo capitalista, e chegaram a sequestrar mais de 3 mil sul-coreanos e até japoneses. Tendo começado no Departamento de Agitação e Propaganda, Jong-il sonhava com um setor cinematográfico sofisticado. Em 1978, organizou o sequestro em Hong Kong de Choi Eun-hee, a bela atriz e ex-esposa do importante diretor de cinema sul-

-coreano Shin Sangok — quando foi a Hong Kong a fim de tentar encontrá-la, também ele foi raptado. Após dois anos de doutrinação compulsória, os dois foram levados à presença de Kim, que lhes mostrou uma coleção de 15 mil filmes, ordenou que voltassem a se casar e produziu um filme de monstros marxista intitulado *Pulgasari*.

Como acontece com qualquer monarca, o aspecto biológico da sucessão é implacável. Kim tivera uma filha num casamento arranjado, mas, ao supervisionar a produção de filmes e peças de teatro na Coreia do Norte, naturalmente tinha acesso a um harém de jovens conhecidas como *Kippumjo*, ou Esquadrão da Alegria — que incluía as divisões de Satisfação (sexo), Felicidade (bem-estar) e Entretenimento (dança), segundo Kenji Fujimoto, parceiro e sushiman de Kim Jong-il. Uma estrela de cinema casada com outro homem deu à luz seu primeiro filho, Kim Jong-nam — mas sem a bênção crucial do pai. Por volta de 1972, Jong-il começou um relacionamento amoroso com a dançarina Ko Yong-hui, que lhe deu outros três filhos: dois homens — o segundo recebeu o nome de Kim Jong-un — e uma mulher, Kim Yo-jong, que se tornaram a família oficial.

Ao mesmo tempo que mantinham um Estado com um exército de 1 milhão de soldados e 200 mil prisioneiros políticos, pai e filho empenharam-se em obter um arsenal nuclear, topando, no entanto, com a relutância de seus principais aliados, os soviéticos e chineses. Os Kim foram então obrigados a vasculhar o mundo em busca da tecnologia para enriquecer o urânio e construir bombas atômicas, abrindo negociações com o Paquistão, que tentava se equiparar à Índia nesse setor. O próprio mentor do programa nuclear paquistanês, A. Q. Khan — apelidado de Centrífuga Khan —, transferiu a tecnologia ao longo da década de 1980, quando Benazir Bhutto, filha do primeiro-ministro executado na década anterior e membro de outra dinastia familiar no sul da Ásia, foi eleita primeira-ministra. Promovido inicialmente pelo pai de Benazir, A. Q. Khan embarcara no maior empreendimento criminoso da história: a venda da tecnologia nuclear paquistanesa. Para tanto, viajou pelo mundo e encontrou dezoito países interessados. No Iraque, Saddam demonstrou interesse; e no Irã, na Síria e na Líbia, Khamenei, Assad e Qaddafi abriram os cofres para adquirir a tecnologia. Khan entregou o pacote líbio com a etiqueta "Tecidos Finos", disfarçado com o terno de um alfaiate de Islamabad. No caso de Kim, Benazir Bhutto supostamente teria feito a entrega em pessoa.

Quando os Estados Unidos ficaram sabendo do programa nuclear norte-coreano, Kim, de quem os diplomatas americanos se lembravam como um homem afável e habilidoso, conduziu negociações para extrair o máximo benefício para sua economia periclitante, enquanto prosseguia secretamente com o programa. Ao mesmo tempo, ele examinava os filhos para saber qual era o mais adequado para sucedê-lo: o mais velho não fazia parte da família oficial; o segundo era frágil demais; já o terceiro, Kim Jong-un, apelidado de Jong Unny, a quem enviara a um internato suíço, era o que mais se parecia com ele.

Em Moscou, reformistas, oligarcas e membros da Família temiam que Iéltsin, confuso e embriagado, estivesse prestes a perder a eleição para os comunistas: um ataque cardíaco quase o incapacitara por completo. Berezóvski, porém, levantou 140 milhões de dólares e adquiriu o tempo de TV necessário para garantir a reeleição. Na luta pelo poder, a Família enfrentou-se com Korjakov: Lênin e Stálin haviam mobilizado o submundo do crime para suas polícias secretas homicidas; agora, os cortesãos e os oligarcas ameaçavam matar uns aos outros. Um atentado a bomba degolou o motorista de Berezóvski. "Após o atentado contra sua vida", recordou Korjakov, "Berezóvski sempre queria matar alguém em represália [...] e me dizia isso com toda a calma, como se fosse eu que estivesse matando todos."

A Família demitiu os poderosos guarda-costas de Iéltsin, e este, semivivo, acabou vencendo a eleição de 1996. Em agosto, os líderes militares tchetchenos infiltraram-se em Grózni e retomaram a cidade, expulsando as tropas russas. Iéltsin foi submetido a uma cirurgia quíntupla das coronárias. A Família então passou a governar o naufragante Estado.

Os Estados Unidos prosperavam como a única superpotência. O entusiasmo com a vitória na Guerra Fria subiu à cabeça dos dirigentes americanos e europeus. Os Estados Unidos e seu sistema, a democracia liberal, haviam triunfado. E o êxito leva ao êxito: na África e na América do Sul, os países adotaram regimes democráticos, à maneira americana. Era difícil não contemplar a implosão russa com certa condescendência.[11]

Em 21 de março de 1997, Iéltsin, reunido com Clinton em Helsinki, concordou com a expansão da Otan a países que faziam parte do antigo Império Soviético, em troca de 4 bilhões de dólares, mas alertou que se tratava de um "erro, um erro grave", e "uma espécie de suborno". O próprio Clinton — assim como muitos russos — mal pôde acreditar no tanto que a Rússia estava disposta a conceder. Aquele foi o princípio de uma virulenta humilhação. E não se tratou apenas de uma atitude pouco generosa da parte dos Estados Unidos: pior ainda, demonstrou falta de presciência. Os americanos incentivaram as reformas propostas por Iéltsin, mas poderiam ter oferecido um Plano Marshall que facilitasse a transformação da Rússia e sua incorporação ao sistema ocidental. Não foi apenas culpa dos Estados Unidos: os potentados russos ainda pensavam em termos de império e autocracia. Além disso, os americanos ignoraram os protestos de Iéltsin quando decidiram bombardear a Sérvia, aliada dos russos. A Polônia, a Tchecoslováquia e a Hungria juntaram-se à União Europeia e à Otan, assim como as três ex-repúblicas soviéticas do Báltico. A Ucrânia e a Geórgia seriam os próximos países a se candidatar.[12] O marxismo fora derrotado, a Rússia fragmentara-se, e a

China ainda vinha muito atrás. A impressão era de que o império leninista ruíra sem derramamento de sangue; na realidade, porém, a desintegração da União Soviética iria se prolongar por mais de trinta anos — e não teria nada de pacífica: o ressentimento russo foi sentido de maneira visceral por um ex-tchekista que, tal como sua pátria, amargava tempos difíceis.

"Vivíamos como todo mundo, mas às vezes eu precisava ganhar um dinheiro a mais", relembrou um coronel da KGB que lutava para sobreviver "como motorista de táxi. Não é uma lembrança agradável". O motorista de táxi era Vladímir Putin, agora desempregado em São Petersburgo. "O que é o colapso da União Soviética?", ele perguntou. "É o colapso da Rússia histórica sob o nome União Soviética."[13] E, como tal, foi "o maior desastre geopolítico do século XX".

Em março de 1997, a Família convocou Putin a Moscou. Então com 44 anos de idade, ele havia se associado ao prefeito liberal, ainda que venal, de Petersburgo, tornando-se seu onipresente faz-tudo e vice. De maneira reveladora, a primeira entrevista que deu para a TV destacou seu passado na KGB, ao som da música-tema da série protagonizada pelo espião Stierlitz. Quando o prefeito de Petersburgo perdeu uma eleição, Putin foi convidado para uma função menor no aparato presidencial em Moscou. Todavia, apenas um ano depois, seria nomeado chefe adjunto do gabinete presidencial, bem na época da maior humilhação da Rússia e do triunfo americano.

Foi uma época estranha. A Rússia cambaleava; Iéltsin demitia um primeiro-ministro atrás do outro, os gângsteres matavam os rivais, os oligarcas se pavoneavam, e os tchetchenos mostravam-se desafiadores. Mas Iéltsin, uma mescla de liberal visionário e autocrata atrapalhado, entendera as lições da história. "Somos todos culpados", disse ele em 17 de julho de 1998, quando presidiu ao sepultamento dos restos mortais do tsar Nicolau II e de sua família na cripta dos Románov em São Petersburgo, "mas a lição amarga é que qualquer tentativa de mudar a vida por meio da violência está condenada ao fracasso." Em seguida, ele avaliou o próprio legado: "Precisamos encerrar este século, que se tornou o século do sangue e da ausência de lei para a Rússia, com arrependimento e reconciliação", mas também com força. A Família já começara a buscar um herdeiro.

Muitos alegaram ter inventado esse herdeiro. Berezóvski insistiu que fora o primeiro a notar Putin, mas na verdade foi Iumachev, o genro de Iéltsin. Em julho de 1998, o desconhecido Putin foi nomeado chefe da FSB, o órgão de inteligência que tomou o lugar da KGB. Inchado e confuso, mas imperioso e enigmático, Iéltsin não conseguia evitar o declínio de sua autoridade; a oposição começava a articular seu impeachment, ao mesmo tempo que o procurador-geral investigava atos de corrupção associados à Família. Em abril de 1999, Putin divulgou um vídeo de baixa qualidade que mostrava o procurador-geral, barrigudo e nu, divertindo-se com duas prostitutas. O procurador foi demitido. Orientados por Abramovich, Tatiana e Iumachev ficaram impressionados com o jovem, arrojado e inescrutável Putin. E apresentaram a ele uma proposta extraordinária — assumir a presidência da Rússia, em troca de assegurar a imunidade jurídica da Família. "Como vou manter a segurança de minha mulher e minhas filhas?", perguntou Putin. A Família então lhe assegurou que o Kremlin cuidaria deles. Mas como ele iria chegar à presidência? Com uma guerra breve e vitoriosa.

Em 9 de agosto de 1999, Iéltsin o nomeou primeiro-ministro da Federação Russa. "Eu não estava simplesmente oferecendo uma promoção", recordou Iéltsin. "Queria entregar a ele o gorro de Monômaco" — a coroa do tsar.[14] Em outubro, Putin invadiu a Tchetchênia, encantando os russos com sua fanfarronice de gângster: "Vamos atrás dos terroristas por toda parte; se estiverem no banheiro, desculpe-me, vamos matá-los mesmo se estiverem sentados na privada". A Rússia de fato travou uma luta implacável contra os terroristas, e também contra os civis, que foram torturados, desaparecidos e assassinados à vontade. O exército revelou-se uma ferramenta brutal e desajeitada: os generais russos, alardeou Putin com admiração, "não mastigam ranho". Em seguida, Iéltsin disse a ele que iria nomeá-lo presidente em exercício. "Não estou pronto", replicou Putin. "É um destino difícil." Iéltsin, porém, insistiu. "Bem, aceito", disse Putin afinal, acrescentando: "Seria estúpido dizer 'não, prefiro vender sementes de girassol'".

"Hoje venho pedir perdão a vocês, pois muitas de nossas esperanças não se concretizaram", disse Iéltsin, na véspera do ano-novo de 2000. "Estou deixando a presidência [...]. O país agora conta com um homem forte, adequado à presidência." E nomeou aquele homem misterioso como presidente em exercício.

O primeiro decreto assinado por Putin tinha como título "Sobre as garantias para o antigo presidente e sua família".

Em 26 de março de 2000, Putin foi alçado à presidência plena. Iéltsin mostrou-lhe o antigo gabinete de Stálin: "Agora é o seu gabinete, Vladímir". A Família estava convencida de que iria controlar aquele presidente "acidental". Mas Putin levou para o Kremlin o foco e as táticas de um faixa-preta de judô. "Eu me esfalfo", disse ele, "como um escravo de galé." Orgulhoso de ocupar o gabinete que fora de Stálin, ele convidava os visitantes a examinarem os livros do ex-secretário-geral, ainda nas estantes do Cantinho. O poder absoluto molda uma nova personalidade. Inicialmente desajeitado e canhestro, Putin não tardou a adotar a feroz e indispensável vigilância para prosperar no Kremlin, com sua predileção pela violência pontual e pelos equipamentos militares mal temperada por um toque de humor negro. À vontade com o próprio machismo, ele posou de peito nu e brandindo armas, cavalgando tigres e caçando ursos. Ao ser questionado sobre a reputação de ser implacável, brincou: "Desde que Gandhi morreu, não há ninguém com quem conversar" — e em seu aniversário acabou ganhando dos cortesãos um busto de Gandhi. Sua frase preferida era: "É como tosar um porquinho — muitos berros e pouca lã".

Putin neutralizou a influência da Família e restaurou o poder do Estado, controlou as eleições, enfraqueceu o Parlamento (a Duma), reprimiu a imprensa e promoveu uma mescla de liberais e veteranos da KGB. "A equipe clandestina da FSB no governo concluiu sua primeira tarefa", ele brincou numa reunião de agentes dos órgãos de segurança, acrescentando: "Não existe esse negócio de ser um ex-agente da KGB".

Além disso, ele "pacificou" a Tchetchênia, colocando no governo um príncipe assassino, Ramzan Kadirov, então com 39 anos. Kadirov tornou-se o cortesão mais leal, rivalizando com a polícia secreta como seu comparsa mais mortífero.[15] Em seguida, Putin voltou-se para os oligarcas, convidando-os à mansão de Stálin, onde os alertou para que não se imiscuíssem na política. Aqueles que lhe desobedeceram foram punidos: um deles foi preso e enviado a um campo de trabalhos forçados. Berezóvski, furioso com o fato de o fantoche ter agarrado o cetro, viu-se obrigado a deixar a Rússia. Putin ordenou às forças de segurança que executassem os traidores: "Os inimigos estão bem diante de nós, nós os combatemos ou firmamos a paz, mas tudo é bem claro. Já um traidor precisa ser destruído" — mesmo se exilado na Inglaterra: Berezóvski morreu de forma misteriosa — foi encontrado enforcado em sua mansão em Surrey; um de seus associados, Litvinenko, ex-coronel da KGB, foi envenenado com polônio. "Não sei quem o matou, mas sei que era um traidor", disse Putin. "Não fomos nós, mas era um cão e teve a morte de um cão." No âmbito do antigo império, ele estava decidido a restaurar não a União Soviética — não se conformava com a criação, por Lênin, da república da Ucrânia em território russo —, mas o império tradicional. A Rússia, afinal, era uma "civilização única", a mãe de todas as Rússias, de modo que ele defendia a autocracia e o etnonacionalismo, vislumbrando um mundo russo ortodoxo excepcional, um sucessor eurasiano da Rus de Kiev e do império Románov, superior ao Ocidente, reaproveitando as ideias dos eslavófilos e dos filósofos seguidos pelos russos brancos durante a guerra civil. Enquanto as demais ex-repúblicas soviéticas consolidavam suas identidades nacionais, a Rússia, criada como um império, não podia se ver de outra maneira — a não ser como um império movido pelo ressentimento.

Putin denunciou a supremacia americana. "O que é um mundo unipolar?", perguntou. "É um mundo dominado por um único senhor. E isto é pernicioso não só para todos que vivem nesse sistema, mas também para a própria soberania, pois ele destrói a si mesmo a partir de dentro."

Em novembro de 2000, enquanto Putin comandava o esmagamento da resistência tchetchena, os americanos — após um quase empate nas urnas que levou a um impasse jurídico — elegeram outro líder inexperiente, com quarenta e poucos anos. Enquanto Putin crescia num conjunto habitacional de Leningrado, George W. Bush passeava de barco no complexo residencial da família em Kennebunkport.

Filho de presidente, neto de senador, um aristocrático aluno de Yale que se reinventara como um texano arrogante, amealhando uma fortuna com o petróleo e a aquisição do time de beisebol Texas Rangers, Bush conquistou a presidência em sua primeira tentativa. Os dois Bush, pai e filho, além de Bill Clinton, presidiram ao auge do Século Americano. Ao mesmo tempo, os empresários do país introduziam avanços técnicos que correspondiam à visão global dos Estados Unidos — e da economia globalizada que eles dominavam.

"Nos últimos 33 anos", comentou Steve Jobs, desfrutando da remissão de um câncer e refletindo sobre a vida numa conversa com estudantes em 2005, "eu me olhei no espelho todas as manhãs e me perguntei: 'Se hoje fosse o último dia da minha vida, eu iria mesmo querer fazer tudo aquilo que pretendo fazer hoje?'." Jobs havia mudado o mundo: "De todas as invenções humanas, o computador vai estar bem no topo à medida que a história se desenrola". Intolerante e intolerável, rude e por vezes cruel, Jobs estava convencido de que a criatividade implicava seguir os próprios instintos — "ligando os pontos". Jobs era filho de dois professores — uma síria e seu amante suíço —, mas "minha mãe biológica era uma jovem universitária solteira que decidiu me encaminhar para adoção" — e ele foi adotado por um membro da guarda costeira americana. Ainda estudante, trabalhou na Hewlett-Packard, que fabricava máquinas para empresas, depois viajou para a Índia, entusiasmou-se com o zen-budismo, abandonou a faculdade (para fazer um curso de caligrafia), e então, com vinte anos, fundou uma empresa na garagem dos pais, onde projetou o primeiro microcomputador de uso geral. Ele o chamou de Apple.

A ideia dos computadores não era nova.[16] Seu aperfeiçoamento tornou inevitável a chegada dos celulares inteligentes e de computadores portáteis e fáceis de usar, mas esse processo levou quarenta anos. Em 1959, Robert Noyce, da Fairchild Semiconductor, inventou a peça — um circuito integrado monolítico, conhecido como "chip" — que tornou possível essa revolução, ao mesmo tempo que Paul Baran aperfeiçoava uma rede de troca de mensagens capaz de funcionar mesmo após um apocalipse nuclear. Em 1968, Alan Kay, da Xerox, previu um "dispositivo portátil e pessoal para a manipulação de dados", que batizou de Dynabook, na mesma época em que a primeira tela de cristal líquido era aperfeiçoada. Em 1975, a IBM criou o primeiro dispositivo portátil, no mesmo ano em que o filho de um advogado de Seattle, Bill Gates, abandonou Harvard para desenvolver um sistema de instruções para computadores — o chamado "software" — que seria adquirido pela IBM. Cinco anos depois, Gates lançou um sistema mais sofisticado, chamado de Windows.

Em 1974, um sistema desenvolvido pela Arpa, a Agência de Projetos de Pesquisa Avançada do Pentágono, para assegurar as comunicações das lideranças no caso de uma guerra nuclear, foi estendido às universidades por Vint Cerf e Bob

Kahn, que o chamaram de *inter-network*, ou internet. Em 1980, a Arpanet foi desativada, mas uma organização de pesquisa nuclear europeia, o Cern, começou a usar o sistema, que inspirou, em 1989, Tim Berners-Lee, um matemático de 34 anos que dava aulas lá: "Só precisei pegar a ideia do hipertexto e associá-la a um protocolo de controle de transmissão e à ideia de um sistema de nomes de domínios e... *voilà*! Estava criada a World Wide Web". Tal como Edison ou Watt no passado, ele não alegou ter inventado nada: "A maior parte da tecnologia associada à web, como o hipertexto, a internet, os objetos de texto multifonte, já havia sido concebida. Eu simplesmente juntei tudo". Berners-Lee inventou um sistema de endereçamento — //www — que se tornou tão universal que fez da internet quase uma parte do cérebro humano. "Nunca imaginei a dimensão que a internet iria tomar", ele confessou a este autor, "mas desde o princípio a projetei para ser totalmente universal. E houve um momento, quando ela começou a crescer de forma exponencial, em que me dei conta de que iria mudar o mundo."

Em 1984, Jobs, um visionário empacotador de ideias, adaptador de invenções e instigador de designs requintados, lançou o Macintosh, um computador que qualquer consumidor podia usar para se mover entre diversos programas úteis. Acrescentou um controle manual que batizou de "mouse" e a possibilidade de escolher entre várias fontes tipográficas, inspirado pelo curso de caligrafia que havia feito. "Tive sorte", ele explicou. "Descobri bem cedo o que gostava de fazer." Porém, "aí fui demitido. O peso de ser bem-sucedido foi substituído pela leveza de voltar a ser um principiante".

Quando voltou a comandar a Apple, Jobs desenvolveu, a partir de 1998, uma série de dispositivos cujos nomes começavam com a letra "i" (de "internet, individual, instrução, informação e inspiração"). Em 2007, seu iPhone mudou o comportamento humano, criando um dispositivo ao mesmo tempo elegante e indispensável. Até 2020, cerca de 2,2 bilhões de iPhones haviam sido vendidos, de um total de 19 bilhões de smartphones comercializados — pequenos aparelhos que mudaram para sempre a natureza e o comportamento humanos, de maneiras que ainda não estão muito claras. Os smartphones tornaram-se uma tecnologia tão essencial que viraram quase extensões de nossos corpos. Em 2005, pelo menos 16% dos seres humanos usavam celulares; em 2019, essa proporção subira para 53,6% no mundo todo, e 86,6% nos países ocidentais. A internet tornou acessível aos cidadãos uma massa de novos conhecimentos, fazendo com que muitos abandonassem fontes de informação que, embora exigissem mais trabalho, eram mais confiáveis. A internet complicou a sociedade, acrescentando novas camadas de discurso e poder e conferindo dinamismo a sociedades já pluralistas — um desvio ainda maior do "poder soberano", na análise de Foucault, para o "poder disciplinar".

O novo conhecimento promoveu a abertura. No entanto, tal como a escrita, a imprensa e a televisão, também podia ser controlado e manipulado: até mesmo nas democracias, os mandachuvas dispunham de um enorme e sigiloso poder enquanto déspotas de dados, e nunca houve um instrumento tão propício para a tirania. Sua tendência a criar bolhas isoladas de opinião homogênea implicou uma paroquialização tão eficaz quanto sua globalização. Em muitos países, os celulares foram adotados por pessoas que ainda viviam em sociedades de iPhones e punhais, dominadas por etnias, tribos e seitas que mal conseguiam alimentar e abrigar sua população. Em alguns casos, terroristas degolavam pessoas ao mesmo tempo que conversavam por WhatsApp em seus iPhones.

Menos espetaculares, mas igualmente importantes, foram os assombrosos avanços na saúde pública: a redução da mortalidade infantil, a vacinação contra a varíola, o uso do cloro na água. Esses avanços foram o resultado de desenvolvimentos interligados em todos os níveis: a invenção do vaso sanitário conectado a redes de esgoto pode ter salvo 1 bilhão de vidas desde a década de 1860. A duplicação da expectativa de vida num século e a redução da taxa de mortalidade infantil para um décimo do que era antes são triunfos sem aspectos negativos — exceto, talvez, nosso vertiginoso sucesso como espécie, cuja população saltou de 1 bilhão de pessoas em 1800 para 8 bilhões em 2025. A revolução industrial associada à revolução médica agora ameaça nossa própria existência.

Embora a internet tenha sido criada por britânicos e americanos e aperfeiçoada no Vale do Silício, onde os novos titãs digitais descobriram como torná-la lucrativa, foi o mundo fechado que logo se deu conta de seu potencial: os órgãos de segurança chineses foram os primeiros a explorar o poder da rede como forma de vigilância. Os russos concentraram-se em sua capacidade de amplificar e justificar o ódio, bem como difundir mentiras no mundo aberto. As autocracias não demoraram a entender que seus hackers podiam envenenar a delicada anatomia política das democracias utilizando suas próprias liberdades contra elas.

Bush empenhou-se em conhecer Putin. Em 16 de junho de 2001, numa reunião de cúpula na Eslovênia, o novo comandante-chefe da única superpotência encontrou-se com o novo potentado russo. "Olhei bem nos olhos dele", disse Bush, revelando a ingenuidade da supremacia americana. "E vi o quanto era direto e confiável — consegui ter uma boa ideia de sua alma." Lutando contra uma rebelião islâmica na Tchetchênia, Putin alertou Bush da ameaça jihadista ao próprio território americano por parte de uma nova força afegã, os talibãs. Os comunistas não haviam durado muito após a saída dos soviéticos do Afeganistão, mas uma violenta guerra civil havia trazido descrédito para os líderes militares. Em Kandahar, um grupo de *talibs* (estudantes da madraça) que haviam lutado como *mujahidin*, liderados pelo caolho Omar, um exímio atirador de RPG-7 que voltara a dar aulas, formaram uma milícia a fim de combater o crime e a corrupção.

Adotados e financiados pelo serviço de inteligência do Paquistão, o ISI, e apoiados pelos Haqqani, os talibãs logo passaram a dominar o país, e convidaram Osama bin Laden a voltar.

PRÍNCIPE DAS TORRES

"Esses extremistas são todos financiados pela Arábia Saudita", disse Putin, "e é apenas uma questão de tempo até que isso resulte numa catástrofe maior."

Bush ficou atônito. Já Condoleeza Rice, filha de um pastor de Birmingham, no Alabama, descendente de escravos, especialista em questões russas no Departamento de Estado, professora em Stanford e a primeira mulher negra a desempenhar a função de assessora de segurança nacional, ficou "estupefata com a veemência de Putin".[17] Eles concluíram que essa veemência estava ligada ao ressentimento dos russos com a derrota soviética no Afeganistão.

No entanto, Putin estava certo. Enquanto Bush planejava concorrer à presidência, outro herdeiro privilegiado preparava-se para a missão de sua vida. A Guerra do Iraque, promovida por Bush pai, com o apoio da Arábia Saudita, havia horrorizado Osama bin Laden. Ele solicitou uma audiência com o rei Fahd, mas acabou recebido pelo irmão deste, o príncipe herdeiro Sultan. Osama propôs que o país se livrasse das tropas americanas — ali estabelecidas desde a Guerra do Golfo — e que uma legião árabe de *mujahidin* defendesse Meca. Fahd confiava na família Bin Laden, mas descartou o fanatismo quixotesco de Osama e o mandou embora. Por sua vez, Osama desprezava os frouxos reis sauditas para os quais o pai trabalhara: o profeta havia banido os infiéis da Arábia, onde agora se concentravam as tropas americanas, enquanto Israel, aliado dos Estados Unidos, atacara o Líbano. Bin Laden, que recebia da família uma renda anual de 7 milhões de dólares, foi refinando tanto sua ideologia como sua organização, estabelecendo-se no Sudão e cuidando de sua empresa de engenharia ao mesmo tempo que consolidava uma rede de células terroristas, com arrecadadores de fundos, fabricantes de bombas, agentes clandestinos e a indispensável carne de canhão do terrorismo islâmico, os jovens — muitas vezes adolescentes — suicidas.

No início de 1998, quando seus planos amadureceram, ele solicitou, junto a um clérigo complacente, uma *fatwa* autorizando a morte de americanos e de seus aliados — civis e militares — e "a liberação da Mesquita de al-Aqsa [em Jerusalém] e da mesquita sagrada de Meca". Em agosto do mesmo ano, o grupo de Bin Laden matou centenas de pessoas em atentados suicidas com caminhões-bomba contra as embaixadas americanas na Tanzânia e no Quênia. Clinton ordenou ataques de mísseis contra Bin Laden no Sudão, obrigando as autoridades sudanesas a expulsar o terrorista.

Tendo perdido a ajuda financeira da família, Osama sobrevivia graças a contribuições de apoiadores sauditas quando recebeu o convite de Omar. Ele viajou então ao Afeganistão num avião particular com as esposas e três centenas de *mujahidin*. Com o apoio de Omar, que agora se intitulava Amir al-Mu'minin, e de Haqqani, o ministro da Justiça afegão, Bin Laden declarou guerra aos Estados Unidos e começou a treinar os voluntários da Al-Qaeda. Enquanto Clinton dava ordens sigilosas para que ele fosse capturado ou morto, Omar o ajudou a se estabelecer, o que lhe permitiu planejar algo que havia muito tempo ele desejava fazer: lançar um ataque contra arranha-céus americanos. Em 1999, um comparsa paquistanês de confiança propôs um espetacular atentado suicida usando aviões comerciais[18] contra as Torres Gêmeas, os prestigiosos prédios em Manhattan com os quais estava familiarizado, pois seu sobrinho tentara em vão atacá-los sete anos antes.

Os atentados suicidas com explosivos haviam sido adotados pelos Tigres Tâmeis[19] do Sri Lanka, sendo logo imitados pelos jihadistas. Bin Laden tinha plena consciência do impacto que um ataque em território americano teria: "destruir as torres nos Estados Unidos [os fariam sentir] na própria pele o que estamos sentindo". Embora uma investida de tropas especiais americanas contra os acampamentos da Al-Qaeda tivesse sido cancelada, Clinton ordenou ataques com mísseis — que por pouco não atingiram Bin Laden, já empenhado em escolher pessoalmente sua equipe suicida, concentrando-se numa célula de Hamburgo cujos membros falavam inglês; dezenove deles foram enviados aos Estados Unidos, onde se matricularam em escolas de aviação. "Fui responsável por encarregar dos atentados esses dezenove irmãos", vangloriou-se mais tarde Bin Laden. Dos dezenove, quinze eram sauditas. E a data da operação foi escolhida de modo a coincidir com a da derrota dos otomanos nos arredores de Viena em 1683.

Embora a CIA e o FBI soubessem que Bin Laden estava planejando um atentado em solo americano, e embora as duas agências tivessem coletado fragmentos de informação, incluindo a revelação bizarra de que havia pilotos árabes mais interessados em aprender o procedimento de decolagem do que o de pouso, elas se mostraram, com raras e excepcionais exceções, competitivas demais para compartilhar o que sabiam, e muito pouco imaginativas para entender a escala da ambição de Bin Laden.

Em 11 de setembro de 2001, três meses depois do alerta de Putin, o presidente George W. Bush estava ouvindo crianças recitarem um texto de alfabetização numa escola da Flórida quando foi interrompido pelo chefe de gabinete, que lhe sussurrou ao ouvido: "Um segundo avião chocou-se contra a segunda torre. Estamos sendo atacados".

No momento em que Bush chegava à escola, dezenove terroristas haviam assumido o controle de quatro aviões comerciais lotados de civis inocentes. Às

8h46, o primeiro avião, controlado por cinco terroristas, foi arremessado contra a Torre Norte do World Trade Center em Nova York, com 110 andares. Antes de entrar na sala de aula, Bush foi informado de que um avião pequeno havia acidentalmente se chocado contra a torre. Às 9h03, um segundo avião colidiu contra a Torre Sul. Com as pessoas aterrorizadas saltando dos andares mais altos, e o mundo todo acompanhando ao vivo pela TV, as torres desmoronaram — proporcionando em tempo real uma visão do apocalipse e do pandemônio. Às 9h37, um terceiro avião colidiu contra o prédio do Pentágono, em Washington, DC. Todos os aviões foram palcos de heroísmo e desespero ainda desconhecidos. Num quarto avião, destinado a se estatelar contra a Casa Branca ou o Capitólio, os corajosos passageiros, depois de se despedirem de seus entes queridos em mensagens desoladoras, gritaram: "Agora!", e investiram contra os terroristas; na confusão que se seguiu, acabaram fazendo o avião cair numa área rural da Pensilvânia, às 10h03. No total, 2977 pessoas foram mortas, além de todos os terroristas. Bin Laden havia preparado a armadilha, e os dirigentes americanos logo passaram a considerar se não seria o caso de, em represália, golpear não só Bin Laden e o Talibã, mas também Saddam Hussein. Na mesma tarde, o secretário de Defesa, Donald Rumsfeld, se perguntava se as informações eram "boas o suficiente para atacarmos SH ao mesmo tempo. Não apenas OBL [...] é preciso agir com rapidez [...], com força maciça [...], devastar tudo, tenha ou não relação [com os ataques]".

Em meio ao pânico e ao medo que tomou conta do país, Bush, então com 55 anos, já imbuído de uma nova missão, voltou-se para o experiente vice-presidente Dick Cheney, oriundo do Meio-Oeste e formado em Yale, que, servindo como secretário de Defesa de Bush pai, havia supervisionado a Operação Tempestade no Deserto antes de acumular uma fortuna como presidente da Halliburton, uma empresa de serviços no setor petrolífero. "Não duvidem por um segundo", Bush anunciou aos americanos com um alto-falante no local das Torres Gêmeas, agora tomado pelo cheiro de queimado e da morte. "A mesma destruição vai se abater sobre aqueles que derrubaram esses prédios." Em seguida, ele intimou o Talibã a "entregar os terroristas ou [...] ter o mesmo destino deles". Cheney, o mais poderoso vice-presidente da história dos Estados Unidos, recorreu a novos poderes internos de modo a facilitar a captura dos terroristas, e deu sinal verde para que a CIA os perseguisse por todo o mundo e impedisse que cometessem mais atrocidades. Enquanto ele aprovava a "rendição" (captura), os "interrogatórios avançados" (tortura) e a detenção de suspeitos em "buracos negros" secretos em países aliados, Bush iniciava uma Guerra contra o Terror em âmbito mundial que incluía uma campanha global antiterrorismo e duas guerras terrestres.

Em outubro, com o auxílio de chefes guerreiros do norte, muitos dos quais tadjiques, hazaras e uzbeques, as tropas americanas invadiram o Afeganistão. Unidades especiais de cavalaria, como o destacamento Alpha 574, avançaram então para o sul, realizando os derradeiros ataques desse tipo na história. A rápida conquista do país e a instauração de um novo presidente, Hamid Karzai, um pachto cujo pai fora morto a tiros pelo Talibã, estimulou uma confiança exagerada na supremacia americana que clamava por uma missão mais ampla. O emir Omar conseguiu escapar para o Paquistão, assim como Bin Laden, ambos ajudados pelos terroristas da dinastia Haqqani, liderados pelo filho do fundador, Sirajuddin.

Embora não houvesse nenhuma conexão entre Saddam Hussein e a Al-Qaeda, Bush alertou os americanos em janeiro de 2002 a respeito de um Eixo do Mal — uma expressão alusiva ao Eixo montado por Hitler durante a Segunda Guerra Mundial — abrangendo a Coreia do Norte, o Iraque e o Irã, ao qual não se poderia permitir "que nos ameace com as armas mais destrutivas do mundo". Cheney e Rumsfeld propuseram uma escalada ambiciosa: não apenas concluir a destruição de um inimigo, Saddam Hussein, mas impor a democracia americana no Oriente Médio.

Saddam havia massacrado rebeldes curdos e árabes a fim de restaurar seu poder após a Operação Tempestade no Deserto, mas, em agosto de 1995, dois de seus genros — que também eram primos, os irmãos Hussein e Saddam Kamel, casados com suas filhas Raghad e Rana — repentinamente fugiram de Bagdá e, cruzando num comboio o deserto, chegaram à Jordânia, que lhes concedeu asilo. O afastamento das filhas era humilhante, mas os irmãos Kamel haviam se chocado com o demente Uday, que agora se intitulava Abu Sarhan ("filho do lobo") e voltara a aterrorizar Bagdá, violentando meninas e espancando homens; um grupo de turistas franceses foi obrigado a manter relações sexuais uns com os outros sob a mira de uma arma. Todos se lembrariam não de seu comportamento maníaco, mas de sua "estranha quietude". Pouco antes, Uday havia participado de uma festa da família, onde, desentendendo-se com os cunhados, sacara uma arma, acidentalmente disparando e atingindo a perna de um tio.

Hussein Kamel ajudara Saddam a obter armamentos ilegais, mas destruíra as armas depois de 1991, e agora, ao ser interrogado pela CIA, confirmou tal destruição. No entanto, Saddam entrou em contato com os irmãos por intermédio das filhas e prometeu que os protegeria caso retornassem. Em fevereiro de 1996, todos retornaram a Bagdá, onde, depois de forçados a se divorciar, foram atacados em casa por membros do clã e mortos após um tiroteio de doze horas. As irmãs culparam Uday pela matança. Logo a seguir, o carro deste foi alvo de uma emboscada, da qual Uday saiu ferido. Responsabilizando as irmãs, Uday mandou prendê-las, alegando que haviam planejado sua morte. No final, Saddam conseguiu restaurar um pouco de ordem em meio à prole homicida.

Saddam não acreditava que os americanos voltariam a atacá-lo. Tal como a dinastia Kim na Coreia do Norte, sentia-se vulnerável sem a posse de armas de destruição em massa. Um radical de longa data, ele abominava a supervisão do Ocidente, que, temia, acabaria incentivando o Irã. Saddam pretendia destruir os armamentos, de modo a não dar pretextos para a intervenção americana, ao mesmo tempo que se recusava a cooperar a fim de manter a pressão contra o Irã. Foi o blefe mais catastrófico da história.

Animado com a conquista cirúrgica do Afeganistão pelos Estados Unidos — a superpotência única em seu ápice —, Bush instruiu a CIA a encontrar indícios da presença de armas de destruição em massa no Iraque. Informações precárias e enganosas logo foram moldadas para se adequar a essa política, agora apoiada por Tony Blair, o talentoso primeiro-ministro britânico. Um atraente e articulado advogado formado em Oxford, ele disciplinou o Partido Trabalhista, recorrendo a seu carisma para vencer três eleições com uma posição pessoal centrista. Blair e Bush tinham pouco em comum, mas partilhavam a fé cristã e uma concepção missionária. Atraído pelos Estados Unidos, a despeito da oposição crescente e da suspeita sobre as informações duvidosas, Blair comprometeu seu país com a guerra.

Em 20 de março de 2003, Bush ordenou que 130 mil soldados americanos e 45 mil britânicos invadissem o Iraque, derrotando o adversário com uma assombrosa demonstração de alta tecnologia militar e conquistando Bagdá três semanas depois. A única superpotência levara apenas 26 dias para conquistar o país. Todavia, a ocupação americana deu-se de modo tímido e desastrado. Todos os baathistas — que constituíam a maior parte do exército e dos funcionários públicos — foram demitidos. A lista dos mais procurados foi frivolamente divulgada sob a forma de cartas de baralho: Saddam, o ás de copas, havia desaparecido com os filhos. Três meses depois, Uday e Qusay — bem como o filho de catorze anos deste, Mustafa — foram traídos por seu hospedeiro em Mossul em troca de 30 milhões de dólares, e mortos após um tiroteio de três horas com os americanos. Em maio, Bush, usando uma jaqueta de aviador a bordo do USS *Abraham Lincoln*, anunciou, diante de uma faixa com os dizeres "Missão Cumprida", o "encerramento das operações de combate relevantes" — o que, na verdade, marcou o início de uma guerrilha por parte de um conjunto variado de terroristas jihadistas (liderados pela Al-Qaeda), milícias sunitas e xiitas (estas, apoiadas pelo Irã) e baathistas afastados. Em dezembro, numa remota propriedade rural, Saddam, desgrenhado e sujo, foi encontrado escondido num buraco, mas a essa altura isso fazia pouca diferença. Usando recursos controlados pela esposa e a filha de Saddam, os insurgentes haviam convertido o triunfo americano num pandemônio distópico de atentados a bomba, assassinatos e combates urbanos. Se antes da invasão americana não havia vínculos entre os iraquianos e a Al-Qaeda, depois dela seus terroristas estavam por trás de uma onda de matanças sectárias.

No amanhecer do dia 30 de dezembro de 1996, uma encurvada e envelhecida figura, vestindo um terno escuro, foi conduzida a um patíbulo entre dois verdugos com o rosto oculto por máscaras de esqui, diante de um público de inimigos xiitas, incluindo vários ministros do novo governo iraquiano, alguns dos quais filmaram a execução com celulares. Quando a corda se fechou em torno do pescoço do homem e ele recitou a *shahada*, vozes gritaram os nomes dos xiitas que ele havia mandado matar. "É assim que demonstram que são homens?", rosnou Saddam, então com 69 anos de idade.

"Vá para o inferno!", gritou o público.

"O inferno que é o Iraque?", ele ainda exclamou quando o alçapão se abriu.

"O tirano", entoaram todos, "está morto."[20]

Bush afinal adotou as novas táticas de contrainsurgência no Iraque, concebidas pelo talentoso general David Petraeus, aumentando a quantidade de tropas americanas no país e forjando alianças entre os sunitas, a fim de conter o caos — a um custo de 4 mil americanos e 500 mil iraquianos mortos. Nenhuma arma de destruição em massa foi encontrada. E o novo Iraque, marcado pelo sectarismo e a corrupção, continuou longe de ser uma democracia liberal.

Movendo-se entre esconderijos no Afeganistão e no Paquistão, perseguido por tropas especiais americanas, Osama bin Laden pôde refletir sobre o êxito de sua iniciativa para sangrar e degradar o poderio americano. Porém ele não havia previsto que o principal beneficiário de suas ações não seriam os jihadistas sunitas, como ele próprio, mas os xiitas apoiados pelo Irã.

"Então, como está se sentindo?", Bush perguntou a Barack Obama.

"É muito intenso", replicou Obama. "Com certeza você ainda se lembra."

"Como se fosse ontem", disse Bush. "É uma jornada e tanto a que você está começando…"

No dia 20 de janeiro de 2009, Bush e sua mulher, Laura, receberam o novo presidente, Obama, e a mulher dele, Michelle, na Casa Branca. O oposto de Bush, Obama era uma figura excepcionalmente carismática, que atraía diferentes segmentos da sociedade americana. Ele era não só o primeiro comandante-chefe negro do país, mas o filho de uma antropóloga branca e livre-pensadora e de um economista queniano dissidente que acabara no Havaí e em Harvard graças a uma bolsa de estudos. Era também o presidente mais literário e intelectual desde Lincoln. Um professor de direito dotado de sangue-frio, apelidado de Obama sem Drama, ele fora eleito para tranquilizar os americanos depois do Iraque. Entretanto, sua formação não era plenamente americana — estava mais próxima da África, e ao mesmo tempo distante da escravidão experimentada pela maioria dos afro-americanos. Ele se descreveu como "um ornitorrinco ou um animal imaginário", brincando que "tenho parentes que se parecem com [o comediante negro] Bernie Mac, e outros que lembram Margaret Thatcher".

Obama era obcecado pelo ramo queniano da família: "Só me lembro de um mês com meu pai em toda a minha vida". Em 1988, aos 27 anos, antes de começar o curso de direito em Harvard, ele foi ao Quênia fazer pesquisas sobre a história da família para um livro que estava escrevendo — "fazendo as pazes", escreveu a esposa Michelle, "com seu pai fantasma".[21]

Depois de Harvard, ele se mudou para Chicago e foi trabalhar num importante escritório de advocacia — "Como eu era sério naquela época! Como era empenhado e desprovido de humor!", escreveu —, e ali conheceu uma brilhante ex-aluna de Princeton e Harvard, descendente de escravos da Carolina do Sul, chamada Michelle Robinson. Filha de um pai carismático que não se deixou abater pela esclerose múltipla e morreu "tendo nos proporcionado absolutamente tudo", e vindo de uma família repleta de mulheres fortes, Michelle era ambiciosa: "Avaliei os objetivos, analisei os resultados, contei as vitórias [...], a vida de uma menina que não consegue deixar de se perguntar se é suficientemente boa". Ela nunca se esqueceu de "um antigo ditado que circulava entre os negros: você tem de se esforçar o dobro para conseguir metade".

Os dois únicos afro-americanos no escritório de advocacia, eles começaram a namorar, constatando no espírito de aventura dele e na busca de estabilidade dela que "os opostos se atraíam". Ela o considerava raro como um "unicórnio [...] composto de uma curiosa mescla" — "instigante, pouco convencional e estranhamente elegante". Ele, por sua vez, a viu como uma mulher "original [...] alta, bela, divertida [...] e extremamente inteligente. Fiquei apaixonado". Michelle estava convencida de que "o caminho para uma boa vida era estreito e difícil. E que a família era tudo". Já ele tinha um traço característico dos políticos: "Não era acometido por dúvidas".

Obama começou a realizar trabalhos comunitários e dava aulas de direito em Chicago até que, aos 35 anos, foi eleito para o Senado estadual de Illinois em novembro de 1996. Michelle notou o efeito que ele exercia sobre os brancos: "A julgar pela minha experiência, basta um negro um pouco mais inteligente vestir um terno que os brancos costumam ficar loucos". Quando Obama, depois de chegar ao Senado federal em 2004, concorreu à presidência quatro anos depois, Michelle "evitava conversar comigo sobre a semelhança entre uma campanha e uma corrida de cavalos", até que, com a expressão "pensativa", ela perguntou certa noite: "Você vai ganhar, não vai?".

Obama estava familiarizado tanto com o lado escuro quanto com o lado luminoso da sociedade americana. Os Estados Unidos eram a "única grande potência formada por gente vinda de todos os cantos do planeta", mas o desafio era "ver se conseguimos fazer o que nenhuma outra nação já fez. Ou seja, ver se conseguimos chegar de fato à altura do que acreditamos". Ele era um otimista. "Talvez eu possa contribuir com algo de bom", disse a Michelle. Os Estados Unidos eram o "lugar em que tudo é possível". Quando ele conquistou a presidência, "senti", escreveu Michelle, "como se nossa família tivesse sido arremessada pela boca de um canhão a um estranho universo subaquático".

Embora tivesse feito campanha para a Casa Branca com base no lema "É claro que podemos", Obama, ao assumir o poder, percebeu que, tanto no âmbito interno como no externo, as coisas se revelavam bem menos possíveis do que imaginara.

Todavia, "quanto maior a pressão a que era submetido", observou Michelle, "mais calmo ele parecia ficar". E isto acabou sendo conveniente, pois ele tomou posse bem no meio de uma crise bancária mundial, causada por investimentos arriscados no setor imobiliário dos Estados Unidos. Grandes instituições financeiras desmoronaram. Instigado e apoiado por Gordon Brown, o ascético e analítico primeiro-ministro britânico, Obama gastou 626 bilhões de dólares para salvar a economia e alguns bancos grandes demais para falir. Por outro lado, a eleição não acabou com o violento racismo da sociedade americana: em 26 de fevereiro de 2012, Trayvon Martin, de dezessete anos, foi morto a tiros na Flórida por um miliciano; em 17 de julho de 2014, Eric Garner, um afável horticultor de 42 anos, foi sufocado até a morte por um policial de Staten Island. Uma testemunha, ao filmar essa morte com o celular, desencadeou um novo movimento: o Black Lives Matter.

E quanto à "minha política externa?", disse ele. "Sobretudo não cometer erros estúpidos." Obama se empenhou com afinco para pôr fim às guerras subsequentes ao Onze de Setembro e procurou reatar o entendimento dos Estados Unidos com a Rússia. A catástrofe da invasão do Iraque foi uma oportunidade para Putin, que odiava Obama, a quem considerava a personificação da impostura americana.

Putin esperou por uma oportunidade para reafirmar o poder russo em sua esfera de influência, agarrando-se ao "mito da promessa quebrada": Bush e Clinton haviam se comprometido a não ampliar a Otan para os países do Leste Europeu, e agora a Ucrânia estava se mobilizando para entrar na organização. "Nem um metro a leste, foi o que nos disseram na década de 1990", afirmou Putin em dezembro de 2021. "Eles nos enganaram, simplesmente nos passaram a perna."

Era uma questão de tempo até que Belarus, governado por um tirano porcino, antigo diretor de uma fazenda de criação de porcos, retornasse ao aprisco de Moscou, mas a enorme e orgulhosa Ucrânia, dividida, mal conduzida e afligida pela corrupção, ainda tinha um perigoso potencial enquanto democracia, um potencial capaz de solapar a autocracia de Putin e sua concepção milenarista e imperial do Mundo Russo. Em 2004, quando um candidato pró-ocidental, Viktor Yushchenko, empenhado em promover a adesão da Ucrânia à Otan e à União Europeia, estava prestes a vencer as eleições presidenciais, Putin ordenou que agentes da FSB envenenassem o candidato, que mal conseguiu sobreviver com o rosto coberto de cicatrizes. Em seguida, uma tentativa de manipular a eleição em favor do candidato de Putin (o corrupto e tosco Víktor Ianukóvitch) foi desbaratada por 200 mil moradores de Kiev, que ocuparam a praça central da capital na chamada Revolução Laranja. Para Putin, o Estado russo era inconcebível sem a Ucrânia. "O que é a Ucrânia?", ele indagou. "Ela existe como país?" E acrescentou: "Seja lá o que for, a Ucrânia é uma dádiva para nós". Na concepção de Putin, Belarus e Ucrânia não passavam de pequenas Rússias, sem direito a uma existência independente.[22]

O presidente russo ficou à espreita e à espera. E a primeira oportunidade surgiu na pequena mas intransigente Geórgia. Putin desprezava Shevardnadze, que contribuíra para o fim do Império Soviético. Em 2003, quando a Raposa Cinzenta, então com 75 anos, viu-se diante de uma revolução, liderada por Mikheil Saakashvili, um jovem espalhafatoso formado nos Estados Unidos, Putin recusou-se a apoiar o velho líder, levando Shevardnadze a se retirar da política.

Putin acompanhou com desprezo os posicionamentos de Saakashvili. Quando este, incentivado pelos americanos, desafiou os vassalos russos na Ossétia, Putin rosnou: "Tragam-me a cabeça de Saakashvili", e invadiu a Geórgia, derrotando seu exército.[23] Os Estados Unidos protestaram, mas nada fizeram.

Obama foi até a Rússia conversar com Putin. Na mansão deste em Novo-Ogarevo, Obama pôde observar Putin de perto: "baixo e compacto — o corpo de um lutador —, com cabelo fino e louro, nariz proeminente, olhos pálidos e atentos", exalando "um desinteresse forçado [...] sugestivo de alguém habituado ao exercício do poder". Para Obama, ele lembrava um "chefe sindical [de Chicago], mas com armas nucleares".

Ironicamente, a concepção que Putin tinha dos presidentes americanos era quase a mesma: ele aconselhou seus comparsas a assistirem a uma série da Netflix, *House of Cards*, para entender a política americana. "Não tenha nenhuma ilusão", diria Putin mais tarde a Joe Biden, o vice-presidente de Obama. "Não somos iguais a vocês, mesmo que parecidos [...], no fundo temos valores muito diferentes." Obama ouviu Putin acusar os Estados Unidos de serem "arrogantes, desdenhosos e incapazes de tratar a Rússia como um parceiro do mesmo nível". O empenho de Putin era justamente no sentido de retomar esse equilíbrio: em 2010, seu vassalo Ianukóvitch venceu as eleições na Ucrânia, e, em seguida, ele viu surgir uma nova oportunidade, agora no mundo árabe.

BASHAR, A BAIONETA E A MONA LISA INDIANA

Em 6 de março de 2011, na cidadezinha de Deraa, no sul da Síria, quinze estudantes zombaram do jovem ditador Bashar al-Assad em grafites nos muros da escola. Eles haviam se inspirado nas manifestações contra ditadores nos países árabes — primeiro na Tunísia, depois no Egito, na Líbia e no Iêmen —, que acompanhavam por meio de mensagens cifradas no WhatsApp. Em Deraa, o odiado governador, um primo de Assad, mandou prender e torturar os estudantes. Quando os parentes destes protestaram, foram recebidos a bala pelo exército. Logo a cidade inteira se rebelou, dando início a um movimento que se espalhou pelo país.

No ano de 2000, quando morreu, Hafez al-Assad foi sucedido pelo filho, o oftalmologista Bashar, então com 34 anos e casado com a filha de um cirurgião sírio-britânico. Asma era uma recruta improvável para a família de estilo mafioso — aluna de escolas particulares (e conhecida então como Emma), ela se formara em literatura francesa. Anisa, a mãe de Bashar, não aprovou o casamento, preferindo ver o filho casado com uma prima. Mas o casal estava apaixonado. Asma deu a Bashar um apelido: Batta, "Pato". Quando ela chegou, os Assad a isolaram.

Asma e Bashar prometiam fazer reformas e acenavam para o Ocidente. A revista *Vogue* exaltou Bashar como sendo "irrefreavelmente democrático", e Asma como a "rosa do deserto [...] glamorosa, jovem e muito chique — a mais interessante e atraente das primeiras-damas [...], de uma beleza esguia e alongada [...], instigante, maquinadora e divertida". A *Vogue* estava certa quanto ao clima de maquinação: em 2006, quando o bilionário libanês Rafic Hariri, antigo e futuro primeiro-ministro do Líbano, contestou o poder sírio, Bashar aprovou seu assassinato num atentado a bomba, enfurecendo de tal modo os libaneses que se viu obrigado a retirar as tropas do país vizinho. Vislumbrando "uma grande conspiração", o dr. Assad enviou tanques e tropas contra seus próprios estudantes, adolescentes e islamistas. "Meu pai estava certo", comentou. "Milhares de mortes em Hama nos deram três décadas de estabilidade."

Em 17 de fevereiro de 2011, as cidades líbias se levantaram contra o ditador neroniano Qaddafi, que, apoiado pelo filho Saif al-Islam, ameaçou os rebeldes, "essas baratas", afirmando que seriam "caçados rua após rua, casa após casa, até que o país seja expurgado dessa sujeira e dessa escória". Obama estava determinado a evitar qualquer tipo de intervenção americana. No Egito, Mubarak, no poder desde o assassinato de Sadat, enfrentava uma revolução popular e pediu apoio a Obama. Quando este se recusou, Mubarak pediu demissão. Na Líbia, embora perdendo o controle de metade do país, Qaddafi prometeu que "tudo vai ser incinerado". David Cameron, o jovem primeiro-ministro britânico, considerava Qaddafi um "cachorro louco, uma figura horrenda que vendera Semtex para o IRA" e "ordenara a derrubada do avião da PanAm 103 sobre Lockerbie". Ele convocou Nicolas Sarkozy, o diminuto e maníaco presidente francês, para discutirem uma intervenção. Obama mostrou-se, na lembrança de Cameron, "pouco animado". Agora, porém, as forças de Qaddafi já se aproximavam da rebelde Bengazi.

Em 28 de fevereiro, Cameron sugeriu a imposição de uma zona de exclusão aérea; a Otan concordou em intervir para salvar vidas, e Obama comprometeu-se a garantir a cobertura aérea. Qaddafi ameaçou matar Cameron e sua família. A partir do dia 20 de março, aviões da Otan sob o comando da Grã-Bretanha e da França bombardearam as forças líbias durante meses, até o colapso do regime. Em 15 de setembro, Cameron e Sarkozy visitaram Trípoli: "Prometemos que iríamos juntos [...]. Abrimos caminho por entre a multidão em júbilo até uma plataforma na praça da Liberdade, onde discursamos enquanto 10 mil pessoas entoavam *Cam-er-on* e *Sar-ko-zy*! Ainda não tínhamos a menor ideia de onde estava Qaddafi".

Putin havia aprovado a campanha de bombardeios da Otan, com a ressalva de que o próprio Qaddafi não fosse alvejado. Os ataques aéreos anglo-franceses chegaram a metralhar o comboio do coronel. "Se eles dizem que não o querem morto", escarneceu Putin, "então por que o estão bombardeando? Para assustar os ratos?" Em 20 de outubro, nas proximidades de Sirte, a Otan o encontrou. Machucado e escondido numa tubulação de esgoto, Qaddafi foi capturado, ferido no estômago e, em seguida, enquanto era filmado com um celular, empalado com uma baioneta e por fim morto a tiros. Assistindo ao vídeo da tortura e morte do tirano, Putin viu a si mesmo: "Você pode acabar perdendo a Rússia. Qaddafi nunca imaginou que iria perder a Líbia, mas os americanos o enganaram". Então era essa a tal liberdade americana: "O mundo inteiro o viu sendo morto, todo ensanguentado. Isso é democracia?". Ele não iria permitir que isso voltasse a ocorrer: na Síria, Putin decidiu apoiar Assad até o fim.

Enquanto a revolução chegava aos subúrbios de Damasco, Assad — apoiado pelo irmão Maher, o clã alauita e os sunitas laicos — passou a tratar seu próprio país como território inimigo: "Ou Assad ou vamos queimar a Síria", era o seu lema. Ele libertou os jihadistas islâmicos da prisão a fim de incriminar os rebeldes; sua polícia secreta torturou e massacrou incontáveis pessoas; além disso, ele ordenou bombardeios e ataques químicos irrestritos. Enquanto o caos tomava conta do país, Assad flertava com meninas embasbacadas que o visitavam no gabinete, e Asma gastava 250 mil dólares comprando mobília pela internet. Enquanto Maher comandava a 4ª Divisão Blindada contra a cidade de Homs, Asma pesquisava sapatos Christian Louboutin. "Algo chamou sua atenção?", perguntou por e-mail a uma amiga. Quando a amiga, uma princesa qatari, lhe disse que ela estava em estado de negação, Asma replicou: "A vida não é justa, minha cara, mas no fim há sempre uma realidade que temos de enfrentar".

"Se formos fortes juntos, vamos superar isso juntos também. Eu te amo", ela escreveu a seu Pato, mesmo que provavelmente já soubesse das infidelidades de Bashar, que respondeu com um coraçãozinho amoroso e versos de uma canção country: "I've made a mess of me/ The person that I've been lately ain't who

I wanna be". Em 2013, voltando de uma festa no fim do Ramadã, Assad e Asma foram atacados por rebeldes. Ambos sobreviveram, e agora Maher recebeu carta branca para esmagar os insurgentes; enquanto isso, a irmã deles, Bushra, dava conselhos, e o marido dela, Assef Shawkat, um dos chefes dos serviços de inteligência, desentendeu-se com Maher, que o feriu com um tiro. Mais tarde, Shawkat seria morto num atentado a bomba realizado pelos rebeldes. Logo em seguida, Bushra al-Assad, agora viúva, mudou-se para Dubai. Asma, no entanto, permaneceu na Síria, e, com a morte da matriarca Anisa, tornou-se oficialmente a primeira-dama. "O presidente é o presidente de toda a Síria", ela anunciou. "E conta com todo o apoio da primeira-dama." A família manteve-se firme, enquanto a maior dinastia democrática do mundo começava a desmoronar.

"Ela era uma mulher impressionante na casa dos sessenta." Assim Obama descreveu Sonia Gandhi em novembro de 2010, "vestida com um sári tradicional, olhar penetrante e uma presença contida e majestosa". Sonia havia se recuperado do assassinato do marido Rajiv e assumira a liderança do Partido do Congresso. Obama ficou impressionado com sua "inteligência astuta e vigorosa" a serviço da "preservação [...] da dinastia familiar". Após vencer duas eleições, Sonia decidira não ocupar ela mesma o cargo de primeira-ministra, nomeando em seu lugar Manmohan Singh, ex-ministro das Finanças e o primeiro sikh a liderar a Índia.

Apelidada de Mona Lisa, Sonia dominou os bastidores durante uma década, mas Obama ficou bem menos impressionado com seu filho e herdeiro, Rahul, e chegou a se perguntar se ali terminava a dinastia: "Seria o bastão passado com êxito?".

Quatro anos depois, Rahul foi derrotado por um nacionalista hindu do Gujarate, Narendra Modi, e por seu partido Bharatiya Janata (BJP). Numa Índia desde muito governada por uma dinastia, Modi representava os indianos que haviam chegado à classe média por esforço próprio: ele costumava dizer que começara vendendo chá na estação ferroviária de Vadnagar. Quando menino, juntara-se à organização paramilitar RSS, como adepto da Hindutva. Inscrevendo-se na ala jovem com apenas oito anos, tornara-se um *pracharak* — organizador — em tempo integral, tão dedicado que, embora aceitando um casamento arranjado quando jovem, nunca vivera com a esposa, pois a política era sua única paixão. Enquanto isso, os Nehru declinavam por conta de décadas de corrupção, privilégios e incompetência para corrigir as desigualdades sociais.

A ascensão do BJP foi acelerada por uma campanha para demolir a Mesquita de Babri em Ayodhya, supostamente erguida pelo primeiro imperador timúrida sobre um santuário hindu tido como o local de nascimento de Rama. A santidade é sempre infecciosa: quanto mais um local é sagrado e abençoado para uma seita, mais ainda é para sua rival. Em 1992, uma campanha nacional mobilizara uma multidão hindu para atacar e demolir a mesquita, desencadeando tumultos que provocaram a morte de 2 mil pessoas.

Em 1998, o BJP conseguiu formar um governo de coalizão. Em fevereiro de 2002, no Gujarate, onde Modi era o principal ministro, eleito com um programa de promoção da Hindutva, um trem transportando peregrinos hindus até Ayodhya pegou fogo — provavelmente ateado por uma turba muçulmana. Modi declarou que se tratava de um ataque terrorista e pouco fez para dispersar a tensão. Nos dias seguintes, turbas hindus mataram cerca de 2 mil muçulmanos, alguns dos quais queimados vivos, e violentaram e mutilaram mulheres sob o olhar complacente dos policiais. Prometendo reformas e a liberação dos mercados, Modi venceu a primeira de duas eleições gerais, mas o estilo autocrático, o preconceito contra os muçulmanos em sua Lei de Cidadania e as reformas econômicas atrapalhadas revelaram que ele era tão descuidado quanto os Nehru, só que menos tolerante em relação às minorias.

Às duas da tarde do dia 2 de maio de 2011, enquanto a Primavera Árabe ganhava impulso, a calma de um velho casarão murado no nordeste do Paquistão, não muito longe da capital Islamabad, foi rompida pelo ruído distante de helicópteros.

ALI ONDE ESPREITAM LEÕES E GUEPARDOS

Dois helicópteros americanos Blackhawk que transportavam, nas palavras de Obama, "23 membros de uma equipe Seal, um tradutor paquistanês-americano da CIA e um cão militar chamado Cairo" participavam da Operação Lança de Netuno. Obama estava reunido com assessores na Sala de Crise da Casa Branca enquanto os helicópteros sobrevoavam o Paquistão em baixa altitude. Ao se aproximarem do casarão, um dos aparelhos caiu.

Essa foi uma das decisões mais difíceis tomadas por Obama. A CIA o informara de que, numa misteriosa casa fortificada, associada a Osama bin Laden por dois de seus mensageiros, um homem alto tinha sido visto passeando num pequeno jardim. "Nós o chamamos de Caminhante", disse o oficial encarregado. "E achamos que pode ser Bin Laden." Obama consultou seus pares: o vice-presidente Biden "colocou-se contra a incursão, dadas as enormes consequências de um fracasso". No entanto, Obama aprovou a missão, que recebeu o codinome pouco apropriado de Gerônimo.

Em casa, Michelle sofria com o estresse da política. "Notei certa tensão nela, algo sutil, mas constante", relembrou Obama, "como o débil zumbido de uma máquina invisível." Ele via que "parte dela estava sempre alerta, aguardando e acompanhando a volta seguinte da roda, preparando-se para uma calamidade". Às vezes, "os leões e os guepardos começavam a espreitar", escreveu Michelle. "Quando se é casada com o presidente, uma mulher logo se dá conta do caos que é o mundo."

Ambos percebiam a chegada da escuridão, de uma reação contra os valores liberais — e estavam certos. Em 2010, um empresário do setor imobiliário — um sujeito alto e de cintura larga, com pele de tom acobreado e cabelo amarelo-palha penteado de modo a esconder a calvície — começou a entreter a ideia de se candidatar à presidência contra Obama. Então com 64 anos, Donald Trump era a personificação da ilusão americana — neto de um imigrante bávaro dono de um bordel durante a corrida do ouro e filho de um proprietário de cortiços no Queens do pós-guerra. Com uma herança de 1 bilhão de dólares, Trump tornou-se dono de hotéis de luxo em Manhattan e cassinos em Atlantic City, bancado por títulos podres, constantemente refinanciado e à beira da falência, sem pagar quase nada de impostos em empreendimentos que só davam prejuízo. Na década de 1980, ele havia promovido o mito de sua habilidade para negociar graças a um livro de sucesso, *A arte da negociação*, que em 2004 lhe abriu as portas para se tornar apresentador de um reality show na tv chamado *O Aprendiz*. Essa notoriedade permitiu que revigorasse sua marca pessoal.

Casado sucessivamente com três mulheres glamorosas — uma esquiadora tcheca, uma modelo americana e uma modelo eslovena —, patriarca de uma dinastia empresarial, amante de uma profusão de coelhinhas da *Playboy* e atrizes pornôs, esse sujeito bombástico movido por um complexo de inferioridade tinha o hábito de adotar uma voz falsa e, alegando ser seu próprio relações-públicas, ligar para os jornais a fim de informar que Donald estava tendo casos com supermodelos e estrelas pop. Enquanto mantinha um caso com aquela que se tornaria sua segunda esposa, ele a citara elogiando suas proezas sexuais, proporcionando ao *New York Post* uma de suas manchetes mais memoráveis: "O MELHOR SEXO QUE JÁ TIVE". Trump não passava de mais um mascate de feira de diversões, para quem a verdade importava menos do que o espetáculo, e a competência ou o conhecimento eram desprezíveis. No entanto, ele também tinha um dom de expressar o que milhões de pessoas estavam pensando. Como um "matador", jamais um "perdedor", havia muito cobiçava o poder: em 1987, publicara anúncios oferecendo seus serviços para negociar a limitação de armas com Gorbatchóv. Mergulhado nos negócios escusos do setor imobiliário de Nova York, com indícios de pagamentos à máfia, desde muito alvo de zombaria da alta sociedade nova-iorquina, ele havia construído um tabuleiro de Banco Imobiliário com edifícios dourados, conseguindo muito mais do que a maioria dos políticos antes de chegar ao poder.

Em março de 2011, para incredulidade de Obama, Trump disseminou uma teoria da conspiração racista segundo a qual o presidente não teria nascido nos Estados Unidos. "Quando jovem, ninguém o conhecia", disse Trump. "Quero que ele mostre sua certidão de nascimento." Incomodado e atônito, Obama zombou do pedido, mas percebeu que Trump "era um espetáculo, e, nos Estados

Unidos de 2011, isto era uma espécie de poder [...]. Em vez de ser condenado pelas conspirações que fazia circular, ele crescia mais do que nunca". Michelle sentia que "a coisa toda era demente e tacanha [...], mas também perigosa, visando deliberadamente incentivar radicais e malucos". Àquela altura, porém, Trump ainda parecia ser apenas um apresentador de reality show que não constituía uma verdadeira ameaça.

Agora, na Sala de Crise da Casa Branca, em maio de 2011, enquanto observava a imagem granulada de um helicóptero fazendo um pouso de emergência no Paquistão, Obama temeu pelo pior, mas o piloto conseguiu pousar: "Em seguida, vi [...] figuras granuladas no chão [...] entrando na casa principal", os comandos avançando pelos três andares da casa, passando por grupos de crianças, fuzilando três homens armados que tentaram reagir, uma mulher que acabou no meio do fogo cruzado, até chegarem ao último andar. Então foram ouvidos disparos. Mas quem era Gerônimo?

A EXECUÇÃO DE GERÔNIMO

No andar mais alto do casarão, os comandos encontraram Osama bin Laden, "o homem responsável pela morte de milhares de pessoas e que inaugurara um período tumultuado da história mundial". Eles o fuzilaram na testa e no peito. Na Sala de Crise, "ouviram-se gritos sufocados". Obama não desgrudava os olhos do monitor. Então, de repente, "ouvimos as palavras [...], as palavras que estávamos esperando".

"Gerônimo identificado [...]. Gerônimo morto em confronto."

"Pegamos ele", comentou Obama em voz baixa. Logo chegou uma foto do terrorista morto: "Olhei de relance [...] era ele mesmo".

O corpo de Bin Laden foi levado pelos Seals e, mais tarde, jogado no mar da Arábia. Ao anunciar a vitória, Obama a vinculou à sua própria missão. "Os americanos podem fazer tudo o que se propõem — esta é a marca da nossa história", disse. "E podemos fazer essas coisas porque somos quem somos."

Gerônimo havia sido um risco. As novas tecnologias ofereciam maneiras mais fáceis de travar guerras cirúrgicas. Em 30 de setembro de 2011, Obama aprovou a morte do terrorista Anwar al-Awlaki, no Iêmen, por um drone. Este não era nem de longe o primeiro desse tipo de assassinatos realizados por "veículos aéreos não tripulados", dispositivos que anunciavam uma nova era dos combates armados.[24]

Trump não concorreu à presidência em 2012. Enquanto Obama conquistava o segundo mandato, uma intriga em Chongqing decidia o enfrentamento de dois candidatos à liderança chinesa. Em novembro de 2011, o cadáver de um banqueiro inglês, Neil Heywood, envolvido na alta política chinesa por intermédio de uma mulher poderosa a quem chamava de "imperatriz", foi encontrado num hotel em Chongqing, encerrando as chances de um dos candidatos à liderança — e abrindo o caminho para que o outro acabasse se tornando um autocrata todo-poderoso. Os dois rivais eram ambos príncipes, filhos de barões de Mao, líderes e herdeiros do que o partido chamava de "linhagens" de poder familiar. O primeiro deles era Bo Xilai, o exuberante filho de um dos Oito Imortais de Deng, um ambicioso membro do Politburo que comandava o que mais tarde seria chamado de o "reino independente" de Chongqing.

Seu rival era Xi Jinping, filho de um aliado de Deng, Xi Zhongxun, que caíra em descrédito, mas conseguira se reabilitar e voltar ao topo. Xi Jinping, como muitos que haviam sido banidos para o campo, combinava as prerrogativas dos privilegiados com os costumes simples e rústicos dos camponeses. O trauma havia reforçado os laços familiares e endurecido Xi, mas não a ponto de afastá-lo do partido. Pelo contrário, o partido é que havia restaurado a ordem e a segurança após a Revolução Cultural. Mas foi só após a morte de Mao que Deng pôde trazer os Xi de volta. Ao se aposentar, Xi Zhongxun obteve para o filho um posto na Comissão Militar Central, o órgão mais importante depois do Comitê Permanente do Politburo. Em 1986, promovido a vice-secretário da província de Hebei, Xi Jinping conheceu uma mulher que iria mudar seu destino. Peng Liyuan era a cantora mais famosa da China, uma belíssima soprano que, vestida com o uniforme do Exército Popular, entoava as canções do partido. Recém-saído de um casamento infeliz com a filha de um embaixador, Xi "apaixonou-se à primeira vista" — de acordo com sua biografia oficial —, e eles tiveram uma filha. Sua ascensão irrefreável na hierarquia do partido não foi nada meteórica. Em 1997, ele foi alçado ao Comitê Central, mas como suplente, tornando-se membro pleno apenas em 2002. Em seguida, foi nomeado primeiro-secretário da província de Zhejiang e, em 2007, incorporado ao Comitê Permanente do Politburo, já como futuro líder. Entretanto, logo atrás dele vinha o exuberante Bo, que não demorou para tirar o atraso.

Bo tinha um ponto fraco — a esposa Gu Kailai, filha de um general. Juntos, eles haviam recrutado Neil Heywood como faz-tudo, em troca de comissões. No entanto, Heywood, fluente em mandarim e casado com uma chinesa, tornou-se íntimo demais. Quando Gu o intimou a pedir o divórcio e dedicar-se apenas aos interesses dela, Heywood disse que ela estava "se comportando como uma antiquada aristocrata ou imperatriz chinesa". Não se sabe se ele teve um caso com Gu, ou exigiu uma comissão alta demais, ou ambas as coisas, mas o fato é que Gu recrutou o chefe de polícia de Chongqing, que entreteve Heywood e o envenenou com cianeto, declarando, depois de cremado o corpo, que a morte do inglês fora causada por envenenamento alcoólico. Quando o chefe de polícia começou a temer pela própria vida e buscou asilo na embaixada americana, o assassinato foi revelado.

Em 2012, Bo e Gu foram detidos e condenados, e seus patronos no Comitê Permanente expurgados. Com isso, seu rival, Xi, ficou com o caminho desimpedido para chegar à liderança. Ao mesmo tempo que Obama conduzia os Estados Unidos com o pé no freio, Xi comandava o que chamou de "ressurreição" da China. Todavia, o momento era mais singular do que isso, pois os Estados Unidos estavam mergulhando num processo de autoflagelação que alterou sua missão global. Agora que o sistema bipolar não passava de uma lembrança, e que a supremacia americana começava a fraquejar, a China, que tantas vezes dominara sua própria região, iria, pela primeira vez, participar do Jogo Mundial.

ATO XXIII

8 BILHÕES

Os Trump e os Xi, os sauditas, os Assad e os Kim

O CALIFATO E A CRIMEIA

Em 21 de agosto de 2013, na periferia de Damasco, Assad usou o gás sarin, que afeta o sistema nervoso, contra sua própria população, e vários sírios foram fotografados sufocando e espumando pela boca, naquela que foi a primeira de várias atrocidades desse tipo. Obama havia prometido que não toleraria o uso de armas químicas; Cameron exigiu uma reação. Mas Obama estava concentrado num abrangente acordo nixoniano com o Irã. Os falcões americanos e os aliados liderados por Israel exigiam bombardeios que impedissem os iranianos de desenvolver a bomba atômica. Obama negociava um adiamento no programa nuclear iraniano em troca da retirada das sanções. Mas o grande maestro iraniano das operações clandestinas, o general Qasem Solemeini, um protegido do líder supremo, Ali Khamenei, ampliou o auxílio a Assad, mobilizando os milicianos do Hezbollah, seus vassalos libaneses. Assad também pediu ajuda aos russos. Putin despachou sua força aérea, enquanto as milícias *peshmerga* curdas consolidavam seus feudos independentes e grande parte do país era ocupado por milícias jihadistas e laicas.

Num horizonte mais próximo, Putin temia que a Ucrânia, interessada em fazer parte da União Europeia e da Otan, estivesse escapando a seu controle. Em 2010, seu brutal aliado Ianukóvitch conquistara a presidência e desfrutara de uma breve farra cleptocrática, saqueando 70 bilhões de dólares. Quando, pressionado pelo Kremlin, ele se retirou das negociações para a entrada do país na União

Europeia, meio milhão de ucranianos saíram às ruas a fim de protestar em Kiev. Os órgãos de segurança de Ianukóvitch mataram 77 manifestantes a tiros antes de o presidente ser deposto. Em 22 de fevereiro de 2014, Putin enviou tropas para ocupar a Crimeia.[1] Em 18 de março, ele anexou a península. Em seguida, enviou agentes secretos para incitar a rebelião e o apoio à Rússia entre os chefes separatistas no Donbas. Na Rússia, sua popularidade disparou, mas ele perdera a maior oportunidade de sua carreira: se tivesse lançado uma invasão total da Ucrânia a fim de apoiar Ianukóvitch, eleito de maneira legítima, provavelmente teria tido sucesso. Em vez disso, ele tentou destruir a Ucrânia a partir de dentro — com ações que promoviam aquilo que mais temia: um passional patriotismo ucraniano pró-ocidental, sustentado por um exército numeroso, comprometido e experiente.

Quando a sobrevivência de Assad começava a parecer duvidosa, ele foi salvo por Putin, mas também por algo ainda mais sinistro. No vizinho Iraque, as provocações por parte dos governantes xiitas desencadearam uma nova rebelião sunita, dessa vez apoiada por uma coalizão fundamentalista de jihadistas da Al-Qaeda e baathistas laicos — um casamento consumado nas prisões americanas e depois organizado numa força que aspirava a dominar um território.

Em 10 de junho de 2014, conduzindo suvs pelas estradas da Mesopotâmia, sob as bandeiras negras de seu culto da morte, os guerreiros do Estado Islâmico — conhecido como Daesh entre os árabes — subitamente irromperam e tomaram Mossul, no Iraque, antes de avançarem também pela Síria. Liderado por Abu Bakr al-Baghdadi, o Daesh combinava uma ideologia wahabita medieval a um sofisticado método de comunicação pela internet, um financiamento pragmático com base na venda de petróleo e uma ousada flexibilidade no campo de batalha. Ele apelava digitalmente a crédulos adolescentes radicalizados nas cidades britânicas e francesas, e recorria a execuções espetaculares transmitidas em vídeo, com reféns ocidentais sendo degolados e queimados vivos, como forma de divulgar suas conquistas. Comandando 30 mil guerreiros e logo governando um Estado iraquiano-sírio com cerca de 10 milhões de habitantes, al-Baghdadi proclamou a criação de um califado, enquanto seus homens massacravam os yazidis e membros de outras seitas tidas como heréticas, distribuindo entre os recrutas as mulheres capturadas como escravas sexuais, e demolindo com explosivos os monumentos anteriores ao islamismo.

O derradeiro risco colocado pelo Daesh proporcionou um foco ao apoio de Putin: aquele caos era culpa de "um centro único de dominação surgido no mundo após a Guerra Fria", ele afirmou em setembro de 2015, aludindo aos Estados Unidos. "A exportação de revoluções, agora chamadas de 'democráticas', continua [...]. Em vez do triunfo da democracia e do progresso, temos [...] extremistas e terroristas." Enquanto os americanos forneciam armas para os *peshmerga* curdos, que começaram a enfrentar militarmente o Daesh, a força aérea de Putin bombardeava os oponentes de Assad.

Com Obama no fim do segundo mandato, a confiança no poder único dos Estados Unidos diminuiu. A cruzada global dos americanos, governada pelas regras e a moral resultantes da luta depuradora da Segunda Guerra, confirmada pela vitória de 1989, constituía o mais ambicioso programa da história mundial, sustentado pelo Estado mais poderoso que já existiu. No entanto, mesmo esse tecnopoder sólido e supremo podia ser frustrado por bandos de guerreiros da montanha num Estado de iPhones e punhais. E, apesar de tudo, as duas décadas dos Estados Unidos como única potência de um mundo globalizado haviam fracassado em assegurar a paz no exterior e a prosperidade dentro de casa.

Numa de suas derradeiras viagens, Obama foi a Londres, onde Cameron promovia um plebiscito sobre a participação britânica na União Europeia, a organização de comércio com aspirações de se tornar um Estado federal. Se a Grã-Bretanha saísse da União Europeia, Obama alertou aos britânicos, "o Reino Unido irá para o final da fila" no caso de um acordo de comércio com os Estados Unidos. No entanto, em 23 de junho de 2016, instigados por Boris Johnson, um tipo excêntrico de cabelo cor de palha, foi exatamente isso que os britânicos escolheram.

Na Síria, os americanos abraçaram o caos a fim de bombardear o Daesh. Mas os vencedores acabaram sendo Assad e seus apoiadores, a Rússia e o Irã.

"Não temos mais vitórias", afirmou Trump no dia 15 de junho de 2015, subindo no elevador dourado da torre que levava seu nome, também dourada, quase combinando com seu tom de cabelo e pele, e seu estilo. "Nós costumávamos ter vitórias, mas já não temos mais […]. Precisamos tornar os Estados Unidos grandes de novo!"

OS DINASTAS

Deleitando-se em suas afrontas, Trump exibia um desprezo populista pelas ortodoxias hipócritas e por vezes nada liberais de liberais e progressistas nas grandes cidades, universidades de elite e jornais de referência — e nas redes venais do "pântano" de Washington. Um comunicador tosco, mas efetivo, dotado de um ritmo cômico, ele conseguia falar de improviso por horas representando autenticamente a si mesmo e expressando os preconceitos e ressentimentos da classe média baixa branca e cristã, convicta de que alguém lhe surrupiara os direitos que tinha por ser americana. Muitos acreditavam que os latinos e os imigrantes estavam roubando seus empregos. Trump prometeu erguer um muro na fronteira com o México e proibir a entrada de imigrantes muçulmanos. E anunciou: "A carnificina americana acaba aqui e agora. Daqui para a frente, os Estados Unidos vêm antes de tudo".

Ninguém percebe as fraquezas alheias de forma tão aguda quanto aquele que teme as próprias fraquezas. A malícia de Trump sempre atingia o alvo, os apelidos pueris que inventava eram sempre certeiros, tanto no caso do rival republicano John Ellis Bush, governador da Flórida e irmão de George W., que ele alcunhou de Low-Energy Jeb [Jeb Desanimado], como no de sua oponente democrata, a ex-primeira-dama Hillary Clinton, maculada para sempre como Crooked Hillary [Hillary Desonesta]. Tal como o próprio Trump, também ela personificava os minúsculos e vetustos círculos elitistas dos Estados Unidos, nos quais o poder é com frequência transmitido por vínculos familiares.

Os Obama ficaram deprimidos com Trump. "Nós dois", escreveu o presidente, "ficamos exauridos" com a ascensão de "alguém tão diametralmente oposto a tudo que defendíamos". E o que eles defendiam era a decência tradicional: "Quando eles partem para a baixaria", disse Michelle Obama, "nós elevamos o nível". Para Trump, contudo, essas distinções nem sequer existiam. Personalidade, riqueza e televisão eram tão importantes para ele quanto a arte de governar e a geopolítica, pois tudo era uma questão de projeção de poder.

Inadvertidamente, ele era promovido de maneira incessante pelas próprias redes de televisão que o desprezavam, contando também com o apoio da Fox News de Rupert Murdoch. Não tardou para que o estilo bombástico de Trump tivesse consequências: seus adversários progressistas passaram a imitar sua falsidade e hipocrisia, divulgando calúnias sem fundamento, endossando falsos escândalos e conspirações e, por fim, chegando a proibir histórias críticas de seus próprios candidatos. O mundo aberto nunca havia desfrutado de tanta riqueza e segurança, mas os Estados Unidos — imitados por outras democracias do bem-estar — agora voltavam-se contra si mesmos em divisões virulentas e autoflagelantes sobre a história e a nação, a virtude e a identidade — tão dementes quanto as controvérsias cristológicas na Constantinopla medieval. Parte disso era resultado do tédio confortável da existência burguesa. "Quando olhamos para a história", escreveu Mao, "adoramos as épocas de guerra; e nos períodos de paz e tranquilidade ficamos entediados." A televisão e a internet inevitavelmente aproximaram a política e o entretenimento: Trump canalizava algo de Nero, Cômodo e Guilherme II.

Em novembro de 2016, Trump ganhou as eleições para presidente. Nunca alguém se deleitou tanto com sua própria majestade autocrática. A presidência beligerante dos Estados Unidos surgira não apenas em decorrência da criação de um império no exterior, mas também da conquista interna de todo um continente. A Casa Branca de Trump era uma corte desorganizada, corrupta e nepotista, tendo como astros a filha Ivanka e o genro Jared Kushner, um afetado herdeiro do setor imobiliário. Logo, porém, Trump ficaria enfurecido com os limites da democracia.

Durante muito tempo os russos haviam sustentado uma concepção ingênua do poder dos presidentes americanos, mas agora, observando Trump e seus opositores, Putin entreviu na autoflagelação dos americanos um sinal de decadência. "Há um abismo entre as elites governantes e o povo", disse ele. "A chamada Ideia Liberal chegou ao fim de sua vida natural." Enfrentando sanções pela anexação da Crimeia e o impasse na Ucrânia, Putin ostentou sua força na Síria, onde os brutais bombardeios russos asseguraram a vitória de Assad. A fim de compensar a debilidade da economia da Rússia, Putin, ainda popular internamente, empreendeu uma forte campanha de desinformação por meio de hackers e robôs, com o objetivo de minar a confiança dos americanos na democracia. Além disso, promoveu uma deliberada campanha de ameaças contra opositores e traidores. Seu vassalo tchetcheno organizou o fuzilamento de jornalistas liberais e políticos da oposição. Na primavera de 2018, na provinciana Salisbury, no interior da Inglaterra, um agente britânico, Sergei Skripal, libertado pelos russos numa troca de espiões, foi envenenado com o agente nervoso novichok pelo GRU, o serviço russo de inteligência militar.[2]

Trump, que havia crescido numa região do Queens dominada pela máfia e estava acostumado a usar termos como "batidas" e "ratos" em suas conversas, invejava o efetivo poder de Putin. Ao ser desafiado, ele defendeu o russo: "Há muitos assassinos. Vocês acham que somos inocentes, mas nosso país já matou muita gente". Em julho de 2018, quando os dois se encontraram em Helsinki, logo após o envenenamento de Skripal, Trump voltou a defender Putin contra as acusações de que estava interferindo nas eleições americanas: "O presidente Putin diz que não é a Rússia. E não vejo nenhum motivo para acreditar que seja".

Por outro lado, Trump investiu contra políticas externas que de fato já haviam se esgotado: arriscou o confronto com a China, tentou uma abordagem pessoal com a Coreia do Norte e retomou as negociações paralisadas entre israelenses e palestinos. Mas, antes de tudo, em 20 de maio de 2017, em sua primeira viagem ao exterior, abraçou o mais antigo aliado local dos Estados Unidos.

Um impetuoso, ambicioso e jovem príncipe, Mohammed bin Salman, conhecido como MBS, estava agora no comando da Arábia Saudita. Assim que seu pai já idoso, Salman bin Abdulaziz, subiu ao trono, MBS assumiu vigorosamente o controle da corte e dos centros de poder no setor da defesa. Ele iniciou uma guerra contra os aliados do Irã no Iêmen e planejou uma reforma da economia saudita (Vision 2030), uma nova cidade chamada Neom ("novo", em grego, e "futuro", em árabe) e um novo complexo turístico em torno das ruínas nabateias de al-Ula. Também autorizou as mulheres do reino a conduzir carros, a abertura de salas de cinema e uma oferta pública de ações da Aramco no valor de 1 trilhão de dólares. Essas reformas conquistaram a simpatia do Ocidente. Trump encarregou o genro Kushner de supervisionar as relações com os árabes — os dois príncipes compartilhavam uma concepção dinástica do mundo. Enquanto Kushner trabalhava num plano de paz para Israel e a Palestina, MBS, enfurecido com os palestinos, indicava que poderia reconhecer Israel.

Todavia, MBS tinha também outro lado. Ele pertencia à prole mais recente do príncipe Salman — não de sua esposa mais antiga, uma princesa saudita, mas de uma segunda esposa beduína. O mais velho de seus irmãos foi o primeiro árabe a ir ao espaço; MBS, apelidado na família de Pequeno Saddam, tinha muito a provar: tanto o atributo mais comum — a vontade de poder — como aquela qualidade mais rara — uma visão sobre como usar esse poder. Como jovem príncipe ambicioso, ele fora apelidado pelos amigos de Urso Solitário; era sempre afável e amistoso com os ocidentais, um jovem moderno que falava abertamente de seu gosto pela série *Game of Thrones* e discutia o futuro digital em reuniões com plutocratas do setor de tecnologia. No entanto, a inquietude visionária era acompanhada de uma brutal falta de tolerância. Tendo herdado a agressiva inteligência do pai, ele se ressentia de que os outros príncipes fossem muito mais ricos, de que dinastias como a dos Bin Laden fossem agraciadas com enormes comissões, e de que o próprio reino se mostrasse cauteloso demais ao confrontar seus adversários. Bem antes de chegar ao poder, enviara um projétil a um rival nos negócios — ganhando o apelido de Abu Rasasa — Pai da Bala.

Se precisasse de alguma lição sobre como controlar a família real, MBS podia aprender com o exemplo do jovem Kim Jong-un. Em dezembro de 2011, quando seu pai, Kim Jong-il, de setenta anos, morreu de um ataque cardíaco, sendo declarado imortal, foi o inexperiente Kim Jong-un, de 27 anos, que o sucedeu. Alguns anos depois, em fevereiro de 2017, duas mulheres, recrutadas por uma emissora de TV para participar de uma pegadinha num reality show, uma tentação irresistível para muita gente, aproximaram-se de um homem oriental gordo e mal vestido no aeroporto de Kuala Lumpur e borrifaram algo em seu rosto. Minutos depois, envenenado com o agente nervoso VX e com os órgãos entrando em colapso, Kim Jong-nam, o exilado primogênito de Kim Jong-il e ex-príncipe herdeiro da Coreia do Norte, estava morto — assassinado por ordem do meio-irmão mais novo. Em seguida, promovendo-se ao posto de marechal, Kim Jong-un, à imagem do avô e do pai, orquestrou a morte do poderoso tio e da família deste, despedaçados por pelotões de fuzilamento com armas antiaéreas. Kim Jong-nam, que tentara fugir para o Japão e por isso perdera seu posto, havia recebido permissão para viver tranquilamente na China, mas Kim Jong-un mandara matá-lo porque falava com jornalistas. "Sem reformas", ele havia dito, "a Coreia do Norte vai desmoronar." Agora, com seu assassinato, esse problema fora resolvido.

Aconselhado pela irmã mais nova, Kim Yo-jong, o marechal testou uma bomba de hidrogênio, desafiando os Estados Unidos. Depois de trocarem insultos — Trump era o Imbecil Demente, e Kim, o Homenzinho do Foguete (uma alusão a "Rocket Man", de Elton John, o cantor predileto do presidente) —, os dois se reuniram pessoalmente em Singapura, confirmando o prestígio das armas nucleares. "Não acho que tenha de me preparar muito", vangloriou-se Trump. No entanto, Kim não abriu mão de nenhuma bomba nuclear; em vez disso, iniciou uma troca de cartas com o presidente americano que este comparou a uma "correspondência amorosa".

"Ainda agora não me sai da lembrança o momento em que apertei a mão de sua excelência", Kim escreveu a Trump em 25 de dezembro de 2018, recordando o encontro de ambos como algo "parecido com a cena de um filme de fantasia". E era de fato uma fantasia. Enquanto o Homenzinho do Foguete voltava triunfante a seu país, o Pai da Bala estava cuidando de um problemático conhecido.

Em junho de 2017, MBS havia prendido um primo, Muhammad bin Nayef, de 57 anos, forçando-o a abdicar do título de príncipe herdeiro. Em seguida, mandara sequestrar o primeiro-ministro libanês, que se aproximara demais do Hezbollah — algo difícil de evitar num Líbano dominado por essa milícia xiita apoiada pelo Irã. Além disso, impusera um bloqueio ao Catar e ordenara o sequestro e a tortura da ativista e cineasta Loujain al-Hathloul. MBS prestava especial atenção às críticas veiculadas no Twitter, infiltrando-se na própria plataforma para descobrir os detalhes de determinadas contas, ao mesmo tempo que investigava a corrupção na família real. "Quando o corpo está sendo tomado pelo câncer, o câncer da corrupção", explicou, "para ser salvo ele precisa do choque da quimioterapia."

Assim, em novembro de 2017, MBS mandou prender uma constelação de príncipes e bilionários, entre os quais cinco Bin Laden, que foram encarcerados no Ritz-Carlton de Riad e forçados a pagar bilhões em multas. Logo depois, o próprio MBS gastou 300 milhões de dólares num novo iate, 50 milhões em férias nas Maldivas e, em seguida, mais 400 milhões para adquirir um quadro, *Salvator Mundi*, de Leonardo da Vinci.

Em outubro de 2018, um jornalista e ativista saudita de meia-idade, vestindo blazer e calças cinzentas, apresentou-se ao consulado saudita em Istambul para obter um visto. Lá dentro, um grupo de agentes sauditas — entre os quais um cirurgião do Ministério do Interior equipado com uma serra para cortar ossos — estava à sua espera. "Já chegou o animal do sacrifício?", perguntou um deles. Não se tratava apenas de um jornalista, mas de alguém com acesso à corte saudita: Jamal Khashoggi era neto do médico do rei Abdulaziz e sobrinho do bilionário Adnan Khashoggi. Em sua coluna no jornal *Washington Post*, criticava não só a aliança entre americanos e sauditas como também MBS; ao mesmo tempo, promovia o modelo de democracia islâmica não liberal proposto pela Irmandade Muçulmana e adotado no Egito em 2012-3. Assim que entrou no consulado, Khashoggi foi estrangulado. Em seguida, o cirurgião o desmembrou, com a música alta abafando os ruídos. O assassinato foi um exemplo de como as autocracias estão se tornando mais intolerantes e mais desabridas em sua violência contra os opositores. O episódio teve repercussão internacional porque os serviços de inteligência turcos haviam instalado escutas no consulado e gravaram todos os detalhes macabros. A CIA culpou MBS, mas esse visionário compulsivo e reformador despótico — devotado à dinastia saudita, à autocracia pessoal, à liberalização cultural e à tecnologia digital (é um jogador de *Call of Duty*) — simplesmente ignorou os Estados Unidos e prosseguiu com as assombrosas inovações que estavam mudando radicalmente a península Arábica — e o Oriente Médio.

A abordagem pouco convencional de Trump poderia ter resolvido problemas, mas todas as suas iniciativas foram frustradas pela mescla singular de fanfarronice narcisista, viés racista e autocracia atrapalhada. Ele conseguiu cumprir poucas de suas promessas.[3] Em 2017, o poderio aéreo americano e britânico obliterou o Daesh desde o céu, enquanto os *peshmerga* curdos e as milícias xiitas apoiadas pelo Irã desfaziam suas conquistas territoriais. Entretanto, a ameaça do Daesh salvou Assad, que recebeu ajuda dos iranianos, do Hezbollah e da força aérea russa. A morte da matriarca Anisa, mãe de Bashar, deixou a família exposta, com o sobrinho bilionário Rami Makhlouf controlando metade da economia, e permitiu que Asma se destacasse. Diante da necessidade de reconstruir o arruinado Estado, Bashar solicitou ao sobrinho que devolvesse parte dos negócios — quando se recusou, Rami acabou sendo preso. A própria Asma foi diagnosticada com câncer, mas, ao se recuperar, começou a aprovar nomeações governamentais, e fundou empresas no setor de telefonia celular e de cartões de crédito administradas pelo irmão e outros comparsas, ao mesmo tempo que seus retratos — muitas vezes intitulados "A Dama dos Jasmins" — começaram a aparecer ao lado dos de Bashar. A Dama dos Jasmins tornou-se uma potestade da guerra.

Trump acelerou o encerramento das guerras decorrentes do Onze de Setembro, que haviam demandado enormes volumes de recursos e de sangue. O Iraque, contudo, era agora controlado por facções xiitas aliadas ao Irã e empenhadas em atormentar os americanos. Em 8 de maio de 2018, Trump retirou-se do acordo firmado por Obama com o Irã, considerando-o "o pior negócio já feito".

Em 3 de janeiro de 2020, quando milícias iranianas atacaram as forças americanas no Iraque, Trump ordenou o assassinato do "comandante fantasma" do Irã, o general Soleimani, que foi liquidado por um drone no aeroporto de Bagdá. Em agosto de 2020, Trump propôs os "Acordos de Abraão" entre Israel e as monarquias do golfo Pérsico, com apoio de MBS e visando o maior inimigo de todos, o Irã. Esse dramático alinhamento colocou Israel, a principal potência militar da

região a despeito de sua democracia caótica, no centro de um alinhamento árabe-
-islâmico liderado por MBS, cuja riqueza petrolífera o tornava indispensável.

"Temos de nos tornar mais imprevisíveis como nação", afirmou Trump
num comício eleitoral. "Temos de nos tornar desde agora mais imprevisíveis."
Nesse sentido, ele cumpriu o que propôs.

O IMPERADOR, O TSAR E O COMEDIANTE

Muitas coisas imprevisíveis — ainda que muitas vezes previstas — vinham
ocorrendo na República Popular da China. Trump confrontou uma China em
ascensão e um déficit comercial cada vez maior que, segundo ele, resultava da
"exploração" dos Estados Unidos pelos chineses. Desde a época de Nixon, a China fora um setor protegido por uma política externa cujo alvo principal era a
Rússia. Nesse processo, as lideranças ocidentais ficaram assombradas com a prosperidade e a riqueza da China, preferindo apaziguar o Partido Comunista e promover o aumento das trocas comerciais. Trump, porém, começou a insistir que
"não podemos permitir que isto continue". Sua guerra comercial prejudicou as
duas economias, mas, quando os líderes se encontraram, Xi Jinping mostrou-se
confiante e atento diante de um Trump incoerente e errático. O homem que
sofrera uma queda vertiginosa, que estivera preso, que vira a irmã se suicidar,
não ficou muito impressionado com o presidente americano.

Xi Jinping tornou-se líder em 2012 com uma concepção de poder pragmática e nada romântica. "Quem tem pouco contato com o poder costuma ver essas
coisas como algo misterioso e novo", confessou, num raro momento de reflexão
pública. "Mas o que eu vejo não são os aspectos superficiais: o poder, as flores, a
glória, o aplauso. O que eu vejo são as situações críticas e o modo como as pessoas reagem em cada circunstância." A família o acompanhou nessa ascensão: a
mãe nonagenária convocou uma reunião dos parentes para avisá-los de que não
se aproveitassem de seu poder.[4] A mulher, Peng, tornou-se a primeira esposa de
um líder chinês que se destacou publicamente desde a sra. Mao, mas, segundo
ela, "quando ele volta para casa, nunca sinto como se estivesse na presença de
um líder". E também a "linhagem" o acompanhou na ascensão, durante a qual
ele foi expurgando os rivais e suas respectivas "linhagens".

Agora a missão era simples. "A leste, oeste, sul, norte e no centro", ele afirmou, "o partido controla tudo." Deng havia determinado que os chineses precisavam "dar tempo ao tempo e ocultar sua força". Agora, porém, o domínio do
partido estava consolidado, as antigas colônias britânica e portuguesa de Hong
Kong e Macau haviam sido recuperadas, e somente restava fazer o mesmo com
Taiwan. Enquanto era promovido a Líder Essencial, sem o costumeiro limite de

mandato e com seu próprio "pensamento", Xi Jinping prometeu um "sonho chinês" ao povo, e "prosperidade comum" a todos. A China já se orgulhava então de ter o segundo maior PIB do mundo, atrás apenas dos Estados Unidos, e de ser o maior exportador do planeta. Xi voltou-se então para o exterior.

"A nação chinesa se impôs", ele proclamou, "tornou-se rica e poderosa — e agora inicia uma nova e brilhante etapa de rejuvenescimento." Isto significava uma expansão do poderio militar e econômico da China, por meio da oferta de empréstimos, rodovias, portos e tecnologia a fim de ampliar a rede de influência conhecida como a Cinturão e Rota, sem que houvesse a necessidade de conquistar um império. Era uma versão autocrática do Plano Marshall. A trajetória da era Xi era ascensional: "O grande rejuvenescimento da nação chinesa tornou-se um processo irreversível". Mas somente podia ser concretizado pelo partido fundado por Mao. "Não podemos esquecer a intenção original", alertou Xi. Ou seja, não seria tolerada nenhuma oposição. Inflexivelmente autoritário, Xi reprimiu os dissidentes e reforçou a supervisão policial dos cidadãos e da internet com o auxílio de novas tecnologias de vigilância e de reconhecimento facial. E, em Xiangjing, conduziu um expurgo étnico dos uigures muçulmanos, 1 milhão dos quais foram confinados a campos de reeducação. Todavia, a unificação da China, com a retomada de Taiwan, continuou sendo o elemento crucial da missão mundial de Xi, não apenas como nacionalista chinês e herdeiro de Mao, mas também devido ao trabalho de seu pai Xi Zhongxun na "Frente Unida". Como escreveu Jospeh Torigian, a missão de Xi era "uma questão ao mesmo tempo nacional e familiar". Quando o crescimento econômico chinês começou a titubear sob a rígida autocracia, Xi certamente deve ter considerado a conveniência de uma "guerra breve e vitoriosa" — o risco de "lançar os dados de ferro" e retomar Taiwan, algo que lhe poderia granjear a imortalidade ou destruir por completo seu governo. Ao mesmo tempo, seu aliado natural, Putin, à frente de uma Rússia ressurgente, contemplava uma jogada semelhante.

O presidente russo fora alvo de sanções menores por ter anexado a Crimeia, e a guerra na Ucrânia chegara a um impasse. Sua ideia da ilegitimidade ucraniana só foi confirmada quando o país elegeu um palhaço como presidente: Volodymyr Zelensky, de quarenta anos e filho de um professor de matemática, era um comediante judeu de língua russa originário do leste do país e muito popular por ter estrelado uma série de TV intitulada *Servo do Povo*, na qual interpretava um professor de história que se tornava presidente da Ucrânia. Quando decidiu concorrer à presidência, Zelensky batizou seu partido de "Servo do Povo", e, em março de 2019, obteve uma vitória esmagadora: na era de Trump, a grotesca fusão neroniana de política e entretenimento parecia confirmar a decadência da democracia. Na verdade, a corrupção de Trump — sua recusa em reconhecer a diferença entre seus interesses particulares e os do Estado — logo maculou a Ucrânia.

Trump tentou bloquear a ajuda militar americana ao país, a menos que Zelensky difamasse seu rival democrata, Joe Biden, numa jogada que levou à abertura de um processo de impeachment. Trump sobreviveu ao julgamento no Congresso, e Zelensky emergiu ileso.

Baixo, emotivo e brincalhão, Zelensky parecia fraco demais para lidar com sua antítese ditatorial, o letal Putin, convencido de que o ator personificava o fracasso da Ucrânia. Embora tenha revelado coragem ao entrar nessa arena brutal, Zelensky enfrentou dificuldades para governar a Ucrânia e conter a corrupção desenfreada. A impressão que se tinha é que sua presidência estava condenada ao fracasso. Num dos filmes em que atuou, *Rjevski contra Napoleão*, ele havia representado Napoleão invadindo a Rússia. Na vida real, contudo, a ameaça vinha do leste.

Todavia, se alguma vez surgisse uma crise, o relacionamento essencial no Jogo Mundial tripolar era aquele entre Xi e Putin, que se haviam encontrado trinta vezes. "Tenho um relacionamento mais próximo com o presidente Putin do que com qualquer outro de meus colegas", declarou Xi em junho de 2019, quando Putin lhe mostrou os palácios dos Rom700ov de sua cidade natal, São Petersburgo. "Ele é meu melhor amigo, e o mais íntimo", vangloriou-se da afinidade entre ambos. "Já viajamos juntos no trem de alta velocidade, assistimos a amistosos de hóquei, comemoramos o aniversário dele e conversamos sobre assuntos leves, literatura, arte e esportes." Porém, enquanto a rígida ditadura russa continuava a depender da venda de petróleo, seu maior parceiro, a China, encontrava-se no apogeu, num momento único de sua história. Foi então que Xi teve de enfrentar um desafio e tanto: uma pandemia.

O partido sabia que uma doença desse tipo fatalmente chegaria, mas ninguém sabia quando, nem estava preparado. Em 17 de novembro de 2019, um homem na província chinesa de Hubei foi diagnosticado com um novo vírus. Em 31 de dezembro, a comissão sanitária da cidade de Wuhan anunciou um grupo de casos de pneumonia causados por um germe desconhecido. Li Wenliang, um médico de 33 anos no Hospital Central de Wuhan, compartilhou com colegas o informe sobre um vírus respiratório e foi preso por "transmitir informações falsas na internet". Em 31 de janeiro de 2020, dois chineses que faziam turismo na Itália caíram doentes. Em 6 de fevereiro, morreu o primeiro paciente nos Estados Unidos; no dia seguinte, o dr. Li também morreu em decorrência do novo vírus respiratório, batizado de sars-CoV-2. O acelerado século xxi, no qual milhões de pessoas viajam de uma cidade a outra em voos baratos, disseminou a nova doença com uma rapidez sem precedentes. Durante dois anos, o medo e o pânico acompanharam ondas de vírus que, como em toda pandemia, provocaram divisões na sociedade, desconfiança em relação a estrangeiros, as mais variadas teorias conspiratórias e o aumento da tensão nos governos, os quais, já em março de

2020, passaram a confinar as pessoas em suas casas. Esse confinamento começou a reverter um século e meio em que o escritório — o local de trabalho — ocupou tanto tempo e atenção quanto a vida familiar e doméstica. Graças aos computadores inteligentes, muitas pessoas puderam continuar trabalhando em suas residências, como haviam feito antes da Revolução Industrial. Ironicamente, a pandemia reaproximou os indivíduos de seus familiares.[5] E 15 milhões de pessoas — sobretudo as mais idosas e pobres, e aquelas com problemas respiratórios — morreram por causa do novo coronavírus.

Xi adotou uma política de "covid zero", tratando a pandemia como "uma guerra do povo contra um inimigo invisível". No entanto, a impossibilidade de controlar a doença expôs a vulnerabilidade da prosperidade chinesa, bem como a rigidez do sistema e de seu líder. No mundo aberto, as pequenas democracias belicosas — como Taiwan e Israel — revelaram-se mais eficientes do que as grandes democracias de bem-estar. A mitigação da pandemia foi mais catastrófica na Índia, onde morreram cerca de 5 milhões de pessoas (um terço de todas as mortes por covid-19 no mundo), em parte devido à incompetência do governo.

A linguagem bombástica de Trump murchou em meio à histeria, tornando patentes a sua incompetência e despreocupação. Em novembro de 2020, ele perdeu a eleição para Biden, que, aos 78 anos, tornou-se o mais idoso presidente americano — e Kamala Harris a primeira mulher afro-americana e asiático-americana a ocupar a vice-presidência. Mesmo tendo recebido 6 milhões de votos a menos do que Biden, Trump se negou a reconhecer a derrota, preferindo fomentar uma teoria conspiratória segundo a qual a eleição fora fraudada. Em 6 de janeiro de 2021, estimulada e apoiada por Trump, uma turba de seguidores vestidos de maneira bizarra invadiu o desguarnecido Capitólio a fim de impedir os congressistas de validarem o resultado eleitoral. Felizmente, Trump não contava com o apoio nem a competência para levar adiante um golpe, ainda que tenha continuado a dominar o Partido Republicano e sugerido que voltaria a concorrer à presidência. Desde a Guerra de Secessão, nunca os Estados Unidos pareceram tão frágeis.

Os sucessivos presidentes sonharam em tirar os Estados Unidos das guerras decorrentes do Onze de Setembro, sobretudo do conflito no Afeganistão, onde os corruptos governantes pró-americanos eram sustentados por uma pequena força da Otan, com o Talibã controlando grande parte do país. Nesse clássico Estado de iPhones e punhais, guerrilheiros brandindo kalashnikovs em caminhonetes Toyota ainda podiam tomar vilarejos e desafiar as dispendiosas tecnologias americanas. De maneira insensata, Biden preferiu acelerar a retirada, insistindo que o exército afegão era "mais bem treinado, equipado e competente" do que o Talibã, cuja vitória era "extremamente improvável". Em vez disso, no dia 15 de agosto, sob o comando do terrorista Sirajuddin Haqqani, os talibãs avançaram em todas as frentes, provocando a queda do regime e a fuga de milhares de pessoas para o aeroporto da capital, onde os americanos, desesperados, evacuavam os amigos. Nem mesmo a queda de Saigon revelou-se tão catastrófica.

Tudo isso foi acompanhado com atenção por um homem isolado em sua mansão nos arredores de Moscou. Então com 69 anos, Putin chegou a perguntar a historiadores que o visitaram: "Como a história vai me julgar?". Mal acostumado com o êxito fácil, ainda que sanguinolento, obtido na Tchetchênia, na Síria e na Crimeia, com o debate restrito sobre sua predominância e com as desinformações transmitidas por uma servil polícia secreta, Putin se convenceu de que um *coup de main* no momento oportuno permitiria que ele restaurasse o Império Russo e destruísse a Ucrânia como nação. A imensa produção russa de petróleo e gás natural poderia financiar uma guerra e forçar a aquiescência de uma Europa dependente. Putin vislumbrou uma conjunção feliz que proporcionava uma oportunidade única: as democracias estavam paralisadas por guerras culturais; a Otan, nas palavras do presidente Macron, sofria de "morte cerebral"; Biden, ao contrário do imprevisível Trump, personificava a perplexidade do Ocidente; e Xi apoiava a Rússia. Em fevereiro de 2022, Putin encontrou-se em Beijing com o presidente chinês, que lhe explicou: "Estamos trabalhando juntos na promoção de uma ordem global efetivamente multilateral", reunindo "esforços para sustentar o genuíno espírito democrático" — ou seja, um mundo de esferas de influência governado pelos autocratas das nações imperiais.

Em seguida, Putin concentrou 180 mil soldados nas fronteiras da Ucrânia e exigiu tanto a subjugação dos ucranianos como a retirada ocidental no Leste Europeu. Biden alertou para a invasão iminente. Putin fez rolar "os dados de ferro": em 24 de fevereiro de 2022, anunciou uma "operação militar especial" contra a Ucrânia: "Quem quer que considere interferir a partir do exterior [...] enfrentará as piores consequências jamais vistas na história".

Zelensky dormia no complexo presidencial ucraniano quando os foguetes russos começaram a atingir alvos em Kiev. Ele e a esposa Olena correram para junto dos dois filhos. "Fomos acordá-los. O barulho era enorme, havia muitas explosões." Zelensky decidiu permanecer ali, custasse o que custasse — de qualquer forma, era perigoso demais deslocar a família, pois comandos russos lançados de paraquedas atacavam o distrito governamental, conhecido como Triângulo, numa tentativa de assassiná-lo.

Os tanques de Moscou avançaram na direção de Kiev. Os especialistas ocidentais e os defensores de Putin estavam todos de acordo em relação a uma coisa: uma era havia terminado, e uma nova se iniciava — e, no prazo de poucas semanas, a Ucrânia iria cair...

Conclusão

Na verdade, existe algo como história em excesso. Talvez esta seja uma reflexão estranha para um historiador prestes a concluir uma história do mundo numa época de pandemia e guerra na Europa. Mas a obsessão fetichista com versões selecionadas de nações e impérios passados pode obscurecer nossa visão do presente e do que realmente importa: as pessoas que vivem hoje, e o modo como elas e suas famílias gostariam de viver. Este foi um dos motivos que me levaram a escrever este livro tendo como guia as famílias — o tipo de felicidade que almejamos para nossas famílias determina o que queremos para o mundo. Mas há um ponto de equilíbrio. A história importa: queremos saber como nos tornamos o que somos. "Só se compreende a vida retrospectivamente", escreveu Søren Kierkegaard, "mas esta tem de ser vivida de forma prospectiva." A história nunca cessa. Na verdade, a história nunca é história: ela é mutante e dinâmica, um imorredouro arsenal de relatos e fatos que nos ensinam como viveram os seres humanos, mas que também pode ser aplicado às causas atuais, boas e ruins, algo complicado pela internet — essa cloaca, tesouro e relicário de ódios e passatempos, verdades, aleatoriedade e júbilo, conveniências e calúnias. Todavia, nossa devoção à legitimidade conferida pela história é o que a torna um poder tão letal e propulsivo.

A guerra na Ucrânia assinala o fim de um período excepcional: a Paz dos Setenta Anos, dividida em duas etapas — 45 anos de Guerra Fria seguidos de 25 anos de supremacia americana. Se a primeira etapa assemelhou-se a um campeonato de xadrez e a segunda a um jogo de paciência, atualmente estamos no meio de um videogame com múltiplos jogadores. A invasão da Ucrânia por Putin não é uma forma nova de exercer e expandir o poder. Sua ferocidade primitiva é um retorno à normalidade que os dinastas mencionados neste livro — chefes guerreiros, reis e ditadores — achariam corriqueira: uma retomada da desordem normal.

Mais uma vez, como em épocas anteriores, o mundo é patrulhado por uma mixórdia de contendores pretensiosos, agressivos e medíocres que chamo de potências continentais — desde a Indonésia e o Catar até o Brasil e Israel. Algumas — como a Indonésia e a Índia — destacaram-se entre os países "não alinhados" durante a Guerra Fria, aproximando-se dos soviéticos mas evitando uma adesão direta; outras, como Israel, aliaram-se aos americanos. E outras ainda, como Catar ou Dubai, mesclam características contraditórias, enquanto monarquias islâmicas absolutistas e metrópoles globais cosmopolitas.

Liberadas de seus princípios inconsistentemente éticos pelo recuo dos Estados Unidos em algumas regiões, agora essas potências continentais têm a ambição, a confiança e a engenhosidade para seguir implacavelmente seus interesses e até mesmo exercer influência em outras regiões. Em conflitos desde a Síria até a Etiópia e o Sahel, as facções em luta contam não apenas com o apoio da suprema trindade — China, Rússia e Estados Unidos —, mas também de países como Egito, Türkiye, Emirados Árabes Unidos, Israel, Catar, Arábia Saudita e Irã. A China, os Estados Unidos e a Rússia são exemplos pujantes de nações imperiais, de sofisticados Estados modernos que aspiram ao poder e à plenitude de impérios passados. Algumas das potências continentais — a Türkiye e o Irã, mas sobretudo o titã ascendente, a Índia — já começam a se comportar também como nações imperiais.

A matança indiscriminada de civis ucranianos, os cadáveres nas ruas e as famílias tentando escapar do conflito nos lembram o que ocorreu em grande parte da história, quando não havia celulares para filmar as atrocidades e os refugiados, e os historiadores das cortes exaltavam como heróis os conquistadores homicidas. Conhecemos muitos deles neste livro, e não é esta a única evidência de que o impulso humano não se define por uma marcha adiante, mas também por uma sequência titubeante de espasmos contingentes. Ele não se limita a um confronto de Estados e ideologias rivais, mas também é um choque de facetas contraditórias da natureza humana. No mínimo, a invasão da Ucrânia revela a diferença efetiva entre o mundo aberto das democracias liberais e o mundo fechado onde a mescla de ameaças tradicionais e vigilância digital cada vez mais permite aos Estados policiarem sua população de uma forma inimaginável até mesmo por um Stálin ou Saddam Hussein.

A guerra, na qual a China e os Estados Unidos apoiam seus prepostos russos e ucranianos, é um embate e uma avaliação de sistemas: tanto os democratas como os autocratas sabem que, parafraseando Metternich, quando Moscou tosse,

Pequim pode ficar gripada. Esse é um teste da capacidade de o mundo fechado substituir a supremacia da democracia capitalista baseada no Estado de direito; e também um teste da unidade, liberdade e engenhosidade do mundo aberto. Muitas potências continentais privilegiam seus interesses e mantêm-se neutras, nessa contenda que lhes parece travada entre despotismos nacional-populistas, representantes de uma estabilidade brutal mas anti-imperialista, e democracias donas da verdade, personificando a hipocrisia neocolonial e a disrupção displicente. Com efeito, há hipocrisia em ambos os lados. Mas o modo como as autocracias conduzem as guerras — os governantes russos pouco se importam com a quantidade de soldados mortos em ataques de ondas humanas — revela quem é mais cruel. Essa guerra — travada com metralhadoras Maxim e mísseis hipersônicos, artilharia e drones, trincheiras e satélites, numa mescla de *Guerra nas estrelas* e *Nada de novo no front* — vai, como todas as guerras do passado, ser a mãe macabra de invenções homicidas, um laboratório de engenhosidade sanguinolenta. Ironicamente, a necessidade atual das potências europeias e dos Estados Unidos de se rearmar e reequipar seus arsenais por meio da produção de mais obuses e canhões pode contribuir para a recuperação de setores industriais declinantes e desencadear um surto de crescimento econômico. Seja quem for que saia vitorioso, o banho de sangue na Ucrânia é um preâmbulo — ou talvez a escaramuça inaugural — do supremo confronto entre China e os Estados Unidos. Ambos se defrontam com dilemas de consequências mundiais: deve a China invadir Taiwan? E os Estados Unidos, vão sair em defesa de Taiwan? A guerra talvez seja inevitável, e, nesse caso, quem ganha com sua eclosão antecipada?

Nesse mundo de inovações técnicas, o poder das famílias está renascendo, pois também ele é característico da espécie. A reversão às dinastias parece ao mesmo tempo natural e pragmática numa época em que não se pode confiar que os Estados debilitados assegurem a justiça e a proteção, com as lealdades mais fortes emergindo nos grupos familiares, e não em instituições. Os líderes que desconfiam de todos em geral dependem de parentes. Em muitos países da Ásia, da América Latina e da África, desde o Quênia até o Paquistão e as Filipinas, líderes livremente eleitos e originários de dinastias populistas oferecem algo do reconforto mágico do poder familiar; outros, da Nicarágua ao Azerbaijão, de Uganda ao Camboja, estão se tornando monarquias republicanas absolutistas. Certamente esta é uma forma ruim de governar um país — ainda pior do que a democracia.

Entretanto, os atuais ditadores e dinastias não configuram uma volta a séculos anteriores. Mesmo os Estados em processo de colapso fazem parte de um mundo novo no qual os eventos ocorrem com inusitada rapidez, onde adversários e mercados estão interconectados, e a ameaça de uma catástrofe nuclear está sempre presente. Tudo isso, associado à covid-19 e ao aquecimento global, reforça os temores de um apocalipse. Um sentimento de iminente fim dos dias parece ser parte do caráter humano, talvez um reconhecimento culposo de quão milagrosa e frágil é a conquista da Terra por uma única espécie. Hoje, contudo, as apostas são tão altas que tornam cada vez provável o Fim dos Dias.

Em certos aspectos, porém, o *Homo sapiens* nunca foi tão saudável, vivendo melhor e por mais tempo do que em qualquer outra época; e com as sociedades, em certas regiões, sendo mais pacíficas do que nunca antes. Enquanto nossos antepassados tendiam a morrer de infecções, de forma violenta ou de fome, atualmente os seres humanos estão morrendo de enfermidades resultantes de seu próprio sucesso — das coronárias, de cânceres e de doenças neurodegenera-tivas —, decorrentes de uma vida mais longa e de um consumo excessivo de ali-mentos. Muitas dessas doenças logo serão tratáveis por novas técnicas de modi-ficação genética. Esses avanços são tão impressionantes que hoje até os países mais pobres têm uma expectativa de vida maior do que os impérios mais ricos de um século atrás. Atualmente, em Serra Leoa, a expectativa de vida é de 50,1 anos, a mesma da França em 1910. Em 1945, os indianos viviam em média até os 35 anos; hoje, podem chegar aos setenta. Naturalmente, isto alterou a configura-ção das famílias: a taxa de natalidade é maior quando os pais sabem que muitos de seus filhos não vão sobreviver; hoje, as baixas taxas de natalidade, associadas à educação das mulheres e aos métodos anticoncepcionais, resultam em casa-mentos tardios e em famílias menores.

Nos próximos oitenta anos, a população da Europa e do Leste Asiático vai sofrer uma queda significativa, ao contrário da África: a Nigéria vai ter de 550 milhões a 800 milhões habitantes, tornando-se mais populosa do que toda a União Europeia, e o segundo maior país depois da Índia; a população do Congo vai triplicar, até 250 milhões; a do Egito vai duplicar; ao passo que a da Rússia vai encolher, com uma maioria de muçulmanos. A da China vai diminuir pela meta-de, seu poderio e sua economia prejudicados pelos controles do regime autocrá-tico. Já os Estados Unidos vão permanecer mais ou menos iguais, com o mesmo poderio, engenhosidade e arrogância irreprimíveis, por mais imperfeitos, caóti-cos e frágeis, provavelmente perdurando por mais tempo do que preveem os pessimistas.

A região do Índico e do Pacífico, dominada pelo poder (e o temor) da Chi-na, tornou-se hoje uma arena crucial do Jogo Mundial. A Índia, se bem governa-da — com sua criatividade preservada da autocracia nacionalista e da persegui-ção da minoria muçulmana —, vai emergir como um ator mundial e uma nação imperial. Seu maior perigo, ironicamente, é a provável desintegração de seu gran-de rival, o Paquistão. Qualquer intervenção por parte da Índia, algo difícil de re-sistir, vai envolver a China, desencadeando um conflito tão perigoso quanto uma crise americano-chinesa em Taiwan, pois todos os contendores contam com um arsenal nuclear. Na Ásia, outra possível potência, um Estado determinado por sua condição de ex-colônia europeia, é a Indonésia, herdeira de séculos de reinos mercantis, a maior nação islâmica do planeta, rica em níquel e especialista em serviços digitais, que, se conseguir evitar a tirania e os conflitos étnicos, pode se tornar uma potência continental. Porém o Indo-Pacífico não vai substituir as regiões do Euroatlântico ou da Afroeurásia: a arena simplesmente se expandiu de modo a abranger e interligar todas elas. Assim, a guerra na Ucrânia repercute no Oriente: o destino de Taipé vai ser decidido em Kiev.

Agora deveria ser a vez da África. É possível que os gigantes africanos ricos em minérios — Nigéria, Egito e Congo — prosperem. A África vem se tornando um continente cada vez mais urbanizado: em 1950, apenas 13,1% dos africanos viviam em cidades; em 2015, já eram 49,4%; e em 2050 serão 70%. Sua megametrópole será uma faixa urbanizada desde Lagos-Ibadan, na Nigéria, até Cotonou, no Benim. Segundo os dados mais recentes, as taxas de natalidade na Nigéria estão caindo, de modo que aquelas aterrorizantes previsões de crescimento demográfico talvez tenham sido exageradas. Acima de tudo, uma Nigéria bem governada poderia ser o primeiro país africano intercontinental, capaz de liderar um surto de crescimento econômico na África. No entanto, o mais provável é que o desgoverno continue no Congo ou na Nigéria, com as cidades cada vez mais espraiadas em vez de consolidadas, e muitos países mostrando-se incapazes de gerir ou alimentar suas populações. Não se trata de "o inverno está chegando", mas antes do interminável fervilhar de uma fornalha mundial: as mudanças climáticas — calor e inundações — vão tornar mais difícil produzir alimentos em quantidade suficiente. Hoje, muitos países já são Estados de iPhones e punhais, nos quais os celulares e a internet coexistem com lealdades clânicas e conflitos entre barões locais. Alguns desses países vão recair em regimes disfuncionais, que mal se sustentam e são incapazes de proteger ou alimentar suas populações. Regiões inteiras vão se tornar focos de insurgência — como já ocorre no Sahel e no Chifre da África —, com conflitos perpétuos por água e recursos. Algumas vão sucumbir à proteção de nações imperiais empenhadas em assegurar o acesso a terras raras, diamantes, ouro e petróleo. Suas populações vão migrar para os Estados de bem-estar setentrionais em escala jamais vista desde as invasões dos nômades. Um livro com essa abrangência trata de muitos temas, porém um dos mais cruciais é que todas as nações são constituídas de famílias em movimento: o desafio para as democracias do bem-estar é absorver os migrantes de que necessitam, e ao mesmo tempo preservar um nível de riqueza suficiente para sustentar o conforto que as torna atraentes.

A escala faz diferença no Jogo Mundial, mas uma coisa é certa: seja quem for que chegue à dianteira, não vai se manter ali por muito tempo. Se a história prova alguma coisa, é que a capacidade humana de se automutilar é quase ilimitada. "Nos indivíduos, a insanidade é rara", escreveu Nietzsche, "mas em grupos, partidos, nações e épocas, ela é a regra." Embora seja fácil criticar os políticos, o fato é que a interconexão deste mundo o torna muito mais difícil de ser governado: "Vocês, os filósofos [...] escrevem no papel", alertou Catarina, a Grande. "Desafortunada imperatriz que sou, escrevo na pele sensível dos seres vivos."

Um dos mistérios dessas épocas de crise é a ausência de grandes líderes. No entanto, estes são criados pelas oportunidades: "Somos homens pequeninos a serviço de uma grande causa", comentou Nehru, "mas, uma vez que a causa é grande, um pouco dessa grandeza também recai sobre nós". É a simplicidade moral das grandes crises que permite a um líder envergar o manto do herói. Kissinger zombou da própria ideia de grandeza: "Em retrospecto, todas as políticas exitosas parecem preordenadas. Os líderes gostam de alegar presciência do que deu certo, atribuindo planejamento ao que em geral não passa de uma série de improvisações". A história é impelida adiante tanto por palhaços como por visionários. "A história gosta de um gracejo", disse Stálin, "e às vezes escolhe um tolo para levar adiante o progresso histórico."

"Eu vi o futuro", cantou Leonard Cohen. "É homicida." Os problemas atuais são profundos e colossais — uma confluência perfeita de ameaças. A globalização foi parte do desenvolvimento progressista que elevou os padrões de vida, eliminou a maioria das doenças e das fomes, mas sua conveniência tem um custo: alguns são excluídos das benesses, e parte destas requer compromissos arriscados com inimigos. A pandemia de covid-19 e a guerra na Ucrânia mostram com que rapidez podem se romper as linhas de abastecimento de alimentos e de energia. Até mesmo os milagrosos avanços na saúde correm riscos: a expectativa de vida nos Estados Unidos caiu nos três anos anteriores a 2020 — pela primeira vez desde a pandemia de gripe espanhola. A resistência de bactérias aos antibióticos pode tornar muito mais arriscados procedimentos cirúrgicos hoje corriqueiros. E a covid-19 é provavelmente o ensaio de uma pandemia de gripe ainda mais devastadora.

Ainda que nenhuma das nações imperiais tenha se enfrentado desde 1945, uma hora isto vai ocorrer, e elas já estão desenvolvendo novas máquinas mortíferas — espaciais e termobáricas — e aperfeiçoando os armamentos tradicionais. "Jamais coloque uma arma no palco", alertou Tchekhóv, "a menos que seja usada." Embora ele estivesse se referindo ao teatro, isto vale também para a guerra: no fim, todas essas armas serão usadas. Milhares de tanques ainda podem se defrontar em choques de cavalaria mecanizada como fizeram no século passado, mas agora, neste novo mundo, equipamentos baratos — drones e mísseis portáteis capazes de destruir tanques e aviões — permitem que os países menores destruam os dispendiosos armamentos das grandes nações. Isto é maravilhoso quando são empregados contra um império maléfico, mas nem tanto quando somos nós os alvos. Antes das armas nucleares, os países ocidentais teriam declarado guerra à Rússia por causa da invasão da Ucrânia — como ocorreu na Guerra da Crimeia —, e a rivalidade entre os Estados Unidos e a China também teria provavelmente desembocado num conflito armado. De qualquer modo, isto ainda pode acontecer. Hoje, existem apenas nove potências nucleares — um resultado nada ruim —, mas na verdade cerca de quarenta países poderiam adaptar instalações nucleares de uso pacífico a fim de obter, em poucos anos, armamentos nucleares. A transformação do Irã em potência nuclear só vai intensificar a competição numa região mais carente de febrífugos do que de febres. O uso de armas atômicas táticas seria talvez equivalente ao acidente na usina de Tchernóbil; já o emprego de bombas de hidrogênio poderia acabar com o mundo. A guerra nuclear em alguma escala não só é plausível como provável — e vale a pena notar que, até hoje, nenhuma potência nuclear perdeu uma guerra.

A quantidade de autocracias vem aumentando, e há cada vez menos democracias. Não se pode determinar com exatidão o que leva um Estado a declinar e outro a se fortalecer, mas Ibn Khaldun, um personagem deste relato e seu espírito diretor, apontou a *asabiyya*, a coesão indispensável para que uma sociedade prospere: "Muitas nações sofreram derrotas materiais, mas estas nunca determinaram seu fim. Porém, quando uma nação é acometida de uma derrota psicológica, aí seu fim é inevitável".

Os Estados de controle menosprezam, mas também temem e invejam a confusão berrante, escandalosa, engenhosa e clamorosa — parte feira de diversões, parte terreiro rural — que o ambiente de liberdade confere ao nosso mundo aberto. As ditaduras se movem com mais rapidez sob líderes experientes, mas a violência e o controle são inerentes ao mundo fechado. A rigidez e as ilusões das tiranias são irremediáveis, suas espirais virtuosas terminam em fuzilamentos, e não em meros cancelamentos, e suas aventuras desembocam em devastação e morticínios. Quando fracassam, os autocratas despencam junto com o Estado e o povo.

Os únicos líderes mais burlescos e letais do que os mascates de feira livre eleitos em nossas democracias titubeantes são os palhaços onipotentes das tiranias. As democracias têm como fundamento uma confiança invisível: vezes sem conta, quando prepondera a anomia, acaba a confiança e também a abertura. "Assim que qualquer pessoa diz, a respeito dos assuntos de Estado, 'O que me importa isso?'", escreveu Rousseau, "o Estado pode ser dado como perdido." A lição dos últimos anos é que os ganhos tidos como consolidados — após as atrocidades de 1939-45, a malignidade do antissemitismo, os crimes de genocídio e de guerra, bem como a conquista do direito ao aborto e os triunfos da grande reforma liberalizante da década de 1960 — agora precisam ser conquistados de novo.

Mas também há esperança: durante a ascensão dos Estados Unidos, as presidências e as eleições de estilo americano tornaram-se instrumentos essenciais de legitimação nos antigos e novos Estados pós-coloniais. Ainda que o conhecido ditado de Theodore Parker, "o arco do universo moral [...] tende para a justiça", pareça excessivamente otimista, é inegável que, desde 1945, até mesmo as tiranias mais impudentes sentem-se obrigadas a fingir que realizam eleições e que respeitam as leis e as legislaturas — mesmo quando isso não passa de um "cosplay democrático".

As sociedades abertas são lentas, seus líderes pouco profissionais, suas políticas inconsistentes; porém, quando se mobilizam, elas se mostram flexíveis, eficientes e criativas. A tecnologia pode solapar a solidariedade democrática e favorecer as tiranias e as conspirações, mas, por outro lado, também promove a abertura e a justiça. A própria facilidade de seu uso faz com que atrocidades e guerras sejam documentadas em tempo real e amplamente vistas em nossa nova arena virtual global. Mas a hidra múltipla e indestrutível das mídias sociais também é um novo e imprevisível centro de poder que concorre com as instituições eleitas, parlamentares, cívicas e de comunicações, complicando e distorcendo sociedades já polarizadas. O desafio imediato posto pela tecnologia é o de aprendermos a controlar seus mecanismos de dependência e vigilância, ao mesmo tempo que desfrutamos dos seus benefícios. Precisamos restringir o poder não eleito e invisível dos déspotas dos dados; e esta é uma tarefa tanto para os Estados como para os indivíduos. Em todo o mundo, a Inteligência Artificial (IA) vai eliminar muitos empregos, mas nos Estados do bem-estar serão afetados sobretudo os mediadores digitais de classe média que fazem circular os dados numa economia virtual cada vez mais "onanista". Se a situação piorar muito, esses universitários insatisfeitos podem se tornar futuros revolucionários. A IA é um instrumento perigoso nas mãos de Estados poderosos, tanto despóticos como democráticos, mas também pode, após dois séculos de longas jornadas em fábricas e escritórios, contribuir para avanços nos campos da saúde e das formas de trabalho, e proporcionar mais tempo livre para a família e o lazer.

O perigo para as democracias do bem-estar é o de não mais conseguirem satisfazer as demandas por direitos dos cidadãos, ou aliviar os temores da população diante do declínio, do empobrecimento e da imigração, ou tampouco conter a fúria de quadros de militantes bem formados em torno de queixas culturais irrisórias e de sua adoção de ortodoxias iliberais, de um conjunto de beatices privilegiadas. Uma crise paralela é a charada de como os Estados do bem-estar poderão financiar as agressivas expectativas de apoio financeiro e assistência médica — exacerbadas pelo envelhecimento demográfico — sem aumentar tanto os impostos a ponto de matar suas galinhas de ovos de ouro. As identidades também estão evoluindo; é possível que as gerações mais jovens deixem de adotar a nacionalidade como sua identidade principal. Há quem duvide que os cidadãos jovens dessas democracias do bem-estar se disponham a dar a vida no serviço militar compulsório em defesa de pretensos interesses nacionais. As democracias capitalistas possuem desigualdades intrínsecas, mas essa inconsistência também é sua força: elas são adaptáveis. A fim de restaurar a confiança, a generosidade e a *asabiyya* essenciais nas democracias, elas terão de corrigir essas desigualdades. Essa calibração é possível quando os eleitores removem pacificamente dirigentes inaptos e votam em governos capazes de implementar reformas suaves que melhorem a igualdade e a justiça. As empresas e os magnatas digitais vão ter de compartilhar os lucros da IA e proteger os pobres.

Por mais perturbadoras que pareçam essas elucubrações, o mundo aberto continua sendo o lugar mais livre e agradável para se viver. Só há duas maneiras de resolver o problema do crescimento demográfico e das mudanças climáticas: ou com uma redução catastrófica da população — por pandemias, desastres naturais ou guerras termonucleares — ou com uma cooperação em escala titânica. E aqui também a tendência para a formação de blocos de poder poderia se revelar na prática proveitosa: quando chegar a hora — se é que vai chegar —, uma cabala de potentados poderia tomar essas decisões.

"O verdadeiro problema da humanidade", afirmou Edward O. Wilson, "é que temos emoções paleolíticas, instituições medievais e tecnologia quase divina." Para enfrentar as iminentes tempestades do caos, os seres humanos vão recorrer não só aos consolos da família, mas também a algum tipo de religiosidade, e até mesmo a um deus, para enfrentar o vazio que não é preenchido pelas ortodoxias políticas e pela insatisfatória abundância material — e também para explicar não só o virtuosismo irrefreável de nossas tecnologias, mas a natureza meio monstruosa, meio angelical de nós mesmos, seus criadores. O mero fato de sermos os símios mais inteligentes que existem, ou de termos até agora resolvido tantos problemas, não significa que seremos capazes de solucionar todos eles. A história humana é como uma dessas cláusulas de advertência em contratos de investimentos: o desempenho passado não é garantia de resultados futuros. Todavia, a brutalidade humana é constantemente redimida por nossa capacidade de criar e amar: e a família está no centro de ambas. Nossa capacidade ilimitada de destruição só encontra paralelo na engenhosidade que temos para nos recuperar.

Neste livro contei a história da queda de excelentes cidades, do desaparecimento de reinos, da ascensão e declínio de dinastias, numa sequência interminável de crueldades, loucuras, erupções, massacres, fomes, pandemias e poluição. No entanto, vezes sem conta, nestas páginas, os momentos de exaltação e os pensamentos nobres, a capacidade de se rejubilar e praticar o bem, a variedade e a excentricidade dos seres humanos, os aspectos do amor e da devoção familiar perpassaram todas as histórias, me fazendo lembrar do motivo que me levou a escrever.

Comemore sua alegria conosco!
Junte-se se em todo o mundo houver
Apenas uma alma para chamar de sua!
[...]
Sejam abraçados, todos vocês, milhões,
Compartilhe esse beijo com todo o mundo!
Friedrich Schiller, "Ode à alegria"

Cabia-lhe ter cautela, e aprender com as lições do passado,
Lá estavam para o seu estudo
Os antigos livros de história em bambus.
Mas você não os viu [...]
Mudam os tempos, e passa o poder;
Essa é a pena do mundo.

Li Qingzhao

A história dos homens não é a batalha do bem tentando vencer o mal. A história do ser humano é a batalha do grande mal para reduzir a pó a semente do humanismo. Mas se nem agora o humano foi morto dentro do homem, então o mal não há de triunfar.

Vassili Grossman, *Vida e destino*

Governantes, estadistas e nações são com frequência aconselhados a aprender a lição da experiência histórica. Mas o que ensinam a experiência e a história é que as nações e os governos nunca aprenderam nada com a história.

Georg Friedrich Hegel

Olhei para todos os lados e tudo me pareceu esplendoroso. Havia estrelas que nunca vemos desde a Terra [...] todas maiores do que sempre imaginamos. As esferas estelares eram muito maiores do que a Terra; na verdade, a Terra parecia tão pequena que senti desprezo por nosso império [...]. Basta olhar para o alto e contemplar essa casa e local de descanso eternos para não mais nos importarmos com os rumores da turba comum ou confiarmos na recompensa humana [...] pois o que dizem os homens morre com eles e desaparece no esquecimento da posteridade.

Cícero

Corra que o vinho é forte!
Breve é o tempo: agarre o que puder.
Quem sabe se a próxima primavera,
Tão amena, vai encontrá-lo como pó, cinza
ou homem vivo.

Saadi

Pense em toda a beleza que ainda há ao seu redor e seja feliz.
Anne Frank

Notas

CASAS DE SARGÃO E DE AMÓSIS: ZIGURATES E PIRÂMIDES [pp. 33-55]

1. Os arqueólogos, não: eles identificam o início da história como o momento em que se inventou a escrita.

2. Nos Andes, encontraram-se os restos de uma guerreira adolescente sepultada com sua lança em 7000 a.C. De 27 caçadores sepultados nesse período e descobertos na América do Sul, onze eram mulheres. Talvez, além da tarefa de alimentar e prover cuidados, as mulheres tenham tido papéis como líderes e guerreiras; ou talvez os sepultamentos tenham sido meramente ritualísticos.

3. A competição era brutal: na Europa, por volta de 5500 a.C., as aldeias dos primeiros camponeses eram com frequência aniquiladas por invasões ou guerras, nas quais inimigos desconhecidos abriam enormes sepulturas coletivas onde enterravam corpos torturados, escalpelados e canibalizados.

4. Por volta de 3000 a.C., os habitantes de Waun Mawn, no País de Gales, construíram um *henge*, um círculo de pedras azuis, algumas das quais foram mais tarde arrastadas por longa distância para Stonehenge, onde foi construído um círculo novo e maior.

5. Um dos governantes de Uruk citado em sua lista de reis é Gilgamesh, cuja mítica história — a *Epopeia de Gilgamesh*, escrita em cerca de 2000 a.C. e conhecida pela maioria dos sumérios — conta sobre a ascensão de uma família e o desenvolvimento de cidades. Gilgamesh é parte deus, parte homem, e viaja com seu amigo selvagem Enkidu em busca da vida eterna. Essas viagens refletem os primórdios do comércio, que permitiram que a pederneira e a obsidiana chegassem à Suméria, vindas da Anatólia. Enkidu, uma criatura da natureza, é seduzido por uma prostituta divina, Shamhat, e essa paixão de ordem sexual esgota seu poder selvagem e ele se estabelece na deslumbrante cidade de Uruk. Na *Epopeia de Gilgamesh*, uma inundação ameaça a humanidade, revelando um tema recorrente da história mundial: o medo do fim do mundo, tão forte então quanto ainda é hoje. Somente a família de Utnapistim/Ziusudra, uma figura parecida com a de Noé, sobrevive

— a própria definição de uma família de elite. A história, que inspirou muitos livros sagrados, termina com os deuses ensinando a Gilgamesh sobre os limites da supremacia humana, uma lição que os *sapiens* ainda lutam para aprender: "Recebestes a realeza, este era o vosso destino; não a vida eterna".

6. Versões diferentes do mito de Osíris prevaleceram em diferentes períodos. Osíris governava a terra, mas seu irmão Seth tomou o poder e o assassinou. Ísis, irmã e esposa de Osíris, encontrou seu corpo e o ressuscitou — talvez aí esteja a origem da mumificação. Sua morte e seu reviver estão ligados ao transbordamento anual do Nilo, o rio que dá vida. Osíris engravidou Ísis, mas, quase sem vida, caiu em Duat, o submundo que passou a governar. O mundo foi herdado por seu filho, Hórus, deus do Sol, da Lua e das estrelas, personificação da vida e do poder. Havia milhares de deuses no panteão egípcio, mas os reis eram protegidos por Hórus; de algum modo eles mesmos eram Hórus. Como Osíris, podiam se casar com as próprias irmãs.

7. O anão e bobo da corte preferido de Khufu, Perniankhu, com suas pernas curtas e tortas, vivia no Grande Palácio com ele, apelidado de "aquele que delicia seu senhor todo dia, o anão do rei". Seu favorecimento pelo rei era salientado pelo fato de sua tumba estar perto da própria Grande Pirâmide, e ele pode ter acumulado grande riqueza — tendo sido membro de uma dinastia de anões. Outro anão da corte, Seneb, que serviu ao filho de Khufu, o rei Djedefre, foi sepultado em Gizé, perto de Perniankhu: é possível que Seneb fosse filho de Perniankhu. Seneb era um alto funcionário da corte, com muitos títulos, possuía milhares de cabeças de gado e era casado com uma sacerdotisa bem-nascida, que não era anã, e com quem teve filhos. Uma bela estátua mostra os dois juntos. Junto à Grande Pirâmide, Khufu enterrou um barco com 46 metros de comprimento, feito de cedro do Líbano, para sua viagem ao submundo. Quando morreu, em 2525 a.C., foi sucedido por dois de seus filhos, Djedefre e Khafra. Nenhum deles tentou superar o pai, mas Khafra construiu uma pirâmide funerária que, embora menor, ficava situada num lugar mais elevado. Continha 25 estátuas dele próprio sentado no trono, com o falcão Hórus atrás da cabeça, numa pedra branca. Mas sua obra-prima era a escultura de um leão deitado, com o rosto do próprio Khafra: a Esfinge.

8. O nome foi mal traduzido pelos autores judeus da Bíblia para "Sargão" — embora estivessem se referindo ao muito posterior rei Sargão II, rei neoassírio em *c.* 720-705 a.C.

9. Alguns estudiosos afirmam que essa é uma descrição de Acádia; outros insistem que se trata da Babilônia, a maior cidade quando versões posteriores da *Epopeia de Gilgamesh* foram escritas.

10. Seus governantes moravam em palácios revestidos de gesso com grandes colunas de basalto, e as pessoas comuns em fileiras de casas de taipa. Eles espetavam os corpos com espinhos, talvez praticassem sangrias e sacrifícios rituais; e usavam borracha para fazer as bolas que utilizavam em seus jogos rituais. Não sabemos o nome da cidade — a chamamos de San Lorenzo — nem do povo. Muito mais tarde os mexicanos os chamaram de olmecas — o povo da borracha.

11. A ascensão da cultura ariana ocorre entre 1500 e 500 a.C., embora possa ter havido mais continuidade entre as culturas ariana e a do vale do Indo do que se supunha anteriormente. Três milênios depois, na Europa, ideólogos nazistas usaram a palavra "ariano" em sua ideologia racista. Ao mesmo tempo, Reza Pahlavi, que vamos encontrar mais tarde, mudou o nome da Pérsia para Irã (Ariano). Na Índia de hoje, nacionalistas hindus rejeitam a ideia de que a fé ou a raça indiana, especialmente a hindu, possa ter origens europeias. Mas, na Ásia central, há muito conhecida como a Aryavarta — Morada dos Arianos —, isso concerne não à raça, mas à língua e à cultura: o persa antigo (avéstico) e o sânscrito ainda estão estreitamente ligados; as histórias e os rituais do *Avestá* são semelhantes aos do *Rig Veda* indiano e outras histórias védicas, aos contos sobre reis e famílias ideais no *Ramayana*. A última pesquisa sobre DNA na Índia revelou que a maioria dos indianos descende de uma mistura de indianos do sul originais, os harapas, e povos da estepe ligados aos iranianos.

12. Embora historiadores do século xix tenham lhe dado o nome de um rei mítico, Minos, não há evidência de uma monarquia, e sua "sala do trono" pode ser sido uma câmara de conselho ou um templo para rituais. Os cretenses podem ter cultuado deusas representadas em seus afrescos. Alguns sugerem que havia governantes mulheres, mas tampouco há evidência disso. Sua língua ainda não foi decifrada.

13. Se os egípcios, por um lado, não percebiam os perigos do matrimônio incestuoso, por outro, produziam guias de medicina e ginecologia, escritos em papiros, que juntamente com outros papiros revelam o quanto sabiam — e quão pouco. As doenças eram causadas por demônios e espíritos malignos e curadas por mágica e por tratamento. Os médicos, com frequência também sacerdotes, eram especializados, indo desde "médico de olhos" a "pastor do ânus". Djoser teve Hesy--Rá, "chefe de dentistas e médicos", e houve uma médica-chefe mulher, Peseshet, em 2400 a.C. Os bebês eram paridos com as mães ajoelhadas, supervisionadas por parteiras. Seus médicos acreditavam que canais levavam do coração ao resto do corpo. A dor era tratada com ópio, queimaduras com babosa, epilepsia com cânfora; feridas eram envoltas em bandagens. Testes de gravidez usavam a urina da mulher sobre cevada e sementes de espelta; se elas germinavam, a mulher estava grávida; se fosse cevada, seria menino; se espelta, menina. A fertilidade era testada com uma cebola na vagina; se o hálito da mulher cheirasse a cebola na manhã seguinte, ela era fértil. Outras medidas eram mais sensíveis: se o períneo estiver "muito inchado devido ao parto, é preciso preparar óleo para encharcar a vagina". Contraceptivos femininos incluíam pessários de leite azedo, mel, goma de sódio ou acácia, esta última um conhecido espermicida. Fezes de crocodilo agiriam como contraceptivo indireto. Após um estupro: "Instruções para a mulher com dores na vagina que teve os membros machucados [...]. É preciso preparar óleo, que ela deve ingerir até ficar bem".

14. Os títulos revelam a complexidade da corte — "portador do selo real", "cavalheiro da alcova", "abanador do senhor das Duas Terras" —, mas a segurança era vital: o "mestre dos segredos" era os "olhos do rei". O corpo real de guarda-costas era constituído por núbios, mas também por micenianos do mar Egeu. Os policiais eram com frequência núbios.

15. A definição de vida após a morte tinha mudado desde os tempos de Seneferu. Na época dele, apenas reis eram dignos da vida após a morte; agora, altos funcionários também inscreviam textos sagrados em suas tumbas a fim de alcançar divindade e ressurreição. A nova família real promoveu o culto de Osíris, deus da terra e senhor do submundo, que supervisionava o renascimento após a morte, assistido por Rá e Hórus, os dois deuses do céu. Os egípcios abraçavam diferentes conceitos da alma do morto: o *ba* existia paralelamente ao indivíduo, mas na morte, durante o dia, viajava com o sol, e durante a noite reunia o corpo mumificado com Osíris. O *ka* era um espírito imortal que precisava de alimento para sobreviver e permitia que os mortos viajassem para o submundo para serem julgados por Osíris, uma viagem aterradora que, segundo os chamados Textos do Ataúde, os levava ao Campo da Oferenda. Lá, eles se deparavam com pavorosas alternativas, entre vida eterna e danação no inferno, onde teriam de comer excrementos e beber urina. Mas, se fossem escolhidos, entravam num mundo paradisíaco. Tudo isso dependia da sobrevivência da múmia no túmulo: por via das dúvidas, os egípcios eram agora sepultados num *shabti*, um figurino sepulcral, para servir de substituto caso a múmia fosse destruída. Para que *ba* pudesse voltar toda noite.

16. Na base de um dos três pares de obeliscos que Senenmut escolheu e transportou de Assuã, ela inscreveu a justificativa para aquele acréscimo: "Fiz isso por amor a meu pai Amon [...]. Para chamar a atenção das pessoas que vivem no futuro, que vão conhecer este monumento que fiz para meu pai. [...] Ele [Amon] dirá: 'Tão típico dela, sempre leal ao pai!'. Pois sou sua filha". Nenhuma filha amou o pai tão esplendidamente. Mas sua obra-prima foi seu templo mortuário, Djeser Djeseru, Santo dos Santos, um complexo de terraços cortados na superfície da rocha.

17. É raro ouvir a voz real de um faraó. Amenhotep II zombava mordazmente do duvidoso séquito de seu vice-rei núbio: "Você, na distante Núbia, um herói auriga que trouxe butins de todo país estrangeiro, é agora senhor de uma esposa da Babilônia, uma serva de Biblos (Líbano), uma jovem de Alalakh, uma bruxa de Arafka. Esses sírios são inúteis — para que servem eles?". Quando o vice-rei confiava demais em seus súditos núbios, era advertido: "Não confie nos núbios, cuidado com seu povo e sua feitiçaria. Cuidado com os servidores que promoveu".

18. Cerca de 380 cartas, descobertas na casa de correspondência do faraó na cidade de Akhetaten, revelam a fascinante correspondência, em escrita cuneiforme babilônia, com os poderes da Ásia ocidental. Os Grandes Reis da época gloriavam-se de pertencer ao clube de árbitros do mundo — como o G7 de hoje — e chamavam-se uns aos outros de "irmão". Como hoje, todos eram muitos suscetíveis no que dizia respeito a seu status. Egito e Hati eram as potências dominantes.

CASAS DE HATUSA E DE RAMSÉS [pp. 56-65]

1. Esses habirus podem ter sido a primeira menção a "hebreus", que apareceriam mais tarde como os judeus.

2. A peça central da capital era a Casa de Aton, próxima à casa do faraó e ao departamento de estado, a casa de correspondência do faraó, guardada pelos colossos de Akhenaton e Nefertiti. Todos os dias, a família real realizava o trajeto do palácio ao templo em carruagens cerimoniais, acompanhada de sacerdotes e protegida por guarda-costas munidos de cacetes. O artista real, "o favorito do rei e mestre de obras, o escultor Tutemés", montou um estúdio especializado em Nefertiti, esculpindo não só sua bela rainha adolescente — coroa azul e olhos pintados em quartzo negro, mantidos no lugar com cera de abelhas —, mas também a mulher nua, adulta e mãe.

3. O impetuoso e grandiloquente gigantismo dessa visão perdura hoje em todos os cinco — e acima de todos em sua espetacular obra-prima, o Templo de Ramsés Unido com Tebas, com mais de quatro hectares, coroado por um colosso de Ramsés. Essas obras expressavam não só a plenitude de seu poder, mas sua apoteose como um deus vivo.

4. Nessa mesma época, um escriba da corte, Aany, deu conselhos ao filho sobre como viver, oferecendo um vislumbre dos conservadores valores familiares egípcios: "A verdade é enviada por Deus", "Afaste-se dos rebeldes" e "Despreze a mulher de má reputação, não tente dormir com ela", além de "Devolva em abundância o pão que sua mãe lhe deu: dê suporte a ela assim como ela deu suporte a você". Mas a alma e a eternidade estão sempre na mente egípcia: "Não se perca no mundo exterior a ponto de negligenciar o lugar de seu descanso eterno".

5. Sabemos muito menos sobre a Europa, mas era um mundo violento: povos celtas migraram do leste e se estabeleceram na Europa central. Na mesma época, 1400 pessoas, entre as quais mulheres e crianças, foram mortas no vale do Tollense (na fronteira alemã-polonesa), no que parece ter sido uma emboscada a uma caravana de mercadores, executados com golpes na cabeça.

6. Seus ossos foram dispostos em torno do ataúde laqueado da sra. Han juntamente com um conjunto de vasos de bronze, alguns com seu nome gravado, 560 grampos de cabelo, setecentas peças de jade, opala e marfim com figuras gravadas de dragões, fênix e elefantes, e, entre 130 armas, seus machados de combate favoritos. Ela não foi a única mulher a comandar os exércitos de Wuding; mulheres comandaram exércitos chineses pelo menos até os Tang, no século VII.

7. Os micenianos comerciavam estanho do Afeganistão e âmbar do Báltico, percorrendo os mares da Grécia até a Itália e a Espanha. Um dos primeiros navios naufragados, por volta de 1300 a.C. — estudado na ciência histórica que podemos chamar de naufragologia —, contém artigos de

lugares tão distantes um do outro como a Babilônia e a Itália, demonstrando que já existia uma rede eurasiana.

8. O filho, Merneptá, enfrentou rebeliões na Líbia, na Núbia e em Canaã, onde, entre as tribos cananeias vencidas listadas em sua inscrição, ele cita "Israel", a primeira menção definida ao povo judeu.

9. A divisão da história antiga em idades da Pedra, do Bronze e do Ferro foi concebida em 1825 pelo historiador dinamarquês Christian Jürgensen Thomsen. A África subsaariana não passou por uma Idade do Bronze pré-histórica: as ferramentas eram feitas de pedra. Depois, de ferro. Para alguns, o súbito influxo de uma tecnologia para trabalhar o ferro suporta o argumento de que a tecnologia chegou à África vinda de fora do continente. Em tempos mais recentes, porém, alegou-se que a tecnologia do ferro se desenvolveu de forma independente em um ou mais centros, possivelmente Nok (Nigéria) ou Kush (Sudão).

10. Os israelitas migraram para Canaã muitos séculos antes, fugindo da escravidão no Egito, de acordo com a Bíblia. Contrariamente à história bíblica da conquista, é provável que tenham conquistado alguns povos locais e se misturado por matrimônio com outros.

OS FARAÓS NÚBIOS E OS GRANDES REIS DE ASSUR: CASA DE ALARA CONTRA CASA DE TIGLATE-PILESER [pp. 66-75]

1. A Bíblia é uma antologia composta por diferentes textos sagrados escritos por autores judeus anônimos muito mais tarde, durante o exílio na Babilônia, do ponto de vista religioso puramente monoteísta do reino de Judá. Era tendenciosa em relação ao reino de Israel, mais cosmopolita. Como todo texto sagrado, está repleta de aspectos obscuros, mas por vezes é também uma fonte histórica e mitológica.

2. Esses povos chamavam-se "cananeus", mas os gregos os chamavam de "fenícios", devido a sua principal marca, a tintura púrpura fenícia, extraída de moluscos do gênero *Murex*.

3. Os camelos, com duas corcovas na Báctria e uma corcova na Arábia, tinham sido domesticados para a ordenha entre os séculos IV e III a.C., passando depois a ser usados como animais de carga e montaria. Já eram centrais na vida dos árabes como meios de transporte e alimentação: quando um chefe árabe morria, seu camelo favorito era enterrado com ele, ou deixado em seu túmulo até morrer. Os árabes já tinham combatido os assírios antes, mas também atuavam como mercenários. Camelos transportavam seus guerreiros, que depois trocavam de montaria e galopavam em cavalos para as batalhas.

4. Salmanaser III morreu enfrentando uma rebelião dos filhos, um dos quais se tornou o rei Samsiadade. Sua rainha era Samuramate, uma princesa babilônia que os gregos chamavam de Semíramis. Quando Samsiadade morreu, em 811 a.C., seu filho Adadenirari III era criança, de modo que Semíramis assumiu o poder, intitulando-se "rei do universo, rei da Assíria, nora de Salmanaser, rei dos quatro cantos do mundo", e ganhando o respeito dos marciais assírios. Como um verdadeiro rei, ela liderou seus exércitos num ataque ao Irã e morreu em combate. Mas, graças a ela, a Assíria manteve seu poder.

5. O topônimo "Ararat", que designa o monte, é um raro indício geográfico da existência de Urartu, mas há muitas escavações de cidades urartianas na Türkiye e na Armênia. Em outro reino poderoso, Elam, falava-se uma língua diferente de todas as outras na região; sua capital, Susa, era uma notória cidade murada, cujo templo principal, um zigurate com 53 metros de altura em Tchoga Zanbil, é, segundo Lloyd Llewellyn-Jones, "o mais bem preservado que existe, um monumento à engenhosidade e ao poderio dos elamitas".

6. Seu avô foi (provavelmente) o conquistador Tiglate-Pileser, mas alguns estudiosos afirmam que Sargão foi um usurpador. A missão dos reis assírios era expandir o território do deus Assur, legislar e governar com justiça, enriquecer a pátria e servir a todos os deuses da Assíria. Os relevos e anais históricos em seus palácios descrevem as batalhas e matanças do reino, ainda que de modo exagerado, a fim de causar efeito. As deportações promovidas pelos reis tencionavam acabar com rebeliões e povoar o coração da Assíria.

7. A Casa de Alara, ainda usando títulos faraônicos e sepultando seus reis em pirâmides, continuou a governar Kush por vários séculos, deslocando sua capital mais para o interior do Sudão, para a cidade de Meroe, a fim de estar mais segura ante uma invasão egípcia.

8. Matar leões era o tema da monarquia assíria. Menores do que os africanos, os leões iraquianos eram encurralados por exércitos de batedores e conduzidos na direção do rei por eunucos que controlavam mastins, observados por enormes multidões. Tratava-se de um evento religioso, de um esporte e de um treinamento para a guerra. Após a caçada, o rei comemorava: "Sou Assurbanipal, rei do universo, rei da terra de Assur, aquele que Assur e Ninlil dotaram de força suprema, aquele que matou leões com o arco terrível de Ishtar, senhora da guerra; derramei sobre eles uma libação de vinho".

9. Os medas e os persas, guiados por uma classe de sacerdotes adivinhos, os magos (daí a palavra "mágico"), viam o mundo como um interminável duelo entre a luz e a escuridão, a verdade e a mentira, governado pelo deus doador do fogo, deus da luz, da sabedoria e da verdade, Ahuramazda. Inspiravam-se num profeta ariano, Zoroastro, que pode ter vivido na Báctria há cerca de 4 mil anos — ou muito mais tarde, nos tempos de Ciro ou de Dario. Apenas fragmentos de sua vida sobreviveram: seu nascimento como um bebê que ria, em vez de chorar; sua visão, quando tinha trinta anos, de um ser de luz que lhe revelou a verdade sobre Ahuramazda (Senhor Sábio), que representava *asha* — a ordem e a verdade — em luta contra a escuridão de Ahriman (Espírito Destrutivo), que representava *druj* — o caos e a mentira. Grande parte do zoroastrismo, expresso no texto sagrado persa do *Avestá*, é ligada à religião hindu, referindo-se a deuses indianos como Mitra e demonstrando assim uma origem compartilhada indo-iraniana. Ao contrário de Jesus Cristo, mas tal como Maomé, Zoroastro casou-se e teve filhos; como Jesus, morreu violentamente, aos 77 anos, apunhalado por um assassino.

HAXAMANIS E ALCMEÃO: CASAS DA PÉRSIA E DE ATENAS [pp. 79-91]

1. Seus livros foram coligidos na Bíblia — um feito excepcional, ao registrar a singular sobrevivência do povo e da fé judaicos ante a destruição política e física —, que se tornou um livro de importância universal porque o fundador do cristianismo, Jesus, era um judeu praticante que reverenciava e cumpria suas profecias. Já Maomé, o fundador do islã, estudou e reverenciou tanto o Antigo quanto o Novo Testamento, que citava com frequência em seu próprio texto sagrado, o Corão, e que acabaram por se tornar sagrados também para o islã. Há pouca evidência de que a história bíblica da Torre de Babel possa ter sido influenciada pelo zigurate babilônio, mas isso não quer dizer que os judeus deportados para a Babilônia odiassem o zigurate ou o chamassem de outra coisa que não "o Templo de Marduk". A Babilônia pode ter influenciado o Livro da Revelação, mas a Prostituta é provavelmente uma metáfora muito mais tardia para o Império Romano.

2. Segundo o historiador grego Heródoto, em um texto escrito um século depois, Astíages (Rishtivaiga) teve um pesadelo com Mandana, no qual ela urinava um jato dourado que inundava seu império. Mas, quando Mandana ficou grávida, Astíages sonhou que uma videira crescia de sua vagina até se entrelaçar em torno de toda a Ásia: o filho iria unir medas e persas.

3. Os persas e os medas introduziram "o uso de calças no mundo", escreve Lloyd Llewellyn Jones. No Egito, na Grécia e no Iraque, as pessoas vestiam sobretudo túnicas feitas de tecidos leves. Em 2008, o corpo mumificado de um menino de 500 a.C. foi descoberto numa mina de sal iraniana, e ele usava uma túnica e folgadas calças "de harém". Heródoto ficou horrorizado com a vulgaridade das calças. "Os atenienses foram os primeiros gregos a suportar a visão da vestimenta persa." Mas as calças acabaram pegando.

4. Os gregos tinham começado a escrever legendas nos copos em que bebiam. Por volta de 750 a.C., num dos primeiros exemplos dessa prática, no assentamento grego em Ísquia, na baía de Nápoles, um grego chamado Nestor gravou em seu copo três linhas, que combinavam verso, narrativa, teologia, sexo e bebida. "Sou o cordial copo do qual bebe Nestor. Quem beber deste copo será incendiado pelo ardente desejo da bem coroada Afrodite."

5. Eles viam o mundo como um sistema que podia ser estudado pelos amantes da sabedoria, os *philosophos*. Por volta de 500 a.C., o filósofo contestador Heráclito de Éfeso usou pela primeira vez a palavra cosmos — ordem — para se referir ao universo. "Tudo passa a existir mediante o conflito de opostos", disse ele, "e tudo flui" numa constante evolução: "Ninguém pode entrar duas vezes no mesmo rio". Sua visão da infalibilidade dos deuses e reis é sempre relevante: "A eternidade é uma criança movendo fichas num jogo; o poder dos reis é como um jogo infantil". Por fim, ele foi o primeiro a definir a guerra como um dos motores para o desenvolvimento humano. "A guerra é o pai de tudo e o senhor de todos; alguns ela apresenta como deuses, outros como homens; alguns ela torna escravos, a outros dá a liberdade."

6. Entre 750 e 650 a.C., um grupo de escritores, depois personalizado como "Homero", escreveu dois poemas épicos, a *Ilíada* e a *Odisseia*, usando antigos contos micenianos. Homero chamava os gregos de "argivos" ou "arqueanos", mas um ancestral comum chamado Heleno foi inventado num poema, *Catálogo de mulheres*, para lhes dar um nome próprio: helenos. Foram os romanos que, muito mais tarde, os chamaram de gregos, termo calcado na primeira tribo falante do grego que encontraram.

7. Isso era comum em todas as sociedades da Grécia antiga, onde não havia o conceito de identidade sexual. O relacionamento entre homens mais velhos — os *erastes* — e homens mais jovens — os *eronmenos*, geralmente entre quinze e dezenove anos — era normal; a maioria dos homens se casava e tinha filhos, sem deixar de manter amizades íntimas com outros homens. Mas o homem viril assumia uma posição de superioridade sexual.

8. No apogeu de Atenas, um terço de seu povo encontrava-se escravizado.

9. Havia outro tipo de Estado grego. No norte selvagem e montanhoso, mais próximo dos povos dos Bálcãs e da estepe eurasiana, os reinos da Macedônia e do Épiro eram *ethne*, Estados semitribais que evoluíram para monarquias militares.

10. A família Egibi foi a primeira dinastia de negócios conhecida na história: lidavam com propriedades, terras, escravos e empréstimos, sobrevivendo habilmente ao longo de dinastias e conquistas. Um arquivo de tábuas de barro de 1700 a.C. revela suas tratativas em cinco gerações, de cerca de 600 a.C. a 480 a.C., com referências a notas promissórias e divisões de terra. Os Egibi casavam seus filhos com as filhas de outras famílias ricas. Os dotes incluíam terras, prata, escravos e negócios inteiros. Tendo começado como administradores de terras sob Nabucodonosor II, eles haviam ascendido a juízes dos nabônidos e agora serviam Ciro, tendo prosperado ainda mais sob seu sucessor, Dario, progredindo desde prestamistas dos governantes até funcionários dos Grandes Reis.

11. O cilindro é sem dúvida o mais exitoso documento de relações públicas dos tempos antigos, e sua fama de "primeira declaração dos direitos humanos" é absurda: Ciro e sua época não tinham nenhuma noção de direitos humanos.

12. Os escritores judeus da Bíblia basearam sua ideia do Jardim do Éden no *pairidaeza* persa.

13. Os citas eram cavaleiros talentosos, mas também excelentes artistas. Assim como os persas, seus colegas arianos, eles reverenciavam o fogo como o senhor de seus sete deuses, cujas relações com os homens eram mediadas por xamãs transgênero. "Seus intoxicantes favoritos", escreveu Heródoto, "eram haxixe com leite de égua fermentado." Os citas apreciavam artefatos trabalhados em prata e ouro, mas eram uma civilização que ritualizava a violência: crucificavam e decapitavam seus inimigos, que escalpelavam (o escalpe desenvolveu-se ao mesmo tempo no Velho e no Novo Mundo) e esfolavam, usando suas peles para cobrir as aljavas, o sangue como bebida, e as calotas dos crânios, cortadas abaixo das sobrancelhas, como copos. Todo centésimo prisioneiro de guerra era sacrificado. Quanto a seus próprios mortos, os citas removiam seus cérebros e entranhas, que comiam, e os enterravam sob montículos, em câmaras funerárias cheias de artefatos de ouro, além de escravos, parentes e cavalos sacrificados.

14. Heródoto é nossa única fonte dessa história cita, na qual a morte de Ciro reflete a visão grega dos reis persas como tiranos vorazes e afeminados.

15. Os persas enterravam os órgãos num sarcófago dourado, no simples estilo lídio, no templo de Ciro, ainda de pé perto de seu paraíso em Pasárgada.

16. Segundo Heródoto e outras fontes gregas, ele era tido como "meio louco". Dizia-se que chacinara o touro sagrado egípcio Ápis, usava humanos para praticar tiro ao alvo, matara a própria esposa, enterrara doze nobres de cabeça para baixo e fizera justiça com um juiz corrupto esfolando seu corpo e usando seu couro curtido para produzir uma cadeira, que ofereceu ao filho de sua vítima e seu sucessor como juiz. "Lembre-se sempre de onde está sentado", disse.

17. Heródoto e o médico-historiador da corte, Clésias, contam ambos esta história, segundo a qual Dario de certo modo trapaceou para chegar ao trono — um comportamento típico dos persas, na visão grega. A história do estratagema com a vagina da égua reflete a importância dos cavalos na cultura persa-meda, na qual com frequência um cavalo era sacrificado em honra a Ciro. A história baseava-se na prática persa da hipomancia, a adivinhação a partir do comportamento dos cavalos.

18. Quando ficou mais velha, Atossa descobriu um tumor no seio. Os médicos da corte eram, em sua maioria, egípcios, mas Dario capturara um médico grego, Demócedes, que havia curado o tornozelo fraturado do rei. Demócedes vivia esplendidamente como médico real, mas ansiava por voltar para casa. Depois de operar com sucesso o tumor de Atossa, na primeira mastectomia registrada na história, ele recebeu permissão para se juntar a uma embaixada persa na Grécia, de onde fugiu e voltou para casa.

19. O hinduísmo é composto por diferentes crenças, práticas e escrituras. Muitas de suas tradições surgiram dos *Vedas* (Conhecimentos), divinamente revelados e compostos por volta de 1500-500 a.C., e de textos védicos sagrados posteriores, inclusive os *Puranas* — "velhos" ou "antigos", compostos por volta de 300 d.C. Os *Vedas* incluem hinos litúrgicos e orientações para os brâmanes (sacerdotes), que são os únicos autorizados a utilizá-los em rituais.

20. Ao mesmo tempo, na China, dividida em reinos antagônicos, um filósofo criou sua própria ordem moral, fundamentada numa visão ética da China como um reino de famílias, uma hierarquia que começa no governante e se estende para baixo até a figura do pai, o chefe da família. Kong Qiu, mais tarde conhecido como Mestre Kong (e latinizado por jesuítas do século XVII para Confúcio), foi um pragmatista e um entusiasta, e não apenas um pálido asceta. "Por que vocês não disseram como sou apaixonado?", costumava perguntar a seus seguidores. Ele gostava de montar e caçar. Mas, diante de guerras intermináveis e de jogos de poder, defendia uma via ética, o "Caminho": "Quando o Caminho prevalecer sob o céu", haveria ordem; sem ele, reinaria o caos. Mas ele também pregava a bondade: "Existe uma palavra para guiar uma pessoa ao longo da vida?", perguntou

a um seguidor. "Que tal 'reciprocidade'?", sugeriu. "Nunca imponha aos outros o que não escolheria para si mesmo." Foi um discípulo de quarta geração, Mengzi (Mêncio), que desenvolveu e estruturou suas ideias. Os *Analectos* de Confúcio, escritos antes de 200 a.C., propunham reinos ordeiros, governados por reis orientados pela virtude e aconselhados por eruditos como ele próprio; a prece traria divina harmonia ao cosmos, o que por sua vez propiciaria harmonia moral na Terra.

OS ALEXANDRINOS E OS HAXAMANISHIYA: UM DUELO EURASIANO [pp. 92-113]

1. Mardônio era filho do sobrinho de Dario, bem como seu genro, marido de sua filha Artozostra. Em uma das poucas tábuas da família encontradas nos arquivos reais, Dario ordena: "Deem cem carneiros de minha propriedade para minha filha Artozostra, abril de 506 a.C.". A carta, escrita não no persa de suas inscrições reais, mas em elamita, revela que ele dava ordens orais que só depois eram registradas por seus cortesãos e enviadas.

2. "Vá e conte aos espartanos, você que passa", lê-se numa pungente inscrição, "que aqui, obedecendo a suas leis, nós jazemos."

3. Pouco tempo depois da Batalha de Salamina, um grego de boa família nasceu no Halicarnasso (Bodrum), na Jônia, território persa, mudando-se mais tarde para Atenas, de onde viajou para o mundo eurasiano, visitando o Egito (possivelmente numa frota ateniense), Tiro e a Babilônia antes de se estabelecer numa colônia ateniense na Calábria, na Itália. Aos 35 anos, ele começou a escrever o que chamou de "a demonstração de uma investigação" cujo propósito era "impedir que os traços de eventos humanos se apaguem com o tempo, e preservar a fama de conquistas importantes e notáveis". Tratava-se de Heródoto; investigação em grego é *historie*, e ele deu ao livro o título *Historiai*, inventando a prosa histórica como um gênero, a história como uma ciência baseada em evidências — algumas de suas histórias eram estranhas, porém muitas foram confirmadas como factuais —, mas também como arma cultural. Embora muitos gregos tivessem lutado tanto ao lado dos persas como contra eles, sua história ajudou a criar uma narrativa de superioridade ocidental — helênica — sobre a bárbara autocracia dos iranianos. As histórias de Heródoto eram típicas da versão grega da história persa que influenciou toda a historiografia ocidental até os séculos XVIII e XIX, quando os europeus atribuíam sua superioridade cultural sobre asiáticos e outros povos aos antigos gregos.

4. Foi ele que lançou *Os persas*, a peça de Ésquilo, primeiro exemplo de literatura a promover a lenda da superioridade grega sobre o despotismo persa.

5. Pessoas escravizadas eram com frequência alforriadas — "escravos, mais do que homens livres", escreveu mais tarde Xenofonte, "precisam de esperança" —, e filhos de senhores com escravas nasciam livres (diferentemente do que acontecia no escravismo atlântico).

6. Sócrates usou o julgamento para promover suas ideias. Ordenaram-lhe que ingerisse um veneno. Um de seus alunos, Platão, preservou as falas do mestre e propôs um Estado ideal em sua *República*. A busca de Sócrates pela virtude fazia parte do foco grego na humanidade, que evoluía pouco a pouco: seu contemporâneo Protágoras afirmou que "o homem é a medida de todas as coisas", enquanto um médico em Kos, Hipócrates — cujo pai e cujos filhos também eram médicos —, começava a categorizar e diagnosticar doenças causadas pela natureza, e não por deuses: dizia-se que ele notara que o inchaço dos dedos podia ser sinal de uma doença cardíaca. Uma das enfermidades que esses médicos identificaram foi chamada de *karkinos* — origem da palavra câncer.

7. Os mundos persa e grego estavam completamente interconectados. Enquanto escritores na Grécia proclamavam a superioridade grega, metade dos gregos vivia no Império Persa. Mesmo o

strategos ateniense Temístocles, vencedor na Batalha de Salamina, acabou servindo a Xerxes; Alcibíades sentia-se igualmente confortável na presença de sátrapas persas e reis espartanos. O jovem comandante de Ciro, Xenofonte, agora tinha de lutar para voltar para a Grécia, um feito que ele próprio relata em sua *Anábase*, as primeiras memórias escritas de um soldado — enquanto nossa fonte para a corte persa é o médico real, Ctésias.

8. A pragmática mãe de Dario, Sigigambis, não chorou por ele e jamais o perdoou por tê-la abandonado em Issus. "Eu tenho um filho", disse, "e ele é o rei da Pérsia." Ela se referia a Alexandre.

9. "Comandante dos mil", versão grega da patente persa *hazahrapatish* — "mestre dos mil" —, com denotação de marechal de campo e ministro-chefe do Grande Rei.

10. Enquanto Alexandre, acreditando ser um deus, abria caminho para a Índia, em Atenas, seu tutor Aristóteles, ele próprio um discípulo de Platão, ensinava a seus alunos no Liceu sobre os experimentos que vinha conduzindo com organismos naturais, que estabeleciam a investigação científica mediante a experimentação, mais tarde o fundamento da ciência; além disso, transmitia a eles sua filosofia, segundo a qual os seres humanos deviam "batalhar para viver de acordo com o que temos de melhor" — a razão.

11. Tendo começado como um dos pajens do rei Filipe, Seleuco foi um dos poucos paladinos que ficaram satisfeitos com seus matrimônios persas: ele se casou com Apama, filha de um guerreiro bactriano, Spitamana, numa união feliz que deu origem a uma das grandes dinastias do mundo antigo.

OS MAURIA E OS QIN [pp. 114-21]

1. O conselheiro egípcio de Ptolemeu, o sacerdote Mâneto, foi o grande historiador que dividiu os faraós egípcios em dinastias, divisão que usamos ainda hoje.

2. Foi Ptolemeu quem planejou seu próprio distrito real em torno da Soma, o túmulo de Alexandre — acrescentando o farol da ilha de Faros, em Alexandria, uma das sete maravilhas do mundo antigo; e o Museion, o santuário das Musas (o primeiro museu), uma academia de estudos aristotelianos que incluía a biblioteca que deveria abrigar traduções para o grego de todas as obras do mundo. Ele acolhia intelectuais de todo o mundo grego.

3. Chandragupta foi orientado pelo semimítico Chanaquia. Durante muito tempo acreditou-se que Chanaquia havia escrito pelo menos algumas seções do *Arthashastra* (Ciência política), um guia para a permanência no poder. "É possível perder uma guerra tão facilmente quanto vencê-la. A guerra é imprevisível. Evite a guerra." Chanaquia compreendia a essência da política — "A raiz da boa governança é a vitoriosa contenção" —, e usava a antiga imagem indiana da roda para descrever o *rajamandala*, a mandala dos reinos, tributários em volta de um poderoso império. O *Arthashastra* identifica Cautília como seu autor, e presumiu-se que este fosse outro nome de Chanaquia. Atualmente, porém, acredita-se que a autoria do texto não seja dele.

4. Filadelfo supostamente tinha nove amantes, das quais a estrela era Belistiche, uma insubordinada beldade grega que conduzia carruagens de corrida. Apesar das regras contrárias à participação feminina, ela de algum modo venceu os Jogos Olímpicos e se mudou para Alexandria, onde teve um filho com o imperador. Essa intrépida desportista amante dos prazeres era tão celebrada que, quando morreu, Filadelfo ordenou sua deificação, sepultando-a no Templo de Sarápis.

5. Sabemos muito pouco sobre Axoca, exceto pelo que afirmam suas inscrições, claramente inspiradas nas dos Grandes Reis persas, e nas quais se baseiam essas alegações — provavelmente exageradas. Este relato usa os mitos obscuros e contraditórios de Axoca do ponto de vista de fontes do Sri Lanka, da Índia budista e brâmanes.

6. A ideia do imperador era criar uma versão de seu império para a vida após a morte. Sob telhados abobadados descrevendo os céus e as estrelas fluíam rios de mercúrio em linhas traçadas com bronze, simbolizando o Yangtzé e o rio Amarelo, enquanto 7500 soldados de terracota guardavam as entradas do túmulo, reforçadas com armadilhas na forma de bestas. As estátuas, ao contrário das estátuas chinesas anteriores, exibiam rostos e corpos realistas. Algumas tinham bigode, outras mostravam coques nos cabelos, algumas deixavam entrever ventres salientes; muitas tinham olhos estranhos; todas eram dotadas de armadura e armas. A maioria foi construída com um número limitado de partes modulares, mas é provável que os generais tenham sido esculpidos a partir de modelos-vivos. Sua inspiração provavelmente vem de figuras menores encontradas nos túmulos do período dos Estados Combatentes, mas também é possível que a influência venha da escultura grega, trazida para o leste por Seleuco e seus camaradas. Sima Qian, o historiador do século I a.C., é a fonte dos ultrajantes relatos sobre a loucura e as crueldades de Ying, que podem também ser descrições indiretas ouvidas de seu mestre, o imperador Wu, da dinastia Han.

7. A morte de Axoca levou a uma cruel disputa pela sucessão — não só entre diferentes príncipes, mas entre brâmanes, budistas, jainistas e ajivikas —, temporariamente vencida em 232 a.C. por um de seus netos, Dasatatha Mauria, filho de Kunala. Mas, no final, seu filho favorito, Samprati, um jainista que não seguia o budismo, apoderou-se da Coroa. O império começou a ruir.

OS BARCA E OS CIPIÃO: AS CASAS DE CARTAGO E ROMA [pp. 122-35]

1. A assembleia elegia anualmente dois sufetas — líderes que governavam em tempos de paz — e um comandante-chefe ou um comitê de generais, além de um conselho de 104 membros para julgá-los e puni-los. Os generais recebiam autonomia política, mas se falhassem eram crucificados. Os sufetas eram membros do Conselho dos Poderosos — o Adirim, composto por trezentos aristocratas — que tinham especial influência. Quando nem sufetas, generais e Poderosos conseguiam decidir, o povo era consultado.

2. O mito da fundação de Roma gira em torno de dois irmãos abandonados na infância e criados por uma loba: uma imagem de nutrição e ferocidade que Roma adotou como símbolo. Um dos irmãos, Rômulo, matou o outro, Remo, numa disputa sobre as fronteiras da cidade, e tornou-se o primeiro rei da cidade — uma homilia atemporal da tragédia do poder da família.

3. Todas as principais autoridades de Roma — cônsules, pretores, tribunos — eram eleitas: os detentores de cargos públicos eram escolhidos por diferentes assembleias de cidadãos, como a das centúrias, as tribais e as plebeias, com frequência reunidas no *comitum* do Fórum. Na época em que grande parte da Itália havia sido conquistada, o eleitorado compreendia nada menos que 900 mil eleitores, mas muito poucos efetivamente votavam — na verdade, cerca de 30 mil a 50 mil; o suborno era endêmico, assim como a violência faccional. Esses cidadãos — isto é, os homens, à exceção dos escravos — elegiam anualmente dois cônsules, que serviam como líderes políticos e militares. Os cônsules, na prática, eram sempre patrícios (nobres), enquanto o Senado, com seiscentos patrícios (de maneira muito semelhante ao Conselho dos Poderosos de Cartago), instruía os cônsules e, em tempos de crise, nomeava ditadores para governar por curtos períodos. Os patrícios vestiam o traje nacional, a toga, uma veste branca com borda púrpura para os detentores de cargos públicos (daí a palavra candidato, de *candidatus*, pessoa que usa a toga branca das campanhas eleitorais). Havia uma tensão crescente entre os oligarcas patrícios e o povo, os plebeus, cujos tribunos eleitos podiam intervir e vetar leis.

4. Para se divorciar da mulher, um homem precisava apenas dizer: "Vá cuidar das suas próprias coisas". Casamentos entre nobres eram frequentemente políticos, mas nem sempre. Havia casos em que casais felizes eram obrigados a se divorciar e fazer casamentos políticos. Os bebês nasciam em casa, e muitas mulheres morriam no parto. Quando se fazia uma cesariana, a mãe sempre morria, mesmo se (como no caso de Cipião) o bebê fosse salvo. Bebês imperfeitos eram rejeitados e abandonados. Muitas mulheres da nobreza tinham seus bebês amamentados por amas de leite escravizadas. Na aristocracia, tanto meninas como meninos eram educados, mas o status das meninas era demonstrado pelo fato de seu nome de família — Cornélia, no caso dos Cipião — vir acompanhado por um número. O relacionamento entre um homem e uma mulher fora do casamento era chamado de *concubinatus*. Concubina veio a significar mulher não casada, esposa jovem ou, com maior frequência, jovem escravizada no harém de um potentado.

5. O triunfo era o desfile da vitória, no qual, após esperar com seu exército além da fronteira de Roma, o *triumphator*, o rosto pintado com chumbo vermelho para se parecer com Júpiter, e acompanhado de um escravo murmurando *"Memento mori"* (Lembre-se de que é mortal), conduzia suas tropas (entoando canções irreverentes sobre seu general), carroças com butim e prisioneiros em grilhões, numa procissão por uma Roma em festa, culminando com um sacrifício e, depois, numa masmorra subterrânea, com o estrangulamento de prisioneiros importantes.

6. Apenas as maiores famílias romanas, como os Cipião, tinham *tri nomina* (três nomes): Público era o primeiro nome, ou *praenomen*; Cornélio era o *nomen* do clã; e Cipião, o *cognomen*. A maioria dos romanos tinha apenas dois nomes; escravos, somente um. O *agnomen* era um apelido, frequentemente humorístico, ou uma recompensa senatorial. O *agnomen* "Africano" foi um prêmio do Senado, um nome para representar a vitória, e se tornou hereditário.

7. Um dos sucessores de Demétrio, Menandro (Milinda), governou o noroeste da Índia e o Paquistão, apresentando-se como um basileu grego e um marajá indiano. "Instruído, eloquente, sábio e capaz", ele seguia Buda, que ainda não era apresentado em estátuas, e cuja apresentação como humano pode ter sido influenciada por esses monarcas gregos. Quando Menandro morreu, sua viúva, Agatocleia, tornou-se rainha por direito próprio — a primeira dos mundos helênico e indiano.

8. Zhao Gao, agora chanceler, ludibriou o imperador obrigando os cortesãos a fazer um teste de lealdade: ele mostrava um veado, mas insistia em que o chamassem de cavalo. "O chanceler talvez esteja enganado ao chamar um veado de cavalo?", perguntou o imperador, mas seus cortesãos ratificaram o eunuco. Trata-se de uma história que todo líder deveria ter em mente — e o primeiro caso na história de manipulação psicológica.

9. Esta é a história que se conta até hoje na festa judaica de Chanuká. Os reis macabeus governaram a Judeia — que abrangia a maior parte do território que hoje abriga Israel, Jordânia e Líbano — por mais de um século.

10. Uma estátua conhecida como *O príncipe grego* mostra um patrício romano que pode ser Cipião. O casamento entre clãs patrícios era complexo, e piorado pela adoção, que permitia que um grande senhor adotasse o filho de outra pessoa como se fosse dele, complicando relacionamentos por si só já bastante complexos. Público Cornélio Cipião Africano Emiliano fora adotado pelo filho do Africano porque seu próprio pai, Lúcio Emiliano Paulo, conquistador da Macedônia, já tinha muitos outros filhos. Quando na Grécia, o pai de Emiliano conheceu o futuro historiador Políbio, o qual, obrigado a viver em Roma como refém, tornou-se tutor do menino. O grande Africano casara sua filha adolescente Cornélia Africana, famosa pela virtude e inteligência, com um senador mais velho, Graco; a filha dos dois, Emprônia, modelo da *pudicitia* romana, era casada com Cipião Emiliano.

1. A Talha do Tigre, Hu-Fu, era a prova da autoridade imperial, um tigre dourado dividido em duas metades, uma das quais ficava com o governante, e a outra, com o general. Era o equivalente, no século II a.C., aos atuais códigos de acionamento de armas nucleares.

2. Quando uma concubina que ele amava morreu, Wudi lamentou: "O sussurro de sua saia de seda foi embora/ A poeira se junta no piso de mármore/ Seu quarto vazio está frio e silencioso/ Folhas caídas amontoam-se junto às portas/ Como pode descansar meu condoído coração?".

3. A despeito de seu sucesso, Feng Liao tinha saudades de casa, de seu "estranho país no outro lado do céu"; como ela escreveu num belo poema que fala por tantas princesas casadas com toscos estrangeiros, eles a tinham enviado "Para viver longe na terra estranha do rei Asvin,/ Uma tenda é minha morada, de feltro são minhas paredes,/ Como alimento tenho carne, e cúmis para beber/ Estou sempre com saudades de casa, e dentro de mim meu coração padece/ Gostaria de ser um cisne de bico amarelo, voando de volta para casa". Cinquenta anos depois, ela finalmente voltou para casa, em Chang'an.

4. Quando um de seus inimigos, o tribuno, foi traído por um escravo, Sula o matou. Em seguida, libertou o escravo pelo serviço prestado e mandou que o atirassem da Rocha Tarpeia, um penhasco com quase trinta metros de altura próximo ao Capitólio, usado para matar traidores notórios e cativos rebeldes que traíam seus senhores. Os romanos viam as revoltas de escravos com enorme apreensão.

5. A implicação era que César tinha assumido a posição passiva na relação com o rei Nicomedes. Muito mais tarde, até mesmo durante seu primeiro triunfo, seus soldados cantavam: "César abateu os gauleses, Nicomedes o fez se curvar".

6. Os túmulos dos Han, mesmo os dos príncipes e reis menores, revelam a cultura e o esplendor da corte, como as vestimentas ornadas de jade (por exemplo, a de um rei de Zhongshan), feitas com cerca de catorze peças que cobriam o corpo inteiro como uma armadura, inclusive luvas e elmo, costurados com linha de ouro. No túmulo de um ministro do governo, o marquês de Daí, havia bandeiras de seda pintada, inventários em folha de bambu, receitas culinárias e um manual de sexo.

7. Em 62 a.C., a segunda mulher de César, Pompeia, neta de Sula, causou-lhe constrangimento. O notório adúltero e *pontifex maximus* estava sendo, ele próprio, traído pela jovem e bela esposa. Quando Pompeia organizou o festival da Bona Dea ("boa deusa"), só para mulheres, a celebração foi arruinada por seu amante secreto, Clódio, um atrevido jovem patrício que, disfarçado de mulher, esperava usufruir de um encontro amoroso. Em vez disso, ele acabou sendo exposto; mais tarde, foi julgado e absolvido. Mas César divorciou-se de Pompeia ainda assim, dizendo: "À mulher de César não basta ser honesta, deve parecer honesta". Clódio tornou-se um nefasto demagogo populista até ser morto numa luta entre facções. César foi um compulsivo e exitoso mulherengo: dormiu com as esposas de seus dois camaradas triúnviros, Pompeu e Crasso, e seus legionários o apelidaram de Fornicador Calvo. Sua amante favorita e mais duradoura foi uma patrícia casada, Servília, cujo primeiro marido, Marco Bruto, fora executado por Pompeu. Após o divórcio de Pompeia, César casou-se com uma aristocrata adolescente, Calpúrnia.

8. Durante essa *extravaganza* — para marcar as vitórias na Gália, no Punte, no Egito e na África —, os dedicados legionários do *triumphator* cantavam alegremente suas façanhas, e até mesmo seu caso homossexual com o rei da Bitínia, canções que culminavam com os versos: "Cidadãos, tranquem suas esposas: estamos trazendo para casa o fornicador calvo! Todo o ouro que vocês lhe emprestaram serviu para pagar suas prostitutas gaulesas". O derrotado rei Vercingetórix e a depos-

ta rainha egípcia Arsínoe IV, que haviam lutado contra César, foram exibidos num desfile — assistido pela irmã de Arsínoe, Cleópatra. Vercingetórix foi garroteado, tradicional clímax de um triunfo. Arsínoe foi poupada. Por ora.

9. Na Itália, a esposa de Marco Antônio, Fúlvia, e o irmão dele, Lúcio, tinham desafiado Otaviano, o qual, cercando-os em Perúsia, escreveu um poema obsceno que revela outro lado do jovem chefe guerreiro: "Como Marco Antônio fode Glafira, Fúlvia arranjou para mim este castigo: que eu a foda também/ Que eu foda Fúlvia?.../ 'Ou foda ou lute', diz ela. Não sabe ela/ Que meu pau é mais caro a mim do que a própria vida? Que soem as trombetas!".

10. Os clientes semitas de Marco Antônio, o rei judeu Herodes e o rei árabe Malik, postergaram o envio de tropas — ambos magoados devido aos valiosos territórios presenteados a Cleópatra.

11. Os três filhos de Cleópatra e Marco Antônio foram criados por Otávia, em Roma. Dois morreram jovens, mas a terceira, Cleópatra Selene, casou-se com Juba II, rei da Mauritânia. Foi a recompensa do príncipe berbere Juba por ter lutado por Otaviano em Áccio, juntamente com um novo reino chamado Mauritânia, no que hoje é a Argélia. Juntos, eles construíram uma capital greco-romana culturalmente sofisticada, enquanto Juba enviava expedições comerciais que chegaram às ilhas Canárias. Cleópatra Selene morreu em 6 d.C. Seu filho Ptolemeu, uma mistura de berbere, romano e grego, antoniano e ptolemaico, sucedeu o pai em 23 d.C.

12. *Princeps* é a origem da palavra "príncipe", assim como *palatino* é a origem de "palácio". Augusto evitou o título de *dictator*, abolido após o assassinato de César. Daí em diante, *dictator* tornou-se um insulto, não um cargo.

13. Mas ele não gostava da crueldade pela crueldade: um de seus primeiros apoiadores, Védio Pólio, era um rico e notório sádico, que alimentava com escravos que o irritavam as lampreias carnívoras no lago de sua vila. Certa vez, quando Augusto jantava lá, um escravo deixou cair uma taça valiosa, e Védio ordenou que fosse lançado às lampreias, ao que Augusto ordenou a seus empregados que quebrassem o resto das taças até que o escravo fosse solto e poupado.

14. Herodes foi um brilhante manipulador da política romana, passando de Marco Antônio para Augusto e depois tornando-se membro estrangeiro da dinastia de César. Muitas de suas construções monumentais permanecem de pé ainda hoje. De seu templo só sobrevivem os muros exteriores: o muro ocidental é o Kotel, ou Muro das Lamentações, hoje o mais sagrado santuário dos judeus.

15. Ovídio era o afrontoso cronista desse tipo de deliciosos romances com esposas alheias, que agora não contavam com a complacência de Augusto. Admitindo não só um "poema e um erro", mas também um "crime pior do que o assassinato", ele teve sorte em permanecer vivo, sendo exilado na longínqua cidade de Tomis (Romênia). Jamais retornou.

16. Havia rumores de que Lívia teria envenenado Augusto com figos, bem como todos os seus possíveis sucessores. Não há provas de nada disso, e grande parte dessas alegações apenas reflete uma visão puramente chauvinista, uma vez que o veneno era considerado algo feminino — secreto, insidioso, oculto num alimento consumido com confiança. Numa época em que muitos morriam de infecções pouco compreendidas, veneno ou necromancia eram explicações comuns para a morte súbita de pessoas saudáveis. Contudo, como vimos, o veneno era a arma ideal para assassinatos em família: ele preservava a imagem de uma sucessão tranquila. Numa época em que todos acreditavam em augúrios, feitiços e prenúncios, o veneno fazia parte do arsenal político, e todos os potentados tinham acesso a especialistas em necromancia e venenos. "Lívia, lembre-se de nossa vida de casados", disse Augusto em seu leito de morte. "Adeus."

17. Tradicionalmente, os pretorianos eram os guardas dos generais romanos durante as campanhas; eles dormiam na entrada de suas tendas, bloqueando o acesso. Como as legiões não ti-

nham permissão para entrar no *pomerium*, os limites da cidade (exceto quando um Sula ou um César descumpriam as regras), Augusto criou sua própria guarda de pretorianos, que, junto com uma guarda de germânicos, protegia o imperador.

18. Após a morte de Herodes, a inépcia de seus filhos e um surto de messias judeus — reis sacralizados — convenceram Tibério a anexar a Judeia, então governada por uma mistura de prefeitos romanos, altos sacerdotes judeus e príncipes herodianos.

19. Ao mesmo tempo, Calígula convocou seu primo africano, o rei Ptolemeu da Mauritânia, único neto de Cleópatra e Marco Antônio, e ordenou que fosse executado, anexando seu reino, possivelmente porque sua descendência real ptolemaica poderia interferir em seus planos no Egito.

TRAJANO E PRIMEIRO TUBARÃO: OS ROMANOS E OS MAIAS [pp. 162-77]

1. Plínio estimava que, graças ao imposto de 25% cobrado sobre artigos de luxo vindos do oceano Índico — tais como a seda da China e o nardo e o marfim de Muziris, o porto dos governantes da dinastia Chera, no sudoeste da Índia —, Roma arrecadava 100 milhões de sestércios por ano, talvez um terço de toda a renda imperial. Há evidências, inclusive uma estátua de Buda encontrada em Berenice, que confirmam que uma comunidade de indianos, provavelmente mercadores, vivia nos portos do mar Vermelho. Esse comércio — por muitas rotas, marítimas e terrestres — foi chamado em 1877 de Rota da Seda — *Seidenstraße* — por um viajante alemão, o barão Ferdinand von Richtofen, tio do notório Barão Vermelho, piloto de caça durante a Primeira Guerra Mundial.

2. A Casa Dourada era tão magnífica que constrangia o imperador Vespasiano, sucessor definitivo de Nero, e um homem bem mais austero. Aos poucos desmantelada, ela foi substituída pelas Termas de Tito e outras construções, até que apenas seus cômodos inferiores sobreviveram. Quando foi descoberta, no século XV, pensou-se inicialmente que se tratava de um complexo de cavernas ou grutas, e seus afrescos decadentes, que tanto inspiraram os artistas Rafael e Michelangelo, foram descritos como "grotescos" — no que foi a origem dessa palavra moderna.

3. O local secreto de seu sepultamento tornou-se um santuário cristão — e hoje abriga a Basílica de São Pedro.

4. Esse triunfo rendeu enormes riquezas — inclusive o candelabro do Santo dos Santos — e dezenas de milhares de escravos judeus. Tito embelezou Roma, construindo um arco e um novo e imenso anfiteatro. Adaptando o Colosso de Nero, ele e Vespasiano acrescentaram raios de sol, de modo a dedicar a estátua a Sol Invicto, e a colocaram do lado de fora do anfiteatro — daí seu nome, Colosseum, ou Coliseu. Ainda que a estátua tenha sobrevivido, o próprio Coliseu, parte da paisagem de Roma durante quatro séculos, desapareceu em algum momento por volta da queda do império ocidental.

5. O vasto Império Kushan, fundado por um chefe guerreiro, Kujula Kadfises, e governado a partir de Pataliputra, durou três séculos. Tratava-se de um povo cujos homens ostentavam barba, bigode e longos cabelos, vestiam casacos compridos, calças e botas, e brandiam lanças e espadas. O bisneto do fundador, Kanishka, ajudou a expandir a cultura e a religião índicas na Ásia central e na China, e a cultura da Ásia central na Índia. Ele reverenciava os panteões grego, indiano e persa — Hércules, Shiva, Buda e Ahuramazda, numa hibridez única — e se autointitulava de rei dos reis. Também transportava seda chinesa para o oceano Índico e de lá para o Mediterrâneo.

6. A casa feminina dos Han era cuidadosamente regulada. A cada oitavo mês do ano eram feitas seleções, quando virgens de famílias impecáveis eram inspecionadas por um comitê formado por três homens — um conselheiro palaciano, um eunuco e um fisionomista, que classificavam as

moças de 1 a 9. A ditosa n. 1 era então levada para a capital Luoyang a fim de passar por um exame mais íntimo: "Pele branca e fina [...] ventre arredondado, quadris alinhados, corpo como banha congelada e jade esculpido, seios protuberantes e umbigo profundo o bastante para abrigar uma pérola com mais de um centímetro", constava de um relatório. "Sem hermorroidas, nem manchas, nem sinais, nem machucados, nem defeitos na boca, no nariz, nas axilas, nas partes privadas ou nos pés." As concubinas eram classificadas ou como "belezas honoráveis" ou como "senhoras escolhidas". Uma das honoráveis senhoras era comumente feita imperatriz.

7. Em 102, Ban Zhao, a Sábia, fez uma petição à imperatriz Deng para que deixasse seu irmão, o protetor-geral Ban Chao, se retirar. Deng concordou e ele retornou a Luoyang, onde ela ouviu os relatos de suas aventuras no oeste, antes que ele morresse, aos setenta anos, deixando o filho no governo de seus territórios. A influência de Ban Zhao continuou: quando ela finalmente morreu, em 115, foi pranteada pela família real. Foi a primeira autora mulher famosa. Após sua morte, a imperatriz Deng mandou reunir suas obras em três volumes.

8. Quando deparou com a crescente seita dos cristãos, Plínio, governador da Bitínia, executou os que se recusaram a fazer sacrifícios aos deuses para honrar o imperador, e nesse espírito investigativo torturou dois escravos cristãos, "não descobrindo nada além de uma depravada, excessiva superstição". Assim, ele consultou Trajano. "Você adotou um procedimento apropriado, meu caro Plínio", respondeu Trajano. "Eles não devem ser procurados. Se denunciados e comprovadamente culpados, devem ser punidos, com a seguinte ressalva: a de que aquele que negar ser cristão e realmente prová-lo — cultuando nossos deuses — deverá ser perdoado [...]. Denúncias anônimas não devem ser consideradas [...]. Não estão no espírito de nossa época."

9. Marcial festejava a liberdade sexual das mulheres romanas abastadas, como sua devassa amiga Célia, que não conseguia fazer uma escolha ante a diversidade de escravos que fluíam para Roma a cada vitória: "Você concede seus favores a partas [...] germânicos [...] dácios, e recebe, de sua cidade egípcia, o galã de Mênfis, e o indiano negro do mar Vermelho; você tampouco prescinde da lascívia de judeus circuncidados". Seu contemporâneo, o poeta Juvenal, concordava que uma esposa honesta era um "pássaro raro" num mundo em que os escravos que supostamente deviam guardar sua virtude podiam tão facilmente conspirar para seus prazeres. "Quem guarda os guardiões?", perguntou ele num verso com frequência mal entendido. "Quem agora silencia os pecados da moça promíscua quando é pago na mesma moeda?"

10. Os aurigas campeões ficavam ricos — mesmo sendo escravos. O mais famoso foi Scorpo, que venceu 2048 corridas até ser morto, provavelmente num choque de carros. Marcial escreveu seu epitáfio: "Aqui jazo eu, Scorpo, orgulho do ruidoso Circo, querido de Roma. Um odioso destino me arrebatou aos 26 anos de idade. Suponho que tenha contado minhas vitórias, não meus anos de vida, e decidido que eu era velho".

11. Os maias estavam em contato com o Caribe, onde invasores e comerciantes do continente pouco a pouco conquistavam as ilhas. Análises recentes de DNA demonstram que durante milênios o Caribe havia sido o lar de arcaicos povos forrageiros, quando invasores da América vindos em canoas, criadores de deuses de cerâmica, passaram a ocupar as ilhas, eliminando os povos nativos, que desapareceram na maioria dos lugares, ou por endogamia ou pelo assassinato. Esses invasores americanos foram os ancestrais dos tainos que habitaram as ilhas até a conquista espanhola.

12. As conexões de Teotihuacan estendiam-se não somente para o sul: também há evidências de ligações com a América do Norte. Nessa época, verificou-se uma série de assentamentos em torno de Hopewell, em Ohio, onde, depois de 100 a.C., as pessoas construíam túmulos e grandes obras de terraplenagem com base em complexas medições astronômicas, criavam belos artefatos — desde peitorais de cobre para armaduras a canos adornados com gravações de animais, evocan-

do rituais xamânicos — e enterravam seus mortos com trajes rituais feitos de ornamentos originários desde o México até os Grandes Lagos. Essa cultura desapareceu por volta de 500 d.C.

13. As construções de Adriano eram espetaculares: seu palácio em Tivoli — onde vestígios continuam a ser descobertos ainda hoje — era nada menos do que um parque temático destinado a demonstrar seu poder. Em Roma, seu túmulo, conhecido hoje como o castelo de Santo Ângelo, é magnificamente ousado, e a beleza de seu Panteão, com um domo que buscava representar o próprio mundo, e a maior cúpula jamais construída até 1436, ainda é de tirar o fôlego.

OS SEVERANOS E OS ZENOBIANOS: DINASTIAS ÁRABES [pp. 178-91]

1. "Pequena alma, pequeno andarilho, pequeno sedutor,/ Hóspede e companhia do corpo./ A que lugares você irá agora?/ Aos escuros, frios e sombrios —/ E não fará seus habituais gracejos."

2. Durante esse tempo na linha de frente, ele redigiu suas *Meditações*, uma obra singular para um autocrata em busca de autoconhecimento e reconciliação com as cruéis verdades da vida e da morte: "Um rio de todos os acontecimentos, uma corrente violenta, é isso que é a Eternidade", escreveu, incorporando Heráclito. "Assim que cada coisa ocorre ela já passou, e outra acontece, e esta também passará [...]. A substância é como um rio em perpétuo fluir." Quanto a si mesmo, disse: "Tenho uma cidade e uma pátria. Como Atonino sou romano, como homem sou um cidadão do universo". Mas ele também era pragmático: "A cada momento, decida firmemente como um romano e como um homem a fazer o que é factível". Muitos líderes leram seus escritos; poucos conseguiram viver de acordo com eles; e o próprio Marco teve de se esforçar para isso.

3. Foi nesse momento que a corte chinesa teve seu primeiro contato registrado com o Japão: as ilhas ainda não tinham sido unificadas, não havendo ainda nenhum conceito de Japão, mas os chineses chamavam esse povo de "anões". Pouco se sabe de sua política em 190, exceto que uma rainha-xamã chamada Himiko, de vinte anos, ascendera ao trono do pequeno reino de Yamatai, que controlava uma federação de capitanias cultivadoras de arroz. Mais tarde, ela enviou escravos para presentear o imperador chinês.

4. O pai de Júlia Domna, descendente de reis nomeados por Pompeu, era alto sacerdote do Deus Sol árabe Alá-Gabal, o Deus da Humanidade, Heliogábalo em latim — cultuado na forma de um meteorito negro, provavelmente apenas um dos muitos que havia em todo o mundo árabe. Não há evidências de que Meca existisse àquela altura, mas um meteorito negro semelhante — a caaba — seria cultuado ali. O nome de Júlia, Domna — "preto", em árabe —, faz referência à pedra divina de Emesa.

5. O sucessor de Shapur, Bahram II, apoiou o fanático sacerdote zoroastriano Kirder, que restaurou a religião persa, descartando o profeta Mani — que foi preso, decapitado, esfolado e empalhado. Sua morte, um martírio como o de Jesus, estimulou a difusão de sua religião: os uigures na Ásia central converteram-se em massa ao maniqueísmo.

6. Palmira foi saqueada, milhares de palmirenses foram escravizados, e Zenóbia foi exibida no triunfo romano de Aureliano. Tendo a vida poupada, casou-se com um senador romano e viveu na obscuridade suburbana após ter fundado o primeiro império árabe, numa das mais extraordinárias carreiras femininas antes dos tempos modernos.

7. As costas da Gália e da Menápia (Holanda) eram amaldiçoadas pela depredação de piratas francos e saxões, de modo que Maximiniano nomeou um de seus oficiais, Mauseu Caráusio, para montar uma frota e destruí-los. Em vez disso, Caráusio primeiro fez um conluio com os piratas, depois declarou-se imperador do Gália do norte e da Britânia, apoiado por tropas romanas, britânicas

e francas. Ele chegou a cunhar suas próprias moedas, embrasonadas com os grandiosos lemas *Restitutor Britanniae* (Restaurador da Britânia) e *Genius Britanniae* (Espírito da Britânia) — literalmente, o primeiro Império Britânico.

CASAS DE CONSTANTINO, SASANO E CORUJA LANÇA-DARDOS [pp. 195-212]

1. Eram repolhos muito especiais: "Se você pudesse mostrar a seu imperador o repolho que plantei com minhas próprias mãos", respondeu Diocleciano a um enviado que lhe pedira para voltar à política, "ele sem dúvida não ousaria sugerir que eu trocasse esta calma e esta felicidade pelas tempestades de uma ambição insaciável". Grande parte desse palácio em Split ainda permanece de pé.

2. A escravidão era inimiga dos ideais cristãos; muitos dos primeiros cristãos haviam sido escravos ou libertos, de modo que o cristianismo era de certo modo uma igualitária religião de escravos. Agora não era mais aceitável escravizar cristãos nem praticar sexo com escravos: para poder ter relações com uma escrava, um senhor tinha de libertá-la e casar-se com ela. Claro que essas regras eram inimputáveis: a escravidão — sobretudo a de não cristãos — prosperou na cristandade por mais dois milênios.

3. Quanto ao próprio Ário, ele voltou do exílio para Constantinopla, onde sua incontinência teológica levou a uma explosão fecal: enquanto caminhava pelo Fórum, "um terror surgido do remorso da consciência se apoderou de Ário", sendo expresso num "violento relaxamento dos intestinos". Correndo para os fundos do Fórum, "um desmaio o acometeu, e, juntamente com as evacuações, seus intestinos protuberaram, ao que se seguiram uma copiosa hemorragia e a descida do intestino delgado: porções do baço e do fígado jorraram para fora em efusões de sangue, e ele morreu quase de imediato". A heresia era uma questão confusa: o clérigo Sócrates Escolástico notou que turistas ainda apontavam para o lugar décadas mais tarde. Mas as ideias homoiusianas de Ário sobre a humanidade de Jesus agradaram a muitas tribos germânicas, que se converteram ao cristianismo durante a década de 360.

4. Já então cruelmente perseguidos, os judeus foram banidos de Jerusalém durante os três séculos seguintes, embora muitos arriscassem a vida para praticar em segredo seu culto e visitar o Monte do Templo e seu muro remanescente para orar.

5. O Reino da Ibéria não foi o primeiro a se converter. Em 301, Tirídates III, rei da Armênia, o Estado amortecedor entre Roma e Pérsia, havia se convertido, depois de ter uma doença mental curada por um santo cristão — embora, em parte, tenha feito isso para afirmar sua independência dos estridentes zoroastrianos persas.

6. Ao longo da história, os impérios favoreceram a nomeação de reis como intermediários para controlar seus súditos rebeldes, nesse caso seus aliados árabes. Os assírios também nomearam reis dos árabes. Esse foi o início de um longo relacionamento entre os xás sassânidas e os reis árabes lakhmidas — ainda que, estranhamente, o túmulo de Amr tenha sido encontrado na Síria romana, sugerindo que ele mais tarde desertou do Irã para Roma, na primeira de muitas trocas que líderes árabes fizeram entre patronos superpoderosos. Logo os romanos encontrariam seus próprios protegidos árabes.

7. Além do temperamento irascível que acabou por levar à sua morte, Valentiniano cultivava uma imagem brutal, viajando pelo império acompanhado de uma jaula contendo dois ursos, chamados Inocêncio e Floco de Ouro, que ele alimentava com infelizes dissidentes. Num comovente marco para a conservação da vida selvagem, Inocêncio foi devolvido à natureza depois de devorar lealmente as vítimas de Valentiniano.

8. Mais tarde os tervíngios ficaram conhecidos como visigodos (godos do oeste) e rumaram para oeste, logo seguidos de seus irmãos do leste, os ostrogodos.

9. As maiores cidades do mundo eram Constantinopla, Ctesifonte/Selêucia, Pataliputra (Patna), Roma, Nanjing, Antioquia, Alexandria e Teotihuacan.

10. Durante suas negociações com Roma, Átila e Bleda receberam um presente humano — Zercon, um anão manco e sem nariz da Mauritânia que fora capturado na África. Ele sobreviveu como bobo da corte dos hunos, apresentando-se numa mistura de latim e huno, para a delícia do rei Bleda, que o vestia com uma armadura e ria sonoramente de seus esquetes. Zercon odiava representar esse papel e acabou fugindo. Bleda enviou sua cavalaria para trazê-lo de volta a todo custo, e perguntou-lhe por que tinha fugido. Zercon respondeu que era porque não tinha mulher, ao que Bleda, urrando de tanto rir, deu-lhe a filha da criada de uma de suas mulheres, presidindo ele mesmo ao casamento. Mais tarde, Zercon foi herdado por Átila.

11. Aécio e Átila haviam continuado amigos. Aécio enviou-lhe dois escribas romanos para servir como secretários. Átila enviou-lhe Zercon, o anão africano, do qual nunca gostara, e a quem Aécio devolveu a seu proprietário original, Aspar, o general meio bárbaro que o encontrara na África. Depois disso, Zercon desaparece da história.

12. Muito provavelmente a hemorragia de Átila era um sintoma de varizes esofágicas, veias que sangravam por causa do álcool. Ele foi sepultado num caixão selado com ouro, prata e ferro, num local secreto, e a seu enterro se seguiu o sacrifício dos cavadores do túmulo e auxiliares. Três filhos competiram pelo poder: Denzigich foi morto pelos romanos do leste, sua cabeça levada em desfile por Constantinopla e depois exibida no hipódromo, onde "toda a cidade se virou a fim de olhar para ela". Mas nenhum dos filhos de Átila tinha o prestígio do pai, e a confederação se desintegrou, liberando seus ex-aliados, os ostrogodos, que por fim conquistariam a Itália.

13. Os habitantes do Império Romano do Oriente consideravam-se "romaioi" — romanos; os árabes e os turcos referiam-se ao império como "Rum" — Roma; ao longo da Idade Média, os europeus ocidentais os chamavam de "gregos". "Bizantinos" foi um termo adotado por estudiosos ocidentais no século XVII, e popularizado por historiadores britânicos do século XIX, para descrever a cultura greco-ortodoxa posterior ao ano 500.

14. Procópio, um oficial da lei e obsequioso historiador da corte, conhecia tanto Justiniano como Teodora. Em segredo, ele escreveu um texto satírico, intitulado *Anekdota*, em que acusava o imperador de ser um avaro demônio enlouquecido pela guerra, e no qual retratava Teodora como uma perversa ninfomaníaca. Se a autoria do texto tivesse sido revelada, ele teria sido executado por traição.

15. Dizia-se que havia 365 deuses, mas os principais eram Hubal, que fazia adivinhações e tinha uma das mãos feita de ouro; Alat e Uzza, para as quais se queimavam serem humanos em sacrifício; um casal, Isaf e Naila, petrificados por terem copulado na caaba; e Jesus e Maria — todos sob a égide do deus maior, Alá.

16. Não mais inspirada na robusta basílica romana, tratava-se de uma nova concepção de espaço sagrado: um gigantesco quadrado de tijolos com uma nave de oitenta metros de comprimento, coroada com um domo de 35 metros com dezesseis lados, ainda hoje uma dos mais gloriosos e bem-sucedidos edifícios jamais erguidos. "Seu interior não é tão bem iluminado pelo sol que vem de fora, mas a radiância surge de dentro", escreveu Procópio; seu domo "como que flutua no ar [...] recoberto de ouro". Durante a inauguração da igreja, grande parte da cidade participou da procissão liderada pelo imperador e seus ainda mais meticulosamente graduados cortesãos — marcando a sacralização do imperador, vice-gerente do próprio Deus, que agora insistia em ser abordado com elaborada cerimônia, conduzido por eunucos, antes de ser saudado com uma pros-

tração completa, à maneira de um monarca persa. A igreja de Santa Sofia também anunciava uma forma nova e mais popular de cristianismo, que envolvia a participação das pessoas numa série de festividades santas. Por todo o império, monumentais espaços sagrados eram erguidos — em Jerusalém, em Belém, no Sinai e em Ravena, onde, em mosaicos que ainda sobrevivem, podemos ver Justiniano e Teodora como eles se viam a si próprios: ele decidido, cabelos ruivos e faces rosadas; ela descarnada, intensa, pálida, santarrona, imperial.

17. Em Ctesifonte, ele comemorou com um novo e vasto palácio, financiado com o ouro de Justiniano, onde o salão do trono se gabava de um arco com 37 metros de altura, 26 de largura e cinquenta de comprimento — durante séculos o maior do mundo.

18. Em 1894, ao investigar um surto da peste em Hong Kong, Alexandre Yersin, um cientista francês do Instituto Pasteur, descobriu o bacilo, chamado *Yersinia* em homenagem a ele, e o fato de estar presente tanto em ratos quanto em humanos infectados com a doença, provando os meios de transmissão. Uma nova pesquisa paleogenética demonstra que a peste de Justiniano provavelmente também atingiu a Grã-Bretanha, a Espanha e a Alemanha.

19. Bem longe de Constantinopla, na Islândia ou no leste da Ásia, essas gigantescas erupções vulcânicas lançavam nuvens de poeira no céu, no que os cientistas de hoje chamam de "eventos de véu de poeira". Eles podem ter criado as condições para uma crise mundial, mudando o clima de tal forma que povos nômades foram obrigados a deixar as estepes e cavalgar para o oeste, a fim de atacar os impérios Romano e Persa — e isso pode ter trazido os ratos para mais perto dos seres humanos, propiciando o surgimento de uma pandemia.

20. Belisário tinha morrido no ano anterior, na esteira de um último e heroico comando, quando derrotou um exército nômade que se aproximava de Constantinopla. Não muito tempo depois, ele enfrentou um julgamento por conspiração contra Justiniano, tendo como juiz um prefeito da cidade, Procópio, provavelmente o historiador, e seu ex-secretário. Justiniano o perdoou. Não se sabe quando Procópio morreu.

21. "Não reparaste no que o teu Senhor fez com os possuidores dos elefantes?", relatou o neto de Abdul Mutalib, Maomé, no Corão. "Acaso não desbaratou Ele as suas conspirações, enviando contra eles um bando de criaturas aladas, que lhes arrojaram pedras de argila endurecida?"

A DINASTIA DE MAOMÉ [pp. 215-21]

1. Khusrau apaixonou-se por Shirin quando a viu se banhando — num eco do rei Davi e de Betsabá. O romance entre os dois inspirou dois clássicos da literatura iraniana, *Shahnameh* e *Khusrau e Shirin*.

OS TANG E SASANO [pp. 222-35]

1. Por volta de 650, a maior cidade das Américas, Teotihuacan, foi sistematicamente queimada numa revolução popular. Não se tratou de uma invasão estrangeira: invasores geralmente destroem casas e infraestruturas, mas preservam monumentos. No caso de Teotihuacan, observou-se o contrário: palácios e templos foram queimados. No vácuo resultante, a cidade muito menor de Tula, capital dos toltecas, e as cidades maias de Yucatán continuaram a prosperar.

2. A primeira evidência da fusão das culturas índica e chinesa, misturada com o zoroastrismo persa, encontra-se nos belos e coloridos afrescos das cavernas de Kizil em Turpan, Xinjiang, datadas dos anos 300-400.

3. Na bacia de Tarim, na atual Xinjiang, Taizong conquistou os povos tocarianos, que em parte tinham se casado com os uigures, mas os quais lembramos vividamente devido aos poemas de amor que deixaram. "Por mil anos vocês contarão nossa história", diz um deles. "Não há ninguém que me seja mais querido do que você, e da mesma forma, de agora em diante, não haverá ninguém mais querido a você do que eu. Seu amor, sua afeição, eleva meu canto jubilante. Viverei com um só amor por toda a vida."

4. A dinastia foi fundada por Gupta, marajá de uma parte de Uttar Pradesh. Por matrimônio e por guerra, seu neto Chandragupta I — que governou na mesma época de Constantino, o Grande — conquistou uma série de territórios no nordeste da Índia, em número suficiente para se autointitular *maharajahdhiraja* — grande rei dos reis. Seu neto Chandragupta II, contemporâneo de Juliano, conquistou grande parte do norte da Índia, do Afeganistão a Bengala e aos Himalaias, governando no esplendor de Pataliputra, a personificação do imperador brâmane ideal conhecido pelo pseudônimo Vikramaditia (Sol da Coragem). Ele supervisionou uma era dourada de escritores — os *navaratnas* (Nove Joias), liderados pelo dramaturgo Kalidasa. Além disso, promoveu o deus Vishnu como deidade suprema, juntamente com seus avatares, mas também construiu santuários budistas.

5. O tio de Maomé, al-Abbas, nasceu em Meca, mas seus cinco filhos morreram em lugares tão distantes como Medina, Síria, Tunísia e Samarcanda, onde Qutham ibn al-Abbas tornou-se um santo místico conhecido como o Rei Vivo. Seu túmulo ocupa o centro de um complexo sagrado — que se tornou o local do túmulo do conquistador Tamerlão — e ainda é reverenciado.

6. Em Chang'an, o imperador recusou-se a intervir contra os árabes, mas ofereceu asilo aos sassânidas, designando Peroz III para a chefia do Comando de Área Persa, que ele controlou por uma década, até que o avanço árabe o fez recuar para a capital chinesa, onde o imperador Gaozong outorgou-lhe o título de Venerável General dos Guardas do Flanco Esquerdo. Peroz morreu em 680.

7. No topo estava a imperatriz, seguida por quatro consortes e nove concubinas, e abaixo delas nove damas de grande beleza, nove beldades e nove talentos, entre os quais a srta. Wu. Abaixo dela estavam as senhoras do grupo precioso, as concubinas secundárias e senhoras selecionadas, 27 de cada grupo — 122 mulheres no total. Nenhum homem tinha acesso a elas, exceto o imperador e seus eunucos, que enriqueceram vendendo às garotas luxos como cânfora boreal e patchuli malaio. Os eruditos burocratas confucianos que escreveram as histórias da China eram misóginos que apresentavam as potestades como megalomaníacas viciadas em sexo, um chauvinismo que deve ser levado em conta; da mesma forma, a atração sexual era um recurso de que as mulheres dispunham para adquirir poder político nas monarquias dinásticas.

CASAS DE MAOMÉ E DE CARLOS MAGNO [pp. 239-67]

1. Ali a repreendeu, mas a poupou — e ela continuou a viver em Medina por quarenta anos.

2. A filosofia de Muawiya era a expressão perfeita de sua condição de estadista: "Se houver apenas um fio entre mim e meus súditos, jamais deixarei que fique frouxo sem lhe dar um puxão e jamais deixarei que o estiquem sem o afrouxar". E acrescentou: "Não uso a língua quando basta o dinheiro; não uso o chicote quando basta a língua; não uso a espada quando basta o chicote. Mas, quando não houver escolha, usarei a espada". Ele era a personificação do *hilm*, a comedida astúcia do xeque árabe tradicional. Até mesmo tolerava críticas: "Não me meto entre as pessoas e sua língua conquanto elas não se metam entre nós e nossa realeza".

3. A fim de controlar os tibetanos, ela recorreu ao rajá indiano Palava, Narasimhavarman II, conhecido como Rajasimha, a quem os chineses concederam o título de "general do sul da China".

Mas a maior influência de Rajasimha era cultural — ele era um dramaturgo e um construtor de templos que existem até hoje: o Kailasanatha, em sua capital Kanchipuram, e o Templo da Praia, no porto de Mahabalipuram, de onde a influência de Palava, do bramanismo e do sânscrito foi exportada para o sudeste da Ásia.

4. Vivendo no exílio com a esposa, a ex-imperatriz Wei, ele temia que todo mensageiro vindo da capital trouxesse punições terríveis, e estava sempre preparado para cometer suicídio. Mas a esposa sempre o continha: "Não existe um padrão estabelecido para a boa e a má sorte. E uma vez que todos morreremos um dia, por que apressar as coisas?".

5. As torturas tinham nomes pitorescos, como "Melancolia de um porco moribundo", "Perfurando cem veias" e "Implorando o extermínio de toda a minha família". Na chamada "A fênix aquece as asas ao sol", a vítima era amarrada a uma roda e exposta ao sol; em "Erradicando um potro teimoso", o prisioneiro recebia uma canga no pescoço; e, em "Oferecendo uma fruta aos imortais", empilhavam azulejos nas costas da vítima. Em certa ocasião, mais de trezentos dissidentes foram massacrados.

6. Toda a família deve ter ficado traumatizada. Li Dan tentou viver na obscuridade, longe da capital, com os filhos, inclusive Li Longji, futuro imperador Xuanzong, evitando a política, mas sendo cuidadosamente vigiado e com frequência perseguido.

7. "Disseram-me numa sexta-feira que Salma tinha ido às orações. / Exatamente então, num galho, um belo pássaro alisava suas penas. / Perguntei: 'Quem aqui conhece Salma?'. / 'Ha!', disse ele, e saiu voando. / Insisti: 'Volte, passarinho. / Você viu Salma?'. / 'Ha!', disse ele, e atingiu uma ferida secreta em meu coração."

8. Os califas omíadas governavam a partir de seu complexo de palácios em Damasco, passando verões de prazer em castelos nas colinas de Golã, no vale do Beca e no deserto jordaniano. Muitos desses "castelos" ainda existem.

9. Os filhos de Marwan fugiram para o sul, até Makuria (Sudão), convertida ao cristianismo copta no tempo de Justiniano. Durante a conquista árabe, Makuria enfrentou ataques árabes até que seus reis assinaram um tratado mercantil garantindo que sua principal exportação — escravos — fosse trocada por grãos e tecidos egípcios. Em 747, explorando a guerra civil árabe, o rei Kiriakos, de Makuria, atacou o Egito. Mas, quando viu que os abbasiyat estavam vencendo, obteve o favor deles matando os príncipes omíadas. Falantes de copta, grego e árabe, os reis makurianos governavam a partir de um palácio ao estilo constantinopolitano, incrustado de ouro, na cidade de Dongola, onde as casas das famílias ricas ostentavam lavatórios de cerâmica, que só apareceram na Europa séculos depois. Sua catedral em Faras exibia primorosos afrescos. Quando os califas abbasiyat cobraram dívidas no total de 5 mil escravos, o rei Zakarios enviou seu filho Georgios a Bagdá, a fim de negociar. O reino floresceu até o século XIII.

10. Xuanzong concordara em entregar o poder a seu filho Suzong. Como imperador aposentado, ele enviou Gao para recuperar o corpo da consorte Yang, mas ele tinha se decomposto: o eunuco só trouxe de volta o sachê de perfumes.

11. Em 779, depois de conhecer sacerdotes maniqueístas enquanto saqueava a capital chinesa, o grão-cã uigur Bogu converteu seu império ao maniqueísmo. Embora tenha sido assassinado pouco tempo depois por seu ministro-chefe tengrista, os uigures continuaram a seguir o maniqueísmo, convertendo-se mais tarde ao budismo e depois ao islã.

12. Os Tang governaram um império residual até 879, quando por fim caíram numa distopia apocalíptica, à medida que exércitos de camponeses famintos consumiam mil humanos por dia, numa época em que "a carne humana era mais abundante do que a de cachorro". Chang'an foi destruída; mil anos depois, um mundo desaparecia.

13. Carlos Magno planejara casar seu filho Carlos com Ælfflæd, filha do rei Ofa, da Mércia, mas, quando o anglo-saxão exigiu a filha de Carlos Magno, Berta, ele cancelou o casamento. O pequeno rei britânico havia extrapolado.

14. Carlos Magno cuidou da educação não só dos filhos, mas também das filhas. Ele acreditava que era sua missão deter o declínio na educação observado nos últimos séculos, e presidir a uma restauração da fé, da ordem e da cultura. Convidando eruditos à sua capital em Aix, ele patrocinou os *scriptoria* de mosteiros, que produziram por volta de 10 mil primorosos manuscritos iluminados: o Saltério de Dagulfo foi feito para o papa Adriano, outros para distribuição mais ampla. Aristóteles e Platão foram traduzidos para o latim. Ovídio, Plínio e outros mestres latinos foram copiados em velino.

15. Casamentos com cunhadas e mães eram banidos como incestuosos — daí essas expressões, ainda em uso.

16. Harun permitiu que o Patriarca de Jerusalém enviasse a Carlos Magno uma chave para o Santo Sepulcro, início de um novo interesse da Europa ocidental pela Cidade Sagrada, onde, por ora, havia tolerância com os cristãos. As relações de Carlos Magno com Harun em Bagdá funcionaram tanto no leste quanto no oeste. No leste, Constantinopla foi derrotada pelo califa, o que incentivou os imperadores a apaziguarem os francos; Carlos Magno obteve Roma e Ravena; Constantinopla ficou com Veneza, a Dalmácia e o sul da Itália. No oeste, Harun também era o inimigo dos omíadas de al-Andaluz. Em 797, Hicham, filho de Abd al-Rahman, ordenou uma bem-sucedida invasão da Aquitânia (sessenta anos depois da supostamente decisiva vitória de Carlos Martel).

17. Os luxos de Bagdá chegavam em enormes barcos que seguiam para o leste a partir do Egito e da África, e para o oeste a partir da China, em viagens de ida e volta de 20 mil quilômetros. Por volta de 828, um barco construído na Pérsia, feito de mogno africano e teca indiana, amarrado com corda malaia, partiu de Guangzhou levando sedas, especiarias, 60 mil azulejos, dezoito lingotes de prata, ornamentos de ouro, 55 mil tigelas de vidro de Changsha, 763 tinteiros (para os poetas de Bagdá), 915 frascos de especiarias e 1635 jarros (decorados com lótus para clientes budistas na Indochina e com desenhos geométricos para os muçulmanos), além de frascos e utensílios do Vietnã e da Tailândia. Ele afundou próximo à ilha de Belitung, na costa de Java, e seus destroços só foram descobertos em 1998.

18. Em raros casos, essas garotas podiam tornar-se livres e ricas: Arib, mais tarde a poetisa--cantora favorita do filho de Harun, al-Mamun, cantou para cinco califas. Quando morreu, aos 96 anos, era uma abastada proprietária de terras.

19. "A sodomia do califa é espantosa", dizia um poema satírico da época. "E a homossexualidade passiva do vizir é ainda mais. Um deles enraba, o outro é enrabado; é a única diferença entre os dois. Se ao menos eles se contentassem em usar um ao outro […], mas Amin mergulhou no eunuco Kawthar; e ser fodido por asnos não satisfez o outro."

20. A sociedade árabe era altamente sofisticada, mas a Casa da Sabedoria não resgatou sozinha o estudo do grego para a ignorante, primitiva e medieval Europa. Sua importância foi exagerada por historiadores ocidentais após o Onze de Setembro, para demonstrar a ignorância da cultura árabe por parte dos Estados Unidos e da Europa. Esses relatos de algum modo esqueceram a existência de Constantinopla: toda a literatura grega esteve disponível em Constantinopla durante quinhentos anos. Os eruditos de Carlos Magno também traduziam obras gregas para o latim, e outras obras foram traduzidas na corte omíada em Córdoba.

21. Al-Mamun encarregou os irmãos Banu Musa de calcular a circunferência do mundo, e o polímata persa al-Khwarizmi de escrever seu tratado matemático *Al-Jabr* (origem da palavra "álgebra"), que ajudou a introduzir os números modernos, com pontos decimais, importando o zero da Índia. Seu nome também inspirou uma constante da vida moderna — o algoritmo.

22. Jahiz cita uma grande dama de Medina à qual jovens perguntaram se o sexo era prazeroso. Ela lembrou uma peregrinação com o califa Otomão: "No caminho de volta, meu marido olhou para mim e eu olhei para ele. Ele me desejou e eu o desejei, e ele saltou sobre mim justamente quando passavam por nós os camelos de Otomão. Eu gritei alto quando me veio o que vem a todas as filhas de Adão. E todos os quinhentos camelos debandaram. Foram necessárias duas horas para reuni-los".

23. Após uma longa carreira em Bagdá, os patrões de Jahiz foram executados e ele retirou-se para Basra. Lá, literário até o fim, foi esmagado por uma pilha de livros, morte ideal para qualquer bibliófilo. Abu Nawas havia morrido pouco tempo depois de seu patrono, o califa al-Amin.

OS RURÍQUIDAS E A CASA DE BASÍLIO [pp. 268-79]

1. Único rei britânico que ficou conhecido como "o Grande", Alfredo só governou o sudoeste. Gales estava dividido entre os reinos celtas de Deheubarth, Powys e Gwynned; a Escócia, entre os reinos celtas de Strathclyde e Alba e o reino viking de Man, nas ilhas ocidentais; todos os demais territórios britânicos eram governados pelos vikings.

2. Sua concepção do "eu" humano era singular: eles acreditavam que toda pessoa era dividida no *hamr* (corpo físico), no *hugr* (a essência), no *hamingja* (a personificação da sorte) e na *fylgja* (espírito feminino presente até mesmo no homem mais viril).

3. Os rus eram comerciantes, como disse um deles a um emissário árabe: "Ó, senhor, vim de uma terra distante e tenho comigo tantas e tantas garotas e tantas e tantas zibelinas". Sua falta de higiene chocou o emissário: "São as mais imundas criaturas de Deus. Não têm nenhum recato ao defecar e urinar, não se lavam após o orgasmo, nem lavam as mãos depois de comer. São como asnos selvagens". E havia ainda a questão do sexo grupal: "Cada homem fica sentado num sofá. Com eles há belas escravas à venda para mercadores: um homem tem relação sexual com sua escrava enquanto seu companheiro observa. Às vezes grupos inteiros fazem isso na presença de outros. Um mercador que chegue para comprar uma escrava terá de esperar e observar enquanto o rus termina o coito com ela".

4. Basílio não apenas acolheu sua patrona, Danielis, na corte, como a elevou ao título de "mãe do imperador" (*basileometor*), o que diz muito sobre a relação entre os dois. Os romaioi grecófonos agora chamavam o império de *Basileia Romaion* — monarquia romana —, e seu imperador de *basileus* — rei.

5. O trabalho inicial de dois missionários, Cirilo e Metódio, que traduziram a Bíblia grega para a escrita eslava, que depois se desenvolveu para o cirílico, permitiu que esse novos povos cristãos pudessem compreender os novos serviços.

6. Pouco se sabe de fato sobre Vladímir além do que diz uma crônica sacerdotal, *Conto de anos passados*, escrita trezentos anos mais tarde. A maior parte da história é um mito, mas, no século XVI, Ivan, o Terrível, a usou para justificar suas guerras para "reunificar" as terras ocidentais. Pedro, o Grande, adaptou a palavra "rus" para cunhar o nome de seu novo império, a Rússia. Os eslavófilos russos do século XIX e aqueles que acreditam, no século XXI, num "mundo russo" — como o presidente Vladímir Putin —, utilizaram sua figura para promover o mito da nação russa, abrangendo os povos da Rússia e da Ucrânia. Para os ucranianos, a história de Volodymyr é o mito de fundação de sua nação.

7. Dois dos filhos de Vladímir, Bóris e Gleb, foram mortos nas lutas após a morte do pai, e tornaram-se os primeiros santos da nova Igreja, tidos como sacrificados em prol de sua nova terra sagrada, a Santa Rússia, e inaugurando a sacralização dos governantes russos.

8. "Já são mais de cinquenta anos em que venho reinando, na vitória ou na paz", refletiu Abd al-Rahman em seu leito de morte, em 969, "amado por meus súditos, temido por meus inimigos e respeitado por meus aliados. Contei diligentemente o número de dias de pura e genuína felicidade que constituíram meu quinhão: foram catorze."

OS *GANAS* E OS FATÍMIDAS [pp. 280-91]

1. A divisão entre sunitas e xiitas foi um cisma dentro da Casa de Maomé. Desde o assassinato de Ali, a facção xiita do islã sempre considerou os califas omíadas e abbasiyat como impostores, reverenciando os descendentes do povo da Casa de Maomé como imames sagrados. Diferentes seitas xiitas seguiram a descendência de diferentes imames, mas os fatímidas alegavam descender do misterioso sétimo imame, Ismail — daí serem conhecidos como ismaelitas —, que se escondera ou desaparecera por volta de 762, e agora esperavam pelo mádi — o messias —, um membro da família. O mádi iria restaurar a unidade do islã antes do Fim dos Dias — que, tendo em vista o caos do califado de Bagdá, acreditava-se ser iminente. Al-Mahdi Bilah proclamou-se o 11º imame.

2. Potentados muçulmanos, judeus e cristãos competiam pelo poder. Os judeus e os cristãos na Etiópia alegavam uma mística descendência de Salomão e da rainha de Sabá, mas havia conexões antigas entre a Arábia e a Etiópia, e é provável que esses judeus estivessem ligados às interações entre o reino de Axum e o reino judaico de Himiar (Iêmen). Himiar era judaica desde cerca do século IV até sua conquista por Axum, no século VI. Uma significativa comunidade judaica permaneceu na Etiópia, sendo conhecida como Beta (Casa de) Israel. Em algum momento, os reis de Axum tentaram converter os judeus do reino de Simien, situado no norte da Etiópia. Um rei judeu, Gideão IV, foi morto na luta, mas exatamente nesse momento, em 960, sua filha, a rainha Gudit (Judite), contra-atacou, destruindo Axum e estabelecendo um reino judaico que vigorou por vários séculos ao lado dos reinos muçulmano e cristão. Os historiadores ainda debatem tudo isso; grande parte desse debate é baseado na tradição de Beta Israel; mas é provável que os gideonitas tenham sido os ancestrais dos judeus etíopes de hoje (falashas). Makuria continuou a florescer após rechaçar os exércitos árabes em 652, perdurando até cerca do ano 1000, quando se fundiu com o reino cristão de Dotawo, uma potência regional até o século XVI.

3. Madagascar tornou-se uma sociedade singularmente afro-polinésia, onde uma elite malaia, os merinas, eliminou os colonos anteriores (os vazimbas), caçou animais gigantes (inclusive lêmures do tamanho de gorilas) até que fossem extintos e importou escravos africanos, estabelecendo um peculiar sistema de castas que perdurou até o final do século XIX.

4. Um médico árabe cristão, Ibn Butlan, de Bagdá, escreveu um guia para escravos na década de 1050. Ele apresentava estereótipos raciais, mas a cor não constituía uma base ideológica para a escravização. Como a maioria dos homens medievais, Ibn Butlan considerava a raça "não em termos binários", escreveu Hannah Barker, "mas como uma profusão de diversidade humana que expressa a infindavelmente fértil criatividade de Alá". Os melhores escravos, dizia ele, eram da Índia e do Afeganistão. Os da Síria e do Magreb eram inferiores; rus e eslavos eram fortes. "Se um escravo de Zanj (africano do leste) caísse do céu na Terra, a única qualidade que possuiria seria o ritmo." O médico advertiu quanto aos costumes em Bagawi (Sudão/Etiópia), onde "eles praticam a excisão. Usando uma navalha, eles removem completamente a pele externa no topo da vulva". Sua conclusão: "Os escravos armênios são os piores entre os brancos; os de Zanj, piores entre os negros".

5. Um quinto dos escravos pode ter morrido nas pavorosas jornadas pelo deserto, onde seus ossos eram uma visão bem conhecida. Entre o ano 700 e a abolição da escravidão, é provável que

tenham sido comerciados tantos escravos do leste da África quanto na época do tráfico transatlântico. Ralph A. Austen estima que tenham sido comerciados 11,75 milhões deles — mas os números não passam de um palpite.

6. Enquanto fugia do Egito, al-Mutanabi, um homem totalmente branco, disparou para um eunuco negro: "O senso de gratidão de um bem-dotado e endinheirado homem branco logo se enfastia;/ Que agradecimento se pode se esperar de um homem negro sem colhões?".

7. Al-Muizz foi também o inventor — ou aquele que encomendou a invenção — da caneta-tinteiro, dizendo a seu escriba: "Queremos uma pena que possa ser usada para escrever sem que se precise molhá-la num tinteiro, em que tinta esteja dentro dela [...] e ela não vai manchar, nem vazar uma gota sequer de tinta".

8. A genizá era um arquivo acidental, pois continha os escritos descartados pelos judeus, que acreditavam que as palavras de Deus em hebraico jamais deveriam ser queimadas, apenas enterradas.

9. João Crescêncio foi o último dos Crescêncio, mas outra linhagem maroziana, a dos condes de Túsculo, controlou o papado até 1049. O fim desse controle, porém, não significou o fim da família: os príncipes de Colonna, potentados em séculos por vir, foram e são descendentes dos condes de Túsculo.

10. Os anglo-saxões já eram híbridos de ingleses e vikings. Análises de DNA demonstram que os vikings podem ter começado com assassinatos e estupros, mas depois se estabeleceram e casaram-se com celtas e anglo-saxões.

11. Era a época dos epônimos que definiam as pessoas por sua aparência e suas ações, não por seu nascimento. O de Etelredo era uma brincadeira (de bastante mau gosto). Seu nome significava, na verdade, Bem Aconselhado, enquanto Despreparado significava "mal aconselhado". Assim, ele era Bem Aconselhado, o Mal Aconselhado.

12. Em 1997, um engenheiro da computação na Califórnia aficionado a histórias de vikings escolheu o nome "bluetooth" (dente azul) para designar as comunicações de curta distância como uma homenagem ao rei que uniu os povos escandinavos.

13. Canuto negociou termos de livre comércio e livre movimentação com os líderes europeus, garantindo que "uma lei mais justa e uma paz mais segura poderiam ser oferecidas a eles no percurso para Roma, e que eles não seriam constrangidos por tantas barreiras ao longo do caminho, nem assediados por pedágios injustos". A nobre humildade e a sensibilidade ecológica de Canuto são ilustradas pelo fato de ele ter colocado o trono na praia, dizendo: "Vejamos todos nós como é vazio o poder dos reis". Esta história foi reformulada mais tarde para ilustrar o exato oposto da original, isto é, para dizer que a humilhação de Canuto por ondas desafiadoras simbolizava na verdade a arrogância dos reis.

14. A Escócia libertou-se do império de Haroldo Dente Azul. Em 1031, Canuto invadiu a Escócia e obrigou um grande rei, Malcolm II, e um monarca menor, Mac Bethad de Moray, a se submeterem. Em 1039, o rei escocês Duncan, o Doente, neto de Malcolm II, atacou ineptamente a Inglaterra, num desastre que levou à rebelião de seu magnata, o *dux* e *mormaer* de Moray, Mac Bethad, que o matou na batalha e governou como rei durante dezessete anos, com sua rainha Gruoch. O primeiro marido de Gruoch tinha sido queimado vivo, provavelmente por Mac Bethad, com quem ela então se casou. Em 1057, o filho de Duncan, Malcolm III, invadiu Moray e matou Mac Bethad, com ajuda inglesa. Em 1606, Shakespeare encenou pela primeira vez uma peça sobre esses personagens. O nome Mac Bethad foi anglicizado para Macbeth — mas Shakespeare não mencionou Gruoch.

15. Os cahokianos mantinham contato com povos do norte, dos quais adquiriam turquesa de Utah, e do sul, de onde obtinham jade e obsidiana do México. Eles limavam os dentes frontais e co-

miam chocolate, assim como os maias, utilizando cacau da América Central. Uma das tecnologias que enviaram para o sul foi a do arco e flecha, que se disseminou pelo sul a partir dos povos árticos, alcançando o sudoeste por volta do ano 500 e depois o México. No Novo México, no cânion do Chaco, outros povos, conhecidos como pueblanos, construíram aldeias com casas (um complexo tinha oitocentos cômodos), depósitos subterrâneos e praças, além de um sistema de estradas com misteriosos propósitos rituais. Eles também bebiam chocolate, criavam perus domesticados e usavam turquesa e penas de arara do sul.

16. A Islândia permaneceu desabitada e era visitada por marujos ingleses, mas os antigos assentamentos nórdicos na Groenlândia não duraram, castigados por quedas de temperatura, ataques de inuítes e fome. Ossos descobertos mais tarde registram a má nutrição local, e, segundo as sagas islandesas, "os velhos e incapacitados eram mortos e atirados de penhascos".

17. O desaparecimento de al-Hakim só acrescentou à sua mística, e seus discípulos foram massacrados por ordem de Sitt al-Mulk. Alguns escaparam: hoje, 2 milhões de drusos em Israel, no Líbano e na Síria ainda reverenciam sua divindade. Sitt al-Musk apagou as evidências de sua participação no crime, executou Ibn Daws e governou o império fatímida como princesa-tia, revertendo as proibições de al-Hakim: a libação com vinho e as danças foram restauradas; as mulheres voltaram a ter permissão para se vestir como quisessem e fazer compras; judeus e cristãos puderam retomar seus cultos e parar de usar os acessórios que os diferenciavam; e a Páscoa e o Natal voltaram a ser celebrados.

OS SONG, OS FUJIWARA E OS CHOLA [pp. 295-304]

1. Em 1044, um guia técnico impresso, o *Wujing Zongyao*, especificava fórmulas para fabricar a pólvora mais adequada para diferentes bombas.

2. Um povo das regiões fronteiriças tibetanas-birmanesas que se mudou para o noroeste da China.

3. Os nove convidados da cultura chinesa eram o bom vinho, a poesia, a música de cítara, a caligrafia, o jogo de tabuleiro weiqi (Go), a meditação budista, o chá, a alquimia e a conversa com amigos próximos. Dedicado à pesquisa científica, Shen Gua havia observado a existência de fenômenos que não podiam ser facilmente definidos: "A maioria das pessoas só pode julgar as coisas pela experiência da vida comum, mas os fenômenos fora desse âmbito são muito numerosos. É inseguro investigar os princípios naturais usando apenas a luz do conhecimento comum".

4. Na década de 780, o rei Indra, marajá Sailendra tanto de Mataram quanto de Srivijaya, um budista que talvez tenha planejado a construção do grande templo javanês de Borobudur, governava grande parte do sudeste da Ásia continental, além da Indonésia. Um príncipe cambojano pode ter lhe servido como general, tendo talvez começado como refém, ou prisioneiro. Seja por ter sido libertado por Indra, ou por ter escapado de suas correntes, o príncipe estabeleceu-se como governante de Kambujadesa (Camboja) por volta de 781 — no mesmo momento em que Harun dominava a Ásia ocidental e Carlos Magno conquistava a Europa. Em 802, numa colina sagrada, e agora intitulando-se Jayavarman II, ele se coroou *chakravartin*. Um xivaísta devoto, ele se livrou do jugo dos Sailendra budistas, mas canalizou seu culto do rei-deus — *devaraja* — em torno de si mesmo como Shiva. Governando a partir das capitais Hariharalaya e Mahendraparvata, Jayavarman embarcou numa série de campanhas para unificar os principados cambojanos, e com isso conquistou o Império Khmer, que se estendia pela "China, Champa [Vietnã] e a terra dos cardamomos e das mangas [Tailândia?]". Os khmers, governando a partir de cidades ainda mais elaboradas e maiores,

seriam a potência dominante nos cinco séculos seguintes. Os *chakravartins* já haviam começado a construir palácios reais e templos em Angkor. Agora, Suryavarman I construiu a pirâmide com três terraços em Phimeanakas, dentro do palácio de Angkor Thom.

5. Os nomes femininos não eram preservados no Japão. "Sra. Murasaki" era um apelido descritivo, baseado na personagem de seu romance, mas seu verdadeiro nome pode ter sido Fujiwara, e não Kaoruko, uma das damas de companhia mencionadas no diário de Michinaga.

6. Embora tudo girasse em torno do poder masculino; os homens tinham várias esposas e concubinas. Como demonstra a experiência de Li, ser uma mulher independente era uma luta — e mesmo essa liberdade não durou, uma vez que, mais tarde, mulheres menos venturosas do que ela passaram a ficar confinadas em casa, seus movimentos agonizantemente limitados por uma nova prática destinada a enfatizar a delicadeza feminina: o enfaixamento dos pés.

OS SELJÚCIDAS, OS COMNENO E OS HAUTEVILLE [pp. 305-21]

1. A leste, um chefe guerreiro chamado Mahmud talhava um novo reino, sediado em Gásni (Afeganistão), que expandiu da Pérsia ao Paquistão, atacando repetidamente o norte da Índia. Os gasnévidas lutavam como turcos, mas abraçavam uma refinada cultura pérsica. Mahmud patrocinava um poeta persa, filho de um proprietário de terras khorasani chamado Ferdowsi — "Paradisíaco" —, que durante trinta anos escreveu o *Shahnameh* — "O livro dos reis" —, um poema épico com deuses e heróis que tem como protagonista o robusto príncipe Rustam e que promove os persas acima dos árabes, fundindo a cultura persa pré-islâmica e islâmica. Mahmud prometeu a Ferdowsi uma moeda de ouro para cada par de versos, mas demorou tanto a pagar que o dinheiro chegou no momento em que saía o cortejo fúnebre do poeta. Embora o califa tenha continuado a ser o soberano de direito, ele concedeu aos gasnévidas um novo título de autoridade secular: sultão, o poder.

2. Cabelos louros e palidez eram muito apreciados: mirra, lima, açafrão, sandáraca e tápsia eram usados para tingir as madeixas; giz e pó de chumbo, como maquiagem facial. Seus ingredientes eram importados do Egito e da Índia.

3. Algumas dessas diferenças eram menores, enquanto outras eram significativas. Os orientais rejeitavam as reformas dos ocidentais — o celibato dos sacerdotes e o novo texto do Credo segundo o qual o Espírito Santo não derivava apenas do Pai, mas também do filho (*filioque*). Os ocidentais, por sua vez, rejeitavam o título do imperador romano, "igual aos apóstolos".

4. Não se tratava apenas da Inglaterra e da Normandia. Todos esses príncipes eram atores num complexo mundo oriental. Hardrada era casado com Isabel, filha de Jaroslau de Kiev. Com a derrota inglesa, muitos exilados anglo-saxões foram servir em Constantinopla, e lhes foi concedida uma colônia chamada Nova Inglaterra, provavelmente na Crimeia. Haroldo e a mulher, Edite Swanneck, tiveram quatro filhos, e todos invadiram a Inglaterra a fim de expulsar o Bastardo — três foram mortos. Sua filha Gita era casada com Vladímir Monômaco, príncipe de Kiev, e seu filho, neto de Haroldo, Jorge Dolgoruki, foi o fundador de Moscou e progenitor de todos os tsares até Ivan, o Terrível.

5. A vitória em Manzikert ainda é celebrada todos os anos pelos turcos. Os europeus ocidentais compreenderam que o enfraquecimento do império oriental era uma catástrofe. Em 1074, depois de Manzikert, o papa Gregório VII sugeriu uma guerra para apoiar Constantinopla — primeiro passo em direção às cruzadas, 25 anos depois.

6. Nizam escreveu para Malik Shah um guia de política, refletindo, em meio a muitos conselhos sábios, sobre o perigo representado pela família. "Um escravo obediente é melhor do que trezentos filhos", disse ele, "pois estes desejam a morte do pai, e aquele, a glória de seu senhor."

7. Em 1090, os fissíparos cismas do califado fatímida deram origem aos Assassinos. Como o próprio xiismo, tudo começou com uma ruptura na família, quando o califa entregou a sucessão a seu filho al-Mustali, contra as reivindicações de seu filho mais velho al-Nizari, que em 1095 se rebelou e foi morto por emparedamento (sepultado vivo). Os apoiadores de al-Nizari, liderados por um místico erudito chamado Hassan i-Sabah, acreditando que o príncipe emparedado estava na verdade escondido e voltaria como mádi, fugiram do Egito e tomaram o castelo de Alamut, nas montanhas do norte da Pérsia, fundando um principado que durou dois séculos. Seus primeiros líderes intitulavam-se *dai* — os missionários —, mas depois alegaram descender de al-Nizari, governando como imames sagrados. Os nizaris compensavam seu reduzido tamanho com fanatismo e assassinato (e, segundo alguns, drogas, de onde o apelido Assassinos — *Hashishim*, "consumidores de haxixe"), e mataram milhares de sunitas, inclusive dois califas abbasiyat. Saladino, mais tarde, sobreviveu duas vezes a suas investidas; um esquadrão de atacantes disfarçados de monges assassinou um rei cruzado de Jerusalém, e outro feriu o príncipe inglês que se tornaria o rei Eduardo i.

8. O tropo de pênis e palmeiras faz referência à história árabe segundo a qual Maria sacudia uma tamareira enquanto dava à luz Jesus, levando a muita obscenidade entre essas poetas. Em seus chocantes versos, Muhja compara as misteriosas gravidezes de Wallada com a da Virgem Maria: "Wallada foi fertilizada por outro homem; o guardador de segredos o revelou. A nossos olhos, ela parecia Maria, mas essa palmeira era um pênis ereto".

9. O nome "al-Murabitin" (possivelmente o "povo do *ribat*", em referência a seus mosteiros-fortalezas) foi traduzido como almorávidas.

10. O rei-poeta al-Mutamid foi exilado no Marrocos. Quando Córdoba caiu ante os invasores, sua nora, a princesa Zaida, fugiu para junto de Afonso, que fez dela sua concubina, antes de convertê-la ao cristianismo e casar-se com ela, que se tornou a rainha Isabel. Em 2018, jornais publicaram que a rainha britânica Elizabeth ii descendia do profeta Maomé, citando Zaida como sua ancestral. Zaida teve duas filhas; uma delas, Elvira, casou-se com Rogério, o conde Hauteville da Sicília; a outra, Sancha, é a progenitora de uma linhagem real, através de Ricardo, conde de Cambridge, e Maria, rainha da Escócia, até Jorge i. Trata-se de uma conexão entre o islã e o cristianismo de uma época mais cosmopolita. Al-Mutamid descendia dos reis árabes, os lakhmidas do Iraque — casa real mais antiga que a do profeta, mas sem relação com ele —, e era sogro de Zaida, não seu pai. Não há evidências de que Zaida, muito menos Elizabeth ii, descendesse de Maomé.

11. Kilij Arslan foi morto em combate contra senhores turcos rivais; em 2020, seu túmulo foi descoberto em Sivlan, na Türkiye.

12. Gênova iniciara as cruzadas com ataques a Mahdia e à Tunísia (em 1016 e novamente em 1087, naquele que foi repelido pelo peido de Rogério i). Tratava-se de uma república, conhecida como *La Superba*, governada por cônsules escolhidos por um cartel de famílias mercantes — lideradas pelos Doria, Grimaldi (hoje príncipes de Mônaco) e Embriaco. Os genoveses comerciavam prata da Sardenha e lã, mas acima de tudo ouro e escravos, brancos e negros, da África e da Rússia, entre o Nilo e o Atlântico, construindo as colônias desde Ceuta, no Marrocos, até seu mercado de escravos em Kaffa (Teodósia, Crimeia). Mas gastavam muito de sua energia lutando contra seus odiados rivais — primeiro Pisa, depois Veneza.

13. Foi o segundo Estado cruzado. Balduíno de Bolonha, irmão de Godofredo de Bulhão, inimigo dos judeus, já tinha assaltado e tomado Edessa (Urfa, sudeste da Türkiye) para seu próprio condado.

14. Os navios genoveses comandados pelo príncipe mercador Guglielmo "Cabeça de Martelo" Embriaco foram essenciais não apenas para a conquista de Jerusalém, mas também de Cesareia, Acre (onde receberam um terço da renda) e (no Líbano atual) Trípoli, Tiro e Gibelet (Biblos), que

se tornaram feudos da família Embriaco. Os venezianos, que chegaram depois, entraram em choque com seus rivais de Pisa, e mais tarde atacaram Haifa, onde a população, sobretudo judaica, foi massacrada.

15. Os paladinos cruzados não eram apenas homens; em 1101, uma pequena cruzada germânica foi liderada em parte por Ida, margravina da Áustria, que, aos 45 anos, foi emboscada por Leão da Espada, o sultão seljúcida de Rum, e morta em combate.

16. Enquanto seu irmão acabou por se tornar o maior dos últimos imperadores, Anna sobreviveu por uma década, escrevendo sua história a fim de exorcizar sua amargura: "Morri mil mortes", mas "depois de meus infortúnios continuo viva — para experimentar ainda mais". Sua perda foi um ganho para a história. Assim como Ban Zhao foi a primeira historiadora da China, Anna foi a primeira do Ocidente.

17. Quando Boemundo morreu, aos 56 anos, Antioquia foi herdada por seu filho, Boemundo II, que foi criado pela mãe na Europa até atingir a idade adulta. Em 1126, ele chegou a construir seu próprio reino, aliando-se a Balduíno II de Jerusalém, primo do primeiro, que o casou com sua filha Alice, conectando, assim, os maiores dos frágeis Estados cruzados. Mas ser um monarca cruzado era um empreendimento arriscado. Boemundo II, "enérgico" como o pai, mas menos afortunado, combateu rivais francos e inimigos islâmicos antes de invadir a Síria com o sogro, Balduíno II. Lá, quatro anos depois, ele foi morto — sua cabeça foi enviada para o califa em Bagdá —, deixando Antioquia para sua filha bebê, Constança. Raimundo de Poitiers era filho de Guilherme IX, o Trovador, duque da Aquitânia, que lutara contra os muçulmanos na Espanha, trazendo de volta de al-Andaluz os poetas cavalheirescos e dançarinos-cantores escravizados que ajudaram a promover a moda do amor cortês, cantada em occitano por cavaleiros cantores/compositores — os trovadores. Guilherme personificou o culto do amor, dedicando-se a sua bela amante, que tinha o maravilhoso apelido Dangereuse de l'Isle Bouchard [a Perigosa da Ilha de Bouchard] e foi avó de Eleanor da Aquitânia.

18. Após a morte de Raimundo em combate, sua viúva Constança, libertada do casamento político, apaixonou-se por um irrequieto e pobre aventureiro, Reinaldo de Châtillon, com quem se casou e a quem promoveu a príncipe titular — enquanto seu filho gago, Boemundo III, herdava o trono. Constança teve de reconhecer Manuel, com quem casou sua filha Maria, juntando assim os Hauteville a seus inimigos, os Comneno.

19. Em 1154, quando Rogério II morreu, sua terceira mulher estava grávida — e daria à luz, mais tarde, uma menina, outra Constança. Considerando o número de filhos e parentes do sexo masculino na família, parecia improvável que ela viesse a ter qualquer importância política.

GENGIS: UMA FAMÍLIA DE CONQUISTADORES [pp. 325-40]

1. Khabul não foi o primeiro da família a criar um reino: por volta de 900, seu bisavô Butunchar Munkhag tinha governado os mongóis.

2. Bebida alcoólica feita de leite de égua fermentado, consumida por todos os povos da estepe, dos citas em diante, e, como reconhecimento da santidade dos cavalos, oferecida como dádiva sagrada. Permanece sendo a bebida nacional do Cazaquistão.

3. Nestório era o arcebispo bizantino que havia defendido que Cristo tinha duas naturezas simultâneas, a divina e a humana. Ele foi deposto e exilado em 431, mas suas ideias tornaram-se populares no Oriente.

4. As principais fontes orientais sobre a vida de Gengis e sua família foram escritas por três notáveis historiadores. A mais importante delas é a chamada *História secreta dos mongóis*. Seu título ori-

ginal é desconhecido, e ela foi encomendada pelo filho de Gengis, Ogodei, pouco depois de sua morte — e alguns acreditam que foi escrita por seu filho adotivo e principal juiz, Shigi. Os outros dois historiadores — o tesoureiro persa Ata-Malek Juvayni, que escreveu vinte anos mais tarde, e o grão-vizir Rashid al-Din, que produziu seu relato cem anos depois (embora usando outra história oficial da família, que posteriormente se perdeu) — foram ministros de alto escalão dos descendentes de Gengis, com acesso privilegiado à história da família.

5. Dessa vez o carismático guerreiro-pregador era Ibn Tumert, que se insurgiu contra a decadência dos almorávidas em favor de um misticismo mesclado a um fundamentalismo puritano que defendia um regresso ao Corão. Seus seguidores intitulavam-se al-Muwahhidun — o povo da unidade (almôadas). Em 1121, Tumert declarou-se mádi. Em 1147, seu sucessor Abd al-Muamin declarou-se califa e capturou Marrakesh, antes de conquistar o Magreb e, em seguida, em 1172, atravessar para a península Ibérica, estabelecendo sua base em Sevilha e lançando uma cruel perseguição a judeus e cristãos. O eminente filósofo judeu Moisés Maimônides conseguiu escapar de sua repressão e chegar ao Cairo, onde tornou-se médico e conselheiro de Saladino e de seus filhos. Esses califas berberes eram ávidos construtores de minaretes: após a morte do pai, em 1163, o segundo califa, Abu Yaqub Yusuf, construiu a Giralda como um minarete de sua mesquita em Sevilha, bem como o palácio que se tornou o Alcázar. O terceiro califa, al-Mansur, que em 1195 massacrou o exército castelhano, construiu a Torre de Hassan, em Rabat. Não havia motivo para supor que a península Ibérica pudesse um dia voltar a ser totalmente cristã.

6. A competência dos cinco primeiros monarcas era impressionante: Balduíno i e ii eram talentosos e infatigáveis reis guerreiros, enquanto a rainha Melisenda (filha de Balduíno ii com a rainha armênia Morfia) em tudo se igualava a eles como potestade — embora precisasse de um marido, Fulque, para liderar seus exércitos. Foi ela quem construiu a Basílica do Santo Sepulcro e o mercado que ainda hoje vemos em Jerusalém. Seu filho, Balduíno iii, a depôs, mas herdou os talentos da família, assim como seu obeso irmão Amalrico.

7. A morte de Barba-Ruiva fez surgir a lenda de um imperador adormecido que voltaria a despertar no Fim dos Dias, e seu místico prestígio inspirou um governante alemão posterior, Adolf Hitler, a dar seu nome à operação de invasão da Rússia (a chamada Operação Barbarossa). Ricardo herdou as abundantes riquezas acumuladas por seu pai, Henrique ii, duque da Normandia e conde de Anjou, e sua mãe Eleanor, duquesa da Aquitânia: toda a Inglaterra e a metade ocidental da França. Perseguidor dos judeus, que expulsou e depois permitiu que voltassem, Filipe recebeu mais tarde o epíteto de Augusto, por ter expandido a França de maneira acentuada, reduzindo as possessões inglesas, auxiliado pela espetacular e perversa incompetência do irmão de Ricardo, João. Mas os ingleses mantiveram a Gasconha durante três séculos.

8. Em 806, Asócio, o Carnívoro (um entusiástico mastigador de carne, mesmo na Quaresma), foi nomeado príncipe da Armênia por Harun al-Rashid, fundando a dinastia Bagrationi, que governou o Cáucaso pelos mil anos seguintes, até 1810. Em 885, Asócio, o Grande, foi reconhecido pelo califa e pelo imperador romano como primeiro rei da Armênia, e três anos depois outro membro da família, Adarnase iv, foi instalado como rei de Tao, no sudoeste da Geórgia, pelo imperador Basílio, o Bulgaróctono. Em 1122, o rei Davi iv, o Construtor, aproveitou a distração islâmica durante as cruzadas para tomar Tbilisi, unir e expandir a Geórgia e travar uma guerra santa contra os seljúcidas, de maneira tão feroz que, após uma batalha, o sangue supostamente jorrou de seu cinto depois que ele o tirou. Fundindo as culturas persa, turca e a dos trovadores francos, casando-se com uma cristã e uma turca, unindo uma filha a um seljúcida e outra a um Comneno, Davi viajava com sua espada e sua biblioteca, lendo o Corão e poesia persa, e, assim como seu xará bíblico, escrevendo hinos.

9. O tesoureiro da rainha, Shota Rustaveli, era também poeta, ator da epopeia georgiana *O cavaleiro na pele de pantera*, na qual a bela princesa e seu pretendente são homenagens a Tamara e Davi. Rustaveli celebrava a rara parceria do rei dos reis com sua rainha consorte: "Ela desfere o terror de leste a oeste, onde quer que lute:/ Os traidores, ela destrói; os que são leais, ela delicia". Assim como no caso de Melisenda em Jerusalém, a parceria mostrou que uma mulher podia governar em tempos de cruzadas, mesmo sendo casada com um consorte guerreiro — precedentes que mais tarde foram relevantes para a rainha Elizabeth I da Inglaterra, que temia que isso não fosse possível em sua época.

10. Saladino e seu irmão Safadino, que governavam o Egito e grande parte de Israel e do Líbano, além da Síria e de metade do Iraque e do Iêmen, também haviam conquistado Meca, onde instalaram Qatada, um descendente hachemita de Maomé, como emir, controlando as receitas provenientes do *hajj*. Usando um exército de escravos núbios e manobrando entre os sucessores de Saladino e os califas de Bagdá, Qatada assumiu o controle das duas terras santas, financiando a família hachemita, que, exceto por curtos períodos, governou Meca até a década de 1920, fornecendo os reis do Hejaz, da Síria, da Jordânia, de Jerusalém e do Iraque. A família ainda hoje governa a Jordânia. Em 1221, um enfermo Qatada foi estrangulado por seu filho Hassan.

11. Depois de terem reconhecido os imperadores gregos que haviam retomado Constantinopla dos latinos, os governantes de Trebizonda adotaram o título de "imperador e autocrata de todo o Oriente", sobrevivendo do comércio com Veneza, Gênova e soberanos islâmicos, a quem ofereceram prestigiosas princesas. O reino durou até 1461.

12. Gengis refinou suas táticas em três manobras: primeiro, o Arbusto Sarayana Espinhoso, a marcha em que as tropas se comprimiam em estreita ordem; depois, o Lago, em que as tropas fluíam para ocupar vasta área; e, por fim, o Cinzel, na qual os cavaleiros eram concentrados numa força devastadora.

13. O filho mais velho de Gengis, Jöchi, era tratado como um príncipe dourado, gozando de todas as regalias, mas não foi considerado para a sucessão. Ele pode ter se desentendido com Gengis, mas morreu antes do pai, e seus territórios foram herdados por seu apto filho, Batu.

14. Um clã oguz turco que vivia em Merv conseguiu escapar dos mongóis e buscar refúgio no sultanato seljúcida de Rum, onde lhe foram concedidas terras. Eles eram liderados por um chefe chamado Osmã, fundador da família osmanita, ou otomana, que governaria um império eurasiano até 1918.

OS KHMERS, OS HOHENSTAUFEN E OS POLO [pp. 341-55]

1. Em 1212, Inocêncio incentivou os três potentados cristãos — Afonso VIII de Castela, Sancho VII de Navarra e Pedro II de Aragão — a se unirem para combater os governantes berberes de al--Andaluz. Em Las Navas de Tolosa, os cristãos os derrotaram, emboscando o califa al-Nasir, que fugiu para salvar a própria vida, mas caiu numa trincheira. Levado de volta para Marrakesh, ele morreu em decorrência dos ferimentos. A aura vitoriosa dos berberes estava rompida; Yusuf II foi ferido pelos chifres de uma vaca de estimação enquanto brincava — uma morte nada adequada para um califa. Várias cidades islâmicas caíram ante Afonso, que se jactou de ter matado 60 mil muçulmanos em Ubeda, homens, mulheres e crianças, crime pior do que o de Jerusalém em 1099. Seu neto Fernando III varreu Córdoba e Sevilha. Quando de sua morte, Granada era o último reino islâmico da península Ibérica.

2. Segundo alguns cálculos, trata-se da maior construção religiosa na história do mundo, e sem dúvida do maior templo hindu jamais construído. Com cinco torres (em homenagem aos cinco picos do mítico monte Meruj), erguido em torno de pátios, ele continua a ser uma maravilha, decorado com mais de mil dançarinas com seios nus, duendes, iogues, leões e elefantes, suas frisas retratando Suriavarman com elefantes de guerra e sua corte de brâmanes e cortesãos carregando palanquins e guarda-sóis.

3. Gregório IX instituiu a inquisição papal para impedir que governantes ou multidões locais seguissem supostos hereges sem a supervisão do papa. Ele queimou exemplares do Talmude judaico e ordenou que todos os judeus fossem considerados *perpetuam servitus judaeorum* — em servidão perpétua até o Dia do Juízo Final.

4. A terceira mulher de Frederico foi Isabel, filha do falecido rei João, da Inglaterra. Como parte da aliança com seu irmão mais novo, Henrique III, contra a França, Frederico casou-se com ela em 1235. O imperador estava frequentemente fora, combatendo por anos a fio, por vezes deixando Isabel, sempre guardada por eunucos africanos. Ela se correspondia com Henrique III enquanto Frederico continuava a desfrutar de sua amante siciliana, Bianca Lancia, com quem teve filhos, e de seu harém árabe. A imperatriz inglesa da Germânia, rainha da Sicília e de Jerusalém, morreu ao dar à luz, aos 25 anos. Mais tarde, Frederico casou-se com Bianca, que já estava em seu leito de morte. Nesse período, os soberanos germânicos eram eleitos reis da Germânia, mas só usufruíam do título de imperador do Sacro Império Romano-Germânico, ou césar (cáiser, para os germânicos), se fossem coroados pelo papa. Seu herdeiro tinha o título de rei dos romanos.

5. Ele provavelmente chamava-se Robert, e é plausível que fosse o capelão dos barões que em 1215 se rebelaram contra o rei João, obrigando-o a conceder uma carta de privilégios nobres, a Magna Carta. Servindo no continente, ele foi capturado por Batu Khan, a quem serviu por vinte anos — trata-se de um desses personagens cuja bizarra trajetória ilustra os surpreendentes fluxos da história.

6. Novgorod, fundada pelos ruríquidas ou por outros mercadores-invasores nórdicos, tinha se transformado numa república oligárquica, parecida com Veneza e Gênova. Governando do Báltico aos Urais, não está claro qual era exatamente sua constituição, mas havia uma assembleia — a Veche — que elegia um líder, conhecido como *posadnik*, que de algum modo governava com um conselho de nobres e o arcebispo, que por sua vez escolhia um príncipe ruríquida para liderar a república em tempos de perigo. Isso prova que havia tradições diferentes da autocracia na Rússia medieval.

7. Em 1156, o príncipe Jorge Dolgoruki, o Longímano, filho de Gita de Wessex, cujo pai era o rei anglo-saxão Haroldo II, ergueu um forte numa colina à margem do rio Moscou. Por vezes ele era grão-príncipe de Kiev, por vezes de Vladímir-Susdália. As invasões mongóis é que acabaram fazendo de sua fortaleza, Moscou, o mais importante principado dos ruríquidas e o núcleo original do Império Russo.

8. Mas os Assassinos continuaram a controlar castelos na Síria e no Líbano. Em 1271, eles tentaram assassinar o príncipe Eduardo da Inglaterra, que estava em Acre, numa cruzada: o futuro Eduardo I sobreviveu e derrotou os escoceses. Após a destruição dos últimos castelos dos Assassinos, os nizaris voltaram a se fragmentar, e um de seus ramos continuou a sucessão sagrada. No século XIX, seu imame foi nomeado governador de Qom pelo xá da Pérsia, que lhe concedeu o título de Aga Khan antes que ele se mudasse para a Índia britânica, onde prosperou como cliente britânico. No século XXI, os Aga Khan ainda são imames de 15 milhões de nizaris.

9. Um primo do último califa fugiu para o Cairo, onde se estabeleceu como califa honorário, uma linhagem que foi mantida pelos sultões mamelucos até 1517, quando os otomanos levaram a última família para Istambul e, após quase mil anos de grandeza, para a obscuridade.

10. Quando Gengis tomou a Pérsia, Saadi tornou-se um peregrino sufi — sendo o sufismo um misticismo islâmico. Saadi estudou em Bagdá e no Cairo, visitou Meca e Jerusalém, até ser capturado e escravizado por sete anos pelos cruzados em Acre, e depois resgatado pelos egípcios. Após cinquenta anos de andanças, Saadi voltou para casa e escreveu suas obras-primas. As guerras inspiraram seu amor pela humanidade: "Todos os seres humanos são membros de um só sistema,/ Uma vez que todos, no início, vieram da mesma essência", ele escreveu em *Bani Adam*. "Quem não sofre com a infelicidade dos outros,/ não merece o ser chamado de humano." Mas seus aforismos são cortantes: "Não faça amizade com um guardador de elefantes se não tiver espaço para entreter um elefante". Na guerra, ele aconselhava: "Antes de sacar suas armas para lutar, certifique-se/ de que o caminho para a paz esteja discretamente desobstruído". Ele viveu até os noventa anos.

11. O sultão foi substituído por sua viúva, Shajar al-Durr, uma ex-escrava que agora governava como sultana, assim como Razia em Delhi — um evento raro na história islâmica, o governo de uma mulher por direito próprio como Malikat al-Muslimin (rainha dos muçulmanos). Quando seu governo foi desafiado, porém, Shajar foi obrigada a se casar com um general mameluco. Depois, mandou assassiná-lo no banho, feito que enfureceu os guardas e fez com que ela, nua com exceção de um xale incrustado com diamantes, fosse espancada até a morte, a sapatadas, por seus escravos palacianos.

12. Depois de perder a Antioquia em 1268, Boemundo VI manteve o porto libanês de Trípoli, que foi herdado por sua irmã Lúcia. O sultão Qalawun tomou o porto em 1289. Lúcia, condessa de Trípoli, a última Hauteville, deve ter perecido nas ruínas.

13. Além de suas quatro esposas, cada uma com uma corte de várias centenas de pessoas, as concubinas favoritas de Kublai eram "garotas muito bonitas de pele clara" do Afeganistão. Todas eram treinadas por experientes mulheres mongóis.

14. A Grande Cidade foi retomada pelo príncipe grego Miguel VIII Paleólogo, cuja família governaria a restaurada *Basileia Romaion* pelos dois séculos seguintes. Os romaioi celebraram incendiando navios e cegando mercadores venezianos e promovendo os genoveses, que receberam seu próprio bairro, Gálata, onde construíram a Torre de Cristo, uma torre de vigia que permanece de pé até hoje.

OS KEITA DO MALI E OS HABSBURGO DA ÁUSTRIA [pp. 356-72]

1. Tratava-se de uma *paiza*, uma placa de ouro com trinta centímetros de comprimento e cerca de oito de largura, onde se lia: "Pelo poder do Céu Eterno, por ordem do grão-cã: quem não demonstrar respeito por seu portador será culpado de uma ofensa punível com a morte".

2. O filho de Frederico II com a rainha de Jerusalém, Conrado, foi eleito rei dos romanos enquanto o pai ainda era vivo, e herdou a Sicília também, mas morreu em 1254 de malária. A sucessão de seu meio-irmão Manfredo, filho da favorita do imperador, Bianca, foi extinta pelo papa Urbano V, que concedeu a Sicília a um desafiante, Carlos de Anjou, irmão do rei francês, que em 1266 matou Manfredo e em seguida mandou decapitar o filho de dezesseis anos de Conrado, Conradino, "tão belo quanto Absalão". Mas a filha de Manfredo, Constança, casou-se com o rei Pedro III de Aragão e retomou a Sicília, enquanto Carlos manteve Nápoles. Quando sua família realizou matrimônios com as casas reais da Mitteleuropa, a Europa central, seus descendentes por um tempo governaram a Hungria, a Croácia, a Bósnia, a Polônia e a Romênia.

3. Os príncipes germânicos que elegiam os reis da Germânia eram conhecidos como eleitores. Os reis eram coroados em Aachen, a antiga capital de Carlos Magno.

4. Otocar era, até então, o membro mais importante da família tcheca Přemyslovci, que começara como um grupo de chefes eslavos em torno de Pragam e estabelecera um reino boêmio.

5. Mas esse não foi o fim dos Přemyslovci: seu filho Venceslau II tornou-se rei da Polônia e da Boêmia e obteve a Hungria para o próprio filho, governando um império centro-europeu que desmoronou após sua morte.

6. Marco elogiou a cidade de Kamu (Hami, Xinjiang), onde, "se um estranho chega à casa de um homem, este o recebe com grande alegria", ordenando que "filhas, irmãs e outros façam tudo que o estranho desejar", até mesmo sair de casa, enquanto "o estranho fica com sua mulher, faz o que bem entende, deita-se com ela na cama, continuando em grande alegria. Todos os homens são assim traídos pelas esposas, e não se envergonham disso nem um pouco [...]. Todas as mulheres eram belas, exuberantes e libertinas, e apreciavam muito esse costume".

7. Kublai não só tolerava, como celebrava as festas dos "sarracenos, judeus e idólatras (budistas)". Ao ser interrogado sobre isso, respondeu: "Existem quatro profetas. Os cristãos têm Jesus, os sarracenos Maomé, os judeus Moisés e os idólatras Buda, que foi o primeiro. Eu reverencio todos os quatro". Quando os Polo lhe pediram que fosse batizado, ele respondeu alegremente que seu xamã e seus astrólogos e feiticeiros eram muito mais poderosos do que os cristãos: "Meus pares e outros crentes perguntariam: 'Que milagres você viu em Jesus?'".

8. Os Song fabricaram obuses de ferro e flechas e lanças de fogo, mas, em 1257, um funcionário que inspecionou os arsenais concluiu que seus suprimentos eram totalmente inadequados "no caso de um ataque dos bárbaros. Que terrível indiferença!". O primeiro canhão de ferro que de fato existiu provém do palácio de verão de Kublai Khan em Xanadu, e data de 1298.

9. Kublai nomeou seu irmão, Hulagu, ilcã da Pérsia e do Iraque; quando este morreu, em 1265, seus escravos favoritos foram sacrificados e sepultados com ele. A Horda Dourada (Rússia) permaneceu como o canato da família de Batu, agora muçulmana.

10. Kublai convidou o jovem lama tibetano Phags-pa a se juntar aos debates sobre religião, e a criar uma nova escrita baseada no alfabeto tibetano. Phags-pa ajudou-o a anexar o Tibete a seu império, e ali governou como "mestre do reino".

11. O reino hindu Majapahit, de Raden Wijaya, foi expandido por sua notável filha, a princesa Gitaraja, que, assim como Rana Tribhuwana — frequentemente representada como Parvati, a deusa da beleza, do amor e da coragem —, após o assassinato do irmão rajá, em 1328, por vezes comandou suas próprias forças na conquista de um império que se estendia pela Indonésia, do Bornéu às Filipinas e ao sul da Tailândia. Morreu por volta dos quarenta anos. O império controlou o comércio de especiarias entre a China e o oceano Índico durante três séculos.

12. O fracasso das cruzadas intensificou as perseguições aos judeus na Europa. Proibidos de possuir terras ou participar de companhias de comércio, obrigados a usar roupas especiais, os judeus com frequência se envolviam em empréstimos de dinheiro, supostamente um tabu para os cristãos. Os reis tomavam dinheiro emprestado com eles, e por isso os protegiam, mas, sempre que a sociedade passava por turbulências, fosse pela recessão ou pela peste, eles eram atacados. Em 1144, depois que um garoto foi assassinado em Norwich, na Inglaterra, os judeus foram acusados de matar crianças cristãs para fazer o matzá do Pessach, desencadeando o chamado "libelo de sangue", que, de várias formas — mas sempre apresentando uma conspiração de judeus para atingir não judeus —, continua a reverberar no século XXI. Ele se espalhou: em 1171, atingiu Blois, na França, onde 33 judeus (dezessete mulheres) foram queimados vivos. No falido Estado inglês, onde Henrique III se debatia para manter o poder real ante uma endêmica revolta da nobreza, tanto o rei como os rebeldes tomavam empréstimos com um próspero banqueiro de Oxford chamado David. Após a morte de David, sua viúva, Licoricia de Winchester, a mais rica plebeia da Inglaterra, em-

prestou para os dois lados, financiando parte da construção da Abadia de Westminster. Mas seu assassinato, em 1277, mostrou os perigos de ser um judeu proeminente. Em 1290, o filho de Henrique, Eduardo I, expulsou os judeus da Inglaterra. Porém em 1264, Boleslau, duque da Polônia, concedera o Estatuto de Kalisz, que dava aos judeus o direito de comerciar e praticar seu culto livremente, tendo também proibido o libelo de sangue, legislando contra teorias da conspiração e denúncias cristãs. "Acusar os judeus de beber sangue cristão é expressamente proibido", declarava o estatuto. "Se, apesar disso, um judeu for acusado de assassinar uma criança cristã, a acusação terá de ser confirmada com o testemunho de três cristãos e três judeus." A Polônia seria um santuário para os judeus durante muitos séculos.

13. O complexo da mesquita, e túmulo de Öljaitü, com seu esplêndido domo azul-turquesa de dupla concha, continua de pé. Embora os livros de história ainda classifiquem a "Renascença" como um fenômeno italiano, essa obra-prima persa-mongol provavelmente inspirou o Duomo de Brunelleschi em Florença, tendo-o antecipado em um século. Os ilcãs eram aliados dos imperadores paleólogos de Constantinopla. A fim de lidar com os saqueadores emires turcos, liderados por uma família belicosa, os otomanos, que operava entre seus impérios, o desesperado imperador Andrônico II enviou uma filha, Irene, para o canato; ela se casou primeiro com Ghazan, depois com Öljaitü. Essas esposas gregas imperiais eram sempre conhecidas como Despina Khatun — sendo *despoina* o feminino de *déspota*, geralmente o título de genro do imperador. Essas misturas eram agora normais: Andrônico deu outra filha Despina Khatun — Maria — ao cã da Horda Dourada.

14. A história do Mali é contada em parte pelas observações de eruditos árabes — Ibn Battuta, Ibn Khaldun, al-Kathir (autor da história do mundo *O começo e o fim*), o egípcio al-Umari (que visitou o Cairo doze anos depois), al-Sadi (erudito em Timbuktu) — e em parte pelas histórias tradicionais dos trovadores griôs, pela *Epopeia de Sundiata*, pela pesquisa de narrativas empreendida por antropólogos franceses no período colonial tardio e, por fim, pela arquitetura dos Keita em Timbuktu.

15. A abordagem do Kurukan Fuga às mulheres refletia as tradições matriarcais mandingas: "Jamais ofenda as mulheres, nossas mães", "Consulte sempre as mulheres no governo", "Jamais bata numa mulher casada até que o marido tenha tentado resolver o problema". O divórcio era permitido se o homem fosse impotente ou incapaz de oferecer proteção, ou se a esposa fosse insana.

16. No tocante à escravidão, o Kurukan Fuga especifica: "Não maltrate os escravos. Somos os senhores do escravo, mas não do saco que ele carrega. Deve-se permitir que ele descanse um dia por semana e que termine seu dia de trabalho numa hora razoável".

17. Os mexicas não possuíam animais de carga domesticados; carregadores eram seu único meio de transporte. Seu material mais valioso era o jade, seguido de ouro ou prata. Eles comerciavam bens e escravos em enormes mercados onde se cortava o cabelo, servia-se comida e trocava-se ouro e prata por bagas de cacau e algodão (um abacate fresco valia três bagas; um peru, cem). As pessoas eram escravizadas por causa de guerras, dívidas ou como punição, mas a escravidão não era hereditária. Os escravos trabalhavam como criados — os de menos sorte eram sacrificados; os sortudos, libertados.

18. A maioria dos historiadores acredita que a travessia do Atlântico seria impossível para os africanos, uma vez que lhes faltava a tecnologia para a construção de navios. Mas é claro que eles poderiam ter copiado os navios genoveses que naufragavam em suas costas. Um frade espanhol que entrevistou maias de Yucatán em 1588 ouviu deles que, "em tempos antigos, setenta mouros (negros) chegaram à costa num barco que devia ter atravessado uma grande tempestade", liderados por um "xeque". Todos foram mortos.

19. O déspota de Delhi, Muhammad bin Tughluq, que em 1235 herdou de seu pai turco, Ibn Tughluq, um poderoso sultanato no norte da Índia, expandiu-se para o sul, perseguindo hindus. Ordenou a evacuação de Delhi e transferiu sua capital para Devagiri, no Decão, executando quem resistisse. Quando Ibn Battuta o visitou, o sultão fez dele um *qadi*, juiz islâmico, mas o viajante notou pedaços de homens executados pendurados nas ruas. Por fim, as excentricidades de Muhammad levaram a revoltas de seus generais no norte, enquanto dois irmãos hindus — Harihari e Bukka Ray — estabeleciam um novo reino, Vijayanagara, no sul. Ibn Battuta teve sorte de escapar com vida.

20. Quanto às garotas maratas da Índia, Ibn Battuta decidiu que: "Elas têm nas relações sexuais um deleite e um conhecimento dos movimentos eróticos acima dos de quaisquer outras mulheres". Não se tratava apenas de sexo, mas também de alegria: sobre uma de suas esposas nas Maldivas, ele escreveu: "Era uma das melhores garotas, e tão afetuosa que, quando me casei com ela, costumava untar-me com perfume e incensar minhas roupas, o tempo todo rindo".

21. Os cãs dourados utilizavam os moscovitas não só para policiar e recolher impostos na Rússia, mas também para repelir a potência em ascensão no norte, os duques pagãos da Lituânia. Ao morrer, em 1377, o último grande monarca pagão da Europa, Algirdas, foi cremado numa pira, com o sacrifício de homens e cavalos.

22. A verdadeira Fiammetta era Maria d'Aquino, filha ilegítima do rei Roberto de Nápoles. Petrarca também visitou Nápoles como enviado do papa. Ele e Boccaccio escreveram sobre a lúgubre corte onde uma jovem garota, Joana, sucedeu o avô Roberto. Nápoles fora governada pelos príncipes franceses de Anjou, cujo descendente, Luís, o Grande, agora governava a Hungria e grande parte da Europa oriental, anexando depois a Polônia. O irmão de Luís, André, casou-se com Joana para trazer Nápoles de volta à família. Joana e muitos de sua corte resistiram aos Anjou. Em 1345, Joana concordou com o assassinato do marido, que tinha apenas dezessete anos. Ele foi meio estrangulado e em seguida atirado, aos gritos, de uma janela, com uma corda atada aos genitais. Dizia-se que Fiammetta também participara na conspiração. Em 1347, Luís, o Grande, invadiu e tomou Nápoles, mas surtos de peste o expulsaram da Itália. Joana foi restaurada, porém seu amante, Luís de Taranto, com quem se casou, governou até sua morte, pela peste, em 1362. Derrubada por um primo, Carlos de Durazzo, Fiammetta foi estrangulada e decapitada por sua participação na morte de André. Felizmente, Boccaccio não viveu para ver seu fim.

23. Os bacilos viajavam até as glândulas linfáticas, que inchavam, formando bubões — daí o nome "bubônica" — que vazavam sangue e pus, enquanto outros órgãos se infectavam. Hemorragias internas enchiam bolsas de pele com sangue escurecido: a peste negra. As vítimas tinham febre, vomitavam sangue e agonizavam, muitas vezes indo para a cama bem e morrendo pela manhã.

OS TIMÚRIDAS, OS MING E OS OBÁS DO BENIM [pp. 375-94]

1. O matrimônio fazia parte da política de Eduardo de realizar casamentos com a família castelhana. Mas, não tivesse sido a peste uma morte tão cruel, poder-se-ia pensar que Joana teve a sorte de evitar o marido, Pedro, o Cruel, que encomendou, supostamente a dois assassinos judeus, a morte da primeira mulher, Branca de Bourbon, e abandonou a segunda duas noites depois do casamento. Eduardo III, no entanto, não desistiu de sua política castelhana, casando seu filho mais novo, João de Gante, com a filha de Pedro. João empreendeu uma longa e fracassada campanha para obter o trono de Castela. Notório pela indulgência com a comunidade judaica e seu tesoureiro judeu, Samuel Ha-Levi, Pedro acabaria por torturá-lo até a morte, e, apesar do apoio inglês, conseguiu unir Castela contra ele. Perdeu o trono para seu meio-irmão bastardo Henrique de Tras-

tâmara, o Fratricida, que o executou pessoalmente com uma adaga colhona (assim chamada em razão do formato testicular de seu cabo) e fundou uma nova dinastia.

2. Hafiz foi o outro grande poeta iraniano a vir de Shiraz — depois de Saadi, o Mestre. Tornou-se poeta quando se apaixonou por uma garota, ansiando por ela até que uma visão converteu seu fervor romântico em paixão sufista por Deus. Seu nome artístico significa Recitador do Corão, mas seus deliciosos poemas sobre a relação entre amor e Deus eram místicos e sensuais: "Ah, tolo coração! O prazer de hoje,/ Embora abandonado, será amanhã/ Fiador do ouro que jogas fora". Ele assim abraçou a velhice: "Está chegando a hora de encontrar/ Alguma taberna tranquila; sem difamações/ Sem outra companhia que não meu copo e meu livro". Seu *Divã* é tão lido no Irã quanto o Corão. É tradição, em tempos de crise, abrir o livro numa página aleatória a fim de encontrar a solução para qualquer dilema.

3. Em setembro de 1380, a vitória de Demétrio em Kulikovo, junto ao rio Don, marcou a primeira vez em que um príncipe ruríquida derrotou um exército mongol. A façanha lhe valeu seu apelido, Donskoi, e o embate adquiriu mais tarde o status de batalha lendária que quebrou a invencibilidade da Horda Dourada. Mas apenas em retrospecto. Moscou continuou sendo vassala dos mongóis até 1502.

4. Após a batalha, prisioneiros cristãos, entre os quais um escudeiro bávaro de catorze anos chamado Johann Schiltberger, ajoelharam-se piedosamente para serem decapitados por Relâmpago, que, enquanto as cabeças rolavam, decidiu poupar o garoto, fazendo dele um escravo — era o início de uma vida extraordinária.

5. O sultão, Nasir-ud-Din Mahmud Shah Tughluq, era neto de Muhammad bin Tughluq, que fora visitado por Ibn Battuta.

6. Ibn Khaldun passara por muita coisa desde a peste: servira aos reis de Fez, Túnis e Granada como vizir, fora aprisionado em conspirações palacianas e atacado e roubado por ladrões antes de se juntar à corte mameluca no Cairo. Ele compreendia a importância e os perigos da história — seu irmão Yahya, também historiador, fora assassinado por ordem de um historiador rival (um caso admonitório dos perigos da rivalidade literária!) —, mas enfim terminara sua história do mundo. Estava fascinado pelas dinastias, argumentando que o poder da família a princípio fortalecia a essencial *asabiyya* — a coesão social —, que mantinha unida qualquer sociedade, mas "o período de vida de uma dinastia normalmente não excede três gerações", porque a *asabiyya* acabava se perdendo. Sua análise da escravidão revela a atitude árabe em relação à raça: "As únicas pessoas que aceitam a escravidão são os negros, devido a seu baixo grau de humanidade e sua proximidade ao estágio animal".

7. O tamanho desses exércitos põe em perspectiva a pequena escala da guerra anglo-francesa. Nas batalhas de Poitiers e Agincourt, quinze anos depois, os exércitos ingleses do Príncipe Negro e de Henrique v tinham cerca de 6 mil homens.

8. Numa enorme praça, o Reguistão, Tamerlão estava construindo a Mesquita de Bibi Khanum, com três domos, em homenagem à imperatriz Khanum Sarai, além de palácios e um mausoléu maravilhosamente simples, com um domo azul-turquesa, o Gur-e-Amir, para seu neto favorito, Muhammad Shah. É possível que tenha construído a mesquita rápido demais; partes dela desabaram num terremoto, mas algumas permanecem de pé.

9. Tamerlão tinha planejado ser sepultado com Jahangir em sua cidade natal de Kesh, mas, em vez disso, teve seu descanso final no octaédrico Gur-e-Amir, de estilo persa, com seu domo azul, em Samarcanda, ao lado do neto, Muhammad Shah. Dizia a lenda que, se o túmulo de Tamerlão fosse perturbado, um conquistador ainda mais terrível surgiria. Em 19 de junho de 1941, por ordem de Stálin, o arqueólogo soviético Mikhail Gerasimov abriu a sepultura — identificando a fra-

tura na perna de Tamerlão e usando o crânio para recriar seu rosto, permitindo, assim, que conhecêssemos sua aparência. Três dias depois, Hitler invadiu a Rússia.

10. Se isso está correto, a frota pode ser comparada, em números, à Armada Espanhola, ou às frotas britânica, francesa e espanhola combinadas em Trafalgar. Mas, no que diz respeito ao tamanho das embarcações, esses foram "os maiores navios de madeira jamais vistos no mundo", segundo Edward L. Dreyer, muito maiores do que qualquer um no Ocidente, inclusive os minúsculos navios de Colombo, noventa anos depois. É possível que tenha havido exageros tanto no número quanto no tamanho dos navios. As viagens de Zheng He não foram as únicas expedições de Yongle: ele também enviou outro eunuco em quem confiava, Yishiha, para descer o rio Amur, estabelecendo o poder dos Ming na atual Sibéria.

11. O império de especiarias hindu de Majapahit estava se fragmentando. No Bornéu, três irmãos fundaram a cidade-Estado de Brunei, dedicada ao comércio de especiarias, onde acolheram um aventureiro árabe, Sharif Ali, um hachemita de Meca, que se casou dentro da família e herdou o trono, construindo um império talassocrático que sobrevive hoje como uma monarquia rica em petróleo, ainda governada por sua dinastia. O rajá de Singapura, também convertido ao islã, fundou por sua vez o sultanato de Malaca, que assumiu o comércio de especiarias. Este seria o mundo encontrado pelos europeus quando chegaram ao Oriente.

12. Na Etiópia, um imperador cristão, Yeshaq (Isaque), combatia chefes militares islâmicos e judeus. Seu antepassado Iekuno Amlak havia tomado o trono em 1270, dizendo-se descendente do rei Salomão e da rainha de Sabá, e, mais plausivelmente, dos últimos reis de Axum. A grandeza salomônica emprestava um muito necessário glamour bíblico a uma dinastia que governou partes da Etiópia, ocasionalmente unida sob um único soberano, até 1974. Esses imperadores cristãos — *negus negust* (rei dos reis) — encontravam-se agora sob o agressivo ataque de governantes islâmicos apoiados pelos mamelucos do Cairo. No norte, o reino judaico dos gideonitas — assim conhecidos porque seus reis com frequência se chamavam Gideão — governava as montanhas Simien, as mais elevadas do Chifre da África, e seus arredores. Os gideonitas desafiaram o imperador Yeshaq, que foi morto em combate contra o sultão de Adal.

13. O nome verdadeiro do reino é desconhecido. Zimbábue significa apenas "casa de pedra"; a região abriga outras pequenas construções do tipo — uma delas pode ser vista ainda hoje em Bambusi.

14. A mesma família fundou também o reino de Oió, estreitamente conectado com o Benim pela intimidade familiar e por uma cruel rivalidade que se estendeu até o século XIX. Oió era agora a principal potência; a expansão do Benim levou mais tempo. Ainda governadas nominalmente pelos ramos da família, suas dinastias continuam a reinar na Nigéria republicana.

15. Os iorubás cultuavam um grande panteão de deuses e espíritos (orixás), mas sua cosmologia colocava a arte no centro da própria vida. Eles acreditavam que seu deus principal, Olodumarê, fonte de *ase*, a força vital do universo, ordenara ao deus Obatalá que moldasse os primeiros iorubás, que viviam na cidade sagrada de Ilê-Ifé sob as ordens de um rei — o *ooni* — que descendia de um rei-deus. Ilê-Ifé, estabelecida em 400 a.C., havia prosperado a partir de 700 d.C. como a cidade sagrada da África ocidental. Mesmo quando o poder político passou para os reinos de Oió e do Benim, Ilê-Ifé continuou a desfrutar de uma idade de ouro artística, e monarcas de outros reinos ainda eram enviados para lá a fim de serem sepultados. Exatamente nessa época, o rei de Ilê-Ifé, Obalufon, encomendava aos artistas da cidade esculturas que o representassem.

16. Uma semana antes, em 13 de agosto, um pequeno exército inglês, sob o comando do rei Henrique V, de 27 anos, havia desembarcado na França para retomar a conquista do país, que começara exitosamente com o vigoroso Eduardo III e depois se perdera com seu psicopático neto,

Ricardo II. Ricardo foi derrubado e assassinado por seu primo, Henrique, duque de Lancaster, que se tornou Henrique IV. O fato mais extraordinário a respeito de Henrique V era que estivesse vivo. Aos dezesseis anos, enquanto lutava com o pai contra um nobre rebelde, ele fora atingido no rosto por uma flecha que penetrara abaixo do olho e se alojara na parte de trás do pescoço — sem tocar o cérebro. Normalmente, isso levaria à morte por infecção, e a maioria dos médicos teria simplesmente extraído a flecha do rosto, rasgando a carne por dentro. Uma primeira equipe de médicos — mais tarde descrita como "lascivos e tagarelas sanguessugas" — foi incapaz de fazer isso e quebrou a flecha. Mas o médico real, John Bradmore, um homem brilhante, também era joalheiro e sabia trabalhar com metal. Ele desinfectou as feridas com mel, limpou-as com álcool e concebeu um instrumento para prender a ponta da flecha dentro de um cilindro e puxá-la pelo crânio, fazendo-a sair pelo outro lado. Espantosamente, a operação deu certo, e a ferida não infeccionou; Bradmore foi ricamente recompensado. Henrique, um homem alto e poderoso, deve ter ficado com uma cicatriz horrível. Ao herdar o trono, reuniu sua frota em Southampton e em seguida executou seu melhor amigo e outros dois barões envolvidos numa conspiração. Na França, tomou o porto de Harfleur; depois, em Agincourt, combateu um exército francês duas vezes maior do que o seu, massacrando a maior parte dos prisioneiros franceses, na primeira de várias atrocidades desse tipo que cometeria. Após suas vitórias, o rei francês concordou em casar com ele sua filha Catarina. O único filho do casal era um bebê quando Henrique morreu, aos 36 anos, de disenteria. Após sua morte, Catarina casou-se com um nobre galês, Owen Tudor, de quem descenderam os Tudor.

17. O pai de João, Pedro, um homem errático e lascivo, tinha se casado com uma princesa de Castela, Constança, que chegou com uma dama de companhia, Inês de Castro. Pedro teve um filho com a esposa, mas apaixonou-se por Inês, e, após a morte de Constança, começou a favorecer o avanço de sua família: num confronto com a corte hostil, Inês foi degolada na frente dos filhos. Depois de se tornar rei, Pedro perseguiu os assassinos e arrancou o coração dos homens com as próprias mãos, por vingança. Diz-se que exumou Inês, vestiu-a com coroa e joias e obrigou a corte a lhe prestar tributo. Não há dúvidas de que construiu um túmulo para ela, em frente ao seu, e mandou gravar as palavras "até o fim do mundo".

18. Desde mais ou menos a época do nascimento de Cristo, as ilhas Canárias eram habitadas pelos guanches, ilhéus berberes que tinham contato ocasional com a Europa e a África e ainda viviam na Idade da Pedra, sem barcos nem metais. A descoberta de seus ancestrais mumificados revela um sofisticado método alternativo de embalsamamento, que preservava cérebros e intestinos com a defumação prévia dos corpos, que eram então envolvidos em peles de cabra. Em 1312, o banqueiro e aventureiro genovês Lancelotto Malocello havia tentado descobrir o que acontecera aos irmãos Vivaldi, que tinham desembarcado nas ilhas; ele deu seu nome a Lanzarote (Lancelotto) e ali fundou uma fortaleza, sendo posteriormente expulso numa rebelião guanche. Em 1402, um cruzado francês colonizou as ilhas e declarou-se rei — mas, enfrentando revoltas dos povos nativos, cedeu as ilhas a Castela. Os ilhéus foram rapidamente escravizados, mortos e dizimados por doenças.

OS MÉDICI E OS MEXICAS, OS OTOMANOS E OS AVIZ [pp. 397-406]

1. Fernando, irmão de ambos, foi capturado. Henrique, por intermédio de um médico judeu, propôs trocá-lo por Ceuta, mas, no momento em que estava a ponto de concluir o acordo, morreu, vítima da peste negra — e seu irmão pereceu na prisão após seis anos de humilhações. O infante Fernando foi eviscerado e embalsamado; seus companheiros cristãos esconderam seu coração e

suas vísceras em potes sob o chão do cárcere, enquanto seu corpo nu ficou pendurado durante anos nas ameias de Fez.

2. O próprio Zurara, que tanto admirava Henrique — "nosso príncipe" —, percebia as sinistras implicações desta invocação ao destino cruel: "Ó, poderosa fortuna, que andas e desandas com as tuas rodas, compassando as cousas do mundo como te praz! E sequer põe ante os olhos daquesta gente miserável algum conhecimento das cousas postumeiras, por que possam receber alguma consolação em meio de sua grande tristeza! E vos outros, que vos trabalhais desta partilha, esguardai com piedade sobre tanta miséria, e vede como se apertam uns com os outros, que apenas os podeis desligar!".

3. A conquista era inconcebível: os europeus, ameaçados pelo poder dos governantes africanos e seus exércitos, desafiados pela inóspita vastidão da África, dizimados pela malária, só foram capazes de conquistar o continente quatro séculos depois. Faltava-lhes supremacia militar e resiliência física até o desenvolvimento do vapor, das metralhadoras e da quinina, no final do século xix.

4. A palavra "bancário" tem origem em *banco*, a tenda no mercado onde esses primeiros financistas faziam seus negócios.

5. A palavra Renascença não era utilizada na época. Foi o polímata Leon Battista Alberti que, ao aconselhar o papa Nicolau v sobre a reconstrução de Roma e o projeto do Vaticano, percebeu as possibilidades do *uomo universale*: "Um homem é capaz de fazer tudo, se o desejar". Giorgio Vasari, biógrafo de Michelangelo, usou a palavra *rinascita* (renascimento) em sua obra *Vidas dos artistas*, mas foram os historiadores ingleses, na década de 1830, que cunharam o termo Renascença.

6. Um ourives germânico de Mainz, Johannes Gutenberg, foi o primeiro a utilizar a prensa de tipos móveis, que teve como modelo as prensas de vinho, para publicar 180 exemplares da Bíblia. A difusão da leitura, assim como a internet no século xxi, não apenas esclareceu a mente das pessoas, como também a obscureceu: a histeria dos julgamentos das bruxas, e sua morte nas fogueiras, foi pelo menos em parte intensificada pela popularidade de obras como, por exemplo, um dos primeiros best-sellers, o livro de Heinrich Kramer de 1486, *Malleus Maleficarum*, também conhecido como *O martelo das feiticeiras*.

7. Influenciado pelos persas, refinado e misericordioso, o padixá Shahrukh, filho de Tamerlão, governou o núcleo do império durante quarenta anos, enquanto seu filho Ulanbeg governava Samarcanda. Os interesses de Ulanbeg eram a astronomia e a ciência, e ele construiu um observatório — partes do qual sobrevivem em Samarcanda — para ajudar em seus cálculos; seu catálogo das estrelas e suas medições da inclinação da Terra e dos anos siderais eram altamente precisos. Mas talvez a astronomia o tenha distraído da política: ele foi assassinado, e o império desmoronou. Shahrukh e Ulanbeg juntaram-se a Tamerlão em Gur-e-Amir, que, mais tarde, inspiraria o estilo persa de domos dos descendentes mongóis de Tamerlão.

8. "No que diz respeito a meus filhos, quem quer que herde o trono deve matar os irmãos, no interesse da ordem mundial", decretou Mehmed. "A maioria dos juristas o aprovou. Que se aja de acordo." No total, cerca de oitenta príncipes otomanos foram estrangulados com a corda do arco, para que não se derramasse sangue real na única família em que o filicídio e o fratricídio não eram apenas ocasionais e acidentais, mas uma prática religiosa e política.

9. Voivoda da Valáquia, Vlad ii era conhecido como Drácula por ser membro da Ordem do Dragão.

10. Em outras épocas do ano, os sacerdotes celebravam o Esfolamento do Homem, em homenagem ao deus Xipe Totec, ávido por pele, momento em que o orador assistia à luta de gladiadores usando a pele esfolada das vítimas. Esses sacrifícios foram enfatizados pelos espanhóis para justificar a conquista, mas a cultura sofisticada e letrada dos mexicas era muito mais complexa do que

isso: é provável que, naquelas décadas iniciais, a taxa de sacrifícios fosse menos frenética do que seria mais tarde.

11. As crianças nobres eram educadas em escolas especiais ligadas a templos. Crianças e adultos jogavam *patolli*, um jogo disputado em campos especiais, que desde os reinos maias fazia parte do ritual real. Os monarcas jogavam com frequência; por vezes, os espectadores apostavam tão alto que tinham de se vender como escravos; também com frequência, os perdedores eram mortos — uma espécie de Round 6 da vida real.

12. A última grande dama, Atotoztli, filha de Moctezuma I, casou-se com Tezozomoc, filho de Itzcóatl, e foi a mãe, e muitas vezes regente, dos três governantes seguintes, começando em 1478 com Axayácatl, neto de Moctezuma I e Itzcóatl (e pai do último deles, Moctezuma II).

13. A capital, Tenochtitlán, construída num sistema de rede e acessada por uma passagem elevada sobre as águas, ou por meio de barcas ou canoas, era agora uma maravilha do mundo, com 250 mil habitantes, muito maior do que Sevilha, que tinha apenas 45 mil.

INCAS, TRASTÂMARAS E RURÍQUIDAS [pp. 407-17]

1. A população de Constantinopla talvez fosse de apenas 30 mil habitantes, mas Mehmed ordenou que seus magnatas patrocinassem novos bairros, protegeu os gregos e convidou judeus, que estavam sendo perseguidos na Europa ocidental. Em 25 anos, a população da cidade já chegava a 80 mil, dos quais 60% eram muçulmanos, 20% cristãos e 10% judeus. Mehmed demoliu a Igreja dos Santos Apóstolos (túmulo de Constantino e outros imperadores), construindo em seu lugar seu próprio complexo de mesquitas, além da Mesquita de Ayyub Ansari (no local onde um companheiro de Maomé teria morrido durante o cerco de 668) e da fortaleza-arsenal das Sete Torres. Embora ainda fosse chamada de Constantinopla pelos turcos, a cidade também era conhecida como Istambul, termo derivado de uma antiga designação grega — *"eis ten polin"* ("para a cidade") — adaptada para Istambol. Permaneceu como a capital otomana/turca até 1923 e teve seu nome oficialmente alterado para Istambul em 1930.

2. Enquanto o Empalador morria em combate, Radu e a dinastia Drácula continuaram a governar como clientes dos otomanos. Durante 250 anos, os sultões nomearam príncipes gregos confiáveis — alguns dos quais descendentes de imperadores — do distrito fanariota de Constantinopla para governar a Moldávia e a Valáquia, que depois se juntaram para formar a Romênia.

3. A rainha Edviges era uma das duas filhas de Luís, o Grande, o rei Anjou da Hungria e da Polônia — que sua viúva, Isabel da Bósnia, tentou preservar para as meninas. Maria se tornou rainha da Hungria, mas sua mãe Isabel havia extrapolado ao assassinar o reclamante masculino ao trono, o que levou à sua prisão e estrangulamento na frente da filha. Diante da perspectiva de se casar com um pagão, Edviges orou e por fim concordou, contanto que ele se convertesse. Edviges e Jagelão formaram uma bem-sucedida parceria. Depois que ela morreu, durante o parto, ele governou os reinos unidos até 1434, estabelecendo uma dinastia que prosperou por mais de um século e forneceu reis para a Hungria e a Boêmia.

4. Ahmed, cã da Horda Dourada, fora um potentado eurasiano, um príncipe dourado, casado com uma princesa timúrida. Após o fiasco em Ugra, foi assassinado por um primo, Ibak Khan, da Sibéria. Sua mulher voltou então para Herat, e a Horda Dourada dividiu-se para sempre em vários reinos. No leste, um descendente de Jochi, Taibuga, fundou o canato da Sibéria, governando a partir de uma cidade próxima da atual Tiumen. No Volga e no mar Cáspio, um cã dourado governava Kazan e Astracã. Na Crimeia, os Giray estavam à frente de um Estado-tampão entre otomanos, poloneses e moscovitas.

5. Assim como o pai, Lorenzo comprava escravas, com quem tinha filhos ilegítimos: essas escravas não vinham da África, mas da Circássia, no Cáucaso, onde provavelmente eram comerciadas por mercadores genoveses e otomanos. Outra dessas escravas foi uma judia circassiana chamada Catarina, capturada no Cáucaso e traficada para Constantinopla e Florença como escrava sexual antes de ser contratada como ama aos quinze anos por um tabelião florentino, Piero da Vinci, que não só se apaixonou por ela, como a alforriou e desposou: é provável que o filho dos dois tenha sido Leonardo da Vinci.

6. Em 1482, ao oferecer seus serviços ao duque de Milão, Leonardo da Vinci jactou-se de sua expertise em "1. 'queimar e destruir' pontes inimigas. 2. 'Faço um número infinito de pontes, manteletes e escadas de assalto' para cercos. 3. 'Também tenho vários tipos de canhão'. 4. 'Minas e passagens secretas'. 5. 'Morteiros de canhão e armas leves […] fora do comum'". Somente no item 6 ele acrescenta: "Também posso fazer esculturas em mármore, bronze e argila". Ele não mencionou que também sabia pintar.

7. Em seguida, Ivan e Sofia convidaram Marco Ruffo e Pietro Solari, que construíram o Palácio das Facetas e as ameias vermelhas dos muros do Kremlin, inclusive o Campanário de Ivan — que hoje parecem todos distintivamente russos, mas derivam de uma inteligente fusão dos estilos bizantino e italiano. Enquanto o exército de Ivan era uma cavalaria tradicional de estilo mongol, equipada com arcos e flechas, os italianos contribuíram com canhões e armas de fogo.

8. Foi durante o reinado de Basílio que os clérigos moscovitas começaram a fomentar a ideia de Moscou como uma Terceira Roma, sucessora de Constantinopla.

9. Logo depois de tomar Otranto, em 1481, Mehmed, o Conquistador, morreu, aos 49 anos. No confronto que se seguiu, possivelmente orientado por seu filho, Bajazeto II, seu grão-vizir, o médico judeu Hekim Yakub, foi acusado pelos janízaros de ser um agente veneziano: ele acabara de negociar um tratado de paz com Veneza. Os janízaros o assassinaram e saquearam seu palácio. A tolerância otomana tinha seus limites. A partir de então haveria muitos vizires eslavos, mas não mais judeus.

OS MANICONGOS, OS BÓRGIA E OS COLOMBO [pp. 418-32]

1. Os judeus praticantes não eram queimados pela Inquisição: tanto os judeus quanto os muçulmanos estavam fora de sua jurisdição, que abrangia apenas aqueles que se diziam cristãos e eram acusados de judaizar, observando secretamente os rituais judaicos. Nos cinquenta anos que se seguiram a 1480, é provável que cerca de 2 mil desses conversos tenham sido executados. Judeus e muçulmanos somente podiam ser punidos pelo rei.

2. Os portugueses começaram a construir em território controlado por chefes acãs rivais. João negociou com um *omahene* (rei) acã, Kwamena Ansa, vassalo do pequeno reino de Eguafo, que impressionou os portugueses com a quantidade de ouro que usava em seus braceletes e colares. Mas quando Kwamena percebeu que os portugueses estavam construindo num penhasco sagrado, seus arqueiros e espadachins, usando elmos de crocodilo, os obrigaram a se retirar e a construir num terreno especificado por ele.

3. Em 1504, quando o pai de Esigie, o obá Ozolua, morreu, dois de seus filhos lutaram pelo trono; os vizinhos igalas rebelaram-se e invadiram o Benim. Mas o príncipe Esigie foi aconselhado pela mãe, Idia, que servia também como sacerdotisa em sua campanha para destruir o irmão e os invasores, e por seus valiosos conselhos ela foi recompensada com o novo título de *lioba*, rainha-mãe. A *lioba* recebeu sua própria capital, regimentos e corte, mas foi proibida de ver o filho nova-

mente. Talvez o belo busto de bronze com o rosto de Idia, agora num museu em Berlim, não servisse apenas a propósitos religiosos. Talvez Esigie sentisse saudades da mãe.

4. A aristocracia granadina incluía um cortesão, Moulay Ali al-Rashid, sua mulher, a ex-escrava espanhola Zohra Fernandez, e a filha dos dois, Aisha, que se tornaria a rainha pirata do Mediterrâneo.

5. Nas ilhas, Colombo viu "homens e mulheres com um rolo de ervas semiqueimado nas mãos, ervas que costumavam fumar". Seus marinheiros foram os primeiros europeus a experimentar o tabaco.

6. Tratava-se de um mundo antigo de ilhas conectadas, povoadas pela primeira vez em 7000 a.C. Por volta de 500 a.C., como demonstram pesquisas recentes de DNA, elas foram invadidas por conquistadores do continente, que massacraram os povos locais: os tainos do Haiti, de Cuba e da Jamaica, governados por caciques, eram seus descendentes. As ilhas eram vagamente conhecidas pelos mexicas. Embora os espanhóis acreditassem haver milhões de tainos, é provável que esse número fosse muito menor, talvez não mais que algumas dezenas de milhares. Os caribes deram seu nome ao mar em torno das ilhas e à palavra "canibal", dado o seu gosto em comer inimigos. Bahamas, Cuba, Haiti e Jamaica eram as versões de Colombo dos nomes dados pelos tainos a esses territórios.

7. A doença, transmitida por contato sexual e manifestando-se em três estágios, começava com feridas nos genitais e culminava muitos anos depois em inchaços faciais e decomposição, acompanhados de degeneração do sistema nervoso, o que levava à insanidade mental. Foi registrada pela primeira vez dois ou três anos depois da invasão de Nápoles pela França. Os napolitanos a chamavam de doença francesa, enquanto os franceses a chamavam de doença italiana. Uma das poucas enfermidades designadas a partir de um personagem da ficção, seu nome foi cunhado pelo médico veronês Girolamo Fracastoro, em referência a um jovem pastor sifilítico descrito em seu poema *Syphilis sive morbus gallicus* ("Sífilis, ou a doença francesa"). A sífilis grassou pelos quatro séculos seguintes e só teve cura com a invenção dos antibióticos.

8. O avô de Vespúcio, também chamado Américo, era chanceler de Florença sob Lorenzo de Médici, o Magnífico, e também trabalhara para Lorenzo di Pierfrancesco de Médici, que o enviara para dirigir seu escritório em Sevilha. Lá, ele primeiro ajudou a financiar as viagens de Colombo, depois tornou-se ele próprio marinheiro, fazendo viagens registradas em cartas aos Médici, antes de ser nomeado pelo rei Fernando para dirigir a Casa de Contratação de Sevilha. Em 1507, um cartógrafo alemão, Martin Waldseemüller, batizou o novo continente com seu nome, uma homenagem da qual Américo talvez nunca tenha tomado conhecimento. O fato curioso é Waldseemüller ter usado o primeiro nome de Vespúcio: por que não chamou o continente de Vespúcia? É um nome tão sonoro quanto América.

9. Mais tarde, aposentado, Maquiavel aproveitou sua experiência com César Bórgia e Fernando da Espanha para escrever *O príncipe*, seu guia para a prática do poder, que só foi publicado após sua morte.

10. César nomeou Leonardo da Vinci arquiteto e engenheiro-chefe. Enquanto concebia novas fortalezas e veículos militares parecidos com tanques e helicópteros, Leonardo fez um esboço do próprio César.

OS HABSBURGO E OS OTOMANOS [pp. 433-47]

1. A filha mais velha da rainha, também Isabel, era casada com Manuel de Portugal, enquanto a mais jovem, Catarina, estava prometida a Artur, príncipe de Gales, filho do cadavérico e avarento

Henrique VII. Com a morte de Artur, porém, ela se casou com seu irmão mais novo, Henrique VIII, tendo ficado conhecida na Inglaterra como Catarina de Aragão.

2. Quando Frederico tinha 77 anos, a arteriosclerose provocou-lhe uma gangrena na perna; seu médico realizou uma amputação bem-sucedida, um triunfo da medicina, embora ele tenha morrido dois meses depois. Sua perna foi enterrada junto com ele em seu magnífico túmulo na catedral de Santo Estêvão, em Viena.

3. Ela fora fabricada pela famosa dinastia de armeiros, os Helmschmied de Augsburgo. Maximiliano, num gesto excêntrico, ofereceu ao rei Henrique VIII da Inglaterra um elmo modelado a partir de seu próprio rosto, com seu nariz comprido e óculos, e coroado por um par de chifres de carneiro. Mas a armadura já se tornara obsoleta: em batalha, as balas eram capazes de penetrá-la.

4. Os monarcas europeus utilizavam essa história com uma advertência contra o sexo excessivo. Naquele ambiente machista, a pompa ejaculatória fazia parte da propaganda real: quando se casou com Maria Tudor, a irmã de dezoito anos de Henrique VIII, Luís XII "gabou-se de ter ejaculado cinco vezes em seu primeiro encontro", ao que um contemporâneo observou: "É de se presumir que tenha acabado de cavar cinco sepulturas com sua enxada". Ele morreu três meses depois. Essas mortes sexuais eram na verdade provocadas, em sua maioria, pela varíola.

5. Havia então muitos escravos negros nas cortes portuguesas e espanholas: cada um dos filhos de Isabel tinha africanos em seu séquito. A irmã de Joana, Catarina, chegou a Londres com John Blancke, que serviu o rei Henrique VIII como trombeteiro da corte dos Tudor.

6. Uma das primeiras decisões de Júlio foi permitir que o príncipe inglês, Henrique, se casasse com a viúva do irmão, Catarina de Aragão. A jovem Catarina, de dezoito anos, princesa de Gales, estivera num limbo desde a morte do príncipe Artur, em 1502. Fernando não queria pagar mais nenhum dote; Henrique VII, agora com quarenta e muitos anos, não queria reembolsá-lo, e assim decidiu casar-se com Catarina ele mesmo, mas por fim os dois lados chegaram a uma solução diferente — que tinha seus próprios problemas. A Igreja havia banido o casamento entre cunhados como parte de sua política contra o incesto e as ligações familiares. Catarina só poderia se casar com Henrique se o casamento com Artur não tivesse sido consumado. Uma vez acordado esse ponto, o casamento poderia ocorrer. Em 1509, quando Henrique VII morreu, Henrique VIII casou-se com ela.

7. Aretino era filho de um sapateiro, e seus versos mordazes fizeram dele o "flagelo dos príncipes". Durante o reinado do papa Médici seguinte, Clemente, Aretino interveio para salvar seu amigo Marcantonio Raimondi, que produzira o primeiro livro impresso de erotismo, um conjunto de gravuras baseadas nos desenhos de Giulio Romano intitulado *I Modi* (*As maneiras*, também conhecido como *Dezesseis posições*). O livro celebrava não apenas a posição missionária abençoada pela Igreja, mas também aquelas em que a mulher ficava em cima. Cada gravura era dedicada a uma cortesã dos Médici em particular e à sua especialidade sexual. O papa baniu o livro até que Aretino apelasse a ele, e, quando o banimento foi revogado, "recitei de cor os versos que apareciam sob as figuras. Com todo o devido respeito aos hipócritas, dedico a você essas peças luxuriosas, despojadas do falso puritanismo e dos preconceitos tolos que proíbem os olhos de contemplar as coisas que mais os deleitam". Trata-se dos *Sonetti lussuriosi*, os *Sonetos luxuriosos*. O bispo Gian Giberti, o reformador da Igreja que denunciou o livro, foi uma vítima de seus versos e tentou fazer com que Aretino fosse assassinado. O poeta fugiu para Milão. Descrevendo-se como "sodomita", amigo de Ticiano, que o pintou, diz-se que foi contratado por Carlos V e por Francisco I para escrever versos sobre o outro.

8. A primeira mulher de Manuel, Isabel, princesa das Astúrias, tinha sido casada com o herdeiro português, que morreu num acidente de montaria. Ela voltou para a casa dos pais até Manuel pedir sua mão, fazendo seu segundo casamento português. Por um momento, ela foi a herdeira do

trono de Castela. A segunda mulher de Manuel, Maria, teve dez filhos, inevitavelmente morrendo no parto, e depois disso ele se casou com Leonor, a filha mais velha de Joana e Filipe, e irmã favorita de Carlos v, que, mais tarde, se casaria com Francisco i, da França. Se isso parece um emaranhado é porque de fato é: havia uma elevada consanguinidade entre os três.

9. As histórias europeias afirmam tradicionalmente que os imperialistas portugueses dominaram o comércio de especiarias indiano e malaio. Embora eles sem dúvida tenham anunciado o poder europeu no Oriente, afirmações desse tipo exageram seu poder e negligenciam os poderes locais. Os portugueses não eram numerosos e tinham poucas fortalezas; o comércio era complexo, e o sul da Índia era dominado pelo invencível rei-guerreiro Krishnadevaraya, *maharaja-dhiraja* do império hindu Vijayanagara, que derrotara sozinho muitos dos sultanatos islâmicos; a Índia oriental era governada pelo reino Gajapati; e os otomanos estavam na iminência de substituir os egípcios como senhores da Arábia e do Iêmen. Malaca, que só foi muçulmana durante trinta anos, era vassala da China desde as frotas do tesouro de Zheng: o imperador Ming estava furioso.

OS TIMÚRIDAS E OS MEXICAS, OS OTOMANOS E OS SAFÁVIDAS [pp. 451-71]

1. Os descendentes de Tamerlão tinham o título de emir-mirzá; os descendentes de Gengis intitulavam-se cãs.

2. Assumindo o poder, ele se promoveu de mirzá a padixá e elevou a primeira esposa Maham e a irmã Khanzada a begum-padixás, ou damas-imperatrizes. Babur e seus sucessores chamavam sua dinastia de gurkani, a partir do título de Tamerlão, *gürkan* — "genro imperial" —, ou Casa de Timur. Os inimigos os tratavam depreciativamente como mongóis. Os britânicos, atraídos pela dinastia em que viam paralelos com seu próprio império, chamavam-nos de mogóis.

3. Os rajaputes eram dinastias principescas hindus, descendentes de guerreiros xátrias.

4. Babur foi sepultado nos jardins que adorava, em Cabul, onde hoje ainda se encontra a sua tumba, com a inscrição original: "Se há um paraíso na Terra, é este, é este!".

5. Os verdugos especiais eram os Sem-Língua, ou *Dilsiz* (conhecidos pelos visitantes europeus como surdos-mudos), que serviam como pajens, mensageiros e executores. Os Sem-Língua faziam parte de uma unidade secreta, o Enduran — serviço interno —, dentro do harém, que, usando calças e túnicas azuis e botas vermelhas, garantiam a privacidade, sendo vistos como homens incomuns, às vezes com problemas mentais, devotados ao governante. Inicialmente contratados por Mehmed, o Conquistador, tornaram-se os sicários especiais do padixá para estrangular príncipes e vizires com a corda do arco. As execuções também eram conduzidas pelo *bostandji bachi*, antigo jardineiro-chefe que se tornou o paxá dos 3 mil guarda-costas de barrete vermelho e túnica amarela que protegiam os palácios sultânicos.

6. Os seguidores fanáticos de Safi al-Din — os xiitas duodecimanos — acreditavam que, depois dos dez primeiros imames, o undécimo tinha sido assassinado pelo califa sunita em 874, e seu filho, o duodécimo, desaparecido, oculto ou escondido, ressurgiria como mádi no Dia do Juízo Final. Ismail foi mais além. "Meu nome é Ismail Shah", disse o garoto a seus seguidores. "Sou o mistério de Deus, comandante de todos os *ghazis* [guerreiros]. Minha mãe é Fátima, meu pai é Ali; sou o mestre sagrado dos Doze Imames [...]. Sou o Khidr [santo heroico da teologia islâmica] vivo, e Jesus, filho de Maria. Sou o Alexandre de meus contemporâneos." A tez e os cabelos claros de Ismail refletiam sua descendência da dinastia dos Comneno, de Constantinopla. Em 1439, o imperador João iv de Trebizonda casou a filha Teodora com o outro avô de Ismail, Uzun Hasa, cã do Ak Koyunlu.

7. Os potentados árabes acorreram para prestar suas vênias: Salim recebeu Abu Numeiri, o jovem emir de Meca, que ofereceu as chaves de Meca e de Medina em nome de seu pai Barakat, o xarife hachemita descendente de Qatada. Selim os renomeou emires de Meca, conferindo a si mesmo os títulos de "sombra de Deus", "messias dos últimos dias" e "renovador da religião".

8. Ainda nos arquivos otomanos, falta ao mapa a metade oriental com a China; a metade ocidental mostra não só o Mediterrâneo, mas também as descobertas de "Colon-bo" — Colombo. A América tinha a designação de "Vilaiete Antilhas": as Antilhas eram a ilha lendária do Atlântico, e vilaiete, o nome dado às províncias otomanas, o que sugere que as ilhas americanas podiam ser o próximo alvo da conquista otomana. Ao que parece, Selim rejeitou a ideia de uma conquista atlântica rasgando o mapa em dois, ficando com a metade oriental e devolvendo a seção americana. Na verdade, ninguém sabe o que aconteceu com o mapa.

9. Quando seus próprios interesses se viram em jogo, Fugger não teve pejo em relembrar a Carlos v: "É sabido que Sua Majestade Imperial não teria conseguido reivindicar a Coroa romana sem meu auxílio". Após a morte de Fugger (um dos homens mais ricos de todos os tempos), em 1525, a família prosperou ainda mais, sob a condução de seus herdeiros, os sobrinhos Anton e Raimund, que obtiveram o título de condes e, posteriormente, príncipes dos Habsburgo. Eles controlavam as minas de bronze da Eslováquia que produziam o bronze, nas fornalhas da Renânia, para as manilhas encomendadas pelos reis portugueses, que as trocavam com soberanos africanos por ouro e escravos. Os soberanos do Benim usavam esse bronze para produzir os Bronzes do Benim, como provaram análises geoquímicas realizadas em 2023. Os príncipes Fugger ainda são proprietários do palácio da família em Augsburgo e de um banco privado.

10. Outro filho de Cristóvão Colombo, Fernando, seguiu o caminho oposto: retirou-se para uma mansão em Sevilha, escreveu a biografia do pai e montou uma coleção de 15 mil manuscritos e livros impressos. Quando Diego Colombo morreu, em 1526, seu filho Luís Colombo de Toledo herdou os títulos de almirante das Índias, duque de Veragua e marquês da Jamaica. A Jamaica, agora com os tainos quase extintos e povoada por escravos africanos, continuou como vasta propriedade pessoal — a última — da família Colombo até 1655, quando foi capturada pelos ingleses. O atual duque de Veragua se chama Cristóbal Colón.

11. Os portugueses capturaram, violentaram ou desposaram mulheres africanas, criando uma nova casta mestiça de luso-africanos que comandaram seu império como fiscais e traficantes de escravos. Reis e mercadores africanos lhes traziam marfim, ébano e escravos, que eram então conduzidos em marcha de volta até a costa, muitas vezes sob a cruel supervisão de guardas escravos de hierarquia mais elevada.

12. Vasco da Gama morreu na Índia. Tal como os Colombo, os Gama se tornaram uma dinastia colonial: seus três filhos governaram a Costa do Ouro, na África, e Malaca e o Estado da Índia, na Ásia; e, em 1540, um deles, Estevão, combateu as frotas otomanas e ajudou o imperador cristão da Etiópia, fazendo incursões no mar Vermelho até Sinai, no auge do Império Português. João da Gama, neto de Vasco, foi capitão de Macau e, em 1588, atravessou todo o Pacífico, explorando a costa da América do Norte até chegar a Acapulco e ser preso pelos espanhóis.

13. Nas Filipinas, eles ficaram intrigados com os indígenas tatuados que perfuravam os pênis e colocavam contas que, conforme explicaram, de início espantavam as parceiras, mas depois proporcionavam uma intensidade notável de "prazer sensual".

14. Dizia-se que ele parecia o reino ilhéu de Calafia, rainha das amazonas negras da Califórnia, no popular romance de cavalaria de Garci Rodriguez de Montalvo, *Las sergas de Esplandián* (As aventuras de Esplandián). A Califórnia foi o único território batizado a partir de um personagem fictício. O mar de Cortés é hoje o golfo da Califórnia.

15. Entre eles estavam Cabeza de Vaca, que escreveu uma crônica de suas aventuras, e Mustafá, conhecido como Estevanico, um muçulmano africano escravizado com talento para línguas — "o negro que falava com eles", disse Vaca. Mustafá, que explorou o oeste americano, foi morto mais tarde no Novo México, enquanto guiava a expedição de retorno.

16. Grávida, Isabel foi rapidamente concedida em casamento a outro espanhol (ela se casou, ao todo, seis vezes), e então deu à luz uma filha, Leonor Cortés Moctezuma. No total, ela teve sete filhos com seus dois maridos espanhóis e Cortés. Em parte um peão, em parte um símbolo, ela se tornou uma mulher muito determinada, libertando seus escravos em vida e em testamento: "Desejo e ordeno que todos os meus escravos, homens e mulheres indígenas, nascidos nesta terra, sejam libertos de qualquer servidão e cativeiro, e que ajam conforme a própria vontade como pessoas livres; assim, se forem [escravos], desejo e ordeno que sejam livres". Um de seus filhos, Juan de Moctezuma Cano, se casou com a aristocrata castelhana Elvira de Toledo, construindo o Palácio Toledo-Moctezuma, que ainda hoje se ergue em Cáceres, com seus murais de oradores mexicas e da alta nobreza espanhola; outro filho foi o progenitor dos condes de Miravalle, enquanto os descendentes do irmão de Isabel, Pedro de Moctezuma Tlacahuepan, que acompanhou Cortés na volta à Espanha, se tornaram duques de Moctezuma.

OS INCAS, OS PIZARRO, OS HABSBURGO E OS MÉDICI [pp. 472-9]

1. Carlos V mobilizou um exército de lansqueneses suíços e alemães e de *tercios* espanhóis, exímios no uso de lanças e arcabuzes. As formações de lanceiros permitiam que as armas de fogo fossem recarregadas e disparadas em conjunto. Francisco I também contava com lansqueneses, mas em menor quantidade. Os arcabuzes eram constantemente aperfeiçoados, sobretudo na Itália, um laboratório de inovações técnicas. As tropas imperiais adotaram arcabuzes mais pesados, apoiados sobre suportes e capazes de penetrar as couraças: conhecidos como *moschetti* — mosquetes —, eles logo encerraram a era de cavaleiros com armaduras pesadas, que tivera início um milênio antes, com os catafractários persas. O mais famoso fabricante de armas de fogo era, obviamente, um italiano. Leonardo da Vinci fez experimentos com projetos de mosquetes. Em 1526, um artesão italiano, Bartolomeo Beretta, abriu uma oficina no norte da Itália para a fabricação de mosquetes. Na década seguinte, Beretta criou um tipo novo e menor de arma de fogo: as pistolas — do tcheco *pistole* — tornaram-se a arma da moda entre os aristocratas, feitas sob encomenda e com ornamentos intricados. Quanto a Beretta, sua fábrica continua a produzir armas até hoje.

2. O parto, feito em casa, ainda era fatal; as mulheres faziam testamentos antes de entrar em trabalho de parto. As doses de mirra, valeriana e "papoula turca" — ópio — pouco diminuíam as dores. As estatísticas são apenas suposições, mas, ao longo de muitos séculos, o índice de mortalidade infantil antes dos cinco anos de idade variou de 20% a 50%; cerca de 20% dos partos resultavam na morte da mãe. As parteiras, que muitas vezes vinham de famílias que transmitiam seus conhecimentos, dilatavam a vagina das mulheres com dedos não esterilizados, e, se o bebê não saísse, a cesariana matava a mãe; não fazer nada matava a mãe e o bebê, e as parteiras geralmente usavam um gancho para retirar o bebê e salvar a mãe. Mesmo nos partos que davam certo, o rasgo podia levar a uma sepse puerperal fatídica. Muitas vezes, a infecção da ferida aberta, deixada pela placenta, evoluía para uma febre puerperal; era frequente que as mães morressem de peritonite. Até então, os médicos — todos eles homens — não lidavam com partos. Quando começaram a fazê-lo, e, no século seguinte, foram criadas as maternidades, os índices de mortalidade dispararam. Por muito tempo, os nascimentos em casa foram consideravelmente mais seguros.

3. Clemente era um humanista de espírito aberto, que protegeu os judeus de Roma contra a Inquisição e se interessou pelas teorias de um padre polonês educado na Itália e bem relacionado, Nicolau Copérnico, que sustentava que a Terra girava em torno do Sol. Clemente não via no heliocentrismo nenhuma ameaça à Igreja. Ironicamente, o radical Lutero rejeitava Copérnico, "aquele sujeito que quer virar toda a astronomia de cabeça para baixo".

4. Num retorno aos Bórgia, Farnese era conhecido como "cardeal gonela", e foi alçado ao manto escarlate por ser o irmão adolescente da amante do papa Alexandre. Paulo também contratou Ticiano, que pintou retratos reveladores do idoso pontífice e de seus engenhosos sobrinhos. Ticiano se equilibrava entre o patronato papal e o patronato imperial, jogando os Farnese contra os Habsburgo. Mas Paulo jamais pagou pelas pinturas. Em 1548, por fim, Ticiano foi para Augsburgo, onde se tornou o principal pintor dos Habsburgo.

5. Em 1549, o papa Paulo III morreu tendo Michelangelo junto ao leito. Michelangelo era próximo daqueles que flertavam com o protestantismo, mas agora precisava ser muito cauteloso. Em 1555, o fervoroso Gian Pietro Carafa foi eleito Paulo IV e lançou um ataque aos dissidentes, empregando a Inquisição e ordenando que alguns nus em *O Juízo Final* fossem cobertos por uma nova camada de tinta. Michelangelo morreu em 1563, aos 88 anos.

6. Lorenzaccio escapou, e os Médici convidaram um primo, Cosimo de Médici de Urbino, para assumir o título de duque. Cosimo mostrou ter o estofo adequado. Era sanguinário e cultivado, como se esperava dos Médici, executando inimigos, perseguindo Lorenzaccio e matando pessoalmente a punhaladas seu desleal valete. Seus descendentes governaram a Toscana por dois séculos. Quanto a Margarida, viúva do Duque Negro, Carlos a deu em casamento a outro falastrão papal, Ottavio Farnese, duque de Parma e neto de Paulo III. Inteligente e de espírito independente, ela se recusou por vários anos a consumar o casamento, e só consentiu sob a condição de ter sua própria corte. Mais tarde, ela governou a Holanda com competência e tolerância. Seu filho viria a ser o duque de Parma que, em 1588, não compareceu ao encontro com a Armada.

7. Nesse momento, Roxelana se tornou oficialmente sultana Hürrem, com o título de consorte real *haseki sultan*. As *valide* e *haseki sultans* eram tradicionalmente servidas por uma dama de companhia judia — conhecida como *kira* —, que fazia a intermediação com o mundo masculino e o mundo cristão, muitas vezes atuando como diplomata junto a monarcas estrangeiros. A *kira* de Hafsa, Strongila, foi herdada por Hürrem e mais tarde se converteu ao islamismo.

OS TIMÚRIDAS E OS RURÍQUIDAS, OS OTOMANOS E A CASA DOS MENDES [pp. 480-504]

1. Paullu, irmão de Manco, abraçou entusiasticamente o domínio espanhol e a fé cristã, usando roupas espanholas, recebendo terras e palácios da Coroa e desenvolvendo uma aristocracia inca hispanizada que se tornaria a base de uma nova sociedade peruana. Em 1538, Pizarro concedeu propriedades a Inés e a casou na igreja com seu ex-pajem, enquanto tomava para si uma nova amante inca, a rainha de Atahualpa, Cuxirimay Ocllo, batizada como Angelina Yupanqui. Ela fora estuprada quando menina pelo intérprete de Pizarro, mas conquistara seus favores ao conduzi-lo a uma estátua de ouro de valor inestimável. Juntos, eles tiveram dois filhos. As duas mulheres viveram bastante: Inés teve três filhos com o marido Francisco de Ampuero, a quem odiava e tentou envenenar, sendo flagrada e perdoada por ele. Em 1547, ela o processou por má administração de seu dote e venceu a causa. Entre seus descendentes incluem-se presidentes bolivianos e dominicanos. Cuxirimay, que recebeu propriedades de Pizarro, mais tarde se casou com Juan de Betanzos, que escreveu uma história dos incas.

2. Mais tarde, El Mozo foi perseguido e morto por assassinos que, então, buscaram refúgio com Manco Inca em seu reino na selva. Manco confiou neles, mas, na esperança de obter o perdão espanhol, eles o assassinaram. O filho de Manco o sucedeu como inca; o reino sobreviveu por mais trinta anos, até que os espanhóis finalmente atacaram e acabaram com ele.

3. Com isso, restou apenas um dos irmãos Pizarro, Hernando, "um homem alto e rude". Depois de retornar à Espanha, em 1539, Carlos ordenara que o prendessem pelo assassinato de Almagro, embora ele tenha tido uma vida de luxo na prisão, comendo em pratos de ouro, jogando com amigos e até recebendo visitas de amantes. Quando sua sobrinha, Francisca Inca Pizarro, uma bela jovem de dezessete anos, chegou à Espanha, em 1550, Hernando, 33 anos mais velho do que ela, culto, ríspido e mesquinho, desposou-a. Ela se mudou para a prisão, e lá deu à luz cinco filhos. Por fim libertado, Hernando voltou com Francisca para Trujillo, onde eles construíram o esplêndido Palácio da Conquista (ainda de pé), de propriedade da família dos sucessores, os marqueses da Conquista. Após a morte de Hernando em 1575, Francisca se casou com um homem mais jovem em 1581 e viveu até 1598.

4. Depois da conquista, João Garrido se estabeleceu na Cidade do México, onde dizia ter sido o primeiro a plantar trigo nas Américas: "Eu, João Garrido, de cor preta, residente nesta cidade [México]", ele escreveu a Carlos em 1538, "compareço perante Vossa Mercê para declarar que tenho necessidade de fornecer provas à perpetuidade do rei, um relatório apresentando como servi a Vossa Majestade na conquista e pacificação desta Nova Espanha, desde o tempo em que o Marqués del Valle [Cortés] aqui chegou; e a seu lado participei de todas as invasões, conquistas e pacificações que foram realizadas, todas as quais fiz a minhas próprias expensas, sem receber salário ou partilha de índios ou qualquer outra coisa [...]. E também porque fui o primeiro a ter a inspiração de semear trigo aqui na Nova Espanha para ver se crescia".

5. Os traficantes de escravos passaram a ser conhecidos como *pombeiros*, nome derivado de uma feira — mercado de escravos fortificado — em Pumbe, na fronteira entre as atuais repúblicas do Congo e do Congo-Brazzaville.

6. Não se sabe o número de habitantes no México quando Cortés chegou. Afirma-se com frequência que eram 30 milhões de pessoas, mas essa cifra provavelmente é alta demais. Sem dúvida eles sofreram duros golpes com as doenças europeias. A historiografia ocidental muitas vezes descreve essas epidemias como episódios de uma guerra biológica europeia deliberada. Não foi o caso. Mas os povos indígenas tiveram sua população reduzida por uma série de epidemias em diversas épocas, algumas delas matando mais de 25% da população. A epidemia de varíola de 1519-20 levou à morte de 5 milhões a 8 milhões de pessoas. Mas as mais calamitosas foram as epidemias posteriores de 1545 e 1576, que mataram cerca de 17 milhões. Novas pesquisas, analisando os relatos espanhóis dos sintomas, sugerem que não se tratava de casos de varíola, e sim de febre hemorrágica, mais semelhante ao ebola, com sangramento dos ouvidos, nariz e intestino, e difundida pelos ratos, que se multiplicavam enormemente nos anos úmidos, após secas causadas por mudanças climáticas. Se assim tiver sido, ela talvez não tenha sido trazida pelos espanhóis: pode ter sido uma doença indígena.

7. Isso ficou mais fácil depois que o protestante Thomas Cromwell saiu de cena. Cromwell não era o primeiro homem de origem modesta que ascendia ao poder na Inglaterra, mas a Igreja era o caminho tradicional — seu patrono, o cardeal Wolsey, era filho de um açougueiro de Ipswich. Porém Cromwell, que parecia um infatigável, implacável e eficiente texugo, mas implacável, era um novo tipo de ministro. Filho de um cervejeiro de classe média que, em seus tempos de juventude, lutara pelos franceses na Itália contra os exércitos de Fernando da Espanha, ele saqueou as riquezas dos mosteiros católicos, que Henrique distribuiu entre os cortesãos leais, assim criando a fortuna

de muitas famílias aristocráticas. Em meio à paranoia sanguinária da corte de Henrique, a nova rainha Ana se viu em sérias dificuldades depois de dar à luz uma filha — Elizabeth. Enquanto sua sensualidade se transformava em desespero, Henrique deixou de amá-la e passou a detestá-la. Cromwell, aproveitando as zombarias de Ana sobre a virilidade de Henrique, acusou-a de traição e incesto. Ana Bolena foi decapitada, e Henrique desposou Jane Seymour, a recatada dama de companhia de Ana, enquanto Cromwell, secretário, guardião do selo real, representante espiritual e conde de Essex, casou seu próprio filho com a irmã da nova monarca. A rainha Joana teve um filho, mas morreu no parto. Cromwell procedeu ao arranjo de um quarto casamento, protestante, com uma princesa germânica, que resultou na humilhação sexual de Henrique e na decapitação do próprio Cromwell. Henrique, mais tarde, lamentou sua execução. Mesmo uma nova humilhação, em seu quinto casamento, com uma adolescente atrevida e infiel, foi incapaz de extinguir seu gosto em procurar esposas, e ele se casou mais uma vez. Henrique era um showman inescrutável, que eliminou todas as ameaças e consolidou sua dinastia, mas sua reputação está ligada sobretudo a sua voluntariosa ruptura com Roma, que refletia uma propensão mais profunda dos ingleses tanto para a independência política quanto para a reforma religiosa. A família Cromwell viria a ter dois dirigentes na Inglaterra, e quase se tornou uma dinastia real de direito próprio: Richard Williams-Cromwell, sobrinho de Cromwell, foi o bisavô de Oliver Cromwell.

8. Ticiano se juntou a Carlos, quinze anos depois de este ter posado pela primeira vez para o pintor. O retrato equestre do cáiser em triunfo após a batalha de Mühlberg, pintado pelo artista, emana grande vigor marcial, evocando a estátua equestre de Marco Aurélio que ambos tinham visto em Roma, mas também revela a dura vida de um imperador. "Minha vida inteira foi uma jornada", disse Carlos — e, de fato, ele tem um ar exausto, abatido, esgotado.

9. Suleiman vinha se tornando cada vez mais devoto: em 1550, depois de reconstruir os muros de Jerusalém (demolidos pela família de Saladino três séculos antes) e embelezar Meca, ele determinou que Sinan, o arquiteto da corte, elaborasse o projeto de sua própria Mesquita Süleymaniye em Constantinopla. Sinan, um dos maiores arquitetos da história mundial, projetista também da Mesquita de Selim, em Edirne, e autor de cerca de trezentos projetos, era um cristão de nascimento, provavelmente armênio ou grego, chamado José, que foi escravizado e convertido ao islamismo, distinguindo-se mais tarde como engenheiro militar nas campanhas de Suleiman, desde o Tigre até o Danúbio.

10. José era João Miques, d. João Migas Mendes, Giuseppe Nasi e Yasef Nassi; ela era *doña* Gracia, Hannah, Beatrice de Luna e *La Señora*.

11. Selim, o Louro, que tinha algum conhecimento da língua de sinais, aparece numa pintura fazendo sinais para um dos Sem-Língua.

12. Akbar organizava rigorosamente seus nobres pela *mansab* (patente) numérica de mil, 5 mil, 7 mil ou 10 mil soldados.

13. Ticiano ajudou na sedução de Maria: seu belíssimo retrato em tamanho natural de Filipe II, bonito, esbelto, arrogante, envergando uma armadura com refinado acabamento em ouro, foi enviado a Maria Tudor durante as negociações matrimoniais. Em Londres e Winchester, Filipe esteve acompanhado, entre outros, por Martin "El Mestizo" Cortés.

14. A melhor maneira de medir a consanguinidade é através de um coeficiente de endogamia. O cruzamento entre pai ou mãe e filha ou filho, e entre irmão e irmã, é de 0,25. A endogamia já era alta devido aos frequentes casamentos consanguíneos entre os Trastâmara e os Avis, antes mesmo de se tornar uma política dos Habsburgo. Carlos era bisneto de Joana, a Louca, cuja própria avó morrera louca na prisão; seu avô Carlos e seu pai Filipe haviam se casado com primas-irmãs, aumentando seu coeficiente de endogamia para 0,211, próximo ao incesto. O queixo habsbúrgico era o sintoma menos grave.

15. Em 1562, os três filhos do conquistador voltaram ao México, levando o corpo do pai. Lá, envolveram-se numa conspiração de *encomienderos* espanhóis e nobres mexicas para saudar o marquês Martin Cortés como rei da Nova Espanha. Os irmãos foram presos; El Mestizo foi torturado com afogamento simulado. Houve muitas execuções, mas os Cortés foram poupados.

Filipe incentivou os *conversos* de sangue impuro (judeu) a governarem as Américas, mas também exportou a Inquisição para o Peru e a Nova Espanha. Em 1579, ele nomeou um *converso*, Luis Carvajal, nascido em Portugal, mas a serviço da Espanha, como capitão-geral de Nova Leão, com a missão de "descobrir, pacificar e povoar" o noroeste do México e o Texas. Carvajal e a família foram denunciados à Inquisição por rivais como cristãos-novos relapsos. Luis morreu na prisão. Em 8 de dezembro de 1596, a irmã de Luis e seus filhos adolescentes declararam corajosamente seu judaísmo e foram queimados vivos na praça principal da Cidade do México. Mas alguns membros da família escaparam para a Itália, estabelecendo-se no porto florentino de Livorno — território dos Médici —, e lá um menino Carvajal adotou o nome de uma aldeia toscana, Montefiore — sendo um antepassado deste autor.

16. A elite na América do Sul exigia a *limpieza de sangre*, mas era difícil mantê-la. Mesmo a elite crioula que se orgulhava de ser branca costumava ser miscigenada, fato que apenas incentivava uma obsessão com categorias raciais e racistas, como *mestizo* (hispano-ameríndio), *mulatto* (afro-europeu), *sambo* (afro-ameríndio), *pardo* (trirracial) e *cuarterón* (quarteirão, com uma avó ou avô africano).

17. Isso segundo a reconstrução de Gerasimov, que, por ordem de Stálin, abriu a tumba de Ivan em 1953, e, baseando-se na caveira do tsar, criou uma versão artística de suas feições.

18. A palavra *cossaco* deriva do turco *kozak*, "saqueador". Esses ferozes homens da fronteira ocupavam os territórios entre Moscou e os canatos mongóis e a Polônia-Lituânia, adotando em terra firme a tática de cavalaria dos combatentes mongóis, e em mar a tática de ataque dos antepassados vikings. Compostas por camponeses ucranianos fugidos, desertores moscovitas e renegados mongóis, suas cerca de vinte comunidades desenvolveram uma idiossincrática cultura ortodoxa cristã e meritocrática, e cada *voysko* (hoste) elegia seu líder — *ataman* ou *hetman*. Eles ainda não eram uma cavalaria, mas uma infantaria, usando muitas vezes, durante suas incursões, escaleres conhecidos como *chaiki* (gaivotas) — mesmo em 1614, quando atacaram Constantinopla. As hostes mantinham-se independentes, ora lutando para os tsares, ora para os reis da Polônia, e seus líderes tentavam obter títulos de nobreza. Somente no século XVIII os tsares russos os transformaram em unidades de cavalaria.

19. Os ossos da filha e da mãe, analisados nos anos 1960, revelaram níveis de arsênico de 12,9 para a mãe e 8,1 para a menina: doses letais.

20. José teve o apoio de Selim para o retorno dos judeus a Israel, sonho judaico desde o ano 70. Enquanto os otomanos protegiam as cidades sagradas, inclusive Jerusalém, José restaurou a cidade mística de Safed (Galileia) e lá assentou os judeus expulsos dos Estados vaticanos pelo papa Pio V.

21. Uma dama de companhia que esteve com ela em Madri, Sofonisba Anguissola, foi uma das primeiras pintoras a assinar suas telas.

OS VALOIS E OS SAADI, OS HABSBURGO E OS RURÍQUIDAS [pp. 505-27]

1. Andreas Vesalius praticou o procedimento com Henrique enfiando cacos na cabeça de criminosos recém-executados, cujos corpos eram muitas vezes retirados ainda quentes do patíbulo. Naquela época, a cirurgia era limitada pelo conhecimento anatômico, pela incapacidade de deter

sangramentos, pela inexistência de anestésicos e antissépticos. Havia apenas duas operações internas possíveis: trepanar o cérebro e "cortar a pedra". Nesse segundo procedimento, conhecido como litotomia, o paciente era atado e segurado à força por homens robustos, sem anestesia, enquanto o cirurgião inseria um tubo pelo pênis para manter as pedras da bexiga no lugar, então cortava o períneo e usava um extrator em forma de concha para retirar as pedras; a ferida não era costurada, deixando que se fechasse sozinha. Muitos pacientes morriam. Vesalius usava os dois procedimentos.

Ele pertencia a uma dinastia de médicos flamengos: o avô fora médico do imperador Maximiliano; o pai, boticário e *valet de chambre* de Carlos v; ao passo que o filho tornou-se médico deste e o mais destacado dos primeiros anatomistas: dissecando cadáveres humanos e de macacos, ele descobriu elementos essenciais da circulação sanguínea e do esqueleto, refutando muitas das afirmações de Galeno, vigentes por mais de um milênio. Depois de exonerado de acusações de heresia pela Inquisição, ele se tornou médico de Filipe ii.

2. Catarina era inovadora; ao que dizem, criou garfos e talheres elegantes. Até então, mesmo os reis comiam com os dedos, cortando a carne com faca e comendo com colher. As pessoas comuns viajavam com colheres de pau; os nobres usavam prata. Diz-se que Catarina também introduziu o uso de roupas de baixo, moda que se tornou uma especialidade francesa — e fumava tabaco americano, que era conhecido como *la herbe de reine.*

3. Catarina começou a negociar o casamento de um de seus filhos, Carlos, Henrique ou Hércules Francisco, com Elizabeth da Inglaterra. As rainhas rivais eram políticas firmes, que tratavam a família de maneiras distintas. Elizabeth, rainha reinante protestante, tratada como ilegítima, talvez molestada por seu tutor, assediada pela meia-irmã, considerava a família — e o casamento — um perigo. Mãe e esposa católica, Catarina, distante de suas raízes italianas, baseava tudo nos filhos, e o casamento de um deles com Elizabeth poderia evitar a guerra civil na França, equilibrar a Espanha e vencer a Inglaterra: seu filho Francisco se casara com Maria, a rainha dos escoceses, pleiteante católica do trono inglês. Agora Catarina desempenhava o papel de mãe aspirante, e Elizabeth o de filha em perspectiva. O candidato foi, primeiro, Carlos, que era dezessete anos mais novo do que Elizabeth; a seguir, Henrique, dezoito anos mais novo, que desdenhava de Elizabeth como "*putain publique*"; e então, muito mais tarde, em 1579, quando as maquinações também envolviam o comando de um novo Estado holandês, Elizabeth, agora com 46 anos, recebeu e flertou com Hércules Francisco, duque de Alençon, de 24 anos, e pelo menos simulou seu noivado com ele.

4. A caminho, Catarina encontrou Nostradamus, Michel de Nostredame, astrólogo, necromante e médico nascido numa família de judeus convertidos, e lhe pagou duzentos écus para que ele fizesse o horóscopo de seus filhos. Mas ele concentrou sua atenção num dos pajens de Catarina, Henrique de Navarra. O hierofante "leu" os sinais em seu torso. Era o sexto na linha do trono, muito improvável de ter qualquer relevância na questão. No entanto, Nostradamus previu que ele seria rei.

5. O nome Mendigos do Mar surgiu quando uma delegação holandesa visitou Margarida. "Não tenha receio, senhora", disse um conselheiro, "eles são apenas mendigos." Os Mendigos adotaram o saquinho dos mendigos como símbolo rebelde. Em quatro anos, havia 85 corsários em ação, precursores das corporações comerciais armadas.

6. Mas a alcunha "Terrível" só se tornaria corrente no século xvii, com o sentido de "espantoso, admirável", e não com o sentido moderno de "atroz". As cruéis atrocidades de Ivan não difeririam muito das de Catarina de Médici, Henrique viii ou César Bórgia. Sob muitos aspectos, ele era um homem de seu tempo.

7. Esse colossal Estado da Polônia-Lituânia — esquecido porque não tem equivalente moderno — se tornou uma República Serena sob a presidência de um rei eleito pelo Sejm da nobreza. A nobreza constituía cerca de 15% da população, de forma que o eleitorado consistia em mais de 500 mil pessoas, maior do que qualquer coisa na Inglaterra ou na França até a década de 1830. Assemelhava-se muito à oligarquia de Veneza, dominada por magnatas, mas a tolerância religiosa, mesmo para judeus e outras minorias, era assegurada. Essa *złota wolność* — liberdade dourada — perdurou pelos dois séculos seguintes.

8. Surpreendentemente, o Massacre de São Bartolomeu não encerrou as negociações matrimoniais de Catarina com Elizabeth, que, em 1579, então com mais de quarenta anos, se entretinha com o duque de Alençon, caçula dos Valois, flertando e chamando-o de "meu sapo". Mas Alençon morreu logo depois desse romance frívolo.

9. Henrique IV, o Grande, encerrou as guerras religiosas concedendo tolerância aos protestantes e lançando as bases da França moderna. Divorciou-se de Margarida e desposou Maria de Médici, a filha gorducha e sem graça, mas imperiosa e tumultuosa, do grão-duque da Toscana, num casamento que saldou suas dívidas. A amante de Henrique a chamava de "a gorda sôfrega". Entre os filhos de Henrique e Maria de Médici estavam o futuro Luís XIII e Henrieta Maria, esposa de Carlos I da Inglaterra. Quanto a Margarida, sensual e irreprimível, continuou a ter amantes cada vez mais jovens até a casa dos cinquenta anos, morrendo em 1615.

10. O sucessor de Ivan foi seu filho, Fiódor, conhecido como o Campaneiro por causa de sua sincera devoção. Fiódor morreu sem deixar filhos, e o trono foi tomado pelo último favorito do Terrível, Boris Godunov, casado com sua irmã. Boris foi acusado do assassinato de Demétrio, último filho de Ivan, o Terrível. Estando no poder, ele promoveu a colonização da Sibéria e contribuiu para o aumento do controle sobre os camponeses russos. Mas Boris não conseguiu conquistar a glória nem alcançar a longevidade necessária para fundar uma dinastia, e sua morte desencadeou uma década de guerras e invasões de poloneses, suecos e tártaros, exacerbadas por três impostores, os "falsos Demétrios" — que diziam ser o filho assassinado do Terrível —, que quase destruíram o império moscovita. Os poloneses capturaram Moscou, trauma que gerou o medo de uma Polônia ressurgente que perdura até hoje. Miguel Románov, o sobrinho-neto de Anastácia, a amada primeira esposa do Terrível, e primo em primeiro grau do tsar Fiódor, emergiu relutante como o tsar de uma nova dinastia Románov. Parecia pouco provável que sobrevivesse, mas seus comandantes expulsaram os invasores. As guerras, porém, haviam empobrecido o campesinato, que em boa medida escapou para as terras de fronteira. Alexei, o filho de Miguel, impôs a estabilidade concedendo à nobreza o controle total sobre seus camponeses, que se tornaram servos, não mais autorizados a deixar as propriedades. A servidão era semelhante, embora não igual, à escravidão: os servos trabalhavam para os senhores e podiam ser castigados, violentados e mortos, mas também plantavam para si mesmos, pagavam impostos e muitas vezes serviam no exército. Mais tarde, passaram a ser comercializáveis como escravos e muitas vezes eram transferidos junto com seus bens.

11. Uma frota de cinco galeões e quinhentos soldados, mais da metade deles incas e mexicas, atravessara o Pacífico sob o comando de Miguel López de Legazpi. As Filipinas constituíam a faixa externa do mundo índico, com povos polinésios governados por rajás hindus e emires islâmicos sob o comando frouxo de Brunei, cujo sultão Bolkiah conquistara um império nos anos 1490 que era agora encerrado pelos espanhóis. Em 1570, Legazpi, então capitão-geral, derrotou Ache, rajá do reino maynila em Luzon, e construiu sua capital Manila, sede dos dirigentes espanhóis até 1898. As frotas do tesouro de Filipe agora atravessavam o Pacífico até a China, usualmente tripuladas por oficiais espanhóis e muitas vezes com soldados mexicas ou ameríndios.

12. O mais importante era Sir Thomas "Vigoroso" Stuckley, de sessenta anos, filho de um cavaleiro de Devon, que comandou a ala central portuguesa. Stuckley lutara por toda a Europa: servia a Maria I, mas, como católico não conformista, desafiou Elizabeth, gabando-se de "não dar um figo seco" por ela e dizendo-lhe com impertinência que fundaria seu próprio reino, antes de fugir para servir a Filipe e d. João da Áustria em complôs para invadir a Inglaterra e a Irlanda. O Mediterrâneo era um mundo pequeno: Stuckley lutara por d. João em Lepanto, enquanto os irmãos sultânicos marroquinos Abd al-Malik e Ahmed haviam lutado pelos otomanos na mesma batalha.

13. Em Marrakech, ele construiu um palácio fabuloso, al-Badi — o Maravilhoso —, adornado com colunas de mármore italiano; uma parte do palácio ainda permanece de pé. Os trabalhadores eram escravos brancos, prisioneiros portugueses, pessimamente tratados.

14. Os franceses tinham se antecipado aos ingleses, mas não tiveram sorte melhor: em 1534, Francisco I enviara seu próprio conquistador, Jacques Cartier, ao norte da América, onde ele fundou uma série de assentamentos no Quebec, o começo da Nova França. Mas os assentamentos foram varridos pela doença e por ataques de americanos nativos.

15. Em 1584, Guilherme foi o primeiro dirigente nacional a ser assassinado com uma pistola, mas sua morte não mudou nada: seu filho Maurício o substituiu como *stadtholder*. O assassino não recebeu sua recompensa, tendo sido capturado e submetido a uma execução das mais pavorosas: sua mão direita, a que apertara o gatilho, foi queimada, sua carne cortada e arrancada dos ossos em seis lugares; a seguir, ele foi queimado com gordura de porco, desmembrado e estripado vivo, então teve o coração arrancado do peito e atirado em seu rosto, sendo por fim decapitado. Mas Filipe de fato concedeu título de nobreza e terras à sua família.

16. Nascido em 1559, Nurhaci começou como soldado nos exércitos dos Ming, aprendendo chinês com a leitura de *A margem d'água*, mas aos 28 anos tanto seu pai quanto seu avô foram mortos por um chefe rival. Sua biografia tem muitos paralelos com a de Gengis. Ele afirmou sua supremacia matando o irmão mais velho e os sobrinhos, e organizou os jurchéns num corpo de elite, dividido por estandartes, e então lançou um ataque à China dos Ming, conquistando uma região no norte. Ele mudou o nome dos jurchéns para manchus e denominou sua família Aisin (Dourados) Gioro. Em 1626, sexagenário, descobriu que o príncipe herdeiro mantinha um relacionamento com sua jovem esposa. Prendeu e matou o filho, enterrando com ele a esposa infiel. Depois de morrer, seu filho mais novo se declarou imperador da nova dinastia Qing.

17. Tais ideias não era novas: Copérnico apresentara seu heliocentrismo a Clemente VII, mas o que em 1533 era considerado uma excentricidade fascinante constituía um perigo durante o ressurgimento católico de 1600. Bruno, tolamente, voltou a Veneza, de onde foi extraditado para Roma, e lá o papa Clemente VIII supervisionou seu julgamento, onde Bruno foi acusado de contradizer os dogmas católicos. Ele se recusou a renegar a pluralidade dos mundos. Condenado à morte em 1600, teria respondido: "Talvez o senhor tenha mais medo de proferir essa sentença do que eu de recebê-la". Tendo a língua "aprisionada por suas palavras pérfidas", ele foi pendurado de cabeça para baixo e queimado vivo.

18. Ao ascender ao cargo, Mehmed determinou que dezenove de seus jovens irmãos fossem estrangulados — eles lhe beijaram a mão, foram circuncidados e então executados, um deles se atrevendo a gracejar: "Deixe-me comer minhas castanhas e me estrangule depois". As multidões choravam enquanto os caixõezinhos eram levados pelas ruas tortuosas até Santa Sofia, onde ainda se vê o pungente espetáculo de suas tumbas pequeninas. Mehmed era orientado pela mãe, Safiye, uma mulher nascida na Bósnia que confiava em sua *kira* ítalo-judaica, Esperanza Malchi. Seu judaísmo serviu de para-raios para a insatisfação. Em 1600, os soldados não pagos se amotinaram, exigindo sua cabeça. Mehmed e Safiye a sacrificaram: Esperanza foi levada num cavalo de carga até

o hipódromo, onde a multidão "decepou a mão da amaldiçoada e cortou sua vulva, pregando-as nas portas dos presunçosos que obtinham seus cargos subornando aquela mulher". Sua "parte vergonhosa" foi então exibida em desfile por Constantinopla. "Se sua execução era necessária, por que assim?", a *valide sultan* perguntou ao sultão. "Podiam tê-la arremessado ao mar. Uma execução dessa forma, a uma mulher tão próxima, é prejudicial à autoridade imperial." A partir de então, os judeus deixaram de ocupar cargos elevados e foram obrigados a usar barretes e insígnias para marcar sua inferioridade.

OS DAOMEANOS, OS STUART E OS VILLIERS, OS TIMÚRIDAS E OS OTOMANOS [pp. 531-61]

1. Mas, enquanto Jaime avançava para o sul, uma conspiração de nobres, em correspondência com Madri, planejava aclamar sua prima Arabela, trineta de Henrique VII. Esse "complô principal" em larga medida não passava de conversa, mas implicou Walter Raleigh, que Jaime condenou à morte. Mais tarde ele foi indultado, mas mantido na Torre. Jaime reconheceu Arabela como quarta na linha de sucessão ao trono, porém, em 1610, quando ela tentou desposar outro primo real, foi encarcerada em prisão perpétua. Arabela morreu na Torre aos 39 anos, solteira e sem filhos, mais uma vítima feminina de uma família poderosa.

2. O huguenote parisiense Peter Chamberlen foi um cirurgião e *accoucheur* que chegou à Inglaterra em 1596, por volta da época em que inventou um instrumento que revolucionou os partos — um fórceps obstétrico que segurava o crânio dos bebês. Peter foi o primeiro de quatro gerações de médicos na família que auxiliaram nos partos dos Stuart; desgraçadamente, porém, eles mantiveram sua técnica em segredo, chegando aos locais de parto com o instrumento bastante simples dentro de uma grande caixa dourada e insistindo em que as parteiras ficassem de olhos vendados. Muitas e muitas mulheres morreram porque os Chamberlen não compartilharam sua invenção: por outro lado, eles enriqueceram, comprando uma casa no campo onde, séculos depois, encontrou-se o instrumento escondido sob as tábuas do assoalho.

3. "Seus olhos nada têm de um sol que arda;/ E mais rubro é o coral que sua boca:/ Se a neve é branca, sua tez é parda;/ São fios negros seu cabelo em touca. [...] No entanto, pelos céus, acho-a mais rara/ Do que a mulher que em falso se compara." (William Shakespeare, *42 sonetos*. Trad. de Ivo Barroso. Rio de Janeiro: Nova Fronteira, 2005.)

4. Ao que se diz, Raleigh foi o primeiro a levar o tabaco para a Inglaterra. Jaime reclamava que a erva era "odiosa ao nariz, danosa ao cérebro, perigosa para os pulmões, e em sua fétida fumaça negra a coisa mais próxima da horrível fumaça estígia do poço sem fundo". Mais tarde, quando a fétida fumaça estígia se tornou a única cultura rentável da Virgínia, e cada vez mais popular na Inglaterra, Jaime outorgou a si mesmo o lucrativo monopólio do tabaco.

5. Essas empresas bélicas de tipo governamental foram inventadas pelos holandeses. Não eram totalmente novas, pois retomavam o comercialismo armado das ordens militares e religiosas das cruzadas e da Reconquista, e de empresas semiestatais como o Banco de São Jorge, que dirigia as colônias de Gênova na Crimeia. E tampouco eram especificamente europeias: os rajás cholas tinham se aliado à Ainnutruvar e a outras associações de piratas, enquanto redes de corsários chineses — em especial o Sindicato de Shuangyu — governavam partes da China e do Japão. A nova versão foi forjada durante as guerras contra a Espanha, enquanto o comércio e o conflito se fundiam, numa época em que os soberanos e os Estados europeus eram fracos demais para concorrer em aventuras no estrangeiro. Já os dirigentes protestantes Elizabeth e Guilherme, o Taciturno, investiram nas expedições de Drake e dos Mendigos do Mar. As companhias constituíam uma solução conciliatória em que os monarcas, como acionistas, participavam dos lucros, mas diluíam os riscos e os custos.

6. Nem tudo saiu bem. Em junho de 1629, uma das primeiras viagens da voc à Austrália, a bordo do navio *Batavia*, foi uma tremenda calamidade: após um naufrágio no arquipélago dos Abrolhos, ao largo do continente australiano, o vice-capitão Jeronimus Cornelisz, movido por megalomania pessoal e fanatismo calvinista, se amotinou e lançou uma onda de terror insano contra a tripulação, matando 120 pessoas numa orgia de apunhalamentos, cacetadas, afogamentos e enforcamentos, enquanto as sete jovens sobreviventes foram convertidas em escravas sexuais — até que o reinado de Cornelisz teve fim com a chegada de outro navio da voc: ele teve as mãos amputadas com um cinzel e foi então decapitado. Pouco tempo depois, outro robusto holandês da voc, Abel Tasman, chegou a algumas ilhas ao largo da Austrália, a primeira delas uma ilhota, a que ele deu o nome de Terra de Van Deiman, a partir do nome do governador-geral de Jacarta, que planejava a conquista da Grande Terra do Sul — a Tasmânia —, e depois uma bem maior, a que deu o nome de Staten Landt, a partir dos Estados Gerais na Holanda — Aotearoa, hoje Nova Zelândia —, onde vários de seus homens foram mortos por guerreiros maoris em canoas.

7. Guru Arjun, um dos apoiadores do príncipe Khusrau, era o líder da religião sikh no Punjab, criada nos anos 1530 pelo santo-poeta Guru Nanak, fundador de um movimento independente do islamismo e do hinduísmo. Em sânscrito, sikh significa "aquele que aprende". Nanak pregava contra a exploração brâmane e a opressão muçulmana, defendendo um só Deus, uma só comunidade, abolindo as castas — a seita se desenvolveu com seus sucessores, os nove gurus, que criaram uma cidade sagrada, Amritsar, um santuário (o Templo Dourado) e uma escritura santa (*Adi Granth*). Mas sua independência entrava em conflito com a autoridade mogol. Jahangir torturou e executou Arjun — e o filho deste, Guru Hargobind, reagiu fomentando a cultura marcial sikh: seu uso de duas espadas simbolizava o *miri piri* — a união entre poder espiritual e poder temporal. Selvagemente reprimidos pelos mogóis, os sikhs se fortaleceram na adversidade.

8. As negociações revelam a verdadeira matriz do poder entre os europeus e os impérios asiáticos. É fácil exagerar a abrangência e o poder da EIC e de sua rival holandesa, a voc: elas podiam derrotar potentados locais e ocupar fortalezas, mas não tinham força suficiente para conquistar territórios extensos ou desafiar grandes monarquias. Em 1623, quando a voc capturou as ilhas Penghu, seus soldados foram derrotados por uma frota chinesa, e não pela última vez. No Japão, Tokugawa e seus filhos expulsaram os europeus. Os holandeses e ingleses eram obrigados a negociar servilmente com os Ming ou com os mogóis, com os vijayanagaras ou com os safávidas. Apenas mais tarde, quando esses reinos se desintegraram, é que a EIC e a voc se transformaram em empresas estatais construtoras de impérios.

9. Os abissínios possuem um papel importante, mas muitas vezes negligenciado, na história indiana. De modo geral, eles eram libertados depois de alguns anos de serviço, porém, mesmo quando escravizados, muitos chegavam a ser promovidos a cortesãos ou a generais — e às vezes tomavam o poder para si mesmos. Em 1487, em Bengala, Barbak Shahzad, chefe dos guardas palacianos negros, assassinara o sultão bengali e governara até ser morto por outro abissínio.

10. Tradicionalmente, os eunucos eram escravos brancos da Rússia/Ucrânia e do Cáucaso que, seguindo a prática bizantina, perdiam apenas os testículos. Agora, porém, meninos africanos capturados na Etiópia e em Darfur por traficantes árabes de escravos eram vendidos a padres coptas que os sujeitavam à castração mameluca: acorrentavam-nos a uma mesa e, além dos testículos, extirpavam também o pênis. Recebendo nomes fragrantes como Jacinto, chegavam à idade adulta ou muito gordos ou muito magros, sofriam de osteoporose e anomalias no esqueleto, inclusive dedos alongados, e enrugamento precoce. O eunuco-chefe — *kizlar aga* — era sempre um africano, e agora também o encarregado do harém; seu poder muitas vezes se baseava na relação que tinha com a favorita ou a mãe do sultão.

11. O colapso de Rodolfo se exacerbou com os crimes de seu primogênito, d. Júlio César. Naquele ano, Rodolfo comprou para ele o Castelo de Krumlov, onde o diabólico rapaz, de 21 anos, perseguia mocinhas na aldeia, até que conheceu a filha de um barbeiro, Markéta Pichlerová. Obcecado por ela, passou a torturá-la, e por fim a apunhalou e a jogou de uma janela. Mas ela aterrissou num monte de lixo e sobreviveu. Júlio César pediu aos pais da jovem que a enviassem de volta. Eles resistiram até que o príncipe ameaçou matar toda a família, e então prendeu o pai. O monstro Barba Azul finalmente recapturou Markéta. Torturou-a por dias a fio. Foi encontrado nu, coberto de fezes, abraçando o corpo desmembrado e decapitado da jovem, com as orelhas cortadas e os olhos saindo das órbitas. Um mês depois, o horrorizado cáiser prendeu o monstro.

12. Após a morte de Brahe, Kepler, o astrônomo de Rodolfo, concluiu as *Tabelas rudolfinas* e traçou o movimento planetário, mas colocou Deus no centro do universo. Três imperadores — Rodolfo, seu irmão Matias e mais tarde Fernando — consultavam as leituras do protestante Kepler: a astronomia e a astrologia eram tidas como estudos científicos. Kepler também inventou um gênero novo, a ficção científica, escrevendo um romance autobiográfico chamado *Somnium* (O sonho), no qual previu as viagens espaciais. Ele morreu em 1630, deixando o seguinte epitáfio: "Medi os céus, agora as sombras meço:/ Confinada ao céu era a mente, confinado à terra repousa o corpo".

13. A détente espanhola de Jaime já custara a vida de Walter Raleigh. Em 1616, ele persuadiu Jaime a liberá-lo e enviá-lo em busca do Eldorado na Guiana, contanto que não prejudicasse os interesses espanhóis. Mas Raleigh perdeu o controle sobre seus oficiais, atacou os espanhóis — seu filho foi morto no combate — e não conseguiu encontrar nenhum ouro. Ao voltar, o embaixador espanhol exigiu a cabeça de Raleigh como preço para o tratado. Jaime acedeu. Raleigh deu um espetáculo de virtuosismo no patíbulo, inspecionando a lâmina. "Trata-se de um remédio afiado, mas de uma cura para todas as doenças e desgraças." Então, disse ao carrasco: "O que você receia? Golpeie, homem, golpeie!". A execução foi amplamente vista como uma desgraça — e Raleigh nunca concluiu sua história do mundo.

14. O artista era filho de Jan Rubens, um importante advogado de Antuérpia durante a era de ouro da cidade como capital das Dezessete Províncias dos Habsburgo e centro mercantil. A revolta holandesa arruinou a prosperidade de Antuérpia, que foi substituída por Amsterdam. Jan se tornara conselheiro jurídico e depois amante de Ana da Saxônia, viúva de Guilherme, o Taciturno, e juntos eles tiveram um filho. Ele foi preso e provavelmente executado; sua esposa (mãe do artista) talvez tenha salvado a vida do marido infiel tendo um caso com o irmão do príncipe. Seja como for, o jovem Rubens desfrutou de benefícios pouco usuais para o filho de um advogado escandaloso. Foi criado na ignorância do escândalo, mas mudou ao saber do episódio, dedicando-se com disciplina e autocontrole à própria carreira. Estudou arte na Itália (assinou quadros como Pietro Paolo) e então teve uma carreira notável, mesclando arte e diplomacia. Tornou-se o pintor da corte dos governantes habsbúrgicos da Holanda, Alberto e Isabel, que o usavam como diplomata e espião, e depois o promoveram a secretário do conselho privado. Vivendo luxuosamente em Antuérpia, treinou o jovem Antoon van Dyck, que logo partiria para Londres. Em Paris, a mãe de Luís XIII e viúva de Henrique IV, Maria de Médici, o contratara para pintar uma série de quadros para seu Palácio de Luxemburgo, enquanto ele negociava com a França e a Espanha.

15. No século seguinte, esse movimento veio a ser conhecido como barroco, termo provavelmente derivado do italiano *barroco*, significando pérola defeituosa; mas existem muitas outras explicações possíveis.

16. Tanto Carlos I quanto Filipe IV sagraram Rubens cavaleiro. Em Madri, Filipe lhe encomendou mais de oitenta pinturas e gostava muito de vê-lo pintar. O artista dispunha de dinheiro suficiente para comprar uma propriedade nos arredores de Antuérpia. Estava com 53 anos quando sua

primeira esposa morreu, e então se casou com Hélène Fourment, sua sobrinha de dezesseis anos — também já havia tido um caso com a irmã dela. Um dos amigos de Rubens chamava-a de "Helena de Antuérpia, que ultrapassa em muito Helena de Troia". Hélène posava nua para ele como modelo — algo raro para uma mulher de sua posição social. Em *A peliça*, ela rebrilha envolta apenas numa peliça. Os cachos louro-arruivados, a pele branca e a silhueta voluptuosa de Hélène aparecem em tantos quadros de Rubens que inspiraram o adjetivo "rubenesco". Ela teve cinco filhos com o pintor.

17. O barão de Baltimore não podia estar mais distante, em termos políticos, de figuras como Warwick e Cromwell: fora o secretário de Estado de Jaime que defendera o casamento espanhol de Carlos. Após a escapada deste, perdeu o emprego e converteu-se ao catolicismo.

18. Em 1640, dois servos brancos por contrato, um holandês e um escocês, além de um africano, fugiram da fazenda de um proprietário inglês, mas foram recapturados e condenados a trinta chibatadas. Os brancos retornaram à servidão, "e o terceiro, sendo um negro chamado John Punch", decidiu o juiz, ficou escravizado "pelo tempo de sua vida natural". O julgamento anunciava o que estava por vir: um sistema jurídico e ideológico tão fundado na servidão humana, e tão temeroso da rebelião dos africanos escravizados, que os senhores escravagistas eram desencorajados a conceder alforria a seus próprios escravos. Análises de DNA sugerem que Punch foi o progenitor de muitos americanos, brancos e negros, inclusive de Ann Dunham, a mãe branca do primeiro presidente negro do país, Barack Obama.

19. É difícil encontrar uma região no mundo que não tenha sido criada por migrantes, mas, nos tempos modernos, foi a América, tanto do Norte quanto do Sul, a mais moldada por assentamentos, conquistas e casamentos endógamos. Entre 1492 e 1820, migraram para as Américas cerca de 2,6 milhões de europeus, metade deles ingleses e 40% espanhóis e portugueses, enquanto cerca de 8,8 milhões de africanos foram escravizados e obrigados a trabalhar nesses continentes. Entre 1492 e 1640, 87% desses 446 mil migrantes eram ibéricos. O mundo atlântico era dominado pelos espanhóis e portugueses, não pelos anglo-saxões. Mas isso estava prestes a mudar.

20. Não eram apenas os homens que tinham fibra. Mais tarde, em 1697, Hannah Duston, de quarenta anos, esposa de um agricultor e mãe de nove filhos, foi capturada com seu bebê num ataque abenaki em que foram mortos 27 colonos, a maioria crianças. Depois que os abenaki mataram seu bebê, Hannah se rebelou junto com dois outros cativos, escalpou dez índios (inclusive seis crianças) e então fugiu com os escalpos para reivindicar a recompensa — que, ironicamente, só poderia ser paga a seu marido.

21. Henriqueta Maria, alvo de um imenso ódio anticatólico, aconselhou sabiamente Carlos a negociar com o Parlamento, chegando a se oferecer: "Deixe-me fazer isso, para o bem de seus assuntos neste país". Mas Carlos não era de transigir, e recusou. Quando veio a guerra, Henriqueta o apoiou, fornecendo armas e até comandando tropas, recebendo a alcunha de Generalíssima.

22. Jahangir morreu durante uma viagem de Caxemira a Lahore, onde foi sepultado na resplandecente tumba mogol de Shahdara Bagh, de influências persas. Shahjahan obrigou a madrasta Nurjahan a retirar-se para Lahore, onde ela viveu discretamente por mais dezoito anos. Quando morreu, aos 68 anos, foi enterrada com Jahangir.

23. O Taj Mahal foi construído segundo um modelo de influência persa que devia algo à simplicidade da tumba de Tamerlão em Samarcanda e à de Humaium em Delhi, sendo porém enorme e de uma cintilante alvura. Levou dezesseis anos para ser construído. Mas essa foi apenas uma parte das oferendas que Shahjahan dedicou à monarquia sagrada; ele também transferiu a capital de Agra para Shahjahanabad, em Delhi, construída em torno de um novo palácio, o Forte Vermelho, centrado no *diwan-i-khas* (salão de audiências) do imperador, que recebia a corte sentado no

Trono do Pavão e aparecia diariamente na sacada de mármore para realizar os *jharokha darshan* — os rituais característicos da Casa de Tamerlão. Os mogóis haviam se tornado indianos pouco a pouco graças a suas esposas rajaputes, que levaram sua cultura ao harém da Ásia central. Shahjahan, cuja mãe era filha do rajá de Jodhpur, tinha sangue três quartos indiano e apenas um quarto timúrida, mas um estilo de marcada influência persa; seu vizir e a rainha Mumtaz eram persas, e ele preferia o persa ao turco de Tamerlão e Babur.

24. "Meu filho sai pela manhã e só volta à noite. Nunca o vejo. Estou desesperada [...]. Ele não se protege do frio e vai adoecer de novo. Confesso que esta preocupação está me corroendo. Converse com ele." Kösem confiava no vizir, tendo lhe oferecido, como de praxe, uma das filhas como esposa: "Assim que chegar o momento, me avise [...]. Cuidaremos disso sem demora. Tenho uma princesa pronta". O armênio Halil acabou se casando com uma dessas filhas, tornando-se *damad*, genro imperial: uma ascensão e tanto para um ex-cativo.

25. Os escravos tinham uma cultura secreta, cultuando publicamente o catolicismo, mas cultivando suas próprias músicas, danças e religiões — o *vodun*, no caso dos fons, e a *santería* e o candomblé, trazidos pelos iorubás, que fundiam os orixás, divindades africanas, com os santos católicos. O *vodun* se tornou o vodu.

26. Um dos comandantes favoritos de Gustavo em Lützen era Alexander Leslie, um nobre escocês ilegítimo, promovido a marechal de campo em 1636; mais tarde, como conde de Leven, ele comandaria os soldados na Batalha de Marston Moor contra Carlos I.

27. A vitória quase levara Fernando à bancarrota, obrigando-o a pedir tropas e dinheiro a Wallenstein, generalíssimo imperial e almirante do mar do Norte e do mar Báltico, em troca de um reino pessoal formado pelos ducados de Friedland, Sagan e Mecklenburg. Wallenstein agora pretendia negociar a paz europeia, traindo os Habsburgo. Em fevereiro de 1654, em Cheb, na Boêmia, três oficiais irlandeses e escoceses mataram a comitiva do generalíssimo; a seguir, armados de lanças, foram despertá-lo em seu quarto e o executaram — a própria definição da queda de Ícaro.

OS ZUMBAS E OS ORANGE, OS CROMWELL E OS VILLIERS [pp. 562-83]

1. Quando jovem, Heyn fora capturado pelos espanhóis e escravizado para trabalhar nas galés durante quatro anos, assim se convertendo num dos raros opositores da escravidão.

2. Jeffrey Hudson já não apreciava as zombarias dos cortesãos de Henriqueta. Quando o mestre das cavalariças da rainha o maltratou, Hudson o desafiou para um duelo. O cortesão, para fazer graça, chegou armado com uma pistola d'água, mas Hudson levava uma pistola de verdade e lhe deu um tiro na testa. Tendo apenas 25 anos, ele foi condenado à morte, porém recebeu o indulto da rainha, que o mandou de volta para a Inglaterra. De alguma forma, porém, o navio em que ele viajava foi capturado por piratas berberes, que o escravizaram por mais de vinte anos, durante os quais Hudson sofreu estupros e servidão, só voltando à Inglaterra em 1669.

3. A famosa árvore ainda está de pé, mas é possível que seja uma substituta mais recente.

4. Os chineses odiavam esse estilo de penteado submisso e preferiam se rebelar a adotá-lo. Os manchus o impuseram. Enquanto as mulheres manchus, como as dos Tang e as mongóis, eram livres e montavam a cavalo, as chinesas dos Han foram cada vez mais confinadas ao lar, atando os pés como sinal de submissão e delicadeza.

5. Em 1678, tendo brigado com seus aliados suecos, o Grande Eleitor requisitou os trenós dos camponeses para transportar seus soldados. Em 1929, a Grande Viagem de Trenó inspirou um oficial alemão, Heinz Guderian, a conceber o combate com tanques blindados.

6. Acrescentar o coração da Rus a seus domínios ajudou o segundo Románov a consolidar sua nova e frágil dinastia, e, para os governantes futuros, até o século XXI, a Ucrânia se tornou essencial — como região histórica e manancial de alimentos — para uma certa visão da Rússia. Mais tarde, os nacionalistas ucranianos passaram a considerar o hetmanato cossaco como o primeiro Estado ucraniano moderno, ainda que dominado por nobres cossacos. A crise levou o tsar Alexei à Polônia-Lituânia, que se encontrava abalada pelo que os poloneses chamaram de "o Dilúvio", e nunca mais recuperou seu poder. Khmelnitski morreu, e com ele morreu também a história do hetmanato. Em 1667, o tsar Románov e o rei polonês dividiram a Ucrânia. Alexei ficou com Kiev e as terras à margem esquerda do Dniepre, enquanto os cossacos se mantiveram autônomos sob o governo de seus hetmans; o sul era governado pelo cã da Crimeia, com fortalezas de importância estratégica fundamental ocupadas por seus senhores otomanos. Somente em 1917 voltaria a haver uma Ucrânia independente.

7. Entre os que assistiam e celebravam a execução estava um aluno da St. Paul's School, Samuel Pepys, que mais tarde serviu ao filho de Carlos. "Assim tive ocasião de ver o rei decapitado em Whitehall", ele escreveu onze anos depois. Na época, Pepys apoiou a execução, atitude que veio a lamentar mais tarde: "Eu era um convicto Roundhead [parlamentarista] quando garoto".

8. O secretário do novo Conselho de Estado era John Milton; um dos escriturários do conselho era um jovem republicano: Samuel Pepys, que obteve a função graças a seu patrono, Edward Montagu, um simpático e competente nobre de Huntingdon, cuja mãe fazia parte da família Pepys. Montagu, agora o proprietário de Hinchingbrook, a grande mansão de Sir Oliver Cromwell, o avô do protetor, era um velho amigo de Cromwell, com quem havia lutado em Naseby, mas retirara-se para suas propriedades durante o segundo período da guerra civil, tendo sido reconvocado por Cromwell para integrar sua câmara de pares e o Conselho de Estado e para comandar sua frota.

9. Entre os que tinham sido afastados da Igreja Anglicana durante o reinado de Cromwell estava o pastor Lawrence Washington, que partiu para a América depois de ser expulso de sua paróquia sob a acusação de "frequentar tabernas". Em 1656, seu filho John Washington comerciava tabaco, e, depois de naufragar na Virgínia, reuniu com voracidade uma grande quantidade de terras, importando servos por contrato para aproveitar a lei que dava a cada um vinte hectares, assim como escravos; foi eleito para a Câmara dos Burgueses e comandou a milícia que combatia os americanos nativos. O bisavô de George Washington deixou aos filhos 3400 hectares de terras.

10. Peter Beckford, que chegou à Jamaica aos vinte anos, tornou-se o mais rico senhor de escravos inglês, tendo deixado, ao morrer, vinte propriedades jamaicanas, 1500 cativos e 1,5 milhão de libras — uma herança obtida inteiramente com a exportação de açúcar.

11. Poti ilustrava a complexidade do mundo atlântico: "Por que faço guerra contra gente do meu próprio sangue?", perguntou a um ameríndio rival que lutava pelos holandeses. "Venha até mim e eu o perdoarei. Vou conectá-lo novamente à sua antiga cultura. Os que lá ficarem serão destruídos". O rei concedeu um título de nobreza ao ameríndio Poti, mas pode ter resistido a promover o negro Dias.

12. Zumbi governou por cerca de vinte anos. Porém, em 1694, cerca de 9 mil mosqueteiros portugueses e ameríndios comandados pelo mais inclemente bandeirante, Domingos Jorge Velho, alvejaram e atacaram Palmares. Dandara foi capturada, mas se matou; Zumbi liderou uma fuga e desapareceu, o que contribuiu para sua fama de imortal. Traído em 1695, Zumbi foi mutilado; sua cabeça foi embalada em sal e então exposta no Recife, de modo a provar que seu espírito noturno estava realmente morto.

13. A begum Dilras Banu era tão inteligente e altiva que mesmo ele admirava seu "ar imperial, e, até o último de seus dias, sempre a amei". Juntos, eles tiveram três meninas e dois meninos; a

primogênita era uma talentosa princesa, Zebunnissa, que escrevia poemas com o pseudônimo de Makhfi (Secreta); o filho Azzam se tornou herdeiro aparente. Dilras morreu logo antes que Aurangzeb se tornasse imperador, inspirando seu monumento mais suntuoso, o Bibi Ka Maqbara, em Aurangabad, projetado pelo filho do arquiteto do Taj Mahal. Ele também construiu a Mesquita da Pérola no Forte Vermelho de Shahjahanabad.

14. Alamgir é conhecido hoje pelos nacionalistas hindus na Índia como um impositor do islamismo e perseguidor dos hindus. De fato, ele se via como um guerreiro islâmico, mas também como o padixá de todos os indianos, tendo promovido mais oficiais hindus (31,6%) do que o pai (22,4%) e recusando a demissão de não muçulmanos: "Que relação têm os assuntos terrenos com a religião?". Alamgir se correspondia com rajaputes e patrocinava templos hindus — mas, se os templos fossem usados por rebeldes, os destruía. Suas predações eram conduzidas por razões políticas, não religiosas. Porém, contra os conselhos de sua irmã Jahanara, ele reintroduziu a cobrança da *jizya* para os não muçulmanos, uma providência tomada para aumentar as receitas, mas claramente dirigida aos hindus. Sua repressão a qualquer resistência, hindu ou não, era implacável. O décimo e último guru sikh, Gobind, respondeu travando uma guerra contra Alamgir, criando uma irmandade militar, a Khalsa, e ordenando que os sikhs deixassem o cabelo crescer e adotassem os nomes Singh (homens) e Kaur (mulheres). Seus quatro filhos foram mortos, e ele próprio foi assassinado. Os sikhs continuaram lutando.

15. Foi nessa época que George Villiers, o jovem duque de Buckingham, filho da favorita de Jaime I, voltou à Inglaterra, ganhando a vida como artista mascarado, encenando sátiras teatrais e cantando nas ruas e no palco em Charing Cross, demonstrando que a Londres cromwelliana não era de todo sombria — mas era um papel curioso para um duque. Político, amante, dramaturgo, ator e assassino, sua carreira seria quase tão extraordinária quanto a do pai. A seguir, ele rumou para o norte, a fim de realizar sua verdadeira missão: cortejar e desposar Mary Fairfax, filha e herdeira do general parlamentar Fairfax, a quem haviam sido entregues todas as suas propriedades. Ele de fato se casou com Mary, mas Cromwell ordenou que o prendessem. Fairfax conseguiu libertá-lo, a tempo de permitir que desfrutasse de suas propriedades após a Restauração.

16. Deixando esposa e filhos na Inglaterra, Dick viajou por vinte anos usando o pseudônimo de John Clarke, "desenhando paisagens" e evitando ser assassinado, até poder voltar para casa, em 1680, sem ser molestado por Carlos II. Quase sobrevivendo à dinastia Stuart, Dick morreu em 1712, aos 85 anos de idade, tendo sido o chefe de Estado mais longevo da Inglaterra até Elizabeth II.

OS MANCHUS E OS SHIVAJI, OS BOURBON, OS STUART E OS VILLIERS [pp. 584-98]

1. "Ele me atirou contra a beirada da cama", ela relembrou, "empurrando-me com uma mão em meu peito, e pôs um joelho entre minhas coxas para me impedir de fechá-las. Erguendo minhas roupas, tampou minha boca com um lenço para impedir que eu gritasse. Arranhei o rosto dele e puxei seu cabelo, e, antes que ele me penetrasse outra vez, agarrei seu pênis com tanta força que cheguei a tirar um pedaço de carne." Em seguida, ela pegou uma faca e gritou: "Vou matá-lo, porque você me envergonhou!". "Estou aqui", zombou Tassi. Ela atirou a faca, mas não acertou.

2. Velázquez foi acompanhado por um escravo, Juan de Pareja, filho de mãe africana e pai espanhol, seu auxiliar de ateliê, que mostrava talento e se tornou pintor por mérito próprio (seu *A vocação de são Mateus* está no Prado). Na Itália, Velázquez o alforriou e pintou.

3. Durante os trabalhos, Filipe teve uma audiência macabra com a família. "Vi o corpo do imperador Carlos V", ele escreveu, "e, embora ele tenha morrido 96 anos atrás, seu corpo estava íntegro. Nisso pode-se ver que Nosso Senhor retribuiu tudo o que ele fez em defesa da religião."

4. Filipe IV, enfermo, sem herdeiro masculino, voltou a Madri com Velázquez, que logo depois teve uma febre e morreu. "Estou arrasado", disse Filipe.

5. Mazarin era um mestre da *realpolitik*, antes mesmo que o termo fosse cunhado. Ainda combatendo os Habsburgo, ele se aliou ao republicano regicida Cromwell contra os espanhóis, que foram derrotados na Batalha das Dunas. E, quando Oliver morreu, foi Mazarin quem propôs invadir a Inglaterra em apoio ao Lord Protetor Dick. No século XX, Mazarin foi o herói do presidente François Mitterrand, que deu à sua filha ilegítima o nome de Mazarine.

6. Primeiro, Luís precisou resolver um problema herdado de Mazarin: seu superintendente, Nicolas Fouquet, que havia comprado o título de "vice-rei das Américas" enquanto planejava a tomada francesa do Novo Mundo, vivia em tal luxo que empanava a figura do rei. Luís soube por espiões que Fouquet pretendia governar, "fazendo-se árbitro soberano do Estado", e decidiu destruí-lo. Agindo rapidamente e em segredo, ele recorreu a um homem de confiança — D'Artagnan. Quando jovem, Charles de Batz, mais tarde conde de Artagnan, ingressara nos Mousquetaires du Roi — a guarda real — e servira a Mazarin como guarda-costas e espião. Luís sempre soube que podia confiar em D'Artagnan. Agora, ele ordenou que o quinquagenário mosqueteiro prendesse Fouquet. O vice-rei das Américas foi condenado à solitária por treze anos, tendo a companhia de um homem que usava uma máscara de ferro cuja identidade jamais foi revelada, mas que muito provavelmente era Eustache d'Auger, o valete do tesoureiro de Mazarin, que estava a par dos detalhes da gigantesca corrupção do cardeal. A história contém elementos que estão na origem de dois romances de Alexandre Dumas.

7. Seu *lever* e *coucher* diários eram minuciosamente coreografados. O despertar, acompanhado por mais de uma centena de pessoas, começava com os valetes a barbeá-lo e vesti-lo, e então vinham as *grandes entrées* dos *premiers gentilshommes*. Enquanto Luís lavava as mãos e orava, entravam suas favoritas e filhos ilegítimos. Em seguida, os *premiers gentilshommes* lhe apresentavam a camisa e a casaca, e então, numa terceira fase, a das *entrées de la chambre*, era autorizada a entrada de bispos, marechais e embaixadores. Por fim, posta a peruca, ele fazia um rápido desjejum, e, de luvas e bengala na mão, iniciava o dia. Às dez da noite, o rei ceava em público *au grand couvert*, e depois, durante uma hora e meia, era despido, sendo que a honra máxima cabia aos que lhe estendiam a vela e o acompanhavam à *commode*, onde alguns favoritos especiais, detentores de um *brevet d'affaires*, conversavam com o rei enquanto ele evacuava.

8. O Affaire des Poisons ocorreu doze anos antes da histeria com as bruxas de Salem em Massachusetts.

9. Pepys iniciou seu famoso diário em 1º de janeiro de 1660, a tempo de registrar a Restauração — ele estava voltando à Inglaterra junto com o rei — com uma irreprimível *joie de vivre*, que, pelo menos em parte, decorria de ter sobrevivido a um procedimento de litotomia, isto é, "de cortar a pedra". Até o final da vida, ele celebrou a data todos os anos com um banquete. Os cromwellianos que haviam conduzido o exército e a marinha, Monck e Montagu, foram feitos duque de Albermarle e conde de Sandwich, tornando-se dois dos principais cortesãos do rei: o jovem Pepys ascendeu junto com eles. O rei o nomeou secretário do almirantado.

10. A favorita de Jaime, a arguta Catherine Sedley, não tinha ilusões quanto à obtusidade do duque nem quanto à própria aparência. "Não pode ser minha beleza, pois ele deve ver que não tenho nenhuma", brincava ela. "E não pode ser tampouco minha inteligência, pois ele não tem o suficiente para saber que tenho alguma." Ela sempre manteve um humor afiado. Anos depois, na corte de Jorge I, Sedley topou com as amantes de Carlos II (a duquesa de Portsmouth) e de Guilherme III (Elizabeth Villiers, condessa de Orkney). "Oh, Deus!", disse, rindo. "Quem imaginaria que nós, três putas, nos encontraríamos aqui?"

11. Carlos concedeu uma parte do território a William Penn, o filho quacre do pragmático almirante Penn que havia comandado a expedição caribenha de Cromwell e então conseguira acompanhar Carlos II de volta a Londres, emprestando-lhe recursos extremamente necessários. Em vez de pagar a dívida em dinheiro, Carlos concedeu a ele uma grande extensão de terra no norte da América, o que permitiu que Penn fundasse a Pensilvânia, sua "Experiência Sagrada", onde ele elaborou uma Constituição tolerante e, de início, negociou relações pacíficas com os lenapes, o povo nativo do local. Mas, como as fronteiras não eram muito claras, ele acabou entrando em conflito com a família católica monarquista do segundo Lord Baltimore, proprietário de Maryland. As duas famílias mantiveram suas propriedades até a revolução americana. Mas as tensões de fronteira levaram a anos de antagonismo e até a uma breve guerra Baltimore-Penn. Começando em 1730 no vale de Conejohela, com avanços do coronel Thomas Cresap, caçador de índios do quinto Lord Baltimore, contra colonos quacres leais aos Penn, a Guerra de Cresap culminou numa mobilização de milícias de Maryland e da Pensilvânia, e foi encerrada pela mediação de Jorge II, que ordenou que Lord Baltimore e John Penn, filho do fundador, negociassem uma nova fronteira, confirmada em 1767 como a Linha Mason-Dixon, que se tornou a fronteira entre o Sul escravocrata e o Norte. Ao mesmo tempo, John Penn engabelou os lenapes, induzindo-os a ceder um território que pudesse ser percorrido a pé em um dia e meio, e então contratando corredores velozes para aumentar a extensão da área — a chamada Walking Purchase.

12. A peste matara 30 mil pessoas nos primeiros anos do reinado de Jaime I, e 40 mil em 1625. Essa onda matou a princípio 50 mil pessoas em Amsterdam, e então 100 mil britânicos numa população de 5,2 milhões no verão de 1665. Foi imposta uma quarentena nas casas atingidas pela peste — marcadas com uma cruz vermelha e a frase "Deus tenha piedade de nós" —, e o Grande Incêndio pode ter barrado o avanço da epidemia. Em 1720, a última onda europeia da peste matou 90 mil dos 150 mil habitantes de Marselha. A leste, ela estava longe de chegar ao fim.

13. "O duque de Buckingham agora comanda tudo", escreveu Pepys. A palavra "cabala" (*cabal*, em inglês), na acepção de conluio, conspiração, intriga, deriva do ministério encabeçado pelo duque, sendo o acrônimo dos nomes Clifford, Arlington, Buckingham, Ashley e Lauderdale. A Restauração não foi propriamente alegre, mas violenta, gananciosa e venal, com "um príncipe preguiçoso, sem conselho, sem dinheiro, sem reputação". O que Pepys chamava de "a depravação da corte" era encarnado pelo duque de Buckingham. Embora escrevesse peças de teatro, interpretasse suas próprias cenas e estudasse ciência na Royal Society, o duque metia-se em brigas ruidosas com libertinos no teatro e na corte, e em 1666 apaixonou-se por Ana Maria, condessa de Shrewsbury. O romance levou a um duelo em que ele matou o marido da condessa e seu auxiliar, enquanto ela ordenava uma emboscada e o apunhalamento de um ex-amante que havia ridicularizado o casal. "O mundo pensará que o rei tem bons conselheiros", escreveu Pepys, desgostoso, "quando o duque, o homem mais importante do seu entorno, tem apenas sobriedade suficiente para brigar por uma meretriz." Em seguida, o duque levou Ana Maria para morar em sua casa junto com a esposa, que naturalmente reclamou. Ele então mandou a esposa de volta para a casa paterna e ficou com uma "viúva que ele próprio criou" em seu novo e grandioso ninho de amor, Cliveden House.

14. Seu primeiro título foi o de baronesa Nonsuch — Carlos de fato lhe ofereceu o palácio real de Nonsuch —, e mais tarde ela foi alçada a duquesa de Cleveland. Pepys ficava excitado com Barbara, comentando no Jardim Privado que ela usava "as mais requintadas batas e anáguas de linho, com ricos rendados na barra, as mais belas que vi na vida, e me fazia bem contemplá-las". Ele a devorava com os olhos no teatro: "Eu não me fartava de olhá-la" e "enchia os olhos com ela", mesmo sabendo "muito bem que não passa de uma meretriz".

15. O êxito da cirurgia elevou o status dos cirurgiões. O cirurgião-barbeiro do rei, Charles--François Félix, que sucedera o pai como *premier chirurgien du roi*, praticara o procedimento durante seis meses em 75 ânus mais humildes, sobretudo de criminosos "fistulosos", e desenvolvera novos instrumentos: um bisturi em formato de foice e um retrator. Não havia medidas antissépticas. O rei detestava tomar banho, a fístula vazava pus e um embaixador russo comentou que Luís "fedia feito um animal". Em 18 de novembro de 1686, às sete da manhã, Félix iniciou a operação do ânus real na presença da amante do rei, Madame de Maintenon, do delfim, de seu confessor e de seu ministro de Estado, que lhe segurava a mão. Em três meses o rei voltou a montar a cavalo; como tudo que ele fazia virava moda, os cortesãos passaram a usar bandagens comemorativas em volta das nádegas. Félix, por sua vez, recebeu um título de nobreza, propriedades e dinheiro, e seu filho o sucedeu no cargo de primeiro-cirurgião, servindo a Luís xv.

16. Em 1685, Luís assinou um *Code Noir* a fim de regulamentar *"les esclaves nègres de l'Amérique"*. O código estipulava que os cativos não tinham nenhum direito legal, não podiam se casar, herdavam a condição escrava dos pais e podiam ser açoitados e acorrentados, mas não mutilados ou torturados pelos donos. Os fugitivos, porém, podiam ser marcados a fogo e ter as orelhas cortadas após uma tentativa de fuga; depois de duas transgressões, os tendões das pernas seriam decepados; depois de três, viria a execução. Se golpeassem o senhor, seriam executados; um senhor que matasse um escravo seria apenas multado. O código proibia a separação das famílias escravizadas, mas apenas até que os filhos atingissem a puberdade, e vedava que os senhores tivessem sexo com as escravas (a multa por gerar um filho de uma escrava era de novecentos quilos de açúcar). Toda essa regulamentação era ignorada pelos governadores e senhores de escravos. Em 1684, o médico francês François Bernier, que servira Alamgir na Índia, elaborou uma teoria de superioridade racial que, mais tarde, seria utilizada para justificar a escravidão: "Uma nova divisão da Terra de acordo com as diferentes espécies ou raças de homens que a habitam". No entanto, a lei francesa especificava que a escravidão não era permitida na França continental: em 1691, Luís libertou dois escravos que haviam fugido da Martinica e chegado como clandestinos à França, "sua liberdade sendo adquirida pelas leis do reino relativas a escravos tão logo pisam em terra".

17. Em Ayutthaya, um aventureiro grego chamado Constantinos Phaulkon, que lutara pelos holandeses e pelos ingleses, passara a ser o principal assistente do rei Narai, e insinuou a Luís que conseguiria converter o reino ao catolicismo contanto que Luís enviasse soldados franceses para protegê-lo da EIC inglesa. Narai e Luís trocaram representantes diplomáticos e 1300 soldados franceses chegaram à Tailândia. Mas a ascendência de Phaulkon levou a um golpe de Phetracha, primo do rei e comandante do corpo de elefantes, que derrubou Narai, matou seus filhos, executou Phaulkon e, desposando a filha do rei deposto, usurpou o trono — assim desafiando o imperialismo francês e pondo fim ao sonho de Luís. Um dos embaixadores de Narai que esteve com Luís, Kosa Pan, era o bisavô de Rama I, o rei que em 1788 fundaria a dinastia que governa a Tailândia até hoje.

18. Shivaji conquistara grande parte do centro-sul da Índia, de costa a costa, instituindo seu *ashta pradan*, um moderno conselho de ministros presidido por um *peshwa*, primeiro-ministro, que organizou a construção de centenas de fortes e encomendou uma armada aos portugueses, tripulada por piratas de Malabar e comandada por um renegado português. Todas essas iniciativas eram financiadas por tributos e conquistas, além de incursões lucrativas em feitorias inglesas e holandesas em Surat e Bombaim, que interferiam nos lucros mogóis. Governando uma área tão extensa do sul da Índia quanto a que os grandes reis medievais, como os da dinastia Chola, haviam governado, Shivaji aspirava à Coroa, mas sua família Bhonsale consistia apenas em meros chefes de aldeia; os brâmanes o consideravam membro da casta *shudra* (camponesa), e somente um xátria poderia

ser rei. Assim, Shivaji persuadiu um respeitado erudito a inventar sua genealogia xátria e assumiu o título de *chhatrapati* — "senhor do guarda-sol" —, equivalente a imperador.

19. As cicatrizes eram uma vantagem: a varíola era tão mortal que se tornou comum escolher imperadores que haviam sobrevivido a um surto da doença.

20. Poucos governantes dominavam tão bem todas as facetas do poder e refletiam tão profundamente sobre elas. "Seja bondoso à distância e mantenha perto de si os competentes", ele aconselhou seu sucessor. "Alimente o povo e considere o proveito de todos como o verdadeiro proveito; mostre consideração pelos funcionários e aja como pai do povo; mantenha o equilíbrio entre princípio e conveniência." E acrescentou, irônico: "*É só isso*". Kangxi supervisionava cuidadosamente a história da dinastia. A história continuava a ser uma atividade perigosa na China. "O imperador em cujo reinado se escreve a história é, em última análise, o responsável, e a ele a posteridade atribuirá a culpa em caso de erros e distorções." Quando o historiador Dai Mingshi criticou o domínio manchu, Kangxi ordenou sua execução — "o único estudioso que executei" —, especificando: "O Conselho de Punição recomendou que Dai fosse sujeito a uma morte lenta, e que todos os seus parentes com mais de dezesseis anos de idade fossem executados, as mulheres e crianças escravizadas, mas fui misericordioso e reduzi a pena para a decapitação".

21. Quando os manchus tomaram o norte da China da dinastia Ming, um extraordinário pirata poliglota, Zheng Zhilong, apoiara um imperador Ming no sul. Zheng começou como tradutor para a VOC, ajudando a companhia a capturar Taiwan dos portugueses, e depois passou a montar uma frota de quatrocentos navios de guerra e seu próprio exército. Protegido por um corpo de segurança formado por africanos escravizados e fugidos dos portugueses, ele liderava o cartel pirata Shibazhi de oitocentos navios, não muito diferente das companhias comerciais holandesas ou inglesas, que então derrotou os holandeses; com isso, Zheng se tornou almirante a serviço da dinastia Ming no sul. Em 1645, os manchus o persuadiram a optar pela defecção, mas seu filho insanamente feroz, Zheng Sen, meio japonês e treinado como samurai, assumiu o comando da costa sul, com o título de Koxinga ("Senhor do Nome Imperial"), combatendo os manchus durante quinze anos. Então, em 1661, na mesma época em que Luís XIV iniciava seu reinado, Fujian, na costa sudoeste, foi derrotada pelos manchus, e Koxinga expulsou os holandeses de Taiwan. Muitas esposas holandesas foram escravizadas e passaram a servir como concubinas chinesas. Sifilítico e instável, embora capaz, Koxinga matou um missionário holandês e tomou sua filha como concubina. Aconselhado por um frade italiano renegado, ele instaurou seu próprio reino, que bloqueou a expansão da China de Kangxi. No século XXI, novamente desafiada por uma Taiwan independente, a China enaltece o exemplo de Kangxi.

OS AFEXÁRIDAS E OS MANCHUS, OS HOHENZOLLERN E OS HABSBURGO [pp. 599-629]

1. Quando os judeus foram expulsos de Im Werd, o subúrbio do outro lado do Danúbio onde moravam, os austríacos comemoraram, mudando o nome do lugar para Leopoldstadt; mais tarde, porém, o bairro voltou a se tornar popular entre os judeus vienenses, cuja vida foi celebrada na peça *Leopoldstadt*, de Tom Stoppard.

2. Quatro séculos depois, em 2001, um terrorista islâmico considerou o dia 11 de setembro como o momento em que a missão virtuosa do islamismo fora obstada pela cristandade: Osama bin Laden escolheu a data para seu ataque à principal potência cristã, os Estados Unidos.

3. Entre as pilhagens havia vários sacos de um grão que, a princípio, os poloneses pensaram ser comida de camelo: o café. As cafeterias já eram populares em Londres — Pepys escreveu: "Então

vou para a cafeteria, onde há muito boa conversa" —, mas ainda não havia nenhuma em Viena. Segundo a lenda, Sobieski entregou os sacos a um soldado-espião ucraniano, Jerzy Franciszek Kulczychi, que abriu a primeira cafeteria vienense. Diz-se que o nome e o formato em lua crescente dos croissants tiveram origem nessa vitória.

4. As mentiras do fantasista foram exploradas, de início, pelo próprio ministro-chefe do rei, Thomas Osbourne, conde de Danby, que queria expurgar os pró-católicos da corte, e depois pelo ex-cromwelliano Antony Ashley, conde de Shaftesbury, que se tornou um inquisidor implacável. O duque de Buckingham por vezes se juntou a ele. Em 1774, o jovem Lord Shrewsbury, cujo pai fora morto pelo duque, encabeçou um ataque a ele no Parlamento que levou à sua queda e acarretou a separação de Ana Maria. Ressentido, o duque de Buckingham se somou aos críticos que atacavam Carlos II, que mandou prendê-lo. O libertino por fim se retirou para suas propriedades em Yorkshire. Depois que o governo o acusou de sodomia, ele começou a decair, refletindo: "Oh, que pródigo fui com o mais valioso dos bens — o Tempo!".

5. Um homem que usava verde quando estava de ânimo afável e branco quando sanguinário, Ismail era sempre escoltado por oitenta guarda-costas africanos, "seu rosto comprido mais escuro do que claro, um mulato", segundo o enviado francês. "Um de seus entretenimentos habituais", relatou um europeu, "era sacar da espada quando estava a cavalo e decapitar o escravo que segurava o estribo." Suas esposas principais eram Zaydana, uma africana escravizada, e a "sra. Shaw", uma inglesa também escravizada, cujos respectivos filhos, Zaydan e Muhammad, disputaram a sucessão. Ismail mandou amputarem a mão e o pé de Zaydan como punição, e mais tarde ordenou que suas próprias concubinas o matassem. Herdeiros não faltavam: Ismail foi o pai mais prolífico da história. A essa altura, em 1703, tinha 868 filhos, e na época de sua morte, em 1727, eram 1171 — grande parte do Marrocos atual descende dele. Ismail negociou com Luís, exigindo como esposa uma filha ilegítima. Quando morreu, aos 81 anos, planejava uma invasão da Espanha. Sua família governa o Marrocos até hoje.

6. Hugh era sobrinho-neto de Peter Chamberlen, que fizera o parto dos filhos de Jaime I. O filho de Hugh (também Hugh), o último da dinastia, não teve herdeiros, e permitiu que o fórceps se tornasse de conhecimento público; o instrumento salvou milhões de vidas.

7. Depois de entregar seus documentos navais a Guilherme, Pepys se aposentou. Era um servidor público incansável e um incorrigível amante da vida — "penso que posso me considerar o homem mais feliz do mundo" —, mas também um excelente contador de histórias, testemunha da peste, do Grande Incêndio, da Batalha do Medway e do Alegre Monarca. Seu diário é uma obra-prima, registrando seu casamento e a ascensão ao almirantado, suas experiências na política da corte e os "amassos" com as namoradas. No entanto, ele cobre apenas nove anos de sua bem-sucedida carreira, da eleição ao Parlamento à presidência da Royal Society. Seu auge foi a nomeação como secretário do almirantado em 1682, cargo que ocupou até 1688. Durante a insegurança dos meses iniciais do reinado de Guilherme, Pepys esteve entre os presos suspeitos de serem jacobitas. Acabou sendo liberado, mas, contente com sua amante de boa família, recolheu-se a Clanham, morrendo em 1703.

8. Reunindo os melhores aspectos da república de Oliver e da monarquia de Carlos II, o novo arranjo funcionou. As sessões parlamentares frequentes, nas quais os membros do Parlamento podiam criticar livremente o governo, supervisionariam as finanças reais. Os soberanos se tornaram presidentes pagos do Estado, mas com enorme poder, desde que tivessem maioria parlamentar. Não era uma democracia, mas o governo de uma nova oligarquia que durou um século, no qual os monarcas governavam numa parceria variável com um pequeno grupo de magnatas fundiários, escudeiros e negociantes da City. Estes se dividiam em duas facções: os apoiadores do novo ordena-

mento, conhecidos como whigs, e seus inimigos, conhecidos como tories. A Lei de Tolerância foi a primeira do tipo na Europa, embora não fosse especialmente tolerante: os judeus não podiam votar, nem ter propriedades ou ocupar cargos públicos; os dissidentes e os católicos também estavam excluídos dos cargos públicos.

9. A obra explorava o cálculo e a gravidade, e demonstrava que toda a matéria é atraída por outras partículas, o que explicava o movimento dos planetas e das marés. Essa análise racional não impedia sua fé num Deus unitarista nem na alquimia: como a maioria dos intelectuais da época, Newton julgava que tal conhecimento secreto não contradizia as leis da natureza.

10. Após a morte de Maria em 1694, a herdeira de Guilherme era Ana, irmã de Maria, e seu filho, o duque de Gloucester; mas, em 1701, quando a criança morreu, Guilherme e o Parlamento aprovaram um Decreto de Estabelecimento organizando a sucessão através da herdeira protestante mais próxima, Sofia, eleitora de Hanôver, neta de Jaime I, e de seu filho Jorge, contornando a família de direito, porém católica, de Jaime II. O decreto organizou a sucessão até o século XXI.

11. Carlos tinha 38 anos. O seu exame post mortem revelou um "coração do tamanho de um grão de pimenta; os pulmões corroídos; os intestinos podres e gangrenosos; ele tinha apenas um testículo, preto como carvão, e a cabeça estava cheia de água".

12. Enquanto Long Ben repartia o saque, os ingleses iniciaram uma caça mundial para capturá-lo. Ele escapou para o Caribe, lançando mão de propinas para a fuga. Seis de seus piratas foram julgados e enforcados pela infâmia, mas Long Ben e o tesouro sumiram, tendo um destino ignorado.

13. Ele levou alguns anos para ser cortado e vendido: o comprador foi o regente Filipe, duque de Orléans, que mandou encastrá-lo na coroa de Luís XV.

14. Existe uma tendência de datar o surgimento da democracia de anos anteriores. Como veremos, Walpole é tradicionalmente tratado como "o primeiro premiê", mas seu estilo pouco diferia do de seu patrono, Godolphin. Ambos foram nomeados por soberanos, e não escolhidos pelo Parlamento, e ambos eram administradores gabaritados das finanças e do Parlamento. Mas Godolphin foi o primeiro a financiar uma guerra europeia, algo que Walpole nunca teve de fazer. Godolphin treinou Walpole, que tinha grande respeito e adoração por ele, chegando inclusive a renunciar para protegê-lo. Seriam necessários oitenta anos para que o Parlamento conseguisse obrigar um monarca a nomear um ministro e para que os primeiros-ministros se tornassem líderes de seus gabinetes ministeriais no sentido moderno.

15. A população da Escócia correspondia a um nono da população da Inglaterra, e sua riqueza a um quadragésimo da inglesa: considerando a população, os escoceses teriam 85 assentos em Westminster; considerando a riqueza, apenas treze. Concordou-se que a Escócia receberia 45 assentos na Câmara dos Comuns e dezesseis na Câmara dos Lordes.

16. Eugênio era filho de um príncipe de Saboia e de Olympe, sobrinha de Mazarin, amante de Luís. Mas Olympe esteve implicada no Affaire des Poisons, o que lançava uma sombra sobre Eugênio. Parte de um círculo de aristocratas homossexuais, o pouco atraente Eugênio era motivo de desprezo para Luís, que lhe disse para se tornar padre. Afastado de Versalhes, ele serviu aos Habsburgo austríacos, capturando grande parte dos Bálcãs otomanos. Como general, era versátil, ágil e perspicaz, tendo refletido a respeito da disciplina: "Só se deve ser duro quando, como ocorre muitas vezes, a benevolência se mostrar inútil".

17. Pedro ofereceu a Churchill os exóticos títulos de príncipe de Kiev ou príncipe da Sibéria, caso conseguisse persuadir Carlos a atacar os Habsburgo.

18. Pedro esmagou os cossacos ucranianos sob o governo do hetman Ivan Mazeppa, que fora seu aliado e trocara de lado, apoiando os suecos e aspirando à independência. Carlos e Mazeppa fugiram para Benderi, em território otomano. Mais tarde, Carlos voltou para a Suécia, com sua

força eclipsada. Mazeppa morreu, sendo sucedido como hetman por Ivan Skoropadski, cliente dos russos. Esse hetmanato semi-independente, íntimo aliado da Rússia, sobreviveu até 1775. A tentativa de Pedro de se expandir na Ucrânia otomana, na Moldávia e na Valáquia (Romênia) se encerrou catastroficamente em julho de 1711, quando o tsar foi derrotado e quase capturado pelo grão-vizir em Stănileşti. Em 1722-3, o voraz imperialista atacou a Pérsia, capturando partes do Azerbaijão.

19. Jorge I chegou com suas amantes germânicas, uma obesa e a outra tão cadavérica que ganhou o apelido de Espantalho. Os londrinos passaram a chamá-las de Elephant and Castle [Elefante e Castelo], nome de um famoso pub da cidade, que, por sua vez, tinha esse nome em razão do comércio na África ocidental. Nessa época, Jorge era ainda menos atraente do que parecia: em 1694, o eleitor descobrira que a esposa estava tendo um caso com um jovem sueco, o conde Philip von Königsmarck, a quem ele mandou matar e provavelmente dissecar e enterrar sob o Palácio de Hanôver; sua esposa ficou presa por trinta anos e nunca mais teve permissão de ver os filhos.

20. Durante o século XVIII, 400 mil europeus morriam todos os anos de varíola. Mas a variolação — a inoculação do antígeno a partir da casca de uma ferida provocada pela doença —, há muito praticada desde a África até a China, estava prestes a mudar esse quadro. Em 1706, um escravo acã presenteado a um pastor protestante americano, Cotton Mather, que o chamou de Onesimus, explicou-lhe o procedimento. "Ao perguntar a meu negro Onesimus, que é um sujeito muito inteligente", disse Mather à Royal Society de Londres, "se ele havia tido varíola, ele respondeu que sim e não, e então me contou que havia passado por um procedimento que lhe dera um pouco de varíola e então o protegera dela, acrescentando que a prática era muito difundida entre os garamantes [...] e me mostrou a cicatriz em seu braço." Apesar da resistência daqueles que não acreditavam que os africanos podiam ser mais avançados do que os europeus, Mather utilizou a variolação para abrandar uma epidemia de varíola em Boston. Em 1715, a filha do duque britânico e esposa do embaixador britânico em Istambul, Lady Mary Wortley Montagu, com sua beleza arruinada pela varíola, voltou à capital inglesa com uma versão otomana da doença. Tendo variolado os filhos, ela convenceu a princesa Carolina, esposa do futuro Jorge II, a inocular seus filhos também. Vale notar que não foram médicos, mas amadores inteligentes, que reconheceram as possibilidades oferecidas pela inoculação. Entre os inoculados na infância estava Edward Jenner, que mais tarde aperfeiçoou o método.

21. Walpole nunca se disse primeiro-ministro. O cargo mais alto era o de lorde tesoureiro, cujo último ocupante fora o duque de Shrewsbury, que teve uma vida extraordinária. Em 1668, seu pai fora morto pelo duque de Buckingham, amante de sua mãe, o qual mais tarde ele destruiu. Por duas vezes Walpole esteve no leme da Grã-Bretanha, comandando o país em meio a crises dinásticas: em 1688, ele convidou Guilherme III para invadir o país; recompensado com um ducado e considerado o patrício mais nobre de sua época, o próprio Guilherme o tratava como "rei de copas"; em 1714, quando morreu a rainha Ana, a última Stuart, ele governou como lorde tesoureiro plenipotenciário, assegurando a sucessão hanoveriana. Desde 1715, o tesouro encontra-se "sob a incumbência" do primeiro lorde tesoureiro, cada vez mais conhecido como primeiro-ministro. Em 1732, Jorge II ofereceu uma casa na cidade a Walpole, que a aceitou como residência do primeiro lorde: ela fica no número 10 de Downing Street.

22. Antes de morrer, em 1725, Pedro torturou até a morte o próprio filho, Alexei, por ter fugido para a Áustria. Ele deixou o trono para a esposa, Catarina, uma ex-vivandeira e lavadeira lituana. Foi um caso único de ascensão na história europeia, e Catarina foi a primeira de uma linhagem de autocratas russas do sexo feminino.

23. Aurora era filha de um general sueco-germânico; foi seu irmão, Philip, quem Jorge I da Grã-Bretanha mandou matar, por ter tido um caso com sua esposa.

24. Agora os exércitos dos Hohenzollern, dos Habsburgo, dos Bourbon e dos Románov estavam cheios de oficiais escoceses e irlandeses — geralmente jacobitas exilados após 1688. Eles eram conhecidos como Gansos Selvagens.

25. Mesmo que não compreendessem as possíveis aplicações práticas de suas descobertas, Daniel Fahrenheit inventou o termômetro em 1714, Antoine-Laurent Lavoisier descobriu a natureza do oxigênio e seu papel na combustão, e Alessandro Volta inventou a bateria elétrica — embora a eletricidade fosse considerada mais um entretenimento do que algo útil.

26. "Nessa noite, saciando seus violentos desejos,/ Algarotti nadava num mar de prazer [...]/ Nossos felizes amantes, em seu extremo delírio,/ Na fúria de seu amor, só veem um ao outro;/ Foder, gozar, sentir, suspirar e expirar,/ Voltar a foder, voltar a buscar o prazer." Algarotti escandalizara Londres com um ménage à trois com Lady Mary Wortley Montagu e Lord Hervey, e então acompanhou Lord Baltimore, proprietário de Maryland, na América, em seu iate, para assistir a um casamento russo, fazendo uma parada na Alemanha, onde conheceu Frederico.

OS DURRANI E OS SAID, OS HEMINGS E OS TOUSSAINT [pp. 630-45]

1. O rei Hércules II, o aliado georgiano de Nader que o acompanhara a Delhi, uniu a Cártlia e a Cachétia e criou a primeira Geórgia unida por muitos séculos.

2. Os omanis eram ibaditas, seguidores de um estudioso do século VIII que rejeitava certas doutrinas sunitas e xiitas, e eram governados por imames eleitos entre a única família que havia expulsado os portugueses e retornado a seu comércio tradicional na costa suaíli da África.

3. Voltaire era ainda mais rude em relação aos judeus, que dizia serem "um povo ignorante e bárbaro, tendo unido havia muito tempo a mais sórdida avareza à mais detestável superstição".

4. Mais ultrajante foi o caso de Julius Soubise, escravo alforriado que originalmente se chamava Otelo e se tornou professor de esgrima de uma beldade da sociedade, Catherine Hyde, duquesa de Queensberry, já de certa idade. Tratado como seu filho adotivo, recebendo o nome de um duque francês, ele se tornou um janota farrista e libertino entre os dândis da sociedade conhecidos como macaronis, devido a seu estilo europeu (Soubise era chamado pelos jornais de Mungo Macaroni), e é provável que tenha sido amante da duquesa. Mas, acusado de violentar uma criada, a duquesa o enviou para a Índia, onde ele abriu em Calcutá uma escola de hipismo, morrendo devido a um acidente de montaria.

5. Um típico fazendeiro francês, Gaspard Tascher comprou propriedades na Martinica e La Pagerie em Saint-Domingue, o que lhe proporcionou um sobrenome aristocrático e financiou um estilo de vida que permitiu a seu filho ser pajem na corte de Luís XVI. Sua neta, Marie Josèphe Rose Tascher de La Pagerie, criada por escravos, estragou os dentes comendo açúcar; assim, quando chegou a Paris para se casar com um aristocrata, tinha a boca cheia de tocos pretos; era pouco instruída, mas possuía um charme irresistível. Conhecida mais tarde como imperatriz Josefina, seu caminho viria a se cruzar com o de Toussaint.

6. Como na Virgínia, as escravas domésticas, muitas vezes adolescentes, eram presa de seus proprietários. Em Guadalupe, em sua fazenda Saint-Georges, um fazendeiro francês chamado George de Bologne teve um filho com uma criada, Nanon, de dezessete anos. Joseph não poderia herdar o título de nobreza, mas, com o consentimento do pai, recebeu educação em música, nos clássicos e em filosofia; mais tarde, foi enviado para um internato, onde se revelou um prodígio musical, virtuose no violino e grande compositor.

7. Um mês depois, quando os franceses contra-atacaram e capturaram Washington, ele teve sorte em não levar um golpe de machadinha na própria cabeça.

8. Isabel da Rússia, uma arrojada amazona loura, usando uma couraça e conduzindo um trenó, dera um golpe e tomara o poder. Tinha herdado o caráter implacável do pai e revelou-se uma autocrata competente, ainda que sujeita a caprichos e incoerências, mantendo uma série de casos ao mesmo tempo com vários jovens amantes. O principal era Alexei Razumovski, um atraente cossaco ucraniano, cantor de coral, cujo irmão Kyril foi nomeado por Elizabeth grão-hetman dos cossacos; foi o último hetman semi-independente antes de 1918.

OS ROMÁNOV E OS DURRANI, OS PITT, OS COMANCHES E OS KAMEHAMEHA [pp. 646-72]

1. A melhor demonstração da brutalidade da guerra colonial britânica foi a recompensa que o governador de Massachusetts, William Shirley, oferecia pelos escalpos de americanos nativos: quarenta libras por homens adultos e vinte por mulheres e crianças com menos de doze anos.

2. Praticamente contemporâneo de Frederico, o Grande, o imperador Qianlong, nascido em 1711, era o príncipe de onze anos de idade que fora amadíssimo pelo avô Kangxi. Após a morte do pai, Yongzheng, provavelmente devido a uma dose excessiva daqueles elixires taoistas à base de mercúrio que vitimaram tantos monarcas chineses, ele expandiu o império a oeste, entrando em Xinjiang (Nova Província) e prosseguindo até os limites dos Himalaias (eliminando quase totalmente os dhangars e massacrando os muçulmanos uigures após uma rebelião, deflagrada por estupros em massa de uigures praticados por funcionários chineses), e obtinha enormes receitas com a venda de chá e porcelana para a EIC e outros comerciantes europeus, ao mesmo tempo escrevendo mais de 40 mil poemas. Mas no centro de sua glória havia um núcleo de tristeza: ele nunca deixou de amar a primeira esposa, a sra. Fuca, que morreu de varíola aos 36 anos de idade, deixando-o arrasado: "Ah, aquele malfadado terceiro mês de primavera", ele escreveu. "Passaram-se dezessete anos, e minha dor mantém-se inalterada."

3. A historiografia moderna, estreitamente concentrada no Império Britânico, costuma responsabilizar a Grã-Bretanha e sua Companhia das Índias Orientais, e apresenta Plassey como uma figura de importância decisiva — no entanto, o controle britânico de Delhi e da maior parte da Índia só viria meio século depois. Durrani, o conquistador afegão, que não se encaixa na narrativa convencional do "Afeganistão, cemitério de impérios", é bastante negligenciado. E era o enorme Império Marata que agora dominaria a maior parte da Índia por muitas décadas.

4. O outro vencedor foi a Espanha, que recebeu territórios da Nova França — a vastidão da Louisiana e boa parte do centro-sul dos Estados Unidos — para acrescentar aos que já possuía, o Novo México, a Califórnia e o Texas.

5. O secretário do Conselho Real era um jovem que havia deixado sua família camponesa aos catorze anos e subido na burocracia da realeza: chamava-se Bernard-François Balssa, que mais tarde mudou seu sobrenome para Balzac. Era o pai do romancista.

6. Potemkin comandou a expansão do Império Russo em torno do mar Negro, governado por muito tempo pelos cãs seminômades da família Giray, descendente de Gengis, e pelos otomanos. Catarina abolira o hetmanato em 1764. Agora Potemkin anexou o *sich* de Zaporijia, a antiga república cossaca, adotando o título de grão-hetman, transformando os cossacos numa legião nacional russa e comandando a conquista do território que hoje constitui o sul da Ucrânia. Dando-lhe o nome de Nova Rússia, ele fundou uma série de novas cidades, a começar por Kherson. Em 1783, anexou a Crimeia, onde montou uma nova base naval, Sebastopol, e a primeira frota russa do mar Negro. A Kherson seguiram-se Mariupol, Ekaterinoslav (Dnipro) e Nikolaev (Mykolaiv). Logo depois, conquistou terras otomanas, e lá fundou Odessa. Agora os russos possuíam um vasto territó-

rio escassamente povoado. Os vice-reis russos, Potemkin e seu sucessor, o aristocrata francês duque de Richelieu, atraíram gregos, italianos, ucranianos, poloneses e russos para as novas cidades, e muitos judeus, que não podiam morar nas grandes cidades, mas se estabeleceram em alto número em Odessa. Quando a Ucrânia se tornou o celeiro da Rússia, Odessa se tornou seu entreposto. Mas havia um lado sombrio na conquista e no povoamento russos: os tártaros muçulmanos, turcos e outros povos, como os circassianos e tchetchenos, caso resistissem, eram etnicamente expurgados ou massacrados.

7. Clive, mais uma vez, voltou para casa à beira de um colapso nervoso. Tanto Munro quanto Clive tinham filhos que se juntaram à EIC e serviram na Índia. Os filhos de Munro ficaram famosos porque um deles foi morto por um tigre, e o outro por um tubarão.

8. Em 22 de novembro de 1774, Clive, em agonia com cálculos biliares e deprimido com seus críticos, tomou uma grande dose de ópio e cortou a garganta com um canivete. Tinha 49 anos. Samuel Johnson observou que o conquistador "adquirira sua fortuna com crimes tão terríveis que sua consciência sobre eles o levara a cortar a própria garganta". Seu filho Edward recebeu o condado de Powis, o que lhe permitiu manter os tesouros paternos no Castelo de Powis, que ainda conserva muitos deles. Voltando à Índia, ele governou Madras por cinco anos.

9. A Vestindisk Kompagni comerciava 3 mil cativos por ano a partir do Forte Christianborg, o Castelo da Costa do Ouro. A Dinamarca foi o primeiro país europeu a abolir o tráfico escravo.

10. Os dinamarqueses negociaram o exílio de Carolina. Jorge a instalou no Castelo de Celle, em Hanôver; ela não voltou a ver os filhos e morreu aos 23 anos de idade. Já a filha da princesa inglesa e do médico iluminista, Luísa Augusta, culta e bela, foi criada como filha da realeza, casou-se dentro da família real, e sua futura filha desposou um futuro rei. Mas uma coisa ela havia herdado dos pais: entre muitos amantes, teve um romance com o médico da corte, que resolveu sua infertilidade (na verdade, a infertilidade era do marido) gerando filhos com ela. Luísa Augusta chegou a viver outra era, morrendo em 1843.

11. A imprudência britânica tinha sua personificação no quarto proprietário de Maryland, Frederick, Lord Baltimore, um predador psicopata que em 1751 herdou a fortuna e as propriedades americanas da família e quase provocou uma revolução precoce ao determinar o aumento dos impostos em Maryland — mas não em suas propriedades pessoais. Frederick matou a primeira esposa (irmã do duque de Bridgewater, o magnata do futuro canal) empurrando-a de uma carruagem em alta velocidade, e então foi morar em Constantinopla como um paxá turco, com direito a um harém, sempre dopado de ópio e afrodisíacos (segundo James Boswell, que o descreveu "levando uma vida estranha, desregrada"). Voltou a Londres, onde, em 1768, raptou e violentou uma bela chapeleira, Sarah Woodcock, o que levou à sua prisão e julgamento, no qual foi absolvido, e a vítima responsabilizada por não ter sido mais eficiente em escapar. Em seguida, viajou pela Europa, acompanhado por "oito mulheres, um médico e dois negros, que chamava de *corregidores*, incumbidos de cuidar da disciplina de seu pequeno serralho. Uma de suas amantes publicou então *Memoirs of the Seraglio of the Bashaw of Merryland, by a Discarded Sultana*, no qual revelou as dificuldades de Lord Baltimore em satisfazer suas oito namoradas". Ele morreu em 1771, em Nápoles, deixando Maryland para o filho ilegítimo Henry Harford, o último proprietário.

12. Necker era um especulador ousado que fez fortuna na bolsa e na Compagnie des Indes Orientales. Nos anos 1760, enquanto enriquecia, fazia corte a uma viúva francesa, Madame de Vermenoux, que contratara uma jovem governanta suíça, Suzanne Curchod, filha de um pastor protestante. Suzanne se apaixonou por um jovem cavalheiro britânico em viagem, Edward Gibbon, um rebento do Iluminismo, e os dois noivaram. Quando as famílias vetaram o casamento, Gibbon voltou para casa. Tal como fazia em seus investimentos, Necker trocou os Vermenoux pelos Cur-

chod e desposou Suzanne; a filha deles viria a ser a escritora e provocadora Germaine de Staël. Agora, no momento em que Necker se tornava ministro das Finanças de Luís, Gibbon publicava seu elegante e envolvente *Declínio e queda do Império Romano*, remodelando a história com a ideia iluminista de que as superstições do cristianismo haviam enfraquecido o pragmatismo pagão de Roma, ao mesmo tempo sugerindo que a Europa moderna era a herdeira da civilização romana.

13. A carreira de Bligh foi uma crônica de bobagens navais. Dez anos depois, em 1789, como capitão do HMS *Bounty*, ele foi enviado ao Taiti para colher mudas de fruta-pão, que Sir Joseph Banks julgava que poderiam servir de alimento para os escravos caribenhos. Lá, foi vencido por marinheiros amotinados, em parte deslumbrados com a idílica vida taitiana, e ficou à deriva, sobrevivendo a uma viagem de quase 7 mil quilômetros. No Taiti, os amotinados ajudaram um chefe chamado Pomare a unir as ilhas num único reino, que governaram até a França impor seu protetorado. Então voltaram ao mar e se estabeleceram na ilha desabitada de Pitcairn, batizada em homenagem a um oficial britânico que morreu mais tarde em batalha com os americanos em Bunker Hill. Já o capitão Bligh foi promovido a vice-almirante e nomeado governador de Nova Gales do Sul. Tampouco aí teve sorte.

14. Ao morrer, Cook foi tratado pelos havaianos como um chefe tribal. Escalpelaram-no, retiraram seu coração, evisceraram seu corpo e preservaram um pouco da carne; o restante foi colocado num forno subterrâneo tradicional; os ossos foram reunidos para preservar seu *mana*, o carisma sagrado.

15. Enquanto outros combatiam, Jefferson, depois de concluir seu mandato como governador, trabalhou em suas *Notas sobre a Virgínia*, sobre raça e escravidão, refletindo a respeito da inferioridade da inteligência negra, que poderia ser melhorada com o sangue branco. Ele afirmava que uma libertação apressada dos escravos desencadearia uma guerra racial contra os brancos.

16. José também gostava de ser confundido com seus serviçais. Quando lhe perguntaram quais serviços prestava ao imperador, ele respondeu impassível: "Às vezes faço-lhe a barba". Embora seu herdeiro fosse o irmão Leopoldo, grão-duque da Toscana, ele treinava Francisco, seu sobrinho consciencioso, porém desajeitado, queixando-se de que o "atrofiado" rapaz estava "atrasado em destreza física" e era "um filho mimado".

17. A partilha otomana não era o único plano de José. O principal deles era trocar a Holanda austríaca (Bélgica) pela Baviera, a fim de estabelecer uma monarquia germânica ainda maior. Mas o plano foi duas vezes prejudicado por Frederico, que mobilizou seu exército, e pelo cunhado de José, Luís, que não lhe deu apoio, apesar das pressões de Antonieta. Em vez disso, Luís encerrou a disputa pagando milhões a José — uma conta que sairia cara para Antonieta.

18. Yorktown foi precursora da modernidade também de outra maneira: entre os jovens aristocratas franceses lutando com Lafayette encontrava-se Henri, conde de Saint-Simon, general americano aos vinte anos, que quarenta anos depois desenvolveu a ideia do socialismo.

19. Para ter mais poder de negociação, Washington ordenou o sequestro do filho de Jorge III, o príncipe Guilherme (futuro Guilherme IV), que ainda estava com a marinha em Nova York, mas o comandante de Washington estragou o plano.

20. Em 1783, ano em que foi reconhecida a independência dos Estados Unidos, o norte da América tinha cerca de 3 milhões de habitantes; a América hispânica, 15 milhões. A população da Grã-Bretanha era de 9 milhões; a da Espanha, de 10 milhões. O mundo hispânico tinha o dobro do tamanho do mundo anglo-saxão. Mas os britânicos estavam se aproximando: entre 1640 e 1820, 1,3 milhão de migrantes — britânicos, franceses e germânicos — se estabeleceram nas colônias, cerca de 70% deles britânicos. No longo século seguinte, a maciça migração para o norte da América, bem como para a Austrália e a África do Sul, inverteu a tendência: em 1930, o mundo anglo-saxão tinha o dobro do tamanho do mundo hispânico.

1. A outra irmã, Maria, condessa de Coventry, morreu aos 27 anos por envenenamento cosmético, tendo abusado do alvaiade veneziano, que conferia às jovens uma elegante tez de alabastro, mas continha chumbo e mercúrio. Quando estouraram úlceras em sua pele, Maria as encobriu com mais alvaiade, o que logo a matou.

2. O amigo mais próximo de Wedgwood era um médico de gênio difícil, Erasmus Darwin — ambos eram luminares da Sociedade Lunar —, que também investiu no canal de Trent e Mersey e o aconselhou a utilizar motores a vapor em Etruria. Darwin era um médico, investidor e cientista brilhante, gordo e promíscuo, um dos fundadores da Sociedade Lunar, pai de muitos filhos, inclusive com algumas criadas. Seu filho Robert, um gigante de 1,88 metro de altura e 150 quilos, desposou Susannah Wedgwood, filha de Josiah. O filho do casal, Charles Darwin, nascido em 1809, começou a estudar medicina, e depois, financiado por Wedgwood, passou para os estudos de taxidermia e ciências naturais.

3. Numa época em que os médicos haviam receitado vinho do Porto tanto para Pitt quanto para seu pai, convertendo-os em alcoólatras, as enormes doses de tártaro emético ingeridas por Jorge continham nada menos que 5% de arsênico: numa análise recente de seu cabelo, constatou-se que continha uma quantidade dezessete vezes superior ao nível necessário para o envenenamento por arsênico, suficiente para lhe agravar as dores estomacais, o delírio e a psicose.

4. Essa trupe desonesta não estaria completa sem o "conde Cagliostro", um charlatão que, alegando ter milhares de anos de idade (nascido no Egito antigo) e ter conhecido pessoalmente Jesus Cristo, prosperava nessa época de autoinvenção, mobilidade social e credulidade mística. Nascido em Palermo como Joseph Balsamo, esse vigarista trapaceou um rico negociante de ouro e, então, adotando seu exótico título, viajou pela Europa com uma maleável esposa adolescente, Serafina, que emprestava a seus patronos. Rohan era um deles, mas não há como trapacear um trapaceiro; ele mostrou a Cagliostro o contrato forjado por Motte: "Uma falsificação!", disse Cagliostro.

5. Saint-Georges, vinte anos antes, causara sensação ao vencer um duelo contra um colega racista. Ele conquistou um lugar na guarda real de honra, mas fez nome como músico, ascendendo a regente do Concert des Amateurs de Paris. Estava na fila para reger o Opéra, porém as sopranos reclamaram com a rainha Antonieta, "dizendo a Sua Majestade que sua honra e delicada consciência jamais permitiriam que se submetessem às ordens de um mulato". Contudo Antonieta favoreceu Saint-Georges, chamando-o a Versalhes, onde foi "convidado a tocar com a rainha" — ela gostava de tocar piano; ele, sem dúvida, tocava violino. Saint-Georges começou a escrever óperas com um oficial da artilharia de gosto literário, Pierre Choderlos de Laclos, mas a ópera criada por eles, *Ernestine*, à qual a rainha assistiu, não fez sucesso. Esse "mulato", escreveu o americano John Adams quando esteve em Paris em 1779, "é o homem mais consumado na Europa na arte de montar, atirar, esgrimir, dançar e tocar música".

6. O conde de Mansfield tinha mais experiência desse mundo do que dava a entender, pois adotara Dido Belle, filha de seu sobrinho marinheiro e de uma mulher escravizada, criando-a junto com seus filhos (pintados com Lady Elizabeth Murray por David Martin) e legando-lhe uma renda anual em testamento. Mais tarde, ela se casou com um francês e teve dois filhos — ambos trabalharam para a EIC —, morrendo em 1805.

7. Wedgwood desenhou um medalhão antiescravagista que mostrava um negro ajoelhado, as mãos erguidas ao céu, com a inscrição "Não sou um homem e um irmão?".

8. Todavia, nem mesmo Wilberforce acreditava que os escravos estivessem preparados para a libertação, tendo dito ao Parlamento, em 1805, que antes que "estivessem aptos a receber a liber-

dade, seria uma loucura tentar dá-la a eles". Em seus jantares para a Sociedade Africana e Asiática, os ativistas negros comiam atrás de uma divisória. Adversários da escravidão na América e na Grã-Bretanha fundaram novos assentamentos de escravizados negros retornados na África ocidental. Em 1787, Sharp e outros envolvidos no Comitê dos Pobres Negros apoiaram um projeto para assentar várias centenas de londrinos negros numa Província da Liberdade em Serra Leoa, não distante das fortalezas de escravos na costa. Apesar do apoio de Pitt, então chanceler, a maioria dos assentados morreu. Em 1792, uma flotilha de legalistas negros da Nova Escócia, incluindo Harry Washington, escravo fugido do presidente dos Estados Unidos, fundou Freetown.

9. A França, tal como a Grã-Bretanha, oscilava entre o ideal de que a escravidão não podia existir num país baseado na lei e a realidade dos lucros dos proprietários de escravos. Depois de Luís XIV ter libertado dois escravizados fugidos em 1691, os escravagistas conquistaram um édito em 1716 que permitia que os donos de escravos os levassem para a França; o édito foi derrubado em 1738, e tornou-se rotineiro libertar os escravizados, até que, em 1777-8, um procurador do almirantado, Guillaume Poncet de La Grave, alertou para a poluição racial com a quantidade cada vez maior de pessoas de cor livres, persuadindo Luís XVI a decretar uma Police des Noirs, impedindo que os negros entrassem na França e desposassem brancos. Mas os escravos ainda podiam pleitear a liberdade no tribunal do almirantado.

10. Em Londres, Saint-Georges teve de tolerar os caprichos do príncipe de Gales, que insistiu em organizar uma disputa de esgrima entre o compositor mestiço e um travesti francês, o *chevalier* d'Éon.

11. Antonieta já era odiada. Dez anos antes, no Opéra de Paris, mal recebera aplausos. "Por que fui tão pouco aplaudida?", indagou, acrescentando, em meio a um surto de lágrimas: "O que fiz a eles?". Era-lhe impossível deixar de ser uma Habsburgo, mas, em 1784, ela apoiou pagamentos para anular as ameaças do irmão José contra a Holanda. Era extravagante — embora nem de longe como Catarina, a Grande — e jamais fez a notória declaração "Que comam brioches". Ela foi, como escreveu John Hardman, "o bode expiatório de uma era irracional sofrendo um colapso nervoso, a chamada racionalidade do Iluminismo permeada pelo charlatanismo de Cagliostro, Mesmer [um célebre hipnotizador] e Necker".

12. "Toda mulher escravizada que alguma vez teve sexo com um homem branco durante a escravidão nos Estados Unidos", escreveu Gordon-Reed em *The Hemingses of Monticello: An American Family*, era "uma vítima de estupro". De todo modo, "quer Jefferson tenha utilizado a violência ou empregado seus famosos modos galantes para conquistar Hemings, seu poder era tão imenso que ele nunca poderia ter certeza dos verdadeiros desejos dela [...]. Ela não consentiu — porque não *podia* consentir ou deixar de consentir". Todavia, "a impiedade da escravidão não define a totalidade da vida das pessoas escravizadas [...], encontramos sinais suficientes de que essas duas pessoas estavam emocionalmente ligadas uma à outra [...]. Isso não opera nenhuma mudança fundamental na natureza da escravidão americana", porque "a ideia do amor entre eles não tem o poder de mudar a realidade básica da desumanidade essencial da escravidão".

13. O presidente e o vice-presidente eram eleitos por um colégio eleitoral em votações separadas e indiretas; o Senado era eleito de maneira indireta pelas legislaturas dos estados; a Câmara dos Representantes era eleita diretamente. As nobres aspirações do sistema e o voto masculino universal tinham uma falha gigantesca: os escravos não tinham direito a votar. Os senhores escravocratas do Sul negociaram um duplo triunfo que, ao mesmo tempo que protegia a escravidão, para fins de representação proporcional na Câmara dos Representantes, fazia com que os cativos contassem a seu favor como três quintos de uma pessoa. "Eu nunca teria desembainhado minha espada pela causa da América", disse Lafayette, "se imaginasse que dessa forma estaria fundando uma terra da escravidão."

14. A lei da Pensilvânia determinava que qualquer escravo com mais de seis meses de residência estava automaticamente liberto. Na Filadélfia, Washington estava sempre acompanhado pelos lacaios Billy Lee e Christopher Sheels, pelo cozinheiro Hércules e por outros cinco escravos. Mas transportava seus escravos para Mount Vernon, e de lá para a Filadélfia, sem revelar seus verdadeiros motivos. "Quero", disse ele, "que assim se faça sob um pretexto que possa enganar tanto a eles [os escravos] quanto ao público." É notável que a escravidão fosse o único tema em que Washington comprometia sua famosa honestidade.

15. Os Románov também estavam prontos para destruir a revolução que empolgara os poloneses, que tinham a esperança de criar uma monarquia forte e se livrar da hegemonia russa. O velho rei Estanislau Augusto pôs-se ele próprio à frente da revolução. Catarina, a Grande, estava horrorizada com Paris e Varsóvia: "Melhor a tirania de um homem do que a loucura da multidão". Potemkin planejava se tornar rei da Polônia, mas sua morte dramática numa estepe moldava ao mesmo tempo devastou e endureceu Catarina. Primeiro, ela sufocou a dissidência na Rússia, e a seguir esmagou cruentamente a revolução na Polônia: 20 mil poloneses foram mortos quando as tropas russas invadiram Praga, um subúrbio de Varsóvia. Pouco antes da morte de Catarina, os Habsburgo e os Hohenzollern se somaram a ela na divisão final da Polônia. Lviv e a Galícia — sul da Polônia, agora Ucrânia ocidental — ficaram sob o governo austríaco pelos dois séculos seguintes. Agora, 3 milhões de judeus se viram sob o hostil governo russo; Potemkin tinha sido um filossemita, mas Catarina, idosa e repressora, confinou os judeus a uma "área fechada", banindo-os das cidades a fim de evitar conflitos com seus súditos ortodoxos. Seus sucessores aumentaram a repressão dos judeus. A Polônia só voltaria a existir em 1918.

16. Fatiman foi uma figura central na história haitiana; de olhos verdes, era filha de uma africana escravizada e de um corso francês que fora cortesão do aventureiro Theodore von Neuhoff, rei da Córsega por um breve período nos anos 1730. Durante a revolução haitiana, ela se casou com um general, Jean-Louis Pierrot, alçado a barão e a príncipe sob o rei Henri Christophe, eleito presidente em 1845 e nomeado grão-marechal sob o imperador Faustino. Cécile morreu em 1883, aos 112 anos. Sua filha se casou com o ministro da Guerra e posterior presidente do Haiti, Pierre Alexis.

OS BONAPARTE E OS ALBANESES, OS WELLESLEY E OS ROTHSCHILD [pp. 701-28]

1. Um observador de tudo isso, o parlamentar anglo-irlandês Edmund Burke previu em suas *Reflexões sobre a revolução na França* que suas consequências seriam muito diferentes de suas intenções, criando uma regra histórica infalível. "Aquilo que à primeira vista é prejudicial pode ser excelente em sua operação mais distante, e sua excelência pode surgir dos maus efeitos que produz no começo", ele escreveu. "O inverso também acontece: esquemas muito plausíveis, com começos muito agradáveis, muitas vezes têm conclusões deploráveis e vergonhosas."

2. Isso respingou sobre seu esgrimista-compositor Saint-Georges, que, acompanhando o duque, apoiou a revolução e se juntou a uma unidade negra, La Légion Nationale des Américains et du Midi, financiada pelo fazendeiro negro livre mais rico de Saint-Domingue, Julien Raymond, proprietário de centenas de escravizados, mas que se tornara abolicionista. Lá, ele conheceu outro oficial mestiço que se tornou famoso, Thomas-Alexandre Dumas, nascido em Saint-Domingue; seu pai, o marquês Antoine Davy de la Pailleterie, era fazendeiro e dono de escravos, e sua mãe era a escravizada Marie Cessette Dumas, de modo que ele nasceu escravo. O pai era o irmão mais velho, porém inútil, do próspero fazendeiro Charles, para quem Antoine trabalhou até terem uma discussão na qual este último comprou Marie Cessette, deixou as plantações dos brancos e desapa-

receu por trinta anos, mantendo uma pequena fazenda de cacau, onde Marie Cessette, em 1762, deu à luz o filho Alexandre. Voltando à França para reivindicar seu título e suas propriedades, Antoine vendeu Marie Cessette e filhos a um barão, depois recomprou Alexandre, alistou-o no exército e financiou seu luxuoso estilo de vida. Dumas era um ferrabrás colossal, que subiu depressa no exército revolucionário. Saint-Georges serviu como coronel de sua própria Legião Saint-Georges, sob o comando de Dumas. No auge do Terror, Saint-Georges, acusado de peculato, denunciou Dumas. O compositor foi encarcerado e Dumas estava prestes a ser preso quando Robespierre caiu. Os dois tiveram sorte de escapar à guilhotina. Depois Dumas foi promovido a *général-en-chef* — o primeiro general de cor desde o general russo Abram Gannibal, um protegido de Pedro I. Saint-Georges foi para Saint-Domingue, na esperança de encontrar uma revolução negra pacífica. Em vez disso, encontrou Saint-Domingue numa acirrada guerra civil e fugiu de volta para Paris, onde se consolou com a música. "Eu era especialmente devotado a meu violino", escreveu esse espadachim, violinista, soldado e amigo de príncipes antes de morrer de câncer, aos 51 anos de idade. "Nunca antes tinha tocado tão bem!"

3. As mulheres estavam ausentes da concepção de Robespierre: os jacobinos as associavam à intriga e ao vício e luxo das cortes. Olympe de Gouges, uma das primeiras abolicionistas francesas, uma das poucas revolucionárias a apoiar a revolução haitiana e uma das primeiras feministas, morreu antes de ver a abolição. Sua *Déclaration des droits de la femme et de la citoyenne* contestava o patriarcado da revolução: "Uma mulher tem o direito de subir no cadafalso. Ela deve possuir igualmente o direito de subir na plataforma do orador". Robespierre a enviou para a guilhotina, onde ela mostrou sua "coragem e beleza sem paralelos".

4. Um deles era um pequeno aristocrata, Jean-Baptiste de Gualle, bisavô do presidente do século xx.

5. Entre aqueles que ingressaram nas forças da EIC durante o governo de Wellesley estavam dois irmãos, William e Christopher Biden, que se tornaram capitães de veleiros. William morreu em Rangoon em 1843, aos 51 anos. Christopher se retirou para Madras (Chennai), lá estabelecendo domicílio com a esposa e se tornando lojista de artigos navais. Um de seus filhos, Horatio, se tornou coronel da artilharia de Madras, e havia por lá outros Biden. Um deles, George, era um capitão da EIC que se casou com uma indiana, sendo muito provavelmente o fundador da família dos Biden indianos. É muito provável que tenham parentesco com o presidente americano Joe Biden, que se referiu a George como "pai do pai do pai do pai do pai do avô" dele.

6. A dinastia Ming governara uma área de mais de 3 milhões de quilômetros quadrados; em 1790, a dinastia Qing governava uma área de quase 15 milhões de quilômetros quadrados, quase o quíntuplo. O território Qing era um império, consistindo etnicamente numa maioria de chineses Han com alguns não chineses na periferia. Desde os Shang, os reinos chineses haviam enfrentado a ameaça de grupos guerreiros nômades do norte. Agora a ameaça desaparecera, e o triunfo do Império Chinês favorecia uma complacência autocongrulatória.

7. Phillip estava formalmente encarregado de Aotearoa (Nova Zelândia), que ainda não se encontrava sob controle britânico. Embora uns poucos condenados tivessem escapado para lá e os baleeiros parassem regularmente em suas costas, Aotearoa era o lar de *iwis* (tribos) maoris, descendentes de polinésios que ali haviam se instalado em 1300, governados por *rangatiras* (chefes) que com frequência estavam em guerra uns contra os outros.

8. Ao encerrar o segundo mandato, Washington contemplou a hipótese de emancipar seus escravos — mas nunca o fez, e continuou a perseguir encarniçadamente os fugidos: Oona Judge era uma jovem criada mestiça, uma favorita de George e Martha que, em maio de 1796, sabendo que os Washington iam voltar, e receando jamais ser alforriada, resolveu fugir. Martha ficou muito

aborrecida — "Os pretos têm uma natureza tão ruim que não mostram nenhuma gratidão pela bondade com que são tratados" —, e o casal se convenceu de que ela fora "seduzida por um francês". Washington ordenou que seu ministro do Tesouro utilizasse os funcionários da alfândega para sequestrá-la em Portsmouth, em New Hampshire. Oona, porém, persuadiu o funcionário que a encontrou de que não fora seduzida e que voltaria se lhe prometessem a manumissão. Qualquer acordo desse tipo, disse Washington, era "inadmissível", e ele tentou mais uma vez capturá-la. Por fim desistiu, temendo a má publicidade, ao que a valorosa Oona repetiu: "Agora sou livre e escolho assim continuar a ser". Em 14 de dezembro de 1799, aos 67 anos de idade, Washington morreu, deixando 317 escravos para Martha — que ela por fim alforriou em seu testamento.

9. Pitt, ao acusar um parlamentar de obstruir a defesa do reino, foi desafiado para um duelo. Em 27 de maio de 1798, os dois se enfrentaram em Putney Heath. Nenhum deles saiu ferido, mas Pitt não seria o último premiê a entrar num duelo.

10. Bonaparte cultivava a lenda de sua sagacidade olímpica e de sua energia incansável: "Diferentes assuntos e diferentes questões estão organizados na minha cabeça como num armário; quando quero interromper uma linha de pensamento, fecho aquela gaveta e abro outra. Se quero dormir, fecho todas as gavetas e durmo". Seus talentos iam da maestria logística e do virtuosismo tático a um toque pessoal com seus *grognards* (veteranos), que lhe valeram uma lealdade duradoura. Esbaldava-se com seu novo poder: quando o rei da Suécia enviou Fersen, o ex-amante da rainha Antonieta, como representante diplomático, Bonaparte disse ao sueco que ele estava "zombando da primeira nação do mundo". Fersen, elevado mais tarde a marechal da corte sueca e enredado na queda da dinastia Vasa, foi pisoteado até a morte por uma turba em 1810.

11. A caminho de casa, Dumas foi capturado e aprisionado pelas forças papais; com a saúde debilitada, ele deixou a ativa. Era pai de Alexandre Dumas, autor de *Os três mosqueteiros* e *O conde de Monte Cristo*, e avô do Alexandre mais jovem, que escreveu *A dama das camélias*.

12. O resultado mais duradouro da expedição foi arqueológico. Em julho de 1798, logo após chegarem, os cientistas de Bonaparte descobriram em Roseta uma estela de Ptolemeu v, com inscrições gravadas em três idiomas — grego, hieroglífico e demótico —, que, mais tarde, transferida para os britânicos, teve seus hieróglifos traduzidos, inaugurando os estudos da antiga escrita egípcia.

13. Toussaint alertou Bonaparte: "Ao me derrubar, você apenas abateu o tronco da árvore da liberdade negra em Saint-Domingue. Ela rebrotará das raízes, pois são inúmeras e profundas". Ele pediu ao imperador que libertasse sua esposa Suzanne, mas nunca mais voltou a vê-la, nem os filhos. Durante o cativeiro, Toussaint e Mars Plaisir ficaram presos no Forte de Joux, uma fortaleza medieval na cordilheira do Jura, onde Bonaparte o destruiu sistematicamente, privando-o de contato com a família, de visitas, de material de leitura e de assistência médica. Leclerc receava que ele pudesse escapar e "inflamar a colônia". Bonaparte enviou um ajudante de ordens que informou que o prisioneiro era "autocontrolado, astucioso e habilidoso". Quando sua saúde deteriorou, Toussaint se sentiu "enterrado vivo", mas conseguiu ditar um testamento, justificando suas linhas de ação e observando que nenhum "general branco" teria sido tratado daquela maneira: "A cor de minha pele interfere em minha honra e bravura?". Mas o inverno foi cruel: em abril de 1803, encontraram-no morto na cela.

14. Bonaparte ordenou que Pauline voltasse para "o consolo no amor de sua família", mas ela não era propriamente "uma viúva desolada". Orgulhosa de sua dinastia e de sua beleza (Canova fez o molde em gesso de seus seios que podem ser vistos no Museo Napoleonico, em Roma), ela estava decidida a viver ardorosamente. Napoleão arranjou seu casamento com um aristocrata romano frouxo, o príncipe Camillo Borghese — "um imbecil", na opinião dela —, que Pauline traía sem o menor pudor. O irmão tentou refreá-la, recomendando: "Ela não deveria se comprazer nesses maus modos".

15. Mais tarde, Jefferson se sentiu tentado por Cuba. "Confesso sinceramente", ele escreveu, "que sempre considerei Cuba o acréscimo mais interessante que se poderia fazer a nosso sistema de estados."

16. O presidente Jefferson enfrentou imediatamente um desafio das dinastias escravizadoras de Trípoli, Argel e Túnis, os "Estados berberes" que se beneficiavam da escravidão transaariana e da captura de cargas e "escravos brancos" ocidentais. A Grã-Bretanha e a Espanha, e mesmo a Suécia e a Dinamarca, viviam em guerra constante com esses predadores ou lhes pagavam tributo. Trípoli era governada desde 1711 por uma dinastia fundada por um oficial otomano, Ahmed Karamanli. Em maio de 1801, seu descendente, o paxá Yusuf, exigiu tributo dos Estados Unidos e declarou guerra. Jefferson enviou uma esquadra naval ao porto de Trípoli, e em abril de 1805, enquanto a Europa tinha a atenção voltada para as campanhas de Bonaparte, o ex-cônsul americano, William Eaton, comandou oito americanos e quinhentos mercenários berberes, árabes e gregos de Alexandria para tomar de Yusuf a cidade de Derna. Yusuf recuou e libertou seus escravos brancos. Foi a primeira guerra islâmica dos Estados Unidos.

17. "É preciso pôr fim às esperanças dos Bourbon", disse Napoleão, determinando o rapto e a execução de um príncipe bourbônico, o duque de Enghien, que não tinha nenhuma relação com os complôs. Mais tarde, o imperador alegou que a ideia tinha sido de Talleyrand, mas o ministro das Relações Exteriores criticou severamente o episódio: "Pior do que um crime, foi um erro". Grande parte da Europa se irritou com o assassinato e com a coroação, o que intensificou a hostilidade das dinastias europeias: o imperador russo Alexandre o chamava de "o ogro corso".

18. Beethoven, neto de um comerciante de vinhos e músico, filho de um cantor alcoólatra da corte do eleitor de Colônia, estabeleceu-se em Viena em 1794, compondo peças para patronos aristocráticos, mas visava a um público muito mais grandioso — o povo, sua época e a posteridade. Era uma figura singular, sociável com os amigos, mas nunca se casou, e era, segundo Goethe, "absolutamente intratável". Agora estava sozinho de outra maneira; tinha começado a ficar surdo: "Ah, como eu poderia aceitar uma enfermidade no único sentido que deveria ser mais perfeito em mim do que nos outros?", escreveu ao irmão. "Vivo quase sozinho, como um exilado." Ele cogitou o suicídio: "Foi apenas minha arte que me reteve. Oh, parecia-me impossível deixar este mundo antes de ter produzido tudo que me sentia capaz de produzir, e assim prolonguei esta infeliz existência". Escrevia cartas torturadas a uma desconhecida, sua "amada imortal": "Ninguém mais poderá possuir meu coração, nunca, nunca [...]. Viena é agora uma vida infeliz". Ele se consolava com visitas a "fortalezas" (bordéis). Beethoven personificou o gênio sofredor, herói do movimento romântico.

19. Grenville também foi obrigado a presidir à *delicate investigation* sobre a escandalosa conduta da princesa Carolina, esposa do príncipe de Gales, que concluiu que, apesar do depoimento de um lacaio — "A princesa gostava muito de trepar." —, não havia como provar nada daquilo, e tampouco o boato de que um menino adotado por ela fosse seu filho ilegítimo. Carolina era tão estimada quanto Jorge era odiado, e continuou a ser um para-raios da oposição radical até sua morte, em 1824.

20. A única Coroa bonapartista duradoura foi a que ele não criou: seu marechal Bernadotte, outrora um republicano fanático, tendo no peito a tatuagem "Morte aos reis", era competente, ativo e não se impressionava com Napoleão, o qual, por sua vez, não se impressionava com Bernadotte: "Muito medíocre; não tenho fé nele". Mas Bernadotte era quase parte da família, sendo casado com Desidéria Clary, o primeiro amor de Napoleão e irmã de Júlia, a esposa de José. Quando o herdeiro do último rei Vasa da Suécia morreu, em maio de 1810, os suecos ofereceram o trono a Bernadotte. Esperto o suficiente para trair Napoleão no momento certo, em 1812 ele subiu ao trono e governou a Suécia como rei Carlos João até 1844. Os Bernadotte ainda reinam.

21. Alternando sua atenção entre a esposa, uma legião de namoradas e a rainha, Godoy encomendou ao pintor da corte, Francisco Goya, um retrato de sua amante Pepita, condessa de Castillo Fiel, em *A maja vestida*, mas também despida, no sensual *A maja nua*, que ele mantinha numa alcova atrás de uma cortina, ao lado da *Vênus* de Velázquez.

OS ZULUS E OS SAUDITAS, OS CHRISTOPHE, OS KAMEHAMEHA E OS ASTOR [pp. 729-50]

1. O autor da Declaração de Independência do Haiti foi o primeiro intelectual haitiano, Louis Boisrond-Tonnerre, filho de um carpinteiro, educado na França, conhecido como Tonnerre (Trovão) porque teve o berço atingido por um raio. Ele incentivou o massacre: "Para nossa declaração de independência, deveríamos ter a pele de um branco como pergaminho, seu crânio como tinteiro, seu sangue como tinta e uma baioneta como pena!". Um dos matadores foi Jean Zombi, cujo nome difundiu o espectro dos "zumbis" no imaginário ocidental. A ideia do zumbi vinha da África ocidental, em particular do Daomé, onde não havia nada mais aterrorizante do que a morte em vida da escravidão: acreditava-se que os escravizados se tornavam mortos-vivos. As mortes cometidas por Zombi inverteram o feitiço. Os únicos brancos poupados foram os poloneses do exército francês, que eram chamados por Dessalines — ciente dos massacres perpetrados contra eles pelos russos em Varsóvia — de "os negros brancos da Europa".

2. Do outro lado do mundo, na colônia penal britânica na Austrália, acabava de ocorrer um golpe militar. Desde a fundação da colônia, a guarnição era composta pelo Corpo de Nova Gales do Sul, que cada vez mais comerciava o "rum" — uma bebida alcoólica que vinha de Bengala. Com a escassez de moedas, a bebida contrabandeada servia como base de troca. Quando um novo governador, o almirante Bligh, que acompanhara o capitão Cook em suas viagens e sobrevivera a um motim em seu navio *Bounty*, assumiu o cargo, ele tentou acabar com as iniciativas comerciais do chamado Corpo do Rum. Em 1808, soldados enfurecidos marcharam sobre o Palácio do Governo, prenderam Bligh e tomaram o poder, que mantiveram durante dois anos — o primeiro golpe militar no Império Britânico desde Cromwell. Com a chegada de um novo governador, foi restaurado o poder civil e o corpo da guarnição foi dissolvido.

3. A rainha Maria Luísa era meia-irmã de Cécile Fatiman, a *mambo* vodu que iniciara a rebelião em 1790.

4. Jefferson decidiu retirar seu vice-presidente, Aaron Burr, da chapa eleitoral. Quando Burr concorreu ao governo de Nova York, seu antigo aliado Hamilton disse que ele era um "sibarita sem princípios" e apoiou o adversário. Burr perdeu. Em 11 de junho de 1804, os dois se enfrentaram em duelo por uma questão de honra: Hamilton disparou para o ar, mas Burr o atingiu mortalmente no estômago, destruindo seu fígado. Burr fugiu e nunca foi julgado. Rejeitado pela república que ajudara a criar, ele planejou fundar um império no sudoeste, delimitando terras da Compra da Louisiana e do México espanhol. Os detalhes são confusos, mas provavelmente ele se imaginava imperador. Isso hoje parece absurdo, porém vivia-se numa época em que um obscuro corso se tornara imperador da Europa. Burr apresentou sua proposta ao comandante americano, mas este informou Jefferson, que concordou que Burr fosse levado aos tribunais. Ele foi absolvido e deixou os Estados Unidos, viajando pela Europa; voltou apenas na velhice.

5. Kamehameha se casava tanto por amor como por prestígio: desposou Keopuolani, filha do rei Kiwalao, que ele havia sacrificado, mas o casal vivia em habitações diferentes. Ela teve catorze filhos, quatro do rei e dez de seus amantes. Mas o principal conselheiro de Kamehameha era sua favorita, a rainha Ka'ahumanu, divertida, arguta, pesando quase 140 quilos, que ele nomeou regente.

6. Francisco de Miranda foi uma das figuras mais extraordinárias de sua época. Nasceu em berço privilegiado, até que o pai, um nobre espanhol que havia migrado para Caracas, foi denunciado por ter sangue impuro (judeu); por fim, seu certificado de *limpieza de sangre* foi confirmado, mas o jovem Miranda, desgostoso, deixou Caracas, lutou pela Espanha, esteve nos Estados Unidos, onde fez amizade com Washington e Jefferson, e na Rússia, onde conquistou as simpatias de Catarina e Potemkin, depois foi lutar pela Revolução Francesa até ser preso por Robespierre. Sobreviveu ao Terror e passou uma década viajando para promover sua ideia de uma revolta contra a Espanha, a fim de criar uma América do Sul unida sob um inca hereditário, que o teria como conselheiro.

7. Em fevereiro de 1811, Jorge III, cada vez mais cego, transtornado e devastado com a morte da filha Amélia por tuberculose, enlouqueceu em caráter permanente. Perceval acionou a Lei da Regência, e o príncipe Jorge se tornou príncipe regente. Como muitos jovens radicais, o príncipe se tornara mais conservador com o passar dos anos. Com o assassinato de Perceval por um lunático, ele nomeou o conde de Liverpool como primeiro-ministro, traindo seus amigos whigs, que ficaram furiosos. Quando o regente passou por seus ex-camaradas George Brummel e Lord Anvanley num baile, o Belo fez a melhor provocação da história da realeza: "Alvanley, quem é esse seu amigo gordo?". Morando no exílio francês por mais vinte anos, Brummel morreu com sinais de demência e sem um tostão.

8. Naquela desolação, somente a chamativa coragem do marechal Murat, rei de Nápoles, foi capaz de levantar o moral francês — "um rei teatral com a estudada elegância de seus trajes", escreveu uma testemunha ocular, "um rei de verdade com sua bravura e atividade incansável". Facilmente "reconhecido por seus trajes", relembrou Napoleão, "ele era alvo constante do inimigo, e os cossacos o admiravam por sua espantosa bravura".

9. Napoleão tentara criar um império europeu; a Rússia e a Grã-Bretanha também estavam construindo impérios, mas contra adversários muito mais fracos fora do continente. O triunfo britânico em Trafalgar foi confinar Napoleão à Europa, onde ele se viu obrigado a combater as forças militares mais poderosas do mundo. Agora, a vitória completa sobre Napoleão levara a Grã-Bretanha à proeminência mundial: sem procurar obter a hegemonia europeia, mas simplesmente instaurando um equilíbrio de poder, ela podia empregar sua população relativamente pequena e seus tremendos recursos navais e industriais para se alçar a um império mundial. A vitória também ofereceu ao tsarismo russo uma confiança que disfarçava sua fragilidade primitiva. Apesar disso, 1814 e 1945 são os momentos do triunfo imperial russo. Em abril de 1945, quando os soldados soviéticos libertaram Berlim dos nazistas, o embaixador americano Averell Harriman congratulou Stálin. "Sim", respondeu o ditador, "mas Alexandre tomou Paris."

10. A diplomacia foi negociada em salões de baile e alcovas, especialmente no Palácio das Palmeiras, onde duas grandes nobres recebiam os convidados. Metternich estava apaixonado por uma potestade inteligente e libertina, Guilhermina, duquesa de Sagan, cujas terras ficavam na esfera russa; Alexandre infernizou o chanceler por dormir com ela. O próprio caso de meio período de Metternich com a Gata Branca, a princesa russa Catarina Bagration, também conhecida como o Anjo Nu por causa de seus vestidos translúcidos e técnicas concupiscentes, foi por água abaixo quando ela passou para o lado de Alexandre, transmitindo-lhe informações. Metternich chorou de frustração. Talleyrand estava na companhia de sua sobrinha e amante Dorothea, futura duquesa de Dino, 39 anos mais nova do que ele, dando apoio à sua restauração da França, ao mesmo tempo que se alternava entre seus próprios amantes jovens.

11. No leste, um jovem conquistador da EIC, Stamford Raffles, filho de um capitão naval da EIC nascido no mar, acabara de derrotar as forças franco-holandesas e tomara Java. Em 1815, quando os holandeses perderam o Cabo, conservando no entanto as Índias Orientais, Raffles, que falava fluentemente o malaio, persuadiu o pusilânime sultão de Johor a ceder à Grã-Bretanha uma ilha estratégica que ele transformou numa próspera colônia: Singapura.

12. "Meu irmão", ele escreveu ao rei Jerônimo em 1807, "ouvi dizer que você sofre de hemorroidas. A maneira mais simples de se livrar delas é aplicar três ou quatro sanguessugas. Desde que usei esse remédio dez anos atrás, nunca mais fui atormentado."

13. Os corpos, tal como todos os cerca de 500 mil mortos nas batalhas napoleônicas, foram despidos, em muitos casos por seus próprios camaradas, enquanto agonizavam. Em seguida, os saqueadores extraíam seus dentes com alicates, para vender a protéticos que faziam dentaduras — os "dentes de Waterloo" gozavam de especial popularidade —, e recolhiam os ossos, que vendiam a trituradores de ossos para serem usados como fertilizante.

14. Ironicamente para a família real do capital, a prima em primeiro grau de Barent Cohen era avó de Karl Marx.

15. Afável e com talento administrativo, Lord Liverpool também tinha sangue indiano, sendo o único premiê mestiço da Grã-Bretanha. Sua avó era a mestiça indiana Frances "Begum" Johnson, casada quatro vezes, filha de uma luso-indiana, Isabella Beizor, e de um governador britânico de St. David (Chennai) — naquela época, muitos britânicos na Índia se casaram com indianas. A filha de Frances, Amelia, se casou com Charles Jenkinson, primeiro conde de Liverpool, mas morreu aos dezenove anos, ao dar à luz o futuro primeiro-ministro.

16. Quando o iludido Jorge IV se gabou de ter comandado um ataque em Waterloo, Wellington respondeu, não propriamente com o maior tato do mundo: "Ouço com frequência Sua Majestade afirmar isso".

17. O nome "zulu" deriva de um líder guerreiro, Zulu kaMalandela, que fundara a tribo um século antes. Zulu significa "céu", e eles se denominavam *Abantu Bezulu* — o "povo do céu".

18. Os ngunis do norte incluíam os zulus e os suázis; os do sul se tornaram os povos xhosas. Durante o *Mfecane*, seu líder, Ngubengcuka, aparentado com Zwide, conduziu o clã para o sul até o Cabo oriental, onde fundou o reino de abeThembu, antes de morrer em 1832. Os filhos de sua última esposa eram os Mandela. Nelson Mandela era seu bisneto.

19. Quando os homens morriam, as propriedades eram herdadas por potestades mestiças: na Zambézia (partes da Zâmbia, do Zimbábue e de Moçambique), essas luso-africanas eram conhecidas como "donas". Dona Francisca de Moura Meneses era uma herdeira mestiça que, nascida em 1738, governava uma grande propriedade, possuindo vários milhares de escravos, presidindo a milhares de africanos livres e mantendo um exército particular que em algumas ocasiões ameaçou o governador português. Os africanos a chamavam de *Chiponda*, "aquela que a todos pisoteia". Não havia nenhum equivalente das donas da Zambézia na metrópole europeia, e muito menos em qualquer outro império.

20. A família de Moshoeshoe ainda governa o Lesoto. Shaka acusou Mzilikazi, neto de Zwide, de manter para si o gado capturado. A punição era a morte. Mzilikazi fugiu com seu clã ndebele para o Transvaal e depois para o Zimbábue, onde seu reino matabele enfrentou os xonas: atualmente, as duas tribos dominam o Zimbábue. Shoshangane converteu sua vitória no reino de Gaza no sul de Moçambique, obrigando os prazeiros afro-portugueses a pagarem tributo. Sobhuza, chefe dos dlamini, também migrou para evitar Shaka, fundando Eswatini (atual Suazilândia), cujo nome se deve a seu filho e sucessor, Mswati. Da mesma forma, a Suazilândia ainda é governada por sua família.

21. Isso corria nas veias da família. Nazli, filha de Mehmed Ali, viu o marido flertando com uma escrava, e então deu-lhe de presente a cabeça dela numa bandeja. O marido saiu do aposento, e Mehmed ordenou que um de seus netos, Abbas, executasse Nazli, mas Abbas persuadiu o avô a lhe poupar a vida.

22. Sua amizade mais próxima, e possível caso amoroso, foi com Sofia, a vivaz e ambiciosa princesa bávara casada com Francisco Carlos, o apático filho do imperador Francisco. O primogênito do casal viria a ser o imperador Francisco José, cujo reinado se estendeu até meados da Primeira Guerra Mundial.

OS BRAGANÇA E OS ZULUS, OS ALBANESES, OS DAOMEANOS E OS VANDERBILT [pp. 753-90]

1. Um procurador riquíssimo, o pai era um exemplo dos abusos sexuais cometidos pela elite branca, os *mantuanos*. Ele se destacava até mesmo pelos padrões dos estupradores donos de escravos: duas irmãs cativas contaram ao bispo de Caracas que ele as violentava regularmente — "esse lobo infernal [sempre] tentando me tomar à força e me entregar ao demônio". Depois de investigar, o bispo acertou o casamento de d. Juan Vicente, então com cinquenta anos, com Maria, uma jovem mantuana de catorze anos, que logo ficaria grávida — de Simón.

2. Todos recordavam a revolta de 1781 no Peru contra a opressão espanhola, liderada por Tupac Amaru ii, um ameríndio culto descendente dos incas. Ele comandou um exército de 70 mil combatentes, incluindo mulheres lideradas pela esposa, contra Cusco, massacrando os espanhóis. Quando a revolta foi esmagada, 100 mil ameríndios foram mortos, e o próprio inca teve a língua decepada, sendo então amarrado e estraçalhado por quatro cavalos e exposto na mesma praça em Cusco onde seu tetravô, o inca Tupac Amaru, fora executado.

3. Boyer foi bondoso com a rainha Maria Luísa, concedendo-lhe algumas propriedades. Mas, receando pela própria vida, ela foi resgatada pela Marinha Real e levada para Londres. Ela e as filhas Améthyste e Athénaïre ficaram com Clarkson: uma rainha e princesas negras na Londres da Regência.

4. Francia nunca se casou nem amou ninguém, mas registrava suas parceiras sexuais num livro e teve sete filhos. Quando descobriu que a filha ilegítima Ubalda fazia sexo por dinheiro, decretou a nobreza da prostituição, que regulamentou, ordenando que as prostitutas usassem o pente de ouro, sinal de uma respeitável dama espanhola. Somente no Paraguai de Francia as trabalhadoras sexuais recebiam honras.

5. Em 1809, quando se recolheu ao Monticello, Jefferson retomou seu estilo de vida palaciano, sendo atendido pela amante Sally Hemings, que criava os quatro filhos dos dois. Embora uma das irmãs de Sally tivesse sido vendida para James Monroe, Jefferson libertara dois de seus irmãos, um dos quais, seu chefe de cozinha James, treinado na França, convidou para ser o chefe de cozinha da Casa Branca; James recusou; mais tarde, cometeu suicídio. Quanto a seus próprios filhos escravizados, Jefferson providenciou para que os meninos se tornassem carpinteiros, e a menina, Harriet, tecelã, embora eles também tenham aprendido a tocar violino. Sua formação como artesãos era muito diferente da educação dos virginianos brancos.

6. Na maior favela, Angel Meadow, as famílias viviam entre montes de lixo e nuvens de fumaça. Em Liverpool, com 80 mil habitantes e a segunda maior cidade da Grã-Bretanha em 1800, cerca de 60% das crianças morriam antes dos cinco anos de idade, e a expectativa de vida era de 26 anos. Mesmo com a melhoria da alimentação, que aumentou a altura da população (a altura média de um inglês cresceu cinco centímetros entre 1750 e 1900), as cidades industriais — assoladas pela tuberculose, o cólera e a febre tifoide — estavam matando grandes quantidades de pessoas da nova classe trabalhadora. Essas novas indústrias também aumentaram a distância entre as classes sociais e mudaram o perfil das famílias. As fábricas precisavam de gerentes e escriturários, uma

nova casta basicamente masculina, embora auxiliada por assistentes alfabetizadas, que trabalhavam num novo local: o escritório. Enquanto os operários se esfalfavam no chão de fábrica, os gerentes assinavam papéis e impunham o novo horário — a jornada de trabalho que estabeleceu o ritmo da vida urbana ocidental até a pandemia de covid-19 em 2020. Os empregados de escritório ansiavam por mostrar sua superioridade em relação aos chefes de turma e sua proximidade com os donos das empresas. A fim de promover o culto da diligência, agora associada à virtude e à posição social, os empregados de escritório usavam calças e casacos mais curtos, de cor escura, traje que se transformou no terno. Começando como os lenços de George Brummel, as gravatas — o artigo de vestuário mais fútil inventado em toda a história — se desenvolveram como parte do uniforme da sobriedade laboral.

7. A rebelião colocou o tsar Alexandre numa posição incômoda: seu círculo era repleto de gregos, e seu ministro das Relações Exteriores era o aristocrata Ioannis Kapodistrias, nascido em Corfu, que deixou o serviço público russo para se tornar o primeiro governador da Grécia independente. Não foram apenas os gregos que se uniram à revolta ortodoxa: o chefe militar sérvio Đorđe Petrović, conhecido como Negro Jorge (*Karađorđe*), se somou à Filiki Eteria. Em 1804, esse mercador de ovelhas liderou uma revolta contra os otomanos que, apesar de bem-sucedida, teve curta duração. Ele foi assassinado em 1817 pelo líder rival, Miloš Obrenović, que obtivera concessões do sultão. As duas famílias, os Obrenović e os Karađorđević, disputaram o poder na Sérvia até 1903.

8. Quando o secretário das Relações Exteriores, o visconde de Castlereagh, um maníaco depressivo, se matou, Byron se sentiu enlevado: "Tumba mais nobre do que essa/ A posteridade não há de contemplar:/ Aqui jazem os ossos de Castlereagh:/ Detém-te, viajante, para nela urinar!".

9. Sentado diante da orquestra, que fora instruída a seguir o maestro, e não o compositor, Beethoven "sacudia-se para trás e para a frente como um louco. Erguia-se até ficar de pé […] agachava-se junto ao chão […] agitava as mãos e os pés como se quisesse tocar todos os instrumentos e entoar todos os coros. Em 1826, enquanto agonizava, ele declarou, como Augusto: "Aplaudam, meus amigos, acabou a comédia". Em seu funeral, multidões foram às ruas de Viena para se despedir.

10. As famílias dos proprietários de escravos — inclusive o duque de Leutchenberg (Eugênio, filho da imperatriz Josefina) — receberam pagamentos haitianos durante muitas gerações, único caso em que os descendentes dos escravizados libertados foram obrigados a indenizar os descendentes de seus senhores. Em 1843, Boyer foi derrubado entre protestos populares; Santo Domingo se rebelou e travou uma luta pela independência, dando origem à República Dominicana; tendo pagado a última parcela de indenizações em 1888, o Haiti tomou empréstimos de bancos americanos a juros que não conseguiu pagar.

11. Alexandre Dumas, filho de Thomas-Alexandre Dumas, o Demônio Negro, general revolucionário haitiano, foi secretário e bibliotecário de Luís Filipe durante os anos 1820 e participou da revolução de 1830. Agora, começava a escrever romances baseados nas aventuras do pai, inclusive o contrabando do tio através de uma pequena ilha caribenha, Montecristo. Em 1844, seu romance *O conde de Montecristo* discorria sobre os perigos dos regimes em constante mudança na França. A obra foi publicada em dezoito partes no *Journal des Débats*. Dumas se tornou um dos grandes romancistas comerciais que se beneficiaram do aumento da alfabetização e da proliferação de jornais populares. As vendas de seus livros eram enormes, mas, como tentava equilibrar a vida em família com um estilo de vida que incluía a construção de castelos como o Château de Monte-Cristo e quarenta amantes, o irrefreável romancista estava sempre quebrado, mesmo contratando uma legião de escritores para soltar best-sellers a rodo. Dumas floresceu sob Luís Filipe, mas sempre teve de enfrentar o racismo por conta de suas origens. "Meu pai era um mulato, meu avô um negro", respondia ele, "e meu bisavô um macaco. O senhor vê, minha família começa onde a sua termina."

12. Balzac fez a crônica do horror da nova vida de escritório, repudiando-a como uma instituição que dominava os dias de milhões de pessoas no Ocidente e se prolongaria até o século xxi, receando que, como "um escriturário, uma máquina [...], comendo e bebendo e dormindo em horas preestabelecidas, eu acabaria sendo igual a todo mundo". Tornou-se, antes de Dickens, o primeiro observador da vida dos escriturários, em obras como *Les employés* e o ensaio *La physiologie de l'employé*. "A burocracia", disse ele, "é um mecanismo gigante operado por pigmeus."

13. Quando Lord Liverpool sofreu um derrame, após o mais longo período de permanência no cargo de um primeiro-ministro britânico nos dois últimos séculos, os altivos aristocratas acreditaram que Canning jamais poderia sucedê-lo. "O filho de uma atriz é, ipso facto", disse o conde Grey, "desqualificado para ser primeiro-ministro." Mas Jorge IV o nomeou. Canning morreu 119 dias depois, e o governo seguinte durou apenas 144 dias; em janeiro de 1828, o rei nomeou Wellington.

14. A emancipação católica gerou tal rancor que Wellington desafiou um crítico, o conde de Winchilsea, para um duelo, realizado em 23 de março de 1829 em Battersea Fields. Os dois dispararam suas armas de modo inofensivo e a honra foi satisfeita. Este foi o último duelo travado por um primeiro-ministro.

15. A falta de carisma de Luís Filipe incentivou os sonhos bonapartistas, concentrados no herdeiro do ex-imperador francês, conhecido como Pequena Águia. Em Viena, o imperador Francisco deu um regimento ao filho de Napoleão, mas o impediu de utilizá-lo. Em 22 de julho de 1832, Napoleão Francisco morreu de tuberculose, aos 21 anos. O jovem Adolf Hitler era obcecado pelo duque do Reichstadt: em 1940, uma das primeiras coisas que fez ao conquistar a França foi ordenar que Napoleão II fosse reenterrado nos Invalides em Paris, ao lado do pai, como um presente ao povo francês.

16. Em 1833, essa indenização respondeu por "40% das despesas anuais do governo", segundo Michael Taylor, "e, até o pacote de auxílio aos bancos de 2008, foi o maior gasto específico da história britânica". O banco de investimentos Baring Brothers se ofereceu inicialmente para levantar o enorme empréstimo, mas sua dimensão era assustadora. Grey recorreu a Nathan Rothschild e ao cunhado deste, Moses Montefiore, ambos favoráveis à abolição e contrários à escravatura, que julgavam comparável às perseguições racistas contra o povo judaico ao longo dos séculos. Eles acreditavam que o empréstimo era fundamental para obter a libertação, enquanto se empenhavam energicamente em derrubar as restrições contra os judeus. Após a aprovação da abolição, o Parlamento rejeitou o projeto de lei para a revogação das restrições civis aos judeus. A Grã-Bretanha "é um país cristão e uma legislatura cristã", disse Wellington. "Tal medida anularia esse caráter próprio."

17. Logo após a abolição, um jovem naturalista amador partiu no HMS *Beagle* numa viagem pelo Pacífico que constituía tanto um projeto imperial quanto uma expedição científica. Nascido no seio das famílias industriais Wedgwood e Darwin, com mútuos laços de parentesco, Charles Darwin foi escolhido em parte por seus estudos dos invertebrados marinhos e em parte porque era rico o suficiente para bancar suas despesas. Mas seu pai vetou a viagem, até ser persuadido pelo cunhado, Josiah Wedgwood II, o rei das porcelanas. Durante os cinco anos da expedição, Darwin estudou os animais das ilhas Galápagos, que viviam em prolongado isolamento, e, observando a variedade da vida natural, desenvolveu a ideia de que "é absurdo falar que um animal é superior a outro". Em 1859, ele publicou *A origem das espécies*, no qual afirmava: "Visto que nasce um número de indivíduos de cada espécie muito maior do que os que podem sobreviver, e visto que, em decorrência disso, repete-se frequentemente uma luta pela existência, segue-se que qualquer ser, se tiver uma variação, por menor que seja, proveitosa para si [...], terá mais chance de sobreviver, e assim será naturalmente selecionado". E concluiu: "a partir de um início tão simples, evoluíram e continuam a evoluir formas infindáveis extremamente belas e admiráveis".

18. O obá de Lagos, Kosoko, vassalo do Daomé, negou-se a cooperar até que, em 1851, a Marinha Real bombardeou a cidade e o depôs, substituindo-o por outro governante: o primeiro passo para uma nova colônia. Em 1862, o medo de um enclave francês levou Palmerston a anexar a cidade. Mais a oeste, na Costa do Ouro, os axântis agora usavam cativos em suas fazendas e minas de ouro, muitos morando em aldeias em torno da capital Kumasi; alguns escravos tinham o azar de ser sacrificados em rituais anuais.

19. Entre os diversos conselheiros otomanos, o melhor era um jovem capitão prussiano de uma família dinamarco-mecklenburguiana que viria a transformar a guerra e o feitio da Europa: ele aconselhou o vizir a não combater em Nezib. O vizir não lhe deu ouvidos, e as consequências foram fatais. O conselheiro se chamava Helmuth von Moltke, que era um militar muito atípico: ponderado, cosmopolita, com gostos literários, autor de livros românticos, de obras historiográficas e agora das *Cartas da Turquia*.

20. Ao ser deposto, quando menino, Shahshuja recebeu asilo do imperialista Ranjit, que exigiu em troca seu precioso diamante, o Koh-i-Noor.

21. Formou-se à parte uma comunidade de seminoles negros — metade africanos, metade seminoles —, que desenvolveu uma cultura híbrida, de elementos americanos nativos e africanos, falando a língua gullah, fundindo o crioulo da África ocidental e o seminole. Durante as revoltas escravas de 1835, seminoles negros se uniram a escravos afro-americanos no ataque às fazendas. Mais tarde, muitos seminoles negros serviram de batedores para os exércitos americanos ou mexicanos.

22. Em 1821, quando era um jovem oficial lutando pela Espanha, Santa Anna mudou de lado e se somou à revolução junto com um general, Agustín de Iturbide. Os dois manifestavam as contradições do México: a revolução fora iniciada por um padre mestiço, mas agora seus líderes eram oficiais católicos brancos. Iturbide propôs o Plano de Iguala, baseado em três garantias: a independência, o catolicismo e a igualdade entre mexicanos brancos e mestiços. Seria instaurada uma monarquia, provavelmente bourbônica. Mas a vitória de Iturbide, em outubro de 1821, foi tão arrojada que seus apoiadores sugeriram que ele tomasse a Coroa: "Tive a condescendência — ou, digamos, a fraqueza — de me permitir ser instalado no trono que eu havia criado para outros". Iturbide foi coroado imperador Agostinho, mas logo enfrentou resistência. Em dezembro de 1822, o coronel Santa Anna, de 29 anos, rebelou-se e marchou sobre a Cidade do México, levando ao exílio do imperador e à criação de uma república. Quando voltou para retomar o trono, Agustín foi executado.

23. Os pais de Lamar deram aos filhos os nomes de seus heróis romanos e revolucionários franceses: o irmão dele se chamava Lucius Quintus Cincinnatus Lamar.

24. Suas atrocidades inspiraram o consagrado romance de Cormac McCarthy, *Meridiano de sangue*. Kirker, mais tarde, trabalhou como batedor durante a invasão americana do México, e depois escoltou os participantes da Corrida do Ouro de 1849 até a Califórnia, onde se assentou e morreu pacificamente.

25. Santa Anna seguiu novamente para o exílio, mas voltou em 1853 como ditador vitalício e "Sua Alteza Sereníssima", entretendo-se com a Coroa até ser obrigado a renunciar, sendo substituído por um novo tipo de líder mexicano, um advogado ameríndio zapoteca, Benito Juárez, que outrora o servira descalço, como garçom. Santa Anna criticou Juárez, o "índio escuro", que precisou "ser ensinado a usar sapatos, casaco e calças".

26. A fome irlandesa também levou a um reordenamento da política britânica. Em 1845, uma praga na Irlanda destruiu as plantações de batata, que, desde que começaram a ser importadas da América, haviam se tornado o principal alimento do campesinato católico pobre que labutava nas terras dos latifundiários protestantes britânicos, que se negavam a revogar as Leis dos Cereais que

protegiam os preços de sua produção cerealista. Mas, com a intensificação da carestia e a morte de 1 milhão de irlandeses pela fome, o primeiro-ministro tory, Peel, somou-se a Gladstone e outros whigs para revogá-las. Peel enfrentou a oposição de seu próprio partido, liderada por uma figura que dificilmente pareceria capaz de representar os tories — um romancista e dândi, nascido judeu e de origens marroquinas, chamado Benjamin Disraeli. Dessa crise surgiram os liberais, liderados por Palmerston, e os conservadores, mais tarde liderados por Disraeli.

27. Estava-se dando um processo semelhante em outra nação colonial continental, a Austrália. Aqui a conquista foi mais fácil; por um lado, os povos indígenas eram muito menos organizados, sua resistência muito menos acirrada, e não havia a presença de potências europeias rivais. Por outro lado, os colonos estavam menos divididos, incontaminados pela escravidão, embora não praticassem em menor grau a injustiça, a violência e o fanatismo. Os colonos e foras da lei britânicos, animados por um espírito de aventura e inspirados pela amplidão do território, expandiram-se agressivamente. Em 1851, a descoberta de ouro atraiu um fluxo de imigrantes que exigiram representação. Em 1854, a revolta dos garimpeiros de ouro em Ballarat, Victoria, foi esmagada, e 27 garimpeiros foram mortos, mas a esse episódio seguiu-se a concessão de certa autonomia e do voto masculino universal, com uma inovação — o voto secreto "australiano", mais tarde copiado no mundo inteiro. Toda uma geração de foras da lei, os chamados *bushrangers*, vagueava pelos enormes territórios, sendo personificados na figura do capitão Thunderbolt — Fred Ward. Um lavrador convertido em ladrão de gado, Ward foi preso e enviado para Cockatoo Island, de onde fugiu. Nos anos 1860, ele praticou uma série de assaltos e foi perseguido por soldados da cavalaria. Admirado por muitos como o "cavalheiro foragido nas matas", Thunderbolt, cuja barba parecia de fato um matagal, escapou sistematicamente à captura até 1870, quando, aos 35 anos de idade, foi alcançado e morto a tiros.

28. Em 1819, com a morte de Kamehameha, o Conquistador, seu filho perdulário Liholiho, Kamehameha II, descuidara da frota paterna e gastara uma fortuna num iate americano de luxo ao qual deu o nome de *Cleopatra's Barge*, e no qual estava sempre enlanguescido, bêbado demais até para falar. Ele e sua tripulação ébria não tardaram a afundar o iate; mais tarde, ele foi visitar Jorge IV na Grã-Bretanha, onde morreu de sarampo. Seu irmão o sucedeu no trono como Kamehameha III.

29. Embora criado por missionários americanos, Kamehameha IV os odiava — da mesma forma que odiava o racismo americano. Acompanhado do irmão, Lot, ele visitou o presidente Taylor em Washington e a rainha Vitória em Londres. No trem para Nova York, "o condutor [...] me tomou por criado de alguém só porque minha pele era mais escura. Tolo desgraçado — foi a primeira vez que recebi tal tratamento. Na Inglaterra, um africano pode [...] se sentar ao lado da rainha Vitória", mas os americanos, que "tanto falam e pensam sobre a liberdade, são muitas vezes relapsos com os estrangeiros".

OS BONAPARTE E OS MANCHUS, OS HABSBURGO E OS COMANCHES [pp. 793-829]

1. Desde a abolição britânica, os preços dos escravos tinham aumentado, e, assim, o custo da indenização dos proprietários por seus 240 560 escravizados foi ainda maior, totalizando 120 milhões de francos.

2. O conceito de socialismo fora desenvolvido por um aristocrata francês, o conde Henri de Saint-Simon. Depois de combater ao lado dos americanos em Yorktown, aos vinte anos de idade, com o amigo Lafayette, Saint-Simon apoiara a Revolução Francesa, fora preso e quase guilhotinado sob Robespierre, e então planejara com Talleyrand o desmantelamento da Catedral de Notre-

-Dame e a venda do chumbo de seu telhado. Levando uma vida de esplendor durante o reinado de Napoleão, ele perdeu a fortuna e começou a estudar o mundo industrial. Em 1817, aos 57 anos, ele escreveu *L'Industrie*, no qual expôs dois princípios: "O conjunto da sociedade se funda sobre a indústria" e "A política é a ciência da produção". Ficou tão deprimido com a falta de apoio que deu seis tiros na cabeça, mas só perdeu a visão de um dos olhos. Dez anos após sua morte foi cunhada a palavra "socialismo".

3. Lola foi impiedosa em seu narcisismo, criticando o rei destroçado: "Depois de tudo que sofri por você, tendo sido expulsa de Munique por minha devoção a si, sua conduta parece-me estranha e desalmada", escreveu a ele. Luís morreu no exílio. Lola seguiu em turnê pelos Estados Unidos.

4. Havia na revolução germânica um chauvinismo mais sombrio. Em Dresden, o maestro da corte do rei saxão, Richard Wagner, de 35 anos de idade, filho de um funcionário da polícia em Leipzig, criado no Bairro Judeu e já compositor de uma ópera de sucesso, *Rienzi*, apoiou um nacionalismo germânico de tipo socialista — "Eu, artista pobre, jurei lealdade eterna à minha pátria germânica" — e se somou à revolução. Levado ao exílio, escreveu anonimamente uma pérfida denúncia do "judaísmo na música", que contribuiu para o surgimento de uma nova linhagem de racismo, qualificando os judeus como "a má consciência da civilização moderna". Visando "explicar a nós mesmos a involuntária repulsa que temos pela natureza e pela personalidade dos judeus, justificar essa antipatia instintiva", ele forjou uma comparação dos judeus com "uma colônia numerosa de insetos" no nobre corpo da nação germânica.

5. Desde o século XVII, muitas cidades europeias contavam com maternidades dentro dos hospitais, mas com índices tão catastróficos de mortalidade por morte puerperal que ainda era mais seguro dar à luz em casa, com parteiras tradicionais. O parto agora contava com um envolvimento cada vez maior de médicos homens. Fazia muito tempo que alguns médicos desconfiavam que eles próprios eram responsáveis pela morte das mulheres. Em 1843, o professor americano Oliver Wendell Holmes (pai do juiz) identificou como causa a falta de higiene. Três anos depois, Ignaz Semmelweis, um médico húngaro do Hospital Geral de Viena, notou que na primeira clínica do hospital, operada por médicos, 10% das mães morriam; na segunda, operada por parteiras, apenas 4% morriam. Quando um médico morreu depois de se cortar acidentalmente com um bisturi usado numa autópsia, Semmelweis percebeu que os médicos passavam constantemente de autópsias para partos. Suas medidas de higiene reduziram de imediato e drasticamente o número de mortes. Mas os médicos zombavam tanto da ideia de que eles, como cavalheiros, podiam ser desasseados quanto da própria teoria dos germes. Ao mesmo tempo, a revolução de 1848, incluindo a rebelião húngara, lançava suspeitas sobre a figura de Semmelweis. Ele foi boicotado e obrigado a se demitir. Mudou-se para Peste, na Hungria, mas, enquanto os britânicos acolhiam suas ideias em caráter experimental, os médicos germânicos e austríacos o atacavam. Ele então enlouqueceu, falando sem parar sobre a febre puerperal, e morreu num hospício. Foi somente com a teoria dos germes que se demonstrou que Semmelweis estava certo e que a febre puerperal e a mortalidade infantil tiveram uma redução acentuada.

6. Flaubert, filho de um cirurgião normando, fugiu ao caos revolucionário partindo numa turnê estética e sexual pela Grécia, o Egito e Constantinopla, experimentando mocinhas e rapazinhos em proezas narradas em suas cartas. A revolução e a reação desagradavam a ele, que se dizia um "velho tolo romântico e liberal". Somente mais tarde, em 1857, ele publicou *Madame Bovary*, seu estudo do cruel tratamento dado pela sociedade a uma esposa infiel.

7. Em 1849, logo após a eleição de Napoleão, o presidente haitiano Faustin Soulouque se proclamou imperador Faustino. Nascido em 1782, de ascendência mandinga, ele foi libertado e então combateu os franceses, alçando-se a chefe da guarda presidencial. À morte do presidente, a "elite

mulata" escolheu Soulouque, então com 65 anos e sem maiores ambições, como figura de fachada. Mas, em vez disso, ele formou uma milícia, os zinglins, executou todos os adversários e então fundou um novo império haitiano. Como ele e a imperatriz Adelina tiveram apenas uma filha, escolheu o sobrinho como herdeiro. O imperador tentou reconquistar a República Dominicana, independente desde 1844. Mas o Haiti não conseguiu manter a conquista. Em 1859, Soulouque foi derrubado por seu homem de confiança, o general Fabre Geffrard, duque de Tabara, que se tornou presidente. Foi o fim das experiências monárquicas haitianas.

8. Desgostoso com a ascensão de Napoleão III, o Sobrinho, Marx comentou num gracejo um tanto desesperançado: "Hegel observa em algum lugar que todos os grandes fatos e personagens histórico-mundiais aparecem, por assim dizer, duas vezes. Esqueceu-se de acrescentar: na primeira vez como tragédia, na segunda como farsa". Em suas cartas, nas quais criticavam veementemente seus vários inimigos e rivais, Marx e Engels trocavam insultos racistas ("preto" era um dos favoritos); Engels chamava Marx de o Mouro, por causa da pele morena, e Marx o chamava de o General".

9. Napoleão voltou ao esplendor acompanhado pelo tio Jerônimo, cujos dois filhos constituíam o centro da família: o herdeiro, o inepto e mesquinho Plon-Plon, achava que devia ser imperador e se consolou roubando as amantes de Napoleão e exigindo dinheiro; sua irmã Matilde era o oposto, despretensiosa e artística, comentando, entre risadas: "Se não fosse por Napoleão I, eu estaria vendendo laranjas nas ruas de Ajaccio". Jerônimo, rei da Vestfália, comandante de um corpo na Rússia e em Waterloo, era agora presidente do Senado. O filho de Jerônimo com Betsy Patterson, Bo Bonaparte, ficara nos Estados Unidos, onde seu filho Charles trabalhava no gabinete de Teddy Roosevelt.

10. Manuela, mãe de Eugênia, era a filha de um comerciante de vinhos irlandês que se casara com um nobre espanhol e então se tornara amante de uma série de luminares europeus, inclusive o secretário das Relações Exteriores da Grã-Bretanha, Lord Clarendon. Seu amigo Prosper Mérimée se inspirou nela para escrever seu romance *Carmen*, mais tarde adaptado por Bizet numa ópera.

11. Lionel de Rothschild, diretor do banco britânico, mostrou-se impressionado ao visitar o tio James: "Gostaria que tivéssemos um homem como o imperador para fazer algumas alterações na velha Londres". Vinte anos antes, Lionel sucedera o pai, Nathan Mayer, que, ao morrer, nos anos 1830, era provavelmente o homem mais rico do mundo: "Sua fortuna pessoal", estima Niall Ferguson, "equivalia a 0,62% da renda nacional britânica". Agora Lionel era amigo íntimo do homem que desejava "algumas alterações em Londres": Benjamin Disraeli. Cinco anos mais tarde, no verão de 1858, a capital inglesa, também sujeita a frequentes epidemias de cólera, seguiu o exemplo de Paris depois de ser tomada por uma fedentina fecal — o Grande Fedor. O chanceler conservador Disraeli denunciou o "lago estígio, exalando horrores inefáveis e intoleráveis", e deu início à construção do grandioso sistema de esgotos da cidade, concebido por um engenheiro visionário, Joseph Bazalgette, que criou mais de 130 quilômetros de tubulações de esgoto revestidas de tijolos e quase 1800 quilômetros de sarjetas e esgotos de rua com estações de bombeamento esplêndidas como palácios. As obras levaram vinte anos, mas acabaram com o fedor e reduziram a incidência de cólera. O cólera provavelmente se originou na Índia, séculos antes de ser identificado em sua chegada à Grã-Bretanha em 1831. Conhecido como a Morte Azul — a falta de oxigênio em seus estágios finais azulava as vítimas —, ele era causado por uma bactéria presente na água consumida nas cidades industriais, contaminada por fezes humanas. Precisamente nessa época, o segundo semestre de 1854, John Snow, médico que anestesiara a rainha Vitória com clorofórmio durante o parto de seu oitavo filho, estava rastreando um surto de cólera que havia matado 127 pessoas no Soho de Londres quando percebeu que um hidrante era o principal agente de contaminação. Com o fechamento do hidrante, a epidemia terminou, demonstrando que o cólera era transmitido pela água.

12. Acompanhando o desenvolvimento da energia a vapor, desenvolveu-se o telégrafo, e, em 1851, estendeu-se uma linha telegráfica entre a Grã-Bretanha e a França. Em julho de 1858, o magnata americano Cyrus West Field, que fizera fortuna fornecendo papel aos jornais, orquestrou a instalação de um cabo telegráfico transatlântico, com mais de 3 mil quilômetros de extensão, que permitiu que o presidente Buchanan e a rainha Vitória trocassem saudações. Essa realização de Field contribuiu para os vínculos entre a Grã-Bretanha e os Estados Unidos e acelerou a globalização do mundo. Em 1865, uma mensagem de Londres levava 35 minutos para chegar a Bombaim. Esse mundo mais reduzido conferia maior urgência às notícias: depois que Charles-Louis Havas, um escritor judeu de Rouen, criou a primeira agência de notícias, um de seus empregados, Israel Josaphat, filho de um rabino de Kassel, deixou a empresa e criou sua própria agência, de início utilizando pombos, depois pagando para que navios a vapor arremessassem cilindros metálicos contendo as notícias americanas no primeiro porto irlandês, e, por fim, depois de se transferir para Londres e mudar seu sobrenome para Reuter, usando a telegrafia, tornando-se uma agência de notícias global.

13. Cora virou cortesã por acaso, começando com "homens horrorosos", mas tornou-se amante de Morny e de uma série de jovens de alto nascimento, incluindo o tsar Alexandre II, o príncipe de Orange, Napoleão, Plon-Plon e, mais tarde, o príncipe britânico de Gales. Ela recebia numa mansão em Paris apelidada Les Petites Tuileries, e num castelo rural cujos dormitórios e banheiros tinham acabamentos em ouro. Certa vez, durante um jantar, fez-se carregar por quatro gigantes numa salva de prata, que então foi aberta — e ali ela se revelou e convidou os comensais a "provarem o próximo prato". Como muitas vezes acontece, a história terminou de maneira trágica: um jovem, arruinado por Cora, matou-se com um tiro em sua mansão. A sorte de Cora mudou: seus castelos e joias foram vendidos, e ela morreu na pobreza.

14. Alexandre Dumas, filho do autor de *Os três mosqueteiros*, perguntou a Valtesse se podia visitá-la. "Lamento, *monsieur*", ela respondeu, "está fora de seu alcance." Valtesse foi uma das poucas *horizontales* que chegaram a uma idade avançada, mantendo a fortuna e a dignidade. Dumas imortalizou seu caso com Marie Duplessis e sua morte por tuberculose no romance *A dama das camélias*, cunhando o termo *demi-monde* para descrever esse mundo entre as ruas e o palácio. Fundindo realidade e teatro, a peça foi um grande sucesso, sendo vista por todo o *demi-monde*; mais tarde, Verdi a transformou em ópera, *La Traviata*. Desse mundo cruel e implacável surgiu uma figura verdadeiramente genial: Sarah Bernhardt era filha de uma cortesã judia holandesa, Julie, que fora amante de Morny (possível pai de Sarah). Morny conseguiu que Sarah ingressasse na Comédie-Française, onde, interpretando papéis como a heroína de *A dama das camélias*, ela se tornou a atriz mais famosa do mundo.

15. Os avanços da medicina só puderam salvar a vida de milhões de pessoas graças às medidas públicas de líderes como Palmerston, somadas à cooperação internacional. Em 1851, foi fundada a primeira organização internacional de saúde, quando doze nações europeias enviaram um diplomata e um médico para a Conferência Sanitária Internacional em Paris, a fim de definir medidas de quarentena contra o cólera. Em 1907, a conferência se transformou no Office International d'Hygiene Publique. Mas o trabalho de coordenar as medidas de prevenção à infecção levou décadas. Durante quase um século, a varíola foi a única doença tratada com vacinas.

16. Alberto era um visionário reformador cheio de ideias para melhorar o palácio e a sociedade. Foi um dos criadores da Grande Exposição dos Trabalhos da Indústria de Todas as Nações, realizada no Palácio de Cristal, em 1851 — entre os objetos expostos estava o diamante Koh-i-Noor, recém-obtido pelos britânicos com a anexação do Punjab —, tendo 6 milhões de visitantes. A exposição estava repleta de maravilhas tecnológicas criadas para o progresso, mas também para a

destruição. Um industrial prussiano da siderurgia chamado Alfred Krupp expôs um canhão e um lingote de aço de vinte toneladas, um verdadeiro assombro. (O excêntrico não vendeu nenhum canhão, e a Prússia continuou a ser uma pequena potência, ainda afetada pelas recentes revoluções. Não parecia haver muito uso para as armas colossais de Krupp.) Alberto utilizou os lucros da Grande Exposição para montar seu projeto seguinte, Albertopolis, que ainda hoje é o bairro londrino dos museus. Mas era frequentemente tolhido por cortesãos, políticos e pela própria esposa. "Sou muito feliz e contente", disse ele, "mas a dificuldade em ocupar meu lugar com a devida dignidade é que sou apenas o marido, não o senhor da casa."

17. Alexandre II, jovial, lascivo e afável, via-se mais como um cosmopolita europeu, como seu tio Alexandre I, do que como um nacionalista despótico, como seu temido pai. A primeira derrota da Rússia desde 1812 o convenceu de que o país precisava de reformas. Em 1861, ele libertou 23 milhões de servos cuja sorte era semelhante à dos escravos; criou instituições autônomas locais e tribunais de júri, aumentando a esperança por reformas mais profundas. Apesar disso, era um autocrata russo até o último fio de cabelo, tendo terminado a guerra que seu pai empreendera contra os jihadistas tchetchenos e expurgando os circassianos, ambos no Cáucaso. Então, em 1863, os poloneses iniciaram uma rebelião; para a indignação europeia (embora ele tivesse o apoio da Prússia), Alexandre II os esmagou: 22 mil poloneses foram enforcados ou deportados, e ele determinou uma política de russificação, proibindo o uso do polonês, do ucraniano e do lituano em escolas e órgãos públicos. Como em 1830, a sociedade russa e mesmo os liberais apoiaram a eliminação da Polônia e da Pequena Rússia (um dos três territórios de governo russo que abrangem a atual Ucrânia), atitude que o escritor dissidente Alexander Herzen qualificou de "sífilis patriótica". No entanto, Alexandre também promoveu o uso do finlandês e forneceu à Finlândia sua Constituição. Além disso, redirecionou a expansão russa para a Ásia central, onde governou por meio de instituições e dignitários islâmicos. Frustrado na Europa, sonhava com um ataque à Índia britânica.

18. Em 1858, Alberto negociou o casamento da filha primogênita, Vicky, uma adolescente loura e bonita de dezessete anos, com o garboso príncipe Frederico da Prússia, cinco anos mais velho: "O segundo dia mais importante da minha vida", escreveu Vitória. "Senti-me quase como se fosse eu que estivesse casando de novo, só que muito mais nervosa." Vicky logo engravidou, tendo um parto quase fatal; o bebê, em posição pélvica, dificultava sua respiração, e nasceu com o braço esquerdo defeituoso. Batizado de Guilherme, ele seria o futuro cáiser da Alemanha.

19. Em Madras, Christopher Biden, funcionário aposentado da EIC, magistrado naval, autor de um manual sobre disciplina naval e parente de um presidente americano do século XXI, "caiu pelas mãos de um bando de fanáticos".

20. Enterrado em Lucknow, seu epitáfio dizia: "Aqui jaz tudo o que pôde morrer de William Stephen Rikes Hodson".

21. Todos os impérios são fundados sobre o medo: a matança permitiu que a Grã-Bretanha dominasse a Índia com um número relativamente pequeno de funcionários por cerca de setenta anos. Um gélido senso britânico de superioridade racial agora reinava sobre o raj: o casamento e a mistura entre britânicos e indianos diminuíram; jovens britânicas iam para a Índia a fim de encontrar maridos. Os cargos administrativos eram ocupados por oficiais e funcionários civis britânicos, que excluíam os indianos das posições mais elevadas, nutrindo um novo sentimento de responsabilidade senhorial. As ferrovias e os telégrafos eram úteis para reprimir eventuais rebeliões, mas também forneciam a infraestrutura da Índia como unidade política única, elevando os rendimentos rurais em 16%. Em 1900, as ferrovias indianas constituíam a terceira maior rede ferroviária do mundo. Escolas, universidades e um judiciário ao estilo britânico começaram a formar uma classe média indiana.

22. Era uma época em que os conquistadores britânicos ainda podiam capturar novas províncias para o império. Em 1838, um jovem aventureiro chamado James Brooke, filho de um juiz da EIC em Calcutá, licenciou seu próprio navio e interveio na política interna do sultanato do Brunei. Em 1842, quando ele derrotou os piratas malaios e a tribo dos daiaques, o sultão Omar Saifuddien II foi persuadido a nomeá-lo rajá hereditário de Sarawak. O "rajá branco" tentou proibir a prática daiaque de cortar a cabeça dos inimigos como troféu, mas também utilizou auxiliares daiaques para esmagar a oposição. Em Londres, acusado de cometer atrocidades, ele enfrentou os críticos, mas se viu em dificuldades para organizar a sucessão em sua estranha monarquia. É possível que Brooke, quando jovem, tenha gerado um filho, mas, em segredo, era homossexual, tendo se apaixonado por um príncipe do Brunei, Badruddin, e por uma série de jovens aristocratas ingleses e meninos de rua, aos quais escrevia ardentes poemas de amor. Como não tinha filhos legítimos, nomeou um sobrinho como herdeiro, mas depois brigou com ele. O rajá passou a velhice em Totnes, perseguindo e sendo chantageado pelos garotos locais. Ao morrer, deixou seu *raj* para um sobrinho mais novo, Charles Brooke. A dinastia governou Sarawak até 1946.

23. Ward era um flibusteiro, comandante de exércitos privados americanos que servira na marinha, tendo se juntado posteriormente ao também flibusteiro William Walker na tentativa de conquistar um império particular no México, indo depois para a China, onde se alistou como caçador de piratas. A seguir montou um pequeno grupo de mercenários armados de revólveres Colt, o Corpo de Armas Estrangeiro de Shanghai, que se tornou um exército, até que foi morto aos trinta anos de idade. Seu sucessor foi um rapaz de olhos azuis, filho de um general, fervoroso evangélico com complexo de Jesus que dizia conversar regularmente com são Paulo. Gordon serviu na guerra da Crimeia e depois na China. Ficou indignado ao saber os detalhes do saque "vândalo" do conde de Elgin ao Palácio de Verão. Unindo-se à guerra de Cixi contra Taiping, "esse esplêndido inglês" venceu 33 batalhas, cercado por seu corpo de guarda de couraça azul, mostrando invulgar misericórdia num conflito brutal e sendo promovido pelo imperador. Na volta à Inglaterra, tornou-se assistente social, ajudando os meninos pobres de Gravesend e convidando-os a ficarem em sua casa. Tendo dito muitas vezes que gostaria de ter sido castrado, Gordon provavelmente era um homossexual reprimido.

24. Garibaldi havia lutado antes pela independência uruguaia. Na América do Sul, procurara Manuela Sáenz, amante de Bolívar. Garibaldi tinha perdido sua própria Manuela: durante a guerra do Uruguai, apaixonara-se por uma gaúcha brasileira, Anita de Sousa, que se juntou a seus combatentes pela liberdade. Ela tinha "a força e a coragem de um homem, e o encanto e a ternura de uma mulher, que se manifestavam na audácia e no vigor com que brandia a espada, e em seu belo rosto ovalado, que delineava a suavidade de seus olhos extraordinários". Eles tiveram quatro filhos, e, em 1848, ela voltou com ele à Itália a fim de lutar por Roma, morrendo de malária enquanto as tropas francesas e austríacas esmagavam a revolução. Garibaldi sempre usava o poncho e o lenço dela.

25. Douglass nasceu escravo numa fazenda de Maryland, filho de uma afro-americana, enquanto "meu dono era meu pai". Fugindo da sujeição, conseguiu chegar a Massachusetts, onde começou a fazer campanha contra a escravidão. Atraente e carismático, excelente escritor e magnífico orador, Douglass comemorou sua liberdade com "jubiloso entusiasmo": "Eu me senti como alguém se sentiria ao fugir de um antro de leões famintos". E acrescentou: "Vivi mais num dia do que num ano inteiro de minha vida escrava". Mas ele sentia que não tinha nenhuma participação na democracia americana: "Não tenho país. Que país tenho eu?". Sua autobiografia, publicada em 1845, congregou o movimento contra a escravidão.

26. Outro típico episódio de Grant: quando Ely Parker, um americano nativo da tribo seneca, nascido Hasanoanda, com formação em direito e engenharia, se ofereceu para formar um regi-

mento americano nativo e teve sua proposta recusada pelo secretário da Guerra de Lincoln, Grant o empregou e o promoveu.

27. Gladstone, filho do maior proprietário de escravos da Grã-Bretanha, ainda tinha sentimentos contraditórios em relação à escravidão. Dizia que "o princípio da superioridade do homem branco e seu direito de manter o negro na escravidão" era "detestável", sendo a favor da emancipação dos negros, mas ao mesmo tempo apoiava a Confederação, afirmando que "os escravos estariam melhor se os estados permanecessem separados", e que a Confederação "fizera do Sul uma nação". Mesmo em 1864, quando a guerra estava quase no fim, ele criticou os "negrófilos" que "sacrificam três vidas brancas para libertar um único negro".

28. Evans vivia a vida imperial em Paris, com uma mansão (Bella Rosa), uma coleção de arte e, claro, uma cortesã, Méry Laurent, modelo de Manet. Estava a uma grande distância da Filadélfia, mas, em 1850, aos 27 anos, foi chamado para tratar Napoleão: "Você é um rapaz jovem, mas inteligente; gosto de você", disse o imperador. Evans se tornou seu cirurgião, desenvolvendo as primeiras obturações e o uso do gás hilariante, e logo passou a atender Alexandre II e o sultão otomano. Visitava Napoleão uma vez por semana e admirava os projetos de Haussmann para Paris, que lhe permitiram comprar propriedades que logo lhe renderiam uma fortuna. Quando Eugênia foi pela primeira vez à capital francesa, um dos ajudantes de ordens de Napoleão a viu na sala de espera de Evans e informou sua chegada ao imperador. O dentista se tornou o confidente de Eugênia. Em 1864, Napoleão o enviou para os Estados Unidos para que o informasse sobre a guerra civil.

29. Maximiliano passou a viagem escrevendo um detalhado guia de etiqueta da corte habsbúrgica, com aparatos mexicanos ("Nesse momento, o imperador estenderá seu *sombrero* ao ajudante de campo que o acompanha"). Não era o primeiro imperador; Maximiliano nomeou os netos do imperador Agostinho como príncipes e possíveis herdeiros, enquanto escolhia uma descendente dos últimos *tlatoani* como dama de companhia.

30. Foi o primeiro caso de um fenômeno moderno que predominou sobretudo na América Latina e na Ásia: a república dinástica, uma ditadura hereditária baseada não na monarquia de direito divino pré-1789, mas numa democracia aparente e numa Constituição presidencialista com eleições manipuladas. Normalmente, a sucessão se dava de pai para filho, mas às vezes também de marido para esposa.

31. A única verdadeira realização de Johnson foi ordenar que o secretário Seward comprasse o Alasca da Rússia por 15 milhões de dólares, um bom negócio para os Estados Unidos.

OS HOHENZOLLERN E OS KRUPP, OS ALBANESES E OS DACOTAS [pp. 833-50]

1. Em 1815, a Prússia recebera o Ruhr, cujas reservas de carvão não haviam ainda sido descobertas — e os Krupp se beneficiariam do crescimento exponencial da economia e do aumento populacional dos principados germânicos: os 22 milhões de germânicos tinham praticamente dobrado para 40 milhões em 1870.

2. O aliado de Bismarck, o ministro da Guerra prussiano Albrecht von Roon, observou-o "construir um paralelogramo de forças [...] do que já aconteceu e então avaliar a natureza e o peso das forças efetivas, que não se podem conhecer com exatidão, por meio das quais observo o trabalho do gênio histórico que as confirma, combinando todos os elementos". O dom do estadista consiste precisamente em "combinar" grande parte do que está em andamento e é imprevisível com o que pode ser comprovado.

3. Em Sadowa, um jovem tenente prussiano chamado Paul von Hindenburg, louro, com 1,95 metro de altura, filho de um proprietário de terras *junker* e descendente de Martinho Lutero, orgu-

lhava-se de servir. "Se eu cair", ele escreveu ao pai, "será a morte mais honrosa e bela." Ele quase morreu depois que um projétil se alojou em seu capacete e o derrubou. Hindenburg viria a ser uma figura central na história do mundo: governou a Alemanha durante a Primeira Guerra Mundial e nomeou Hitler como chanceler.

4. As aventuras eróticas de Bertie tinham escandalizado seu pudico pai, Alberto, que morrera em 1861, provavelmente de colite. A rainha Vitória pôs a culpa no filho: "Nunca olharei para ele sem estremecer". Ela organizou o casamento de Bertie com uma bela e resignada princesa dinamarquesa, sofredora, Alexandra. Mas essa viagem a Paris mudou a vida de Bertie. Ele visitou Schneider e Sarah Bernhardt, e se apaixonou pela cortesã italiana Giulia Barucci, que, em vez de seguir a recomendação de fazer uma vênia ao encontrá-lo, removeu o vestido: "Ora, vocês não me disseram para me comportar devidamente perante Sua Alteza? Mostrei a ele o que tenho de melhor!". Bertie lhe enviou cartas de amor que, depois, seus cortesãos tiveram de comprar de volta. Uma vez que suas farras sexuais e escândalos em jogos de apostas envergonhavam a mãe, ele se tornou um parisiense honorário, projetando seu próprio *fauteuil d'amour* (poltrona de amor) para seu bordel favorito, Le Chabanais, onde se sentia em casa, visto que era dirigido por uma irlandesa, Madame Kelly. Muito mais tarde, já um admirável rei, ele converteu sua francofilia em aliança política.

5. Mehmed Ali morreu em 1848, e seu filho favorito, Ibrahim, o Vermelho, morreu logo depois, deixando o trono a um neto cruel, Abbas, que adorava tanto seus cavalos que, certa vez, puniu um cavalariço ferrando-lhe os pés com ferraduras em brasa. Não admira que tenha sido assassinado por um criado.

6. Ismail flertou com Eugênia de maneira um tanto canhestra, presenteando-a com um penico de ouro com uma esmeralda no centro. "Estou sempre de olho em você", disse o quediva à imperatriz, que não achou graça nenhuma.

7. Leopoldo não se tornou rei da Espanha, mas seu segundo filho tornou-se o rei Fernando I da Romênia. Ironicamente, esse ramo dos Hohenzollern descendia dos Beauharnais, e seus integrantes eram amigos de Napoleão, que, em 1866, unira-se ao tsar russo Alexandre II para promover Carlos, o irmão mais velho de Leopoldo, a *domnitor* (príncipe) de um novo país formado pela Valáquia e a Moldávia, que passaram a se chamar Principados Romenos Unidos — a futura Romênia. Carlos da Romênia não teve filhos, e seu sucessor foi Fernando I.

8. Fanático por história, Moltke passara dez anos planejando uma guerra contra a França, mas também era fanático por ferrovias, obtendo uma fortuna com investimentos ferroviários, tendo participado da diretoria da linha Berlim-Hamburgo e aconselhado a criação das ferrovias prussianas, tendo em mente objetivos militares. Mais tarde, ele acrescentou ao Estado-Maior um setor ferroviário e também um setor histórico. Agora, ele acabara de instruir os oficiais prussianos: "Nenhum plano de operações se estende com segurança além do primeiro confronto com a principal força do inimigo". A "estratégia é um sistema de expedientes" no qual os oficiais devem se valer da iniciativa. "Uma situação favorável jamais poderá ser bem explorada se os comandantes ficarem aguardando ordens."

9. As propriedades da sra. Lynch foram confiscadas, mas ela foi autorizada a partir para a Europa. Com a promessa de que estaria em segurança, voltou mais tarde ao Paraguai para reivindicar seus bens, mas foi julgada e expulsa, morrendo em Paris em 1886, aos 52 anos. Estranhamente, Lynch se tornou mais tarde uma heroína nacional: o general Stroessner, cruel ditador e amigo dos nazistas, trouxe seu corpo de volta para o Paraguai e o sepultou no cemitério nacional.

10. O embaixador francês no Brasil era o ideólogo racista Arthur de Gobineau, inventor da expressão "raça superior", que se sentia enojado com a sociedade brasileira: "uma população totalmente mista, viciada no sangue e no espírito, assustadoramente feia [...]. Não há um único brasileiro de sangue puro, porque o padrão de casamentos entre brancos, índios e negros é muito generali-

zado", levando ao que ele chamou de "degeneração genética". Mas Gobineau considerava Pedro II, de olhos azuis, um ariano perfeito. Pedro manteve boas relações com Gobineau até que este se desgraçou numa rixa, ocasião em que solicitou seu retorno a Paris.

11. Quanah se assentou na reserva kiowa-comanche-apache em Oklahoma, onde, abandonando sua tenda tradicional, construiu uma Casa das Estrelas em estilo europeu, adotou o sobrenome Parker, abraçou uma adaptação pessoal do cristianismo, que incluía a ingestão do alucinógeno peiote, e se tornou um rancheiro de sucesso.

12. O próprio Twain era um dos ícones da Era Dourada. Seu nome verdadeiro era Samuel Clemens, um rapaz de Hannibal, no Missouri, que ascendera por seus próprios esforços depois de trabalhar nos barcos a vapor do Mississippi e de labutar em minas de prata. Em 1876, publicou *As aventuras de Tom Sawyer*, baseado em suas experiências pessoais, adotando como nome artístico o grito *"mark twain"* [duas braças] dos marinheiros que mediam a profundidade do rio. Abolicionista e liberal, viajou pelo mundo acumulando histórias, e mais tarde escreveu outro grande romance, *Aventuras de Huckleberry Finn*, também com a personagem de Tom Sawyer. Twain enriqueceu e tornou-se famoso, normalmente vestindo um terno branco característico. Com frequência perdeu dinheiro, mas nunca a sabedoria e a sagacidade.

13. Grant tampouco aprendeu com seu período na presidência: depois de se aposentar, humilhado pela falta de dinheiro, emprestou seu nome e prestígio a um infame estelionatário que o levou à bancarrota. Morrendo de câncer, Grant viu-se obrigado a escrever suas memórias, no que foi salvo por Twain, que se tornou seu editor. Ditadas incansavelmente pelo velho general, elas se tornaram um best-seller, além de um clássico.

14. O robusto oficial prussiano Paul von Hindenburg esteve presente à cerimônia. A debacle em Paris também uniu os italianos: quando as tropas francesas se retiraram de Roma, a Cidade Eterna caiu sob o rei saboiardo Vítor Emanuel. A Itália, agora um reino constitucional, se unia pela primeira vez desde Teodorico. O papa Pio IX recusou-se a reconhecer Roma como capital italiana, dando início a um longo período de ressentimento papal.

15. Disraeli foi o mais espirituoso dos estadistas britânicos: "Existem três tipos de mentiras", disse. "As mentiras, as mentiras deslavadas e as estatísticas." Dizia, brincando, que era "a página em branco entre o Antigo e o Novo Testamento", e rebatia os ataques antissemitas na Câmara dos Comuns em grande estilo: "Sim, sou judeu, e enquanto os ancestrais do ilustríssimo cavalheiro eram selvagens brutais numa ilha desconhecida, os meus eram sacerdotes no Templo de Salomão". Disraeli continua a ser uma inspiração para todos os escritores. "Quando quero ler um bom livro", disse, "escrevo um."

16. Enquanto Carlos se tornava o rei Hohenzollern da Romênia, a criação da Bulgária forneceu à Casa dos Saxe-Coburgo seu último trono, ocupado pelo atrofiado príncipe Fernando. A minúscula Montenegro, etnicamente sérvia e sob domínio otomano, fora governada por uma dinastia Petrović de *vladikas*, ou príncipes-bispos, cuja sucessão se dava de tio para sobrinho, até o príncipe-arcebispo Danilo se converter em príncipe hereditário casado. Assassinado em 1860, a ele se seguiu um sobrinho, o gigantesco Nicolau, que declarou guerra a Constantinopla em 1876 e então casou duas filhas com grão-duques Románov, dessa forma assegurando a proteção russa.

AS CASAS DE SALOMÃO E AXÂNTI, OS HABSBURGO E OS SAXE-COBURGO [pp. 853-80]

1. Casado com quatro mulheres e dispondo de duzentas odaliscas, Ismail apaixonou-se por uma bela escrava do harém antes de descobrir que ela havia tido o braço amputado por roubo; ainda assim eles se casaram, e ela tornou-se a mãe do rei Fuad, que viveu até a década de 1930.

2. Mais tarde, o império jihadista de Sokoto contribuiria para inspirar outros movimentos na África: primeiro o de Senussi, na Líbia, e depois o dos madistas, no Sudão. E, mesmo no século XXI, continuaria a inspirar revoltas jihadistas em países como Nigéria, Mali, Chade e Níger.

3. Original, passional, bela e inteligente, Salama aprendeu sozinha a ler e a escrever. Após a morte da mãe, Jilfidan, uma escrava georgiana adquirida em Constantinopla, Salama herdou três plantações de cravo-da-índia cultivadas por escravos. Majid frustrou o golpe, exilando Bargush em Bombaim, mas não puniu a irmã. Quando Bargush o sucedeu como sultão, Salama rompeu com a tradição, convivendo com europeus, frequentando suas reuniões e apaixonando-se por um mercador alemão, Heinrich Ruete. Ao engravidar, o sultão ficou furioso e ordenou que fosse executada, mas ela conseguiu se refugiar numa fragata britânica. Converteu-se ao cristianismo e adotou o nome de Emily, casando-se com Ruete e criando dois filhos em Hamburgo. Após a morte do marido num acidente de bonde, Emily/Salama viu-se em dificuldades e, incapaz de recuperar suas propriedades em Zanzibar, mudou-se para Beirute, onde escreveu *Memórias de uma princesa árabe de Zanzibar*, sendo talvez a primeira mulher árabe a publicar uma autobiografia moderna.

4. Em 1890, Bargush fornecia 75% do marfim comercializado no mundo, supervisionando a matança de 60 mil elefantes por ano. O marfim seguia tanto para o Oriente como para o Ocidente, onde era usado, entre outras coisas, na fabricação dos pianos — "o símbolo supremo do refinamento feminino vitoriano", nas palavras de Neil Faulkner — que adornavam os lares europeus.

5. A imperatriz pedira aos britânicos que protegessem o jovem filho de Teodoro, Alermayehu, que foi criado como um cavaleiro inglês.

6. O rival salomônico de João, o príncipe Menelik, rendeu-se e foi coroado rei de Showa, e a sua filha Zewditu casou-se com o filho do imperador. Menelik iria se tornar o fundador da Etiópia moderna; Zewditu seria imperatriz, tendo como regente Hailé Selassié.

7. Disraeli conhecera Lionel de Rothschild, o herdeiro de Nathan à frente do banco britânico, em 1844, por ocasião do êxito de seu romance *Coningsby*. Ele ficou fascinado com o poder de Lionel e com a esposa deste, Charlotte, a inteligente filha do ramo napolitano da família. "A jovem noiva de Frankfurt", ele escreveu, "era alta, graciosa, morena e límpida." Em *Coningsby*, Disraeli baseou o potentado judeu sefardita Sidonia numa mescla de Lionel, Montefiore e ele próprio. À frente do banco britânico, Lionel angariou fundos para combater a fome na Irlanda, e, com o tio Montefiore, liderou a prolongada campanha para que os judeus fossem admitidos na Câmara dos Comuns, vencendo três eleições (sem que pudesse ocupar a vaga parlamentar) antes da aprovação, em 1858, da Lei de Reparação dos Judeus.

8. O americano Richard Gatling inventou essa metralhadora pioneira a fim de salvar vidas durante a Guerra da Secessão: "Se eu pudesse inventar uma máquina — uma arma — que, com sua rapidez de tiro, permitisse a um homem cumprir, no campo de batalha, a tarefa de cem, [...] isto suplantaria a necessidade de grandes exércitos e, assim, a exposição ao combate e às doenças". Não foi bem esse o resultado de sua invenção.

9. Cetshwayo foi exilado, mas, depois que o reino se desintegrou numa guerra civil, conseguiu retornar ao poder. Com sessenta anos e ferido em batalha, acabou envenenado por rivais. Seu filho Dinuzulu chegou a recrutar combatentes africânderes para restaurar o reino, mas foi capturado e exilado pelos britânicos na ilha de Santa Helena. O reino terminou incorporado à África do Sul, porém a Casa de Shaka ainda reina.

10. Tais ideias foram desenvolvidas simultaneamente por pensadores britânicos, alemães e franceses. O sociólogo e biólogo Herbert Spencer, cujo livro *Progress: Its Law and Cause* (1857) foi publicado pouco antes de *A origem das espécies*, de Darwin, argumenta que a espécie humana se aperfeiçoou com o esforço de dominação — a "sobrevivência do mais apto". Um abastado primo

de Darwin, Francis Galton, obcecado pela reprodução do Gênio Hereditário (*Hereditary Genius* era o título do livro que publicou em 1869), estava convencido de que as características admiráveis podiam ser estimuladas por meio da reprodução seletiva: era preciso que os indivíduos "superiores" se reproduzissem, ao contrário dos "inferiores" — aqueles que viviam de caridade ou em asilos de lunáticos —, sob o risco de tomarem conta da sociedade. Essa teoria, que ele batizou de "eugenia", chegou a ser amplamente adotada. Ao mesmo tempo, um diplomata francês, o conde de Gobineau, enojado com a "era de mediocridade nacional", formulara o racismo científico moderno em *Essai sur l'inégalité des races humaines*, de 1885, no qual defendia que "a raça branca originalmente detinha o monopólio da beleza, da inteligência e da força", usando o termo "ariano" para descrever a raça superior, *la race germanique*. Essa teoria foi adotada por seu amigo Wagner, cuja esposa escreveu a Gobineau: "Meu marido está ao seu dispor, sempre lendo seu livro". Os racistas americanos Josiah C. Nott e Henry Hotze, assim como o cáiser Guilherme II, eram adeptos dessas concepções, que mais tarde inspirariam Hitler.

11. O primeiro governador da colônia alemã do sudoeste da África foi Heinrich Göring, o pai do marechal de Hitler.

12. Peters continuou sendo um herói para muitos na Alemanha, ocupando um cargo no Departamento Colonial, organizando dispendiosas "explorações" e escrevendo um livro sobre a filosofia racista e social-darwinista intitulado *Willenswelt und Weltwille* (A vontade de poder e o poder da vontade). Em 1914, foi perdoado pelo cáiser Guilherme, e, mais tarde, reabilitado postumamente por Hitler.

13. Em novembro de 1918, dois oficiais psicopatas — o capitão Paul Voulet, notório pelo "amor ao sangue e à crueldade", e o tenente Julien Chanoine, "cruel por desumanidade e gosto" — partiram com uma força preponderantemente africana de *tirailleurs sénégalaises* e *spahis* berberes, equipados com metralhadoras Gatling e artilharia, para concluir a conquista do Mali e do Chade. Famosos pela tomada de Uagadugu e recebendo *carte blanche* do ministro das Colônias, a "coluna infernal" sob seu comando incendiou vilarejos e fez milhares de vítimas, pendurando homens para que fossem devorados por hienas e abutres, violentando e enforcando mulheres, queimando crianças vivas — até que foram denunciados por seus próprios oficiais. Quando um coronel foi enviado para contê-los, Voulet e Chanoine o assassinaram. "Não sou mais francês", declarou Voulet, "sou um chefe negro. Juntos, fundaremos um império." Mas eles acabaram sendo mortos pelos oficiais e fuzileiros. Assim como no caso de Dreyfus, o exército se revelou intocável: um inquérito concluiu que os dois monstros haviam simplesmente sido acometidos de "*soudanite aiguë*", ou seja, de um surto de loucura provocado pelo calor africano.

14. Os obás do Benim também não conseguiram escapar aos britânicos. Em janeiro de 1897, membros de uma delegação encarregada de fazer com que o Benim se abrisse ao comércio britânico foram assassinados, fornecendo o pretexto para uma invasão que já vinha sendo preparada. Depois de bombardearem a Cidade do Benim com canhões, os oficiais capturaram e exilaram o obá Overami, do qual roubaram 2 mil esculturas de marfim, madeira e bronze, guardando algumas para si mesmos e enviando as demais para a rainha e vários museus. Algumas dessas peças estão sendo hoje devolvidas.

15. Em 1906, a indignação geral contra o sanguinário regime imposto por Leopoldo no Congo levou o Estado belga a negociar a aquisição da colônia, desembolsando 45,5 milhões de francos para concluir seus projetos de construção e outros 50 milhões para pagar o próprio rei — entretanto, os recursos para compensar o predatório monarca seriam extraídos do próprio Congo. Um dos homens mais ricos do mundo, Leopoldo morreu em 1909 — mas a espoliação do Congo pelos belgas estava longe de terminar.

16. No palácio real de Munique, os príncipes tinham como professor um respeitável mestre-escola local, Gebhard Himmler, um entusiástico monarquista cujo aluno predileto era o príncipe Henrique (Heinrich). Quando teve um filho, ele o batizou de Heinrich, em homenagem ao príncipe, que seria o padrinho do futuro Reichsführer da ss.

17. A maior parte da Bavária era pobre. Entre 1881 e 1890, 1,4 milhão de alemães migraram para os Estados Unidos, muitos deles bávaros. Um exemplo típico foi Friedrich Drumpf, que deixou o país em 1885. Sua família saiu do vilarejo de Kallstadt e acabou na Casa Branca, numa história tipicamente americana. Mais tarde Drumpf alterou seu nome para Trump.

18. Enquanto Rodolfo era enterrado, seu "amigo" Guilherme, o novo cáiser alemão, refletia que "a loucura espreitava ao fundo e a monomania do suicídio influía de forma silenciosa, mas segura, no cérebro superexcitado". Estefânia sobreviveu à malevolência de Sissi, voltou a se casar e mudou-se para a Hungria — e, em 1908, numa iniciativa surpreendente para uma princesa-herdeira dos Habsburgo, inventou o carrinho para manter aquecidos os alimentos prestes a serem servidos — "uma inovadora combinação de rescaldo e espiriteira" —, para o qual solicitou patentes nos Estados Unidos e na Grã-Bretanha.

19. Guilherme gostava de atormentar os generais prussianos. "É uma visão curiosa", divertia-se Philipp. "Todos esses militares empolados tendo de se submeter constrangidos e fazendo caretas! Às vezes o cáiser dá gargalhadas e os instiga, espetando-os nas costelas." Guilherme incentivava seus cortesãos — todos eles oficiais aristocráticos — a se fantasiarem de poodles ou de bailarinas. "Você tem de desfilar comigo como um poodle de circo! Vai ser um 'sucesso' como nenhum outro", escreveu o conde Georg von Hülsen a outro cortesão. "Imagine só: por trás de coxas depiladas [...] na traseira um genuíno rabo de poodle, um orifício anal bem marcado, e, quando você 'implorar', uma folha de figueira na frente. Pense na maravilha que vai ser: você latindo, uivando com a música, disparando uma pistola ou fazendo outros truques. É simplesmente esplêndido! [...] Já antevejo Sua Majestade rindo conosco [...]. Ela vai ficar muito satisfeita."

20. Esse surto foi financiado com empréstimos no mercado, mas também com a venda de cereais. Quando esta provocou uma escassez de alimentos no Volga, Alexandre negou que houvesse fome, mantendo as exportações, o que ocasionou a morte de 350 mil pessoas — um evento precursor da fome de 1932-3.

21. Guilherme era tão incoerente que, em várias ocasiões, planejou invadir o Iraque, a China e a América Latina; em 1903, chegou a ordenar ao almirantado que preparasse uma invasão (Operationsplan iii) de Cuba, Porto Rico e Nova York, ao mesmo tempo que buscava formar alianças com e contra praticamente todos os outros Estados.

AS CASAS DE HOHENZOLLERN E DE ROOSEVELT, DE SALOMÃO
E DOS MANCHUS [pp. 881-909]

1. Séculos de casamentos intrafamiliares, em nível quase habsbúrgico, resultaram em elevados índices de mortalidade infantil, deformidades raquidianas e prognatismo mandibular (Meiji ocultava o queixo sob a barba). A esposa de Meiji era estéril, e, dos quinze filhos que ele teve com concubinas, dez morreram jovens, e o príncipe herdeiro, Yoshihito (mais tarde imperador Taisho), era inválido. Todavia, Taisho casou-se e gerou descendentes saudáveis a partir de 1901, com o nascimento do príncipe Miji, mais tarde imperador Hirohito.

2. "Adeus, adeus/ À encantadora que vive à sombra do caramanchão,/ Um terno abraço/ Antes que eu me vá/ Até nosso reencontro."

3. Por um breve período, o guano foi um produto valioso: era o excremento de aves e morcegos, usado como fertilizante e na fabricação de pólvora. Encontrado no litoral do Peru e da Bolívia, e em algumas ilhas do Pacífico, sua demanda era tão grande que por ele foram travadas guerras, amealharam-se fortunas e territórios foram ocupados. A Lei do Guano, de 1856, permitia que os Estados Unidos anexassem quaisquer ilhas em que ele fosse encontrado. Em 1879, o Chile derrotou a Bolívia e o Peru, apropriando-se do litoral boliviano, na Guerra do Pacífico — o único conflito da história motivado por causas fecais —, mas pouco tempo depois novos métodos químicos para a produção de fertilizantes e pólvora foram desenvolvidos, tornando os excrementos imprestáveis.

4. Uma nova biografia o acusa de assassinar um de seus concorrentes.

5. O êxito de Edison forçou um rival a se dedicar a outro tipo de negócio: a morte. Hiram Maxim, do Maine, sofria de bronquite, e a primeira invenção que registrou foi um respirador. Maxim conseguiu iluminar um edifício com lâmpadas elétricas pouco antes de Edison, mas este foi mais rápido em obter a patente e vender ações da empresa. Maxim mudou-se dos Estados Unidos para a Grã-Bretanha e começou a aperfeiçoar outra invenção, uma máquina que iria revolucionar os campos de batalha: a metralhadora. Mais tarde, Edison declarou "se orgulhar de nunca ter inventado armas que matassem". Ambos, contudo, estavam simplesmente aperfeiçoando descobertas feitas por outros.

6. Esses equipamentos elétricos — telefones, geladeiras, rádios — tinham de ser feitos de um material leve, moldável, barato e isolante. Esse material só passou a existir em 1907, quando o físico belga Leo Baekeland, que já fizera fortuna ao criar o primeiro papel fotográfico, ao experimentar uma mistura de fenol e formaldeído, criou a baquelita, a primeira resina de um tipo de material que chamou de "plástico", a partir da palavra grega *plastikos*, "moldável". Baekeland patenteou a descoberta e fez outra fortuna com a empresa General Bakelite. Logo se descobriu que o plástico também podia ser usado em embalagens, na preservação de alimentos e no engarrafamento de água — e que era um material muito duradouro. Aí começou a Era do Plástico, que virou um flagelo mundial: desde a década de 1950, estima-se que 1 bilhão de toneladas de plástico tenham sido descartadas, destruindo o meio ambiente, matando animais e poluindo os oceanos — e até a corrente sanguínea dos seres humanos.

7. Outro desenvolvimento mecânico alterou a existência cotidiana: em 1880, um estudante de dezesseis anos nascido na Virgínia, James Bonsack, atraído por um prêmio oferecido por produtores de tabaco, abandonou a escola e inventou uma máquina capaz de enrolar duzentos cigarros por minuto. Em seguida, concedeu o monopólio da invenção a um fabricante de cigarros da Carolina do Norte, James Duke, que, fundando a British American Tobacco, lançou uma campanha publicitária para tornar elegante o ato de fumar: em meados do século XX, grande parte da população mundial estava dependente dos cigarros (na Grã-Bretanha, 80% dos homens e 40% das mulheres), o que aumentou vinte vezes a quantidade de casos de câncer do pulmão, uma conexão plenamente comprovada apenas na década de 1950. Somente em 1965 os maços de cigarro americanos passaram a estampar alertas de saúde — os Estados Unidos foram o primeiro país a adotar essa medida. Ainda hoje, o tabaco mata 9 milhões de pessoas todos os anos.

8. Em 1888, um típico imigrante judeu, Benjamin Wonskolaser, sapateiro na Polônia dos Románov, desembarcou com os filhos na América, movendo-se entre London, em Ontário, e Youngstown, em Ohio, ganhando a vida remendando sapatos, vendendo potes e panelas, montando uma mercearia e uma bicicletaria antes de abrir um boliche. Mais tarde, ele abriria um teatro em New Castle, na Pensilvânia, financiado com a penhora de um cavalo; o teatro virou um cinema, o que o levou a entrar no negócio da produção de filmes. Benjamin mudou o nome para Warner; os filhos

Szmuel, Hirsz e Aaron passaram a se chamar Sam, Harry e Albert, e, ao lado do irmão Jack, um "cantor e dançarino", iriam se tornar os reis do setor cinematográfico em Hollywood.

9. Um típico imigrante bávaro, Friedrich Drumpf trabalhou como barbeiro em Manhattan, e depois, tal como Roosevelt, seguiu para o oeste, onde abriu o Poodle-Dog, uma mistura de bordel, leiteria e bar (com "salões para senhoras") em Seattle. Em seguida, acompanhou a última corrida do ouro até Montecristo, no estado de Washington, e depois até Klondike, no Canadá, onde seu hotel Arctic oferecia balanças para pesar ouro em pó e quartos por hora, tornando-se mais tarde o hotel White Horse, que servia 3 mil refeições por dia. Drumpf retornou a Kallstadt para se casar com a filha de um latoeiro, Elizabeth Christ, com quem foi morar no Bronx, e onde em 1905 nasceu o filho do casal, Fred, pai de Donald Trump.

10. A história anglo-americana está repleta de episódios monumentais e edificantes — a Magna Carta, o *Mayflower*, a Revolução Gloriosa, a Declaração de Independência —, mas foi determinada sobretudo pela demografia e a migração: entre 1790 e 1930, os anglófonos no mundo aumentaram dezesseis vezes, de 12 milhões para 200 milhões, sem contar os 400 milhões de súditos coloniais. A Grã-Bretanha dominou o mundo não só pela industrialização e pela conquista, mas pela migração e pela reprodução. "A extraordinária explosão do século XIX", escreveu James Belich, "colocou os anglófonos no topo do mundo."

11. De fato, o Japão considerou ocupar as ilhas. Lili'uokalani morreu em 1917, aos 79 anos. Pearl Harbor somente se tornaria uma base naval em 1931.

12. "A energia, a criatividade e a eficiência da tribo de Sem", escreveu o cáiser, "seriam desviadas para objetivos mais meritórios do que a espoliação dos cristãos, e muitos social-democratas seriam despachados para o Oriente." No entanto, acrescentou, "dado o imenso e extremamente perigoso poder representado pelo capital internacional judaico, isto seria muito vantajoso para a Alemanha". O antissemitismo já continha uma dualidade contraditória: os judeus empobrecidos dos *shtetlekh* poloneses e da Cidade Velha de Jerusalém eram menosprezados por sua crença exótica e pela pobreza imunda, os Rothschild e o "capital internacional judaico" por sua força mística.

13. Jameson associava atividades colonialistas com a carreira médica, tendo tratado não só de Rhodes, mas também do rei Lobengula e do presidente Kruger, do Transvaal.

14. O neto de Khama III seria o primeiro presidente de um novo país, Botsuana; e seu bisneto governaria o país no século XXI.

15. Mais tarde, Jameson seria reabilitado e eleito primeiro-ministro do Cabo; ainda receberia o título de baronete. Rudyard Kipling compôs o poema "Se..." inspirado em seu otimismo diante das adversidades.

16. Menelik designara como sucessor o primo, o *ras* (duque) Makonnen Wolde Mikael, neto de um rei de Showa e principal comandante em Aduá, mas Makonnen morreu antes dele, deixando um filho, Tafari Makonnen, que viria a ser o imperador Hailé Selassié. Menelik sofreu um derrame em 1904, e sua esposa Taitu assumiu o governo; quando o imperador faleceu, ela tentou em vão impedir a ascensão do neto dele, Lij Iyasu.

17. Rhodes morreu logo após a guerra, aos 48 anos, deixando seu nome na Rodésia do Norte e na Rodésia do Sul (Zâmbia e Zimbábue). Sepultado com honras pelos guerreiros ndebeles no atual Zimbábue, ele determinou que sua fortuna fosse usada para a concessão de bolsas a estudantes da Universidade de Oxford.

18. Era o que se esperava de um líder russo. Desde 1613, com a ascensão dos Románov ao poder, a Rússia expandira-se, em média, 142 quilômetros quadrados por dia, ou 52 mil quilômetros quadrados por ano, de 5,1 milhões para 22,2 milhões de quilômetros quadrados — o que, a despeito de alguns recuos em 1856 e 1878, tornava o país a mais bem-sucedida máquina de conquista territorial na história do mundo.

19. Em 1873, o bem-sucedido fabricante de armas Ludwig Nobel, filho de um inventor sueco que fizera fortuna na Rússia, e irmão de Alfred Nobel (o inventor da dinamite de nitroglicerina para uso na mineração e depois na guerra), mudou-se de São Petersburgo para Baku, onde adquiriu uma refinaria. Nobel construiu o primeiro navio petroleiro, apropriadamente chamado de *Zoroastro*, para o transporte do "ouro negro". Não demorou para que tivesse concorrentes: Alphonse de Rothschild, de Paris, investiu na construção de uma ferrovia para levar o petróleo até o porto de Batumi, no mar Negro, onde também construiu uma refinaria.

20. A agitação nacionalista de Plehve contribuiu para um novo surto de pogroms antijudaicos, que tiveram início na Páscoa de 1903 em Kishinev (Moldávia) e levaram mais judeus a emigrar. Plehve foi assassinado. Entre aqueles que se exilaram estava um dentista judeu, Max Jaffe, e o filho Henry, que partiram de Vilnius com destino a Nova York. Alguns dias depois, eles desembarcaram na Irlanda. Quando reclamaram, descobriram que haviam comprado passagens para New Cork. Acabaram se instalando em Limerick, num bairro conhecido como Pequena Jerusalém, até janeiro de 1903, quando um sacerdote, o padre Creagh, incitou os camponeses locais a atacarem os judeus, que então buscaram refúgio na Inglaterra. Henry Jaffe era o avô deste autor.

21. Charlie "Crookbuster" — "caça-bandidos" —, fundador do Departamento de Investigações (o futuro FBI), era neto do rei Jerônimo Napoleão I e sobrinho-neto do imperador Napoleão Bonaparte.

22. Em 1882, um professor alemão em Berlim, Robert Koch, constatara que a tuberculose, uma das doenças mais letais, era causada por uma bactéria, com frequência transmitida aos seres humanos pelo leite. Avançando na trilha aberta por Pasteur, Koch também identificou a bactéria causadora do cólera. A teoria dos germes mudou o mundo — pois, juntamente com o desenvolvimento da anestesia, dos antissépticos e dos instrumentos esterilizados, possibilitou o aperfeiçoamento das cirurgias invasivas. De qualquer forma, ainda era amplamente questionada. Um jovem microbiologista judeu russo, Waldemar Haffkine — nascido Vladímir Chavkin em Berdiansk e formado em Odessa —, foi o pioneiro na criação e no uso de vacinas contra o cólera e a peste. Com o início dos pogroms, em 1881, Haffkine, então com 21 anos, participou da defesa dos judeus em Odessa, onde foi ferido e detido, sendo libertado graças à intervenção de um professor. Fugindo do antissemitismo, ingressou no Instituto Pasteur, em Paris, onde testou em si mesmo as vacinas. Foi na Índia, entretanto, onde as epidemias eram frequentes, que Haffkine testou a vacina contra a peste na prática. Em 1896, eclodira um surto de peste bubônica em Bombaim, originária de portos chineses e exacerbada pela rebelião Taiping em Hong Kong, onde Alexandre Yersin por fim descobrira o micro-organismo causador da peste. Enquanto os britânicos tentavam conter a disseminação da bactéria, o surto matou mais de 10 milhões de indianos. O esforço de Haffkine para vacinar milhões de pessoas contribuiu para a eliminação da doença. Em 1902, porém, um frasco contaminado causou dezenove mortes, o que, numa atmosfera de antissemitismo, o levou a ser acusado de negligência e demitido. Mas as acusações foram refutadas, e ele retomou o trabalho na Índia, onde foi homenageado em um selo e deu nome ao principal centro de pesquisas bacteriológicas em Mumbai, o Haffkine Institute. Nos Estados Unidos, contudo, a pasteurização só seria plenamente aceita em 1915, ao passo que a vacina contra a tuberculose (BCG, "Bacillus Calmette-Guérin") seria usada apenas em 1921 — quarenta anos após a descoberta de Koch.

23. Du Bois foi o primeiro a aventar a ideia de "supremacia branca", propondo que o termo "de cor", em vez de "negro", fosse usado para descrever "pessoas de pele escura de todas as partes". Mais tarde, ele ampliaria sua campanha às mulheres negras.

24. A obsessão de Nicolau em estender o Império Russo pelo Extremo Oriente alarmava o vice-rei britânico da Índia, George Curzon, um excêntrico aristocrata formado em Eton que viajara pe-

lo Irã e a Ásia central. Pouco antes do ataque do Japão à Rússia, Curzon despachou uma expedição punitiva de 3 mil soldados, sobretudo sikhs e pachtos, sob o comando do coronel Francis Young- husband, a fim de impedir que os Románov interferissem no Tibete. Em 31 de março de 1904, tro- pas tibetanas, armadas apenas com mosquetões, bloquearam os invasores, e Younghusband abriu fogo com metralhadoras Maxim: "Fiquei tão enojado com a matança que ordenei o cessar-fogo, embora a ordem do general fosse a de matar tantos quanto possível", relembrou o comandante dos metralhadores. "Espero nunca mais ter de disparar contra homens em retirada." Enquanto o dalai- -lama fugia para a Mongólia, Younghusband tomou a cidade de Lhasa. Os tibetanos conformaram- -se em fazer parte de um protetorado britânico. No entanto, isso era desnecessário. A vitória japo- nesa aniquilou as ambições russas no Extremo Oriente.

25. Em 1910, o Japão anexou plenamente a Coreia, ali instaurando uma "administração escla- recida", ao mesmo tempo que reprimia a crescente resistência. Muitos coreanos escaparam da opressão nipônica cruzando a fronteira e mudando-se para a província da Manchúria, no norte da China. Entre eles havia um casal de presbiterianos, Kim Hyong-jik e Kang Pan-sok, acompanhados do filho de oito anos, Kim Song-ju, que, quando adolescente, iria se juntar a uma organização anti- -imperialista e, mais tarde, converter-se ao comunismo, adotando o nome de Kim Il-sung. O neto dele ainda hoje governa a Coreia do Norte.

26. Em 1901, Eulenburg apresentou a Guilherme um discípulo racista de Gobineau, Houston Stewart Chamberlain, genro de Wagner, que pregava a supremacia racial: "Se não nos dispusermos a pensar de maneira resoluta" sobre "nossa vida artística completamente dominada pelos judeus, será o fim da espécie germânica".

27. A Alemanha destacava-se sobretudo no setor químico, agora associado à medicina e à agri- cultura. Em 1897, um químico alemão, empregado numa empresa que fabricava pigmentos, a Bayer, em Elberfeld, criou dois dos medicamentos essenciais da vida moderna: em agosto desse ano, Fe- lix Hoffman, de 29 anos, sintetizou um antigo tônico anestésico, a salicilina, extraída da casca do salgueiro, a fim de produzir a aspirina, um medicamento antipirético, anti-inflamatório e analgési- co que fez a fortuna da Bayer e conquistou o mundo. Ele também sintetizou a diamorfina, uma versão menos viciante da morfina, que passou a ser vendida com o nome de heroína — a partir do termo alemão heroisch, "heroica" —, mais eufônico. (Comercializada como xarope até depois da Primeira Guerra Mundial, a heroína só foi proibida nos Estados Unidos em 1924.) Em 1907, Paul Erlich, um colega judeu alemão de Robert Koch, buscando o que chamava de "bala mágica", uma substância que destruísse uma bactéria, mas não outras células, descobriu compostos sintéticos ca- pazes de curar primeiro a doença do sono e, depois, a sífilis; em seguida, associou-se ao conglome- rado químico Hoechst para produzir em massa o primeiro antibiótico. Em 1908, o químico judeu alemão Fritz Haber criou o nitrato de amônio a fim de substituir os nitratos naturais, como o gua- no, usados como fertilizantes. O magnata do setor químico Carl Bosch aperfeiçoou o processo de Haber-Bosch para a fabricação de uma substância que aumentou a produtividade da agricultura, possibilitando a alimentação de bilhões de pessoas. Esta foi de fato uma revolução agrícola que, melhorando a nutrição, e associada a cuidados médicos, água mais limpa, vacinação, eletrificação, refrigeração e motores a gasolina, sustentou um crescimento demográfico exponencial. Estima-se que a produção de alimentos tenha aumentado dezoito vezes, sobretudo a partir de 1900. Em 1800, havia 900 milhões de pessoas no planeta; em 1900, a população mundial chegou a 1,65 bilhão de pessoas. E continua a aumentar: em 2022, somos 8 bilhões de seres humanos. O crescimento das cidades, sobretudo no mundo anglófono, foi extraordinário. Em 1890, Londres e Nova York eram as duas únicas cidades no mundo com mais de 1 milhão de habitantes, ainda que Chicago viesse logo em seguida. Em 1920, chegavam a duas dezenas as megacidades com mais de 1 milhão de pes- soas; em 1940, elas eram 51; e, em 1985, 226.

Estima-se que o processo de Haber-Bosch contribua para gerar um terço da produção global de alimentos, atendendo às necessidades de cerca de 3 bilhões de pessoas. Por outro lado, essas mesmas substâncias criadas para fomentar a vida também se revelaram essenciais para fins bélicos. Os fertilizantes foram usados na fabricação de explosivos; Haber desenvolveu o cloro usado como arma na Primeira Guerra; Bosch viria a chefiar o setor químico da BASF, e, em 1925, fundou a IG Farben, um novo conglomerado que incluía, entre outras empresas, a própria Bayer, e que mais tarde produziria o Zyklon-B, o gás usado para assassinar os judeus durante o Holocausto. Tais são as múltiplas possibilidades dos conhecimentos científicos.

OS HOHENZOLLERN, OS KRUPP, OS OTOMANOS, OS *TENNOS* E OS SONG [pp. 913-23]

1. A Sérvia era dominada por duas dinastias rivais, os Obrenović e os Karađorđević. O rei Alexandre Obrenović caíra em desgraça em razão de sua política pró-austríaca e por se divorciar da popular rainha para casar com Draga, viúva de um engenheiro experiente doze anos mais velha do que ele. Um oficial conhecido pelo codinome Apis fundou uma organização secreta, a Mão Negra, que decidiu assassinar o rei. Apis era o calvo, musculoso e taurino Dragutin Dimitrijević (o codinome era uma referência ao deus-touro egípcio), que, no dia 11 de junho de 1903, invadiu o palácio real e, encontrando Alexandre e Draga escondidos num armário, matou-os a tiros e mutilou seus corpos, decepando os seios de Draga antes de atirá-los pela janela sobre um monte de esterco. Em seguida, ele instalou no trono a família Karađorđević, e desempenharia um papel relevante na tragédia da Primeira Guerra Mundial.

2. Graças a esse acordo, o príncipe búlgaro Fernando declarou-se tsar. Escolhido após consultas com a Rússia, Fernando de Saxe-Coburgo era ridicularizado na família por causa da bissexualidade declarada, do nariz avantajado (Guilherme o chamava de o Nariz) e da excentricidade. Quando, em 1887, aos 26 anos, foi escolhido como príncipe, a rainha Vitória opinou que aquilo "devia ser cancelado de imediato", pois ele era "totalmente inadequado […], delicado, excêntrico e afeminado", mas Fernando, o Raposa, revelou-se astuto. Guilherme o detestava e quase provocou um incidente diplomático ao dar-lhe um tapa na bunda durante um casamento de família.

3. A Dönme era uma seita herética que, mesclando rituais islâmicos e judaicos, acreditava que um místico judeu do século XVII, Sabatai Zevi, era o verdadeiro messias. Não aceitos pelos judeus nem pelos muçulmanos, os membros da Dönme tornaram-se abastados negociantes de tecidos em Tessalônica, onde viviam muitos dos Jovens Turcos — incluindo os futuros governantes Enver, Talaat e Kemal (Atatürk).

4. Exames dos restos mortais, realizados em 2008, revelaram um teor de arsênico 2 mil vezes maior do que o normal.

5. Puyi, o cruel menino tirano, continuou a perseguir os eunucos. Autorizado a viver como imperador no interior da Cidade Proibida e do Palácio de Verão, ele ignorou por algum tempo que havia abdicado. Sofrendo com a falta de afeição materna, sua vida mudou com a chegada de um tutor inglês, Reginald Johnston, que o chamava de Henry. A corte arranjou o casamento de Puyi com uma princesa manchu, Wanrong, que foi infeliz, mas duradouro.

6. Zhang restaurou Puyi como imperador por algumas semanas, mas voltou a destituí-lo. Em 1924, Puyi foi expulso de Beijing e, ao lado da imperatriz, buscou a proteção dos japoneses. Preferindo os amantes masculinos, ele tratava a esposa e as concubinas com crueldade. Wanrong acabou se tornando dependente de ópio.

7. Autorizadas pelo tsar, a Grécia, a Romênia e a Sérvia investiram contra a Bulgária, que também foi atacada por Enver. Nessa segunda guerra dos Bálcãs, os búlgaros perderam suas conquistas, e Enver recuperou Adrianopólis (Edirne).

OS HOHENZOLLERN, OS HABSBURGO E OS HACHEMITAS [pp. 924-49]

1. Foram mobilizados 65 milhões de soldados — 12 milhões de russos; 11 milhões de alemães; 7,8 milhões de austríacos; 2,8 milhões de otomanos; ao passo que a Grã-Bretanha e a França mobilizaram 8,9 milhões e 8,4 milhões de tropas, exércitos que incluíam recrutas de suas colônias e domínios africanos e asiáticos — canadenses, australianos, 1,3 milhão de indianos e mais de 2 milhões de africanos. Os canadenses e australianos estavam suficientemente comprometidos com a metrópole britânica ou com a ideia nacional-imperial a ponto de morrer por elas. Dada a escala da presença colonial entre os Aliados, cabe indagar se a guerra poderia ter sido vencida sem os canadenses e australianos, para não falar nos voluntários indianos e africanos. Enquanto tropas africanas ajudavam a neutralizar as colônias alemãs na África, outros africanos combateram na frente ocidental.

2. Houve um sinal fatídico em fevereiro de 1916, quando o príncipe herdeiro Yusuf Izzedin, que havia pessoalmente confrontado Enver por causa das perdas otomanas, suicidou-se aos 58 anos.

3. Muitos armênios conseguiram fugir e migrar para o Ocidente. Um exemplo típico foi o de um jovem cuja família havia muito vivia perto de Kars, território russo desde 1878, e que deixou a região logo antes da guerra para se estabelecer em Los Angeles. Tatos Kardashoff casou-se no seio da comunidade armênia, prosperou no setor de coleta de lixo e mudou seu nome para Thomas Kardashian. Ele foi o bisavô de Kim, que, oitenta anos depois, exemplificaria as peculiares oportunidades do consumismo e do entretenimento nos Estados Unidos.

4. Ao mesmo tempo, os britânicos prometeram um Estado curdo independente ao líder curdo, o xeque Mahmud Barzani.

5. As famílias de banqueiros judeus estavam divididas pelo sionismo: Walter, o novo Lord Rothschild, hesitava; Sir Francis Montefiore era a favor; Claude Montefiore se opunha; Edwin Montagu, secretário de Estado para a Índia, era veementemente contrário. Weizmann percebeu que, nessa geração, eram as mulheres da família Rothschild quem de fato davam as cartas. A húngara Rózsika foi a primeira a se encontrar com ele, e em seguida escreveu a Dolly, de vinte anos e casada com James, um dos filhos do francês Edmond de Rothschild, que já contribuía para o sionismo. As duas aconselharam Weizmann sobre como atuar na sociedade britânica — e, mais importante, conquistaram o apoio de Lord Rothschild, considerado o líder da comunidade judaica.

6. Os bancos americanos haviam substituído os franceses como os principais credores do Haiti. Incapaz de pagar os juros da dívida, o Haiti sofria uma turbulência cada vez maior; nos quatro anos seguintes a 1911, quatro presidentes foram assassinados ou depostos. Os Estados Unidos temiam a influência alemã, e Wall Street clamava por uma intervenção. Em dezembro de 1914, Wilson despachou fuzileiros navais americanos para tomarem o Banco Nacional do Haiti e confiscarem 500 mil dólares em barras de ouro. Quando o presidente haitiano Guillaume Sam foi derrubado, morto e horrivelmente desmembrado, desencadeando duas semanas de caos, Wilson voltou a enviar tropas ao país, iniciando uma ocupação de dezenove anos maculada pela corrupção, o racismo e a repressão. Os haitianos se revoltaram, sob a liderança de Charlemagne Péralte, oficial militar e filho de um general, cujos homens desafiaram as tropas e os aviões americanos. Péralte foi

traído e exibido em público, pregado a uma porta e crucificado ao estilo da Ku Klux Klan. Filho de um juiz haitiano e formado em medicina, François Duvalier, mais tarde apelidado de Papa Doc por seus pacientes, testemunhou a violência americana e a promoção de uma elite mulata em detrimento da maioria negra, o que lhe inspirou a crença na força e na cultura africanas. Quando o longevo ditador mexicano Porfírio Díaz, que como general se opusera ao imperador Maximiliano, foi deposto numa revolução, Wilson enviou tropas para lutar na cruenta guerra civil.

7. Em Quincy, Massachusetts, Roosevelt teve o apoio de um ousado e jovem empresário, Joseph Kennedy, de energia e ambição ilimitadas: o pai dele, Patrick, filho de imigrantes do condado irlandês de Wexford, fizera fortuna como dono de bar, servindo na câmara estadual. Já na época um democrata, oposto aos membros da elite branca e protestante que tradicionalmente controlavam Boston, Joe estava apenas começando, porém mais tarde usaria o encontro com Roosevelt em prol de sua carreira política.

8. Os três líderes formavam um grupinho extremamente intelectual, mas sanguinário, que estava prestes a alcançar o poder supremo: quando já governavam o império e foram solicitados a declarar suas profissões num questionário do Partido, todos se descreveram como literatos ou jornalistas.

9. Em Kiev, as tropas alemãs derrubaram um Conselho Central (Rada) que proclamara a independência ucraniana e instalaram um novo hetmanato sob o comando de Pavel Skoropadski, um general russo da mesma família do chefe dos cossacos de Pedro, o Grande. Uma república transcaucasiana assumiu o poder em Tíflis e, poucos meses depois, dividiu-se nas nações independentes da Geórgia, do Azerbaijão e da Armênia. A Geórgia era governada pelos mencheviques, rivais dos bolcheviques.

10. Um dos mais sagazes líderes modernos, foi Clemenceau quem disse que "a guerra é algo sério demais para ficar nas mãos de generais". Ele havia tido uma vida extraordinária. Ao trabalhar como instrutor de equitação nos Estados Unidos, apaixonou-se e casou-se com uma aluna. Ele se vangloriava das amantes, mas, ao voltar à França, sua esposa teve um caso com outro homem; ele mandou prendê-la e a enviou de volta aos Estados Unidos. Enquanto estudava medicina, tornou-se um jornalista radical, cobrindo a Guerra de Secessão americana; mais tarde, criticou Napoleão III, que mandou prendê-lo. Clemenceau era amigo de Monet e de Zola e apoiou Dreyfus, mas zombava da elite literária francesa: "Mostrem-me quarenta idiotas e eu lhes darei a Académie Française". Ao demitir o marechal Joffre, comentou: "Divisas e um capacete não bastam para transformar um imbecil num homem inteligente". Mesmo depois dos setenta anos, orgulhava-se de sua vida amorosa: "O melhor momento de um caso", refletiu, "é quando estamos subindo a escada". Ao ser alvo de um atentado, escarneceu do atirador, que errou todos os tiros, exceto um, e saiu andando.

11. Restou apenas um soberano Hohenzollern: na Romênia, após a morte do rei Carlos, o monarca fundador, o sobrinho deste, Fernando, juntara-se aos Aliados e fora fustigado pelos alemães, mas agora ocupava o trono. Os Coburgo ainda reinavam na Bélgica — e, na Bulgária, Fernando, o Raposa, abdicou em favor do filho ainda bebê, Boris.

12. Entre os soldados, a Grã-Bretanha contabilizou 800 mil mortos e 2 milhões de feridos; também morreram 2,2 milhões de russos, 2 milhões de alemães, 1,3 milhão de franceses, 1,2 milhão de austríacos, 550 mil italianos, 325 mil otomanos, 115 mil americanos, 74 mil indianos e 77 mil africanos.

13. As mulheres conquistaram o direito de voto na Rússia, na Alemanha, na Grã-Bretanha (5,6 milhões de homens com mais de 21 anos e 8,4 milhões de mulheres acima de trinta anos) e nos Estados Unidos. "Nesta guerra, fizemos das mulheres nossas parceiras", declarou Wilson: a 19ª Emenda concedeu o direito de voto a 26 milhões de americanas, ainda que 75% dos afro-americanos con-

tinuassem alijados do sistema eleitoral. Embora só tenha aprovado o voto feminino em 1944, a França foi pioneira em modas que refletiam a nova liberdade. Em 1919, aos 37 anos, Gabrielle "Coco" Chanel — uma cativante ex-cantora nascida num orfanato provinciano, filha de uma lavadeira e de um mascate — abriu um ateliê em Paris, patrocinada por dois amantes ricos, um francês e outro inglês. Rejeitando os espartilhos, as saias-funil e os vestidos longos, a *couturière* promoveu o uso de vestidos mais curtos e informais, calças e o perfume Nº 5, os quais, durante uma longa e controversa carreira, contribuíram para mudar a forma como as mulheres se vestiam.

14. Após a morte de Menelik, a sucessão etíope fora turbulenta. As flutuações religiosas e as políticas pró-alemãs do imperador Iyasu levaram à sua deposição em 1916 e à ascensão da filha de Menelik, Zewditu, que se viu forçada a nomear o *ras* Tafari Makonnen como regente e herdeiro.

15. Frederick Trump, nascido na Baviera, dono de um bordel durante a corrida do ouro e avô do presidente Donald Trump, morreu de gripe espanhola aos 49 anos de idade, tendo investido em imóveis no Queens, em Nova York. Sua viúva Elizabeth assumiu o negócio, agora rebatizado como E. Trump, e logo teria a ajuda dos filhos. Fred, o segundo deles, tinha dezoito anos quando construiu sua primeira casa.

16. Em Paris, um socialista vietnamita escreveu às três potências exigindo que a França concedesse a independência a seu país, assinando o apelo como Nguyen Ai Quoc (Patriota Nguyen). Com 28 anos, Nguyen Sinh Cung era filho de um professor e magistrado rural que abominava o domínio francês, embora tivesse frequentado uma escola francesa. Tendo se candidatado a uma vaga na Escola de Administração Colonial, ele chegou a viajar à França, mas teve seu pedido negado — um dos maiores erros na história da França imperial, mesmo que provavelmente ele já fosse socialista. Em Paris, Nguyen Sinh Cung trabalhou como garçom e lavador de pratos, talvez até como confeiteiro, escrevendo artigos e fazendo uma viagem de estudos à Rússia bolchevique. Mais tarde, adotaria o nome de Ho Chi Minh.

17. A *Megali Idea*, ou Grande Ideia, era um esquema irredentista que visava refundar o Império Romano oriental sobre as ruínas do sultanato otomano. Era defendida por Eleftherios Venizelos, que dominava a Grécia, da qual foi primeiro-ministro em oito ocasiões, e que, em Versalhes, encantou Lloyd George com relatos da Grécia antiga e de suas façanhas em Creta, em 1897, lutando contra os otomanos.

18. A carreira de Dyer não terminou aí. Logo depois do massacre, o emir do Afeganistão, Amanullah, invadiu a Índia britânica à frente de tropas regulares, aproveitando levantes pachtos e motins entre as tropas indianas. Seu objetivo era restaurar a independência do Afeganistão, que havia oitenta anos era um protetorado britânico. A invasão foi facilmente repelida, tendo Dyer à frente de uma das brigadas britânicas. Ainda assim, Amanullah conseguiu a independência afegã, assumindo o antigo título durrani de xá. Mas as reformas ocidentalizantes que ele empreendeu acabaram levando à sua queda e a uma guerra civil. Em outubro de 1929, um primo régio, Nader Khan, subiu ao trono.

19. Outro advogado formado na Grã-Bretanha, o esguio e elegante Ali Jinnah, também frequentador de alfaiates londrinos e apreciador de uísque, foi silenciado pelo Partido do Congresso e passou a se dedicar a uma nova Liga Muçulmana. Nem todos os hindus eram tão inclusivos quanto Gandhi: o ideal do Hindutva, o nacionalismo hindu, foi inventado por Vinayak Damodar Savarkar, que lançara uma violenta campanha contra os muçulmanos e a favor da independência. Detido e encarcerado pelos britânicos em 1910, mais tarde ele fundaria o Hindu Mahasabha, inicialmente no âmbito do Partido do Congresso. Em 1925, foi um dos fundadores da organização paramilitar hindu RSS, cujos membros uniformizados asseguravam proteção aos manifestantes e tinham como objetivo a criação de uma nação hindu, Hindu Rashtra.

20. O novo presidente republicano, Warren Harding, nomeou Ted, o filho mais velho de Teddy Roosevelt, para a vice-secretaria da marinha, o terceiro membro da família a ocupar o cargo. Desprovido da exuberância do pai, mas partilhando de sua ambição, Ted também queria chegar à presidência; no entanto, seu envolvimento no escândalo do petróleo do campo de Teapot Dome arruinou sua carreira. Ele e a irmã, Alice Longworth, ressentiam-se da ascensão do primo Franklin e tentaram miná-la. Alice já era a grande dama da Washington republicana, papel que desempenharia até a presidência de Nixon. "Se não tem nada de bom para falar de alguém", costumava dizer, "sente-se a meu lado."

21. "Na guerra, como na prostituição", teria dito Napoleão, "muitas vezes os amadores são melhores do que os profissionais."

22. Após a retirada dos alemães em dezembro de 1918, o hetman fantoche que eles haviam apoiado na Ucrânia, Skoropadski, foi derrubado por um Diretório nacionalista, assim chamado em homenagem ao Diretório da Revolução Francesa. Ele era dominado por um jornalista socialista e nacionalista, Symon Petliura, que assumiu o título de "grande ataman" (*otaman*) e, em maio de 1919, foi nomeado chefe ditatorial do Diretório. A Ucrânia foi invadida por tropas tanto bolcheviques como brancas, ambas empenhadas em restaurar o controle russo. Embora lutando contra elas, Petliura mal conseguia controlar seus subordinados, chefes guerreiros que promoveram pogroms contra os judeus. Os ucranianos não foram os únicos a matá-los — também os cossacos bolcheviques e os russos brancos participaram da matança —, mas cerca de 65% das mortes foram causadas por eles. Sua desculpa era que alguns líderes bolcheviques — sobretudo Trótski, um judeu ucraniano de Kherson — eram judeus. Os bolcheviques tentaram interromper a matança. No lado ucraniano, o único que se empenhou de fato em parar com os pogroms foi o chefe anarquista Nestor Makhno, um homem franzino e corajoso que por um tempo dominou a região entre Kharkiv e o Donbas, combatendo por vezes ao lado dos russos brancos e em outras ocasiões ao lado dos bolcheviques. Cerca de 150 mil judeus foram massacrados, numa escala bem maior que a dos notórios pogroms tsaristas, e antecipando o Holocausto. Embora tivesse proibido os pogroms, Petliura pouco fez para punir os responsáveis. Ele acabou indo para o exílio, onde mais tarde foi assassinado por um judeu, em retaliação.

23. Na Hungria, Béla Kun, um bolchevique que trabalhava numa seguradora, tomou o poder, implantando um Terror Vermelho, mas em novembro de 1919 foi prontamente destituído por um antigo ajudante de campo de Francisco José, o mesmo que em maio de 1917 vencera um confronto com a marinha italiana à frente de uma minúscula flotilha austríaca. Comprometendo-se a restaurar o cáiser Carlos tanto em Viena como em Budapeste, o almirante Miklós Horthy — um aristocrata que, comandando o chamado "exército nacional", entrou em Budapeste montado num cavalo branco — massacrou cerca de 6 mil comunistas e judeus ("Parem de perseguir os judeus pequenos", ordenou. "Acabem com os judeus grandes", acrescentou, referindo-se aos bolcheviques) e instaurou uma ditadura militar conservadora, colocando-se como regente de um soberano inexistente. Ele costumava dizer que, sempre que tinha um problema, perguntava a si mesmo o que Francisco José teria feito na mesma situação. Porém, como escreveu, "no que diz respeito à questão judaica, durante toda a minha vida fui antissemita". Como regente, Horthy iniciou de imediato tratativas diplomáticas para recuperar os territórios húngaros perdidos e reprimir a enorme comunidade judeo-húngara por meio de uma legislação antijudaica.

24. Os soviéticos conseguiram subjugar três novos países que, formalmente, não haviam feito parte do império dos Románov. Em 1920, também retomaram a Ásia central e conquistaram duas entidades independentes, o emirato de Bucara e o canato de Khiva — onde o cã mongol Sayid Abdullah, da dinastia dos Khongirad, era o último membro da família de Gengis Khan a se manter no

poder. O canato foi incorporado às novas repúblicas soviéticas do Uzbequistão e do Turcomenistão. Num derradeiro e bizarro episódio da guerra civil, um oficial báltico demente, o barão Roman von Ungern-Sternberg, convencido de ser a reencarnação de Gengis Khan, tomou a Mongólia, massacrou judeus e bolcheviques e proclamou um império budista, sendo logo contra-atacado por bolcheviques russos e mongóis. Em agosto de 1921, sua aventura siberiana teve fim com sua captura e execução. Em vez da Polônia, a Mongólia tornou-se o primeiro Estado vassalo dos soviéticos.

25. Antes de ser assassinado por um anarquista em 1900, o pai de Vítor Emanuel, o rei Humberto, o aconselhara: "Para ser rei, basta saber assinar seu nome, ler os jornais e montar a cavalo".

26. Os mandatos baseavam-se num amálgama de *vilayets* otomanos heterogêneos que jamais haviam existido. A Síria francesa abrangia três *vilayets*, Damasco, Alepo e Beirute, habitados por cristãos maronitas, xiitas e sunitas, drusos e alauitas. Os franceses pretendiam dividir o mandato em quatro partes: uma Síria sunita em torno de Damasco, um Estado cristão (denominado Líbano) com base em Beirute, um Estado alauita na Lataquia e um quarto Estado que reuniria os drusos. Mais tarde, para o descontentamento de alauitas e drusos, estes foram incorporados à Síria e ao Líbano. Um dos chefes alauitas era Ali al-Assad (o Leão), que escreveu ao primeiro-ministro francês: "O povo alauita preservou a independência por gerações, e tem crenças religiosas, tradições e história distintas dos muçulmanos sunitas [...]. Os alauitas recusam-se a ser incorporados à Síria muçulmana". O filho dele, Hafez, acabaria governando essa mesma Síria que Ali esperava que jamais existisse. O Iraque britânico foi criado a partir de três *vilayets*: Bagdá, Basra e Mossul, uma mescla de xiitas, sunitas, curdos, yazidis e judeus que se mostrou ingovernável tanto pelos iraquianos como pelos britânicos. Lloyd George e Clemenceau são corretamente criticados por essa tardia partilha imperialista, embora tenham sido sensatos o bastante para não entregar toda a região a uma única família. Os otomanos governaram de maneira ruinosa durante quatro séculos; os anglo-franceses o fizeram de maneira inepta por um quarto de século. Em sete décadas de independência, iraquianos, sírios, libaneses, israelenses, sauditas, palestinos e jordanianos dificilmente se mostraram governantes exemplares.

OS PAHLAVI E OS SONG, OS ROOSEVELT, OS MAFIOSOS E OS KENNEDY [pp. 950-75]

1. Embora um ideal nobre, ainda universalmente aceito como a base correta para a organização do mundo moderno, na prática a autodeterminação dos povos era um processo doloroso. Os novos Estados nacionais tinham de ser delimitados em regiões desde muito dominadas por impérios multiétnicos. Na Irlanda, os britânicos, defrontando-se com a revolta dos irlandeses católicos e uma guerra civil, iriam negociar uma partilha da ilha, com uma república católica independente no sul e uma província protestante no norte. Assim como a criação da Grécia na década de 1820 levara à saída dos muçulmanos, agora a criação da Türkiye acarretou a expulsão dos gregos. Depois da Segunda Guerra Mundial, essas partições brutais criaram novos Estados: a Alemanha e a Polônia em 1945; a Índia e o Paquistão em 1947; e Israel em 1948.

2. Enver, antes o vice-comandante supremo dos otomanos, mas agora superado por Kemal, partiu para o exílio, primeiro em Berlim, depois em Moscou, antes de acabar na Ásia central, onde se autoproclamou emir do Turquestão e iniciou uma revolta, sufocada pelo Exército Vermelho de Lênin, visando assegurar o controle da região. Não muito longe de Dushanbe (no Tadjiquistão), Kemal foi morto numa escaramuça com tropas bolcheviques. Os outros dois paxás, Talaat e Jemal, foram assassinados por armênios.

3. Durante a guerra, a secretária de Atatürk, Fikriye Hanim, era a sua amante principal, mas, depois que ele conheceu a culta Latife Usakligil, formou-se um triângulo que chegou ao fim com o suicídio de Fikriye (com uma pistola que ganhara de Kemal). Em 1938, com apenas 57 anos, Atatürk morreu de cirrose no Palácio Dolmabahçe, em Istambul. Sua concepção de país, preservada pelo exército, que interveio várias vezes para tomar o poder, perdurou até 2003, quando Recep Tayyip Erdoğan, no início como primeiro-ministro e depois como presidente, implantou um regime autocrático islamista, simbolicamente reconvertendo em mesquita a igreja de Hagia Sofia.

4. "O direito das repúblicas de se separarem da União conforme sua vontade foi incluído no texto", escreveu o autor russo de um ensaio histórico em 2021, mas "com isso os autores colocaram na fundação de nosso Estado uma perigosa bomba-relógio". O ensaísta era Vladímir Putin. As quatro repúblicas originais eram Rússia, Ucrânia, Belarus e Transcaucásia. Em seguida foram acrescentadas as repúblicas da Ásia central, e dividiu-se a Transcaucásia. Depois de 1940 havia quinze repúblicas soviéticas.

5. Mao foi buscar inspiração no filósofo Sun Tzu, do século V a.C.: "Quando o inimigo avança, recuamos. Quando o inimigo descansa, nós o perseguimos. Quando o inimigo evita o combate, atacamos. Quando o inimigo recua, avançamos".

6. "Não há amizade ou bondade ou amor genuínos sob o céu", anotou Chiang em seu diário, surpreendentemente emotivo. "A única exceção é o relacionamento entre mãe e filho." Ele confiava apenas em Meiling: "Além de minha esposa, não há mais ninguém com quem eu possa compartilhar um pouco de minha responsabilidade ou de meu trabalho". Chiang subsidiava os líderes militares que o apoiavam, e cabia a Meiling organizar os pagamentos, ao passo que T. V. Song e H. H. Kung cumpriam as funções de primeiro-ministro e ministro das Finanças. Quando tentaram matar o comandante supremo e a sra. Chiang, os assassinos bradaram: "Morte à dinastia Song!".

7. Cada família tinha uma hierarquia de chefe, capitães e soldados. Num ritual quase católico, o dedo de um "homem-feito" era picado, e o sangue gotejava sobre uma imagem de são Francisco de Assis, que era queimada enquanto ele jurava *omertà* — silêncio — com as palavras: "Assim como queima este santo, queimará minha alma. Entro vivo e somente saio morto". As famílias de criminosos recriavam a lealdade das famílias verdadeiras, embora os chefes na verdade fossem eleitos; somente na família Trafficante, da Flórida, a chefia passava de pai para filho.

8. O filho mais velho do cáiser, o ex-príncipe herdeiro Guilherme, apoiou Hitler no início com a esperança de concorrer ele próprio à presidência e restaurar a monarquia.

9. Aos quinze anos, Deng viajara para fazer um curso de técnico de metalurgia na França, onde se tornou marxista e conheceu Zhou Enlai, engajando-se na volta no exército de um chefe guerreiro aliado a Chiang. Quando este repudiou os comunistas, Deng procurou Mao e o acompanhou na Grande Marcha. Em sua nova base, Mao também promoveu Xi Zhongxun, filho de um proprietário de terras de Shaanxi. O trabalho de Xi na década de 1940 incluía os esforços da Frente Unida para conquistar líderes e territórios do KMT. Ele conheceu então uma jovem de Beijing, filha de um oficial do KMT, que se bandeou para os comunistas e com quem se casou em 1943. Quando Deng se mudou para Beijing, ela o acompanhou, a fim de trabalhar do departamento de propaganda do Partido. O filho do casal, Xi Jinping, iria governar a China no século XXI, e um de seus objetivos seria concluir o trabalho do pai com a retomada de Taiwan, o último reduto do KMT.

10. Após derrotar os bolcheviques em 1920, Piłsudski se afastara da política, retornando em 1926, em meio à crescente instabilidade, para servir como ministro da Defesa. De maneira um tanto excepcional numa Europa fervilhante de antissemitismo, Piłsudski acolheu os muitos judeus poloneses em seu projeto de país, numa iniciativa que chamou de "assimilação nacional". Ciente da vulnerabilidade da Polônia a Hitler, é possível que tenha sugerido à França um ataque preventivo — antes de sua morte por câncer em 1935, que deixou o país com um regime ditatorial sem ditador.

11. Visitantes de um mundo bem diverso testemunharam esses eventos. Uma delegação de batistas americanos excursionava pela Alemanha naquele mês: o pastor Michael King, de Atlanta, pai de um menino de cinco anos, Michael Jr., entusiasmou-se com a visita à casa de Martinho Lutero em Vitemberga, mas ficou horrorizado com o racismo antissemita de Hitler. Ao voltar para os Estados Unidos, ele mudou o próprio nome, e o do filho, para Martin Luther King, e contribuiu para uma declaração na qual a Aliança Batista Mundial afirmava que "este Congresso deplora e condena, como uma transgressão da lei de Deus, o Pai Celestial, toda animosidade racista e toda forma de opressão ou discriminação injusta visando aos judeus, à gente de cor ou às raças subjugadas em qualquer parte do mundo".

12. A coroação do *ras* Tafari, juntamente com o movimento Volta para a África, de Marcus Garvey, segundo o qual "os reis iriam sair da África", inspirou na Jamaica um novo movimento, o rastafarianismo, cujos adeptos acreditavam que Hailé Selassié assinalava um Segundo Advento negro de Cristo.

13. Franco não era o único autocrata na península Ibérica, mas Portugal adotou um modelo muito distinto. Após a queda da monarquia portuguesa em 1910, o país era mal administrado e pobre, ainda que tivesse preservado suas colônias em Angola, Moçambique, Guiné e Goa. Porém, em seguida a um golpe de Estado em 1926, os militares fizeram algo inusitado: em vez de nomearem um general, recrutaram como ministro das Finanças um talentoso professor de economia, António de Oliveira Salazar, filho de um administrador de propriedades nas províncias. Salazar, que quase fora ordenado padre, equilibrou o orçamento e, já como primeiro-ministro, instaurando o que chamou de Estado Novo (católico, pluricontinental e imperialista), conseguiu estabilizar o país como um ditador conservador, defensor de Deus, da Pátria e da Família, suprimindo a oposição interna com a ajuda da polícia política, a Pide, e renovando o empreendimento imperial com o envio de colonos a Angola e Moçambique. Antiliberal e autoritário, mas também professoral e cerebral, fazia poucos comícios e conteve o racismo. Por outro lado, a Pide mantinha um campo de detenção em Cabo Verde onde os prisioneiros eram torturados e mortos. Salazar manteve-se neutro durante a Guerra Civil Espanhola e a Segunda Guerra Mundial, mas estava disposto a lutar para preservar o Império Português.

OS ROOSEVELT, OS SUN, OS KRUPP, OS PAHLAVI E OS SAUDITAS [pp. 979-1017]

1. Correu uma história de que dois oficiais japoneses, Toshiaki Mukai e Tsuyoshi Noda, da 16ª Divisão, realizaram uma competição pública com espadas *shin gunto* para ver quem conseguiria decepar mais cabeças de chineses antes da queda da cidade: quando isso ocorreu, Noda havia decapitado 105 chineses, e Mukai, 106; eles então decidiram começar outra competição para ver quem chegava primeiro aos 150.

2. As negociações foram iniciadas por Teymourtash, o potentado do xá. Mas Reza desconfiava cada vez mais do ministro. Em particular, este criticou a "desconfiança em relação a todos e a tudo" por parte de Reza; e o chefe da polícia secreta, provavelmente repetindo desinformações propagadas pelos britânicos, sugeriu que Teymourtash era um espião soviético. Em 1933, Reza subitamente mandou prender o ministro e ordenou que fosse assassinado na cela por um médico da penitenciária, Ahmadi, com uma injeção de ar.

3. Abdulaziz reuniu em torno de si uma corte confiável, na qual conheceu um jovem iemenita que trabalhara como carregador em Jidá; rústico, sem educação formal, mas competente, ele passara a organizar as obras civis nos santuários, conquistando a confiança do soberano. Chamado

Muhammad bin Laden, ele se tornaria o empreiteiro mais rico da península Arábica. O médico do rei, Muhammad Khashoggi, foi outro que se mostrou tão confiável que passou a fazer negócios; mais tarde, seu filho Adnan se tornaria o homem mais rico do mundo; ao passo que o neto Jamal, um jornalista, acabaria se desentendendo fatalmente com a Casa dos Saud.

4. Philby era um rebelde inventivo, mas tóxico — explorador, socialista, antissemita, um homem de muitas faces que promoveu os sauditas tanto quanto Lawrence fez com os hachemitas. Aludindo à própria duplicidade, e numa homenagem ao espião de Kipling, Philby deu o nome de Kim a seu primogênito. Em Cambridge, Kim Philby e seu círculo seriam atraídos para o comunismo. Vários deles entraram para o serviço diplomático. Em 1934, em Regent's Park, em Londres, Kim foi apresentado pela namorada austríaca e comunista a um misterioso "figurão", que o recrutou como agente soviético. Kim tornou-se jornalista e cobriu a Guerra Civil Espanhola para o *Times* londrino. Em 1940, com a ajuda de um amigo de Cambridge agora diplomata e também agente soviético, ele passou a trabalhar para o serviço de inteligência britânico, o MI-6, e tornou-se um dos mais importantes espiões a serviço dos soviéticos.

5. Quem implorou a Freud que partisse foi uma de suas pacientes, a amiga e também psicanalista Maria Bonaparte. Descendente de Luciano, irmão de Napoleão, e rica graças ao avô, o rei do cassino de Mônaco, ela se casou com o príncipe (gay) Jorge da Grécia. Depois de explorar sua sexualidade numa série de casos amorosos (entre outros, com o primeiro-ministro francês) durante a Primeira Guerra, Maria se consultara com Freud em 1925 devido à incapacidade de ter orgasmos na posição papai e mamãe. "O que deseja uma mulher?", Freud lhe perguntou. "Esta é a grande questão que jamais foi respondida." Maria se tornou psicanalista e pesquisadora da sexualidade. Quando sua filha Anna foi presa, Freud por fim concordou em partir — sua fuga foi custeada pela princesa. Freud instalou-se em Londres, perto do filho arquiteto, Ernst, cujo filho Lucian começava a estudar artes plásticas. Sigmund Freud morreu em 1939. Maria Bonaparte ainda tentou resgatar as irmãs idosas do psicanalista austríaco, mas em vão.

6. Stálin anexou os três países bálticos (que viraram repúblicas soviéticas) e obrigou a Romênia a ceder a Bessarábia (tomada dos russos após a Primeira Guerra e convertida na república soviética da Moldávia). A polícia secreta de Béria deportou 140 mil pessoas da Estônia, da Letônia e da Lituânia. Mas os finlandeses, até 1918 um grão-ducado dos Románov, se recusaram a ceder os territórios almejados por Stálin. Este, então, invadiu o país, alegando realizar uma mera operação policial. Os finlandeses, contudo, desbarataram o enorme exército soviético, matando 131 476 soldados antes de afinal se renderem. Embora Stálin tenha ordenado a reforma do exército, essa humilhação convenceu Hitler de que a URSS sofreria um rápido colapso caso fosse invadida.

7. Stálin invadiu o leste da Polônia, onde a depredação soviética foi igualmente severa. As tropas russas detiveram e deportaram 400 mil poloneses. Em acampamentos perto da floresta de Katyn foram aprisionados 20 mil membros da elite polonesa. Em 4 de março de 1940, por ordem de Stálin e do Politburo, Béria ordenou que esses "nacionalistas e contrarrevolucionários" fossem executados e enterrados na floresta.

8. Krupp, com a ajuda de Ferdinand Porsche e do filho deste, projetou e construiu os gigantescos tanques Panzer, Leopard e Tiger exigidos por Hitler.

9. Reunido com comparsas (entre os quais o futuro presidente Lyndon Johnson), Roosevelt ligou para Kennedy: "Joe, como vai? Estou sentado aqui com Lyndon pensando em você. Precisamos conversar, meu caro. O quanto antes [...], que tal daqui a pouco?". Então desligou e, sorrindo para Johnson, disse: "Vou exonerar o filho da puta". Kennedy contribuíra para a vitória de Roosevelt com os votos dos descendentes de irlandeses, e só mais tarde se deu conta de que havia sido manipulado. Então, transferiu as esperanças presidenciais para seu primogênito, Joe Jr., que, depois

de visitar a Alemanha, comentara: "Hitler vem insuflando um espírito invejável em todos os países". O segundo filho, Jack, também viajara pela Europa, preparando-se para uma carreira política, mas questionava a política pró-germânica do pai. Ambos estudaram em Harvard e na London School of Economics. Ainda que Kennedy fosse desprezado como derrotista, seus filhos haviam encantado os britânicos: sua filha Kick logo iria casar com Billy, marquês de Hartington e herdeiro do duque de Devonshire.

10. "Os ustaše ficaram completamente enlouquecidos", relatou o plenipotenciário nazista, o general Edmund von Horstenau. Os guardas no campo de Jasenovac preferiam matar usando martelos, machados e facas especiais (chamadas *srbosjek*, "cortadoras de sérvios") atadas às mãos, entregando-se a torturas medonhas, arrancando olhos e promovendo empalamentos e castrações. Após visitar o vilarejo de Crkveni Bok, próximo ao campo de Jasenovac, Horstenau contou sobre as devastações dos torturadores adolescentes da Ustaše: "Em todas as partes, pessoas foram mortas, mulheres violentadas e torturadas até a morte, crianças assassinadas [...]. No rio Sava, vi o cadáver de uma jovem com os olhos arrancados e uma estaca fincada nas partes sexuais [...], devia ter uns vinte anos quando caiu nas mãos desses monstros. Por todo lado, porcos devoravam cadáveres insepultos".

11. Não tão cosmopolita quanto a Grande Armée napoleônica, a força invasora era composta sobretudo por alemães, mas também incluía 500 mil romenos (o maior contingente), 300 mil italianos, 200 mil húngaros e 18 mil espanhóis.

12. Entre os que lutavam para sobreviver estava a operária Maria, mulher de um submarinista chamado Vladímir Putin. Casados desde 1928, ambos com vinte e poucos anos, eles tinham dois filhos; um terceiro morrera ainda pequeno durante uma epidemia na década de 1930. Agora, enquanto Vladímir, filho de um agente do NKVD, servia num batalhão punitivo do mesmo NKVD (sendo mais tarde transferido para uma unidade regular do Exército Vermelho), Maria perdeu o filho de dois anos, por inanição ou difteria, durante o cerco de Leningrado. Vladímir foi ferido, mas sobreviveu à guerra, tornando-se depois chefe de seção e secretário do comitê do Partido numa fábrica de trens. Somente aos 41 anos Maria daria à luz um filho temporão: Vladímir Vladimirovitch Putin.

13. Este foi o último serviço de Sorge para Moscou. Logo em seguida, o Kempeitai, o serviço de inteligência militar japonês, o prendeu e desarticulou a sua rede de informantes. Sorge foi enforcado em 1944. Entre suas amantes estava a agente alemã Ursula Kuczynski, que, mudando-se para Londres sob o codinome de Sonja, controlava o cientista nuclear Klaus Fuchs, um dos espiões soviéticos que ajudaram Stálin a construir a bomba atômica.

14. Cerca de 35 mil ucranianos, muitos dos quais membros da OUN (Organização dos Ucranianos Nacionalistas), juntaram-se à Ukrainische Hilfspolizei (Polícia Auxiliar Ucraniana), que se empenhou vigorosamente na matança de judeus. Fundada em 1929 na Polônia, a OUN cindiu-se em duas facções: a OUN-M, liderada por Andriy Melnyk; e a OUN-B, sob o mais jovem Stepan Bandera. Ambas foram armadas pelos nazistas após a invasão da Polônia. No início da Operação Barbarossa, Bandera acompanhou os invasores nazistas e, chefiando duas unidades de milicianos que contavam com apoio alemão — os batalhões Nachtigall (comandado pelo tenente Roman Shukhevych) e Roland —, proclamou a independência da Ucrânia. Em Lviv, no início de julho de 1941, a OUN-B e os homens do Nachtigall mataram mais de 5 mil judeus com o Einsatzgruppe C, numa chacina seguida por outro frenesi assassino, conhecido como Dias de Petliura, no qual milicianos e agricultores usaram armas e instrumentos agrícolas para massacrar outros 2 mil judeus. Em setembro, Bandera, recusando-se a revogar a declaração de independência ucraniana, desentendeu-se com os alemães, foi detido e enviado a um campo de concentração. Shukhevych e muitos dos membros

dos batalhões ucranianos incorporaram-se à Schutzmannschaft 201 alemã, um batalhão auxiliar de polícia — parte da Ukrainische Hilfspolizei, que matou dezenas de milhares de poloneses —, e juntaram-se aos assassinos nazistas na matança de mais de 200 mil judeus.

Uma operação exemplar ocorreu na cidadezinha industrial de Kryvyi Rih, onde a Ukrainische Hilfspolizei eliminou a maioria dos judeus, inclusive os membros de uma típica família judia, os Zelensky. Havia quatro irmãos Zelensky. Semion fugiu para se alistar no exército soviético e, promovido a coronel, participou de todos os combates até a tomada de Berlim. Em 2020, numa visita ao memorial de Yad Vashem, em Israel, seu neto, Volodymyr Zelensky, disse que "essa era a história de uma família com quatro irmãos, três dos quais, junto com seus pais e suas famílias, pereceram no Holocausto, fuzilados por ocupantes alemães. O quarto sobreviveu. Dois anos depois da guerra, ele teve um filho, e 31 anos mais tarde, um neto. Quatro décadas depois, esse neto tornou-se presidente [da Ucrânia independente] e está aqui agora diante de vocês".

15. Um milhão de judeus foram mortos na Ucrânia, mas isto era apenas parte de um banho de sangue multifacetado. Mais de 5 milhões de ucranianos — um em cada seis — foram mortos, incluindo os judeus. O morticínio tornou-se mais complexo devido a uma guerra tríplice: em março de 1943, muitos membros da Ukrainische Hilfspolizei, que haviam participado das matanças nazistas, além de outros patriotas, juntaram-se ao Exército Insurgente Ucraniano de Bandera, sob a liderança de Shukhevych, e iniciaram uma revolta contra os nazistas, matando judeus, poloneses e alemães. Com o recuo dos nazistas, passaram a combater os soviéticos. Entre 1918 e 1950, a Ucrânia foi o local mais mortífero de todo o mundo.

16. Os abundantes dados sobre os judeus e seu transporte ferroviário até Auschwitz e Treblinka foram tabulados por uma empresa de computação que usava máquinas perfuradoras de cartões: a Dehomag, subsidiária de uma companhia americana, a IBM.

17. A colaboração francesa foi manifestada pelo comportamento de Coco Chanel, a personificação da elegância francesa, que se mudou para o Hotel Ritz, o covil dos potentados nazistas, e iniciou um romance com um diplomata-espião alemão. Em 1924, Chanel vendera 70% dos direitos sobre o perfume Chanel Nº 5 a Pierre Wertheimer, cuja empresa, a Bourjois, fazia sucesso no setor de cosméticos e perfumaria. Agora, arrependida do acordo, Coco tentou explorar as leis raciais nazistas para readquirir o controle do perfume, que estaria em "propriedade de judeus" — os Wertheimer eram judeus franceses da Alsácia. Na verdade, estes haviam partido para os Estados Unidos, tendo, inteligentemente, transferido suas ações para um procurador "ariano" (isto é, não judeu). Após a libertação, em 1944, os Wertheimer retomaram o controle do Chanel Nº 5. Coco acabou interrogada, mas é quase certo que tenha sido protegida por seu velho amigo Churchill, e seguiu para o exílio na Suíça, regressando apenas em 1954 para relançar a Chanel, agora com o apoio dos antigos inimigos, os Wertheimer. Após sua morte aos 87 anos, os Wertheimer compraram os direitos da Chanel, levando ao sucesso mundial da marca no século XXI.

18. "Quando cheguei com meus pais, os *kapos* judeus sussurraram para mim: 'Diga que é católico', porque eu era louro e tinha olhos azuis", contou a este autor o judeu húngaro Yitzhak Yaacoby, que na época tinha treze anos. "Lembro-me muito bem do modo como Mengele olhou para mim. 'Você é judeu?', perguntou. 'Católico', respondi. 'Rá! Adiante, então!', riu Mengele, golpeando-me com um bastão, mas não me enviando para os 'chuveiros'."

19. Na Grécia, a princesa Alice (mãe do príncipe Philip, mais tarde duque de Edimburgo) escondeu uma família judia e foi reconhecida pelo Yad Vashem como uma "justa entre as nações". Mesmo nos países que mais colaboraram com os nazistas, muitas pessoas se comportaram de modo corajoso e decente: a maior quantidade de "justos entre as nações" estava na Polônia (7177), Holanda, França e Ucrânia (2619); mas também dois árabes, o médico egípcio Mohamed Helmy e

o agricultor tunisino Khaled Abdelwahab, salvaram judeus no território de governo de Vichy no norte da África.

20. Somente a essa altura Hitler se deu conta da capacidade industrial de Stálin, cuja escala acabaria por assegurar a vitória na guerra: "eles contam com a mais monstruosa quantidade de armamentos concebível — 35 mil tanques!", comentou Hitler com o marechal finlandês Mannerheim em 4 de julho de 1942, na única conversa privada entre os dois que foi registrada. "Se um dos meus generais me dissesse que um país pode ter 35 mil tanques, eu diria: 'Você está louco! Está vendo fantasmas!'." No entanto, os tanques eram reais.

21. O líder dos árabes palestinos, Amin al-Husseini, mufti de Jerusalém, viajou a Berlim, encontrando-se com Hitler e Himmler, e apoiou o Holocausto. No verão de 1943, para o espanto de Husseini, Himmler vangloriou-se de que os nazistas já haviam "exterminado mais de 3 milhões" de judeus. "O dever dos muçulmanos em geral, e dos árabes em particular, é expulsar todos eles", afirmou o mufti em novembro. "A Alemanha [...] com muita clareza reconheceu-os pelo que eles são e resolveu encontrar uma solução permanente para o perigo que os judeus representam e para eliminar o flagelo judaico mundial."

22. A tomada de Sebastopol em julho de 1942 foi auxiliada por um gigantesco canhão com alcance de quarenta quilômetros construído pela Krupp a partir de uma ordem pessoal de Hitler. "Meu Führer", escreveu Alfried Krupp, numa carta entregue pessoalmente na Toca do Lobo, "a grande peça de artilharia fabricada por sua ordem mostrou-se eficaz [...]. A Krupp reconhece com gratidão a confiança depositada em nossa família pelo senhor, meu Führer [...]. Seguindo o exemplo de Alfred Krupp em 1870, minha esposa e eu solicitamos o favor de que a Krupp possa se abster de cobrar por esse produto [...]. *Sieg Heil!*" Em 1943, a pedido de Gustav, Hitler promulgou uma legislação especial para assegurar que a empresa permanecesse nas mãos da dinastia.

23. Nas Índias Orientais holandesas, um carismático arquiteto e filho de professor, Sukarno, que passara quatro anos numa prisão holandesa por conta de atividades nacionalistas, aderiu aos japoneses a fim de promover um novo conceito nacionalista baseado na colônia europeia: a Indonésia. Nem todos os nacionalistas seguiram por esse caminho: Ho Chi Minh e o movimento de resistência Viet Minh, que abrigava comunistas e nacionalistas, combateram os franceses e depois os japoneses, com a ajuda dos Estados Unidos e da Grã-Bretanha.

24. Os britânicos reagiram organizando as Roundtable Conferences de 1930-2 — com a ocasional participação de Gandhi e de Jinnah —, que resultaram em eleições restritas e foram ridicularizadas por Nehru como "uma máquina com bons freios, mas sem motor". O processo enfureceu Churchill, que fulminou: "É alarmante e nauseante ver o sr. Gandhi, um advogado rebelde de Middle Temple, posar agora de faquir, galgando seminu as escadarias do palácio do vice-reinado a fim de tratar, em termos iguais, com o representante do rei-imperador". A despeito disso, em seguida à aprovação da Lei do Governo da Índia em 1935, realizaram-se eleições em 1937 para a formação de governos provinciais no país — embora o vice-rei continuasse a postos. Com a eclosão da Segunda Guerra, o processo de negociação foi completamente abandonado.

25. Tanto Gandhi como Nehru discordavam do presidente do Partido do Congresso, Subhas Chandra Bose, um abastado advogado e socialista favorável a uma aliança entre hindus e muçulmanos em Bengala — até que ele foi derrotado por Gandhi. Em seguida, Bose fugiu para a Alemanha, emergindo mais tarde de um submarino japonês para liderar um Exército Nacional Indiano de 60 mil homens, que combateu os britânicos na Birmânia.

26. Nas áreas rurais de Bengala, controlada por um governo indiano eleito, houve uma catastrófica escassez de arroz em consequência de um ciclone, da queda da Birmânia (que exportava arroz para a Índia), da destruição de barcos (para que não caíssem nas mãos dos japoneses) e do

açambarcamento generalizado por parte de especuladores e comerciantes. Os esforços para aliviar a crise foram prejudicados tanto pela política interna indiana como pela incompetência, negligência e letargia do vice-rei, Lord Linlithgow. Churchill e o gabinete em Londres, cuja prioridade era alimentar o exército, só agiram quando já era tarde demais. Embora o surto de fome não tenha sido intencional, a Grã-Bretanha era em parte responsável enquanto potência imperial. Surtos similares ocorreram no Vietnã ocupado pelos japoneses (onde 2 milhões morreram), na recém--libertada Grécia e na Holanda.

27. JFK ainda estava sendo tratado pelos ferimentos nas costas quando, em agosto de 1944, seu irmão mais velho, Joe Jr., piloto de bombardeiro, foi morto durante uma missão.

28. Stálin era obcecado pela traição: 600 mil *Hilfswilliger* — auxiliares russos, conhecidos como *Hiwis* ou *Askaris* ("africanos") — combateram ao lado dos alemães, ao passo que 120 mil formaram um Exército Russo de Libertação sob comando alemão. Em 1943-4, Stálin puniu potenciais traidores promovendo deportações generalizadas de populações menores — tártaros muçulmanos, tchetchenos, calmucos, carachais, inguches e alemães do Volga. Entre um terço e metade dos 480 mil tchetchenos deportados morreram. Quando os sobreviventes retornaram à Tchetchênia, levaram consigo um ódio profundo contra o domínio russo, arraigado desde as prolongadas revoltas no século XIX.

29. Ao voltar a Washington, Roosevelt encontrou-se secretamente com a amante, Lucy Mercer, que acabara de perder o marido, Winthrop Rutherford. Embora se correspondessem com frequência, ele estivera com Lucy apenas uma vez durante o longo casamento dela. Roosevelt pediu à filha Anna que combinasse os encontros, alguns na Casa Branca, outros em Georgetown. Lucy e Anna acabaram se tornando amigas, mas Eleanor ficou furiosa quando descobriu.

30. A penicilina fora descoberta dezesseis anos antes pelo inglês Alexander Fleming. Em meio à confusão de seu laboratório, Fleming constatou que em alguns de seus experimentos crescera um fungo que destruía bactérias; usando o fungo e as lágrimas e secreções nasais de assistentes, ele desenvolveu a penicilina, o primeiro antibiótico natural. "Às vezes a gente encontra aquilo que não estava buscando", comentou o cientista, ainda que na verdade não tenha sido uma descoberta tão acidental, pois ele era um entusiástico inovador: "Gosto de brincar com micróbios". Embora tenha publicado o achado, ninguém prestou muita atenção até 1939, mais de dez anos depois, quando um refugiado judeu alemão, Ernst Chain, e seu colega Howard Florey, em Oxford, infectaram oito ratos com estreptococos e, depois, deram penicilina a quatro deles. Somente estes sobreviveram. Em 1941, eles experimentaram a penicilina num paciente com uma grave infecção, que em seguida se recuperou. Conscientes do potencial do medicamento, eles voaram para Nova York, onde a Fundação Rockefeller montou, com o apoio do exército americano, uma equipe da qual fazia parte a cientista Mary Hunt (apelidada de Mouldy Mary, Maria Bolor) — que, depois de encontrar penicilina num melão apodrecido, usou-a como base para produzir a estreptomicina. Os antibióticos mudaram o mundo: as pessoas deixaram de morrer por causa de infecções menores, e, graças a eles, mais tarde os médicos conseguiram limitar a infecção após cirurgias de grande porte.

31. Quando lhe disseram que o papa Pio XII estava preocupado com a independência polonesa, Stálin retrucou: "E quantas divisões tem o papa?". Satisfeito com essa definição do poder bruto, Stálin repetiu a pergunta em outras ocasiões. "Pode dizer a meu filho Ióssif", brincou mais tarde o papa, "que ele vai enfrentar as minhas divisões no céu."

32. A fim de evitar um escândalo, Lucy logo fez as malas e deixou a Pequena Casa Branca.

33. "Suponho que você já tenha lido Dostoiévski", Stálin disse ao líder comunista iugoslavo Milovan Đilas, que o confrontara com o problema dos estupros em massa praticados pelo exército russo. "Entende então como é complexa a alma humana? [...] Bem, imagine um homem que com-

bateu desde Stalingrado até Belgrado [...]. O que há de tão medonho no fato de querer se divertir com uma mulher depois de tantos horrores?"

34. Em 4 de maio, membros do Smersh, o serviço de inteligência militar, encontraram os restos mortais calcinados, identificados pelo maxilar de Hitler, que, juntamente com fragmentos do crânio, foram levados para Moscou. Em 1970, o restante do corpo foi enterrado, secreta e anonimamente, sob uma base militar soviética na cidade alemã de Magdeburgo.

35. Entre os repórteres que cobriam a reunião estava Jack Kennedy, graças ao pai, que lhe conseguira um emprego numa das publicações de Hearst.

36. Houve conversas entre os stalinistas poloneses no sentido de incorporar a Polônia à URSS, algo que nunca foi considerado por Stálin, em parte devido à importância do país para os Aliados. Stálin também ficou com a grande cidade prussiana de Königsberg, rebatizada em homenagem ao presidente-fantoche Kalinin; expurgada da população alemã, ela se tornou um enclave soviético. Na Ucrânia, no fim da guerra, Bandera conseguiu escapar do cativeiro alemão e, com apoio americano, estabeleceu-se em Munique; seu aliado Shukhevych liderou uma guerra de vários anos contra os soviéticos, obtendo algumas vitórias (em fevereiro de 1944, ele matou o importante general soviético Vatunin); 130 mil ucranianos e mais de 30 mil soviéticos foram mortos, até que Shukhevych foi capturado e assassinado em 1950. Em Munique, em 1959, a KGB conseguiu assassinar Bandera. Nos países bálticos, os rebeldes antissoviéticos conhecidos como Irmãos da Floresta continuaram a lutar por uma década após o fim da guerra. Stálin organizou expurgos maciços na Ucrânia, em Belarus e nos países bálticos: na década de 1950, os campos do gulag tiveram seu auge, com 2,5 milhões de trabalhadores forçados. Em sua nova Ucrânia ocidental, Stálin executou cerca de 200 mil e deportou outras 400 mil pessoas. Entre 1940 e 1953, aproximadamente 10% da população báltica foi deportada. Seria possível argumentar que Stálin, pontífice marxista e imperialista russo, excedeu-se de maneira fatal ao absorver a região do Báltico. Em 1990-1, foram os habitantes da região, ainda mais do que os georgianos, que aceleraram o colapso da União Soviética. Se Stálin não tivesse incorporado esses territórios, talvez a URSS não tivesse se desintegrado em 1991.

OS NEHRU, OS MAO E OS SUN, OS MAFIOSOS, OS HACHEMITAS E OS ALBANESES [pp. 1021-46]

1. Em 1898, uma física polonesa, Marie Skłodowska, nascida na Varsóvia dos Románov e recém-casada com um colega francês, Pierre Curie, elaborou a teoria do que chamou de "radioatividade", revelando a energia contida nos elementos que acabara de descobrir, o polônio e o rádio, os quais teriam enorme importância tanto na guerra como na medicina. Em 1905, o físico judeu alemão Albert Einstein, então com 26 anos, filho de um fracassado empreendedor técnico de Württemberg, publicou um artigo demonstrando a realidade física dos átomos e moléculas, que eram conhecidos desde o início do século XIX. Em sua teoria da relatividade, Einstein mostrou que a energia e a matéria são equivalentes, oferecendo uma equação que evidenciava quanta energia havia em determinada quantidade de matéria. Depois de 1933, quando Einstein fugiu da Alemanha para viver nos Estados Unidos, os físicos constataram que determinados isótopos de urânio tinham o potencial de sustentar uma reação em cadeia capaz de cindir os átomos. A energia liberada nessa fissão podia ser calculada com a fórmula proposta por Einstein décadas antes. Em 1939, ao perceber que essa energia podia ser enorme, Einstein aconselhou Roosevelt a desenvolver esse potencial. Hitler decidiu não se concentrar no desenvolvimento de uma bomba nuclear, talvez o seu maior equívoco. Além disso, a perseguição aos cientistas judeus, que foram importantes nesse desenvolvimento, havia feito com que muitos buscassem refúgio fora da Alemanha.

2. Foi criada então uma Organização Mundial da Saúde, que, por meio de programas de vacinação em massa — 150 anos depois de Jenner —, conseguiu erradicar a varíola em todo o mundo. Como escreveu Steven Johnson, "a erradicação global decorreu tanto da invenção de uma instituição como a oms como da própria vacina" — algo que foi ressaltado pela pandemia de covid-19.

3. Mountbatten era bisneto da rainha Vitória, descendente do filho ilegítimo de um príncipe de Hesse, o marquês de Milford Haven, que fizera carreira na Grã-Bretanha, chegando a comandar a Marinha Real. Edwina era neta de um magnata judeu alemão, Sir Ernest Cassel, banqueiro de Eduardo vii.

4. "Paquistão" significa "'Terra da Pureza" em urdu, mas, em, inglês, também é um acrônimo para Punjab, Afegânia (Província Fronteiriça do Noroeste), Caxemira e Indo-Sind, acrescidos do sufixo "-stão", de Baluquistão. Foi cunhado por um estudante de direito do Emmanuel College, em Cambridge, Rahmat Ali, e três de seus colegas na época das negociações da mesa-redonda entre britânicos e indianos, nenhum dos quais o adotou. Foi somente depois de 1948 que Jinnah o adotou, sem dar crédito a Rahmat. Quando este desembarcou em 1948 no novo país que havia batizado, acabou sendo expulso, morrendo na miséria em Cambridge logo depois.

5. Mais tarde, acompanhados das filhas, Indira e Pamela, Nehru e Edwina passariam férias em Orissa; e, em oito ocasiões, Nehru visitaria Broadlands, a residência dos Mountbatten. Edwina morreu em 1960. O conde Mountbatten da Birmânia, que ainda menino, antes da Primeira Guerra, conhecera o primo, o tsar Nicolau ii, e servira mais tarde como chefe do gabinete de defesa britânico em governos trabalhistas e conservadores até 1965, foi assassinado por terroristas do ira enquanto pescava perto de seu castelo em Sligo, na Irlanda.

6. Nenhum deles jamais existira antes, e ambos são Estados falidos. Um frágil amálgama de maronitas cristãos, sunitas remediados, xiitas pobres e drusos belicosos, o Líbano foi concebido pelos franceses para proteger seus favoritos cristãos, provocando o ressentimento dos xiitas. Já a Síria era um conglomerado de sunitas, alauitas, curdos e drusos. O Líbano, governado por magnatas venais e chefes guerreiros sectários, foi afligido por guerras civis, intervenções palestinas, invasões israelenses, captura do Estado pelo movimento de resistência xiita e, na década de 2020, pelo colapso estatal. Em 2012, a Síria desintegrou-se numa guerra civil.

7. O novo país seria chamado de Judeia ou Israel, tendo sido escolhido esse último nome.

8. O tsar Simeão ii da Bulgária, neto do Raposa, foi deposto por um plebiscito em 1944. Governada por Dimitrov, um sequaz de Stálin, a Bulgária tornou-se uma república popular.

9. Tito ajudou um obscuro mestre-escola comunista, Enver Hoxha, a tomar o poder no pequeno país vizinho, a Albânia. Bem-apessoado, alto, tagarela e com curiosas veleidades literárias, Hoxha escreveu nada menos do que 67 volumes de diários e memórias. Governando por meio de um minúsculo grupo matrimonial endógeno que vivia numa rua central de Tirana, feia mas bem guardada, chamada Blloku (Bloco), o camarada Enver eliminou fisicamente todos os rivais: "Localizar e matar Irfan Ohri", dizia uma de suas notas típicas. "Creio que está hospedado numa casa perto do cinema Rex." Assim que assumiu o poder, em novembro de 1944, ele ordenou: "Construam prisões e campos de concentração". Acrescentando: "Detenham, prendam e executem os indivíduos influentes". Hoxha venerava Stálin, com quem se encontrou e teve longas conversas.

10. Alguns dos piores criminosos de guerra conseguiram escapar, através do chamado "caminho dos ratos", para a América do Sul, onde o novo ditador argentino, o coronel Juan Perón, admirador de Hitler, deu refúgio a Adolf Eichmann, Josef Mengele e Ante Pavelić. Este morreu dois anos após uma tentativa de assassinato; Eichmann foi sequestrado pelo Mossad e enforcado em Jerusalém. Mengele morreu afogado.

11. "Nunca antes, desde Atenas e Esparta, desde Roma e Cartago", disse o vice-secretário de Estado, Dean Acheson, aos senadores americanos, "tivemos uma polarização de poder tão acentuada."

12. Chiang fundou em Taiwan uma república independente dominada pelas famílias Song e Chiang. De 550 milhões de pessoas, passou a governar 6 milhões, submetidas a ondas de terror e dominadas por nativos do continente durante as cinco décadas seguintes. Reinando em Taiwan como ditador pelo resto da vida, foi sucedido como imperador pelo filho educado na Rússia, Ching-kuo, que introduziu a democracia na ilha. A democracia liberal de Taiwan, que possui um sofisticado setor de produção de semicondutores, viveu sob proteção americana até a década de 2020, e continua sendo a única entidade chinesa fora do controle de Beijing.

13. O próprio Puyi, contudo, recebeu um tratamento muito diverso. Em 1945, o imperador fantoche do Japão havia abdicado e fora capturado pelos soviéticos, que o repatriaram. Na China, foi obrigado a realizar tarefas subalternas, ainda que Mao o tenha encorajado a escrever suas memórias. Em 1960, foi recebido por Zhou Enlai: "Você não tem culpa por ter se tornado imperador aos três anos nem pela tentativa de restauração em 1917. Mas tem total responsabilidade [...] por ter aceitado o cargo de principal dirigente de Manchukuo". Puyi concordou, mostrando-se arrependido por todo o sofrimento que infligira a seus eunucos. Em 1967, o último imperador morreu, aos 61 anos.

14. Cixi abolira o enfaixamento dos pés em 1902, assim como a nova república em 1912, de modo que a prática já estava em declínio. Dessa vez, acabou de fato.

15. Em Moscou, Stálin e Mao receberam, juntos, Ho Chi Minh. Mao começou a treinar e equipar os 70 mil combatentes do Viet Minh. Além disso, convidou outros comunistas asiáticos para treinamentos em Beijing: um deles era um professor cambojano, formado em Paris, chamado Saloth Sar, que mais tarde adotaria o nome de Pol Pot.

16. A fim de celebrar o tricentenário do tratado de fidelidade do hetman Khmelnitski ao tsar Alexei em abril de 1654, Stálin decidiu conceder a Crimeia à Ucrânia. Os novos líderes concluíram a transferência no ano seguinte. Portanto, quando a União Soviética se desintegrou, em 1991, a Crimeia já fazia parte do território ucraniano.

17. Um jogo mundial de espionagem teve início na medida em que cada lado tentava infiltrar agentes, às vezes duplos ou triplos, no âmago das instituições adversárias. Esse mundo sombrio e amoral foi requintadamente descrito e transformado em literatura em duas obras magistrais sobre a fraqueza e a traição humanas, *O espião que saiu do frio* e *O espião que sabia demais*, escritas por um ex-agente que se tornou um dos maiores romancistas do pós-guerra: John le Carré. Ambos os lados recorriam a métodos clandestinos e violentos para derrubar governos associados a seus rivais em todo o mundo. Todavia, em ambos os campos, o controle de atores locais por Moscou e Washington foi tão exagerado quanto raros foram os êxitos da KGB e da CIA. Mais tarde criou-se um mito de que a CIA promovera vários golpes bem-sucedidos. Essa narrativa anti-imperialista subestima as iniciativas dos potentados locais. Um caso raro de intervenção bem-sucedida da CIA foi autorizado em junho de 1954 por Eisenhower na Guatemala, onde aliados dos americanos derrubaram o presidente socialista.

18. Havia escassez de moradias, e os preços dos imóveis estavam aumentando nas cidades em expansão. Em Nova York, Fred Trump, filho do bávaro Drumpf, dono de um bordel durante a corrida do ouro, construiu milhares de casas e apartamentos, recorrendo a empréstimos estatais para fornecer moradias acessíveis, muitas vezes ficando com grande parte dos recursos. Depois de instruir os corretores a "não alugar para negros" — e, quando estes já eram inquilinos, "livrar-se deles" —, Trump foi condenado por racismo. Ele era a personificação da brutalidade do capitalismo

americano, manifesta no modo como tratou os três filhos. Ao morrer, deixou uma fortuna de 1 bilhão de dólares, uma extravagância mercenária e uma filosofia pessoal adotada pelo segundo filho, Donald: "Na vida só há predadores e perdedores [...]. Somos os predadores [...]. Todo rei é um predador".

19. Um paradoxo da política televisada é que o melhor artista pode não se destacar em nada mais: "As qualidades recompensadas na ascensão ao topo", escreveu Henry Kissinger, "são cada vez menos as qualidades necessárias uma vez alcançado o topo".

20. Após a prisão de Luciano, a organização foi encampada pelo subchefe, Vito Genovese; as cinco famílias que dominavam o crime em Nova York continuaram como antes, assim como o conselho diretor da máfia, a Comissão, criada por Luciano. O parceiro de Lansky era um astuto mafioso mais jovem de Nova York, Carlo Gambino, *consigliere* do mais temível chefe da época, Albert Anastasia, que controlava um esquadrão de assassinos a partir de um clube, o City Democratic, que os jornais chamavam de Assassinato S.A., sendo Anastasia o senhor das execuções. Porém, quando ele tentou abrir cassinos em Havana, Lansky e Gambino mandaram matá-lo: em 25 de outubro de 1957, Anastasia foi fuzilado no hotel Park Sheraton, em Manhattan, reclinado na cadeira do barbeiro e com o rosto coberto por toalhas aquecidas — dando origem a uma das imagens mais famosas de uma execução pela máfia. Gambino passou a chefiar a família da qual, mais tarde, John Gotti seria membro.

21. Batista era um exemplar típico dos líderes apoiados pelos Estados Unidos que se tornaram cruciais na luta contra o comunismo. "Talvez seja mesmo um canalha, mas é o nosso canalha", Roosevelt teria dito a respeito de um desses aliados dos americanos, Anastasio Somoza, da Nicarágua. Somoza e o filho permaneceram no poder até 1979. Na República Dominicana, os Estados Unidos apoiaram Rafael Trujillo, El Jefe, tirano desde 1930, e que em 1937 ordenou El Corte, como ficou conhecido o massacre de milhares de haitianos negros. No Haiti, os americanos toleraram a eleição de um médico chamado François Duvalier, o Papa Doc, que se tornou popular ao tratar uma infecção tropical então comum, a bouba, e posteriormente como um ministro da Saúde progressista. Num país havia muito tempo dominado por uma elite mulata, Duvalier era negro e prometia cuidar da "massa invisível". Desconfiando do exército, criou a Milice de Volontaires de la Sécurité Nationale, uma milícia assassina cujos membros, armados de facões, eram apelidados de Tonton Macoutes, em referência aos monstros que, segundo a mitologia vodu, prendiam suas vítimas em sacos. Liderados por um capanga conhecido como Vampiro, por negociar plasma sanguíneo, os Macoutes queimavam, fuzilavam e desmembravam os oponentes de Papa Doc, pendurando seus restos em árvores como advertência; eles foram inicialmente treinados pelos americanos. Em 1964, Duvalier proclamou-se presidente vitalício do Haiti.

OS NORODOM E OS KENNEDY, OS CASTRO, OS KENYATTA E OS OBAMA [pp. 1047-79]

1. Kermit Roosevelt passou o resto da vida vangloriando-se de seu arrojado papel, mas os generais e os aiatolás foram provavelmente bem mais importantes do que os americanos. Havia várias conspirações em andamento: foram as tropas de Zahedi que tomaram o poder, e as turbas do aiatolá Kashani que dominaram as ruas. Roosevelt de fato recrutou alguns criminosos, mas é improvável que esses bandos de gângsteres e prostitutas tenham sido decisivos; além disso, segundo seu próprio relato, ele nem sequer gastou todos os recursos de que dispunha. Na verdade, ele entregou a Zahedi os 900 mil dólares remanescentes da Operação Ajax. Eisenhower comentou que o relatório do agente da CIA "mais parecia um romance barato do que uma compilação de fatos his-

tóricos". O romancista era o grotesco promotor de si mesmo. Todavia, o golpe tornou-se um crime emblemático do imperialismo americano. Sua mitologia foi estimulada tanto pela CIA, a fim de reforçar a mística da própria eficiência, como pelos inimigos do xá, os nacionalistas iranianos e a república islâmica, a fim de demonizar e estigmatizar os Pahlavi. Ao saber das alegações jactanciosas de Roosevelt, o xá limitou-se a rir, segundo o registro nos diários de Assadollah Alam, ministro de sua corte.

2. O charme paternal de Ho ocultava uma ferocidade stalinista. Seus rivais eram silenciosamente tirados de cena: "Aqueles que não seguirem a linha estabelecida por mim serão eliminados". No Vietnã do Norte, 200 mil agricultores prósperos e inocentes foram executados segundo uma cota estabelecida em maio de 1953 — "em princípio fixada na proporção de um para cada 100 mil indivíduos da população total".

3. Em 1957, Paris transferiu o controle do Marrocos ao sultão Muhammad Alawi, descendente de Ismail ibn Sharif, o temível monarca do século XVII. Muhammad resistira às demandas do governo de Vichy para que os judeus marroquinos fossem enviados aos campos de extermínio e, após a guerra, quando exigiu a reunificação e a independência do reino, acabou exilado pelos franceses em Madagascar. Agora, ele e o filho Hassan negociaram a saída de franceses e espanhóis do Marrocos. Subindo ao trono em 1961, Hassan promoveu a dinastia como descendente de Maomé, adotando o título de emir al-Muminin e exercendo o poder absoluto, mesmo que permitisse a existência de um Parlamento multipartidário. Hábil, arrogante e implacável, ele esmagou a oposição, muitas vezes com ajuda francesa, ocupou o Saara ocidental e conseguiu transformar o Marrocos numa monarquia híbrida e estável.

4. A "política da *grandeur*" era um reflexo da personalidade e da vida de De Gaulle. "Claro que eu não iria repetir o Segundo Império", afirmou, "pois não sou sobrinho de Napoleão e não se vira imperador com a minha idade." Na sua concepção de vida, a luta era central: "A vida é um combate, e cada uma de suas etapas inclui tanto êxitos como fracassos […]. O êxito traz em si o germe do fracasso e vice-versa". Ele não via a humanidade de maneira exaltada: "Há apenas dois motores na ação humana, o medo e a vaidade. Na catástrofe, predomina o medo; na calmaria, a vaidade". Após vencer um plebiscito que aprovou a Quinta República, De Gaulle criou uma presidência poderosa na qual atuou como monarca republicano, um sucessor dos Bourbon e dos Bonaparte. Quando se encontrou com a jovem rainha britânica Elizabeth II e esta lhe pediu um conselho, definiu perfeitamente a monarquia constitucional: "Na posição em que Deus a colocou, seja quem a senhora é. Seja aquela pessoa em torno da qual, graças à sua legitimidade, tudo se organiza no reino, aquela em que os súditos reconheçam a *patrie*, e cuja presença e dignidade concorram para a unidade nacional".

5. Em 1966, num país minúsculo e rico em petróleo, o Gabão — membro da principal federação colonial francesa, a Afrique Équatoriale —, De Gaulle entrevistou um elegante e franzino ex-oficial, Albert-Bernard Bongo, então com trinta anos. De Gaulle o abençoou como vice-presidente e depois o apoiou para a presidência, em troca de acesso privilegiado ao petróleo e ao urânio do país. Bongo, que falava francês fluentemente e mais tarde se converteu ao islamismo, governou como monarca durante 42 anos, enriquecendo com o petróleo e os subsídios concedidos pela França, e mantendo relações estreitas com todos os presidentes franceses até Sarkozy. Seus inúmeros filhos foram integrados ao governo. Em 1980, sua filha Pascaline teve um caso com Bob Marley, o músico rastafári jamaicano que convidara para se apresentar no Gabão; mais tarde, ela foi promovida a ministra das Relações Exteriores. Ao morrer, em 2009, Bongo foi sucedido pelo filho Ali Bongo. A família permaneceu no poder por mais de meio século.

6. Salazar, o ditador de Portugal, não abraçou a ideia francesa de uma África independente. Em fevereiro de 1961, rebeldes angolanos liderados pelo Movimento Popular de Libertação de Angola (MPLA), apoiado por Moscou e Havana, começaram a lutar pela independência, sendo logo seguidos pela Frente de Libertação de Moçambique (Frelimo). Salazar considerava a preservação das colônias essencial para os portugueses e adotou a teoria singular do "lusotropicalismo", segundo a qual o Império Português era multicultural e multirracial, chegando a alegar que um africano poderia, em tese, tornar-se presidente de Portugal. Assim, ele estimulou a mudança de portugueses para as colônias — entre 1960 e 1975, 200 mil portugueses emigraram para a África, e logo havia 400 mil colonos em Angola e 350 mil em Moçambique. As revoltas foram reprimidas por 50 mil soldados portugueses, que contavam com o crescente apoio de unidades de elite compostas por comandos africanos, os quais, em 1970, chegaram a constituir metade da força de Portugal (o oficial mais condecorado do exército foi o coronel Marcelino da Mata, um guineense que chegou a chefiar os comandos africanos de elite). A ditadura de Salazar começava a trincar: em 1958, um carismático líder oposicionista, Humberto Delgado, quase chegou à presidência, o que lhe teria permitido exonerar o ditador. Em 1965, tendo sido obrigado a se exilar, ele foi assassinado em Madri pela polícia secreta portuguesa, a Pide. As guerras africanas de Salazar foram brutais, com massacres e decapitações, mas uma década depois as sublevações haviam sido quase completamente esmagadas. Mais tarde, em vão, o presidente Kennedy aconselhou o ditador português a conceder independência às colônias.

7. Mais adiante, Macmillan orgulhosamente cobrou do presidente Kennedy que apoiasse a construção de uma represa no Alto Volta: "Coloquei em risco minha rainha", disse. "Agora, coloque em risco seus recursos."

8. Já presidente, Nkrumah convidou o nonagenário Du Bois — que perdera o passaporte americano devido às investigações de McCarthy sobre as suas conexões socialistas — a editar a enciclopédia *Africana* em Gana. Du Bois chegou ao país em 1961, tornando-se ganense e falecendo em Acra pouco antes da aprovação da Lei dos Direitos Civis nos Estados Unidos, o ponto culminante de uma vida de lutas.

9. Poucos monarcas africanos tornaram-se governantes, em parte porque havia décadas vinham perdendo prestígio como figuras de proa. Houve exceções, contudo. Na Suazilândia e no Lesoto, os descendentes dos bem-sucedidos chefes guerreiros do *Mfecane* governaram como reis, tendo astutamente evitado a incorporação pela África do Sul. Em Bechuanalândia, Seretse Khama, neto do rei Khama III, herdeiro de outro reino surgido a partir do *Mfecane*, causou um escândalo, tanto em sua terra como na Grã-Bretanha, ao se casar em 1948 com a inglesa branca Ruth Williams — o primeiro casal inter-racial proeminente dos tempos modernos —, mas, ao retornar, lutou pela independência, tornando-se o primeiro presidente de Botsuana. Khama e, mais tarde, seu filho dominaram uma democracia tolerante e disciplinada até o século XXI.

10. Sem que ninguém se desse conta, em meio à confusão da retirada belga, uma nova doença que afetava o sistema imune passara dos macacos para os seres humanos no Congo, onde, em 1959, o primeiro caso foi registrado. A doença foi provavelmente difundida pela África central e ocidental após a Segunda Guerra, por contaminação em vacinações e por meio de contatos sexuais, às vezes por sangramentos durante o sexo anal e por úlceras genitais durante o sexo vaginal. É provável que tenha chegado aos Estados Unidos logo depois: Richard R., um jovem que morreu de pneumonia em 1969, foi o primeiro caso confirmado. Identificada apenas em 1981, a doença tornou-se uma pandemia que matou milhões de pessoas. Mais tarde, recebeu os nomes de vírus da imunodeficiência humana (HIV) e síndrome de imunodeficiência adquirida (aids).

11. "Como pude ser tão estúpido?", ele exclamou, percebendo o perigo que correm os potentados isolados demais: o de se iludirem. "Acabamos alienados da realidade quando queremos demais que algo seja bem-sucedido."

12. Nessa mesma época, os seres humanos modernos começaram a vislumbrar as implicações da total dominação do planeta. Em 1960, o cientista americano Charles David Keeling, ao compilar no Havaí registros de temperatura, mostrou como o aumento na atmosfera do dióxido de carbono e dos "gases do efeito estufa", emitidos na queima do carvão e do petróleo, bem como o desmatamento e a agricultura intensiva, resultantes da industrialização nos últimos dois séculos, estavam provocando o aquecimento do planeta, um processo que, representado na chamada Curva de Keeling, poderia causar danos irreversíveis e catastróficos. Ao mesmo tempo, o teórico de sistemas Herman Kahn alertava para o perigo de um conflito nuclear, ao publicar em 1º de janeiro de 1962 o livro *Thinking about the Unthinkable*, que postulava dezesseis etapas (mais tarde ampliadas para 44) que culminariam na "guerra desatinada/descontrolada".

13. Em 19 de maio, Kennedy celebrou seu 55º aniversário com um evento para arrecadação de fundos no qual Marilyn Monroe, usando um vestido de contas, cantou o tradicional "Feliz aniversário" aos sussurros, marcando o apogeu da administração de Kennedy. Marilyn fora apresentada ao presidente por seu ex-amante Sinatra, que ocupava uma posição única na cultura americana, na encruzilhada do entretenimento, do poder presidencial e do crime organizado. Marilyn teve casos com Jack e Bobby Kennedy (este último, pai de onze filhos com uma esposa sofredora) entre casamentos fracassados com o astro do beisebol Joe DiMaggio e o dramaturgo Arthur Miller. Ela amargava as feridas de uma infância desolada em lares adotivos e foi tratada com indiferença quando se apaixonou por Bobby. Em agosto, quando foi encontrada morta por overdose de soníferos, os Kennedy suprimiram todos os indícios de seu relacionamento com ela. A vida de Marilyn Monroe personificou o glamour do auge do Século Americano, e sua morte, a fragilidade da beleza e o lado sombrio da fama.

14. Desde 1959, o Pentágono vinha desenvolvendo um sistema de comunicações capaz de continuar funcionando no caso de um ataque nuclear destruir os cabos telefônicos e as redes de rádio. Paul Baran, um cientista judeu nascido na Polônia cuja família chegara aos Estados Unidos em 1928, estava trabalhando para a Rand Corporation e havia acabado de criar uma maneira rápida e barata de transmitir dados por meio do que chamou de "blocos de mensagem" em seu livro *On Distributed Communications*. Comprovando que toda "descoberta" resulta da acumulação de conhecimentos, o engenheiro britânico Donald Davies desenvolveu a mesma ideia na mesma época, embora fizesse referência a "pacotes" de dados. Em 1967, Baran disse a Davies que "você e eu temos uma concepção idêntica sobre a 'comutação de pacotes', pois chegamos independentemente aos mesmos elementos". Dois anos depois, a Arpa, a Agência de Projetos de Pesquisa Avançada do Pentágono, aproveitou o trabalho de ambos para criar uma rede de comunicação entre computadores. No decorrer dos vinte anos seguintes, uma galáxia de cientistas aperfeiçoou a tecnologia que deu origem à internet e ao e-mail.

15. Sergo Mikoyan, que acompanhara o pai como assessor, relatou todo o drama da viagem a este autor. "Meu pai disse que 'o futuro do mundo depende do êxito desta missão, simples assim'. Dá para imaginar quão tenso foi o voo, mas meu pai manteve a calma o tempo todo. Ele estava acostumado com a tensão: afinal, convivera com Stálin por trinta anos!"

16. Na minúscula elite vietnamita, Ho Chi Minh e o general Giap, mais jovem, haviam ambos frequentado o liceu francês Quoc Hoc, em Hué, fundado pelo pai — católico e membro do governo vietnamita — do presidente Ngo Dinh Diem. Giap e o presidente Ngo estudaram lá na mesma época. Quando governador provincial, Ngo colaborou com os japoneses contra os franceses. No-

meado primeiro-ministro pelo último imperador de Annam, Ngo, um católico celibatário e puritano, aboliu a monarquia e, na presidência, sempre rodeado de belos jovens, liderou uma dinastia
cleptocrática e homicida. Seu irmão Nhu, admirador de Hitler e viciado em drogas, dirigia o partido e a polícia secreta, que tinha por modelo a ss; sua mulher, a bela e fogosa sra. Nhu, estava sempre com vestidos deslumbrantes e carregava uma pistola. Quanto aos outros irmãos, Thuc era arcebispo de Hué, Can governava a mesma cidade, e Luyen servia como embaixador em Londres. A
irreprimível sra. Nhu atormentava o presidente e o marido, declarando que "o poder é maravilhoso e o poder absoluto é absolutamente maravilhoso", e abraçando um programa moralista de queima de pornografia e proibição da prostituição — ao mesmo tempo que se queixava de ser negligenciada na cama pelo marido. Quando monges começaram a atear fogo em si mesmos em
protesto pelas devastações de Ngo, a sra. Nhu os chamou de "churrascos": "Que queimem!", disse, e ameaçou os inimigos: "Vamos perseguir e exterminar todas essas ovelhas pestilentas". Os vietnamitas ficaram horrorizados com ela; os americanos, chocados e fascinados ao mesmo tempo.

17. "Há duas coisas pelas quais as pessoas vão sempre pagar: comida e sexo", dizia Madame
Claude. "E, quanto a mim, não sei cozinhar." Dona da mais prestigiosa *maison close* de Paris, Claude (Fernande Grudet) especializou-se em jovens refinadas de classe média, muitas vezes atrizes e
modelos secundárias, que não eram prostitutas em tempo integral. Quase um departamento sexual dos serviços de inteligência franceses durante a década de 1960, entre seus clientes havia astros
do cinema (Marlon Brando), plutocratas (os Rothschild; o magnata italiano da Fiat, Gianni Agnel-
li; o armador grego Aristoteles Onassis, que mais tarde se casaria com Jackie Kennedy) e potentados que iam desde o xá do Irã e o faz-tudo saudita Muhammad Khashoggi até o presidente Kennedy, que, em sua visita, solicitou uma jovem "como Jackie, mas fogosa".

18. Israel continuava a depender das armas francesas, ainda que De Gaulle tivesse encerrado a
assistência no setor nuclear. Os Estados Unidos estavam começando a fornecer equipamento militar ao país, mas Kennedy ficou furioso ao saber do programa nuclear israelense. Quando Shimon
Peres, o responsável pelo programa, visitou a Casa Branca, Kennedy lhe perguntou sobre as armas
nucleares. A resposta de Peres foi deliberadamente vaga: "Posso afirmar com segurança que não
vamos introduzir armas atômicas na região. Não seremos os primeiros a fazer isso".

OS HACHEMITAS E OS KENNEDY, OS MAO, OS NEHRU E OS ASSAD [pp. 1080-99]

1. Para Lyndon Johnson, os comunistas estavam avançando por todos os lados: tal como JFK,
ele temia o surgimento de uma "nova Cuba" na América do Sul, incentivando um golpe contra o
presidente esquerdista do Brasil, João Goulart, que, em abril de 1964, acabou deposto por militares
que iriam governar o país por vinte anos, prendendo mais de 40 mil pessoas e assassinando ao menos 333 supostos comunistas (e, provavelmente, centenas de opositores). Na Indonésia, uma iniciativa similar desencadeou o mais sangrento de todos os golpes no período da Guerra Fria. O excêntrico e teatral Sukarno opunha-se à influência americana, mas também desprezava os soviéticos
por serem brancos e arrogantes, ao mesmo tempo que consolidava sua ditadura com o apoio de
um partido comunista popular. Johnson ordenou que a CIA o depusesse, mas Sukarno adorava o
drama, chamando 1965 de "o ano de viver perigosamente". Quando um golpe comunista resultou
na morte de seis generais, ele perdeu o controle de seu principal aliado entre os militares, o general Suharto, que iniciou um expurgo dos comunistas e dos descendentes de chineses que os apoiavam, matando e degolando 500 mil pessoas. Em 2001, a filha de Sukarno, Megawati, foi eleita presidente do país.

2. O aperfeiçoamento das técnicas de produção de alimentos e da agricultura intensiva tornou muito mais raras as fomes, mesmo com o acentuado crescimento demográfico. Entre 1980 e 2020, 5 milhões de pessoas morreram de inanição, ao passo que, no período de 1940 a 1980, a quantidade de mortes por esse motivo foi dez vezes maior: em alguns casos por conta de secas, em outros por problemas de distribuição em tempo de guerra, mas na maioria das vezes em decorrência de iniciativas políticas adotadas por marxistas-leninistas na União Soviética, na China e na Etiópia, bem como pelos nazistas na Europa.

3. Li Na, a filha de Mao com Jiang, trabalhou como secretária do pai durante a Revolução Cultural, acompanhando-o nas chamadas "sessões de luta". Ela se tornou cada vez mais arrogante e passou a ameaçar os funcionários da residência. Mao a promoveu a diretora do Pequeno Grupo Interno que conduzia a campanha. Em 1972, porém, ela sofreu um colapso nervoso e deixou de ter interesse para o pai.

4. Na década de 1990, este autor encontrou-se com Deng Pufang em Beijing. "Bem, vamos dizer que passamos por poucas e boas até chegarmos aqui", foi como ele descreveu sua trajetória, sentado numa cadeira de rodas.

5. Enquanto Kenyatta consolidava seu poder no Quênia, os britânicos se retiraram de Tanganica e de Zanzibar. Em janeiro de 1964, o sultão de Zanzibar — o monarca árabe cujo primo governava Omã — teve de enfrentar uma invasão organizada por um cristão messiânico enlouquecido, o ugandense John Okello, que tomou a ilha com seiscentos rebeldes e tentou capturar o sultão Jamshid bin Abdullah, que teve de fugir em seu iate. Okello ordenou a matança de todos os árabes entre dezoito e 25 anos, e o estupro coletivo de todas as mulheres, com exceção das virgens. Dois mil omanis foram mortos — uma vingança por séculos de tráfico de escravos. Mas o marechal de campo Okello acabou sendo afastado por líderes menos dementes que, depois de tentarem implantar uma república marxista, o expulsaram e negociaram uma união com Tanganica, formando a atual Tanzânia. O sultão acabou se refugiando em Omã, onde até hoje seus primos estão no poder.

6. Lucian Freud, que só conhecera o famoso avô psicanalista quando este já era bem idoso, viveu como um libertino do século XVIII, envolvendo-se em brigas de rua e apostando em cavalos, pontificando num harém de amantes, com as quais teve ao menos uma dúzia de filhos. Em 1966, ele pintou seu primeiro retrato de um nu deitado, *Jovem nua*. Com um estilo cru, alienado, sensual e brutalmente empastado, ao longo de meio século ele dominou e encontrou satisfação na carne, na alma e na condição humana: "Quero que a tinta se comporte como carne", disse. "Que meus retratos sejam as pessoas, não só a aparência delas. Que não tenham as suas feições, mas sejam os próprios retratados."

7. Em setembro de 1968, aos 79 anos, Salazar sofreu uma queda no banheiro e um derrame. Ainda assim, o Estado Novo português não caiu. Um fiel sucessor foi nomeado primeiro-ministro e deu continuidade à ditadura internamente, bem como às brutais guerras coloniais no exterior.

8. Kenyatta morreu em 1978, aos 84 anos, deixando uma das famílias mais ricas do país, mas filhos jovens demais para sucedê-lo. Assim, para a sucessão, escolheu um asseclas, Daniel Arap Moi, que ficou no poder por vinte anos. O filho de Kenyatta, Uhuru, foi presidente de 2013 a 2022 — outro dinasta africano numa democracia problemática, mas operante.

9. Nessa mesma semana, um estudante de artes plásticas e dramáticas nascido em Brixton, também cantor e compositor, chamado David Bowie (nascido Jones) lançou uma música, "Space Oddity", que contava a história de um astronauta, o major Tom, condenado a orbitar a Terra eternamente. Fascinado pelas viagens espaciais, Bowie — com sua beleza cadavérica e glamour vampiresco — em seguida fez a crônica da estranheza messiânica da fama na era do consumismo em seu álbum *The Rise and Fall of Ziggy Stardust and the Spiders from Mars*. O único que se comparava a ele

como compositor e artista era outro londrino, também da classe trabalhadora: Elton John (nascido Reggie Dwight), que também tratou do espaço em "Rocket Man", e cuja obra magistral, *Goodbye Yellow Brick Road*, ampliou os limites da música pop. A fusão que ambos fizeram de teatro, moda e música mostrou que o rock se tornava uma ala dinâmica da arte, ao mesmo tempo que a exploração da androginia sexual (ambos causaram escândalo quando se declararam bissexuais), do hedonismo exótico e da quase autodestruição pelo uso de cocaína assinalava o encerramento da utópica década de 1960 e o início da mais sombria década de 1970. Porém foram os Rolling Stones, com "Sympathy for the Devil" — a melhor canção histórica de todos os tempos —, que confrontaram a Era de Aquário com as forças satânicas da história. A década de 1960 terminou informalmente no dia 6 de dezembro de 1969, num concerto dos Stones em Altamont, na Califórnia, em que um fã foi esfaqueado até a morte por um desenfreado Hells Angel que fazia a segurança do evento. Mas os Stones sobreviveram a tudo e continuaram a tocar para estádios lotados pelos cinquenta anos seguintes.

10. O Paquistão ficou traumatizado pelo desastre, e o presidente cedeu o poder ao dinâmico ministro das Relações Exteriores, Zulfikar Ali Bhutto, um socialista formado em Oxford e Berkeley, e herdeiro de um feudo de 100 mil hectares em Sindh, a base de poder de sua família. Duas semanas depois de empossado, ele convocou os cientistas paquistaneses: "Precisamos de um arsenal nuclear. Em quanto tempo podemos ter uma bomba atômica?". Indira também estava empenhada em obter armas nucleares. Em 1974, com apoio soviético, os indianos testaram uma bomba que, temia Bhutto, asseguraria a "hegemonia [da Índia] no subcontinente". Ele acelerou o programa nuclear paquistanês, promovendo um jovem cientista, A. Q. Khan, que passou a adquirir planos e equipamentos para uma bomba islâmica. "As civilizações cristã, judaica e hindu têm essa capacidade", afirmou Bhutto. "Ao contrário da civilização islâmica." Ele tentou combinar os distintos aspectos do Paquistão. "O islã é a nossa fé, a democracia o nosso regime, e o socialismo a nossa economia", declarou. No entanto, ele era tutelado pelos militares, que se consideravam os guardiães do precário Estado. No leste, o líder fundador de Bangladesh, o xeque Mujibur Rahman — apelidado de Bangabandhu, o "amigo de Bengala" —, governou o novo Estado até ser assassinado, em 1975. Ele fundou uma dinastia: sua filha, Hasina Wajed, governou autocraticamente até a década de 2020.

AS CASAS DE SALOMÃO E DOS BUSH, OS BOURBON, OS PAHLAVI E OS CASTRO [pp. 1100-44]

1. Os atacantes tiveram a ajuda de contingentes estrangeiros: Fidel Castro enviou 4 mil cubanos para lutar ao lado dos sírios; Bhutto contribuiu com um esquadrão de caças paquistaneses, um dos quais foi abatido por um avião israelense.

2. Qaddafi propôs uma fusão pan-arabista com o Egito. Com o dinheiro do petróleo, financiou radicais palestinos e antiocidentais, comprando armamentos de Moscou. "Qaddafi não passa de um garoto [...], eles não sabem nada de Lênin ou do socialismo", Brejnev disse a Fidel. "Mas eles têm muito dinheiro. Ao mesmo tempo, ele é um muçulmano fanático." "Minha impressão", replicou Fidel, "é que ele é louco." Exaltando a si mesmo com um culto à personalidade, pregando ruminações islamo-marxistas em seu *Livro verde*, vivendo numa luxuosa tenda beduína erguida no quartel-general militar, sob a proteção de guarda-costas mulheres, ele tentou conquistar um império no Chade e liderar uma união pan-africana, além de se coroar "rei dos reis". Apoiou os terroristas do IRA e da Palestina, mas também financiou o Congresso Nacional Africano de Nelson

Mandela na África do Sul. Acabou degenerando em um Nero africano radicalizado, promovendo atrocidades, como a derrubada de um avião comercial em Lockerbie, ao mesmo tempo que assassinava dissidentes, violentava meninas e preparava o filho al-Saif para sucedê-lo.

3. Marwan fez parte do gabinete de Sadat até 1976, quando se retirou para acumular uma fortuna, desempenhando um papel importante nas batalhas pela aquisição da loja de departamentos Harrods e do clube de futebol inglês Chelsea. Os atos de espionagem somente foram revelados mais tarde, por agentes israelenses aposentados. Em 27 de junho de 2007, Marwan foi morto e empalado nas grades do quinto andar do prédio londrino onde morava. Potentados egípcios e chefes de serviços de inteligência compareceram a seu funeral. "Marwan realizou atos patrióticos", alegou o presidente Mubarak, sugerindo que Marwan era um agente duplo que enganara Israel. Naturalmente, a morte foi atribuída ao Mossad, mas é provável que ele tenha sido executado pelo serviço de inteligência egípcio, alarmado com sua disposição para escrever uma autobiografia.

4. No entanto, Mao permitiu a reabilitação de alguns expurgados, entre os quais os membros da família Xi. Em 1972, o primeiro-ministro Zhou Enlai, que somente sobrevivera ao terror maoista graças à submissão servil, articulou uma reunião familiar para Xi Zhongxun, proibido de ver o filho Jinping por uma década. A situação continuava difícil para o jovem Xi Jinping, que teve sua inscrição recusada sete vezes pela Liga da Juventude Comunista e dez vezes pelo Partido Comunista. No fim das contas, ele conseguiu estudar engenharia em Beijing. O inferno da Revolução Cultural estava quase acabando para a família do futuro governante da China no século XXI.

5. Quando seu irmão e seu sobrinho lhe pediram dinheiro para pagar os guardas presidenciais, Nguema mandou matá-los. O irmão do sobrinho morto, Teodoro Obiang, decidiu então matar Nguema antes de ser morto, e acabou sendo preso e executado. Desde então, Obiang governa o país, tendo promovido a vice-presidente e herdeiro o filho Teodorín que, na época em que frequentou uma universidade na Califórnia, passava os dias no hotel Beverly Hills e em seu iate de 100 milhões de dólares. O país é governado pela mesma família desde 1968.

6. O marido de Indira, o editor e político Feroze Gandhi (sem parentesco com Gandhi), havia morrido dez anos antes. Durante vinte anos, o casal vivera com o pai dela, Nehru. Feroze foi tantas vezes ignorado que costumava murmurar: "Olhem para mim! Sou o marido de Indira Nehru". Como membro do Parlamento, ele foi um dos primeiros a combater a corrupção e era um crítico dos escândalos corporativos de empresários de Kolkata vinculados a Nehru.

7. A sra. Mao teve a pena cancelada e, depois, ao ser diagnosticada com câncer, foi libertada. Antes de se enforcar no hospital, em 1991, ela escreveu: "Hoje a revolução foi apropriada pelo grupo revisionista de Deng [...]. O presidente Mao exterminou Liu Shaoqi, mas não Deng, desencadeando males sem fim [...]. Presidente, sua discípula e combatente está chegando para revê-lo!".

8. Ao mesmo tempo, Deng aprovou uma nova forma de enriquecer a China, por meio da redução demográfica: em 1980, promulgou a "política do filho único", proibindo as famílias de terem mais de um filho, forçando a esterilização de uma quantidade assombrosa de mulheres (180 milhões) e colocação de DIUS em outras 324 milhões. Como queriam mais filhos do que filhas, as famílias chinesas recorriam ao aborto e ao infanticídio de modo a alterar o equilíbrio dos gêneros; em consequência disso, em 2009, havia 30 milhões de meninos a mais do que meninas. Quando a política do filho único foi abolida, em 2016, o partido estava convencido de ter reduzido a população em 600 milhões de pessoas.

9. Deng desconfiava da perfídia russa tanto quanto Mao e disse aos americanos: "Estamos convencidos de que os soviéticos vão iniciar uma guerra". No Camboja, o genocida Pol Pot, o fantoche chinês que fora preparado por Deng, chocou-se com o aliado dos soviéticos, o Vietnã, refletindo rivalidades nacionalistas tradicionais. Em dezembro de 1978, quando Pol Pot expulsou do país

os descendentes de vietnamitas e cutucou os vizinhos, estes invadiram o país e o obrigaram a se refugiar na selva, onde ele sobreviveu como um chefe guerreiro isolado até 1998. Deng decidiu ensinar ao Vietnã (e à URSS) "uma lição": em fevereiro de 1979, a China atacou o Vietnã, mas suas tropas foram humilhadas. Quanto ao Camboja, mais tarde os vietnamitas instalaram no poder um antigo comandante do Khmer Vermelho, Hun Sen, que se tornou primeiro-ministro. Em 1991, Sihanouk retornou ao país como "monarca constitucional", abdicando em 2004 em favor do filho, Norodom Sihamoni. No entanto, a dura autocracia de Hun Sen iria perdurar por quase quarenta anos. Em 2022, Hun declarou que seria sucedido pelo filho.

10. Os próprios rebeldes estavam divididos por alianças tribais e o apoio das superpotências: o Zapu, predominantemente matabele e liderado por Joshua Nkomo, contava com o apoio da Rússia e de Cuba; já o Zanu, predominantemente xona e liderado por Robert Mugabe, era apoiado pela China. Em 1980, a Rodésia tornou-se independente, num processo negociado com os britânicos. Mugabe foi eleito primeiro-ministro e, entre 1983 e 1987, com a ajuda do chefe do serviço secreto Emmerson Mnangagwa, matou 30 mil nbedeles em massacres que ficaram conhecidos como *Gukurahundi*. Por essas matanças, Mnangagwa recebeu o apelido de Ngwena — Crocodilo — e consolidou a ditadura de Mugabe, que perdurou ruinosamente até 2017. Após ter sido derrubado, Mugabe teve como sucessor o Crocodilo.

11. Os espiões modernos, em parte assassinos tradicionais, em parte burocratas dissimulados, simbolizam a força mística da vigilância e da violência controladas pelos modernos Estados burocráticos, celebrada no gênero dos romances e filmes de espionagem. Sua versão britânica foi James Bond, um sedutor assassino, sádico e elegante, concebido por um ex-herdeiro de banqueiros e ele próprio agente dos órgãos de segurança, Ian Fleming, cuja obra refletia suas predileções aristocráticas e sadomasoquistas. O mais bem-sucedido filme de James Bond, *007 contra a chantagem atômica*, foi lançado em 1965, no auge da Guerra Fria.

12. O líder curdo era Mustafa Barzani. Os Barzani eram xeques sufis e proprietários de terras em Sulaymaniyah, no Iraque. Após a quebra da promessa de um Curdistão independente, o xeque Mahmud Barzani revoltou-se contra os britânicos e os hachemitas no Iraque, proclamando-se rei do Curdistão em 1923. Em 1932, ele foi capturado, e sua luta retomada por parentes mais jovens, o xeque Ahmed e seu irmão Mustafa. Durante a Segunda Guerra Mundial, os Barzani contaram com o apoio de Stálin para criar uma república curda no oeste do Irã, mas um dos termos do acordo de Ialta era a retirada soviética da região. Com o colapso da república, Mustafa Barzani refugiou-se na URSS, retornando ao Iraque após a queda da monarquia. Em 1971, depois de uma tentativa fracassada de assassiná-lo por parte de Saddam, o septuagenário Mustafa deu início a uma nova revolta. Mais uma vez, parecia que o Curdistão estava prestes a se tornar uma realidade.

13. Um desses líderes, o mulá pachto Jalaluddin Haqqani, fundou uma dinastia de terroristas que teria um papel de destaque nos quarenta anos seguintes. Filho de um chefe tribal, ele havia estudado no seminário Haqqania, no Paquistão, na década de 1960, financiado pelo ISI, e, ao retornar, adotou o nome Haqqani.

14. O filho de Salman, Muhammad bin Salman — futuro governante da Arábia —, nasceu em 1985, no meio dessa campanha.

15. Todavia, havia um lado sombrio nos ensolarados Estados Unidos sob Reagan: em 1981, os médicos começaram a tratar um grupo de casos de pneumonia e câncer de pele entre homens homossexuais e usuários de drogas. No princípio, o medo e a ignorância alimentaram a circulação de boatos sobre uma "peste gay", mas logo se descobriu que se tratava de uma nova enfermidade, a aids, transmitida quase sempre por via sexual, sobretudo anal, pelo compartilhamento de seringas, e também da mãe para o feto durante a gravidez. Nos quarenta anos seguintes, a doença matou 36

milhões de pessoas. No início, a aids afetou sobretudo as comunidades homossexuais nos Estados Unidos e na Europa, marcando a década de 1980 como uma época de sofrimento e desespero. No sul da África, a doença se difundiu por toda a população, exacerbada pelo estigma associado ao uso de preservativos — até mesmo presidentes propagaram irresponsavelmente teorias conspiratórias e falsas curas que aumentaram os óbitos de maneira significativa: mais de 15 milhões de africanos morreram. Embora a educação preventiva esteja reduzindo as taxas de infecção e os pacientes hoje sobrevivam graças a medicamentos retrovirais, em 2011 havia 23 milhões de pessoas vivendo com aids na África, onde a cada ano morre 1,2 milhão e outro 1,8 milhão é infectado. Uma década depois, essas taxas estão melhorando pouco a pouco.

16. Seu velho amigo Sinatra, agora republicano, cantou na cerimônia de posse. Na mesma época, o FBI por fim rompeu com o domínio das cinco grandes famílias mafiosas, graças à promulgação da Lei das Organizações Corruptas e Influenciadas pelo Crime Organizado, que vinculava os chefes de conspirações criminosas a seus executores. Os mandantes foram condenados a mais de cem anos de prisão.

17. Depois de ser entrevistada por este autor, a sra. Thatcher decidiu que a entrevista fora "atrevida demais" e resolveu não conversar mais com estudantes.

18. Quando este autor visitou a Albânia, o então primeiro-ministro Sali Berisha, que vivia na antiga casa de Shehu no Bloco, mostrou o quarto em que este morrera. "Ainda não sabemos exatamente o que aconteceu", disse. Logo em seguida, em 11 de abril de 1985, Hoxha morreu, sendo sucedido por um discípulo escolhido. Seu patrono original, e depois rival, o marechal Tito, havia morrido em 1980, aos 87 anos. Até mesmo no Leste Europeu a guarda estava mudando.

OS IÉLTSIN E OS XI, OS NEHRU E OS ASSAD, OS BIN LADEN, OS KIM E OS OBAMA [pp. 1147-89]

1. Na América Latina, o fim da luta anticomunista acelerou a queda dos regimes militares na Argentina e no Brasil, que se tornaram democráticos; no Paraguai, o cruel tirano hispano-bávaro Stroessner, que abrigara Josef Mengele, foi deposto; no Haiti, "Baby Doc" Duvalier, que aos dezenove anos herdara o trono de Papa Doc, alegou que continuava "firme como um rabo de macaco", até que, abalado por protestos e pressões de Washington, rumou para o exílio. Na Colômbia e no México, os americanos preocupavam-se com a exportação não do comunismo, mas da cocaína. Em 1989, a ascensão de um contrabandista de cigarros colombiano em Medelín no final da década de 1970 transformara o comércio da cocaína: o barrigudo e bigodudo Pablo Escobar havia criado um novo modelo de negócios, oferecendo às vítimas "dinheiro ou chumbo", assegurando a produção da droga e sua distribuição nos mercados americanos. No auge, ele chegou a exportar oitenta toneladas de cocaína por mês, o que lhe rendia 70 milhões de dólares por dia, mais do que o suficiente para subverter e corromper o precário Estado colombiano. Ao se ver ameaçado, Escobar iniciou uma violenta campanha de terror, durante a qual seus capangas mataram 25 mil pessoas, com tiros e bombas, chegando a derrubar um avião civil, ao mesmo tempo que, com uma fortuna de 30 bilhões de dólares e dono de um exército particular, vivia luxuosamente em várias fazendas imensas. Ao ser capturado, tal era o seu poder que ele conseguiu construir a própria prisão, de onde podia escapar à vontade. Os Estados Unidos acabaram intervindo em favor dos colombianos: em 2 de dezembro de 1993, Escobar, com 44 anos de idade, foi afinal caçado e morto por comandos americanos e colombianos, e seus negócios absorvidos por narcotraficantes de um cartel mais discreto em Cali. Depois que eles também foram presos, o negócio da cocaína foi assumido por narcotraficantes do México, que solaparam catastroficamente o Estado mexicano.

2. Um atilado conhecedor do sistema, Nazarbaev articulou a derrubada do chefe para se tornar o mais jovem primeiro-ministro da União. "Eu era um jovem ambicioso, e o caminho para avançar era através do partido", explicou. "Se eu tivesse achado na época que os objetivos seriam alcançados com mais facilidade se fosse budista, teria me convertido ao budismo."

3. Com exceção da Albânia, ainda uma ditadura comunista. Embora Hoxha tivesse morrido em 1984, seu herdeiro político, Ramiz Alia, contava manter-se no poder, onde de fato permaneceu até dezembro de 1990.

4. Em 2020, o líder supremo articulou a eleição de um antigo discípulo, Raisi, o Carniceiro de Teerã, para a presidência do país.

5. Em novembro de 1990, Thatcher, depois de vencer três eleições, começou a mostrar sinais de grandeza ilusória, prometendo "prosseguir sem parar", e acabou deposta pelo próprio gabinete. Ela foi a primeira-ministra que mais tempo permaneceu no poder no século XX e a mais hábil desde Churchill.

6. Os Estados Unidos e a Grã-Bretanha estavam em estado de negação. Na época, este autor viajava pelo Cáucaso e a Ásia central; ao retornar a Moscou, foi interrogado por agentes da inteligência britânica e americana, interessados em saber se vira armas nucleares, enquanto lhe asseguravam que "a União Soviética vai continuar existindo".

7. Por vezes, os assessores de Bush eram mais realistas que os de Gorbatchóv. Quando o secretário de Estado americano Jim Baker discutiu a questão da Ucrânia com Aleksandr Iakovlev, membro do Politburo, sua preocupação era a possibilidade de uma guerra. Havia 12 milhões de russos na Ucrânia, respondeu Iakovlev, "muitos em casamentos mistos, portanto que tipo de guerra seria essa?". Baker replicou: "Uma guerra comum".

8. Os hutus expulsos juntaram-se ao caos no Congo, onde foram perseguidos por Kagame, que apoiou um revolucionário veterano cuja vida personifica a catástrofe do Congo moderno. Aos vinte anos de idade, Laurent-Désiré Kabila converteu-se ao marxismo e apoiou a facção pró-soviética, lutando ao lado de Che Guevara. Porém, quando o aliado dos americanos, Mobutu, conquistou o poder, Kabila tornara-se contrabandista de ouro e dono de um bordel na Tanzânia. Agora ele retornava à política congolesa apoiado por Kagame e por um duradouro autocrata ugandense, Yoweri Museveni, com todos os beligerantes recorrendo às tropas de *kadogos* (soldados-crianças). Instalado no poder, Kabila, apelidado de Mbongo ("touro"), empenhou-se em satisfazer seus apoiadores promovendo uma onda frenética de exploração de minérios e de conflitos sangrentos. Depois de se desentender com Uganda e Ruanda, aproximou-se do Zimbábue e de Angola, mas, ameaçado de perder o controle do exército, voltou-se contra os soldados-crianças, que lançaram a Operação Mbongo Zero — "Matem o Touro" —, articulada por Ruanda. As crianças se infiltraram no Palácio de Mármore e, com a ajuda de um guarda-costas, o mataram a tiros. Kabila havia nomeado o próprio filho como herdeiro: Joseph, então com 29 anos, o sucedeu, permanecendo no poder por duas décadas.

9. E para retomar o poder nas repúblicas recém-independentes, apoiando a secessão armada da Abcásia na Geórgia, junto ao mar Negro: Shevardnadze resistiu a Moscou, mas quase foi morto em Sukhumi. Enquanto os tanques russos ameaçavam a Geórgia e o ex-presidente Gamsakhurdia tentava mobilizar suas forças (ele acabaria morrendo nessa tentativa), Shevardnadze viajou a Moscou para se prostrar diante do tsar, convidando este autor a acompanhá-lo: "Há pelo menos duas Rússias", disse ele, "a democrática e a totalitária; espero que daqui a dez anos a Rússia e a Geórgia sejam democracias, mas na Rússia as forças sombrias do império são como os lobos sempre à espreita na floresta".

10. Durante muito tempo, uma unidade médica especial preservara o cadáver de Lênin e continuou aperfeiçoando essa habilidade soviética. Os líderes comunistas — desde o búlgaro Georgi Dimitrov, passando pelo marechal mongol Choibalsan até o tchecoslovaco Gottwald — foram todos embalsamados e exibidos publicamente. Ao morrer, Stálin juntou-se a Lênin no mausoléu — até 1961, quando Khruschóv ordenou que fosse retirado. Mas isto não significou o fim da prática. Em 1969, Ho Chi Minh foi embalsamado, assim como Mao e o angolano Agostinho Neto. Os embalsamamentos de Forbes Burnham, da Guiana, e mais tarde de Hugo Chávez, da Venezuela, foram malsucedidos, e eles tiveram de ser enterrados. Lênin, Mao, dois Kims, Ho Chi Minh e Agostinho Neto continuam em exibição.

11. No entanto, quando parecia que toda a vida humana conduzia progressivamente a um mundo mais livre, também se tornaram cada vez mais urgentes os alertas dos cientistas, que constataram que o setor industrial, nos últimos dois séculos, vinha contribuindo para o aquecimento do planeta. Poucos líderes deram atenção a esses alertas: um dos primeiros foi o visionário príncipe de Gales, mais tarde rei Charles III, que, aos 22 anos, em fevereiro de 1970, alertou contra os "pavorosos efeitos da poluição em todas as suas formas cancerígenas", indagando: "Estamos preparados para aceitar aumentos de preços [...] para nos disciplinar a [aceitar] restrições e regulamentações que visem nosso bem?". Apenas vinte anos depois, em junho de 1992, na primeira Cúpula do Clima da ONU, no Rio de Janeiro, os políticos começaram a discutir como restringir esse dano antropogênico. Este tornou-se um dos desafios mais prementes da humanidade. Porém, para obter mudanças significativas, os líderes, sobretudo em países recém-industrializados como a China e a Índia, teriam de ignorar os interesses imediatos de seus povos e nações em favor de um benefício futuro para toda a humanidade.

12. Um dos êxitos dos Estados Unidos foi convencer a Ucrânia e o Cazaquistão a abrirem mão de seu arsenal nuclear, herdado após a queda da União Soviética, em troca de ajuda americana. Em 1991, a Ucrânia e o Cazaquistão viram-se na posse de milhares de ogivas soviéticas, e eram a terceira e a quarta maiores potências nucleares do mundo. No ano seguinte, o Cazaquistão abdicou de seu arsenal nuclear. Em dezembro de 1994, em Budapeste, a "integridade territorial" da Ucrânia foi garantida pela Rússia, os Estados Unidos e a Grã-Bretanha em troca de suas armas nucleares — uma decisão que, mais tarde, seria vista por alguns como um erro.

13. "A perigosa bomba-relógio" que permitiu que as repúblicas se separassem, "instalada nos alicerces de nosso Estado, explodiu assim que o mecanismo de segurança proporcionado pelo Partido Comunista deixou de funcionar", escreveu Putin mais tarde, já como presidente. "O que se seguiu foi um desfile de soberanias."

14. Em setembro, três misteriosos atentados a bomba em prédios residenciais mataram trezentas pessoas. Atribuídos a terroristas tchetchenos, é possível que tenham sido obra de agentes da FSB, visando gerar uma crise a ser resolvida por Putin.

15. A escolha inicial de Putin recaiu sobre um líder militar islâmico, Akhmad Kadirov, que servira como mufti da Tchetchênia independente. Em 2000, no entanto, ele mudara de lado, tornando-se o presidente da Tchetchênia de Putin. Em 2004, quando foi assassinado, Putin passou a apoiar o filho dele, Ramzan.

16. Em 1837, a filha do poeta Lord Byron, Ada, condessa de Lovelace, e seu amigo Charles Babbage, em parte inspirados por um artigo do engenheiro militar italiano Luigi Menabrea, que mais tarde seria primeiro-ministro da Itália unificada, inventaram um programa para aquilo que chamaram de "máquina analítica". Em 1843, inspirada por al-Khwarizmi (que viveu em Bagdá na década de 820), Lovelace escreveu instruções que chamou de "algoritmos", mas também previu os perigos da "autocracia da informação". Babbage, por sua vez, projetou a máquina. No entanto, ainda leva-

ria um século para que essa tecnologia fosse levada adiante pelo cientista alemão Konrad Zuse, que, em 1941, construiu o primeiro computador, batizado de Z3, em Berlim, e criou a primeira linguagem de programação, chamada Plankalkül. O Z3 foi destruído durante um bombardeio aliado, mas depois da guerra Zuse fundou a primeira empresa de tecnologia — e vendeu sua patente para a empresa americana IBM, que também havia trabalhado na compilação de enormes quantidades de dados pessoais para o governo americano, tanto na Alemanha nazista como nos Estados Unidos. Ao mesmo tempo, em Bletchley Park, na Grã-Bretanha, o jovem matemático Alan Turing, que aos 24 anos definira uma "máquina universal de computação", projetava um dispositivo eletromagnético a fim de decifrar o código usado pelos alemães na máquina Enigma. Em 1946, Turing projetou uma máquina de computação automática e, dois anos depois, supervisionou sua construção: era um equipamento que ocupava toda uma sala. Em seguida, ele e um colega criaram o Turochamp, o primeiro programa capaz de jogar xadrez. Em janeiro de 1952, uma série de acidentes, envolvendo seu amante e um assalto, levaram Turing a admitir um relacionamento homossexual, então ilegal sob uma lei de 1885. Ele reconheceu ter cometido "grave atentado ao pudor" e concordou em passar por um tratamento atroz de castração química. Aos 41 anos, se matou com cianeto.

17. Após se aposentar como secretária de Estado, Rice pesquisou a história de sua família: "Minha trisavó materna, Zina, deu à luz cinco filhos, de diferentes donos de escravos", escreveu. "Minha bisavó paterna, Julia Head, tinha o sobrenome de um dono de escravos que a apreciava de tal forma que a ensinou a ler."

18. A ideia de usar aviões como bombas voadoras era tão antiga quanto a própria aviação, tendo sido considerada por terroristas russos contra os Románov em 1905 e colocada em prática pelos kamikazes japoneses na Segunda Guerra. Sequestradores palestinos já haviam comprovado tanto a vulnerabilidade de aviões civis como o medo espetacular produzido pelos ataques a esses imponentes símbolos do poderio ocidental.

19. Foi assim que assassinaram Rajiv Gandhi. Seu governo foi ensombrecido por um escândalo de armas, um desastre ambiental e sua intervenção no conflito civil entre o governo cingalês e a milícia dos Tigres Tâmeis no Sri Lanka, inicialmente para proteger os tâmeis, numerosos também no sul da Índia. Uma vez no Sri Lanka, porém, as tropas indianas viram-se diante de rebeldes tâmeis fanáticos, os Tigres. Rajiv perdeu as eleições de 1989, e, em 21 de maio de 1991, enquanto fazia campanha, foi abordado por uma terrorista suicida dos Tigres — o primeiro exemplo desse tipo de atentado —, que detonou os explosivos que carregava no corpo.

20. Todo esse esforço proporcionou um dividendo: temendo ser o próximo a receber o mesmo tratamento, Qaddafi abdicou do programa nuclear e foi admitido na família das nações ocidentais. Os americanos ficaram chocados ao saber que o líbio adquirira a tecnologia de A. Q. Khan, o pai da bomba paquistanesa. O cientista, porém, mostrou-se pouco arrependido: "Salvei o país uma vez ao proporcionar ao Paquistão um arsenal nuclear e voltei a salvá-lo quando confessei e assumi toda a culpa". Assombrosamente, o maior criminoso da era nuclear jamais foi investigado ou processado, morrendo em 2021 de covid-19.

21. Obama também perdeu cedo a mãe: em novembro de 1995, aos 52 anos de idade, ela foi vítima de um câncer.

22. "Russos, ucranianos e belarrussos são todos descendentes da antiga Rus", escreveu Putin num ensaio histórico divulgado em julho de 2021. "Russos e ucranianos são um só povo: um todo único", ao passo que a "Ucrânia moderna foi inteiramente um produto da era soviética […] em terras da Rússia histórica […]. Um fato é de clareza cristalina: a Rússia foi roubada […]. A verdadeira soberania da Ucrânia só é possível em parceria com a Rússia". Putin e os novos imperialistas con-

centraram-se nas conquistas moscovitas e russas mais convenientes a seus propósitos — ignorando a Ucrânia cosmopolita e multiétnica, governada por sultões otomanos, reis habsbúrgicos, monarcas poloneses e duques lituanos, e povoada por cossacos, tártaros, poloneses, judeus, italianos e gregos, além de russos e ucranianos.

23. Putin era agora primeiro-ministro, tendo cumprido dois mandatos presidenciais, o limite fixado na Constituição promulgada por Iéltsin. Ele recorreu então a um movimento de xadrez político, o *rokirovka* (roque) — no qual o jogador faz com que o rei e a torre troquem de posições —, colocando um comparsa inócuo na presidência.

24. Os drones haviam sido inventados, durante a Guerra do Yom Kippur, por um israelense de origem iraquiana, Abraham Karem, para missões de reconhecimento. Em 2001, depois do Onze de Setembro, Cofer Black, o responsável pelo Centro Antiterrorista da CIA, sugeriu o uso de Predators armados para matar Osama bin Laden. Os drones desse tipo carregavam mísseis supersônicos Hellfire, que atingiam os alvos antes que pudessem ser ouvidos. A fim de evitar atingir as próprias tropas e causar outras mortes acidentais, Bush encarregou a CIA de conduzir o programa de eliminação de terroristas com a ajuda de drones armados, primeiro os Predators e depois os Reapers. As listas de alvos eram preparadas pela CIA e apresentadas ao presidente; em seguida, as equipes — "coordenadores de inteligência", "pilotos" e "operadores de sensores" —, acomodadas em hangares na base aérea de Creech, no estado de Nevada, a milhares de quilômetros de distância, realizavam as execuções nas montanhas do Hindu Kush ou nos desertos do Iêmen. Embora parte da tradição "humanitária" da guilhotina, os primeiros ataques com drones mataram centenas de inocentes que estavam próximos dos alvos. Em 2008, um ataque a Haqqani matou cerca de vinte inocentes sem atingir o alvo. Com o tempo, porém, os ataques tornaram-se mais precisos e, em 2015, passaram a ser usados pela maior parte das potências militares. A inteligência artificial logo permitiu que os drones e outras armas tecnologicamente avançadas matassem alvos identificados por sistemas de reconhecimento facial. No futuro, além de baionetas e fuzis, a guerra incluirá também robôs operados por satélites e possivelmente programados para eliminar determinados indivíduos de forma automática.

OS TRUMP E OS XI, OS SAUDITAS, OS ASSAD E OS KIM [pp. 1193-205]

1. Abrigando entrepostos bizantinos e eslavos, genoveses, venezianos e otomanos, a Crimeia foi por muito tempo o centro de um canato mongol governado pela dinastia dos Giray — até 1783, quando foi anexada à Rússia por Potemkim. Em 1853, Palmerston e Napoleão III invadiram a região para desafiar o agressivo Império Russo de Nicolau I. Em julho de 1942, um dos êxitos da ofensiva de verão de Hitler foi a tomada da Crimeia, que quase mudou o curso da guerra; convencido de que os tártaros da região haviam acolhido os invasores alemães, Stálin ordenou que eles fossem deportados e substituídos por colonos russos. Em 1954, Khruschóv transferiu a Crimeia para a Ucrânia.

2. Em 2015, Boris Nemtsov, líder da oposição e ex-vice-primeiro-ministro de Iéltsin, foi abatido a tiros, nas proximidades do Kremlin, por assassinos tchetchenos. Em 2019, na provinciana Tomsk, agentes da FSB envenenaram o líder oposicionista Alexei Navalni, mais uma vez com novichok; tal como Skripal, ele mal conseguiu sobreviver.

3. Entretanto, a engenhosidade americana continuava a prosperar: em 2020, Elon Musk enviou ao espaço um foguete da SpaceX, na primeira missão tripulada do tipo operada por uma empresa privada. Esse engenheiro e visionário, empresário e provocador, já era um empreendedor galáctico,

responsável por colocar em órbita satélites de comunicações. Ele é hoje o mais rebelde dos titãs digitais, uma combinação moderna de Edison e Rockefeller, com um toque de Barnum e Cagliostro. Nascido na África do Sul, filho de um empresário africâner e uma ex-modelo, Musk começou a escrever programas de computador numa época em que dormia no sofá e tomava banho na ACM local. Os carros elétricos Tesla fizeram dele o homem mais rico do mundo. Agora, ele prometia uma "civilização de âmbito espacial" e sonhava com "uma cidade autônoma em Marte. Isto seria, estou convencido, o patamar crítico para maximizar a vida da humanidade". Esse novo lar galáctico para as famílias humanas ainda está bem distante — mas já deixou de ser apenas uma ficção científica.

4. Não só Xi visitara os Estados Unidos, como sua filha Mingze estudou inglês e psicologia em Harvard, onde usou um pseudônimo, mas compartilhou quartos, preparou suas próprias refeições e frequentou as palestras sobre história chinesa dadas por um famoso professor britânico.

5. O confinamento não interrompeu os conflitos fora da Europa. Em novembro de 2020, em mais um capítulo da desintegração do Império Etíope, a arrogância do primeiro-ministro etíope Abiy Ahmed o indispôs com os tigrés, que haviam liderado a luta contra Mengistu na década de 1990. Abiy combatera Mengistu sob os tigrés, chegando a ser vice-diretor do serviço de inteligência. Mas agora os tigrés retomaram as ações armadas. Abiy aliou-se ao ditador Isaias Afwerki, da Eritreia, e investiu contra eles, que contra-atacaram e quase tomaram Adis-Abeba antes de serem forçados a recuar.

Referências bibliográficas

Este é um trabalho de síntese baseado em amplas leituras e viagens ao longo de trinta anos. Cada seção toma como base algumas poucas obras fundamentais, muitas delas publicadas recentemente. Para tornar mais leve um livro já grande, essas obras, listadas por seção e assunto, estão disponíveis em meu site: <www.simonsebagmontefiore.com>.

Índice remissivo

África, 23, 27, 34, 36, 123, 125, 129, 135, 149, 174, 176, 180, 187, 198, 204, 211, 281, 313, 366, 390-2, 394, 399, 404, 447, 486, 517, 519, 556-7, 559, 577-8, 592, 597, 634, 637, 639, 641, 706, 719, 745, 767, 771, 775-6, 814, 820, 823, 838, 853, 856-8, 860, 895, 900, 939, 941, 1010, 1049, 1056-8, 1063, 1065, 1085, 1099, 1108, 1116, 1152, 1154, 1161, 1166, 1211, 1231, 1237, 1265, 1287, 1293, 1314, 1322, 1344, 1346, 1351; africâneres, 746-7, 777, 860-2, 897, 1057, 1153, 1314; axântis, 633, 853, 858, 869, 1058, 1304; bantos, 73, 281, 746; batalha de Gallabat (1889), 864; cabo das Tormentas (mais tarde, cabo da Boa Esperança), 422; candomblé, 1278; comércio de escravizados, 863, 865; Congresso Nacional Africano, 1065, 1153, 1343; continente africano, 390, 399, 858, 868; Costa do Ouro, 398, 421, 633-4, 771, 858, 869, 1058, 1265, 1290, 1304; daomeanos, 531, 558, 633, 753, 1274n; "entrepostos" belgas na África, 864-6, 1066; *gana* de Wagadu, 280; Grande Guerra Africana do Congo (1998-2003), 1161; Guerra dos Bôeres (1880-1902), 777; iorubás, 1257, 1278; Isandlwana, 860-2; Movimento África Livre, 1128; norte da, 232, 248, 268, 313, 321, 328, 366, 372, 481, 974, 1006, 1332; ocidental, 53, 362, 372, 391, 486, 517, 557, 592, 632-4, 637, 640-1, 732, 746, 858, 868-9, 906, 1056, 1257, 1287, 1293, 1298, 1304; oriental, 35, 53, 256, 281-2, 389, 391-2, 597, 637, 776, 853, 856, 858-9, 869, 1058, 1244n; orixás, 1257n, 1278n; Pequena África (Rio de Janeiro), 825; primeiro império africano, 69; rotas saarianas de comércio, 391; sincretismo afro-católico, 634, 640, 730, 1278n; subsaariana, 392, 775, 1223n; sul da, 422, 444, 743, 747, 765, 776, 1117, 1346n

África do Sul, 35, 856, 860, 862, 900, 941, 1057-8, 1065, 1117, 1153, 1291n, 1314n, 1339n, 1344n, 1351n

afro-americanos, 652, 663, 758, 781, 821, 828, 842-3, 906, 942, 958, 1040, 1061, 1077, 1178-9, 1304n, 1323n

Afrodite (deusa grega), 151, 1225n

Afua Kobi, 858

Afwerki, Isaias, presidente da Eritreia, 1118, 1154, 1351n

Agajá, rei do Daomé, 632-3, 639

Agha Muhammad Khan, xá da Pérsia, 630, 710

Agostinho, santo, 217-8, 1311n, 1348n

Agostinho Neto, presidente de Angola, 1116, 1348n

Agra (Índia), 453-4, 491, 493, 537-8, 580, 811, 1277n

agricultura, 38-40, 96, 211, 269, 286, 364, 408, 486, 961, 970, 1320n, 1340n, 1342n

Agripa, Marcos, procônsul romano, 152, 154, 157-8

Agripina (mãe de Nero), 157-8, 160, 164-7, 704

Ahmadnagar, sultanato de, 538-9, 608

Ahmed bin Said, sultão de Omã, 631-2

aids/HIV, 1339n, 1345-6n

Aisha (Umm al-Um'minin, "mãe dos crentes"), esposa de Maomé, 228-30, 240, 452, 480, 1262n

Akbar, o Grande, imperador mogol, 454, 491-4, 536-8, 554, 579, 597, 1269n

Akbar Khan, príncipe afegão, 779

Akihito, imperador do Japão, 1023

al-Abbas (tio de Maomé), 215, 1239n

Alam, Asadollah, primeiro-ministro iraniano, 656, 1075-6, 1078, 1103-4, 1107, 1122-4, 1338n

Alamgir (Aurangzeb), imperador mogol, 581-2, 597, 606-8, 620-1, 624, 648, 807, 1280n, 1283n

Al-Andaluz (Espanha), 25, 248-9, 257, 266, 268, 277-8, 311, 313, 397, 423, 1241n, 1248n, 1250n

Alara, rei de Kush, 66, 69-70, 1224n

Alarico, rei dos visigodos, 202

al-Assad, Anisa (mãe de Bashar), 1101, 1163-4, 1182, 1184, 1200

al-Assad, Asma (esposa de Bashar), 1182-4, 1200

al-Assad, Bashar, presidente sírio, 1164, 1181-3, 1200

al-Assad, Bassel (irmão de Bashar), 1101, 1134, 1162-4

al-Assad, Hafez, presidente sírio, 1101, 1134, 1162-4, 1182, 1326n

Al-Baghdadi, Abu Bakr, "califa" do Daesh, 1194

Albânia, 378, 402, 417, 599, 991, 1013, 1034, 1118, 1139, 1335, 1346-7

Alberto de Saxe-Coburgo-Gota, príncipe consorte da Inglaterra, 805-7

Albuquerque, Afonso de, 443, 446-7, 463

Alcibíades, 95, 98-9, 1228n

Alcmeão/alcmeônidas, 79, 82, 84-5, 94-6, 98-9, 1224n

Alcuíno, 257-8

Aleixo Comneno, imperador bizantino, 314-5, 317, 319-20, 332

Aleixo Comneno, imperador de Trebizonda, 334

Alemanha, 18, 249, 259, 708, 714, 724, 727, 734, 797, 829, 835, 847-8, 865-6, 871, 876-8, 883, 887, 893, 895, 897, 901, 909, 914, 918, 922-3, 930, 932-3, 935-6, 938-40, 944-5, 962-5, 971, 975, 981-3, 998-6, 988-9, 991, 995, 999-1000, 1002, 1011, 1015, 1034, 1038, 1055, 1062, 1069, 1080, 1105, 1150-2, 1161, 1238n, 1288n, 1309n, 1312n, 1315n, 1318n, 1320n, 1323n, 1326n, 1328n, 1330n, 1332n, 1334n, 1349n; *Anschluss* (anexação alemã da Áustria, 1938), 983; Blitzkrieg (guerra-relâmpago), 988, 994, 998; colônias alemãs na África, 1315, 1322; economia alemã, 909; Germânia (província romana), 39, 176, 182, 203, 218, 248, 273, 320, 345, 356-7, 371, 434, 441-2, 460, 466, 488, 508, 549, 556, 561, 568, 982, 1251-2n; Gestapo (polícia secreta nazista), 967; Guerra Franco-Prussiana (1870-1), 840; homossexualidade na, 913; *Kristallnacht* (Noite dos Cristais, 1938), 985; Muro de Berlim, 1069, 1148; Noite dos Longos Punhais (1934), 970-1; ocidental, 1034, 1055, 1105, 1150; ocupação dos Sudetos e da Tchecoslováquia (1938), 984; oriental, 1038, 1080, 1150-2; Partido Nazista (Partido Nacional-Socialista dos Trabalhadores Alemães), 946, 1000; rendição alemã na Segunda Guerra Mundial, 1013; reunificação da, 1034, 1152, 1155; revoluções de 1848, 834; ss (Schutzstaffel, organização paramilitar nazista), 964, 967, 983-4, 1000, 1002-3, 1012, 1014-6, 1341 n; unificação da (séc. xix), 848; unificação da (séc. xx), 1152; *Weltpolitik* (política mundial do Kaiser Guilherme), 892-3; *ver também* Prússia

Alexandra de Hesse-Darmstadt, tsarina da Rússia, 883, 908, 927, 932, 1312n

Alexandre, o Grande (Alexandre iii, rei da Macedônia), 103-16, 124, 126, 130, 134, 147, 149-50, 152-3, 160, 171, 1068

Alexandre i, rei da Macedônia, 92-4

Alexandre i, tsar da Rússia, 768, 1309n

Alexandre ii, tsar da Rússia, 806, 822, 838, 848, 860, 879, 889, 1308-9n, 1311-2n

Alexandre iii, tsar da Rússia, 879, 883, 889, 924

Alexandre vi, papa, 428, 1267n

Alexandre Nevski, grão-príncipe de Vladímir e Kiev, 350

Alexandre Obrenović, rei da Sérvia, 1321n

Alfredo, o Grande, rei de Wessex e dos anglo-saxões, 286

al-Ghaury, sultão egípcio, 446

algodão/economia algodoeira, 39, 174, 364, 406, 607, 675-6, 678-9, 681, 733, 737, 749, 756, 760-1, 771, 780-1, 784, 787, 812, 823, 838, 845, 941, 1254n

al-Hakim, califa fatímida, 284-5, 290-1, 297, 1245n

al-Khwarizmi (polímata persa), 1241n, 1348n

al-Mahdi Bilah (Said bin Husain), fundador da Casa de Fátima, 256, 260-1, 280

al-Mamun, califa abbasiya, 262, 264-5, 285, 352, 1241

al-Mansur, califa abbasiya, 250, 252, 255-7, 260

al-Mansur, sultão do Marrocos, 517

al-Masudi, 30

almorávida, dinastia *ver* al-Murabitin, dinastia

al-Muizz, califa fatímida, 283-4

al-Murabitin, dinastia, 313, 328, 1247n, 1249n

al-Nasir Muhammad, sultão egípcio, 366

Alp Arslan, sultão seljúcida, 305, 309-10

Al-Qaeda, 1133, 1174, 1176-77, 1194

al-Saffah, o Derramador de Sangue, califa abbasiya, 252, 255

al-Wardi (historiador árabe), 369-71

al-Zawahiri, Ayman, 1133

Amanirenas, rei de Kush, 154-5

Ambar, Malik, paladino africano, 538-9, 581

Amélia, imperatriz consorte do Brasil, 770

Amenhotep ii, faraó, 53-4, 1222

Amenhotep iii, faraó, 54-5

Amenhotep iv (mais tarde Akhenaton), faraó, 55-7

Amer, Abdel-Hakim, marechal-de-campo egípcio, 1050, 1086-8

América Central, 16, 200, 463, 1135, 1245n

América do Norte, 27, 363-4, 470, 520, 559, 781, 1234n, 1265n

América do Sul, 468, 534, 575, 753, 760-1, 765, 781, 1166, 1219n, 1270n, 1299n, 1310n, 1335n, 1341n

América Latina, 754, 908, 1209, 1311n, 1316n, 1346n

améríndios ver indígenas

Amílcar Barca, general cartaginês, 123-5

Amintas, rei da Macedônia, 92, 102, 106

Amósis, faraó, 33, 49-51, 53, 58

Amr al-As, general árabe, 230, 232, 239-40

Amsterdam (Holanda), 535, 563, 590, 1276n, 1282n; Bolsa de Valores de, 535

An Lushan, general chinês, 252-4, 816

Ana, rainha da Inglaterra, 534, 609, 1269n, 1287n

Ana Bolena, rainha consorte da Inglaterra, 476, 497, 1269n

Ana Comnena (filha do imperador Aleixo), 307-8, 317

Anacaona, rainha taina, 424, 426-7

Anatólia, 81, 107, 113, 222, 247, 309-10, 314, 378, 460, 778, 940, 1219n; ver também Ásia Menor; Türkiye (Turquia)

Andorinha Voadora (Zhao Feiyen, imperatriz consorte da China), 155-6

Andrônico Comneno, imperador bizantino, 332-3, 368, 378, 1254n

Andropov, Iúri, secretário-geral soviético, 1099, 1119-22, 1129-30, 1139-40, 1142, 1147, 1159

Angkor (Império Khmer), 343, 359, 815, 1246n

Angola, 391, 517, 556, 559, 563, 577-8, 633, 706, 746, 854, 858, 1116-7, 1135, 1139, 1328n, 1339n, 1347n; quilombo de Palmares como "Pequena Angola", 578

Aníbal, general cartaginês, 123, 125, 127-30, 142, 188

"Anna O" (Bertha Pappenheim, paciente de Freud), 915

Annam (Vietnã), 815

antibióticos, 1212, 1262n, 1333n; penicilina, 812, 1001, 1011, 1333n

Antíoco I, rei selêucida, 115-7

Antíoco II, rei selêucida, 122

Antíoco III (Antíoco, o Grande), rei selêucida, 129-30, 134

Antíoco IV Epifânio, rei selêucida, 134

Antioquia, 115, 123, 158, 176, 189-91, 207, 209, 219, 317-21, 328-29, 333, 351-2, 354, 1237, 1248, 1252

antissemitismo/antissemitas, 600, 742, 801-2, 849, 876, 887, 894-5, 917, 945-6, 968, 984, 987, 992, 1023, 1213, 1313n, 1318-9n, 1325n, 1327-9n; Kristallnacht (Noite dos Cristais — Alemanha, 1938), 985; pogroms antijudai-cos, 444, 889, 985, 1142, 1319n, 1325n; ver também judeus

Antonescu, Ion, ditador romeno, 991-2, 999, 1004, 1012, 1023

Antonino Pio, imperador romano, 179

Aotearoa (Nova Zelândia), 282, 468, 665, 1275n, 1295n

apaches (nativos norte-americanos), 651, 782-5

Apepe (chefe guerreiro asiático), 48-9

Aqualtune, princesa africana, 577-8

Arábia, 66-7, 89, 111-2, 129, 152, 155, 175, 190, 207, 212, 215, 219, 221, 230, 246, 281, 291, 388, 445, 631, 737, 749, 778, 893-4, 931, 937, 939, 949, 981, 1052, 1157, 1173, 1187, 1223n, 1243n, 1264n, 1345n; ver também Meca; Medina

Arábia Saudita, 981-2, 1157, 1173, 1197, 1208

Arafat, Yasser, líder da OLP, 1087, 1100, 1104, 1126, 1134, 1157, 1163

Ardashir, Grande Rei sassânida, 188-9

Argélia, 314, 799, 814, 817, 839, 867, 1002, 1009, 1049, 1054-6, 1232n

Argentina, 408, 473, 759, 826, 828-9, 1136, 1346n; Guerra das Malvinas (1982), 1136-7

arianos, 49, 56, 63, 74, 968, 1226n

Ário (sacerdote alexandrino), 196-7, 1236n

Aristóteles, 103, 106, 110, 265, 430, 1228n, 1241n

Arkwright, Sir Richard, 675-7, 679

armas: arcabuzes, 402, 416, 455, 464, 466, 485, 1266n; arcos e flechas, 37, 72, 80, 85, 148, 201, 224, 295-6, 318-9, 321, 339, 352, 369, 379, 467, 485, 1253n, 1261n; armas brancas, 974; armas de fogo, 376, 402, 491, 651, 844, 1261n, 1266n; armas químicas, 1156, 1193; bomba de hidrogênio, 1199; bombas atômicas, 1021-3, 1033, 1036-7, 1051, 1070-1, 1073, 1083, 1193, 1330n, 1343n; canhões, 376, 385, 388, 402-4, 444, 446, 453, 456, 483, 491, 497, 515, 517, 600-1, 607, 610, 622, 665, 667, 680, 707-8, 713, 717, 729, 788, 809, 833, 836-8, 840, 846-8, 859, 891, 913-4, 929, 1015, 1033, 1075, 1158, 1209, 1261n, 1315n; cimitarras (saif), 231, 1013; metralhadoras, 201, 862, 891, 896, 900, 928, 930, 951, 973, 982, 1209, 1259n, 1315n, 1320n; mísseis/armas nucleares, 1038, 1050, 1069-70, 1072-3, 1105, 1140, 1164, 1181, 1199, 1213, 1231n, 1343n, 1347-8n; tanques, 930, 937, 973, 986, 992, 995, 1004, 1015-6, 1030, 1064, 1105, 1130, 1134,

Balaji Rao, *peshwa* marata, 621, 648-9

Bálcãs, 49, 200, 205, 208, 216, 222, 247, 276, 285, 314, 378, 402, 417, 850, 865, 914, 921-2, 991, 1031, 1225n, 1286n, 1322n

Baldwin, James, 28-9

Balzac, Honoré de, 24, 768-9, 802-3, 1289n, 1303n

Ban Gao (general chinês), 166, 169-71, 181, 1234n

Ban Gu (historiador chinês), 166, 169-71

Ban Zhao (erudita chinesa), 166, 171, 1234n, 1248n

Baran, Paul, 1170, 1340n

Barbados, 552, 562, 575-6, 636, 685-6, 709

Barba-Ruiva, Khidr (corsário otomano), 479-81, 483, 489, 1249n

Barca, família, 122-3, 125-6

Bardiya ("Corpo Forte"), rei persa, 85-8

Barras, Paul, *directeur* francês, 705

Barre, Muhammad Siad, presidente da Somália, 1107

Barzani, família, 1122

Barzani, Mahmud, rei do Curdistão, 948, 1322n, 1345n

Basílio I, imperador bizantino, 271-2

Basílio II, imperador bizantino, 275-6, 284, 306, 412

Bastilha, queda da (1789), 689

Batista, Fulgencio, presidente cubano, 1040-1

Bavária, 259, 626, 644, 796, 837, 839, 847, 872, 878, 1093, 1291n, 1316n, 1324n

Bayano, rei dos maroons no Panamá, 519

Bayer (empresa alemã), 1320-1n

Beatles (banda), 1089

Beauharnais, família, 722, 1312n; *ver também* Josefina, (Marie Josèphe Rose Tascher de la Pagerie, viscondessa de Beauharnais), imperatriz dos franceses

Beauharnais, Hortênsia de, rainha da Holanda, mãe de Napoleão II, 722-3, 726, 794

Beethoven, Ludwig van, 724, 734, 740, 763, 1297n

Beijing (China), 325, 336, 354, 385, 388-90, 523, 567-8, 811, 814-6, 884, 901-2, 920-1, 975, 979, 1035-6, 1051-2, 1081, 1084-5, 1094-8, 1109-10, 1118, 1132, 1150, 1205, 1321n, 1327n, 1336n, 1342n, 1344n

Belarus, 346, 350, 1002, 1149, 1159, 1180-1, 1327n, 1334n

Bélgica, 508, 518, 612, 702, 715, 723, 741, 773, 805, 824, 836, 864, 866, 909, 925, 927, 932, 988, 1066, 1161, 1291n, 1323n; Congo Belga, 866, 1066, 1315n; "entrepostos" belgas na África, 864-6, 1066

Belisário, Flávio, general bizantino, 207-9, 211, 1238n

Bellini, Gentile, 417

Ben-Gurion, David, primeiro-ministro de Israel, 1029-31, 1050, 1104

Benim, 22, 375, 392, 421-2, 447, 486, 558, 687, 1211, 1257n, 1261n, 1265n, 1315n; Bronzes do, 421-2, 1265n; Reino do, 22; República do, 21-2

Bento IX, papa, 307

Benz, Carl e Bertha, 887

berberes, 123, 125, 211, 248, 280-2, 284-5, 311-3, 363, 397-8, 410, 868, 1249-50n, 1258n, 1278n, 1297n, 1315n

Berezóvski, Boris, 1162, 1166-7, 1169

Béria, Lavrenti, vice-premiê soviético, 986, 1021-2, 1035, 1038-9, 1078, 1329n

Berlim (Alemanha), 797, 849, 865, 868, 878, 905, 921, 934, 937, 945, 969, 993, 998, 1012-3, 1015, 1034, 1069, 1151, 1262n, 1319n, 1326n, 1331n, 1349n; Muro de, 1069, 1148

Bernadotte, Charles, marechal francês, 1297; como Carlos João XIV, rei da Suécia, 1297n

Berners-Lee, Sir Tim, 16, 1171

Bernini, Gian-Lorenzo, 584-6, 588

Bertie, príncipe de Gales, 806-7, 838, 870, 872, 879, 902, 1312n

Bethmann Hollweg, Theobald von, chanceler alemão, 918, 923, 925-6

Bhutto, Benazir, primeira-ministra do Paquistão, 1165

Bhutto, Zulfikar Ali, primeiro-ministro do Paquistão, 1165, 1343n

Bianjing (Kaifeng, China), 296

Bíblia, 49, 57, 67, 80, 116, 219, 421, 442, 543-4, 1220n, 1223-4n, 1226n, 1242n, 1259n; Antigo Testamento, 1224n, 1313n; Novo Testamento, 1224n, 1313n

Biden, Christopher, magistrado naval, 1295n, 1309n

Biden, Joe, presidente dos Estados Unidos, 1181, 1203, 1295n, 1309n

Bin Laden, família, 1132, 1147, 1173, 1198, 1346n

Chandragupta Mauria, rei indiano, 110, 115-7, 1228n, 1239n

Chanel, Gabrielle "Coco", 1324n, 1331n

Charles III, rei da Inglaterra, 1348n

Chávez, Hugo, presidente da Venezuela, 1348n

Cheney, Dick, vice-presidente dos Estados Unidos, 1175-6

Cheng, imperador chinês da dinastia Han, 62, 156

cherokees (nativos norte-americanos), 782, 784, 1062

Chiang Kai-shek, generalíssimo chinês, 920, 954, 957, 965, 979, 1008

Chile, 473, 760, 1317n

Chin Qilich Khan, nizam de Hydebarad, 620

China, 35, 37, 39, 60-1, 81, 120, 130-1, 140, 155, 181, 185, 189, 216, 224, 226-8, 247, 252, 254, 291, 296-8, 303, 310, 321, 326, 331, 335-6, 338-9, 343-4, 346, 351, 358-9, 366, 369, 378, 384-5, 390, 463, 469, 486, 516, 524, 535, 538, 567-8, 597, 648, 711-2, 780, 788, 812, 814-6, 864, 880, 882-5, 901, 919-21, 940, 955, 957, 965, 975, 979, 995, 997, 1002, 1016, 1032, 1039, 1074, 1082, 1085, 1115-6, 1121, 1151, 1164, 1188-9, 1198, 1201-2, 1210, 1226n, 1233n, 1239n, 1241n, 1245n, 1248n, 1264n, 1274n, 1284n, 1310n, 1320n, 1336n, 1342n, 1344n; ataque ao Vietnã (1979), 1345; Bianjing (Kaifeng), 296; bomba atômica chinesa, 1051; Camarilha dos Quatro, 1109, 1115; cerco de Kaifeng (ano 1125), 303; dinastia Tang, 222, 224-5, 227, 232-5, 239, 242-3, 246, 251-5, 300, 359, 1222n, 1240n, 1278n; divisão em reinos, 325, 336; emissários romanos na, 180-1; escapulimancia na, 61; Grande Salto Adiante (1958-62), 1082; guerras civis na, 131, 166, 387, 816, 1033; Guerras do Ópio (Guerras Anglo-Chinesas, 1839-42 e 1856-60), 811-2; Han, dinastia, 132, 385, 1229n; julgamentos de bruxaria na, 145; manchu, dinastia, 524, 567, 597-8, 811-5, 817, 855, 881, 884, 901, 919-21, 965, 1284n, 1321n, 1336n; Mandato do Céu, 62, 144, 235, 243, 303, 354, 385, 387; Ming, dinastia, 21, 375, 385, 387, 389, 482, 493, 523-4, 955, 1257n, 1273n, 1275n, 1284n, 1295n; na geopolítica contemporânea, 1189; Partido Comunista Chinês, 954-5, 1201n; "política do filho único", 1344n; primeira república chinesa, 920;

Primeiro Imperador da, 118-9, 121; proclamação da República Popular (1949), 1036; protestos na praça Tiananmen (1989), 1150; Qin, dinastia, 118, 121, 130-2; Qing, dinastia, 21, 567, 1273n, 1295n; rebelião dos boxers (1899-1901), 901; rebelião Taiping (1850-64), 816, 855, 1319n; Revolução Chinesa (1949), 1035-6; Revolução Cultural (1966-76), 1095, 1188, 1342n, 1344n; Segundo Imperador da, 131-2; Song, dinastia, 291, 295-9, 302-4, 325, 336, 342, 351, 353, 358, 913, 950, 1035, 1253n, 1327n; taoismo na, 235, 339; tecnologia nuclear na, 1051; Zhou, dinastia, 118

Chola, dinastia indiana, 295, 298, 342-3, 1283n

Chopin, Frédéric, 768

Christophe, Henry, rei do Haiti, 706, 718-20, 729-31, 1294n

Churchill, John ver Marlborough, duque de

Churchill, Sarah ver Marlborough, duquesa de

Churchill, Winston, primeiro-ministro britânico, 594, 612, 899-900, 922, 930, 936, 939, 948-9, 970, 980, 984, 987-90, 993-4, 1005-6, 1010, 1012-3, 1017, 1021-3, 1045, 1048, 1085, 1138, 1286n, 1331-3n, 1347n

Cícero, Marco Túlio, cônsul e orador romano, 146-7, 150-1, 369, 1218

Cipião, família, 122-6, 130, 140, 1230n

Cipião Africano, Públio Cornélio Maior (general e cônsul romano), 130, 1230n

Cipião Asiático, Lúcio Cornélio, 130

Cipião Barbado, Lúcio Cornélio (cônsul romano), 127

Cipião Emiliano, Públio Cornélio (cônsul romano), 135, 139, 1230n

Ciro, o Grande, rei da Pérsia, 21, 45, 74, 81-2, 85-9, 100, 109, 952, 1030, 1102-3, 1224-8n

citas (povo ariano), 74, 79-81, 85-6, 92, 116, 142, 329, 1226n, 1248n

Cixi, imperatriz manchu da China, 811-7, 855, 881, 884, 901-2, 919, 1336n

Clarendon, conde de (Edward Hyde, Lord Chanceler), 592

classe trabalhadora: lumpemproletariado, 800; na Grã-Bretanha, 1301n; operários, 679, 772, 793, 796, 798, 838, 937, 1302n; proletariado, 797, 800, 903, 953-4

Cláudio, imperador romano, 157, 161-6, 168

Clemenceau, Georges, primeiro-ministro francês, 936, 939-40, 947, 949, 1323n, 1326n

Clemente VII, papa, 475, 1273n
Clemente VIII, papa, 540, 1273n
Cleópatra, princesa da Macedônia (irmã de Alexandre, o Grande), 103, 105-6, 114
Cleópatra II, rainha do Egito, 139-40
Cleópatra III, rainha do Egito, 139-40
Cleópatra VII Filopátor, rainha do Egito, 24, 146-53, 164, 189, 272, 533
Clídio, batalha de (Bulgária, 1014), 285
Clinton, Bill, presidente dos Estados Unidos, 1161, 1163, 1166, 1170, 1173-4, 1180
Clinton, Hilary, secretária de Estado dos Estados Unidos, 1196
Clístenes (político ateniense), 84, 95
Clive, Robert, 648-9, 656-7, 709, 896, 1290n
Clóvis, rei merovíngio dos francos, 248
Cnossos (Creta), 50
cocaína, 904, 915, 1343n, 1346n
Cohen, Leonard, 1089, 1212
Coligny, Gaspar de, almirante francês, 506, 511-3
Colômbia, 408, 473, 479, 519, 753, 755, 766-7, 1346n; Grã-Colômbia, 753, 755, 764-6; narcotráfico na, 1346n
Colombo, Cristóvão, 269, 321, 397, 404, 418, 421-7, 436, 462-3, 470, 551, 576, 1257n, 1262n, 1265n
Comanchería (América do Norte), 651-2, 784-5, 787, 844
comanches (nativos norte-americanos), 646, 650-2, 783-5, 787, 793, 822, 843-4
Comneno, família, 305, 329-30, 332, 1248n, 1264n
Cômodo, imperador romano, 180, 182-7, 1196n
Companhia Africana Real (Inglaterra), 592, 614, 687
Companhia da Virgínia, 534, 550-1
Companhia das Índias Ocidentais, 562-3
Companhia das Índias Orientais (East Indian Company, EIC), 534-6, 538, 545, 550, 607-8, 636, 647-9, 656-7, 660, 709, 711-2, 807-8, 811-2, 1275n, 1283n, 1289-90n, 1292n, 1295n, 1299n, 1309-10
Companhia dos Mares do Sul, 612, 614
Companhia Holandesa das Índias Orientais (Vereenigde Oost-Indische Compagnie, VOC), 535-6, 590, 746, 1275n, 1284n
computadores, 676, 1140, 1170, 1204, 1340n
comunismo, 800, 937, 945-6, 954-6, 964-5, 967, 979, 1012, 1029, 1033-5, 1037-41, 1043-5,

1047, 1054, 1056, 1062, 1066, 1074-5, 1094, 1117-9, 1138, 1148-9, 1152, 1154-5, 1159-60, 1162, 1164, 1166, 1172, 1320n, 1325n, 1327n, 1329n, 1332n, 1336-7n, 1341, 1346, 1348
confucianos, 118, 141, 225, 385, 389, 598, 1239n
Confúcio, 21, 242, 386, 1226-7n
Congo, 391, 422-3, 447, 462-3, 556-7, 559, 578, 748, 854, 857, 864-6, 868, 870, 1066, 1152, 1161, 1210-1, 1268n, 1315n, 1339n, 1347n; Grande Guerra Africana do Congo (1998-2003), 1161; manicongos (reis), 392, 418, 421-2, 557, 1261n; reino do, 391
Congo, rio, 422, 557
Congresso Nacional Africano, 1065, 1153, 1343n
Conrado II, rei da Germânia, 286
Conrado III, rei da Germânia, 320
Constantino, imperador romano, 190-1, 195-9, 217, 260, 275, 306, 402-3, 498, 1239n, 1260n
Constantinopla ver Bizâncio; Istambul (Türkiye)
Cook, James, capitão britânico, 665-7, 712, 721
Copérnico, Nicolau, 525, 1267n, 1273n
coraixitas, 212, 220, 257
Corásmia, reino islâmico da, 337-8, 342-3, 351
Corcunda de Bisão (chefe comanche), 785
Córdoba (Espanha), 257, 266, 269, 278-9, 311-2, 423, 1241n, 1247n, 1250n
Coreia, 140, 143, 233-4, 300, 349, 355, 359, 522-4, 882-3, 903, 906-8, 1016, 1033, 1035, 1037-9, 1051, 1164, 1320n; Guerra da Coreia (1950-3), 1164
Coreia do Norte, 1164-5, 1176-7, 1197-8, 1320n
Coreia do Sul, 1037, 1164
Cortés, Hernán, 427, 436, 463-7
Coruja Lança-Dardos (Átlatl Cauac, chefe guerreiro de Teotihuacan), 200
cossacos, 500, 516, 569, 599-600, 642, 879, 951, 1279n, 1286n, 1289n, 1299n, 1323n
Costa do Marfim, 19, 398, 1053-4, 1066
covid-19, pandemia de, 1204, 1209, 1212, 1302n, 1335n, 1349n
Crasso, Marco Licínio, cônsul romano, 143, 146-8, 150, 441, 1231n
Creso, rei da Lídia, 81-2, 85
Creta, ilha de, 50, 334, 570, 599, 778, 864, 1324n
crianças: da realeza, 434, 458; mortalidade infantil, 180, 459, 798, 1172, 1266n, 1306n, 1316n

Crimeia, 276, 353, 362, 368-9, 380, 399, 411-2, 458, 500, 513, 569, 601, 637, 689, 804, 806-7, 994, 1005, 1012, 1157-8, 1194, 1197, 1202, 1205, 1246-7n, 1260n, 1274n, 1279n, 1289n, 1336n, 1350n; canato da, 411, 500, 689; Guerra da Crimeia (1853-6), 811, 848, 1213, 1310n

Crispi, Francesco, primeiro-ministro italiano, 897-9, 947

cristianismo, 185, 188-9, 196, 198-9, 205, 209, 217-8, 220, 259, 269, 275, 277, 286, 326, 329, 349, 355, 361, 402, 437, 464, 468, 470, 536, 788, 826, 856, 897, 957, 1135, 1224n, 1236n, 1238n, 1240n, 1247n, 1291n, 1313-4n; árabes cristãos, 230, 232; catolicismo, 287, 358, 412, 420, 422, 435, 508-9, 513-4, 525, 527, 547, 557, 565, 578, 592, 594, 603, 634, 640, 730, 776, 867, 890, 1053, 1277n, 1283n, 1304n; cisma entre Roma e Constantinopla (1054), 308; conversão de Constantino, 196-8; conversões ao, 217-8, 269, 275, 277, 286, 326, 329, 349, 402, 437, 464, 468, 470, 788, 826, 897, 1247n, 1314n; copta, 229, 284, 1030, 1133, 1240n, 1275n; cristandade, 273, 285, 314-5, 328-9, 340, 342, 360, 410, 420, 456, 477, 510, 526, 598, 601, 619, 1236n, 1284n; Cruz Verdadeira, 197, 219, 223-4; na Britânia, 217-8; nestoriano, 326; perseguição a cristãos, 191, 1249n; protestantismo, 442, 461-2, 496-7, 504, 514, 521, 541, 547, 549, 563, 604, 797, 1267n; ver também Igreja católica

Cristiano VII, rei da Dinamarca, 659

Cristo ver Jesus Cristo

Croácia, 195, 334, 478, 488, 992, 1160, 1252n

Crockett, Davy, 781, 784

Cromwell, Oliver (Lord Protetor), 549-50, 552-3, 562, 564-7, 571-7, 582, 587, 593, 611, 641, 693, 713, 1268-9n, 1277n, 1279-82n, 1298n

Cromwell, Richard ("Dick", Lord Protetor), 1281n

Cromwell, Thomas, conde de Essex, 476, 549, 1268n

cruzadas, 318, 329, 342, 346, 357, 394, 1246-7n, 1249-50n, 1253n, 1274n; segunda cruzada, 320

Ctésias (médico persa), 1228n

Ctesifonte (Selêucia, Mesopotâmia), 134, 175, 180-2, 190, 199, 216-7, 223-4, 231, 255, 1237-8n

Cuba, 425, 436, 462-3, 562, 732, 786, 825, 864, 891-2, 1040-1, 1067-74, 1078, 1116-7, 1120, 1164, 1262n, 1297n, 1316n, 1341n, 1345n; crise cubana dos mísseis (1962), 1070-4, 1085; santería (sincretismo afro-cubano), 1278n; tropas cubanas em Angola, 1117

Cunard, Samuel, 795

cuneiforme, escrita, 41-2, 54, 73, 1222n

Curdistão, 940, 951, 1122, 1345n; curdos, 623-9, 893, 931, 948, 951, 1029, 1076, 1102, 1104, 1123, 1156-7, 1176, 1195, 1200, 1326n, 1335n

Curie, Marie (nascida Skłodowska), 1334n

Curzon, George, vice-rei britânico da Índia, 941, 1319-20n

Cusco (Peru), 407, 473-4, 479, 484, 1301n

Custer, George Armstrong, 844-5, 888

D'Eu, conde (Gaston, marido da princesa Isabel), 841

Dácia (província romana), 150, 190

dacotas (nativos norte-americanos), 787, 833, 843-4, 888, 1311n

Daesh (Estado Islâmico), 1194-5, 1200

Damasco (Síria), 62, 64, 66, 68-9, 107, 215

Dandolo, Enrico, doge de Veneza, 333

Dante Alighieri, 9, 369

Daomé, reino do (atual Benim), 21-2, 24, 558, 632-3, 639, 732, 746, 775, 868

Darashukoh, príncipe mogol, 579-81

Darfur (Sudão), 853, 863, 1275n

Dario, o Grande (Dario I), rei persa, 88-9, 91-4

Dario II, rei persa, 99-100

Dario III, rei persa, 104, 106, 112

Darwin, Charles, 1292n, 1303n, 1314-5n

Darwin, Erasmus, 1292n

Davi, Casa de (dinastia judaica), 67, 71

Davi, rei de Israel, 67, 334, 444, 1107, 1238n, 1249n

Davis, Jefferson, presidente confederado, 819, 1062

Davis Jr., Sammy, 1059

Dayan, Moshe, general israelense, 1005, 1050, 1087-8, 1105

De Bono, Emilio, general italiano, 973

De Gaulle, Charles, presidente da França, 24, 989, 1011, 1034, 1054-6, 1066, 1086, 1090-1, 1338n, 1341n

De Witt, Johann, 590, 593, 595

Delfos, oráculo de, 82, 85, 103

Delhi (Índia), 25, 338, 342, 347-8, 380-1, 444, 451-3, 491, 607, 620-1, 623-4, 628, 647-50, 656, 711, 807-8, 810-1, 1008, 1025, 1027, 1083, 1114, 1136, 1142, 1252n, 1255n, 1277n, 1288-9n

Demerara (Guiana), 770-1

Demétrio, rei da Báctria, 130

democracia(s): ateniense, 95; liberais, 27, 1208; ocidentais, 764, 975, 1035, 1120

Deng Xiaoping, líder supremo da República Popular da China, 966, 1081-2, 1085, 1109, 1150

Dessalines, Jean-Jacques ver Jacques I (Jean-Jacques Dessalines), imperador do Haiti

Dias, Bartolomeu, 422, 444-5

Diderot, Denis, 618-9, 635, 640, 655

Dinamarca, 142, 286-7, 404, 500, 532, 659, 660, 731, 836, 1290n, 1297n

Dingane, rei zulu, 745, 747, 765-6, 777

Diocleciano, imperador romano, 191, 195, 1236n

Disraeli, Benjamin, primeiro-ministro britânico, 835, 849-50, 856, 859-62, 869, 1305n, 1307n, 1313-4n

Diu (Índia), 446

Djoser, rei do Egito, 43, 1221n

DNA, 17, 29, 35-6, 58, 218, 287, 339, 427, 865, 971, 1089-90, 1220n, 1234n, 1244n, 1262n, 1277n

doenças: aids/HIV, 1339n, 1345-6n; covid-19, pandemia de, 1204, 1209, 1212, 1302n, 1335n, 1349n; gripe espanhola, 1212, 1324n; peste de Justiniano, 210, 1238n; peste negra, 210, 335-7, 351, 367-8, 372, 375-8, 393, 532, 816, 1255n, 1258n, 1319n

Douglass, Frederick, 820, 827, 842-3, 846, 1310n

Drácula, dinastia da Valáquia, 403, 411, 1259-60n

Drake, Sir Francis, 518-20, 522, 526, 536, 1274n

Dreyfus, Alfred, 868, 1315n, 1323n

drones, 23, 1209, 1212, 1350n

Drumpf, família, 890; ver também Trump, Donald

Drumpf, Friedrich, 1316n, 1318n

Du Bois, W. E. B., 905-6, 1058, 1319n, 1339n

Duindam, Jeroen, 27

Dumas, Alexandre (filho), 1296n

Dumas, Alexandre (pai), 1281n, 1296n

Dumas, Thomas-Alexandre, general haitiano, 1294n, 1296n, 1302n

Dunlop, John, 866

Durrani, Ahmed, xá do Afeganistão, 623-4, 629-31, 646-50, 656-7, 710, 778-9, 1289n

Durrani, Shuja, xá do Afeganistão, 779

Duvalier, François "Papa Doc", presidente do Haiti, 1323n, 1337n, 1346n

Duvalier, Jean-Claude "Baby Doc", presidente do Haiti, 1346n

Dylan, Bob, 1089

Ebert, Friedrich, 937-8, 945

Eden, Anthony, primeiro-ministro britânico, 1048, 1050, 1052

Edison, Thomas Alva, 885-7, 896, 960, 1171, 1317n, 1351n

Eduardo, o Confessor, rei da Inglaterra, 309

Eduardo I, rei da Inglaterra, 360

Eduardo III, rei da Inglaterra, 377, 1255n, 1257n; ver também Bertie, príncipe de Gales

Egibi, família, 1225n

Egito, 39, 42, 48, 50, 53-5, 59, 63-4, 67, 69, 71, 101, 108, 113, 122, 147, 161, 205, 229, 240, 252, 281-3, 290, 329, 353, 360, 362, 372, 382, 445-6, 456, 715-8, 736, 749, 778, 780, 838, 853, 869, 981, 1004, 1013, 1029, 1042-3, 1050, 1083, 1100-2, 1182, 1200, 1210, 1223n, 1231n, 1233n, 1241n, 1244n, 1246-7n, 1292n; cristãos coptas do, 229, 284, 1030, 1133, 1240n, 1275n; Guerra do Yom Kippur (1973), 1100, 1350n; Guerra dos Seis Dias (1967), 1088; judeus egípcios, 283; mamelucos, 353, 360-2, 369, 382, 390, 445-6, 456, 715-7, 736-7, 742, 1251n, 1257n; pirâmides do, 44, 54, 69, 716, 1030, 1224n; represa de Assuã, 1048

EIC (East Indian Company) ver Companhia das Índias Orientais

Eichmann, Adolf, oficial da SS, 983, 999-1001, 1012, 1335n

Einstein, Albert, 1334n

Eisenhower, Dwight, presidente dos Estados Unidos, 1011, 1038-9, 1045, 1047-8, 1050, 1051-2, 1060, 1336-7n

El Cid (Rodrigo Díaz), príncipe de Valência, 313-4

Eleanor, duquesa da Aquitânia, rainha consorte da França e da Inglaterra, 320

eletricidade, 885-6, 896, 982, 1288n

Elizabeth (Sissi), imperatriz consorte da Áustria, 823-4, 870-3, 915, 1316n

Elizabeth I, rainha da Inglaterra, 495, 502, 517-8, 521, 526-7, 531, 549, 1250n, 1271-3n

Elizabeth II, rainha da Inglaterra, 1057, 1247n, 1280n, 1338n

embalsamamentos, 1258n, 1348n

Emerson, Ralph Waldo, 787

energia a vapor, 676-7, 771, 788-9, 816, 845, 854, 858-9, 889, 904, 928, 1292n, 1308n, 1313n

Engels, Friedrich, 797-9, 1307n

Enheduana, princesa acadiana (filha de Sargão), 33-5, 46

Enpap x (escravizado mesopotâmico), 41

Enver, Ismail, vice-generalíssimo otomano, 919, 921-2, 930, 936, 950, 1118, 1321-2n, 1326n, 1335n

Eric, o Vermelho (explorador norueguês), 288

Eridu (Iraque), 40

Eritreia, 44, 67, 198, 483, 859, 897-8, 968, 973, 1064, 1107, 1117-8, 1154, 1351n

Erlich, Paul, 1320n

escafismo, morte por, 100

Escandinávia, 259, 270, 287, 309, 368, 442

escapulimancia, 61

Escobar, Pablo (narcotraficante colombiano), 1346n

Escócia, 187, 268, 516, 521-2, 527, 531-2, 574, 583, 609, 612, 724, 795, 1242n, 1244n, 1247n, 1286n, 1293n; Caledônia, 187

escravidão, 16, 28-9, 41, 96, 126, 249, 327, 366, 385, 391, 398-9, 404, 458, 464, 470, 552, 556-61, 576, 619, 634-6, 638-9, 652, 658, 660, 681, 685-8, 691, 693, 695-6, 705-6, 709, 714, 718-20, 722, 730-3, 746, 748, 755, 760-1, 770, 774-6, 778, 785, 787, 804, 806, 818-21, 825, 828, 841-3, 853, 855, 857, 859, 972, 1077, 1117-8, 1223n, 1236n, 1243n, 1254n, 1256n, 1272n, 1278n, 1283n, 1291n, 1293-4n, 1297-8n, 1305n, 1310-1n; abolição britânica do tráfico negreiro (1826), 770; abolição na França (1848), 794; abolição na Grã-Bretanha e nas colônias britânicas (1834), 774; abolição no Brasil (1888), 875; abolição no México (1829), 783; abolição nos Estados Unidos (1865), 828; abolicionismo/abolicionistas, 634, 685-8, 731, 755-6, 761, 771, 774, 819, 821, 841, 857, 863, 1132, 1294-5n; africanos escravizados como "bens móveis", 391, 558, 560; alforria/manumissão, 220, 243, 353, 362, 458-9, 463, 538, 636, 686, 706, 755,

1227n, 1277n, 1288n, 1295-6n; Companhia Africana Real (Inglaterra), 592, 614, 687; crueldades contra escravizados em fazendas, 634, 761; de indígenas, 559; Enpap x e Sukkalgir (escravizados mesopotâmicos), 41; envolvimento de governantes africanos na, 558; escravocratas, 635-6, 695, 718, 761, 1293n; escravos domésticos, 126, 658; escravos fugidos, 577, 634, 671, 682, 1293n; Esquadrão da África Ocidental (Marinha britânica), 731, 770; famílias escravizadas, 28, 1283n; indenizações a ex-proprietários de escravos, 767, 774, 794, 1305n; Lei da Abolição da Escravidão (Inglaterra, 1834), 774; Lei do Ventre Livre (Brasil, 1871), 841; Lei dos Sexagenários (Brasil, 1885), 875; mercados de escravos, 458, 481, 559, 633; mexicanos, 784; na produção de açúcar, 559; navios negreiros e travessia atlântica, 551, 560, 634, 637, 687, 731, 825; no Brasil, 770; no Rio de Janeiro, 730; Palmares, quilombo dos (Pernambuco, Brasil), 578-9, 1279n; rebeliões escravas, 635, 640, 759, 774; senhores de escravos, 173, 577, 661, 770, 853, 856-7, 859, 1001, 1283n; servidão sexual, 638; sociedades escravagistas, 41, 875; tráfico de escravos, 486, 557, 560, 770, 776, 853-4, 857, 863, 868, 1057, 1116, 1265n, 1268n, 1342n

escrita: alfabeto fenício, 82; chinesa, 61; cuneiforme, 41-2, 54, 73, 1222n; da história, 23, 28; invenção da, 35, 41-2; literatura, 28, 73, 95, 265, 300, 302, 370, 617-8, 732, 756, 802, 1050, 1143, 1182, 1227n, 1238n, 1241n, 1336n; mulheres escritoras, 33-4, 166, 299, 302, 618, 1217, 1291n; redação de cartas, 619; romances, 367, 389, 416, 533, 618, 670, 769, 782, 802-3, 849, 1119-20, 1232n, 1281n, 1302n, 1345n

Espanha, 18, 35, 417, 419, 424-7, 435-7, 444, 460-2, 468, 470, 472, 475, 478, 481, 484-5, 487-8, 490, 495, 499-506, 509, 517-20, 524, 527, 532, 543, 545-9, 552, 568, 587, 590, 600, 605, 612-3, 706, 718, 728-9, 732, 736, 749, 754-5, 760, 781, 839, 892, 974, 991, 1034, 1112-3, 1138, 1222n, 1238n, 1248n, 1262n, 1266n, 1268n, 1270-1n, 1274n, 1276n, 1285n, 1289n, 1291n, 1297n, 1299n, 1304n, 1312n; armada espanhola, 524-7; Armada Espanhola, 516, 1257n; Guerra Civil Espanhola (1936-9), 1328-9n;

iroqueses (nativos norte-americanos), 564, 596, 641, 663

Isabel, imperatriz da Rússia, 641-2, 650, 1289n

Isabel, princesa do Brasil, 769, 841, 875

Isabel, rainha de Castela, 417-8, 425, 435

Isabel de Parma, arquiduquesa da Áustria, 642

Ísis (deusa egípcia), 151, 1220n

islã, 219-20, 228, 230, 240, 247, 256, 281-3, 305, 311, 314, 329, 342-3, 349, 353, 355, 361, 363, 365, 387, 458, 462, 480, 492, 538, 579-80, 597, 622, 631, 736-7, 1097, 1127, 1134, 1194, 1267n, 1269n, 1275n, 1280n, 1284n, 1338n; caaba e, 207, 212, 215, 220, 228, 1235n, 1237n; cisma no, 240, 462, 1243n; Corão, 220, 230, 240, 246, 263, 265, 278, 453, 458, 564, 581, 1224n, 1238n, 1249n, 1256n; Hadith, 220, 230, 265; jihad, 229, 247, 263, 265, 280, 282, 284, 305, 313, 333, 384, 387, 631, 775, 779, 863, 1043, 1119; mádi, o, 280, 282, 455, 492, 517, 863, 898, 900, 1075, 1243n, 1247n, 1249n, 1264n; muçulmanos, 221, 224, 232, 247, 250, 259-60, 266, 269, 281-2, 312-6, 318-9, 342, 345, 352, 365, 393, 399, 403, 411, 420, 423, 444, 447, 462, 480-1, 485, 497, 509-10, 515, 527, 570, 579, 597, 618, 711, 806-8, 810, 855-6, 890, 895, 942, 949, 1008, 1024-5, 1027-8, 1119, 1149, 1160, 1162, 1185, 1195, 1202, 1210, 1241n, 1243n, 1248n, 1250n, 1252n, 1260-1n, 1280n, 1289-90n, 1321n, 1324n, 1326n, 1332-3n; sharia, 1127, 1132; sunitas, 284, 311, 318, 328, 455, 462, 621, 736, 893, 948, 981, 1101, 1126-7, 1177-8, 1183, 1194, 1243n, 1247n, 1264n, 1288n, 1326n, 1335n; umah (comunidade de crentes), 220; wahabismo, 632, 737, 894, 948, 981, 1106, 1131, 1194; xiitas, 240-1, 246, 265, 280, 283-4, 305, 456, 462, 478, 621, 631, 737, 948, 1043, 1075, 1122, 1124, 1127, 1129, 1133-4, 1157, 1177-8, 1194, 1199-200, 1243n, 1264n, 1288n, 1326n, 1335n

Islândia, 282, 286-9, 421, 659, 1238n, 1245n

Ismail, o Magnífico, quediva do Egito, 838, 853, 1126

Ismail, xá da Pérsia, 455-6, 540

Ismail ibn Sharif, rei do Marrocos, 602, 1338n

Israel, 38, 64, 66-9, 71, 116, 151, 163, 178, 190, 197, 305, 351, 354, 361, 366, 575, 778, 931, 947, 1029-32, 1050, 1076, 1086-8, 1100-2, 1104-6, 1126-7, 1133-4, 1156-7, 1163, 1173, 1193, 1198, 1200, 1204, 1208, 1223n, 1230n, 1243n, 1245n, 1250n, 1270n, 1308n, 1326n, 1331n, 1335n, 1341n, 1344n; Guerra do Yom Kippur (1973), 1100, 1350n; Guerra dos Seis Dias (1967), 1088; Mossad, 1104, 1156, 1335n, 1344n; programa nuclear israelense, 1105, 1341n; Samaria, 67; ver também Jerusalém; Palestina

Istambul (Türkiye), 460, 478, 481, 490, 504, 510, 539, 544-5, 555, 638, 804, 806, 849, 951, 1199, 1251n, 1260n, 1287n, 1327n

Itália, 124-8, 146, 148, 180, 183, 190, 195-6, 199, 202, 204, 208-9, 211, 249-50, 257, 260, 272-4, 276, 285, 306-7, 321, 342, 345, 356, 369, 376, 401, 413, 416-7, 424, 429, 434, 437-8, 460, 472, 475, 481, 483, 488, 496, 504, 586, 678, 708, 714-5, 717, 723-4, 726, 734, 741, 763, 769, 773, 787, 796, 799, 817-8, 823, 849, 878, 897-8, 921, 929-30, 939-40, 947, 975, 991, 1006, 1010-1, 1034, 1044, 1203, 1222-3n, 1227n, 1229n, 1232n, 1237n, 1241n, 1255n, 1266-8n, 1270n, 1276n, 1280n, 1310n, 1313n, 1348n; invasão da Etiópia (1935), 973; Partido Nacional Fascista, 947; unificação da, 817

Itzcóatl, imperador mexica, 24, 405-6, 1260n

Iugoslávia, 938, 940, 992, 1013, 1034, 1160

Ivan, o Grande, grão-príncipe de Moscou, 416, 498

Ivan IV (Ivan, o Terrível), grão-príncipe de Moscou e tsar da Rússia, 24, 417, 497-503, 513, 515, 993, 1242n, 1246n, 1272n

Jackson, Andrew, presidente dos Estados Unidos, 24, 761-2, 781-4

Jacques I (Jean-Jacques Dessalines), imperador do Haiti, 706, 718-20, 730, 761, 1298n

Jaffe, Henry, 1319n

Jagelão, rei da Polônia, 412, 457, 500, 1260n

Jagger, Mick, 1089

jaguelônicos, dinastia europeia dos, 478, 513

Jahangir, imperador mogol, 379, 382, 493, 536-7

Jaime I, rei da Inglaterra (Jaime VI da Escócia), 527, 542, 549, 575, 1280n, 1282n, 1285-6n

Jamaica, 425, 427, 462, 519, 551, 576, 634, 636, 687, 709, 718, 732, 763, 771, 774, 1262n, 1265n, 1279n, 1328n

Japão, 17, 27, 37-8, 227, 243, 298-300, 359, 522-3, 535-6, 788, 880-3, 885, 891, 897, 901-2, 904, 906-8, 920, 940, 945, 957, 965-6, 975, 979-80,

982, 986-7, 991, 993, 995-6, 1006, 1013, 1017, 1022-3, 1035, 1198, 1235n, 1246n, 1274-5n, 1318n, 1320n, 1336n; ataque a Pearl Harbor (1941), 997-8; bombardeio atômico de Hiroshima e Nagasaki (1945), 1022; Guerra Russo-Japonesa (1904-5), 906, 975; imperadores japoneses, 227; *kodo* ("via imperial"), 975; mulheres escritoras, 299; Operação Caça à Raposa (1895), 884; rendição na Segunda Guerra Mundial, 1022; xintoísmo, 300, 882, 975; xogunato no, 535-6, 881

Java, 225, 227, 298, 359, 388, 536, 858, 1241n, 1299n

Javali Real, *xarbaraz* do Irã, 218-9, 222-4

Jayavarman VII, imperador khmer, 343

jazz, 958-9, 1120

Jefferson, Thomas, presidente dos Estados Unidos, 24, 28, 638-52, 658-9, 661, 668-9, 682-5, 688, 690-1, 709, 713-4, 721-2, 733, 761-2, 1291n, 1293n, 1297-9n, 1301

Jena, batalha de (Prússia, 1806), 725

Jenner, Edward, 722, 1287n, 1335n

Jericó (Canaã), 38

Jerusalém, 18, 57, 67-71, 73, 80, 85, 88, 130, 134, 146, 149, 155, 159, 161, 169, 177-8, 197, 199, 218-20, 223-4, 229, 231-2, 239-40, 246-7, 284-5, 289, 315-6, 318-20, 328-9, 333, 335, 342, 345, 349, 353, 356, 358, 360-1, 423-4, 444, 456, 478, 743, 778, 804, 849, 874, 889, 895, 916, 930-1, 935, 940, 949, 1024, 1029-32, 1087-8, 1126, 1163-4, 1173, 1236n, 1238n, 1241n, 1247-52n, 1269-70n, 1318-9n, 1332n, 1335n; Aelia Capitolina, 177-8, 197; Domo da Rocha, 246-7, 318-9, 329; Gólgota, 197; Santo Sepulcro, 197, 285, 316, 318-9, 345, 356, 804, 1241n, 1249n; Templo de, 67; *ver também* Israel

jesuítas, 493, 524, 551, 557, 559, 597-8, 613, 1067, 1226n

Jesus Cristo, 45, 159, 168, 196-8, 220, 285, 318-9, 455, 596, 813, 816, 940, 1224n, 1235-7n, 1247n, 1253n, 1264n, 1292n, 1310n

Jezebel, rainha consorte de Israel, 67-8

Jiang Qing (esposa de Mao Tsé-tung), 1007, 1036, 1081, 1084, 1096, 1109, 1111, 1115

Jind Kaur, maharani de Punjab, 780

Joana, a Louca, rainha da Espanha, 1269

Joana, rainha consorte da Inglaterra, 1269

João I, rei de Portugal, 392, 409, 425, 756, 1251n

João II, rei de Portugal, 409, 421, 428, 443

João III Sobieski, rei da Polônia, 600-1, 1285n

João IV, rei de Portugal, 568, 577, 856, 864, 1264n

João VI, príncipe regente do Brasil e rei de Portugal, 728-9, 749, 756-7, 770

João VIII, papa, 272

João X, papa, 274

João XII, papa, 274

João XVI, papa, 275

João da Áustria, d. (meio-irmão de Filipe II), 507, 1273n

Jobs, Steve, 1170

John, Elton, 1199, 1343n

Johnson, Andrew, presidente dos Estados Unidos, 826

Johnson, Boris, primeiro-ministro britânico, 1195

Johnson, Lyndon, presidente dos Estados Unidos, 1077-8, 1081, 1091, 1093, 1329n, 1341n

Johnson, Samuel, 7, 24, 661, 1290n

Jordânia, 155, 163, 229, 251, 949, 1029, 1032, 1052-3, 1076, 1087, 1100-1, 1103, 1176, 1230n, 1250n; Guerra dos Seis Dias (1967), 1088

Jorge I, rei da Inglaterra, 612, 614-5, 1247n, 1281n, 1287n

Jorge II, príncipe ruríquida, 346

Jorge II, rei da Inglaterra, 615, 646, 1282n, 1287n

Jorge III, rei da Geórgia, 329

Jorge III, rei da Inglaterra, 333, 652, 656, 659-60, 666, 671, 675, 679, 681, 729, 731, 1291n, 1299n

Jorge IV (o Resplandecente), rei da Geórgia, 340

Jorge IV, rei da Inglaterra, 334, 742, 768, 772, 1300n, 1303n, 1305n

Jorge V, rei da Inglaterra, 921-2, 926

Jorge XI (Gurgin Khan), rei da Geórgia e comandante persa, 622

José II, sacro imperador romano, 642-4, 653, 656, 662-3, 668-70, 689-90, 692, 704, 727

Josefina, (Marie Josèphe Rose Tascher de la Pagerie, viscondessa de Beauharnais), imperatriz dos franceses, 683, 704, 707-8, 714-8, 720, 722-4, 726, 734-5, 739-40, 749, 770, 794, 1288n, 1302n

Juan Carlos, rei da Espanha, 1112-3, 1138

Judá, 67-73, 80, 114, 134, 1063, 1108, 1223n

judaísmo, 207, 270, 305, 420, 444, 727, 849, 1270n, 1306n; Chanuká, festa de, 1230n; Torá, 116, 159

Judeia, 114, 130, 134, 146, 151, 168-9, 175, 177-8,

1220n, 1222n, 1230n, 1245n, 1247n, 1250-1n, 1326n, 1335n

Líbia, 114, 122-3, 134, 328, 950, 991, 1165, 1182-3, 1223n, 1314n

Licínio, imperador romano do Oriente, 196, 198

Lídia, reino da, 81

Liga das Nações, 940, 949, 958, 966, 968, 973, 975

Liga Santa (Europa), 483, 510

Lili'uokalani, rainha do Havaí, 884-5, 891, 1318n

Lima (Peru), 484-6

Lin Biao, marechal e vice-presidente chinês, 956, 1035, 1082, 1084-5, 1109

Linan, porto de (Hangzhou), 298, 303, 358

Lincoln, Abraham, presidente dos Estados Unidos, 786, 818-22, 824, 826-8, 843, 885, 1062, 1098, 1177-8, 1311n

Lisboa (Portugal), 399, 422, 425, 444, 447, 634, 728, 757, 1116

Lituânia, 342, 350, 411-2, 935, 945, 985, 1149-50, 1157, 1255n, 1329n; Polônia-Lituânia, 412, 424, 500, 544, 569, 600, 655, 1270n, 1272, 1279

Litvinenko, Aleksandr, coronel da KGB, 1169

Liu, imperatriz chinesa da dinastia Song, 297, 302

Liu Bang, imperador chinês, fundador da dinastia Han, 120, 131-2

Liu Shaoqi, vice-presidente chinês, 1082, 1344n

Livingstone, David, 856-7

Livro das mil e uma noites (contos árabes), 261

Lloyd George, David, primeiro-ministro britânico, 922, 931-2, 935, 939-40, 948-50, 1324n, 1326n

Lobengula, rei ndebele, 896-7, 1318n

Londres (Inglaterra), 16-8, 290, 393, 527, 532-3, 536, 542, 547, 567, 573, 585, 593, 605, 617, 635, 649, 657, 676-8, 684-7, 711-2, 721, 725, 727, 741, 755, 779, 795, 799-800, 822, 857, 861-2, 865, 900, 907, 941-2, 989, 994, 1033, 1053, 1084, 1086, 1089, 1104, 1164, 1276n, 1284n, 1287n, 1301n, 1305n, 1307-8n, 1329-30n, 1333n, 1341n; Abadia de Westminster, 1254n; Grande Exposição (1851), 1308n; Grande Incêndio de Londres (1666), 593, 1282n, 1285n

López, Carlos Antonio, presidente do Paraguai, 803

López, Francisco Solano, presidente do Paraguai, 803-4, 825-6, 828-9, 841

López de Legazpi, Miguel, 1272n

Los Alamos (Novo México), 1021

Lovelace, Ada Byron, condessa de, 1348n

Lu, imperatriz chinesa da dinastia Han, 133

Luanda (Angola), 517, 551, 557, 559, 562-3, 577, 1116-7

Luciano, Salvatore ("Lucky Luciano", mafioso), 890, 943, 1040

Lucknow (Índia), 808-10, 1309n

Ludendorff, Erich von, general-intendente alemão, 928, 932, 936-7, 947, 963, 1022

Lueger, Karl, 916

Lugalane, rei da Suméria, 34, 41, 46

Lugalzaguesi, rei de Umma, 45

Luís I, rei da Baviera, 872

Luís II, rei da Baviera, 478, 847

Luís IX, rei da França, 349, 353

Luís XIII, rei da França, 547-8, 561, 586, 1272n, 1276n

Luís XIV, rei da França, 586-90, 593-8, 601, 609, 611, 689, 739, 1281n, 1284n

Luís XV, rei da França, 612, 625-6, 641, 653-4, 684, 1283n, 1286n

Luís XVI, rei da França, 654, 662, 664, 696, 701, 767, 1288n, 1293n

Luís XVII, rei da França, 702, 704

Luís XVIII, rei da França, 739, 742, 749

Luís Filipe, duque de Orléans (rei Luís Felipe I da França), 703, 742, 768, 773, 778, 786, 793-5, 799, 841, 864, 1091, 1302-3n

Luís Napoleão, príncipe imperial ("Loulou", filho de Napoleão III), 840-1, 861

lumpemproletariado, 800

Lumumba, Patrice, primeiro-ministro do Congo, 1066

Lutero, Martinho, 441-3, 461, 475, 1267n, 1311n, 1328n

Lynch, Eliza (mulher de Solano López), 804, 825, 828, 841

macabeus, 146, 1230n

MacArthur, Douglas, general americano, 1016, 1023, 1037-8

Macedônia, 92-3, 101-3, 105-6, 110, 113, 116, 128, 1225n, 1230n

macedônia, dinastia, 275

Osman I, fundador dos otomanos (Otomão), 378, 402, 539

Osman II, sultão otomano, 544

Osman Ali Khan (Asaf Jah VII), *Nizam* de Hyde-barad, 1026

Oswald, Lee Harvey, 1076

Otan (Organização do Tratado do Atlântico Norte), 1035, 1091, 1140, 1152, 1161, 1166, 1180, 1183, 1193, 1204-5

Otão I, imperador germânico, 274

Otão III, imperador germânico, 274

Otaviano *ver* Augusto, Gaio Júlio César Otávio, imperador romano

Otocar, o Dourado, rei da Boêmia, 357, 1253n

otomanos, 24, 375, 378, 383, 397, 402-3, 411, 433, 444, 451, 455-6, 458, 479-81, 483, 488, 491-2, 495, 503, 507, 509-10, 525, 531, 539-41, 544-5, 549, 555-6, 569, 571, 598-601, 629, 631-2, 637, 655, 689, 715, 717, 743, 764, 778, 802, 804, 806-7, 848, 850, 894-5, 913, 918, 921, 930-1, 934-7, 951, 1174, 1251n, 1254n, 1258-62n, 1264-5n, 1267n, 1270n, 1273-4n, 1279n, 1286n, 1289n, 1302n, 1304n, 1321-4n, 1326n, 1350n; e a Santa Aliança, 600; e o Império Otomano, 539, 671, 737, 778, 921, 940, 950, 1029; "Organização Especial" e, 931; *ver também* Türkiye (Turquia)

Otomão, califa omíada, 239-40, 378, 1242n

Ovando, Nicolás de, 426-7

Overbury, Sir Thomas, 542

Ovídio (poeta romano), 157, 173, 1232n, 1241n

Pacífico, oceano, 36, 407, 468-9, 471, 479, 516, 519-20, 569, 665-6, 712, 721, 733, 788, 884-5, 892, 996, 1006, 1008-9, 1016, 1210-1, 1265n, 1272n, 1303n, 1317n

Pahlavi *ver* Mohammad Reza Pahlavi, xá do Irã

Paine, Tom, 27

Palestina, 38, 178, 207, 212, 217, 219, 230, 895, 931, 934-5, 948-9, 1013-4, 1029-31, 1050, 1053, 1087, 1126, 1163, 1198, 1343n; migração judaica para a, 1014, 1030; Organização para a Libertação da (OLP), 1087, 1100, 1104, 1124, 1134, 1163; *ver também* Israel; Judeia

Palmares, quilombo de (Pernambuco, Brasil), 578-9, 1279n

Palmerston, Harry Temple, visconde, 772-4, 778-80, 804-6, 809, 811-3, 822-3, 829, 1094, 1304-5n, 1308n, 1350n

Palmira (Síria), 175, 189-90, 1134, 1235n

Panamá, 425, 437, 457, 462, 471, 473, 519, 789, 906, 1126

papado, 217-8, 250, 258, 273-4, 308, 369, 399-400, 440, 496, 603, 1244n

Paquistão, 39, 42, 47, 110, 114-6, 130, 305, 453-4, 630-1, 647, 747-8, 1024, 1026-8, 1096-7, 1118, 1127, 1130, 1133, 1165, 1173, 1176, 1178, 1185, 1187, 1209-10, 1230n, 1246n, 1326n, 1335n, 1343n, 1345n, 1349n

Paraguai, 758-9, 803-4, 825, 829, 841, 1301n, 1312n, 1346n; Guerra do (Guerra da Tríplice Aliança, 1864-70), 826, 829, 841

Paris (França): anos loucos (década de 1920), 959; Bon Marché (loja de departamentos), 796; Instituto Pasteur, 1238n, 1319n; Massacre da Noite de São Bartolomeu (1572), 512, 1272n; protestos estudantis em (1968), 1090; queda da Bastilha (1789), 689

Parisátide, rainha consorte da Pérsia, 99-101, 111-2

Parker, Cynthia Ann (Naduah), 784, 787, 844

Parker, John, 784

Parker, Quanah, chefe comanche, 784, 787, 822, 844, 888, 1313n

Parker, Theodore, 7, 1214

Parks, Rosa (afro-americana), 1062

parsas (povo ariano), 74

partas, 148, 151, 171, 175, 180-1, 188, 1234n

Pasárgada (Pérsia), 85-6, 106, 1226n; batalha de (550 a.C.), 82

Pasteur, Louis, 1319

Paulo III, papa, 477, 483, 1267n

Pearl, Cora (Emily Crouch), 803

Pearl Harbor, 885, 996-7, 1318n; ataque japonês a (1941), 997-8

Pedro, o Cruel, rei de Castela, 1255n

Pedro, são, 196

Pedro I, imperador do Brasil, 756-8, 767, 769-70

Pedro I, o Grande, tsar da Rússia, 610, 616, 619, 641, 1242n, 1323n

Pedro II, imperador do Brasil, 769-70, 825, 829, 841, 875-6

Pedro II, rei de Aragão, 1250n

Pedro III, tsar da Rússia, 650, 655, 1252n

Pedro Karađorđević, rei da Sérvia, 914, 938

Peel, Sir Robert, primeiro-ministro britânico, 679-80, 771, 779, 1305n

Rothschild, Charlotte de, 801, 1314n
Rothschild, Dolly, 931, 1322n
Rothschild, Edmond de, barão, 895, 1322n
Rothschild, família, 701, 727-8, 741-3, 773, 802, 872, 903, 983, 1318n, 1322n, 1341n
Rothschild, James de, barão, 769, 800-1, 836, 847
Rothschild, Lionel de, 801, 859, 1307n, 1314n
Rothschild, Louis de, barão, 983
Rothschild, Mayer Amschel, 726
Rothschild, Nathan Mayer, 726, 736
Rothschild, Rózsika, 931, 1322n
Rothstein, Arnold ("Cérebro", gângster judeu), 943, 959
Rousseau, Jean-Jacques, 659, 683, 690, 694, 1049, 1213
Ruanda, 865, 1161, 1347
Rubens, Peter Paul, 546-8, 552, 572, 584, 801, 1276-7n
Rugila, o Huno (chefe guerreiro), 201-3
Rumi (poeta persa), 7
Rumsfeld, Donald, secretário de Defesa dos Estados Unidos, 1175-6
Ruperto do Reno, príncipe (duque de Cumberland), 564-6, 592
Rurik, chefe viking ("príncipe da Rus"), 270-1, 329, 340
Rússia, 17, 37, 92, 200, 277, 340, 347, 350, 367, 411-2, 486, 499, 501, 515, 570, 610, 625, 737, 739, 743, 835, 848, 875, 879, 883, 894, 903, 908-9, 917-8, 927, 931-3, 935-6, 953, 963, 965, 970, 972, 974, 991-4, 1000, 1002, 1035, 1092, 1152, 1155, 1158, 1163-4, 1166-8, 1197, 1210, 1242n, 1247n, 1249n, 1251n, 1255n, 1275n, 1279n, 1287n, 1290n, 1294n, 1299n, 1307n, 1309n, 1311n, 1319n, 1323n, 1336n, 1345n, 1347n, 1349n; Federação Russa, 1159, 1162; guerra civil na, 944, 971, 995, 1149, 1169, 1326n; Guerra Russo-Japonesa (1904-5), 906, 975; invasão da, na Ucrânia (2020), 15; Nova (séc. XVIII), 689, 1289n; Pequena (Ucrânia), 569, 1309n; pogroms antijudaicos, 444, 889, 985, 1142, 1319n, 1325n; revolução de 1905, 906, 908; revolução de 1917, 933, 935, 995; Rus, 412, 569, 610, 1169, 1279n, 1349n; ver também Moscou; União Soviética
Rustaveli, Shota, 1250n

Saadi (poeta persa), 352, 410, 505, 517, 1218, 1252n, 1256n

Saakashvili, Mikheil, presidente da Geórgia, 1181
sabinos, 126
sacrifícios humanos, 43, 123, 128, 131, 142, 174, 212, 221, 268-9, 271, 365, 392, 405-6, 408, 469, 733, 855, 858
Sadat, Anwar, presidente do Egito, 1042-3, 1100, 1102, 1104-6, 1125-6, 1133-4, 1182, 1344n
Sadowa, batalha de (Chéquia, 1866), 837, 1311n
Said, o Grande, sultão de Omã e Zanzibar, 747
Saint-Domingue, 637, 639, 695-6, 701, 705-9, 714, 719-20, 1288n, 1294-6n; ver também Haiti
Saint-Simon, Henri, conde de, 798, 1291n, 1305n
Saladino, sultão do Egito e da Síria, 328-30, 342, 345, 353, 366, 631, 736, 893, 940, 1127, 1163, 1247n, 1249-50n, 1269n
Salama, princesa de Zanzibar, 854, 1314n
Salamina, batalha de (480 a.C.), 93-5, 1227-8n
Salazar, António de Oliveira, ditador português, 1034, 1117, 1328n, 1339n, 1342n
Salman bin Abdulaziz, rei saudita, 1197
Salmanaser III, rei da Assíria, 66, 68, 1223n
Salomão, rei de Israel, 67, 208, 246, 281, 319, 328, 463, 853, 855, 881, 898, 1009, 1106, 1243n, 1257n, 1313n
Samarcanda (Uzbequistão), 110, 226, 247, 338, 379-80, 382, 384, 451-2, 621, 860, 1239n, 1256n, 1259n, 1277n
Sambhaji, imperador indiano, 581, 597
San Martín, José de, libertador da Argentina, 760
Sancho VII, rei de Navarra, 1250n
Santa Anna, António López de, presidente do México, 783-4, 786, 823, 1304n
Sarajevo (Iugoslávia), 923-4
Sarawak (Bornéu), 864, 1310n
Sargão, rei da Acádia, 33-5, 44-8, 71, 1220n, 1224n
Sarkozy, Nicolas, presidente da França, 1182-3, 1338n
sassânidas, 189, 198-99, 206, 209, 224, 231-2, 265, 1236n, 1239n
Saturno (deus romano), 703
Saud, família, 931, 1052
Saul, rei de Israel, 67
Savonarola, Girolamo, 429-30

Sayyida al-Hurra ("Rainha Pirata"), 481

Schiller, Friedrich, 763, 1217

Schlieffen, Alfred von, marechal-de-campo alemão, 908-9, 925, 928

Schneider, Hortense, 802, 838, 1312n

Schnitzler, Arthur, 915-6

Schwarcz, Lilia, 16, 18, 825

Sebag-Montefiore, Clarice, 983

Sebastião, rei de Portugal, 516-7

Segunda Guerra Mundial, 979, 997, 1010, 1029, 1048, 1176, 1326n, 1328n, 1345n; Aliados na, 992, 1006, 1014-5, 1017, 1025, 1323n, 1334n; Anschluss (união da Alemanha e da Áustria, 1938) durante a, 983; ataque japonês a Pearl Harbor (1941) durante a, 997-8; Blitzkrieg (guerra-relâmpago) na, 988, 994, 998; campos de extermínio durante a, 1001-3, 1014, 1023; e o Dia D (6 de junho de 1944), 1011, 1038; Julgamentos de Nuremberg (Tribunal Militar Internacional), 1023; rendição alemã na, 1013; rendição do Japão na, 1022

Sekenenré Taá, faraó, 48-50

Seleuco I Nicátor, general grego, 111-7, 129, 134, 142, 1228-9n

Selim I, o Triste, sultão otomano, 454-7, 481, 631

Selim II, o Louro, sultão otomano, 503, 526, 1269n

seljúcidas, 305-6, 309-11, 314-5, 333, 347, 351, 378, 1246n, 1249n

Semíramis, rainha da Assíria, 1223n

semíticos, povos, 64, 1232n

Senaqueribe, rei da Assíria, 70-2, 74

Sêneca (filósofo romano), 127, 160, 163-5, 167-8

Seneferu, faraó, 43-4, 1221n

Senegal, 312, 314, 363, 398, 404, 562, 602, 647, 815, 817, 870

Senegâmbia, 462

Senenmut, ministro egípcio, 52, 1221n

Serra Leoa, 1210, 1293n

Sérvia/sérvios, 39, 190, 378, 381, 402-3, 417, 459, 503, 637, 848-9, 875, 909, 914, 917-8, 921-2, 924-7, 992, 1160-1, 1166, 1302n, 1321-2n, 1330n

Sétimo Severo, imperador romano, 187

Sevilha (Espanha), 267, 283, 312-3, 420, 423, 473, 547, 1249-50n, 1260n, 1262n, 1265n

Shabaka, rei de Kush, 70

Shahjahan (anteriormente Khurram), xá mogol, 537-9, 553-5, 579-80, 621, 624, 1277-8n

Shahrukh, padixá da Ásia central, 388, 402, 451, 630-1, 1259n

Shaka, rei zulu, 25, 743-7, 765-6, 860, 896, 1300n, 1314n

Shakespeare, William, 527, 532-4, 542-4, 692, 1054, 1073, 1110, 1151, 1160, 1244n, 1274n; Antônio e Cleópatra, 533; Macbeth, 533, 1244n; Rei Lear, 531, 533-4

Shanghai (China), 812-3, 884, 920, 954-7, 965, 980, 1007, 1310

Shapur I, xá do Irã, 189-90

Shapur II, xá do Irã, 198

Sharon, Ariel, primeiro-ministro de Israel, 1134

Shen Gua (polímata chinês), 297-8, 302, 1245n

Shevardnadze, Eduard, ministro soviético das Relações Exteriores e presidente da Geórgia, 1121, 1143, 1157, 1160, 1181, 1347in

Shivaji, chhatrapati indiano, 581-2, 584, 597, 606-7, 621, 1283-4n

Shrewsbury, Anna Maria Brudenell, condessa de, 1282n

Shrewsbury, Charles Talbot, conde (mais tarde duque) de, 1285n, 1287n

Sibéria, 36, 132, 254, 332, 500, 515-6, 917, 994, 1119-20, 1162, 1257n, 1260n, 1272n, 1286n; canato da, 500, 1260n

Sicília, 67, 98, 124, 128, 208, 241, 272, 282, 307-9, 314-5, 320-1, 341-2, 345, 368, 397, 418, 437, 494, 714, 818, 890, 961, 1010, 1247n, 1251-2n

Siegel, Benjamin (Bugsy, gângster judeu), 890-1, 943, 961, 1040-1

Sifim, batalha de (657 d.C.), 240

Sihanouk, Norodom, rei e presidente do Camboja, 1048-9, 1074, 1081, 1094-5, 1109-11, 1345n

Sima Qian (historiador chinês), 16, 144, 1229n

Sinatra, Frank, 1040, 1045, 1059-60, 1340n, 1346n

Singapura, 997, 1006, 1025, 1199, 1257n, 1299n

sionismo, 894-5, 1030, 1322n

sioux (nativos norte-americanos), 844

siquismo, 780; reino sikh e, 657, 779-80; sikhs e, 625, 648, 650, 657, 711, 779, 809-10, 856, 1027, 1114, 1141-2, 1275n, 1280n, 1320n

Síria, 39-40, 42, 45, 51, 53-4, 56-8, 61-2, 66, 80, 107, 113-6, 122, 130, 146-7, 151-2, 175-6, 180, 187, 189-90, 205-9, 215, 218-9, 229-30, 232, 235, 239-40, 251-2, 257, 276, 283-4, 309, 320, 328, 352, 354, 366, 378, 382, 456, 716, 778,

Suzong, imperador chinês da dinastia Tang, 254-5, 1240n

tabaco, 427, 465, 487, 493, 550-1, 558, 560, 633, 638, 681, 759, 904, 1262n, 1271n, 1274n, 1279n, 1317n

Tadjiquistão, 110, 118, 1149, 1326n

Taharka, rei de Kush, 72

Tailândia, 298, 597, 815, 1073, 1241n, 1245n, 1253n, 1283n

tainos (nativos caribenhos), 425-7, 436, 462-3, 1234n, 1262n, 1265n

Taiping, princesa (filha da imperatriz Wu), 234, 242-3, 245-6, 813, 816, 1310n

Taiping, rebelião (China, 1850-64), 816, 855, 1319n

Taiwan, 536, 598, 883, 1035, 1098, 1201-2, 1204, 1209-10, 1284n, 1327n, 1336n

Taizong, imperador chinês da dinastia Tang, 224-8, 232-4, 296, 1239n

Taizu, imperador chinês da dinastia Song, 295-6

Taj Mahal (Índia), 554, 621, 1277n, 1280n

Talibã, 1172-3, 1175-6, 1204

Talleyrand, Charles Maurice de, primeiro--ministro da França, 683, 708, 715, 717, 726, 734, 739-40, 742-3, 768, 1297n, 1299n, 1305n

Tamara, rainha da Geórgia, 19, 329-30, 333-4, 340, 622, 1250n

Tamerlão, imperador mongo, 379-8, 391, 402, 405, 451, 453, 491, 536, 554, 581, 620-1, 623-5, 807, 810, 1239n, 1256-7n, 1259n, 1264n, 1277-78n

Tammam ibn Aws, Abu (poeta iraquiano), 29

Tang, dinastia chinesa, 222, 224-5, 227, 232-5, 239, 242-3, 246, 251-5, 300, 359, 1222n, 1240n, 1278n

Tânger (Marrocos), 248, 278, 398, 446, 517, 591, 602

Tanzânia, 282, 390-1, 445, 747-8, 853, 865, 1173, 1342n, 1347n; ver também Zanzibar

taoismo, 235, 339

Tariq bin Ziyad (conquistador árabe da Espanha), 248

tártaros, 326, 331-2, 335, 340, 501, 513, 515-6, 569, 600, 919, 1272n, 1290n, 1333n, 1350n

Tavares, Antônio Raposo, 559

Tawantinsuyu (império inca), 407-8

Tchecoslováquia, 938, 940, 968, 982, 984-5, 1033, 1091, 1120, 1152, 1166

Tchekhóv, Anton, 1073, 1212n

Tchetchênia, 1168-9, 1172, 1205, 1333n, 1348; tchetchenos, 764, 1162, 1166-7, 1290n, 1309n, 1333n, 1348n, 1350n

telégrafo, 794-5, 808, 858-9, 1308n

televisão, 1040, 1107-8, 1138, 1172, 1196

templários, 329

templos, 38-40, 42-3, 46, 51-3, 55, 58, 109, 115, 123, 135, 173-5, 199, 227, 246, 289, 298, 342-3, 382, 405, 445, 455, 465, 468, 479, 648, 776, 1238n, 1240n, 1246n, 1260n, 1280n; catedrais, 400, 498, 982, 1056, 1254n, 1305-6n; na Türkiye, 38; pirâmides, 44, 54, 69, 73, 117, 175, 716, 1030, 1224n; Stonehenge, 38, 41, 1219n; zigurates, 40

Temujin ver Gengis Khan

Tenochtitlán, 365, 405, 465-8, 1260n; ver também México

Teodora, imperatriz bizantina, 206-8, 211, 216

Teodoro II, imperador da Etiópia, 855

Teodósio, imperador romano, 201-3

Teofilato, governador de Roma, 273

Teotihuacan (México), 175, 200, 364, 1234n, 1237-8n

Texas (EUA), 18, 552, 568, 652, 780-1, 783-6, 822, 844, 864, 887, 892, 906, 1132

Thatcher, Margaret, primeira-ministra britânica, 1136-43, 1157, 1160, 1178, 1346-7n

Thistlewood, Thomas (fazendeiro jamaicano), 634-5

Thor (deus nórdico), 259, 269

Tiananmen, protestos na praça (China, 1989), 1150

Tibbets, Paul, coronel, 1022

Tibério, imperador romano, 152, 157-9, 168, 179, 216

Tibério II, imperador bizantino, 216

Tibete, 226-7, 598, 710, 906, 1083, 1253n, 1320n

Ticiano, 483, 495, 509, 526, 547, 584, 1263n, 1267n, 1269n

Tiglate-Pileser, Casa de, 66, 72, 80

Tiglate-Pileser I, rei da Assíria, 66

Tiglate-Pileser III, rei da Assíria, 69

Tigré, reino africano de, 855-6, 898, 973, 1106, 1117-8, 1154

Tikal (Guatemala), 174, 200

Timbuktu, reino africano de, 281, 366, 517, 602, 1254n

Tippu Tip, chefe guerreiro africano, 748, 854, 866

Tipu, sultão de Maiçor, 711

Tito, imperador romano, 169, 1233n

Tito, Josip Broz, presidente da Iugoslávia, 1034, 1049, 1090, 1138, 1335n, 1346n

Tiye, rainha egípcia, 55-6

Tlaxcala (México), 406, 464, 467

Toledo (Espanha), 125, 248, 313-4, 420, 467, 1265n

Tomiris, rainha cita, 85-6

Töregene, imperatriz mongol, 332, 345, 347-8, 350

Torre de Babel (história bíblica), 1224n

Touro Sentado (chefe supremo e sacerdote dos sioux), 844-5

Toussaint Louverture, François-Dominique, líder haitiano, 706, 709

Toynbee, Arnold, 15

Trafalgar, batalha de (Espanha, 1805), 725, 1257n, 1299n

Trajano, imperador romano, 162, 171-6, 181, 1234n

Transjordânia, 949, 981, 1029, 1031

Trastâmara, dinastia, 409-10, 418, 423, 430, 1269n

Tratado de Versalhes (1919), 940, 964, 966, 968, 985

Treze Colônias (América do Norte), 650

Trincheira, batalha da (Medina, 627), 221

Trisong Detsen, imperador tibetano, 254

Troia, 62-3, 106-7, 198, 1277n

Trótski, Leon, comissário de guerra soviético, 29, 917, 935, 945, 953-5, 1028, 1325n

Trujillo, Rafael, ditador da República Dominicana, 1337n

Truman, Harry, presidente dos Estados Unidos, 1014-5, 1017, 1021-3, 1029-30, 1033-4, 1036-8

Trump, Donald, presidente dos Estados Unidos, 24, 1186-7, 1193, 1195-205, 1316n, 1318n

Trump, Ivanka, 1196

tuberculose, 235, 494, 516, 683, 689-90, 906, 1007, 1027, 1299n, 1301n, 1303n, 1308n, 1319n

Tucídides (general e historiador grego), 97

Tugril, cã keraíta, 305

"tumbeiros" ver navios negreiros

Tupaia (sacerdote polinésio), 665-6

Turcomenistão, 85, 134, 232, 264, 305, 338, 378, 1149, 1326n

Turing, Alan, 1349n

Türkiye (Turquia), 21, 38-9, 41, 45, 49-50, 58, 71, 80, 107, 115, 129, 190, 305, 330, 378, 778, 930, 940, 950, 1030, 1069, 1071-2, 1208, 1223n, 1247n, 1326n; Çatalhöyük, 38

Tutankhamon, faraó egípcio, 58-9

Tutemés I, faraó, 51

Tutemés II, faraó, 51

Tutemés III, faraó, 53, 69

tútsis, 1161

Twain, Mark, 845-6, 1313n

Ucrânia, 17, 37, 40, 48, 91-2, 96, 150, 200, 270, 314-5, 340, 346, 349-50, 488, 545, 569, 610, 689, 917, 935, 945, 953, 970-1, 994, 999-1000, 1003, 1017, 1033, 1039, 1078, 1149, 1158-9, 1166, 1169, 1180-1, 1193-4, 1197, 1202-3, 1205, 1207-9, 1211-3, 1242n, 1275n, 1279n, 1287n, 1289-90n, 1294n, 1309n, 1325n, 1327n, 1330-1n, 1334n, 1336n, 1347-50n; Holodomor ("morte pela fome"), 971; invasão russa da (2020), 15

Uganda, 748, 854-5, 867, 869, 1058, 1161, 1209, 1347n

União Soviética, 971-2, 997, 1050, 1060, 1069, 1073-4, 1101, 1120, 1123, 1142, 1151-2, 1154, 1157-8, 1167, 1169, 1334n, 1336n, 1342n, 1347-8n; crise cubana dos mísseis (1962), 1070-4, 1085; desastre de Tchernóbil (1986), 1144; Exército Vermelho, 945, 1011, 1326n, 1330n, 1333n; gulag (campos de concentração), 970, 972, 1002, 1038, 1160, 1334n; Holodomor ("morte pela fome" na Ucrânia), 971; invasão do Afeganistão (Operação Tempestade-333 em Cabul, 1979), 1129-30; KGB (serviço secreto), 1039, 1078, 1080, 1099, 1118-21, 1123, 1130, 1148-9, 1152, 1157-8, 1160, 1167, 1169, 1334n, 1336n; repúblicas soviéticas, 1149; terror stalinista, 971, 1007; Tratado de Limitação de Armas Estratégicas, 1099; ver também Moscou; Rússia

Ur (Mesopotâmia), 33, 40-1

Urartu, reino de, 68-9, 71, 1223n

Urbano II, papa, 315

Uruguai, 770, 826, 1310n

Uruk (Mesopotâmia), 40-2, 45-6, 48, 1219n

Urzababa, rei de Kish, 45

Usman dan Fodio, califa de Socoto, 775

Utrecht, paz de (1713-5), 612

Zhang Zuolin (Grande Marechal), chefe guerreiro chinês, 957

Zheng He, almirante chinês, 386-90, 1257*n*

Zhenzong, imperador chinês da dinastia Song,
291, 295-7

Zhou, dinastia, 118

Zhou, duque de, 62

Zhou, rei chinês, 62

Zhou Enlai, primeiro-ministro chinês, 956-5,
979, 1035-6, 1081-3, 1109, 1111, 1150, 1327*n*,
1336*n*, 1344*n*

Zia al-Haq, Muhammad, presidente paquistanês, 1127, 1136

zigurates (templos mesopotâmicos), 40, 47, 66,
80, 1223-4*n*

Zimbábue, república do (anteriormente Rodésia), 390-1, 747, 777, 1117, 1257*n*, 1300*n*,
1318*n*, 1347*n*; *ver também* Rodésia

Zoé, imperatriz bizantina (sobrinha de Basílio II),
306-8, 412

Zog, Ahmed Zogu, presidente e rei da Albânia,
991

Zola, Émile, 803, 868, 1323*n*

Zoroastro/zoroastrismo, 87, 134, 188-9, 209,
221, 223, 232, 239, 492, 1224*n*, 1235-6*n*,
1238-9*n*

zulus, 729, 744-5, 747, 753, 766, 777, 860-1,
1298*n*, 1300*n*

Zuse, Konrad, 1349*n*

Zweig, Stefan, 916